CHOISY LE ROY

G.
60.
B.

LE GRAND
DICTIONNAIRE
GÉOGRAPHIQUE
ET
CRITIQUE.

Par M. BRUZEN LA MARTINIERE

Géographe de sa Majesté Catholique Philippe V. Roi des Espagnes et des Indes.

TOME TROISIEME.

D. E. F.

A la Haye, Chez P. Gosse, R. C. Alberts, P. de Hondt.
A Amsterdam, Chez Herm. Uytwerf & Franç. Changuion.
A Rotterdam, Chez Jean Daniel Beman.

M. D. CC. XXVI.

DAB.

[a C. 21. v. 28.]
[b Jar. c. 6. v. 72.]
[c De Bello, l. 2. c. 26. & de Vita sua.]

ment qu'elle est de la Tribu d'Issachar[a]. Cette ville fut cédée par la Tribu d'Issachar aux Levites pour leur demeure[b]. Josephe[c] en parle en plus d'un endroit sous le nom de DABARITTA ou de DARABITTA située dans le grand champ à l'extremité de la Gallilée & de la Samarie. C'est peut-être la même que DABIRA, que St. Jerome met vers le mont Thabor dans le Canton de Diocesarée. Maundrel parle de DEBORA au pied du mont Thabor.

[d D. Calmet, Dict. de la Bible.]

1. DABIR, autrement CARIATH-SEPHER, [d]la Ville des Lettres; ou CARIATH-ARBE, Ville de la Tribu de Juda assez près d'Hebron. Ses premiers habitans étoient des Géans de la race d'Enac. Josué la prit & fit mourir le Roi qui y commandoit[e]. Dabir échut en partage à Caleb & Othoniel ayant le premier monté à l'assaut, & entré dans cette ville, Caleb lui donna sa fille Axa en mariage. [f]Dabir fut une Ville des Lévites.

[e Josué c. 10. v. 39. c. 12. v. 13.]
[f Josué c. 15. v. 15. & 16. c. 21. v. 15. 1 Paral. c. 6. v. 58.]

2. DABIR, Ville de la Palestine dans la Tribu de Gad. Elle étoit au delà du Jourdain.

DABO, Ville d'Alsace, Voiez DACHSPERG.

DABRONE ou DAVRONE, Riviere d'Irlande dans la Mommonie. Sanson croit que c'est celle qu'on nomme aujourd'hui BROODWATER, & qu'on a apellée *More* ou, comme [g]l'écrit Mr. Corneille, *Aven More* ce qui selon lui signifie *Grand Fleuve*. Elle passe par le Comté de Corck. Cambden est persuadé que *Dabrone* est le SAUCHEN qui coule au même pais.

[g Dict.]

DABUL ou DABOUL Ville maritime d'Asie dans le Visapour, Roiaume de la côte de Malabar. Elle est située sur la Riviere de Kalewacko au midi du Golphe de Cambaye à 17. d. 45. de latitude Nord. Cette Ville autrefois assez florissante a été fort ruïnée par les guerres. [h] Elle est située à six milles de la Mer aussi bien que Chaul dont elle n'est éloignée que de huit milles. Les Portugais s'en rendirent Maîtres sous leur Général Almeïde qui l'enleva à Hidalcan lequel regnoit alors à Goa, en 1508. Il mit la ville à feu & à sang & fit main basse sur la Garnison. Les Indiens y sont rentrez depuis ce temps-là & le Savagi en [i]est le maître. [i] Elle n'avoit déjà plus de portes, ni de murailles en 1639. & toutes ses fortifications ne consistoient qu'en deux bateries dressées du côté de la Riviere & montées de quatre Canons de fer. Les habitans de Dabul sont païens ou Mahometans, leur principal trafic est le Poivre & le Sel qu'on leur apporte d'Oranubammara. Il en partoit autrefois plusieurs bâtimens pour le Golphe Persique & pour la Mer Rouge, mais le commerce y est fort déchû. Les droits que les Marchandises y payent sont de trois & demi pour cent; les Anglois n'en payent que la moitié. Le Sieur la Boulaie le Gouz qui passa par cette Ville en 1641. dit qu'elle appartenoit alors au Roi de *Bijapor*. C'est ce que nous apellons aujourd'hui *Visapour*.

[h Gemelli Careri Voyage T. 3. p. 75.]
[i Mandeslo Voyage L. 2. p. 243.]

Avis aux Navigateurs.

Le bois qu'on trouve à main gauche en entrant dans la Riviere represente un grand Châ-

DAB. DAC.

teau: on découvre aussi-tôt au pied de ce bois une tour blanche qui sert de Pagode; & qui sert de connoissance aux Pilotes. Comme l'entrée de la Riviere est assez difficile à cause d'un banc de Sable qu'on rencontre à l'embouchure, & qui demeure à sec avec le reflux, il faut toujours tirer vers le Sud. On y trouve même durant la basse marée jusqu'à cinq ou six brasses d'eau, si ce n'est à l'embouchure où il n'y a que douze ou quatorze pieds d'eau tout au plus. La Rade est bonne à une lieue de la Riviere; mais elle est incomparablement meilleure à quatre lieues de là dans la baye de Zanguisara.

☞ Je remarquerai ici qu'au lieu de 17. d. 45. de latitude, Linschote en met 18. Mr. de l'Isle[k] s'accorde plus avec le premier calcul. Mais il ne met point de Riviere à Dabul & place cette Ville au bord de la Mer, en quoi il s'écarte des autres Géographes, des Voiageurs & de lui-même qui s'étoit conformé à leurs notions dans sa Carte generale de l'Asie.

[k Carte des Indes & de la Chine.]

DABUSIYAH,[l] ou avec l'Article *Al* des Arabes ALDABUSIYAH, petite Ville de la Tartarie dans la Transoxiane, entre Bochara & Samarkande, au midi de la Vallée d'Alsogd sur la route de la Chorasane. Elle n'a ni fauxbourgs ni Villages qui en dépendent. Elle est plus petite qu'Arbenian & aussi grande qu'Altawawis. Abulfeda, qui me fournit ces remarques, compte depuis cette Ville jusqu'à Chashnigah cinq Parasangues, & douze de la même ville jusqu'à Altawawis. Il dit de plus [m] c'est la premiere Ville d'Alsogd l'une des principales contrées de Mawaralnahr, sous la Domination de Bochara. Alfaras donne à cette Ville 88. d. 55'. de longitude & 39. d. 40'. de latitude. [n]Albiruni ne lui donne que 88. de longitude & 39. d. 50'. de latitude.

[l Abulfed. Geog. Vet. Oxon. T. 3. p. 59.]
[m P. 352.]
[n Ibp. 43.]

DACA. [o]Grande Ville des Indes. Elle est sur le Gange & ne s'étend qu'en longueur, chacun étant bien aise d'avoir sa Maison proche de ce fleuve. Cette longueur est de plus de deux Cosses ou lieues du pays, & même depuis un assez beau pont de briques qui est sur une autre Riviere apellée Pagalu, jusqu'à Daca, ce qui comprend plus d'une lieuë, ce n'est qu'une suite de Maisons écartées les unes des autres & la plupart habitées par des charpentiers qui bâtissent des navires à la maniere du pays. Ces maisons ne sont proprement que de méchantes hutes faites de Bambous & de terre grasse qu'on applique par dessus. Celles de Daca ne sont gueres mieux bâties, quoi que la ville soit devenue d'un fort grand négoce depuis que les Marchands qui demeuroient à Rage-Mehale s'y sont transportez. Le Logis du Gouverneur est un enclos de hautes Murailles, au milieu duquel il y a une méchante maison de bois. Les Hollandois ne vant pas leurs marchandises en sureté dans les maisons ordinaires de Daca y ont fait bâtir une fort belle loge, les Anglois y en ont aussi une assez belle. L'Eglise des Augustins est toute de brique & un assez bel Ouvrage.

[o Corn. Dict. Tavernier Voiage des Indes T. 1. c. 8.]

DACE ou DACIE, Ancien nom d'une partie de la Hongrie des deux côtez du Danube, au-dessous de son confluent avec la Teisse. [p] Nous aprenons de Dion que les Daces s'étendoient jusqu'au mont Hæmus & que les Mœsiens

[p Briet. Parall. 2 Part. L. 1. c. v. vi. & vii.]

DAC.

siens étoient des Daces. Ainsi il est aisé de voir ce que c'est que les deux Dacies dans les Ouvrages des Poëtes. Eutrope lui donne 1000. Mille pas de tour. En y joignant la Mœsie ou Mysie, Ptolomée l'étend en longueur depuis le Coude Septentrional du Danube jusqu'au Promontoire *Pterum*, où est aujourd'hui *Jeni Cala*, ce qui fait un espace de cinq mille Stades. Il en prend la largeur depuis le mont Scardus jusqu'au mont Carpathe, ce qui fait 3500. Stades. La Dace prise dans ce sens étendu se divise en trois parties : à savoir,

LA DACE PROPRE,
LES JAZYGES METANASTES,
LA MOESIE OU MYSIE.

On peut voir ce qui regarde ces deux dernieres parties dans leurs Articles particuliers.

LA DACE PROPRE. Pays enfermé entre le Danube, la Teisse, le Mont Carpathe & le Pont Euxin. On la divisoit en trois parties, que les Latins nommoient ainsi :

DACIA { 1 RIPENSIS, 2 MEDITERRANEA, 3 ALPESTRIS.

La Premiere étoit ainsi nommée du mot *Ripa* qui signifie bord & Rivage. Ses Villes étoient

Druphegis aujourd'hui *Cheio*, selon Niger.
Lizisis, Ville détruite dont le lieu s'apelle *Laorzalos* selon Lazius.
Tibiscum, aujourd'hui *Titul*, selon le même.
Zeugmac, aujourd'hui *Clausembourg* selon Rithaïmer & Altamer. Lazius croit que c'est *Zazsebes* en Hongrois & *Mulenbach* en Allemand.
Zurobara ou *Zarobara* aujourd'hui *Temeswar*.

Cette partie étoit arrosée par les Rivieres *Tibiscus* aujourd'hui *la Teisse*, & *Marisus*: Le *Maros*. Elle repond à une petite partie de la *Haute Hongrie*, de la *Transilvanie* & de la *Rascie*.

La seconde tiroit son nom de ce qu'elle étoit plus au milieu des terres c'est-à-dire plus éloignée du Danube. Ses Villes étoient
Acmonia : aujourd'hui *Severino* Selon Niger.
Alba Julia : aujourd'hui *Weissenbourg*.
Augustia : aujourd'hui *Custi*, selon Lazius.
Marcodava, aujourd'hui *Meczies* selon quelques-uns : Lazius qui dans un endroit croit que c'est *Marcosceil*, doute ailleurs si ce ne seroit point *Filesia*.
Napuca, qui est *Buza* ou *Buzaten* selon Lazius, ou *Colofwar* selon d'autres.
Nentidava, les Allemands la nomment *Nossenstad* & les Hongrois *Bistricia* selon Lazius.
Patruissa ou *Patrovissa* : Lazius croit que les Hongrois la nomment *Brassowa*, & les habitans *Cronstad*.
Singidava. On ne sait où elle étoit, dit le P. Briet.
Succi aujourd'hui le Fort de *Turchzuest* selon Lazius.
Tapæ : dont parle Xiphilin. On n'en sait
Tom. II.

DAC.

rien de plus, dit le P. Briet.
Tiriscum ou *Taros* aujourd'hui *Taro*.
Ulpianum, ou *Ulpiana*, aujourd'hui *Czanadre* selon Lazius.
Zarmisogethusa, ou *Zarmigetusa* Ville ruinée.

Cette Partie comprenoit la plus grande partie de la *Transilvanie* & quelque peu de la *haute Hongrie*.

La troisieme tiroit son nom *Alpestris* d'une continuation du mont Hemus qui va se joindre au mont Carpathe, & les Anciens nommoient *Alpes* cette continuation. Ses Villes étoient
Carsidava, aujourd'hui *Kuryma* selon Lazius.
Paloda Ville ruinée dont la place est la campagne nommé *Blechisfeld*.
Petrodava, ou *Petridava*, aujourd'hui *Pettersdorff*.
Phrateria ou *Frateria*, aujourd'hui *Jurgano* selon Niger; mais selon Lazius les Hongrois la nomment *Zazuara* & les habitans *Brossa*.
Ad Pinum aujourd'hui *Winez* selon Lazius, ou *Phistona* selon Niger.
Ad Pirum, nommée *Birthalmen*, en Allemand, *Berthalom* en Hongrois.
Rhamidava, C'est selon Lazius *Repicza*.
Sandava aujourd'hui *Schesburg*.
Sornum : qui est *Seruni* proche du pont de Trajan.
Tiasum : c'est *Diod*, selon Lazius.
Triphulum : aujourd'hui *Philesia*.
Utidava. Les habitans le nomment la place *Utuarhel*, c'est-à-dire Ruines d'*Utidava*.
Zusidava. Lazius croit que c'est *Gabulacium* en Servie ou en Rascie.

Cette partie repond à *la Valachie* & à *la Moldavie*.

LE DIOCESE DE LA DACE, ou LA DACIE CONSTANTINIENNE,[a] étoit fort diferente pour les bornes & comprenoit : 1. La premiere *Mœsie*, c'est-à-dire la partie de la Rascie qui est en deça du Danube: 2. *La Dacie Ripense*, ou partie Occidentale de la Bulgarie le long du Danube : ces deux parties avoient chacune un President : 3. *La Dacie Mediterranée*, ou partie Meridionale de la Servie; elle étoit Consulaire: 4. *La Dardanie*, ou partie la plus Meridionale de la Bulgarie. 5. *La Prevalitane*, à laquelle on joignoit une partie de la Macedoine Salutaire, c'est une partie de la Dalmatie & de l'Albanie. La Dardanie & la Prevalitane étoient gouvernées chacune par un President.

DACES, Ancien peuple qui habitoit la Dacie. On l'appelloit [b] aussi les *Getes*. Car Strabon dit les Getes après les Sueves & les étend jusqu'aux Tyrigetes [c]. Pline prétend que les Grecs les nommoient *Getes* & que les Romains les appelloient *Daces*. Dion & Etienne assurent la même chose. Selon Justin [d] les Daces sont de la race des Getes. Strabon insinue cependant que les Getes étoient separez des Daces par les Cataractes ; & que les Daces étoient vers la Germanie & les Getes vers le Pont Euxin. De savoir s'ils ont été apellez DAHES (*Dahæ* ou *Daii*) Etienne l'assure, & Strabon le nie & confine les Dahes du côté de

A 2

a Briet. l. c.

b Briet. l. c.

c L. 7.

d L. 32.

la Mer d'Hircanie. Il conclut qu'ils s'apelloient aussi *Daves* de ce que dans les Comedies il est ordinaire de voir des esclaves nommez *Gete*, ou *Dave*; cela a donné lieu à quelques-uns d'imaginer un pays nommé LA DAVIE. Les Daces ont été aussi nommez *Thraces*: Car les Anciens, dit Strabon, ont cru que les Getes étoient un peuple de Thrace. Ils sont nommez *Scythes* par Herodote, & Ovide se sert souvent de ce nom. Herodote leur donne l'epithete d'immortels parce qu'ils croioient ne pas mourir, mais aller auprès de leur Zamolxis. Arrien [a] les nomme ἀπαθανίζοντας, & Suidas dit que de son temps on les nommoit *Patzinacites*, on les nomma de plus GEPIDES & le pays GEPIDIE, d'un mot qui veut dire *Tardif* ou *Lent* dans la Langue des Goths; parce qu'ils étoient pesans de corps & d'esprit au raport de Jornandès, ou bien parce, dit Cluvier, qu'ils ne vouloient pas aller faire la guerre loin de leur établissement & qu'ils aimerent mieux s'arrêter vers le Golphe de Dantzig. Ils passerent pourtant ensuite dans la Dacie & c'est pour cela que Procope [b] écrit: On dit que les Goths sont de la race des Getes. A ces Remarques que j'emprunte du P. Briet j'ajouterai une Reflexion qui est necessaire pour bien entendre ce que les Anciens Historiens, & Geographes nous disent des peuples Septentrionaux. C'est que sans en excepter les Germains, ces Peuples n'étoient gueres long-tems en paix ni dans une même place. Ainsi ce qu'on en dit dans un temps ne leur convenoit plus dans un autre. Quoique distincts entre eux, le peril commun les réunissoit, & alors il arrivoit souvent qu'on nommoit toute la masse des alliez, du nom du peuple qui y prédominoit, ou qui donnoit plus exercice aux peuples voisins. Quant à leurs mœurs il ne seroit pas juste de s'en raporter à Ovide qui fut en exil à Tomes. Il point les Daces d'une maniere outrée: il leur donne un air rebarbatif, une voix feroce, la Chevelure & la Barbe herissées, toujours l'épée au côté, toujours avec un Arc & des fleches empoisonnées. Ils ne se laissoient contraindre par aucunes Loix, mais ils se faisoient justice eux-mêmes. Ils marchoient habillez de peaux. Dans toute la peinture qu'il fait de ce peuple on voit un Poëte qui charge les couleurs, pour exciter la compassion. Selon lui le Pays n'avoit que des Campagnes sans arbres, & ne produisoit que de l'Absynte pour toutes herbes, un froid perpetuel y regnoit sans qu'on y eût aucun printemps. Solin est de meilleure foi & dit que la Mœsie fut apellée par les Romains le Grenier de Cerès, à cause de sa fertilité & sans cela comment auroit-elle pu nourrir cinq cens mille hommes qui y passerent de la Dacie, comme je le dirai plus bas? La Religion des Daces consistoit en quelques instructions que leur avoit données Zamolxis. Cet homme avoit servi Pythagore, & étant retourné en sa patrie, il avoit predit quelques Phenomenes Celestes avec tant de succès qu'il s'attira l'admiration & l'estime des principaux de sa Nation. Il persuada au Roi de le choisir pour son Collegue avec promesse qu'il l'avertiroit de la volonté des Dieux. Il fut le premier Prêtre du Dieu que la Nation adoroit, & après lui les Prêtres furent les Conseillers des Rois. Les Daces étoient braves [c]. Sous Orole leur Roi, ils se batirent mal contre les Bastarnes. Ils s'en [d] punirent d'une façon bien singuliere, car ils couchoient aiant la tête à la place des pieds, & furent soumis au commandement de leurs femmes jusqu'à ce qu'ils eurent efacé cet affront par une victoire. Alexandre leur fit la guerre & leur Ville fut brûlée. Les Successeurs d'Alexandre voulurent les subjuguer, mais Dromichares [e], ou Dromichete l'un de leurs Chefs, aiant pris Lysimachus prisonnier, lui montra la pauvreté de la Nation, le regala & l'avertit de ne point songer à attaquer un tel peuple & de tâcher plutôt à en gagner l'amitié. Peu avant que les Romains envahissent leur País, ils avoient pour Roi Berebiste qui étoit formidable à ses Voisins & aux Romains mêmes. Son autorité étoit si grande que lors qu'il leur commanda d'arracher les vignes & de s'abstenir de Vin, ils lui obéirent. Il se servoit d'un certain Ceneüs charlatan Egyptien qui passa presque pour un Dieu. Mais ce Roi aiant été assassiné, la Discorde se mit parmi les Daces; de sorte qu'au lieu d'une Armée de deux cens mille hommes qu'ils avoient eue auparavant, à peine purent ils opposer vingt mille hommes, lors qu'Auguste voulut les subjuguer, ce qui ne lui fut pas dificile. On leur donna alors pour Prefect Flaccus, qui les retint dans le respect. Ils remuerent sous Domitien, mais Trajan les reduisit, & vainquit le Roi Decebalus. Alors la Dacie prit la forme d'une Province Romaine. Sous Auguste Ælius Carus ou selon d'autres Licinius Crassus fit passer cinquante mille Getes en deçà du Danube: & Ælius Plautius Propreteur de Mœsie fit encore transporter plus de cent mille hommes, femmes & enfans, de ceux qui demeuroient au delà du Danube. Les principaux Peuples d'entre les Daces étoient les MOESIENS, les TRIBALLES, les DARDANS, les SCYTHES & les JAZYGES MÉTANASTES. Voiez les Articles particuliers de ces peuples.

DACHAU, gros Bourg d'Allemagne dans la Baviere sur la Riviere d'Amber, ou Amper, à deux milles de Munich. Plusieurs la nomment Ville, mais Zeyler [f] dit que ce n'est qu'un bourg bien bâti, qui a justice, & un territoire où sont: 2. Monasteres: 6. Chateaux: 8. Terres nobles: & des Villages; & qui est lui-même dans le departement de Munich. L'Empereur Conrad III. & Henri XI. Duc de Baviere se la disputerent & en brûlerent le Château [g]. Dachau a eu autrefois ses Seigneurs particuliers, entre autres Conrad qui se disoit Duc de Croatie & de Dalmatie, & qui servant Frideric I. mourut à Bergame. Après la mort de son fils de même nom, Uthilde mere de ce fils vendit le Château de Dachau avec toutes ses dependances à Otton de Wittelspach alors Duc de Baviere. Brunner [h] qui parle de cette vente raconte en même temps un assez bel exemple de la fidelité d'un chien qui en 1125. decouvrit l'assassinat du Comte Otton de Dachau son maître. Le même Auteur [i] dit que ce Château fut vendu pour dix Marcs d'or & huit cens livres d'argent. Il ajoute que de son temps la maison de Dachau étoit reduite à la seule personne d'Arnolphe.

DACHS.

[a] Exped. Alex. L. 1.
[b] L. 1.
[c] Strabo. L. 7.
[d] Justin. L. 32.
[e] Strabo. Ibid.
[f] Topogr. Bavar. p. 73.
[g] Aventin. L. 6. Fol. 367.
[h] Annal. Part. 3. L. 12. p. 409.
[i] L. 13. p. 523.

DAC.

a Zeyler.
Topog.
Alſatiæ.
p. 13.

DACHSPERG, Dagsperg, Dachspurg, ou Dagsbourg: [a] Château de la Baſſe Alſace ſur la frontiere de Lorraine. Il eſt bâti ſur une Roche inacceſſible de pluſieurs côtez, & eſt la demeure des Comtes de LinangeDachſperg qui ont ce titre depuis long temps, & l'ont aquis par des mariages, ou par des contracts après l'extinction des anciens Comtes de Dagſperg qui aſſiſterent aux plus anciens tournois. La race [b] de ces premiers Comtes de Dagsbourg s'éteignit vers l'an 1100. & leurs terres furent partagées. Les Ducs de Lorraine en eurent une partie, les Evêques de Straſbourg en eurent une autre; & le Comté de Dagsbourg fut donné en fief par les Empereurs à une Maiſon qui prit le nom de Dagsbourg. Hugues Comte d'Egualſem & Ulric Comte de Dagsbourg, aſſiſterent Ulric compte de Ferrete qui fonda un monaſtere près de Colmar l'an 1144. L'Heritiere de ces Comtes nommée Jeanne de Dagsbourg épouſa Frederic Comte de Linange ou Leiningen dans le Palatinat. Ils eurent un fils nommé Jofred ou Géofroi qui dans le XIII. Siecle fut tige des Comtes de Linange-Dagsbourg qui ont toujours poſſedé cette Seigneurie comme Vaſſaux immediats de l'Empire & Membres du Cercle du haut Rhin juſqu'à l'an 1680. qu'ils furent réunis à l'Alſace par un arrêt du Conſeil Roial de cette Province rendu cette année le 9. d'Août, qui fut exécuté.

b Longuerue
Deſc. de la
France
p. 237.

c Zeyler.
Ibid.

DACHSTEIN [c], Ville dans la Baſſe Alſace à deux milles de Molſzheim. Elle a un Château & appartient à l'Evêché de Straſbourg. Elle eſt nommée dans les vieux titres Dabichstein. Quelques-uns croient qu'elle avoit été nommée d'abord Dagoberstein, du nom du Roi Dagobert qu'ils diſent en avoir été le fondateur. L'an 1420. les habitans de Strasbourg ſe preſenterent devant la Ville & le Château de Dachſtein, mais ils n'y purent rien gagner. L'an 1478. Albrecht, Evêque de Strasbourg, fortifia le Château qui eſt dans un Marais. Et l'an 1592. ce lieu fut pris par les Strasbourgeois, enſuite par les Lorrains & l'an 1610. par les alliez. Enſuite l'Archiduc Léopold d'Autriche Evêque de Strasbourg le fortifia de plus en plus, & on travailla aux remparts en 1619. Les Suedois s'en rendirent maîtres par compoſition le 31. d'Août 1633. & quelque temps après les François le poſſederent juſqu'en 1649. qu'ils le rendirent à l'Evêque de Strasbourg.

d Longuerue
Deſc. de la
France
p. 190.

DACQS, Ville de France en Gaſcogne à cinq lieues de Bayonne. On écrit Acs, Acqs, & Dax. Un mauvais uſage a confondu de l'Article avec le nom. Celui d'Acqs [d] eſt venu d'*Aquæ Tarbellicæ*, ainſi appellées, à cauſe des eaux ſalutaires qui s'y trouvent, leſquelles avec pluſieurs autres qui ſont dans cette Province, la firent nommer *Aquitania*, par les anciens Romains, avant Jules Ceſar.

Cette Ville, à qui Auguſte donna ſon nom, *Aquæ Auguſtæ* a été la Capitale des peuples Tarbelliens, qui étoient des plus Illuſtres Aquitains: & comme leur territoire étoit alors d'une fort grande étenduë, ils occupoient une partie des Pyrénées. C'eſt pourquoi le Poëte Tibulle apelle ces montagnes Tarbelliennes, *Tarbella Pyrene*: ce qui refute les Géographes,

ſelon leſquels les veritables Tarbelliens, qui ſont ceux d'Acqs, n'auroient pas aproché des Pyrénées. Les mêmes Géographes, ou Ecrivains étant perſuadez que le vrai nom de cette Ville étoit *Dax*, & non pas *Acqs*, ont voulu que le nom ancien de cette Ville fût *Datii*, & qu'*Aquæ Tarbellicæ* fût Bayonne, ce qui eſt d'autant plus mal fondé, que Bayonne eſt une Ville aſſez nouvelle qui n'a gueres que ſix cens ans d'antiquité; ainſi nous ne devons pas douter que l'ancienne Ville de Béarn ruinée depuis pluſieurs Siècles, & qui n'a jamais été chef d'un peuple, non plus que celle d'Oleron, apartenoit auſſi bien que le Labourd, aux peuples Tarbelliens. Leur Capitale *Aquæ Auguſtæ* aiant été floriſſante ſous l'Empire Romain, fut ſubjuguée par les Goths: elle vint enſuite au pouvoir des François & fut occupée quelque temps par les Gaſcons, aiant toujours fait partie du Duché de Gaſcogne, réuni à celui de Guyenne, elle a toujours été ſoumiſe aux Anglois, depuis le douzième ſiècle juſqu'à l'an 1451. que Charles VII. la prit ſur eux.

Par tant de Revolutions elle eſt fort déchuë de ce qu'elle étoit ſous les Romains. Les Sarazins la ruinérent l'an 920. & ſon Evêque nommé Odolric, aiant été contraint de quitter ſon païs & ſon Egliſe, ſe retira à Reims, où on lui donna dequoi vivre, afin qu'il exerçât les fonctions Pontificales en qualité de ſuffragant pour le Prince Hugues Elû Archevêque, qui n'étoit qu'un enfant.

L'Evêché d'Acqs fut enſuite occupé par les Evêques de Gaſcogne juſqu'à la dépoſition de l'Evêque Raymond le Vieux; après quoi Auſtindus Archevêque d'Auch Metropolitain de la Gaſcogne, fit pourvoir de l'Evêché d'Acqs, Gregoire Abbé de St. Sever. Cette Ville pour le Temporel étoit gouvernée ſous les Ducs & Comtes de Gaſcogne, par des Vicomtes, dont le premier qu'on trouve dans les anciens monumens s'apelle Ernard Lopes, *Ernaldus Lupi*, c'eſt-à-dire fils de Loup; & ce Vicomte étoit déja en poſſeſſion, de cette Seigneurie l'an 980. ſous le Duc Guillaume fils de Sanche. Un de ſes Succeſſeurs nommé Navarre, fut chaſſé par Gaſton Vicomte & Bearn; mais le fils de Navarre nommé Pierre, ſe rétablit en poſſeſſion & eut pour Succeſſeur ſon Neveu Raymond, fils de ſa ſœur Guiralde, femme d'un Seigneur nommé Arnaud. Leur fils Raymond tint cette Vicomté juſques vers l'an 1160. & eut pour ſucceſſeur ſon fils Pierre. Celui-ci n'eut qu'une fille nommée Navarre, qui aiant épouſé Raymond Arnaud Vicomte de Tartas, joignit la Vicomté d'Acqs à celle de ſon mari. Acqs eſt ſituée ſur la Riviere d'Adour; elle eſt du reſſort du Parlement de Bordeaux & ſon Evêque eſt ſuffragant d'Auch. Il y a [e] deux cens quarante-trois paroiſſes dans l'étenduë de cet Evêché. Soixante & ſix ſont dans la Baſſe Navarre & le Béarn & toutes les autres dans le Gouvernement de Guyenne. Le Chapitre de la Cathedrale dediée à la Vierge eſt compoſé de dix Chanoines. Il y a encore un autre petit Chapitre dans le Bourg du St. Eſprit qui n'eſt ſeparé de Bayonne que par le Pont. Louis XI. eſt reconnu pour le Fondateur de ce Chapitre

e Piganiol
de la Force
Deſcript. de
la France.
T. 4. p. 154.

qui

plies de Lions. Comme le Païs est froid, il y vient fort peu de bled ; mais on y nourrit grand nombre de chevres & il y a quantité de miel & de cire qui enrichit les habitans. Ils demeurent en de méchantes maisons, de terre ou de pierres seches couvertes de paille ou de branchages. Il y a un Tombeau d'un Morabite, nommé Deda Buaza qui aprivoisoit, à ce qu'on dit, les Lions ; de sorte que son sepulchre est en grande veneration & les habitans de Fez & de Maroc y vont en Pelerinage depuis leurs grandes Pasques. Le nombre en est quelquefois si grand, que la Ville ne les pouvant contenir, toutes les Montagnes d'alentour en sont couvertes; ce qui fait croire de loin que c'est une Armée à cause de la multitude des tentes.

DAGLAN, Bourg de France [a] dans le Sarladois, à l'Orient de la Riviere le Seu, qui courant vers le Nord-Ouest se jette à deux lieues de là dans la Dordogne. Mr. Corneille nomme cette Riviere le Ser. Le bourg de Daglan [b] a 290. feux.

[a] Atlas de De l'Isle.
[b] Denombr. du R. de France T. 1. p. 375.

DAGNO, petite Ville d'Albanie sur le Drin, à un peu plus de trois lieues communes d'Alessio Ville située à l'Orient de l'embouchure du Drin dans le Golphe de Venise. Mr. Maty la place fort mal vers le confluent du Drin blanc & du Drin noir. Elle en est à deux journées de chemin & beaucoup plus près de la mer. Il dit qu'on la nomme aussi TERMIDAVA.

DAGOBERTI SAXUM Voiez. DACHSTEIN.

DAGON, DOG, ou DOCH, [c] Forteresse de la Palestine dans la Plaine de Jericho où Ptolomée, fils d'Abobi, avoit sa demeure & où [d] il tua en trahison Simon Maccabée son beau-pere, avec Mattathias & Judas ses deux fils. Jean Hircan fils de Simon qui étoit alors à Gazara vint assiéger Ptolomée son beaufrere dans le château de Dagon ; mais Josephe raconte que lorsqu'Hircan s'approchoit pour donner l'assaut à la forteresse, Ptolomée faisoit cruellement donner de verges sur les murailles à sa vuë, la Mere & les deux freres d'Hircan ; le menaçant de les faire mourir, s'il continuoit à le presser. La compassion qu'il eut des tourmens de sa Mere, fut cause que le Siege tira en longueur & que l'année Sabbatique étant venue, Hircan fut obligé de lever le Siege. Alors Ptolomée se sauva chez Zenon, surnommé Cotyla, Tyran de Philadelphie, après avoir fait mourir la Mere & les deux freres d'Hircan. Ce qui paroît contraire au recit du I. Livre des Maccabées, qui porte que Ptolomée fit mourir Mattathias & Judas, avec Simon leur Pere, dans la sale du festin où ils avoient soupé.

[c] D. Calm. Dict. de la Bible.
[d] 1 Macc. c. 16. v. 11.

DAGOUTHAH [e]: Ville d'Afrique dans le Païs que les Arabes apellent Sephalat Al-tebr, c'est-à-dire campagne de l'Or en poudre. Cette Ville est la derniere de ce Païs & la plus proche de l'embouchure du grand fleuve nommé le Nil de l'Occident, qui est le Niger auquel on donne aujourd'hui le nom de Senega. Elle est située à trente milles de l'Isle de Comar & à quatre-vingt-dix de la Ville de Giastah.

[e] Herbelot, Bibl. Orient.

DAITAOTOTE, [f] Ville des Indes dans le Roiaume des Banjans, dit Daviti, qui ajoute qu'elle est à une journée de Naubonne. Cette ville est peut-être aussi imaginaire que le Roiaume des Banians.

[f] Corn. Dict. Davit. Mogol.

DALACA, DELACA, DALECA, DALAQUACAN, DALACACARI, ou plutôt, selon Mr. Ludolf, DAHLACH, ou enfin, selon Mr. de l'Isle, DAHELEC, Isle de la Mer Rouge vis à vis de la côte d'Abex à 14. d. 20'. de latitude Septentrionale selon le P. Coronelli [g], & à environ 16. d. 15'. pour la pointe Meridionale & à un peu plus de 17. d. pour la plus Septentrionale selon Mr. de l'Isle [h]. Elle [i] peut avoir quatre vingt milles, de tour. Le climat en est fort salubre à cause la bonté de l'air, qui y est fort temperé & par la quantité de ruisseaux d'eau douce qui l'arrosent. Il est si rare de trouver ces deux avantages dans les lieux voisins de cette Isle qu'il n'est pas étonnant qu'elle soit bien peuplée. Il est vrai que la quantité de Montagnes y est incommode, mais elle est fertile en paturages & nourrit quantité de boeufs, de chameaux & de chevres. Le grain qu'on y recueille le plus c'est l'orge, & la mer d'alentour est abondante en poisson & en perles qu'on y pêche. L'Isle est peuplée pour la plus grand' part de Noirs courageux & ennemis jurez des Mahometans. Leur principale Profession est d'être Corsaires. Ils infestent les mers voisines & font beaucoup de tort aux étrangers qui y navigent. Ils se piquent néanmoins de ne faire ce métier que pour nuire aux Mahometans, & d'épargner souvent les autres Nations. Leur Langue est briève, leurs mots sont de peu de Syllabes & leur stile est obscur & diferent des Langues Abissine, Arabesque & Turque. Ils ne sont vétus que de la ceinture en bas, ils vont nus de la ceinture en haut ils ont leur Prince particulier qui les gouverne avec quelques petites Isles voisines. La plupart des habitans sont Chrétiens Abissins, le reste du peuple suit la Religion Mahometane. Elle est à environ vingt milles de l'Isle de Macsua, & à du moins autant de la terre ferme & non pas à six ou sept lieues, comme le dit Mr. Corneille d'après Mr. de la Croix, qui à la reserve de cette fausse Remarque dit la même chose que le Pere Coronelli. Vincent le Blanc [k] qui la nomme Dalacia, y met de belles Eglises Chrétiennes desservies par des Prêtres qui se marient comme ceux des Grecs & obéissent au Patriarche d'Ethiopie. Les chevres que l'on y trouve sont, dit-il, de grandes chevres du poil desquelles on fait du Camelot aussi fin que des étofes de soye. Leur poil est long, blanc, doux, & délié. On y trouve aussi de la laque qui est très-belle & tres fine. Elle vient de certains insectes petits comme des Mouches à miel, qui mangent une gomme rouge provenante de certains Arbres semblables au Cerisier. On en fait de belles peintures. C'est aussi de cette laque qu'on fait la belle Cire d'Espagne.

[g] Isolar. p. 110.
[h] Atlas.
[i] Isolar. Ibid.
[k] Voiages 1 Part. c. 9.

DALANGUER, quelques Géographes donnent ce nom à la partie du mont Caucase que d'autres apellent le mont PURBET ou de NAUGRACUT. Voiez Naugracut.

DALEBORG [l] Petite Ville de Suede dans la Dalie au bord & à l'Ouest de la partie Meridionale du Lac de Wener.

[l] Atlas de Homan.

DALE-

DAL.   DAL.

^a *Atlas de Haman & de De l'Isle.*

DALÉCARLE^a, en Latin *Dalecarlus*, Riviere de Suede. Elle a deux têtes dont la plus Orientale a sa source dans le Skarsfiell au Nord-est du bourg de Funsdahln, passe à Mesling, à Idra, à Serna & se charge de plusieurs ruisseaux qui s'amassent dans le Lac nommé Silian. L'Occidentale a sa source au pied des montagnes de Doffresiell, passe à Lima, à Elfwedahl, à Iema, ensuite elle reçoit le Waanan & se joignant avec les eaux de l'autre source elle passe à Hedemora ; puis coulant entre la Gestricie & l'Uplande qu'elle separe elle se perd dans le Golphe de Bothnie. Mr. de l'Isle nomme les deux branches Dala, tant avant qu'après leur Jonction.

[*] *Audifret. Geog. T. 1.*

DALECARLIE ou *Dalekarlie*, Province de la Suede. Elle a pris* son nom de la Riviere de Dalecarle l'une des plus considerables de ce Roiaume & confine avec la Gestricie, l'Helsingland, le Wermeland, & la Norwegue de laquelle les montagnes, que les gens du Pays nomment Daaresield, la separent. On la divise en trois parties que l'on apelle Vallées, où il n'y a que de méchants bourgs. Ces Vallées sont l'Osterdal, ou la Vallée Orientale dont l'unique bourg est *Lyana*; la Suddal, ou la Vallée Meridionale dont le plus gros hameau est *Idra* & la Westerdal ou Vallée Occidentale dont le meilleur Village est *Ierna*. Cette Province est d'une grande étendue & a du moins soixante & dix lieues de long & quarante dans sa moyenne largeur. Ces lieues doivent s'entendre des lieues Marines de vingt au degré, ou de 2853. Toises chacune & non pas des lieues de Suede dont chacune est de dix-huit mille aunes de Suede. Elle est toute remplie de montagnes : On y trouve quantité de mines de Fer & de Cuivre dont quelques-unes sont d'une profondeur extraordinaire. La Dalecarlie passoit autrefois pour la plus considerable Province de Suede à cause de la valeur de ses habitans. C'étoient des gens feroces, la plupart idolâtres, endurcis au travail, jaloux de leur liberté & faciles à se soulever : ce qui obligeoit les Rois, pour les retenir dans l'obeïssance, à se contenter de tirer d'eux quelques fourrures par an à titre de redevance, moyennant quoi ils les laissoient vivre selon leurs coutumes. Il est arrivé peu de revolutions en Suede, qui n'aient commencé & fini par cette Province. C'est où se retira Gustave Wasa après qu'il se fut sauvé des prisons de Danemarck & qu'il eut fait son Traité avec le Magistrat de Lubeck. Il y excita si fort les peuples qu'ils prirent les armes pour secouer le joug de la domination Danoise que Christierne II. avoit porté à un excès de Tyrannie. Les Dalecarliens donnerent l'exemple aux autres Provinces. Mr. Baudrand dit qu'on les apelle *Dalecarles*. L'usage est pour *Dalecarliens*.

^b *Dict. Geog. des Pays-bas.*

1. **DALEM**; ^b les Flamands le nomment 's Gravendale, c'est-à-dire valée des Comtes. C'est un Comté dans le Duché de Limbourg. Il dépend à present de la Republique des Provinces-unies.

^c *Ibid.*

2. **DALEM** ou Dalheim ^c, petite Ville, Capitale du Duché de ce nom sur la riviere de Bervine (& non pas de Bermin, comme dit Mr. Corneille.) à deux grandes lieues de Liege.

^d *Longueruë Decer. de la France. T. 1. p. 121.*

La Seigneurie ^d ou Comté Dalheim a eu ses Seigneurs particuliers, il y a plus de six cens ans. Henri V. Duc de Brabant aiant attaqué cette Place, la prit, conquit ce Comté, & l'unit à son Duché l'an 1239. sans qu'on sache le sujet ou le pretexte que prit ce Duc ; mais seulement que Dalheim étoit alors un Comté possedé par le Comte de Hochstad, Neveu de Conrard Archevêque de Cologne. Alberic dans sa Chronique dit, qu'encore que l'an 1240. la Paix eût été faite entre le Duc de Brabant & l'Archevêque & ses Alliez, le Duc ne voulut jamais rendre sa Conquête. Dalheim, qui a un vieux Château, n'est qu'une Bourgade que l'on a laissé ce par le Traité de 1661. aux Etats Generaux avec six Villages de sa dependance ; mais douze Villages de Dalheim ont été laissés à la Couronne d'Espagne, & entre autres Fouron-le-Comte, qui étoit le lieu de la residence des anciens Comtes de Dalheim.

^e *Jouvin de Rochefort Voyage de Suede.*

DALERH, ^e Fort du Roiaume de Suede. Il est bâti sur une petite Isle de pur rocher qu'il occupe toute entiere. On y met une garnison pour garder l'entrée & le passage où il faut payer un droit des Marchandises qui vont à Stockholm, dont ce Fort n'est éloigné que de quatre lieues. Tous les vaisseaux s'y arrêtent pour être visitez, & afin qu'on sache s'ils ne portent point de Marchandises de contrebande. Cette petite Isle n'est qu'à cinq cens pas de terre ferme.

[*] *Audifret. Geog. T. 1.*

DALIE En Suedois Daal, * en Latin *Dalia*, Province du Roiaume de Suede dans la partie Occidentale de la Gothie. Elle est entre le Gouvernement de Bahus à l'Occident ; le Wermeland à l'orient ; & le Lac Wener qui la separe du Westrogothland. Cette Province, dont les lieux les plus remarquables sont *Daleborg*, *Bretten*, *Twese*, & *Wenesborg*, s'étend du septentrion au midi. Sa longueur est de 25. à 30. lieues marines, & sa largeur environ de treize, on n'y trouve presque par tout que des montagnes, des Lacs & des Rivieres qui vont se décharger dans le Lac Wener.

☞ Le nom de Daal que les habitans lui donnent signifie Vallée. Dal & Thal qui entrent dans la composition de plusieurs noms Géographiques signifient la même chose.

^f *Cellar. Geog. ant. L. 3. c. 6.*

DALISANDUS, ancienne ville de Cappadoce ^f. Le R. P. Hardouin croit que Lalasis de Pline est Lalisande dont parle Etienne le Géographe & qu'il dit avoir été nommée de son temps Dalisanda. On lit dans les Notices Dalisandus Ville Episcopale de la Province d'Isaurie. Ptolomée qui parle de *Dalisandus* fait aussi mention de Dalasis ^g contrée de la Cilicie, nom qui aproche assez de *Lalasis* de Pline & qui y repond même beaucoup pour la situation.

^g *L. 5. c. 8.*

^h *La Forest de Bourgon. Géogr. T. 2. p. 137.*

DALKETH, petite ^h Ville d'Ecosse dans la Lothiane, sur le confluent de deux petites rivieres; au Sud-est & à une heure & demie de chemin d'Edimbourg. Allard la nomme *Daket* dans son Atlas. Mr. d'Audifret ⁱ dit qu'elle n'a rien de remarquable que son ancienneté.

ⁱ *Geog. T. 1. p. 205.*

DALMATIE, Province de l'Europe, dans l'Illyrique. Son nom vient du peuple nommé les Dalmates, à cause de la ville de *Delminium* qui étoit une des principales de leur pays. C'est l'étymologie qu'en donnent Strabon & Appien citez par le P. Briet. Sur les Mé-

DAL.

a Cellar. Geog. ant. L. 2. c. 8.

Médailles, & sur les Marbres elle est nommée plus souvent DELMATIA *a* par les Ecrivains Latins ; mais en échange les Grecs la nomment plus volontiers *Dalmatia*, & il n'y a peut-être que Polybe qui ait écrit par un E Δειματεις. La Dalmatie peut être considerée en trois ages diferents. 1. Avant la conquête de la Liburnie par les Dalmates. 2. Après la conquête de ce pays. 3. Sous les Romains. 4. Sous les Goths. 5. La Dalmatie partagée en deux Roiaumes, à savoir. I. La Dalmatie Septentrionale & la Croatie, & II. La Dalmatie Meridionale & la Servie, & enfin 6. selon le partage present de ce pays.

b L. 2. c. 17.

Ptolomée partage toute l'Illyrie en deux pays, à savoir la Liburnie & la Dalmatie *b*. Les bornes de la Dalmatie étoient depuis le *Titius* aujourd'hui il *Kerka* Riviere, jusqu'aux frontieres de la Macedoine & de la Mœsie, & elle s'étendoit depuis le Golphe de Venise jusqu'aux montagnes qui bornoient la Pannonie. Le P. Briet

c Parall. 2 Part. L. 1. c. 1. p. 269.

c y place trois peuples principaux, à savoir les AUTARIOTES OU TARIOTES, les VARDIE'ENS & les SCORDISQUES.

Le premier de ces Peuples occupoit le milieu de la Dalmatie moderne de laquelle les Liburniens possedoient la partie Occidentale. Les Autariotes avoient pour Villes :

Sicum, aujourd'hui *Sebenico*,
Tanona : qui est *Tinna* ou *Tuina* selon Niger,
Tragurium Port de Mer nommé *Trau*.
Salone,
Epetium aujourd'hui *Chinquio* ou *Chinco*.
Peguntium aujourd'hui *Almisa*.

Ces villes étoient maritimes ; celles qui suivent étoient situées plus avant dans les Terres.

Narona sur une Riviere de même nom. La Ville & la Riviere sont aujourd'hui nommées *Narenta*.
Adra : qui est *Aufech* selon quelques-uns & *Zerwas* selon d'autres.
Salvia, qui est *Sosech*.
Anderium, *Andecrium* ou *Andretium* qui est aujourd'hui *Sfinga*.
Burnum ou *Burnium*, qui est *Grachiva*.
Blanona, qui est *Banialuch*.

Ils possedoient outre cela les Isles :

Pharia, aujourd'hui *Lesna*.
Tauris aujourd'hui *Labrasso*.

Les *Vardiéns* occupoient une partie de la Dalmatie moderne & de la Servie. Leurs Villes Maritimes étoient :

Oneum ou *Oenæum*, aujourd'hui *Sabionello* ou *Ciderisso*.
Epidaurus, Colonie, nommée par les Turcs *Dobronicha*, c'est aujourd'hui *Ragusi Vechia*.
Rizanium ou *Risana*, aujourd'hui *Cataro*, selon Volaterranus. Je crois plutôt que

DAL.

c'est *Risano*.

Outre cela ils possedoient plus avant dans les terres

Dalminium, *Dalmium*, *Delminium*, ou *Delminum*, aujourd'hui *Delminio*,
Æquum Colonie : aujourd'hui *Znonich*,
Siparum ou *Siparortum* : aujourd'hui *Stripnich*.

Le mont *Ardius*, que Sext. Rufus décrit sous le nom d'Alpes Juliennes, séparoit la Dalmatie en deux, & cette partie étoit arrosée par la Riviere *Drinus* nommée à present *lo Drino*, qui se jette dans la Save. Les Isles qu'ils possedoient sont

Corcyra Melæna, aujourd'hui *Cursola*,
Melita, *Melitena*, *Melitusa*, ou *Melita* aujourd'hui *Melada*.

Les Scordisques avoient en partage la partie la plus Orientale de la Dalmatie. Leurs Villes Maritimes étoient

Ascrivium, *Ascruvium*, ou *Ascrovium*, Cattaro selon le R. P. Hardouin.
Bulua ou *Butua*, aujourd'hui, *Budna*.
Ulcinium, aujourd'hui *Dulcigno*.
Lissus, aujourd'hui *Alessio*.

Leurs Villes mediterranées étoient

Scodra, aujourd'hui *Scutari*,
Enderum aujourd'hui *Endero*,
Dioclea, aujourd'hui *Medon* selon Niger, ou *Antivari* selon Villanovanus.

Cette partie étoit arrosée par le *Lac Labeatis* aujourd'hui *Lac de Scutari* & par les Rivieres

Clausula & *Barbana*, } Ces deux Rivieres se jettoient dans le Drin selon le P. Briet.

Nestus aujourdhui *Bosna* qui se jette dans la Save au dessus du Drin.

Les *Dalmates* distinguez des Liburniens voiant ceux-ci soumis aux Romains les attaquerent ; & aiant refusé de donner satisfaction, on leur envoia le Consul Figulus qui brûla la Ville de Delminio presque toute entiere. Ils furent encore attaquez par Cecilius Metellus, qui avoit envie de meriter les honneurs du Triomphe. Auguste enfin les reduisit tout-à-fait après leur avoir détruit quelques Villes. Ils furent gouvernez en Province Romaine jusqu'à la Decadence de l'Empire. Ces Peuples soumis aux Empereurs étoient distinguez par assemblées, (*Conventus*) dont chacune étoit partagée en Villes & en Decuries. Voici les noms de ces Assemblées avec le nombre de leurs Decuries selon la liste que Pline en a fournie au P. Briet.

L'As-

DAM.

Gentils & des Mores; mais l'exercice public de la Religion de ces derniers est défendu. Il y a plusieurs couvens. Mr. Corneille [n] y en met quatre, à savoir, ceux des Capucins, des Augustins, des Dominicains, & des Observantins. L'Auteur qui me fournit cette description ne nomme que ceux des Jesuites, des Recolets, & des Augustins; en sorte, dit-il, qu'on y compte quatre Eglises avec la paroisse, mais il n'y a dans chacune, que trois autels placez vis-à-vis de la porte. Les bâtimens de ces Monasteres sont fort commodes. Celui des Augustins a un très-beau cloître quarré de douze colomnes de pierre, outre les quatre pilastres des coins, & dans le dortoir d'enhaut il y a vingt huit autres colomnes plus petites.

LE VIEUX DAMAN, est fort en desordre. Les maisons sont fort basses & très semblables à des chaumieres, étant toutes de terre, couvertes de branches de Palmier. Il n'est presque habité que par des Gentils, & des Mores qui travaillent à divers metiers: ils y ont leurs boutiques.

Le *Port* est entre ces deux villes formé par la Riviere. Il n'y peut entrer aucune barque ni grande, ni petite, que quand la marée monte. Le Courant est si rapide au reflus qu'on ne peut en aucune sorte passer avec des rames & qu'on est obligé de mouiller; si le vent n'est pas très fort & très-favorable, il faut attendre que la marée monte: encore n'est-ce que pour les barques. Car pour les gros Vaisseaux ils ne peuvent entrer ni sortir que deux fois le mois: c'est-à-dire, dans les grandes marées. L'entrée du port est défendue du coté du vieux Daman par un petit Fort de figure longue, à trois bastions munis de bonne Artillerie. Vers le Nord on voit un petit bourg, où il n'y a que des cabanes couvertes de Palmiers, dans lesquelles demeurent des Chrétiens noirs, & un peu plus loin on trouve un village de Gentils avec un Bazar.

Martin Alfonse Sosa en 1535. prit & détruisit Daman en trois jours. D. Constantin fils du Duc de Bragance cinquieme Roi des Indes le reprit en 1559. sur Asid Bofeta Abissin (qui s'en étoit emparé après s'être revolté contre son Souverain), il le mit en bon etat de defense. Le Mogol a tenté plusieurs fois de s'en rendre maître; sur tout vers le milieu du siécle passé Aurang-Zeb, Alanguir & 14. Rajas, furent pour l'assiéger avec une armée de quatre vingts mille hommes (40000.) & furent obligez de se retirer au bout de six mois par un accident imprévu, avec la perte de la moitié de leur armée. Cela arriva ainsi: les Mogols voulant faire un dernier effort mirent à leur avantgarde deux cens éléphans aguerris, armez de longues épées & bien tranchantes. Mais ces animaux éfrayez par le feu des Portugais prirent la fuite en desordre, & taillerent en pieces la moitié de l'armée Mahommetane avec les mêmes armes qu'on leur avoit données pour exterminer les Chrétiens. Il n'y a point de bonne viande à Daman, parceque le boeuf & le Porc y sont de très-mauvais gout. On y tue rarement des moutons & des chevres; tout le monde n'a pas le moyen d'acheter des Poules: le poisson n'y est pas meilleur & de plus il est rare. Ajoutez à cela que comme il n'y a point d'huile d'Olive, on est obligé de l'accommoder avec de l'huile de Coco: mais le pain est très-bon & même celui qui est fait avec du Ris. D'où il arrive qu'un étranger qui ne se met pas chez quelqu'un en pension, se trompe fort s'il se croit trouver quelque chose au marché pour son argent, attendu que les gens distinguez ont toutes leurs provisions chez eux & que le peuple se contente de ris & de *Soura*, qui est du vin de Palme, mangeant rarement du pain dans toute l'année. On n'y voit aucun fruit de l'Europe. Ils sont tous des Indes, comme des Cocos, Mangas, Figos, Papayes, Carambolas, Mansanas, Jambos, Undis, Ananas, Atas, Anonas, & autres qui sont décrits dans l'article INDOUSTAN. Pour les Plantes il y en a beaucoup tant de celles de l'Europe que de celles du Pays. Une des meilleures de celles-ci c'est la racine de celle qu'on appelle *Cassaras*, qui ressemble à une truffe blanche. Elle est de la grosseur & du gout d'une chateigne. Daman est fort renommé pour la chasse. Il y a des sangliers, des loups, des renards, & des liévres comme en Europe. Les Montagnes sont pleines de *Baccareos*, qui ressemblent à des Daims: ils ont le gout du Porc; de *Zambares* qui ressemblent aux boeufs par le corps & aux cerfs par les cornes & les pieds; de *Gazelles* qui sont comme des chevreuils; de *Dives* qui différent peu des renards; de *Roses* qui ont le corps d'une vache & sont appellées ainsi à cause d'une rose que ces animaux ont à la poitrine: le mâle est nommé *Meron*, a les cornes longues d'une demie palme, le corps & la queue de cheval. Il y a des *Loups Cerviers*, des chats sauvages qui sont noirs; ils ont des aîles de chauve-souris, volent & sautent d'un arbre à un autre quoi qu'assez éloigné; des vaches & des chevaux sauvages. Les *Tigres* y sont de trois especes, savoir *Bibo*, *Chito* & *la Roiale*, toutes diferentes entre elles par la grosseur du corps & la variété des taches. Comme ils vont toujours sur la trace des sangliers, ceux-ci instruits par la nature se roulent dans la fange & vont se sécher au Soleil jusqu'à ce qu'il se soit fait une croûte bien dure. De cette sorte au lieu de demeurer la proie de leurs ennemis, il arrive souvent, qu'ils les déchirent avec leurs défenses aigues, aiant tout le temps de les tuer pendant que les tigres enfoncent leurs griffes dans cette fange pour l'arracher. Les Portugais chassent aux tigres de deux manieres: Ou bien ils se mettent à l'affût dans un fossé proche des endroits où l'on sait qu'ils viennent boire; ou bien ils vont dans une charette tirée lentement par deux boeufs, autant que le terrain & la hauteur des arbres le permettent. Là ils tirent sur ces animaux: ils tâchent surtout de les atteindre au milieu du front, parce que, si le tigre n'est pas tué du premier coup, il entre dans une telle fureur, se sentant blessé, qu'il s'élance sur le chasseur & le met en piéces. Outre les animaux à quatre pieds qu'on trouve dans ce Canton il y a dans les forêts des environs de Daman quantité de paons, de perdrix de deux sortes, de canards, de pigeons, de tourterelles, d'hirondelles, de corneilles, & d'autres oiseaux de l'Europe. Il y en a qu'on garde en cage par divertissement: ils sont gros com-

[n] Dict.

[o] Gemelli Careri, ibid.

DAM.

cemens de cette Ville jusqu'à l'incendie de 1213. Cette Colonie Hollandoise avoit fait de grands progrès en l'espace de soixante ans & ils s'étoient ménagé un port qui communiquoit à l'Océan par des ouvrages de deux mille pas de long. Leur Ville étoit ceinte d'un fossé mediocre & on y entroit par trois portes, mais ce port si avantageux causa la ruïne de la Ville. Les François y firent entrer leur flote en M. CC XIII. & brûlerent la ville. Les bourgeois dispersez par ce malheur se rassemblerent & commencerent à rebâtir en M. CC. XXXVIII. & les Comtes leurs Souverains leur accorderent de nouveaux privileges. Ils construisirent un pont sur la riviere, mais les habitans de Bruges ne le permirent qu'à condition qu'on ne pourroit jamais leur fermer les portes, & que les ponts seroient demolis lorsqu'ils s'en trouveroient incommodez. Dam fut encore prise par Charles de Valois. Cette Place est à present au pouvoir de la Maison d'Autriche. Elle est forte & ce fut le Marquis de Spinola General de l'armée Espagnole qui la fit fortifier vers la fin du seiziéme siécle.

2. DAM ou DAMME, en Latin *Dammona*, petite ville des Provinces unies, dans la Seigneurie de Groningue, à l'occident meridional de Delfzyl. Mr. l'Abbé de Longuerue [e] dans sa Description de la France dit que c'est la seule ville du Pays des Ommelandes, & qu'elle fut bâtie par le General Skenck en 1536 à une petite lieuë de la mer sur la riviere de Damster qui passe aussi à Delfzyl. Guichardin, [f] qui la met à deux lieuës de Groningue, dit au contraire qu'en 1536 cette ville fut prise d'assaut par les Imperialistes lorsque ceux de Gueldres en étoient Seigneurs & qu'il fut accordé qu'on n'en pourroit pas relever les murs ni la fortifier. Cette contradiction Chronologique est essentielle. Messieurs Maty & Corneille suivent Guichardin.

[e] Part. 2. pag. 32.
[f] Descrip. des Pays bas p. 276.

3. DAM, Petite ville d'Allemagne dans la Pomeranie, [g] & non pas dans la Pomerelie, comme le dit Mr. Corneille. Cette Ville est située sur l'Oder, à l'Orient de cette riviere, au confluent de la Plone, à une lieuë de Stetin où l'on peut aller par un pont. On la nommoit autrefois VADAM, & elle étoit assez peuplée avant l'arrivée d'Otton Evêque de Bamberg. Le malheur qu'elle eut de fermer les portes à son Duc lui fut très-funeste. Car le Duc Boleslas la prit d'assaut en 1121. & fit main basse sur les habitans. Bogislas II. & son fils Barnime I. Ducs de Pomeranie ont fait bâtir les murs qu'elle a encore. Ce dernier y residoit souvent à cause de la commodité de la chasse & de la pêche & du voisinage de Stetin. En 1299. le Duc Otton fit lever la longue chaussée qui est entre Dam & Stetin, & obligea les Stetinois à payer pendant trois ans deux sols de chaque brasse de la longueur sans compter la douane qu'il établit sur ce qui passoit par cette digue. L'an 1635. elle fut deux fois ravagée par le feu; la premiere fois au printems la plus grande partie fut consumée & six mois après tout le Fauxbourg fut endommagé du feu. Les grosses garnisons, les impôts & les incendies ont reduit cette ville à fort peu de chose. Elle a trois foires par an, la premiere Vendredi devant le premier Dimanche de Carême. La seconde le Samedi veille du Dimanche des Rameaux & la troisiéme à la St. Michel. La Cure & le Diaconat sont à la nomination du Synode de Stetin. Elle a eu autrefois de grandes contestations avec la ville de Stetin au sujet de la navigation; mais la Chambre de Justice du Prince jugea ce different le 30 de Juin, 1584. & la Chambre Imperiale confirma le 14. Fevrier 1604. la Sentence par laquelle les Stetinois étoient autorisez à interdire la navigation à ceux de Dam. Cette [h] ville qui étoit autrefois une annexe du Duché de Stetin fut engagée l'an 1679 à l'Electeur de Brandebourg avec celle de Golnow pour cinquante mille écus à condition de rachat.

[g] Zeiler Topograph. Pomeran. p. 46. Voyez aussi Micralii Descript. Pomeraniæ.

[h] La Forêt de Bourgon Geog. Hist. T. 1. p. 482.

☞ DAM, entre aussi dans la composition de plusieurs noms Geographiques de lieux situez en France; & alors c'est dans un sens fort different, car ce mot *Dam*, signifie la même chose que *Dominus* ou *Dominus*, & se joint d'ordinaire à un nom de Saint, comme dans ces mots DAMMARTIN, DAMPIERRE, DAMREMI. Nos ancêtres disoient, *Monsieur St. Martin, Monsieur Saint Pierre, Monsieur Saint Remi* &c.

DAMAHORE. Voyez DAMANORE.

DAMALA, petite ville maritime [i] de la Grece dans la Morée, à l'entrée & au midi du Golphe d'Engia, à la pointe orientale de la Secanie. Quelques Geographes [k] croient qu'elle a succedé à l'ancienne TROESENE.

[i] Sanson Atlas.
[k] Corn. Dict.

DAMAN, Ville maritime de l'Indoustan à l'entrée & au midi du Golphe de Cambaye; par les 20. d. de latitude Septentrionale, & 89. d. 12. de longitude, entre Sourate & Baçaim. Cette ville est partagée en deux par une riviere de même nom. Ce qui est à la droite de cette riviere est le *vieux Daman*, & ce qui est à la gauche est le *nouveau Daman*.

[l] Gemelli Careri T. 3. P. 3.

LE NOUVEAU DAMAN est une fort belle ville quoi qu'elle n'ait que peu d'habitans. Elle est bâtie à l'Italienne & partagée dans sa longueur par trois grandes ruës parallelles traversées de quatre autres toutes tirées au cordeau. Les maisons sont presque toutes isolées & ont un jardin fruitier. Elles sont couvertes de tuiles & la plûpart n'ont que le rez de chaussée sans autre étage. Au lieu de verre aux Fenêtres, on se sert d'écailles d'huitres qui sont travaillées fort delicatement & transparentes. L'air de Daman est très bon, on y respire le matin en été une petite fraicheur que l'on ne sent point à Goa, qui est plus meridional, quoi que le printems & l'été arrivent là le long de la côte dans le même temps. Pour l'hyver il dure depuis le mois de Mai jusqu'au mois de Septembre avec des pluies & des tempêtes continuelles. Cette ville a quatre bons bastions à la moderne. Sa figure est un peu irreguliere, & elle n'est pas trop bien fournie d'Artillerie. Son circuit peut être de deux milles, & elle n'a point de fossé du coté du Levant & du Midi, mais seulement un retranchement haut d'environ quatre pieds. Des deux autres cotez un bras de la riviere entre dans le fossé; il y a deux portes, dont ne a un pont levis: toutes les murailles ont leur terreplein.

[m] Le même.

Elle est defenduë par une bonne garnison. Un Capitaine en est le Gouverneur, & un Facteur Portugais a le soin des revenus du Roi. Elle est habitée par des Portugais Metis (qui sont nez d'un blanc & d'une noire,) & par des Gentils

l'ancien nom de Dalmatie mais que l'on apelle auſſi Croatie du nom de ſes fondateurs. Il a duré ſous dix ſept Rois dont le dernier étoit Etienne. Il trouva tant de contradictions lors qu'il voulut prendre poſſeſſion de la Couronne que la Reine Douairiere voiant les troubles qui alloient toujours en augmentant s'adreſſa à Ladiſlas ſon Frere Roi de Hongrie. Ce Prince vint pour appaiſer ces Tumultes; l'armée qu'il amena le fit reſpecter des plus mutins, & on le reconnut pour Roi & depuis ce temps-là les Rois de Hongrie ont regardé cette Couronne comme une annexe de celle de Hongrie. L'autre partie de la Dalmatie, à ſavoir la Meridionale, que l'on appella auſſi la *Servie*, conſerva la qualité de Roiaume ſous ſoixante & un Rois, dont le dernier fut Etienne Thomas fils naturel d'Oſtoia. Il perit ſous Mahomet II. & depuis lui perſonne n'oſa prendre cette qualité. Aujourd'hui le Dalmatie ſe diviſe en trois parties qui prennent le nom de l'Etat auquel elles appartiennent, à ſavoir

LA DALMATIE { VENITIENNE RAGUSIENNE TURQUE.

Les Villes de la premiere en terre ferme ſont

Zara ou Jadera,
Nona,
Scardone,
Sebenico,
St. Nicolas,
Trau,
Spalatro,
Ciclut,
Riſano,
Caſtel-Novo,
Cataro,
Budoa.

Ses Iſles ſont

Cherſo,
Oſero,
Veglia,
Pago,
Arbe,
Lezina,
Groſſa ou Grande,
La Coronata,
La Liſſa,
La Courzola.

La ſeconde n'eſt autre choſe que le petit Etat de Raguſe. Voiez RAGUSE.

La troiſieme renferme

Narenta ou Narenza,
Moſtar,
Almiſſa.

Ces trois villes, qui étoient épiſcopales avant que d'êtres priſes par les Turcs, ont perdu leurs Evêchez.

§. L'Empereur [a] en qualité de Roi de Hongrie conſerve un droit ſur la Dalmatie que Ladiſlas engagea aux Venitiens, pour la ſomme de cent mille Ducats, quoiqu'ils diſent que

[a] *Amelot de la Houſſaie* Hiſt. du Gouv. de Veniſe T. I. p. 89.

cette Province leur a été vendue tout-à-fait: à quoi il n'y a gueres d'apparence puiſque le Roi Wenceſlas leur en demanda la reſtitution du temps de la guerre de Cambrai, menaçant Pierre Paſqualigue leur Ambaſſadeur de ſe faire juſtice par les Armes, s'ils ne la lui faiſoient eux-mêmes; mais faute d'argent, il perdit l'ocaſion favorable, qu'il avoit de rentrer dans cette Province, pendant que les Venitiens étoient occupez à ſe défendre contre l'Empereur & le Roi de France. Tite prêcha l'Evangile dans la Dalmatie, ſelon ce que nous en aprend St. Paul [b].

[b] 2. Timoth. c. 4. v. 10.

DALMINIUM }
DALMINUM } Voiez DELMINIUM
DALMIUM }

DALMISIUM ou DALMISSUM. Mr. Maty dit que les Auteurs Latins donnent ces noms à une ville de Dalmatie que l'on apelle communément OMISE. Ces deux noms ſont inconnus à Mela, à Pline, à l'Anonyme de Ravenne & à tous les autres Géographes Latins que j'ai conſultez. Quant au nom d'*Omiſe*, c'eſt celui que les Eſclavons donnent à la ville d'*Almiſſa* ou *Almiſa*, que l'on croit être l'ancienne *Peguntium*.

DALON ou DALONE. Abbaye d'hommes, en France dans le bas Limouſin. Elle eſt de l'ordre de Ciſteaux, de la filiation de l'Abbaye de Pontigni & fut fondée le 24. d'Avril de l'an 1120.

[c] *Piganiol de la Force* Deſcrip. de la France T. 5. p. 359.

☞ DAM. Ce mot dans la langue Flamande ſignifie une levée de terre, une ſorte de Digue pour retenir les eaux de la mer, d'une riviere, d'un canal. Il entre dans la compoſition d'un grand nombre de noms Géographiques, & eſt particulier aux villes des Pays-bas. Ce mot deſigne preſque toujours un lieu ſitué ſur une de ces Digues & l'on y joint d'ordinaire le nom de la riviere qui paſſe en cet endroit comme Rotterdam, Amſterdam, &c; ou le nom de ceux qui l'ont faite, comme Monikendam, &c.

1. DAM ou DAMME [d] en latin *Dammum* ville de Flandres dans le Franconat au Nord-eſt & à une lieue de Bruges. Quelques uns l'apellent HONTS DAMME, en Latin *Caninus agger*, c'eſt-à-dire, la digue du chien; & ils en donnent cette raiſon; à ſavoir que les Bataves qui fonderent cette ville trouvant en 1179 en cet endroit un goufre affreux que la mer y avoit formé jetterent dans le trou un chien hargneux & du gazon par deſſus, de ſorte qu'ils vinrent à bout de boucher ce trou, en mémoire de quoi la ville porte un chien dans ſes *armes*. D'autres prétendent avec plus de vraiſemblance que cette tradition n'eſt autre choſe qu'une corruption de l'hiſtoire & que le chien vient des Alains qui lui donnoient une preference ſur les autres animaux & qui ont autrefois poſſedé la France avec les autres peuples barbares qui inonderent ce Pays. Quoi qu'il en ſoit il eſt certain que les Bataves reculerent la mer par des Digues depuis Dam juſqu'à l'Ecluſe. Ce furent ces mêmes Bataves qui éleverent l'Egliſe de la Vierge, la ſeule qui ſoit en cette ville. Ils obtinrent enſuite l'exemption de Péages par toute la Flandre & les Comtes leur accorderent les mêmes droits & privileges dont les autres Sujets jouïſſoient. Tels furent les commencemens

[d] *Blaeu* Theat. Urb. Belgu.

DAL.　　　　　　　　DAL.　　11

L'Assemblée
- de *Scardone* où se rendoient les Japodes & quatorze Villes des Liburniens. Ces Villes ne sont point nommées.
- de *Salone*
  - Les Dalmates, — Divisez en Decuries — CCCLXXII.
  - Les Decuns, — XXII.
  - Les Ditions — CCXXXIX.
  - Les Mazæens — LXXIX.
  - Les Sardiates — LII.
- de *Narona*
  - Les Cerauniens — XXIV.
  - Les Daorsiens — XVII.
  - Les Desitrates — CIII.
  - Les Docleates — XXXIII.
  - Les Deretins — XLIV.
  - Les Deremistes — Divisez en Decuries — XXX.
  - Les Dindariens — XXXIII.
  - Les Glinditrones — XLIV
  - Les Melcomeniens — XXIV.
  - Les Naorsiens — CII.
  - Les Scutares — LXXII.
  - Les Siculotes — XXIV.
  - Les Vardæens. — . . . .

L'Illyrie étant divisée dans la suite en un plus grand nombre de parties, & aiant changé de Bornes, le nom de Dalmatie resta à une contrée qui comprenoit la partie Orientale de la Dalmatie, & partie de la Bosnie & de la Servie, & qui fut gouvernée par un President qualifié *perfectissimus*, très-parfait: titre moindre que celui de *clarissimus*. Les Villes étoient alors,

Salone.
Narona.
Epidaure.
Delminio.
Et quelques autres moins considerables.

[a] Memor. Hist. della Dalmazia. p. 21. & seq.

Les Goths & les Slaves [a], Slavons ou Esclavons aiant envahi avec quantité d'autres Nations Septentrionales, presque tout l'Empire d'Occident, ces derniers s'arrêterent entre la Pannonie & l'Illyrie, ou plutôt entre la Drave & la Save pays qui conserve encore leur nom & qu'on apelle aujourd'hui Esclavonie. L'an 476. l'Empereur Zenon desirant de chasser d'Italie les Herules apella à cet effet ou plutôt pria Theodoric qui occupoit la Thrace avec ses Goths de se charger de cette entreprise. Theodoric accepta la commission avec plaisir, en chemin faisant subjugua la Dalmatie & obligea les Esclavons à se soumettre. Il fit aussi reconnoître son autorité par les Rasciens & vint à bout de délivrer l'Italie du joug des Herules. Ensuite ne se contentant plus de la qualité d'Allié de l'Empire il se rendit proprietaire & Roi de ce beau pays & des conquêtes qu'il avoit faites. Ainsi la Dalmatie & l'Esclavonie faisoient partie du Roiaume de Theodoric. Les Regnes d'Anastase & de Justin agitez par les guerres contre les Perses, furent favorables à son dessein & furent cause qu'on ne lui disputa point la possession de ces conquêtes. Justinien voulant reparer les pertes de l'Empire fit attaquer d'abord la Dalmatie d'où il chassa les Goths par la valeur de Belisaire. Ce grand homme aiant été la victime de ses ennemis, les Goths qu'il avoit humiliez reprirent courage, & apellant Totila qu'ils firent leur Roi, ils se rendirent maîtres de la Dalmatie. Pendant que Totila faisoit son chemin vers l'Italie par le Frioul, Ostroïle son frere demeura en Dalmatie où il poussa ses conquêtes jusqu'à Dioclée dans la Prevalitane, où aiant établi son Siege il envoia son fils Senulado ou Seviolado avec une partie de ses troupes vers les parties les plus Occidentales pour les assujetir. Justinien lui oposa Narsès qui le battit. Ostroïle lui-même perit dans une bataille, & toutes ses villes alloient rentrer sous la domination Imperiale, si Senuladò n'avoit rallié les Goths efraiez, & dispersez dans les montagnes, & oposé une barriere aux progrès de l'armée de l'Empire. Ce Prince & ses Successeurs ne cesserent point de tenter la conquête des Villes maritimes qu'on apelloit Romaines; parce qu'elles demeuroient fidelles à l'Empereur. Ces efforts furent inutiles sous les regnes de Justin, de Tibere, de Maurice, & de Phocas, c'est-à-dire presque un siecle entier. Mais Heraclius étant attaqué en même temps par les Lombards & les Perses, les Armées de l'Empire, à force d'être divisées s'affoiblirent & les Goths firent de si puissans efforts dans la Dalmatie contre les villes Romaines, que Salone, Scardone, Narenta & Epidaure furent reduites en cendres. Il n'y eut que Zara, Trau, & Sebenico avec les Isles plus Occidentales qui resterent au pouvoir des Empereurs à qui elles conserverent le titre & les droits sur la Dalmatie. Cette revolution arriva l'une des dernieres années de l'Empire d'Heraclius. Car le Pape Jean IV. ouvrit les tresors de l'Eglise en faveur des Chrétiens Dalmates ses compatriotes. Il leur donna asile à Rome, en racheta des mains des Goths leurs vainqueurs & il donna ses soins pour sauver les reliques de la profanation qu'en auroient faite les Esclavons qui étoient encore Payens. Si donc on excepte les trois Villes Zara, Trau & Spalatro, toute la Dalmatie demeura au pouvoir des Goths, mais ils ne la possederent pas long-tems. Les Crobates, ou Croates, autre Nation Septentrionale, obligez de chercher une habitation se jetterent sur la partie Occidentale de la Dalmatie & après quelques batailles qu'ils gagnerent, ils contraignerent les premiers Conquerans à la leur abandonner. C'est ainsi que se forma un nouveau Roiaume qui conserva

Tom. II.　　　　　　B 2　　　　　　l'an-

DAM.

me des Grives, on les appelle *Martignos* de ville & de campagne. Les premiers sont noirs & blancs, les seconds ont l'estomac rouge & le reste cendré. Quoique cette description soit un peu longue, il est necessaire d'y ajouter ce qui suit parce qu'il explique ce que l'autre article ne nous apprend pas. D'ailleurs la comparaison de deux temoins oculaires qui ne se sont point consultez, a ses avantages. La description suivante est tirée du Voiage p du Medecin Dellon dans les Indes. La Ville de Daman a été bâtie par les Portugais, qui l'ont conservée jusqu'à present; il y a vingt lieuës de Surate, & environ quatre-vingts de Goa: Elle est petite, mais forte & propre; les ruës en sont droites, & on ne les pave point, afin de marcher plus commodément pendant les pluyes. Toutes les maisons sont bien bâties, & les Eglises extremement parées, sur tout la Paroisse & la Chapelle de la Misericorde. Il y en a quatre autres, des Jesuites, des Jacobins, des Augustins & des Recolets; les habitans de Daman passent pour les meilleurs Cavaliers de l'Inde, ils ont une fois resisté à 40000. hommes, que le Grand Mogol envoyoit pour les assieger. C'est un Gouvernement fort considerable, & celui qui le possedoit quand j'y fus s'appelloit, Manuel Fortado de Mandoça, cousin Germain, (mais bâtard) du Viceroi. La riviere passe au pied des murs de la ville, elle est bonne quand les Vaisseaux y sont entrez, & s'il en a peri quelquefois, ce n'a été que dans des debordemens rapides, qui les entrainent à la mer, quand on n'a pas la prévoyance de les bien attacher. Il n'y a qu'une portée de Canon de la mer à la ville, & l'on voit sur l'autre côté du rivage, le Fort de Saint Jerôme, qui sert extrêmement à la défense de Daman; les Portugais l'estiment plus que le reste des Places qu'ils possedent en Orient, & il n'y a que des Soldats blancs dans la Garnison, le temps n'y la faveur n'ayant pû y faire entrer les Noirs. Le nombre est toûjours de quatre cens, indispensablement obligez d'y coucher toutes les nuits, & s'ils y manquent sans la permission du Gouverneur qui ne l'accorde que rarement, ils sont privez de leur solde ce jour-là, pour la premiere fois, & cassez sans retour pour la seconde. Le Gouverneur ne depend point de celui de la ville; ils sont trois ans dans ce poste, comme par tous les autres Gouvernemens des Portugais. L'air de Daman est extremement agreable, & les principaux habitans ont des Aldea, où ils vont passer le temps de la recolte.

DAMAN, Riviere de l'Indoustan. Elle a son Embouchure au dessous du Golphe de Cambaye, à l'Ouest de la Ville de Daman. Mr. de l'Isle dans sa Carte de l'Asie, & dans celle des Indes ne marque point cette riviere. Cependant tous les Voiageurs conviennent de son existence.

DAMANORE Mr. Corneille écrit DAMAHORE ou DAMANORE. C'est une Ville d'Egypte sur une des branches du Nil laquelle porte le même nom assez près de la Masoure où St. Louis fut fait prisonnier.

DAMAR, Ville de l'Arabie heureuse dans le Roiaume d'Yemen. Elle est considerable & est située à 67. d. de longitude & à 16. d. de latitude. Elle est sur la route d'Idanie à Moab au Nord-Est de la premiere & au Nord-Ouest de la seconde. Mr. de l'Isle dans la Carte particuliere qu'il a dressée pour le Voiage de l'Arabie heureuse compte dix lieues Françoises de Moab à Damar & environ quatorze de Damar à Iranie. Voici ce qu'Abulfeda dit de cette ville: C'est q une ville celebre dans l'Yemen. C'est d'elle que sont surnommez plusieurs qui ont écrit les paroles du Prophéte (Mahomet); il en est aussi fait mention dans les écrits historiques. Elle est éloignée de Sanaa de XVI. Parasanges & de Ddafar de huit: depuis Sanaa dit Edrisi il y a environ deux Stations, & sur le chemin de Damar on trouve une Montagne & ensuite le Temple de Maad Ibn-Giabal. Cela est ainsi dans l'Edition de Grawe, mais Mr. de la Roque dit: sur le chemin qui conduit à Damar, il y a une Montagne sur laquelle il y a une magnifique Mosquée, bâtie encore par Maad Ibn-Giabal & qui en porte le nom.

q Geogr. Vet. Oxon. T. 3. p. 50.

DAMAS, en Latin *Damascus*, r Ville celebre dans la Syrie. Elle a été longtemps Capitale d'un Roiaume nommé *le Royaume de Damas* ou *Aram de Damas*, ou *Syrie de Damas*. On ignore au vrai qui est le fondateur de Damas. Elle subsistoit dès le temps d'Abraham & quelques anciens ont enseigné que ce Patriarche y avoit régné immediatement s après Damascus son fondateur. Ce qu'il y a de certain c'est qu'il avoit un Affranchi Intendant de sa Maison qui étoit de Damas t; & qu'il poursuivit Codorlahomor & les cinq Rois liguez jusqu'à Hoba qui est à la gauche ou au Nord de Damas v. L'Ecriture ne nous apprend plus rien de cette Ville jusqu'au temps de David. Alors Adad Roi de Damas, aiant voulu fournir du secours à Adareser Roi de Soba, David les vainquit tous deux & assujettit x leur Pays. Joseph y dit que ce Roi Adad étoit le premier qui eût pris le titre de Roi dans cette Ville & il le dit après Nicolas de Damas, Historien du Pays qui vivoit du temps d'Herode le grand. Sur la fin du Regne de Salomon z Dieu suscita Razin fils d'Eliada, qui rétablit le Roiaume de Damas, & qui secoua le joug des Rois de Juda. Assez long temps après, Asa Roi de Juda implora le secours de Ben-Adad, fils de Tabremon, Roi de Damas, contre Basa Roi d'Israel; & l'engagea à faire irruption sur les terres de son ennemi a. Depuis ce temps là la plupart des Rois de Damas sont nommez Ben-Adad: Par exemple, Ben-Adad fils de celui dont on vient de parler, qui assiégea Samarie, accompagné de trente-deux Rois b sous Achab Roi d'Israel. Ben-Adad fut obligé de lever le siége de Samarie; & l'année suivante aiant remis une armée sur pied, il fut vaincu c par Achab, & il s'obligea de rendre au Roi d'Israel les places que ses Peres avoient prises sur Israel. Ben-Adad n'ayant pas fidellement exécuté sa promesse & aiant refusé de restituer Ramoth de Galaad donna occasion à diverses guerres entre les Rois d'Israel & ceux de Damas.

Ben-Adad fit la guerre à Joram fils d'Achab comme il l'avoit faite à son Pere. Il assiégea Samarie & fit diverses entreprises contre Israel. Mais le Prophéte Elisée renversoit tous ses projets en les découvrant au Roi Joram: en sorte que Ben-Adad envoia des troupes pour arrêter ce

r D. Calmet Dict. de la Bible.
s Justin. l. 36. met Asslus & Adores entre Damascus & Abraham.
t Genes. c. 15. v. 2.
v Ibid. c. 14. v. 15.
x 2. Reg. c. 8. v. 5. 1. Paral. c. 18. v. 4. 5. & seq.
y Antiq. L. 7. c. 6.
z 3. Reg. c. 11. v. 23. 24. 25.
a 3. Reg. c. 15. v. 18.
b 3. Reg. c. 20. v. 1. 2. & seq.
c Ibid. v. 23. & 24

ce Prophete & pour se le faire amener. Mais Elisée les frapa d'aveuglement & les fit entrer dans Samarie sans qu'ils s'en aperçussent [a]. Enfin quelque tems après, Ben-adad étant tombé malade à Damas Elisée y alla ; & le Roi lui aiant envoié de grands presens par Hazaël, le Prophéte prédit à Hazaël qu'il regneroit [b] ; & Hazaël étant retourné vers Ben-adad l'étoufa dans son lit & regna en sa place. Il herita de la haine que ses predecesseurs avoient euë contre le Roiaume d'Israël. Il lui fit la guerre & y commit mille ravages. Il attaqua même le Roiaume de Juda [c] ; & Joas Roi de Juda, fut obligé de racheter le pillage de son Pays & de sa Capitale par de grandes sommes qu'il lui donna. Ben-adad fils d'Hazaël marcha sur les traces de son Pere. Il fit la guerre avec succès aux Rois d'Israël & de Juda [d]. Toutefois Joachas Roi d'Israël le battit dans trois rencontres, & l'obligea de lui rendre les Villes qu'Hazael avoit prises sur son Pere.

Jeroboam II. Roi d'Israël, reprit le dessus sur les Rois de Syrie [e]. Il conquit Damas & Emath, les deux principales villes de Syrie; mais après la mort de Jeroboam II. les Syriens rétablirent leur Monarchie. Razin prit le Titre de Roi de Damas. Il se ligua avec Phacée usurpateur du Roiaume d'Israël & commit avec lui une infinité de ravages [f] sur les terres de Joathan & d'Achaz Rois de Juda. Achaz ne se sentant pas assez fort pour leur resister, envoia demander du secours à Teglat-phalassar Roi d'Assyrie. Celui-ci pour faire diversion, entra sur les terres de Razin, prit Damas, la ruina, fit mourir Razin, & envoia les Syriens ses Sujets, en captivité au delà de l'Euphrate [g], suivant les Prophéties d'Isaïe [h] & d'Amos [i].

Damas se releva de toutes ses disgraces ; nous croions que Sennacherib la prit en venant contre Ezechias, ainsi qu'Isaïe [k] le marque. Holopherne la prit aussi du temps de Manassé [l] Roi de Juda. Ezechiel [m] en parle comme d'une ville florissante de son temps. Jerémie [n] la menace des armes de Nabuchodonofor, qui l'assujetit de même que toutes les autres Villes de Syrie. Après le retour de la captivité Zacharie [o] lui predit des malheurs qui lui arriverent apparemment lorsque les Generaux d'Alexandre le Grand en firent la conquête [p]. Il semble que Jonathas Maccabée frere de Simon, se rendit maître de Damas pendant les troubles de Syrie [q] ; mais il ne paroît pas qu'il l'ait conservée. Les Romains s'en emparerent vers l'an du Monde 3939. lorsque Pompée faisant la guerre à Tigranes, y envoia Metellus & Lælius qui s'en saisirent [r]. Scaurus s'y rendit quelque temps après ; & après lui Pompée qui y fit venir Hircan & Aristobule qui se disputoient la Roiauté [s].

Damas demeura sous la Domination des Romains, jusqu'à ce qu'elle tomba entre les mains des Arabes. Obodas Pere d'Aretas Roi d'Arabie dont parle St. Paul [t], étoit déja maître de Damas sous Auguste [v], mais il ne la possedoit pas dans une entiere indépendance. Ce Roi, comme plusieurs autres, étoit soumis aux Romains. Aretas qui avoit un Gouverneur à Damas, lorsque Saint Paul y vint, se brouilla avec les Romains & lorsque les Juifs de Damas voulurent faire arrêter cet Apôtre, Arétas étoit en guerre avec eux.

Damas, fut long-temps sous la Domination des Empereurs comme il paroît par leurs médailles, où le nom de cette ville est marqué avec la qualité de Metropole. Les Antiquaires en fournissent un grand nombre entre lesquelles il y en a à l'honneur [x] d'Hadrien, d'Antonin Pie, de Commode, de Severe, de Caracalla, de Macrin, d'Elagabale, & de Gordien. La Notice des Dignitez de l'Empire [y], compte qu'il y avoit en Orient cinq Arsenaux où l'on fabriquoit des Armes & Damas y tenoit le premier rang. Lorsque l'Empire fut divisé en deux, Damas fut soumis aux Empereurs d'Orient jusqu'à ce qu'Omar Calife & Successeur de Mahomet soumit Damas & toute la Phœnicie. Quelques Historiens veulent qu'Ali y fit assassiner Osman autre Califfe. Il est du moins certain que vers le milieu du VII. siecle les Sarrazins en étoient maîtres du temps d'Heraclius. Ils en furent chassés par les Turcs à leur tour, & dans la Chronique de Jerusalem [z] publiée par Reineccius, on compte entre les Ennemis de Baudouin Geneadoil Prince des Sarrazins ligué avec le Roi de Damas. Ce dernier étoit Turc & il paroît même par sa reponse à la proposition que faisoit Geneadoil d'attaquer les Chrétiens durant la nuit, que les Turcs n'étoient pas encore bien affermis & qu'ils craignoient les Sarrazins qui étoient encore en état de les opprimer & de qui ils savoient n'être pas aimez. Ce Roi de Damas est apellé par le même Auteur Duc de Damas, c'est ce que nous apelons le Soudan de Damas. Ce Roiaume fut ensuite conquis par les Ottomans qu'il ne faut pas confondre avec les Turcs dont ils ne faisoient qu'une partie. Après la defaite de Bajazeth II. ce Roiaume de Damas avec toutes ses dependances reconnut Timur lenc, ou Timur Beg le vainqueur qui fit passer les habitans de Damas au fil de l'épée pour lui avoir fermé leurs portes & soutenu le Siége. Les Mamelucs qui y avoient déja formé quelque entreprise revinrent d'Egypte & reprirent Damas qui demeura en leur pouvoir jusqu'à l'année 1516. que Sultan Selim défit Campson Gaurus & se rendit maître de Damas & de la Syrie dont l'Empire Ottoman est demeuré en possession depuis ce temps-là. [a] Le Grand Seigneur y tient un Bacha dont le poste est fort brigué au Serrail. Les Géographes qui la mettent aujourd'hui pour la Capitale de la Sorie parlent peu exactement & confondent les tems. Elle n'est à present la Capitale, ni de la Sorie prise dans un sens étendu, ni de la Sorie propre. La Sorie dans le premier sens, comprend aujourd'hui trois Provinces dont chacune a sa Capitale, à savoir, la Sorie propre dont la Capitale est Alep, la Phœnicie dont la Capitale est Damas, & la Palestine ou la Terre Sainte dont la Capitale est Jerusalem [b]. Damas est une des plus belles & des plus riches villes de l'Empire Ottoman : elle est située dans une charmante plaine au pied du mont Liban. Un nombre de belles collines l'entourent sans la resserrer & enrichissent autant sa vuë que la Riviere de Baradai qui se divise en deux, contribuë par l'abondance de ses eaux à la beauté de ses Jardins, & de ses charmantes Campagnes. Une

Une grande quantité de fontaines & de bâtimens bien entretenus rendent cette ville tout-à-fait agréable. Elle n'est pas moins fameuse par la bonté de ses fruits & de ses vins qu'elle l'est par un grand nombre de Manufactures dont les belles étofes de soye qui s'y sont trouvent par tout un grand debit; mais rien ne se negocie dans cette Ville que par l'entremise des Juifs qui y sont les maîtres du Negoce. Toutes les Sectes des Chrétiens Orientaux ont leurs établissemens dans Damas & l'Auteur du Voiage cité y trouva en 1721. cinq ou six cens Catholiques dirigez par des Jesuites, des Cordeliers & des Capucins, qui y sont assez à leur aise. Il tenta inutilement de visiter la belle Eglise de St. Jean dont les Turcs ont fait une superbe Mosquée, & on lui assura que les Religieux Mahometans qui la desservent y conservent avec beaucoup de respect le chef du St. Precurseur. Il s'est abstenu, dit-il, d'approfondir la chose pour ne point allarmer les Eglises qui se parent de ce precieux dépôt. Damas a des murs [a] assez bons, garnis de quantité de tours, & elle est defendue par un Château de structure antique, mais tout bâti de pierres de taille en pointes de Diamants & entouré d'un fossé extremement large de huit ou neuf pieds de profondeur, où coule un petit ruisseau: il est defendu à tous les Francs d'y entrer. D'abord on se trouve dans un Corps de Garde garni de plusieurs armes pendües contre la muraille, & parmi les pieces de Canon de cette Forteresse il y a trois grosses coulevrines d'une longueur extraordinaire: quinze ou seize pas au delà de la porte, est le lieu où l'on bat monnoye, & ce sont les Juifs qui y travaillent. Un peu plus avant on rencontre un dôme, soutenu par quatre piliers fort massifs & tout simples, qui sont un reste de l'antiquité. Ces piliers sont d'une telle grosseur que trois hommes n'en pourroient embrasser un. Ce dôme est sur l'avenuë d'une belle Place, qui a de l'autre côté une Salle voûtée fort vaste, d'où l'on entre dans le Divan où se tient le Conseil. Il est peint à la Mosaïque en or & en azur, & rafraichi pendant les chaleurs de trois petits bassins, d'où l'on fait venir de l'eau autant qu'on en veut. Le reste de ce Château est occupé d'une Mosquée, du logement du Bacha, & de celui des Officiers des Soldats de la garnison. En dehors de ses murailles pendent deux Chaines de pierres dont l'une contient seize anneaux, & l'autre quatorze, taillez l'un dans l'autre d'un artifice admirable. Chaque anneau peut avoir deux pans de long & un & demi de large, & châque chaîne n'est qu'une seule pierre. De là on vient dans une belle Mosquée de vingt pas en quarré, toute peinte d'or & d'azur à la Mosaïque & pavée de marbre. On voit au milieu la Sepulture de Melec Daër Sultan d'Egypte. Après cela on découvre la Maison du Tefterdar, dans laquelle il y a une petite Mosquée, très-belle tant pour l'Architecture, que pour le marbre & la peinture en or & azur. Cette Maison est composée de plusieurs Chambres de même façon, ayant à chaque fenêtre une petite fontaine dont l'eau est très-claire; elle y est conduite par des Canaux avec artifice. Dans cette même Maison il y a une porte & plusieurs grandes fenê-

[a] Corn. Dict.

tres avec treillis de cuivre qui regardent dans la grande Mosquée, qu'on peut voir de là sans aucun empêchement; mais il est defendu aux Chrétiens d'y entrer sur peine de la vie, ou d'embrasser la Religion de Mahomet. Cette Mosquée est d'environ trois cens pas de long & de soixante de large. La cour est pavée de belles pierres, la plûpart d'un marbre luisant. Tout à l'entour sont plusieurs Colonnes de marbre, de jaspe & de porphyre, fort delicatement travaillées, & qui soutiennent une voûte peinte de divers ouvrages à la Mosaïque. En face de cette cour est le Portail de la Mosquée, dans laquelle on entre par douze grandes portes de cuivre, figurées en bosse avec plusieurs colomnes, la plûpart de Porphyre, dont les Chapiteaux à la Corinthienne sont de Bronze doré. Les Turcs assurent que le dedans n'est pas inferieur à la beauté du dehors, & tiennent cette Mosquée pour la plus magnifique de toutes celles de l'Empire Turc. C'étoit une Eglise des Chrétiens que l'Empereur Heraclius avoit fait bâtir à l'honneur de Saint Zacharie, Pere de Saint Jean Baptiste, & on dit qu'il y a une Sepulture, où sont les os de ce Saint Prophete.

On voit dans Damas la Fontaine où Saint Paul recouvra la vuë & fut baptisé par Ananie. Elle est dans la ruë droite appellée *Vicus rectus* dans les Actes des Apôtres, en un Bazar, sous une voûte près d'un gros Pillier nommé la Colomne antique. Proche de là on monte en la maison de ce Jude chez qui ce Saint Apôtre se retira pour être instruit en la Religion Chrétienne avant qu'on se baptisât. Il y a une grande Porte garnie de fer avec de grands Cloux & au dedans est la Chambre où il demeura trois jours sans manger. Après cela on sort de la Ville par une porte, qu'on appelle Bab-Cherki, c'est-à-dire, porte Orientale, près de laquelle il y avoit autrefois une grande Eglise érigée à son honneur. Les Turcs en ont fait un Han. Le Clocher y reste encore de fabrique fort ancienne. A cent cinquante pas de cette porte est une grande Tour quarrée qui tient aux murailles, du milieu de laquelle sortent deux fleurs de lys taillées en relief, & à côté de chacune on voit un Lion taillé de même. Un peu plus loin on trouve une porte murée de pierres, sous laquelle est le lieu par où l'on fit sauver Saint Paul dans une Corbeille pour le mettre à couvert de la persecution des Juifs; & à soixante pas de là vis-à-vis la porte, est la sepulture de George le Portier, à qui l'on trancha la tête sous prétexte qu'il étoit Chrétien, & qu'il avoit fait évader le Saint Apôtre. On voit aussi la maison d'Ananie qui est entre la porte d'Orient & celle de Saint Thomas, & l'on descend dans la grotte par quatre degrez au bas desquels l'instruisoit Saint Paul, qu'il alloit trouver en la maison de Jude par un trou sous terre, qui est aujourd'hui bouché. On dit que les Turcs ont tâché souvent de bâtir une Mosquée sur cette grotte & que tout ce qu'ils avoient bâti le jour étoit renversé le soir en un instant. Ce que Damas a conservé de plus agréable, ce sont les Fontaines qu'on trouve par tous les coins, & qui sont si abondantes en eaux, qu'elles en fournissent presque à toutes les maifons en particulier. La Ville étoit autrefois entourée de trois murailles, dont deux ont été demolies, en forte qu'il n'en reste plus que quelques vestiges. L'autre subsiste encore aujourd'hui. Damas est celebre par les Etoffes de soye à ramage qu'on y a premierement inventées, & par les Sabres & les Couteaux qui en viennent, & qui sont si bien trempez, qu'ils coupent le fer sans se rebrousser; mais le plus grand avantage dont cette ville se puisse glorifier c'est d'avoir donné la naissance à St. Jean, surnommé Damascene. Il s'est acquis un grand nom dans l'Orient par sa Sainteté & par sa Doctrine. Il défendit la Foi & la Tradition de l'Eglise touchant les Saintes Images avec toute la vigueur possible contre l'Emperur Leon, dit l'Isaurien, & qu'il fit encore contre Constantin Copronyme vingt-sept ans après, & toujours avec un zele extraordinaire. Il fut accusé d'avoir fait donner avis à l'Empereur Leon qu'il lui seroit facile de surprendre la Ville de Damas, & le Calife des Sarazins nommé Hisiam eut la cruauté de lui faire couper la main sur cette accusation. Comme elle étoit faussé, on dit que sa main lui fut remise la nuit suivante pendant qu'il dormoit, comme si elle ne lui eût point été coupée. Saint Jean Damascene, qui par sa vive éloquence merita le nom de Chrysorhoas, que les Orthodoxes lui donnerent, mourut vers l'an 760. Le Territoire de Damas produit des raisins, qui sont renommez par tout le monde, & qui n'ont point de semblables dans leur bonté ni dans leur douceur. Les autres fruits y sont monstrueux, les bleds y abondent, & c'est la plus fertile Contrée de la Syrie. Cette Place est à cinquante milles de la mer, & elle en est separée par une longue suite de montagnes. A deux milles de Damas est un petit hermitage où demeurent les Derviches. Il est sur une petite colline au-dessus d'un grand Village apellé Salusia. On y voit la grotte où se cacherent les sept Dormans pour éviter la Tyrannie de Decius, qui leur vouloit faire renier la foi, & où l'on tient qu'ils dormirent jusqu'au tems de Theodose le jeune. A trois lieues de là est l'endroit où Caïn tua son frere Abel. Dans le Village apellé Jobar, qui n'est habité que par Juifs à demie lieue de la ville, il y a une Synagogue, au bout de laquelle on trouve une grotte à côté droit, de quatre pas en quarré. On n'y entre que par un trou en descendant sept degrez taillez dans le Roc. On prétend que c'est le lieu où se cacha le Prophéte Elie, fuyant la poursuite de la Reine Jesabel. On y montre encore le Trou par où les Corbeaux lui porterent à manger pendant quarante jours.

DAMASAN ou DAMAZAN, petite Ville de France dans la Generalité de Bourdeaux, Election de Condom, à l'Orient de Castelgeloux & à quatre lieues d'Aiguillon & de Monheurt [a]. Elle a Justice royale ressortissant nuément, & environ six-cens quatre vingt feux. Mr. Corneille [b] en fait deux villes ; dont il apelle l'une *Damasan* & l'autre *Damazan*. Il met l'une dans le Bazadois l'autre dans l'Agenois. Ce n'est qu'une Ville située dans le Bazadois sur la frontiere de l'Agenois.

[a] Denomb. du R. de France T. I. p. 181.
[b] Dict.

DAMASCENE, Partie de la Celesyrie,

où étoit la Ville de Damas dont elle prenoit son nom.

DAMASIE [c], ancien lieu de la Vindelicie. Strabon [d] dit qu'elle étoit en quelque façon la forteresse des Licatiens, c'est-à-dire de ceux qui habitoient le long de la Riviere Lech. Cluvier [e] assure qu'elle étoit leur Capitale & que c'est aujourd'hui Augsbourg & qu'on l'apelloit Damasie avant qu'on l'eût peuplée, ornée & agrandie, ce qui lui fit donner le nom d'Augusta. Velser croit au contraire que les Ruines de Damasie sont plus haut vers le midi proche de la Riviere de Wertach.

[c] Cellar. Geog. Ant. L. 2. c. 7. L. 1. 4.
[e] Vindel. & Noric. p. 14.

DAMASI MONTES, ou les MONTS DAMASIENS. C'est ainsi que l'ancien Interprete de Ptolomée [f] écrit le nom d'une chaine de montagnes qui s'étend, selon ce Géographe, depuis le 162. d. de longitude jusqu'au 166. & depuis le 23. d. de latitude jusqu'au 33. Le Grec porte ΤΑ ΔΟΒΑΣΣΑ. DOBASSI *Montes*. Il paroît que ce sont les mêmes montagnes d'où Ptolomée dit un peu plus bas que descendent les fleuves *Duonas* & *Dorias*; mais les Manuscrits varient extrémement sur l'orthographe de ce nom, quelques-uns portent *Damassi*; d'autres *Dabassi*; d'autres *Dabasi*. Cette chaine s'étend du Sud au Nord, & ensuite vers le Nord-Nord-Est selon Mercator. Mr. [g] de l'Isle au contraire l'étend d'Orient en Occident depuis le Pays des Sines jusqu'au mont Imaus auquel elle se va joindre. Ce sont les mêmes Montagnes qui bornent au Nord les Etats du grand Mogol & ceux du Roi d'Ava.

[f] L. 7. c. 21
[g] Atlas.

DAMAVEND, Ville d'Asie [h]. Elle étoit autrefois comprise dans la Province d'Adherbigian en Medie. Elle est à present comprise dans la Province nommée Gebal, ou Iraque Persienne. On tient que Caïumarath, premier Roi de Perse, en jetta les fondemens après avoir mis tout le pays à l'entour sous sa Domination. Il y a des Montagnes voisines qui portent le même nom & ce fut dans ces Montagnes que Feridoun tint prisonnier le Tyran Zohac.

[h] Herbelot. Bibliot. Orientale.

1. DAMBEE, *Dembea*, *Dembeja*, Roiaume d'Ethiopie dans l'Abissinie [i]. Il a du côté du Midi le Lac ou la Mer qui lui est particuliere, & qu'on apelle Bar-Dambée, dont nous parlerons incontinent; du côté de Septentrion Ogara; entre l'Occident & le Septentrion, la Nubie; du côté d'Orient Dancation. Si la Province de Dara est attribuée au Roiaume de Bagamadri (*Bagemder*,) comme elle lui apartenoit autrefois, on peut dire que Dambée touche au Roiaume de Bagamadri, entre le Midi de l'Orient. Et de même si Ogara est attribuée au Roiaume de Tigre, on dira que le Roiaume de Dambée touchera à ce Roiaume. Enfin comme le Lac ou la Mer doit aussi être considerée comme une partie du Roiaume de Dambée à raison des Isles qu'elle contient, on peut dire qu'il touche du côté du Midi au Roiaume de Goiame. Ces diferences servent à faire entendre les Historiens qui ne parlent pas tous de la même sorte; & ce que je dis de ce Roiaume peut être appliqué aux autres par proportion.

[i] Descript. de l'Emp. du Preste-Jean p. 20.

Le terroir de Dambée est presque tout plat, & est souvent inondé par les eaux des Lacs & des Fleuves, ce qui n'arrive point aux autres Roiau-

Roiaumes d'Ethiopie. Sa longueur d'Occident en Orient est d'environ quatre-vingt dix milles, & sa largeur de trente ; & si l'on y comprend le Lac, elle sera de soixante ou de soixante & dix.

Ses principales Places sont l'ancienne *Gorgone*, qui est comme le centre du Roiaume de Dambée, & qui n'est qu'à trois milles de la *Nouvelle Gorgone*. Les Peres de la Société s'établirent là d'abord pour être plus proches de l'Empereur qui demeuroit à *Dancation*. Mais parce que le lieu est bas, & que l'air n'en est pas sain, on leur a depuis accordé la nouvelle Gorgone, qui est apellée de la sorte pour la distinguer de l'ancienne, & qui est une Peninsule de la Mer de Dambée, où on passe par un Isthme fort étroit ; l'Empereur Seltan Sequede y a fait bâtir un Palais. Le Peré Pierre Païs Jesuite y a aussi fait bâtir par ses soins une Eglise, & un Seminaire. Il y a aussi une Ville fort considerable apellée *Ganeta de Jesu*, ou *Paradis de Jesu*. Elle est bâtie dans un bas, ce qui est rare en cet Empire. La situation en est agréable, & il y a de l'eau en abondance. Il y a une Eglise où l'on enterre les Empereurs des derniers temps. On y a bâti depuis peu une Eglise pour les Jesuites de la façon qu'on les bâtit en Europe, & un Palais pour les Empereurs, par les soins du Pere Pays. Cette Ville est à douze lieuës de *Dancation*, & à autant de la Nouvelle Gorgone. On peut compter entre les parties de ce Roiaume le *Mont Dancation* ou *Dancas*, assis à l'extrémité d'Ogare & de Dambée du côté d'Orient. Il y a au dessus une plaine où l'Empereur a long-temps logé avec toute sa Cour, composée d'un très-grand nombre de personnes. Car bien que les Empereurs d'Abissinie n'aient pas une demeure fixe & certaine, comme les Princes d'Europe, elle n'est pas toutefois si changeante que quelques-uns croient. On a bâti sur cette Montagne un Palais à l'Européenne, pour le Patriarche Mendez, & une maison pour les Jesuites. Il y avoit outre cela une Eglise dite *Gambianet*, & neuf mille Cabanes faites de pierres, & couvertes de Chaume pour les Soldats. Il y a une petite contrée apellée *Empation* à l'extremité Orientale du Roiaume de Dambée, & à l'extremité Occidentale du Roiaume de Bagamedri à une journée de Gorgone la neuve selon la maniere de compter d'Ethiopie, & un peu moins de Pancation, c'est-à-dire à environ quinze milles & à 12. de Ganeta de Jesu. Il y a un marché de bœufs fort frequenté & fort celebre. Elle s'étend d'Occident en Orient l'espace de neuf milles, & de Septentrion au Midi de six. Elle a été accordée au Patriarche Mendez pour sa subsistance & pour celle des Portugais.

Sur une Colline de ce Roiaume distante de trois milles du Lac de Dambée est la Ville de *Depsan* où l'Imperatrice a autrefois demeuré : c'est un lieu fort agréable, arrosé par deux rivieres dont l'une descend d'Orient, & l'autre du Septentrion, elles se joignent ensuite pour couler dans le même Canal. L'air y est fort pur. A l'opposite entre le Septentrion & le Midi est une autre Montagne, dite des deux mers : comme elle est fort roide & de difficile accés, c'est où les habitans se retirent quand ils sont attaqués par leurs ennemis. En la partie Orientale de cette Montagne est le Monastere de l'Abbé Eustathe. L'Isle de *Metcovoa* ou de *Mecareca*, qui est assez proche de l'Isle de Dambée, est encore une retraite fort commode. On y voit un Monastere autrefois celebre de l'Ordre de l'Abbé Haimon. On a bâti dans cette Ville de Depsan, une maison à l'Européenne pour le Patriarche Mendez. Du côté d'Occident elle a la vuë du Lac de Dambée. Mais du côté d'Orient & du Septentrion elle est bornée par les Montagnes. Quand on va du Roiaume de Goiame à Depsan on trouve après le pont d'Alate, le fleuve *Crel* qui se décharge peu après dans le Lac de Dambée. La maison du Patriarche, de laquelle je viens de parler, est à vingt milles de Gorgora, à dix-huit de Ganeta de Jesus, à dix-huit aussi de Pancation, & à soixante-dix de Colella.

A l'extremité de Dambée du côté d'Occident est la Ville de *Oideriega* ou d'*Ondegue*, où Faciladas se retira à cause de la Peste, & où il demeura avec ses troupes. On appelloit aussi ce lieu-là Province de *Guimelius*. Des Jesuites, & des Capucins y ont été pendus pour la Foi. Entre Dambée & Bagamadri, est encore la Ville de *Goga* où l'Empereur a autrefois demeuré.

§. Je n'ai pas voulu priver le Lecteur de cette description que Mr. Corneille a extraite dans son Dictionnaire. Mais je ne la donne ici que pour sa juste valeur. Je ne sais comment accorder toutes ces villes avec ce qu'assure Mr. Ludolfe dans son Histoire d'Ethiopie [k] à savoir qu'excepté Axum il n'y a aucune ville dans toute l'Abissinie, mais simplement quelques Bourgs à savoir

Dobarua dans le Roiaume de Tigre.
Fremone premier établissement des Jesuites,
Gubay Bourg du Roiaume de Dambée,
Nanina dans celui de Goiam,
Macana-Celace dans celui d'Amhar.

Ces Bourgs étoient l'ouvrage des Portugais qui en avoient bâti quelques autres ; mais depuis que cette Nation a perdu cet établissement, il n'est pas sûr qu'on les ait entretenus. Le même M. Ludolfe ajoute que les Abissins aiment à demeurer dans des especes de Villages dont les maisons ne sont point contigues, & que par là ils évitent quantité de querelles que le voisinage & la contiguité des maisons causent ordinairement. Dans les endroits fertiles & cultivez on voit la Campagne couverte de Villages & de Metairies. Ils n'ont ni Citadelles, ni Châteaux, & la pretenduë Forteresse d'Amhar n'est autre chose que des Roches. Les Abissins s'étonnent de ce qu'il y a tant de grandes Villes parmi nous, & de ce qu'elles sont fixes & se touchent l'une l'autre. Comme ils ne savent chez eux ce que c'est que navigation & transport des marchandises d'une Province à une autre, ils ont peine à comprendre que le bois & les vivres puissent long-temps suffire à tant d'habitans qui ont fixé leur demeure dans un même lieu. Le Roiaume de Dambée [l] a été fameux parce que la Cour y a long-temps séjourné. Il est divisé en 14. Prefectures, à savoir :

[k] L. 8. c. 11.

[l] Ibid. L. 1. c. 3.

DAM.

Arebja,
Decul-Arwa,
Dehhana,
Edn,
Gaba,
Guender,
Kuara,
Nara,
Sarako,
Sera-Karri,
Takueça,
Tenquel,
Tshelga,
Walwad.

m Ibid. L. 2. c. 17.

Le Vice Roi prend le titre de *Dembea-Cantiba*.

2. DAMBEE, Lac de l'Abissinie dans le Roiaume de Dambée. Voici la description qu'on en donne dans un extrait de l'Histoire d'Ethiopie du P. Balt. * Tellez. J'y ajouterai quelques remarques à la fin. Ce Lac est appellé par les Abissins BAR de Dambea, qui veut dire Mer du Roiaume de Dambea. Il est à la hauteur de 13. degrez & demi vers le Nord; il a plus de cinquante Lieues de tour, mais si l'on comptoit les enfoncemens & les Golphes, on en trouveroit bien davantage. Ceux qu'il forme vers le Sud ne sont pas si frequens; il y en a pourtant environ trente, sa largeur est inégale, & souvent de dix ou douze Lieues. Son eau est fort nette, legere, saine & abondante en plusieurs sortes de poissons, & mêmes en chevaux marins, qui vont paître sur la terre, aux lieux les plus plats; ils y font quelques dégats. Il y a des hommes qui vivent de cette Chasse, & du Cuir ils en font des foüets, dont ils se servent pour chasser leurs montures, les Abissins n'aiant point l'usage des éperons. On n'y voit pas communément de Lezards, ni de Crocodiles, moins encore de Tritons & de Sirénes, comme l'a voulu faire croire Jansson dans son nouvel Atlas de l'année 1653. de sorte que le bétail paît & couche le long de cette riviere en toute sûreté, & les habitans y jouïssent d'une tranquilité qui ne se trouve pas auprès du Nil, lors qu'il entre en Egypte. Ptolomée nomme ce Lac COLOE'. Jean de Baros BARCENA, à cause, comme je croi, d'une Isle qui est auprès du Canal par où le Nil s'écoule. Mercator & Jansson ôtent leurs Cartes de l'Abissinie du côté Meridional *Zambré*, & *Zaire* celui qui lui est opposé; mais le veritable nom, comme nous avons dit, est Bar de Dambea. On compte dans ce Lac plus de vingt & une Isles; il y en a de fort grandes, comme celle de Déc, pour le Labourage de laquelle il faut bien quarante paires de bœufs: en sept ou huit de ces Isles il y a des Monastéres, qui ont été anciennement magnifiques. L'air y est chaud, ce qui n'est pas en toute l'Ethiopie, & on y trouve des Oranges, des Citrons & autres fruits semblables en quantité.

Les Abissins naviguent sur cette petite Mer avec une espece de batteaux qu'ils appellent *Tancoas*, qui sont presque comme nos Radeaux faits de fagots de canes. Ces roseaux ou canes, dont il y en a ce païs-là grande abondance, sont de la grosseur d'un bras, & de la longueur d'une aûne. Tous les bords du Nil sont pleins de ces arbrisseaux que Pline décrit, & qu'il appelle *Papyrus*, dont les anciens se sont servi pour écrire. Parce que les inondations du Nil portent beaucoup de cette matiere si précieuse, Cassiodore les appelle *Fœda inundationis pulcherrimum fructum*.

Les Egyptiens l'ont aussi emploié à faire des batteaux.

Conseritur bibula Memphitis Cymba Papyro.

On y en trouve tant que le Nil en a eû une épithete.

Scilicet aquoreos plus est domuisse Britannos,

Perque papyriferi septemflua flumina Nili
Victrices egisse rates.

Et ailleurs.

Ipse papyrifero qui non angustior amne
Miscetur vasto multa per ora freto.

C'est dans ce Lac que plusieurs se sont imaginez que le Nil prenoit sa naissance. Nous faisons voir ailleurs combien ils se sont abusez. Il est vrai que le Nil n'y passe pas sans en profiter, & sans en augmenter ses eaux, puisque de tous les fleuves qui fondent dans cette petite Mer, il n'en sort aucun que par l'ouverture par où le Nil s'écoule. Mercator & Jansson se sont fondez sur de faux rapports, quand ils ont écrit que de ces amas d'eaux se forment le fleuve Zaïde qui va se décharger dans l'Océan d'Ethiopie aux Côtes de Congo, & le Coanca qui tire vers Angola: Car il est certain que le Nil seul sort du Lac de Dambée, & c'est pour cette raison qu'il grossit tellement ses eaux en hiver; car ce grand Lac, où plusieurs grandes rivieres se perdent & où coulent toutes les eaux qui tombent des Montagnes circonvoisines du Roiaume de Dambée, n'a que cette seule décharge.

§. Remarquez en 1. lieu que dans le nom *Bar de Dambea* il n'y a que le mot BAHR qui soit Ethiopien, le reste est François. 2. Il est vrai que Ptolomée fait mention du Lac ou Marais *Coloë*; d'où il fait sortir un des bras du Nil. Mais il le place sous l'Equateur fort mal à propos; ce qui est une erreur de plus de 1012. Milles Romains. 3. Le nom de *Barcena*, est celui qui approche le plus de la verité, car Mr. Ludolfe n écrit ce mot en Ethiopien BAHR-TZANA c'est-à-dire, *la Mer de Tzana*, à cause de Tzana Isle de ce Lac. L'analogie me persuade que ceux qui aiment mieux donner à ce Lac le nom du Roiaume où il est que celui de l'Isle qu'il entoure, disent BAHR-DAMBEJA.

n Hist. Æthiop. L. 1. c. 8.

La longueur o de ce Lac est de 30. lieues Portugaises, & se prend Nord & Sud. Sa largeur est à peu près de douze. Il contient plusieurs Isles dont la plus considerable est *Tzana*.

o Ibid.

Les autres sont
2. *Berghida*,
3. *Dabra-Antons*,
4. *Dabra-Mariam*,
5. *Daga*,
6. *Dek*, où l'on relegue les personnes de distinction dont on veut s'assurer,
7. *Galila*,

8. *Mee-*

DAM.

8. *Mecrahha*,
9. *Metzlè*,
10. *Quebran*,
11. *Rima*.

☞ Le mot DABRA signifie *monaſtere*, ainſi la troiſiéme & la quatriéme de ces Iſles tirent leur nom des Monaſteres dont l'un eſt dedié à St. Antoine, l'autre à la Ste. Vierge. Toutes ces Iſles, excepté celle de Dek, ſont poſſedées par des Moines. Mr. Corneille dit *Bardambèe*.

† *Herbelot Biblioth. Orient.*

DAMEGAN Ville d'Aſie.† Elle appartenoit autrefois à la Province de Korafan, & eſt aujourd'hui la Capitale d'un petit païs nommé COMUS. Ce païs eſt reſſerré entre le Ghilan & le Korafan. Près de Damegan eſt une fontaine qu'on nomme la fontaine des vents à cauſe qu'en de certains temps il en ſort un vent ſi impetueux qu'il enleve les hommes & les animaux & déracine les arbres.

q *Dict. du Commerce.*
r *p. 1052.*
s *p. 1054.*
t *p. 1055.*

DAMEL petit Roiaume d'Afrique voiſin de Gorée un des departemens du Senega. On en tire tout ici & les cuirs dont on a beſoin à Gorée. Mr. Savari q qui eſt le ſeul Auteur où j'aie vû des traces de ce Roiaume varie ſur le nom car il le nomme le Roi le Roi Damel r, il dit ailleurs le Roiaume d'Amel s, & peu après il dit deux fois le Roi de Damel t. Ce Roiaume eſt aux environs de la Riviere de Senega, ou Senegal, le Roi de Tin s'en empara ſur la fin du ſiecle paſſé. Ce Prince eſt moins de complaiſance que ſon predeceſſeur pour les François. Comme il eſt un des plus puiſſans de cette partie de l'Afrique, il empêcha ſes nouveaux Sujets de porter des cuirs aux François qui occupent l'Iſle de Gorée afin d'obliger ceux-ci à établir des Comptoirs à Rufiſh & à Portudal, lieux maritimes qui lui apartiennent, & d'augmenter par là ſes droits de coutume, ce qui a toujours paru onereux à la Compagnie. Cependant comme on peut tirer de ſes terres juſqu'à quatre ou cinq cens Negres, on entretient toujours commerce avec lui; & on a même conſenti de lui payer une nouvelle Coûtume d'une pinte d'eau de vie pour chaque Chaloupée d'eau & de bois qu'on envoie faire de Gorée chez lui, quoi qu'auparavant on n'y fût point obligé. Les Negres qu'on traite dans ce departement ſont beaux, mais il faut obſerver de n'en point prendre de grands au deſſus de trente ans ni de jeunes au deſſous de dix. La qualité des Cuirs eſt auſſi très-bonne, auſſi-tôt qu'on les a traitez, il faut les faire ſaler, les plier en deux, les empiler, & les faire battre tous les quinze jours dans la haute ſaiſon. C'eſt à Rufiſch & à Portudal que l'on fait toutes les levées de mil dont on a beſoin à Gorée. Comme il arrive ſouvent des famines en Afrique à cauſe des ſauterelles il faut que les magazins de l'Iſle en ſoient bien fournis. Tout le ſoin qu'on doit prendre du mil pour le conſerver c'eſt de le remuer ſouvent de crainte qu'il ne s'échaufe.

v *Corn. Dict. Atlas de De l'Iſle.*

DAME MARIE, v ou DAMMARIE, Bourg de France dans la Brie, en Latin, *Dompna Maria*. Il eſt ſur le grand chemin de Montereaufaut-Yone à Provins à diſtance à peu près égale de l'une & de l'autre. Ce Bourg eſt dans la Generalité de Paris, Election de Montereau.

DAMERI; Bourg de France dans la champagne ſur la Marne entre Ay & Châtillon & renommé pour les vins que ſon terroir produit. On le nomme en Latin *Dameriacum*.

DAMGARTEN, (l'n ne ſe prononce point en François) Ville d'Allemagne dans la Pomeranie. Elle x eſt ſituée ſur la Riviere de Recknitz au Nord-oueſt de ſon embouchure dans le Golphe, & à l'opoſite de Rübnitz Ville de Meckelbourg. Elle y fut honorée du titre de ville en 1258. par Jaromar II. Prince de Rugen qui la munit d'une forte Tour. La Paroiſſe depend du Synode de Barth. Il y a à Damgarten un Château & un Bailliage. En 1363. le Duc Albert de Meckelbourg z étant en diſpute pour les limites avec les Ducs de Pomeranie Vartiſlas & Bogiſlas, tous deux VI. du nom, ils ſe mirent en campagne pour décider la querelle par les armes. Le combat ſe donna proche de Damgarten. Vartiſlas avec une grande partie de ſa Nobleſſe fut fait priſonnier & reduit à payer 1480. marcs d'or fin pour ſa rançon. En 1571. le 31. Mars cette ville fut toute reduite en cendres. Les Suedois la prirent en 1630; & en 1637. les Imperiaux s'en emparérent, mais à peine la gardérent-ils un an & ils la rendirent aux Suedois l'an 1638.

x *Atlas de Sanſon.*
y *Zeiler Topog. Pomer. p. 46.*
z *Micræl. L. 3. c. 53.*

DAMIANA, ancienne Ville d'Eſpagne dans le territoire des Ederains, ſelon Cellarius qui cite Ptolomée. Ce dernier a écrit DAMANIA ſelon les Editions d'Alde, de Villanovantus & de Bertius. De quelque maniere qu'on l'écrive, on ne ſait aujourd'hui ce que c'étoit que cette ville. La poſition que lui donne Ptolomée indique qu'elle étoit vers les frontieres d'Arragon & de Valence.

a *L. 2. c. 6*

DAMIATE, Petite Ville de France dans le Languedoc, Dioceſe de Caſtres, Elle eſt ſituée ſur la Riviere d'Agout, & on y trouve une Egliſe Collegiale. Il n'y a qu'environ cent treize feux, & n'eſt compté que pour un village dans le *Denombrement* c *du Roiaume*.

b *Corn. Dict.*
c *T. 2. p. 233.*

DAMIETTE, Ville d'Afrique d en Egypte, ſituée ſur le bord d'une Branche du Nil, qui ſe décharge dans la Mer deux milles au deſſous, en Latin *Damieta*, autrefois *Thamiatis*. La plûpart tiennent que c'eſt le *Peluſium* des Anciens. D'autres veulent qu'elle ait été bâtie près des ruïnes de cette ancienne Ville. Damiette, qui a toûjours été une Place fort conſiderable, tomba au pouvoir des Sarrazins quand ils ſe rendirent Maîtres de toute l'Egypte. Les Chrétiens Croiſez l'aſſiégerent en 1218. & la prirent l'année ſuivante. Elle fut renduë au Sultan l'an 1221. Saint Loüis étant paſſé en Egypte en 1249. arriva le 4. de Juin à la Rade de Damiette, que les Infideles lui abandonnerent deux jours après, mais aiant été fait priſonnier le 5. d'Avril 1250. il donna Damiette pour ſa rançon. Quelques Auteurs diſent que les Sarraſins y mirent alors le feu, afin d'empêcher que cette Ville ne fût à l'avenir un ſujet de guerre. On l'a reparée depuis, & elle eſt encore grande, & une des Clefs du Pays, à cauſe de l'importance de ſon Port ſur la Mer Mediterranée. On n'y compte guéres moins de vingt-cinq mille habitans, ſans parler d'un village de l'autre côté du Nil, qui en eſt comme un Fauxbourg, & qui eſt tout habité de gens de Marine. De ces vingt-cinq milles perſonnes il n'y en a que les deux tiers de Mahome-

d *Corn. Dict. Coppin Voiage de Phœnicie c. 18.*

hometans. Outre cela il s'y rencontre toûjours un grand nombre d'Etrangers de toutes sortes de Religions. Il y a des Cophtes, & quantité de Grecs qui ont leur demeure fixe à Damiette, & qui sont conduits par un Evêque. Le Turc leur a laissé une Eglise avec la liberté de faire le service Divin; mais il leur a défendu le son des Cloches. La ville s'étend assez loin au bord du fleuve avec une ruë principale, qui dure pendant toute sa longueur; & qui communique au Port, où l'on décharge les diverses sortes de Barques ou de bateaux qui y abordent. Il y a un nombre de maisons considerables; mais elles n'ont point de symmetrie, & les ruës qu'elles forment sont très-confuses, & de largeur inégale pour la plûpart. La Ville ne laisseroit pas d'être assez agreable, s'il y avoit un quay sur la rive du Fleuve. Elle est enceinte de murailles, excepté du côté de l'eau; mais elles sont rompuës en beaucoup d'endroits, & quelques pieces de bois en travers que l'on a mises pour en reparer les principales brêches, font une méchante figure. Vers la pointe qui regarde la mer, il y a une Tour quarrée, sans aucune apparence d'artillerie; & vers l'autre extrémité tout à l'opposite, il reste encore un grand Cavalier de terre qui a été fait anciennement, & où il n'y a point non plus de Canon. Un fossé d'une toise de large à demi comblé régne autour des murs, & ce sont là toutes les défenses de la ville. Une partie des habitans s'emploie aux Arts méchaniques, & principalement à faire des toiles raiées de differentes couleurs. On les appelle des Boures. Les autres s'adonnent à la marchandise. Le Peuple est insatiable dans l'avidité de l'argent, & il a un caractere particulier d'obstination & de dureté, avec une habitude invéterée à la perfidie. La Campagne d'alentour est remplie de jardins ou grands quarrez pour semer du Ris. Ces quarrez sont un peu plus bas que le reste du Terrain, pour y retenir les Eaux où cette sorte de plante aime à se baigner presque toûjours. Ceux qui sont éloignez du Nil, en prennent dans un grand Etang qui est à une lieuë de la ville entre l'Orient & le Midi. Son Territoire est extrémement fertile, ce qui avec le commerce de la Navigation la rend la plus riche Ville de l'Egypte après sa Capitale. L'air y est beaucoup meilleur qu'à Alexandrie, & la chaleur bien plus moderée qu'au Caire. Quoi que son Gouvernement soit le second du Roiaume, celui qui l'exerce n'a que le Titre d'Aga. Le Bacha le donne à qui il veut, & il y envoie encore un Cadi pour administrer la Justice, & un Sou-Bachi, qui lui font bonne part de ce qu'ils tirent de leurs emplois. Un Savant que l'on ne nomme point & dont on trouve une Lettre dans le III. Voiage de Paul Lucas [a] entre autres questions fut consulté par son ami sur la distance d'Alexandrie à Damiette, & sur la Ville de Peluse que les anciens disent avoir été avancée d'une demie lieuë dans la mer, au lieu que les modernes mettent Damiette sur le Nil. Ce Savant qu'on assure avoir fait un long séjour en Egypte lui répond que les Ruines sont à present assez éloignées du Rivage de la Mer. Prenez garde [b], lui dit-il, de ne pas confondre, comme vous faites, Damiette avec Peluse, la derniere de ces deux villes n'étoit pas même sur la mer, du moins du temps de Strabon, puisque selon cet Auteur elle en étoit à 20. Stades; on ne sauroit douter que Damiette ne soit bâtie sur les Ruines de l'ancienne Thaniathis (il faloit dire *Tamiatis*) & Peluse est certainement l'ancienne Pharma. Damiette, poursuit-il, est un lieu environné de marais, ainsi que les autres villes de la basse Egypte, qui sont bâties sur des chaussées, qu'on a élevées exprès pour les mettre à couvert de l'inondation. Ainsi il est évident qu'après que les eaux se sont retirées, il en reste encore assez pour ne faire de ces lieux que des marais remplis de bouë. Il pleut d'ailleurs à Damiette plus qu'en aucun autre lieu d'Egypte ce qui contribue à rendre le terrain bourbeux & incommode & a pu servir de fondement au nom qu'on donnoit à cette ville. Comme il y a de Damiette à la Mer Rouge, ajoute le même Savant, plus de chemin que de cette ville au Caire, il est incontestable qu'il y a plus de vingt-cinq lieues. On en compte ordinairement 50. du Caire à Alexandrie & 45. jusqu'à Rosette; de là à Alexandrie 12. du Caire à Damiette environ 40. On n'y compte les distances que par journées de cheval, ce qui fait à peu près dix lieues semblables à celles qui sont de Marseille à Aix.

§. Ce qui est dit ici que Damiette est diferente de Peluse s'accorde avec le sentiment des plus savans hommes. Le R. P. Hardouin expliquant le nom *Taniticum* que Pline [c] donne à un des bras du Nil par lesquels ce fleuve se jette dans la mer Mediterranée, dit que ce bras nommé aujourd'hui *Bras de Tacari* est proche du bras de Peluse, joignant la ville qu'Etienne le Géographe apelle Ταμίωτις & la Notice Ecclesiastique Ταμιάθυ & les modernes Damiette. Ceux-là se trompent, dit ce Pere, qui traduisent Pelusium par Damiette; car Peluse étoit hors du Delta sur le bord du dernier bras du Nil du côté de l'Arabie, & de la Syrie, & Damiete au contraire étoit dans le Delta non pas sur le dernier bras, mais sur celui d'auparavant dans le Nome Tanitique. D. Calmet ne laisse pas, malgré ces autoritez, de dire encore tout recemment que Peluse est Damiette, sans rétablir cette opinion par aucune preuve. Voiez PELUSE & TAMIATHIS. Le commerce de Damiette consiste en de très-belles toiles de toutes sortes de couleurs qu'on y fabrique & que l'on transporte aux païs étrangers. On y fait aussi grande quantité de boutargue & les Muges qu'on y sale sont fort estimez dans tout le Levant.

DAMIUPOLIS, Ville que l'Anonyme de Ravenne [e] place dans l'Abasgie & qu'il nomme avec Sevastopolis & Basgidas. Comme il est le seul qui en fasse mention & que de ces trois villes il n'y a que Sebastopolis que l'on connoisse d'ailleurs, on ne peut savoir précisément la position de cette ville.

DAMMANA, ancienne Ville ou Bourgade d'Asie dans l'Arachosie selon Ptolomée [f].

DAMMARTIN, [g] Bourg considerable de France avec titre de Comté, en Latin *Dammartinum* ou *Dampnum Martinum*. Il est sur une hauteur dans la partie de l'Isle de France nommée la Goëlle, à sept lieues de Paris entre St. Denis, Gonnesse, Montmorenci & Louvres

[a] L. 6. p. 293.
[b] Ib. p. 316.
[c] L. 5. c. 10.
[d] Vansleb. Voiage d'Egypte p. 109.
[e] L. 4. c. 2.
[f] L. 7. c. 20.
[g] Corn. Dict. Memoires particuliers.

vres en Parifis. Il y a un Prieuré fous le nom de St. Jean Baptifte, deffervi par un Vicaire perpetuel, affifté de deux autres Prêtres qui font le corps de la Paroiffe. Il y a auffi une Eglife Collegiale dédiée à Notre-Dame dont le Chapitre eft compofé de fix Chanoines & d'un Doyen. Ce Chapitre a été fondé par les anciens Comtes du lieu. Près de la Collegiale eft un Hôpital pour les Malades & hors l'entrée du Bourg du côté de Paris on trouve une Maladrerie de Saint Lazare où l'on dit une Meffe chaque Semaine. De l'autre côté de ce même Bourg près du grand chemin qui conduit à Nanteuil, à Soiffons, & autres lieux, font les reftes folides du fameux Château de Dammartin dont il eft beaucoup parlé dans l'Hiftoire & dont la vuë auffi-bien que celle de tout le Bourg n'eft point limitée. Dammartin eft le Siége d'un Bailliage, auquel le Roi Louis XIII. unit en 1633. les Juftices de Mori, de Sainte-Mêmes, de St. Suplex & autres. Mr. de l'Ifle [a] en fait une Ville. Les Memoires dreffez fur les lieux & envoyez à Mr. Corneille n'en font qu'un Bourg. Quelques-uns écrivent ce nom DAMPMARTIN & en Latin *Dommum Martinum.*

[a] Carte de la Vicomté de Paris.

DAMIN, nom qu'on a enfuite donné à une ville de la Tribu de Zabulon nommée auparavant ADAMI; felon le fentiment des plus favans Talmudiftes raporté par Mr. Reland [b].

[b] Palæft. P. 733.

DAMME. Voiez DAM.

DAMMIM, Ville de la Tribu de Juda entre Socho & Azeca. Il en eft parlé au 1. Livre des Rois [c], où l'Hebreu porte DAMMIM & la Vulgate DOMMIM.

[c] c.17.v.1.

DAMNA, Ville de la Paleftine dans la Tribu de Zabulon, Eufebe & Saint Jerôme lifent DAMNA avec la Vulgate dans l'endroit de Jofué [d] où il en eft parlé. L'Hebreu & les Verfions qui fuivent ce texte, lifent DIMNA. Sanfon la nomme *Domna* & REMMON-AMTHAR. C'eft, dit-il, la même qui eft nommée REMMONO dans le 1. Livre des Paralipomenes.

[d] c. 21. v. 35.

§. D. Calmet en trois articles fait mention de quatre villes nommées *Damna.* Selon lui il y avoit 1. *Damna* ville dans les Montagnes de Juda. *Jofué* xv. 49. 2. *Damna* Ville de la Tribu de Zabulon. *Jofué* xxi. 35. elle fut donnée aux Levites de la Famille de Merari pour leur demeure. 3. *Damna* Ville de la Tribu de Juda. *Jofué* xv. 49. Il en indique encore une quatrieme de même nom dans la Tribu de Nephtali qui fut, dit-il donnée aux Levites. *Jofué* xxi. 35. Ces quatre villes fe reduifent à deux, dont l'une eft nommée DAMNA & l'autre DANNA. Car en premier lieu la premiere Ville & la troifiéme font certainement la même n'étant fondées l'une & l'autre que fur un même verfet du même chapitre de Jofué, à favoir xv. 49. & cette Ville eft nommée *Damna* tant dans le texte Hebreu que par la Vulgate, Eufebe, & Saint Jerôme. Les Septante lifent PENNA en cet endroit, ce qui eft une faute de copiftes. Celle qui eft la quatriéme & que ce Savant Religieux fuppofe dans la Tribu de Nephtali, n'eft autre que Damna de la Tribu de Zabulon, puifqu'il ne s'agit que d'une feule *Damna* dans le verfet cité pour l'une & pour l'autre dans le Dictionnaire de la Bible, à favoir Jofué xxi. 35. où il n'y a qu'une feule *Damna* qui y foit nommée, & affignée à la Tribu de Zabulon dans le verfet precédent.

DAMNABA, ou DENABA, Ville de Balac fils de Beor Roi d'Edom, à qui Job fucceda; felon le fentiment d'Eufebe [e]. St. Jerome en traduifant ces mots dit qu'il penfe fort diferemment. St. Jerôme ne croioit pas que Job fût de race Iduméenne ni qu'il eût regné fur les Iduméens; il le croioit au contraire defcendu de Nachor frere d'Abraham. Les Interpretes font partagez entre ces deux opinions, qui ne font pas de mon fujet. Eufebe [f] ajoute qu'il y avoit un Village nommé DANNEA à huit milles d'Aréopolis. S. Jerôme, qui écrit *Damnaba* au lieu de Dannea, ajoute que c'étoit en allant du côté d'Arnon. Eufebe nomme un autre Village de même nom fur le mont Phogor (ou Phegor) à fept milles de Jebus, ou d'Esbus felon St. Jerôme, ou de Chesbon felon Mr. Reland [g].

[e] Onomaft.

[f] l. c.

[g] Palæft. P. 733.

DAMNII [h], ancien peuple dans la partie de la grande Bretagne que les anciens nommoient ulterieure, Barbare, ou Septentrionale; ils étoient comptez entre les Vetturions. Cellarius [i] dans fa Carte de l'ancienne Bretagne les place au midi du rempart de Severe. Le Pere Briet [k] les met au Midi & au Nord de ce même Rempart, qu'il nomme le rempart d'Adrien: en quoi il fe trompe auffi-bien que Cambden qu'il a fuivi. Ptolomée [l] leur donne pour villes ou châteaux *Colania*, *Vandnara*, *Coria*, *Alauna*, *Lindum* & *Victoria*, & peut-être y faudroit-il joindre les Horeftes de Tacite, comme Cellarius ne s'éloigne pas de ce fentiment. On ne doit pas douter qu'ils n'euffent du terrain au midi du Rempart de Severe puis qu'Alauna y étoit placée, felon l'Itineraire d'Antonin, & même Colanea felon le même étoit encore bien plus Meridionale étant fituée à la fource de la Rible Riviere qui a fon embouchure dans la Province de Lancaftre. Le P. Briet croit que les Damniens repondoient aux contrées de *Sterling*, *Mentheith*, *Clydefdale*, & *Strathern*. Les villes qu'il leur donne font,

[h] Bries. Paral. 2 Part. l. 2. p. 184.

[i] Geogr. Ant. l. 2.

[k] l. c.

[l] l. 2. c. 3.

Petra ad Glottam: Glafcow,
Victoria: Abernethy,
Lindum: Lithzuo.
Alauna: Alaunay Village,

Il met deux Golphes dans leur Pays, à favoir,

Æftuarium { *Glotta* / *Bodotria* } Golphe de { Dumbritaine, de Fortna ou d'Edimbourg.

Le P. Briet [m] donne *Colania* aux Ladiens, & dit qu'elle s'apelle Coludi.

[m] Ibid. p. 184.

DAMNONII, DUMNONII [n], DOUMNONII [o]; Cambden écrit DANMONII, & Cellarius lui impute de l'avoir fait fans autorité. Cambden a preferé cette Orthographe à caufe de l'étymologie de ce nom qu'il croit trouver en Dan-munith, mots Bretons qui fignifient des habitations au-deffous des Montagnes, & il obferve que le Pays qu'ils occupoient eft principalement peuplé dans les Vallées. Ce pays eft ce que nous apellons aujourd'hui

[n] Anton. Itiner.

[o] Ptolom;

Cor-

Cornouaille & Devonshire. On y remarquoit anciennement.

Isca ou *Isaca*: Exceter,
Voluba ou *Voleba*: Falmouth ou Volemouth.

Damnonium ou *Ocrinum* } *Promontorium* que quelques-uns prennent pour The lands-End & d'autres pour la pointe du lezard.

Bolerium ou *Antivestæum* } Autre Cap nommé la pointe de Cornouaille, ou comme l'écrit Mr. de l'Isle, Cap Cornwall.

Silures, Les Isles Sorlingues.

C'est à peu près ce que quelques Auteurs Latins apellent BRITANNIA SECUNDA.

[a *Corn. Dict.*] DAMOAN, Montagne d'Asie [a] dans l'Armenie. Son sommet élevé en forme de Pyramide surpasse en hauteur tout le reste du mont Taurus; aussi, dit-on, que de là on decouvre la Mer Caspienne qui en est à soixante lieues Angloises. Le haut de cette montagne est tout de soufre & cela est cause que la nuit elle jette des clartez & paroît en feu. Ceux de Chaldée & de Perse s'y viennent fournir de soufre. On trouve aussi des bains chauds sur la croupe de cette montagne. Il y en a qui sont reservez pour les personnes de distinction & les autres sont pour le menu peuple.

DAMOR. C'est ainsi que Mrs. Maty & Corneille nomment une Riviere de la Syrie qui coule entre Baruth & Seïde, que les anciens nommoient Thamyras; & que les Géographes modernes nomment *la Riviere d'Amour*. [b p. 72. & 73.] Maundrell[b] dans son Voyage d'Alep à Jerusalem nomme cette même Riviere DAMER. Mr. Maty met à l'embouchure de cette Riviere un ancien Bourg qu'il nomme aussi DAMOR. Les Voiageurs qui auroient eu occasion de nommer ce bourg comme Monconis, Maundrel, P. Lucas, l'Auteur du Voyage de Sourie & du Mont Liban & autres que j'ai consultez n'en font aucune mention. Paul Lucas dit fort bien, en parlant du fleuve d'Amour, que c'étoit le Leontas de Ptolomée auprès duquel étoit une Ville du même nom; que Strabon nomme ce fleuve Tamyras; il ajoure qu'il le passa après quatre heures de chemin depuis Baruth & que de cette Riviere jusqu'à Seïde il n'y a qu'une heure & demie de chemin. Voiez LEONTOS & TAMYRAS.

DAMOT, DAMOUT, ou DAMUT, Roiaume d'Afrique dans l'Ethiopie: il est au midi Occidental de l'Abissinie, à laquelle il appartient. Il a pour voisins [a Ludolf Hist. Æthiop. L. 1.] * les Gafates & le Roiaume de Ganz, au Nord-Est; ceux de Gurache & de Cont au midi; le Roiaume d'Enarée & celui de Bizamo au Nord-Ouest. La moitié de ce Roiaume est toute occupée par des Montagnes & quoi qu'il n'y ait ni villes, ni bourgs il ne laissa pas d'être habité & cultivé. Et le soulevement de ses habitans contre la Religion que les Missionaires Portugais étoient allez leur prêcher ne put être apaisé que par la Victoire que les troupes de Susnée Roi d'Abissinie remporterent sur eux. Le fleuve Maleg a sa source dans une des Montagnes de ce Roiaume & le traverse en s'éloignant de l'Anguet autre fleuve dont la source est sur les frontieres de Damot & de Bizamo avec lequel il se va joindre.

1. DAMPIERRE[c], Bourg de l'Isle de France, il est situé sur une petite Riviere ou Ruisseau qui tombe dans l'Yvette à peu de distance delà; il est à six lieues de Paris, à trois de Versailles & à une de la fameuse Abbaye de Port-Roial. Ce bourg, où l'on voit un beau Château, de belles eaux & un grand Parc, appartient au Duc de Chevreuse. Son territoire produit des grains & beaucoup de bois, & a des étangs. [c *Corn. Dict. Memoires Particul.*]

2. DAMPIERRE[d], Château dont il est parlé dans l'Article précédent, il est situé dans un Valon & borné de tous côtez par des côteaux dont il y en á un qui s'avance du côté de la baronie & qui la cache. Ce Château est l'ouvrage du Cardinal de Lorraine. La premiere Cour est fermée par une Balustrade qui la separe de la seconde. Celle-ci est bordée par deux Galeries qui sont de l'ouvrage de Mansard & détachées du corps du Château, elles ont des portiques à la faveur desquels on se promène à couvert. On a voulu conserver l'ancien Château entouré de fossez remplis d'eau vive; & des tours rondes à l'antique se representent sur le devant de l'Edifice. La façade du Château est d'une belle Architecture & de l'Ouvrage de Mansard. On y remarque un fronton chargé des Armes du Duc de Chevreuse. Les appartemens sont beaux & meublez proprement. La Chapelle est fort jolie & à côté est un corps de bâtiment détaché que l'on apèle l'Astrée, parce qu'on y a peint plusieurs Histoires de ce Roman. Du Château on descend par une Terrasse où l'on trouve en face neuf jets d'eau. A droite & à gauche sont de grandes allées à perte de vue, accompagnées de très beaux bosquets & canaux. Un de ces derniers est une assez grande piece d'eau sur laquelle on va se promener dans des Canots pour jouïr de la fraîcheur. Au bout de ce Canal on a pratiqué une petite Isle flanquée de quatre jets d'eau, & dans laquelle est un petit Corps de logis avec toutes ses commoditez, cuisines, Offices, &c. C'est un très-agréable réduit. On ne voit ici de tous côtez que des eaux & on a fait passer pour cela un bras de la petite Riviere d'Yvette qui se rejoint à l'autre dans le parc & y forme des Cascades. Le parc est grand & percé de plusieurs belles allées, étoiles, & autres embellissemens. [d *Piganiol de la Force Descr. de la France T. 2, p. 254.*]

3. DAMPIERRE[e], Bourg de France dans le Pays d'Aunis sur la riviere de Boutonne vers les frontieres de la Saintonge. Il a titre de Baronie. Ce bourg avoit donné son nom à la maison de Dampierre qui fut éteinte en la personne de Claude Catherine de Clermont, Dame de Dampierre morte en 1603. Elle avoit épousé en premieres nôces Jean d'Anebaut Baron de Rets, & en secondes Albert de Gondi Duc de Rets Pair & Maréchal de France. Ce bourg[f] est à une lieue & demie de la Rochelle & au Nord-Est de cette Ville. [e *Corn. Dict.*] [f *Atlas de Jaillot.*]

§. Il y a beaucoup de Villages en Champagne nommez *Dampierre*. Et c'est d'un de ceux là que prenoient leur nom les Seigneurs de de Dampierre famille illustre dans laquelle passerent ensuite non seulement la Seigneurie de Bourbon, mais encore les Comtez de Flandres, de Nevers & de Rhetel. Guillaume fils de Gui de Dampierre épousa Marguerite heritiere de Flandres, de Hainaut & de Namur & veuve de Burchard d'Avesne decapité en 1223. Leur fils Gui de Dampierre fut Comte de Flandres & de Namur & mourut âgé de 80.ans en 1303. après en avoir regné 26. Robert fils de ce dernier épousa Yolante heritiere de Nevers. Marguerite heritiere de Flandres, de Malines, d'Anvers, de Nevers, de Rethel, de Franche-Comté & d'Artois, porta cette riche Succession à Philippe le Hardi Duc de Bourgogne. Marie fille & Heritiere de Charles le Hardi Arriere-petit-fils de Philippe le Hardi épousa l'Empereur Maximilien I. à qui elle porta ses droits sur la Franche-Comté, le Brabant, le Hainaut, le Namurrois, le Luxembourg, l'Artois, Limbourg, Anvers, Malines, la Hollande, Zelande, Frise, Gueldres & Zutphen à la Maison d'Autriche qui a perdu la plus grande partie de tous ces Pays par la revolution qui a formé la Republique des Provinces-unies, & par les conquêtes de la France. Le Duché de Bourgogne revint alors à la France comme je le remarquerai en son lieu.

DAMPIN, Bourgade d'Asie à la pointe la plus Meridionale de l'Isle de Sumatra. Elle apartient au Roi de Bantam.

DAMPLEPLUIS, Bourg de France dans le Beaujolois. Mr. Savari dans son Dictionnaire du Commerce écrit ainsi ce nom & fait mention du Commerce de Toiles qui s'y fait. L'Atlas de Jaillot écrit AMPLEPUYS; Le Dénombrement du Roiaume [a] l'écrit de même & lui donne 360. feux. Il est dans la Generalité de Lyon, Election de Villefranche.

[a] T. 1. p. 312.

DAMP-MARTIN. Voiez Dammartin.

DAMREMI, DAM-REMI, ou DOM REMI LA PUCELLE, Village de France dans le Duché de Bar sur la Meuse entre Neufchatel & Vaucouleurs. Robert de Baudricourt [b] Commandant à Vaucouleurs pour le Roi de France Charles VII. l'an 1429. une jeune Païsane nommée Jeanne d'Arque qui étoit du Village de Dam-Remi, alla trouver cet Officier pour l'avertir qu'elle avoit eu une Revelation du Ciel que les François vaincroient les Anglois, lesquels seroient contraints de lever le siege d'Orleans ; ce quelle exécuta & fut à cause de cela nommée *la Pucelle d'Orleans*, & son Village *Dom-Remi* ou *Dam-Remi* est à cause de cela apellé Dom Remy la Pucelle.

[b] *Longuerue* Descr. de la France. 1 Part. p.39.

DAMS, Petite Isle de l'Océan l'une des Orcades au Septentrion de l'Ecosse. [c] Elle est à l'entrée d'une grande baye de l'Isle de Mainland. Elle abonde en bled & en pâturages. Les bêtes venimeuses n'y sauroient vivre, non pas même les rats, ce que l'on a reconnu par plusieurs experiences.

[c] *Corn.* Dict. *Audifr.* Geog. T. 1.

DAMVILLE [d], Gros bourg de France dans la haute Normandie avec titre de Duché. Il est possedé par Mr. le Comte de Toulouse Grand-Amiral de France, il est situé sur la Riviere d'Iton dans le Diocese d'Evreux & fut érigé en Duché-Pairie l'an 1610. Il y a haute Justice & tous les Mardis on y tient un grand Marché où il se debite quantité de grains. Le Duché de Damville est environné d'un grand nombre de terres nobles, Conches, Evreux, Condé, Breteuil, Tillieres, Verneuil, Nonancourt, Garencieres, Grosœuvres & autres.

[d] *Corn.* Dict. Memoires Particul.

DAMVILLIERS, petite Ville & Prevôté du Duché de Luxembourg, à quatorze lieues d'Yvoi & aîtant de Virton & à douze de Luxembourg, dans un Pays marécageux. Ce n'est pas [e] un lieu ancien, ni connu avant les derniers siecles. C'est une Seigneurie enclavée dans le Verdunois dont elle dépendoit autrefois. Les Ducs de Luxembourg qui l'avoient acquise se trouvant de puissans Princes, s'y rendirent absolus & Charles V. voyant que cette Place étoit avantageusement située dans un endroit marécageux, la fit fortifier en 1528. Les François la prirent sous Henri II. & la restituerent à la Maison d'Autriche & à la Couronne d'Espagne par le traité de Cateau-Cambresis. Les François l'assiégerent & la prirent sous le regne de Louis XIII. l'an 1637. & par le Traité des Pyrenées elle a été cedée à Louis le Grand qui en avoit augmenté les fortifications; ce qui n'a pas empêché de la faire démanteler l'an 1673.

[e] *Longuerue* Descr. de la France. 2 Part. p. 113.

1. DAN [f], cinquieme fils de Jacob & le premier de Bala servante de Rachel, n'eut qu'un fils nommé Husim [g] : cependant lorsque les enfans d'Israel sortirent d'Egypte la posterité de ce Patriarche composoit une Tribu de 72700. hommes capables de porter les Armes sans compter les femmes & les enfans [h]. Dans la conquête de la Palestine cette Tribu eut son partage dans un terrain fort gras & fort fertile entre la Tribu de Juda à l'Orient & le Pays des Philistins à l'Occident. Mais ce terrain étoit fort resserré parce que ce n'étoit proprement qu'un démembrement qui avoit été fait des Terres de Juda. C'est ce qui obligea ceux de cette Tribu de chercher un pays plus étendu pour y envoïer une Colonie de plusieurs de leurs familles qui n'étoient pas assez au large dans leur propre terrain. Ils envoïerent donc cinq hommes choisis des plus vaillans d'entre eux [i] pour chercher une demeure où leur convînt. Ils s'avancerent jusqu'à Laïs près les sources du Jourdain, & ils en trouverent les habitans sans defiance & vivans dans une entiere securité. Ils en vinrent donner avis à leurs Compatriotes, qui envoïerent six cens hommes bien armez, avec leurs Familles, pour se rendre maîtres de Laïs. En passant par la montagne d'Ephraïm ils prirent dans la Maison de Michas un jeune Levite qui en entretenoit un culte superstitieux & l'emmenerent avec eux à Laïs. Ils se rendirent aisément maîtres de cette Ville & y établirent le même mauvais culte qu'ils avoient trouvé chez Michas. Ce fut alors que la Ville qui s'appelloit auparavant LAÏS prit le nom de DAN. Le partage de la Tribu de Dan est décrit au Livre de Josué [k].

[f] Genes. c. 30. v. 4. 5. 6. &c.
[g] ibid. c. 47. v. 23.
[h] Num. c. 1. v. 38. D. Calmet. Dict.
[i] Jud. c. 18. v. 1. 2. 3. &c. Josué c. 19. v. 46. 47.
[k] c. 19. v. 40—48.

2. DAN, Riviere de la Palestine qui a sa source au pied du mont Liban selon quelques Géographes qui croient que le mot Jourdain, vient de *Jor* c'est-à-dire, Riviere, & de *Dan*, Ville aupres de laquelle elle passe. D'autres, ont prétendu que le Jourdain étoit formé de deux Rivieres dont l'une s'appelloit Jor, & l'autre

l'autre Dan. Voiez la refutation de ces sentimens au mot JOURDAIN.

3. DAN,[a] Ville située à l'extremité Septentrionale du Païs d'Israël, dans la Tribu de Nephtalim. Pour marquer les deux extremitez de la Terre promise, l'Ecriture se sert souvent de cette maniere de parler depuis Dan jusqu'à Bersabée[b]. Dan étoit au Nord & Bersabée au midi. La Ville de Dan étoit au pied du Liban, sur le Ruisseau de Dan ou du Jourdain, à quatre milles de Panéas du côté de Tyr. Quelques anciens & mêmes de Savans modernes l'ont confondue, entre autres le P. Lami dans son Introduction à l'Ecriture sainte, avec Panéas; mais Eusebe & St. Jerôme les distinguent très-bien. Jeroboam fils de Nabath mit un de ses veaux d'or dans la ville de Dan & l'autre à Bethel. Ce n'est plus à present qu'un Village.

[a] D. Calm. Dict. de la Bible.
[b] 1 Reg. c. 30. v. 20. 2 Reg. c. 3. v. 10. c. 17. v. 11. c. 24. v. 2. & passim.

DANA ou DAGANA, ancienne ville maritime de l'Asie dans l'Isle Taprobane. Ptolomée[c] dit qu'elle étoit consacrée à la Lune. Si cette Isle est la même que celle de Ceilan, comme Bochard l'a démontré, Dana étoit au même lieu où nos Cartes modernes & sur tout celle de Mr. de l'Isle marquent le port de Billingam au fond d'une anse sur la côté Meridionale de l'Isle.

[c] l. 7. c. 4.

DANABA, Ville de Syrie dans la Palmyrene selon Ptolomée, dont les Calculs le mettent à l'Occident Meridional & dans le voisinage de Palmyre.

DANAE & DANATI, ville du Pont Polemoniaque à 68. d. de longitude & à 41. d. de Latitude selon Ptolomée[d]. Cette Ville étoit près des sources de l'Iris qui se jette dans le Pont Euxin.

[d] l. v. c. 6.

DANAI, nom Latin dont les Poëtes se servent pour signifier les Grecs afin de varier & de ne pas toujours employer le même nom.

Timeo Danaos & dona ferentes;

dit Virgile[e]; mais à parler à la rigueur ce nom étoit particulier aux habitans de l'Argolide ou Pays d'Argos. Ils furent nommez Danai[f] à cause de Danaus qui étant chassé d'Egypte par son frere vint à Argos & s'en rendit maître, & fut le neuviéme Successeur d'Inachus. Les siens furent nommez Danaïdes.

[e] Æneid. l. 2.
[f] Pausanias l. 2. c. 16.

DANALA, Bourg de la Galatie. Strabon[g] en parle à l'occasion du rendez-vous que Lucullus & Pompée s'y donnerent, lors que le premier remit à l'autre le commandement de la Province & de l'Armée. Plutarque[h] dit simplement qu'ils se virent dans un Bourg de la Galatie.

[g] l. 12.
[h] In Lucullo.

DANAPRIS, Riviere de la Sarmatie. Les Auteurs du moyen âge ont donné ce nom au Borysthène. L'Anonyme de Ravenne[i] les nomme l'un & l'autre pour marquer que c'étoient deux noms d'une même Riviere. Mais outre que D. Porcheron son Commentateur remarque[k] que d'autres Géographes n'entendent qu'une même riviere, il est aisé devoir que le nom moderne NIEPER, ou DNIEPER que l'on donne au Borysthène est formé de Danapris; Voyez BORYSTHENE.

[i] l. 4. c. 5.
[k] In d. l.

DANASTER, Riviere de la Sarmatie. Jornandes se sert de ce nom[l] pour exprimer celle que les anciens nommoient TYRA & TYRAS,

[l] De Rebus Geticis c. 5.

& que nous appellons aujourd'hui NIESTER ou DNIESTER, nom formé de Danaster. Il y a des Cartes où elle est nommée TURLA, nom formé de l'ancien Tyra. Voiez NIESTER. C'est la même Riviere qu'Ammien Marcellin[m] apelle *Danastus*. AD *amnem* Danastum *pervenerunt inter Istrum & Borysthenem per camporum ampla spatia diffluentem.*

[m] L. 31.

DANATI. Voiez Danaë.

DANAWORTI, DONAWORTY, DOUNAWARTI, DUMWERT en Latin *Danavortium, Dunavertium, Donavertium,* ou enfin *Dunovertium,* Bourg d'Ecosse[n] à l'extremité Meridionale de la presqu'Isle de Kintire ou Cantire, vis-à-vis & à l'ouest de la Province de Carrick.

[n] Atlas d'Allard.

DANCALA, Ville de Nubie sur le Nil, voiez DANGALA.

DANCALE, DANCALI, ou DANGALI, Roiaume d'Ethiopie sur la Mer Rouge à l'ouest du détroit de Bab-el-mandel. On trouve ce Roiaume à gauche lorsqu'on a passé le détroit & qu'on est dans la Mer Rouge. Il y avoit un Roi ami des Abissins quoique Mahometan; mais sous la dépendance du Turc qui est maître de toute cette côte. Le Port de Mer est *Bailur* où aborda le Patriarche qu'on envoioit de Rome en Abissinie. C'est dans ce Roiaume qu'est la terre de Sel ainsi nommée par ce qu'il y a des mines dont on tire du sel en abondance que l'on transporte ailleurs sur des chameaux & dont il se fait un grand commerce. Le fleuve *Hanazo* a sa source au midi de ce Roiaume & il en sort pour aroser les Roiaumes de Dawaro, & d'Adel. Ce pays[p] renferme plusieurs places dont la principale est *Vella. Korkora & Manadeli* sont assez considerables. Le terroir de Dancale est presque par tout sterile, plein d'épines & de sable. On y trouve peu de plaines entre les Montagnes. En Hyver on y a peu d'eau, & elle en manque dans les autres saisons, ce qui oblige les Voiageurs de creuser la terre qui rendent seulement de l'eau salée. Il n'y a aucune espece de Grains; mais de simples feuilles pour les chevres. Mr. Corneille écrit ce mot *Dankali.*

[o] Ludolf. Hist. & Carte d'Ethiop.
[p] La Croix Relat. de l'Afrique T. 3.

DANCATION ou DANCAS, Montagne de l'Abissinie au Nord occidental du Lac de Dambée dans le Roiaume de ce nom. C'est sur cette Montagne qu'on avoit bâti la maison du Patriarche Mendez. Au pied est la source de la Riviere *Rahd* qui se joint plus bas avec le Dender autre Riviere, & elles vont ensuite grossir le Nil de leurs eaux. C'est tout ce qu'il y a de certain sur cette Montagne. Voiez ce qu'en dit de plus la Description de l'Empire du Prête-Jean que j'ai extraite au mot DAMBE'E.

[q] De l'Isle Atlas.

DANCENOIR, petite Ville de France dans la Champagne, en Latin *Dancenorium*. Elle est située sur la Riviere d'Aube vers les confins de la Bourgogne six lieues au-dessus de la Ferté sur Aube. Ce nom est écrit *Dancevoir* dans le Dénombrement du Roiaume & est mis sur le pied de cent feux, dans l'Election de Langres, Generalité de Châlons.

[r] Corn. Dict.

DANCORITON, Ville de la Liburnie, selon l'Anonyme de Ravenne,[s] qui la nomme ailleurs par la faute de ses Copistes *Ajit-Corinthum.* Cette ville étoit au même lieu & apparem-

[s] L. 4. c. 22.

DAN.

remment la même que la CORINIUM de Ptolomée & de Pline. Voiez CORINIUM.

a Corn. Dict.

1. DANDA, Ville des Indes dans le Roiaume de Decan, sur la Riviere de Deri qui entre dans la mer auprès des Isles que les Portugais nomment *Islas Quemadas.* Cette ville est assez grande & ses rues sont fort belles. Ses habitans font un grand commerce à Goa. Elle est à neuf lieues de Goa, & à pareille distance de la Montagne de Balagate qui s'étend le long du Roiaume de Decan jusques sur la Côte de Coromandel & dont le sommet égale la fertilité des plus abondantes vallées.

b Atlas.

Selon Mr. de l'Isle [b] cette ville, qu'il ne marque que comme un village, est entre les Villes de Chaul au Nord & de Dabul au midi à environ cinq heures de chemin de l'une & de l'autre, à environ 88. d. 50'. de longitude & à 18. d. 20'. de Latitude.

2. DANDA, Riviere d'Afrique dans le Congo. Mr. de la Croix en parle ainsi: On croit que celle de Bengo n'en est qu'un bras. Elle a cinq ou six pieds d'eau dans son embouchure, où la marée entre lors que la Lune est au Sud-ouest du Zodiaque. Cette Riviere est extrémement poissonneuse, nourrit quantité de Crocodiles & d'Hippopotames & arrose des campagnes assez fertiles. La rive au Sud de Danda est plus fertile qu'elle ne l'est au Nord, mais elle va insensiblement en montant, de sorte qu'à une lieue de l'Embouchure les bords de cette Riviere se trouvent à même hauteur.

c Afrique p. 345:

Dapper [c] en dit la même chose, mais il ajoute qu'on peut la remonter vingt ou vingt cinq lieues & qu'elle vient de beaucoup plus loin, prenant sa source au même endroit que la Riviere de Lucale. Dans les mois de Mars, d'Avril & de Mai, elle s'enfle & se deborde avec tant d'impetuosité, qu'elle arrache des pieces de terres d'un de ses bords & les porte à l'autre ou les entraine dans la Mer. A [d] son embouchure est une Seigneurie gouvernée par un des Vassaux du Roi, nommée *Vamba.* En remontant ce fleuve on trouve sept ou huit autres Fiefs si peu considerables qu'on n'en fait pas même le nom. Mais quand on a ramé quinze ou seize lieues contre le courant, on entre sur les terres de Coansa dont le Seigneur de Hani & quelques autres petits Sovas sont tributaires. Mr. de l'Isle apelle Dande Capitainerie, un Fort au bord de la mer & de la Riviere de Dande laquelle sert de Bornes au Roiaume d'Angola du côté du Nord; & il met la source de cette Riviere dans un Lac; d'où la Riviere de Bengo pourroit bien aussi tirer la sienne.

d Ibid. p. 341.

DANDACA, ancienne ville de la Chersonese Taurique, à l'entrée du Golphe de Carcine, & à l'oposite du Cap de Misaris selon Ptolomée [e], qui donne à cette Ville 60. d. 45'. de Longitude & 47. d. 20'. de Latitude. Guillaume Sanson dans sa Carte de la Cimmerie place Dandaca au Nord & à l'embouchure d'une Riviere anonyme qu'il fait couler auprès des Viles *Assirani* & *Arcilachita*; & il fait Dandaca de quelques minutes moins Septentrionale que Ptolomée quoi qu'il la mette beaucoup plus avant dans la Golphe de Carcine. Ammien Marcellin [f] la nomme DANDACE.

e L. 3. c. 6.

f L. 22.

DANDAGULA, ancienne Ville de l'Indes

DAN. 27

de en deçà du Gange. Pline [g] la fait voisine du Cap des Calinges; & comme ce Cap étoit à l'oposite de l'Isle de Taprobane, c'est aparemment le même que Mr. de l'Isle[h] nomme Cap de Cagnameiro; ainsi cette Ville étoit à la pointe Orientale du Roiaume de Maduré.

g L. 6. c. 20.

h Atlas.

DANDALIENS. Mr. Corneille [i] en dit ces particularitez: Peuples anciens d'Allemagne qu'on dit avoir été très-puissans pendant le douzieme siecle. L'attachement qu'ils avoient pour la superstition des idoles les aiant rendus ennemis de la Religion Chrétienne dont ils ne vouloient point entendre parler, Valdemar Roi de Danemarck leur voisin du côté de la mer; les Princes de Pomeranie du côté de l'Orient; & Henri Duc de Saxe, se servirent de la force pour les obliger à recevoir les Predicateurs Evangeliques, qui les amenérent à la connoissance de Jesus Christ.

i Dict.

§. Mr. Corneille cite pour garant Crantzius *in Metropol.* Cet ouvrage où Krantzius a écrit l'origine & l'histoire des Evêchés d'Allemagne jusqu'à son temps & qui est, à proprement parler, une Histoire Ecclesiastique, ne fait aucune mention des Dandaliens; mais bien des Wandales, nom par lequel Krantzius designe en general les divers peuples qui habitoient le Mecklenbourg, comme les Abotrites, les Herules, les Polabes &c. Du reste ce que Mr. Corneille dit des Dandaliens peuple inconnu convient exactement aux Wandales de la Mer Baltique.

DANDAMAH, [k] Ville du Pays nommé Sephalat-Aldheheb, c'est-à-dire, la plaine d'or. Ce Païs est ce qu'on apelle aujourd'hui la côte de Sofala ou de Mosambique.

k Herbelot Bibliot. Orientale.

DANDARIENS, ancien Peuple Meotique, c'est-à-dire de cette partie de l'Asie qu'on apelle aujourd'hui la Comanie. Strabon [l] les nomme aussi & Etienne le Geographe dit qu'ils habitoient proche du Caucase. Tacite [m] les nomme Dandarides & dit que Mithridate détrôna le Roi des Dandarides. Il ajoute peu après [n] qu'on arriva à Soza Ville de la Dandarique que Mithridate avoit abandonné.

l L. 11. p. 495.

m Annal. L. 12. c. 15.

n c. 16.

DANDARIQUE, ancien Roiaume situé au midi Oriental du Palus Meotide. Selon Guillaume Sanson [o] il avoit au Nord-est les Toreates, au midi les Aspurgiens, à l'occident les Sindes & au Nord le Palus Méotide. Le fleuve Hypanis traversoit ce Roiaume & peut-être qu'il le separoit des Aspurgiens.

o Atlas.

DANDARIUM & DANDAREON, Ville du Roiaume dont il est parlé dans l'article precedent. L'Anonyme de Ravenne [p] en parle sous ces deux noms.

p L. 4. c. 5. & l. 5. c. 11.

DANDRE, lieu de la Haute Egypte, il est situé sur le Nil presque vis à vis de Caana qui est de l'autre coté du fleuve. Ce qu'on y voit de plus remarquable, c'est un grand Edifice qui paroît au dessus de ce qu'il y a de plus élevé dans tout le pays. C'est un grand Palais détruit que les habitans du Pays disent avoir été bâti par les Démons. Ils assurent qu'on y voit la nuit plusieurs fantomes qui se promenent dans ses masures. Il est tout ruïné d'un côté & il y reste de l'autre deux belles façades où l'on compte jusqu'à cent trentes fenêtres avec un grand nombre de Colonnes.

q Lucas, I. Voiage T. 1. p. 108.

Tom. II. D 2 DAN-

DAN.

DANDUTES ou **Danduti**, peuple de l'ancienne Germanie. Ptolomée[a] leur donne pour voisins les Tarani qu'un de ses Interprètes rend en Latin par la Silesie. Mr. d'Audifret[b] dit qu'ils faisoient autrefois partie de la Nation des Hermions. Ils habitoient à l'occident des Nertennes dans la partie de la Turinge où est le territoire d'Erford. C'est, dit-il, ce qui autorise le sentiment de ceux qui prennent Erford pour l'ancienne *Bicurigium*, & qui en même temps condamne les Ecrivains qui l'interpretent Zni-ckau, Ville du Voigtland. Quelques-uns appellent les Dandutes **Dantutiens**, & **Dantetiens**; leur nom Latin est *Dantuti*. Bilibaldus Pirckheim[c] les cherche aux environs d'Egra en Boheme.

[a] L. 2. c. 11.
[b] Geog. T. 3.
[c] German. descr. p. 684.
[d] Corn. Dict.

DANEMARCK,[d] Roiaume en Europe. Il a l'Océan au Couchant; la Mer Baltique à l'Orient; l'Allemagne au midi & l'Océan Septentrion: en Latin *Dania*. Il se divise en Etats de Terre ferme & de Mer. L'Etat de Terre ferme contient la Presque-Isle de Jutland, divisée presentement en Nord-Jutland & en Sud-Jutland; & l'Etat de Mer renferme les Isles de Seeland, de Funen, de Alsen, de Arr, de Tossing, de Langeland, de Laland, de Falster, de Mon, & de Bornholm, avec une infinité d'autres plus petites. Ce Roiaume est le plus ancien des trois Roiaumes du Nord, ce qui donne la préférence au Roi de Danemarck sur celui de Suede. Le Pays est riche & fort peuplé, mais de petite étenduë. Il produit une quantité prodigieuse de chevaux & de bœufs, d'excellens Pâturages & du bled en abondance. Le Commerce y est devenu florissant par les differentes Manufactures que l'on y a établies dans les derniers temps: ce qui contribuë beaucoup aux richesses de ces Peuples, qui ont planté des Colonies dans les Terres Arctiques, sur les côtes d'Afrique, & dans les Isles de l'Amerique. La forme du Gouvernement est bien differente de ce qu'elle a été autrefois. La Couronne est Hereditaire, & donne un pouvoir si absolu, que le Roi peut regler son Roiaume comme il veut. L'autorité des Etats étoit en quelque façon sans bornes, avant que la Monarchie eût changé de face. Ils ne laissoient presque aux Rois que les apparences de la Royauté, & on ne pouvoit rien conclurre pour la guerre, ou pour la paix, sans leur participation. Non seulement il falloit qu'ils donnassent leur consentement pour les nouvelles impositions; mais ils obligeoient les Princes qu'ils se choisissoient pour Maîtres, de jurer au jour qu'on les couronnoit, qu'ils consentoient à leur propre dégradation, s'ils touchoient au tresor public, qui étoit gardé à Cronembourg, & reservé pour leurs necessitez extraordinaires, sans avoir eu leur agrément pour le faire. Ces Etats étoient composez des quatre ordres; savoir du Clergé, de la Noblesse, des Bourgeois & des Paisans. Le Clergé étoit representé par un Archevêque, par sept Evêques & par les Députez des Chapitres. Quoi que la Noblesse joüit de plusieurs prérogatives, dont elle avoit acquis les plus considerables en consentant à l'élection de Frederic II. elle avoit conservé la simplicité de son institution, & on ne voioit ni Ducs, ni Comtes, ni Barons en Danemarck. Les Bourgeois étoient choisis par leur Corps dans toutes les Villes qui avoient entrée dans les Etats, Et les Paysans étoient divisez en deux Classes. La premiere comprenoit ceux qu'on appelloit *Freybunder*, c'est-à-dire, libres, à cause qu'ils possedoient des biens hereditaires, & qu'ils n'étoient pas chargez d'Impôts comme les autres; & dans la seconde Classe étoient rangez ceux qui tenoient à ferme les biens du Roi, du Clergé & de la Noblesse. Les premiers avoient le droit d'entrer aux Etats; mais à present ils sont tous égaux, parce qu'ils furent tous reconnus libres, lors qu'on changea le Gouvernement.

Anciennement les Cimbres & les Teutons habitoient le Danemarck, les derniers occupant les Isles, & les autres le Jutland. On ne sait s'ils en étoient originaires, ou s'ils étoient venus de Scythie. Ce qu'il y a de certain, c'est que ces Païs sauvages leur semblant trop resserrez pour y vivre assez commodément, ils s'unirent environ cent dix ans avant la naissance du Sauveur pour aller chercher de Nouvelles Terres. Après avoir traversé la Germanie, ils se partagerent en deux Corps, & furent les premiers qui se jetterent sur ce que les Romains avoient conquis. Les Teutons & les Ambrons firent dans les Gaules de très-grands ravages; & les Cimbres aiant pris une autre route, taillerent en pieces les troupes du Consul M. Junius Syllanus, & défirent ensuite celles de M. Aurelius Scaurus. Le bonheur de ces Barbares aiant donné l'allarme au Senat, Marius qu'on avoit créé Consul pour la seconde fois, traversa les Alpes, & après avoir campé quelque tems le long du Rhône, il joignit les Teutons & les Ambrons près d'Aix en Provence. Il les attaqua, quoi qu'avec des forces extrêmement inégales. Deux cens milles de ces barbares perdirent la vie dans le Combat. Il y en eut plus de quatre-vingt mille qui furent faits prisonniers & le reste se sauva en desordre. Marius marcha de là vers les Alpes, où les Cimbras venoient de rompre le camp volant de Catulus, qui vouloit leur disputer le passage du fleuve Atesis, aujourd'hui Adige. Il y rassembla les troupes de ce Proconsul, & s'étant trouvé dans la plaine de Verceil en presence des Barbares, il les combattit. Les Cimbres s'étant ébranlez après des efforts extraordinaires, on en fit une horrible boucherie, & peu d'entre eux échapperent aux Romains, parce que tous les passages leur aiant été coupez, ils furent forcez de se rendre.

Lors que ces Barbares furent sortis du Septentrion, les Jutes, Peuple originaire de Germanie, s'établirent en leur Pays, & prirent pour Roi Danus, fils de Humble Roi de Gothie. Après que sa race fut éteinte, Hoter, fils d'Attile I. Roi de Suede regna. Sa posterité finit en Haldan III. qui institua Unguin Roi des Goths son Successeur au Royaume. Les Danois furent si contens de sa domination, qu'ils assurérent la Couronne à tous ses descendans. Hemming, fils d'Olaus III. n'aiant point laissé d'Enfans, Siward Roi de Suede fut fait Roi de Danemarck. Regner son fils eut la Couronne après lui, & Harald VI. introduisit la Religion Chrétienne en ses Etats vers l'an 9 60. Suen-Othon son fils, qu'on appella

Roiaumes d'Ethiopie. Sa longueur d'Occident en Orient est d'environ quatre-vingt dix milles, & sa largeur de trente ; & si l'on y comprend le Lac, elle sera de soixante ou de soixante & dix.

Ses principales Places sont l'ancienne *Gorgone*, qui est comme le centre du Roiaume de Dambée, & qui n'est qu'à trois milles de la *Nouvelle Gorgone*. Les Peres de la Société s'établirent là d'abord pour être plus proches de l'Empereur qui demeuroit à *Dancation*. Mais parce que le lieu est bas, & que l'air n'en est pas sain, on leur a depuis accordé la nouvelle Gorgone, qui est apellée de la sorte pour la distinguer de l'ancienne, & qui est une Peninsule de la Mer de Dambée, où on passe par un Isthme fort étroit ; l'Empereur Seltan Sequede y a fait bâtir un Palais. Le Pere Pierre Païs Jesuite y a aussi fait bâtir par ses soins une Eglise, & un Seminaire. Il y a aussi une Ville fort considerable apellée *Ganeta de Jesu*, ou *Paradis de Jesus*. Elle est bâtie dans un bas, ce qui est rare en cet Empire. La situation en est agréable, & il y a de l'eau en abondance. Il y a une Eglise où l'on enterre les Empereurs des derniers temps. On y a bâti depuis peu une Eglise pour les Jesuites de la façon qu'on les bâtit en Europe, & un Palais pour les Empereurs, par les soins du Pere Pays. Cette Ville est à douze lieuës de *Dancation*, & à autant de la Nouvelle Gorgone. On peut compter entre les parties de ce Roiaume le *Mont Dancation* ou *Dancas*, assis à l'extremité d'Ogare & de Dambée du côté d'Orient. Il y a au dessus une plaine où l'Empereur a long-temps logé avec toute sa Cour, composée d'un très-grand nombre de personnes. Car bien que les Empereurs d'Abissinie n'aient pas une demeure fixe & certaine, comme les Princes d'Europe, elle n'est pas toutefois si changeante que quelques-uns croient. On a bâti sur cette Montagne un Palais à l'Européenne, pour le Patriarche Mendez, & une maison pour les Jesuites. Il y avoit outre cela une Eglise dite *Gambianet*, & neuf mille Cabanes faites de pierres, & couvertes de Chaume pour les Soldats. Il y a une petite contrée apellée *Empation* à l'extremité Orientale du Roiaume de Dambée, & à l'extremité Occidentale du Roiaume de Bagamedri à une journée de Gorgone la neuve selon la maniere de compter d'Ethiopie, & un peu moins de Pancation, c'est-à-dire à environ quinze milles & à 12. de Ganeta de Jesu. Il y a un marché de bœufs fort frequenté & fort celebre. Elle s'étend d'Occident en Orient l'espace de neuf milles, & de Septentrion au Midi de six. Elle a été accordée au Patriarche Mendez pour sa subsistance & pour celle des Portugais.

Sur une Colline de ce Roiaume distante de trois milles du Lac de Dambée est la Ville de *Depsan* où l'Imperatrice a autrefois demeuré : c'est un lieu fort agréable, arrosé par deux rivieres dont l'une descend d'Orient, & l'autre du Septentrion, elles se joignent ensuite pour couler dans le même Canal. L'air y est fort pur. A l'opposite entre le Septentrion & le Midi est une autre Montagne, dite les deux mers : comme elle est fort roide & de difficile accès, c'est où les habitans se retirent quand ils sont attaquez par leurs ennemis. En la partie Orientale de cette Montagne est le Monastere de l'Abbé Eustathe. L'Isle de *Metcoroa* ou de *Mecareca*, qui est assez proche de l'Isle de Dambée, est encore une retraite fort commode. On y voit un Monastere autrefois celebre de l'Ordre de l'Abbé Haimon. On a bâti dans cette Ville de Depsan, une maison à l'Européenne pour le Patriarche Mendez. Du côté d'Occident elle a la vuë du Lac de Dambée. Mais du côté d'Orient & du Septentrion elle est bornée par les Montagnes. Quand on va du Roiaume de Goiame à Depsan on trouve après le pont d'Alate, le fleuve *Crel* qui se décharge peu après dans le Lac de Dambée. La maison du Patriarche, de laquelle je viens de parler, est à vingt milles de Gorgora, à dix-huit de Ganeta de Jesu, à dix-huit aussi de Pancation, & à soixante-dix de Colella.

A l'extremité de Dambée du côté d'Occident la Ville de *Oideriega* ou d'*Ondegue*, où Facilades se retira à cause de la Peste, & où il demeura avec ses troupes. On appelloit aussi cé lieu-là Province de *Guimelius*. Des Jesuites, & des Capucins y ont été pendus pour la Foi. Entre Dambée & Bagamadri, est encore la Ville de *Goga* où l'Empereur a autrefois demeuré.

§. Je n'ai pas voulu priver le Lecteur de cette description que Mr. Corneille a extraite dans son Dictionnaire. Mais je ne la donne ici que pour sa juste valeur. Je ne sais comment accorder toutes ces villes avec ce qu'assure Mr. Ludolfe dans son Histoire d'Ethiopie [k] à savoir qu'excepté Axum il n'y a aucune ville dans toute l'Abissinie, mais simplement quelques Bourgs à savoir

Dobarua dans le Roiaume de Tigre.
Fremone premier établissement des Jesuites,
Gubay Bourg du Roiaume de Dambée,
Nanina dans celui de Goiam,
Macana-Celace dans celui d'Amhar.

Ces Bourgs étoient l'ouvrage des Portugais qui en avoient bâti quelques autres ; mais depuis que cette Nation a perdu cet établissement, il n'est pas sûr qu'on les ait entretenus. Le même M. Ludolfe ajoute que les Abissins aiment à demeurer dans des especes de Villages dont les maisons ne sont point contigues, & que par là ils évitent quantité de querelles que le voisinage & la contiguité des maisons causent ordinairement. Dans les endroits fertiles & cultivez on voit la Campagne couverte de Villages & de Metairies. Ils n'ont ni Citadelles, ni Châteaux, & la pretenduë Forteresse d'Amhar n'est autre chose que des Roches. Les Abissins s'étonnent de ce qu'il y a tant de grandes Villes parmi nous, & de ce qu'elles sont fixes & se touchent l'une l'autre. Comme ils ne savent chez eux ce que c'est que navigation & transport des marchandises d'une Province à une autre, ils ont peine à comprendre que le bois & les vivres puissent long-tems sufire à tant d'habitans qui ont fixé leur demeure dans un même lieu. Le Roiaume de Dambée [l] a été fameux parce que la Cour y a long-temps sejourné. Il est divisé en 14. Prefectures, à savoir :

[k] L. 4. c. 11.
[l] Ibid. L. 1. c. 3.

Arebja,
Decul-Arwa,
Dehhana,
Edn,
Gaba,
Guender,
Kuara,
Nara,
Sarako,
Sera-Karri,
Takueça,
Tenquel,
Tshelga,
Walwad.

m Ibid. L. 2. c. 17.   Le Vice Roi prend le titre de *Dembea-Cantiba*.

2. DAMBEE, Lac de l'Abiſſinie dans le Roiaume de Dambée. Voici la deſcription qu'on en donne dans un extrait de l'Hiſtoire d'Ethiopie du P. Balt. *Tellez. J'y ajouterai quelques remarques à la fin. Ce Lac eſt appellé par les Abiſſins BAR de Dambea, qui veut dire Mer du Roiaume de Dambea. Il eſt à la hauteur de 13. degrez & demi vers le Nort; il a plus de cinquante Lieuës de tour, mais ſi l'on comptoit les enfoncemens & les Golphes, on en trouveroit bien davantage. Ceux qu'il forme vers le Sud ne ſont pas ſi frequens; il y en a pourtant environ trente, ſa largeur eſt inégale, & ſouvent de dix ou douze Lieuës. Son eau eſt fort nette, legere, ſaine & abondante en pluſieurs ſortes de poiſſons, & mêmes en chevaux marins, qui vont paître ſur la terre, aux lieux les plus plats; ils y font quelques dégâts. Il y a des hommes qui vivent de cette Chaſſe, & du Cuir ils en font des foüets, dont ils ſe ſervent pour chaſſer leurs montures, les Abiſſins n'aiant point l'uſage des éperons. On n'y voit pas communément de Lezards, ni de Crocodiles, moins encore de Tritons & de Sirénes, comme l'a voulu faire croire Janſſon dans ſon nouvel Atlas de l'année 1653. de ſorte que le bétail paît & couche le long de cette riviere en toute ſûreté, & les habitans y jouïſſent d'une tranquilité qui ne ſe trouve pas auprès du Nil, lors qu'il entre en Egypte. Ptoloméé nomme ce LAC COLOE. Jean de Baros BARCENA, à cauſe, comme je crois, d'une Iſle qui eſt auprès du Canal par où le Nil s'écoule. Mercator & Janſſon dans leurs Cartes de l'Abiſſinie appellent le côté Meridional *Zambré*, & *Zaire* celui qui lui eſt oppoſé; mais le veritable nom, comme nous avons dit, eſt Bar de Dambea. On compte dans ce Lac plus de vingt & une Iſles; il y en a de fort grandes, comme celle de Dec, pour le Labourage de laquelle il faut bien quarante paires de bœufs: en ſept ou huit de ces Iſles il y a des Monaſtéres, qui ont été anciennement magnifiques. L'air y eſt chaud, ce qui n'eſt pas en toute l'Ethiopie, & on y trouve des Oranges, des Citrons & autres fruits ſemblables en quantité.

Les Abiſſins naviguent ſur cette petite Mer avec une eſpece de batteaux qu'ils appellent *Tancoas*, qui ſont preſque comme nos Radeaux faits de fagots de canes. Ces roſeaux ou canes, dont il y a en ce païs-là grande abondance, font de la groſſeur d'un bras, & de la longueur d'une aûne. Tous les bords du Nil ſont pleins de ces arbriſſeaux que Pline décrit, & qu'il appelle *Papyrus*, dont les anciens ſe ſont ſervi pour écrire. Parce que les inondations du Nil portent beaucoup de cette matiere ſi précieuſe, Caſſiodore les appelle *Fœda inundationis pulcherrimum fructum*.

Les Egyptiens l'ont auſſi emploié à faire des batteaux.

Conſeritur bibula Memphitis Cymba Papyro.

On y en trouve tant que le Nil en a eû une épithete.

Scilicet aquoreos plus eſt domuiſſe Britannos,

Perque papyriferi ſeptemflua flumina Nili
Victrices egiſſe rates.
Et ailleurs.

Ipſe papyrifero qui non anguſtior amne
Miſcetur vaſto multa per ora freto.

C'eſt dans ce Lac que pluſieurs ſe ſont imaginez que le Nil prenoit ſa naiſſance. Nous faiſons voir ailleurs combien ils ſe ſont abuſez. Il eſt vrai que le Nil n'y paſſe pas ſans en profiter, & ſans en augmenter ſes eaux, puiſque de tous les fleuves qui fondent dans cette petite Mer, il n'en ſort aucun que par l'ouverture par où le Nil s'écoule. Mercator & Janſſon ſe ſont fondez ſur de faux rapports, quand ils ont écrit que de ces amas d'eaux ſe forment le fleuve Zaïde qui va ſe décharger dans l'Océan d'Ethiopie aux Côtes de Congo, & le Coanca qui tire vers Angola: Car il eſt certain que le Nil ſeul ſort du Lac de Dambée, & c'eſt pour cette raiſon qu'il groſſit tellement ſes eaux en hiver; car ce grand Lac, où pluſieurs grandes rivieres ſe perdent & où coulent toutes les eaux qui tombent des Montagnes circonvoiſines du Roiaume de Dambée, n'a que cette ſeule déclare.

§. Remarquez en 1. lieu que dans le nom *Bar de Dambea* il n'y a que le mot BAHR qui ſoit Ethiopien, le reſte eſt François. 2. Il eſt vrai que Ptolomée fait mention du Lac ou Marais *Coloë*; d'où il fait ſortir un des bras du Nil. Mais il le place ſous l'Equateur fort mal à propos; ce qui eſt une erreur de plus de 1012. Milles Romains. 3. Le nom de *Barcena*, eſt celui qui approche le plus de la verité, car Mr. Ludolfe[n] écrit ce mot en Ethiopien BAHR-TZANA c'eſt-à-dire, *la Mer de Tzana*, à cauſe de Tzana Iſle de ce Lac. L'analogie me perſuade que ceux qui aiment mieux donner à ce Lac le nom du Roiaume où il eſt que celui de l'Iſle qu'il entoure, diſent BAHR-DAMBEJA.

La longueur[o] de ce Lac eſt de 30. lieuës Portugaiſes, & ſe prend Nord & Sud. Sa largeur eſt à peu près de douze. Il contient pluſieurs Iſles dont la plus conſiderable eſt *Tzana*.

Les autres ſont
2. *Berghida*,
3. *Dabra-Antons*,
4. *Dabra-Mariam*,
5. *Daga*,
6. *Dek*, où l'on relegue les perſonnes de diſtinction dont on veut s'aſſurer,
7. *Galila*,

8. *Mec-*

n Hiſt. Æthiop. L. 1. c. 8.

o Ibid.

DAM.

8. *Mecrahha,*
9. *Metzlé,*
10. *Quebran,*
11. *Rima.*

☞ Le mot DABRA signifie *monaftere*, ainsi la troifieme & la quatrieme de ces Ifles tirent leur nom des Monafteres dont l'un eft dedié à St. Antoine, l'autre à la Ste. Vierge. Toutes ces Ifles, excepté celle de Dek, font poffedées par des Moines. Mr. Corneille dit *Bardambée.*

DAMEGAN Ville d'Afie. Elle appartenoit autrefois à la Province de Korafan, & eft aujourd'hui la Capitale d'un petit païs nommé COMUS. Ce païs eft refferré entre le Ghilan & le Korafan. Près de Damegan eft une fontaine qu'on nomme la fontaine des vents à caufe qu'en de certains temps il en fort un vent fi impetueux qu'il enleve les hommes & les animaux & déracine les arbres.

† Herbelot Biblioth. Orient.

DAMEL petit Roiaume d'Afrique voifin de Gorée un des departemens du Senega. On en tire tout le mil & les cuirs dont on a befoin à Gorée. Mr. Savari *q* qui eft le feul Auteur où j'aie vû des traces de ce Roiaume varie fur le nom car il en nomme le Roi le Roi Damel *r*, il dit ailleurs le Roiaume d'Amel *s*, & peu après il dit deux fois le Roi de Damel *t*. Ce Roiaume eft aux environs de la Riviere de Senega, ou Senegal, le Roi de Tin s'en empara fur la fin du fiecle paffé. Ce Prince eut moins de complaifance que fon predeceffeur pour les François. Comme il eft un des plus puiffans de cette partie de l'Afrique, il empêcha fes nouveaux Sujets de porter les cuirs aux François qui occupent l'Ifle de Gorée afin d'obliger ceux-ci à établir des Comptoirs à Rufifch & à Portudal, lieux maritimes qui lui apartiennent, & d'augmenter par là fes droits de coutume, ce qui a toujours paru onereux à la Compagnie. Cependant comme on peut tirer de fes terres jufqu'à quatre ou cinq cens Negres, on entretient toujours commerce avec lui; & on a même confenti de lui payer une nouvelle Coûtume d'une pinte d'eau de vie pour chaque Chaloupée d'eau & de bois qu'on envoie faire de Gorée chez lui, quoi qu'auparavant on n'y fût point obligé. Les Negres qu'on traite dans ce departement font beaux, mais il faut obferver de n'en point prendre de grands au deffus de trente ans ni de jeunes au deffous de dix. La qualité des Cuirs eft auffi très-bonne, auffi-tôt qu'on les a traitez, il faut les faire faler, les plier en deux, les empiler, & les faire battre tous les quinze jours dans la haute faifon. C'eft à Rufifch & à Portudal que l'on fait toutes les levées de mil dont on a befoin à Gorée. Comme il arrive fouvent des famines en Afrique à caufe des fauterelles il faut que les magazins de l'Ifle en foient bien fournis. Tout le foin qu'on doit prendre du mil pour le confeiver c'eft de le remuer fouvent de crainte qu'il ne s'échaufe.

q Dict. du Commerce.
r p. 1052.
s p. 1054.
t p. 1055.

DAME MARIE, *v* ou DAMMARIE, Bourg de France dans la Brie, en Latin, *Domna Maria.* Il eft fur le grand chemin de Montereau-faut-Yone à Provins à diftance à peu près égale de l'une & de l'autre. Ce Bourg eft dans la Généralité de Paris, Election de Montereau.

v Corn. Dict. Atlas de De l'Ifle.

DAMERI; Bourg de France dans la champagne fur la Marne entre Ay & Châtillon &

D'AM. 21

renommé pour les vins que fon terroir produit. On le nomme en Latin *Dameriacum.*

DAMGARTEN, (l'*n* ne fe prononce point en François) Ville d'Allemagne dans la Pomeranie. Elle *x* eft fituée fur la Riviere de Recknitz au Nord-oueft de fon embouchure dans le Gôlphe, & à l'opofite de Ribnitz Ville de Mecklebourg. Elle *y* fut honorée du titre de ville en 1258. par Jaromar II. Prince de Rugen qui la munit d'une forte Tour. La Paroiffe depend du Synode de Barth. Il y a à Damgarten un Château & un Bailliage. En 1363. le Duc Albert de Meckelbourg *z* étant en difpute pour les limites avec les Ducs de Pomeranie Vartiflas & Bogiflas, tous deux VI. du nom, ils fe mirent en campagne pour décider la querelle par les armes. Le combat fe donna proche de Damgarten. Vartiflas avec une grande partie de fa Nobleffe fut fait prifonnier & reduit à payer 1480. marcs d'or fin pour fa rançon. En 1571. le 31. Mars cette ville fut toute reduite en cendres. Les Suedois la prirent en 1630; & en 1637. les Imperiaux s'en emparerent, mais à peine la garderent-ils un an & ils la rendirent aux Suedois l'an 1638.

x Atlas de Sanfon.
y Zeiler Topog. Pomer. p. 46.
z Micrael. L. 3. c. 53.

DAMIANA, ancienne Ville d'Efpagne dans le territoire des Edetains, felon Cellarius qui cite Ptolomée. Ce dernier *a* écrit DAMANIA felon les Editions d'Alde, de Villanovanus & de Bertius. De quelque maniere qu'on l'écrive, on ne fait aujourd'hui ce que c'étoit que cette ville. La pofition que lui donne Ptolomée indique qu'elle étoit vers les frontieres d'Arragon & de Valence.

a L. 2. c. 6

DAMIATE, Petite Ville de France dans le Languedoc, Diocefe de Caftres, Elle eft fituée fur la Riviere d'Agout, & on y trouve une Eglife Collegiale. Il n'y a qu'environ cent treize feux, & n'eft comptée que pour un village dans le *Denombrement du Roiaume.*

b Corn. Dict.
c T. 2. p. 233.

DAMIETTE, Ville d'Afrique *d* en Egypte, fituée fur le bord d'une Branche du Nil, qui fe décharge dans la Mer deux milles au deffous, en Latin *Damieta,* autrefois *Thamiatis.* La plûpart tiennent que c'eft le *Pelufium* des Anciens. D'autres veulent qu'elle ait été bâtie près des ruïnes de cette ancienne Ville. Damiette, qui a toûjours été une Place fort confiderable, tomba au pouvoir des Sarrazins quand ils fe rendirent Maîtres de toute l'Egypte. Les Chrétiens Croifez l'affiégerent en 1218. & la prirent l'année fuivante. Elle fut renduë au Sultan l'an 1221. Saint Louïs ajant paffé en Egypte en 1249. arriva le 4. de Juin à la Rade de Damiette, que les Infideles lui abandonnerent deux jours après; mais ajant été fait prifonnier le 5. d'Avril 1250. il donna Damiette pour fa rançon. Quelques Auteurs difent que les Sarrafins y mirent alors le feu, afin d'empêcher que cette Ville ne fût à l'avenir un fujet de guerre. On l'a reparée depuis, & elle eft encore grande, & une des Clefs du Pays, à caufe de l'importance de fon Port fur la Mer Mediterranée. On n'y compte gueres moins de vingt-cinq mille habitans, fans parler d'un village de l'autre côté du Nil, qui en eft comme un Fauxbourg, & qui eft tout habité de gens de Marine. De ces vingt-cinq mille perfonnes il n'y a que les deux tiers de Mahome-

d Corn. Dict. Coppin Voiage de Phœnicie c. 12.

C 3

DAM.

hometans. Outre cela il s'y rencontre toûjours un grand nombre d'Etrangers de toutes fortes de Religions. Il y a des Cophtes, & quantité de Grecs qui ont leur demeure fixe à Damiette, & qui font conduits par un Evêque. Le Turc leur a laiffé une Eglife avec la liberté de faire le fervice Divin; mais il leur a défendu le fon des Cloches. La ville s'étend affez loin au bord du fleuve avec une ruë principale, qui dure pendant toute fa longueur; & qui communique au Port, où l'on décharge les diverfes fortes de Barques ou de bateaux qui y abordent. Il y a un nombre de maifons confiderables; mais elles n'ont point de fymmetrie, & les ruës qu'elles forment font très-confufes, & de largeur inégale pour la plûpart. La Ville ne laifferoit pas d'être affez agreable, s'il y avoit un quay fur la rive du Fleuve. Elle eft enceinte de murailles, excepté du côté de l'eau; mais elles font rompuës en beaucoup d'endroits, & quelques pieces de bois en travers que l'on a mifes pour en reparer les principales brêches, font une méchante figure. Vers la pointe qui regarde la mer, il y a une Tour quarrée, fans aucune apparence d'artillerie; & vers l'autre extrémité tout à l'oppofite, il refte encore un grand Cavalier de terre qui a été fait anciennement, & où il n'y a point non plus de Canon. Un foffé d'une toife de large à demi comblé règne autour des murs, & ce font là toutes les défenfes de la ville. Une partie de fes habitans s'emploie aux Arts méchaniques, & principalement à faire des toiles raiées de differentes couleurs. On les appelle des Boures. Les autres s'adonnent à la marchandife. Le Peuple eft infatiable dans l'avidité de l'argent, & il a un caractere particulier d'obftination & de dureté, avec une habitude invéterée à la perfidie. La Campagne d'alentour eft remplie de jardins ou grands quarrez pour femer du Ris. Ces quarrez font un peu plus bas que le refte du Terrain, pour y retenir les Eaux où cette forte de plante aime à fe baigner prefque toûjours. Ceux qui font éloignez du Nil, en prennent dans un grand Etang qui eft à une lieuë de la ville entre l'Orient & le Midi. Son Territoire eft extrémement fertile, ce qui avec le commerce de la Navigation la rend la plus riche Ville de l'Egypte après fa Capitale. L'air y eft beaucoup meilleur qu'à Alexandrie, & la chaleur bien plus moderée qu'au Caire. Quoi que fon Gouvernement foit le fecond du Roiaume, celui qui l'exerce n'a que le Titre d'Aga. Le Bacha le donne à qui il veut, & il y envoie encore un Cadi pour adminftrer la Juftice, & un Sou-Bachi, qui lui font bonne part de ce qu'ils tirent de leurs emplois. Un Savant que l'on ne nomme point & dont on trouve une Lettre dans le III. Voiage de Paul Lucas [a] entre autres queftions fut confulté par fon ami fur la diftance d'Alexandrie à Damiette, & fur la Ville de Pelufe dont les anciens difent avoir été avancée d'une demie lieuë dans la mer, au lieu que les modernes mettent Damiette fur le Nil. Ce Savant qu'on affure avoir fait un long féjour en Egypte lui répond que les Ruines font à prefent affez éloignées du Rivage de la Mer. Prenez-garde [b], lui dit-il, de ne pas confondre, comme vous faites, Damiette avec

[a] L. 6. p. 293.

[b] Ib. p. 316.

DAM.

Pelufe, la derniere de ces deux villes n'étoit pas même fur la mer, du moins du temps de Strabon, puifque felon cet Auteur elle en étoit à 20. Stades; on ne fauroit douter que Damiette ne foit bâtie fur les Ruines de l'ancienne Thaniathis (il faloit dire *Tamiatis*) & Pelufe eft certainement l'ancienne Pharma. Damiette, pourfuit-il, eft un lieu environné de marais, ainfi que les autres villes de la baffe Egypte, qui font bâties fur des chauffées, qu'on a élevées exprès pour les mettre à couvert de l'inondation. Ainfi il eft évident qu'après que les eaux fe font retirées, il en refte encore affez pour ne faire de ces lieux que des marais remplis de bouë, Il pleut d'ailleurs à Damiette plus qu'en aucun autre lieu d'Egypte ce qui contribue à rendre le terrain bourbeux & incommode & a pu fervir de fondement au nom qu'on donnoit à cette ville. Comme il y a de Damiette à la Mer Rouge, ajoute le même Savant, plus de chemin que de cette ville au Caire, il eft inconteftable qu'il y a plus de vingt-cinq lieues. On en compte ordinairement 50. du Caire à Alexandrie & 45. jufqu'à Rofette; de là à Alexandrie 12. du Caire à Damiette environ 40. On n'y compte les diftances que par journées de cheval, ce qui fait à peu près dix lieues femblables à celles qui font de Marfeille à Aix.

§. Ce qui eft dit ici que Damiette eft diferente de Pelufe s'accorde avec le fentiment des plus favans hommes. Le R. P. Hardouin expliquant le nom *Taniticum* que Pline [c] donne à un des bras du Nil par lefquels ce fleuve fe jette dans la mer Mediterranée, dit que ce bras nommé aujourd'hui *Bras de Tacari* eft proche du bras de Pelufe, joignant la ville qu'Etienne le Géographe apelle Ταμίωτις & la Notice Eccléfiaftique Ταμιάθυ & les modernes *Damiette*. Ceux-là fe trompent, dit ce Pere, qui traduifent Pelufium par Damiette; car Pelufe étoit hors du Delta fur le bord du dernier bras du Nil du côté de l'Arabie, & de la Syrie, & Damiete au contraire étoit dans le Delta non pas fur le dernier bras, mais fur celui qui paravant dans le Nome Tanitique. D. Calmet ne laiffe pas, malgré ces autoritez, de dire encore tout recemment que Pelufe eft Damiette, fans rétablir cette opinion par aucune preuve. Voiez PELUSE & TAMIATHIS. Le commerce [d] de Damiette confifte en de très-belles toiles de toutes fortes de couleurs qu'on y fabrique & que l'on tranfporte aux païs étrangers. On y fait auffi grande quantité de boutargue & les Muges qu'on y fale font fort eftimez dans tout le Levant.

DAMIUPOLIS, Ville que l'Anonyme de Ravenne [e] place dans l'Abafgie & qu'il nomme avec Sevaftopolis & Bafgidas. Comme il eft le feul qui en faffe mention & que de ces trois villes il n'y a que Sebaftopolis que l'on connoiffe d'ailleurs, on ne peut favoir précifément la pofition de cette ville.

DAMMANA, ancienne Ville ou Bourgade d'Afie dans l'Arachofie felon Ptolomée [f].

DAMMARTIN, [g] Bourg confiderable de France avec titre de Comté, en Latin *Dammartinum* ou *Dampnum Martinum*. Il eft fur une hauteur dans la partie de l'Ifle de France nommée la Goëlle, à fept lieues de Paris entre St. Denis, Gonneffe, Montmorenci & Louvres

[c] L. 5. c. 10.

[d] Vanfleb. Voiage d'Egypte p. 109.

[e] L. 4. c. 2.

[f] L. 7. c. 20.

[g] Corn. Dict. Memoires particuliers.

DAM.   DAM.

vres en Paris. Il y a un Prieuré fous le nom de St. Jean Baptiste, desservi par un Vicaire perpetuel, assisté de deux autres Prêtres qui font le corps de la Paroisse. Il y a aussi une Eglise Collegiale dédiée à Notre-Dame dont le Chapitre est composé de six Chanoines & d'un Doyen. Ce Chapitre a été fondé par les anciens Comtes du lieu. Près de la Collegiale est un Hôpital pour les Malades & hors l'entrée du Bourg du côté de Paris on trouve une Maladrerie de Saint Lazare où l'on dit une Messe chaque Semaine. De l'autre côté de ce même Bourg près du grand chemin qui conduit à Nanteuil, à Soissons, & autres lieux, sont les restes solides du fameux Château de Dammartin dont il est beaucoup parlé dans l'Histoire & dont la vuë aussi-bien que celle de tout le Bourg n'est point limitée. Dammartin est le Siége d'un Bailliage, auquel le Roi Louis XIII. unit en 1633. les Justices de Mori, de Sainte-Mêmes, de St. Suplex & autres. Mr. de l'Isle [a] en fait une Ville. Les Memoires dressez sur les lieux & envoyez à Mr. Corneille n'en font qu'un Bourg. Quelques-uns écrivent ce nom DAMPMARTIN & en Latin *Domnum Martinum*.

[a] Carte de la Vicomté de Paris.

DAMIN, nom qu'on a ensuite donné à une ville de la Tribu de Zabulon nommée auparavant ADAMI ; selon le sentiment des plus savans Talmudistes raporté par Mr. Reland [b].

[b] Palæst. p. 733.

DAMME. Voiez DAM.

DAMMIM, Ville de la Tribu de Juda entre Socho & Azeca. Il en est parlé au 1. Livre des Rois [c], où l'Hebreu porte DAMMIM & la Vulgate DOMMIM.

[c] c. 17. v. 1.

DAMNA, Ville de la Palestine dans la Tribu de Zabulon, Eusebe & Saint Jerôme lisent DAMNA avec la Vulgate dans l'endroit de Josué [d] où il en est parlé. L'Hebreu & les Versions qui suivent ce texte, lisent DIMNA. Sanson la nomme *Domna* & REMMON-AMTHAR. C'est, dit-il, la même qui est nommée REMMONO dans le 1. Livre des Paralipomenes.

[d] c. 21. v. 35.

§. D. Calmet en trois articles fait mention de quatre villes nommées *Damna*. Selon lui il y avoit 1. *Damna* ville dans les Montagnes de Juda. *Josué* xv. 49. 2. *Damna* Ville de la Tribu de Zabulon. *Josué* xxi. 35. elle fut donnée aux Levites de la Famille de Merari pour leur demeure. 3. *Damna* Ville de la Tribu de Juda. *Josué* xv. 49. Il en indique encore une quatriéme de même nom dans la Tribu de Nephtali qui fut, dit-il donnée aux Levites. *Josué* xxi. 35. Ces quatre villes se reduisent à deux, dont l'une est nommée DAMNA & l'autre DANNA. Car en premier lieu la premiere Ville & la troisiéme sont certainement la même n'étant fondées l'une & l'autre que sur un même verset du même chapitre de Josué, à savoir xv. 49. & cette Ville est nommée, *Damna* tant dans le texte Hebreu que par la Vulgate, Eusebe, & Saint Jerôme. Les Septante lisent PENNA en cet endroit, ce qui est une faute de copistes. Celle qui est la quatriéme & que ce Savant Religieux suppose dans la Tribu de Nephtali, n'est autre que Damna de la Tribu de Zabulon, puisqu'il ne s'agit que d'une seule *Damna* dans le verset cité pour l'une & pour l'autre dans le Dictionnaire de la Bible, à savoir

Josué xxi. 35. où il n'y a qu'une seule *Damna* qui y soit nommée, & assignée à la Tribu de Zabulon dans le verset précédent.

DAMNABA, ou DENABA, Ville de Balac fils de Beor Roi d'Edom, à qui Job succeda, selon le sentiment d'Eusebe [e]. St. Jerome en traduisant ces mots dit qu'il pense fort diferemment. St. Jerôme ne croioit pas que Job fût de race Iduméenne ni qu'il eût regné sur les Iduméens ; il le croioit au contraire descendu de Nachor frere d'Abraham. Les Interpretes sont partagez entre ces deux opinions, qui ne sont pas de mon sujet. Eusebe [f] ajoute qu'il y avoit un Village nommé DANNEA à huit milles d'Aréopolis. S. Jerôme, qui écrit *Damnaba* au lieu de Dannea, ajoute que c'étoit en allant du côté d'Arnon. Eusebe nomme un autre Village de même nom sur le mont Phogor (ou Phegor) à sept milles de Jebus, ou d'Esbus selon St. Jerôme, ou de Chesbon selon Mr. Reland [g].

[e] Onomast.
[f] c.
[g] Palæst.

DAMNII [h], ancien peuple dans la partie de la grande Bretagne que les anciens nommoient ulterieure, Barbare, ou Septentrionale; ils étoient comptez entre les Vetturions. Cellarius [i] dans sa Carte de l'ancienne Bretagne les place au midi du rempart de Severe. Le Pere Briet [k] les met au Midi & au Nord de ce même Rempart, qu'il nomme le rempart d'Adrien : en quoi il se trompe aussi-bien que Cambden qu'il a suivi. Ptolomée [l] leur donne pour villes ou châteaux *Colania*, *Vanduara*, *Coria*, *Alauna*, *Lindum* & *Victoria*, & peut-être y faudroit-il joindre les Horestes de Tacite, comme Cellarius ne s'éloigne pas de ce sentiment. On ne doit pas douter qu'ils n'eussent du terrain au midi du Rempart de Severe puis qu'Alauna y étoit placée, selon l'Itineraire d'Antonin, & même Colanea selon le même étoit encore bien plus Meridionale étant située à la source de la Rible Riviere qui a son embouchure dans la Province de Lancastre. Le P. Briet croit que les Damniens repondoient aux contrées de *Sterling*, *Mentheith*, *Clydesdale*, & *Strathern*. Les villes qu'il leur donne sont,

[h] Paral. Part. l. a. p. 184.
[i] Geogr. Ant. l. 2.
[k] l. c.
[l] l. 2. c. 3.

Petra ad Glottam : Glascow,
Victoria : Abernethy.
Lindum : Lithzuo.
Alauna : Alaunay Village,

Il met deux Golphes dans leur Pays, à savoir,

Æstuarium { *Glotte* / *Bodotrie* } Golphe de { Dumbritaine, / de Fortna ou d'Edimbourg.

Le P. Briet [m] donne *Colania* aux Ladiens, & dit qu'elle s'apelle Coludi.

[m] Ibid. p. 184.

DAMNONII, DUMNONII [n], DOUMNONII [o]; Cambden écrit DANMONII, & Cellarius lui impute de l'avoir fait sans autorité. Cambden a preferé cette Orthographe à cause de l'étymologie de ce nom qu'il croit trouver en Dan-munith, mots Bretons qui signifient des habitations au-dessous des Montagnes, & il observe que le Pays qu'ils occupoient est principalement peuplé dans les Vallées. Ce pays est ce que nous apellons aujourd'hui Cor-

[n] Anton. Itiner.
[o] Ptolom.

Cornouaille & Devonshire. On y remarquoit anciennement.

Isca ou *Isaca*: Exceter,
Voluba ou *Voleba*: Falmouth ou Volemouth.

Damnonium ou *Ocrinum* } Promontorium que quelques-uns prennent pour The lands-End & d'autres pour la pointe du lezard.

Bolerium ou *Antivestæum* } Autre Cap nommé la pointe de Cornouaille, ou comme l'écrit Mr. de l'Isle, Cap Cornwall.

Silures, Les Isles Sorlingues.

C'est à peu près ce que quelques Auteurs Latins apellent BRITANNIA SECUNDA. [a] *Corn. Dict.*

DAMOAN, Montagne d'Asie [a] dans l'Armenie. Son sommet élevé en forme de Pyramide surpasse en hauteur tout le reste du mont Taurus; aussi, dit-on, que de là on decouvre la Mer Caspienne qui en est à soixante lieues Angloises. Le haut de cette montagne est tout de soufre & cela est cause que la nuit elle jette des clartez & paroît en feu. Ceux de Chaldée & de Perse s'y viennent fournir de soufre. On trouve aussi des bains chauds sur la croupe de cette montagne. Il y en a qui sont reservez pour les personnes de distinction & les autres sont pour le menu peuple.

DAMOR. C'est ainsi que Mrs. Maty & Corneille nomment une Riviere de la Syrie qui coule entre Baruth & Seïde, que les anciens nommoient Thamyras; & que les Geographes modernes nomment *la Riviere d'Amour*. Maundrell [b] dans son Voyage d'Alep à Jerusalem nomme cette même Riviere DAMER. Mr. Maty met à l'embouchure de cette Riviere un ancien Bourg qu'il nomme aussi DAMOR. Les Voiageurs qui auroient eu occasion de nommer ce bourg comme Monconis, Maundrel, P. Lucas, l'Auteur du Voyage de Sourie & du Mont Liban & autres que j'ai consultez n'en font aucune mention. Paul Lucas dit fort bien, en parlant du fleuve d'Amour, que c'étoit le Leontas de Ptolomée auprès duquel étoit une Ville du même nom ; que Strabon nomme ce fleuve Tamyras; il ajoute qu'il le passa après quatre heures de chemin depuis Baruth & que de cette Riviere jusqu'à Seïde il n'y a qu'une heure & demie de chemin. Voiez LEONTOS & TAMYRAS. [b] *p. 72. & 73.*

DAMOT, DAMOUT, ou DAMUT, Roiaume d'Afrique dans l'Ethiopie: il est au midi Occidental de l'Abissinie, à laquelle il appartient. Il a pour voisins * les Gafates & le Roiaume de Ganz, au Nord-Est; ceux de Gurache & de Cont au midi; le Roiaume d'Enarée & celui de Bizamo au Nord-Ouest. La moitié de ce Roiaume est toute occupée par des Montagnes & quoi qu'il n'y ait ni villes, ni bourgs il ne laissa pas d'être habité & cultivé. Et le soulevement de ses habitans contre la Religion que les Missionaires Portugais étoient allez leur prêcher ne put être apaisé que par la Victoire que les troupes de Susnée Roi d'Abissinie remporterent sur eux. Le fleuve Maleg a sa source dans une des Montagnes de ce Roiaume & le traverse en s'éloignant de l'Anguet autre fleuve dont la source est sur les frontieres de Damot & de Bizamo avec lequel il se va joindre. [*] *Ludolf Hist. Æthiop. L. 1.*

1. DAMPIERRE [c], Bourg de l'Isle de France, il est situé sur une petite Riviere ou Ruisseau qui tombe dans l'Yvette à peu de distance delà; il est à six lieues de Paris, à trois de Versailles & à une de la fameuse Abbaye de Port-Roial. Ce bourg, où l'on voit un beau Château, de belles eaux & un grand Parc, appartient au Duc de Chevreuse. Son territoire produit des grains & beaucoup de bois, & a des étangs. [c] *Corn. Dict. Memoires Particul.*

2. DAMPIERRE [d], Château dont il est parlé dans l'Article précedent, il est situé dans un Valon & borné de tous côtez par des côteaux dont il y en a un qui s'avance du côté de la porte & qui la cache. Ce Château est l'ouvrage du Cardinal de Lorraine. La premiere Cour est fermée par une Ballustrade qui la separe de la seconde. Celle-ci est bordée par deux Galeries qui sont de l'ouvrage de Mansard & détachées du corps du Château, elles ont des portiques à la faveur desquels on se proméne à couvert. On a voulu conserver l'ancien Château entouré de fossez remplis d'eau vive; & des tours rondes à l'antique se representent sur le devant de l'Edifice. La façade du Château est d'une belle Architecture & de l'Ouvrage de Mansard. On y remarque un fronton chargé des Armes du Duc de Chevreuse. Les appartemens sont beaux & meublez proprement. La Chapelle est fort jolie & à côté est un corps de bâtiment détaché que l'on apèlle l'Astrée, parce qu'on y a peint plusieurs Histoires de ce Roman. Du Château on descend dans le parterre où l'on trouve en face neuf jets d'eau. A droite & à gauche sont de grandes allées à perte de vue, accompagnées de très beaux bosquets & canaux. Un de ces derniers est une assez grande piece d'eau sur laquelle on va se promener dans des Canots pour jouïr de la fraîcheur. Au bout de ce Canal on a pratiqué une petite Isle flanquée de quatre jets d'eau, & dans laquelle est un petit Corps de logis avec toutes ses commoditez, cuisines, Offices, &c. C'est un très agréable reduit. On ne voit ici de tous côtez que ces eaux & on a fait passer pour cela un bras de la petite Riviere d'Yvette qui se rejoint à l'autre dans le parc & y forme des Cascades. Le parc est grand & percé de plusieurs belles allées, étoiles, & autres embellissemens. [d] *Piganiol de la Force Descr. de la France T. 2. p. 254.*

3. DAMPIERRE, Bourg de France [e] dans le Pays d'Aunis sur la riviere de Boutonne vers les frontieres de la Saintonge. Il a titre de Baronie. Ce bourg avoit donné son nom à la maison de Dampierre qui fut éteinte en la personne de Claude Catherine de Clermont, Dame de Dampierre morte en 1603. Elle avoit épousé en premieres nôces Jean d'Anebaut Baron de Rets, & en secondes Albert de Gondi Duc de Rets Pair & Maréchal de France. Ce bourg [f] est à une lieue & demie de la Rochelle & au Nord-est de cette Ville. [e] *Corn. Dict.* [f] *Atlas de Jaillot.*

§. Il y a beaucoup de Villages en Champagne nommez *Dampierre*. Et c'est d'un de ceux là que prenoient leur nom les Seigneurs de de Dampierre famille illustre dans laquelle passerent ensuite non seulement la Seigneurie de Bourbon, mais encore les Comtez de Flandres, de Nevers & de Rhetel. Guillaume fils de Gui de Dampierre épousa Marguerite heritiere de Flandres, de Hainaut & de Namur & veuve de Burchard d'Avesne decapité en 1223. Leur fils Gui de Dampierre fut Comte de Flandres & de Namur & mourut âgé de 80. ans en 1303. après en avoir regné 26. Robert fils de ce dernier épousa Yolante heritiere de Nevers. Marguerite heritiere de Flandres, de Malines, d'Anvers, de Nevers, de Rethel, de Franche-Comté & d'Artois, porta cette riche Succession à Philippe le Hardi Duc de Bourgogne. Marie fille & Heritiere de Charles le Hardi Arriere-petit-fils de Philippe le Hardi épousa l'Empereur Maximilien I. à qui elle porta ses droits sur la Franche-Comté, le Brabant, le Hainaut, le Namurrois, le Luxembourg, l'Artois, Limbourg, Anvers, Malines, la Hollande, Zelande, Frise, Gueldres & Zutphen à la Maison d'Autriche qui a perdu la plus grande partie de tous ces Pays par la revolution qui a formé la Republique des Provinces-unies, & par les conquêtes de la France. Le Duché de Bourgogne revint alors à la France comme je le remarquerai en son lieu.

DAMPIN, Bourgade d'Asie à la pointe la plus Meridionale de l'Isle de Sumatra. Elle apartient au Roi de Bantam.

DAMPLEPLUIS, Bourg de France dans le Beaujolois. Mr. Savari dans son Dictionnaire du Commerce écrit ainsi ce nom & fait mention du Commerce de Toiles qui s'y fait. L'Atlas de Jaillot écrit AMPLEPUYS: Le Denombrement du Roiaume [a] l'écrit de même & lui donne 360. feux. Il est dans la Generalité de Lyon, Election de Villefranche.

[a] T. 1. p. 312.

DAMP-MARTIN. Voiez Dammartin.

DAMREMI, DAM-REMI, ou DOM REMI LA PUCELLE, Village de France dans le Duché de Bar sur la Meuse entre Neufchatel & Vaucouleurs. Robert de Baudricourt [b] Commandant à Vaucouleurs pour le Roi de France Charles VII. l'an 1429. une jeune Païsane nommée Jeanne d'Arque qui étoit du Village de Dam-Remi, alla trouver cet Officier pour l'avertir qu'elle avoit eu une Revelation du Ciel que les François vaincroient les Anglois, lesquels seroient contraints de lever le siege d'Orleans & quelle executa & fut à cause de cela nommée *la Pucelle d'Orleans*, & son Village *Dom-Remi* ou *Dam-Remi* est à cause de cela apellé Dom Remy la Pucelle.

[b] Longuerue Descr. de la France. 1 Part. p.39.

DAMS, Petite Isle de l'Océan l'une des Orcades au Septentrion de l'Ecosse. [c] Elle est à l'entrée d'une grande baye de l'Isle de Mainland. Elle abonde en bled & en pâturages. Les bêtes venimeuses n'y sauroient vivre, non pas même les rats, ce que l'on a reconnu par plusieurs experiences.

[c] Corn. Dict. Audif. Geog. T. 1.

DAMVILLE [d], Gros bourg de France dans la haute Normandie avec titre de Duché. Il est possedé par Mr. le Comte de Toulouse Grand-Amiral de France, il est situé sur la Riviere d'Iton dans le Diocese d'Evreux & fut érigé en Duché-Pairie l'an 1610. Il y a haute Justice & tous les Mardis on y tient un grand Marché où il se debite quantité de grains. Le Duché de Damville est environné d'un grand nombre de terres nobles, Conches, Evreux, Condé, Breteuil, Tillieres, Verneuil, Nonancourt, Garencieres, Grosœuvres & autres.

[d] Corn. Dict. Memoires Particul.

DAMVILLIERS, petite Ville & Prevôté du Duché de Luxembourg, à quatorze lieues d'Yvoi & autant de Virton & à douze de Luxembourg, dans un Pays marécageux. Ce n'est pas [e] un lieu ancien, ni connu avant les derniers siecles. C'est une Seigneurie enclavée dans le Verdunois dont elle dépendoit autrefois. Les Ducs de Luxembourg qui l'avoient acquise se trouvant de puissans Princes, s'y rendirent absolus & Charles V. voyant que cette Place étoit avantageusement située dans un endroit marécageux, la fit fortifier en 1528. Les François la prirent sous Henri II. & la restituerent à la Maison d'Autriche & à la Couronne d'Espagne par le traité de Cateau-Cambresis. Les François l'assiégerent & la prirent sous le regne de Louis XIII. l'an 1637. & par le Traité des Pyrenées elle a été cedée à Louis le Grand qui en avoit augmenté les fortifications; ce qui n'a pas empeché de la faire démanteler l'an 1673.

[e] Longuerue Descr. de la France. 2 Part. p. 113.

1. DAN [f], cinquieme fils de Jacob & le premier de Bala servante de Rachel, n'eut qu'un fils nommé Husim [g]: cependant lorsque les enfans d'Israel sortirent d'Egypte la posterité de ce Patriarche composoit une Tribu de 72700. hommes capables de porter les Armes sans compter les femmes & les enfans [h]. Dans la conquête de la Palestine cette Tribu eut son partage dans un terrain fort gras & fort fertile entre la Tribu de Juda à l'Orient & le Pays des Philistins à l'Occident. Mais ce terrain étoit fort resserré parce que ce n'étoit proprement qu'un démembrement qui avoit été fait des Terres de Juda. C'est ce qui obligea ceux de cette Tribu de chercher un pays plus étendu pour y envoïer une Colonie de plusieurs de leurs familles qui n'étoient pas assez au large dans leur propre terrain. Ils envoïerent donc cinq hommes choisis des plus vaillans d'entre eux [i] pour chercher une demeure qui leur convînt. Ils s'avancerent jusqu'à Laïs près des sources du Jourdain, & ils en trouverent les habitans sans defiance & vivans dans une entiere securité. Ils en vinrent donner avis à leurs Compatriotes, qui envoïerent six cens hommes bien armez, avec leurs Familles, pour se rendre maîtres de Laïs. En passant par la montagne d'Ephraïm ils prirent dans la Maison de Michas un jeune Levite qui y entretenoit un culte superstitieux & l'emmenerent avec eux à Laïs. Ils se rendirent aisément maîtres de cette Ville & y établirent le même mauvais culte qu'ils avoient trouvé chez Michas. Ce fut alors que la Ville qui s'apelloit auparavant Laïs prit le nom de DAN. Le partage de la Tribu de Dan est décrit au Livre de Josué [k].

[f] Genes. c. 30. v. 4. 5. 6. &c.
[g] ibid. c. 47. v. 23.
[h] Num. c. 1. v. 38. D. Calmet Dict.
[i] Jud. c. 18. v. 1. 2. 3. &c. Josué c. 19. v. 46. 47.
[k] c. 19. v. 40—48.

2. DAN, Riviere de la Palestine qui a sa source au pied du mont Liban selon quelques Géographes qui croient le mot Jourdain, vient de *Jor* c'est-à-dire, Riviere, & de *Dan*, Ville auprès de laquelle elle passe. D'autres, ont prétendu que le Jourdain étoit formé de deux Rivieres dont l'une s'appelloit Jor, & l'autre

l'autre Dan. Voiez la refutation de ces sentimens au mot JOURDAIN.

3. DAN,[a] Ville située à l'extremité Septentrionale du Païs d'Israel, dans la Tribu de Nephtalim. Pour marquer les deux extremitez de la Terre promise, l'Ecriture se sert souvent de cette maniere de parler depuis Dan jusqu'à Bersabée[b]. Dan étoit au Nord & Bersabée au midi. La Ville de Dan étoit au pied du Liban, sur le Ruisseau de Dan ou du Jourdain, à quatre milles de Panéas du côté de Tyr. Quelques anciens & mêmes de Savans modernes l'ont confondue, entre autres le P. Lami dans son Introduction à l'Ecriture sainte, avec Panéas; mais Eusebe & St. Jerôme les distinguent très-bien. Jeroboam fils de Nabath mit un de ses veaux d'or dans la ville de Dan & l'autre à Bethel. Ce n'est plus à present qu'un Village.

[a] D. Calm. Dict. de la Bible.
[b] 1 Reg. c. 30. v. 20. 2 Reg. c. 3. v. 10. c. 17. v. 11. & 24. v. 2. & passim.

DANA ou DAGANA, ancienne ville maritime de l'Asie dans l'Isle Taprobane. Ptolomée[c] dit qu'elle étoit consacrée à la Lune. Si cette Isle est la même que celle de Ceilan, comme Bochard l'a démontré, Dana étoit au même lieu où nos Cartes modernes & sur tout celle de Mr. de l'Isle marquent le port de Billingam au fond d'une anse sur la côté Meridionale de l'Isle.

[c] l. 7. c. 4.

DANABA, Ville de Syrie dans la Palmyrene selon Ptolomée, dont les Calculs la mettent à l'Occident Meridional & dans le voisinage de Palmyre.

DANAE & DANATI, ville du Pont Polemoniaque à 68. d. de longitude & à 41. d. de Latitude selon Ptolomée[d]. Cette Ville étoit près des sources de l'Iris qui se jette dans le Pont Euxin.

[d] l. v. c. 6.

DANAI, nom Latin dont les Poëtes se servent pour signifier les Grecs afin de varier & de ne pas toujours employer le même nom.

Timeo Danaos & dona ferentes;

dit Virgile[e]; mais à parler à la rigueur ce nom étoit particulier aux habitans de l'Argolide ou Pays d'Argos. Ils furent nommez Danai[f] à cause de Danaus qui étant chassé d'Egypte par son frere vint à Argos & s'y rendit maître, & fut le neuviéme Successeur d'Inachus. Les siens furent nommez Danaïdes.

[e] Æneid. l. 2.
[f] Pausanias l. 2. c. 16.

DANALA, Bourg de la Galatie. Strabon[g] en parle à l'occasion du rendez-vous que Lucullus & Pompée s'y donnerent, lors que le premier remit à l'autre le commandement de la Province & de l'Armée. Plutarque[h] dit simplement qu'ils se virent dans un Bourg de la Galatie.

[g] l. 12.
[h] In Lucullo.

DANAPRIS, Riviere de la Sarmatie. Les Auteurs du moyen âge ont donné ce nom au Borysthéne. L'Anonyme de Ravenne[i] les nomme l'un & l'autre pour marquer qu'c'étoient deux noms d'une même Riviere. Mais outre que D. Porcheron son Commentateur remarque[k] que d'autres Géographes n'entendent qu'une même riviere, il est aisé de voir que le nom moderne NIEPER, ou DNIEPER que l'on donne au Borysthene est formé de Danapris. Voyez BORYSTHENE.

[i] l. 4. c. 5.
[k] In d. l.

DANASTER, Riviere de la Sarmatie. Jornandes se sert de ce nom[l] pour exprimer celle que les anciens nommoient TYRA & TYRAS,

[l] De Rebus Geticis c. 5.

& que nous appelons aujourd'hui NIESTER ou DNIESTER, nom formé de Danaster. Il y a des Cartes où elle est nommée TURLA, nom formé de l'ancien Tyra. Voiez NIESTER. C'est la même Riviere qu'Ammien Marcellin[m] apelle *Danastus*. AD *amnem Danastum pervenerunt inter Istrum & Borysthenem per camporum ampla spatia diffluentem.*

[m] L. 31.

DANATI. Voiez Danaë.

DANAWORTI, DONAWORTY, DOUNAWARTI, DUMWERT en Latin *Danaworttium*, *Dunnavertium*, *Donavertium*, ou enfin *Dunovertium*, Bourg d'Ecosse[n] à l'extremité Meridionale de la presqu'Isle de Kintire ou Cantire, vis-à-vis & à l'ouest de la Province de Carrick.

[n] Atlas d'Allard.

DANCALA, Ville de Nubie sur le Nil, voiez DANGALA.

DANCALE, DANCALI, ou DANGALI, Roiaume d'Ethiopie sur la Mer Rouge à[o] l'ouest du détroit de Bab-el-mandel. On trouve ce Roiaume à gauche lorsqu'on a passé le détroit & qu'on est dans la Mer Rouge. Il y avoit un Roi ami des Abissins quoique Mahometan; mais sous la dépendance du Turc qui est maître de toute cette côte. Le Port de Mer est *Bailur* où aborda le Patriarche qu'on envoioit de Rome en Abissinie. C'est dans ce Roiaume qu'est la terre de Sel ainsi nommée par ce qu'il y a des mines dont on tire du sel en abondance que l'on transporte ailleurs sur des chameaux & dont il se fait un grand commerce. Le fleuve *Hanazo* a sa source au midi de ce Roiaume & en sort pour aroser les Roiaumes de Dawaro, & d'Adel. Ce pays[p] renferme plusieurs places dont la principale est *Vella*. *Korkora* & *Manadeli* sont aflez considérables. Le terroir de Dancale est presque par tout sterile, plein d'épines & de sable. On y trouve peu de plaines entre les Montagnes. En Hyver on y a peu d'eau, & elle en manque dans les autres saisons, ce qui oblige les Voiageurs de creuser la terre qui rend seulement de l'eau salée. Il n'y a aucune espece de Grains; mais de simples feuilles pour les chevres. Mr. Corneille écrit ce mot *Dankali*.

[o] Ludolf. Hist. & Carte d'Ethiop.
[p] La Croix Relat. de l'Afrique T. 3.

DANCATION ou DANCAS, Montagne[q] de l'Abissinie au Nord occidental du Lac de Dambée dans le Roiaume de ce nom. C'est sur cette Montagne qu'on avoit bâti la maison du Patriarche Mendez. Au pied est la source de la Riviere *Rabd* qui se joint plus bas avec le Dender autre Riviere, & elles vont ensuite grossir le Nil de leurs eaux. C'est tout ce qu'il y a de plus certain sur cette Montagne. Voiez ce qu'en dit de plus la Description de l'Empire du Prête-Jean que j'ai extraite au mot DAMBE'E.

[q] De l'Isle Atlas.

DANCENOIR, petite Ville de France dans la Champagne, en Latin *Dancenorium*. Elle est sur la Riviere d'Aube vers les confins de la Bourgogne six lieues au-dessus de la Ferté sur Aube. Ce nom est écrit *Dancevoir* dans le Dénombrement du Roiaume & est mis sur le pied de cent feux, dans l'Election de Langres, Generalité de Châlons.

[r] Corn. Dict.

DANCORITON, Ville de la Liburnie, selon l'Anonyme de Ravenne.[s] qui la nomme ailleurs par la faute de ses Copistes *Ajit-Corinthum*. Cette ville étoit au même lieu & apparem-

[s] L. 4. c. 22.

DAN.

1. **DANDA**, Ville des Indes dans le Roiaume de Decan, sur la Riviere de Deri qui entre dans la mer auprès des Isles que les Portugais nomment *Islas Quemadas*. Cette ville est assez grande & ses rues sont fort belles. Ses habitans sont un grand commerce à Goa. Elle est à neuf lieues de Goa, & à pareille distance de la Montagne de Balagate qui s'étend le long du Roiaume de Decan jusques sur la Côte de Coromandel & dont le sommet égale la fertilité des plus abondantes vallées. Selon Mr. de l'Isle [b] cette ville, qu'il ne marque que comme un village, est entre les Villes de Chaul au Nord & de Dabul au midi à environ cinq heures de chemin de l'une & de l'autre, à environ 88. d. 50′. de longitude & à 18. d. 20′. de Latitude.

   [a] *Corn. Dict.*
   [b] *Atlas.*

2. **DANDA**, Riviere d'Afrique dans le Congo. Mr. de la Croix en parle ainsi: On croit que celle de Bengo n'en est qu'un bras. Elle a cinq ou six pieds d'eau dans son embouchure, où la marée entre lors que la Lune est au Sud-ouest du Zodiaque. Cette Riviere est extrémement poissonneuse, nourrit quantité de Crocodiles & d'Hippopotames & arrose des campagnes assez fertiles. La rive au Sud de Danda est plus fertile qu'elle ne l'est au Nord, mais elle va insensiblement en montant, de sorte qu'à une lieue de l'Embouchure les bords de cette Riviere se trouvent à même hauteur. Dapper [c] en dit la même chose, mais il ajoute qu'on peut la remonter vingt ou vingt cinq lieues & qu'elle vient de beaucoup plus loin, prenant sa source au même endroit que la Riviere de Lucale. Dans les mois de Mars, d'Avril & de Mai, elle s'enfle & se deborde avec tant d'impetuosité, qu'elle arrache des pieces de terres d'un de ses bords & les porte à l'autre où les entraine dans la Mer. A [d] son embouchure est une Seigneurie gouvernée par un des Vassaux du Roi, nommée *Vamba*. En remontant ce fleuve on trouve sept ou huit autres Fiefs si peu considerables qu'on n'en sait pas même le nom. Mais quand on a ramé quinze ou seize lieues contre le courant, on entre sur les terres de Coansa dont le Seigneur de Hani & quelques autres petits Sovas sont tributaires. Mr. de l'Isle apelle Dande Capitainerie, un Fort au bord de la mer & de la Riviere de Dande laquelle sert de Bornes au Roiaume d'Angola du côté du Nord; & il met la source de cette Riviere dans un Lac; d'où la Riviere de Bengo pourroit bien aussi tirer la sienne.

   [c] *Afrique p. 345.*
   [d] *Ibid. p. 341.*

DANDACA, ancienne ville de la Chersonese Taurique, à l'entrée du Golphe de Carcine, & à l'oposite du Cap de Misaris selon Ptolomée [e], qui donne à cette Ville 60. d. 45′. de Longitude & 47. d. 20′. de Latitude. Guillaume Sanson dans sa Carte de la Cimmerie place Dandaca au Nord & à l'embouchure d'une Riviere anonyme qu'il fait couler auprès des Villes *Assirani* & *Arcilachita*; & il fait Dandaca de quelques minutes moins Septentrionale que Ptolomée quoi qu'il la mette beaucoup plus avant dans la Golphe de Carcine. Ammien Marcellin [f] la nomme **DANDACE**.

   [e] *L. 3. c. 6.*
   [f] *L. 22.*

DANDAGULA, ancienne Ville de l'Inde en deçà du Gange. Pline [g] la fait voisine du Cap des Calinges; & comme ce Cap étoit à l'oposite de l'Isle de Taprobane, c'est aparemment le même que Mr. de l'Isle [h] nomme Cap de Cagnameiro; ainsi cette Ville étoit à la pointe Orientale du Roiaume de Maduré.

   [g] *L. 6. c. 20.*
   [h] *Atlas.*

DANDALIENS. Mr. Corneille [i] en dit ces particularitez: Peuples anciens d'Allemagne qu'on dit avoir été très-puissans pendant le douzieme siecle. L'attachement qu'ils avoient pour la superstition des idoles les aiant rendus ennemis de la Religion Chrétienne dont ils ne vouloient point entendre parler, Valdemar Roi de Danemarck leur voisin du côté de la mer; les Princes de Pomeranie du côté de l'Orient; & Henri Duc de Saxe, se servirent de la force pour les obliger à recevoir les Predicateurs Evangeliques, qui les amenérent à la connoissance de Jesus Christ.

   [i] *Dict.*

§. Mr. Corneille cite pour garant Crantzius *in Metropol*. Cet ouvrage où Krantzius a écrit l'origine & l'histoire des Evêchez d'Allemagne jusqu'à son temps & qui est, à proprement parler, une Histoire Ecclesiastique, ne fait aucune mention des Dandaliens; mais bien des Wandales, nom par lequel Krantzius designe en general les divers peuples qui habitoient le Mecklenbourg, comme les Abotrites, les Herules, les Polabes &c. Du reste ce que Mr. Corneille dit des Dandaliens peuple inconnu convient exactement aux Wandales de la Mer Baltique.

DANDAMAH, [k] Ville du Pays nommé Sephalat-Aldheheb, c'est-à-dire, la plaine d'or. Ce Païs est ce qu'on apelle aujourd'hui la côte de Sofala ou de Mosambique.

   [k] *Herbelot Biblot. Orientale.*

DANDARIENS, ancien Peuple Meotique, c'est-à-dire de cette partie de l'Asie qu'on apelle aujourd'hui la Comanie. Strabon [l] les nomme aussi & Etienne le Geographe dit qu'ils habitoient proche du Caucase. Tacite [m] les nomme Dandarides & dit que Mithridate détrôna le Roi des Dandarides. Il ajoute peu après [n] qu'on arriva à Soza Ville de la Dandarique que Mithridate avoit abandonné.

   [l] *L. 11.*
   [m] *Annal. L. 12. c. 15.*
   [n] *c. 16.*

DANDARIQUE, ancien Roiaume situé au midi Oriental du Palus Meotide. Selon Guillaume Sanson [o] il avoit au Nord-est les Toreates, au midi les Aspurgiens, à l'occident les Sindes & au Nord le Palus Méotide. Le fleuve Hypanis traversoit ce Roiaume & peut-être qu'il le separoit des Aspurgiens.

   [o] *Atlas.*

DANDARIUM & **DANDAREON**, Ville du Roiaume dont il est parlé dans l'article precedent. L'Anonyme de Ravenne [p] en parle sous ces deux noms.

   [p] *L. 4. c. 5. & l. 5. c. 11.*

DANDRE, lieu de la Haute Egypte, il est situé sur le Nil presque vis à vis de Caana qui est de l'autre coté du fleuve. Ce qu'on y voit de plus remarquable, c'est un grand Edifice qui paroît au dessus de ce qu'il y a de plus élevé dans tout le pays. C'est un grand Palais détruit que les habitans du Pays disent avoir été bâti par les Démons. Ils assurent qu'on y voit la nuit plusieurs fantomes qui se promenent dans ses mazures. Il est tout ruiné d'un côté & il y reste de l'autre deux belles façades où l'on compte jusqu'à cent trentes fenêtres avec un grand nombre de Colonnes.

   [q] *Lucas, Voiage T. 1. p. 108.*

DAN.

DANDUTES ou **Danduti**, peuple de l'ancienne Germanie. Ptolomée [a] leur donne pour voisins les Tarani qu'un de ses Interprêtes rend en Latin par la Silesie. Mr. d'Audifret [b] dit qu'ils faisoient autrefois partie de la Nation des Hermions. Ils habitoient à l'occident des Nerteranes dans la partie de la Turinge où est le territoire d'Erford. C'est, dit-il, ce qui autorise le sentiment de ceux qui prennent Erford pour l'ancienne *Bicurigium*, & qui en même temps condamne les Ecrivains qui l'interpretent Zni-ckau, Ville du Voigtland. Quelques-uns appellent les Dandutes **Dantutiens**, & **Dantetiens**; leur nom Latin est *Danuti*. Bilibaldus Pirckheim [c] les cherche aux environs d'Egra en Boheme.

[a] L. 2. c. 11.
[b] Geog. T. 3.
[c] German. descr. p.684.
[d] Corn. Dict.

DANEMARCK, [d] Roiaume en Europe. Il a l'Océan au Couchant; la Mer Baltique à l'Orient; l'Allemagne au midi & l'Océan Septentrion: en Latin *Dania*. Il se divise en Etats de Terre ferme & de Mer. L'Etat de Terre ferme contient la Presque-Isle de Jutland, divisée presentement en Nord-Jutland & en Sud-Jutland; & l'Etat de Mer renferme les Isles de Seeland, de Funen, de Alsen, de Arr, de Tossing, de Langeland, de Laland, de Falster, de Mon, & de Bornholm, avec une infinité d'autres plus petites. Ce Roiaume est le plus ancien des trois Roiaumes du Nord, ce qui donne la préséance au Roi de Danemarck sur celui de Suede. Le Pays est riche & fort peuplé, mais de petite étenduë. Il produit une quantité prodigieuse de chevaux & de bœufs, d'excellens Pâturages & du bled en abondance. Le Commerce y est devenu florissant par les differentes Manufactures que l'on y a établies dans les derniers temps: ce qui contribuë beaucoup aux richesses de ces Peuples, qui ont planté des Colonies dans les Terres Arctiques, sur les côtes d'Afrique, & dans les Isles de l'Amerique. La forme du Gouvernement est bien differente de ce qu'elle a été autrefois. La Couronne est Hereditaire, & donne un pouvoir si absolu, que le Roi peut regler son Roiaume comme il veut. L'autorité des Etats étoit en quelque façon sans bornes, avant que la Monarchie eût changé de face. Ils ne laissoient presque aux Rois que les apparences de la Royauté, & on ne pouvoit rien conclurre pour la guerre, ou pour la paix, sans leur participation. Non seulement il falloit qu'ils donnassent leur consentement pour les nouvelles impositions; mais ils obligeoient les Princes qu'ils se choisissoient pour Maîtres, de jurer au jour de leur couronnement, qu'ils consentoient à leur propre dégradation, s'ils touchoient au tresor public, qui étoit gardé à Cronembourg, & reservé pour leurs necessitez extraordinaires, sans avoir eu leur agrément pour le faire. Ces Etats étoient composez des quatre ordres; savoir du Clergé, de la Noblesse, des Bourgeois & des Paisans. Le Clergé étoit representé par un Archevêque, par sept Evêques & par les Députez des Chapitres. Quoi que la Noblesse jouït de plusieurs prérogatives, dont elle avoit acquis les plus considerables en consentant à l'élection de Frederic II. elle avoit conservé la simplicité de son institution, & on ne voïoit ni Ducs, ni Comtes, ni Barons en Danemarck. Les Bourgeois étoient choisis par leur Corps dans toutes les Villes qui avoient entrée dans les Etats, Et les Paysans étoient divisez en deux Classes. La premiere comprenoit ceux qu'on appelloit *Freybunder*, c'est-à-dire, libres, à cause qu'ils possedoient des biens hereditaires, & qu'ils n'étoient pas chargez d'Impôts comme les autres; & dans la seconde Classe étoient rangez ceux qui tenoient à ferme les biens du Roi, du Clergé & de la Noblesse. Les premiers avoient le droit d'entrer aux Etats; mais à present ils sont tous égaux, parce qu'ils furent tous reconnus libres, lors qu'on changea le Gouvernement.

Anciennement les Cimbres & les Teutons habitoient le Danemarck, les derniers occupant les Isles, & les autres le Jutland. On ne sait s'ils en étoient originaires, ou s'ils étoient venus de Scythie. Ce qu'il y a de certain, c'est que ces Païs sauvages leur semblant trop resserrez pour y vivre assez commodément, ils s'unirent environ cent dix ans avant la naissance du Sauveur pour aller chercher de Nouvelles Terres. Après avoir traversé la Germanie, ils se partagerent en deux Corps, & furent les premiers qui se jetterent sur ce que les Romains avoient conquis. Les Teutons & les Ambrons firent dans les Gaules de très-grands ravages; & les Cimbres aiant pris une autre route, taillerent en pieces les troupes du Consul M. Junius Syllanus, & défirent ensuite celles de M. Aurelius Scaurus. Le bonheur de ces Barbares aiant donné l'allarme au Senat, Marius qu'on avoit créé Consul pour la seconde fois, traversa les Alpes, & après avoir campé quelque tems le long du Rhône, il joignit les Teutons & les Ambrons près d'Aix en Provence. Il les attaqua, quoi qu'avec des forces extrémement inégales. Deux cens milles de ces barbares perdirent la vie dans le Combat. Il y en eut plus de quatre-vingt mille qui furent faits prisonniers & le reste se sauva en desordre. Marius marcha de là vers les Alpes, où les Cimbras venoient de rompre le camp volant de Catulus, qui vouloit leur disputer le passage du fleuve Atesis; aujourd'hui Adige. Il y rassembla les troupes de ce Proconsul, & s'étant trouvé dans la plaine de Verceil en presence des Barbares, il les combattit. Les Cimbres s'étant ébranlez après des efforts extraordinaires, on en fit une horrible boucherie, & peu d'entre eux échapperent aux Romains, parce que tous les passages leur aiant été coupez, ils furent forcez de se rendre.

Lors que ces Barbares furent sortis du Septentrion, les Jutes, Peuple originaire de Germanie, s'établirent en leur Pays, & prirent pour Roi Danus, fils de Humble Roi de Gothie. Après que sa race fut éteinte, Hoter, fils d'Attile I. Roi de Suede regna. Sa posterité finit en Haldan III. qui institua Unguin Roi des Goths son Successeur au Royaume. Les Danois furent si contens de sa domination, qu'ils assurérent la Couronne à tous ses descendans. Hemming, fils d'Olaus III. n'aiant point laissé d'Enfans, Siward Roi de Suede fut fait Roi de Danemarck. Regner son fils eut la Couronne après lui, & Harald VI. introduisit la Religion Chrétienne en ses Etats vers l'an 960. Suen-Othon son fils, qu'on appel-

Division Géographique des Etats du Roi de DANEMARCK.

LE DANEMARCK comprend :
- LES ISLES DE :
  - Seelande
  - Fyonie
  - Langelande
  - Laland
  - Falster
  - Mone.
- LA PRESQU'ISLE de JUTLANDE qui se divise en :
  - NORT-JUTLANDE où sont les Dioceses de :
    - Rypen
    - Arhus
    - Ahlborg
    - Wiborg.
  - SUD-JUTLANDE où sont les Duchez de :
    - Sleswick
    - Holsace.
- comprenoit encore & a cedé à la Suede LES PROVINCES de :
  - Schonen
  - Blekinge
  - Hallande
- L'ISLE de :
  - Bornholm

L'ISLE DE SEELANDE comprend :

LES VILLES DE :
- Coppenhague
- Roschild
- Helsingor
- Wardingborg
- Koge
- Prestoe
- Nestwed
- Skelskor
- Korsor
- Kalundborg
- Holbeck
- Slagel
- Soora
- Ringstede
- Cronenborg
- Friderichborg
- Nikoping
- Rorwyg
- Odby
- Dragsholm
- Tutze
- Rosnes
- Reerloff

LES PLACES :

Le long des Côtes :
- Asnes
- Trelborg
- Borreby
- Trolholm
- Karlebeck
- Gausno
- Junghhofsnitt
- Roolte
- Skerping
- Giorloff
- Soholm
- Tostrup
- Kogerkrog
- Brindby
- Rustingokrog
- Niuad
- Esrum
- Soborg
- Halsnes
- Abranstrup

Dans les Terres :
- Ferslof
- Lindholm
- Nimmelhoff
- Steenlos
- Kregme
- Tibirek
- Birkerod
- Jorsholme
- Instrup
- Bronstorf
- Ringstede
- Giorlost
- Gilsselfeld
- Sparrisholme
- Tinstrup

Ly-

DAN.

que fi un Juge avoit rendu une fentence injufte, il y va de la moitié de fon bien, dont une partie eft apliquable au Domaine, & l'autré à la perfonne lezée. Le Roi tient les Grands Jours de tems en tems pour examiner la conduite des Juges fubalternes, & quant à ceux qui ont abufé du pouvoir de leurs Charges, pour molefter les parties; on les fait citer par un Officier de la Chancellerie, & on leur prefcrit un certain tems pour fe rendre au lieu où cette Affemblée fe doit tenir. Toutes les affaires qui regardent le Gouvernement font traitées dans fix Confeils qui furent inftituez le 25. de Novembre 1660. Le premier eft le Confeil d'Etat auquel le Roi prefide. Le fecond eft le Confeil de Juftice, qui a pour Chef le grand Jufticier. Le Grand Treforier eft le Prefident du troifiéme qu'on apelle Confeil des Finances. La Chancellerie, qui eft fous la direction du Chancellier de la Cour, forme le quatriéme. Le cinquiéme eft le Confeil de guerre où affiftent les Officiers Generaux des Armées, & le fixiéme eft le Confeil de Marine où prefide l'Amiral. Les Chefs de tous fes Confeils entrent par le droit de leurs Charges dans celui d'Etat, où fe trouvent encore le Chancelier du Holftein & le Maire de Copenhague.

Le Domaine de la Couronne, les peages du Sund & du Belt, la traite des Bœufs, & des Chevaux, les biens d'Eglife qui ont été réünis au Domaine quand on a changé la Religion, & quelques autres droits particuliers, font les revenus du Roi, qui tire trois millions des Péages du Sund & du Belt. On leve cette Impofition à Elfeneur & à Nibourg fur toutes les Marchandifes, fuivant ce que porte le Tarif que l'on a reglé avec toutes les Nations de l'Europe qui trafiquent fur la Mer Baltique. Les Suedois feuls en font exempts. On pretendoit les obliger autrefois à donner un état des chargemens de leurs Vaiffeaux, & il s'éleva là-deffus de grandes conteftations de part & d'autre. Le Traité de Stetin qui fut fait en 1570. par Frederic II. Roi de Danemarck par Jean III. Roi de Suede, termina ce different; mais la guerre qui furvint entre l'une & l'autre Couronne, fut caufe que la querelle fe réchauffa. La chofe demeura indécife jufqu'au Traité de Bronsbroo, conclu en 1645. on y ftipula que les Suedois feroient feulement tenus de montrer leurs paffeports de l'Amirauté de Suede, tant au paffage du Sund qu'à celui du Belt. Les Hollandois ont fait auffi divers

DAN.

Traitez touchant les droits que leurs Vaiffeaux font obligez de payer. Le principal eft celui qui fut fait à Chriftianopel le 13. Août 1645. Il fut arrêté par ce Traité, que les Sujets des Provinces-Unies payeroient les péages du Sund & du Belt pendant quarante ans à raifon de quatre pour cent de toutes marchandifes. Frederic III. convint en 1640. avec les Etats Generaux d'un forfait de trois cens cinquante mille livres pour les droits de tous les Vaiffeaux Hollandois qui pafferoient par le Sund & par le Belt; mais le Roi de Danemarck étant trop lezé par cet Accord, ce forfait fut annullé en 1653. & le Traité de Chriftianopel rétabli en fon entier. Ce dernier étant expiré en 1685. il a été renouvellé fur le même pied qu'il étoit auparavant. La traite des Bœufs & des Chevaux monte d'ordinaire à fix cens mille écus. On la leve dans la Nord-Jutland fur le Pont de Coldingen. On ne fait point pofitivement ce que le Domaine & les biens Ecclefiaftiques dont les Rois de Danemarck fe font emparez, ont accoutumé de produire.

Le Roi de Danemarck porte dans fes *Armes* de gueules à la Croix pleine d'Argent, qui eft d'*Oldenbourg*, la croix cantonnée de quatre quartiers, au 1. d'or femé de cœurs de gueules à trois lions léopardez d'azur l'un fur l'autre armez lampaffez & couronnez d'or, qui eft de *Danemarck*. Au 2. de gueules au lion couronné d'or tenant une hache d'armes à la Danoife d'argent emmanchée d'or qui eft de *Norwege* que la Reine Marguerite réunit avec le Danemarck. Au 3. d'azur à trois couronnes d'or deux & une, qui eft de *Suede*. Au 4. d'or femé de cœurs de gueules au lion d'azur qui eft de l'ancienne *Gothie*. Sur le tout écartelé au 1. d'or à deux lions d'azur l'un fur l'autre pour le Duché de *Slefwic*. Au 2. de gueules à trois feuilles d'orties d'argent, fichées des trois clouds de la paffion, en memoire du Comte Adolphe qui les rapporta de la Terre fainte ; ces feuilles font chargées d'un petit écuffon d'argent pour le Duché de *Holftein*. Au 3. de gueules au cigne d'argent, accolé d'une couronne d'or, qui eft de *Stormar*. Au 4. de Gueules au Cavalier armé d'argent, tenant une épée de même emmanchée d'or, le cheval houffé d'argent qui eft de *Dithmarfie*. Et fut le tout du tout, parti d'or à la fafce de gueules de deux pieces qui eft de *Delmenhorft*, parti d'azur à une Croix pattée & alifée d'or, qui eft de *Jutland*.

Divi-

dans le Danemarck, acheverent de le perdre. Les Etats de cette Province le dépoferent, & le Senat aiant élû en fa place Frederic fon oncle, Duc d'Holftein, il eut recours aux Princes d'Alemagne qui lui donnerent de foibles fecours. Enfin trahi par l'Evêque d'Odenfée qu'il alloit trouver déguifé en Marchand, il fut mené prifonnier au Château de Sonderbourg, & enfuite transferé en celui de Cronenbourg où il mourut l'an 1559. âgé de foixante & dix-fept ans. Comme il laiffoit un fils qu'on apelloit le Prince de Danemarck, Frederic I. crut que le meilleur expedient dont il pouvoit fe fervir pour conferver les Couronnes de Danemarck & de Suede, que les Peuples revoltez lui avoient données à l'exclufion de l'heritier legitime, étoit d'introduire la Religion de Luther dans fes Etats. Il ne laiffa pas de demeurer Catholique, & fut fi bien menager les Grands du Roiaume, qu'ils conferverent la Couronne à fon fils Chriftian III. Ce fut un des plus grands Politiques de fon tems. Il fe fit Lutherien pour être reçû dans la Ligue de Smalcalde, dont il avoit befoin contre les deffeins de l'Empereur Charles quint fur les Couronnes du Nord. Il mourut à Coldingen le premier jour de l'année 1559. vingt-trois jours avant Chriftian II. qui étoit fon prifonnier. La Nobleffe de Danemarck, d'autant plus puiffante qu'elle avoit droit d'élire le Roi, ne confentit à l'élection de Frederic II. fon fils, qu'à condition que le Senat difpoferoit de toutes les Charges; que la Nobleffe condamneroit fes Sujets fans appel, & qu'on fuivroit les anciens Statuts du Roiaume, qui portoient que le Senat feul la pourroit juger. Ce Prince fubjugua les Ditmarfes dont fes Predeceffeurs n'avoient pû venir à bout, & après avoir défendu la Livonie & la liberté de la mer Baltique contre Lubeck, & contre Erric Roi de Suede, il mourut l'an 1588. laiffant de Sophie, fille d'Ulric, Duc de Mecklebourg, Chriftian IV. qui fut élû Roi à l'âge de douze ans. Sa valeur & fa prudence le firent fort eftimer. L'an 1621. il forca ceux de Hambourg, qui fe difoient Souverains & independans, à payer le péage qu'il avoit établi à Gluckftad & à lui rendre hommage, ce que fes predeceffeurs avoient inutilement tâché d'obtenir. Il mourut en 1648. après avoir regné cinquante-deux ans. Alors il y eut des feditieux qui formerent un parti pour abolir la Coûtume qui s'obfervoit depuis fort long-tems d'élever fur le Trône de Danemarck, le fils aîné du Roi dernier mort. Le Comte d'Ulfeld qui prefidoit à l'Affemblée en qualité de Grand Maître du Roiaume, foutint le parti de Frederic, l'aîné des fils de Chriftian IV. avec tant de fermeté, que ceux qui avoient propofé l'exclufion de ce Prince, s'en defifterent à condition qu'il jureroit à fon Couronnement de garder inviolablement les Privileges de la Nobleffe & de ne rien innover. Il gouverna fous le nom de Frederic III. Les Suedois lui enleverent une partie de fes Etats, & il ne put empêcher qu'il ne fe rendiffent maîtres du refte, qu'en leur cedant par le Traité de Rofchild du 8. Mars 1658. les Provinces de Schonen, de Halland & de Blekingie, l'Ifle de Bornholm, celle de Ween, comme dependantes de la Province de Schonen & les Gouvernemens de Bahus & de Dronthen en Norwege. Cette Paix ne dura pas. Les Suedois reprirent les armes fous prétexte que Frederic n'avoit pas exécuté le Traité. Charles Guftave leur Roi s'étant emparé de Cronenbourg, alla mettre le fiege devant Copenhague. Ce Siege fut foûtenu par Frederic pendant une année avec beaucoup de courage, & les Suedois aiant été obligez de le lever, pafferent delà dans l'Ifle de Funen où leur Armée fut défaite. Charles Guftave leur Roi étant mort à Gottembourg dans le même tems, la Paix fut concluë à Copenhague le 27. Mai 1660. aux mêmes Conditions qu'elle l'avoit été à Rofchild, excepté que l'Ifle de Bornholm & le Gouvernement de Drontlaem demeurerent au Roi de Danemarck. Après cette invafion, les Etats du Roiaume aiant reconnu qu'ils devoient leur falut uniquement au Roi Frederic, le Clergé & les Bourgeois fecondez des Payfans, fe fervirent de cette conjoncture pour abbattre l'autorité que la Nobleffe avoit ufurpée depuis plus d'un Siécle. Ils remontrerent que pour reconnoître le fervice que ce Prince venoit de leur rendre, en les delivrant entierement du joug des Suedois, ils ne pouvoient rien faire de moins que de lui offrir la Succeffion hereditaire de la Couronne; que l'élection étoit la fource de tous les defordres arrivez depuis tant d'années, qu'en y renonçant ils mettroient fin aux Guerres Civiles qui les avoient jufqu'alors fi fort affoiblis, qu'ils établiroient une Paix ferme & affurée entre tous les Membres de l'Etat, & qu'ils rendroient le Danemarck très-puiffant par l'union de la Norwege, du Holftein, & des autres Pays que la Maifon d'Oldenbourg poffedoit avant que de parvenir à la Couronne. La Nobleffe, qui gouvernoit depuis long tems avec un pouvoir prefqu'abfolu, travailla inutilement à détruire cette propofition. Elle fut forcée d'y confentir, & on refolut d'en dreffer un acte authentique, qui feroit communiqué au Roi avant qu'on le publiât. Le Senateur Trolle lui prefenta le Livre des Loix fondamentales du Roiaume, & particulierement de celles qui étoient contraires à la Souveraineté. Frederic refufa l'offre qui lui étoit faite, à moins qu'on ne voulût revoquer la claufe, qu'il n'y auroit que fes enfans mâles qui pourroient lui fucceder. Les Etats penetrerent le motif de ce refus, & par une Declaration folemnelle du 18. Octobre 1660. ils renoncerent en fa faveur au droit d'élection, & rendirent le Roiaume Succeffif & hereditaire. Ce Prince mourut l'an 1670. laiffant de Sophie Amelie de Brunfwick-Lunebourg, Chriftian V. mort le 4. de Decembre 1699. & Pere de Frederic IV. qui regne à prefent.

Il y a en Danemarck quatre Tribunaux fubordonnez les uns aux autres dans lefquels la Juftice s'adminiftre. Le premier eft celui du Juge ordinaire, & en on apelle à celui du Juge du Roiaume. On va delà au Chancelier, & en dernier reffort au Confeil du Roi. Quoique les affaires paffent par tant de Jurifdictions, on ne laiffe pas de les juger promptement, parce que les Danois ignorent toutes les formalitez qui perpetuent ailleurs les procès, & ils font fi feveres à faire obferver le Droit particulier du Pays, que pella Suenon ensuite, lui succeda en 980. Aiant été pris par les Julins, & les femmes aiant payé sa rançon, il reconnut ce bienfait en donnant aux filles le droit d'heriter également avec les mâles. Il subjugua une partie de l'Angleterre, & laissa une florissante Monarchie à son fils Canut II. surnommé le Grand, qui de son Mariage avec Gemilde, laissa trois fils, Harald, qui fut Roi d'Angleterre, Suenon Roi de Norwege, & Canut III. Roi de Danemarck. Ce dernier, que l'on surnomma le Saint, eut pour Successeur Magnus, fils de Saint Olaus Roi de Norwege. Après lui regnerent Suenon II. Harald VII. & Canut IV. qui fut massacré par les Jutes à Odensée sur la fin du onzieme siecle, pour avoir donné au Clergé la dixme sur tout le Pays. Olaus IV. son frere qui lui succeda, mourut huit années après, & Erric II. s'étant croisé pour la Terre Sainte, finit ses jours en l'Isle de Cypre l'an 1105. Les divisions qui s'éleverent pour lors en Danemarck donnerent lieu à une guerre civile. Suenon III. Canut V. & Valdemar I. disputoient entr'eux la Couronne. Canut fut assassiné par l'intrigue de Suenon, qui fut tué dans une bataille contre Valdemar, en sorte que ce dernier devint maître du Royaume, & se fit nommer Roi des Wandales. Canut VI. son fils regna après lui, & aiant conquis la Livonie, il y établit la Religion Chrétienne. Valdemar II. étendit sa domination dans toute la partie de la basse Allemagne qu'arrose la Mer Baltique; mais il ne jouït pas long-tems de cette conquête. La Pomeranie & le Pays de Meckelbourg se revolterent. Adolphe Comte de Schaumbourg, s'empara du Holstein, & les Chevaliers Teutoniques lui enleverent l'Esthonie & la Livonie. Erric V. son fils & son Successeur, fut tué en 1250. par son frere Abel, qui ne jouït pas long-tems de son crime, aiant été massacré par les Paysans dans une guerre contre les Frisons. Les Danois donnerent la Couronne à Christophle I. frere de ces deux derniers Rois, qui aiant été excommunié par les Evêques de Danemarck, mourut de poison en 1286. Il laissa le Roiaume à Erric VI. qui fut massacré par des Seigneurs de sa Cour, son fils Erric VII. lui succeda, & après lui Christophle II. son frere que ses Sujets, qu'il avoit chargez d'Impôts excessifs, chasserent de ses Etats. Valdemar III. Duc de Sleswic, fut mis en sa place. Les Danois lassez de sa domination, rappellerent leur Roi legitime, dont la mort fut suivie d'un Interregne de sept ans, après lequel Valdemar trouva moien de remonter sur le Trône. On le surnomma le Cruel ou le Reprouvé, & Olaus son petit-fils regna après lui. Il fut aussi Roi de Norwege, & comme il n'eut point de posterité, Marguerite de Danemarck sa mere lui succeda. Elle déclara la guerre à Albert, Roi de Suede, qui fut fait prisonnier dans une bataille, & cette victoire obligea les Suedois de la choisir pour leur Reine. L'an 1395. elle assembla à Calmar les Etats de Danemarck, de Suede & de Norwege & leur remontra avec tant de force qu'il étoit de leur intérêt que les trois Roiaumes du Nord ne fussent plus divisez, qu'on fit une Loi fondamentale que l'on appella depuis l'union de Calmar. Elle consistoit en trois principaux articles; qu'à l'avenir le Danemarck, la Suede & la Norwege n'auroient qu'un Roi, qui seroit élû par les suffrages égaux des trois Nations; que chacune de ces Nations auroit ses Gouverneurs, ses Tribunaux, ses Troupes & ses Garnisons tirées du Pays, sans que l'on y pût introduire des Etrangers sous quelque prétexte que ce fût; & que les Assemblées pour l'Election des Rois se tiendroient à Helmstad dans la Province de Halland. Cette Loi aiant été observée près de deux siecles, les Suedois voulurent élire un Roi, & maintenir l'Election par les Armes. Ils furent vaincus & assujettis par les Danois, ce qui les porta vingt-quatre fois à se revolter. L'union fut rompuë par ces desordres. Gustave Vasa s'étant emparé de la Couronne de Suede & aiant entierement chassé les Danois, ces deux Royaume eurent des Rois particuliers. Cependant ceux de Danemarck continuérent à porter dans leurs armes les trois Couronnes, soit pour conserver leurs prétentions, soit pour marquer leur Souveraineté sur le Nord. Les Suedois s'y oposerent, & cette affaire fut reglée en quelque sorte en 1570. par le Traité de Stetin, par lequel Frederic II. Roi de Danemarck, & Jean III. Roi de Suede, convinrent de s'en raporter au jugement de l'Empereur, des Electeurs de Saxe, Palatin, de Brandebourg, & du Duc de Brunswick. Les difficultez que firent naître les Suedois sur ce different les empêcherent de le terminer. Enfin par le Traité de Sioered de l'an 1613. Christian IV. Roi de Danemarck & Gustave Adolphe, Roi de Suede, demieurerent d'accord de porter les trois Couronnes, sans que cela leur pût donner aucun droit sur les Roiaumes l'un de l'autre. Les frequentes revoltes des Danois & des Suedois rendirent le regne d'Erric VIII. adopté par Marguerite, si plein de malheurs, qu'il abdiqua la Couronne, & alla mourir en Pomeranie. Christophle Comte Palatin, qui lui succéda en 1438. étant mort sans enfans dix ans après, les Etats de Danemarck offrirent la Couronne à Adolphe Duc d'Holstein, voulant unir par ce choix le Danemarck avec ce Duché; mais le grand âge d'Adolphe aiant étouffé en lui l'ambition, il fit élire le Comte d'Oldenbourg qui étoit fils de sa sœur. Ce Prince prit le nom de Christian I. & aiant été élû Roi de Suede en 1457. il contraignit Charles Canutson qui gouvernoit ce Roiaume de se refugier en Moscovie. Jean I. son fils lui succéda; mais les Suedois qui l'avoient élû en la place de Stenon, déposé par eux, lui substituérent Suanthon qui le défit en plusieurs batailles. Il mourut l'an 1513. à Alborg, laissant Christian II. qui conduisit une armée puissante au milieu de la Suede, & mit le siège devant Stockholm. Stenon l'obligea de lever, & de renoncer à toutes ses prétentions sur ce Roiaume, dont il se rendit le maître à la mort du même Stenon. Il s'en fit couronner Roi l'an 1520. après quoi il fit massacrer tous les Senateurs & tous les grands Officiers de la Couronne, contre la foi des Sermens les plus solemnels. Ce massacre, qui le fit nommer le Neron du Nord, lui ôta entierement la Suede. Les impositions excessives qu'il voulut mettre sur le Jutland, dans

DAN.   DAN.   33

Près de SEELANDE L'ISLE D'AMAG. { Lyſtager / Anderſchou / Berby / Nylos / Tooloſe / Birkholm / Hejltrup / Amag.

L'ISLE DE FYO-NIE où ſont
{
LES VILLES DE { Odenſée / Middelfart / Sophia-Odde / Nuburg / Schwinborg / Foborg / Aſſens / Bowens / Kartemynde.

LES PLACES {
Vers la Côte Orientale { Schendrup / Landholt / Ellensborg / Cosbygard / Lango / Heleager / Glorup / Broholm.
Vers la Côte Méridionale { Kirkeby / Rantzoroholm / Damsbo / Saby / Brogard / Halneſſ / Hagenſchou / Tangerup.
Vers la Côte Occidentale { Iſwernas / Auby / Gamberg / Skoby / Harſie.
Vers la Côte Septentrionale { Klent / Sanager / Anis / Eskeberg / Moberg / Brobyck / Kare / Dawnland.
Dans le milieu de l'Iſle { Langlée / Dalem / Segard / Winning / Branſtrup / Ekeſchow.

Près de FYONIE ſont les ISLES de { ARROE / SAMSOE } { Koping / Samſoé / Kolby

L'ISLE DE LANGELANDE, où ſont { Rudkoping / Transkiarr / Sommerbohl / Stawens / Lindelſe / Humbled / Gullſtaff.

L'ISLE DE LALANDE, où ſont { Naxkow / Halſted / Saxcoping / Niſted / Rodby / Maribo / Albou / Grimſted.

L'ISLE DE FALSTER, où ſont { Nykoping / Stukoping / Gezor / Gulbogfehr

L'ISLE DE MONE, où ſont { Skeke / Fauneſiord.

Tom. II.   E   Rypen

DAM.

LE DIOCESE DE RYPEN où sont { *Vers la Côte Occidentale* {

LES VILLES de { Rypen, Warde, Rikioping, Holstrebe, Lemwyg

LES PLACES de { Visleff, Tirborg, Fourfeld, Wesselborg, Olo, Oxlyck, Hasselmed, Sachbeck, Hanne, Lydom, Hommed, Egwald, Nerildal, Hollingbeck, Lonberg, Lundeuis, Dalberg, Herning, Volberg, Thum, Synderwong, Holby, Ustrup

Dans le DIOCESE de RYPEN sont encore { *Vers la Côte Occidentale* LES PLACES de { Wosborg, Norrager, Fieltring, Boxling, Harboor, Moborg, Stenum, Krugsdal, Thus, Horzager, Largraf, Orrit, Sindinge, Tyrring, Neuling, Hamerum, Tanderup, Sioby, Aadstrup, Scarriid, Solding, Sulingholm, Egs, Tistrup, Ansager, Folding, Kasslund, Braming

dans le Diocese de Rypen { *Vers la Côte Orientale* sont {

LES VILLES de { Kolding, Weele, Fredrichs-Odde

LES PLACES de { Engelsholm, Farup, Hoigars, Syndberg, Scarrild, Barridschaw, Rodin, Gaffioerslund, Jorless, Pyessed, Nygard, Schotteborg, Weyen, Hundsbeck, Starup, Worbeck, Dunsland, Banberg, Synder, Syndersthoe, Hadstrup

Kolds

DAN. DAN. 35

dans la MER OCEANE L'ISLE DE FANOE.

LE DIOCESE D'AARHUS comprend
- LES VILLES de
  - Kolds
  - Rorbeck
  - Sunderhoe
  - Aarhus
  - Horsens
  - Ebeltoft
  - Grinstad
  - Rænderfen
  - Mariager
  - Hobro
- LES PLACES
  - Sur la Côte.
    - Wysborgard
    - Rusberg
    - Soderingholm
    - Holbeck
    - Hostingholm
    - Katholm
    - Halneff
    - Isgard
    - Kalloe
    - Wofnes
    - Noleff
    - Sensgard.
  - Dans les Terres
    - V.ingklofter
    - Scanderborg
    - Underup
    - Walmaholm
    - Silke
    - Falftrup
    - Hollingholm
    - Hagsholm
    - Jarleffholm.

LE DIOCESE D'AHLBORG comprend
- LES VILLES de
  - Ahlborg
  - Seeby
  - Hyering
  - Scagen
  - Tvstad
  - Nikiobing
  - Wensuffel.
- LES PLACES
  - Sur la Côte Septentrionale.
    - Korbeck
    - Borlum
    - Tolftrup
    - Oligard
    - Lidkerk
    - Soogard
    - Agger.
  - Dans le Milieu du Pays.
    - Wetterwig
    - Odby
    - Carby
    - Torup
    - Bradfchow
    - Ryslett
    - Hellewad
    - Vregleff
    - Seilstrup.
  - Sur la Côte Orientale.
    - Albeck
    - Stronby
    - Ormholt
    - Stockholm
    - Randerup.

LE DIOCESE DE WIBORG comprend
- LES VILLES de
  - Wiborg
  - Nybe
  - Schiffhus.
- LES PLACES de
  - Efckier
  - Guinderleff
  - Kield
  - Langling
  - Wolftrup
  - Gudom
  - Ribof
  - Kiersgaursholm
  - Stubergard
  - Haderup
  - Carup
  - Engiswong
  - Palisberg
  - Hadflot
  - Almin
  - Hiarbeck
  - Olfe Clofter
  - Schals
  - Strumby

DAN.   DAN.

LE DUCHÉ de SLESWIG comprend { Vers la Côte Orientale {

LES VILLES de
- Sleswig
- Gottorp
- Flensborg
- Appenrad
- Hadersleben
- Eckelenford
- Christianprys
- Lucksborg
- Sonderborg
- Norborg

LES PLACES de
- Stramby
- Biornholm
- Knornum
- Sibbar
- Lundbeck
- Albeck
- Orslum
- Geitingen
- Capell
- Swansen
- Niendorp
- Konigswert
- Wittensee
- Tarsted
- Ulseby
- Grumtoft
- Segarden
- Broaker
- Warnis
- Genner
- Hopterup
- Osby
- Wonsbeck
- Wondsydt

L'ISLE DE FEMEREN { Borg.

LE DUCHÉ DE SLESWIG comprend { Vers la Côte Occidentale {

LES VILLES de
- Tonderen
- Husum
- Tonningen
- Frederichstat
- Lohme Closter
- Swabstede
- Garding
- Bredstede

LES PLACES de
- Trelsborg
- Enge
- Clixbull
- Lugum
- Redeness
- Froyborg
- Bredbro
- Resbuy
- Westerbeck
- Horrup
- Aggerschow
- Buerkall
- Greffwige

LES ISLES {
- MANDOE — Mandoe.
- ROM — S. Clemens.
- SYLT — Westerland.
- FORA — S. Laurens.
- AMROM — Amrom.
- NORSTRAND — Pilworm.
- HOGE — Hoge.

HOLSTEIN, ou HOLSACE où sont
- Kiell
- Rendsborg
- Wilster
- Itzehoa
- Newmonster
- Bordisholm
- Nordorp
- Hamrow
- Hohenwettede
- Nienhoff
- Todtenbuitel
- Schonevelt
- Mebeck
- Bredenborg
- Kellinghusen
- Meldorp
- Lunden
- Hey-

			Heyde
			Brunsbuttel
	DITMARS, où font		Marne
			Barlt
			Borklenborg
			Sunderhaftede
			Aluerdorp
			Hambourg
			Krempe
			Gluckstadt
			Pinnenberg
			Bramstede
			Elmehorn
			Wedel
			Steinborg
			Utersen
			Steinhorst
			Trembuttel
LE DUCHE' DE HOLSTEIN se divise en	STORMARIE, où font		Tritow
			Reinbeck
			Wandesbeck
			Arensborg
			Linow
			Sulfelt
			Letzing
			Barck
			Grotennafpe
			Restorp
			Hule
			Hafeldorp
			Nienfteden
			Lubeck
			Segeberg
			Oldesloe
			Ploen
			Lutkenborg
			Oldenborg
			Neufted
			Travemonde
			Arentzbeke
			Rheinfelde
			Cifsmar
	WAGRIE, où font		Hilgenhafen
			Rantzaw
			Pretze
			Salso
			Gykow
			Grotenbrod
			Nienkerken
			Lenfaen
			Suffer
			Burow
			Kalpen
			Baffow.

		Lunden
		Ellenbogen al. Malmuyen
		Landskron
		Helfingborg
		Trelleborg
		Udfted
		Engelholm
		Wegeholm
		Kraprug
		Heimefcholt
		Gunneftruy
		Barlebeck
		Liddekiobing
		Ekilftruy
		Skanor
		Falfterbo
		Keminge
		Hemmes
		Balkered
		Kioswing
		Engelftruy
		Sandhamer
SCHONEN, où SCANIE.		Sommers-haven
		Rerum
		Swawelsberg
		Kirbike
		Julebo

Mal-

DAN.

LE DANNEMARCK A CÉDÉ A LA SUEDE { LES PROVINCES DE {
- BLEKINGIE { Maltesholm, Ouisholm, Farille, Sandby, Bilkeberga, Murkaryd, Orkliunge, Ryſsholm, Odaliange, Matared, Heredad, Duege, Ericksholm, Rosholm, Olby, Harager, Skolenge, Dalby, Klingewelle, Dresholm, Ouds, Anderunt, Mallahem, Chriſtianopel, Elleholm, Chriſtianſtad, Ahuy, Selsburg, Rotenby, Lutkeburg. }
- HALLANDE { Halmſted, Laholm, Wardberg, Consbach, Fieras, Oſakloſter, Falkenberg, Getinga, Knarid, Dommestorp, Rundneby. }
- L'ISLE DE BORNHOLM { Nex, Haſſel, Swaneke, Alant, Sandwick, Caſtellem. }

Plus avant dans la Mer Baltique étoient encore au DANNEMARCK & ſont aujourd'hui à la SUEDE LES ISLES DE {
- GOTHLANDE { Wisby }
- OESEL { Arensburg, Sonnenberg, Recker }
- DAGHO { Paden, Dagerort }
}

Le Roi de Danemarck poſſede de plus {
- En Europe {
  - L'Iſle d'ISLANDE
  - Le Roiaume de NORWEGUE
  - Les Comtez de { OLDENBOURG, DELMENHORST }
  - une partie de la Pomeranie Suedoiſe.
}
- En Aſie ſur la côte de Coromandel le port de *Tranquebar*.
- En Afrique quelques Forts ſur les côtes de Guinée.
- & en Amerique le Nouveau DANEMARCK.
}

LE NOUVEAU DANEMARCK, Pays ſitué au Nord de l'Amerique à l'Occident de la Mer Chriſtiane. Le Roi de Danemarck *a* voiant les découvertes que ſes voiſins faiſoient dans les Mers du Nord prit la reſolution d'envoier à leur exemple des vaiſſeaux dans ces quartiers-là. C'eſt ce qu'il fit en 1605, 1606, 1607. D'abord le progrès n'en fut pas fort conſiderable, mais en 1619. (Sanſon dit 29.) le même Roi donna deux Vaiſſeaux à Jean Munk ou Monk, (que les Ecrivains Latins nomment *Monachus* parce que ſon nom ſignifie Jean le moine) qui tenant la route de Forbisher & de Hudſon avança juſqu'au 63. d. 20'. C'eſt là qu'il fut obligé d'hyverner, au port qui conſerve encore aujourd'hui ſon nom, & où il fit une baraque. L'hyver fut ſi rude que les vins d'Eſpagne & l'eau

a Voiage du Nord T. 1. Diſc. Prelim. p. 26.

DAN.

l'eau de vie qu'ils avoient avec eux fe gelérent jufqu'au fond des Vaiffeaux. Tout fon Equipage perit de froid; il n'y eut que le Capitaine & deux hommes qui rechaperent & qui furent affez heureux pour revoir leur patrie. L'Hiftoire de leurs dangers eft bien décrite dans une Relation du Groenland imprimée dans le 1. Volume du Recueil des Voiages du Nord. Munk nommá *Mer Chriftiane*, le detroit de Hudfon du nom de Chriftian IV. fon maître, & *Nouveau Danemarck*, la côte de cette Mer où il avoit hyverné. Il fe contenta de donner fon nom au port où il aborda. Ces [a] noms excepté le dernier ne fubfiftent que dans les Cartes & les écrits des Géographes les plus proches de cette decouverte. Les plus recens ne font mention ni de la Mer Chriftiane, ni du nouveau Danemarck. Mr. de l'Ifle marque feulement *la Riviere de Monck* ou *Danoife* dans cet endroit dans fa Carte generale de l'Amerique, mais dans celle du Canada on voit une étendue de côtes avec le nom de Nouveau Danemarck. Des Géographes mettent ce pays dans les Terres Arctiques, entre autres, Mrs. Maty & Corneille [b], & plufieurs Cartes font paffer le Cercle polaire fur ce pays. Mr. de l'Ifle [c] met le nouveau Danemarck au Sud de ce Cercle. Ce pays au refte eft moins un établiffement utile à cette Couronne qu'un honneur & droit de découverte qu'elle pourra faire valoir avec le temps.

§. Les Ecrivains Latins nomment le Danemarck DANIA & ce nom ne fe trouve point dans aucun Auteur plus ancien que Procope. Les anciens n'en connoiffoient gueres les habitans que fous le nom de Cimbres [d]. Nos Chroniqueurs du moyen âge confondent les *Danois*, les *Normands*, & les *Nordalbingiens* peuples fituez au Nord de l'Elbe. Ce pays n'a commencé à être bien connu qu'après la Miffion de Saint Anfgaire dans le IX. Siecle. Ce faint Apôtre du Nord introduifit la foi dans ces Roiaumes & y établit des Prêtres. Ceux-ci, quoi que peu favans en comparaifon des Ecclefiaftiques de notre Siécle, adoucirent les mœurs de ces peuples, rendirent l'ufage des livres & des Lettres affez commun, parcoururent de vaftes contrées & en donnerent des relations groffieres, mais fimples & très-utiles. Avant cette époque on ne connoiffoit les Danois que par leurs brigandages & par les pirateries qu'ils exerçoient dans toutes les Mers voifines; & fur les côtes, où ils faifoient fouvent des defcentes & laiffoient d'afreufes marques de leur bravoure.

DANGALA, Ville d'Afrique dans le Roiaume de Sennar ou de Nubie, fur la rive Orientale du Nil. Marmol [e] dit qu'elle en eft la Capitale, qu'elle eft fort peuplée, qu'il y a près de dix-mille Maifons; mais qui ne font faites que de bous enduit de terre. Les habitans font riches & habiles parce qu'ils trafiquent au Caire & aux autres Villes d'Egypte, d'où ils remportent des Armes, des draps, des toiles & autres Marchandifes: ils font [f] un grand commerce du Sandal & du Mufc qui y eft en quantité. Quelques-uns croient que c'eft la TENUPSIS de Pline.

DANGEAU Bourg de France, dans le bas Perche à l'Orient Septentrional de la riviere d'Oufane (Mr. Corneille dit *la Doufaine*) à une lieue au deffus de fon confluent avec le Loir à quatre lieues communes de Châteaudun. On le nomme en Latin *Dangellum*, *Dangeolium* ou *Danjolium*.

DANGILON ou DAM-GILON, Chapelle & Ville de France dans le Berri, en Latin *Capella Domini Gilonis*. J'ai déja remarqué que *Dam* dans la compofition des noms françois fignifie Monfieur. [g] Saint Jaques l'Hermite aiant obtenu du Seigneur de Sancerre la permiffion de faire un hermitage aux environs, ce St. homme en bâtit un & une petite Chapelle dans un lieu qu'il avoit choifi fur le rivage de la petite Saudre. Il y mena une vie très-penitente pendant deux ou trois ans & y mourut vers l'an 866. Le grand nombre de Pelerins qui venoient de toutes parts faire leurs prieres fur fon tombeau fut caufe que l'on bâtit quelques Maifons & infenfiblement il s'y forma un bourg auquel on donna le nom de *la Chapelle* à caufe de celle que St. Jaques y avoit bâtie & on y joignit celui de *Dam-Gilon* parce que ce fut *Gilon* Seigneur de Seuli qui fit bâtir la nouvelle Eglife & le Château. Il y a un titre de ce Gilon qui eft de l'an 1179. & qu'il date de fon Château de la Chapelle. Par un autre titre il paroît qu'en 1229. la Chapelle Dam-Gilon étoit une Ville.

LES AIX DAM GILON [h] en Latin *Hayæ Domini Gilonis* c'eft-à-dire la forterelfe de Gilon, étoit autrefois une petite Ville; mais ce n'eft à préfent qu'un gros Bourg à quatre lieues de Bourges & à fix de Sancerre. Le Château eft fort près du Bourg & renferme dans fon enceinte l'Eglife Collegiale & les Maifons Canoniales.

DANGU, felon quelques Dictionnaires Bourg du Vexin Normand fur l'Epte à une lieue de Gifors. Dans le Denombrement du Roiaume [i] ce lieu n'eft marqué que comme une fimple paroiffe de cent vingt-cinq feux dans la Generalité de Rouen, Election de Gifors. & Mr. de l'Ifle [k] marque auprès de Gifors à l'Occident de la Riviere d'Epte deux Paroiffes, à favoir *Dangu St. Aubin* & *Dangu St. Jean*. Ni l'une ni l'autre ne fe trouve dans le Vexin, mais dans le Doyenné de Gamache.

DANGUE, Village de Perfe peu éloigné de la Ville de Saxava. Un affez beau caravanferai tient à ce Village & les habitans ont la liberté de vendre du Vin auffi bien que dans deux ou trois autres qui en font voifins; ce qui eft rare dans toute la Perfe Mahometane. Cela vient de ce qu'un Roi de Perfe à fon avenement à la Couronne aiant défendu à tous fes Sujets d'en boire, donna ordre en même tems qu'on arrachât toutes les vignes. Quand les Officiers du Roi vinrent pour l'exécuter, ceux qui habitoient ces trois Villages, s'y oppoferent, en vinrent aux mains & tuerent ceux qui leur apportoient cet ordre. Depuis ce tems-là on ne leur en dit rien & ils continuerent à cultiver leurs Vignes en toute liberté, fans qu'on le ait inquietez dans la fuite.

DANIA Ville maritime d'Efpagne dans le Roiaume de Valence. Voiez DENIA.

DANICA SILVA, en Latin ou bien,
DANISCHE VOLDT, en Allemand,
Forêt

---

[a] Luitz. Introd. p. 693.

[b] Dict.
[c] Atlas.

[d] Tacit. Germ. c. 3.

[e] l. 9. c. 17.

[f] l. 10. c. 9.

[g] Piganiol de la Force Defc. de la France.

[h] Ibid.

[i] T. 2. p. 17.

[k] Atlas.

[l] P. Lucas 1. Voiage T. 2. c. 5.

DAN.

Forêt du Roiaume de Danemark dans le Duché de Slefwig. On le trouve selon Mr. Corneille entre la ville de *Kiele* & celle d'*Eckelembourg*.

DANKALI, Roiaume d'Afrique dans la haute Ethiopie. Voiez DANCALI.

DANKON,[a] grande Ville de Perse peu confiderable & dans un terroir ingrat. Les Géographes Perfans la mettent à 78. d. 15'. de longitude & à 37. d. 20'. de latitude.

[a] Tavernier Voy. de Perfe T. 1. L. 3.

1. DANNEBERG, Ville d'Allemagne dans le Comté de ce nom. Elle est située sur la Riviere de Tetze qui se jette dans l'Elbe à deux milles au deffous & fortifiée par un bon château.

[b] Atlas de Human.

2. DANNEBERG, contrée de la baffe Allemagne dans le Cercle de baffe Saxe avec titre de Comté. Il s'étend le long de l'Elbe &, a pour bornes au Septentrion le Duché de Mecklebourg; à l'Orient & au Midi la Marche de Brandebourg; & à l'Occident le Duché de Lunebourg. C'est un Pays fertile & riche par fa situation & qui a été long-temps possedé par des Seigneurs particuliers jufqu'à Nicolas. Celui-ci n'aiant point d'enfans en fit donation à Othon le belliqueux Duc de Brunfwig, moyennant une pension viagere de douze marcs d'argent. Ce Comté appartient à l'Electeur de Brunfwig-Hannovre. Les villes qui en dependent font

[c] Audifret. Geog. T. 3.

Daneberg,
Snackembourg,
Gumitz,
Bergen.

§. Les Allemands écrivent ordinairement *Dannenberg* conformément à l'Etymologie de ce nom qui veut dire la Montagne des Sapins.

DANOIS, Peuples du Roiaume de Dannemarck. Ils se nomment eux-mêmes DANSKE.

1. DANTE, Ville de l'Arabie Heureuse. Elle est à deux journées de celle de Balberie & située en une Montagne. C'est une place très forte.

[d] Corn. Dict. Daviti Arabie.

2. DANTE, Petite Ville d'Ethiopie fur la côte du Congo. Voiez DANDA.

DANTZICK; ou DANTZIG Ville de Pologne dans la Pruffe Roiale dont elle est la Capitale, au petit pays de Pomerelle fur la Viftule. Elle[e] est la capitale du Palatinat de Pomeranie & fituée entre de hautes Montagnes qui la couvrent du côté du Midi & vers l'Occident; les petites Rivieres de Rodaune & de Motlaw la traverfent & la Viftule qui fe décharge à une lieue de-là dans la Mer Baltique, forme fon port, célebre par le commerce de tout le Septentrion; Elle est divisée en ville vieille & en ville neuve. Ce n'étoit anciennement qu'une retraite de pêcheurs, qui commença de prendre quelque forme vers l'an 1170. Les Chevaliers Teutoniques la firent aggrandir vers la fin du XIII. Siecle; enfuite fes habitans fecouerent le joug de cet Ordre & fe donnérent à Cafimir Roi de Pologne; fes Succeffeurs accordérent à Dantzick plufieurs Privileges, & dans la Diéte qui fe tint après la mort de Sigifmond III. pour lui choifir un Succeffeur elle obtint la prerogative de donner fon fuffrage pour l'Election des Rois. Cette ville est une des grandes

[e] Audifret. Geog. T. 1. p. 370.

DAN.

& des plus riches de l'Europe. Elle a rang parmi les principales de la Hanfe & fe gouverne par fes loix fous la protection des Rois de Pologne qui la lui vendent bien cherement. La plus grande partie de fes habitans fuit la Confeffion d'Augsbourg depuis l'an 1525. & quoi qu'il y ait la liberté de confcience, il n'y a que les Lutheriens qui aient part au gouvernement. Le Roi de Pologne y tient un Burgrave qu'il est obligé de choifir entre les Senateurs. Ceux-ci font au nombre de quatorze & reglent les principales affaires avec les quatre Confuls. Le Confeil qu'on apelle le Magiftrat des Echevins, connoît de toutes les affaires civiles & criminelles, & de ce tribunal on appelle à la grande Affemblée, qui est compofée de cent perfonnes. L'Empire a de grandes pretenfions fur cette ville, mais les Polonois n'en veulent pas convenir. Les Polonois[f] appellent cette Ville GDANSKO, conformément au Latin *Gedanum*, elle est affez bien bâtie, mais les rues en font fort fales. Les bâtimens publics y font magnifiques & ceux des particuliers affez propres. Au delà de la Motlaw qui entre dans la Viftule à un quart de lieue au-deffous de la ville il y a un fauxbourg nommé *Schotland* ou Ecoffe qui vaut bien une bonne petite ville, mais il ne dépend point de la ville de Dantzick & reconnoît pour fon Seigneur l'Evêque de Cujavie. La Viftule[g] qui apporte à Dantzick tout le commerce de la Pologne, la rend une des plus marchandes de tout le Septentrion, par le moien d'un beau port qu'elle forme au Golphe de Dantzick à une lieue de la Mer Baltique, avec un Canal qui lui facilite le tranfport des marchandifes, les grands Vaiffeaux ne pouvant approcher de la ville, à caufe que la Riviere y eft trop baffe. Ce Canal divife Dantzick en deux parties. Dans l'une il y a une Ifle où font les Magazins, le refte n'eft pas habité. Six ou fept grandes rues traverfent l'autre partie & aboutiffent au quai du Canal. La Religion Catholique y eft tolerée, & l'on y voit de très-belles Eglifes, parmi lefquelles celle de St. Pierre eft remarquable, les Jefuites y ont un College. L'Arfenal, la Maifon de ville, la place de St. Dominique & la Bourfe où s'affemblent les Marchands meritent la curiofité des Voiageurs. Le commerce de bled y eft fi grand qu'il s'y en vend chaque année plus de fept cens mille tonneaux. Ses fortifications font très-bonnes & fes remparts qui font extrémement élevez du côté des collines qui la commandent la couvrent très bien.

[f] Olearius Voiage L. 1.

[g] Corn. Dict.

☞ Dantzick eft la Patrie du fameux Philippe Cluvier l'un des plus favans Géographes du fiécle paffé. Il y naquit en 1580, & mourut à Leyde agé de 43. ans après avoir rendu fon nom immortel par fes voiages & par fes écrits. J'avouë ici lui devoir une partie de ce qu'il y a de bon dans ce Dictionnaire; & je renvoie à la preface Latine que j'ai mife devant la Nouvelle Edition de fon Introduction ceux qui feront curieux de favoir plus en détail tout ce qui concerne ce grand homme, dont la mémoire doit être en veneration à tous les Géographes.

LE GOLPHE DE DANTZICK. Les Latins le nomment *Dantifcanus, Gedanenfis*,[h]

[h] Baudrand.

ou

DAN.   DAN.   41

ou *Venedicus Sinus*, Golphe de la Mer Baltique, entre les côtes de la Pomerelle, & de la Prusse, vers la Ville de Dantzick & les embouchures de la Wistule. Les Golphes de Frisch-Haff & de Pautsker-Wick en font des parties.

DANUBE, Fleuve le plus considerable de l'Europe, en Latin *Danubius*, en Allemand Do-NAW, ou THONAU, en Polonois DUNAY, & en Turc TUNA. Il a sa source à *Thon-Esching* dans la Forêt noire: au-dessous de cette Ville il est grossi par la *Breg* d. & donne son nom à la vallée appellée *Thonau-thal*; au sortir de laquelle elle reçoit les rivieres de Smicha , Lauchart. g. Ablach , Ostrach , Schuartzach, Kantzach, d. Laiter , Schmeicha , g. Russ , Rottam , Rott, & Iler d. vis-à-vis d'Ulm , où tombe aussi la Lauter, g. ensuite la Rott, diferente de l'autre de même nom , Biber , Guntz , Mindel, d. Brentz g. Lauga , Schmarter, d. Wernitz , g ; Leck , les deux Acha, d; Schutter, g ; Par , Ilkm , Abenst , d. Altemule, Laber, Wiltz, & Regen g ; cette derniere y entre vis à vis de Ratisbonne à laquelle elle donne le nom de Regensbourg. Wisent g. le gros & le petit Laber, Airenach, l'Iser, l'Inn , au dessous de Passau ; l'Ens & recevant le tribut d'un grand nombre de ruisseaux à droite & à gauche dans l'Autriche qu'il traverse il se charge de la Riviere Morawe à l'entrée de la Hongrie ; au dessous de Presbourg, il forme plusieurs Isles dont la plus grande est celle de Komore ou le Grand Schut auprès de laquelle est le petit Schut ; où il est joint par la Layte & le Raab , d. Au dessous de Vicegrad il forme l'Isle de Wizze , puis rassemblant ses eaux entre Bude & Pesth, il se separe de nouveau pour arroser deux petites Isles & celle de Ste. Marguerite qui est assez grande & au dessous de laquelle on en trouve deux autres. Il reçoit ensuite le Sarwitz , la Drave , d ; la Theisse g. la Témés g ; la Save, d ; Morawe, la Timok , d. Xiu , g. Lamp, Isca, d. A-laut, g. Jantra, Caralom, d. Tiska, Argisch, Jalonicz, Moldava, & la Pruth. Nous apelons Danube ce fleuve depuis ses sources jusqu'à ses embouchures dans le Pont Euxin, mais les Anciens lui donnoient deux noms distincts. Mr. Corneille croit que le Danube étoit depuis la source jusqu'à son confluent avec la Save, & que de là jusqu'à la Mer noire ce fleuve étoit nommé Ister. Mais, comme le remarque Cellarius [a] il n'y a rien de moins fixe que les bornes qui appartenoient au Danube ou à l'Ister. Les anciens n'en conviennent point du tout. Pomponius Mela [b] dit que ce fleuve parcourt sous le nom de Danube des pays immenses qu'en suite changeant de nom il devient Ister. Ptolomée [c] fixe ce changement de nom près d'Axiopolis , ville de la basse Moesie proche le Pays des Gétes. Strabon [*] nomme Danube depuis la source jusqu'aux Cataractes & Ister tout ce qui est en bas, vers les Gétes jusqu'au Pont Euxin. Pline met plus haut la separation de ces noms. Le Danube, dit-il, coulant sous ce nom chez des Nations innombrables , est appellé Ister si-tôt qu'il arrose l'Illyrie. Ce passage n'est pas fort clair, car l'ancienne Illyrie n'alloit point jusqu'au Danube & pour celle du Moyen âge Pline ne peut pas en avoir parlé. Agathemer

Tom. II.

racourcit bien davantage le Danube , car il dit ; l'Ister qu'on apelle Danube jusqu'à Vienne. Et Xiphilin le nomme Ister au Pont de Trajan qui étoit dans la haute Moesie. Dans une si grande contrarieté de sentimens entre les anciens, il y auroit de la bisarrerie à en vouloir préférer un a l'autre d'autant plus qu'un même Auteur en change lui-même. Florus [e] parlant des Daces, dit : toutes les fois que le Danube étoit glacé, ils faisoient des courses & ravageoient le pays voisin. Le même Historien dit au même endroit : Les Pannoniens étoient défendus par deux bois, & trois fleuves, à savoir la Drave , la Save , & l'Ister. Les Pannoniens étoient néanmoins placez plus haut que les Daces. Les Anciens donnoient sept bouches au Danube. Ils en détachoient la plus Meridionale entre *Nuiodunum* & *Sitioteuta*, & cette branche après avoir formé une Isle nommée *Peuce* se jettoit dans la Mer , au dessus du Cap nommé *Pterum*. On la nommoit *Peucé* ou *Sacrum Ostium* : la seconde embouchure étoit *Inariacium Ostium* ; la troisiéme *Pulchrum Ostium* , ou la belle embouchure : la quatrieme *Pseudo-stomum* , ou la fausse bouche, la cinquieme *Boreum Ostium* , ou la bouche septentrionale ; la sixieme n'est point nommée dans les Cartes de Ptolomée ; la septieme étoit nommée *Tiagola* à cause d'un Lac de ce nom qui se dechargeoit ses eaux mêlées avec celles du Danube. A present toutes ces embouchures se reduisent à deux ; à la hauteur de 45. d. le Danube forme un Lac nommé *Carasou* qui se vuide dans la Mer par un Canal nommé *Carahirmon*. Le reste du fleuve va vers le Nord comme pour recevoir la Moldawe & la Pruth, après quoi il étend ses eaux & forme un Lac nommé Kulugheri & entrant dans la Bessarabie il se divise en sept branches qui se réunissent ensuite auprès de Keli, pour se rendre ensemble dans la Mer vis-à-vis de l'Isle Ilanada. Cette Embouchure est nommée Embouchure de Keli. Les [f] Eaux du Danube sont bonnes à boire. Il y a un certain endroit près de la Mer noire, où l'on pêche un petit poisson, qui est comme un Thermométre vivant , qui annonce les divers changemens de temps bien plus surement que les Thermometres artificiels. Il a la peau diversifiée de plusieurs couleurs, & deux oreilles sur la tête semblables aux oreilles des souris. Sa gueule est environnée de six allonges pointues qui font une étoile & sa queue est tachetée comme celle d'un paon. On met ce petit poisson dans une bouteille de verre pleine d'eau avec un peu de sable au fond. Tant que l'Air doit conserver sa serenité , il demeure tranquile sur ce sable & dans cette bouteille & quand les pluies , les vents , les grêles & les autres intemperies des saisons doivent troubler cette constitution , on le voit dans une agitation continuelle , se portant tantôt vers l'embouchure de la bouteille tantôt vers le fond , où il remue & creuse son sable. On assure que pourvû que l'eau soit renouvelée de mois en mois , ce poisson vit plusieurs années sans autre nourriture que celle qu'il peut tirer de cette liqueur & de l'air. Voici le nom des Pays [g] que ce fleuve traverse avec les noms des principales Villes situées sur ses bords.

F

[a] Geogr. ant. l. 2. c. 5.
[b] L. 2. c. 1.
[c] L. 3. c. 8.
[*] L. 7.
[d] Luc. 4.
[e] L. 4. c. 12.
[f] Corn. Dict.
[g] Divers Atlas.

En

DAN. DAO.

En *Souabe*,
    Eschingen,
    Ulm g.
En *Baviere*,
    Neubourg. d.
    Ingolstad. g.
    Ratisbone. d.
    Passau. d.
En *Autriche*,
    Lintz ⎫
    Tuln ⎬ d.
    Vienne. ⎭
En *Hongrie*,
    Presbourg. g.
    Javarin ⎫
    Gran   ⎬ d.
    Vicegrad ⎭
    Vacie, ⎫
    Pesth, ⎬ g.
    Bude, d.
    Colocz, g.
    Tolna, d.
    Bath ⎫
    Bodrok. ⎬ g.
Dans la *Servie*,
    Belgrade ⎫
    Semendria ⎬ d.
    Zeverinum. g. dans la haute Hongrie.
Dans la *Bulgarie*,
    Vidin ⎫
    Nicopoli ⎬ d.
    Rustig
    Silistria. ⎭
Dans la *Moldavie*,
    Brada à l'embouchure de la Pruth. g.

Le Danube sera mieux connu qu'il ne l'est presentement, quand l'Histoire naturelle que le savant Comte de Masilli en a écrite sera publiée. Plût à Dieu que nous eussions un grand nombre de pays décrits avec l'exactitude qui regne dans cet Ouvrage! La Géographie seroit plus riche qu'elle ne l'est. Mais il y a peu de personnes capables d'avoir des vues aussi étendues que celles de ce Savant, & il y en a encore moins qui aient les moïens d'exécuter ce qu'il a fait en faveur des Sciences.

DANUBII FONTES ; DONESCHINGEN ou TON-ESCHING.
DANUBII INSULA , DONAWERTH.
DANUS ou IDANUS nom Latin d'une Riviere nommée en François AIN qui se jette dans le Rhône près de Lyon.

a Ptolom. l. 7. c. 2.

1. DAONA , [a] Riviere de l'Inde au delà du Gange. C'est la même que la Riviere de Camboge, qui traverse le Roiaume de ce nom. Mr. de l'Isle écrit ce nom DAONAS [b].

b Atlas.

2. DAONA ou selon quelques exemplaires de Ptolomée [c] *Dasana* ville de l'Inde au delà du Gange. Elle étoit située comme le marque très-bien Mr. de l'Isle [d] sur la riviere de même nom. Mr. Corneille dit après quelques Géographes qu'on la nomme aujourd'hui KECCIO, Ces Géographes se trompent, car Keccio, ou Kechou est sur la Riviere *Chalé* qui tombe dans le fond du Golphe de Conchinchine, & qui est la *Sergis* de Ptolomée.

c Ibid.
d Atlas.

☞ Il est bon d'obferver ici que les peuples d'Asie ont, depuis l'antiquité la plus reculée,

DAO. DAP.

la coûtume de nommer les rivieres du nom de la ville la plus confiderable qui soit sur ses bords. C'est ce que l'on peut voir en jettant les yeux sur quelque Carte de Tartarie.

DAONÆ [e], Peuple des Indes qui habitoit autour de la Ville & de la Riviere Daona. Le Roiaume de LAOS qui occupe aujourd'hui leur place semble avoir conservé quelque chose de l'ancien nom.

e Ibid.

DAOULAS, en Latin *Daoulasium*, Abbaye de France en Bretagne [f] dans l'Evêché de Quimper-Corentin. Elle est de l'Ordre de St. Augustin & fut fondée en 1125. par Alain Vicomte de Rohan & Constance de Bretagne sa femme. Elle est à prefent unie à la Maison des P. P. Jesuites de Brest. [g] Elle est située à trois lieues de Landernau vers le Midi.

f Piganiol de la Force Desc. de la France T. 4. p. 298.
g Baudrand. Ed. 1705.

DAOURA , l'une [h] des cinq villes qui furent brûlées par le feu du Ciel dans la Pentapole des Sodomites. On en voit encore les ruines sur le Lac Asphaltide apellé communément la Mer morte. Mr. Reland qui raporte ce passage de d'Herbelot , doute que l'on voit [i] des ruines en cet endroit , elles foient aussi anciennes qu'on le pretend , & qu'elles aient pu se conserver aussi entieres pendant tant de siecles sous une eau salée & rongeante. D'ailleurs l'Ecriture sainte ne parle de Daoura en aucun endroit, & ce mot est inconnu aux Auteurs qui ont travaillé sur la Géographie sacrée. Voyez ASPHALTIDE.

h d'Herbelot Bibl. Orient.
i Palæst. pag. 257.

DAOURAK [k] Ville de la Province apellée Ahouaz dans la Chaldée. Elle est éloignée d'environ dix-huit Parasanges de celle d'Arragian.

k d'Herbelot Bibl. Orient.

DAOURDAN [l], Bourgade des dépendances de la ville de Vasseth entre Coufa & Bassora. La peste aiant emporté tous ses habitans, le Prophete Ezechiel les ressuscita.

l Ibid.

§. Il est aisé de voir que c'est une aplication Historique du Chapitre XXXVII, de la Prophetie d'Ezechiel; où cette vision n'est pourtant marquée que comme un type allegorique & non pas comme une chose réellement arrivée à la lettre.

DAPHCA , neuvième ou dixième campement des Israëlites dans le desert. Du [m] desert de Sin , ils allerent à Daphca ; de Daphca à Alus.

m Num. c. 33. v. 12. & 13.

1. DAPHNE' [n] , Montagne de l'Attique dans le Voisinage d'Athenes. On la nomme ainsi à cause de la quantité de lauriers roses qui y croissent. Ceux du pays les appellent *Picra-Daphné* ou lauriers amers. Cette montagne commence dans le chemin de Thébes à Athenes & aboutit au promontoire qui compose le detroit avec Salamine. Ce chemin se separe en deux hautes pointes , dont on ne doute pas que celle qui est vers la Mer ne soit la pointe que Strabon apelle le *Mont Corigdalis* l'autre est nommée *Ægalis* par Thucydide. Entre ces deux croupes de montagnes il y a un ancien Monastere de Caloyers apellé aussi *Daphné*. Ce Monastere est presque à moitié chemin d'Eleusis & a été fondé selon ce qu'ils disent par la belle penitente Maguelone. Quoi qu'il soit environné de hautes murailles, il est presque abandonné à cause des frequentes insultes des Turcs & des Corfaires Chrétiens : ainsi on n'y trouve ordinairement que deux ou trois Caloyers

n Wheler, Voiage d'Athenes T. 2. l. 3.

loyers, les autres se retirant dans un hermitage qui est plus haut parmi les rochers de la montagne. L'Eglise est dediée à la Vierge & d'une belle fabrique. Elle a au milieu un grand dôme incrusté d'une Mosaïque ancienne dont il reste une representation de notre Seigneur. Près de la porte est un puits de fort bonne eau. On descend delà entre deux croupes de la montagne sur le bord de la Mer, en une demie heure.

2. DAPHNE' [a]. Josephe [b] parle d'une Fontaine de Daphné qui augmente les eaux du Jourdain. St. Jerôme & le Chaldéen lisent aussi *la Fontaine de Daphné* [c] où l'Hebreu porte simplement *la Fontaine* de cette sorte: depuis le Village d'Henan, jusqu'à Sephama. De Sephama, ils descendirent à Rebla, *vis-à-vis la Fontaine de Daphnis*; l'Hebreu *vis-à-vis la Fontaine*.

Il y a assez d'apparence que St. Jerôme & les Interprêtes Chaldéens avoient en vûë la Fontaine de Daphné, près d'Antioche. Mais ils pouvoient aussi regarder la Fontaine de Daphné voisine du Lac Séméchon, de laquelle Josephe fait mention. Il faut pourtant convenir que le texte de Josephe enferme quelque dificulté. Il dit que ,, le Lac Semechon a ,, trente Stades de large & soixante de long & ,, que ses marais s'étendent jusqu'aux Campa-,, gnes de Daphné, qui sont si délicieuses, ,, sur tout par leurs belles eaux, qui grossissent ,, le petit Jourdain, au dessus du Temple du ,, Veau d'Or. " On sait que le Temple du Veau d'or étoit à Dan, ainsi il y a assez d'apparence qu'au lieu des Campagnes de *Daphné* il faut lire les Campagnes de Dan.

Le P. Bonfrerius dans sa Carte de la terre sainte marque cette Fontaine dans la Tribu de Nephtali, & lui donne un cours à peu près parallele à celui du Jourdain, place Rebla entre deux, & fait entrer ce Ruisseau dans le Lac de Samachon (ou Séméchon) entre Rebla & Asor. Sanson en marque la source un peu diferemment dans sa Carte de la Terre Sainte, mais l'un & l'autre reconnoît cette Fontaine, Mr. Reland l'exclut de la sienne.

3. DAPHNE' [d], Bois ou fauxbourg près d'Antioche Capitale de Syrie. Ce fauxbourg n'étoit pas adhérent à la Ville, mais il en étoit distant d'environ quarante Stades, ou une lieue & demie. Il étoit celebre par ses belles eaux, par ses bois & par son temple qui étoit un Azyle sacré pour tous ceux qui s'y retiroient. Le Grand Prêtre Onias III. craignant les entreprises de l'usurpateur Menelaüs, s'étoit retiré par precaution dans l'Azyle de Daphné. Mais Menelaus aiant gagné Andronique qui commandoit à Antioche, en l'absence du Roi Antiochus Epiphanes, Onias fut tiré frauduleusement de l'Azyle & massacré par l'ordre d'Andronique [e]. Ortelius en a dressé une Carte Topographique qui est la 39. de son Parergon. Ce bois est nommé *Daphnensis Lucus* par Sextus Rufus, *Sacra Tempe Daphnes* par Denys [f] le Periegete. Sur une medaille de Constantin, il fut surnommée Constantinienne. Sosomène en parle ainsi: Daphné [g] est un fauxbourg d'Antioche planté de Cyprès & d'autres Arbres sous lesquels toute sorte de fleurs croissent dans la saison, les branches des arbres y sont si épaisses qu'elles y forment, je ne dirai pas une ombre, mais comme un lambris qui n'est jamais percé par les rayons du Soleil. L'abondance & la clarté des eaux qui arrosent la terre, jointe à la pureté & à la temperature de l'air, rendent ce lieu-là un des plus agréables qu'il y ait au monde. Les Grecs ont feint que ce fut là que Daphné fille du fleuve Ladon fut changé en un Arbre de son nom comme elle s'enfuioit d'Arcadie pour éviter les poursuites d'Apollon de qui elle étoit aimée: qu'Apollon n'ayant pu être delivré de sa passion par ce changement, embrassa l'Arbre, & se fit une Couronne de ses feuilles. Il demeura depuis très-souvent au même endroit, comme en un lieu qu'il cherissoit plus que nul autre. Sosomene ajoute que ce lieu étoit consacré aux plaisirs, que chacun y vivoit dans la volupté & que les personnes vertueuses auroient eu honte d'y mettre le pied. Les Payens, poursuit cet Historien, avoient une grande veneration pour la Statue d'Apollon & pour le Temple magnifique que l'on croioit avoir été bâti par Seleucus Pere d'Antiochus qui donna son nom à la Ville d'Antioche. Ils croioient qu'il sortoit de l'eau de la Fontaine Castalie qui donnoit la connoissance de l'avenir & qui produisoit un effet semblable à celle de Delphes. On dit qu'Adrien n'étant que dans une fortune privée, reçut la prediction de sa grandeur à venir & qu'ayant trempé une feuille de Laurier dans l'eau, il lui dessus ce qui lui devoit arriver & que quand il fut sur le Trône il fit boucher la fontaine afin que personne n'y pût plus puiser la connoissance des choses futures. Le Cesar Gallus zelé pour la Religion Chrétienne voulut sanctifier ce lieu par une Eglise où il fit mettre les Reliques de St. Babylas dont le voisinage fit taire l'Oracle des demons.

§. Ovide [h] place la scene des Amours, d'Apollon & de Daphné dans la Thessalie; mais vû la ressemblance des noms & de l'agréable situation, il est assez indifferent pour la verité en quel endroit on supose ce qui est également fabuleux à quelque lieu qu'on en fasse honneur.

4. DAPHNE', ou DAPHNES PORTUS, Port du Canal de Constantinople à LXXX. Stades de cette Ville & à XL. du Pont Euxin selon Arrien dans son Periple du Pont Euxin. Etienne le Géographe dit que ce port étoit à la droite de ceux qui entroient dans la Mer noire. Le même semble le distinguer d'un fauxbourg aussi nommé Daphné qu'on apelloit aussi SERGIUM. Mr. Corneille [i] dit que c'est l'ancien nom de LAMIA port du detroit de Constantinople.

5. DAPHNE' Château de la Lycie, sur quoi Berkelius [k] remarque que ce pourroit bien être la DAPHNUS que Pline [l] met au nombre des villes qui ne subsistoient deja plus de son temps.

6. DAPHNE' ancienne ville de la Basse Egypte sur une branche du Nil à 16. Milles de Peluse sur la route de Memphis. Antonin [m] la nomme DAPHNUS. Herodote [n] en parle & la nomme DAPHNÆ PELUSIÆ.

7. DAPHNE', Fort sur le Danube. Procope [o] en parle ainsi: il y a la Citadelle de Tra-

DAP.

Tramacarifque, vis-à-vis de laquelle eſt le Fort de Daphné, qui fut autrefois bâti avec un grand ſoin par l'Empereur Conſtantin, mais comme les barbares l'avoient demoli dans la ſuite du temps, il fut reparé par Juſtinien. Ortelius [a] dit avoir trouvé ce même lieu dans le livre 27 d'Ammien Marcellin, & le même Auteur met [b] *Daphné* entre les villes de la premiere Mœſie dont on ignore la poſition.

[a] *Theſaur.*
[b] *Parerg.*

8. DAPHNE´, bain de Sicile aux environs de Syracuſe, ſelon Cedrene & l'Hiſtoire mêlée, citez par Ortelius.

DAPHNIDIS INSULA, ancien nom d'une Iſle du Golphe Arabique ſelon Pline [c]. C'eſt apparemment la DAPHNINE de Ptolomée [d]. Pline la nomme entre *Suache* aujourd'hui *Suakem* & la ville d'*Aduli* que le R. P. Hardouin croit être *Ercocca*.

[c] *L. 6. c. 29.*
[d] *L. 4. c. 8.*

DAPHNON MAGNUS ou *la grande Daphnon*, nom qu'Arrien dans ſon Periple de la Mer Erythrée donne à la Riviere ACCANÆ. Voiez ce mot.

1. DAPHNUS, Port de Mér de l'Ethiopie duquel parle Strabon, qui eſt dans le Golphe Arabique. La Riviere *Daphnon* de laquelle il s'agit dans l'article precedent, la *Daphnine* de Ptolomée, & le port *Daphnus* étoient ſans doute des lieux voiſins, & dont l'un donnoit le nom à l'autre.

2. DAPHNUS, dans la Phocide ſelon Etienne le Géographe & Strabon [e]. Ce dernier marque que cette ville paſſa enſuite ſous la Domination des Locres. Elle étoit ſituée à l'Orient du mont Onemis, à l'Occident & à l'oppoſite de Cenée Promontoire de l'Iſle d'Eubée. De là vient cette difference apparente entre les Geographes dont les uns [f] la mettent dans la Phocide, [g] d'autres dans la Locride, d'autres enfin ſur la Mer d'Eubée [h]. Voici un paſſage de Strabon qui acheve d'éclaircir cette difficulté: anciennement, dit-il, la Phocide s'étendoit vers le Nord le long de la Béotie d'une mer à l'autre. Car alors Daphné n'appartenoit pas à la Locride, mais elle la diviſoit en deux parties étant au milieu entre le Golphe Opuntien (aujourd'hui Golphe de Negrepont) & la côté Epicnemidienne. Elle fait à preſent partie de la Locride. La ville eſt raſée & la Phocide ne va plus juſqu'à la Mer d'Eubée.

[e] *L. 1.*
[f] *Stephan. Byſant.*
[g] *Strabo L. c.*
[h] *Plinius L. 4. c. 7.*

3. DAPHNUS, Ville d'Egypte. Voyez DAPHNE 6.

4. DAPHNUS, Ville de l'Aſie mineure de laquelle Pline [i] fait mention comme d'une ville déja détruite. Elle étoit vers l'Ionie.

[i] *L. 5. c. 29.*

5. DAPHNUS, Riviere de l'Aſie mineure dans la Carie dont parle Plutarque dans le Banquet des ſept Sages. Le grand Etymologique remarque que cette riviere étoit anciennement nommée Daphnus & qu'on la nomma enſuite HARPASUS: peut-être à cauſe de la Ville Harpaſa qu'elle baignoit.

6. DAPHNUS, Peuple voiſin de l'Iſle de Cos ſelon Ortelius [k].

[k] *Theſ.*

DAPHNUSA, Iſle de la Mer Egée proche de Samos & de Lesbos. On l'appelloit auſſi THALLUSA, nom qui ſignifie en grec fleurie & verdoiante : *Daphnuſa* ſignifie qu'il y avoit beaucoup de Lauriers.

[l] *Plin. L. 5. S. 31.*

DAPHNUSIÆ, lieu dont parle Gregoras Theſaur, cité par Ortelius [m]. Il étoit à mille ſtades de

[m] *Theſaur.*

DAP. DAR.

Conſtantinople. Ortelius [n] ne doute point que ce ne ſoit *Amicli portus* que Pierre Gilles dans ſa deſcription du Boſphore dit être nommé à preſent LAMIA & SCALA MARMOREA Voiez DAPHNE 4.

[n] *ibid.*

DAPHNUSIS, Lac de l'Aſie mineure près du mont Olympe en Bithynie, ſelon Etienne [o] le Géographe.

[o] *In Voc. ΔΑΦΝΟΥΣ*

DAPHNUSIUM ou DAPHNUDIUM, lieu voiſin de la Thrace à l'oppoſite de Regium ſelon Etienne le Géographe [p]. Il y avoit auſſi un village de même nom en Egypte ſelon le même.

[p] *ibid.*

DAPHTHITÆ, nation de la Libye interieure ſelon Ptolomée [q]. Le Pays qu'elle occupoit vers le mont Atlas, fait à preſent partie du Royaume de Maroc. Les Cartes dreſſées ſur Ptolomée la nomment *Daphnita*.

[q] *L. 4. c. 6.*

1. DARA, Riviere de la Caramanie ſelon Ptolomée [r]. Pline la nomme DARAS. Elle tombe dans le Golphe Perſique vers la partie occidentale de l'Iſle de Queizoma.

[r] *l. 6. c. 16.*

2. DARA, [s] Province de Perſes qu'on nomme autrement *Province de Darius*. Ce Pays dans lequel la ville de Baſſa eſt ſituée a fort peu d'étendue & eſt compris en partie dans la Province de Fars & en partie dans le Chuſiſtan qui ſont la Perſe proprement dite & la Suſiane. Il eſt ſitué le long des embouchures du Tigre & ſur les cotes du Golphe Perſique.

[s] *Corn. Dict.*

3. DARA, Château de la Meſopotamie. Voyez DARIA.

4. DARA, [t] Bourgade de Syrie dans le territoire de Damas.

[t] *Corn. Dict.*

DARAAN, Ville de la grande Tartarie dans la Chowarezmic. [v] Les Géographes Albirun & autres lui donnent 86. d. 25ʹ. de longitude & 40. d. 30ʹ. de latitude. Elle [x] eſt à l'extremité de cette Province à 24. paraſanges de Hazar Asb. C'eſt aparemment la même que MM. Maty & Corneille nomment *Daraun* & qu'ils diſent être à trente lieues de Samarkande du coté du Levant.

[v] *Abulf. da p. 25.*
[x] *p. 28.*

DARABA, Ville de l'Ethiopie ſous l'Egypte. Selon Strabon [y], elle étoit au de là du bois Eumenis, & voiſine des Elephantophages, ou mangeurs d'Elephans.

[y] *L. 16.*

DARABGUIERD, [z] Ville de Perſe ſituée à 80. d. 15ʹ. de longitude & à 39. d. 15ʹ. de latitude. Il s'y fait des bouteilles de verre à long col aſſez bien travaillées, & on trouve aux environs de cette ville du Sel de toutes couleurs, blanc, noir, rouge, & verd. Ce lieu eſt abondant en limons, en oranges & en pommes dont on fait du Cidre. Il ſe trouve auſſi dans le voiſinage de cette ville une mine de ſoufre & de la *Moumie* qui eſt une drogue fort eſtimée en Perſe & de laquelle on fait une liqueur congelée, gluante, & noire, fort propre & ſouveraine pour remettre les Os diſloquez.

[z] *Tavernier T. I. L. 3.*

DARABITTA, Village [a] de la Paleſtine à l'extremité de la Galilée, dans le grand champ. Jonathas y paſſa en allant de Tiberiade à Jeruſalem. Joſephe [b] fait mention de ce lieu ; & il doit avoir été ſur les confins de Samarie & de Galilée. C'eſt apparemment le même que DABARITA. Voiez ce mot.

[a] *Roland. Paleſt. p. 734.*
[b] *In vita ſua.*

DARADÆ, Peuple de la Libye interieure ſelon Ptolomée [c] qui les place ſur l'Océan occidental autour du fleuve *Daratus*. Pline [d] les appelle DARATITÆ & ſe fleuve DARATI. Voiez ce mot.

[c] *L. 4. c. 6.*
[d] *L. 5. c. 1.*

DA-

DAR. DAR. 45

^a Xenoph. Exped. Cyri l. 1.

DARADAX, Riviere de Syrie [a], à la fource duquel étoit le Palais du Prince Belefes.

DARADI, Peuple de l'Ethiopie interieure felon Ptolomée [b]. Ils avoient les Tralites au Nord & au midi les Orypéens chaffeurs & étoient diferens des *Darada*.

^b L. 4. c. 9.

DARÆ, nation de Getuliens dans la Libye felon Pline [c]. Ils habitoient affez loin de la Mer.

^c L. 5. c. 1.

DARANDUS. Voiez TARANTUS.

DARANISSA, Ville de l'Armenie majeure, felon Ptolomée [d]. Elle étoit au pied du mont Paryardes & à la fource la plus Meridionale de l'Euphrate. Les Actes [e] du fixieme Concile de Conftantinople font fouvent mention d'une grande contrée des Armeniens qui y eft nommée *Daranifenfis feu Analible.* Les mêmes Actes parlent en plus d'un lieu de DARANISIS, ou Ville des *Anabiles.* La Ville d'ANABILE eft nommée dans Antonin, & ce nom fignifie fans doute la même ville que Daraniffa.

^d L. 5. c. 13.

^e Ortel. Thef.

DARANTASIA. Voiez MONSTIERS, Ville de la Tarantaife dans les Etats du Duc de Savoie.

^f Tabula Peuting.

DARANUM. Voiez DORANO.

DARAPSA, Ville d'Afie dans la Bactriane, felon Etienne le Géographe qui s'apuie de l'autorité de Strabon. Voiez DREPSA.

DARAS, Riviere de Caramanie. Voiez DARA 1.

DARASI, Voiez JUSTINIANA PRIMA.

^g L. 5. c. 1
^h L. 4. c. 6.

DARAT, felon Pline [g], ou DARATIS felon Ptolomée [h], ou Daradus felon fes Interprétes, ou enfin Darodus dans l'Atlas de Mr. de l'Ifle [i]. C'eft le fleuve que nous apellons aujourd'hui le Senega, en Afrique felon quelquesuns, mais felon Mr. de l'Ifle c'eft le DRAS. Voiez au mot DAHRA 2. qui eft la même Riviere.

ⁱ Theat. Hift. occid.

DARATATIA. C'eft ainfi que l'Anonyme de Ravenne apelle *Darantafia* ou MONSTIERS en *Tarantaife.*

DARATITÆ, ou DARADÆ, Peuple ancien qui habitoit aux environs du Senega.

DARBY, ou DARBY-SHIRE. Prononcez *Derby,* quelques-uns mêmes l'écrivent par un E. Province Mediterranée du Roiaume d'Angleterre vers le Nord, dans le Dioceſe de Lichfield & Coventry. [k] Elle a la Province d'Yorc au Septentrion, celle de Nottingham à l'Orient, celle de Leicefter au Sud-eft, celle de Staford au Sud-oueft. La même Province & celle de Chefter la bornent à l'occident. C'eft un pays fertile [l] en pâturage, en blé, & en bois, particulierement du coté de l'Eft & du Sud. Il y a auffi des Carrieres de Pierre de Taille & de marbre, quantité de Pierres dont on fait des Meules de Moulins, de pierres à chaux & de pierres à aiguifer, & plufieurs mines de charbon, de fer, & de plomb. On y trouve auffi de l'Albâtre & du Cryftal. La Riviere de Derwent qui paffe au travers de cette Province Nord & Sud & qui fe jette dans la Trente divife la Province en deux parties, l'une Orientale & l'autre Occidentale. Au Nord-oueft on trouve le Peak dont je parle en fon lieu. Les Villes & Bourgs où l'on tient marché dans cette Province font

^k Atlas.

^l Etat de la g. Bret. T. 1. p. 54.

Darby, Capitale,	Bakewell,
Chefterfield,	Chappel in the Frith,
Wirkſworth,	Dronsfield,
Bolſover,	Winſter,
Alfreton,	Tiddeswal.

DARBY, Ville * d'Angleterre en DarbyShire, fur le Derwent. Elle eft bien peuplée & riche par fon commerce. Elle a cinq paroiffes. Il y a fur la Riviere un beaupont de Pierres. Le Clocher d'une de fes Eglifes eft d'une grande beauté & fa hauteur eft extraordinaire. La Sale où fe tiennent les Affifes eft auffi un fort beau bâtiment de Pierre de Taille. Quelques-uns écrivent DERBY.

[*] Etat prefent de la G. Bret. T. 1. p. 54.

DARDA ou TARDA, [m] petite ville de la baffe Hongrie dans le Comté de Baranfwar du coté de la ville de ce nom & de Mohacz, elle eft au Nord & à deux milles d'Effek fur la Riviere de Fenns près de la Montagne de Meczet. Mr. de l'Iſle [n] ne marque ce lieu que comme un village à l'extremité Septentrionale des travaux du Pont d'Effek. Ce n'eft en effet qu'un Fort qui couvre & commande le pont fur la rive gauche de la Drawe.

^m Corn. Dict.

ⁿ Atlas

DARDANE, Ville de la Troade. Elle donna fon nom à la Dardanie. Plutarque en fait mention dans la Vie de Sylla. Elle étoit fituée fur la Mer & felon Etienne le Geographe, on l'avoit nommée auparavant Teucris. Strabon [o] dit que c'étoit un lieu fort ancien & qu'on en faifoit fi peu d'état que fes Gouverneurs alloient fouvent fe promener à Abyde & obligeoient fes habitans d'y aller auffi. Le P. 'Lubin [p], dont Mr. Corneille a pris cet article, ne doute point que cette place n'ait donné fon nom aux châteaux des Dardanelles, dont l'un eft, dit-il, au même lieu & l'autre vis-à-vis dans la Thrace. On peut rectifier cet article par ce que j'ai déja remarqué à l'Article d'Abydos, & par celui qui fuit.

^o L. 13.

^p Tables Geogr.

1. DARDANELLES, Châteaux de Turquie fituez aux deux cotez du Canal qui fait la communication de l'Archipel avec la Propontide. [q] Les Turcs les appellent BOGHASE ISSARI; c'eft-à-dire, *Châteaux du Gofier.* Il y en a deux, l'un en Afie, l'autre en Europe.

^q Corn. Dict. Grelot Voiage de Conftantinople.

Le premier dans l'Anatolie & qu'on apelle NATOLI ISKI ISSAR, eft d'une figure quarrée flanqué aux quatre coins de tours dont celles qui donnent fur la Mer font auffi quarrées & les autres rondes. Au milieu de ce Château eft un donjon fur la plate-forme duquel il y a quelques Coulevrines & derriere le même Château eft un gros village peuplé d'environ trois mille perfonnes Chrétiens, Juifs & Turcs: Les premiers y font en fort petit nombre. Cette place n'eft confiderable que pour la fituation du paffage où elle eft. La plûpart de fes canons font à fleur d'eau fans aucun affût. Il y en a vingt-huit dont plufieurs portent jufqu'au rivage oppofé; de forte que nonobftant la pefanteur des gros boulets de pierre dont ils font chargez, leur moindre calibre étant de foixante livres, ils portent d'Afie en Europe & reciproquement ceux d'Europe portent en Afie, parce que le Trajet qui fépare les deux Châteaux n'a pas d'une demie-lieue de large.

Celui d'Europe qui eft dans la Romanie & que les Turcs nomment ROUMELI ISKI ISSAR, eft encore moins fort & plus irregulier que celui d'Afie. Il eft fur le penchant d'une Coline qui le commande & eft compofé de trois groffes tours qui defcendent jufques à la rade où font environ trente canons à fleur d'eau

F 3

d'un même Calibre & d'une même portée que ceux de l'autre Château; ils sont tous braquez obliquement de peur qu'en tirant, ceux d'un Château ne fassent dommage à l'autre. Plusieurs croient (faussement) que ces deux Châteaux & les deux Villages qui sont auprès sont sur les ruines des anciennes Villes Sestos & Abydos celebres par les amours de Hero & de Léandre. Ce fut Mahomet II. fils d'Amurat II. qui les fit bâtir & on les peut appeler les clefs de Constantinople, dont ils sont éloignez de deux cens milles, puis qu'il ne passe aucun vaisseau ami, ou ennemi sans congé; autrement il seroit coulé à fond. Tous ceux qui viennent de Constantinople s'arrêtent trois jours devant celui d'Anatolie, afin qu'on ait le temps de les visiter & de savoir s'il n'y a point d'esclaves fugitifs. Lors qu'un vaisseau marchand est proche de ces forteresses, il est obligé de les saluer du moins de trois, de cinq, ou de sept coups de Canon. S'il est de guerre il en doit tirer sept, neuf ou onze, auxquels les Châteaux repondent d'un, de trois, ou de cinq: après quoi le Vaisseau les remercie de trois, de cinq, ou de sept ce qui étant fait, l'on passe si c'est pour aller à Constantinople. Dans cette description il y a à observer que le Voiageur cité ne met qu'une demie lieue de distance d'un Château à l'autre, ce qui aparemment doit s'entendre des vieux Châteaux, car pour ce qui est des nouveaux, Mr. Tournefort, sur l'exactitude duquel on peut compter, donne près de quatre milles & demi de largeur à l'embouchure de ce Canal où ils sont placez.

2. Les NOUVEAUX CHATEAUX DES DARDANELLES sont situez à l'entrée du détroit auquel ils donnent le nom. Les vieux sont plus avant vers la Propontide. Les nouveaux [a] furent bâtis par Mahomet IV. en 1659. pour y mettre les Flottes Ottomanes à couvert des insultes des Venitiens qui se venoient attaquer à la vue des vieux Châteaux. Cependant une armée qui voudroit forcer ce passage, ne risqueroit pas beaucoup, ces Châteaux étant éloignez l'un de l'autre de plus de quatre milles. L'Artillerie Turque quelque monstrueuse qu'elle paroisse n'incommoderoit pas trop les vaisseaux qui defileroient avec un bon vent; les embrasures des Canons sont comme des portes Cocheres; mais les Canons qui sont très-gros, n'aiant ni affût ni reculée, ne sauroient tirer plus d'un coup chacun. Le même Auteur doute s'il y auroit un homme assez hardi pour oser se charger en presence des vaisseaux de guerre, dont les bordées renverseroient en un instant les murailles des Châteaux qui ne sont pas traversées, qui enseveliroient les canons & les canonniers sous leurs ruines. Il croit que six bombes feroient capables de détruire ces forteresses. J'ai raporté au mot *Abydos* ce que cet Auteur opose au sentiment de ceux qui les croient placez sur les ruines de Sestos & d'Abydos. Mrs. Wheler & Spon avoient déja fait connoître qu'ils ne le croioient pas.

3. DARDANELLES, Le P. Briet [b] apelle ainsi les Châteaux qui commandent le détroit qu'il faut passer pour entrer dans le Golphe de Lepante; & il dit que Capo di Trapani est une des Dardanelles de Lepante.

Mr. de l'Isle [c] les nomme simplement LES CHATEAUX. Sanson [d] nomme l'un *Château de Romelie* & l'autre *Château de Morée* & tous les deux *Dardanelles*.

CANAL OU DÉTROIT DES DARDANELLES, détroit qui joint l'Archipel à la Propontide, * on le nomme aussi *Bras de St. George* à cause d'un village situé au delà de Gallipoli qui s'apelle *Peristasis* où il y a une fameuse Eglise de St. George fort respectée des Grecs. Ce Canal est dans un fort beau pays, bordé à droite & à gauche de colines assez bien cultivées sur lesquelles on voit quelques Oliviers, quelques vignes & beaucoup de terres labourables: en y entrant, on laisse la Thrace & le Cap Grec à main gauche: La Phrygie & le Cap Janissari à droite: La Propontide ou Mer de Marmara se presente au Septentrion; l'Archipel ou la mer blanche reste au midi. On l'appelloit autrefois l'*Hellespont* c'est-à-dire, *la Mer d'Hellé*.

Et satis amissa locus hic infamis ab Helle:

dit Léandre à Hero dans une des Epîtres d'Ovide. Les anciens ont cru qu'une fille d'Athamas Roi de Thebes, nommée Hellé s'y noya lors qu'elle voulut passer en Colchide avec son frere Phryxus pour y porter la toison d'or. On nomme aussi ce Canal le Détroit de Gallipoli, & les Bouches de Constantinople. Les Turcs le connoissent sous le nom de Boghas ou détroit de la mer blanche. Les eaux de la Propontide qui passent par ce Canal y deviennent plus rapides, de même qu'une Riviere qui coule sous un pont: lors que le vent du Nord souffle, il n'est point de Vaisseau qui se puisse presenter pour y entrer; mais on ne s'apperçoit plus du courant avec un vent du Sud & il n'y a que les Châteaux à ménager. Le savant Voiageur aussi bien que Mrs. Spon & Wheler conviennent que le nom de Dardanelles vient de Dardane ancienne Ville qui n'en étoit pas éloignée & dont le nom seroit peut-être dans l'oubli sans la Paix [e] qui y fut conclue entre Mithridate & Sylla General de l'armée Romaine.

DARDANI. Voiez DARDANIENS.

1. DARDANIA Ville d'Espagne Tarragonoise. On croit que c'est aujourd'hui ORDUNA Ville de Biscaye dans le territoire d'Ayala auprès du mont *Dardanius* qu'on appelle à présent *La Peña de Orduña*.

2. DARDANIA, ancien nom d'une Isle de la Mer Egée que l'on a ensuite nommée SAMOTHRACE selon Pline [g]. C'est aujourd'hui SAMANDRACHI.

3. DARDANIA VETUS ou l'ANCIENNE DARDANIE, Ville de la Dardanie dans la basse Mysie auprès des sources du Simoïs à dix-sept mille pas de la côte de l'Hellespont & à quinze d'Ilium vers l'Orient d'été. Elle est à present ensevelie sous ses ruines.

1. DARDANIE, Pays de l'Asie Mineure. Durant le Roiaume de Troye, elle étoit au Nord de la Troade, mais lorsque le pays fut autrement divisé, elle se trouva dans la Mysie mineure. Elle étoit entre l'Hellespont & les sources du Granique.

2. DARDANIE, Ville Capitale de la Pro-

DAR.

Province de ce nom dans le Roiaume de Troye. Voiez DARDANIA VETUS.

3. DARDANIE, Canton de la haute Mœsie. Il avoit la Pæonie à l'Orient, la Pelaconie au midi, la Dalmatie à l'Occident, & la Dacie Ripense au Septentrion. On le nomma ensuite la Dacie mediterranée, cependant le P. Briet [a] dans une des Cartes inserées dans ses Paralleles les distingue & se contente de les faire limitrophes. Mr. Corneille [b] dit que c'est proprement *la Partie Meridionale de la Servie*, ce qui se trouve aussi dans le livre de *l'Erzegovine*, ou *Duché de St. Saba*. Leurs principales Villes selon lui étoient *Arribantium*, *Nessus* & *Scupia*, selon Mr. Corneille les lieux principaux de ce Pays sont, *Nizza* & *Uschub*. Lazius croit que cette Dardanie étoit le pays nommé aujourd'hui la Bosnie. Cuspinien, Volaterran, & Sophien citez par Ortelius [d] croient que c'est la Servie & la Rascie. On trouve dans Stobée un passage qui ne donne pas grande idée de la propreté des Dardaniens. Car on y lit qu'ils n'étoient lavez que trois fois, au bâtême, à leurs noces, & après leur mort.

[a] 2 Part. l. 1. c. 7.
[b] Dict.
[c] Ed. 1682.
[d] Thesaur.

DARDANIENS en Latin DARDANI. Peuples qui habitoient la Dardanie, soit la Phrygienne, soit l'Illyrique.

DARDANIS, Ville de la Pentapole d'Afrique au Cap nommé *Zephirium*. Selon Ptolomée [e] elle étoit sur les frontieres de la Marmarique.

[e] L. 4. c. 4.

1. DARDANUS, Ville maritime [f] du Roiaume de Troye, au bord de l'Hellespont à l'endroit où il se joint à l'Archipel, à huit milles d'*Abydos* vers le Nord & de *Rhetæum* vers le Midi & à seize de la Ville de Troye.

[f] Baudrand. Edit. 1682.

§. C'est de cette Ville que les Savans croient que les Dardanelles tirent leur nom; comme cette Ville aussi bien que la Province du Roiaume de Phrygie nommée Dardanie tiroit le sien de l'ancienne ville, aussi nommée *Dardanus*, qui me paroît la même que *Dardania Vetus*. Les Poëtes seint que *Dardanus* à qui elle devoit son nom & sa fondation étoit fils de Jupiter & d'Electra. La mort de son frere Jasius qu'il avoit tué (l'aiant obligé de fuir), il se retira en Phrygie, & Teucer qui en étoit Roi, lui donna sa fille en mariage, l'associant au Gouvernement de ce Païs qu'ils apellerent de leurs noms tantôt *Teucria* & tantôt *Dardania*. Ces deux villes, tant la maritime que la Mediterranée, étoient diferentes de Troye, quoi que des Auteurs les confondent; comme Grelot cité par [h] Mr. Corneille. ,, Selon ,, Virgile, dit-il, cette Ville (*Dardanie*) a ,, été la même que Troye à laquelle Tros pe- ,, tit-fils de ce même Dardanus & Pere de ,, Ganymede donna son nom, & celui de ,, Troade à la Province; mais quelques autres ,, Auteurs assurent que l'ancienne Dardanie ,, qui étoit bâtie sur l'Hellespont vers l'endroit ,, où sont les Dardanelles, conserva toujours ,, son nom, & que la Nouvelle qui sut bâtie ,, sur le Xante changea le sien en celui de ,, Troye & d'Ilion. '' Les Géographes anciens distinguent la ville Dardanus ou Dardanium en sous-entendant *Oppidum*, de la Ville de Troye, mais ni l'une, ni l'autre n'étoit au

[g] Corn. Dict. au mot DARDANIE.
[h] Dict. su mot Dardanelles.

DAR. 47

pied du mont Ida, ni aux sources du Simoïs, ou doit avoir été la *Dardania Vetus* fondée par Dardanus. Voiez l'Article DARDANIA VETUS.

2. DARDANUS, Ville d'Italie [i] dans la Pouille, elle étoit entourée des eaux du marais de Salpé, selon Lycophron; sur quoi son Commentateur remarque qu'il y avoit une autre Ville aussi nommée DARDANUS au-dessus de la Macedoine, aparemment dans la Dardanie Illyrique. Il y avoit [k] encore une autre DARDANUS dans la Toscane, s'il n'y a point de faute dans un Edit du Roi Didier.

[i] Ortel. Thesaur.
[k] Ibid.

DARDARIENS. Voiez DANDARIENS.

DARDI, Peuple d'Italie dans la Daunie, lequel fut détruit par Diomede; au raport de Pline [l]. Il est vraisemblable qu'ils occupoient une partie de ce qu'on apella ensuite les champs de Diomede, & comme ces champs étoient proches de Salpe, peut-être que, selon la conjecture d'Ortelius, ils tiroient leur nom de Dardanus, Ville qui étoit dans le même territoire de la Pouille.

[l] L. 3. c. 11.

☞ Le Peuple Troien est devenu le plus celebre de tous par les Poësies d'Homere & de Virgile. Ses habitans dispersez après la ruine de la Capitale ont fourni un champ libre à la Poësie. Il est arrivé delà que la plûpart des Nations qui ignoroient leur veritable origine, ou qui vouloient en avoir une plus brillante, ont eu la sote vanité de se dire descendues de ces Troyens sugitifs. Il n'a pas tenu à Ronsard [m] ni à d'autres, vieux Romanciers que la France n'en vint aussi. C'est sans doute à cette manie où l'on doit attribuer le grand nombre de Villes ou de Pays qui avoient un nom commun avec Troye ou les parties de ce Roiaume.

[m] Dans la Franciade l. 1.

DAREC, Ville d'Asie [n] dans l'Ofrushnah contrée de la Chorasmie.

[n] Abulfed. p. 70.

DAREIUM, Ville d'Asie dans l'Apavortane contrée de la Parthie. Pline [o] en vante la fertilité.

[o] L. 6. c. 16.

DAR-EL-HAMARA [p] Ville d'Afrique, dans la Province de Fez sur la Montagne de Zarhan. C'est l'Epticienne de Ptolomée qui la met à 9. d. de longitude & à 34. d. 20'. de latitude. Elle a été bâtie par les Romains & détruite avec la plûpart des autres du Pays. Elle est sur la pente d'une Coline, où se tient le marché de *Caçar Pharaon* qui n'en est pas éloigné, & elle est ceinte de hauts murs de Pierre de taille qui sont sondus en plusieurs endroits & les Maisons ne sont pas en meilleur état. Le trafic des habitans est en huile & comme ils sont près des plaines de la Province d'Asgar qui raportent beaucoup de Bled, ils sont sort rich.es. Il y a tant de Lions dans le Pays & on y est si accoutumé qu'on ne s'en esraie point à cause qu'on les voit perpetuellement roder autour des enclos pour chercher à vivre.

[p] Marmol. c. 28. & 31.

DAREN, Selon Mr. Corneille [q], Ville de l'Amerique Meridionale, dans la Province de terre Ferme. Elle est, dit-il, située sur le Golphe d'Uraba. Cette Ville autrefois considerable a été honorée d'un Siege d'Evêché, qu'on a transferé à Panama.

[q] Dict.

§. Notez que *Daren* est une faute de Copiste pour DARIEN place détruite qui est marquée

quée dans les Cartes de Mr. Sanson, & négligée dans celles de Mr. de l'Isle. On la nommoit Darien du nom d'une Riviere qui à son embouchure forme un Golphe nommé d'*Urraba* & plus communément de Darien, à l'Occident duquel elle étoit placée. Voiez DARIEN.

a d'Herbelot Biblioth. Orient.

DARGAN, [a] Ville d'Asie dans la contrée de Khuarezm en Perse. Elle en est une des principales & la premiere qu'on rencontre quand on vient de celle de Merow l'une des Capitales du Korasan. On compte vingt quatre Parasangues depuis cette ville jusqu'à celle de Hezar-Asb. Les Géographes du Pays donnent à Dargan 86. d. & 26'. de longitude & 40. d 30'. de latitude Septentrionale.

DARGIDUS, Riviere d'Asie dans la Bactriane. Elle a sa source dans la Montagne Paropamisus & coulant vers le Nord elle se joint à l'OXUS.

DARGOMANES, autre fleuve de la Bactriane, lequel tombe aussi dans l'Oxus. On l'apelle aujourd'hui MORGA ou MAROU.

b La Croix Relat. de l'Afrique T. 2.

1. DARHA, Pays d'Afrique [b] l'un des principaux de la Numidie. Il prend son nom de la Grande Riviere de Darha & renferme la plus grande Partie de la Mauritanie Cesariense. Le Grand Atlas le separe du Roiaume de Maroc au septentrion. Il a les Provinces de Gesule & de Sus à l'Occident; celle de Segelmesse à l'Orient; la Libye & les Zenegues au midi. Cette Province longue de cent lieues contient beaucoup de Châteaux & de Places situées sur les bords du fleuve Darha. Une des principales Villes de cette contrée est *Benisabith* ou *Mucubah* sur le rivage de cette Riviere. On trouve ensuite *Quitcoa* & son Château qui n'est éloigné du Darba que de la portée d'une fleche, puis *Tezerin* petite Ville avec un Château, *Tagumadert*, *Tinzeda*, *Taragale*, *Tinzulin*, *Tamegueruz* & *Timefcuit*. Il y a un Château de la Libye nommé *Tabornost* & un autre qu'on apelle *Afra*, bâti par les Cherifs sur la frontiere du Zahara. On y voit encore les masures de la Ville de *Tesut* (*Tesut*) où les Rois tenoient leur Cour, cette Province a quelques terres où l'on seme du froment, & qui raportent beaucoup, lors que le Dahra se déborde au mois d'Avril & que les campagnes en ont été inondées. Cependant quelque fertile que l'année puisse être, il n'y en a pas suffisamment pour nourir les habitans, ce qui les oblige de porter leurs dattes à Fez pour les échanger avec du bled. Le païs produit beaucoup d'indigo & les bords du Dahra à quatre lieues à la ronde sont bordez de palmiers qui portent d'excellentes dattes. C'est du bois de ces palmiers qu'on fait les solives & les poutres des Maisons. On nourrit les chameaux & les chevaux des dattes dont on fait le moins de cas & les noyaux de ce fruit étant pilez servent de fourage aux Chevres & leur font venir beaucoup de lait. Les habitans sont basanez & l'on trouve parmi eux peu d'hommes qui aient le teint blanc parce qu'ils s'allient avec les Negres. Les femmes sont assez bien-faites & ne manquent point d'embonpoint. Elles ont pour se servir des esclaves qu'on amene du pays des Negres. Leur manger ordinaire est de la bouillie faite de farine d'Orge & de Dattes & ce n'est jamais qu'en temps de fête qu'ils goutent du Pain; mais ils mangent beaucoup de chair de Cheval, & d'Autruche. Ils sont sujets du Roi de Maroc qui tient des Alcaïdes, ou Gouverneurs en plusieurs de leurs quartiers. Ils ont aussi des Checques ou Seigneurs Vassaux en quelques endroits.

2. DARHA, [c] fleuve d'Afrique; il coule dans la Province à laquelle il donne son nom, il tire sa source du mont Atlas, sur les confins de la Province de Hafcora, roule ses Eaux vers le midi, arrose la Province & le desert de Darha & va ensuite se décharger dans un Lac.

c Ibid.

§. Mr. de l'Isle apelle DRAS la Riviere & la Province, & croit avec beaucoup de fondement que c'est le *Daradus* des Interpretes de Ptolomée. Voiez au mot DARAT. Mr. de la Croix semble terminer à ce Lac la course du Darha, mais ce Lac communique à un autre par un Canal étroit qui est une continuation de la Riviere qui passe dans un troisième au Sud-Ouest duquel étoit située la ville de Tesuf & non pas Tesut; delà il se jette dans la Mér au Nord de Benisabih.

1. DARIEN Riviere de l'Amerique Meridionale. Elle a sa source dans les montagnes qui sont à l'Orient Meridional de l'Audience de Panama & coulant Sud & Nord, elle va se perdre dans le Golphe de Darien.

2. DARIEN Golphe de l'Amerique Meridionale à l'Orient de l'Isthme de Panama [d]. On le nomme dans quelques livres le Golphe d'*Uraba* à cause d'une place autrefois considerable & alors Capitale d'un Roiaume [e]. Ce Golphe a quatorze lieues de longueur & six de largeur, car à mesure qu'il s'avance dans les terres, il va en étrecissant. L'Embouchure [f] du Golphe est par 8. d. 35'. de latitude.

d Atlas.
e Correal Voiage T. 1. p. 111.
f Atlas de De l'Isle.

3. DARIEN, Ville située à l'Occident du Golphe de même nom. [g] Elle est dans un endroit mal sain & exposé aux chaleurs; ce qui est cause que tous ses habitans sont mauvaise couleur, comme s'ils avoient la jaunisse. Darien est sur la riviere de ce nom & est environnée de hautes montagnes, de sorte que le Soleil du midi y frape directement & que la reverberation de la chaleur de cet Astre s'y fait sentir devant & derriere, ce qui contribue aux ardeurs insuportables & mal saines de l'été plus que le climat où elle est. D'ailleurs le terroir de Darien ne vaut absolument rien, car cette place est dans un marais d'eau puante. Les habitans y sont continuellement infestez de toutes sortes de vermine. Si l'on y creuse à la profondeur de deux ou trois pieds, on découvre aussi-tôt des sources d'eau corrompue qui se communiquent à la riviere dont le cours est lent & retenu par la bourbe. Il y a garnison à Darien. Mr. Corneille [h] dit qu'il y avoit aussi autrefois un Evêché qui est aujourd'hui celui de Panama.

g Correal Ibid. Pag. 107.

h Au mot DARIEN.

4. DARIEN, [i] *Isthme* qui joint l'Amerique Septentrionale avec la Meridionale. On l'apelle plus communément Isthme de Panama. Il est renfermé entre une ligne imaginée depuis Santa Maria Ville placée au fond du Golphe de St. Michel, jusqu'au fond du Golphe de Darien & une autre ligne Meridienne tirée à l'Ouest

i Voiez les Cartes de Mr. de l'Isle.

l'Oueſt de Porto-Belo. Du tems de Laet on faiſoit une Province de Darien qu'il dit faire partie du Pays dit *Terre ferme*. Voici la deſcription qu'il en donne. La Province [a] de Darien eſt eſtimée pour la bonne temperature de l'air. Son terroir eſt très-fertile. Les melons & les autres fruits ſemblables germent & viennent à maturité, vingt jours après qu'on en a mis la ſemence en terre. Les vignes & les autres Arbres fruitiers y portent leurs fruits auſſi promptement. Il y a des Lions dans cette Province, mais plus petits & moins furieux que ceux d'Afrique, des Léopards, des Tigres, des Chats Sauvages, grands & legers, des Cerfs moins grands & moins vîtes que ceux d'Europe, de petits Renards de diferentes couleurs ; des daims ſans cornes de la grandeur d'un mulet, des lapins, des liévres & une quantité de ſinges & de guenons. Il y a auſſi grande abondance de fort beaux oiſeaux ; mais peu qui ſoient diferens de ceux des autres quartiers de l'Amerique, à l'exception de certains paons d'une admirable diverſité de couleurs que l'on trouve aux bords de la riviere appellée *Rio grande*. Les habitans y ſont tourmentez d'une eſpece de chauve-ſouris dont la morſure eſt fort venimeuſe. Il en ſort beaucoup de ſang qu'on ne ſauroit étancher, ſi on ne la lave d'eau de Mer, & ſi l'on ne met deſſus de la cendre chaude. Alphonſe Oieda étant parti d'Hiſpaniola, (St. Domingue) en 1508. avec quelques navires fournis de ſoldats & de toutes ſortes de munitions, prit ſon cours vers le Golfe d'Urraba, au côté Oriental duquel il mena ſa flotte en cherchant la Riviere de Darien, dont les richeſſes avoient commencé à faire du bruit. Etant deſcendu à terre en ce lieu-là il y bâtit la Bourgade de St. Sebaſtien en un terroir abondant en toutes choſes. Les Sauvages fatiguant les Eſpagnols qu'ils avoient peine à ſoufrir, Oieda laiſſa cette place qu'il avoit à peine commencée, & comme les Vivres lui manquoient il abandonna ſes gens qui s'étant embarquez dans les chaloupes qui étoient de reſte, s'en allerent en divers quartiers. Enciſe ſurvint avec des Proviſions & un renfort de Soldats & les emmena avec lui contre leur gré. Il ſe plaça au côté Occidental du Golphe & trouva quelque temps après la riviere de Darien qu'Oieda avoit cherchée inutilement. Il bâtit ſur ſes bords une petite Ville en 1510. au nom de *Sainte Marie Antique*. Cette Ville s'accrut tellement en peu d'années, tant en nombre d'habitans qu'en richeſſes, que l'an 1514. elle fut annoblie d'un Evêché. Vaſco Nuñez Balboa s'étant enſuite ouvert un Paſſage vers la Mer du Sud, la Ville de Ste. Marie Antique fut abandonnée par Petrejo d'Avila que le Roi d'Eſpagne avoit fait Gouverneur de cette Province, & les habitans furent tranſportez à Panama en 1519. Il y eut une autre bourgade bâtie par les ſoldats d'Avila, dans la Province de Pocoroſa ſur les bords de la Riviere de Santa Cruz & elle fut enſuite ſurpriſe & entierement ruinée par les Sauvages. L'an 1515. le même Avila mena une Colonie au port d'Acla à vingt lieues de Ste. Marie Antique vers le Nord-Oueſt auprès du rivage de la Mer. Ce Port étoit aſſez profond ; mais d'un accès difficile,

[a] *De Laet. Deſcr. des Indes Occid. l. 8. c. 8. & 9.*

à cauſe de la rapidité de la Mer qui bat cette Côte. Depuis ce tems la Province de Darien & même tout le côté Occidental d'Urraba & de Nombré de Dios ſont demeurez preſque deſerts ; & les Eſpagnols n'y ont aucune Ville ni aucun Village.

§. Panama en attirant à elle tout le commerce, a cauſé la ruïne de toutes ces Peuplades qu'elle a rendu inutiles, & ſur leſquelles elle a emporté la preference.

DARIORIGUM, [b] ancienne Ville de la Gaule dans l'Armorique, c'eſt-à-dire dans la Bretagne. Elle étoit au fond d'un Golphe dont le rivage étoit occupé par un peuple nommé VENETI: nom qui s'eſt conſervé dans celui de VANNES Ville ſituée aparemment ſur les ruines de *Dariorigum*. Ptolomée nomme *Dariorigon*, & cette même ville eſt nommée dans la Notice de la troiſiéme Lyonoiſe *Civitas Venetum*, dans Gregoire de Tours *Civitas Venetica*, & dans la Notice de l'Empire *Veneti*. Voiez VENETI & VANNES.

[b] *Cellar. Geogr. ant. L. 2. c. 2.*

DARLINGTON, [c] Ville d'Angleterre dans le comté de Durham, proche de la Riviere de la Tées, qui paſſe au midi, & ſepare ce Comté de celui d'Yorck.

[c] *De l'Iſle Atlas.*

DARMOUTH, quelques-uns écrivent *Dermout* en faveur de la Prononciation: Ville d'Angleterre en Devonshire. Son nom marque qu'elle eſt à l'embouchure de la *Dart* ou *Derte* dans la Mer de Bretagne, où elle a un port defendu par deux Citadelles. Elle eſt à neuf lieues d'Excefter & envoie deux Deputez au Parlement. Elle eſt ſituée à 14. d. 2'. de longitude & à 50. d. 16'. de latitude ſelon Mr. de l'Iſle.

1. DARMSTADT Ville d'Allemagne [d] dans le Landgraviat de Heſſe Darmſtadt, à l'extremité ſeptentrionale du Bergſtraat, au Midi & à quatre lieues Géographiques de Francfort. Elle eſt le partage d'une Branche de la Maiſon de Heſſe. Cette Branche a pour tige George I. ou le Pieux, le plus jeune fils de Philippe le Magnanime, qui lui aſſigna la partie haute du Comté de Catzenelnbogen, dont cette Ville eſt la Capitale, & la reſidence des Princes qui en portent le nom. Son Château eſt plûtôt un Palais qu'une Foreterſſe, & paroît un bâtiment magnifique. Il y en avoit un qui étoit une veritable Foreterſſe, mais le Comte de Buren avec l'armée Imperiale, après y avoir donné deux aſſauts en 1546, dans leſquels il fut repouſſé ; pendant que l'on capituloit pour rendre la Ville, ſurprit les habitans par une attaque imprevuë, pilla la ville & mit le Château en cendres. George dont j'ai parlé, en fit abattre le reſte pour élever le Palais qu'on y voit aujourd'hui. Dans les temps de guerre où cette reſidence expoſeroit la Cour à trop de dangers, elle ſe retire à Gieſſen autre Ville de ſes Etats. Il y a une Chancellerie à Darmſtadt pour le haut Comté de Catzenelnbogen, & une autre à Marpurg pour les affaires de la haute Heſſe dont elle eſt la Capitale. C'eſt dans l'Egliſe de cette Ville que ſont les tombeaux des Princes & Princeſſes de cette famille.

[d] *Memoires communiquez.*

2. DARMSTADT Souverainetée en Allemagne avec titre de Landgraviat. Le Prince qui en eſt en poſſeſſion, eſt Souverain de la plus gran-

grande Partie de de la haute Hesse, où sont Giessen, Nidda, Itter, Butsbach: & la haute Partie du Comté de Catzenelnbogen où est Darmstadt.

a Corn. Memoires dressez sur les lieux.

DARNETAL [a] Gros Bourg de France en Normandie. Il est situé au pied d'une Côte couverte d'un bois & à un quart de lieue de Rouen, d'où un chemin pavé y conduit en sortant par la porte de saint Hilaire. Il y a deux Paroisses, St. Pierre, & St. Jacques, arrosées par les petites rivieres d'Aubette & de Robec qui y font tourner une trentaine de Moulins pour dégraisser les étofes & pour differens usages. L'Eglise de St. Jacques est bien bâtie & avec propreté. Il y a des bas reliefs autour du Chœur dont la nef n'a pas été achevée. La tour est belle & renferme une grosse & fort bonne sonnerie. On fait dans le Bourg de Darnetal des Draps, des Serges, des Pinchinats, & autres étofes de Draperie, ainsi que des couvertures de laine. On y voit beaucoup de Tanneurs & de Corroyeurs & les gens de la Campagne aportent leurs Grains à son marché. Il y a une source très-abondante & un beau reservoir qui communique l'eau dans les canaux souterrains pour une partie des fontaines de Rouen.

b Ptolom. l. 6. c. 18.

DAROACANA [b] Ville d'Asie entre les chaines du Caucase dans la contrée que les anciens nommoient *Paropanisus*.

DAROCA Ville d'Espagna dans l'Arragon, à cinq lieues de Catalajud vers le Midi & à douze de Sarragoce du côté du couchant d'hyver, en tirant vers les frontieres de la nouvelle Castille. Cette Ville est située entre des montagnes sur la Riviere de Xiloca, qui rend son terroir fertile en bons fruits. Son circuit est fort grand; mais ses habitans sont en petit nombre. On trouve près du passage nommé le port de Daroca.

§. Cette ville nommée *Daroca* par MM. Baudrand & Corneille, de qui cet article est emprunté, est nommée *Daroca Gallo Canta*, dans l'Atlas de Sanson.

c D. Calmer. Dict. de la Bible.

DAROM & DAROMA [c]. Ce mot en Hebreu signifie le Midi. Eusebe & Saint Jerôme se servent souvent du terme *Daroma* pour designer la partie Meridionale de Juda. Ce Canton de Daroma s'étend du Nord au Midi depuis la ville d'Eleutheropolis, en avançant vers l'Arabie Pétrée à la longueur de près de vingt-milles; & du levant au couchant, depuis la Mer morte, jusqu'à Gerare & Bersabée.

DARON ou DARONA. MM. Maty & Corneille en font une Ville Episcopale dans la Palestine sur la Mer Mediterranée. Ils disent que c'est l'ancienne ANTHEDON & qu'elle fut nommée AGRIPPIADA, en l'honneur d'Agrippa par Herode le Grand. Ce qu'ils ajoutent me fait croire que c'est la même chose que *Darom* ou *Daroma*, à savoir qu'elle donne son nom à une contrée voisine qu'on apelle Idumée. Ni les Notices Episcopales, ni MM. Reland, Bochard, & Baudrand, ni Dom Calmet, ni même St. Jerôme & Eusebe, n'ont fait aucune mention de cette ville. Je n'en ai trouvé de traces que dans Adrichome, qui, dans la contrée de Pharan, place Daron sur la droite du torrent d'Egypte assez loin de la Mer. Cet Auteur dit: DARON, Ezechiel en parle & Symmaque le traduit par *Africus*, c'est-à-dire le Sud-Ouest. Il ajoute sur l'autorité de Guillaume [d] de Tyr que les Chrétiens batirent un Fort près du torrent dit d'Egypte, que ce fut Amauri qui l'amplifia & que d'autres y ajouterent des faux-bourgs. Le même Adrichome est bien éloigné de dire que ce Château fut la ville d'Anthedon qui fut surnommée Agrippias, car il place cette derniere au bord de la mer de l'autre côté du torrent d'Egypte, & dans la Tribu de Simeon.

d 20. Bell. 20. 21. 22. &c.

DARRO, [e] ou DARO, Riviere d'Espagne. Elle descend du sommet d'une montagne au dessus de la ville de Grenade de laquelle sa source est éloignée de dix-sept milles. Les Espagnols la nomment RIO DE ORO, ou Riviere d'or à cause de l'or qu'elle porte. Elle se décharge dans le Xenil proche de Grenade.

e Davity Grenade.

1. DARWE DERWE ou DERWENT, Riviere d'Angleterre dans la Province de Darby ou Derby, où elle a sa source au Nord dans les montagnes de ce Comté. Elle le traverse, passe à Derby où elle a un beau pont de pierres & se decharge dans la Trent avant que de sortir de cette Province, & elles portent ensemble leurs eaux dans l'Humber. Mr. de l'Isle la nomme DERWE en faveur de la prononciation Angloise; l'Etat de la Grande Bretagne la nomme *Derwent*.

2. DARWENT, ou DERWENT, autre Riviere d'Angleterre. Elle coule dans la partie Orientale d'Yorckshire. Elle a sa source assez près & au midi de Withby port de Mer, reçoit les eaux d'une autre riviere qui vient d'Helmsley, & va tomber dans l'Youre avec laquelle elle se perd dans l'Humber.

DARWENUM Ville de la Grande Bretagne selon Ptolomée, qui la donne aux Cantiens & la fait d'un degré plus Orientale & de vingt minutes plus Meridionale que Londinium qui est Londres. Cette position favorise également le sentiment de ceux qui croient que c'est DOUVRES, & celui de Cambden, Lambardus & Speed qui croient que c'est CANTORBERY. Mr. Baudrand cite Ptolomée pour *Darverinum* qui ne s'y trouve pas, mais *Darvenum*; qui est le *Duroverinum* d'Antonin.

☞ Il ne faut pas toujours prendre trop à la rigueur les longitudes & les latitudes des Anciens; car outre qu'ils n'observoient pas avec precision, comme nos Astronomes modernes, les chifres de leurs positions ne sont pas toujours arrivez jusqu'à nous sans changement ni alteration, de la part des copistes.

DARUS, C'est ainsi que quelques Auteurs nomment en Latin la DRAVE Riviere de Hongrie.

DASCILIUM ou DASCYLIUM Ville maritime de la Bithynie [f], sur la propontide: Pline l'apelle DASCYLOS. Elle étoit Episcopale sous l'Archevêque d'Apamée. Son nom moderne est DIASCHILO selon Niger ou plutôt DIASCOLI, comme écrivent les Relations. Elle est assez bien entretenue par les Turcs, & située sur un Cap de même nom, entre Pruse à l'Orient & Cyzique à l'Occident.

f Baudrand. Ed. 1682.

DASCILITIDE [g] Lac que Plutarque dans la Vie de Lucullus dit être proche de Cyzique.

g Cors. Dict.

DAS. DAT.

zique & porter de grands bateaux. Strabon [a] témoigne que la Ville *Dascyleium* étoit proche de ce Lac & qu'il appartenoit en partie aux Byfantins & en partie aux Cyziceniens. On le nommoit auſſi le Lac Dascylia : Il a eu encore deux autres noms. Strabon dit poſitivement que le Lac Daſcilitide s'appelloit APHNITIS & Etienne le Géographe au mot *Aphneium* dit : *le Lac Aphnitis*.

DASQUILLO. Voiez DASCILIUM.

DASSARETES, anciens peuples que Plutarque [c] dit habiter proche du fleuve Lycus. Le Pere Lubin [*] croit que ce peuple est le même que Ptolomée place dans la Macedoine aux confins de l'Illyrie. On leur donne les Eordiens à l'Occident, les Eſtréens au Septentrion ; l'Emathie à l'Orient & les Parthicœens au midi. La *Daſſaritide* ou le pays qu'ils habitoient est à présent comprise dans l'Albanie. Mr. de l'Iſle qui écrit ce nom [d] DISSARETI, les place au Nord & à l'Orient du Lac de l'Ochrida d'où sort le Drin noir ; ainſi selon lui leur pays est aujourd'hui partie dans l'Albanie & partie dans la Macedoine.

DASSARITES, Lac de la Macedoine, c'est à présent le Lac de l'OCHRIDA. Voiez ce mot.

DASSEN EYLAND, ou ISLE DES DAIMS. C'est l'une [*] des trois petites Isles qui sont au Nord du Cap de Bonne Esperance, les deux autres sont *Roben Eiland* ou l'Iſle des Lapins, & *Frans-Eiland* ou l'Iſle des François. Celle-ci est à huit lieues de la premiere & a pris son nom de la quantité de Daims dont elle est peuplée. Ce fut Spilberg qui l'an 1601. y en porta le premier, ils s'y sont multipliez extraordinairement depuis ce temps-là. Il s'y trouve auſſi des brebis extrémement graſſes que les Anglois & les Hollandois y ont miſes. On en a tué dont la queue avoit vingt-cinq pouces d'épaiſſeur & peſoit dix-neuf livres. Il y en a eu dont on a tiré trente-quatre livres de graiſſe attachée aux entrailles & aux reins ; ſans parler de celle qui étoit entre les chairs, cependant il n'y a point d'eau fraiche dans cette Iſle. Le terroir en est extrémement ſablonneux & ne porte que des broſſailles & des fleurs.

DATA. Voiez DOTIS Forteresse de la baſſe Hongrie.

DATAINO. Voiez CHRYSAS qui est l'ancien nom de cette Riviere & *Dictaino* qui est aujourd'hui le veritable.

DATALARIA. Voiez PANTALARE'E, Iſle d'Afrique.

DATHUS ou DATUS, ville de Thrace, [e] proche du Strymon. C'étoit une Colonie des Thaſiens, & elle étoit fort riche à cauſe des veines d'or qui ſe trouvoient dans son territoire, ou dans son voisinage. Mr. Corneille dit que c'est l'ancien nom de *Philippopoli*.

DATII, Peuple de la Gaule dans l'Aquitaine. Mr. Baudrand [f] le borne au couchant par la Mer de Gaſcogne ; au Nord par les *Bituriges Vibiſci*, à l'Orient par les *Eluſates*, au midi par le Béarn & le Labourd. Il s'apuie sur l'autorité de Mr. de Marca, ſelon lequel ils ont été appellez anciennement *Tarbelliens* & *Aquitains*, & habitoient au lieu où est aujour-

DAT. DAV.

d'hui le Dioceſe d'Acqs ou Dacs en Gaſcogne & ajoute que leur principale ville étoit auſſi nommée DATII ou TASTA. On a vu au mot DACQS que Mr. de Longuerue n'est pas du ſentiment de ceux qui croient que DATII étoit Dacqs & qu'*Aqua Tarbellica* étoit Bayonne. Voiez TARBELLI.

DATRIATA, [g] contrée d'Irlande dans l'Ultonie. Routa Territoire du Comté d'Antrim en est une partie.

DATTARUM Regio, ou le pays des Dattes. Voiez le BILEDULGERID.

DATTE'E, [h] Petite Riviere du Cotantin. Elle a ſa ſource en partie dans la forêt de St. Sever & en partie au delà des bois de la Haye, dont elle fait le tour, entre Mont joie & Gitteus, & après avoir reçu Virone, groſſie de pluſieurs Ruiſſeaux, elle tombe dans la Riviere de Vire au deſſous de la Ville de ce nom.

DAVENTRIA, nom Latin de Deventer, Ville des Provinces Unies.

DAVIDAN, [i] Lieu des Indes où ſe retirent la plûpart des habitans de Gomron pendant les grandes chaleurs. Il est à quatre ou cinq journées de Schiras, & l'un des plus agréables de la Perſe. A quatre ou cinq lieuës tout à l'entour, ce ne ſont qu'orangers, que citronniers, que grenadiers, & preſque tous les orangers ſont d'une groſſeur prodigieuſe. Le reſte de la plaine est ſemé de riz & de bled, & ce qui contribuë à rendre ce ſéjour charmant, c'est une riviere abondante en barbeaux, en carpes, & en brochets, qui traverſe cette plaine, & dont l'on conduit l'eau par divers canaux, qui font quantité de petits étangs, aſſez près les uns des autres. En ſuivant un petit chemin qui mene ſur la montagne, on trouve des Cavernes qui pourroient tenir deux ou trois mille hommes. On commence dès le pied de cette montagne à reſpirer l'air frais & doux, qui invite les habitans de Gomrom à aller manger dans cette plaine tout ce qu'ils retirent de leur negoce.

DAVIA, [k] Bourgade de la Morée ſur la rive Meridionale de Longarola, à l'occident Meridional de la Zaconie où pays de Mainotes, ſur les frontieres du Belveder, & au Nordoueſt de Spitalſi.

DAVIONS [l] Peuples anciens de la Scandinavie. Ils étoient mêlez avec les Guthes, dans ce qu'on appelle aujourd'hui *Gothie*, Province de Suede, & vivoient brutalement & hors de toute ſorte de commerce.

DAVIS. Détroit de Davis. Bras de mer qui est entre l'Iſle de Jacques, & la côte Occidentale de Groënland. Il a pris ſon nom de Jean Davis, Anglois, qui le découvrit en 1585. Les Sauvages qui habitent ce Détroit y ſont de deux ſortes, & vivent enſemble dans une correſpondance parfaite. Les uns ſont d'une fort haute ſtature, bien faits de corps, de couleur aſſez blanche, & fort entendus à la courſe. Les autres qui ſont beaucoup plus petits, ont le teint olivâtre, & il y a de la proportion dans tous leurs membres, ſi ce n'est que leurs jambes ſont courtes & groſſes. Les premiers ſe plaiſent fort à la chaſſe, à laquelle ils ſont portez par leur agilité naturelle pendant que les derniers font leur occupation de la pêche. Ils ont

ont tous les dents extrêmement blanches & ferrées, les cheveux noirs, les yeux vifs, & les traits du visage si bien faits, qu'on n'y remarque aucune difformité notable. Leur constitution est d'ailleurs très-vigoureuse, & l'on en voit plusieurs qui après avoir passé la centiéme année de leur âge, sont encore robustes. Ils paroissent d'une humeur gaye dans leurs conversations, & aiment les Etrangers, qui leur portent des aiguilles, des hameçons, des couteaux, & les autres ferremens qui leur sont propres. Ils en font un si grand cas qu'ils achetent de tout ce qu'ils ont de plus précieux; mais ils sont fort ennemis de la nouveauté, & on ne peut leur en faire recevoir dans leur nourriture & dans leurs habits. Ceux des hommes consistent en une chemise avec un haut de chausse, des bottines & une casaque. La chemise ne leur va que jusqu'au dessous des reins. Elle est faite de vessies de gros poissons, coupées par bandes d'une semblable largeur, & cousuës ensemble fort proprement avec un capuchon qui couvre le col & la tête. Il n'y a point d'ouverture à la poitrine, & afin qu'on ne la déchire point en la vêtant, les bouts des manches, la têtiere & le dessous sont bordez d'un cuir noir fort délié. Leurs autres habits, & leurs bottines mêmes, sont aussi de pieces rapportées comme leurs chemises; mais ils sont de peaux de cerf ou de chiens de mer toutes bien préparées, & garnies de leur poil.

Les Sauvages qui habitent ce Détroit ne sortent jamais en campagne sans un carquois sur l'épaule rempli de fléches, & à la main l'arc ou une lance. Leurs fléches sont de deux sortes, les unes doivent tuer les liévres, les renards, les oiseaux & toute sorte de menu gibier, & les autres ne leur servent que pour abbattre les cerfs, les élans, les ours, & les autres grosses bêtes. Les premieres n'ont qu'environ deux ou trois pieds de longueur, & au lieu de fer elles ont la pointe munie d'un os délié, tranchant & fort aigu, qui a l'un des côtez herissé de trois ou quatre crochets, ce qui est cause qu'on ne les peut arracher qu'en élargissant la playe. Les autres qui ont au moins quatre ou cinq pieds de longueur sont armées par le bout d'un os pointu, avec des crochets en façon de dents de scie. Ils les lancent avec la main, mais pour leur donner plus de force, & faire qu'elles atteignent de plus loin, ils attachent à leur bras droit un bois long d'un pied & demi, qui a d'un côté une profonde coulisse, dans laquelle ils font passer le gros bout de cette espece de javeline, qui étant dardée reçoit une impression plus forte, & fait que le coup est plus violent. Ils portent aussi quelquefois une maniere de lance, qui est d'un bois fort & pesant, garni par le petit bout d'un os rond, dont la pointe a été aiguisée sur une pierre, si ce n'est qu'ils se munissent de corne ou de dents de certains poissons qu'ils prennent dans cette mer. Ces lances sont hautes de sept ou huit pieds, & ornées par le gros bout de deux ailerons de bois ou de côte de baleine, qui leur donnent un peu plus de grace qu'elles n'auroient sans cela. Outre plusieurs sortes d'hameçons dont ils se servent pour prendre les menus poissons qui se trou-

vent sur leurs côtes, ils ont encore diverses especes de javelots qu'ils savent lancer avec une adresse surprenante sur les gros poissons, qu'ils vont chercher en pleine mer, & afin qu'étant blessez avec ces sortes de dards ils ne puissent se couler au fond de l'eau, ils lient au gros bout une courroye de cuir de cerf, longue de vingt-cinq ou trente brasses, & attachent au bout de cette même courroye une vessie enflée, laquelle retournant toûjours sur l'eau, leur marque l'endroit où est le poisson. L'aiant attiré à eux, ils le conduisent aisément à terre, après qu'il a épuisé ses forces en se débattant.

Les jeunes femmes portent un habit fort peu different de celui des hommes; mais les vieilles se couvrent le plus souvent des dépouilles de certains oiseaux fort gros, qui sont très-communs en cette terre, & dont le plumage est blanc & noir. Elles ont l'adresse de les écorcher si proprement, que la plume demeure attachée à la peau. Ces habits ne vont que jusqu'au gras de la jambe. Elles sont ceintes d'une courroye, à laquelle au lieu de clefs elles attachent des osselets pointus comme des poinçons, & de la même longueur que les aiguilles de tête. Elles n'ont ni bracelets, ni colliers, ni pendans d'oreilles. Leur seul ornement est une taillade qu'elles se font en chaque joüe, & dont elles remplissent les cicatrices d'une couleur noire, qui selon elles les fait paroître extrêmement agréables. Pendant que les hommes se divertissent à la chasse ou à la pêche, qui sont leur plus commun exercice, elles s'occupent à coudre des habits, & à faire des tentes, des paniers, & tous les petits meubles dont on a besoin dans le ménage. Elles ont aussi grand soin des petits enfans, & quand elles se voyent obligées ou de changer de demeure ou de suivre leurs maris en quelque voyage, elles les portent ou les conduisent partout où elles vont, & pour les appaiser lorsqu'ils crient, ou pour les desennuyer dans le chemin, elles ont de petits tambours couverts de vessies de poissons, sur lesquels elles savent battre d'une maniere très-divertissante. Elles les battent aussi pour mettre en fuite les ours & autres bêtes farouches, qui viennent souvent auprès des cavernes où ces Sauvages ont accoûtumé de se retirer l'Hiver avec leurs familles, ou autour de leurs tentes sous lesquelles ils se logent pendant l'Eté.

Quoique ces Sauvages n'aient pas beaucoup de police, ils ont neanmoins entr'eux des Capitaines qui les gouvernent, & qui président à leurs Assemblées. Ils choisissent pour cela ceux qui leur paroissent les mieux faits de corps, les meilleurs chasseurs & les plus vaillans. Ils sont couverts de plus belles peaux que ceux qui leur obéïssent, & pour marque de leur Souveraineté, ils portent une enseigne en forme de rose de broderie, laquelle est cousuë au devant de leur casaque, & lorsqu'ils marchent ils sont toûjours escortez de plusieurs jeunes hommes armez d'arcs & de fléches, qui executent ponctuellement tout ce qu'ils ordonnent. Ils n'ont point assez d'industrie pour se bâtir des maisons, & durant l'Eté ils demeurent à la campagne sous des tentes de cuir, qu'ils portent avec eux pour les dresser dans tous les endroits qu'ils qu'ils choisissent pour camper. L'Hiver ils habitent dans des cavernes, faites naturellement dans les montagnes, ou qu'ils y creusent exprès. Ils ne sement ni ne recueillent aucuns grains, & n'ont ni arbres ni plantes qui leur produisent des fruits propres à manger, à l'exception de quelques fraises & d'une espece de framboises. Ainsi ils ne subsistent que de leur chasse & de leur pêche. L'eau toute pure est leur boisson ordinaire, & pour un regale fort délicieux ils boivent le sang des chiens de mer, des cerfs, & des autres animaux de terre qu'ils ont abbatus, ou qu'ils ont fait tomber dans les pieges qu'ils leur tendent.

La terre qu'ils habitent étant d'une très-froide constitution, il est impossible qu'ils ne souffrent extrêmement l'Hiver, sur tout pendant les mois de Decembre & de Janvier qu'ils ont une nuit continuelle; mais outre qu'ils supportent aisément la faim, ils ont la prévoyance de faire sécher en Eté le surplus de leur pêche & de leur chasse, qu'ils mettent en reserve avec toute la graisse & le suif qu'ils ont pû amasser pour subsister pendant cette ennuyeuse saison. On dit même qu'ils sont si adroits à chasser à la faveur de la Lune, que pendant les plus épaisses ténébres qui les couvrent, ils sont fort rarement dépourvûs de viandes fraîches. L'Eté de cette Contrée-là est composé du mois de Juin & de Juillet, pendant lesquels ils sont éclairez d'un jour perpetuel, de même que ceux de Decembre & de Janvier ne sont qu'une seule nuit. L'air y est serein, agréable & assez chaud pendant ces deux mois d'Eté; mais le reste de l'année, les jours qui s'allongent & s'accourcissent alternativement sont accompagnez de brouillards épais, de neiges ou de pluyes glacées. Toute la terre qui est proche de la mer est séche, hérissée de plusieurs rochers pelez, très-affreux, & inondée en plusieurs endroits, au temps que les neiges se fondent, de plusieurs torrens qui roulent leurs eaux troubles dans la mer; mais lorsqu'on a traversé une petite lieuë de mauvais chemin; on trouve de belles campagnes tapissées durant l'Eté d'une agréable verdure. On y voit aussi des montagnes couvertes de petits arbres qui nourrissent une grande multitude d'oiseaux & de sauvagine; & l'on passe par des vallées ou arrosent plusieurs rivieres d'eau douce. Malgré le grand froid qui regne dans ce Pays, il y a plusieurs grands oiseaux d'un plumage blanc & noir, & de diverses autres couleurs, que les habitans écorchent pour se vêtir de leurs dépouilles, & dont ils mangent la chair. Il y a aussi des cerfs, des élans, des ours, des renards, des lapins, des liévres, & une infinité d'autres bêtes à quatre pieds, qui ont presque toutes le poil blanc ou grisâtre; fort épais, long, doux, & très-propre à faire de belles fourrures. Quoique ces Sauvages n'aient pas besoin de feu pour faire cuire les viandes dont ils se nourrissent, parce qu'ils les mangent crues, persuadez que le feu en consume la faveur, ils ne laissent pas d'en allumer dans leurs cavernes durant l'Hiver, tant pour rendre leurs deux mois de nuit plus supportables par cette lumiere, que pour temperer par sa chaleur l'extrême froidure qui les tient assiegez de toutes parts. Quand ils prennent leur repos, ou qu'ils sont contraints de quitter leurs grottes, ils se munissent d'une certaine fourrure qui les garantit du froid, quand même ils seroient couchez au milieu des neiges.

Les petits esquifs dont ils se servent pour aller sur mer ne sont composez que de petits bois déliez, dont la plûpart sont fendus en deux comme des cercles. Ces bois sont attachez les uns aux autres par de fortes cordes, faites de boiaux de poisson qui les arrêtent & leur donnent la figure qu'ils doivent avoir pour les usages ausquels ils sont destinez. Ils les couvrent en dehors de peaux de chiens de mer proprement cousuës ensemble, & enduites de resine aux endroits des coûtures, en sorte que l'eau ne les sauroit penetrer. Ces petits bateaux ont d'ordinaire quinze à seize pieds de long, & par le milieu où ils ont le plus de grosseur, leur circonference est à peu près de cinq pieds. C'est dès cet endroit qu'ils vont en appetissant. Ainsi les extremitez aboutissent en pointes, qu'ils munissent d'os blancs ou de dépouilles de licornes de mer. Le dessus est tout plat & couvert de cuir comme le reste, & le dessous à la forme du ventre d'un gros poisson, ce qui les rend très-propres à courir sur l'eau. Il n'y a qu'une ouverture, directement au milieu de tout l'édifice. Elle est relevée de côte de baleine tout autour d'un bord, & faite à proportion & de la grosseur d'un homme. Aussi ne peuvent-ils contenir qu'une personne. Quand les Sauvages qui ont inventé cette sorte de petits vaisseaux s'en veulent servir, ou pour aller à la pêche, ou pour se divertir sur la mer; ils fourrent leurs jambes & leurs cuisses par cette ouverture, & s'étant mis sur leur seant, ils serrent si bien la casaque qui les couvre avec le bord de cette ouverture, qu'ils semblent entez sur cet esquif, & ne faire qu'un seul corps ensemble. Quand ils ont dessein d'aller sur mer, ils mettent par dessus leurs autres habits une casaque qui n'est destinée qu'à ce seul usage. Cet habit de mer est composé de plusieurs peaux dénuées de poil, & si bien unies l'une à l'autre qu'on le croiroit d'une seule piece. Il les couvre depuis le haut de la tête jusqu'au dessous du nombril. La gomme noirâtre dont il est enduit par tout ne se dissout point dans l'eau; & empêche qu'elle ne perce le capuchon qui couvrant la tête, serre si bien sous le col & sur le front qu'il ne leur laisse que la face à découvert. Les manches sont liées au poignet; & le bas de cette casaque est aussi attaché au bord de l'ouverture de l'esquif, ensorte que le corps qui est ainsi couvert se trouve à sec au milieu des flots qui ne mouillent que le visage & les mains. Ils n'ont ni voiles ni mât, ni compas, ni gouvernail, & ne laissent pas d'entreprendre de longs voyages avec ces petits vaisseaux sur lesquels il semble qu'ils soient cousus. Ils se connoissent parfaitement aux étoiles, & ils n'ont besoin la nuit d'aucun autre guide. Leurs rames ont une largeur à chaque bout en maniere de palette, & afin qu'elles puissent couper les flots plus facilement, & qu'elles soient de plus de durée, ils les ornent d'un os blanc qui couvre les extremitez du bois. Ils en garnissent aussi les bords des palettes, & ils y attachent cet

cet ornement avec des chevilles de corne qui leur servent au lieu de clous. Le milieu de ces rames est embelli d'os ou de quelque belle corne, ainsi que les bouts, & c'est par là qu'ils les tiennent, afin qu'elles ne leur coulent point des mains. Ils manient ces doubles rames avec tant d'adresse, qu'ils n'ont pas de peine à devancer les navires qui ont déployé toutes leurs voiles, & qui ont le vent & la marée favorables. Ils ne sont point curieux de voir d'autre Pays que celui où ils sont nez, & s'il arrive que quelque rude tempête, ou quelque rencontre les pousse en une terre étrangere, ils soûpirent incessamment après leur Patrie, & ne se donnent point de repos jusqu'à ce qu'on les y ait rétablis. Que si l'on refuse ou si l'on differe trop à les y remettre, ils essayent de s'y rendre au peril de leur vie à la faveur de leurs petits vaisseaux dans lesquels ils s'exposent à tous les perils qu'on peut courir sur la mer. Les femmes n'ont point l'usage de ces esquifs; mais afin qu'elles puissent quelquefois se promener sur la mer, leurs maris qui ont beaucoup d'amitié pour elles, les conduisent dans d'autres Vaisseaux, qui peuvent porter cinquante personnes & qui sont grands comme nos chaloupes. Ils sont faits de perches liées ensemble & couverts de peaux de chiens de Mer. On les conduit à force de rames quand le tems est calme, & ils attachent au mat des voiles de Cuir, lorsque le vent peut servir. Un navire de Flessingue étant parti sur la fin du Printems de l'an 1656. en intention de découvrir quelque nouveau Commerce aux terres du Nord arriva sur la fin de Juin dans le détroit de Davis, d'où étant entré dans une Riviere qui commence au soixante & quatriéme degré & dix minutes de la ligne, en tirant vers le Nord, il fit voile jusqu'au soixante & douziéme sous lequel est situèe la terre qu'habitent les peuples dont on vient de décrire les Coutumes. Il en raporta entre autres marchandises une quantité très-considerable des dents ou cornes des poissons qu'on apelle licornes de Mer, les plus belles & les plus grandes qu'on eût encore vûes. La Langue dont se servent ces Sauvages est entierement diferente de celle qu'on parle chez les autres Nations. Voyez *Rochefort Histoire des Antilles T. 1.* §. Les trois tentatives que fit Jean Davis Anglois, dont ce Détroit porte le nom, valurent à la Géographie la découverte de ce Detroit & du païs nommé Estotilande. Mais on n'a pu trouver le fonds de la Baye de Baffin à laquelle ce Détroit aboutit du côté du Nord. Car bien que quelques Navigateurs en aient parcouru les côtes, ils ont laissé à découvrir la Côte Occidentale de cette Baye deux Détroits à sçavoir celui d'Alderman Jonas, & celui de Lancaster & nous ignorons encore s'ils communiquent à quelque Mer connuë.

1. DAULIA, Ville ancienne de la Grece dans la Phocide proche de Delphes qui étoit à son midi. Elle est à present détruite, mais elle a eu autrefois un Evêché suffragant d'Athenes, & elle [a] étoit le cinquiéme Siege Episcopal de la Grece. Son nom ancien étoit *Daulium*. Elle est au pied du Parnasse au Nord-Est & à cinq ou six milles de Livadia. Ce n'est plus qu'un Village de quarante ou cinquante Maisons, & l'on y voit les ruines d'une petite Forteresse qui étoit sur une éminence. Il y a trois ou quatre Eglises de Grecs & une Mosquée, & dans le Village même sort d'entre les rochers du Parnasse une riviere que ceux du Pays apellent *Mauroneri* c'est-à-dire *eau noire*. On croit que c'est celle que les anciens nommoient *Melas* mot Grec qui veut dire noir.

§. C'est ce qu'en dit Mr. Spon [b]. Mais il est à croire que Mr. de l'Isle qui avoit lu cet Auteur ne s'est pas écarté de cette position sans des raisons très-fortes. Delphes dans sa Carte de l'ancienne Gréce n'est pas au midi de Daulia; mais à l'Occident de cette ville. Thucydide parle de la Daulie comme d'une contrée de la Phocide dans le temps que cette Province étoit encore possedée par les Thraces, & avant qu'elle s'apellât la Phocide. C'est à l'occasion de Terès le premier Monarque considerable des Odryséens. Ce Terès, dit l'Historien Grec [c], n'a rien de commun avec Terée qui épousa Progné fille de Pandion & qui demeuroit dans le Pays qu'on nomme presentement la Phocide habitée alors par les Thraces, où se passa l'avanture d'Itys, & de là les Poëtes apellent le Rossignol Daulien. Cette avanture d'Itys dont Thucydide fait mention, est décrite par les Poëtes qui prétendent que Progné femme de Terée Roi de Thrace lui fit servir pour son fils Itys dans un repas pour se vanger de ce qu'il avoit coupé la langue à Philomele après l'avoir violée. Ce Pays s'apelloit aussi DRIMÆA REGIO [d].

2. DAULIA Ville de la Macedoine dans le Canton des Eordetes assez près de Scampis (qui est aujourd'hui Scopia,) selon Ptolomée [e].

1. DAUMA [f] Ville des Indes dans la Grande Java. Elle est forte, ceinte de murailles, & située sur un Golphe à trois lieues de Taggal & à huit de Jappara du côté de l'Occident. Cette Ville a un bon Port & reconnoît le Roi de Matavan pour son Souverain. Elle est arrosée par une belle Riviere. Mr. de l'Isle [g] écrit ce nom DAMMA & la Carte dressée pour le Voiage cité porte DAMNA. Cette derniere Carte qui ne s'accorde gueres avec l'Orthographe de la Relation, écrit *Tatagalle* au lieu de Taggal.

2. DAUMA [h] Roiaume d'Afrique dans la Nigritie. Il a pour bornes celui de Madra à l'Orient, le desert de Seth au Septentrion; celui de Seu à l'Occident & le Roiaume de Semen au midi. Les habitans qui sont fort accommodez, ont un Prince extrémement riche; La Capitale est à 34. d. 10'. de longitude & à 8. d. de latitude. Sanut dit que ces peuples regardent comme un fort méchant presage que le Roi touche la terre par mégarde. S'il a quelque chose à proposer après un tel accident, il faut qu'il attende qu'il en soit purifié à force d'offrandes. Mr. de l'Isle [i] comprend les deserts de Zeu & de Seth dans ce Roiaume & il lui donne pour bornes les Roiaumes de Zanfara ou Pharan & de Bournou au Nord, celui de Medra à l'Orient & partie au midi, avec ceux de Benin & de Cabou; & à l'Occident celui de Themian.

DAUN, quelques-uns écrivent DHAUN, Petite ville de l'Electorat de Treves sur la Lezer à cinq lieues de Mont-Royal. Elle est com-

[a] Notit. ant. p. 20.
[b] Voyage de Grece.
[c] L. 2.
[d] Plin. l. 4. c. 5.
[e] L. 3. c. 13.
[f] 1. Voiage des Holland. aux Indes Orient. T. 1. p. 337.
[g] Atlas.
[h] Corn. Dict. De la Croix Relat. de l'Afrique T. 2.
[i] Atlas.

DAU.

commandée par un fort bâti fur la montagne au pied de laquelle eft fituée.

a Briet. Parall. 2 Part. l. 5. p. 634.

DAUNIE, ancienne contrée de la Pouille en Italie [a]. On l'apelloit *Apulia Daunia* en Latin. On verra au mot POUILLE que les Anciens la divifoient en *Daunienne* & en *Peucetienne* & la Pouille elle-même n'étoit qu'une partie de la Japygie : la Meffapie ou la Calabre en étoit l'autre partie. Strabon confond la Meffapie avec la Japygie & dit que les habitans divifoient la Japygie entre les Salentins, les Calabrois & les Apuliens ; & que les Apuliens étoient divifez en Dauniens & en Peucetiens. Voici comment le P. Briet debrouille ces divifions.

LA GRANDE GRECE
- LA JAPYGIE
  - LA POUILLE
    - Daunie
    - Peucetie
  - LA MESSAPIE ou LA CALABRE
    - Les Salentins
    - Les Calabrois
- l'OENOTRIE
  - La Lucanie
  - Les Brutiens

b L. 1.

Selon Pline & Solin, Japyges fils de Dædale, ou d'un Lycaon de ce Païs felon d'autres, eut pour freres Daunius & Peucetius. Denis d'Halicarnaffe [b] lui en donne un troifième, à favoir Oenotrus. Il eft aifé de voir que ces Princes donnerent leurs noms aux Païs qu'ils poffederent. Daunus étant affiegé par fes ennemis promit à fon gendre Diomede de lui donner une partie de fes terres s'il lui amenoit du fecours. Il l'obtint & tint parole. Delà vient qu'une partie de la Daunie étoit nommée *les Champs de Diomede*, à l'Orient Meridional de cette Province. La Daunie étoit au Nord-Ouest de la Peucetie. Elle étoit bornée au Nord & à l'Orient par la Mer Adriatique ; par le Biferno, les Samnites & les Hirpins au Couchant & enfin au Midi par le Cervaro qui la feparoit en partie des Peucetiens [c]. Pline qui fournit ces limites dit néanmoins peu après qu'elle commençoit au fleuve *Aufide* & renferme la Salapie dans la Daunie. Mr. de l'Ifle l'étend encore davantage au Midi & au Sud-Eft, & y renferme encore une partie de la Bafilicate & de la Terre de Bari. A la refferrer dans les premieres bornes de Pline, elle repondroit à ce qu'on apelloit autrefois PUGLIA PIANA, & ce feroit cette partie de la Capitanate qui eft vers le Mont Gargan entre les Rivieres Biferno & Cervaro. Les lieux Maritimes de ce Païs étoient

c Plin. l. 3. c. 12.

Le Mont Gargan, aujourd'hui *Monte di Sant-Angelo*,

Agafus port de mer, aujourd'hui *Porto Greco*,

Hurium Ville à l'autre côté du Mont Gargan, aujourd'hui *Rodia*,

Vria qui donnoit fon nom au Golphe VRIAS, ce qui fait que quelques-uns croient que c'eft *Manfredonia* qui a été du moins acrue par la ruine de *Vria*,

Les Places Mediterranées étoient,

Sipontum aujourd'hui *Siponto*,

Theanum Apulum aujourd'hui *Téani*.

Luceria aujourd'hui *Nocera*,

Arpi, ou *Argyrippa* aujourd'hui *Arpe* ou l' *Arpe*,

Gerion, Geronium ou *Gerunium* aujourd'hui *Tragonata*,

Il y faut joindre Salapie dont les ruines confervent encore l'ancien nom de Salpe. Mr. Corneille, qui n'entre en aucun détail fur ce peuple, nous aprend feulement fur l'autorité d'Ariftote *de Mirabilibus Naturæ* que les Dauniens anciens habitans de ce Pays n'étoient vétus que de noir, parce que les Captives Troyennes, emmenées en ce pays par les Grecs qui en étoient maîtres, craignant une rude fervitude fous des femmes Grecques brûlerent les navires qui les portoient.

d Delices de la Suiffe p. 634.

DAVOS ou TAVAX, [d] Communauté des Grifons & la premiere de la troifième Ligue qui eft celle des dix Droitures ou Jurisdictions. Elle tire fon nom de fon principal Village & occupe une partie du quartier Oriental de la Ligue. On raconte fon origine de cette maniere. Walther le Vieux, Baron de Fatz, qui étoit Seigneur de Prettigaew, voulut environ l'an 1250. connoître la fituation de ces lieux fauvages, alors deferts & inhabitez, & la fource de la Riviere qui en vient & qui fe jette dans l'Albula. Il courut pour cet effet dans tous ces lieux avec de bons chaffeurs dont il avoit fait venir un certain nombre du haut Vallais. Quelques-uns de ces Chaffeurs aiant fuivi le cours de la Riviere, en remontant contre fa fource, parvinrent à une plaine affez étendue, couverte de Sapins & de Larix ; & allant plus loin, ils trouverent un Lac agréable & abondant en poiffons. Ils porterent cette nouvelle à leur maître qui, pour augmenter fa Seigneurie, choifit douze de ces Vallaifans les meilleurs menagers, les plus robuftes & les plus accoutumez au froid & leur fit une donation de cette folitude, qu'on apella *Davos* d'un mot Grifon qui fignifie *Derriere*, parce qu'elle étoit derriere les bois. Ces gens-là s'y établirent, extirperent le bois, defricherent ce lieu, & d'autres familles fe joignant à eux, il s'y fit bien tôt une peuplade affez nombreufe. Les heritiers du Baron confirmerent à ces gens la donation qu'il leur avoit faite, leur accorderent le Privilege de fe choifir eux-mêmes leur Chef & leur impoferent un cens annuel de fromage, d'etofes du Païs & de brebis, & dans la fuite cette redevance a été convertie en argent & taxée à vingt quatre livres Grifonnes dont chacune eft une livre & environ dix-huit fous argent courant. Ceux qui avoient le Lac devoient auffi payer une certaine rente, favoir mille poiffons,

ou

DAU.   DAU.

ou dix livres en argent. C'est le Comte de Tirol de la Maison d'Autriche qui tire aujourd'hui ces rentes & qui a le Domaine utile du Païs. Ce Païs est sauvage & l'air y est rude & froid ; cependant il est assez agréable en été & fort peuplé. Deux petits Lacs qu'on y trouve fournissent du poisson en abondance, particulierement une espece de Truites qu'on apelle *Dorades*. Il s'y trouve aussi des Mines d'Argent, de Cuivre & de Plomb. Tout ce Païs, quoi qu'assez grand, n'a qu'une seule Paroisse & une seule Magistrature. Il est partagé en vingt *Voisinages*, composez la plûpart de hameaux & de Maisons écartées. La paroisse est dans le Village de St. Jean. Il y a trois autres Temples, à savoir à St. Théodore, à St. Nicolas, & à Ste. Marie. Là est le Mont *Scaletta* qui sépare ce Pays de l'Engadine & qui donne la source à une riviere qu'on apelle Rhin & que d'habiles gens comptent pour une des sources du Rhin. *Sertig* est remarquable par ses bains salutaires. Cette Communauté est la principale de toute la Ligue ; c'est pourquoi les Assemblées de cette Ligue se forment tour à tour à St. Jean de Davos comme à Coire & à Ilantz. C'est aussi dans le même Village qu'on garde les Archives de la Ligue : C'est là aussi qu'est la Regence du Païs & que se forment les Assemblées de la Ligue. Le grand Conseil de la Communauté est composé de 82. Personnes ; & on en tire 15 pour faire un petit Conseil. A ces 82. Personnes on en joint 38. autres du Peuple, qui tous ensemble élisent les Membres du grand & du petit Conseil, le Chancelier & le Vice-Chancelier. Quand il s'agit d'élire le *Landt Amman* ou Chef du Païs, le Juge des causes Matrimoniales, le Banderet, & les gens d'Office ; ces 120. personnes élisent premierement à la pluralité des voix deux ou trois personnes pour chaque Office & les proposent au Peuple qui en choisit un.

DAUPHERS. Voiez TAUFERS.

a Longuerue Desc. de la France p. 315.

LE DAUPHINE', Province de France, en Latin *Delphinatus*, & en Italien *Delphinato*. On écrivoit autrefois DAULPHINE'. Vers l'Occident il est séparé par le Rhône, des Provinces de Languedoc & de Lyonnois ; Vers le Nord cette Riviere le sepate de la Bresse & du Bugey & de ce même côté il est borné par les Etats de Savoye, au Midi il a l'Etat d'Avignon & de la Provence ; & à l'Orient les Alpes le separent du Piémont. Le Dauphiné est divisé en plusieurs Pays & Territoires, qui faisoient autrefois de petits Etats, & qui ont été réunis en un seul Corps en divers tems. Ces Pays sont, le Vienois, le Gresivaudan, le Briançonnois, l'Embrunois, le Gapençois, le Valentinois, le Diois & les Baronnies.

Ces Pays furent occupez par les Bourguignons dans le cinquiéme siecle, quand ces Peuples venus d'au delà du Rhin fonderent leur Etat dans les Gaules ; ils avoient même leur principal établissement dans la Province, qu'on nomme aujourd'hui le Dauphiné, puisque Vienne étoit leur Capitale, & la résidence de leurs Rois.

Les François Merovingiens conquirent ce Roiaume, qui passa ensuite aux Carlovingiens. Les grands Etats de l'Empereur Louïs le Debonnaire aiant été partagez entre ses enfans,

cette portion du Roiaume de Bourgogne échut à l'Empereur Lothaire, & fut tenuë après sa mort successivement par ses fils Charles & Lothaire. Après la mort du dernier, l'Empereur Louïs, heritier naturel de ses freres, disputa cet Etat à son oncle Charles le Chauve, qui en demeura le maître, & le laissa avec tous ses Etats à son fils Louïs le Begue.

Après la mort de Louïs, Boson, qui commandoit dans tous ces pays-là, s'en rendit Seigneur absolu, se faisant même proclamer Roi près de la ville de Vienne, dans un lieu nommé Mantale ou Mantaille. Cette entreprise attira une cruelle guerre à Boson contre Louïs & Carloman, fils de Louïs le Begue. Carloman conquit une partie du Roiaume de Boson, & l'Empereur Charles le Gros, qui après la mort de Carloman réunit la Monarchie de Charlemagne, fut maître de tout le Roiaume de Bourgogne ; mais cet Empereur, qui avoit reçu en grace Boson, lui donna une partie du Roiaume de Bourgogne, dont Boson lui fit hommage. Il mourut en Janvier l'an 887. avant l'abdication de Charles le Gros. Il laissa un fils nommé Louïs, qui fut reconnu Roi par les Sujets de son Pere, peu après l'abdication de Charles le Gros. Il fut apellé ensuite par les Italiens, qui l'élurent Roi à la place de Berenger I. dont ils étoient mécontens. Louïs, après s'être fait couronner Empereur à Rome, aiant été abandonné de la plûpart de ses nouveaux Sujets, fut vaincu & contraint de promettre qu'il quitteroit l'Italie, & qu'il n'y retourneroit plus ; mais deux ans après manquant à sa parole, il repassa les Alpes, & s'avança dans le Pays où il fut enveloppé & pris par Berenger, qui lui aiant fait crever les yeux, le renvoia au deçà des Alpes, & c'est pour cela qu'on l'a nommé Louïs l'Aveugle. Comme Louïs n'étoit plus en état de gouverner par lui-même, il commit l'administration de son Roiaume de Bourgogne à un Seigneur nommé Hugues, fils de Thibaud & de Berthe, fille du Roi Lothaire & de Valdrade. Louïs étant mort enfin vers l'an 920. Hugues demeura maître des Provinces de Vienne & d'Arles ; il remit la Province de Vienne l'an 926. à Rodolphe II. qui étoit Roi de l'autre Bourgogne nommée Transjurane, & Rodolphe céda l'Italie, qu'il avoit abandonnée, à Hugues qui en fut reconnu Roi. Les Italiens, qui étoient fort changeans, rapellerent Rodolphe l'an 930. & Hugues pour parer ce coup, céda tout ce qui lui restoit outre les Alpes & le Rhône à Rodolphe, comme l'assure Luitprand Historien contemporain.

Dans ce tems là Charles Constantin, fils de Louïs l'Aveugle, s'étoit rendu maître de la Province de Vienne, & fut long-tems en possession du Viennois, puisque dans les années 941. & 951. il fit hommage à Louïs d'outre-Mer Roi de France, successeur du Roi Raoul ou Rodolphe, qui s'étoit fait reconnoître pour Souverain à Vienne par le Prince Charles Constantin dès l'an 931. comme l'assure Flodoard dans sa Chronique en ces termes : *Rodolphus Viennam profectus, Carolo Constantino Ludovici orbi filio, qui eam tenebat, subjectionem pollicitante revertitur, & ad Turonem proficiscitur.* Mais depuis l'an 952. ou environ, Conrad

Roi

Roi de Bourgogne, fils de Rodolphe II. fut toûjours Souverain de cette Province de Vienne, qu'il gouvernoit par des Officiers, qui au commencement n'étoient ni abfolus ni proprietaires. Ce fut au tems de ce Prince & de fon fils Rodolphe, que les Archevêques & les Evêques de ce Roiaume de Bourgogne commencérent à se rendre puiffans dans leur Ville, & les Empereurs Allemands qui fuccederent aux Rois de Bourgogne dans l'onziéme fiecle, augmentérent encore le pouvoir de ces Prelats, de forte qu'en beaucoup d'endroits les Comtes ou Seigneurs Laïcs étoient Vaffaux des Evêques; mais ces Comtes étant devenus puiffans, voulurent à leur tour maîtrifer le Pays & les Evêques.

Nous trouvons que dans l'onzieme fiecle, il y avoit dans le Viennois un Comte d'Albon, nommé Guigues, puiffant Seigneur, qui poffedoit une grande partie du Viennois, qui néanmoins il ne fe difoit pas Comte, mais feulement d'Albon. C'est de lui que defcendoit par mâles Guigues IV. Comte d'Albon, qui le premier porta le nom de Dauphin, qu'il avoit reçu au Batême; & tous fes Succeffeurs après lui aiant porté le même nom, il eft devenu un Titre de Principauté.

Ce Prince eut une fille nommée Béatrix qui fut fon heritiere, & époufa Hugues Duc de Bourgogne Prince de la Maifon de France. De ce mariage il n'y eut qu'un fils nommé André, qui, à caufe de fon ayeul maternel, prit le nom de Dauphin & de Guigues. Le dernier mâle defcendant d'André fut le Dauphin Jean, qui mourut l'an 1282. & laiffa pour heritiere fa fœur Anne femme de Humbert Baron de la Tour du Pin. Leur arriere-petit-fils Humbert fe voyant fans enfans, céda tous fes Etats l'an 1343. au Prince Philippe, fils puîné du Roi Philippe de Valois; il laiffa au choix du Roi ou de fon fils Jean, alors Duc de Normandie, de nommer un des fils de ce Duc. Le Dauphin obligea feulement le Prince, qui auroit le Dauphiné, d'en porter le nom & les armes, qu'il écarteleroit avec celles de France. Humbert eut encore quelques années l'ufufruit de fon Etat; mais l'an 1349. Philippe de Valois aiant choifi fon petit-fils Charles, fils aîné du Duc de Normandie, le Dauphin Humbert le mit en poffeffion du Dauphiné. Humbert prit peu après l'habit dans l'Ordre de faint Dominique; & aiant été fait Patriarche d'Alexandrie, & Adminiftrateur de l'Archevêché de Rheims, il mourut l'an 1355. A l'égard de Philippe Duc d'Orleans, frere du Roi Jean, il renonça volontairement à fes pretentions fur le Dauphiné.

Depuis Charles V. dit le fage, les Rois de France n'ont donné le Titre de Dauphin qu'à leurs fils aînez, heritiers prefomptifs de la Couronne, parce que le Dauphiné, poffedé par les Rois de France, n'eft pas incorporé à leur Royaume, formant un Etat feparé; de forte que dans toutes les Lettres qui regardent cette Province, le Roi eft obligé de prendre le titre de Dauphin de Viennois. Dans le Concordat fait entre Leon X. & François I, le Dauphiné eft toûjours diftingué du Royaume. Auffi Humbert dans le Contract paffé avec Philippe de Valois y mit cette condition, que les Etats qu'il donnoit ne pourroient être unis au Royaume de France, à moins que l'Empire Romain n'y fût joint auffi, parce que les Terres des Dauphins avoient toûjours été de l'Empire; & aujourd'hui, quoiqu'il n'y foit plus reconnu, les Pays qui font à l'Orient du Rhône font encore vulgairement appellez Empire, pour les diftinguer de ceux qui font à l'Occident du fleuve, lefquels on nomme France.[a] Son étendue eft depuis le 43. d. de Latitude jufqu'au 46. & depuis le 26. de Longitude jufqu'au 29. Le terroir eft fertile en quelques endroits, où il produit du bled, du vin, des olives, du chanvre, de l'orge, de l'avoine, du fel, du paftel, de la couperofe, de la foie, du vernis, du criftal, du fer, du cuivre, & du plomb. Mais les deux tiers de la Province font fteriles à caufe des Montagnes, ce qui oblige les habitans d'aller paffer une partie de l'année hors de chez eux pour gagner leur vie & dequoi payer la taille. Ces Montagnes produifent une infinité de belles fleurs, ou de fimples utiles & quantité de chofes curieufes. On trouve des Marcaffites fur les montagnes d'Ambrun & de Die. Le mont Brefier près les Alpes proche du Bourg de St. Genis vomit fouvent des flames. La montagne a pris ce nom d'une mine d'or qu'on y découvrit du tems des Romains & produit encore des efpeces de Diamans. Les Montagnes qui font entre Briançon, Pragelas & Pignerol font couvertes de *Melefes*, arbre qui reffemble affez au Sapin, à cela près que fes feuilles font plus vertes & plus deliées & que d'ailleurs il n'y a point de bois qui foit auffi propre pour bâtir & pour la menuiferie, ni qui dure plus long tems que celui-là; ce qui a été caufe qu'on l'a quelquefois confondu avec le Cedre. A la verité il ne porte ni fleurs, ni fruits. Mais en revanche il produit la Manne, le Benjoin & l'Agaric, efpece d'excroiffance qui vient fur l'écorce des Melefes & dont on fe fert utilement dans la Medecine & dans la teinture de l'Ecarlate. On voit encore fur ces montagnes plufieurs efpeces d'animaux qu'on ne trouve point dans les autres Provinces de France. Tels font les *Bouéteins* ainfi nommez parce qu'ils reffemblent aux boucs. Ils font de couleur grife & leur taille eft prefque la même que celle des Cerfs. Ils fe plaifent fur les rochers & font fi legers, qu'ils fautent d'un rocher à l'autre quoique fort éloignez. Sur les montagnes d'Urbon & de Valaurié dans le Diois il y a quantité d'Ours & fur celle de Voluy près de la Rochecourbe on voit des troupeaux de *Chamois*. Ces derniers diferent des Bouéteins en ce qu'ils paroiffent rouges en été & gris en hyver, & en ce que leurs cornes font petites, affez larges, & tellement crochuës par le bout que quelquefois ils s'accrochent par là & demeurent fufpendus jufqu'à ce qu'ils s'élancent vers le lieu où ils ont envie d'aller. Au refte cet animal eft timide & aime le fel, plus que toute autre chofe. Quand ils font attroupez, il y en a toûjours un qui marche à la tête des autres. Les Loirs ou Marmotes font des efpeces de gros Rats qu'on trouve dans les Alpes & qui ont cela de particulier, qu'ils dorment fix mois fans fe reveiller, & que quand ils font leur provifion de foin il y a

[a] *Piganiol de la Force*, Defcr. de la France T. 3. p. 236.

un, dit-on, qui se couche sur le dos & levant ses jambes, les autres le chargent & le font servir de chariot, en le trainant par la queue jusques dans leur taniere. Les *Lievres blancs* & les *Perdrix blanches* sont en grande quantité dans cette Province, de même que les *Phaisans*, les *Aigles*, les *Autours* &c.

Les principales *Rivieres* du Dauphiné sont le *Rhône*, la *Durance*, l'*Isere* & la *Drome*.

Les *Fontaines minerales* n'y manquent pas. A la Mote, à deux lieuës du Terrain qui brûle, il y a une fontaine dont les eaux sont grasses, onctueuses & bitumineuses. A la montagne d'*Orel* près de Die il y a des eaux qui sont specifiques contre la fiévre tierce : de même celles qu'on trouve à un quart lieuë de *Gap* guerissent la fiévre quarte. La fontaine du *Pont de Baret* entre Crest & Montelimart a les mêmes avantages que celle de la montagne d'Orel. Les eaux de celle d'*Arjanson*, ont le goût du vin & sont bonnes contre les Ulceres; celles de *Bordoire* au pied des montagnes du Diois, de *St. Chef* près de l'Abaïe de St. Antoine de *Viennois*, de *Cremieu*; celles de *Launai*, de *Sanson* & de *Navot*. Outre ces fontaines qui servent à conserver ou à rétablir la santé du corps, on en trouve quelques autres dans cette Province qui ont fort exercé les Physiciens. Dans le *Gapençois* & dans le Territoire de *Rives* sur toute la route de Grenoble à Vienne, on trouve deux fontaines qui se conforment entierement aux deux solstices: elles croissent ou diminuent, à mesure que les jours sont l'un ou l'autre. Dans la Baronie d'*Aix* près de Die il y a deux sources separées par l'espace de deux pieds. L'eau de l'une est salée & celle de l'autre est douce. Les eaux de la fontaine de *Montier d'Ambel* s'élevent de tems en tems de la hauteur d'une pique & quelquefois davantage. Plus leur jet est haut, plus l'année est sterile, selon la remarque de ceux du Païs, au lieu que quand il ne s'éleve pas si fort il annonce une récolte abondante. Dans le Duché de Tallard il y a plusieurs Fontaines salées.

On compte sept *Merveilles* en Dauphiné; à savoir : la Tour sans venin, la montagne inaccessible, la Fontaine ardente, les caves de Sassenage, les pierres precieuses qu'on trouve à la montagne de Sassenage, la Manne de Briançon, & la grote de Notre Dame de la Balme. Voiez aux mots TOUR, MONTAGNE, FONTAINE, SASSENAGE & BALME. (Mr. Corneille [a] compte ainsi ces merveilles d'après le Sr. Dumont; la Fontaine brûlante, la Montagne de l'aiguille, la Tour sans venin, la Fontaine vineuse, les Caves de Sassenage, la Manne de Briançon & le vent de Nions.) On compte dans cette Province deux *Archevêchez*, à savoir *Vienne* & *Ambrun*, & cinq *Evêchez*, à savoir *Grenoble*, *Valence*, *Die*, *Gap* & *St. Paul-Trois-Châteaux*. On suit en Dauphiné le *Droit écrit*, c'est-à-dire les Loix Romaines. Il y a en Dauphiné un *Parlement* qui est celui de Grenoble, & il est en même tems Cour des Aydes; un *Presidial*, sept *Bailliages*, trois *Senechaussées*, quatre Judicatures Roiales & autant de Justices de Seigneurs qu'il y a de terres Seigneuriales. Le Gouverneur & le Lieutenant General de la Province ont séance au Parlement avant le premier President. Ils le precedent à plus forte raison dans les Processions & dans les autres Ceremonies publiques. Il n'y avoit autrefois qu'un seul Senéchal pour les Sieges du bas Dauphiné, mais après l'élection d'un Presidial à Valence en 1636. on créa un Senéchal particulier pour ce Presidial, desorte qu'il y a deux Senéchaux pour le Valentinois, savoir un pour les Senechaussées de Valence, Crest & Montelimart, & l'autre pour le Presidial de Valence. Quant aux Justices des Seigneurs il y a sept qui relevent immediatement du Parlement ; ce sont celles de Grenoble, de Valence, de Die, de Gap, d'Ambrun, de Tallard, & de Roussillon. Il n'y a point de Grénier à sel en Dauphiné ; il est permis à un chacun de se pourvoir de sel en tel grenier & en telle quantité que bon lui semble. Le Bureau des Finances de Dauphiné n'a fait qu'un même Corps avec le Parlement jusqu'en 1628. qu'il en a été separé & établi en Corps de Compagnie, il est composé de 27. Officiers qui sont : un President en titre, quatre Presidents par commission, vingt Tresoriers generaux, un Avocat, & un Procureur du Roi. Le Dauphiné étoit autrefois un pays d'Etats, mais ils furent suprimez en 1628. & on créa six *Elections* qui sont celles de Grenoble, de Vienne, de Valence, de Montelimart, de Gap & de Romans. Chaque Election a sa Recette particuliere, à la reserve de celle de Gap qui en a deux ; une pour le Gapençois & Embrunois, & l'autre pour le Briançonois. Le Roi Loüis XIV. créa en 1689. une *Maîtrise des Eaux & Forêts* pour le Dauphiné ; elle est composée d'un Maître particulier, d'un Lieutenant, d'un Procureur du Roi, d'un Garde-marteau, d'un Greffier, & de quatre Sergents Gardes des Bois. Humbert II. institua une *Université* à Grenoble l'an 1339. mais Loüis XI. la transfera à Valence en 1452. Celle d'Orange fut fondée en 1363. par l'Empereur Charles IV. Le Gouverneur de cette Province avoit autrefois une autorité qui approchoit fort de celle de Viceroi. Les Arrêts du Parlement, les Provisions des Officiers & les Lettres de la Chancellerie étoient expediées en son nom. Toutes ces prerogatives furent revoquées à la mort du Comte de Soissons & il n'est resté à ses Successeurs que l'honneur de sieger à la tête du Parlement, & d'avoir le premier rang dans les Ceremonies publiques. C'étoit un des Privileges du Dauphiné que le Gouverneur & le Lieutenant General de cette Province y devoient être nez. On commença à y deroger en faveur de la Motte Gondrin. La Noblesse refusa de le reconnoître, & le Parlement d'enregistrer ses provisions, mais la Cour par une attribution expresse lui fit enregistrer au Parlement d'Aix, & le Dauphiné fut enfin obligé de le reconnoître & d'obeïr. Outre le Gouverneur & le Lieutenant General, il y a encore quatre Lieutenans de Roi & autant de Gouverneurs particuliers qu'il y a de Places fortifiées & de quelque consideration.

Les *Places fortifiées* sont Grenoble, Valence, Die, Montelimart, Gap, Ambrun, Mont-Dauphin, Guilestre, Château de Queyras, Briançon, Exilles, Barrault, & l'Ecluse. Quoique l'usage d'attacher des Dignitez aux Fiefs ait commencé plus tard en Dauphiné que

[a] Dict.

dans

dans les autres Provinces du Roiaume, on y en remarque aujourd'hui autant qu'ailleurs. Les plus considerables sont les Duchez de *Valentinois* & de *Tallard* & la Principauté d'*Orange*. Voiez ces mots. Pour ce qui regarde le [a] commerce de cette Province; comme elle est partie en Montagnes, & partie en Plaines, les productions de la terre & le commerce répondent à cette diversité de situation. Les Montagnes produisent des Sapins, & autres arbres propres pour la Marine & pour les bâtimens. On y trouve des mines de divers Metaux, & de plusieurs Mineraux. Les Ruisseaux & les Rivieres qui en sortent, servent à faire tourner les moulins des forges & fonderies où se fabriquent divers ouvrages de fer, d'acier, de cuivre, & de plomb, suivant la diversité des Metaux qui s'y fondent & qui s'y travaillent, particulierement des canons, des ancres, dans les fonderies & les forges pour le fer. A l'égard des Plaines, il y croît des chanvres; on y recueille diverses sortes de grains & l'on y plante & éleve les meuriers blancs qui servent à la nourriture des vers à soye. La principale mine de fer est dans la montagne d'Allevard, à six lieuës de Grenoble; son fer est d'un excellente qualité, doux, sans paille, facile à forger & à limer. Les mines de cuivre sont dans la Montagne de la Cloche, & celles de plomb dans le Gapençois, près de la Baulme des Arnauds & au Village d'Argentieres, à quatre lieuës de Briançon. Le terroir de Besses a des Ardoisieres; celui de Larnage, une mine de vitriol & de couperose, & une terre propre à faire des pipes à fumer du Tabac, qui se fabriquent à Tain; Cezanne, & Cestier dans le Briançonnois, donnent de la craye; & plusieurs endroits du haut & bas Dauphiné, du Charbon de pierre, & du Salpetre. Les Manufactures que tous ces divers Métaux & Mineraux entretiennent dans le Dauphiné sont repanduës dans toute la Province. L'acier se fabrique à Rives-Moirans, à Voiron, à Beaumont-Furent, à Tulins, à Beaucroissant, à Chabons, & à Vienne. Les fers qu'on nomme fers à forges, se font dans les forges de Saint Hugon, d'Hurtiers, de Thois, d'Allevard, de Laval, de Goncelin, de la Combe, de Vriage, de Revel, des Portes, de S. Gervais, & de Royans. C'est à Rives, Beaucroissant, Tulins, Voiron, Beaumont-Furent, & plus qu'ailleurs, à Vienne, que se fabriquent les lames d'épée; comme à Voiron, & à Viziles, les faux & faucilles. Les Canons se fondent à S. George; les Ancres se forgent à Vienne. Enfin il y a des forges à cuivre à Vienne, à Tulins, à Voiron & à Beaucroissant; & l'on prepare le Vitriol & les autres Mineraux, dans les fabriques & laboratoires d'Allevard, de Laval, de la Cloche, de Largentieres, de Leschet, de Bauriere, de Larnage. Les autres Manufactures du Dauphiné, sont les Laineries, les Toiles & les Soyes. Les Draperies, & autres étoffes de laine s'y fabriquent presque par tout; elles sont grossieres, mais d'assez bonne qualité. Il ne se fabrique que des draps à Grenoble, Voiron, Tulins, S. Marcellin, Roybon, Serre, Beaurepaire, S. Jean de Royans, Pont en Royans, Valence & dans tous les environs de ces lieux. A Vienne on fait des droguets; à Taulignan,

& à Dieu-le-fit, des Sergettes; à Romans des Cordillats, des Ratines, & des Estamets, & des Draps; à Crest, des Ratines, & des Cordillats; à Montelimar des Sergettes, & des Ratines, & à Buis des Sergettes, & des Cordillats. Il y a presque dans tous les Villages dépendans de ces villes, des Fabriques des mêmes étoffes de laine, qui se font dans leurs chef-lieu. Les laines pour ses Manufactures, sont presque toutes du Païs; & le negoce s'en fait principalement à Valence, Crest, Romans, & Royans. Il se faisoit autrefois un grand Commerce de toutes ces laineries, dans la plûpart des Echelles de Levant; mais il est tout à fait tombé, par le peu de fidelité de ses Fabriquans, qui en a degouté ces Peuples assez faciles à surprendre, mais qui ne pardonnent jamais la mauvaise foi, quand ils s'en sont apperçûs. Les Toiles qui se font toutes de Chanvre du Païs, se fabriquent à S. Jean Cremieu, à la Tour du Pin, à Bourgoin, à Vienne, à Jallieu, à Ruy, à l'Isle Dabo, à Artas, à S. George, à Voiron, & à la Buisse. C'est presque dans les mêmes lieux, ou leurs environs, que se filent les fils pour la couture, & pour divers ouvrages de bonneteries: il se fait des uns & des autres un assez bon commerce.

Les soyes se font dans toute la Province à l'exception des Bailliages des montagnes, & de quelques Terres trop froides. Il y a outre cela, dans toute cette Generalité plusieurs moulins à papier, où il s'en fabrique de très-beau & de très-fin, des petites & moyennes sortes pour l'écriture; il s'y en fait aussi de commun. Une partie des uns & des autres se conforme en France; le reste s'envoïe au Levant. Les Papeteries sont celles de S. Donat, de Château-double, de Perus, de Disimont, de Chabeuil, de S. Vallier, de Crest, de Vienne, de Rives, de Pariot, & de Vizille. Les fabriques de chapeaux sont établies à Grenoble, à Fontenil, à Saffenage, à Voreppe, à Moirans, à Crest, & à Pont en Royans. L'on habille de gros cuir à la Côte de S. André, à S. Jean de Bournay, à Vienne, à Serre, à Grenoble, à Lumbin, à Crôles, & à Goncelin. Les peaux & menus cuirs, se passent & se mettent en mégie à Grenoble, Voiron, Romans, Valence, Loriol, Livron, Montelimart, Dieu-le-fit, Vienne & S. Antoine de Viennois. Les fromages de Saffenage, ou des autres Cantons, qu'on débite sous ce nom; les gands de Grenoble, si legers & si fins; les pignons, les resines & gallipots, & quelques autres denrées qui sont envoyées à Paris par la voye de Lyon, font aussi une partie du negoce de Dauphiné.

Le Dauphiné se divise en haut & en bas. Le haut comprend le Graisivaudan, le Briançonnois, l'Ambrunois, le Gapençois, le Roianez, & les Baronies. Dans le Bas on trouve le Valentinois le Diois & le Tricastinois.

Les Armes de la Province sont d'Or au Dauphin d'Azur, crêté, barbeillé, & oreillé de Gueules.

DAUPHINE' D'AUVERGNE Petite contrée de la basse Auvergne près de la Riviere d'Allier & de la Ville d'Issoire[b]. Cette Principauté qui est à present unie au Duché de Montpensier doit son origine à Guillaume VII. Comte d'Auvergne sur lequel Guillaume

[a] Diction. de commerce T. I. pag. 899.

[b] Piganiol de la Force Desc. de la France T. 5. p. 338.

DAU. DDA. DEA. DEB.

VIII. dit le Vieil, son oncle, s'empara de ce Comté. Ce Guillaume VII. avoit épousé une des filles de Guigues III. Comte d'Albon & de Marguerite de Bourgogne. Justel, Blondel & Chorier [a] croient qu'elle s'appelloit Béatrix. Mais Mr. Baluze [b], la nomme Jeanne de Calabre, sans qu'il puisse rendre raison pourquoi elle est apellée de Calabre & non d'Albon. Leur fils Guillaume prit le nom de Dauphin, quitta par dédain les Armes d'Auvergne, prit celles des Dauphins de Viennois ses aieux maternels & même donna aux terres qui lui échurent en partage par l'accommodement qu'il fit avec Guillaume le Vieil son grand oncle le titre de *Dauphiné d'Auvergne*. Ce Dauphiné consista donc dans la Châtellenie de Vodable qui en est le chef-lieu & dans plusieurs autres Terres & Seigneuries ; & actuellement Vodable, Lestoing, Vieille-Brioude & les lieux qui en dependent, appartiennent à S. A. R. Monseigneur la Duc d'Orleans comme Dauphin d'Auvergne & sont du ressort du Bailliage de Montpensier. La posterité de Guillaume VIII. a joüi du Dauphiné d'Auvergne jusqu'à Jeanne Comtesse de Clermont Dauphine d'Auvergne qui fut mariée en 1428. avec Louis de Bourbon premier du nom, Comte de Montpensier. Elle mourut sans posterité en 1436. agée de vingt-cinq ans & Anne Dauphine sa tante devint par sa mort Dauphine d'Auvergne. Elle avoit épousé Louis II. du nom Duc de Bourbon dans la maison duquel le Dauphiné d'Auvergne est demeuré jusqu'à ce qu'il est entré en celles de France & d'Orleans. Ce Dauphiné fut uni au Duché de Montpensier par Lettres patentes en 1543. à condition que les fils ainez des Ducs de Montpensier porteroient les noms de *Princes Dauphins*.

1. ISLE DAUPHINE. Voiez MADAGASCAR.

2. ISLE DAUPHINE, Isle du Golphe du Mexique à l'Occident de l'embouchure de la Mobile, Riviere qui coule à l'Orient de celle de Mississipi, dans l'Amerique Septentrionale.

RIVIERE DES DAUPHINS. Elle coule dans l'Amerique Septentrionale, entre la Riviere de May & la presqu'Isle de la Floride.

DAX Ville Episcopale de France. Voiez DACQS.

[a] Hist. de Dauphiné T. 2. p. 104.
[b] Hist. de la Maison d'Auvergne T. 1. p. 64.

DDA.

DDAFAR Ville de l'Arabie heureuse, dans le Roiaume d'Yemen. Ibn Saïd Géographe Arabe lui donne 70. d. de longitude & 15. d. de latitude. D'autres la mettent plus à l'Orient, d'autres plus à l'Occident. Abulfeda [c] en parle ainsi : elle est située sur le rivage d'un Golphe qui vient de l'Ocean Meridional, & qui s'avance dans les terres en tirant vers le Nord l'espace d'environ cent milles. Dans le fond de ce Golfe est la ville de Ddafar. Les Vaisseaux qui sortent de son port ne peuvent naviger que par le vent de terre ; ils font voile de ce Golfe pour aller aux Indes. Ddafar est la Capitale du païs de Shagiar. On trouve dans ce païs plusieurs plantes, & d'autres productions des Indes, comme la noix Muscade, le Nardoil, ou le *Coco*, l'Indigo, &c. Au Nord de Ddafar il y a des Collines pleines de sable, sur lesquelles habite la Tribu de Beniaad. Entre Ddafar & Sanaa il y a 24. parasanges. Quelques-uns disent que Ddafar est sur les Côtes d'Yemen, & qu'il y a plusieurs jardins, & des ruisseaux aux environs. Enfin Ddafar n'a gueres plus d'étenduë qu'un grand Village.

[c] Abulfed. Desc. Arab. p. 31. & 51.

DE.

DEACONSHIPP. Ce mot Anglois signifie *Doyenné*, & sur les cartes Géographiques de cette Nation designe le Territoire ou le District d'un Doyen.

DEALE, Château [c] d'Angleterre peu éloigné du Promontoire de Kent. On tient pour certain que César y aborda. Ninnius l'apelle DOLE & plusieurs croient que c'est avec raison, parce que les Anglois donnent aujourd'hui ce nom à une plaine ouverte proche de la Mer. César même semble le confirmer lorsqu'il dit qu'il prit terre sur un rivage plat & ouvert & qu'il eut un rude combat à soutenir contre les Bretons. Le Château de Deale est entre ceux de Sandowne & de Waumore Castle ; & tous trois sont destinez à la sûreté des Dunes.

[c] Corn. Dict.

1. DEAN Bourg d'Angleterre [d] dans la Province de Glocester, à l'Occident de la Saverne. Il est dans la forêt de même nom.

[d] Cambden. Britan. in Glocest.

2. DEAN ou DEANE-FOREST, Grande Forêt d'Angleterre dans la Province de Glocester. Cambden [e] en raporte plusieurs Etymologies. Les uns la nomment en Latin *Sylva Danica* ou la Forêt des Danois. D'autres *Danubiæ Sylva*. Le même Auteur dit que si elle n'a pas reçu son nom du Bourg *Dean*, il pourroit bien avoir été formé par contraction du mot ARDEN dont les anciens Gaulois & les Bretons se servoient autrefois pour signifier une forêt. Il allegue en preuve que deux grandes Forêts, l'une dans les Païs bas, l'autre en Angleterre, dans le Comté de Warwik, sont nommées *Arden* l'une & l'autre. Celle des Païs-bas est nommée Ardennes. Deane-Forest étoit autrefois bien plus épaisse qu'elle ne l'est les chemins en étoient si embarassez & l'obscurité en étoit telle, qu'elle servoit de retraite à des habitans feroces & hardis pour le brigandage. Ils firent de si grands ravages le long de la Saverne sous Henri VI. que l'on fit des Loix Parlementaires pour les reprimer. Mais depuis qu'on a trouvé les mines de fer, la consomtion de bois a éclairci les Arbres.

[e] Ibid.

DEBAROA Ville d'Afrique, dans le Roiaume de Tigré. Mr. Corneille après Mr. de la Croix en a fait Capitale de la Province de Barnagas. Ce qui n'est pas exact non plus que le reste de l'article. Le vrai nom de ce lieu est DOBARWA. Voiez ce mot.

DEBRECIN ou plûtôt DEBREZEN, [f] Ville de la Haute Hongrie dans le Comté de Zabotcz au midi de Tokay & du petit Waradin, à environ seize heures & demie de chemin de l'une & de l'autre & au Nord Occidental du grand Waradin à treize heures & demie de chemin. [g] On écrit ce nom en Latin *Debrecinum*. Les Turcs & les Mecontens s'en rendirent maîtres au mois de Mars 1684. & elle fut reprise la même année

[f] De l'Isle Atlas.
[g] Corn. Dict.

DEB. DEC.

année par les Imperiaux. Quelques-uns l'apellent aussi DREBETZIN & DEBERCIN.

[a] L. 5. c. 6.
DEBRIS Ville de Libye selon Pline[a] qui la place auprès de Matelga & de Garamà Capitale du Pays des Garamantes. Priscien en parle ainsi :

[b] Periegef. v. 101. & 202.
Continuò post hos sequitur Phaurusia Tellus:
Hanc habitant juxta Garamantes Debride clari.

[c] L. 4. c. 6.
[d] l. c.
Le Pere Hardouin croit que c'est la BEDEIRON de Ptolomée[c] auprès d'une des sources du fleuve Cyniphus. Pline[d] fait mention d'une fontaine qui y étoit, & qui étoit merveilleuse en ce que depuis midi jusqu'à minuit l'eau en étoit chaude & bouillante & depuis minuit jusqu'à midi, elle étoit froide & glacée.

[e] Corn. Dict.
DECAN Roiaume des Indes[e] en la Presqu'Ile de deçà le Gange, en Latin *Decanum Regnum*. Il a Orixa à l'Orient ; la mer des Indes au Couchant, le Roiaume de Bisnagar au Midi, & les Etats du Mogol au Septentrion. Ce Roïaume consideré selon l'étenduë de son nom, comprend le Pays de Cunquan, parce que les habitans apellent Cunquan, toute la contrée maritime qui s'étend du Nord au Sud jusqu'à la riviere d'Aliga ; & de l'Est à l'Ouest depuis la mer jusqu'à la montagne de Gate ; mais le Pays de Decan qui s'étend à l'Est depuis le mont de Gate, est pris pour le vrai Roiaume de Decan, & les habitans sont apellez Decanins. Ce même Pays est aussi nommé BALLAGATE, c'est-à-dire, au-dessus du Gate. de *Balla*, qui veut dire Dessus, & de *Gate* qui signifie Montagne ; ou plutôt le Pays de Ballagate, appellé Bilegate par Ananie, est celui qui se trouve assis dans les Montagnes de Gate, comme on le peut voir en ce que Linschot fait trois Roïaumes de ce Païs, le divisant en Ballagate, Decan & Cunquan. Ces diverses Provinces prises ensemble, ont pour bornes le Royaume de Cambaye, entre Menim & Chaul, près de Maim du côté du Nord, ainsi que le Roïaume d'Orixa. Elles aboutissent du Levant au Roïaume de Narsingüe ; du Couchant à la mer ; & du Sud au Canara, duquel elles sont séparées par le fleuve d'Aliga, comme de Cambaye par la Riviere de Bate. Leur rivage a de longueur deux cens cinquante milles, ou quatre-vingt de nos lieuës. Les plus modernes distinguent le Païs de Decan, de celui de Cunquan, par l'éloignement où par l'approche du Nord, nommant Cunquan le Pays qui s'avance plus vers le Sud, & Decan, ce lui qui est le plus au Nord, & le plus voisin de Cambaye ; de sorte que ce Roïaume de Decan n'est autre que le Pays qui fut conquis l'an 1600. par le Grand Mogol, & que Jarric appelle le Roïaume du Melic de Decan, puisque Sultan Amurat qui l'alla attaquer en 1595. prit la route de Cambaye, comme du Pays le plus voisin pour entrer dans cette Province, ce que fit aussi Ekebar, qui resolut de l'emporter, comme d'un pays à sa bienséance. Ceux qui ont cette opinion y sont confirmez en lisant dans les Histoires que les habitans du Roïaume de Decan nomment leur Roi *Nesal al Muco*, c'est-à-dire, Lance du Roïaume. Ils lui donnent aussi le nom de *Malec*, qui signifie Roi, dont les Portugais ont fait *Melic* par corruption. Jarric dit que le Mogol a conquis le Roïaume du Melic de Decan, & Linschot nous fait clairement connoître le Pays qui appartient à ce Prince, lors qu'il dit que Nizzamaluco eut du Neveu du Roi de Bengale, le Pays qui s'étend du Sud au Nord, le long de la Côte, depuis Siffardan jusqu'à Negotana, par l'espace de vingt lieues & au dedans du Pays jusqu'à Cambaye. Il est facile de voir que ce Nizzamaluco est le Nesalal Maluco, ou Melic de Texeira, ou Melic de Jarric, voisin du Royaume de Cambaye, & par consequent sujet aux premieres attaques du Mogol. Hamenadager est la Capitale du Roïaume de Decan ; & Ananie & Magin prennent *Beder* ou *Bider*, appellée par Barbosa *Mavider*, pour la principale Ville de ce Roïaume, mettant après elle celle de Decan, quoique les plus anciens Voïageurs fassent de cette derniere ville la demeure des Rois de Decan. Ils la representent très forte, bien bâtie, & environnée de bonnes murailles avec un fort beau Palais, & abondante en toutes choses. C'est au Pays de Nizzamaluco ou de Decan qu'est la Ville de Chaul. Ses principales villes maritimes sont Geytapour, Rasapour, Carapatan, Dabul & Siffardan. La Riviere de Corstena traverse tout le Roïaume jusqu'à Masulipatan. Les habitans sont Banjans pour la plûpart ; mais ils ne laissent pas de manger de la chair, à l'exception de celle de Bœuf, de Vache, de Busle & de Porc. Ils imitent les Banjans de Guzurate en leur maniere de vivre, aux mariages, enterremens, purifications & autres ceremonies. Leurs maisons sont faites de paille, & les portes en sont si petites, qu'on n'y peut entrer qu'en se courbant. Ils n'ont pour tous meubles qu'une natte sur laquelle ils couchent, & ils battent le ris dans une fosse qu'ils font en la terre. Ils s'habillent comme les autres Banjans, & ont des souliers de bois, qui tiennent sur le col du pied par quelques courroyes. Ils font aller leurs enfans tout nuds jusqu'à l'âge de sept ou huit ans, & sont la plûpart Orfévres. Il y a aussi parmi eux qui travaillent en cuivre, & ils ont des Medecins & des Barbiers, sans les Charpentiers & les Massons qui travaillent pour les Mahometans. Leur principal commerce est du poivre, que l'on transporte par Mer en Perse, à Surate & en Europe. Ils fournissent des vivres à toute les Provinces voisines, & trafiquent par terre avec les habitans de l'Indoustan, de Golconde & de la côte de Coromandel, où ils portent des toiles de coton & des étoffes de soye. Il y a dans le Roïaume un certain Peuple qu'ils apellent *Venesars*. Ces gens-là achettent le bled & le ris qu'on apporte dans les villes une fois châque semaine, & ils le revendent dans les Provinces voisines, où ils vont avec des Caravanes de cinq, ou six & quelquefois de neuf ou dix mille bêtes de somme, avec lesquelles ils emmenent leurs familles, & particulierement leurs femmes, qui manient l'arc & la fléche avec autant d'adresse que les hommes ; en sorte qu'ils ne craignent ni les *Rasboutes* ou Soldats, ni les *Couliers*, qui sont des voleurs qu'on trouve ordinairement pour cette route. Le Roi de

de Decan est Tributaire du Mogol, sur tout depuis les desordres qui arriverent sous le Roi Idal-Schach. Il avoit été mis pendant sa minorité sous la tutelle de Chavas, homme d'esprit & de cœur, qui d'Esclave qu'il étoit, avoit trouvé moyen de parvenir à la charge de Capitaine de la porte du Château, & de Gouverneur de la Ville. Ce Chavas abusant de son pouvoir, engagea l'Etat dans une guerre fort ruineuse, parce qu'encore qu'il fit payer tous les ans aux Deputez du Mogol trente millions de pagodes de tribut que le Roi de Decan lui devoit, il se faisoit attaquer à leur retour, & des gens apostez qui les voloient, lui rapportoient tout l'argent. Ce desordre auquel Idal Schach ne pouvoit remedier, à cause de l'excessive autorité de son Tuteur, obligea le Mogol d'entrer dans le Roïaume de Decan avec deux cens mille combattans. Il y assiegea la Château de Perinda, que quelques Hollandois qu'on y avoit envoïez en prison aiderent à défendre pendant deux ans, jusqu'à ce que la Paix fut conclue avec le Mogol après la mort de Chavas, qui fut tué en voulant attenter sur la vie d'Idal Schach. Le Bisayeul de ce Prince appellé Adelam-Schach, prit deux fois Goa en 1586. sur les Portugais , avec les qu'ils il fit un Traité, portant qu'il leur laisseroit le païs de Salsette, avec soixante & sept villages; celui de Bardes avec douze; & celui de Tissuari avec trente, à condition que les habitans de Decan auroient la liberté du commerce par toutes les Indes, à l'exception du poivre qu'ils seroient tenus de vendre aux Marchands de Goa. On tient que le Roi de Decan peut mettre en fort peu de tems deux cens mille hommes sur pied. Il n'y a point de Princes en ces quartiers là qui ait tant d'artillerie. Il a entre autres une piece de canon de fonte qui tire près de huit cens livres de fer avec cent quarante livres de poudre seule. L'effet en est si terrible, qu'au siège du Château de Salapour, le premier coup que cette piece de Canon tira, abattit quarante cinq pieds de muraille.

§. Ce Roiaume n'est plus qu'une des Provinces de l'Empire du Mogol; & n'a point de Roi particulier ni d'autre Souverain que l'Empereur de l'Indoustan. Mr. Carré [a] dans son Voiage aux Indes Orientales remarque l'origine de la decadence du Decan. Jamais ce Roiaume n'a eu plus de splendeur que dans l'année 1500. Il étoit dans un tel éclat qu'il ne pouvoit gueres s'élever d'avantage. Il ne pouvoit plus que diminuer enfin comme il fit; car les plus grands Seigneurs & ceux qui remplissoient les gouvernemens importans de l'Etat conspirerent ensemble & convinrent que chacun se rendroit independant de son côté après s'être defait de la personne du Souverain. Ainsi les forces du Roiaume étant desunies, furent moins capables de resister aux Armes de Seva-gy à qui ils furent forcez de se soumettre. C'est aujourd'hui le Mogol qui, comme je viens de dire, possede la plus grande partie de ce Païs. Il y entretient [b] huit mille chevaux de Garnison, & il en tire pour ses Domaines le [c] Carol soixante & deux lacs & quatre mille sept cens cinquante roupies: c'est-à-dire, 10204750. roupies dont chacune vaut environ trente sols de France. Car dans l'Arithmetique de l'Indoustan un Carol vaut cent Lacs & un Lac vaut cent milles. Le Roiaume [d] de Decan est divisé en huit Sarcars ou Provinces & en soixante & dix-neuf Parganas, ou gouvernemens dans l'étendue d'une Province.

DECAPOLE, contrée de la Palestine ainsi nommée parce qu'elle comprenoit dix villes principales, situées les unes au deçà du Jourdain & les autres au delà de ce fleuve. La premiere & la principale des villes de la Decapole étoit *Scythopolis*. Les autres étoient selon Pline [e] *Philadelphie*, *Raphana*, *Gadara*, *Hippos*, *Dion*, *Pella*, *Gerasa*, *Canatha*, & *Damas*. D'autres les prennent autrement comme Pline le remarque. Il est parlé de la Decapole en divers endroits de l'Evangile [f] & Jesus Christ y precha souvent.

DECASTIDIUM, [g] ancien lieu d'Italie selon Antonin. Quelques-uns croient que c'est aujourd'hui la Bourgade nommée SANT' ANNA dans la Calabre ulterieure.

DECATARA [h] ancienne ville de la Dalmatie.

DECELIE [i] Ville ancienne de l'Attique. Plutarque en parle dans la Vie d'Alcibiade & dans celle de Lysander. Etienne le Géographe n'en fait qu'un bourg de la Tribu Hippotontide. Pausanias [k] marque un Château qui étoit à Decelie, & Strabon [l] en fait une des douze villes fondées par Cecrops, lesquelles s'assemblerent pour composer les villes d'Athenes. Velius la met à l'Orient d'été de cette derniere ville sur une Colline près de la source du Fleuve Jlissus.

DECEMPAGI, ancien nom d'une ville de Lorraine c'est aujourd'hui *Duose* selon Josias Simler, *Dieuse* selon Mr. Corneille.

DECIZE, Ville [n] de France dans le Nivernois à sept lieues de Bourbon-Lancy & à huit de la Ville de Nevers: en Latin *Decisa*. Elle est dans une Isle à l'embouchure de la Riviere d'Airon dans la Loire que l'on y passe sur un pont de pierres. Cette Isle n'est point platte comme les autres Isles des Rivieres, mais elle s'éleve en une petite Montagne où est le Château & une partie de la Ville de Decize avec le Prieuré de St. Pierre, & le Couvent des Religieuses de Ste. Claire. Tout en haut a ses vieilles murailles. On a trouvé dans la ville plusieurs Medailles des Romains; ce qui fait connoître qu'elle est ancienne: on croit que c'est une Cité des *Vadicasses*. Quelques-uns [o] écrivent DESIZE en François, *Decesa* en Latin. Le Pape Innocent III. l'appelle dans ses Epitres *Dicesia* & d'autres la nomment depuis *Decisa*. Quelques-uns ont cru qu'elle avoit été détachée de la terre ferme du côté du Faubourg St. Privé, & que c'est pour en avoir été ainsi détachée qu'on lui avoit donné le nom de *Decisa*. Mais ceci est refuté par l'Itineraire d'Antonin où elle est appellée anciennement *Deceiia*, d'où s'est formé le nouveau nom. Outre le Château qui appartient au Comte de Nevers, le Prieuré de St. Pierre & le Couvent des Religieuses de Ste. Claire dont j'ai parlé, il y a encore un Couvent de Minimes. Cette ville est un grand passage pour le Morvant & la Bourgogne. Il y a un pont fort long qui étoit de pierre, mais dont une partie est tombée, &

& les ruines des Piles servent à soutenir un pont de bois que l'on a fait aux depens de la ville. On compte dans Decise environ cinq cens personnes & cent cinquante feux.

Gui Coquille, un des plus judicieux Jurisconsultes de France étoit né à Decize le 11. de Novembre de l'an 1523. & mourut à Nevers l'an 1603.

a Zeyler Topog. Bavar. p. 11.
DECKENDORFF ou TECKENDORFF, Ville d'Allemagne dans la Basse Baviere à une bonne portée de fusil du Danube entre Straubing & Vilshoffen. A quatre milles de l'une & de l'autre sur les frontieres du haut Palatinat. Elle dépend de la Regence de Baviere, & pour les domaines, elle est du département de Straubing. Elle fut prise en 1633. par les Troupes du Duc Bernard de Saxe-Weymar, & reprise sur les Suedois en 1641. Elle est petite & a une Douane. L'Isar tombe tout auprès dans le Danube, & ce coté de ses rives est nommé Isergmund. Sur l'autre rive est Naternberg bourgade assez connue dans l'Histoire. Assez près de Deckendorff & du Danube est l'Abbaye de *Metten* Ordre de Saint Benoît, de

b Metrop. Salisburg. T. 2. fol. 501.
c Corn. Dict.
laquelle Hundius [b] fait une ample mention. Vis-à-vis [c] de cette ville on passe le Danube sur un Pont de bois de 470. pas, on prétend que c'est le plus long qui soit sur ce fleuve. L'Eglise Paroissiale est moderne, & l'une des plus belles du Pays.

d Ortel. Thesaur.
DECLANA, [d] selon les Tables de Peutinger, ou *Deciana* selon Ptolomée ancienne ville de l'Espagne Tarragonoise, dans le territoire des Endigetes.

e Ibid.
DECONUS ou DOCONUS, [e] fleuve qui a sa source dans le Caucase où le Phase a aussi la sienne. Il roule long tems ses eaux separément, puis enfin il se joint avec ce fleuve au raport d'Agathias [f].

f L. 2.
g Carol. a S. Paulo. Geog. sac. p. 104.
DECORIANA, [g] Ville d'Afrique dans la Bisacene. Elle étoit Episcopale: Leontius son Evêque est nommé dans une ancienne Notice d'Afrique, & Pascasius souscrivit à la Lettre Synodale de la même Province.

h Ortel. Thes.
DECTUNINES [h] ancien peuple aux environs de Genes.

i L. 5. c. 21.
DECUARIA, ancienne Ville de la Grande Bretagne selon l'Anonyme de Ravenne [i]. Le P. Porcheron remarque que c'est la *Petuaria* de Ptolomée, que Cambden croit être aujourd'hui BEVERLEY. Voiez PETUARIA.

k L. 3. c. 11.
DECULANI, ancien peuple d'Italie voisin de la Pouille selon Pline [k]. C'est ainsi qu'on lisoit dans les Editions anterieures à celle du R. P. Hardouin qui lit *Æculani* au lieu de *Deculani*.

l Ortel. Thes.
DECUMA, ancien lieu d'Espagne, [l] dans l'Assemblée ou Communauté de Cordoue. Hermolaus croit que c'est la DETUNDA de Ptolomée. Le R. P. Hardouin [m] remarque que ce mot est écrit DETUMA dans plusieurs Manuscrits de la Bibliotheque du Roi, & que la situation de ce Bourg avant le confluent des Rivieres *Bœtis* (le Guadalquivir) & *Singulis*, (Xenil) assez près de *Sacilis* (aujourd'hui Alcorrucen).

m In Plin. L. 3. c. 1.
DECUMANI, ancien Peuple [n] de la Gaule. La Ville de Narbonne est nommée en Latin DECUMAN. NARB. dans une inscription de Gruter. * Elle étoit aussi surnommée MART.

n Ortel. Thes.
* P. 166.

NARB. Ce dernier nom lui venoit, ou du Dieu Mars, ou de la Legion surnommée *Martia*, & le second de ce que c'étoit une Colonie des Decumans ou Soldats tirez de la dixiéme Legion. Cette Colonie étoit formée de ces Decumans & des Atacins. C'est ainsi que les Romains appelloient les habitans de Narbonne parce qu'ils demeuroient sur la Riviere de l'*Aude* nommée en Latin *Atax*.

DECUMATES *Agri*, pays de l'ancienne Germanie. Villichius croit que c'est aujourd'hui le Duché de Wirtemberg. Melanchthon & Peucer estiment que ce sont les mêmes que les Caritins de Ptolomée. Juste Lipse a cru qu'on appelloit ainsi des champs qui payoient la Dîme.

o Ortel. Thesaur.

DECUNI, ancien peuple de la Dalmatie selon Pline [p]. Quelques manuscrits portent DECUNI: Peut-être sont-ce les DERRII de Ptolomée [q], c'est une conjecture du R. P. Hardouin sur l'endroit cité de Pline.

p L. 3. c. 22.
q L. 2. c. 17.

DEDACANA, ou DIDAUCANA. Ce dernier est dans le Grec de Ptolomée [r], le premier est preferé par ses Interprétes. C'étoit une Ville de Bithynie que Leunclavius croit être aujourd'hui CANDRIA. L'Edition de Bertius a *Didaucana*, & avertit que des manuscrits portent *Dedacana*.

† L. 5. c. 1.

1. DEDAN, [s] lieu dans l'Idumée qu'il ne faut pas confondre avec celui dont il est parlé dans l'article suivant. Ezechiel en parle ainsi [t]: Dedan, Tes Marchands *étoient* sur les Tapis pour s'asseoir. Sanson lui donne 85. d. 35'. de longitude & 30. d. 35'. de latitude. Jeremie [v] fait aussi mention de cette Dedan en Idumée. Eusèbe & St. Jerome disent qu'elle étoit dans le Pays de Cedar, & le premier impute à Jeremie de l'avoir dit, ce qui n'est pas vrai. Elle étoit proche de Phana à environ quatre milles vers le Nord. Eusèbe écrit DAIDAN.

s Sanson Index Geog.
t c. 27. v. 20.
v c. 49. v. 8.

2. DEDAN. St. Jerome [x] met un lieu de ce nom dans la Tribu de Juda. C'est sans doute une faute pour *Deleanm* qui y étoit en effet.

x Onomast.

3. DEDAN, ou DADAN lieu de l'Arabie heureuse. Selon Sanson qui le met à 92. d. de longitude & à 25. d. 20'. de latitude. Dans les Paralipomènes [y] il est parlé de Saba & Dadan fils de Regma. Parmi les Enfans de Chus Regma eut son partage à l'extremité de l'Arabie heureuse où Ptolomée place une ville nommée Regma. Saba eut le sien dans le pays qui s'étend depuis le détroit du Golphe Persique jusqu'à l'Océan Indien, & où Ptolomée place les *Asabi* entre Regma & Saba, c'est-à-dire, entre les deux partages que je viens de designer, on trouve encore aujourd'hui *Dedan* à l'embouchure du Golphe Persique. Cette convenance de nom & de lieu paroit décisive à Sanson.

y L. 1. c. 1. v. 9.

§. Dom Calmet [z] n'en fait pas deux villes diferentes, mais un seul peuple. Il semble douter où il doit mettre Dedan, dans l'Idumée ou dans l'Arabie, & il met ce peuple entre la Mer morte & la Ville de Petra Capitale de l'Arabie Petrée. Il ajoute que Isaïe apelle ces Peuples DEDANIM au pluriel. Bochart [a] est celui qui debrouille le mieux ce que c'étoit que Dedan & Dedanim. Près de Rhegma à l'Orient & sur le même rivage étoit la ville nommée

z Dict. de la Bible.
a Phaleg. L. 4. c. 6.

mée *Dedan* aujourd'hui *Daden*. Ortelius & les autres Géographes modernes la décrivent à distance presque égale du détroit de Baffora, ou bouche du Golphe Persique, & du fleuve *Om* qui est le *Lar* de Ptolomée & le *Phalg* du Geographe de Nubie. Le canton d'alentour étoit aussi appellé Daden du nom de cette Ville. Odoard Barbosa dans la description du Roiaume d'Ormus parle d'un pays nommé *Dadena* sur cette côte. Il semble que c'est la ville de Dedan qui fut fondée par Dedan fils de Rhegma. Bochart n'est point du sentiment de ceux qui confondent cette ville avec Dedan ville Mediterranée dans l'Idumée, & dont le fondateur étoit un autre Dedan l'un des descendans d'Abraham. La Dedan dont parle Ezechiel [a] doit avoir été maritime aiant dans son voisinage plusieurs Isles, d'où il étoit facile de naviguer dans les Indes. Car l'Yvoire & l'Ebéne dont ses habitans & les Insulaires leurs voisins trafiquoient avec les Tyriens étoient des marchandises des Indes. Cela convient à Daden. Car elle est voisine de plusieurs Isles, & est proche du détroit du Golphe Persique d'où les Indes ne sont pas éloignées. Le voisinage de *Rhegma* est encore une preuve de ce sentiment. Il ne faut donc pas confondre la *Dedan* Arabique, avec celle d'Idumée. Ezechiel parle de toutes les deux dans le chapitre 27. de l'une [b] dont les marchandises étoient l'Yvoire & l'Ebéne; l'autre [c] n'envoioit à Tyr que des Serpillieres, ou, des Tapis selon quelques autres. Au lieu des *Dedanim* les Septante disent les fils des Rhodiens. La ressemblance du ר & du ד est telle qu'ils ont pu facilement lire *Rhedan* ou *Rhodon* pour *Dedan*. Vilalpandus tache envain de les justifier en disant que Rhode étoit anciennement nommée Dedan, & que ce nom a été changé avec le temps; mais outre qu'il n'en donne point de preuves, personne ne s'imaginera que les Tyriens aient été se pourvoir d'Ebéne & d'Yvoire dans l'Isle de Rhode, eux qui avoient des ports sur la mer Rouge d'où ils pouvoient trafiquer aux extremitez de l'Afrique & dans les Indes. Il leur étoit infiniment plus aisé qu'aux Rhodiens d'avoir ces marchandises de la premiere main.

a c. 21. v. 13.

b v. 15.

c v. 20.

DEDEZ [d] Montagne du Roiaume de Maroc dans la Province de Tedla. Elle est fort haute & fort froide, & couverte d'épaisses forêts, d'où naissent plusieurs fontaines. D'un côté est la montagne de Magran & de l'autre celle d'Adezan, qui aboutit au Roiaume de Fez & vers le midi elle a pour frontiere les plaines de Todga qui sont de la Numidie ou de la Getulie. Ses habitans qui sont fort pauvres n'ont point d'autre revenu que leurs troupeaux avec les quels ils errent comme font ceux de Magran & demeurent dans des Casernes & non pas sous des Cabanes. Ils y renferment leurs troupeaux la nuit, & il s'y trouve beaucoup de Salpêtre; mais ils ne savent ce que c'est. Leur nourriture est d'orge & de lait. Ils ont beaucoup de beurre & quelque peu d'huile, mais il ne croît point de bled dans ce Pays. Ils sont mal vêtus & portent une espece de bottine de Peau d'Ane. Ces peuples sentent fort le bouc parce qu'ils sont jour & nuit occupez après leurs troupeaux. Leurs femmes sont laides, sales & puantes & les plus barbares de toute l'Afrique aussi bien que leurs maris qui sont grands larrons, ne connoissant ni justice ni raison. Loin de vouloir converser avec les étrangers, quand il en passe quelques-uns, ils mettent tout en usage pour les voler. Ils ont été toujours Sujets à ceux qui ont commandé dans la Province de Tedla. Leur montagne a plus de trente lieues du Levant au Couchant & l'on voit sur le haut les ruines de l'ancienne Ville de Dorac. Quelques uns des Principaux & des plus riches de ces Montagnards ont de petites Maisons couvertes d'ardoises & faites de pierre seche.

d Marmol. T. 2. l. 3. c. 86.

1. DE'E Riviere de la Grande Bretagne. Elle a sa source dans la Principauté de Galles, dans le Comté de Merionet où elle sort d'un marais situé au Midi de Bala, & dans lequel se rendent plusieurs ruisseaux comme Troweryn, Kelyn, Monachdour, & autres. Delà elle coule vers le Nord-est, passe à Llandrighllo d. reçoit une autre Riviere g. passe à Corven, d. à Denasbray, Château, g. reçoit deux autres Rivieres du même côté & est jointe par une autre qui lui est Keriog d. passe à Orton Madoc, à Bangor, & à Wortenbury, d. au-dessus duquel elle est de nouveau grossie par trois rivieres qui se réunissent peu avant que d'entrer dans la Dée. Elle en reçoit encore une autre un peu au dessous. Puis serpentant vers le Nord elle se charge des eaux de la Riviere de Clavadof, sépare Farndon de Holt Castle, qui se communiquent par un Pont; coule à Alford. d. & à Alen, g. où elle reçoit une riviere de même nom; & après avoir baigné les murs de Chester, où elle sort d'un Pont, elle s'elargit & forme un Golphe à l'Ouest de cette ville entre le Comté de Flint & celui de Chester, & enfin elle se jette dans la Mer d'Irlande. Elle [e] est nommée *Deva* par Ptolomée & DIFY par les Gallois. A [f] la pointe la plus Occidentale du Comté de Chester, on trouve en entrant dans le Golphe à gauche une petite Isle nommée Hilbre. L'entrée de ce Golphe est par les 14. d. de longitude & à 53. d. 25'. de latitude. Les Géographes ne conviennent pas si ce Golphe est le même que *Seteia* Golphe des Cornaviens, ou si *Seteia* n'est pas plutôt le même que le Golphe de Mersey qui est plus au Nord-Est.

e Corn. Dict.

f De l'Isle Atlas.

2. DE'E Riviere d'Ecosse dans la partie Septentrionale de ce Roiaume où elle a sa source dans les montagnes qui bornent à l'Ouest & au Nord-Ouest le Comté de Marr. Elle le traverse d'Occident en Orient & s'y charge de quantité de moindres rivieres à droite & à gauche, entre dans le Comté de Marnis, qu'elle separe ensuite du Comté de Marr & se jette dans la Mer du Nord au Midi de la nouvelle Aberdeen. Les autres villes & bourgs qu'elle baigne sont en commençant à sa source Casteltour, Abergelde, & Bir, son embouchure est à 57. d. 20'. de latitude & à 16. d. de longitude selon Mr. de l'Isle. J'ai deja remarqué au mot ABERDE'EN que cette Riviere fournit une grande quantité de saumon.

3. DE'E Riviere de l'Ecosse Meridionale. Mr. Maty en met la source au Comté de Kyle [g], mais il a pris pour la Dée la *Ken* qui coule en effet jusqu'à un Lac nommé *Lock Kean*.

g Atlas de Blaeu & de Mr. de l'Isle.

C'est

DEE. DEG.

C'est au dessous de ce Lac que ces deux Rivieres se joignent & ont le nom de Dée jusqu'à la Mer d'Irlande où elles arrivent dans le même lit. Mais la Dée particuliere a sa source dans la Province de Gallowai & sort d'un Lac nommé sur les Cartes LOCH DE'E. De là elle s'avance en serpentant vers le Sud-est jusqu'à ce qu'elle rencontre la Ken. Mr. de l'Isle met la source de cette derniere dans la Province de Nidisdale & non pas dans le Comté de Kyle. Il nomme *Kirkoubright* le Bourg qui est à l'Orient de leur embouchure dans la Mer. Mr. Baudrand [a] écrit ce nom *Kirkoubrigh*. Cette embouchure est à 13. d. 10′. de longitude & à 55. d. 5′. de latitude.

[a] Ed. 1705.

4. DE'E, Lac de l'Ecosse Meridionale dans la Province de Gallowai. C'est de ce Lac que sort la Riviere dont il est parlé dans l'Article precedent.

§. Mr. Corneille fait quatre Rivieres de ce nom; car après avoir parlé de celle qui occupe ici le premier Article, il ajoute qu'il y a trois autres rivieres qui portent le même nom de Dée, & ensuite il recommence à decrire cette même Riviere de laquelle il a déja fait un article. Il avoit dit de l'une qu'elle arrose la plus grande partie du Comté de Flint & va se rendre dans la mer d'Irlande près de la Ville de ce même nom. Il dit de l'autre qu'elle est aussi en Angleterre dans le Comté de Merionet où elle a sa source, qu'elle arrose encore ceux de Denbigh & de Chester & va se jetter dans le fond du Golphe de Dée à la ville de Chester. C'est comme si on disoit qu'il y a deux Rivieres de Seine dont l'une a sa source en Bourgogne, traverse la Champagne, & l'Isle de France, & passe à Paris, & une autre Riviere de ce nom qui arrose la Normandie, coule à Rouen & au Havre de Grace. MM. Baudrand & Maty n'ont parlé que de trois Rivieres, nommées *la Dée*.

DEENS EYLANDT, C'est-à-dire *Isle des Danois*. Hermanides [b] écrit ce nom *Denisch Eyland*, Mr. Corneille *Déensch Eyland*, & Mr. Baudrand *Deensche-Eyland*; en Latin *Danorum* ou *Danica insula*, cette Isle decouverte par les Danois est ouverte à l'Ouest par une grande Baye & est en deçà du 80. degré de latitude septentrionale, selon le même Hermanides. Mr. Maty dit qu'elle est deserte, & située vers les côtes du Spitzberg.

[b] Daniæ, Norw. Descript. p. 1249.

DE'ES petite Ville de Transylvanie sur les frontieres de Hongrie sur la petite Riviere de Samos, & au Nord de Clausembourg. Mr. La Forêt de Bourgon [c] la croit située dans une petite Isle que forme cette riviere; mais la place qui est dans cette Isle se nomme Samoswiwar, & est diferente de Dées qui est aussi nommée BURGLOS. Mr. Corneille dit de Dées que c'est une des quatre villes où sont les mines de Sel dont le Prince tire le revenu.

[c] Geogr. Hist. T. 1. p. 384.

DEGHIN ou DEGHIM, Roiaume d'Afrique dans la Nubie. Ce Roiaume est peu connu, on sait seulement qu'il confine aux Provinces Septentrionales de l'Abissinie & qu'il est arrosé par le Tagaze & habité par des peuples nommez Balous. MM. Ludolfe & de l'Isle qui écrivent ce nom DEQUIN, le mettent à l'occident des Balous peuple maritime, & qui occupe une partie de la côte d'Abex. Le P. Balthasar Tellez dans son Histoire d'Ethiopie écrit ce nom *Deghim* &

Tom. II.

DEG. DEH.

est suivi par MM. Baudrand & Corneille.

DEGLIGINEUR Voiez DILIGE.

DEGRE' de *Longitude* ou de *latitude* Voiez ces mots.

DEHESTON Ville de Perse située à 80. d. 15′. [d] de longitude & à 38. d. 15′. de latitude. Ce n'est pas proprement une Ville, mais un nombre de Villages qui sont peu éloignez les uns des autres.

[d] Tavernier Voiage de Perse T. 1. L. 3.

DEHLI, DE'LI ou DELLI, la premiere façon d'écrire ce nom est plus conforme à la prononciation dure & aspirée des Orientaux. Le P. Catrou écrit simplement *Dély*. Cette ville de l'Indoustan est nommée en Latin *Dellium* par [e] le P. Riccioli, & est située à 124. d. & 20′. de longitude & à 30. d. 25′. d'élévation du Pole selon la Carte dressée sur les Memoires de Mr. Manouchi; ce qui est excessif, car il s'en faut quelque chose que Dehli soit à vingt-neuf degrez de latitude. Il faut distinguer l'ancienne Dehli & la nouvelle, dans l'histoire. Cette derniere fut bâtie au commencement du dernier siecle par Cha-Jean Pere d'Aurangzeb, elle est contigue à l'ancienne Dehli. Il la nomma de son nom CHA-JEAN-ABAD & par abreviation JEAN ABAD ou comme l'écrit Mr. de l'Isle dans sa Carte des Indes GEHAN ABAD, c'est-à-dire *la Colonie de Cha Jean*. Son dessein [f] étoit d'en faire la Capitale de son Empire, au lieu d'Agra, où il trouvoit les chaleurs de l'été trop violentes. La proximité a fait que les ruines de l'ancienne Ville ont servi pour la Nouvelle, qui est située dans une rase campagne, sur le bord d'un fleuve apellé Gemma, & bâtie de telle sorte le long d'un seul côté de cette riviere qu'elle vient à peu près à se terminer comme en croissant. Elle est toute entourée de murailles, hormis du coté de l'eau. Ces murailles sont de briques & sans fossez & n'ont pour servir de flanc que des tours rondes à l'antique, de cent en cent pas ou environ, & un terre-plein derriere de quatre ou cinq pieds d'épaisseur. Si avec Dehli on comprend un très-long fauxbourg qui va à Lahor, ce qui reste d'habité, qui est encore comme un grand fauxbourg très-long, & trois ou quatre autres fauxbourg, cela fait en droite ligne plus d'une lieuë, & un tour d'une prodigieuse grandeur, parce qu'entre ses fauxbourgs il se trouve de grands jardins & de grands espaces où il n'y a point de bâtimens. La Forteresse dans laquelle est le Serail & les autres apartemens du Roi, est bâtie en demi-cercle & regarde sur la riviere. Il y a neanmoins entre l'eau & les murailles un espace assez large & long espace sablonneux, où l'on fait ordinairement battre les éléphans, & où se fait souvent la revuë de la milice des Omerhas ou Seigneurs, & des Rajas ou Souverains Gentils en presence du Roi qui est aux fenêtres d'un de ses apartemens. Les murailles de la Forteresse, à l'égard de leurs tours rondes à l'antique, sont à peu près comme celle de la Ville; mais elles sont en partie de briques & en partie d'une pierre rouge semblable à du marbre. Elles sont aussi plus élevées, plus fortes & plus épaisses, & peuvent soutenir quelques petites pieces de Campagne qui sont braquées vers la ville. Elles ont tout à l'entour, hormis du côté qui regarde la

[e] Lib. XI.

[f] Bernier Voiage T. 2. p. 8.

la riviere, un beau fossé revétu de pierres de taille, plein d'eau & de poisson. Autour du fossé regne un jardin assez large, qu'on voit en tout tems rempli de fleurs & d'Arbrisseaux, & autour de ce jardin est la Place Roïale, où répondent les deux principales portes de la Forteresse, & à ces portes les deux plus grandes ruës de la ville. C'est dans cette grande Place qu'on voit les tentes des Rajas qui sont à la solde du Roi, pour y faire toutes les semaines chacun la garde à son tour. Les Omerahs la font dans la Forteresse. On y exerce aussi de très grand matin les Chevaux d'une longue écurie roïale, qui paroît proche de là. Cette même Place sert aussi de marché pour cent choses qu'on y vend, & de rendez-vous à toutes sortes de batteleurs. Les deux principales ruës de Dehli, c'est-à-dire celles qui repondent aux deux Portes de la Forteresse & à la Place, sont larges de vingt-cinq ou trente pas, & tirées en droite ligne presque à perte de vuë. Néanmoins celle qui conduit à la Porte de Lahor est bien plus longue que l'autre; mais elles sont toutes deux semblables au regard des bâtimens. Ce ne sont des deux côtez qu'arcades de suite, mais sans aucun bâtiment dessus. Ces arcades sont ordinairement séparées par des cloisons qui sont des boutiques qui ne ferment point. Les Artisans y travaillent pendant le jour; les Banquiers s'y tiennent assis pour leurs affaires; & les Marchands y sont montre de leurs Marchandises, qu'ils resserrent le soir dans un Magazin dont la petite porte qui ferme est dans le fond de chaque arcade. Sur ce Magazin qui est sur le derriere des arcades sont élevées les Maisons des Marchands, qui de la ruë paroissent assez belles, & qui sont mêmes commodes étant en bel air, hors de la poussiere, & aiant de plein pied les terrasses des arcades, sur lesquelles on peut venir pour voir dans la ruë, & pour dormir à la fraîcheur. Ces deux ruës n'ont pas néanmoins par tout de ces belles Maisons, ainsi élevées sur les terrasses. Il n'y a le plus souvent sur le Magazin ou à côté que quelque petit bâtiment qu'on ne voit pas dans la ruë, les gros Marchands aiant ailleurs leur Maisons où ils se retirent le soir. Il y a encore cinq ruës semblables à ces deux principales, quoi que moins longues & moins droites & une infinité d'autres qui traversent de tous côtez. Les maisons des petits Omerahs, des gens de Justice & de plusieurs particuliers y sont répandues. Il y en a peu qui soient toutes de brique ou de pierres, la plupart ne sont que de terre & couvertes de paille avec des cours & des Jardins. Le dedans en est assez agréable, parce qu'outre les beaux meubles, ces couvertures de paille sont soutenues par une couche de certaines longues cannes dures & fortes qui sont assez jolies, & que ses murailles de terres sont enduites d'une chaux très fine & très blanche. Quant au dedans de la Forteresse, où sont enfermez le Serail & quelque autres édifices Roïaux, il n'y a rien de remarquable à l'entrée, si ce n'est deux Elephants de pierre, qui sont des deux côtés de l'une des Portes. La Statue de Jemel fameux Raja de Chitor est sur l'un, & celle de Polta son frere sur l'autre. Ce furent eux qui avec leur Mere dont le courage étonnoit dans les sieges des Villes qu'ils soutinrent contre Akbar, donnérent des preuves si extraordinaires de valeur, qu'ils aimerent mieux se faire tuer dans des sorties que de se soumettre. C'est à cause de cette bravoure surprenante que leurs ennemis mêmes les ont crus dignes qu'on leur érigeât ces statuës. Après qu'on a passé cette Porte, qui est l'une des deux qui repondent à la grande Place, l'on trouve une longue & large ruë divisée en deux par un Canal d'eau courante. Elle a de chaque côté un relevement de cinq ou six pieds de hauteur & de quatre de largeur, & plus avant des arcades fermées qui se suivent tout du long en forme de porte. C'est sur ce long pivot ou relevement que se tiennent assis tous les Ecrivains, Controlleurs & autres Officiers pour faire leurs Charges sans être incommodez des Chevaux ou du monde qui passe plus bas qu'eux dans la ruë. Les Mansebdars ou petits Omerahs s'y tiennent aussi la nuit pour faire la garde. L'eau du Canal se repand par tout le Serrail, où elle se divise & tombe ensuite dans les fossez pour les remplir. Elle est tirée de la Riviere par un Canal qu'on a ouvert cinq ou six lieuës au dessus de Dehli, & qu'on a amené au travers de la Campagne, & même entre les Rochers qu'on a eu bien de la peine à couper en beaucoup d'endroits. En entrant dans la même Forteresse par l'autre porte, on trouve aussi d'abord une large & longue ruë, qui a ses Divans ou Relevemens aux côtez comme l'autre, avec des boutiques dessus au lieu d'arcades. C'est proprement un Basar, qui est très-commode pendant la saison des pluyes & pendant l'été, parce qu'il est couvert d'une longue & large voute, qui a par le haut de grandes ouvertures rondes pour donner du jour. Outre ses deux principales ruës, il y en a grand nombre de petites, à droite & à gauche qui conduisent à des appartemens où les Omerahs sont leur garde, chacun à leur tour, une fois la semaine pendant vingt quatre heures. Ces lieux sont magnifiques pour des Corps de garde. On trouve encore plusieurs Divans & tentes dressées en divers endroits: ce sont les Bureaux ou Comptoirs de differens Officiers. On voit aussi plusieurs grandes Salles où toutes sortes d'Artisans viennent le matin. Ils y travaillent tout le jour, & s'en retournent le soir à leurs maisons, chacun passant doucement sa vie sans aspirer à une condition plus haute que celle où il est né. Ainsi le Tailleur fait son fils Tailleur, le Cordonnier le fait Cordonnier, & personne ne s'allie qu'avec des gens de sa même profession, ce qui s'observe religieusement, non seulement entre les Gentils qui y sont obligez par leur Loi; mais presque toujours parmi les Mahometans mêmes. Après tous ces appartemens, on vient enfin à l'*Am-kas*, qui est quelque chose de Roïal. C'est une grande Cour quarrée à Arcades sans bâtimens au dessus. Les Arcades sont separées les unes des autres par une muraille avec une petite porte pour passer de l'une à l'autre. Sur la grande porte qui est au milieu d'un des côtez de ce quarré il y a un grand Divan du côté de la Cour, appellé *Nagar Kanay*. C'est le lieu où sont les Trompettes, les hautbois & les tymbales qui jouent ensemble de concert à certaines

DEH. DEH. DEI.

taines heures du jour & de la nuit. A l'oposite de la grande porte de la Cour sur laquelle est ce Nagar Kanay, au delà de toute la Cour il y a une magnifique & grande Salle à plusieurs rangs de piliers peints & dorez aussi bien que le plat fond, haut élevée, & ouverte des trois côtez qui regardent sur la Cour. Au milieu de la muraille qui separe cette Salle d'avec le Serrail est une espece de grande fenêtre haute & large, & assez élevée pour n'y pouvoir pas ateindre d'en bas avec la main. C'est-là que le Roi paroît assis sur son trône, quelques-uns de ses fils à ses côtez & quelques Eunuques debout, les uns lui chassant les mouches avec des queuës de paon, & les autres lui faisant du vent avec de grands éventails. Delà il voit en bas autour de lui tous les Omerahs, tous les Rajas, & les Ambassadeurs qui sont debout sur un Divan entouré d'un balustre d'argent, les yeux baillez & les mains croisées sur l'estomac. Plus bas il voit les Manebdars aussi debout & dans la même posture, & plus avant dans le reste de la Salle & dans la Cour une grande foule de toute sorte de gens. Car le Roi sur le Midi donne tous les jours en ce lieu-là audience à tout le monde ; ce qui a fait nommer cette grande Salle *Amkas*, lieu de l'audience commune aux petits, ainsi qu'aux Grands. Pendant une heure & demie que dure cette audience, le Roi se divertit à voir passer devant lui les plus beaux chevaux de ses écuries & plusieurs élephans dont le corps est bien lavé & peint en noir, si ce n'est qu'ils ont deux grosses raies de peinture rouge qui leur descend du haut de la Tête vers la Trompe où elles se joignent. Ces élephans ont aussi pour lors une couverture en broderie avec deux clochettes d'argent qui leur pendent des deux côtez attachées aux deux bouts d'une grosse chaine d'argent qui leur passe par dessus le Corps. Des queuës de Vaches du grand Tibet blanches & fort cheres leur pendent aussi aux oreilles comme de grandes moustaches, & deux petits élephans bien parez se tiennent à leurs côtez comme destinez à le servir. Quand ces grands colosses sont arrivez devant le Roi, le Conducteur qui est assis sur les épaules avec un crochet de fer à la main les pique, & en les talonnant, il les fait baisser un genou, lever la Trompe en l'air, & faire une espece de hurlement que le Peuple prend pour un salut. Le Trône du Roi est un petit lit de la grandeur de nos lits de Camp, avec ses quatre Colonnes, le Ciel, le dossier, un traversin & la courtepointe. Tout cela est couvert de Diamants. Quand le Roi s'y vient asséoir, on étend sur le lit une couverture de brocard d'or, ou d'une autre riche étoffe piquée, il y monte par trois petites marches de deux pieds de long. A un des côtez du lit il y a un parasol élevé sur un bâton de la longueur d'une demie pique & à chaque colonne est attachée quelque arme du Roi, à l'une sa rondache, à l'autre son sabre, puis son arc, ses fleches & son carquois. De la grande Salle de l'Amkas, on entre dans une autre moins grande ; mais pourtant fort spatieuse, peinte & dorée & relevée du pavé de quatre à cinq pieds de haut comme une grande Estrade. Le Roi assis dans une chaise a-

Tome II.

vec ses Omerahs debout autour de lui y donne une audience plus particuliére à ses Officiers, reçoit leurs comptes & traite des affaires les plus importantes de l'Etat. Ils sont obligez de se trouver tous les soirs à cette assemblée comme le matin à l'Amkas. On appelle cette Salle le *Cosel Kamé*. A la gauche de la cour où est la premiere Salle, on voit une petite Mosquée très-bien bâtie dont le dôme est tout-à-fait couvert de plomb parfaitement bien doré, ce qui le fait prendre pour de l'or massif. Le Roi y fait ses Prieres tous les jours, hors le Vendredi qu'il va à la grande Mosquée qui est au milieu de la ville élevée sur un Rocher qu'on a applani pour la bâtir & pour faire tout-à-l'entour une belle Place, à laquelle viennent aboutir quatre longues rues, qui repondent aux quatres côtez de la Mosquée. Pour arriver à ces Portes, on monte vingt-cinq ou trente degrez de grandes & belles pierres qui regnent tout à l'entour hormis par le derriere, qu'on a revêtu d'autres grandes pierres de taille pour couvrir les inegalitez du rocher qu'on a coupé, ce qui contribuë beaucoup à faire paroître ce bâtiment. Les trois entrées en sont magnifiques. Ce n'est que marbre & leurs grandes portes sont couvertes de plaque de cuivre très-bien travaillées. Au-dessus de la principale il y a de petites tourelles de marbre blanc, & sur le derriere de la Mosquée s'elevent trois grands dômes de front qui sont aussi de marbre blanc, par dedans & par dehors, celui du milieu est plus gros & plus élevé que les deux autres. Tout le reste de la Mosquée, depuis ces trois dômes jusqu'à la grande porte, est sans couverture à cause de la chaleur du Pays, & tout le pavé est de grands carreaux de marbre. Le Roi qui y va tous les Vendredis faire sa priere trouve à la porte de la Forteresse par où il sort, deux ou trois cens Mousquetaires en haïe & autant d'autres des deux côtez d'une grande rue qui aboutit à cette Mosquée. Il est monté sur un élephant richement enharnaché, sous un dais à piliers peints & dorez ou dans un Trône éclatant d'or & d'azur, sur un brancard couvert d'écarlate ou de brocard que huit hommes portent sur leurs épaules. Un gros d'Omerahs le suivent, les uns à cheval les autres en Paleki (*Palanskin*). Il y a un autre bâtiment considerable dans la ville appellée Caravansera de la Princesse, parce que Begum-Saheb, fille ainée de Cha-Jehan, le fit bâtir pour contribuer de sa part à l'embellissement de la ville, comme faisoient à l'envi tous les Omerahs, pour plaire à Cha-Jehan. C'est un grand quarré à arcades, dont chacune est separée de l'autre par une cloison. Dans le fond de châque Arcade il y a une petite chambre, & par dessus les arcades une gallerie qui regne tout autour du bâtiment, pour entrer en autant de Chambres hautes qu'il y en a en bas. Ce Caravansera est le rendez-vous des grands Marchands Persiens, Usbeks & autres étrangers, qui y trouvent ordinairement des Chambres vuides, assez commodes pour y demeurer quelque tems en sûreté; la porte ferme tous les soirs.

DEINOUR, Ville de la Province nommée Gebal & Iraque Persienne, près de la ville *a d'Herbelot Biblioth. Orient.*

I 2

le de Hamadan. Elle est située à 85. d. de longitude & à 35. d. de latitude Septentrionale selon les tables des Arabes.

DEINZE ou **DEINSE**, Bourg du Pays bas au Comté de Flandres. Son ancien nom étoit *Donsa*, comme le remarque Grammaye [b] dans la seconde partie des antiquitez de Gand où il traite de Courtrai & de sa Chatelenie dans laquelle ce Bourg est situé. Ce savant Historien donne à Deinze une antiquité fort reculée. Il croit qu'il a été bâti à peu près dans le même temps que les Goths & les Vandales vers l'an de grace 500, s'emparérent de Gand. Les Romains éleverent divers Châteaux pour arrêter ces barbares. Lucius Petus fameux General des Romains éleva celui dont Peteghem semble encore conserver le nom. Les barbares de leur côté borderent la Lis de forteresses, & Grammaye croit que *Donza* en étoit une. Vers la fin du neuviéme siecle ce bourg étoit déja devenu fameux, & dans le Diplome de Theodoric Comte d'Alsace le principal fondateur des Privileges de Deinze, il y est dit qu'en punition des fautes commises par Bertulphe Stratensis, Prevôt de St. Donatien, & Châtelain de Petenghem, sa terre de Petengehem étoit degradée & tous les Privileges transferez à Deinze, de sorte, ajoute le Diplome, que celle qui étoit auparavant maîtresse du fleuve & de la campagne soit dorénavant une portion du lieu de *Donza*. Cet acte est daté de 1152. Depuis ce temps-là Deinze fut mise en possession de la jurisdiction qui avoit auparavant appartenu au Château & lieu de Petengehem & on y voit encore à présent un Tribunal & un Echevinage de l'un & de l'autre lien. C'est aussi dans ce temps-là qu'il faut chercher l'origine de la double Aigle qu'elle porte dans ses armes & qu'elle a sans doute prise de Petengehem qui étoit de fondation Romaine, Le Comte Gui accorda le Privilege d'une foire annuelle indiquée au jour de Saint Luc 18. Octobre, & qui se tient à présent le lendemain, outre un marché qui se tient tous les mercredis. Le même Comte confirma aux habitans de Deinze la foire de Pâques, de Petengehem, laquelle se tient le mardi d'après le Dimanche de l'Octave de Pâques, & ces deux foires font franches, sans qu'on y puisse arrêter personne. Il y avoit alors un Château & un Vicomte, mais on ne sauroit dire où étoit le Château ni ce qu'est devenue la Vicomté. Ce bourg s'étendoit autrefois des deux côtez de la Lis, car on trouve que les Comtesses Marguerite & Jeanne donnérent leur permission pour l'entourer d'un mur des deux côtez de cette Riviere. Il y a d'autres titres qui font voir qu'il y avoit deux Eglises paroissiales, l'une sous l'invocation de Notre Dame & l'autre sous l'invocation des Saints Martin & Antoine. Ces deux Eglises subsistent encore, mais l'une est dans le bourg, & l'autre sur le district de Petengehem; & il paroit que Deinze florissoit avant l'an 1300. Il cessa d'avoir ses Seigneurs particuliers en 1316, & passa sous la domination des Comtes de Flandres. Les querelles de ses Comtes avec les Gantois, causerent plusieurs fois sa destruction. Il fut brulé en 1382. & rebâti, & du temps de Philippe le Bon tant dans Deinze que dans le

[b P. 77.]

Fauxbourg on comptoit trois mille habitans. L'Empereur Maximilien qui n'étoit alors qu'Archiduc leur renouvela leurs Privileges qui avoient péri dans l'incendie. Ce lieu a été souvent sacagé durant les guerres de Flandres. Il a eu des fortifications que l'on a ensuite demolies. Son territoire, nommé la *Verge de Deinze*, renferme six villages qui dépendoient anciennement de Petenghem, à savoir *Gramez, Astene, Waelbeec, Peteghem buyten*, ou comme l'écrit Mr. de l'Isle, *Peteghem dehors*, &c. Quelques-uns, comme l'Auteur du Dictionnaire Géographique des Pays-bas, écrivent **DEYNSE**.

DELAWARE, [a] Riviere de l'Amerique Septentrionale. Elle a source dans la Pensilvanie, sur les Frontieres de la nouvelle Yorck; de là prenant son cours du côté du Sud, elle arrose quelques Colonies Angloises, entre autres celle de Buks [b], laisse Philadelphie à droite, forme un Golphe à son embouchure dans la Mer du Nord, à l'Orient de la Riviere des Sasquemanoux, au 302. d. de longitude & au 39. de latitude.

[a Baudrand.]
[b De l'Isle Atlas.]

DELBENO, [c] Ville d'Epire. Elle est peu considérable & ne laisse pas d'être un siege d'Evêché sous la Métropole de Janina; au raport de Mr. Spon dans la relation de son voyage.

[c Corn. Dict.]

DELBRUGH, en Latin *Delbrugia*, [d] Petite Ville d'Allemagne dans le Cercle de Westphalie. Elle est située proche des sources de l'Ems dans l'Evêché de Paderborn à trois lieues de la ville de ce nom vers l'Orient. Ce fut en ce lieu que Germanicus fils de Drusus défit les Bructeres, après quoi il rétablit le Sepulchre honoraire apellé *Ara Drusi*, c'est-à-dire, *l'autel de Drusus* (qui avoit été bâti proche du camp de Vintfeld [e], & que les Ennemis du Peuple Romain avoient abbatu.) Le même Germanicus [f] fit amasser tous les ossemens de ceux qu'on y avoit tuez avec Varus & les mit tous dans un même Sepulchre.

[d Monumenta Paderborn. p. 58. & seq.]
[e Corn. Dict.]
[f Tacit. Annal. L. 1. & Sueton. in Caligula c. 3.]

DELE, Riviere des Pays-bas. Voiez TILLE.

DELEMONT, Ville d'Allemagne. Voiez DELSPERG.

DELFGAEN, petit village [g] ou hameau proche de Delft.

[g Dict. Geog. des Pays-bas.]
[h Ibid.]

DELF-LAND, [h] Canton de la Sud-Hollande ou Hollande meridionale. Il est enfermé entre le Rhinland, le Schieland, la Meuse & la Mer. On y trouve entre autres lieux Delft, & la Haye.

DELFS-HAVEN, [i] c'est-à-dire, le Havre de Delft. C'est un fort beau Village sur la Rive droite de la Meuse, entre Rotterdam, & Schiedam, à deux lieues de Delft. Albert de Baviere Comte de Hollande, voulant reconnoître les bons services que ceux de Delft lui avoient rendus, leur accorda le Privilege, de tirer un Canal depuis le Village d'Overschie jusqu'à Delfs-have, & c'est par le moyen de ce Canal, & des grandes Ecluses qui sont à Delfs-have, que les barques vont à Delft, à la Haye & ailleurs. Ses habitans s'adonnent beaucoup à la Navigation. C'est dans ce village que Pierre Hein grand Amiral du Bresil étoit né.

[i Ibid.]

DELFT, Ville des Provinces-Unies dans la

DEL. DEL. 69

la Hollande meridionale. Elle eſt la troiſieme en rang des dix-huit qui députent aux Etats de la Province. Elle eſt ſituée ſur la Schie entre Rotterdam & Leyde à deux lieues de la premiere, à trois de l'autre, & à une grande lieue de la Haye. [a] Elle doit ſa premiere origine à Godefroi de Boſu Duc de la Baſſe Lorraine qui y fit bâtir l'an 1071, une Forterèſſe qu'il tenoit en fief de l'Egliſe d'Utrecht dont il étoit Avoué. Elle vint enſuite au pouvoir des Comtes de Hollande mais il y avoit des Seigneurs Châtelains qui portoient le nom de Delft & dont la race n'a point été éteinte avant l'an 1242. Le nom de *Delpht*, qui ſignifie un Canal, fut donné à cette place, parce qu'on l'a bâtie ſur l'ancien Canal qui joignoit la Meuſe au Rhin, que quelques-uns veulent avoir été le même que le foſſé de Corbulon, duquel foſſé Tacite fait mention dans l'onzieme livre de ſes Annales en ces termes: *Ut tamen miles otium exueret, inter Rhenum Moſamque trium & viginti millium ſpatio* FOSSAM *produxit,* (*foſſam Corbulonis*) ce qui eſt incertain à cauſe des grands changemens que les inondations ou l'induſtrie des hommes ont fait en Hollande durant pluſieurs ſiecles. [b] La plus grande partie de cette ville fut réduite en cendres l'an 1536. & l'Hiſtoire a remarqué une circonſtance qu'elle a jugé digne d'être conſervée. Comme c'étoit au mois de Mai que les jeunes Cigognes ſe ſont preſque que d'éclore & que les toits des maiſons étoient la plûpart chargez des nids de ces oiſeaux à cauſe de la facilité qu'elles ont de trouver leur nourriture dans les prairies voiſines, on obſerva que les vieilles faiſoient de grands eſforts pour ſauver leurs petits des flames & que ne le pouvant pas à cauſe de leur peſanteur, elles étendoient les ailes pour les couvrir, juſques là que quelques-unes ſe laiſſerent brûler plûtôt que de les abandonner. (Je ne ſuis pas le ſeul qui ſe ſouvienne qu'à la Haye le feu aiant pris à une maiſon voiſine d'un toit ſur lequel étoit un Nid de Cigogne, la mere voyant approcher les flames prit ſon vol & revint dans l'inſtant avec de l'eau qu'elle étoit allée prendre dans un canal, & elle la répandit ſur ſon nid. Après avoir réiteré pluſieurs fois ces allées & venues, elle ſe jetta dans le Nid, où elle ſe laiſſa brûler avec ſes petits). La Ville de Delft ſe releva de ſon malheur & fut rebâtie plus belle qu'elle n'avoit été. L'an 1448. le Couvent des Freres Mineurs y fut fondé; & en divers temps on y fonda diverſes Egliſes & Maiſons religieuſes; entre leſquelles étoient le Calvaire, Ste. Barbe, St. Jerome, Ste. Agathe, le Beguinage, St. George, Ste. Anne, Ste. Claire, Ste. Urſule, le St. Eſprit, la vieille Egliſe la neuve. Cette derniere eſt à l'Orient d'une belle place publique bornée à l'occident par l'Hôtel de Ville qui aiant été brûlé par un accident a été rebâti beaucoup plus beau qu'il n'étoit. On y lit ſur la façade ce diſtique.

HÆC DOMUS ODIT, AMAT, PUNIT,
CONSERVAT, HONORAT,
NEQUITIAM, PACEM, CRIMINA, JURA,
PROBOS.

Dans l'Egliſe neuve on voit le ſuperbe Mauſolée du Prince d'Orange Guillaume de Naſſau, qui fut aſſaſſiné en 1584, à l'âge de 52. ans par Balthazar Gerard Francomtois. Dans la vieille Egliſe on voit le Tombeau de Martin Harperts Tromp, en marbre blanc, & celui de Martin Hein Grand Amiral du Breſil. Les autres endroits remarquables de Delft ſont l'Arſenal, le Palais du Stathouder & le grand Hopital avec le Jardin. L'air de Delft eſt fort pur & fort ſain, ce que l'on attribue à la pureté des canaux dont on raſraîchit tous les jours les eaux par le moyen des écluſes de Delfs-have. Outre les manufactures de Draps fins & groſſiers, la fabrique des fayences de Delft l'emporte de beaucoup ſur les autres fayences de l'Europe, & elle imite aſſez celles de la Chine & du Japon qu'on appelle communément Porcelaines. Charles Patin dit de cette Ville qu'on l'admireroit, ſi elle n'étoit pas dans le Pays des belles villes. Elle eſt la Patrie d'un aſſez grand nombre d'hommes Illuſtres entre leſquels on compte Hugues Blotius, Bibliothécaire des Empereurs Maximilien & Rodolphe II. Adam Sasbout Théologien verſé dans les Langues Latine, Greque & Hebraïque: il mourut Profeſſeur de Théologie à Louvain l'an 1553. Chriſtian Adrichome Théologien celebre né en 1533. entre autres ouvrages on a de lui une Géographie ou *Theatre de la Terre Sainte*, avec des Cartes aſſez exactes pour le temps auquel il travailloit. Chaſſé de la patrie par les malheurs publics, il ſe retira à Malines, puis à Cologne où il mourut en 1585. Le Livre que je viens de nommer ne parut que huit ans après la mort de l'Auteur. Corneille Grotius né l'an 1544. il étudia à Paris la Philoſophie & les Belles Lettres, & à Orleans la Juriſprudence qu'il enſeigna enſuite dans l'Academie de Leyde, il en étoit Recteur pour la ſixieme fois, lorſqu'il mourut l'an 1610.: Hugues Grotius l'homme de toutes les ſciences, & l'un des gens de Lettres dont les Ouvrages ſont le plus d'honneur à ſa patrie, ou pour mieux dire, à l'Eſprit humain. Né en 1583, il mourut à Roſtock l'an 1645. J'y ai vû dans l'Egliſe de Notre Dame le lieu ſous lequel on dit que ſes entrailles furent miſes, & à la honte de cette Univerſité il n'y ni monument, ni inſcription. Cette ville eſt nommée en Latin DELPHI, *orum*, DELPHIUM, *ii*, & DELFUM, *i*.

DELFT, ou plûtôt L'ISLE DE DELFT, [c] Iſle des Indes Orientales entre le Roiaume de Maduré & la pointe Septentrionale du Païs de Vanias au Nord Occidental de l'Iſle de Ceylan; elle eſt au Nord-eſt d'Adams-brugh & au Sud-oueſt de l'Iſle de Leyden ou d'Ouraturé. Elle a un peu plus de quatre milles Géographiques dans ſa plus grande longueur qui eſt Sud-eſt Nord-oueſt; & un peu plus qu'un de ces mêmes milles dans ſa plus grande largeur. Elle gît entre le 9. d. 32'. & le 9, d. 41'. de latitude Septentrionale & entre les 97. d. 44'. & 97. d. un peu moins de 55'. Ce ſont les Hollandois qui lui ont donné ce nom. On l'appelle auſſi PONGARDIVA, ou DAS VACCAS. Les Portugais l'appellent auſſi ſelon Mr. Baudrand [d] LA ILHA DEL GALO.

DELFZYL, [e] Forterèſſe des Provinces-unies dans la Seigneurie de Groningue à une petite lieue de Dam ſur le Fivel [f] ou Damſter diep au con-

[a] Longueurue Deſcript. de la France. 2. part. pag. 13.

[b] Memoires envoiez à l'Auteur.

[c] De l'Iſle Atlas.

[d] Ed. de 1705.
[e] Dict. Géog. des Pays-bas.
[f] Atlas de de Wit.

I 3

DEL.

confluent de cette eau avec l'Embs où elle a un assez bon port, à six lieues & au Levant de Groningue & à quatre d'Embden. Alting[a] écrit que le Fivel riviere foible & lente couloit autrefois en deça de Weer dans la Rade Amisia frequentée par les Flotes Romaines, laquelle fut ensuite nommée *Embder-haven* en Latin *Emesthenſis Portus*, mais le limon aiant enfin bouché son lit, il se debordoit dans la campagne, on fut obligé de faciliter son cours, par un canal qui fut nommé *Delf* du mot *Delven* fouïr, creuſer; & en Latin barbare *foſſatum*. On y fit en 1272. une écluse (*Obicem Verſatilem*)[b] sur la nouvelle digue, & on nomma cette écluse du nom du principal d'entre les six Villages qui étoient sur la rive Septentrionale, mais les païsans la nommerent *Dorpſter-Zyl*. La campagne s'étant accrue par cet écoulement des eaux & les digues étant continuées juſqu'à l'Embs, le nom de *Delf* fut aussi donné au lit du Fivel qui étoit hors l'écluse dont j'ai parlé. Le lieu où les Fivelingiens ont réüni les trois écluses qui étoient écartées l'une de l'autre est encore apellé à present *de Drie Delf-Zylen* & le nom de Dorpſter-Zyl est resté à l'une des trois.

DELGADO, ou plutôt DEL GADO, Cap de la côte d'Afrique dans le Zanguebar à 10. d. de latitude Meridionale. Mr. Baudrand croit que c'est le PROMONTORIUM RAPTUM des anciens.

§. Quelques Géographes nous donnent aussi une *Riviere* nommée DEL GADO dans le Zanguebar & en mettent l'embouchure au midi de Quiloa.

DELGOVITIA, ancien bourg de la grande Bretagne selon Antonin. Ce nom est Breton d'origine & latinisé[c] par les Romains; les Saxons disoient *Godmundigaham*, c'est-à-dire l'enclos des Dieux, c'est aujourd'hui WIGHTON Bourg d'Angleterre dont le nom n'est qu'une traduction de l'ancien. Cambden traduit *Delgovitia* par *les Statues des Dieux des Payens* dequoi il est cenſuré par Mr. Gale qui aime mieux deriver ce nom de *Tywylhgoedh*, c'est-à-dire, *le bois tenebreux*. Ces Bois conſacrez aux ſuperſtitions des Druides étoient frequents & il y en a encore beaucoup de traces dans les noms Modernes. L'Anonyme de Ravenne écrit DEVOVICIA en eſtropiant le nom à son ordinaire.

DELICHIA. Voyes DULICHIUM.

DELION, ou DELIUM Ville ancienne de la Grece, dont il ne reste plus que le nom. Plutarque en parle dans la Vie d'Alcibiade, & en celles de Lyſander & Sylla. Elle étoit frontiere de l'Attique, dans le Territoire de Tanagra, où les Atheniens furent battus. On y voïoit un Temple celebre dédié à Apollon. Strabon[d] la met à trente ſtades du Port d'Aulide. Cette ville a été renommée par la genereuſe action du Philoſophe Socrate, qui aiant perdu son cheval au combat qui fut donné près de là, & voiant Xenophon fils de Grillus tombé du ſien, l'emporta pendant quelques ſtades sur ſes épaules, jusqu'à ce que les Atheniens ſes compatriotes qui avoient pris la fuite ſe fuſſent arrêtez, & par ce moyen il ſauva Xenophon qui avoit été son Diſciple.

§. Ce n'étoit d'abord qu'un Temple bâti sur le modelle de celui de Delphes; mais on y bâtit une bourgade que Ptolomée compte entre les lieux écartez de la mer quoiqu'il en fût proche comme il paroit par un paſſage de Tite Live[e] ainſi ce n'étoit pas une ville, mais une bourgade (*Oppidulum*) comme le dit très-bien Cellarius[f].

LA DELIVRANDE, ou Nôtre Dame de la Delivrande. Lieu de devotion où l'on voit souvent un fort grand concours de monde.[g] C'est une Chapelle située à un quart de lieuë de la Mer près de Languerune, à une lieuë de Bernieres, à deux d'Eſtrehan, à trois de Caën, & à neuf ou dix du Havre. Elle dépend du Chapitre de Bayeux, dont elle est éloignée de six lieues, & est gouvernée par un Chanoine de cette Cathedrale. Cette Chapelle est bâtie en croix, & deſſervie par les Prêtres d'un Seminaire Epiſcopal de Bayeux que l'on y a établi. On y dit la Meſſe à cinq Autels, dont le principal est orné de beaucoup d'Argenterie. Treize lampes d'argent brûlent dans cette même Chapelle. Les Peres de Saint Lazare ont une Maiſon en ce lieu-là, où l'on en voit une centaine d'autres pour les habitans, & pluſieurs Hôtelleries qui dépendent de la groſſe Paroiſſe & Seigneurie de Douvres, dont l'Egliſe est dediée à S. Romain. Sa Tour porte une Pyramide de pierre fort haute, d'où l'on découvre bien loin ſur la Mer.

DELLES. Nom que les Anciens donnoient à deux Lacs d'une profondeur extraordinaire[h] qui ſont en Sicile, proche de la ville de Catane. On les a appellez depuis Crateres. Les premiers habitans de cette Iſle ont crû que ces Lacs dont l'étenduë n'est pas grande étoient conſacrez aux Dieux Paliques, à cauſe que c'étoit par leur ouverture que ces Dieux étoient ſortis de la terre. Eſchyle qui, ſelon Diodore de Sicile, est le premier des Poëtes qui ait parlé d'eux, dit que Jupiter aiant fait violence à une Nymphe, elle s'abima dans la Terre, craignant la jalouſie de Junon, & qu'au tems de l'enfantement elle mit au monde deux freres que l'on appella *Palicii*, comme étant entrez dans la Terre, & en étans enſuite ſortis. Le même Diodore rapporte que les Dieux Paliques avoient un Temple en Sicile très-reſpecté & très-ancien; qu'il y avoit dans ce Temple deux baſſins d'eau bouillante & ſouffrée, très profonds, toûjours pleins, ſans ſe déborder; & qu'on y faiſoit des Sermens ſolemnels. Les parjures y étoient punis ſur le champ par quelque ſuplice redoutable. Quelques-uns y perdoient la vûë, de ſorte que ces Sermens terminoient les cauſes les plus difficiles. Ce Temple ſervoit auſſi d'azyle aux Eſclaves que leurs Maîtres opprimoient, les Maîtres n'oſant violer le ſerment qu'on les obligeoit d'y faire de les traiter plus humainement. Macrobe témoigne qu'on nommoit *Delli* les deux baſſins où ſe faiſoient les Sermens. Voiez PALIQUE & ACADINE.

DELLI ou DELLY. Voiez Dehli.

DELMATÆ } Voiez DALMATIE.
DELMATIA }

1. DELME, Bourg de la Lorraine entre[i] Mets & Marſal ou plutôt entre Hauboudange & Pont-à-Mouſſon. Il est du Bailliage de l'Evéché de Mets. On[k] croit que ce lieu est le même. Ed. 1705.

---

[a] Notit. Germ. inf. Pars altera Pt 43.

[b] *Sandenſis.*

[c] *Gale in ant. itiner. p. 25.*

[d] L. 9.

[e] L. 35. c. dern.

[f] Geog. ant. l. 2. c. 13.

[g] Corneille Memoires dreſſez ſur les lieux

[h] Danet, Antiquitez Gr. & Rom.

[i] *Sanſon Atlas.*

[k] *Baudrand*

DEL.

même que l'*Ad Duodecimum* des anciens.

2. DELME. [a] Riviere d'Alemagne qui coule dans la Basse Saxe. Elle arrose la ville de Delmenhorst à laquelle elle communique son nom, & va se jetter ensuite dans le Weser.

DELMENHORST, [b] Ville d'Alemagne, capitale du Comté de ce nom, en Latin *Delmenhorstum*. Elle est située sur la riviere de Delme, & défenduë d'une Citadelle. C'est un beau Château qu'Othon, Comte d'Oldenbourg, fit bâtir en 1247. Il est couvert d'une très-bonne fortification de gason, fort reguliere & muni d'un grand nombre d'artillerie. Le Comté de Delmenhorst qui n'a guere que six lieuës de long & trois de large, confine avec celui d'Oldenbourg, le Duché de Bremen & l'Evêché de Munster. Outre la ville dont il a tiré son nom, il y a encore Horsten & Westerbourg. Il passa de la Maison d'Oldenbourg en celle d'Hoyen par alliance, & depuis il appartint diversement à l'Archevêque de Breme, & aux Evêques de Munster, qui l'ont tenu plus de soixante ans. Enfin l'an 1547. Antoine, Comte d'Oldenbourg, qui y avoit de vieilles prétentions, surprit la ville de Delmenhorst, & Antoine l'un de ses fils en fut Comte après lui. Le Roi de Danemarck en est le maître depuis l'an 1667.

DELMINIO, Delmino, Denna, Dalmana, Damna, Damnio: en Latin *Dalminium*, *Delminium*, *Dalmium* & *Delminum*, ancienne Ville de la Dalmatie. C'étoit autrefois une place fort importante & la Capitale de tout le Pays auquel elle donna son nom. Ce n'est presque plus rien à présent & le P. Briet dans ses Paralleles a raison de l'apeller *magna urbis tenue vestigium*. Ce lieu est à présent sous la Domination du Turc dans le Beglerbeglic de Bosnie selon Sanson [c] & dans l'Herzegovine à l'Occident Meridional & à quatre lieues & demie d'Allemagne de Fochia sur le Drin selon Mr. de l'Isle.

DELMONT. Voiez Delsperg.

DELOS, [d] Isle de la mer Egée, l'une des Cyclades, celebre chez les Poëtes par la naissance d'Apollon & de Diane. Elle est apellée par les Grecs *Dili* au pluriel, parce qu'ils comprennent sous le même nom l'Isle de *Rhenea*, qui de loin semble ne faire qu'une même Isle avec *Delos*. Ils apellent cette derniere la grande *Delos*, & l'autre qui est la veritable, la petite *Delos*. La premiere a peu de masures, & a suffisamment de bonnes terres pour être cultivée comme elle l'est par ceux de l'Isle de Micopé; mais la veritable *Delos* a tant de ruïnes, qu'elle ne peut rien produire. Ainsi elle n'est habitée que de liévres & de lapins, qui y multiplient de telle sorte, que cela lui fit donner anciennement le nom de *Lagia*, le mot Grec *Lagos*, voulant dire un liévre. C'étoit peut-être pour cette raison qu'on n'y souffroit point de chiens, puisqu'ils en auroient éteint la race, & que l'Isle de *Delos* étant un lieu sacré, les bêtes mêmes y devoient rencontrer un sûr azyle. On lui donna aussi le nom d'*Orygia*, comme qui diroit l'Isle des Cailles, parce que, selon le sentiment de Solin, c'étoit-là que les premieres cailles avoient été vuës. On n'y en voit plus présentement, parce que la terre n'y produisant plus de grains faute d'habitans, ces oiseaux se sont retirez dans les autres Isles. Herodote dit que cette Isle étoit fertile en palmiers, & il n'y en a pas un seul aujourd'hui; mais seulement quelques Lentisques. *Delos* a reçû ce nom d'un mot Grec, qui signifie paroître, parce que selon le témoignage de quelques Auteurs, elle parut la premiere des Isles Cyclades, après l'écoulement des eaux du deluge qui arriva dans le siécle d'Ogyges, longtems avant celui de Deucalion; mais c'est une Fable mal inventée, supposé même que ces deluges particuliers eussent pû enfler la mer d'une maniere sensible, puisque les eaux venant à se retirer, *Delos* auroit plutôt été des dernieres à paroître, étant beaucoup plus basse qu'Andros, Tiné, Miconé & Naxos. Les Poëtes ont dit que Latone étant grosse du fait de Jupiter, & fuyant par tout le monde la colere de Junon, elle avoit osé paroître la premiere fois en ce lieu-là, d'où l'Isle avoit pris le nom de *Delos*. Ce fut pour servir à ses couches que Neptune eut ordre de Jupiter d'arrêter cette Isle qui étoit flotante, après que la tempête l'eut détachée de la Sicile. La jalousie de Junon avoit fermé le Ciel à Latone, & la Terre avoit juré de ne la point recevoir, de sorte qu'il ne lui restoit plus que cette Isle, qui n'étant point encore formée lorsque ce serment fut fait, n'étoit point obligée de la garder. Latone y fut donc reçuë, & la naissance d'Apollon & de Diane qu'elle mit au monde rendit ce lieu si fameux, que toutes les Isles d'alentour y envoyoient des hommes pour assister aux solemnitez & aux sacrifices qui s'y faisoient, & des filles pour y danser & pour y chanter, car ces sacrifices étoient toujours accompagnez de danses, de Musique & d'Instrumens. Les Atheniens dédierent cette Isle à Apollon, ordonnant en son honneur une Fête solemnelle de cinq en cinq ans. Avant cette dédicace on avoit accoûtumé d'y faire de grandes Fêtes ausquelles se trouvoient les Ioniens, & plusieurs autres Peuples avec leurs femmes & leurs enfans. Ils y faisoient des combats, des lutes, & divers autres exercices, avec toutes sortes de jeux d'Instrumens; mais ces exercices cesserent depuis. Ainsi l'on n'y vit plus que des Joueurs d'Instrumens que les Atheniens & les habitans des autres Isles voisines y menoient aux grandes solemnitez. Ensuite les Atheniens y rétablirent les anciens exercices, ausquels ils ajoûterent la course des chevaux qui n'y avoit jamais été pratiquée.

Stephanus attribuë le nom de *Delos*, qui veut dire Manifeste, à l'Oracle de cette Isle qui faisoit paroître au jour les choses dont l'on s'informoit, & qui sans cela seroient demeurées ensevelies dans l'obscurité. Aristote dit que l'Isle de *Delos* fut nommée ainsi, parce qu'elle vint à paroître tout d'un coup hors de la mer; ce qui n'est pas invraisemblable, s'il est vrai, comme l'on n'en doute pas, que les tremblemens de terre ont souvent élevé des montagnes dans une plaine, & poussé hors de la mer des terres qu'on n'y avoit point encore vuës. Il étoit défendu d'ensevelir ou de brûler les Morts dans cette Isle. On les portoit tous dans celle de Rhenia. M. Spon [e] qui a voulu voir les Antiquitez de *Delos*, raporte qu'il n'eut pas plutôt fait cinquante pas du

[a Corn. Dict.]
[b Ibid. Le Laboureur Voiage de la Reine de Pologne. Aussfret. Geogr. T. 3.]
[c Atlas.]
[d Corn. Dict.]
[e Voiage de Dalmat. & de l'Archipel.]

petit

petit Port où l'avoit porté la Felouque dans laquelle il s'étoit embarqué avec M. Wheler, qu'ils trouverent onze colomnes debout, sans chapiteaux, & quelques autres renversées par terre. Les habitans des Isles voisines tiennent par tradition que c'étoit le Gymnase ou les Ecoles; & en effet assez près de là ils découvrirent une Inscription qui faisoit mention d'un Gymnasiarque, ce qui serviroit à confirmer cette opinion, si étant allez dans un lieu plus écarté ils n'en avoient découvert une autre où il étoit aussi parlé d'un Gymnasiarque. Tout ce qu'on peu inferer de là, c'est qu'il y avoit un College dans cette Isle. On dit que la plûpart des Corsaires Chrétiens l'apellent encore *les Ecoles.* Les deux Recteurs qui sont nommez dans ces Inscriptions étoient Atheniens, & l'on sait qu'Athenes a été long-tems en possession de *Delos.* Ce qui doit surprendre c'est qu'elles sont dédiées, l'une à Mithridate Evergetes, & l'autre Mithridate Eupator, Rois de Pont, dont le dernier fut vaincu par Pompée, bien qu'on lise dans Strabon que les Generaux d'un de ces Rois saccagerent *Delos*, & la mirent au pillage. A cinquante pas de là on remarque un lieu qui servoit aux Naumachies ou combats de mer qui se faisoient pour le divertissement du Peuple. C'est un ovale de trois cens pieds de long & de deux cens de large, revêtu d'une muraille de quatre ou cinq pieds de haut, autour de laquelle paroissent encore trois ou quatre colomnes sur pied, ce qui donne lieu de croire qu'il y en avoit une rangée qui l'environnoit, soit qu'elles servissent d'un simple ornement, soit qu'elles y eussent été placées pour attacher les petits bâteaux que l'on y faisoit combattre, le lieu n'étant pas capable d'en porter de grands. Après qu'on a passé un peu plus avant sur ces debris, on se trouve sur le plan du Temple qui avoit été bâti pour Apollon. On le connoît parce qu'on y voit sa statuë couchée par terre, & presque reduite à un tronc sans forme. C'étoit un vrai Colosse, plus haut quatre ou cinq fois qu'un homme ordinaire. Selon les mesures que les Voiageurs curieux en ont prises, la largeur de ses épaules ensemble est de six pieds, & le tour de la cuisse vers le milieu environ de neuf. Les deux jambes & une partie des cuisses manquent à cette statuë, ce qui empêche qu'on en puisse savoir la hauteur au juste, outre qu'un Provediteur de Thiné lui fit scier le visage il n'y a pas fort long-tems, voiant que la tête étoit une masse trop pesante, pour la faire emporter dans son vaisseau. Quoi qu'on sache par les écrits de divers Auteurs que la statuë de Diane a été aussi à *Delos*, on l'y cherche aujourd'hui inutilement.

M. Spon dit qu'il trouva seulement proche de là une piece de statuë qu'il crut être d'un Centaure. La sculpture lui en parut merveilleuse. A quelques pas de là il vit un demi corps de femme, dont la draperie étoit l'ouvrage d'une main aussi délicate que celle qui avoit fait le Centaure, & cela lui fit penser que les deux pieces n'en avoient autrefois fait qu'une, & qu'elle representoit Nessus qui enlevoit Dejanire, ce qui ne convenoit pas mal à l'ornement de Temple, puisque les Centaures étoient consacrez à Apollon, comme on l'apprend par les Types de differentes Medailles, & particulierement de Galien. D'un autre côté du Temple on voit encore quatre troncs de marbre qu'on auroit peine à prendre pour des lions, si les voisins de cette Isle ne se souvenoient de les avoir vûs sur pied, & plus entiers qu'ils ne sont. Le lion étoit aussi dédié à Apollon, & quand les Perses vouloient representer le Soleil ils le dépeignoient avec un visage de lion, parce que lorsqu'il est entré dans ce Signe, il a plus de force qu'il n'en a dans tous les autres. Entre la mer & le Temple regnoit un beau portique de marbre du côté qui regarde l'Isle de Rhenia. C'est-là principalement qu'il reste une quantité prodigieuse de grands quartiers de marbre, de pieces de colomnes & de frises entassées les unes sur les autres. Les colomnes qu'on y voit sont la plûpart cannelées par le haut, & taillées à facetes par le bas. On ne remarque plus dans cette confusion que deux ou trois chapiteaux d'ordre Corinthien, le reste qui devoit accompagner les colomnes aiant été enlevé par les vaisseaux Turcs ou Chrétiens qui sont venus aborder à l'Isle depuis qu'elle a été abandonnée. Les Rois de Grece avoient contribué aux frais d'un si magnifique ouvrage, & il n'en faut point d'autre preuve que le nom de Philippe de Macedoine, & celui d'un autre Roi apellé Dionysius Eutyches qu'on lit, le premier sur une grande frise, & l'autre sur un marbre semblable. Joignant le Temple ou peut-être dans son enceinte on voit une grande pierre à demi enterrée sur laquelle on lit quelques mots, qui apprennent que les habitans de l'Isle de Naxos avoient dédié à Apollon quelque Statuë ou quelqu'autre Monument à Delos, dont ce marbre étoit la base. Au pied du mont apellé *Cynthius*, qui est au milieu de l'Isle, on voit de même un très-grand nombre de marbres & de pierres qu'on peut juger être des débris de la ville. C'étoit-là qu'elle étoit placée, selon la description que nous en font les Auteurs, & particulierement Strabon, qui donne une fort grande hauteur à cette montagne. Cependant ceux qui ont été sur les lieux assûrent qu'elle n'a que vingt ou trente toises de hauteur. Ce petit mont Cynthius, qui a donné le surnom de Cynthien à Apollon, est tout de marbre granite assez approchant de celui d'Egypte, sans qu'il paroisse qu'on en ait jamais tiré. On voit des masures sur le haut comme s'il y avoit eu quelque Temple. Entre cette colline & la mer, du côté qui regarde l'Isle Rhenia, étoit un Theatre de marbre, des degrez duquel il reste encore une partie. Il y a un peu plus que le demi-cercle avec les angles exterieurs qui rentrent en dedans. Son diametre en y comprenant l'épaisseur des degrez est de deux cens pieds. Sur le derriere sont placées aux côtez deux especes de tours massives qui ont trente pieds de long & dix-huit de large, & sur l'endroit de la Scene se découvrent en terre neuf voûtes séparées chacune par une muraille. On croit que ce sont des citernes, parce qu'on remarque en quelques-unes un conduit qui y portoit l'eau de pluïe. L'Isle de Delos apartient au Turc, & on l'apelle presentement *Sdile.*

DELOS MINOR ou la PETITE DELOS

DEL. DEL. 73

^a ancienne Ville nommée plus communément PUTEOLI. C'est aujourd'hui PUZZOL. Voiez ce mot.

DELPHES, ^b Ville de Grece dans la Béotie, celebre par le temple d'Apollon & par ses Oracles. Des Savans prétendent que ce nom lui fut donné du mot Phenicien *Dolphin* qui signifie Prophéte. Quelques-uns le dérivent de Delphus fils d'Apollon. Diodore de Sicile dit que la premiere decouverte de cet Oracle est duë à un Pasteur^c, (& Plutarque nomme ce Pasteur Coretas.) Ce Pasteur voiant que des chevres qu'il menoit paître jettoient des cris extraordinaires toutes les fois qu'elles s'aprochoient d'une certaine ouverture qui étoit en ce lieu-là dans la terre & voulant en voir la cause, surpris par des exhalaisons qui sortoient de l'ouverture, prononça des predictions que l'on éprouva veritables. Cela étant sû dans le Pays quantité de personnes curieuses de l'avenir, coururent vers cet endroit & s'entredonnerent des reponses sur les demandes qu'elles se faisoient. Comme l'ouverture de la fosse étoit dangereuse & que plusieurs que la fureur agitoit tomboient dedans, sans qu'on les revît jamais, on crut devoir choisir une femme qui rendroit reponse à chacun, & lui élever une machine de dessus laquelle elle pourroit être inspirée sans danger & repondre à ceux qui la consulteroient. Et comme cette machine posoit sur trois appuis, on la nomma Trepié & ce riom a été conservé aux trepiez d'Airain. On choisissoit d'abord des filles à l'honneur de Diane pour prononcer les Oracles d'Apollon son frere; mais un certain Echacrates de Thessalie aiant enlevé une de ces filles qui l'avoit charmé par sa beauté, on n'en destina plus à cet office qui n'eussent au dessus de cinquante ans. Cet oracle fut dans la suite le plus renommé par toutes les nations de la terre, après quoi il tomba dans le mépris. On y voioit croître ou decroître son merite selon le degré de la superstition du peuple, ou de l'industrie des Prêtres. Ciceron ^d met les oracles de Delphes au rang des fourberies les plus grossieres & les plus avilies par un long décri. Apollon après avoir repondu en vers pendant plusieurs siecles, revint à la prose pour fermer la bouche aux plaisans qui disoient que le plus mauvais de tous les Poëtes c'étoit le Dieu de la Poësie. Les Phocéens, comme maîtres du temple de Delphes, avoient la prérogative de consulter l'oracle avant tous les autres & les Grecs faisoient grand cas de ce droit comme il paroît, au raport de Thucydide, dans le premier article d'une Paix conclue entre les Atheniens & les Alliez de Lacedemone. On voit dans Euripide, dans Plutarque & dans Pausanias, la dévotion singuliere que les Grecs avoient d'enrichir & d'orner de leurs presens le temple de Delphes. Herodote parle d'une statue d'or qu'il place près de la statue Colossale que les Grecs selon l'usage érigerent dans ce temple de la riche dépouille qu'ils avoient remportée sur les Perses. Les Phocéens pour soutenir la guerre que les Grecs nommerent sacrée, parce qu'ils s'étoient armez contre eux pour les punir de ce qu'ils avoient labouré les terres consacrées à Apollon, enleverent les Vases sacrez & tous les dons precieux que la pieté des Rois & des peuples avoit dediez au temple de Delphes. Les sommes qu'ils en retirerent à diverses fois montoient à plus de dix mille talens, c'est-à-dire à plus de six millions d'or de notre monnoie (de France.) Suidas, Cedrene & divers autres Auteurs raportent que vers le temps de la naissance du Sauveur du Monde, ce fameux oracle d'Apollon devint muet & qu'Auguste étonné de ce silence reçût pour reponse que l'Enfant Hebreu, Dieu des Dieux, l'avoit chassé de son trône. (Sur ce qui regarde cet oracle lisez l'Histoire des Oracles par Mr. de Fontenelle, & la Critique qu'en a faite le P. Baltus Jesuite.) Delphes n'est plus aujourd'hui qu'un amas de ruines sur lesquelles on a bâti un petit Village apellé CASTRI, au pied du mont Parnasse entre Salone & Livadia, à quatre ou cinq lieues de ces deux places.

§. Quoique DELPHES soit le nom le plus commun de cette Ville, les anciens & sur tout les Grecs la nommoient aussi PYTHO^e, PYTHON, & PYTHIA ^f. Ce dernier nom est dans Ptolomée ^g qui distingue mal à propos *Delphes* de *Pythia*. On pourroit dire pour l'excuser que la partie de la ville où étoit le temple étoit particulierement appellée *Pytho* ou *Pythia*, mais la diference de 6. d. 30′. de longitude est une trop grande distance & ne s'accorde point avec ce sentiment. Le temple étoit au haut de la ville ou pour mieux dire au sommet de la montagne & la ville étoit sur la croupe de la même montagne selon Strabon ^h. Les Anciens Grecs croioient que Delphes étoit le milieu de la Grece, & même de toute la terre ⁱ, & Tite-Live en parle dans ce sens là ^k. Cette imagination qui est fausse & dont une plus saine Géographie nous fait à present sentir le ridicule étoit fondée sur des fables. Les Payens pretendoient que Jupiter aiant voulu savoir où, étoit le milieu de la terre s'avisa de lâcher en même temps deux Aigles qui partirent l'un de l'Orient, l'autre de l'Occident & que le point où ils se rencontrérent étoit Delphes. Le Poëte Claudien a exprimé cette fable dans le Prologue du Panegyrique de Mallius Theodore. Ce ne sont pas seulement les Grecs qui ont cherché un milieu à la Terre, les anciens Chrétiens & les Juifs, à l'envi des Grecs, ont voulu deferer cet honneur à la Montagne du Calvaire. Chercher le milieu de la superficie d'un Globe c'est vouloir trouver la droite ou la gauche d'une Colomne. Voiez Cellarius ^l qui refute cette pretension chimerique. Delphes a été le siége d'un Evêché suffragant d'Athénes sous le Christianisme, si nous en croions Mr. Baudrand. Mais je n'ai trouvé aucune trace de cet Evêché ni dans les Notices que j'ai consultées, ni dans aucun Ecrivain Ecclesiastique.

DELPHICUM TEMPLUM ou *le Temple de Delphes*. Ce nom a été donné autrefois à un lieu maritime de la Gaule Narbonnoise selon Strabon cité par Mr. Baudrand ^m. On le nomme à present LES TROIS MARIES, ou saintes Maries, ou Notre Dame de la mer; Village à l'Orient du Gras d'Orgon sur la côte de Provence dans la Camargue.

DELPHINI PORTUS Village, avec un port de mer & une Forteresse sur la côte de Génes. Voiez PORTOFIN.

DELPHINION, ou DELPHINIUM, quartier

a Ortel. Thesaur.
b Carn. Dict.
c L. 16.
d L. 2. de Divin.
e Pausan. in Phœnic.
f Homer. Catal. v. 26.
g L. 3. c. 15.
h L. 9.
i Strabo l. c. Pindar. Pyth. 6. Carm. Eurip. Ion. v. 223. & 461. Sophc. Oedip. Tyr. v. 488.
k l. 38. c. 47.
l Geog. ant L. 1 c. 4.
m Ed. 1682.

DEL. DEL. DEM.

a Plutarc. in Thesco.
tier de la Ville d'Athenes où étoit la maison d'Ægée [a]. Il étoit ainsi nommé à cause du temple d'Apollon Delphinius. L'Auteur du grand Etymologique [b] dit que certains Candiots étant agitez sur mer par une tempête furent sauvez par Apollon qui s'apparut à eux en forme de Dauphin & les guida jusques en Attique & en memoire de ce bienfait, ils firent bâtir un temple à Apollon qu'ils surnommerent *Delphinius*.

b V. les Notes de Meziriac dans le Pldtarque de Mr Dacier. T. 1. p. 30.

DELPHOLANDIA nom Latin du DELFLAND.

DELPHORUM PORTUS. Voyez DELFSHAVEN; en Hollande.

DELPHORUM PORTUS, nom Latin d'un port sur la côte Occidentale de Groenlande. Mr. Baudrand le traduit, par DELFSCHE HAVEN & Mr. de l'Isle par le Havre de DELST. C'est apparemment une faute du Graveur qui a mis une *f* pour une *s*. Car les Hollandois qui ont ainsi nommé ce lieu, songeoient alors à la ville de Delft en Hollande, de même qu'ils donnerent à un autre port voisin le nom de la Brille, ville peu distante de Delft en Europe.

1. DELTA nom d'une Lettre de l'Alphabet Grec laquelle s'écrit ainsi Δ. Ce qui a donné lieu aux Anciens de nommer *Delta* des Cantons ou même des villes de figure triangulaire. Le nom de *Delta* [c] se donne principalement à la basse Egypte, enfermée entre la mer Mediterranée qui fait un des côtez du triangle, & les deux bras exterieurs du Nil qui font les deux autres & dont l'angle meridional est au Caire. Le côté maritime est une ligne plus courbe encore que les deux autres, & le Delta n'est pas à present fort regulier, mais outre que la mer y peut avoir fait de grands changemens, en tant de siecles, une legere ressemblance a dû suffire & ces irregularitez sont bien diminuées dans un grand espace. Voici les villes du Delta & leurs distances selon Antonin [d].

c Strab. L. 17.

d Itiner.

Pelusio.		
Heracleopolim.	M. P.	XXIV.
Tanin.	M. P.	XXII.
Thmuin.	M. P.	XXII.
Cyno.	M. P.	XXV.
Tavam.	M. P.	XXX.
Andron.	M. P.	XII.
Nithine.	M. P.	XII.
Hermupolim	M. P.	XXIV.
Cercu	M. P.	XXIV.
Alexandriam.	M. P.	XX.

Ces villes, qui étoient des *Nomes* ou Jurisdictions, se trouvent dans le *grand Delta*. Je l'apelle ainsi, à cause de la distinction que fait Ptolomée du Delta dont la pointe superieure est proche Memphis & la base depuis Canope jusqu'à Peluse, ce qu'il apelle le grand Delta. Il apelle *petit Delta* l'espace compris entre le bras du Nil qui couloit à Bubaste & que les anciens nommoient *Bubasticus fluvius*, & celui qui couloit à Busiris que les mêmes anciens apelloient *Busiriticus fluvius*. Il ajoute encore un troisieme *Delta* formé par le fleuve Bubastique d'un côté & par l'Athribirique de l'autre. Mais le second & le troisieme Delta ne sont presque point d'usage & lorsque les Historiens & les

Géographes parlent du Delta, il faut presque toûjours l'entendre du grand Delta. Comme ce grand espace est tout entrecoupé de canaux larges & profonds, il est aisé d'imaginer autant de triangles que l'on voudra dans un grand que l'on partage à volonté. Voiez aux mots NIL & EGYPTE [e]. Etienne le Géographe dit que les Egyptiens nommoient ce Pays PTI-MYRIS, & Guillaume de Tyr dit que les Egyptiens de son temps le nommoient MAHELECH.

e Ortel. Thesaur.

2. DELTA, Ptolomée semble faire une Ville de ce nom dans le grand Delta, au jugement d'Ortelius [f] qui conjecture que ce peut être aujourd'hui MENUTI.

f Thesaur.

3. DELTA, Josephe [g] semble donner ce nom à un des quartiers de la ville d'Alexandrie.

g 2 De bello Jud. c. 11.

4. DELTA, selon Xenophon, ou DELCON selon d'autres; Bourg situé à une journée de chemin de Bysance. On le nomme aujourd'hui DERCON selon Pierre Gilles dans sa description du Bosphore. Athenée [h] parle d'une Riviere nommée *Delcon* dans laquelle on pêchoit une sorte de poisson nommée *Delconus* du nom de la riviere, & qui étant mis en saline étoit un manger fort stomacal. Ortelius croit que cette Riviere pourroit bien avoir coulé près du bourg *Delcon* ou *Delta*.

h L. 3.

5. DELTA, Isle située à l'embouchure du fleuve Indus, qu'elle partage en deux, selon Arrien. Les habitans la nommoient *Patala*, selon Ptolomée & Pline. C'est aujourd'hui l'Isle de DIOU qui appartient aux Portugais.

i Ortel. Thesaur.

6. DELTA, Ville de Syrie, selon Etienne le Géographe.

7. DELTA, Village du territoire de Corinthe, selon Pausanias.

DELTHANII, Ville du Peloponese, entre les Lacedemoniens & les Messeniens, selon Etienne le Géographe.

DELVINO, Bourg de l'Epire & il en est la principal selon Sophien. Il n'est qu'à demie lieue de la Bastie & sert de demeure au Sangiac de la Province. Mr. Corneille, de qui est cet article, se trompe pour la distance qui est de plus de dix-lieues entre Delvino & la Bastie [k].

k Atlas de De l'Isle.

1. DELUS, Ville autour de la Cilicie, selon Strabon [l].

l L. 14.

2. DELUS, lieu ou montagne de la Béotie, une tradition populaire vouloit qu'Apollon fût né en cet endroit, comme le raporte Plutarque [m].

m in Pelop.

3. DELUS. Voiez DELOS.

DEMARARI, Riviere de l'Amerique septentrionale. Elle se décharge dans la mer à onze lieues de celle de Berbice vers le Nord-Ouest & à sept degrez de latitude Nord. Son embouchure est assez profonde & rien n'empêche les navires d'y entrer; mais les Sauvages demeurent si avant dans le pays, qu'il est mal aisé d'avoir commerce avec eux.

Corn. Dict.

§. Cet Article est tiré de la Description des Indes Occidentales de Laet, l. 17. c. 16. Il falloit dire de l'Amerique meridionale qui n'est pas séparée de l'Amerique septentrionale par la Ligne, mais par l'Isthme de Panama. Cette Riviere qui doit être dans le voisinage de Surinam est négligée dans les Cartes de Mr. de l'Isle.

DEM-

DEM.

[a De l'Isle Atlas.]
DEMBOWITE, ou plutôt DEMBROWITZ [a] ou DEMBROWITZA Riviere de la Walachie. Elle coule entre les Rivieres de Jalonicz au Nord-Ouest & de Tiska au Couchant. On la nomme aussi la RIVIERE D'ARGISCH parce qu'elle a sa source au-dessus d'Argisch, à l'Orient de Sidoüa sur les Frontieres de Transsilvanie. Elle passe à Argisch g. à Dembrowitz d. & à Buchoreste ville où est la residence de l'Hospodar, au dessous de laquelle elle se perd dans le Danube, à cinq lieues d'Allemagne.

[b Ibid.]
DEMBROWITZ [b] Bourgade de Walachie, située sur la riviere de même nom. A environ six lieues d'Allemagne & au midi de Targowitz; à six lieues & demie d'Allemagne & au Nord-Ouest de Buchoreste. Ce Bourg donne le nom à toute une étendue de païs aux environs.

[c Homan Atlas.]
DEME [c] Petite riviere de la Prusse Ducale; ce n'est qu'une coupure qui se charge d'une partie des eaux de la Pregel Riviere qui tombe à Königsberg dans le *Frisch-Haff* & les porte dans le *Curische Haff*, ce qui établit une communication très-utile entre ces deux mers, sans entrer dans la mer Baltique. Cette Riviere separe à l'Occident la Nadrovie, de la Samlandie, mais vers le milieu de sa course, elle laisse à l'Occident une lisiere de la premiere de ces Provinces.

[d La Croix relat. de l'Afrique T. 1. part. 1. Sect. 2.]
DEMENSERE ou TENSARE, montagne d'Afrique [d] dans le Roiaume de Maroc. C'est une partie du mont Atlas aussi-bien que le mont d'Aidvacal, Elle commence où celle-ci finit & s'étend vers l'Orient jusqu'à la montagne de Nefisse separant en partie la Province de Hea de celle de Sus.

§. Les Cartes nomment simplement *Dèmen* cette montagne. *Serre* ou *Sere* veut dire en general une montagne, les Espagnols disent *Sierra*. Mr. de l'Isle marque celle-ci sans la nommer, à 30. d. de latitude septentrionale.

[e De l'Isle Atlas.]
DEMER Riviere des Pays-bas [e]. Elle a sa source dans la Campine Liegeoise à l'Occident de Mastricht ; & passe à Munster-bilsen, à Hasselt, à Herkenrode & au-dessous elle est grossie par la rivieres de Magel d. & par les deux rivieres de Géete réunies dans un même lit, & par celle de Velpe g. delà elle coule à Diest, à Sichen & à Alost, après quoi elle perd son nom & ses eaux dans la Thille, Dile, ou Deyle.

DEMERARI Riviere de la Guiane. C'est la même que DEMARARI.

DEMEROSESA ancienne ville de la grande Bretagne selon l'Anonyme de Ravenne. Mr. Gale conjecture que c'est DUMFRIES.

[f Baudrand.]
DEMETES, en Latin *Demetæ*, *Dimetæ*, [f] ancien peuple de la Grande Bretagne. Ils étoient le long de la mer d'Irlande bornez par les Silures au Levant & les Ordovices au Nord. Ainsi ils occupoient ce que l'on nomme aujourd'hui les Comtez de Cardigan, de Pembrock & de Caermarthen. *Maridunum*, à pre

[g Britt. Parall. 2. part. l. 2. c. 4.]
sent *Caermarthen*, étoit leur Capitale [g]. Les autres lieux de ce peuple étoient : *Lymnos*, *Isle* ou *Selymnos* la deserte, nommée ensuite *Lymeneia*, en Anglois *Ramsay*, en Breton *Lymen*; *Loventinum*, nommé ci-devant *Elmelin*. Leur pays étoit arrosé par la Riviere *Tuberonius*, ou

Tom. II.

DEM. 75

Tuberobis que les Ecrivains modernes nomment en Latin *Tibius*, en Anglois *Tivy* ou *Tive*. Le Promontoire *St. Davids Head*, en François le Cap de St. David, étoit alors nommé *Octopitarum Promontorium*. On l'apella ensuite *Vergimum* ou *Virginium*.

DEMETRIACUS SINUS, ancien nom du petit Golphe de l'ARMIRE qui est au fond d'un autre plus grand nommé le Golphe de Volo sur les côtes de Macedoine. Il étoit anciennement dans la Thessalie.

1. DEMETRIADE, en Latin *Demetrias*, ancienne Ville de Grece dans la Thessalie.[h] Plutarque, qui en parle dans la Vie de Brutus & dans celle de Demetrius, dit que ce dernier lui avoit donné son nom & qu'il l'avoit composée des petits Villages qui étoient autour d'Yolcos. Strabon [i] raporte la même chose, & ajoute que Demetrius Poliorcete (ou le preneur de villes) la bâtit sur la côte de la Mer entre Nelia & Pegases & qu'il y fit venir les habitans des petites Villes voisines, de Nelia, de Pegases, d'Ormenium, de Rhisunthe, de Sepiade, d'Olison, de Boeben, & d'Yolcos qui ne furent plus ensuite que des Villages. Cette ville a été pendant plusieurs années le Havre des Rois de Macedoine ; & a eu sous sa jurisdiction Tempé & les monts de Pelion & d'Ossa. Le même Strabon dit que les Villes de Demetriade, de Corinthe, & de Chalcis étoient les fers dont les Rois de Macédoine se servoient pour tenir la Grece en esclavage. Etienne le Géographe met cette Ville sur le Golphe Pegasétique, c'est ainsi qu'il nomme le Golphe Pelasgique aujourd'hui Golphe de Volo. Ainsi il ne s'écarte point des Géographes qui la mettent dans la Province de Janna sur la côte du Golphe de Volo près de la Forteresse de ce nom. C'est dire la même chose sous divers noms. Demetriade a été le Siége d'un Evêque & le Pere Charles de St. Paul observe que Constantin Evêque de ce lieu [k] souscrivit au Concile de Chalcedoine. Holstenius [l] ajoute qu'André Evêque de Demetriade est nommé dans le Synode du Pape Boniface II. & comme il en tint trois [m], il y a apparence que ce fut au troisième tenu l'an 531. au sujet d'Etienne Evêque de Larisse Metropolitain de Thessalie deposé injustement & qui avoit appellé au Pape. Les Grecs modernes disent DIMITRIADA.

[h Le P. Lubin Tables Geog.]
[i L. 9.]
[k Geog. Sacr. p. 197.]
[l Ibid.]
[m Pagi. Breviar. T. 1. Sæc. VI.]

2. DEMETRIADE, petite riviere de la Janna, à l'embouchure de laquelle étoit située selon Mr. Baudrand la Ville de Demetriade de laquelle il est parlé dans l'Article precedent. Il dit que les anciens la nommoient ANAURUS. Mr. de l'Isle place *Demetrias* dans son ancienne Grece, non à l'embouchure, mais sur le bord septentrional d'une Riviere qu'il nomme *Amphystus*; mais dans sa Carte de la Grece moderne, il met Demetriade sans riviere, à l'Orient d'été de Volo ; ce qui me persuade qu'il ne la regarde pas comme une même ville.

3. DEMETRIADE, Tribu d'Attique selon Plutarque [n]. Il dit qu'elle fut jointe aux dix autres ainsi que la Tribu Antigonide en faveur de ce Prince.

[n In Demet.]

4. §. Le même Historien dit dans la même Vie que Demetrius, après avoir persuadé aux Sicyoniens de rebâtir leur Ville en un endroit plus

K 2

DEM.

plus commode la fit appeller DEMETRIADE.

DEMETRIOFF Ville de l'Empire Russien sur la Dwina dans la Province d'Oustioug, à dix-huit lieues au dessus d'Oustioug Capitale de la Province.

§. Mr. Maty, cité pour garant de cette Ville par Mr. Corneille, n'en parle point, au mot *Demetrioff*, mais bien au mot *Demitrioff*. Il avoit dit fort sagement que c'est aparemment celle que l'on nomme sur les Cartes *Diomitre Navoloft*; c'est en efet la maniere dont ce nom est écrit dans l'Atlas de Sanson qui n'en fait qu'une bourgade. Ce nom lui vient de son Fondateur Demetrius le grand, Czar de Moscovie. Mr. de l'Isle l'omet dans sa Carte de Moscovie.

DEMETRIOWITZ Ville de l'Empire Russien dans le Duché de Smolensko à environ 40. lieues & à l'Orient Meridional de la ville qui donne le nom à ce Duché. Elle est située sur la Riviere d'Ugra qui servoit autrefois de bornes entre la Lituanie & la Moscovie. Demetriowitz appartenoit alors à la premiere de ces deux Puissances. Mr. de l'Isle écrit DEMETRIOWICZ, & lui donne 54. d. de longitude & 52. d. 30'. de latitude.

DEMETRIUM, &.

a Corn.Dict.
Le P. Lubin
Tabl. Geog.

DEMETRIUS[a], Port dont parle Plutarque dans la Vie de Paulus Æmilius. Il étoit dans l'Isle de Samothrace sur la côte Septentrionale près du cap apellé *Demetrium*.

§. Plutarque dans la Vie de Paul Emile ne nomme point ce port Demetrius, mais simplement un port près du Promontoire apellé DEMETRIUM.

☞ DEMIR CAPI. Les Turcs apellent ainsi les lieux où le passage est dificile & où il est mal aisé qu'une armée puisse continuer sa route pour peu qu'on lui fasse de resistance. C'est ce que nous apellons en François *défilé*. Ce nom qui signifie PORTE DE FER est commun à plusieurs lieux. A Derbent sur la Mer Caspienne; à un Passage de l'Anatolie sur le Granique au pied de la montagne de Daumacli entre Loupadi & Beli-Caisser; à quelques Montagnes au Nord du Danube & qui conduisent d'Orsava dans la Walachie; à un Passage où étoit l'ancienne *Ulpia Trajana* & à quantité d'autres lieux qui sont ou qui ont été les frontieres de l'Empire Ottoman.

DEMITRIOFF. Voiez DEMETRIOFF.

b d'Herbel.
Biblioth.
Orient.

DEMLOUEH Château,[b] de l'Arabie heureuse dans le Royaume d'Yemen. Il est situé sur la montagne qui est au septentrion de la Ville d'Aden. Ce lieu est renommé pour sa force, aussi les Rois d'Yemen l'avoient-ils choisi pour y mettre leurs Tresors.

c Topog.
Pomeran.
p. 47.

DEMMIN, Ville d'Allemagne dans le Duché de Stetin en Pomeranie[c]. Quelques Auteurs Allemands écrivent aussi DAMYN ou DAMMIN. Zeyler dont j'emprunte cet article lui donne 37. d. de longitude & 54. d. 3'. de latitude. C'est une ancienne ville située sur la Peene. Elle étoit nommée anciennement DIMIN, & étoit connue long-temps avant l'etablissement du Christianisme en ce Pays là. Elle en reçut les lumieres par les soins d'Otton Evêque de Bamberg l'an 1128. Les guerres de Danemarck qui s'allumerent ensuite ruinerent cette ville qui fut rebâtie en 1191. &

DEM.

reçut les loix d'Allemagne, mais elle soutint encore plus d'un siege. En 1407. le feu en consuma la moitié. On debite que ce fut par un miracle: qu'une servante voulant aller à la Messe avant que de faire son menage, sa maîtresse lui ordonna de faire du feu au nom de cent mille Diables. Ce feu, dit-on, ne se put éteindre avant qu'il eut embrasé la moitié de la Ville. En 1631. le Roi de Suede l'assiegea malgré les glaces & les neiges & la prit par capitulation. Cette Ville est au confluent des Rivieres Tollensée & Trebel avec la Peene. Le Château est détaché de la Ville & placé dans un Marais que l'on passe sur une seule chaussée entrecoupée de plusieurs ponts, de maniere qu'il est presque inaccessible l'été. Les Imperiaux en chasserent les Suedois au mois de Decembre de 1637. par Capitulation; mais en 1639. au mois de Mars ceux-ci en reprirent possession par accord. Demmin est perdu pour la Suede avec la Pomeranie Suedoise.

DEMONA, VAL DE DEMONE ou en Italien VALLE DEMINI ou D'EMONA, Partie la plus Septentrionale & la plus Orientale de la Sicile. Son veritable nom est EMONA,[d] & le D qui en est la premiere lettre n'en devroit être que l'article, mais il est arrivé qu'on l'a confondu avec le nom même & qu'alors cet article disparoissant, il en a falu ajouter un autre; comme il est arrivé à l'ancien mot *en demain*; nous lisons dans les anciens Ecrivains de notre langue *l'endemain*; on a ensuite écrit *lendemain* sans distinction, & enfin on y a ajouté un nouvel article & dit *le lendemain*, & sans sortir des bornes de la Géographie la même chose est arrivée à Dacqs pour Acqs. La Sicile est divisée en trois Parties nommées Vallées. Celle de Demone est la plus considerable, tant à cause qu'elle est la plus voisine d'Italie qu'à cause de Messine la plus importante place de l'Isle. Cette Vallée nommée en Latin *Nemorensis* est bornée au Levant par la mer & par le detroit qui la separe du Royaume de Naples, au Nord par la Mer de Toscane, à l'Ouest par la Vallée de Mazara, & au Midi par celle de Noto. Ses Villes maritimes sont *Catania*, *Tavormina*, *Messine*, *Melazzo*, *Patti*, *Tasa* & *Cifalu*. Ses Villes mediterranées sont *Randazzo*, *Polizzi*, *Mistretta*, *Trahina*, *Nicosia* & *Lingua Grossa*; sans parler d'un grand nombre de Bourgs & de Villages qui ont titre de Principauté, de Comté, & de Marquisat ou de Baronie. Mr. Corneille en donne plusieurs pour des villes qui ne sont que des Châteaux, ou des Bourgs. Il met dans cette Vallée St. Philippe d'Agirone qui est de la Vallée de Noto. En échange Mr. De l'Isle retranche de cette Vallée Catania qui en est aussi-bien que le mont Etna dont elle est voisine. Les autres montagnes considerables de cette Vallée sont au Nord-est *Spreverio Monte*; au Nord-Ouest *Monti Sori*; à l'Ouest *Monte Madonia* & quantité d'autres qui semblent une chaine de colines entrecoupées de delicieuses Vallées. Ses principales Rivieres sont f. di *Traina* ou *Trahina* qui tombe Nord & Sud dans le Dictamo, après s'être chargé du *Cerame*; le *Jaci* au pied de l'Etna; la *Cantara* au Nord-Est de ce mont; & *Fiume di Nisi*;

d Coronelli
Isolar. part.
1. pag. 89.

Nifi; & à l'Oueſt du Fare de Meſſine *Malpurtito*, *Oliveri*, *Fitalia* ou *Zaputto*, *Roſmarini*, *Fradello*, *Furiano*, *Caronia*, *Pollina* groſſi par le *Gerace*. *Fiume Grande*, qui à ſon embouchure ſepare cette Province de celle de Mazzara, appartient à cette derniere Vallée. La Vallée de Demona peut avoir 70. milles du Septentrion au Midi & environ 120. d'Orient en Occident.

DEMONAGE. Molet pretend que c'eſt le nom moderne de Pyrrha de Ptolomée [a]. Mr. Baudrand [b] dit : PYRRHA ville d'Ionie dans l'Aſie mineure à l'embouchure du fleuve Méandre dans la mer Egée ſelon Ptolomée. On la nomme à preſent DEMONAGE ſelon le temoignage de Molet. Dans l'Edition Françoiſe il dit : DEMONAGE, *Demonaga*, *Pyrrha*: c'étoit autrefois une Ville de l'Aſie mineure dans l'Ionie. Ce n'eſt plus qu'un petit lieu de la Natolie à l'embouchure du Madre du côté du Midi. Il faut remarquer 1. que Ptolomée fait Pyrrha de ſix minutes plus Septentrionale que l'embouchûre du Méandre ; quoi que les Cartes que Mercator a dreſſées pour cet Auteur la mettent au Sud de cette riviere ſans expliquer le fondement de ce changement. 2. Que Ptolomée place Pyrrha non pas dans l'Ionie, mais dans la Carie: 3. Nos Voyageurs modernes, entre autres Paul Lucas, qui dans ſon troiſieme Voyage a fait cette route qu'il décrit avec ſoin, n'en font aucune mention.

DEMONNESE, Iſle de la Propontide, en Latin DEMONNESOS. Pline [c] dit qu'elle eſt à l'opoſite de Nicomedie. Etienne le Geographe dit qu'elle eſt aux environs de Chalcedoine & qu'elle a pris ſon nom d'un certain *Demoneſus*. Ce lieu a, dit-il, des mines de Lapis Lazuli [d] & de Borax ou ſoudure d'or [e]. On y trouve un or de grand prix qui eſt bon remede pour les yeux. Il paroît qu'Etienne n'a fait que ſuivre Ariſtote [f] qui parle ainſi : Demoneſe Iſle des Carthaginois a tiré ſon nom de Demoneſe qui la cultiva le premier. On y trouve un metal bleu , & de la ſoudure d'or très-belle , dont un des uſages eſt de guerir le mal des yeux...... Il y a au même lieu une Caverne qu'on apelle *Glaphyra*, dans laquelle il y a des colomnes qui ſe ſont formées des goutes d'eau qui diſtilent & qui ſe congelent &c. Les Interpretes ſe ſont apperçus que dans ce paſſage au lieu de dire des *Carthaginois* il faloit dire *des Chalcedoniens*. La diference de ces deux noms ne conſiſte qu'en trois lettres que les Copiſtes ont pu facilement changer. Et ils ont mis Καρχηδονίων Carchedonion pour χαλκηδονίων Chalcedonion. Heſyche dit qu'il y avoit deux Iſles auxquelles ce nom étoit commun , l'une étoit *Chalcitis*, l'autre *Pityuſa* [g] les place devant Byſance. Thevet dit qu'il y a neuf Iſles Demonneſes au Golphe de Nicomedie, il nomme l'une *Proté*, c'eſt-à-dire la premiere ; l'autre *Bergo* , l'autre *Corbo* &c. Ortelius les traite d'imaginaires. Cependant Belon s'accorde avec Thevet , & raporte qu'aiant été retenu quelque tems entre les Iſles que les anciens nommoient Demonneſes qui ſont au Golphe de Nicomedie en la Propontide & qui peuvent être vues de Conſtantinople, il trouva qu'elles étoient au nombre de neuf ; il nomme les trois premieres *Proto*, *Bergus* &

Corbo; les autres, dit-il , ſont petites & ſans nom particulier. Il eſt même aiſé de voir que Thevet n'a fait que copier Belon. Quelques-uns ne mettent que cinq Iſles Demonneſes qu'ils nomment *Proté*, *Antigone* , *Chalce* où il y a deux couvents, *Charie* & *Printzipos*, ou l'Iſle du Prince à cauſe qu'on y élevoit les enfans des Empereurs.

DENAIN Village de France dans les Païs-bas ſur l'Eſcaut dans le Comté de Hainaut entre Valenciennes & Bouchain. Il n'a rien de remarquable qu'une Abbaye de Chanoineſſes. Mais il occupe un rang dans l'Hiſtoire depuis la bataille que les François y gagnerent en 1712. ſous les ordres du Maréchal Duc de Villars. Les Chanoineſſes [h] de Denain portent un habit blanc avec un ſurplis de toile fine & un grand manteau doublé d'Hermine toute blanche. l'Abbeſſe a le ſien doublé d'une hermine mouchetée. Elles ne font aucun vœu & lors qu'elles ont envie de ſe marier elles n'ont qu'à remercier le Chapitre de l'honneur qu'on leur a fait de les recevoir. L'Abbeſſe a le même Privilege. Ce Chapitre eſt compoſé de dix-huit Chanoineſſes qui pour être reçues ſont obligées de faire preuve d'une nobleſſe de huit quartiers. Cette Abbaye a été fondée par St. Aldebert comte d'Oſtrevan & par Ste. Reine ſa femme niéce du Roi Pepin. Ils donnerent tout leur bien à dix filles qui étoient venues de leur mariage. Elles furent les premieres Chanoineſſes de ce Monaſtere & canoniſées pour leur ſainteté. L'aînée apellée *Rainfroie*, qui en a été la premiere Abbeſſe, en eſt la Patrone. La Souveraineté d'Oſtrevan eſt enfin venue au Roi T. C. comme Comte de Hainaut & ces Chanoiſſeſſes gardent ſeulement le titre de Comteſſes d'Oſtrevan.

DENAT, [i] petite Ville de France dans le Languedoc. Elle eſt cloſe de murailles & appartient à l'Archevêque d'Albi , dans le Dioceſe duquel elle eſt ſituée ſur l'Aſſou [k] à trois lieues d'Albi vers le Midi [l] , dans la Generalité de Toulouſe. Elle a 290. feux.

DENBIGH, Ville d'Angleterre & Capitale de Denbighſhire dans la Principauté de Galles. Elle [m] eſt à 15. miles de Cheſter vers l'Occident & [n] eſt la plus belle de tout le Northwalles. Les Gallois l'apellent CLED-FRIN-IN ROS. Elle eſt ſituée ſur la pente d'un rocher au bas duquel paſſe le Cluyd , à 53. d. 49'. de Latitude ſelon Davity [o] ou à 53. 13'. ſelon Mr. de l'Iſle [o]. Elle eſt entourée [p] de Murailles & fortifiée d'un Château bâti ſous Edouard I. par Henri Lacy Comte de Lincolne. Elle revoye un Député au Parlement. C'eſt [q] une Ville d'un bon negoce pour les Tanneurs & les Gantiers. Mais comme elle eſt bâtie ſur un fond élevé plein de rochers & rempli de pierre de chaux vive, on a remarqué que peu de ſes habitans vivent long-tems. Ce que l'on attribuë à la biere qui s'y fait , laquelle étant braſſée avec l'eau du lieu , participe aux qualitez de cette pierre de chaux-vive qui la rendent mal ſaine , quoi qu'elle ſoit fort claire, & agréable au gout.

DENBIGHSHIRE, Province d'Angleterre dans la partie Septentrionale de la Principauté de Galles. Cette Province [r] aboutit vers le Nord à la mer d'Irlande & au Comté de Flint. Elle

DEN.

Elle est separée à l'Orient de celui de Chester par la Dée. Elle est contigue au Midi à ceux de Montgomeri & de Merioneth, & confine à l'Occident avec celui de Caernavan. C'est un Pays plein de Montagnes & peu frequenté dont les extremitez sont desertes, mais l'interieur est très-fertile. On y trouve des mines de plomb auprès de Moinglath & de Wrexham. Cette Province [a], qui est presque toute dans le Diocese de St. Asaph, a 116. milles de tour & contient environ 410000. arpents, 6398. Maisons, & 57. Paroisses. Le milieu du Pays étant arrosé par la Cluyd est le plus fertile. La partie Occidentale est rendue fertile par les cendres des tourbes brûlées, & fournit quantité de Seigle, de Chevres & de Moutons. Mais la meilleure partie est l'excellente Vallée appellée *Dyffryn Cluyd* qui est longue & très-fertile, habitée par plusieurs Gentils-hommes dont quelques-uns possedent de grands biens. Il n'y a dans cette Province que trois Villes Marchandes,[b] qui sont *Denbigh* Capitale, *Ruthin*, ou comme parlent les Gallois, *Ruthun* & *Wrexham* ou en Saxon *Writtlesham*. Elle est partagée en 12. Hundreds. C'étoit la demeure des anciens ORDOVICES.

[a] Etat de la G. Bret. l, c.

[b] Davity Ibid.

DENDRE, DENRE, & TENRE Riviere des Pays-bas. En Latin *Tenera*.[c] Elle a sa source dans le Hainaut auprès de Leuse, arrose Ath, d. Lessine, g. Gramont, d. Ninove. g. traverse Alost & Dendremonde, où elle se perd dans l'Escaut. On la passe sur un pont à Dendrebelle, situé à trois quarts de lieue & au midi de cette derniere ville, & sur un autre à Hardersem à une lieue plus haut que le premier, & sur un troisieme à Dender Leuwe à cinq quarts de lieues au-dessus d'Alost. Les villes situées sur son rivage ont aussi leurs ponts pour la passer.

[c] De l'Isle Atlas.

DENDREMONDE, DENDERMONDE, DENREMONDE, TENREMONDE. Les François disent plus communément TERMONDE, ou DERMONDE; en Latin *Teneremunda*, Ville des Pays-bas dans le Comté de Flandres au quartier de Gand au confluent de la Dendre & de l'Escaut.[d] Elle est à six lieues d'Anvers, à deux d'Alost & à cinq de Gand, de Malines, & de Bruxelles. Elle est forte par sa situation, par les ouvrages qu'on y a faits & sur tout par ses écluses. Il s'y fait quantité de futaines & chaque semaine il y a un marché de lin. Les lieux les plus remarquables de cette ville sont l'Eglise Collegiale & Paroissiale dediée sous l'invocation de la Vierge, celle de St. Gilles, les Augustins, les Capucins, le Couvent de Ste. Brigide, le Beguinage, la Chapelle de St. Jean, l'hôpital de St. Jean, la Chapelle de la Vierge, l'hôpital de St. Blaise, la maison du St. Esprit, la Chapelle de St. Eloy, le Monastere des Sœurs Augustines, la Citadelle avec sa Chapelle, le Palais du Domaine & de la Seigneurie du Souverain Preteur & la maison des Pestiferez. Cette ville a quatre portes; savoir la porte du Pays de Waes, celle de Bruxelles, celle de Malines, & celle de Gand. Elle a vingt-trois ponts dont seize sont de pierre ou de briques & les autres de bois, & six grands Marchez ou Places publiques. Les maisons sont grandes, belles & commodes & ont la plûpart de beaux

[d] Corn. Dict.

DEN.

Jardins & l'eau devant leurs portes. Cette ville est toute environnée de belles prairies & de marais agréables que les habitans peuvent inonder par le moïen de leurs écluses. Ce fut entre cette Ville & Alost qu'un Paysan nommé Charles Houve demeurant près du Village de *Messelate* allant fouïr un matin dans son Jardin potager pour y planter quelque chose eut à peine beché deux ou trois pieds en terre qu'il heurta contre un pot où il trouva huit ou neuf cens pieces d'or fort anciennes & noires. Chacune étoit du poids d'un double ducat, c'étoient des médailles que les Curieux acheterent avec empressement; il y en avoit d'Antonin le Pieux, de Marc-Aurele, de Lucius-Verus & de leurs femmes.

La Seigneurie de DENDREMONDE [e] confine avec le vieux Bourg de Gand & avec les Pays d'Alost, de Bornheim & de Waes. L'Escaut la sépare en deux parties. Gui de Dampierre Comte de Flandres l'unit à cette Province dont elle fut démembrée quelque temps après. Louïs de Male l'y réunit de nouveau par son mariage avec Marguerite de Brabant.

[e] d'Audifret Geogr. T. 1,

DENE Voiez DEAN.

DENEUVRE Bourg de Lorraine sur la Meurte (& non pas le long de la Meuse comme on lit dans le Dictionnaire de Mr. Corneille) au dessus & à une lieue commune de Baccarat.

§. Cet Auteur cite Mr. d'Audifret [f] qui dit effectivement: la Seigneurie de Deneuvre s'étend le long de la Meuse au dessus de Baccara entre l'Evêché de Mets & le Bailliage de Nanci. Cela n'est point exact. Car Deneuvre & Baccarat [g] sont sur la Meurte qui passe à Nanci & se jette dans la Moselle au Nord de Fruard; & sont comprises dans le Bailliage de l'Evêché de Mets.

[f] Geogr. T. 2, p. 356.

[g] Atlas de Sanson.

DENGEN. Voiez TENGEN, & THUNGEN.

DENGHE' Bourg de Perse [h]. Il est situé au pied d'une montagne sur la route de Casbin à Hispahan. Un beau Ruisseau passe au milieu & on y trouve d'excellent vin blanc & clairet dont les Voyageurs ont accoutumé de faire leurs provisions. C'est en ce lieu que se joignent les deux routes de Tauris à Hispaham & où se rendent les Caravanes qui vont aux Indes par Méchéed & Candahar.

[h] Tavernier Voyage de Perse T. 1.

1. DENIA, Ville d'Espagne sur la côte de Valence dans le Royaume de ce nom, est ancienne & nommée par Ptolomée [i]. Elle a été autrefois assez considerable sous le nom Latin DIANIUM, & le Siege d'un Evêché. Antoine [k] Evêque de Dianium souscrivit au V. Concile de Tolede. Elle porte le titre de Marquisat apartenant au Duc de Gandie, & de Cité. Les habitans *de Marseille la fonderent quelques siecles avant la venue de Jesus-Christ & l'appelerent ARTEMISIUM, du nom de la Déesse Diane nommée en Grec *Artemis* à l'honneur de laquelle ils y bâtirent un temple magnifique. Les Latins l'apellerent *Dianeum*, (ou *Dianium*) pour la même raison, & de ce nom s'est formé par corruption celui de DENIA. Les mêmes Grecs l'apellerent aussi HEMEROSCOPEUM à cause d'une tour élevée qu'on y avoit bâtie pour découvrir les Vaisseaux qui croisoient sur cette

[i] L. 2. c. 6.

[k] Carol. à S. Paulo Geog. Sac. P. 179. * Etat present de l'Espagne T. 1, pag. 151.

cette côte. Sertorius se servit avantageusement de cette ville pour faire venir du secours par mer & pour s'y menager une retraite en cas qu'il vînt à être batu; de là vient qu'il n'y a gueres plus de deux siecles qu'on appelloit encore cette place ATALAIA DE SERTORIO c'est-à-dire, l'*Echauguette de Sertorius*. Elle fut entierement ruinée par les Incursions que les Barbares firent en Espagne & demeura pendant quelques siecles ensevelie sous ses ruines, mais enfin la commodité de son port & l'avantage de sa situation inviterent les Espagnols à la rebâtir. Elle est située au pied d'une montagne apellée Mongon sur le penchant d'une colline qui s'étend jusqu'à la mer, faisant face au Nord. On y voit une Tour fort élevée, d'où l'on découvre bien avant dans la Mediterranée tous les navires qui passent. Elle est défendue par un Château très-bien fortifié par la nature & par l'art. Anciennement elle étoit honorée d'un Evêché, mais elle fut privée de cette dignité, lorsque les Mores s'en rendirent les maîtres. Denia fut la premiere conquête que firent dans le Roiaume de Valence les Alliez de l'Empereur dans la derniere guerre d'Espagne. Le Chevalier d'Asfeld la reprit d'assaut le 12. de Novembre 1708. & passa au fil de l'épée tout ce qui ne put pas se refugier dans le Château où le Commandant s'étant enfermé capitula le 17. & fut prisonnier de guerre avec ce qui lui restoit de sa Garnison.

2. DENIA. Mrs. Maty & Corneille pretendent qu'auprès de cette ville il y a une fort petite Isle apellée aussi *Denia* & que les anciens l'ont nommée PLANASIA.

§. *La Planasia* [a] ou *Planaria* des Anciens n'est autre que *Pianosa* Isle située à l'Occident de l'Isle d'*Ilva* ou d'Elbe, ou [b] plutôt au Nord-Ouest de cette Isle entre la Toscane & l'Isle de Corse; & par consequent bien loin de Denia.

DENIGU [c] petite Ville de la Bulgarie. Elle est dans le Pays des Tartares de Dobruce près de la source de la Zanawarda à l'Orient Meridional de Drimago.

§. Cet article, que Mr. Maty a pris de Mr. Baudrand & que Mr. Corneille a copié, m'oblige à remarquer, 1. que le Pays des Tartares de Dobruce est nommé Drobugie par Mr. de l'Isle & dans ce Dictionnaire. 2. que Drimago [d] étant un Village peu connu situé au bord du Danube, il n'est pas naturel de marquer la position d'une ville par raport à un Village voisin. 3. que Denigu autre Village de ce Pays est à l'Orient & à quelque distance d'une riviere qui tombe dans le Danube, vis-à-vis de la Pruth; 4. que Denigu est au Nord-Est de Drimago.

DENIN Voiez DENAIN.

DENONSERIN l'un des Ports du Roïaume de Siam éloigné de la Ville de ce nom d'environ trente-cinq Journées. On s'embarque à Mazulipatan pour arriver à ce port. Tavernier cité par Mr. Corneille dit en parlant de la route de Perse à Siam: le chemin le plus court & le meilleur que puissent tenir les Européens pour se rendre en ce Royaume est d'aller à Ispahan, d'Ispahan à Ormus, d'Ormus: à Surate, de Surate à Golconde, de Golconde à *Massipatan* où l'on s'embarque pour *Denonse-*

[a] Harduin in Plin. l. 3. c. 6.
[b] De l'Isle Atlas.
[c] Maty. Dict.
[d] Sanson Atlas.

rin qui est un des ports du Roiaume de Siam. De Denonserim à la Ville Capitale qui porte le même nom du Roiaume, il y a environ trente-cinq journées de chemin dont on fait une partie en remontant une riviere & l'autre partie en charette, ou sur des Elephans. Le chemin tant par terre que par eau est incommode; à cause que par terre, il faut toujours être en garde contre les lions & les tigres & par eau la riviere faisant des chutes en plusieurs endroits, il est dificile de faire remonter les bateaux, de quoi toutefois on vient à bout avec des machines.

§. Il est aisé de voir qu'en s'embarquant à Masulipatan & en traversant le Golphe de Bengale on trouve à l'autre bord TENASERIM, ou TANASSERI port situé à l'embouchure d'une riviere qui descend du Nord & en la remontant jusque vis-à-vis de la capitale de Siam, on n'a plus que trente lieues Françoises à faire par terre. Mr. Corneille, qui a substitué Masulipatan à Massipatan, avoit le même droit de substituer *Tenasserim*, à *Denonserim*. Voiez TENASSERIM.

DENRE. Voiez DENDRE.

DENREMONDE. Voiez DENDREMONDE.

DENSE ou DENSSE Voiez DUMNUS & DUMNISSUS.

DENSELATÆ Peuple de l'ancienne Thrace, ils habitoient à la droite du Strymon; selon Pline [e]. Ils sont aussi nommez par Ciceron [f]. Ce sont sans doute les DANTHELETÆ de Ptolomée & de Tite-Live [g] & les DANTHELITÆ de Strabon [h]. Les Auteurs les nomment toûjours avec les MAEDI autre peuple de Thrace leurs Voisins vers le midi & qui en étoient separez par le mont Pangée. Les sources de l'Hebre & la Ville de Pantalie étoient dans le Pays des Denselates.

1. DEOBRIGA ancienne Ville Municipale d'Espagne dans le Pays des Autrigons. Ptolomée [i] & Antonin [k] en font mention, & le Pére Briet [l] croit que c'est HARO, ou MIRANDA DE EBRO. Ambrosio Morales croit que c'est PUENTE D'ORBEGO, Village des Asturies. D'autres croient que c'est VIVAR DEL CID Village de la Vieille Castille.

2. DEOBRIGA ancienne Ville des Vettons dans l'Espagne Lusitanique selon Ptolomée [m]. Celle [n] de Placentia dans l'Estramadure fut bâtie de ses ruines l'an 1180.

DEOBRIGULA Ville des Murbogiens dans l'Espagne Tarragonoise selon Ptolomée. C'est peut-être [o] aujourd'hui VILLORADO bourgade de la vieille Castille sur les frontieres de la petite contrée de Rioxa.

DEODATI FANUM St. Diey en Lorraine sur la Meurte.

DEODATUM & THEODATA Ville de Hongrie. Elle [p] est nommée THATA par les hongrois; DOTES par les Allemands; & TOTIS dans la Carte particuliere de la Hongrie de Mr. de l'Isle en 1717. dans celle de 1703. il y a TATA. Ce lieu est entre Javarin & Gran.

1. DEOLS, [q] petite ville de France dans le Berry. On la nomme aussi BOURG-DE-DEOLS, BOURG-DEOLS & BOURG-DIEUX. Elle est située sur l'Indre à demi-quart de lieue

[e] L. 4. c. 11.
[f] In Pisonem. c. 34.
[g] l. 29. c. 53.
[h] L. 7.
[i] L. 2.
[k] Itin r.
[l] Paral. part. l. 4. c. 3.
[m] l. 2.
[n] Corn. Dict.
[o] Baudrand Ed. 1682.
[p] Baudrand ibid.
[q] Piganiol de la Force Descr. de la France. T. 1. p. 49.

de

80 DEO. DEO. DEP.

de Château-Roux. Les Ecrivains du pays attribuent la fondation de cette ville à Léocade Senateur Romain. Elle a été la principale du bas Berry & la Capitale de la Seigneurie Deoloife. Les Princes defcendus de Léocade faifoient ici leur féjour dans le Château que ce Chef de leur Illuftre Maifon avoit fait bâtir. C'eft de même Château que Raoul le large abandonna aux Religieux de l'Abbaye de Deols que fon Pere avoit fait bâtir. On voyoit autrefois dans cette ville trois Eglifes paroiffiales ; Saint Etienne que l'on croit avoir été fondée par Léocade, dans laquelle font encore le tombeau de ce Seigneur & celui de St. Ludre fon fils, l'Eglife de Ste. Marie qui a été ruinée & celle de St. Germain qui eft à prefent la feule paroiffe de la ville. La fameufe Abbaye de Deols étoit auprès de cette derniere Eglife.

b Longuerue Defcript. de la France 1. part. p. 126.

2. DEOLS, [b] ancien Monaftere de l'Ordre de Saint Benoît. On voit par l'ancienne Chronique de Dols ou Deols qu'Ebbon fut le premier Seigneur de Dol dans le commencement du dixième fiecle fous le Regne de Charles le fimple ; & ce fut lui qui fonda en ce lieu un Monaftere de Benedictins l'an 917. Raoul ou Radulphe qui defcendoit de lui & mourut l'an 952. aiant bâti une nouvelle place, qu'il apela de fon nom *Château-Roux*, donna *Dol* ou *Deols* aux Moines de l'Abbaye qui y avoit été fondée & qui devint très-riche. Elle a fubfifté jufqu'au temps de Louis XIII. ce fut pour lors qu'Henri de Bourbon Prince de Condé étant allé à Rome l'an 1623. obtint du Pape Gregoire XV. la fupreffion entiere de cette Abbaye & du Convent, dont tous les biens & les droits furent unis à perpetuité au Duché de Château-Roux qui appartient à prefent à la maifon de Condé. En forte que le celebre Monaftere nommé en Latin *Monafterium Dolenfe*, en François *Bourg-Deols*, & communément *Bourg-Dieux* a été anéanti. Au refte ce lieu nommé en Latin *Deolum* ou *Dolum* étoit déja fondé dès le fixieme fiecle comme nous l'aprenons de Gregoire de Tours qui en fait mention au chapitre 92. du premier livre de la gloire des Confeffeurs ; où il dit que St. Germain de Paris avoit été à Dol à la Bafilique qui y étoit bâtie dès lors, pour y vifiter le fepulchre de *St. Lufor* appellé vulgairement St. Ludre. Les [c] fuperbes ruines que l'on voit encore de ce Monaftere font connoître la pieté & la magnificence des Princes de Deols fes fondateurs. Il n'en refte que la Chapelle des miracles de Notre Dame, où un Prince de Condé a fondé un Chapitre.

c Piganiol de la Force L. c.

DEORUM CURRUS, c'eft-à-dire, le *char des Dieux*, Montagne de la Libye interieure. Pline [d] en nomme *Theun Ochema* à la maniere des Grecs Ptolomée [e] en parle auffi. Le R. P. Hardouin [f] croit que ce ne peut être que le CAPO DAS PALMAS dans la Guinée occidentale. C'eft auffi le fentiment de Mr. Baudrand. Mais Florian, Marmol, Cellarius, & Mr. de l'Ifle jugent que c'eft SIERRA LIONA, ou, comme l'écrivent les François, la Montagne de SERRE LIONE.

d L.6. c. 31.
e L.4. c.5
f In Plinii l. c.

DEORUM INSULÆ, les anciens ont nommé ainfi plufieurs Ifles. Ptolomée [g] en indique deux fur la côte d'Efpagne dans l'Océan & on croit que ce font LES ISLES DE BAYONNE, ainfi nommées parce qu'elles font voifines de Bayonne ville maritime de la Gallice. Les Efpagnols les appellent LAS ISLAS DE VAYONA. Pline [h] en nomme fix qu'il apelle les Ifles des Dieux & ajoute qu'on les appelle auffi FORTUNE'ES ; il ne faut pas pour cela les confondre avec les Canaries qu'on a auffi appellées Ifles fortunées. Car cet Auteur les place vis-à-vis des *Arrotrebares*, c'eft-à-dire du promontoire que les anciens nommoient Celtique, ou Nerien ; & que nous appelons aujourd'hui Cáp de Finiftere. Comme nos Cartes n'en marquent point en cet endroit, il eft permis de douter de leur exiftence.

g L. 2.
h L.4. c.22.

DEORUM PORTUS, ancienne ville de la Mauritanie Cefarienfe. On croit que c'eft aujourd'hui MAZAGRAN, ou, comme les Arabes l'appellent, BOREGIA ville du Roiaume d'Alger, felon Marmol. Je raporte au mot MAZAGRAN ce qu'il en dit.

DEPCAN. Voiez DEPSAN.

DEPFORT ou DEPTFORT, Bourgade d'Angleterre. [i] Elle eft fituée fur la Tamife. C'eft un lieu où l'on bâtit & où l'on refait les Vaiffeaux du Roi, il y a un magazin bien fourni & comme un College établi pour leur ufage. Cette place, qui s'appelloit autrefois Weft Greenwick, échût à Gilbert de Mamignot Normand, lors qu'on fit la conquête d'Angleterre. Son petit-fils nommé Walkelin (ou Vauquelain) défendit le Château de Douvres contre le Roi Etienne & laiffa une fille qui après la mort de fon pere porta par fon mariage en la famille des Sayes un grand heritage, dit *l'honneur de Mamignot*. Depfort [k] eft dans la Province de Kent à quatre milles à l'Eft du Pont de Londres. C'eft un lieu fort agréable où plufieurs perfonnes diftinguées vont paffer l'été. Il y a un très-beau parc & dans ce Parc une éminence fur laquelle il y a une maifon où un Profeffeur Royal en Aftronomie fait des obfervations. Près de ce Parc il y a un ancien Palais, où Henri VIII. nâquit & où fon fils Edouard VI. mourut. Mais ce qui releve encore plus l'honneur de cette place, c'eft le fameux hopital que Guillaume III. y a fait bâtir en faveur des pauvres Mariniers qui ne font plus en état de fervir, & en faveur des veuves & des enfans de ceux qui perdent la vie au fervice de l'Etat. Voiez GREENWICH.

i Corn. Dict.

k Etat prefent de la G. Bret. T. 1. p. 77.

DEPPA, nom Latin de DIEPPE.

DEPSAN, [l] Ville d'Ethiopie, quelques Cartes portent DEPECAN. Elle eft fituée fur une Colline de l'Abiffinie à trois milles du Lac de Dambée. C'eft un lieu fort agréable, où une Imperatrice de l'Abiffinie a demeuré. Il eft arofé par deux rivieres dont l'une vient d'Orient & l'autre du Nord & qui fe joignant enfemble forment un même Canal. L'air y eft fort pur & fain. A l'oppofite entre le Sud & le Nord eft une autre Montagne dite les deux mers. Comme elle eft fort roide & de dificile accès, les habitans s'y retirent quand ils font attaquez par leurs ennemis. En la partie Orientale de cette Montagne eft le Monaftere de St. Euftache. On avoit bâti à Depfan une maifon pour le Patriarche Mendez. Du côté d'Occident elle a la vue du Lac de Dambée & les Montagnes la bornent du côté du Sud

l Corn. Dict. Defc. des Etats du Prefte-Jean. p. 21.

DEQ. DER.

Sud & de l'Orient. Elle eſt à vingt-ſept milles de la nouvelle Gorgone & à dix-huit de Pancation.

DEQUIN. Voiez DEGHIN.

DERANGÆ. Voiez DRANGÆ.

DERAS, ville de Perſe[a]. Elle eſt ſituée à 79. d. 30′. de longitude & à 31. d. 32′. de latitude. Elle eſt grande & très-mal bâtie.

[a] Tavernier voiage de Perſe T. 1. l. 3.

DERBE, ancienne Ville de Lycaonie dans l'Aſie mineure. Il en eſt parlé dans les Actes des Apôtres. Saint Paul & St. Barnabé[b] s'y retirerent après avoir été chaſſez d'*Iconium* l'an de J. C. 41. Cajus Diſciple de St. Paul & de St. Jean l'Evangeliſte[c] étoit natif de Derbe. Les ſentimens des Voiageurs & des Géographes ſont partagez ſur cette ville; quelques-uns diſent qu'elle eſt aujourd'hui nommée *Dervaſe* & c'eſt le ſentiment de Leunclavius; Thevet ſoutient au contraire qu'elle eſt détruite. Cette Ville a été le Siege d'un Evêché dont la Metropole étoit Iconium ſous le Patriarchat de Conſtantinople;[d] dans le premier Concile de Conſtantinople il eſt parlé de Daphnus Evêque de Derbe, & Thomas autre Evêque de ce lieu eſt nommé dans le Concile d'Epheſe. Etienne le Géographe la nomme DERIBIA. Mr. Baudrand dit qu'elle étoit Epiſcopale ſous l'Archevêque d'Antioche en Piſidie; & n'en donne aucune preuve.

[b] c.14.v.19.
[c] c.20.v.4.
[d] Carol. à S. Paulo,Geog. Sacr.p.2,+4.

DERBENT, Ville d'Armenie ſur la Mer Caſpienne dans le Scirvan Province de Perſe aux confins du Dagheſtaan. Les Turcs l'appellent DEMIR CAPI ou *la porte de fer*; on la nomme en Latin *Derbentium*, *Alexandria Albania*, & *Porta Ferrea*. Les Orientaux[e] la nomment auſſi *Babelabouab*; & leurs Géographes lui donnent 85. d. de longitude & 43. d. de latitude. Cette latitude eſt exceſſive ſelon les obſervations ſur leſquelles la Carte de la Mer Caſpienne par Mr. de l'Iſle a été dreſſée. Et il ne donne à Derbent que 42. d. 7. ou 8′. Olearius[f] dit avoir trouvé la latitude de Derbent à 41. d. 50′. Elle s'étend, dit-il, du Couchant au Levant & a environ une lieue de long ſur 450. pas communs de large. Elle ſert comme de porte au Roiaume de Perſe de ce côté-là, car elle touche d'un côté au pied de la montagne, & de l'autre à la Mer, & de ſi près que les vagues donnent quelquefois par deſſus les murailles. Les habitans du Pays diſent que c'eſt *Iskander* c'eſt-à-dire, Alexandre le Grand qui l'a bâtie, non point telle qu'on la voit aujourd'hui, car cet honneur eſt reſervé à leur Roi *Nauſchirvan*, mais ſeulement le Château & la muraille qui ferme la ville du côté du midi. Ces murailles ſont fort hautes & ont pour le moins cinq ou ſix pieds d'épais; & à les voir de loin on diroit qu'elles ſont faites de la plus belle pierre de Taille; mais quand on en approche, l'on trouve que ces pierres ſont faites de Coquilles de moules broyées & de Grez batu & maſtiqué, & le temps les a tellement endurcies qu'il n'y a point de marbre qui les ſurpaſſe en dureté. Olearius trouva ſur une des portes qui reſtent de l'Edifice d'Alexandre le Grand une inſcription en Syriaque de trois lignes & en un autre endroit quelques mots Arabes & des Caracteres étrangers tellement mangez par le temps

[e] Hiſt. de Timur Bec l. 2. c. 56.
[f] Voiage de Moſc. & de Perſe l.6.

DER.

qu'ils n'étoient plus liſibles. Le Château où demeure le Chan eſt au haut de la montagne & eſt gardé par cinq-cens hommes qui ſont des deux Nations *Ajurumlu* & *Koidurſcha*. Le ſecond quartier de la ville eſt au pied de la montagne & eſt le plus peuplé, mais vers le bas il eſt fort ruiné, depuis qu'Emir Hemſe fils de Chodabende reprit la ville ſur Muſtapha Empereur des Turcs auquel les habitans s'étoient donnez volontairement. La partie inferieure qui touche à la mer a deux mille pas communs de tour, mais elle eſt toute deſerte, n'aiant point de maiſons & n'enferme dans ſon enclos que des jardins & des terres labourables. Elle étoit autrefois peuplée de Grecs, & c'eſt pour cela que les Perſans l'appellent encore aujourd'hui *Schaher Junan*, c'eſt-à-dire *Ville Greque*. Toute cette côte n'eſt qu'une ſeule Roche, ce qui fait qu'elle eſt fort dangereuſe pour les vaiſſeaux. Elle ſert de fondement aux murailles de toute la ville & elles ſont ſi larges qu'un Chariot y peut rouler à l'aiſe. La Montagne qui eſt au deſſus de la ville eſt toute couverte de bois; on y voit encore les ruines d'une muraille qui a plus de cinquante lieues d'étendue & on dit qu'elle s'étendoit autrefois depuis la Mer Caſpienne juſqu'au Pont Euxin. Lors qu'Olearius y paſſa, elle étoit encore debout en quelques endroits, juſqu'à la hauteur de ſix à ſept pieds, en d'autres elle étoit tout à fait abbatue. On voit auſſi ſur d'autres Collines les reſtes de pluſieurs vieux Châteaux qui ſont encore connoître qu'ils avoient été bâtis en quarré. Il y en a encore deux d'entiers où il y a garniſon. On voit auſſi par ci-par là des redoutes de bois ſur toutes les avenues. Ce qu'il y a de plus remarquable à Derbent c'eſt le ſepulchre de *Tzumtzume* duquel les Poëtes Perſans racontent cette fable qui a été érigée en tradition. EISSI, c'eſt le nom qu'ils donnent à Jeſus Chriſt, paſſant un jour dans ces quartiers là, trouva en ſon chemin une tête de mort & deſirant ſavoir à qui elle avoit été, il pria Dieu auprès duquel il avoit beaucoup de credit de reſſuſciter ce mort. Dieu l'exauça & alors Eiſſi demanda à cet homme qui il étoit. Il répondit: qu'il s'appelloit Tzumtzume: qu'il avoit été Roi de tout ce pays-là & qu'il étoit ſi puiſſant qu'il ſe conſumoit tous les jours en ſa Cour autant de Sel que quarante chameaux pouvoient porter: qu'il avoit quarante mille Cuiſiniers, autant de Muſiciens & autant de Pages portant la Perle à l'Oreille & autant de Valets. Mais qui es-tu, toi? dit Tzumtzume à Eiſſi, & quelle eſt la Religion que tu profeſſes? Je ſuis Eiſſi, répondit J. C. & ma Religion eſt celle qui ſauve le monde. A la bonne heure, repartit Tzumtzume, je ſuis donc de ta Religion, mais fais que je meure bientôt, car aiant été ſi puiſſant je ſerois faché de n'être plus Roiaume & ſans Sujets. Eiſſi lui preſent ſans Roiaume & ſans Sujets. Eiſſi lui accorda ſa demande, & c'eſt à Derbent que Tzumtzume a ſon ſepulchre, ſur lequel il y a un gros arbre & tout joignant un échafaut haut de dix pieds & large de ſeize en quarré. Auprès de Derbent il y a plus de cinq à ſix mille tombeaux couverts de Pierres bien plus grandes que n'eſt la ſtature ordinaire des hommes; elles ſont toutes demi-rondes en forme de cylindre & creufes par dedans. Elles ont des Infcriptions Arabefque, & une tradition veut que ce foient les tombeaux des Officiers de Caffan Roi de Medie qui perdit une bataille en cet endroit contre les Tartares du Dagheftaan; vers la mer il y en a quarante autres,dans un Cimetiere fermé de murailles & qui font plus grands que tous les autres. Les Perfans nomment ces Sepulchres *Tziltenan*; les Turcs & les Tartares les appellent *Kerchler*. Les Perfans & les Tartares y font des pelerinages & ce lieu étoit autrefois fort celebre; on y faifoit de riches fondations & aumônes; mais aujourd'hui on fe contente de le faire garder par un vieillard qui vit des charitez qu'on y fait. Il n'y avoit point de Chrétiens à Derbent du temps d'Olearius. Les habitans étoient tous Mufulmans, à la referve de quelques Juifs qui fe difent defcendus de la Tribu de Benjamin; auffi n'y-at-il point de commerce finon que les Tartares y aménent des enfans derobez chez les Turcs ou chez les Mofcovites & qu'ils y vendent pour la Perfe. Les Soldats de la Garnifon & même les Bourgeois étoient fiers, brutaux, & querelleurs. L'Empereur de la grande Ruffie vient de foumettre cette ville & les environs; & les troubles dont la Perfe eft prefentement (en 1723.) agitée par la revolte de Miriveis font une conjoncture favorable pour conferver & augmenter les conquêtes de ce côté-là.

1. DERBICES, DERBICCÆ, DERBISSI, DERCEBII & DERCEBI; ancien peuple d'Afie fur l'Oxus. Quinte Curfe [a] dit que les Derbices envoyerent deux mille hommes de Cavalerie à Darius contre Alexandre. Ils n'étoient pas bornez par l'Oxus, mais ils s'étendoient encore au delà dans la Sogdiane, comme Cellarius [b] le conclut d'un paffage de Pline.

a L. 3.c.2.
b Geog. ant. l. 3. c. 21.

2. DERBICES, Peuple de la Libye interieure felon Ptolomée [c].

c L. 4. c. 6.

DERBY, & DERBYSHIRE. Voiez DARBY & DARBYSHIRE.

DERCE, fontaine. Voyez DIRCENNA.

DERCON ou DELCON. Pierre Giles dit dans fa defcription du Bofphore que Dercon eft le nom moderne d'une ville fituée à une journée de chemin de Conftantinople, elle a été nommé DELTA par Xenophon, & *Delcon* par d'autres. Une ancienne Notice dans laquelle font reglez les rangs des Patriarchats &c. donne le foixante & feizieme à l'Archevêché de Selga, & fait remarquer que Selga fe nommoit alors DELCORUM du Lac Delcon qui étoit près delà; que Diogenien l'a nommé DELCE pour la même raifon; & qu'enfin ceux-là parlent mal qui apellent cet Archevêché *Dercorum* en mettant une R. pour une L.

§. La Notice citée met cette ville dans la Pamphylie, ce qui eft trop éloigné de la pofition que lui donne Mr. Baudrand, felon lequel elle eft à trente milles au couchant d'été de Conftantinople : au lieu que SELGA, ou DELCOS étoit fur le fleuve Ceftrus, au midi de l'Afie mineure. Il y a donc eu deux villes très-differentes l'une dans l'Afie mineure, à favoir *Selga* nommée enfuite DELCE, DELCORUM, ou DELCON; l'autre dans la Thrace à l'Occident Septentrional de Conftantinople. La premiere a été Archiepifcopale; je ne trouve rien de pareil touchant l'autre dans les Notices Ecclefiaftiques.

1. DERE ou DIRE, ville Maritime de l'Ethiopie dans la Troglodit ique à l'entrée du Golphe Arabique, fur un Promontoire de même nom. On n'eft pas fort certain aujourd'hui du vrai lieu où elle étoit, car il n'y a aucune ville fur ce Promontoire.

2. DERE ou DIRE, Promontoire d'Ethiopie. C'eft aujourd'hui le Cap nommé BAB-EL-MANDEL. Ortelius [d] le nomme CABO CALISSIN. Mr. Baudrand [e] dit que les Navigateurs Portugais le nomment CABO ROSBEL, Mr. de l'Ifle [f] s'y eft conformé, & referve le nom de Bab-El-Mandel pour le Detroit.

d Thefaur.
e Ed. 1682.
f Atlas.

DEREA, Ville d'Arcadie felon Etienne le Géographe.

DEREMISTÆ, Peuple de l'Illyrie Mediterranée. On croit que *Drivafto* étoit une de leurs villes.

* Baudrand.
Ed. 1682.

DEREMMA, Ville de la Mefopotamie felon Ptolomée [g]. Quelques Manufcrits portent DAREMMA.

g L. 5. c. 18.

DERETINI, Peuple ancien de la Dalmatie felon Pline [h].

h L. 3. c. 22.

1. DERG, DIRG, ou DIRGH, Mr. Baudrand condamne cette derniere Orthographe. Lac d'Irlande dans la Mommonie [i], il eft formé par la Riviere de Shannon fur les frontieres de Connaught.

i Atlas.

2. DERG, Lac d'Irlande dans l'Ultonie & dans le Comté de Fermanagh : il renferme une petite Ifle nommée *Regles* où fe voit la caverne nommée ordinairement le trou de St. Patrice. Ces deux Lacs font également nommez *Dergus* en Latin.

k Baudrand. ibid.

3. DERG, Riviere d'Irlande dans l'Ultonie [l]. Les anciens la nommoient *Vidua*. Elle a fa fource au Lac de Derg, paffe à Derg Château g. à Strebane, d. où elle perd fon nom pour prendre celui de Lough Foyle, ce qui fignifie le Lac Foyle. Ce Lac s'élargit confiderablement & forme une efpece d'ovale entre Londonderi & la Mer.

l Atlas d'Allart.

4. DERG, Château d'Irlande fitué fur la Riviere de même nom dans l'Ultonie.

DERIA CHIRIN, Lac de Perfe [m]. On le trouve à dix lieues de la ville d'Erivan, les Armeniens l'appellent KIAGAR COUNI SOU, ce qui veut dire *Lac doux*, & ils lui donnent ce nom à caufe que fon eau eft douce. Il a vingt-cinq lieues de tour & beaucoup de profondeur. Au milieu de ce Lac eft une petite Ifle où l'on voit un Monaftere affez ancien. Le Prieur en eft Archevêque & prend la qualité de Patriarche fans vouloir reconnoître le Patriarche des Armeniens. Les Moines de ce Couvent, vivent avec tant d'aufterité qu'ils ne mangent de la Viande ou du Poiffon que quatre fois dans l'année. Ils ne fe parlent l'un à l'autre que ces quatre jours-là, & tout le refte du temps ils ne mangent que des herbes, telles qu'on les cueille au jardin, parce qu'ils pretendent que ce ne foit pas jeûner que de manger de l'huile ou du beurre. Le pain dont ils vivent leur eft apporté des lieux circonvoifins; il croît toutes fortes de bons fruits dans cette petite Ifle.

m Corn. Dict. Tavernier Voiage de Perfe.

DERIMUM. C'eft ainfi qu'on lit dans l'Iti-

DER.

l'Itineraire d'Antonin le nom d'un lieu d'Italie. Comme ce lieu eſt à 10. Milles de Rome, Simler a très-bien trouvé qu'il faut lire *Decimum*, & on croit que ce nom s'eſt conſervé dans celui de DECIMO.

DERLINGTON, Ville d'Angleterre. Voiez DARLINGTON.

DERMAYON, Ville des Indes [a] dans la Grande Iſle de Java. Elle eſt ſituée ſur une Riviere & peu éloignée de Charabaon.

[a] *Daviti, Aſie.*

§. Mr. de l'Iſle n'en fait qu'un Village qu'il nomme DARAMAIO, & qu'il place à l'Orient & à environ trente lieues Françoiſes de Batavia.

DERMOUTH Voiez DARMOUTH.

1. DERNE. Petite Ville d'Afrique [b] dans le Roiaume de Tripoli, à demi quart de lieue de la mer. Il y a de très-belles ſources d'eau & entre autres une fontaine qui paſſe au milieu de la Ville & tout autour des murailles. Son terrain contient environ deux lieues de long ſur une de large & eſt garni de très-beaux jardins. Elle a été bâtie par les Maures Andalous qui furent chaſſez d'Eſpagne. La rade en eſt très-mauvaiſe, on n'y peut reſter que dans la belle ſaiſon. Le departement du Dei de Derne s'étend depuis la Bombe juſqu'à 25. lieues de Bingazi, ce qui fait près de cent lieues; il s'étend dans les terres plus de cent autres lieues. On eſtime que dans toute cette étendue de païs il peut y avoir trente mille *Doires* ou tentes que les Arabes du païs nomment *Frique*. Il n'y a aucune autre habitation. Les peuples ſont tous Mahometans & n'ont d'autres armes que des lances & des ſabres. Ils ſe font ſouvent la guerre d'une montagne à l'autre.

[b] *Paul Lucas 2. Voiage T. 2. p. 94.*

[c] Toutes les Campagnes de Derne ſont garnies de *Selſione*, ou *Serpiſſione* plante que les Arabes apellent aujourd'hui *Ceſie* ou *Zerra*; cette plante fait un petit buiſſon: la feuille en eſt épaiſſe & veloutée, couleur de Sauge; elle eſt toujours verte & fleurie en toute ſaiſon. La fleur en eſt jaune & jette pluſieurs bouquets les uns dans les autres en forme d'Artichaux. Les abeilles ne vivent que de ces fleurs qui rendent le miel admirable.

[c] *Ib. p. 86.*

2. DERNE Riviere d'Afrique [d]. Elle deſcend du grand Atlas & après avoir paſſé entre Fiſtele & Tebſa, Villes du Roiaume de Maroc dans la Province de Tedla, elle ſe trouve bordée de Montagnes & de collines où ſes rivages ſont embellis de jardins & de vergers. Delà elle coule par la plaine & ſe va rendre dans le fleuve Ommirabi vers le Nord.

[d] *Marmol. T. 2. l. 3. c. 81.*

DERNIS, ou DERNISCH Ville de la Dalmatie ſituée ſur une Montagne proche de la Riviere de Cicola, avec une foreterreſſe. Le General Foſcolo y aiant conduit les troupes de la Republique de Veniſe l'an 1684. ſe rendit maître de cette place à laquelle il mit le feu après en avoir enlevé les munitions & tout le canon. Les Turcs la repeuplerent quand Foſcolo fut parti; mais ils l'abandonnerent au General Donat qui s'en reſaiſit.

Corn. Dict.

DEROTE Ville de la baſſe Egypte, que l'on rencontre en tirant du côté du Caire; en Latin *Dereta*, anciennement *Latone*, ou *Latona Civitas*. Elle eſt ſituée au couchant du Nil vers l'endroit où ce fleuve commence à ſe diviſer.

DER. 83

Cette ville eſt démantelée. On y voit un ſuperbe Temple & ſes citoiens ont été riches & puiſſans; leur pays produiſoit une ſi grande quantité de Sucre que pour avoir la permiſſion de le faire & de le purifier, ils payoient tous les ans au Sultan 100000. Sarrafs d'or ou piaſtres de Turquie, mais dans le XVI. Siecle cette ville eſt tombée en decadence & les Habitans ſont devenus pauvres.

Dans cet Article que Mr. Corneille a tiré de la Croix [e], il ſemble que Derote ſoit près de la pointe du Delta, au lieu qu'elle eſt dans une Iſle que forme le Canal qui va du Caire à Roſſete beaucoup plus près de cette derniere que de l'autre. Elle eſt nommée DEIROUT dans la carte du Delta, inſerée dans le troiſieme Voyage de Paul Lucas. La ville de Latone étoit bien loin delà & abſolument hors du Delta; au lieu que *Deirout* & *Derote* n'en ſont enfermé.

[e] *T. 1.*

DERPT, Ville de Livonie ſur la Riviere d'Eimbec [f] entre les Lacs de Peipus & de Wortzi qui ſe communiquent par cette Riviere. Cette ville eſt auſſi nommée DORPT. Elle eſt à 45. d. 10′. de longitude & à 58. d. 10′. de latitude. Ses bâtimens ſont fort anciens, mais la guerre les a extrêmement ruinez. Les Moſcovites [g] qui poſſederent cette ville juſqu'en 1230. la nommerent JURIOGOROD. Le Grand Maître de l'Ordre Teutonique l'aiant priſe en ce temps-là, la fit ériger en Evêché. Elle fut repriſe ſans aucune reſiſtance le 19. de Juillet 1558. par le Czar Iwan Waſilowitz. Une terreur panique s'étant repandue parmi la nobleſſe & les habitans, ils ſe rendirent à la premiere ſommation qu'on leur en fit. Reinold Roſe Gentilhomme du Pays entreprit en 1571. de mettre Derpt entre les mains de Magnus Duc de Holſtein; ſon deſſein fut découvert & les Moſcovites après avoir taillé en pieces tous ceux qui étoient de ſon parti, exercerent les dernieres cruautez contre cette ville ſans diſtinction de Sexe ni d'âge. Elle fut cedée à la Pologne avec tout le reſte de la Livonie par le Traité de Paix qui fut conclu en 1582. entre Iwan Waſilowitz & Etienne Battori Roi de Pologne. Elle y demeura juſqu'en 1625, que Jacob de la Garde General de l'Armée Suedoiſe la prit ſur les Polonois. Guſtave Adolphe y fonda une Univerſité en 1632. par les ſollicitations de Jean Skitte que ce Prince fit Baron de Duderof & enſuite Senateur de la Couronne de Suede en reconnoiſſance de ce qu'il avoit apris de lui les premiers élemens des bonnes lettres. Cette Univerſité a été peu frequentée, ſi ce n'eſt par quelques Suedois & Finlandois. Les Latins nomment cette ville *Derpatum* ou *Torpatum*. Quelques-uns la nomment *Dorpat* en langue Vulgaire. Elle eſt Capitale d'un Palatinat auquel elle donne le nom.

[f] *De l'Iſle Atlas.*
[g] *Voyage d'Olearius L. 1.*

LE PALATINAT DE DERPT eſt une contrée de l'Eſtonie Province de la Livonie. Elle a dependu des Suedois qui lui ont donné le nom de CERCLE DE DERPT en lui ôtant le titre de Palatinat que lui avoient donné les Polonois. A preſent la Ville & le Palatinat ou Cercle de Derpt dependent, comme tout le reſte de la Livonie, de l'Empire Ruſſien, Pierre le Grand les y aiant réuni par droit de conquête.

1. DER-

84 DER. DER. DES.

1. DERRA Peuple de Thrace. Voiez DERSÆI.

2. DERRA, nom Latin de la DART Riviere d'Angleterre, elle coule à Dartmouth ou Darmouth, que l'on nomme en Latin Darrhæ Ostium parce qu'elle est située à l'embouchure de cette Riviere & c'est aussi ce que signifie le nom Anglois.

a Ortel. Thesaur.
1. DERRHA, [a] ancien nom d'un lieu particulier du Peloponese dans la Laconie selon Etienne le Géographe. Xenophon qui en fait aussi mention l'écrit par une R. simple. Le même Etienne dit que c'étoit ce lieu qui donnoit le nom au Temple de Diane *Derrheatide*. Meursius veut qu'on lise *Derriatide*, comme si DERRION étoit le veritable nom de ce lieu. Voiez DERRHIUM.

b L.4.c.10.
c Ortel. Thesaur.
d L.3.c.13.
2. DERRHA, Ville de la Macedoine sur le Golphe Thermeen, selon Pline [b]. Dans le III. Concile d'Ephese il est fait mention [c] de DERRIS dans la premiere Macedoine, c'est aparemment la même ville. Ptolomée [d] nomme *Derris* un Promontoire de la Paraxie, c'est-à-dire du Païs aux environs du fleuve Axius, qui tombe au fond du Golphe Thermeen.

e L.2.c.3.
f in l. c. Plinii.
Pomponius Mela en parle aussi [e]. Les Interpretes de Ptolomée indiquent pour nom moderne CASTEL RAMPO. Le R. P. Hardouin [f] remarque que dans les Notices Ecclesiastiques on trouve dans la 1. Macedoine Σεῤῥαί, pour Δεῤῥαί, & que les habitans en sont nommez par Thucydide Δεῤῥαιοί. Ce sont les *Derseens* d'Herodote qui étoient un peuple de Thrace.

g L.6.c.7.
DERRHÆ ancienne nation de l'Arabie heureuse selon Ptolomée [g]. Ses Interpretes écrivent DARRHÆ, & Bertius écrit ΔΑΡΡΑΙ.

DERRHII & DERRIOPES, Voyez MAZÆI.

h l.5.c.15.
DERRHIMA Ville de Syrie dans la contrée de Calibon selon Ptolomée [h].

i l.4.c.5.
DERRHIS Promontoire d'Afrique dans la Marmarique selon le même [i]. Strabon l'écrit avec une R. simple, & Mercator le nomme DEROAS.

k Thesaur.
DERRHIUM lieu voisin de Lapithée ville située sur le mont Taigete dans la Laconie Province du Peloponese selon Pausanias. Ortelius [k] doute si ce ne seroit point DERRHA d'Etienne. Voiez ci-dessus à ce mot.

DERSÆI nom d'un peuple de Thrace ou de Macedoine. Voiez DERRHA 2.

l l.5.
DERTON DERTONA Ville d'Italie dans le territoire des Taurins. Strabon [l] place DERTHON entre Genes & Plaisance, à distance égale de l'une & de l'autre. Leandre la nomme TORTONA. Il est fait mention de *Colonia Julia Dortona* dans le Tresor de Goltzius, de *Tertona* dans les Notices & on lit dans Paul Diacre *Tertrionensis Civitas* & d'une maniere encore plus corrompue *Tetrionensis*.

DERTOSA, ancien nom de Tortose ville d'Espagne.

DERVENTIO Ancien nom d'une Riviere d'Angleterre nommée DERWENT.

m in Clio.
n Bauger. Mem. de Champ. T. 2. p. 220.
DERUSÆI Nation Persane selon Etienne qui cite Herodote [m], où l'on trouve ce nom écrit DIRUSÆI.

DERVUM Forêt de Champagne [n] à quatre lieues de Troyes. On y trouve l'Abbaye de Montieramey qui dans les anciens titres est nommée *Nova Cella in Dervo*. Voiez MONTIERAMEY.

DERXENE, Contrée de l'Armenie vers la source de l'Euphrate selon Pline [o]. Mais Ortelius & le R. P. Hardouin aiment mieux dire XERXENE avec Strabon [p]. Etienne le Géographe dit que la Xerxene a pris son nom de Xerxès, comme la Cambysene avoit pris le sien de Cambyse ; & que cette contrée confinoit avec l'Armenie mineure.

o l.5.c.24.
p l. xi. p. 528.

1. DESAGUADERO Riviere, de l'Amerique Septentrionale dans l'Audience de Guatimala. C'est par elle que les eaux du Lac de Nicaragua, ou de Grenade s'écoulent dans la mer du Nord. Elle arrose la ville de Jaen qui est située sur le rivage Septentrional & entre cette ville & la mer, on la passe sur deux ponts.

q De l'Isle Carte du Paraguai & du Chili.
2. DESAGUADERO, MM. Maty & Corneille donnent ce nom à une Riviere de l'Amerique Meridionale. Elle vient, disentils, des Montagnes des Andes dans le quartier du Chili qu'on nomme Chuquito & va se jetter dans la mer Magellanique, entre la riviere de Camerones & la côte deserte après avoir traversé une partie du Tucuman & des terres Magellaniques.

§. Cette riviere a sa source auprès de St. Juan [q] de la Frontera, au Nord-Est de St. Jago ; & tombe dans le Lac de Guanacuche. Depuis ce lac jusqu'à la baye, de St. Mathias, ou Baye sans fonds, où elle se perd, son cours n'est gueres connu. Cependant on peut assurer qu'elle n'arrose point le Tucuman & qu'au sortir du Chili elle entre dans les terres Magellaniques.

r Ortel. Thesaur.
DESARENA [r] Contrée de l'Inde en deçà du Gange, selon le Periple d'Arrien.

DESARETH. Voiez DASSARITES.

DESE Riviere des Pays bas. Voiez DYSE & DOMMEL.

DESEADA. Voiez DESIRADE.

DESEMBOCADERO. Les Espagnols donnent ce nom qui signifie *Débouchement*, au Détroit de Bahama qui est entre l'Isle de Bahama & la Floride, parce qu'ils debouquent par là pour venir de la Nouvelle Espagne en Europe.

DESENSANO ; gros Bourg de l'Etat de Venise dans le Bressan ; en Latin *Decentianum*. Il est situé au midi du Lac de Garde à l'Occident & à trois quarts d'heure de chemin de Rivoltella.

☞ DESERT. Etendue de terre ou de Pays entierement sterile & qui ne produit rien. Dans ce sens quelques Deserts sont sablonneux, comme les Deserts de Lop, de Calmaik, ou Xamo, ceux de l'Arabie deserte & quantité d'autres en Asie. En Afrique ceux de la Libye, le Saara ou Desert &c. Les autres sont pierreux, comme le Desert de Pharan dans l'Arabie Pétrée. On nomme aussi *Deserts* des terres qui seroient fertiles si elles étoient cultivées, mais qui attendent qu'il vienne des habitans pour les defricher. Tels sont les Deserts de l'Ukraine le long du Borysthene, & ces vastes Pays qui font partie de l'Empire Russien dans la Tartarie. Le mot *Desert* ne veut dire autre chose qu'abandonné. On n'a pas laissé

laissé de donner ce nom à des lieux qui avoient été Deserts & qui ne l'étoient plus, par exemple aux Deserts de la Thebaïde qui étoient peuplez d'une multitude innombrable de Solitaires.

Dans l'Ecriture sainte plusieurs endroits de la Terre sainte ou voisins de la Terre sainte sont nommez *Desert*. Les Hebreux entendoient sous le nom de Midbar מדבר tout lieu non cultivé, particulierement les montagnes. Il y avoit des Deserts entierement arides & steriles. D'autres étoient très-beaux, & très-fertiles en pâturages; d'où vient que l'Ecriture en plus d'un endroit parle de *la beauté du* Desert.[a] *Pinguescent speciosa Deserti*; &[b] *super speciosa Deserti plantlum assumam*; & *Ignis devorabit speciosa Deserti*[c]. L'Ecriture nomme plusieurs Deserts de la Terre promise & il n'y avoit gueres de ville qui n'eût son Desert c'est-à-dire des lieux incultes pour les pâturages & pour les bois. Ces Deserts prenoient le nom des villes ou des montagnes ou des peuples proche desquelles ils étoient. Tels étoient le Desert de Betharen, de Bethsaida, de Cadès, de Cedemoth, de Damas, d'Engaddi, de Gabaon, d'Horeb, de Jernel, de Juda, de Mahon, de Moab, de Pharan, de Sin, de Sinaï, de Sur, de Thecné, de Ziph &c.

Le Desert simplement dans l'Ecriture c'est la partie de l'Arabie qui est au midi de la Terre sainte. C'est dans ce Desert que les Israelites errerent durant quarante ans, depuis leur sortie d'Egypte jusqu'à leur entrée dans la Terre promise. De là vient que le vent du midi est nommé dans l'Ecriture Sainte le vent du Desert.

Le Desert de l'Idumée, c'est l'Idumée elle-même; païs aride & montagneux.

Le Desert de Bersabée est une partie du Desert de l'Arabie Petrée. La Babylonie où le peuple de Dieu fut mené en captivité, toute peuplée, toute fertile qu'elle étoit est nommée Desert par Isaïe[d]. Les Latins ont apellé le Desert, *Eremus*, mot qu'ils ont emprunté des Grecs qui disoient Ερημος, ou χέρσος; Les Italiens disent aussi *Eremo*, *Luogo Solitario*, *Deserto*: les Espagnols *Termo*, *Desierto*, *Despoblado*, *Soledad*: les Allemands *Wüste*, einöde: les Anglois, *Desart*, *Wildernesse*, *Solitude*. Notre mot *Hermitage* que nous avons pris d'*Eremus* signifie la demeure ou cellule d'un Hermite, laquelle n'est rien moins qu'un Desert. Si la Géographie apliquée à l'utilité des hommes semble pouvoir negliger les Deserts qui ne produisent rien pour leurs besoins, elle est obligée par d'autres raisons de connoître leur position & leur étendue à cause de l'Histoire. Ces Deserts meritent souvent son attention par de grandes & très-importantes actions qui ont été faites dans ces solitudes. Il n'y a presque plus de Deserts dans l'Europe, car il ne faut pas donner aujourd'hui ce nom aux landes & aux bruieres qui sont utiles pour les pâturages.

Les PP. Carmes donnent le nom de *Desert* à quelques maisons de leur Ordre où ils bâtissent des cellules separées pour y vivre à la maniere des anciens Anacoretes.

Le Desert de St. Jean[e], Lieu de la Terre sainte. On le nomme Desert parce qu'il est environné de rochers & de montagnes, quoi qu'il soit fort bien cultivé & qu'il produise beaucoup de bled, de vignes & d'oliviers. On y montre une fontaine & la Caverne où Saint Jean Baptiste pratiqua les austeritez dont il est parlé dans l'Evangile. A une lieue de là on voit un Couvent qui porte le nom de St. Jean. J'en ai parlé au mot Aain-Charin.

DESERTA BOIORUM, Pline[f] dit qu'ils étoient contigus à la Norique, & Strabon[g] les étend depuis la Vindelicie jusqu'à la Pannonie; Lazius dit que c'est aujourd'hui le Wienerwaldt.

DESERTE. Les navigateurs ont ainsi nommé des Isles où ils ne trouvoient point d'habitans, ni de marques auxquelles ils pussent reconnoître qu'elles fussent habitées. Telles sont les trois Isles Desertes dont la plus septentrionale est par les 25. d. de Latitude septentrionale & 166. d. de longitude au Nord Oriental des Isles Marianncs; celle d'*Urac* Isle Deserte remplie d'oiseaux & la plus septentrionale des Isles Marianncs. Mr. Maty en trouve une autre a 7. lieues de la Madere.

DESIDERADE ou

DESIRADE; c'est-à-dire *la Desirée*, ou, comme les Espagnols l'appellent, Deseada, Isle de l'Amerique Septentrionale, l'une des Antilles. Le milieu[h] de cette Isle gît par les 317. d. 30'. de Longitude & par les 16. d. 24'. de Latitude. Chrisftophle Colomb, qui la decouvrit à son second Voiage du nouveau monde, la nomma ainsi. Elle est à sept lieues marines de France & au Nord Oriental de Marie Galande de Cap en Cap ; à l'Orient & quatre lieues marines de la Grande Terre qui est la partie Orientale de la Gadeloupe.[i] La partie du Nord est plus basse que l'autre & celle du Sud semble s'elever. Sa terre est noire, assez bonne & distinguée de veines blanches & rougeatres. La mer est pleine de Basses de ce côté-là & brise entre plusieurs rochers. Elle a dans sa plus grande longueur quatre lieues marines de France & trois quarts de ces mêmes lieues. Sa plus grande largeur est à peine de deux.

DESILI, ancien peuple de Thrace, selon Etienne le Géographe.

DESITIATES, ou, selon l'Edition du R. P. Hardouin, *Desitiates* peuple que Pline[k] semble placer dans la Dalmatie. Strabon les nomme Δασιτιάται[l] & Dion[m] les nomme Δυσιδιάται.

DESMOUND[n], Contrée d'Irlande de la dépendance du Comté de Corck dans la Momonie. Elle n'a ni Villes, ni Bourgs, mais seulement quelques ports assez commodes.

DESPOTAT, Ce mot vient du Grec δεσποτεία, qui veut dire *Domaine*, *Seigneurie*, *Autorité*, *puissance*, d'où vient le *Despotisme* pour signifier un pouvoir absolu & sans bornes; d'où vient aussi le nom & titre de *Despote* que prenoient les plus Illustres Seigneurs du bas Empire, & quelques Princes Souverains; tels qu'étoient les Despotes de Valachie, les Despotes de Servie & quelques autres. Le Titre de ΔΕCΠΟΤΗC fut même donné aux anciens Empereurs de Constantinople, comme le remarque le P. Joubert[o]. C'est un mot Grec qui dans sa premiere Origine signifie que

[a] Psal. 64. v. 13.
[b] Jer. c. 9. v. 10.
[c] Joël. c. 1. n. 20.

[d] C. 40. v. 3.

[e] Maundrel Voyage d'Alep à Jerusalem.

[f] l. 3. c. 24.
[g] L. 7.

[h] De l'Isle Carte des Antilles.

[i] De Laet Descr. des Indes Orient.

[k] L. 3. c. 22.
[l] l. 7. p. 314.
[m] l. 55.
[n] Audifret Geogr. T. 1.

[o] Science des medailles p. 147.

que marque en Latin le mot *Herus* & en François celui de *Maître* par raport aux Serviteurs. On en fit à peu près ce que les Latins avoient fait du nom de Céfar comparé avec celui de BACIΛETC, répondant à *Augustus* & ΔECΠOTHC à *Céfar*. Ainfi Nicephore aiant fait couronner fon fils Stauracius, il ne voulut que le nom de ΔECΠOTHC, laiffant à fon Pere par refpect celui de BACIΛETC. Ce fut juftement au tems que les Empereurs Grecs cefferent de mettre des Infcriptions Latines. Cette délicateffe néanmoins ne dura pas, les Empereurs fuivans aiant preferé la qualité de ΔECΠOTHC à celle de BACIΛETC, comme Conftantin & Michel Ducas, Nicephore Botoniate, Romain Diogene, les Comnenes & quelques autres. A l'imitation des Princes les Princeffes prirent auffi le nom ΔECΠOINA, comme Theodore femme de Theophile.

On appelle le DESPOTAT un petit pays de la Grece qui répond à l'ancienne *Etolie* & à l'*Acarnanie*. On le nomme auffi LA PETITE GRECE. On y voit *Pefchera* ville fituée à l'embouchure du fleuve Achelous; petite & qui diminue de jour en jour parce que cette embouchure fe comble de limon infenfiblement; *Neocaftro* affez près de l'embouchure de Landari, où de l'ancien Evenus, lieu agréable, autrefois la refidence du Defpote, mais les Turcs l'ont laiffé deperir par leur avarice; *Alcippe* fur un Golphe de même nom, il y a une rade affez bonne fi toute cette côte étoit moins entrecoupée d'Iflots & d'écueils. Le P. Briet [a] de qui j'emprunte ceci, met le Defpotat dans la Baffe Albanie & non pas dans la Livadie comme font plufieurs autres Géographes.

1. DESSAU, [b] Bourg ou Château près duquel fe tinrent les Ifraelites fous la conduite de Judas Machabée. On n'en fait pas la fituation, & St. Jerome fe contente de le nommer.

2. DESSAU ou DESSAW, Ville du Cercle de la Haute Saxe, & la refidence des Princes de la branche d'Anhalt à laquelle il donne le nom. Abraham Saver [c] dans fon théatre des villes écrit que l'an 1341. les freres Albert & Woldemar Princes d'Anhalt y firent bâtir un Château. Mr. d'Audifret [d] dit au contraire que ce fut Albert le vieux qui fit bâtir le Château & que Deffaw n'étoit qu'un bourg dependant de la Seigneurie de Walderfée lors qu'Albert le jeune & fon frere Waldemar le firent aggrandir & entourer de murailles l'an 1341. Cette ville eft fituée fur l'Elbe au confluent de la Multe entre Magdebourg & Wittenberg [e] à quatre milles au deffous de celles-ci. On y paffoit autrefois l'Elbe fur un beau pont que les Imperiaux brûlerent le même jour que le General Tilli prit Magdebourg, à favoir le 20. de Mai 1631. ils s'en repentirent enfuite [f]. Le même Mr. d'Audifret met à Deffaw une Académie.

3. DESSAU, [g] Principauté d'Allemagne ou plûtôt c'eft l'une des quatre parties de la Principauté d'Anhalt divifée entre les quatre branches de la Maifon d'Anhalt. Dans le partage de la Branche de Deffau, font *Deffau* en Latin *Deffavia*, *Worlitz*, en Latin *Worlitia*, maifon de chaffe avec Bailliage fur l'Elbe; *Radegaft* lieu qui merite d'être remarqué à caufe de la Genealogie de cette Maifon; *Sanderfleben* Château & Bailliage, la refidence ordinaire des Douairieres; & *Oranienbaum* ou l'Orangerie jolie Maifon de plaifance fur les confins de la Saxe Electorale.

DESSEADO ou EL CABO DESSEADO. Voiez CABO.

DESSORICA, ancienne Ville d'Efpagne entre Aftorga & Tarragone felon Antonin. [h Itiner.]

DESTA ou VILLA DESTA, Ville Capitale de l'Ifle de Fayal l'une des Açores, c'eft dans cette ville que l'on trouve la pofterité de ces Flamands qui s'y établirent autrefois & à caufe defquels on nomme les Açores Ifles Flamandes. Ce lieu eft nommé VILLA DORTA par Linfchot & par Daviti. Voiez DORTA. [i Corn. Dict.]

DESU, Ville Capitale du Churiftan Province de Perfe. On lui donnoit autrefois le nom de Sufe. [k Ibid.]

DESUDABA, Ville de Thrace dans le pays des *Medi* felon Tite Live [l]. [l L. 44.]

DESVRE; Gros Bourg de France dans le Boulonnois. On l'appelloit autrefois SURENNE; Il eft à trois ou quatre lieues de Boulogne. On y fait beaucoup de Serges & l'on y tient un gros marché le Mardi & le Samedi & deux foires dans l'année, l'une le Lundi d'après la Mi-Carême & l'autre à la St. Luc. La forêt de Defvre lui fournit du bois à bâtir & à brûler. [m Corn. Memoires Manufcr.]

DESUVIATES, en Latin *Defuviatii*, peuple de la Gaule Narbonnoife felon Pline qui les fait voifins des Anatiliens & des Cavares; fur quoi le R. P. Hardouin remarque que les Anatiliens occupoient le territoire d'Arles; les Defuviates celui de Tarafcon, & les Cavares s'étendoient depuis le confluent du Rhofne & de l'Ifere jufqu'à la Durance. [Plin. L.3.c.4.]

DETHMOLD, Petite Ville d'Allemagne dans la Weftphalie, fur la Vehra dans le Comté de Lemgow à demie lieue de la ville de ce nom & à fix lieues de Paderborn. Cette ville [n] eft fameufe dans l'Hiftoire. Les Latins l'ont connue fous le nom de TEUTOBURGIUM. Ptolomée nomme un lieu de la Germanie affez près du Wefer Τουλισούργιον & Cluvier [o] conjecture avec affez de fondement que ce mot eft corrompu de τευτιβούργιον. Les Annales de France la nomment *Theotmelli*, *Thietmelle*, *Thiotmelli*, *Theotmala*, *Theotmallin*, *Theotmaldi*, *Teotmalli*, *Thietmalli*. Henri Tibyus dans fes Annales de Duisbourg avoit prétendu que Duisbourg eft l'ancienne *Teutoburgium* mais le favant Evêque de Paderborn a montré que *Theut* & *Thiet* font la même chofe ne different que de Dialecte & que les dernieres Syllabes, à favoir *Burgium*, ont été changées en *Mallum* mot qui veut dire une Juftice où les Comtes décidoient les procès. *Mallare* fignifie tenir les plaids. Chriftophle Brouverus dans fes Notes fur la vie de St. Meinwerc obferve qu'en l'ancienne langue Tudefque *Thietmalle* fignifie un *lieu Augufte & Heroïque*. Ce fut près delà qu'arriva la defaite de Varus, & la fixieme victoire de Charlemagne contre les Saxons. Dethmold eft à prefent la refidence des Comtes de la Lippe qui tiennent ce lieu & divers autres, foit Bourgs, foit Châteaux, ou Villages, à titre de fief des Evêques & Princes de Paderborn. Bollandus [p] fe trompe quand il dit dans fes Notes fur la vie de Charlemagne [p Ad 28. Jan:] que [n Monum. Paderborn. p. 40. & fequent.] [o German. ant. l.3.c.19.]

DET.

que Thietmallus eſt dans le Diocéſe d'Oſnabrug.

☞ DETROIT ou DESTROIT, l'S. ne ſe prononce point. Ce mot a pluſieurs ſens très-diferents dans la Géographie ſuivant qu'on l'applique à la terre ou à la mer.

On appelle DETROIT un paſſage étroit & reſſerré entre deux Montagnes & en ce cas on dit plus communément PAS, COL, PASSAGE. C'eſt ce que les Turcs nomment DEMIR-CAPI ou Porte de fer. Les Latins nommoient ces ſortes de Détroits *fauces*, c'eſt-à-dire, *Gorge*, *paſſage étroit*. Vaugelas [a] nomme *détroits de Cilicie* le lieu où Alexandre défit Darius. Le pas de Thermopyles, les Portes Caſpiennes, les Fourches Caudines, & quantité d'autres lieux ſemblables ſont autant de détroits fameux dans l'Hiſtoire.

DETROIT, ſe prend auſſi pour un chemin bordé de marais, ou de quelque autre terrain incommode qui ne permet pas à une armée de s'étendre ni demarcher en ordre de bataille. Nous nommons plus ordinairement ces paſſages des DEFILEZ. En Latin *Anguſtia*.

DETROIT, ſe dit encore de l'étendue du territoire ſoumis à une juriſdiction temporelle ou ſpirituelle. En ce ſens DISTRICT eſt plus François & moins équivoque.

Le nom de DETROIT a été donné par quelques Auteurs à une langue de terre reſſerrée entre deux Mers ou deux Golphes, & qui joint une partie du Continent à une autre ou à une Peninſule ou Preſqu'Iſle. Ainſi ils ont appellé *Détroit de Corinthe*, *Détroit de Darien* ou *de Panama* ce que nous appellons à preſent ISTHME *de Corinthe*, ISTHME *de Panama*. Le mot *Détroit* n'a été bon dans ce ſens qu'auſſi long-temps qu'on a douté s'il falloit recevoir dans notre langue le mot d'*iſthme* qui eſt devenu très-François.

DETROIT, en termes d'Hydrographie ou de Marine ſe prend pour le paſſage étroit par lequel les eaux de l'Ocean, ou de quelque Golphe, communiquent à une autre Mer ou à un autre Golphe.

Il y en a de trois ſortes. Car c'eſt ou la communication de l'Ocean avec l'Ocean, comme les Détroits de *Magellan*, & *de le Maire* que joignent la Mer Atlantique avec la Mer du Sud ou la Mer Pacifique : ou la communication de l'Ocean avec un Golphe, comme le Détroit de *Gibraltar* qui joint l'Ocean avec la Mer Mediterranée qui n'eſt qu'un très grand Golphe, ou comme le Détroit de *Bab-El-Mandel* qui joint la Mer des Indes au Golphe Arabique que nous appelons la Mer Rouge : ou c'eſt enfin la communication d'un Golphe à un autre, comme le *Détroit de Caffa* nommé par les anciens Boſphore Cimmerien, qui joint le Palus Méotide, avec la Mer Noire. Le paſſage d'un côté de ces Détroits à l'autre eſt nommé en François *Trajet*, les Latins en nommoient quelques-uns *Boſphorus* d'un nom emprunté du Grec & qui ſignifie un trajet qu'un bœuf peut faire à la nage. Nous nommons *Pas de Calais* le trajet de la Manche ou du Canal qui ſépare l'Angleterre de notre Continent. Pluſieurs Détroits ſont nommez ſimplement BRAS DE MER, ou *Bras*. Celui que les anciens nommoient le Détroit de l'Helleſpont eſt preſentement appellé le *Bras de St. George*, & ce-

[a] *Quinte Curſe* L. 3. c. 4.

DET. 87

lui qui ſepare la Sardaigne de la Corſe, eſt nommé *Bouche de St. Boniface*. On dit auſſi LE CANAL en parlant du Détroit qui eſt entre la France & l'Angleterre, & L'EURIPE quand on deſigne le bras de mer par lequel l'Iſle de Negrepont eſt détachée de la Livadie. Nous appelons PERTUIS quelques petits Détroits entre les Iſles & les Côtes d'Aunis & de Saintonge. Tels ſont le Pertuis d'*Antioche*, de *Maubuſſon* &c. On nomme *Fare* ou *Phare* de Meſſine le Détroit qui eſt entre Naples & Sicile. Un Détroit eſt nommé en Latin *Fretum*, en Italien *Stretto*, en Eſpagnol *Eſtrecho*, en Anglois *Streight*, & *Narrow paſſage*, en Hollandois *Street*, en Allemand *Enge-meer*, en Polonois *Ciaſne Morze*.

Le Paſſage des Détroits eſt ordinairement dificile & dangereux à cauſe que ſouvent les eaux des deux mers y forment une eſpece de combat, & par le courant rapide des eaux qu'on ne ſurmonte qu'à la faveur d'un bon vent. Je doute qu'on ne puiſſe pas appliquer à tous les Détroits ce qu'on a remarqué dans le Canal de Conſtantinople, à ſavoir que quand les eaux de la ſurface ſont emportées d'un côté, celles du fond ſont entraînées vers le côté oppoſé par un mouvement contraire.

Quand on dit ſimplement le *Détroit* on entend pour l'ordinaire le Détroit de Gibraltar. Voici une Liſte des principaux Détroits.

LE DETROIT D'ALSING ou ALSING-SUND entre l'Iſle d'Alſen & le Holſtein.

LE DETROIT D'ANDROS, dans l'Archipel, entre l'Iſle de ce nom & celle de Negrepont.

LE DETROIT D'ANIAN ſe trouve ſi diverſement placé ſur les Cartes & dans les Relations qu'il vaut mieux douter de ſon exiſtence juſqu'à ce qu'elle ſoit mieux prouvée.

LE DETROIT D'ARIMA, au Japon entre l'Iſle de Saicoco & celle d'Amacuſe près de la ville d'Arima.

LE DETROIT DE BAB-EL-MANDEL, entre l'Ethiopie & l'Arabie.

LE DETROIT DE BAHAMA, entre l'Iſle de ce nom & la Floride. Les Eſpagnols le nomment *Deſembocadero*, & les François le *Canal de Bahama*.

LE DETROIT DE BALAMBUAN, dans la Mer des Indes entre l'Iſle de Java & celle de Bali. Mr. de l'Iſle écrit *Palambuan* le nom de la ville de laquelle ce Détroit tire le ſien. Ainſi il faut dire LE DETROIT DE PALAMBUAN.

LE DETROIT DE BANCA, on le nomme auſſi LE DETROIT DE PALIMBAN. Il eſt entre l'Iſle de Sumatra & celle de Banca dans la Mer des Indes.

LE DETROIT DU BELT, & ſimplement LE BELT. Il y a deux Détroits de ce nom à l'entrée de la Mer Baltique. Le 1. eſt BELT-SUND ou LE GRAND BELT, en Danemarck entre les Iſles de Seelande & de Fionie ou Fuine. Le 2. eſt le PETIT BELT ou MIDDELFART entre le Juthland & l'Iſle de Fionie. Son vrai nom eſt MIDDELFAHR-SUND, & lui vient d'une bourgade de Fionie nommée Middelfahr parce qu'on paſſe de là en Juthland.

DE-

DET.

DÉTROIT DE BELLE ISLE. Voiez DÉTROIT DE CHARLES.

LE DÉTROIT DU BRASSEUR, est une impertinente traduction du nom suivant:

LE DÉTROIT DE BROUWER, dans la Mer Magellanique. Mr. de l'Isle ne l'appelle pas Détroit, mais *passage*. En effet la définition de Détroit ne lui convient en aucune façon. Ce passage est ainsi nommé à cause qu'Henri Brouwer Hollandois le découvrit. Et comme Brouwer qui étoit son nom propre signifie un *Brasseur*, delà vient que quelques-uns ont ridiculement traduit ce nom & ont dit le *Détroit du Brasseur*. La même chose est arrivée aux Isles *Bermudes* nommées *Sommers-Eilanden*; on les a appellées Isles d'été parce que l'on a mal-à-propos traduit le nom de *Sommers* Chevalier Anglois, nom qui peut aussi signifier l'*été*.

LE DÉTROIT DE BUGEN, dans la Mer du Japon entre l'Isle de Ximo, ou Saicock au Couchant & l'Isle de Tocœsi ou de Xicoco au Levant. Il est ainsi nommé de Bugen qui est sur sa côte & s'étend du Nord au Sud. Mais il est omis dans toutes les Cartes, comme le remarque Mr. Baudrand dans l'Edition de 1705. Ce Détroit est marqué, mais sans nom, dans la Carte des Indes & de la Chine par Mr. de l'Isle qui n'oublie pas la ville de Bugen. La Carte du Japon tirée des Cartes des Japonois par Mr. Reland nomme ces Isles autrement, & *Bugen* est, selon cette Carte, *Boeseen*, qui, selon la prononciation Flamande, doit se lire *Bouséen*.

LE DÉTROIT DE CAFFA, est le BOSPHORE CIMMERIEN des anciens entre la petite Tartarie & la Circassie. On le nomme aussi quelquefois LE DÉTROIT DE KERCI, ou de WOSPHERO ou BOSPERO; ces deux derniers noms sont corrompus du mot Bosphore.

LE DÉTROIT DE CALMAR, ou CALMAR-SUND entre Smalande Province de Suede & l'Isle d'Oeland.

LE DÉTROIT DE CANTIR, entre Cantir Province Meridionale de l'Ecosse & l'Ulster ou Ultonie Province d'Irlande.

LE DÉTROIT DE CAPRI, ou le *Bocche de Capri*, entre l'Isle de Capri, & le Cap de Massa au Roiaume de Naples au midi du Golphe de Naples.

LE DÉTROIT DE CHARLES en Anglois THE CHARLES STREIGHT, entre l'Isle de Terre neuve & la Terre de Labrador ou les Esquimaux. Les François le nomment *Détroit de belle-Isle*.

LE DÉTROIT CASPIEN; communication imaginaire que les Anciens ont cru qu'il y avoit entre la Mer Caspienne & l'Ocean Scythique.

LE DÉTROIT DE COCORA, au Japon entre l'Isle de Ximo & Niphon.

LE DÉTROIT ou LES BOUCHES DE CONSTANTINOPLE, entre la Thrace & l'Asie mineure, ou ce qui est la même chose entre la Romelie & la Natolie. C'est le Canal par où la Mer Noire communique avec la Mer de Marmara. C'est ce que les anciens nommoient BOSPHORE DE THRACE.

DET.

LE DÉTROIT ou LE CANAL DE CORFOU, entre cette Isle, & l'Albanie.

LE DÉTROIT DES DARDANELLES, ou L'HELLESPONT, ou le BRAS DE St. GEORGE, c'est la communication de l'Archipel & de la Mer de Marmara ou Propontide.

LE DÉTROIT DE DAVIS, dans l'Amerique Septentrionale entre le Groenland & l'Isle de James. Il porte le nom de Jean Davis Anglois qui le découvrit en 1585.

DÉTROIT D'ESO. Voiez DÉTROIT D'YEÇO.

LE DÉTROIT DE L'EURIPE ou simplement L'EURIPE, entre la Livadie & Negrepont.

LE DÉTROIT DE FEMMEREN ou FEMMER-SUND, entre l'Isle de Femmeren & le Holstein.

LE DÉTROIT DE FORBISHER, au midi du nouveau Groenland. *Martin Forbisher* Anglois le découvrit en 1577.

LE DÉTROIT DE GALLIPOLI, c'est le même que le Détroit des Dardanelles.

LE DÉTROIT DE GIBRALTAR, entre l'Europe & l'Afrique, les anciens l'ont aussi nommé le Détroit d'Hercule.

LE DÉTROIT DE GIUBA, entre l'Isle de Pago & la côté de Dalmatie dans le Golphe de Venise.

LE DÉTROIT DE GULDBORG, dans la Mer Baltique entre l'Isle de Falster, & celle de Langeland, en Danemarck.

LE GRONE-SOND ou le DÉTROIT VERD, entre l'Isle de Falster, & celle de Meun en Danemarck.

LE DÉTROIT DE HAINAM, entre l'Isle de ce nom & la Province de Quanton à la Chine.

LE DÉTROIT DE HUDSON, entre l'Isle de James & la Terre de Labrador dans l'Amerique Septentrionale.

LE DÉTROIT DE HURST, entre l'Isle de Wight & l'Angleterre. Il tire son nom d'un Château voisin.

LE DÉTROIT DU JAPON, entre Niphon & la Corée.

LE DÉTROIT D'YECO, quelques-uns écrivent D'ESO, d'autres de JESSO; il y a des relations & un grand nombre de Cartes qui le mettent entre la terre d'*Yeço* & l'Isle de Niphon, suposé que Niphon soit une Isle, car c'est une question fort problématique, & on ne sait si elle est efectivement separée d'Ieço. On a même plus lieu de croire que s'il y a en efet un bras de mer, il est impraticable pour les vaisseaux & ce Détroit n'a jamais été passé par aucun Navigateur qui en ait fait son raport. Lisez sur ce Chapitre la Lettre de Mr. de l'Isle inserée dans le Recueil des Voyages au Nord [a]. [a] T.3.p. 32.&seq.

LE DÉTROIT DE LE MAIRE, entre la Terre de Feu & les Terres des Etats. Quelques-uns disent le *Détroit du Maire*, mais c'est un nom propre & non pas de Dignité. On dit: les Plaidoiers de le *Maître*, & non pas du *Maître*.

LE DÉTROIT DE MACASSAR, entre l'Isle de Borneo & Macassar dans l'Isle des Celebes.

LE

LE DETROIT DE MAGELLAN, entre la Terre Magellanique & la Terre de Feu. Voiez MAGELLAN.

LE DETROIT DE MALACA, entre la côte de ce nom dans la presqu'Isle de là le Gange & l'Isle de Sumatra. Les Portugais le nomment aussi le DETROIT DE SINCAPOUR.

LE DETROIT DE MANAR, entre l'Isle de Ceylan & la côte de la Pêcherie.

LE DETROIT DE MANILLE, entre l'Isle de Luçon & celle de Tendaye.

LE DETROIT DE MENAI, entre l'Isle d'Anglesey & le Pays de Galles.

LE DETROIT DE MICALEO, entre l'Isle de Samos & la Natolie dans l'Archipel.

LE DETROIT DE MIDDELFARHT, c'est le même que le petit Belt.

LE DETROIT DE MINDORE, entre l'Isle de ce nom & l'Isle de Luçon.

LE DETROIT DE MISSILINIMA-KINAC. C'est un Canal par lequel le grand Lac des Illinois se decharge dans le Lac des Hurons dans la nouvelle France.

LE DETROIT DE MONN ou DE MEUN, entre l'Isle de ce nom & celle de Séelande en Danemarck, on le nomme dans la langue du Pays MONESUND.

LE DETROIT DE MOSANDAN. C'est celui par lequel la mer des Indes communique au Golphe Persique.

LE DETROIT DE NASSAU, entre la nouvelle Zemble & les Samoyedes. On le nomme plus communément le *Détroit de Weigatz*.

LE DETROIT DE NEGREPONT, entre l'Isle de ce nom & la Livadie. Voyez EURIPE.

ORE SUND. Voyez SUND.

LE DETROIT DE PALIMBAN. C'est le même que le DETROIT DE BANCA.

LE DETROIT DE PARAGOIA, entre l'Isle de ce nom & celle de Borneo dans la mer des Indes.

LE DETROIT DE PICHT-LAND, ou PICHT-LAND FIRTH entre les Orcades & l'Ecosse.

LE DETROIT ou CANAL DE PIECKO, entre l'Isle des Etats & la terre d'Yeço.

LE DETROIT ou CANAL DE PIOMBINO entre l'Isle d'Elbe & Piombino en Toscane.

LE DETROIT DU PONT, C'est le Bosphore.

LE DETROIT DE SABON. Il fait partie de celui de Sincapour entre l'Isle de Sumatra & celle de Sabon.

LE DETROIT DE St. VINCENT, C'est le même que le DETROIT DE LE MAIRE.

LE DETROIT DE SANGAAR, ou DE ZUNGAAR, ou SUNGAAR au Japon. Aux connoissances qu'en donne Mr. Baudrand ce devroit être le même que celui d'Yeço de l'existence duquel on est très-mal instruit.

LE DETROIT DE SAPY, entre l'Isle de ce nom & celle d'Ende, ou de Flores, à l'orient de celle de Java.

LE DETROIT DE SICILE, entre Messine & la Calabre. On l'apelle LE FARE DE MESSINE.

Tome II.

LE DETROIT DE SINCAPOUR, ou de CINCAPURA, entre l'Isle de Sumatra & la presqu'Isle de delà le Gange. On l'apelle aussi LE DETROIT DE MALACA.

LE DETROIT DE STRAEL. Voiez STRALSOND.

LE DETROIT DE SKIE, entre l'Isle de Skie l'une des Westernes & la Province de Lochabir en Ecosse.

LE DETROIT DE LA SONDE, entre l'Isle de Java & celle de Sumatra dans la mer des Indes.

LE DETROIT DE SONDERBOURG, entre l'Isle d'Alsen & le Duché de Sleswick, dans la mer Baltique.

LE SUND, ou ORESUND, entre la Schone ou Scanie & l'Isle de Séelande.

LE DETROIT VERD, entre l'Isle de Falster & l'Isle de Séelande en Danemarck.

LE DETROIT D'URIEZ, entre la terre d'Yeço & l'Isle des Etats.

LE DETROIT DE WEIGATZ, ou DE NASSAU, entre les Samoyedes & la nouvelle Zemble.

Je parle plus amplement de chacun de ces Détroits en leur ordre. J'en omets un très-grand nombre dont la plûpart n'ont point de nom. Voiez aux mots BOSPHORE, BOUCHE, BRAS, CANAL & PERTUIS.

DETTELBACH, Ville d'Allemagne située à l'Evêché de Wirtzbourg. Elle est située sur le Mein. [a *Corn. Dict.*]

§. Sanson dans son Atlas ne la donne que pour une Bourgade à la droite de cette riviere & à l'oposite de Lankheim qui est à la gauche. Zeiler[b] la nomme petite ville & la met à deux milles de Wirtzbourg par terre, car par eau les detours du Mein allongent le chemin de moitié. Il y a un Bailliage & un Monastere fort frequenté par les Pelerins que la devotion y attire. On écrit aussi ce nom par un T. TETELBACH. [b *Francon. Topogr.* p. 24.]

DETUNDA, Ville des Turdules dans la Betique en Espagne selon Ptolomée[c]. Quelques-uns croient qu'il y a faute & que c'est la MUNDA de Strabon, & auprès de laquelle Pline dit que Cn. Pompée fils du Grand Pompée fut tué. Ce dernier parle de Munda comme d'une Ville déjà détruite de son temps. Voiez ce que j'ai dit à l'Article de DECUMA. [c l. 6. c. 4.]

1. DEVA, Riviere d'Espagne dans la Province de Guipuscoa*. Elle a sa source près de Salinas, arrose Mondragon, laisse Vergara & Placentia à sa droite & se jette dans la mer à l'Occident de Deva, à dix lieues communes de St. Sebastien, à onze de Bilbao. [* *De l'Isle Atlas.*]

2. DEVA, Ville selon Mr. Maty, Village selon Mr. de l'Isle, avec un port dans la Province de Guipuscoa en Espagne, sur la mer de Biscaïe.

3. DEVA, Ancienne Ville de l'Arabie heureuse, selon Ptolomée[d]. [d l. 6. c. 7.]

4. DEVA, Riviere d'Angleterre[e] ou, ce qui est la même chose, d'Albion selon Ptolomée[f]. Les uns disent que son nom moderne est DYFY; d'autres que c'est LA DE'E Riviere qui coule auprès de Chester. [e *Ortel. Thesaur.* f l. 2. c. 2.]

5. DEVA, nom Latin de LA DE'E Riviere

DEV. DEU.

viere de l'Ecoſſe Meridionale, dans la Province de Gallowai.

1. DEVA LEGIO xx. v.[a] ſelon quelques Editions de l'Itineraire d'Antonin ou xxiii. ſelon d'autres. Quelques exemplaires de Ptolomée liſent Δήουα & y placent la xx. Legion Victorieuſe. L'Anonyme de Ravenne[b] qui a ſuivi Ptolomée écrit *Dena Victrix* & entre les Medailles de Goltzius on en trouve une ſur laquelle on lit

COL. DIVANA L. XX. VICT.

Ainſi on peut corriger xxiii. ci. qui eſt dans l'Edition de Simler pour y ſubſtituer xx. vic. Car il n'eſt pas ſûr que la xxiii. Legion ait campé en cet endroit. La Legion de laquelle il eſt ici queſtion eſt deſignée ainſi dans les Inſcriptions Leg. xx. v. v. Ce qui ſignifie *Legio Viceſima Valens Victrix*. On a trouvé à Cheſter où étoit l'ancienne *Deva* un Autel ſur lequel cette Legion eſt auſſi deſignée Leg. xx. v. v. Ranulphe de Cheſter écrit que lorſque la puiſſance des Bretons étoit floriſſante *Deva* étoit la Capitale de la Venedotie, *Guenedotia*. Voiez Chester.

1. DEVANA, Ville de la Grande Bretagne dans le Territoire des *Vernici*. Cambden prefere Denana & derive ce nom de la Dena Riviere à l'embouchure de laquelle elle étoit ſituée, & qu'on apelle aujourd'hui le Don. Cette Ville eſt la même que la vieille Aberdeen ou *Aberdon*. Voiez à l'article du nom moderne.

2. DEVANA, Deunana, ou Divana, comme on lit dans une ancienne Inſcription Divana Legio xx. Victrix. Cambden croit que c'eſt la même choſe que Deva 6. & que Chester.

1. DEVANO, Roiaume ou plutôt Province du Japon dans l'Iſle ou preſqu'Iſle de Niphon. Mr. Reland dans ſa Carte du Japon écrit ce nom Dewa & place cette Province à l'opoſite de l'Iſle de Sado.

2. DEVANO, Ville du Japon dans la Province de Devano dont elle eſt la Capitale, ſelon Cardin cité par Mr. Baudrand.

DEUCALEDONII, ou ſimplement Caledonii, ancien peuple de la Grande Bretagne. Ils occupoient la partie Occidentale de l'Ecoſſe & leur pays repondoit à ce qu'on apelle aujourd'hui les Provinces de *Roſſ*, *Lochabir*, *Braid-Alban*, *Lorne*, & *Argyle*. Ammien Marcellin écrit Dicaledones[c]. On les nommoit plus communément *Caledonii* & *Caledones*.

DEUCALEDONIUM MARE, ou Deucaledonius Oceanus; plus communément *Caledonium Mare* ou *Caledonius Oceanus*. C'eſt la partie de la mer du Nord qui eſt à l'Oueſt de l'Ecoſſe.

DEUCALION: Strabon[d] fait mention de deux Iſles dont l'une étoit nommée Pyrrha & l'autre Deucalion; il dit qu'elles étoient vis à vis d'un Promontoire de Theſſalie dans la Phtiotide aux environs du Golphe Maliaque.

DEVELTO, [e] Petite Ville de la Turquie en Europe. En Latin *Develtus*, *Teſeltum* & *Debaltum*. Elle eſt ſituée à 25000. pas de la mer noire ſur la rive Occidentale de la Riviere de Paniſa aux confins de la Bulgarie & de la Romelie. Les Bulgares la nomment Zagoria

DEV.

& Zagoria. Ce nom eſt écrit par Sanſon *Delvetus*. Il y a un Archevêque qui ſuit le Rite Grec.

DEVENTER [g] Ville des Pays-bas dans la Province d'Overiſſel dont elle eſt la Capitale, elle eſt ſituée au confluent de la petite riviere Schipbeek & de l'Iſſel ſur la rive Orientale de cette derniere, à une heure & demie de chemin de Zutphen. Cette ville, nommée en Latin *Daventria*, a un pont de bateaux ſur l'Iſſel. Elle[h] eſt grande, peuplée, & marchande & elle étoit déja celebre ſur la fin du dixieme ſiécle, lorſque l'Empereur Othon III. lui donna de grands Privileges l'an 995. & depuis elle ſe joignit avec Zwol & Campen à la ligue des Hanſeatiques. Le même Empereur donna cette ville avec tout l'Overiſſel l'an 999. à l'Evêque Anfride & à ſon Egliſe d'Utrecht. Cette donation fut confirmée par l'Empereur Henri le noir l'an 1046. à l'Evêque Bernulphe ou Bernold. Deventer avec le Salland, ou Iſſeland petite Contrée de l'Overiſſel, étoit la portion la plus conſiderable de cet Evêché; mais les Evêques ne pouvant reſiſter aux Ducs de Gueldres qui les perſecutoient, l'Evêque Henri de Baviere céda l'an 1528. le haut Domaine & la Souveraineté de Deventer & de tout l'Overiſſel à Charles V. & à ſes Succeſſeurs Ducs de Brabant, ce qui fut confirmé par le Pape Clement VII. La Juriſdiction ſpirituelle & Eccleſiaſtique demeura à l'Evêque d'Utrecht durant plus de trente ans; mais l'an 1559, le Pape Paul IV. érigea en Cathedrale l'Egliſe Collegiale de Deventer dediée à la Vierge & à St. Lebuin (l'Egliſe cathedrale eſt dediée à St. Levin, & au côté Occidental de ce Temple il y en a un petit qui étoit dédié à la Ste. Vierge.) Le premier Evêque fut Jean Mahus Cordelier de l'obſervance. Le Pape Pie IV. Succeſſeur de Paul aſſigna à cet Evêché tout le Salland & la Twente avec le Comté de Zutphen par ſa Bulle donnée l'an 1561. Jean Mahus s'étant demis de cet Evêché l'an 1572. eut pour Succeſſeur Gilles Dumont qui gouverna ce Dioceſe durant des temps très-dificiles auſſi bien que ſes Succeſſeurs, la ville aiant été pluſieurs fois priſe & repriſe durant les guerres Civiles des Pays-bas. Le dernier Evêque de Deventer nommé Gisbert Coverinx fut dépouillé de ſon Evêché par les Etats Generaux des Provinces-Unies des Pays-bas après que leur Armée commandée par le Comte Maurice de Naſſau, eut aſſiégé & pris Deventer l'an 1591. non ſeulement l'Archevêché d'Utrecht, mais encore les cinq Evêchez ſuffragants, Harlem, Middelbourg, Leuwarde, Groeningue & Deventer furent ſuprimez[i]. Cette ville demeura néanmoins la Capitale de l'Overiſſel l'une des ſept Provinces qui compoſent la République des Pays-bas. Bernard de Galen Evêque de Munſter la prit en 1672. Mais les François la rendirent en 1672. Outre les marchez qui ſe tiennent chaque ſemaine il y a cinq foires annuelles, à ſavoir à la mi-carême, à la St. Jean, à la St. Jacques, à la St. Levin & à la St. Martin. La ville a ſix portes dont quelques-unes ſont aſſez belles, entre autres la *Brinckpoort* ſur le frontiſpice de laquelle on voit l'aigle Imperiale qui de la donation d'Othon

III.

---

[a] *Gale in Antonin.* p. 51.
[b] l. 5. c. 31.
[c] l. 37. c. 18.
[d] l. 9.
[e] *Corn. Dict.*
[f] *Atlas.*
[g] *De Wit Atlas.*
[h] *Longuerue Deſcr. de la France Ancienne & Moderne* 2. Part. p. 33.
[i] *Divers Memoires.*

DEV. DEU.

III. eſt devenuë les *Armes* de la Ville, avec cette Inſcription.

Dat nobis aquilam Romana inſignia Ceſar, Juraque noſtra ſub his inviolata manent.

On y voit auſſi quelques autres Inſcriptions où la ville eſt nommée DAVONTURIUM & les habitans S. P. Q. *Davonturienſis*. Le Magiſtrat de la Ville conſiſtoit en vingt-quatre perſonnes qui étoient les Bourgmeſtres, les Echevins & les Conſeillers qui s'aſſembloient tous les jours. Le corps de la Bourgeoiſie étoit repreſenté par 96. perſonnes choiſies qui s'aſſembloient quatre ou cinq fois par an ou quand le Magiſtrat le jugeoit neceſſaire. Ils deliberoient ſur les affaires d'importance comme de la paix, de la guerre, des contributions, des Impôts & des reglemens Publics. C'étoient eux qui éliſoient les Magiſtrats le jour de la Chaire de St. Pierre. On a changé quelque choſe quant au nombre; car celui de 24. a été reduit à 16. & celui de 96. a 64. puis à 48.

Cette ville a été la patrie de pluſieurs Savans, entre autres d'Alexandre Hegius Precepteur d'Eraſme, de Jaques de Deventer qui a eu de la reputation par ſes Ouvrages Geographiques, & elle voit dans la l'iſte de ſes Bourgmeſtres le Savant Gilbert Cuper, l'un des plus habiles & des plus honnêtes hommes de notre temps.

DEVINMAAT, ville de Perſe. Tavernier [a] la place à 62. d. 5'. de Longitude & à 38. d. 40'. de Latitude. Elle eſt petite & n'a rien de remarquable.

[a] *Voiage de Perſe T.1.l.3.*

DEVISES, Bourg d'Angleterre. en Wiltſhire. On y tient marché, & il depute au Parlement. Il [b] eſt au Nord Occidental & à ſept heures de chemin de Salisbury, & au levant d'hiver & à cinq heures & demie de chemin de Bath.

[b] *Allart Atlas.*

DEULE ou DEULLE [c] Petite Riviere de Flandres. Elle a ſa ſource ſur les confins de l'Artois d'où elle coule à Haubourdin, à l'Abbaye de Loos. d. à Lille, à l'Abbaye de Marquette, g. à Vambrechies, g. à Queſnoy, d. & delà elle ſe perd dans la Lys, auprès de Deulemond.

[c] *Blaeu Atlas.*

DEULEMOND, Bourgade des Païs-bas au confluent de la Deule & de la Lis.

DEVON ou DEVONSHIRE, en Latin *Devonia*, Province maritime au midi de l'Angleterre dans le Dioceſe d'Exeter. Elle a deux cens Milles de circuit & contient environ 1920000. Arpens de terre & 56310. maiſons. Elle eſt ſituée au Couchant des Provinces de Sommerſet & de Dorſet, confine à Cornouailles à l'Occident, & eſt bornée par la mer au Nord & au midi. L'air y eſt fort bon & le terroir fertile preſque par tout. Mais il y a des Montagnes & pluſieurs bois. Ce Païs abonde principalement en bled, en pâturages, en laines, en volailles, en gibier, & en poiſſon de mer. Il y a auſſi des mines d'étain & de plomb. Ses principales Manufactures ſont les Draps qu'on apelle Kerſeys, les Serges & les Dentelles. Elle a titre de Duché. Ses habitans & ceux de Cornouailles ſont regardez comme les plus forts & les plus robuſtes de toute

Etat preſent de la G. Bretagne T. 1. p. 55.

de l'Angleterre [d]. Cette Province eſt partagée en trente-trois Hundreds & a pour Capitale Exceter. Guillaume le Conquerant inſtitua Baudouin premier Vicômte hereditaire de Devon. Après la mort de Richard fils de Baudouin Henri I. créa Richard de Ridwers Comte de Devon. Sa poſterité étant finie en Iſabelle femme de Guillaume des Forts Comte d'Albermalle, Edouard IV. (III.) donna ce Comté à Hugues de Courtenai. Il paſſa de ſes deſcendans à Humfroi de Stafford par la liberalité d'Edouard IV. mais il revint à la maiſon de Courtenai qui le poſſeda juſqu'à Edouard de Courtenai qui mourut en Italie ſous le regne de Marie. Le Roi Jacques I. le donna quarante ſix ans après à Charles Blaunt Viceroi d'Irlande. Il fut enſuite poſſedé par Guillaume de Cavendiſh, frere du Duc de Newcaſtle. Cette Province [e] eſt nommée DENSHIRE, DEUNAN, DUFFNEYNT, DEVENSHIRE, ſelon les diverſes Dialectes de ſes Voiſins. Cambden y compte 394. paroiſſes.

[d] *Audiſret Géogr. T.1.*
[e] *Cambden in Damnoniis.*

DEVONA [f], ancien nom d'une ville de la Germanie ſelon Ptolomée [g]. Ses Interpretes jugent que ſe doit être NEWMARCK, Ville du Nordgaw en Allemagne.

[f] *Ortel. Theſaur.*
[g] *L. 2. c. 11.*

DEURIGIENS, en Latin *Deuringi*, Peuple de l'ancienne Germanie. Cluvier [h] pretend que, ſelon les diverſes Dialectes, ce même peuple a été nommé TORINGI, THORINGI, TURINGI & THURINGI, & qu'il ſe nommoit lui-même *Duringer*, & *Turinger*. Ce peuple, comme tous les autres de la Germanie, a ſouvent changé de païs & il ne faut pas s'imaginer que les *Toringiens*, ou *Turingiens* ſoient les anciens habitans de la *Thuringe* quoi qu'ils aient pû donner leur nom à ce païs. Mr. d'Audifret [i] trouve de la vraiſemblance à l'opinion qui les place en Brandebourg dans le Comté de Prignitz dans la moyenne Marche: il ajoute qu'il y a des Auteurs qui veulent que leur nom primordial eſt celui de *Reudingiens*. Voiez THURINGE.

[h] *German. Ant. l. 3. c. 27.*
[i] *T. 3. p. 211.*

DEUSEN [k], Ville d'Afrique dans la Province de Zeb au deſert de Numidie. Elle eſt ancienne & a été bâtie par les Romains ſur les confins du Roiaume de Bugie. Les Mahometans la ſaccagerent lorſqu'ils entrerent en Afrique à cauſe que les Romains l'avoient defendue un an contre eux; après l'aïant priſe de force, ils tuërent tous les hommes, firent les femmes & les enfans priſonniers & pour s'épargner la peine d'abbattre les murs, ils ruinerent les maiſons. On voit preſentement deux pans de murailles à bas, ſans ſavoir s'ils ont été renverſez par un tremblement de terre ou à deſſein. Près de la ville ſont des Veſtiges de vieux bâtimens qui ſemblent avoir été des ſepulchres, & l'on trouve ſur les champs après la pluye des medailles d'or & d'argent & de cuivre, où l'on voit une tête avec des lettres Latines & des Trophées. Les Arabes de Muſlin qui ont leur principale demeure au Deſert de Mazila errent par celui-ci du côté de Deuſen.

[k] *Corn. Dict. Mart. T.3. l.7.c.52.*

Les DEUX AMANTS [l] Prieuré Clauſtral de Chanoines reguliers de St. Auguſtin de la Congregation de Ste. Geneviéve. Il eſt ſitué dans le Vexin Normand près du Pont St. Pierre, une lieuë au-deſſus du Pont de l'Arche

[l] *Corn. Memoires dreſſez ſur les lieux.*

l'Arche à quatre de Rouen & à trois d'Andely entre ces deux dernieres villes. Ce Monaſtere dont l'Egliſe porte le titre de Sainte Magdeleine, eſt très-ſolidement bâti ſur la Paroiſſe d'Anfreville dont la cure eſt deſſervie par un Religieux de cette Maiſon. On en voit les bâtimens ſur la croupe d'une montagne dont la Riviere d'Andelle arroſe le pied & l'on découvre delà une trentaine de villages le long des bords des Rivieres de Seine, d'Eure & d'Andelle, les villes & forêts du Pont de l'Arche & de Louviers & la forêt de Lions, de vaſtes Campagnes, très-fertiles en bons bleds, de belles Prairies, & des terres qui produiſent du Tabac, ce qui fait une vûe charmante. La Manſe Prieurale des deux Amans eſt annexée aux Jeſuites de Rouen.

DEUX PONTS: Ville d'Allemagne Capitale du Duché de ce nom : en Allemand ZWEYBRUCK, en Latin BIPONTIUM. Elle eſt ſituée ſur la petite Riviere d'Erbach entre Sarbruck & Caſeloutre. Elle n'eſt pas grande, mais elle eſt aſſez bien bâtie. Les François la prirent en 1676, le 12. de Janvier en faveur du Roi de Suede à qui elle appartenoit en qualité de Duc de Deux Ponts. On verra dans l'article ſuivant à quel ſujet elle en priva le Roi de Suede & comment elle l'y rétablit.

a Audifret.
Geog. T. 2. LE DUCHE' DE DEUX PONTS, en Latin DUCATUS BIPONTINUS, petit Etat d'Allemagne, du Cercle du bas Rhin, dans les Montagnes de Voſge. Il a pour bornes la Lorraine & le Comté de Sarbruck à l'Occident, l'Alſace au Midi, & ailleurs le Palatinat du Rhin. Sa longueur eſt environ de vingt lieues & ſa moyenne largeur de ſept ou huit. Pluſieurs jugemens rendus aux journées feudales, tenues en la Cour de l'Egliſe de Mets par les Pairs & Vaſſaux de cette Egliſe parmi leſquels il eſt toujours fait mention du Comté de Deux Ponts prouvent que c'eſt un ancien fief de cet Evêché. Etienne Comte Palatin du Rhin, troiſieme fils de l'Empereur Robert, acheta la moitié de ce Comté pour le prix de deux mille quatre cens florins & l'autre moitié paſſa à Philippe V. Comte de Hanau par ſon mariage avec Marguerite Louiſe fille de Jaques dernier Comte de Deux Ponts. Louis le Noir eut en partage le Duché de Deux Ponts & il eſt le Chef de la branche de ce nom qui a produit celles de Neubourg de Deux Ponts, & de Birkenfeld. Wolfgang Duc de deux Ponts introduiſit le droit de Primogeniture dans ſa branche & ordonna que celles de Neubourg & de Deux Ponts ſeroient regentes, avec voix & ſeance dans les Dietes & que les autres n'auroient que des Apanages, en ſorte que la branche de Sultzbach reconnoîtroit la ſuperiorité de celle de Neubourg & que la branche de Birkenfeld ſeroit ſoumiſe à celle de Deux Ponts. Jean ſon fils puiſné eut le Duché de Deux Ponts & laiſſa de Magdelaine, troiſieme fille de Guillaume Duc de Juliers, Jean II. qui ſuccéda à la Regence de Deux Ponts, Frederic Caſimir qui eut le Bailliage de Landsberg en appanage & Jean-Caſimir qui s'étant établi en Suede épouſa Catherine fille de Charles IX. Roi de Suede, de laquelle il eut Charles-Guſtave qui ſuccéda à cette Couronne par l'Abdication qu'en fit la Reine Chriſtine. Frederic dernier Duc de Deux Ponts n'aiant laiſſé que des filles de ſon Mariage avec Anne Julienne Comteſſe de Naſſau, le Prince Adolphe Jean ſon Neveu devoit ſucceder au Duché de Deux Ponts comme ſon parent le plus proche; cependant l'adminiſtration en fut donnée à Chriſtian II. Prince Palatin de Birckenfeld. Après la Paix de Nimegue la France pretendit que le Duché de Deux Ponts [b] étoit un fief mouvant de la Couronne en vertu de la Ceſſion des trois Evêchez. C'eſt pourquoi le Roi de Suede, qui en étoit en poſſeſſion par la mort du dernier Duc dont il étoit heritier, fut cité à la chambre de Mets pour en faire foi & hommage. Il fit remontrer par ſon Ambaſſadeur au Roi très-Chrétien que ce Duché avoit toujours été un Duché Souverain & que ceux qui l'avoient poſſédé n'en avoient jamais rendu foi & hommage à perſonne, ſi ce n'eſt qu'on prît une foi & un hommage l'inveſtiture qu'on étoit obligé d'en demander à l'Empereur. Le Procureur General qui avoit ſes Mémoires & ſes Actes tirez des Archives pour en juſtifier la Mouvance, en informa la Cour de France qui ordonna à la Chambre de prononcer ſur ce different, au refus du Roi de Suede de comparoître ſur la citation: de ſorte qu'après bien des pourparlers inutiles entre l'Ambaſſadeur Suedois & les Miniſtres François, la Chambre donna un Arrêt de réunion du Duché de Deux-Ponts à la Couronne, ſi dans un temps précis le Roi de Suede n'en rendoit foi & hommage. C'étoit un jeune Prince trop fier pour deferer à ce Jugement & le Roi voulant faire voir qu'il n'avoit pas fait rendre cet arrêt par un motif de convoitiſe ou pour s'emparer de ce Duché, en fit offrir l'inveſtiture au Duc Adolfe oncle du Roi de Suede & encore à ſon refus au Prince Palatin de Birckenfeld qui en fit la foi & hommage. C'eſt ce qui fit perdre à la France l'alliance du Roi de Suede qui entra dans le parti contraire & conclut l'année ſuivante 1681. un Traité avec l'Eſpagne & la Hollande; & ſon Succeſſeur ne rentra dans ce Duché que par la Paix de Ryſwyck. La poſterité mâle du Roi de Suede aiant manqué par la mort de Charles XII. & ce Duché n'étant pas de nature à paſſer aux Sœurs de ce Prince, il a été devolu à Guſtave Samuel petit-fils de Jean Caſimir & Couſin Germain de Charles XII. Le Duché de Deux Ponts renferme cinq Bailliages qui ſont *Deux Ponts*, *Lichtenberg*, *Meiſſenheim*, *Landsberg*, & *Neufchâtel*.

[b] *Larrey Hiſt. de France à l'année 1680.*

DEZIZE, [c] Petite Ville d'Egypte voiſine du Caire à une lieue du quartier des Francs. Elle s'étend ſur le voiſinage Occidental du Nil & ſa longueur eſt de cinq ou ſix cens pas avec une aſſez belle rue qui va d'un bout juſqu'à l'autre. La Maiſon d'un Sangiac, placée ſur la rive de ce fleuve, y eſt remarquable par ſa grandeur. On ne voit rien que de fort commun dans tout le reſte. Il y a un aſſez grand nombre de boutiques où l'on vend des choſes à l'uſage du petit peuple. Les étrangers chargent des Cuirs, du Lin & du Safran dont le plus beau vient d'un village nommé *Abounombrons*, c'eſt-à-dire, le pere du Safran. On dit que le Prophete Jeremie eſt enterré à Dezize, mais cette opinion du Vulgaire eſt fort douteuſe.

[c] *Corn. Dict. Coppin Voiage d'Egypte c. 21.*

Les

DEZ. DGE. DGI.

Les murailles sont toutes simples & fort mal en ordre. Sitôt qu'on en est sorti les yeux sont frappez de l'aspect des Pyramides qui n'en sont éloignées que de deux lieues.

DEZNA, DESZNA, DESNA, ou DISNA, Riviere de l'Empire Russien. [a] Elle a sa source dans la Severie, à l'Occident de Demétriovicz, sur les Confins du Palatinat de Smolensko, coule à Branski & reçoit la Riviere de Caraczef d. puis une autre au dessous de Starodub traverse la forêt de Novogorod Sevierski, baigne la ville de ce nom, reçoit la Riviere d'Ubiecz, & au dessous de ce confluent elle entre dans la Province de Czernicow & grossie par quelques autres Rivieres, elle coule vers la Capitale de ce Duché pour se jetter ensuite dans le Dnieper au dessus de Kiovie.

[a] *De l'Isle Atlas.*

DG.

DGEBAL HEMRIN, [b] Montagnes d'Asie, c'est une chaine qui s'étend à travers la Perse jusqu'aux Indes. Thevenot croit que c'est les monts *Cordaci* de Quinte Curse [c].

DGEDID, [d] Bourg ou Fauxbourg auprès d'Alep. Dgedid en Arabe veut dire *Nouveau*. C'est où logent les Chrétiens du pays. Il y a aussi plusieurs Turcs & les Maisons en sont bien bâties.

DGEI HHON, [e] Caravanserai sur la route de Lar à Bender Abassi.

DGERAHHI SOUI , [f] eau que l'on passe sur la route de Merdin à Mosul.

DGEZIRAK-CHADER [g] ou l'ISLE DE CHADER, Isle d'Asie. Elle s'étend dans le Canal par où l'on va à Bahrem, jusques à l'embouchure de Schat-El-Arab. Elle porte beaucoup de Palmiers, néanmoins le terroir n'est bon que depuis le Canal de Bahrem jusques vis-à-vis ou un peu au dessus du Canal Haffar. Car depuis là jusqu'à la terre est sterile, peut-être parce qu'étant tout à fait basse l'eau de la Mer la couvre entierement quand la Marée est haute.

DGEZIRAKT-EL-BOUARIN. Isle d'Asie dans le voisinage de Bassora & de l'Isle dont il est parlé dans l'Article precedent.

DGIALLAB, [i] petite Riviere d'Asie, elle a sa source à *Poner Bachi*, nom qui veut dire source de la fontaine. Il n'est pas vrai qu'elle tire du mont Taur, ni qu'elle passe à Orfa, ni qu'elle tombe dans l'Eufrate comme la marque Sanson. Elle traverse la plaine d'Edne & après avoir arrosé plusieurs villages elle va se perdre sous terre à quelques journées d'Edne.

DGIANAD, Ville de l'Arabie heureuse, [k] au Nord de Tyz [k] à 48. Parasanges de Saniaa & à 24. de Ddafar; & à une demie station de Tyz. Dgianad est un lieu infect & les eaux y sont malsaines. Le Cherif Edrissi la place entre Damar & Zabid. Le Pays ne laisse pas d'être agréable & la ville est considerable aiant une belle & grande Mosquée qui porte le nom de *Maad Ibn Giabal*. La plûpart des habitans sont SCHITTES ou Sectaires d'Ali. Près de cette ville est la Vallée de Sahoul, delà traversant les plaines, un chemin conduit à une Montagne sur laquelle il y a mille Villa-

[b] *Thevenot Voiage du Levant p. 111.*
[c] *L. 4. c. 10.*
[d] *Ibid. p. 57.*
[e] *Ibid. p. 261.*
[f] *Ibid. p. 92.*
[g] *Ibid. p. 307.*
[h] *Ibid.*
[i] *Ibid. p. 84.*
[k] *Abulfeda Descr. Arab. p. 49.*

DGI. DHA.

ges. La largeur de cette Montagne est de vingt & une Parasanges. Delà par les Campagnes & des Sables on arrive à la Ville de Zabid.

§. L'Orthographe que j'ai suivie au commencement de cet Article est celle de Mr. de la Roque qui a traduit Abulfeda en François. L'Edition Arabesque & Latine de Mr. Grawe porte ALGIANAD & les Tables du même Abulfeda imprimées dans le troisieme volume de la Collection d'Oxford portent AL JANAD.

DGIAROUN, [l] petite ville d'Asie sur la route de Schiras à Bender-Abassi. Elle est environnée de grands jardins remplis de Palmiers. Elle est voisine d'une *Montagne* de même nom.

DGIB, [m] Village de la Terre Sainte. Il est [n] situé sur une éminence, & peu éloigné de Jerusalem. C'étoit autrefois la Ville de Samuel. Il y a une Mosquée couverte d'un Dôme que les Juifs visitent par devotion. On tient que Samuel y est enterré. Voiez RAMATHA.

[l] *Ibid. p. 250.*
[m] *Corn. Dict.*
[n] *Thevenot Voiage du Levant.*

DH.

DHAFAR, Ville de l'Arabie heureuse, c'est la même que DDAFAR. Mr. Baudrand [o] qui écrit ce nom DHAFAR, en parle ainsi: *Dhafar, Tarseb,* anciennement *Sabé* ville de l'Arabie heureuse sur la Nangeran environ à douze lieues de la côte entre la ville de Zibis & celle de Zidde. C'est le Capitale de la Province de *Dhafar*, qui est entre celle de la Mecque au Nord, de Theama au Levant, de Mocha au Midi & de la Mer Rouge au Couchant. Elle a deux cens lieues de Côtes; mais sa largeur n'est que d'environ trente lieues. Mr. d'Herbelot [p] écrit aussi *Dhafar*. Il dit que c'est le nom d'une ville de l'Yemen située au fond d'un Golphe formé par la Mer Ethiopique qui borne l'Arabie du côté du Sud. Suivant le Géographe Persien, poursuit-il, elle est comprise sous le premier climat & éloignée de Sanaa, ville Capitale du Royaume d'Yemen de vingt-quatre Parasanges. Elle a du côté du midi la ville de Mirbath qui est entre le premier climat & la ligne Equinoctiale. Elle n'est pas aussi éloignée de Hadramuth ni du Sepulchre de Heber qui n'est qu'à cinq journées de Mirbath. Le Terroir de la Ville de Dhafar produit plusieurs sortes de fruits qu'on ne trouve pas en d'autres pays comme le *Nargil* & le *Tambul* qui sont le Coco & le Betel.

DHAHI, ou GEZIRAT DHAHI [q]. Isle située fort avant à l'Orient de la Mer de la Chine & qui a donné à cette Mer le nom de *Bahr Dhahi*. Elle est éloignée de l'Isle de Maïd de trois journées de Navigation en tirant vers l'Orient. Selon la tradition fabuleuse des Orientaux il y a dans cette Isle des statues semblables à celles des Isles fortunées qui ont les mains élevées, comme pour faire entendre aux voyageurs qu'ils ne doivent pas aller plus avant parce qu'ils ne trouveroient plus d'habitations. Les mêmes Orientaux ajoutent que l'on peut naviguer de cette Isle à celle qu'on nomme Seila.

DHAMAR, [r] Petite ville de l'Arabie heureuse. Elle est à 16. lieues de la ville de Sanaa Capitale de la Province.

[o] *Ed. 1705.*
[p] *Bibliot. Orient.*
[q] *Ibid.*
[r] *Ibid.*

DHY. DIA.

DHY-CHALYFAH, Vallée de l'Arabie heureuſe de laquelle Abulfeda [a] parle ainſi: Akik eſt auſſi une Vallée nommée Dhy-Chalyſah.

[a] P. 8.

DI.

1. **DIA**, ancienne Ville de la Scythie auprès du Phaſe ſelon Etienne le Geographe.
[b] L. 4. c. 12. Pline [b] la raproche du Boſphore Cimmerien.

2. **DIA**, Iſle de la Mer Mediterranée proche de l'Iſle de Crete. On la nomme aujourd'hui STANDIA, nom formé abuſivement de cette conſtruction Greque εἰς τὴν Δίαν, à Dia.

3. **DIA**, eſt auſſi un des anciens noms de l'Iſle de Naxe ou Naxie.

4. **DIA** ou DEA *Vocontiorum*, ville Epiſcopale de France ſous la Metropole d'Arles. Voiez DIE.

DIABATE ou **DIABETE**. Les anciens apelloient ainſi l'Iſle de FELUGA, qu'on trouve proche de celle de Sardaigne dans la Mediterranée. Ptolomée place cette Iſle à 38. d. 25′. de latitude.

[c] L. 5. c. 31. **DIABETÆ**, Iſles dans le voiſinage de Rhode ſelon Pline [c]. Etienne le Geographe les met autour de Syme, Iſle ſituée au midi du Promontoire & de la Ville de Gnide.

DIABLINDI ou **DIABLINTES**. Il y a bien de la diſpute touchant le terrain qu'occupoit cet ancien peuple. Je rapporterai les divers ſentimens avec les preuves. Voici comme Sanſon en parle dans ſes Remarques ſur la Carte de l'ancienne Gaule. *Diablintes*, dit-il, plutôt que *Diablintres*, puiſque Pline, Ptolomée, la Notice des Provinces & Citez de la Gaule &c. ne ſeuſſent point la lettre R. en la derniere Syllabe de ce nom. Ce Peuple ne ſe doit & ne ſe peut mieux expliquer que pour LE PERCHE qui eſt entre les Dioceſes du Mans & d'Evreux. Parce qu'*Aulerci* aiant été premierement le nom d'un ſeul peuple qui par après a été diviſé en trois, ſavoir en *Aulerci Cenomani*, *Aulerci* Diablintes, & *Aulerci Eburovices*, il faut que ces trois peuples ſoient contigus les uns aux autres, & faſſent enſemble une certaine region qui n'a été auparavant qu'à un ſeul peuple; or le peuple *Aulerci Cenomani* répond au Dioceſe du Mans, *Aulerci Eburovices*, répond au Dioceſe d'Evreux. Les Dioceſes du Mans & d'Evreux ne ſont point contigus, le Perche étant entre les deux. C'eſt ce qui a fait juger qu'*Aulerci* Diablintes répond au Perche & non ailleurs. Sanſon ſe réſervoit à traiter cette difficulté plus au long dans les *Veritez Geographiques* contre les *Centuries* dont le P. Labbe le menaçoit. Au reſte, pourſuit-il, *Nogent le Rotrou* qui repondra à l'ancien *Noviodunum Diablintum* peut avoir eu autrefois ſon Dioceſe qui aura été diviſé du depuis & partagé à ceux du Mans, de Séez, d'Evreux, & de Chartres, comme les parties du Perche ſe trouvent aujourd'hui dans tous ces Dioceſes. Mr. Baudrand [d] raporte un ſentiment diferent, à ſavoir: que les Diablintes étoient dans la Bretagne auprès de Dol, & on en allegue pour preuve qu'il y a dans cette Province près de la Ville de Dol une campa-

[d] Ed. 1682.

DIA.

gne qu'on apelle les *Diableres*, & quelques familles qui portent le nom de *Diables* nom que l'on croit derivé de l'ancien *Diablintes*.

DIABOLIS [e] ou DEABOLIS, DEABOLA, Place forte de la Macedoine de laquelle Caliſte, Gregoras, & Cedrene font mention. Gabius lit dans Curopalate DISPOLIS, & cependant le même Auteur nomme ailleurs un certain Theodoſe Evêque de Diabola.

[e] Ortel. Theſaur.

DIACHERSIS, [f] ancienne Ville de la Cyrenaïque avec Garniſon. Marmol croit que c'eſt à preſent CARCORA dans le Roiaume de Barca.

[f] Ibid.

DIACIRA, ſelon Ammien Marcellin, ou Dacira ſelon Zozime, bourg ſitué ſur l'Euphrate à la droite de ce fleuve. Seroit-ce *Darica* que Mr. de l'Iſle marque effectivement ſur la droite de l'Euphrate?

DIACÆLE, chemin dans l'Attique. Herodote [g] en fait mention.

[g] L. 6.

DIACOPE, lieu de la Paleſtine, il en eſt parlé dans l'Ecriture [h] & dans Joſephe. Ce mot Grec, qui veut dire *frapement*, eſt une traduction du mot *Perez-Oſa* nom qui fut donné à ce lieu après que le Seigneur y eut frapé Oſa, en puniſion de ſa temerité.

[h] 2 Reg. c. 6. v. 8.

DIACOPENA, Pays que Strabon [i] place entre les fleuves Halis & Iris avec le pays qu'il nomme Pimoliſene.

[i] L. 12. p. 561.

DIACRIA, Partie d'une tribu de l'Attique où Pallans demeuroit. Il eſt parlé des Diacriens dans la Vie de Solon par Plutarque.

[k] Stephan. Byſant.

DIACUISTA, c'eſt ainſi qu'on liſoit dans Strabon [l] le nom d'une fameuſe ville entre Plaiſance & Gênes. Caſaubon a fort ingenieuſement trouvé qu'il y faloit lire *Aquæ Statiella*. Il ſubſtitue Ακούεις ϛατιελλαι à διακούισα καὶ ϛελλαια.

[l] L. 5. p. 217.

DIACUM, Ville de la Baſſe Myſie auprès du Danube ſelon Ptolomée [m].

[m] L. 3. c. 10.

DIADES. Voiez ATHENES.

DIADOCON, Ville de Perſe ſelon Cteſiphon & Etienne le Géographe.

DIAGEBRES, Ancien peuple de l'Iſle de Sardaigne [n]. On le nomma auſſi *Iolenſes*. Voiez au mot SARDAIGNE.

[n] Strab. L. 5. p. 225.

DIAGON, Riviere [o] de la Morée. Elle arroſe de Belveder, paſſe près de la Ville d'Accomba & ſe décharge dans l'Alphée un peu au deſſous de cette ville. Cette Riviere [p] qui a conſervé ſon ancien nom ſeparoit autrefois le Territoire de Piſe d'avec l'Arcadie. C'eſt peut-être le *Iaon* de Denis ſelon la conjecture de Sylburgius.

[o] Corn. Dict.

[p] Ortel. Theſ.

DIALA, Riviere de Perſe dans l'Iraque. Elle eſt, dit Thevenot [q], auſſi large que les deux tiers de la Seine, & elle va près de Baſſora ſe jetter dans le Tygre. Mr. de l'Iſle la fait tomber dans ce fleuve beaucoup plus haut au-deſſus de Bagdat.

[q] Voiage du Levant p. 120.

DIALETTE, [r] Petite Riviere du Cotantin dans la baſſe Normandie. Elle a ſa ſource à la maiſon de Groville, paſſe par Benoiville, reçoit un ruiſſeau venant de Treauville & tombe dans le port de Dialette.

[r] Corn. Dict. Vaudome Mem. Geog.

1. **LE DIAMANT**, [s] Grand Rocher de l'Amerique Septentrionale au midi Occidental de la Martinique de laquelle il eſt ſeparé par un détroit d'une lieue. On y voit un ſi grand nombre d'oiſeaux qu'ils forment ſouvent comme un nuage épais au deſſus des bât-

[s] Corn. Dict.

bâteaux qui en approchent. C'est autour de ce Rocher que l'on dit qu'il parut un homme marin en 1671. il ressembloit entierement à un homme depuis la ceinture en haut. En voici quelques circonstances tirées de la Lettre écrite de la Martinique par le Sr. Chretien. Il avoit la taille telle que peut l'avoir un jeune homme de quinze ans & la tête proportionnée au corps, les yeux un peu gros, le visage large & plein, le nez fort camus & les cheveux gris mêlez de blancs & de noirs. Ils étoient plats & àrrangez comme si on les eut peignez & flottoient sur ses épaules. Une barbe grise, large également par tout lui pendoit sur l'estomac couvert de poil gris, comme l'ont ordinairement les Vieillards. Il avoit le visage, le cou & le reste du Corps mediocrement blanc & paroissoit avoir la peau délicate sans qu'on lui remarquât rien de particulier aux bras, aux mains & à tout ce qu'il faisoit voir hors de l'eau. Sa partie inferieure que l'on découvroit entre deux Eaux, étoit d'un poisson & se terminoit en une queue large & fourchue. Deux François & quatre Négres l'apperçurent une heure avant le Soleil couché. Cet homme marin parut la premiere fois à huit pas du Rocher, il se montra plus près la seconde fois & vint enfin tout proche du rivage, après quoi se retirant le long d'un herbage qui est au pied du Rocher, il tourna plusieurs fois & s'étant arrêté long-tems sur l'eau il ne disparut que lors que la nuit commença. Un des Negres lui jetta une grosse corde de ligne sans pouvoir l'atteindre, & les témoins qui firent raport de toutes ces choses le lendemain par devant un Notaire, dirent qu'ils lui avoient vu passer la main sur son visage comme pour s'essuier, & qu'ils l'avoient entendu souffler du nez sans qu'il eût fait aucun cri de la bouche qui pût donner quelque marque qu'il eût de la voix.

a De l'Isle Antilles.

2. LE DIAMANT, Peuplade de la Martinique vis-à-vis le Rocher nommé le Diamant.

LA GRANDE ANSE DU DIAMANT. On appelle ainsi à la Martinique la partie Orientale du détroit qui est entre le Rocher & l'Isle.

LA PETITE ANSE DU DIAMANT, est la partie de ce même détroit qui est au Nord du Rocher entre lui & l'Isle.

DIAMETRE, est un mot Grec qui signifie une ligne droite qui passe d'une extremité du corps Spherique par le centre à une extremité oposée de la Circonference de ce même corps. Il s'ensuit de cette définition que l'on peut tirer une infinité de lignes diametrales au travers d'un Globe, & chacun de ces Diametres peut être un axe ou essieu du Globe. Mais les Geographes en considerent principalement trois.

1. LE DIAMETRE, ou axe qui va d'un point polaire à l'autre, c'est-à-dire, du Pole Arctique à l'Antarctique. On l'apelle l'axe ou l'essieu du Globe Terrestre.

2. Les Geographes en suposent un autre qui traverse le Globe Terrestre perpendiculairement au Cercle de l'Ecliptique ou du Zodiaque & ses extremitez décrivent autour des poles du Globe Terrestre deux Cercles qu'on apelle les Cercles polaires.

3. Ils en imaginent un troisiéme perpendiculaire à l'Horizon & dont les deux extremitez regardent le Zenith & le Nadir de chaque lieu.

La multiplication de la Circonference de la Terre par son Diametre, nous donne l'étendue de la surface du Globe Terrestre. Ainsi en posant avec les Géometres que toute Circonference est à peu près à son Diametre à raison de 22. à 7. de 113. à 355. & plus approchant de l'exactitude entiere inconnue jusqu'a present, à raison de 100000000 à 314159265. & multipliant le tiers de la surface par le Demi-Diametre, ou la surface entiere par la sixieme partie du Diametre, on connoit la somme de la solidité du Globe; donc le circuit du Globe Terrestre étant de 360. d. il sera de 21600. minutes dont il y a soixante au Degré & qui font autant de milles communs d'Italie. Le Diametre suivant l'Hypotese établie est de 6875. de ces milles ou environ. La surface sera de 148. 510. 806. des mêmes milles quarrez qui font autant de plans d'un mille de long & de large. La solidité de 170. 181. 009. 900. milles cubes, c'est-à-dire, autant de masses solides quarrées d'un mille de longueur, largeur, & épaisseur. Alors il sera facile de reduire ces milles ou le degré entier aux autres mesures. Par exemple, si l'on veut reduire ce Calcul aux lieues dont 25. font un degré, le circuit du Globe Terrestre sera de 9000. de ces lieues justement; le Diametre de 2864. un peu plus; la surface de 25782750. & la solidité de 12310188843, ou environ. Ces calculs sont de Mr. Sanson dans son Introduction à la Géographie 2. part. c. 8. Mr. Picard qui fut choisi par l'Academie Roiale des Sciences pour mesurer la Terre selon l'ordre que le Roi en avoit donné trouva que le Diametre de la Terre est de 6538. 594. toises; ce qui produit pour la circonference 20541600. toises. Voiez AXE.

b Edit. fol. 17.

DIAMPER, *c* Ville des Indes dans le Royaume de Cochin. C'est l'une des principales des Chrétiens de St. Thomas. Leurs Prelats y ont fait autrefois leur séjour & ce fut en lieu-là que l'Archevêque de Goa s'apliqua avec un zéle aussi grand qu'inutile à faire renoncer aux Erreurs de Nestorius. Ils y avoient été maintenus par un Archidiacre qui s'étoit dit leur chef après la mort de l'Archevêque d'Angamale. Celui de Goa y donna les Ordres à trente huit Ecclesiastiques, à qui il fit abjurer cette Doctrine qui étoit suivie dans l'Evêché de Cochin, les aiant d'ailleurs reconnus habiles dans la Langue Chaldaïque & dans la Syriaque dans lesquelles on y celebre l'office divin.

c Corn. Dict. Daviry Roiaume de Cochin.

§. Mr. de la Crose, dans un nouveau livre intitulé *Histoire du Christianisme des Indes*, donne fort au long l'Histoire des troubles suscitez par cet Archidiacre & tâche de le justifier aux dépens du zelé Archevêque de Goa. Au reste Diamper est sur la rive meridionale d'une Riviere qui a sa source vers les Montagnes de Gate dans la côte de Malabar & qui se partageant en plusieurs branches en repand l'une dans la Riviere qui vient d'Alegate, la seconde entre dans la Mer au Nord de Cochin & la troisiéme au Nord de Mouton.

DIAMUNA, fleuve des Indes qui se perd dans

DIA.

[a] L. 7. c. 1. dans le Gange selon Ptolomée[a]. Pline le nomme IOMANES au raport d'Hermolaus & de Mercator.

DIANA, Ville de l'Afrique propre selon Antonin[b]. Voiez AD DIANAM. [b] Itiner.

☞ Un grand nombre de lieux portoient le nom de DIANE à cause qu'il y avoit en ces lieux-là un Temple ou une Statue de cette Déesse. Une énumeration de toutes ces Statues, seroit un travail immense & qui ne regarde point la Géographie; mais quant aux lieux qui en tirent leur nom, voici une liste des principaux. Il faut remarquer qu'ARTEMIS est le nom que les Grecs donnoient à cette Déesse & par consequent les villes nommées ARTEMISIA, ou ARTEMISIUM, que l'on peut voir à leurs Articles, appartiennent à cette liste. Je ne les y repeterai point, il sufit d'avoir averti de cette conformité de nom quant à l'origine.

1. DIANÆ FANUM, Promontoire de Bithynie à l'entrée du Pont Euxin, selon Ptolomée[a]. Sophien croit que c'est SCUTARI, à l'oposite de Constantinople. Pintianus dans ses *Castigations*, ou remarques critiques sur Pline dit qu'il faut lire *Vridios* en cet endroit de Ptolomée & Ciceron[b] & Arrien[c] placent dans ce Promontoire d'Asie un Temple de Jupiter Urien. Mais rien n'empêche qu'il n'y ait eu en cet endroit un Temple de Jupiter & un autre de Diane, & qu'ils n'aient eu une préeminence alternative selon le caprice des peuples ou l'habileté des Prêtres qui les desservoient. [a] l. 5. c. 1. [b] 4. in Verrem. [c] Perip. Ponti Eux.

2. DIANÆ FANUM, Lieu de la Campanie à 30. Stades de Capouë[d]. [d] Ortel. Thesaur.

3. DIANÆ FANUM, Lieu de la Grece dans l'Attique selon Ptolomée[e]. Ses Interpretes le nomment RAPHEL. [e] l. 3. c. 15.

DIANÆ FONS, Fontaine ou ruisseau de Sicile auprès de Camerina selon Solin. Il en est aussi parlé par Priscien dans la Periegese Latine imprimée au 4. Vol. de la Collection d'Oxford. Aretius croit que c'est aujourd'hui PARADISO. Mr. de l'Isle lui donne l'ancien nom FONTE DI DIANA. Fazel cité par Ortelius croit qu'il y a eu en cet endroit un petit Bourg nommé YOMISUM.

DIANÆ ÆTOLICÆ LUCUS, Bois consacré à Diane l'Etolienne, dans le territoire des Venetes ou Venitiens selon Strabon[f] qui dit que dans ce bois & dans celui de Junon les bêtes farouches s'aprivoisoient aussi-tôt qu'elles y étoient, que les Cerfs & les Loups y vivoient sans se craindre & que le Gibier qui s'y refugioit y étoit en sureté contre la poursuite des chiens. Mais il est assez sage pour ne donner cela que pour une fable. [f] l. 5. p. 215.

DIANÆ LUCUS, ou, *le Bois de Diane* sur le chemin d'Agnani selon Tite-Live[g]. [g] l. 27.

DIANÆ JULIENSIUM LUCUS, ou le Bois de Diane des Juliens. Hygin en parle, mais comme il y avoit des peuples de ce nom en Europe & dans l'Asie mineure, on ne peut dire chez quels de ces Juliens étoit ce bois.

DIANÆ LYMNETIDIS TEMPLUM, Temple de Diane Lymnetide dans le Peloponese[h]. Les Lacedemoniens & les Messeniens se le disputerent. [h] Tacit. ann. 4. & Pausan. 4.

DIA.

DIANÆ ORACULUM, Lieu de l'Arabie heureuse, selon Ptolomée[i]. [i] l. 6. c. 7.

DIANÆ PHASIANÆ FANUM, ou le Temple de la Diane du Phase, vers l'embouchure de cette Riviere, selon Zosime cité par Ortelius[k]. [k] Thesaur.

DIANÆ PORTUS, ou le Port de Diane dans l'Isle de Corse selon Ptolomée[l]. Ortelius dit : dans l'Isle de Sardaigne par abus. Voiez ci-dessous *l'Etang de Diane*. [l] L. 3. c. 3.

DIANÆ SPECULUM, c'est ainsi que Servius apelle le Lac de TRIVIA. Voiez à ce mot.

DIANÆ SPELUNCA, ou *la Caverne de Diane*, dans la Dalmatie. Phlegon Trallien cité par Ortelius[m] dit qu'on y voioit plusieurs corps dont les côtes avoient plus de seize aunes de longueur. [m] Thesaur.

DIANÆ STAGNUM, ou l'ETANG DE DIANE, Lac sur la cote Orientale de l'Isle de Corse au Nord & à quelques lieues d'Aleria distrutta. Il se décharge dans la mer de Toscane par un Canal étroit. Ptolomée l'apelle DIANÆ PORTUS.

1. DIANÆ TEMPLUM, ou *le Temple de Diane* dans l'Isle de Créte. Elien[n] l'apelle *Ῥαικκίας*, *Roccéas*; & dans son Traité des Animaux[o] il écrit ce nom *Ῥικκαίας*. Etienne le Géographe place dans la Crete une Ville nommée *Ῥαῦκος*, *Raucus*. C'est aparemment le même lieu. [n] l. 12. c. 23. [o] l. 14. c. 20.

2. DIANÆ FACELINÆ TEMPLUM, *le Temple de Diane Faceline* en Sicile auprès de la ville de *Myla*, au bord Occidental de l'embouchure de la Riviere nommée *Melas* ou *Facelinus*, dont cette Déesse prenoit le nom à cause de la situation de son Temple. De l'Isle Sicil. ant. Tab.

§. Il y a eu quelques autres Temples fameux consacrez à Diane, comme celui qui étoit auprès de *Rhegium Julium*, duquel parle Thucidyde[p], un autre chez les Peucetiens mentionné par Aristote[q]. Un autre dans l'Eubée, un autre dans l'Achaïe selon Ptolomée. Strabon cite un Temple de Diane Ephefienne[r] dans une Isle que forment les bouches du Rhône & un autre[s] en Espagne au même lieu où est aujourd'hui DENIA. Le même Auteur place dans la Cilicie[t] un Temple & un Oracle de Diane Sarpedonienne. [p] L. 6. [q] in admirand. [r] l. 4. p. 184. [s] l. 3. p. 159. [t] l. 14. p. 676.

DIANENSIS, La Conference de Carthage nomme Fidentius Evêque de DIANA Ville de Numidie de laquelle Antonin parle dans son Itineraire & Goltzius a trouvé dans une ancienne inscription la XXXI. Legion sur nommée *Dianensis*. [v] Ortel. Thes. Carol. à S. Paulo, Geogr. Sac. p. 94.

DIANES, Peuple de Galatie selon Etienne le Géographe.

DIANEUTERIUM, Metaphraste dans la Vie de St. Epiphane[x] nomme ainsi un lieu maritime à cent stades de Constance. Ortelius conjecture que ce doit être dans l'Isle de Cypre, & soupçonne que ce pourroit bien être le DINARETUM de Pline. [x] Ortel. Thesaur.

1. DIANIUM, Nom Latin de DENIA Ville d'Espagne. Voiez DENIA.

2. DIANIUM[y], Isle voisine de celle de Corse selon Pline qui ajoute qu'on la nommoit aussi ARTEMISIA. Leandre la nomme MONTE DI CHRISTO, Niger au contraire la nomme JA- [y] Ibid.

DIA. DIA. 97

JANUTI ou GIANUTI, & pretend que *Monte di Christo* est l'*Oglasa* de Pline: Ortelius croit que *Dianium* est *Januti* & qu'*Egilium* est aujourd'hui *Giglio*.

1. DIANO [a], Petite Ville de l'Etat de Génes bâtie à deux milles de la Mer, & à trois d'Oneille, elle est située sur une Eminence avec un Château plus considerable pour sa belle situation, qu'il ne l'est par ses fortifications, quoi qu'il soit d'une assez grande étendue. Le terroir qui joint cette ville est fort abondant en huile.

[a] *Journal d'un Voiage de France & d'Italie. p. 148.*

2. DIANO [b], Bourg du Montferrat à une lieue d'Alba du côté du Sud.

[b] *Corn. Dict.*

3. DIANO, [*] en Latin *Dianium*, Bourg & Château du Roiaume de Naples dans la Principauté Citerieure près de la petite Riviere de Selo. C'est la Residence ordinaire de l'Evêque de Capacio. Diano est à vingt milles de cette derniere ; à 36. de Salerne & à 13. de Policastro.

[*] *Baudrand. Ed. 1682.*

DIAPHANES, Fleuve de la Cilicie sur les frontieres de la Syrie au raport de Pline. † Ce nom lui avoit été donné parce que ses eaux étoient claires & *transparentes*.

† *l. 5. c. 27.*

1. DIARBEK, DIARBEKER & DIARBEKIR, Province de la Turquie en Asie. Elle repond à l'ancienne MESOPOTAMIE. Ce nom que les Grecs lui avoient donné étoit très-propre à designer sa situation, car il signifie *entre deux fleuves*, & la Mesopotamie étoit située comme l'est aujourd'hui le Diarbek entre le Tigre & l'Euphrate. Voiez sous l'ancien nom ce qui regarde l'ancienne Géographie de ce Pays [c]. Cette Province a au Nord la Turcomanie ; au Couchant la Syrie ; au Midi l'Arabie Deserte & l'Yraque propre ; au Levant le Curdistan. Mr. Ricaut [d] compte dans ce Gouvernement douze Sangiacs, outre ceux du Curdistan & de Gurdia, & le savant Bespier son traducteur remarque que Curdistan & Gurdia sont la même chose. Mr. Ricaut n'en nomme pourtant que neuf, à savoir *Amed*, (ou *Amid*) *Charpurt*, *Ezani*, *Sipurec*, *Nisibin*, *Chasengif*, *Tehemescherec*, *Culeb*, & *Sangiar*. Mr. Baudrand [e] derive le nom *Diarbek*, ou *Diar-Bechir* du mot *Becr*, comme qui diroit *Pays de Becr*. Il ajoute que les Géographes Orientaux le nomment aussi AL GIEZIRA c'est-à-dire *l'Isle* ; quoi qu'à la rigueur ce n'en soit pas une. Il divise le *Diarbeck* en quatre Cantons ; à savoir 1. Le Diar-Becr propre qui s'étend au couchant du Tigre le long des montagnes de Nisibin. La Capitale est *Caramit*, *Amida* ou Diarbekir. 2. *Diar-Modzar*, qui est presque toute en Plaine. La Capitale en étoit *Racca* Ville ruinée. 3. *Diar-Rabea* entre Mosul, Chabour, & Rasolin. Le principal lieu est *Nisibin* ; & enfin 4. *Diar-Algiezira* dont la Capitale est *Mosul*, ou *Mansil* selon Gollius dans ses notes sur Alfergan. Voici quelques remarques necessaires à ceux qui ont l'Atlas de Sanson. Elles sont de Thevenot dans la suite de son Voiage de Levant [f]. Cet Auteur trouve la Carte du Diarbek de Sanson très-defectueuse. A mi-chemin d'Orfa & de Telghiouran, dit Thevenot, nous devions (selon Sanson) passer une riviere qu'il nomme le fleuve Soaïd, & la fait venir du mont Taur, & passer par Caraëmit & se rendre beaucoup après

[c] *De l'Isle Atlas.*

[d] *Etat de l'Empire Ottoman l. 3. c. 3.*

[e] *Ed. 1682.*

[f] *p. 87.*

dans l'Euphrate ; Cependant dans toute notre Caravane il n'y eut personne qui me pût dire des nouvelles de cette eau ; & depuis Orfa jusqu'à Telghiouran nous ne passames point d'autre eau que celle de Dgiallab. De plus il a fait *tant de fautes* dans les positions des Lieux & dans les Distances & en alterant les noms, qu'on n'y connoît rien ; & quoi que je nommasse à plusieurs de notre Caravane la plûpart des noms qu'il a mis dans son Diarbek ; ou plutôt Diarbekir, le mieux que je pouvois ; ils n'en reconnurent pas deux ou trois. Il fait deux Villes de Caraemid & d'Amid & ce n'en est qu'une, à savoir Diarbek. Il fait la riviere Alchabur la même que celle de Dgiallab & celle d'Orfa..... Il y a plusieurs autres fautes dans la Carte de Diarbek, ce qui me fait croire qu'elle a été faite sur de mauvais memoires.

2. DIARBEK, DIARBEKER, DIARBEKIR, ou AMID, AMED, AMIDA, CARAEMID, CARAEMIT, Ville de la Turquie Asiatique dans la Province nommée anciennement la Mesopotamie, à quinze journées de Caravane d'Alep. [g] Cette Ville qui est une des plus peuplées & des plus Marchandes de toute la Turquie est située dans une plaine charmante sur le bord du Tigre. (Sanson dans sa *Carte de Sorie & de Diarbeck* l'en éloigne sous le nom de Caraemit, & l'en raproche sous le nom d'Amed ; il place mal à propos cette derniere à l'Orient au dessous de Meredin, quoi que Merdin ne soit pas sur le Tigre. mais assez loin à l'Occident de ce fleuve & au midi Occidental de Diarbeckir.) Quelques-uns confondent le Tigre avec le Chobar où le Prophete Ezechiel eut de si étroites communications avec Dieu. L'enceinte des Murailles qu'un Empereur Grec y fit bâtir subsiste encore aujourd'hui en assez bon état. Le commerce le plus considerable qui s'y fasse, est de toile rouge, de coton, & de maroquin de même couleur, qui ont un debit incroiable dans la Hongrie, Pologne, la Moscovie, & dans les autres pays où l'habit long & les botines sont en usage. Les femmes qui sont regardées dans tout l'Empire Ottoman comme de veritables esclaves, n'y sont point du tout génées. Elles vont assez ordinairement à la Promenade avec les femmes Chrétiennes & entretiennent avec elles une societé honnête & civile : en un mot tout le peuple y est bon & a beaucoup plus de douceur qu'on n'en remarque dans le commun des Turcs des autres Provinces. Les Capucins y ont une maison & font de grands fruits dans ce lieu où ils se sont établis à la faveur de la Medecine [h]. Le Tigre à la droite duquel cette Ville est située forme en cet endroit une demi-lune, & des murs de la ville jusqu'à la riviere c'est un precipice. Elle est ceinte d'une double muraille & à celle de dehors on voit 72. tours où l'on doit avoir été élevées à l'honneur des soixante-douze disciples de J. C. La ville n'a que trois portes à l'une desquelles, à savoir celle qui regarde le Couchant, on voit encore une inscription Greque & Latine qui fait mention de Constantin. On y voit deux ou trois belles places & une magnifique Mosquée qui a été autrefois une Eglise des Chrétiens. Elle est entourée de fort beaux charniers autour desquels demeurent les Moullahs,

[g] *Le P. Avril, Voyage d'Orient. l. 1. p. 25.*

[h] *Tavernier Voyage de Perse T. 1. c. 3.*

lahs, les Derviches, les Marchands de livres & de papier & autres gens de la forte qui fervent à ce qui concerne la Loi. A une lieue de la ville du côté du nord on a coupé une petite partie du Tigre qu'on fait venir par un Canal dans la ville. C'eſt de cette eau-là qu'on lave tous les maroquins rouges, parce qu'elle a une qualité particuliere pour les rendre beaux: & ces maroquins tant pour la couleur que pour le grain ſurpaſſent de beaucoup tous les autres du Levant. Ce travail occupe un quart des habitans de la ville. Le terroir de Diarbekir eſt excellent & de grand raport; on y a de très-bon pain & de très-bon vin & on ne ſauroit manger ailleurs de meilleures viandes; mais ſur tout on y mange des pigeonneaux, qui en bonté & en groſſeur ſurpaſſent tous ceux que nous avons en Europe. On compte qu'il y a plus de vingt mille Chrétiens. Les deux tiers ſont Armeniens & le reſte eſt de Neſtoriens avec quelque peu de Jacobites.

Le Bacha de Diarbekir eſt un des Viſirs de l'Empire, il a peu d'Infanterie parce qu'elle eſt peu neceſſaire en ce païs-là & que les Curdes & les Arabes qui font de continuelles courſes ſont à cheval. Mais il a beaucoup de Cavalerie & il peut mettre ſur pied plus de vingt milles chevaux. A un quart d'heure en deçà de Diarbekir il y a un gros village avec un grand Caravenſerai, où les Caravanes qui vont en Perſe & qui en reviennent d'ordinaire loger plutôt que dans la Ville, parce que dans les Caravanſerais des Villes on paye par mois trois ou quatre piaſtres de chaque chambre, & que dans ceux de la Campagne on ne paye rien.

DIAREUSA, ou comme lit le R. P. Hardouin, DIARRHEUSA [a], & en Grec Διαῤῥέουσα; c'eſt-à-dire arroſée d'eaux. Ile, l'une celles qui étoient nommées les Iſles de Piſiſtrate. Elle étoit peuplée & Pline marque que de ſon temps il y avoit des Bourgs detruits (oppida intercidere;) Ortelius avertit que ſes trois exemplaires portoient CLAREUSA au lieu de Diareuſa qu'il écrit.

[a] Plin. l. 5. c. 31.

DIARMATOS, Lieu de l'Attique ſur la montagne de Parnes, ſelon Heſyche Cité par Ortelius.

DIARPA, Ville d'Aſie dans l'Armenie, ſelon l'Anonyme de Ravenne [b]. On en ignore la poſition.

[b] l. 2. c. 12.

DIARQUE'SE ou CARCORE Forterreſſe de la Province de Meſrate en Afrique ſur la côte [e].

[e] Marmol. Tom. 2. l. 6. c. 55.

DIARRHOEA, Port de la Cyrenaïque ſelon Ptolomée [d]. Marmol [e] le nomme ZANARE. On a vu au mot ADIABAS que le changement de Dia en Za eſt très-frequent. On lit à l'endroit cité de Marmol Zanare ou le port de Diartée, dans la Province de Meſrate.

[d] L. 4. c. 4.
[e] T. 2. l. 6. c. 55.

DIARRHYTO, ancienne Ville de l'Afrique propre. Ce n'eſt aujourd'hui qu'un Bourg nommé BISERTA VECCHIA, ou BISERTE LA VIEILLE. Mr. de Corneille n'avertit point quel Auteur a fourni cet ancien nom Diarrhyto; ni ſi Biſerta Vecchia eſt diferente de Biſerte qui a ſuccedé à l'ancienne Utique.

1. DIAS, Ville de la Lycie, ſelon Etienne le Geographe.

2. DIAS, Tribu de l'Attique ſelon Pollux cité par Ortelius.

DIASCHILO, ou comme les mariniers l'apellent, DIASCOLI, ou DASQUILLO. Voiez DASCILIUM.

DIASIONES ou DASNONES peuple de la Pannonie ſelon Strabon [f]. L'Edition de Caſaubon avertit qu'au lieu de Daſnones qui eſt dans le Texte les manuſcrits portent DIASIONES & DISIONES. Ortelius [g] en avoit auſſi averti. La verſion Latine porte DIASNOTES.

[f] l. 7. p. 314.
[g] Theſaur. in Voce DASNONES.
[b] Baudrand. Ed. 1682.

DIAVOLI, [h] petite Ville de la Macedoine à trois lieues de Cogni en tirant vers le Lac d'Ocrida. Elle eſt ancienne & les Auteurs Latins l'ont nommée DUBALIS.

DIAZIMUM, Dazymena, ou Dazymon, partie de la Capadoce dans laquelle eſt Amaſie [i]. Le premier de ces noms eſt de Curopalate, le ſecond eſt de Cedrene, & le troiſieme eſt de Porphyrogenete.

[i] Ortel. Theſaur.

DIBALTUM. C'eſt le même que Develtus & DEVELTO. Voiez le dernier.

DIBEN. Voiez DIEBEN.

DIBITACH, Bourg voiſin de Cteſiphonte dans la Parapotamie contrée d'autour le Tigre, ſelon Pline [k].

[k] l. 6. c. 26.

DIBOMA ou DEBOMA, ancienne Ville des Eordetes dans la Macedoine ſelon Ptolomée [l].

[l] l. 3. c. 13.

1. DIBON; ou DIBONGAD. Euſebe & St. Jerome [m] écrivent ce nom aſſez diverſement, car le premier écrit DABON ou DIBON, & dans la page ſuivante il écrit ce même nom DEIBON renvoyant à ce qu'il en a dit dans l'Article Dabon ou Dibon. St. Jerôme écrit DEBON & DIBON. L'un & l'autre de ces Peres expliquent ce nom comme s'il étoit commun à un des campemens des Iſraëlites dans le Deſert & à un grand Village ſur l'Arnon. La Vulgate dit toujours Dibon en parlant de ce dernier & DIBONGAD lors qu'il s'agit du camp des Hebreux dans le Deſert, quoique S. Jerôme diſe DEBONGAD & Euſebe Δαιβὼν γὰδ, DÆBON GAD en deux mots. Ce Campement eſt indiqué au livre des Nombres [n].

[m] Onomaſt. p. 61.
[n] c. 33. v. 45.

2. L'autre DIBON, ſur l'Arnon eſt ſouvent nommée dans l'Ecriture. Au livre des Nombres [o], on voit quelle étendue de Païs les Amorrhéens avoient enlevé aux Moabites, à ſavoir depuis Heſebon juſqu'à Dibon. La premiere de ces villes plus au Nord & l'autre plus au Midi. Cette même ville fut enſuite dans la Tribu de Ruben [p] ou dans celle de Gad [q], ou peut-être ſur les confins de ces deux Tribus; ce qui fait qu'elle eſt atribuée tantôt à l'une & tantôt à l'autre. Il ſemble que les Moabites s'en reſaiſirent à l'occaſion de la migration des dix Tribus [r].

[o] c. 21. v. 30.
[p] Joſué. c. 13.
[q] Numer. c. 32.
[r] Iſaïe. c. 15. & Hierem. c. 48.

3. Il y avoit une troiſieme DIBON dans la Tribu de Juda, comme il paroît en liſant le II. Livre d'Eſdras. D. Calmet [s] doute ſi ce n'eſt pas la même que DABIR ou CARIATH SEPHER. Il remarque que les Septante nomment Dibon la ville qui eſt nommée Dabir dans l'Hebreu au livre de Joſué c. 12. v. 26.

[s] Dict. la Bible.

§. Le même Savant doute que Dibongad le Campement des Iſraëlites ſoit diferent de Dibon ſur l'Arnon qui fut, dit-il, donnée à la Tribu de Gad par Moiſe [t] & enſuite cedée à celle de Ruben [v]. Il obſerve encore que St. Jerome & dit

[t] Num. c. 32. v. 33. & 34.
[v] Joſué. c. 13. v. 9. 17.

DIB. DIC.   DIC.

dit qu'on l'appelloit encore de son temps indifferemment *Dibon* ou *Dimon* à cause de la ressemblance des Lettres. La Carte de la Terre sainte par Sanson place *Dibongad* près de la rive Septentrionale du Zareth torrent qui tombe dans la Mer morte, & à près de quarante cinq mille pas de *Dibon* qu'il place entre Esbon & le Jourdain, à l'Orient & à 6. mille pas de ce fleuve; & à 5. de Dabir vers le midi Oriental de cette derniere, beaucoup plus près du Jourdain que de l'Arnon. Quand on fait tant que de s'écarter des guides generaux, il faut nommer les guides particuliers & avertir des motifs de preference.

DIBONGAD, Campement des Israelites dans le desert. Il en est parlé dans le livre des Nombres [a] où il est dit que les Israelites étant partis d'Obath camperent à Iic Abarim, qui est sur les confins des Moabites, que delà ils allerent placer leurs tentes à *Dibon Gad*, d'où étant encore partis, ils camperent à Helmondeblataim. Ortelius renvoye aussi au livre de Josué chap 13. où pourtant il n'est pas question de Dibongad, mais de Dibon.

[a] c.33.v.45.

DIBRA, DIBRES, DIBRII, [b] en Latin *Deborus*, petite Ville de la Macedoine sur les confins de l'Albanie, à huit lieues de l'Ocrida. Les Turcs l'assiegeant en 1442. trouverent moyen de jetter un chien mort dans la seule citerne de la Ville & obligerent par là les habitans de se rendre.

[b] Baudrand. Ed. 1705.

1. DICÆA ou DICÆÆ, ancienne Ville de Thrace, selon Pline [c]. Elle étoit dans le territoire des Bistons, tout joignant l'étang Bistonide, & au côté Oriental du canal par où cet Etang se vuide dans la mer. Etienne nomme ce même lieu Δίκαια & Harpocration [d] cité par le R. P. Hardouin place DICÆOPOLIS, Δικαιόπολις, auprès d'Abdere.

[c] L.4.c.11.
[d] in l.c.

2. DICÆA, ancienne Ville de Grece sur le Golphe Thermaïque selon Pline [e]. Dans quelques manuscrits on lit *Dicaeapadina* qu'Hermolaus a changé on ces deux noms *Dicaea, Pydna*. Le R. P. Hardouin dit : quoi qu'il n'en soit de *Dicaea, Pydna* ne sauroit avoir lieu ici parce qu'elle étoit assez loin du Golphe Thermaïque dans la Pierie contrée de la Macedoine. Ce Pere s'apuie de l'autorité de Ptolomée [f], qui pourtant place Pydna en Pierie au bord du Golphe Thermaïque. Etienne place une ville *Dicaea* sur le Golphe Tirrenique, & Ortelius croit qu'il faudroit lire sur le Golphe Toronaïque, (*Toronaicum Sinum* pour *Tirrenicum*,) qu'il croit être le même que le Golphe Thermeen. Il croit neanmoins qu'on peut conserver le nom de Tirrenique, ou Tyrrhenien parce qu'il a lu, dit-il, dans les anciens qu'il y avoit dans ces quartiers-là des peuples Tyrrheniens & des Isles de Tyrrheniens. Ortelius n'a pas raison de confondre le Golphe Thermeen & le Golphe Toronaïque. Ils étoient & sont très-diferens quoique voisins, mais separez par la presqu'isle de *Cassandria*.

[e] L.4.c.10.
[f] L.3.c.13.

3. DICÆA DICÆARCHIA [g], DICARCHIA & DICARCHIS ; anciens noms de la ville de PUZZOL.

[g] Ortel. Thesaur.

4. DICÆA PETRA, [h] lieu en Europe sur le Bosphore de Thrace selon Pierre Gilles qui s'apuie sur l'autorité de Denis le Bisantin.

[h] Ortel. Thesaur.
[i] Carol. à S. Paulo Geog. Sacr. p. 103.

5. DICÆA [i], ancienne Ville d'Afrique dans la Bisacene. Elle étoit Episcopale & Candide son Evêque est nommé dans l'Epître Synodale de cette Province.

DICDICA, Ville de l'Afrique propre, selon Antonin. Simler croit qu'un de ses Evêques étoit *Doctoritus* dont le nom se trouve dans les Conciles.

Ortel. Thesaur.

DICLA, * c'est ainsi qu'Arias Montanus dans son apparat de la Bible croit que les Hebreux appellent la Scythie dans l'Imaus qui est une partie de la Grande Tartarie.

* Ortel. Thesaur.

DICRIK, DICKRIK, ou DIKRIK [k], petite Ville dans le Duché de Luxembourg sur la Riviere de Sure au Nord Oriental & à quatre lieues d'Allemagne de Luxembourg & à quatre lieues & demie de Tréves.

[k] De l'Isle Atlas.

DICTAINO. Quelques-uns écrivent DITTAINO ou DATAINO. Riviere de la Sicile. Les anciens la nommoient CHRYSAS. Elle a sa source au midi de Castro Giovane & coulant vers l'Orient dans la Vallée de Noto, elle passe au Nord de Rosmano Ville détruite, reçoit Fiume di Tavi, Fiume di Gargalonga & Fiume di Trahina g. Fiume di Gabella d. & va se perdre dans le Golphe de Catane. Pour aller de Catania à Lentini on passe le Dictaino en un lieu nommé Bac de la Jaretta.

Ibid.

DICTAMO, en Latin *Dictamnum*, ancienne Ville de l'Isle de Crete. C'est [l] de là qu'a pris son nom le Dictamne herbe estimée un remede souverain pour les playes. Ce n'est plus qu'une Bourgade du territoire de la Canée vers le milieu [m] de la côte Orientale qui se termine au Cap Spada, à l'Occident septentrional de l'Isle de Candie. Ortelius [n] soupçonne que c'est le *Dicthynna* de Strabon. Mr. Baudrand le suppose.

[l] Baudrand.
[m] Atlas de Wit.
[n] Thesaur.

DICTE, ancien nom d'une montagne de l'Isle de Crete. Ptolomée [o] la met à l'extremité Orientale de cette Isle & place Itamus entre elle & la mer Carpathienne, & ses interprêtes traduisent l'ancien nom par LABIRINTHO & LASTHI. Virgile parle de cette même montagne en plus d'un endroit. Il apelle Jupiter Roi Dictéen.

[o] L. 3. in fine.

Ante etiam sceptrum Dictæi Regis, &c.

Georg. l. 2. v. 536.

Il dit ailleurs que Jupiter y fut élevé & que les abeilles l'y nourrirent.

Pro qua mercede, canoros
Curetum sonitus, crepitantiaque æra secuta,
Dictæo cœli regem pavere sub antro.

Georg. l. 4. v. 150. 151. & 152.

Il compare Didon à une biche qui étant blessée par un pasteur dans les bois de Crète s'enfuit à travers les forêts de *Dicté*.

Illa fugâ sylvas saltusque pererrat
Dictæos;

4 Æneid. l. v. 72.

Pline [p] nomme cette montagne DICTINNÆUS. Le R. P. Hardouin [q] observe que Solin & Martien la nomment de même & qu'elle doit son nom à la funeste fin de Dictynna qui se precipita de dessus cette montagne. Ptolomée [r] joint le mont Dicté au Promontoire Κώρυκος que les navigateurs nomment encore à present *Punta di Coraca*.

[p] l. 4. c. 12.
[q] in l. c.
[r] L. 3. c. 173

DICTIDIUM, ancienne Ville de Grece, près du mont Athos, selon Thucydide [s].

[s] l. 5.

1. DICTIS, Ville de Galatie selon Ptolo-

DIC. DID.

l.5.c.6. lomée ᵗ. Elle étoit dans la Province des *Tecto-saces* dont la Metropole étoit Ancyre.

2. DICTIS. Ortelius cite un Auteur qui dit : *Dictis*, *Stapen* & *Castina*, contrées où l'on prepare le Syrop d'Abfynthe, & ne dit rien de plus de leur situation.

Sect. 3. DICTUM, Ville ou bourg de la Grande Bretagne. Il en est parlé dans la Notice * de l'Empire en ces termes : *sub dispositione viri spectabilis Ducis Britanniarum .... Præfectus numeri Nerviorum Dictensium Dicti*. Cambden l'explique par DIGANWEY.

DICTYNNA. Voiez DICTAMNUM.

1. DICTYNNÆUS. Voiez DICTE´.

2. DICTYNNÆUS : Il y avoit à Sparte un lieu ou quartier nommé ainsi au raport
a Ortel. de Tite Live ᵃ.
Thesaur. DIDASCE, Peuple de l'Ethiopie sous l'E-
b L.4.c.7. gypte selon Ptolomée ᵇ.
c Ortel. DIDATTIUM, ᶜ Ville de la Belgique dans
Thesaur. le Païs des *Sequani* selon Ptolomée ᵈ. Lazius croit
d L. 2.c.4. que c'est TALENBERG, Villanovanus la prend pour HASENBOURG. Les Interprêtes de Ptolomée lisent fort mal à propos *Dittatium*. Il y en a qui croient que c'est DOLE sur le Doux.
e Ibid. DIDAUCANA, ᵉ Ville de Bithynie se-
f L.5.c.1. lon Ptolomée ᶠ. Ses Interprêtes lisent DEDACANA, & Leunclavius lui donne pour nom moderne *Dedacana*.

DIDDA, St. Cyprien nomme *Gaius Diddensem Presbyterum*, & Ortelius croit que c'étoit d'un lieu voisin de Carthage.
g Corn. DIDESHEIM, ᵍ Ville de l'Evêché de
Dict. Spire en Allemagne. Il y a des forêts d'une espece d'amandiers près de cette ville.

DIDUGUA, Ville de la Babylonie selon
h L. 5. c.20. Ptolomée ʰ.

DIDUNES, en Latin *Diduni*; ancien peuple de la Germanie. Ils habitoient dans le Palatinat de Sendomir dans la Pologne.

DIDURI, Peuple auprès de l'Iberie selon
i L. 6. c. Pline ⁱ c'est-à-dire vers la Géorgie. Ptolomée
10. ᵏ les fait voisins de la Mer Caspienne & les
k L. 5. c.9. place dans la Sarmatie d'Asie. Ce peuple fait à present partie de la Circassie.

1. DIDIMA, lieu de l'Isle de Miler. Il y avoit un Oracle consacré à Jupiter & A-
l L. 7. pollon. Quinte Curce ˡ parle des Branchides famille de Milet que Xerxes avoit autrefois fait passer en Asie, comme il revenoit de Grece, parce qu'ils avoient pillé le Temple de Didymée en sa faveur.

2. DIDYMA, Fontaines de Thessalie selon Etienne le Géographe.

3. DIDYMA, Isles fort petites proche de Sciros; selon le même.

4. DIDYMA, lieu d'Egypte dans la Thebaïde selon l'Itineraire d'Antonin.

1. DIDYMÆ, Isles voisines de la Troa-
m L.5.c.31. de selon Pline ᵐ.
n Ibid. 2. DIDYMÆ , autres Isles voisines de l'Isle de Crete selon le même.

3. DIDYMÆ, autres Isles de la Mer d'E-
o L.4.c.5. gypte selon Ptolomée ᵒ. Les Interprêtes les nomment PHARION & MAGRAH.

4. DIDYMÆ, l'une des Cyclades, comme il paroit par ce vers d'Ovide.
p Meta-
morph. *At non Oliaros Didymaque & Tenos & Andros.*
L.7.470.
C'est peut-être la même qu'Etienne nomme *Didyma* & qu'il place auprès de l'Isle de Scyros.

DID.

DIDYMÆUM TEMPLUM. Voiez DIDYMA 1. & BRANCHIDES.

1. DIDYME, c'est selon Ptolomée ᵠ & *q L.3.c.* Antonin ʳ, une des Isles Eoliennes proche la *r Itiner.* Sicile. Les modernes varient sur le nom qu'elle a presentement. Fazel dit que c'est SALINE, Léandre que c'est PANARI & Fazel ajoute que *Panari* est l'*Icesia* de Ptolomée qu'il pretend être aussi la même que la *Thermissa* de Strabon. Léandre soutient au contraire que l'ancienne *Icesia* est aujourd'hui *Saline*. Ortelius refuse de decider qui des deux a raison.

2. DIDYME, Ville de la Libye , selon Etienne le Géographe.

3. DIDYME, Village de Cilicie, selon le même. Ovide ˢ semble mettre en Sicile une *s 4. Fast.* ville nommée Dydime selon la conjecture d'Ortelius , mais Crespin ᵗ Commentateur *t T. 3.p.* d'Ovide à l'usage du Dauphin dit avec plus de *588.* vrai semblance que c'étoit aparemment une ville située dans l'Isle de même nom l'une des Eoliennes, ou à present Isles de Lipari.

1. DIDYMI, Peuple de l'Isle de Milet ᵛ *v Pausani.* & duquel étoient sortis les Branchides. *l. 5.*

2. DIDYMI, ˣ Village de l'Argie dans *x Idem.* le Peloponese.

3. DIDYMI , Montagnes de la Thessalie selon Strabon ʸ qui dit que les Magnetes y *y L. 14.* habitoient.

4. DIDYMI SINUS, ancien nom d'un Golphe de l'Isle de Crete selon Diodore ᶻ de Si- *z L. 5.* cile.

DIDYMOTICHOS, ᵃ Petite ville de *a Ortel.* Thrace sur un Promontoire sous lequel il y a *Thesaur.* des Carrieres d'où l'on tire de la Pierre. Elle est située sur l'Hebre qui la baigne tout à l'entour. Leunclavius dit que c'est aujourd'hui DIMOTUC. Il semble que Polybe ᵇ place un *b L. 5.* lieu de même nom dans l'Asie mineure vers l'Eolie. Suidas fait mention d'un lieu ainsi nommé dans la Carie.

DIDYMUS, ᶜ Montagne de l'Asie Mi- *c Ortel.* neure selon l'Interprête Latin de Ptolomée, *Ibid.* car le Grec Porte Διδων τα Ανατολικά; selon les exemplaires que ſ'avoit Ortelius. L'Edition de Bertius tant dans le Grec que dans le Latin porte : la partie Occidentale du mont Didyme 57. d. 4´. de longitude & 40. d. 30´. de latitude ; elle ajoute ensuite la partie Orientale de cette même Montagne 61. d. de longitude & 40. d. 20´. de latitude, mais le Grec & le Latin sont defectueux, parce qu'au lieu de Διδυμου, il y a par abrevation Διδων & non pas Διδον comme lit Ortelius. On lit en marge que c'étoit là qu'étoit autrefois l'Oracle d'Apollon Didyméen nommé par les anciens *Branchide*. J'ai déja fait voir d'avance la fausseté de cette remarque, car Etienne le Géographe & Quinte Curse placent cet Oracle à l'Isle de Milet & non pas dans le continent d'Anatolie. Cette Montagne est nommée DINDYMA par Etienne le Géographe Voiez DINDYMUS. Arrien & Herodote ᵈ la nomment la Monta- *d L. 1.* gne de la Mere des Dieux qui en prenoit le nom de *Dindymene*, ce dernier y met la source du fleuve Hermus, & Ortelius ne doute point que ce ne soit la Montagne nommée CYBELUS par Diodore & par Servius. Il semble au jugement de ce même Geographe que Titelive ᵉ en ait parlé sous le nom d'A- *e L. 38.*
DO-

DID. DIE. DIE. 101

DOREUS d'où il fait couler le fleuve Sarigar.

DIDYMUS, ou au pluriel DIDYMI; Montagnes de l'Arabie heureuse selon Ptolomée[a], qui les met dans le Canton des Sachalites.

a L.6.c.7.

DIE, Ville de France dans le Dauphiné. Elle est Capitale d'un Canton nommé le Diois, & est le siège d'un Evêque suffragant de l'Archevêché de Vienne. Elle est à neuf lieues de Valence, à dix de Gap & de Grenoble & située sur la Drome qu'on y passe sur un Pont. Cette Ville appellée en Latin DEA VOCONTIORUM, par les Geographes du moien âge, parce qu'elle appartenoit aux Vocontiens[b], est inconnue aux anciens, & à tous les Auteurs qui ont écrit avant le IV. Siécle.

b Longuerue descr. de la France p. 335.

Celui qui dans le même Siécle a fait l'Itineraire de Bourdeaux à Jerusalem sous le Regne de Constantin, a marqué cette Ville qu'on trouve dans l'Itineraire d'Antonin, & dans la Carte de Peutinger. Le Pere Sirmond dans ses Notes sur Sidonius, assûre qu'on avoit trouvé à Arles une Inscription où on lisoit, COLONIA AUGUSTA DEA VOCONTIORUM, ce qui prouve que Die avoit été une Colonie Romaine, qu'elle avoit porté le nom d'Auguste, & qu'elle appartenoit aux Peuples Vocontiens. Il est certain que Die étoit Cité & Evêché dans le quatrieme Siécle, puisque son Evêque Palladius assista l'an 347. au Concile de Sardique. Après avoir fait partie de la premiere Viennoise sous l'Empire Romain, & avoir été sous la domination des Bourguignons & des François tant Merovingiens, que Carlovingiens, elle obéit aux Rois de Bourgogne & d'Arles, & enfin aux Empereurs Allemans. Sous le Regne de Rodolphe le Lâche, au commencement de l'onziéme Siécle, le Diois avoit ses Comtes qui sont peu connus; on sait seulement que leur Heritiére nommée Aleyris épousa Guillaume Bertrand Comte de Forcalquier, qui en eut plusieurs enfans, & parla ce Comté revint au Comte de Toulouse, de qui il relevoit à cause de son Marquisat de Provence. Le Comte Raymond le vieux le donna à Aimar de Poitiers, avec celui de Valentinois.

Les Empereurs s'étoient réservé, tant dans la Ville de Die, que dans une partie du Diois, le haut Domaine & les droits de Régale. Enfin l'an 1178. l'Empereur Frederic Barberousse étant allé à Arles, donna à Robert Evêque de Die, la propriété avec les droits utiles & les Regales, & même le droit de battre monnoie; il lui confirma ses autres biens, & sur tout la Bourgade d'Aost ou Augusta, près de Crest, avec la moitié de cette ville de Crest, que l'Evêque Hugues avoit eue dès l'an 1145. d'un Seigneur nommé Arnaud.

Cent ans après ou environ le Pape Gregoire X. voiant que cette Eglise étoit apauvrie, aussi bien que celle de Valence, & qu'elles étoient l'une & l'autre opprimées par les Tyrans, il les unit à perpetuité par sa Bulle donnée à Vienne au mois de Septembre de l'an 1275. Les Evêques de Valence & de Die ont aliené Crest, & ont soûmis leur Temporel aux Rois de France, Dauphins de Viennois, Comtes de Valentinois, & Diois.

L'Union des Evêchés de Valence & de Die aiant duré plus de quatre cens ans, a été revoquée par le Pape Innocent XII. à la priere du feu Roi Louis XIV. l'an 1692. Ainsi Die a aujourd'hui son Evêque particulier; qui est Seigneur de sa ville Episcopale, de quatre vingt quinze Paroisses, & de vingt quatre Châteaux.

Il y avoit autrefois de belles Eglises & de beaux Monasteres à Die, mais tout a été ruiné de fond en comble au seizieme siécle par les Religionnaires, dans les premiers troubles; ils étoient fort puissans en cette ville, & dans les lieux d'alentour, où ils ont été en trèsgrand nombre, jusqu'à la révocation de l'Edit de Nantes, faite par le feu Roi Louis XIV. l'an 1685.

Les P. Reformez avoient à Die une Academie ou Université pour les Etudians de leur Communion. Il y avoit aussi une Citadelle qui a été rasée & dont il ne reste que le Gouverneur.

c Piganiol de la Force Descript. de la France T.3.p.269.

Le Chapitre[d] de la Cathedrale est composé de douze Chanoines & de deux autres qui sont honoraires, & n'ont aucun revenu ni voix deliberative dans le Chapitre. Des douze Canonicats il y en a deux qui sont Dignitez, le Doyenné, & l'Office de Sacristain.

d P. 249.

DIEBEN, prononcez DIBEN, en Latin *Duba*, petite Ville d'Allemagne sur la Riviere de Mulde dans le Duché de Saxe aux confins de la Misnie à trois lieues de Thorgaw vers le Couchant.

e Baudrand. Ed. 1705.

DIEDENHOVEN. Voiez THIONVILLE.

DIEGHEM, lieu entre Bruxelles & Vilvorden.

DIELER, Voiez EIDELER.

DIEMENS-LAND, ou TERRE DE DIEMEN, prononcez DIMEN. Côte d'un païs dont Antoine Diemen Hollandois découvrit une partie, dans les Terres Australes en 1642. Il trouva cette terre au cent soixantiéme degré de longitude à la hauteur du 41. d. de latitude meridionale & suivant ses côtes qui se raprochent de l'Equateur en ligne circulaire & qui sont garnies de plusieurs Isles, pour s'en éloigner de nouveau, il perdit cette même terre de vûë à la même hauteur qu'il l'avoit trouvée. Les Isles dont cette terre est bordée sont l'*Isle Blanche*, l'*Isle de Frederic Henri*, celle de *Tasman*, celle de *Schouten* & enfin celle *de Waderlin*. Cette Terre est peu connue. Comme on n'en a point suivi les côtes on ne sait si c'est une Isle ou si elle tient au Continent par quelque endroit. Voiez DIME.

f De l'Isle Atlas.

DIENSES; Paul Diacre cité par Ortelius[g] place ce peuple dans la Gaule Narbonoise dans le voisinage du Rhône.

g Thesaur.

DIENSIS COLONIA. Colonie Romaine établie dans la Pierie contrée de la Macedoine. Pline la nomme ainsi[h] & Ptolomée[i] l'appelle simplement DION. Mr. de l'Isle[k] place DIUM entre les fleuves Aliacmon & Blaphiras au Nord du mont Olympe & au midi Occidental de Pydna.

h l.4.c.10. i l.3.c.13. k Atlas.

DIEPENHEIM,[l] Petite Ville dans le pays de Twente dans l'Overiffel l'une des Provinces-Unies.

l Dict. Géog. des Pays-bas.

DIEPENBEECK,[m] Petite Ville du pays de Liége à deux lieues de Tongres.

m Ibid.

DIE-

[a] Corn. Dict.
d'Andifret
Geogr. T. 3.

DIEPHOLT, Petite ville d'Allemagne dans le Comté de ce nom, en Latin *Diepholta*. Elle est située entre Bremen & Osnabrug, à dix lieues ou environ de l'une & de l'autre ville sur le Hundt un peu au dessus de l'endroit où cette riviere sort du Lac Dummer. Elle a beaucoup souffert pendant les guerres d'Allemagne, & a été presque ruinée; mais elle s'est rétablie depuis.

[b] Ibid.

Le Comté de DIEPHOLT, est entre celui d'Oldenbourg, le Duché de Bremen, le Comté d'Hoye, & les Evêchés de Munster, & d'Osnabrug. Il a été possedé longtems par des Seigneurs particuliers qui étoient puissans & d'une Noblesse très-ancienne. Frederic Comte de Diepholt en fit hommage à Henri le Jeune, Duc de Brunswic, pour se faire un Protecteur contre l'Evêque de Minden qu'il avoit pour ennemi. Il mourut l'an 1587. après avoir marié Marguerite sa fille unique à Philippe Landgrave de Hesse. Lorsqu'il fut mort, Guillaume Duc de Brunswic-Luneboug, réunit le Comté de Diepholt à son Domaine.

Memoires rectifiez sur les lieux, en 1715.

DIEPPE, en Latin DEPPA ou DIEPPA, Ville de France dans la haute Normandie au Pays de Caux dont elle est le chef lieu, avec un port de Mer à douze lieues de Rouen entre le Treport & St. Valleri en Caux à six lieues de ces deux ports. L'Archevêque de Rouen en est Seigneur Temporel & spirituel, & il en perçoit les droits Seigneuriaux. La ville est située dans un terrain uni, entre deux Falaises ou Montagnes de Roche à l'embouchure de la Betune, qu'on appelle à Dieppe la Riviere d'Arques parce qu'elle arrose les ruines de cette ville. Elle a un corps d'Officiers de ville, une haute Justice, une Amirauté, un Grenier à sel & est exempte de taille & de Gabelle. Les Officiers du Siege Roial, de l'Election, de la Maitrise des eaux & forêts & de la Vicomté d'Arques demeurent à Dieppe & tiennent leur juridiction hors de la porte de la barre en un lieu nommé la Cohue. Cette ville a deux grandes Eglises paroissiales, à savoir Saint Remy qui est la paroisse du Château & St. Jaques qui est la paroisse du Port. Elles sont vastes l'une & l'autre avec un nombreux Clergé, ont des bas côtez & des chapelles autour du chœur & de la nef & une tour sur le portail. Celle de St. Jaques est très-belle & si haute qu'en un temps serain on y decouvre les côtes d'Angleterre. Il y a outre cela diverses Maisons religieuses des Carmes dechaussez & des Minimes, un hospice de Jesuites, un College des Peres de l'Oratoire qui enseignent jusqu'à la Philosophie inclusivement. Il y a outre cela des Carmelites, des Benedictines, des Ursulines & des Dames hospitalieres pour les malades. Elles vivent sous la regle de St. Augustin & gardent la Cloture. Sur les grands dégrez du Château il y a une Chapelle sous l'invocation de Notre Dame de bon secours; c'est un reste de l'ancien Edifice de l'Eglise de St. Remy qui étoit autrefois en cet endroit & qu'on a demolie en faveur du Château pour la rebâtir plus loin. Au-dessus de cette Chapelle est le Château qui commande la Ville; mais il est à l'antique, tout au plus à couvert des coups de main, mais incapable de soutenir un Siege de-

puis qu'on a demoli la Citadelle qui le défendoit du côté de la Montagne voisine où elle étoit située. Il y en avoit une autre sur la Montagne oposée; on l'apelloit le Fort du Polet à cause du fauxbourg sur lequel elle étoit batie, mais on l'a ruinée jusqu'aux fondemens, en 1689. Le port est long & étroit & presque à sec dans les marées basses, de sorte qu'on peut passer à gué la riviere d'Arques qui le traverse; mais la marée y fait entrer seize ou dix-huit pieds d'eau. Il est revêtu d'un quai, dont le bout se termine d'un côté à la porte du pont & du côté de la mer à un fauxbourg nommé le petit Veule, où est la corderie & au bout duquel on trouve la jettée qui a environ cent quarante toises de long & qui est parallele à la jettée du Pollet. Celle de Dieppe est fort haute avec des parapets de chaque côté & assez large pour laisser passer dix hommes de front, solidement bâtie de grosses pieces de bois enclavées dans des coulisses, arrêtées sur des Pilotis. Elle est entierement revêtue de planches deux côtez & remplie de gros gallet & de cailloux, fermée de planches par dessus en maniere de Coffre, & comme elle avance beaucoup dans la mer, le fanal pour la nuit est placé au bout. Ces deux jettées forment l'entrée du port, & sont trois usages, à savoir 1. de faciliter le tirage des Vaisseaux, quand le vent leur manque pour entrer ou pour sortir. 2. d'arrêter le sable & le gallet qui combleroient enfin le port, & enfin de briser la vague & de tenir le port toujours calme quoique la mer soit agitée. Ce port separe la ville du Fauxbourg du Pollet où l'on va par un Pont de Pierres (& non pas un pont de bâteaux comme le dit Mr. Piganiol de la Force [d].) C'est dans ce fauxbourg que sont les Capucins, les Religieuses de la Visitation & une Eglise succursale de Neuville village sur la montagne & qui est la paroisse du Pollet avec un hôpital pour les pauvres. C'est aussi dans ce fauxbourg que se construisent les bâtimens marchands & les barques des pêcheurs. La ville de Dieppe étoit autrefois bien plus considerable qu'elle n'est à present; deux choses ont contribué à la faire déchoir. Le grand nombre d'habitans riches & industrieux qu'elle a perdus à la revocation de l'Edit de Nantes & le bombardement arrivé le 22. & le 23. de Juillet 1694. La Paix de Ryswyc aiant rassuré les citoyens ils recommencerent à bâtir. La Cour y envoia un Architecte ou Ingenieur nommé Ventabrun qui obligea de bâtir d'une maniere uniforme qui donne une beauté exterieure & en effet une disformité irreparable dans l'interieur des maisons. Chacune ne pouvant avoir qu'un rez de chaussée, un entre sol, une chambre & un Galetas. Les Bourgeois forcez d'être si mal logez pour leur argent ont donné à cet l'Ingenieur le titre de Sieur de Gâteville. Quoi que le devant des rues soit presque entierement rebâti, il s'en faut bien que la ville soit entierement reparée. On avoit proposé de la reculer plus loin de la mer & plusieurs croient qu'on l'a effectivement reculée. Cependant elle est dans les mêmes bornes où elle étoit & chacun a rebati sur son terrain. Une de ses grandes beautez ce sont les fontaines qui coulent jour & nuit dans chaque quartier & même dans les maisons particulieres. Ces

[d] T.5.p.63.

eaux

DIE.

eaux descendent du Château où elles sont portées par un long aqueduc depuis le Village de Pourville. Il y a vingt portes par ou l'on entre dans la ville, à savoir cinq du côté de la mer, douze du côté du port, deux du côté du marais, & la porte de la barre qui est du côté d'Arques & du mont à Caux. Le principal commerce de Dieppe consiste en harangs, dont elle fournit Paris & la Province, la pêche du merlan & du maquereau, le transport des huitres, l'ivoirerie & les dentelles. Autrefois ses boussoles étoient preferées aux autres. Il y a une belle manufacture où l'on corde le tabac & qui entretient quelques centaines de personnes tous les jours. Il y a tous les ans au 15. d'Aout une Foire franche qui dure huit jours.

Dieppe a été la patrie de plusieurs hommes célébres dans la Republique des Lettres. Elle a produit entre autres le P. Crasset Jesuite fameux par des ouvrages de piété qui sont estimez pour leur onction ; le Pere Gouye Mathematicien du premier ordre. Pequet Medecin à qui on doit la decouverte du Canal Thorachique, & le P. Richard Simon très-versé dans l'étude du texte sacré & des Langues Orientales.

On distingue à Dieppe la grande rade, de la petite. Cette derniere n'est que pour des vaisseaux qui prennent moins de sept brasses d'eau. Les vaisseaux de guerre mouillent à la grande rade qui est à deux lieues en mer. Devant la ville le rivage que la mer bat étant haute, est de Galet, mais plus avant c'est du sable qui est decouvert lors qu'elle est basse. Sous le Château ce sont des roches & des parcs où l'on conserve les huitres qui s'envoient à Paris. Depuis quelques années la mer en produit de très-grandes auprès de Pourville à un quart de lieue de Dieppe vers le couchant.

[a] Longuerue Descr. de la France 1 part. p. 68.

§. Hadrien de Valois s'est trompé [a] en pretendant que *Juliobona* des anciens est Dieppe. Dieppe n'est pas si ancienne, & n'étoit qu'un village qui avec ceux de Bouteilles & de Bertheville forma la ville de Dieppe après que les Archevêques de Rouën en eurent été mis en possession par Richard Roi d'Angleterre pour les dedommager de la proprieté d'Andely cédé par l'Archevêque Walterus au Domaine Ducal.

[b] Dapper Afrique p. 227. & Atlas de De l'Isle.

Le Petit Dieppe [b], Village d'Afrique sur la côte de Malaguette. Les Dieppois qui lui avoient donné ce nom y avoient commencé un établissement que les guerres civiles & les troubles de la France firent abandonner. Ce lieu nommé par les Negres Tabo Dagrou est sur un petit Golphe à neuf lieues de Rio Sesto, sur les frontieres de la côte des graines ; à 6. d. de latitude Nord & à 8. d. 20'. de longitude.

[c] Dict. Geog. des Pays-bas.

DIEREN [c], belle maison de campagne dans la Weluwezoom à une lieuë de Doesbourg proche des bois de Rhede. Guillaume III. Roi d'Angleterre y alloit souvent prendre le plaisir de la chasse lors qu'il faisoit sa résidence à la Haye.

[d] Ortel. Thesaur.

DIERNA [d], ancienne Ville de la Dace selon Ptolomée. Niger croit que c'est Chelo, & Lazius écrit que les Hongrois la nomment presentement Torna & les Allemands Torrenborg.

DIE. 103

DIESSE [e], Montagne de Suisse dans le Canton de Berne au-dessus du Côteau qui est au Nord du Lac de Bienne. Les Allemands nomment cette Montagne Tesseberg. Ses habitans dependent uniquement de Berne pour le spirituel, mais pour le temporel ils dependent du Prince & Evêque de Porentru. C'est un Pays de bons pâturages.

[e] Délices de la Suisse T. 1. p. 133.

DIESSEHOFEN, Diessenhofen, Ibid. p. 473. Mr. Baudrand écrit mal Diessenhoffen & Mr. Corneille encore plus mal Diestenhofen, ville de Suisse sur le Rhin dans le Canton de Schaffhouse entre la ville de ce nom au dessus & celle de Stein au-dessous. Elle est grande & a de belles & larges rues, des maisons bien bâties & un beau pont sur le Rhin. Quoi qu'elle appartienne comme le reste du Thourgaw aux VII. Cantons, Berne & Schaffhouse y ont quelques droits particuliers. Cette ville fut fermée de murailles l'an 1179. par Hartman Comte de Kybourg. Elle est riche & possede quelques villages de son voisinage où elle a haute & basse justice ; ces villages sont *Basedingen*, *Schlat*, & *Schladingen*. Cette ville a les mêmes Privileges que les autres villes de ce Canton ; son Avoyer, son Conseil &c. Elle embrassa la Religion P. Reformée en 1529. Au-dessous de Diessenhofen il y a près du Rin un couvent de filles nommé *S. Catharina-thal*, c'est-à-dire *Val de Ste. Catherine*. Les Religieuses de cette maison voiant en 1530. qu'à la ville & aux environs on venoit d'abandonner la Religion Catholique, jusques-là que leurs Prêtres mêmes les avoient quitées pour suivre la P. Reformation, elles demeurerent fermes dans la Catholicité & n'aiant personne pour leur dire la Messe, elles la chanterent elles-mêmes & établirent une d'entre elles pour prêcher. L'Auteur qui me fournit ce fait est Protestant & a voulu dire sans doute qu'au defaut de la Messe qu'elles ne pouvoient entendre n'aiant plus de Prêtres, elles continuerent de chanter ce que les Religieuses ont coutume de chanter à la Messe, comme si elles y eussent effectivement assisté, & qu'elles choisirent une des plus habiles d'entre elles pour faire des Exhortations.

DIEST ou Dieste, l'E ne se prononce point ; Ville du Duché de Brabant dans le quartier de Louvain sur la Demer à quatre ou cinq lieues de la ville de ce nom, à trois de Tillemont, & à deux d'Arscot [f]. Elle a été autrefois une ville considerable lors que les manufactures de laine y florissoient, mais aujourd'hui elle est tombée. Elle étoit connue & avoit ses Seigneurs particuliers dans le XIII. Siécle. Arnold étoit Seigneur de Diefte vers l'an 1250. & son fils Gerard y fonda une Eglise collegiale pour des Chanoines l'an 1297. Diest tomba en quenouille dans le XV. Siecle & Jeanne de Diefte apporta cette terre à son mari Jean de Nassau qui n'en eut qu'une fille apellée Elisabeth, femme de Guillaume Duc de Juliers qui par là devint possesseur de cette terre, de celle de Sichem & de la Vicomté d'Anvers. Le Duc de Juliers traita l'an 1490. de toutes ces terres avec Engilbert Comte de Nassau Seigneur de Breda qui mourant sans enfans eut pour heritier son frere Jean Comte de Nassau duquel descendoit en ligne directe Mascu-

[f] Longuerue Descr. de la France 2 Part. p. 52.

DIE.

masculine Guillaume de Nassau Prince d'Orange & ensuite Roi de la Grande Bretagne; & ces terres de Diefte, Sichem & autres sont disputées par les diferents prétendans à cette Succession.

Corn. Dict. Dieft est la patrie de Nicolas Clenard Grammairien du 16. Siecle, il enseigna dans l'Université de Louvain la Langue Latine, la Greque, & l'Hebraïque dont il avoit une très-grande connoissance & partit de cette ville en 1535. accompagné de Jean Vasæus de Bruges pour aller en France & en Espagne. Ils s'arêterent long-tems à Salamanque où Clenard donna des leçons publiques jusqu'à ce que le Roi de Portugal le fit venir dans sa Cour & lui confia l'Education du Prince son frere. Le désir qu'il eut d'apprendre l'Arabe le fit passer en Afrique en 1540, & étant de retour, il tomba malade à Grenade où il mourut en 1542.

DIETHMARSE. Voiez DITHMARSEN.

[a] *L 4. c. 12.* DIETHUSA, Isle de la mer Egée Pline [a] en parle comme d'une Isle deserte. La position en est assez incertaine.

[b] *Baudrand Ed. 1705.* DIETMANING [b], ou selon que les Allemands le prononcent DITMANING, Bourg du Cercle de Baviere en Allemagne sur la Riviere de Saltz, dans le Diocése de Saltzbourg à sept lieues de la ville de ce nom & à deux de Burck-hausen. Ce Bourg est defendu par une Citadelle.

DIETA, en Latin: journée de chemin ou chemin que l'on peut faire en un jour. Cette étendue n'est pas égale dans tous les lieux & [c] *Du Cange Glossar. in voce* DIETA. dans tous les temps [c]. Procope 1. *Vand.* c. 1. dit qu'une journée est de 210. Stades qui est autant de chemin qu'il y en a d'Athenes à Megare. Le Concile d'Angers tenu en 1365. a fait exprès un Canon qui est le III. pour déterminer le chemin d'une journée. Il fixe la journée commune & usuelle pour le Diocese de Tours & d'Angers à 12. lieues & pour la Bretagne & le Mans à dix parce que les lieues y étoient plus grandes. Divers Auteurs ont borné une journée raisonnable à vingt-milles d'Italie: ce qui répond à ce que les anciens apelloient Station. Cependant Mr. Sanson dans son Introduction distingue la Station de la Journée ou Diete commune & fait cette derniere de trente milles. Voiez au mot JOURNÉE.

[d] *Ibid.* DIETA TERRÆ [d]; ces mots signifient selon Mr. Du Cange autant de terre qu'un homme en peut parcourir en un jour. A ce sujet il cite Tudebod l. 1. de l'Histoire de Jerusalem page 780. où il dit que l'Empereur ceda à Boémond quinze journées de terre en long dans la Romanie & huit en largeur ce qui auroit fait un état de trois cens milles d'Italie en longueur & de cent soixante milles en largeur; ce qui est de beaucoup plus grand que toute la Romanie ensemble. Je crois qu'en ce sens-là Diéta se prend pour une journée de charrue, c'est-à-dire, autant de terrain qu'une charrue en peut labourer en un jour. Les Allemands disent en ce sens-là *Morgen Ackers,* prononcez *Morguen;* du mot *Morgen* matin, matinée & *Acker* champ, terre labourable.

DIETZ, Ville d'Allemagne [e], dans la Veteravie en Latin *Dietia.* Elle est situé sur la Riviere de Lohn avec un beau Château, & est le chef lieu d'un Comté, auquel elle donne son nom. Cette Ville est à six lieues de Coblens au Levant. Elle a un pont sur la Lohn qui communique avec Freyen-Dietz. [e] *De Wit Atlas.*

DIETZ [f], Comté d'Allemagne. Il est situé entre l'Archevêché de Treves, les Seigneuries d'Idstein & de Wisbaden & le bas Comté de Catzenelnbogen. Outre la Ville de Dietz dont il porte le nom, les lieux les plus remarquables sont Obsellens & Bleiderstat qui est vers la source de la Riviere d'Aars qui tombe dans la Lohn au-dessous de Dietz. Adolphe Comte de Nassau a quitté ce Comté en épousant Guthe fille unique & heritiere de Gerard Comte de Dietz, dont il n'eut qu'une fille qui épousa Godefroi Baron d'Eppstein & les Comtes de Nassau partagerent ensuite ce même Comté. Mais par la transaction qui fut faite l'an 1557. entre les Landgraves de Hesse & les Comtes de Nassau touchant le Comté de Catzenelnbogen ceux-ci acquirent l'autre moitié du Comté de Dietz qui avoit passé de la Maison d'Eppstein dans celle de Catzenelnbogen. [f] *Audifret Geog. T. 3.*

DIEULOUARD [g], Bourgade de Lorraine en Latin, *Deslovardum.* Ce nom s'écrivoit anciennement en François DESLOUARD. Ce lieu est situé sur la Moselle entre Toul & Pont-à-Mousson & c'est un des plus anciens domaines de l'Eglise de Verdun quoique cette Prevôté soit dans le Diocese de Metz. C'étoit une Place forte de l'Evêché de Verdun l'an 1112. Sous l'Episcopat de Richard de Grand-pré, les habitans de Dieulouard prirent alors un Bourgeois de Metz & le mirent en prison; ce qui irrita si fort les Messins, qu'ils mirent une armée sur pied, avec laquelle ils assiégerent & prirent la forteresse de Dieulouard, qu'ils ruinerent. Les Evêques de Verdun néanmoins demeurerent en possession de Dieulouard. Les Ducs de Lorraine prétendoient avoir quelques petits Droits ou Bourgeoisie à Dieulouard, qu'ils cederent à l'Evêque Nicolas Pseaulme par le Traité de l'an 1564. Le Domaine que les Evêques de Verdun possedoient paisiblement il y a plus de six cens ans, leur fut expressément confirmé l'an 1156. par l'Empereur Frederic Barberousse. Il le fut de même le seizième Siécle par l'Empereur Charlequint l'an 1548. & par Rodolphe II. l'an 1582. Les Rois de France reconnurent le même Droit dans le même Siécle. François I. aiant donné l'an 1536, & Henri II. son fils l'an 1551, des Lettres de neutralité aux habitans de Dieulouard dans les guerres que la France avoit avec l'Empereur; parce que Dieulouard étoit un des principaux membres de l'Evêché de Verdun. Cependant comme les Evêques de cette Ville étoient, ou de la Maison de Lorraine, ou créatures de la même Maison, ils donnerent l'Eglise Collegiale de S. Laurent de Dieulouard à l'Eglise Primatiale de Nanci, ce qui a fait tomber cette Collegiale de S. Laurent. Les Officiers du Roi en ont fait quelques plaintes, qui n'ont servi de rien, & les Traitez de Paix leur ont imposé silence [g] *Longuerue Descr. de la France p. 201.*

DIE. DIG.

silence sur ces vieilles pretentions par la clause generale que toutes choses doivent être laissées & mises au même état où elles étoient l'an 1670, quand le Duc Charles fut dépouillé de ses Etats.

a Longuerue l.c. 2 Part. p. 154.

DIEUSE [a], est la ville plus considerable que les Ducs de Lorraine aient dans le païs Allemand. On la nommoit anciennement *Decem pagi*, & on la voit marquée dans la Carte de Peutinger entre *Divodurum* ou Metz, & *Tabernæ* ou Saverne. L'Itineraire d'Antonin marque expressement *Decem pagi* à une égale distance de Metz & de Saverne, c'est-à-dire à vingt-milles de l'une & de l'autre. Ce lieu est célebre par ses puits d'eau salée dont on fait quantité de Sel. Les Chanoines de l'Eglise Collegiale de Sainte Marie Magdelaine de Verdun ont des Titres qui font voir qu'autre fois Dieuse & ses Salines leur appartenoient; mais il est sûr que les Ducs de Lorraine en étoient paisibles possesseurs dans le treiziéme Siécle. Car il faisoit partie de la succession de Ferri I. Duc de Lorraine pere des Ducs Thibaud & Matthieu II. Le dernier avoit laissé Dieuse à son frere Jaques de Lorraine Evêque de Metz pour ce qui lui appartenoit dans la Succession de leur pere; & par une Transaction de l'an 1247. Ferri II. qui devenoit proprietaire de Dieuse par cette Transaction, en fit hommage en même tems à son oncle Jaques qui n'étoit qu'usufruitier. Dans le Siécle suivant Marie de Blois tutrice du Duc Jean, reconnut encore l'Eglise de Metz l'an 1347; mais depuis ce tems-là les Ducs ont possedé toute la Châtelenie de Dieuse en Souveraineté sans faire hommage à aucun Seigneur. Ils jouïssent aujourd'hui de cette liberté autorisée par les Traitez de paix des Pirenées de l'an 1659, de Vincennes de l'an 1661, & par celui de Ryswyck de l'an 1697, confirmé par ceux de Rastat & de Bade de l'an 1714. Il n'y a que le seul Village d'*Assurange* dans cette Prevôté qui appartienne à la France, à laquelle il a été cedé par le Traité de Vincennes, faisant partie du Chemin roïal que le Roi de France a en Souveraineté en

b Baudrand Ed. 1705.

Lorraine pour aller en Alsace. Dieuse [b] est située sur la Seille où elle sort de l'étang de Lindre. Elle n'est qu'à deux lieues de Marsal au levant & à sept de Nanci en tirant vers Saverne. Selon Mr. Maty, quelques Géographes la prennent pour l'ancienne *Duodeciacum*, ce nom n'est connu, ni de Pline, ni de Ptolomée, ni d'Antonin, ni de l'Anonyme de Ravenne où je l'ai cherché inutilement.

Baudrand Ed. 1705.

DIGANWEY, Ville d'Angleterre que l'on croit être la même que la *Dictum* des Notices de l'Empire. La foudre y étant tombée il y a deja quelques siécles, elle fut entierement consumée en sorte qu'on n'en peut qu'à peine trouver quelques Mazures. Cette Ville étoit en Denbighshire à l'Embouchure du Conwey dans la mer d'Irlande.

DIGAROIS, C'est ainsi que quelques Géographes nomment en François l'Isle DIEGO ROIS, nommée ainsi par les Portugais à cause de Diego Rodriguez qui, dit-on, la découvrit le premier.

DIGBA, Ville de la Mesopotamie sur le Rivage du Tigre vers son confluent, selon

Tom. II.

DIG.

Pline [c]. Ptolomée [d] l'écrit autrement Διγούα & Διδουγούα dans la Babylonie.

c l. 6. c. 26.
d l. 5. c. 20.

DIGENA selon Ptolomée [e], ou **DIGIMA** selon les Interpretes, Ville de l'Arabie heureuse.

e L. 6. c. 7.

DIGENTIA [f], Ruisseau d'Italie. Horace le nomme en parlant à Lollius dans sa seconde Epitre [g]. Leandre & quelques autres le nomment RIVO DEL SOLE. Il couloit [h] dans le territoire des Sabins, du Nord vers le Sud, coupoit la voye Valerienne dans le territoire des Æques, après quoi il se perdoit dans l'Anio aujourd'hui le Teverone. La Fontaine de Blandusie celebrée dans une des Odes de ce Poëte étoit ou la source, ou à la source de ce ruisseau.

f Ortel. Thesaur.
g L. 1.
h De l'Isle Atlas.

DIGERI, Peuple de Thrace selon Pline [i] & selon Etienne le Géographe qui cite le 13. Livre de Polybe.

i l. 4. c. 10.

DIGIMA. Voiez DIGENA.

DIGLATH & **DIGLITO**, nom du Tigré dans les lieux où il ne roule pas encore ses eaux avec rapidité. Le premier de ces noms est employé par Josephe [k]; le second par Pline [l]. Le R. P. Hardouin [m] observe que les habitans de ses bords le nomment encore à présent DAGHELE. Mr. Huet [n] reprend Pline & son Abreviateur Solin d'avoir fait cette distinction & prouve par le temoignage de Strabon [o] que ce fleuve porte depuis sa source jusqu'à son embouchure le nom de Tigre. Et il ajoute que *Tigre*, *Diglito*, *Diglath*, *Degil* & *Degela* ne sont que des derivations de *Chiddekel* nom hebreu que Moïse donne à ce fleuve. Ce savant Prelat veut que le CH n'étant qu'une forte aspiration s'est perdu, comme dans ces autres noms *Chaboras* & *Cham* dont les Grecs ont fait *Aborras* & *Ammon*, de sorte qu'il n'est plus resté que Dekel que differentes Dialectes ont travesti & que divers peuples ont prononcé selon leur usage particulier. Voiez TIGRE.

k l. 1. antiq. c. 2. p. 5.
l l. 6. c. 26.
m in l. c.
n Situat. du Paradis Terrestre c. 14.
o L. 11.

DIGLIGI-NEUR. Voiez DILIGE.

DIGNAN, Ville d'Italie dans l'Istrie. Elle est aux Venitiens à qui elle se soûmit en 1331. C'est un lieu qui n'est pas ceint de murailles; quoi-qu'il tienne rang de ville à cause de ses rues larges & de ses belles Maisons. Il est éloigné de Puola ou Pole de sept milles & est à deux milles seulement de la mer. L'air en est très-bon, ce qui fait qu'il est fort peuplé. Le seul lieu de Filipan est de son ressort.

p Corn. Dict. Daviti Istrie.

DIGNE, Ville de France en Provence avec Evêché suffragant de l'Archevêché d'Embrun. Les Auteurs Latins la nomment diferemment, DINIA dans Pline [q] Edition du P. Hardouin & DINA dans les anciennes. Cet Auteur dit qu'elle étoit un Bourg (*Oppidum*) des *Bodiontici* peuple de la Gaule Narbonnoise. Au lieu de *Bodiontici* ou d'*Ebroduntii*, car ce mot varie dans les Manuscrits, Mr. Gassendi vouloit qu'on eût BLODUNTII ou BLEDUNTII; & il croioit avec assez de vraisemblance que ce peuple prenoit son nom de *Bloduna* ou *Bledona*, Riviere qui passe à Digne & se perd dans la Durance, & qui est en François de Valois [r] raporte, n'est malheureusement fondé que sur une conjecture & n'est appuié par aucune ancienne Autorité. Ce dernier veut que

q l. 3. c. 4.

r Notit. Gall. p. 170.

les

DIG.

les *Bodiontici* de Pline soient les mêmes que les *Brondiontii*, ou *Bodiontii* du même Auteur dont le chef-lieu étoit Digne & desquels le nom s'est conservé dans le nom de Bayons Village à cinq lieues de Digne. Ptolomée ne s'accorde pas avec Pline, car il dit : que dans la Gaule Narbonnoise les *Sentiens* à qui étoit *Dinia* Ville mediterranée étoient à l'Orient des Vocontiens & des Mimenes. Ces *Sentiens* de Ptolomée ne sont autres que les *Somtiuntii*, ou *Sogiuntii*, Voisins des *Bodiuntii* dont parle Pline. Cependant on peut concilier ces deux Auteurs. Car puisque ces deux peuples étoient limitrophes, rien n'empêche que Dinia n'ait pu être leur capitale commune comme cela arrive assez souvent. A moitié chemin d'Embrun à Digne on trouve une ville nommée *Seint* & *Gassendi* croioit y voir un reste du nom des *Sentiens*. Mais Hadrien de Valois qui n'étoit pas d'humeur d'aprouver aucune conjecture, juge que cette ville n'étant pas nommée en Latin *Sentia* mais *Sedena* n'a pu donner le nom aux *Sentiens* ; qu'elle est du Diocese d'Embrun & non pas de celui de Digne, & qu'elle a appartenu aux *Caturiges* & non pas aux *Sentiens*. Dans les anciennes Notices des Provinces & Villes de la Gaule tantôt elle est nommée CIVITAS DINIENSIUM, & est mise au second rang des VIII. Villes de la Province des Alpes maritimes ; tantôt elle est nommée CIVITAS DINIENSIUM DINIA. Dans quelques-unes on lit *Civitas Diniensium*, *id est Dina* ; dans d'autres *Civitas Dienensium*, *id est Dina* & dans la Chronique de Robert *Civitas Dina*, la troisième des Alpes maritimes. Le même Hadrien de Valois qui fournit ces recherches reprend les Critiques qui dans Pline ont substitué DINIA à DINA, puisque l'un & l'autre nom se trouve dans les anciens & qu'il y en a plus qui disent *Dina* avec Pline que *Dinia* avec Ptolomée. Des Auteurs plus modernes ont dit DIGNIA, puis DIGNA, Gassendi qui écrivoit vers le milieu du siécle passé en parle ainsi dans les mémoires qu'a emploiez Hadrien de Valois [a] : *Dinia* qu'on apelle *Digne* fut partagée en Cité & en Bourg il y a du moins DCCC. ans, supposé qu'elle ne l'ait pas toujours été. La cité est située au pied de la montagne. Elle a trois portes & trois fauxbourgs & des murailles flanquées de tours quarrées. Le Bourg est situé dans la Vallée où passe la petite riviere de Mardaric qui se perd un peu au dessous de la ville dans la Bleone. Il n'étoit pas de deux cens pas plus petit que la ville comme on voit encore par ses murs à demi ruïnez, & qui avoient environ six cens pas de circuit. Il avoit trois portes comme la cité, la porte d'enhaut est encore celle par où l'on sort pour aller à Seine, & à Embrun. Auprès d'une autre porte étoit la chapelle de St. Jean Chrysostôme & le Pape Alexandre III. dit dans ses Lettres que l'Eglise de Ste. Marie de Digne étoit dans le Bourg. On y voit encore la Grande Eglise du titre de Ste. Marie & non pas (comme dit Papire Masson) de Saint Domnin Evêque ; il y a autour de cette Eglise un Cimetiere. On tenoit dans le Bourg tous les ans deux foires très-anciennes, mais le Roi René les transfera du Bourg à la Ville l'an 1437. Dès l'an 1297.

[a] Ibid.

trois bourgeois avoient obtenu la permission d'élire un Consul. De même que la ville avoit sur la Bleone un pont de 330. pas, le Bourg en avoit aussi un sur le Mardaric. Le Bourg avec la grande Eglise fut quatre fois saccagé par les P. Reformez sur tout dans les années 1562. & 1591. Les Chanoines avec ce qu'ils purent sauver des Reliques & des ornemens de l'autel passerent du Bourg dans la Cité, & de l'Eglise de Ste. Marie à celle de Saint Jérôme. Cette premiere conserva néanmoins son droit & est toujours demeurée le Siege Episcopal. Il y a cent ans (c'est-à-dire vers le milieu du XVI. Siecle) que les habitans du Bourg passant dans la Cité, il s'est depeuplé peu à peu de sorte qu'il y reste à peine trois rues.

De cette description de Gassendi, Hadrien de Valois conclut que le Bourg est l'ancienne *Dinia* puisqu'elle avoit ses foires, ses portes, & ses moulins & qui plus est son Eglise Cathedrale ; car ces sortes d'Eglises après l'Empire de Constantin ne se bâtissoient pas dans les Bourgs, mais dans les Citez.

Cet Evêché est fort peu étendu & est resserré entre les Dioceses de Glandeves, de Senez, de Sisteron & d'Embrun. Le Chapitre [b] de la cathedrale est composé d'un Prevôt, d'un Capiscol, d'un Archidiacre, d'un Sacristain, de neuf autres Chanoines & de huit Beneficiers. Il y a dans ce Diocese trente-trois Paroisses, en y comprenant celle de la Cathedrale. Quant au Gouvernement civil & militaire de la ville il y a un Lieutenant du Senechal de la Province, un Juge Roial & un Viguier. Digne étant le chef d'un Bailliage, elle entre aux assemblées de la Province [c]. Ce Bailliage s'étend le long de la Durance jusqu'aux confins du Dauphiné. Le Roi est seul Seigneur de Digne.

[b] Piganiol de la Force Descr. de la France T. 3. p. 285.

[c] Longuerue 1 part. p. 370.

Pierre Gassendi sur les mémoires duquel une partie de cet article a été dressé naquit l'an 1592. à Chauterfier l'un des Bourgs de ce Bailliage. Il fut Chanoine & ensuite Prevôt de la Cathedrale de Digne & mourut à Paris le 24. Octobre 1655. Prêtre d'une Orthodoxie inalterable & d'une morale pure & Chrétienne, il fut l'Apologiste d'Epicure & vangea cet ancien Philosophe des vieilles calomnies dont on noircissoit sa vie & sa doctrine. Gassendi est un de ceux qui ont le plus contribué à l'établissement d'une scrupuleuse Philosophie.

DIGOINS [d], DIGOINE ou PORT DE DIGOINS, en Latin *Denegontium*, Bourg de France dans le Comté de Charolois au confluent de l'Arroux & de la Loire. Mr. Cornielle en fait une ville dans l'Autunois. Il est effectivement dans le Bailliage d'Autun, sous la Generalité de Dijon. Dans le Denombrement du Roiaume [e] il n'est compté que pour 40. feux. Ce lieu a été honoré du titre de Baronie, & Hadrien de Valois observe que l'ancien nom a été estropié par quelques Auteurs qui ont dit DEGONTUM & *Digonia*. L'ancien Auteur de l'appendice de la Chronique de Fredegaire fait mention de *Denegontium*, *Rex Pipinus iterum cum magno exercitu Francorum ad Ligerim veniens, inde per Pagum Augustudunensem ad propriam Sedem remeavit*.

[d] De l'Isle Atlas.

[e] T. 2. p. 158.

DII, ancien peuple de Thrace [f], ils habitoient la Province de Rhodope.

[f] Thucyd. L. 2.

DIJON,

DIJON, Ville de France, Capitale du Duché de Bourgogne. Elle [a] étoit bâtie du tems des Romains : ce n'étoit point une Cité, comme sont les villes Episcopales & Capitales des Peuples ; ce dont s'étonne Gregoire de Tours, qui en fait une description très-avantageuse au troisième Livre de son Histoire : mais elle étoit du second ordre de celles qu'on nommoit *Castra*. On y a trouvé dans le dernier Siecle une Inscription Romaine où il étoit fait mention de Dijon, qui est écrit DIBIO. On tient communément que c'est l'Empereur Aurelien qui a été Fondateur de cette Ville, ce qui n'est appuyé que sur le témoignage incertain des legendes de S. Benigne & de S. Symphorien d'Autun. Dijon fut donné par les Rois aux Evêques de Langres en proprieté, & on voit que ces Prelats en ont joüi jusqu'au commencement de l'onzieme siecle & quoi qu'il fût gouverné par des Comtes ou Vicomtes, ces Seigneurs reconnoissoient les Evêques de Langres pour Seigneurs Temporels. Le premier Comte Proprietaire de Dijon qu'on trouve, est Hugues, qui étoit fils de Lethalde Comte de Macon. Hugues mourut sous le Regne de Lothaire, & ses heritiers joüirent de son Comté jusqu'à Lethalde qui mourut l'an 1007. Sous le regne de Robert, Othe Guillaume premier Comte de Bourgogne avoit part à la Seigneurie de Dijon, dont il étoit Vicomte & Avoüé de l'Abbaye de St. Benigne ; mais aiant joüi quelque tems de la ville de Dijon après la mort de Lethalde, il fut contraint de ceder cette Place au Roi Robert, qui aquit dans le même tems de Lambert Evêque de Langres tous les droits de cette Eglise sur Dijon, qui fut dès lors la principale Place du Duché. Le Roi Robert le donna à son plus jeune fils Robert, qui après la mort du Roi son pere, en obtint la confirmation du Roi Henri par l'accord fait entre les deux freres.

Les Ducs de Bourgogne descendans du Duc Robert ont encore durant long-tems reconnu l'Evêque & l'Eglise de Langres pour une partie de leur Etat hors de Dijon : & on ne peut nier que cette sujetion des Ducs à ces Evêques n'ait duré jusqu'au Regne de saint Loüis, puisque Hugues IV. Duc de Bourgogne promettant de secourir Thibaud Roi de Navarre & Comte de Champagne, envers & contre tous, met cette reserve, sauf la fidelité qu'il devoit au Roi de France & aux Evêques de Langres ; mais la grande puissance des Ducs de Bourgogne dispensa dans la suite de ces devoirs envers les Evêques de Langres, & ils furent aneantis sous le Roi Jean, & ensuite sous ses descendans les Ducs de Bourgogne de la maison de Valois, qui ont joüi de ce Duché jusqu'à la mort de Charles le Hardi. Ces Ducs tant de la premiere que de la seconde Maison, établirent leur Cour & leur residence à Dijon depuis l'onzieme Siecle ; desorte que cette ville s'est accrüe considerablement depuis ce tems-là, les fauxbourgs aiant été par une nouvelle enceinte de murailles enfermez dans la ville : elle n'a été neanmoins durant long-tems estimée qu'une Bourgade & un Château, car ce ne fut que l'an 1187. que Hugues III. Duc de Bourgogne érigea Dijon en Ville ou Cité & qu'elle en obtint les prerogatives ; ce qui fut confirmé par le Roi Philippe Auguste étant à Tonnerre la même année. Quoique Dijon n'ait point de Siege Episcopal, elle est comptée entre les premieres de France. Autrefois les Ducs y tenoient des Assemblées, que l'on y nommoit les grands jours, pour rendre la justice à leurs Sujets ; mais les Bourguignons s'étant soûmis aussi-tôt après la mort de leur Duc Charles, à Loüis XI. Roi de France, il établit un Parlement à Dijon par ses Lettres patentes données au mois de Mars 1476. stile ancien ou 1477. stile nouveau. Après la mort de Loüis XI. Charles VIII. son fils voulut détruire cet établissement, & donna ses Lettres Patentes au mois d'Avril 1486. pour faire ressortir le Duché de Bourgogne du Parlement de Paris ; mais les Bourguignons furent si mécontents de ce changement qu'on fut obligé de revoquer ses Lettres, desorte que le Parlement fut rétabli à Dijon comme auparavant. Il y a à Dijon une sainte Chapelle desservie par des Chanoines, dont le Chef a le titre de Doyen elle fut fondée l'an 1172. par Hugues III. Duc de Bourgogne, lorsqu'il alla à la terre Sainte. Cette fondation fut confirmée par le Pape Alexandre III. qui prit cette Chapelle sous sa protection, voulant qu'elle ne fût soûmise à perpetuité qu'à lui & à ses Successeurs ; ce qui fut de nouveau confirmé par Innocent III. l'an 1212. Aujourd'hui cette Sainte Chapelle anciennement Ducale, & à present Roïale, joüit des mêmes Privileges. La ville de Dijon est commandée par un Château qui étoit autrefois le boulevart de la Province, & dont le Gouvernement particulier est possedé par le Gouverneur general de Bourgogne.

Cette Ville est diversement nommée *Dibio*, *Divio*, *Divion*, *Divione*, *Divionense Castrum*. Hadrien de Valois [b] donne pour Etymologie de ce nom *Diu* qui chez les anciens Gaulois signifioit un ruisseau, une Fontaine ; comme il paroit par quantité de noms de villes *Divodurum*, *Divio*, *Divona* &c. qui sont auprès des sources & des ruisseaux. Il croit que Dijon a tiré son nom de sa situation qui est entre deux petites rivieres & voisine d'un assez grand nombre d'autres.

La ville de Dijon telle qu'elle est aujourd'hui, forme un ovale presque parfait, & son enceinte est d'une heure de chemin. Gregoire de Tours dans la description qu'il a faite de Dijon, remarque que deux petites rivieres baignent ses murs, l'une du côté du midi qui est l'Ouche, & l'autre au septentrion qui est celle de Suzon. Cette derniere entre dans l'Ouche à la sortie des fossez de cette ville. Ses fortifications sont un fossé qui est à fond de cuve, & accompagné de douze bastions, & d'un fers à cheval qui defend la porte qui est du côté du midi. Les murs sont beaux & garnis de grosses Tours rondes à l'antique. Ils ne sont interrompus que par le Château qui est de figure quarrée, & qui a aux quatre angles quatre grosses Tours rondes à l'antique. Il est flanqué de deux fers à cheval, l'un au Nord qui est assez grand, & l'autre moindre du côté du midi qui regarde la ville.

On entre dans Dijon par quatre portes, dont

a Longuerue Descr. de la France. 1 part. p. 280.

b Notit. Gall. p. 173.

Piganiol de la Force Descr. de la France. T. 3. p. 187.

dont les avenuës font riantes & commodes, particulierement celle de la porte d'Ouche, où il y a une chauffée de près d'un quart de lieuë de long, bordée de chaque côté d'un rang d'ormes. Mr. Corneille se trompe lorsqu'il assure qu'il y a une de ces quatre portes qui est condamnée. Les autres trois sont la porte de Saint Nicolas, qui est la plus remarquable, la porte Saint Pierre, & la porte Guillaume qui est la plus frequentée, car c'est par-là que les Couriers, les Messagers, les autres Voitures qui viennent de Paris, entrent dans Dijon. Il y en avoit une cinquieme qui étoit appellée la porte au Fermeau, mais elle est murée.

L'Eglise de l'Abbaïe de Saint Benigne est la premiere que l'on trouve en entrant par la porte Guillaume. C'est un bâtiment Gothique qui n'a rien de trop beau.

Près de là sont les deux paroisses de Saint Philibert & de Saint Jean. La premiere est la paroisse des vignerons, qui font un corps très considerable dans Dijon, & qui étoit autrefois très-redoutable dans cette ville.

La place de Morimont n'est pas loin de l'Eglise de Saint Jean. C'est là que se font les exécutions.

La place des Cordeliers est assez grande & reguliere, mais toujours assez mal propre à cause des bouës. Les Cordeliers sont bien logez & leur Eglise est spacieuse & belle, on y remarque la statuë de la Dame de Saillant, qui est representée à génoux sur une espece de console faite en forme de gaine. C'étoit dans ce Couvent que s'assembloient les trois ordres des Etats de Bourgogne. Chaque ordre y avoit sa chambre particuliere.

La place qui est devant l'Eglise Collegiale de Saint Etienne est une des promenades de la ville, où l'on fait les rejouïssances. On y remarque une fontaine ornée de la statuë d'Hercule qui est de bronze antique, & d'une bonne exécution.

La sainte Chapelle dont il a déja été parlé, a été fondée en 1172. par Hugues III. Duc de Bourgogne. Le Chœur n'est orné que des armoiries des Chevaliers de la Toison d'or, que Philippe le Bon Duc de Bourgogne y assembla par un Chapitre qu'il tint à la naissance de Charles Comte de Charolois son fils. Ce qu'on remarque dans cette Eglise de plus precieux, c'est le present que lui fit Philippe le Bon de l'Hostie miraculeuse que le Pape Eugene IV. lui avoit envoyé à Lille en Flandre, en reconnoissance du secours que ce Prince lui avoit donné contre les ennemis de son exaltation. On voit sur cette Hostie plusieurs tâches du Sang, qui sortit par autant de coups de coûteau, qui selon la tradition lui furent donnez par un Juif. Ce precieux tresor qui subsiste sans alteration depuis si long-tems, est gardé dans un coffre d'or qui fut donné par le Duc d'Epernon, dans le tems qu'il étoit Gouverneur de Bourgogne. Lorsqu'on expose cette Hostie aux yeux des fidelles, on la met dans un vaisseau d'or du poids de quarante & un marcs, garni de pierreries, & de la couronne d'or que Louïs XI. porta le jour de son Sacre, & dont il fit present à la Sainte Hostie.

Il n'y a que sept paroisses dans Dijon, & Mr. Corneille étoit mal instruit lorsqu'il a dit qu'il y en avoit seize. Celle de Notre-Dame est la plus grande. Celle de Saint Michel, celle de Saint Nicolas, celle de Saint Jean, celle de Saint Pierre, de celle de Saint Medard qui a été transferée dans l'Eglise Collegiale de Saint Etienne, & celle de Saint Philibert. L'Hôpital du Saint Esprit dans le fauxbourg d'Ouche, fut fondé par Eudes III. Duc de Bourgogne de la premiere race pour retirer, nourrir, & élever les enfans exposez, qui sont gouvernez par des sœurs Hospitalieres de l'Ordre du Saint Esprit de Montpellier.

Celui de Notre Dame de la Charité fut commencé en 1502. On y retire plus de cinq cens pauvres de tout âge & de tout sexe, qui sont servis par une Communauté de vingt Religieuses. Cet Hôpital est administré par un President & deux Conseillers du Parlement, dont l'administration ne dure que deux ans, par deux Maîtres des Comptes, par un Tresorier de France, & par le Maire & les Echevins.

La Chartreuse est à l'extremité de ce fauxbourg, & à l'Occident. Elle fut fondée en 1383. par Philippe le Hardi Duc de Bourgogne. C'est dans cette Eglise que sont inhumez les corps des derniers Duc de Bourgogne, ceux des Duchesses leurs femmes, & des Princes & Princesses leurs enfans. Mais on ne voit les tombeaux & les representations que de Philippe le Hardi, de Jean sans-peur avec Marguerite sa femme. Ces deux tombeaux sont d'une grande beauté, & une des principales curiositez que l'on montre aux voyageurs.

Le Couvent de Jacobins a été fondé par Alix de Vergi Duchesse de Bourgogne en 1237. A l'entrée de leur maison il y a une grande Salle où les habitans de sept Paroisses de cette ville s'assemblent pour l'élection du Maire.

La Maison des Jesuites est une des plus belles qu'il y ait en France. Elle doit son établissement à Odinet Gaudran President au Parlement de cette ville. Il fonda le College pour toutes les classes jusqu'à la Théologie. Pierre Odebert, autre President du même Parlement, ajouta à cette fondation en 1684. celle de quatre Regens de Théologie.

Outre ces Maisons Religieuses, il y en a encore un grand nombre d'autres. Le Couvent des Ursulines est riche de plus de quarante mille livres de rente, & sa Communauté est fort nombreuse.

Le logis du Roi étoit le Château des Ducs de Bourgogne. Il est magnifique & bien logeable. Salle des Gardes, grands appartemens, rien n'y manque. La piece que l'on apelle la Salle des Etats, est destinée à faire l'ouverture de ces Assemblées & a été bâtie sous le Gouvernement du dernier Prince de Condé. Ce Palais est situé sur la Place Royale, qui doit être ornée d'une statuë equestre de Louïs le Grand. Cette place est percée en plusieurs endroits qui repondent à autant de ruës, dont l'une conduit au Palais.

Le Palais est un grand bâtiment à l'antique. Au frontispice est un porche soutenu par quatre colonnes, & élevé sur un perron de plusieurs marches. Charles IX. fit batir la grande Salle

Salle qui a des boutiques de chaque côté, où l'on vend de toutes sortes de marchandises. La grande Chambre est pour les Audiences. Plat-fond, dorures, & peintures, rien n'y est epargné, aussi est-ce Louis XII. qui la fit bâtir.

Le bâtiment de l'Hôtel de Ville est peu de chose. Le Maire est élû tous les deux ans au mois de Juin par les habitans des sept paroisses. Il prend la qualité de Vicomte Majeur, c'est-à-dire, de Vicomte Maire. Robert II. Duc de Bourgogne aquit au mois de Novembre de l'an 1276. la Vicomté de Dijon de Guillaume de Pontallier, & au mois de Decembre de l'an 1284. il la remit au Maire & Echevins de Dijon par transaction qui fut confirmée par Philippe le Hardi.

Le Maire est chef d'armes, & en cette qualité il a sous lui les sept Capitaines des sept quartiers de la ville, sept Lieutenants, & sept Enseignes.

Saumaise l'un des plus savans hommes qu'il y ait eus; M. Bossuet Evêque de Meaux, & une des plus grandes lumieres de l'Eglise Gallicane; M. de la Monnoye, grand-Poëte, grand Critique, & M. de Longepierre sont nez à Dijon.

Cette Ville a trois fauxbourgs, celui de la porte d'Ouche, de Saint Nicolas, & de S. Pierre.

Le Cours est sur la droite du chemin de Dijon à Auffonne. Il a un quart de lieuë de long, & est planté de trois allées de tilleuls. Ses allées sont interrompuës dans le milieu de leur longueur, par un rond grand & spacieux bordé de rangs d'arbres dans le même ordre que les allées.

Ce Cours se termine à un grand parc fermé de murailles de trois côtez. Il est très-bien planté, & terminé par la riviere d'Ouche. On l'apelle le parc de Colombiere, du nom d'une maison qui est au delà de la riviere. Il appartient à Monsieur le Duc.

LE DIJONNOIS, ou le Bailliage de Dijon, Contrée du Duché de Bourgogne. Il est entre la Franche-Comté, la Champagne, l'Auxois, & l'Autunois. Dijon en est la Capitale aussi-bien que de tout le Duché de Bourgogne. Les autres villes de cette contrée sont Beaune, Auffone, & Bellegarde. On y trouve la celebre Abbaye de Cisteaux & le village de *Fontaine* à l'Occident septentrional de Dijon. Ce Village est remarquable par la naissance de St. Bernard dont le Pere en étoit Seigneur. Il y a un Couvent de Feuillants au lieu même où étoit sa maison.

DIIPETES, l'une des Epithetes du Nil, selon Eusthathe.[a]

a in Iliad. φ.

DILIS, Port de mer entre Fossæ Marianæ & Incarus, à huit mille pas de ce dernier & à vingt mille de l'autre, selon l'Itineraire maritime d'Antonin. Ortelius croit qu'Incarus est le port de *Carri* à l'Ouest de Marseille. Fossa mariana est selon lui *Fos* & ainsi Dilis pourroit bien être aujourd'hui le port de VERDONE.

DILE, DYLE. Voiez THILLE.

b Corn. Dict. & Knock Relat. de Ceylan. 1 Part. c. 2.

DILIGE, ou DIGLI-NEUR [b] ou DEGLIGINEUR Ville de l'Isle de Ceylan, à l'Est de Candi au pays de Hevahaatt. C'est là que le Roi de Candi a tenu sa cour depuis la deroute de 1664. lorsque les rebelles le chasserent de Nellembi. Le Pays des environs est plein de rochers & de montagnes, & le terroir fort sterile. C'est le plus méchant canton de toute cette Isle. Le Roi de Candi n'a pas laissé de choisir cette ville pour le lieu de sa residence à fin d'être dans le cœur de ses Etats, outre qu'il n'y auroit rien à craindre pour lui si quelque revolte se formoit; à cause d'une bonne retraite qu'il a derriere son Palais. C'est la haute montagne de *Gaulada* où l'on peut recueillir assez de bled pour entretenir les garnisons de trois Forts qui y sont bâtis. Elle est escarpée de tous côtez. Des rochers, des bois, & des precipices la défendent si bien qu'une poignée de gens est capable d'y resister à une nombreuse armée. Il y a dans cette ville une maison où demeurent des Solitaires nommez *Tirinanxes* qui sont les Prêtres du plus haut ordre. Ils y tiennent assemblées quand ils ont à consulter sur leurs affaires, & cette maison est nommée *Vehar* ainsi que leur Temple.

DILIMNITÆ[c], la plus considerable d'entre les nations qui habitoient la Perse au deça du Tigre. Mr. Cousin traduit DILEMNITES, dans son Histoire de Justinien traduite d'Agathias.

c Agath. L. 3. c. 8.

DILLE[d], Riviere d'Allemagne dans la Weteravie dans le Cercle du Rhin. Elle a sa source dans une montagne peu distante de la source de la Lohn, & prenant un cours bien diferent ces deux Rivieres ne laissent pas de se rejoindre vis-à-vis de Wetzlar, où la Dille se va perdre avec tous les ruisseaux qu'elle a recueillis dans son cours.

d De Wit, Atlas.

1. DILLENBERG[e], ou DILLENBOURG petite Ville d'Allemagne dans le Comté de même nom. Elle doit le sien à la Riviere de Dille sur laquelle est située, entre Marpourg, Giessen & Fulde. Elle est la Residence des Princes de Nassau de la Branche de Dillenbourg qui ont un assez beau château sur une hauteur. Ses deux noms lui conviennent également. L'un signifie le Bourg situé sur la Dille, l'autre la montagne au pied de laquelle passe la Dille. Outre ce château est vaste, & naturellement fort par sa situation, il y a un bel Arsenal dequoi armer quelques milliers de Soldats. On y garde comme une rareté la machoire d'une Baleine qui échoua à Cattwick en Hollande l'an 1598. Le château est comme entouré de la ville qui est bâtie en demi Cercle à l'Occident, au Nord, & au Levant; & il y a une belle Eglise où est la sepulture des Comtes, mais sans Mausolées. On n'y en voit point d'autre que celui d'un Rhingrave qui y est représenté dans le Chœur du côté du Midi. De l'autre coté du château, c'est-à-dire vers le midi, est le Jardin de la Cour qui est orné de Pavillons, d'allées & autres embellissemens. Ce lieu a deux foires, la 1. le Lundi d'après le Dimanche de la Passion, la seconde le Lundi d'après la fête Sainte Marguerite.

e Zeyler Hassiæ & Vicin. Topog. p. 2.

2. DILLENBERG[f], ou DILLENBOURG Comté d'Allemagne dans la Weteravie. Il appartient aux Prince de Nassau-Dillenbourg. Les Principautez de Hadamar, de Siegen, & de

f Audifret Geog. T. 3.

DIL. DIM.

de Dillenbourg formoient autrefois le Comté de Dillenbourg qui entra par mariage dans la maison de Naſſau. Mais on les a détachez l'un de l'autre pour former l'apanage d'autant de Branches. Ces Principautez confiſtent en pluſieurs bons Bailliages. La Branche de Dillenbourg vient de Jean le Vieux, frere puiſné de Guillaume de Naſſau Prince d'Orange.

[a Baudrand.] **DILLINGUE**, Dillingue, ou Dillengen, Ville d'Allemagne, dans la Souabe, ſur le Danube. C'eſt là qu'eſt la réſidence de l'Evêque d'Augsbourg à qui elle appartient avec le petit pays voiſin qu'on appelle le Comté de Dillingue depuis l'an 1260, qu'il fut uni à cet Evêché par Hartman ſon dernier Comte qui en avoit été fait Evêque. Cette ville eſt petite & a été fort maltraitée durant les guerres civiles d'Allemagne. Elle a une petite Univerſité ou Academie & eſt à quatre milles d'Allemagne au-deſſus de Donawert en montant vers Ulm & à trois de Burgau.

[a De l'Iſle Atlas.] **DILSBO**,[*] Village du Royaume de Suede ſur le bord Occidental d'un Lac que forme & traverſe la Riviere d'Eckſunds laquelle coule neuf bonnes lieues Marines entre ce Lac & le Golphe de Bothnie où elle ſe perd. Ainſi Dilsbo, que Mr. Baudrand qualifie bourg & Mr. Corneille une petite ville, n'eſt point ſur un petit Golphe.

DILURON. Voiez Illuro & Alora.

DIMALUM, ancienne Ville d'Illyrie.
[b L. 3.] Polybe dit[b] qu'elle fut priſe par le Conſul Emi-
[c L. 7.] le. Le même Auteur la nomme ailleurs[c] Demale. Tite Live la nomme Dimallum par deux LL. On ne ſait plus où elle étoit.

DIMASTOS & Dimastus, Montagne
[d L. 4. c. 12.] de l'Iſle de Micone ſelon Pline[d]. Son nom qui ſignifie un ſommet fourchu devroit, ce ſemble, déterminer quelle des Montagnes de cette Iſle on appelloit ainſi, d'autant plus qu'il dit que c'étoit la plus haute de toutes. Cepen-
[e Voiage du Levant L. VI.] dant Mr. de Tournefort qui a viſité Micone dit que les deux plus conſiderables de ſes Montagnes qui toutes ſont peu élevées portent le nom de St. Helie : que l'une eſt tout près du Cap Trullo à l'entrée du Canal de Micone & de Tine & l'autre à l'extrémité de Micone vis-à-vis Tragoniſi. Le nom de Dimaſtos convient, dit-il, également à toutes les deux, puiſque chacune a le ſommet fendu en deux parties.

DIME (Le Pays de) Voiez Diemen. Quelques Geographes François écrivent ainſi ce nom en faveur de la Prononciation. Entre autres Mr. Baudrand qui ne dit pas que ce Pays fut découvert par Antoine Diemen mais par Abel Taſman Hollandois le 24. de Novembre 1642. & qu'il le nomme ainſi à l'honneur d'Antoine Diemens General de la Compagnie Hollandoiſe des Indes Orientales. Voici comment Abel Janſen Taſman raconte lui-même la découverte de ce lieu dans un extrait de ſon Journal imprimé à la ſuite des
[f T. 3. p. 205.] voiagez de Coréal :[f] ,, le 24. Novembre étant
,, à 42. degrez 25'. de latitude du Sud & à
,, 163. d. 50'. de longitude je découvris la
,, terre à l'Eſt quart Sud-eſt à la diſtance de
,, 10. milles & nommai cette terre *Terre de*
,, *van Diemen*. L'aiguille ſe tourna alors droit
,, vers cette terre. Aiant un gros temps je
,, portai au Sud quart Sud-eſt le long de la

DIM.

,, côte & à quarante quatre degrez de latitude
,, du Sud où la terre court à l'Eſt & enſuite
,, au Nord-Eſt quart ſur Nord. Etant à 43.
,, degrez 10'. de latitude Sud & 167. d. 55'.
,, de longitude je mouillai le 1. Decembre dans
,, une Baye que je nommai la Baye de Frede-
,, ric-Henri. J'entendis ou crus entendre du
,, bruit ſur le Rivage comme s'il y eût eu du
,, monde ; mais je ne découvris perſonne. Je
,, vis ſeulement deux arbres qui avoient deux
,, braſſes, ou deux braſſes & demie d'épaiſſeur
,, & ſoixante ou ſoixante & cinq pieds de tige
,, au-deſſous des branches. On avoit taillé
,, dans l'écorce de ces arbres des degrez pour
,, pouvoir y monter & aller denicher des Oi-
,, ſeaux. Ces degrez étoient à cinq pieds de
,, diſtance les uns des autres, de ſorte qu'il
,, faut ou que les habitans de cette terre ſoient
,, d'une taille exceſſive ou qu'ils ſe ſervent de
,, ces degrez d'une maniere inconnue. Dans
,, l'un de ces arbres les degrez paroiſſoient
,, comme s'ils n'euſſent été taillez que depuis
,, quatre jours. Le bruit que nous entendi-
,, mes reſſembloit au ſon d'une eſpece de
,, trompette qui n'étoit pas fort éloignée; ce-
,, pendant on ne vit perſonne. J'apperçus des
,, traces de bêtes ſauvages dont les griffes de-
,, voient être comme celles d'un tigre, ou de
,, quelque autre pareil animal. Je trouvai en-
,, core de la gomme d'arbres & de la laque.
,, La Marée monte & deſcend dans cet en-
,, droit d'environ trois pieds. Les arbres n'y
,, ſont pas fort épais ni embaraſſez de buiſſons
,, & de broſſailles. J'y vis auſſi de la fumée
,, en pluſieurs endroits & n'y fis autre choſe
,, que planter un poteau, où chacun mit ſon
,, nom, ou ſa marque & où j'attachai un pa-
,, villon. Je trouvai à cet endroit-là trois
,, degrez de variation vers le Nord-eſt.

[g L. 3. c. 11.] **DIME** ou Dyma', Ville de Thrace ſelon Ptolomée[g] & Antonin.

[h Allard. Atlas.] **DIMEL**,[h] Riviere d'Allemagne qui ſepare la Heſſe de la Weſtphalie, en Latin *Dimola*. Elle a une de ſes ſources dans le Duché
[i Monum. Paderborn. p. 70. & 104.] de Weſtphalie & les autres dans le Comté de Waldec,[i] coule dans l'Evêché de Paderborn, où elle arroſe Stadberg, laiſſe Warbourg à gauche & rentrant dans la Heſſe coule à Lievenow & ſe perd dans le Weſer entre Minde & Corwey, auprès de Herſtel. Davity parle peu exactement de cette Riviere. Dans les Cartes compoſées par les Flamands & les Allemands elle eſt nommée Dymel.

DIMIGUTIA. Voiez Drimago.

DIMINIA, Village de Livadie en Grece. Il eſt près du Lac de Stivo & il a été bâti des Ruines d'*Oncheſtus* petite ville de la Béotie.

§. Mr. Maty a pris cet Article de Mr. Baudrand[k] & ce dernier l'a tiré ſans doute de Mr. [k Edit. 1682. in voce Onchestus.] Spon dont voici les propres paroles.[l] Nous [l Voiage de Grece T. 1. p. 51. & 52.] laiſſames à gauche un village nommé Caramantis à quatre lieues de Livadia & une demie lieue plus avant nous paſſames par un autre village d'environ quarante feux appelé *Diminia*, c'eſt-à-dire, deux mois & ils le nomment ainſi parceque le bled qu'ils y ſement n'y demeure que deux mois en terre, les debordemens du Lac empêchant de ſemer avant le mois d'Avril. Ce village eſt au pied d'un Roc aſſez bas, ſur le terre-plain duquel il y a des ma-

ſures

DIM.

fures d'une petite ville d'environ deux milles de tour que je prends pour celle d'Oncheftus. Le même Auteur reprend les Géographes qui appellent *Stivo* le Lac Copaïde au bord duquel *Diminia* est situé & dont les debordemens font si fort à craindre aux habitans des environs. Il dit que les Grecs le nomment *Limnites Livadias*. Voiez ONCHESTUS.

DIMIRICA INDIA EVILATH, c'est ainsi que l'Anonyme de Ravenne apelle dans tout son livre, la partie la plus Orientale de l'Asie connue de son temps. Au delà de ce pays il imaginoit un desert impenetrable.

[a] L.2.c.19. DIMITREO, [a] le même Auteur nomme ainsi ce que la Table de Peutinger nomme DEMETRIU entre *Dusepro* & *Lateas* sur le chemin de Nicomedie.

[b] Ortel. Thesaur. DIMIX, [b] nom d'une Ville en Europe, c'est tout ce qu'on en sait. L'Auteur du Livre des proprietez faussement attribué à Aristote nomme *Erte*, *Alpharine*, *Damach* & *Dimix* sans designer dans quelle partie de l'Europe elles étoient.

DIMIZA, Ville de la Medie mineure, [c] selon l'anonime de Ravenne[c].

[c] L.2.c.10. 1. DIMIZANA, ou DIMINISA chaine de Montagnes dans la Morée. Elle sert de bornes à la Province de *Chiarenza* du coté de l'Arcadie, aujourd'hui *Braccio di Maina*.

2. DIMIZANA, Riviere de la Morée. Elle a sa source dans les Montagnes de même nom. Elle se joint à la Riviere de Gardichi avec laquelle elle va se perdre dans l'Alphée auprès de la Ville de Deria ou Doria.

3. DIMIZANA, Ville de la Morée au bord de la Riviere de même nom. Il semble que ce soit l'ancienne Psophis à en juger par sa situation.

[d] L.5.p. 298. §. Pausanias [d] dit que de la Montagne Erymanthe couloit un fleuve de même nom & Hesyche ajoute une ville nommée Erymanthe comme le mont & le fleuve. Frederic de Witt dans son Atlas pretend que la Montagne, la Ville & la Riviere nommées aujourd'hui *Dimizana* étoient autrefois apellées Erymanthus. Il ajoute que l'ancien nom de la Riviere nommée à present Gardichi étoit Clitorion. Mr. de l'Isle au contraire apelle Erymanthe la Riviere qui occupe la place du Gardichi, & lui fait arroser le Clitor de Ptolomée. Au lieu qu'il place Psophis sur la Riviere que les autres nomment Dimizana & au même lieu où est la ville nommée aussi Dimizana; en quoi il s'écarte du sentiment commun des Geographes. Cependant il est certain que l'Erymanthe couloit à Psophis.

DIMON. Voiez DIBON.

DIMON, Ville sur le Danube selon l'Anonyme de Ravenne. [e] La Table de Peutinger la nomme mal DINIO. Antonin la nomme beaucoup mieux *Dimon*, selon les Editions de Surita & de Bertius. Comme quelques manuscrits portent *Dimo*, Ortelius en avoit fait le nominatif DIMUM comme on verra ci-après.

[e] L.4.c.7. DIMONA, Δειμωνά, ville de la Tribu de Juda. Il en est fait mention en Josué[f].

[f] c.15.v.22.

[g] Baudrand Ed. 1682. DIMOTUC[g], nom moderne d'une ville que les Grecs ont nommé DIDYMOTEICHOS. Elle est dans la Thrace, aujourd'hui la Romelie, & a eu un Evêque sous la Metropole Tra-

DIM. DIN.

janopolis; & fut même Metropole à son tour. Elle est sur une Montagne & entourée de l'Hebre qui est aujourd'hui *Mariza*. C'est là que naquit Sultan Bajazeth, c'est aussi où il se retira après avoir cedé l'Empire à son fils. Mr. Corneille ajoute que: Ce fut dans la même ville apellée DIDIMOTEQUE par quelques Auteurs que Cantacusene Ministre & favori de l'Empereur Andronic qui avoit laissé Jean & Emanuel sous sa tutele se fit couronner l'an 1341. en usurpant la dignité Imperiale sur ses Pupiles.

DIMUM, Ville de la basse Moesie selon Antonin[h]. Il semble que ce soit la DIACUM de Ptolomée[i].

[h] Itiner.
[i] L.3.c.10.

DIMURI, Peuple d'Asie auprès du fleuve Indus selon Pline[k].

[k] L.6.c.40.

DINAN, Ville de France en Bretagne au Diocéfe de St. Malo. Les Auteurs les plus anciens qui ont fait mention de cette ville l'écrivent tous en Latin *Dinannum*, ensuite on en a retranché une des NN, & dit *Dinanum* comme le remarque Hadrien de Valois[l]. Mr. Baudrand traduit *Dinantium* assez mal, ce me semble, car le nom de cette ville n'est pas *Dinant*, mais *Dinan*. Mr. Corneille dit encore moins bien *Dinentium*. C'est[m] une des plus considerables villes de la Province, & les Etats y ont été souvent assemblés. Elle étoit déja fondée dès le commencement du douzieme siécle & avoit son Seigneur particulier nommé Olivier, comme on voit par une Lettre d'Hamelin Evêque de Rennes raportée par le P. Sirmond dans ses Notes sur Geofroi de Vendôme. Ensuite cette ville aiant été augmentée, elle a été unie au Domaine Ducal. Cette ville[n] est très forte tant pour ses murailles que de grosses tours défendent que parce qu'elle occupe tout le dessus d'une Montagne escarpée de tous côtez. Son Château est fort & il y a garnison roiale avec un Gouverneur. Les anciens Ducs de Bretagne y avoient leur place d'armes comme dans une ville frontiere & l'une des clefs de leur Etat. La plate-forme du Donjon de ce Château est entre deux hautes tours qui font la principale partie de son bâtiment. En sortant delà on trouve une grande place apellée *la place de Dinan*, où commence la grande rue des Dominicains qui ont là un beau Couvent. Plus avant est la maison de ville avec une haute Horloge. Entre toutes les places qui sont à Dinan celle de la Croix des Cordeliers est la plus considerable. Les maisons qui l'environnent sont très bien bâties & soutenues d'Arcades sous lesquelles on peut se mettre à couvert du mauvais temps. Le grand Hôpital qui est proche du vieux marché merite d'être vû aussi bien que l'Eglise Paroissiale de St. Malo avec une haute tour. La Promenade ordinaire des Bourgeois est sur les murailles de la Ville qui sont si épaisses qu'un carosse y pourroit tourner facilement. Il y a plusieurs grosses tours rondes qui les defendent. Celle qu'on apelle *la Tour de St. Vincent* est remarquable pour avoir été autrefois le Magazin des poudres. Le feu qu'y mirent les ennemis lors qu'ils assiegerent la Ville, y fit dans terre un abîme si profond qu'en y jettant les plus longues cordes, on n'en put trouver le fond: cet abîme a été rempli depuis. Ce qui rend

[l] Notit. Gall. p. 171.

[m] Longueruë Descr. de la France 1. part. p. 90.

[n] Corn. Dict. Jouvin de Rochefort Voiage de France.

encore

DIN.

encore l'affiette de cette ville très forte c'eſt qu'il y a d'un coté une grande prairie arroſée d'un petit ruiſſeau qui la peut entierement couvrir d'eau & que de l'autre coté la Riviere de Rance (en Latin *Rinctus*) lui ſert de foſſez. Cette Riviere après avoir fait le tour de la plus grande partie de la Ville qui eſt fort élevée ſe joint au Ruiſſeau pour y faire un port, où peuvent venir de groſſes barques; la Mer aiant un flux de cinq pieds de haut dans la Rance qui eſt naturellement profonde & au bord de laquelle eſt le grand Fauxbourg de Jargia, dont une partie s'étend le long d'un coté du quai qui le borde.

DINANT, Ville de l'Evêché de Liege enclavée dans les Pays bas. En Latin *Deonantum*; c'eſt ainſi qu'il ſe trouve dans les anciens actes. Mr. Baudrand ajoute *Dionantum*, *Dinantum* & *Dinandinum*. L'Anonyme de Ravenne [a] en fait mention & la nomme DINANTIS. Ce lieu [b] eſt ancien & appartenoit en propre vers la fin du VI. ſiecle à St. Monulfe Evêque de Tongres qui le donna à ſon Egliſe. L'Empereur Othon II. reconnoit dans ſa patente de l'an 981. que c'eſt un des principaux Domaines de l'Egliſe de Tongres ou Liege. Elle eſt ſituée commodément entre Charlemont, & Namur ſur la Rive droite de la Meuſe qu'on y paſſe ſur un pont & elle eſt commandée par un Château bâti par le Cardinal Erard de la Maiſon de la Mark Evêque de Liege. [c] A eu une Citadelle aſſiſe ſur un Rocher eſcarpé preſque de tous côtez ; mais cette Citadelle fut raſée par les François qui prirent la Ville & la ruinerent preſque entierement en 1554. ſous le Regne d'Henri II. elle a depuis été très-bien rétablie & toujours ſujette aux courſes des armées dans les pays bas. Son aſſiete entre un Roc fort élevé & la Meuſe la rend étroite & longue. Elle n'a qu'une rue principale où ſont les plus gros Marchands & les maiſons les plus remarquables. On y voit pluſieurs Couvents d'hommes & de filles. L'Egliſe la plus conſiderable eſt une Collegiale de Chanoines appelée Notre Dame qui a tout proche deux aſſez belles places, l'une devant & l'autre à côté. Au milieu de la nef de cette Egliſe eſt une figure de marbre blanc de St. Perpetuus tout de ſon long, avec une mitre & une croſſe ſur un piedeſtal de marbre noir. Aux deux extremitez de Dinant on trouve deux Fauxbourgs qui ſont enfermez comme la ville. Celui d'enhaut s'apelle de l'Iſle ; & dans l'Egliſe des Religieux de Ste. Croix que renferme ce Fauxbourg ſont deux Chapelles bâties d'un fort beau marbre contre leur jubé. Les Sœurs blanches, Carmelites mitigées, ſont auprès de cette Egliſe. Le Fauxbourg d'enbas eſt apelé la nouvelle ville. Il y a des Cordeliers & dans leur Egliſe un Jubé preſque tout de marbre. Les François la prirent en 1675. & en demeurerent ſaiſis juſqu'à la paix de Ryſwyck, aiant paſſé tout ce temps-là Garniſon dans le Château ; mais en vertu du trente & uniéme Article du Traité entre la France & l'Eſpagne & du douzieme Article entre l'Empire & la France, la ville & le Château de Dinant furent reſtituez à l'Evêque de Liege. Mais toutes les fortifications qu'on avoit ajoutées à cette ville ont été démolies en 1703.

[a] L. 4. c. 26.
[b] Longuerue Deſc. de la France 2. part. p. 130.
[c] Corn. Dict. Joly, Voiage de Munſter.

DIN.

& il ne reſte plus que le corps du Château. Le territoire de Dinan a des carrieres d'où l'on tire du marbre noir, du blanc & rouge & du blanc & noir.

DINARETUM, [d] ancien nom d'un Promontoire de l'Iſle de Cypre, on le nomme aujourdhui CAPO S. ANDREA. C'eſt depuis Dinarette juſqu'à Acamante aujourd'hui *Capo S. Pifano*, que ſe prend la longueur de cette Iſle qu'Artemidore diſoit être de CLXII. milles & Timoſthene de CC. C'eſt ce que quelques exemplaires de Ptolomée [e] nomment οὐρὰ βοὸς ou *la queue du bœuf*, & d'autres Κλεῖδες Ἄκρα, ou le Promontoire de Clide.

DINARI, [f] petite Iſle voiſine de la Ville de Goa dans les Indes. Les Gentils y avoient un Temple bâti de pierre noire & rempli d'Idoles. Les Portugais renverſerent les idoles & le temple dont il ne reſte plus aucun veſtige & les Pierres ſervirent à fortifier la Ville & à y bâtir des Maiſons.

DINCKELSPIL, ou DUNCKELSPIEL. Les François ſuivent la premiere Orthographe comme plus conforme à leur prononciation ; mais les Allemands écrivent *Dunkelſpiel*, qui eſt plus conforme à l'Etymologie. Zeyler [g] écrit DINGGELSPUHL, DINCKELSBUHEL, & en Latin *Dinckelsbula*, *Dincœls-byebla* ; Ville libre Imperiale d'Allemagne dans la Suabe, ſur le Wernits qui ſe partageant en deux bras l'arroſe au midi & au couchant. Le territoire où elle eſt ſituée eſt nommé par quelques-uns *Viragrund* ou *Virngrund*, & par d'autres *Fiechten* ou *Feichtengrund*, ou *Firengrund*, parce qu'il y avoit autrefois une grande forêt de ſapins longue d'environ ſept milles & que l'on appelloit Firengrund. La largeur de ce territoire ſe prend depuis Dinckelſpil juſqu'à la forêt nommée *Hoſs*, & ſa longueur depuis le Château de Baldern juſqu'à celui de Tannenberg. D'autres qui conteſtent ce nom de Virngrund apellent cette partie de la Suabe *le petit pays de chaſſe*, en Allemand *Das Jagſt Landlein*. Cette ville tire ſon nom & ſon origine d'une cenſe ou maiſon de campagne nommée Dinggelhoff, & de trois collines qui produiſoient de l'Epeautre ; de ces mots *Dinckel* ou *Duntkel* Epeautre, & *Buhel*, Colline, d'où vient qu'on la nomme en Latin *Tricollis*, *Zeacollis* ou *Zeapolis*. De là vient auſſi que les armes de la ville, outre l'aigle de l'Empire qui eſt commune à toutes les villes Imperiales, ſont trois Epeautres d'or ſur trois Collines. Les Religieux de Wurtzbourg logeoient ſouvent chez le Païſan à qui appartenoit cette cenſe qui leur donnoit l'Hoſpitalité, & il leur en fit enfin une donation. Ils y bâtirent une Couvent. Dans celui des Carmes que l'on dit être plus ancien que la Ville & qui a de grands Privileges de conceſſion Imperiale, on voioit une ſtatue de pierre qui repreſentoit un païſan. Elle fut abbatue par les Suedois qui s'emparerent de cette ville peu avant la bataille de Nordlingue. Voici quelques vers où l'origine de cette ville eſt conſervée.

Villicus agreſtis primus cui pinguia Zeæ
Jugera, ventura neſcius urbis erat.
Turritos ubi nunc ſpectas exſurgere Muros
Hic illi Cereris dona ferebat ager.

[d] Pline L. 6. c. 30.
[e] L. 5. c. 14.
[f] Corn. Dict. V. le Blanc 1. part. c. 16.
[g] Suev. Topog. p. 24. & ſeq.

Nam

DIN.

Nam postquam invaluere homines, & turba potentum,
Non voluit mores simplicis agricolæ.
Sic periit sua villa, suum rus, flumina, sylva,
Quæque unus tenuit, nunc ea mille tenent.

Vers l'an 928. sous l'Empereur Henri I. les Hongrois d'un côté & les Wendes de l'autre, faisant des courses, on bâtit quelques villes çà & là en Allemagne afin d'y être plus en sureté qu'à la campagne. Ce lieu qui n'étoit alors qualifié que *Oppidum Villicum*, bourgade de censiers, fut entouré d'une simple muraille & en 1126. on y fit un double mur avec des fossez & douze tours. Cette ville avec celle de Hall, devint le boulevard de la Suabe du côté de la Franconie, comme Rotenbourg qui n'en est qu'à cinq milles étoit celui de la Franconie contre la Suabe. En 1351. l'Empereur l'engagea aux Comtes d'Oettingen Landgraves d'Alsace; mais la ville se racheta elle-même. Il y a un grand Conseil & un petit Conseil. Dans ce dernier il n'y a que des Catholiques, mais l'autre est mêlé de Catholiques & de Lutheriens. Comme une partie de la bourgeoisie suit la Confession d'Augsbourg, elle fait les exercices de sa Communion dans l'Eglise de l'Hôpital qui lui fut rendue en 1567. par ordre de Maximilien II. après une privation de onze ans moins deux mois. Cette ville est d'un grand passage, & si d'un côté sa situation l'a souvent exposée à des pertes, elle lui donne en échange la facilité de les reparer. La riviere lui fournit du poisson en abondance & les terres d'alentour sont fertiles en toutes sortes de grains; & ont d'excellens pâturages. Les habitans fabriquent des draps, des futaines, des bas d'Estame, des faucilles dont ils font un grand negoce. Le Couvent des Carmes dont j'ai déja parlé fut brûlé dans le XV. siecle avec les anciens monumens & la Bibliothéque. Il y a aussi des Capucins établis en 1622; l'Hôpital & l'Eglise paroissiale dédiée à St. George. C'est un très-beau Vaisseau tout de pierre de taille. La premiere pierre en fut mise en 1448. Nicolas Ellern commença cet édifice avec son fils de même nom & tout l'ouvrage fut achevé en 1494.

DINDARI, ancien peuple de Dalmatie selon Pline[a]. *a L. 3. c. 12.*

DINDING,[b] Isle inhabitée sur la côte Occidentale de la presqu'Isle d'au delà du Gange, entre Queda & Pera, à trente lieues de Malaga entre la presqu'Isle de ce nom & l'Isle de Sumatra. Cette Isle est arrosée d'une Riviere fort poissonneuse & il y a même un beau port où les Vaisseaux entrent par le vent d'Est & d'où ils sortent par celui d'Ouest. L'eau qui y coule le long des Montagnes d'où elle se va perdre dans la Mer devient fort bonne après qu'elle a long-temps serpenté dans les Vallées. Cette Isle est à une lieue & à l'Orient de trois autres que les Hollandois nommerent *Isles des Anthropophages* parce qu'y aiant été jettez par la tempête en 1661. ceux qui y mirent pied à terre furent devorez par les Sauvages. *b Corn. Dict. Sanson Atlas.*

DINDYMIS, l'un des anciens noms de la Ville de Cyzique. Elle l'avoit à cause

Tome II.

DIN. 113

de la Montagne dont il est parlé dans l'Article suivant.

DINDYMOS, Montagne de l'Asie mineure proche de la Ville de Cyzique. Strabon en fait mention & prétend que ce n'en étoit pas le vrai nom. Le Scholiaste d'Apollodore[c] dit que c'étoit la Montagne de Cyzique. Il y avoit sur cette Montagne un Temple dédié à la Mere des Dieux nommée à cause de cela *Dindymene*, & on croioit que ce Temple avoit été consacré par les Argonautes. *c Ad l. 1. Argonaut. v. 985.*

DINE,[d] Lac d'Arcadie. Les eaux en sont douces nonobstant le voisinage de la Mer. *d Pausan. l. 11.*

DINEIS, Epithete & surnom du Nil.

DINGELFING,[e] en Latin *Dingolvinga*, Ville d'Allemagne dans la basse Baviere, sous le departement & dans le district de Landshut dont elle n'est éloignée que de quatre milles d'Allemagne entre cette ville & celle de Straubing à distance égale. L'Isere qui y passe lui est d'une grande utilité. Elle étoit fort déchue lors qu'Otton IV. Duc de Baviere qui mourut l'an 1253. le releva la derniere année de sa regence. Henri Duc de Landshut assiegea Dingelfing durant la tenue du Concile de Bâle & la prit. *e Zeyler Bavar. Topog. p. 12.*

DINGLE,[f] Ville de la Province de Momonie en Irlande, en Latin *Dinglia*. C'est une ville marchande avec un port fort commode, & donne son nom à la baye où elle est située, l'une des plus grandes & des plus belles de ce Roiaume. Dingle est dans le Comté de Kerry à sept milles de Corck vers l'Occident, à vingt-cinq d'Ardat du côté du Sud, &[g] trente-trois & presque à l'Ouest de Trally. C'est la meilleure ville de tout le Comté. Elle a le droit de tenir un marché public & d'envoier deux Deputez au Parlement: c'est la plus Occidentale de toute l'Irlande. *f Davity Irlande. g Etat de la G. Bretagne. T. 3. p. 50.*

DINGUENTE, Mr. Corneille place une ville de ce nom dans l'Istrie & cite Davity. Mais ce dernier écrit PINGUENTE. C'est aussi comme l'écrivent Sanson & le P. Coronelli dans leurs Atlas. Voiez PINGUENTE.

DINHABA.[h] C'est ainsi que Pagnin lit au lieu de *Denaba* que porte la version des Septante & qui est le nom d'une Ville de l'Idumée. *h Genes. c. 36.*

DINIA, nom Latin de DIGNE.

DINIÆ, Tite Live[i] nomme ainsi un lieu de la Phrygie. Ortelius croit qu'il étoit dans la Grande Phrygie. *i L. 38.*

DINOGETIA, Ville de la basse Moesie selon Ptolomée[k]. Le livre des Notices[l] porte DIRIGOTHIA, & Antonin[m] DIMIGUTIA. Niger dit que le nom moderne est DRIMAGO. L'Anonyme de Ravenne écrit DINOGESSIA. *k L. 3. c. 10. l Sect. 28. m Itiner. L. 4. c. 5.*

DINOLITIONIS, Isle dont il est fait mention dans la vie de St. Marculphe; elle doit être sur les côtes de France.

DINOPOLIS, Ville Episcopale. Ortelius avertit que ce mot est écrit abusivement pour Hellenopolis.

DINPHOAN,[o] Port de Mer du Roiaume de Tonquin. Il est situé entre les Villes de Tachan & de Bontem environ à trente lieues de la premiere & à vingt de l'autre. *o Corn. Dict. Tavernier. T. 3.*

DINSLACKEN,[p] en Latin *Dinslacum*; Bourg *p Baudrand. Ed. 1705.*

P

DIN. DIO.

Bourg d'Allemagne au Duché de Cleves proche du Rhin à un petit mille d'Allemagne d'Orſoy au levant, & à près de trois de Weſel au levant d'hyver.

DIN VER Ville de Perſe. Selon Tavernier [b] elle eſt à 63. d. 15'. de longitude & à 35. de latitude. Il ajoute qu'elle eſt ſituée dans un bon terroir qui fournit tout ce qui eſt neceſſaire pour la vie ; de ſorte que ſes habitans ſe peuvent paſſer du ſecours de leurs voiſins. Il y a pluſieurs Moſquées dans cette ville.

[b] Voiage de Perſe T. 1. l. 3.

DINUS, Port de la Lycie ſelon Athenée [c] qui cite le 2. Livre des Lyciaques de Polycharme. Ortelius croioit que l'on doit lire dans Pline [d] *in fonte Apollinis quem Divum apellant*, & il blâme Gelenius d'avoir mis *Curium* pour *Dinum*. Le R. P. Hardouin a pourtant conſervé *Curium* ſur la foi des manuſcrits & l'explique par *Chevelu*: Κούριον, dit-il, ἀπὸ τῆς κουρᾶς ; & il ſe moque d'Alciat qui vouloit que l'on lût *Divum* en cet endroit.

[c] L. 8. init.
[d] l. 32. c. 2.

DIOBESSI, ancien peuple de Thrace, ſelon Pline [e]. Le R. P. Hardouin croit que ce ſont les mêmes que ceux que Thucydide [f] nomme Δίους.

[e] l. 4. c. 11.
[f] l. 1. p. 165.

DIOBULIUM, Bourgade voiſine du Pont ſelon Etienne le Geographe.

1. DIOCESARE'E, Ancienne ville de Cappadoce ; ſelon Pline [g] & Ptolomée [h]. Elle étoit dans la Garſauritide, gouvernement de cette Province. Cette ville eſt ſimplement nommée CESARE'E dans la Géographie ſacrée du P. Charles de St. Paul [i] qui remarque 1. qu'elle s'apelloit auparavant MAZACA & il cite Ptolomée L. 5. c. 2. où cela n'eſt point marqué, mais au L. 8. à la table 1. de l'Aſie ; 2. que ſon nom moderne eſt TISARIA & CAISAR ; 3. qu'elle eſt qualifiée Metropole de la Capadoce dans Sozomene l. 3. c. 15. Le Concile de Chalcedoine fait mention d'Alypius Evêque de Ceſarée Metropole de la Capadoce premiere. Ce ſiege étoit ſous le Patriarchat de Conſtantinople.

[g] l. 6. c. 3.
[h] l. 5. c. 6.
[i] P. 245.

2. DIOCESARE'E, Ancienne ville Epiſcopale de l'Iſaurie au Nord de Seleucie & ſur la même Riviere & au-deſſus de cette Metropole. Le même P. Charles de St. Paul [k] cite touchant cette ville Ptolomée l. 5. c. 8. où cette ville eſt effectivement marquée ſur le même meridien que Seleucie & quatre minutes plus au nord que cette ville. Montanus Evêque de Dioceſarée fouſcrivit à la Lettre Synodale des Evêques d'Iſaurie à l'Empereur Léon. Elle étoit ſous le Patriarche d'Antioche. Voiez ANAZARBE & AXAR.

[k] Ibid. p. 290.

3. DIOCESARE'E, Aubert le Mire dans ſa notice des Evêchez nomme dans le Diſtrict du Patriarche de Jeruſalem une ville Epiſcopale nommée Dioceſarée. Et il renvoie à Adricome p. 142. Ce dernier cité parle de la ville de *Sephoris* ou *Saphorine*, qu'Egeſippe & St. Jérôme diſent avoir été auſſi nommée *Dioceſarée*: il lui ſemble qu'elle a été le ſiege d'un Evêché. La preuve qu'il en apporte c'eſt que dans la liſte des Prelats ſuffragans d'Antioche entre les Evêques dont Seleucie étoit Metropole, Guillaume de Tyr donne le ſecond rang à Dioceſarée. A ces Indices on voit aſſez qu'il confond avec Dioceſarée, ou

DIO.

Sephoris en Paleſtine dans la Tribu de Zabulon la Dioceſarée d'Iſaurie de laquelle il eſt queſtion dans l'Article precedent. Voiez SEPHORIS.

4. DIOCESARE'E. St. Jérôme dit que de ſon temps on donnoit ce nom à la ville de *Geth* dans la Tribu de Dan. Voiez GETH.

DIOCESE, ce mot qui eſt Grec ſe prend dans le Droit civil pour une Province Civile. Il vient du mot Διοίκησις qui ſignifie proprement Adminiſtration, Gouvernement. Strabon [l] dit que les Romains avoient diviſé l'Aſie en Dioceſes & il ſe plaint de la confuſion que cela repandoit dans la Géographie, parce qu'on ne diviſoit point l'Aſie par peuples, mais par Dioceſes, ou Gouvernemens, dans leſquels il y avoit un tribunal où l'on rendoit la Juſtice. Il y avoit alors pluſieurs Dioceſes dans une même Province, mais Conſtantin partagea l'Empire en Dioceſes d'une plus grande étendue, car il n'en fit que quatre, à ſavoir le Diocèſe d'Italie, celui d'Illyrie, celui d'Orient & celui d'Afrique. Dans cette Diviſion il y eut pluſieurs Provinces dans un même Dioceſe, au lieu qu'auparavant le Dioceſe étoit borné à une juriſdiction, à un diſtrict, au Pays qui reſortiſſoit à un Juge [m]. L'Empire Romain étoit diviſé en treize Dioceſes ou Prefectures. Il y en avoit quatorze, ſi l'on veut compter le Dioceſe de Rome avec les villes ſuburbicaires. Ces quatorze Dioceſes comprenoient environ vingt paroiſſes. Chaque Province avoit un Proconſul qui demeuroit dans la Capitale ou Metropole & chaque Dioceſe un Vicaire de l'Empire qui reſidoit dans la principale ville de ſon diſtrict. Le Gouvernement civil a ſervi de modelle à l'Eccleſiaſtique, on apella Dioceſe au moyen âge toute une Province Eccleſiaſtique dont les Evêques étoient ſubordonnez à un Metropolitain, & chaque territoire Epiſcopal n'étoit exprimé que par le nom de Paroiſſe *Parochia*. Hincmar Archevêque de Rheims, Auteur du IX. ſiécle parle poſitivement en ces propres termes de ſon Dioceſe & de ſa Province n. 21. de ſes Chapitres que le P. Sirmond a mis à la fin du III. Volume des Conciles des Gaules [n]. Quoi que les mots EVECHE' & DIOCESE ſoient en quelque façon ſynonymes, il ne faut pas toujours les confondre ſur tout en parlant de certaines Provinces de France, comme le Languedoc ; car dans cette Province, par exemple, le mot *Dioceſe* ſignifie un eſpace de Region & un nombre de places ſelon la diviſion Politique & pour la tenue des Etats. Le mot *Evêché* y ſignifie tout le pays & toutes les places qui ſont de la juriſdiction d'un Evêque ; de ſorte qu'un lieu ſe trouve d'un Dioceſe pour le temporel & dans la juriſdiction ſpirituelle, ou ce qui eſt la même choſe dans l'Evêché d'un autre Evêque. Cette diference qu'il eſt très-important de remarquer eſt encore plus grande en Lorraine & on y parle dans un ſens tout different. Car quand on dit les *trois Evêchez*, qui ſont *Toul*, *Metz* & *Verdun*, on entend l'Etat temporel. Ces trois Evêques ont été & ſe qualifient encore Princes du St. Empire. Mais par le mot *Dioceſe*, ou entend toutes les places qui ſont de la juriſdiction ſpirituelle de l'Evêque, comme *Nanci*, *Bar-le-Duc* & autres

[l] l. 13.
[m] Cicer. l. 3. Ep. fam. 9. & l. 13. Ep. 67.
[n] p. 627.

tres qui sont dans le Diocese de Toul & ne font pas de l'Evêché de Toul qui est bien plus petit & plus resserré que le Diocese. Mr. l'Abbé Fleuri a voulu déterminer une diference entre le mot *Diocese* pris pour l'étenduë d'une Province Ecclesiastique qui comprend la jurisdiction du Metropolitain & des Sufragans; ou simplement dans un sens plus limité la jurisdiction particuliere de chaque Evêque. Il fait ce mot de genre feminin au premier sens & masculin au second, ce que l'on n'a point approuvé. Ce mot est masculin en tout sens. Voiez Archeveché & Eveché.

☞ Après ce que l'on vient de remarquer, il faut être sur ses gardes pour ne se pas tromper en lisant les Auteurs Ecclesiastiques du moyen âge, car ils confondent souvent les noms de *Diocese* & *Paroisse*. Il y en a qui nomment Diocese le district d'une simple Eglise baptismale ou Paroissiale, & d'autres nomment simplement Paroisse le territoire où s'étend la jurisdiction d'un Evêque.

DIOCHITES, Village d'Egypte selon Etienne le Géographe.

DIOCLEA, Ville ancienne de la Dalmatie. Niger croit que c'est aujourd'hui Medon & Albinovanus estime que c'est Antivari. A parler exactement ce n'est ni l'une, ni l'autre de ces deux villes. [a] Ce lieu qui est la veritable patrie de l'Empereur Dioclétien qui même en portoit le nom, étoit Chef-lieu du peuple nommé Docleates, & est nommé par quelques Auteurs *Doclea*. Le canton de ce peuple fut ensuite nommé *Comté de Zenta* & la ville fut le siege d'un Archevêque. Elle est nommée Doclea par Ptolomée [b] & il est fait mention de Paul son Evêque (*Doclealina Civitatis Episcopus*) dans les Oeuvres de St. Gregoire le Grand [c]. Cependant cet Evêché fut compté parmi ceux de la Prevalitane & étoit subordonné au Primat de Scodra [d]. L'Archevêché en fut transferé à Raguse l'an 990. & Dioclée aiant été detruite, ses ruines servirent à bâtir Medon place qui est aujourd'hui assez considerable sur le Lac de Scutari. Quelques Geographes nomment encore aujourd'hui cette nouvelle ville *Dioclea* ou qui n'est pas juste, puis qu'elle n'est plus au même lieu, mais seulement peuplée & bâtie par les citoiens de l'ancienne ville.

DIOCLETIANA & Diocletianopolis selon Antonin [e] ville de la Dardanie dans l'Illyrie Orientale. [f] Cette ville étoit Episcopale. Maxime son Evêque souscrivit à la Lettre Synodale des Prelats de Dardanie à l'Empereur Léon. Bassus [g] souscrivit au Concile de Sardes, mais en cette occasion cet Evêché est attribué à la Macedoine & Hierocles le compte pour être de la Thessalie.

DIOCLETIANI PALATIUM, nom que quelques-uns donnent à la ville de Spalatro en Dalmatie.

DIOCLETIANOPOLIS [h], Ancienne ville de Thrace. Il en est fait mention dans l'Acte VI. du Concile de Chalcedoine & dans les anciennes Notices Greques. Epictete son Evêque est nommé dans l'Epitre Synodale des Evêques de Thrace à l'Empereur Leon.

DIOCLIA, Ancienne ville de la Phrygie Pacatienne. Seroit-ce Docela que Ptolomée place dans la grande Phrygie? Hierocles [i] & les Actes du Concile de Chalcedoine en font mention & l'on voit qu'Evandre Evêque de Dioclia souscrivit aux Actes de ce Concile.

DIODORI INSULA [k], Isle d'Ethiopie à l'entrée du Golphe Arabique. Ramusio croit que c'est l'Isle de Bab-el-Mandel, & Belle-forest la prend pour l'Isle de Primera. Ptolomée, & Pline la mettent plus avant dans le Golphe vers l'Egypte.

DIODORIDE [l], Village des Cascharores dans la Mesopotamie.

DIOGENIS PROMONTORIUM ou Le Cap de Diogene, Cap d'Ethiopie sur le Golphe Arabique selon Ptolomée.[m]

DIOIS, Contrée de France dans le Dauphiné, en Latin *Diensis tractus*. Elle s'étend vers les montagnes entre le Gresivaudan, le Gapençois & le Valentinois. Die en est la Capitale. Ce Païs [n] contient une partie du territoire des anciens *Vocomiens* desquels il est fait mention par les Historiens qui ont raconté le passage d'Annibal des Gaules en Italie. Ce peuple des Vocontiens avoit été fort honoré des Romains puisque Pline [o] l'apelle *Civitas Fœderata Vocontiorum*, la cité ou le peuple des Vocontiens confederez des Romains. Leur principale Ville selon cet Auteur étoit Vaison est aujourd'hui du Comtat Venaissin & la seconde étoit Luc. Voiez ce mot. Les Evêques [p] de Die étoient les Seigneurs du Diois, mais ils en furent privez par les Comtes. Ponce est le premier de ceux dont il reste quelque memoire. Aimon Comte de Toulouse donna ce pays en 1189. à Aimar de Poitiers Comte de Valentinois, à la charge de foi & hommage & enfin Louïs de Poitiers, qui fut le dernier de ses Comtes se vendit en 1404, à Charles VI. Roi de France pour la somme de cent mille écus d'or. Depuis ce tems-là le Diois a été uni inseparablement à la couronne.

DIOLCOS [q], Ptolomée [r] apelle ainsi l'une des fausses bouches du Nil, c'étoit la plus orientale des deux qui étoient au courant du fleuve Atribique. Nicephore Caliste nomme ainsi un lieu vers les défilés d'Egypte. Palladius y met une ville de ce nom & Hesyche apelle *Diolchos* l'Isthme de Corinthe dans l'endroit le plus étroit.

DIOLINDUM [s]. Ce nom se trouve dans une troisieme feuille de la Table de Peutinger qui n'est pas encore publiée. Dans la seconde page il est publié on lit *Brolindum*. Ce doit être un lieu de l'Aquitaine & Velser juge que ce pourroit être la même chose que Travectus ou Trajectus d'Antonin, c'est-à-dire un lieu où l'on passoit la Garonne. Quelques Geographes [t] nomment ainsi la ville de Cahors qui a aussi porté celui de Divona. Cela ne s'accorde point avec la pensée de Velser, car il parle d'un trajet sur la Garonne & Cahors est sur le Lot.

DIOMEDEÆ INSULÆ, ou les Isles de Diomede, Isles de la mer Adriatique. Ptolomée en compte cinq sans entrer dans le détail. Strabon y en nomme deux aussi-bien que Pline qui en apelle une *Teutria*. Etienne dit Diomedria au singulier: Festus de même & il ajoute que Diomede y fut enterré après avoir quité l'Italie. Une de ces Isles est nommée

[a Memorie della Dalmazia p. 339.]
[b l. 3. c. 17.]
[c l. 10. Ep. 33. & 34.]
[d Ibid.]
[e Itiner.]
[f Carol. a S. Paulo Geog. Sacr. p. 201.]
[g Holsten. not. in l. c.]
[h Carol. a S. Paulo Geog. Sacr. p. 224.]
[i Holsten. in Geog. sacr. p. 231.]
[k Ortel. Thesaur.]
[l Idem.]
[m l. 4. c. 7.]
[n Audifret Géog. T. 2.]
[o Longuerue Descript. de la France. 1. Part. p. 334.]
[o l. 3. c. 4.]
[p Audifret l. c.]
[q Ortel. Thesaur.]
[r Ptolom. l. 4. c. 5.]
[s Ortel. Thesaur.]
[t Audifret Geog. T. 2.]

116 DIO.

[a] Annal. l. 4.

Trimerus par Tacite [a] & la plus grande eſt aujourd'hui nommée *S. Maria* de *Tremiti*. On les apelle toutes enſemble LES ISLES DE TREMITI. La ſeconde *S. Domino*. Les deux moindres ſont nommées *Gatizzo* & *Caprara*, Ortelius de qui je copie ceci, dit avoir vû une Carte où elles étoient cinq Iſles ſi l'on veut donner ce nom à des roches qui ſont plutôt des écueils. La plus grande, dit-il, & qui eſt ornée d'un Monaſtere, a nom *St. Nicolas*; la ſeconde *S. Domino*; la troiſiéme *Caprara*; la quatriéme *Credazii* & la derniere *Vecchia*. Mr. de l'Iſle qui les place vers les 42. degrez & demi de latitude & par les trente quatre degrez de longitude n'en marque que trois principales & laiſſe les autres ſans nom. Les trois ſont, la plus grande & la plus Occidentale, l'Iſle *S. Domino*, la ſeconde la plus Meridionale, l'Iſle de Tremiti & la troiſiéme plus à l'Orient l'Iſle Caprara. Le P. Coronelli dans ſon Iſolaire n'en marque que quatre, qui ont les mêmes noms & dans le même Ordre, mais il fait la ſeconde un peu plus grande que la troiſiéme. Voiez TREMITI.

DIOMEDIA, Ancienne Ville d'Italie dans le territoire des Dauniens, ſelon Etienne le Géographe. Virgile parle de cette Ville.

[8]. Æneid. v. 9. & 10.

Mittitur & magni Venulus Diomedis ad
Urbem,
Qui petat auxilium.

C'eſt au ſentiment d'Ortelius la même ville qui a été nommée ARPI, ARGOS HIPPIUM, ARGYRIPPA, ARGYRIPA & LAMPE. Voiez ARPI, & ARDANUS. Niger la nomme SARPI & Erythræus la nomme MONTE-SANT-ANGELO.

DIOMEDIS CAMPI, ou les *Champs de Diomede*. C'eſt le lot qu'eut ce Prince dans ſon partage d'une partie de la Pouille avec Daunus. Le village de Cannes [b] ſi fameux par la défaite de l'Armée Romaine étoit dans les champs de Diomede.

[b] Tit. Liv. l. 25.

DIOMEDIS INSULA ou l'Iſle de Diomede. Elle étoit vers la fontaine du Timave au fond du Golphe qui eſt à l'Orient d'Aquilée. Cette Iſle s'apelle aujourd'hui BELFORTE [c]. Il y avoit un temple & les anciens l'apelloient indifferemment l'Iſle ou le Temple de Diomede & Theophraſte dans le quatrieme livre de ſon Hiſtoire des plantes remarque que c'eſt le ſeul endroit de l'Italie où il vînt des platanes. Mr. Corneille dit que *Diomedis Templum* ou le Temple de Diomede eſt un ancien Village du Frioul apellé preſentement *San Giovanni*. Il vaut mieux s'en tenir au P. Coronelli.

[c] Coronelli. Iſolar. 1 part. p. 28.

DIOMEDIS LIMES, contrée de la Thrace, ſelon Pline [d] qui dit qu'aux environs d'Abdere & vers la borne nommée la borne de Diomede les chevaux que l'on y faiſoit paître étoient ſaiſis de la rage.

[d] l. 25. c. 8.

DIOMEDIS PROMONTORIUM ou *le Cap de Diomede* Preſqu'Iſle de la Liburnie ſur la mer Adriatique. Les anciens le nommoient auſſi HYLLIS & on l'apelle à préſent CABO CISTA. Voiez HYLLIS.

DIOMEDIS STABULUM, ſelon Antonin, ou

DIOMEDIS TURRIS, ſelon Pompo-

DIO.

nius Mela, ville de Thrace où le Roi Diomede entretenoit des chevaux qu'il nourriſſoit du ſang & des chairs des victimes humaines qu'il ſacrifioit à ſa cruauté. Cette ville étoit nommée TINDA. Voiez ce mot.

DIOMEDIS TEMPLUM. Voiez ci-deſſus DIOMEDIS INSULA.

DIOMEDIS URBS. Voiez DIOMEDIA.

1. DION, Promontoire de Créte, ſelon Ptolomée [e], dans la partie ſeptentrionale de cette Iſle. Ses Interpretes nomment ce Cap MILOPOTAMO; Pinet CABO DE LA FRASCHEA. Mr. Corneille nomme ce Cap SASSOSO. C'eſt auſſi le nom que lui donne de Witt dans ſon Atlas.

[e] L. 3. in fine.

2. DION, Ville de la Décapole entre Pella & Gadara, ſelon Ptolomée [f].

[f] L. 5. c. 15.

3. DION, Ville d'Epire, ſelon Strabon [g] & Herodote [h].

[g] L. 7.
[h] L. 7.

4. DION, Ville d'Eubée, ſelon Etienne le Géographe.

5. DION, Ville de Theſſalie, ſelon le même.

6. DION, Ville d'Italie, ſelon le même.

7. DION, Ville de Piſidie, ſelon le même.

8. DION, Ville de Thrace, près du mont Athos, ſelon le même.

9. DION, Ville de Celeſyrie, ſelon le même.

§. Notez que DION & DIUM ſignifient la même choſe, que le premier eſt Grec, l'autre Latin, deſorte que la même ville eſt nommée tantôt DIUM, tantôt DION, ſelon que les Auteurs ont écrit en Latin ou en Grec. Voiez *Dium*.

DIONIA, Ville de Cypre, ſelon Theopompe cité par Etienne le Géographe.

DIONISI PROMONTORIUM, ou ſelon d'autres exemplaires de Ptolomée [i] DRONISI CIVITAS. Cap ou ville de l'Iſle Taprobane dans la partie meridionale de cette Iſle.

[i] l. 7. c. 4.

1. DIONYSIA, Iſle de la mer mediterranée, vis-à-vis de l'Etolie, ſelon Pline [k].

[k] l. 4. c. 12.

2. DIONYSIA, Iſle de la mer Mediterranée, proche la Lycie. On la nommoit auparavant CARETHA [l]. Scylax nomme auſſi cette Iſle dans ſon Periple [m]. Niger lui donne pour nom vulgaire GIRONDA.

[l] Plin. l. 5. c. 31.
[m] P. 37.

3. DIONYSIA ou DIONYSIAS, Ville d'Italie ſelon Etienne le Géographe.

4. Ptolomée [n], & le livre des notices [o], font mention d'une ville d'Egypte nommée DIONYSIAS. Elle étoit voiſine du Lac Mœris.

[n] l. 4. c. 5.
[o] Sect. 18.

5. DIONYSIA, Ville Epiſcopale ſous la Metropole de Boſtra, ſelon une Notice du IX. ſiecle publiée par Schelſtrate [p] au 2. Volume de l'Antiquité de l'Egliſe. Elle étoit dans l'Arabie petrée [q] & Mara ſon Evêque aſſiſta au Concile de Chalcedoine.

[p] p. 688.
[q] Carol. a S. Paulo Geog. Sacr. p. 296.

6. DIONYSIA, Ville bâtie dans la Béotie par Dionyſius, c'eſt-à-dire par Bacchus ſelon Diodore de Sicile [r].

[r] L. 4.

7. DIONYSIA, eſt auſſi un des noms de l'Iſle de Naxie.

DIONYSIADES, Iſles voiſines de celle de Candie dans les Golphes nommez Didymes. Diodore de Sicile [s] qui en fournit cette connoiſſance en compte deux. De Witt en mar-

[s] L. 5.

DIO.

marque trois au Nord du Cap de St. Isidore. Il nomme *Dionysades* la plus meridionale, c'est-à-dire la plus voisine de Candie, *Paximodocho* celle qui est à l'Orient de cette premiere & *Cozucai* la plus septentrionale des trois. Mr. de l'Isle [a] n'en marque que deux qu'il nomme Dioni au Nord Oriental du Cap Sidero; Cap qui est le même que celui de St. Isidore. Mr. Maty [b] qui place les Dionysiades assez mal à propos entre les Isles de Lovo, de Stampalie & de Scarpanto, ajoute qu'elles sont presques desertes à cause qu'elles sont trop exposées aux insultes des Pirates.

[a] Atlas.
[b] Dict.

DIONYSIANA, Ville d'Afrique selon Ortelius [c], qui dit que St. Augustin en a parlé. Ce Géographe croit qu'elle est nommée *Josiniana* dans le Concile de Carthage & *Dositiana* dans Victor d'Utique. Holstenius dans ses notes [d] sur la Geographie sacrée du P. Charles de St. Paul, observe que *Dionysiana* est nommée dans la Notice d'Afrique entre les Cathedrales, qui n'avoient point alors d'Evêque; & S. Augustin [e] nomme Fortunat de Dionysiana dans le Concile tenu à Carthage par les Donatistes. Holstenius place cette ville dans la Bisacene entre Amurdasa & Abidus.

[c] Thesaur.
[d] p. 108.
[e] in Ps. 36.

DIONYSIAS. Voiez ci-devant Dionysia 5.

DIONISII COLUMNÆ. Lieu d'Asie selon Denis le Periegete [f]. Elles estoient près d'Emode montagne de l'Inde selon Eustathe [g]. Ces Colomnes de Bacchus étoient vers les frontieres du Grand Thibet & de la Chine.

[f] vers. 702. 1155
[g] Ibid.

DIONYSII MONS ou la *Montagne de Bacchus*. Montagne de Thrace aux environs de Philippe. Il y avoit des mines d'or. Voiez Bacchus.

DIONYSII PROMONTORIUM. Voiez ci-dessus Dionisi. Orphée dans ses Argonautiques met un Cap de ce nom en Espagne sur la mer d'Iberie.

1. DIONYSIOPOLIS, nom Latin de la Ville de St. Denis en France près de Paris.

2. DIONYSIOPOLIS, Ville de l'Inde Citerieure, selon Ptolomée qui écrit ce nom Dionysopolis [h], & dit qu'on la nommoit aussi Nagara. Castaldus cité par Ortelius [i] la nomme Nerg qui ne s'en éloigne pas beaucoup & Glareanus cité par la même croit que c'est Nissa de laquelle Pline, Justin & autres ont fait mention, & ce qui fait pour ce sentiment c'est qu'Arrien la place entre l'Inde & le fleuve Cophene.

[h] l. 7. c. 1.
[i] Thesaur.

3. DIONYSIOPOLIS, Ville de la basse Mœsie. Ptolomée l'apelle Dionysopolis [k] comme la precedente. Elle étoit voisine du Pont Euxin & Pline dit qu'on la nommoit Crunos; & l'Auteur d'un Periple du Pont Euxin dit que ce nom lui venoit des sources d'eau qui sourdoient aux environs de cette ville. Son nom Dionysopolis lui fut donné à cause d'une statue de Bacchus que la mer y jetta sur ses bords. Cependant Mela distingue *Crunos* de *Dionysopolis* Il pretend que la derniere étoit proprement la ville & l'autre le port qui en étoit separé par un espace de terrain. Il est remarquable que Ptolomée, Pline [l], & l'Auteur de ce Periple portent tous Dionysopolis; aussi bien qu'Antonin & Etienne le Géographe & cependant Mr. Baudrand contre tant d'autoritez aime mieux lire *Dionysiopolis*. Il est vrai que le P. Charles de St. Paul la nomme aussi *Dionysiopolis*, & dit que Chariton Evêque de cette ville soufcrivit [m] au Concile de Chalcedoine. Une Notice publiée par ce même Auteur, écrit ce nom Dionysopolis & met cette ville dans la Scythie; lui donnant le second rang. Paul Jove croit que c'est aujourd'hui Varna ville de Bulgarie, & Niger prétend que c'est Chaliacra, c'est cette ville qu'Ovide a designée dans ces Vers:

[k] l. 3. c. 10.
[l] l. 4. c. 11.
[m] p. 103. Ibid. in Parerg p.18.

& arces
Prætereat dictas nomine, Bacche, tuo.

Trist. l. 1. Eleg. 1.

4. DIONYSOPOLIS [n], Ville de la Phrygie Pacatienne seconde. Elle étoit Episcopale & il en est fait mention dans les anciennes Notices & dans le Concile de Chalcedoine. Elle avoit pour fondateurs Eumene & Attale, qui trouverent en cet endroit une statue de Bacchus, au raport d'Etienne le Géographe. Pline [o] parle des *Dionysopolites*. Ortelius croit que ce sont les mêmes que Ciceron [p] nomme *Dionysiopolita*.

[n] Carol. à S. Paulo Geogr. Sacr. p. 232.
[o] l. 5. c. 29.
[p] Ad Quintum fratrem

5. DIONYSOPOLIS, Ville de Thrace selon Etienne le Géographe & le Pere Hardouin [q]. C'est la même qui celle de la basse Mœsie. n. 3. Le même Etienne trouve encore une ville de ce nom dans la Libye. Mais Eustathe [r] dit fort plaisamment que comme si on l'avoit changée de lieu personne ne la peut trouver deux fois.

[q] Nummi Ant. p. 50.
[r] in Odyss.k

DIOPE, Ville d'Arcadie selon Etienne le Géographe.

DIOPOLIS, Ville de l'Armenie mineure. Ce fut le grand Pompée qui lui donna ce nom au lieu de celui de Cabira qu'elle avoit auparavant. Il la nomma ensuite Sebaste au raport de Strabon [s]. Eutrope qui lui a conservé l'ancien nom l'a un peu changé en disant Gabira. Cette ville a été le siege d'un Evêque & Caliste [t] fait mention d'un Evêque de Diopolis nommé Maxime.

[s] l. 12.
[t] l. 14. c. 39.

§. Mr. Baudrand dit qu'il laisse à de plus savans à juger si *Diopolis* & *Diospolis* ne sont qu'une même ville; c'est ce qu'aucun autre que lui ne mettra jamais en question. Il y auroit plus de fondement à demander si *Diopolis* ville Episcopale dans l'Armenie mineure est differente de *Diospontum* ville Episcopale de l'Armenie seconde, & c'est aparemment le doute qu'avoit Mr. Baudrand.

DIORDULI, peuple de l'Isle Taprobane, selon Ptolomée dont les Interpretes lisent Morduli, & quelques exemplaires portent Μαρδυλοι, Marduli. Il les met à l'Orient de l'Isle.

[l. 7. c. 4.]

DIORPHUS, nom d'une Montagne voisine de l'Araxe dans l'Armenie selon Plutarque le Géographe [v]. Il dit qu'elle fut nommée ainsi à cause de Diorphus fils de la Terre duquel il fait ce petit conte. Mithras voulant avoir un fils, sans pourtant avoir commerce avec les femmes parce qu'il les haïssoit, prit une pierre à laquelle il eut le secret de faire un enfant. Cette Pierre accoucha avec le temps d'un fils qui fut nommé Diorphus. Cet enfant aiant atteint l'âge

[v] De fluv. p. 46. & 47.

P 3

l'âge d'homme fait oſa défier Mars au combat & fut vaincu. Les Dieux le transformerent en une Montagne qui porte son nom. Il naît ſur cette Montagne un arbre qui reſſemble fort à l'oranger & qui porte en abondance des oranges qui ont le goût du raiſin.

DIORS, Château ſitué dans le Berry Province de France; en Latin *Diorſium*. Il eſt à deux lieues de Château-roux, à cinq de Paudy & à ſix de la petite Ville de Levroux.

DIORYCHOS, &

DIORYCHTOS. Ortelius croit que le premier eſt le ſeul bon; le R. P. Hardouin au contraire eſt pour le ſecond. C'eſt ſelon Pline [a] le nom que l'on donnoit en Grec au Détroit qui ſeparoit l'Iſle de Leucade de l'Epire. Ce Canal avoit été fait de main d'homme comme on verra au mot LEUCADE. Voiez Denis d'Halicarnaſſe [b]. Ce Canal avoit trois ſtades, ou ce qui eſt la même choſe, trois cens ſoixante & quinze pas de long.

[a] L. 4. c. 1.
[b] L. 1. p. 40.

DIORIX, βασιλικὴ διωρυξ, en Latin *Baſilica foſſa*, Canton d'Aſſyrie proche du Tigre, comme Ortelius le preſume ſur un paſſage de Polybe [c].

[c] L. 5.

1. DIOS *Ieron*, Διὸς ἱερὸν, en Latin *Jovis ſacrum* c'eſt-à-dire, conſacré à Jupiter. Etienne apelle ainſi une petite Ville d'Ionie entre Lebedus & Colophone. Cette ville prenoit ſon nom d'un Temple de Jupiter.

2. DIOS *Hieron*, Ville de la Lydie, ſelon Ptolomée [d], qui la met ſur le rivage du Caïſtre au-deſſus & à l'Orient d'été de Philadelphie.

[d] L. 5. c. 2.

§. Ces deux lieux doivent avoir été différens l'un de l'autre, le premier étant peu éloigné de la Mer, & l'autre beaucoup plus avant dans les terres. Il y auroit peut-être de la hardieſſe à décider de quelle de ces deux villes Pline a nommé les Citoyens, ſous le nom de *Dios Hieritæ*; ou laquelle eſt nommée dans la Notice Epiſcopale [e] qui l'aſſigne à la Province d'Aſie, & la compte pour la douzieme des 43. Villes de cette Province. Il paroît pourtant par les Cartes Patriarchales dreſſées par Sanſon qu'il l'entend de la ſeconde. [f] Une Notice la met ſous la Metropole d'Epheſe quoi qu'elle n'en ſoit fort éloignée. Euſtorgius Evêque du Temple de Jupiter, *Templi Jovis*, eſt nommé dans le Concile de Chalcedoine. Il eſt bon d'obſerver à ce ſujet qu'Ortelius à l'occaſion de *Dios Hieritæ* de Pline [g] obſerve que cet Auteur a auſſi nommé un peuple de l'Aſie propre *Dios Hieronita* [h]. Mais le R. P. Hardouin [i] ſe plaint que par ce mot Froben ait corrompu l'ancienne leçon des Manuſcrits & des bonnes Editions où l'on liſoit *Didienſes*, *Hieronenſes*, ou *Hierorenſes*. Il eſt perſuadé qu'au lieu d'*Hierorenſes* il faut écrire *Æorienſes*, y aiant ſelon les Notices Eccleſiaſtiques une ville nommée Ἀιώριον dans la Galatie ſalutaire.

[e] Carol. à S. Paulo Parerg. p. 22.
[f] Idem Geog. ſacr. p. 228.
[g] L. 5. c. 30.
[h] L. 5. c. 32.
[i] Emend. 97. L. 5.

DIOSCORIDU INSULA, ancien nom de l'Iſle de ZOCOTORA. Voiez ce mot.

DIOSCORON, Iſle que les anciens & Pline entre autres ont placée vis-à-vis du Promontoire *Lacinium*, ſur la côte de la grande Grece c'eſt-à-dire à ſix milles Romains du Cap de la Calabre Ulterieure nommé aujourd'hui Cabo delle Colonne. Ils y en placent encore une autre nommée de *Calypſo*, & que l'on croit qu'Homere a nommée Ogygie. M. Mati la nomme DIOSCORI, & par la deſcription qu'il en donne tirée de Mr. Baudrand, il laiſſe croire que cette Iſle ſubſiſte encore. Cependant les Atlas ne la marquent plus ni ſa voiſine Calypſo, où Scylax [k] dit qu'Ulyſſe ſéjourna auprès de Calypſo, & le R. P. Hardouin remarque très-bien que ces deux Iſles ne ſont plus viſibles. Celle de *Dioſcoron* étoit ainſi nommée en Grec Διοςκούρων, c'eſt-à-dire, l'Iſle de Caſtor & de Pollux.

[k] Per. p. 5.

DIOSCUROPOLIS. George le Patriarche dans la Vie de St. Chryſoſtome fait mention de cette ville & il ſemble à Ortelius qu'elle étoit vers l'Egypte.

DIOSCURI, ſurnom de Caſtor & de Pollux. Ce nom n'eſt point Geographique par lui-même; mais il entre dans la compoſition de divers noms de lieux.

DIOSCURIAS, Ville ancienne de la Colchide ſur le Pont Euxin. Elle eut, dit-on, ce nom à cauſe des deux freres Caſtor & Pollux qui la fonderent. Cette ville, qui a été autrefois le ſiege d'un Evêché, n'eſt plus gueres de choſe à preſent. Je ne repeterai point ici ce que j'en ai dit au mot ÆA n. 4. Liſez cet article & le Paragraphe ſuivant.

1. DIOSCURIUM, Ville de la Phlaſie dans le Peloponeſe, ſelon Polybe [l].

[l] L. 4.

2. DIOSCURIUM, [m] lieu joignant la Ville de Seleucie, ſelon le même.

[m] L. 5.

DIOS HIERITÆ, &

DIOS HIERONITÆ. Voiez DIOS *Hieron*.

DIOS PAGE, Ville de Meſopotamie, ſelon Pline qui la place *in Campeſtribus* : c'eſt-à-dire, ſuivant l'explication qu'en donne le P. Hardouin dans la plaine qui eſt entre le Tigre & l'Euphrate. Il doute ſi *Dios Page* vient de Πάγη qu'Heſyche definit un lieu haut, élevé, ou de Πάγη dit pour Πηγὴ, qui ſignifie fontaine.

1. DIOSPOLIS, Ville de Syrie près de la Ville de Laodicée ſur la Mer [n]. Tous les Manuſcrits que le R. P. Hardouin a conſultez portent *Diſpolis*. C'eſt la même que *Laodicée* ſur le Lycus; Pline obſerve qu'elle eut ſucceſſivement ces noms; *Diospolis*, *Rhoas* & *Laodicée*. Voiez ce dernier nom. Celui qu'elle porte aujourd'hui eſt ESKI ISSAR c'eſt-à-dire, *le vieux Château*. Quelques-uns croient fauſſement qu'elle a retenu ſon ancien nom de *Laodicée* dans celui de *Laudichia*. Elle eſt attribuée à la Phrygie par Strabon [o].

[n] Plin. L. 5. c. 20.
[o] L. 12.

2. DIOSPOLIS [p] LA GRANDE; c'eſt la même Ville que THEBES Capitale de la Thebaïde en Egypte. Voiez THEBES. On dit qu'elle s'appelle aujourd'hui MINIO.

[p] p. 578. Hardouin in Plin. l. 5. c. 9.

3. DIOSPOLIS [q] LA PETITE, Ville Epiſcopale d'Egypte dans la ſeconde Thebaïde. Ammonius ſon Evêque eſt nommé par St. Athanaſe.

[q] Carol. a St. Paulo Geog. ſacr. p. 273.

4. DIOSPOLIS, autre Ville d'Egypte proche de Mendes dans le Delta ſelon Strabon [r]. Suidas [s] la met dans le Nome Buſiritide auſſi dans le Delta. Apollonius ſon Evêque aſſiſta au V. Concile General. La Carte Patriarchale de Sanſon met cette Ville entre Thmuis & Leontopolis.

[r] L. 17. p. 802.
[s] In voce DEMETRIUS.

5. DIOSPOLIS. Voiez LYDDE.

6. DIOSPOLIS, Ville de Bithynie ſur le Pont-

DIO. DIP. DIR.

[a] L. 5. c. 1. Pont-Euxin selon Ptolomée[a]. Niger la nomme CHIO & Thevet PORT DE HASSIO.

7. DIOSPOLIS, Ville d'Arabie selon Etienne le Géographe qui dit qu'on l'avoit ensuite nommée BERYTOS.

[b] Carol. à St. Paulo Geog. sacr. p. 224.

8. DIOSPOLIS,[b] Ville Episcopale de Thrace selon l'ancienne Notice Greque. Cedrene fait mention d'Alexandre Evêque de cette ville.

☞ Le nom DIOSPOLIS, veut dire *la Ville de Jupiter*, & ce nom se donnoit à celles qui avoient ou un temple ou une statue remarquable de ce Dieu.

DIOSPONTUM, ancien lieu de la seconde Armenie; à l'Occident de l'Euphrate & au midi du Melas. Holstenius dans ses Notes sur la Geographie sacrée du P. Charles de St. Paul[c], observe que c'est un Evêché suposé qui ne doit son existence qu'à la confusion des Cahiers. Un très-ancien Manuscrit porte *Diosponti* comme un nom de Province sous lequel il range Eutichien Evêque d'Amasie, d'où il demeure certain que Diospontum est le même qui a été ensuite nommé *Hellenopontus*. Ortelius fait mention d'un pays voisin du Pont d'où l'on apportoit l'opriment selon le livre des medicamens simples attribué à Gallien. Ce Géographe doute si ce ne seroit pas la même chose que Diospontum.

[c] P. 248.

DIOSSUROS. Voiez CHRYSOPOLIS.

DIPÆA, ancienne Ville d'Arcadie, selon Etienne le Geographe.

DIPHNIAS, ou DEIPHNIAS, Village de la Thessalie auprès de Larisse, selon Etienne le Géographe.

DIPHRI, ancienne Ville de Phénicie, selon le même.

DIPHTERA, Bourg qu'Ortelius trouve nommé en quelques Auteurs qui ne disent point en quel pays il le faut chercher.

DIPOENA, Bourg d'Arcadie, selon Pausanias. Il ne faut pas le confondre avec la Ville *Dipæa*.

DIPOLIS. Voiez LEMNOS.

DIPOTAMUM,[d] ou le camp Imperial. Cedrene dit que les habitans du lieu l'appelloient MESANACTA, & Leunclave ne le prend que les Turcs le nomment *Dipnanos*. Il doit être dans l'Asie proprement dite & Curopalate semble le mettre dans la Phrygie.

[d] Ortel. Thesaur.

DIPPA, nous avons remarqué au mot *Aczib* qu'on lit dans St. Jerome *& DIPPA* pour *Ecdippa*.

DIPPO, ancienne Ville d'Espagne entre Cordoue & Merida, selon Antonin. Seroit-ce l'*Hippo* de Tite Live comme le soupçonne Ortelius[e]?

[e] Thesaur.

DIPSAS, *antis*. Lucain dit dans sa Pharsale[f],

[f] L. 8.

Jam Taurum, Tauroque videre Dipsanta cadentem.

On croit qu'il a voulu parler d'une Riviere qui peut-être couloit dans la Cilicie.

DIPSIUM, Bourg près d'*Argos*. Voiez ce mot.

DIRADES ou DEIRADES, Village de Grece dans la Tribu Leontide selon Etienne le Geographe.

DIR. DIS.   119

DIRADIOTES. Voiez l'article suivant.

DIRAS,[g] lieu de l'Argie où Apollon *Diradiotis* étoit honoré, au raport de Pausanias. C'est le même que DERAS de Xenophon & DIRADES de Suidas. Dans Phavorin δειραδιωτης est un lieu de la Tribu Leontide.

[g] Ortel. Thesaur.
[h] In Corint.

DIRBÆ, lieu de la Scythie où étoit la Ville de Teos, selon Etienne le Geographe[i].

[i] In voce TEOS.

DIRCEA. Voiez THEBES.

DIRCE',[k] Ruisseau ou fontaine de la Béotie près de la Ville de Thebes dont Plutarque parle dans la vie de Demetrius. Ce Ruisseau entre dans l'Ismenus & Pausanias qui l'apelle fleuve dit que Dircé femme de Licus Roi de Thebes lui donna son nom. Cette Dircé selon la fable fut trainée à la queue d'un Cheval par Zethes & Amphion & changée depuis en une fontaine. Aussi Strabon l. 9. apelle-t-il ce Ruisseau de Dircé simplement une fontaine. Il marque dans le 8. l. que la Ville de Thebes en fut apellée *Thebes Dircéennes*. Pausanias raporte que la maison de Pindare étoit proche du fleuve Dircé.

[k] Corn. Dict. Le P. Lubin Tabl. Geog.

DIRCHAU ou DIRSCHAU,[l] Ville de Prusse dans le Palatinat de Culm. Elle est située sur la Vistule entre Dantzig & Ghnief à une égale distance de l'une & de l'autre ville. C'est une Starostie & un ancien monument de la magnificence des Chevaliers de l'Ordre Teutonique. Deux lieues au-dessous de Dirchau, la Vistule se separe en deux branches, dont l'une qui passe à droite va former l'Isle de Marienbourg, & se jette ensuite dans le Haf ou bras de Mer de la Prusse Ducale; l'autre continue son cours à gauche, vers le Golphe de Dantzig où elle entre en rasant de près les Fauxbourgs de cette Ville.[m] Cette ville que ceux du Pays appellent TSCOZOW & les Latins *Dirchovia*, *Dirsavia*, *Dersava* & *Csevum* a été autrefois fortifiée; mais on en a démoli tous les Ouvrages.

[l] Corn. Dict. Mem. du C. de Beaujeu.
[m] Corn. Ibid.

1. DIRE' ou DEIRE', Ville des Atheniens, selon Etienne le Géographe.

2. DIRE' ou DEIRE', Ville & Promontoire de l'Ethiopie sous l'Egypte selon le même. C'est le même qui resserre le détroit de Bab-el-mandel du côté de l'Ethiopie.

DIREA, Ville de l'Ethiopie sous l'Egypte sur le bord du Nil, selon Pline[n].

[n] L. 6. c. 29.

DIRIDOTIS,[o] Ville dont il est parlé dans la vie d'Alexandre par Arrien. On conjecture que c'est aujourd'hui la Ville de BALSORA.

[o] Ortel. Thes. In voce TEREDON.

DIRIGOTHIA, Ville de la basse Moesie selon le livre des Notices de l'Empire. C'est la même que DINOGETIA & DIMIGUTHIA, aujourd'hui DRIMAGO.

DIRINI,[p] ancien peuple de la Pouille, selon Pline.

[p] L. 3. c. 11.

DIRPHOSSUM. Lycophron aiant ainsi nommé un lieu, Isace son Commentateur dit que c'est une Montagne de l'Euboée & qu'Euphorion la nomme DIRPHIS. Etienne le Géographe fait aussi mention de *Dirphus*.

DISART, DYSERT ou DISERT,[q] petite Ville d'Ecosse dans la partie Occidentale de la Province de Fife. Elle est située sur l'Ocean avec un havre dont le fond est de bonne tenue & où les Vaisseaux peuvent mouiller à l'abri de tous vents. Cette Ville a droit de deputer au Parlement & entretenoit autrefois un

[q] Corn. Dict. Davity Ecosse.

un grand commerce avec ses voisins. Il y a près delà force bitume qui brûle en partie, ce qui cause souvent beaucoup de dommage aux habitans.

DISCARTA, [a] lieu de la Perse, selon Metaphraste dans la Vie de St. Athanase raportée par Surius.

[a] Ortel. Thesaur.

DISCERA, Nation de l'Afrique interieure. Pline [b] dit qu'elle fut subjuguée par Cornelius Balbus.

[b] L.5.c.5. re.

DISCHERI, Peuple vers le Pont Euxin selon Pomponius Mela [c]. Ortelius soupçonne qu'il étoit voisin de Trebisonde.

[c] Ortel. Thesaur.

§. On lit en effet dans l'Edition des Juntes & dans celle d'Olivarius : *Verum & hi inconditis moribus, Macrocephali,* DISCHERI, *Buxedi.* Au lieu de ces deux derniers noms Pintianus lisoit BECHIRES, *Buzeri.* La premiere de ces façons de lire est plus conforme aux Manuscrits examinez par Gronovius qui aime mieux lire *Macrocephali,* INSOCHI, *Buzeri.* Il prétend que les *Insochi* sont les mêmes que les *Insechi* de Tacite [d].

[d] Annal. l.13.c.37.
[e] Corn.Dict.

DISE, [e] Riviere de Flandres. Elle a sa source au pays de Liége, prend son cours vers Bois-le-Duc, passe dans les fossez de Creve-cœur & va se mêler aux eaux de la Meuse.

§. J'ai remarqué au mot AADE que l'on nomme DIESE, la Riviere qui coule au-dessous de Bois-le-Duc après la Jonction du *Dommel* & de l'AA, ou *Aade.* Et c'est aussi le sentiment de celui qui a écrit le Dictionnaire Géographique des Pays bas. Cependant Mr. de l'Isle marque dans sa Carte du Brabant que la Riviere de DYSE étoit ci-devant nommée DUTMAL & DOMMEL; & il en met la source au marais de Donderschack. Cependant on distingue la Dommel, de la Dise, quoi que ce soient en effet les eaux de cette premiere qui coulent dans la seconde.

DISENTIS; [f] en Latin *Desertina,* ou selon Mr. Corneille *Discentium,* bon Bourg de Suisse dans le Pays des Grisons. Il est situé dans le quartier apellé de la Ligue grise. Il y a une riche & ancienne Abbaye de l'ordre de St. Benoît fondée dans le VII. siécle entre Tavetsch & Tron. L'Abbé y a beaucoup d'autorité dans sa Communauté & dans celle de Waltensbourg. Il a aussi le droit de battre monnoie. C'est au-dessous de Disentis que le Rhin du milieu se joint au bas Rhin.

[f] Delices de la Suisse T. 3.p.586.

La *Communauté* de DISENTIS est composée de IV. Jurisdictions ou Cours de Justice comme ils les appellent; savoir *Disentis, Tavetsch, Brigel, & Tron,* qui sont sur la Rive gauche du Bas Rhin.

La *Jurisdiction* particuliere de DISENTIS comprend outre le Bourg dont elle porte le nom les lieux suivans; à savoir les Villages de *Sax,* & de *Sengen* & les Châteaux de *Brulso* & de *Rigis.*

DISMA, * Ville du Japon qui n'est separée de Nanguesaque que par un Canal fort étroit. Les Hollandois y ont un fort beau magazin qui consiste en une grande galerie, au milieu de laquelle est un banc fort long qui separe plus de trois cens chambres dans l'on enferme les marchandises & sur lesquelles sont les logemens des Officiers. Ce Magazin a quatre rues. Comme la Compagnie a la liberté de negocier pen-

* Corn. Dict. Ambassade des Hollandois au Japon.

dant tout le mois d'Octobre, le lundi tout est étalé & le Magazin de Disma ouvert. Les marchandises sont sur le banc qui separe les trois cens chambres. Le poivre, le girofle, la noix muscade, le macis, la canelle, & toutes les autres sortes d'épiceries y sont dans des plats d'argent. Ensuite sont des peaux de cerfs, de chiens de mer, d'élans ; puis du Musc de Tonquin, de l'écarlate, des serges, des miroirs, du bois de Sapan, du vif argent, de l'ambre jaune & des chapeaux dont les Japonois de qualité se parent assez souvent. Quand la nuit approche on scele toutes les chambres du sceau de l'Empereur, en présence d'un des Bourgmestres de la Ville de Nanguesaque. Ce Bourgmestre & le Marchand des Hollandois mangent à la premiere table durant tout le temps de la vente & ils sont servis par trois cens Japonois qu'on paie châque jour des deniers de la Compagnie pour mettre toutes choses en ordre. Cette galerie où les Japonois n'entrent point sans ôter leurs souliers, est quarrée & construite sur des colomnes de bois de sapan qui ont douze pieds de haut. L'Escalier par où l'on y monte est fait en coquille de limaçon. Tout le Plancher est couvert de riches tapis & sur les sieges qui sont tout à l'entour il y a des carreaux de soie où sont brodées les armes de la Compagnie. Le mardi on convient du prix des marchandises qu'on veut acheter & le lendemain on les livre ; ce qui se fait par la grande porte du Magazin qui donne sur la Mer, où elles passent sur plus de cent barques. Le trafic dure tous les jours du mois d'Octobre à l'exception du Dimanche. Pendant ce temps une infinité de Japonnois vont dresser leurs tentes à Disma, & ils y vendent du cuivre, de l'argenterie de toutes les sortes, de la racine de la Chine, du camphre, & de l'arbre qui le produit, de la Porcelaine, des Robes de chambre de coton, en broderie d'or & d'argent, du Tabac; des Coffres & des Cabinets du plus beau vernis. L'argent & le cuivre sont pesez dans des balances faites exprès, ensuite on les scele dans des Coffres, avec le sceau de l'Empereur, après quoi on les livre à l'Acheteur ;. le Bourgmestre de Nanguesaque étant caution de tout ce qui se vend & s'achette. La Compagnie fait d'ordinaire de ses Marchandises six cens coffres d'argent & deux mille de cuivre, châque coffre d'argent montant à mille écus monnoie de Hollande.

DISORÆ, peuple de Thrace selon Etienne le Géographe.

DISPARGUM ou DISPORUM, [g] Ville ancienne que l'on pretend être celle du Duché de Cleves qu'on nomme aujourd'hui DUYSBOURG. Voiez ASCIBURGIUM.

[g] Corn.Dict.

DISPONTUM: Voiez DIOSPONTUM.
DISPORUM. Voiez DISPARGUM.

DISSENHOW, [h] Ville de Suisse dans la partie du Turgow que les sept anciens Cantons possedent. Elle est située sur le Rhin entre Stein & Schafhouse. Les Suisses la prirent en 1460.

[h] Corn.Dict.

§. C'est la même que Mr. Corneille nomme ailleurs DIESTENHOFFEN, & de laquelle il fait encore un autre article comme si c'étoient deux villes.

DISSENZANO, [i] Petite Ville d'Italie dans

[i] Corn.Dict.

dans l'Etat de Venife. Elle eſt ſituée ſur le Lac de Garde & on y arrive après avoir traverſé une belle plaine de vingt milles dans un pays très-fertile en allant de Breſcia à Verone. Cette ville eſt renommée par ſes bons vins. Ce ſont ceux qu'on appelle *Carpioni* & *Muſcatello* que les habitans nomment *Vino Santo*.

§. Cette Ville dont Mr. Corneille parle ici ſur le raport de Laſſels Voiageur Anglois & de E. D. R. *Nouv. Voiage d'Ital.* T. 1. eſt la même qu'il nomme ailleurs *Deſenzano* & de laquelle il donne un article copié de Meſſ. Baudrand & Maty, ſans avertir de cette diference qui n'eſt que dans l'Orthographe du nom.

[a] L. 6. c. 17. DISTA, [a] Ville d'Aſie dans l'Arie ſelon Ptolomée.

[b] Corn. Dict. DITCAULI, [b] Ville des Indes. On la trouve au ſortir de Goa dont elle eſt éloignée de trois lieues après qu'on a paſſé la Riviere de *Madre de Dios*, pour entrer dans le pays de Viſapour. Le Gouverneur de Ditcauli l'eſt auſſi de la forterefſe de Ponda qui eſt ſur la même Riviere. Il n'y a que ſix lieues de là juſqu'à Danda.

[c] L. 3. c. 22. DITIONS, peuple de l'ancienne Dalmatie ſelon Pline [c].

DITIS SPIRACULA, c'eſt-à-dire, *les ſoupiraux de Pluton*. Voiez PLUTONIUM.

[d] Ortel. Theſaur. DITTANI, [d] peuple de l'Eſpagne Tarragonoiſe vers Oroſpeda ſelon Strabon. Il ſemble que ce ſoient les mêmes que les THITTI de Polybe.

[e] Corn. Dict. d'Audifret Geog. T. 3. DITHMARSEN [e] ou DIETHMARSEN, Province du Duché de Holſtein. Elle a celui de Sleſwig pour bornes au Septentrion; le Holſtein particulier à l'Orient; l'Elbe au Midi; & la Mer Germanique à l'Occident. Elle a eu anciennement des Seigneurs particuliers qui n'étoient pas tout à fait les maîtres. Pluſieurs d'entre eux ont été maltraitez par leurs Sujets qui aiant maſſacré Rodolphe avec ſon fils couperent le nez & les oreilles à Valpurge ſa femme qu'ils jetterent enſuite en une Riviere. Hartwich frere de Rodolphe & ſon ſucceſſeur épouvanté d'une telle barbarie ceda ſes droits ſur cette Province à l'Archevêque de Breme qui lui donna le Comté de Staden en échange. Henri le lion s'en rendit le maître & enſuite les Dithmarſes ne pouvant ſouffrir qu'aucun regnât paiſiblement changerent ſouvent de maîtres, ils furent pluſieurs fois en guerre avec les Comtes de Holſtein qui prétendoient que cette Province dépendît d'eux. Chriſtian I. Roi de Danemarck aiant été reconnu Comte de Holſtein ſomma ces peuples l'an 1474. de lui prêter ſerment de fidelité. Ils s'en excuſerent ſur ce qu'ils l'avoient prété à l'Archevêque de Breme. Jean Roi de Danemarck fils de Chriſtian voulut les y forcer par la voye des armes l'an 1500, mais il fut batu & obligé de ſe retirer. Après ce grand avantage les Dithmarſes joüirent ſans trouble de leur liberté juſqu'en l'année 1559. qu'ils furent ſubjuguez par Frederic II. qui les attaqua conjointement avec Jean le Vieux & Adolphe ſes oncles ſous la conduite de Jean de Rantzow General de leurs troupes. Ils partagerent ce pays & par la convention faite à Kiel l'an 1568, Frederic eut la partie meridionale, Jean eut la mitoienne, contigue

Tome II.

au Bailliage de Renſbourg, & Adolphe la ſeptentrionale qui confine avec le Bailliage de Gottorp. Jean le Vieux n'aiant point laiſſé de poſterité. On convint après de longues conteſtations touchant ſa ſucceſſion que le Roi Frederic auroit les Bailliages d'Haderſleben, & de Dorning dans le Duché de Sleſwig; celui de Renſbourg dans le Holſtein & la partie Meridionale de la Dithmarſe mitoienne: & qu'Adolphe auroit le Bailliage de Tonderen, le Cloître de Lohm & les Iſles de Nordſtrand & de Femern dans le Duché de Sleſwig, le Monaſtere de Bordersholm dans le Holſtein & la partie ſeptentrionale de la Dithmarſe Mitoienne. Le Roi de Suede renonça depuis par le Traité de Roſchild, en faveur de la Maiſon de Holſtein à tous les droits qu'il pouvoit avoir ſur la Dithmarſe & ſur le Comté de Delmenhorſt comme Duc de Bréme. La partie Meridionale de la Dithmarſe qui appartient au Roi de Danemarck renferme les Villes de Meldorp & de Brunsbutel; & dans la ſeptentrionale qui eſt au Duc de Holſtein Gottorp ſont les petites Villes de Lunden & de Heyde.

1. DIU, [f] Ville des Indes dans le Royaume de Guzarate ſur les frontieres duquel elle eſt ſituée du côté du Sud. Les Portugais l'appellent *Dive*, qui ſignifie Iſle, parce qu'elle eſt dans une Iſle de ce même nom. Cette Iſle eſt aſſiſe à vingt lieuës de l'entrée du Golfe de Cambaye, & à trente de la ville qui porte le nom de ce Royaume. Elle eſt éloignée du premier Meridien de cent huit degrez, & de l'Equateur de vingt degrez trente minutes du côté du Nord, ſelon Barros, & non pas du Sud comme dit Jarric qui lui donne vingt-deux degrez de latitude Auſtrale. Il n'y a qu'un canal fort étroit qui la ſépare de la terre ferme. Il l'eſt tellement qu'on le paſſe ſur un pont de pierre. C'eſt le premier lieu des Portugais qu'on trouve depuis Ormus en allant aux Indes. Sa longueur n'eſt que de ſix milles, & ſa largeur que de trois ou quatre arquebuſades. L'air y eſt bon & ſain pour ceux qui y ſont accoûtumez. Il y fait ſi froid la nuit qu'on eſt obligé de ſe couvrir, & le jour une ſi grande chaleur qu'on ne peut durer dans ſes habits. Les habitans ſont olivâtres & ſecs, & vivent long-temps. Un Bacha Turc étant à Diu l'an 1538. on lui mena un Vieillard qui prétendoit avoir trois cens ans, & on l'aſſura qu'il s'en trouvoit pluſieurs en ces quartiers-là qui paſſoient de beaucoup un ſiécle. Ils vivent délicatement & mangent fort peu. Ils ſont un breuvage de noix muſcadées, de ris, de dates & de raiſins de paſſe, qui eſt d'un goût agréable; mais nuiſible à l'eſtomach. Il y a fort peu de fruits en cette Iſle; mais il y vient quantité de féves, de concombres, de raiforts & d'aulx. Il s'y trouve auſſi du gingembre, des bœufs, des vaches & des brebis, & force poiſſon ſalé que ces Inſulaires font fumer, comme nous faiſons les langues de bœuf. La ville de *Diu* eſt aſſez belle, pleine de boutiques de diverſes marchandiſes, & ceinte de fortes murailles qui finiſſent aux deux extrêmitez du Port, où ſont des degrez longs de cinquante pas, par leſquels on monte & on deſcend ce qu'on tire de navires, & ce qu'on y veut charger. Il y a deux colomnes ou pyrami-

[f] Corn. Dict. Davity. Aſie.

Q des

des. Celle qui est à main droite a les armoiries du Roi de Portugal, & il y a trois flèches sur l'autre. Vis à-vis du Port est la Douane avec deux étendars, & une croix à l'entrée. On voit de là une grande cour, & quantité de chambres pour y mettre les marchandises. Ce port est très-commode pour les navires, & se peut fermer avec une chaîne de fer. Au coin de la ville sur le Port, on découvre une Forteresse que les Portugais ont bâtie en forme triangulaire, & qui commande à ce Port. Elle est très-bien munie & presque imprenable. La mer en environe la plus grande partie, & du côté de la terre elle est fortifiée d'un double fossé, & d'un double mur. Le dedans est plein de maisons accompagnées de plusieurs Eglises, de sorte qu'en temps de guerre tous les Portugais s'y peuvent facilement renfermer. Cette Forteresse est située sur un grand rocher, & a la riviere d'un côté & la mer de l'autre. Celui par où l'on vient à la ville a de bons remparts & de bons fossez jusqu'à la mer. Sur le bord de la riviere est une tour extrêmement forte, qui à l'eau très-basse de l'autre côté avec une terre limoneuse, ainsi on n'en sauroit approcher à pied, ni même dans les plus petites barques, si ce n'est au temps des hautes marées. L'espace qui est entre la Tour & la Forteresse est pour le passage des vaisseaux, sujets au canon de l'un & de l'autre Fort.

Les habitans de cette Isle sont partie Guzurates, originaires de Cambaye, ou Banians, Marchands Païens, & partie Turcs ou Persans, & autres Mahometans. Les autres sont Catholiques Chrétiens Portugais, & toutes ces Nations vivent ensemble avec grande liberté de Religion. Il s'y trouve encore un grand nombre de Pagodes ou anciens Temples d'Idoles. Il y en avoit un autrefois hors de la ville, & il étoit dédié au Dieu Mahesse, qui donnoit, disent-ils, une grande force aux Capitaines. Ceux qui menoient une vie miserable avoient coûtume de se sacrifier volontairement devant ce Dieu, dans l'esperance que leur ame passeroit dans le corps de quelque Seigneur ou homme riche; mais cela n'est plus permis, & le Temple de Mahesse fut entierement rasé l'an 1604.

Les Portugais n'ont bâti les Châteaux ou Forts qu'ils ont dans la ville, qu'après avoir essuyé de grandes traverses. Badul Sultan ou Roi de Cambaye se sentant trop foible pour resister au Mogol qui l'attaquoit, offrit à Nunño d'Acunña, Gouverneur aux Indes pour le Roi de Portugal, la permission de bâtir une Forteresse à Diu, s'il vouloit le secourir contre l'ennemi qui le pressoit. Acunña qui l'avoit demandée plusieurs fois sans la pouvoir obtenir, vint aussi-tôt avec une armée navale, & suivant ce qui avoit été arrêté entr'eux, il fit bâtir cette Forteresse qui fut achevée en cinquante-cinq jours. Ensuite il reprit quelques Places sur le Mogol qui se retira dans les Etats voyant approcher l'Hiver. Acunña de son côté s'en retourna à Goa au commencement de l'an 1536. laissant à Diu Emanuel Sousa, avec mille Soldats & beaucoup d'artillerie. Badul mal disposé pour les Portugais dont il avoit attendu de plus grands secours pour continuer la guerre contre le Mogol, ordonna à Nivaro qui commandoit pour lui dans Diu de faire élever une muraille entre la ville & la Forteresse des Portugais, sous prétexte qu'il vouloit faire bâtir en ce lieu-là des écuries pour des chevaux qu'on lui amenoit de Perse & d'Arabie. Son dessein étoit d'y faire quelques fortifications pour battre de là cette Forteresse. Les Portugais ne manquerent pas de s'y opposer, & Badul trouva à propos de dissimuler pendant quelque temps pour les mieux surprendre. Cependant il porta secretement les Princes de ces quartiers-là à faire la guerre aux Portugais, afin que les forces de ces mêmes Portugais se trouvassent partagées. Acunña qui en eut avis, resolut de le prevenir. Il assembla trente navires, prit la route de Diu, faisant répandre qu'il alloit visiter cette Place, & en même temps il donna ordre de le suivre à Martin Alphonse de Sousa, qui étoit alors vers le Malabar, avec une armée de mer. Acunña arrivé à Diu fit jetter les ancres sous le Fort, & feignant d'être malade, il envoya saluer le Sultan Badul, avec force excuses de ce qu'il n'étoit pas en état d'y aller lui-même. Badul monta aussi-tôt sur une galere & alla visiter Acunña dans son vaisseau. Il étoit vêtu de vert comme venant de la chasse, & menoit avec lui Emanuel Sousa, Commandant de la Forteresse, qu'il avoit apellé pour lui tenir compagnie, & treize des principaux de sa Cour, avec deux Pages, dont l'un portoit son poignard, & l'autre son arc & son carquois. Sa galere étoit suivie de quatre petits vaisseaux legers qui portoient le reste de ses domestiques. Badul ne fut pas long-tems avec Acunña sans apercevoir qu'on avoit dessein de le tuer. Ainsi aiant pris congé de lui, il sauta dans sa galere où Acunña le fit suivre par les gens que ceux de Badul secourus de quelques autres, combattirent fort long-temps. Ils se firent tous tuer, & Badul qui avoit été blessé tâcha de se sauver à la nage en se jettant dans la mer ; mais un Matelot lui fendit la tête d'un coup de perche. Sitôt qu'il fut mort, Acunña se rendit maître de la ville de Diu, & de toute l'Isle. Ceux de Cambaye élurent pour Roi Mamud, encore enfant, fils de la sœur de Badul, & lui donnerent pour Gouverneurs trois grands Seigneurs du Roiaume nommez Driacan, Madremaluc & Alucan, qui voulant venger la mort de Badul, vinrent assieger le Fort de Diu, & entrerent dans la ville. Soliman Empereur des Turcs leur envoya soixante & quatorze gros navires. Ce secours étoit puissant, aussi les Assiegez furent-ils reduits à l'extrêmité, jusqu'à ce que Nunño d'Acunña vint relever leur courage avec une puissante armée de mer. Il força les Assiegeans à se retirer, & regagna toute l'Isle de Diu avec un fort grand butin. Cet avantage fut remporté par les Portugais l'an 1538. Le Roi Mamud fit encore dessein de chasser les Portugais hors de l'Isle de Diu l'an 1546. Il les assiegea, & les pressa tellement qu'il eût emporté la Place sans la valeur de Jean Mascaregnas Gouverneur de la Citadelle, secondé de Jean de Castro Gouverneur des Indes, qui étant venu le secourir, mit ses ennemis en fuite, & recouvra toute l'Isle, après quoi la Citadelle qui avoit été fort endommagée fut mise en meilleur état qu'auparavant. Jean de Castro re-

DIU. DIV. DIV. DIŬ.

retourna victorieux à Goa sur la fin d'Avril de l'an 1547. & depuis ce temps-là les Portugais sont demeurez maîtres de l'Isle & de la ville de *Diu.* Le commerce y a fleuri fort long-tems, & les Rois de Portugal en ont tiré plus de revenu que d'aucune de leurs autres villes des Indes; mais il est extrêmement diminué depuis que les Hollandois, les Anglois, & même les François negocient à Cambaye & à Surate.

2. DIU, Ville de Bulgarie sur le Danube à trois journées d'Urosozuck, selon Mr. Corneille [b].

[b] *Dict. & Baudrand. Ed. 1705.*

1. DIVA, nom Latin de la D<small>EE</small> Riviere de l'Ecosse septentrionale.

2. DIVA, nom Latin de la D<small>IVE</small> Riviere de France en Normandie.

DIVANA LEGIO. Voiez D<small>EVANA</small>.

DIVANDOUROU [c], Nom que l'on donne à des Isles qui se trouvent à trente lieues de Malecut, l'une des Maldives du côté du Nord, à quatre-vingt de la côte de Malabar, presque vis-à-vis de Cananor dans les Indes, en Latin *Divandura Insula.* Elles sont au nombre de cinq, & le tour de chacune est à peu près de sept lieues. Les Marchands Malabares qui les habitent, font un grand trafic par toute l'Inde, & particulierement aux Maldives où ils ont des Facteurs qui leur envoyent tout ce qui s'y trouve de meilleur pour le commerce. Ces Isles obéïssent au Roi de Cananor. L'air y est fort sain, & le terroir très-fertile. Les Corsaires Malabares s'y vont d'ordinaire rafraîchir, & s'y marient. Leurs habitans suivent la Religion de Mahomet.

[c] *Corn. Dict. Davity Malabar.*

DIVAR [d], Isle de la mer des Indes, située au Septentrion de celle de Goa. Elle est assez bien peuplée, & fut laissée par Idalcan aux Portugais qui l'ont toûjours possedée depuis. Les habitans étoient autrefois fort addonnez aux superstitions Païennes, & avoient beaucoup d'Idoles. Il y en avoit une entr'autres du Dieu Ganise, auquel tous ceux du Païs & des environs portoient grand honneur. Ils prétendoient qu'il étoit propre fils d'Adam & d'Eve, & en racontoient diverses Fables. On celebroit sa Fête au mois d'Août, & en ce tems-là un grand nombre d'Indiens venoient de plusieurs endroits en pelerinage à son Temple, qui étoit proche d'une riviere où il y avoit un goufre. Les Pelerins & autres qui visitoient ce Temple, jettoient dans le goufre quantité de fruits, & de toutes sortes de viandes, dont ils faisoient present à l'Idole. Lorsque leurs offrandes s'enfonçoient dans l'eau, ils s'imaginoient que le Dieu Ganise les venoit prendre, & il y en avoit parmi eux d'assez aveugles pour s'y précipiter eux-mêmes, dans la pensée que s'ils se noyoient ils iroient tenir compagnie à leur Idole dans un séjour rempli de délices. Les habitans de cette Isle se firent Chrétiens quand les Portugais s'en furent rendus les maîtres. Ils s'assemblent en une Eglise qu'on leur a bâtie pour celebrer l'Office Divin, & les Jesuites ont soin de les visiter de tems en tems.

[d] *Le même. Davity Asie.*

1. DIVE, Riviere de France en Normandie. [e] Elle a deux sources au dessous de Gassey, & grossie des eaux de l'Ante, de Vic, de Lezon & de Meauce, elle se rend dans la mer à Saint Sauveur de Dive, environ à douze lieuës de

[e] *Corn. Dict. Papyre Masson, Descr. Fl. Gall.*

ses sources, après avoir arrosé Chamboy, Trun, Saint Pierre surnommé sur Dive & & Sainte Barbe en Auge. Cette riviere apellée par les Latins *Diva* & *Deva*, sépare le terroir de Seez d'avec celui de Lisieux.

2. DIVE, [f] Riviere de France dans le Poitou. Elle a sa source à la Grimaudiere, & accruë des eaux de Gron qu'elle reçoit à Moncontour, elle se divise en deux, après quoi prenant son cours vers Loudun, elle se grossit encore par la jonction des rivieres de Martray & de Briande, & va se jetter au dessous de Saint Just dans le Thouay qui se décharge peu après dans la Loire.

[f] *Ibid.*

3. DIVE [g] ou *Saint Sauveur sur Dive.* Bourg de France en Normandie, situé à un quart de lieuë de l'Embouchure de la Dive dans la mer. Il est du Diocese de Lisieux dans le petit Païs d'Auge, à cinq lieues de Caën, à quatre de Touques, & à deux ou trois d'Estrehan. L'Eglise de Saint Sauveur est bâtie solidement en croix, & assez grande. Elle est ornée d'une grosse Tour portée sur le milieu de la croisée. La voûte large & plate de la Tribune de pierre qui est au haut de cette Eglise est un ouvrage hardi. Ce bourg est un petit Port de mer avec Siege d'Amirauté. La marée y monte de douze à quatorze pieds dans les nouvelles & les pleines Lunes. On y embarque des cidres, & des bois à bâtir & à brûler, & son Marché est fort frequenté.

[g] *Corn. Dict. Mem. dressez sur les lieux.*

DIVERTIGI [h], Village de Sourie à trente mille pas d'Antioche. Molet croit que c'est l'ancienne S<small>ELEUCIE</small> surnommée *ad Belum*, pour la distinguer des autres villes de ce nom qui étoient situées sur d'autres Rivieres.

[h] *Baudrand in voce* S<small>ELEUCIA AD BELUM</small>.

DIVETO [i], Bourg de Sicile sur la côte septentrionale de la Vallée de Demona. On croit que c'est un reste des ruines de l'ancienne ville de N<small>AULOCHUS</small>.

[i] *Baudrand Edit. 1705.*

DIVETTE [k]. Petite riviere du Cotantin dans la Basse Normandie. Sa source est à Briqueboscq. Elle passe à Sotteville, à S. Christophle, à Virandeville, à Sideville, à Martinvast, à Oudeville, & va à Cherbourg où elle se décharge dans la mer.

[k] *Corn. Dict. Vaudome, Manuscrits Geographiques.*

DIVINE ou *Riviere de la Divine* [l]. Riviere qui coule dans la partie Occidentale de la Nouvelle France, en Latin *Fluvius Divinæ*. Quelques-uns l'appellent Riviere de S. Louïs. Elle a sa source vers le Lac des Ilinois, & après un cours d'environ quatre-vingt lieues du côté de l'Occident, elle va enfler les eaux du Mississipi.

[l] *Corn. Dict.*

DIVIO ou *Divionum.* Nom Latin de la ville de Dijon, capitale du Duché de Bourgogne.

DIVIONENSIS TRACTUS; L<small>E</small> D<small>IJONNOIS</small>.

DIVISÆ. Voiez D<small>EVISES</small>.

DIVITENSE MONIMENTUM, Village de la Germanie inferieure selon Ammien Marcellin. L'Abbé Robert le nomme T<small>UITIUM</small>. Le nom moderne est D<small>UYTS</small>. Il est sur le Rhin vis-à-vis de Cologne, dont il est en quelque maniere le fauxbourg.

DIUL [m]. Ville du Roiaume de Tatta dans l'Indoustan. Elle est sur la côte de la mer des Indes vers les frontieres de Perse, à peu de distance de l'embouchure du fleuve Indus.

[m] *Corn. Dict.*

1. DIUM.

124 DIU. DIX. DIZ.

Le P. Lubin, Tabl.Geogr. 1. DIUM. * Ville ancienne de la Macedoine. Strabon dit qu'elle étoit située au pied du Mont Olympe, environ à sept stades du Golphe de Thessalonique. On la nomme presentement *Stadia*. Voiez DIA & DION.

a l.4.c.12. 2. DIUM, [a] Ville de l'Isle de Crete selon Pline.

b Ibid. 3. DIUM, Ville de l'Eubée selon le même [b].
c L. 10. p. 446. P. Strabon en parle aussi.

DIVODURUM, Les Latins donnent ce nom à *Metz*, ville de France.

d Ortel. Thesaur. 1. DIVONA, [d] Fontaine de laquelle parle Ausone. Vinet pretend qu'elle étoit dans la ville de Bourdeaux, & que son nom est DIVICE.

2. DIVONA CADURCORUM, On appelloit autrefois ainsi la ville Episcopale du Querci en France que l'on nomme aujourd'hui *Cahors*.

DIUR, Nom ancien de la ville de *Teculet* en Afrique, qui est dans le Royaume de Maroc.

e Corn. Dict. Le P. Bouffingaut, Voyage des Pays-bas. DIXMUDE, [e] Ville des Pays Bas dans la Flandre, éloignée de trois cens lieues presque également de Nieuport, de Furnes & d'Oudembourg, en Latin *Dixmuda*. Elle est située sur l'Yperlée dans une situation fort avantageuse, & fortifiée de huit demi-lunes bien achevées en palissades. La contrescarpe est assez bonne, & le fossé large & rempli d'eau. La mer venoit autrefois jusqu'à ses murailles, faisant un petit bras capable de recevoir les vaisseaux Marchands qui y venoient trafiquer, attirez par les franchises que les anciens Comtes de Flandre, Fondateurs de cette ville, lui avoient accordées. Elle a souffert de grands incendies, en l'un desquels plus de trois cens maisons furent brûlées. Cette ville s'est renduë celebre par plusieurs sieges qu'elle a soûtenus avec succès, principalement en 1459. contre ceux de Bruges, & en 1580. contre les Gantois. Ses pâturages qui font faire le beurre le plus délicat des Pays-Bas, & ses agréables avenuës sont cause qu'elle est fort peuplée. Son Senat est composé de treize Echevins, d'autant de Conseillers & de deux Consuls, tous annuels. Elle avoit autrefois deux Curez, & presentement elle n'en a qu'un. Il y a une Convent de Recolets, un autre de Sœurs Grises de l'Ordre de Saint François, un Monastere d'Augustins, un Beguinage, une Abbaye de Religieuses de Cîteaux, qu'on appelloit autrefois l'Abbaye de la Vallée du Ciel en Verken où elles demeuroient. Leur Convent aiant été détruit par les guerres, elles se sont retirées dans Dixmude. Il y a aussi deux Hôpitaux & une Ladrerie au fauxbourg. Tous les ans au mois de Juillet il s'y tient une Foire de chevaux & de plusieurs sortes de marchandises.

f Hist. de Timur-bec. T.1.p.315. DIZAC, [f] Riviere d'Asie. Elle coule dans la Corassane & se jette dans le Gihon ou Oxus.

g l.5.c.13. DIZACA, C'est ainsi que quelques interpretes de Ptolomée [g] lisent au lieu d'AZALA ville de la Sacapene dans la grande Armenie.

DIZERUS, Ville de l'Illyrie selon Etienne le Geographe.

h l.5.c.7. DIZOATRA, Ville de la petite Armenie selon Ptolomée.[h] Quelques manuscrits portent ZIZOATRA.

DOA. DOB.

DO.

DOALA. Voiez DOARA.

DOANAS, Riviere de l'Inde au delà du Gange selon Ptolomée [i] qui y place un peuple nommé DOANÆ. *i l.7.c.1.*

DOARA [k], Ville de Capadoce selon St. Gregoire de Nazianze. Eulalius en étoit Evêque. Elle est nommée DOHARA dans le Recueil des Conciles. *k Ortel. Thesaur.*

DOARO ou plutôt, DAWARO [l] Province d'Ethiopie au midi du Roiaume de Dancale, à l'Occident de celui d'Adel, au Nord des Galles & à l'Orient des Roiaumes de Gañ, & de Ghedm. *l Ludolf Carte d'Abissinie.*

DOARRON, Riviere d'Espagne. Elle arrose le Guipuscoa & va se rendre dans la mer vers le passage qui est un port de cette Province. *Davity Guipuscoa.*

§. Jansson dans sa Carte de Biscaie & de Guipuscoa nomme cette Riviere DOIARCON, en met la source sur les confins de la Navarre, la fait couler près des Villes ou Bourgs Oyaxa, d. Renteria g. Leco, & Pasase d. & Passase. d. C'est une faute il faloit dire Passage qui est un port entre St. Sebastien & Fontarabie. Voiez PASSAGE.

DOBA [m], l'une des 27. Prefectures ou Gouvernemens du Roiaume de Tigre dans l'Abissinie. Ce lieu est voisin d'Angote & peuplé de Payens. Il tient l'onzième rang entre ces Prefectures. *m Ludolf Hist. Æth. l.1.c.3.27.*

DOBACEN. Voiez DOBOKA.

DOBARWA [n], sur les Cartes DEBARUA ou encore plus mal BARVA & BARNA, Residence du Bahr-nagash ou du Viceroi de la partie du Roiaume de Tigre la plus proche de la mer. Ce lieu est dans une espece d'Isle que forme le Mareb avant que de se cacher sous terre pour la premiere fois. *n Ludolf Ibid & Carte de l'Abissinie.*

DOBAS, peuple de l'Abissinie au Nord & dans les montagnes du Roiaume d'Angote, à l'Occident des mines de sel du Roiaume de Dancali. Ils sont cafres.

DOBASSI MONTES. Voiez DAMASI.

DOBELEN. Voiez DOBLIN.

DOBER, Riviere de la Basse Lusace. Elle a sa source au Village de Dober, passe à Kirchan, à Sonnewald & à Kalau g. & se jette dans la Sprée à Dobermund.

DOBERMUND, Village au confluent de la Dober & de la Sprée.

DOBERAN [o], 'Quelques-uns écrivent *Dobereim*. Village de la basse Saxe dans le Duché de Meckelbourg sur le chemin de Rostock à Wismar. Ce lieu est considerable par une Abaye de l'Ordre de Cîteaux que Pribislaus II. dernier Roi des Herules & des Vandales y fit bâtir dans le XII. Siecle vers l'an 1171. L'Eglise qui est très bien conservée depuis tant de siécles est d'un dessein fort hardi, & la voute qui est très-haute pose sur des colomnes de briques, si ménues qu'il est étonnant qu'elles puissent porter un tel fardeau. Les formes où les Religieux s'asseioient au chœur durent encore & sont une preuve que la Congregation étoit nombreuse. Ce Monastere, dont le premier Abbé fut Conrad, avoit de grands Priviléges. Pribislaus II. qui avoit embrassé la Religion *o Memoires dressez sur les lieux en 1719.*

gion Chrétienne & qui avoit eu pour Missionaires des Religieux de Cîteaux qui tenoient alors le premier rang dans l'Etat monastique, accorda à ceux-ci, à la sollicitation de Bernon Evêque de Mekelbourg qui étoit du même Ordre, un grand district pour leur entretien & des immunitez très-considerables. Les patentes que j'en ai eues entre les mains contiennent d'afreuses maledictions contre celui de ses successeurs qui osera y rien retrancher. Lorsque la Confession d'Augsbourg a été embrassée dans ce Duché, les Moines ont été chassez & le Monastere détruit. Il n'en reste plus que l'Eglise, deux murailles encore percées pour les fenêtres des cellules des Religieux. Sur les ruines des anciens fondemens on a élevé une maison de chasse où residoit le Duc Charles Leopold de Mekelbourg lorsqu'il n'étoit qu'apanagé du vivant de Frederic Guillaume son frere. Le terrain est plein de sources d'eau vive. Au sortir de la cour on trouve une forêt que l'on traverse pour aller au bord de la Mer Baltique où l'on voit un rivage de gros galet que les habitans nomment *Heilige Dam* ou la *Sainte Digue*. Une tradition très-ancienne & qui s'est conservée malgré le changement de religion, dit qu'autrefois le Rivage étoit si bas en cet endroit que dans les gros temps la mer entroit dans le pays, & ravageoit les grains, les troupeaux & les habitations des paysans. On dit qu'un St. Abbé de Doberan se mit en priere avec sa Communauté & ordonna aux villages qui dependoient de l'Abbaye trois jours de jeûne & de priere ; & que le jour de la Toussaint on trouva au matin la digue qu'on y voit encore. Ce sont des pierres de toutes sortes de grandeur. La reverberation du Soleil jointe à l'humidité de la mer les fait paroître de diverses couleurs, & on remarque que ceux qui en recueillent dans un panier par curiosité ne finissent jamais de choisir, car ils en trouvent toujours quelques-unes qui leur paroissent plus belles que celles qu'ils ont déja. On en transporte par chariots, pour garnir des grotes & autres ornemens de jardins. C'est dans l'Eglise de Doberan qu'est la sepulture ordinaire des Ducs de Meckelbourg. Cependant Albert II. Roi de Suede & Duc de Meckelbourg est enterré à Gadebusch avec sa Reine sa femme & le dernier Duc Frederic Guillaume a son tombeau à la Schelve, dans l'Eglise avoit fait bâtir avant sa mort.

DOBERI, ancien peuple de la Peonie. Herodote [a] les nomme Doberes & les met au Nord du mont Pangée. Dans les anciennes Editions de Pline on lisoit DOBERIENSES, *Trienses*, le R. P. Hardouin trouvant dans les manuscrits *Doberies*, *Trienses* lit DOBERI ÆSTRÆENSES & fait voir que ces deux peuples étoient les habitans de *Doberon* & d'*Æstræon*.

DOBEROS, Ville de la Péonie selon Thucydide [b] & Etienne le Géographe, Ptolomée nomme ce même lieu Δόβηρος, par un renversement des deux premieres voielles ; & dans une Notice Ecclesiastique on trouve dans la Province de la Macedoine premiere Δόβορος. Le R. P. Hardouin remarque que c'est une faute pour *Doberos*.

DOBLAC, petite Ville du Comté de Tirol en Allemagne à deux milles des frontieres de l'Etat de Venise, au septentrion & à quatre de celles de la Carinthie du côté de l'occident. Cette ville est dans le Territoire de Brixen près du Torrent de Rienez, au pied des Alpes & peu éloigné des confins de l'Archevêché de Saltzbourg.

DOBLIN, DOBLEN, DOBELEN, ou DOBELIN ; Bourgade de Curlande sur les frontieres de la Samogitie, [c] assez près de la petite Riviere de Berlebach qui va se perdre dans celle de Bulderau. Mr. de l'Isle [d] la met au contraire dans la Samogitie sur les frontieres de Semigale au midi Occidental & à près de trois milles Géographiques de Mittau. Il n'en fait qu'un simple village. Mr. Baudrand [e] la met sur le Torrent de Bartsch & dit qu'il y a un ancien château des Ducs de Curlande.

DOBOKA [f], contrée de Transilvanie, avec titre de Comté. Elle est dans le pays des Hongrois & a pour capitale Busa ou Buzaten. Mr. de l'Isle nomme ce Comté DOBACEN dans une Carte & DOBACA dans une autre.

DOBORBICA, Ville forte de l'Illyrie selon Laonicus, cité par Ortelius. [g]

DOBRAT, Voiez DABERETH.

DOBRILOCK [h], en Latin *Dobrilucca*, château d'Allemagne dans la basse Lusace. C'est aussi un Bailliage & le Douaire ordinaire des Duchesses de Mersebourg.

DOBRODICIA [i], Ville des Bulgares selon Ortelius.

DOBROLISTA [k], nom d'une ville qu'Ortelius croit avoir été en Epire.

DOBROSLAU [l], Ville d'Allemagne dans la Boheme. On l'appelle presentement *Hraders de la Reine* ; Elle est située entre l'Elbe & la Worlitbe.

Cet article qui est de Mr. Corneille est plein de fautes. Voiez DOBRUSKO, qui est le vrai nom de cette place.

DOBROWICA [m], Bourgade du grand Duché de Lithuanie dans la Polesie sur la Riviere de Horin, sur les frontieres de la haute Volhinie. De Wit marque dans sa Carte que ce lieu a eu autrefois titre de Duché.

DOBRUCIE ou DOBRUCE, Mr. de l'Isle [n] écrit DROBUGIE. Contrée de la Bulgarie [o]. Elle est entre le Danube & les Ruines de la muraille que les Empereurs grecs firent bâtir depuis Gopasul près de Silistrie jusqu'à Constance sur le Rivage de la Mer noire. C'est où se tiennent les Tartares *Cibeles* ou *Cibées* au nombre d'environ deux mille. Mr. Sanson [p] les nomme Tartares de Dobruce. Le [q] Turc se sert quelquefois de ces Tartares pour faire croire que son armée est grossie des Tartares Precopites. Ils sont Mahometans [r] & dans la même contrée il y a des Eunuques restez de la faction de Tekel & de la Secte d'Ali plus qu'on n'en trouve dans tout le reste de la Bulgarie. Ce pays a été habité par les anciens Scythes ; & *Tomi* où le Poëte Ovide fut relegué par Auguste étoit une des villes de ce Peuple. [s] Cette Province a de grandes Campagnes qui s'étendent jusqu'à Prouad. Tout ce pays est sujet aux Turcs & du Sangiac de Silistrie.

DOBRZIN, Quelques-uns écrivent DOBREZIN ; en Latin, *Dobrinum*, *Dobricinum*, & *Dobriznum* ; [t] petite ville de Pologne dans

[a] l. 5. c. 16. & l. 7. c. 113.
[b] l. 2.
Corn. Dict.

[c] Zeyler Livon. nova Descript.
[d] Carte de Pologne.
[e] Ed. 1705.
[f] La Forêt de Bourgon Géogr. T. 1. p. 383.
[g] Thesaur.
[h] Hubner Kurtze Frag. Aus. der Geogr. T. 597.
[i] Thesaur.
[k] Ibid.
[l] Corn. Dict.
[m] Baudrand Edit. 1705.
[n] Carte gener. de Hongrie.
[o] Davity Bulgarie.
[p] Atlas David Ibid.
[r] Ibid.
[s] Baudrand Edit. 1705.
[t] Ibid.

126   DOB. DOC.   DOC.

la Mazovie. Elle donne le nom au territoire de Dobrzin dont elle eft la principale & eft située fur un rocher près de la Viftule à moitié chemin entre Ploskou & Wladislaw.

a Ibid.

Le Territoire de DOBRZIN [a] en Latin *Dobrinenfis Ager*, petit pays de Pologne & une des quatre parties de la Mazovie; il s'étend entre la Pruffe Roiale; la Viftule qui le fepare de la Cujavie; & le Palatinat de Ploskou fous lequel il eft quelquefois compris. Ce territoire eft fousdivifé en trois Châtellenies qui portent le nom de leur principal lieu, à favoir *Dobrzin*, *Ripina*, & *Lipna*.

DOBUNI. Peuple ancien de la Grande Bretagne felon Ptolomée [b]. Dion cité par Ortelius [c] les nomme Bodunni. Ils occupoient le pays où font aujourd'hui les Comtez d'Oxford & de Glocefter, felon le fentiment du P. Brier [d] & de Mr. d'Audifret [e].

b l. 2. c. 3.
c Thefaur.
d Parall. 2. part. p. 183.
e Geog. T. 1.
f Thefaur.

DOCCUMUM, nom Latin de Dockum.

DOCE. On trouve un lieu ainfi nommé dans le 108. Fragment de Polybe. Ortelius croioit que ce lieu étoit quelque part dans la Phrygie.

DOCEA, Château de la petite Armenie. Ortelius qui a trouvé ce nom dans Glicas, Nicetas, & Zonare, ajoute qu'il étoit peut-être vers la Cilicie.

DOCELA, Ville de la Grande Phrygie felon Ptolomée [g].

g l. 5. c. 2.

DOCH. Voiez DAGON.

h Corn. Dict. le P. Euf. Roger Terre Sainte L 1. c. 9.

DOCHAIN ou DOTHAIN [h], Ville fort ancienne de la Tribu de Zabulon dans la Galilée, lieu de la naiffance de Prophéte Elifée où il fit voir à fon Serviteur plufieurs chevaux & chariots de feu qui venoient à fon fécours. Elle eft fituée entre deux Montagnes à une lieue de Magdalon qui eft un château fur une petite colline dont on voit le refte des murailles & que ceux du pays apellent *Calla Mriam el Megedame* c'eft-à-dire le Château de Marie Madelaine parce qu'elle l'avoit eu en partage après la mort de fon Pere. C'eft de ce Château de *Magdalon* qu'elle avoit pris le nom de Madelaine comme en étant Dame. Dochain n'eft plus qu'un Village habité de Maures que la bonté du terroir rend affez riches. Il y a dans ce lieu là de belles fources d'eau vive qui arrofent encore aujourd'hui une partie des Jardins qui produifent des figues, des limons & des oliviers en quantité. La citerne où Jofeph fut mis par fes freres n'eft éloignée de Dochain que d'une lieue, dans l'extremité de la Tribu de Zabulon à quinze pas du chemin qui mene de Damas à Gaza. Elle eft toute remplie d'immondices & l'eau n'y eft pas plutôt entrée qu'elle fe perd. Voiez DOTHAN & DOTHAIN.

DOCHI, Peuple de l'Ethiopie fous l'Egypte felon Pline [i].

i l. 6. c. 29.

DOCIMÆUM, ou
DOCIMIA, ou

k in Voce Δοκίδιον
l in Voce Δοκίμιον
m l. 12.
n Carol. à S. Paulo Geog. Sac. p. 234.

DOCIMITE, ancien village de la Phrygie felon Strabon & Etienne le Geographe qui en fait un village dans un paffage, [k] & une ville dans un autre [l]. Strabon [m] n'en fait auffi qu'un village. Ce n'eft encore qu'un village qui conferve le nom de DOCYMI [n]. Mais cependant il a été honoré du titre de ville Epifcopale de la Phrygie falutaire fous le Patriarchat de Conftantinople & Euftochius fon Evêque foufcrivit au Concile de Chalcedoine.

DOCIRAVA, Mr. Corneille [o] écrit mal DOCIRATA; & quelques Interprétes de Ptolomée.P ont leu DOCIRANA; ce qui a donné lieu à Lazius cité par Ortelius [q] de dire que c'eft aujourd'hui RANA en Hongrie vers les fources de la Theiffe. Mais fa conjecture n'eft fondée que fur une reffemblance qui difparoît dès qu'on écrit ce mot comme il doit l'être. Il n'a pas fait affez de reflexion fur la terminaifon favorite des noms de ce pays-là en *Ava*.

o Dict.
p L. 3. c. 8.
q Thefaur.

☞ J'en donne une affez nombreufe lifte à l'article Ava; où je remarque après Ortelius que les peuples Germains, Scythes & Sarmates finiffoient volontiers les noms en *aw*, comme beaucoup de noms de Villes en Pologne & dans l'Empire Ruffien fe terminent encore à prefent en *ow*, ou ce qui eft la même chofe, en *of*, ce que les Grecs & les Latins ont exprimé par *Ava* dans leurs langues. J'ai obfervé auffi au même endroit que *Aw* fignifie un *pré* ou *pâturage*.

DOCKUM, DOKUM, & DOCCUM; en Latin *Doccum* & *Doccetum*, Ville de Frife l'une des fept Provinces-Unies des Pays-bas. Elle eft dans l'Oftergow à quatre lieues & demie communes de Leuwarde vers le Nord-Eft, au fond d'un Golphe long & étroit que forme la Mer d'Allemagne à l'embouchure de la Riviere de Lauwers.[r] Elle eft nommée lieu & village de l'Oftergoe (*Aftragoa* ou *Aftracha*) dans la vie de Ludger & dans celle de Bonifacie qui y fut tué par les Frifons avec plufieurs Miffionnaires l'an 1254. On la nommoit anciennement *Dokhem*, c'eft-à-dire, la *maifon de Campagne de Docon* (Doconis villa); on la nomma enfuite Dockinga *ad Sanctum Bonifacium*. Mathieu Paris la nomme Docta où St. Boniface fut maffacré. D'autres monumens citez par Alting [s] la nomment Dockingen, & le mettent dès l'an 1227. entre les Bourgs de la Frife Orientale. Le terroir d'alentour eft fertile non feulement en pâturages; mais auffi en grains, fur tout vers le midi quoi qu'il paroiffe fablonneux. Affez près de cette ville, on tire des tourbes à brûler, ce qui eft d'un grand fecours pour le lieu & pour les villages voifins. [t] Docum n'eft pas abfolument fur le Golphe dont on a parlé, mais la diftance d'un petit mille qui eft entre deux eft reparée par un Canal qui facilite le commerce. Durant les guerres entre les Bourguignons & ceux de Gueldres; elle étoit foumife à ces derniers & fut alors munie d'un boulevart & d'un foffé; mais les Imperiaux aiant eu le deffus comblerent ce foffé, & elle demeura fans fortification jufqu'en 1581. que les Etats la fortifierent de nouveau pour la garantir des infultes des Roialiftes. Le St. Boniface dont il eft parlé au commencement de cet article quita l'Archevêché de Mayence après la mort de St. Willebrod premier Evêque d'Utrecht & lui fucceda, pour s'appliquer entièrement à la converfion des Frifons qui étoient encore payens pour la plûpart, quoique St. Wilbrody eût beaucoup travaillé, auffi bien que des Miffionnaires envoyez par l'Evêque de Cantorbery. Boniface aiant pris quelques Compagnons parcourut toute

r Alting Notit. Germ. inf. 2. part. pag. 43. 44.

s Ibid.

t Janffon Urbium tot. Belg. Tab.

toute cette Province avec un zele Apoſtolique juſqu'à ce qu'il fut martiryſé par les infideles auprès de Dockum. Peu après ſa mort on érigea dans la ville un monaſtere de Chanoines reguliers qui avec le temps furent remplacez par un Abbé & des Religieux de l'Ordre de Premontré. On y conſerva long-tems juſqu'aux troubles de religion les reliques de ce Martyr; à ſavoir ſon crane, ſa croſſe, ſon calice, ſon livre d'Evangiles, ſes ornemens pontificaux & un vaſe d'Argent (*ſcyphus*). St. Ludger né d'une noble famille dans un village voiſin, homme ſavant & qui parloit beaucoup de langues, fut ſept ans Paſteur de cette ville, & enſuite premier Evêque de Munſter. Il mourut à Werde Abbaye Imperiale ſur la Roer l'an 809. Entre les Illuſtres que cette ville a produits on compte Gemme le Friſon (*Gemma Friſius*) Medecin & Mathematicien habile; Bazile ou Wezolus ſurnommé de Groeningue; Jean de Dockum Juriſconſulte dans l'Univerſité de Cologne; & Corneille Kempius qui a écrit en trois livres l'Hiſtoire Latine des Friſons.

DOCLEA, Ville de l'ancienne Illyrie ſelon Ptolomée[a]. Aurelius Victor la nomme DIOCLEA, & c'eſt ſans doute la DIOCLETIANOS de Cedrene & de Curopalate. C'eſt de cette ville que Diocletien qui en étoit natif prit ſon nom. Niger pretend que c'eſt aujourd'hui MEDON, & Villanovanus croit que c'eſt ANTIVARI. Ptolomée en nomme les Habitans *Docleata*[b] & Pline *Docleates*[c], comme lit Ortelius; mais le R. P. Hardouin a rétabli *Docleata*. Holſtenius cité par ce Pere dit qu'elle conſerve encore ſon ancien nom toute ruinée qu'elle eſt.

[a] L. 2. c. 17.
[b] Ibid.
[c] L. 3. c. 22.

DOCNA[d]; Village d'Albanie au Nord de Butrinto & à l'Orient de St. Quaranti. Molet croit que c'eſt l'ancienne ELÆUS, Ville d'Epire dans la Chaonie.

[d] Baudrand In voce ELÆUS.

DOCUSINI, peuple d'Aſie vers l'Armenie ſelon Strabon. Caſaubon croit qu'il faut lire *Caduſii*. Voiez ce mot.

DODANIM. Voiez RHODE & DEDAN.

DODECACRUNNOS, ou les douze tuiaux ou jets d'eau. Voiez CALLIRHOE.

DODECANESOS ou *les douze Iſles*,[e] Ville que Cedrene ſemble placer vers la Propontide. Il en eſt auſſi parlé dans les Conſtitutions de l'Empereur Nicephore & l'Hiſtoire mêlée nomme le lieu les douze Iſles.

[e] Ortel. Theſaur.

DODECAPOLIS,[f] ou *les douze villes* ſelon Etienne le Géographe & Xenophon. Ce lieu étoit dans la Carie. On la nommoit auſſi SCIRITIS.

[f] Ibid.

DODECASCHOENOS, lieu d'Egypte ſelon Ptolomée[g] & Herodote[h]. Simler croit que ce même endroit eſt nommé par Antonin CORTE ou COSTE ſelon les variantes des divers exemplaires.

[g] L. 4. c. 5.
[h] In Euterpe.

DODIMIACA VILLA, maiſon de Campagne de la Montagne de Vauge en Lorraine. Surius cité par Ortelius[i] en fait mention dans la Vie de St. Arnulphe.

[i] Theſaur.

DODON, Riviere qui donnoit le nom à la Ville de Dodone ſelon Etienne le Géographe.

1. DODONE, Ville de l'Epire, dans la contrée de Theſprotie, ou de la Theſſalie. Les Epirotes & les Theſſaliens l'aiant alternativement poſſedée, les anciens Auteurs l'atribuent tantôt à l'un & tantôt à l'autre. Philoxene cité par Etienne le Géographe & trompé par cette diference de Maîtres en fait deux dont l'une étoit ſelon lui dans la Theſſalie & l'autre dans la Theſprotie. Aceſtodore cité par le même Auteur derive ce nom de Dodon fils de Jupiter & d'Europe. Epaphrodite le tire d'une des Nymphes Oceanides. Etienne aime mieux le faire venir de Dodon Riviere de l'Epire. Paumier dans ſa deſcription de l'ancienne Grece ne ſe contentant d'aucune de ces opinions, eſt perſuadé que Dodone vient du ſon que rendoit le Chaudron fameux lors qu'il étoit frapé par les Chaines que le vent agitoit; & il pretend que ce ſon reſſembloit à ce lui de cette Syllabe redoublée Δω, Δω comme nous dirions *Don*, *Don*, pour imiter le ſon de nos Cloches. Il s'apuie d'un paſſage remarquable du ſuplement du VII. livre de Strabon. ,, Le Chaudron ,, de Dodone a paſſé en proverbe. Il y avoit ,, dans le Temple un vaſe d'Airain au-deſſus ,, duquel étoit une figure d'homme tenant en ,, main un fouët d'Airain que les Corcyréens ,, avoient donné en offrande. Ce fouët conſiſtoit en trois chaines d'où pendoient des ,, Aſtragales qui faiſoient beaucoup de bruit ,, lorſque venant à être agitez par le vent, ils ,, frapoient le vaſe d'Airain''.[k] Ce proverbe, *Æs Dodonæum* ou *l'Airain de Dodone*, s'emploioit pour ſignifier un babillard. Le Temple de Jupiter Dodonéen n'avoit point de murs, mais beaucoup de trepieds qui ſe touchoient immediatement de ſorte que ſi on en frapoit un le mouvement tranſmettoit le ſon de l'un à l'autre juſqu'à ce qu'il parvînt au premier. Polemon[l] le Periegete, qui avoit une exacte connoiſſance de Dodone, aſſure qu'il y avoit deux colomnes paralleles & voiſines, ſur l'une deſquelles étoit un Chaudron de grandeur mediocre & ſemblable aux marmites dont on ſe ſervoit de ſon temps; & ſur l'autre colomne un petit garçon tenant un fouët à la main droite. Lorſque le vent en remuoit les cordes qui quoique d'airain étoient auſſi flexibles que les cordes ordinaires, elles frapoient continuellement le Chaudron juſqu'à ce que le vent tombât. Il paroît par un paſſage de Menandre que le même Etienne allegue; que ce chaudron ne reſonnoit que le jour; mais qu'en parlant d'une babillarde, il dit que l'airain de Dodone reſonnoit toute la journée lors qu'il étoit touché, mais que cette parleuſe non contente de jaſer le jour jaſoit encore toute la nuit. Il y a bien de la diverſité dans les ſentimens des anciens ſur la maniere dont les oracles ſe rendoient en ce lieu-là. [m] Quelques-uns diſent qu'une Colombe qui ſe prononçoit, & les autres en mettent deux[n] perchées ſur un chêne fort haut qui rendoient reponſe à ceux qui les conſultoient. On veut qu'il y ait eu en ce même lieu des femmes qui répondoient après que le chêne interrogé s'étoit mu, rendant quelque ſon & qui aſſuroient que Jupiter avoit dit ce qu'elles raportoient aux curieux. Un paſſage d'Herodote[o] éclaircira ceci. Quelques Prêtres de Thebes lui raconterent que les Pheniciens enleverent deux Prêtreſſes Thebaines dont l'une fut vendue en Afrique; l'autre chez

[k] Stephan. Byzant.
[l] Ibid.
[m] Corn. Dict.
[n] Pauſan. in Achaic.
[o] L. 2. c. 54. 58.

chez les Grecs, & qu'elles établirent les oracles chez ces deux Nations; (à savoir celui de Jupiter Ammon, & celui de Dodone.) D'un autre côté les Prêtres Dodonéens lui dirent que deux colombes parties de la Thebe d'Egypte, noires toutes les deux, s'envolerent l'une en Afrique & l'autre dans leur pays: que celle-ci s'étant perchée sur un hêtre parla d'une voix humaine & rendit dans ce lieu-là les Oracles de Jupiter. S'il est vrai, poursuit Herodote, que les Pheniciens aient enlevé deux Prêtresses, il me semble qu'ils en porterent une en Thesprotie où cette femme étant servante continua de faire sous un hêtre le service de Jupiter auquel elle étoit accoutumée dans son pays; la couleur natale de son teint convient assez à la couleur des pigeons & on dit qu'elle avoit parlé d'une voix humaine lors qu'après avoir demeuré quelque temps parmi les Grecs elle fut en état de s'expliquer en leur langue; son langage n'étant pas plus entendu auparavant que celui des oiseaux. *Dodone*, ou, comme quelques Notices l'appellent, DODONE' devint un siége Episcopal sufragant de Nicopolis[a]. Entre ses Evêques on trouve Théodore qui souscrivit au Concile d'Ephese, Uranius qui signa la Lettre Synodale à l'Empereur Léon; [b] Philoctete qui assista au Concile de Chalcedoine & Julien qui souscrivit au Raport Synodique adressé à Hormisdas. Cette ville est présentement détruite sans qu'il en reste aucuns vestiges.

a Carol. à S. Paulo Geog. sacr. p. 198.
b Holsten. Not. ibid.

2. DODONE, fontaine voisine du Temple de Jupiter. C'est aparemment la source de la Riviere Dodon de laquelle Etienne le Géographe croit que la Ville tiroit son nom. Elle étoit consacrée à Jupiter. Pline[c] assure que bien qu'elle fût très-froide & qu'elle éteignît les flambeaux allumez qu'on y plongeoit, elle ralumoit les flambeaux éteins qu'on en approchoit. Elle étoit à sec à midi, c'est pourquoi les Grecs la nommoient Ἀναπαυόμενον. Ensuite croissant jusqu'à minuit, elle recommençoit à décroître jusqu'au midi suivant. Les autres Auteurs qui ont aussi parlé de ce prodige sont, Lucrece[d] qui le décrit sans nommer cette fontaine. Mela[e], St. Augustin au livre de la Cité de Dieu[f], Isidore[g] & quelques autres.

c L. 2. c. 103.
d L. 6.
e L. 2. c. 3.
f L. 21. c. 5.
g L. 13. c. 13.

DODONE'ENS, en Latin DODONÆI, Peuple de Grece. Etienne le Geographe dit qu'ils s'appelloient aussi SELLI & ELLI. Lucain[h] écrit SELLÆ. Pline[i] les distingue & en fait deux peuples diferents. Aristote[k] place les *Selli* proche de l'Achelous.

h L. 4.
i L. 4.
k L. 1. Meteor. c. 14.

DOE', ou DOUE', en Latin[l] *Theotoadum Castellum*, ou *Teotuadum*, *Locus Tedoad*, *Locus Thedoad*, *Theoadum Villa*, *Locus Theodoad*, *Theotwadum palatium*, *Teutuadum*, *Doadum Castellum*, *Doatum*, *Duatum*, *Doadum*, *Castrum Doadium*, est une petite ville de France dans la Province d'Anjou, à quinze mille pas de la Loire & à une lieue d'une petite riviere appellée le Toué qui reçoit le Toëret, l'Argenton, & la Dive, & se perd ensuite dans la Loire. Il paroit par le témoignage de plusieurs Historiens que Doé étoit un des principaux palais des Rois d'Aquitaine, & ce sont les ruines de ce palais que les gens du païs, & ceux qui veulent bien les en croire, prennent pour les restes

l Piganiol de la Force Desc. de la France T. 6. p. 130.

d'un Amphithéatre. Le savant M. de Valois reprend Juste Lipse d'avoir donné dans cette erreur, & d'avoir pris un ouvrage des François pour un ouvrage des Romains. Il faut que le public ne soit point du sentiment de M. de Valois, puisque les gens du païs ne parlent que de leur Amphithéatre, & que MM. Baudrand & Corneille[m] en décrivent la forme & les dimensions. Une personne qui a souvent examiné ce monument, a dit à l'Auteur cité au commencement de cet article qu'il étoit taillé dans le roc, & qu'il pouvoit contenir quinze mille personnes. Elle lui a assuré que vers l'an 1620. les Bourgeois de Doé representérent dans cet Amphithéatre la prise de Jerusalem par Godefroi de Bouillon, & quelques Tragedies. Cette ville n'est pas considerable, puisqu'elle ne contient que trois cens soixante quatre feux. Outre la paroisse dont l'Eglise est dediée à Saint Pierre; il y a l'Eglise Roiale & Collegiale de Saint Denis, un Couvent de Recollets, & un Hôpital bien renté. Les foires qui se tiennent à Doué sont des plus considerables de la Province pour le commerce des bestiaux. On voit à Doé une de plus belles fontaines qu'il y ait en France, tant par la bonté & la quantité de son eau, que par son Architecture. Elle est en fer à cheval, & a soixante douze pieds de circuit sur deux pieds trois pouces de profondeur. Ses eaux se déchargent dans un bassin qui est à sept ou huit pieds au-dessous, & qui a cent cinquante pieds de long. A l'extremité de ce bassin est un pont de pierre sous lequel l'eau passe, sert ensuite à une douzaine de tanneries, fait aller six moulins & arrose plusieurs prairies, où il y a deux belles blanchisseries de toiles. Il y a eu autrefois une ancienne & noble famille qui portoit le nom de Doué, & qui fondit en celle de l'Isle-Bouchard par le mariage d'Eustache de Doué, fille & heritiere de Jodon de Doué, avec Barthelemy de l'Isle, Seigneur de l'Isle Bouchard.

m Au mot DOUAI ou DOUÉ.

Sur la fin du dernier siecle la ville de Doé à donné la naissance à deux hommes qui se sont distinguez par leur merite; l'un est le Pere Marsolle General des Benedictins de la Congregation de Saint Maur, mort à St. Germain des Prez le 5. de Septembre de l'an 1681. & l'autre est Jaques Savary; Homme Illustre par la grande connoissance qu'il s'étoit acquise de tous les details du Commerce.

§. Mr. Corneille dit sur le témoignage de Jouvin de Rochefort que ce lieu a de loin beaucoup d'apparence à cause de trois ou quatre petits hameaux qui l'environnent, ce qui le fait paroître comme quelque grosse place. Les Romains l'ont, dit-il, rendu considerable par un Amphithéatre qu'ils y avoient fait bâtir en forme hexagone & qu'on voit encore taillé dans la profondeur d'une Carriere de pierre de couleur rougeâtre, avec vingt degrez pour descendre au Parc où l'on faisoit combatre les animaux qui étoient resserrez en des Salles ou grottes creusées dans le Roc. Cet Amphitheatre qui sert presentement de Jardin à un particulier a sur le plancher trente pas communs de large. Il y a un lieu fait en maniere de bassin qu'on emplissoit d'eau quand on vouloit donner le spectacle d'un combat naval.

Il

DOE. DOF. DOG. 129

[a] De Re Diplom. L. 4. p. 330.

Il faut de plus obferver que D. Mabillon [a] eft du fentiment de Mr. de Valois. Il raporte les paffages des Hiftoriens qui font de ce Palais la refidence de Louïs Roi d'Aquitaine qui y reçut les nouvelles de la mort de fon Pere Charles l'an 814. Pepin fils de l'Empereur Louïs, aiant fu la volonté de fon pere fe mit en chemin pour fe rendre à Doe, *incipiebat ire ufque ad Theodwadum Palatium*, dit Tegan. Ce favant Religieux ajoute qu'on dit qu'il y refte ce Palais entier que Jufte Lipfe a pris pour les reftes d'un Amphiteatre des Romains. L'autorité de Mr. de Valois & de D. Mabillon vaut bien celle de Jufte Lipfe & une opinion du peuple, & on peut fans rifque fuivre leur fentiment quand il eft queftion des antiquitez du Roiaume de France. [b] La Collegiale de S. Denis eft, dit-on, un monument de la pieté de Dagobert I.

[b] Ibid.

[c] Sanfon Atlas.

DOERMAGEN, [c] prononcez *Dourmaguen*, village de la baffe Allemagne au-deffous de Cologne entre Wering & Zons lieux fituez fur la Rive gauche du Rhin. Il [d] n'eft remarquable que pour avoir été la Ville DURNOMAGUM de laquelle il eft fait mention dans l'Itineraire d'Antonin & où étoit la VII. Legion.

[d] Ortel. Thefaur.

DOERNE, en Latin *Turninum*, village, à un mille d'Anvers. Les Legendes qui en font mention prétendent qu'il étoit ceint de murs lors qu'Anvers ne l'étoit pas encore, ce qu'Ortelius dit qu'il ne veut pas garantir.

DOESBOURG, prononcez DOUSBOURG. Ville des Provinces-unies dans le Comté de Zutphen, fur la rive droite de l'Yffel. Il ne faut pas la confondre comme fait Mr. Corneille avec Duitsbourg dans le Comté de Berg; trompé par une faute d'impreffion qui fe trouve dans la Géographie de Mr. d'Audifret, où on lit *Doesbourg* pour Duisbourg dont-il s'agit dans cet endroit là. Quelques-uns pretendent que Doesbourg eft l'*Afciburgium* de Tacite, & c'eft ainfi que parle Guichardin [e]; mais Ortelius à l'article *Afciburgium* nomme Duysbourg au delà du Rhin. Blaeu [*] dans fa defcription des Villes du Pays-bas, croit que *Doesbourg* a été formé par contraction de DRUSIBURGUM, & qu'il donna pour fondateur Drufus beau-fils d'Augufte qui fit creufer en cet endroit le Canal nommé *foffa Drufiana*; cependant, comme le remarque Mr. l'Abbé de Longuerue [f], il n'y a aucun monument de l'Antiquité où l'on trouve *Drufiburgum*. L'ancien Annalifte [g] Reginon affure que les Normans ou Danois étant defcendus en Frife l'an 884. fe rendirent maîtres de cette ville, & qu'après qu'ils eurent quité la Frife, cette ville vint au pouvoir des Comtes de Zutphen; de ceux-ci elle paffa aux Comtes & Ducs de Gueldres & enfin à la Maifon d'Autriche. Philippe II. la perdit & la reprit; après quoi le Comte Maurice de Naffau l'affiegea & la prit l'an 1591. avant Zutphen. Elle fut ainfi réunie à la Republique des Etats Generaux. Cette ville qui eft au confluent de l'ancien Iffel avec l'Iffel, eft petite, mais bien peuplée & riche. Les François [h] la prirent en 1672. & l'année fuivante on en détruifit les fortifications. Elle revint enfuite à la Republique des Provinces-unies avec les autres conquêtes que les François firent durant cette campagne fi fatale à cette Republique.

[e] Defcr. des pays-bas.
[*] 2 Part.

[f] Defcript. de la France 2. part. p. 38.
[g] Ibid.

[h] Memoires du temps.

DOFARSO, lieu du Roiaume d'Angote. Il eft compofé de mille Maifons & proche du Roiaume de Tigré felon Sanut cité par Davity [i].

[i] Afrique p. 487.

DOFFRAFIEL,
DOFFERFIELD,
DOFFERINS, &
DOFFRINS, Montagne entre la Suede & la Norwege; en Latin *Doffrini montes* & *Doffrinæ Alpes*. Ce nom fe trouve diverfement écrit par les Geographes. Zeyler [k] dans fa defcription de fa Suede écrit DORFFRAFIEL, Olaus Magnus DOFRAFIEL, & les Cartes d'André Buræus de Boo Dofre Fiell. Saxon Hiftorien du Danemarck nomme ces Montagnes *Dofrina Alpes*, & elles font appellées FIOELL par le Traité de Paix de 1645. Olaus [l] dit qu'elles font fi grandes & fi hautes que ceux qui voyagent, ou vers l'Orient, ou vers le couchant les voient pendant plufieurs journées de chemin toutes blanches comme fi c'étoient des nues condenfées dans la plus haute region de l'air. Voiez DAAREFIELD.

[k] P. 3. & 4.

[l] L. 2. c. 15.

DOGADO, [m] ou le DOGAT, ce mot Italien, qui ne fignifie autre chofe finon *le Duché*, fe dit particulierement d'une partie de l'Etat de Venife; en Latin *Venetus Ducatus* fur la côte du Golphe & près de Venife qui lui communique fon nom. Il s'étend en long depuis l'Embouchure du Lifonzo jufqu'à celle de l'Adige entre la côte du Golphe, le Frioul, le Padouan, & le Polefin de Rovigo comprenant ainfi les Lagunes de Venife, les Lagunes de Marano & tout le Quartier qui eft vers la côte du Golphe de Venife depuis Cavarfere jufqu'à Grado. Il s'eft accru du Limon qui a été apporté par la fuite des temps par les Rivieres de Brente, de Bachiglone, de l'Adige, de la Piave, de Livenza, de Tajamento, & du Lifonzo. Il y a plufieurs Ifles & plufieurs villes. Venife qui en eft la Capitale, Chioza, Caorle, Grado, Torcello & Marano. Ce Pays eft feparé du Territoire de Padoue par le Village d'Oriago. Cet article que Mr. Baudrand a dreffé fur des memoires fournis par le Procurateur Jean Baptifte Nani, fait le Dogat beaucoup plus grand que ne le font les Cartes, où il ne s'étend que depuis Lepo jufqu'à Torcello, de forte qu'elles en retranchent Grado, Caorle Marano & les Lagunes. Mr. Maty a fuivi les Cartes; mais il place très-bien, dans le Dogado, Maeftre que Mr. Baudrand y auroit dû nommer.

[m] Baudrand Edit. 1705.

DOGGERS-BANCK, [n] ou le BANC DES CHIENS, grand banc de Sable dans la Mer du Nord entre l'Angleterre & fi Jutland. Il peut avoir dans fa plus grande longueur 83. lieues Marines de vingt au degré & 16. dans fa plus grande largeur. Sa pointe la plus meridionale eft vis-à-vis de la Province de Lincolne à 18. d. 18'. de longitude & 53. d. 26'. de latitude; la plus feptentrionale eft à 24. d. 21'. de longitude & 55. d. 36'. de latitude. La partie la plus Occidentale de ce banc eft la plus haute & ne fournit que depuis dix jufqu'à treize braffes d'eau, la plus Orientale en fournit 18. à 20. ou 25. braffes. En échange

[n] De l'Ifle Atlas & le Neptune François.

Tome II. R

échange on en trouve 35, à 36. entre ce banc & la côte d'Angleterre excepté à la pointe Meridionale du banc où il n'y en a que 18, au lieu qu'à l'autre bout vers le Jutland il y en a 25, à 27. Ce banc est entouré de plusieurs autres dont je parle en leur lieu.

DOHARA, Ville de Capadoce. Voiez DOARA.

DOIANTES, ancienne Ville de Phrygie selon Etienne le Geographe.

DOIATES. Voiez DOLATES.

[a] L. 5.

DOII, peuple de l'Arabie heureuse dans l'Isle de Panchée. Diodore de Sicile [a] dit qu'il fut ensuite chassé par Ammon.

[b] Bauárand Edit. 1682.

DOI-CASTELLI, [b] Bourgade Maritime de l'Asie mineure entre l'embouchure de l'Ali & du Casalmach sur le Golphe de Simiso. On croit que c'est l'ancienne LYCASTUM, petite ville de Capadoce.

[c] De l'Isle Atlas.

DOIRE, [c] Riviere d'Italie, les François la nomment *la Doire*, & ceux du pays DO-RIA & la DORIA-BALTEA & la GRANDE DOIRE, en Latin *Doria* & *Duria*. Elle sort des Alpes sur les frontieres du Vallais & coulant dans la Vallée d'Aouste où elle est grossie de plusieurs rivieres entre autres du Batteglio elle arrose Ivrée g. & tombe dans le Pô entre Chivas & Crescentin. Outre son embouchure principale elle en a une moindre un peu plus Occidentale; outre diverses Coupures qui portent une partie de ses eaux dans l'Isle qui forment le Pô au midi, & cette riviere au couchant, le vieux Canal que l'on a tiré depuis Ivrée jusqu'à Verseil au Nord, & la Sessia à l'Orient.

LA PETITE DOIRE, ou DORIA RIPARIA, autre Riviere d'Italie dans le Piémont. Elle prend sa source des Alpes près du mont Genevre dans le Dauphiné où elle passe à Oulx d. & à Exilles g. d'où coulant en Piemont dans le Marquisat & Val de Suse, elle en baigne la Capitale d. & va tomber dans le Po au-dessous & au Nord-est de Turin.

[d] Piganiol de la Force Desc. de la France T. 4. p. 350.

DOL, [d] Ville de France dans la haute Bretagne sous le Parlement de Rennes & l'Archevêché de Tours, en Latin *Dola* & *Dolum*. Elle est située dans un pays marécageux à deux lieues de la Mer. Ce n'étoit d'abord qu'un Château auprès duquel on bâtit une Abbaye. Peu à peu on construisit des Maisons en assez grand nombre pour former une ville dont l'Evêque est Seigneur & Comte. Elle est petite, mal peuplée & mal saine à cause des marais qui l'environnent. Cet Evêché est le plus petit de la Province, n'aiant que cinq lieues d'étendue & qu'une seule ville qui est Dole [e]. Il n'a d'autre commodité que le Commerce que le voisinage de St. Malo où la plûpart de ses denrées sont portées & consumées. Les terres des environs de Dol sont humides & marécageuses & produisent quantité de chanvres dont une partie est convertie en Toiles. Les autres terres de l'Evêché produisent des bleds & des fruits dont on fait du Cidre. Les personnes habiles dans les antiquitez de France ne s'accordent pas sur l'ancienneté de l'Evêché de Dol. Voici comme en parle l'Auteur cité à la marge [f]. L'Evêché de Dol a eu pour premier Evêque Samson, qui vivoit l'an 559. comme il paroît par le IV. Tome des Conciles recueillis par le P. Labbe, par la Vie de St. Magloire &

[e] Ibid. p. 329.

[f] Ibid. p. 301.

par la Chronique du Mont St. Michel. Ces autoritez sont si pressantes qu'il y a lieu de s'étonner que le P. Sirmond un des plus judicieux & des plus savans Critiques du dernier siécle ait soutenu qu'il n'y avoit eu d'Evêché à Dol que vers l'an 844. Je marque ailleurs les diferens qu'il y a eus entre les sieges de Tours & de Dol [g]. Ils furent portez devant divers Papes qui décidererent tantôt pour l'un & tantôt pour l'autre. Enfin Innocent III. qui étoit grand Jurisconsulte donna une Sentence définitive le 1. de Juin 1199. par laquelle il décida que l'Evêque de Dol reconnoîtroit l'Archevêque de Tours pour son Métropolitain & lui rendroit la même obéïssance que les autres Suffragans. Le Duc Artus consentit à l'exécution de cette Sentence & depuis ce temps-là les Eglises de Bretagne ont toujours été soûmises à la jurisdiction de l'Archevêque de Tours. Les Papes ont cependant accordé aux Evêques de Dol quelques prérogatives. Boniface VIII. ordonna l'an 1299. que quand l'Archevêque de Tours convoquera ses Suffragans, il écrira séparément à l'Evêque de Dol; ou tout au moins mettra son nom à la tête des autres, s'il lui écrit dans la même Lettre. Alexandre VI. permit aux Evêques de Dol l'an 1492. de faire porter devant eux la croix Archiépiscopale. Mr. l'Abbé de Longuerue ne convient pas de cette antiquité de l'Evêché de Dol; je raporterai ici ses propres termes pour ne point prendre de parti. Dol [h] a pris son origine d'un Monastere qui y fut fondé dans le sixieme siécle par St. Sansom Archevêque de Léon ou de Méneve dans la grande Bretagne, qui se retira de cette Isle dans l'Armorique avec ses Compagnons. Les Bretons veulent que ce Prelat ait transporté à ce monastere son pouvoir d'Archevêque & de Metropolitain, se fondant sur des Legendes Apocryphes & sur d'autres Ecrivains modernes & fabuleux; ce qui est d'autant plus absurde, qu'on voit par les témoignages invincibles de l'Histoire Ecclesiastique de France & par les Lettres des Papes, que les Archevêques de Tours ont toûjours été reconnus Metropolitains du pays qu'on a nommé Bretagne jusques au temps de Charles le Chauve. Ce fut alors que Numenojus Prince des Bretons s'étant emparé des Villes de Nantes, & de Rennes, & du pays voisin, & s'étant ouvertement revolté contre le Roi de France, il érigea trois nouveaux Evêchés dans le monastere de Dol, de St. Brieux, & dans celui de St. Rabutual, dont le siege a été du depuis établi à Tréguier. Le P. Sirmond a trouvé au Mont St. Michel, & fait imprimer une relation très ancienne de cette usurpation faite par Numenojus, laquelle étant confirmée par les Conciles de France tenus en ce temps-là & par les Lettres de Nicolas I. c'est en vain que les Auteurs Bretons osent par une hardiesse surprenante s'inscrire en faux contre une piece si authentique, en lui oposant leurs fausses Legendes, & leurs Auteurs très-modernes, qui en parlant de l'institution de l'Archevêché de Dol, la placent au sixieme siécle, & la raportent à St. Sansom qui n'a jamais été Archevêque que dans la grande Bretagne: & si son Disciple St. Magloire a aprés lui porté le titre d'Evêque dans le monastere

[g] Ibid. p. 293.

[h] Desc. de la France 1. part. p. 89.

de

DOL.

de Dol, ce n'est pas qu'il y eût un véritable Siége Episcopal : mais ce Saint étoit de ces Evêques que l'on apelle *Regionaires*, dont il se trouvoit plusieurs en ce tems-là, tant au deça qu'au delà de la mer. Les Archevêques de Tours après le temps de Charles le Chauve, se plaignirent de l'usurpation que l'on avoit faite sur eux, & ce different faisoit grand bruit dans le douzieme siecle, comme on peut voir par les Lettres d'Ives Evêque de Chartres & d'Etienne Evêque de Tournai. Enfin le Pape Innocent III. rendit, l'an 1199. un jugement definitif, par lequel après avoir condamné l'usurpation de l'Evêque de Dol, comme injuste, il le contraignit à reconnoître avec les autres Evêques Bretons, pour Metropolitain, l'Archevêque de Tours, qui l'a toujours été depuis ce temps-là jusqu'aujourd'hui, & il y a dans la Province un Official Metropolitain, qui y juge des appels des Tribunaux Ecclesiastiques du pays, & duquel il y a appel immediatement à Rome ; quoique l'Archevêque de Tours & les Diocéses du Mans & d'Angers reconnoissent la Primatie de Lyon. Les Evêques de Dol ont conservé le droit de faire porter la Croix devant eux dans leur Diocèse, & celui de préceder les autres Evêques de la Province dans l'Assemblée des Etats. L'Eglise Cathedrale de Dol est sous l'Invocation de la Vierge & son Chapitre est composé de quatre Dignitez & de vingt-quatre Prebendes ou Canonicats. Le Diocese tout petit qu'il est renferme quatre-vingts Paroisses & trois Abbayes qui sont *Saint Jacut* Ordre de St. Benoît bâtie dans le V. Siécle ; le *Tronchet* du même Ordre, fondée par Alain Senéchal de Dol l'an 1150 ; *la Vieux-ville* de l'Ordre de Cîteaux fondée en 1138. par Gedoin de Montsorel Seigneur de Landal.

Piganiol de la Force l. c. p. 301.

1. DOLA, nom Latin de DOL en Bretagne.

2. DOLA, nom Latin de DOLE, en Bourgogne.

DOLAB [a], Bourgade de la Province d'Ahouaz dans l'Iraque Arabique ou Babylonienne qui est la Chaldée. Elle est à l'Orient de la ville de Bagdat & fameuse par un grand Combat qui s'y donna contre les Azrakéens, sous le Khalifat de Moavie le premier des Ommiades.

a d'Herbel. Bibl. Orient.

DOLAP, Riviere de la Turquie dans la Natolie. Les Turcs lui donnent ce nom, mais les Grecs lui ont conservé celui de PARTHENI. (Mr. de l'Isle l'écrit PORTENI) de *Parthenius* nom que lui donnoient les Anciens. Selon les Cartes de Sanson elle a deux sources dont la plus Meridionale passe à Boli ; mais selon celle qui a été dressée pour le II. Voiage de P. Lucas ce n'est proprement que la source la plus Orientale qui a nom Dolap. Cette source est au Nord-Ouest de Tocia, au pied des montagnes qui vont joindre le Cap Pisello, & coulant vers l'orient septentrional, elle se mêle avec la riviere qui passe au couchant d'Angoure arrose la ville de Partheni d. & se perd dans la mer noire près de Samastre (il faloit dire Amastro,) où elle n'arrive point ; ce village étant à quelque distance de là vers le Nord-est au bord de la même mer. Voiez PARTHENIUS.

Tom. II.

DOL.

DOLBA, ancienne ville de l'Adiabene selon Arrien [b] cité par Ortelius.

b Parthicodorum 13.

DOLCE AQUA ou DOLC' AQUA, petite ville & chef-lieu d'un Marquisat de ce nom dans les Etats de Savoie sur la Nervia Riviere qui tombe dans la mer auprès & à l'Orient de Vintimille, d'où Dolce aqua n'est éloignée que d'une lieue. [c] Elle est assez bien peuplée à cause de la bonté de son air & du voisinage de la mer, & des montagnes qui la défendent contre les vens & les tempêtes. Le territoire en est très fertile en bons vins, en figues, amandes, avelines, pommes, oranges, citrons, melons, herbes potageres & legumes de tous genres & sur tout en excellente huile, les hauteurs étant toutes couvertes d'Oliviers d'un grand raport. On voit dans cette ville une assez belle Eglise dediée à St. Antoine Abbé de la famille de Vintimille laquelle a possedé quelque temps en propre ce Marquisat. Il y a aussi l'Eglise du St. Esprit & dans le fauxbourg celle de St. Sebastien & assez près delà celle de St. Michel. En montant à la colline qui est du côté du midi & tout au haut de laquelle on voit encore les Ruines d'un ancien Château (*Abelli Castellum* ou *Torre d'Abeglio*) on arrive à un Couvent d'Augustins déchaussez & l'Eglise de Notre Dame des Miracles. Avant que d'y arriver on trouve de distance en distance le long du chemin qui monte en serpentant quatorze Oratoires en chacune desquelles il y a quelque mystere de la vie de J. C. ou de la Ste. Vierge represente au naturel. De l'autre côté de la Riviere sur la colline opposée est le château dont l'art & la nature ont fortifié ; car du côté du Nord c'est un precipice & aux deux autres côtez, il est défendu par deux Ouvrages bâtis sur le Roc. Le bâtiment interieur étoit la demeure ordinaire des Seigneurs particuliers de Dolce Aqua. J'ai deja dit que la famille de Vintimille en a joui quelque tems. Ce Marquisat a passé ensuite à des Maisons Genoises qui en ont possedé le titre, & enfin à celle de Doria qui en fait hommage au Duc de Savoie. L'Auteur du Theatre de Savoie [d] compte entre les Illustres de ce pays là Jean Baptiste Cassini ci-devant Professeur public des Mathematiques à Boulogne & pour lors, c'està-dire vers la fin du siecle passé [e] lors qué ce livre fut écrit, au service de Louis XIV. cela ne peut gueres s'accorder avec l'éloge que Mr. de Fontenelle a fait de cet illustre Astronome l'un des grands ornemens de son siecle & de l'Academie des Sciences. Car il y est nommé Jean Dominique Cassini né à Perinaldo dans le Comté de Nice. Perinaldo dans les Cartes de Sanson est attribué à l'Etat de Génes & le Marquisat de Dolce aqua est entre cette Republique & le Comté de Nice.

c Theatrum Sabaudiæ 2 part. p. 153.

d L. c.

e 1682.

DOLCIGNO. Voiez DULCIGNO.

DOLCINDA. Voiez DULCINDA.

DOLE [f], en Latin *Dolum* ou *Dola Sequanorum*, Ville de France dans la Franche Comté sur le Doux, dans un Canton qu'on appelloit *le Val d'Amours* à cause de sa beauté & de sa fertilité. Quelques-uns ont cru que c'est la *Didattium* de Ptolomée. Cette ville a été la Capitale de la Franche Comté pendant que Besançon s'est gouvernée en Republique. Les Souverains de ce pays avoient décoré Dole d'un

f Piganiol de la Force Desc. de la France T. 6 p. 405.

d'un Parlement, d'une chambre des Comptes & d'une Université; ils en firent même pendant long-tems le siége de leur sejour & l'on la surnommoit pour lors *Dole la Joyeuse*, au lieu qu'après qu'elle eut été prise & presque ruinée par les François en 1479. on la surnomma *Dole la Dolente*. L'Empereur Charles V. la fit fortifier l'an 1530. & elle fut assiégée en 1636. par le Prince de Condé qui s'en seroit rendu maître, si, à la priere du P. Motet & des autres Jesuites, il n'avoit pas attaqué la ville par l'endroit le plus fort pour menager la maison de ces Peres qui tenoit au côté le plus foible. [a] Cette pieuse complaisance couta cher à la gloire de ce Prince, car il fut obligé de lever le siege; (& lorsqu'il voulut faire ensuite celui de Fontarabie on fit un couplet de chanson duquel Richelet nous a conservé ces paroles dans son Dictionnaire, au mot *Zest*:

Il prendra Fontarabie; zest,
Comme il a pris Dole.

Louïs XIV. aiant conquis cette Ville & toute la Province pendant le mois de Fevrier de 1668, il fit raser les fortifications de Dole & la rendit par le Traité conclu à Aix la Chapelle la même année. Les Espagnols en répa-rerent les murailles & commencerent de nouvelles fortifications qui étoient fort avancées lorsque le Roi de France la prit pour la seconde fois l'an 1674. Il les fit continuer jusqu'à leur perfection; mais dans la suite il jugea à propos de les faire démolir au commencement de la guerre qui finit par la paix de Ryswyck. Cette ville a plusieurs belles rues décorées de beaux bâtimens, tels que le Palais où le Parlement tenoit ses seances, celui de la Chambre des Comptes, la maison de l'Université, le Couvent des Filles de la Visitation, l'Eglise de Notre Dame, le Collége de St. Jerôme, & celui des PP. Jesuites qui est une des plus belles maisons qu'ils aient en France. On y voit sur la Porte une figure de St. Ignace de Loyola avec cette Inscription:

Successori Sancti Thomæ.

C'est sur cette inscription qu'un Conseiller de Besançon disoit que St. Ignace n'avoit accepté cette Succession que *sous benefice d'inventaire*. L'Eglise de Notre Dame est la plus grande de la ville & est située en un lieu élevé, ce qui fait qu'on apperçoit de fort loin la tour qui est au dessus de son portail; le maitre-Autel est enrichi de colomnes & de Statues de Marbre. Du côté de l'Evangile est le Mausolée en marbre blanc de Jean Carandolet Chancelier de Bourgogne & de sa femme Marguerite de Chassey fille de Hugues de Chassey & d'Alix de Chicerey. C'étoient le Pere & la Mere de Jean Carandolet President du Conseil privé, mort Archevêque de Palerme. Quoique Mr. l'Abbé de Longuerue [b] pretende qu'il ne soit fait aucune mention de Dole avant le XII. Siécle, l'Auteur qui me fournit cet article assure que les Romains avoient décoré cette ville de plusieurs monumens dont le nom ou les restes se conservent encore. Ils donnoient, dit-il [c], des combats dans l'endroit qu'on apelle encore la place des Arénes. On voit les restes de deux aqueducs qu'ils avoient fait construire au même endroit. Le grand chemin qu'ils avoient fait faire pour aller depuis Lyon jusqu'au Rhin traversoit cette ville & on en remarque encore des vestiges sur la route de Dole à Besançon. Il y a aujourd'hui dans cette ville une Chambre des Comptes, (le Parlement & l'Université sont à Besançon;) un Bailliage, un Magistrat composé comme celui de Besançon, un Chapitre, cinq Couvents de Religieux, six de Religieuses, un Hôtel-Dieu, un Collége des Jesuites. On compte dans Dole plus de quatre mille habitans. [d] Le Chapitre de Dole a été fondé par Othon IV. du nom Duc de Bourgogne qui aiant ordonné par son testament de l'an 1248. qu'il fût fondé en la Ville de Poligni, Alix Comtesse de Bourgogne son heritiere & sa sœur changea cette disposition & ordonna par son Testament de l'an 1277. que ce Chapitre seroit établi en la ville de Dole ce qui fut exécuté en 1303. par Mahaud d'Artois veuve d'Othon V. Comte de Bourgogne. Ce Chapitre est composé d'un Doyen & de douze Chanoines & est exempt de la jurisdiction de l'Archevêque de Besançon. Le Roi a la collation du Doyenné & des douze Prebendes.

a La Mare in Comment. de Bello Burgund.

b Descript. de la France 1 part. p. 310.

c l. c.

d Piganiol de la Force Ibid. p. 379.

DOLEIA, [e] nom Latin de THOLEY Abbaye dans la Lorraine.

e Corn. Dict.

DOLFAR [f], Village maritime d'Hadramut Province de l'Arabie heureuse à l'Orient & à environ cinquante lieues Françoises de Fartach. MM. Maty & Corneille en font une ville & qui plus est la Capitale de la Principauté d'Hadramut.

f Sanson Atlas.

DOLICÆ, Isles du Golphe Persique sur les côtes de l'Arabie heureuse selon Pline [g].

g l. 6. c. 32.

1. DOLICHA. Voiez DULICHIUM.

2. DOLICHA, Ancienne Ville de la Macedoine dans le Canton des Pelasgiotæ selon Ptolomée [h]. Mercator la nomme Techala.

h l. 3. c. 13.

1. DOLICHE, ou selon quelques Interpretes du même Géographe DOLICA & DOLICHENA, Ville ancienne de la Syrie septentrionale. Le P. Charles de St. Paul [i] met cette ville dans l'Euphratense. Elle étoit Episcopale sous le Patriarche d'Antioche & dans le premier Concile de Constantinople on lit le nom de Maris son Evêque.

i Geog. Sacr. p. 292.

§. Mr. Baudrand la met sur le Marsyas Riviere qui tombe dans l'Euphrate. Il dit qu'elle a un Evêque Sufragant d'Edesse, qu'elle est mal peuplée & qu'elle garde son ancien nom comme le croit le P. Ferrari. Je crois que c'est le lieu que Mr. de l'Isle nomme DOLOUC dans sa carte de Turquie.

DOLICHE, ancien nom de l'Isle *Icaros*. On la nommoit aussi MACRIS & ICHYIOESSA selon Pline [k]. Voiez ICAROS.

k l. 4. c. 12.

2. DOLICHISTE, Isle de la mer de Lycie [l] à l'Orient de l'Isle de Rhode, dans la mediterranée. Ptolomée en fait aussi mention [m]. Son nom qui est Grec signifie qu'elle est étendue en longueur.

l Plin. l. 5. c. 31.

m l. 5. c. 3.

DOLIOLUM [n], hauteur dans la ville de Rome. Elle se forma d'un amas de pots cassez. D'où lui est venu son autre nom, *Mons Testaceus*, en Italien MONTE TESTAC-

n Baudrand Edit. 1682.

CIO.

DOL.

c10. Il est proche le Tibre & la porte de St. Paul; au pied du mont Aventin.

DOLIONES. Peuple de l'Asie mineure.[a] Il habitoit aux environs de Cyzique depuis la Riviere Æsepus jusqu'au Rhyndacus & au Pays des Dascyliens.

DOLIONIA ou,

DOLIONIS; on apelloit [b] ainsi le gouvernement ou la contrée qu'habitoit la peuple dont il est parlé dans l'article precedent.

1. DOLLAERT [c], prononcez DOL-LART; cependant quelques-uns comme F. de Wit écrivent DOLLERT. Il y en a aussi qui l'apellent le GOLPHE D'EMBDEN. Ce Golphe est à l'embouchure de l'Ems, entre les Ommelandes contrée de la Seigneurie de Groningue, à l'Occident; & la Principauté d'Embden.[d] Le Pays que l'eau couvre en cet endroit consistoit autrefois en de belles prairies bien peuplées. La mer d'Allemagne s'étant débordée en 1277. rompit les digues & submergea trente-trois villages. Il y a quelques Isles dont les principales sont Muniksveen Blinken, Utbeerte, Garmede, & Hochée. La plus grande de toutes est celle de Nesserbant située devant la ville d'Embden; elle n'est pas à proprement parler dans le Dollaert, mais entre le lit ordinaire de l'Ems & la ville d'Embden.

2. DOLLAERT. Autre Pays inondé dans les Païs-bas à l'Ouest de l'Embouchure du Hondt ou de l'Escaut Occidental. Mr. de l'Isle remarque que l'an 1377. le 12. de Novembre dix-neuf villages furent submergez en cet endroit. On passe le Dollaert pour aller à Biervlit, à Philippine, & au Sas de Gand.

DOLONCÆ ou,

DOLONCI, ancien peuple de Thrace selon Etienne le Géographe; ils habitoient auprès de l'Hebre au raport de Solin [e]. Quelques Editions de cet Auteur portent DOLONGII. Herodote [f] en parle aussi.

DOLNSTEIN, DOLLENSTEIN ou DALNSTEIN [g] petite ville d'Allemagne dans le Cercle de Franconie sur la Riviere d'Altmule dans l'Evêché d'Aichsted. Le quarante-neuviéme Evêque Albert II. qui mourut l'an 1445. l'acheta [h] du Baron de Heydeck à qui elle apartenoit auparavant.

DOLOPES [i], ancien peuple de la Grece. Les Thessaliens s'attribuoient le pays que les Dolopes habitoient, & Strabon [k] dit que les Dolopes étoient voisins des Peoniens; & il n'y a point à douter qu'ils ne fussent sur le Pinde proche de l'Epire. Ptolomée en parlant des Cassiopéens d'Epire dit que les Dolopes étoient au-dessus d'eux. Leur Païs étoit nommé *Dolopia*: Polybe [l] & Tite-Live [m] le nomment ainsi. Toute la Dolopie n'étoit pas dans la Thessalie. Il y en avoit aussi une partie de l'autre côté du Pinde vers les confins de l'Epire; du moins au dessus de l'Etolie & de l'Acarnanie. C'est ce que Thucydide [n] prouve quand il dit du fleuve Achelous: l'Achelous coulant du mont Pindus par la Dolopie, les Agræs, les Amphiloches, & par la Campagne d'Acarnanie passant par la ville de Stratos se perd dans la mer auprès d'Oeniades. Les Dolopes étoient maitres de l'Isle de Scyros

DOL. DOM.

lorsque Cimon s'en empara. Cette Isle, dit Plutarque [o] étoit habitée par les Dolopes très-peu entendus à cultiver la terre, mais grands Corsaires de toute ancienneté. Non contents de faire des courses ils se mirent enfin à piller & à détrousser ceux qui relâchoient chez eux. Un jour quelques Marchands Thessaliens étant entrez dans leur port de *Ctesium* ils les pillerent & les mirent en prison. Mais ces prisonniers aiant trouvé moien de rompre leurs chaines & de se sauver porterent leurs plaintes devant les Amphictyons & firent condamner toute l'Isle à rendre à ces Marchands tout ce qui leur avoit été pris & à les dédommager de leur perte. Ceux qui n'avoient point eu de part au pillage, refuserent de contribuer au dédommagement, & dirent que c'étoit à ceux qui avoient pillé, à rendre leur butin. Ceux-ci craignant d'y être forcez écrivirent à Cimon, pour le presser de venir avec sa flotte prendre possession de l'Isle qu'ils étoient prêts de lui livrer. Ce qu'il fit & s'en étant rendu maitre de cette maniere il en chassa d'abord les Dolopes & rendit ainsi la mer Egée libre & la purgea de ces Pirates qui l'infestoient. Dans la Dolopie étoit *Menelaide* [p] sur le mont Pindus.

DOLTABAT; Forteresse [q] l'une des meilleures des Etats du Grand Mogol. Elle est sur une Montagne escarpée de tous côtez. Le chemin qu'on y a pratiqué est si étroit qu'il n'y sauroit passer à la fois qu'un cheval ou un chameau. La ville est au bas de la Montagne avec de bonnes murailles & cette forte place que les Mogols avoient perdue dans la revolte des Rois de Visapour & de Golconde qui avoient secoué le joug, fut reprise par stratagême & est demeurée depuis sous l'obéissance des Mogols. Cette ville [r] étoit la capitale de Balagate avant que les Mogols l'eussent conquise. Elle étoit alors du Décan & il y avoit un grand Commerce; mais il est présentement à Aurengabad où Aurangzeb fit tous ses efforts pour le transporter lors qu'il en fut Gouverneur. La ville est mediocrement grande, elle s'étend du levant au couchant, & elle a beaucoup plus de longueur que de largeur. Elle est ceinte de murailles de pierre de taille, avec des creneaux & des tours garnies de Canons; mais quoi que ses murailles & ses tours soient bonnes ce n'est pas ce qui lui donne le renom d'être la plus forte place du Mogol. C'est une montagne de figure ovale, que la ville entoure de tous côtez, qui est fortifiée par tout & qui est même ceinte par sa baze d'un mur de Roc vif fort uni, & qui a à son sommet un bon château où est le Palais du Roi. Outre ce château il y a trois petites forteresses dans la ville qui est au bas de la montagne. L'une s'apelle *Barcot*, l'autre *Marcot*, & la troisiéme *Calacot*: à cause de toutes ces fortifications les Indiens croient que cette forteresse est imprenable. Il y a deux heures & demie de chemin de Doltabat à Aurangeabad.

☞ Le mot COT en Indien veut dire une forteresse, & marque que les lieux dont le nom est terminé par cette Syllabe sont fortifiez.

DOMAZLIZE [s], Mr. Corneille écrit DOMAZLICE; les Allemands, la nomment TAUS, Ville du Roiaume de Boheme dans le Cercle de Pilsen sur le torrent de Cadburz aux frontieres de la Baviere & du Nordgau. Elle est à cinq milles d'Allemagne de Pilsen en allant vers Chamb.[a] Cette ville est Roiale & on y voit deux tours remarquables, à savoir la tour du château & celle qu'on nomme Teintzer Thor. L'an 1466. le Pape aiant envoié une Croisade contre les Hussites, les habitans de Domazlize, livrerent bataille aux croisez le 22. d'Octobre & avec le secours de leurs voisins en firent une cruelle boucherie. La plaine où se donna cette bataille se nomme encore *Creutzfeld*, c'est-à-dire, *le Champ de la Croix*. La petite riviére en fut rougie de sang humain. Les Suedois prirent cette ville l'an 1541. lors qu'ils passoient du haut Palatinat en Bohême.

[a] *Zeyler Boh. Topog. p. 78.*

DOMBES, Pays de France avec prerogative de Principauté Souveraine. Elle est bornée à l'Orient par la Bresse ; au Nord par le Maconnois, au Couchant par le Beaujolois & au Midi par le Lionnois. Elle a neuf lieues de long & presque autant de large. Son pays est très-beau & très-fertile & est divisé en douze Châtellenies qui sont *Trevoux*, *Beauregard*, *Montmerle*, *Toissey*, *Lent*, *Chalamont*, *le Chatelard*, *Marlieu*, *St. Trivier*, *Villeneuve*, *Amberieux* & *Ligneu*.[b] Il n'est fait mention du Pays de Dombes, en Latin *Pagus Dombensis*, ni dans les Capitulaires, ni dans les anciens Auteurs, excepté un Anonyme qui a écrit la Vie de Saint Trivar Moine.

[b] *Longuerue Desc. de la France 1 part. p. 304.*

Ce pays étoit possedé par les Seigneurs de Beaugé ou Bresse, Marguerite de Beaugé en épousant Humbert IV. Seigneur de Beaujeu, lui apporta en dot la terre de *Mirabel* ou *Dombes*, & quelques autres fiefs. C'est par où commença l'établissement de la Maison de Beaujeu, en ce Pays-là. Ensuite Humbert engagea à l'Archevêque de Lyon l'an 1226. & pour deux cens marcs d'argent, tous les fiefs & hommages qui lui étoient dûs entre le Château d'Icon & la Saone. Guichard son fils lui succéda en la Baronie de Beaujeu, & en la terre de Dombes; il rendit hommage à l'Eglise de Lyon pour la moitié du Château de Baureguard. Ce Seigneur étant mort sans enfans, sa sœur Isabeau herita de lui, & porta les biens de cette Maison à son Mari Louïs Comte de Forez. Guichard leur second fils eut en partage la Seigneurie de Beaujeu, & les terres d'au delà de la Saone en Dombes, qu'il laissa à ses descendans.

Pour lors une partie de ce Pays, où sont Chatelard, Chalamont & Montmerle, appartenoit en propre aux Seigneurs de Villars; ils tenoient tout cela en fief des Seigneurs de Lyon, qui étoient aussi Seigneurs Suzerains du Château de Trevoux sur la Saone. Henri de Villars Archevêque de Lyon, dont les Seigneurs de Beaujeu étoient Vassaux pour une partie de ce qu'ils tenoient en Dombes, reçut l'hommage de Richard de Beaujeu pour ces terres l'an 1299. dans le tems qu'il le reçut de son Neveu Humbert de Villars pour Chatelard en Dombes. Enfin ce Prélat mourant l'an 1301. & laissant le Château de Trevoux à ses heritiers, leur defendit de reconnoître aucun autre Seigneur que l'Archevêque de Lyon, à quoi ils obéïrent; & on voit que l'an 1316.

Humbert ou Imbert Seigneur de Villars reconnut tenir de l'Archevêque de Lyon & du Chapitre de Saint Jean, la Ville, le Château & le territoire de Trevoux. Edouard II. Seigneur de Beaujolois & de Dombes, qui n'avoit point d'enfans, voulut témoigner sa reconnoissance à Louïs second Duc de Bourbon. Ce Seigneur avoit de grandes obligations à ce Prince, car il l'avoit secouru contre Amé V. Comte du Savoye ; qui vouloit contraindre ce Seigneur à lui faire hommage d'une partie de la terre de Dombes, demembrée de celle de Beaugé. Ainsi Edouard Seigneur de Beaujeu donna entre-vifs au Duc de Bourbon toutes ces terres, & dans l'Acte il reconnoît que ce qui est au delà de la Saone est dans l'Empire.

Le Duc Louïs laissa le Beaujolois & la terre de Dombes à son fils Jean Duc de Bourbon, qui s'empara de tout ce que les Seigneurs de Villars tenoient en Dombes malgré les oppositions de ceux de cette Maison de Villars & de leurs heritiers, lesquelles finirent enfin, parce qu'Antoine de Levis se voyant sans enfans, vendit à Jean II. Duc de Bourbon tout ce qui lui appartenoit en Dombes.

A l'égard du Duc Jean, il laissa le païs de Dombes au Duc Charles son fils, qui aiant donné les Seigneuries de Beaujeu & de Dombes à son fils Philippe, voulut l'obliger à lui rendre hommage du tout au prejudice d'Amedée de Talaru Archevêque de Lyon, Seigneur Direct des terres de Trevoux, de Chatelard, de Montmerle, de Beauregard & de Chalamont ; ce qui obligea ce Prelat à s'adresser au Concile de Basle, pour avoir justice du Duc de Bourbon. Le Concile prit fait & cause pour l'Archevêque, par un Décret daté du 16. d'Avril 1436. Le succès qu'avoit eu Amedée de Talaru en cette affaire n'empêcha pas ses Successeurs de perdre les droits qu'a-voient sur le Païs de Dombes ; il fut confisqué sur le Connétable de Bourbon, & réuni à la Couronne sous François I. Les Officiers Royaux, malgré tous les titres contraires, soutenoient contre la Princesse de Bourbon Louïse & contre son fils le Duc de Montpensier, que la terre de Dombes étoit dans les limites du Roiaume, & qu'elle avoit été legitimement réunie à la Couronne : il y eut sur cela des differends sans nombre, avec de très-longues procedures ; ces Procès ne furent entierement terminez que sur la fin de l'an 1560. au commencement du regne de Charles IX. La proprieté de la terre de Dombes, avec tous les droits Souverains, furent cedez à la maison de Montpensier par la Transaction qui fut faite alors, & le Roi ne se reserva sur la terre de Dombes, que ce qu'on apelle dans le droit François la Bouche & les mains, c'est-à-dire, l'hommage simple, sans aucun ressort, ni aucune espece de servitude ; desorte que les Souverains de ce pays ont rendu la Justice à leurs Sujets par une Cour Souveraine ou Parlement, qui a long-tems tenu sa séance dans la ville de Lyon. Marie de Bourbon-Montpensier Duchesse d'Orleans, unique heritiere de la maison de Montpensier, laissa la Souveraineté de Dombes & tous ses biens à sa fille unique Anne Marie Louïse d'Orleans, qui a donné entre-

DOM.

entre vifs la Souveraineté de Dombes au Duc du Maine, fils legitimé du feu Roi Louïs XIV.[a] Ce Monarque a déclaré par des Lettres patentes que le Souverain de Dombes n'eſt point à ſon égard, comme un Vaſſal à l'égard de ſon Seigneur; mais ſeulement comme un moindre Souverain à l'égard d'un plus puiſſant. Sa Majeſté a auſſi accordé aux Conſeillers du Parlement de Dombes de fraterniſer avec ceux des Parlemens de ſon Roïaume & de pouvoir devenir Maîtres des Requetes après le temps marqué par les Ordonnances. Ils ont auſſi droit de *Committimus*. Le Souverain fait batre monnoie; a Droit de vie & de mort, d'annoblir & d'impoſer ſur ſes Sujets tout ce qu'il veut.

Le revenu fixe du Prince monte au delà de cent dix mille livres. Les Gabelles produiſent au Souverain cinquante-cinq mille livres, les Aides quinze mille, le Greffe du Parlement quinze mille, le domaine dix-neuf mille, les péages quinze mille ce qui fait en tout cent dix-neuf mille livres, ſans compter le droit annuel des charges & le caſuel. De plus le païs fait de ſept ans en ſept ans un don gratuit de vingt mille livres au Souverain, & de vingt-ans en vingt ans la recherche des Francs-fiefs & des amortiſſemens produit environ dix ou douze mille livres. Le droit de batre monoie a valu beaucoup dans les temps du Commerce des piéces de cinq Sols & des Sequins d'or au levant. On aſſure que pour lors la monnoie de Dombes raportoit au Souverain plus de cent mille livres par an. Les Venitiens ſe plaignirent de la fabrication des ſequins au coin de St. Marc; mais Mademoiſelle Anne Marie Louïſe d'Orleans-Montpenſier Souveraine de Dombes leur répondit que Saint Marc étoit le Patron de Trevoux comme il l'eſt de Veniſe.

DOM-DIDIER,[b] Village bailival de Suiſſe dans la partie Orientale du Canton de Fribourg. Il a un Château entre Avenche & Payerne.

DOME ou LE PUI DE DOME, en Latin *Mons Dominans*; Montagne de France en Auvergne proche de Clermont. Le Celebre Paſcal l'a rendue encore plus fameuſe qu'elle n'étoit auparavant, par les belles experiences de Phyſique qu'il y fit ſur la peſanteur de l'air. Elle a huit cens dix toiſes d'élevation ſur la ſurface de la terre.[d] C'eſt pourtant la plus acceſſible de toutes celles qui ſont remarquables en ce Païs-là. Elle a de bons pâturages avec des Simples exquis. Au ſommet ſont des ruines d'édifices qui font paroître que ce ſont les reſtes de quelques ſomptueux bâtimens.

DOMEZOPOLI, Bourg qui a ſuccedé à DOMITIOPOLIS ville Epiſcopale de l'Iſaurie.

DOMFRONT,[e] petite Ville de France avec titre de Comté, en Latin *Domfrontium*. Elle eſt ſituée ſur la Mayenne, cinq ou ſix lieues au-deſſus de la ville de ce nom, à environ quatre lieues de Mortain & de Tinchebray vers les extremitez des Diocèſes d'Avranches & de Bayeux. Cette ville eſt ancienne, bâtie ſur la cime d'une Montagne de Roche & ſon château eſt detruit. La Paroiſſe de St. Julien eſt ſa principale Egliſe & il y a quelques Monaſteres. Domfront a Vicomté, Châtellenie, Corps d'Officiers de Ville & Election, laquelle comprend quarante-cinq Paroiſſes qui relevent

DOM.

de la Generalité d'Alençon. A deux lieues de là eſt la belle Abbaye de Lonlai que poſſedent les Benedictins de la Congregation de Saint Maur. Domfront eſt en *Paſſais*,[f] petit pays qui depend de la Normandie, quoi qu'il ſoit du Dioceſe du Mans; la ville tire ſon origine d'un Château que fit bâtir ſur un Roc eſcarpé dans l'onziéme ſiecle Guillaume Tallevas premier du nom, Comte de Belleſme dans le Perche ſur un fond qui étoit de ſon ancien heritage, & qui par conſequent dans ce temps-là n'étoit pas au Comte du Mans, comme on peut voir dans l'Hiſtoire des Comtes du Perche & d'Alençon écrite par Gilles Bry: cette place fut nommée *Caſtrum Domnifronii*, en François *Domfront* ou *Damfront*: ce qui fait voir que ceux-là n'ont pas bien rencontré ſur l'étymologie de ce mot, qui l'ont expliqué *le Front* ou *le Boulevart du Seigneur*, en pretendant que les Comtes du Mans l'avoient fait bâtir ſur leurs frontieres pour l'oppoſer aux entrepriſes des Ducs de Normandie, puiſque ce lieu-là n'appartenoit point au Duc du Maine, mais à celui de Belleſme qui l'avoit fait fortifier: nous voyons qu'après cela Guillaume II. dit le Roux, Roi d'Angleterre & Duc de Normandie, s'étant emparé de cette place, la donna à ſon frere Cadet Henri, qui fut ſon Succeſſeur en tous ſes Etats: après quoi Domfront dans le treiziéme ſiecle fut uni au Comté d'Alençon [érigé enſuite en Duché] & a été un des Vicomtez, dont ce Duché ou Comté étoit compoſé. Ce Duché aiant été réuni à la Couronne par François I. il en membra peu après le Vicomté de Domfront, qu'il donna après le Traité de Cambray au Duc de Montpenſier en pleine propriété, avec le Comté de Mortain & Vicomté d'Auge.

1. DOMINIQUE (la) Iſle de l'Amerique Septentrionale l'une des Antilles, ainſi nommée par les Eſpagnols parce qu'ils la decouvrirent un Dimanche, & non pas du nom de St. Dominique comme le dit Mr. Corneille. Elle eſt par les 317.d. de longitude & les 15. d. 25'. de latitude. Elle a la Martinique au Sud-eſt, les Saintes & la Guadeloupe au Nord-Oueſt & Marie Galande au Nord-eſt. Elle peut avoir trente à trente-cinq lieues de circuit ſelon le P. Labat[h] & [i] environ 13. lieues communes dans ſa plus grande longueur & 5. dans ſa plus grande largeur. Elle eſt arroſée de quantité de rivieres particuliérement la Cabeſterre. Les eaux ſont excellentes. Le Poiſſon d'eau douce y eſt en grand nombre & très-bon. Il y a une ſoufriere comme à la Guadeloupe, mais elle n'eſt pas ſi haute à beaucoup près. La terre de preſque toute l'Iſle eſt haute & fort hachée. A peine en toute la Cabeſterre y a-t-il trois lieues de plat pays en mettant bout à bout tout ce qu'on y en trouve, mais les fonds ſont beaux & les pentes ou rivers propres à tout ce qu'on y voudroit planter. On a même aſſuré qu'il y avoit une mine d'or qu'on prétend être auprès de la ſoufriere; mais les Caraïbes n'en conviennent pas peut-être de peur d'attirer les Européens. Le P. Labat croit que ce peuple n'excede pas le nombre de deux mille ames dont les deux tiers ſont femmes ou enfans. Quoique cette Iſle ſoit peu de choſe, les Anglois ont fait des tentatives

a Piganiol de la Force Deſc. de la France T.3. p.226. & ſuiv.

b Delices de la Suiſſe T.2. p.396.

c Piganiol de la Force Ibid. T.5. p.314.

d Corn. Dict.

e Corn. Dict. Memoires dreſſez ſur les lieux en 1704.

f Longuerue deſc. de la France p. 80.

g De l'Iſle Antilles.

h Voiage T.4. p.308. i De l'Iſle ubi ſupra.

tatives pour s'y établir fondez sur des pretentions auxquelles les François se sont toujours opposez; parce que les Anglois en temps de guerre n'eussent pas manqué de s'en servir pour couper la communication de la Martinique avec la Guadeloupe & les auroient bientôt reduits aux dernieres extremitez. Ils se servirent de la Paix de Ryswyck & d'un accommodement particulier qu'ils firent, avec les Sauvages de la Dominique pour y venir faire du bois de charpente. Ils y firent ensuite un Ajoupa au bord de la mer pour mettre ce bois à couvert en attendant les barques qui le devoient transporter. Cet Ajoupa se changea en une Maison autour de laquelle ils firent une Palissade où ils mirent quelques petites piéces de canon sous pretexte de saluer les santez de leurs Comperes les Caraïbes quand ils les faisoient boire. Dès que le Gouverneur General des Isles Françoises en eut avis, il envoia un Officier pour s'en plaindre au General des Anglois & dans le même temps il envoia à la Dominique deux bâtimens qui obligerent les Anglois à rembarquer leur canon & leur bagage. Après quoi on mit le feu à la Maison & aux Palissades. La situation en étoit fort commode & telle qu'on la pouvoit souhaiter pour y faire un fort. Si on leur eût donné le loisir de le construire il n'eût pas été facile de les deloger. L'Ancrage est bon sur toute la côte de la Dominique; mais il n'y a aucun port ni cul de sac pour se retirer & on ne trouve partout que des rades foraines. Il y a à la verité quelques pointes derriere lesquelles on peut se mettre à couvert de certains vents, c'est-là tout l'avantage que l'on en peut tirer.

2. DOMINIQUE (la) fontaine Minerale, comprise dans ce qu'on appelle les eaux de *Valhs*. Voiez VALHS.

DOMITIANA. Voiez ALEXANDRIE.

DOMITIANA STATIO, Port de Mer de la Toscane, auprès du fleuve Almiana; selon Antonin [a]. *a Port. Itiner.*

DOMITIOPOLIS ou DOMETIOPOLIS, Ville de l'Isaurie selon Etienne le Géographe & selon Ptolomée [b] dans la Cilicie. *b L. 5. c. 8.*

DOMITZ, [c] prononcés *Doemitz*, ville & forteresse d'Allemagne dans le Cercle de Basse Saxe au confluent de l'Elbe & de l'Elve Riviere qui descend du Duché de Meckelbourg dans lequel cette ville est bâtie. La forteresse qui est l'unique de tout le Duché de Meckelbourg est très-forte par sa situation, ne pouvant être accessible que par un pont de bois. L'Electeur Louis de Brandebourg l'aliena au Comte de Swerin en 1328. avec la douane & tout le Pays des deux côtez de l'Elbe pour sept mille cinq cens Marcs Monnoye de Brandebourg. La Ville & la Douane revinrent à la Maison de Brandebourg par Mariage; mais la forteresse resta aux Ducs de Meckelbourg heritiers des Comtes de Swerin, & ils en sont encore en possession aussi bien que de la Douane, de la ville & du petit pays situé de l'autre côté de l'Elbe. Cette Douane raporte ordinairement autour de 80000. Reichsdales. L'an 1627. le Comte de Tilli General des Imperiaux prit Dömitz par Capitulation; & Lohausen Colonel Suedois la reprit sur la fin de 1631. Les Imperiaux & les Saxons la *c Memoires dressez sur les lieux en 1718.* reprirent le 4. d'Août 1637. Le General Bannier fit ses efforts pour la reprendre en 1639, & la tint bloquée une partie de l'année suivante. Les Suedois ne s'en rendirent maîtres qu'en 1643. le 23. d'Octobre. C'est le lieu, où les Ducs renferment les prisonniers qui doivent être long-temps renfermez.

DOMLESCHG, [d] en Latin *Tomiliasca*, ou *Domestica Vallis*. Vallée de Suisse dans le pays des Grisons. Elle s'étend aux deux côtez du haut Rhin & même au-dessous de la jonction des deux Rhins. La partie de cette vallée qui est sur la rive gauche du haut Rhin appartient à la ligue haute comme l'autre appartient à la ligue de la Caddée. La I. renferme la Communauté de Thusis ou Tossane. Cette vallée tire son nom d'un Village qui y est situé à l'extremité & que l'on appelle aussi *Domleschg*. *d Delices de la Suisse T. 3. p. 594.*

DOMME, [e] Ville de France au haut Perigord, sur la Dordogne aux confins du Querci & sur une Montagne à une lieue de Sarlat au midi. [f] Cette ville où il y a Justice Roiale est de l'Election de Sarlat dans la Generalité de Bourdeaux, & passe pour avoir 507. feux. *e Baudrand Edit. 1705.* *f Denomb. du Roiaume T. 1. p. 375.*

DOMMELE, Riviere qui coule au Pays de Liege. C'est la même que la DISE. On écrit plus communément DOMMEL. Elle a sa source dans le marais de Donderslag passe à Per d. à Borkel, Werckenswert & à Dommelen g. à Eindhove d. Mr. de l'Isle [g] lui donne le nom de Dommel jusques-là & il l'appelle Dyse de là jusqu'à Bois-le-Duc ou plutôt jusqu'à sa jonction avec l'Aa, où il lui rend le nom de Dommel. *g Atlas.*

DOMO D'OSCELLA, petite Ville d'Italie au Duché de Milan avec un Château un Comté d'Anghiera au pied des Alpes. Les Allemands la nomment IN TUMB IN ESCHENTAAL selon Mr. Baudrand [h] & les François LE DOME sur le Torrent de Tosa, à six milles au-dessus de Vocogna, & à soixante mille pas de Milan au couchant d'été en allant vers Sion. *h Edit. 1705.*

DOMOCHI, [i] Ville de Grece dans la Thessalie à quatre lieues de Zeiton du côté du couchant. Elle étoit autrefois Episcopale & considerable, mais presentement elle est presque deserte. On croit que c'est l'ancienne LAMIA. *i Ibid.*

DOMPAIRE, [k] Ville ancienne de Lorraine, où les Rois d'Austrasie & depuis eux les Ducs de Lorraine leurs Successeurs ont fait leur sejour. Ce n'est plus aujourd'hui qu'un Village d'une seule Paroisse qui a une aide & qu'on trouve à quatre lieues d'Epinal & à deux de Plombieres. On y voit encore les Ruines d'une muraille du côté de la Vauge Lorraine, avec l'ancienne fontaine & une grosse tour du côté de France. *k Corn. Dict. Memoires Manuscrits.*

DON, Riviere de l'Empire Russien. Les anciens l'ont connue sous le nom de TANAÏS. C'est une des principales de l'Europe qu'elle separe même de l'Asie dans sa partie la plus avancée vers l'Orient. Les Italiens l'appellent LA TANA. Elle a sa source dans la Province de Rezan en Moscovie à cent dix mille pas de la Ville de Moscou, au levant d'Hyver du Lac Iwanow-Osero. Selon une nouvelle Carte du cours de cette Riviere [l] elle sort de ce même *l Chez Ottens à Amsterdam*

DON.

me Lac coule à Woronis où elle reçoit la riviere de ce nom. De là elle passe à Aryba, à Cartajack g. à Donnetskoi d. à Kasanka d. à Tiskanka, à Riskatoff, à Wosky, à Jalan, à Uscapior, à Medweditsaa, d. à Rospapin, à Kleetskoi, g. à Perekofpskoi, à Kremeny d. aux deux Gregorioff g. entoure Serotin ville située dans une Isle & de là coule à Ilasla Ville au-dessus de laquelle Pierre I. a fait faire une communication du Don avec le Wolga à la faveur des deux rivieres Ilasla & Camisinka. Le Don baigne ensuite les Villes de Katsialin, Panschina, d. Golubay, Perisbue, Tzchyre & Tzchyr Nyschney, Kabulbki Isauloff, Simawcky, Kurmanicz-Wirchney, Nakhay, Nisnoy-Kurmannicz; Nagaffkinn, d. Philipskoi, d. Terrawoy, Uschack, d. Romanoffskoi, Wirchnoy-Kazialla, Kamischenka, Nisne Kargella, g. Mestrenniska dans une Isle, Mikailoff de même, Nysney Mikailoff, Traylyn, d. Khagallnik, Wedernick Babée, dans des Isles; Khaottsiett, g. Cemikarakor, Rosdoroy, Melkho, Boserhannck, Boohay, Manittz, Tscherkaske Capitale de la Circassie bâtie dans une Isle. Au-dessous de cette Ville elle forme plusieurs Isles avant que de se jetter dans le Palus Meotide à l'Orient de ces Isles & est la forteresse Assof, vis-à-vis de laquelle est la Ville de Luteck. Ce fleuve reçoit un très-grand nombre de Rivieres dans son cours qui est fort long à cause des detours qu'il fait, quoi qu'il n'y ait gueres que quatre vingt lieues d'Allemagne depuis sa source jusqu'à son embouchure en allant par terre par le plus droit chemin.

a De l'Isle Atlas. LE PETIT DON, [a] on l'appelle sur quelques Cartes DONETZ SEWERSKI parce qu'il a sa source dans la Province de Severie, quoique les bornes de cette Province soient changées à présent. Il prend son cours vers l'Orient Meridional, reçoit en son cours les eaux des Rivieres Ramianka, Oskul, Udi, Bogdan, Tor, Aidor, Glibokou, & se jette dans le Don au-dessus de la Ville de Babay nommée Babée dans l'article precedent.

b Corn. Dict. DON, [b] Riviere de France dans la Bretagne, elle a sa source près de Juigné, passe à Moisdon Guemené, & se décharge dans la Vilaine entre Avessac & Masserac.

DONACESA, Montagne de la Phtiotide, selon Pline.

DONACUM. Voiez HEDONACUM.

c Atlas. DONAIEC, Riviere de Pologne, c'est-à-dire le petit Danube. Mr. Sanson écrit DUNAIEC. Elle a sa source assez près du Mont Crapack, au Palatinat de Kracovie, coule à Noutray, & se joint au-dessous de Sandecz avec la Propuci, pour tomber ensemble dans la Vistule près du Bourg d'Opatowice.

d Ortel. Thesaur.
e L. 12. c. 45. DONATIANA, [d] Ville Episcopale de l'Epire. Elle étoit nommée EVORIA; mais Caliste dit [e] qu'elle eut ensuite le nom de Donat l'un de ses Evêques. Ce n'est plus à présent qu'une Bourgade nommée San-Donato.

f Baudrand. DONAVERT, [f] DONAWERT, en Latin Donawertia, ou Danubii Insula, Ville d'Allemagne en Suabe sur le Danube qui lui donne le nom, comme qui diroit l'Isle du Danube. Elle a un pont sur cette Riviere qui y reçoit

Tome II.

DON. 137

celle de Wernitz, & est sur la frontiere de la Baviere & du Duché de Neubourg. Elle fut faite Ville Imperiale & libre par l'Empereur Sigismond en 1422, & étoit du Cercle de Suabe; mais aiant maltraité les Catholiques, elle fut mise au banc de l'Empire en 1607. & fut obligée de se soumettre au Duc de Baviere auquel elle appartint depuis ce temps-là jusqu'à l'année [g] 1705. qu'elle fut retablie dans son ancienne liberté. Elle ne la conserva néanmoins que jusqu'à l'an 1714. qu'elle fut rendue au Duc de Baviere par la Paix de Rastadt. *g Memoires du temps.*

[h] Elle est assez fortifiée & cependant elle a été prise plusieurs fois durant la longue guerre d'Allemagne, tant par les François que par les Suedois. Elle est à six milles d'Allemagne d'Augsbourg, au septentrion, autant au-dessus d'Ingolstat au couchant & à trois de Neubourg en passant vers Lawingen dont elle est à trois milles & vers Ulme dont elle est à huit milles, à trois de Norlingue, à quatorze de Munich, & à quinze au-dessus de Ratisbone. *h Baudrand Ed. 1705.*

DONCASTER, Ville d'Angleterre dans le Comté d'Yorck. Voiez DUNCASTRE.

DONCHERY, [i] petite Ville de France en Champagne dans le Retelois, en Latin *Doncheriacum*. Elle est sur la Meuse aux frontieres du Luxembourg à une lieuë de Sedan & a été demantelée l'an 1673. Après le partage qui fut fait de la France entre les Enfans de Louïs le Debonnaire, ce lieu de Donchery, avec le Comté de Castre ou Castrice, vint au Roi Lothaire & ensuite aux Empereurs; & c'est l'Empereur Charles le Gros, qui a donné à l'Abbaye de Saint Medard de Soissons, Donchery, qui étoit une Place Imperiale, *Villa Dominicalis*: ce lieu appartenoit encore à cette Abbaye sous la Souveraineté de l'Empire, lorsque l'Empereur Saint Henri donna l'an 1005. à Bozon Abbé de St. Medard, le droit d'établir un marché dans la Ville de Donchery située dans le Comté de Castre ou Castrice. Ce Comté, qui étoit entre ceux de Porcien & de Mouzon, prenoit son nom d'un lieu nommé Castrice, dont Flodoard fait mention au livre second de l'Histoire de l'Eglise de Rheims, Chap XI. mais la situation de ce lieu dont il n'y a plus de vestiges, est aujourd'hui entierement inconnue; ce qui est certain, c'est que peu d'années après la mort de St. Henri, Eudes, Comte de Troyes, s'empara de Donchery durant les Troubles de la France qui arriverent après la mort du Roi Robert. Ce Comte étant mort, ses Enfans Thibaud & Etienne prirent les armes contre Henri premier qui les punit de leur rebellion, & leur ôta plusieurs possessions, entre autres Donchery, qu'il ne voulut pas unir à son Domaine, mais il en investit Gozelon Duc de Lorraine. Ce Duc reçut ce don, quoi qu'il l'ignorât pas que c'étoit un bien usurpé sur l'Eglise: & quoiqu'il fût Vassal de l'Empereur, il ne laissa pas de faire hommage de Donchery au Roi : mais peu après le remors de Conscience le prit, & il restitua cette Seigneurie à l'Abbé de St. Medard, qui avoit dès lors un Avoué au même lieu, dont il n'avoit pû tirer aucun secours, à cause de la puissance des Usurpateurs. L'Auteur de l'Histoire de la Translation du Corps de Saint Sebastien à Saint Medard, rapporte *i Longuerue deic. de la France 1. part. p. 51.*

ceci

S

ceci amplement. Ces Avouez étoient des Seigneurs particuliers Vassaux de Saint Medard, qui ont succedé les uns aux autres jusqu'à Renaud qui vivoit sous Philippe Auguste: après quoi les Comtes de Retel qui avoient acquis l'Avoüerie de Donchery en ont fait hommage aux Abbez de Saint Medard, jusqu'aux derniers Comtes de Retel de la Maison de Bourgogne. [a] Cette ville est simplement fortifiée de Murailles & de quelques demi-lunes. Du côté par où l'on sort pour aller à Mezieres, dont elle est éloignée de quatre lieues, on voit quelques grosses tours rondes en maniere de Donjons munies de Canon. Elle est dans une fort belle plaine où la Riviere de Meuse lui sert d'un large fossé & d'un fort rempart. La Ville est de petite étendue & il y a peu de Marchands, elle n'est pas même fort peuplée. Dans la grande place est la maison de Ville dont le dessous sert de marché; la grande Eglise & une belle Rue qui y aboutit. C'est dans cette Rue qu'est la Maison du Gouverneur de laquelle l'Architecture est assez belle.

[a] *Corn. Dict.*

DONDALK, petit Ville d'Irlande. Mr. Corneille ne dit point en quelle Province. Il se contente de nous en donner la description suivante tirée des Voiages de Jovin de Rochefort. Il n'y a, dit-il, qu'une grande Rue. Elle est située sur le bord d'une petite Riviere (que l'Auteur ne nomme point) & dont le reflus est si gros que les barques pourroient presque arriver jusqu'à la ville si l'entrée n'en étoit point empêchée par les Sables. Proche de là est une chaine de hautes Montagnes qui s'avancent en Mer, où elles font un Cap qu'on voit à la sortie de la Ville, après qu'on a passé cette Riviere où il n'y a point de pont. Elle est abondante en poisson & tout le long de la Mer on voit des Canards par troupes. L'air en est quelquefois tout obscurci.

§. Allard [b] écrit le nom Dundalke, & place cette ville dans le Comté de Louth, au Nord & à deux heures & demie de chemin de la Ville de ce nom & à deux petites lieues de Carling-ford vers le Nord-est.

[b] *Atlas.*

DONDALKE HAVEN, [c] ou LE PORT DE DONDALKE petit Golphe de la côte Orientale d'Irlande; au fonds duquel & à quelque distance est située la Ville de Dondalke.

[c] *Allard Atlas.*

DONESCHINGUE, DONESCHINGEN, THONESCHINGHEN, Village d'Allemagne en Suabe, & dans la Principauté de Furstenberg au pied du Mont Abennou. Il tire son nom & sa celebrité du Danube nomme *Donau*, ou *Thonau* par les Allemands. On voit une des sources de ce fleuve à Doneschingen.

DONETTINI, peuple entre les Molosses selon Etienne le Geographe.

DONGALON, Ville d'Irlande dans le Comté de Tyrone ou Tyr-owen selon Davity [d]. Mr. Corneille fait un article de cette ville & encore un autre sous le nom de DUNGANNON qui en est l'orthographe la plus reçue. Voiez DUNGANNON.

[d] *Davity Irlande.*

DONGARWAN, Ville d'Irlande. Voiez DUNGARVAN.

DONGES, [e] petite Ville de France en Bretagne. Elle est située sur le Rivage de la Mer, presque à l'oposite de Pain-bœuf. Cette ville est fermée de murailles & il y a dans son voisinage des Marais où l'on nourrit quantité de moutons.

[e] *Corn. Dict.*

DONGI, [f] Province du Roiaume de Lovango en Afrique. Elle confine à celles de Lovango, de Kakongo & de Vango. C'est un grand Païs plein de bourgs & de Villages & une Principauté hereditaire qui est sous la Protection des Rois de Lovango.

[f] *De la Croix Relat. d'Afrique T. 3.*

1. DONGO, [g] Ville d'Afrique dans l'Ethiopie. On la nomme aussi Engazze. On la fait Capitale du Roiaume d'Angola, & on la place aux confins de celui de Congo, sur le confluent de plusieurs Rivieres qui sortent du Lac d'Aquelunda.

[g] *Corn. Dict.*

2. DONGO, [h] Roiaume & pays d'Afrique dans l'Ethiopie basse ou exterieure vers le Roiaume d'Angole, mais à peine est-il connu des Européens, à cause de la grande dificulté qu'il y a de pouvoir penetrer dans ce Pays-là. Les habitans mêmes n'en donnent qu'une connoissance très-legere & très-confuse.

[h] *Baudrand Ed. 1705.*

3. DONGO, [i] petite Ville du Japon sur la côte Septentrionale de l'Isle de Xicoco. Cardin la place sur la côte du Roiaume d'Yo vis-à-vis de l'Isle de Niphon.

§. M. Reland n'en fait aucune mention dans sa Carte du Japon. Ces deux Auteurs ont pris cet article de Mr. Baudrand qui parle sur la foi de Cardin.

[i] *Maty & Corn. Dict.*

DONI, fleuve de la Molossie duquel Etienne le Geographe [k] fait mention.

[k] *In voce Δώδωνη.*

DONIA, Mr. Corneille fait un article particulier de ce nom d'après Davity. Quoique ce soit le même ville que DENIA dont le nom est estropié dans l'Edition de cet Auteur qu'il a consultée. Voiez DENIA.

DONJON, Mr. Corneille fait une ville de ce nom dans le Bourbonnois sur la Riviere de Lodde, sur la foi de quelque Atlas qu'il ne nomme point. Ce n'est pourtant qu'une Bourgade de 120. feux. Elle est de la Generalité & de l'Election de Moulins.

DONNERSPERG, DONNERSBERG, ou DORTSBERG. Mr. Baudrand écrit DONNESBERG; & dit qu'on l'appelle autrement DORNSBERG. Cette montagne que les anciens ont nommée TAUNUS, & dont le nom moderne signifie la *Montagne du Tonnerre*, est en Allemagne dans le Palatinat du Rhin. Elle s'étend du Sud-ouest au Nord-est, & son extremité Septentrionale [l] est à 41. d. de latitude. Mr. Baudrand qui y passa en 1673. dit que c'est une file de Montagnes dans le Bailliage d'Altzhey en allant d'Oppenheim au Sud-ouest vers Caseloutre, (Kaiserslautern). Il ajoute qu'elle est assez sterile.

[l] *Sanson Atlas.*

DONNEZAN, [m] ou DONAZAN, contrée de France, autrefois Souveraineté particuliere mais unie au Gouvernement de Foix. Ce petit pays a trois lieues de long & autant de large. Il ne touche point immediatement à la Province de Foix, en étant separé par des Montagnes, où est le Port de Pailleres, & qui dépendent du pays de Sault. Mais ce pays de Donnezan a appartenu aux Comtes de Foix, il y a plus de cinq cens ans, leur aiant été donné par Pierre II. Roi d'Arragon & Comte de Roussillon, pour le tenir de lui à foi & hommage avec d'autres Terres. Le Comté de Roussillon étant

[m] *Longuerue Desc. de la France p. 218.*

étant ensuite venu au pouvoir du Comte Nuño Sanche, Roger Bernard Comte de Foix reconnut par une Transaction de l'an 1233. la Seigneurie & le haut Domaine du Comte de Roussillon sur le Donnezan, & en particulier sur les Châteaux de Son & de Querigu. Après la mort du Comte Nuño, le Roussillon étant venu à Jacques Roi d'Arragon, ce Roi par la Transaction qu'il fit avec St. Louïs, renonça, au profit de la France, à ce qu'il prétendoit sur les Païs de Sault & de Fenouillédes ; mais ce Roi d'Arragon, qui avoit confirmé la donation du Donnezan faite au Comte de Foix, ne céda point son droit sur ce Pays, dont il n'est pas fait mention dans le Traité de l'an 1258. Il paroît par celui qui fut passé l'an 1230. entre Nuño Comte de Roussillon & Roger Bernard Comte de Foix, que Pierre Roi d'Arragon n'avoit donné au Comte de Foix que la Seigneurie directe, & non pas utile, du Donnezan, dont il s'étoit reservé l'Arriere-fief, parce qu'Arnall & Bernard d'Allion avoient alors la propriété des Châteaux de Son & de Querigu, apellé dans les titres Latins *Cheraccutum*, que leurs prédecesseurs avoient tenus en fief des Comtes de Cerdagne : ces Seigneurs d'Allion étoient conservez dans la jouïssance de ce qu'ils avoient possedé, & ce Traité laissa la liberté au Comte de Foix de s'en accommoder avec ces mêmes Seigneurs : ce qu'il fit ; car on voit que dans la suite les Comtes de Foix furent propriétaires de tout ce petit Pays de Donnezan où sont les Châteaux de Son & de Querigu ou Guerigu. Enfin quoi que par cet accord les droits de superiorité, qui avoient appartenu aux Comtes de Cerdagne, eussent été reservez au Comte Nuño, & que Jaques Roi d'Arragon n'eût point renoncé par la transaction de l'an 1258. à ses droits sur le Donnezan, les Comtes de Foix ne reconnurent plus de Seigneurs au dessus d'eux ; de sorte que le Comté de Roussillon aiant été donné en partage aux Rois de Majorque, Cadets de ceux d'Arragon, les Comtes de Foix ne leur firent point d'hommage, & se rendirent Souverains dans le Donnezan ; le Comté étoit en possession de cette Souveraineté l'an 1391. & il y avoit déja long-tems alors qu'il en jouïssoit, ce qui paroît par l'Acte du serment reciproque fait par Mathieu Comte de Foix. aux Consuls de ce pays, & aux Comtes par les Consuls. Par cet Acte le Seigneur s'oblige de maintenir ses Vassaux en tous leurs Privileges, & de né le point tirer hors de chez eux par devant aucun Juge, mais de leur faire administrer la Justice dans leur propre pays. Les Privileges accordez au Pays de Donnezan ont été confirmez par tous ceux qui ont possedé le Comté de Foix jusqu'à Louïs XIII. qui confirma de nouveau les Privileges & immunitez des habitans de Donnezan par ses Lettres Patentes de l'an 1611. dans lesquels il prend la qualité de Seigneur Souverain de Donnezan. Mais sans avoir égard à ces Lettres, le même Roi l'an 1620. aiant érigé un Parlement dans la ville de Pau, lui attribua le jugement des appels du Pays de Donnezan, dans lequel les causes se terminoient auparavant en dernier Ressort à Guerigu, qui est la principale Place de ce pays ; & qui, du tems que les Espagnols avoient le Roussillon, étoit estimée le boulevard du haut Languedoc ; car elle tenoit de ce côté-là (avec le Château de Son, qui est dans son voisinage) le passage des montagnes bouché à l'ennemi. Le Donnezan ne comprend que neuf bourgs dont celui de Cerigut est le principal. Les autres sont Artigues, Carcagniere, Mijanez ; le Peuche, le Plan, Rouse, St. Felix, & Son. L'Atlas de Jaillot écrit ce nom DONAZAN & Mr. Piganiol de la Force [a] écrit DOUNEZAN.

[a] T. 3. p. 113.

DONQUERQUE. Voïez DUNKERQUE.

DONUCA, montagne de Thrace selon Tite-Live qui dit qu'elle est fort haute. C'est celle que Strabon nomme DUNAX. Voïez ce mot.

DONUSA, Isle de la mer Icarienne l'une des Sporades au midi Occidental d'Icarie, à l'Occident de Pathmos, au Nord-est de Gyare & à l'Orient de Micone. Pline & Tacite [b] la nomment *Donusa* : Méla [c] & Virgile [d] la nomment DONYSA.

[b] 4 Annal. c. 30.
[c] L. C.
[d] 3. Æneid. v. 125.

Bacchatamque Jugis Naxon, viridemque Donysam,
Olearon, niveamque Paron, sparsasque per aquor,
Cycladas & crebris legimus freta consita terris.

Plusieurs Critiques croyent que ces Epithetes de *Donyse la Verte* & de *Paros la Blanche* ont été mises pour specifier la couleur du marbre que l'on tiroit de ces Isles. Segrais n'a point daigné exprimer cette beauté dans sa traduction:

De Naxe nous doublons les colines vineuses,
Oleare, & Donise, Isles delicieuses;
Pare feconde en Marbre ; & sillonnant les flots;
Bien-tôt nous nous voions les Cyclades à dos.

Servius ne decide point si elle étoit apellée verte à cause de la couleur du Marbre, ou à cause de ses Forêts. Il paroit par le passage où Tacite [e] en parle qu'elle étoit aussi bien que Gyare sa voisine un lieu où l'on reléguoit les criminels ; puis que Gallus Asinius opinoit pour que l'on transportât à Donuse Vibius Serenus. Son nom moderne est DONUSSA.

[e] L. c.

DONUSIA, Isle de la Mer de Lycie. Elle appartenoit aux Rhodiens selon Etienne le Géographe.

1. DONUSSA. Voïez DONUSA.

2. DONUSSA [f], Château de l'Achaïe, entre Egyre & Pellene. On dispute s'il faut lire *Donoessa*, ou *Goneuse* dans un passage d'Homere.

[f] Ortel. Thesaur.

DONYSA. Voïez DONUSA.

DONYSIANA. Voïez DIONYSIANA.

DONZERE, [g] en Latin DURION; Bourg de France en Dauphiné dans le Tricastinois, au midi Oriental de Viviers & de l'autre côté du Rhône. Il a titre de Principauté & est orné d'un beau Château qui appartient à l'Evêque de Viviers. Mr. Baudrand & les Auteurs qui l'ont copié se plaignent de ce qu'on laisse déperir ce Château faute de reparations.

[g] Sanson Atlas.

1. DONZY, Côteau de France dans le Lyon-

Lyonnois à une lieue de Feurs en Forez. Ce Côteau est remarquable par une fontaine minerale nommée *la Fontaine de Sals* [a]. Elle est dans un puits quarré qui a trois pieds moins deux pouces de tour & vingt-cinq de profondeur. L'eau en est claire, fort limpide, & s'éleve à gros bouillons du fond du puits. Elle se décharge ensuite dans quatre petits bassins quarrez qui sont contigus & qui paroissent être l'ouvrage des Romains. Cette Fontaine avoit été entierement ensevelie par des terres qui s'étoient éboulées & ne fut decouverte que par le pere du fameux Mr. du Verney. Cet habile Medecin la fit nettoyer & la mit en vogue. La noix de Galle ne lui donne aucune teinture, & elle ne fait aucun effet sur la teinture du Tournesol. Avec le sel de tartre elle devient laiteuse, un peu puante & de fort mauvais gout, ce qui marque qu'elle abonde en soufre. On assure qu'elle est bonne pour les affections cutanées, comme galle, teigne & autres maladies de cette nature.

[a] Piganiol de la Force Descr. de la France T. 5. p. 273.

2. DONZY, Ville de France dans la Generalité de Lyon, Election de Roanne. Il y a un Château & une Justice Roiale non ressortissante.

3. DONZY, Petite Ville de France dans le Nivernois sur le Ruisseau de Noaym, elle est à trois lieues de la Riviere de Loire & de Cosne au Levant, environ à neuf lieues de Nevers au Septentrion [b]. Il y a une Eglise Collegiale sous l'Invocation de St. Caradea. Le Château étoit grand & bien bâti; mais il n'en reste plus que des ruines. Les Ecrivains Latins la nomment *Donziacum, Donzeium,* & *Domitiacum* C'est le chef-lieu du Donziois qui en porte le nom.

[b] Piganiol de la Force Descr. de la France T. 5. p. 243.

DONZIOIS, (le) quelques-uns disent LE DONZOIS, petite contrée de France dans le Nivernois. C'étoit autrefois une Baronie separée du Comté de Nevers; mais ces deux Seigneuries furent unies par le mariage d'Hervé Baron de Donzy avec Agnés heritiere de Nevers. Ils furent dans la suite separez par un partage de l'an 1525. & réunis enfin par Edit de l'an 1552. verifié en Parlement le 23. du même mois. [c] Cependant la Baronie de Donzy releve toujours de l'Evêque d'Auxerre qui en est pour ancien Seigneur féodal. Cette contrée renferme les villes de Donzy, d'Entrain ou Antrain, de Dreve, de St. Sauveur, de Corvol l'orgueilleux, de Billy, d'Estaiz, & de Cosne sur Loire. Mr. Corneille y ajoute d'après Davity Tannay, d'Ornecy sur Yonne, Champagne, Amasi, & Asnan qui, dit-il, sont la plupart des villes closes.

[c] Longuerue Descr. de la France 1 part. p. 122.

1. DOR, ou DORA, Ancienne Ville de la terre de Chanaan. Eusebe [d] la nomme DORNAPHAT, St. Jerome DORNAPHET, l'un & l'autre par transposition des Syllabes, car il y a dans le texte Hebreu [f] דור נפת *Naphothdor,* ou, comme lisent les Septante, *Naphathdor,* Elle étoit située entre Cesarée de Palestine & le Port de Tyr à neuf milles de la premiere. Josué la conquit [g] & en tua le Roi [e]. Il donna la ville de Dor à la demi tribu de Manassé de deçà le Jourdain [h]. Cette ville est située sur la Mediterranée avec un assez mauvais port. Elle est placée entre Cesarée de Palestine & le mont Carmel. Elle est souvent attribuée à la Phenicie. Antiochus Sidetes y assiégea Triphon Usurpateur du Roiaume de Syrie [i]. Quoique Josué l'eût donnée à la demi-tribu de Manassé ; elle ne put néanmoins en détruire les habitans. Quelques-uns croient qu'elle étoit à la place où l'on a bâti depuis *le Château du Pelerin.* Mr. Corneille dit qu'il n'y a que sa situation qui donne lieu à ce sentiment, car, dit-il, c'est la même distance depuis Cesarée jusqu'à ce Château que St. Jerôme donne à l'ancienne ville de Dor. Il y a plus que cette ressemblance. Le nom moderne semble une traduction de l'ancien ; Car Dor en Hebreu דור signifie *Generation, Pelerinage,* & *Habitation;* & דור dans le Pseaume 84. v. 11. signifie *voiager, loger.* C'est aussi dans ce sens que le même mot דור signifie *Age,* ou la vie d'un homme; c'est-à-dire le tems que dure son Pelerinage sur la terre.

[d] Onomast. p. 63.
[e] Ibid.
[f] Josué c. 11. v. 2.
[g] Josué c. 12. v. 23. Calmet, Dict. de la Bible.
[h] c. 17. v. 11.
[i] Macch. c. 15. v. 11.

2. DORA, Isle du Golphe Persique selon Etienne le Géographe qui cite la 15. livre de Strabon. Ortelius l'en reprend, & dit qu'il falloit citer la 19. & que c'est la même que DORACTA.

3. DORA, Fontaine de l'Arabie heureuse selon Pline [k].

[k] L. 6. c. 28.

4. DORA ou DURA lieu vers l'Euphrate près du sepulchre de Gordien. Ammien Marcellin [l] en parle comme d'un Bourg abandonné & le nomme *Dura.* Mais il le nomme ensuite *Dora Deserta* [m]. Il le nomme ville (*civitas*) dans un autre endroit [n], où il écrit *Dura.* Ortelius croit que c'est la DARIA de Procope.

[l] L. 23.
[m] L. 24.
[n] L. 25.

DORAC ou DURAC, Ville ancienne d'Afrique. Ptolomée en fait mention & la place à 9. d. de Longitude & à 31. d. 15'. de Latitude. Elle étoit dans la Province de Tedla au Roiaume de Maroc & l'on en voit encore les Ruines sur le haut de la Montagne de Dedez. Les murs qui en restent sont fort épais & faits de pierre de taille. Il y a quelques tables de marbre où sont des lettres Gothiques à demi éfacées ; (ce qui marque que ces Inscriptions ne sont pas fort anciennes & peûvent être du temps des Vandales.) Quelques-uns veulent que ce soit un ouvrage des Romains. Cette ville fut detruite par les Almohades & elle n'a point été repeuplée depuis.

DORACIUM. Voiez DYRRACHIUM.

DORACTA, Isle du Golphe Persique selon Strabon. [o] Arrien la nomme HOARACTA.

[o] L. 16.

DORADO, Province de l'Amerique Meridionale entre les rivieres d'Orenoque & celle des Amazones, au bord Occidental d'un Lac nommé Parimé. Rien n'est plus magnifique ni plus superbe que ce que quelques Relations vraies ou fausses racontent des richesses de cette ville. Walter Raleigh [p] dans un écrit imprimé à la Suite des Voiages de Coréal, dit que quelques Espagnols lui avoient raconté des choses fort merveilleuses de la ville de MANOA connue chez eux sous le nom d'*El Dorado* & qu'ils disoient avoir vuë. Ils assuroient qu'elle surpasse de beaucoup en grandeur & en richesses toutes les villes que leur Nation a conquises dans les vieux & dans le nouveau Monde. Cette ville est située selon eux, sur un Lac d'eau salée qu'on peut apeller une Mer, puisqu'il

[p] Relat. de la Guiane.

qu'il a deux cens lieues de longueur... Juan Martinez maître de l'Artillerie à Ordaco fut le premier qui découvrit Manoa. Voici à quelle occasion il pénétra si avant dans le pays. Ordaca aiant ancré devant le havre de Morequito, le feu prit à la provision de poudre par la negligence, à ce qu'on prétendoit, de Martinez qui en avoit la garde; on le condamna à la mort; mais les Soldats qui l'aimoient firent changer la peine de mort en celle d'être abbandonné seul dans un Canot à la merci des vents & des flots, sans vivres & avec ses seules Armes. Ce Canot fut emporté par le courant & trouvé flotant par quelques Sauvages de la Guiane qui n'avoient jamais vu de Chrétiens. Ils promenerent Martinez de côté & d'autre pour le faire voir comme une Merveille & le menerent ensuite à Manoa qui est la Capitale de l'Empire des Incas. Le Roi qui le vit, le reconnut d'abord pour être Chrétien & Espagnol, car il n'y avoit pas encore long-tems que ses freres Guascar & Atabalipa étoient morts & que Pizarre avoit detruit leur Empire. Il reçut assez bien Martinez, quoi qu'il n'eût pas oublié ses ressentimens & ce qu'il devoit à la cruauté des Espagnols. Martinez demeura sept mois à Manoa; mais il ne lui étoit pas permis de sortir de la ville, ni d'aller nulle part sans Gardes & sans avoir les yeux couverts: car on avoit la precaution de les lui couvrir lorsqu'il sortoit. Au bout de sept mois Martinez commençant d'entendre la langue du Païs, le Roi lui donna le choix de s'en retourner dans sa patrie, ou d'achever sa vie à Manoa près de lui. Martinez prefera de s'en retourner & le Roi le fit escorter par ses gens jusqu'au fleuve de l'Orenoque vers la côte de la Guiane & lui donna quantité d'or. Lorsqu'il fut arrivé à l'embouchure du fleuve, les Indiens de la frontiere & les Orenocoponi lui enleverent toutes ses richesses sans lui en laisser autre chose que deux bouteilles remplies d'or, parce qu'ils crurent que c'étoit la boisson de Martinez. Il silla dans un Canot tout le long de l'Orenoque vers son embouchure & de là jusqu'à la Trinité d'où il alla ensuite à san Juan de Puerto Rico. Il y mourut & étant à l'extrémité après avoir reçu l'extrême onction il se fit aporter son Or & la relation de ses voiages. Il donna l'or à l'Eglise & ordonna qu'il fût destiné à fonder des Messes pour le repos de son ame. Les Espagnols attirez par de si belles esperances ont fait de grandes tentatives pour conquerir tant de richesses. Berreo aiant eu une Copie de la Relation de Martinez qui fut déposée à la Chancellerie de Puerto Rico, espera de réüssir dans ses Recherches. Cependant il les manqua. Oreillane se flata aussi de l'esperance de conquerir Manoa; mais il mourut de maladie & de chagrin; ses vaisseaux furent dispersez par la tempête & l'entreprise échoua. Diego d'Ordaca poursuivit le même dessein & partit d'Espagne avec six cens Soldats & trente chevaux. Mais à peine fut-il arrivé sur les côtes de la Guiane qu'il fut tué dans une émotion de ses gens. Sa flote si dissipa & *a Baudrand.* perit miserablement. Les François *a* qui ont couru ces contrées n'ont rien trouvé de pareil & les Espagnols eux-mêmes, possesseurs des memoires de Martinez, n'ont pû arriver à ce païs dont les relations donnent une idée si magnifique comme on le voit par l'écrit de Raleigh que je viens de raporter. Ainsi tout n'est fondé que sur le raport d'un homme qui n'est sorti que les yeux bandez, ou, ce qui est la même chose, qui n'a rien vu que le lieu où on le tenoit prisonnier. Les Géographes ont saisi cette occasion de remplir le vuide qui étoit sur leurs Cartes & y ont placé le Lac de Parime & la ville de Manoa & la Province d'*El Dorado*. Il en est venu ensuite de plus scrupuleux qui, bien loin que l'existence en fût susisament prouvée, ont vu au contraire que la découverte de ce Lac & de cette ville n'auroit pas dû échaper à ceux qui ont parcouru ce climat. Ils ont rejeté de leur Carte ces ornemens, & se sont contentez d'avertir que d'autres les y mettoient.

DORANA ou Darano Ville de Galatie, selon Antonin [b]. *b Itiner.*

DORAT, Petite Ville de France dans la Marche: en Latin, *Deauratum*, *Dauratum*, *Duratum*, ou selon Mr. Corneille *Duratorium*. Elle est située sur la Seve un peu au-dessus de son confluent avec la Gartempe, à dix lieues de Limoges & à trois grandes de Bellac. Elle renferme environ quatre cens vingt feux & mille huit cens personnes. [c] Elle a une Senechaussée, la principale des deux qui sont dans la basse Marche. La Châtellenie Roïale du lieu est dans son ressort de même que plusieurs Justices Seigneuriales dont Maignac est la plus considerable. Le Chapitre de Dorat a fa justice particuliere, dont les appellations ne ressortissent point à la Senéchaussée de cette ville; mais par un Privilége particulier sont portées directement au Parlement de Paris & au Presidial de Gueret pour les matieres qui sont au dessous du premier & du second cas de l'Edit, toute l'étendue de cette Senéchaussée est régie par la coutume de Poitou. Dorat aussi bien que toute la Marche depend de Limoges pour le spirituel. Cette ville [d] étoit connue dans le X. Siecle sous le nom de Scotorie où fut fondée l'Eglise de St. Pierre. Elle fut desservie d'abord par des Chanoines qui embrasserent la regle de St. Augustin & qui ont été ensuite sécularizez, leur chef aiant conservé le nom d'Abbé. [e] Le Chapitre est composé d'un Abbé, d'un Doyen, d'un Chantre, de douze Chanoines & de sept ou huit titulaires du bas chœur.

c Piganiol de la Force Desc. de la France T. 5. p. 379. 382.

d Longuerue Desc. de la France 1 part. p. 146.

e Ibid. p. 358.

DORATH, Ville de la Mauritanie Tingitane selon Ptolomée [f]. *f l. 4. c. 13.*

DORBETA ou Durbeta, ancienne ville de la Mesopotamie sur le bord du Tigre, selon Ptolomée [g]. *g l. 5. c. 18.*

DORBOGRIZA [h], nom dont quelques Auteurs se sont servis pour signifier l'ancienne Mantinée qu'ils ont aussi appellée Goriza. *h Corn. Dict.*

1. DORCHESTER ou Dorcester; Village d'Angleterre dans le Comté d'Oxford au confluent de l'Isis & de la Tame, où se forme la Tamise de ces deux rivieres. C'étoit [i] autrefois une ville Episcopale qui du temps de St. Birin étoit nommée Dorcic ou Dorcinea. Le P. Lubin la met en Berckshire, à sept milles d'Oxford vers le midi. Son premier Evêque fut St. Birin qui y mourut vers l'an 640. On la nomme en Latin *Dor-*

i Lubin. Martyr. Rom. Tab. 1.

k Ibid.

cestria,

cestria, *Dorcestriensis Civitas*, *Dorcia* & *Dor-kecestria*. Le Siege Episcopal a été transferé à Lincoln.

2. DORCHESTER ou DORCESTER, Ville d'Angleterre en Dorsetshire. Les anciens l'ont connue sous le nom de DURNOVARIA [a], & elle est la Capitale de la Province. [b] Elle est située sur la Frome à 10. milles de son embouchure & à 85. de Londres. Sa situation est assez avantageuse ; mais elle a été autrefois si maltraitée par les Danois, & ensuite par les Normands qu'elle s'en ressent encore aujourd'hui. L'Anonyme de Ravenne la nomme DURIARNO. Elle envoie deux Députez au Parlement.

[a] *Antonin. Itiner.*
[b] *Etat pref. de la Gr. Bretagne T. 1. p. 58.*

§. Elle étoit dans le Pays des anciens Durotriges & le mot *Varia* signifie qu'elle étoit au trajet d'une riviere ; ce mot a beaucoup de raport avec le mot *Fahren* des Allemands qui signifie *passer*.

DORDOGNE, [c] Riviere de France dans la Guienne. En Latin *Dordonia* & *Duranius*. Elle tire sa source de deux fontaines dans la basse Auvergne dont l'une s'apelle *Dor* & l'autre *Dogne* ; d'où prenant sa course à l'Occident entre la haute Auvergne & le Limosin, elle reçoit les Torrens de Chavanoy, Rue, Auze, & Serre qui descendent de l'Auvergne; delà elle passe une petite partie du Limosin où elle s'accroit de la Louesse, de la Somene & de l'Estareau ; puis elle arrose une partie du Quercy près de Martel & de Souillac & reçoit les Rivieres de Sere & de Bave ; ensuite elle traverse une bonne partie du Querci en passant près de Sarlat & de Limeil, & à Bergerac se grossit de la Riviere de Vezere & de quelques autres moindres ; puis coulant à Sainte Foi en Agenois, & à Castillon elle s'en va dans la Guienne propre où est accrue de la Riviere d'Ille, entre Libourne & Fronsac ; & enfin elle se joint à la Garonne près de Bourg sur mer au Bec d'Ambez, en faisant dès lors une espece de Golphe ou d'Embouchure que l'on nomme la Gironde jusqu'à la Mer où elle se rend dans la mer de Gascogne près de la tour de Cordouan.

[c] *Baudrand Ed. 1705.*

§. C'est ainsi qu'en parle Mr. Baudrand, & tous ceux qui l'ont copié ; mais pour ce qui regarde l'Etymologie du nom DORDOGNE & les divers autres noms qu'a eus cette Riviere ; plusieurs Auteurs ne sont pas d'accord avec lui. Voici ce qu'en dit Mr. Piganiol de la Force [d]. Ausone donne le nom de *Duranius* à la montagne (le Mont d'or) & à la Riviere (la Dordogne). Cette derniere porte aussi le même nom chez Sidoine Apollinaire : mais les Ecrivains qui sont venus depuis l'ont corrompu & lui en ont donné d'autres. Gregoire de Tours la nomme DORONONIA, & Scaliger se trompe quand il assure que cet Historien l'a apellée *Dordonia*. Eginhard dans la Vie de Charlemagne se sert du nom DORNONIA. Aimoin est le premier qui l'ait apellée *Dordonia* & qui ait avancé une fable qui a été adoptée par la plupart de ceux qui ont parlé de cette Riviere depuis lui. Il dit qu'elle a pris ce nom de deux fontaines qui la forment dont l'une s'apelle *Dor*, & l'autre *Donia* ; mais comme le remarque fort bien Mr. de Valois comment peut-elle avoir pris son nom de ses deux sources, puisqu'elle n'en a qu'une ? & d'ail-

[d] *Desc. de la France T. 5. p. 308.*

leurs pourquoi n'a-t-elle point toujours porté le nom de *Dordonia*, puisque selon ces Ecrivains la cause a toujours été la même ? d'où vient enfin que le nom de Dordogne est si moderne ?

DORDOMANA, [e] Ville de la Parthie selon Ptolomée [f]. Thevet croit que les Persans la nomment DEIZER, & REZER.

[e] *Ortel. Thesaur.*
[f] *l.6.c.5.*

DORDOU, Riviere de France. §. Elle a sa source en la montagne de St. Thomas & se jette dans le Tarn au dessu de Brousse en Rouergue.

[g] *Corn. Dict. Davity Rouergue.*

DORDRECHT, ou par contraction DORT ; Ville des Provinces-Unies dans le Comté de Hollande dont elle est la Capitale. [h] Son origine est fort incertaine aussi bien que celle du mot de *Dort*, que les Anciens écrivent *Thur*, les autres *Dur*. Plusieurs veulent que ce soit le nom du premier fondateur de la ville, ce qui n'est appuié par aucun temoignage digne de foi. D'autres disent que c'est le nom d'une Riviere aujourd'hui couverte des eaux de la Mer, qui a inondé tout le Pays voisin, & cette Riviere s'embouchoit dans la *Merwe*, ou la Meuse jointe au Rhin, y aiant encore aujourd'hui un village qu'on nomme *Dortsmunde*, ce qui signifie *Embouchure du Dort*. Cette Etymologie du nom de Dordrecht paroît assez probable parce que *Drecht* ou *Trecht* est la même chose que *Trajectum* ou *Trajet*. Elle fut bâtie par les peuples Wiltes qui habitoient la Hollande Méridionale depuis le Rhin, jusqu'aux confins du Brabant. Le Marquis de Flarding, à qui la plus grande partie de ces peuples obéissoit, aiant été mis au ban de l'Empire dans l'onzieme siécle pour sa rebellion par Henri le Noir, cet Empereur donna tout ce pays-là aux Evêques & à l'Eglise d'Utrecht ; & ces Prelats pour s'appuier & pour faire valoir leur droit donnerent ce pays à Godefroi le barbu Duc de la Basse Lorraine, ou de Brabant pour tenir le même pays en fief de l'Eglise d'Utrecht. Le Duc Godefroi étant mort, les Evêques d'Utrecht après plusieurs guerres perdirent en Hollande, & les habitans de Dordrecht devinrent Sujets de ces Comtes après la fin de l'onzieme siécle, quoi qu'elle fût alors située dans la terre ferme & contiguë au Brabant. Elle devint très-peuplée & marchande & le Comte Florent IV. la fit fermer d'une muraille de pierres l'an 1231. Jean Comte de Hainaut & de Hollande augmenta les Privileges de cette ville en la déclarant exemte de plusieurs péages sur le Rhin & sur la Meuse par ses Lettres données l'an 1299. Dans ce temps-là elle étoit constamment la premiere de tout le Comté, quoi que les Princes fissent leur Résidence à la Haye ; son territoire étoit très-fertile & fort peuplé. Mais l'an 1421. le 19. de Novembre, jour de Ste. Elizabeth durant une grande Tempête les digues de la Merwé aiant été rompues & ouvertes en plusieurs endroits, pendant que la Marée montoit avec imperuosité, la mer inonda tout le pays jusqu'à la ville de Gertruydenberg qui fut conservée parce qu'elle étoit alors sur une petite montagne. Cette mer conserve le nom du terrain qu'elle couvrit & s'apelle BIESBOS Voiez ce mot. Ainsi Dordrecht est aujourd'hui dans une Isle qui se dé-

[h] *Longueru Descrip de la Fance 2 part. p.11.*

DOR.

défend contre la mer & les Rivieres par des Digues & par plusieurs grands ouvrages qui la couvrent, la ville étant toujours bien habitée & propre au commerce par sa situation. Elle est la premiere Ville aux Etats de la Province de Hollande; & est à trois lieues de Roterdam. Mais une des choses qui l'ont le plus illustrée c'est le Synode que les P. Reformez y ont tenu. Il fut commencé au mois de Novembre 1618. & dura jusqu'au commencement de Mai 1619. La pêche des saumons a été autrefois si abondante à Dordrecht qu'on assure qu'en 1620. depuis le 15. d'Avril jusqu'au dernier de Fevrier de l'année suivante on pêcha huit mille cent quatre vingt un saumons qui furent vendus publiquement dans la Ville. Entre les hommes Illustres qui ont tiré leur origine de Dordrecht, les Géographes distinguent Paul Merula Cosmographe qui mourut à Rostock à l'âge de 50. ans en 1607. [a Dict. Géog des pays-bas.]

DORE, [b] Riviere de France dans l'Auvergne. Elle commence à St. Eloi qui est contigu à St. Amant, vient à Fournoux & à Doranges, descend au Livradois sous Arlant, passe à Rioux, à Ambert, à Oliergues, à Cropieres, & se jette dans l'Allier, au-dessous du Puy-Guillaume. [b Corn. Dict. Davity Auvergne.]

DORENI, peuple ancien de l'Arabie heureuse selon l'ancien Interprète de Ptolomée dont le Grec porte DOSARENI.

DORGOMANES. Voiez DARGOMANES.

1. DORIA, fleuve de la Lusitanie, aujourd'hui le Doure Riviere de Portugal.

2. DORIA. Voiez DOIRE.

DORIAS, ou DORIUS fleuve de l'Inde au delà du Gange selon Ptolomée [c]. C'est aujourd'hui le Lançan Riviere dont l'Embouchure est dans le Roiaume de Tonquin. [c L. 7. c. 2.]

DORIÆUM, Ville de la Phrygie selon Etienne le Géographe.

1. DORIDE, contrée de l'ancienne Grece. [d] Elle avoit au Couchant l'Acarnanie; au midi l'Etolie & les Locres Ozolans; au Levant la Phocide & les Locres Epicnemidiens & au Nord la Thessalie. Elle étoit autour de la Riviere de Cephise vers sa source. Quelquesuns [e] derivent son nom de Dorus fils d'Hellen, ou selon d'autres de Deucalion. Ils pretendent que son Pere l'envoia comme ses autres fils pour chercher de nouvelles regions, ne retenant qu'un seul fils auprès de soi; & que Dorus s'étant arrêté auprès du Mont Parnasse donna son nom aux habitans qui furent apellez DORIENS, Dores. Ce Pays est tout herissé de Montagnes, cependant ce peuple n'avoit rien de la rudesse ordinaire aux Montagnars. Ils parloient très-élégamment, & leur langue étoit la seule qui fût trouvée être accompagnée par la Lyre, c'est-à-dire celle qui convenoit le mieux à la Poësie Lyrique. Ils étoient belliqueux, & mettoient des crins de cheval sur leurs Casques pour paroître plus terribles à leurs ennemis; c'est delà qu'Homere les a surnommez, τριχαίνες, & non pas à cause de trois villes. C'étoient de tous les Grecs ceux qui avoient le plus de passion pour la Musique. [f] La Doride fut nommée TETRAPOLE; parce qu'elle renfermoit quatre villes; à savoir Pindus, Erinée, Cytinium, Boium ou Boeum. [d Baudrand. e Briet Paral. 2. part. l. 3. p. 397. f Ibid. p. 414.]

DOR.

Ptolomée leur donne aussi Lilæa; mais Strabon, Etienne le Geographe & Pausanias la mettent dans la Phocide. On leur donne aussi Sperchium au pied du Mont Pindus. Ils repandirent plusieurs Colonies hors de leur Païs, entre autres ils fonderent la Ville de Chalcedoine à l'entrée du Pont-Euxin, d'où leur vint le sobriquet d'Aveugles parce qu'on leur reprochoit d'avoir très mal choisi le lieu de ce nouvel établissement. L'Interprète de Pindare leur attribue la fondation de Syracuse & de quelques autres villes dans la Sicile & Thucydide [g] veut qu'ils aient habité la Ville de Dyrrachium. Leurs diverses Colonies furent aparemment cause qu'il y eut divers pays qui portent le nom de Doride, & divers peuples nommez Doriens, quoi qu'en des lieux fort éloignez les uns des autres. [g L. 1.]

2. DORIDE, presqu'Isle de l'Asie mineure, joignant la Carie, selon [h] Thucydide. [h L. 2.]

1. DORIENS; peuple de l'ancienne Grece. Voiez DORIDE. 1.

2. DORIENS; peuple de l'Asie mineure. Voiez DORIDE. 2.

3. DORIENS, peuple de Sicile selon Pollux cité par Ortelius [i]. [i Thesaur.]

4. DORIENS, peuple de l'Isle de Crete, selon Homere [k]. [k Odys. T.]

5. DORIENS, peuple de la Cyrenaïque selon Callimaque cité par Ortelius [l]. [l Thesaur.]

6. DORIENS, peuple d'Italie dans la Daunie à l'oposite des Isles de Diomede [m]. [m Ibid.]

7. DORIENS, peuple du Peloponese selon Gemiste Plethon cité par Ortelius [n] & Thucydide [o]. Ce dernier les met vers Lacedemone. [n Ibid. o L. 1. 2.]

DORINX. Voiez ARAXE.

DORISQUE, Ville de Thrace fort celebre par la revuë que Xerxes y fit de cette armée innombrable qui tarissoit les Rivieres & devoit inonder la terre. Herodote décrit Dorisque & sa situation, ce qu'en dit Pline fait connoître qu'elle n'étoit pas loin de la mer Egée & des Embouchures de l'Hebre. Samson dans sa Carte de la Grece met cette place sur l'Hebre, mais un peu trop avant dans les terres & la confond avec Dyma dont parlent Ptolomée & Antonin ou Ethicus dans son Itineraire. Mr. de [p] Toureil de qui cet article est emprunté ne croit pas Samson trop bien fondé. [p Oeuvres de Toureil T. 4. p. 202.]

§. Il y a plusieurs choses à remarquer sur cet article qui est diferent de ce que Mr. Corneille dit d'après Mr. Toureil. 1. Ce dernier fait une Ville de Dorisque qui n'est qualifié tel ni dans Pline ni dans Herodote. Pline [q] l'appelle simplement un lieu, Locus Dorifcus. Herodote [r] le nomme Rivage & grande plaine où coule l'Hebre; Αἰγιαλός τε καὶ πεδίον μέγα. Il ajoute qu'il y avoit une forteresse Roiale nommée Doriscos, aussi bien que ce Rivage; & que dans cette Forteresse il y avoit Garnison Persane dès le temps que Darius avoit attaqué les Scythes. 2. Mr. Corneille après avoir dit que Dorisque étoit une petite Ville de Thrace ne laisse pas d'y faire passer en revuë une armée de six vingt mille hommes & d'imputer à Pline d'avoir dit que Dorisque étoit un lieu où il pouvoit tenir six vingt mille hommes. Pline est bien éloigné de dire qu'une petite ville ait été capable de contenir une telle mul- [q L. 4. c. 11. r L. 7. c. 59. & 60.]

DOR.

multitude. Un de ses anciens Editeurs trouvant dans des manuscrits les mots *Doriscus X. hominum capax*, & jugeant ce nombre défectueux, comme il l'étoit effectivement, a tâché de le supléer en prenant ailleurs le nombre de tous les Soldats que Xerxès avoit alors avec lui. Mais Herodote [a] & Pomponius Mela [b] éclaircissent cette difficulté. Le dernier dit que Xerxès ne pouvant passer son armée en revuë en comptant les Soldats, se contenta de la mesurer & de juger du nombre par le terrain qu'ils occupoient. Le reste de l'éclaircissement se trouve dans Herodote, qui dit que cette plaine pouvant contenir dix mille hommes, Xerxès y fit ranger toute son armée par parties l'une après l'autre, chacune de dix mille hommes; & qu'ainsi il vint à bout de calculer à peu près le nombre de ses Soldats. C'est ce qui autorise à lire dans Pline *Locus Doriscus Decem hominum capax*; comme on lit dans l'Edition du R. P. Hardouin. Ainsi il y avoit Dorisque Plaine ou Rivage où Xerxès passa son armée en revue & Dorisque Château, ou Forteresse bâtie dans cette plaine.

DORISQUE, Promontoire de l'Attique, [c] proche de celu de *Sunium* selon Pline. Le P. Hardouin ne trouvant aucun autre Auteur qui ait parlé de Dorisque dans l'Attique; mais bien d'un peuple nommé Thorique a substitué ce dernier dans le texte.

DORISQUES, peuple d'Asie. Au lieu [d] de *Dorisci gens* qu'on lit dans le Pline du R. P. Hardouin, quelques Manuscrits portent *Dori gens*. Pline place cette Nation sur les confins de l'Arie, de la Carmanie, & de la Drangiane vers l'Occident & la Parthie. Le P. Hardouin blâme Ortelius d'avoir trop approché tout cela du fleuve Indus.

1. DORIUM, [e] Ville du Peloponese selon Strabon, dans la Messenie, selon Pausanias.

2. DORIUM, [f] Ville d'Eubée selon Strabon.

3. DORIUM, [g] Ville de Thrace selon le même.

DORIUS. Voiez DORIAS.

DORMANS, Bourg de France dans la Champagne, sur la Riviere de Marne entre Eparnai & Château-Thierri. [h] La Châtellenie de Dormans qui étoit autrefois mouvante de Château-Thierri releve aujourd'hui de la tour du Louvre. Cette terre qui vaut plus de vingt-quatre mille livres de rente & où il y a un beau Château, tient de la Champagne & de la Brie. [i] Le Roi Louis XIV. l'a érigée en Comté en faveur de M. de Broglio Lieutenant General. Mr. Corneille dit néanmoins que ce lieu appartient au Prince de Condé.

DORMAYO, [k] Ville de l'Isle de Java. Elle n'est pas fort éloignée de celle de Charabaon.

§. La Carte de l'Isle de Java dressée par Mr. Reland écrit ces noms DARAMAJAON, & CARAVAON, elle ne fait point une ville de ce dernier lieu qu'elle met à l'Orient de celle de *Daramajaon*. Il ne faut pas confondre cette ville avec celle de *Dermayon*, qui est nommée sur cette Carte *Dermayaon*, & qui est beaucoup plus à l'Orient que Caravaon. Mr. Reland ne marque pas même de ville ni de bourg en ce dernier lieu.

[a] L.c.
[b] L.2.c.2.

[c] L.4.c.7.

[d] L.6.c.23.

[e] Ortel. Thesaur.
[f] Ibid.

[g] Ibid.

[h] Mem. Hist. de Champagne T.2.p.349.

[i] p.334.

[k] Corn.Dict.

DOR.

DORMOIS, ou DULMOIS, contrée de France que les Ecrivains Latins ont nommée *Dolomensis* ou *Dolcomensis ager*. Mr. de Longuerue [l] reprend Wassebourg d'avoir mal traduit ces mots par *le Paix de Doux*. Le Dormois s'étendoit depuis Cernai en Dormois à huit lieues de Rheims, jusqu'au delà de la Meuse & à Dun.

DORMUND. Voiez DORTMUND.

DORNBOURG, [m] petite Ville d'Ailemagne dans la haute Saxe. Elle est dans la Principauté d'Anhalt & appartient à la Branche de Zerbst. Elle a été la Residence de quelques Princes Appanagez.

1. DORNE, [n] Riviere de France dans le Perigord. Elle vient des Montagnes de ce Païs et après avoir passé à Piquoultráz & à Parquoust elle se rend dans la Dordogne.

2. DORNE, [o] C'est ainsi qu'une Carte de Normandie nomme la Riviere qu'on nomme l'ORNE. Elle fait la même faute en nommant DODON, celle qui doit être nommée l'ODON.

DORNEBOURG, [p] ou DORNEBERG, Ville d'Allemagne dans la haute Saxe. Elle est sur le bord Occidental de la Sale entre Iene & Cambourg & appartient à la Branche de Saxe-Weymar.

DORNHAN, DORNHAM, [q] ou DORNHEIM, petite Ville d'Allemagne dans la forêt noire au Duché de Wirtemberg près de Horb. Louis Duc de Teck vers l'an 1271. la fit entourer de murailles & en voulut faire une Ville; mais elle ne le fut qu'en 1364. Elle porte pour Armes un Coq sur une Epine, ce qui exprime son nom; *Hahn* un Coq & *Dorn* une Epine; & ce qui décide en même temps quelle est la vraie Ortographe de ce nom.

DORNACH, Château de Suisse dans le Canton de Soleure sur la Riviere de Byrsz entre Delemont & Bâle.

DORNICK, c'est ainsi que les Flamands & les Allemands nomment la Ville de TOURNAY.

DORNO, [r] Bourgade du Milanez que quelques Géographes croient être sur les ruines de l'ancienne *Durii*. Elle est située à quatre lieues de Pavie & à trois de Laumelline entre ces deux villes.

DORNOCK, [s] Ville de l'Ecosse Septentrionale; en Latin *Dorodunum* & *Dornocum*. Elle est située dans le Comté de Sutherland dont elle est la Principale, avec un vieux Château & un grand Port sur la côte Orientale d'Ecosse & sur une Baye à laquelle elle donne le nom, aussi bien qu'à la Province. [t] C'est la Ville de Negoce où il y a une belle Eglise, un Château appartenant au Comté de Sutherland, & quatre foires tous les ans.

DORNOCK FIRTH, [v] LA BAYE, OU LE GOLPHE DE DORNOC, en Latin *Dorodunensis*, ou *Dornocensis Sinus*: petite partie de l'Océan Septentrional sur la côte Orientale de l'Ecosse. Il est ainsi dit de la Ville de Dornock qui est sur son rivage vers le Nord. Il s'étend du Levant au Couchant, entre le Comté de Sutherland & celui de Ross, selon Timothée du Pont.

THE SHIRE OF DORNOCK, ou le Comté de Dornock on donne quelquefois ce nom

à

[l] Desc. de la France 1. part. p.192.

[m] Hubner Kurtze Fragen aus der Geog. p.562.

[n] Corn. Dict.

[o] Segresiana p.17.

[p] Ibid. p.585.

[q] Crusius Annal. Suev.

[r] Baudrand Ed. 1682.

[s] Baudrand Ed. 1705.

[t] Etat present de la G. Bret. T. 2.p.273.

[v] Baudrand Edit. 1705.

DOR.   DOR.   145

à la Province de Sutherland en Ecoffe.

a Zeyler Suev. Topog. p. 26.

DORNSTAT, DORNSTET, DORNESTETEN; en Latin *Dornstadium*, ou beaucoup mieux *Acanthopolis*, Ville d'Allemagne en Suabe dans le Duché de Wirtemberg, & dans la Forêt noire; près de Nagolt & d'Alperspac. Il est fait mention de ce lieu dès les années 1278, & 1345. L'an 1563. le 10 de Juillet cette ville fut consumée par un incendie. Une Chronique manuscrite porte que le Comte Burchard de Hohenberg vendit pour cinq-cens marcs d'argent au Comte Eberhard de Wirtenberg le droit qu'il avoit à titre d'engagement sur la petite Ville de Dornstat, à la charge toutefois qu'Anne de Furstenberg veuve d'Herman de Geroltzeck la pourroit dégager, lors qu'elle le souhaiteroit. Cette ville a dans son Bailliage Glatten, Dittersweiler, Bayers-bronn, & Pfaltzgraffenweiler. La petite Ville de Dornhan ou Dornheim en dépend aussi. Dornstat est petite & n'a pas beaucoup d'habitans.

DOROBELLUM, Ville de la Grande Bretagne. Ortelius [b] soupçonne que l'Auteur qui lui fournit ce nom pourroit bien l'avoir écrit pour *Durovernum*.

b Thesaur.

1. DOROBITZA, fleuve de l'Illyrie selon Laonic cité par Ortelius [c].

c Thesaur.

2. DOROBITZA, Ville de l'Illyrie selon le même [d].

d Ibid.

DOROCOTTEROS. Voyez RHEIMS.

DOROMELLUM, Village de la Gaule sur une Riviere nommée *Aruenna* par Aimoin [e]. Pour savoir où étoit ce village il faudroit savoir auparavant quelle de nos Rivieres Aimoin a nommée ainsi.

e L. 3.

1. DORON, Ville de Cilicie selon Pline [f].

f L. 5. c. 27.

2. DORON, [g] Ville de Phenicie selon le même. Quelques Editions portoient *Dorum*; mais Dorun est au genitif pluriel. Et Ptolomée qui la place sur la côte de Phenicie la nomme DORA au nominatif pluriel. Le Periple de Scylax [h] écrit *Doros Ville des Sicyoniens*, c'est le même que Dor de laquelle j'ai parlé en son lieu.

g L. 5. c. 19.

h P. 40.

DORONONIA, c'est ainsi que Gregoire de Tours [i] nomme en Latin LA DORDOGNE Riviere de France.

i L. 7.

DOROS, Ville de Phénicie. Voyez DOR & DORON 2.

DOROSTHENA. Voyez DUROSTOLON.

DOROSTO, Ville de la Turquie en Europe, dans la Bulgarie sur le Danube au-dessus de Silistrie selon Mr. Baudrand. Mr. de l'Isle l'a négligée; mais la Carte de Hongrie par de Witt, la nomme DOROSTERO, & la place beaucoup au-dessous de Silistrie, en suivant le cours du Danube, non sur le bord, mais à deux heures & demie & à l'Orient de ce fleuve; au midi d'Axiopoli.

DOROSTOLON, & DOROSTORUS, sont aussi des noms de ce même lieu que Ptolomée a nommé DUROSTOLON. Voyez ce mot.

DOROTE, [k] Ville d'Egypte. Elle étoit considerable & fort riche. Un Consul Romain la fonda sur le bord Occidental du Nil. Elle est fort peuplée & ornée de quantité de Maisons bien bâties & en un bel ordre. Ce qui reste encore de ses anciennes murailles est

k Marmol. T. 3. l. 11. c. 22.

fort peu de chose. Cette ville a de grands Fauxbourgs où plusieurs Marchands demeurent. Le Commerce du Sucre apporte un fort grand trafic à ses habitans. Il s'y fait d'une maniere si avantageuse que le Prince en tire tous les ans cent mille Seraphins (*Scherefis*) d'or. Il y a un Moulin bâti exprès à la façon d'une forteresse; car c'est par le moyen de ce Moulin qu'on le travaille & qu'on le rafine. Quantité de gens sont occupez à la Culture des Cannes & au rafinement du Sucre. On y recueille outre cela beaucoup de froment & d'Orge & le fruit & le Bétail s'y trouvent en grande abondance, ce qui fait que l'on ne manque de rien dans cette Ville.

DOROVERNUM. Voyez DUROVERNUM.

DOROZANTES, peuple des Indes dont on veut que Properce ait parlé dans ce vers [l].

l L. 4. Eleg. 5.

Si te Eoa Dorozantum juvat aurea ripa.

D'autres lisent *Dorixanium* [m] & pretendent que c'est le nom d'une fille prostituée.

m Propert. Edit. ad usum Delphin. l. c.

DORSA, Montagne de France auprès du Rhône, selon Ortelius qui cite pour son garant Avienus.

§. Je suis surpris & mortifié qu'un aussi grand homme qu'Ortelius par un manque d'attention ait fait une pareille méprise. Voici le passage de l'Auteur cité [n].

n Ora Maritima v. 619. & seq.

Nominis porro auctor est
Mons dorsa celsus: cujus imos aggeres
Stringit fluento Rhodanus atque scrupeam
Molem imminentis intererrat aquore.

Il n'est pas question d'une Montagne nommée *Dorsa*, mais d'une Montagne dont la croupe est fort élevée & c'est ce que signifie *Dorsa celsus*; c'est-à-dire, *Habens dorsa celsa*, façon de parler ordinaire aux Poëtes Latins. De telles fautes dans un si savant Auteur doivent disposer le Lecteur en faveur des Geographes d'un ordre inferieur.

DORSETSHIRE, [o] ou la *Province de* DORSET, Province Maritime d'Angleterre. Elle est située dans le Diocese de Bristol. Elle a 150. milles de tour & contient environ 772000. arpens & 21944. maisons. C'est un pays fort agréable, & fertile en Blé, abondant en paturages & en bétail; il abonde aussi en volaille, en gibier, & en poisson, & produit beaucoup de chanvre; on y trouve des Carrieres de Pierre de Taille & de Marbre. Elle est bornée au Nord par Sommersetshire & Wiltshire, à l'Orient par Hantshire, au midi par la Manche, & à l'Occident par Devonshire. Elle n'est pas fort étenduë, cependant elle est partagée en cinq petites contrées ou divisions sous lesquelles il y a trente quatre hundreds. [p] L'endroit où elle est la plus fertile c'est dans sa partie Septentrionale qu'arrosent plusieurs ruisseaux qui se repandent dans de vastes plaines fort abondantes en bled. Ses Montagnes ne sont pas inutiles, car outre les pâturages, on tire de ses Forêts grande quantité de Mâts de Navires; mais le commerce des Laines est ce qui apporte le plus de profit à ses habitans. Osmond Evêque de Salisburi

o Etat prés. de la G. Bret. T. 1. Elle p. 58.

p Audifret. Geog. T. 1.

Tom. II.   T   &

DOR.

& Chancelier d'Angleterre sous le Regne de Guillaume le conquerant fut le Premier Comte de Dorset. Richard II. érigea ce Comté en Marquisat 280. ans après en faveur de Jean de Beaufort. Celui-ci en fut dépouillé par Henri IV. qui donna le titre de Comté de Dorset à son frere Thomas de Beaufort qui étant mort sans enfans eut pour Successeur Edmond de Lancastre. Ce titre passa ensuite à Thomas Grey qui fut créé Marquis de Dorset. Ses Successeurs en jouïrent jusqu'à Henri Duc de Suffolck à qui l'on coupa la tête sous le regne de Marie & depuis ce temps Jaques I. voulant recompenser Thomas Sackvil Grand Tresorier d'Angleterre le fit Comte de Dorset. Sa famille en jouït encore. [a] Outre Dorchester, qui est la Capitale de cette Province on y trouve, Weymout qui a titre de Vicomté, Schafftbury qui a titre de Comté. Lymeregis, Malcomb-regis, Bridport, Pool, Warham, & Corfe Castel, Sherborn & Bindon en sont les principaux endroits. Ce dernier a titre de Comté.

[a] Etat pres. Ibid.

DORSTEN, Ville d'Allemagne au Cercle de Westphalie dans l'Etat de l'Electeur de Cologne, dans le Comté de Recklinchusen, sur la Lippe aux frontieres de l'Evêché de Munster & du Duché de Cleves. Les François la nomment DORSTE, (ce qui revient à la prononciation Allemande selon laquelle l'N ne se fait presque point sentir non plus que l'R qui la précede). [*] Elle est assez forte quoi qu'elle ait été prise plusieurs fois par les Suedois & les Hessiens durant la longue guerre d'Allemagne. Elle est à cinq milles d'Allemagne de Wesel au levant en allant vers Lipstad. Elle est remarquable par le Synode National que les P. Reformez y assemblerent inutilement l'an 1618. pour se réunir avec ceux de la Confession d'Augsbourg.

[*] Baudrand Ed. 1705.

DORT. Voiez DORDRECHT.

DORTA, [b] ou VILLA DORTA Ville de l'Isle de Fayal dont elle est la Capitale, selon le I. Voyage des Hollandois aux Indes Orientales.

[b] Voiages de la Compagnie T. I. p. 439.

DORTAN, [c] petite Ville de France dans le Bugey sur les frontieres de la Franche Comté, près d'Artan & de la Riviere d'Ain, à trois lieues de St. Claude vers le couchant. En Latin Dortanum.

[c] Baudrand Ed. 1705.

DORTICUM, Ville de la haute Mysie selon Ptolomée [d] & Antonin [e].

[d] L. 3. c. 9.
[e] Itiner.

DORTMUND, [f] en Latin Tremonia ou Trotmania. Ville d'Allemagne au Cercle de Westphalie dans le Comté de la Marck sur la petite Riviere d'Emser. Elle est Ville Anseatique libre & Imperiale, quoique le Roi de Prusse pretende y avoir droit en qualité de Comte de la Marck, parceque ceux de cette ville s'étoient mis autrefois sous la protection des Comtes de la Marck avec leur Territoire qu'on appelle le Comté de Dortmund selon Spenner. Elle est assez petite presque au milieu entre les Rivieres de Lippe & de Roer; à deux milles d'Allemagne de Dortmund, vers les frontieres de l'Evêché de Munster, à sept de la ville de ce nom, & à six de Souste à l'Occident, & autour d'Arensberg vers Dorsten.

[f] Baudrand Edit. 1705.

DORUM, Village d'Egypte dans l'Isle de Meröé selon Ptolomée [g] qui selon quelques

[g] L. 4. c. 8.

DOR. DOS. DOT.

exemplaires écrit ΔΩΡΩΝ & selon d'autres ΔΑΡΩΝ.

DORY, nom d'une Ville du Pont selon Priscien cité par Ortelius [h].

[h] Thesaur.

DORYCTETA, [i] contrée de l'Asie mineure sur la Mer Egée. On y trouvoit la Ville de Myrine bâtie par une Amazone de ce nom. C'est le même pays qui est nommé Æolie & Æolide par d'autres Auteurs.

[i] Diod. Sic. l. 3.

DORYLÆIUM & DORILÆUM, Ville ancienne de la Grande Phrygie selon Etienne le Géographe. Pline & Ptolomée en font aussi mention. [k] Elle a été Ville Episcopale sous la Metropole de Synnada dans la Phrygie salutaire. Evagre [l] dans son Histoire Ecclesiastique fait mention d'Eusebe Evêque de Dorilée. Athenodore autre Evêque de ce lieu souscrivit au I. Concile de Nicée & Eusebe à celui de Chalcedoine. Son nom moderne est TZADURILE selon Leunclavius.

[k] Carol. à S. Paulo, Geog. sacr. p. 233.
[l] L. 1. c. 9.

DORILIÆUM. Voiez l'Article precedent.

DORYMA. Voiez LORIMA.

1. DOSA, ancienne Ville d'Assyrie selon Ptolomée [m]. Elle étoit proche de Gaugamele.

[m] L. 7. c. 1.

2. DOSA, [n] petite Riviere de l'Isle de Sardaigne. S'étant grossie des eaux de celle de Zuri, elle va se jetter dans la Mer par trois embouchures au pays des Sarrabus près de Muravera & de Santu-Vitu.

[n] Corn. Dict.

§. Ces indices m'ont été inutiles pour trouver cette Riviere sur les Cartes.

DOSARA, [o] Ville de l'Inde en deçà du Gange selon Ptolomée.

[o] L. 7. c. 1.

DOSARENI, [p] ancien peuple de l'Arabie heureuse selon Ptolomée dont quelques Interpretes lisent DORENI.

[p] L. 6. c. 7.

DOSARON, Riviere de l'Inde en deçà du Gange selon le même Interprete. Le Grec porte DASARON.

DOS-BOCCAS; [q] Petite Riviere des Indes Occidentales, à une lieue & à l'Ouest de celle de Checapeque. Elle ne sauroit porter que des Canots & a une barre à son entrée qui la rend un peu dangereuse. Les Boucaniers ne s'en mettent gueres en peine parce qu'ils sont fort adroits à manier un Canot. Cette Riviere ne sauroit porter qu'à un mille de son embouchure. L'eau en est salée jusqu'en cet endroit & ensuite on trouve un courant d'eau douce & fort claire qui s'avance à une lieue dans le pays. Au delà font de grandes Savanes (ou prairies) d'herbe longue environnées de vastes Campagnes. Le terroir en paroit aussi fertile qu'on en puisse trouver. Il est égal & uni jusqu'aux Montagnes de Chiapa. Cette Riviere coule dans la nouvelle Espagne & a son embouchure dans la Baye de Campêche.

[q] Dampier. T. 3. Supplém. c. 5.

DOSCI, peuple d'Asie sur le Pont-Euxin dans la Sarmatie Asiatique selon Strabon [r].

[r] L. 11. p. 495.

DOSOLO, Bourg avec titre de Marquisat dans le Duché de Mantoue, sur le Pô; entre Mantoue & Parme.

DOTEKUM, [s] ou DOTEKOM, ou DOETECUM, petite Ville des Provinces-unies dans le Comté de Zutphen sur la rive droite de l'ancien Issel, à deux lieues au-dessus de Doesbourg.

[s] Dict. Geog. des Pays-bas.

DOTHAIM, ou DOTHAN. Voyez DOCHAIN.

DO-

DOTIS, Totis, Tota, Dotes, Thata, ou plutôt Tata, Ville de la baſſe Hongrie ; entre Gran & Javarin. Voiez Tata.

DOTIUM, ou Dotion, ancienne Ville de Theſſalie ſelon Pline [a] & Etienne le Géographe. Ce dernier dit que les Cnidiens s'y allerent établir, & cite un paſſage tiré des hymnes de Callimaque par lequel il paroît au contraire qu'ils partirent de Dotion pour s'habituer dans la Cnidie. *Car alors*, dit ce Poëte, *ils n'habitoient point encore la Cnidie, mais la ſacrée* Dotion. Ortelius l'entend comme ſi le Canton où étoit cette ville avoit été nommé *Cnidie* parce que la ville étoit une Colonie des Cnidiens; Etienne ne dit point cela. Il dit : Dotion Ville de Theſſalie, où paſſerent les Cnidiens deſquels le pays eſt la Cnidie, & Callimaque dit le contraire. Strabon [b] fait auſſi mention de Dotion en Theſſalie près du Lac Bœbeis.

[a] L. 4. c. 8.
[b] L. 14.

DOU, (le) Riviere de France. Voiez Doux.

DOUARNENES, [c] Petite Ville de France, ou ſelon d'autres Géographes Village de France dans la Baſſe Bretagne & dans la Cornouaille dans ſa partie la plus Occidentale. Ce lieu, qui eſt plus remarquable par ſon port que par toute autre choſe, donne le nom à une Baye au fond de laquelle il eſt ſitué, à quatre lieues de Quimper vers le couchant d'été en allant vers le Cap de St. Mahé dont il eſt éloigné de neuf lieues au couchant d'hyver & autant de Breſt au midi.

[c] Baudrand.

DOUAY, Ville de France aux Pays-bas dans la Flandre Françoiſe ſur la Riviere de Scarpe aux frontieres de l'Artois. Une vanité mal entendue a perſuadé à quelques Auteurs qu'elle occupe la place des anciens *Catuaci* que de mauvaiſes éditions des Commentaires de Jules-Ceſar ont ſubſtitué aux *Aduatici* de cet Auteur. Grammaye [d] ſe moque de cette antiquité imaginaire. Il n'eſt pas plus convaincu de la bonté de l'Etymologie que donne du mot *Douay*, Guiſianus [e] dans ſes Annales de Hainaut; où il eſt dit que Tudimer Roi des Oſtrogots fils de Walamir fit bâtir dans le Territoire qui lui avoit été accordé & qu'on apella depuis Oſtrevant, un Château ſur la Scarpe l'an 462. que ce Château qu'on nomma alors Tudor aiant été enſuite donné pour dot à la bienheureuſe Rictrude, on le nomma enſuite Douay, comme qui diroit *Donaire*. Mais outre la puerilité de cette nomenclature, le même Guiſianus ſe contredit lui-même en marquant ailleurs [f] que la Seigneurie de Douay vint à Ste. Rictrude par ſucceſſion. Grammaye [g] n'a pas de repugnance à croire que les Huns pourroient avoir élevé un Château que ces barbares nommerent Hunnois de leur nom qui ſemble s'être conſervé dans celui de la porte voiſine nommée Porte de Châtel Geunois. Quant à celui de Tudor il y a apparence qu'il fut renverſé vers l'an 530, lors que les Francs chaſſerent les Gots hors des Gaules. Il y a des monumens qui font mention de Douay *Caſtrum Duacenſe* dès l'an 665. D'autres marquent préciſément que Douai ſervit de refuge aux reliques que l'on y tranſporta l'an 870, pour les garantir des courſes des Normands & que cette place avoit été fortifiée comme un rempart contre les Danois, peu diferens des Normands dont il s'agit ici & qui venoient du Nord de l'Elbe, d'où vient que beaucoup d'Hiſtoriens les nomment Nordalbingiens. Meyer cité par Grammaye met Douay entre les lieux que les barbares détruiſirent l'an 879. Ainſi quoi qu'il y ait eu une place forte (*Caſtrum*) en cet endroit, on ne doit compter la durée de la Ville de Douai que depuis le depart des Normans. Mr. de Longuerue [h] remarque très-bien que cette ville étoit déja fondée ſous les premiers Comtes de Flandres. Elle appartenoit, dit-il, au Comte Arnoul l'an 930. lorſqu'elle fut priſe ſur lui par l'armée des Lorrains commandée par le Duc Giſlebert comme nous l'aprenons de Flodoard contemporain dans ſa Chronique. Cette place fut donnée à un Seigneur nommé Rotgaire qui en jouît dix ans & fut enfin contraint de la rendre l'an 941. à Arnoul Comte de Flandres. Cette ville étoit alors dans le Pays d'Ooſtrevand ou Oſterband qui comprenoit tout ce qui eſt renfermé entre l'Eſcaut & la Scarpe & qui avoit fait partie du Territoire des anciens *Atrebates*, ou de ceux d'Arras. La Ville de Douay fut dans le ſiécle ſuivant poſſedée par Baudouin Comte de Valenciennes & de Mons. Les Flamands ſoutiennent que ce Comte Baudouin étoit Vaſſal de leur Prince pour Douay & l'Ooſtrevand. Les diferentes pretentions de ces Comtes exciterent des guerres entre eux & ce ne fut qu'après le temps de Robert le Friſon & dans le XII. ſiécle que les Comtes de Hainaut demeurerent Seigneurs paiſibles & abſolus de Valenciennes & que les Comtes de Flandres jouïrent auſſi paiſiblement de la Seigneurie directe & de la proprieté de Douay qui s'accrut fort depuis ce temps-là.

[d] Rerum Duacenſ. Part. 1.
[e] L. 8. c. 4.
[f] L. 11. c. 12.
[g] L. c.
[h] Deſc. de la France 1 part. p. 83.

[i] Cette ville qui eſt de figure ovale eſt plus grande que Lille, mais elle n'a pas le tiers de ſes habitans; ni la dixiéme partie de ſes richeſſes. Elle eſt bien fortifiée & couverte par une grande inondation par le Fort de Scarpe qui en eſt à un quart de lieue. Cette ville a ſept paroiſſes & ſix portes. La Scarpe coupe Douay en deux parties égales : les murailles ſont irrégulieres & vieilles, accompagnées de pluſieurs tours rondes à l'antique, d'un grand & large foſſé plein d'eau & d'un bon chemin couvert. Il y a dans le foſſé un grand nombre de demi-lunes de terre diſpoſées à pluſieurs en eſpace. Il y en a quelques unes de revêtues. Au delà du glacis eſt un avant-foſſé & plus loin encore une grande inondation. Du côté de l'Artois il y a un grand Ouvrage à Corne dont le front eſt couvert d'une demi-lune & d'un chemin couvert revêtu. Toutes les portes de Douay ſont couvertes par des demi-lunes. Sur le rempart ſont placez en pluſieurs endroits de grands Cavaliers de terre en forme de baſtions. *Le Fort de Scarpe* eſt ſitué ſur la riviere dont il porte le nom & eſt à une portée de Canon de Douay : c'eſt un pentagone regulier entouré d'un foſſé plein d'eau dans lequel il y a trois demi-lunes revêtues d'un chemin couvert & d'un glacis. Au delà de ce glacis eſt encore un avant-foſſé accompagné d'une grande inondation. Sur la Scarpe à la vûë de ce Fort eſt encore une grande Ecluſe couverte d'une demi-lune revêtue, accompagnée d'un foſſé

[i] Piganiol de la Force Deſc. de la France T. 6. p. 207.

fossé & d'un chemin couvert. Loüis le Grand prit Douay en 1667. Les Alliez la reprirent en 1710. après un long & vigoureux Siége & le Maréchal de Villars aiant remporté la Victoire de Denain en 1712, les François reprirent Douay & elle est demeurée à la France par le Traité d'Utrecht. [a] Cette ville a un Gouverneur, un Lieutenant de Roi, un Major, deux Aides-Majors & deux Capitaines des portes. Le Fort de Scarpe n'a qu'un Gouverneur & un Major. [b] L'*Université* de Douai fut fondée par Philippe II. Roi d'Espagne l'an 1552. ou 1562. selon le Dictionnaire Géographique des Pays-Bas, afin que les Pays-bas Walons eussent chez eux une Ecole celebre, comme les Pays-bas Flamands en avoient déja une à Louvain. Cette ville a aussi une Gouvernance, un Bailliage, un Magistrat & un Parlement.

[a] Ibid. p. 190.

[b] Longuerue l. c.

La *Gouvernance* de Douay [c] faisoit autrefois partie de celle de Lille, ce n'étoit qu'un même corps séparé en deux & le Gouverneur de Lille étoit le chef de l'une & de l'autre. Cette Jurisdiction a été depuis séparée en deux corps diferens & indépendans l'un de l'autre. Le Roi Loüis XIV. érigea en 1693. les charges de la Gouvernance de Douay en Offices hereditaires, & y établit un Lieutenant General, Civil, & Criminel, un Lieutenant particulier, quatre Conseillers & un Procureur du Roi. Le ressort de ce Tribunal s'étend sur vingt-huit villages. Il connoît des cas Roiaux dans la ville & reçoit les apellations des sentences rendues par les Magistrats de Douay & d'Orchies: l'appel des jugemens de cette Gouvernance est porté au Parlement de Douay.

[c] Piganiol de la Force Ibid. p. 170. & seq.

Le *Bailliage* de Douay est composé d'un Bailly dont les fonctions sont les mêmes que de celui de Lille, & des hommes de fiefs. Ce Bailliage a la justice féodale, la police sur le plat pays & l'ensaisinement des fiefs & terres tenues du Roi; Les apellations de ce Tribunal sont portées au Parlement de Douay.

Le *Magistrat* de la ville consiste en douze Echevins dont le premier est nommé le chef, en deux Conseillers pensionnaires, en deux Procureurs Syndics, en deux Greffiers & en un Receveur. Les Echevins sont élus tous les treize mois par huit Electeurs nommez tant par les Magistrats qui sortent de fonction que par ceux qui en sont sortis les deux années d'auparavant. Ces Electeurs étant nommez, le Gouverneur de la ville & l'Intendant reçoivent leur serment; puis ils l'enferment dans une chambre, dont ils prennent la clef jusqu'à ce qu'ils aient nommé le nouveau Magistrat. Si parmi les Electeurs & les Magistrats, il s'en trouvoit quelqu'un qui ne fût pas agréable au Gouverneur & à l'Intendant, ils peuvent lui donner l'exclusion & en faire nommer un autre. L'Election étant faite & aprouvée, le Gouverneur & l'Intendant reçoivent le serment des nouveaux Magistrats, Les Offices de Conseillers Pensionnaires, de Procureurs Syndics, de Greffiers & de Receveur, ont été vendus au profit du Roi. Le Magistrat exerce dans la ville de Douay la Justice haute moyenne & basse & la police sur les Bourgeois. Les jugemens de ce Tribunal sont mis à exécution par deux Prevôts, dont les Offices sont féodaux & appartiennent l'un au Prince d'Epinoy & l'autre aux heritiers du Comte d'Egmont. Ces deux Prevôts nomment des Lieutenans qui font leurs fonctions en leur place. L'appel des Jugemens du Magistrat de Douay est porté à la Gouvernance de la même ville.

Le *Parlement* de Douay ne fut d'abord qu'un *Conseil Souverain* créé en 1668. & établi à Tournai. Il fut érigé en Parlement par Edit du mois de Février de 1686. Dans sa premiére institution, son ressort n'étoit pas aussi étendu qu'il l'a été dans la suite; car la partie du Hainaut qui avoit été cédée à la France par le Traité des Pirenées & qui consistoit dans les villes, Bailliages & dépendances du Quesnoi, d'Avènes, de Philippeville, de Marienbourg, & de Landrecies étoit du ressort du Parlement de Mets & ne fut soumise à celui de Tournai que quelque temps après. Par un autre édit du mois de Mars 1689. le Roi attribua à ce Parlement la jurisdiction Souveraine sur les villes & dépendances de Valenciennes, de Bouchain, de Bavai, de Maubeuge & de Cambray qui furent cédées à sa Majesté par le Traité de Nimegue: ainsi le ressort de ce Parlement comprend aujourd'hui toutes les conquêtes que Loüis XIV. a faites en Flandres, en Hainaut & dans le Cambresis, à la reserve de Gravelines & de Bourbourg qui sont dans le ressort du Conseil Provincial établi à Arras. Les charges de ce Parlement ont été érigées en titres d'Offices hereditaires l'an 1693. & le nombre en fut pour lors augmenté, de sorte qu'il est composé d'un premier President Garde-Scel, de trois Presidents à Mortier, de trois Chevaliers d'honneur, de deux Conseillers-clercs, de vingt-deux Conseillers laïques, d'un Avocat General, d'un Procureur General, d'un Substitut, d'un Greffier en Chef & de trois Greffiers. Tous ces Officiers se partagent en trois chambres, dont la derniere est particuliérement occupée aux affaires criminelles, & dont les Presidens & les Conseillers changent tous les quatre mois. On ne peut point se pourvoir en cassation des arrêts qui sont rendus par ce Parlement. Mais suivant l'usage du pays on demande la revision du procès en prenant un renfort de huit Juges, dont six sont pris du Conseil souverain d'Artois & les deux autres d'entre les Professeurs de Droit de l'Université de Douay. On a néanmoins donné atteinte à cet usage dans les matieres beneficiales pour lesquelles on s'est plusieurs fois pourvû au Conseil en cassation d'Arrêt. Ce Parlement fut dès son établissement rendu Sedéntaire à Tournai; mais cette ville, aiant été prise par les Alliez l'an 1709. il fut transferé à Cambray; & la France leur aiant cédé Tournay & le Tournaisis par le Traité d'Utrecht de 1713. cette Cour superieure à été transferée à Douay où elle est actuellement. Il y a deux Chapitres [d] dans la ville de Douay; celui de St. Amé fondé dans le septième Siecle à Merville sur la Lis. C'étoit pour lors une Abbaye de l'Ordre de St. Benoît, qui dans la suite a été transferée à Douay & secularisée. Ce Chapitre est composé d'un Prevôt, d'un Doyen, d'un Chantre, d'un Tresorier, d'un Ecolâtre & de vingt-quatre Pre-

[d] Ibid. p. 154.

Prebendes dont une est affectée à l'Evêque de Boulogne. Ces Canonicats valent environ huit cens livres de revenu. Le Roi nomme le Prevôt; ce dernier nomme aux Prebendes qui vaquent pendant les mois qui lui sont affectez & le Pape pendant les siens. L'autre Chapitre qui est dans la ville de Douay est celui de St. Pierre; il y a un Prevôt & douze Chanoines; ces Benefices sont d'un revenu fort mediocre.

DOUAY ou DOUÉ Voiez DÖÜ.

a Corn.Dict.
Memoires
dressez sur
les lieux.

DOUDEVILLE, [a] Gros Bourg de France en Normandie. Il est situé à sept ou huit lieues de Rouen entre Yvetot, Cani & Saint Valery en Caux près de la riviere de Palluel. Son Eglise est grande & assez bien bâtie & ce Bourg est considerable par son gros marché & par ses foires. Le Château de Galville est sur cette paroisse qu'on trouve au milieu d'une belle campagne abondante en grains. Ce Château est une des plus belles maisons du pays de Caux avec Chapelle, Jardins, parc fermé de murailles & de très-belles avenues d'arbres.

DOVER. Voiez DOUVRES.

b De l'Isle Atlas.

DOUERE ou DOURE [b], DOUERO ou DOURO, ou DUERO, en Latin *Durius*; Riviere d'Espagne où elle a sa source & de Portugal qu'elle traverse pour se jetter dans l'Ocean. Elle a sa source dans la vieille Castille de la Sierra de Urbion sur les Frontieres d'Arragon & vers Agreda, d'où passant par les ruines de Numance & à Soria, peu après elle prend son cours vers l'Occident & baigne les villes d'Osma, & d'Aranda de Duero d. reçoit la Riaza & la Duraton qui coule à Peñafiel, le Carion qui coule à Valladolid, l'Adaja & l'Arevalillo jointes dans un même lit, puis passe à Toro, à Zamora d. se grossit de l'Ezla déja acrue par quelques autres rivieres & entrant dans le Portugal où elle baigne Miranda de Duero, elle côtoie les frontieres de Tra los montes, reçoit la riviere de Tormes qui coule à Salamanque, Rio d'Agueda, Sabor & Tamaga & quelques autres moindres rivieres au dessus de Lamego ville qu'elle laisse au midi, elle arrive enfin à Porto ville située sur sa rive Septentrionale & se perd dans l'Océan auprès de St. Jean da Foz. Son cours est d'environ 90. lieues d'Orient en Occident.

c Allart Atlas.

1. DOUGLAS [c], petite Riviere d'Ecosse. Elle a sa source dans la Province de Lothian vers l'Orient, & son Embouchure au Nord du Comté de Mers où elle se perd dans la Mer du Nord.

d Ibid.

2. DOUGLAS [d], Bourg & Château de l'Ecosse Meridionale sur la riviere de même nom dans la Province de Lothian & aux frontieres de la Province des Marches selon Mr.

e Ed. 1705.

Baudrand [e], ou selon les Cartes d'Allart dans la Province de Mers sur les frontieres de Lothian. Ce Château & ce Bourg donnent le nom à la famille de Douglas.

f Corn.

[f] Le port en est assez bon, & les François & les autres Nations y vont porter du Sel & y chargent des Cuirs, de la Laine & du bœuf salé.

DOUGLASDALE, Vallée d'Ecosse où coule la petite riviere de Douglas.

DOUGON, Ville d'Asie dans le Pegu & la derniere de ce Roiaume du côté de celui de Martaban. Elle a un bon port selon Vincent le Blanc de qui Mr. Corneille a copié un article de cette ville.

DOUINE. Voiez DWINE.

DOUISBOURG. Voiez DUISBOURG.

DOULAD [g], Ville de Perse située à 74. d. 15'. de Longitude & à 37. d. 50'. de latitude. Son terroir est plein de Meuriers blancs & il s'y fait beaucoup de soye.

g Tavernier Voiage de Perse T. 1. l. 3.

DOULAS. Voiez DAOULAS.

DOULENS, DOURLENS, ou DOURLANS, en Latin *Donineum* ou *Doningium*, comme on voit dans la Chronique [h] de Flodoard & dans celle de Sigebert [i]. Mr. de Longuerue se plaint que les modernes ont corrompu ce nom en *Dulencum*. Mr. Piganiol dit *Dulendium* en quoi il s'accorde avec Mrs. Baudrand & Corneille dans leurs Dictionnaires. Cette petite Ville est en France dans la Picardie & dans l'Amienois sur la riviere d'Authie; à six lieues d'Amiens au Septentrion & à sept d'Arras au Couchant. C'est une ville forte & c'étoit l'un des boulevars de la Picardie avant la conquête de l'Artois. On la divise en haute & en basse [k]. Elle appartenoit aux Comtes de Ponthieu. Marie qui en étoit Comtesse & fille de Guillaume II. & d'Alix de France, la donna au Roi Louis VIII. par contract fait à Chinon l'an 1225. Charles VII. l'aiant alienée à Philippe le bon Duc de Bourgogne par le Traité d'Arras, Louis XI. son fils la racheta en 1463. [l] Cette ville a une Prevôté de laquelle les Officiers sont un Prevôt, un Procureur du Roi, un Substitut, & un Grefier [m]. Il y a à Doulens l'Abbaye de St. Michel occupée par les filles de l'Ordre de St. Benoît, trois Paroisses, & un Hôtel-Dieu de huit lits.

h Ad ann. 931.
i Ad ann. 1075.
k Audifret Géog. T. 2.
l Piganiol de la Force Descr. de la France T. 3. p. 25.
m Ibid. p. 12.

DOULON [n], Riviere de France en Auvergne. Elle vient des Etangs de saint Germain, l'air passe à Saint Verin & à St. Didier & joint l'Allier entre Brioude & Vieille Brioude.

n Coulon Rivieres de France 1 part. p. 265.

DOUNAVARTY, Château de l'Ecosse à l'extrémité Meridionale de la Province & Presqu'Isle de Cantir, ou Kyntire. Allard écrit ce nom DOUNAWARTY; & Mr. Baudrand avertit que ceux de dehors disent DOUNOVERT.

DOUNESAN. Voiez DONNEZAN.

DOURAK, Ville de Perse située selon les Géographes du Pays à 74. d. 32'. de longitude & à 32. d. 15'. de latitude. Il s'y fait quantité d'*Aba-Habes* qui sont comme des soutannes sans manches dont se servent les Arabes. Elles sont de Camelot à bandes du haut en bas & de trois couleurs, blanches, noires & grises. L'Euphrate & le Tigre, qui se mêlent ensemble proche de Dourak à un lieu nommé Hella sont des Marais, où l'on seme des cannes ou roseaux qui servent à écrire les Langues Orientales, le Turc, le Persien, l'Arabe, l'Armenien, & l'Hebreu sélon la grandeur de varieté de traits; les uns plus gros, & les autres plus menus selon le corps de la lettre; & il faut remarquer que ces lettres ne se peuvent bien former avec notre encre qui est trop coulante: pour ces sortes d'écritures il faut une encre grossiere à peu près comme celle de nos Imprimeurs quoi qu'un peu moins épaisse. La moisson de ces cannes étant faite en sa saison on

DOU.

les met tremper dans le marais même par poignées de la même façon qu'en France on met tremper les chanvres, cela leur donne une couleur de feuille morte: & lorsqu'elles sont seches & preparées elles ont une certaine dureté qui les rend propres pour écrire, quoi qu'elles aient plus d'épaisseur que nos plumes ordinaires.

a Coulon Riv. de France 1 part. p. 491.
DOURBIE [a], Riviere de France. Elle sort entre le Gevaudan & les Cevennes & se jette dans le Tarn près de Millau au dessus de cette ville.

1. DOURDAN, Petite Ville de France, dont on met une partie dans le Gatinois & une autre dans la haute Beausse, avec Justice *b Longuerue desc. de la France 1 part. p. 27.* Roiale, Election, & un ancien Château [b]. Elle est de l'ancien domaine royal. Elle s'apelle *Dordinga* en Latin. (Mrs. Baudrand & Corneille disent *Durdanum* & le dernier ajoute *Durdincum*,) & elle appartenoit en propre à Hugues le Grand, Duc de France, & Comte de Paris lequel y mourut. La Chronique de Morigni la nomme *Municipium Regium*. Après avoir été donnée plusieurs fois aux enfans de France en apanage & même engagée à des particuliers elle fut réunie au Domaine sous Louis XIII. elle est située sur la petite riviere d'Orge & est du Diocèse de Chartres & dans *c Piganiol de la Force Desc. de la France T. 5. p. 176. p. 178.* le territoire des anciens *Carnutes.* [c] Le Bailliage de Dourdan est d'une très-petite étendue & la Prevôté Royale y est jointe: il a sa coutume particuliere qui fut reformée en 1557. L'Election de Dourdan produit beaucoup de Bled. Il y a à Dourdan une manufacture de *d Corn. Dict. Memoires particuliers.* bas de soye & de laine à l'aiguille. [d] Il y a deux paroisses; St. Pierre & St. Germain: la 1. apellée la grande Eglise est desservie par un Chanoine regulier de St. Augustin de la Congrégation de Ste. Geneviéve; il y a aussi une Communauté de filles de l'Union Chrétienne; un Hopital, & hors de la ville un Prieuré Claustral du titre de Notre Dame de l'Ouïe appartenant aux Religieux de l'Ordre de Grammont reformez dont la vie est très-austere.

e Piganiol de la Force l. c. p. 157.
2. DOURDAN [e], (La Forêt de) petite Forêt de France dans l'Orleanois, elle ne contient que deux mille cinq cens Arpens plantez de chênes partie Baillivaux sur taillis & partie simples taillis.

DOURLACH. Les François l'écrivent sans H. & les Allemands sans O. Petite Ville d'Allemagne en Suabe, au Margraviat de Bade. *f Zeyler Suev. Topa. p. 26.* [f] Quelques Auteurs derivent d'une tour que Rudolphe de Habsbourg détruisit avec la ville dans une guerre qu'il eut avec les Margraves; ils prétendent que ce fut en cet endroit que Conrad frere de l'Empereur Frederic I. fut tué à cause d'un adultere commis. Dourlach apartenoit autrefois au Comté de Craichgow, qui étant éteint ce fief qui apartenoit à l'Empire lui étant devolu, l'Empereur Frederic II. gratifia les Margrave de Bade, de Dourlach & de Heydelsheim. Berchtold Comte de Henneberg fonda à Dourlach en 1010. le Monastere de Gotts Aw, & l'Histoire remarque que ces Comtes avoient ci-devant possedé Dourlach & autres lieux sur le Rhin. Cette ville avoit autrefois un très-beau Château, avec des jar- *g Memoires du temps.* dins fort propres & un College assez bien entretenu & pourvu de Professeurs. [g] Mais tout

DOU.

est bien déchû de son premier état par la malheureuse part que cette ville a eue aux ravages de la guerre entre l'Empire & la France. Elle fut incendiée par les François l'an 1689.

LE MARGRAVIAT DE BADE DOURLAC; les François disent LE MARQUISAT DE DOURLAC. Partie du Margraviat de Bade dans la Suabe. On l'apelle aussi LE BAS MARQUISAT DE BADE, en Allemand NIEDER-BADEN; parce qu'il est en effet au Nord & par consequent plus bas par raport au cours du Rhin. Il est borné à l'Orient par le Duché de Wirtemberg, à l'Occident par le Rhin qui le separe de l'Alsace, au midi par le Haut. Margraviat de Bade & par l'Ortnau, & au Nord par l'Evêché de Spire & le bas Palatinat. C'est le partage d'une Branche de la Maison de Bade qui descend d'Ernest III. troisième fils de Christofle de Bade. Cet Ernest mourut l'an 1553. Ce fut lui qui après avoir embrassé la Religion Protestante l'introduisit dans ses Etats, où sa posterité le maintient quoi que plusieurs d'entre ses descendans soient revenus à la Religion Catholique. Les lieux de ce Margraviat sont Dourlach, Pfortzheim, la Seigneurie de Lahr ou Lohr, le Marquisat de Hochberg, la Seigneurie de Badenweiler; celle de Roeteln, le Landgraviat de Saufenberg enclavé entre l'Ortnau & le Brisgau, & Fridlingen auprès de Bâle.

DOURLANS }
DOURLENS } Voiez DOULENS.

DOURE }
DOURO } Voiez DOUERE.

DOUSBOURG. Voiez DOESBOURG.

DOUSLAG, Grande plaine sur la route de Smirne à Ispahan à 24. Jours de Caravane de la premiere de ces deux villes, & à quatorze de Tocat selon les Voiages de Tavernier [h]. *h V. de Perse l. 1. c. 71* Ce nom signifie *Place de Sel*, & le Bacha de Couchabar qui en est à deux journées en retire, dit cet Auteur, vingt-quatre mille écus par an. Elle s'étend huit ou dix lieues en longueur & elle n'en a qu'une ou deux de large. Elle paroit comme un Lac & c'est en effet une eau salée qui se congele & se forme en sel qu'on ne peut dissoudre qu'avec peine si ce n'est dans de l'eau chaude. Ce Lac fournit de sel presque toute la Natolie, & la charge d'une Charette tirée par deux busles ne coute sur le lieu qu'environ quarante cinq sous monnoie de France. Sultan Mourat fit faire une digue d'une rive à l'autre quand son armée passa en 1638. pour aller mettre le Siege devant Bagdat qu'il reprit sur le Roi de Perse.

DOUSSAY, petite ville du Poitou dans le Mirebalais. Elle est située sur la Riviere de Vende à une bonne lieue d'Avrigne.

§. Mr. Corneille [i] ne dit point dans quel *i Dict.* Atlas il a trouvé ce qu'il avance dans cet Article qui n'est rien moins qu'exact. Doussay n'est qu'une Bourgade de 169. feux dans la Generalité de Tours, Election de Richelieu, au Nord-Ouest & à deux petites lieues de Mirebeau: Pour Avrigné c'est veritablement une Bourgade sur la Vende; mais Doussai est sur l'Enveigne Riviere qui tombe dans la

Vienne

DOU.

Vienne vis-à-vis de Chatelleraut & non pas sur la Vende. Jaillot ne marque aucune riviere à Douſſai, ce qui eſt une omiſſion defectueuſe dans ſa carte du Poitou.

[a] Etat preſ. d'Irlande p. 61.

DOWN ou DOWN-PATRICK [a], en Latin *Dunum*, petite ville d'Irlande où elle eſt la Capitale du Comté de Down dans la Province d'Ulſter. Elle eſt à ſix milles & à l'Oueſt de Strangford; elle envoye deux Deputez au Parlement. C'eſt d'ailleurs un Evêché, joint à celui de Connor dans le Comté d'Antrin & l'une des plus anciennes villes de toute l'Irlande. Elle étoit autrefois celebre par les reliques de St. Patrice, de Sainte Brigide, & de St. Colomban. Elle eſt à 65. milles preſqu'au Nordeſt de Dublin & donne le titre de Vicomte à la noble famille des Dawneys. Mr. Baudrand [b] ajoute qu'elle a un bon port près du Lac de Cone; n'étant qu'à quatre milles de la Mer d'Irlande; mais qu'elle eſt en mauvais état à preſent, & comme un Bourg ainſi nommé à cauſe de ſa ſituation à 15. milles de Conner au midi & à douze de Dromore au levant. Il écrit ce nom DOWNE, & dit que ceux du Pays la nomment DUNDALETHGLAS.

[b] Ed. 1705.

LE COMTÉ DE DOWN [c], pays d'Irlande dans la Province d'Ulſter. Il a le Canal de St. George à l'Eſt, Armagh que la Riviere de Neuri en ſepare du moins en partie à l'Oueſt; Antrim au Nord, ou plutôt au Nord-Oueſt; la Baye de Carlingford qui le ſepare de Louth & l'Ocean, au Sud. Il a quarante-quatre milles de long & trente de large. Ce pays eſt très-fertile quoi qu'il y ait en quelques endroits des bois & des marécages. On le diviſe en huit Baronies qui ſont celles d'Ards, de Caſtlereagl, de Dufferim, de Lekeales, de Kinalearti, de Lower Evagh, d'Upper Evagh & de Mourane. Il y a une ville qui a le privilege de tenir un Marché public & ſix qui envoyent leurs Députez au Parlement. Les principales ſont Down, Bangor, Newtown, Hillsborough, Dromore, Killyleagh, Strangford, & Neury. Selon Mr. Baudrand [d] les habitans de ce pays le nomment CUUNTAE AN DUIN.

[c] Etat preſ. d'Irlande Ibid.

[d] Ed. 1705.

DOWNCANON [e], en Latin *Duncanonium*, Château d'Irlande dans la Province de Leinſter & au Comté de Wexford. Il eſt vieux, mais fort, ſur le havre de Waterford, & ſix milles de cette ville à l'Orient.

[e] Ibid.

DOUVRES [f], DOUVRE, DOVER. En Latin *Dubris*, anciennement *Davernum* ou *Durovernum*, ville d'Angleterre & un port de mer ſur la côte du Pas de Calais; ces deux ports n'aiant qu'un trajet de ſept lieues. C'eſt le lieu où le paſſage eſt le plus ordinaire pour aller de France en Angleterre dans les paquebots qui ſont établis pour cela; ce qui attire beaucoup d'étrangers à Douvres. Au ſommet d'un rocher fort eſcarpé eſt le Château de Douvres que l'on croit avoir été bâti par les Romains & qui commande cette rade. Dans un beau jour on le peut voir de Calais. Douvres eſt un des cinq ports qui ont de grands Privileges & dont les Deputez au Parlement ſont apellez les Barons des cinq Ports. Douvres a titre de Duché. Voiez DUROVERNUM.

[f] Etat preſ. de la G. Bret. T. 1. p. 77.

DOU. 151

1. DOUX (le) Riviere de France, en Latin *Dubis* & *Aduabis* [g]. Elle a ſa ſource au Mont Jura un peu au-deſſus du Village de la Motte, & coule dans la Franche Comté. On tient que ſes eaux viennent de deux petits Lacs apellez *Rouſſes* & *Joux* qui coulent plus d'une lieue par deſſous terre pour ſe relever au deſſus de ce Village. Cette Riviere qui fait divers tours, coule vers l'Orient, enſuite au Septentrion, & puis au Couchant, paſſe à Franquemont, à St. Hippolite, à Clerval, à Beſançon, à Rochefort, à Dole & autres lieux; après quoi groſſie des eaux de la Louve, de la Douve, de l'Aldua & de quelques autres, elle ſe decharge dans la Saone à Verdun en Bourgogne. Proche du lieu de ſa ſource dans les mêmes montagnes d'où elle ſort, au lieu où étoit l'ancien paſſage des Romains pour aller de Suiſſe en Bourgogne, on voit la grote de Quingé. Voiez-en la deſcription dans ſon article particulier.

[g] Corn. Dict.

§. Mr. Piganiol de la Force [h] écrit le nom de cette Riviere LE DOU. Il ajoute que la plupart des Auteurs François écrivent *le Doux* comme ſi en latin il s'apelloit *Dulcis*: c'eſt pourtant ainſi que Mrs. Baudrand, Sanſon, De l'Iſle & quantité d'autres écrivent ce mot, & l'autorité d'Hadrien de Valois [i] qui avoit taxé d'erreur ceux qui écrivent *le Doux* pour *le Dou*, n'a point changé l'uſage ordinaire. Le nom Latin de cette Riviere eſt *Dubis*; mais il eſt extrememement varié dans les anciens Auteurs, car on y trouve *Alduabis*, *Alduadubis*, *Alduasduſinus*, *Alduaſdalis*, [k] Fredcgaire le Scholaſtique & Jonas dans la Vie de St. Colomban la nomment *Dova*. Un Auteur contemporain de Dagobert dans la Vie de l'Abbeſſe Salaberge, nomme le Doux *Duvius*. D'autres l'ont nommée *Duber*. Strabon [l] dit que de ſon temps cette Riviere étoit navigable & Mr. Piganiol de la Force [m] juge qu'on pourroit actuellement le rendre tel depuis Rougeaucourt proche de Montbelard juſqu'à Verdun; mais il en couteroit infiniment: & d'ailleurs, dit-il, on donneroit par là des facilitez aux ennemis pour faire porter du gros Canon & des munitions de guerre à Beſançon ſi l'envie leur prenoit de faire le Siege de cette ville. Le même Auteur trouve que Chiflet a repris avec raiſon Ortelius pour avoir dit que le Doux eſt un fleuve de la Gaule Narbonnoiſe. On fait cas des brochets que l'on pêche dans le Doux.

[h] Deſcr. de la Franc.e T. 6. p. 351. & ſuiv.

[i] Notit. Gall. p. 178.

[k] Chron. l. ult. c. 36.

[l] L. 4.

[m] l. c.

2. DOUX [n] (le) Riviere de France dans le Languedoc. Elle a ſa ſource aux montagnes du Velay près de Ste. Agrêve où elle paſſe, delà coulant vers l'Orient, enſuite vers le Nord, elle ſe perd dans le Rhône au deſſus de Tournon.

[n] Jaillot Atlas.

DOUYE, [o] Riviere du pays de Galles. Elle a pluſieurs ſources dans les montagnes du Comté de Merioneth, d'où elle coule en Mongomerishire puis rentrant dans le Comté de Merioneth, elle va ſe perdre dans la mer d'Irlande à Abergouie après avoir ſervi de limites entre le Comté de Merioneth & celui de Cardigan. On la nomme auſſi DYFI; & les Latins la nomment *Devus*, *Dovus* & *Dyſius*.

[o] Allard Atlas.

1. DOUZE, [p] petite Ville de Gaſcogne dans

[p] Corn. Dict.

DOU. DRA.

dans l'Archiprêtré de Mauleon l'un des six de l'Evêché d'Aire. Elle étoit autrefois fortifiée de bonnes terrasses & ses habitans étoient de la Religion P. Reformée.

a Baudrand Edit. 1705.

2. DOUZE, [a] Petite Ville de France dans le Perigord, entre Perigueux & Sarlat, environ à six lieues de chacune.

§. J'ai cherché inutilement ces deux Villes dans les Cartes de Mr. de l'Isle & dans le Dénombrement de la France.

b De l'Isle Atlas.

3. DOUZE, [b] (la) Riviere de France. Elle a sa source dans le bas Armagnac; d'où coulant vers le septentrion, elle reçoit l'Estampon à Roquefort de Marsan, puis la Gianaire un peu au-dessous d'un Village nommé Douze qui est peut-être la Ville de Mr. Corneille; & coulant vers l'Occident à Mont de Marsan elle y reçoit le Midou & ensuite les rivieres de l'Etrigon, de Gelous & Loubez & enfin se rend dans l'Adour un peu au-dessus de Tartas.

c Baudrand Ed. 1705.

DOUZENAC, [c] Bourg ou petite Ville de France dans le Limosin à trois lieues de Tulle vers le couchant.

DOUZERE, Ville & Principauté au bas Valentinois sur le Rhône.

" Longuerue Desc. de la France 1. part. p. 49. & 342.

DOUZY, [*] Bourg de France en Champagne aux frontieres du Luxembourg. Quelques-uns le confondent mal à propos avec Tuisi près de Rheims sur la Riviere de Vesle. Il dependoit de Mouzon qui appartenoit aux Archevêques de Rheims. Et ces Prelats avoient une Maison à Douzy, où ils demeuroient souvent dans le IX. siecle & c'est pourquoi on y a tenu des Conciles & des Assemblées ecclesiastiques. Douzy, en Latin *Duodeciacum* & par corruption *Duziacum*, étoit près de Mouzon (*Secus Mozomum*) comme on le voit dans le Concile de Douzi tenu l'an 874. & il étoit sur la Riviere du Cher, comme il est marqué par un acte de l'an 939, (*Juxta Charem Fluvium*) c'est le même Douzy qu'Hincmar Archevêque de Reims dans la Vie de St. Remy dit avoir été donné à cette Eglise par St. Cloud petit-fils du grand Clovis. Ces Archevêques en ont toujours été les Principaux Seigneurs tant qu'ils ont été maîtres de Mouson, & quoique les Seigneurs de Sedan eussent acquis la moitié de la Seigneurie de Douzy les Archevêques en étoient les Seigneurs Dominans.

DR.

d Ortel. Thesaur.
e L. 4. civil.
f In Atticis.

DRABESCUS, [d] Bourgade de la Thrace selon Etienne le Geographe. Diodore de Sicile, Appien[e], & l'Epitome de Strabon font mention d'une ville nommée *Drabescus* & dont le nom est mal écrit *Brabiscus* dans Pausanias[f].

DRABOURG, Ville d'Allemagne dans la Basse Carinthie, & aux frontieres de la Stirie. Sa situation sur la Drave lui donne ce nom, & le nom Latin *Dravoburgum*, qui signifie *Château de la Drave*. Elle est à dix milles d'Allemagne de Laubach vers le Nord en allant vers Prouck an Mur, & presque au milieu entre Volckmarck à l'Occident & Marckpourg à l'Orient.

DRABUS, pour DRAVUS nom Latin de la Drave.

F Sanson Atlas.

DRAC, [g] (le) en Latin *Dracus*; Riviere de France. Elle coule dans le Dauphiné. Elle tire ses sources dans les Montagnes de Montorsier, l'une à Oursien, & l'autre à Champouillon dans le Bailliage de Grenoble qu'elle sépare du Val de Champsaur, aussi-bien que le Duché de Lesdiguieres, où elle reçoit les Rivieres de Sop. d. & de Saloise g. puis rentrant dans le bailliage de Grenoble, elle se grossit d'une autre Riviere laquelle tombe d'un Lac voisin du Bourg d'Oisans; qui lui envoie aussi la Ramanche d. Avant que d'être joint par cette derniere, le Drac reçoit la Gresse & va porter toutes ces eaux dans l'Isere un peu au-dessous de Grenoble.

DRACÆ, [h] Peuple d'Asie vers le Caucase selon Justin. *h L. 12.*

DRACANIUM, Montagne de la Carie selon Hesyche & Phavorin. Ortelius [i] corrige ces mots par Strabon & lit *Draconon & Icaria*. *i Thesaur.*

DRACENUM. Voiez DRAGUIGNAN.

DRACHAMÆ, selon les Interprêtes de Ptolomée, [k] ou DRACHMÆ selon diverses Editions de cet Auteur, Peuple d'Asie dans l'Arie. *k L. 6. c. 17.*

DRACHONUS ou DRAHONUS, Riviere qu'Ausone fait tomber dans la Moselle. Ortelius dit que le nom moderne est DRAUM, les Geographes plus recens disent que c'est TRAEN.

§. Mr. Baudrand fait deux Rivieres du nom de DRACHONUS; l'une qui est TRAEN dans le Pays de Treves & l'autre qui est DRAUN dans l'Autriche.

DRACHONTIUS, Isle adjacente à l'Afrique selon Ptolomée [l] qui lui donne 33. d. 15. de longitude & 34. d. 15. de latitude; c'est-à-dire, selon son calcul au Sud-est de l'Isle de Sardaigne & au Nord du Promontoire d'Apollon; beaucoup plus près de ce Promontoire que de la Sardaigne. Mr. Baudrand la nomme LA GALITA. *l L. 4. c. 3.*

DRACO, Montagne de l'Asie mineure, selon Pline [m] qui dit, que d'un côté il aboutissoit au Mont Olympe & de l'autre au Tmolus. *m L. 5. c. 29.*

1. DRACON, Riviere de Syrie. Voiez ORONTE.

2. DRACON [n], Riviere d'Italie, au pied du Mont Vesuve selon Procope & elle couloit près de Nuceria. Voiez DRAGONE. *n Ortel. Thesaur.*

DRACONARA. Voiez DRAGONARA.
DRACONES. Voiez AD DRACONES.

DRACONIS LOCUS [o], lieu de la Ville de Rome dans l'Isle du Tibre, si nous croions Lutatius [p]. *o Ibid.*
p In 15. Metamorph.

DRACONIS INSULA. Voiez SALAMIS.

DRACONIS SACELLUM [q], lieu d'Italie dans la Lucanie dans le voisinage du fleuve Laus selon Strabon. *q Ibid.*

DRACONON, Ville & Montagne de l'Isle Icaria selon Strabon, Theocrite & Etienne le Geographe. Ce dernier écrit *Dracanon* dans l'Edition de Berkelius, au lieu de *Draconon* que ce Critique a trouvé dans tous les livres. Strabon [s] parle d'une Ville & d'un Promontoire de ce nom sans faire mention de la Montagne qui peut-être n'étoit autre que le Promontoire. Ortelius [t] dit qu'il y avoit une Isle deserte de ce nom & il allegue Pline *r L. 6.*
s L. 14.
t Thesaur.

DRA.

où je n'ai pû la trouver ; il ajoute qu'elle étoit vers la Cherfonnefe de Thrace.

1. DRACONTUS, Ifle de la Libye felon Etienne le Géographe ; je doute qu'elle foit diferente de la *Drachontius* de Ptolomée.

2. DRACONTUS ; lieu d'Afie dans la petite Armenie felon Antonin[a]. Ce même Auteur le nomme ailleurs AD DRACONES. Voiez ce nom.

[a] *Itiner.*

DRACUINA, Ville de la Rhætie felon Ptolomée[b] dont les Interprêtes difent que c'eft à préfent TRAUBERG. Ortelius cite Lazius qui écrit TRAUBOURG. Mr. Baudrand aime mieux croire que c'eft à préfent *Ehingen* Bourg de Suabe fur le Danube ou un village qui en eft comme le Fauxbourg de l'autre côté de ce Fleuve.

[b] L. 2. c. 12.

DRAGA, c'eft ainfi que quelques Interprêtes de Ptolomée[c] lifent, au lieu d'ARAGA, nom d'une Ville de l'Arabie heureufe.

[c] L. 6. c. 7.

DRAGA MUTINA, Ville des Efclavons qui occupoient autrefois toute la côte meridionale de la Mer Baltique, comme je l'explique au mot SLAVI. Ortelius juge que c'eft TRAVEMUNDE, Ville fituée à l'embouchure de la Trave un peu au-deffous de Lubec. Voiez TRAVEMUNDE & TREBA.

DRAGANTI,[d] en Latin DRAGANTUM, & anciennement ARSINOÉ, ancienne Ville de la Cilicie dans l'Afie mineure. C'eft à préfent un village de la petite Caramanie en Natolie entre Scalemure & Palapoli.

[d] *Baudrand Ed. 1705.*

DRAGEMEL, en Latin *Dragamelum*, Bourg d'Allemagne dans la Carniole fur la Sawe à deux ou trois lieues de Laubach vers le Nord. On le prend pour l'ancienne ADRANS ou ADRANTIS Ville de la Pannonie.

DRAGINA, Plaine de l'Ifle de Sicile felon Cedrene cité par Ortelius[e].

[e] *Thefaur.*

DRAGMUS, Ville de Crete, felon Etienne le Géographe.

DRAGO. Voiez DRAGONE.

DRAGOGI, Peuple d'Afie felon Arrien[f] qui les met avec les Dranges.

[f] *Alex. l. 3.*

DRAGOGNA, Riviere d'Iftrie : elle a fa fource à Cepich village fitué à l'Orient de Pinguenté & va fe perdre dans le Golfe Largone au midi de la Ville de Pirano, felon le P. Coronelli[g]. Davity dit qu'elle va fe mêler avec les eaux de Piran, & qu'on lui a donné le nom qu'elle porte à caufe qu'elle a fon cours en ferpentant & qu'elle eft quelquefois pire qu'un Dragon, étant plutôt un torrent qu'une riviere.

[g] *Ifolar.* 1. part. pag. 138.

DRAGOMESTRO,[h] Bourg & port de mer de la Grece dans la Carnia fur la côte du Golphe de Patras, vis-à-vis des Ifles Curfolaires & près de l'embouchure de la Riviere de Stonafpre entre Ste. Maure & Lépante. Les Venitiens s'en emparerent en 1684. & l'abandonnerent après. Quelques-uns croient que c'eft la Ville OENIADÆ des anciens.

[h] *Baudrand Ed. 1705.*

DRAGONARA ou TRAGONARA. Village du Roiaume de Naples dans la Capitanate près de Fortore. C'étoit autrefois une Ville Epifcopale que l'on prenoit pour l'ancienne *Geremia*, *Gerio*, *Geronium*, ou *Gerunium*, ancienne Ville de la Pouille Daunie.

DRAGONE ; en Latin *Dracon* ; petite Riviere du Roiaume de Naples dans la Principaute Citerieure. Elle paffe à Nocera & fe rend dans le Sarno. C'eft fans doute le DRACON de Procope.

DRA. 151

DRAGONERA, Petite Ifle d'Efpagné près de la côte Septentrionale de Majorque, où elle fe courbe à l'Occident à près de trente milles de la Ville de Majorque vers le Nord, mais elle eft entierement deferte n'étant quafi qu'un rocher qui dépend de l'Evêque de Barcelone. Le raport qu'il y a entre fon nom Dragonara & celui d'OPHYUSA qui fignifie Serpentaire ou pleine de Serpens ; a porté quelques Geographes à croire que la même Ifle que nous apellons *Dragonara* a été appellée Ophiufa par les anciens. Cependant elles font diferentes, on a vu la jufte pofition de la Dragonara ; Ophyufa eft au midi de l'Ifle d'Iviça & s'apelle aujourd'hui FORMENTERA.

DRAGOVAN, Roiaume d'Afie dans la Grande Ifle de Java. Ce Pays produit le Camphre, le bois de Brefil, le Sandal rouge & toutes fortes d'épicerie, fi nous en croions Vincent le Blanc.

DRAGOVINTIA, Prefecture dans la Thrace, felon Curopalate allegué par Ortelius.

DRAGUIGNAN,[i] Ville de France en Provence. Elle eft à quatre lieues de Frejus à 7. de St. Tropez & à 12. de Toulon ; fur les confins d'une petite contrée qu'on nomme le Callianez dans une plaine qui en rend le féjour fort agréable. La Riviere de Pis qui paffe par le milieu lui apporte de grandes commoditez. D'ailleurs elle eft voifine de quelques hautes Montagnes, qui pour repondre à la fertilité des Campagnes dont elle eft environnée produifent d'excellens vins en abondance. Ils ont tant de force qu'il eft prefque impoffible de les boire fans y mêler une moitié d'eau. Il y a une Viguerie de grande étendue. Draguignan a une Eglife Collegiale qui n'étoit autrefois qu'une Vicairie unie à l'Archevêché d'Aix par le Pape Jean XXIII. l'an 1409. & par George Cardinal d'Armagnac Légat d'Avignon. Mr. l'Abbé de Longuerue[k] dit à l'Archidiaconé d'Aix & il dit que le Cardinal d'Armagnac y érigea l'Eglife Collegiale en 1570. à la priere & du confentement de Jean de Racas Archidiacre d'Aix ; que cette union à l'Archidiaconé d'Aix déplaifant aux Evêques de Frejus, parceque Draguignan étoit dans leur Diocéfe, Pierre Camelin Evêque de Frejus aiant obtenu des Bulles d'Urbain VIII. pour un titulaire de ce Benefice fit caffer l'an 1642. cette union par arrêt du Parlement de Dijon où la caufe avoit été renvoyée & le Vicariat a été changé en un Doyenné. Outre cette Eglife il s'y trouve plufieurs Maifons religieufes, trois Couvents de filles & un College de Prêtres de la Doctrine Chrétienne.[l] Dans l'Eglife Paroiffiale où eft le Chapitre, & qui eft dediée fous l'invocation de Notre Dame & de St. Michel Archange on garde un clou qu'on croit être un de ceux dont on fe fervit pour attacher Jefus-Chrift à la Croix. Quelques-uns pretendent que Draguignan eft *Forum Voconii* des anciens, mais Bouche dans fon Hiftoire de Provence pretend que *Forum Voconii* eft aujourd'hui le Bourg *le Canet*. C'eft une des plus grandes Villes de la Province, aux Affemblées de laquelle elle entre. Elle eft le fiege

[i] *Corn. Dict. Jouvin de Rochefort Voiages.*

[k] *Defc. de la France* 1 part. p. 363.

[l] *Piganiol Defc. de la France* T. 3. p. 331.

Tom. II. V

siege du Lieutenant du Senechal établi par François I. dès l'an 1535. Il y a aussi un Viguier & un Juge Roial subalterne. [a] Le Roi de France en qualité de Comte de Provence est seul Seigneur temporel de cette ville, comme l'ont été ses prédécesseurs les Comtes de Provence, fondateurs de Draguignan. A deux lieues de là, ou environ, est le Village des Arcs si connu, pour être voisin de la belle Eglise de Sainte Rosoline desservie par des Peres Carmes. Mr. Corneille [b] assure que le Corps entier de cette Sainte y est dans une belle chasse & que les traits de son visage paroissent encore aussi beaux & aussi marquez que quand elle vivoit, quoi qu'il y ait plus de trois cens ans qu'elle est morte.

[a] Longuerue L. c.
[b] Dict.

1. DRAHEIM, petite Place de Pologne dans la Prusse Roiale. Elle fut engagée avec sa dependance à Frederic Guillaume Electeur de Brandebourg par Jean Casimir Roi de Pologne par le Traité de Bydgost le 6. Novembre 1657. Elle est dans la Pomerelle vers Bythou & comme enclavée dans la Pomeranie ulterieure. Ce n'est proprement qu'un Fort avec un Bourg entre les deux Lacs de Tempelbourg & de Draheim & avec une Seigneurie dans la partie de la Cassubie qui est à la Pologne.

2. DRAHEIM, Lac de Pologne dans la Prusse Roiale. Il tire son nom d'un Fort qui est situé au bord de ce Lac.

DRAITWICHE. Voiez DROITWICH.

DRAMA, Bourgade de la Macedoine, à ce que juge Ortelius de la lecture de Gregoras. Il conjecture sur celle de Nicetas que ce lieu étoit vers la Thrace. Curopalate qui le nomme aussi le surnomme des Philippes *Philipporum*; & Ortelius en conclut que ce lieu étoit voisin de Philippes de Thrace. Sa conjecture est confirmée par ce passage tiré du second Voiage de Paul Lucas [c] qui en parle ainsi. Cette Ville est petite, mais fort jolie : l'on y voit sept Mosquées à Minarets. Il y a aussi une Citadelle, qui paroît avoir été autrefois considerable & des plus fortes : mais on en a negligé les reparations : & elle tombe à présent en ruine de tous côtez. Les Grecs ont une Eglise à Drame: elle est pauvre & assez mal entretenuë ; c'est pourtant un Archevêché ; mais on ne sait qu'en Grece, à present du moins; les dignitez sont peu considerables pour leur revenu. On remarque dans cette Eglise un buste d'Hercule d'une grande beauté. Il est d'un marbre exquis, & sert de pied d'estal à un pilier de bois qui soutient une gallerie. Plus de la moitié est enfouïe, & couverte de terre: ce qui paroît, semble répondre du reste. Je l'aurois assurément acheté, si l'Archevêque avoit été à Drame; mais en son absence personne n'osoit toucher à son Eglise: ainsi j'eus le chagrin de l'y laisser. Ce sera pour quelqu'autre voiage.

[c] T. 1. p. 198. & suiv.

De-là j'allai voir une Tour ancienne, qui est encore en son entier: elle est bâtie de pierres de taille des plus belles. Il y a plusieurs marbres avec des Inscriptions, qui nous auroient sans doute donné quelque connoissance de l'Histoire de Drame, ou des guerres de ces Provinces, si j'avois pû les copier : mais la Tour étoit habitée par un Turc superstitieux; c'en fut assez, dit l'Auteur cité en marge, pour rendre mes desirs inutiles. Il prétendoit qu'il y avoit dans sa Tour un trésor, & que les Inscriptions enseignoient l'endroit où on le pourroit trouver. C'est une manie qui a infatué les esprits de la plûpart des Turcs, & même des Chrétiens de ce païs-là : des Lettres qu'ils ne sauroient lire ou qu'ils n'entendent point, marquent un tresor & la Pierre Philosophale; aussi n'est-ce que par adresse & quelquefois en s'exposant à mille dangers, qu'on arrache quatre lignes qu'ils croient capables de leur donner de grandes richesses, & dont cependant pas un d'eux n'a l'industrie de se servir. Ce fut en vain, dit le même Auteur, que j'offris de l'argent au Concierge Turc. Il s'étoit persuadé que je donnerois peu pour avoir beaucoup; & la peur que je ne lui en fisse aucune part, quoique je ne manquasse pas même de lui promettre le tout, l'empêcha de me rien accorder.

Il y a à Drame bien d'autres ruines, qui montrent évidemment qu'autrefois c'étoit une ville fort considerable. On y voit encore plusieurs grands bassins de l'ancien tems: ils sont pleins d'eau vive, & l'on en remarque les sources dans le lieu même : il y en a deux tout revêtus de marbre. De-là on visite une grande place toute remplie d'Amphitheâtres: c'étoit là qu'on faisoit autrefois les jeux & les exercices. Il passe dans cette ville plusieurs petits ruisseaux, dont l'eau est fort claire. Tous les Dimanches il s'y tient un grand Bazar, où l'on vend toutes sortes de denrées. Enfin il y a une horloge qui sonne les heures comme à Philippopolis. On peut juger par cette description que Drame est une Ville des plus aimables & des mieux fournies de choses necessaires. Ce sont aussi ces avantages qui en multiplient les Habitans & quoiqu'en beaucoup d'endroits il y ait de vastes ruines, néanmoins il ne paroît pas qu'elle diminuë.

DRANGÆ, ancienne Nation dans la Perse. Etienne le Geographe, Quinte Curse [d] & autres Auteurs en font mention. Casaubon croit que ce sont les mêmes qui sont nommez *Zarangai* par Arrien [e]. Cet ancien parle lui-même des *Dranga*. [f] Pline les met vers les sources de l'Indus [g].

[d] L. 6.
[e] L. 3.
[f] L. 6. & 7.
[g] L. 6. c. 23.

DRANGIANE, (la) ancienne Province de Perse. Strabon [h] dit que la Drangiane qui confinoit à la Carmanie étoit une partie de l'Arie. Diodore écrit DRANGINA, & il semble que Polybe l'ait nommée DRATIGENA comme le raporte Ortelius. Le nom des habitans de cette Province est corrompu dans Justin [i] où ils sont nommez *Drangaritani*. Ammien Marcellin remarque qu'ils étoient aussi nommez Arabes parce qu'ils descendoient des Arabes. Mr. Baudrand dit de la Drangiane que c'étoit un des Provinces de l'Empire d'Alexandre le Grand en Asie. Elle étoit, dit-il, bornée au couchant par la Carmanie; au Nord par l'Arie; au Levant par l'Arachosie & au midi par la Gedrosie. Propthasie & Ariaspe en étoient les Villes principales. C'est aujourd'hui une des Provinces de Perse sous le nom de SIGISTAN, SITTISTAN, SEGESTAN, OU SAGESTAN.

[h] L. 11. p. 516.
[i] L. 4.

DRAN-

DRA.

DRANGUBITÆ, Peuple Esclavon vers la Russie duquel parle Constantin Porphyrogenete cité par Mr. Baudrand [a]. Seroit-ce le même Peuple qui habitoit le *Dragovintia*, ou Δραγοβιτια de Curopalate pays qu'Ortelius met dans la Thrace?

[a] Ed. 1682.

DRANSE [b], petite Riviere de Suisse dans le Bas Vallais. Elle a sa source dans les montagnes qui separent le Valais du Piemont & coulant dans le Val de Bagnies, elle se joint à une autre Riviere auprès de St. Branchier & va se perdre dans le Rhône quelques 100. pas au dessous de Martignac.

[b] Atlas.

DRANSES, en Latin *Dransæ* [c], *Drausi* ou Thrausi anciens peuples de la Thrace. Ils pleuroient à la naissance des enfans parce qu'ils entroient dans les miseres de la vie & ils se rejouïssoient à l'enterrement des morts parce qu'ils étoient delivrez de ces miseres.

[c] Corn. & Baudrand. Dict.

§. Herodote [d] dit effectivement des *Trauses* ce qu'en dit Mr. Baudrand & les autres après lui. Mais d'où vient qu'aux *Trauses* on a substitué les *Dranses* & les *Drausés*, c'est de quoi il est dificile de dire une bonne raison.

[d] l. 5. c. 3. & suiv.

DRAPANO [e], (*la ponta di*) ou le Cap de Drapano, Cap de la côte Septentrionale de Candie entre la ville de Retimo & la Canée ; & plus precisement entre l'Isle St. Nicolo & Lagonisi. Les Latins le nomment *Drepanum Promontorium* ; & ce nom latin lui est commun avec plusieurs autres, comme on verra au mot DREPANUM.

[e] De Wit Atlas.

DRAPSACA, Ville de la Bactriane, ou du moins dans le Voisinage de ce pays, selon Arrien dans la Vie d'Alexandre [f]. Ortelius ne la croit pas diferente de la DREPSA que Ptolomée [g] dit être la Metropole de la Sogdiane non plus que de la DARAPSA attribuée par Strabon [h] à la Bactriane. Mais je ne sais pourquoi Ortelius & les Interpretes de Ptolomée veulent que ce soit la même ville que la *Panda* de Pline dont même le nom est écrit par abus *Parida* dans le Ptolomée de Bertius.

[f] L. 3.
[g] l. 6. c. 12.
[h] l. 11. p. 516.

DRASDEA, Nom d'un lieu particulier de la Thrace duquel il est fait mention dans le livre des Notices [i].

[i] Sect. 29.

DRASIDÆ. Ce mot se trouve dans un passage d'Ammien Marcellin [k], qui en parlant des Gaulois dit : *Drasidæ memorati reverà fuisse populi partem indigenam.* Lindebrog ne remarque rien sur ce mot ; mais Ortelius [l] observe que Pithou vouloit qu'on lût Druides au lieu de *Drasidæ*.

[k] L. 15.
[l] Thesaur.

1. **DRASTOCA**, Ville ancienne d'Asie ; assez près de la source du fleuve Dargamanis qui l'arrosoit, & dans la contrée nommée Paropanisus à cause de la montagne de même nom qui l'enfermoit à l'Occident & au Nord ; selon Ptolomée [m] qui donne à cette ville 116. d. de longitude & 36. 30′. de latitude.

[m] l. 6. c. 18.

2. **DRASTOCA**, autre ville d'Asie dans l'Inde en deça du Gange, dans la contrée que Ptolomée [n] nomme GORIÆA. Il donne à cette ville 120. d. 30′. de longitude & 32. d. 30′. de latitude.

[n] l. 7. c. 1.

DRATÆ, c'est ainsi que quelques Interpretes de Ptolomée [o] lisent au lieu de DAGRÆ. qui est le nom d'une ville de Capadoce, dans la Tyanitide.

[o] l. 5. c. 6.

DRATIGENA, Contrée d'Asie de laquelle Polybe [p] dit qu'Antiochus se rendit maître & qu'il y prit ses quartiers d'Hyver. Ce mot est corrompu dans cet Auteur pour *Drangiana* la DRANGIANE, Voiez ce mot.

[p] L. 11.

DRAUCA, anciennne ville de Crete selon Isace sur Lycophron, cité par Ortelius [q].

[q] Thesaur.

DRAUDACUM, Château de la Thessalie selon Tite-Live [r] dans la contrée nommée PENESTIE,

[r] L. 43.

DRAVE (la) Riviere d'Allemagne ; en Grec Δρἆβος selon Strabon [s] & Δαρος selon Ptolomée qui dit que les Barbares la nommoient DARIS de son temps. Solin [t] la nomme *Dravus* en latin, Pline [v] *Drauis* & l'Anonyme de Ravenne [x] *Dravis*. Pomponius Mela que cite Mr. Corneille [y] n'en parle en aucune façon. Les Allemands la nomment DIE DRAW, les Hongrois TRAB, & les Italiens la DRAVA. Cette Riviere a plusieurs sources, delà vient que les Géographes placent diferement la source de cette Riviere. Les uns, comme Mrs. Baudrand, & Sanson, regardent comme la principale celle qui est auprès d'Innichen dans les montagnes du Tirol ; aux Frontieres du Frioul & de l'Archevêché de Saltzbourg ; d'autres comme Mr. de l'Isle mettent la vraie source de cette Riviere dans l'Archevêché de Saltzbourg sûr les confins de l'Evêché de Brixen dont même elle arrose une petite lisiere avant que d'entrer dans la Carinthie, où elle passe à Drabourg, g. Saxnbourg, Ortnbourg, Willach, d. Hollenbourg, d. un peu au dessous elle se charge des trois rivieres qui passent à Clagenfurt, à St. Weit, & à Gurck, coule à Lavamynd & à Drabourg g. puis elle passe dans la basse Stirie qu'elle separe quelque temps de l'Esclavonie, ensuite au sortir de la Stirie elle est grossie par la Muer au dessous de Warasdin, au dessus de Serinswar, & continuant son cours jusqu'à Essek elle sert de bornes à l'Esclavonie & à la basse Hongrie jusqu'au Danube dans lequel elle perd son nom. Mr. Baudrand écrit LE DRAVE du genre masculin. Ce nom est du genre feminin, c'est ainsi que parlent nos bons Auteurs. Mr. Despréaux dit dans son Ode pindarique.

[s] L. 7.
[t] c. 24.
[v] l. 3. c. 25.
[x] l. 4. c. 19.
[y] Dict.

> Où sont ces Chefs pleins d'audace,
> Jadis si prompts à marcher,
> Qui devoient de la Tamise,
> Et de la Drave soumise,
> Jusqu'à Paris nous chercher?

Mr. de l'Isle dit toujours la Drave. Des Critiques ont taxé Mr. Despreaux d'avoir parlé assez à contre temps de la Drave à l'occasion du Roi d'Angleterre Guillaume III. & de l'Electeur de Baviere. Ces Censeurs qui n'ont regardé la Drave que comme une riviere de Hongrie ignoroient aparemment qu'elle a sa source dans le Cercle de Baviere. Mais le Commentateur de Mr. Despreaux ne devoit pas dire que la Drave passe à Belgrade, ville située bien au dessous du Confluent de la Drave & du Danube, & elle n'y passe que de la même maniere que quantité d'autres Rivieres dont ce fleuve est ainsi enflé avant que d'arriver à Belgrade. S'il vouloit à toute force faire passer la

DRA. DRE.

la Drave quelque part ; ce devoit être sous le pont d'Esseck, pont remarquable dans l'Histoire de Hongrie, comme on le verra en d'autres Articles de ce Dictionnaire. Voyez BARGUS.

DRAVENNA, nom latin dont quelques-uns se servent pour exprimer la TRAVE Riviere qui coule à Lubec, quoi que son veritable nom latin soit CHALUSUS.

DRAVIS, &

DRAUS. Voiez DRAVE.

DRAUSEN[a], Lac de Pologne dans la Prusse Roiale près de la ville d'Elbing ; & à 3. milles Polonois de Marienbourg, au Levant il est assez petit , mais long & il reçoit le Ruisseau de Sorg (*Sargnna*) après quoi il se decharge dans le Frisch-Haff.

[a] *Baudrand Ed. 1705.*

DRAVUS. Voiez DRAVE.

DRAXUM, Lieu sacré dans la Sicile, où selon Hesyche cité par Ortelius[b] les laboureurs portoient leurs Offrandes.

[b] *Thesaur.*

DRECANUM, Lieu de l'Isle de Cos, vers le Couchant. Il y avoit aussi un village au même endroit selon Strabon[c], & on l'appelloit Os Portus, l'ouverture du port.

[c] *L. 14.*

DRECKS-ODERNHEIM[d], Petite Ville d'Allemagne dans le Palatinat du Rhin sur la Riviere de Glan, au couchant Meridional de cette ville.

[d] *Blaeu Atlas.*

DREFFURT. Voiez TREFURT.

DRELVE[e], Ville de France dans le Donziois. Elle a un Château assis sur le Sommet d'une Montagne au pied de laquelle est une fort belle source d'eau, d'où part une riviere qui nourrit de bon poisson.

[e] *Corn. Dict. Davity Nivernois.*

DRENTE (la) l'un des trois quartiers qui composoient la Province d'Owerissel, dans la Republique des Provinces-Unies[f]. Elle est aujourd'hui separée des deux autres quartiers, à savoir du Salland & de la Twente, & est jointe depuis plus d'un Siécle au Gouvernement de Frise & de Groningue. Ce pays fut donné entierement à l'Evêque & à l'Eglise d'Utrecht par l'Empereur St. Henri, un peu avant sa mort l'an 1024. & cette Donation fut confirmée peu après par son Successeur Conrad le Salique. Coworde Capitale de la Drente avoit dès le XII. Siecle un Commandant nommé Rodolphe sous Herbert Evêque d'Utrecht. Les Successeurs de ce Prelat continuerent à jouïr du haut domaine de cette ville & de tout le pays de Drente jusqu'à l'an 1521. que le Duc de Gueldres dépouilla Philippe de Bourgogne Evêque d'Utrecht de ce pays dont Philippe après une guerre de quelques années. L'Empereur Charles V. reprima l'entreprise du Duc de Gueldres dont il condamna l'usurpation ; mais il en profita , l'Evêque aiant cédé à cet Empereur une bonne partie de son Eglise sur la Drente aussi bien que sur le reste de l'Overissel.[g] Ce pays tout rempli de marais fut conquis par les François en 1672. mais ils le quiterent deux ans après. Il retourna sous la puissance des Etats Generaux à qui il appartient encore à present. Ce pays est borné à l'Orient par la Westphalie, au Nord par la Province de Groningue & des Ommelandes, à l'Occident par la Frise & au Midi par l'Overissel dont elle faisoit autrefois partie. Le pays de Drente renferme outre Coworde, Capitale ; Ruynen, Meppel,

[f] *Longuerue Descript. de la France 2 part. p. 33.*

[g] *Baudrand Edit. 1705.*

Assen, & quelques autres Places peu importantes.

DREPALI[h], Village de Turquie dans la Romanie sur la Mer de Marmara à cinq lieues ou environ de Selivrée. On croit que c'est le Coenophrurium des anciens, où l'Empereur Aurelien fut assassiné par quelques Officiers de son Armée.

[h] *Ibid.*

1. DREPANE, Ville de la Lycie, selon Etienne le Géographe.

2. DREPANE, Ville de Sicile, selon le même.

3. DREPANE, Ville de la Libye, selon le même.

4. DREPANE, Montagne d'Ethiopie, selon le même.

5. DREPANE, Deux Isles de la mer Egée dans le voisinage de l'Isle de Lebinthus selon le même.

1. DREPANUM, Ville de Bithynie sur le Golphe de Nicomedie selon Nicephore Caliste qui écrit qu'elle fut nommée par Constantin le Grand HELLENOPOLIS. Socrate le Scholastique & Cedrene disent la même chose, mais ils écrivent ce dernier nom avec t simple L. pour marquer qu'il est derivé de celui d'Helene. Ortelius croit que cette ville est nommée Betalbes par Etienne le Géographe.

2. DREPANUM, Ancienne ville de Sicile que l'on connoît aujourd'hui sous le nom de TRAPANI.

1. DREPANUM PROMONTORIUM, Promontoire de l'Achaïe propre dans le Peloponese, selon Pausanias[i], qui se mer dans le Golphe de Corinthe aux environs du fleuve Bolinéen & des ruines de Rhypes. Cet Auteur dit que la fable avoit feint que Saturne aiant retranché à son pere les parties destinées à la generation avoit jetté dans cette mer la faux dont il s'étoit servi pour cette operation & que ce promontoire avoit pris de là le nom de *Drepanon* qu'il portoit & qui signifie une faux. Il y a plus d'aparence que le nom de *faux* Δρέπανον a été donné à plusieurs Caps à cause de la ressemblance qu'ils ont avec cet instrument d'Agriculture. Ptolomée[k] dit que ce promontoire qu'il s'appelloit aussi *Rhium*. C'est aussi pour la même raison que l'Isle de *Corfou* a eu le nom de *Drepane*[l].

[i] *in Achaicis p. 582.*

[k] *l. 3. c. 16.*

[l] *Plin. l. 4. c. 12.*

2. DREPANUM PROMONTORIUM, Promontoire d'Afrique dans la Cyrenaïque selon Ptolomée[m]. Marmol[n] croit que c'est le même Cap que *Punta-Sabia* dans la Province de Mesrate au Roiaume de Tunis, dans le Golphe de la Sydre.

[m] *l. 4. c. 4.*
[n] *T. 2. l. 6. c. 55.*

3. DREPANUM PROMONTORIUM, Promontoire d'Egypte dans le Golphe d'Arabie ou la Mer Rouge selon Ptolomée[o] qui donne à ce cap. 64. d. longitude 27. d. 50'. de latitude. Cet Auteur distingue ce Cap de celui de LEPTE, quoique Pline[p] les confonde & dise que le Promontoire des Indiens est nommé *Lepte Acra* & par quelques-uns *Drepanum*. Les Indiens qu'il veut dire sont les Ethiopiens Troglodytes. Virgile les nomme aussi Indiens, en parlant du Nil.[q]

[o] *l. 4. c. 5.*
[p] *l. 6. c. 29.*
[q] *Georg. l. 4. v. 193.*

Usque coloratis amnis devectus ab Indis.

4. DREPANUM PROMONTORIUM,

RIUM, Promontoire de l'Isle de Cypre, à l'Occident Meridional de cette Isle, au midi de l'ancienne ville de Paphos, selon Ptolomée [a] Mr. Baudrand dit après Thomas Porcacci que c'est aujourd'hui IL CAPO BIANCO ou *le Cap Blanc.*

[a] l. 5. c. 14.

5. DREPANUM PROMONTORIUM, Promontoire de l'Isle de Crete, c'est aujourd'hui LA PUNTA DI DRAPANO dans l'Isle de Candie.

6. DREPANUM PROMONTORIUM, Promontoire de l'Isle Icaria selon Strabon [b].

[b] L. 14.

7. DREPANUM PROMONTORIUM [c], Promontoire de l'Isle de Sicile à l'Occident de cette Isle & à l'opposite des Ægades, & sous le mont Erix dont il est une continuation. Il conserve encore son ancien nom, & s'apelle TRAPANI.

[c] Ptolomée l. 3. c. 4.

8. DREPANUM PROMONTORIUM, Promontoire de la même Isle, mais à l'Orient & presque vis-à-vis de l'ancienne *Rhegium.* Pline [d] fait mention de ce Cap; & le R. P. Hardouin observe que ce Cap est nommé par Ptolomée ARGENNON & par les modernes CAPO DI S. ALESSIO.

[d] l. 3. c. 8.

DREPSA. Voiez DRAPSACA qu'Ortelius croit être la même Ville.

DRESDEN, I'N ne se prononce point; [e] Ville d'Allemagne dans le Cercle de haute Saxe & dans la Misnie. Elle n'est pas fort grande, mais fort peuplée avec un fort beau pont de pierre sur la riviere d'Elbe qui la sépare en deux parties. Celle de deça est proprement la ville neuve de Dresden, c'est la plus étendue & elle a de très-belles fortifications. La partie qui est au delà de la Riviere est la vieille Dresden. Elle a une bonne forteresse avec un grand Arsenal, c'est là que reside le Souverain qui est l'Electeur de Saxe. Le Palais en fut fort endommagé l'an 1701. par un incendie. La vieille ville appartient, dit-on, à la Lusace & est l'ouvrage des Esclavons ou Slaves sous le regne de Henri l'Oiseleur. Les Huns l'aiant saccagée, les habitans recommencerent un nouvel établissement en deça de l'Elbe dans la Misnie, de sorte que la nouvelle n'est pour ainsi dire qu'une Colonie de l'ancienne. L'Empereur Otton I. la donna à l'Evêque de Meissen; mais vers l'an 1174. Witigon Evêque de Meissen l'échangea pour Stenditz avec Henri surnommé l'illustre, Margrave de Misnie. Dresden est à trois lieues d'Allemagne au dessus de Meissen au Levant, à douze de Leipsig, & à quinze milles de la frontiere de Boheme, & à dix-sept de Prague.

[e] Divers Memoires.

DRESIA, Ville de la Phrygie selon Etienne le Géographe. C'est peut-être la *Drisia* de Cedrene selon la conjecture d'Ortelius [f].

[f] Thesaur.

DREVANOE, Riviere de Pologne; selon Davity elle tombe dans la Vistule au dessus de Torun. Le même Auteur la fait sortir des Monts qu'il apelle Sarmatiques assez près, dit-il, des sources du Prut & de la Pregole. Les Atlas que j'ai consultez ne fournissent aucune Riviere qui ait ces marques.

DREVE [g], Petite Ville de France dans le Nivernois, en Latin *Drevum.* Elle est sur le sommet d'une montagne au pied de laquelle est une excellente source.

[g] Piganiol de la Force Desc. de la France T. 4. p. 143.

DREUX, Ville de France dans le Vexin François; c'est l'une des villes les plus anciennes du Roiaume : ce nom *Dreux* est corrompu de DUROCASSES, marqué tant dans l'Itineraire d'Antonin, que dans la Carte de Peutinger. Le nom ancien *Durocasses* ou *Durcasses* étoit en usage sous les deux premieres Races, & donnoit son nom au pays nommé *Pagus Durcassinus,* apellé encore aujourd'hui *le Drugesin:* ce *Pagus Durcassinus* est nommé dans les Capitulaires de Charles le Chauve dans le neuvième siecle: & Robert Abbé du Mont Saint Michel qui vivoit sur la fin du douzième siecle, apelle encore *Dreux Durcassinum Castrum;* néanmoins avant le tems de cet Abbé, Durcasses avoit été corrompu en *Droga* ou *Droca* comme on le voit dans les Histoires de Glaber Rodulphe & d'Orderic Vital. Odoran, qui a écrit dans le siecle precedent, nomme Dreux *Drocis,* & dit que le Roi Robert avoit un Palais en ce même lieu ; ainsi cette ville étoit, & a toujours été du Domaine des anciens Rois jusqu'au tems de Loüis le Gros, qui donna en partage Dreux à son fils Robert avec le titre de Comte. Robert laissa le Comté de Dreux à sa posterité qui en jouit de mâles en mâles jusqu'à Pierre qui mourut l'an 1345. & laissa pour heritiere sa fille unique Jeanne, qui étant morte l'an 1346. sans avoir été mariée, eut pour heritiere sa tante Jeanne de Dreux femme de Loüis de Thoüars, dont la fille unique Peronelle vendit le Comté de Dreux au Roi Charles V. l'an 1378. Ce Comté néanmoins fut engagé plusieurs fois depuis par les Rois : sous François I. il étoit disputé tant par la Maison d'Albret, que par celle de Nevers ; mais par arrêt du Parlement rendu l'an 1551. le Comté de Dreux fut réuni au Domaine : Henri III. le donna en apanage à son frere François, après la mort duquel il fut donné en engagement à Charles de Bourbon Comte de Soissons, qui le laissa à son fils Loüis, tué à la bataille de Sedan l'an 1641. Sa niece Marie d'Orleans fille de sa sœur Loüise de Bourbon, & de Henri Duc de Longueville, a joüi de Dreux jusqu'à sa mort. Quoique le Comté de Dreux fût sorti de la maison à qui elle avoit donné le nom, (la branche aînée étant tombée en quenouille, comme nous l'avons dit) cette Maison de Dreux subsista fort long tems dans les branches Cadettes, qui n'ont été éteintes que sur la fin du seizième Siecle en la personne de Jean de Dreux, Seigneur de Morainville qui mourut l'an 1590. d'une blessure qu'il avoit reçuë à la surprise de Verneuil servant alors Henri IV. contre les Ligueurs. Les Cadets de cette Maison de Dreux s'éleverent plus haut que leurs aînez, puis qu'ils furent Ducs de Bretagne, & la Reine Anne de Bretagne étoit de cette Branche. Quelques Auteurs mettent Dreux dans le Gouvernement de l'Isle de France [i], parce que son Election est dans la Generalité de Paris. [k] Cette ville est à sept lieues de Chartres & à seize de Paris, sur la petite riviere de Blaise au pied d'une Montagne sur laquelle il y a un Château presque ruïné. Elle passe pour être d'une antiquité Gauloise & avoir son nom des anciens Prêtres Gaulois apellez Druides. Elle a à present deux paroisses, St. Etienne qui est

[h] Longuerue Desc. de la France 1 p. p. 111.

[i] Corn. Dict.

[k] Piganiol de la Force Desc. de la France T. 2. p. 316.

eſt celle du Château, eſt deſſervie par douze Chanoines, & Notre Dame appellée la grande Egliſe [a] qui eſt aſſez bien bâtie. Dreux a un Bailliage Roïal, une Election, un grenier à Sel, une Maitriſe particuliere des eaux & forêts, une Maréchauſſée & une juriſdiction pour les Manufactures, qui eſt attribuée au corps de ville & qui s'étend à ſept ou huit lieuës de Dreux dans les paroiſſes où ſe fabriquent les Etoffes. Les Officiers du Bailliage rendent la Juſtice conformément à la Coutume particuliere de Dreux qui fut redigée en 1508. & les apellations de leur jugement ſont portées dans tous les cas au Parlement. [b] Les Draps qui ſe fabriquent à Dreux & aux environs ſervent à habiller les troupes & ce commerce eſt aſſez conſiderable. En temps de paix on tranſporte par la Riviere d'Eure à Rouën & de là en Hollande & en Angleterre des bleds & des vins qui croiſſent dans l'Election de Dreux. Cette ville eſt la patrie d'Antoine Godeau Evêque de Vence, connu par ſes Poeſies Chrétiennes, parmi leſquelles on eſtime ſa Paraphraſe des Pſeaumes, par pluſieurs autres ouvrages entre leſquels on doit diſtinguer ſon Hiſtoire de l'Egliſe, ſa Paraphraſe des Epitres de St. Paul & pluſieurs autres monumens de ſon éloquence, & de ſa pieté. Il mourut d'apoplexie à Vence au mois d'Avril 1672. dans ſa 67. année. La même ville a donné auſſi à la France un autre Poëte qui a eu beaucoup de reputation. Mr. Corneille [c] qui ne doit pas être ſuſpect dans les loüanges qu'il donne à un Poëte Dramatique dit de Rotrou que de tous nos Poëtes qui ont travaillé pour le Theatre, c'eſt celui qui a fait un plus grand nombre de pieces & toutes très-bien verſifiées. Il va juſqu'à cinquante. Son Venceſlas que l'on a mis à la fin d'une Edition des Oeuvres de Campiſtron en Hollande l'an 1698. eſt encore ſouvent repreſenté par les Comediens du Roi. [d] Proche les portes de Dreux eſt l'endroit où ſe donna la fameuſe Bataille de Dreux le 18. de Decembre de l'an 1562. ſous le Regne de Charles IX. entre l'Armée des Catholiques commandée par le Connétable de Montmorenci, le Maréchal de St. André & le Duc de Guiſe & celle des P. Reformez commandée par le Prince de Condé, l'Amiral de Coligni & d'Andelot ſon Frere. La victoire demeura aux Catholiques & le Prince de Condé y fut fait priſonnier. Henri le Grand aſſiégea Dreux en 1593. & s'en rendit maître après un ſiége de dix-huit jours pendant leſquels les aſſiegeans & les aſſiegez donnerent de grandes marques de valeur.

DRIBOURG, [e] ancien Château d'Allemagne dans la Weſtphalie. Il fut bâti par les Saxons, & on l'appelloit anciennement *Iburgum* en Latin, IBORCH en Allemand. Gobelinus Perſona [f] dit que Charles étant entré en Saxe la ſeptiéme année de ſon regne, ravagea tout & prit le Château *Iborg* qu'on appelle, dit-il, par corruption *Driborg*. Crantzius [g] dit que le Roi (Charlemagne) donna à Hathumar, *Iborg* ancienne retraite des Saxons, & qu'on a apellé avec un peu d'alteration dans le nom *Driborg*, avec toutes ſes dépendances. Charlemagne en fit preſent à l'Egliſe de Paderborn

[a] Ibid. p.281.

[b] Ibid. p. 284.

[c] Dict.

[d] Piganiol de la Force Ibid. p. 316.

[e] Monumenta Paderborn. p. 190. & 191.

[f] Coſmodr. Ætat.6.c.38.

[g] Metrop. l. 1. c. 2. p. 24.

à la recommandation du Pape Leon III. il eſt ſur une Montagne aſſez haute & on juge qu'il devoit être très-fort par les ruines de ſes murs & de ſes tours. On y voit encore ſur la même Montagne quelques reſtes d'un Monaſtere de Religieuſes que Bernard Evêque de Paderborn transfera à Gerden comme il paroît par ſes Lettres en date des années 1136. & 1142.

DRIESEN, en Latin *Drieſa*, le premier E, ne ſe prononce point. Ville d'Allemagne dans la nouvelle Marche, dans les Etats de l'Electeur de Brandebourg, ſur les frontieres de Pologne, & ſelon Mr. Hubner [h] au bord de la Warte Riviere qui ſe joint avec l'Oder auprès de Cuſtrin. Cette Ville eſt aſſez bien fortifiée [i]; ſon nom s'écrit diverſement DRIESEN, DRESEN & DRIESSEN, ſelon l'Auteur cité à la marge. Elle eſt à 5. milles de Landsberg, & du côté de la Pologne vers le midi, elle eſt garantie par un large marais qui s'étend juſqu'à une portée de Carabine de la Ville. De l'autre côté elle a une eau courante (dont le nom particulier eſt la *Notez*, & que quelques-uns prononcent *Netſch*, ou *Netze*,) dans l'endroit où cette Riviere eſt jointe par la Trage. Cette eau ſe partage en deux devant la ville & l'enferme des deux côtez. Outre cela elle a encore ſes foſſez remplis d'une eau dormante, & ſa ſituation jointe aux fortifications que les Electeurs de Brandebourg y ont fait faire, la fait paſſer pour une forterreſſe imprenable. C'eſt un Pentagone regulier. On voit dans l'Hiſtoire de Pologne [k] que le Duc Boleſlas de Pologne rétablit en 1270. la forteresse de *Dreno* (*Drenus*) que les Allemands nomment *Dreſna*, mais que les Polonois ne faiſant pas fort bonne garde, la Garniſon de Santock les ſurprit la nuit & ſoumit la place à Otton Margrave de Brandebourg. Elle fut repriſe l'année ſuivante par Premiſlas Duc de Pologne. Barnime Duc de Pomeranie vers l'an 1274. durant la guerre de la Marche, entra dans la nouvelle Marche, aſſiégea & prit DRIESDEN où il fit un bon butin. La Forterreſſe, telle qu'elle eſt à preſent, eſt un ouvrage du dernier ſiécle; car Joachim Frederic Electeur de Brandebourg en coupa le premier gazon & mena trois broüettées de terre le 24. May 1603. Les Suedois s'emparerent de cette place par la trahiſon d'un habitant le 27. Novembre V. St. 1639. ils la rendirent en 1650. par la Paix.

DRILLÆ, [l] Peuple de la Capadoce ſelon Xenophon ſur la côte du Pont-Euxin entre Trebiſonde & la Colchide. Au raport d'Arrien dans ſon Periple ils étoient limitrophes des Murons.

DRILO, [m] (le) Riviere de l'Iſle de Sicile; dans la Vallée de Noto. Elle ſe rend dans la Mer d'Afrique à ſix milles de Terra Nova au Levant d'été en allant vers Camarana. J'ai déja parlé de cette Riviere à l'Article ACHATES qui eſt ſon ancien nom Latin.

DRILO, nom Latin du DRIN Riviere qui a ſon Embouchure à la côte de Dalmatie. Voïez DRIN.

DRILONIUS, grande Ville & la derniere des Celtes ſelon Etienne le Geographe qui s'apuïe ſur l'autorité de Theopompe.

DRILOPHYLITÆ, Nation de l'Inde en deçà du Gange ſelon Ptolomée [n]. Les In-ter-

[h] Curtze frag. aus der Geog. p. 633.

[i] Zeyler Brandenb. Topog. p. 51.

[k] Cromer. Rer. Polon. l. 8.

[l] Ortel. Theſaur.

[m] Baudrand Ed. 1705.

[n] L. 7. c. 1.

DRI.

terprêtes écrivent la premiere Syllabe par un Y, & doublent la premiere L.

a Baudrand Ed. 1705.

DRIMAGO; [a] Ville de la Turquie dans la basse Bulgarie & sur le bord du Danube, à trente lieues au-dessus de son Embouchure en remontant vers Silistrie; & dans le Pays des Tartares Dobruces au-dessous du confluent du Danube & de la Pruth sur la frontiere de Moldavie.

§. Cette Ville que les anciens ont connue sous le nom de *Dinogetia* & que divers Auteurs ont nommée *Dinogutia, Dinigultia, Trimammium* & *Trimmanium*, est fort déchue & presque reduite à rien; aussi n'est-elle marquée que comme un Village dans la grande Carte de la Hongrie par de Witt, & dans le cours du Danube par Sanson. Mr. de l'Isle la neglige entierement, de Witt la met beaucoup plus haut que la jonction de la Pruth avec le Danube, & sur le bord d'une Riviere qu'il ne nomme pas.

DRIMÆA. Voiez DRYMÆA.

b L. 6. c. 28.

DRIMATI, [b] ancien Peuple de l'Arabie heureuse selon Pline.

c Geog. Vet. Oxon. T. 2. p. 40.

DRIMYLLUS, Montagne voisine de l'Euphrate. Plutarque [c] le Géographe dit que c'est là que naît une pierre semblable à la Sardoine, dont les Princes se servoient pour acheter leurs Ordres. Si, dit-il, on la met dans de l'eau tiede, elle fortifie la vue.

d L. 8. e L. 38. f L. 5. c. 31.

DRIMYSSA, Isle voisine de celle de Clazomene, comme on voit dans Thucydide[d]. Tite Live [e] la nomme DRYMUSA, & Pline [f] aussi. Ortelius soupçonne que ce pourroit bien être la même que Dromifcos que ce dernier dit ailleurs avoir été autrefois une Isle & qu'ensuite on l'a jointe à Milet. Le R.

g In l. c. Plinii.

P. Hardouin [g] dit qu'elle prenoit son nom des buissons & des broussailles dont elle étoit couverte.

1. DRIN, (le) Riviere de la Turquie en Europe, dans la Servie. On l'apelle aussi LA DRINA, en Latin *Drinus* ou *Drinius*. Elle a sa source au Mont Marinæi sur la frontiere de l'Albanie, près de Novo Monte; d'où courant au Septentrion vers les Confins de la Bosnie & de l'Herzegovine elle reçoit la Riviere de Tara, puis celle de Piva qui vient de Pistrina, ensuite elle passe à Cepeliza, à Drin, Erona, Achochia, Nedin, & Vivar où elle est accrue des eaux du Lim; puis elle coule à Drinawar & separant la Servie de la Bosnie, elle se rend enfin dans la Save à douze mille pas au-dessus de Belgrade à l'Occident.

2. Le DRIN BLANC: Riviere d'Albanie. Elle a sa source au Mont Argentaro aux frontieres de la Servie, & est nommée DRIN par ceux du Pays, & LO DRINO BIANCO par les Italiens. Elle coule vers le couchant & se joint au-dessous de Beba à l'autre Riviere nommée le Drin Noir, pour les distinguer.

3. LE DRIN NOIR, Riviere d'Albanie. Les Italiens le nomment *Lo Drino Nero*, & les Turcs CARA-DRINA. Elle tire sa source du Lac d'Ochrida; puis prenant son cours vers le Septentrion, elle passe près d'Albanopoli & de Prilefo & vers les frontieres de la Macedoine; puis étant accrue de quelques torrents elle se joint au Drin Blanc.

Les deux DRINS, tant le *Blanc* que le *Noir*,

DRI.

n'en font plus qu'une après leur jonction, & portent le nom de DRIN; que quelques Geographes ont defiguré en écrivant *Lodrin* ou *Lodrino*, ne sachant pas que *lo* n'est que l'Article *le*. Le Drin ainsi réuni, coule vers le couchant & passe à Dagno, & au Pays des Ducagini & vers la Zappa, d'où il va près d'Alessio, où il se separe en deux bras au Pays de la Zadrima & forme une Isle & ainsi il se rend dans la Mer Adriatique par deux embouchures, dans un Golphe auquel il donne son nom. Les anciens nommoient *Drilo* les deux branches du Drin tant avant qu'après leur jonction.

LE GOLPHE DU DRIN, Partie du Golphe de Venise ou de la Mer Adriatique sur la côte de l'Albanie. Les Latins le nomment *Drilensis Sinus*, & *Sinus Illyricus*, les Italiens *il Golfo dello Drino*. Quelques Cartes assez mauvaises, quoi que recentes, le nomment *Golphe de Lodrin*, & fondant une erreur sur une autre ces Géographes bâtissent une Ville imaginaire nommée *Lodrin* à même lieu où est réellement Alessio. Ce Golphe s'étend assez avant d'Orient en Occident, mais il est assez resserré entre le Cap de Redoni qui est à sa pointe au midi & St. Jean de Medoa, ou même la Bouche de la Boiane qui est son extremité au Septentrion, où il n'a pas plus de vingt-cinq mille pas de large & il a eu ce nom de la Riviere du Drin qui s'y rend au-dessous d'Alessio.

h Dict.

§. Mr. Corneille [h] croit que les anciens l'appelloient GOLPHE D'APOLLONIE, & ajoute que ce fut en ce trajet que Cesar fut en danger de perir. Le Golphe d'Apollonie est different & plus meridional que celui du Drin.

i Baudrand Ibid.

4. DRIN, [i] Ville de Turquie. Voiez l'article suivant.

DRINAWAR ou DRINOWAR, en Latin *Drinopolis*, Ville de la Turquie en Europe dans la Servie sur la Riviere du Drin qui lui donne son nom & sur la Frontiere de la Bosnie. Elle est dans une petite Isle & on l'appelle aussi TRINAWAR. Sa situation est à environ vingt milles de la Save au midi & à vingt-cinq de Bosna-Serai, au levant meridional.

DRIOPES } Voiez { DRYOPES.
DRIOPIE } Voiez { DRYOPIE.

k L. 5.

DRIOS, Montagne de l'Arcadie selon Diodore[k].

DRIPOLIS, ancien nom de MASEICK Ville du Pays de Liege.

DRISIN, Ville de Thrace selon Cedrene. Ortelius croit que c'est la même que DRISON.

DRISIPARA. Voiez DRUSIPARA.

1. DRISON, Ville d'Epire selon Ortelius.

2 DRISON, Ville de Thrace selon Suidas cité par le même.

l Baudrand Ed. 1705.

DRIVASTE; [l] en Latin *Drivastum*, petite Ville de la Turquie en Europe dans l'Albanie avec titre d'Evêché, sous la Metropole d'Antivari & au quartier du bas Zenta vers le Lac de Scutari. A quinze milles ou environ

m De l'Isle Atlas.

& [m] au Nord-est de la Ville de Scutari. Ce ne sont plus que des ruines, & cette Ville est à peine un bon Village. Quelques-uns l'écrivent

DRI. DRO.

vent par un T. *Trivaſtum* d'autres écrivent DRINASTE & Mr. Corneille prefere cette Orthographe; quoique Mr. Maty qu'il cite ne l'ait miſe qu'en ſecond.

DRIZIBIUM, Château de l'Aſie mineure à l'entrée de la Cilicie ſelon Zonare. Il eſt nommé DRIZIUM par Curopalate & par Cedrene, au raport d'Ortelius.

DROBETA, Ville de la Dacie Ripenſe ſelon les Notices de l'Empire[a]. *a Sect. 31.* *b Corn. Dict.*

DROCA, [b] Riviere d'Afrique. Elle coule dans la partie Occidentale du Roiaume de Barca nommée Meſtrata; ce qui eſt cauſe que la côte de cette contrée eſt appelée *côte de Droca*, en Latin *Ora Drocea*. Voiez MESTRATA.

§. Sanſon dans ſa Carte de l'Afrique marque une Riviere qui a ſa ſource dans le Deſert de Barca & qui coulant vers le Nord traverſe le Roiaume de Barca & va ſe perdre dans la Mediterranée à côté d'un village qui porte le même nom que la Riviere. Mais Sanſon nomme l'un & l'autre DOCRA. Mr. de l'Iſle la néglige.

DRODAPH. Voiez DROGHEDA.
DROGABUSE. Voiez DROGOBUSE.
DROGHEDA, Ville d'Irlande dans la Province d'Ulſter, & non pas dans la Province de Linſter comme dit Mr. Baudrand, ou de Lagenie, comme dit Mr. Corneille, le Comté de Louth où eſt cette ville apartenant à l'Ultonie & non pas à la Lagenie. On la nomme auſſi TREDACH & en Latin *Pontana* & *Drogheda*. Mr. Baudrand[c] dit que ſes habitans la nomment DROICHIADATA[d]. C'eſt une place très-forte, bien peuplée & la principale du Comté de Louth. Elle a un excellent port avec le droit de tenir un marché public & d'envoyer deux Deputez au Parlement. Elle eſt ſituée ſur la Boyne près des frontieres de Leinſter (ce qui a trompé les Géographes qui la donnent à cette Province) à ſept milles ou environ de Dublin. Jouvin de Rochefort[e] la décrit ainſi ſous le nom de DRODAPH. C'eſt, dit-il, l'une des plus peuplées du Roiaume à cauſe du grand Commerce qu'elle a ſur la Mer, de la bonté & de la ſureté de ſon port. Elle eſt au milieu d'un Pays rempli de toutes ſortes de biens ſur la Riviere de Boyne & bordée de deux Colines dont elle occupe la meilleure partie, ce qui en rend l'aſſiette très-forte. Le Château eſt dans l'endroit le plus élevé de la Ville & paroît fort ruiné. Les murailles de cette Place ſont encore entieres & de fort bonne défenſe; auſſi y tient-on toujours une forte garniſon, à cauſe qu'on la regarde comme très-importante. Il y a un pont qui joint la moindre partie de la ville à la plus groſſe & on voit un grand quai bordé de Vaiſſeaux qui viennent de tous côtez. La marée y remonte environ une toiſe & demie & la Riviere ſeroit aſſez profonde pour porter de gros bateaux, ſi l'entrée n'en étoit beaucoup endommagée & preſque bouchée par les Sablons qu'elle entraine des Montagnes où elle a ſa ſource. On paſſe de ce Pont par une rue fort large qui fait un Carrefour dans ſon milieu. Ce Carrefour ſert de place d'Armes & c'eſt là qu'eſt la maiſon de Ville, à laquelle aboutiſſent la plûpart des autres rues. Mr. Corneille dit que l'on apelle cette Ville DROGDAGH, *c Ed. 1705.* *d Etat preſ. d'Irlande p. 67.* *e Voyage d'Angleterre.*

DRO.

DROGHDRAGH, & DROGHEDA.[f] Nos Cartes Marines portent DRODAGH & donnent à ce Port 53. d. 53′. de latitude. L'entrée du Port qui eſt à 12. d. 20′. de Longitude eſt bordée de ſables, & devant le Port eſt un banc de ſable qui s'étend vers le Nord. Entre le Port & ce Banc il y a un Canal de 5. Braſſes d'eau, mais il y en a ſept braſſes au Nord de ce Banc, & au midi du port de Drogheda il y a trois roches aſſez dangereuſes. *f Nept. Franç.*

DROGICIN ou DROGICZIN,[g] petite Ville de Pologne dans la Polaquie ſur le Bog aux Confins de la Mazovie. Elle donne le nom au territoire des environs & eſt à huit milles de Pologne de Breſtic au couchant d'été. *g Baudrand Ed. 1705.*

DROGOBUSA[h] en Latin *Dorgabuſa* & *Drogobuſcum*, petite ville de Moſcovie dans la Province & dans le Duché de Bielki; on la nomme auſſi DROGABUSA & DROGOBUSK. Elle eſt ſur le Niper ou Boryſthene, vers les frontieres de la Lithuanie, environ à quinze ou dixhuit lieues au-deſſus de Smolenſko du côté d'Orient en tirant vers le ſeptentrion & à environ douze au-deſſous de Grawiſk. *h Ibid.*

§. Mr. de l'Iſle[i] nomme ce lieu DORGOBOUGE, & le place au midi du cours du Dnieper dans la grande route de Smolenſko à Moſcou dans le Grand Duché & Palatinat de Smolenſko & non pas dans le Duché de Bielki qu'il apelle de Biela. *i Atlas.*

DROI, Thucydide[k] a ainſi nommé un peuple qu'Ortelius[l] croit être un peuple de Thrace. *k L. 2. Circ. fin.* *l Theſaur.*

DROITWICH*, Bourg d'Angleterre en Worceſterſhire à deux lieues de la Ville de Worceſter du côté du Nord ſur la Riviere de Salwarpe. Il eſt conſiderable par la quantité de Sel que l'on y fait de trois fontaines ſalées. Il nomme deux Deputez au Parlement. *Baudrand.*

1. DROME (la)[m] Riviere de France dans le Dauphiné. Elle prend ſa ſource dans la Vallée de Drome auprès du Village de la Baſtia de fonds près de Serre[n] vers le Gapençois, d'où coulant par le Vau-Drome & par le Lac de Luc, elle paſſe à Die, à Saillans, & le Creſt, puis entre Livron & Lauriol & ſe jette peu après dans le Rhône à trois lieues au-deſſous de Valence.[o] Elle groſſit ſes eaux de celles de Meyroce, de la Sure, de la Roane, de la Gervane, de Veoure, & du Beſc. *m Piganiol de la Force, Deſc. la France T. 3. p. 239.* *n Baudrand Ed. 1705.* *o Piganiol de la Force, Ibid.*

2. DROME, (la) Riviere du Perigord. Voiez DRONNE.

3. DROME[p] (la) Riviere de France en baſſe Normandie, dans le Beſſin. Elle a ſa ſource dans la Paroiſſe de Drome à huit lieues de la Mer, au Sud-eſt de la Montagne de St. Amand & coulant vers le Nord elle arroſe divers villages, paſſe à demie lieue & au couchant de la Ville de Bayeux & ſe joint avec l'Aure dans la Paroiſſe de Maiſons, enſuite elles vont ſe perdre enſemble dans une prairie qui eſt au pied d'un Côteau, lequel a environ deux cens toiſes de long & c'eſt ce qu'on apelle la *foſſe du ſouci*. Voiez au mot AURE où j'examine ce que deviennent ces deux Rivieres. Le nom Latin de la Drome eſt *Druma*. *p De l'Iſle Atlas & Piganiol de la Force Deſc. de la France T. 5. p. 9.*

DROMI (Gli) Voiez DROMO.
DROMI MUNITIO,[q] Surius nomme ainſi *q Ortel. Theſaur.*

DRO.   DRO.   161

ainsi un lieu de Westphalie dans la Vie de St. Swibert.

DROMISCOS, ou DROMISCUS, lieu voisin de Milet. Pline [a] dit que ç'avoit été une Isle aussi bien que Perné & qu'elle s'étoit enfin jointe au Continent. Ortelius avoit soupçonné que ce pourroit bien être la même que *Drimyssa* de Thucydide, ou comme écrivent Tite Live [b], Pline, [c] & Etienne le Géographe DRYMUSA; & il n'avoit dit cette conjecture qu'avec beaucoup de réserve. J'aime mieux croire que c'est une de ces petites Isles sans nom qui sont semées dans l'Archipel entre Ephese & Melazzo, car Pline parle de *Drymusa* comme d'une Isle qui subsistoit encore, au lieu que dès le second livre de son Ouvrage il parle de *Dromiscos*, comme d'une Isle qui avoit cessé de l'être en se joignant à la terre ferme.

[a] L.2.c.89.
[b] L.38.
[c] L.5.c.32.

DROMO, [d] en Latin *Dromos*, Isle de l'Archipel dans la Mer de Grece. Elle est sous la domination du Turc & a environ trente milles (Mr. Baudrand [e] ne lui donne que vingt milles) de Circuit, & les eaux en sont très-bonnes; mais il lui manque un Port. C'est ce qui empêche qu'elle ne soit aussi peuplée qu'elle le seroit si elle avoit cette commodité. Le Port est à Sarachino, Isle voisine; [f] de là vient qu'on nomme quelquefois ces deux Isles ensemble GLI DROMI, *les Dromes*.

[d] Davity.
[e] Ed. 1705.
[f] Baudrand Ibid.

DROMORE, en Latin *Dromoria*; petite Ville d'Irlande, dans la Province d'Ulster, & non pas, comme le dit Mr. Baudrand, dans la Province de Leinster. Elle est dans le Comté de Down, à quatre milles presqu'au Sud de Hillsborough [g] à l'Orient d'été & à neuf bonnes heures de chemin d'Armagh, & à quatre & demie presque au Nord-ouest de Downe sur la Riviere de Lagan. Quoi que cette ville soit le siege d'un petit Evêché sufragant d'Armagh, elle est fort dechue.

[g] Allard. Atlas.

☞ DROMOS. Ce mot Grec veut dire en general un lieu qui sert à s'exercer à la course; & ces sortes de lieux étoient ordinairement proche des villes, comme sont nos mails de d'aujourd'hui.

1. DROMOS, campagne auprès de la Ville de Lacedemone. Tite Live [h] dit que le Tyran Nabis y assembla & harangua ses troupes qui faisoient quinze mille hommes.

[h] L. 34.

2. DROMOS ACHILLIS. Voiez ACHILLEOS DROMOS.

DRONERO, Petite Ville d'Italie, en Piémont, dans le Marquisat de Saluces au pied des Alpes sur la Riviere de Macra que l'on y passe sur un pont de deux Arches [i]; mais si haut que la tête tourne à ceux qui veulent regarder de haut en bas: ce qui fait croire au petit peuple, dit l'Auteur du Théatre de Piémont, que le Pont a été fait par magie. Le nom vulgaire de cette ville vient par contraction de *Draconerium* qui en est le vrai nom Latin & non pas *Dronera* que donne Mr. Baudrand. Il y avoit autrefois une Citadelle dont Davity vante la force, & qu'on appelloit la Citadelle de la Reine Jeanne; mais on l'a demolie. A un peu plus de six vingt pas au Nord de la ville est la fameuse Abbaye des Saints Victor & Constantius Soldats de la Legion Thébéenne qui souffrirent le Martyre près delà

[i] Theatrum Pedemont. p. 119. & suiv.

Tome II.

sous l'Empereur Maximien au Bourg de *Villar* qui est nommé dans les Cartes de Mr. de l'Isle *Villa S. Constanzo*. Elle fut fondée par Aripert Roi des Lombards vers l'an DCCXIII, les Sarrazins l'aiant ensuite saccagée Adalasie Marquise de Suse la rebâtit entierement. Les Marquis de Saluces & ceux de Busca en augmenterent les revenus & entr'autres bienfaits lui donnerent le Domaine du Bourg de Villar. Dronero eut ses Seigneurs particuliers & vint ensuite aux Marquis de Busca de qui il passa aux Marquis de Saluces qui eurent à son sujet plusieurs démelez avec les Rois de Sicile de la Maison d'Aragon. Enfin l'an 1552. Jean Louis Seigneur de Saluces étant depossedé de ses Etats par la France & aiant obtenu de l'Empereur Charles V. une armée sous les ordres de Ferrante de Gonzague pour rentrer dans ses Etats, la Ville de Saluces & celle de Dronero furent prises & les habitans fort mal traitez pour avoir refusé d'ouvrir leurs portes à l'armée Imperiale. Les François s'en ressentirent l'année suivante aussi bien que de tout le Marquisat qui par la Paix de 1601. fut cedé à Charles Emanuel I. Duc de Savoye. Ce Prince donna Dronero pour Dot à Marguerite de Savoye sa fille naturelle qui épousa François Philippe d'Este Marquis de St. Martin. Celui-ci laissa le titre de Marquis de Dronero à son second fils Charles Philibert né en 1649, qui l'a possedé à titre de fief mouvant du Duc de Savoye qui s'en est reservé le haut Domaine. L'Atlas de Blaeu nomme cette Ville DRAGOMERO, & n'en fait qu'un Village.

DRONGILE, *Drongilum*, Δρογγίλον. Etienne le Geographe dit que c'est une Bourgade de la Thessalie & donne pour Garant Theopompe au livre neuviéme de ses Philippiques. Suidas au contraire veut qu'elle soit de la Thrace, & son sentiment est conforme à celui de Demosthene qui dans sa harangue sur la Chersonese la traite de miserable bicoque dans la Thrace [k]. Mr. de Toureil, qui a traduit cette harangue, croit que [l] l'Abreviateur d'Etienne se trompe & qu'il faut lire Θράκης au lieu de Θετταλίας; car, dit il dans ses Remarques, cette Drongile est imaginaire & vraisemblablement Theopompe Historien de Philippe n'a point parlé d'une autre Drongile que de celle qui avoit raport à son Histoire.

[k] Oeuvres de Toureil T.2.p.312.
[l] T.4.p. 196.

DRONNE, [m] (la) Riviere de France. Elle a sa source dans le Limosin auprès de la Paroisse de Bussieregalan, & coulant vers l'Occident Meridional vers le Perigord noir, se joint à la Colle au-dessus de Brantolme, & au Boulou au-dessous de Bourdeilles, à une autre petite Riviere vis-à-vis de l'Isle; à la Lisone à une lieuë & au couchant de Riberac; à la Risone au-dessous de St. Aulaye; à la Tude au-dessous de Parcoul & à l'Isle au-dessous de Coutras; puis elles vont se perdre ensemble dans la Dordogne entre Libourne & Fronsac. Coulon dans son Traité des Rivieres de France la nomme la DROME & Davity suivi par Mr. Corneille l'appelle la DROUME. Mr. Baudrand la neglige entierement.

[m] Del'Isle Atlas.

DRONONIA, [n] c'est ainsi que l'Anonyme de Ravenne nomme la DORDOGNE.

[n] L.4.c.40.

DRONTHEIM, TRONTHEIM, DRONTHEM,

X

DRO.

DRONTHEM, & **DRONTHEN**, en Latin *Nidrofia*, & *Dronthena* ; [a] Ville de Norwege, autrefois Capitale du Roiaume dans un petit Golfe à l'embouchure du Nidder. dans l'Océan Septentrional qui lui donne la commodité d'un port affez frequenté, quoiqu'il n'y entre point de gros Vaiffeaux à caufe des roches qui font à l'entrée de la barre. Elle étoit autrefois le lieu du féjour ordinaire des Rois de Norwege ; mais n'étant bâtie que de bois, elle a fouffert plufieurs incendies & eft beaucoup dechuë de fa grandeur. Elle n'a ni foffez ni fortifications ; mais une fimple clôture de murailles. Le Château même n'eft pas bien fort & ne foutint que peu de jours de fiege lorfque la ville fut prife par les Suedois en 1658. mais les Danois la reprirent le 21. Decembre de la même année après deux mois & demi de fiege, comme Samuel Puffendorff le remarque dans la Vie de Charles Guftave Roi de Suede. L'Archevêché de Drontheim inftitué par Eugène III. avoit pour fuffragans les Evêchez de Bergen, de Stavanger, de Hammer, d'Anflo, de Halar & de Scaholt. On y voit encore les ruines de l'Eglife Metropolitaine qui étoit dediée fous l'invocation de Saint Olaus & qui paffoit pour la plus belle & la plus magnifique du Septentrion. Cette ville eft prefque toute entourée de la Mer & de la Riviere de Nidder & ne tient à la terre ferme que par une petite langue & eft environnée de tous côtez par de hautes Montagnes qui la commandent de toutes parts. Elle eft à foixante & quinze milles de Bergues vers le Nord, à fix vingts de Stockholm & à vingt des Frontieres d'Angermanland à l'Oüeft. Elle avoit été cédée aux Suedois avec tout fon Gouvernement par le Traité de Rofchild au mois de Fevrier 1658 ; mais les Suedois en furent chaffez le 21. Decembre fuivant & par le Traité de Coppenhague conclu en 1660. elle eft reftée au Roi de Dannemarc qui en jouït. [b] Drontheim eft une des villes de la Norwege où fe fait le plus grand Négoce. On y charge des petits Mats & des bois de Sapin. Le Cuivre eft auffi une des principales Marchandifes de ce Port. Les *Mines* d'où on le tire font à fix ou fept lieues de Drontheim proche du Village *de Steckbi*. Elles en fourniffent par an environ mille Schippons qui reviennent à fix cens foixante milliers poids de France. A deux lieues de la mine de Cuivre il y en a une d'Argent ; mais il ne s'en fait point de Négoce & elle appartient au Roi. Les autres Marchandifes font du Fer, du Goudron, du Stockfifch, de la Pelleterie, des beurres, des cendres, des peaux de boucs & peu d'autres femblables. On y porte en échange des épiceries, des vins, des fels, des eaux de vie, du Vinaigre, du Fromage, des Tabacs, quelques draperies & beaucoup de vieilles Rifdales. Les Hollandois font prefque tout le commerce de la Norwege. Drontheim eft à 64. d. 15'. de latitude & à 28. de Longitude.

DRONTHEIM HUS[c] ; c'eft-à-dire, le *Bailliage* ou *Gouvernement de Drontheim*, en Latin *Nidrofiana Prefectura* ; Province de Norwege & la plus grande de ce Roiaume. Elle s'étend du Septentrion au midi le long de la côte de l'Océan Septentrional qui la borne à

a Baudrand Ed. 1705.

b Savari Dict du Commerce p. 998.

c Baudrand.

DRO. DRU.

l'Oüeft l'efpace de plus de cinq cens mille pas entre le Gouvernement de Wardhus qui la borne au Nord & celui de Bergen qui la termine au Sud. Elle a à l'Orient le Roiaume de Suede dont elle eft feparée par de hautes Montagnes. Sa plus grande largeur ne va point à plus de fix vingts mille pas du Levant au Couchant & fouvent beaucoup moins. Elle eft divifée en deux parties à fçavoir le Gouvernement propre de Drontheim qui eft au midi où font la ville de ce nom & fept petits Bailliages & le Sous-Gouvernement de Salten qui eft au Septentrion où il y a fept petits quartiers ou vallées fur la côte. Toute cette Province avoit été cédée aux Suedois en 1658 ; mais par la paix de Coppenhague elle eft reftée au Roi de Danemarck. Les Vallées de Nomedal, Hellegeland, Froften, Hinder, Hero, & quelques autres voifines qui compofent le pays de Herndal en étoient autrefois ; mais elles furent cedées en 1645. par le Traité fait à Bromsbroo aux Suedois qui en jouïffent, ainfi que de la Province de Jemptland qui leur fut cedée par le même Traité. Tout ce pays-là eft fi rempli de grandes Montagnes, qu'il eft prefque inhabité. Il n'eft cultivé que vers la côte & quelquefois jufqu'à trois, quatre, ou cinq milles d'Allemagne de la Mer.

DROPICI ; Nation d'entre les Perfes, felon Herodote [d] qui dit qu'ils nourriffoient des troupeaux.

DROSACHE, Ville d'Afie dans le Pays des Seres felon Ptolomée [e] qui la nomme ailleurs **DROSICHE**.

DROSICA[f], Prefecture dans la Thrace, felon le même Auteur. [g] Villanovanus fon Traducteur pretend que c'eft la même chofe que **DORISQUE** *Locus Dorifcus* de Pline. Voiez **DORISQUE**.

DROSSEN[h], petite Ville d'Allemagne dans la nouvelle Marche de Brandebourg au Duché de Sterneberg entre la ville de ce nom, Cuftrin, Sonnenbourg & Gontz à trois milles de Francfort fur l'Oder. Elle fut reduite en cendres l'an 1569. à la referve de 17. maifons qui furent fauvées du l'incendie.

DROT (le) Riviere de France en Guienne [i]. Elle a deux fources en Perigord dans le Sarladois ; l'une à l'Orient du Village de Cadrot & l'autre plus vers le midi au village de Fontenilles fur les frontieres de l'Agénois. Elles fe joignent à l'Oüeft de Cadrot. Le Drot coule à Monpazier, d. à Villereal. à Emez, g. entre dans l'Agénois, reçoit la Dourdoine au deffus du Village de Cadillac & au deffous de la Sauvetat, paffe au midi de Duras, puis entrant dans le Bafadois, il fe repare en deux branches qui forment une petite Ifle triangulaire au deffous de Gironde, où il fe fend dans la Garonne.

DROUME (la) Riviere. Voiez **DRONNE**.

DROXILIANA ; l'Anonyme de Ravenne[k] nomme ainfi une ville d'Afrique. Peut-être eft-ce la même qu'il nomme dans la ligne precedente **DRUSILIANA** ; c'eft la penfée du Pere Porcheron [l].

DRUBETIS, Le même Auteur nomme ainfi [m] une ville de la Dacie, c'eft fans doute la même que **DROBETA**.

DRUENSIS *Epifcopus* ; on trouve un Evêché

d l.1.c.125.

e l.6.c.16.

f l.8. Afiæ Tab. 8.
g l.3.c.11.

h Zeyler Topogr. Brandeb. p. 53.

i De l'Isle Atlas.

k l.3.c.6.

l in l.c.

m l.4.c.14.

DRU.   DRU.

vêché designé ainsi dans la Collection de Carthage. Seroit-ce *Durensis* qu'il faut lire de Dura ville Episcopale de la Bisacéne ? Polybe [a] parle d'un peuple autour de Rhône & le nommé Ἀρδύες, Perrot son Interprete lisoit, DRUENSES. L'Evêché d'Afrique & le peuple Gaulois de ce nom ne sont gueres connus.

[a] L. 3.

DRUENTIUS, Nom Latin de la Durance.

DRUENTUM. Voiez TRUENTUM, TRUENTINUM & TRUENTINORUM FORUM.

DRUGERI, Ancien peuple de Thrace selon Pline [b].

[b] l. 4. c. 10.

DRUIDA, Bourg d'Italie dans l'Ombrie, au bord Oriental du Tibre. [c] Son nom latin *Diruta* est nouveau & ne se trouve point dans les anciens Auteurs. Il est fort peuplé & renommé à cause de sa vaisselle de terre, dont le vernis est si beau qu'elle paroît dorée. Elle est si bien travaillée, qu'il ne s'est point trouvé d'ouvriers en Italie qui la puissent contrefaire quoi qu'on ait essayé plusieurs fois. On nomme ces vases, Vaisselle de Majorque, parce que ce fut dans cette Isle qu'on inventa le secret de la faire. Ce Bourg est au midi & à deux lieues de Perouse.

[c] Leandro Desc. di Tutta l'Italia p. 95.

DRUIDES [d], C'étoient les Prêtres & les Juges des anciens Gaulois. Ils tenoient leurs assemblées à Dreux. [e] Leur principale habitation étoit dans le Païs des Carnutes & ils faisoient leurs sacrifices sous des chênes sacrez dans un lieu qu'on nomme à present *Rouvres*, nom tiré du Latin *de Roboribus* sur la Vesgre à l'Orient Meridional d'Anet. On peut voir ce qu'en disent Ciceron [f] & Jules Cesar [g]. Leur nom venoit de Δρῦς, qui signifie un Chêne.

[d] Baudrand Edit. 1705.
[e] Ed. 1685.
[f] De nat. Deor.
[g] Comm. 6. de Bello Gall.

DRUIDES [h], Peuple de l'ancienne Gaule. Il habitoit autour de Dreux.

[h] Baudrand

DRUMA ou DRUNA nom Latin de la Drome Riviere de France au bas Dauphiné.

DRUS, (les) on dit beaucoup mieux les DRUSES.

DRUSENHEIM, petite Ville d'Allemagne dans la basse Alsace sur le Moter près du Rhin à quatre lieues au dessous de Strasbourg, & à une lieue & demie au dessus du Fort Louïs [i]. Quelques Géographes croient que c'est l'ancienne CONCORDIA. Les Imperiaux la prirent en 1704. & les François la reprirent le 6. Mai 1706. après deux jours de tranchée ouverte.

[i] Corn. Dict.

DRUSES [k], Peuple de la Syrie dans la terre Sainte sur le Liban & sur l'Antiliban & dans le pays d'alentour, ou, pour m'exprimer par les propres mots de Minadoi [l], ils habitent tout le pays qui est compris entre les confins de Joppe, au dessus de Cesarée de Palestine & les sources de l'Oronte & du Jourdain, s'etendant jusqu'à la plaine de Damas auprès des collines qui l'environnent du côté du Liban. Ils ont une Religion diferente des Turcs, des Chrétiens & de tous les autres peuples de la terre. Les veritables Druses, dit Minadoi, [m] ne sont point circoncis, boivent du vin sans scrupule & croient qu'il leur est permis de prendre leurs propres filles en mariage. Rabi Benjamin [n] les apelle DOGZIIN

[k] Bespier Remar. sur l'Etat de l'Emp. Otoman Ricaut. T. 2. p. 649.
[l] Della guerra di Persia l. 7.
[m] l. c.
[n] Itinerar.

(mais il faut lire DORZIIN ou DURZIIN.) Il dit qu'ils n'ont point de religion, qu'ils habitent sur de hautes Montagnes, où ils se logent dans des Grottes & dans des cavernes, qu'ils s'abandonnent à toute sorte d'impudicitez & d'incestes, qu'ils épousent leurs propres filles & qu'il y a un jour de l'année où ils se mêlent indiferemment avec les femmes les uns des autres. Minadoi & après lui Mr. de Thou, croient qu'ils sont François d'origine & du nombre de ceux qui avoient accompagné Godefroy de Bouillon à la conquête de la terre Sainte, & qu'après que les Mahometans eurent repris Jerusalem & la Terre sainte sur les Chrétiens, ceux-ci se retirerent dans les montagnes, où peu à peu ils ont perdu toute la connoissance qu'ils avoient du Christianisme & ont embrassé une Religion nouvelle, s'étant laissez persuader par un faux Prophete nommé Ismam. Le Sieur le Fevre [o] ajoute à cela qu'ils se disent descendus des François pour être sortis d'eux & pour être venus de France dans la Palestine sous le commandement de Mr. de Dreux leur Capitaine duquel ils furent ainsi apellez. Les Auteurs qui parlent de ces peuples, excepté le Rabi Benjamin, les tiennent pour François. Mr. Bespier est d'un sentiment diferent. Voici les raisons qu'il en aporte. Il n'y a, dit-il, nulle apparence que dès l'année 1170. ou 1171. en laquelle les Chrétiens étoient encore maîtres de Jerusalem & d'une bonne partie de la Palestine, les Druses eussent été obligez à se retirer dans les montagnes & eussent perdu tout-à-fait leur premiere religion pour en embrasser une autre qui est abominable & qui ne les rendoit pas plus agréables aux Mahometans, ni ne les mettoit pas plus en état de pouvoir subsister parmi eux. Or il paroît que dès l'année 1170. ou 1171. les Druses avoient déja leur Religion; car le Rabi Benjamin nous le décrit au passage déja cité, & il est mort en 1173. après avoir voiagé presque par toute la terre & il est mort en Espagne d'où il étoit parti. Or il remarque que les Chrétiens étoient encore maîtres de Jerusalem du temps qu'il y étoit & cela s'accorde avec toutes les Histoires & avec la Chronologie. Cela me fait croire, continue Mr. Bespier, que les Druses ne sont rien moins que ce qu'on les a voulu faire passer jusqu'ici, & s'il est permis de donner quelque chose à la conjecture, je pancherois fort à croire que les Druses sont ceux qu'Elmacin [p] apelle les DARARES. Il y a même de l'apparence qu'il faut lire dans Elmacin les DARAZES, les DURZES ou les Druses; car il ne faut qu'un seul point de diference. En effet DARARI ou DORERI ou DORZI, ne diferent en Arabe que par le seul point, & ceux qui ont quelque usage de cette langue savent qu'il n'y a rien de plus fréquent dans les écrits des Arabes que de l'omettre. Mais ce qui sert à me fortifier dans cette pensée est que la Secte de ces *Darazes* ou *Durzes* ou *Druses* d'Elmacin nous est décrite à l'egard de leur Religion & du principal lieu de leur demeure toute semblable à celle des Druses. Pour leur Religion, elle consistoit, dit Elmacin, à autoriser toute sorte de Libertinage, à permettre les Mariages entre les freres & les sœurs, les peres & les filles, les fils

[o] Etat de l'Empire Ottoman c. 6.

[p] Hist. Sacr. l. 3. c. 6.

Tome II.   X 2

DRU.

fils & les meres & à abolir tous les exercices de pieté, à savoir le Jeûne, la priere, & le Pelerinage de la Mecque. Pour leur habitation, il dit que la plupart demeuroient à Wadinnamar, à Tyr, à Sidon, sur la montagne de Beryt & autres lieux circonvoisins dans la Syrie. L'Auteur de cette Secte commença de la prêcher l'an 408. de l'Hegire ; c'est-à-dire 84. ans avant la prise de Jerusalem par Godefroy de Bouillon. Il s'apelloit Muhammed Ben Ismael. C'est peut-être delà que Minadoi a pris le nom du Prophete des Drufes qu'il apelle Ismam ; car Ismam & Ismael ne sont gueres différents & il a été aisé au lieu de Ben Ismael de faire Ben Ismam, & ensuite en omettant Ben, de retenir Ismam. Cette conjecture est vrai semblable. Mr. D'Arvieux dans son livre des mœurs & des coutumes des Arabes [a] publié par Mr. de la Roque à la suite du Voiage dans la Palestine, met les Drufes au nombre des Arabes Mahometans. Mr. de la Roque observe dans une note que les Drufes ne sont pas Mahometans ; Leur Religion, dit-il, a été jusqu'à present un mystere presque impenétrable ; & qu'ils sont plus feroces & plus sauvages que les Arabes du Desert. Mr. Ricaut [b] dit que le motif qui engagea Sultan Amurat IV. à prononcer la sentence de mort contre Facardin IV. Emir des Drufes, fut qu'il avoit renoncé à la Religion Mahometane & étoit ami des Chrétiens. Mr. D'Arvieux [c] dit ailleurs que les Drufes qui ne sont gueres bons Mahometans ne mêlent point l'argent qui vient du Turc avec celui qu'ils auront reçu d'un Franc. Ils remarquent même si le sac est de ceux dont les Turcs se servent ; alors l'argent d'un François qui aura été dedans en a gagné le mal & est censé illicite; la raison est qu'ils sont persuadez que le Roi de France est juste, qu'il n'est pas Tyran, que l'argent des François est gagné licitement par leur travail, que l'usure est défendue par leur Loi & que celui des Turcs ne vient que des concussions, des Tyrannies, des usures & du sang des pauvres ; mais cela n'empêche pas qu'ils ne le prennent avec beaucoup d'avidité & ont des moyens pour rectifier toutes choses. Le même Auteur dit que les Drufes qui habitent les montagnes & qui n'ont aucune Religion, sont si jaloux, que si quelqu'un leur avoit dit, comment se porte votre femme, ou votre fille? Votre femme , ou votre fille vous saluent, elles se portent bien. Ah, ah, diroient-ils, voici des gens qui ont vu ma femme ou ma fille, aparemment ils les connoissent, & la premiere chose qu'ils feroient pour la prétendue conservation de leur honneur, ce seroit d'aller les égorger & ensuite ils chercheroient l'occasion de se défaire de l'homme qui leur auroit fait ce compliment. Voiez à l'Article de BEROOT la description du Palais & des Jardins de l'Emir Facardin. Il avoit voiagé en Italie, & peut-être ce voiage l'avoit éloigné du Mahometisme. On voit par l'Histoire de ses Malheurs raportée par Mr. Ricaut [d] qu'il commandoit aussi aux Maronites. Les Drufes sont differemment nommez, DRUS, DRUZES, DRUZIENS, & DRUSIS.

DRUSI MONUMENTUM, Voyez EYCHELNSTEIN.

[a] Page 89.
[b] Hist. des Turcs. T. 1. p. 76.
[c] p. 137.
[d] L. c.

DRU. DRY.

DRUSIANA FOSSA, nom Latin d'une communication du Rhin avec l'Yssel. On la nomme NIEUWE YSSEL. Voiez YSSEL.

DRUSIAS, Ville de Judée à l'Occident du Jourdain selon Ptolomée [e].

DRUSIBURGUM, Voiez DOESBOURG.

DRUSILLIANA [f], Ville Episcopale d'Afrique dans la Numidie. La Table de Peutinger la met à XII. mille pas de Lares. Rufin son Eveque est nommé dans la Conference de Carthage.

DRUSIPARA, ou DRUSIBARA en Latin *Drusipara* & *Drusipara*, petite ville de Turquie [g] dans la Romanie entre Andrinople & Selivrée, à vingt quatre lieues de la premiere & à dix-sept de la seconde. Paul Lucas qui a fait cette route dans son second voiage, n'en fait aucune mention. Ptolomée en parle [h] & Sophien dit que le nom moderne de ce lieu est MISTNI. [i] Theodore Eveque de Drusipara fut un de ceux qui souscrivirent au cinquieme Concile General & dans la cinquième Conference de ce Concile. Ce même Theodore est qualifié Eveque de DRYSIPARA, *(Orum)* Metropole.

DRUSOBURGUM. Voiez DOESBOURG.

DRUSOMAGUS, [k] Ville ancienne de la Vindelicie selon Ptolomée. [l] C'est aujourd'hui MEMMINGEN ville libre & Imperiale d'Allemagne dans le Cercle de Suabe dans l'Algow. Voiez MEMMINGEN.

DRUSON, Ville de la grande Phrygie selon Ptolomée [m].

DRUYDES, Voiez DRUIDES.

DRYÆNA, Ville de la Cilicie selon Etienne le Géographe qui la nomme aussi *Chrysopolis*.

DRYAS, Ruisseau de Thessalie à vingt stades du Spetchius, au midi de ce fleuve, & à un peu moins de l'Asopus au septentrion de ce dernier. Mr. de l'Isle [n] le marque sans le nommer dans sa Carte de l'ancienne Grece.

DRYBACTÆ, Nation d'Asie dans la Sogdiane selon Ptolomée [o] qui met dans la même Province la ville de TRYBACTRA. Ortelius [p] remarque fort judicieusement que tous les deux noms doivent être écrits également par un D, ou par un T. parce que c'est ou la ville qui a pris le nom de la nation, ou la nation qui a pris le nom de la ville.

1. DRYITÆ, Peuple de la Mauritanie Cesarienfe selon Ptolomée [q].

2. DRYITÆ, Peuple de l'Isle de Candie selon Theophraste cité par Ortelius. [r] Cet ancien écrit que la Palme y croissoit.

DRYMÆA, Petite ville de la Phocide, dont Pausanias [s] écrit que les habitans étoient anciennement nommés *Nauboliens*, Ναυβολιςς : Etienne le Géographe écrit DRYMIA, & le territoire de cette ville est nommé par Pline [t] DRYMÆA & DAULIS.

DRYME, Ville de Libye selon Etienne le Géographe qui cité pour garant le 16. livre de Strabon qui n'en parle point, mais bien d'*Adryme* au 17. livre. C'est la même chose qu'ADRUMETE.

DRYMIA. Voiez DRYMÆA.

DRYMODES, c'est ainsi que s'apelloit anciennement l'ARCADIE selon le temoignage de

[e] l. 5. c. 16.
[f] Carol. à S. Paulo Geog. Sacr. p. 94.
[g] Baudrand Edit. 1705.
[h] l. 3. c. 11
[i] Carol. à S. Paulo. Geog. Sacr. p. 223.
[k] Baudrand Ed. 1682.
[l] l. 2. c. 12.
[m] l. 5. c. 2.
[n] Atlas.
[o] l. 6. c. 12.
[p] Thesaur.
[q] l. 4. c. 14.
[r] Thesaur.
[s] L. 10.
[t] l. 4. c. 4.

de Pline[a]. Ce nom signifie que le terrain en étoit couvert d'arbres & de forêts.

DRYMON, Fleuve de Dalmatie, lequel se perd dans le Golphe Adriatique. Voiez le DRIN.

DRYMUSA, Voiez DRIMUSA.

DRYNEMÆTUM, Lieu de la Galatie selon Strabon[b].

DRYNOPOLIS, Voiez DRINOWAR.

DRYOPE, Ville du Peloponese dans l'Argie proche d'Hermione selon Etienne le Géographe. Voiez l'article suivant.

DRIOPES, Peuple de Grece. Le R. P. Hardouin observe que les Auteurs placent bien diferemment cette nation. Pline[c] la met en Epire, Strabon dans le Peloponese[d], d'autres la mettent ailleurs. La raison de cette diversité, ce sont ses diverses migrations que Pausanias raconte ainsi.[e] Les *Asinéens* étoient autrefois voisins des Licorites & habitoient auprès du Parnasse. On les nommoit alors DRYOPES, nom qu'ils prirent de Dryops chef de leur Colonie & qu'ils conserverent quelque temps après leur retour dans le Peloponese. Mais après trois generations Phylas étant leur Roi ils furent vaincus par Hercule, transportez à Delphes & consacrez à Apollon ; & suivant la réponse de ce Dieu Hercule les conduisit dans le Peloponèse & ils occuperent d'abord Asine proche Hermione : les Argives les en aiant chassez ils habiterent une partie de la Messenie que les Lacedemoniens leur cederent. Les Messeniens étant revenus avec le tems au Peloponese s'accommoderent avec eux. Les Asinéens racontent eux-mêmes leur Histoire autrement. Ils conviennent d'avoir été vaincus par Hercule & qu'il détruisit la Ville qu'ils avoient au mont Parnasse, ils nient qu'il les ait menez prisonniers à l'Oracle. Ils assurent que quand leurs murs furent gagnez par Hercule, ils s'enfuirent sur le Parnasse & qu'étant ensuite passez dans le Poloponese sur des Vaisseaux, ils se presenterent avec des habits de suplians à Eurysthée pour lui demander sa protection : Que ce Prince qui haïssoit mortellement Hercule leur ceda la ville d'Asine dans l'Argolide. Herodote[f] dit que les Hermions sont des Dryopes chassez par Hercule & par les Meliens du pays nommé la Doride. Apollodore ajoute que Laogorus Roi des Dryopes étant exilé dans le bois consacré à Apollon fut tué de la main d'Hercule. Crespin dans son Commentaire sur Ovide explique ainsi ces deux vers :

Tamque cadas domitus, quam quisquis ad arma vocantem
Juvit inhumanum Thiodamanta Dryops.

Thiodamas, dit-il, étoit un Roi des Dryopes peuple habitué auprès du Mont Pindus. Hylus fils d'Hercule lui aiant demandé des rafraichissemens lors qu'Hercule passoit parlà, & n'en aiant eu qu'un refus, Hercule égorgea les bœufs de Thiodamas & en regala son monde. Thiodamas en aiant voulu tirer satisfaction assembla quelques Dryopes, mais il fut tué & ses gens mis en déroute fuïant leur patrie menez dans la Trachinie par Hercule qui devint amoureux du jeune Hylas fils de Thiodamas à cause de son extrême beauté. Mr. De l'Isle assigne aux Driopes un Canton entre les Montagnes de Pinde, Oeta & Tymphreste. Il les borne au Nord & à l'Orient par la Thessaliotide, au midi par la Doride & à l'Occident par les Athamanes & les Perrhæbes.

1. DRYOPIS, l'un des noms qu'a eus anciennement la THESSALIE, si nous en croions Pline[g].

2. DRYOPIS, Ville dans la contrée d'Oeta. Strabon la nomme TETRAPOLE. Etienne le Géographe écrit DRYOPIE, & la met vers la Thrachinie. C'est aparemment cette même Colonie qu'Hercule y mena, comme j'ai dit dans l'article precedent, & je crois que c'est la même Ville qu'Heracléé de Trachinie.

☞ DRYS, ce mot qui en Grec signifie un chêne est le nom de plusieurs villes.

1. DRYS, Ville de Thrace, selon Etienne le Geographe.

2. DRYS, Ville d'Oenotrie, selon le même.

3. DRYS, Village de la Lycie sur le fleuve Aros.

4. DRYS, Ville de l'Epire, selon Suidas.

5. DRYS, Ville Marchande & Port de Mer, vis-à-vis de Nicomedie selon Socrate[h]. Cedrene dit que c'est un Fauxbourg de la Ville de Chalcedoine lequel on nommoit de son temps RUFINIANA, ce qui s'accorde avec ce qui dit Calisté[i]; qu'il gardoit encore de son temps le nom de Rufinus nomme consulaire, & à ce que Tilman dit dans la Vie de St. Chrysostome qu'il a traduite : *In suburbio quodam Chalcedonis cui cognomen est a quercu* : id trans Mare Ruphini est.

6. DRYS, est aussi un lieu dans le voisinage de Constantinople, selon Pierre Gilles.

DRYSI, peuple ancien dont Lucien[k] dit que le Roi nommé Teres vécut fort vieux. C'est aparemment le peuple d'une des villes nommées Drys, suivant la conjecture d'Ortelius. D'Ablancourt substitue à ce mot Odrysiens, dans sa traduction Françoise.

DRYSON. Voiez DRISON.

DRYUSA, l'un des noms qu'a eus l'Isle de Samos.

DU.

DUACENSE CASTRUM & DUACUM. } Voiez DOUAY.

1. DUÆ COLUMNÆ,[1] Bourg d'Italie dans l'Insubrie. Selon Ammien Marcellin. Leandre le nomme GEMBOLACE. Gaudentius Merula croit que c'est GAMBALO Bourgade du Duché de Milan dans le Territoire de Pavie à trois milles de la Ville de Vigleban.

2. DUÆ COLUMNÆ, lieu voisin de Constantinople. Nicetas cité par Ortelius[m] en fait mention.

DUÆ SENEPSALITINÆ, siege Episcopal d'Afrique. Voiez DUASSENEMSAL.

DUAMA, Ville des Indes dans la côte Septentrionale de l'Isle de Java avec un assez bon port ; à huit lieues de Japara vers le Couchant. C'est la même que DAUMA. Voiez cet article, où j'en parle plus au long.

DUA. DUB. DUB.

a Corn. Dict.
Le P. Coronelli desc. de la Morée.

DUARE, [a] Ville de Dalmatie, proche du bord Oriental de la Riviere de Cettina, & à trois lieues d'Almiſſa. Elle eſt petite; mais aſſez forte. Elle fut enlevée aux Turcs l'an 1646. par Paul Caċtorta Provediteur extraordinaire ſous le General Foſſoli. Le Bacha qui commandoit en ces quartiers-là, reprit cette place peu de temps après & fit paſſer au fil de l'épée toute la Garniſon Venitienne. Le General Foſcarini l'aiant priſe de nouveau ſur les Otomans l'an 1652. les Venitiens la ruinerent parce qu'il faloit une trop forte dépenſe pour la conſerver. Cette Forterſſe ne laiſſa pas d'être rétablie par le Viſir Sciaus & par Faſſi ſon ſucceſſeur; afin d'empêcher les Courſes des Morlaques. Ceux-ci la forcerent par eſcalade l'an 1684. & les Venitiens y tiennent aujourd'hui une groſſe garniſon.

DUASSENEMSAL, ſiége Epiſcopal en Afrique dans la Province Proconſulaire. C'eſt ainſi que ce nom doit être écrit comme Holſtenius le conclut de la Conference de Carthage. Le P. Charles de St. Paul [b] écrit DUASSEDEMSAI, & la diſtingue de DUÆ SENEPSALITINÆ[c]; qu'Holſtenius croit être la même. Ce dernier raporte à ce même ſiege Patronien Evêque *Senemiſalenſis*, Creſconius *Selemſilenſis*, Felix *Selemſalitatus*; il lui ſemble pourtant qu'il y avoit deux lieux nommez SELEMSAL. Peut-être étoient ils ou voiſins ou même contigus, & ſous le même Evêque.

b Geog. Sacr. p. 90.
c P. 93.

DUATUS SINUS, Baye de l'Arabie heureuſe ſelon Pline[d].

d L. 6. c. 28.

DUBAL. Voiez TUBAL & SETUBAL.

DUBDU ou DUBUDU,[e] Grande Ville de Cuz, Province la plus Orientale du Roiaume de Fez en Afrique. Elle eſt ſituée ſur la pente d'une haute Montagne à vingt lieuës de Melile vers le midy & fut bâtie par un Seigneur des Beni-Merinis, depuis qu'ils eurent commencé à regner dans la Mauritanie Tingitane. Il y a ſur le ſommet pluſieurs Fontaines qui deſcendent dans la Ville, laquelle de loin paroît être au pied de la Montagne quoi qu'il y ait juſque là plus d'une lieuë & demie de Côte. L'on y monte en tournoiant par un chemin rude & dificile. Toute la campagne eſt infruċtueuſe ſi ce n'eſt ſur le bord d'une riviere où ſont quelques jardins & quelques vergers. Les habitans ont leurs heritages ſur le haut, & comme à peine y recueillent-ils du bled pour quatre mois de l'année, ils ſe fourniſſent ailleurs de froment & d'orge. Cette Ville dans ſon Origine n'étoit qu'une tereſſe des Beni-Merinis. Dans la diſtribution que fit Abdulac des Provinces du Roiaume de Fez; il donna ce quartier à quelques-uns de ſes parens qui bâtirent cette place pour ſerrer leur bled; mais elle s'eſt tellement accruë depuis ce temps-là qu'elle eſt eſtimée préſentement (c'eſt-à-dire du temps de Marmol) une des bonnes Villes de l'Afrique. Quand les Beni-Merinis furent depoſſedez par les Oatazes les Arabes de la contrée voulurent la ruiner; mais les habitans qu'ils tâcherent d'en chaſſer ſe défendirent vigoureuſement par la valeur de Muçaben Camu leur chef qui aiant traité enſuite avec eux demeura Seigneur de Dubdu. Son fils Hamet homme fort vaillant lui ſuccé-

e Corn. Dict.
Marmol. T. 2. l. 4. c. 110.

da & conſerva cet état juſqu'à ſa mort laiſſant pour heritier ſon fils Mahamet qui fut auſſi des plus braves de ſon temps & prit dès le vivant de ſon Pere pluſieurs Villes ſur la côte du Mont Atlas qui regarde la Numidie, deſquelles pluſieurs particuliers s'étoient emparez dans la décadence de cet Empire. Mahamet embellit la Ville de Dubdu de quantité d'Edifices & y établit un grand Commerce par la maniere favorable dont il recevoit les étrangers; ce qui fit que ſa reputation ſe répandit par tout. On le nomma Roi de Dubdu. Il voulut ſe rendre Maître de Texar, à la ſollicitation de quelques-uns de ſes Sujets; mais Sayd, ou Muley Chec premier Roi des Beni-Oatazes en aiant été averti alla aſſieger Dubdu. Comme il y vouloit monter, les habitans qui étoient plus de ſix mille feignirent de prendre la fuite & l'aiant laiſſé grimper une partie du chemin; ils revinrent fondre ſur ſes gens, à coups de Dards & de Pierres, d'une maniere ſi impetueuſe que s'étant épouvantez, ils ne ſongerent qu'à ſe ſauver & ſe culbuterent les uns les autres dans les détroits. Il en fut tué plus de trois mille ſans ceux qui roulerent par ces Rochers, ou qui ſe précipiterent. Sayd ne laiſſa pas de continuer ſon entrepriſe. Il fit venir trois mille Arquebuſiers & cinq-cens Arbalétriers de renfort qui s'avancérent pied-à-pied reſolus de perir plutôt que de reculer. Mahamed ne ſe voiant point de forces pour reſiſter à une ſi grande puiſſance alla trouver le Roi dans ſa tente, comme s'il eût été un meſſager qui demandoit à lui parler de ſa part. Le Roi après avoir fait lire ſa Lettre qu'il lui preſenta, repondit à ce faux meſſager qu'il allât dire à ſon Seigneur que le plus ſûr pour lui étoit de ſe rendre ſans chercher à reſiſter inutilement. Mahamed lui demanda s'il pardonneroit à ſon Seigneur en cas qu'il vînt ſe jetter à ſes pieds. Le Roi aiant repondu que non content de lui pardonner, il lui feroit du bien parce qu'il eſtimoit ſa valeur, Mahamed l'engagea à confirmer par ſerment cette promeſſe devant les Principaux de ſon camp: alors en ſe proſternant il dit au Roi qu'il voioit celui qui l'avoit offenſé. Le Roi le releva auſſi-tôt & après l'avoir baiſé il alla avec lui dans la Ville où il fit épouſer ſes deux filles aux deux fils de Mahamed auquel il confirma l'Etat pour lui & pour ſes deſcendans; après quoi il ſe retira à Fez qui en eſt à vingt-cinq lieuës. Dès lors, c'eſt-à-dire, en 1490. les Seigneurs de Dubdu prirent le titre de Roi. Cependant après l'établiſſement des Cherifs, ils devinrent en quelque ſorte leurs vaſſaux & ne purent s'exemter de les ſervir dans leurs guerres. Muley Hamar Seigneur de Dubdu étant mort dans Fez l'an 1563. le Cherif qui regnoit alors s'empara de ſon Etat & y mit un Gouverneur avec des troupes pour le défendre contre les Turcs. Cette Ville que Sanſon dans ſa Carte du Roiaume de Fez, place à la ſource d'une Riviere qu'il nomme *Mullulus* & fait tomber dans la *Milvia*, fait à préſent partie du Royaume de Maroc depuis la conquête du Roiaume de Fez. Mr. de l'Iſle la neglige dans ſes Cartes.

DUBELDAM[*], Territoire de la Province de Hollande, dans le voiſinage de Dordrecht.

* Dict. Geog. des Pays-bas.

DU-

DUB.

DUBEN. Voiez DIEBEN.

DUBIL, [*] Village de Perse dans la Province de Kilan (Gilan) on le nomme autrement CHATIFEKEKA. Les Habitans en furent exterminez par le commandement exprès de Schach-Abas à cause de la vie abominable qu'ils menoient. Ils s'assembloient le soir dans des maisons particulieres où après avoir fait bonne chere, ils éteignoient les chandelles, se deshabilloient & se mêloient entre eux, sans aucun respect d'âge ou de parenté, le pere se rencontrant bien souvent avec sa fille, le fils avec sa mere & le frere avec la sœur. Schach-Abas en étant averti, les fit tous tailler en pieces, sans aucune diference d'âge ou de sexe & peupla le Village d'autres habitans. Olearius [a] croit que c'est des habitans de ce pays-là que l'on doit entendre ce que dit Herodote [b] de certains hommes voisins de la Mer Caspienne & du Caucase, lesquels s'abandonnoient publiquement à l'impudicité comme des bétes.

DUBIS, nom Latin du DOUX Riviere de France.

DUBIO, selon Mr. Cousin &

DUBIUM, selon Ortelius, [c] Contrée de Perse. Elle est non seulement très-fertile ; mais aussi très-commode à cause de la bonté de l'air & de l'eau, elle est éloignée de huit journées de Theodosiopolis. Elle contient de belles plaines & un grand nombre de Bourgs bâtis les uns proche des autres fort peuplez & habitez par de riches Marchands. On y portoit du temps de Procope quantité de Marchandises des Indes, de l'Iberie (la Georgie) de plusieurs Provinces de la Perse & de quelques-unes des Provinces de l'Empire (d'Orient). On donnoit à l'Evêque le titre de Catholique parce qu'il conduisoit seul tous les peuples de ce pays-là. Il y a à six vingts stades de Dubio du côté de la main droite une Montagne fort élevée & fort droite dans une des embouchures de laquelle est un Bourg nommé *Anglou*. Il étoit bâti au bas de la Montagne, mais la Citadelle qui portoit le même nom étoit sur le Roc.

DUBLIN, [d] Ville Capitale de l'Irlande; en Latin *Dublinum*, en Irlandois BALACLAY, & l'EBLANA de Ptolomée. Elle est située dans le Comté de Dublin dans la Province de Leinster sur la Riviere de Liffe qui y forme un vaste port à vingt milles ou environ de Holi-Head dans le Pays de Galles. Elle a des Montagnes au Sud; un pays plat & ouvert à l'Ouest & la Mer dans son voisinage à l'Est. Elle avoit été d'abord bâtie sur des Pilotis en 1012; mais aujourd'hui après Londres c'est la Ville la plus grande & la mieux bâtie qu'il y ait dans les trois Roiaumes & on l'embellit tous les jours. Le Lord Maire & les Corps de métiers vont de trois ans en trois ans en reconnoître les bornes. L'Eglise Cathedrale dediée à St. Patrice l'Apôtre des Irlandois est fort ancienne & a un Doyen, deux Archidiacres & vingt-deux Prebendez. Une autre belle Eglise Collegiale porte le nom de l'Eglise de Christ; c'est où le Roi & en son absence les Regens vont aux prieres publiques. Il y a d'ailleurs treize Eglises Paroissiales. Le terroir des environs est assez fertile, mais on y manque de bois, de sorte qu'on y brûle du Charbon de terre qu'on y reçoit du pays de Galles & de quelques autres endroits de la Grande Bretagne ; ou de la tourbe qu'on tire du voisinage & qui n'y manque pas. Vers le Sud la ville est entourée d'une bonne muraille de pierre & fortifiée de remparts. Il y a six Portes, avec autant de Fauxbourgs qui s'étendent fort loin. Elle ressemble beaucoup à Londres non seulement pour la hauteur des maisons & la fabrique des édifices, mais aussi pour le nom des rues & autres lieux. A l'Orient on voit sur une éminence le Château, environné de fossez & de tours qui ne le mettent gueres en état de soutenir un long siege, eu égard à la maniere dont on fortifie & dont on attaque aujourd'hui les Places. Il fut bâti en 1220, par un Evêque nommé Henri de Loundres & c'est là que resident le Viceroi & les Regens du Roiaume. Il y avoit autrefois tout auprès un Palais Roial que Henri II. Roi d'Angleterre avoit fait bâtir. Dublin a un College pour les Etudians, qui forme une espece d'Université & que la Reine Elizabeth fonda en 1591. Alexandre Bicknar Archevêque de Dublin avoit tenté auparavant la même chose, après avoir obtenu pour cet effet une Bulle du Pape en 1320. mais les troubles qui survinrent alors l'empêcherent de l'exécuter. Ce College consacré au nom de la Sainte Trinité est assez beau & jouit de bons revenus. Quoique la Commission d'Elisabeth soit datée du 30. de Mars 1592. Thomas Smith Lord-Maire de Dublin en posa la premiere pierre le 13. Mars 1591. Les Magistrats de Dublin érigerent en 1701. une statue equestre en bronze à Guillaume III. avec une inscription Latine. A la Porte Septentrionale de Dublin, il y a un Pont de Pierre de taille que Jean Roi d'Angleterre y fit bâtir. En 1676. en commença de bâtir le Pont d'Essex dans la Ville. On le nomma ainsi du nom du Viceroi d'Irlande. Sous le Regne de Jaques II. furent bâtis les Ponts d'Ormond & d'Aran, ainsi nommez en memoire du Duc d'Ormond Viceroi & du Comte d'Aran son second fils. La Justice s'administre à Dublin de la même maniere qu'à Londres; la diference est legere. En 1683. la Ville fit bâtir le *Tholsel* ou le Change. C'est une jolie piéce d'Architecture, où les Marchands se rendent tous les jours pour y négocier & traiter de leurs affaires. Dublin étoit autrefois gouvernée par un Prevôt, mais en 1409. Henri IV. permit aux Citoiens de se choisir tous les ans un Maire & deux Baillifs qu'Edouard IV. changea dans la suite en Sherifs. En 1660. Charles II. donna au Maire de cette ville un Collier d'or tel que le portent les Chevaliers de la Jarretiere, pour lui servir d'ornement, & en 1665, il l'honora du titre de Lord avec 500. livres sterlin de revenu pour l'aider à soutenir l'éclat de sa dignité. Les Bourgeois & les Artisans se partagerent en vingt-quatre Corps. En 1703. les Magistrats & Citoyens de Dublin commencerent un Hôpital pour enfermer les mandians & nourrir les pauvres qui ne peuvent plus travailler. Dès l'année 1688. ils avoient resolu de bâtir par voye de souscription un Hôpital à l'imitation de l'Eglise de Christ à Londres, c'est celui de Dublin qu'on

[*] Olearius Voiage T. 2. p. 25.

[a] L. c.

[b] L. 1. n. 203.

[c] Procop. de Bell. Pers. l. 2. c. xxv. de la Traduction de Mr. Cousin.

[d] Etat d'Irlande p. 69.

qu'on appelle Hôpital des enfans bleus. L'Hôpital Royal de Kilmainham situé au bout de la ville au couchant fut bâti en 1685. aux depens de l'Armée. Il est vaste, magnifique & commode pour servir à l'entretien de quatre ou cinq cens Soldats invalides ou fort âgez. Mr. Baudrand dit qu'il y a à Dublin une Université érigée par la Bulle du Pape Jean XXII. sous le Roi Edouard II. en 1320. Cette permission du Pape ne fut d'aucun usage comme on vient de voir & ce ne fut que long temps après sous le Regne d'Elisabeth que fut fondé le College de Dublin, qui n'a point d'Université.

Le Comté de DUBLIN, ou de DIVELIN ; [a] pays d'Irlande dans la Province de Leinster. Il a la mer d'Irlande ou le Canal de St. George à l'Est ; Kildare , & Estmeath à l'Ouest & Nord-Ouest ; & Wicklow au Sud. Ce Comté a 28. Milles de long & seize de large. Son terroir est fertile en grains & en pâturages, mais il manque de bois & on y brûle une espece de tourbe grasse & de charbon de terre. On le divise en six Baronies, à savoir celles de Balrudery, de Crosse, de Cooleck , de Castleknock , de Newcastle & de Rathdowne, où il y a une seule ville qui a droit de tenir un marché public & trois autres qui envoient leurs Deputez au Parlement. Dublin ou BALACLEIGH est la capitale. Les autres lieux remarquables sont Swords, Newcastle, & Glendelach autrefois ville Episcopale mais aujourd'hui ruinée. Mr. Baudrand y compte sept Baronies & divise celle de Crosse en Upper-Crosse, & Nether-Crosse ; c'est-à-dire en haut & en bas.

DUBNO[e], petite Ville de Pologne dans la Russie Rouge à onze lieues de la Capitale du Palatinat de Chelm dans lequel elle est située.

DUBRIS, ancien nom de la Ville de DOUVRES. Voiez DOUVRES.

DUBTABADO[d], Ville des Indes dans le Roiaume de Cuncan. Quelques-uns la nomment : ULTABAT.

§. Cette ville est la même que DOLTABAT. Voiez sous ce nom.

DUCCALA ou DUCALA, ou DUQUELA. Voiez DUQUELA.

DUCEY[e], Gros Bourg de France dans la Basse Normandie en Latin *Ducaeum* Il est du Diocése d'Avranches à trois lieues de la ville de ce nom dans le voisinage de l'Abbaye de Montmorel, Ordre de St. Augustin. Son Eglise Paroissiale est sous l'invocation de St. Paterne. Le territoire produit des grains & il y a des prairies; on y tient un gros marché le Mardi.

DUCHE', en Italien *Ducato* & *Dogado*, en Espagnol *Ducado*, en Allemand *Hertzogthumb*, en Anglois *A Duchy*, est le païs qui a pour Seigneur un Duc, soit Souverain, soit Vassal de quelque autre Seigneur. Cette dignité n'étoit pas hereditaire dans son Origine. Ce n'étoit d'abord que le Gouvernement d'une Contrée ou d'une Province que l'on confioit à un Officier de distinction. Le mot Duc n'étant autre chose que le Latin *Dux* qui veut dire *Guide*, parce que ces Ducs ou chefs menoient les troupes au combat. Avec le temps les Ducs de quelques Provinces les rendirent hereditaires, & s'en approprierent le domaine, en rendant au veritable Souverain un hommage qui coutoit peu. Quelques-uns mêmes n'en rendent aucun pour leurs Duchez. D'autres aiant bien servi leur Souverain en ont obtenu la qualité de Duc, mais sans Souveraineté : tels sont les Ducs de France dont le Duché consiste en une terre Seigneuriale que le Roi honore par des Lettres patentes du titre de Duché ; cette Erection ne donne aucun nouveau Droit à celui en faveur de qui elle se fait quant à la propriété du lieu ; mais c'est seulement un honneur qui le fait monter à un Rang plus distingué entre la Noblesse du Roiaume. Ainsi nous voions aujourd'hui en France des terres érigées en Duché qui au commencement de ce siecle n'avoient que le titre de Marquisat qui est inferieur. Il n'en est pas de même en Allemagne & en Italie. Les Ducs y sont Souverains & jouïssent de tous les Apanages de la Souveraineté, excepté dans le Roiaume de Naples, où il y a des Ducs bien éloignez d'être Souverains. Entre les Duchez d'Italie, ceux de Parme & de Plaisance relevent du Pape immediatement. L'Empereur pretend en être le veritable Souverain, & la quadruple Alliance, fortifiée par le Congrès de Cambrai, vient d'accorder à ce Prince sa pretention en engageant l'Espagne à accepter les Investitures de l'Empereur pour ces deux Duchez en faveur de l'Infant D. Carlos, malgré les instances du Pape qui pretend avoir seul la superiorité Domaniale sur ces Etats. L'Empereur pretend aussi que les Etats de Toscane sont un fief de l'Empire. Le Grand Duc Come III. a oposé des Ecrits à ces pretentions ; mais l'Europe a décidé en faveur de l'Empire par les Investitures qu'il vient d'accorder à l'Infant Don Carlos pour les Etats de Toscane. J'éclaircis ces pretentions plus au long dans les articles respectifs de ces Duchez. Voici une liste des principaux Duchez de l'Europe. Je reserve le détail à chaque article particulier.

LE DUCHE' D'ALTENBOURG, dans la Thuringe.

LE DUCHE' D'AOUSTE, en Savoie.

LE DUCHE' D'ATHENES ou d'Atine.

LE DUCHE' DE BAR, au Duc de Lorraine.

LE DUCHE' DE BAVIERE, en Allemagne.

LE DUCHE' DE BERG en Allemagne dans le Cercle de Westphalie.

LE DUCHE' DE BOUILLON.

LE DUCHE' DE BOURGOGNE, Province de France.

LE DUCHE' DE BREME, Province d'Allemagne.

LE DUCHE' DE BRESLAW, en Silesie.

LE DUCHE' DE BRIEG, en Silesie.

LE DUCHE' DE BRUNSWIG, Province d'Allemagne.

LE DUCHE' DE CARINTHIE, en Allemagne.

LE DUCHE' DE CARNIOLE, en Allemagne.

LE DUCHE' DE CLE'VES, Province d'Allemagne.
LE DUCHE' DE COBURG, dans la Thuringe.
LE DUCHE' DE COURLANDE, Fief de la Pologne.
LE DUCHE' DE CROSSEN, Petit pays de Silefie.
LE DUCHE' DE DEUX PONTS, pays d'Allemagne.
LE DUCHE' D'EISENACH, dans la Thuringe.
LE DUCHE' D'ELSS, petit pays de Silefie.
LE DUCHE' DE FERDEN, Pays d'Allemagne.
LE DUCHE' DE FRANCONIE, en Allemagne.
LE DUCHE' DE GOTHA, dans la Thuringe.
LE DUCHE' DE GRUBENHAGEN, en Allemagne.
LE DUCHE' DE HOLSTEIN ou HOLSACE en Allemagne.
LE DUCHE' DE JAROSLAW, Province de l'Empire Ruffien.
LE DUCHE' DE JAURE, petit pays de Silefie.
LE DUCHE' DE JULIERS, Province d'Allemagne.
LE DUCHE' DE LAUWENBOURG, Pays d'Allemagne dans le Cercle de la Baffe Saxe.
LE DUCHE' DE LIGNITZ, petit pays de Silefie.
LE DUCHE' DE LIMBOURG, Province des Pays-bas.
LE DUCHE' DE LIVONIE, conquis à l'Empire Ruffien.
LE DUCHE' DE LUNEBOURG, Province d'Allemagne.
LE DUCHE' DE LUXEMBOURG, Province des Pays-bas.
LE DUCHE' DE MAGDEBOURG, en Allemagne.
LE DUCHE' DE MANTOUE, Province d'Italie.
LE DUCHE' DE MECKLENBOURG, ou MECKELBOURG Province d'Allemagne.
LE DUCHE' DE MILAN, Province d'Italie.
LE DUCHE' DE MODENE, Province d'Italie.
LE DUCHE' DE MONSTERBERG, petit pays de la Silefie.
LE DUCHE' DE NEUBOURG, pays d'Allemagne.
LE DUCHE' D'OPPELEN, petit pays de la Silefie.
LE DUCHE' DE PLESCOW, Province de l'Empire Ruffien.
LE DUCHE' DE POMERANIE, en Allemagne.
LE DUCHE' DE RATIBOR, petit pays de la Silefie.
LE DUCHE' DE RESCOU, Province de l'Empire Ruffien.
LE DUCHE' DE ROSTOF, Province de l'Empire Ruffien.

LE DUCHE' DE SAGAN, pays de la Silefie.
LE DUCHE' DE St. SABA, pays de la Turquie en Europe dans la Bofnie.
LE DUCHE' DE SAXE, Province d'Allemagne.
LE DUCHE' DE SEVERIE, pays de l'Empire Ruffien.
LE DUCHE' DE SLESWIC, Province de Danemarck.
LE DUCHE' DE SMOLENSKO, Province de l'Empire Ruffien.
LE DUCHE' DE SPOLETTE, Province de l'Etat de l'Eglife.
LE DUCHE' DE STETIN, Province d'Allemagne.
LE DUCHE' DE SUSDAL, dans l'Empire Ruffien.
LE DUCHE' DE SWEIDNITZ, petit pays de la Silefie.
LE DUCHE' DE TESCHEN, petit pays de la Silefie.
LE DUCHE' DE TROPPAU, Petit pays de Silefie.
LE DUCHE' DE WEYMAR, dans la Thuringe.
LE DUCHE' DE WOLAU, petit pays de Silefie.
LE DUCHE' DE WOLODIMER, Province de l'Empire Ruffien.
LE DUCHE' DE WOROTIN, Province de l'Empire Ruffien.
LE DUCHE' DE WESTPHALIE, Province d'Allemagne.
LE DUCHE' DE WURTENBERG, Province d'Allemagne.

Plufieurs de ces Duchez font divifez en d'autres, parce que des Ducs d'Allemagne aiant partagé leurs Etats entre leurs enfans, ou les freres étant convenus entre eux d'un partage, chacun a gardé la qualité de Duc & les titres de la Maifon, & chaque branche a formé un nouveau Duché. Ainfi la Maifon de Saxe, par exemple, eft divifée en quantité de Branches qui ajoutent à la qualité de Duc de Saxe le nom de leur Refidence. Telles font les Branches de Saxe Eifenach, Saxe-Gotha, Saxe-Mertzbourg & quantité d'autres que l'on nomme ordinairement les Ducs d'Eifenach, de Saxe-Gotha &c. La Maifon d'Autriche étant parvenue à l'Empire qu'elle poffede depuis long-tems, a fait ériger cet Etat en Archiduché pour lui donner une prééminence. Trois Duchez avoient autrefois le titre de *Grand Duché*. Les deux premiers l'ont encore.

LE GRAND DUCHE' DE TOSCANE,
LE GRAND DUCHE' DE LITHUANIE,
LE GRAND DUCHE' DE MOSCOVIE.

A l'égard du dernier, on dit beaucoup mieux les *Etats du Czar*, ou l'*Empire Ruffien*. Je referve au mot PAIRIE ce qui concerne les Ducs & Pairs de France.

DUCINO [a], Bourg du Piemont dans l'Atezan à une lieue d'Afti vers l'Orient. §. Ce Bourg que Mr. de l'Ifle [b] écrit *Dufino* eft fur la route de Turin à Afti, & au Sud-eft de Villa Nova d'Afti; non dans l'Atefan; mais dans la Province de Quiers.

[a] *Corn. Dict.*
[b] *Atlas.*

DU-

DUC. DUD. DUE.

a Corn. Dict. Memoires dressez sur les lieux en 1702.

DUCLER, Bourg considerable de France au pays de Caux. Il est situé à l'Embouchure de la petite riviere d'Enne dans la Seine, quatre lieues au-dessous de Rouen, entre les Abbayes de St. George & de Jumiéges. Son Eglise paroissiale porte le titre de St. Denis, & tous les Mardis on y tient un gros marché. Il y a beaucoup d'Artisans, des fours à chaux & une voiture d'Eau pour transporter des grains à Rouen. Le terroir produit de bon bled, des fruits, des Chanvres & du bois à brûler. Un quart de lieue au-dessous de Ducler, assez proche du rivage de la Seine, on voit le Château dit le TAILLI, qui est d'une assez belle apparence.

b Corn. Dict. Memoires dressez sur les lieux en 1702.

DUCY[b], Gros Bourg de Normandie dans le Diocese de Bayeux, entre les villes de Caen & de St. Lo. Il est situé à une lieue ou environ de la Riviere d'Aure & à pareille distance de l'Abaye de Mondaye au milieu d'une grande Campagne fertile en grains. Le Clocher de son Eglise Paroissiale dediée à Ste. Catherine, se termine en une haute Pyramide. Il y a une assez belle Maison Seigneuriale, & beaucoup de Noblesse reside dans ce Bourg & aux environs.

c Baudrand Ed. 1705.

DUDERSTADT[c], Ville d'Allemagne dans le Duché de Brunswig, au pays d'Eichsfeldt sur la Wipper aux frontieres de la Turinge & du Duché de Grubenhagen. Elle appartient à l'Electeur de Mayence à qui elle fut cedée l'an 1365, par Othon fils d'Henri de Brunswig. Elle n'est qu'à un mille de Heiligenstadt au Septentrion & à trois de Goettingen à l'Orient.

d l. 3. c. 21.

DUDINI, ancien peuple de l'Illyrie selon quelques Editions de Pline[d]. Le R. P. Hardouin avertit que tous les Manuscrits portent BUNI & non pas *Dudini*. Dalechamp remarque que quelques-uns lisoient BUDINI & Pinet Traducteur François de Pline croit qu'ils étoient au lieu dont le nom moderne est NADIN.

e l. 5. c. 6.

DUDUA ou DUDUSA comme lisent les Interpretes de Ptolomée[e]. C'est, selon ce Geographe, une Ville de la Galatie.

f l. 4. c. 6.

DUDUM, Ville de la Libye interieure, selon la même[f] qui la met au midi du Fleuve Niger.

* Baudrand Ed. 1705.

DUEGNAS, *ou DUENAS, petite ville d'Espagne au Roiaume de Léon, sur la Riviere de Pisuergue & aux frontieres de la vieille Castille, au pied d'une Montagne à trois lieues au-dessous de Palence au midi, en descendant vers Valladolid. Corop cité par Ortelius[g] croit que c'est l'Eldana que Ptolomée attribue aux Vacéens dans l'Espagne Tarragonoise. Quelques-uns l'expriment en Latin par *Domina*, qui est une Traduction litterale de son nom.

g Thesaur.

DUELLIUM, Nom ancien d'une Forteresse d'Allemagne nommée aujourd'hui *Hohendweil* dans le Cercle de Suabe. Mr. Baudrand[h] dit que les François disent HONTVIL. Voiez HOHEN-DWEIL.

h Ed. 1682.

i Baudrand Ibid.

DUERNA[i], petite Riviere d'Espagne, au Roiaume de Leon. Après avoir reçu le Rio Tuerto, elle se perd avec lui dans l'Orbigo.

DUERO; Voiez DOUERO.

DUE. DUF. DUG. DUI.

DUESME[k], Bourg de France en Bourgogne, en Latin *Dusma*. Elle est connue dans l'antiquité. Elle donne le nom à un petit païs qu'on appelle le *Duesmois*.[l] Elle est vers les sources de la Seine environ à quatre lieues de Châtillon. Mr. Baudrand la nomme en Latin *Duesma*.

k Longuerue Desc. de la France p. 282.
l part.
l Baudrand.

DUESMOIS (le) en Latin *Dusmisus Pagus*, ou selon Mr. Baudrand *Duesmensis Tractus*, petit pays de France dans la Bourgogne. Il fait partie du païs de la Montagne, & tire son nom de Duesme qui en est le Chef-lieu. Il comprend quelques lieux comme *Fontaine*, & *Vilaines* au nom desquels on ajoute, *en Duesmois*.

DUFFEL[m], Petite Ville franche entre Malines, & Lierre dans le Brabant Espagnol sur la Riviere de Nethe. Elle a titre de Baronie.

m Dict. Geog. des Pays-bas.

DUGA, Ville de la Mauritanie Tingitane, nommée dans les Notices[n] de l'Empire.

n Sect. 51.

DUGARIA, Lieu vers la Galatie. Il en est parlé par Metaphraste dans la Vie de St. Theodore Archimandrite.

DUGLAS. Voiez DOUGLAS.

DUGLASDALE. Voiez DOUGLASDALL.

DUI-CASTELLI[o], ou les DEUX CHATEAUX, Ville d'Italie dans l'Istrie. Elle est éloignée de Valle de sept milles & ceinte de bonnes murailles. Les lieux de Canfanaro & de Barato sont dans son ressort. Ce sont plutôt deux Citadelles qu'une ville.

o Corn. Dict.

DUISBOURG, ou DUYSBURG en Latin *Duisburgum* ville d'Allemagne au Cercle de Westphalie dans le Duché de Cleves sur la Riviere de Rour (Roer) qui se rend un peu plus bas dans le Rhin.[p] Tybius qui a écrit les Antiquités de cette ville prétend, aussi bien qu'Aventin[q], que le *Teutoburgiensis Saltus* de Tacite est la forêt de Duisbourg, dequoi il est repris par le savant Furstenberg Evêque de Paderborn. Duisbourg est nommée *Dispargum* par Gregoire de Tours. Si nous en croions Zeyler[r], le Rhin passoit autrefois au pied des murs de cette ville, & on renoit à Duisbourg la Foire qui se tient à present à Francfort. On y tint un Concile sous Henri I. & Otton I. y assembla une Diete. L'Eglise Paroissiale de St. Sauveur, merite d'être vuë. L'an 1614. D. Louïs de Velasco força cette ville à recevoir garnison Espagnole. Elle a été long-temps Ville libre & Imperiale; mais les Electeurs de Brandebourg en qualité de Ducs de Cleves s'en sont rendus maîtres.[s] Ils y ont même institué une Université le 14. Octobre 1655. & on a rasé les fortifications que les Hollandois y avoient faites lors qu'ils la tenoient en dépôt. Elle est entre Wesel & Dusseldorp. La Religion dominante est la P. Reformée qui est celle du Souverain. Mr. Corneille[t] confond cette ville avec *Doesbourg* ville du Duché de Gueldres; que quelques-uns nomment aussi *Duisbourg*, quoi qu'elles soient très-differentes de nom & de situation. Mrs. Baudrand & Corneille n'ont pu se resoudre à parler de cette ville sans remarquer que Gerard Mercator, l'un des plus illustres Géographes du XVI. Siècle y est enterré. Né à Rupelmonde en Flandres il se rendit illustre par les Globes & les Cartes qu'il dressa.

p Monum. Paderborn. p. 40.
q Ann. Boior.

r Westph. Topog. p. 21.

s Baudrand Ed. 1705.

t Dict.

Si

DUI. DUL. DUL.

Si fes ouvrages n'ont pas la juſteſſe & l'exactitude qu'on eſtime ſi univerſellement dans ceux de Mr. de l'Iſle, il faut s'en prendre au défaut de ſon ſiécle qui n'avoit pas les connoiſſances que nous avons & au malheur attaché aux Sciences de ne pouvoir arriver au degré de perfection dont elles ſont capables qu'à force de temps & d'experiences réiterées. Voici l'Epitaphe qu'on lit ſur ſon Tombeau.

GERARDO MERCATORI,
FLANDRO, RUPILLAMUNDO, JULIACENSIUM PROVINCIA ORIUNDO, DOMESTICO CAROLI V. ROM. IMP. ET GUILLELMI. P. AC JO. GUILLELMI. FIL. JULIACENSIUM ET CLIVIENSIUM DUCUM COSMOGRAPHO.
EDITUS IN LUCEM FUIT III. NON. MART. H. VI. A. MDXII.
EXCESSIT E VIVIS IV. NON. DECEMB. H. XI. A. MDXCIV.

Il y a une Sphere ſur la tombe de ſon fils qui cultiva auſſi la Geographie avec ſuccès.

a Corn.Dict. DUITZ ou TUITZ; [a] Bourg d'Allemagne ſur le Rhin, vis-à-vis de Cologne dont il eſt le Fauxbourg. On croit que Conſtantin le Grand l'avoit fait bâtir & qu'il y avoit un pont qui le joignoit à la Ville de Cologne. Les Pierres de ce Pont détruit par le temps ont, dit-on, ſervi à la conſtruction du Monaſtere de St. Heribert celebre par le Miracle d'une Sainte Hoſtie qui y fut conſervée au milieu d'un incendie arrivé dans le douzieme ſiécle.

b Remarques hiſt. & Crit. faites dans un Voiage d'Italie en Hollande en 1704. T. 2. p. 94. [b] C'eſt le reduit des Juifs qui ne peuvent entrer à Cologne qu'avec une permiſſion expreſſe & en ce cas ils doivent être accompagnez par un Député de la ville qu'il faut bien payer d'où eſt venu le proverbe qu'aucun Juif n'entre dans la ville de Cologne qu'il ne lui en coute un Ducat. Il y a cependant encore dans ce Fauxbourg quelques maiſons de Chrétiens pour recevoir & loger ceux qui n'arrivent pas à temps pour entrer dans la Ville, ou qui pour quelque autre raiſon ſont arrêtez de l'autre côté du Rhin.

1. DULCIGNO, DULCEGNO, DOLCIGNO & DULCINO, Ville de la Haute Albanie a été diverſement nommée par les anciens *Ulcinium*, *Olcinium* & *Olchinium*. Pline [c] dit qu'on l'appeloit anciennement *Colchinium*, d'où il ſemble que l'Olchinium ait été formé par le retranchement du C. & Olcinium, puis *Ulcinium* par des alterations poſterieures. Tite Live [d] en nomme les Habitans *Olciniatæ*. Pline [e] dit qu'elle avoit été bâtie par les Colches. Quelques-uns la mettent en Dalmatie & Mr. Corneille qui eſt de ce nombre pretend qu'elle appartient veritablement à cette Province & non pas à l'Albanie; la raiſon qu'il en donne c'eſt qu'elle eſt au delà de la Riviere de Boyane & du Lac de Scutari qui ſepare ſelon lui la Dalmatie de l'Albanie. Cette preuve eſt fauſſe. Car 1. Dulcigno eſt en deça de la Boyane, & 2. ce n'eſt pas cette riviere qui fait la ſeparation des deux Provinces, mais Monte Negro, ou la Montagne Noire au delà de laquelle, par raport à nous l'une & l'autre Dulcigno eſt placée. Je parlerai de l'autre dans l'article ſuivant. [f] Cette Ville a eu ſon Evêque ſuffragant d'Antivari avec un bon port, & une forte Citadelle. Elle eſt à vingt-quatre milles de Scutari, & voiſine du Golphe que forme le Drin à ſon embouchure. Ce qui a le plus contribué à rendre cette ville fameuſe, ce ſont les pirateries des vaiſſeaux auxquels elle a ſervi de retraite. [g] Ce ſont les Turcs qui en ſont Maîtres, elle peut contenir ſept à huit mille ames. C'eſt une aſſez bonne *échelle*, c'eſt-à-dire, dans le langage du Levant une ville de Negoce. Les Francs y ont un Conſul. Les Venitiens l'aſſiegerent inutilement en 1696. On apelle ſes habitans *les Dulcignotes*.

2. DULCIGNO VECCHIO, ou l'ancienne DULCIGNO, elle eſt plus vers le Nord, ſur les confins de la Dalmatie au Sud-oueſt d'Antivari.

§. C'eſt ſans doute à cette derniere, qu'il faut apliquer ce que les anciens ont dit d'*Ulcinium* quoi que Mr. Spon, & pluſieurs autres parlent comme ſi le Port de Dulcigno étoit unique & le même que les anciens ont connu; au lieu qu'il faut entendre de Dulcigno Vecchio, les témoignages des Auteurs anciens.

1. DULCINDE, Ville de Perſe. Elle eſt ruinée & marquée pour un ſimple Village dans l'Atlas de De Wit ſur la place ſur le bord d'une Riviere qui a ſon embouchure auprès de Patanis.

2. DULCINDE, Petit Pays de la Partie meridionale de la Perſe. Il eſt ainſi nommé à cauſe de la Ville de Dulcinde. Ptolomée [h] nomme ce Pays la CARMANIE DESERTE. Mr. de l'Iſle [i] le deſigne par les mots de DESERTS SABLONEUX dans la Province de Mekran ſur les confins du Kerman.

DULCIS PORTUS. Voiez GLYKYS LIMEN.

DULECK ou DULEKE, [k] Ville d'Irlande dans la Lagenie au Comté d'Eſt-Meath à ſept milles preſque à l'Eſt de Slane & à quatre au Sud de Drogheda ſur la Riviere de Nenny. Elle a droit d'envoyer deux Deputez au Parlement & donne le titre de Baron à Mylord Bellew.

DULGIBINI, ſelon Tacite [l], ou
DULGUMINI, ſelon Ptolomée [m] ancienne Nation Allemande peu connue comme le marque Cellarius [n]. Ainſi on ne peut que faire fonds ſur les conjectures de quelques Savans. Voici comme en parle Mr. d'Audifret [o] : *les Dulgibiniens*, dit-il, *furent originairement une Colonie des Cheruſques qui ne pouvant plus vivre reſſerrez dans leur Pays où ils s'étoient extrêmement multipliez, vinrent habiter cette contrée qui renferme à preſent partie de l'Evêché de Munſter, de la Principauté de Ferden & des Comtez de Lingen, d'Hoye & d'Oldenbourg. Aſcalingium étoit leur principale demeure*, Cluvier l'a fort bien interprêtée la petite Ville de Lingen ſur l'Ems dans le Comté de ce nom. Irenicus a cru ſans fondement que c'étoit celle de Hildesheim.

DULICHIUM, Iſle de la Mer Ionienne, & l'une des Echinades. Elle eſt ſituée ſelon la deſcription qu'en donne Strabon près d'Oeniades & de l'embouchure de l'Acheloüs; à cent ſtades d'Araxe promontoire des Eléens. Homere l'a nommée PALEIS ſelon Pherecyde cité par Strabon qui dit que de ſon temps

Geograph. della Dalmat. p. 337.

g Spon Voiage de Dalmacie T. 1. p. 69.

h L. 6. c. 6.
i Atlas.

k Etat preſ. d'Irlande p. 38.

l German. c. 34.
m L. c.
n Geog. ant. T. 1. L. 2.
c ſ.
o Geog. T. 3. p. 8.

p L. 10. p. 455. & ſequent.

la

la nommoit DOLICHA. Etienne le Géographe dit la même chose & l'appelle *Oxeia* Ὀξεῖα c'est-à-dire, *pointues* au pluriel. Quelques-uns, dit le même Auteur, ont osé dire que c'étoit la même que Cephalenie: Strabon refute leur opinion. Hesyche fait encore pis en appellant *Dulichium* une Ville de Cephalenie en quoi il se trompe fort. Ce sont deux Isles très-distinctes. Pline [a] les distingue très-bien l'une de l'autre. Il distingue aussi *Dulichium* d'*Oxia*. Quelques modernes la nomment Thiaki. D'autres pretendent que Thiaki est l'ancienne Ithaque une des principales Isles du Roiaume d'Ulysse & les Cartes de Sophien & de Sanson la placent en ce lieu. Mais, comme le remarquent Mrs. Spon [b] & Wheler [c], ils peuvent s'être trompez, car Strabon parlant de l'Isle d'Itaque lui donne quatre-vingts stades de tour qui sont dix milles d'Italie, & Thiaki en a pour le moins le double; ainsi je crois qu'Ithaque est un autre écueil éloigné de sept ou huit Milles qu'il est apellé encore *Jathaco* qui est bien plus petit que Thiaki. (ce sont ces deux Voiageurs citez qui parlent & comme ils s'expriment dans les mêmes termes l'un & l'autre il est indiferent qui des deux continue.) Je crois, poursuit Mr. Spon, que THIAKI est l'Isle de *Dulichium* parce qu'elle a au devant un grand port avec les masures d'une ville apellée encore à present *Dolicha* comme Strabon a remarqué qu'elle s'apelloit de son temps: ce qui me paroit assez convainquant. Neanmoins il semble que Strabon soit du côté de ceux qui prennent Thiaki pour Ithaque & lui-même ignoroit peut-être la veritable situation de ces Isles, parce que les noms en étoient déja changez. Car du reste si nous recourons à Homere, il ne semble pas que Dulichium soit une des Isles Echinades comme les Géographes qui sont venus après lui ont pensé; & quoi qu'il en soit, c'est une question assez dificile à décider. Deux Vaisseaux Anglois vont tous les ans charger du Raisin de Corinthe dans le port de l'Isle de Thiaki. Ce Raisin est cultivé par les habitans qui sont reduits à trois Villages apellez *Onoi*, *Vathi*, & *Oxia*. On y voit des l'un les masures d'un vieux Château que les Insulaires disent être le reste d'un Palais d'Ulysse. Pour l'Isle d'Ithaco, elle est deserte & ceux de Thiaki y vont de temps en temps pour la cultiver.

[a] L.4.c.12.
[b] T.1.p.78.
[c] T.1.p.52.

DULMA, [d] ancienne Ville autrefois Episcopale suffragante de Spalato. Elle étoit dans la Bosnie sur les confins de la Dalmatie. Elle est à present tellement ruinée qu'il n'en paroit aucune trace.

[d] Baudrand Ed. 1705.

DULMEN, Petite Ville d'Allemagne dans la Westphalie, au Diocese de Munster; c'est la Patrie de Herman Busch qui enseigna les belles Lettres avec aplaudissement en plusieurs Villes d'Allemagne & mourut dans sa patrie l'an 1535. David Chytræus [e] dit que *Dulmen* est un reste des anciens *Dulgumiens*. C'est le chef-lieu de son petit *Pays* qui porte le même nom; Zeyler [f] écrit le nom du pays *Dulman*.

[e] Orat. de Westphal. p.3.
[f] Westph. Topogr. in suplem.

1. DULOPOLIS, forteresse d'Egypte selon Etienne le Geographe.

2. DULOPOLIS, Voiez ACANTHE 4.

DULΩNPOLIS; c'est-à-dire, *la Ville des Serviteurs*, ou *des Esclaves*. Elle étoit dans la Libye selon Hecarée dans sa Periegese alleguée par Etienne le Géographe qui ajoute que si un esclave portoit une Pierre en cette Ville, il sortoit d'Esclavage quand même il auroit été étranger. Le même Géographe dit qu'il y avoit une autre Ville nommée Ἱεροδούλων, c'est-à-dire; *des Esclaves sacrez* dans laquelle il n'y avoit qu'un seul homme de libre. On a imputé à ce même Auteur d'avoir dit qu'il y avoit en Crete une Ville nommée Dulopolis; mais Berkelius le justifie en expliquant Κατὰ Κρητην par ces mots, *proche de la Crète* & non point *en Crête*; ce qui revient à la situation de *Dulopolis* qui étoit aussi nommée *Acanthe*.

1. DUMA. Voiez DOMME, & PUY DE DOMME.

2. DUMA, [g] grand Village de la Palestine dans la Tribu de Juda, en Daroma, c'est-à-dire, dans la Partie Meridionale de cette Tribu, & sur les Confins d'Eleuteropolis à dix-sept mille pas de cette Ville selon Eusebe & St. Jerôme. Au lieu de Duma nommé dans le texte Hebreu en Josué [h] la Vulgate lit RUMA, & la plûpart des Editions des Septante portent Ruma comme le témoigne le P. Bonfrerius dans ses Notes sur l'Onomasticon des villes & lieux de l'Ecriture Sainte; cependant ajoute-t-il, non seulement l'Hebreu a jusqu'à present DUMA & il semble qu'Eusebe l'ait trouvé ainsi écrit dans la version des Septante. Tout le monde sait la ressemblance du ר & du ד & combien il est facile que l'un soit pris pour l'autre. La Vulgate emploie elle même le nom de Duma [i], & il semble qu'il signifie en cet endroit l'Idumée. C'est ainsi que le rendent les Septante. L'Ecriture [k] nomme *Duma* le sixieme fils d'Ismael. Voiez RUMA.

[g] Onomast. p.64.
[h] C.15.v.52.
[i] Isaie c.21.v.11.
[k] 1 Paralip. c.1.v.30.

DUMANA, Ville de l'Ethiopie sous l'Egypte, selon Pline [l].

[l] L.6.c.29.

DUMAS-HAFF, ancien nom du Golphe de Bothnie.

DUMATHA [m], ou DUMÆTHA Ville de l'Arabie selon Etienne le Géographe. Porphyre [n] en fait aussi mention, & écrit que les habitans immoloient châque année une fille, mais il les nomme *Dumatiens*, au lieu qu'Etienne les nomme *Dumatheniens*. Ptolomée [o] nomme DUMÆTHA une Ville de l'Arabie Pétrée.

[m] Ortel. Thesaur.
[n] De Esu carn. l.2.
[o] L.5.c.19.

DUMBAR, Ville d'Ecosse. Voiez DUNBAR.

DUMBARTON. Voiez DUNBRITTON.

DUMBI MARE, ancien nom Latin du Golphe de Bothnie.

DUMBLAIN, [p] Mr. Corneille écrit DUMBLANE, à l'exemple de Mr. d'Audifret. Cette Ville est située sur l'Allan dans la Province de Menteith dans l'Ecosse Meridionale. C'est la Capitale de cette Province, & elle étoit autrefois le siege d'un Evêque; dont la Cathedrale est une Eglise d'une structure admirable.

§. Mr. d'Audifret [q] nomme *Leth*, la Riviere sur laquelle cette Ville est située; Mr. Baudrand la nomme *Laith*. Le premier dit que Dumblane est la seule ville que renferme la Province de Menteith, & l'Etat present d'Ecosse y en met deux autres, à savoir Clakmannan & Kinross, mais le même Auteur avoue que d'autres les placent dans la Province de Fife.

[p] Etat present de la G. Bret. T.2.p.251.
[q] Geog. T.1.p.206.

DUM. DUM.

Fife. Mr. d'Audifret dit de plus que Dumblain a été connue des Anciens fous le nom de *Lindum* Cité des Damniens que d'autres, ajoute-t-il, interpretent *Linlithgow*. Le P. Briet [a] traduit la *Lindum* des Damniens par *Lithgno*. Mr. d'Audifret donne Glascow pour Metropole à l'Evêché de Dumblain. Mr. Baudrand [b] & le P. Briet [c] le font fuffragant de St. André. Buchanan [d] en attribue l'érection au Roi David I. Dumblain depute à l'affemblée qui nomme les deputez au Parlement de la Grande Bretagne pour l'Ecoffe depuis l'union des deux Roiaumes.

[a] Paral. 1. part. l. 2. p. 184.
[b] Dict.
[c] L. 3. p. 239.
[d] Rer. Scot. l. 7.

DUMBRITON. Voiez DUNBRITTON.

DUMBROSA, Petite Ville d'Irlande dans la Province de Connaught. Mr. Baudrand [e] dit qu'on ne fait pas bien où elle est, & il conjecture que ce pourroit être DUNDROES Château du Comté de Slego fur la côte. Peut-être est il plus vraifemblable que c'est DUNBROYLE qui eft au Nord de Dundroes dans l'Ifle de Dunbroyle. Comme, il ne nomme point fon Auteur je n'ai pu le confulter pour vérifier ma conjecture.

[e] Dict.

DUMCHONEL [f], petite Ifle d'Ecoffe à l'Occident de la Province de Lorn [g]. Elle a au midi celle de Culurenin, à l'Occident les deux de Naugh, à l'Orient celles de Bheulnaby & de Muldonich.

[f] Buchan. rer. Scot. l. 1.
[g] Blaeu Atlas.

DUME, ancienne Abbaye d'Efpagne. Elle étoit fituée *non loin de* Brague, comme parle l'Auteur de l'Abregé de l'Hiftoire de l'Ordre de St. Benoît [h]. Saint Martin né en Pannonie, mais different de St. Martin de Tours étant revenu de fes voiages en Terre Sainte, travailla à la converfion de Theodemir Roi penultieme des Sueves dans la Galice qui avoit alors plus d'étendue qu'elle n'a prefentement. Ce Saint eft furnommé Martin de Dume parce qu'il gouverna l'Abbaye de ce nom. Ce Monaftere aiant été érigé en Evêché par le Premier Concile de Lugo, fans toutefois ceffer d'être Monaftere, S. Martin qui en étoit déja Abbé fut ordonné Evêque, on lui donna encore la conduite de l'Eglife Metropolitaine de Brague & il y affembla un Concile l'an 572. Martin de Dume eft nommé Saint par le dixieme Concile de Toledo [i]. Ifidore [k] apelle ce Monaftere, *Monafterium Dumienfe*. Cet Evêché a été enfuite uni à l'Eglife de Brague. Voiez DUMIUM.

[h] T. 1. p. 312.
[i] T. 5. Concil. p. 903.
[k] De Viris Illuft. c. 35.

DUMFERMLING, place de l'Ecoffe Meridionale dans la Province de Fife; en Latin *Dunum-Fermelim*, ou *Fermelino-Dunum*. Il y avoit autrefois un Monaftere qui poffedoit de grands revenus & l'Auteur de l'Etat de la Grande Bretagne [l] dit qu'on y en voit encore les ruines. Blaeu [m] ajoute qu'il fut fondé par le Roi David I. & il écrit ce nom DUNFERMELIN. Il y a auffi dans ce même lieu une Maifon Roiale, où naquit l'infortuné Charles I. Dumfermling donne le titre de Comté à une branche de la famille de Seaton. Ce lieu deputoit au Parlement d'Ecoffe avant l'union.

[l] T. 2. p. 247.
[m] en Atlas.

DUMIUM, [n] c'eft le même que le Monaftere de DUME. J'ajouterai ici qu'une ancienne Notice de l'Efpagne nous aprend que cette Abbaye aiant été érigée en Evêché on lui affigna la Maifon Roiale pour Diocèfe & que

[n] Carol. à S. Paulo, Geog. facr. p. 180.

Jean Evêque de Dume foufcrivit au troifieme Concile de Tolede, & Benjamin Evêque du même lieu foufcrivit au Decret du Roi Gundemar.

DUMMERA LACUS. Voiez l'Article fuivant.

DUMMER-ZE'E, ou le LAC DE DUMMER; Mr. Corneille écrit *Dummer-Zée* ou *Lac de Dumre*; Lac du Cercle de Weftphalie [o]. Il confine à l'Evêché d'Ofnabrug, à celui de Munfter & à celui de Minden & au Comté de Diepholt. Il eft formé de plufieurs ruiffeaux qui s'y raffemblent & particulierement des eaux de la Hunte Riviere qui les raffemblant tous va fe mêler enfin avec le Wefer dans le Comté d'Oldenbourg. [p] Sanfon nomme ce Lac Lac de DAMM, & met à l'Occident de ce Lac au bord d'une Riviere qui le traverfe un bourg qu'il nomme *Damma*, & fur cette autorité Mr. Maty croit que c'eft ce qui donne quelquefois le nom de Damma à ce Lac. Le Ruiffeau qui coule à Damm ne traverfe point le Lac & s'y perd. Mais Sanfon ne devoit pas oublier de faire entrer la Hunte dans ce Lac puifque c'eft la plus confiderable riviere qui y entre & que l'on peut dire que c'eft elle qui le forme.

[o] Carte de la Weftphalie par Mefrian.
[p] Atlas.

DUMNA, Ptolomée [q] & Pline appellent ainfi une Ifle de l'Ocean feptentrional. Le premier la met à 30. d. de longitude & à 61. d. de latitude, & fes Interpretes ajoutent en marge que quelques-uns la prennent pour l'Iflande; ce qui feroit exceffif pour la latitude, car il la met auprès des Orcades. Pline [r] la nomme qu'avec precaution & ne garantit point ce qu'il ne dit que fur le raport d'autrui. Après avoir parlé de quelques Ifles voifines de la Grande Bretagne il ajoute: *funt qui & alias prodant Scandiam, Dumnam, Bergos*. S'il eft vrai que *Scandia* foit ici la *Scanie* & que *Bergi* foit le Territoire de Berghen en Norvegue ce feroit ici un étrange renverfement, & Pline nommant *Dumna* entre ces deux pays, nous depaiferoit beaucoup. Il vaut mieux s'en tenir à Ptolomée. Ortelius [s] conjecture que c'eft peut-être Hoy, ou Ways, il declare même fon penchant en faveur de cette derniere. Cambden [t] décide en faveur de FARRE, parce que la feule Bourgade qu'il y ait porte le nom de *Duma*, cette preuve eft prévenante, fans être décifive.

[q] L. 2. c. 3.
[r] L. 4. c. 17.
[s] Thefaur.
[t] Britann.

DUMNISSUS & DOMNISSA, DUMNISSUM, ou DUNNESSA lieu vers la Mofelle. Aufone en parle en ces vers.

Præterea avrentem fitientibus undique terris Dumnifum.

Mr. Baudrand [v] croit que c'eft un Village du Palatinat du Rhin nommé ci-devant TONNESSE, & à préfent DENSSEN, & il cite pour fon garant le favant Marquard Freher. Ce lieu eft à 7. mille pas au-deffus de *Thuan* vers le Nord, & à un peu plus de la Mofelle vers le couchant fur les confins du Pays de Tréves dans le Nachgow au-deffous de Kirchberg.

[v] Edit. 1682.

DUMNITONUS, [x] lieu d'Aquitaine duquel parle Aufone dans fes Epîtres. Scaliger lit DUMNOTONUS: Vinet en expliquant le paffage d'Aufone conjecture que ce peut être DOM-

[x] Baudrand Ibid.

DOMNISSAN village situé sur la Garonne vis-à-vis de Blaye. Mr. de l'Isle nomme ce Village *Donissent* dans le Medoc.

a Baudrand Ed. 1705. DUMNO,[a] petite Ville de la Turquie en Europe dans la Servie ; à cinquante pas de Belgrade au Midi, en allant à Narenta. En Latin *Delminium.*

§. Cette Ville est mieux indiquée à l'article de DELMINIO. Mr. de l'Isle écrit *Deliminio.*

DUMNONIENS, Peuple qui habitoit anciennement la Bretagne citerieure & occupoit le Pays qu'on apelle aujourd'hui, CORNOUAILLES & DEVONSHIRE. Voiez DAMNONII.

DUMNOTIRUM, Bourg de l'Ecosse septentrionale. Voiez DUNNOTYR.

DUMNUS. Voiez THUAN.

b Baudrand Edit. 1705. DUMO[b], ou DUMA, Château de l'Isle de Faire dans l'Ocean Deucaledonien entre les Orcades & les Isles de Schetland.

DUMRE. Voiez DUMMER-ZEE.

DUMUM, nom Latin du PUY DE DOMME. Voiez DOMME.

e Ibid.
1. DUN,[c] petite Riviere d'Angleterre dans les Provinces du Nord & dans celle d'Yorck. Elle coule à Duncastre (qui en prend son nom) & ensuite se perd avec l'Humber à quelques milles de là. Quelques-uns disent le DON & Doncastre.

2. DUN, Riviere de l'Ecosse meridionale. Elle a sa source dans un Lac de la Province de Carrick & coulant vers le Midi où elle se charge de plusieurs ruisseaux, elle tourne vers le Nord-ouest, separant cette Province de celle de Kyle.

d Longuerue Desc. de la France 1. part. p. 192.
3. DUN,[d] Petite Ville de France dans le Duché de Bar. Cette Prevôté est au midi de Stenai sur la Meuse dans le Diocese de Reims : aussi étoit-elle dans le païs de Dormois ou Doulmois. Dun appartenoit au Duc Godefroi le Bossu & à sa femme Mathilde, qui tenoient le parti de Gregoire VII. contre Henri IV. Cet Empereur aïant condamné le Duc comme criminel de léze Majesté, donna Dun à Thierry Evêque de Verdun, & à son Eglise, par des Lettres Patentes données l'an 1066. Le Duc & Mathilde laissérent les Evêques de Verdun en possession de Dun, & firent d'ailleurs à cette Eglise de grands biens ; mais dans le siécle suivant, l'Evêque Henri de Blois engagea pour une petite somme Dun, & d'autres terres de l'Evêché, à Renaud Comte de Bar, qui eut aussi bien que ses Successeurs, la Seigneurie Directe & le haut Domaine de Dun ; mais la Seigneurie utile appartient long-tems aux Seigneurs d'Apremont, jusqu'à ce que Robert, premier Duc de Bar, l'acquit par échange de Gobert Seigneur d'Apremont l'an 1387 ; il l'unit à son Duché, & Dun devint une Prevôté membre du Bailliage de S. Miel, comme elle étoit au tems que le Cardinal de Bar fit sa Donation à René d'Anjou, dans laquelle il comprit Stenai & Dun, comme des Prevôtez du Bailliage de S. Miel. Le Duc de Lorraine la ceda à la France l'an 1633. Elle a eu autrefois des fortifications ;
e Baudrand Atlas. mais depuis on l'a démantelée.

4. DUN,[e] petite Ville de France dans la Marche à une lieue de la Creuse, & à deux de Celle-Dunaise du coté du Couchant.

5. DUN-LE-ROI, Ville de France dans le Berri.[f] Elle est située sur les confins du Bourbonnois, & étoit dès le temps de Robert Gaguin une ville des plus celebres de l'Aquitaine. *Celebrium locorum Aquitania tractus hæc nomina sunt Biturix, Magdunum, Dunum Regis.* Aujourd'hui c'est la troisieme de la Province de Berri. Plusieurs Ecrivains ont cru qu'elle étoit le *Noviodunum* qui se soumit à Jules Cesar, lors qu'il entra en Berry. D'autres veulent que Noviodunum soit Nouan qui n'est à present qu'un village à deux ou trois lieues de Bourges. Sanson veut que ce soit Neuvi sur Baranjon qui est sur le chemin d'Orléans, d'où venoit Cesar, & cette conjecture est la plus vrai-semblable de toutes.[g] Dun est du Domaine Roial & avoit autrefois ses Seigneurs particuliers qui portoient le nom d'Astier. Mr. de Longuerue dit qu'on ne sait pas comment les Rois de France ont acquis la portion la plus considerable de cette Seigneurie ; mais on voit, ajoute ce savant Abbé, que Humbert Astier & ses freres vendirent au Roi Philippe le Hardi l'an 1275. ce qu'ils avoient à Dun-le-Roi. Mr. Piganiol de la Force parle plus décisivement.[h] Il pretend qu'Arpin Vicomte de Bourges dernier Seigneur de Dun la vendit au Roi Philippe I. qui la réunit à son Domaine. Philippe le Bel échangea la Ville & la Chatellenie de Dun avec Henri de Seully Grand Bouteiller de France, pour celle de Château-Regnard qu'il vouloit donner à l'Archevêque de Lion. Chopin[i] se trompe lors qu'il attribue cet échange au Roi Charles V. Les Bourgeois furent si touchez de cette Alienation qu'ils prierent le Roi Charles IV. dit le Bel de la revoquer & de réünir cette ville à son Domaine. Le Roi leur accorda leur demande moïennant quatre mille livres Parisis que les Bourgeois lui payerent & voulut que cette ville demeurât perpetuellement annexée à son Domaine. On croit[k] que c'est à cause de ce Privilege qu'elle fut nommée Dun-le-Roi. Charles VII. ne laissa pas malgré le Privilege de Charles IV. de mettre cette ville deux fois hors de sa main ; mais à la priere des habitans il la réünit à la couronne pour y demeurer inseparablement unie.[l] Ces Privileges furent confirmez par Louïs XI. l'an 1465. de sorte que les Princes de Condé qui ont joüi du Domaine de Dun-le-Roi depuis le Regne de Louis XIII. n'ont eu d'autre titre que celui d'Engagistes.

f Piganiol de la Force Desc. de la France T.6. p. 35.

g Longuerue desc. de la France 1. part. p. 126.

h Ibid.

i De Doman. l. 3. t. 16.

k Chopin. de Doman. l. 2. t. 1.

l Longuerue 1. c.

6. DUN-LE-ROI, Village de France au Duché de Bourgogne ; dans le Bailliage de Semur en Brionnois, dans la Generalité de Dijon. Le Denombrement du Roiaume de France[m] le compte pour quatre-vingt douze feux. Mr. Maty en fait une petite ville, Mr. Baudrand un Bourg. Le livre cité & Mr. de l'Isle n'en font qu'une Paroisse.

m T. 2. p. 173.

DUNA, Riviere de Pologne ; en langue Russienne DZWINA il ne faut pas la confondre avec la *Dwina* Riviere dans la partie septentrionale de l'Empire Russien. La Duna a sa source auprès de celle du Wolga dans le Duché de Reschow, puis entrant dans la Principauté

DUN.

pauté de Biela, elle reçoit l'Opſcha qui coule à Biela d'où coulant en Pologne toujours vers l'Occident & ſerpentant tantôt vers le Midi tantôt vers le Nord, elle arroſe les Palatinats de Witepsk & de Polocks dont elle baigne les Capitales, puis celui de Wilna, où elle reçoit la Drieſna & la Driſſa. Enfin ſeparant la Livonie de la Semigalle, & la Curlande, elle va ſe perdre dans la Mer au-deſſous de Riga auprès du Fort nommé DUNAMUNDE parce qu'il eſt preciſement à l'embouchure de la Duna. Elle donne auſſi ſon nom à Dunebourg fortereſſe ſituée ſur ſes bords dans la Livonie Polonoiſe.

DUNAYECZ, Riviere de Pologne. Voiez DONAIECZ.

a Ortel. Theſaur.

DUNAX[a], Montagne de Thrace, ſelon Strabon. C'eſt la partie la plus élevée du Mont Rhodope. Tite Live la nomme DONUCA; & dit qu'elle eſt extrémement haute.

b Corn. Dict. Jouvin de Rochefort Voiage d'Angleterre.

DUNBAR,[b] quelques-uns écrivent DUMBAR, DOMBAR, ou DAMBAR. Ville d'Ecoſſe dans la partie la plus Orientale de la Province de Lothian. Les Rois d'Ecoſſe aiant perdu Barwick fortifierent Dunbar d'un bon Château qui fut demoli en 1567. en vertu d'une reſolution du Parlement. Elle eſt renommée par la grande pêche de Harencs & de Saumons qu'on porte delà en France & dans les autres parties de l'Europe. Le port n'en ſeroit pas bon ſi la rade qui eſt au devant n'étoit à l'abri de quelques hauts rochers, qui bordent ces côtes-là, au pied deſquelles eſt une partie de Dunbar. Cette partie ſert de demeure aux Pêcheurs; & il y a une belle & grande ruë. Cette Ville eſt à neuf lieuës d'Edimbourg & à huit de Barwick. [c] Les *Homes* ſont deſcendus d'une ancienne & puiſſante famille qui portoit le nom de Dunbar & ce fut auprès de cette ville que l'armée Ecoſſoiſe du Roi Charles II. fut miſe en deroute en 1650. Cromwel s'étant retiré par une feinte les Ecoſſois qui avoient eu auparavant quelque avantage ſur lui s'imaginerent que la peur l'avoit ſaiſi & qu'il ne pouvoit manquer de tomber entre leurs mains; mais Cromwel prit ſon temps pour les ſurprendre. Le marché qui ſe tient en cette ville eſt fort déchu. Mr. Baudrand [d] traduit en Latin le nom de *Dumbar*, par ceux de *Dumbarum, Bara* & *Vara*. Mr. Corneille dit ſans preuve que les anciens l'ont connuë ſous le nom de *Dumbritonium*. Ce nom a été inconnu aux anciens & le P. Briet [e] n'en connoît point d'autre que celui de *Dambarum*, qu'il exprime par *Dambar* en François, au lieu de Dunbar.

c Etat preſent de la G. Bret. T. 2. p. 245.

d Ed. 1705.

e Paral. T. 1. 2 p. l. 3. pag. 222.

f Etat preſent de la G. Bret. T. 1. p. 254.

DUNBARTON,[f] Ville de l'Ecoſſe meridionale dans le Comté de Lenox, dont elle eſt la Capitale; c'étoit autrefois une ville fort marchande. Elle eſt ſituée ſur le Leven entre le Lac Lomond & la Cluyde; & elle a un des plus forts Châteaux qu'il y ait en Europe. [g] Il eſt ſitué au milieu d'une plaine ſur un rocher à deux pointes baigné d'un côté de la Cluyde & de l'autre du Leven aiant au milieu un étang d'eau douce. Ce Château n'a qu'une ſeule avenue fort étroite par des degrez taillez dans le Roc, où un homme ſeul ne ſauroit monter qu'avec peine. La plaine qui l'environne eſt extrémement bourbeuſe, à cauſe du

g Corn. Dict. Jouvin de Rochefort Voiage.

DUN. 175

flux de la Mer qui la couvre toute. Les dernieres guerres du dix-ſeptieme ſiécle ont fort endommagé cette Ville & diminué ſon commerce de ſaumons, qu'on y pêchoit en ſi grande quantité dans les Golphes & autour des Iſles voiſines qu'on en fourniſſoit pluſieurs Provinces étrangeres. On ne laiſſe pas d'y en pêcher encore tous les ans un très-grand nombre que l'on tranſporte dans la plus grande partie de l'Europe. On recueille auſſi beaucoup de Goudron que l'on tire des Sapins qui croiſſent ſur les Montagnes dont ſont bordez tous ces Golphes. A l'entrée de celui de Dunbarton qu'eſt le haut Rocher Ailza. Mr. d'Aufriſet qui pretend que Dumbar [h] eſt *Dumbritonium* Cité des Ladenes, dit [i] que Dunbarton eſt Dumbritonium Cité des Damniens. Elle a été ainſi appellée, pourſuit-il, des Bretons auxquels elle ſervit de retraite du temps des Romains à cauſe des efforts des Pictes, des Ecoſſois & des Anglois-Saxons. Après que cette Nation eut été ſubjuguée cette ville eut nom ALCLUYD; mais elle reprit bien-tôt le nom de Dunbarton qu'elle a conſervé juſqu'à preſent. Cette ville deputoit au Parlement d'Ecoſſe avant l'union des deux Roiaumes & paſſe pour une des meilleures Places d'Ecoſſe. Quelques-uns la nomment DUNBRITTON & même cette derniere Orthographe eſt preferée par Mr. de l'Iſle.

h Geog. T. 1. p. 205. *i* P. 210.

§. A cauſe de cette ville on nomme quelquefois THE SHIRE OF DUNBARTON la Province de Lenox où elle eſt ſituée.

DUNBARTON-FIRTH,[k] ou le GOLPHE DE DUNBARTON, ou le Golphe du Cluyd; Golphe ſur la côte Occidentale de l'Ecoſſe meridionale; entre les Provinces d'Argile, de Lenox & de Cuningham. Il prend ce nom du Château de Dunbarton qui eſt ſitué ſur la Cluyd à ſept ou huit milles de ſon embouchure.

k Baudrand. Ed. 1705.

DUNBLAINE. Voiez DUMBLAIN.

DUNCASTRE,[l] ou DONCASTRE. Bourg d'Angleterre en Yorck-Shire ſur le *Don* ou *Dun*, qu'il y avoit autrefois un Château d'où vient le mot de Duncaſtre. Il y a une belle Egliſe avec une très-beau Clocher. On y travaille fort en bas, en gands & en chemiſettes à l'aiguille. Ce bourg que M. d'Audifret [m] dit avoir été connu des Romains ſous le nom de *Danum* ou ſelon d'autres *Camelodunum* fut preſque entierement ruiné par le feu du Ciel en 1259. Il [n] a été orné du titre de Duché depuis quelques années & eſt ſur la frontiere de Nottinghamſhire environ à vingt-cinq milles de la Ville d'Yorck au midi & à cent vingt-trois de Londres au ſeptentrion.

l Etat preſ. de la G. Bret. T. 1. p. 130.

m Geog. T. 1. p. 224.

n Baudrand. Ed. 1705.

DUNCKELSPIEL; Voiez DINCKELSPIL.

DUNCKTON,[o] Bourg d'Angleterre en Wiltſhire, ſur la rive Orientale de l'Avon, au deſſous de Salisburi, dans le Hundred de Downton. Mr. Baudrand & ceux qui le ſuivent, diſent ce Bourg nommé Députez au Parlement. Il eſt nommé DOWNTON par l'Auteur de l'Etat preſent de la G. Bretagne [p] qui ſe contente de le nommer parmi les villes & Bourgs où l'on tient marché.

o Blæu Atlas.

p T. 1. p. 123. *q* Etat preſ. d'Irlande p. 66.

DUNDALKE [q], Ville Epiſcopale d'Irlande,

lande, dans la Province d'Ulster & non pas de Leinster, comme dit Mr. Baudrand, & dans le Comté de Louth, à huit milles au Sud-Ouest de Carlingsford. Cette ville a droit de tenir marché public & d'envoier deux Députez au Parlement. Elle étoit autrefois enceinte d'une muraille qui ne subsiste plus. Elle a d'ailleurs un port très-commode. Elle a fourni des quartiers d'Hiver aux troupes dans ces dernieres guerres & a titre de Baronie. Voyez DONDALKE.

DUNDE'E [a], Ville de l'Ecosse septentrionale dans la Province d'Angus à une lieue ou environ de l'Embouchure du Tay. [b] C'est l'ancienne *Alectum* selon Cambden, ou *Taodunum*, selon d'autres Ecrivains, [c] Cité des Horestes. Elle est assez considerable [c] par sa situation, par sa force, & par son trafic; & fut emportée d'assaut par Cromwel qui lui fit sentir des effets de sa fureur. Elle a un bon havre, de fort belles maisons, deux Eglises & un grand hôpital pour les pauvres de la ville. C'est le lieu de la naissance du fameux Historien Boëtius & elle a donné le titre de Vicomte à Graham de Clavers General des troupes du Roi Jaques II. en Ecosse, & qui fut tué dans la Bataille de Gillicranky. [d] Elle a son Connétable qui par un droit particulier porte à la guerre l'enseigne des Rois d'Ecosse. On y fait des draps de Laine.

DUNEBOURG ou DUNENBOURG; Ville de Moscovie dans la partie Orientale de la Litlandie. Elle est située sur une petite Montagne environnée de Marais aux frontieres de la Semigalle sur la Riviere de la Dune dont elle a reçu le nom. Cette ville qui n'est qu'à six milles des confins de la Lithuanie au septentrion est assez bien fortifiée & fut prise sur les Polonois, en 1655. par les Suedois à qui les Moscovites l'enleverent quelque tems aprés.

§. Mr. Corneille cite pour garant de cet article Mr. d'Audifret qui ne dit autre chose de Dunebourg, sinon que c'est une petite ville assez bien fortifiée. L'Edition Latine du Dictionnaire de Mr. Baudrand fournit presque tout le reste. Dunebourg est une forteresse de la Livonie Polonoise sur le bord septentrional de la *Duna* qui lui donne son nom.

DUNELMUM, Ancienne ville Episcopale d'Angleterre. Voiez DURHAM.

DUNEMUNDE, DUNEMUND, ou DUNEMONDE. [e] Forteresse de Courlande au bord Oriental de la Dune dans la mer. Elle [f] fut prise en 1621. par les Suedois & enfin par les Moscovites [g] au commencement de ce siecle.

DUNEN, [h] Fort sur la Rive droite du Rhin entre Arnhem & Wageningen.

☞ DUNES, Colines de Sable qui bordent quelques côtes de l'Ocean & lui servent de bornes pour garantir l'inondation le païs voisin.

1. DUNES, On donne particulierement ce nom à une grande rade sur les côtes Orientales de l'Angleterre vis-à-vis de Kent [i]. Comme il y a un bon ancrage, c'est là que s'assemblent les flottes de la grande Bretagne. Les Dunes sont défendues par les Châteaux de Sandown, de Deale, & de Walmer.

2. DUNES, Partie Maritime de la Province de Kent en Angleterre [k]. Ce territoire jouït d'un air salubre, mais ingrat, delà vient le proverbe National; qu'aux Dunes on a santé sans richesses.

3. DUNES [l], On apelle ainsi les côtes de Flandres près de Furnes entre Dunkerque & Nieuport.

4. DUNES, L'*Abbaye* DES DUNES, ou NOTRE DAME DES DUNES Abbaye de l'Ordre de Citeaux. Elle fut fondée l'an 1128. à un quart de lieue de Furnes au bord de la mer. Elle a été depuis transferée à Bruges.

5. DUNES, Petite Ville de France dans l'Armagnac à une lieue ou environ de la Garonne vers le midi & à cinq de Lectoure au Nord.

DUNESLEY. Petit Golphe ou Baye d'Angleterre sur la côte d'Yorckshire près du Bourg de Whitby. C'est un village voisin qui lui donne ce nom.

DUNFREYS, DUMFREYS ou DUMFRIES [o]; Ville de l'Ecosse Meridionale dans la Province de Nithisdale sur le Nith & près de son Embouchure. Cette ville est agreable, fort Marchande, & remarquable par son beau pont de Pierres sur lequel deux Carrosses peuvent passer de front. Mr. d'Audifret [p] croit que c'est l'ancienne *Trimontium*. Le Territoire de Dumfries abonde en bled & en pâturage, & les habitans trouvent bien leur compte dans la vente qu'ils font de leur bétail en Angleterre.

DUNGALL. Voiez DUNNEGAL.

DUNGANNON, [q] Bourg, ou petite ville d'Irlande. Il est situé sur une montagne dans l'Ulster, au bas Comté de Tyrone & la residence du Comte de Tyrone, au Nord d'Armagh, & au Couchant Meridional de Charlemond à quatre lieues de l'une & à deux de l'autre.

DUNGARVAN ou DONGARVAN Ville d'Irlande dans la Province de Munster au Comté de Waterford à vingt milles & presque au Sud-Ouest de Waterford & à treize mille à l'Orient de Lismore. Elle est située sur la mer, munie d'un bon Château & d'une rade très-commode pour les vaisseaux. Elle envoie deux Députez au Parlement.

DUNGEANON, ou DUNCANNON [s]. Ville d'Irlande dans la Province de Leinster, au Comté de Wexford; à près de cinq milles & à l'Ouest de Banne & à deux de Feathard. Elle est munie d'un bon Château sur Waterford-haven, ou le Havre de Waterford en sorte qu'aucun vaisseau ne peut aller à Waterford ni à Ford sans en avoir la permission.

DUNGEN ou DUNGE [t], petite Riviere des Pays-bas dans le Brabant Hollandois. Elle prend sa source dans la Mayerie de Turnhout & aiant passé à Ryle g. à Rein, g. à Dieren, d. à Dungen g. proche de 's Gravemoer d, elle se perd dans le Bies-bos au dessus de Gertruydenberg.

DUNGHAL. Voiez DUNNEGAL.

DUNGIN [v], Bourg d'Irlande dans la Province d'Ulster, au Comté de Londonderry; à l'Orient & à six lieues de la ville de ce nom. C'est apparemment le même lieu qu'Allard nomme dans son Atlas *Dongevene*,

DUN-

# DUN.	DUN.

DUNGISBY-HEAD, ou le Cap de Dungisby, c'est la pointe la plus Septentrionale de l'Ecosse. Les anciens l'ont connue sous le nom de *Tarvidum*, *Tarvedum*, ou *Orcas*, si nous en croions les Interpretes de Ptolomée [a]. D'autres croient que c'est le Promontoire *Verubium* du même Auteur; mais il ne paroit pas que l'Ecosse Septentrionale fût bien connue de son temps. Ce Cap est dans la Province de Caithness, par les 14. d. 55′. de longitude & les 58. d. 50′. de latitude à l'oposite des Orcades. Il prend ce nom d'un Bourg qui est negligé dans quelques Cartes & nommé Duegsby en d'autres.

[a] l. 2. c. 3. Ptolomée.

DUNKEL, Ville d'Ecosse, en Perthshire [b], sur le Tay au pied du mont Grampius (à [c] onze milles de Perth vers le nord & à trente-deux de Saint André au Couchant d'été.) Elle est environnée de bois fort agréables, & étoit autrefois le siege d'un Evêché (sufragant de l'Archevêché de St. André.) & il y avoit une belle Cathedrale. Aujourd'hui la belle maison du Duc d'Athol en fait le plus grand ornement. Cette ville est le plus grand marché pour les Montagnards, & on tient que cette ville a été la Capitale de la Caledonie. Le P. Briet la nomme DONKELDON. Mr. Baudrand [d] qui écrit DUNKELD, remarque qu'elle est petite, & a été fort maltraitée par les Anglois il y a quelques années.

[b] Etat pres. de la G. Bret. T. 2. p. 265.
[c] Baudrand
[d] Ed. 1705.

DUNKERAN [e], petite Ville d'Irlande dans la Province de Munster dans le Comté de Kerry. C'est une des huit Baronies dans lesquelles on divise ce Comté ; selon l'Auteur de l'Etat d'Irlande qui écrit DUNKERON. Elle a un port au fond de la baye de Kilmare & est nommée DONEKYNE dans la plûpart des Cartes ; c'est aussi le nom que reconnoissent les habitans du lieu.

[e] Etat d'Irlande p. 51.

DUNKERQUE, Ville Maritime de France dans la Flandre Françoise, avec un port sur la côte de la mer du Nord ; à 51. d. 1′. de latitude selon les observations recueillies par le P. Feuillée. Le Meridien de cette ville n'est que d'une minute de degré plus Oriental que celui de l'observatoire Roial de Paris. Elle [f] est située sur un terrain sablonneux & un peu élevé. Elle est plus connuë par l'importance dont elle a été dans ces derniers tems que par son ancienneté. Ce n'étoit dans son commencement qu'un hameau composé de quelques cabanes de pêcheurs. On prétend que St. Eloi y fit bâtir une petite Eglise, de laquelle s'est formée l'appellation de *Dunkerque*, c'est-à-dire, l'*Eglise des Dunes*. Il n'est gueres parlé de cette ville avant le milieu du XII. siecle & les titres de 1160, 1175. & de 1192. la nomment tantôt *Dunikerca*, *Dunkerka* & tantôt *Dunekerca*. La situation avantageuse de ce hameau porta Baudouin le Jeune, Comte de Flandres, à l'agrandir & à en faire une espece de petite ville vers l'an 960, il n'y fit faire qu'une simple muraille suivant l'usage de son tems. Robert de Flandres, dit de Cassel, qui avoit eu Dunkerque en Apanage, y fit bâtir un Château en 1322. qui fut demoli par les revoltez de Flandres. Robert de Bar, qui herita de lui à cause d'Yoland de Flandre femme de Henri IV. Comte de Bar y fit construire une nouvelle enceinte, dont on voit encore des restes du côté du port. Enfin Charles V. y fit bâtir un Château en 1538. pour défendre le port. Ce Château a été entierement démoli à la reserve d'une tour qui subsiste encore. Les Anglois s'en étant rendus les maîtres, le Maréchal de Termes les en chassa en 1558. La France le ceda à l'Espagne par le Traité de Câteau-Cambresis. Le Duc d'Enguien, qui fut ensuite le Prince de Condé, l'assiégea sur les Espagnols en 1646. & malgré la vigoureuse defense que fit le Marquis de Leyde qui en étoit Gouverneur, elle fut obligée de se rendre le 7. d'Octobre après dix sept jours de siege. Les François garderent peu cette Place après le premier Siege. Elle retomba entre les mains des Espagnols, mais le Maréchal de Turenne voulant prendre cette Place en annonça le dessein par la fameuse bataille des Dunes, dans laquelle l'Armée d'Espagne, commandée par D. Juan d'Autriche, fut defaite le 14. de Juin de l'an 1658. Le premier fruit de cette Victoire fut la prise de Dunkerque qui se rendit le 23. du même mois après 18. jours de tranchée ouverte. Aussi-tôt que cette Place fut prise on la remit entre les mains des Anglois conformément au Traité fait avec eux. Quatre ans après, c'est-à-dire en 1662. le Roi Louis XIV. acheta cette ville des Anglois pour la somme de cinq millions, & étant allé voir cette nouvelle aquisition, il trouva de si grands defauts dans les fortifications qu'il jugea d'une necessité absolue de les refaire presque entierement. Dès l'année 1665. on commença par le Château & l'on changea tous les dehors. Ce travail fut continué en 1671. par trente mille hommes que le Roi y emploia. Il y eut quantité de nouveaux ouvrages elevez tant du côté de la Mer, que du côté de la terre, quantité de bastions revêtus, changez, ou refaits. On rasa plusieurs Dunes qui dominoient la Place, & dont les sables étoient quelquefois portez par les vents dans les fossez & dans les Canaux. La Citadelle fut perfectionnée ; le Fort Louis achevé & pour rétablir le port on coupa un banc de sable de cinq à six cens toises qui fermoit l'entrée. Au lieu du Canal de Mardick que les sables combloient, on fit un nouveau Canal par où en tout temps pouvoient entrer & sortir des Vaisseaux de guerre de soixante & dix-pieces de Canon. Le Canal étoit formé par deux Jettées de Charpente qui s'avançoient fort loin dans la Mer. Ces Jettées avoient mille toises de longueur chacune, & étoient éloignées l'une de l'autre d'environ quarante toises. A la tête de ces jettées étoient deux Châteaux de Charpente dont un étoit apellé le Château verd & l'autre le Château de Bonne esperance. C'étoient deux bonnes batteries, sur lesquelles on pouvoit mettre cinquante pieces de Canon & qui empêcherent les ennemis d'approcher assez près de Dunkerque en 1695. pour la bombarder. Car ils ne purent soutenir le feu du Canon de ces deux batteries. A côté de ces jettées en allant vers la ville on voyoit deux Risbans ou Forts de Massonnerie. L'ancien Risban étoit à l'Ouest & communiquoit par le moien d'un pont de bois à la jettée qui étoit du côté de la Citadelle. Ce Fort avoit quelquefois jusqu'à trois ou quatre

[f] Piganiol de la Force Desc. de la France T. 6. p. 225. & suiv.

tre cens hommes de Garnison, & pouvoit porter sur ses remparts jusqu'à quarante-six pièces de Canon en batterie. *Le Nouveau Risban* fut construit en 1701. & sa situation étoit par raport à la jettée qui est à l'Est, ce que celle de l'ancien étoit à la jettée de l'Ouest, mais il n'étoit pas si grand que le premier. En allant toujours vers l'entrée du Port, on trouvoit vers le milieu de la jettée de l'Est un petit fort apellé *le Château Gaillard* qui n'étoit proprement qu'une batterie; mais à la jettée de l'Ouest & vis-à-vis du Château Gaillard il y avoit un Fort considerable que l'on apelloit *le Cornichon* ou *la Batterie de Revers*. C'étoit une espece de Triangle qui avoit du côté de la Mer un front de Fortifications. Ensuite on trouvoit le Havre & puis un *Bassin* qu'on avoit creusé & qui pouvoit contenir plusieurs vaisseaux de guerre & autres bâtimens. La Ville étoit fortifiée à la maniere du Chevalier de Ville; flanquée de dix grands Bastions, entourée de demi-lunes, d'un large fossé & autres ouvrages. Du côté de la Campagne Louïs le Grand y avoit fait faire plusieurs ouvrages nouveaux, un nouveau fauxbourg, qui servoit de logement aux Matelots, des Cazernes magnifiques, un Arsenal de Marine, & quantité d'autres bâtimens, comme la Corderie, & de belles Ecluses. La Citadelle étoit une espece de Pentagone très-irregulier. Elle étoit située au delà du Port, faisoit face à une partie de la ville & en terminoit l'enceinte. Des Bâtimens très-irréguliers formoient le Corps de cette petite Place & il n'y avoit de fossé & de chemin couvert que du côté de la Mer. Plusieurs Cavaliers les uns sur les autres défendoient la rade. La ville de Dunkerque a 2691. toises de circuit sans comprendre la basse ville. Par un denombrement qui fut fait en 1697. on trouva qu'il y avoit en 1640. Maisons & 13200. habitans. Le Traité d'Utrecht a changé considerablement la face de Dunkerque, & diminué infiniment le nombre de ses habitans. Par ce Traité Louïs XIV. promit de faire raser les Fortifications & combler le Port, ce qui fut ponctuellement exécuté. A cette ville aboutissoient plusieurs Canaux considerables, à savoir ceux de Furnes, de la Moere, de Bergue, de Bourbourg & les *Criques*, ou *Crietes* qui sont des vestiges de l'ancien Canal de Mardick, & qui sont une espece de Marais. Le Fort Louïs étoit sur le Canal de Bergue à demie lieue de Dunkerque. Il avoit été construit en 1670, & étoit composé de quatre bastions, mais il a été aussi démoli en consequence du Traité d'Utrecht.

Le DUNKERQUOIS ou *le Gouvernement de Dunkerque*. Petit Pays de France dans la Flandre. Il renferme six Villages dont les Anglois s'emparerent sur l'Espagne dans le tems qu'ils étoient maîtres de Dunkerque. C'est un Gouvernement General, séparé & indépendant du Gouvernement de la Province de Picardie. Ce Gouvernement qui étoit d'une très-petite étendue n'étoit considerable qu'à cause de la Ville de Dunkerque que l'on a sacrifiée à la Paix d'Utrecht. Dunkerque pour le spirituel dépend du Diocése d'Ypres; pour les Finances, elle est de l'Intendance de Lille, & pour la Justice les appellations de son Magistrat qui

est composé de dix Echevins, de trois Conseillers-Pensionnaires, d'un Greffier & d'un Tresorier, sont portées au Conseil Provincial d'Artois établi à Arras & delà au Parlement de Paris.

DUNLACECASTLE [a], Ville d'Irlande dans la Province d'Ulster dans la Province d'Antrim, au Nord de l'Ocean. Cette ville est très-forte, située sur un rocher qui fait face à la mer & est separée de la terre ferme par un fossé.   [a] Etat d'Irlande p. 58.

1. DUNNEGAL [b], Donnegal, Dungall, ou Dunghal; Ville d'Irlande dans le Comté de même nom, dont elle est la Capitale. Elle est située sur une grande Baye près de l'Embouchure de la Riviere Eask à cent milles au Nord-Ouest de Dublin & donne le titre de Comte à la famille de Chichester. Elle a le droit de tenir un Marché Public & envoie deux Députez au Parlement. Mr. Baudrand observe qu'elle est en mauvais état & presque reduite en Village, environ à dix-mille pas du Lac d'Erne au Nord, à trente de Slego, & à quarante de Rapoe au Couchant d'Hyver.   [b] Etat d'Irlande. p. 62.

2. DUNNEGAL [c], Donnegal, Dungall, ou Dunghal, Comté d'Irlande dans la Province d'Ulster. On le nomme aussi Connallea, ou Tirconnen. Il a Londonderry & Tyrone à l'Est, l'Océan Occidental à l'Ouest; le Deucaledonien au Nord; Fermanagh & la Baye de Dunnegal au Sud. Il a 64. milles de long & 35. de large. C'est un pays plat, & découvert en quelque maniere & plein de Havres. On le divise en cinq Baronies; qui sont celles d'Enish Owen, de Killmacrena de Raphoé, ou Lagen, de Boylagh, ou Bannegh, & de Tyrehugh. Il y a une ville qui tient marché, à savoir Dunnegal la Capitale, & cinq autres qui envoyent leurs Députez au Parlement; à savoir, St. John's Town Raphoe, Lifford, Kilbeg ou Calebeg & Ballishannon.   [c] Ibid. p. 61.

3. DUNNEGAL, ou Dungall-Haven [d]. Baye de l'Océan Occidental à l'Embouchure de la Riviere d'Eask, auprès de la Ville dont cette Baye porte le nom. L'ouverture de cette Baye est par les 10. d. 56'. de longitude & les 54. d. 40'. de latitude. Il y a quelques roches assez dangereuses, non seulement à l'entrée; mais même plus haut en remontant vers Dunnegal.   [d] Neptune François.

4. DUNNEGAL ou Donegal Monaster. *L'Abbaye de Dunnegal*, Monastere autrefois celebre. Les Cartes d'Allard la placent assez près & au midi Occidental de la ville de même nom.

DUNNOTYR, Bourg, & Château d'Ecosse entre Montrosse & Aberden dans la Province de Merns. On écrit diversement ce nom. Dunotyr, Dunnotyr & Dumnotyr.

DUNOIS (le) Petit Pays de France dans la Beauce avec titre de Comté, & non pas Duché, comme dit Mr. Corneille, en Latin *Dunensis Tractus*. Il est au Septentrion du Blaisois duquel il a autrefois fait partie, & avoit le titre de Vicomté [e]. Il a pris son nom de *Dunum*; qui étoit déja une place fort celebre du tems des Rois Sigebert & Chilperic.   [e] *Longuerue* Desc. de la France 1 part. p. 113.

L'an-

DUN.

L'ancien territoire de Chartres aiant été partagé en deux par ses Princes, & la partie meridionale étant demeurée à Sigebert, il voulut que *Dunum* en fût la Capitale, & il y institua un Evêché, dont il pourvût un Prêtre nommé Promotus, malgré les oppositions de Papolus Evêque de Chartres ; mais cet établissement ne dura pas, à cause que le Roi Sigebert fut assassiné quelque tems après ; ce qui donna occasion à l'Evêque de Chartres de se rétablir dans ses droits par la suppression de cet Evêché de Dun. Ce lieu s'apelle communement Châteaudun, qui avoit ses Seigneurs, lesquels portoient le titre de Vicomtes, & étoient Vassaux des Comtes de Blois. Ils ont commencé à être connus, il y a plus de six cens ans. Rotrou I. Comte de Mortagne au Perche possédoit la Vicomté de Châteaudun, & la donna en partage à son fils Hugues. Les mâles descendans de Hugues finirent en la personne de Géofroy, qui mourut sous le règne de St. Loüis & ne laissa qu'une fille nommé Clemence, qui épousa Robert de Dreux, l'un des fils du Comte Robert III. Leur fille unique Alix de Dreux épousa Raoul de Clermont, Seigneur de Nesle, Connétable de France, dont la fille Alix de Nesle apporta cette terre à son mari Guillaume, Cadet du Comte de Flandre, de la maison de Bourbon-Dampierre. Sa petite fille Marguerite épousa Guillaume de Craon, dont le fils Pierre fut banni à perpetuité, pour avoir attenté à la personne du Connétable de Clisson, & sa confiscation fut donnée à Loüis fils de France, Duc d'Orleans, qui réunit cette Vicomté, dont il étoit Seigneur féodal, au Comté de Blois & Dunois, qu'il avoit acquis. Charles Duc d'Orleans, fils de Loüis, succéda à son pere, tant au Comté Dunois, qu'à la Vicomté de Châteaudun. Il fut longtems prisonnier en Angleterre ; mais étant délivré & de retour en France, voulant temoigner sa reconnoissance à son frere bâtard Jean, il lui donna en pleine proprieté le Comté de Dunois & la Vicomté de Châteaudun sans rien reserver que l'hommage. Ainsi ce Comté a été possedé par les Ducs de Longueville descendans de Jean jusqu'à Marie d'Orleans Duchesse de Nemours, qui a donné entre vifs ce Comté à Henri Loüis de Soissons, fils naturel de Loüis de Bourbon Comte de Soissons, oncle maternel de cette Duchesse. Ce Comté est aujourd'hui possedé par le Duc de Luynes, qui a épousé la fille de Henri Loüis de Soissons. Les principaux lieux du Comté de Dunois sont les villes de Châteaudun & de Cloye sur le Loir, & celle de Marchenoir aux confins de la basse Beauce ; les Bourgs de Bagnolet, Droue, Freteval, Morée, Oucques, & Patay, Puiseau &c. Mr. Piganiol de la Force [a] donne le titre de ville à Freteval, à Patay, & à Puiseau. Il donne aussi au Dunois dix lieues de longueur sur sept ou huit de largeur, & lui assigne pour bornes l'Orleanois au Levant, le Vendomois au Couchant & au Nord le Perche Gouet. [b] Le Dunois est arrosé de quatre Rivieres, à savoir le Loir qui passant à Châteaudun se divise en deux bras & forme une Isle apellée le *Champ de Mars*, & vulgairement *Chemars*, parce qu'anciennement les habitans

[a] Desc. de la France T.5.p.201.

[b] Corn.Dict.

DUN.

s'y exerçoient à la Lute, à la Course, à tirer des armes, & surtout au jeu de l'Arbalète à la Convoye, qui a sa source dans la forêt d'Orleans ; & a cela de peu commun qu'elle ne se deborde ni ne se trouble jamais quelque grande de pluye qui tombe : l'Egre qui naît un peu au-dessous de l'Etang du Verd & Hierre qui tantôt se montre & tantôt se cache & qu'on apelle la Riviere seche parce qu'elle ne coule que quand il y a eu des pluyes violentes.

DUNOVERT, Château d'Ecosse dans la Province de Kyntire. Voiez DOUNAWARTI.

DUNQUERQUE. Voiez DUNKERQUE.

DUNQUEURRE, [c] Village de France en Picardie dans le Ponthieu entre Abbeville & Dourlens. Il n'est remarquable encore que parce que les Géographes croient y trouver l'ancienne DUROICO-REGUM d'Antonin que Cluvier cherchoit mal à propos à *Rue*. Mr. Corneille écrit mal *Duoricoregum*.

[c] Baudrand Ed. 1682.

DUNRODUNUM, Ville ancienne de la Bretagne ulterieure ; c'étoit une cité des Carnovaces. Voiez DORNOCK Ville de l'Ecosse septentrionale.

DUNS, [d] en Latin *Dunsium*, Bourg ou petite Ville de l'Ecosse Meridionale dans le Comté de Marche, ou Mers, à trois lieues de Coldingham vers le couchant. [e] Ce lieu est la Patrie du fameux Jean Duns appellé communément Jean Scot, parce qu'il étoit Ecossois. Il naquit vers l'an 1273. & se fit Religieux dans l'Ordre de St. François. La penétration de son esprit à expliquer les plus grandes subtilitez de la Philosophie & de la Théologie telles qu'on les enseignoit alors dans les Ecoles, lui fit donner le nom de Docteur subtil. L'émulation lui fit passer sa vie à soutenir les opinions contraires à celles de S. Thomas d'Aquin, que l'on nomma le Docteur Angelique. Delà vint dans l'Ecole les deux Sectes oposées des Thomistes & des Scotistes. Jean Duns mourut à Cologne le 8. Novembre 1308.

[d] Baudrand.
[e] Corn.Dict.

DUNSTABLE, [f] Bourg d'Angleterre en Bedfordshire à seize milles de la Ville de Bedford au midi en allant à Windsor, à trente milles de Londres & à vingt-cinq d'Oxford au Levant. Quelques Géographes y cherchent la *Magiovintum* ou *Maginium*, ou *Magintum* d'Antonin. Voiez MAGIOVINTUM.

[f] Baudrand.

DUNSTABOURG, [g] Château d'Angleterre en Northumberland, sur la côte de la Mer d'Allemagne à dixhuit milles de Berwick au midi, en allant vers Newcastle, dont il n'est qu'à vingt-deux milles. On la nomme en Latin *Debba* & *Dunstaburgum*.

[g] Ibid.

DUNSTAFAGE, [h] Mr. Corneille écrit *Dunstafag* ou *Dunstanage* ; Ville de l'Ecosse meridionale dans la Province de Lorn, vis-à-vis de l'Isle de Mula qui en est separée par un Canal de deux ou trois lieues. Le mot *Dunstafage* veut dire *Montagne de St. Etienne*, & c'est ce que signifie le nom Latin *Stephanodunum*. Cette ville a un Port commode au fond d'une baye où le mouillage est bon. Elle est prise par Lesle pour *Evonium* demeure ancienne des Rois d'Ecosse & Place très-forte qui peut se vanter d'une grande antiquité. L'Etat present de la Grande Bretagne [i] place sur le Lac

[h] Corn. Dict.

[i] T.1.p. 162.

Lac d'Erif dans la Province de Lorn le Château de Dunſtafage qu'il dit avoir été autrefois une des Maiſons Roiales. Mr. Baudrand dit que la Ville est preſque ruinée & que ce qui reſte du Château est en fort mauvais état. Il compte cinquante-cinq milles de Dumblane à Dunſtafage, & vingt milles delà à Kilmore.

DUNSTER, en Latin *Duneſtorium Caſtrum*, bon Bourg d'Angleterre en Sommerſetſhire ſur l'embouchure de la Saverne à dix lieues de la ville de Wels du côté du Levant & autant d'Exceſter du côté du Nord.

1. DUNUM, nom Latin de Châteaudun Ville de France.

2. DUNUM, nom Latin de Downe Ville d'Irlande.

3. DUNUM, nom Latin de Dun Bourg de Lorraine.

4. DUNUM, nom Latin de Dunamauſe Village d'Irlande dans la Province de Leinſter.

☞ DUNUM, vient du Celtique DUN qui ſignifioit anciennement une Colline. Voici une liſte qu'Ortelius a dreſſée des villes dont le nom Latin est terminé en *Dunum*, ou ce qui est la même choſe en *Tunum*, par la variation des Dialectes.

Andomatunum	*Margidunum*
Arialdunum	*Meliodunum*
Auguſtodunum	*Melodunum*
Axellodunum	*Minnodunum*
Cæſarodunum	*Muridunum*
Caladunum	*Neodunum*
Camalodunum	*Novidunum*
Carrodunum	*Noviodunum*
Crodunum	*Patrodunum*
Divodunum	*Rhobodunum*
Dunum	*Rigodunum*
Ebrodunum	*Sebendunum*
Eprebodunum	*Sedunum*
Geſodunum	*Segedunum*
Idunum	*Segodunum*
Juliodunum	*Serviodunum*
Laudunum	*Tarodunum*
Ligodunum	*Velatodunum*
Lugdunum	*Vellaunodunum*
Lugidunum	*Venantodunum*
Luguddunum	*Verodunum*
Magdunum	*Uxellodunum.*
Maradunum	

C'est dans ce ſens de *Dun* pour *Colline* que nous apellons en François *Dunes*, ces Collines ou petites Montagnes de ſable qui bordent les côtes des Pays-bas, & celles d'Angleterre.

a Etat preſ. de la G. Bret. T. 1. p. 112.

DUNWICH, [a] Village d'Angleterre en Suffolck. Cette place qui est maritime a été autrefois une ville conſiderable & un Siege Epiſcopal qui fut transferé premierement à Nort-Elmham, delà à Thetford & de Thetford à Norwich dans la Province de Norfolc l'an 1088. aujourd'hui Dunwich n'est qu'un Village, qui retient cependant le Privilege d'envoyer deux Députez au Parlement. [b] L'Evêché de Dunwich fut établi l'an 630. par Felix qui ramena les Anglois Orientaux à la foi. Ce lieu est nommé *Dunempeiia* par les Latins ſelon Mr. Corneille & *Dumnocha* ſelon Mr. Baudrand, qui le place entre Ipſwich & Nortwich, à sept lieues de l'un & de l'autre.

b d'Audifret Geog. T. 1. p. 133.

DUO. DUP. DUQ. DUR.

DUODECIACUM, Froard cité par Ortelius nomme ainſi une Ville de France dans l'Auſtraſie. Ortelius dit que c'est DOUSE en Lorraine; d'autres Géographes croient que c'est DELME que l'on a auſſi nommé *Ad Duodecimum* & qui est entre Mets & l'ancienne DECEMPAGI ; d'autres diſent que c'est DIEUSE auſſi en Lorraine ; d'autres enfin croient que c'est DOUZY en Champagne. Voiez ces diferens articles.

DUODIENSE CASTELLUM, Château d'Afrique dans la Mauritanie ſelon Ammien Marcellin [c] qui nomme auſſi dans la page precedente *Audienſe Caſtellum*, Ortelius [d] & Lindebrog dans ſes obſervations ſur cet Auteur croient que c'est le même. Voiez AUDIENSE.

c L. 29.
d Theſaur.

DUO FLUMINA, c'est ainſi que l'Anonyme de Ravenne [e] & la Table de Peutinger [f] déſignent un lieu d'Afrique dans la Numidie. La Table le met entre *Simmachi* & *Calceus Herculis* à neuf milles de l'une & de l'autre. Ces deux fleuves [g] n'étoient autre choſe que deux ſources du fleuve Ampſagas qui est nommé aujourd'hui Suſegemar ou Bumarzoe ſi nous en croions Marmol [h].

e L. 3. c. 6.
f Segm. 2.
g De Piſle in not. Eccl. Afr. Tab. Geog.
h T. 2. l. 6. c. 438.

DUPLAULIS, lieu natal du Poete Fortunat ſelon Rheginon. Ce même lieu est nommé DUPLABILIS par Paul Diacre [i] ; il ajoute qu'il n'étoit pas loin de *Ceniteſe Caſtrum* ou Treviſe. Fortunat deſigne ainſi lui-même ſa patrie dans ces vers de l'Edition que Fabricius a donnée des Oeuvres de cet Auteur dans ſon Recueil des Poetes Chretiens.

i 2 Longob.

Per Cenitam gradiens, & amicos dupla
Venenſes,
Qua natale ſolum eſt mihi.

Ortelius liſoit dans ces vers tout d'un mot *Duplavonenſes*. Il preferoit auſſi Duplavis, à Duplaulis, ou Duplabilis. Il y a apparence que le fleuve *Plavis* des anciens, aujourd'hui *Piave* qui coule dans la Marche Treviſane entre dans l'étymologie du nom de ce lieu dont la poſition est preſentement ignorée, comme le remarque Mr. Baudrand.

DUQUELA, [k] ou ſelon Sanſon DUCALA, contrée d'Afrique & l'une des Provinces du Roiaume de Maroc. Elle commence du côté du couchant à la Riviere de Tanfift ſur la Frontiere de Hea, & s'étend vers le Nord juſqu'à l'Océan. Elle a celle de Maroc au midi & la Riviere d'Ommirabi au Levant qui la ſepare de la Province de Teméçen, Le Pays contient du Levant au Couchant plus de trente lieues & du Midi au Nord plus de vingt-ute. Il abonde en bled & en troupeaux & conſiſte la plûpart en plaines où errent pluſieurs Arabes & demeurent pluſieurs Bereberes dont les uns errent auſſi par la Campagne, & les autres habitent dans des maiſons & des lieux fermez. [l] Les plus remarquables des Villes de cette Province ſont Azamor, Elmedine, Mazagan, Conté, Maramer, Cernu, Agus, Telmez, Umez, Miatbir, Subeit, Tamarrox, Terga, Benacaſitz, Guilez Terrer, Cea & Bulagum.

k Marmol T. 2. l. 3. c. 52.
l De la Croix Relat. de l'Afrique T. 1.

DUR, ou DURIS, Δοῦρ, Riviere d'Irlande ſelon Ptolomée [m]. Si les Cartes dreſſées ſur cet
Au-

m L. 2. c. 2.

DUR.

Auteur étoient justes, à juger de cette Riviere par le cours qu'elles lui donnent, ce devroit être le Shennon sur lequel est Limeric à peu près au même lieu où Mercator place la Regia de Ptolomée; mais il paroît que Ptolomée a désigné le *Shennon* par le nom de *Senos*. La longitude & la latitude qu'il assigne aux embouchures de ces deux rivieres détermineroient si cet Auteur ne s'étoit pas extrêmement écarté de la position generale de l'Irlande qu'il fait au moins de six degrez plus Septentrionale qu'elle n'est.

1. DURA, Ville de la Mesopotamie selon Etienne le Géographe & Polybe [a]. Voiez DORA & GORDIANI SEPULCHRUM.

[a] L. 5.

2. DURA, campagne de la Babylonie où Nabuchodonosor plaça la statue d'or qu'il avoit fait faire: c'est ainsi que cette campagne est nommée dans la Prophetie [b] de Daniel. Les Hebreux [c] croient que c'est dans la plaine de Dura qu'arriva la resurrection dont il est parlé dans Ezechiel [d]; mais il est bien plus vraisemblable que cette resurrection ne fut que figurative & qu'elle n'arriva qu'en vision. Le Seigneur vouloit marquer par là à Ezechiel le retour futur des Juifs après leur captivité.

[b] C. 3. v. 1. & sequent:
[c] D. Calmet Dict. de la Bible.
[d] c. 37.

3. DURA, Riviere de Grece dans la Trachinie, Canton de la Thessalie, auprès duquel Lycophron & Canterus citez par Ortelius, raportent qu'Hercule fut brûlé vif. Le même Ortelius [e] croit qu'il faut écrire DYRA; par un y, lorsqu'il est question de cette Riviere.

[e] Thesaur.

4. DURA, [f] ancienne Ville Episcopale d'Afrique dans la Bisacene. Quod-Vult-Deus Evêque de Dura est nommé dans la Notice d'Afrique.

[f] Carol. à S. Paulo Geog. Sacr. p. 103.

5. DURA, Ville de la Coelesyrie selon Polybe [g] qui la met au nombre de celles qu'Antiochus Roi de Syrie vouloit enlever à Ptolomée Roi d'Egypte. Tyr & Ptolemaïs lui avoient été livrées par Theodote & Panætole. Les villes moins fortes s'étoient rendues à lui. Cet Historien continuant sa narration sans nommer aucune autre ville dit ensuite qu'Antiochus assiegea la ville nommée Dura. Il paroît même par son recit qu'elle étoit alors très-bien fortifiée. Car Antiochus qui l'assiégeoit ne voiant aucune aparence de réussir parce que ce lieu étoit fortifié par la nature & que de temps en temps les assiegez recevoient du secours de Nicolas, comme l'hiver aprochoit, il fit entendre aux Ambassadeurs que Ptolemée lui avoit envoiez qu'il faloit faire une suspension d'armes pour quatre mois, & que pour le fond de l'affaire, il consentiroit à des conditions raisonnables. Il agissoit de la sorte, non point parce qu'il disoit ce qu'il pensoit veritablement, mais parce qu'il ne vouloit pas être plus long-temps absent de ses Etats, & qu'il avoit resolu de ramener ses troupes à Seleucie, pour y prendre les quartiers d'hyver. La situation de ce lieu & d'autres circonstances persuadent que cette ville est la même que celle qui est nommée Δῶρα par Josephe & Dor par l'Ecriture Sainte sur la Mer entre Ptolemaïs & Cesarée.

[g] Reland Palæst. p. 744.

6. Mr. Reland trouve encore une autre *Dura* dans Polybe. C'est celle qui occupe le 1. article de ce nom.

DUR. 181

DURABA, Ville de la Babylonie selon Ptolomée [h]. Comme il la met sur l'Euphrate je suis fort porté à croire que c'est la même que la DURA d'Etienne & de Polybe.

[h] L. 5. c. 20.

1. DURACIUM. Voiez DURAZZO.

2. DURACIUM, nom Latin de la Ville de Thouars en Poitou.

1. DURANCE, [i] (la) Riviere de France, en Latin *Druentius*, *Druentia* & *Durantius*. Elle a sa source dans les Alpes, dans le Dauphiné & dans le Briançonnois sur les frontieres du Piémont, d'où elle coule à Briançon & delà à Embrun, où elle prend sa course au Couchant, puis reçoit la Riviere d'Ubaye & passant à Tallard & près de Gap, elle sépare le Dauphiné de la Provence, où peu après elle passe entierement, coulant près de Sisteron où elle est accrue du Buech; puis à Manosque, à St. Paul où elle reçoit le Verdon, près de Pertuis, de Lambesc, de Malemort, & de Cavaillon; après quoi elle reçoit encore le Calavon; & enfin se jette dans le Rhône à une lieuë au-dessous d'Avignon. Cette Riviere est si rapide qu'on ne la peut descendre qu'en bateau & que même on n'a jamais pû y faire de Pont au-dessous de Sisteron; outre qu'elle est extremement dommageable à ceux qui ont des biens en ces quartiers là par ses fréquentes inondations & aussi parce qu'elle change souvent son lit dans la plaine. [k] Delà est venu ce Proverbe:

[i] Baudrand Edit. 1705.

[k] Coulon Riv. de France 2 part. p. 175.

Le Parlement, le Gouverneur, la Durance,
Ces trois ont gâté la Provence.

Il y a long-temps que cette Riviere est décriée. Voici en quels termes en parle Tite-Live [l] lors qu'il décrit le passage d'Annibal: Il arriva au bord de la Durance. Cette Riviere vient aussi des Alpes, & de toutes celles de France c'est la plus dificile à passer, car quoi qu'elle ait beaucoup d'eau; elle ne porte pas neanmoins de bateaux, parce qu'elle n'est retenue par aucune digue qui la resserre dans son lit, & coule en plusieurs Canaux qui ne sont pas toujours les mêmes. Elle forme de nouveaux guez & de nouveaux goufres & pour cette raison il n'y a point de passage fixe & sûr pour les gens à pied; & comme elle roule des Pierres & du Gravier il n'y a rien de ferme ni de sûr pour ceux qui y entrent. Elle étoit alors accrue par les pluies, & causa bien du desordre à ceux qui y entrérent. Silius Italicus [m] en parle de même, mais en Poëte il lui fait rouler à grand bruit des arbres deracinez & des morceaux entrainez de la Montagne qu'elle a rongée.

[l] L. 21. c. 31.

[m] L. 3. v. 468. & sequ.

Turbidus hic truncis saxisque Druentia latum,
Ductoris vastavit iter. Namque Alpibus ortus
Avulsas ornos, & adesi fragmina montis
Cum sonitu volvens fertur latrantibus undis;
Et vada translato mutat fallacia cursu.
Non pediti fidus, Patulis non puppibus æquus,
Et tunc Imbre recens fuso, correpta sub armis
Corpora multa virûm spumanti vertice torquens,
Immersit fundo laceris deformia membris.

On

On voit assez que Silius n'a fait que versifier Tite-Live en cette description. Il semble pourtant que les Romains trouverent ensuite le moien de rendre cette Riviere navigable, car dans la Notice de l'Empire on trouve *Præfecti Classis Braccariorum Ebruduni Sapaudia*. Cette flote ne sauroit être cherchée ailleurs que sur la Durance qui passe à Ebrodunum, aujourd'hui Embrun. On trouve aussi une ancienne inscription dans le Recueil de Gruter.

PATRONO NAUTAR. DRUENTI
CORUM ET UTRICLARIORUM.

a Baudrand. 2. DURANCE,[a] Bourg de France en Guienne dans le Bafadois à sept lieues de la Garonne & à deux de Caftel Geloux au midi. Outre le Bourg, il y a un Château avec un beau parc avec titre de Baronie.

b Ibid. 1. DURANGO; [b] les François disent DURANGUE, Ville d'Espagne dans la Biscaye, de laquelle elle étoit autrefois separée. Elle est assez peuplée à trois lieues de la côte de l'Ocean ou de la Mer de France & à quatre de Bilbao au Levant vers Plaisance.

c Ibid. 2. DURANGO, [c] petite Ville de l'Amerique Septentrionale dans la nouvelle Biscaye qui fait partie de la Nouvelle Espagne, a un Evêque suffragant de l'Archevêché du Mexique au pied des Montagnes & vers le Pays des Zacatéques à cent soixante lieues de Mexique & à deux cens de Guadalajara. [d] D'autres la mettent dans le pays même de los Zacatecas sur la Frontieres des Mines d'Argent de St. Martin & de la vallée de San Salvador à huit lieues de la ville de Nombre de Dios. Alphonse Pacheco qui y mena une Colonie d'Espagne, par l'ordre de Francisco de Yberra, l'appela ainsi à cause de la Ville d'Espagne qui porte ce nom. L'air y est sain & la terre arrosée de plusieurs Rivieres & Torrens & fort fertile en froment en Mays & en autres fruits. Les Mines de St. Lucas sont proche de cette ville avec des Salines très-commodes. Les Espagnols y ont bâti plusieurs censes où ils nourissent du bétail, & ont obligé les Sauvages qui en sont voisins à devenir sociables.

d De Laet. Ind. Occid. l. 6. c. 8.

DURANICANORIS. L'Anonyme de Ravenne [e] nomme ainsi une ville de la Mesopotamie, & le P. Porcheron [f] remarque que ce seroit temps perdu de chercher cette ville dans les autres Géographes. Je crois qu'il faut separer ce mot en deux Dura-Nicanoris, de sorte que Nicanoris sera un surnom que Dura aura eu de quelque Prince nommé Nicanor; comme il y en a eu plusieurs de ce nom. Voiez DURA 5.

e L. 2. c. 13.
f In l. c.

DURANUS, nom Latin de la *Dordogne*.
DURARVENNUM. Voiez DUROVERNUM.

1. DURAS, fleuve de la Vindelicie selon Strabon & se jette dans l'Ister. Ortelius soupçonne que son nom moderne est DRAUM.

2. DURAS, Château & Bourg de France en Guienne & dans la partie de l'Agenois qui est en deçà la Garonne sur le Lot. Il a été erigé en titre de Duché l'an 1688 en faveur de la maison de Durasfort. Il est à neuf lieues de Bourdeaux vers le Levant.

3. DURAS, Ville d'Albanie. Voiez DURAZZO.

DURATON (le) Petite Riviere d'Espagne dans la vieille Castille; elle se rend dans le Duero au dessous de Peñafiel.

DURAZZO, autrefois ville Maritime de Turquie dans l'Albanie. Les Turcs la nomment DRAZZI, les François DURAS; Mr. Corneille prefere DURAZ. Les anciens la nommoient EPIDAMNUS, & DYRRACHIUM. [g] Cette ville appartenoit à l'Illyrie Grecque. Il y a deux opinions dans les Ecrits des anciens Géographes touchant cette ville. Car si l'on en croit Strabon, Epidamne étoit une Colonie des Corcyréens, & on apella ensuite *Dyrrachium* du nom de la presqu'Isle où elle étoit bâtie. Pausanias [h] au contraire dit que de son temps les Epidamniens occupoient le territoire qu'ils avoient toujours occupé dès le commencement. Il n'en est pas de même du Bourg, ajoute-t-il, ce n'est plus le même qu'au temps passé, il a été à quelque distance de l'ancienne ville, & on le nomme *Dyrrachium* à cause de son fondateur. Joseph Scaliger [i] distingue *Dyrrachium* d'*Epidamne*; le premier selon lui étoit le port de Mer, & le second étoit la ville. Mais comme aucun Auteur Grec n'autorise cette conjecture, Vossius [k] a été en droit de censurer Scaliger d'une opinion si peu fondée. Selon Cellarius qui me fournit ces remarques [l], la Colonie Romaine a pu bâtir à côté de la ville, d'où il est arrivé que la vieille ville a diminué à mesure que la nouvelle s'accroissoit, & de maniere néanmoins qu'on a regardé l'une & l'autre comme une seule ville. Pomponius Mela [m] dit: *Dyrrachium, c'étoit auparavant Epidamnos.* Pline [n] dit clairement que la nouvelle Colonie étoit Romaine & que le nouveau nom étoit Romain & que la côte, dit-il, est Epidamnum Colonie de Citoiens Romains, apellée par les Romains *Dyrrachium* parce qu'ils trouvoient que son nom avoit un presage funeste. Le mot *Damnum* signifie en Latin *Perte, Dommage*, & la superstition avoit persuadé à ce peuple que cela pouvoit influer sur le bonheur ou le malheur de ceux qui alloient à *Epidamne.* Ciceron dit dans une Lettre qu'il écrivit durant son exil: [o] je suis arrivé à *Dyrrachium* qui est une ville libre, où je reçois un fort bon accueil & qui est très-proche de l'Italie. Il dit dans une autre Epitre [p]: c'est pour cela que je suis presentement à *Dyrrachium* pour être plus à portée de savoir promptement ce qui se passe, & j'y suis en sureté. Le port de cette ville étoit à l'oposite de celui de Brindes; & le trajet de l'un à l'autre est très-aisé. Dyrrachium devint la meilleure ville de commerce de toutes celles qui étoient sur le Golphe Adriatique. Deux choses la rendirent florissante; 1. la permission [q] que les Epidamniens laissoient à chacun de s'y venir établir, au lieu que les Apolloniens leurs voisins, à l'imitation des Lacedémoniens, chassoient de leur ville les étrangers; 2. le grand abord des Etrangers qui naviguant sur le Golphe Adriatique venoient relâcher dans ce port, puis que j'ai déja dit que c'étoit le plus court passage d'Italie en Grece. Catulle l'apelle l'Auberge du Golphe Adriatique.

g Geog. Ant. l. 2. c. 13.
h In Elias. l. 2. c. x.
i In Eusebianis p. 84.
k In Annot. ad P. Melam.
l l. c.
m l. 2. c. 3.
n l. 3. c. 23.
o l. 3. Ep. 1.
p Epist. 3.
q Aelian. Var. Hist. l. 13. c. 16.

Dyrrachium Hadriæ Tabernam [r].

r Carm. 37.

Si nous en croions Mrs. Baudrand, Mati & Cor-

DUR.   DUR.

Corneille, Durazzo a un Archevêché avec un bon port de Mer & elle est encore assez forte & peuplée. Si on s'en raporte à Mr. Spon [a], ce n'est qu'un village avec une Forteresse ruinée.

[a] Voiage de Dalmatie T. 1. p. 69.

DURBETA, ancienne ville dans la Mesopotamie proche le Tygre selon Ptolomée [b]. Quelques exemplaires portent *Dorbeta*, le Grec Δουρβέτα est susceptible de l'un & de l'autre.

[b] l. 5. c. 18.

DURBU, ou DURBUY, en Latin *Durbutum*, petite ville des Pays-bas dans le Duché de Luxembourg sur la riviere d'Ourte. C'est le chef lieu d'un Comté qui avec celui de la Roche [c] appartenoit autrefois avant l'an 1000. à la Maison de Namur. Henri de Namur fils d'Albert I. fut Comte de Durbuy & de la Roche; mais ce Comté revint au Comte de Namur & le Comte Godefroi en étoit proprietaire & le laissa à son fils le Comte Henri dernier mâle de la Maison de Namur, qui laissa une fille nommée Ermensonqui fut privée des Etats de son pere par Baudouin Comte de Hainaut & de Flandres, & par l'Empereur qui donna les Comtez de la Roche & de Luxembourg à Othon II. Comte de Bourgogne. L'Auteur cité en marge dit ailleurs [d] que le Comté Henri eut une fille à qui on disputa l'Heritage de Namur, mais non pas celui de Luxembourg, ni celui de la Roche en Ardenne & de Durbuy. [e] Cette ville & ce Comté ont été quelque temps entre les mains des Comtes d'Over-Emden à titre d'Engagistes, qui néanmoins prirent celui de Comtes. Les Rois d'Espagne en ont été maîtres à titres de Ducs de Luxembourg. Ils la cederent en 1681. à la France qui la leur rendit en 1698.

[c] Longuerue Descript. de la France 2 part. p. 118.

[d] p. 110.

[e] Bertelii Luxemb. Ducat. Descr. p. 54.

DURDAN, Riviere de Normandie dans le Pays de Caux. Elle a sa source entre les Paroisses de St. Riquier & de St. Denis, puis coulant vers le Nord-Ouest, elle passe aux Bourgs de Grainville, de Cani, & de Vitefleur & se perd dans la Manche à l'Ouest & à deux petites lieues de St. Vallery en Caux.

DURDUS, Montagne d'Afrique dans la Mauritanie selon Ptolomée [f].

[f] l. 4. c. 13. & 14.

DURE, DUREN, DUEREN ou DEUREN [g], en Latin *Duria* & *Marcodurum*, Ville d'Allemagne dans le Cercle de Westphalie sur la Roer ou Ruhr, dans le Duché de Juliers, entre la ville de ce nom & celle de Nideck. On croit que Marcus Vipsanius Agrippa fondateur de Cologne fut aussi celui de Dure; & l'Empereur Robert la mit l'an 1407. entre les Villes Imperiales; on trouve aussi dans la matricule de l'Empire taxée à trois Cavaliers & à vingt Fantassins. Elle est aussi comptée pour ville Imperiale dans les registres du Cercle. Le Duc de Juliers dans le Pays duquel elle est située l'en voulut exemter. On y montre avec beaucoup de devotion le chef de Ste. Anne Mere de la Sainte Vierge. Charles V. prit cette ville d'assaut le 24. d'Aout 1543. la pilla, y mit le feu & à sang la garnison & la bourgeoisie. L'an 1642. le Major General Rose eut son quartier assigné en cet endroit, comme on en étoit à capituler & qu'un Officier devoit sortir pour traiter, les troupes de Rose & de Weymar forcerent les portes &

[g] Zeyler Westph. Topog. p. 19.

s'emparerent de la ville dans laquelle elles commirent de grands excès, mais les troupes de l'Empereur jointes à celles de Baviere reprirent Dure la même année le 14. ou le 24. d'Octobre. Elle appartient presentement au Duc de Juliers.

DURENIS, Bourgade de l'Ecosse Septentrionale, au Nord de la Province de Strath-Navern, à l'extremité de la presqu'Isle qui est separée du Cap de Faro-head par un petit Golphe nommé *Avon Durenish*. Le Cap où cette Bourgade est située a nom Row-na-farill. Durenis est aussi nommé ARDURNE.

DURENQUE, [h] en Latin *Durentium* Bourg de France dans le Rouergue à deux lieues de la Riviere du Tarn au septentrion & à six ou sept de Rhodez au midi. On trouve un lieu nommé Dom Daurenque dans le Dénombrement de la France [i] & qui n'est compté que pour 66. feux dans l'Election de Rhodez Generalité de Montauban. Il est different du Bourg de Durenque qui est de l'Election de Milhaud.

[h] Baudrand

[i] T. 2. p. 120.

DURESME. Voiez DURHAM.

DURETAIL [k], petite Ville de France dans l'Anjou. Elle est située sur la riviere du Loir où l'on y passe sur un Pont, à trois lieues au dessous de la Fleche & à six ou sept d'Angers. On y voit un grand & beau Château & la plûpart des maisons sont bâties de pierres & couvertes d'Ardoises. Son commerce principal est de Tannerie. Le territoire produit quantité de vins assez bons. Il y a aussi des grains & des prairies. Ce lieu est aussi nommé par les Ecrivains DURESTAL; en Latin *Durestallum*.

[k] Corn. Dict. Memoires faits sur les lieux en 1706.

DUREVELS, Bourg de France aux confins de Querci & de l'Agenois, sur le Lot. Mrs. Sanson & De l'Isle écrivent DURAVEL, Mr. Baudrand suivi de Mrs. Mati & Corneille écrit Durevels. Ce Bourg est entre Puy l'Evêque & Fumel.

1. DURGOUT, Petite Ville de la Turquie en Asie située dans une plaine à deux petites journées de Smyrne. Elle est assez agréable, dit Tavernier. Tous les Chrétiens qui sont hors des Etats du Grand Seigneur & qui passent par ce lieu, là y paient une fois l'an *Carrage*, c'est-à-dire un tribut de quatre ou cinq écus; mais les Francs en sont exemts à Durgout & par toute la Turquie. Il y a un Bacha en cette ville.

2. DURGOUT ou DURGUT pays de la Natolie. On le nomme plus souvent GERMIAN. Voiez ce nom.

1. DURHAM, Ville d'Angleterre dans la Province dont elle est la Capitale & qui en porte le nom. En Latin *Dunelmum*. Elle est diversement nommée par les Historiens d'Angleterre DUNHOLM, DUNHELM, DUREM & DURHAM qui est son nom moderne. DEORHAM d'où est venu celui de *Durham* & qui se trouve dans quelques Chroniques pour signifier DERHAM en Norfolshire, signifie un repaire de Bêtes farouches. [l] Durham dont il est question dans cet Article est sur la Ware ou Were à 200. Milles de Londres; & est située sur diverses collines où l'on respire un bon air & où l'on vit à très-bon marché. Le pain y est excellent. Ses plus grands Ornements

[l] Etat pres. de la G. Bret. T. 1. p. 61.

DUR.

mens font le Château où refide l'Evêque & la Cathedrale qui n'en eſt pas éloignée. L'un & l'autre font au Sommet d'une de ces Collines. [a] Ce fut près de cette ville que les Ecoſſois furent defaits le 20. d'Octobre 1346. par les Anglois, & que David Brus Roi d'Ecoſſe fut pris priſonnier par la Reine Philippe femme d'Edouard III. [b] Cette ville ne fut Epiſcopale qu'en 1495. Le Siege étoit auparavant à Lindisfarne où St. Aidan fut premier Evêque & établit la vie Monaſtique dont il faiſoit profeſſion. Les ravages des Danois aiant obligé ſes ſucceſſeurs à quiter cette retraite, ils ſe refugierent en terre ferme avec les reliques de St. Cuthbert, & s'arrêterent à Durham vers l'an 995. Les Danois qui diſputerent le terrain à Guillaume le Conquerant furent quelque temps maîtres de Durham; mais enfin ils ſe laſſerent de ſes ſucceſſeurs à quiter cette retraite, ils ſe refugierent en terre ferme avec les reliques de St. Cuthbert, & s'arrêterent à Durham vers l'an 995. Les Danois qui diſputerent le terrain à Guillaume le Conquerant furent quelque temps maîtres de Durham; mais enfin ils ſe laſſerent de lui faire tête, & Guillaume allant à Durham y fit de grandes liberalitez aux Egliſes, accorda de beaux privileges & fit bâtir un Château qui fut enſuite la demeure des Evêques. Il y a même eu un uſage ſelon lequel après la mort de l'Evêque la clef de ce Palais demeuroit pendue au tombeau de St. Cuthbert pendant la vacance du Siege. [c] Cambden dit que Durham eſt à 22. d. de longitude & à 54. d. 57. de Latitude. La Latitude eſt exceſſive d'environ 12. minutes. Il compte la longitude des Iſles Açores; au lieu que ſelon notre maniere de compter, la longitude de Durham eſt de 15. d. 55'. Le même Auteur parle d'une magnifique Leproſerie qu'un Evêque avoit fondée pour ſoixante & cinq malades, à l'Orient & preſque à la porte de Durham.

2. DURHAM, Province maritime d'Angleterre. Elle eſt ſituée au Nord & communément apellée le DIOCESE DE DURHAM, elle a 107. milles de tour & contient 610000. arpents & 15984. Maiſons. Comme elle eſt proche de l'Ecoſſe, l'air en eſt plus froid l'hyver & le terroir moins fertile, hormis du coté de l'Eſt. Au Sud il eſt marécageux, & à l'Oueſt plein de Rochers. Ce qu'il a de plus avantageux ce font ſes mines de charbon, de fer & de plomb. C'eſt une des Provinces qu'on apelle Palatines où l'Evêque avoit autrefois droit de Souveraineté, tenant ſes Cours de Juſtice Civiles & Criminelles & tout paſſant ſous ſon nom; mais la plupart de ces Droits ſont aujourd'hui reünis à la Couronne. L'Evêque eſt toujours Comte de Sadberg dans cette Province & prend place immediatement après l'Evêque de Londres. Il eſt ſufragant de l'Archevêque d'Yorck. Outre Durham Capitale de la Province les autres lieux plus conſiderables ſont Aukland, Sunderland, Darlington, Hartlepool, Bernard Caſtle, Sheals, Jarrow, & Gateshead.

DURIAS, ancien nom Latin du Guadalaviar Riviere d'Eſpagne.

DURLACH. Voiez DOURLACH.

DURME, [d] en Latin *Durmia*, Riviere des Pays bas dans le Comté de Flandres. Elle paſſe au Pays de Vaes. C'eſt un Canal qui ſort de l'Eſcaut à une demie lieue au deſſous de Gand, ſous le nom de Leede & qui retombe dans l'Eſcaut deux lieues au deſſus de Rupelmonde.

DUR.

DURNMAGEN
DURNOMAGUM } Voiez DOERMAGEN.
DURNOMAGUS

DURNOVARIA. Voiez DORCHESTER. 2.

DUROBRABIS, DUROBRIVIS, DUROBROVIS, DUROBREVIA, DUROPROVIS, DUROPRONIS, & DUROBRIUS. Le premier eſt de l'Anonyme de Ravenne [e] & les autres des divers exemplaires de l'Itineraire d'Antonin. On croit que c'eſt aujourd'hui ROCHESTER. Selon Burton [g] dans le Commentaire qu'il a compoſé ſur cet Auteur (& où, pour le dire en paſſant, ce bon homme a entaſſé un fatras d'érudition inutile), on trouve l'étymologie de ce nom dans le mot DURBRIF qui dans la langue des anciens Bretons doit avoir ſignifié une *Riviere rapide*: Ce qui peut s'entendre du Medway qui eſt en ce lieu là d'une extreme rapidité. D'autres le derivent de BRIVA qui ſignifioit un pont dès le temps même d'Antonin qui apelle BRIVA ISARÆ, *Pontoiſe*. Quoi qu'Antonin ne mette entre Londres & ce lieu que 27. Milles, & que cette même diſtance ſoit repetée dans deux endroits; Mr. Galle trouve qu'il y a du moins trente-quatre milles Ròmains d'une de ces villes à l'autre; & concluà que le chiffre eſt alteré.

DUROBRISIS. L'Anonyme de Ravenne nomme ainſi un lieu de l'Angleterre. Il y a bien de la difficulté de ſavoir ce que ce peut être, car d'un côté il le diſtingue de *Durobrabis* que l'on croit être *Rocheſter*, & le fait voiſin de *Venta Icenorum*. D'un autre côté ſelon la route qu'il trace, ce ne peut être *Dornford*, à moins qu'il n'y ait tranſpoſition.

DUROCASSES ou DUROCASSÆ, nom Latin de la ville de Dreux. L'Itineraire d'Antonin nomme ce lieu DUROCASES.

DUROCATELLAUNI, [h] ou comme on lit dans une Notice des Gaules, CIVITAS CATELLAUNORUM, nom Latin de Châlons ſur Marne ville de France en Champagne. Cellarius ſoupçonne que les deux ſyllabes *Duro* pourroient bien avoir paſſé par la mepriſe du Copiſte du mot *Durocortorum* qui ſuit immediatement au deſſous, à celui de *Catellauni* ou *Catalauni* dans l'Itineraire d'Antonin, où ce nom ſe trouve ainſi au lieu de *Catalauni*.

DUROCORNAVIS, [i] ſelon l'Anonyme de Ravenne & Durocornovium ſelon l'Itineraire d'Antonin, ancien nom de CIRENCESTER en Gloceſtershire. M. Galle [k] croit *Durocornovium* corrompu de Durocorinium qui eſt, dit-il, la CORINIUM de Ptolomée & le CORINIUM DOBUNORUM de l'Anonyme de Ravenne, & en ce cas *Durocornavis* au lieu duquel quelques exemplaires liſent *Durocoravis*, d'autres *Purocoravis*, deviendra ce qu'il pourra & *Durum Corinium* reſtera *Cirenceſter*. Le nom de la Riviere de Chyrn eſt reconnoiſſable dans le nom moderne & même dans celui de *Corinium*.

DUROCORTORUM, ancien nom Latin de la ville de RHEIMS. Voiez ce mot.

DURODUNUM. Nom latin de *Dornoch* ville d'Ecoſſe, que d'autres ont nommée dans

DUR.

dans la même langue *Dorodunum* & *Dornocum*.

DUROLEVUM,[a] ancien lieu d'Angleterre selon l'Itineraire d'Antonin. L'Anonyme de Ravenne[b] semble le nommer DUROLANI. Camden l'explique par LENHAM; mais en ce cas les chifres sont transposez & il faut remettre à *Durolevum* celui qui est à *Durovernum*, & celui de *Durovernum* à *Durolevum*, car il y a douze milles de Lenham à Rochester, & seize de Lenham à *Durovernum* qui est Cantorbery. Quelques exemplaires d'Antonin portent DURO LENUM qui aproche plus du nom moderne. Les antiquitez qu'on y a souvent trouvées dans la terre confirment que c'est Lenham.

DUROLIPONS, lieu d'Angleterre selon Antonin dans son Itineraire.[c] Mr. Galle dit que tous les Antiquaires placent ce lieu à Huntington, ou à Godmancester quoi que les mesures d'Antonin s'y accordent très-mal. Camden partage ce nom en trois *Dur-Osi-pons* c'est-à-dire, *le Pont de l'eau de l'Ouse*, ce qui est assez vrai-semblable, comme l'avoue Mr. Galle. Ce dernier[d] propose une autre conjecture qu'il dit lui-même être un peu hardie. On appeloit, dit-il, ce lieu GORMANCESTER. Un peu au-dessus de la ville est une fontaine qui a de grandes vertus pour netoier de la lepre, maladie que les Medecins nomment en Latin *Elephas*; nos ancêtres, poursuit cet Auteur, prononçoient *Oliphant*, & nommoient *Gormes* cette maladie. Ceci établi, il veut qu'on lise *Duroliphante* au lieu de *Duroliponte*. Ainsi le nom moderne & l'ancien viendront des noms de la lepre, comme il y a une autre ville nommée *Akemancester* à cause du concours de malades qui s'y venoient chercher du remede à leurs douleurs.

DUROLITUM,[e] ancien nom d'un lieu d'Angleterre nommé aujourd'hui LEIGHTON STONE. Cela est prouvé par les antiquitez Romaines qu'on y trouve encore; des urnes & des ossemens brûlez; & par le trajet de la Riviere *Litum* aujourd'hui *Thea Lea*, lequel est nommé *Oldford* c'est-à-dire le vieux Gué. Mais il faut corriger le nombre de milles marqué par Antonin, pour la distance entre *Cæsaromagus* (*Writle*) & *Durolitum*; car il met XVI. milles d'une de ces villes à l'autre, & XV. de Durolitum à Londres; au lieu qu'il faut mettre XXVI. entre les deux premieres & V. entre les deux autres, ce qui est d'autant plus juste qu'il rendra le même total que donne Antonin.

DUROLLE,[f] petite Riviere de France en Auvergne dans le Duché de Montpensier; où elle baigne les murailles de la Ville de Thiers & à deux lieues-au-dessous, elle se perd dans la Dore. Il y a sur cette Riviere des Moulins à papier & des Martinets pour batre & former des lames de couteaux.

DURONIA, Ville d'Italie dans le pays des Samnites selon Tite-Live.[g]

DURONUM, Ville de la Gaule Belgique selon Antonin.[h]

DUROSTADIUM, nom Latin de WYCKTE-DUERSTEDE. Voiez ce nom.

DUROSTOLON,[i] Ville de la Basse Mysie selon Ptolomée, Ammien Marcellin la

[a] Galle in Anton. p.76.
[b] L.5.c.31.
[c] Ibid. p.93.
[d] Ibid p 94.
[e] Ibid. p. 116.
[f] Corn. Dict. Davity, Auvergne.
[g] L. 10.
[h] Itiner.
[i] Ortel. Thesaur.

Tom. II.

DUR. DUS.

nomme DOROSTORON & Jornandes DOROSTENA; Antonin la designe par *Legio XXI. Claudia*; Cedrene l'apelle DRISTA. Lazius dit que son nom moderne est DORA. Gabius lit dans Curopalate RHODOSTOLON. Ortelius de qui j'emprunte ces remarques avertit que la situation de Durostolon & celle de *Tramarisca* doivent être corrigées dans Antonin & que ces noms sont transposez.

DUROTINUM, Ville ancienne de la Gaule Narbonnoise. Mr. Baudrand[k] dit sur l'autorité de Chorier que c'est Villars d'Aresnes Village du Dauphiné entre Grenoble & Briançon.

DUROTRIGES,[l] ancien peuple de la Grande Bretagne. Ils avoient les Belges au levant & au Nord; les Domniens au couchant & la Mer au midi. Leur pays étoit à peu près le même que Dorsetshire; & leur Capitale *Dunum* répond à *Dorcester*.

DUROVERNUM, Ville ancienne d'Angleterre dans la Bretagne citerieure, au pays des Cantiens: c'est pourquoi les anciens Géographes disent *Durovernum Cantiorum*. C'est aujourd'hui CANTORBERY.

☞ DURUM. Il y a un certain nombre de villes tant anciennes que modernes qui ont leurs noms terminez en DURUM. Ortelius derive ces Syllabes de l'Allemand THURN qui signifie une tour, & remarque qu'il a été facile de changer le *Th* en *D*. Mr. Galle[m] dit que chez les Bretons DOUR signifioit de l'eau & que de là vient que cette Syllabe entre dans les noms des lieux situez au bord de l'eau. Voici une liste de villes dont le nom Latin est terminé en Durum.

Batavodurum	*Ibliodurum*
Boiodurum	*Isiodurum*
Bragodurum	*Lactodurum*
Breviodurum	*Marcodurum*
Diudurum	*Octodurum*
Divodurum	*Theudurum*
Ebudurum	*Tornodurum*
Epamanduodurum	*Velatodurum*
Gamanodurum	*Venaxamodurum*
Ganodurum	*Vitodurum*

Les Bretons ont conservé l'ancien Celtique *Dor* pour dire une porte, les Flamands disent *Deur* & nomment *Deurwaerder* un Huissier qui dans l'ancien Teuton étoit nommé *Durwart*. Il est vrai-semblable que ce mot qui signifioit Porte, entrée ou passage a été employé en ce sens dans la composition de quelques noms.

DUSSELDORP,[n] & DUSSELDORFF, Ville d'Allemagne dans le Duché de Berg, dont elle est la Capitale & la residence ordinaire des Electeurs Palatins. Elle est sur la Rive Orientale du Rhin entre Nuys & Keyserswert, & tire son nom de la Duffel petite Riviere qui remplit ses fossez avant que de se perdre dans le Rhin. La Chronique de Limbourg fait mention de Dusseldorp dès l'année 1394. comme d'un lieu où il y avoit déja un Chapitre, car elle parle d'un nouveau Canonicat qui y fut alors fondé. Le 13. Juillet 1634. le tonnerre tomba sur un Magazin de poudres qui endommagea fort les maisons, la grande Eglise & le Château; sans compter

[k] Ed. 1682.
[l] Ibid.
[m] In Anton. p.77.
[n] Zeyler Westphal. Topogr. p.21.

plus

186 DUT. DUV. DUY. DWI.   DWI. DYM.

a Remarques dans un Voiage d'Italie, d'Allemagne &c. Lettre 11.

plus de cent personnes qui périrent. Cette ville dont un Voiageur *a* fait un vilain portrait est néanmoins assez agréable. Les Electeurs Palatins l'ont embellie lors que les guerres les ont obligez d'abandonner Heydelberg. Elle est à cinq milles d'Allemagne de Cologne, vers le Nord & à pareille distance de Juliers vers l'Orient d'été. On la nomme en Latin *Dusseldorpium.*

DUTLINGUE, DUTLINGEN, en Latin *Dutlinga* *b*, petite ville d'Allemagne en Suabe avec un Pont sur le Danube. Elle appartient au Duc de Wirtemberg quoi qu'elle soit séparée de son Etat. L'Abbaye de Reichenaw y a un hospice qui jouït d'une partie des Dîmes & de quelques autres revenus. En 1132, d'autres disent en 1364, Louïs Comte de Pfulendorf en Suabe Abbé de Reichenaw qu'il avoit déja gouverné quatre ans fut massacré en habits sacerdotaux dans l'Eglise de Dutlingue par ses propres Domestiques. Ce lieu ne fut entouré de murailles que l'an 1274. il a appartenu aux Seigneurs de Wartenberg à qui appartenoit aussi le Château de même nom, Oswald de Wartenberg & Claire sa femme l'aliénerent à Rudolphe Comte de Sultz l'an 1378. & c'est aparemment de cette famille que les Ducs de Wirtemberg l'ont eu. Le territoire de cette ville est très-fertile quoiqu'un peu dificile à cultiver. Il y a un Château hors de la ville sur une haute Montagne d'où lui vient le nom de *Honberg* abrégé de HOHENBERG. Il fut bâti l'an 1400. les armes de cette ville sont d'or à trois cors de cerf couchez en face. Dutlingue est à cinq milles d'Allemagne de Schafouse au Nord & à sept de Constance. Zeyler *c* écrit ce nom TUTLINGEN & Mr. Hubner *d* dit qu'il y a auprès une bonne Mine de Fer.

b Zeyler Suevia. Topog. p. 76.

c L. c.
d Kurtze Frag. aus der Geogr. p. 415.

DUVELAND. Voiez DUYVELAND.

DUVENVORDE, Belle & ancienne Maison Seigneuriale des Pays-bas, dans la Province de Hollande entre Leyde & la Haye.

DUYNA, ou la DWINE. Voiez DUNA.

⁎ Atlas.

DUYVELANDT, ⁎ Isle des Pays-bas dans la Province de Zelande entre celles de Schouwen, de Beveland & de Tolen. Elle est au Levant meridional de la premiere, au Nord-est de la seconde, & au Nord-ouest de la troisiéme & n'a que quelques villages; sans aucune Ville ni Bourg.

1. DWINA, la DWINE ou la *Douine*, comme écrivent quelques Géographes François. On voit dans le Dictionnaire François de Mr. Baudrand que *Rubo* Riviere dont parle Ptolomée a le même nom que cette Riviere. Cette faute ne se trouve pas dans le Dictionnaire Latin où le nom de Rubo est attribué à la Duna Riviere qui coule en Pologne & non pas à la Dwina Riviere inconnue à tous les anciens Géographes. *e* Cette Riviere n'a point de source particuliere, mais elle se forme des eaux de la Suchina & de l'Iuga, qui se joignent à Oustioug Capitale de la Province de ce nom. Ainsi Corneille le Brun n'en parle pas juste *f* quand il met l'embouchure de la Dwina dans la partie meridionale de la Province de Wologda, puisque la Dwina ne commence que

e Le Brun Voiages par la Mosc. en Perse p. 100.
f Ibid. p. 19.

beaucoup plus bas, au confluent des deux Rivieres qu'il nomme lui-même Suchina & Irga, & que Mr. de l'Isle nomme Vologda & Joug. *g* Son nom *Dwina* signifie un double fleuve. *h* La Dwina coule vers le Nord à Witsogdskaiasol, au-dessous de laquelle elle reçoit la Witsogda, d. à Ousjorga, où elle se joint à la Jorga ou Sorga d. vis-à-vis d'Arsinoa, g. puis coulant vers le Nord-ouest, elle est grossie à Ouswaga, par la Vaga g. puis par la Pendo g, & la Vaanga, d, par la Mors & le Jemisco, g. par la Pinega à Ous-Pinega. & enfin elle baigne Archangel, puis au-dessous de cette ville elle se perd dans le Bela-more, ou la Mer blanche par deux embouchures separées par l'Isle de Podesemska.

g Ibid. p. 100.
h De l'Isle Atlas.

2. DWINA, *i* Province de l'Empire Russien. Elle est bornée au Nord-ouest & au Nord par la Mer blanche & la Jugorie, à l'Orient par la Ziranie, au midi par l'Oustioug, & au Sud-ouest par la Province de Vaga & par celle d'Onega. La Capitale est Archangel. Les autres Villes & Bourgs remarquables sont Arsinoa, Colmogorod, Calunsko, Velika, Dereefna, Nova Dwinka, Irtha Kouloay, Malefspinoske, Nicolai sur la Pinega, St. Nicolas Port de Mer, Ousjorga, Peremegorie, Saoseria, Solotitza, & quelques Bourgs le long de la Witzoga. Il y a quelques Lacs, entre autres ceux, de Kulvio, d'Onosero, & de Sgolmgova. Il y a beaucoup de forêts & de terres incultes.

i Ibid.

3. DWINA, ⁎ Petite Ville de la Province d'Oustioug, vis-à-vis & au Sud-est de la ville de ce nom de laquelle elle n'est separée que par la Riviere de la Suchina qui se mêle avec l'Ioug un peu au-dessous.

⁎ Ibid.

DWINGELO, † Village des Pays-bas dans le pays de Drente à quatre lieues de Meppel, sur le Havelster Aa.

† Sanson Atlas.

1. DWINITZA, *k* petite Riviere de Moscovie dans la Province d'Oustioug où elle a sa source dans la Kerk Volost, ou contrée de Kerk & coulant vers le Sud-est, elle se jette dans la Vologda, ou Suchina.

k Ibid.

2. DWINITZA, *l* Bourg de Moscovie sur la Riviere de Dwinitza. Il est par les 59. d. de longitude & par les 60. d. de latitude.

l Ibid.

DWINSKA, *m* NOVA DWINSKA, ou LE NOUVEAU DWINSKO, forteresse de Moscovie, laquelle défend l'entrée du nouveau Canal ou de l'embouchure la plus Septentrionale de la Dwina au bord de la Mer blanche *n*. Il y a un Pont de bois sur la Riviere avec un Pont levis sous lequel deux Vaisseaux peuvent passer à la fois.

m Ibid.
n Le Brun Voiage par la Mosc. en Perse. p. 431.

DY.

1. DYME, Ville & Colonie Romaine de l'Achaïe dans le Peloponese, on l'appelloit auparavant STRATOS & même CAUCONIDE au raport de Strabon *o*, & Pausanias *p* qui la décrit amplement dit qu'on la nommoit aussi PALEA. Il ne faut pas confondre cette *Stratos* avec une autre de même nom qui étoit dans l'Acarnanie. Thevet croit que c'est la même que CLARANZA Ville de la Morée. Stra-

o L. 8. p. 387.
p L. 7. p. 565.

DYM. DYO.

[a] L. c.

Strabon [a] dit qu'elle n'avoit point de Port & que son nom *Dyme* venoit de ce qu'elle étoit la plus Occidentale de la contrée, du mot Δυσμή qui signifie le coucher du Soleil. Il dit aussi que son Territoire étoit separé de l'Elide auprès de Buprasium par le fleuve Larisse. Mr. de l'Isle dans sa Carte de la Grece méridionale marque des limites diferentes.

[b] L.3.c.11.

2. DYME, selon Ptolomée [b]; ou DYMA selon ses Interprêtes, Ville de Thrace. Elle étoit située sur la Rive Orientale de l'Hébre un peu au-dessus de Trajanopolis & au-dessous de Plotinopolis, suivant les Cartes dressées sur cet Auteur. Antonin la nomme DIME´ dans son Itineraire.

DYMETHUS, Ville ancienne de la Sicile. Voiez SYMETHUS.

DYOS, ancien nom de la Riviere de Guir qui coule en Afrique dans la Barbarie.

DYRRACHIUM. Voiez DURAZZO.

DYSART. Voiez DISART.

DZ.

DZIAN-KRIMENDA, nom que les Turcs donnent à Oczackow Ville de la petite Tartarie, au raport de Beauplan [c].

[c] Descr.

DZIURDZOW, [d] Ville de la Valaquie sur le Danube à peu de distance de la Riviere de Nieznoviecz à deux milles d'Allemagne de la Riviere d'Ardsin, & à deux journées de Buckereste.

[d] de l'Ukraine. p. 27. Baudrand.

§. Sanson [e] met un Village nommé DZURDZULEC au confluent de la Pruth & du Danube. Mr. de l'Isle le neglige entierement.

[e] Atlas.

Tom. II.   Aa 2   EA

EA.

EA Ville de la Colchide. Voiez ÆA 4. & 5.

EA, ou EAS Riviere de l'Epire. Voiez ÆAS. 2.

EAGH, Grand Lac d'Irlande, dans la Province d'Ulster entre les Comtez d'Antrim, de Tyr-oen, de Downe, & d'Armach. Il y a quelques Isles dont les deux principales sont selon Allard [a] celles de Sidney & Enisgarden; la premiere au Sud & la seconde à l'Est. Le même Auteur en met encore quelques-unes vers le Nord entre lesquelles ce Lac se decharge par la Riviere de Band des eaux que lui fournissent Blacwater & quelques autres Rivieres. Il communique aussi à la Mer d'Irlande par la Riviere de Clyffe dont une partie prend son cours vers ce Lac & l'autre vers la Baye de Carlinsford. Mr. Baudrand juge aparemment sur l'Orthographe Latine de ce nom, qui est *Eaugus*, que ce Lac est mal nommé *Le Lac* NEAUGH dans toutes les Cartes recentes. Mr. de l'Isle écrit ainsi & le Traducteur de l'Etat de l'Irlande écrit toujours le Lac NEAGH. Mr. Baudrand donne à ce Lac quarante-cinq mille pas de circuit.

[a] Carte d'Irlande.

EARES, peuple des Indes selon Etienne le Géographe.

EARNE, Grand Lac d'Irlande dans la Province d'Ulster, au Comté de Fermagnac [b] duquel on croit qu'il occupe le tiers, [c] sur les confins des Comtez de Cavan, de Lettrim & de Slego. Il est nommé sur les Cartes d'Allard LOUG EARNE, c'est-à-dire, le Lac d'Earne. [d] Il est divisé en deux, savoir le superieur & l'inferieur qui sont remplis de plusieurs petites Isles; dans l'une desquelles est la Forteresse d'Enis Killing. Les Bergers des environs menent leurs troupeaux paître dans les antres & les y laissent même pendant la nuit. [e] Ce Lac a environ cinq milles & demi, de ceux dont 15. font un degré, dans sa longueur, Nord & Sud pour la partie superieure & un peu plus de quatre de ces mêmes milles dans sa longueur Ouest & Est pour la partie inferieure; la longueur du Canal par lequel l'un se vuide dans l'autre est de deux de ces milles; la plus grande largeur de l'une & de l'autre partie est de deux lieues & demie, mais le Canal par lequel elles communiquent l'une à l'autre n'a gueres qu'un demi mille de largeur. Mrs. Sanson, Baudrand & autres nomment la partie inferieure BROAD & laissent le nom d'Earn à la superieure. Mr. Baudrand veut qu'on écrive ERNE, & non pas EARNE. Il nomme aussi ERNE la *Riviere* par laquelle ce Lac a son embouchure dans la Baye de Dunegal; entre le Comté de ce nom & celui de Slego.

[b] Etat pres. de l'Irlande p. 62.
[c] Allard Atlas.
[d] Baudrand.
[e] Allard, ibid.

EASIS, Metropole de la Gedrosie selon Ptolomée [f]; dont les Interpretes lisent BARSIS, & quelques Manuscrits PARSIS.

[f] L. 6. in fine.

EASIUM, Ville de l'Achaïe dans le Peloponese. C'est ainsi qu'on lisoit autrefois dans Pausanias au lieu d'ÆGIUM.

EASO, Ville & Promontoire. Voiez OEASO.

EAST-ANGLES. Voiez ESTANGLIE.

EAST-MEATH, [g] Comté d'Irlande dans la Province de Leinster. Il a au Levant l'Océan & le Comté de Dublin, ceux de Cavan & de Louth au Nord & au Nord-est; celui d'Ouest-Meath à l'Ouest, & celui de Kildare au Sud. Il a trente huit milles de long & autant de large. Il est riche, agréable, & bien peuplé. On le divise en onze Baronies, qui sont celles de Moyrgallon, de Slane, de Duleck, de Skreene, de Navan, de Kels, de Lune, de Moysenragh, de Deece, de Ratoth, & de Dunboyne. Il y a deux Villes qui ont droit de tenir des Marchez publics & six qui envoient leurs Députez au Parlement. Les principaux Lieux, Villes, & Bourgs sont Kells, Slane, Duleck Navan, Athboy, Trim, & Ratoth.

[g] Etat pres. d'Irlande p. 38.

EATON, ou ETON en Latin *Etona* ou *Ætona* [h] Bourg d'Angleterre en Buckinghamshire sur la Thamise vis-à-vis de Windsor. Il est celebre par son College & par son Ecole que fonda Henri VI. Dans cette Ecole il y a 70. Ecoliers qui sont entretenus gratis & qu'on envoye de là au College du Roi (*King's College*) à Cambridge fondé exprès pour eux. Mr. d'Audifret attribue la fondation du College à Charles I.

[h] Etat pres. de la G. Bret. T. 1. p. 42.

EAU; ce que l'on entend par ce mot est quelque chose de si commun & en même temps si connu que le nom est mille fois plus intelligible que la definition que l'on en pourroit donner. Cependant les Grecs le nomment ΤΔΩΡ, les Latins AQUA, les Italiens ACQUA, les Espagnols AGUA, les François meridionaux AIGUE, les Allemands WASSER, les Hollandois WATER, les Anglois WATER, les Arabes MA, les Turcs SU, SUI, en prononçant l'u comme OU. Tous entendent en general par ces mots les parties humides & fluides du Globe nommé Terraqué, parce qu'il est composé de terre & d'eau. L'Eau est donc un terme general qui convient 1. à l'Océan & aux Parties de la Mer qui sous divers noms couvre une partie considerable de la surface du Globe. Voiez aux mots OCEAN & MER; 2. aux Fleuves, aux Rivieres, aux Ruisseaux & aux Fontaines qui ont un cours presque toujours uniforme depuis leur source jusqu'au lieu où elles perdent le nom particulier qu'elles avoient auparavant. 3. Aux Lacs, aux Etangs, aux Marais, où l'eau est enfermée de tous côtez ou n'a pour se vuider qu'un Canal très-petit en comparaison de l'amas d'eaux qui reste retenu en un même endroit; 4. Aux Sources Minerales, froides ou chaudes qui passant dans les terres Metalliques, ou chargées de Mineraux, s'empreignent des qualitez propres à ces Mineraux ou à ces Metaux, en se chargeant des particules qu'elles en détachent. Voiez ces articles particuliers. Mr. Sanson dans son Introduction a recherché [i] quelle proportion il y a entre la surface & la solidité de l'Eau, & la surface & la solidité de la Terre. Voici comme il s'en explique: Comme la Masse du Globe terrestre est composée de Terre & d'Eau, tant en sa surface qu'en sa solidité, l'on pourroit considerer séparement & leur surface & leur solidité pour, en les comparant ensemble, juger à peu près de combien l'un peut surpasser

[i] Ed. fol. p. 56.

EAU.

passer l'autre en quantité, si toutes les terres étoient connues & que la mer ne fût pas si inégale en sa profondeur. Quoique le Continent Meridional & les Terres Arctiques ne soient pas entierement découverts, néanmoins les Globes & les Mappemondes ne laissent pas de nous faire juger qu'il peut y avoir à peu près autant d'eau que de terre sur la surface du Globe terrestre. Si cette égalité étoit juste la surface de l'eau seroit de 74. 255. 400. c'est-à-dire soixante & quatorze Millions de mille pas géometriques ou de milles communs d'Italie quarrez. A l'égard de la Mer sa profondeur est assez connue près des côtes ; mais qui n'est rien à la verité à l'égard de la grande étenduë du reste de la Mer dont la profondeur est inconnuë. Les Pilotes disent la *Mer sans fond*, lorsqu'elle a plus de deux cens brasses de profondeur. Quelques-uns prétendent qu'elle ne passe point cinq cens brasses ; C'est-à-dire environ un demi-mille : l'on a jugé par diverses experiences que la profondeur étoit en quelques endroits de plus de quatre mille pas Géometriques. Mais supposé que la Mer eût également une Mille de profondeur par tout, la solidité de l'eau seroit environ de 74. 255. 400. mille pas Géometriques ou Milles d'Italie Cubes. La Terre a presque par tout autant de solidité que son Diametre, excepté les endroits où est la Mer que nous avons supposé avoir un mille de profondeur, de sorte que défalquant les 74. 255. 400. Milles Cubes de la Mer de la totalité de la solidité du Globe terrestre entier que nous avons dit être de 170. 106. 745. 500. Milles Cubes pour la solidité de la Terre (au mot Diametre) ainsi pour environ soixante & quatorze Millions Cubes que l'eau pourroit avoir en donnant à la Mer un Mille de profondeur, il y auroit plus de cent soixante & dix milliars cent six millions sept cens quarante cinq mille cinq cens Milles Cubes. Ce Calcul n'a rien de fort réel, car 1. comme l'avoue ce savant Géographe, il reste bien des Mers & des Terres à découvrir ; 2. Il roule sur une supposition de laquelle on ne peut gueres s'assûrer ; 3. Il ne parle que de la Mer sans avoir égard ni aux Rivieres ni aux Fleuves, ni aux Lacs, ni aux reservoirs souterrains des eaux dont la capacité n'est pas plus connuë, que la cavitez de la Terre jusques auxquelles on n'a point encore penetré & où vraisemblablement on ne penetrera jamais. La Physique examine les eaux par raport à leur salubrité : elle remarque, par exemple, que l'eau d'Espagne est excellente & qu'elle ne se corrompt jamais ; c'est ce qui fait en partie que le pain de Madrid est si bon. Gonnesse doit la bonté du sien à la bonté de ses eaux. Dans les pays où l'on fait le plus grand usage de la biére, il y a des Rivieres qui y sont plus propres que les autres, & mêmes des endroits de ces rivieres où l'Eau est meilleure. Les mêmes Brasseurs avec les mêmes grains ne sauroient imiter la biére de Liége, ni au dessus, ni au dessous de cette ville quoique sur la même riviere. Pour l'usage de la boisson l'eau de Riviere est la meilleure & la plus saine de toutes pourvû qu'on la laisse reposer avant que d'en boire & qu'on la prenne loin au dessous ou au dessus des grandes villes pour qu'elle ne soit point chargée d'impuretez & d'immondices. L'Eau la plus saine est celle qui est legere, claire, pure qui n'a ni couleur, ni odeur, ni saveur, qui s'échauffe & se rafraîchit très-vîte; & qui dissout promptement le Savon. Il y a des eaux qui aiant passé par des veines pierreuses ou plâtreuses y prennent des qualitez fort nuisibles à la santé. On peut les éprouver en y cuisant de l'Oseille, car alors ces eaux changent de couleur & deviennent rougeâtres, ce qui n'arrive point aux autres eaux. Il y a des eaux salées comme sont celles de la Mer, de quelques Lacs, Rivieres, ou Puits, dont les eaux sont plus ou moins chargées de Sel. Il y a des eaux douces, comme sont celles de la plûpart des Fleuves, des Rivieres, des Fontaines, des Lacs, & des Puits. Il y a des eaux *Somaches* ou *Saumaches*, qui participent de la Salure de la Mer ; & dont on est obligé en quelques lieux de se servir faute d'autres. La Géographie considere dans les eaux leur étenduë, leur profondeur & leur cours ; & même l'usage qu'en peut faire la Navigation avec laquelle elle a une liaison très-intime & c'est cette partie de la Cosmographie que l'on apelle Hydrographie qui est la *Connoissance des eaux*. Elle en doit considerer les rivages, la profondeur, les courants, & les bancs ou les écueils qu'elle cache. L'Art d'élever les eaux, de les conduire & de les emploier à faire marcher des Moulins, & à autres usages utiles, ou à des ornemens de Jardins & de Palais, est nommé Hydrostatique & Hydraulique & fait partie des Mathematiques.

EAU DU SOLEIL, nom que l'on donne à une Fontaine de la Libye propre, à l'Orient de la ville & du Temple de Jupiter Hammon. Les Latins l'ont nommée Fons Solis, ou la Fontaine du Soleil parce qu'elle se regle sur le cours de cet Astre. Quinte Curse *a* & Arrien *b* disent qu'elle est glacée vers le midi, qu'elle est bouillante à minuit & tiede au matin & au soir. Cellarius met cette Fontaine dans la Marmarique & dit que si Pomponius Mela *c* l'a mise dans la Cyrenaïque, c'est que cet Auteur a pris cette derniere Province dans un sens plus étendu, en la faisant aller improprement jusqu'au mont Catabathmos. Cellarius *d* reprend Pline d'avoir mis cette Fontaine du Soleil dans la Troglodytique, à moins qu'il n'ait voulu parler de quelques Troglodytes diferens de ceux qui étoient au bord du Golphe Arabique ; ce qui seroit toujours un manque de clarté. Les Troglodytes du Golphe d'Arabie étant les plus connus on doit toujours entendre d'eux ce qu'on en dit, sans quelque circonstance qui avertisse qu'on parle de quelques autres.

EAUGH. Voiez Eagh.

EAUNA ou EAULNE, Petite Riviere de France, *e* en Normandie dans le Pays de Caux. Elle a sa source au dessus du Bourg de Mortemer, entre Aumale & Neufchâtel, passe par Mortemer, Saint Germain, Sainte Beuve, Faisque, Claye, Baillolet, Bailleul, Neuville, Freoville, Londeniere, Boissel, Vanchi, Douvran, Angreville, Inerville, Chauffé, Ancourt, Martin-Eglise & Etran, & après un cours de huit lieuës, elle mêle ses eaux avec la Bethune déja jointe à celle d'Arques,

a l. 4. c. 7.
b l. 3. c. 4.

c l. 1. c. 8.

d l. 4. c. 2.

e Memoires rectifiez sur les lieux.

EAU. EBB. EBE.

une lieue au deſſus de la ville de Dieppe, auprès du Prieuré de St. Etienne.

EAUSAN, petit Pays de France dans la Gaſcogne, au Comté d'Armagnac, aux environs de la ville d'Eauſe de laquelle il prend ſon nom. Quelques-uns diſent l'EUZAN.

EAUSE, EAUZE, ou EUZE; petite ville de France dans la Gaſcogne au Comté d'Armagnac dans le petit Pays d'*Eauſan*; on l'apelle en Latin *Eluſa*, [a] & elle a donné ſon nom aux Peuples ELUSATES connus dans les Commentaires de Ceſar. Cette ville a été long-tems la Capitale de Novempopulanie & l'une des plus celebres de l'Empire Romain; elle vint au pouvoir des Goths avec toute la Province, qui fut conquiſe après par Clovis. Mais ſous ſes petits-fils, les Gaſcons s'y établirent, & nommérent ce Pays Gaſcogne; de ſorte qu'Eauſe a eu le ſort de cette Province; mais elle fut ruinée de fond en comble par les Normands, lorſqu'ils ravagerent cette partie de l'Aquitaine ſous Louïs le Debonnaire; ce qui obligea les Diocéſains d'Eauſe ſe mettre ſous le Gouvernement des Evêques d'Auch, & les deux Dioceſes aiant été unis, Auch devint par là Metropole; le premier Evêque de ce Siége, que nous voyons qui jouït de la dignité de Metropolitain, eſt Airard, qui vivoit ſous le Regne de Charles le Chauve, le Titre d'Archevêque lui étant donné par le Pape Jean VIII. dans une de ſes Lettres. La vieille Eauſe ſe nomme *la Ciutat*, c'eſt-à-dire, la Cité, & la nouvelle qui en eſt proche, s'apelle proprement *Eauſe*. Celle-ci, qui avoit été bâtie vers l'an 900. mais qui n'étoit qu'une petite ville, fut donnée aux Comtes de Fezenzac, & de ces Comtes elle paſſa à leurs cadets les Comtes d'Armagnac. [b] Cette ville n'eſt qu'à cinq lieues de Condom au Couchant, à ſept d'Auch, à neuf de Bazas au midi, & à trois de Nogaret.

[a] Longuerue deſc. de la France 1. part. p. 195.

[b] Atlas.

E B.

EBBER, Ville de Perſe. Voiez EBHER c'eſt ainſi que ce nom eſt écrit par Chardin, de qui Mr. Corneille emprunte ce qu'il en dit au mot EBBER.

EBELSTOT, petite Ville du Danemarck en Jutland dans le Dioceſe d'Arhuſen ſur une Baye du Categat; à quatre ou cinq lieues d'Arhus en tirant vers le Nord-eſt.

EBERBACH [c], Ville d'Allemagne dans le Palatinat du Rhin au Bailliage de Moſsbach & à un mille d'Allemagne de cette ville ſur la rive ſeptentrionale du Neckre. Ce lieu doit ſa fondation à Eberhard ou Evrard Comte Palatin du Rhin de la race de Charlemagne qui y fit ſa reſidence & y fut enterré. C'eſt une aſſez bon magaſin des vins du Necker & on y voit une pierre ſur laquelle eſt conſervée la memoire du grand debordement du Neckre l'an 1529.

[c] Zeyler Palat. Rhen. p. 67.

EBERBERG, [d] EBERNBERG, EBERNBOURG ou EBERSBOURG, Château d'Allemagne dans le Palatinat du Rhin au confluent de la Naw. & de l'Alſen, au deſſus de Creuſnach [e]. Il a appartenu à la Maiſon de Sickingen. Le Colonel Roſe le prit par ſtratageme au mois de Decembre de l'an 1639. Le

[d] Baudrand.

[e] Zeyler Palat. Rhen. Topog. p. 67. Baudrand.

EBE.

Landgrave de Heſſe-Caſſel l'aſſiégea inutilement en 1692. Les François qui le défendoient alors firent lever le Siége.

§. Mr. Baudrand fait un ſecond article de ce lieu ſous le nom d'Ebersbourg.

EBERSDORF, ou EBERSTORFF, [g] Château d'Allemagne dans la baſſe Autriche ſur le bord Meridional du Danube à deux petits Milles de Vienne. Ce Château eſt une des Maiſons de plaiſance où la Cour de Vienne va goûter le plaiſir de la Campagne. Le Danube emplit les foſſez de ce Château.

[g] Sanſon Atlas.

EBERSHEIM ou EBERSHEIMMUNSTER, EBERSMUNSTER, [h] Bourg & Abbaye d'Alſace dans l'Evêché de Strasbourg dans une Iſle qu'entourent les eaux de la Riviere d'Ille au-deſſous de Scheleſtat, & au deſſus de Benfeld dans le Bailliage de ce nom. L'Abbaye fut fondée pour l'Ordre de St. Benoît l'an 700. par Etticon Duc d'Alſace. Une ancienne Chronique de Strasbourg aſſure ſans preuve qu'il y a eu autrefois dans cette Iſle un Temple de Mercure & que Jules Ceſar y alla, lorſqu'il eut conquis le Pays. L'an 1444. cette place fut préſervée des ravages des Armeniaques qui l'année ſuivante furent batus à plate couture dans le fauxbourg par les Strasbourgeois. En 1640. (1460) les Maures ſe ruerent ſur cette place & brulérent le monaſtére. L'Abaye donne le nom au Bourg, & elle le prend elle-même de ce que le premier Abbé ſe nommoit Eberhard. Quelques-uns apellent ce lieu *Ebersheim-Munſter*, d'autres *Eberſtein-Munſter*. Le premier eſt preferé. Les Latins le nomment *Aprimonaſterium*. L'ancien nom étoit NOVIENTUM où St. Materne renverſa un fameux Temple d'Idoles au raport de Wimpheling dans le Catalogue des Evêques de Strasbourg.

[h] Zeyler Alſat. Top. p. 14.

EBERSPERG ou EBERSBERG [i] Château & Bourg d'Allemagne dans la haute Autriche, ſur une Montagne au pied de laquelle paſſe la Riviere de Draun ſur laquelle il a un pont. Le Comte Sighart de Santha, ou Sempta y bâtit un petit Bourg, mais fermé de murailles, contre les courſes des Hongrois ſous l'Empire de Louïs fils de l'Empereur Arnolphe. Ce lieu appartient à l'Evêché de Paſſau. Mr. Baudrand ſe trompe quand il le met par l'Inn Riviere qui tombe dans le Danube bien au deſſous de Lintz, au lieu que la Draun ſur laquelle il eſt veritablement y tombe au deſſous.

[i] Zeyler Auſtriæ Topog. p. 51.

1. EBERSTEIN, Château d'Allemagne dans la Suabe, & dans le Comté d'Eberſtein dont il eſt le chef lieu.

2. EBERSTEIN, Contrée d'Allemagne dans la Suabe, avec titre de Comté, en Latin *Eberſteinius Comitatus*. Elle a au Levant le Duché de Wirtemberg, au Couchant l'Ortnau & au Midi le Margraviat de Bade. [k] Jean fils de Bernard & d'Agnès de Feneſtrange étoit Comte d'Eberſtein dès l'année 1421. Caſimir Comte d'Eberſtein & Seigneur de Frauenbourg, de Forbach & de Vertanſtein dernier de ſa race mort en 1660. ne laiſſa de Marie Eleonor fille d'Erneſt Caſimir Comte de Naſſau Weilbourg qu'une fille nommée Albertine-Sophie-Eſther, mariée en 1679. avec Frederic Auguſte Duc de Wirtenberg de la Branche

[k] Audifret, Geog. T. 3. p. 189.

EBE. EBI. EBL. EBO. EBO. EBR.

che de Neuſtadt. Cette Albertine-Sophie-Eſther a ſeulement herité de Gochzœim. L'Evêque de Spire réunit à ſon Domaine Gernsbach qui relevoit de ſon Egliſe. Les Margraves de Bade ſe ſont mis en poſſeſſion de la plus grande partie qu'ils ont acquiſe par rachat ou par reverſion & le reſte qui conſiſte en la quatrieme partie a été redonné en fief aux Comtes de Wolkenſtein & de Gronsfeld en équivalent de leurs pretentions.

EBERSWALD, Forêt d'Allemagne dans le Palatinat du Rhin,[a] dans le Hundsruck. On y trouve une ſource minerale dont l'eau qui eſt froide & aigrette eſt très-fameuſe ; mais il la faut prendre avec diſcretion & ne s'en ſervir que par medecine.

[a] Zeyler Palat. Rhen. Topog. p. 61.

EBEZINTHIA [b] ou EBEZIUTHIA, ville de la Paleſtine dans la Tribu de Juda. C'eſt vraiſemblablement la même qui eſt nommée BAZIOTHIA au livre de Joſué [c].

[b] Hieron. & Euſeb. Onomaſt. p. 64.
[c] c.15.v.28.

EBIRNUM, Ville de la Gaule. Ce nom ſe trouve ſur une troiſieme feuille de la Carte de Peutinger non encore publiée, mais communiquée à Ortelius [d].

[d] Theſaur.

EBISMA, Ville de l'Arabie heureuſe ſelon Ptolomée [e]. Ses Interpretes liſent ABISAMA ; qui eſt autoriſé par des Manuſcrits. Cette ville étoit dans le pays des Adramites.

[e] l.6.c.7.

EBLAEA, Ville d'Yvernie ſelon Ptolomée [f]. C'eſt aujourd'hui DUBLIN Capitale d'Irlande.

[f] l.2.c.2.

EBLANIENS, ancien peuple d'Irlande ; ils occupoient ce que nous apellons aujourd'hui les Comtez de Dublin & de Meath.

EBLITEI MONTES, Montagnes de l'Arabie heureuſe ſelon Pline [g].

[g] l.6.c.28.

EBOB, Ville des Moabites ; on l'apelloit auſſi Obob ſelon Heſyche cité par Ortelius.

EBODE, Ville de l'Arabie heureuſe ſelon Pline [h] qui l'attribue aux Helmodenes. Ptolomée [i] place EBODA dans l'Arabie Petrée.

[h] l.6. c.28.
[i] l.5.c.17.

EBODIA, petite Iſle de France ſur les côtes de la baſſe Normandie & du Cotentin. C'eſt aujourd'hui ORIGNI en François. Les Anglois & les Flamans la nomment ALDERNAY. Voiez ORIGNI.

EBOLI. Voiez EVOLI.

EBORA. Voiez EVORA.

EBORACUM. Voiez EBURACUM.

EBORES, Scaliger a remarqué qu'Auſone nomme ainſi ceux que les Auteurs nomment EBUROVICES ; dans ce vers,

Ant Eborum miſtus pelago quæ protegit amnis.

EBORIACUS. Voiez FAREMOUSTIER.

EBORODUNUM, EBERODUNUM ou EBURODUNUM. Voiez EMBRUN & IVERDUN.

EBOROLACUM ARVERNORUM [k]. Sidoine apelle ainſi un lieu qui eſt nommé EUROGILUM dans la Vie de l'Empereur Louïs le Debonnaire écrite par un Auteur Contemporain, & ce dernier en fait mention en parlant de ce qui ſe paſſoit en 796. & le met entre les principales Maiſons Roiales de ce Louïs alors Roi d'Aquitaine. Hadrien de Valois croit que c'eſt EBREUIL ſur la Sioule en Auvergne. On voit dans la Diplomatique de D. Mabillon [l] qu'*Ebrogilum* ou *Eurogilum* eſt une petite ville autrefois ornée d'un Palais Roial & à preſent d'une Abbaye de Benedictins. C'eſt là, dit l'Auteur, que Louïs Roi d'Aquitaine & enſuite Empereur alloit paſſer l'Hiver tous les quatre ans. Il ne ſe trouve rien dans Sidoine qui marque la ſituation d'*Eborolacum*. Cependant, continue le Critique cité en dernier lieu, j'aprouve la conjecture du ſavant Hadrien de Valois qui prétend qu'*Evrogilum* eſt le même qu'*Eborolacum*, d'autant plus que la reſſemblance du nom François EBREUIL ſemble la confirmer. Dans l'Edition Françoiſe du Dictionnaire de Mr. Baudrand ce dernier nom eſt écrit EBREVILLE.

[k] Valeſ. Notitia Galliarum p. 184.
[l] l.4. c.56.

EBOSIA, Stace dans une de ſes Silves [m] nomme ainſi un lieu où l'on faiſoit du ſucre,

[m] l.1.Sylv. 6.v.15.

Et quas præcoquit Eboſia cannas.

Sur quoi les critiques ont rétabli ce mot & liſent,

Et quas percoquit Eboſita cannas.

La meſure du Vers, demande que la troiſieme Syllabe d'*Eboſia* ſoit une Syllabe longue, ce qui favoriſe la correction. D'autres ont lu *Ebuſia*, moins bien qu'*Eboſia* ou *Ebuſita*, qui en cet endroit ſignifie un homme de l'Iſle d'Ebuſe. Voiez EBUSUS.

EBRE (l') Riviere d'Eſpagne & l'une des plus conſiderables de ce Roiaume ; en Eſpagnol EBRO, en Latin *Iber*, & *Iberus*. Il prend ſa naiſſance dans les montagnes de Santillane ſur les confins de la Vieille Caſtille, vers les frontieres des Aſturies. Il vient de deux ſources dont la principale eſt près du Bourg apellé par les habitans du pays *Fuentribro* c'eſt-à-dire, *Fontaine* ou *Source de l'Ebre*. Il coule du Nord-Oueſt au Sud-Eſt pendant l'eſpace de 460. milles & reçoit ſur ſon paſſage plus de trente Rivieres, dont les principales ſont l'Aragon dans le Roiaume de ce nom & la Segre dans la Catalogne. Il traverſe une bonne partie de la Vieille Caſtille & de la Biſcaye, où il trouve le mont Idubeda qui l'empêche de pouſſer ſes flots vers l'Oueſt comme les autres Rivieres d'Eſpagne. Dans la Vieille Caſtille il paſſe à Miranda de l'Ebro, à Longroño, & à Calahorra. Delà entrant dans la Navarre, il ſepare ce Roiaume de la Caſt Ile & il paſſe à Tudele où il commence à être un peu navigable. On dit que du tems des Romains, il commençoit plus haut, à ſavoir à un endroit apellé anciennement Varia & à preſent Alfaro, où il reçoit ſes eaux de l'Aragon. De la Navarre il entre dans le Roiaume d'Aragon qu'il traverſe tout entier en deux parties preſque égales, baigne les murs de Saragoce, côtoie enſuite la Catalogne & quelques milles au deſſous de Tortoſe, il ſe précipite dans la Mediterranée avec tant de violence & de rapidité qu'il conſerve la douceur de ſes eaux plus de cinquante pas avant dans la Mer. A ſon Embouchure il forme les petites Iſles d'Alfachs ainſi apellées d'un Bourg de ce nom qui eſt au bord de la Mer, à l'Occident de l'Ebre. Ce fleuve eſt preſque le ſeul de toute l'Eſpagne qui puiſſe ſervir à la Navigation : encore ne produit-il pas de grands avantages ſi

ce

ce n'est depuis Tortose jusqu'à la Mer; car quoi qu'il porte bateaux pendant l'espace de près de 250. milles, ils ne peuvent remonter que jusqu'à cette Ville & même ils ont beaucoup de peine à descendre à cause de certains rochers qui se trouvent dans son lit à une vintaine de lieues de Saragoce. Son eau est naturellement fort bonne à boire. Elle est aussi d'un très-bon usage pour laver: Elle rend les mains blanches, adoucit la peau, rend le teint frais & est très-utile pour la santé; c'est pourquoi on la charge dans des tonneaux pour la transporter dans tout le voisinage & même quelquefois dans les autres Provinces. L'Ebre servoit autrefois de bornes entre les Romains & les Carthaginois, par le Traité qui fut fait entre eux après la première Guerre Punique; delà vint qu'on divisa l'Espagne en citerieure qui étoit en deçà de l'Ebre par raport aux Romains & l'autre ulterieure qui étoit au delà.

EBREDUNUM. Voiez EMBRUN & IVERDUN.

EBRELODUNUM. Voiez EBREUIL.

EBREUIL, [a] EBREUILLE, ou EBREULE, petite Ville de France en Auvergne vers les Frontieres du Bourbonnois, sur la Riviere de Scioule, à trois lieues de Riom au Nord; & à cinq de Clermont. Il y a une Abbaye dont l'Abbé est le Seigneur du lieu; mais la Justice est du Ressort de Riom.

[a] Baudrand, Piganiol de la Force Desc. de la France T. 5. p. 349.

EBRIDES; Isles situées à l'Occident de l'Ecosse; on les nomme pour cette raison WESTERNES. Voiez ce mot.

EBRODUNENSIS TRACTUS, nom Latin de l'EMBRUNOIS.

EBRODUNTII, c'est ainsi qu'on lisoit dans les anciennes Editions de Pline [b] au lieu de *Brodiontii* que le R. P. Hardouin a retabli sur l'autorité des Manuscrits.

[b] L. 3. c. 20.

1. EBRODUNUM, nom Latin d'EMBRUN Ville de France dans le Dauphiné.

2. EBRODUNUM, EBURODUNUM & ROBORODUNUM, nom Latin de BRINN ville forte du Roiaume de Boheme en Moravie.

3. EBRODUNUM, nom Latin d'YVERDUN, ou YVERDON, Bourg de Suisse au Canton de Berrie dans le Pays de Vaux.

1. EBROICÆ, &
EBROICUM, nom Latin d'Evreux, Ville de France en Normandie.

2. EBROICÆ, EBROICI, EBURAICI, & AULERCI EBUROVICES; ancien peuple de la Gaule Celtique. Il avoit pour voisins les *Lexovii*, les *Sessui* & les *Velocasses*, c'est-à-dire les Dioceses de Lisieux, de Sèz & de Rouën entre lesquels est situé le Diocese d'Evreux. Voiez EBUROVICES, & EVREUX.

EBROICUM. Voiez EVREUX.

EBROLIUM. Voiez EBREUIL.

EBROMAGUS, ou
EBROMANUS PAGUS, lieu dans l'Aquitaine. Il en est fait mention dans l'Itineraire d'Antonin. Vinet & Mr. de Marca estiment que c'est EMBRAU en Saintonge.

EBRON. Voiez HEBRON.

EBRONIUM. Voiez EVRON.

1. EBRUS, Riviere de l'Illyrie selon Diodore de Sicile [c].

[c] L. 19.

2. EBRUS, Riviere de Grece dans la Thessalie près de Larisse selon Theophraste [d].

[d] De causis Herbar. 5. c. 20.

EBUDES, Voiez WESTERNES.

1. EBURA, ELBORA, ou LIBORA; noms Latins de TALAVERA DE LA REYNA Ville d'Espagne dans la Nouvelle Castille.

2. EBURA, nom Latin de l'EURE Riviere de France.

3. EBURA, que l'on appelloit aussi *Cerealis*, quelques Manuscrits de Pline [e] portent EBORA: ancien nom d'ALCALA-REAL Ville d'Espagne entre Grenade & Cordoue selon le R. P. Hardouin.

[e] L. 3. c. 1.

EBURAICI, ancien peuple de la Gaule qui habitoit le Pays d'Evreux.

EBURINI, ancien peuple d'Italie dans la Lucanie selon Pline [f]. Le R. P. Hardouin dit que quelques-uns les prennent pour la Ville d'EVOLI qui est à quatre mille pas du fleuve Silarus; mais ils se trompent, car, dit ce Pere, depuis ce fleuve jusqu'à la Sicile c'étoit la Lucanie, & les Eburins qui étoient de cette Province en auroient été dehors.

[f] L. 3. c. 11.

EBUROBRICA, [g] lieu de l'ancienne Gaule entre Auxerre & Troie selon Antonin & EUROBRIGA selon la Carte de Peutinger. Cluvier l'explique par BRIMONT sur l'Armançon. Il a voulu sans doute nommer le lieu que nos Cartes apellent *Brignon*, Brinon, & BERNON. Ce nom est formé de celui des Eburons & du nom *Briga* ou *Brica* qui signifioit anciennement un Pont.

[g] Had.Valss. Notit. Gall. p. 184.

EBUROBRITIUM, ancien nom d'un lieu de la Lusitanie selon Pline [h]. C'est aujourd'hui Ebora de Alcobaça proche de Leiria au-dessus de Lisbonne suivant le sentiment du R. P. Hardouin.

[h] L.4.c.21.

EBURODUNUM. Voiez IVERDUN.

1. EBURONES, [i] ancien peuple de la Gaule Belgique. Il occupoit l'ancien Diocese de Liége qui a été premierement établi à Tongres, puis à Mastrick & enfin à Liége où il est aujourd'hui. Il s'étendoit non seulement dans ce qui est aujourd'hui du Domaine de l'Evêché de Liége, mais aussi dans une bonne partie du Brabant, du Limbourg, du Luxembourg & dans tout ce qui est du Diocese de Namur; ce nouveau Diocese aiant été tiré de l'ancien Diocese de Liége.

[i] Sanson Rem. sur la Carte de l'anc. Gaule.

2. EBURONES, EBURONICES, EBURAICI AULERCI, & AULERCI EBURONICES. Tous ces noms au sentiment de Sanson [k] sont corrompus d'EBUROVICES; quoi que Pline ait suivi la leçon de Cesar. Ils faisoient partie du peuple *Aulerci*, car il dit [l]: les *Aulerci* surnommez *Eburones* & ceux qui sont nommez *Cenomani*. L'Edition du R. P. Hardouin porte *Eburovices*. Sanson [m] juge que le nom d'à present *Evreux* demande plutôt la lettre U, à la terminaison du nom ancien que la lettre N. Leur Capitale étoit *Mediolanium Eburovicum* que Ptolomée [n] a très mal placée sur la Loire & quelques-uns de ses Interprètes l'expliquent par ORLEANS. Cette erreur semble en avoir attiré une autre, car il s'est trouvé des Geographes qui ont cherché le peuple des Eburovices dans l'Orleanois, & leur Capitale à Melun. Le P. Briet [o] les condamne avec justice. Voiez AULERCI peuple dont celui-ci faisoit partie.

[k] Ibid.
[l] L.4.c.18.
[m] L.c.
[n] L.2.c.8.
[o] Paral. 2. part. L. 6. p. 357.

EBURONIA, [p] ancienne Ville de la Gaule Belgique, aujourd'hui BOURY Village du Pays

[p] Baudrand, Ed. 1682.

EBU. EBY. ECA. ECB.

Pays de Liége, auprès de la Ville de ce nom fur la Riviere d'Urte felon Ortelius; mais Cluvier pretend qu'*Eburonia* n'eft pas le nom d'un lieu particulier, mais de tout le Pays des Eburons; ce que Mr. Baudrand croit plus vraifemblable.

EBUROVICES. Voiez EBURONES 2.

EBURUM, ancienne Ville des Quades peuple de la Germanie felon Ptolomée. Lazius croit que c'eft BOROWA Village. Le plus grand nombre des Géographes croit que c'eft OLMUTZ; Ville Epifcopale de Boheme dans la Moravie. Voiez OLMUTZ.

EBUSA,
EBUSUS, } Voiez IVIÇA.
EBYSSUS,

E C.

ECALIDUS. Quelques Ecrivains ont avancé fans preuve que c'eft l'ancien nom du CALDANO Riviere de Tofcane.

ECANA Voiez EQUANA.

1. ECATEPEC,[a] Montagne de l'Amerique fur les limites de la Province de Chiapa. On lui a donné ce nom, qui fignifie *Montagne du Vent*, à caufe de fa hauteur extraordinaire. Il faut faire près de neuf lieues pour parvenir jufqu'à fon fommet, d'où l'on peut découvrir la Mer du Nord & la Mer du Sud. On eft obligé de faire de nuit la plus grande partie de ce chemin, à caufe que quand le Soleil fe leve, il s'y forme le plus fouvent de fi grands orages qu'on a de la peine à fe tenir en marchant. Du pied de cette Montagne jufqu'à la Bourgade de Tecoantepque, qui eft la premiere de la nouvelle Efpagne, on compte quinze lieues.

2. ECATEPEC,[b] Village de l'Amerique Septentrionale dans la nouvelle Efpagne dans la Province de Guaxaca fur les Frontieres de celle de Soconufco. Mr. de l'Ifle ne fait point mention de la Montagne de même nom qui n'en doit pas être éloignée.

1. ECBATANE,[c] ancienne Ville d'Afie dans la grande Medie; en Latin *Ecbatana, orum*. Ctefias, au raport d'Etienne le Geographe, la nomme Αγβάτανα,[d] & Jule Cefar Scaliger aprouvoit fi fort cette orthographe qu'il vouloit que l'on dit EGBATANA. Elle devoit fon origine à Dejocès Roi des Medes, & Pline[e] eft blâmable de l'avoir attribuée à Seleucus. Comment ce Prince peut-il être le fondateur d'une Ville de laquelle Demofthene[f] parle comme d'un lieu où les Rois de Perfe tenoient leur Cour? Il y a auffi fujet de blâmer Diodore qui, à l'exemple de Ctefias, raporte la fondation d'Ecbatane aux temps fabuleux de Semiramis. Il paroit de la maniere dont Herodote parle de la forterefse que Dejocès y fit bâtir, qu'elle étoit fur la pente d'une Coline, & Diodore dit qu'elle étoit à douze ftades du Mont Oronte, ce qui convient à la pofition de Ptolomée. Cette Ecbatane ne doit pas être confondue avec BATANA, ni avec deux autres Ecbatanes dont l'une étoit en Syrie & l'autre en Perfe. Voici comme D. Calmet parle de celle de Medie de laquelle il eft ici queftion. Il ne la diftingue point de celle de Perfe.

[a] Corn. Dict. Laet. Ind. Occid. l. 7. c. 5.
[b] De l'Ifle Atlas.
[c] Cellar. Geog. ant. l. 3. c. 18.
[d] De Cauffis L. L. c. 37.
[e] L. 6. c. 14.
[f] Philipp. 4.

Tom II.

ECB. ECC. 193

Ecbatane, Ville de Medie, bâtie par Dejocès Roi des Medes, & environnée de fept murs de hauteurs & de couleurs inégales[g]. Le plus ample de ces murs avoit, felon Herodote[h], autant d'étendue que ceux d'Athénes; c'eft-à-dire, cent foixante & dix-huit ftades, ou vingt-trois mille trois cens pas, qui font près de huit lieues. Les Crenaux de ces murs étoient de diverfes couleurs. Les premiers étoient blancs; les feconds noirs; les troifiemes rouges; les quatriémes bleus; les cinquiemes d'un Rouge foncé; les fixiemes argentez; les feptiemes dorez. Herodote donne tout l'honneur de cet Ouvrage à Dejocès, mais le Livre de Judith[k] attribue la conftruction d'Ecbatane à Arphaxad que D. Calmet croit être le même que Phraortés Succeffeur de Dejocès. Ecbatane étoit fituée dans l'ancienne Medie; & elle eft fouvent attribuée à la Perfe. Les Rois de Perfe avoient accoutumé d'y paffer l'été à caufe de la fraîcheur de l'air. Il eft dit dans le 1 Livre d'Efdras[l] que l'on trouva à Ecbatane de Medie la Copie de l'Edit de Cyrus qui permettoit aux Juifs de s'en retourner dans leur pays; mais plufieurs Interpretes traduifent *Achmeta* qui eft dans l'Original, par une Caffette, une Armoire, une Cruche. On trouva cet Edit dans l'armoire qui étoit dans les Archives de la Medie. Le Livre de Tobie[m] met la Ville de Ragès dans les Montagnes d'Ecbatane. Enfin il eft dit dans les Machabées[n], qu'Antiochus Epiphanes étant à Ecbatane aprit la déroute de fes armées dans la Paleftine. Les Géographes font partagez entre deux fentimens. Les uns mettent ici les ruines de cette ville, celle de Tauris, les autres y placent CASVIN ou CASBIN.

2. ECBATANE, ou plutôt GABBATA Ville de Syrie fituée au pied du Mont Carmel, du côté de Ptolemaïde[o]. C'eft le lieu où Cambyfes mourut, s'étant bleffé à la cuiffe avec fon cimeterre comme il montoit à cheval[p]. D. Calmet dit qu'il eft cet article renvoie à fa Differtation fur Gog, & Magog à la tête de fon Commentaire fur Ezechiel.[q] Pline parlant du Promontoire nommé CARMELUM y met un Bourg de même nom, lequel avoit été autrefois nommé ECBATANE, fur quoi le R. P. Hardouin avertit que les Manufcrits portent *Acbetana* & qu'Etienne le Géographe la nomme en un endroit AGBATANA Villette de Syrie & dans un autre ECBATANA Ville de Syrie.

3. ECBATANE, ancienne Ville de Perfe. Elle eft furnommée, pour la diftinguer des autres, *Ecbatane des Mages*. Le P. Hardouin[r] & Cellarius[s] remarquent très-bien qu'elle étoit diferente de celle de Syrie & de Medie. Elle appartenoit aux Mages qui outre cette ville poffedoient à l'Orient Paffagardes où étoit le tombeau de Cyrus. Darius transfera leur ville[t] nommée Ecbatane vers les Montagnes.

ECBENÆ,[v] Montagne de laquelle il fort une Riviere de même nom, felon Hefyche qui ne dit point en quel pays.

ECBOLIMA. Voiez EMBOLIMA.

ECCELENFORT, Voiez ECKELENFORT.

ECCISSO VERBENNI, Ville de la Turquie en Europe dans la Macedoine entre Comonava & Filuvina. On voit deçà le Mont Olympe

[g] D. Calmet Dict. de la Bible.
[h] L. 1. c. 98.
[i] Thucyd. l. 1.
[k] c. 1. v. 1.
[l] c. 6. v. 2. אחמתא
[m] c. 5. v. 8.
[n] L. 2. c. 9. v. 3.
[o] Plin. l. 5. c. 19.
[p] Herodot. l. 3. c. 64.
[q] Ibid.
[r] In Plin. l. 6. c. 26. Geog. ant. l. 3. c. 19.
[s]
[t] Plin. l. c.
[v] Ortel. Thefaur.

Bb

194 ECC. ECD. ECE. ECH.

Olympe [a] qui en est pourtant à vingt-quatre lieues. Il y [b] a de très-belles fontaines d'eaux minerales, aussi bien que deux grands Lacs, dont on dit que l'un s'est fait par le moien de quelques grosses pierres qu'on a tirées d'une Montagne d'où il sortit tant d'eau que cela inonda le Pays aux environs & qu'il s'y forma un Lac.

[a] *Edouard Brown Voiages* p. 78.
[b] *Ibid.* 93.

ECCLESTA, Ortelius [c] dit avoir appris de Clusius que ce nom se trouvoit dans d'anciennes inscriptions sur le marbre, où est aujourd'hui la ville de *Medina Celi*. Ce dernier ajoute que quelques-uns croioient que cette Medina étoit la MEDIOLUM des Celtiberiens de laquelle les anciens Géographes font mention, mais qu'ils se trompent. Pour lui il aime mieux croire que c'est ou l'ETELESTA de Ptolomée [d], ou l'EGELASTE de Pline; surquoi il faut remarquer que l'on ne trouve point dans ce dernier [e] une ville nommée EGELESTA, mais bien un peuple nommé *Egelestani* qui est le même que les Ἐγελέσται de Strabon [f]: ce ne peut-être, dit le R. P. Hardouin, *Medina Celi*, car elle est dans la Celtiberie. Il croit que c'est UNIESTA dans la nouvelle Castille.

[c] *Thesaur.*
[d] *L. 2. c. 6.*
[e] *L. 3. c. 3.*
[f] *L. 3. p. 160.*

ECCLISIA, [g] Bourg de Perse sur la route de Nacsivan à St. Etienne. Il est habité de plusieurs riches Armeniens qui font un grand négoce de Soye & qui ont bâti une belle Eglise en ce lieu là. Le fleuve Aras, ou Araxe qu'on passe en bateau à deux lieues d'Ecclisia est fort serré entre les Montagnes.

[g] *Corn. Dict. Tavernier Voiage de Perse l. 1.*

ECDAMUA, ancienne Ville de la Galatie selon Ptolomée [h]. Son ancien Interprète lisoit ECDAUMUA, & il y a des Manuscrits qui portent DAUMAUA.

[h] *L. 5. c. 6.*

ECDIPA. Voiez ACZIB 2.

ECEIS, [i] Habitations d'Afrique à sept lieues de Fez du côté de l'Occident. Elles s'étendent jusques aux côteaux de la Montagne de Gurei Gura qui regardent le septentrion. C'est un pays plein qui a six lieues de long d'Orient en Occident sur sept de large, & où les Bereberes avoient autrefois plusieurs Villes & Châteaux dont on ne voit plus aucunes traces. On y recueille quantité de bled, mais il est petit & noir. Il y a une sorte d'Arabes appellez Beni-Mécil qui errent par ces Montagnes avec des *Adouars*, mais qui ne laissent pas de vivre à la façon des Bereberes. Comme il y a peu d'eau dans la plaine, ils en manquent fort souvent.

[i] *Corn. Dict. Marmol l. 4. c. 34. p. 202. du Trx.*

☞ Un ADOUAR est une espece de village ambulant, (car il y en a très-peu de bâtis & de stables en toute l'Afrique) composé de quelques familles Arabes qui campent sous des tentes, tantôt en un lieu, tantôt en un autre selon que la bonté du terrain les y excite & que la subsistance de leurs bestiaux, en quoi consiste tout leur bien, le requiert. Châque Adouar a son Marabou & se soumet à la conduite d'un chef qu'ils choisissent entre eux. Châque famille occupe une tente ou Cabane & y couche pêle mêle avec ses bœufs, moutons, chameaux, poules, chiens, &c. rien n'est comparable à leur misere & à leur malpropreté, cependant ce font eux qui font les revenus du Roi les plus reglez & les plus certains. C'est ordinairement un Noir de sa garde qui va exiger leurs tributs & qui bien que seul fait jouer la bastonade

[k] *St. Olon Relat. de Maroc p. 19. & suiv.*

comme il lui plaît contre le moindre défaillant, sans qu'aucun ose s'y opposer ou s'en plaindre. Quand les Arabes transportent leurs Adouars, ils mettent leurs femmes & leurs enfans sur des chameaux dans des Machines d'osier couvertes de toile & faites en forme de Niches; mais toutes rondes, qui les couvrent entierement de l'ardeur du Soleil & d'où néanmoins elles peuvent prendre l'air de tel côté qu'elles veulent. Si les chameaux ne suffisent pas pour leur bagage, ils le font porter par leurs taureaux & vaches, qui ont des bâts.

ECHACHE, [l] (l') en Latin *Ecleafia*, ou *Eschalaria* Abbaye de France dans la basse Auvergne. Elle est de filles de l'Ordre de Citeaux, dans le Diocese de Clermont en Auvergne environ à huit lieues de cette ville vers le couchant. Mr. Piganiol de la Force [m] nomme cette Abbaye l'ESCLACHE & dit qu'elle a été transferée à Clermont du lieu de l'Esclache auprès des Bois de Prondines où elle étoit auparavant.

[l] *Baudrand Ed. 1705.*
[m] *Desc. de la France T. 5. p. 327.*

ECHALLIS, [n] ou ECHAILLY, *Eschaleium* Village & Abbaye de France en Champagne dans le Diocèse de Sens.

[n] *Baudrand Ed. 1705.*

ECHAUFOUR, Bourg de France en Normandie sur un petit ruisseau qui entre dans la Rille entre l'Aigle & Séez.

ECHEBDENON, [o] Montagne d'Afrique dans la Province de Garet au Roiaume de Fez. On l'appelle aussi MEGUEB-HUAN. Elle s'étend à l'Orient depuis Cafaça jusqu'au fleuve Mulaye & au midi depuis la Mer mediterranée jusqu'aux deserts de Garet. Avant que les Espagnols se fussent emparez de Cafaça; cette Montagne contenoit soixante & douze villages; elle n'a pas été si peuplée depuis. Elle abonde en pâturages & raporte beaucoup d'Orge & de Miel. On y trouve aussi des Mines d'où les habitans tirent du fer qu'ils échangent pour de l'huile.

[o] *Corn. Dict. De la Croix Relat. d'Afrique. T. 1.*

ECHEDAMIE, ancienne Ville de la Phocide, selon Pausanias [p].

[p] *In Phocic. c. 3.*

ECHEDORE, Riviere de la Macedoine dans l'Amphaxitide, selon Ptolomée [q]. Herodote [r] la nomme CHIDOROS; il dit que Xerxes parti d'Acanthe pour se rendre à Thermes avec ses troupes de terre s'éloigna du rivage traversant la Péonie & la Chrestonie au-dessus du fleuve Chidoros qui prenant sa source dans la Chrestonie & traversant la Mygdonie coule le long du marais qui est au-dessus de l'Axius. Il ajoute que les Barbares étant campez le fleuve Chidoros ne put fournir seul assez d'eau à tant de monde & tarit. S'il n'y a point d'hyperbole dans ce fait j'en conclurois que le Chidoros est un torrent qui cesse quelquefois de couler & qui resta à sec justement dans ce temps-là. Mr. de l'Isle [s] met la source de ce fleuve dans les Montagnes de la Bisaltie, où il commence à couler vers le Nord-ouest à travers la Chrestonie, puis se repliant vers le Sud-ouest il arrosoit, selon le même Géographe, Asforus, d. Palethre, Apollonia, & Phileurus dans la Mygdonie, & se jettoit enfin dans l'Axius après avoir côtoié le marais que cet autre fleuve formoit entre ses deux branches avant que de se jetter dans le Golphe Thermaïque. Les Interprètes de Ptolomée nomment ce fleuve CALICO.

[q] *L. 3. c. 13.*
[r] *L. 7. c. 124. & 127.*
[s] *Atlas.*

ECHE-

ECH. ECH. 195

a Corn.Dict. Spon Voiages T.2.p.342.

ECHELIDES, *a* lieu de l'Attique, fameux par ses jeux Gymniques. On les celebroit aux Panathenées. Ce lieu étoit proche du Pirée & avoit pris son nom d'un Heros nommé *Echelus*.

b Savary Dict. du Commerce au mot ECHELLE.

☞ ECHELLE, *b* Terme de Commerce maritime, qui ne se dit gueres que de celui qui se fait dans le Levant par la Mer Mediterranée. C'est un Port, ou, comme on l'appelle quelquefois d'un nom plus connu dans le Nord & la Mer Baltique, une *Ville d'étape* où les Marchands d'Europe, surtout les François, les Anglois, les Hollandois & les Italiens entretiennent des Consuls & des Commissionnaires; où ils ont des Magasins & des Bureaux & où ils envoient regulierement châque année des Vaisseaux y porter des Marchandises propres au Levant & en raporter celles qui s'y fabriquent, qui y croissent, ou qui y sont voiturées du dedans des terres. Les principales Æchelles du Levant & où il se fait le plus grand Commerce, sont

Smyrne,
Alexandrette,
Alep,
Seyde,
Chypre,
Echelle Neuve, ou *Scala Nova*,
Angora,
Beibasar,
Salé,
Constantinople,
Alexandrie,
Rosette,
Le Caire,
Le Bastion de France,
Tunis,
Alger,
Tripoli de Syrie,
Tripoli de Barbarie,
Naples de Romanie,
La Morée,
L'Isle de Negrepont,
L'Isle de Candie,
Durazzo,
Zea,
Naxe & Paros,
L'Isle de Tine & de Micone, & les autres Isles de l'Archipel les plus considerables.

Quelques-uns y ajoutent encore deux ou trois Ports des Roiaumes de Fez, Maroc, & Tremecen; mais comme ils sont presque tous au delà du Détroit, bien des Negocians refusent de leur accorder la qualité & le nom d'Echelles. La plupart des Nations qui font le commerce du Levant, particulierement les François, les Anglois, & les Hollandois, entretiennent dans les Echelles des Consuls, Vice-Consuls, Agens, ou Commissionnaires, dont les uns ont soin des intérêts de leur Nation en general & les autres du Commerce des particuliers: c'est aussi où châque Nation & quelquefois châque Negociant, établit des Magasins pour y recevoir les Marchandises qui viennent de l'Europe, ou celles qu'ils rassemblent dans le Levant pour faire leurs retours. Ceux qui voudront être instruits plus particulierement des détails du Commerce qui se fait dans les Echelles, peuvent consulter le Dictionnaire de Mr. Savari au mot *Commerce*, & ce qu'il dit dans le 5. & dernier livre de la seconde Partie de son *Parfait Negociant*; où cette matiere est parfaitement bien traitée. Mr. Fresier donne le nom d'Echelle à quelques Ports de l'Amerique, dans la relation de son voiage à la Mer du Sud*c*. Mr. du Cange dans son Glossaire de la basse Latinité *d* dit que nous appellons *Escales* (en Provençal) les Ports où abordent selon l'occasion les Vaisseaux qui sont destinez à des voiages de long cours; soit pour y charger ou décharger des Marchandises, soit pour y prendre des rafraichissemens & des victuailles. Cela s'apelle, dit-il, *faire escale*.

c P. 308. 320. & ailleurs.
d In voce *Scala*.

Les ECHELLES, Ville de Savoye sur la Frontiére du Dauphiné & du Gresivaudan; à deux lieues au Nord de la Grande Chartreuse *e*. Ce lieu a appartenu autrefois aux Comtes de Genevois, & on trouve que l'an 1313. Guillaume III. Comte de Genevois en fit hommage à Pierre de Focigni Evêque de Géneve.
f Elle a pris son nom d'un grand chemin taillé dans le Roc. Quelques-uns croient que c'est le lieu qu'Annibal ouvrit avec le feu & le vinaigre:

e Longuerue. Desc. de la France 2. part. p. 323.

f Corn.Dict.

& montes rupit aceto. Juvenal Sat. X. 153.

Ce qu'un moderne a traduit plaisamment par le mot *Oxicrater*; en disant qu'Annibal avoit *Oxicraté* les Alpes.) Il y a une Commanderie de Malthe, & un Sepulchre de marbre des plus beaux qu'on puisse voir; fait pour une Duchesse de Savoye où sont représentées toutes ses Alliances avec des statues fort bien travaillées.

Le MANDEMENT DES ECHELLES, *g* petit pays du Duché de Savoie, il est borné au midi & au couchant par le Dauphiné dont la Riviere du Guier le sépare au couchant & le Guier vif au midi; au Nord par le Mandement du Pont Beauvoisin, & au Levant par le Mandement de Chambery.

g Sanson Atlas.

ECHETIA, Ville ancienne d'Italie selon Etienne le Geographe. On peut sans trop risquer croire avec Cluvier que cette ville est la même que ECHETRA.

ECHETLE, *h* Ville ancienne de Sicile vers les sources du fleuve Achates. On la nomme presentement OCHULA ou AQUILA. Elle étoit autrefois très-forte. Etienne le Geographe, Polybe *i* & Diodore *k* en font mention. Le dernier dit que Xenodocus chef des Agrigentins aiant pris Echetla qui étoit une Place bien fortifiée rendit aux citoyens le Gouvernement democratique & épouvanta les Syracusains. Dans le temps de la premiere Guerre Punique, elle étoit sur les frontieres des Syracusains & des Carthaginois. *l* Bochart croit que son nom vient de ces derniers dont la Langue Punique avoit beaucoup de conformité avec l'Hebreu. Selon lui elle fut nommée *Echetla* par transposition des lettres, au lieu d'ETCHELA אכתלה, c'est-à-dire *fortifiée*.

h Bochart Geog. Sacr. 2 part. l. I. c. 29.
i L. 1.
k L. 20.
l L. c.

ECHETRA, Ville d'Italie, Capitale des Volsques. Denis d'Halicarnasse *m* en fait mention comme d'une ville placée en un lieu très avan-

m Antiquit. Rom. l. 10.

ECH.

[a] Ed. 1682.
[b] L. 2.
[c] Atlas.

avantageux pour sa defense. Mr. Baudrand [a] qui écrit *Echetta* dit qu'elle est si bien détruite qu'on n'en peut pas même montrer la place. Tite Live [b] la nomme ECETRA sans aspiration. Mr. de l'Isle [c] la met sur les frontieres des Herniciens & des Æques.

ECHI ou RAMATH, Ville ancienne de la Tribu de Dan dans la terre Sainte à sept lieues d'Ascalon en tirant vers Jerusalem. Elle étoit située au commencement de la grande plaine de cette Tribu du côté de l'Orient. Ce fut là que Samson tua mille Philistins avec la machoire d'un âne. Echi n'est plus aujourd'hui qu'un chetif village. Son terroir est assez bon & on y recueille du Coton en abondance, ainsi que des dattes & des olives.

[d] C. 15. v. 9.
[e] V. 17.

§. Cet article est tiré par Mr. Corneille, du livre de Davity où je l'ai cherché inutilement. Mais on trouve au livre des Juges [d] que ce lieu fut nommé LECHI, c'est-à-dire machoire; & que Samson aiant défait les Philistins jetta la machoire avec laquelle il avoit vaincu, & nomma [e] ce lieu Ramat-Lechi, c'est-à-dire, ELEVATION DE LA MACHOIRE. Ceux qui ont travaillé sur la Geographie sacrée, comme Eusebe, Saint Jerôme & Sanson, ne font point mention de ce lieu au mot *Ramat*, mais au mot *Lechi* dont le nom Echi semble une corruption. Voiez LECHI. L'Ecriture ne dit point que ce fût une ville, mais un lieu, où les Philistins étoient campez & où mille d'entre eux furent assommez par Sanson, ce qui ne donne point l'idée d'une ville, mais d'un camp. C'est dans ce lieu qu'étoit la dent macheliere d'où il sortit de l'eau pour désalterer Samson. Voiez au mot MACHTEZ.

[f] L. 4. c. 12.

ECHINADES, Isles de la Mer Ionienne vis-à-vis de l'Etolie, & de l'embouchure du fleuve Achelous, à l'Orient de Leucade aujourd'hui de Ste. Maure. On y comprenoit sous ce nom les Teleboïdes qui étoient devant Leucade, à savoir *Taphias*, *Oxie*, & *Prinoëssa*. Pline [f] semble distinguer les Taphiennes ou Teleboïdes des Echinades; il nomme entre les Echinades Ægialia Cotonis, Thyatira, Geoaris Dionysia, Cyrnus, Chalcis, Pinara & Mystus. Les *Telebæ*, que l'on nommoit aussi *Taphii*, étoient un peuple de l'Acarnanie que Strabon dit avoir été peuplée par trois Nations, à savoir les Curetes, les Leleges, & les Teleboens. Ces derniers ou une partie d'entre eux passerent en Italie & s'établirent dans l'Isle de Caprée, au raport de Virgile [g] & de Tacite [h]. Ce sont eux qui nommerent Teleboïdes de leur nom les Isles qui sont voisines de l'Acarnanie. Etienne le Geographe dit que la Teleboide est une partie de l'Acarnanie ainsi nommée à cause de Teleboas, & qu'on la nommoit auparavant le pays des Taphiens; & le Scholiaste d'Apollonius [i] dit que Taphos est une Isle d'entre les Echinades où habiterent les Telebœns qui avoient auparavant habité l'Acarnanie. Il dit ailleurs [k] que les Teleboens sont les mêmes que les Taphiens. Si cela est, conclut Cellarius, [l] les Isles Echinades étoient comprises sous les Teleboïdes. & Strabon [m] remarque que les Teleboïdes n'étoient pas tant distinguées des autres par un intervale qui les separoit que par les chefs qui les avoient gouvernées & qui avoient été au-

[g] Æneid. l. 7. v. 735.
[h] 4. Annal. c. 67.
[i] In vers. 747. l. 1.
[k] in vers. 750.
[l] Geog. ant. l. 2. c. 14.
[m] L. 10.

ECH.

trefois Taphiens & Teleboens. Nous ne savons pas au juste le nombre des Echinades, car les Auteurs en mettent plus ou moins. Ovide dans les Metamorphoses [n] duquel on peut voir leur naissance poétique, n'en compte que cinq, qui est le nombre des Nymphes que le fleuve Achelous eut à punir de ce qu'elles l'avoient seul oublié dans leur sacrifice. Leur nombre a même varié, car comme le remarquent Thucydide [o] & Strabon [p], l'Achelous en joignit quelques unes à la terre ferme par les sables & le limon qu'il amasse à son embouchure. Le R. P. Hardouin [q] ajoute qu'elles sont presque toutes desertes & qu'il n'y en a que cinq qui aient quelque nom. Nous les connoissons sous celui de CURZOLAIRES. Scylax dans son Periple les qualifie d'Isles desertes.

[n] L. 8. f. 8.
[o] L. 2.
[p] L. 10. p. 458.
[q] In Plinii l. 4. c. 12.

1. ECHINUS, Ville de Grece dans l'Acarnanie selon Etienne le Geographe. Pline [r] en fait aussi mention.

[r] L. 4. c. 1.

2. ECHINUS, Ville de Grece dans la Phtiotide au fonds du Golphe Maliaque, selon Scymnus de Scio [s] à l'embouchure du fleuve Sperchius selon Pline [t]. Cette ville a été Episcopale, ses Evêques Theodore, & Pierre assisterent le premier au Concile d'Ephese & le second à celui de Calcedoine. On trouve encore Theodose d'Echinus (*Echiniensis*) dans le Concile de Boniface II. Sophien croit que c'est aujourd'hui SCARPHIA.

[s] p. 25.
[t] L. 4. c. 7. Carol. S. Paulo. Geog. sacr. p. 197.

ECHINUSSA, l'un des anciens noms de l'Isle de l'Archipel, nommée aujourd'hui l'ARGENTIERE.

ECHT, [v] Seigneurie des Pays-bas dans la Gueldre Espagnole à une grande lieue de Montfort dans le voisinage de la Meuse.

[v] Dict. des Pays-bas.

ECHTEREN, ECHTERN, ou ECHTERNACH, [x] Ville & Prevôté des Pays-bas François dans le Duché de Luxembourg, aux Frontieres de l'Electorat de Treves, sur la Riviere de Sour à quatre lieues de Luxembourg au Levant d'Eté, & à deux de Treves au Couchant d'Eté. Elle étoit ci-devant aux Espagnols: mais ils la céderent à la France en 1681. comme faisant partie du Comté de Chiny. Elle est dans une Vallée entourée de Montagnes avec une belle Abbaye de l'Ordre de St. Benoît. [y] Ce Monastere doit son origine à St. Wilbrord l'Apôtre des Flamands & des Frisons. La moitié du Territoire d'Echternach (*Epternagensis ager*) fut donnée à Saint par Pepin de Herstal Duc des François & Maire du Palais & par sa femme Biltrude fille de Hugobert. L'autre moitié lui fut accordée par l'Abbesse Irmine fille du Roi Dagobert, laquelle fonda un Monastere de Filles à Treves. St. Wilbrord s'endormit au Seigneur l'an 739. & son corps qui est dans ce monastere l'a rendu celebre par plusieurs miracles que Dieu a operez à son occasion. Après sa mort Albert son disciple eut le gouvernement de ce monastere pendant 37. ans & mourut l'an 775. sous l'Empire de Charlemagne. Il eut pour Successeur Beonrad qui fut Evêque de Sens & à qui Alcuin a adressé la Vie de St. Wilbrord écrite en vers. Touchant les autres Abbez de ce monastere on peut consulter plus au long l'Histoire de Luxembourg composée par J. Bertelius Abbé d'Echternach. Cette Abbaye fut quelque temps possedée par des Chanoines qui

[x] Baudrand Edit. 1705.
[y] Aub. Miræi Cœnob. Belg. c. 22.

qui en aiant été privez à cause de leur relâchement, la place fut remplie par l'Abbé Ravenger à la tête de quarante Moines Benedictins. Après avoir gouverné trente ans il mourut l'an 1007.

ECIJA, en Latin *Astigis*, Ville d'Espagne dans l'Andalousie sur la Riviere de Xenil. Voiez Exija.

ECKELOO, Villette des Pays-bas dans la Flandre Hollandoise à trois lieues de Gand.

ECKEREN, Village des Pays-bas, dans le Marquisat d'Anvers au Nord de cette Ville & à l'Orient de Lilo. Il est fameux [a] par la Bataille qui s'y donna le 29. de Juin 1703. entre l'armée de France commandée par le Maréchal de Bouflers & celle des Alliez commandée par Mr. d'Obdam. Le combat fut rude & dura depuis les trois heures après midi jusqu'à la nuit. Le succès en fut long-temps douteux; mais les Alliez envelopez par les François & séparez de leurs Generaux qui s'étoient trop avancez se firent jour par le Village d'Otteren, où ils se maintinrent toute la nuit qu'ils passerent sous les armes & ils se rendirent le lendemain à Lilo.

[a] Larrey Hist. de Louis XIV.

ECLAIRON, Eclaron & Esclaron, Bourg de France en Champagne dans le Vallage sur la Riviere de Blaise, à deux lieues & demie de son embouchure dans la Marne & autant de St. Disier vers le midi.

ECLAT, [b] Ville Capitale de la Basse Armenie. Elle est située selon les Géographes Persans, à 75. d. 50′. de longitude & à 39. d. 20′. de latitude. C'est la même qui est nommée Achlat dans la Carte de la Perse d'Olearius, selon lequel elle est située au Nord du Lac de Van dans l'Armenie. Celle de de Wit la nomme Clath & celle de Sanson Chelat. Il semble que ce soit elle que Mr. de l'Isle marque comme un village nommé Kellat. La Carte de Jaillot suit l'orthographe d'Olearius & prefere *Achlat*. Nassir Edim écrit *Chalat*, c'est aussi l'orthographe que suit Ulug Bey. Tous deux s'accordent pour la position que j'ai marquée.

[b] Hist. de Timurbec T. 1. p. 416.

☞ ECLIPTIQUE,[c] grand Cercle que les Astronomes & les Géographes décrivent au milieu du Zodiaque sur la Sphere pour marquer le cours annuel du Soleil & le chemin qu'il fait (ou semble faire) par son mouvement particulier dont il ne s'écarte jamais de côté ou d'autre. Pour les autres Planetes elles s'en éloignent tantôt vers le Septentrion & quelquefois vers le Midi. Cette distance ou éloignement est nommée latitude, laquelle est septentrionale ou meridionale & se mesure par l'arc d'un grand Cercle qui passe par les Poles de l'Ecliptique; elle se compte depuis la même Ecliptique jusqu'à la Planete, & c'est ce qui fait que les mouvemens propres des Planetes, qui se font sur de grands Cercles ou Orbites, coupent l'Ecliptique en deux parties égales & en deux points opposez que l'on appelle Nœuds, dont l'un est Septentrional, par lequel la Planete passe de la latitude meridionale en celle qui est Septentrionale: l'autre est meridional par lequel elle passe de sa latitude Septentrionale dans l'autre partie du Ciel où elle devient meridionale. C'est sur l'Ecliptique que se comptent les longitudes des Planetes ou leurs lieux selon l'ordre des signes en commençant du premier point d'Aries. L'Ecliptique est le terme des latitudes des Astres, puisque c'est d'elle que l'on commence à les compter vers l'un de ses Poles sur l'Arc d'un grand Cercle passant par les mêmes Poles. [d] L'Ecliptique est ainsi nommée parceque les Eclipses de Soleil ou de Lune n'arrivent jamais que quand la nouvelle ou pleine Lune se fait dans la même ligne ou fort proche. On la nomme aussi Orbite du Soleil parce qu'il la parcourt dans une année. Aussi bien que le Zodiaque elle est oblique par raport à l'Equateur, qu'elle coupe au commencement des signes d'Aries & de la Balance. Ces angles sont de 23. d. 30′. selon Mr. Ozanam, de 23. d. 29′. selon Messieurs Cassini & Maraldi, ou plus précisément de 23. d. 28′. 41″. selon Mr. de Louville. [e] Ce dernier avoit soupçonné dès l'année 1714. que l'obliquité de l'Ecliptique n'a pas toujours été la même; [f] mais s'étant trouvé à Marseille il y fit plusieurs Observations au moyen desquelles il perfectionna cette idée. C'est le même lieu où environ deux mille ans auparavant le fameux Pytheas en avoit fait aussi par lesquelles il déterminoit l'obliquité de l'Ecliptique à 23. d. 49′. 10″. Elle est presentement fixée par les Astronomes depuis quelque 50. ans (c'est-à-dire vers l'an 1666.) à 23. d. 29′. d'où il suit que pen prenant les observations de Pytheas pour sûres, elle auroit diminué de 20′. depuis lui, c'est-à-dire, d'une minute par siecle. Et comme Mr. de Louville, tant par ses observations de Marseille que par un grand nombre d'autres, la trouve dès ce temps constamment dans les dernieres années qui ont precedé 1716. où il écrivoit, de 23. d. 28′. 24″. il conclut qu'elle a diminué d'une demie minute à peu près en 50. ans; ce qui se raporte assez exactement à la diminution qu'elle aura eue depuis Pytheas & confirme qu'elle l'a eue. Son Systeme est donc que l'obliquité de l'Ecliptique diminue toujours d'une minute en 100. ans. En effet en faisant l'histoire de cette obliquité par les Astronomes de tous les siecles depuis Pytheas le plus ancien que nous connoissions de tous ceux qui l'ont faite, il trouve toujours cette diminution, & la trouve assez proportionnée aux diferens intervalles de temps. Les Anciens ne connoissoient point la refraction ou ne la comptoient point. De plus, ils faisoient la Parallaxe Horifontale du Soleil de 3′. à peu près, ce qui est excessif par raport à l'Astronomie moderne qui à peine fait cette Parallaxe de 10″. Voila deux causes considerables d'erreur & c'est ce qui engage Mr. de Louville à corriger sur le pied des refractions & de la Parallaxe solaire, telles qu'on les connoit aujourd'hui, les observations des Anciens qu'il emploie. Il supose seulement qu'ils ont bien observé les hauteurs aparentes, ou du moins qu'ils ne s'y sont pas trompez de beaucoup & trop grossierement. Il ne lui en faut pas davantage. A moins que les Anciens ne se soient mépris d'une maniere inexcusable & qui ne peut gueres leur être attribuée, l'obliquité de l'Ecliptique est décroissante, & décroissante comme la demande Mr. de Louville, & quand il la trouve croissante au lieu d'être décroissante, comme il arrive quelquefois, c'est de

[c] Bion usage des Globes, c. 8. Sect. 3.

[d] Ozanam Dict. de Mathem.

[e] Hist. de l'Acad. des Sciences année 1714.
[f] Ibid. 1716.

si peu que cette legere erreur peut être attribuée à des observations d'Astronomes habiles. Sa recherche l'a conduit chez les Grecs, les Romains & les Arabes & tous les Modernes fameux; & comme tout ne se presente pas si heureusement & si naturellement qu'il ne soit quelquefois besoin de rectifier un peu les passages pour y trouver son compte, Mr. de Louville est entré dans cette Critique quand il l'a fallu. Mais il est allé plus loin. Il a découvert des preuves de son Systeme jusques dans des temps si reculez que l'on n'y distingue plus la fable d'avec l'Histoire & que l'obscurité y seroit totale, si l'on ne presumoit pas, comme on le doit naturellement, que la fable a été fondée sur une verité. Selon une ancienne tradition des Egyptiens raportée par Herodote, l'Ecliptique avoit été autrefois perpendiculaire à l'Equateur. Alors on voyoit donc le Soleil aller par son mouvement annuel de l'Equateur jusqu'à un Pole où il sembloit pendant vingt-quatre heures absolument immobile & il n'avoit gueres de mouvement pendant un certain nombre de jours qui précedoient ou suivoient son arrivée à ce Pole. Les autres effets de cette bizarre disposition sont assez à imaginer. Mais comment sera-t-elle tombée dans l'esprit des Egyptiens? Elle y sera venue assez naturellement s'ils ont observé pendant une assez longue suite de siécles que l'obliquité de l'Ecliptique diminuoit toujours, ou ce qui est la même chose, que l'Ecliptique se raprochoit toujours de l'Equateur & tendoit à se confondre avec lui; car ils auront conclu delà que ces deux Cercles auront commencé par être les plus éloignez l'un de l'autre qu'il fût possible, ou par se couper à angles droits, & ce qu'ils auront ainsi conclu, ils l'auront donné pour un fait observé, soit afin de faire valoir l'antiquité de leur Nation dont ils étoient fort jaloux soit par le seul amour du merveilleux; ou peut-être les Grecs auront-ils pris pour un fait ce qui ne leur étoit donné que comme une conjecture de Savans. Il y a encore plus. Diodore de Sicile dit que les Caldéens comptoient 403000. depuis leurs premieres observations Astronomiques jusqu'à l'entrée d'Alexandre dans Babylone. Ce nombre prodigieux & absolument incroiable aura un moment, si l'on supose que les Caldéens avoient observé la diminution de l'obliquité de l'Ecliptique d'une minute en cent ans. Car Mr. de Louville en prenant cette obliquité telle qu'elle devoit être selon son Systême au temps de l'entrée d'Alexandre dans Babylone & en remontant delà au temps où l'Ecliptique auroit du être perpendiculaire à l'Equateur trouve 397150 de nos années de 365 jours & un quart qui font celles dont il faut cent pour la diminution d'une minute. Or il prouve que les années Caldéennes aussi bien que les Egyptiennes n'étoient que de 360. jours & par consequent il en faudra 402942. pour arriver à l'Epoque de l'Ecliptique perpendiculaire à l'Equateur, ce qui ne difere que de 58.ans de l'Epoque que donnoient les Caldéens à leurs premieres observations. Il est certain que cet accord si juste paroît surprenant. En general il n'y a pas de moyen plus vrai-semblable d'expliquer l'ancienneté fabuleuse que se donnoient les Caldéens & les Egyptiens que par de grandes periodes de mouvemens celestes fort lents, dont ils avoient observé une petite partie sur laquelle ils calculoient le commencement de la periode où ils raportoient l'origine de leur Nation & du Monde en même temps. C'est ainsi que quelques Astronomes Chretiens ont cru que le Monde avoit été créé lorsque l'Apogée du Soleil étoit dans le premier degré d'Aries, ce qui ne s'éloigne pas beaucoup de l'antiquité qu'auroit le Monde selon les Septante; mais il est bien à craindre que ces sortes de convenances-là n'aient que le merite de nous plaire & que la Nature ne s'y assujetisse pas. Si le Systême de Mr. de Louville est vrai, l'Ecliptique viendra dans 140000. ans à se confondre avec l'Equateur, suposé que la Terre dure encore. Alors on aura pendant un certain nombre d'années ou même de siécles un Equinoxe perpetuel, tel que l'ont les Habitans de Jupiter dont l'Ecliptique est à peu près confondue avec son Equateur. Je dis pendant *un certain nombre d'années ou même de siécles*, car l'Ecliptique continuant son mouvement reviendra à se separer de l'Equateur & passera de l'autre côté, mais puisque ce mouvement n'est que d'une minute en un siecle il en faudra plusieurs pour le rendre sensible & pour faire appercevoir quelque inégalité des jours & des nuits. L'obliquité deviendroit toujours croissante.

Malgré toutes les raisons de Mr. de Louville les autres Astronomes de l'Academie Roiale des Sciences sont demeurez attachez à l'obliquité de l'Ecliptique de 23. d. 29'. La question se reduit principalement à savoir si les Anciens ont observé avec une assez grande justesse; car sans cela on ne sera pas obligé de se fier à eux sur une chose aussi délicate que seroit la variation de l'obliquité de l'Ecliptique. Or Mr. de la Hire tient pour la negative. Il a raporté d'après Ptolomée lui-même la description des instrumens dont il se servoit & il paroît qu'ils étoient assez grossiers & fort éloignez de la perfection de ceux d'aujourd'hui. Ptolomée, qui étoit d'Alexandrie & qui y vivoit, en a déterminé la latitude 30. d. 58'. ce qui devoit être un élément fondamental de ses Calculs; cependant feu Mr. de Chazelles a trouvé par observation immediate cette même latitude de 31. d. 11'; & pour prévenir tout scrupule Mr. de la Hire s'est bien assuré si l'Alexandrie où avoit observé Mr. de Chazelles étoit la même que l'ancienne où vivoit Ptolomée. Selon Mr. de la Hire, il paroît que Ptolomée a cru l'obliquité de l'Ecliptique constante & que pour la déterminer, il s'est moins raporté à ses propres observations qu'aux Astronomes qui l'avoient précedé, tels qu'Eratosthene ou Hipparque. Il étoit plus curieux de la Théorie de l'Astronomie que de la pratique, plus Mathématicien qu'Observateur. Il a donc posé cette obliquité de 23. d. 51'. 15". aparemment sur la foi de ses anciens. Pappus, qui étoit comme lui d'Alexandrie & à Alexandrie, vint 270. ans après lui sous Theodose, & il donne pour une chose connue que l'obliquité de l'Ecliptique étoit de 23. d. 30'. à une minute près de ce qu'elle est déterminée aujourd'hui. On voit par-là que l'autorité de Ptolomée

lomée n'étoit pas fort fuivie: de plus il eſt impoſſible que cette obliquité eût diminué de 21′. en 270. ans. Mr. de Louville convient que Pappus lui eſt contraire; mais il répond qu'il eſt ſeul & d'ailleurs il ſoutient que Pappus dans l'endroit qu'on cite n'a point prétendu donner une détermination exacte, mais ſeulement tirer des racines quarrées qui lui ont produit des nombres approchés. Voila tout le precis de cette queſtion qui peut encore, ſi l'on veut, en être une pendant quelques ſiécles. Une ou deux minutes, que les obſervations tantôt donneront & tantôt ne donneront pas, pourront aiſément être conteſtées, & ne ſufiront pas pour accabler l'un ou l'autre parti. Quant au grand derangement phyſique que l'Hypotheſe de Mr. de Louville apporteroit un jour à la Terre, il eſt vrai qu'il n'eſt gueres vrai-ſemblable pour le commun des Hommes ; mais les Philoſophes le digereroient plus aiſément.

Je me ſuis d'autant plus volontiers étendu ſur cette matiere, que j'ai trouvée toute prête dans l'Hiſtoire citée en marge, que l'obliquité de l'Ecliptique eſt cauſe de la varieté des ſaiſons de l'année, de l'inégalité des jours & des nuits, & de quantité d'autres effets que la Géographie doit remarquer, dans les diferens Climats.

☞ ECLUSE, conſtruction de maſſonnerie ou de charpente qui ſert à retenir ou à élever ou à conduire les eaux, pour la commodité de la pêche, des moulins, ou de la Navigation. Ce mot, que l'on a long-temps écrit & que quelques uns écrivent encore *Eſcluſe*, eſt dans la baſſe latinité *Cluſa*, ou *Excluſa*, ou même *Sluſa* : les Flamands diſent en leur langue SLUYS, Gregoire de Tours [a] dit *defixiſque per flumen palis, aggregatis lapidum magnorum acervis Excluſam fecit*. On lit dans un Acte de Humbert I. Comte de Savoie raporté par Guichenon : *Donamus Excluſam ad capiendos piſces factam*; & *in aqua quæ vocatur Liſa poſitam*; & dans la Loi Salique [b] : *ſi quis Sluſam de farinario alieno ruperit*. Voila donc les Ecluſes pour la pêche & pour les moulins. Ce n'eſt qu'une digue qui ſert à amaſſer l'eau d'une fontaine & dans laquelle il y a une ouverture pour conduire cette eau qui doit faire tourner la roue du Moulin, ou pour mettre cet étang à ſec lorſqu'on le juge à propos. On a des écluſes qui ſervent à retenir les eaux pour empêcher les inondations, ou même pour les procurer en cas de beſoin & mettre ſous l'eau tous les dehors d'une ville ſi elle vient à être aſſiégée. On trouve de ces écluſes dans la plûpart des villes des Pays-bas qui ſont ſituées ſur des riviéres. Les écluſes ſervent auſſi à retenir les eaux montées avec la marée, ſoit afin que les Vaiſſeaux ne demeurent point à ſec dans un baſſin, ſoit pour les lâcher lorſque la marée eſt baſſe & netoier le port des ſables qu'elles entraînent en s'écoulant rapidement. On ſe ſert auſſi d'écluſes pour faciliter la Navigation des Riviéres & ménager aux Vaiſſeaux le paſſage d'un Canal dans un autre. Elles ſont neceſſaires, lors que l'une de ces eaux eſt beaucoup plus élevée que l'autre, comme en Hollande où étant ſur une digue on voit d'un côté l'eau qu'elle arrête beaucoup plus haute que le niveau des prairies qui ſans cette digue ſeroient inondées. Ces écluſes ſont de groſſes conſtructions de Pierres, ou de bois qui forment une Chambre d'un quarré oblong ; à châque bout de laquelle il y a une puiſſante porte à deux batans, qui s'ouvrent du côté d'où vient le plus grand éfort de l'eau. Au bas de l'une de ces portes à châque bout il y a une fenêtre que l'on ouvre & ferme par le moyen d'une porte à couliſſes, & qui ſert à mettre l'eau interieure de niveau avec l'exterieure où eſt le bâteau avant que de le faire entrer dans l'Ecluſe. Cette precaution prévient le deſordre que pourroit faire le poids de l'eau ſi on ouvroit tout d'un coup les deux portes avant que d'avoir mis les eaux en équilibre de ce côté-là. Comme l'ouverture qui ſert à cela eſt ſous l'eau l'effort en eſt moins impetueux. Cela fait, on ouvre un des batans, ou tous les deux, ſelon la grandeur du bâteau, & quand il eſt entré, on referme les batans & on abaiſſe la couliſſe du bout par où le bateau eſt entré & on ouvre la couliſſe de l'autre bout pour remettre l'eau interieure de niveau avec l'eau où le bateau doit paſſer. Après quoi on ouvre les batans qui l'en ſeparent, & alors le bateau ſe trouve tranſporté d'un Canâl dans un autre quoique d'un niveau très diferent ; on referme enſuite l'écluſe juſqu'à ce qu'il y ait quelque autre bâteau à monter ou à deſcendre. Une partie de la Hollande ne doit ſa conſervation qu'à ces Ecluſes. Le Canal de Briare a quarante-deux écluſes tant en montant qu'en deſcendant, par le moien deſquelles un bâteau de la Loire paſſe dans la Seine, quoi que le terrain d'entre deux ſoit élevé de cinquante toiſes au-deſſus de ces deux Rivieres. Le Canal de Languedoc pour la jonction des deux Mers a plus de cent écluſes.

1. ECLUSE (l') en Flamand SLUIS, en Latin *Sluſa*, & *Clauſula*. Ville & port de Mer dans les Pays-bas au Comté de Flandres. On nomma d'abord ce lieu LAMMENS-VLIET du nom d'un Anglois nommé *Lambert* que Grammaye [c] qualifie foſſoier *a Lamberto foſſore Anglicano Lammenſvliet appellati*. (Mr. l'Abbé de Longuerue [d] écrit moins exactement que ce lieu s'appelloit la *Minvlit*.) Il conſerva ce nom juſqu'à l'année 1331. qu'aiant été reparé il préfera le nom de *Sluis* qu'on lui donnoit auſſi, car on trouve que dès l'année 1132. le Port de Sluis (*Sluſanus portus*) fut occupé par Guillaume d'Ipres qui le fortifia & le rendit redoutable par les ravages qu'il faiſoit dans les Campagnes voiſines juſqu'à ce que le Prince d'Alface l'y aiant aſſiégé le força de s'enfuir en Angleterre. Ce n'eſt pas à dire pour cela que ce fût déja une ville, car ce ne fut que ſous la Comteſſe Marguerite que ceux de Lammenſvlit obtinrent la liberté & les droits d'Echevinage, & quelques années après on entoura le village d'un rempart avec un ſimple foſſé du côté où l'eau ne le défendoit pas. Cette ville ne commença à s'agrandir que vers la fin du Regne de Gui de Dampierre dont le fils Jean, à qui elle appartenoit, vouloit y tranſporter tout le Commerce. Il en avoit obtenu le conſentement du Comte Louis ſon Neveu & auroit exécuté ſon deſſein ſi les Brugeois, à qui cet accroiſſement fut

ſuſpect

[a] De Vitis Patrum c. 18.

[b] Tit. 24. §. 3.

[c] Comit. Fland. p. 116. [d] 2. part. p. 63.

suspect n'eussent pris les armes pour le maintien de leurs privileges & ne l'eussent forcé à se desister de la concession que Louïs avoit faite. Le bourg fut assiégé, & pris avec Jean Sire de Namur, qui y étoit, on pilla, on brûla & on rasa ce lieu. Cela arriva l'an 1323. & depuis ce temps-là ceux de Sluis ne purent se rétablir que par la permission des Brugeois; ainsi lors qu'en 1330. ils voulurent fortifier leur port, les Brugeois s'y opposerent, ces derniers continuerent à prendre un air de superiorité qui duroit encore en 1423. mais Philippe le Hardi Duc de Bourgogne étant devenu maître de l'Eclusè, en 1335. par l'échange qu'il en fit avec Guillaume Comte de Namur contre la Seigneurie de Bethune en Artois, il l'entoura d'une muraille de pierre, & bâtit dans le port une tour que l'Empereur Charles V. fit depuis renverser, & que l'on appella la tour de Bourgogne ou la Bourguignone. On la nommoit aussi le petit Château pour la distinguer d'un plus grand qui fut bâti aux depens de Charles VI. Roi de France qui vouloit fermer ce port le plus beau de toute la Flandre aux Anglois ses ennemis, & le Duc y consentit d'autant plus volontiers que ces fortifications servoient à humilier & à tenir les Brugeois dans le respect. L'an 1470. on en agrandit le havre, on en rehaussa les portes, on y bâtit un Palais, des halles, des places publiques & quelques édifices publics. Charles VI. Roi de France y tint sa cour quelques mois en 1386. pendant qu'il équipoit une flote de 1400. voiles contre les Anglois. Le Port fut rendu tel qu'en 1468, il y mouilla une flote de cent cinquante vaisseaux Marchands, & la ville fut si bien fortifiée qu'en 1405, elle soutint un siege contre les Anglois & en 1436. elle brava les menaces des Brugeois, & se moqua de la sentence qu'ils avoient rendue contre elle. Le Comte Maurice de Nassau General des Provinces-Unies prit cette ville en 1604. le 19: d'Août, & elle est demeurée à la Republique. * Elle passe pour imprenable à cause de sa situation qui est dans une Presque-Isle entre deux bras de Mer. Lorsque la Mer est dans son reflux, elle inonderoit toute la campagne, si l'on vouloit ouvrir les écluses qui la retiennent. Il seroit d'ailleurs fort dificile, si l'on vouloit attaquer l'Ecluse, d'entrer dans le petit bras de Mer qui y fait deux ports, sans essuier auparavant l'Artillerie du Château qui est à la pointe de la Ville & qui défend de ce côté-là l'entrée de ce petit bras de Mer. Ce Château est muni de six grosses tours rondes, & de brique. On a fait abatre à ses côtez une partie de la ville qui lui nuisoit & où l'on dit qu'il y a eu une riche Abbaye & avant cela deux Châteaux semblables à celui qui subsiste encore. Ces trois Châteaux, selon la tradition du pays, étoient à trois freres qui se firent une longue guerre l'un à l'autre, en sorte que ce dernier Château aiant résisté davantage aux coups de Canon l'emporta sur les deux autres, qui furent rasez au lieu où sont à present d'assez belles rangées d'arbres. La ville est petite & ce qu'il y a de plus remarquable c'est le Havre long d'environ cent pas & qui est large de cinquante; mais si profond que les plus gros bâtimens s'y rangent tout chargez le long

*Corn. Dict.

des quais qui le bordent. De ce petit Havre on entre dans une rue qui va d'un bout de la Ville à l'autre, en commençant à la porte qui est proche du Château & finissant à celle par où l'on sort pour passer le petit bras de Mer qui fait le port fameux de l'Ecluse entre la ville & quelques fortifications qui l'enferment de l'autre côté où l'on dit que cinq cens navires pourroient être en sureté contre la tempête. Comme l'Ecluse est de grande importance, on voit aux environs plusieurs Forts qui en défendent les avenues. Elle est à une lieue & au Nord-ouest d'Ardenbourg, à trois lieues & demie & au Nord-est de Bruges & à cinq & demie, au Sud-ouest de Middelbourg de Zelande.

2. ECLUSE (l') petite Ville des Païsbas dans la partie la plus meridionale de la Flandre Wallone au bord meridional de l'Escaut à quatre mille pas & au couchant d'Arleux, à six mille pas & au midi de Douay. Elle est peu considerable.

3. ECLUSE (l') NOIRE. Voiez SWARTE-SLUIS.

4. ECLUSE (FORT DE L') Voiez au mot FORT.

ECNOMUS, Forteresse de Sicile. Diodore [a] fait mention de deux Forts, à savoir Ecnomus & Phalarium, si nous en croïons Ortelius [b]; mais Diodore [c] & Plutarque [d] en parlent comme d'une Coline; le premier dit qu'elle fut ainsi nommée Ecnomus, c'est-à-dire, scelerate & criminelle, parce qu'on disoit qu'il y avoit eu le Château de Phalaris, où étoit le fameux taureau d'airain dont se servoit pour faire mourir les citoïens. Cette Coline que Cluvier [f] croit être la même que les habitans nomment MONTE D'ALICATA, ou DI LICATA est situé sur le rivage & à la droite du fleuve Hymera, aujourd'hui Salso, si nous en croïons le même Cluvier. Il croit que ce Château de Phalaris nommé Phalarium étoit le même que les anciens nommoient Dedalium: il ajoûte que ce nom lui avoit été donné par Dedale qui en pouvoit être le fondateur. Selon lui le Mont Ecnomus court d'Occident en Orient l'espace de cinq milles le long de la Mer comme un promontoire enfermant au midi une plaine ronde dont le diametre est autant de milles. Mr. de l'Isle distingue beaucoup mieux cette Montagne & les deux Châteaux. Selon lui Ecnomus est le nom de la Montagne sur le sommet Occidental de laquelle étoit le Château Dedalium distingué du Château Phalarium. A la place du premier est aujourd'hui Castellazzo, & à la place du second est à present Pogio longo. Ce Château & le sommet de la Montagne sur lequel il est situé est à l'Orient du Salso. (Mr. de l'Isle nomme ainsi l'Hymera des anciens;) qui se separe de la partie Occidentale de la Montagne. Sur un troisieme sommet qui est entre ces deux est Pugio Muciaco, quasi au promontoire duquel parle Cluvier, dans sa partie Orientale est la ville d'Alicata, au lieu où étoit la Phintia des anciens.

ECOBORGIS, Ville de la Galatie selon Antonin [g].

ECOLIERS, [h] (LE VAL DES) (on écrivoit autrefois Escoliers;) en Latin Vallis Scola-

[a] L. 15.
[b] Thes.
[c] L. 19.
[d] In Dione.

[f] Sicil. ant. p. 212.

[g] Itiner.
[h] Bougier Mem. Hist.

Scolarium, Abbaye de France dans le Baſſigni en Champagne ſur la Marne à une lieuë de Chaumont. On la nomme *Nôtre Dame du Val des Ecoliers*. Guillaume III. ſoixante-deuxiéme Evêque de Langres élu en 1209. confirma la regle de ces Chanoines & bâtit leur Maiſon qui n'étoit alors qu'un Prieuré, fondé par quatre Docteurs de l'Univerſité de Paris qui s'y retirerent & y furent ſuivis par Frederic qui avoit été élu Evêque de Chalons en 1201. il devoit être ſacré à Langres, le jour étoit pris; mais il mépriſa la Mitre & la Croſſe pour ſe faire Religieux & ſuivre .l'exemple de ces quatre Docteurs nommez Guillaume, Richard, Evrard, & Manaſſés qui ſe trouvoient à Langres dans le temps que Frederic devoit être ſacré pour demander permiſſion à Guillaume de Joinville qui en étoit Evêque de s'établir dans ſon Dioceſe. Ce Prieuré ne fut érigé en Abbaye qu'en 1539. elle a été Chef d'Ordre juſqu'en 1636. qu'elle fut unie à la Congrégation de Ste. Genevieve de Paris. L'Abbé eſt regulier. Il a avec lui neuf Religieux dans cette Maiſon dont le revenu eſt de quatre mille livres.

ECONIA, Bourg Maritime de Theſſalie ſur le Golphe Maliaque ſelon Pline [a], qui eſt peut-être le ſeul qui en ait parlé. Il nomme trois bourgs au fond de ce Golphe, à ſavoir *Alcione*, *Econia* & *Phalera*. Quelques-uns de ſes Editeurs ont lu au lieu des deux premiers noms *Alalcomene*, *Itonia*. Le R. P. Hardouin les blâme avec juſtice d'avoir abandonné les Manuſcrits pour donner trop aux conjectures.

ECOSSE, Roiaume d'Europe dans l'Iſle de la Grande Bretagne de laquelle il occupe la partie Septentrionale. L'Ecoſſe a eu divers noms. Les anciens l'ont appellée *Caledonia* [b] du nom des Caledoniens peuple particulier de ce pays qu'Ammien Marcellin [c] nomme *Dicaledones*. Elle étoit très-peu connuë des Romains. Ptolomée [d] en met la pointe, non vers le Nord où elle eſt effectivement, mais vers l'Orient où elle n'eſt pas. Il fait mention d'une forêt qu'il nomme *Caledonienne*, & Florus [e] dit aſſez mal à propos de Ceſar qui avoit à peine paſſé la Tamiſe, qu'aiant ſuivi les Bretons dans les forêts Caledoniennes il fit priſonnier un des Rois du pays; ainſi il confond une forêt qui étoit au fond de l'Ecoſſe avec une forêt voiſine de la Tamiſe. Le Peuple qui donnoit ce nom à l'Ecoſſe eſt indifferemment nommé par les anciens *Caledones*, *Caledonii* & *Deucaledonii*. Les Pictes nom celebre d'un autre peuple Ecoſſois eſt d'une ancienneté aſſez incertaine, car Tacite, ni Ptolomée n'en font point mention, mais les Auteurs qui les ont ſuivis en parlent beaucoup. Il ſemble néanmoins que ſous ce nom on entendoit ou tous les Bretons ſeptentrionaux, ou du moins la plûpart d'entre eux. Eumenius dit dans le Panegyrique de Conſtance [f]: Je ne parle point des forêts ni des marais des Caledons & des autres Pictes. Les Caledons ou Caledoniens étoient donc du nombre des Pictes. Ammien Marcellin de l'édition de Mr. de Valois dit: [g] Il ſuffira de dire qu'en ce temps-là les Pictes étoient diviſez en deux Nations, à ſavoir *Dicalidons* & les *Vecturions*, & que de même les *Attacotti* Nation belliqueuſe & les *Scotti* couroient çà & là ſaccageant beaucoup de lieux. On peut conclure de ce paſſage que du temps de Valentinien & de Valens les Pictes renfermoient ſous eux les Caledoniens, mais non pas les *Attacoti* ni les *Scotti*. Eumenius déja cité dit dans un Panegyrique de Conſtance [h]: cette Nation encore groſſiere & accoutumée ſeulement à combatre les Pictes & les Hibernois encore à demi nus ceda ſans peine aux armes & aux Drapeaux des Romains, de ſorte que dans cette campagne il ne reſta preſque d'autre gloire à Ceſar que celle d'avoir paſſé la Mer. Et Claudien dans ſon Poëme [i] ſur le troiſiéme Conſulat d'Honorius dit:

Ille leves Mauros, nec falſo nomine Pictos
Edomuit, Scotumque vago mucrone ſecutus.

ces mots *nec falſo nomine* font alluſion à la coutume qu'avoient les Pictes de s'habiller de pluſieurs ſortes de couleurs bigarées, inclination qu'ont encore les Ecoſſois dans leur Plaid. Cela me fait croire que ce nom leur fut donné par les Romains qui ignoroient peut-être le veritable nom de ce peuple. Ils appellerent longtems l'Ecoſſe *la Bretagne Barbare*, parce que ſes habitans leur firent une longue & vigoureuſe reſiſtance, ne voulant pas ſubir le joug qu'avoit déja ſubi la Bretagne Romaine. Chacun ſait qu'à l'imitation des Grecs, Rome traitoit de Barbare, tout ce qui n'étoit pas Romain. Bede qui a ſuivi l'opinion la plus commune de ſon temps croit [k] que les Pictes étoient venus de Scythie ſur des barques longues. Cambden fournit des raiſons aſſez plauſibles pour perſuader qu'ils étoient les premiers habitans de la Bretagne Septentrionale. La plûpart des Savans croient avec aſſez de vrai-ſemblance que les *Scotti* d'où s'eſt formé le nom moderne du Roiaume *Scotia*, Ecosse, & celui du peuple, ſont venus de l'Hibernie, cependant ce nom n'eſt pas ancien & on n'en trouve aucune trace avant l'Empire de Théodoſe. Ce ſeroit vouloir ſe repaître de conjectures que de vouloir aſſigner des limites & à ces peuples qui n'en avoient point & qui changeoient ſouvent de lieu à la maniere de ceux qui ne ſont pas encore policez. Les noms des *Attacotti* & des *Vecturions* ne ſe trouvent que dans Ammien Marcellin, encore celui de *Vecturions* eſt-il aſſez incertain, quelques livres portant *Veſturions*, & d'autres *Verturions*. Quel moien de choiſir quand un paſſage eſt unique & qu'on ne trouve dans aucun autre Auteur un exemple parallele qui détermine? On ne peut tirer aucun ſecours de Ptolomée pour l'ancienne Ecoſſe. Il ſentoit lui-même qu'il ne la connoiſſoit pas aſſez puis qu'il s'eſt abſtenu d'y mettre comme aux autres pays au delà du Golphe de Dunbritton, ni longitudes ni latitudes, comme ſi ce pays n'eut pas été plus habité que les deſerts de la Libye interieure. Ni les peuples, ni les rivieres qu'il y place, n'ont rien qui ſerve à les faire reconnoître. L'Ecoſſe, ou du moins une partie de ce Roiaume a été nommée ALBANIE & ce nom lui dure encore dans une de ſes Provinces nommée encore à preſent *Broad Albain*. Le P. Briet [l] mépriſe avec raiſon l'opinion de ceux qui derivent le nom d'*Alban* bas, ou *Albain* d'un certain *Albanus* qu'ils pretendent avoir été fils de Brutus. Il aime mieux faire venir ce nom d'un ancien mot Ecoffois ALLABANY, c'est-à-dire, la nouvelle Hibernie. Pour moi j'aime mieux croire que ce mot vient d'ALB ou ALP qui signifie Montagne dans la langue des anciens Celtes peuples qui vrai-femblablement ont passé les premiers dans cette Ifle. Et alors ce nom conviendra plus particulierement aux pays Montagneux de ce Roiaume. Quant au nom de BRETAGNE ULTERIEURE que lui donnoient les Romains, il est visible que ce nom étoit par raport aux murs dont ils se fortifierent contre les hostilitez des peuples qu'ils n'avoient pu encore domter. On compte trois de ces murailles ou remparts, à savoir celui d'Hadrien, celui d'Antonin Pie, & celui de Severe. Le premier dont il reste encore des ruines très-remarquables s'étendoit depuis Carlile jufqu'à Neucastle. Le troisieme depuis le Golphe de Cluyd jufqu'au Golphe de Forth; on en voit encore des vestiges. Le second est plus contesté, Camden prétend qu'il passoit par la ville de *Brumeria* aujourd'hui Brampton, & selon la Carte du P. Briet il commençoit auprès de Berwick à l'embouchure de la Twede & entroit dans les terres vers le Sud-ouest en suivant à peu près les mêmes limites qui séparent l'Ecosse de l'Angleterre. Ainsi le premier de ces murs est dans le Roiaume d'Angleterre & le troisiéme est en Ecosse. Quelque incertitude qu'il y ait sur le raport des noms que fournissent les anciens avec ceux des nouvelles provinces d'Ecosse, je ne laisserai pas de donner ici une table qu'en a dressée le P. Briet[a]. Il divise l'Albion Ulterieure ou Barbare & Septentrionale en *Vetturions* dans le pays desquels s'établirent ensuite les *Pictes*, & en Caledoniens dont le pays fut envahi par les *Scoti*, vainqueurs des Pictes.

[a] Ibid. p. 184.

Division Géographique de l'ANCIENNE ECOSSE selon le P. Briet.

Albion Ulterior
- Vetturiones
  - HORESTÆ — *Eskedal, Eufdal, Liddal*
    - Trimontium : *Afterich*
    - Itunæ Æftuarium : *le Golphe de Solway.*
  - SELGOVÆ *Niddesdal, Anandal.*
    - Corda Selgovarum : *Cunnot*
    - Carbantorigum : *Carlorout.* } Châteaux.
  - NOVANTES *Gallowai, Karrike, Koyl, Cunningham.*
    - Lucopibia, *ou* Casa Candida : *Withern.*
    - Rerigonium : *Bærgeny.*
  - DAMNII *Sterling, Mentheith, Clydesdale, Strathern.*
    - Petra ad Glottam : *Glasco;*
    - Victoria : *Abernethy.*
    - Lindum : *Lithzno.*
    - Alauna : *Alaunay*, village
    - Glottæ Æftuarium : *le Golphe de Dumbritaine*
    - Æftuar. Bodotria, ou Boderia Golphe de Forna ou d'Edimbourg.
  - LADENI. *Louthiane les Marches. Tifedale*
    - Castrum alatum : *Edimbourg*
    - Colania : *Coludi.*
- Caledonii
  - CALEDONIENS *Propres Braid Albin, Athol, Argile.*
    - Caledonia : *Dunkeledon*
  - EPIDII *Cantyr, Lorne, Loquabrie*
    - Epidium Promontorium : *la pointe de Cantyr.*
  - CREONES { Partie de Skirassin, Comté dans la Province de Ross. { Volsæ : *Foyles.*
              { Partie de Skirassin, Comté { Fl. Itis *la Brune*
  - CARNOVANCAE *part. Occid. de Navern.*
    - Orcas ou Tarvisium Promontorium : *la pointe de Torfuti*
  - CORNABII *part. Orient. de Navern.*
    - Virvedrum Promont. *le Cap de Vrach ou de Fero.*
    - Beruvium Prom. *la pointe de Dunesby ou de Boers.*
  - CARINI *ou* CATINI : *Cathnés*
  - MERTHÆ, *Suterland*
    - Vara Æftuar. *le Golphe de Tain.*
  - CANTÆ *part. Orient. d'Armanoth dans la P. de Rofs.*
    - Littus Altum : *Tarbart mot qui en Breton signifie rivage bas.*

LUGI

ECO.

LUGI *part. Occid.*	Tuefis Æftuar. *le Golphe de Murray,*
d'Armanoth.	*& le Lac & Fl. de Neſſa.*
VACOMAGI, *Murray*	Banatia *Bean & non pas Badgenoth*
TAXALI *ou* TÆSALI	Devana : *Aberdone la vieille,*
Bucquhay & Marr	Tachalum Prom. la pointe de Bucquhay
VERNICONES *Fiffa,*	Orrhea *ou* Orrea : Forfair.
Perth, Anguis, Mernis.	Alectum ou Taodunum : Dunzee.

Je donne cette Table en faveur de ceux qui n'ont pas l'ouvrage du P. Briet qui eſt aſſez rare ; mais c'eſt ſans en garantir ni la certitude des raports ni l'orthographe des noms que je n'ai pas voulu changer, quoi qu'elle ſoit très-vicieuſe & fort éloignée de l'uſage des bons Auteurs.

[a] *Etat préſ. de la G.Bret. T. 1. p. 198.*
L'Ecoſſe eſt ſituée au Nord de l'Angleterre & elle en eſt ſéparée à l'Eſt par la Riviere de Twed, à l'Oueſt par les Rivieres d'Eſk & de Solway, & dans l'intervalle qui eſt entre ces Rivieres priſes aſſez près de leur embouchure, par les Montagnes de Cheviot : par tout ailleurs elle eſt environnée de la Mer de ſorte qu'elle fait une Iſle avec l'Angleterre. Dans la terre ferme on compte que le plus grand jour eſt de 18. heures 2. minutes & le plus court de 5. heures, 45. minutes ; mais dans les Orcades qui ſont au Nord de la terre ferme le plus grand jour eſt de 19. heures. Dans les grands jours d'été il n'y a proprement point de nuit, mais un crepuſcule très-lumineux entre le coucher & le lever du Soleil. A l'égard de l'étenduë de l'Ecoſſe on compte que depuis l'extremité la plus meridionale de la Province de Gallowai, juſqu'à l'extremité la plus Septentrionale de Caithneſs elle a 380. milles de longueur (qui en droite ligne ſe reduit à vingt lieues marines de vingt au degré priſes en droite ligne) & que depuis Ardermouthead près de l'Iſle de Mull juſqu'à Buchaneſs elle a 190. milles de largeur ; (c'eſt-à-dire 55. de ces mêmes lieues marines). Cependant la Mer y forme tant de petits golphes qu'il n'y a preſque point d'endroit qui en ſoit éloigné de plus de ſoixante milles.

L'Ecoſſe ſe diviſe en 35. petites Provinces que l'on diſtingue en Meridionales, & en Septentrionales par raport au Tay qui les ſepare.

Les Provinces Meridionales ſont

Galloway,	Menteith,
Nithſdale,	Sterling,
Anandale	Lenox,
Liddeſdale,	Lorn,
Tiviotdale,	Argyle,
Merche *ou* Mers,	Cantire,
Twedale,	Cunningham,
Lothian,	Clyſdale,
Fife,	Kyle,
Strathern,	Karrick.

Les Septentrionales ſont

Lochabar,	Athol,
Broad Albain,	Perthſhire,
Angus,	Innerneſs,
Merns,	Roſs,
	Sutherland,
Marr	Caithneſs,
Buchan	Strathnavern.
Murray	
Badenoch	

A toutes ces Provinces dont celle de Roſs a le plus d'étendue quoi qu'elle ne ſoit pas des plus fertiles, il faut ajouter les Iſles dont on compte plus de 300. les unes au couchant de l'Ecoſſe qu'on appelle les Iſles Occidentales ou Weſternes, les autres au Nord & au Nord-eſt, à ſavoir les Orcades & les Iſles de Schetland. Voiez ces articles particuliers & ceux de châque Province.

L'Ecoſſe étant ſituée au Nord de l'Angleterre , on doit conclure qu'il y fait plus froid ; mais comme l'air y eſt generalement plus pur étant purifié par les grands vens qui y regnent frequemment, le pays y eſt auſſi plus ſain, & on y voit un grand nombre de perſonnes qui n'y meurent que dans un grand âge. Il eſt même à croire que la pureté de l'air contribue à rendre les habitans plus vifs & plus penetrans : ſur tout ceux qui ont l'avantage d'une bonne éducation, & l'on remarque que le genie des Ecoſſois répond mieux à celui des François, qu'on ne ſauroit eſperer d'une ſituation ſi avancée du côté du Nord. Il eſt vrai que les hyvers y ſont plus longs & plus ſujets aux Neiges & aux gelées qu'en Angleterre ; mais auſſi l'air y eſt moins groſſier & plus exempt de brouillards & le grand froid ne dure pas tout l'hyver. Dans cette Saiſon le vent du Nord cauſe la gelée & celui du Nord-Eſt amene la Neige. Le plus ſouvent la Neige tombe aux mois de Decembre & de Janvier & partie de Fevrier, & quand la Neige vient tard elle demeure ſur la terre juſqu'au commencement d'Avril. On remarque que les Habitans ſe trouvent beaucoup mieux d'un hyver de gelée, ou abondant en neige que d'un hyver pluvieux : la terre même en eſt plus fertile & le bétail plus ſain. Au Printems, ſavoir en Mars, & au commencement d'Avril , il pleut d'ordinaire beaucoup en Ecoſſe & il y fait de grans vens d'Eſt, de Nord-eſt & de Sud-eſt. L'Eté y eſt fort temperé depuis la mi-Juin juſqu'au 15. de Septembre. Rarement on y ſent des chaleurs brûlantes, l'air y étant adouci par de frequentes pluyes ou par de grandes roſées. Cependant la chaleur y eſt aſſez grande pour faire meurir les fruits de la terre. Les vens frais qui ſouflent en cette ſaiſon, ſervent à rendre l'air ſerain ſur tout dans les Montagnes & à le rendre auſſi fort ſain pour les hommes & les beſtiaux. Alors les vens d'Oueſt, de Nord-oueſt & de Sud-oueſt ſont les plus frequens. L'automne y eſt fort variable. Tantôt la pluye y regne, tantôt les orages

orages ou les vens tempêtueux & bien souvent on y voit de gros brouillards. Il est vrai que le commencement de l'automne y est fort temperé. Les vens qui dominent dans cette Saison sont ceux du Sud & Sud-est. C'est la Saison qui est la plus sujette aux maladies. Cependant elles ne sont pas si frequentes, ni si malignes que dans les pays voisins, parce que l'air y est beaucoup plus purifié par les vens. L'Ecosse a quantité de Lacs dont quelques-uns ont 30. milles de longueur plus ou moins. Il y a même cela de remarquable dans ceux qu'on appelle *Loch-Nesse*, *Loch-Tay* & *Loch-Fern*, qu'ils ne gélent jamais quelque froid qu'il fasse & si l'on jette un morceau de glace dans le premier, elle se dissout d'abord. L'Ecosse abonde aussi en excellentes fontaines ou sources d'eau vive qui se répandent partout du haut des Montagnes & qui se trouvent aussi frequemment dans les Vallées. On n'y manque point d'eaux minerales : telles sont celles de *Moffet*, de *Kimborne*, d'*Arthrey*, de *Peterhead*, & de *Newmils*. On n'a point encore trouvé de bains chauds en Ecosse. Les principales Rivieres d'Ecosse sont la Twede, le Forth, la Clyde, le Tay, & le Spey qui sont toutes navigables, sans être de long cours. Voiez leurs articles particuliers.

Outre la division de l'Ecosse en Meridionale & Septentrionale, on la divise aussi en *Highland*, c'est-à-dire, haut pays & *Lowland*, c'est-à-dire, pays-bas, ou pour mieux dire en Montagnes, & en plaines & vallées. L'Ecosse est un pays inégal & diversifié non seulement dans sa surface, mais aussi dans sa nature. Là sont des Montagnes presque toujours couvertes de Neiges; là on trouve des Lacs dont les eaux ne gélent jamais & la Terre qui fume par la chaleur du soufre qui est dans ses entrailles. Pour quelques endroits où le pays est ingrat & triste, où l'on ne voit que des Lacs & des rochers, il y en a d'autres qui sont fertiles, abondans, & qui charment la vûë. On peut dire en general que l'Ecosse abonde en toutes choses necessaires à la vie & qu'on y vit à bon marché. Ses Montagnes abondent en paturages ou bien elles ont des bois, ou même des mines. Les principales de ces Montagnes sont les Grampiennes qui traversent le Roiaume presque tout entier de l'Est à l'Ouest; le Lammer-Moor, & Pentland Hills. Les vallées sont très-fertiles : celles qui sont vers la Mer ont le terroir gras & noirâtre, propre à porter toutes sortes de grains & de fruits. Les terres un peu élevées ne sont pas si grasses; mais elles produisent fort bien l'orge, le seigle, les pois, les feves, le chanvre & le lin. Les terres les plus grossieres ne sont pas moins fertiles en avoine. Cette derniere sorte de grain est la plus commune & les Ecossois savent l'emploier à plusieurs usages auxquels ils sont accoutumez. L'Ecosse abonde en gros & en menu bétail. Il n'est pas vrai, comme on le croit en Angleterre, que les Ecossois aient de l'aversion pour les cochons; il y a des Provinces où l'on en nourrit plus que le Roiaume n'en peut consumer. Les Montagnes sont couvertes de chevres; desquelles les chevreaux servent à la nourriture des montagnards, les peaux servent à faire des gands & de leur lait on fait de bons fromages, & c'est même un remede qui est d'un grand usage contre la Pulmonie. Les bêtes sauvages, particulierement les Cerfs & les Daims, fournissent un grand debit. de peaux. C'est peut-être le pays du monde qui abonde le plus en oiseaux domestiques & en sauvages, il y en a même dans les Isles de l'Ecosse qui leur sont particuliers. J'en parle ailleurs dans les articles de ces Isles. Les Cuirs, les Suifs, les Draps & les Etofes, le Chanvre & le Lin entrent pour beaucoup dans le Commerce des Ecossois, aussi bien que les Harengs, les Saumons & les Morues. Il y a dans ce Roiaume de grandes Carrieres d'où l'on tire des pierres de taille, des Pavez, des Meules de Moulin: il y en a même de marbre, l'ardoise grise & bleue, & l'Argile pour la poterie n'y manquent pas. On trouve des Mines de *Fer* à Dumfermlin, dans l'Isle de Levis & dans plusieurs Montagnes d'Ecosse: Des Mines de *Plomb* en Clydsdale & dans les Orcades qui ont aussi des Mines d'*Etain*: des Mines de cuivre près de Sterling; il y a eu autrefois des Mines d'argent dans la Province de Lothian, & des Mines d'or dans Crawford-Moor. On y trouve encore de l'or aujourd'hui sur les bords des Rivieres. L'Ecosse a beaucoup de bois : il y a plusieurs forêts dont les unes s'étendent jusqu'à trente milles en longueur, d'autres jusqu'à vingt milles. Autrefois celle qu'on appelloit Caledonienne étoit la plus fameuse; mais elle est presque tout à fait détruite; cependant il y a encore plusieurs grands chênes. On y trouve aussi quantité de frênes & d'ormes & des forêts de sapins sur tout du côté du Nord & dans les Montagnes. On peut voir dans le Prodrome de l'Histoire naturelle d'Ecosse du Chevalier Sibbald, le grand nombre de pierres precieuses & de Cristaux que ce pays produit. La langue du pays est de deux sortes, car il y a celle des Higlanders ou Montagnards qui a beaucoup d'affinité avec l'Irlandoise & est comme une preuve subsistante de leur origine. La langue des Lowlanders, ou de ceux qui habitent dans les Plaines, est une Dialecte de l'ancien Saxon & differe peu de l'Angloise à cause du mélange qui s'est fait des Anglois Saxons avec les Pictes, & parce que ces pays aiant été souvent conquis & reconquis par les Anglois & par les Ecossois qui y rentrant en possession n'en ont pas chassé ceux qu'ils y ont trouvé établis. La Religion dominante en Ecosse est la P. Reformée sur le modelle de celle de Geneve. L'Episcopat soutenu en vain par l'autorité des Rois Jaques VI. & de ses deux fils Charles I. qui en fut le martyr & Charles II. qui rétablit après la mort de l'Usurpateur Cromwel, a été enfin aboli dans l'Ecosse. Ce Roiaume est hereditaire & le gouvernement en est Monarchique; mais l'autorité Roiale y a toujours été bornée par un Parlement ou par quelque autorité équivalente. Depuis Fergus Roi d'Hibernie d'où il fut appelé par les Ecossois opprimez par les Pictes, on compte LVII. Rois d'Ecosse, jusqu'à la Maison de Stuart, durant 959. ans c'est-à-dire, depuis l'an 411. jusqu'en l'année 1370. que cette Maison monta sur le Trône. Robert II. fils de Walter Stuard Grand Senéchal d'Ecosse &
de

de Marie fille du Roi Robert Brus, fucceda à fon oncle maternel David II. lui & fa pofterité ont regné en Ecoffe feulement 233. ans, c'eſt-à-dire, depuis 1370. juſqu'en 1603. que Jaques Stuart VI. du nom fuccéda aux Couronnes d'Angleterre & d'Irlande, auxquelles il unit celle d'Ecoſſe. Il prit alors la qualité de Roi de la Grande Bretagne, mais il reſtoit en Ecoſſe un Parlement particulier. Ses Succeſſeurs ont poſſedé ces trois couronnes, dont l'union eſt devenue encore plus intime fous le regne d'Anne I. qui a uni l'Angleterre & l'Ecoſſe fous un même Parlement. Par cette union il n'y a plus de Parlement en Ecoſſe; mais cet Etat envoye au Parlement de la Grande Bretagne un certain nombre de Deputez ſelon la proportion qu'il a avec l'Angleterre; laquelle eſt reduite à ſeize Pairs & 45. Membres pour la Chambre des Communes dont 30. font les Deputez des Provinces d'Ecoſſe & 15. des Communautez. Avant l'union le Parlement d'Ecoſſe étoit compoſé de 150. Membres des Communes, à ſavoir 84. Deputez des Provinces & 66. des Communautez; outre ſes Nobles ou Pairs du Roiaume dont le nombre n'étoit point fixe; le Roi en pouvant créer de nouveaux quand il vouloit.

Il y a une diſtinction particuliere entre les Bourgs d'Ecoſſe. Il y en a de trois ſortes, à ſavoir *Royal Borough*, *Borough of Regality*, & *Borough of Barony*. Les premiers ont le Privilege d'envoier des Députez au Parlement & de tenir des Aſſemblées annuelles, pour regler leur Commerce & autres choſes qui regardent leurs Communautez: ces Aſſemblées ſe tiennent alternativement dans les principaux Bourgs & à la fin de l'Aſſemblée on nomme le temps & le lieu de la prochaine Aſſemblée. Ces Bourgs ſe gouvernent par un Prevôt, ou Maire, ont quatre Echevins; un Doyen de la Communauté qui eſt le premier Juge entre les Marchands; un Treſorier; & un Conſeil compoſé la moitié de Marchands & l'autre des corps de métier, choiſis tous les ans annuellement. Ceux-ci tiennent une Cour à part, compoſée de Deacons ou Doyens de châque métier qui ſont choiſis tous les ans & qui choiſiſſent entre eux un Preſident qui a pouvoir de les faire aſſembler quand l'occaſion le requiert. Les autres Bourgs qu'on apelle Borough of Regality, & Borough of Barony ſont des Bourgs, où l'on tient marché & où le Seigneur tient ſes Cours & nomme les Principaux Magiſtrats, laiſſant les autres au choix des Bourgeois; mais ils n'envoyent point de Députez au Parlement.

Les *Revenus* du Roiaume d'Ecoſſe furent évaluez par le Traité d'Union à 160000. livres ſterl. de la maniere ſuivante: l'*Exciſe* ou l'impôt ſur la Biere a été affermé à 33500. livres ſterl. & s'il y étoit mis ſur le même pied qu'il eſt en Angleterre, il reviendroit à 50000. les Impôts de la *Douanne* peuvent monter à 50000. livres ſterl. les Revenus des *Domaines* de la Couronne à 5500; la Poſte à 2000; l'Impôt pour la Fabrique de la monnoie à 1500, le caſuel de l'échiquier 3000. la taxe ſur les terres à raiſon de 4. ſchellings par livre ſterl. 48000. en tout 160000.

MER D'ECOSSE,[a] Partie de l'Ocean laquelle les anciens nommoient *Ocean Caledonien*. Elle s'étend à l'Eſt, au Nord & à l'Oueſt de l'Ecoſſe & renferme les Weſterns.

LA NOUVELLE ECOSSE, Pays de l'Amerique meridionale. Voiez ACCADIE.

ECOUAN,[b] Bourg de l'Iſle de France. Pluſieurs écrivent ESCOUEN & ESCOUAN. Il eſt au Nord Oriental à quatre lieues de Paris, il eſt remarquable par un Château qui a été bâti par le fameux Connêtable de Montmorenci, & qui appartient au Duc de Bourbon dans la Maiſon duquel il a paſſé avec la ſucceſſion de la Maiſon de Montmorenci. Ce Château conſiſte en quatre gros Corps de Bâtimens qui forment un Corps quarré, aux angles duquel ſont quatre Pavillons quarrez plus élevez d'un étage que le reſte de l'Edifice. Dans leurs angles rentrans ſont des Tourelles qui ſe terminent en cône. On voit au milieu de ſa principale Façade un Corps avancé, orné en bas d'un Periſtyle décoré d'un ordre Dorique. Le ſecond ordre qui eſt au-deſſus eſt Ionique & forme trois Arcades, & le troiſieme eſt un Attique aux angles duquel ſont des termes ſortans de leurs guaines, tout cela eſt terminé par un Campanile au pied duquel eſt une balluſtrade. Au devant de cet Edifice regne une grande Eſplanade en forme de Terraſſe aux angles de laquelle ſont deux petites gueritres rondes qui forment la Porte. La Façade oppoſée preſente auſſi un avant-Corps compoſé de deux ordres, l'un Ionique & l'autre Corinthien. Il eſt terminé par un grand Fronton triangulaire. La porte de la Terraſſe de ce côté-là eſt décorée d'un avant-Corps compoſé de deux ordres. Le bas eſt Dorique & l'autre Ionique, le tout ſurmonté d'un petit Pavillon quarré dont châque face eſt ornée de trois Pilaſtres & de deux Arcades. *Ecouan* avec Neuf-moulin eſt compté pour 295. feux, dans le Denombrement du Roiaume[c] de France.

ECOUCHAY,[d] gros Bourg de France en Normandie. Il eſt ſitué dans le Dioceſe de Séez ſur la Riviere d'Orne, une lieuë au-deſſous de la Ville d'Argentan. On y travaille beaucoup en horlogerie.

ECOUIS,[e] gros Bourg de France dans le Vexin Normand, en Latin *Eſcovium*, il eſt ſitué au milieu d'une haute campagne de terres de labour, ſur le grand chemin de Paris à Roüen, à ſept lieuës de cette derniere ville, a deux de Fleury, de Charleval, & de Lyons. Il y a une Egliſe Collegiale ſous le titre de Nôtre Dame, dont le Chapitre eſt compoſé de douze Chanoines qui ont un Doyen pour chef, avec quatre Chapelains, & ſix Enfans de chœur. Le portail de cette Egliſe ſolidement bâtie en croix, eſt accompagné de deux groſſes tours couvertes en clochers, dans l'une deſquelles ſont deux groſſes cloches du poids de huit & de dix milliers. Le Marquis du Pont St. Pierre, à qui la Baronie d'Ecoüis appartient, preſente à tous les Canonicats. Le Doyen, & le Chantre, & le Treſorier ont double manſe, & les Chanoines font fort bien logez; l'un d'entre eux eſt Curé du Bourg, & fait le ſervice Paroiſſial avec ſon Vicaire, dans une des chapelles de cette Egliſe qui poſſede quatre chaſſes de reliques, & un revenu conſide-

---

[a] *Sanſon Atlas.*
[b] *Piganiol de la Force, Deſc. de la France T. 2; p. 237.*
[c] *T. 1. p. 4.*
[d] *Corn. Dict. Memoires Manuſcr.*
[e] *Corn. Dict. Memoires dreſſez ſur les lieux en 1702.*

fiderable. Il y a dans ce même bourg un hôpital, où l'on dit tous les jours trois Messes de fondation. Il y a aussi une haute justice pour dix-huit paroisses, dont les appels se font au Présidial d'Andely qui n'en est éloigné que d'une lieuë & demie. On y tient un gros marché le vendredy & l'on y débite de très-bon blé. Entre les belles maisons de plaisance des environs, on distingue celles de Fréne-l'Archevêque, Marcouville, Mussegros, & le Château dit le Plessy dont les pavillons lui donnent un air de maison de Prince, c'est un Chanoine d'Ecouïs qui en dessert la chapelle. On lit cette inscription dans l'Eglise de ce bourg. *L'an* 1310. *Enguerrand, Ecuyer, Sieur de Marigni, Comte de Longueville, & Chambellan du Roi Philippes, du consentement de sa femme Allippide, institua & fonda en l'Eglise Paroissiale d'Ecouïs un College de Chanoines pour y chanter tous les jours le divin service, & il est inhumé dans cette Collégiale*. On voit aussi dans la même Eglise le tombeau de Pierre de Marigni Archevêque de Rouën, frere d'Enguerrand.

ECREBEL, Εκρεβήλ, lieu proche de Chus qui est au-dessus du torrent de Mochmur. C'est ainsi qu'on lit dans la Bible Greque dans laquelle le Livre de Judith est plus détaillé que dans la Vulgate où ce passage ne se trouve point. Mais il est au Chapitre 10. du Livre cité, de l'Edition Greque & Latine à Basle chez Brylinger 1582. Ecrebel [a] étoit dans la Palestine.

[a] Ortel. Thesaur.

ECRECTICE, ancien pays d'Asie. Pline [b], Mela [c], & Ptolomée [d] en font mention. Le R. P. Hardouin [e] qui croit que c'est la partie Septentrionale de la Mingrelie juge qu'il a été ainsi nommé parce que le terrain en est inégal & raboteux, ou parce qu'il est creusé par quantité de lits de Rivieres ou de Torrens, ou enfin parce qu'il est fort sujet aux pluyes orageuses.

[b] L. 6. c. 5.
[c] L. 1. c. 19.
[d] L. 5. c. 10.
[e] In l. c. Plinii.

ECREGMA, c'est-à-dire, *sortie*; nom particulier d'un lieu d'Egypte proche Peluse. Diodore de Sicile [f], & Plutarque [g] en font mention.

[f] L. 19.
[g] In Anton.

ECS-MIAZIN, [h] Monastere celebre de Perse à deux milles de la Ville d'Erivan. C'est un lieu d'une grande devotion pour les Chrétiens Armeniens. Ce mot veut dire en leur langue, *la descente du Fils unique engendré*, & ils l'ont nommé ainsi, parce qu'ils prétendent que Jesus-Christ se fit voir clairement dans ce lieu-là à Saint Grégoire, qui en fut le premier Patriarche. Les Mahometans le nomment *Vich clisse*, ce qui signifie trois Eglises, parce qu'outre celle du Couvent, il y en a deux autres assez près de là : la principale qu'on appelle Ecs-miazin est un bâtiment fort massif, & fort obscur, qui est tout de grosses pierres de taille. Les pilastres ont soixante & douze pieds de hauteur, & sont de lourdes masses de pierre, ainsi que les voutes & le dôme. Le dedans de l'édifice n'a aucuns ornemens de sculpture, ni de peinture. Les chapelles sont du côté de l'Orient. Il y en a trois tout au fond de l'Eglise, celle du milieu est grande & a un autel assez bien orné, à la maniere des Chrétiens Orientaux. Les chapelles des côtez n'ont point d'autel. L'une sert de sacristie,

[h] Corn. Dict. Chardin Voyage de Perse T. 2. p. 224.

& l'autre de tresor, les Moines du lieu font voir dans la sacristie plusieurs ornemens fort beaux & fort riches, des Croix, & des Calices d'or, avec des lampes & des chandeliers d'argent d'une grandeur extraordinaire. Les principales reliques que l'on voit dans le tresor, & qui y sont enfermées en des chasses de vermeil doré & d'argent, sont, au rapport des Moines qui en ont la garde, le haut du corps de Sainte Repsime, un bras & une cuisse de Sainte Caiane, un bras de Saint Gregoire surnommé l'illuminateur, à cause qu'il convertit l'Armenie, une côte de Saint Jacques Evêque de Jerusalem, un doigt de Saint Pierre & deux doigts de Saint Jean Baptiste. Au centre de l'Eglise il y a une grande Pierre de taille quarrée de trois pieds de diametre & de cinq d'épaisseur que les Armeniens assurent être l'endroit où Saint Gregoire leur Apôtre étant en oraison un dimanche au soir, vit Jesus-Christ & lui parla. Ils disent que Jesus-Christ fit autour de ce Saint avec un raïon de lumiere le dessein de l'Eglise d'Ecs-miazin, & lui ordonna de la faire bâtir sur la figure même, qu'il avoit tracée. Le grand clocher a été rebâti nouvellement. Il y a six cloches dont la plus grosse pese douze cens livres. Le premier Monastere de cette Eglise fut bâti par Nicolas vingt-neuviéme Patriarche d'Armenie. Les Tartares le ruinerent, & on tient qu'il a été abbatu cinq fois à rez de chaussée. Il est à présent bâti de brique. L'appartement du grand Patriarche des Armeniens, qui est obligé de resider dans ce Monastere, est exposé au Levant. [i] Il a sous lui quarante-sept Archevêques, dont chacun a quatre ou cinq Suffragans, avec lesquels il vit en Communauté dans un Couvent, qui en est à la conduite de plusieurs Moines. Si-tôt qu'ils ont dit l'Office & la Messe, ce qui d'ordinaire est achevé à une heure de jour, ils vont tous travailler à la terre pour avoir dequoi s'entretenir. Le revenu du grand Patriarche est environ de six cens mille écus, tous les Chrétiens Armeniens, qui passent quinze ans, lui devant cinq sols chaque année. Les riches suppléent au défaut des pauvres qui ne les peuvent payer. Tout cet argent ne va pas au profit du Patriarche. Il y a des années où il faut qu'il y ajoûte ce qu'il peut épargner, afin de soulager les pauvres Armeniens qui n'ont pas dequoi payer le tribut annuel, qu'ils doivent aux Princes Mahometans, qui les tiennent sous leur domination, autrement il seroit à craindre que la nécessité ne les forçât à suivre la Religion de Mahomet, & qu'ils ne fussent vendus avec leurs femmes & leurs enfans, à quoi le grand Patriarche apporte tout le remede qu'il peut, sur l'état que chaque Archevêque lui envoye de ce qui est necessaire pour cela dans l'étenduë de sa jurisdiction, de sorte que ce qu'il prend d'un côté il l'employe de l'autre, sans qu'il profite que de fort peu de chose du revenu qu'il tire de près de quatre vingt mille villages qu'il a sous lui. [k] Il y a dans le Monastere d'Ecs-miazin des logemens pour tous les étrangers qui le vont visiter, & pour quatre-vingt Moines, quoique d'ordinaire ils ne soient que douze ou quinze. Les deux autres Eglises qui sont proche de ce Monastere, s'appellent

[i] Tavernier Voiages de Perse l. 1. c. 3.

[k] Chardin Voiages Ib.

pellent l'une *Sainte Caiane*, qui en est à sept cens pas à la droite, & l'autre *Sainte Repsime* à deux mille pas à la gauche. On leur a donné ce nom de deux Vierges Romaines, qu'on dit qui s'enfuirent en Armenie durant la neuvième persecution, & qui souffrirent le martyre au lieu même où ces deux Eglises ont été bâties. Elles sont presentement à demi ruinées, & il y a long temps qu'on n'y fait plus le service.

§. Mr. Corneille cite à la fin de cet article Tavernier Voiage de Perse T. 1. cependant il faut joindre les deux Auteurs citez, pour y trouver l'Article de Mr. Corneille. Tavernier compte trois lieues d'Erivan à Ecs-miazin. Voiez au mot EGLISE à l'article TROIS EGLISES une description plus ample & plus exacte de ce Monastere.

ECTENÆ, ou ECTENI ancien peuple de Grece qui habita premierement à Thebes dans la Béotie sous le Roi Ogyges, selon Pausanias[a]. C'est à cause de ce peuple que la Ville de Thebes a été surnommée ECTENIA par quelques Auteurs.

[a] L. 9. c. 5.

ECTINI, ancien peuple des Alpes qui furent vaincus par Auguste. Ils sont nommez dans l'inscription qui fut mise sur le Trophée des Alpes & que Pline[b] nous a conservée.

[b] L. 3. c. 20.

ECTODURUM,[c] ou HECTODURUM, ou ECTODURUS Ville de la Rhetie dans la Vindelicie selon Ptolomée[d]. Lazius croit que c'est ECHTAL en Suabe entre Kempten & Coire ; mais Bertius tient que ce doit être LEUTKIRCH petite ville libre & Imperiale aussi en Suabe.

[c] Baudrand. Ed. 1682.
[d] L. 2. c. 12

ECUE, c'est ainsi que les Septante, au raport d'Ortelius[e], lisent le nom d'un lieu d'où l'on faisoit venir des chevaux pour Salomon ; & il cite à cette occasion le 3. livre des Rois, Ch. 10. il ajoute que St. Jérôme nomme ce lieu CHOA. Les diferentes Editions des Septante que j'ai consultées, lisent Θεκουὲ, & non pas Εκουὲ. Mr. le Clerc dans son commentaire sur le passage cité par Ortelius remarque que l'Hebreu מקוה *Mikveh*, que les Septante & la Vulgate traduisent comme un nom de lieu, est la même chose que תקוה *Thikvah* qui signifie de la toile. [f] Vatable avoit eu la même pensée & au lieu que selon la Vulgate il faudroit traduire, *& on amenoit à Salomon des chevaux d'Egypte & de Coa*, Vatable veut que l'on traduise selon le stile de son temps : *il lui bailloit traitté de chevaulx & de fines toiles de lin*. Sanson[g] qui lit *Coa* avec la Vulgate croit que c'est *Coa* de l'Arabie heureuse de laquelle Ptolomée[h] fait mention ; mais il ne s'agit ni de *Coa* ni de *Ecue* dans le texte Hebreu, ni dans les Septante ; & il y a aparence que ce n'est pas un nom Géographique. Voiez COA & THECUE.

[e] Thesaur.
[f] In l.c.
[g] Index Geogr. in voce COA
[h] L. 6. c. 7.

ECUR, ancienne Ville de l'Inde en deça du Gange selon Ptolomée[i]. C'est ainsi que lit Ortelius dans cet Auteur dont le Grec porte Εκοῦρ, l'edition de Bertius traduit par ICUR. Ptolomée donne à cette ville 129. d. de longitude sur 16. d. 40'. de latitude.

[i] L. 7. c. 1.

ECUREY,[k] Abbaye de l'Ordre de Cisteaux dans le Duché de Bar au Diocése de Toul, sur la Riviere de Saux, à une demie lieue de Monstiers sur Saux vers le Nord &

[k] Baudrand. Ed. 1705.

à quatre lieues de Bar-le-Duc du côté du midi. On la nomme en Latin *Escureium*.

ED.

1. EDA,[l] Riviere de l'Arabie heureuse. Elle coule dans les Etats du Cherif ou Prince de la Mecque, reçoit le Chaibat à Carn-Armansal, passe à la petite Ville d'Eda, & se jette dans la Mer Rouge à Zidden. On croit que cette Riviere est le *Baetius* des anciens.

[l] Ibid.

§. Cet article que Mess. Corneille & Baudrand[m] ont tiré de Mr. Maty est diferent dans ces deux Auteurs en ce que Mr. Corneille écrit *Cahibar*, & *Carn-Almansel*, ce dernier nom est aussi écrit de même dans le petit Dictionnaire de Mr. Maty.

[m] Ed. 1705.

2. EDA, petite Ville de l'Arabie heureuse sur la Riviere de même nom dans les Etats du Cherif de la Mecque.

3. EDA,[n] nom Latin de l'une des Isles Orcades. C'est celle qu'on apelle aujourd'hui HETH, ou HETHY.

[n] Ibid.

4. EDA, Riviere de la Messenie dans le Peloponese selon Suidas[o], qui après avoir remarqué que chez les Messeniens le même mot *Tragos* signifioit un figuier sauvage & un bouc, raporte qu'Aristomene aprit de l'Oracle que lorsqu'un *Tragos* auroit bu de l'eau du fleuve Eda, alors le Mont *Ira* seroit pris. On prit des mesures pour empêcher que les boucs ne bussent de cette eau ; mais il y avoit au bord de cette Riviere un figuier sauvage dont les branches venant à s'abaisser aprocherent de l'eau de la Riviere, ce qui ne fut pas plûtôt arrivé que la Montagne fut prise.

[o] In voce Τράγος.

1. EDAM, Ville des Pays bas dans la Hollande Septentrionale sur le Zuiderzee à deux lieues de Horn & à trois d'Amsterdam. Janson[p] pretend qu'elle devroit plûtôt s'apeller YDAM de l'Y Riviere à laquelle cette digue fut oposée. En 1423. Edam fut pris par les Kenemars peuple qui habitoit le Kennemerland ; & on raconte qu'en 1430. des filles d'Edam prirent une Nimphe Marine. Voici comment Snoius sur la fin de son VIII. livre en raconte les circonstances. Une tempête s'étant élevée, & les digues aiant été rompues par la violence de la Mer qui inondoit les prairies, quelques filles d'Edam qui passoient en bateau le Lac de Purmer pour aller traire leurs Vaches, aperçurent une femme Marine, toute nue, fort mal propre & couverte de saleté ; elles furent d'abord surprises d'un objet si nouveau, mais s'étant remises de leur premier étonnement, elles la saisirent, la tirerent de l'eau dans leur bateau, la menérent à Edam, la nétoierent & la couvrirent d'habits de femme. On ajoute qu'elle s'accoutuma à nos alimens & aprit à coudre, cherchant néanmoins toujours à retourner dans l'eau. On n'entendoit point ses paroles & n'entendoit pas non plus le langage du pays. On la transporta ensuite à Harlem où elle vécut encore plusieurs années. On peut voir de pareilles histoires dans les remarques de Scaliger sur le traité des Animaux par Aristote, dans le livre de Vincent Cartarin *de imaginibus Deorum*, & dans le cinquième livre de la Monarchie Portugaise par Bernard de Butto.

[p] Urbium tot. Belg. 2. part.

Edam

208 EDA. EDD. EDE.

Edam est renommée à cause de ses fromages dont il se fait un grand debit.

2. EDAM, 'T LAND VAN EDAM, c'est-à-dire, *le pays d'Edam*, contrée de la Groenlande ainsi nommée par les Hollandois qui la découvrirent en 1655. Elle est par les 76. d. de latitude Nord. [*a Baudrand Ed. 1705.*]

EDDANA, Ville ancienne bâtie par les Phéniciens qui y établirent une Colonie. Elle avoit reçu son nom d'un certain Eddanos chef de la Colonie. Elle étoit située sur l'Euphrate selon Etienne de Bysance.

§. Comme cet article dans l'Auteur cité est suivi de celui d'*Edebessus*, Ortelius qui a trouvé ces deux articles assez embrouillez dans son exemplaire a dit assez mal-à-propos qu'*Edebessii* étoit le nom dont on se servoit pour designer les habitans d'*Eddana*, au lieu que ce nom signifioit ceux d'*Edebessus*.

EDDARA, Ville de l'Arabie deserte selon Ptolomée [b] dont les Interprétes lisent DADARA. Quelques Manuscrits favorisent cette derniere maniere de lire ce nom. [*b L. 5. c. 19.*]

EDEATES, peuple ancien des Japodes dans l'Illyrie selon Appien, cité par Ortelius [c]. [*c Thesaur.*]

EDEBESSUS, Ville de la Lycie selon Etienne le Geographe qui cite pour son garant Capiton dans le premier livre des Isauriques. Un habitant de cette ville étoit nommé en Latin Edebessensis & Edebessius ; ce qui a jetté Ortelius dans l'erreur que j'ai relevée ci-dessus à l'article d'Eddana. Pline [d] nomme cette même Ville Habessus si nous en croyons Hermolaus Barbarus l'un de ses Editeurs, cet ancien dit de plus qu'Habessus étoit aussi nommée ANTIPHELLOS. Voiez ce mot. [*d L. 5. c. 27.*]

EDELAY, [e] petite Ville de Syrie à peu de distance d'Alep. Elle est assez jolie, petite & assez propre : les maisons en sont ornées & embellies & les environs ombragez d'Arbres qui donnent de la fraîcheur. Les habitans y souffrent une grande incommodité ne buvant que de l'eau de Citerne qu'ils ne peuvent conserver long-temps sans qu'elle se gâte, ce qui leur cause diferentes maladies. Il y a dans la place un Aga avec des Officiers Turcs pour y maintenir l'ordre & pour lever les Impôts. [*e Carré Voiage aux Ind. Orient. T. 1. p. 293.*]

EDEMA, lieu de la Palestine dont il est parlé au livre de Josué [f], selon la Vulgate. L'Hebreu porte ADAMA. Voiez ADAMA 2. [*f c. 19. v. 36.*]

1. EDEN, contrée de l'Orient où étoit le Paradis terrestre. Ortelius [g] dit que c'étoit une Isle au milieu du Tigre, & un Auteur nommé Moïse Mardenus publié par Mazius est de ce sentiment : l'Editeur dit que les Nestoriens le nommoient *Gezeira*, c'est-à-dire, *l'Isle* par excellence & qu'il a environ dix mille pas de circuit, qu'il est entouré de Murs, & éloigné de douze mille pas de Mosul. Il ajoute que sur cette Isle il y a sur une Roche assez escarpée une Ville nommée *Hasan-Cepha* c'est-à-dire, la Pierre Forte. On lit dans la Genese [h] que Dieu planta dès le commencement un jardin de delices ; le Texte Hebreu porte un jardin dans Eden. Je reserve au mot PARADIS les diverses opinions des Interpretes de l'Ecriture Sainte touchant le Paradis terrestre. Pour nous borner ici à ce qui regarde la contrée d'Eden, Mr. le Clerc dans son commentaire sur la Genese [i] aporte plusieurs raisons qui per- [*g Thesaur.* *h c. 11. v. 8.* *i In l. c.*]

EDE.

suadent qu'Eden étoit à l'Occident de l'Euphrate. Isaïe [k] parle des Enfans d'Eden ou des Peuples de ce pays qui étoient à Thalassar, (Tlaschar selon l'Hébreu) qui est sans doute la même que Talata Ville de la Babylonie sur l'Euphrate. Sennacherib vantant les Exploits de ses ancêtres contre les peuples qui habitoient *Gosan* ou la Gauzanitide contrée de la Mesopotamie, *Haran* ou *Charan*, ou les *Charra* & *Retzeph*, c'est-à-dire, *Rescipha* qui étoit aussi une Ville de la Mesopotamie & contre les fils d'Eden qui étoient à Tlaschar. De ce que les fils d'Eden sont joints avec la Gauzanitide, les *Charra* & *Rescipha* il n'y a pas d'inconvenient à conjecturer qu'ils étoient dans la Syrie en deçà de l'Euphrate, à l'Occident de la Mesopotamie. Il est certain que les Syriens sont plus proches voisins des Charræ que ceux qui étoient au midi & au delà des fleuves qui couloient à Babylone : de plus il est faux que les Rois d'Assyrie ou de Ninive aient jamais subjugué les lieux situez au delà de la Babilonie vers le midi puisqu'ils ne posséderent jamais Babylone ; mais eurent un Empire entierement diferent. A ces preuves il faut ajouter que dans les paroles suivantes de l'Envoié de Sennacherib, il est fait mention de *Chamath* qu'il dit avoir été aussi vaincue par les Assyriens ; & de savans hommes font voir qu'il y avoit deux villes de ce nom dans la Syrie. Mr. le Clerc en conclut que Retseph est Resapha Ville de Syrie que Ptolomée place dans la Chalibonitide, plutôt que Rescipha de Mesopotamie. Ezechiel [l] qui parle aussi des fils d'Eden les nomme entre les peuples voisins de Tyr & avec qui les Syriens trafiquoient. Le Prophete Amos [m] entre les malheurs dont les peuples de Syrie étoient menacez leur predit que celui qui tient le Sceptre dans la maison d'Eden sera coupé. Mr. le Clerc est persuadé que la contrée d'Eden en Syrie est la même où étoit le Paradis terrestre. Voici les raisons dont il appuie son sentiment. 1. Le lieu d'Eden où Adam fut placé n'étoit pas éloigné de l'Euphrate non plus que le Peuple duquel font mention Isaïe, Ezechiel & Amos, puisqu'il étoit dans la Syrie. 2. Comme la demeure d'Adam étoit dans un bois délicieux, de même ce pays étoit planté d'Arbres dans un Canton très-fertile, ce qui paroit manifestement par les paroles d'Ezechiel qui après avoir comparé Pharaon avec les Arbres d'Eden dit qu'il sera coupé de la même maniere que les Arbres d'Eden, ce qui prouve que ce pays avoit été ravagé. 3. Il est arrivé delà que les Prophetes [n] ont nommé ce pays-là *le Paradis de Dieu*. 4. On ne peut pas dire que les Prophetes aient ainsi parlé en faisant simplement allusion au passage cité de la Genese & qu'ils ne pensoient pas à un pays très-agreable qui florissoit de leur temps. Cette idée seroit détruite par le témoignage des Géographes payens. Strabon [o] dit qu'auprès des sources de l'Oronte il y avoit une Ville, nommée *Paradeisos*. Pline [p] compte *Paradisus* pour une des Villes de Syrie & Ptolomée [q] place la même Ville dans le territoire de Laodicée. Ces Auteurs conviennent tous qu'assez près du Liban il y avoit une ville nommée *Paradisus* ; & tous s'accordent à nous dépeindre la Syrie comme un lieu très-fertile &

[*k C. 37. v. 12.*]
[*l c. 27. v. 23. & c. 28. v. 13. & c. 31. v. 9. & c. 36. v. 25.*]
[*m c. 1. v. 5.*]
[*n Isaïe c. 51. v. 3. Ezech. c. 31. v. 8. 9. Joël. c. 2. v. 3.*]
[*o L. 16.*]
[*p L. 5. c. 23.*]
[*q L. 5. c. 15.*]

à

EDE.

à en loüer les bois. Des personnes fort savantes qui aiment mieux chercher la premiere demeure du Genre humain dans la Babylonie objectent que Moïse fait mention de l'Euphrate & du Tigre, comme de fleuves d'Eden, ce qui, difent-ils, ne sauroit convenir à la Syrie qui ne s'étend pas plus loin que l'Euphrate. Il est aisé de leur repondre qu'il faut distinguer entre la Syrie propre qui ne s'étendoit qu'entre le Liban & l'Anti-Liban & aux environs, & la Syrie qui dans une signification plus vaste comprenoit anciennement la Capadoce, la Mesopotamie, outre toute l'étenduë de pays qui est enfermée entre l'Armenie, la Mediterranée, l'Idumée, l'Arabie & l'Euphrate. Il y auroit peut-être de l'injustice à exiger des Géographes qu'ils conciliênt la situation d'Eden tel qu'il étoit du temps d'Adam avec le cours present des Rivieres; puisque nous ne savons pas les changemens que les debordemens, les tremblemens de terre & mille autres accidens peuvent y avoir causé pendant un si grand nombre de siécles. D'ailleurs, l'opinion qui place Eden dans la Babylonie n'ôte pas la dificulté, car chacun fait qu'après que le Tigre & l'Euphrate ont coulé quelque temps dans un même lit, ils ne se partagent pas en quatre branches. D. Calmet croit que le Pays d'Eden s'étendoit dans l'Armenie & qu'il renfermoit les sources de l'Euphrate, du Tigre, du Phasis, & de l'Araxe. Voiez à l'Article PARADIS TERRESTRE, où les sentimens de divers Savans sur sa situation, sont plus amplement raportez.

2. EDEN, Ville de Syrie sur la Montagne de Liban dans un lieu très-delicieux. Près de là est le fleuve Adonis & un peu plus au midi les Cedres du Liban. D. Calmet [a] de qui j'emprunte cet Article, croit que c'est cette Ville d'*Eden* ou d'ADEN dont parle le Prophéte Amos en ces termes; je detruirai celui qui tient le Sceptre de la Maison d'Eden, ou selon la Vulgate, de la maison de Volupté.

[a] Dict. de la Bible.

3. EDEN (l') Riviere d'Angleterre dans les Provinces du Nord, elle a sa source au Comté de Westmorland, d'où elle passe dans le Cumberland, y baigne Carlile; puis se jette dans la Mer d'Irlande & au Golphe de Solway entre l'Angleterre & l'Ecosse. On la nomme en Latin *Ituna*.

EDENATES, ancien peuple de la Gaule. Bouche [b] croit qu'ils occupoient la Ville de Seyne, en Latin *Sedena*, dans le Diocése d'Embrun. Pline [c] en fait mention.

[b] Hist. de Provence p. 104.
[c] L. 3. c. 20.

EDENEIDA, ancien nom d'une Isle de la Mer Egée, selon Antonin [d] dans son Itineraire par Mer. Il n'y marque point comme dans l'autre les distances par milles, mais il nomme EDENEDIA entre Dionisa & Scyros. Remarquez qu'Ortelius dans l'Edition in folio chez Plantin 1596, & dans celle in 4. à Hanau chez les heritiers de Guillaume Antoine 1611. lit Edeneida, au lieu que l'Edition d'Antonin par Schottus; & celle que Bertius a procurée portent *Edenedia*.

[d] Itiner. marit.

EDENNA, lieu de la Palestine dont parle le livre de Josué [e], si nous en croions Ortelius. Voiez ma remarque sur le mot DAMNA.

[e] c. 15. v. 49.

EDEPSUS, nom propre d'un lieu duquel Athenée [f] fait mention.

[f] L. 3. c. 1.

EDE. 209

1 EDER, ou LA TOUR D'EDER. Voiez ADER.

2. EDER, [g] Riviere d'Allemagne, en Latin *Adrana* & *Adranus* ou *Æderna*. Elle a sa source dans la haute Hesse, d'où passant par le Comté de Waldeck elle coule à Fritzlar, & par la basse Hesse, où elle se rend dans la Fulde, à deux milles d'Allemagne au-dessus de Cassel. [h] On croit communément qu'elle traîne du gravier doré comme le Tage & le Pactole. Elle est extrêmement poissonneuse.

[g] Baudrand.
[h] Corn. Dict.
[h] Ortel.

EDERA, nom Latin de l'Ierre Riviere de France où elle coule dans la Brie.

EDESSA, ancien nom d'une Ville de Grece dans la Macedoine, nommée auparavant ÆGEAS. Voiez ce mot. Les Rois de Macedoine y avoient anciennement leur sepulture.

1. EDESSE, Ville de la Mesopotamie, selon Ptolomée [i]. [k] Elle étoit à la gauche de l'Euphrate, & on la nommoit autrefois Antioche. Eutrope, Procope & Sozomene citez par Ortelius la donnent aux Osrhoeniens. Evagrius écrit qu'elle fut nommée ensuite Justinopolis. [l] Ce fut en memoire de Justin I. qui en avoit rebâti les murailles & augmenté son enceinte. Pline [m] observe qu'elle fut surnommée CALLIRHOE à cause de la fontaine qui y couloit. Elle est nommée RHOAS, RHOASSE, ou RHOA par divers Auteurs. Masius semble être de leur sentiment, lorsqu'il dit que les Arabes la nomment ROHAI ou avec l'Article ORRHAI. Pierre Gilles la nomme ORFA & Mr. Baudrand ORPHA. Ortelius doute si c'est la même Ville d'Edesse que Pline nomme Bambyx, car, dit-il, Guillaume de Tyr [n] pretend que cette derniere est la même que RAGES de laquelle il est fait mention au Livre de Tobie. Les Interpretes de Ptolomée n'en doutent point & marquent cette Ville d'*Edesse*, *Bambyca*, *Erech*, & *Rages*, comme divers noms d'un même lieu. [o] Si on en croit Isidore, elle avoit été fondée par Nembrod. Elle est fameuse dans l'Histoire Ecclesiastique sur tout à cause d'Agbare Roi d'Edesse. Eusebe [p] dit que l'on conservoit dans les Archives de cette ville une Lettre que ce Prince avoit écrite à Nôtre Seigneur avec la Reponse qu'on pretendoit que Jesus-Christ lui avoit faite. Il raporte ces deux Lettres & ajoute qu'Agbare fut instruit à la foi & bâtisé par un fois soixante & douze disciples nommé Thadée. Les Grecs ont aussi debité que le même Thadée y avoit laissé le portrait du Sauveur du Monde. Le premier qui en a parlé c'est Evagre [q] & il cite le témoignage de Procope qui néanmoins ne parle que de la Lettre de Jesus-Christ à Agbare, encore ne la croit-il pas fort authentique. Quoi qu'il en soit, on a attribué à cette Lettre selon Procope, ou à l'image selon Evagre, la délivrance d'Edesse, lors qu'elle fut assiégée par Cosroes Roi de Perse sous l'Empereur Justin. Cette Ville étoit Episcopale. Ibas Metropolitain d'Edesse est nommé par Theodoret. [r] Euloge d'Edesse souscrivit au premier Concile de Constantinople. Nonnus signa la Lettre Synodale de la Province d'Osrhoene à l'Empereur Leon & Amazonius est nommé dans le V. Concile General.

[i] L. 5. c. 18.
[k] Thesaur.
[l] Corn. Dict.
[m] L. 5. c. 24.
[n] L. 4. c. 2.
[o] Corn. Dict.
[p] L. 1. c. 13.
[q] L. 4. c. 26.
[r] Carol. à S. Paulo Geog. sacr. p. 292.

§. Le nom du Prince d'Edesse s'écrit diversement. Je le trouve orthographié en diferens

Dd

ferens Auteurs *Abgare*, *Abagare*, & *Agbare*. J'ai fuivi la derniere Orthographe qui eft celle de Mr. Couſin, lequel écrit pourtant *Augare*, dans ſa Traduction de Procope.

2. EDESSE, ancienne Ville de la Celefyrie ſelon [a] Ortelius qui s'apuie de l'autorité de Pline. Il ajoute que le III. Concile d'Ephefe l'attribue à la premiere Syrie. Je ne trouve rien de cette Ville dans Pline, mais bien dans Etienne le Geographe qui dit *Edeſſe Ville de Syrie ainſi nommée du nom d'une Ville de Macedoine à cauſe d'un Ruiſſeau*. Berkelius l'explique par Hierapolis de Syrie qui ſelon Strabon[b] doit avoir été nommée Edeſſe. Mais ce dernier nom ne fut point attaché à la Ville de Bambyce qui a été generalement nommée Hierapolis; & on ne trouve nulle part que cette ville ait été nommée ſimplement Edeſſe. Le nom de Syrie doit être pris dans une ſignification étendue, & en ce cas il ſe prend pour la Meſopotamie. Cellarius prétend avec bien de la vrai-ſemblance que le nom d'Edeſſe pris pour une Ville d'Orient ſignifie toujours dans les Auteurs la Ville Capitale de l'Osrhoene.

EDESSENA REGIO, pays de la Meſopotamie, duquel la Ville d'Edeſſe étoit la Capitale. Ce n'étoit qu'une Toparchie, dont les Seigneurs prenoient la qualité de Rois.

1. EDETA, Bourg de l'Eſpagne Tarragonoiſe. Le R. P. Hardouin[c] ſemble inſinuer que c'eſt de là que tiroient leur nom les *Edetani* peuple de cette contrée. En quelque endroit qu'il ait été ſitué, continue ce ſavant Pere, il étoit en deçà de l'Ebre, entre cette Riviere & les Pyrénées.

2. EDETA,[d] Bourg ou petite Ville de l'Edetanie pays où étoient Sagunte, Valence & Sarragoce. Cette derniere étoit du reſſort de Sarragoce, au lieu que l'autre étoit du département de Tarragone; ainſi il faut bien ſe garder de les confondre.

EDETANI, ancien peuple de l'Eſpagne Tarragonoiſe. Le pays qu'il occupoit répond ſelon le Pere Briet[e] à une partie du Dioceſe de Sarragoce & à une partie du Royaume de Valence. Les Villes de leur pays ſelon lui ſont:

Cæſar-Auguſta, Sarragoce, autrefois *Salduba*;

Saguntus, ou *Saguntum*, Morviedro, c'eſt-à-dire, les vieux murs;

Edeta auſſi nommée *Leria*, nom qu'elle porte encore à une lettre près, Liria;

Belia Belchite;

Ebora Edetanorum: Ixar;

Leonica dont le peuple étoit nommé *Leonicenſes*: Oliete;

Segobriga: que quelques-uns croient être Segorbe.

La Riviere qui arroſoit leur Pays eſt *Pallentia* en Latin, Morviedro en Eſpagnol. Ce Nom ſe trouve écrit EDITANI dans Gruter[f]. Ptolomée[g] donne la Ville de Sarragoce aux *Edetani*, ou HEDETANI, ou (ce qui arrive ſouvent par le changement de l'aſpiration en un ſiflement, c'eſt-à-dire de l'H, en S.) aux SEDETANI.

EDETANIA, Pays d'Eſpagne anciennement habité par les Edetans.

[a] Theſaur.
[b] L. 16.
[c] In Plinii l. 3. Emend. 21.
[d] Ibid.
[e] Paral. 2. part. L. 4. p. 268.
[f] P. 481.
[g] L. 2. c. 6.

EDGE-HILL,[h] Montagne d'Angleterre en Warwickſhire à ſept ou huit milles au midi de Warwick proche du bourg Kyneton, Keynſton, ou Kineton.[i] Au pied de cette Montagne eſt la Vallée du Cheval Rouge où ſe donna en 1642. le 23. d'Octobre la premiere Bataille entre l'armée du Roi Charles I. & celle du Parlement; qui la perdit; la victoire étant demeurée au Roi. Ce lieu eſt nommé en Latin *Edgemous* & Mr. Baudrand y met un *Village* auſſi nommé EDGE-HILL.

EDI, Peuple de Scythie ſelon Etienne le Geographe.

EDIMBOURG, Capitale d'Ecoſſe, le ſiege de ſes Rois avant la mort d'Elizabeth Reine d'Angleterre, & avant l'Union des deux Roiaumes, celui de ſes Parlemens. La ſituation de cette ville eſt fort avantageuſe pour les commoditez de la vie, dans un pays fertile, & abondant en toutes choſes neceſſaires. Mais elle eſt mal ſituée pour le negoce & n'étant qu'à 40. milles des frontieres d'Angleterre, elle a beaucoup ſouffert dans les guerres entre l'Angleterre & l'Ecoſſe, ſurtout depuis l'invention des Canons. Elle eſt ſur une hauteur commandée par un Château que les anciens appelloient *Alata Caſtra*, & Ptolomée Ἐπτερωτὸν πτερωτοῦ, c'eſt-à-dire, le *Château ailé*. On lui a donné depuis le nom de *Maiden Caſtle*, c'eſt-à-dire, le *Château des Vierges*, parceque les Rois des Pictes y gardoient leurs filles. Cette ville s'étend en longueur depuis le Château juſqu'au Palais Roial environ une demie lieuë, en largeur un quart de lieuë pour le moins. Dans ſa longueur on voit une très-belle ruë, la façade des maiſons (dont quelques-unes ont 14 étages) étant bâtie de pierre de taille, & les toits couverts d'ardoiſe. Cette ruë & le Château ont une vuë agréable tout autour, particulierement du côté de Leith, qui eſt le port d'Edimbourg, & dans la Province voiſine de l'autre côté du Forth, dont les côtes ſont pleines de Villes & de Bourgs, & de belles maiſons de Campagne. A droite & à gauche de cette ruë, il y a quantité d'autres rues moins conſiderables, qui la coupent; dont les maiſons ſont auſſi bâties de pierres, & couvertes d'ardoiſe. Et l'on peut dire qu'Edimbourg, pour ſon étenduë, eſt une ville auſſi peuplée qu'il y ait en Europe, les maiſons y étant fort hautes, grandes, & contiguës, mais trop ſerrées, hormis dans la grande Rue. Le Château eſt ſitué au couchant de la ville, ſur un rocher inacceſſible, excepté du côté de la ville, où le rocher eſt auſſi fort haut, & l'entrée défenduë par une batterie ronde, avec des dehors bien fortifiez au pied de la batterie. Il y a dans le Château un Palais de pierre de taille, où l'on garde les marques de la Royauté, ſavoir, la Couronne & le Sceptre, &c. avec les Archives d'Ecoſſe. Il y a auſſi une chapelle, pour l'uſage de la garniſon. Ce Château eſt fourni d'eau par deux puits dans le rocher, & a de tous côtez une vuë agréable.

Le Palais à l'Orient de la Ville, appellé *Holyrood-houſe*, eſt un ſuperbe édifice, compoſé de 4. cours. Celle de dehors eſt auſſi grande que les trois autres. L'entrée du Palais eſt ornée de grands Pilliers de pierre de taille, avec un

[h] Etat. preſ. de la G. Bret. T. 1. p. 120.
[i] d'Orleans Revol. d'Angl. L. 9.

un dôme en haut qui est en forme de Couronne. La façade du Palais a quatre hautes tours. La cour de dedans est magnifique aiant tout autour des galleries couvertes de belle pierre de taille, d'où l'on entre en divers appartemens magnifiques. La grande gallerie a ceci de singulier, qu'on y voit les portraits de tous les Rois d'Ecosse, commençant par Fergus, le premier Roi de ce nom. Enfin le Palais est presque environné de très-beaux jardins. Au midi est le parc Royal, rempli d'un grand nombre de simples. Il y a une excellente source, d'où l'on fait venir l'eau au Palais par des Conduits. Le Duc d'Hamilton est le Concierge Hereditaire du Palais, qui a une Eglise où plusieurs Rois & Reines d'Ecosse sont enterrez. Cette Eglise appartenoit autrefois aux Augustins, qui y avoient un Monastere, fondé par le Roi David, lequel aiant été brûlé, il n'en est resté que l'Eglise. Outre le Château, & le Palais Royal, ce qu'il y a de plus remarquable est la maison du Parlement, qui a aussi ses beautez particulieres. D'abord on y trouve une grande cour quarrée, & bien pavée avec la Statue de Charles II. au milieu de la cour, qu'on appelle *the Parliament close*. A l'entrée de la maison on voit les armes d'Ecosse bien taillées soûtenues par les emblemes de la misericorde & de la verité avec cette inscription, *stant his felicia regna*. La chambre où s'assembloit le Parlement a un trône élevé pour le Souverain, ou pour son grand Commissaire, avec des bancs à châque côté pour la Noblesse, & d'autres bancs placez fort commodément au milieu de la chambre pour les Communes. D'un côté de cette maison est la chambre du Conseil de la Ville, & d'un autre côté la maison des Sessions, où se tiennent les Cours supremes de Justice. En haut sont les appartemens des Seigneurs du Conseil privé, & de l'Echiquier, ou de la Treforerie. Proche la chambre du Conseil est la Bourse Royale, aiant deux rangs de boutiques, & une autre moins considerable.

L'Université d'Edimbourg, communément appelée *the College*, est du côté du midi. C'est un bâtiment spacieux, fermé de hautes murailles, & divisé en trois Cours, dont la plus haute égale les deux autres. Ces Cours sont environnées de bâtimens fort propres, & sur la grande porte il y a une haute tour qui fait face à la ville. En un mot les Professeurs & les Etudians sont fort bien logez, & pour leur divertissement ils ont d'assez beaux jardins. Il y a un Principal du College, un Professeur en Theologie, quatre en Philosophie, un pour les Humanitez, un en Hebreu, & un autre en Mathematiques; en tout 8. Professeurs. Les Magistrats, & le Conseil de ville, font la fonction de Chancelier, & de Vice-Chancelier. Entre les personnes celebres qui ont fleuri dans cette Université, on compte Robert Rollock, Henry Charters, le Docteur Patrick Sande, Jean Adamson, Alexandre Henderson, Guillaume Covil, & le Dr. Guillaume Keith. L'Université a une belle Bibliotheque, fondée par Clement Little, en 1635; mais elle a été fort augmentée depuis par la faveur de plusieurs personnes de qualité, & autres, qui ont eu leur éducation

Tome II.

dans cette Université. Les Livres des bienfaiteurs qui ont enrichi cette Bibliotheque, sont distinguez des autres, aiant leur place à part, & les noms des bien-faiteurs écrits en lettres d'or au-dessus. On y voit en haut les portraits de plusieurs Princes, & de la plûpart des Reformateurs, avec le crane tout entier du fameux Buchanan Ecossois. Ce crane est si mince qu'on voit le jour au travers. On y voit aussi l'original de la Protestation des Bohemiens contre le Concile de Constance, pour avoir brûlé Jean Huss, & Jerôme de Prague en 1417. avec cent-cinq Sceaux des Princes de Boheme, de Moravie, & autres. Un Gentilhomme Ecossois l'acheta dans ses Voiages, & il fut mis ici en dépôt. Sous la Bibliotheque est l'*Imprimerie Royale* où l'on travaille principalement à imprimer des Bibles, qui surpassent en beauté celles d'Angleterre. Au bout de la Bibliotheque l'on trouve un escalier, par où l'on va à la sale, où se font les exercices pour prendre les degrez, & les festins de cette solemnité. La sale est garnie de plusieurs Globes, Cartes Géographiques, Livres curieux, & autres raretez: entre lesquelles, il y a une corne, de plusieurs pouces en longueur, qui fut coupée de la tête d'une femme âgée de 50. ans, le 4. Mai 1671: & la femme vécut encore douze ans après cette operation. Il y a une très-belle Bibliotheque, de Livres, & de Manuscrits, qui appartient au College de Justice, c'est-à-dire, aux Jurisconsultes. On l'appelle la Bibliotheque des Avocats. Près de la porte qu'on appelle *Nether-Bow* est le lieu où l'on fabrique la monnoye. C'est une maison fort commode pour les monnoyeurs, & qui a une grande Cour. Il y a dans cette Ville un College de Medecins, avec un très-beau *Museum*, qu'on appelle *Museum Balfourianum* du nom de son fondateur le Chevalier André Balfour, Docteur en Medecine. C'est un vaste recueil des curiositez de la nature, & de l'art, tant d'Ecosse que des pays étrangers. Il y a aussi plusieurs Livres, & Manuscrits curieux. Du côté du Nord il y a un très-beau jardin de simples contenant des milliers de plantes sous les soins d'un habile Botaniste. Près de l'Eglise Collegiale est l'Hôpital de St. Thomas, où plusieurs pauvres citoyens & citoyennes d'Edimbourg sont entretenus honnêtement. Il y a un Chapelain pour leur dévotion publique. Outre cet Hôpital, on trouve au midi de la Ville l'Hôpital de Herriot, qui fut bâti par George Herriot, Orfevre de Jacques VI, pour l'entretien, & pour l'éducation de 40. Ecoliers: entre lesquels on envoye à l'Université ceux qui ont du genie, & de l'inclination pour les Sciences, & les autres sont mis en apprentissage. Cet Hôpital est fort commode, & a de très-beaux jardins. Vis à vis l'Eglise Collegiale, près de l'Hôpital de St. Thomas, est la *maison de correction*, que l'on appelle *Paul's-work* : où l'on renferme les gens de mauvaise vie, qu'on fait travailler aux manufactures de laine, de toile, & de soye. On compte à Edimbourg 12. Eglises y comprenant la Chapelle du Château, & 23. Ministres. La Cathedrale, appellée St. Gilles, est si vaste qu'on y fait le service en trois endroits

Dd 2   droits

droits differens, qui font tous autant de Paroiffes diftinctes. C'eft un bâtiment d'une très-bonne & ancienne Architecture, dont le haut a la reffemblance d'une Couronne Imperiale. Son Clocher eft d'une grande hauteur. Enfin cette ville eft environnée d'une ancienne muraille, hormis du côté du Nord, où elle eft bornée par un Lac : il y a fix portes, deux à l'Orient, deux au Midi, une au Nord, l'autre à l'Occident. La ville eft gouvernée par un Prevôt qui porte le titre de Lord, quatre Baillifs, & un Confeil de 25. perfonnes. L'office du Lord Prevôt eft à peu près la même chofe que celui du Lord Maire de Londres; & les Baillifs font non feulement les fonctions d'Echevins, mais auffi celles de Sheriffs. Le Prevôt doit être Marchand, & ne doit continuer qu'un ou deux ans tout au plus dans cette charge. Pour être élu Prevôt, il faut qu'il ait été un ou deux ans Membre du Confeil; en vertu de fa charge, il eft du Confeil privé. Pour choifir les Baillifs, on propofe 12. perfonnes, & les quatre qui ont la pluralité des voix font dûment élus. Il y a dans cette ville 14. Corps de métiers, & l'on appelle *Deacon*, ou Doyen, le chef de chaque Corps.

Les Magiftrats font choifis toutes les années, le Mardi après la St. Michel par 38. perfonnes, 20. defquelles doivent être Marchands, & 18. Artifans ou gens de métier. Ces Magiftrats, avec le Confeil de Ville, en ont le gouvernement, excepté dans certains cas. Les Loix municipales ne fe font pas par les Corps de métier, que du confentement des Magiftrats & du Confeil de Ville. Les milices d'Edimbourg font 16. Compagnies fans y comprendre la Compagnie en pié des gardes de la ville. Edimbourg eft de 5. degrez plus Occidental que l'Obfervatoire de Paris & fa latitude eft de 56. d. 15. minutes.

Le Golphe d'EDIMBOURG, partie de la Mer d'Ecoffe dans fa côte Orientale. Ceux du pays l'appellent *the Firth of Forth*, & *Edemborow-Firth* : ce Golphe eft ainfi nommé à caufe de la Ville d'Edimbourg qui en eft proche & auffi de la Riviere de Forth qui s'y jette du côté du Couchant & il s'étend de l'Orient à l'Occident l'efpace d'environ quarante-cinq mille pas entre la Province de Fife au Septentrion & celle de Lothian au Midi. Il y a plufieurs petites Rivieres qui s'y jettent, entre autres celles de Levin, d'Eck, & de Leith.

EDISSÆ, ancien nom d'un port de Mer. Voiez ODYSSEA.

EDITANI. Voiez EDETANI.

EDOIA, Ville de l'Arabie heureufe dans l'Ifle Panchæa, felon Diodore de Sicile [a].

[a] L. 5.

EDOM, LE PAYS D'EDOM, l'Ecriture donne fouvent ce nom à l'*Idumée* qui tire fon nom d'Efaü furnommé *Edom*, c'eft-à-dire *Roux*, ou Rouge, à caufe de la couleur de fon poil ou de fon teint. Voiez IDUMÉE.

EDOMIA, EDUMIA, ou EDUMA Village de la Paleftine, à douze milles de Sichem vers l'Orient felon Eufebe de Cefarée [b] & St. Jerôme. Il étoit dans la Tribu de Benjamin : le premier dit que de fon temps c'étoit un Village de l'Acrabatene. Le P. Bonfrerius dans fes favantes Notes fur ces deux ouvrages obfer-

[b] Onomaft. urb. & loc. S. S.

ve que l'Ecriture ni de la Vulgate, ni de la Verfion des Septante ne place dans la Tribu de Benjamin aucune Ville de ce nom, ni même d'aucun nom qui en approche.

EDON. Virgile [c] donne le furnom d'*Edonus* au vent Borée, fur quoi Servius remarque qu'Edon étoit quelque Montagne de Thrace. Ortelius y ajoute ou quelque Riviere; mais ce n'eft pas le fentiment d'Ortelius qui croit qu'Edon eft le nom d'une Nation. Le P. de la Rue fur le même paffage explique, *Edonus*, *Edonien*, par Thracien; & il cite à ce fujet Etienne le Géographe & Strabon l. 10. felon qui *Edoni* étoit un peuple de Thrace dont on ne fait pas la demeure fixe : le même Strabon appelle du furnom d'*Edonus*, Edonien, Lycurgue Roi de Thrace, & Stace dit *les Hyvers Edoniens* pour dire un hyver de Thrace, c'eft-à-dire un rude hyver, car la Thrace a été regardée par les Grecs comme le fiege de l'hyver & de la bife ; en effet le vent de Nord par raport aux Grecs venoit de Thrace. Plutarque le Géographe dit : le [d] Strymon eft un fleuve de Thrace proche de la Ville Edonide, Κατὰ Πόλιν Ηδωνίδα. Sur quoi Mauffac habile Critique fait cette remarque : mais quelle eft cette *Ville d'Edon* ? Je n'en connois point d'autre, pourfuit-il, qu'*Antandros* qu'Etienne le Géographe dit , fur l'autorité d'Ariftote, avoir été nommée *Edonide* & avoir été la demeure des Cimmeriens. Mauffac n'a garde de dire que ce foit la même. Car, felon le même Etienne, Antandros étoit au pied du Mont Ida, tout joignant la Myfie & l'Eolide, au lieu que la Ville de laquelle parle Plutarque étoit à l'autre bout de l'Archipel, dans la Thrace, auprès du fleuve Strymon. La conjecture qu'il donne enfuite eft plus jufte. La Terre d'Edon, dit-il, c'eft la Thrace & peut-être que Plutarque a voulu dire γαῖαν pour Πόλιν, *la Terre d'Edon* pour *la Ville d'Edon*. Rien n'empêche que Plutarque n'ait dit Πόλιν Ηδωνίδα pour fignifier *une Ville de Thrace* de laquelle il ne donne point le nom propre.

[c] L. 12. v. 365.

[d] De fluviis p. 22.

1. EDONES, EDONI ou EDONII ancien peuple de Thrace, ainfi nommé à caufe d'Edonus frere de Mygdon felon Etienne le Géographe [e]. Ce peuple habitoit le long du Strymon comme il paroît par un paffage d'Apollodore [f] où il eft parlé de Druas Roi des Edoniens qui habitoient autour du fleuve Strymon. Herodote [g] dit que Xerxès trouva des ponts tous faits fur le Strymon auprès des neuf chemins des Edoniens. Theocrite meilleur Poëte qu'habile Géographe place affez mal les Edoniens vers l'Hebre. Lycophron [h] les place beaucoup mieux ; mais fon Scholiafte ne fait ce qu'il dit quand il diftingue les *Edoni* des *Edones*, il met les derniers au bord de la Mer & les premiers plus avant dans les terres. Ils étoient braves, & on en verra des marques au mot AMPHIPOLIS ; mais ils étoient grands yvrognes. Horace parlant d'une rejouïffance qu'il vouloit faire au retour d'un de fes amis dit qu'il ne témoigneroit pas ce jour-là moins de fureur que les Edoniens dans leurs debauches.

[e] In voce ΗΔΩΝΟΙ

[f] l. 3.

[g] l. 7.

[h] In Caffandra.

[i] *Non ego fanius*
Bacchabor Edonis: recepto
Dulce mihi furere eft amico.

[i] L. 2. Od. 7. v. 27.

C'eft

EDO. EDR.

C'est le sens que Mr. Dacier donne à ce passage. Acron l'explique par les Bacchantes Edoniennes ou de Thrace. Suidas nomme *Edonienne* une sorte de Robe qu'il ne décrit point. Les Latins ont diversement nommé ce Peuple EDONES, HÆDONES, OEDONES, ODONES, UDONES, EDONI & EDONII.

2. EDONES, [a] ancien peuple d'entre les Scythes. Il ne faut pas le confondre avec celui de Thrace duquel il est parlé dans l'Article precedent. Ceux-ci étoient au fond de l'Asie.

[a] *Plin.* L.6.c.17.

1. EDONIS, contrée de la Thrace ou de la Macedoine; car elle étoit sur les frontieres de ces deux pays, & les Macedoniens s'en rendirent maîtres. Ptolomée [b] qui la met entierement dans la table ou chapitre dans lequel il traite de la Macedoine, y place au bord de la Mer *Neapolis* que ses interprétes expliquent par *Christopoli*, & *Oesima*; plus vers les terres *Scotusa, Berga, Gasorus, Amphipolis* & *Philippi*. Il donne deux noms à cette contrée, à sçavoir Edonis & *Odomantice*. Solin [c] traitant de la Macedoine dit que ce qu'on appelloit autrefois les Edoniens, la terre de Mydon, & l'Emathie, tout cela étoit réuni de son temps sous le nom uniforme de Macedoine; & que ces diferentes parties après avoir été gouvernées séparément ne faisoient plus qu'un seul corps depuis qu'elles avoient été annexées au nom des Macedoniens. Mais après avoir mis les Edoniens dans la Macedoine, il ne devoit pas dire qu'elle étoit séparée de la Thrace par le fleuve Strymon, car la plus grande partie de l'Edonide étoit au delà, c'est-à-dire, à l'Orient de ce fleuve.

[b] L.3.c.13.
[c] C. 8.

2. EDONIS. Voiez ANTANDROS.

EDONUS, Montagne de Thrace selon Pline [d]. C'étoit une partie du Mont Hemus la plus proche de l'Edonide.

[d] L.4.c.11.

EDOSA, Ville de l'Ethiopie sous l'Egypte & à l'Occident du Nil selon Pline [*].

[*] L.6.c.29.

EDRA, [e] Village de la Palestine près du Mont-Thabor. Metaphraste en fait mention dans la Vie de St. Varus.

[e] Ortel. Thesaur.

1. EDRAI, selon la Vulgate & St. Jerôme, [f] Εδραί selon Eusebe [f], Ville de la Palestine dans la Tribu de Nephtali. L'Hebreu porte EDREÏ ou EDREHI. Le Livre de Josué [g] en fait mention.

[f] Onomast. in voce *Edraï*.
[g] C. 19. v. 37.

2. EDRAI, ou ESDRAÏ, Ville de la Palestine dans la Galaaditide. St. Jerôme & Eusebe la nomment ESDRAEI. Ce fut auprès de cette Ville qu'Og Roi de Basan fut défait avec son armée [h]. St. Jerôme dit après Eusebe que c'étoit la même qu'ADARA Ville fameuse de l'Arabie à vingt-quatre milles de Bostra, mais par la negligence des Copistes on lit dans son livre *ab ostrâ* pour *a Bostrâ*, ou *Bosrâ*. Cette faute a été remarquée par le P. Bonfrerius & par Mr. le Clerc. Cette ville est placée par le premier de ces deux modernes vers les confins Meridionaux du Roiaume d'Og & de la demie Tribu de Manassé. C'est ce que semblent demander les passages citez du livre des Nombres & du Deuteronome quoique dans le même Chapitre [i] elle est mise sur les mêmes limites que Selcha dont la position est fixée par le premier Livre des Paralipomenes [k].

[h] Num. 21.v.33. Deuter. c.3.v.1.
[i] V. 10.
[k] C.5.v. 11,12;16.

EDR. EDU.

3. EDRAI, Ville de la Palestine dans la Tribu de Juda selon Eusebe. Elle est nommée EDER, ou HEDER dans le Texte Hebreu [l], & EDER dans la Vulgate.

[l] Josué c. 15.v.21.

§. Sanson dans son Indice Géographique fournit trois villes de ce nom auxquelles il donne des longitudes & des latitudes diferentes. Outre Edrai de la seconde demie Tribu de Manassé, où il met la residence & la Capitale d'Og Roi de Basan, il en met une seconde de même nom dans cette demie Tribu. La troisieme qu'il nomme aussi *Edrai* est celle de la Tribu de Nephtali, & il cite le Chapitre XIV. de Josué verset 37. quoique ce Chapitre n'en ait que 15. il devoit dire c. XIX. v. 37. où la Vulgate lit *& Cedes & Edrai, Enhasor*. Il croit qu'*Enhasor* n'est qu'une annexe du nom d'*Edrai* pour distinguer cette ville de l'autre de même nom laquelle étoit au delà du Jourdain, & il ne fait qu'une ville nommée *Edrai-Enhasor*, afin, dit-il, de pouvoir trouver le compte de 19. parmi les villes de la Tribu de Nephtali. Mr. le Clerc l'en reprend avec justice parce que ces deux noms sont separez dans l'Hebreu par la particule équivalente à la disjonctive *&*; mais il reproche de plus à ce Géographe de s'être écarté de la Vulgate, où Mr. le Clerc dit que ces noms sont distinguez comme dans l'Hebreu. Mais la Vulgate, où d'ailleurs les *&* ne sont pas épargnez, n'en met point entre ces deux noms, & la particule qui suit *Edrai* dans l'Hebreu, le precede dans la Vulgate: ceci soit dit sans vouloir confirmer le sentiment du Géographe François. D. Calmet dans son Dictionnaire de la Bible ne fait mention que de deux villes nommées *Edrai*, à savoir, celles qui occupent le 1. & le 2. articles.

EDREMIT, Ville de la petite Phrygie dans l'Asie mineure. Elle est située sur le Mont Ida. C'est celle qu'on appelloit anciennement *Atramitum* & que Pline nomme *Pedatus*. Le Noir qui lui donne le nom de *Landrimiti*, la place dans la grande Mysie.

§. Cet article que Mr. Corneille a tiré de Davity n'est guéres exact. Pline [m] nomme *Adramytteos* & dit qu'elle s'appelloit auparavant *Pedasus*. Niger dit l'ancien nom *Adramyttium* étant corrompu on la nommoit de son temps LANDREMITI. Cette ville n'a jamais été sur le Mont Ida, quoi qu'elle ne fût pas éloignée d'une des branches de cette Montagne. Voiez ADRAMYTTE.

[m] L.5.c.30.

EDRON, ancien port de Mer dans l'Etat de Venise. Pline dit que ce Port étoit formé par les deux Rivieres *Medoacus* qui sont aujourd'hui la Brenta & la Brentella. Ce port est aujourd'hui CHIOZZA selon Leandre [n], PORTO SABLONE selon Niger [o] & CHIOZA suivant le R. P. Hardouin [p].

[n] P.474. Plinii.
[o] P. 117.
[p] In l.c.

EDROS, HEDRUS Isle deserte sur la côte Orientale de l'Irlande selon Ptolomée [q] qui la fait de dix minutes plus Meridionale que l'Isle de Man. Pline [r] la nomme ANDROS qui ne s'écarte pas beaucoup d'Ἄδρος que Villanovanus dit avoir trouvé dans un exemplaire manuscrit de Ptolomée. Camden [s] croit que c'est l'ANDIUM d'Antonin; que les Bretons l'ont nommée ENHLI, & que les Anglois l'appellent BERDSEY.

[q] L. 2.c.2.
[r] L.4. c.16.
[s] Britann.

§. EDUCENSE CONCILIUM, Gratien [t] cite

[t] Decret. 2. Causa 19. Quæst. 3.

cite un Concile qu'il dit avoir été tenu fous Gregoire VII. Ortelius fe contente d'indiquer ce paffage fans nommer le lieu où il s'eft tenu, ni marquer dans quel pays il le faut chercher. La Collection des Conciles ne fournit aucun nom femblable. Je crois que c'eft une faute & qu'il faut lire EDUENSE, car je trouve dans plufieurs Notices Ecclefiaftiques que le premier Evêque Sufragant de Lyon y eft nommé *Eduenfis*, c'eft-à-dire, d'*Autun*, qui eft en effet le 1. Siege fuffragant de Lyon. Alors la dificulté difparoît; car fous Gregoire VII. un Concile fut celebré à Autun en 1077. & ce Concile fe trouve dans la Collection du P. Labbe qui même cite ce paffage de Gratien.

EDUENS, ancien peuple de la Gaule. Voiez ÆDUI.

EDUENSIS, *Epifcopus*, l'Evêque d'Autun.

EDULÆ, c'eft ainfi qu'on lifoit dans les anciennes Editions de Pline [a] qui loue les huitres que l'on y pêchoit. Ortelius avoit déja foupçonné, qu'il faloit lire *Medulæ* en cet endroit, fe fondant fur l'autorité d'Aufone. Le R. P. Hardouin a adopté cette correction & lit *Medulis* au lieu d'*Edulis*. *Meduli*, eft le pays de *Medoc* à l'embouchure de la Garonne près de Bourdeaux & ces huitres que l'on apelle à prefent *huitres de Soulac* ont confervé la reputation de bonté qu'elles ont depuis tant de fiecles. Soulac où l'on les pêche eft un village du pays de Medoc.

[a] L. 32. c. 6.

EDULIUS, Montagne de l'Efpagne Tarragonoife felon Ptolomée [b]. Girava [c] la nomme MONCAYO en Arragon. Quelques Géographes [d] croient que c'eft MONTSERRAT dans la Principauté de Catalogne proche de la Riviere de Lobregat. Voiez MEDULLIUS.

[b] L. 2. c. 6.
[c] L. 2.
[d] Baudrand Edit. 1682.

EDUMÆI, peuple ancien de l'Arabie felon Etienne le Géographe. Il eft vrai-femblable que ce font les IDUMÉENS.

[e] L. 6. c. 7.

EDURES, Orofe [e] dit qu'il y avoit un peuple Gaulois de ce nom dans l'armée d'Ariovifte. Ortelius [f] croit que c'eft une faute de Copifte & qu'Orofe a voulu parler des Seduſiens de Cefar.

[f] Thefaur.

EDUS, petite Riviere de la Ligurie fur les frontieres de l'Etat de Genes c'eft aujourd'hui la SADODELA qui tombe dans la Pozzevera. Mr. Baudrand [g] met leur confluent à Ponte decimo. Toutes les Cartes le mettent beaucoup plus bas. Cette Riviere y eft nommée *Sadola* par le retranchement de la troifieme Syllabe.

[g] Ed. 1682.

EDYLIOS, Ἠδύλιος. Mr. Dacier dans fa traduction des Vies de Plutarque [h], dit *Edylium*. Montagne de Grece dans la Beotie. Le fleuve Affus fe feparoit de la Montagne ou étoit anciennement la Citadelle des Parapotamiens & fe jettoit dans le Cephife tout auprès. Velius cité par le P. Lubin la met dans la Phocide fur les frontieres de la Beotie. Mais Pline [i] qui nomme cette Montagne HADYLIUS l'attribue à la Béotie: dans les anciennes Editions il y avoit *Adylifis*, ou *Adylifis*. Suidas met auffi Ἡδύλιον dans la Béotie.

[h] In Sylla.
[i] L. 4. c. 7.

EDYMA, Ville de la Carie felon Etienne le Géographe.

EDYSSA, c'eft la même qu'EDESSE.

EEN. EER. EET. EFF.

EE.

1. EENHAME, ENAME, ou EINHAM. [k] C'étoit autrefois une petite Ville Capitale du Pays de Brachbant; ce n'eft plus qu'un Village dans la Flandre fur l'Efcaut à une lieue au-deffus d'Oudenarde: il y a dans ce Village une Abbaye de l'Ordre de St. Benoît.

[k] Baudrand Ed. 1682. & 1705.

2. EENHAME, [l] Abbaye de Flandre fur le rivage Oriental de l'Efcaut au village de même nom. Meyer dans fes Annales de Flandres dit qu'elle fut bâtie l'an 1063. par Baudouin le pieux, Comte de Flandres, qu'il lui affigna le Château d'Einham avec la même liberté qu'il l'avoit reçu lui-même d'Herman Comte de Mons; les Comtes de Flandres demeurant toutefois patrons de ce lieu. Le premier Abbé fut Walter que l'on fit venir du Monaftere de Saint Vaft. Le Chronographe de Cambrai qui ne va que jufqu'à l'an 1030. donne une plus grande anciennetée à cette Abbaye. Il y a, dit-il, fur l'Efcaut un lieu nommé IHAM où dans ces derniers temps le Comte Godefroi & fa femme Mathilde ayant fortifié un Château établirent une navigation, un marché, & une Douane. Au-deffous du Château ils fonderent un Monaftere en l'honneur de Sainte Marie, & y établirent des Chanoines. Outre cela Herman leur fils éleva deux Monafteres, l'un dedié à St. Laurent, l'autre à St. Sauveur. Ce lieu nouvellement établi eft bien fourni de tout & floriffant; mais l'abondance y feroit encore plus grande s'il n'étoit pas fouvent infefté par les courfes des ennemis de Dieu. Il y a près de fept cens ans que cet Auteur en parloit ainfi. ENAME eft l'Orthographe preferée par l'Auteur du Dictionnaire des Pays-bas & par Mr. de l'Ifle.

[l] Auberti Miræi Origin. Cœnob. Belg. p.115.

EENSIS AGER, c'eft ainfi que le nom d'un territoire d'Afrique dans la Tripolitaine fe trouve écrit dans quelques Editions d'Ammien Marcellin [m]; mais Ortelius lit OEENSIS.

[m] L. 28.

EEREA. Voiez HEREA 1. Ville de l'Arcadie.

EERIA, c'eft ainfi que quelques-uns au raport d'Etienne le Geographe écrivoient le nom d'un Promontoire vis-à-vis de Chalcedoine & il les en reprend. Voiez HERÆA qui en eft le veritable nom.

EERSEL, [n] Bourg de Hollande dans la Campine Brabançonne. Il étoit anciennement fort fpacieux & contenoit un grand nombre de maifons. Il y avoit neuf villages fous fa jurifdiction; mais aujourd'hui il n'y en a plus que deux qui font Steenfel & Duyfel & ce bourg eft devenu fort petit.

[n] Corn. Dict.

EETIONIA, Etienne le Geographe dit que l'on appelloit ainfi le fecond Promontoire du Pirée.

EETIONIS URBS, ou LA VILLE D'EETION furnom de la Ville de Thebes.

EF.

EFFERDING [o], petite Ville d'Allemagne dans la haute Autriche à une lieue du Danube & à trois de Lintz du côté du Couchant. Elle eft défendue par un Château dans la ville,

[o] Baudrand Ed. 1705.

&

EFF. EGA. EGE.

& par un autre appellé Schaumbourg qui eft hors de la Ville.

EFFLUI, ancien peuple de la Germanie Septentrionale felon Tacite expliqué par Willichius qui y lifoit aparemment *Efflui*, dans l'endroit de la Germanie [a] de cet ancien où nous lifons *Æftyi*; nom qu'il explique par les Livoniens.

[a] C.45.

E G.

EGA, [b] Riviere d'Efpagne. Elle a fa fource dans la Province d'Alaba d'où elle paffe en Navarre par Eftella qu'elle arrofe, puis elle fe rend dans l'Ebre un peu au-deffous de Calahorra.

[b] Baudrand Ed.1705.

EGABRA, ÆGABRA, AGABRA [c], EGABRO, & EGABRUM ancienne Ville d'Efpagne dans la Betique. Elle a été Epifcopale fous l'Archevêché de Seville du temps des Goths. C'eft à prefent le Bourg de CABRA, en Andaloufie dans le Diocefe de Jaën [d] fur la Rive Occidentale du Salado, petite Riviere qui tombe dans le Xenil. C'eft aparemment la même Eglife dont Gratien fait mention. [e] Ortelius femble croire qu'il faut raporter à cette Ville le Concile tenu à EGARA l'an 614. mais il fe trompe. Voiez l'article fuivant.

[c] Le même Ed. 1682.

[d] Atlas.

[e] Decret. 1. caufa 16.

EGARA, Ville de l'Efpagne Tarragonoife dans le Territoire des Laletans. Elle fut Epifcopale du temps des Gots fous l'Archevêché de Tarragone; & c'eft là que fe tint le Concile de 614. nommé *Egarenfe Concilium*. Ce n'eft plus qu'une bourgade nommée TERRASSA dans la Catalogne, vers les Montagnes à fix lieues de Barcelone vers le Nord & à trois de la Riviere de Lobregat vers l'Orient: fon Evêché a été uni à celui de Barcelone. Mr. Balufe en a parlé amplement dans une Differtation adreffée au P. Labbe.

EGATES, Ifles de la Mer d'Afrique. Voiez ÆGUSÆ.

EGEE. Voiez ÆGÆUM-MARE.

EGELASTE, [f] Ville de l'Efpagne Tarragonoife felon Strabon. Clufius & Gomez au raport de Mr. Baudrand difent que c'eft à prefent YNIESTA Village de la nouvelle Caftille entre Cuença & Moya; d'autres croient que c'eft la même que l'ETELESTA de Ptolomée. §. Strabon dit EGELASTÆ [g] au pluriel. Pline nomme EGELASTA [h] au fingulier & ailleurs [i] il fait mention d'un peuple EGELESTANI. Surquoi le R. P. Hardouin remarque que c'eft UNIESTA proche de Cuença dans la nouvelle Caftille. Il remarque de plus qu'on lit dans Ptolomée ETELESTA pour EGELESTA, & que ce ne peut être *Medina Celi* comme quelques-uns l'ont cru parce que cette ville eft dans la Celtiberie.

[f] Baudrand Ed. 1682.

[g] L. 3. p. 160.
[h] L. 31. c. 6.
[i] L. 3. c. 3.

EGELIDUS, ancien nom Latin du FREDDO ou FREDDANO Riviere de Tofcane.

1. EGER, Ville de la haute Hongrie. Voiez AGRIA 2.

2. EGER, Riviere de Boheme. Voiez EGRE 1.

3. EGER, Ville de Boheme. Voiez Egre 2.

EGERIÆ LUCUS, c'eft-à-dire, *le bois de la Nymphe Egerie*, Servius [k] dit qu'il étoit auprès d'Aricia. Ortelius croit au contraire

[k] In 7. Æneid.

EGE. EGG. EGI. EGL. 215

qu'il étoit plus près de Rome hors de la porte Capene. Il eft même perfuadé qu'il n'eft pas diferent du *Bois de Mufes* au milieu duquel il y avoit *la Fontaine d'Egerie*, felon le témoignage de Tite-Live [l] & d'Ovide [m].

[l] L. 1.
[m] Metam. l. 15.

EGESTA. Voiez SEGESTA.

EGEZIRE, ou GEZIRE [n], Ifle que les Portugais appellent GRACIOSA. Elle eft en A- frique au Royaume de Fez au milieu de la Liffe à trois lieues de l'Océan en tirant vers le détroit de Gibraltar & à trente de Fez. On y voit les ruines d'une ancienne ville bâtie par les Africains. Quand les Portugais commencerent à s'établir en Afrique il n'y avoit dans cette Ifle que des pêcheurs & de pauvres gens, mais le Roi de Portugal trouvant à propos de la fortifier à caufe qu'elle pouvoit être aifément fecourue par Mer, y envoya une grande armée Navale qui remonta jufques là par le fleuve & commença à y bâtir une forterefle en 1477. Sur ces entrefaites le Roi de Fez voulut s'y oppofer, mais il s'arrêta à demie lieue pour ne point s'expofer à l'Artillerie des Portugais qui pourtant fe defifterent peu après de leur deffein; de forte que la forterefle fut abandonnée fans être habitée depuis non plus que la ville.

[n] Marmol. T. 2. l. 4. c. 49.

EGGYNA, ancienne Ville de Sicile. Ciceron [o] en parle.

[o] 3. In Verrem c. 43.

EGIDE. Voiez ÆGIDA.

EGIDORA, Riviere de Danemarck; on la nomme l'EYDER.

EGILIE. Voiez ÆGILIUM & GIGLIO.

EGINE. Voiez ÆGINE.

EGIRCIUS, nom Latin du *Gers* Riviere de France qui fe perd dans la Garonne.

EGISTENIA. Voiez ÆGOSTHENA.

EGIUM. Voiez ÆGIUM.

EGLI, [p] (l') en Latin *Theli* ou *Eglis* Riviere de France au Comté de Rouffillon. Elle a fa fource des Monts Antipyrenées en Languedoc, au pays de Fenouilledes, où elle arrofe Caudiez & St. Paul; de là paffant en Rouffillon par Eftagel & Rivefaltes, elle fe rend dans la Mer Mediterranée entre Perpignan & l'étang de Salces.

[p] Baudrand Ed. 1705.

EGLIS, ou EGLISE [q], Ifle de l'Ocean l'une des Orcades au Nord de l'Ecofle, & au couchant de l'Ifle de Siapins (*Shapinsha*). Elle eft très-fertile, longue feulement de deux milles & large d'un mille & demi.

[q] Audifret. Geog. T. 11

EGLISE, ce mot fe prend en bien des fignifications diferentes, qu'il eft utile de remarquer, car les Geographes font obligez de s'en fervir fouvent tantôt dans un fens tantôt dans un autre.

EGLISE. Ce mot qui fignifie une affemblée fe prend pour une affemblée de Chrétiens, qui font unis par une même doctrine. Quelquefois il fe prend pour tout un Diocefe foumis à un Archevêque, ou à un Evêque, l'Eglife de Paris, l'Eglife de Lion, l'Eglife de Beauvais, l'Eglife de Montpelier. Souvent il fe prend pour les Chrétiens qui fe fervent dans le culte divin d'une même langue, comme l'Eglife Grecque, l'Eglife Latine. Quelquefois on s'en fert pour marquer les Chrétiens qui ont une Doctrine particuliere, ou des principes & des ufages diferents fur la Difcipline, comme l'Eglife Anglicane, l'Eglife Gallicane.

EGLI-

EGL.

EGLISE, ce mot s'emploie d'ordinaire pour un Edifice public où les Chrétiens s'assemblent pour la celebration du Culte divin. On apelle *Eglise Primatiale*, celle qui est sous la direction d'un Primat; *Metropolitaine*, celle qui est gouvernée par un Archevêque; *Cathedrale*, celle où est le siége d'un Evêque; *Collegiale*, celle où il y a un chapitre de Chanoines; *Paroissiale*, celle qui est desservie par un Curé qui a charge d'ames & qui est obligé de celebrer le service, d'administrer les sacremens; *Succursale* celle qui sert d'aide à une Paroissiale trop étendue; *Chapelle* celle qui n'est que pour des devotions particulieres. On apelle quelquefois *Grande Eglise* la principale Eglise du lieu. Les Protestans, qui preferoient autrefois le mot *Temple* pour designer le lieu de leurs assemblées religieuses, se servent presentement du mot Eglise en ce sens-là.

L'EGLISE ou l'ETAT DE L'EGLISE [a], pays de l'Italie que le Pape possede en Souveraineté. Cet Etat est borné par celui des Venitiens & par le Golphe de Venise au Nord, par le Royaume de Naples au Levant, par la Mer de Toscane au Midi & il a la Toscane & les Duchez de Modene, de la Mirandole & de Mantoue au Couchant. Son Etendue du Sud-Est au Nord-Ouest depuis Terracine jusqu'aux Confins du Polesin de Rovigo peut être environ de quatre vingt-dix lieues & sa plus grande largeur depuis Ancone jusqu'à Civita Vecchia n'excede pas quarante-quatre lieues. L'air y est grossier par tout & mal sain en plusieurs endroits à cause des Marais & des Terres Marécageuses, ce qui diminue le nombre des habitans; cependant le terroir y est fertile en bled, en vin, en huile, en fruits, & en Pâturages. Rome est la Capitale & le siege du Pape.

[a] Baudrand Ed. 1705.

On divise l'Etat de l'Eglise en douze petites Provinces qui sont:

La Campagne de Rome,	Le Duché de Spolete,
La Sabine,	Celui d'Urbin,
Le Patrimoine de St. Pierre,	La Marche d'Ancone,
Le Duché de Castro,	La Romagne,
L'Orvietan,	Le Boulonnois,
Le Perugin,	Et le Ferrarois.

Outre cet Etat le Pape possede encore en Souveraineté le Duché de Benevent dans le Roiaume de Naples. Avignon, & le Comtat Venaissin dans la Provence en France & a encore en Italie un grand nombre de fiefs qui relevent de lui. Les Principaux sont le Royaume de Naples & les Etats de Parme & de Plaisance. Cet Etat de l'Eglise a été formé des donations de Pepin, de Charlemagne, de Louïs le debonnaire, de Charles le chauve & de leurs successeurs les Rois de France Empereurs d'Occident qui ont accordé aux Papes presque tous les Etats dont l'Eglise jouït à present, comme on peut le voir dans les Auteurs qui ont traité de cette matiere. Les Principales Villes de l'Etat de l'Eglise sont:

Ancone.	Ascoli.
Boulogne.	Orvieta.
Camerino.	Perouse.
Citta di Castello.	Pesaro.
Faienza.	Ravenne.
Fermo.	Rieti.
Ferrare.	Rimini.
Foligno.	Rome Capitale.
Forni.	Senigaglia.
Imola.	Spolete.
Macerata.	Urbin.

CINQ EGLISES, en Latin *Quinque Ecclesiæ*. Petite Ville du Roiaume de Hongrie dans le Comté de Baran dans la basse Hongrie sur le torrent de Keoritz, qui tombe dans la Drave. Cette ville a un Evêché suffragant de l'Archevêché de Strigonie, & un ancien Château où mourut Soliman Empereur des Turcs en 1566. le 4. ide Septembre. Elle avoit été prise par les Turcs en 1543. & leur avoit toujours été sujette depuis ce temps-là jusques en 1686. qu'elle a été reprise par les Imperiaux auxquels elle est demeurée. Elle n'est éloignée que de six milles d'Allemagne du Danube vers le Couchant & à vingt-deux de Bude vers le Midi. On la nomme aussi PECZ, & les Allemans la nomment FUNFKIRCHEN qui n'est qu'une traduction du nom de cinq Eglises. Mr. la Forêt de Bourgon [b] dit *Cinq-Eglises*, ORTEGIAZAC & *Funfkirchen*, comme trois noms d'une même ville. Il ajoute que l'Evêché en fut érigé en 1009. par le Roi St. Etienne & qu'on l'apelle cinq Eglises à cause qu'elle en renfermoit autrefois cinq fort magnifiques. Un Auteur qui a écrit l'Histoire des troubles de Hongrie [c] dit que cette ville autrefois PEUCIA fut bâtie par les Peuciens peuple de l'ancienne Sarmatie; & qu'elle a été la patrie de l'Empereur Probus. Cela n'est rien moins qu'exact; *Peucia* est une ville inconnue à Ortelius, à Cellarius & aux autres habiles Géographes; & [d] l'Empereur Probus étoit de Sirmich dans la Pannonie.

[b] Geog. Hist. T. 1. p. 405.
[c] T. 3.
[d] Tillemont Vies des Empereurs T. 13. p. 560.

TROIS EGLISES, Monastere d'Armenie à six heures de chemin d'Yagovat. Les Armeniens appellent ce Bourg ITCHMIADZIN, c'est-à-dire, *la descente du Fils unique*, parce qu'ils croient que le Seigneur apparut à Saint Gregoire en ce lieu-là. *Vich* qui signifie *trois*, joint à *Klissé*, mot corrompu d'*Ecclesia*, signifie trois Eglises, & c'est le nom que les Turcs y ont donné, mais ils devoient plûtôt avoir appellé ce Bourg les quatre Eglises, puisqu'il y en a quatre qui paroissent bâties depuis long-temps. Les Caravanes y séjournent pour faire leurs dévotions, c'est-à-dire, pour s'y confesser, communier, & pour y reeevoir la benediction du Patriarche. Ce Couvent est composé de quatre corps de Logis bâtis en maniere de Cloitres; disposez sur un quarré fort long. Les cellules des Religieux & les chambres que l'on donne aux étrangers sont toutes de même figure, terminées par un petit dôme en forme de Calotte dans la longueur de ces quatre Cloitres. Ainsi cette maison doit être regardée comme un grand Caravanserai où les Moines ont leurs logemens. L'appartement du Patriarche, qui est à la droite en entrant dans la cour, est un Corps de logis plus élevé & de plus belle apparence que les autres. Les jardins

[e] Tournefort Voiage du Levant Lettre 19.

dins en sont agréables, bien entretenus; & generalement parlant, les Persans sont bien plus habiles jardiniers que les Turcs. En Perse on plante les arbres en allignement; on ordonne assez bien les parterres; les compartimens sont d'un bon goût, & les plantes y sont disposées & espacées avec propreté; au lieu que tout est en confusion chez les Turcs. L'enceinte des jardins du Patriarche, de même que la plûpart des Maisons du Bourg, n'est que de boüe sechée au soleil, & coupée en grands & gros quartiers que l'on pose les uns sur les autres, & que l'on joint ensemble avec de la terre détrempée, au lieu de mortier. Les murailles des Parcs autour de Madrid sont de même matiére; les Espagnols appellent *Tapias* ces pieces de terres cuites, ou pour mieux dire, sechées au Soleil.

L'Eglise Patriarchale est bâtie au milieu de la grande Cour, & dediée à Saint Gregoire l'Illuminateur, qui en fut le premier Patriarche, du temps de Tiridate Roi d'Armenie, sous le grand Constantin. Les Armeniens croyent que le Palais de ce Roi étoit à la place du Couvent, & que Jésus-Christ se manifesta à Saint Gregoire dans l'endroit où est l'Eglise. Ils y conservent un bras de ce Saint, un doigt de Saint Pierre, deux doigts de Saint Jean Baptiste, une côte de Saint Jacques. C'est un bâtiment très-solide & de belles pierres de taille; les piliers en sont fort épais, de même que les voûtes; mais tout l'édifice est obscur & mal percé, terminé en dedans par trois chapelles, dont la seule du milieu est ornée d'un autel; les autres servent de Sacristie & de Tresor. Ces deux piéces sont remplies de riches ornemens d'Eglise & de belle vaisselle. Les Armeniens qui ne se piquent de magnificence que dans les Eglises, n'ont rien épargné pour enrichir celle-ci. On y voit les plus riches étoffes qui se fassent en Europe. Les vases sacrez, les lampes, les chandeliers sont d'argent, d'or ou de vermeil. Le pavé de la nef & celui du presbytere sont couverts de beaux tapis. Le presbytere ou le tour de l'autel, est tapissée communément de Damas, de velours, ou de brocard. Cela n'est pas surprenant, car les Marchands Armeniens qui commercent en Europe & qui font de gros gains, font des presens magnifiques à cette Eglise; mais il est surprenant que les Persans y souffrent tant de richesses. Les Turcs au contraire ne permettroient pas aux Grecs d'avoir un chandelier d'argent dans leurs Eglises: rien n'est plus pauvre que celle du Patriarche de Constantinople. Les Moines de Trois-Eglises se font honneur de montrer les richesses qu'ils ont reçuës de Rome, & font des souris mocqueurs quand on leur parle de la réünion. Plusieurs Papes leur ont envoyé des Chapelles entiéres d'argent, sans qu'elles ayent encore rien operé; les Patriarches jusques ici ont amusé les Missionaires. Le nombre des Schismatiques est infiniment plus grand que celui des Armeniens Romains. Par leur credit & par leur argent, ils feroient deposer un Patriarche qui donneroit les mains à la réünion. La haine qu'ils ont pour les Latins paroît irreconciliable: enfin soit par envie, soit par intérêt, les Prêtres Schismatiques Armeniens ou Grecs veulent commander absolument chez

Tome II.

eux, & les Patriarches sont obligez de leur céder, de peur que la populace ne se souleve.

L'Architecte qui a donné le dessein de l'Eglise Patriarchale étoit un fort habile maître, suivant je ne sai quelle tradition des Armeniens, qui prétendent que ce fut Jésus-Christ lui-même qui en traça le plan en presence de Saint Gregoire; & qui lui ordonna de l'executer. Au lieu de crayon, à ce qu'ils disent, Jésus-Christ se servit d'un rayon de lumiere, au centre duquel Saint Gregoire faisoit sa priere sur une grande pierre quarrée, d'environ trois pieds de diametre, que l'on montre encore aujourd'hui au milieu de l'Eglise. Si cela est, le Seigneur y employa un ordre d'Architecture assez singulier, car les dômes & les clochers sont en pavillon d'entonnoir renversé, & terminé par une Croix.

Les deux autres Eglises sont hors du Monastere, mais elles tombent en ruine, & l'on n'y fait plus le service depuis long-temps. Celle de Sainte Caïane est à droite du Couvent, supposé qu'on y entre par la grande porte, & non par celle des Refectoires. L'autre Eglise qui est à gauche & bien plus éloignée de la maison, porte le nom de Sainte Repsime. On prétend chez les Armeniens que Caïane & Repsime étoient deux Vierges Romaines qui furent martyrisées sur les lieux où sont bâties leurs Eglises. On fait même descendre Sainte Caïane, de je ne sai quelle famille de Caius. Ils sont plus embarrassez à trouver la Généalogie de Repsime dont le nom n'est pas Romain: cependant on lit dans leur Chronique, que c'étoient deux Princesses Romaines, qui vinrent au Levant pour voir Saint Gregoire, mais Tiridate Roi d'Armenie l'ayant trouvé fort mauvais, fit descendre Caïane dans un puits plein de Serpens, ne doûtant pas qu'elle n'y mourût dans peu de temps: néanmoins la Sainte n'en fut pas blessée, les Serpens y périrent, & Caïane vécut en bonne santé pendant quarante ans. Comment accorder tout cela avec la suite de l'Histoire? Car ils ajoûtent que le Roi Tiridate en étant devenu amoureux, & ne pouvant pas la fléchir, non plus qu'aucune de ses Compagnes qui étoient de belles personnes, & que la Chronique met jusques au nombre de quarante, leur fit souffrir à toutes le martyre.

A l'égard de la Campagne qui est autour de Trois-Eglises, elle est tout-à-fait admirable, & Mr. Tournefort n'en connoit point qui donne une plus belle idée du Paradis Terrestre. On n'y voit que ruisseaux qui la rendent extrêmement fertile, & il doute qu'il y ait un païs sur la terre où l'on recueille autant de denrées tout à la fois. Outre la grande quantité de toutes sortes de grains qu'on en retire, on y trouve des champs d'une étenduë prodigieuse, tout couverts de Tabac. Ce seroit, continue ce savant Voïageur, une plaisante question à proposer en Botanique: savoir si cette plante étoit dans le Paradis Terrestre, car elle fait en ce monde les delices de bien des gens qui ne sauroient se passer d'en faire un continuel usage: cependant originairement elle vient d'Amerique; mais elle se porte aussi bien en Asie que dans son propre païs. Le reste de la Campagne de Trois-Eglises est plein de Ris, de Coton,

E e

ton, de lin, de Melon, de paſtéques, & de beaux vignobles. Il n'y manque que des Oliviers, & il eſt mal aiſé de dire où la colombe qui ſortit de l'Arche fut chercher un Rameau d'Olivier, ſuppoſé que l'Arche ſe ſoit arrêtée ſur le Mont Ararat, ou ſur quelque autre Montagne d'Armenie; car on ne voit point de ces ſortes d'arbres aux environs, ou il faut que l'eſpéce s'en ſoit perduë; cependant les Oliviers ſont des arbres immortels. On cultive auſſi beaucoup de *Ricinus* autour du Monaſtere, pour en tirer de l'huile à brûler; celle de lin eſt employée pour la cuiſine. C'eſt peutêtre pour cette raiſon que la pleureſie eſt aſſez rare en Armenie, quoique le climat y ſoit inégal, & par conſéquent propre à produire cette Maladie. Geſner remarque que l'huile de lin, buë à la place de celle d'amandes douces, eſt un excellent remede pour la pleureſie.

A l'égard des Melons, il n'y en a pas de meilleurs dans tout le Levant que ceux de Trois-Egliſes & des environs. Pour trente ſols on en fait charger un cheval, & parmi ce grand nombre il s'en trouve quelques-uns ſort ſuperieurs à ceux que l'on mange à Paris : mais ce qu'il y a d'admirable, c'eſt qu'ils engraiſſent, & qu'ils ne font jamais aucun mal, plus on en mange, & mieux on ſe porte. Ceux qu'on appelle melons d'eau ou paſtéques, dans la plus forte chaleur du jour, ſont comme à la glace, quoique couchez ſur terre au milieu des champs où la terre eſt très-chaude. On ne les cultive pas dans les lieux aquatiques, comme on le croit en ce pays-ci; mais on les appelle Melons d'eau, parce que leur chair ne ſe fond pas ſeulement à la bouche, mais qu'elle repand une ſi grande quantité d'eau qu'on en perd la moitié, ſur tout quand on mord dans le fruit, comme font les gens du pays, qui les pelent & les mangent ordinairement comme des pommes. Nos poires de Beurré & la Mouillebouche ſechées en comparaiſon de ces Melons. Ce ſeroient les fruits les plus délicieux du monde s'ils avoient autant d'odeur & de goût que les autres Melons. La chair des Melons d'eau devient plus ferme dans leur parfaite maturité, & à proprement parler ne ſe fond pas, mais cette eau délicieuſe qui eſt renfermée dans les cellules de la chair, ſe vuide ſi abondamment, comme par autant de petites ſources, que bien ſouvent les Orientaux préferent ce fruit aux meilleurs Melons. Les Armeniens appellent *Carpous* les Melons d'eau, mais ils ont pris ce nom des Grecs qui le donnent à tous les fruits, & *Carpous* dans ce ſens là veut dire un fruit par excellence. On éleve les meilleurs Melons d'eau dans ces terres ſalées qui ſont entre Trois-Egliſes & l'Aras. Après les pluyes on voit le ſel marin tout cryſtaliſé dans les champs, & qui craque même ſous les pieds. A trois ou quatre lieuës de Trois-Egliſes ſur le chemin de Teflis, il y a des carriéres de ſel foſſile, leſquelles, ſans être épuiſées, en fourniroient ſuffiſamment à toute la Perſe. On y coupe le ſel en gros quartiers comme on taille les pierres dans nos carriéres, & l'on charge deux de ces quartiers ſur chaque Bufle. On trouve quelquefois des troupes de ces animaux qui ſe ſuivent ſur les grands chemins, & qui ne portent point d'autre Marchandiſe, car au Levant on compte les Bufles parmi les bêtes de ſomme. Les Orientaux s'imaginent que le ſel croît dans les carriéres, & que les endroits où l'on en a coupé depuis long-temps ſe rempliſſent peu à peu : mais qui eſt-ce qui a fait ces obſervations avec exactitude? On en dit de même à Cardone en Eſpagne, où ſe trouvent les plus belles carriéres, ou mines de ſel qui ſoient dans le reſte du monde. Cette Montagne n'eſt qu'un bloc de ſel qui paroît comme une roche d'argent dans le temps que le Soleil éclaire les endroits qui ne ſont pas couverts de terre. Ceux qui travaillent dans les carriéres de marbre ſont dans la même prévention, & croyent, plutôt par tradition que par bonnes raiſons, que les pierres croiſſent véritablement par un principe interieur, comme les Truffes & les champignons : ainſi le préjugé touchant la vegetation des foſſiles eſt bien plus étendu qu'on ne s'imagine, mais ce n'eſt pas ce préjugé qu'il en faut juger, c'eſt ſur des obſervations bien vérifiées.

EGLISH, Bourg d'Irlande dans la Province de Leinſter, dans le Comté du Roi. C'eſt une des onze Baronies de ce Comté. Mr Baudrand dit qu'elle a voix & ſéance au Parlement d'Irlande. L'Etat preſent d'Irlande l'en exclut. [a] *a* P. 42.

EGLISOW, ou EGLISAU [b] Ville de Suiſſe dans le Canton de Zurich, ſur la route de Zurich à Schaffouſe. Elle eſt ancienne, ſituée ſur une Colline fort roide ſelon les uns & qui s'abaiſſe peu à peu [c] ſelon les autres, au pied de laquelle le Rhin coule dans un lit qui eſt déja conſiderablement large & profond. On y paſſe cette Riviere (& non pas l'Aar, comme dit Mr. Corneille ſur l'autorité de Daviti) ſur un pont de bois couvert qui eſt muni d'une tour antique & épaiſſe du côté qui regarde Zurich. Cette tour fait partie du Château où reſide le Bailli. Comme ce lieu eſt un paſſage d'importance, il pourroit être aiſément fortifié. Zurich acheta cette ville & ſon territoire l'an 1496. Le 24. Septembre 1705. à 10. heures du matin on ſentit à Egliſow un grand tremblement de terre avec un grand bruit & une ſi grande ſecouſſe que l'on crut que tout alloit renverſer. Cette ville avec le pays d'alentour eſt ſujette à ces tremblemens de terre.
b Delices de la Suiſſe T. 1. p. 83.
c Plantin Deſc. du C. de Zurich P. 433.

1 EGLON [d] ſelon St. Jerôme, AGLON Ἀγλων ſelon les Septante, CHEGLON ſelon la Paraphraſe Chaldaïque, ou ODOLLA ſelon la Vulgate de l'Edition de Sixte V. nom d'une contrée de la Paleſtine où régnoit un Roi particulier l'un des cinq que Joſué fit retirer de la caverne où ils étoient cachez.
d Ortel. Theſaur.

2 EGLON [e] Ville de la Paleſtine dans la Tribu de Juda [f]. Mr. Reland dit qu'Euſebe la donne pour la même qu'Odolla, mais que le texte ſacré diſtingue clairement ces villes. C'eſt ſans doute ſur cette autorité d'Euſebe que ceux qui ont procuré l'Edition de la Bible ſous Sixte V. ont mis *Odolla* pour *Eglon*. Euſebe dit que ce n'étoit plus de ſon temps qu'un très-gros village à l'Orient d'Eleutherople à dix mille pas de cette ville : & à l'article de Bethalaim il met AGLA village que l'on trouve entre Eleutherople & Gaza. Les Critiques
e C. 10. v. 20. & ſeq.
f Joſué c. 15. v. 39.
g Palæſt. P. 746.

ques ont bien remarqué qu'au lieu de Βηθαλαιμ, il faut lire Βηθαγλαιμ, *Betaglaim*: la Vulgate écrit BETH-HAGLA[a]. Je crois que c'est la même que Josephe[b] nomme AGALLA.

[a] Josué c. 15. v. 6.
[b] Antiq. l. 14. c. 12.

EGLY: Voiez EGLI.

1. EGMONT, ancienne Abbaye de la Nort-Hollande proche des Dunes. Elle fut d'abord fondée par Thierri, ou Theodoric I. du nom Comte de Hollande l'an 1083. selon Mr. de Longuerue[c] qui ajoute qu'il en fit un celebre Monastere de l'Ordre de St. Bénoît. Aubert le Mire parle plus exactement sur la foi d'une Chronique manuscrite de l'Eglise d'Utrecht par Jean Becan; & nous aprend que Thierri l'ancien construisit à Egmond un Couvent de bois où il mit des Religieuses & leur assigna abondamment ce qui étoit necessaire pour leur entretien: qu'une fille d'entre elles aiant eu une revelation avertit ce Comte d'ouvrir le tombeau du bienheureux Adelbert Confesseur & de transporter ses reliques dans ce Monastere: qu'elles firent beaucoup de miracles: que Thierri fils de Thierri s'étant brouillé avec les Frisons les vainquit, & bâtit à Egmond un Monastere de pierres, ôta les Religieuses pour mettre en leur place des Religieux de St. Benoît à qui il fit divers presens specifiez dans cette Chronique. Jean de Leyde dans sa Chronique manuscrite de Hollande consultée par le même Aubert le Mire[d] dit que ces Religieuses d'Egmond furent placées auprès de Harlem près du village Hirmste dans un lieu nommé *Binnenbroec*, avec defense de recevoir des novices, afin qu'après la mort de la derniere d'entre elles les biens qui leur étoient assignez passassent au Monastere d'Egmond. Le lieu où étoit l'Abbaye en conserve encore le nom.

[c] Desc. de la France, 2. part. p. 20. Cœnob. Belg. orig. p. 88.

[d] Ibid.

Assez près de là il y a un Bourg où les fameux Comtes d'Egmond avoient leur Château; ce village ou bourg s'apelle EGMONT OP DE HOEFF & est à une lieue & demie d'Alckmaer. Pour ce qui est du village qui est joignant l'Abbaye, outre le nom d'Egmont qu'il porte on y joint le mot *Binnen* mot qui signifie *dedans* parce qu'il est en deçà des Dunes par raport aux lieux qui sont à l'Orient; & c'est pour le distinguer d'EGMONT OP ZEE ou *Egmont sur la Mer*, village maritime qui est au delà des Dunes, au bord de la Mer. Mr. Baillet[e] ignoroit apparemment cette distinction & semble avoir pris *binnen* pour le nom d'une contrée; en disant *Egmond de binnen*. Ce lieu est pour ainsi dire le berceau de la nouvelle Philosophie. C'est là que le celebre René Des Cartes s'enferma pour se livrer aux reflexions qui ont produit cette methode de philosopher infiniment plus estimable que les Systemes de ce grand homme.

[e] Vie de Descartes l. 7. c. 4. & 5.

2. EGMONT OP ZEE, Village de la Nord-Hollande. Il en est parlé dans l'article précedent.

3. EGMONDERMEER, terrain de la Nord-Hollande auprès d'Egmond; il étoit autrefois couvert d'eau, mais on l'a desseché & on en a fait des prairies entrecoupées de Canaux.

EGNA, ancien Château & Bourgade du Trentin sur l'Adige, un peu au-dessous de son confluent avec l'Eisock; selon Niger[f] là étoit autrefois *Anavinum*.

[f] Comment. 7. p. 129.

1. EGNATIA, ancienne Ville d'Italie dans la Pouille Peucetienne; dans le Territoire des Salentins. Strabon[g], Mela[h] & Antonin[i] la nomment Egnatia. Frontin[k] en nomme le Territoire *Ignatianus Ager*. Et Pline qui fait mention d'Egnatia en plusieurs endroits[l] dit dans son second livre aparemment sur quelque tradition nationale qu'il y avoit une une pierre sacrée sur laquelle on ne mettoit pas plutôt du bois que le feu y prenoit. Horace qui nomme cette ville *Gnatia*, en fait une raillerie dans la description de son voiage[m]. Le lendemain, dit-il, le temps fut un peu plus beau & le chemin beaucoup plus mauvais jusqu'à Barri où la Mer qui baigne ses murs est fort poissonneuse: nous cotoyâmes cette Mer & on nous descendit à Gnatia ville bâtie pour ainsi dire en depit de l'eau douce qui y est très-rare. Les habitans nous y firent bien rire en voulant nous persuader que l'encens se consume & se fond de soi-même à l'entrée de leur temple sans qu'on le jette dans le feu. Les Juifs peuvent le croire tant qu'il leur plaira; pour moi je n'en crois rien. Le miracle de Pline & celui d'Horace different pour les circonstances. Le P. Tarteron dans sa traduction dit NAZZI qui n'est guères diferent de NAZO, ou NAZUS nom que Niger donne à ses ruines.[n] Il la distingue d'*Anaso* qu'il dit avoir été autrefois *Ansa*. Le R. P. Hardouin croit que c'est aujourd'hui TORRE DI ANAZZO: en quoi il s'accorde avec Mr. Baudrand. Ligorius cité par Ortelius[o] avoit expliqué *Egnatia* par *Anazzo*; au lieu que Collenutius & Pontianus citez par le même l'apellent JOVENAZZO. Celsus Citadinus & Volaterran croient que Monopoli a été bâti des ruines d'Egnatia. Le P. Charles de S. Paul écrit le nom moderne GNAZZO, qu'Holstenius écrit Ignazzo. On trouve Rufentius Evêque de cette ville (*Ignatinus*) parmi ceux qui souscrivirent au Concile de Rome tenu sous Symmaque.

§. Pline[q] dans son troisiéme livre la donne aux Pedicules peuple qui étoit situé entre les Salentins, & les Apuliens; & qui faisoient partie de la Pouille Peucetienne, & dans son second livre[r], il la met dans le Territoire des Salentins. La *Voye Egnatienne* (VIA EGNATIANA) s'étendoit depuis *Ece* par les champs de Diomede jusqu'à *Egnatia* au bord de la Mer, & prenoit son nom de la ville qui en étoit le terme.

[g] L. 6. p. 282.
[h] L. 2. c. 4.
[i] Itiner.
[k] De Colon. p. 115.
[l] L. 3. c. 11. & l. 2. c. 107.
[m] L. 1. Sat. 5.
[n] Comment. v. 11.
[o] Thesaur.
[p] Geog. sacr. p. 57.
[q] C. 11.
[r] C. 108.

2. EGNATIA[s], ancienne Ville Episcopale d'Afrique dans la Bisacene: la Notice d'Afrique fait mention de Fastidiosus son Evêque.

[s] Carol. à S. Paulo Geog. sac. p. 108.

EGOLISMA, Voiez ANGOULE'ME.

EGONA, c'est ainsi que l'Anonyme de Ravenne écrit par ICANA nom Latin de l'IONNE Riviere de France.

[t] L. 4. c. 26.

EGONUM VICUS, lieu d'Italie dans l'Emilie selon Polybe cité par Mr. Baudrand: ce dernier croit que c'est aujourd'hui VICOVENZA village du Ferrarois à seize milles de Ferrare.

EGORIGIUM, village de la Germanie entre Treves & Cologne selon Antonin[v]. Cluvier[x] croit que c'est RUIT village du Pays de Treves sur les confins de Juliers, à huit milles d'Allemagne de Treves & autant de Cologne. Sanson croit que c'est IONGKERAD qui

[v] Itiner.
[x] Germ. ant. l. 2. c. 14.

qui eſt à une lieue de là. Au lieu d'*Ecorigium* la Table de Peutinger porte *Icorigium*. Ortelius & Mr. Baudrand [a] qui le ſuit en cela, trouvant dans Antonin ces mots *Ecorigio Vicus Leg.* XII. ont cru que cela ſignifioit la douzieme Legion, au lieu que Cluvier [b] l'explique par *Lega* lieue. Il eſt vrai que ne trouvant pas le calcul des lieues fort juſte, il eſt obligé de changer ces lieues en milles, pour y trouver ſon compte.

[a] Ed. 1682.
[b] Ibid.

EGOSA, ancienne Ville de l'Eſpagne Tarragonoiſe dans le Territoire des Caſtellans. Les Interpretes de Ptolomée croient que c'eſt CASTEL-FOLLIT, place forte de Catalogne.

EGOS POTAMOS. Voiez ÆGOS POTAMOS.

EGOVARI. Voiez EGURRI.

1. EGRA, Ville d'Arabie proche du Golphe d'Aila ſelon Etienne le Geographe. Ptolomée [c] qui la donne auſſi à l'Arabie la place plus avant dans les terres, auſſi bien que Pline [d].

[c] L. 6. c. 7.
[d] L. 6. c. 28.

2. EGRA, EGRE, ou EGER; (le ſecond eſt plus conforme à la Prononciation Françoiſe, le troiſieme à l'Orthographe Allemande) Riviere de Boheme [e]. Si nous en croions Mr. Corneille elle eſt nommée par Coſmas OGRE & par les anciens habitans OHRLETZE & ZATOKA: elle tire ſa ſource des Montagnes de Fichtèrberg en Franconie dans le Margraviat de Cullembach [f], d'où coulant vers le Midi Oriental, elle paſſe à Egre & ſerpentant vers le Nord dans la Boheme, juſqu'aux confins du Voigtland, elle retourne vers l'Orient arroſe les Villes d'Elnbogen & de Satz, & ſe jette dans l'Elbe au-deſſus de Litomeritz: les Rivieres qu'elle reçoit ſont la Roſla qui la joint à Egre, la Zwota au-deſſus d'Elnbogen, la Tepla au-deſſous, & la Weteritz entre cette derniere Ville & Satz.

[e] Corn. Dict.
[f] Atlas de Sanſon & de l'Iſle.

3. EGRA, EGRE, EGER, Ville de Boheme. Les Bohemiens la nomment HEB ſelon Mr. Baudrand, EHEB ſelon Mr. Corneille. Elle étoit autrefois de l'Allemagne & Zeyler [g] remarque qu'autrefois vers cet endroit-là demeuroient les anciens *Nariſci* appellez mal à-propos par quelques-uns *Variſci*, qu'après eux il y eut des *Norici*; de là vient, dit cet Auteur, que la Ville d'Egre eſt comptée pour appartenir au Nordgow, car les Comtez d'Egre & d'Elnbogen ſont hors de l'enceinte de la forêt qui enferme la Boheme comme un Mur, & ſont ſur le terrain d'Allemagne; on y parle Allemand, & ils dependoient autrefois des Margraves de Wohburg ou de Cham. L'ancien nom de la Ville d'Egre étoit *Chebbe* & c'eſt ainſi que les Bohemiens la nomment. L'Empereur Frederic I. épouſa Adelaide fille de Theobald ou Thibaut Margrave de Wohburg & Comte de Chebbe & eut pour la dot de ſa femme cette Comté d'Egre, laquelle paſſa à l'Empereur Frederic II. à titre d'heritage; mais pour la Ville d'Egre Frederic I. l'érigea l'an 1179. en Ville Imperiale avec de grandes franchiſes. Cette ville en jouït juſqu'à l'an 1315. car quoi qu'Henri Duc de Baviere ſurnommé le Lion, aiant pris les armes contre l'Empereur ſe fût emparé d'Egre par ſurpriſe & l'eût donnée au Roi de Boheme qui tenoit ſon parti, cependant après ces troubles le Roi de Boheme la rendit à l'Empire. On dit que Rodolphe I. donna le Comté d'Egre à ſon gendre en 1286. & non pas la ville qui reſta libre & imperiale; mais l'Empereur Louis IV. l'engagea enfin & la livra à Jean Roi de Boheme pour la ſomme de vingt (Brauſchius dit quarante) mille marcs d'argent, y compris la ville & ſes dependances, & depuis ce temps-là les Rois de Boheme en ſont demeurez en poſſeſſion juſqu'à ce que l'Empire la racheta. Goldaſt dans ſon Traité du Royaume de Boheme [h] dit que ceux-là ſe trompent qui racontent la choſe autrement. Voiez auſſi Aventin l. 7. *Ann. Boior.* Procopius Lupacius dans ſon Calendrier Hiſtorique; Martin Boregk dans ſa Chronique de Boheme page 247. Cette ville eſt aſſez bien bâtie. Il y a un grand Conſeil compoſé de cent perſonnes dont dix-neuf doivent être des plus anciennes familles du lieu & c'eſt de ce petit nombre qu'on choiſit quatre Bourgmeſtres qui ſont changez par quartier; outre cela il y a treize Echevins & les ſoixante & huit qui reſtent ſont nommez les Jurez. Ceux-ci jugent ſelon l'ancien droit de la ville & on ne peut appeler de ce Conſeil qu'au Roi même. En 1350. on y fit une cruelle boucherie des Juifs. Cette ville ſouffrit beaucoup pendant les guerres civiles de Religion & durant celle qui fut terminée par la Paix de Weſtphalie; mais une de ſes plus grandes pertes fut le 16. Mai 1270. lors qu'elle fut brûlée avec les patentes de ſes privileges; ſur quoi l'on fit ce diſtique:

[h] L. 1. c. 17. p. 202.

Egra jacet miſerè triſtes abſorpta per ignes,
Inſigneſque jacent nobilis urbis opes.

C'eſt dans le Château de la Ville d'Egre qu'Albert Walſtein fut maſſacré par l'ordre de l'Empereur. Egre eſt ſituée à l'Occident & à quatre milles d'Allemagne d'Elnbogen, à vingt de Prague & à neuf d'Amberg.

LES EAUX D'EGRE, [i] à un demi-mille de la ville ſur le chemin de Schonberg Village de l'Electorat de Saxe & de la petite ville d'Adorff: on voit en raſe campagne deux ſources, l'une aprés l'autre; l'une de ces ſources eſt d'une eau aſſez mauvaiſe & nuiſible à la ſanté, mais l'autre que l'on appelle *Schleder Saurling* donne une eau d'aſſez bon goût, & d'une acidité agréable. Elle eſt claire, fraiche, & limpide. On lui attribue les proprietez d'être deſſicative, aperitive, purgative, & corroborative; & on la vante comme un ſouverain remede contre les fluxions ſoit Cephaliques ou autres, pour la vuë, & l'ouïe & pour appaiſer les douleurs, Rhumatiſmes &c. Paulus Macaſius en a compoſé un petit Traité Allemand ſous ce titre *Von Natur, Krafft, Wurckung, und Gebrauch des Egriſchen Gebrauchlichen Saurlings*; ce Traité qui eſt in 8[o]. fut imprimé à Leipſig en 1616.

[i] Zeyler ibid.

EGREMONT, ou EGERMONT. Ce dernier eſt preferé par divers Auteurs [k], Bourg d'Angleterre dans le Comté de Cumberland près de la Mer d'Irlande, vis-à-vis de l'Iſle de Man & à onze lieues de Carliſle, vers le midi.

[k] Baudrand.

EGRIGAIA, [l] Province de Tangut dans la grande Tartarie. On la trouve en partant d'Ergimul & tirant à l'Eſt. Elle a pluſieurs villes

[l] M. Paul. Venet. l. 1. c. 63.

EGR. EGU.

villes & sa Capitale est *Calacia*. Les relations modernes n'en font point mention.

EGRY, selon Mr. Corneille, ou EGERIE selon Plantin [a] : vallée de Suisse dans le Canton de Zug. Elle commence près d'un petit Lac apellé Lac d'Egerie qui se vuide par la Riviere de Loretz qui tombe dans le Lac de Zug. C'est dans cette vallée que les troupes de l'Archiduc Léopold s'étant engagées entre le Lac & des Rochers furent assommées à coups de pierres du haut de ces Rochers par les Suisses le 16. Novembre 1315.

EGUE-LE-CUINGIL, [b] Ville d'Afrique dans la Province de Hea, au Roiaume de Maroc. Elle est à deux lieues d'Eildevet, du côté du midi, & a été bâtie par les naturels du pays, sur la cime d'une Montagne si roide, qu'on n'y sauroit aller à cheval que très-difficilement. Comme on trouve plusieurs sortes d'artisans dans cette ville, tous les Afriquains de ces Montagnes y viennent acheter des chaussures, des ferrures, & leurs autres necessitez. On y fait quantité de beaux Vaisseaux de bois, que l'on porte vendre en divers lieux, tant pour boire que pour les autres services du ménage. Les Seigneurs Mahometans les estiment fort à cause qu'il leur est défendu de boire dans des tasses d'or, d'argent, ou de verre. Ce peuple est vaillant, & vivoit en liberté avant que les Cherifs se fussent rendus maîtres de la Province. Il étoit presque toujours en guerre avec les Arabes qui étoient Vassaux du Roi de Portugal, & qui rarement remportoient quelque avantage sur ceux du pays, principalement quand ils se venoient attaquer sur la Montagne, qui est si droite qu'un homme seul s'y défendroit contre mille en certains passages. Il y a par toute cette Montagne quantité de ruches, dont on tire beaucoup de miel & de cire qu'on vend aux Marchands Chrétiens.

EGUILGUILITENSIS PLEBS [c]. Cette Eglise d'Afrique, de laquelle il est fait mention dans la Conference de Carthage tenue sous l'Empire d'Honorius, est vrai-semblablement la même que celle d'IGILGILIS sur le Golphe de Numidie.

EGUITURI, ancien peuple des Alpes [d], l'un de ceux qu'Auguste vainquit & dont il est fait mention dans l'inscription du Trophée qui lui fut érigé. Bouche [e] croit qu'ils étoient au lieu où est à present GUILLAUMES bourg du Diocese de Glandéves.

EGUIZENSIS *Episcopus* [f], l'Evêque d'EGUIZA; il en est fait mention dans la Conference de Carthage. Je crois que ce siege est le même qu'EGUGE dans la Province Proconsulaire [g] dont l'Evêque Florentius est nommé dans l'Epitre Synodale de cette Province.

EGURRI, ancien peuple de l'Espagne Tarragonoise selon Ptolomée [h] comme il en nomme le chef-lieu *Forum Egurrorum*. Vasæus cité par Ortelius croit que c'est MEDINA DE RIO SECCO. Mr. Baudrand dit que c'est peut-être MONTE FURADO en Galice. En ce cas il les fait les mêmes que les EGOVARI de Pline qui leur donne encore le surnom de NAMARINI & les place *in Conventu Lucensi*, district ainsi nommé du chef-lieu que l'on appelloit *Lucus Augusti*, ou *le bois d'Auguste* & qui

EGY.

faisoit partie de l'Espagne Tarragonoise.

1. EGYPTE [1], en Hebreu MEZOR, MEZRAÏM ou MIZRAÏM du nom d'un des petits-fils de Noé & fils de Cham qui l'habita le premier: elle a la Palestine au Septentrion & l'Arabie au Couchant. Mais les Anciens ne conviennent pas de ses limites. Les Ioniens selon Herodote [k] n'y comprenoient que le Delta, Strabon* au contraire l'étend jusqu'au Mont Catabathmos où commençoit la Cyrenaïque; ainsi il y comprenoit la Marmarique & l'Ammonique ou Territoire d'Ammon. Mais il venoit de dire peu auparavant que ce n'étoit point là l'Egypte propre, mais que quelques-uns l'amplifioient jusques là. Ce ne peut être qu'en confondant l'Egypte propre avec ses aquisitions sous les Lagides. Ptolomée [l] traite tout de suite & dans un même chapitre la Marmarique, la Libye & l'Egypte, mais sans les confondre. Car il donne les bornes de la Marmarique, puis de la Libye, & ensuite de la Mareotide, après quoi il marque celles de l'Egypte. Pline qui atribue la Mareotide à la Libye la fait limitrophe de l'Egypte & par consequent la distingue, quoi qu'il soit plus naturel de la donner à l'Egypte qu'à la Libye, & St. Athanase [m] dans sa seconde Apologie dit: la Maréotide est une contrée d'Alexandrie. Ses bornes à l'Orient du côté de la Palestine ne sont pas moins incertaines chez les Anciens. Ptolomée après le Delta & les bouches du Nil y joint la Casiotide pays ainsi nommé à cause du Mont Casius, & outre cette Montagne le Lac Sirbon avec sa source, ensuite les Villes d'Ostracine, de Rhinocorura & d'Anthedon. Mais l'autorité de Strabon & de St. Jérôme, même celle de l'Ecriture Sainte, demandent que ces dernieres soient de la Palestine; ainsi la premiere Ville Maritime d'Egypte de ce côté-là doit être Ostracine. La derniere Ville d'Egypte du côté d'Arabie est *Heroopolis* au fond du Golphe Arabique, après laquelle les plus proches le long de la Mer, à savoir Phara & Elna, appartiennent à l'Arabie Petrée, mêmes celles qui sont au-dessus, à savoir Gubba, Elusa, & Eboda, voisines du desert de Zur qui fait partie de la même Arabie. Le Golphe Arabique sert ensuite de borne certaine, jusqu'à l'Ethiopie qui bornoit l'Egypte au midi; Syéne placée sous le tropique d'Eté étoit la derniere Ville d'Egypte de ce côté aussi bien qu'Elephantine & Philæ. Tacite [n] nomme ces deux dernieres les Barrieres de l'Empire Romain, & Lucain [o] parle ainsi de *Philæ*:

Qua dirimunt Arabum populis Ægyptia rura
Regni claustra Philæ.

Il apelle le peuple d'au delà les Arabes & non pas les Ethiopiens, conformément au sentiment de Juba raporté par Pline [p], à savoir que les Habitans des bords du Nil au-dessus de Syéne n'étoient pas Ethiopiens mais Arabes. C'est-à-dire que par raport à leur origine, ils étoient venus d'Arabie quoique pays qu'ils habitoient fût l'Ethiopie. Il y a eu des Auteurs qui pour trouver quatre parties du Monde avant la découverte de l'Amerique

221

a Hist. de Suisse p. 559.

b Marmol T. 2. l. 3. c. 14.

c Ortel. Thesaur.

d Plinii N. H. l. 3. c. 20.

e Hist. de Provence p. 104.

f Ortel. Thesaur.

g Carol. à S. Paulo Geog. Sacr. p. 93.

h L. 2. c. 6.

i Cellar. Geog. ant. l. 4. c. 1.

k L. 2. c. 15.
* L. 16.

l L. 4. c. 5.

m P. 781.

n Ann. c. 61.

o Pharsal. L. 10. v. 312.

p L. 6. c. 29.

EGY.

a Lupi. Introd. p. 46.
rique ont compté l'Egypte pour une [a]. D'autres ont mis l'Egypte dans l'Asie & dans l'Afrique, donnant à la Libye ce qui est à l'Occident de ce fleuve & à l'Arabie ce qui est à l'Orient.

L'Egypte a été divisée diféremment. Quelques-uns y ont trouvé trois parties, à savoir le Delta, l'Heptanomide & la Thebaïde. D'autres n'en ont fait que deux, la Superieure & l'Inferieure, selon le cours du Nil. La Superieure étoit la même que la Thebaïde, mais on y ajoutoit aussi l'Heptanomide. Voiez au mot *Nome*. L'Inferieure n'étoit autre que le Delta; auquel on joignoit la Maréotide.

b Genes. c. 10. v. 13.
Misraim, dont il a été parlé au commencement de cet article, eut pour fils [b] Ludim, Anamim, Laabim, Nephthuim, Phetrusim & Casluim, qui peuplerent divers Cantons de l'Egypte ou des environs. Quant au nom d'*Ægyptos* que les Grecs lui ont donné & qui a passé dans toutes les langues de l'Europe, on le derive d'Egyptos qui étoit, dit-on, un ancien Roi de ce Pays, fils de Belus & frere d'Armaïs. Le nom commun des Rois d'Egypte étoit Pharaon qui signifie parmi eux la Souveraine puissance; mais outre ce nom general, ils en avoient encore chacun un qui leur étoit propre. L'Ecriture Sainte ne nous a conservé que quatre de ces derniers noms, à savoir 1.

c 3. Reg. c. 11. v. 40.
d 4. Reg. c. 23. v. 29. & Jerem. c. 46. v. 2.
e 4. Reg. c. 16. v. 4.
f Jerem. c. 44. v. 30.
g D. Calmet Dict. de la Bible.
Sesac [c] peut-être le même que Sesonchis; 2. Nechao [d] le même que Nechos d'Herodote; 3. Sua le même que Sabachon ou Sethon, & 4. Ephrée qui est le même qu'Apriès. Le premier vivoit du tems de Roboam fils de Salomon; le second du tems de Josias Roi de Juda; le troisieme du tems d'Osée Roi d'Israel & le quatrieme du tems de Jeremie & de Sedecias. L'Histoire [g] nous a conservé une longue suite de leurs Dynasties; mais l'envie qu'ont eue les Historiens de cette Nation de relever leur grande antiquité, leur a fait exagerer la durée de leur Empire & leur a fait perdre toute créance auprès des gens qui aiment la verité: ils soutiennent que l'Egypte a été gouvernée successivement par les Dieux, les demi-dieux ou les Heros, & enfin les hommes ou les Rois. Ils donnent au Regne des Dieux & des demi-Dieux trente-quatre mille deux cens un an. Et à celui des Rois depuis Ménès jusqu'à Nectanebe deux mille trois-cens vingt-quatre ans; Nectanebe fut déposé par Artaxerxès Ochus Roi de Perse quinze ans avant la Monarchie d'Alexandre le Grand. Depuis Nectanebe jusqu'à la naissance de Jesus-Christ on compte environ trois-cens quarante ans. Desorte que depuis le commencement de la Monarchie des Egyptiens jusqu'à la naissance du Sauveur il y auroit trente-six mille huitcens soixante & cinq ans: suputation qui est abandonnée de tous nos Chronologistes. On prétend que la maniere dont les anciens Egyptiens composoient leurs années a beaucoup contribué à enfler leur Chronologie & à multiplier le grand nombre d'années de leurs premiers Rois.

h Palaphat. fragm. ex Chronic. Alexand.
Palephate [h] dit qu'anciennement ils comptoient la durée du Regne de leurs Princes par jours & non par années & qui nous assurera que ceux qui sont venus depuis n'auront pas pris ces jours pour des années, & qu'aiant lu que Helios fils de Vulcain a regné quatre mille quatre cens soixante & dix-sept jours c'est-à-dire, douze ans, trois mois & quatre jours, ils n'auront pas avancé qu'il aura regné quatre mille quatre-cens soixante & dix-sept ans.

i Diodor. Sic. l. 1. Plin. l. 7. c. 48.
k De diis Natali c. 19.
[i] Les années des Egyptiens ne furent d'abord que de deux mois, ou même d'un, selon quelques-uns. Censorin [k] dit que le Roi Pison les fit de quatre mois & ensuite les fixa à douze. Cela fait une grande diference de Calcul. Ajoutez à cela que l'on a mis bout-à-bout les Dynasties que l'on a regardées comme successives, quoiqu'elles fussent contemporaines; que plusieurs de ces Rois regnoient en même temps, l'un dans un Canton, l'autre dans un autre. Les anciens Rois d'Egypte aiant été conquis par les Perses & ceux-ci par Alexandre, les Ptolomées succederent à ce Monarque & regnerent depuis Ptolomée fils de Lagus qui succeda à Alexandre mort l'an du Monde 3681. jusqu'à Cléopâtre Maîtresse d'Antoine ou jusqu'en 3957. que l'Egypte passa sous la puissance des Romains. Ceux-ci en demeurerent maitres jusqu'au Regne d'Omar Calife & Successeur d'Abubeker beau-pere & Successeur de Mahomet l'Imposteur. Mais cette puissance n'aiant pu se soutenir & l'Empire des Califes étant demembré par les Gouverneurs qui secouerent leur joug, l'Egypte eut ses Soudans particuliers. L'Egypte fut ensuite la proye des Mamelucs qui en furent maitres plus de deux-cens soixante-ans jusqu'à l'an 1517. que Tomom-Bey Soudan d'Egypte aiant été vendu & livré à Selim qui le fit pendre, cette Couronne passa au pouvoir des Ottomans qui l'ont conservée jusqu'à present.

l Paul Lucas 3. Voiage. l. 6. p. 192.
L'Egypte [l] a très-peu de largeur, sur une longueur considerable. Elle s'étend depuis le Roiaume d'Angola, de Fungy ou de Sennar, dont elle est bornée au midi; c'est-à-dire depuis les Cataractes jusqu'à la Mer Mediterranée, qui la baigne au Nord. Cette étenduë, qui fait toute sa longueur, est de près de 200. lieuës. Sa plus grande largeur se prend d'Alexandrie à Damiette, dans un espace d'environ 50. lieuës; delà, en remontant vers le Caire, elle va toujours en se retrecissant, & forme une espece de Triangle, dont la base est du côté de la Mer, ce qui a fait donner à ce pays le nom de Delta. Lorsqu'on remonte ensuite du Caire vers l'Ethiopie, elle se trouve serrée entre deux chaînes de Montagnes, qui ne laissent entr'elles & le Nil qu'une plaine d'une demie journée de chemin ; quelquefois même elle touche le Fleuve sur son bord Oriental; au lieu que dans le Fioum, qui est du côté Occidental, la plaine s'élargit jusqu'à une étenduë de 25. ou 30. lieuës. Pour faire comprendre cette Topographie d'une autre maniere, il faut dire que le Nil étant entré en Egypte, près du Tropique du Cancer, il coule delà vers le Nord, pendant l'espace de 200. lieuës, & se trouve resserré par deux chaînes de Montagnes qui l'accompagnent, de maniere que celles qui sont au Couchant, du côté de la Libye, ne l'abandonnent point jusqu'à la Mer Méditerranée. Celles qui sont du côté du Levant, ne vont que jusqu'au Caire, & lui laissent la liberté de s'étendre dans le Delta, & d'y former plusieurs embouchures. Ses Montagnes depuis les Cataractes jusqu'au Saïdi,

di, ne sont éloignées des rivages que d'environ cinq ou six lieuës: elles commencent à s'élargir en cet endroit, & laissent de belles plaines qui sont arrosées par les eaux du Fleuve. Elles recommencent ensuite à se raprocher, jusqu'aux Pyramides du Caire, où celles qui sont du côté du Levant finissent absolument, & les autres s'étendent vers la Libye.

L'Egypte, suivant cette description, qui est la plus exacte, est donc bornée au Midi par la Nubie & le Roiaume de Sennar; au Nord par la Mer Méditerranée, depuis Damiette jusqu'au delà d'Alexandrie; au Levant par la Mer Rouge & l'Isthme de Suèz; & au Couchant par cette chaîne de Montagnes dont j'ai parlé, & par les deserts de la Libye. Sa plus grande longitude est depuis le 48. degré jusqu'au 52. & sa latitude est depuis le 23. 30'. jusqu'au 32.

On voit par-là que le Roiaume d'Egypte, si renommé dans l'Histoire, par sa puissance & le nombre de ses peuples, n'a pas une étenduë proportionnée à l'idée que nous en donnent les Anciens. Qui pourroit en effet se persuader qu'un pays si serré ait eu jusqu'à vingt mille villes; que le nombre de ses habitans se soit monté à plusieurs millions; que ses Rois aient entretenu des Armées de 300. mille hommes, & qu'ils ayent fait exécuter les prodigieux ouvrages, dont nous ne voions encore les vastes débris qu'avec étonnement. Mais si nous venons à considérer la fertilité du pays, dont la terre est si féconde, qu'elle raporte plusieurs récoltes; qu'une partie du terrain, aujourd'hui négligé & sans culture, étoit menagé avec un soin extrême; si l'on fait attention à la fécondité des femmes & des animaux, de cette grande quantité de Canaux, dont la plûpart sont aujourd'hui comblez; on n'aura nulle peine à croire qu'il n'y a point d'exagération dans ce que nous raportent les Anciens sur ce Roiaume.

L'Egypte se divise en haute, moienne, & basse; cette derniere comprend tout le Delta, depuis Damiette & Alexandrie jusqu'au Caire; la moyenne qui commence au Caire, s'étend seulement jusqu'à Benesouef; & la haute, qu'on nommoit autrefois la Thébaïde, remonte jusqu'à la Nubie & le Roiaume de Sennar. Quelques Arabes divisent l'Egypte en trois parties, l'Erif, le Beheyra & le Saïdi. La première comprend la partie Occidentale du Delta, qui est vers le bras du Nil, qui se jette dans la Mer du côté de Rosette; la seconde renferme le côté Oriental, depuis Damiette jusqu'au Caire; la troisième enfin contient la Haute Egypte. Le même Auteur cité en marge insere dans son Voiage une Lettre où ce que les Anciens ont dit de la prodigieuse quantité des Villes d'Egypte est justifié de cette maniere.

Ibid. p. 301.

Il y a très-peu de lieux aujourd'hui en Egypte qui meritent le nom de villes, sur tout si l'on a plus d'égard à la beauté, à la grandeur, aux fortifications des places, qu'au nombre de ceux qui les habitent. Il n'y en a presque pas une dans le pays qui soit fermée de murailles. Rosette, Damiette, la Mansoure, & tant d'autres lieux, quoi qu'extremement peuplez, ne sont proprement que de simples villages, sans murailles ni remparts. La ville même d'Alexandrie, qui est habitée aujourd'hui; c'est-à-dire, celle qui est sur le bord de la Mer n'est point fermée de murailles. Il est cependant évident, par le nombre prodigieux des ruines qu'on trouve depuis Alexandrie jusqu'aux extremitez de la haute Egypte des deux côtez du Nil, qu'il y a eu autrefois un très-grand nombre de villes dans ce beau pays: & il n'est pas impossible qu'on en ait compté dix-huit ou vingt mille: l'Egypte n'est pas si petite qu'on se la figure ordinairement. D'Alexandrie à Damiette, qui est sa plus grande largeur, il y a au moins 50. lieuës; & de Damiette jusqu'aux confins de l'Arabie ainsi que d'Alexandrie, jusques vers la Libye, il pouvoit encore y avoir une étenduë assez considerable pour y placer plusieurs villes. Des côtes de la Mer au Caire, il n'y a gueres moins de 50. lieuës de France, quoi qu'en disent les Anciens, & la largeur d'Orient en Occident est aussi considerable dans le fond de l'Egypte; quoiqu'elle le soit moins auprès du Caire, elle est cependant encore de 20. ou 25. lieuës dans l'endroit le plus étroit. Depuis le Caire jusqu'à Essenai, vers la haute Egypte, il y a 40. lieuës; & de là jusqu'aux grandes Cataractes, il y a dix ou douze journées. Il est vrai que le pays est fort étroit, par les deux chaines de Montagnes qui s'étendent des deux côtez du Nil, & qui vont depuis les Cataractes jusqu'au Caire, &, qui, en quelques endroits, touchent les bords de ce Fleuve. Mais il est constant, par les ruines qu'on trouve au delà de ces Montagnes, à l'Est & à l'Ouest, qu'il devoit y avoir un grand nombre de Villes. On trouve même encore en quelques endroits, des Aqueducs & des voutes souterraines, qui conduisoient l'eau par delà ces Montagnes, qu'on avoit faites avec un travail & une depense qu'on ne sauroit exprimer. Quoique l'Egypte soit aujourd'hui beaucoup moins peuplée qu'elle l'étoit autrefois; cependant les villages se touchent presque depuis Rosette jusqu'au Caire ainsi que sur le Canal qui conduit à Damiette; sans parler de ceux qui sont dans le centre du Delta; ensorte qu'on fait état qu'il y en a plus de quinze ou dix-huit mille dans toute l'Egypte.

L'Egypte [b] est habitée aujourd'hui par des Coptes, par des Mores, par des Arabes, par des Turcs, par des Grecs, par des Juifs, & par des Francs, sans parler de quelques autres Nations étrangeres; mais comme elles sont en fort petit nombre, elles ne meritent pas qu'on en parle ici. 1. Les Copts ou Coptes, sont les naturels & originaires du Pays, nommez ainsi de Copt, fils de Misraim, & qui fut Roi d'Egypte après la mort de son Pere. 2. Les Mores, qu'on appelle en Arabe *Aulad il Arab* ou enfans des Arabes, en tirent leur origine aussi, de même que les Coptes; mais ils se sont fait Mahometans, & peut-être y en a-t-il encore quelques-uns mêlez parmi eux, qui descendent des Arabes qui s'y sont établis depuis qu'ils ont conquis l'Egypte. 3. Les Arabes sont des Peuples sortis de l'Arabie; & quoi qu'ils vivent en Egypte, ils n'ont toutefois aucune communication avec les Mores naturels du Pays. Ils sont de plusieurs differentes lignées, gouvernées

b Le P. Vansleb Relat. d'Egypte p. 13.

nées par de differents Chefs. 4. Les Turcs font ceux qui s'y font établis depuis que Sultan Selim a conquis l'Egypte. Ils gouvernent le Pays, le défendent, & occupent toutes les charges de l'Etat. 5. Les Grecs qui y font aujourd'hui, & qui font profession de la Religion Grecque, y ont été attirez par le grand commerce qu'on fait en Egypte. Pour ce qui est des anciens Grecs qui s'y établirent depuis qu'Alexandre le Grand eut conquis l'Egypte, il n'y en a plus aujourd'hui, ou si l'on en trouve quelques-uns, ils se sont mêlés avec les Coptes, & ont perdu leur nom. Et parce que les Empereurs Grecs qui suivirent le Concile de Calcedoine étoient bien aises de fortifier leur parti en Egypte, contre les Coptes, ennemis mortels de ce Concile, & que les Grecs qui étoient venus de la Grece le suivoient, les Empereurs de Constantinople les protégerent, & leur donnerent moyen de s'y établir: Et c'est depuis ce temps-là que la Religion Grecque est en Egypte. On sait que l'Egypte a été le berceau du peuple Juif & ils y sont encore aujourd'hui en fort grand nombre & en fort grand credit, particulierement au Caire & dans les villes maritimes: mais hors de-là il n'y en a point, & si le negoce les oblige quelquefois d'y demeurer, ils se cachent & se déguisent. D'abord que les Païsans les découvrent, ils les maltraitent d'une étrange maniere.

Le nombre des Coptes en Egypte est aujourd'hui très-petit, en comparaison de ce qu'il y en avoit autrefois: car au lieu que du temps du *Amru ibn il Asi*, qui conquit le pays sur les Grecs, il y en avoit six-cens mille de cette Nation, qui lui payoient tribut; il y en a à present, à peine quinze mille tout au plus. Une des causes de cette diminution, a été leur fermeté dans la Religion Chrétienne du temps des Romains; qui en massacrérent des millions à la fois. Témoins leurs Historiens, qui assurent que le Prefect de l'Empereur Diocletien en fit tuer dans une seule nuit de Noël quatre-vingt mille, qui sont ensevelis sur la Montagne d'Ackmim, dans la haute Egypte. Et une autre fois auprès d'Isne, le même Prefect, ou un autre, en fit massacrer un nombre si grand, qu'on ne pouvoit les compter; mais on trouva que quatre Fiddans, ou arpens de terre, étoient couverts des Corps de Martyrs. Une autre cause de leur destruction, du temps des Empereurs Chrétiens, a été leur obstination dans l'erreur de Dioscore, un de leurs Patriarches touchant une seule nature, une volonté, & une personne en Jesus-Christ; ce qui leur a causé presque les mêmes malheurs qu'ils avoient soufferts auparavant sous les Empereurs Païens, à cause de la Religion Chrétienne. Car les Empereurs Grecs les voulant contraindre à quitter l'erreur de Dioscore, à suivre la croïance établie dans le Concile de Calcedoine, & les voiant toûjours durs & inflexibles; ils tâchérent de venir à bout de leur dessein par le fer. Entr'autres l'Empereur Justinien, selon le rapport de Macrizi, dans son Histoire des Patriarches, fit, pour ce seul sujet, un jour de Dimanche, massacrer deux-cens mille Coptes à Alexandrie. De sorte que ceux qui survivoient à de semblables calamitez, voiant le risque qu'il y avoit de professer cette opinion, & de paroître dans les villes, se retirerent dans les Deserts, ou se jetterent par desespoir dans des Monasteres, où ils passerent le reste de leurs jours, sans songer ni au Mariage, ni à multiplier leur Nation.

Après cela, les Princes Mahometans, qui ont été les Maîtres de l'Egypte depuis les Empereurs Chrétiens, voyant qu'ils se mutinoient souvent contre leur gouvernement, ne les ont pas épargnez. Ils ont massacré les principaux, & vendu pour Esclaves, les femmes & enfans des autres; & les plus foibles ont été contraints à se faire Mahometans. De sorte que cette Nation ayant souffert tant de mal-heurs, il ne faut pas s'étonner si elle est aujourd'hui reduite à un si petit nombre.

Ils étoient anciennement Idolâtres, & châque ville principale avoit sa Divinité particuliere, à laquelle elle rendoit un culte Divin. Mais après la venuë de Nôtre Seigneur, ils se convertirent des premiers à la Religion Chrétienne par la Predication de S. Marc leur Apôtre & Evangeliste. Et ils se conservérent Orthodoxes, jusqu'au temps de Dioscore. Les Egyptiens ont aussi plusieurs fois changé de Langues. La premiere & la naturelle du Pays, étoit la Langue Copte, qui a été en usage du temps que les Rois Coptes ont été les Maîtres de l'Egypte. Mais après qu'Alexandre le Grand les eut subjuguez, ils furent obligez d'apprendre la Langue de leur vainqueur, c'est-à-dire, la Grecque; qui a été la vulgaire de l'Egypte plus de neuf-cens années, & jusqu'à ce que les Arabes ayant chassé les Grecs, ils introduisirent l'Arabe, qu'on parle encore vulgairement en Egypte.

La situation de l'Egypte est très-avantageuse pour le Commerce; car d'un côté le voisinage de la Mer Méditerranée lui facilite la Navigation vers la Phenicie, la Grece, l'Italie, l'Espagne, & les Côtes Orientales de l'Afrique sur cette même Mer. D'un autre côté la Mer Rouge lui ouvre la route de la Perse & des Indes Orientales, sans compter le voisinage de l'Arabie toûjours fertile en parfums & en Aromates. Le Commerce y étoit déja florissant dès les temps des Patriarches, puisqu'il y avoit dès lors des Caravanes qui y conduisoient des chameaux chargez d'Aromates & d'autres Marchandises precieuses qu'elles alloient prendre à Galaad. Ce fut à une de ces Caravanes que *Genes.* Joseph fut vendu par ses freres. On voit encore par la suite de l'Histoire de ce Patriarche c. 37. v. 25. que dès ce temps-là l'Egypte étoit très-fertile en grains & qu'elle en faisoit commerce. Une des principales Villes de Commerce étoit *Coptos*; d'où est venu le nom de *Coptes* ou *Cophtes* que l'on donne aux Egyptiens; quelques-uns en ont dérivé le nom d'Egypte & ont suposé qu'il avoit été formé de ce nom & de la Syllabe *Ai* abregée du mot *Aia* terre; & que les Grecs en avoient fait Αιγυπτος. Mr. Huet [b] desaprouve cette Etymologie, sur ce que *b Hist. du* le nom d'Egypte est plus ancien que celui de *Commerce* Coptos, & d'ailleurs il trouve ridicule de penser que les Egyptiens aient été chercher un mot dans la Langue Greque qui leur étoit étrangere pour en former le nom de leur patrie: il ne fait pas plus de cas de l'opinion des Ara-

EGY.

Arabes qui font venir les noms de Coptos & d'Egypte d'un Roi imaginaire d'Egypte nommé Copt fils de Mefraïm & petit-fils de Chammé. Il est plus vrai-semblable, selon le même Auteur, que le mot d'Egypte a signifié premierement le Nil, nom que ce fleuve avoit aporté de l'Ethiopie, où est sa source & que le nom du fleuve a été donné à cette belle region qu'il arrose. Peut-être aussi, ajoute-t-il, le nom de Coptos en est-il venu, ville celebre, d'un grand abord située sur les rives de ce fleuve : de sorte que les Marchands étrangers venans trafiquer en Egypte & allans au lieu du plus grand Commerce il fut aisé à des gens d'une autre langue d'errer sur le nom, attribuant le nom general du païs au lieu particulier où ils devoient negocier & de corrompre le nom general d'Αἴγυπτος en celui d'ἡ Κόπτος. Les Egyptiens ne se contentoient pas d'attendre que l'on vînt chercher les Marchandises dans leurs villes; [a] ils navigeoient aussi & ils partagent avec les Pheniciens l'honneur d'être les plus anciens Navigateurs que nous connoissions. Il y avoit même un des Ports de Tyr qui fut nommé PORT EGYPTIEN. On leur fait aussi l'honneur de les regarder comme les Inventeurs du Labourage; & même de la biere [b]. Malgré la fertilité de l'Egypte, on remarque qu'elle avoit pourtant aussi ses besoins. Son terroir gras & pesant ne produisoit aucuns metaux & c'étoit l'Europe qui les lui fournissoit. Elle manquoit de bois, de Poix résine & de Goudron. Elle manquoit aussi de la plûpart de ces fruits agréables qui sont communs dans les regions plus temperées, & qui font les délices des bonnes tables.

Les Egyptiens ont été les premiers à cultiver les Sciences. Mr. de Fontenelle dans son livre de la pluralité des mondes [c] dit : la Géometrie naquit, dit-on, en Egypte où les inondations du Nil qui confondant les bornes des champs furent cause que chacun voulut inventer des mesures exactes pour reconnoître son champ d'avec celui de son voisin. Leur Théologie étoit un mystere dont ils ne disoient à personne le secret tout entier & nous voyons que les plus Illustres Philosophes de l'Antiquité voyageoient en Egypte d'où ils raportoient des opinions qui souvent servoit de base à leur Systême. Pythagore y prit le Dogme de la Metempsychose. L'Ecriture Sainte ne dedaigne pas d'observer que Moïse fut instruit dans toute la sagesse des Egyptiens & devint puissant en paroles & en œuvres. Malheureusement pour nous leur maniere d'écrire n'est point connue. Leurs Hieroglyphes sont pour nous des Enigmes & il ne reste de la science des Egyptiens, que ce que les Grecs en ont publié dans les Livres qui sont venus jusqu'à nous. Confucius n'avoit pas de honte d'avouer qu'il avoit apris la Philosophie des Brachmanes; ce qu'il faut entendre sans doute de ceux des Indes, qui sont une Colonie, & un reste des Egyptiens; comme je l'ai prouvé dans ma Dissertation sur les mœurs & les coutumes des Bramines. Mr. Huet dit très-bien qu'il lui seroit aisé de faire voir qu'il faut chercher dans l'Egypte la source de l'Erudition Indienne & Chinoise.

2. EGYPTE [d], TORRENT D'EGYPTE ou fleuve d'Egypte. L'Ecriture marque assez souvent le fleuve ou le torrent d'Egypte, comme limites de la Terre Promise du côté de l'Egypte & du midi. Par exemple, Dieu dit à Abraham : [e] *je vous donnerai cette terre, depuis le torrent d'Egypte jusqu'au fleuve de l'Euphrate*; & ailleurs ; *Salomon [f] rassembla tout son peuple pour la dedicace du temple depuis l'entrée d'Emath jusqu'au torrent d'Egypte.* Enfin Moïse marquant les Limites meridionales de la Terre Promise, les met [g] *depuis Asemona jusqu'au torrent d'Egypte* & jusqu'à la grande Mer qui est la Mediterranée. Voiez la même chose dans Josué. c. 15. v. 4. Les Géographes ne s'acordent pas sur ce torrent ou ce fleuve. Adrichome [h] le fait couler près de la Ville de Rhinocorura & dit que les Septante ont traduit Rhinocorura au lieu du torrent d'Egypte; & il cite St. Jerôme sur les Prophetes & dans sa Lettre à Dardanus. D. Calmet dit que plusieurs ont cru que c'étoit le *torrent de Besor*, autrement, *le torrent du desert situé entre Gaza & Rhinocorure.* Pour lui il ne doute nullement que ce ne soit le Nil le seul fleuve qui arrose l'Egypte. Josué, dit-il, le designe visiblement par le nom de *Sichor* qui est le vrai nom du Nil, comme qui diroit le fleuve trouble à cause des eaux de ce fleuve qui sont souvent troubles & boueuses. Amos, poursuit le même Religieux, le designe sous le nom de torrent du desert; parce que le bras le plus Oriental du Nil & le plus voisin de la terre de Chanaan étoit près de l'Arabie ou du desert nommé en Hebreu *Araba* & arrosoit le Nome nommé Arabique par les Egyptiens. Le Terme Hebreu *Nahal* que l'on a rendu par *torrent* signifie aussi un fleuve.

§. Il paroît par l'Ecriture Sainte même que par le Fleuve d'Egypte [k] il faut entendre une Riviere ou torrent dans le voisinage d'Asemona ou Azmon, ce qui ne sauroit convenir au Nil, mais bien à la Riviere qui avoit son embouchure auprès de Rhinocorura, & sa source à la fontaine d'Agar assez près d'Asemona. Ceux qui le mettent entre Rhinocorura & Gaza n'ont pas raison; cela ne convient qu'au Bezor, le torrent d'Egypte étoit selon St. Jerôme au midi de Rhinocorura entre cette ville & celle de Peluse. Je ne sais où Bochart a pris que le torrent de Rhinocorura se dechargeoit dans le Lac Sirbon; ce qui n'est pas vrai. On ne convient pas qu'il faille l'entendre du Nil qui est le *Schichor*, ou *Sichor Ægypti* des Paralipomenes [l], car le fleuve d'Egypte est marqué sur les confins de la region assignée à la Tribu de Juda [m], & il est certain que la portion de cette Tribu n'a jamais été étendue jusqu'au Nil, & comme du temps même de Josué l'Egypte ne venoit point jusqu'au lieu où l'on bâtit depuis Rhinocorura, on en peut conclure que ce fleuve ne fut pas ainsi nommé parce qu'il couloit en Egypte, mais que ce surnom lui fut donné à quelque autre occasion. Il est vrai que des Auteurs assurent que l'Egypte s'étendoit jusqu'à la terre des Ismaëlites & que l'on peut fortifier leur sentiment du témoignage des Auteurs profanes qui appellent Rhinocorura Ville d'Egypte, de sorte que le fleuve qui la baigne a bien pu être appellé fleuve d'Egypte. Eusebe [n] au mot *Rhinocorura*

[a] Ibid. p. 10.
[b] P. 285. Herodot. l. 2. c. 77.
[c] I. Soir.
[d] D. Calmet Dict. de la Bible.
[e] Genes. c. 15. v. 18.
[f] Paralip. l. 2. c. 7. v. 8.
[g] Num. c. 34. v. 5.
[h] P. 131.
[i] Reg. c. 30. v. 10.
[k] Josué. c. 15. v. 4.
[l] L. 1. c. 13. v. 5.
[m] Josué c. 15. v. 4.
[n] In Onomast.

EGY.

corura dit que c'est une Ville d'Egypte à laquelle touchoit la Tribu de Juda; & de la Ville de Βυθταφὸς il fait la borne de la Palestine & de l'Egypte. Si l'on ajoute à cela que Rhinocorura dans une Notice ecclesiastique du moyen age est attribuée à l'Egypte sous la Metropole de Peluse, on n'en fortifiera pas davantage cette opinion, car ceci ne regarde point l'antiquité de laquelle il est ici question. Du temps de Josué l'Egypte étoit si peu contigüe à la terre d'Israël qu'il y avoit le pays des Philistins entre deux. Le mot Schichor ou Sihor n'est pas particulier au Nil & dans le Chapitre 13. de Josué il se dit de quelques autres Rivieres. Le nom de fleuve d'Egypte veut donc dire non un fleuve qui est en Egypte, mais qui est voisin ou vis-à-vis de l'Egypte. Et comme il y avoit plusieurs torrens dans cet endroit celui-ci a été nommé le fleuve & le torrent d'Egypte pour le distinguer des autres parce qu'il étoit le plus proche de l'Egypte: de même Almon de Diblathaim signifie Almon près de Diblathaim. Il se peut faire que ce nom lui ait été donné à quelque occasion que nous ne savons pas; & de la même maniere qu'une Montagne de la terre Sainte est nommée la Montagne des Francs parce qu'ils la defendirent long temps contre les Sarrazins; peut-être aussi l'a-t-on nommé ainsi parce qu'on le passoit pour aller en Egypte, de même qu'il y a à Amsterdam des portes que l'on apelle de Harlem, de Leyde, d'Utrecht, non qu'elles soient dans ces villes, mais parce qu'elles y conduisent. La plûpart de ces remarques sont empruntées de la Palestine de Mr. Reland.

[a] O.dyff. l. 4. v. 477.

3. EGYPTE, c'est ainsi qu'Homere[a] apelle le NIL. Hesyche dit pareillement. *Egypte*, le Nil fleuve du nom duquel le pays a été apellé Egypte par les modernes.

MER D'EGYPTE, partie de la Mer Mediterranée devant le Delta.

[b] Ed. 1705.

EGYPTEN ou ÆGYPTEN. Mr. Baudrand[b] en fait une petite Ville de Curlande dans la Semigalle à sept lieues de la Ville de Braslau. L'Atlas de de Witt n'en fait qu'un village sur la Rive Occidentale d'une Riviere qui va se perdre dans la Duna un peu au-dessous de Dunebourg. Egypten est selon ce dernier près des Frontieres de Lithuanie.

1. EGYPTIENS, ancien peuple qui habitoit l'Egypte.

2. EGYPTIENS, espece de Nation dispersée & vagabonde que l'on apelle aussi quelquefois BOHEMIENS; les Hollandois les nomment HEYDEN c'est-à-dire, *Payens*, parce que ce sont gens qui vivent sans Religion. Les Allemands les nomment ZIEGEUNER, & quelques Auteurs Latins CINGARI, mot que je suis surpris de ne pas trouver dans le Glossaire Latin de Mr. du Cange. Aventin dans sa Chronique écrite en Allemand[c] & plusieurs autres témoignent que cette sorte d'hommes ne commença à paroitre en Allemagne que vers le commencement du XV. siécle sous l'Empire de Sigismond. On fixe même ce temps à l'année 1417. & on ajoute qu'ils avoient pour chef un certain Zundel & qu'ils disoient que leurs ancêtres avoient demeuré en Egypte, & avoient été condamnez à l'exil pour n'avoir pas voulu autresfois recevoir l'Enfant Jesus & sa

[c] L. 8.

Mere; que pour cette raison il faut que de temps en temps plusieurs d'entre eux courent le monde d'une maniere miserable. C'est encore la reponse qu'ils font à present. Comme ce raport n'est confirmé par aucune Histoire ancienne, quelques-uns l'ont regardé comme un mensonge & on a voulu leur chercher une autre Origine. Besoldus[d] se moque d'un Voyageur Italien qui dit que ce sont les descendans de Caïn qui sont vagabonds à cause de son peché. Comme si la posterité de Caïn n'avoit point péri dans le deluge! L'opinion que raporte Sponde[e] n'est pas plus raisonnable: à savoir qu'ils descendent des Habitans de Singara ancienne Ville de Mesopotamie, & qu'en ayant été chassez par Julien l'Apostat, ils ont été obligez de mener depuis ce temps-là une vie vagabonde. D'autres ont avancé qu'un certain Pape les a condamnez à cet exil, parceque leurs ancêtres avoient abandonné la Religion Chrétienne pour le Mahometisme. On les a fait venir d'Assyrie, de Cilicie, du Mont Caucase, de la Tartarie, de la Nubie, de l'Abissinie & tout cela sur de simples conjectures. Il eût été plus naturel de les en croire eux-mêmes sur leur parole & de dire que c'est une race de Juifs, mêlée à present de plusieurs Vagabonds de race Chrétienne. Voici comme Wagenseil[f] prouve ce sentiment. Vers le milieu du XIV. siécle l'Europe & principalement l'Allemagne étant ravagée par la peste, les Chrétiens s'imaginerent que les Juifs avoient empoisonné les puits & gâté les eaux que l'on buvoit & dont on se servoit pour cuire le manger. Cette persuasion, quoi que sans autres preuves, mit dans une si grande fureur les Princes, les Magistrats & surtout la populace qu'on ne songea plus qu'à détruire entierement les Juifs & à faire en sorte qu'il n'en restât pas un seul. [g] Albert de Strasbourg, dans sa Histoire de l'Evêque de Strasbourg, les Seigneurs d'Alsace & les Villes de l'Empire convinrent de n'avoir plus de Juifs & qu'en quelques lieux on commença de les brûler, en d'autres on les chassa & la populace se ruant sur eux en brûla quelques-uns, en massacra d'autres & en étoufa plusieurs dans les Marais. Les Annales de l'Abbaye de Rebdorff publiées par Meibom font mention de la même persecution à l'ocasion de cette peste. Felix Faber[h] dans son Histoire de Suabe, Sebastien Franck dans l'Histoire de l'Empire & du Monde écrite en Allemand & quantité d'autres Historiens raportent tous à la même année 1348, cette honteuse inhumanité. Dans cette proscription generale un grand nombre de Juifs se sauverent comme ils purent des buchers qui leur étoient preparez, se jetterent dans les forêts & dans les lieux les plus deserts. Ils mirent ensemble pour être plus en sureté, se ménagerent des souterrains d'une très-grande étendue & Mr. Wagenseil croit que ce sont ceux qui ont creusé la plûpart des vastes cavernes qu'on voit encore en Allemagne; & il le croit avec d'autant plus de vrai-semblance qu'il ne voit aucune autre raison qui ait pu porter les hommes à entreprendre un tel travail. Cinquante ans après, ce malheureux peuple aiant lieu de croire que ceux qui l'avoient tant haï, étoient morts, quelques-uns se hasarderent

[d] Thesaur. pract.

[e] Epitom. Annal. Baron.

[f] Pera libror. locul. 2. p. 166.

[g] Ad ann. 1348.

[h] L. 1. Rer. Suevic.

rent de fortir de leurs tanieres: heureufement pour eux les Chrétiens fe traitoient alors les uns les autres comme ils avoient traité les Juifs. La guerre contre les Huffites faifoit une diverfion favorable & le raport des efpions Juifs aiant fait connoître combien cette confufion venoit à propos, ils quiterent les Cavernes; mais comme on pouvoit leur demander de quelle Religion ils étoient, pour ne point avouer trop clairement la leur, ni la nier, ils fe choifirent un Capitaine nommé *Zundel* afin de ne point paffer pour des gens qui n'avoient ni chef, ni police, ni mœurs. Comme il faloit dire ce qui les amenoit en Allemagne, ils convinrent entre eux de dire que leurs ancêtres habiterent autrefois en Egypte, ce qui eft vrai des Juifs & que leurs ancêtres furent chaffez de leurs maifons pour n'avoir pas voulu recevoir la Vierge Marie & fon fils. Le peuple entendit ce refus du temps que Jofeph porta l'enfant en Egypte pour le derober aux deffeins d'Herode, au lieu qu'ils l'entendoient de la perfecution que leurs peres avoient foufferte cinquante ans auparavant. Delà leur vient le nom d'*Egyptiens* qu'on leur donne fouvent. Il n'étoit pas naturel que des gens qui arrivoient, difoient-ils, en Allemagne, n'euffent pas une langue diferente de l'Allemand, outre la neceffité de la vrai-femblance, il y avoit auffi celle de leur fureté; ils fe forgerent un *Argot* ou jargon déguifé de l'Allemand. Ils appelerent un enfant, *ein Schreyling*, un criard; un manteau, *ein windfang* un preneur de vent; un Soulier, *ein Trittling*, un marcheur; de l'eau, *Floffart* coulante; un oifeau, *Flughart*, volant; une Oye, *Breitfufs*, pied large & ainfi du refte. Ils firent entrer un affez bon nombre de mots Hebreux dans ce jargon; & ces mots Hebreux déguifez par la langue Allemande decélent l'origine de ces gens-là & font une preuve de ce qui en a été dit ci-deffus. Pour ne paroître pas entierement inutiles à ceux dont ils imploroient l'affiftance, ils affurerent que les maifons où ils étoient une fois reçus n'étoient plus fujettes à l'incendie. Ils feignirent de favoir parfaitement la Chiromancie & fe mirent à dire la bonne avanture aux femmelettes & aux fervantes toujours curieufes de favoir quel galant ou quel mari auront. La fureur contre les Juifs s'étant enfin appaifée, leur Nation fut enfin admife de nouveau dans les villages, puis dans les villes. Mais il reftat toujours un certain nombre de gens acoquinez à cette vie libertine & vagabonde, accoutumez au vol & au brigandage, incapables de fe fixer dans un lieu où il faudroit vivre conformément aux loix civiles. La beauté de quelques-unes de leurs filles, le charme dégagé d'une vie exempte de contrainte & de travail, ont féduit de jeunes debauchez de familles Chrétiennes; de forte qu'il y auroit de l'injuftice à mettre fur le compte de la Nation Juive la vie fcelerate & defordonée des Egyptiens. Quoique cette Nation foit l'origine de ces gens-là il s'en eft fait un tel melange de divers peuples & de diverfes Religions qu'ils ne reconnoiffent plus ni Religion, ni patrie. Ceux qui pafferent en France fe dirent *Bohemiens*, & ce nom eft donné aux difeurs de bonne avanture.

Tome II.

EHE. EHI.

EHENHEIM: [a] il y a deux lieux de ce nom, à favoir une ville & une bourgade; en France dans la Province d'Alface fur la Riviere d'Ergel: la ville eft nommée OBER EHENHEIM, en Latin *Ehenheimia fuperior* c'eft-à-dire, la haute Ehenheim, parce qu'elle eft effectivement au-deffus du bourg par raport au cours de la Riviere, à trois milles de Strasbourg & de Schleftadt. C'étoit autrefois une ville Imperiale, & fon contingent étoit de deux Cavaliers & quatorze Fantaffins. Elle eft du Bailliage de Haguenau & n'avoit point encore de Murs en 1262. au raport de la Chronique [b] d'Alface. [c] Elle fut foumife aux Electeurs Palatins & enfuite à la Maifon d'Autriche avec les autres du même Bailliage. Mais par la paix de Munfter 1648. elle fut cedée à la France qui en jouït depuis ce temps-là. Le village eft nommé UNTER- ou NIDER-EHENHEIM, en Latin *Ehenheimia inferior* c'eft-à-dire, la baffe Ehenheim, & appartient à la famille de Landsberg. Ces deux lieux ont beaucoup fouffert durant les guerres d'Allemagne.

§. Quelques-uns, & entre autres Mr. Hubner [d], écrivent par abreviation OBERNHEIM pour *Ober Ehenheim*.

1. EHINGEN, [e] petite Ville d'Allemagne dans la Suabe fur le Ruiffeau de Schmiha affez près du Danube. Pirckheimer croit que c'eft la DRACUINA de Ptolomée. Elle a une belle Abbaye de Filles de l'Ordre de St. Benoît, qui eft auffi très-remarquable par un pelerinage. Elle a autrefois appartenu aux Comtes d'Hohenberg. Elle eft diferente d'*Ehingen* fur le Necre.

2. EHINGEN, [f] petite Ville d'Allemagne dans la Suabe fur le Necre vis-à-vis de Rottenbourg dans le Comté de Hohenberg. Elle appartient à la Maifon d'Autriche. Il y a dans cette ville la Prevôté de St. Martin fondée vers l'an 1320. par un Comte de Hohenberg, pour un Prevôt, douze Chanoines, & quelques Vicaires & autres Ecclefiaftiques pour la defervir. Au milieu de l'Eglife font trois monumens des fondateurs, & les tombeaux de quelques perfonnes de diftinction. Il y a auffi dans cette ville un Couvent de filles nommé *die Ober Clauss*, où Crufius [g] raporte que celle qui en étoit Prieure en 1589. avoit pris l'habit à l'âge de 15. ans & avoit encore vécu 90. ans après c'eft-à-dire 105. ans en tout.

§. Mr. Baudrand & fes Copiftes, ne parlent que de cette derniere qu'il appelle *Bourg*.

EHRENBERG, Fortereffe d'Allemagne dans le Tirol, en Latin *Erebergum*, elle eft très-remarquable [h] parce qu'elle ferme un paffage important. Cependant Maurice Electeur de Saxe la prit l'an 1552. fous l'Empire de Charles V. [i] Cette place eft à la droite de la Riviére de Leck, au Sud-eft & à une bonne demie heure de chemin de Reutte [k] fur les frontieres de l'Evêché de Frifingue.

EHRENBREITSTEIN, ou EHRNBREITSTEIN; en Latin *Erembertii Saxum*, felon Mr. Baudrand, *Erenbreiftenium* felon les Annales de Treves. Fortereffe & Château d'Allemagne fur la rive Orientale du Rhin vis-à-vis

[a] *Zeyler Allat. Topograph. p. 15.*

10

[b] *L. 3. c.*
[c] *Baudrand. Ed. 1705.*

[d] *Kurtze Frage auff der Geogr. p. 442.*
[e] *Zeyler Sueviæ Topog. p. 27.*

[f] *Ibid. p. 67.*

[g] *Annal. Suev.*

[h] *Sleidan. ad ann. 1552.*
[i] *Mafen. Anim. Hift. l. 7.*
[k] *Sanfon Atlas.*

vis de Conflans, dans les Etats de l'Electeur de Treves à qui cette Forteresse appartient. [a] Elle étoit déja bâtie depuis long-temps & tomboit en decadence sous Hillin 82. Evêque de Treves, lors que ce Prelat l'agrandit & en augmenta les fortifications; en 1166. il y fit faire une Citerne taillée dans le Rocher. Jean II. un de ses Successeurs y fit creuser à grands frais un puits d'eau vive qui couta deux ans de travaux immenses; [b] car il a deux-cens quatre-vingt pieds de profondeur, dans le vif du Rocher. Il y avoit au bas de cette Citadelle un Couvent de Religieuses que ce Prelat en retira pour y loger des Augustins & on dit que Luther y demeura quelque temps. La Forteresse qui est en bas fut bâtie par l'Electeur Philippe Christophle qui l'an 1632. remit l'une & l'autre aux François: mais le General de Wert les reduisit par famine l'an 1637. & elles furent mises en sequestre à l'Electeur de Cologne. Elles furent ensuite rendues à l'Electeur de Treves & à son Chapitre Métropolitain par le Traité de Munster & la garnison établie par l'Electeur doit faire serment de fidelité envers lui & envers son Chapitre. La Forteresse d'en bas qui est au bord du Rhin, est un Château magnifique bâti à l'oposite de Coblens, qu'il tient dans le respect & où il communique par un pont de bateaux; il est fortifié de plusieurs ouvrages. Ceux-là & ceux d'enhaut qui sont très-vastes composent une Forteresse qui a passé pour imprenable, & les François & auroient été dificilement forcez si le Tonnerre ne fût pas tombé sur le Magasin de vivres. Elle est quelquefois nommée sur les Cartes HERMANSTEIN ou HERMENSTEIN, en Latin *Hermanni Saxum*.

[a] Annal. Trevirens. T. 2. p. 71.
[b] Ibid. p. 306.

EHRESBOURG, ancien nom d'un lieu d'Allemagne où étoit autrefois l'idole *Irmenseule* adorée par les Saxons & renversée par Charles-Magne. Ce lieu se nomme aujourd'hui STADTBERG, & est en Westphalie dans l'Evêché de Paderborne.

EI.

EIADES. Voiez HIADES.

EICHFELD, pays d'Allemagne. [c] Il dépend de l'Electeur de Mayence & est situé entre la Hesse, la Thuringe, & les Duchez de Brunswick. Les Comtes de Gleichenstein le vendirent aux Archevêques de Mayence. Il renferme les petites Villes de Duderstadt, d'Heyligenstadt & de Lindow. Ce n'est qu'un Canton assez petit, au Nord-est de la Werra qui en baigne une extremité. Quelques-uns le regardent comme partie de la Hesse, d'autres comme partie de Brunswick ou de la Thuringe. Mr. Hubner qui écrit ce nom EISFELD ou EICHSFELD, dit qu'il appartient depuis long-temps aux Electeurs de Mayence: Il n'y a que deux villes passables, Duderstadt & Heiligenstadt.

[c] d'Audifret Geog. T. 3.

EICHSTAT, ou EICHSTET. Voiez AICHSTAT.

EICHTELBERG. Mr. Corneille donne sous ce nom un article de la Montagne de FICHTELBERG. Voiez ce nom.

EICOSIUM. Voiez ICOSIUM.

EIDERA. Voiez EYDER.

EIDETES, peuple ancien de l'Iberie, selon Etienne le Géographe.

EIDGENOSSEN, EIDGNOTTES, EIGNOTS. Le premier est Allemand, les autres en sont corrompus. Ce mot qui ne signifie que *confederez* se prend en particulier pour les Cantons & pays qui sont membres du Corps Helvetique: & comme une grande partie de cette Republique professe la Religion Protestante, il est assez vrai-semblable que delà vient le nom de Huguenots que le peuple a mal pris pour un nom de Secte & non pas pour un nom de peuple.

EIDOMENE, ou IDOMENÆ, ancienne Ville de Macedoine. Etienne le Géographe en fait mention après Thucydide qui en parle aussi dans son 2. livre. Ptolomée [e] place Idomene dans l'Emathie.

[e] L. 3. c. 13.

EIDUMANIA, IDUMANIA, IDUMANIUS, Riviere de l'Isle d'Albion selon Ptolomée [f] c'est-à-dire, de la Grande Bretagne. Orelius croïoit que c'est la STORE & Cambden la prend pour BLACKWATER.

[f] L. 1. c. 3.

EIFFEL, en Allemand, *Eiffalia*, en Latin, pays d'Allemagne entre le Duché de Juliers au Septentrion, l'Electorat de Treves au midi, quelques terres de l'Electorat de Cologne à l'Orient & le Duché de Luxembourg à l'Occident. Mais ses limites ne sont pas bien fixes. Il est même ômis dans la plûpart des Cartes recentes. Il est divisé en plusieurs parties. Voici celles que lui donne Mr. Hubner. [g] 1. Le Comté de Manderscheid, où sont Manderscheid, Blanckenheim & Gerolstein. 2. Le Comté de Reifferscheid; assez près delà est le Château de Salm qui donne un nouveau titre de Comté à ceux de Reifferscheid, & qu'il ne faut pas confondre avec la Principauté de Salm qui est dans le Westerreich. 3. Le Comté de Virnebourg. 4. Celui d'Aremberg. 5. Et celui de Sleida. Voici la division de ce même pays selon Mr. Baudrand [h]: Les Bailliages & territoires de Munster-Eiffel, de Montjoye & de Gemund au Duché de Juliers; l'Abbaye de Prum unie à l'Electorat de Treves; les Bailliages de Kilbourg & de Hillersheim dans cet Electorat & la Principauté d'Aremberg avec les Comtez & Seigneuries de Blankenheim, Reiferschid (Reifferscheid), Schleiden (Sleida), Manderschidt (Manderscheid) Virnembourg, Gerolstein, Starkil, & Kerpen, qui appartiennent à divers Comtes qui relevent du Comté de Chini.

[g] Kurtz. Frag. auff der Geog. p. 470.
[h] Ed. 1705.

EIGARUS, AIGARUS, ou ICARUS, noms Latins d'EYGUES, Mr. Corneille écrit AIGUE & EIGUEZ.

EIGNOT. Voiez EIDGENOSSEN.

EILEI, Village du Peloponese sur le chemin de Troesene à Hermione selon Pausanias, [i] qui dit qu'il y avoit deux Chapelles en l'honneur de Cerès & de Proserpine.

[i] L. 2. c. 34.

ELLENIA, nom d'une ancienne Ville, & surnom de la Deesse Minerve, selon Phavorin cité par Ortelius, qui ne dit point où étoit cette ville.

EILESIUM, lieu dans la Grece. Homere en fait mention [k]. Il étoit quelque part dans la Grece & peut-être dans la Beotie.

[k] Iliad. B.

EILISSUS. Voiez ILISSUS.

EILI-

EIL. EIM.   EIN.

EILITHYAS. Voiez IDITHYA & LEUCOTHEÆ.

EILOTÆ, ancien peuple d'Espagne dont parle Polybe[a]. [a L. 10.]

§. On nommoit aussi EILOTÆ une sorte d'esclaves chez les Lacedemoniens au raport d'Athenée & d'autres Ecrivains citez en gros par Ortelius. Ce dernier dit sur l'autorité de Pausanias qu'ils étoient ainsi nommez à cause de la Ville de Helos.

EIMBECK. Mr. Corneille dit EIMBERG & cite Mr. d'Audifret comme garant de son article. Ce dernier écrit très-bien Eimbeck; Mr. Baudrand écrit par y, EYMBECK. C'est la principale ville de la Principauté de Grubenhagen dans le Cercle de Basse Saxe en Allemagne. Son nom lui vient de plusieurs sources & fontaines qui vers l'Orient tirent leur source des hauteurs circonvoisines & se réunissent en un même lit pour former un ruisseau, pour aller ensuite conjointement avec l'Ilme se perdre dans la Leyne: mais elle n'est pas sur cette Riviere comme le prétend Mr. Baudrand[b], Wagenseil[c] compte plus de trente Ruisseaux qui tombent dans l'Ilme au-dessus d'Eimbeck. Cette ville doit son commencement[d] à une Chapelle élevée à l'honneur du precieux sang. Elle étoit au même lieu où est à present l'Eglise de St. Alexandre. Le concours des pelerins obligea de bâtir des maisons pour les loger. Il se forma un Village, où avoient un Château les Comtes de Dassel proprietaires de ce lieu & qui y bâtirent une Chapelle à l'honneur de St. Jacques, dans l'endroit où est aujourd'hui le Marché & la haute tour. Le pelerinage de quelques villages voisins dont les habitans se raprocherent furent cause qu'il se forma une Ville qui a maintenant une heure de chemin dans son circuit, cinq portes, un assez fort rempart, un double fossé, & un ravelin à chaque porte. Il y a trois Eglises dans la Ville, à savoir celles de St. Jaques au marché, de Ste. Marie Madelaine dans la ville neuve, & celle de St. Alexandre dans la Franchise du Prince. La maison de ville est au marché assez près de l'Eglise de St. Jaques. Cette ville a eu le malheur d'être brûlée plusieurs fois. En 1540. un scelerat y mit le feu en plusieurs endroits, elle fut consumée toute entiere à la reserve d'une maisonnette. Neuf ans après la moitié fut encore reduite en cendres. Elle a beaucoup soufert durant les guerres qui troublerent l'Allemagne durant trente ans; & elle fut prise & reprise par les diferens partis.[e] Elle a été autrefois Ville Imperiale & libre: mais ses habitans se donnerent aux Ducs de Brunswick pour éviter l'oppression des Comtes de Welen qui vouloient s'en rendre maitres. Le principal commerce des habitans d'Eimbeck, c'est la biere. Celle qu'ils brassent est recherchée & l'étoit encore davantage avant que la Breyhane fût devenue à la mode.

[b Ed. 1682.]
[c Pera lib. jocul. 2. p. 296.]
[d Zeyler Brunsv. Topog. p. 77. & sequ.]
[e d'Audifret Geog. T. 3. p. 379.]

EIMINATIUM, ancienne Ville de la Dalmatie, selon Ptolomée[f]. Ses Interprêtes sont blâmez par Ortelius, de lire ERMINACIUM & ARMINATIUM au lieu du vrai nom. Ptolomée la fait de 25′. plus meridionale que Termidava que l'on croit être la Scarderia des Turcs.

[f L. 2. c. ult.]

EIMOUSTIER. Voiez ESMOUTIER.

EINALE, ou EINALIE. Voiez SCIATHUS.

EINATUS, Ville de l'Isle de Crete, selon Etienne de Byzance qui avertit que quelques-uns prenoient ce nom pour le nom d'un fleuve ou d'une Montagne. Hesyche dit que c'est un lieu de Crete & de Lycie & Ptolomée[g] met dans la Crete une Ville nommée ἴνατος qui doit être la même.

[g L. 3. c. 17.]

EINDHOVE. Voiez EYNDHOVE.

EINSIDELN[h], ou EINSIDLEN; En François l'HERMITAGE; ou NÔTRE DAME DES HERMITES en Latin *Cœnobium D. Virginis ad Eremitas*, Bourg de Suisse dans le Canton de Suitz avec une ancienne & riche Abbaye de Benedictins dont l'Abbé a titre de Prince. Autrefois il y avoit un bois fort épais & un desert affreux; delà vient qu'on appelle encore le pays *Finster Wald* c'est-à-dire, forêt obscure. Dans le IX. siécle un Hermite nommé Meinrad, ou Meginrad s'y retira & ayant été assassiné l'an 863, par deux voleurs, des Corbeaux les poursuivirent, dit-on, jusqu'à Zurich & par leurs cris extraordinaires les firent decouvrir de sorte qu'ils reçurent le suplice qu'ils meritoient. C'est en memoire de cela que l'Abbaye porte deux corbeaux dans ses armes. Bientot après le bruit se repandit que St. Meinrad faisoit des miracles & la devotion attira de toutes parts des pelerins dans cette solitude. Mais l'an 944. un Hermite nommé Eberhard qui étoit de grande naissance & fonda une Abbaye qu'il dedia à la Ste. Vierge & par le moyen de Herman Duc de Suabe son parent il obtint de l'Empereur Othon le Grand de grands biens & beaucoup de privileges pour son Abbaye. Mr. l'Abbé de Longuerue[i] dit que St. Eberhard acheta ce territoire du Comte de Rippersville, y fonda un Monastere en 935, & y assembla beaucoup de Moines qui embrasserent la regle de St. Benoît. La premiere destination[k] de cette Abbaye étoit en faveur des fils des Seigneurs sans que l'on pût y succeder, de sorte que les simples Gentilshommes n'y avoient point de place.[l] Cette Abbaye fut long-temps sous la protection des Ducs de Zeringue & la Souveraineté des Empereurs; mais ces Ducs étant éteints, l'Abbé & les Moines choisirent pour Avouez ou défenseurs les Comtes de Rapersville (Raperswell) auxquels ont succedé les Comtes de Habsbourg & les Ducs d'Autriche; mais ils n'avoient aucune Souveraineté sur le Monastere qui ne reconnoissoit pour le temporel que les Empereurs, de sorte que l'Empereur Rodolphe de Habsbourg créa Ulric de Vinide & ses Successeurs Abbez de l'Hermitage ou de Nôtre Dame d'Einsidlen Princes de l'Empire par sa patente donnée à Zuric l'an 1274. ce qui n'empêcha pas ceux de Suisse de subjuguer tout le Territoire de l'Hermitage & de contraindre les habitans à leur prêter le serment de fidelité l'an 1386. dans le temps qu'ils tuerent & vanquirent le Duc d'Autriche à la Bataille de Sempach. Les Moines continuerent à soutenir leurs droits qu'ils défendirent devant l'Empereur Sigismond de Luxembourg, l'an 1430. pour l'obliger à revoquer le droit d'Avouerie qu'il avoit donné à ceux de Suisse sur ce Monastere. L'année suivante la cause aiant été agitée devant cet Empe-

[h Delices de la Suisse T. 1. p. 322.]
[i Desc. de la France 2. part. p. 274.]
[k Delices de la Suisse ibid.]
[l Longuerue l. c.]

Empereur qui étoit dans son Camp près d'Uberlingue allant à Rome prendre la Couronne Imperiale; il décida que l'Avouerie donnée à ceux de Suisse sur l'Abbaye des Hermites étoit contre le droit & les Privileges de ce Monastere, dont toutes les Prerogatives furent confirmées du consentement des Princes de l'Empire assemblez en ce Camp; comme on le peut voir dans les Lettres Patentes de Sigismond datées de l'an 1431. & citées par Hartman dans sa Chronique de l'Hermitage. Ceux de Suisse ne renoncerent pas à leur Avouerie. Conrad de Hohen Rechperg dernier Abbé de l'Hermitage de Noble extraction mourut l'an 1526, sans qu'il restât aucun de ces Moines nobles qui avoient tenu long-temps ce Monastere: car cet Abbé qui tourna à son profit tout le revenu, entretenoit des Séculiers pour faire l'office. Ceux de Suitz à cause de leur Avouerie se saisirent de l'Hermitage où ils établirent un Administrateur, ce qui déplut à leurs Confederez; de sorte que ceux de Suitz allerent à St. Gall demander un Moine pour Abbé: on leur accorda le Celerier Louïs qui rétablit la regle dans ce Monastere. L'Eglise possede des richesses immenses que la dévotion des Pelerins y entasse depuis long-temps. Ce concours de Pelerins a donné lieu d'y bâtir un beau bourg & de défricher tout le pays d'alentour qui est très-peuplé & couvert de villages, de hameaux & de metairies. L'an 1577. le bourg & l'Abbaye furent entierement consumez par le feu; on les a rebâtis tous deux depuis. L'Abbaye est composée de quatre cours, la plus grande est bordée des Edifices les plus communs & l'on voit à l'un des coins un bâtiment séparé où est la Bibliotheque. A côté de cette cour on entre dans une autre qui conduit d'un côté dans l'appartement de l'Abbé & de l'autre dans celui des Religieux. Delà on passe dans deux petites cours interieures qui aboutissent à l'Eglise. Elle est magnifique, bâtie en forme de croix avec trois tours; l'une qui est posée sur le centre de la croix & les deux autres qui servent de Clochers s'élevent aux deux côtez de la Nef, dans l'une de ces deux tours il y a une Cloche qui pese cent-trente quintaux. Quand on monte en haut on y a une vue fort vaste & fort belle. Dans la Nef de l'Eglise on voit la fameuse Chapelle de la Vierge à laquelle les pelerins vont faire leurs devotions. Sur la porte on lit cette inscription.

HIC EST PLENA REMISSIO
PECCATORUM A CULPA
ET A POENA.

C'est-à-dire: *ici est la pleine remission des pêchez quant à la coulpe & quant à la peine.* Cette Chapelle a par dedans 35. pieds Geometriques de long, 21. de large & 19. de haut. Auprès du petit chœur il y a des cierges au nombre de quatorze, chacun du poids de quatre-vingts livres. Sur l'autel paroit l'image de la Ste. Vierge. Elle est de bois, noire & toute enfumée, élévée de trois pieds & demi & ornée avec une magnificence qui répond à tout le reste. En dehors la Chapelle est toute revêtue de Marbre. Le tresor de ce lieu renferme des richesses inestimables. On y montre entre autres un Ciboire d'une grandeur prodigieuse d'environ deux aunes de haut & auquel on a employé plus de cent-soixante onces d'Or. L'an 1684. on y ajouta 1174. grosses perles dont quelques-unes sont presque comme des œufs de Pigeon, 303. Diamans, 38. Saphirs, 134. Emeraudes, 857. Rubis, 44. Grenats, 26. Hyacinthes, 19. Amethystes, & 4. Spinelles. La fontaine de Nôtre Dame merite l'attention des voïageurs. Elle est de très beau Marbre entourée de Colonnes de Marbre & jette l'eau par 14. Tuiaux de cuivre. Elle fut construite l'an 1686. Theophraste Paracelse fondateur d'une nouvelle Secte en Medecine & même adepte, si nous en croïons ses admirateurs, nacquit à Einsidlen l'an 1494. & mourut dans un Hôpital à Saltzbourg l'an 1541. agé de 47. ans, à la honte de la Medecine universelle & de la Pierre Philosophale que l'on dit qu'il possedoit. Mr. Teissier [a] dans les Eloges des hommes savans dit mal que Paracelse naquit dans un village nommé *Einsiclel* à deux lieues de Zurich. Il falloit dire dans le Bourg d'Einsidlen. [b] Il cite Vossius qui dit que Paracelse naquit dans un village sans nous apprendre le nom de ce village, mais seulement qu'il est à deux lieues de Zurich. Comme il ne dit point quelle sorte de lieues il entend, ni de quel côté de Zurich, cela pourroit s'entendre d'Einsidlen qui n'est distant de Zurich que de deux grandes lieues & demie, des grandes lieues de Suisse. Mr. Corneille après avoir fait un article particulier d'Einsidlen, en fait un autre d'Einstdeln petit Bourg de Suisses dans le Canton de Zurich qui, dit-il, n'est gueres connu que pour avoir été la Patrie de Philippes Aureole Theophraste Paracelse Medecin fameux qui y prit naissance l'an 1493; selon le calcul de Mr. Corneille qui lui donne quarante huit ans, quand il mourut. Il a été aisé à un copiste de mettre un *t* pour un *i*, & d'écrire Einstdeln pour Einsidelen; & il est très-pardonnable à un vieillard nonagenaire déja privé de l'usage de ses yeux de s'y tromper & de croire que ce village étoit diferent d'Einsidlen dont il venoit de parler.

EIONE, [c] Ville ancienne de Thrace. Plutarque en parle dans la Vie de Cimon. Elle étoit située sur la rive gauche du Strymon près de son embouchure à quatre mille pas d'Amphipolis à laquelle elle servoit de marché, & donnoit son nom à ce fleuve qu'on appelle *fleuve Eionien*, mais presentement on nomme l'un & l'autre STRAMONA. Cette Ville est la même, qu'Etienne de Byfance appelle ÆGIALUS, & qui est nommée aussi EON.

☞ Ces trois mots EIONE, EON, ÆGIALUS, se signifient qu'une même chose, savoir, *la Rive*, selon la remarque d'Eustathius à l'occasion de cette ville.

EIONES, Village de Grèce dans l'Argie. Ce fut ensuite le port de Mer de Mycenes selon Strabon [d].

EISADICI, Villages de la Sarmatie Asiatique sur le Caucase, selon le même.

EISCADIA, Ville de la Lusitanie sous l'Empire de Viriate. Servilien la prit au raport d'Appien [e].

[a] Ed. 1696. T. 1. p. 476.

[b] De natura artium L. v. c. 9.

[c] Le P. Lubin Tables Geograph.

[d] L. 8.

[e] In Ibericis.

EISC-

EISCFELDT
EISCHFELDT } Voiez EICHFELDT.
EISFELDT

EISENACH [a], en Latin *Isenacum*, petite Ville d'Allemagne mais jolie: elle est dans la Thuringe sur la Riviere de Nesse qui se jette un peu au-dessous dans la Verre, à l'Orient & sur les frontieres de la Hesse. Les Auteurs Allemands varient dans l'Orthographe de ce nom: les uns écrivent EISENNACH, d'autres YSENACH. Il y en a qui derivent ce nom de l'Allemand *Eysen*, fer, & d'*Ach*, eau, à cause des Mines de Fer qui sont près delà & de l'eau qui facilite les moiens de le purifier & preparer. Il y en a d'autres qui croient que ce nom vient de l'Idole d'*Isis* adorée par les anciens Allemands, & de laquelle des traditions payennes enseignoient qu'un de leurs Rois nommé Suevus avoit apris l'art de preparer & de forger le fer, en mémoire de quoi ce metal a été nommé en leur langue *Eysen* ou *Ysen*, mots peu diferens du nom d'Isis. On prétend que cette ville est ancienne & que l'an 450. Attila Roi des Huns y reçut l'hommage des Princes & des peuples d'Allemagne. Mais l'Eysenac de ce temps-là étoit situé plus bas entre les eaux de la Nesse & de la Horsel. Dans une seconde irruption des Huns arrivée l'an 807. ou selon d'autres 909, après une bataille fatale aux Thuringiens dont le Duc nommé Burchard y perdit la vie, l'ancienne Ville d'Eysenach auprès de laquelle cette bataille se donna fut saccagée & détruite. Longtemps après Louïs Comte de Thuringe & de Hesse, surnommé le Sauteur, après avoir bâti le Château de Wartbourgk se servit de la grande famine de 1069. Le peuple encore trop heureux de travailler pour avoir du pain fut emploié à ramasser les materiaux de l'ancien Eysenach, qui n'étoit plus qu'un bourg ouvert, les porta de l'autre côté de la Horsel & bâtit une nouvelle ville auprès du village de Crimmelbach au lieu où est aujourd'hui l'Eglise de St. George. On fit une enceinte de Murs à laquelle châque village fut obligé de contribuer son travail & ses corvées. Cette enceinte étoit depuis le Cloître de St. Nicolas, jusqu'à l'Eglise de Nôtre Dame, delà au Couvent des Freres Prêcheurs, où est aujourd'hui l'Ecole Latine; delà jusqu'à l'Hôpital Sainte Anne, & enfin delà jusqu'au Cloître de St. Nicolas. Trois ans après on se mit à bâtir dans la ville & on y rassembla les paysans de plusieurs villages qui avoient été ravagés dans les guerres precedentes. Tels furent les commencemens d'Eysenach qui depuis ce temps-là fut considerablement augmenté & embelli. Elle est à present la residence des Princes de Saxe de la branche d'Eysenach. Mrs. d'Audifret & Corneille y mettent une Université fondée l'an 1555. c'est la même chose que l'Ecole Latine bâtie sur les ruines du Monastere des Dominicains.

ETATS D'EISENACH, petit pays d'Allemagne dans la Thuringe, & l'Apanage de la Maison de Saxe-Eysenach. Il comprend Eysenac Capitale, le Château de Wartenburg, (Wartenburgk, où Wartenberg) où Luther se tint caché l'an 1521. lors qu'il eut été proscrit par l'Empereur & l'Empire; celui de Markful, residence d'une ligne qui est éteinte; avec quelques Bailliages situez aux environs d'Eysenach.

☞ ACH dans la terminaison des noms Géographiques Allemands vient du mot *aqua* & signifie que les lieux dont le nom a cette syllabe finale, sont au bord de l'eau: comme *Ach*, ou *Achen*, *Aquisgranum*; *Rusach*, *aqua rubea*; *Breysach*, *Biberach*, *Creutzenach*, *Rotach*, & quantité d'autres.

EISENBERG, Château d'Allemagne dans l'Osterland, en Saxe sur la Saala, dans les dependances des Ducs de Saxe-Gotha, à qui ce Château appartient.

EISENTHORN, selon Mr. Baudrand, ou plutôt EISERNTHORN; c'est-à-dire, *Porte de Fer*. C'est ce que les Turcs appellent *Demir Capi*. Voiez cet article.

1. EISFELD. Voiez EICHFELD.
2. EISFELD [b], Bourg du Cercle de Franconie dans la Principauté de Cobourg sur les frontieres de Henneberg, à trois lieues de Cobourg vers la source de la Verre.

EISLAND. Voiez ISLANDE.

EISSLEBEN ou ISLEBE, ou EISLEBEN, en Latin *Islebia*; Ville d'Allemagne dans le Cercle de la Haute Saxe dans le Comté de Mansfeld. Quelques-uns tirent son nom de la Déesse Isis; d'autres du fer qui y abonde. Cette ville n'est remarquée que parce qu'elle a été la patrie du fameux Martin Luther dont les sentimens ont formé en Allemagne & dans les Roiaumes du Nord une Secte connue sous le nom de la Confession d'Augsbourg; ses Sectateurs se disent Evangeliques; on les nomme plus ordinairement Lutheriens. Il naquit à Eisleben le 10. de Novembre 1483.

EISS-MEER, ou la MER GLACIALE. Voiez au mot MER.

EITDEVET [c], Ville ancienne d'Afrique, dans la Province de Hea au Roiaume de Maroc. Elle est située dans une belle plaine à cinq lieues de Tegteza, au haut d'une montagne fort roide, & environnée de deux roches escarpées, & de deux rivieres. Il y a dedans plusieurs sources d'un eau très-froide, qui descend par des rochers, couverts d'une forêt de Noyers, & d'autres arbres à fruit. Cette ville a été bâtie par ceux du pays. Il y a pourtant quelques Auteurs Africains qui disent, que ce sont des Juifs de la Tribu de Juda qui l'ont fondée quand la Loi de Moïse étoit établie en Afrique. Elle y demeura, ajoutent-ils, jusqu'à la venue des Arabes, qui l'obligerent par force à prendre celle de Mahomet. Il y a des Ecoles, & des Colleges remplis de personnes savantes dans leur Loi, & l'on accourt de tous côtez pour vuider les differens, & pour passer des Contrats, parce qu'il s'y trouve des Juges, des Avocats, des Procureurs & des Notaires. La terre est fort maigre dans cette Contrée, & ne produit point de bled, de sorte qu'on y vit de farine d'orge, & de lait de Chevres. L'on fait un fort grand regal aux habitans, quand on leur donne du mouton & de la farine de froment. Les femmes y sont belles & ont le teint frais & vermeil. Les hommes sont robustes, sujets à la jalousie, & se piquent de franchise & de liberalité. Les gens de Lettres vont

vont fur des cavales qu'il faut faire venir d'ailleurs, parce qu'il n'y en a pas dans le pays. Cette ville eft fort bien traitée par les Cherifs, dont elle prit d'abord le parti, & favoriſa l'établiſſement. Il y a des Marchands & des Artiſans Juifs qui demeurent en un quartier ſéparé, & quelques Teinturiers de draps.

EITIAN, ou AITIAT. Voiez AITIAT.

EIZELOS, Château de Sicile, ſelon Etienne le Géographe.

EK.

EKELENFORD, Ville du Danemarck dans le Duché de Sleſwig [a], ſur le petit Golphe d'Ekelenford qui lui donne la commodité d'un port dans la mer Baltique. Elle eſt preſque toute entourée de ce bras de mer & étoit ſujette aux Ducs de Holſtein-Gottorp; mais le Roi de Dannemarck s'en eſt mis en poſſeſſion. Elle eſt à trois milles d'Allemagne de Sleſwig au Levant, à cinq de Flensbourg au Levant d'Hyver vers Kiell, dont elle eſt à trois milles & à deux de Rendsbourg, à ſix de Huſum, à quinze de Lubec & à quatorze de Hambourg.

[a] Baudrand Ed. 1705.

EKENEËS [b], c'eſt-à-dire la Preſqu'Iſle des Chênes, Bourg de Finlande dans la Province de Nylande au couchant d'Hyver de la ville de Raſeborg; par les 42. d. de longitude & 61. d. 45′. de latitude. Devant ce Bourg il y a des roches & des écueils qui en rendent l'accès fort dangereuſes.

[b] Neptune François.

EKEREN. Voiez ECKEREN.

EKESIO [c], Bourg de Suede dans la Province de Smaland, vers l'Oſtrogothland à cinq milles Suedois du Lac de Weter au Levant; en latin Ekeſium.

[c] Baudrand Ed. 1705.

EL.

ELA, Lieu d'Aſie ſous la dependance du Roi Attale. Il s'y faiſoit un bon commerce, ſelon Polybe dans ſon XVI. Livre cité par Etienne le Géographe.

ELAA. Voiez ELATH & HAYLAM.

ELABACARE, Lieu maritime de l'Inde en deça du Gange ſelon Arrien [d].

[d] Peripl.

ELACATÆUM, montagne de Theſſalie, ſelon Apollonius & Etienne de Byſance citez par Ortelius [e].

[e] Theſaur.

1. ELÆA, en Grec Ἐλαία ville Maritime de l'Aſie mineure dans l'Æolide. Etienne le Géographe dit que ceux de Pergame y avoient leurs Vaiſſaux, qu'elle s'appelloit anciennement CIDÆNIS & qu'elle avoit été bâtie par Mneſthée & Strabon [f] dit de plus qu'elle fut bâtie par Mneſthée & par les Atheniens qui allerent au Siege de Troye, Mela en parle auſſi [g]. Ortelius blame Frontin de l'avoir nommée Ælia, l. 4. c. 5.

[f] l. 13. p. 622.
[g] l. 1. c. 18.

2. ELÆA, Ville de Phénicie entre Tyr & Sidon, ſelon Etienne le Géographe: c'eſt apparemment la même que Denis le Periegete [h] nomme ELAIS qu'il place auſſi dans le voiſinage de ces villes; auſſi-bien que Priſcien & Avienus ſes Traducteurs Latins.

[h] Perieg. v. 910.

3. ELÆA, Ville d'Italie. Voiez ELEA.

4. ELÆA, Promontoire de l'Iſle de Cypre dans la partie Orientale de cette Iſle. Etienne de Luſignan cité par Ortelius & ſuivi par les Interpretes de Ptolomée [i] l'expliquent par le village nommé à preſent RISO CARPASSO.

[i] l. 5. c. 14.

5. ELÆA, Ville de Crete, ſelon les anciennes Editions de Pline *, mais le R. P. Hardouin a rétabli le vrai nom qui eſt ETEA.

[*] l. 4. c. 12.

6. ELÆA [k], Iſle de la Propontide. Elle étoit ainſi nommée à cauſe de ſes Oliviers.

[k] Plin. l. 5. c. ult.

7. ELÆA, montagne de la Paleſtine à ſix Stades & à l'Orient de Jeruſalem ſelon Joſephe cité par Ortelius [l]. Voiez ELÆON.

[l] Theſaur.

8. ELÆA, Ville & port de mer de Bithynie proche de la Myſie, ſelon Etienne le Géographe.

9. ELÆA, Port d'Ethiopie ſelon le même.

10. Le même Auteur dit qu'il y a trois Iſles nommées Elæa. Celle de Pline marquée à l'article 6. en eſt apparemment une; car Etienne ne marque point leur ſituation.

☞ Le nom d'Elæa vient du grec Ἐλαία qui veut dire un Olivier, & cet arbre ſe trouvoit ſans doute en abondance aux lieux qui en ont pris leur nom.

ELÆÆ, ancienne ville de Thrace: c'eſt une des Fortereſſes que l'Empereur Juſtinien fit bâtir en Europe ſelon le témoignage de Procope [m]. Mr. Couſin ſon Traducteur la nomme Elées en François.

[m] de Ædific. l. 4. c. 11.

ELÆAS, Port de l'Epire, ſelon Ptolomée [n], dans la contrée des Almines.

[n] l. 3. c. 14.

ELÆEUS, Peuple de la Tribu Hippothoontide ſelon Etienne le Géographe.

ELÆI MURUS, ancienne ville de la Lycie ſelon le même.

1. ELÆON, montagne de la Paleſtine à un ſtade de la ville de Jeruſalem. Joſephe en fait mention dans ſon Hiſtoire de la guerre des Juifs [o]. C'eſt cette même montagne où nôtre Seigneur JESUS-CHRIST fut pris par les Juifs après ſa derniere Cene, & d'où il monta [p] au Ciel après ſa reſurrection. Les Evangeliſtes la nomment la MONTAGNE DES OLIVIERS. Et dans les anciennes Traductions elle eſt appellée le MONT D'OLIVET par une verſion trop literale du Latin Mons Oliveti. Voiez au mot Montagne.

[o] l. 6. c. 3.
[p] Act. c. 1. v. 12.

2. ELÆON, Ville Maritime de Grece ſur la côte de la Béotie. Ce nom eſt ainſi écrit dans quelques exemplaires de Pline. L'Edition du R. P. Hardouin porte HELEON.

1. ELÆUS, (untis) Ville de la Cherſonneſſe de Thrace ſelon Ptolomée [q]. Niger croit que ſon nom moderne eſt CRITEA. Cette ville eſt nommée par Harpocration [r], par Strabon [s], par Scylax [t] & par Tite-Live [v].

[q] L. 3. c. 12.
[r] P. 98.
[s] l. 7. p.
[t] P. 27.
[v] L. 31.

2. ELÆUS, ville ſituée dans le Golphe de la Doride ſelon Pline [x] & Strabon [y].

[x] L. 5. c. 29.
[y] L. 14.

3. ELÆUS, Ville de l'Argie dans le Peloponeſe, ſelon Etienne le Géographe.

4. ELÆUS, Ville de l'Epire ſelon Ptolomée [z]. Elle étoit diferente du Port d'Elææ, & plus occidentale & plus meridionale que ce port.

[z] L. 3. c. 14.

5. ELÆUS [a], Ville de la Calydonie ſelon Polybe. Comme la Calydonie étoit une Province de Grece voiſine de l'Epire. Ces deux dernieres villes ne ſont peut-être pas fort diferentes l'une de l'autre.

[a] L. 4.

1. ELÆUS-

ELÆ. ELA.

[a L. 12. p. 537.]
1. ELÆUSSA, Ifle de la Cilicie, vis-à-vis de cette partie du Continent qui a été nommée Sebafte par les Grecs & Augufte par les Latins proche Corycos, felon Etienne le Géographe. Strabon [a] parlant de la Cilicie furnommée par les Grecs Τραχεία, par les Latins *Aspera* à caufe de fes Montagnes, (par opofition à celle que l'on appelloit champêtre à caufe qu'elle étoit toute en plaines) dit que dans cette Cilicie Montagneufe Archelaus fit bâtir parfaitement bien l'Ifle d'Eleuffa laquelle n'étoit pas fort grande, mais affez fertile & qu'il y fit prefque toujours fa réfidence.

[b L. 5. c. 31.]
[c L. 37.]
2. ELÆUSSA, Ifle de l'Afie mineure auprès de Smyrne felon Pline [b]. Tite-Live [c] en parle & la nomme ELÆA. Elle ne doit pas être confondue avec celle de l'Article precedent. Voiez auffi ELEUSA.

[d V. 910.]
[e Palæft. p. 747.]
[f Chiliad. Hift. 452.]
ELAÏS; ancienne Ville de la Phénicie. Denis [d] dans fa Periégefe la place entre Joppe, Gaza & Tyr. Mr. Reland [e] ne doute point que ce ne foit l'Elæa d'Etienne laquelle étoit entre Tyr & Sidon. Tzetzes [f] en fait auffi mention d'une maniere à faire connoître qu'il n'en parle que d'après Denys.

[g Geog. Nub. v. part. Clim. 3. p. 116.]
§. Le Géographe Arabe Edrifi fait auffi mention d'une Ville qui tiroit fon nom des Oliviers & la nomme [g] dans fa langue la fortereffe *Zait* qui fignifie la même chofe. Il y a, dit-il, d'Acca (Acra ou Ptolemaïde) douze mille pas à la fortereffe Zait qui eft belle & fituée au bord de la Mer. Mr. Reland croit que cette ville eft diferente d'Elaïs, parce, dit-il, qu'il y avoit dans cette contrée plufieurs lieux fertiles en Olives.

[h Strab. L. 13. p. 615.]
ELAITICUS SINUS [h], Golphe de la Mer Mediterranée ainfi nommé à caufe d'Elæa, & de la contrée Elaitis; à l'Embouchure du Caïque. Il fait partie du Golphe d'Adramit. Mr. Baudrand dit avoir appris des Pilotes qui ont fréquenté cette côte que ce Golphe s'appelle à préfent GOLPHE DE GUERESTIO.

[i L. 13. p. 615. & l. 12. p. 571.]
ELAITIS, petite contrée de l'Eolide dans l'Afie mineure felon Strabon [i]. Au Nord du Mont Cane, touchoit au Territoire de Pergame & étoit arrofée par le Caïque. Elle tiroit fon nom de la Ville Elæa (1.)

ELAIUS, Montagne de l'Arcadie à trente ftades de la Ville de Phigalie. Ce Mont eft fort remarquable à caufe de l'antre & du culte de *Cerès la Noire*. [k] Ce que les Thelpufiens racontent de la foibleffe que Cerès eut pour Neptune en lui accordant les dernieres faveurs convient affez avec le culte que lui rendent les Phigaliens. Selon eux elle ne mit pas au monde un Cheval, mais celle que les Arcadiens nommerent Defpœne, c'eft-à-dire, leur Souveraine ou Maîtreffe. Ils racontent que courroucée contre Neptune & chagrine de l'enlevement de fa fille elle s'habilla de noir, fe cacha dans cet antre, & comme en fon abfence les fruits & les biens de la terre fe gâtoient, ce qui caufoit la famine fans que les Dieux fuffent ce que Cerès étoit devenue, Pan en parcourant les Montagnes d'Arcadie entra dans l'Antre du Mont *Elaius*, la trouva, la reconnut, & en avertit Jupiter qui envoya les Parques. Celles-ci la firent changer de refolution & en memoire de cet Evénement les Phigaliens lui confacrerent dans cet antre une ftatue de bois

[k Paufan. in Arcad. p. 685.]

Tome II.

où elle étoit repréfentée affife fur une pierre fous la figure d'une femme hormis la Tête qui reffembloit à celle d'un Cheval autour de laquelle fe jouoient des ferpens & autres bêtes de la forte. Le refte du corps étoit caché de fa robe; d'une main elle tenoit un Dauphin & de l'autre une colombe. On ne dit point de quelle main étoit cette ftatue, ni par quel accident elle fut brûlée. Les Phigaliens aiant negligé d'en faire faire une autre; & laiffé peu à peu anéantir le culte de cette Déeffe, une fterilité les obligea de confulter la Pythie qui leur commanda de rétablir les honneurs de Cerès. Ils firent faire une nouvelle ftatue par Onatas fils de Micon d'Egine & lui en payerent ce qu'il voulut. Ce Sculpteur vivoit du temps de Dinomene Roi de Syracufe, frere de Hieron à qui il fucceda & fils de Gelon: ce Dinomene employa le Sculpteur Onatas pour les dons que fon pere Gelon avoit vouez à Jupiter Olympien: le même Gelon regnoit à Syracufe dans le temps que Xerxès fit fon irruption en Grece, ce qui peut fervir à déterminer le temps auquel les Phigaliens rétablirent le culte de Cerès. Paufanias qui alla exprès à Phigalie pour y voir l'ouvrage d'Onatas n'eut pas ce plaifir; un vieillard fort âgé lui raconta que cette ftatue avoit été écrafée fous des decombres de l'antre dont le haut s'étoit écroulé. Paufanias remarqua encore des traces de cet écroulement. On n'offroit point de victimes à la Déeffe, mais des fruits de quelques arbres d'alentour & furtout du raifin, des raions de miel, de la laine qui n'étoit pas encore dégraiffée; on mettoit ces dons fur un autel élevé devant l'antre; & on verfoit de l'huile fur ces offrandes. C'étoit une femme qui prefidoit à ces facrifices & elle avoit pour affiftant un des trois *Hiérothytes*, ou Sacrificateurs qui étoient du nombre des citoiens. L'antre étoit entouré d'une forêt de chênes, où étoit la fource d'une eau très-froide.

[l Voiage de Perfe l. 3.]
ELALBETEM, Ville de Perfe. Les Géographes du Pays la mettent à 87. d. 15′. de longitude & à 37. d. 15′. de latitude felon Tavernier [l].

[m L. 6. c. 28.]
[n L. 6. c. 7.]
1. ELAMITES, en Latin ELAMITÆ, Pline [m] nomme ainfi un peuple de l'Arabie heureufe & lui donne une ville de même nom: le R. P. Hardouin qui doute que Pline ait pu placer en cet endroit les Elamites, conjecture que ce font les ELAITES, ainfi nommez du Village Αἶλος, que Ptolomée [n] dit être dans ce Canton, ou peut-être les LEANITES dont Pline fait mention dans la même page.

[o D. Calmet Dict. de la Bible au mot ÆLAM.]
[p C. 22.]
[q C. 49. v. 35.]
[r Genef. c. 14. v. 1. & 9.]
2. ELAMITES, ancien peuple d'Afie. Ælam [o] fils de Sem eut fon partage à l'Orient du Tigre & de l'Affyrie, au Nord & à l'Orient des Medes. La Capitale de ce pays étoit Elymaïde. L'Ecriture joint Elam, Affur, & les Medes comme peuples voifins: il paroît par Ifaïe [p] & par Jeremie [q] que l'arc & les fléches étoient les principales armes des Elamites. Dès les temps d'Abraham [r] nous voions Codor Lahomor Roi des Elamites dans l'armée des Rois liguez contre Sodome & contre les villes voifines. Ifaïe parlant d'une maniere Prophetique du fiége de Babylone y met le Mede & l'Elamite comme affiégeans. Cyrus étoit Perfe ou Elamite; Darius étoit Mede; leur armée étoit com-

composée des Medes & des Perses. Jérémie[a] fait de terribles menaces contre *Elam*, & D. Ca'met croit qu'elles eurent leur exécution lorsque Nabuchodonosor assujetit ce Roiaume. Josephe croit que les Perses étoient les mêmes que les anciens Elamites, ou du moins qu'ils en étoient une branche. Dans la Prophetie de Daniel[b] *Suse* est comptée comme une place forte de la Province d'Elam ou d'Elymaïde. Ce qui prouve que cette Province étoit la même que la Susiane dont au moins elle occupoit une partie. Cependant, si nous en croions Pline[c], le fleuve Eulæus qui baignoit les murs de Suse tout à l'entour servoit de borne entre la Susiane & l'Elymaïde. St. Jerôme[d] dit qu'Elam étoit un pays de la Perside au delà de Babylone. Perside est pris ici pour la Perse en general quoiqu'ordinairement il signifie la Perse propre. Voiez ELYMAÏDE.

[a] C. 49. v. 34. & seq.
[b] C. 8. v. 1.
[c] L. 6. c. 26.
[d] In Jerem. c. 25. v. 25.

1. ELAN, ou ELAON[e], en Latin *Elamium*, village & Abbaye de l'Ordre de Cisteaux en Champagne dans le Rethelois sur la Meuse, entre Mesieres & Donchery.[f] Elle fut fondée l'an 1154. par Witer ou Withier Comte de Rethel. Les revenus en furent beaucoup augmentez dans un de ses Successeurs nommé Hugues en 1220. Elle a eu des Abbez Reguliers jusqu'en l'année 1523. qu'elle a eu des Abbez Commendataires. Elle vaut à l'Abbé cinq ou six mille livres de rente & aux Religieux au nombre de six trois à quatre mille livres.

[e] Baudrand. Edit. 1705.
[f] Baugier Mem. de Champagne T. 2. p. 45.

2. ELAN, ELANA, Ville & port d'Arabie, & ELANITICUS SINUS le Golphe d'AILA. Voiez AILA.

ELANCORUM EMPORIUM, ἐλάγκων ἐμπόριον, ancienne Ville Maritime de l'Inde en deçà du Gange selon Ptolomée[g].

[g] L. 7. c. 1.

ELANGUADA, Isle de la nouvelle Guinée. Elle est peu connue & située à un degré de latitude meridionale selon Mr. Corneille[h].

[h] Dict.

ELAPE, Ville de Perse & la patrie de St. Jaques Martyr dont l'Eglise celebre la fête le 27. de Novembre; & dont on croit que les Reliques sont à Milan selon le P. Ferrarius.[i] Le Martyrologe Romain marque seulement qu'il souffrit le Martyre en Perse sous l'Empire de Theodose le Jeune; qu'après avoir renié la foi Chrétienne par complaisance pour le Roi Isdegerde, voiant que sa Mere & sa femme ne vouloient plus le voir, il rentra en soi-même, alla dire au Roi qu'il étoit Chrétien, dont ce Prince étant irrité lui fit couper successivement membre & enfin la tête. C'est aparemment d'où lui est venu le surnom Latin d'*Intercisus*. Baronius[k] parle de lui. Nicephore qui a écrit sa vie marque qu'il étoit né à *Elape*.

[i] In Martyrol. Roman.
[k] Ad ann. 420.

ELAPHITES, Isles ainsi nommées à cause du grand nombre de Cerfs qu'on y voioit, du mot Grec ἔλαφος un *Cerf*. Pline en compte trois & les met à 15. mille pas de Melita, ou de l'Isle de Melada. Ferrarius dit que ce sont trois petites Isles de la Mer Adriatique du côté de l'Illyrie, dont la premiere est nommée *Calamota*, la seconde *Isola di Mezzo*, & la troisiéme *Guipana*.

[l] L. 3. in fine.

ELAPHITIS, Isle de la Mer Ionienne dans le voisinage d'Ephese selon Pline[m]. Elle tiroit aussi son nom des Cerfs.

[m] L. 5. c. 31.

ELAPHONNESUS, Isle de la Propontide vis-à-vis de la Ville de Cyzique. Pline[n] dit qu'on en tiroit le marbre dont on trafiquoit à Cyzique & qu'on l'appella aussi NEURIS & PROCONNESUS. Etienne donne les noms de Νευρίς & Προκόννησος comme synonymes d'Ἁλώνη. Mais il se trompe. Un passage de Scylax[o] pourroit faire plus de dificulté; car il semble contredire Pline en distinguant Proconnesus d'Elaphonnesus. Il y a, dit-il, auprès de la Ville de Cyzique l'Isle de Proconnese avec un bourg, & outre cela une autre Isle nommée Elaphonnese qui a un bon port & dont la campagne est labourée par les habitans de Proconnesus. Mais Strabon[p] leve la dificulté en reconnoissant qu'il y avoit une ancienne Proconnesus & une nouvelle; qu'elles n'étoient separées que par un petit bras de Mer, du reste qu'elles étoient semblables quant au nom. Car Πρόξ & Ἔλαφος signifient des cerfs dont cette Isle étoit remplie. Elle étoit alors distincte & isolée; mais le Canal qui la separoit d'Elaphonnesus s'étant comblé, elle lui a été jointe; delà vient que l'Isle formée des deux a été indiferemment nommée Proconnesus par quelques-uns & Elaphonnesus par d'autres. Le R. P. Hardouin de qui sont ces remarques observe que Πρόκες sont des biches qui ont mis bas pour la premiere fois.

[n] P. 33.
[o] P. 588.
[p] L. 13.

1. ELAPHUS, en Grec Ἐλαφοῦς (ἐντός) Montagne d'Asie dans l'Isle d'Arginussa. C'est là que mourut Alcibiade selon Aristote[q]; ce qui ne s'accorde guéres avec Plutarque[r] qui dit que ce Heros mourut dans un Bourg de la Phrygie. Quoi qu'il en soit, Aristote observe que les biches de ce lieu avoient l'oreille coupée, à quoi on les reconnoissoit quand on les transportoit. Pline en parle aussi[s], & comme dans les Manuscrits ce nom étoit écrit *Elafus* les Editeurs avoient substitué *Elarus*. Le R. P. Hardouin a rétabli *Elaphus*.

[q] Hist. Anim. L. 6. c. 29.
[r] In Alcib.
[s] L. 8. c. 58.

2. ELAPHUS, ou ELAPHUM, Riviere de Grece dans l'Arcadie selon Pausanias[t]. Pline en parle aussi & [v] la nomme ELATUM & le R. P. Hardouin assure qu'il l'a trouvé ainsi dans tous les Manuscrits.

[t] In Arcad.
[v] L. 31. c. 2.

ELAPHUSA, Isle voisine de celle de Corsou. Ni cette Isle ni les sept autres que Pline nomme dans cet endroit[x], n'ont à présent aucun nom particulier.

[x] L. 4. c. 12.

ELAPHUSSA, Isle de la Mer Adriatique. Voiez BRETTIA.

ELARIS. Voiez ALLIER.

ELAS, Ville de la troisiéme Palestine selon anciennes Notices. Mr. Reland[y] croit que c'est la même qu'Aila sur la Mer Rouge.

[y] Palæst. p. 748.

ELASAR, ou ELASOR, ou ELLASAR, selon l'Hebreu. L'Ecriture[z] fait mention d'Arioch, ou Arjoch Roi d'Ellasar. St. Jerôme & Symmaque traduisent ce nom par le Pont. Mr. le Clerc dans son commentaire sur la Genese[a] dit qu'il ne sait sur quel fondement. Il croit plûtot que ce nom signifie un pays voisin du Tigre où de l'Euphrate; car comme ce Roi vint contre le Roi de Sodome en qualité d'allié du Roi d'Elam, il est plus naturel d'employer le secours d'un Prince voisin que d'un Prince éloigné. Comme l'on ne trouve point de traces certaines de ce nom, il seroit dificile de déterminer au juste où étoit le Roiaume d'Arjoch.

[z] Genes. c. 14. v. 1.
[a] In l. c.

ELASUS. Quintus Calaber cité par Ortelius

ELA.

lius nomme ainfi une Riviere de Bithynie laquelle a fon embouchure dans le Pont-Euxin proche de Parthenium. Il y a bien de l'apparence que c'eſt l'ELATAS de Ptolomée. Voiez l'Article fuivant.

ELATAS, Riviere d'Afie dans la Bithynie. Elle a fon embouchure dans le Pont Euxin entre celle de l'Hypius & la ville de Diospolis, felon Ptolomée[a]. Ortelius croit que c'eſt la même que le LYCUS, qu'Arrien place auprès d'Heraclée. Ce qui femble autorifer fon fentiment c'eſt que Scylax parlant des Mariandyniens dit : là eſt Heraclée ville Greque & le fleuve Lycus & un autre fleuve nommé Hypius. Cellarius dans fa Carte de l'Afie mineure met l'Elatas entre Heraclée & l'Hypius à la place que Scylax donne au Lycus, qui eſt oublié dans la Carte de Cellarius.

1. ELATE'E, ancienne Ville de Grece dans la Phocide : elle en étoit même la plus grande après la Ville de Delphes[b]. Elle étoit fituée[c] au bord du fleuve Cephife, affez près d'Amphiclée[d]. Tite-Live dit que Philippe s'y rendit en un jour, quoi qu'il fût parti de Scotuffa Ville de Theffalie.

2. ELATE'E, Bourg de la Theffalie[f] affez près de Gonnus, dans le defilé qui conduifoit dans la vallée de Tempé. Etienne le Géographe en parle auffi. Mr. de l'Iſle dans fa Carte de l'ancienne Grece place une bourgade nommée ELATIA[g] fur la droite du Penée au Sud-Oueſt du Mont Offa; & il met Gonnus à l'autre côté du fleuve au-deffous de fon confluent avec le fleuve Titarefius.

3. ELATE'E, ou ELATRIA, Ville de la Theſprotie. Voiez ELATRIA.

ELATH. Voiez AILA.

ELATIA, ou ELATEIA. Voiez ELATE'E.

ELATIDES, Coline de la Bithynie, autour du fleuve Rhindacus felon Orphée[h] cité par Ortelius. Voiez HILATIDES.

ELATIUM, Ville qui, felon Pline, étoit plus près de la moitié de Damas que de Petra. Cet Auteur n'en dit rien de plus. Mr. Baudrand[i] la met dans la Paleftine & non dans la Décapole & cite Pline qui ne dit rien de pareil. Mr. Baudrand dit qu'elle eſt nommée *Elath* par les uns & *Eleale* par d'autres, qu'elle eſt entre le Jourdain au Couchant & Philadelphie au Levant, à quinze milles de Damas & autant de Petra : fur quoi il cite Adrichome[k] qui ne parle point d'*Elatium* mais d'*Eleale*, fans en dire rien d'aprochant, à ce que dit Mr. Baudrand.

§. C'eſt ainfi qu'on lit dans l'Edition de 1682. mais ce fut de l'Eiſenach de 1677. eſt plus exacte & dit beaucoup mieux : *Elatium* ville de la Decapole entre le Jourdain à l'Occident & Philadelphie à l'Orient à 15. milles de cette derniere ville vers les confins de l'Arabie deferte, à 90. milles de Damas & autant de Petra ; dans cette Edition il ne cite perfonne fur cet article.

ELATOS, Ville Mediterranée de l'Iſle de Crete felon Pline[l] dont les anciennes Editions portoient CLATOS. Le R. P. Hardouin croit que c'eſt l'Ἰλατία d'Etienne le Géographe.

ELATRIA, Ville de l'Epire dans la Theſprotie à l'Embouchure de l'Aphas dans le Lac

ELA. ELB.   235

d'Ambracie. Strabon[m] la compte pour une Ville Méditerranée.

§. Mr. Baudrand aiant vû qu'Ortelius renvoioit à l'Article *Elateia*, où il traite trois articles en un feul, à favoir *Elatée* de Phocide, *Elatée* ou *Elatrie* de Theſprotie & *Elatée* de Theffalie, n'a point fait attention à la diference de ces trois articles, & dit qu'Elatrie eſt une Ville ou un Bourg (*Oppidum*) de l'Epire dans la Thefprotie au defilé qui mene à Tempé; & cite Tite-Live qui ne dit rien de pareil.

ELATUM, Riviere d'Arcadie. Voiez ELAPHUS.

ELATUS[n], nom Latin d'une Montagne de l'Iſle de Zante. Elle prenoit fon nom des fapins dont elle étoit couverte, du mot Grec ἐλάτη fapin. C'eſt fur cette Montagne qu'eſt à préfent la Fortereffe de Zante Capitale de toute l'Iſle qui en porte le nom.

ELAVER, nom Latin de l'ALLIER Riviere de France.

ELAVIA,[o] ancien Château de Sicile felon Etienne le Géographe : feroit-ce l'Allava d'Antonin?

ELB. Voiez ELBE.

1. ELBA. C'eſt ainfi qu'Eufebe & St. Jerôme écrivent le nom d'un lieu de la Tribu d'Afer exprimé au livre des Juges[p], où il eſt dit qu'elle n'en put chaffer les habitans. La Vulgate porte HELBA, les Septante[q] Χεβδὰ, & l'Hebreu CHELBA, D. Calmet[r] foupçonne que ce peut être la même que CHELBON. Ville de Syrie qui ne devoit pas être éloignée de Damas.

2. ELBA, ou

1. ELBE, ou ELVE, Iſle d'Italie, fur la côte de Tofcane, vis-à-vis de Piombino[s], dont elle n'eſt feparée que par un Canal de dix milles : en Latin *Ilva*, anciennement *Æthalia*, *Æthale*: fon circuit eſt d'environ quarante milles, mais par divers détours de fes côtes. Elle appartient au Prince de Piombino comme faifant partie de fa Principauté, fous la protection des Efpagnols qui y tiennent la Fortereffe de *Portolongone* : une autre Fortereffe qui eſt *Porto Ferraio* appartien au Grand Duc. Il y a outre cela dans cette Iſle cinq Paroiffes qui font au Prince de Piombino. Cette Iſle faifoit autrefois partie de l'Etat de Pife; mais elle en fut feparée par les Appiani qui fe rendirent maitres de Piombino il y a environ trois fiécles. Les Efpagnols en firent un fief relevant du Duché de Milan. Cependant Portolongone eſt reſté jufqu'à préfent à l'Efpagne quoi que le Duché de Milan foit préfentement détaché de cette Monarchie.

Cette Iſle eſt fterile, mais il y a des Mines[t] de Fer, une d'aiman & une carriere de Marbre; les villages n'ont pour la plûpart des habitans que des Pécheurs.

2. ELBE,[v] en Latin ALBIS, grand fleuve de l'Allemagne. Les Allemands le nomment ELB, ou ELBE, & les Bohemiens LABE. Les Auteurs de la baffe Latinité le nomment ALBIA. Fabritius dans fon Hiſtoire de Mifnie dit que le nom de ce fleuve lui vient de fes onze fources par une allufion du mot EILF, qui fignifie le nombre XI. au nom de cette Riviere ; il eſt plus vrai-femblable de deriver Elbe d'*Albis*, qui étoit déja en ufage du temps d'Au-

ELB.

^a *Strabo.* l. 7.
^b Atlas de de Witt & de Sanson.

d'Auguste^a. L'Elbe a sa source au Mont des Géans, en Allemand *Riesen-Geburge*, en Latin *Montes Sudeti* sur les confins de la Bohême & de la Silesie ^b dans le Cercle de Hradesco, d'où coulant au midi & étant acrue de l'Upava, à Jarowitz g. & du Worlitz à Konigsgratz, g. elle va vers l'Ouest à Pardubitz au-dessous de laquelle elle reçoit la Czidlina g. à Kolin, à Nimburg au-dessus de laquelle elle reçoit la Milina, d. à Brandeiss, où elle reçoit la Gizera, g. & serpentant vers le Nord-Ouest elle coule à Melnick où elle reçoit le Muldaw, d. se grossit de l'Egre, d. au-dessus de Letomeritz, & se charge encore de trois petites Rivieres dont deux sont Pulznitz & Badebach g. avant que d'entrer dans la Misnie, où elle baigne les Villes de Dresden & de Meissen; reçoit dans ce Marquisat les Rivieres de Weisstritz, de Colmetz & quelques autres moindres; puis entrant dans le Duché de Saxe passe à Torgaw, se charge de l'Elster, d. passe à Wittenberg d. & entrant dans la Principauté d'Anhalt, reçoit la Mulre ou Mulde à Dessau, g. se grossit de la Sala entre cette Principauté & le petit Comté de Barbi; d'où elle ne sort que pour entrer dans la Basse Saxe où elle forme une Isle assez grande devant Magdebourg qu'elle laisse à gauche; coulant ensuite assez loin dans un lit unique, elle reçoit l'Uchte g. passe à Tangermunde Ville du Brandebourg qu'elle sépare du Duché de Magdebourg jusqu'à la hauteur de Havelberg, où elle est jointe par la Sprée qui vient de Berlin: continuant sa route vers le Nord-Ouest elle va joindre les Frontières du Comté de Danneberg où elle mêle les eaux de la Beese avec les siennes & après avoir servi de bornes entre ce Comté, & le Brandebourg, elle coupe une extremité du Duché de Meckelbourg dont elle laisse une petite lisiere à sa gauche. Vis-à-vis de Domitz, elle reçoit l'Elde qui est un égout des Lacs de Swerin, de Plawen, de Calpin, & de Muritz, tous situez dans le Meckelbourg; entre dans le Duché de Lauwenbourg dont elle baigne le pied de la Capitale; traverse l'extremité Septentrionale du Duché de Lunebourg, où est une partie des Isles qu'elle forme avant que d'entrer dans le Stormar dont Hambourg est la Capitale & qu'elle sépare du Duché de Bréme aussi bien que le Duché de Holstein après quoi elle se perd dans la Mer d'Allemagne. Quoi que cette Riviere soit navigable de bonne heure, le fort de sa Navigation est à Hambourg où elle forme un très-beau port dans lequel vient se rendre la Riviere d'Alster. Gluckstat dans le Stormar est un port assez beau, mais qui n'aproche point de Hambourg pour le Commerce. Les Villes de Stade, de Harborg, de Lauwenbourg, de Boitzenbourg, de Domitz, &c. ont des Péages sur toutes les Marchandises qui remontent ou descendent l'Elbe.

Les Géographes Allemands apellent Nieder-Elbe ou la Basse Elbe tout ce qui est depuis son embouchure jusqu'à son confluent avec la Sala, & Ober-Elbe ou Haute Elbe, tout ce qui est depuis ce confluent jusqu'à la source de ce fleuve.

ELBESTII, peuple de la Libye selon Philiste en son VIII. livre cité par Etienne le Géographe qui met ensemble comme voisins les *Elbestii* & les *Mastiani*: la situation connue de ces derniers aide à faire connoître les autres; car, comme le remarque Berkelius, les *Mastiani* ou *Mastieni*, qui prenoient leur nom de *Mastia* lieu d'Afrique, étoient proche des Colomnes d'Hercule, ou, ce qui est la même chose, proche du détroit de Gibraltar; comme le même Etienne nous l'apprend dans leur article particulier.

1. ELBEUF, gros bourg de France dans la Normandie, en Latin *Elbovium*. Il est situé sur la Riviere de Seine, quatre lieuës au-dessus de Rouen, à deux du Pont de l'Arche, à huit de Conches, & à quatre de Neubourg, dans le Voisinage de Bethomas, de la Londe, & d'Orival. Ce bourg qu'on trouve au pied d'une Montagne couverte d'un bois, est riche, très-peuplé, & fort renommé par les étoffes de Draperie que l'on y fabrique. Elbeuf ^d n'étoit qu'un Marquisat qui passa de la Maison d'Harcourt dans celle de Rieux, & de celle-ci dans celle de Lorraine en 1554. par le Mariage de Louïse de Rieux avec René de Lorraine, septieme fils de Claude de Lorraine Duc de Guise & d'Antoinette de Bourbon. Du Mariage de René de Lorraine avec Louïse de Rieux nâquit Charles de Lorraine, en faveur de qui Elbeuf fut érigé en Duché-Pairie par le Roi Henri III. l'an 1581. & les Lettres furent registrées le 23. de Mars l'an 1582. ^e On y voit une grande & belle maison pour la Manufacture des Draps dits d'Elbeuf. On y fait aussi des tapisseries en maniere de point de Hongrie. Un petit ruisseau qui sort de la Côte, fait tourner ses moulins, avant que de se rendre dans la Seine. Ce bourg a deux paroisses situées sur deux differens Dioceses, La Paroisse de Saint Etienne, le Monastere des Ursulines, & la Chapelle des Saints Felix & Adaucte, sont du Diocese de Rouen, & la Paroisse de Saint Jean est de l'Evêché d'Evreux. Cette Eglise est assez bien bâtie, avec une tour sur son portail, & le Chœur de celle de Saint Etienne est fort éclairé. La Campagne voisine produit de très-bon bled que l'on apporte au marché d'Elbeuf, qui se tient tout les Mardis, les Vendredis, & les Samedis. On y tient aussi une foire à la S. Gilles qui attire un grand nombre de Marchands. La voiture d'eau qui part tous les jours d'Elbeuf pour Rouen, facilite l'enlevement de ses Marchandises, & de ses grains. ^fLa Manufacture des Draps d'Elbeuf fut établie en 1667. & étoit composée il y a peu d'années de trois-cens métiers faisant par an environ neuf ou dix mille pieces de draps de cinq quarts façon de Hollande & d'Angleterre ce qui vaut plus de deux millions. Cette Manufacture occupe & fait subsister plus de huit mille personnes à Elbeuf & aux environs.

2. ELBEUF EN BRAI: ^g Paroisse de Normandie avec Seigneurie, Château & Chapelle fondée. Elle est située une lieue au dessus de Gournay-en-Brai, & à neuf ou dix de Rouen, entre l'Abbaye de Bellosane, le Prieuré de St. Aubin & la Riviere d'Epte. Le Château est fort bien bâti & les eaux vives d'un petit ruisseau qui en remplissent les fossez fournissent à quatre petits étangs & font tour-

^c *Corn. Dict.*
^d *Piganiol de la Force, desc. de la France T. 5. p. 57.*
^e *Corn. Dict.*
^f *Piganiol de la Force l. c. p. 45.*
^g *Corn. Dict. Memoires dressez sur les lieux.*

ELB.

ner deux moulins. Les Paroisses de Bremontier, de Montreal, & de Boyon avec plusieurs fiefs dépendent en partie de cette Seigneurie. Le Territoire produit des grains & des fruits & on y trouve de gras paturages.

3. ELBEUF SUR ANDELLE, autre Paroisse de Normandie dans la Generalité & l'Election de Rouen. Elle a 67. feux.

1. ELBII LACUS, Antonin nomme ainsi dans son Itineraire le Lac qu'on apelle aujourd'hui LAGO DI VICCO. Les Latins l'ont aussi nommé LACUS CIMINUS, & LACUS MATRINI.[b] La Table de Peutinger[b] nomme ce Lac & la montagne voisine *Lacus & Mons* CIMINUS; Virgile[c] de même. Voiez CIMINUS.

2. ELBII VICUS, Bourg de l'ancienne Toscane, loin de la mer. Quelques-uns croient que c'est aujourd'hui Viterbe, mais ils se trompent au jugement de Léandre[d] qui dit que c'est aujourd'hui le village de Vicco. Les Editions Latines de Ptolomée font mention d'ELBII VICUS, mais il n'y en a aucune trace dans le Grec.

1. ELBING, Ville Anséatique de Pologne dans la Prusse Roiale[e]: elle est située sur une Riviere de même nom entre le Lac de Drausen & le Frisch-Haff; & dans le petit pays de Hockerland dont elle est la Capitale: à 43. d. 18'. de longitude & à 54. d. 12'. de latitude selon le P. Riccioli[f]. Elle[g] est dans le Palatinat de Marienbourg, à huit lieues de la ville de ce nom & à quatorze de Dantzick. Elle n'est pas grande, mais ses rues sont larges & droites & ses fortifications fort regulieres. Cette ville fut bâtie vers l'an 1239. dans une plaine assez fertile & devint en peu de temps très-considerable par le commerce de la Mer Baltique. Elle se soumit à la Pologne en 1434. & on y reçut en 1525. Albert de Brandebourg qui en 1542. y fonda une *Université* qu'on y rétablit en 1592.[h] Ce n'est point une Université, mais un Collége, en Latin *Gymnasium*. Les maisons d'Elbing sont bien bâties & bien entretenues. Elle est divisée en haute & en basse, & toutes les deux sont fortifiées. On y voit encore les ruines d'un Château que les habitans ont eux-mêmes démoli. Le Commerce y est assez bon & consiste principalement en fromages, en beurre, en hydromel, & en grains. On y suit la Religion Catholique & la Confession d'Augsbourg. Cette diversité a failli à causer plusieurs fois la ruine de la ville,[i] principalement en 1616. & en 1618. & fut un pretexte aux Protestans de se revolter deux fois dans le dernier siécle contre le Souverain & de se donner aux Suedois qui le rendirent en 1660. par le Traité d'Olive. L'Electeur de Brandebourg[k] la prit en 1698. fondé sur des pretentions qu'il avoit que cette ville avoit été engagée par Casimir Roi de Pologne à l'Electeur de Brandebourg son pere, pour la somme de deux cens mille écus. Et il contraignit les habitans d'y recevoir garnison. L'affaire fut accommodée en 1700. & la Garnison fut retirée après qu'on lui eut donné sureté pour la dette.

2. ELBING, ou ELBINGUE[l], Petite Riviere de Pologne dans la Prusse Royale: elle sort du Lac de Drausen & passant à Elbing elle se jette dans le Frisch-Haff.

ELB. ELC.

ELBIR[1], Ville d'Asie dans la Mesopotamie, on l'appelloit autrefois BYRTA. Elle est située au bord de l'Euphrate & munie d'une Citadelle. Voiez BIRTHA. Mr. de l'Isle la nomme BIR. EL ou AL ne sont souvent que des particules separables des noms Arabes.

ELBO, Isle ainsi nommée par Etienne le Géographe après Herodote[m] qui dit qu'elle avoit dix stades de grandeur en tout sens; qu'elle s'étoit accrue, par le soin qu'avoit eu un homme d'y faire apporter de la cendre. Ce qui l'avoit augmentée. Mais ni l'un, ni l'autre de ces Auteurs, ne disent point en quelle Mer elle étoit. On peut pourtant conjecturer qu'elle étoit dans le voisinage de l'Egypte ou de l'Ethiopie.

ELBOCORIS ou ELCOBORIS. Pline nomme ELBOCORII un ancien peuple d'Espagne dans la Lusitanie. Le R. P. Hardouin croit avec raison qu'il étoit ainsi nommé d'ELBOCORIS Ville qui se trouve nommée ELCOBORIS[n] par un renversement de lettres dans l'un ou dans l'autre de ces deux Auteurs. Cette ville étoit dans les Terres.

ELBOGEN. Voiez MALMOE.

ELBONTHIS, Ville ancienne d'Afrique entre l'Egypte & CYRENE selon Etienne le Géographe.

ELBOURG, petite ville des Provincesunies au Duché de Gueldre dans le Veluwe ou Velaw sur la côte Orientale du Zuyderzee, aux confins de l'Over-Issel; entre Campen & Harderwyck. Elle fut prise en 1672. par les François qui l'abandonnerent l'année suivante après en avoir dote les fortifications. Ce nom se trouve écrit diversement ELBOURG, ELBURG, ELBERG.

ELBURG, Ville du Pays de Jutland en Danemarck avec siege d'Evêché. Voyez ALBORG.

ELCASAR-FARON, Ville d'Afrique dans la Province de Fez propre. C'est ainsi que Marol[o] écrit ce nom. Le Roi nomme ce lieu CAÇAR FARAON, ou CHÂTEAU PHARAON. [q] Jean Leon le nomme *Pharaonis Palatium*. Voiez au mot CAÇAR. On le nomme aussi le CHÂTEAU DE ZARHON ou *Zarhanum* du nom de la Montagne sur laquelle il est situé.

ELCATH, ou ALCATH, hameau de l'Isle de Cypre selon Pollux cité par Ortelius[r].

ELCATIF, ELCATIFE, ou en retranchant l'Article EL, CATIF, ou même KATIF. Le nom le plus usité. Ville d'Asie dans l'Arabie heureuse sur la côte Occidentale du Golphe Persique au midi de l'Isle de Chader de laquelle elle est separée par un bras d'eau qui se détache du Tigre & de l'Euphrate avant leur embouchure dans le fonds du même Golphe. Les Géographes Arabes au raport d'Abulfeda donnent à cette ville 73. d. 55'. de longitude & 12. d. de latitude au commencement du 2. climat. Cet Auteur en parle ainsi dans la Traduction de Mr. de la Roque à la fin du Voiage de la Palestine[s]: *Katif*: cette ville est du côté d'Ahsa sur la côte du Golphe Perfique. Il y a des lieux aux environs où ses habitans pêchent des Perles; son éloignement de Ahsa est d'environ deux stations, & elle est à l'Orient de cette ville tirant un peu

vers

ELC.

vers le Nord. Ses Palmiers sont plus petits que ceux d'Ahsa. Nous avons apris que la ville a des murailles, un fossé & quatre portes, que dans les hautes Marées la Mer vient jusqu'au pied des Murs & que dans les basses une partie de la terre aux environs reste à découvert. Katif a un Canal où un petit Golphe par lequel les plus gros navires entrent chargez & s'aprochent de la ville vers la Marée. On compte six journées de chemin de Katif à Bosrah, quatre de Katif à Kademah & il faut un mois entier pour aller de Katif à Oman. Katif est semblable à Selamiya pour la grandeur & celle-ci est plus grande qu'Ahsa. Cette ville est à la place de l'ancienne GERRA. Voiez ce mot.

§. Le Canal ou Golphe dont il est parlé dans cet article & que les anciens ont nommé Gerraïcus Sinus est nommé aujourd'hui GOLPHE D'ELCATIF; ce qui a donné lieu à quelques Géographes de nommer tout le Golphe Persique *Golphe d'El-Catif*, de même que d'autres l'ont nommé Golphe de Balsora, à cause de la ville de ce nom. Abulfeda, Nassir Eddin & Ulug Beig mettent Alkatif ou Elkatif dans la Contrée ou Province de Bahrain. Mr. Baudrand * dit qu'elle est la Capitale d'une Principauté où sont les villes de Hadavia, d'Absa (Ahsa), de Bahrain, de Bischa & de l'Absa. Ce détail qui n'est rien moins qu'exact est pris de Mr. Mati qui en rend garand Mr. Sanson. Mr. Mati ajoute que cette ville est tributaire du Turc ; & que Sanson l'appelle le Beglerbeglic de Labsa. Voiez LAHSA dans l'article duquel ceci est rectifié.

* Ed. 1705.

ELCEBUS, Ville de la Gaule Belgique chez les *Tribocci* selon Ptolomée [a] dont les Interpretes croient que c'est SCHLESTAT. Elle se trouve marquée dans l'Itineraire d'Antonin entre *Argentovaria* (Colmar) selon quelques-uns & *Argentoratum* (Strasbourg) à six mille pas de la premiere & à douze de la seconde. La Table de Peutinger met dans la même distance entre Argentoratum & Argentovaria HELELLUM que Cluvier [b] pretend être ELL Village sur l'Ill entre ces deux villes. Il y en a qui veulent que le Helellum de cette Carte est la même que l'*Elcebus* de Ptolomée par la transposition & le changement de peu de lettres. Mais Antonin dans une autre route precedente met trente mille pas d'*Elcebus* à *Argentoratum*, de sorte qu'il faut qu'un des deux Calculs soit faux. Ce dernier est suspect comme excessif. Rhenanus & Simler prennent pour un même lieu le *Helellum* de l'ancienne Carte & HELVETUM de l'Itineraire ; car c'est ainsi que portent divers manuscrits, & selon eux c'est Sletstadt. Il est aisé de changer le T. en L. & *Helvetum* en *Helvelum* : cela étant, dit Cellarius [c], il semble que quelque main étrangere aura mis dans les autres exemplaires le nom *Elcebus* qu'elle aura empruntée de Ptolomée. Soit que l'on lise HELCEBUS, ou ELCEBUS, soit qu'on aime mieux HELVETUS ou HELVELUS ou même Helellus, il est certain, selon la Table de Peutinger, & l'Itineraire d'Antonin, que ce lieu étoit au dessus de Strasbourg.

[a] L. 2. c. 9.
[b] Germ. ant. l. 2. c. 11.
[c] Geog. ant. l. 2. c. 3.

ELCESI [d], Village de Palestine dans la Galilée. Il est illustre par la naissance du Prophete Nahum [e]. On montroit ce village pres-

[d] D. Calmet Dict. de la Bible.
[e] Nahum. c. 1. v. 1.

ELC.

que ruiné encore du temps de St. Jerôme [f]. Theophylacte dit qu'il est au delà du Jourdain.

[f] Prolog. in Proph. Nahum.

ELCETHIUM, ancienne ville de Sicile selon Ptolomée [g]. Cluvier [h] trouve que Pline en a nommé les Habitans ELCETIENSES ; car c'est ainsi qu'il lit au lieu d'ECESTIENSES qui se trouve dans les anciennes Editions, & que de plus recentes ont changé en *Acestienses* sans avoir égard à l'ordre Alphabetique de Pline qui seroit interrompu par ce mot s'il l'avoit écrit ainsi. Il y a encore à présent, poursuit le même Géographe, entre la ville de Mazare & la Riviere de Belice un Bourg nommé CASTRO VETERANO. Ce nom seul prouve qu'il est ancien & ce pourroit bien être l'*Elcethium* de Ptolomée. Quant aux *Ecestienses* des Editeurs de Pline, le R. P. Hardouin les nomme ECHETLIENSES. Il a trouvé dans les manuscrits *Echestienses*, mais il a rétabli, dit-il, sur une conjecture qu'il nomme très-certaine *Echetlienses* d'Ἐχέτλα Bourg duquel parlent Polybe [i], Diodore de Sicile [k] & Etienne le Géographe. C'est, dit-il, peut-être le même lieu que Ptolomée nomme Ἐλκέθιον pour Ἐχέθλιον. Mr. de l'Isle [l] met Elcethium plus loin de la mer à l'Orient du fleuve Crimisus & à l'Occident de la source du Selinus. Cette ville est diferente d'ECHETLE.

[g] l. 3. c. 4.
[h] Sicil. Ant. p. 376.
[i] l. 1.
[k] l. 19.
[l] Sicil. Ant. Tab.

ELCHE, Petite ville d'Espagne dans le Roiaume de Valence ; sur la Segre à quatre lieues d'Alicante & à deux grandes d'Orihuela. Quelques-uns croient y trouver l'ILLICE de Meh [m] que d'autres cherchent à *Alicante*, ou même à *Origuela*. C'est sur ce fondement que Mr. Baudrand dit que cette ville a été le siege d'un Evêché sufragant de Tolede. Cet Evêché nommé Illici dans la Geographie du P. Charles de St. Paul [n], est efectivement dans les Notices & on voit que Serpentin qui en étoit Evêque souscrivit au quatrieme Concile de Tolede. Mais le même Pere remarque le doute où sont les Savans si l'ancienne *Illici* est Alicante, Elche, ou Origuela. Mr. Baudrand nomme Elche en Latin ELICONA. Elche [o] est située dans un lieu très-fertile en dates, en vin & en bétail. Tout son terroir est couvert de forêts d'Oliviers & de Palmiers d'une hauteur prodigieuse. La ville est fort petite, mais très-jolie & le séjour en seroit très-agreable s'il y avoit de bonne eau, mais on n'y en boit que de salée à moins qu'on n'en fasse venir d'ailleurs. Ses dehors sont charmans par la quantité de jardins & de vergers que l'on y voit remplis de fruits exquis. Elle fut érigée en Marquisat par l'Empereur Charles V. en faveur de D. Bernardin de Cardenas Duc de Maqueda ; & par succession elle est tombée dans la Maison des Ducs d'Arcos.

[m] l. 2. c. 6.
[n] P. 279.
[o] Voyage Etat pres. de l'Espagne T. 1. p. 154.

ELCHINGEN, Abbaye d'Allemagne dans la Suabe, de l'Ordre de St. Benoît ; sur une Montagne au-dessous & à une lieue d'Ulme sur la rive gauche du Danube. Conrad Duc de Saxe la fonda en 1128. c'étoit auparavant un Château que les meurtres & les brigandages commis par ceux à qui il appartenoit rendoient fameux dans tout le pays. Conrad s'étant emparé de ce Château & voulant expier les crimes que l'on y avoit commis le changea en un Monastere de Benedictins à la priere de Luce

[p] Corn. Dict. d'Audifret Geog. T. 3. p. 196.

ELD. ELE.   ELE.   239

Luce de Suabe son Epouse Sœur de l'Empereur Conrad II. Ce Monastere fut brûlé quelque temps après par le feu du Ciel. Mais Albert Comte de Ravenstein le fit rebâtir l'an 1182.

ELDA. Voiez ELDE.

ELDAFAGNI, ou ELADASAGNI, ce dernier est le nom moderne que Molet donne [a] à une ville de Macedoine que Ptolomée[a] nomme *Daulia*. Mr. Baudrand dit qu'Eldafagni, en Latin *Eldafagnia*, anciennement *Daulia*, est une ancienne Ville de Grece dans l'Epire sur la Riviere de Pollina vers sa source & les Confins de la Macedoine & de la Thessalie.

a L. 3. c. 13. Edit. Ald. p. 96.

ELDAMARII, ancien peuple Arabe, voisin de la Mesopotamie selon Ortelius[b]. Il étoit même dans l'interieur de ce pays-là en comparant divers passages de Pline[c].

b Thesaur.

c L. 6. c. 9. & 26.

1. ELDANA, ancienne Ville de l'Inde au delà du Gange selon Ptolomée[d].

d L. 7. c. 2.

2. ELDANA, ancienne Ville des Vaccéens dans l'Espagne Tarragonoise, selon le même[e]. Ses Interpretes l'expliquent par DUEÑAS.

e L. 2. c. 6.

ELDE, petite Riviere d'Allemagne dans la Basse Saxe. Elle coule au Duché de Meckelbourg où elle recueille les eaux de plusieurs Ruisseaux & la décharge des Lacs de Schwerin, de Plawen, de Calpin, & de Muritz, puis coulant quelques milles vers le midi elle arrose Neustadt & Grabow ; & se tournant vers l'Occident elle se separe à Eldenaw en deux branches dont la plus Septentrionale forme en se jettant dans l'Elbe une Isle dans laquelle la Forteresse de Domitz est située ; la plus meridionale va former sur la lisiere du Comté de Daneberg diverses petites Isles, puis se perd dans l'Elbe.

ELDIMEENS, ancien peuple maritime d'Asie dans la Susiane selon Ptolomée[f]. Ortelius[g] croit qu'il y a faute dans cet Auteur, & qu'il faut lire Elymées ; c'est-à-dire les habitans de l'ELYMAÏDE. Voiez ce mot.

f L. 6. c. 3.

g Thesaur.

ELE, ΕΛΗ, c'est ainsi que les Grecs nommoient certains lieux marécageux dans le voisinage du Palus Meotide, où demeuroient les Erules, si nous en croions Jornandes[h] appuié de l'autorité de l'Historien Ablavius.

h De Reb. Get. c. 23.

1. ELEA. Voyez ELEE.

2. ELEA, Ville d'Italie selon Etienne le Geographe : c'est la même que VELIA.

3. ELEA[i], ELEÆ ou ELEES, Riviere d'Italie dans la Lucanie en deça de l'Apennin ; c'est à present la Pisciota ; dans le Roiaume de Naples. Elle donnoit son nom au port & au Golphe que les anciens ont nommez *Eleates Portus*, *Eleates Sinus*.

i Baudrand Ed. 1682.

4. ELEA[k], lieu d'Asie que Suidas dit avoir été la Patrie d'Alcidamas. Il n'étoit pas éloigné de Lesbos.

k Ortel. Thesaur.

ELEALCIS, fontaine de Grece de laquelle parle Hippocrate[l] cité par Ortelius[m].

l De Morb. popul.
m Thesaur.

ELEALE, Ville construite par les fils de Ruben. Il en est fait mention au livre des Nombres[n]. Ce lieu appartenoit aux Amorrhéens & étoit de la Province de Galaad. Il paroît par deux passages d'Isaie.[o] & par un de Jeremie[p] que les Moabites s'en rendirent maîtres. Ces deux Prophetes joignent comme voisins Eleale & Hesebon qu'Eusebe nomme Esebus & St. Jerôme Esbus. Ces Peres n'y mettent en effet que mille pas de distance ; &

n C. 32. v. 3. & 37.
o C. 15. v. 4. & c. 16. v. 9.
p C. 48. v. 34.

disent que de leur temps Eleale étoit un fort gros village.

ELEARCHIA, ancien Evêché d'Egypte. Ce nom se donne à une ville particuliere dans le Concile de Chalcedoine[q], & dans plusieurs anciens Monumens ecclesiastiques. Le P. Charles de St. Paul[r] soupçonne néanmoins que c'est une contrée, parce, dit-il, qu'elle appartenoit à plusieurs Sieges Episcopaux. St. Athanase dans une de ses Lettres[s] fait mention d'Agathon Evêque de Phragonis & d'Elearchie, & on trouve qu'Isaac Evêque d'Elearchie souscrivit au Concile tenu à Ephese contre Flavien.

q Act. 1.
r Geog. sacr. p. 270.
s Ad Antioch.

ELEASA, Village de la Palestine. C'est ainsi que ce nom se trouve écrit dans le texte Grec des Machabées[t]. St. Jerôme & la Vulgate lisent LAISA. Voiez selon cette Orthographe.

t L. 1. c. 9. v. 5.

ELEATES AGRI, Territoire d'Espagne vers le Guadalquivir. Festus Avienus en fait mention[v] selon l'exemplaire d'Ortelius. L'Edition de Mr. Hudson prefere ILEATES, & dans une note il semble indiquer qu'ISCATES seroit preferable.

v Ora Marit. v. 302.

ELECTA, nom Latin d'ALETH.

☞ ELECTION. La France par raport à l'imposition & à la recepte des Tailles se divise en Generalitez, & châque Generalité en Elections, qui ont chacune un Tribunal composé de plusieurs Officiers, comme Presidens, Elus, & autres pour juger les diferens touchant les Tailles, les Aides & les Gabelles. Tout le ressort & toute l'étendue qui est de la dependance de l'un de ces Tribunaux, se nomme ELECTION, & on y joint le nom du lieu où ce Tribunal est établi. Comme les Generalitez se divisent en Elections, châque ville qui est le siege d'une Generalité est encore le siege d'une Election particuliere. Voici une liste exacte des Elections de France sous leurs Generalitez.

La *Generalité* de PARIS à 22. *Elections*,
    à savoir,

Paris,	Joigni,
Beauvais,	St. Florentin,
Compiegne,	Tonnerre,
Senlis,	Vezelai,
Meaux,	Nemours,
Rosoi,	Melun,
Colomiers,	Etampes,
Provins,	Mante,
Montereau-faut-Yonne,	Montfort,
Nogent sur Seine,	Dreux,
Sens,	Pontoise.

La *Generalité* d'AMIENS a 6. *Elections*,
    à savoir,

Amiens,	Peronne,
Abbeville,	St. Quentin,
Dourlens,	Montdidier.

La *Generalité* de SOISSONS a 6. *Elections*,
    à savoir,

| Soissons, | Noyon, |
| | Laon, |

ELE.

Laon, Crepi, Château-Gontier, Château du Loir,
Guife, Château Thierri. La Fleche, Laval.

La *Generalité* de Châlons en Champagne a 12. *Elections*, à savoir,

Châlons, Joinville,
Langres, Chaumont,
Rethel, Bar-sur-Aube,
Rheims, Troyes,
Ste. Menehoud, Epernay,
Vitri, Sefane en Brie.

La *Generalité* de Lyon a 5. *Elections*, à savoir,

Lyon, Rouanne,
St. Etienne, Villefranche.
Montbrifon,

La *Generalité* de Montauban a 11. *Elections*, à savoir,

Montauban, Cominges,
Cahors, Lomagne, ou Fleurance
Figeac, Riviere Verdun ou
Villefranche, Grenade,
Rhodez, Armagnac ou Auch,
Milhaud, Aftarac, ou Mirande.

La *Generalité* de Bourdeaux a 10. *Elections*, à savoir,

Bourdeaux, Les Landes,
Perigueux, Les ⎧ Marfan,
Sarlat, Pays ⎨ Gabardan,
Agen, de ⎩ Labourt,
Condom, Le Comté de Bigorre.

La *Generalité* de Limoges a 5. *Elections*, à savoir,

Limoges, Bourganeuf,
Tulles, Angouléme.
Brive,

La *Generalité* de Poitiers a 8. *Elections*, à savoir,

Poitiers, Saint Maixant,
Mauleon, Niort,
Thouars, Fontenai-le-Comte,
Chatelleraut, Olonne.

La *Generalité* de La Rochelle a 5. *Elections*, à savoir,

La Rochelle, Marennes,
Saint Jean d'Angeli, Coignac.
Saintes,

La *Generalité* de Tours a 16. *Elections*, à savoir,

Tours, Baugé,
Amboife, Saumur,
Loches, Montreuil-belai,
Chinon, Angers,
Loudun, Mayenne,
Richelieu, Le Mans,

La *Generalité* de Caen a 9. *Elections*, à savoir,

Caen, Avranches,
Bayeux, Mortain,
Carentan, Vire,
Valogne, St. Lo.
Coutances,

La *Generalité* d'Alençon a 9. *Elections*, à savoir,

Alençon, Domfront,
Bernai, Falaife,
Lizieux, Argentan,
Conches, Mortagne.
Verneuil,

La *Generalité* de Rouen a 14. *Elections*, à savoir,

Rouen, Andeli,
Arques, Evreux,
Eu, Pont de l'Arche,
Neufchâtel, Pont l'Evêque,
Lions, Pont Audemer,
Gifors, Caudebec,
Chaumont, Montiviliers.

La *Generalité* d'Orleans a 12. *Elections*, à savoir,

Orleans, Blois,
Pitiviers, Romorentin,
Beaugenci, Dourdan,
Montargis, Chartres,
Gien, Châteaudun,
Clameci, Vendôme.

La *Generalité* de Bourges a 6. *Elections*, à savoir,

Bourges, Le Blanc en Berry,
Issoudun, La Charité en Nivernois,
Château-roux, St. Amand.

La *Generalité* de Moulins a 7. *Elections*, à savoir,

Moulins, Château-Chinon,
Gannat, Combrailles ou Evaux,
Montluçon, Gueret.
Nevers,

La *Generalité* de Riom a 6. *Elections*, à savoir,

Riom, Brioude,
Clermont, St. Flour,
Issoire, Aurillac,

La *Generalité* de Grenoble a 6. *Elections*, à savoir,

Grenoble, Valence,
Vienne, Montelimart,
Romans, Gap.

ELE.

Il y a d'autres Generalitez qui ne font point divifées par Elections; mais on fe fert d'autres mots pour en exprimer les divifions. Au lieu d'Election on dit *Dioceses* en Languedoc, *Receptes* en Bourgogne, en Dauphiné, en Provence & en Bretagne, & *Offices* en Lorraine. Voiez GENERALITÉ.

☞ ELECTORAT, contrée d'Allemagne, dont le Souverain a droit de fuffrage dans l'Election d'un nouvel Empereur & d'un Roi des Romains, & jouït ou doit jouïr en qualité de Souverain d'un tel pays, de tous les Privileges & de toutes les Prerogatives que les Loix de l'Empire accordent aux Electeurs. Je laiffe aux Chronologiftes le foin de débrouiller ce qu'il y a d'obfcur dans l'origine de cette Dignité dont l'établiffement eft attribué par les divers Auteurs à Charlemagne, aux Otons, au Pape Gregoire V. à l'Empereur Henri II. à Frederic Barberouffe, à Charles IV. il eft certain par la Bulle d'or [a] que ce dernier trouva la Dignité Electorale déja établie; quoi qu'avec des circonftances diferentes de celles d'aujourd'hui. Le nombre des Electeurs a long temps varié. La Bulle d'or le borne à fept, à favoir:

[a] Tit. I. §. 1.
Tit. II. §. 8.
Tit. IV. §. 5.

L'Archevêque de MAYENCE, *Archichancelier* du St. Empire en Allemagne.
L'Archevêque de COLOGNE, *Archichancelier* du St. Empire en *Italie*.
L'Archevêque de TREVES, *Archichancelier* du St. Empire dans les Gaules & au Roiaume d'Arles.
Le Roi de BOHEME, *Archiechanfon* du St. Empire.
Le Comte *Palatin* du Rhin, *Archimaitre d'Hôtel* du St. Empire.
Le Duc de SAXE, *Archimaréchal* du St. Empire.
Le Margrave de BRANDEBOURG, *Archichambelan* du St. Empire.

§. XI.

L'Electeur Palatin Frederic aiant accepté la Couronne de Bohême, & aiant perdu une bataille décifive contre Ferdinand d'Autriche fon Competiteur, fut mis au ban de l'Empire & privé de l'Electorat; qui fut tranfporté à la branche de Baviere qui en a jouï depuis ce temps-là; mais par le Traité de Munfter, afin de rétablir la Maifon Palatine dans les honneurs & les Privileges de l'Electorat, il en fut créé un huitiéme, en faveur de cette branche rétablie. Leopold en créa un neuviéme en faveur de la Maifon de Brunswick-Hanover, l'an 1692. le 19. Decembre. Cette Maifon ne fut admife dans le College des Electeurs que le 7. Septembre 1708. à caufe des oppofitions que l'on fit dans l'Empire à cette Erection; c'eft à ce nombre de VII. de VIII. & de IX. qu'il faut avoir égard quand on trouve dans les Hiftoires écrites en Latin la Dignité Electorale exprimée par l'un de ces mots *Septemviratus*, *Octoviratus*, *Novemviratus*. Mais afin que les perfonnes peu inftruites des ufages de l'Allemagne ne s'y trompent pas; il ne faut pas s'imaginer que tous les Etats que poffede un Electeur foient la même chofe que l'Electorat. L'Electorat n'en eft fouvent qu'une affez mediocre & c'eft à cette partie feule que

Tome II.

ELE.

la Dignité d'Electeur eft attachée. Les Electeurs peuvent partager, demembrer, aliener ce qu'on apelle leurs Etats Héreditaires, ou de conquête; mais l'Electorat eft indivifible: voici les Terres Electorales des Electeurs Seculiers; car les trois autres Electorats étant des biens d'Eglife ne font point fujets à être partagez entre les parens & viennent toujours entierement au Succeffeur Elu, ou Poftulé.

BOHEME, le Roiaume de ce nom.
SAXE, la Saxe propre fur l'Elbe; que les Allemands nomment *Chur-creys*, dont Wittemberg eft la Capitale.
BAVIERE, le Duché de Baviere.
BRANDEBOURG, la Marche.
PALATIN, le haut Palatinat.
HANOVER, les Duchez de Hanover & de Zell, joints enfemble.

Un Electeur en cas de partage de fes biens entre fes enfans ou autres Heritiers ne fauroit difpofer de ceux-ci qu'en faveur de celui qui doit lui fucceder à l'Electorat, & cette Dignité fuit toujours celui qui y fuccéde de droit. Par exemple [b] par le Teftament de Jean George I. Electeur de Saxe; Jean George II. fon fils eut l'Electorat & autres Pays, Augufte fon fecond fils eut la Thuringe; Chriftian le troifieme eut l'Evêché de Mersbourg avec une partie de la Luface; Maurice le quatrieme eut l'Evêché de Naumbourg & une partie du Voigtland & du Comté de Henneberg. Les Electorats font incompatibles & un même Prince n'en fauroit poffeder deux à la fois. On a autrefois douté en Allemagne fi le pere & le fils pouvoient poffeder en même temps chacun un Electeur particulier. L'Empereur Sigifmond [c] y trouvoit de la dificulté & c'eft cette raifon qu'il allegua à Louïs Comte Palatin & à Frederic de Brandebourg qui demandoient l'Electorat de Saxe pour leurs fils. Cette dificulté a été diminuée de nos jours & nous avons vu deux freres en même temps Electeurs de Cologne & de Baviere: elle eft même decidée par la mort du premier qui a eu pour Succeffeur le fils de fon Frere; de forte que le Pere & le fils poffédent chacun un Electorat. J'ai parlé du Collége des Electeurs au mot ALLEMAGNE. Voiez de plus chaque Electorat dans leurs articles particuliers.

[b] *Lunig. Reichs Arch* p. ipec. 2. p. 6.

[c] *Goldaft. Reichs Satzung.* p. 2. p. 103.

1. ELECTRA, ancienne petite Ville ou Bourg du Peloponefe dans la Meffenie, felon Paufanias [d], fur la route d'Andania à Cyparifiae. Elle étoit baignée par les Eaux d'une Riviere de même nom & par le fleuve Coeus. En allant de cette ville vers la fontaine nommée *Achaia* on voioit les ruines de la Ville de DORIUM de laquelle parle Homere [e] qui dit que ce fut là que Thamyris devint aveugle en punition de ce qu'il s'étoit vanté de furpaffer les Mufes dans l'art de chanter.

[d] *L.* 4. ci. 33.

[e] Iliad. B. 95.

2. ELECTRA, Riviere du Peloponefe dans la Meffenie. Elle couloit par la ville de même nom.

ELECTRÆ, ATLANTIDIS INSULA; c'eft-à-dire, l'Isle D'ELECTRE FILLE D'ATLAS; c'eft ainfi qu'Apollonius nomme l'Ifle de Samos.

ELECTRAS, ou plûtôt HELECTRAS Riviere

H h

242 ELE.

[a] L. 3. c. 17.
[b] Comment. xi. p. 346.

viere de la partie meridionale de l'Isle de Crete, selon Ptolomée [a]. Niger dans la Geographie dit que Vitruve la nomme POTEREUS.

ELECTRIA, l'un des surnoms de l'Isle de Samos.

[c] P. 16.
[d] L. 3. c. 26.

1. ELECTRIDES, Isles de l'Illyrie proche des Absyrtides; selon Scymnus [c] & Pline [d]. Ce dernier n'en parle que sur le raport des Grecs qui les avoient nommées ainsi, parce qu'ils croioient qu'il y croissoit de l'Ambre; & il n'en parle que pour marquer le peu de fonds qu'on peut faire sur ce que disent les Grecs, puisque, dit-il, on n'a jamais su quelles Isles ils ont designé par ce nom. Strabon se moque aussi quelque part de ces Isles Electrides du Golphe Adriatique.

[e] L. 4. c. 16.

2. ELECTRIDES, ou GLESSARIÆ INSULÆ. Pline [e] aiant parlé de quelques Isles qui sont au couchant de la Grande Bretagne, dit qu'à l'oposite vers la Mer d'Allemagne sont éparses les *Glessaires* que les Grecs modernes ont nommées Electrides parce que l'Ambre (nommé en Grec Ἤλεκτρον, en Latin *Electrum*) y naît; (ou s'y trouve au bord

[f] Thesaur.

de la mer.) Ortelius [f] a soupçonné que ce pouvoient être les Isles de *Hetland*, *Schetland* & *Fare* qui sont au Nord de l'Ecosse & comme à l'oposite de l'Isle de la Grande Bretagne. Le R. P. Harduoin explique autrement ce mot à l'oposite, & pretend que Pline venant de parler de plusieurs Isles situées à l'Ouest de cette Isle le mot à l'oposite s'y raporte & signifie des Isles situées à l'Orient, dans la Mer d'Allemagne, c'est-à-dire, dans cette partie de la Mer Baltique qui baigne l'Allemagne au Nord, & où sont les Isles d'*Oeland*, & de

[g] Geog. ant. l. 2. c. 5.

Gotland. Cellarius [g] semble partager le diferent par la moitié, & réconnoître deux sortes d'Isles Electrides, les Orientales dans la Mer Bal-

ELE.

tique & les Occidentales à l'oposite des Isles Britanniques; si pourtant elles existent, ajoute-t-il, *sicubi sunt*. Voiez GLESSARIE & GLESSARIÆ.

§. J'ai prouvé ailleurs que les Anciens ne connoissoient presque point tout ce qui est au delà de l'Elbe. Cela se voit par le témoignage de Strabon [h]. Tacite est le premier d'entre eux qui nous en ait donné quelque connoissance un peu distincte, encore ne l'est-elle pas assez pour nous déterminer la plûpart du temps.

[h] L. 8. p. 294.

ELECTRIS [i], ou FEBRA, Isle voisine de la Calabre à la vue de la Ville de Tarente. C'est ainsi qu'en parle Servius [k] qui ajoute qu'elle est peuplée de Herons. Voiez FEBRA.

[i] Ortel. Thesaur.
[k] In l. Æneid.

ELECTRUM, c'est ainsi que les Maures du temps de Pline [l] nommoient le Lac de la Mauritanie nommé *Cephisias* auprès de la Mer Atlantique. Il ajoute sur l'autorité d'*Asarubas*, Auteur qu'il cite comme vivant encore, que lors que l'eau en étoit échauffée par le Soleil, il s'y formoit de l'ambre qui flottoit dessus.

[l] L. 37. c. 2.

ELE'E, ou ELIDE, contrée maritime du Peloponese entre l'Achaïe au Nord, la Messenie au midi, la Mer au couchant & l'Arcadie à l'Orient. Strabon [m] & Ptolomée [n] disent ELEA, Ἡλεία; Scylax [o], Polybe [p], & Ovide [q] disent ELIS Ἦλις. Elle étoit separée de l'Achaïe par le Promontoire *Araxus*. Il faut bien distinguer dans les Anciens lorsqu'ils parlent de l'Elée, car ils prennent quelquefois ce nom pour tout le pays dont nous venons de parler, quelquefois, ils n'entendent par ce même nom que le tiers de ce même pays, & qu'ils nommoient autrement l'ELE'E PROPRE: la seconde partie étoit la PISATIDE, & la troisiéme la TRIPHYLIE ou TRYPHALIE. Voici les villes & bourgs de cette contrée.

[m] L. 8.
[n] L. 3. c. 16.
[o] Peripl.
[p] L. 5. c. 92.
[q] Metam. l. 5. v. 494.

Dans l'Elide propre,	Dans la Pisatide,	Dans la Tryphalie,
Cyllene, Port de Mer,	*Olympie*, ou *Pises*,	*Samicum*,
Ephyra,	*Salmone*,	*Pylus Triphyliacus*,
Elis, Capitale,	*Heraclée*,	*Lepreum*,
Pylus Æleus.	*Epine*,	*Hypana*,
	& quatre autres	*Crypansa*,
	dont Strabon ne	*Typanea*,
	daigne pas dire	*Pyrgus*,
	les noms.	*Æpium*,
		Bolax,
		Styllagium,
		Phrixa.

[*] Briet Parall. 2. part. l. 3. c. 8. §. 5.

Les Promontoires * de cette contrée étoient *Chelonites*, aujourd'hui *Cabo Tornese* selon Sophien; *Cabo Torice* selon Thevet & *Chlumutzi* dans la langue des habitans au raport du même Sophien.

Ichthus, aujourd'hui *Jardan* selon Thevet.

Ses principales Rivieres étoient
Alpheus l'Alphée.
Enipeus, *Enipheus*, ou *Barnichius*, *Peneus*

Sa Montagne la plus remarquable,
Erimanthus aujourd'hui *Dimizana*.

Ce pays est presentement la partie Septentrionale du Belvedere dans la Morée. Pausanias

a emploié deux livres entiers à nous décrire les revolutions des divers peuples qui ont habité ce pays, & ces livres sont le 5. & le 6. de son ouvrage & non pas le 36. comme le cite Mr. Corneille; puisque nous n'en avons que dix en tout. Les Eléens étoient nommez auparavant EPE'ENS; ils furent surnommez *Eléens* à cause d'Eleus un de leurs Rois fils de Neptune & d'Eurycide fille d'Endymion.

ELEE'S, HELEES ou HALES, Riviere d'Italie, proche d'Elée dans la Lucanie selon Strabon [r]. Niger dit que c'est aujourd'hui EVOLI; ce qu'Ortelius n'aprouve pas. Cluvier [s] dit beaucoup mieux que c'est le HALENTE. Mr. Baudrand lui fait dire mal à propos que c'est *la Pisciota*. Cluvier nomme ainsi non pas la Riviere, mais un bourg qui en

[r] L. 6.
[s] Ital. ant.

ELE.

en eſt à trois mille pas ; & qu'il croit être l'ancienne *Elia*, *Helia*, ou *Velia*.

a L.5.c. 13.
ELEGARDA, ancienne Ville de la grande d'Armenie ſelon Ptolomée [a]. L'Edition de Bertius porte dans le Grec & dans le Latin ELEGERDA ; quelques-uns de ſes Interprêtes en retranchant l'E, en ont fait LEGERDA, & c'eſt ainſi qu'on lit dans l'Edition de Molet publiée par les Aldes.

b Ibid.
ELEGIA, Ville [b] ou bourgade, ſur l'Euphrate ſelon le même. Ortelius impute à Etienne le Geographe d'en avoir fait une contrée, Berkelius traduit beaucoup mieux le Χωρίον de cet Auteur par *Oppidulum*, *Bourgade*. *c L.5. c. 24.* Pline [c] dit qu'elle étoit dans l'Armenie au lieu où l'Euphrate rencontre le Mont Taurus. Ce nom ſe trouve diverſement écrit dans les anciennes Editions de Pline & de Solin, ELEGEA, EULEGEA, ELIGEA, ELIGIA. *d In Trajan.* Xiphilin [d] dit que la Ville Elegia fut priſe par Trajan.

e L. 6. c. 27.
ELEGOSINE [e], c'eſt ainſi que Pline apelle le lieu de la Grande Armenie, où le Tigre a ſa ſource.

f Marmol T. 2. l. 3. c. 71.
ELEMEDIN [f], Ville d'Afrique, dans la Province d'Eſcure. Elle eſt ſituée à une lieuë & demie d'Almedine, vers le couchant, dans un vallon environné de quatre Montagnes fort élevées, ce qui eſt cauſe qu'il y fait grand froid. C'eſt une fondation des anciens Africains. Elle a de bonnes murailles garnies de tours fort hautes, & elle eſt forte que par les rochers qui l'environnent. Les habitans ſont Bereberes de la Tribu de Muçamoda, d'une de ſes branches nommée Haſſara. Ils ſont braves, & ſe piquent de Nobleſſe. Il y a pluſieurs Marchands, & Artiſans parmi eux, & la contrée eſt d'une grande étenduë, & abondante en bled, en huiles, & en troupeaux. La Ville d'Elemedin qui avoit été érigée en Republique, ceſſa d'être libre par les cabales d'un riche Marchand de Fez qui y demeuroit. Ce Marchand étant devenu fort amoureux d'une fille de condition de ce lieu-là, elle lui fut promiſe pour femme, mais le jour des nôces un des principaux Bourgeois, qui étoit chef de parti, l'enleva & l'épouſa. Quelque temps après le Marchand qui avoit diſſimulé cet affront, alla porter quelques preſens du pays au Roi de Fez, le priant de vouloir bien lui donner trois cens chevaux, & cinq cens hommes de pied, avec leſquels il lui promettoit de ſe rendre maître de la Ville d'Elemedin, dont il lui feroit hommage, & lui payeroit tous les ans ſept mille ducats. Le Roi voyant de quelle importance étoit cette Place pour la conquête de Maroc qu'il méditoit, lui accorda ſa demande. Les habitans qui ſe virent aſſiégez par des ennemis que favoriſoient ceux d'Almedine, obligerent le raviſſeur de s'en aller de leur ville, parce que pour en empêcher la ruine, ils ſe vouloient rendre au Roi de Fez, au nom de qui on les aſſiegeoit. Il ſortit vêtu en pauvre, & ayant été pris & reconnu de quelques Mores, il fut mené au Marchand à qui les habitans porterent les clefs d'Elemedin, & ſe firent Vaſſaux du Roi de Fez. Le Marchand demeura pour Gouverneur, & les parens de la fille s'étant venu excuſer de ce qui s'étoit paſſé, comme d'une

Tome II.

ELE. 243

violence qu'on leur avoit faite, il l'épouſa ſolemnellement, & le Raviſſeur fut condamné à être lapidé, ce qui fut exécuté le même jour. Cependant le nouveau Gouverneur agit avec tant d'adreſſe, qu'il raccommoda les habitans avec ceux d'Almedine, & reduiſit ces deux villes à l'obéïſſance du Roi de Fez, à qui il paya tout les ans les ſept mille ducats promis juſqu'à ce que les Cherifs ſe furent rendus les maîtres de toute la Province d'Eſcure.

ELENIA. Voiez ELINIA.

ELENITÆ, peuple nommé ſur une medaille dans le Recueil de Goltzius. Voiez HELENE, Iſle vis-à-vis de l'Attique.

ELENIUS, lieu dans le voiſinage de Canobe; ſelon Etienne le Geographe au raport duquel Hecatée en parloit dans ſa deſcription de la Libye. Euſtathe ſur la Periégeſe de Denis croit que c'étoit une Iſle nommée *Helenium*, Ἑλένιον, Et l'Auteur du grand Etymologique dit que Menelas menant ſa femme Helene en Egypte y pleura Canobus maître de vaiſſeau qui étoit mort des Hemorroides.

ELEOCATH, ou ELEOCHET. Habitation des Arabes dans le deſert de Barca en Afrique ſur un petit Lac au milieu de ſes ſables vers les confins d'Egypte. Mr. Baudrand prend ce lieu pour la PETITE OASIS des Anciens.

1. ELEONE, Ville de Grece [g] dans la Phocide au Mont Parnaſſe ; Homere [h] parle d'un Armet qu'Autolychus avoit derobé en la Ville d'Eleone dans la maiſon d'Amyntor fils d'Ormenus. *g Meziriat ſur l'Epit. de Briſeide à Achille T. 1. p. 253. h Iliad. L*

2. ELEONE, champ entre la Macedoine & l'Epire; Tite-Live [i] en fait mention. *i L. 43.*

ELEPH, Ville de la Tribu de Benjamin: il en eſt parlé dans le livre de Joſué [k]. *k C. 18. v. 28.*

ELEPHA. Voiez ILIPA.

ELEPHANTARIA, ancienne Ville de la Sardaigne ſelon Antonin dans ſon Itineraire; c'étoit peut-être le ſiege de l'Evêque que St. Auguſtin cité par Ortelius nomme *Elephantarienſis Epiſcopus*. C'eſt du moins la conjecture de ce Geographe. Pour moi je crois que cet Evêché étoit dans la ville de même nom en Afrique.

2. ELEPHANTARIA, ou ELEFANTARIA, Ville d'Afrique, dans la Mauritanie; ſelon la Notice d'Afrique où il eſt fait mention de Vaſſivus Evêque de ce lieu-là. St. Auguſtin fait auſſi mention de ce lieu dans ſon troiſieme livre contre Creſconius & ſur le Pſeaume 36. *l C. 19. & 53.*

ELEPHANTEDA. Voiez ELEUTII.

ELEPHANTIA, ou ELEPHANTICUM, nom Latin d'ELWANGEN en Suabe.

ELEPHANTINE, ou ELEPHANTIS [m] grande Iſle que forme le Nil dans la haute Egypte vers les confins de la Nubie vis-à-vis de la Ville d'Aſna ; on prétend qu'elle a pris ſon nom des Elephans qu'on y trouva. On dit que c'eſt un pays agréable & fertile & que les arbres & les vignes n'y ſont jamais ſans feuilles. Les Romains y terminerent leur Empire. Les Egyptiens y finiſſent auſſi leur navigation ſur le Nil & y font leur Commerce avec les Ethiopiens. [n] Ortelius croit que c'eſt la même Iſle que celle de TABENNE, de laquelle les *m Baudrand. n Theſaur.*

Hh 2 Ecri-

ELE.

Ecrivains de la primitive Eglise font mention. Il ajoute qu'ELEPHANTINE semble aussi avoir été le nom d'un quartier de la Ville de Constantinople.

ELEPHANTOPHAGI, peuple de l'Ethiopie sous l'Egypte selon Ptolomée[a]. Ce nom signifie mangeurs d'Elephans. Diodore de Sicile[b] raconte la maniere dangereuse dont le peuple s'y prenoit pour chasser ces animaux.

1. ELEPHAS, Montagne de l'Ethiopie sous l'Egypte, auprès du Golphe Avalite selon Ptolomée[c]. Arrien dans son Periple la nomme promontoire; Arrien[d] fait aussi mention d'une *Riviere* nommée ELEPHAS, que Castaldus appelle FELLES.

2. ELEPHAS, lieu proche du détroit de Gibraltar selon Strabon, cité par Ortelius qui renvoie à l'article *mons solis* où l'on voit Plutarque le Geographe allegué sur ce sujet. Cet Auteur[e] parlant dans son Traité des Rivieres parlant du fleuve Hydaspe dans les Indes dit qu'il y a tout auprès une Montagne aussi nommée à cette occasion: Alexandre Roi de Macedoine étant arrivé dans les Indes & les habitans voulant lui résister, l'Elephant de Porus Roi de ce pays saisi de fureur monta sur la Montagne du Soleil & parlant d'une voix humaine conseilla à son maître de se soumettre, & mourut ayant fini son discours. Ce prodige fut cause que Porus embrassa les genoux d'Alexandre, lui demanda la paix & nomma cette Montagne ELEPHAS. Voiez le Paragraphe ajouté à l'Article ALB.

ELEPLA. Voiez ILIPA & NIEBLA.
ELEPORUS. Voiez HELORUS.
ELERCAONS. Voiez ILERGETES.
ELERE, Ville de la Syrie dans la Batanée selon Ptolomée[f].
ELERENA. Voiez ERESMA.
ELESARI. Voiez ELISARI.
ELESICI. Voiez ELESYCES.

ELESMA, Ville d'Egypte de laquelle il est fait mention dans la Lettre des Evêques de ce pays-là à l'Empereur Leon. Ortelius doute s'il ne faut pas lire ELEUSINE, le P. Charles de St. Paul[g] aime mieux lire Clisma, en quoi il est approuvé par Holstenius.

ELESYCES, ancienne Nation particuliere de Gaulois que Festus Avienus[h] dit avoir jadis habité aux environs de Narbonne qui étoit leur Capitale.

ELETHYIAS, Ville d'Egypte qu'Ortelius[i] croit être la même que *Leucothea* de Pline.

ELETHI, ancien peuple de Thrace selon Pline[k]. Le R. P. Hardouin soupçonne que ce sont les mêmes que Thucydide[l] nomme Λαιαῖοι.

ELEUS, Isle voisine de Milet selon Thucydide[m].

1. ELEUSA, Isle de la Cilicie selon Pline[n]. Ptolomée[o] la nomme SEBASTE. Elle est aussi nommée de même dans la Notice Ecclesiastique de la Cilicie premiere & Joseph dans ses antiquitez[p] dit: auprès de la Cilicie dans *Eleusa* surnommée à présent *Sebaste*. Niger dit qu'on la nomme aujourd'hui CURCU.

2. ELEUSA, autre Isle dans la Mer de Cilicie selon Pline[q] & Strabon[r]; elle est à cent vingt stades, ou quinze mille pas de Rhode.

3. ELEUSA, Isle située à l'oposite du promontoire de Spirée selon Pline[s], c'est-à-dire, sur le rivage de l'Attique dans le Golphe Saronique, au midi du Mont Himette. Mr. de l'Isle la nomme ELEUSSA par deux S. ce n'est qu'un écueil plûtôt qu'une Isle.

ELEUSENA CIVITAS, Ville de laquelle il est fait mention dans le VI. Concile de Constantinople. Elle étoit dans la Phrygie Pacatienne.

1. ELEUSIN, Ville de Grece dans l'Isle de Thera selon Ptolomée[t].

2. ELEUSIN, ELEUSIS, ELEUSINE Ville ancienne de la Grece selon Pline[v] & Strabon[x]. Elle étoit dans l'Attique à l'Orient d'Eté & à 15. milles Romains de la Ville d'Athenes, & de celle de Megare. Mr. de l'Isle[y] la nomme ELEUSIS. Il y avoit le Temple de *Cerès Eleusine*. Ses masures conservent encore l'ancien nom dans celui ELEFSIN, selon la maniere des Grecs modernes qui prononcent l'*v* comme *f*. & disent *efropa*, *efchariftia* pour *Europa*, *Eucharistia*. Mr. Spon[z] dit qu'elle est nommée aujourd'hui LEPSINA, c'étoit, dit-il, une ville raisonnable pendant qu'Athenes florissoit. Elle est déchue avec elle & maintenant les Corsaires Chrétiens de beaucoup plus inhumains que les Turcs l'ont si maltraitée que tous les habitans generalement ont deserté & qu'on n'y voit plus que des ruines. Le Temple de Cerès, & de Proserpine, n'est plus qu'un amas informe de Colonnes, de Frises, & de Corniches de marbre. La ville peut avoir deux milles de tour, une partie étoit proche de la Mer, & une partie sur la Colline au pied de laquelle étoit le Temple: la rade peut servir partout de port étant à couvert par l'Isle de Coulouri qui est l'ancienne Salamine. La plaine voisine a sept ou huit milles de long & quatre de large & est toute labourée. Il y a environ douze milles d'Athenes à Eleusis. [a] Mr. Wheler dit qu'ils firent ce chemin en quatre heures de tems. Toute la Montagne semble, dit-il, avoir été couverte de Bâtimens, sur tout vers la Mer. On y celebroit une fête à l'honneur de Cerès.[b] Nulle fête dans la Grece n'egaloit la pompe de celle-là où tous les Grecs étoient admis. Les Athéniens qui se glorifioient du titre d'Inventeurs de l'Agriculture, prétendoient que l'hospitalité qu'ils avoient exercée envers Cerès dans le temps qu'elle cherchoit sa fille Proserpine, engagea la Mere à leur apprendre par reconnoissance l'art de cultiver la Terre & que leur part ils éterniseroient le souvenir de ce doux bienfait par l'institution d'une fête solemnelle à la gloire de cette Déesse. Les Egyptiens au contraire soutenoient que la Grece avoit emprunté d'eux ces sacrifices & qu'Erechthée Roi d'Athénes natif d'Egypte les transporta du pays de sa naissance dans le pays de sa domination. On celebroit une fois l'année les grands & les petits mysteres, les grands au commencement d'Automne & les petits en Hyver. Les Atheniens s'y rendoient en procession par une chaussée pavée nommée pour cette raison le chemin sacré à travers une grande plaine. Mr. Spon[c] dit avoir remarqué le long

long de ce chemin diverses ruines d'Eglises ou de Temples. Sur les ruines d'Eleusis est une petite Eglise dediée à St. George.

1. ELEUSINE, Village d'Egypte, selon Strabon [a], qui dit qu'il étoit situé près d'Alexandrie & de Nicopolis dans le Canal de Canope. Il ajoute qu'il y avoit des chambres ou des lieux où les hommes & les femmes se faisoient initier aux Capyries, sorte de festins qu'il appelle une preparation & comme un avantgoût des usages & des débauches des Canopiens.

[a] L. 17.

2. ELEUSINE. Voiez Eleusin 2.

ELEUSINIUM, lieu de la Laconie selon Pausanias [b]. Cet Auteur dit que les Hilotes y portoient à certains jours en procession la statue de Proserpine & compte delà à Lapithée xv. stades.

[b] l. 3. c. 20.

ELEUSINIUS SINUS, les anciens ont ainsi nommé le Golphe Saronique.

ELEUSIS. Voiez Eleusin 2.

ELEUTHERA CILICIA, Partie de la Cilicie ainsi nommée par Etienne le Geographe. Diodore de Sicile & Ciceron [c] font mention des *Eleuterociliciens*, ce dernier y place Pindenissus. Ces mots *Eleuthera Cilicia* ne signifient autre chose que la Cilicie libre, c'est-à-dire, qui aiant sauvé sa liberté sans se soumettre aux Rois ses voisins, fut toujours ennemie déclarée des autres Ciliciens qui s'étoient soumis aux Romains. Ce même pays est nommé la Pamphylie par Ptolomée, si nous en croïons Ortelius, qui peut-être n'a voulu dire autre chose sinon qu'une partie de la Cilicie est décrite par cet Auteur dans le chapitre de la Pamphylie, quoique la Cilicie en ait encore un à part. Mais les Eleuterociliciens étoient bien éloignez de la Pamphylie propre puis qu'ils habitoient l'angle que forment le Mont Taurus & le Mont Amanus, dans le voisinage de la Capadoce & de la Syrie.

[c] Epist. l. 15. Epist. 4.

1. ELEUTHERES, Ville de Crete selon Ptolomée [d]. Elle étoit dans le pays; & non au bord de la Mer. Elle avoit son nom d'Eleuther l'un des Curetes & étoit aussi nommée SAORUS ou AORUS, de la Nymphe Saora ou Aora; au raport d'Etienne de Byzance.

[d] l. 3. In fine.

2. ELEUTHERES, Ville de la Béotie, ainsi nommée d'*Eleuther* fils d'Apollon selon Etienne le Geographe. Pausanias * dit que de son temps on en voioit encore des vestiges, audessus des champs vers le Citheron, & c'étoit la separation de l'Attique & de la Béotie; mais ensuite elle vint au pouvoir des Atheniens & fut comptée pour une de leurs places; ainsi Amiot n'est pas si blâmable d'avoir fait d'Eleutheres un bourg de l'Attique & il auroit eu dequoi se défendre contre Meziriac [e] qui l'en reprenant dit qu'il ne faut pas être gueres sçavant en Géographie pour n'ignorer pas que c'étoit une Ville de la Béoce. Mais Amiot ne dit point qu'Eleutheres fut un Bourg de l'Attique mais simplement un bourg. Strabon [f] dit que les anciens ne savoient si ce lieu devoit appartenir aux Platéens ou à la Béotie.

* In Attic. c. 38.

[e] Dans ses remarques ajoutées à la traduct. des Vies de Plutarque par Mr. Dacier T. 1. p. 89.

[f] l. 9.

3. ELEUTHERES, Ville sur le fleuve Ister: selon Etienne le Geographe elle fut ainsi appellée parce que Jason fuiant la colere d'Aete y fut delivré de la crainte qu'il avoit d'en être pris & puni.

4. ELEUTHERES, Ville de la Lycie selon le même.

ELEUTHERIA AQUA [g], Ruisseau qui couloit auprès d'un Temple de Junon à xv. milles de Mycenes; & dont les Prêtresses emploioient l'eau pour les expiations secretes. Ce Temple étoit sur une plateforme du Mont Eubée.

[g] Pausan. l. 2. c. 17.

ELEUTHERIENS, ancien peuple de la Gaule Aquitanique: ils étoient établis dans l'Albigeois, selon Mr. d'Audifret [h].

[h] Geog. T. 2. p. 266.

ELEUTHERII INSULA, ou LIBERII INSULA, Isle de la Propontide.

ELEUTHERIS [i], Ville de la Béotie proche d'Oropus. Elle fut bâtie par Cothus & Æclus, heros connus dans la Mythologie & qu'Ortelius [k] a malheureusement pris pour deux noms de places voisines d'Eleutheris. C'est la même qu'ELEUTHERES 2.

[i] Steph. Byzant.

[k] Thesaur.

ELEUTHERIUM, Bourgade de Mysie selon Etienne le Geographe.

ELEUTHERISCUS, Ville de la Macedoine selon le même.

ELEUTHERNA, Ville Méditerranée de l'Isle de Crete selon le même. Pline [l] & Scylax la nomment au pluriel ELEUTHERNÆ.

[l] l. 4. c. 12.

ELEUTHEROCILICES. Voiez ELEUTHERA CILICIA.

ELEUTHEROLACONES, peuple maritime de la Laconie, ainsi nommé, dit Pausanias [m], parce que l'Empereur Auguste le delivra du joug des Lacédemoniens. Ce peuple avoit dix-huit villes, à savoir,

[m] l. 3. c. 21.

Gythæum,	*Gerenia*,
Teuthrone,	*Asopus*,
Las,	*Acrie*,
Pyrrichus,	*Boeæ*,
Cœnepolis,	*Zarax*,
Oetylos,	*Epidaurus*, surnommé *Limera*,
Leuctra,	*Brasiæ*,
Thalama,	*Geronthræ*,
Alagonia,	*Marios*.

Ces dix-huit villes sont nommées par Pausanias comme le reste de vingt-quatre que ce peuple avoit eues.

ELEUTHEROPOLIS, ancienne Ville Episcopale de la Palestine. Elle étoit dans la Tribu de Juda. Il n'en est fait aucune mention dans les Livres sacrez parce [n] qu'elle ne subsistoit ni durant le premier Temple, ni durant le second. Ammien Marcellin qui vivoit sous Gratien & Valentinien c'est-à-dire, dans le IV. siécle, en parle [o] comme d'une ville bâtie dans le siécle precedent, (*ævo superiore extructam*). St. Jerôme [p] croioit que son nom venoit des Chorræens peuple qui avoit autrefois habité ce lieu. Il explique le nom *Horraei* par *liberi*, libres, ce qui signifie aussi le nom *Eleutheropolis*. Mr. Reland ne trouve pas vrai-semblable que l'ancien nom des peuples qui habitoient les Montagnes de Seir ait été renouvelé & traduit après tant de siécles ni que les Romains qui donnoient les noms Grecs de Nicopolis, de Neapolis & autres semblables aient été chercher à cette ville le nom d'une Nation Barbare & dont il n'étoit fait alors mention que dans quel-

[n] Roland. Palæst. p. 749.

[o] l. 14.

[p] In Obad. c. 1.

246 ELE.

quelques livres assez rares. De plus Eleuthere n'étoit pas dans les Montagnes de Seir, ni dans l'Idumée propre; mais dans l'Idumée prise dans un sens très-étendu. Il y a plus d'apparence que le nom d'Eleutheropolis fut donné à cette ville ou par les Cesars ou à quelque occasion pour marquer sa liberté. ^a Elle étoit fort celebre du temps d'Eusebe & de St. Jérôme puisqu'ils prennent de là la plûpart de leurs Distances des Villes Meridionales de Juda. Mais ce qu'il y a de singulier c'est que cette ville si fameuse & qui sert de point fixe à Eusebe & à St. Jerôme pour déterminer les distances & la position des autres villes est elle-même assez difficile à fixer dans la Carte. Nous savons d'Antonin ^b qu'elle étoit à 24. milles d'Ascalon & à 18. milles de Lidda. Eusebe ^c la met à 5. milles de Geth ^d, à 7. milles de Lachis ^e à 25. milles de Gerare, à 20. milles de Jether, & à 8. milles de Ceïla selon St. Jerôme, à 17. selon Eusebe. L'Evêché de cette ville étoit des premiers ^f s'il en faut croire Dorothée Evêque de Tyr qui souffrit, dit-ons, le martyre sous l'Empire de Licinius & de Constantin. Il écrit que l'un des septante disciples du Seigneur fut Evêque d'Eleutheropolis. Jesus surnommé le Juste dont il est fait mention aux Actes des Apôtres & qui fut Evêque d'Eleutheropolis. Mais, comme le remarque Mr. Reland, si Eleuthropolis eût dès-lors subsisté & qu'elle eût été une Ville Episcopale, se peut-il que Josephe n'en eût fait mention en aucun lieu. Dom Calmet ^g prétend toutefois que Josephe en a fait mention puisqu'il assure qu'il la met à vingt milles de Jerusalem. Le même Dorothée en parlant de Saint Simon Apôtre écrit qu'il prêcha l'Evangile à Eleutheropolis; & depuis Gaza jusqu'en Egypte où il fut enseveli à Ostracine. Mr. Reland ne croit pas son livre d'une assez grande autorité pour valoir la peine qu'on s'y arrête.

Plusieurs Ecrivains ont confondu mal à propos *Chebron* avec *Eleutheropolis*. Le P. Petau dans ses remarques sur St. Epiphane ^h dit: on croit communément que *Chebron* est la même qu'*Eleutheropolis*. Cedrene avoit dit la même chose: Sara, dit-il, fut ensevelie à Chebron qui est maintenant appellée Eleutheropolis, mais c'est une erreur qui est aisée à refuter. Il ne faut qu'ouvrir l'Onomasticon d'Eusebe: on y verra que ces villes étoient éloignées, & il y est fait mention du chemin qui conduisoit de l'une à l'autre.

Dans l'Itineraire du Martyr Antonin, ouvrage bien different de l'Itineraire d'un Auteur de même nom souvent allegué dans ce Dictionnaire, cette ville est nommée par corruption Eliotropolis: voici ce qu'on y lit: nous vinmes dans une ville appelée Eliotropolis au lieu même où le fort Sanson tua mille hommes avec une Machoire d'âne, de laquelle à sa prière il sortit de l'eau & cette fontaine coule encore presentement & nous avons été au lieu où elle sourd. Cela est conforme aux Annales de Glycas ⁱ: cette fontaine, y est-il dit, qui sortit du lieu où Sanson avoit jetté la Machoire, se voit encore à present dans les Fauxbourgs d'Eleutheropolis & on l'appelle la fontaine de la Machoire. Mr. Corneille ^k dit qu'Eleutheropolis

a D. Calmet Dict. de la Bible.

b Itiner.
c Onomast.
d in voce GETH.
e In voce LACHIS & sic de ceteris.
Reland Palæstina &c.
f Acta. Sanct. Junii T. 4. p. 67.

g L. c.

b P. 77.

i Part. 2. p. 164.

k Dict.

ELE.

polis étoit la patrie de St. Epiphane, ce qui n'est pas vrai, quoi qu'on life dans l'Epitre d'Acace, mise devant les Livres de ce Pere touchant les Heresies, qu'il étoit Eleutheropolitain. Il n'étoit pas de la ville, mais du pays qui prenoit le nom de la ville; Il étoit né à ^l Besanduc Bourgade à trois lieues d'Eleutheropolis dans le Territoire de cette ville & où son pere étoit laboureur.

La ville d'Eleutheropolis étoit le chef lieu d'une contrée qui en portoit le nom, & ^m ce fut dans ce Diocese qu'au IV. siécle furent découverts les tombeaux des deux Prophétes Habacuc & Michée le Jeune dit le Morasthite. Le premier étoit en un lieu appelé *Cela*, qu'on croit avoir été la Ville de *Ceila* si connue par l'Histoire du Roi David; l'autre étoit à Berethsate ou Beretase qui n'étoit qu'à 10. stades ou une demie lieue d'Eleutheropolis.

§. Quelques-uns écrivent en François ELEUTHEROPLE comme l'on dit ANDRINOPLE, CONSTANTINOPLE.

ELEUTHEROS, fleuve de Syrie: les Voiageurs François le nomment ELEUTHERE & les Géographes modernes s'accordent presque tous à dire que c'est le CASEMICH, OU CASEMIECH, Riviere qui a sa source dans les Montagnes de l'Antiliban & qui coule entre Tyr & Sidon. Mr. de la Roque dans son voyage de Syrie & du Mont Liban ⁿ, dit l'avoir passé en allant de Seyde à Tyr. L'Auteur du Voiage nouveau de la Terre Sainte ^o dit que ce fleuve est fort remarquable pour la profondeur & la rapidité de son eau; pour les détours infinis des Montagnes au fond desquelles il serpente, pour être le terme qui divise les terres de Sidon d'avec celles de Tyr, d'où vient qu'on le nomme aujourd'hui *Kasemieh*, c'est-à-dire, partage & separation; pour être enfin celebre dans le premier livre des Machabées. Car, poursuit le même Auteur, ce fut jusques-là que l'Illustre Jonathas frere du vaillant Judas Machabée & son Successeur dans le Gouvernement des Etats du Peuple de Dieu accompagna le Roi Ptolomée dit Evergete, lors qu'Alexandre Roi d'Asie & de Syrie le prenant pour ami, lui fit rendre par tout les mêmes honnêtets qu'à sa propre personne: & ce fut jusques-là aussi que ce grand Capitaine poursuivit les Generaux des troupes de Démétrius qui n'éviterent la force de ses armes qu'à la faveur de cette profonde Riviere au delà de laquelle ils se retirerent. Mr. Paul Lucas dans son troisiéme voiage après avoir dit qu'il passa la Riviere de *Jesel-Caraon*, sur un beau pont de douze Arches, ajoute: c'est apparemment le fleuve Eleuthere des anciens. C'est ce qu'il appelle une découverte; & dans la Carte dressée pour l'intelligence de son livre l'embouchure du Jesel Caraon est entre Tyr & Seyde. Homan dans sa Carte de la Terre Sainte & quantité d'autres mettent l'embouchure de l'Eleutheros entre Tyr & Sidon après l'avoir fait couler de la Tribu de Nephtali dans celle d'Aser. Mr. Corneille qui lui donne la même position pour son embouchure lui fait arroser l'Iturée & la Galilée. Cependant malgré ces autoritez, l'Eleutherus des anciens ne peut être aucune des Rivieres qui sont entre Tyr & Sidon, puisqu'il étoit au Nord de cette

^l Sosomene l. 6. c. 32.

^m Bailles Topog. des Saints page 177.

ⁿ T. 1. P. 20.
^o l. 5. c. 4.

ELE.   ELF. ELG.   247

cette derniere. Ptolomée lui donne 1. d. 20'. de latitude plus qu'à Sidon, & Josephe parlant du don que Marc Antoine fit à Cleopatre dit que cet amant prodigue lui donna toutes les villes situées entre l'Egypte & l'Eleutherus à la reserve de Tyr & de Sidon. Ces deux villes étoient donc entre l'Eleuthere & l'Egypte, c'est-à-dire, au midi de cette Riviere [b]. La dificulté est plus grande sur sa source. Bertius & Villanovanus, dans leurs Cartes de Ptolomée la mettent au côté meridional du Liban oposé à l'Antiliban. Magin la met dans la contrée d'au delà du Jourdain près de Bosor ou Bosra qui est au midi de l'Antiliban; Adrichome la met au côté meridional de l'Antiliban. Son sentiment s'accorde mieux que les autres avec ce qui est dit au 1. livre des Machabées [c] que les troupes de Demetrius qui étoient dans la contrée d'Amath, fuiant Jonathas passerent en une nuit l'Eleuthere; & que par cette raison il ne put les atteindre: si les sources de ce fleuve eussent été au delà du Mont Liban, ces troupes n'auroient pû le passer si promptement puisque de la contrée d'Amath où elles étoient jusqu'aux lieux de la Syrie qui sont au delà du Liban il y a plus de vingt milles d'une heure de chemin, y siant plus d'un degré de distance. Le P. Bonfrerius [d] qui me paroît avoir le plus judicieusement examiné ces difficultez dit qu'il seroit peut-être plus conforme à la verité de mettre la source de ce fleuve, au côté Septentrional de l'Antiliban. On ne sait quel est le nom moderne de ce fleuve. Car ce ne peut être le *fleuve Saint* comme le R. P. Hardouin le dit avec la modification du mot *aiunt*. Car le fleuve Saint est le Kadischa qui a sa source à l'endroit du Liban où sont les Cedres & son embouchure à l'Orient de Tripoli qu'il traverse. Or Pline qui nomme Tripolis & ensuite Orthosia, nomme l'Eleutherus après la seconde au lieu qu'il l'auroit nommé après la premiere. Ptolomée le fait aussi plus Septentrional que Tripolis de six minutes; & plus meridional qu'Orthosia de quatorze. Voiez KAZEMIECH & LITANE.

2. ELEUTHEROS, ou ELEUTHERUS, ancien nom d'une Riviere de Sicile selon Ptolomée [e]. Ses Interpretes l'expliquent par l'ADMIRATI. Leandre & quelques autres croient que c'est PONTE ROTTO; Fazel le prend pour l'ORETHUM de Vibius Sequester, & prétend que les Habitans de Palerme le nomment ADMIRATI, & les Sarrazins HABES. Cluvier & plusieurs autres comme Sanson la nomment BAJARIA. Mr. de l'Isle dans sa Carte de l'ancienne Sicile met la source de l'Eleutherus au Mont Cratas, & l'Embouchure à l'Orient de l'Orestus, il nomme ce dernier Admirante dans sa Carte de la Sicile moderne & le premier *Fiume di Misilmeli*; nom que cette Riviere prend de *Misilmeri*, Château avec titre de Duché au pied & à l'Orient duquel elle passe.

ELEUTHRÆ; c'est le même qu'ELEUTHERÆ de Beotie.

ELEUTII, peuple ancien de la Japygie selon Etienne le Geographe qui cite Hécatée. Ortelius [f] qui a malheureusement suivi quelque mauvais exemplaire d'Etienne; ajoute que *Parthenius nomme ce peuple Elephantida*. Mais Etienne ne cite Parthenius qu'à l'ocasion d'Elephantine Ville d'Egypte, laquelle est appellée par ce Parthenius Elephantide. Ainsi ce sont deux articles très-diferens brouillez ensemble.

ELFAGUES, ASFACHUS, ESPUCHO ou ELFACHUS, Ville de Barbarie au Roiaume de Tunis [g] sur la côte du Golphe de Capes environ à soixante-dix-mille pas de Sousse vers le midi. Quelques-uns croient que c'est l'ancienne RUSPÆ que d'autres croient trouver à *Scarlata*.

ELFELD [i], Petite Ville d'Allemagne dans le Cercle Electoral du Rhin. Elle est sur le Rhin dans les Etats de Mayence à trois lieues au-dessous de la Ville de Mayence. Il y avoit une bonne Citadelle qui est maintenant démolie.

ELFIUM. Voiez FIOUM.

ELFSBOURG [k], petite Ville de Suede dans le Westrogotland. Zeyler écrit ce nom EFFZBORG. Elle est sur la frontiere de la Norwege & du gouvernement de Bahus sur la Trolhette qui se décharge un peu après dans le Cattegat près des confins de la Province de Halland. Elle étoit autrefois bien forte, mais ayant été prise par les Danois, elle fut retirée de leurs mains en 1612. pour une bonne somme d'argent par le Roi Gustave Adolphe, qui fit bâtir l'année suivante la Ville de Gottenbourg une lieue au-dessus & la plupart des habitans s'habituerent à Gottenbourg; de sorte que depuis ce temps-là, elle n'est plus qu'un bourg.

ELGADE, Ville de l'Isle de St. Michel l'une des Açores. Elle fut prise d'assaut par l'armée Navale de France, lors qu'elle mena D. Antoine de Portugal dans les Isles pour l'en rendre maître, & le faire reconnoître en qualité de Roi de Portugal l'an 1582.

§. Le nom de cette Ville n'est point *Elgada*, comme le dit Mr. Corneille dans cet article. Mais elle prend son nom d'un Cap voisin nommé par les Portugais *Punta del gada*; comme l'écrit Ortelius dans sa Carte particuliere des Açores, & ce nom vient de *Gada* qui veut dire de la Merluche sorte de Poisson. Ce nom est mal écrit dans la relation du I. voyage [l] des Hollandois aux Indes Orientales *Punta Delguda*. Voiez l'article ST. MICHEL.

ELGE, contrée d'Angleterre dans laquelle se trouvoit la ville de *Grandacestir* selon Bede cité par Ortelius [m] qui ajoute qu'elle étoit marécageuse & dépendoit des Saxons Orientaux: c'est-à-dire du Roiaume d'Essex. Mr. Baillet [n] dit qu'ELGE étoit une Abbaye de filles & fut ensuite une Ville Episcopale d'Angleterre au pays d'East Angles & il traduit ce mot par Ely. Voyez l'article d'Ely.

ELGEMUHA, [o] Ville du Roiaume de Maroc, dans la Province d'Escure. Elle n'a que cinq-cens feux, & a été bâtie par ceux du pays, sur une Montagne du grand Atlas qui est environnée de quelques autres fort rudes. Il y a plusieurs villages dans les intervalles de ces Montagnes, d'où naissent plusieurs ruisseaux qui coulent en bas dans la plaine, où ils sont bordez de jardins, de vergers qui produisent quantité de bons fruits, & surtout des noix sur des noyers d'une hauteur & d'une grosseur extraordinaires. La Ville d'Elgemuha est

est sur un roc assez escarpé, à deux petites lieües de celle d'Isadagaz, aux habitans de laquelle elle doit sa fondation. Ce peuple voyant les partialitez qui étoient entre les grands dont il étoit contraint de souffrir la tyrannie, demanda permission au Roi de Fez de bâtir en un village, où il y avoit une vieille Mosquée fort celebre, ce qui lui fut accordé. Ainsi les gens du commun quittérent Isadagaz où ils laissérent leur Noblesse qui vécut quelque temps en liberté sous l'autorité d'un Cheque qui ne faisoit rien sans l'avis des principaux. Comme il se trouve quantité de Busles dans la Numidie & dans la Libye, on fait des rondaches du cuir de ces animaux à Elgemuha. Tous les Côteaux des Montagnes des environs sont pleins d'Oliviers & de vignes, & la plûpart de ceux qui les habitent sont selliers & corroyeurs. Il y a dans l'une de ces Montagnes une mine de fer & plusieurs forges d'où on le porte vendre par tout le pays, en petites barres.

ELGIA, ou ELGIS. Voiez ELGIN.

a Marmol. T. 2. l. 3. c. 32.

ELGIEMAHA, [a] Ville ancienne d'Afrique dans la Province de Maroc propre. On tient qu'elle a été bâtie par les Africains dans une plaine, sur le bord d'une riviere nommée Chauchava, à deux lieuës du Mont Atlas du côté du Nord. Elle étoit dans sa splendeur sous le regne des Almohades, & avoit plus de six mille maisons, mais elle fut détruite par les Benimerinis, & son Gouverneur Elmuchor ne souffrit point qu'on la rétablit, afin de joüir plus tranquillement de ses terres. On voit encore les ruines de ses murs & de ses édifices où il ne demeure que quelques pauvres gens, que les Arabes employent à la garde de leurs moissons. Quoique le pays d'alentour soit si fertile, qu'autrefois la dîme valoit plus de cent mille écus de revenu, les Arabes n'en cultivent qu'autant qu'il leur en faut pour châque année, le reste sert à paître leurs troupeaux. [b] Dapper la désigne ainsi : ELGIUMUHE ou ELGIEMAHE située près du fleuve Xeuxave ou Sechave à deux milles du Mont Atlas. Il confirme qu'elle est maintenant toute deserte.

b Desc. de l'Afrique p. 131.

ELGIN, en Latin ELGIA, ELGIS, ou ELGINUM, Ville de l'Ecosse septentrionale dans la Province de Murray dont elle est la principale sur la Riviere de Lossie. [c] Elle est située dans un terroir fertile quoi qu'il soit un peu sablonneux. Cette ville étoit autrefois le siege d'un Evêque & sa Cathedrale ne cedoit en rien aux plus belles Eglises d'Ecosse. L'Evêque résidoit au Château de Spynie à un mille d'Elgin; & étoit un des Suffragants de l'Archevêque de S. André. Il y a dans le voisinage d'Elgin un Lac qui abonde en cignes lesquels se nourrissent d'une herbe qui croit dans ce Lac sans paroître jamais sur la surface de l'eau. Ce Lac est nommé le Lac de Spynie.

c Etat prés. de la G. Bret. T. 2. p. 275.

ELGIUMHA, [d] petite Ville d'Afrique au Roiaume de Fez dans la Province d'Asgar, dans une plaine près de la Riviere d'Ergile à trente milles de Fez. Marmol [e] la nomme GEMAA EL CARVAX; elle est toute détruite. Voyez GEMAA.

d Dapper desc. de l'Afrique p. 151.
e T. 2. l. 4. c. 39.

ELGOVÆ, peuple de l'Isle d'Albion selon Ptolomée [f]; dans le livre duquel ce même peuple est nommé SELGOVÆ. Quelques Traducteurs écrivent ELGOVII. Ortelius [g] dit avoir trouvé dans son manuscrit ce mot constamment écrit sans S. & croit que c'est la veritable Orthographe & que cette S. a passé de la finale du mot precedent à ce nom. Cela n'est arrivé que trop souvent, lors que les Copistes écrivoient d'après la prononciation de celui qui leur dictoit. Il s'accorde avec les Interprétes de Ptolomée à dire que ce peuple habitoit la Province de Lenox. Cambden [h] suivi par Mr. Baudrand [i], croit que le pays occupé par les *Elgovæ* répond aux Provinces d'*Annandale*, d'*Eskdale*, & de *Nithisdale*.

f L. 2. c. 3.
g Thesaur.
h Britan.
i Ed. 1684.

ELGOIBAR, [k] Ville d'Espagne dans la Guipuscoa. On l'apelle autrement VILLA MAJOR DE MARQUINO.

k Corn. Dict. Davity Guipuscoa.

§. Ce lieu qui n'est rien moins qu'une ville est situé sur la Rive Orientale de la Deva au Nord & au-dessous de Plazencia à une lieuë & demie mesure d'Espagne de cette ville & à trois & demie de la Mer selon l'Atlas de Janson.

ELGOS, ou ELGUS, petite Ville de la Lycie selon Etienne le Géographe.

ELGUIMUHA, [l] Ville d'Afrique au Roiaume de Maroc Province de Hascore ou d'Escure. Elle est située sur une Montagne qui est aussi enceinte de quatre autres, à quatre milles de Tagodast & à sept de Bzo, ou Bizu. C'est la même que Marmol décrit sous le nom de ELGEMUHA. Voiez ci-devant cet article.

l Dapper desc. de l'Afrique p. 137.

ELHABAD. Voiez HABAD.

ELHAMINA, ou

ELHAMMA, Ville d'Afrique dans la Province de Tripoli propre. Elle a été bâtie par les Romains à quinze milles de Capés & est environnée d'un mur de Pierres de taille. On y voit encore sur des marbres des inscriptions Latines du temps de Leon d'Afrique [m]. Les places & les Edifices en sont, dit-il, très-peu de chose, les habitans miserables & grands voleurs. Le terroir est aride & inculte & on n'y trouve rien que des dattes de mauvais goût. A un mille & demi vers le Sudest la source d'un ruisseau d'eau très-chaude qui traverse la ville dans des Canaux très-larges & où un homme en a jusqu'à la ceinture, quoi qu'à cause de l'excessive chaleur peu de gens osent s'y risquer. Les habitans ne laissent pas d'en boire après l'avoir fait refroidir durant près de vingt-quatre heures. Cette eau forme auprès de la ville un Lac nommé le Lac des Lepreux parce qu'il a la merveilleuse vertu de guerir cette Maladie & de consolider les plaies; c'est pour cette raison qu'on voit à l'entour des baraques de Lepreux dont plusieurs reçoivent la guerison : cette eau est d'une nature sulphureuse & incapable d'étancher la soif comme Leon dit l'avoir lui-même éprouvé.

m Desc. de l'Afrique, l. 5. c. 75.

§. Mr. Corneille dit à peu près les mêmes choses sur l'autorité de la Croix. Il auroit pu également citer Dapper, où cela se trouve aussi. J'ai mieux aimé citer l'original dont ils ont tiré l'un & l'autre ce qui regarde cette ville. Je remarquerai ici en passant qu'il est souvent très-indifferent de citer *la Croix* ou *Dapper*; car le livre de l'un est inseré dans l'autre, sans qu'il y ait souvent aucun changement dans les mots, ni dans les choses.

1. ELIA

ELI.

1. **ELIA**, lieu du Peloponese dans la Laconie. Tite-Live [a] le met au-dessus de *Leuce* & d'*Acrie* qui étoient des lieux maritimes à l'Orient de l'embouchure de l'Eurotas, & Polybe [b] nomme l'*Elia* la plus belle partie de la Laconie.

2. **ELIA**, Ville de la Palestine selon Antonin [c] entre Naplouse & Ascalon. Ortelius avoit ainsi trouvé dans son Exemplaire, & c'est ainsi qu'on lit dans le Manuscrit du Vatican publié par Schelstrate. C'est la même Ville que JERUSALEM nommée par les Romains ÆLIA. Ortelius n'en devoit pas douter.

3. **ELIA**, nom Latin d'ELY Ville Episcopale d'Angleterre.

1. **ELIBERIS**, ILLIBERRIS, ELIBERRI, ILLIBERIS, ILYBYRRIS, ou ELIBERE, ancienne ville, grande & riche de la Gaule Narbonnoise, que Mela [d] dit n'avoir plus été qu'un village de son temps. Il la nomme *Eliberri*; une troisieme feuille de la Table de Peutinger communiquée à Ortelius, mais non publiée, portoit, selon le témoignage de ce Géographe, CLIBERRE; Vossius [e] dit que c'est la même Ville Maritime nommée COLIBRE, mot qui est venu par corruption de ceux-ci *Colonia Iliberi*. Cette ville n'étoit point encore rétablie du temps de Pline qui copie [f] Mela à ce sujet. Elle étoit au midi de Ruscino ville située sur une Riviere nommée aussi Ruscino, & de laquelle il ne reste plus que quelques ruines à demie lieue de Perpignan. Le P. Labbe dans sa Géographie Synodique, Mr. de Valois dans sa Notice des Gaules, le R. P. Hardouin dans ses notes sur Pline croient comme Vossius que l'ancienne Illiberis est *Colibre* ou *Coliure*. Malgré ces autoritez on en peut douter, car Mr. de Marca* qui avoit plus étudié ce pays que personne, ne convient pas qu'*Illiberis* soit précisément *Colioure* qui est le *Caucoliberum* du moyen âge; ville éloignée du Tec de V. mille pas & qui l'étoit bien davantage lors que cette Riviere se rendoit dans la Mer par son ancien lit: il combat encore l'opinion commune par ce que dit Tite-Live [g] qu'Annibal ayant fait passer le Pyrénée à ses troupes campa à *Illiberis*. Quelle apparence, dit ce savant homme, qu'Annibal eût pris son camp dans un lieu si aride, & si resserré, au lieu de se poster dans un lieu où il trouvoit l'eau nécessaire pour sa Cavalerie. Il y a en effet plus de vraisemblance à croire qu'Illiberis où Annibal étoit au lieu où est aujourd'hui ELNA. On ne dit point que cette ville ait été rétablie avant Constantin le Grand qui la releva, & y bâtit un Château auquel aussi-bien qu'à la ville il donna le nom de sa Mere *Helene*. Eutrope [h] parlant de Constans dit: fut tué par la faction de Magnence & mourut assez près de l'Espagne dans le Château nommé *Helene*. St. Jérôme dans sa Chronique a redit la même chose. Zosime [i] dit: Constans s'enfuit dans la petite ville nommée *Helene*. Sextus Aurelius Victor, & Paul Orose en parlent comme d'un Bourg (*Oppidum*) ce qui s'accorde avec le πολίχιον de Zosime. Les Rois Goths procurerent à ce Bourg l'honneur d'être un Siege Episcopal. L'ancienne Notice des Gaules ne met point l'Evêché d'Helena, ou Elna sous la Metropole de Narbonne; mais on trouve les Evêques d'Helena entre ceux qui souscrivirent aux Conciles de Toledo. Ils sont très-diferens de ceux qui sont nommez Evêques d'Illiberis (*Illiberitani*) qui avoient leur Siége bien loin delà dans la Betique près de la Ville de Grenade. Ce qui leve toute dificulté c'est que l'Illiberis du Roussillon ne s'apelloit plus ainsi, mais *Helena*, lorsqu'elle devint Episcopale. Cela leve aussi la dificulté qui regarde le lieu où s'est tenu le Concile d'Illiberis. Vasæus, Garibay & autres le font tenir à *Caucoliberum*. Morales, Mariana, & Mendosa le renvoient à l'Illiberis de la Betique. Les PP. Labbe, Caranza, & Cabassut l'atribuent aussi à cette derniere; d'autant plus que ce Concile étant tout composé d'Evêques Espagnols sans aucun mélange de ceux des Gaules, il n'est pas croiable qu'ils eussent été s'assembler dans les Pyrenées sans aucune nécessité. Voyez CAUCOLIBERUM, COLIOURE & ELNA 2.

2. **ELIBERIS**, Riviere de la Gaule Narbonnoise. Elle baignoit la ville de même nom: ce doit être LE TEC qui coule à *Elna* que l'on a dit dans l'article precedent avoir succedé à l'ancienne Eliberis. Voyez TEC.

3. **ELIBERIS**, ELIBERI, ILIBERI, ou LIBERINI, ou plutôt ELIBERINI; Ville d'Espagne dans la Betique. Ce lieu déja connu du temps de Pline [k] qui le nomme ILIBERI dans l'Edition du R. P. Hardouin est devenu fameux par le Concile qui y fut celebré vers l'an 305. sous le Pontificat de St. Marcel Pape. Je suis en cela l'opinion du P. Labbe, quoique je n'ignore pas combien l'époque de ce Concile est incertaine. Barbarus dans ses notes sur Mela [l] parlant de cette ville à l'occasion de l'autre de même nom, dit que c'est à present une ville très-riche nommée *Grenade*, dans le pays de même nom. Il allegue en preuve ce qui n'en est pas une, à savoir, qu'une des portes de Grenade s'apelle encore la *Puerta de Elvira*: comme si les portes prenoient le nom de la ville où elles sont & non pas celui du lieu où méne le chemin dont elles sont pour ainsi dire le commencement. Le P. Labbe [m] dit fort bien que ceux-là se trompent qui prennent *Eliberis* pour *Grenade* même. Cette ville étoit le Siége d'un Evêché sufragant de Seville [n]. St. Gregoire surnommé de Betique, ami de St. Lucifer Evêque de Cagliari, en fut fait Evêque vers le milieu du IV. siécle. Flavius [o] autre Evêque d'Eliberis souscrivit au I. Concile d'Eliberis: Oronce au II. de Tarragone: & Etienne au III. de Toledo. Ce Siége a été ensuite transferé à Grenade qui s'est accrue des ruines d'*Elvire*. Cette derniere n'est plus qu'un village qui même est negligé dans les Cartes generales & particulieres de l'Espagne. Le R. P. Hardouin dit que l'ancienne Iliberi située sur une Montagne qui en a pris le nom de *Sierra d'Elvira*.

ELIBIA, [p] ancienne Ville Episcopale de l'Afrique Proconsulaire. Jean son Evêque est nommé dans une Epitre Synodale de cette Province.

ELIBURGA, Etienne le Géographe, qui nous a conservé ce nom, ne nous en aprend guéres davantage par ces mots πόλις Ταρτησσου, c'est-à-dire, *Ville de Tartessus*. A-t-il voulu dire de la Tartessıde contrée d'Espagne à l'em-
bou-

bouchure du Guadalquivir? A-t-il voulu dire une ville située au bord de cette Riviere que les Anciens nommoient *Tarteſſus*, aussi-bien que *Bætis*, comme nous apellons villes du Rhin celles qui font sur ses Rives. Etienne cite Hecatée pour son Auteur. Ortelius écrit ELIBYRGA.

ELICA, Ville ancienne de l'Afrique propre, selon Ptolomée tel que le cite Ortelius.[a] Mais le Grec porte ELILICA, & la Traduction emploiée dans l'édition de Bertius ILICA.

ELICE. Voyez HELICE.

ELICOCI, peuple de la Gaule Narbonnoiſe selon Ptolomée.[b] Belleforêt croit que ce sont les Albigeois ; & les Interpretes de Ptolomée expliquent *Albanguſta* Capitale de ce peuple par *Aubenas*.

ELICON, Riviere de Sicile. Voyez HELICON.

ELICRANUM, Ville ancienne de laquelle parle Polybe.[c] Elle étoit quelque part vers l'Epire selon d'Ortelius.

1. ELIDE, en Latin *Elis*, Province du Peloponneſe. Voyez ELEE.

2. ELIDE, Ville de la Province d'Elide dans le Peloponneſe. Elide se forma, dit Strabon[d], de plusieurs villages d'alentour, & dont il se fit une ville arroſée par le Penée. Etienne le Géographe dit qu'elle étoit proche d'Olympia. Il y a eu même des Ecrivains qui ont confondu Elide, Pise, & Olympie ; Cellarius[e] les en blâme & cite le vieux Scholiaſte de Pindare qui dit[f] que d'Elide à Pise il y avoit cinquante ſtades, c'eſt-à-dire, six mille deux cens cinquante pas. Strabon[g] compte près de trois cens ſtades depuis le Temple d'Olympie jusqu'à Elide. Cette ville bâtie après la guerre de Troie n'eut point de murailles au commencement au raport du même Strabon, mais Pauſanias[h] dit qu'elle en eut ensuite. Car les Lacedemoniens voulant y envoier du ſecours pour apaiſer les troubles cauſez par des factions, les Meſſeniens les previnrent & s'étant déguiſez en Lacedemoniens furent reçus dans la ville, (le Grec porte dans les murailles) à la faveur de l'amitié que les Eléens portoient aux Lacedemoniens. Demoſthene dans sa troisième Philippique parle d'Elide comme d'une ville de très-haute importance. Il semble même qu'elle appartenoit à Philippe, car Demoſthene dit qu'il la poſſedoit. Mais Mr. Toureil[i] dans ses remarques sur sa Traduction obſerve que ce n'étoit pas par la voye des armes qu'il en étoit le maitre, mais par la voye de la confederation. Elide, dit-il, entra dans la ligue des Amphiétyons qui reconnoiſſoient Philippe pour leur chef & se maintint libre juſqu'après la mort d'Alexandre.

ELIENSIS *Episcopus*, Ortelius qui a lu ces mots dans Victor d'Utique, croit que c'étoit un Siége Epiſcopal de l'Afrique propre. Ne ſeroit-ce point *Elibienſis* d'Elibia dont j'ai parlé, ou *Pienſis* de *Pia* dont je parlerai en ſon lieu. Il eſt certain que les fautes des Copiſtes ont multiplié les Evêchez, & les villes.

ELIGIA. Voiez ELEGIA.

ELIM,[k] septième campement des Iſraelites dans le deſert. Ils y trouvèrent[l] douze fontaines & ſoixante & dix Palmiers. D'Elim ils allérent au deſert de Sin.

[a] L. 4. c. 3.
[b] L. 2. c. 5.
[c] L. 2.
[d] L. 8.
[e] Geog. ant. l. 2. c. 13.
[f] Ad Olymp. 1. verſ. 28.
[g] L. c.
[h] In Meſſeniac. c. 38.
[i] T. 4. p. 215.
[k] D. Calmet Dict. de la Bible.
[l] Exod. c. 16. v. 27.

ELIMA. Voyez ELYMA.

ELIMIOTÆ, & ELIMIOTIS. Voyez ELYMIOTÆ & ELYMIOTIS.

ELINI, ancien peuple de la Grece dans la Thesprotide. Le pays qu'il habitoit étoit nommé ELINIA, ſelon Etienne le Geographe.

ELIOCROCA, ancienne Ville d'Eſpagne ſelon Antonin,[m] dans les Exemplaires duquel on trouve ce nom écrit HELICROTE, ELIOCRACA, & ELIOCROCA. L'exemplaire du Vatican porte ELIOCROTA : le grand nombre eſt pour *Eliocroca* & dans le Concile d'Elvire on lit Succeſſus Evêque d'*Eliocroca*, *Eliocrocenſis*, ce qui doit déterminer. Antonin met cette ville à quarante-quatre milles de Carthagéne en tirant vers Caſtulon. Les chifres varient dans ce calcul. Car quelques exemplaires portent les uns XXIV. d'autres XLVIII. L'Edition de Zurita & l'exemplaire du Vatican ſont pour XLIV. Cluſius ſuivi par Ortelius[n] & Mariana cité par Mr. Baudrand[o] diſent que c'eſt à préſent *Lorca* au Roiaume de Murcie. Voiez LORCA.

ELIONES, ancien peuple de l'Afrique propre ſelon Ptolomée.[p] Le Grec porte E-LEIONES.

ELIPA. Voyes ILIPA.

ELISA : le Prophete Ezechiel[q] nomme ainſi des Isles, & on diſpute fort pour ſavoir où elles ſont : les uns diſent qu'il a entendu parler de l'Eolide, d'autres de la Grece, d'autres de l'Italie & d'autres des Canaries nommées par les Anciens *Elyſia* & *Fortunatæ* &c. Il y a apparence qu'elles ſont dans la Mediterranée ou dans l'Archipel.

ELISABERE, c'eſt ainſi que dans quelques anciens Manuſcrits de Pline on lit au lieu d'*Iliberri* ; ville de la Gaule Narbonnoiſe. On lit dans quelques exemplaires de Pomponius Mela[r] ELUSABERRIS, Capitale du peuple qui habitoit alors le Diocèſe d'Auſch ; mais Voſſius[s] dit que tous les anciens Manuſcrits s'accordent à lire ELIUMBERRUM, excepté un ſeul du Vatican qui porte CLIUMBERRUM, & la veritable Orthographe eſt, dit-il, CLIMBERRUM. Voyez cet article.

ELISABETH. Voiez ELIZABETH.

ELISANGE, Abbaye d'Allemagne dans l'Elsgow que Mr. Baillet[t] nomme l'Eliſauge, Eliſgow autrement Eliſchowe. Cette Abbaye que l'on appelle auſſi St. URSITZ ou URSICIN, eſt ſituée ſur le Doux aux extremitez de l'Alſace, de la Suiſſe & de la Franche-Comté dans l'Evêché de Bâle à deux lieues & demie de Porentruy, où reſide l'Evêque depuis que Bâle eſt aux Proteſtans. On dit néanmoins, continue Mr. Baillet, qu'elle eſt du Diocèſe de Beſançon.

ELISARI, ancien peuple de l'Arabie heureuſe ſelon Ptolomée ;[v] les Interpretes liſent ELESARI.

ELISARNE. Voiez HALISERNE.

ELISGAUGE, ELISGOW ou ELISCHOWE. Voiez ELSGOW.

ELISPHASII, Ortelius[x] croit que ce mot, qui ſe trouve dans Polybe[y] pour ſignifier un peuple du Peloponneſe, eſt corrompu. Il ſoupçonne qu'il faut lire *Elidis Phliaſii*. Les Phliaſiens étoient un peuple de l'Elide dans le Peloponneſe.

[m] Itiner.
[n] Theſaur.
[o] Ed. 1682.
[p] L. 4. c. 3.
[q] C. 37. v. 7.
[r] L. 3. c. 2.
[s] In l. c.
[t] Topog. des Saints p. 588. & 678.
[v] L. 6. c. 7.
[x] Theſaur.
[y] L. 2.

ELISSA.

ELISSA. Voyez ELISSUS 2.

ELISSO[a], en Latin *Eleusa*: Petite Isle de Grece dans le Golphe d'Engia, près des côtes de la Livadie, à l'Orient de la Ville d'Egine. Elle est deserte.

ELISSUNS. Voyes ELISSUS 2. & 4.

1. ELISSUS, Riviere de Grece dans l'Attique. Voiez ILISSUS.

2. ELISSUS ou ELISSUNS, Ville de l'Arcadie, détruite par les Lacedemoniens selon Plethon & Diodore de Sicile[b]. Pausanias[c] met en Arcadie une ville nommée HELISON & une Riviere nommée de même, & il dit dans le même livre[d] qu'Helisson étoit du nombre des villes qui en haine des Lacedemoniens & par l'envie de former une nouvelle Colonie se laisserent aisément persuader par les Arcadiens d'abandonner leur patrie.

3. ELISSUS, Riviere du Peloponnese dans le pays de Sicyone selon Pausanias[e].

4. ELISSUS, ELISSA ou ILISSUS; Pausanias[f] le nomme HELISSON & le compte parmi une des Rivieres considerables qui se jettent dans l'Alphée. Il ajoute qu'il parcourt le pays de Megapolis. De Wit dans sa Carte du Peloponnese nomme ELISSON la Ville d'*Elissus* qui étoit au bord de cette Riviere & même à sa source selon Pausanias. Cet Historien ne l'apelle que vilage dans un endroit[g], mais il la nomme ville dans un autre[h] il fournit lui-même dequoi justifier cette diférence lorsqu'il raporte l'origine de Megapolis. Entre les villes, dit-il, dont elle fut formée quelques-unes sont entiérement détruites, d'autres ont dégeneré en villages; à savoir Gortys, Dipœnæ, Tissoa sur l'Orchomene, Methydrium, Theutis, Calliæ, & Helisson.

§. Ces noms étant écrits en Grec par un E, mais avec une aspiration c'est-à-dire, avec un accent équivalent à l'H des Latins. De là vient qu'entre les Traducteurs il y a de la diversité, les uns ayant égard à cet accent & les autres l'aiant negligé. Voyes ILISSUS.

ELISTRUS, nom d'un lieu dont étoit Evêque Martyrius nommé dans le Concile d'Ephese. Sylburge au raport d'Ortelius[i] a observé que dans ce même Concile on lit dans un autre endroit ILISTRUS & ILLISTRUS.

ELISYCI, ancien peuple de la Ligurie, selon Hecatée, allégué par Etienne le Géographe, Herodote[k] en fait aussi mention.

ELIUS, ce nom est celui d'un homme qu'Apollodore[l] dit avoir bâti une ville de même nom dans une des Isles Taphiennes.

ELIXOIA, Etienne le Geographe dit que c'est une Isle des Hyperborées, c'est-à-dire des septentrionaux, aussi grande que la Sicile, au-dessous du fleuve *Carambyca*, & que les Insulaires sont nommez *Carambyca* du nom du fleuve, & cite Hecatée d'Abderitain. Ce livre d'Hecatée a été aussi connu de Diodore de Sicile[m] qui le cite aussi; mais avec des diferences dans ce qu'il en extrait. Car il parle d'une Isle à l'oposite des Celtes près de l'Ocean, vers le Nord, beaucoup moindre que la Sicile: il ajoute entre autres circonstances que cette Isle habitée par les Hyperborées, ainsi nommez parce qu'ils sont très-exposez au vens de Nord, est abondante en fruits qui même y viennent deux fois l'année. On veut, poursuit-il, que c'est-là que naquit Latone, d'où vient qu'Apollon y est adoré par preference aux autres Dieux. Tous ces Insulaires sont autant de Prêtres d'Apollon, ils y ont un bois & un Temple rond fort orné qui lui est dedié. La ville lui est aussi consacrée. Ce ne sont pour la plûpart que des joueurs d'instrumens qui celebrent les louanges & les actions de ce Dieu..... La ville est gouvernée & le Temple desservi par les Boréades qui descendent de Borée, & à qui la naissance donne droit de commander. L'embouchure du fleuve Carambyce détermine la position de cette Isle. Ortelius qui croioit que ce fleuve fût l'Oby a cherché cette Isle dans l'Océan Scythique. La Carte dressée par Ysbrand-Idès marque effectivement une Isle assez grande à l'embouchure de l'Oby; mais il est prouvé ailleurs que le Carambyce des anciens est la Dwina qui coule à Archangel, ainsi l'Isle d'*Elixoia* ne peut être que celle de PODESEMSKA, à l'embouchure de cette Riviere. La grandeur comparée à celle de Sicile, les Prêtres d'Apollon & toutes les autres circonstances sont autant d'embellissemens fournis par le même esprit de fiction qui a repandu tant de fables sur cet espace de l'antiquité que l'on a nommé à cause de cela les temps fabuleux. C'étoit bien assez aux anciens Grecs de savoir qu'il y eût là une Isle. Ils la peuplérent d'imagination.

ELIXUS, Riviere de l'Isle de Céa auprès de Caressus selon Strabon[n]. Cette Isle est à present l'Isle de Zea.

1. ELIZABETH LYLAND, c'est-à-dire, L'ISLE D'ELISABETH, Isle d'Afrique dans la Mer des Cafres[o]. Elle gît à peu-près à deux lieues du Continent, par la hauteur de 33. d. 15′. & à environ 19. ou 20. lieues Hollandoises du Cap de bonne Esperance. Elle a près d'une lieue de tour & est bordée de rochers du côté Occidental où la côte est très-mal-saine, mais elle est saine du côté Oriental, y aiant un fond de sable de bonne tenue. A une portée de canon de ce côté-là on peut mouiller sur 16. brasses, fond de sable blanc. Le terrain est bas & semé de roches le long du Rivage. Plus avant dans les terres il est sablonneux & couvert de très-bons herbages & de fleurs d'une odeur agréable odeur, sans bois, ni eau douce. Pour des animaux il y en a beaucoup, entre autres des loups marins ou pour mieux dire des Ours marins. Leur couleur & leur tête sont tout-à-fait approchantes de celles des Ours, hormis que leurs museaux sont plus pointus. Ils leur ressemblent encore par leur maniere de se mouvoir, hormis dans les deux parties du derriere qui sont comme paralytiques, car ils ne font que trainer leurs deux jambes de derriere qui ressemblent à celles des chiens. Néanmoins ils courent si vîte qu'à peine un homme peut mieux courir; cet Animal est amphibie. Outre cela il y a des especes de daims roux, d'un gout aussi bon que le mouton ou l'agneau parce qu'ils ne vivent que de bonnes herbes. Il y a aussi une multitude d'oiseaux, entre autres des Pinguoins, des oiseaux noirs nommez Scholwers, aussi gros que des canards. Cette Isle n'est point habitée par des hommes & même les vaisseaux n'y relâchent presque jamais si ce n'est par quelque fortune de

de Mer. Elle feroit une des plus propres qu'on puiffe fouhaiter pour s'y rafraichir s'il y avoit de l'eau douce. Les ours marins y fourniroient dequoi charger de leur Huile en peu de temps un bâtiment du port de 600. tonneaux. Peut-être ne feroit-il pas impoffible d'y faire des puits, & alors il n'y manqueroit rien pour un établiffement.

2. ELIZABET. (l'Ifle d') petite Ifle de l'Amerique Meridionale dans le détroit de Magellan au midi de la Rade Roiale, & à l'Orient du Cap St. George par les 52. d. 35′. de latitude Meridionale, felon Mr.[a] de l'Ifle. Mr. Frezier[b], qui la nomme l'*Ifle de Ste. Elifabeth*, la met au midi & à l'entrée de la baye Boucaut. Mr. Baudrand la met dans la baye de St. Nicolas entre l'Ifle de St. Barthelemi & la Ville de St. Philippe.

[a] Carte du Chili. [b] Carte reduite dans le Voiage de la Mer du Sud T. 2.

3. ELIZABET (la Baye d') Baye de l'Amerique Meridionale fur la côte Septentrionale du Détroit de Magellan, à l'Orient du détroit de St. Jerôme, à l'Occident du port galant, au Nord Oriental de l'Ifle de Louïs le Grand; par les 53. d. 30′. de latitude Septentrionale felon Mr. de l'Ifle. La Carte inferée dans les Voyages de Coreal compte 53. d. 36′. vers le milieu de cette baye.

ELKHALIL. Mr. Baudrand, qui donne ce nom comme fynonyme d'*Hebron* & d'*Eleutheropolis*, dit que c'eft une petite ville de la Terre Sainte: elle étoit autrefois confiderable fous le nom d'Hebron près des ruines de laquelle elle eft bâtie partie dans une plaine partie fur une Coline; mais fans murailles, felon le Pere Michel Nau[c] qui a voiagé en ces quartiers & elle eft à vingt mille pas de Jerufalem au Midi. Ce même Pere obferve que le nom moderne eft celui d'Abraham nommé par les Arabes *Khalil Allah* c'eft-à-dire, l'*Ami de Dieu*. Voiez HEBRON. Mr. Baudrand donne à cette ville un territoire qu'il apelle le PAYS D'ELKHALIL, dont elle eft la feule ville avec une quinzaine de villages.

[c] Voiage Nouveau de la terre Sainte l. 4. p. 460.

ELKODS, Mr. Corneille[d] appelle ainfi la contrée de la Terre Sainte où eft Jerufalem & qui comprend près de cent villages.

[d] Dict.

ELL ou ELLE[e], en Latin *Hellelum*, *Hellellus* ou *Helcebus*; ancien Bourg de la Baffe Alface fur la Riviere d'Ill, à un mille de la Ville de Benefeld.

[e] Baudrand. Edit. 1705.

1. ELLA, fontaine ou Ruiffeau d'Italie dans la Lucanie felon Strabon[f]. Etienne le Géographe l'apelle ELEA. Voyez VELIA.

[f] L. 6. p. 252.

2. ELLA, nom Latin de LILLE, Riviere de France.

ELLAS. Voyez HELLAS.

ELLASAR, ELLESAR ou ELASAR, lieu du Roiaume d'Arioch. Il en eft parlé dans la Genefe[g], & comme l'obferve très-bien le P. Bonfrerius, on ne fait pas trop fi l'Ecrivain facré a entendu par ce mot une contrée ou une ville de ce Roiaume. Ce qu'il y a de fûr, c'eft que ce lieu eft en Afie.

[g] C. 14. v. 1.

ELLE, Riviere de France dans la Bretagne. Elle arrofe Kimperlay felon Mr. Corneille; mais felon Coulon dans fon livre des Rivieres de France[h], l'Elle fe rend dans le Golphe de Blavet au-deffous de Pontfcorf. Le même nomme *Ifole* la Riviere qui mouille les murailles de Kimperlai. D'un autre côté, Sanfon nomme

[h] 1. part. p. 228.

Scorff la Riviere que Coulon apelle *Elle*; mais il en met deux à Quimperlai & il ne les nomme point.

1. ELLEBOGEN. Voyez *Elnbogen* en Boheme.

2. ELLEBOGEN. Voiez MALMOE.

ELLEHOLM, ou ELCHOLM petite Ville ou Bourg de Suede dans la Blekingie fur la côte meridionale à neuf lieues de Chriftianftad vers l'Orient. La terminaifon *Holm* fignifie que c'eft une Ifle, & elle eft en effet fituée dans une Ifle formée à l'embouchure de la Riviere qui defcend du Lac Salen. Mr. de l'Ifle la marque comme un Bourg & même comme un village dans fes Cartes.

ELLERENA, ELERENA, ou LLERENA, Ville d'Efpagne dans l'Eftramadure de Léon, fur les frontieres de l'Andaloufie, dans une vallée au pied du Mont de St. Chriftophle, à fix lieues de Medelin au midi en allant vers Seville.

ELLESI, ancien nom d'un lieu de la Galilée. C'étoit la Patrie du Prophete Nahum. Ortelius de qui eft cet article le remarque, car St. Jerôme qu'il cite, Eufebe, la Vulgate & les Septante s'accordent à lire Elcefe & nomment Nahum *Elcefæus*. L'Hebreu porte נאֵלְקָשִׁי que Smidius rend par *Elkafchæus*.

ELLESPORUS. Voiez HELORUS.

ELLOC[i] en Autriche près de la Ville de Vienne. Ce lieu eft remarquable par le culte de St. Jean de Capiftran dont le corps y fut tranfporté lorfque les Turcs fe rendirent maitres de Willeck en Hongrie, lieu de fa mort & de fa fepulture.

[i] Baillet Topog. des Saints p. 589.

ELLOMENUS, lieu voifin des Ifles Leucades felon Thucydide[k]. Ce devoit être une place de guerre, car cet Auteur parle de la Garnifon qui y étoit. D'Ablancourt dans fa traduction[l] dit: *quelques Soldats de la garnifon d'Elomene en Leucadie*.

[k] L. 3. c. 21. [l] T. 1. p. 272.

1. ELLOPIA[m], contrée de l'Eubée, & même toute l'Eubée a porté ce nom à caufe d'Ellops fils d'Ion.

[m] Strabo l. 10. p. 445.

2. ELLOPIA, lieu particulier de l'Eubée fondée par le même Ellops & dont les Habitans pafferent à Hiftiée, & agrandirent cette ville y étant forcez par la tyrannie de Philiftide après la bataille de Leuctres felon le témoignage de Strabon[n].

[n] L. 7. p. 328.

3. ELLOPIA, contrée de Grece aux environs de Dodone felon le même qui cite deux vers d'Hefiode dont le fens eft qu'*Ellopia* eft un pays qui a des prairies & des campagnes abondantes à l'extremité duquel Dodone eft bâtie. Les Habitans en étoient nommez HELLI & SELLI felon Etienne de Byfance.

4. ELLOPIA, Ville de Grece vers la Dolopie, felon Etienne.

5. ELLOPIA, pays de Grece autour de Thefpies, felon le même.

6. ELLOPIÆ AQUÆ, eaux chaudes & minerales de l'Eubée. Pline[o] en parle comme d'une des chofes remarquables de l'Ifle & le R. P. Hardouin dit qu'elles étoient ainfi nommées du nom que portoit l'Eubée, à favoir *Ellopia*.

[o] L. 4. c. 11.

ELLOPIUM, Ville de Grece dans l'Etolie felon Etienne le Géographe qui cite l'XI. livre de Polybe.

1. ELLUS,

ELL. ELM. ELN.

1. **ELLUS**, Riviere de l'Asie mineure dans la Lydie selon Herodote [a] dans quelques Exemplaires. L'Edition de Gronovius porte Hyllus & c'est ainsi qu'il se trouve dans Strabon [b]. Voiez Hyllus.

[a] L. 1. c. 8.
[b] L. 13. p. 626.

2. **ELLUS**, nom Latin de l'Ill Riviere d'Allemagne.

ELMACHANI, ancienne Ville Episcopale de la Troade suffragante de Cyzique. Ce n'est plus qu'un Bourg de la Natolie propre sur le Golphe d'Andrimiti entre la ville d'Andrimiti & le bourg d'Asso. Voiez Palæscepsis.

ELMADIA, ou Mahadia ou Afrique. Voyez Afrique 2.

ELMADINE. Voyez Almedine.

ELMANTICA, pour Salmantica, ancien nom de Salamanque.

ELMEDINE. Voyez Almedine.

ELMEHREDGAN. Voiez Esperaïn.

ELMELEC, lieu de la Palestine duquel il est parlé dans le livre de Josué [c], selon la Vulgate. L'Hebreu porte Allamelech. C'étoit une ville de la Tribu d'Aser.

[c] C. 19. v. 26.

ELMETE, nom d'une forêt de la grande Bretagne. Ortelius [d] à qui Bede a fourni ce nom n'en dit pas davantage.

[d] Thesaur.

ELMOHASCAR [e], Ville de Barbarie dans le Roiaume d'Alger, dans la Province de Benît-Araxid, ou Beni-Razid. Elle est bâtie en maniere de Village & à un Fort pour défense où il y a garnison. Almanzor Lieutenant de Mahomet Benzeyen en jetta les fondemens & les Turcs y aiant mis la derniere main y établirent le siége du Gouverneur, ou Viceroi d'Alger. Cette ville est la troisiéme de la Province.

[e] De la Croix Relat. d'Afrique T. 2. p. 20.

ELMON DEBLATHAIM. Voyez Helmon.

☞ **ELMONI**, ce mot, qu'Aquila & Theodotion traduisent dans leur version de la Bible par *un certain lieu*, n'est pas le nom propre d'aucun lieu, comme le remarque Eusebe [f] dans sa Geographie. St. Jerôme en traduisant cette observation fait une remarque pour declarer qu'il n'aprouve pas toujours ce qu'il traduit. Cependant Eusebe a raison & l'Hebreu פלני אלמני *Peloni Almoni* [g], signifie un lieu sans determiner lequel. Ce sont les Septante qui écrivent *Elmoni* [h]. Mr. le Clerc qui écrit *Phloni Almoni* observe que les Hebreux employoient cette façon de parler quand ils obmettent le nom propre du lieu ou de la personne à peu près comme dans cette Phrase Françoise; il lui dit: *un tel*, détournez-vous.

[f] Onomast. p. 66.
[g] Ruth. c. 4. v. 1.
[h] iv. Reg. c. 6. v. 8.

ELNA, Riviere de France dans le Boulenois en Picardie: En François la Liane.

1. **ELNBOGEN** [i], Ellenbogen, Elbogen, Elebogen, ou Loket, Comté de Bohême. Les Allemands l'appellent Elbogner Craiss, & les Bohemiens *Loketsky Krag*, c'est-à-dire, *le Cercle d'Elnbogen* ou *de Loket*: ce Comté aussi bien que celui d'Eger n'est pas à proprement parler dans l'enceinte des forêts dont la Bohême est entourée, les habitans parlent Allemand, & ce pays a autrefois appartenu aux Margraves de Vohbourg ou de Cham; c'est pourquoi on le regarde comme un démembrement de l'Allemagne & c'est plutôt une annexe qu'une partie de la Boheme. Ce Cercle d'Elnbogen est borné au Nord par le Voigtland; à l'Orient par le Cercle de Satz: au midi par celui de Pilsen, dont une lisiere le separe, à l'Occident du Palatinat de Baviere & de la Franconie. Les Rivieres qui l'arrosent sont la Zwota, la Tepla & la Weteritz, & l'Egre dans laquelle elles se déchargent: sa principale ville est *Elnbogen*, que les Bohemiens nomment *Loket*: outre quelques autres moindres villes on y trouve les Seigneuries de Steina, de Schlakowald & de Schlakewerd.

[i] Zeyler Bohem. Topog. p. 23. & 26.

2. **ELNBOGEN** [k], Ville de Boheme dans le Cercle qui en porte le nom, ou celui de Loket que lui donnent les habitans du Pays. Elle est située sur l'Eger en forme de coude, ce que signifie le nom d'Elnbogen. La Citadelle est sur un rocher escarpé entourée par la Riviere & par les Montagnes. Le fossé rempli par la Riviere est si profond que l'on ne peut entrer dans la ville que par une porte. Cette petite place est une des clefs de la Boheme du côté de l'Allemagne. Dans l'Eglise qui est au-dessous de la Citadelle est la sepulture de Mathias Seigneur de Schlick Comte de Passau & de Weissenkirchen qui mourut l'an 1487. après avoir possedé 55 ans la Seigneurie d'Elnbogen. Cette ville a aussi appartenu quelque temps aux Margraves de Vohenbourg & en 1542, il y avoit encore dans la Citadelle un corps de logis nommé la Maison du Margrave. Cette ville souffrit beaucoup des troubles suscitez par les Hussites. En 1471. Le Duc de Saxe Albert s'en rendit maître, mais on prétend que ce fut pour le Comte de Schlick contre qui elle s'étoit revoltée. George Duc de Saxe fils de cet Albert fut encore obligé de rendre le même service à la Maison de Schlick en 1504. il y entra la nuit & brûla 70. maisons. Les revoltez s'enfuirent, cela causa l'année suivante de nouveaux troubles qui donnerent lieu à de grands ravages. Par la paix qui termina cette guerre Elnbogen fut annexée à la Couronne de Boheme. Elle fut prise trois fois durant la longue guerre qui finit par la paix de Westphalie.

[k] ibid. p. 26.

1. **ELNE**, ELNO, ELNONE, Elvonense Monasterium, *Saint Amant*, grand Village ou Bourg des Pays-bas dans le Tournaisis, avec une Abbaye de même nom. Voiez Saint Amant.

2. **ELNE**, en Latin Helena, Ville de France dans le Roussillon. J'ai déja marqué son origine dans l'Article Eliberis 2. J'y ai aussi observé que la Notice ne met point cet Evêché sous la Métropole de Narbonne, mais qu'on trouve au contraire que les Evêques d'Elne assisterent aux Conciles de Toléde. Mr. Piganiol de la Force raconte ainsi les divers changemens arrivez à cet Evêché: Quand les François prirent sur les Goths Toulouse & Usez les Evêques de ces deux villes quitterent l'Archevêque de Narbonne leur Métropolitain, & se soûmirent à celui de Bourges. Alors pour dédommager l'Archevêque de Narbonne des deux suffragans qu'il venoit de perdre, on fit un démembrement de son Diocése, où l'on érigea l'Evêché d'Elne & celui de Carcassonne, l'un & l'autre sous la Métropole de Narbonne. L'Evêché d'Elne demeura sous cette Métropole sous les Goths, sous les François & sous les Espagnols même. Sous les Goths l'on

Desc. de la France T. 6. p. 420.

ELN. ELO.   ELO.

l'on trouve que l'Evêque d'Elne assista à deux Conciles tenus à Narbonne, l'un en 589. & l'autre en 627. Les Sarazins devenus maîtres de la Monarchie des Goths, gardèrent Narbonne jusqu'en 755. qu'elle se donna à Pepin. Les Evêques de Toulouse, & d'Usez retournèrent pour lors à Narbonne leur ancienne Métropole, à laquelle les Evêques d'Urgel, de Barcelonne, de Gironne, de Vich, & de Tarragonne même, furent aussi assujettis. Peu de temps après on rendit à l'Evêque de Tarragonne les droits de Metropolitain, & ses suffragans; mais l'Evêque d'Elne demeura sous la Métropole de Narbonne, & assista aux Conciles tenus dans cette Province en 788, 906, 947, 1043, 1045, 1090, & 1134. Saint Louïs ayant cedé à Jacques I. Roi d'Arragon la Souveraineté de Catalogne, & de Roussillon l'an 1258. l'Evêque d'Elne demeura toûjours soûmis au Métropolitain de Narbonne, signa à un Concile de la Province en 1279. & l'année d'après n'ayant pû se rendre à un autre Concile à cause de la goute dont il étoit affligé, il y envoya un de ses Chanoines en sa place. Ses Successeurs assistèrent depuis à trois autres Conciles tenus en 1351. 1368. & 1374. Le Pape Jule II. donna une Bulle de son propre mouvement l'an 1511. par laquelle en reconnoissant que l'Evêché d'Elne dépendoit de Narbonne, il l'exempte de cette dépendance, & le soûmet immédiatement au Saint Siége. Le Cardinal de Ferrare Archevêque de Narbonne se plaignit de ce changement, & obtint de Léon X. en 1517. une Bulle qui cassoit celle de Jules II. Charlesquint empêcha l'exécution de cette Bulle, & pour lors Elne ne dépendit d'aucune Métropole. Quoique le Concile de Trente eût ordonné que les Evêques indépendans s'uniroient au Métropolitain voisin, & qu'il n'y eût que douze lieues d'Elne à Narbonne, au lieu qu'il y en a quarante-deux d'Elne à Tarragonne, cependant l'Evêque d'Elne aima mieux se soûmettre à l'Archevêque de Tarragonne, & obtint de Gregoire XIII. un Bref d'union sans y avoir appellé le Roi ni l'Archevêque de Narbonne, quoique ce fussent les parties les plus interessées à cette affaire. L'Evêché d'Elne fut transferé à Perpignan par le Pape Clement VIII. en l'année 1604. cependant l'Evêque & son Chapitre prennent toûjours le nom & le titre d'Evêque & Chanoines d'Elne. [a] Elne est située à deux lieues de Perpignan, dans la Plaine de Roussillon, sur une Colline au pied de laquelle passe le Tec. Elle étoit autrefois assez jolie, mais elle fut ruinée par Philippe le Hardi en 1285. sous l'an 1474. sous le regne de Louïs XI. & enfin en 1642. lorsqu'elle fut prise par l'armée de Louïs XIII. Les brèches n'ont point été réparées depuis cette année-là, & il ne reste que quelques pans de murs. L'Eglise est grande, & le Couvent des Capucins qui avoit été ruiné, a été rétabli depuis quelques années, & a été appuyé sur les fondemens des murs de la ville. Au reste, la Seigneurie d'Elne appartient à l'Evêque & au Chapitre. On ne compte qu'environ deux cens vint-quatre feux, & huit cens soixante-dix-sept habitans.

ELOM, Ville de Palestine dans la Tribu de Juda. Josephe [b] en fait mention: cette même Ville est nommée AJALON au II. livre des Paralipomenes [c].

ELON, Ville de la Palestine dans la Tribu de Dan [d].

☞ D. Calmet [e] observe que le mot ELON signifie une Chênaye. Ainsi, dit ce savant Religieux, on lit ELON MAMBRE c'est-à-dire, la Chênaye de Mambré, ELON-MORÉ, la Chênaye ou le chêne de Moreh, ELON BETH CHANAN, la Chênaye ou le chêne de Beth-Chanan. ALLON a la même signification.

ELONE, [f] Ville de Grece dans la Perrhebie Province de la Thessalie. Elle étoit située au pied du Mont Olympe auprès du fleuve Eurotas. On l'appela ensuite LEIMONE: elle étoit déja détruite du temps de Strabon.

§. L'Eurotas dont il est parlé dans cet article est bien diferent de celui du Peloponnese, & est nommé par Pline [g] Titaresius. Il se jette [g] dans le Penée.

ELONGOSINE, lieu élevé dans la grande Arménie vers les sources du Tigre. C'est ainsi qu'Ortelius lisoit dans Pline [h]. Le R. P. Hardouin a rétabli ce nom qui est ELEGOSINE.

ELORA, lieu fameux par les Pagodes où les Indiens de la Province de Balagate vont faire leurs devotions superstitieuses. Mr. Thevenot qui a visité ce lieu dans son Voiage des Indes en donne une description très-détaillée que j'insererai ici. Après être parti d'auprès de Doltabat vers les cinq heures du matin il fallut [i], dit-il, monter une Montagne très-rude & difficile pour les bœufs, quoique le chemin taillé dans le roc soit presque partout uni comme s'il étoit pavé de pierre de taille; & il y a sur le bord une muraille qui est épaisse de trois pieds & haute de quatre, pour empêcher que les charettes & les chariots ne tombent dans la campagne, s'ils renversoient. Mes Pions pousserent la charette de toute leur force, & ils ne servirent pas moins que les bœufs pour la faire arriver au haut de la Montagne. Quand j'y fus, je vis une très grande plaine de bonne terre bien cultivée, avec grand nombre de villages & de Bourgs, accompagnée de jardins, de quantité d'arbres fruitiers & de bois: nous cheminâmes au moins une heure dans ces terres labourées, & j'y vis de fort beaux Tombeaux qui avoient plusieurs étages, & étoient couverts de dômes faits de larges pierres grises, & sur les sept heures & demie après avoir passé près d'un grand Tanquiés, je mis pied à terre auprès d'une grande cour pavée de ces mêmes pierres. J'y entrai & l'on m'obligea à quitter mes Souliers: j'y trouvai d'abord une petite Mosquée, où je vis le *Bismilla* des Mahometans écrit au-dessus de la porte: Cette inscription signifie, *au Nom de Dieu*. La Mosquée n'avoit de jour que par cette porte; mais elle étoit éclairée de quantité de lampes, & il y avoit plusieurs vieillards qui m'inviterent à y entrer: ce que je fis. Je n'y vis rien de singulier que deux Tombeaux couverts de tapis; j'étois extrêmement mortifié de n'avoir point d'interprête, car j'aurois sû beaucoup de particularitez dont il fallut me priver. A quelque espace au-delà je descendis durant plus de demie heure avec mes Pions vers le Couchant par un rocher dans une autre plai-

plaine très-profonde. J'y vis d'abord des Chapelles fort élevées, & j'entrai dans un portique taillé dans le rocher qui est d'un gris noirâtre, & à châque côté de ce portique il y a une figure d'homme gigantesque taillée du roc même, & les murailles font toutes couvertes d'autres figures de relief taillées aussi dans le roc. Quand j'eus passé ce portique, je trouvai une cour quarrée qui a cent pas de longueur, & autant de largeur, les quatre murailles sont le roc même qui est haut de dix toises en cet endroit, & est perpendiculaire au Plan, & taillé aussi uni que si c'étoit du plâtre où la truelle eût passé. Je voulus avant toutes choses visiter les dehors de cette cour, & je vis que ses murailles, ou plûtôt le rocher est suspendu, & qu'on l'a creusé en dessous, en sorte que le vuide y fait une gallerie haute de près de deux toises, & large de quatre à cinq : Elle a le rocher pour plat-fond, & elle n'est soûtenuë que par un rang de colomnes taillées dans le roc, & éloignée du fond de la gallerie environ une toise, en sorte qu'il semble que ce soit deux galleries. Tout y est fort bien taillé, & certainement c'est une merveille de voir une si grande masse en l'air, qui paroît si peu appuyée, & qu'on ne peut s'empêcher de fremir lorsqu'on y entre. Au milieu de la cour il y a une Chapelle dont les murailles sont couvertes de figures en relief dedans & dehors : Elles représentent diverses sortes de bêtes, comme Griffons & autres qui sont taillées dans le roc : On voit à châque côté de la Chapelle une pyramide ou aiguille plus large par la base, que celles qui sont à Rome, mais ces aiguilles ne sont pas pointues, & sont prises du rocher même, & il y a quelques Caractères qui me sont inconnus. L'aiguille qui est à la gauche, est accompagnée d'un Elephant de grandeur naturelle, pris du roc comme tout le reste; mais sa trompe a été rompue. Quand je fus à l'extrêmité de la cour, je trouvai deux escaliers taillez dans le roc, & je montai avec un petit Bramen qui paroissoit avoir beaucoup d'esprit : étant au haut, j'apperçûs une maniere de plate-forme, si toutefois on peut appeller plate-forme, l'espace d'une lieuë & demie, ou de deux lieuës, rempli de superbes Tombeaux, des Chapelles, & de Temples qu'on appelle Pagodes, taillez dans le rocher. Le petit Bramen me mena par toutes les Pagodes que le peu de temps que j'avois me permit de voir. Il me montra avec une canne toutes les figures de ces Pagodes, il me dit leur nom & par quelques mots Indiens que j'entendis, je conçûs bien qu'il me racontoit leur Histoire en abregé, mais comme il ne savoit point le Persien, ni l'Indien, je n'en pus rien apprendre qui eût quelque suite. J'entrai dans un grand Temple bâti dans le rocher, la Couverture est plate, & ornée de figures en dedans, ainsi que les murailles: il y a dans ce Temple huit rangs de colomnes en longueur, & six rangs en largeur, qui sont éloignées l'une de l'autre de plus d'une toise. Ce Temple est divisé en trois parties : La nef qui contient les deux tiers & demi de la longueur, est la premiere partie, & est également large par tout; le Chœur qui est plus étroit, fait la seconde partie; & la troisiéme qui est le fond du Temple, est la plus petite, & ne paroît que comme une Chapelle, au milieu de laquelle on voit sur une base fort élevée une Idole gigantesque, qui a la tête grosse comme un de nos tambours, & le reste à proportion. Toutes les murailles de la Chapelle sont couvertes de figures gigantesques en relief, & tout autour du Temple en dehors, il y a plusieurs petites Chapelles ornées aussi de figures de grandeur ordinaire en relief, représentant des hommes & des femmes qui s'embrassent. Je sortis de ce lieu, & j'allai dans plusieurs autres Temples de diverses structures, bâtis aussi dans le roc, & remplis de figures, de Pilastres, & de Colomnes. Je vis trois Temples les uns sur les autres qui n'ont qu'une façade pour tous trois; mais elle est partagée en trois étages soutenus d'autant de rangs de Colomnes. Il y a à chaque étage une grande porte pour le Temple : les escaliers sont pris dans le roc. Je ne vis qu'un Temple qui fût voûté, & j'y trouvai une Chambre, dont le principal ornement est un puits quarré, taillé dans le roc, & rempli d'une eau vive, qui n'est qu'à deux ou trois pieds de la bouche du puits. Il y a quantité d'autres Pagodes le long du roc, & l'on ne voit autre chose durant plus de deux lieues : Elles sont toutes dediées à quelque Saint des Gentils, & la figure du faux Saint à qui chacune est dediée, est sur une base au fond de la Pagode. Je vis dans ces Pagodes plusieurs Santons ou Pogues sans habits, excepté aux parties du Corps qu'il faut cacher : tous étoient couverts de cendre, & on me dit qu'ils laissent venir leurs cheveux aussi longs qu'ils peuvent croître. Si j'avois pû demeurer long-temps en ces quartiers-là, j'aurois vû tout le reste des Pagodes; & j'aurois fait telle diligence, que j'aurois trouvé quelqu'un qui m'eût informé exactement de toutes choses : mais il fallut me contenter d'apprendre par cela la tradition des Gentils d'Aurangeabad, qui me dirent à mon retour que toutes ces Pagodes grandes & petites, avec leurs ouvrages & ornemens, ont été faites par des Geans, & que l'on ne sait pas en quel temps. Quoiqu'il en soit, si l'on considere cette quantité de Temples spacieux, remplis de Pilastres & de Colomnes & de tant de milliers de figures, & le tout taillé dans le roc vif, on peut dire avec verité que ces ouvrages surpassent la force humaine; & qu'au moins les gens du siécle dans lequel ils ont été faits, n'étoient pas tout à fait Barbares, quoique l'Architecture & la Sculpture n'y soient pas aussi délicates que chez nous. Je n'employai que deux heures à voir ce que je viens d'écrire, & on peut juger qu'il m'auroit falu plusieurs jours pour examiner ce qu'il y a de rare; mais comme je n'avois pas ce temps-là, parce qu'il falloit me hâter, si je voulois trouver encore ma compagnie à Aurangeabad, j'interrompis ma curiosité, & j'avoue que ce fut avec regret.

ELORE. Voyez ELORUM & ELORUS.

ELORINA[a], ou DIANORO, en Latin *Alorus*, petite Ville de Macedoine sur la Riviere de Vardari, à dix lieues au-dessus de la Ville de Sturachi vers les confins de l'Albanie.

[a] *Baudrand. Ed. 1705.*

ELO. ELP.

ELORINA VIA. Voyez HELORUS Ville de Sicile.

ELORONA, ELORONENSIUM *Civitas*, selon la liste des Provinces [a], ILLURO selon Antonin [b], OLORONENSIS CIVITAS selon Sidoine Apollinaire, OLORON selon Cenalis. Voiez OLERON.

[a] Libell. Provinc.
[b] Itiner.

ELORUM, & ELORUS. Voyez HELORUS.

ELOTES, peuple de la Laconie ainsi nommé de la Ville Ἕλος. HELOS! Voyez cet article. Comme leur nom s'écrit en Grec Εἵλωτες *Eilotes*, quelques Auteurs écrivent diversement ELOTES, ILOTES, ou HILOTES. Je prefere avec Mr. Dacier le second qui me paroît plus usité. Voyez ILOTES.

ELOTH, Eusebe [c] & St. Jerôme son Traducteur disent simplement qu'elle fut bâtie par le Roi Azarias. Ce n'est que repeter ce qui est dit au IV. livre des Rois [d] & il paroît même de plus par ce passage que ce Roi ne fit que la rebâtir ou la fortifier car il y est dit qu'il la recouvra pour la Judée. Cette Ville de l'Idumée avoit secoué la domination des Rois de Juda avec l'Idumée qui s'étoit revoltée sous le Roi Joram. Azarias en ayant repris possession la fit relever, ou fortifier. Du reste les Septante la nomment Αιλὼθ, *Æloth*, dans ce passage & non pas *Abylam* comme le dit Ortelius. C'est la Vulgate qui l'apelle *Aila* en cet endroit. Mr. le Clerc dit ELATHA ou ELATH, & remarque que c'est la même qui est nommée dans le Deuteronome [e] avec Hetsjon-Geber, selon l'Hebreu; *Asion-Gaber*, selon la Vulgate. Les Septante écrivent le nom de ces deux villes Αἰλὼν & Γεσιὼν Γαβὲρ; Aila & Gesion Gaber. Le voisinage de ces deux villes ne laisse pas douter que ce ne soit la même dont j'ai déja parlé dans les articles d'ÆLANA & AILAH qui étoit un port sur la Mer Rouge.

[c] Onomast. p. 66.
[d] C. 14. v. 22.
[e] C. 2. v. 8.

ELOUTH, *en Latin Elutha*, Ville d'Asie en Tartarie, Capitale du Royaume de ce nom. On l'appelle autrement le Royaume de Casfghar.

* Baudrand Ed. 1705.

ELPADRON. Voyez PADRON.

ELPHEN, ou plutôt ELPHIN [f], Ville d'Irlande dans la Province de Connaught au Comté de Roscommon à trois milles de Tulsk, & à dix milles au Sud de Boyle. Elle a été le siége d'un Evêché onziéme suffragant de l'Archevêché de Tuam. Mais ces onze ont été réduits à cinq & Elphin est un des Evêchez suprimez.

[f] Etat d'Irlande p. 32. & 88.

ELPIA, Ville ancienne de la Daunie dans la Pouille; elle fut bâtie par les Rhodiens selon Etienne le Géographe & Strabon [g].

[g] L. 14.

ELPIDIS IERON, ou le *Temple de l'Esperance*, en Latin *Spei Templum*, Temple d'Italie à huit stades c'est-à-dire, à un mille de la Ville de Rome. Tite-Live [h] & Denis d'Halicarnasse [i] en font mention.

[h] L. 2. 25. & 40.
[i] L. 9.

ELPIPHARA. Davity [k] place une Cité fort ancienne ainsi nommée dans la Mesopotamie sur le Cabur, qui coule auprès de Merdin & va se joindre à l'Euphrate; on peut douter de l'existence de cette ville jusqu'à ce que quelques Voiageurs en fassent mention. Ni ceux que j'ai consultez, ni les Cartes n'en parlent point.

[k] Asie p. 247.

ELPIUS: Zonare nomme ainsi une Riviere de Grece auprès de la Vallée de Tempé. Ortelius [l] conjecture qu'il faut lire Peneius.

[l] Thesaur.

ELP. ELQ. ELS.

ELPRANCI, la Table de Peutinger [m] marque à l'embouchure du Rhin un peuple qu'il designe par ces mots *Chamavi qui Elpranci*. Ortelius a jugé que ce devoit être *Chamavi qui & Franci* & sa conjecture a été trouvée heureuse. C'est-à-dire, qu'au lieu de dire que les Chamaves étoient appellez Elpranci, il faut dire qu'on les appelloit aussi Francs.

[m] Segm. I.

ELQUIAN, Ville d'Afrique en Egypte sur le Nil. Sanut cité par Davity [n] croit que c'est une des Diospolis de Ptolomée.

[n] Etats du Turc en Afrique p. 257.

ELSAS. Voyez ALSACE.

ELSE ou OLZE, Ville & Principauté de Silesie. Voyez OLZE.

ELSEN [o], Village de Westphalie. Il est ancien & celebre. On croit que c'est l'ancienne Forteresse *Elison*, ou *Aliso* que les Romains avoient au confluent de la Lippe & de l'Alme. L'ancien Château aiant été détruit Paderborne s'éleva de ses ruines & ses Evêques & Princes ont élevé un nouveau Château à l'endroit où étoit le vieux.

[o] Monum. Paderborn. p. 10, & 11.

ELSENEUR, ELSENOR, Ville du Roiaume de Dannemarck sur le SUND. Voyez HELSINGOR.

ELSGOW [p], en Latin *Alsgaugensis Comitatus*. Petit pays sur la Riviere de *Hallen* [q] qui comprenoit partie du Suntgow, partie du Cânton de Bâle & peut-être une lisiere du Comté de Montbeliart. Blumberg, Dattenried & Porentru en étoient, & même cette derniere étoit la principale place de ce Comté; quoi que ces lieux aujourd'hui soient partagez entre les Dioceses de Bâle & de Besançon pour le spirituel.

[p] Zeyler Alsat. Topog. p. 8.

ELSINBOURG, ou ELSIMBOURG. Voyez HELSINGBORG Ville de Suede sur le Sund.

ELSONE [q], en Latin *Eluso*, lieu de la Gaule Narbonnoise apartenant à St. Sulpice Severe qui y a fait long-temps sa residence. Ce n'est ni *Eanse* ni *Lausun*, ni peut-être *Lux*, ou *Luse*, mais plutôt ALZONE, ou ELSONE qui étoit en Septimanie aujourd'hui le Languedoc sur la route de Touloufe à Carcassone, à huit ou neuf lieues de cette premiere ville.

[q] Baillet. Topog. des Saints p. 178.

ELSTE [r], Il est parlé de ce lieu dans la Vie de St. Worofrid. Il étoit au milieu de l'Isle Batua, c'est-à-dire, de l'Isle des Bataves entourée par le Rhin.

[r] Ortelius Thesaur.

1. ELSTERT [s], Riviere d'Allemagne où elle a sa source dans le Voigtland, aux confins de Bohéme. De là serpentant vers le Nord elle coule à Plawen, entre dans le Duché d'Altenbourg, arrose Zeitz dans le Duché de Naumbourg, rentre dans la Misnie, où elle forme une Isle & d'où resortant par le Nord-Ouest, elle va se perdre dans l'Elbe au-dessus du confluent de la même Riviere avec la Pleiss, & au-dessous de Mersbourg. Les Cartes de Jaillot la nomment ELSTERT; Elle reçoit plusieurs autres Rivieres dont les plus considerables sont celles de Gols, & de Schneuter.

[s] Sanson Atlas.

2. ELSTER, autre Riviere de Saxe. Elle a ses sources dans la Lusace aux confins de la Bohéme & de la Misnie; delà serpentant vers le Nord, puis vers l'Occident, elle entre dans l'Electorat de Saxe à Muckenberg, passe à Elster-

Elsterwerth, d. Warenbruck, g. Ubigaw g. Hertzberg, à Geſſen & enfin à Elſter, où elle ſe perd dans l'Elbe; à trois lieues au-deſſus de Wittenberg entre ſes ſources, les deux plus Orientales ſont diſtinguées en WEISS ELSTER ou l'*Elſter blanc* & SCHWARTZ ELSTER, l'*Elſter noir*.

3. ELSTER, petite Ville d'Allemagne au Cercle de la haute Saxe, entre Torgow & Wittenberg à quatre lieues de la premiere & à trois de la ſeconde, au confluent de l'Elſter & de l'Elbe.

ELTEKE, Ville de la Paleſtine dans la Tribu de Dan[a]. Elle fut donnée aux Levites de la famille de Caath.

a Joſué. c. 19.v. 44. & c. 21.v. 23.

ELTEKON, Ville de la Paleſtine dans la Tribu de Juda[b], aux confins de la Tribu de Benjamin.

b Ibid.c. 15.v. 59.

§. Quelques-uns écrivent ELTHECE & ELTHECON.

ELTFELD. Mr. Corneille fait ſous ce nom un nouvel article de la Ville d'ELFELD. Voyez ce mot.

ELTIB[c], Ville de Perſe à 70. d. 15'. de longitude & à 32. d. 15'. de latitude.

c Tavernier Voyage de Perſe. l. 3.

ELTMAN[d], petite Ville d'Allemagne en Franconie dans l'Evêché de Wurtzbourg, ſur le Meyn. Elle eſt preſque enclavée dans l'Evêché de Bamberg. [e] Davity raconte un uſage pratiqué à *Eltman*. Les Jeunes hommes y ont, dit-il, la coutume de s'aſſembler le jour des cendres, avec un grand voile de femme au bout d'une perche, puis d'entrer dans les maiſons des maris que leurs femmes ont batus, & montant ſur le toit ils découvrent la maiſon juſqu'à ce que ces malheureux maris leur donnent de quoi boire. Après quoi cette jeuneſſe ôte le voile & met au bout de la perche les hauts de chauſſes des maris les uns après les autres.

d Baudrand Ed. 1705.
e T. 1. p. 815.

ELTOLAD, Ville de la Paleſtine. Elle étoit de la Tribu de Juda[f], & fut enſuite donnée à celle de Siméon[g]. Sa ſituation ſe connoît de ce que les villes que la Tribu de Juda céda à celle de Siméon[h] étoient au midi de la premiere de ces Tribus.

f Joſué. c. 15. v. 30.
g C. 19. v. 4.
h C. 15. v. 21.

ELTON, Bourgade d'Angleterre en Huntingtonſhire ſur le Nen. Davity[i] vante la beauté des vitres peintes d'une Chapelle qui eſt en ce lieu-là.

i T. 1. p. 302.

ELTOR, petite Ville de l'Arabie petrée avec un Château où les Turcs tiennent garniſon & un port ſur la côte de la Mer Rouge qui y fait un petit Golphe. M. Baudrand a ſuivi les anciennes Cartes qui marquent d'une maniere très-vicieuſe le fond de la Mer Rouge comme ſi elle alloit toujours en retreciſſant comme une gaine de couteau, & c'eſt ainſi que la depeint de Wit dans ſes Cartes & quantité d'autres. Selon ce dernier Auteur Eltor eſt au midi d'Eilan, ou, ce qui eſt la même choſe, de l'Ælana des Anciens. Mr. Baudrand confond *Eltor* & *Ælana* qu'il prend comme mots ſynonymes. Cependant il y a bien de la diference. TOR, (car c'eſt le nom de la Ville & EL n'en eſt que l'article.) eſt à l'Occident de l'ancienne Ælana; abſolument hors du Golphe au fond duquel Ælana étoit ſituée; & il y a entre Tor & Ælana toute la largeur de la preſqu'Iſle qui eſt au couchant du Golphe Ælanitique. Mrs. Maty & Corneille font la même faute. Voyez TOR. Mr. Corneille dit que ce fut en cet endroit que Moïſe fit paſſer la Mer rouge aux Iſraëlites. Le miracle eſt déja aſſez grand d'avoir traverſé la mer dans cet endroit, quoi qu'elle y ait déja perdu la plus grande partie de ſa largeur; ſans aller chercher le Golphe d'Ælana. Un detour ſi grand & ſi inutile conviendroit mieux à un enfant charmé de faire durer une merveille qui l'étonne, qu'à un peuple qui profitoit avec effroi d'un miracle fait en ſa faveur.

ELTZ, ou ELTZE, petite Ville ou Bourg d'Allemagne ſur la Leyne, qui eſt groſſie en cet endroit par une autre Riviere. Ce lieu qui eſt dans l'Evêché de Hildesheim entre la ville de ce nom, eſt, dit-on, * l'ancienne AULICA de Charlemagne. Voyez AULICA.

* Baudrand Edit. 1705.

ELVA. Voyez ÉLBE I.

ELVANGENSIS PRÆFECTURA. Voyez ELWANGEN.

ELVAS[k], Ville de Portugal dans la Province d'Alentejo, aux frontieres de l'Eſtramadoure de Léon, ſur une Montagne avec un Château près de la petite Riviere de Caya qui ſe jette deux lieues plus bas dans la Guadiane; avec un Evêché ſuffragant de l'Evêché d'Evora. Elle eſt fortifiée, & fut aſſiegée en vain l'an 1659. par les Eſpagnols qui y furent défaits par les Portugais. Elle n'eſt qu'à trois lieues de Badajox au Couchant en allant vers Evora d'où elle eſt à onze lieues. Cette ville que les Auteurs Latins nomment, *Elva*, *Elba*, ou *Helva*, eſt nommée par les Caſtillans YELVES & il y a les deux torrents de Chinches & Seto qui s'y jettent dans la Caya. [l] L'ancien Château a été bâti par les Maures; & on y voit encore leur Moſquée qui a été convertie en une Egliſe ſous l'invocation de Ste. Marie. Il eſt comme une petite ville fermée d'épaiſſes murailles qui ſont ſeulement de terre durcie, bordées de creneaux par le haut dont une partie eſt ruinée; les maiſons y étoient bâties de pierre & il y en a encore quelques-unes d'entieres.

k Baudrand Edit. 1705.
l Jouvin de Rochefort Voiage d'Eſpagne & de Portugal.

ELVERFELD[m], ou ELVERVELD, petite Ville d'Allemagne, au Cercle de Weſtphalie, dans le Duché de Berg, ſur la Wupper environ à deux lieues de Duſſeldorp vers l'Orient.

m Baudrand Ed. 1705.

ELVETIA. Les Italiens ennemis de l'H, écrivent ainſi le nom de LA SUISSE qui en Latin eſt HELVETIA.

ELVI. Voyez HELVII.

ELVIA, en Grec Ἐλουΐα Ville de la Paphlagonie dans la Galatie Province de l'Aſie, ſelon Ptolomée[n]. Ses Interprétes la nomment HELVA.

n L. 5. c. 6.

ELVICORUM *Civitas*[o]. C'eſt-à-dire, AVENTICUM. Voyez ce mot.

o Lib. Provinc.

ELVIRE, en Latin, *Eliberis* ou *Illiberis*. Cette ville connue par le Concile, qui y fut tenu vers l'an 305. ſelon l'opinion la plus vraiſemblable, eſt à preſent ſi ruinée qu'on ne ſait pas même où elle a été. Quelques-uns ont cru que c'eſt à preſent GRENADE comme je l'ai marqué aux mots ELIBERIS & GRENADE. Mais la plus ſaine opinion au jugement de Mr. l'Abbé de Vairac[p], eſt que cette Ville étoit ſituée un peu au-deſſus de Grenade ſur une Coline qui conſerve encore le nom d'*Elvire*. L'une des

p Etat de l'Eſpagne T. 1. p. 172.

des portes de Grenade par où on y alloit à toujours porté celui de *Puerta de Elvira*, c'est-à-dire, porte d'Elvire. On a deterré dans un quartier de Grenade appellé *la Alhambra* une inscription ancienne conçue en ces termes & dans laquelle on trouve le nom d'Illiberis.

> IMP. M. AURELIO.
> PROBO. PIO. FELICI. INVICTO.
> AUG. NUM. MAJESTATIQUE.
> DEVOTUS. ORDO. ILLIBER.
> DEDICAT. P. P.

[a] L. 4. c. 2. ELULII, peuple d'Afrique dans la Mauritanie Cesariense selon Ptolomée [a].

ELUONENSE MONASTERIUM. Voyez *Saint Amand*.

[b] Ortel. Thesaur. ELURII [b], peuple nommé ainsi par Cedrene & qui ne diférè peut-être point des Erules ou Herules, ou des Ælures de Zonare.

1. ELUSA, ou ELUSATIUM CIVITAS. Voyez EAUSE & ELUSATES.

[c] 6. 11. & 12. 2. ELUSA, Ortelius veut qu'on lise ainsi & non pas ELUSO, dans les Epitres [c] de Paulin à Sulpice Severe. Mais il y a apparence qu'il se trompe.

[d] L. 5. c. 16.
[e] Dict. de la Bible.
[f] In Vita Hilar.
[g] Ortel. Thesaur.
[h] Palæst. p. 755.
[i] Conc. gener. T. 3. p. 448.

3. ELUSA, Ville de la Palestine. Ptolomée [d] la met entre les villes de l'Idumée à l'Occident du Jourdain. D. Calmet [e] dit que c'est aparemment la même qu'ALUS, ALLUS, ou CHALUZE. St. Jérôme [f] en fait mention; le [g] Concile de Chalcedoine la met dans la Palestine II. d'autres dans la Palestine I. & Mr. Reland [h] dans la III. Ampelas Evêque d'Elusa est nommé dans les Actes du Concile d'Ephese [i]. Le même est nommé Apelle dans le Concile de Calcedoine où ces noms furent lûs. Il est aussi appellé Theodule au Tome 3. des Conciles generaux: son vrai nom étoit *Abdalla*, qui veut dire Θεοῦ Δοῦλος, & l'un & l'autre signifient Serviteur de Dieu. Les Grecs n'entendant point le premier qui est en Arabe en ont fait le nom d'Ampelas & d'Apelles. Aretas, autre Evêque d'Eleusa [k], est nommé dans les Actes du Concile de Chalcedoine [k]. Il est bon de remarquer que dans la VI. Action du Concile d'Ephese publiée par Mr. Baluze & inserée dans sa nouvelle Collection des Conciles [l] on lit *Apelle Justes*; il avertit que d'autres Manuscrits portent LUETES & ELYSII. Ce sont trois depravations du mot *Elusa* qu'il doit y avoir. M. Reland [m] remarque que la version Latine du Concile de Chalcedoine marque *Elusa* dans la Palestine II. c'est, dit-il, une erreur, les anciennes Notices Ecclesiastiques prouvent le contraire.

[k] Ibid. T. 4. p. 80.
[l] pag. 610.
[m] L. c.

ELUSABERRIS, ce nom se trouve ainsi dans Pomponius Mela qui dit que ce lieu étoit au peuple *Ausci*. Olivarius l'un des Commentateurs de Mela, le rend par *Aux*. Ce nom Elusaberris étoit suspect à Ortelius. Il avoue qu'*Eliumberrum* & *Heliumberrum* qu'il trouvoit dans les plus anciens manuscrits ne le tiroient point d'embaras. Pintianus, autre Commentateur de Mela, soupçonne qu'ELUSEBERRIS ne seroit pas le vrai nom. Les nouveaux Editeurs, comme Vossius & Gronovius, lisent CLIMBERRUM. Voyez ce mot.

[n] Valef. Notit. Gall. p. 187. ELUSATES [n]. Cesar dans ses Commentaires place les Elusates, entre les Tarusates & les Garites [o]. Marlien qui peut-être n'est pas le premier, & qui n'a été que trop suivi a gâté ce nom & l'a changé en FLUSATES qu'il prend pour les habitans du Comté de Foix en Gascogne à ce qu'il prétend, quoique le Comté de Foix ne soit pas dans la Gascogne ou dans la Novempopulanie (*la Gascogne*) partie de l'Aquitaine, mais au delà de la Garonne dans la Narbonoise I. ou Septimanie. Quelques-uns lisent dans Cesar *Flusates* & par la même erreur l'expliquent du Comté de Foix. Pline fait mention des Elusates; Sulpice Severe [p] nomme *Elusana plebs*. Sidoine nomme *Elusani* dans une de ses Lettres [q]. On trouve *Elosates* dans les anciennes Notices. La Capitale des Elusates étoit *Eluse* la patrie de Rufin qui étant parvenu aux premieres charges de l'Empire fut accusé d'avoir voulu usurper la Dignité Imperiale & contre lequel Claudien a fait les vers qui ont pour titre *in Rufinum*. Dans deux anciennes Notices la Ville d'Eluse (*Civitas Elusatium* ou *Elosatium*) est nommée Metropole de la Province nommée alors Novempopulanie: & comme aiant sous elle entre onze Citez qui lui étoient subordonnées la Ville d'Aux qui étoit la derniere. Dans d'autres anciennes Notices des Gaules on voit au contraire la Ville d'Aux (*Civitas Auscorum*) Metropole de la Novempopulanie & la Ville d'Eluse la derniere de cette Province. Robert dans sa Chronique la nomme la penultiéme. Gervaise qui florissoit l'an MCCX. & les Notices plus recentes ne parlent plus d'Eluse, parce qu'elle avoit cessé d'être Metropole & même perdu le Siege Episcopal. Ammien Marcellin nomme Elise dans la Narbonoise avec Narbone & Toulouse. La Table de Peutinger met *Clusa* dans la Province de Narbone, mais Elusa ne sauroit être dans la Province de Narbone, puisqu'elle est dans la Novempopulanie qui est la troisieme partie de l'Aquitaine, & Clusa est un lieu trop obscur pour meriter d'être placé entre les villes celebres de la Narbonoise. Elusa est à present EUSE ou EAUSE. Oihenart dit qu'elle est dans le Comté d'Armagnac. Quant à ses Evêques, Mamertin, *Episcopus de Civitate Elosatium*, assista & souscrivit au Concile d'Arles tenu par ordre de Constantin: Clarus, Evêque *de Civitate Elusa Metropoli*, au Concile d'Agde: Leonce Evêque *Ecclesia Elusana Metropolis* au I. Concile d'Orleans: Aspasius, Evêque *Ecclesia Elose* ou *Eluse*, ou *Episcopus Elosensis*, souscrivit entre les Archevêques & Metropolitains aux IV. & V. Conciles d'Orleans & au II. Concile d'Auvergne: Laban, Evêque *Ecclesia Elosana*, fut present au IV. Synode de Paris & signa entre les Archevêques de Sens & de Bourges; le même Laban, qui est nommé dans le second Concile de Mâcon *Episcopus ab Elusa*, est nommé *Helosensis Episcopus* par Gregoire [r]: Senocus *Elosanensis* souscrivit au Concile de Rheims immediatement après l'Archevêque de Tours: Sidocus ou Seducus *Episcopus Ælosanus* fut acusé d'avoir trempé dans la revolte des Gascons la 43. année du Regne de Chlotaire le Jeune. Mais enfin Eluse, ou Eause a cédé à Aux son droit de Metropole & est devenuë une très-petite ville. Les deux Evêchez étant unis, Aux est devenuë Metropole. Les Archevêques de cette derniere ont encore un

[o] Bell. Gall. l. 3. c. 1.
[p] Hist. Sacr. l. 2.
[q] L. 7. Epist. 6.
[r] L. 8. c. 22.

ELU. ELW. ELY.

un Château à Eaufe. Voyez EAUSE. Cenabilis qui au lieu de *Civitas Elufatium* avoit crû trouver *Elufaticum* dans une ancienne Notice, en a fait *Elofaricum*[a] qu'il explique par *Laifcure*. Dans la Vie de St. Filibert Abbé on trouve *Helifanum Territorium* pour *Elufanum*.

ELUSIO, ELYSONA & ELUSO[b]; hameau entre Touloufe & Carcaffone à trente-trois mille pas de la derniere. Il en eft fait mention dans l'Itineraire de Bourdeaux à Jerufalem. Ce lieu eft nommé *Elufo* par Paulin dans fa Lettre à Sulpice Severe; dans la Paffion de St. Saturnin & autres anciens Actes, il eft nommé ELYSONA. J'ai déja raporté au mot ELSONE la penfée de Mr. Baillet. Mr. de Valois[c] avoit déja dit avant Mr. Baillet que quelques-uns veulent que ce lieu s'apelle à préfent *Alzone*, comme de *Narbo* on a fait *Narbone*, de *Carcaffo*, *Carcaffone*, de *Barcino*, Barcelone, qu'ainfi les modernes ont fait d'*Elufo*, *Elyfone*: la difficulté ne confifte pas dans la maniere dont le nom moderne a été formé; mais comment accorder la fituation d'*Alzone* ou *Elfone*, lieu tout auprès de Carcaffone, avec l'Itineraire de Bourdeaux cité ci-deffus qui met trente-trois mille pas entre Carcaffone & *Elufo*, ou *Elufo*. Mr. de Valois avertit de ne pas confondre *Elufo* ou *Elyfona* avec *Elufa* comme font Catel & Maffon; ni expliquer avec Scaliger l'*Elufio* de l'Itineraire, ou l'*Elufo* de Paulin par LAUSUN, petite ville avec une ancienne Citadelle aux confins de l'Agenois à l'endroit où la Drot le fepare du Perigueux. Cette conjecture eft refutée par l'Itineraire même qui place *Elufio* entre Touloufe & Carcaffone. Scaliger, s'il vivoit encore, n'auroit qu'à regarder la moindre Carte pour convenir qu'entre Touloufe & Carcaffone villes de la Province Narbonoife, on ne trouve ni l'Agenois ni le Perigueux qui font de l'Aquitaine. Mais entre ces deux villes prefque à mi-chemin il y a le Village de Luz & un autre affez près delà nommé Luzes. Mr. de Valois croiroit que l'un de ces deux villages étoit l'*Elufio* de l'Itineraire ou l'*Elufo* de Paulin; & penchoit plus pour le premier que pour le fecond. Cette conjecture n'a point perfuadé Mr. Baillet comme on a vu à l'article d'Elfone; mais il n'a ofé la rejeter entierement, c'eft pourquoi il s'eft fervi du mot *peut-être*.

ELWAH[d], c'eft ainfi que les Africains appellent une contrée d'Afrique arrofée par le Niger. Gregoire l'Abiffin dit dans une Lettre à Mr. Ludolff que le Nil fe partage en deux, que la plus grande partie de fes eaux coule vers l'Egypte, que l'autre fe détache pour couler vers l'Occident; de forte pourtant qu'elle n'arrive pas à la Barbarie, mais elle defcend vers la contrée d'Elwah & tombe ainfi dans la grande Mer, ou l'Océan Atlantique. Cette 2. partie eft le Niger, que les Savans affurent être une partie du Nil. Il faut pourtant excepter de ces Savans Mr. de l'Ifle & quelques autres perfonnes très-habiles qui font du Nil & du Niger deux Fleuves independans. Voyez l'article NIGER.

ELWANGEN, ou ELWANG; en Latin *Elvanga*, ou *Elephantiacum*, ou *Elefancenfe Monafterium*. Mr. Baudrand dit que les François prononcent *Elouang* : il devoit dire les François qui prononcent mal. C'étoit autrefois un Monaftere qui donna lieu de bâtir un bourg, & ce bourg eft devenu une ville qui eft actuellement en Suabe fur la Riviere de Jaxt. Arnolphe qui, felon Zeyler[e], étoit Evêque de Langres & Confeffeur de Charlemagne, (l'Hiftorien de l'Ordre de St. Benoît le nomme Hariolphe[f]) s'étant demis de fa dignité fe retira dans le Diocèfe d'Augsbourg dans la grande forêt de *Tannenwald* qu'on appeloit anciennement *Firengrund*, & y jetta les commencemens de ce Monaftere l'an 754. ou plutôt l'an 764. & quand on y eut abatu du bois il s'y forma un bourg qu'avec le temps on ceignit de murailles & qui devint une ville. L'ancien nom doit être ELFANG ou *El-fang* à caufe de la chaffe des Elans. En memoire de cela aux fêtes folemnelles dans la principale Eglife on chante l'Evangile fur un pupitre revetu d'une peau d'Elan qui a encore tout fon poil. [g] On prétend y avoir les corps des Sts. Martyrs Sulpice & Servilien; & qu'on y a tranfporté de la Ville de Langres les corps des trois Jumeaux Speufippe, Eleufippe & Meleufippe. Quelques-uns ont publié que celui de S. Benigne de Dijon y fut auffi tranfporté, mais ce fait n'eft pas appuié. Il eft dit néanmoins dans la Vie de St. Annon Archevêque de Cologne que le corps de St. Benigne enterré avec ceux des trois Jumeaux & de St. Mammès, demeura caché dans l'Eglife de la Celle-Saint-Vit, dependante de l'Abbaye d'Elwang jufqu'en 1072. & que l'année fuivante l'Abbé Reniger lui fit prefent de celui de St. Benigne pour fon Monaftere de Sigeberg. Vers[h] l'an 1460. avec l'approbation du Pape Pie II. fous le 48eme. Abbé Jean de Herneim ce Monaftere d'Abaye qu'il avoit été jufqu'alors devint une Prevôté defservie par des Chanoines au lieu des Moines Benedictins qui l'avoient poffédé. Le Prevôt a rang entre les Princes de l'Empire eft Souverain de la ville. Comme l'Empereur affiegeoit Mets en 1552. Wolfgang Grand Maître de l'Ordre Teutonique prit la Ville d'Elwangen. Mais le Chapitre implora le Duc de Wirtenberg comme Avoué, & ce Duc reprit la ville & rendit aux Chanoines la liberté d'élire un Prevôt à leur gré. Il depouilla même le Grand Maître de quelques petites villes pour s'indemnifer des frais de cette expedition. Quelques Princes s'étant mêlez de l'accommodement, les petites villes furent rendues moyennant une fomme de trente mille florins. [i] Le Prevôt d'Elwangen a pour Officiers hereditaires le Baron de Rechberg Grand Echanfon, le Sr. d'Adelmansfeld Grand Maréchal, le Baron de Freyberg Grand-Chambellan, & le Sr. Blarer de Wartenfée Grand Maître.

Les Terres de la Prevôté d'Elwangen font la Ville d'Elwangen, le Château de Lautern & celui de Tannenburg. Les armes du Prevôt font d'argent à une mitre d'Abbé pofée en la pointe en haut d'un fer à enquerir. [k] La refidence du Prevôt eft dans un Château fur une Montagne. Les douze Chanoines en quoi confifte le Chapitre font preuve de Nobleffe. La Prevôté d'Elwangen eft entre le Marquifat d'Anspach, la Baronie de Limpourg & les territoires des Villes Imperiales de Dunckelfpihel, d'Aalen, & de Bopfingen.

ELY[l], Ifle, Monaftere, & Ville Epifcopale d'And'Angleterre au Comté de Cambridge. Ste. Etheldrite, ou Audri aiant quité le Roi Egfrid son mari & sa Couronne pour servir Dieu se retira du pays de Northumberland en celui d'East-Angles. Elle bâtit un monastere sur un fonds qui lui appartenoit dans une Isle formée par la Riviere d'Ouse, nommée ELGE ou ELY vers l'an 673. au Nord de Cambridge. Elle en fut la premiere Abbesse. Sa Sœur Ste. Sexburge Reine de Kent, & sa Niéce Ste. Ermenilde Reine de Mercie furent Abbesses d'Ely après elle. [a] Cette Isle est marécageuse & sujette aux debordemens de l'Ouse & d'autres Rivieres, ce qui rend ce lieu mal sain & moins fertile en bled, mais ce défaut est supléé par sa grande abondance de bétail, de poisson, & de Gibier. L'an 963. selon la Chronique Saxone [b] publiée en Saxon & en Latin par Mr. Edmond Gibson, l'Abbé Athelwold Evêque de Winchester s'étant rendu à Eli, permit qu'on relevât ce monastere (qui avoit été détruit par les Barbares) le donna à un de ses Moines nommé Brithnoth qu'il en fit Abbé & y mit des Moines à la place des Religieuses qui l'avoient occupé. Il acheta du Roi quelques terres, & enrichit cette Abbaye. L'an 1108. ou l'année suivante le Pape Paschal II. à la priére de Henri I. érigea cette Abbaye en Evêché [c] que l'on détacha de celui de Lincoln. Harvey Evêque de Bangor fut premier Evêque d'Ely. Ses Successeurs ont possédé les Droits & Privileges qu'avoient les Comtes Palatins jusqu'au Regne d'Henri VIII. il a encore le Droit de Haute Justice dans l'Isle d'Ely. Les revenus de cet Evêché sont considerables.

A l'égard de la Ville, comme elle est située dans une Isle qui se forme de plusieurs Rivieres, on la tient pour mal-saine. Elle n'est ni grande, ni belle & tout l'ornement qu'elle a, c'est sa Cathedrale, l'ouvrage de plusieurs Evêques. Le nom d'Ely se trouve écrit dans les vieilles Chroniques ELYG, ou ELY, ou ELGE. Quant à son Etymologie Bede la derive de l'abondance des Anguilles, comme si ce nom signifioit l'*Isle aux Anguilles*, d'autres du Grec Ἕλος, *Elos* qui veut dire un marais; d'autres du mot Breton *Helig* qui veut dire des Saules dont presque tous les marais sont couverts. Mais, comme dit Mr. Gibson [d], cela est incertain.

ELYDNA, ancienne Ville de l'Inde au de-là du Gange selon Ptolomée [e]. Quelques exemplaires portent CELYDNA.

1. ELYMA, Ville Mediterranée de la Macedoine selon Ptolomée [f] dont les Interpretes l'expliquent par la CANINA qui est aujourd'hui une Ville de l'Albanie. Cette *Elyma* est nommée ELIMEA par Etienne le Géographe & ELIMÆA par Tite-Live [g].

2. ELYMA, ancienne Ville de Sicile qui fut bâtie par Enée selon Denis d'Halicarnasse [h] & Thucydide. Fazel dit de nom moderne est ALYMITE ou PALYMITE, & c'est lui qui a trompé Ortelius en disant qu'est cette remarque. Cluvier [i] le refute & prétend au contraire que la Ville d'*Elyma* est imaginaire & qu'il faut lire Ἔρυκα &c non pas Ἔλυμα dans Denis d'Halicarnasse, & qu'on le trouve dans le passage de Thucydide qui dit qu'Erix & Egesta

étoient des Villes des Elymiens. Ainsi selon lui *Elyma* n'est autre chose qu'*Erix* Montagne où Enée bâtit un Temple à Venus. Je parle des ELYMES ou ELYMIENS dans leur lieu.

ELYMAÏDE [k], ou ELYMAÏS Ville Capitale du Pays d'Elam, ou de l'ancien pays des Perses. L'Ecriture [l] nous apprend qu'Antiochus Epiphane aiant appris qu'il y avoit à Elymaïs de grands tresors dans un Temple resolut de l'aller piller ; mais que les Citoiens d'Elymaïs aiant été informez de sa resolution se souleverent contre lui, le chasserent & l'obligerent de s'enfuir. L'Auteur du second livre des Macchabées [m] a donné à cette ville le nom de Persepolis aparemment parce qu'elle étoit autrefois Capitale de la Perse, car d'ailleurs on sait que Persepolis & Elymaïs étoient deux villes fort differentes, Elymaïs sur l'Eulée & Persepolis sur l'Araxe. Le Temple qu'Antiochus voulut piller étoit celui de la Déesse Nannée selon l'Auteur du second livre des Macchabées, ou Venus selon Appien, ou Diane selon Polybe, Diodore, Josephe & St. Jerôme. Voyez ELAM.

ELYME'ENS, en Latin *Elymai*, peuple d'Asie entre l'Hyrcanie & la Bactriane, selon Julius Pollux [n] qui en vante les chiens & en decrit les renards. Tacite [o] dans ses Annales met les Elyméens vers l'Armenie. Strabon les met vers la Susiane. Voyez ELAMITES.

ELYMES ou ELYMIENS, en Latin *Elymi* & *Helymi*, peuple dans la partie Occidentale de la Sicile vers le Nord. Denis d'Halicarnasse raporte sur l'autorité d'Hellanicus qu'ils avoient demeuré en Italie & qu'en aiant été chassez par les Oenotriens l'an 86. avant la guerre de Troye ils passerent en Sicile. Le même Denis & une foule d'Auteurs, sur tout des Poëtes, trouvent mieux leur compte à donner à cette Nation une Origine Troïenne. Lycophron fait un recit que Tzetzes son Commentateur reduit à ceci. Un certain Phœnodamas Troïen persuada aux Troïens d'exposer à un monstre marin Hesione afin de sauver ses trois filles pour lesquelles il craignoit une pareille destinée. Mais Laomedon aiant été irrité contre lui fit prendre ses trois filles, les donna à des matelots de Sicile pour les abandonner aux bêtes. Lorsqu'elles furent transportées en cette Isle, Venus les sauva & le fleuve Crimissus prenant la figure d'un chien en caressa une de laquelle il eut un fils qui fut appellé Egeste & qui fut le fondateur de trois villes. Il en nomma une Ægeste de son nom, l'autre Erix, ou Erice & la troisieme Entalle. Le même Egeste fit un voiage en Dardanie d'où il emmena en Italie un fils naturel d'Anchise nommé Elymus. Virgile que cette idée accommodoit l'a tournée à sa maniere dans le V. livre de l'Enéïde. Mais il nomme cet Egeste, *Aceste* [p] & sa Ville Ægesta [q], *Acesta*. Il n'oublie pas les amours du fleuve Crimise [r]; & il donne un rôle à Elymus dans les courses dont Enée distribua les prix. Il le nomme Sicilien accoutumé aux forêts & camarade du vieux Aceste [s].

Tum Duo Trinacrii juvenes Elymus Panopesque
Assueti sylvis comites senioris Acestæ &c.

Ces Elymes ou Elymiens occupoient, comme

ELY.

me j'ai dit, la côte de Sicile à l'occident, où étoient les trois villes Ægesta ou Acesta, & Erice & Entella, autour du fleuve Crimise qui n'est pas la petite Riviere de Fredo ; mais le Belici & ils tiroient leur nom d'Elymus & non pas de la pretendue Ville Elymæa, qui n'a jamais subsisté autre part que dans les Oeuvres de Fazel & de ceux qui l'ont copié comme Ortelius, Ferrarius, & Mr. Baudrand dans les Lexiques imprimées avant l'édition de 1682. Je donne au mot SICILE le passage où Fazel a cru trouver son Elymæa.

ELYMIE, en Latin Elymia, Ville du Peloponese vers Mantinée & Orchomene, selon Xenophon[a].

[a] Hist. Græc. l. 6. c. 9.
[b] L. 3. c. 13.

ELYMIOTES, en Latin ELYMIOTÆ, ancien peuple de la Macedoine selon [b] Ptolomée ; ses Interpretes les nomment PLACANI comme si c'en étoit le nom moderne. Ils étoient dans une plaine presque entourée de Montagnes & traversée par l'Aliacmon, non loin de sa source. Ils étoient bornez des Lyncestes au Nord-Ouest ; par l'Emathie au Nord-Est ; par la Pelasgiotide au Sud-Est ; & par la Pelagonie au Sud-Ouest.

1. ELYMNIUM, selon Hesychius, ou E-LYMNIA selon Etienne le Geographe, noms de l'Isle d'Eubée.

2. ELYMNIUM, Ville de Macedoine au Mont Athos de laquelle les habitans furent chassez par les rats selon Heraclide cité par Ortelius[c].

[c] Thesaur.

ELYRA, Isle de la Mer des Indes où l'on trouvoit des Nacres avec des perles selon Tzetzès[d].

[d] Var. n. 375.

ELYRUS, Ville de l'Isle de Crete, selon Etienne le Geographe. Ortelius croit que c'est la même qu'OLERO. Pausanias[e] dit qu'elle étoit dans les Montagnes de Crete & que ses habitans envoierent au Temple d'Apollon une chevre d'airain qui sembloit donner la mamelle à deux enfans Phylacide & Phylandre. Les Elyriens, ajoute-t-il, pretendoient que c'étoient deux fils d'Apollon & de la Nymphe Acacallide.

[e] L. 10. c. 16.

ELYSE·ES, lieu où les Payens prétendoient que les manes des gens de bien joüissoient d'un bonheur tranquile après leur mort. Virgile en fait une description poëtique dans son sixième livre, & les place dans un lieu souterrain où il fait descendre son Heros. Rien n'est plus commun que ce nom dans les Poëtes & l'on peut voir dans les Mythologistes[f] ce que la fable a imaginé à ce sujet. Plusieurs leur ont cherché une place autour de l'Egypte & ailleurs. D'autres comme Plutarque[g] les mettent dans les Isles Atlantiques, aujourdhui les Canaries. D'autres les cherchent en Espagne. Voyez au mot ISLE, l'Article ISLES DES BIENHEUREUX : & au mot ATLANTIQUE l'Article ISLES ATLANTIQUES.

[f] Natalis Comes Mythol. l. 3. c. 19.
[g] In Sertor.

ELYSIENS, en Latin Elysii, ancien peuple de la Germanie vers l'Orient, c'est-à-dire, vers la Pologne. Mr. Baudrand[h] dit que leur Capitale étoit Carrodunum, aujourdhui Cracovie, & cite Cluvier pour garant. Cluvier ne dit rien de pareil. Il dit au contraire[i] que Carrodunum est presentement la Metropole de la petite Russie nommée Lwow par les Polonois, die Reussische Lewenburg par les Alle-

[h] Ed. 1682.
[i] Germ. ant. l. 3. c. 43. in fine.

EMA.

mands, & par contraction Lemhourg, en Latin Leopolis. Quant aux Elysiens[k] il dit que la plûpart des Géographes de son temps croioient que ce sont les mêmes qui sont nommez en Latin SILESII, en langue de leur pays SLESINGER, comme si du commencement de leur nom on avoit retranché une S, & fait de Selysii, Elysii. Il ne trouve pas impossible que ce peuple chassé de son pays par les Slaves se soit jetté sur la Silesie. Mais il ajoute que pour une conjecture fondée sur une ressemblance de nom il ne voudroit rien changer au texte de Tacite. Mr. Corneille a suivi Mr. Baudrand sans le nommer & met ce peuple dans le Palatinat de Cracovie.

[k] t. 3. c. 33. init.

EM.

EMA, Guillaume de Tyr cité par Ortelius[l] nomme ainsi une Ville de la Palestine. C'est peut être par corruption d'Emath.

[l] Thesaur.

EMAGIAGEN[m], Ville & Citadelle d'Afrique dans la Province de Maroc propre. Elle est située sur le sommet d'une Montagne à huit milles des masures d'Elgiumube, & entourée d'une Roche qui lui sert de murs & de Rempart.

[m] La Croix Relat. d'Afriq. T. 1. p. 289.

EMATE, Ville de la Pannonie entre Sirmich & Salone, selon Antonin[n] : la place la plus proche du côté de Sirmich est, selon cet Auteur, Ad Ladios. Les exemplaires varient pour ce qui regarde les chifres qui marquent la distance. Les éditions de Zurita & de Bertius marquent XIX. milles. Un Exemplaire de la Bibliotheque du Roi porte XVIII. & celui du Vatican XXIX. Le plus grand nombre des manuscrits est pour XIX.

[n] Itiner.

EMATH, Ville celebre de Syrie. D. Calmet[o] croit que c'est EMESE sur l'Oronte. L'entrée d'Emath dont il est assez souvent parlé dans l'Ecriture[p], n'est autre chose que le défilé qui conduisoit de la terre de Chanaan dans la Syrie par la vallée qui est entre le Liban & l'Antiliban. On marque cette entrée d'Emath comme la borne Septentrionale de la terre de Chanaan opposée à la borne meridionale qui étoit au Nil, au fleuve d'Egypte. Josephe[q] suivi par St. Jerôme[r] a cru qu'Emath étoit EPIPHANIE, mais Theodoret[s] & plusieurs autres habiles Géographes soutiennent que c'est Emese en Syrie. Le même Theodoret[t] témoigne qu'Aquila avoit traduit Emath par Epiphanie ; pour lui il croit qu'on doit distinguer deux Villes d'Emath ; l'une surnommée la grande dans AMOS, qui est la même qu'Emese ; l'autre nommée simplement Emath qui est, dit-il, la même[v] qu'Epiphanie. Saint Jerôme, St. Cyrille[x] d'Alexandrie soutient au contraire qu'Emath la grande est ANTIOCHE & qu'Emath sans epithete est Epiphanie. Mais je ne sais, dit D. Calmet, si par le texte des Ecritures on pourroit montrer qu'il y a deux Emath en Syrie. Josué assigne la Ville d'Emath à la Tribu de Nephtali[y]. Thoü Roi d'Emath cultivoit l'amitié de David[z]. Cette ville fut prise par les Rois de Juda, & reprise sur les Syriens par Jeroboam II[a]. Les Rois d'Assyrie s'en rendirent les maitres sur le declin du Roiaume d'Israel & transporterent les habitans d'Emath dans la Samarie.

[o] Dict. de la Bible.
[p] Josué c. 13. v. 5. Judic. c. 3. v. 3. 3. Reg. c. 8. v. 65. 4. Reg. c. 14. v. 25. 2. Paral. c. 7. v. 8.
[q] Ant. l. 1. c. 7.
[r] In voce EMATH in Amos c. 6. & in Isai. 47.
[s] In Jerem. 4. & 46.
[t] Qu. 22. in 2. l. Reg.
[v] In Jerem. 4. & 46.
[x] Uterq. in Amos.
[y] Josué c. 19. v. 35.
[z] 2. Reg. c. 8. v. 9.
[a] 4. Reg. c. 14. v. 28. ibid. c. 17. v. 24. &c. 18. v. 34 &c.

EMA-

EMATHIE, Pays de la Macedoine. Tite-Live dit qu'on la nommoit auparavant PÆONIE. Mais ce nom se prend en beaucoup de manieres, car quelquefois on l'a donné seulement à une Province particuliere de la Macedoine, quelquefois à toute la Macedoine & même à la Thessalie. Pharsale étoit bien loin de l'Emathie propre, cependant Lucain dans le premier vers de son Poëme designe ce champ de bataille par *Emathios Campos*.

Bella per Emathios plusquam civilia Campos
Jusque datum sceleri canimus.

Ce lieu étoit dans la Thessalie au midi de la Ville de Larisse & même assez près comme il paroît par la fuite de Pompée qui s'y rendit après la bataille perdue. Le P. Briet [a] qui divise la Macedoine en IV. parties met l'Emathie dans la troisiéme; & lui donne les villes suivantes.

[a] Paral. 2. part l. 3. c. 2. §. 3.

Ædessa, aujourdhui *Vodena*
Ægea, suposé qu'elle differe d'*Ædessa*.
Heraclée
Coronæa
Elymæa differente de celle des Elimiotes.
Scydra,

Il y fait couler le fleuve *Erigon*, aujourd'hui *Vistritza* selon Sophien; il pouvoit encore y mettre avec Mr. de l'Isle l'Axius qui lui sert de bornes au Nord-est, l'Astræus, & l'Aliacmon qui en rasoit les frontieres au midi. A l'égard des villes, voici celles que lui donne Mr. de l'Isle.

Ægeas nommée ensuite *Edessa*. Capitale.
Ægea differente & bien éloignée de la precedente.
Atalante,
Beroea,

Cydriæ ou *Scydra Byrsarum*,
Cyrius,
Europus,
Gortynia,
Idomene,
Mycza,
Tyrissa.

Ortelius [a] prétend qu'on a tort de mettre Europus dans l'Emathie, mais que cette ville appartient à la MATIE, contrée voisine & distincte de l'Emathie: il cite Ptolomée [b] qui en efet parle de cette contrée diversement nommée *Maia* ou *Aimathia*, dans les divers exemplaires de cet Auteur. Cellarius n'a pas jugé à propos de faire mention de cette contrée qui n'est point nommée dans les éditions Latines de Ptolomée, mais il veut [c] qu'au lieu de Cyrius on lise *Cyrrhus*, le peuple étant nommé *Cyrrhesta*, & le Canton d'autour de cette ville *Cyrrhestis*. Quant à l'Elymæa que le Pere Briet trouve dans l'Emathie il est très-douteux pour ne rien dire de plus qu'elle soit diferente de celle des Elymiotes.

[a] Thesaur.
[b] L. 3. c. 13.
[c] Geogr. ant. l. 3. c. 13.

EMAUS. Voyez EMMAÜS.

1. EMBACA ou EMVACA, Province ou Capitainerie d'Afrique dans le Roiaume d'Angola. Les Imprimeurs de Mr. Corneille ont mis *Angria*.

2. EMBACA ou EMVACA [d], Village d'Afrique dans le Roiaume d'Angola. Il est à huit journées de Massingan au bord Oriental du Lucala Riviere qui se perd dans la Coanza à Massingan. Ce village qui est peuplé de Portugais & de Négres, & muni d'une Citadelle est le principal lieu d'une Capitainerie ou Province qui en porte le nom.

[d] Dapper Afrique p. 362.

EMBAMMA [e], Village d'Afrique dans le Païs des Barbecins dans la Nigritie, au Nord du Senega & au bout du Roiaume d'Ale. Ce village est remarquable à cause de l'excellent tabac qu'on y cultive.

[e] Ibid. p. 241.

EMBAR [f], Bourgade d'Afrique dans la Nigritie au Roiaume de Zenega, ou Païs des Jalofes. Elle est à quinze lieues d'Emboul, & c'est où résident les Princes du sang qui peuvent succeder à la couronne.

[f] Ibid. p. 230.

EMBAZAIS [g], ou AMBAZAC, en Latin *Ambasiacus vicus*, Prieuré de France de l'Ordre de St. Benoît dependant de l'Abbaye de St. Augustin de Limoges à une demi-lieue de l'Abbaye de Grammont vers le midi dans la haute Marche.

[g] Baillet Topog. des Saints p. 589.

1. EMBDEN, Ville d'Allemagne dans le Cercle de Westphalie, dans la Frise Orientale ou Oost-Frise; sur le Rivage droit de l'Ems, & par consequent diferente [h] de l'Amisia des Anciens qui étoit sur le Rivage gauche de cette Riviere, & qui a été nommée par les Auteurs du moyen âge *Emetha* & *Embda*. J'en parle amplement au mot EMETHA. L'Embden qui donne aujourd'hui titre de Comté d'Embden au Prince que l'on nomme aussi Comte d'Oostfrise, est beaucoup plus moderne & n'a commencé à être connue qu'au XIV. siecle. Et elle doit à la commodité de son port & à sa situation avantageuse la preference que lui donnerent les Anglois qui y porterent leur Commerce lorsqu'ils abandonnerent Anvers à cause des guerres civiles, & des troubles de Religion: il est vrai qu'ils l'abandonnerent, mais Embden avoit tellement profité du temps qu'elle étoit devenue un port celebre & une ville très-marchande & fort considerable, & avoit aquis de grands Privileges. Les Princes dont elle avoit été le Patrimoine tâcherent en vain d'y rétablir la premiere dependance. Cette ville eut recours aux Provinces-unies qui la maintinrent dans la jouïssance de sa liberté. L'an 1606. la paix se fit par la mediation du Roi d'Angleterre. Elle se gouverne par ses Magistrats propres, & est toujours sous la protection des Provinces-unies qui l'ont fait fortifier de sorte que les Comtes ses anciens Souverains n'y ont plus aucune autorité. Cette ville qui est dans l'Emisgow, pour la distinguer de l'ancienne Embden qui est dans le Fivelgow, est au fond d'un Canal qui environne l'Isle nommée Nesserland; & selon le P. Riccioli [i] qui la nomme en Latin EMUDA, elle est à 53. d. 3'. de latitude & à 30. d. 14'. de longitude, à prendre de l'Isle de Palme, & selon Mr. de l'Isle à 24. d. 44'. de longitude & à 53. d. 20'. de latitude.

[h] Alting Notit. Germ. infer. & 2. part. p. 48.

[i] Geogr. & Hydrog. reform. l. 9. c. 4.

§. Mr. Baudrand dit avec le gros des Géographes qu'EMBDEN est en Latin *Emda*, *Amasie* & *Amisia*. Mr. d'Audifret dit comme lui
que

EMB.

que cette ville a été connue des Anciens sous le nom d'*Amisia*, ce qui est faux de la Ville d'Embden dont ils parlent. Mais je ne sais à qui atribuer la faute qu'on fait dans l'édition Françoise de Mr. Baudrand en traduisant deux fois la *Frise Orientale* par la *Westfrise* qui est bien loin d'Embden, il faloit dire *Oostfrise* comme il y a dans l'Edition Latine.

2. EMBDEN, on l'apelle plus communément WESTER EMBDEN, pour la distinguer de l'Embden qui est à l'Orient de l'Ems, au lieu que celle-ci est à l'Occident de ce fleuve : Voyez EMETHA.

LE COMTE' D'EMBDEN, c'est la même chose que le COMTE' D'OOSTFRISE. Voyez OOSTFRISE.

EMBESTE. Voyez NEBESSE.

EMBLEHEM[a], Village de Brabant. C'est le lieu de la naissance & de la Seigneurie de St. Gomer. [b] Ce village est à une lieue de la ville de Lire ou Liere.

EMBOLI, Ville de la Turquie en Europe dans la Macedoine sur la Riviere de Stromona qui se jette peu après dans l'Archipel, & au Golphe de Contesse. Elle a un Archevêque Grec & n'est pas loin des frontieres de la Romanie à soixante & cinq milles de Thessalonique au Levant. Il y en a qui la nomment aussi CHRISOPOLI & CHISOPOLI. Voyez AMPHIPOLIS.

EMBOLIMA, Ville des Indes selon Quinte-Curse[c]. Quelques exemplaires varient & portent les uns ECHOLIMA, les autres EMBOLIMA. Ce qui fait preferer la derniere façon de lire ce mot c'est que Ptolomée[d] & Arrian[e] mettent aussi *Embolima* dans les Indes.

EMBOUCHURE, substantif feminin. Ce mot se dit de l'entrée d'une Riviere, dans la Mer, ou dans une autre Riviere ou dans un Lac; ou, ce qui revient au même, il se dit de l'endroit où elle sort de son lit pour perdre son nom. L'Embouchure d'une Riviere dans une autre, s'appelle selon les divers pays CONFLUENT, CONFLANT, CONDÉ, CANDÉ, COGNAC, BEC ou BOUCHE. L'Embouchure d'une Riviere dans la Mer s'apelle quelquefois BOUCHE, BOUCAUT, GRAS, ou GRAU. Voyez quel est l'usage de ces mots à leurs Articles.

EMBOUL[f], Bourgade d'Afrique au pays des Jalofes dans la Nigritie : le Roi de Caior y a son Palais separé des autres maisons par des palissades de verdure, & de grandes allées d'arbres. Il y a une belle place au devant de ce Palais où l'on fait faire le manege aux chevaux. Personne n'ose approcher de ce Château que ceux qui en ont permission parce que c'est le Serrail où le Prince tient ses femmes. Les maisons des habitans qui sont à une portée de mousquet du Palais, ne sont que de mechantes petites Cabanes à un étage.

EMBRACH[g], Village de Suisse dans le voisinage de Winterthour. Il y avoit autrefois un riche Couvent dont les revenus sont administrez par un Officier de Zurich. Il fut dedié l'an 1188, par Guillaume Evêque de Sion en Valais.

EMBRAU, Château de France en Saintonge sur la Garonne à deux lieues & au couchant d'Eté de Blayes. Mr. Baudrand[h] croit

[a] Baillet Topog. des Saints p. 589.
[b] Ibid. p. 272.
[c] L. 8.
[d] L. c.
[e] Alex. Vit. l. 8.
[f] Dapper Afrique p. 230.
[g] Delices de la Suisse T. 1. p. 91.
[h] Ed. 1682.

EMB.

y trouver l'*Ebromagus* d'Antonin, ou l'*Ebromanus Pagus* de l'Aquitaine, & s'appuie de l'autorité de Vinet & de Mr. de Marca. Mais Mr. d'Audifret[i] croit qu'*Ebromagus* ou *Ebromagnus* d'Ausone est aujourdhui la petite Ville de Bourg sur la Garonne.

EMBRICA[k], EMBRICI VILLA. Ce lieu tire son nom d'un certain Embric ou Emeric qui en étoit ou Comte ou Seigneur. On ne peut pas dire que c'ait été une Maison Roiale quoiqu'il y ait preuve que la Cour de Louis le Debonnaire y sejourna l'an 828. Elle est devenue un bourg celebre & ensuite une ville sur la rive droite du Rhin à trois mille pas au-dessus de l'endroit où le fleuve se separe. Les Ducs de Gueldres qui tenoient Embrica de l'Eglise d'Utrecht l'engagerent à ceux de Cleves & la leur cederent enfin en Souveraineté. C'est aujourdhui EMMERICK Ville du Duché de Cleves au bord du Rhin. Voyez EMMERICK.

EMBRO. Voyez LEMBRO.

EMBRUN ou AMBRUN. Les Géographes sont partagez pour l'Orthographe de ce mot. Mess. Sanson, Baudrand & Piganiol de la Force sont pour *Ambrun*. Mess. de Valois, de l'Isle & de Longuerue écrivent *Embrun*. Embrun est une Ville de France dans le Dauphiné, Capitale de l'Embrunois & Metropole des Alpes maritimes. C'est, dit André du Chêne[l], la derniere du Roiaume pour entrer en Provence & la plus haute de toute la France, comme Narbone est la plus basse. Cet Auteur a cru que Cesar a designé le peuple d'Embrun par *Ambruareti*; mais Mr. Sanson[m] a bien transplanté ce peuple en le plaçant dans le Diocese de Nevers. Car c'est là qu'il faut chercher les *Ambibareti*, *Ambivareti* & *Ambruareti* de Cesar. Mais ce n'est qu'un témoignage de moins pour l'ancienneté de cette ville. Mr. de Valois[n] blâme Strabon d'avoir dit faussement que la Capitale des Caturiges étoit le Village *Ebrodunum*; & Ptolomée de l'avoir mise dans les Alpes Greques, il prétend qu'elle étoit alors dans les Alpes Cotiennes. Ptolomée a dit *Eburodunum* comme l'Itinéraire d'Æthicus (d'Antonin) dit *Eburodunum*, *Eburudunum*, & *Ebrodunum*. L'Itineraire de Bourdeaux à Jerusalem dit *Ebridunum*, mansion entre celles de Catoriges (*Chorges*) & Rame; il s'explique ailleurs le mot *Mansion*. Les anciennes Notices des Provinces & Citez de France nomment Embrun *Metropolim Civitatem Ebrodunensium*, & *Civitatem Ebridunensium* & *Ebredunensium*. Robert dans sa Chronique nomme *Ebredunum Alpium Maritimarum Metropolim Civitatem*. Car, comme le remarque Mr. de Valois, les Modernes ont donné aux Alpes marines *Ebrodunum* que les anciens atribuoient aux Alpes Cotties aussi bien que *Statio Martis* (Oux), Briançon, Rame (village qui garde son ancien nom) & Chorges.

L'Etymologie d'Embrun varie selon les Auteurs. Car Mr. de Valois dit qu'il est nommé ainsi à cause qu'il est placé sur une Montagne (*Dunum*) dont le pied est baigné par la Durance. André du Chêne, outre le mot *Dunum* qui ne fait que la moitié du nom Latin, explique les deux premieres syllabes qu'il croit être le nom d'une ancienne Idole nommée

[i] Geogr. T. 2. p. 250.
[k] Alting German. Infer. Notit. 2. part. p. 48.
[l] Antiquit. des Villes & Chât. de France l. 4. c. 7.
[m] Rem. sur la Carte de l'ancienne Gaule.
[n] Notit. Gall. in voce CATURIGES.

mée *Ebris*; & comme s'il se défioit de la solidité de cette opinion, il ajoute une autre explication qui est puerile, à savoir que ce mot vient du *Bris*, de la roche ou Montagne relevée en forme de terrasse dans le milieu d'un valon revêtu d'une longue prairie que la Durance arrose & sur le sommet de laquelle elle est située avec une charmante bornée de tous côtez par des Collines chargées en quelques endroits de bleds, de vignes & d'arbres. Cette description me porte à préférer le sentiment de Mr. d'Audifret [a] qui dit que ces mots *Ebro-Dunum* en langue Celtique signifient *Montagne fertile*. C'est aussi le sentiment que Mr. Piganiol [b] de la Force a adopté. Il parle ainsi d'Embrun : Cette petite ville est assez forte & la Durance lave une partie de ses murailles. Neron lui donna le droit de *Latinité*, c'est-à-dire, d'entrer dans les Charges & Magistratures de l'Empire, & Galba, celui d'*Alliance*. Le Palais Archiépiscopal est très-beau & situé dans le plus haut de la ville qui a cinq portes & autant de Paroisses. La Citadelle a été demolie & étoit où est aujourd'hui le Couvent des Capucins. Cette Place est de dificile accès mais mal fortifiée. Victor Amedée II. du nom Duc de Savoie aujourd'hui Roi de Sardaigne, aiant envahi l'Embrunois en 1692. avec une armée prit la Ville d'Embrun qu'il ne put garder, & qu'il abandonna lorsqu'il repassa les Monts. Peu après Louïs le Grand fit bâtir à trois lieues au-dessus de cette ville pour la défense de ce pays une forteresse qu'il nomma le Mont Daufin. Les Jesuites ont un College à Embrun. M. Baudrand dit qu'elle est à sept lieues de Gap vers le Levant & environ autant de Briançon, & des frontieres du Piémont au couchant, à vingt-trois, de Grenoble vers le midi, à douze lieues de Digne & à quatorze de Senez vers le Septentrion. La hauteur du Pole est à Embrun de 44. d. 40'. & la difference de son Meridien à celui de l'Observatoire de Paris est de 0 heure dix-sept minutes deux secondes, ou 4. d. 20'. de longitude Orientale.

[a] *Geog. T. 2. p. 285.*
[b] *Descr. de la France T. 3. p. 262.*

Longuerut. Desc. de la France t. part. p. 325. L'EMBRUNOIS, Pays de France dans le Dauphiné, & sur les confins de la Provence dont la Durance le separe, est au midi du Briançonnois, & en est separé par un passage étroit qu'on nomme le *Perthuis-Rostain*. Dès l'Empire de Valentinien vers l'an 364. Embrun avoit déja un Evêque, cette Eglise ayant été fondée avant Constantin. (Elle eut, dit Mr. Baillet, au IV. siécle St. Marcellin pour Apôtre & pour premier Evêque qui mourut l'an 372. On prétend qu'il la rendit toute Chrétienne); mais quoiqu'après lui elle fût Capitale d'une Province, elle n'étoit pas Metropole Ecclesiastique. Le Pape Hilarus dans une de ses Lettres reconnoît pour Metropolitain Ingenuus Evêque d'Embrun, qu'il supposoit être en possession de cette dignité; ce qui n'étoit pas, car les Successeurs d'Ingenuus furent toûjours soûmis au Metropolitain d'Arles, jusqu'au tems du Concile de Francfort, tenu sous Charlemagne l'an 794. Ce fut alors que le Concile ayant renvoyé au Pape Adrien le different concernant le pouvoir Metropolitain que prétendoient les Evêques d'Aix, d'Embrun & de Tarentaise, l'Evêque d'Embrun fut déclaré veritable Metropolitain; de sorte que Bertrand, qui assista au Concile de Pontyon l'an 876. y prit la qualité d'Archevêque. La Ville d'Embrun & l'Embrunois, après la chute de l'Empire Romain, vint au pouvoir des Wisigots, & ensuite des Ostrogots, qui la céderent aux Rois François Merovingiens dans le sixieme siécle. Sous les Carlovingiens, après le partage de tous les Etats de l'Empereur Louïs le Debonnaire, l'Embrunois avec le Royaume de Bourgogne échut à l'Empereur Lothaire. Ses Enfans Louïs & Lothaire lui succéderent; mais après leur mort, Charles le Chauve & son fils Louïs en joüirent quelques années, après quoi il vint au pouvoir des Rois de Bourgogne & d'Arles.

Ce fut du temps de Rodolphe III. le dernier de ces Rois, que Bertrand Comte de Forcalquier fut fait Comte d'Embrunois vers l'an 1020. Le Roi Rodolphe se reserva les Regales & le haut Domaine sur la ville d'Embrun. Les Empereurs Allemands Successeurs de Rodolphe joüirent des mêmes droits, qui furent cedez à perpetuité à Guillaume de Champsaur Archevêque d'Embrun, & à ses Successeurs par l'Empereur Conrad II. qui étoit de la Maison de Soüabe & ce fut lui qui donna à cette Eglise les droits de Regale & de Justice avec celui de battre monnoye, & tous les Peages, tant sur terre, que sur la Riviere de Durance. Ce Prélat & ses Successeurs furent troublez dans la joüissance de leurs droits par les Comtes de Forcalquier & d'Embrunois. Enfin il se fit une transaction l'an 1179. entre Romain Archevêque d'Embrun & Guillaume Comte de Forcalquier qui regla les droits de l'un & de l'autre Seigneur. Le Comté d'Embrunois vint ensuite au Dauphin Guigues André sorti de la Maison de Bourgogne, lequel épousa Béatrix de Claustral, fille de Guillaume Comte de Forcalquier l'an 1202. & Béatrix lui apporta en dot les Comtez d'Embrunois, & de Gapençois. Il n'y eut de ce Mariage qu'une fille nommée Béatrix, qui n'eut point de posterité; ce qui n'empêcha pas les Dauphins de retenir les biens dotaux de la Dauphine Béatrix. Son mari Guigues André reconnut l'an 1210. la superiorité de l'Archevêque d'Embrun, & lui fit hommage de son Comté d'Embrunois; ce que ses Successeurs ont fait, tant ceux de la Maison de Bourgogne, que ceux de la Maison de la Tour du Pin, jusqu'au dernier Dauphin Humbert, qui rendit hommage du Comté d'Embrunois à Bertrand de Dreux Archevêque d'Embrun: les Rois de France se sont exemtez de cette servitude, & ont même obligé ces Archevêques à leur faire hommage & à leur ceder la moitié de la Seigneurie & de la Justice de la ville, où on a établi un Bailliage Royal. L'Archevêque prend encore neanmoins le Titre de Prince & de Comte d'Embrun. Il a deux Baronnies, qui sont Guillestre & Beaufort, qu'on appelle les Baronnies de l'Empire.

Les Places de l'Embrunois sont :

Embrun,	Mont Dauphin,
Guillestre,	Chorges,
St. Crépin,	Savines,
St. Clement	&c.

EMB. EME.   EME. EMI.   265

EMBS. Voyez EMS.

EMEA, lieu de la Gréce proche de Mycenes, selon Suidas.

EMERICA. Voyez EMMERIC, Ville du Duché de Cleves.

EMELIA. Voyez EMMELEY, Ville d'Irlande.

1. EMERITA. Voyez MERIDA, Ville d'Espagne.

2. EMERITA, l'un des surnoms d'AVENTICUM. Voyez ce mot.

3. EMERITA. Voyez MERIDA Ville de l'Amerique.

EMESA, EMESE, AMASIS, AMASUS, AMASIA. Tous ces noms se trouvent en divers Auteurs pour signifier l'EMS Riviere de Frise.

EMESE, Ville de la haute Syrie, est nommée par les Anciens *Emisa*, *Emissa*, *Emessa*. Les Turcs la nomment CHEMS selon Postel, ou HAMAN selon Bellon & c'est l'ancienne EMATH de l'Ecriture selon D. Calmet. Cette Ville [a] dont on fait remonter la premiere origine jusqu'à Aram fils de Sem, a fait une grande figure dans l'Antiquité; nous ne dirons rien de son éclat & de ses revolutions sous les Rois Seleucides & sous les Empereurs Romains. Tout le monde sait qu'Antonin, surnommé Heliogabale, dont l'ayeule Julia Moësa étoit originaire d'Emese, prit ce nom de la Divinité des Emesiens, de laquelle il voulut être le principal Ministre. C'est dans Emese & dans le Temple de la même Divinité, que l'Empereur Aurelien fit depuis des Sacrifices pour la celebre victoire qu'il remporta sur la Reine Zenobie. Un Poëte parle ainsi de ce Temple, & du culte qu'on y rendoit.

[a] La Roque Voyage du Mont Liban T.1.p.232. Ed. Paris. & p. 188. Ed. d'Amst.

Denique flammicomo devoti pectora Soli
Vitam agitant; Libanus frondosa cacumina turget,
Et tamen his certant celsi fastigia Templi.

On croit qu'Emese reçut les premieres lumieres de la foi par Saint Silvain, que l'on compte pour le premier de ses Evêques, & qui souffrit le Martyre dans la persécution de Maximien. Dans la suite des temps cette ville fut érigée en Métropole du Patriarchat d'Antioche. Epiphane assista & souscrivit en cette qualité au Concile de Chalcedoine. Les Princes de la premiere Croisade prirent Emese sur les Musulmans Arabes en l'année 1098. Saladin la reprit environ cent ans après. Les Tartares s'en rendirent les Maîtres en 1258, mais les Musulmans Mamelucs les en chasserent, & les Mamelucs en furent dépouillez à leur tour par les Turcs, qui en sont encore aujourd'hui les maîtres.

Cette ville est dans le Gouvernement du Bacha de Damas qui y entretient un Lieutenant & une garnison. Il est surprenant qu'Emese après tant de siécles, & après avoir été ruinée par un horrible tremblement de terre pendant que les Latins possedoient la Syrie, conserve encore tant de vestiges de sa haute antiquité. Elle a une enceinte de bonnes murailles percées de six portes, avec des tours de distance en distance, & un grand fossé; sans parler d'un Château bâti sur une éminence qui paroît un ouvrage Romain. On voit dans les dehors un autre bel édifice à double étage, & qui s'éleve en Pyramide d'une grande hauteur. On croit communément que c'est le tombeau de Cajus César, neveu d'Auguste: ce nom se trouve en effet gravé sur un marbre, & c'est presque tout ce qui se peut lire d'une inscription extrêmement maltraitée. Quoique les Turcs se soient emparés des plus beaux Temples pour en faire des Mosquées, il reste encore aux Chrétiens d'Emese des Eglises considerables. Le plus beau de ces Temples est la grande Mosquée, qui étoit autrefois l'Eglise Métropolitaine. C'est une grande Nef soûtenue de 34. colomnes de marbre, avec des bas côtez, ornée en plusieurs endroits d'une belle sculpture en bas relief: on y voit aussi plusieurs inscriptions Grecques fort effacées. Cette Eglise étoit dédiée à Saint Jean Baptiste, & encore aujourd'hui les Chrétiens & les Musu'mans croyent que la tête de ce Saint y est conservée dans le mur d'une petite Chapelle, où les Turcs entretiennent une Lampe. On croit aussi que c'est Sainte Helene qui a fait bâtir ce Temple. Les Chrétiens ont une entiere liberté d'y entrer & d'y faire leurs priéres. Une autre Eglise dédiée à Saint George Martyr, & changée en Mosquée, est encore ouverte pour les Chrétiens, lesquels y font brûler une Lampe. Les Chrétiens possédent en propriété l'Eglise de la Vierge; celle des quarante Martyrs, dont la voute est soûtenuë par des Colomnes torses de marbre & de porphyre historiées; & celle de Saint Julien, dont ils croyent que le Corps repose dans un tombeau de marbre, qui est derriere l'Autel principal. Les autres bâtimens publics de quelque consideration, sont le Bezestan, & le Bazar ou la Place du Marché, auxquels on peut ajoûter le Khan, ou logement public pour les Caravanes, & pour tous les Etrangers, qui est hors de la ville du côté du Nord. Il se fait à Emese un grand Commerce de soye, & de très-beaux ouvrages à l'aiguille mêlez de soye, & de fil d'or. Enfin les jardins qui environnent cette ville sont enchantés, ils sont principalement plantés de meuriers en alignement & parfaitement bien arrosés.

EMET, Cedrene nomme ainsi un lieu qu'Ortelius juge être le même qu'AMIDA; ce qui peut confirmer sa conjecture, c'est qu'AMID [b] est nommé AMIT, ou EMET par quelques Auteurs, & c'est apparemment la Ville d'AM que Mr. Corneille a trouvée dans Vincent le Blanc. Voyez DIARBECK & AMIDA. Cette ville que Ptolomée [c] nomme Ἄμμαια est nommée par ses Interpretes *Amid*, *Emed*, *Amet*.

[b] Danille P. 1. pag. 248.
[c] L. 5. c. 18.

EMETHSAN, Bourg ou petite Ville de Syrie. Ortelius cite sur ce nom le 32. livre de l'Histoire mêlée.

EMEUM [d], Bourg de l'Ethiopie sous l'Egypte selon Pline.

[d] L. 6. c. 29.

EMIA, le même qu'EMEA.

EMICASUS, Riviere de Thessalie. Vibius Sequester [e] dit qu'elle se vuide dans l'Apidan. Ortelius soupçonnoit ce mot d'être corrompu. Le nouvel Editeur de Vibius a trouvé dans deux Manuscrits EMISACUS & doute si ce ne seroit pas le *Pamisus* que Pline [f] met dans la Thessalie.

[e] In voce APIDANOS.
[f] L. 4. c. 8.

EMICYNES, ou HEMICYNES peuple voisin des Massagetes & des Hyperboréens selon Etienne le Géographe.

EMILIE, en Latin *Æmilia*; contrée de l'Italie située entre le Pô, l'Apennin, & la Flaminie. Du temps de Paul Diacre [a] l'Emilie commençoit à la Ligurie & s'étendoit entre l'Apennin & le Pô du côté de Ravenne. Il y comprend les Villes de Plaisance, de Parme, Reggio, Boulogne, & Imola. Procope [b] dit que Totila envoia des troupes dans l'Emilie pour prendre Plaisance qui est, dit-il, la Capitale du Pays. L'Emilie étoit une des Provinces de l'Exarchat de Ravenne, & les Papes en sont Souverains en vertu de la donation que leur en fit Pepin. Car les Lombards en aiant envahi une partie considerable de l'Exarques de Ravenne, ce Roi obligea leur Roi Astolphe à s'en dessaisir en faveur du Pape [c]. Cette donation renouvellée & réiterée par divers Souverains & Empereurs n'empêche pas que l'Empereur ne pretende que Parme & Plaisance sont des fiefs de l'Empire. Je dirai les raisons dans ce qu'on entre dans l'Article de Parme.

EMIM [d] où EMIN, anciens peuples du Pays de Chanaan au delà du Jourdain qui furent défaits par Codor-lahomor & ses Alliez [e]. Moïse dit qu'ils furent batus à *Save-Cariathaïm* ou dans *la plaine de Cariathaïm*. Or Cariathaïm étoit dans le pays que Séhon conquit sur les Mohabites. [f] Les Emim étoient un peuple belliqueux & d'une taille Gigantesque: un peuple nombreux, robuste, *& tam excelsus, ut de Enacim stirpe quasi Gigantes crederentur* [g]. Il y a assez d'apparence que ce qui est dit dans la Genese [h] d'Ana qui trouva les *Jeamins* dans le Desert doit s'entendre des Emims qu'Ana rencontra & qu'il battit.

EMINENTIANA [i], ancienne Ville d'Afrique dans la Mauritanie Sitifense. Un fragment de Victor d'Utique & la Notice d'Afrique font mention de Victor Evêque d'Eminentiana.

EMINIUM [k], ancienne Ville d'Espagne dont on trouve un l'Evêque Posidonius souscrivit au III. Concile de Tolede. Vasæus croit que cette Ville est en Portugal entre Coïmbre & Porto. Mais sa conjecture n'est pas fort certaine.

EMISCHABALES, fontaine qui étoit dans la Ville des Agactures peuple demeurant dans les Montagnes de l'Ethiopie sous l'Egypte. Pline [l] explique ce nom par la Ville des Chameaux *Camelorum oppidum*. Il me semble que ce nom convenoit mieux à la ville qu'à la Fontaine.

EMISA & EMISSA. Voyez EMESE.
EMISPHERE. Voyez HEMISPHERE.
EMMA, Josephe apelle ainsi le lieu que l'Ecriture nomme MAON. Voyez MAON, *Menois & Minois*.

EMMAEI, ce sont les mêmes que les E-MIMS.

1. EMMAUS [m], Bourgade de la Palestine à soixante stades [n], ou à deux lieuës & demie de Jerusalem, du côté du Nord. Elle est celebre par ce qui arriva le jour de la Resurrection de Nôtre Sauveur à deux Disciples qui y alloient. Comme ils étoient en chemin, Jesus-Christ se joignit à eux sous la forme d'un voyageur, leur fit voir par les Ecritures, qu'il falloit que le Christ souffrît la mort, & ressuscitât, & lors qu'ils furent arrivez à Emmaüs, Jesus-Christ feignant de vouloir passer outre, ils le contraignirent de vouloir demeurer avec eux, & pendant qu'ils soupoient, ils le reconnurent dans la fraction du pain. L'un de ces Disciples s'appelloit *Cléophas*, & l'autre *Emmaus* selon Saint Ambroise [o], & un très-ancien Manuscrit de Corbie, dont le P. Calmet a donné les variétez des leçons à la fin de son Commentaire sur le Nouveau Testament. Il y avoit à Emmaüs des eaux chaudes, qui étoient très-salutaires. On y bâtit une Eglise au même lieu où étoit la Maison de Cléophas, que Jesus-Christ avoit honorée de sa présence. Josephe [p] dit que Vespasien laissa en Judée huit cens de ses Soldats, à qui il donna le Bourg d'Emmaüs pour leur demeure. Il ajoûte que ce Bourg étoit à soixante stades de Jerusalem; en quoi il convient avec Saint Luc.

2. EMMAUS, Ville de Judée, située à vingt-deux milles de Lidda, comme le témoigne l'ancien Itinéraire de la Palestine. C'est cette ville qui dans la suite fut nommée NICOPOLIS, & elle est fort differente du Bourg d'Emmaüs marqué par Saint Luc & par Josephe, qui n'étoit qu'à dix milles de Jerusalem. M. Reland [q] prouve très-bien la difference de ces deux villes, par Josephe & par Saint Jérôme, par les Machabées & par les Talmudistes. Il est pourtant vrai que Saint Jérôme dans l'Epitaphe de Sainte Paule, a confondu Emmaüs, qui étoit à soixante stades de Jérusalem, avec l'autre qui fut surnommée Nicopolis. Mais dans d'autres passages il parle de cette derniere Emmaüs, d'une manière qui ne peut convenir à celle de Saint Luc. Il y avoit dans la Ville d'Emmaüs ou *Nicopolis*, des bains d'eaux chaudes [r], où l'on tenoit par tradition que Nôtre Seigneur avoit lavé ses pieds, & avoit communiqué à ces eaux une vertu salutaire. Julien l'Apostat fit boucher cette fontaine, en haine de Jesus Christ. Quelques-uns ont cru que c'étoit là que Zacharie, & Elizabeth avoient fait leur demeure. Les Auteurs confondent presque toûjours ces deux Emmaüs.

3. EMMAUS [s], Ville voisine de Tiberiade, où il y avoit des eaux chaudes, ainsi que dans les autres villes de ce nom, car EMMAUS ou EMMAÜS, vient de l'Hébreu *Chamah*, qui signifie *des bains d'eau chaude*.

EMME [t], Riviere de Suisse. Elle est assez grosse & fort rapide. Elle sort des Montagnes de Brunick au voisinage d'Underwald, traverse le Canton de Berne en ligne droite du Sud au Nord, dans un lit à peu près parallele à celui de l'Are (*Aar*,) & se jette dans cette Riviere une lieuë au-dessous de Soleure. Elle servoit autrefois de Limite entre le Royaume de Bourgogne & le Duché d'Allemagne (de Suabe). Comme elle est fort rapide, lors qu'elle se jette dans l'Aar, elle trouble & agite son cours & la rend fort dangereuse pour la Navigation.

Aux environs de cette Riviere est l'EMMENTHAL qui consiste en six Bailliages; dont quatre sont à l'Orient, à savoir Landshutt, Brandis, Trachselwald, & Summiswald, & deux à l'Occident, à savoir; Signaw & Burgdorff.
C'est

EMM. EMN. EMO. EMO. EMP.

C'est le troisiéme, à savoir Trachselwald qui est proprement l'*Emmethal* ou *Val d'Emme*.

EMMELEY[a], EMELEY, EMLEY, EMLY ou AWN, en Latin *Auna*, *Emelia*, & *Imelaca* petite Ville d'Irlande dans la Mommonie, au Comté de Tipperary, à sept milles ou environ, & à l'Ouest de cette ville près des frontieres de Limmerick. Mr. Baudrand dit qu'elle avoit un Evêché qui selon lui est uni à l'Archevêché de Cashel. C'est un abus[b]. L'Evêché d'Emly est un des dix-neuf Evêchez qui ont été conservez depuis la pretendue reformation, & il est le cinquiéme suffragant de l'Archevêché de Cashel auquel il n'a point été uni. Cette ville autrefois considerable, est aujourdhui tombée en décadence & donne le titre de Vicomte à la Branche Catholique de la famille de Fairfax.

EMMEN[c], Village de Suisse dans le Canton de Lucerne à une lieue au-dessous de la Capitale. Il y a un bain d'eau minerale qui étant pris chaud sert à fortifier les membres épuisez de forces & à guerir les maladies de la peau.

EMMERICK, en Latin *Emmericum*, *Embricum*, *Emerica*, *Embrica* & anciennement EMBRICI VILLA. Ville d'Allemagne au Duché de Cleves dans le Cercle de Westphalie, sur le Rhin. Elle est assez peuplée & appartient au Roi de Prusse en qualité de Duc de Cléves. Les François la lui remirent en 1673. après l'avoir prise l'année precedente aux Provinces-unies qui la tenoient en engagement & qui l'avoient fortifiée. Elle est sur la frontiere de la Gueldre en Allemagne audessus du Fort de Schenck & autant de Cleves & à cinq de ces mêmes milles au-dessous de Wefel au Septentrion. Voiez EMBRICI.

EMNI, Peuple de l'Isle Taprobane selon Ptolomée[d]. Quelques Interpretes lisent SEMNI.

EMODA[e], ce lieu nommé dans ce vers de Valerius Flaccus n'en est pas mieux connu pour cela.

Pandit opes Emoda suas

Quelques-uns lisent EUMODA.

EMODÆ. Voyez ÆMODÆ, & ACMODES.

EMODI MONTES, ou EMODUS MONS. Partie d'une chaine de Montagnes en Asie; Pline donne à cette chaine de Montagnes, qui parcourt l'Asie, divers noms qu'il arrange ainsi: *Imaus*[f] dans la partie Orientale, ensuite *Emodus*, *Paropamisus*, *Circius*, *Chambades*, *Pariadres*, *Choatras*, *Oreges*, *Oroandes*, *Niphates*, *Taurus*; & dans l'endroit où elle s'eleve davantage on l'appelle Caucase. Il met[g] ailleurs les Monts Emodes à l'endroit où commencçoient alors les Nations Indiennes, & dit un peu plus bas que l'Imaus, l'Emode, le Paropamile & le Caucase sont joints l'un à l'autre; & un peu après il ajoute[h] qu'au delà des Monts Emodes on voit les Seres. Denis le Periegete[i] met dans le Mont Emode la source de l'Oxus qui coulant au milieu de la Sogdiane se jette dans la Mer Caspienne; mais ce Géographe étend fort loin l'Emode, car il dit[k] que Bacchus aiant défait les Nations basanées des Indiens alla aux Monts Emodes au pied desquels roulent les flots de l'Océan Oriental, & que Bacchus aiant dressé deux Colomnes en cet endroit où s'en retourna triomphant à la Riviere d'Ismene: le même Auteur dit[l] que l'Hypanis & le Megarse, deux fleuves très-rapides dont le premier est chargé d'Or, partent du Mont Emode, coulent dans le païs du Gange & poursuivent leur cours vers le midi à l'extremité de la Colide. On peut juger que dans ces deux derniers passages le Mont Emode est pris dans son nom propre, & que dans le premier passage de Denis le Periegete il est pris dans un sens plus étendu que celui de Pline. MELA nomme cette Montagne EMODES. Voyez aux mots MONTAGNE & TAURUS.

EMON, Ville de la Mysie au delà du Danube. L'Anonyme de Ravenne est le seul qui en fasse mention[m].

EMONA. Voyez ÆMONA.

1. EMONIA[n], autrefois petite Ville d'Italie dans l'Istrie sur le Quieto environ à trois milles de la côte, du Golphe de Venise. Il y a plus de quatre cens ans qu'elle fut ruinée par les Hongrois, mais on a rebâti de ses ruines la petite Ville de CITTA-NUOVA qui est aux Veniciens, à cent milles de Venise vers l'Orient.

2. EMONIA[o], petite Isle de la côte Orientale d'Ecosse. Mercator la prend pour la petite Isle de May qui est à l'entrée du Golphe d'Edimbourg, & Gordon croit que c'est St. Colmes Isle située plus vers le fond du même Golphe.

EMORRÆI, en François les EMORREE'NS. Voiez AMORRÆI.

EMOUI[p], Port de la Chine dans la Province de Fokien. Il est fort celebre & tire son nom de l'Isle qui le forme; car à proprement parler ce n'est un qu'une rade, resserrée d'un côté par l'Isle & de l'autre par la terre ferme. Les plus gros Vaisseaux y sont en sureté & s'approchent du bord autant qu'ils veulent, tant la Mer y est profonde. Le grand Commerce qui s'y fait depuis quelques années par les étrangers & par les gens du Pays y attire beaucoup de monde & on a jugé ce poste si important que depuis quelques années (c'est-à-dire vers la fin du XVII. siécle) l'Empereur y tient six ou sept mille hommes de Garnison, commandez par un General Chinois.

§. Le Pere le Comte semble dire que l'Isle & le port sont nommez EMOUI: l'Isle est nommée Isle de *Quemoi* par le P. Martini dans son Atlas particulier de la Chine, en quoi il est suivi par Mr. de l'Isle qui nomme l'Isle *Quemoi* & le Port *Emoui*. Il marque de plus dans cette même anse ou rade trois autres Isles qu'il ne nomme point. Le P. Martini y en met encore un plus grand nombre & entre autres celle d'*Hiamuen* où il y a une forteresse à 24. d. 35'. de latitude selon ce Pere. Ce qui s'accorde assez avec la position de Mr. de l'Isle.

EMPANENSIS, c'est ainsi que dans le Decret de Gratien[q] on lisoit autrefois au lieu d'EPAUNENSIS que l'on a substitué dans les Editions. C'est à l'ocasion du Concile d'*Epone*, tenu en 517. que le P. Labbe nomme *Epaonense Concilium*. Voyez EPAUNA.

EMPATION, petite contrée d'Afrique dans

dans l'Abiſſinie, à l'extremité Orientale du Roiaume de Dambée, & à l'extremité Occidentale de celui de Bagamedri. Cette Region qui, au raport de l'Auteur de la Deſcription des Etats du Preſte-Jean [a], s'étend d'Occident en Orient l'eſpace de neuf milles, & du Septentrion au Midi l'eſpace de ſix, avoit été accordée au Patriarche Mendez pour ſa ſubſiſtance & pour celle des Portugais. Il y avoit alors un marché de bœufs fort celebre & fort frequenté.

a P. 21.

§. Ce doit être l'EMFRAS de Mr. Ludolfe[b], qui le met entre Bagemdre & Dambée. Cette Province a un Gouverneur particulier & eſt une de celles qui ſont demeurées à l'Empereur d'Abiſſinie. Ce nom eſt écrit EMFRAS & EMFRACAM.

b L. 3. c. 3. n. 35.

EMPELATHRA, Ville de l'Inde en deçà du Gange ſelon Ptolomée[c].

c L. 7. c. 1.

EMPERADOR. Voyez PUNTA.

EMPERESIUM, Montagne de Grece au bord de la Mer, dans la Béotie entre la Ville d'Aulis & l'Euripe, ſelon Dicearque[d].

d De ſtat. Græc. p. 6. v. 90.

EMPETE. Voiez NABESSE.

☞ EMPIRE; Etendue de Pays ſoumis à un Empereur. Ce mot ſe dit auſſi de tous les pays qui ſont ſous la Domination d'un Grand Roi; mais lors que dans la converſation, ou dans l'hiſtoire moderne on dit ſimplement l'Empire, cela doit toujours s'entendre de l'Empire d'Allemagne.

Le titre d'Empereur ne ſignifioit d'abord chez les Romains que Commandant. Il devint un titre d'honneur que les Soldats donnoient à un General après le gain d'une bataille ou après quelque autre exploit. De là vient que l'Hiſtoire a eu ſoin de marquer le nombre de fois que l'armée avoit proclamé Empereur un General. Mais Jules Ceſar aiant aſſervi la Republique Romaine prit le nom de Dictateur. C'étoit une ſorte de Magiſtrat ſuperieur aux deux Conſuls & que l'on ne créoit que pour un an & dans les extrêmes neceſſitez de l'Etat. Il le rendit perpetuel. Après ſa mort Auguſte qui lui ſuccéda ſe contenta du titre d'Empereur qui devint celui de ſes Succeſſeurs juſqu'à l'extinction de l'Empire Romain. Il préfera ce nom à celui de Roi, ou de Monarque que les Romains avoient en horreur. L'étendue de l'Empire Romain, le pouvoir exorbitant de ſes Maîtres, leur donnerent une ſi grande ſuperiorité ſur les Rois que le titre d'Empereur l'emporta de beaucoup ſur celui de Roi & quoique les choſes aient entierement changé, quoique l'Empereur d'Allemagne n'ait ni un pouvoir abſolu ſur l'Empire, ni à beaucoup près autant d'Etats propres que quelques Rois; cette idée de ſuperiorité s'eſt conſervée & tous les Monarques de l'Europe lui cedent une préeminence qui n'a d'autre fondement qu'un uſage fondé ſur la ſuppoſition que l'Empire d'aujourd'hui eſt une continuation de l'Empire Romain. Quelques-uns ont cru que l'Empire eſt l'Etat d'un Souverain qui commande à pluſieurs Roiaumes; ſi cela eſt, les Rois de France, d'Eſpagne, d'Angleterre & de Dannemarck ſont de veritables Empereurs puiſque chacun d'eux porte pluſieurs Couronnes.

Les Empereurs Romains pouvoient dire avec Titus de Racine:

Je puis faire les Rois, je puis les depoſer.

Ceux d'Allemagne ne s'atribuent que le premier de ces deux pouvoirs. Les Papes s'atribuent l'un & l'autre. Il a paru à l'érection du Duché de Pruſſe en Roiaume que le conſentement des Papes n'eſt pas regardé comme une condition eſſentielle à ces ſortes d'Erections. Henri VI. Roi d'Angleterre érigea l'Iſle de Wight en Royaume en faveur d'Henri Beauchamp Comte de Warwick ſon Favori & ce fut vraiſemblablement ſans en avoir pris le conſentement du Pape & de l'Empereur. Charles le chauve Roi de France donna l'an 877. la Provence à Boſon, lui mit le Diademe ſur la tête & le fit appeler Roi: *ut more priſcorum Imperatorum videretur dominari*. Les Rois de France ſe ſont dits Empereurs dans les temps qu'ils regnoient avec leurs fils qu'ils avoient aſſociez à leur Couronne. Ce n'a pas été ſeulement dans les temps qu'ils poſſedoient l'Empire d'Occident, mais même du temps de Hugues Capet. Lorſque ce Roi eut aſſocié ſon fils Robert à la couronne, il prit le titre d'Empereur & Robert ſe nommoit Roi. L'Hiſtoire du Concile de Rheims de Gerbert lui donne ce titre. Le Roi Robert eſt appellé Empereur des François par Helgau de Fleuri. Louïs le gros aiant aſſocié ſon fils en uſa de même. Eude eſt auſſi appelé Empereur dans un ancien Document raporté par Mr. de Marca dans l'Hiſtoire de la Marche d'Eſpagne; col. 373. Dans le premier Regiſtre des Chartres du Roi fol. 166. ſe trouvent des Lettres de Louïs le gros de l'an 1116, en faveur de Raimond Evêque de Maguelone dans leſquelles il ſe qualifie *Ludovicus Dei ordinante Providentia Francorum Imperator Auguſtus*. Les Orientaux donnent encore cette qualité aux Rois de France; & les Turcs les nomment PADISCHAH, mot qui ſignifie Empereur & qu'ils refuſent à tous les autres Souverains de l'Europe, de l'aveu même de Mr. Ricaut qui par une diſpoſition commune à pluſieurs Anglois prodigue pas ſes loüanges à nôtre Nation & qui même gâte le merite de cet aveu par un petit conte ridicule.

On donne le nom d'Empire aux puiſſantes Monarchies de l'Antiquité comme étoient celles des ASSYRIENS, des MEDES, des BABYLONIENS, des PERSES & des GRECS; quoique leurs Monarques ne priſſent que le titre de Rois. Voyez chacun de ces articles en particulier.

A l'exemple des Romains qui en partageant l'Empire en deux parties, à ſavoir d'Orient & d'Occident, laiſſerent le titre d'Empire à chacune des deux parties, quelques démembremens de l'Empire d'Orient ont conſervé le titre d'Empire, quoique les Etats en fuſſent fort bornez. Tel a été l'Empire de TREBISONDE, & l'Empire d'ANDRINOPLE.

On compte preſentement XI. Empires connus.

En Europe.

L'Empire d'Allemagne.

Partie de { l'Empire Othoman, ou Turquie.
{ l'Empire Ruſſien, ou Moſcovie.

En

En Asie.

La Perse,
Le Mogol,
La Chine,
Le Japon,

Partie de l'Empire { Othoman, Russien.

En Afrique.

L'Abissinie,
Tombut,
Monomotapa,
Monoemugi,
Partie de l'Empire Othoman.

Il y avoit autrefois en Amerique deux Empires, à savoir:

Le Mexique,
Et le Perou.

Ce ne sont plus que des annexes de l'Espagne, gouvernées par des Vicerois.

Il y a des *Empires Electifs*, comme celui d'Allemagne & des *Empires Hereditaires* comme celui de presque tous les autres. Voyez les articles particuliers de tous ces diferens Empires au nom propre de chacun.

L'Empire d'*Orient* subsiste encore sous la Domination des Turcs. C'est un Souverain unique & absolu qui gouverne despotiquement à la maniere des Empereurs une très-vaste étendue de Pays. L'Empire d'*Occident* est divisé entre une multitude de Souverains; qui, pour ne point entrer ici dans un détail reservé à un lieu plus convenable, sont l'Empereur & le Corps Germanique, la France, l'Espagne, le Portugal, la Couronne Britannique, les Provinces-unies, la Suisse &c. de sorte que ce qu'on appelle aujourd'hui l'Empire d'Occident n'en est qu'une assez petite portion de laquelle les autres ne relevent en rien; si ce n'est quelques petits Etats d'Italie, dont même plusieurs ne conviennent pas des prétentions que l'Empire y forme à présent. Et de plus, comme je l'ai remarqué plus haut, la Constitution de l'Empire d'Allemagne n'a presque rien de commun que le titre du chef avec celle de l'ancien Empire. Cependant par un usage établi il jouït de la qualité d'*Empire Romain*. On y joint aussi l'épithete de *Saint*: Le Saint Empire Romain.

Le Marquisat du SAINT EMPIRE, ou le Marquisat d'Anvers. Voyez Anvers.

EMPOLI[a], en Latin *Empolia* & *Emporium*, Petite Ville d'Italie dans la Toscane sur la Riviere d'Arne avec un Evêché suffragant de Florence, à vingt milles au-dessous de cette Capitale au Couchant, en allant à Pise.

EMPORIA, contrée d'Afrique sur la côte de Tripoli entre les Golphes de Cabes & de la Sydre. Tite-Live nomme ce pays *Emporia Punica*[b] & dit[c] que Massinisse mit sous contribution les terres des Carthaginois. On appelle cette Region *Emporia*, poursuit-il, elle est sur la côte de la petite Syrte (du Golphe de Cabes,) & le terroir en est fertile. Leptis qui en est l'unique ville payoit elle seule un talent par jour aux Carthaginois. Massinisse avoit tellement harcelé ce païs, qu'on ne savoit presque plus dire au juste qui de lui, ou des Carthaginois en avoient la Souveraineté. Polybe qui remarque que [d] l'origine de ce nom venoit de ce qu'on y faisoit un grand Commerce [e] & à cause de sa grande fertilité, dit de Massinisse: [f] voyant combien on avoit bâti de villes autour de la petite Syrte & quelle étoit la bonté du pays nommé *Emporia*, &c. Cellarius [g] qui s'étoit figuré que ce nom d'*Emporia* étoit un des noms de la Bysacène se trouve embarassé à expliquer ces passages. Il ne sait comment accorder un talent par jour, somme exorbitante, avec la Ville de la petite Leptis incapable de la fournir. D'un autre côté en l'expliquant de la grande Leptis c'étoit éloigner *Emporia* de la Bysacéne. La grande Leptis étoit, dit-il, trop loin de la petite Syrte. Il croit trouver un appui à son opinion dans un passage de Tite-Live [h] où il est dit que Scipion faisant voile du Port de Lilybée pour l'Afrique commanda aux Capitaines des Vaisseaux de faire route vers *Emporia*; l'Historien ajoute cette raison. C'est, dit-il, parce que la terre y est très-fertile & le pays abondant en toutes choses & il lui sembloit qu'un peuple énervé par l'abondance seroit facilement subjugué avant que les Carthaginois fussent en état de le secourir. Cellarius [i] trouve peu vrai-semblable que Scipion qui étoit parti pour faire la guerre aux Carthaginois ait pris sa route vers le pays qui est entre les Syrtes. Pourquoi non? ne pouvoit-il pas en General habile commencer par s'assurer de ce pays-là pour y établir ses Magasins, & pour animer ses troupes par les commencemens faciles de la conquête qu'il entreprenoit? Si Ortelius avoit cité juste Tite-Live dans lequel il lit *la grande Syrte*, la dificulté seroit levée, mais dans l'endroit qu'il cite il y a *la petite Syrte*, & non pas la grande. Mais Tite-Live fournit une preuve qu'il ne s'agit pas de la petite Leptis dans le pays d'Empories, car outre qu'elle ne pouvoit fournir le tribut journalier marqué ci-dessus, elle étoit entourée de villes, au lieu que Tite-Live dit qu'elle étoit la seule ville du pays d'Empories; ce qui convient à *Leptis Magna*. Il n'y avoit aucune ville que le Port d'Abrotone & les deux Colonies Oeta & Sabrata, depuis la grande Leptis jusqu'à la petite Syrte. J'aime donc mieux mettre Emporia dans la Syrtide, que dans la Bysacéne.

EMPORIÆ, aujourd'hui AMPURIAS, Ville Maritime d'Espagne dans la Catalogne. Etienne le Géographe la nomme EMPORIUM, c'est-à-dire, *Ville double*. Il ajoute qu'elle avoit été fondée par les Massiliens, ou anciens Marseillois. Pline [l] la fait double, l'une des originaires du lieu, & l'autre des Grecs venus des Phocéens. Silius Italicus [m] dit dans le même sens:

Phocaica dant Emporiæ, dant Tarraco pubem.

[a] Baudrand Ed. 1705.
[b] L. 29.
[c] L. 34. c. 62.
[d] L. 1. c. 82.
[e] L. 3. c. 23.
[f] Excerpt. Legat. 118.
[g] Geog. ant. l. 4. c. 4.
[h] L. 29. c. 35.
[i] ibid.
[k] L. 3.
[l] L. 3. c. 3.
[m] L. 3. v. 369.

[a] L. 34. c. 9.

Tite-Live [a] en parle ainsi : Empories étoient déja deux villes separées par une muraille, l'une possedée par des Grecs de la Phocée d'où les Massiliens tiroient aussi leur origine; l'autre occupée par les Espagnols. La ville Greque au bord de la Mer avoit moins de quatre cens pas de circuit. L'Espagnole plus loin de la Mer en avoit trois mille de tour. Cesar après la défaite des fils de Pompée y ajouta une troisiéme sorte d'Habitans, à savoir des Romains dont on y mena une Colonie. Cette contrarieté apparente sur sa fondation est facile à lever en ce que les Massiliens étoient eux-mêmes venus de Phocée & il se peut aussi qu'ils engagerent leurs anciens compatriotes à faire là un établissement en y envoiant de jeunes gens de Phocée dans l'Ionie. Voyez AMPURIAS.

EMPORICUS SINUS, Golphe de la Mer Atlantique dans la Mauritanie, selon Ptolomée [b] qui lui donne 34. d. 20'. de latitude. Ses Interprêtes disent que c'est le SAGUTI de Pline [c]. Strabon [d], qui le nomme comme Ptolomée, dit que ce Golphe étoit plein de Marchez où les Pheniciens alloient trafiquer. La latitude de Ptolomée, si on peut s'y fier, nous méne à l'embouchure du Sebon, où est présentement la Mamore dans le Roiaume de Fez.

[b] L. 4. c. 1.
[c] L. 5. c. 1.
[d] L. 17. p. 825.

1. EMPORIO. Voyez EMBOLI & CHISOPOLI.

2. EMPORIO. Voyez CARGADOR DE GIRGENTI.

☞ EMPORIUM, Ce mot Latin, pris du Grec Ἐμπόριον, ne signifioit dans son origine qu'*un lieu où se tenoit le marché*, la foire, le lieu où les Marchands se rendoient pour leur Commerce. On l'a dit ensuite des Villes d'Etape où les Marchands abordoient pour leur negoce, & où il se faisoit un grand trafic soit des denrées du pays, soit des Marchandises que la facilité du transport & la certitude du debit y faisoient apporter en abondance : telles sont les échelles du Levant, Francfort, Leypsig, Hambourg en Allemagne; Amsterdam, Roterdam, Anvers dans les Pays-bas; Rouen, Bourdeaux, Lion, Marseille, en France & quantité d'autres villes où la Mer ou quelque grosse Riviere facilite le Commerce par la Navigation. Outre cela, ce nom étoit propre à quelques villes particulieres qu'on ne nommoit guéres autrement.

1. EMPORIUM, Forteresse d'Italie proche de Plaisance dans l'Emilie. Tite-Live dit qu'elle étoit si près de la Ville de Plaisance que l'on entendoit dans cette ville le bruit de l'assaut qu'Annibal donna à cette place. [e] Niger dit que si elle existe encore ce doit être PONTE NUDO, qu'il nomme en Latin *Pons Nudus* sur la Nura à cinq milles de Plaisance. Mr. Baudrand impute à Niger d'avoir appelé ce lieu PONTE-NURA, ce qui ne se trouve point dans Niger qui dit simplement en Latin *Pons Nudus*. [f] Cluvier croit que Plaisance qu'il nomme Colonie & Ville Municipale étant à cinq milles du Pô, les Romains bâtirent au bord de ce fleuve dans le lieu le plus voisin de la ville, un port pour la commodité de la Colonie, & le nommerent du nom general *Emporium*; & pour le distinguer de plusieurs autres lieux qui étoient aussi des lieux de Marché,

[e] L. 7. p. 137.
[f] Ital. ant. l. 1. c. 27. p. 267.

on le nomma EMPORIUM PLACENTINORUM. On le fortifia sans doute à l'approche d'Annibal; car sans de pareilles necessitez il est rare que les places de Commerce soient fortifiées.

2. EMPORIUM. Voyez EMPOLI.

3. EMPORIUM [g], ancien Port de Mer sur la rive gauche de la Mesuma, Riviere d'Italie à son embouchure dans le Golphe de Gioia au Roiaume de Naples. Ce lieu étoit le Port de Mer de la Ville de Medma ou Medama ville située plus à l'Orient & sur la même Riviere. Ce lieu est détruit & Medama est aujourd'hui *Rossarno* ou *Rosarno*, Village dans la Calabre ulterieure au Sud-est de Nicotera.

[g] De l'Isle Ital. Vet. Tab. Coronell. & Cluver. Tabb.

4. EMPORIUM, dans la Macedoine selon Etienne le Geographe.

5. EMPORIUM, dans la Sicile selon le même.

6. EMPORIUM, dans la Campanie selon le même.

7. EMPORIUM, dans la Celtique selon le même. Voyez EMPORIÆ & AMPURIAS.

§. On trouve des Medailles sur lesquelles on voit d'un côté la figure de Pegase & de l'autre la tête de Meduse avec des Dauphins. Le R. P. Hardouin [h] avertit de ne pas expliquer la legende ΕΜΠΟΡΙΤΩΝ, par les habitans d'*Emporia* en Espagne. Mais il faut, dit-il, entendre ce mot des quatre *Emporia* ou Villes Marchandes de la Sicile, *Agrigente*, *Leontini*, *Segesta* & *Selinus*. Les Medailles d'*Emporia* ont seulement ces lettres EMPOR. D'un côté un Cheval, Symbole familier aux Villes d'Espagne, & de l'autre côté la tête de Pallas armée.

[h] Nummi antiq. p. 54.

EMPTAT [i], Ville d'Asie sur la route d'Aleth, à la Palude; à quatre journées de Caravane de la premiere. Ces journées sont de sept ou huit heures de chemin. Cette ville, qui est bâtie en forme d'Amphithéatre sur une petite Montagne, est assez jolie, les bazars en sont beaux & couverts. Le Château, bâti de même sur une Coline, n'est séparé de la ville que par un fossé grand & profond. C'est encore un ancien ouvrage des Romains.

[i] P. Lucas 1. Voyage 1. part. c. 24. p. 198.

EMPULIUM, & EMPULUM [k], ancien lieu d'Italie dans le Territoire des Tiburtes. Comme ce Territoire a diverses fois changé de bornes & d'étendue, Cluvier [l] avoue ingenuement qu'on ne sait pas certainement où il étoit. Le P. Ferrari [m] plus hardi, ou mieux informé dit que c'est presentement S. LUPEDIO ou S. ELPIDIO bourg assez grand dans le Picentin sur la côte à six milles de la Ville de Fermio au couchant en tirant vers Lorette. Il ajoute que François Pamphile croit que c'est un Château de la même côte nommé CLAVELLO. Mr. Baudrand [n] dit, ce doit être AMPIGLIONE, autrefois bourg de la Campagne de Rome, ruiné de fond en comble en 1257. & dont les masures se voient encore sur une hauteur entre les Montagnes, à trois milles de Tibur, aujourd'hui Tivoli, vers le Levant sur le chemin de Sublaque. On doit cette découverte au P. Kircher qui l'a publiée dans son livre intitulé LATIUM.

[k] Tit. Liv. l. 7.
[l] Ital. ant. l. 3. p. 960.
[m] Lexic.
[n] Ed. 1682.

EMPURIAS. Voyez AMPURIAS.

1. EMS, Ville d'Allemagne en deça du Danube située sur la Riviere de même nom d'EMS, près des Ruines de l'ancienne *Lauriacum* surnommée *Colonia Aureliana*. Elle est

EMS. EN. ENA.

est dans la partie de la haute Autriche qu'on apelle le Pays sur l'Ems.

§. Mr. Corneille, qui écrit ainsi le nom de cette ville & de cette Riviere, se trompe après Mr. d'Audifret. C'est Enns sur la Riviere, de même nom. Voyez Enns.

2. EMS, Riviere d'Allemagne[a], en Latin *Amasius*, *Amisius*, *Amisa* & *Amasia*; les habitans du Pays l'ont nommée diversement Embs, Emese, Emis, & Eems. Elle sort d'une source fort abondante dans une profonde Vallée assez près de Teuteberg dans le Comté de la Lippe. [b] Mr. Baudrand dit qu'elle a sa source dans une Vallée de l'Evêché de Paderborne près de Vurle à deux milles d'Allemagne de Paderborne vers le Nord, d'où courant au Couchant par les Comtez de Ritberg, & de Rheda & étant grossie des Ruisseaux de Vurle, Dalke & Lutre, elle passe dans l'Evêché de Munster à Varendorf ; puis coulant vers le Nord, elle reçoit les Rivieres de Hessel & de Verse & l'Aa qui passe à Munster, après quoi elle separe le haut Munster du bas, & passe à Lingen, puis reçoit le Hase ; & enfin coulant dans l'Oostfrise où elle s'accroît de la Softea au Fort de Lirort, elle passe par Embden, entre dans le Golphe de Dollaert & de là se jette dans la Mer d'Allemagne. Alting[c] observe que tant que cette Riviere coule d'Orient en Occident elle n'est point navigable ; ce qui fait un cours de quarante-huit mille pas. Il lui en donne ensuite cent-vingt mille du Sud au Nord.

EMSTER, Ville d'Angleterre dans le Comté d'Hereford, selon Davity & Mr. Corneille : c'est Leominster, ou, comme on le dit plus communément, Lempster. Voyez Lempster.

a Alting Bat. & Frif. ant. Notit. p. 3.
b Ed. 1705.
c L. c.

EN.

☞ EN, Æen, Ein, Ain ; Hain ou In[d] ; ce nom signifie une *fontaine* en Hebreu : de là vient qu'il se trouve dans la composition de tant de noms de villes comme En-dor, En-gaddi, En-gallim, En-semesch, &c.

ENABRIS[e], lieu de la Palestine, entre Scythopolis & Tiberiade.

ENAC[f], Enacim & Enakim. Geans fameux dans la Palestine. Enac Pere des Enacim, étoit fils d'Arbe qui donna son nom à Cariath-Arbé ou Hebron[g]. Enac eut trois fils, savoir Sesaï, Ahiman & Tholmaï[h], en produisirent un grand nombre d'autres, terribles par leur ferocité & par la grandeur de leur taille. Les Hebreux disoient qu'en comparaison de ces hommes monstrueux ils n'étoient que comme des Sauterelles. Quelques-uns ont crû que le nom de *Phenicien* donné aux Chananéens, sur tout aux Sidoniens, venoit de Ben Enac, fils d'Enac. D'autres en font venir le nom Grec Ἄναξ, *Anax*, qui signifie un *Roi*, un *maître*. Caleb aidé de la Tribu de Juda prit Cariath-Arbé[i] & ruina les Enacim. D. Calmet croit que ce fut l'an du Monde 2559.

d D. Calmet Dict. de la Bible.
e Joseph. de Bell. l. 3. c. 6.
f D. Calmet ibid.
g Josué c. 14. v. 5. h Ibid. c. 15. v. 14. & Num. c. 13. v. 23.
i Judic. c. 1. v. 20. Josué c. 15. v. 14.

ENACHDIMENSIS *Episcopus*, c'est ainsi qu'une ancienne Notice nomme en Latin l'Evêque d'Enaghdowne ; elle le met pour le II. suffragant de Tuam.

ENACOMIA, ancien Evêché dans l'Arabie, selon quelques Notices, dans la Syrie selon d'autres ; ce qui ne difere que de nom. La Metropole est nommée *Betra*, *Beteria*, *Berira*, & *Bostra* dans les diverses Notices, & toujours comptée pour le quatriéme siege de l'Arabie.

1. ENADA[k] : Eusebe met un lieu de ce nom dans la Palestine entre Eleutheropolis & Jerusalem à dix milles de la premiere.

2. ENADA, Ville de la Palestine dans la Tribu d'Issachar[l]. Voyez En-Hada.

ENAGHDOWNE[m], en Latin *Enaghdunum*, autrefois Ville Episcopale & presentement village d'Irlande dans la Connacie entre Gallowai & Tuam.

ENAGORA[n], Isle d'Asie dans la Mer Mediterranée vis-à-vis de la Lycie assez près de l'Isle de Crete.

ENAIM, Ville de la Palestine dans la Tribu de Juda[o]. *Josué. c.* 15. *v.* 34. peut-être la même qui est marquée dans la Genese. c. 38. v. 21. où nous lisons dans notre Vulgate que Thamar s'assit sur un double chemin *sedit in bivio*. Mais l'Hebreu lit : Elle s'assit à Enaim, & les Septante : *elle se mit à Enan sur le chemin*. D'autres croient qu'en cet endroit Enan, ou Enaim, signifie simplement une fontaine : ce qui est plus vraisemblable.

§. Cependant Eusebe[p] dit que c'étoit au sud son village nommé Beth-enim auprès du Terebinthe. Le P. Bonfrerius fait sur cet article des dificultez très-legeres ; il explique Bethenim ou Bethenaim par *la maison des yeux*, au lieu de la maison de la fontaine. Il dit ne savoir ce que c'est que le Terebinthe qui n'est autre chose que le Chêne de Mamré près d'Hebron. Voyez Terebinthe.

ENAM[q], Ville de la Palestine dans une plaine de la Tribu de Juda[r]. Il y a Enam dans l'Hebreu, & Enaim dans la Vulgate. Voyez l'Article precedent.

ENAN ou Enon, Ville de la Palestine,[s] apparemment la même que Enna, ou Inna. Ezechiel parle d'Enan[t] & d'Enon ou Chazar-Enon[v], comme d'une ville connue qui faisoit la limite Septentrionale de la terre promise. Moïse dans le livre des Nombres[x] parle aussi de la Ville d'Enan *ad Sephrona & Villam Enan, hi erunt termini in parte Aquilonis*. Ce pourroit être Gaana au Nord de Damas, ou Ina, marquée par Ptolomée, ou Annos des Tables de Peutinger au midi de Damas. C'est peut-être aussi En-hazor, ou Ein-chazor de Nephtali[y].

ENARAKREKS, en Latin *Enarakius Lacus*, Lac de la Laponie Suedoise. C'est ainsi que ce nom est écrit par Mr. Baudrand[z], mais Scheffer de traduction du Pere Lubin, écrit Enaretresk. C'est en effet comme il faut écrire, le mot Tresk signifiant un Lac en langue Laponne, & *Enaraby* étant un Village situé au midi du Lac auquel il donne son nom, de même que *Storlu-Tresk*, signifie le Lac de Storlu, *Torne-Tresk*, le Lac de Torne. Voici comment Scheffer parle de ce Lac[a] : le Lac Enaretresk situé dans le Territoire de Kimi surpasse en grandeur tous les autres Lacs de

k D. Calmet Bible.
l Josué c. 19. v. 21.
m Baudrand Ed. 1705.
n Plin. l. 5. c. 31.
o D. Calmet Dict. de la Bible.
p Onomast. in voce Ἡναίμ.
q Reland Palest. p. 761.
r Josué c. 15. v. 34.
s D. Calmet Dict. de la Bible.
t C. 48. v. 1.
v C. 47. v. 17.
x C. 34. v. 9.
y Josué c. 19. v. 37.
z Ed. 1705.
a Hist. de la Laponie.

ces regions. Il approche fort du Pole. Il y a des Isles nombrables dans lesquelles il y a de petites Montagnes qui s'élevent en forme de Pyramides; elles ne sont pas toutefois habitées. Cela ne doit point passer pour une exageration, mais pour une verité constante; car ces Isles, quoique petites, sont en si grand nombre, & les bords de ce Lac si étendus qu'il n'y a point encore eu de Lapon, quelques longues années qu'il ait vécu qui ait pu aller par tout en découvrir & reconnoître tous les détours.

ENARGINUM, lieu de la Gaule Narbonoise. Mr. Baudrand a trouvé ainsi ce mot dans les Editions de l'Itineraire d'Antonin, mais les meilleures comme celles de Zurita, de Bertius, & de Rome par Schelstrate portent ERNAGINUM. Voyez ce mot.

1. ENCAUSSE, Bourg de France dans la Generalité de Montauban, Election d'Armagnac[a], à deux lieues de la Riviere de Gimont & autant de la Save; dans l'Armagnac[b], à 2. lieues & trois quarts, & au Levant d'été de Gimont.

[a] Baudrand.
[b] De l'Isle Atlas.

☞ Les lieues de Gascogne sont de trois mille toises chacune ou de 19. au degré.

2. ENCAUSSE, Village de France dans le haut Cominge à l'Orient & à trois lieues & demie de St. Bertrand; Generalité de Montauban, Election de Cominge. Voyez au mot AQUÆ Aquæ Convenarum.

EN-CHADDA. Voyez ENADA & ENHADA.

EN-CHATZOR. Voyez EN-HAZOR.

ENCHELEÆ, ancien peuple d'Illyrie selon Pline[c] & Etienne le Géographe. Scylax qui le nomme[d] Ἐγχελεῖς le met entre les Rivieres du Drink & du Narenta.

[c] L. 3. c. 21.
[d] P. 9.

ENCHUYSE, Ville de la Hollande Septentrionale avec un port de Mer sur le Zuiderzee.[e] Lorsque l'Océan se fit un large passage dans le Lac nommé *Flevo* par les anciens, cette nouvelle Mer aiant changé l'ancienne disposition des terres, la Westfrise se trouva comme une espece de Promontoire entre les deux Mers, l'interieuré & l'exterieure; c'est à l'extremité Orientale de ce Promontoire que se trouve située la Ville d'Enchuyse. Elle n'est pas fort ancienne & les dates les plus vieilles où il en est fait mention sont du XIII. siecle. Gaufredus dans la Vie de St. Louïs à l'année 1248. la qualifie *Phrisiæ Oppidum*, à l'occasion d'une croix qu'on y vit dans le Ciel; & Stokius à l'année 1296. en fait aussi mention. Elle tient (le troisième rang entre les villes de la Northollande, & le second entre celles de la Westfrise qui par un ancien usage ont leurs deliberations particulieres.[f] Quelques-uns derivent son nom d'Enchuyse de ce que ses maisons étoient petites & serrées au commencement; d'autres au contraire de ce qu'elles étoient écartées les unes des autres *Enckel-Huysen*. Quoi qu'il en soit, ce lieu qui n'étoit d'abord qu'un village, devint si florissant que Charles Duc de Gueldre tâcha en vain de le détruire comme il est marqué dans ce Distique:

[e] Alting. German. Inf. notit. p. 51.
[f] Memoires communiquez.

ENCHUSAM INSIDIIS TACITIS SUB
NOCTE SILENTI,
OBRUERE ADNIXA EST GELRICA
PERFIDIA.

Ceux qui en ont fait un Chronographe dévoient bien avertir de quelle Epoque ils commencent à compter les trois mille trentesept ans que contient ce Distique. Ce Bourg fut mis au nombre des Villes par Guillaume Comte de Hollande l'an 1355. L'an 1427. les Kennemarses s'en emparerent. L'an 1514. le 30. de Septembre jour de St. Jerôme une inondation emporta une grande partie des murailles & quelques maisons de la Ville. L'an 1537. ; qui est peut-être celui que designe le Chronographe où l'erreur n'est que de MD. d'excès ; ceux de Gueldres voulurent se rendre maîtres de la ville, mais l'eau aiant monté déconcerta leur entreprise. On en agrandit l'enceinte en 1591. Enchuyse celebre autrefois par ses chantiers & par la pêche du Hareng est déchuë de l'état florissant où elle étoit. Son port avantageusement situé se remplit de sable peu à peu, de sorte que les gros vaisseaux n'y sauroient plus entrer, & plusieurs de ses Citoiens ont été ruinez ou decouragez par la perte d'un grand nombre de bateaux pêcheurs que les Armateurs de France leur enleverent en une seule fois. Monsieur l'Abbé de Longuerue[g] dit qu'ENKUSE, (car c'est ainsi qu'il écrit ce nom), est le siége de l'Amirauté de la Northollande. Il faloit dire avec Mr. Temple[h] que dans les sept Provinces le Conseil de l'Amirauté est divisé en cinq Colleges, dont trois sont en Hollande, savoir à Roterdam, à Amsterdam & à Hoorn & Enchuyse. Ce dernier College reside alternativement dans l'une de ces deux villes ; les deux autres Colleges de l'Amirauté sont à Middelbourg en Zelande & à Harlingen en Frise.

[g] Desc. de la France. part. p. 10.
[h] Remrq. sur l'État des Prov. Unies c. 1.

Les *Armes* de cette ville sont d'Azur à trois harengs couronnez d'Argent l'un sur l'autre posez en face & surmontez chacun d'une Etoile d'Or rangée en Pal. Enchuyse est la Patrie de Ruard Tapper celebre Theologien, Doyen de la Collegiale de St. Pierre à Louvain, Chancelier de l'Université de Louvain, homme illustre & emploié utilement par Charles V. & par Philippe II. & à qui il ne manqua rien qu'un peu plus de moderation & de cette douceur dont un grand merite ne doit jamais dispenser. Il mourut à Louvain l'an 1559.

On compte trois lieues d'Enchuyse à Hoorn, & cinq bonnes lieues marines d'Enchuyse à Staveren port de Frise. Les Géographes ne conviennent pas de la Latitude d'Enchuyse. Le P. Riccioli lui donne 52. d. 26'. dans son IX. livre & 52. d. 51'. dans le VII. Les Tables imprimées à la fin du Lexicon de Ferrarius (Edit. d'Eysenach 1677.) donnent 52. d. 53'. Mr. Sanson donne 52. d. 51'. Mr. Jaillot 52. d. 59'. Mr. de l'Isle compte 52. d. 43'. ce qui s'écarte le moins du Neptune François qui met Enchuyse à 52. d. 40'. de latitude sur 24. de Longitude.

Il y a devant le port d'Enchuyse un banc de Sable nommé sur les Cartes Hollandoises ENCHUYSER-SAND, & sur les Françoises le BANC D'ENCHUYSE. Il s'étend vers l'Isle d'Urck entre laquelle & lui il n'y a d'ordinaire que trois brasses d'eau.

ENCHUYSEN[i], (l'Isle d') Isle de l'Océan Septentrional environ à trente lieues de la côte

[i] Baudrand Edit. 1705.

ENC. END. END. ENE. ENF.

côte Orientale de l'Islande vers le Levant. Elle a été decouverte par les Hollandois qui lui ont donné ce nom.

ENCLEUS, ancienne Ville de la Béocie selon Etienne le Géographe[a]. [a In voce Ἐλευσίς]

ENCOCOQUEMATARI, Riviere d'Afrique dans la basse Ethiopie. Elle est à peu près à six degrez de latitude meridionale. Un banc de sable qui couvre son embouchure en ferme l'entrée à toutes sortes de bâtimens & l'eau est si basse en divers endroits de son lit que ceux du pays ne se hasardent gueres à y naviguer avec leurs Canots.

§. Mr. de la Croix & Mr. Corneille qui l'a suivi se trompent sur la latitude de l'embouchure de cette Riviere, car elle est au delà des sept degrez vingt-cinq minutes, & sa source est par les sept degrez. Cette Riviere au reste est dans le Congo ou basse Guinée où elle coule dans le grand Duché de Bamba & se jette dans l'Océan Ethiopique.

ENCUBIERTA ; autrement l'ISLE DE ST. BLANDAN, ou la NON TROVADA, c'està-dire, l'Isle couverte ou l'Isle qui ne se trouve point ; Mr. Baudrand[b] dit qu'elle est la même que l'Aprositos, ou l'inaccessible de Ptolomée[c] qui la mettoit au nombre des Isles fortunées qui sont les Canaries d'aujourd'hui. Mr. Baudrand ajoute qu'on place cette Isle dans l'Océan Atlantique à quarante lieues de celle des Palmes une des Canaries du côté du Couchant. On dit, poursuit-il, qu'on y peut être porté par hazard ; mais qu'on ne la trouve pas quand on la cherche. Mr. de l'Isle marque en sa place une Isle designée par des traits de burin fort legers ; *en ce parage*, dit-il, *quelques Auteurs ont placé la fabuleuse Isle de St. Borondon*. C'est aussi un des noms de cette Isle chimerique. [b Ed. 1705. c L. 4. c. 6.]

ENDARO ou ENDERO, en Latin *Enderum*, petite Ville de Dalmatie au dedans des terres aux frontieres de la Servie & vers la source du Drin, environ à cinquante mille pas d'Alessio qui est à l'embouchure de la même Riviere. Ptolomée fait mention de ENDERON, & Niger suivi par les Interprêtes de ce Géographe, croit que c'est *Drivasto*.

ENDE, Isle d'Asie dans la Mer des Indes. Voyez FLORES ; qui est le nom qu'elle a le plus ordinairement sur les Cartes.

ENDECAN. Voyez ANDECAN.

ENDELO, petite Isle de la Mer Baltique au Roiaume de Dannemarck dans le Midelfartsond. Ce n'est proprement qu'un écueil entre l'Isle de Fune, celle de Samsoe, & la Nord-Jutland.

ENDERA, habitation des Gymnetes dans l'Ethiopie sous l'Egypte, selon Strabon cité par Ortelius[d]. [d Thesaur.]

ENDERAB, Ville de Perse. Les Geographes du Pays, au raport de Tavernier[e], la mettent à 93. d. 15'. de longitude & à 37. d. 15'. de latitude. [e T. 1. l. 3.]

ENDERUM. Voyez ENDARO.

ENDIDEIUM, Ville de la Rhetie. Antonin[f] en fait mention, & Simler la prend pour NEUMARCK place sur le Tirol sur l'Adige : d'autres la prennent pour BOLSANO aussi dans le Tirol entre Trente & Bressenon, à mi-chemin de l'une à l'autre. [f Itiner.]

ENDIGETI, selon Ptolomée[g], INDIGE-[g L. 2. c. 6.]

TI selon ses Interpretes, ENDIGETES, selon Mr. Baudrand[h] & INDIGETES selon quelques autres : ancien peuple de l'Espagne Tarragonoise. Le P. Briet[i] lui donne pour demeure la partie du Roussillon où coule le Ter, & où sont les Villes d'Empurias, Lobregat, Monte Judaico, Roses, Port de Vendres & Junquera. [h Ed. 1682. i Paral. 2. part. l. 4. c. 3. §. 3. p. 269.]

ENDING[k], petite Ville d'Allemagne en Suabe dans le Brisgow. Elle a été autrefois ville libre & Imperiale ; mais à present elle est sujette à la Maison d'Autriche ; à un mille d'Allemagne du Rhin & à trois plus bas que Brisach. Elle avoit été presque ruinée dans la longue guerre d'Allemagne, mais elle s'est un peu remise depuis. [k Baudrand. Ed. 1705.]

ENDONVILLE[l], Bourg de France entre Orleans, Chartres & Etampes. [l Ibid.]

ENDOR, ancienne Ville de la Palestine. Elle appartenoit à la Tribu de Manassé quoiqu'elle n'y fût pas selon Mr. Reland[m]. Il en est fait mention au livre de Josué[n] & au Pseaume 83[o], selon l'Hebreu ou 82, selon la Vulgate. Il y avoit du temps d'Eusebe un grand Village de ce nom vers le Mont Tabor, à quatre milles de là vers le midi. Il dit ailleurs qu'il étoit auprès de Naïm dans le voisinage de Scythopolis. C'est là que demeuroit la Pythonisse que Saül consulta & qui évoqua l'Ame de Samuel peu avant la bataille de Gelboé. [m Palæst. p. 762. n C. 17. v. 11. o v. 9. In voce ΑΗΝΔΩΡ. In voce ΗΝΔΩΡ.]

ENDREM, les Turcs nomment ainsi ANDRINOPLE.

ENDRENOS, l'un des noms de la Ville d'ADRANA. Voyez ce mot.

ENDRIUS, Vibius Sequester nomme ainsi un Lac de Sicile que Solin nomme HERBESUS. Voyez ce mot.

ENDROMIT. Voyez ADRAMYTTE.

ENEA, Village aux environs de la Troade selon le sentiment de Scepsius raporté par Strabon[p]. [p L. 12. p. 552.]

ENERAT[q], ou ENESAT, Ville de France dans la basse Auvergne aux environs de Riom & appartient au Marquis d'Effiat. Cette ville est nommée EYNEZAT dans le Denombrement de la France[r], & y est mise sur le pied de 220. feux. [q Corn. Dict. r T. 1. p. 337.]

ENFER, la Religion naturelle aussi bien que la Religion revelée, aiant fait connoître aux hommes qu'il y a un Être qui domine absolument sur l'Univers, qui recompense la vertu & punit le crime, même après la separation de l'ame & du corps, presque toutes les Nations sont convenues de placer sous terre le lieu destiné au suplice des ames qui ont preferé le crime à la vertu. Comme la même doctrine éleve au Ciel les ames bienheureuses de ceux qui ont saintement vécu & que l'on est accoutumé de voir les Cieux au-dessus de sa tête, on a jugé par contraste que les ames malheureuses descendent en bas au-dessous de nos pieds. Mais comme dans un Corps Spherique tel que le Globe, la descente ne peut s'étendre que jusqu'au centre, puisqu'au delà on ne peut avancer en droite ligne sans remonter, par raport au Ciel & à la surface de la terre, quelques-uns ont crû que l'Enfer est dans le centre de la masse qui nous porte & qui nous nourrit par ses productions. Je laisse aux Theologiens

logiens à examiner plus precisément en quel lieu la Justice divine exerce sa severité sur les ames criminelles. Cela ne regarde point la Géographie. Mais les Payens avoient à leur maniere une idée assez poetique des Enfers; où l'on arrivoit par divers chemins, & il est permis aux Géographes d'expliquer ce qu'ils ont dit à ce sujet; puis que la connoissance en peut servir à entendre leurs ouvrages. Les Anciens plongez dans les tenèbres de l'Idolatrie regardoient certaines cavernes profondes, comme des chemins qui conduisoient dans les Enfers. C'est par une de ces cavernes que Virgile y [a] fait descendre Enée conduit par la Sibylle de Cumes. A son imitation l'Auteur des Avantures de Telemaque [b] conduit son Heros dans les Enfers par une Caverne. Il est aisé de voir la source de cette opinion. Les exhalaisons empestées qui sortoient de ces Cavernes s'accordoient assez avec l'image que l'on s'étoit faite de ces torrens de soufre & de poix que les Poëtes font couler dans les prisons des Manes. Quelques bestiaux qui avoient peri pour en avoir approché de trop près augmentoient la frayeur & confirmoient l'opinion vulgaire. On trouve diverses descriptions des Enfers selon le Systême Mythologique dans les Poëtes; au sixième livre de l'Eneïde de Virgile, au IV. livre des Metamorphoses d'Ovide. Dans le second livre du Poëme de Claudien contre Rufin; & dans l'Hercule furieux de Seneque le Tragique. Je donnerai celle de ce dernier parce qu'elle est assez remplie de details: quoique ce soit partout la même Topographie & la même idée plus ou moins étendue.

[c] " Il y a un endroit du territoire de Sparte, où Tenare semble presser la Mer sous ses épaisses Forêts. Là est l'entrée qui méne au Palais du redoutable Pluton. La roche a une ouverture profonde, & dans une vaste caverne un grand gouffre presente à tous les peuples un chemin large. On ne tombe pas d'abord dans l'obscurité. Un reste de lueur que l'on laisse derriere soi continue encore d'éclairer; on jouït quelque temps d'une espece de crepuscule. Delà on arrive à un espace qui s'élargit & laisse un grand vuide, où va se perdre le genre humain. Le chemin n'est pas dificile; & on le fait avec la même facilité qu'un Vaisseau entraîné par le courant de la Marée. De même l'air qui s'y engouffre pousse ceux qui y descendent & d'un autre côté l'avide Cahos les attire à soi. Les Ombres qui s'y lâchent point prise ne permettent pas de rebrousser chemin. Au dedans le paisible Lethé fait couler lentement ses tranquiles eaux & ôte le souvenir des soins dont on étoit agité durant cette vie, & pour ôter toute esperance de revenir sur ses pas l'eau croupissante du Cocyte forme quantité de détours de même que le Méandre qui semble se faire un jeu de tourner de tous côtez sa course & qui s'éloignant quelquefois de ses propres eaux, & s'en raprochant par intervales, balance s'il continuera son cours vers la Mer, ou s'il rebroussera vers sa source. On entend là les gemissemens du vautour, du hibou & des autres oiseaux de mauvais presage: un If sous lequel il faut passer inspire l'horreur par ses branches noirâtres. C'est là qu'habitent l'engourdissement, la faim

[a] L.6.v.237.
[b] L.8.
[c] Herc. fur. Act.3.

qui ouvre tristement une bouche seche & livide; la honte tardive qui couvre de confusion, la crainte, l'efroi, la mort, l'accablante douleur, le noir chagrin, la tremblante maladie & la guerre couverte de fer. Dans un coin la languissante vieillesse s'apuie sur un bâton sans lequel elle ne peut marcher... les prez n'y poussent point une verdure riante, & les campagnes n'y sont point couvertes d'épis agitez comme les flots par le soufle du Zephire; les arbres n'ont point leurs branches chargées de fruits. Tout est desert & sterile... l'air n'y est point agité, & une épaisse nuit regne sur ces lieux. Dans un reduit du Tartare il y a un endroit que l'obscurité envelope d'ombres pesantes. C'est là que d'une seule source sortent deux fleuves; l'un est le Styx qui coule sans bruit: c'est par lui que jurent les Dieux; l'autre est l'Acheron qui roule ses flots avec tant de rapidité qu'il n'est pas possible de le remonter. Ces deux fleuves entourent le Palais de Pluton qui est ombragé par un bois. Un antre fort spacieux en est le vestibule. C'est le passage des ombres, & la porte de son Empire. A l'entour un champ où d'un air fier il arrange les ames nouvellement arrivées. Son visage est en même temps majestueux & terrible, son front inspire l'efroi. On ne laisse pas d'y trouver les mêmes traits qu'ont ses deux freres. Son visage ressemble à celui de Jupiter; mais de Jupiter foudroiant. Il n'y a pas pour un seul Juge dans les Enfers. Il y en a plusieurs sur des sieges élevez d'où ils prononcent l'arrêt des coupables. Là Minos prononce une sentence, ici c'est Rhadamante; ailleurs c'est Eaque; chacun est traité selon ses actions... un funeste rocher s'avance sur les eaux dormantes que l'on passe dans la nacelle de Charon. C'est le gardien de ce passage. Sa mine & son habillement ont quelque chose de hideux. Ce maussade vieillard transporte les Manes tremblants à l'autre rive. On découvre ensuite le Palais de Pluton qui est gardé par le chien Cerbere.

Je passe plusieurs descriptions des suplices, du Cerbere, & autres embellissemens poetiques où Seneque s'est livré à son imagination, & qui ne sont rien à mon sujet. Il ne dit rien en cet endroit des champs Elysées. J'en parle ailleurs amplement. On peut voir au mot ACHERUSIA ce qui a donné lieu à mettre le Nautonier Charon & le fleuve Acheron dans les Enfers poetiques.

ENFISCH [d], Vallée de Suisse dans le haut Valais. Elle est longue de deux milles, abondante en pâturages & l'on y trouve des Mines d'Argent. Elle est peuplée de quelques villages, entre autres de Ste. Euphemie près duquel étoit anciennement un fort château situé sur un rocher fort élevé nommé *Pierregard* ou *Perrigard*, qui est demoli depuis long temps; Fercorey, Schaley, & Gruna. Entre Fercorey & Gruna on a trouvé une Mine d'Argent.

[d] Delices de la Suisse. T.4.p.721.

ENGADA, selon Etienne le Geographe,
ENGADDA, selon Pline,
EN-GADDI, selon l'Ecriture Sainte; [e] autrement Hazazon-Thamar [f], c'est-à-dire la Ville du Palmier; à cause qu'il y avoit quantité de Palmiers dans son territoire. Elle étoit fertile

[e] D. Calmet Dict. de la Bible.
[f] Paralip.l. 2. c.10.v.2.

ENG.

^a C. 1. v. 14.

le en vignes de Cypre & en arbres qui portoient le baume. Salomon ^a dans son Cantique parle des vignes d'Engaddi: cette ville étoit près du Lac de Sodome à trois cens stades de Jerusalem ^b, pas loin de Jericho & de l'embouchure du Jourdain dans la Mer Morte. Il est assez souvent parlé d'Engaddi dans l'Ecriture.

^b Joseph. Ant. l. 9. c. 1.

Mr. Reland ^c & autres Auteurs écrivent ce mot ENGEDI. Il reprend Etienne le Geographe d'avoir dit que *l'Engada* est un grand village auprès de Sodome dans l'Arabie; car, dit-il, St. Jerôme ^d dit qu'Engallim est au commencement de la Mer morte, à l'endroit où y entre le Jourdain, au lieu qu'Engaddi est à l'endroit où cette Mer finit. Mais il remarque que St. Jerôme ne s'accorde point avec Josephe. Ce dernier parle d'Engaddi en plusieurs endroits. On en a déja raporté un ^e; dans un autre ^f il dit que c'étoit l'une des onze Toparchies de la Judée; & ailleurs il fait mention des Montagnes d'Engaddi. Ce fut dans une de ces Montagnes que David étant caché pour fuir Saül, fut assez juste pour épargner la vie de ce Roi qui le persécutoit ^g. Pline parle d'Engadda comme d'une place qui ne subsistoit plus de son temps, & qui n'étoit plus qu'un bucher. Il lui donne le premier rang après Jerusalem pour la fertilité & pour les bois de Palmiers.

^c Palæst. p. 762.

^d In 47. c. Ezechiel.

^e Vide supra.
^f De bell. l. 3. c. 2.

^g Reg. l. 1. c. 24. v. 1. & seq.

☞ ENGADDI, en Hebreu signifie *la Fontaine du Chevreau.*

^h Delices de la Suisse T. 3. p. 622. & seq.

ENGADINE ^h, Vallée de Suisse au pays des Grisons dans la Ligue de la Maison-Dieu. Les Allemands la nomment INN-THAL, c'est-à-dire, *la vallée de l'Inn*: c'est aussi ce que signifie INN-GADEN, dans la langue ancienne Teutonique, mots d'où les étrangers ont fait le nom d'Engadine. C'est une grande vallée qui s'étend du Sud au Nord depuis les sources de l'Inn, le long de cette Riviere, l'espace de 15. ou de 16. lieues; & elle est séparée du Pays de Pergel & de la Communauté de Bevio par les Alpes Juliennes. Elle est divisée en deux parties, à savoir la haute & la basse dont chacune fait une Communauté generale, C'est un pays fort sauvage & fort froid, cependant il y a de bonnes prairies & de riches pâturages.

LA HAUTE ENGADINE est partagée en deux. La partie d'enhaut a sept paroisses, l'autre en a quatre. La Communauté de la haute Engadine a eu anciennement des Comtes. Ensuite l'an 1139. le Comte Dedalric vendit cette terre à l'Evêque de Coire pour 800. Marcs d'Argent & 60. onces de fin or. L'an 1494. les habitans acheterent leur liberté pour le prix de 900. guldes. Lors qu'il s'agit d'envoyer quelques Deputez à la Diete generale des trois Ligues, seize deleguez de la Communauté s'assemblent à Als-Augies pour en faire l'élection, savoir quatre de Zutz & de Madulein, deux de Scamf, deux de Campogasc & de Summada, un de chacun des six villages suivans, Bevero, Celerina, Pontaresina, S. Morizzo, Silva Plana, & Silio. Les mêmes deleguez élisent aussi le Ministral, le Chancelier, les Juges criminels & les autres Officiers du pays.

LA BASSE ENGADINE, est aussi par-
Tom. II.

ENG. 275

tagée en deux jurisdictions. La premiere a cinq paroisses. La seconde en a trois dans la Ligue & une quatrieme, savoir Trasp, qui est dehors. Quatre Seigneurs partagent entre eux la seconde jurisdiction de la basse Engadine, à savoir l'Evêque de Coire, le Comte de Tirol, l'Abbaye du Mont Ste. Marie & le Couvent de Munster. A l'extrémité de la basse Engadine sont trois paroisses, *Remus, Celino, & Samun* dont le gouvernement est mélé & les diferentes jurisdictions compliquées de la maniere du monde la plus singuliere. Quant aux affaires d'Etat elles sont partie d'une Communauté generale avec Stallen & Averfa qui en sont bien éloignez. A l'égard des affaires criminelles, elles dependent de la jurisdiction de la basse Engadine, & pour ce qui est des affaires civiles & matrimoniales, chacune d'elles a sa justice à part. Pour les causes matrimoniales on prend deux Ecclesiastiques avec le Ministral & un laïque, ce qui ne se pratique qu'en peu d'endroits dans les Grisons. Les Communautez nomment quatre personnes pour remplir la place de Juge criminel. Le Bailli en choisit un pour chaque Jurisdiction au nom du Comte de Tirol son Maître avec le Conseil du Châtelain de l'Evêque de Coire qui est à Funstebourg. Les deux Juges ou Presidens jugent chacun dans sa jurisdiction les affaires criminelles avec douze Assesseurs. La moitié des amendes appartient au Bailli, & l'autre moitié se partage entre l'Evêque de Coire & la Communauté par égale portion. Du reste jamais on n'y confisque les biens.

ENGALLIM ⁱ, EIN-EGLAIM OU ENE-GLAIM: c'est-à-dire, *la fontaine des Veaux.* Ezechiel ^k parle de ce lieu & il l'opose à Engaddi. Les Pêcheurs, dit ce Prophéte, secheront leurs filets sur la Mer morte depuis Engaddi jusqu'à Engallim. St. Jerôme dit qu'Engallim est situé au commencement de la Mer Morte, où le Jourdain entre dans cette Mer. Eusebe ^l met une Ville d'*Agallim* de l'autre côté de la Mer Morte à huit milles d'Aréopolis; mais cette derniere étoit trop éloignée de la Mer dont il s'agit pour croire que c'est celle d'Eusebe.

ⁱ D. Calmet. Dict. de la Bible.
^k c. 47. v. 10.

^l In voce Ἀγαλλίμ.

§. Peut-être aussi que, suivant la conjecture de Mr. Reland ^m, il y avoit quelque lieu nommé ENEGLAIM à cause de la Ville d'Eglaim située dans la terre des Moabites au rivage Oriental du Lac Asphaltide à l'oposite d'Engaddi qui étoit à l'Occident de ce Lac.

^m Palæst. 762.

ENGANNA ⁿ. St. Jerôme dit qu'il y avoit une ville de ce nom vers Gerasa au delà du Jourdain.

ⁿ D. Calmet. Dict. de la Bible.

1. ENGANNIM, * Ville de la Palestine dans la plaine de la Tribu de Juda.

* Ibid.

2. ENGANNIM, Ville de la Palestine dans la Tribu d'Issaschar ^o. Elle fut donnée aux Levites de la Tribu de Gerson.

^o Ibid. & Josue c. 15. v. 34.

1. ENGANNO ^p, ou ENGAÑO. Cap de l'Isle de Luçon l'une des Philippines, en Latin *Promontorium Erroris* ou *Frandis*. Il est au Nord-est de l'Isle.

^p De l'Isle Atlas.

2. ENGANNO ^q, Cap de l'Isle de St. Domingue. C'en est la pointe la plus Orientale.

^q Ibid.

3. ENGANNO ^r, Cap de l'une des Isles des Larrons, dans l'Océan Oriental.

^r Corn. Dict.

Mm 2

EN-

ENG.

a Ibid. **ENGEDIN**[a], ou **Engetyn**, petite Ville de Transylvanie sur la Riviere de Maros à cinq lieues de Weissenbourg du côté du Nord.
§. Les Cartes de De Wit & celles de Mr. de l'Isle ne font aucune mention de ce lieu.

b Delices de la Suisse T. 2. p. 334. **ENGELBERG**[b], c'est-à-dire, *Montagne de l'Ange*, Monastere de Suisse au Canton d'Underwald, sur la plus haute Montagne du Pays, proche de la Riviere d'Aa dans l'ancien Comté de Surich. Il fut fondé par Conrad Baron de Selleburen. Il y avoit aussi autrefois une maison de Religieuses fondée l'an 1197. lesquelles furent transferées à Sarnen. Le Monastere d'Engelberg est habité par des Religieux Benedictins, & possede aux environs une étendue de pays, laquelle s'étend jusqu'aux frontieres de Berne & d'Uri. Il est indépendant & sous la protection des quatre Cantons du Lac. Il se trouve quelques Mines d'Argent dans ce territoire en certains creux des Montagnes.

c Ibid. **ENGELFELDEN**[c], Ville d'Allemagne dans la Basse Baviere. Elle est située, dit Mr. Corneille, sur le Rolf.
§. Il n'y a en Baviere ni ville nommée *Engelfelden*, ni Riviere nommée le Rolf; mais bien **Eggenfelden**, Bourgade sur le Rot; Riviere qui joint celle de l'Inn au-dessous de Neubourg & va se perdre avec elle dans le Danube à Passau.

d Cartes de Sanson & de Merian.

e Baudrand Ed. 1705. **ENGELHOLM**[e], Petite Ville de Suede dans la Province de Schonen, à l'embouchure d'une Riviere dans le Categat à six lieues d'Elsingbourg du côté du Nord.

ENGEN, petite Ville d'Allemagne en Suabe dans le Comté de Furstenberg, à trois ou quatre lieues de Schafhouse vers le Nord: c'est la Capitale de la Seigneurie d'Heuven qui appartient à la Maison de Furstenberg-Blomberg. Elle est située sur un ruisseau qui se jette à trois heures & demie delà dans le Lac de Constance.

ENGERIACUM, ou **Angeriacum Palatium**, ancien nom Latin de **St. Jean d'Angely**; sur la *Boutonne*, Riviere nommée en Latin *Vultomna*, ou *Voltumna*.

f Monum. Paderborn. p. 146. **ENGERN**[f], en Latin *Angaria*, ancienne ville du temps des guerres de Charlemagne & de Witikind. Ce dernier aiant été vaincu & aiant embrassé la Religion Chrétienne, son vainqueur lui rendit Engern, qui aussi bien que le reste de la Westphalie où habitoient alors les Saxons, changea souvent de Maîtres. Elle passa, dit-on, aux Comtes de la Lippe. L'un d'entre eux, à savoir Simon fils de Bernard, eut de grands démélez avec les habitans d'Osnabrug, & l'an 1299. par le moien des forteresses d'Engern & de Rhede il leur causa de grandes pertes. Louïs de Ravensberg Evêque d'Osnabrug lassé de tant d'insultes livra bataille à Simon, le fit prisonnier & le tint dans une captivité fort étroite pendant six ans: après quoi il lui rendit la liberté en 1305. à condition que la forteresse d'Engern seroit demolie. Cependant elle n'a pas laissé de conserver le droit, le nom & la Magistrature de Ville, quoique ce ne soit qu'un village en apparence. La colline sur laquelle étoit la forteresse garde le nom de *Burgstede*; elle est moins élevée qu'une autre colline où est l'Eglise de St. Denis bâtie par Witickind qui y mit un Chapitre de Chanoines & dont on y voit le tombeau. Charles IV. Empereur étant arrivé le 18. Novembre 1377. à Bilefeld & aprenant qu'au Village d'Engern dont il n'étoit gueres éloigné il y avoit le tombeau de Witickind, il voulut le voir. Il n'y avoit alors qu'une tombe que le temps avoit gâtée. L'Empereur la fit rétablir avec quelques changemens. Le Chapitre d'Engern fut transferé avec les reliques de Witickind par l'autorité du Pape l'an 1414. le 16. de Janvier à Hervord; où on les montre aux étrangers enfermées dans un coffret de bois. Crantzius & quelques autres se trompent quand ils disent qu'Henri l'Oiseleur les fit porter à Paderborne.

ENGETYN. Voyez **Engedin**.

ENGHIEN, Petite Ville du Pays bas en Hainaut; on l'écrit plus ordinairement **Anguien**. Voyez **Anguien**.

ENGIA[g], *Isle, Ville & Golphe* de Grece près d'Athéne. Ses falaises ou côtes escarpées la rendent inaccessible par tout ailleurs que vers le Nord-Ouest & c'est là qu'est située la *Ville* qui porte le même nom. La longueur de l'Isle est de cinq grandes lieues de l'Est à l'Ouest & sa plus grande largeur n'est que de trois. Elle est justement à moitié chemin de la longueur & de la largeur du Golphe qui prend aussi le nom de **Golphe d'Engia**, & que les anciens nommoient *Sinus Saronicus* à cause du fleuve Saron qui s'y décharge à l'Ouest vers l'Hexamile ou Isthme de Corinthe. La longueur du Golphe est à peu près de vingt-quatre lieues limitée du côté de l'Est par St. George d'Arbora qui est à sa bouche & à l'Ouest par les masures du Château de Policastro qui n'est qu'à deux lieues de Corinthe. J'ai déja décrit amplement l'état ancien de cette Isle sous l'ancien nom qui est **Ægine**. Les Corsaires Chrétiens ont tellement insulté toute cette côte par leurs descentes, principalement depuis la guerre de Candie, que presentement toutes les habitations sont du moins à une grande lieue de la Mer.

g La Guilletiere Athenes anc. & mod. l. 2.

ENGLAND, Voyez **Angleterre**.

ENGLESQUEVILLE[h], (l'S ne se prononce point) Bourg de Normandie dans le Pays de Caux. Il est situé sur la Riviere de Sanne à sept lieues de Rouen entre Pavilli & Baqueville & immediatement au-dessous de Varannes où sont les sources de la petite Riviere de Sanne.

h Corn. Dict. Memoires dressez sur les lieux en 1701.

ENGOLISMA. Voyez **Angouleme**.

ENGRAINE[i], Riviere de France en Normandie; elle sourd de la Butte Brimbal, passe par Lousay & va se perdre dans la Riviere de Mayenne.

i Corn. Dict.

1. **ENGSTLEN**, Montagne de Suisse dans le Canton de Berne, au Bailliage de Thoun auprès du Mont Grimsel. Il y a sur l'Engstlen une fontaine qui est un petit miracle. Elle ne coule, dit l'Auteur des Delices de la Suisse[k], que durant l'Eté dans le temps que les Vaches sont sur les Montagnes, à savoir dans les mois de Juin, de Juillet & d'Août, comme si elle reservoit à répandre son eau pour l'usage de ces animaux. On a repandu aussi le bruit qu'elle ne couloit pas même tout au long du jour, mais seulement à certaines heures, le soir & le matin; mais cela ne se trouve pas vrai.

k T. 1. p. 168.

2. ENGS-

ENG. ENH.

a Ibid.

2. ENGSTLEN [a], petite Riviere de Suisse au Canton de Berne, elle coule auprès de Frutingen.

b Corn. Dict.

ENGUELEGUINGUIL [b], Ville du Roiaume de Maroc dans la Province de Hea. Sanut l'apelle ICHILLINGHIGHIL. Elle est située près d'une Montagne à deux lieues d'Eitdevet.

ENGUIEN. Voyez ANGUIEN.

ENGURI, en Latin *Angurius*, & anciennement ASTELFUS, Riviere de la Mengrelie. Elle a sa source au Mont Caucase d'où elle passe par les petits pays de Cipurias & d'Anarghia; après quoi elle se rend dans la Mer Noire; selon le P. Lamberti dont la Relation se trouve au premier volume du grand Recueil de Thevenot.

c L. 3. c. 4.
d L. 16. c. 73.
e Sicil. ant. L. 2. p. 365.
f 4. In Verr. c. 44.
g L. 3. c. 8.

ENGYUM, Ville de Sicile selon Ptolomée [c], & Diodore de Sicile [d]. Cluvier [e] pretend prouver que les Grecs l'écrivoient d'abord Ἔγγυον, & que ce mot doit être en Latin *Enguium*. De là vient que les habitans en sont nommez par Ciceron [f] & par Pline [g] ENGUINI. Silius Italicus, qui s'est donné la liberté de corrompre les noms propres des Villes pour les ajuster à ses vers & de changer *Hergentium* en *Hergentum* & *Amistratum* en *Amastra*, écrit *Engyon*:

L. 14.

Romana petivit
Fœdera Callipolis; lapidosique Engyon arvi.

Il y a des Éditions qui le corrompent encore plus & portent *Eugyon* que l'on a très-mal expliqué par *Eugeion*, Εὐγείων, qui signifie un terroir bon & fertile; ce qui ne s'accorde gueres avec le terroir pierreux dont parle Silius.

h In Marcello.

Plutarque [h] dit que c'étoit une petite ville, mais très-ancienne, & annoblie par la présence des Déesses que l'on nommoit Meres. Ces Déesses étoient les mêmes dont une est nommée

i Verr. 4.
k Verr. 5.

par Ciceron [i] *Mater Magna* & l'autre *Mater Idea* [k]. Plutarque dit qu'il y avoit un Temple bâti par les Cretois & qu'on y montroit des Javelines & des Casques d'Airain, avec des Inscriptions de Merion & d'Ulysse qui les avoient consacrées aux Déesses. Ciceron parle des offrandes que Scipion l'Africain y avoit dediées. Le même Auteur [l] nomme cette Ville CIVITAS EGGYNA. Engyium étoit, au sentiment de Cluvier, dans le même endroit où est presentement un Monastere de Benedictins, entre les ruines de l'ancienne *Gangium*. Mr. de l'Isle dans sa Carte de la Sicile moderne marque très-bien ce lieu au Midi du Château de *Gangi*, qui est une Principauté, par une Abbaye de l'Ordre de St. Benoît, nommée GANGI LO VECHIO, dans le Val Demone aux confins des Vallées de Mazare & de Noto.

l Frument. c. 43.

§. Ortelius avertit que Diodore parle d'une ENGION de laquelle parle aussi Plutarque & qui est diferente de celle de Ptolomée. Et elle se feroit veritablement diferente si Ptolomée l'avoit pu mettre exactement parlant à l'Occident de Syracuse, mais elle est beaucoup plus au Nord. L'erreur d'Ortelius vient de Fazel qui s'est trompé sur cet article & qui a égaré Ortelius.

m Josué c. 19. v. 21.

EN-HADA, Ville ancienne de la Palestine dans la Tribu d'Issachar [m]. Eusebe met une Ville d'ENADA sur le chemin d'Eleutheropolis à Jerusalem à dix milles de la premiere.

ENI.

EN-HAZOR, Ville ancienne de la Palestine dans la Tribu de Nephtali [n], D. Calmet doute si ce ne seroit pas ATRIUM HENNON, ou CHAZOR ENNON d'Ezechiel [o], & la Ville d'ENNA de Moyse [p]? Cette Ville d'*Enna* est le Village, ou Hameau (*Villa*) d'Enan.

n Josué c. 19. v. 37.
o c. 47. v. 5. & c. 48. v. 1.
p Numer. c. 34. v. 9.
q Baudrand.

ENIACHAM [q], forteresse d'Afrique en Guinée sur la Côte d'Or. Elle a été bâtie par les Anglois qui la possedent, & n'est pas de grande consequence. Mr. Baudrand & ses Traducteurs sont les seuls Auteurs où j'aie trouvé quelque mention de ce lieu.

r L. 1. & l. 2. in fine.

ENIADES, ancien peuple de Grece dans l'Acarnanie selon Thucydide [r].

ENIANDOS. Voyez EPIPHANIE.

s L. 5. p. 214.
t L. 7.

ENICONIÆ, ancienne Ville de Corse selon Strabon [s].

ENIENSES, selon Herodote [t] ou ENIANI selon d'autres, ancienne Nation de la Grece autour de la source du Sperchius.

u L. 4. c. 13.

ENINGIA, pays au Nord de l'Europe selon Pline [u] qui semble en faire une des Isles de la Mer Baltique qu'il apelle *Codanus Sinus*. Il place dans cette Mer ce qu'il apelle *l'Isle de Scandinavie*, quoique ce ne soit qu'une Presqu'Isle & ajoute que Eningie n'est pas moins grande à ce qu'on croit. Les Manuscrits consultez par le R. P. Hardouin portent EPIGIA au lieu d'Eningia; & c'est ainsi que lit l'Auteur du Livre *de Mensura orbis Terræ*. Les Interpretes de Pline ne doutent point que ce ne soit FINNINGIA, c'est-à-dire, LA FINLANDE grande Presqu'Isle qui donne son nom au Golphe voisin.

ENIO, Bourgade à l'embouchure de la Mariza. Voyez ENOS.

ENIOCHI. Voyez HENIOCHI.

x L. 8. p. 547.

1. ENIPE'E, ancien nom d'une Riviere du Peloponese, laquelle tombe dans l'Alphée, selon Strabon [x]. Il y a des Auteurs qui croient qu'il faut écrire ce nom par un *Ph*; ENIPHEUS. Hesyche le lit par une L. ELIPEUS. Il est assez plaisant que Mr. Corneille faute d'avoir consulté Strabon nous dise que ce fleuve a porté le nom d'Enipée & qu'on l'apelle presentement BARNICHIS. Il devoit dire que Strabon a remarqué de son temps Salmone étoit voisine d'une source de laquelle couloit l'Enipée qui se déchargeoit dans l'Alphée & étoit nommé *aujourd'hui* (c'est-à-dire, du temps de Strabon) BARNICHIOS. Mr. Baudrand [y] n'est pas tombé dans cette erreur; mais il dit que d'Enipée est nommé Eniphée par Strabon; en quoi il se trompe, cette derniere orthographe est d'un Critique moderne.

y Ed. 1682.

2. ENIPE'E, petite Riviere ou ruisseau de la Macedoine, ou de la Thessalie. Strabon [z] dit qu'il descend du Mont Othry, & se mêle à l'Apidan qui vient de Pharsale. L'édition des Aldes porte en cet endroit ENISEA, comme le remarque Casaubon, qui juge qu'il faut lire ainsi sur l'autorité d'Eustathe qui cite ainsi ce passage. Vibius Sequester dans quelques Editions & particulierement celle de Toulouse écrit ENIPHEUS. Celle de Mr. Hessel porte ENIPEUS. Ce ruisseau est nommé par quantité d'Auteurs Classiques; mais il faut avertir que Thevet s'est bien trompé quand il a cru que

z Ibid.

le

278   ENI.   ENI. ENK. ENN.

le nom moderne est PHARIB; peut-être a-t-il voulu dire qu'il est nommé *Pharibos* par Ptolomée[a], quoi qu'il y ait de la diférence.

ENIPHEUS. Voyez les deux articles precedents.

ENIPI., Nation de l'Afrique interieure. Pline[b] la met au nombre de celles dont Cornelius Balbus triompha.

ENIPPE ou AGANIPPE, Montagne de la Béotie selon Vibius Sequester qui dit que le premier étoit l'ancien nom.

ENIS. Voyez au mot CAP l'Article CAP D'ENIS.

ENIS-CORT, ou ENIS-CORTHY, Bourg d'Irlande selon Mr. Baudrand. Voyez INISHCORTHY.

ENISE, selon Mr. Corneille[c], ENISIS selon Aretius & Fazel citez par Ortelius: Fazel écrit que c'est une Riviere de Sicile dont le nom moderne est NISI. Ortelius a raison de dire qu'on ne sait qui est l'Auteur ancien où se trouve le nom d'Enisis quoique Fazel cite Thucydide. Voyez NISI. Mr. Corneille cite Cluvier comme aiant parlé d'*Enise*. Cet Auteur n'en dit rien, & pour le remarquer en passant ce n'étoit pas un homme à en croire les modernes sur leur parole lors qu'il étoit question de dire comment les anciens avoient parlé d'un lieu, il faloit qu'il en vît les propres termes qu'il raporte toujours fort au long & dans leur propre langue lorsmême qu'ils ont écrit en Grec.

ENISKILLING[d], Ville d'Irlande dans la Province d'Ulster au Comté de Fermanagh. Quelques-uns écrivent *Iniskilling*. Elle est située à sept milles au Sud-est de Tulli-Castle & à quarante-deux au Sud de Londonderry. Mr. d'Audifret[e] dit que le Bourg d'Eniskilling a des priviléges particuliers & depute au Parlement. L'Etat d'Irlande déja cité après avoir observé que dans le Comté de Fermanagh, il n'y a qu'une seule ville qui ait droit d'envoyer ses Deputez au Parlement & point du tout qui tienne un marché public, dit qu'Eniskilling est la seule ville de ce Comté qui soit de quelque consideration & qu'elle envoye deux Deputez. Elle est petite, mais bien forte & est devenue fameuse par les siéges qu'elle a soutenus.

ENISIPIA, Isle de la Mer d'Afrique devant l'Egypte. Ptolomée[f] la nomme ÆNESIPPA, & Strabon[g] ÆNESIPASTA. Gerard Mercator l'appelle *Isola de Columbi*.

ENISPE[h], Ville de l'Arcadie selon Pline[h]. Homere[i] la nomme Ἐνίσπη. Cependant il paroît par un passage de Pausanias[k] qu'on ne savoit pas trop de son temps ce que c'étoit que cette ville. Il y en a eu, dit-il, qui ont cru qu'*Enispe*, *Stratia*, & *Rhipe* lieux que nomme Homere étoient des Isles formées par le fleuve Ladon & habitées autrefois par des hommes; il ajoute qu'ils se trompent; parce, dit-il, que le Ladon quoique ce soit la plus belle Riviere du Monde n'est point assez grand pour avoir eu des Isles telles qu'en ont le Danube & le Pô. Seneque le Tragique[l] nomme ce lieu ENISPÆ, au pluriel & fait dire ce vers à un Chœur de femmes Troiennes:

Quæque formidant Boream Enispa.

Tout cela ne mene à rien de positif. Etien-

ne le Géographe semble dire qu'on attribuoit cette ville ou à la Clitorie, ou à la Phocide. Mais quelle Phocide y avoit-il dans le Peloponnèse? Berkelius juge beaucoup mieux qu'au lieu de Κλητορίας & Φωκίδος il faut lire Ψωφίδος & Κλητορίας. On trouve en effet que les Clitoriens & les Psophidiens étoient voisins dans l'Arcadie; & Berkelius le prouve par un passage de Pausanias[m].

ENISTOWN, Mr. Maty dit: Bourg de la Momonie en Irlande: ce lieu, ajoute-t-il, est le principal du Comté de Clare & le seul qui ait séance dans le Parlement d'Irlande. On le trouve environ à une lieue de la petite Ville de Clare du côté du Nord.

§. Le Comté de Clare n'est point dans la Momonie, mais dans la Connacie; & à plusieurs lieues à la ronde il n'y a autour de la ville de Clare ni ville, ni bourg qui ait un nom aprochant. L'Atlas de Blaeu marque seulement un hameau nommé *Enisky* l'un des moindres du Comté de Clare. Cet article a été copié par Mr. Corneille & par l'Editeur François de Mr. Baudrand; l'Edition Latine n'a rien de pareil.

ENISTRATUS[n], Village vers la Galatie. Metaphraste en fait mention dans la Vie de St. Theodore Archimandrite.

ENKOPING, en Latin *Enecopia*. Zeyler[o] écrit mal le nom Suedois *Enecoping*: Bourg de Suede dans l'Uplande, près du Lac Meler à quatre mille Suedois d'Upsal au midi & à sept de Stockholm à l'Occident vers Westeraäs. Il s'y fait un assez bon commerce. Il y avoit avant la pretendue Reformation de Luther un Couvent de Freres mineurs où Laurent VIII. Archevêque d'Upsal qui étoit de cet Ordre fut enterré le 3. d'Avril 1267.

ENKUSE. Voyez ENCHUYSEN.

ENNA ou HENNA, ancienne Ville municipale de Sicile, vers le milieu de l'Isle, au Nord-Ouest du Lac Pergus & au Sud-Ouest d'Assorus, sur une Montagne. Elle est celebre dans les fables au sujet de l'avanture de Proserpine: on a feint, dit Diodore de Sicile[p], qu'elle fut enlevée dans les prez qui sont au voisinage d'Enna; ce lieu, poursuit-il, est près de la Ville, & est émaillé de violettes & d'autres fleurs & attache les yeux par sa beauté. Ciceron[q] en parle ainsi: c'est une ancienne opinion... que Libera qui est aussi nommée Proserpine fut enlevée du bois des habitans d'Enna: comme ce lieu est au milieu de la Sicile on l'en nomme le nombril: pour la Ville d'Enna elle est sur une Montagne élevée & au haut de laquelle on trouve une plaine Campagne, & des eaux qui ne tarissent jamais, mais elle est tellement escarpée tout à l'entour, qu'on n'y sçauroit monter. Elle est entourée de Lacs & de fleurs parfaitement belles toute l'année. Ce lieu semble marquer que c'est là que s'est fait l'enlevement dont on nous a instruits dès l'enfance; car il y a tout auprès une Caverne tournée vers le Septentrion, & d'une profondeur infinie. C'est par là que Pluton parut tout à coup avec son Char, à ce que l'on dit, & qu'après avoir arraché de ce lieu la jeune Déesse il l'emporta par des chemins souterrains assez près de Syracuse & il se forma soudain un Lac dans cet endroit. Diodore[r] dit la mê-

ENN. ENN. ENO. 279

me chose. Callimaque dit dans son Hymne à Cerès[a]. *Vous accourutes trois fois à Enna qui est au milieu de la plus belle des Isles*. Cerès y étoit particulierement adorée. Pomponius Mela[b] dit qu'Enna étoit renommée à cause du Temple de Cerès : delà vient que cette Déesse est nommée par Silius Italicus[c] :

Ennea numina diva.

Ce mot s'écrit quelquefois avec une aspiration forte & Mr. Spanheim[d] fournit une médaille sur laquelle on lit : MUN. HENNÆ. *Municipes Hennenses* ; il se trouve aussi dans Pline[e], pour designer les habitans de cette ville ; & le R. P. Hardouin observe que les Latins ont quelquefois aspiré ce mot ; mais non pas les Grecs qui écrivent toujours Ἔννα. Ce même Pere refute l'explication que donne Mr. Spanheim de la Medaille citée ; & prétend qu'il faut lire MUN. HENNA, qu'il explique ainsi MUN*us* HADRIA*næ* EDIDERE NO*C*TURNUM NARBONENSES AUGURES. Il justifie cette explication premierement en faisant voir qu'elle convient avec l'histoire, & en second lieu que les habitans d'Enna étant un peuple libre n'ont point frapé de Medailles en l'honneur des Augustes ; comme on n'en trouve point d'Espagne après que Vespasien eut donné à toute cette Province les droits dont jouïssoit le Latium. On peut voir plus au long les preuves de ce Pere dans son Commentaire sur Pline[f]. Le nom moderne d'Enna est CASTRO GIOVANNI. Voyez cet article.

ENNE[g], petite Riviere de France en Normandie au pays de Caux. Elle a sa source au pied de l'Eglise Paroissiale de Sainte Austreberte. Ensuite elle coule par le Bourg de Pavilly, & par les paroisses de Barentin, Villers, les Vieux, après quoi elle se rend dans la Seine en sortant du Bourg de Ducler, à quatre lieuës de sa source. Cette petite Riviere fait tourner pendant son cours une trentaine de Moulins à grains, à huile, & à papier.

ENNEACRUNOS, fontaine de Grece dans l'Attique. Pausanias[h] dit : si d'Athenes vous passez dans l'Odée vous verrez d'autres choses dignes de remarque, le Dieu Bacchus auprès duquel est la fontaine *Enneacrunos*. Ce nom signifie qu'elle couloit par neuf tuyaux. Pisistrate l'embellit. Il y a assez de puits dans la ville, mais il n'y a que cette fontaine qui soit d'eau coulante. Elle étoit donc dans la ville selon cet Auteur. Elle étoit aussi nommée CALLIRHOE', & c'est comme l'appelle Stace[i] :

Et quos Callirhoe novies errantibus undis Implicat.

Pline joint les deux noms ensemble.

ENNEAPYRGÆ[k], c'est-à-dire ; LES NEUF TOURS, Ville ancienne de Grece dont les ruines sont à sept ou huit lieuës du Promontoire Sunium. Les tours dont elle avoit pris son nom étoient sur un rocher & les ruines qui en subsistent encore sont proche d'une Baye du Golphe où Mr. Wheler[l] croit qu'étoit autrefois le Port *Hyphormus*.

ENNENSES, ou HENNENSES, habitans d'*Enna* Ville de Sicile. Voyez ENNA.

ENNENSIS LACUS. Voyez PERGUS qui est son vrai nom.

ENNEQUE-TENQUE[m], Place forte d'Asie dans l'Indoustan sur la route de Surate à Golconde. Elle est située sur une Montagne escarpée de toutes parts & porte le nom de deux Princesses des Indes. Il n'y a qu'un petit chemin du côté du Levant pour y monter. On voit un étang dans l'enclos de cette place, & il y a place pour y semer de quoi nourrir cinq ou six cens hommes ; mais on n'y tient point de Garnison & le peu de soin qu'on avoit de l'entretenir dans le temps que Tavernier étoit en ces quartiers là, la faisoit tomber en ruine.

ENNESIA. Voyez ÆTNA 3.
ENNINGIA. Voyez ENINGIA.
ENNOM, ENOM. Voyez GE-HENNON.

ENNON, ou ÆNON, lieu où St. Jean batisoit, parce qu'il y avoit abondance d'eaux[n]. Ce lieu étoit à huit milles de Scythopolis, vers le Midi entre Salim & le Jourdain[o].

ENO, ou ENOS, ou ENIA, en Latin *Ænos* ou *Ænum* ou *Enus*, petite Ville de la Turquie en Europe dans la Romanie près de l'Embouchure de la Mariza dans l'Archipel ; qui y fait un petit Golphe nommé *le Golphe d'Eno* : Mr. de l'Isle écrit ENOS.

ENOCH ou ENOCHIE, Ville la plus ancienne dont on ait connoissance. Elle fut ainsi nommée par Caïn[p] à cause de son fils Enoch ou Henoch, qu'il ne faut pas confondre avec Enoch fils de Jared dont l'Ecriture loue la pieté. L'Hebreu porte HANOCH, [q] Josephe la nomme ENOSA ; le faux Berose la nomme *Enos* & la met aux environs du Liban. Isidore la recule plus loin vers les Indes.

ENOECADLOÆ, ou ENÆCADLOÆ ; quelques exemplaires de Pline[*] semblent placer un peuple de ce nom dans la Sarmatie Européenne. Mais comme nul autre Auteur ne fournit aucun nom de cette sorte & que Pline fait mention presque aussi-tôt des Hyléens, le R. P. Hardouin doute s'il ne faut pas lire *Inde Hylai* au lieu d'*Enoecadloæ*.

ENONA. Voyez ÆMONA.

ENOPE, Ville du Peloponese dans la Messenie selon Etienne le Geographe qui cite Homere pour garant. Voyez GERANIA.

ENOPHITÆ, nom d'un lieu dans la Grece selon Platon[r] cité par Ortelius.

ENOS &
ENOSA } Voyez ENOCH.

ENOSIS[s], Isle voisine de la Sardaigne auprès du Cap de Sulci. On la nomme aujourdhui S. ANTIOCO, selon le R. P. Hardouin[t] & le P. Coronelli[v].

ENOTOCOETES, Peuple des Indes dont les anciens disoient, au raport de Strabon[x], que c'étoient des sauvages dont les oreilles pendoient jusqu'aux talons de sorte qu'ils couchoient dessus ; qu'ils étoient si forts qu'ils arrachoient des arbres & autres merveilles exagerées, ou qui procedoient de la precipitation de ceux qui en avoient jugé sans y regarder d'assez près. Il y a apparence qu'ils prirent pour les oreilles de ces gens-là une sorte d'habillement

billement qui leur couvroit la tête, les épaules, & les deux côtez contre les injures du temps.

ENRICHEMONT, Bourg de France dans le Berri: on le nomme aussi BOIS-BELLE. Voyez ce mot.

1. ENS, en Latin *Anassus*, *Anisus* ou *Ensia*; Riviere d'Allemagne. Elle a sa source dans l'Evêché de Saltzbourg d'où coulant entre la Stirie & la haute Autriche qu'elle traverse, elle reçoit le Steyer à Steyr & ayant passé à Ens, elle se rend peu après dans le Danube.

2. ENS, en Latin *Ensia*, *Anassus* ou *Anisus*, Ville d'Allemagne dans la haute Autriche, au pays sur l'Ens. Elle est effectivement sur la Riviere de même nom; à un mille d'Allemagne au-dessus de son confluent avec le Danube, à trois milles de Lintz au Levant & à onze de Passau en descendant vers Crems. Mr. d'Audifret [a] dit qu'*Ems*, car c'est ainsi qu'il écrit ce nom, est près des ruines de l'ancienne *Laureacum* surnommée *Colonia Aureliana*, dans le Norique. Mr. Corneille prétend que c'est la *Cladiodunum* de Ptolomée. Cet Auteur ne nomme ainsi aucun lieu, mais il fait mention [b] de *Claudivium*, dans la Vindelicie qui doit être le même lieu que Claudia de Pline. Cluvier [c] place Claudia à Clausen village près de Marquarstein & du Chiem-sée. Mr. Corneille poursuit ainsi: on voit hors de la ville sur une Colline & assez près du lieu où l'Ens a son Embouchure, les fondemens d'un Château fort ancien de grandes pierres de Taille avec un temple bâti anciennement *par les Chrétiens*, ayant des Sculptures antiques sur quelques pierres de ses murailles & sur son entrée des Reliefs de Satyres, de Nymphes, de Bacchantes, & même Europe assise sur un taureau nageant. Il y a aparence que Mr. Corneille a voulu dire que ce temple a été anciennement bâti *par des payens*. Il n'est pas vrai-semblable que les anciens Chretiens eussent mis à leur Eglise des ornemens si profanes. Vischer écrit ENNS dans ses Cartes. Zeyler [d] écrit ENSS en Allemand, & en Latin *Anasum*, *Anassum*, *Anassianum*, & *Ensum Civitas*. Il raporte que sur une tour qui est au marché, on lit ces vers:

Adspicis exiguam nec magni nominis urbem,
 Quam tamen exiguam curas, amatque
 Deus.
Hæc de Laureaco reliqua est: his Marcus
 in oris,
Cum Luca Christi Dogma professus erat.

Selon cette tradition Ens est un reste de l'ancienne *Laureacum*, & a eu pour ses Apôtres les Evangelistes St. Marc & St. Luc. Elle a été Episcopale, mais les ravages des Huns furent cause que le Siege fut transferé à Passau.

3. LE PAYS SUR L'ENS, pays d'Allemagne le long de la Riviere d'Ens dans la haute Autriche, dont il comprend la principale partie qui est au midi entre le Danube au Septentrion; la basse Autriche à l'Orient; la Baviere à l'Occident & la Stirie avec l'Archevêché de Saltzbourg au midi. Mr. d'Audifret nomme mal ce pays *le pays sur l'Ems*,

[a] Geog. T. 3. p. 121.

[b] L. 2. c. 14.

[c] Vindel. & Noric. p. 31.

[d] d'Austr. Topogr. p. 16.

par une M & Mr. Corneille qui l'a suivi à fait encore une plus grande faute en faisant des articles d'EMS, Ville située sur la Riviere d'*Ems*, & où il parle du *Pays sur l'Ems*, & d'ENS Ville assez près de l'embouchure de l'*Ens*. Au reste voici ce que Mr. d'Audifret dit de ce pays. Le Pays sur l'Ems est coupé par le Danube en deux parties & a environ dix lieues de longueur. Il fut incorporé à l'Autriche par le Duc Henri qui aiant été obligé l'an 1156. de rendre la Baviere à Henri Leon (le Lion) retint ce pays qui en faisoit partie, avec le consentement de l'Empereur Frederic I. & des Etats de l'Empire. L'Empereur Ferdinand II. l'engagea à Maximilien Duc de Baviere l'an 1619. pour treize millions que ce Prince lui avoit prétés durant la guerre de Boheme; mais l'Empereur Ferdinand III. le dégagea aux depends de l'Electeur Palatin en donnant à Maximilien la Dignité Electorale avec le haut Palatinat; moyennant quoi il renonça pour lui & pour ses Successeurs à cette dette & à ses prétentions sur ce Pays; & il fut de plus ajouté dans le Traité de Munster qu'incontinent après la publication de la Paix il donneroit à l'Empereur les actes obtenus sur cela pour être cassez & annulez. Lintz en est la Capitale. Les autres villes sont Ens, Wels, & Gemund. Il y a dans la partie qui est au Nord du Danube que de gros bourgs, avec quantité de Châteaux.

4. ENS [e], petite Isle des Provinces-unies dans le Zuyderzée; à trois petites lieues des côtes de Frise à l'Occident du Canal de Zwol; & à l'Orient de l'Isle d'Urck. Elle s'étend en longueur du Midi Oriental, au Nord Occidental entre le 53. d. 7'. 40". & 12'. toute petite qu'elle est il y a une habitation à châque bout, la plus Meridionale porte le nom d'*Ens*, & celle du Nord s'apelle *Emmeloort*. Cette Isle & celle d'Urck sont des restes de l'ancienne Isle Flevo dans le Lac de même nom duquel les inondations ont formé le Zuyderzée.

ENSACA [f], Province d'Afrique au Roiaume d'Angola, entre les Rivieres de Coanza & de Bengo à neuf ou dix lieues de Lovando-San-Paulo vers le Levant. C'est un pays de petite étendue & qu'on peut parcourir en un jour. Il est peuplé & cultivé par quelques habitans qui demeurent près de Bengo. A quatre ou cinq lieues de ce fleuve on trouve sur une éminence un bois entouré d'épines, & de buissons qui peut servir de retraite à ces Negres en temps de guerre & où l'on auroit peine à les forcer si ce n'est qu'on leur coupât l'eau, car il n'y en a point d'autre dans ce quartier que celle des Rivieres de Coanza & de Bengo & quelques puits qui tarissent pendant l'Eté.

ENSALA [g], contrée d'Afrique au Roiaume de Congo entre Pembo & Quina.

ENSCHEDE, petite Ville des Pays bas, dans la Province d'Over-Yssel, au pays de Twente sur les confins de l'Evêché de Munster. Elle a de beaux Privileges.

ENSEMES, ou comme lisent ceux qui suivent l'Hebreu, EN-SCHEMESCH, c'est-à-dire, la fontaine du Soleil. On doute si c'étoit une ville, ou une simple fontaine; on sait seulement qu'Ensemes étoit dans la Palestine sur

[e] Neptune François.

[f] Dapper. Afrique p. 362.

[g] Ibid. p 341.

ENS. ENT.

[a] *Josué* c. 15. v. 7. Dict. de la Bible.

sur les frontieres de Juda & de Benjamin. On montre, dit D. Calmet [a], une fontaine que l'on dit être celle du Soleil; mais cela n'est nullement certain.

ENSISHEIM, petite Ville de France dans la haute Alsace sur la Riviere de l'Ill; à deux milles d'Allemagne de Neubourg sur le Rhin, autant de Mulhausen au Septentrion, & à trois de ces mêmes milles de Brisach [b]. c'est une fort jolie ville, bien située & bien bâtie, à cela près ni grande ni riche. On n'y compte qu'environ deux cens maisons, douze cens familles & trois mille deux cens habitans. Le Palais sert de Siege au Bailli, au Prevôt & aux Conseillers de la ville. J'ai parlé au mot ALSACE du Conseil qui étoit autrefois dans cette ville.

[b] *Pigamol de la Force Desc. de la France T. 6. p. 326.*

ENSKIRCHEN [c], petite Ville d'Allemagne au Duché de Juliers aux confins du haut Electorat de Cologne entre Lechenich & Munster-eiffel.

[c] *Baudrand.*

ENTELIA, c'est ainsi que les Interpretes de Ptolomée [d] apellent une ville dont le nom est écrit *Antelia* dans le Grec. Elle étoit dans l'Armenie Majeure.

[d] L. 5. c. 13.

ENTELLA, ancienne Ville du Roiaume de Sicile. Ptolomée [e], Diodore de Sicile [f], & Etienne le Géographe en font mention, & Silius Italicus dit:

[e] L. 3. c. 4.
[f] L. 14. c. 49.

* Centuripe, longoque virens Entella Lyæo.

* l. 14. v. 205.

Les habitans sont nommez ENTELLINI par Pline [g], & Ciceron [h] les loue d'être laborieux & industrieux. Diodore [i] compte cette ville entre les cinq qui demeurerent fidelles au parti des Carthaginois. [k] Cette ville dont on voit encore les ruines sur le *Belliœ-Dextro*, dans la vallée de Mazara à une lieue au-dessous de Calabrisi subsista jusqu'au temps de Frederic II. qui la ruina & detruisit la Citadelle.

[g] L. 3. c. 8.
[h] Frument. c. 43.
[i] L. c.
[k] *Baudrand.*

ENTHALI, Ville de l'Asie mineure, dans la Pamphylie. Elle a été autrefois appellée *Attalia* du nom du Roi *Attalus*. Elle donne aujourd'hui son nom à la Mer qui est entre la Natolie & l'Isle de Chypre; car les Turcs l'apellent ENTALIAH KORFUZI, & nos mariniers le Golfe de Setalie.

§. Mr. d'Herbelot [l] de qui est cet article devoit dire Golphe de Satalie, de plus ce Golphe n'est pas la même chose que le bras de Mer qui est entre la Natolie & l'Isle de Chypre quoiqu'il en soit très-voisin. Mr. Corneille semble croire qu'*Enthali* & *Enthaliah*, sont mots synonymes. Mr. d'Herbelot donne au contraire le premier pour celui de la ville & le second joint au mot *Korfuzi* pour le nom du détroit. Il y a entre ces noms la même diference qu'il y auroit en Latin [m] entre *Attalia* & *Attalicum fretum*.

[l] Bibl. Orient.

ENTRAIGUES, en Latin *Interaquæ*, petite Ville de France en Guienne & dans le Rouergue au Comté; aux confins de la haute Auvergne sur le Lot qui y reçoit la Trueyre; à cinq lieues d'Orillac vers le midi.

ENTRAIN, ou ANTRAIN, en Latin *Interamnis*, & *Interamna*, petite Ville de France au Diocese d'Auxerre dans le Donziois contrée du Nivernois; son nom vient de ce qu'elle est au milieu des eaux étant environnée d'Etangs.

ENT.

ENTRASME, ou ENTRAMES, lieu de France avec titre de Baronie au Diocese du Mans Doyenné de Sablé, sur la Jouarine un peu au-dessus de son embouchure dans la Mayenne. Ce lieu est remarquable dans l'Histoire par l'hommage que Salomon Duc de Bretagne y vint rendre au Roi Charles le chauve l'an 863; selon les Annales de St. Bertin. Cette Baronie qui est à cinq lieues de Laval a une jurisdiction qui s'étend sur neuf Paroisses. Jaillot dans sa grande Carte du Diocese du Mans y met une Abbaye de l'Ordre de St. Benoît.

ENTRE-DEUX-MERS; petit pays de France dans la basse Guienne vis-à-vis de Bourdeaux & entre les Rivieres la Garonne & la Dordogne jusques à leur jonction au Bec d'Ambez.

ENTRE-DUERO & MINHO [m], ou ENTRE-DOURO & MINO, Province du Roiaume de Portugal. Elle a pris ce nom de sa situation entre ces deux fleuves qui la bornent; l'un au Nord & l'autre au Midi. Elle est presque quarrée, & n'a pas plus de dix-huit lieuës de long. Cette Province emporte sur les autres du Royaume, en ce qu'elle a été le premier Siege de ses Rois, & que ces mêmes Rois doivent la meilleure partie de leurs conquêtes à la valeur de ses habitans.

[m] *Maugin Desc. du Portugal p. 2.*

Son Terroir est montueux, mais ses Montagnes sont aussi vertes que les Prairies des autres Païs. Ses Prez, & ses Campagnes, sont arrosées par un grand nombre de fontaines & si couvertes d'arbrisseaux, d'herbes & de fleurs, qu'on ne trouve pas de chemin qui n'en soit jonché. Les arbres & les vignes plantées le long des chemins sont tellement mêlées, qu'on les prendroit volontiers pour des Arcs de Triomphes, ce qui fait une vûë charmante, & un ombrage des plus frais. Les Nobles y sont en grand nombre; mais tous n'ont pas suffisamment de biens pour soutenir avec éclat le rang de leurs Ancêtres.

Cette Province a deux Cathedrales, qui sont Braga, & Porto, la premiere est Metropole & contestée à Tolede la Primatie de l'Espagne. Elle a de plus trois célébres Collegiales, savoir Guimarens, Barcelos, & Cedofeita. Ses titres sont les Duchés de Barcelos, de Caminhan, & de Guimarens: les Comtés de Celorico, de Basto, de Villanova, de Cerveira & de Prados: & le Vicomté de Lima. On y voit les Ports de Mer de Caminhan, de Viana, de Faon, de Villa-de-Condé, de Losa, & de Porto, qui ne sont qu'à deux lieuës de distance les uns des autres. Enfin plusieurs Rivieres arrosent ce beau Païs, & le rendent plus fertile qu'aucun autre du Portugal.

ENTRE-SAMBRE ET MEUSE [n], Province du Pays-bas: son nom designe sa situation. Elle comprend partie du Namurois & du Hainaut avec quelque peu des terres de Liege: on y trouve des villes importantes comme Charlemont, Philippeville, Avenes, Landrechies & Chimay, Maubeuge, Beaumont, Thuin, Valcourt & le Catelet.

[n] *Jaillot Atlas.*

ENTRE-TEGO ET GUADIANA, Province du Portugal. On l'apelle plus communément ALENTEJO. Voyez ce mot.

EN-

ENT. ENV. ENY. &c.

a Baudrand Ed. 1705.
ENTREVAUX[a], en Latin *Intervallium* ou *Intervalles*, Ville de France en Provence sur le Var & au pied des Monts aux frontieres de l'Etat du Duc de Savoie & du Comté de Nice. Elle s'est accrue des ruines de l'ancienne Ville de Glandeve, qui n'étoit qu'à mille pas delà & c'est la residence de son Evêque à trois lieues de Beuil au couchant, à cinq de Vence au couchant d'Eté & à huit de Nice, & de la Mer Mediterranée.

b Corn. Dict.
ENVERMEU[b], gros bourg de France en Normandie au pays de Caux, en Latin *Anvermodium*. Il est situé à trois lieues de Dieppe, avec un College, où l'on enseigne les Humanitez, la Philosophie & la Theologie. Il y a un Prieuré simple du titre de St. Laurent.

ENYDRA, Ville d'Asie dans la Seleucide assez près de Marathus; & peu distante du fleuve Eleuthere, selon Strabon[c]. Ortelius lui fait dire que c'est une ville de la Cassiotide dans la Syrie, ce que Strabon ne dit pas.

c L. 10. p. 753.

d Corn. Dict.
ENYED[d], Ville de la Transsylvanie sur la Riviere de Mewisch. Les Allemands la nomment Ingutt.

§. Ce n'est qu'une bourgade à l'Orient du Maros & à cinq heures & demie au-dessus d'Albe Julie.

ENZIACUM, nom Latin d'Anzi le Duc.

EO.

EOA, Ville de l'Afrique propre selon Ptolomée[e]. Mela l'appelle Oea en quoi il est autorisé par Pline* qui la nomme Oeensis Civitas. Voyez Oea.

e L. 4. c. 3.
* L. 7. c. 4.

f L. 5. c. 27.
EOA LITTORA, Pline[f] & autres bons Auteurs Latins nomment ainsi l'Ocean Oriental.

g L. 6. c. 28.
EODANDA, Isle de l'Arabie heureuse à l'Orient selon Pline[g] qui dit qu'elle étoit deserte.

EODOA. Voyez Paropamise.

EOE, nom d'une Ville selon Phavorin cité par Ortelius[h] qui n'en dit rien de plus.

h Thesaur.

EOLIDE. Voyez Æolide.

EOLIES, ou **Eoliennes**, Isles de la Mer Mediterranée entre la Sicile & l'Italie: elles ont pris ce nom d'un Prince nommé Eole que l'on dit y avoir regné & dont la fable a fait le Dieu des vents. On les a aussi nommées en Latin Vulcaniæ, à cause qu'elles jettent des flames; & *Lipareorum Insula* d'un de leurs Princes nommé *Lipara*, & c'est un nom qui a pour ainsi dire survécu aux autres; ces Isles étant aujourd'hui nommées Isles de Lipari. Quant à leurs anciens noms en general, Pline dit[i] en parlant de leur situation par raport à l'Italie où il vivoit: En deçà de la Sicile il y a sept Isles nommées Eolies; les mêmes que les Grecs nomment Hephæstiades & Isles des Lipareens; & les nôtres Vulcanies; Eolies parce qu'Eole y regnoit du temps de la guerre de Troye. Et peu après il ajoute; Strongyle où regna Eole & qui ne differe de Lipara que parce que la flame en est plus claire. On dit que ses habitans peuvent, en voyant la fumée, juger quel vent il fera dans trois jours & delà est venu

i L. 3. c. 9.

EON. EOR.

qu'on a cru qu'Eole disposoit des vens. Elles sont au nombre de sept. Strabon, Diodore, Mela & Pline en conviennent, mais ils ne s'accordent pas si bien sur le rang, ni sur les noms qu'ils leur donnent. Mela[k] dit: sept Isles qui portent le nom d'Eole, à savoir *Osteodes*, Lipara, *Heracleæ*, Didyme, Phœnicusa, & les deux qui brulent continuellement comme Etna, à savoir Hiera & Strongyle. Pline les arrange autrement & change quelques noms. Selon lui la premiere est Lipara, la seconde Hiera; la troisiéme Strongyle; la quatriéme Didyme; la cinquiéme Ericusa; la sixiéme Phœnicusa, & la derniere Euonimos. Diodore de Sicile[l] fournit les mêmes noms que Pline & ne differe que dans l'arrangement. Strabon[m] dit positivement qu'elles étoient sept: ainsi il y a faute dans Appien[n] qui n'en compte que cinq. L'embarras est d'accorder ce nombre de sept avec tous ces divers noms, il augmente encore si on y ajoute l'Hicesia de Ptolomée; & l'on est en peine de trouver la place de cette Hicesia, de l'Osteodes & de l'Heraclée de Pomponius Mela; à moins qu'on ne veuille compter dix Eolies ce qui est contraire au témoignage des anciens. Voici comment Cellarius resout cette dificulté. L'Osteode est trop loin des Eolies pour devoir être comptée avec elles. L'Heraclée de Mela, ou, ce qui est la même chose, l'*Insula Herculis*, ou l'*Heracleotes* des Itineraires, & l'*Hicesia* de Ptolomée sont bien voisines des Isles Eoliennes: mais elles n'ont point de rang avec elles, parce qu'elles étoient ou trop petites, ou incultes, ou parce qu'elles n'étoient pas soumises aux Lipareens. Les autres noms sont singuliers, excepté deux, à savoir Hiera que Virgile nomme *Vulcania*, & Strabon *Thermissa*; & Lipara qui étoit autrefois nommée *Melignus*, au raport de Strabon & de Pline.

k L. 2. c. 7.

l L. 5. c. 7.

m L. 6. p. 256.
n Bell. civ. L. 5.

La principale de toutes ces Isles est *Lipara* qui leur donne aujourd'hui le nom commun de Lipari, & aux habitans modernes le nom de Liparotes. Voyez Lipari; & les noms particuliers de ces Isles.

EON, Ville de Thrace selon le Scholiaste de Lycophron. Ortelius croit que ce nom est corrompu d'Eion.

EONES, peuple ou Ville qu'Arrien dans son Periple[o] met sur le Pont Euxin à cent cinquante stades au dessus du Borysthene vers l'Orient.

o p. 20.

EORDEE, en Latin *Eordæa*: il y a eu plusieurs contrées de ce nom. Etienne le Geographe semble en trouver deux dans la Macedoine &, ce qui est un peu dificile à comprendre, dans la Mygdonie Province de ce Royaume: il en trouve deux autres de même nom dont l'une étoit selon lui dans la Thrace & l'autre dans l'Iberie. Berkelius son Commentateur a bien senti la depravation de ce passage. Sans m'arrêter sur la dificulté qu'il y a à concilier les diverses positions de cette Province selon les divers Auteurs, je m'attacherai à l'opinion de Mr. de l'Isle qui marque très-bien dans la troisiéme Region de la Macedoine une Province nommée Eordea au Nord-ouest de l'Emathie ou Macedoine propre. Elle est traversée par l'Erigon & l'Astrée. La voye Egnatienne y passe aussi: & elle est limitrophe de de la Mygdonie. Les places qu'il lui donne font *Physca*, *Cella*, & la bourgade ou plutôt le Hameau *Melitonus*. Quelques Savans doutent que l'Eordee soit la même chose que le pays des Eordetes. Il n'y auroit aucun lieu d'en douter, si l'on ne pretendoit sauver par là bien des contradictions apparentes des Auteurs sur le terrain que ce pays occupoit ; mais en faisant cette distinction, on est reduit à ne savoir presque où placer ni l'Eordée, ni les Eordetes. A l'égard de l'Eordée de Thrace, j'ai déja averti qu'il ne faut pas croire que les lieux mis dans la Macedoine par les uns & dans la Thrace par les autres soient doubles pour cela, car ces deux Provinces ont souvent empiété l'une sur l'autre. Il n'est gueres plus aisé de connoître quel fleuve est-ce dans la Macedoine qu'Arrien nomme *Eordaicus*. Mr. Corneille dit qu'Eordée étoit une Ville de la Macedoine dans la Mygdonie, & il cite Strabon qui ne parle que d'un peuple & non pas d'une Ville, & qui ne dit point que ce peuple fût dans la Mygdonie.

EORDIA, c'est la même chose qu'Eordæa.

a L. 6. c. 20.
EORITES, ancien peuple d'Asie dans l'Arachosie selon Ptolomée [a].

b L. 7. c. 1.
EORTA, selon Ptolomée [b] ou Heorta selon ses Interprétes, Ville de l'Inde en deçà du Gange.

EOUS OCEANUS. Voyez Ocean.

☞ Le mot Eous est un adjectif Latin qui signifie Oriental.

EP.

EPACONIUS, fleuve de l'ancienne Espagne dans l'Asturie. Voyez Eraconium.

EPACRIA, ancienne Ville de la Grece dans l'Attique. C'est une des douze que Cecrops bâtit, parce que les habitans de la Carie venoient faire leurs ravages jusque dans l'Attique selon Etienne le Géographe.

c L. 6. c. 5.
EPAGERITÆ, ancien peuple de la Sarmatie selon Pline [c]. Ce nom vient d'un mot qui signifie en Grec *Assembler*, & leur a été donné au jugement du R. P. Hardouin, ou parce que ce peuple s'assembloit d'abord à un certain signal soit pour prendre les armes soit pour les deliberations ; ou bien parce qu'il ne vivoit pas écarté & dispersé comme d'autres peuples ; mais rassemblé en des villages. Il étoit dans les Montagnes du Caucase.

EPAGRIS, l'un des noms de l'Isle d'*Andros* l'une des Cyclades. Voyez Andros.

d Itiner.
EPAMANDUODURUM ; Antonin [d] met dans la Belgique une place de ce nom, à mi-chemin entre Besançon & Clairval sur le Doux. Et Ortelius conjecture que ce doit être Montbeliart, Chiflet croit que c'est Mandeurre sur le Doux.

f L. 18. c. 46.
EPANTERII, Nation d'Italie, contre laquelle on trouve dans Tite-Live [f], que les Ingaunes furent en guerre. Cet Auteur est le seul qui les ait nommez & ils étoient quelque part vers Albengue & Vintimille.

EPAONE. Voyez Epaune.

g Alexand. l. 4.
EPARDUS, Riviere qui couloit dans le Pays des Mardes, selon Arrien [g]. Ortelius croit qu'il étoit dans l'Hyrcanie.

Tom. II.

EPARITÆ, peuple de l'Arcadie : Etienne le Géographe juge que leur ville devoit s'appeller Eparis ; quoique ce nom ne se trouve point.

EPAUNE, ou Epaone, en Latin *Epaunum*, *Eponum* & *Epaonum*. [h] Ce lieu sur lequel on dispute est devenu celebre dans l'Histoire Ecclesiastique par le Concile National des Evêques du Roiaume de Bourgogne qui s'y tint l'an 517. On dit que c'est Yenne au pays de Bugey sur le Rhône vers les limites de la Savoye & qui étoit apparemment du Diocése de Lyon. Mais parceque ce fut St. Avit Evêque de Vienne qui y presida, quoique St. Viventiol de Lyon y fût present, quelques-uns estiment qu'Epaone ou Epaune n'est autre que *Ponas* ou *Paunas* Village qui est à quatre lieues de Vienne entre cette ville & Lyon & pretendent qu'*Yenne* qui est aussi fort ancien s'appelloit dès lors *Etanna*.

h Baillet Topog. des Saints p. 181.

1. EPEI, on a ainsi nommé les habitans de l'Elide, au lieu d'*Elei*.

2. EPEI, Ortelius [i] remarque qu'on nommoit ainsi les habitans des Echinades.

i Thesaur.

EPENIUM, Port de Mer de la Ville de Perges en Pamphylie. C'est ainsi que ce nom se trouve écrit dans Procope [k]. Ortelius souponne qu'il faut lire *Ἐπίνειον* ; & alors ce ne seroit plus un nom particulier, mais un mot qui signifie en general un Port de Mer.

k Ædif. l. 5.

EPERIES [l], Ville de la haute Hongrie dans le Comté de Scharos ou de Scaros, sur la petite Riviere de Tarza, vers les frontieres de la Pologne, à six milles de Cassovie, en Latin *Eperia*. Comme elle n'avoit pour défenses aucunes fortifications regulieres, elle a été prise & reprise plusieurs fois. Les Mécontens du Royaume l'occuperent l'an 1682. & faisoient travailler à fortifier la Place en 1684. lorsque le General Schultz les attaqua dans leur Camp à la pointe du jour, le 18. de Septembre. La vigueur avec laquelle il les chargea, leur ôta le temps de se reconnoître, en sorte que la plûpart prirent la fuite en desordre, abandonnant cinq pieces de Canon avec leurs bagages, & quantité de munitions. L'Infanterie voulut se retirer dans Eperies, mais les portes en étoient encore fermées, ce qui fut cause que la Cavalerie Imperiale en tua une partie. Le reste de leurs troupes aïant pris la route du pont qui est sur la Tarza, & de celui qui est sur le Sedo, la plûpart des Soldats furent encore noyez ou tuez par les Croates, que le General Schultz avoit détachés pour ruïner ces deux Ponts, & pour couper les fuyards. Les Mécontens perdirent près de deux mille hommes en cette rencontre, & le Comte de Tekeli eut beaucoup de peine à se sauver. Le General Schultz fut tourner le même jour contre Eperies le Canon qu'on avoit gagné, & on y jetta quantité de bombes. Il n'en forma cependant le Siége que vers la fin de Novembre, ayant employé cet intervalle à prendre quelques autres Places ; mais quoiqu'il fît attaquer celle-ci de trois côtez, la rigueur de la saison & les vigoureuses sorties des assiégez le réduisirent à se retirer : il fit investir de nouveau la même Place le 18. de Juillet 1685. & donna assaut le 26. d'Août. La garnison aïant demandé à capituler le 11. de Septembre,

l Corn. Dict. Hist. & Desc. du Royaume de Hongrie l. 3.

bre, ce qui fut accordé, le General Schultz fit entrer quinze cens hommes dans Eperies, & defarmer les Bourgeois. On a depuis démoli les fortifications, fur des foupçons du peu de fidelité des habitans.

A deux milles de cette ville, [a] eft une mine de Sel fort eftimée, qui a cent quatre-vingt braſſes de profondeur. Les Mineurs y deſcendent premierement par des cordes, après quoi ils font obligés d'ufer d'échelles pour aller juſqu'au fond. La Mine eft preſque tout à fait entourée de terre, fans aucuns rochers. Les veines de Sel font fort groſſes, & on en trouve des morceaux de cent mille livres peſant. Ils coupent le Sel, dont ils font d'ordinaire des quarrez, qui ont deux pieds de longueur & un d'épaiſſeur, & on ne s'en ſauroit ſervir, ſi on ne le moud entre deux pierres à Moulin. La Mine eſt froide & humide, ce qui fait qu'on a de la peine à mettre ce Sel en poudre. L'eau en eſt ſi ſalée, que quand on la fait bouillir il s'en forme un ſel à demi noir qu'ils donnent dans ce pays à manger aux beſtiaux. Quoique les pierres de ſel qui ſe trouvent dans cette mine ſoient un peu griſes, elles ſont fort blanches après qu'on les a rompuës, & miſes en poudre, en ſorte qu'on les en croiroit rafinées. Tout le Sel que l'on en tire n'eſt pas de la même ſorte. Il y en a de pluſieurs couleurs, juſqu'à celui même qui eſt le plus pur, & qui reſſemble à du Criſtal. Celui qui eſt groſſierement mêlé avec la terre, en retient toujours quelque couleur. On a vû un fort beau bleu au milieu d'une pierre de Sel de Criſtal, & dans une autre une très-belle piece de jaune tranſparent. Il y en a même quelques morceaux qui ſont ſi clairs, & ſi durs, que l'on y grave diverſes figures, comme ſi c'étoit du Criſtal même.

[a] *Ed. Brown. Voyag. p. 162.*

EPERNAY, Ville de France dans la Champagne. Voyez ESPERNAY, quoique l's. ne ſe prononce point.

EPERNON, petite Ville de France en Beauſſe. Voyez ESPERNON.

EPERODIA. Voyez EPOREDIA.

EPETIUM, Ville de l'Illyrie ſelon Ptolomée[b]; ſur la côte de la Dalmatie entre Salones au Couchant & Peguntium, aujourd'hui *Almiza*, au Levant, comme on peut voir dans la Table de Peutinger, à l'embouchure d'une Riviere de même nom. Cette ville eſt ruinée & n'eſt plus qu'un village nommé ZARNOUNIZA, près de Spalatro, où l'on en voit encore les debris au raport de Lucius l'Ecrivain le mieux inſtruit ſur ce pays-là. C'eſt des ruines de cette ville que s'eſt accruë la ville de Spalatro, & quelques Auteurs l'appellent à cauſe de cela la *nouvelle Epetium*. Les Epetini de Pline[c] ſont les habitans de cette ancienne ville. Ce dernier Auteur la place dans une Iſle; peut-être que leur ville étant au bord de la Mer en étoit environnée tout autour.

[b] *L. 2. c. 17.*

[c] *L. 3. c. 22.*

EPHESE, Ville Maritime de l'Aſie Mineure dans l'Ionie, ſelon les Anciens, & preſentement nommée EFESO par les Italiens & *Aiaſaloué* par les Turcs à qui elle appartient. Parmi le grand nombre de deſcriptions qu'en ont donné les Voyageurs, j'ai choiſi celle qu'en a faite Mr. de Tournefort[d] comme la plus ample & la plus exacte: la voici dans ſes propres

[d] *Voiage du Levant Lett. 22. T. 2. p. 202. & ſuiv.*

termes: C'eſt une choſe pitoyable de voir aujourd'hui Epheſe, cette ville autrefois ſi illuſtre, qu'Etienne de Byſance appelle *Epiphaneſtate*, reduite à un miſerable village habité par 30. ou 40. familles Grecques, leſquelles certainement, comme remarque Mr. Spon, ne ſont pas capables d'entendre les Lettres que S. Paul a écrites. La menace du Seigneur a été accomplie ſur elle. *J'ôterai vôtre chandelier de ſon lieu, ſi vous ne vous repentez*. Ces pauvres Grecs ſont parmi de vieux marbres & contre un bel aqueduc bâti des mêmes pierres. La Citadelle, où les Turcs ſe ſont retirez eſt ſur un tertre qui s'étendant du Nord au Sud, domine toute la plaine, c'eſt peut-être le Mont PION de Pline. L'enceinte de cette Citadelle, qui eſt fortifiée par pluſieurs Tours, n'a rien de magnifique; mais à quelques pas delà du côté du Midi, on voit les reſtes d'une autre Citadelle plus ancienne; beaucoup plus belle & dont les ouvrages étoient revêtus des plus beaux marbres de l'ancienne Epheſe.

Il y reſte encore une porte de fort bon goût, bâtie des mêmes débris. Je ne ſai par quelle raiſon on l'appelle *la porte de la Perſecution*. Elle eſt remarquable par trois bas reliefs encaſtrez ſur ſon cintre. Celui qui eſt à la gauche a été le plus beau de tous, mais il eſt le plus maltraité. Il eſt d'environ cinq pieds de long ſur deux pieds & demi de haut, & repreſente une Bacchanale d'Enfans qui ſe roulent ſur des pampres de vigne. Celui du milieu a un pied de hauteur plus que l'autre, & le double de longueur. Le dernier eſt preſque auſſi haut, mais il n'a qu'environ quatre pieds de long. La porte de la Perſecution décline du Sud au Sud-Sud-Eſt; cette porte étoit defenduë par des ouvrages aſſez irréguliers que l'on avoit agrandis ſuivant le beſoin, comme on le connoît par les ruines, car à meſure qu'ils s'éboulent, ils laiſſent voir d'autres ouvrages de marbre qui ont été recouverts.

Au Sud & au pied de la colline où eſt bâti le Château, eſt ſituée l'Egliſe de S. Jean convertie en Moſquée. Je ne ſai ſi c'eſt celle que Juſtinien y fit bâtir; mais il eſt certain que c'eſt de ce grand Evangeliſte que vient le nom d'Aiaſaloué, ſous lequel Epheſe eſt connuë des Grecs & des Turcs. Les Grecs appellent Saint Jean *Aios Scologos*, au lieu d'*Agios Theologos*, le Saint Theologien, parce qu'ils prononcent le Θ comme un Σ; d'Aios Scologos ils ont fait Aiaſaloué. Le dehors de cette Egliſe n'a rien d'extraordinaire. On dit qu'il y a de belles colomnes en dedans; mais les plus belles pieces des ruines d'Epheſe ont été emportées à Conſtantinople pour les Moſquées Royales. On croit qu'après la mort de Jeſus-Chriſt, S. Jean choiſit Epheſe pour y faire ſa réſidence, & que la Sainte Vierge s'y rétira auſſi. Saint Jean après la mort de Domitien vint reprendre le ſoin de l'Egliſe d'Epheſe, & trouva que Saint Timothée, ſon premier Evêque, y avoit été martyriſé.

L'Aqueduc qui ſubſiſte encore aujourd'hui, quoiqu'à moitié ruiné, eſt à l'Eſt; c'étoit l'ouvrage des Empereurs Grecs, de même que la Citadelle ruinée. Ses piliers qui ſoutiennent les arcades, ſont bâtis de très-belles pieces de mar-

marbre, entremélées de morceaux d'Architecture, & l'on y lit des Inscriptions qui parlent des premiers Cesars. Ces piliers sont quarrez, plus ou moins hauts suivant que le niveau de l'eau le demandoit; mais les cintres sont tous de brique. Cet Aqueduc servoit à conduire à la Citadelle & à la ville, les eaux de la fontaine *Halitée*, dont a parlé Pausanias. Elles se distribuoient à la ville par des tuyaux de brique, pratiquez dans de petites tours quarrées & appuyées contre quelques-uns des piliers. Cette ville s'étendoit principalement du côté du Midi, & tout ce quartier n'est rempli que de ruines; mais Ephese a été renversée tant de fois qu'on n'y connoit plus rien. On traverse la plaine pour aller reconnoître les ruines de ce fameux Temple de Diane qui a passé pour une des merveilles du monde. Ce grand Edifice étoit situé au pied d'une Montagne, & à la tête d'un marais. Pline croit qu'on choisit ce lieu marécageux, comme moins exposé aux tremblemens de terre; mais aussi l'on s'engagea à une dépense effroyable, car il fallut faire des Caves pour vuider les eaux qui s'écouloient de la Colline, les jetter dans le marais & delà dans le Caystre. Ce sont ces Caves que l'on prend mal à propos pour un labyrinthe, on est convaincu par l'inspection des lieux, qu'elles n'ont jamais servi qu'à vuider les eaux. Ma pensée est confirmée par Philon de Bysance, qui convient qu'on fut obligé d'y faire des fossez très-profonds, & des conduits où l'on employa une si grande quantité de pierres, qu'on épuisa presque toutes les Carrieres du Païs. Pour mieux assûrer les fondemens de ces Conduits qui devoient soûtenir un édifice, d'un poids si effroyable, Pline rapporte qu'on employa quelques couches de Charbon pilé & quelques autres couches de laine. Ce merveilleux Temple construit aux dépens des plus puissantes Villes d'Asie, deux cens ans avant que Pline en parlât, avoit 425. pieds de long, sur 220. pieds de large. On y voioit 127. Colomnes, dont les Rois d'Asie avoient fait la dépense, & ces Colomnes avoient chacune 60. pieds de haut. Il y en avoit 36. couvertes de bas-reliefs, & parmi celles-ci s'en trouvoit une de la main de Scopas Sculpteur fameux. Chersiphron fut l'Architecte de cet Edifice. Il n'en reste aujourd'hui que quelques gros quartiers qui n'ont rien de surprenant que leur épaisseur; la plûpart sont de brique, revêtus de marbre, tous percez de ces trous de crampons des plaques de bronze dont on croit qu'ils étoient ornez. On ne voit plus parmi ces debris, que 4. ou 5. Colomnes cassées.

Ce n'étoit pas là le premier Temple que les Ephesiens avoient dressé à l'honneur de Diane. Denis le Geographe nous apprend que ce premier Temple étoit une espece de niche d'une beauté singuliere, que les Amazones, Maîtresses d'Ephese, avoient fait creuser dans le tronc d'un Ormeau, où apparemment la figure de la Déesse étoit placée. Ce n'est pas sans doute de cet ouvrage des Amazones qu'entend parler Pindare, lors qu'il avance qu'elles firent bâtir le Temple d'Ephese, dans le temps qu'elles faisoient la guerre à Thesée. Pausanias soutient que c'étoit l'ouvrage de Crœsus & d'Ephesus fils de Cyastre & qu'il étoit célebre avant le passage de Nileus, fils de Codrus, en Asie. Cela étant, le Temple étoit plus ancien que la ville; car Strabon croit qu'Androclus, fils de Codrus, bâtit Ephese; & Pausanias parle de ce même Androclus qui en chassa les Cariens.

Le Temple que ce fou d'Herostrate brûla, le jour de la naissance d'Alexandre, n'étoit pas le même que celui qui subsistoit du temps de Pline, puisqu'Alexandre voulut le faire bâtir quand il passa à Ephese. Ce grand Prince fit proposer aux Ephesiens, qu'il en feroit volontiers la dépense, pourvû qu'on mît son nom sur le frontispice; mais ils repondirent avec beaucoup de politesse, *qu'il ne convenoit pas à un Dieu de dresser des Temples à d'autres Divinitez*. Strabon, qui rapporte ce trait, assûre que Chersiphron fut bien le premier Architecte du Temple de Diane, mais qu'un autre Architecte l'augmenta. Après l'incendie d'Herostrate, non seulement les Ephesiens vendirent les Colomnes qui avoient servi au premier; mais tous les bijoux des Dames de la ville furent encore convertis en argent, & cet argent employé pour faire un édifice beaucoup plus beau que celui qu'on avoit brûlé. Cheiromocrate en fut l'Architecte; c'est lui qui fit bâtir la Ville d'Alexandrie, & qui du Mont Athos voulut faire la statuë d'Alexandre. On voyoit dans ce Temple des ouvrages des plus fameux Sculpteurs de Grece. L'Autel étoit presque tout de la main de Praxitele. Strabon parle pour l'avoir vû du temps d'Auguste; & le droit d'Azyle, dit cet Auteur, s'étendoit jusqu'à 125. pieds aux environs. Mithridate avoit réglé cet Azyle, à un trait de fléche. M. Antoine doubla cet espace, & y ajoûta une partie de la ville; mais Tibere, pour éviter les abus qui se commettoient à l'occasion de ces sortes de droits, abolit celui d'Ephese. On ne marqua l'Azyle sur les Médailles de cette ville, qu'après que l'Empereur Philippe le vieux y eut passé, encore ce ne fut que sur celles d'Otacilla, le revers representoit la Diane d'Ephese avec ses attributs, le Soleil d'un côté & la Lune de l'autre. Nous avons une Médaille de Philippe le jeune au même type, mais la legende est differente. Celle qui est frappée à la tête d'Etruscilla represente Diane avec ses attributs, & des cerfs; la legende est la même que celle de la Medaille d'Otacilla. Pour ce qui est de l'arrivée de Philippe à Ephese, elle est marquée sur une Médaille de cet Empereur, dont le revers est chargé d'un vaisseau qui va à la voile.

Du temps d'Herodote, la Ville d'Ephese étoit éloignée du Temple de Diane, mais cet Auteur ne parle pas de la statuë d'or que l'on y avoit placée, suivant Xenophon. Strabon assûre que les Ephesiens, par reconnoissance, avoient dressé dans leur Temple une statuë d'or à Artemidore. Syncelle qui assûre que ce Temple fut brûlé, parle apparemment d'un incendie particulier, dont on répara le dommage sans en changer le dessein; ainsi le Temple que Pline a décrit, étoit le même que celui que Strabon avoit vû. Ce même Temple fut depouillé & brûlé par les Scythes en 263. Les Goths le pillerent sous l'Empereur Gallien. Nous avons plusieurs Medailles, sur le revers desquelles ce Temple est représenté avec un frontispice tantôt à deux Colomnes, à quatre, à six & même jusques à huit, aux têtes des Empereurs Domitien, Adrien, Antonin Pie, M. Aurele, Lucius Verus, Septime Severe, Caracalla, Macrin, Elagabale, Alexandre Severe, Maximin.

Outre les bas-reliefs & les statuës, ce Temple devoit être orné de Tableaux merveilleux, car Apelles, & Parrhasius, les deux plus fameux Peintres de l'antiquité, étoient d'Ephese. Autour des ruines de ce Temple, se voyent les débris de plusieurs maisons bâties de briques, dans lesquelles logeoient peut-être les Prêtres de Diane, qui venoient souvent de bien loin pour être honorez de cette Dignité. On leur confioit le soin des Vierges Prêtresses, mais ce n'étoit qu'après les avoir fait eunuques. Nous avons peu de villes dont il reste autant de Médailles. Les unes nous apprennent qu'elle fut trois fois Neocore des Cesars, & une fois de Diane. Les autres qu'elle fut bâtie à l'occasion d'un Sanglier. On prouve par quelques-unes que ses Citoyens se qualifioient du titre *de premiers Peuples d'Asie*. La plûpart de ces pieces representent Diane ou Chasseresse, ou à plusieurs Mammelles, ou parée de ses attributs.

On ne voit plus de belles ruines aujourd'hui à Ephese, celles qui restent sont même assez clair-semées. Les débris de quelques Châteaux bâtis de marbre, ne montrent rien qui soit digne de l'ancienne ville. J'ai fait graver une Porte qui est à gauche sur le chemin de Scalanova. Le Cintre qui en est beau n'est pas proportionné aux jambages qui le soutiennent, car il fait plus que le demi cercle; les frises sont entaillées proprement, & c'est sur ce reste de bâtiment qu'on lit, en dedans & en dehors, un bout d'inscription que voici, elle est en Caractéres Romains, où l'on ne comprend rien.

ACCENSO
RENSI ET ASIAE.

Les Asphodeles à fleur jaune, à tige droite, & sans canelure, brillent parmi plusieurs autres plantes rares.

Le Château qu'on appelle *la Prison de St. Paul*, n'est pas ancien, & n'a jamais été beau : la Grotte des *sept Dormans* meriteroit d'être vûë, si l'on étoit bien assûré de la verité de cette Histoire. En sortant des ruines du Temple, on entre dans un vilain marais rempli de joncs & de roseaux, lequel se dégorge dans le Cayftre. Au delà de cette Riviere est un Lac assez bourbeux ; peut-être qu'il nous parut tel à cause des grandes pluyes qui tomboient ; il faut que ce soit le Lac de *Selinusia* de Strabon. En allant au Port, on voit sur le bord de la Riviere beaucoup d'anciennes ruines & de vieux marbres. C'étoit là proprement le quartier d'Ephese que Lysimachus avoit fait bâtir, où se trouvoient les Arsenaux dont parle Strabon. On passe le Cayftre à quelques pas delà dans un Bac à corde, pour aller de Scalanova à Smyrne, sans venir passer sur le Pont. C'est encore l'ancien chemin d'Ephese à Smyrne, car c'est le plus court, & Strabon assûre qu'il alloit en droiture d'une de ces villes à l'autre ; c'est aujourd'hui le chemin le plus dangereux.

Quoique la plaine d'Ephese soit belle, néanmoins la situation de Smyrne a quelque chose de plus grand ; & la colline qui en termine le Golfe, est comme un theatre destiné pour representer une belle ville ; au lieu qu'Ephese est dans un bassin. D'ailleurs quoique cette ville ait été le Siége du Proconsul Romain, & le rendez-vous des étrangers qui alloient en Asie, son Port n'a jamais été comparable à celui de Smyrne. Celui d'Ephese à l'occasion duquel on a frappé tant de Médailles, n'est qu'une rade découverte & expolée ; il n'est plus frequenté à présent. Autrefois les bâtimens entroient dans la Riviére, mais la barre a été depuis comblée de sable.

Rien n'est si ennuyeux que de chercher les fondateurs d'Ephese dans les anciens livres. Que nous importe de savoir comment elle s'appelloit du temps de la guerre de Troye ; ou si elle a pris son nom d'Ephesus fils de Caystre & de l'Amazone Ephese ? Il n'est guere plus important de savoir si c'est l'ouvrage des Amazones, ou d'Androclus, un des fils de Codrus Roi d'Athénes ; cela ne peut servir qu'à éclaircir un endroit de Syncelle, où il dit que ce fut Andronic, au lieu d'Androclus, qui fit bâtir Ephese. Qui est-ce qui s'embarasse de savoir s'il y avoit un quartier de cette ville qui s'appelloit *Smyrne* ? Ces sortes d'éruditions ne nous interessent plus : mais il y a plaisir de se souvenir que pendant les guerres des Atheniens & des Lacedemoniens, Ephese avoit la politique de vivre en bonne intelligence avec le parti le plus fort : Que le jour de la naissance d'Alexandre, les Devins de cette ville se prirent tous à crier, que le destructeur de l'Asie étoit venu au monde : Qu'Alexandre le Grand, sur lequel la Prophetie étoit tombée, vint à Ephese après la bataille du Granique, & qu'il y rétablit la Démocratie : Que la Place fut prise par Lysimachus l'un de ses Successeurs : Qu'enfin Antigonus l'occupa à son tour, & y saisit les tresors de Polysperchon.

Peut-on ignorer qu'Annibal ne se soit abouché à Ephese avec Antiochus, pour prendre de concert des mesures contre les Romains ; que le Proconsul Manlius y passa l'hiver, après la défaite des Galates ? Tous ces évenemens renouvellent les grandes idées qu'on a de l'Histoire ancienne. Rien n'est plus effroyable que le massacre des Romains en cette ville par les ordres de Mithridate. Lucullus fit de grandes fêtes à Ephese. Pompée & Ciceron ne manquérent pas de voir cette celebre ville. Ciceron ne faisoit aucun pas dans la Grece, qu'il n'y trouvât de nouveaux sujets d'admiration. Scipion le beau-pere de Pompée eut un peu moins de respect pour Ephese, car il se saisit des tresors du Temple ; mais rien n'est si consolant pour les Chrétiens, que de suivre St. Paul à Ephese. Auguste honora cette Place d'une de ses visites, & l'on y dressa des Temples à Jules Cesar & à la ville de Rome. Ephese fut rebâtie par les soins de Tibere. D'un autre côté les Perses la pillerent dans le troisiéme siécle, & les Scythes ne l'épargnerent pas quelque temps après. Il y a beaucoup

coup d'apparence que le fameux Temple de Diane, fut détruit sous Constantin, ensuite de l'Edit par lequel cet Empereur ordonna de renverser tous les Temples des Payens.

Ephese étoit une Place trop considérable, pour n'être pas exposée à son tour aux ravages des Mahométans. Anne Comnéne rapporte, que les Infidelles s'étant rendus les maîtres d'Ephese, sous le règne de son pere Alexis, il y envoya Jean Ducas son beaupere, qui défit Tangriperme & Marace Generaux des Mahométans. La bataille se donna dans la plaine au-dessous de la Citadelle: ce qui fait connoître que la plus belle partie de la ville étoit déja détruite pour lors. Les Chrétiens eurent tout l'avantage, on fit deux mille prisonniers, & le gouvernement de la Place fut donné à Petzeas. Il y a apparence que la Citadelle, dont parle Comnéne, étoit l'ancien Château de marbre abandonné. Theodore Lascaris se rendit le maître d'Ephese en 1206. Les Mahométans y revinrent sous Andronic Paléologue, qui commença à regner en 1283. Mantachias, un de leurs Princes, conquit toute la Carie, & Homur fils d'Asin, Prince de Smyrne, lui succeda. Tamerlan après la bataille d'Angora, ordonna à tous les petits Princes d'Anatolie de le venir joindre à Ephese, & s'occupa pendant un mois à faire piller la ville & les environs. Ducas assure que tout fut épuisé, or, argent, bijoux, on enleva même jusques aux habits. Après le depart de ce Conquerant, Cineites grand Capitaine Turc, fils de Carasupasi qui avoit été Gouverneur de Smyrne sous Bajazet, déclara la guerre aux Enfans d'Asin, qui s'étoient venus établir à Ephese. Il ravagea d'abord la Campagne à la tête de 500. hommes; ensuite il se présenta devant la Citadelle avec un plus grand nombre d'autres troupes, & l'emporta facilement: mais quelque temps après, un autre fils d'Asin qui s'appelloit Homur, du même nom que son frere, qui venoit de survivre, se joignit à Mantachias Prince de Carie, qui l'accompagna à Ephese avec une armée de 6000. hommes. Carasupasi, pere de Cineites, commandoit dans la ville, où ce même Cineites, qui étoit dans Smyrne, n'avoit laissé que 3000. hommes. Malgré la vigoureuse défense des Ephesiens, les assiégeans mirent le feu à la ville, & dans deux jours tout ce qui étoit échappé à la fureur des Tartares fut réduit en cendres. Carasupasi s'étant retiré dans la Citadelle, en soutint le siège jusques en Automne; mais ne pouvant être secouru par son fils, il se rendit à Mantachias qui remit le Païs d'Ephese à Homur, & fit enfermer du Château de Mamalus, sur les côtes de Carie, Carasupasi, & ses principaux Officiers. Alors Cineites partit de Smyrne avec une galere, & fit savoir à son pere son arrivée à Mamalus. Les Prisonniers firent tant boire leurs gardes, qu'ils les enyvrerent, & profitant de cette ruse ils descendirent avec des cordes & se sauverent à Smyrne. Au commencement de l'hiver ils entreprirent le siége d'Ephese. Homur à son tour se retira dans la Citadelle. La ville fut livrée aux Soldats, on y commit toutes sortes de crimes & de cruautez. Au milieu de tant de malheurs, Cineites se réconcilia avec Homur, & lui donna sa fille en mariage. Ephese ensuite tomba entre les mains de Mahomet I. qui aïant vaincu non seulement tous ses freres, mais encore tous les Princes Mahometans qui l'embarassoient, resta paisible possesseur de l'Empire. Depuis ce temps-là Ephese est restée aux Turcs; mais son Commerce a été transporté à Smyrne & à Scalanova.

Saint Paul passe pour le fondateur de l'Eglise d'Ephese; Timothée fut établi Evêque de cette ville par ce Saint Apôtre & mourut quelques années avant Saint Jean l'Evangeliste qui prit aussi un soin particulier de cette Eglise. Il eut pour Successeur St. Onésime, que Mr. Baillet[a] croit diferent du Disciple de St. Paul. Ce dernier remarque que hors les temps Apostoliques cette ville a donné peu de grands hommes à l'Eglise.

[a] Topogr. des Saints p. 181. & suiv.

Avant le Christianisme elle avoit produit deux hommes très-fameux: l'un est Heraclite connu par son chagrin misanthrope, & par les larmes continuelles qu'il versoit, dit-on, en considerant les miseres de la vie humaine; l'autre est Parrhasius Peintre contemporain de Socrate. Ses ouvrages vantez par l'antiquité lui acquirent une reputation qui fut un peu ternie par une vanité qui le rendit insupportable.

EPHESIORUM PORTUS. [b] Pierre Gilles décrit sur le Bosphore de Thrace du côté de l'Asie un port qu'il apelle ainsi, sur l'autorité de Denis; & il ajoute que son nom moderne est APHOSIATI; on peut y reconnoître l'ancien.

[b] Ortel. Thesaur.

EPHESTIA. Voyez HEPHÆSTIA & HEPHÆSTUS.

EPHIALTEUM[c], c'est ainsi que les Anciens nommoient le Cap le plus Septentrional de l'Isle de Scarpanto & le plus voisin de l'Isle de Rhode.

[c] Ptolom. l. 5. c. 2.

EPHRA[d], Ville de la Palestine dans la demi-Tribu de Manassé de deçà le Jourdain sur les frontieres de la Tribu d'Ephraïm. C'est de là qu'étoit Gedeon Juge & liberateur du peuple d'Israël, & la ville appartenoit presque toute entiere à la famille de son pere Joas. Il y fut enterré après sa mort dans le tombeau de son pere.

[d] Baillet. Topog. des Saints.

D. Calmet dit que c'est une Ville, mais qu'on n'en fait pas la veritable situation. Ce lieu est nommé HOPHRA[e], à l'occasion d'un chêne sous lequel l'Ange du Seigneur s'assit, lorsqu'il fut envoyé à Gedeon, & il ne paroit point par ce passage que ce fût plutôt une ville qu'une metairie; mais il est nommé ville de la posterité de Benjamin au livre de Josué[f].

[e] Judic. c. 6. v. 11.

[f] c. 18. v. 23.

EPHRAEM. Voyez EPHRAÏM 1. & 2.

1. EPHRAIM, nom de l'une des douze Tribus d'Israël, ainsi nommée d'Ephraïm second fils du Patriarche Joseph de qui elle étoit descendue. [g] Pendant le séjour des Israëlites dans l'Egypte les enfans d'Ephraïm aiant fait une irruption dans la Palestine[h], les habitans de Geth les tuerent & Ephraïm leur pere les pleura pendant plusieurs jours & ses freres vinrent pour le consoler. Ensuite il eut un fils nommé Beria & une fille nommée Sara qui bâtit Bethoron la haute & Bethoron la basse & Ozensara. Il eut aussi pour fils Rapha, Reseph & Thalé. La posterité d'Ephraïm se

[g] D. Calmet Dict. de la Bible.

[h] Paral. l. 1. c. 7. v. 20, 21.

se multiplia tellement en Egypte, qu'au sortir de ce pays, ils étoient au nombre de quarante mille cinq cens hommes au-deſſus de vingt ans & capables de porter les armes[a]. Ils avoient pour chef Eliſama fils d'Ammiud.

a Num. c. 1. v. 18. & 19.

Après qu'ils furent entrez dans la terre promiſe, Joſué qui étoit de cette Tribu, leur donna leur partage entre la Mediterranée au Couchant & le Jourdain à l'Orient. La demi-Tribu de Manaſſé fut placée au Nord, & celles de Dan & de Benjamin au Midi. L'Arche d'Alliance & le Tabernacle demeurérent aſſez long-temps dans cette Tribu à Silo; & depuis la ſeparation des dix Tribus, le ſiege du Royaume d'Iſraël fut toujours dans la Tribu d'E-phraïm. Ephraïm même eſt ſouvent mis pour tout le Roïaume des dix Tribus. On dit auſſi EPHRAEM au lieu d'*Ephraïm*. FILII E-PHRAEM *intendentes & mittentes arcum*[b]. Et le *Canton* de cette Tribu eſt nommé *Ephrata* dans un autre Pſéaume[c], *Ecce audivimus eam in Ephrata*. C'eſt-à-dire nous avons apris que l'Arche a été à Silo dans le partage d'Ephraïm. Enfin quelquefois EPHRATÆUS ſignifie un homme d'Ephraïm. *Numquid Ephratæus es?* Elcana Pere de Samuel, eſt ſurnommé *Ephratæus*[e]. Il faut remarquer ici que ce mot ne ſignifie pas toujours un homme d'Ephrata; car *Bethléem* a été auſſi nommé *Ephrata*, & *Ephrataus* ſe prend quelquefois pour un Bethléemite. La Tribu d'Ephraïm fut menée en captivité au delà de l'Euphrate avec les autres Tribus d'Iſraël par Salmanazar Roi d'Aſſyrie. Quelques-uns prétendent qu'elles ſubſiſtent encore très-nombreuſes dans la Tartarie, dans la Chine & dans les Indes; mais D. Calmet[f] de qui j'emprunte cet article a examiné dans une Diſſertation faite exprès cette queſtion & a eſſaié de montrer que les dix Tribus revinrént dans la Paleſtine vers le regne d'Alexandre le Grand. Voyez au mot JUDE une Table Geographique des douze Tribus.

b Pſalm 77. v. 9.
c Pſalm. 131. v. 6.

Judic. c. 12. v. 5.
e 1. Reg. c. 1. v. 1.

f Dict. de la Bible.

2. EPHRAÏM ou EPHRAEM[g], Ville de la Paleſtine dans la Tribu de même nom vers le Jourdain. C'eſt peut-être, celle où Jeſus-Chriſt ſe retira peu de temps avant ſa paſſion[h]. Ce lieu eſt nommé EPHRAÏM dans le Texte Grec & EPHREM dans la Vulgate.

g Ibid.

h St. Jean c. 11. v. 54.

3. EPHRAÏM, Ville de la Paleſtine dans la Tribu de Benjamin, à huit milles de Jeruſalem ſelon Euſebe[i]. Elle étoit, dit D. Calmet, aux environs de Bethel & ce même Pere craint qu'on n'ait confondu ces deux villes; car St. Jerôme met vingt milles au lieu de huit milles qu'on lit dans Euſebe. Les deux Peres qu'il cite, à ſavoir Euſebe & St. Jerôme, parlent d'E-PHRON. Voyez ce mot.

i In voce *Ephron.*

4. EPHRAÏM, Montagne de la Paleſtine; qui eſt pour la plus grande partie dans les Tribu d'Ephraïm, & de Benjamin, & dont le pied s'étend en diverſes parties de ces deux Tribus: d'où vient que Sichem eſt cenſée dans la Montagne d'Ephraïm[k]. D'un autre côté on lit que Joſué fut enterré au bout de ſes terres à Thamnat-Sare qui eſt dans la Montagne d'Ephraïm, & au côté Septentrional du Mont Gaas[l]. Eléazar fils d'Aaron fut enſeveli à Gabaath qui appartenoit à Phinée ſon fils & qui lui avoit été donnée dans la Montagne d'Ephraïm. Au livre des Juges[m] on

k Joſué c. 20. v. 7. & c. 21. v. 21.
l Joſué c. 24. v. 30. & Judic. c. 2. v. 9. Joſ. c. 24. v. 33.
m c. 4. v. 5.

lit que Bethel étoit dans la Montagne d'E-phraïm. Selon le même livre[n] Samir y étoit auſſi. Ramathaim Sophim y eſt placé[o] au premier livre des Rois. On ſait d'ailleurs que Gabaath, où Eleazar fut enterré & Bethel étoient loin l'une de l'autre dans la Tribu de Benjamin; que les Montagnes de Sophim & de Gaas & la Ville de Ramatha étoient ſur les frontieres d'Ephraïm & de Benjamin; & qu'enfin les Villes de Sichem & Thamnat-Sare, & le Mont Samir étoient à une aſſez grande diſtance l'une de l'autre dans la Tribu d'E-phraïm: d'où Mr. Sanſon[p] conclud que le nom de Montagne d'Ephraïm étoit commun à toutes les Montagnes des deux Tribus. Mais, pourſuit-il, la plus conſiderable partie de cette Montagne étoit cette chaine qui ſeparoit ces Tribus & qui ſervit même de bornes entre les Roiaumes de Juda & d'Iſraël. C'eſt à quoi ſe raporte ce paſſage des Paralipomenes[q]. Joſaphat reſida à Jeruſalem, & alla enſuite trouver le peuple depuis Berſabée juſqu'à la Montagne d'Ephraïm; & le ramena à ſon Seigneur. C'eſt-à-dire, tout le Royaume de Juda borné par Berſabée au Midi & par la Montagne d'Ephraïm au Septentrion.

n c. 10. v. 3.
o 1. Reg. c. 1. v. 1.

p Ind. Geog. p. 45.

q L. 2. c. 19. v. 4.

5. EPHRAIM[r], (Forêt d') Forêt au delà du Jourdain près de laquelle Abſalon livra bataille aux troupes de ſon pere. C'eſt dans cette forêt qu'il fut pris dans une branche[s]. Il y périt & y fut enterré. Elle ne devoit pas être bien éloignée de Mahanaïm, où étoit David.

r D. Calmet Dict. de la Bible.

s 2. Reg. c. 18. v. 6. &c.

1. EPHRATA. Voyez EPHRAÏM 1.

2. EPHRATA, Ville ancienne ou Bourgade de la Paleſtine dans la Tribu de Juda, vers les limites de celle de Benjamin, dans le territoire de laquelle Rachel femme du Patriarche Jacob mourut en travail de Benjamin. Elle fut enterrée ſur le chemin qui conduiſoit à cette ville & le monument de ſon tombeau y ſubſiſta pluſieurs ſiecles. Ephrata fut appellée Bethléem dans la ſuite des temps & il paroît qu'elle en avoit le nom dès le temps de Moyſe. On ne laiſſoit point de l'appeler encore Ephrata du temps des Juges & des Rois de Juda. Au moins le nom d'Ephratéen étoit commun aux habitans de Bethléem dans la terre de Juda, & à tous ceux de la Tribu d'Ephraïm. Voyez BETHLÉEM.

EPHRATÆUS, homme de la Tribu d'Ephraïm, ou de la Ville de Bethléem.

EPHRATEEN; eſt la même choſe en François.

EPHREM. Voyez EPHRAÏM 2.

1. EPHRON, Euſebe met ce lieu dans la Tribu de Juda à près de quinze milles de Jeruſalem. St. Jerôme & lui diſent que c'étoit de leur tems un gros village nommé EPHREM ſelon Euſebe, ou EPHRÆA ſelon St. Jerôme, ſur quoi le Pere Bonfrerius obſerve qu'on ne trouve dans l'Ecriture Sainte aucune ville nommée Ephron dans la Tribu de Juda.

2. EPHRON, on lit dans la Geneſe[t] qu'Abraham acheta le *Champ d'Ephron;* mais c'eſt le nom de celui qui le vendit & non pas le nom propre du lieu.

t c. 23. c. 25. & c. 49.

3. EPHRON ou MONTAGNE D'E-PHRON, Montagne de la Paleſtine aux confins des Tribus de Juda & de Benjamin. Il

EPH. EPH. EPI.

^a C. 15. v. 9. en est parlé au livre de Josué ^a & c'est le seul endroit où il en soit fait mention. Quelques-uns l'écrivent par une aspiration, HEPHRON.

4. EPHRON, Ville de la Palestine dans la Tribu d'Ephraïm ^b selon le P. Bonfrerius, ou dans la Tribu de Benjamin selon D. Calmet, & Mr. Reland. C'est apparemment la même que celle d'Eusebe, marquée ci-devant au nombre 1.

^b Paral. c. 13. v. 19.

5. EPHRON, ancienne Ville de la Palestine. Elle étoit grande & fortifiée, & Judas Macchabée fut obligé d'y passer en voulant repasser de la Galaaditide dans la Judée. Elle étoit au delà du Jourdain vis-à-vis de Scythopolis & il y demeuroit des hommes de diverses Nations. Il semble, dit le P. Bonfrerius, qu'elle étoit au midi du torrent de Jaboc puisque Judas Machabée venoit avec ses troupes du côté du Nord & que passant le torrent ils arriverent à Scythopolis.

^c Maccab. c. 5. v. 46. Ibid. v. 52.

EPHTHALITES ^e, en Latin EPHTHALITÆ, peuple d'entre les Scythes ainsi nommé par Nicephore Calliste, qui semble les nommer aussi ABDELES.

^e Ortel. Thesaur.

1. EPHYRA ^f, ancien nom de Corinthe, ville à l'entrée du Peloponnese.

^f Plin. l. 4. c. 4.

2. EPHYRA, ancienne Ville de la Thesprotie Province de l'Epire selon Velleius Paterculus ^g. Strabon ^h dit qu'on la nomma ensuite CICHYRUS; Pausanias ⁱ dit que Cichyrus est proche du Marais Acherusia & du fleuve d'Acheron qui se déchargent là dans la Mer; & Thucydide écrit ^k que le même marais se vuide dans la Mer près d'Ephyra.

^g L. 1. c. 1. ^h L. 7. p. 324.
ⁱ In Attic. c. 17.
^k L. 1.

3. EPHYRA, ancienne Ville du Peloponnese. Elle étoit située sur le fleuve Selleis, dans l'Elée ou Elide. Strabon ^l qui doute si ce n'étoit pas la même que l'on appella ensuite Oenoa, ou Boenoa, ou si elle étoit seulement voisine, dit qu'elle étoit à CXX. Stades d'Elide. Il veut qu'on entende de cette Ephyre ce vers d'Homere ^m où en parlant de Tlepoleme fils d'Astyochie il dit qu'Hercule l'avoit enlevée d'Ephyre d'auprès le fleuve Selleis. Car, dit Strabon, il n'y a que cette ville entre toutes celles qui portent le même nom où il y ait un fleuve appellé ainsi. Ce lieu étoit aussi fameux par les poisons mortels qu'il produisoit. Homere ⁿ dit qu'Ulysse y en alla chercher & les amans de Penelope ^o doutent si Telemaque n'est point homme à aller dans le gras territoire d'Ephyre pour en rapporter des poisons afin de leur donner la mort.

^l L. 8. p. 338.

^m Iliad. B. v. 659.

ⁿ Odyss. A. v. 261.
^o Odyss. B. v. 328.

4. EPHYRA ^p, quoique Strabon dise que l'Ephire de l'Elée est *la seule auprès de laquelle il coule un fleuve nommé Selleis*; il faut entendre la seule ville; car le même Strabon dit dans la même page qu'il y a aussi proche Sicyone le fleuve Selleis & tout auprès un village nommé Ephyra.

^p Strab. l. c.

5. EPHYRA ^q, autre Village de Grece dans l'Agrée territoire de l'Etolie; ses habitans étoient nommez EPHYRI.

^q Ibid.

6. EPHYRA, Etienne le Geographe fait mention d'une autre EPHYRE qu'il dit avoir été aussi nommée CRANON. Il dit ailleurs qu'elle étoit en Thessalie dans la Pelasgiotide, aux lieux que l'on appelle Tempé. Et il remarque que les Habitans de cet endroit sont nommez Cranoniens par Homere. Ce qu'il en dit au mot Ἔφυρα est bien corrompu & le bon Hermolaus y a brouillé tout à son ordinaire. Strabon ^s fait aussi mention d'Ephyre en Thessalie.

^r In voce ΕΠΑΝΟΝ.

^s L. c.

7. EPHYRA ou EPHYRE; Isle assez proche de celle de Melos selon Etienne le Geographe. Pline ^t met dans le Golphe Argolique trois Isles qu'il nomme *Pityusa*, *Irene*, & *Ephyre*. Le R. P. Hardouin croit que ce sont celles que nos mariniers appellent *Falionera*, *Caravi* & *Bellapola*.

^t L. 4. c. 12.

8. EPHYRA, Ville d'Arcadie selon Etienne le Geographe.

9. EPHYRA, en Italie proche de la Campanie selon le même.

§. Eustathe sur Homere dit que Strabon compté neuf Ephyres: il semble qu'Etienne ait aussi voulu remplir ce nombre; mais comme je l'ai remarqué dans un des articles de ce nom, ce qu'il en dit est dans une confusion d'autant moins reparable que tous les exemplaires sont également corrompus.

EPIACUM ^v, Ville ancienne des Brigantes dans la Grande Bretagne. Camden croit que c'est PAP-CASTLE, en Northumberland. Quelques exemplaires de Ptolomée portent APIACUM.

^v Ptolom. l. 2. c. 3.

EPIBULA. Voyez ATHLULA.

EPICÆRUS, ou

EPICAIROS, Ville de la Palestine à l'Orient du Jourdain selon Ptolomée ^x. Mr. Reland dit que l'Interprete Chaldéen en fait aussi mention.

^x L. 5. c. 16.

EPICARIA, ancienne Ville de la Dalmatie selon Ptolomée ^y: quelques Auteurs, dit Mr. Baudrand ^z, conjecturent, mais sans preuve, que c'est présentement PAPADOROS entre Alessio & Durazzo.

^y L. 2. c. 17.
^z Ed. 1682.

EPICAROS, &

EPICARUM. Voyez EPIDAURE.

EPICNEMIDII. Voyez LOCRES.

EPICRENE, Ville ancienne de la Béotie selon Martianus Capella cité par Ortelius ^a, ce dernier avertit que divers exemplaires portent EPIGRANEA & EPIGRANA. Pline ^b fait mention d'EPICRANE dans la Béotie, mais il en fait une fontaine & non pas une ville.

^a Thesaur.
^b L. 4. c. 7.

EPICTETI, Peuples qui bornoient anciennement la Bithynie à l'Orient selon Strabon ^c.

^c L. 12.

EPIDAMNUS. Voyez DURAZZO.

EPIDAPHNES. Voyez ANTIOCHE.

EPIDARUM, ancienne Ville de l'Isle de Cypre selon Pline ^d. Son nom moderne est PITAREUIL.

^d L. 5. c. 31.

EPIDAURE; en Latin *Epidaurus* ou *Epidaurum*. Les anciens ont donné ce nom à trois Villes de l'Europe; dont l'une étoit dans la Dalmatie & les deux autres dans le Peloponnese. Une de celles-là a été surnommée *Limera*, & l'une des deux du Peloponnese a été rendue celebre par un Temple d'Esculape. Voilà de quoi l'on convient. Mais quelques modernes ont introduit une confusion qui ne se peut debrouiller qu'en remontant aux sources.

1. EPIDAURE, que Ptolomée ^e place en Dalmatie. Pline ^f la qualifie *Colonie*; & dans une ancienne inscription on lit que la neu-

^e L. 2. c. 17.
^f L. 3. c. 22.

neuvieme Legion y étoit. Chacun convient qu'elle a été ensuite nommée RAGUSE, non pas la nouvelle qui est aujourd'hui la Capitale de la Republique de ce nom; mais l'ancienne sur les ruines de laquelle la nouvelle s'est élevée & que l'on apelle aujourd'hui, pour les distinguer, RAGUSI VECCHIO. Celle-là n'a rien de commun avec l'Epidaure surnommée Limera par les anciens. Voyez RAGUSE.

2. EPIDAURE, dans le Peloponnese, dans l'Argie sur le Golphe Saronique, & celebre par le Temple d'Esculape, selon Pline [a], Ptolomée [b], Strabon [c], & Pomponius Mela [d]. Strabon dit que devant cette ville étoit l'Isle d'Ægine en pleine Mer. Qu'Epidaure étoit anciennement nommée EPITAURUS. Casaubon prétend [*] qu'on lise EPICAROS; sa leçon est confirmée par un passage d'Eustathe, & convient à l'histoire selon laquelle les Cariens ont possedé ce canton-là; selon le raport même de Strabon dont le sens demande Epicaros. Pausanias [e] nous apprend que le Temple n'étoit pas dans la Ville & Tite-Live [f] dit qu'il en étoit à mille pas. Pausanias [g] en fait une riche description à laquelle je renvoye les lecteurs. On ne convient pas du nom moderne de cette Ville. Niger tient que c'est PIGIADA, & Sophien veut que ce soit CHERONISI, les Interpretes de Ptolomée marquent l'un & l'autre nom sans decider.

[a] L. 4. c. 5.
[b] L. 3. c. 16.
[c] L. 8. p. 369.
[d] L. 2. c. 3. n. 85.
[*] Ibid. p. 374.
[e] L. 2. c. 29.
[f] L. 45. c. 28.
[g] L. c.

3. EPIDAURE, aussi dans le Peloponese sur le Golphe Argolique, (aujourd'hui Golphe de Napoli) dans la Laconie selon Ptolomée [h], ou dans le pays des Eleutherolacones, c'est-à-dire, des Laconiens libres, selon Pausanias [i]. C'est celle-là qui étoit surnommée LIMERA, au raport de Pline [k], de Pausanias [l] & de Strabon [m]; qui cite Artemidore à qui il fait dire qu'elle fut surnommée LIMENERA, & par abreviation Limera à cause de la commodité de son port. D'autres l'ont expliqué ἀπὸ τοῦ λειμῶνος parce qu'elle avoit beaucoup de prairies. Etienne le Geographe dit : que quelques-uns la nommoient Αἴμηρα; peut-être, dit Ortelius, étoit-ce de par corruption d'une lettre en une autre, l'A des Grecs & leur L aiant peu de difference ΛΛ. Mais il semble confondre les deux Epidaures de la Laconie, attribuant à une même ville le surnom de Limera, & le culte d'Esculape, & le surnom d'Epitaurus que Strabon & Pline distinguent & partagent entre deux villes de même nom. Il y a apparence qu'Etienne avoit fait deux articles differens qu'Hermolaus a mis en un. La conjecture d'Ortelius sur le changement de Λ en Α & de Limera en Æmera n'est pas approuvée de Berkelius qui juge que ce dernier nom étoit pris du sang qui couloit perpetuellement aux autels d'Esculape. Quoiqu'il en soit, cet article d'Etienne est presque copié par Eustathe sur le second livre de l'Iliade. On y trouve aussi-bien que dans Etienne qu'outre les surnoms de Limera & d'Aemera, elle avoit aussi celui de MILISSIA. Elle est aussi nommée EPIDAURIA par Strabon au sentiment d'Ortelius; mais je crois que Strabon nomme ainsi le territoire de cette ville. Pleton, Gregoras, & Cedrene & les Grecs du moyen âge la nomment MONOBASIA, ou MONEMBASIA. Le nom moderne est MALVASIA.

[h] L. 3. c. 16.
[i] L. 3. c. 21.
[k] L. 4. c. 5.
[l] L. c.
[m] L. 8. p. 368.

§. EPIDAURUS, Pline nomme ainsi un lieu qui avoit été autrefois une Isle & qui ne l'étoit plus de son temps. Quelques-uns l'entendent comme si cette Isle avoit été détruite ou submergée, ce qui n'est pas le sens de Pline; il veut dire seulement qu'après avoir été détachée de la terre ferme elle y avoit été jointe; & cette Epidaure n'est autre que RAGUSI VECCHIO. Il dit la même chose d'Oricum aujourd'hui Orso sur les confins de l'Albanie & de l'Epire.

EPIDELIUM, lieu maritime de la Laconie selon Pausanias [n]. C'étoit un village consacré à Apollon; aux frontieres du territoire de la ville Boeae. Son nom venoit d'une petite statue qui avoit, dit-on, été la premiere dediée à Delos. Menophanes aiant saccagé Delos; un incredule jetta dans la Mer cette Statue qui fut portée par les flots sur le rivage en cet endroit. Pausanias n'oublie pas de marquer la punition de l'Impie. Ce lieu étoit à deux cens stades d'Epidaure surnommée Limera.

[n] L. 3. c. 23.

EPIDENO [o], en Latin Epidanus, petite Riviere de la Turquie d'Europe, en Macedoine & dans la Province de Comenolitari. Elle reçoit diverses autres Rivieres & puis se rend dans celle de Salampria vers Larisse.

[o] Baudrand. Ed. 1705.

EPIDIENS, en Latin EPIDII, peuple ancien de la Grande Bretagne en Ecosse. Ptolomée les nomme entre les Gadins & les Creons; & Mr. d'Audifret [p] croit qu'ils habitoient l'Isle d'Arren anciennement Glota & quelques Isles d'alentour. Camden que suit Mr. Baudrand aime mieux les placer au lieu où est aujourd'hui Cantyr.

[p] Geog. T. 1. p. 174.

EPIDIRES, surnom d'une Ville de l'Ethiopie sur la Mer Rouge. Son nom étoit Berenice & on la surnomma EPI-DIRES, parce qu'elle étoit voisine du Cap de Dire. Voyez BERENICE.

1. EPIDIUM, ancien nom d'YLA l'une des Isles Ebudes. Voyez YLA.

2. EPIDIUM, Cap de l'Isle de la Grande Bretagne : on l'appelle aujourd'hui selon Cambden [q] THE MULE OF CANTIRE. Les mariniers François disent LA MULE DE CANTIR. Voyez KINTYRE.

[q] Britan.

EPIECIA, Ville ou Bourg de Grece peu loin de Corinthe vers la Mer, comme il paroît par un passage de Xenophon dans son Histoire Greque [r].

[r] L. 4. c. 5.

EPIEIDÆ [s], Mr. Spon écrit EPIEIKIDÆ lieu de Grece dans l'Attique & dans la Tribu Cecropide. Etienne le Geographe en fait mention.

[s] Voyag. T. 2. p. 339.

EPIGRANEA, fontaine de la Béotie. Voyez EPICRANE.

1. EPII, ancien peuple de l'Etolie selon Pline [t] & Valere Maxime [v].

2. EPII, peuple ancien de l'Elide selon Denis d'Halicarnasse [x].

[t] L. 7. c. 48.
[v] L. 8. c. 14.
[x] L. 2.

EPILA [y], petit Village d'Espagne dans l'Arragon sur la Riviere du Xalon, dans le Diocése de Sarragosse & à sept lieues de la Capitale au Couchant en allant vers Calatajud. Il n'est remarquable que parce que Jean I. Roi de Castille y naquit le 24. d'Août l'an 1358. dans le temps que son Pere n'étoit encore que Comte de Trastamare.

[y] Baudrand. Ed. 1705.

EPI-

EPI.

EPILEUCADII, Ville ancienne de Grèce dans l'Acarnanie selon Etienne le Geographe.

EPIMARANITÆ, peuple ancien de l'Arabie heureuse selon Pline [a]. Strabon [b] joint, ensemble les Maranites & les Gerræens; & il semble au R. P. Hardouin [c] que ces derniers étoient une Colonie des premiers, d'où leur vint le nom d'Epimaranites.

[a] L.6.c.28.
[b] L. 16.p. 776.
[c] In l.c. Plinii.

EPIMASTUS, nom d'une Ville vers la Thrace selon Suidas cité par Ortelius [d].

[d] Thesaur.

EPINA, Ville de l'Elide dans le Peloponese selon Strabon [e]. Casaubon veut qu'on lise *Arpina*, & il ne le donne que pour une conjecture. Mais, comme le remarque Holstenius [f], c'est une conjecture qu'Etienne le Géographe, Philostrate, & Pausanias confirment en plus d'un endroit. Strabon dit qu'elle étoit près d'Olympie & l'une des huit villes de la Pisatide; & que le fleuve Parthenias la baignoit. Ortelius croioit que c'est l'Hypania de Ptolomée.

[e] L.8.p. 356.
[f] In Steph. p.134.

EPINAL. Voyez ESPINAL.

EPINOI. Voyez ESPINOI.

EPIPHANEENSES, ancien peuple dans la Syrie. Pline [g] en fait mention, & ils étoient ainsi apellez du nom de leur ville que le R. P. Hardouin croit diferente des deux villes dont il s'agit dans les articles 1. & 2.

[g] L.5.c. 23.

1. EPIPHANIE, ancienne Ville de Cilicie, selon Pline [h], Etienne, Ptolomée [i], & plusieurs autres Ecrivains anciens. Les Notices Ecclesiastiques l'attribuent à la seconde Cilicie. [k] Elle étoit Episcopale sous Anazarbe Métropole; & Amphion son Evêque souscrivit au Concile de Neocesarée & au premier de Nicée. Le même est nommé Evêque d'Epiphanie de Cilicie par Sozomene [l] dans son Histoire de l'Eglise. On la nommoit anciennement OENIANDOS selon Pline [m].

[h] L.5.c. 27.
[i] L.5.c.8.
[k] Carol. a S.Paulo. Geog. sacr. p. 289.
[l] L.1.c. 10.
[m] L.c.

2. EPIPHANIE, surnommée *sur l'Euphrate*; par distinction des autres Villes de même nom qui n'étoient pas comme elle au bord de ce fleuve.

3. EPIPHANIE, Ville de la Syrie sur l'Oronte. C'est sans doute de celle-là que Pline nomme les habitans *Epiphaneenses*, & que le R. P. Hardouin dit très-bien être diferente d'une autre Epiphanie située sur l'Euphrate. On ne peut pas douter qu'il n'y eût une ville de ce nom sur l'Oronte ni même qu'elle ne fût épiscopale; car outre l'autorité de Ptolomée, Evagre qui reconnoissoit ce lieu pour sa patrie après avoir dit que les Evêques suffragans d'Apamée Metropole de la seconde Syrie ne voulurent plus communiquer avec Severe d'Antioche il ajoute: Cosmas Evêque de cette Epiphanie que le fleuve Oronte arrose & Severien Evêque d'Arethuse ville voisine envoierent un libelle à Severe. Les Evêques de cette ville souscrivirent au Concile de Nicée & au premier de Constantinople. Le P. Charles de Saint Paul [o] marque sous la Metropole d'Apamée dans la seconde Syrie l'Evêché d'Epiphanie & c'est d'Epiphanie sur l'Oronte qu'il faut entendre ce qu'il en dit; à savoir que Cuspinien l'explique par MAPIA, & que Niger croit que le nom moderne est *Aman*. Je soupçonne ce dernier de l'avoir décidé ainsi parce qu'*Aman* est selon quelques-uns le nom moderne d'une ancienne ville nommée autre-

[n] L. 3.c. 34.

[o] Geog. Sacr.p. 288.

Tom. II.

EPI. 291

fois EMATH; mais comme je l'ai remarqué à l'article particulier de ce nom, il y en avoit deux, l'une surnommée *Emath la grande*, qui est Emese, & l'autre nommée simplement Emath ou la petite Emath qui est la même qu'Epiphanie sur l'Oronte; ainsi nommée d'Antiochus Epiphanes. Antonin distingue Emese d'Epiphanie & compte trente-deux mille pas de l'une à l'autre. Il met Arethuse entre elles; à seize mille pas de toutes les deux.

4. EPIPHANIE, Ville de Bithynie selon Etienne le Geographe.

5. EPIPHANIE, Ville d'Asie près du Tigre selon le même qui dit qu'on l'appelloit aussi *Arcesicerta*, parce que c'étoit l'ouvrage, ou la Ville d'Arcesius. Berkelius croit que c'est l'Emath dont parle Bochard en son Phaleg l. 4. c. 36. cela ne peut être. Car l'Emath dont parle cet Auteur, est l'Epiphanie au Nord de la Palestine, c'est-à-dire, sur l'Oronte; & par consequent bien éloignée de celle d'Etienne qui étoit près du Tigre.

§. Mr. Baudrand ne parle que de la troisieme.

EPIPOLÆ [p], quartier le plus Occidental de la Ville de Syracuse. Les dehors en étoient escarpez & inaccessibles & Denis l'entoura d'un mur & la joignit à la ville. Le Pere Lubin dit EPIPOLIS: Thucydide, dit ce Pere [q], dit [r] que ce lieu de Syracuse, ou, pour s'accommoder au sentiment de Strabon, l'une des cinq villes dont celle de Syracuse étoit composée avoit pris le nom d'Epipolis à cause qu'elle étoit élevée au-dessus des autres villes qui formoient cette Cité. C'étoit, continue ce Pere, un lieu fort haut & fort escarpé. *Stephanus de Urbibus*, (c'est ainsi que le Pere Lubin cite le nom de ce Geographe en son propre titre de son livre) dit au mot EURIELUS qu'on donnoit ce nom à la plus grande partie de la Ville d'Epipolis & que cette place s'appelloit aussi MACROPOLIS.

[p] Diodor. Sicul. l. 14. c. 19.

[q] Tables Geog.
[r] l. 6.

§. Le Pere Lubin se trompe, il faut dire EPIPOLÆ & non pas EPIPOLIS: c'est ainsi que parlent les bons Auteurs Grecs & Latins. De plus il n'est pas vrai qu'Etienne le Geographe ou, ce qui est la même chose, Stephanus de Urbibus dise ce qu'il lui fait dire. Il dit seulement qu'*Eurielus* étoit le nom d'une Citadelle d'Epipolæ & pour expliquer ce que c'étoit qu'Epipolæ il dit que c'étoit une petite Ville πολίχνιον, de Syracuse & fort escarpée. Le mot de Macropolis est une bevuë des Copistes qui ont changé οὕτως & Ἀκρόπολις en οὕτως ἡ Μακρόπολις. Cluvier qui écrivoit avant le P. Lubin avoit bien remarqué cette faute & Berkelius remarque que l'observation de Cluvier est confirmée par les Manuscrits.

EPIRE, Pays de la Grece: il y a deux sortes de distinctions à faire pour ne point tomber dans la confusion. Il faut distinguer

l'Epire {ANCIENNE {LA GREQUE
              {LA BARBARE.
         {NOUVELLE

L'Ancienne Epire contiguë à l'Illyrie commençoit aux Monts Cérauniens, aujourd'hui della Chimera, & s'étendoit jusqu'au fleuve Arachtas & jusqu'au Golphe d'Ambrakia où il se perd. Son nom Ἤπειρος, comme on l'écrit

O o 2

crit

crit ordinairement, ou Ἤπειρος comme l'écrit Etienne le Géographe, signifie Continent, comme qui diroit Ἄπειρος, c'est-à-dire, qui n'est point terminée. L'Epire se prend dans Homere selon Eustathe sur le second livre de l'Iliade pour le pays qui est au delà d'Itaque & de Cephalenie. On a aussi appellé ce pays ORICIA, comme dit Denis le Periegete; & ce nom venoit d'Oricum Ville & Port de Mer. On le nomma aussi DODONA, comme l'assure le Scholiaste d'Homere & ce nom lui venoit de Dodona fille de Jupiter. Sa longueur selon le Pere Briet [a] prise depuis les monts Acrocerauniens, ou Cerauniens jusqu'au fleuve Achelous étoit de 1700. stades. Et sa largeur depuis l'extrémité de Leucade jusqu'au Mont Pindus de 625. stades, c'est-à-dire, que sa longueur étoit de 212. mille 500. pas Romains; & sa largeur de soixante-dix-huit mille de ces mêmes pas. Mais c'est en y comprenant l'Acarnanie, l'Amphilochie, l'Athamanie, & la Dolopie, que d'autres Geographes retranchent de l'Epire.

[a] Parall. 2. part. l. 3. p. 345.

L'ancienne Epire est plus grande, ou plus petite selon que ses Rois heureux ou malheureux ont augmenté leur Etat; ou perdu de leurs conquêtes; & elle a cela de commun avec tous les autres Etats du monde. Elle ne consistoit d'abord qu'en ces trois parties, 1. LA CHAONIE, la THESPROTIE & la MOLOSSIDE. Quelques-uns y ajoutent la CASSOPIE; puis la CESTRINE, & le PINDE. Ptolomée lui donne plus d'étendue & y joint l'Acarnanie & l'Amphilochie. Le P. Briet [b], comme on a vu, y joint l'Athamanie & la Dolopie; que Ptolomée y compte aussi. Je parle suffisamment de ces Peuples en leurs articles particuliers sans qu'il faille le repeter ici. Eustathe dit après Arrien que l'Epire étoit abondante en bestiaux & en pâturage. Il croit que ce n'étoit pas de l'Iberie, mais de l'Epire que les bœufs de Gerion furent emmenez. Les Interprêtes d'Aristophane & de Theocrite en parlent dans ce sens-là poussez sans doute par le raport qu'ils trouvoient entre la description de ces bœufs & la grandeur & la figure des bœufs de l'Epire. Ces troupeaux trouvoient une abondante nourriture dans les Montagnes qui sont entre la Macedoine & la Thessalie, au sommet desquelles il y a des plaines assez grandes arrosées d'eaux qui coulent sans cesse. On vantoit aussi beaucoup les chiens de la Chaonie nommez Molosses dans Athenée, & que l'on pretendoit être de la race du chien que Vulcain anima & dont les Poëtes ont feint que rien ne lui pouvoit échaper. Une preuve que les chiens de la Molosside avoient de la reputation, c'est que le nom de *Molossus*, qu'on leur donnoit pour designer le lieu de leur origine, se prend dans la Langue Latine pour un gros & grand chien tels que sont les dogues.

[b] L. c.

L'Epire étoit riche & peuplée. On en peut juger par ce que dit Tite-Live [*] : à savoir que Paul Emile qui reprit en un jour soixante & dix villes qui avoient quité le parti des Romains en faveur de Persée, en amena 150000. têtes avec un si grand butin que l'on distribua quatre cens deniers à chaque Cavalier & deux cens à chaque fantassin. Les EPIROTES, car c'est ainsi qu'on apelloit les habitans de l'Epire, étoient braves & guerriers. Les Romains éprouverent & admirerent plus d'une fois le courage de cette Nation. Leurs Rois se disoient descendus d'Æacus Roi de l'Isle d'Egine. Le premier dont la memoire se soit conservée étoit Pyrrhus fils d'Achille qui perdit le Roiaume de son Pere lors qu'il étoit occupé au siege de Troie. Il en ceda une partie à Helenus fils de Priam & à Andromache veuve d'Hector; à savoir la Chaonie. Helenus eut pour Successeur d'une partie de son Roiaume son fils Molossus qui donna le nom de Molossie ou Molosside à cette Province; celui-là étant mort sans enfans le Roiaume vint au pouvoir de Piales qui fut tige des Rois d'Epire. Les plus fameux sont Arimbas qui fut élevé à Athenes, son fils Néoptoleme Pere d'Olympias; Alexandre fils ainé de ce Roi qui mourut en Italie, son second fils Æacide fut Pere de Pyrrhus qui rendit celebre le nom des Epirotes. Le Royaume d'Epire fut ensuite uni à celui des Macedoniens après la destruction duquel il passa au pouvoir des Romains. On ne laisse pas de trouver dans l'Histoire un Roi particulier d'Athamanie qui fut chassé par les Generaux de Philippe.

[*] L. 45. c. 34.

Lors que les Grecs s'établirent dans l'Epire ils donnerent lieu à une division par laquelle ils la consideroient comme *Greque* ou *Barbare*. Ils appellerent EPIRE GREQUE la partie de l'Epire où ils habitoient, où ils avoient des Colonies & où ils étoient appellez comme alliez & troupes auxiliaires. Ils nommerent Epire Barbare la partie qu'ils n'avoient pu entamer & que les anciens habitans avoient conservée. Nous avons déja vu une pareille distinction faite par les Romains dans la Grande Bretagne.

L'EPIRE { BARBARE { LA CHAONIE, LA THESPROTIE, LA CASSIOPE'E, L'ALMENE. } GREQUE { L'ACARNANIE, L'AMPHILOCHIE, L'ATHAMANIE, LA DOLOPIE, LA MOLOSSIDE. } }

LA NOUVELLE EPIRE, est une partie de la Turquie en Europe. Elle [c] a l'Albanie au Nord, la Thessalie au Levant, l'Achaïe au Midi & la Mer de Grece au Couchant. Elle est divisée en deux parties : la Chimere ou la Canina au Nord & l'Arta au Midi. Ses villes principales sont :

[c] Baudrand Ed. 1705.

l'Arta,
Butrinto,
Canina,
Chimera,
Joannina, Capitale.
Perga, &
La Prevesa.

Perga est aux Veniriens; le reste est aux Turcs. Les habitans sont Chrétiens Grecs. Les Empereurs de Grece avoient cedé la Souveraineté de ce pays à la famille des *Tolbi* [d] qui prenoient la qualité de Despotes d'Epire. Ils prétendoient être issus de Totila Roi des Goths. Elle posseda ce pays avec l'Etolie & l'Acarnanie pendant plus de deux siecles lors qu'A-

[d] Volater, Geog. l. 8.

qu'Amurath II. Empereur des Turcs en chaſſa Leonard dernier Deſpote d'Epire qui ſe refugia auprès du Pape Sixte IV. Depuis ce temps-là l'Empire Othoman eſt demeuré maître de l'Epire. Les Chroniqueurs ou Hiſtoriens du moien âge confondent ſouvent les noms d'*Albanie* & d'*Epire*; comprenant ſouvent l'une dans l'autre; & ce qui eſt remarquable c'eſt que les Caſtriots étant bornez à l'Albanie, Scanderbeg prenoit le titre de Prince d'Epire.

EPIRUS NIGRA, ou l'EPIRE NOIRE. Voyez CEPHALENIE.

EPIS, ancienne petite Ville de l'Ethiopie ſous l'Egypte ſelon Pline [a] qui en parle comme d'une ville qui ne ſubſiſtoit déja plus du temps que Bion écrivoit.

[a] L.6.c. 29.

EPISCOPI-CASTELLUM, nom Latin de BISHOPS-CASTLE, Bourg d'Angleterre en Shropshire.

EPISCOPI-CELLA, nom Latin de BISCHOFFSZELL; Ville de Suabe.

EPISCOPI-INSULA, nom Latin de BISCHOFFSWERDA, petite Ville de Miſnie.

EPISCOPIA, lieu de Thrace près de la Ville d'Atyre ſelon Procope [b] qui en parle ainſi: au delà d'Atyra eſt un lieu nommé *Epiſcopia* par les habitans, qui n'avoit aucune fortification & étoit tout-à-fait expoſé aux courſes des ennemis: Juſtinien le fit fortifier d'une maniére toute nouvelle. Le bâtiment s'avance hors de l'enceinte de la muraille & étant fort étroit au commencement il devient fort large & eſt revêtu par les deux bouts de deux tours, ce qui empêche les ennemis de pouvoir approcher des murailles. Les portes ne ſont pas à l'ordinaire au milieu des courtines entre deux tours, mais à côté dans des enfoncemens qui les dérobent à la vue des ennemis.

[b] Ædif. l.4.c.8.

EPISCOPIUM, nom Latin de VESCOVIO, Bourg d'Italie dans la Sabine.

EPISIBRIUM, EPISIMBRIUM ou CISIMBRIUM (car les Manuſcrits ſont partagez entre ces trois ſortes d'Orthographe,) ancienne Ville d'Eſpagne dans la Betique, ſelon Pline [c].

[c] L.3.c.1.

EPISPARIS, Cedrene cité par Ortelius nomme ainſi un Village d'Armenie.

EPISYNANGIS, ou ÆPISYNANGIS, champ en Aſie dont parle Theophraſte [d].

[d] 4. De Cauſis Plantar.

EPITALIUM, ancienne Ville de l'Elide dans le Peloponneſe au paſſage de l'Alphée; c'eſt-à-dire, près d'un endroit où l'on peut paſſer ce fleuve à pied. Strabon [e] dit qu'elle eſt nommée THRYOESSA par Homere [f], & THRUON ou THRYUM, dans un autre endroit de ce Poete [*], & il explique *Thrion* par de l'*Algue* qui eſt la ſignification du mot Grec; il obſerve que tout ce pays en abonde, ſur tout les Rivieres particulierement aux endroits où elles ſont guéables. Peut-être auſſi, pourſuit ce Geographe, qu'Homere a entendu nommer le gué par le mot *Thryon*, & que par le mot *Æpi* qui veut dire *haut*, *élevé*, il a voulu faire entendre la ſituation d'Epitalium, de même qu'il apelle dans un autre endroit *Tryoeſſa* une haute colline. Etienne le Geographe met ce lieu dans la Triphylie, & Heſyche dans l'Arcadie. Niger prétend que ce lieu eſt aujourd'hui ZUNCHIO, mot qui exprime la ſignification de l'ancien nom. Polybe fait

[e] L.8.p. 349.
[f] Iliad. λ. v.710.
[*] Iliad. B. v. 591.

pluſieurs fois mention d'Epitalium dans ſon quatrieme livre; mais il l'a oublié dans la liſte des Villes de la Triphylie; ce que Caſaubon [g] attribue à la negligence des Copiſtes.

[g] In Strab, l. c.

EPITAURIA, &
EPITAURUS. Voyez EPIDAURE 2.

EPITAUSA, Ville de l'Inde au delà du Gange ſelon Ptolomée [h].

[h] L.7.c.1.

EPITERPUM, Bourg ancien d'Italie dans la Gaule Ciſalpine ſelon Strabon [i]. On ne peut gueres douter que ce ne ſoit l'OPITERGIUM de Ptolomée & de Pline. Caſaubon l'avoit avancé comme une conjecture qu'il propoſe. Ortelius prononce que cette correction eſt neceſſaire & qu'il faut lire *Opitergium* dans Strabon. Voyez ce mot.

[i] L.5.p. 214.

EPITHERAS. Voyez PTOLEMAIDE, dans la Trogloditique. Elle n'en étoit qu'un ſurnom. Son nom moderne n'eſt pas *Suaquen*, comme le dit Mr. Corneille; mais BUGE. Voyez auſſi cet article.

EPITUS, Montagne de la Macedoine ſur la côte du Golphe ſelon Pline [k]. Ce Golphe eſt ſans doute celui que les Latins nommoient *Thermæus Sinus*. Car ſelon cet Auteur le Mont Epitus étoit voiſin de la Ville de Pallene autrement Phlegra.

[k] L.4.c. 10.

EPITYCHE. Denis d'Halicarnaſſe [l] ſemble nommer ainſi un Cap voiſin de Prochita dans la Mer Tyrrhene. Ortelius ſoupçonne ce paſſage d'être corrompus & croit qu'il faut lire *Pithecuſa*.

[l] L. I.

EPIUM ou ÆPYUM, Ville de la Triphylie dans le Peloponneſe entre Maciſtus & Heræa ſelon Herodote [m], Xenophon [n] & Etienne le Géographe. Pline [o] la donne à l'Arcadie. Cellarius écrit *Æpyum*, & la met avec d'autres villes dont la ſituation eſt inconnue. C'eſt auſſi l'Orthographe que ſuit Polybe [p]. D'Ablancourt dans ſa Traduction de l'Hiſtoire Grecque de Xenophon écrit EPE'E.

[m] L.4.c. 148.
[n] Hiſt. Græc. l.3.
[o] l.4.c.6.
[p] L.4.c. 77.

EPIZEPHYRII. Voyez LOCRES.

EPIZEPHYRION. Voyez TARSE Ville de Cilicie.

EPLA, Iſle attenant le Peloponneſe vers le Golphe de Lacedemone. C'eſt aujourd'hui l'Ovo ſelon Niger. Voyez ÆGIALIE 1. & CERIGO.

EPOISUS ou EPOISSUS, Village entre Rheims & Treves ſelon Antonin [q] qui compte de Rheims à Epoiſſus 44. lieues & 55. d'Epoiſſus à Treves. Gregoire de Tours, cité par Ortelius [r], le nomme EPOSIUM, & le livre des Notices de l'Empire l'apelle EPUSUM [s]. Les Geographes ne doutent plus que ce ne ſoit IVOY au Duché de Luxembourg. Voyez IVOY & CARIGNAN.

[q] Itiner.
[r] Theſaur.
[s] Sect.65.

EPOME'E ou EPOPE'E, Montagne [t] ſituée au milieu de l'Iſle Iſchia dans la Mer de Toſcane vers la côte de la Terre de Labour. Les Siciliens qui habiterent autrefois cette Iſle, furent contraints de l'abandonner à cauſe d'un grand tremblement de terre & d'un incendie que cauſerent des torrents de flame qui ſortirent tout à coup de cette Montagne. On en vit encore ſortir de nouveaux ſous le Conſulat de Lucius Martius & Sextus Julius, ainſi que ſous l'Empire d'Auguſte & ſous ceux de Tite & de Domitien ſon frere. L'an 1300, il s'y fit un dernier embraſement qui obligea ceux

[t] Corn.Dict.

qui

EPO. EPP. EPS. EPT.

qui en échaperent de se retirer les uns à Bayes & les autres dans l'Isle de Sainte Marie. Cette Montagne est appellée aujourd'hui le MONT ST. JULIEN. Strabon[a] dit que ces éruptions de feux ont donné lieu à la fable d'imaginer que Typhon est renversé sous cette Isle. Pindare en parle dans ce sens-là. (Mr. Corneille dit le Geant Typhée.) Strabon[b] ajoute que ses eaux Minerales sont bonnes pour ceux qui sont travaillez de la gravelle.

EPONA, ce nom se trouve dans une ancienne Inscription insérée dans les Annales d'Aventin qui marque que c'est PINBURG, qu'il dit être nommée EPINABURGIUM. Ce lieu est dans la Baviere assez près de Neustat & est écrit BIBURG sur les Cartes. Velser écrivit à Ortelius que ce nom n'étoit pas celui d'un lieu, mais d'une Déesse.

EPOPE. Voyez CORINTHE.
EPOPE'E ou
EPOPON. Voyez EPOME'E.

EPORA, ancienne Ville d'Espagne selon l'Itineraire d'Antonin à XXVIII. M.P. de Castulon, & Surita[c] dit qu'à MONTORO (Bourg de l'Andalousie) on a trouvé une ancienne Inscription sur laquelle on lit RESPUB. EPORENSIS. On en lit une autre dans le Recueil de Gruter[d] avec ces mots ORDO. MUN. EPOR. Rodericus Carus dit aussi que cette *Epora* n'est autre que Montoro au Diocese de Cordoue. Il semble que ce soit l'EBORA de Ptolomée[e] qu'il place entre les villes Mediterranées des Turdules; auprès d'Onoba. Pline[f] au lieu d'Epora dit RIPEPORA.

EPOREDIA, selon Pline[g] & Ptolomée[h], dans le territoire des Salasses; Strabon[i] dit: EPORAIDIA; les Notices de l'Empire la nomment EPORIZIUM[k]. C'est aujourd'hui IVRE'E sur la Riviere de Doria en Piemont dans le Canavez.

EPOSIUM. Voyez EPOISUS.

EPPHA, ou simplement EPHA, nom d'une contrée[l] voisine de la Madianitide dans l'Arabie & ainsi nommée d'un petit-fils d'Abraham & de Cetura. Car Abraham eut pour Madian[m] qui fut pere d'Epha.

EPPINGEN[n], en Latin *Eppinga*, petite Ville d'Allemagne au bas Palatinat du Rhin sur la Riviere d'Elsats entre Heilbron & Philipsbourg, à quatre lieues de la premiere & à sept de la derniere.

EPSTEIN[o], en Latin *Epsteinum*; Bourg & Château d'Allemagne dans la Weteravie, au Comté de Nassau-Dietz dans les Montagnes nommées *die Hohe* c'est-à-dire, *les hauteurs*. Il appartient au Landgrave de Hesse-Darmstadt. Guillaume le moyen Landgrave de Hesse l'acheta avec Klingenberg en 1492. de Godefroi Comte de Dietz.

EPTE, Riviere de France dans la haute Normandie en Latin *Epta*. P Elle prend sa source dans le Diocèse de Rouën au pays de Bray, une lieuë ou environ au-dessus du Bourg de Forges, & arrose les Paroisses de Cerceuil, Fossez, Beliéres, Erigni, Saint Sanson, Abancourt, Hauffez, Menerval, Gancourt, Bouricourt, Cuit, Moulagni, Saint Clair en Bray, Ferriéres, la Ville de Gournay en Bray, Alge, l'Aunay, Vardes, Saint

[a] L.5.p. 248.
[b] Ibid.
[c] p.553.
[d] p.105.
[e] L.2.c.4.
[f] l.3.c.1.
[g] l.21.c. 7.&l.3.c. 17.
[h] l.3.c.1.
[i] l.4.p. 205.
[k] Sect. 65.
[l] Isaye c. 60.v.6.
[m] Genes. c.25.v.2. 4.& Paral. l.1.c.1.v. 32.33.
[n] Baudrand Ed.1705.
[o] Le même.
[p] Corn.Dict. Memoires dressez sur les lieux en 1703.

EPT. EPU. EPY. EQU.

Pierre-ès-champs, Neuf-Marché, Bouchevilier, Amecourt, Taillemoutier, Serifontaine, Tierceville, Guerville, Bretcourt, Basincourt, Eragny, la Ville de Gisors, Neausle, Dangu, Gisancourt, Guerny, le Bourg de Saint-Clair, Château-sur-Epte, Bertenonville, Montreuil, Aveny, Bray, Fourges, Beauregard, le Bourg de Gasny, Gonéçois, Sainte Geneviéve, Limets, & Giverny, où elle se rend dans la Seine. Cette Riviere sépare aux environs de Gournay le Diocèse de Rouën de celuy de Beauvais; & depuis Neuf-Marché, & Saint Pierre-ès Champs, elle divise le Vexin Normand du Vexin François. Son cours est de quatorze lieuës, pendant lequel elle reçoit cinq petites Rivieres ou ruisseaux.

EPTIMIENSIS PLEBS. Ce mot se lisoit autrefois dans la Collection de Carthage au lieu de LEPTIMINENSIS. Voyez ce mot.

EPUIA, ancien nom de la Ville d'Ambracie.

EPUSUM. Voyez EPOISUS.

EPYTUM, Montagne de Thrace selon Phavorin, cité par Ortelius[q] qui doute si ce ne seroit pas EPITUS Montagne dont Pline fait mention.

[q] Thesaur.

EQU.

EQUABONA, ancienne Ville d'Espagne à douze mille pas de Cordoue selon Antonin[r]. Quelques Auteurs disent que c'est presentement CONNA Village de Portugal dans l'Estramadure.

[r] Itiner.

EQUARUM SINUS, en Portugais EL GOLPHO DE LAS YEGUAS, en François LE GOLPHE DES JUMENS, partie de l'Ocean Occidental sur la côte d'Espagne vers l'Andalousie. Il a au Nord la Province des Algarves & au Midi le Royaume de Fez en Afrique.

EQUATEUR, que l'on apelle aussi E-QUINOCTIAL, ou la LIGNE: grand Cercle de la Sphere, dont le Diametre coupe à angles droits l'Axe du Monde, & dont la Circonference également distante du Pole Arctique & du Pole Antarctique, détermine sur l'Horison les deux points du vrai Orient & du vrai Occident.

1. On l'appelle Equateur, parce qu'il coupe le Globe Terrestre en deux parties égales.

2. On lui donne le nom d'Equinoctial, de ce que le Soleil fait l'Equinoxe lors qu'il y passe, c'est-à-dire, qu'il égale le jour & la nuit dans toutes les parties du Monde.

3. Il reçoit encore, par excellence, le nom de Ligne, comme étant le premier & le principal de tous les Cercles que l'on décrit sur le Globe Terrestre.

Usages de l'Equateur.

1. Il divise le Globe Terrestre en deux parties égales, & ces parties sont appellées Hemispheres, dont l'un s'appelle Septentrional, & l'autre Meridional & Austral.

2. Il marque à toutes les Regions du Globe le veritable Orient & le veritable Occident, c'est-à-dire, ceux des Equinoxes.

3. Il sert de fondement & de baze pour trouver

trouver & compter les latitudes de tout ce qui est sur la surface du Globe Terrestre, étant le premier, & le principal Parallele des latitudes: cette latitude étant la distance qu'il y a de l'Equateur jusqu'à la chose proposée, en avançant vers l'un ou l'autre Pole. On compte 90. degrez de latitude Septentrionale, & 90. degrez de latitude Meridionale: ils sont marquez de dix en dix sur la Carte de la Sphere Armillaire.

4. Il marque sur l'Ecliptique les deux points où se font les Equinoxes, c'est-à-dire, que quand le Soleil y passe, il égale le jour & la nuit dans toutes les parties du Globe Terrestre, & partage les vingt-quatre heures du jour naturel, en douze heures de jour & douze heures de nuit à tous ceux qui sont entre l'Equateur & les Poles, parce que leur Horizon coupe en deux parties égales le Cercle que le Soleil fait les deux jours des Equinoxes. Il commence en même temps un jour & une nuit de six mois sous les Poles, en sorte que lorsque le jour de six mois commence sous le Pole Arctique, la nuit de six mois commence en même temps sous le Pole Antarctique; & tout au contraire six mois après, lorsque le jour de six mois commence sous le Pole Antarctique, la nuit de la même durée commence aussi en même temps sous le Pole Arctique.

5. Ceux qui demeurent sous l'Equateur ont le jour égal avec la nuit, non seulement dans le temps des Equinoxes, mais aussi tous les jours de l'année, c'est-à-dire perpetuellement, parce que leur Horizon coupe en deux parties égales tous les Cercles que le Soleil fait châque jour de l'année. Tous les autres ont des jours inégaux, en sorte neanmoins que ceux qui approchent plus de l'Equateur, approchent plus de l'égalité des jours & des nuits, & ceux qui sont plus éloignez de l'Equateur, sont aussi plus éloignez de cette égalité.

6. Le Soleil par les mêmes Points des Equinoxes, donne à toutes les parties du Globe, le Printems & l'Automne, mais en differens temps; il donne le 21. Mars le Printems à l'Hemisphere Septentrional, & en même temps l'Automne à l'Hemisphere Meridional. Il fait au contraire le Printems à l'Hemisphere Meridional le 22. de Septembre lorsqu'il donne l'Automne à l'Hemisphere Septentrional.

7. L'Equateur compte sur son Cercle les 360. Meridiens, ou Degrez de longitude, & c'est le seul endroit où ils sont égaux aux Degrez de latitude.

8. Il détermine sur son Cercle entier le Jour naturel de vingt-quatre heures, le Soleil fait sur ce Cercle quinze Degrez en une heure, qui comptez vingt-quatre fois font les 360. degrez dans lesquels l'on divise ce Cercle.

9. En coupant le Zodiaque en deux parties égales il sépare les signes Septentrionaux d'avec ceux qui leur sont Meridionaux & sépare les longs jours d'avec les courts.

10. Il sert à la construction des Cadrans Solaires.

11. Il est estimé la regle & la mesure du premier Mobile par les Astronomes, qui s'en servent à un grand nombre d'autres usages.

EQUEA, Province d'Afrique au dedans du pays des Negres. Elle a au Levant la Province de Bonoe, au Midi Camanah, au Septentrion Ningo & au Couchant Latabi. Ces Negres s'adonnent fort au trafic & vivent du produit des Marchandises qu'ils vont vendre à leurs voisins.

§. C'est ainsi qu'en parle Mr. Corneille sur le raport de la Croix. Dapper dit * au contraire qu'Equea est au Levant de la Province de Bonoe, au Midi de Camanah, au Septentrion de Ningo & au Couchant de Latabi. Ce qui est une position bien diferente. Cette Province doit être un fort petit Canton dont nous n'avons gueres de connoissance; aussi Mr. de l'Isle s'est-il abstenu de charger ses Cartes de ces sortes de lieux.

* Dapper Afrique p. 290.

EQUEBDENON [a], grande Montagne d'Afrique au Royaume de Fez dans la Province de Garet. Elle s'étend à l'Orient depuis Casafa jusqu'au fleuve Muluye & au Midi depuis la Mer Mediterranée jusqu'au desert de Garet. Cette Montagne est nommée Mequeb-huan, par Marmol [b]. Il dit que d'un côté elle donne sur la Riviere de Mulucan où elle fait comme une espece de Cap & les Chrétiens la nomment en cet endroit la Montagne des ADARGUES, ou des boucliers: de l'autre côté, poursuit-il, qui répond à la Mer, elle tient à la Montagne de Carmun où étoit l'ancienne Ville de Méchucha.... Les Historiens disent que cette Montagne étoit autrefois habitée d'un peuple riche & belliqueux & qu'il y avoit grand commerce. Il y a beaucoup d'orge & de miel, de gros & de menu bétail; mais les habitans furent si fatiguez des courses des Chrétiens, après la prise de Mélile, parce que les villages étant éloignez les uns des autres ne se pouvoient entre-secourir, qu'ils se retirerent ailleurs. Ils y revinrent depuis la perte de Caçaça; mais ils ne sont plus si à leur aise qu'ils étoient. On les nomme Benisayd, & ils sont des dépendances de Tezote & payent contribution au Gouverneur pour l'entretien de la Cavalerie qui sert à la défense de la Province. Cette Montagne est nommée ECHEBDEVON par Jean Leon [c].

[a] Dapper Afrique p. 156.
[b] T. 2. l. 4. c. 101.
[c] L. 3. c. 133.

EQUEHETO. Voyez EQUIZETENSIS.

EQUES, ancien peuple d'Italie. Voyez ÆQUES.

EQUESTRIS COLONIA, Ville de l'ancienne Gaule au pays des Sequaniens; on dispute si c'est NION en Suisse au Canton de Berne, ou si c'est COULONGES, au païs de Gex.

EQUI Arx, petite Ville de l'Afrique propre près d'Utique & dans le voisinage d'un Lac. Elle fut prise par Agathocle au raport de Diodore [d] de Sicile.

Le même Auteur fait mention encore d'une autre du même nom, mais plus éloignée de la Mer.

[d] l. 20.

EQUIAN, Petite Ville d'Egypte bâtie par les Successeurs de Mahomet. Elle est peuplée de Jacobites qui s'occupent au Labourage & nourrissent quantité de poules, de pigeons & d'oyes qui sont à fort vil prix. Il y a quelques Monasteres de Religieux, où les étrangers sont nourris en passant; & il n'y demeure ni Turc, ni Maure que le Gouverneur & sa famille.

§. Mar-

§. Marmol qui fournit ce détail ne dit point en quelle Province de l'Egypte est cette Ville ; mais cette description se trouve entre celles d'Icmin, de Musie qui est vis-à-vis, de Barbande & de Caana. Ces lieux sont nommez dans la Carte du cours du Nil de Paul Lucas, Aquemin, Menchie, Barbambou & Caana. Je soupçonne que le Beliano où cet Auteur dit qu'il y a beaucoup de Coptes pourroit bien être l'Equian de Marmol.

EQUILIUM, Isle des Venitiens à l'embouchure de la Piave. C'est aujourd'hui JESULO selon Niger; ou CITTA NOVA selon Leandre.

EQUIZETENSIS, ou EQUIZOTENSIS, nom d'un Siege Episcopal d'Afrique dans la Mauritanie. Il en est fait mention dans la Notice des Evêchez d'Afrique[a] & dans la Conference de Carthage. Ce lieu étoit dans la Mauritanie Sitifense & est nommé EQUEHETO dans la Table de Peutinger. C'est sans doute le même Siege qu'Ortelius trouve nommé dans Victor d'Utique.

EQUOLISMA, Village de la Gaule vers Saintes, comme il paroît par la Vie de St. Eparque dans Surius. Ortelius croit que c'est pour *Engolisma*, aujourd'hui Engouleme.

EQUOTUTICUM, ou EQUUS TUTICUS, petite Ville des Hirpins en Italie. Cluvier croit que c'est presentement ARIANO, Ville du Roiaume de Naples dans la Principauté ulterieure. Voyez ARIANO. Holstenius croit au contraire que c'est la même qu'ECANA, & qu'on l'apelle aujourd'hui TROJA Ville de la Pouille dans la Capitanate.

ER.

ERACONIUM FLAVIUM; on lit ce nom dans quelques Exemplaires d'Antonin[b]. D'autres portent *Interamnium*, ou *fluvium* selon d'autres; il y en a où l'on trouve *Interfraconio*, & quelques Critiques ont cru voir *Epaconium fluvium*. INTERAMNIUM FLAVIUM, est la veritable maniere de lire le nom de ce lieu qui étoit à XXX. M. P. d'Astorga. Voyez ce mot.

ERACTUM, ancienne Ville des Bastarnes dans la Sarmatie Européenne selon Ptolomée: on croit que c'est ROW, petite Ville de Pologne dans la Podolie sur le Morawe.

ERÆ, ancienne & petite Ville de l'Asie mineure dans l'Ionie[c]. Elle reconnoissoit les Teiens pour ses fondateurs ou pour ses maîtres. Elle étoit maritime & fortifiée.

ERÆADÆ[d], Bourg de l'Attique dans la Tribu Acamantide.

ERAGE, Ville d'Afrique dans la Pentapole selon Ptolomée[e].

ERAGIZA, Ville de la Syrie dans la Cirrhestique près de l'Euphrate, selon Ptolomée[f].

ERAGNAC, Bourgade de Provence entre Cavaillon & Arles. Quelques-uns croient que c'est l'*Enarginum* d'Antonin.

ERAK. Voyez IRAQUE.

1. ERANA, Bourgade sur le Mont Aman dans la Cilicie. Ciceron qui s'en étoit rendu maitre dit; qu'elle ne ressembloit pas à un Village mais à une Ville & que c'étoit le chef-lieu du Mont Aman. Ce lieu étoit situé du même côté de cette Montagne où étoient les autels d'Alexandre; car Ciceron[h] descendant de-là fit camper ses troupes au même lieu où Alexandre étoit campé près de la Ville d'Issus lors qu'il alloit livrer bataille à Darius.

2. ERANA. Voyez ERANNA.

ERANIA, pour URANIA, Ville de l'Isle de Cypre, selon quelques Exemplaires de Diodore de Sicile[i].

ERANNA, ancien nom d'une Ville de la Triphylie dans l'Elide Province du Peloponnese. Etienne le Géographe dit qu'on la nomma ensuite CYPARISSIA. Mais il se trompe, car Strabon[k] dit très-clairement, qu'entre les Villes Pilus & Cyparissia étoit au milieu celle d'ERANA; c'est ainsi que Strabon écrit avec une N. simple; & il ajoute que quelques-uns se trompoient en croiant que ç'avoit été ARENA.

ERANNOBOA, fleuve des Indes où après avoir coulé quelque espace il se mêle avec le Gange auprès de la Ville de Palibrotha, au raport d'Arrien[l]. Il est en deça du fleuve dans lequel il se perd.

ERANUSA, petite Isle d'Italie joignant le Royaume de Naples, & assez près du Promontoire de *Lacinium*, selon Pline[m]. Elle est à present sous l'eau, selon le sentiment du R. P. Hardouin. Pline nomme trois Isles de suite; à savoir *Tris*, *Eranusa*, & *Meloessa*. Le R. P. Hardouin assure qu'il a trouvé ces noms de la sorte dans tous les Manuscrits. Ortelius dit au contraire que ces noms ne signifient rien & que trois de ses exemplaires portent *Sirenussa*, & pretend que c'est ainsi qu'il faut lire, que les autres noms sont un galimathias des Copistes qui ont mal entendu celui qui dictoit. Il s'apuie même sur l'autorité de Dictis de Crete qui place les Sirenusses entre Charibde & l'Isle de Calypso. Ce qui peut donner du poids à ce sentiment c'est que Pline place dans le voisinage l'Isle de Calypso que l'on croit, dit-il, avoir été nommée Ogygie par Homere. Mais le R. P. Hardouin, sans faire mention d'Ortelius refute Hermolaus Barbarus ancien Editeur de Pline qui a jugé comme Ortelius en faveur de *Sirenussa*, & fait voir que les Isles nommées ainsi étoient bien delà & sur une côte toute diferente.

ERAS, Ville de l'Asie mineure dans le voisinage d'Ephese selon Thucydide[n].

1. ERASINE, nom commun à plusieurs fleuves de Grece; selon Strabon[o].

2. ERASINE, Riviere du Peloponnese au pays d'Argos selon Pline[p] & Strabon[q]: le dernier dit qu'on le nommoit aussi *Arsine*, & qu'il avoit sa source dans le marais Stymphalide en Arcadie; qu'il s'absorboit dans la terre & ressortoit dans l'Argie. Il ne faut pas le confondre avec un autre de même nom dont je parle dans l'article suivant. Au reste c'est de ce fleuve qu'Ovide parle lors qu'il dit :

Sic modo combibitur, tacito modo gurgite lapsus,
Redditur Argolicis ingens Erasinus in arvis.[r]

Ce dernier vers n'est pas de Seneque comme Ortelius

Ortelius semble le dire; Seneque ne fait que l'emprunter d'Ovide. Voyez Erasino.

3. ERASINE, autre fleuve du Peloponese dans l'Arcadie, où il a son embouchure auprès de Bura selon Strabon [a].

4. ERASINE, Riviere de Grece dans l'Eretrie. Strabon [b] la distingue des autres par le surnom d'*Eretricus*, Ἐρετρικὸς, mais ce surnom est équivoque; car il y avoit une Ville *Eretrie* dans la Thessalie, & une autre Eretrie & un peuple *Eretrii* dans l'Eubée: c'est sur ce fondement que Mr. Baudrand [c] fait couler cette Riviere d'Erasine dans l'Isle d'Eubée.

5. ERASINE, Riviere de Grece dans l'Attique auprès de Broura dans le Golphe de Corinthe selon Strabon [d].

6. ERASINE, Riviere de la Lycie selon Vibius Sequester.

ERASINO, (l') [e] petite Riviere de Grece dans la Morée. Elle a sa source dans la Zaconie à la Montagne de Stimpale dont elle porte d'abord le nom, ensuite entrant dans la Sacanie elle se cache quelque temps dans la terre, d'où ressortant sous le nom d'Erasino, elle traverse le Lac de Petrina ou de Lerna, & se rend dans celle de *Planissa*, anciennement *Inache*, qui peu après se rend dans le Golphe de Napoli de Romanie. C'est ERASINE 1.

ERATINI, peuple voisin de l'Arabie, selon Hesyche cité par Ortelius.

ERATONOS, Isles du Golphe Arabique selon Pline [f], qui par l'épithete *Sitientes*, designe leur aridité.

ERATYRA, lieu dans le voisinage de l'Epire, des Eordes & de l'Elymie, selon Strabon [g].

ERAULT [h] (l') Riviere de France dans le bas Languedoc, en Latin *Eravus*, anciennement *Araura*, *Araurars*, & *Rauraris*. Elle a sa source dans les Sevennes, sur les confins du Givaudan, d'où coulant vers le Midi elle passe près de Pezenas & de St. Tyberi, & après avoir reçu quelques autres Rivieres moindres, elle se jette dans la Mer Mediterranée un peu au-dessous d'Agde qu'elle arrose.

ERBACH [i], Riviere d'Allemagne. Elle a plusieurs sources au Bailliage de Keyserslautern, d'où coulant dans la Seigneurie de Landstoul qu'elle sépare du Bailliage de Deux-Ponts, elle entre dans ce Bailliage, le traverse, en baigne la Capitale & va grossir la Riviere de Horn entre Ernstweiler & Bauhenhausen.

ERBÆA, Montagne de la Macedoine sur les confins des Taulantiens selon Ortelius [k] qui cite Polyen au commencement du 4. livre; mais il avertit qu'on lit dans le Grec *Erebæa* Ἐρεβαία.

ERBESSUS. Voyez HERBESSUS.

ERBICARA [l], Cap de la Côte Orientale de l'Isle de Corse, vers le Midi, près de Porto-Nuevo. Quelques Géographes le prennent pour le *Graniacum* ou *Granianum Promontorium* des Anciens.

ERBITA, ancienne Ville de Sicile selon Ptolomée [m], & Etienne le Geographe. Ciceron [n] la nomme HERBITA, par une aspiration, & Pline [o] en nomme les Habitans HERBITENSES. On croit que son nom moderne est NICOSIA dans le Val Demona.

ERBYSSUS. Voyez HERBESSUS.

ERCABUM, Ville ancienne de la Sarmatie Européenne, selon Ptolomée dont l'ancien Interprete Latin écrit ce mot par une H. *Hercabum*.

ERCAVICA. Voyez ERGAVICA.

ERCHIA, lieu municipal de l'Attique. Demosthene & Suidas citez par Ortelius [q] en font mention.

ERCHOAS, Village de l'Ethiopie, proche le Nil, selon Ptolomée [r].

ERCTA (*orum*) Montagne de Sicile selon Diodore de Sicile [s]. Elle avoit une forteresse, & Polybe [t] la nomme EIRCTE. Elle est entre le Mont-Eryx & Palerme.

ERCTZEYDORFF, Ville d'Allemagne dans l'Autriche sur la Wische.

§. Mr. Corneille, de qui est cet article, a entendu sans doute parler d'ENTZERSDORFF, lieu situé en effet sur la Wische assez près de Vienne & du Danube. L'Histoire de ce siecle passé en fait mention comme d'une petite Ville que les Hongrois saccagerent en 1620. & qui fut encore brûlée l'an 1646. avec l'Eglise & quantité de grains. Ce lieu appartient à l'Evêque de Fryssingue en Baviere.

ERCUNIATES, ancien peuple de la Pannonie inferieure selon Ptolomée [v]. Pline [x] les nomme HERCUNIATES.

ERCYNA, Riviere de Grece dans la Beotie auprès de Lebadie & peu loin de l'Antre de Trophonius. Plutarque en fait une fontaine [y] & Philostrate [z] aussi; mais ce nom y est mal à propos changé en celui d'*Ερώνη*.

ERCYNIA. Voyez HERCYNIA SYLVA.

ERDELIA, ou ERDELIANA PROVINCIA, l'un des noms Latins de la TRANSSYLVANIE. Voyez ce mot.

ERDELY, nom que les Hongrois donnent à la TRANSSYLVANIE, que les Turcs nomment ERTEL.

ERDEWDI, en Latin HERTA-TURRIS, Village & Monastere de Hongrie dans une Isle que forme le Danube vis-à-vis de l'embouchure de la Drave. On y voit des ruines que quelques-uns prennent pour les restes de l'ancienne *Teutoburgium* Ville de Pannonie. D'autres cherchent cette ancienne Ville à *Drazat* Village voisin, & d'autres à Cinq-Eglises.

ERDHOLM, écueils de la Mer de Dannemarc. On les trouve vers l'Isle de Bornholm, & ils sont connus par quantité de Naufrages qui s'y font d'autant plus craindre pendant l'automne, que l'obscurité de la nuit empêche qu'on ne les découvre & que la sonde ne trouve point de fond dans le voisinage. Ils sont au nombre de trois au Nord-est de cette Isle: le plus Septentrional est par les 55. d. 20'. de latitude, le second est à l'Orient de celui-là, le troisiéme est le plus long & qui au midi de tous les deux. Et tous les trois sont entre le 33. d. 55'. & le 34. d. de longitude; selon le Neptune François où ils sont nommez EERTHOLM.

ERDINGA, Village du Cercle de Baviere

re dans l'Archevêché de Salzbourg, environ à cinq lieues de la Ville de Saltzbourg du côté du Nord. Une Inscription trouvée dans ce Village fait conjecturer qu'il y est un reste de la petite Ville du Norique nommé anciennement ARIODUNUM.

ERDINI, ancien peuple de l'Hibernie selon Ptolomée[a]. Il y a des exemplaires où ce nom se trouve écrit *Erpeditani*.

[a] L. 2. c. 2.

ERDONIA, selon Ptolomée[b], ARDONEÆ au pluriel selon Tite-Live[c], ou même HERDONEA ou HERDONIA[d] selon le même Historien, ARDONA, selon le livre des limites. Cluvier & ceux qui le suivent croient que c'est aujourd'hui LA CEDOGNA; Niger, dit CERUGNOLA: mais Mr. Doujat, dans son Commentaire sur les endroits citez de Tite-Live, assure que le nom moderne est ARDONA dans la Capitanate au Royaume de Naples & non pas *Cedogna* (en Latin *Cerdonia*) qui est dans la Principauté ulterieure.

[b] L. 3. c. 1.
[c] L. 24. c. 20.
[d] L. 25. c. 22. & l. 27. §. 1.

EREA. Voyez HEREA.

EREB, selon St. Jerome, EREMINTHA selon Eusebe, ARAB selon la Vulgate[e]. Le premier des deux Peres que je viens de nommer semble dire que ce lieu, qui étoit de la Tribu de Juda, étoit de son temps un Village de *Daroma* c'est-à-dire, *au Midi*, & qu'on l'appelloit HEROMIT.

[e] *Josué* c. 15. v. 52.

EREBA, place d'Egypte[f] de laquelle il est fait mention dans l'Edit de Theophile Archevêque d'Alexandrie qui nomme Bistes Evêque de ce lieu.

[f] *Ortel. Thesaur.*

EREBANTIUM, Promontoire de l'Isle de Sardaigne : quelques exemplaires portent ERREBANTIUM ; c'est la plus Occidentale des deux pointes qui sont au Septentrion de cette Isle.

EREBINTHON-OICOS[g], c'est-à-dire, *Maison des pois chiches*; Village près de Jerusalem selon Josephe[h].

[g] *D. Calmet Dict. de la Bible.*
[h] *De bello* l. 6. c. 12.

EREBINTHODES ou EREBINTHUS, Isle de la Propontide selon Pline[i]. Ortelius soupçonne si ce ne seroit pas pour TEREBINTHUS. Le R. P. Hardouin n'ose décider qu'il faille faire ce changement. Il remarque seulement que les Ecrivains de l'Histoire Byfantine Nicetas, Zonare & autres placent une Isle TEREBINTHOS, auprès de Constantinople.

[i] l. 5. in fine.

EREBITÆ, peuple qui faisoit partie de la Nation des Lotophages selon Strabon cité par Ortelius[k]. Ptolomée[l] donne aussi ce nom à un peuple de l'Afrique propre.

[k] *Thesaur.*
[l] l. 4. c. 3.

EREBUS, mot Latin dont les Anciens, & surtout les Poëtes, se servent pour exprimer la demeure souterraine, où les Manes vont après la mort. Ce mot est équivalent à celui d'Enfers. Virgile dans son sixiéme livre parle des ombres, & des fleuves de l'Erebe. Festus s'est imaginé faussement que Virgile avoit donné le nom d'Erebe comme particulier à quelqu'un de ces fleuves imaginaires; mais le Poëte en disant,

Et magnos Erebi tranavimus amnes,

n'a voulu dire autre chose, sinon qu'ils avoient passé à la nage les grandes Rivieres des enfers.

Il est surprenant que Mr. Baudrand averti par Ortelius ait copié cette bévûe.

1. EREC[m], ancienne Ville d'Asie située le long du lit commun du Tigre & de l'Euphrate. La Genese[n] la nomme entre les lieux qu'elle appelle *le commencement du Regne de Nemrod*; elle donna le nom à une Province. C'est l'ARACCA de Ptolomée.

[m] *Huet de la situat. du Parad. Terr.* p. 32.
[n] c. 10. v. 10.

2. EREC[o], Province d'Asie, qui s'étendoit le long du lit commun du Tigre & de l'Euphrate à droit & à gauche depuis leur jonction jusqu'à la Mer. Cette Province a été ensuite nommée IRAQUE, qui est le même nom un peu déguisé : mais l'Iraque d'aujourd'hui n'est pas le même pays que l'ancienne Province d'Erec; car avec le temps l'Iraque a empiété sur la Babylonie qui étoit anciennement au-dessus de la jonction des deux fleuves, elle a aussi empiété sur l'Assyrie & sur la Medie auxquelles elle a fait porter son nom. La Babylonie de son côté s'est mise en possession de toute l'ancienne Province d'Erec ou d'Iraque.

[o] *Ibid.*

ERECCON, selon Eusebe & St. Jerôme, ARECON selon la Vulgate[p], lieu de la Palestine. Il servoit de bornes à la Tribu de Dan auprès de Joppe.

[p] *Josué.* 19. v. 46.

ERECHTEUM[q] *littus*, c'est-à-dire, le *Rivage Erechtéen*. Valere Maxime parle d'une femme Greque nommée *Hippo*, qui se voiant sur la flote des ennemis, dans la crainte qu'on n'attentât sur sa pudicité, se jetta dans la Mer. Son cadavre ayant été jetté par les flots au rivage Erechtéen fut enseveli assez près de l'eau. Un des Commentateurs ne sachant où étoit le Rivage Erechtéen, a voulu changer ce mot en celui d'Erythrée, mais il devoit nous dire comment ce corps avoit pu passer dans la Mer Rouge. Il vaut mieux avouer qu'on ne sait pas une chose que de faire dire aux anciens une sotise à laquelle ils ne pensoient pas.

[q] l. 6. c. 1.

ERECTHIA[r], lieu municipal de la Grece dans l'Attique, dans la Tribu Egéide : il tenoit ce nom du Roi Erechtheus. C'étoit la patrie du celebre Orateur Isocrate.

[r] *Steph. Byfant. & Spen Voyage* T. 2. p. 339.

EREGRI. Voyez HERACLE'E.

EREMBERTI LAPIS. Voyez HERMANSTEIN & EHREN-BREITSTEIN.

EREMBI, nom que les Grecs donnoient aux Arabes Troglodytes; selon Strabon[s] qui dit que ce nom étoit nouveau.

[s] l. 1. pag. 2. 38. & 42.

EREMBON, selon Eusebe, EREMMON selon S. Jerôme, l'un & l'autre en dit ce qu'ils avoient déja dit de CADES. Voyez ce mot.

EREMUPOLIS, Ville Episcopale de laquelle Gregoire Patriarche d'Alexandrie fait mention dans la Vie de St. Chrysostome. Ortelius croit qu'il doit y avoir HERMUPOLIS, qui étoit une Ville d'Egypte.

EREMUS HERVETIORUM. Voyez EINSIDELN.

ERENIA, Village de Grece auprès de Megare selon Pausanias[t].

[t] *In Atticis.*

ERES, Ville d'Asie sur la frontiere d'Armenie & la premiere du Schirvan de ce côté-là. Elle a été fameuse à cause du trafic des soyes blanches que les Marchands nommoient *Mamodées*. Mais les longues guerres ont fait cesser ce commerce.

ERES-

ERESBURGUM, nom Latin de STADT-BERG en Westphalie.

ERESII, ancien peuple de l'Asie mineure selon Ortelius qui cite Pline. Voyez EREZII.

ERESIUM. Voyez HYRESIUM.

ERESMA (l') ou ELERENA [a], en Latin *Areva*; Rivière d'Espagne dans la vieille Castille. Elle a sa source dans la Montagne de Fonfria, partie de la Sierra Tablada, sur les frontieres de la Castille neuve d'où elle passe à Segovie & y reçoit la petite Riviere de Clamores & à Coca où elle s'accroît du Valtaia & d'autres Torrents; delà prenant sa route au Septentrion, & se rendant plus forte par la jonction du Cea & de quelques autres Torrents, elle se rend enfin dans le Duero un peu au-dessus de Tordesillas après un cours de dix-sept lieues.

ERESOS ou **ERESSOS**, Ville de l'Isle de Lesbos selon Etienne. Pline [a] & Strabon [b] en font aussi mention. Niger dit que c'est aujourd'hui CIDONIA; mais le R. P. Hardouin dit que c'est GEREMIA. Cette ville étoit la Patrie de Théophraste.

ERESSA, ancienne Ville de l'Asie mineure dans l'Eolide, selon Pomponius Mela [c]; mais les exemplaires varient, les uns portent CHRYSA, d'autres CRESSA, d'autres ERESSA.

ERESSOS, &

ERESSUS. Voyez ERESOS & ERESII.

ERESUS, ce nom se trouve par la faute des Copistes dans le V. livre de Diodore de Sicile, au lieu d'EBUSUS.

ERETENUS, en Grec Ἡρετηνὸς, ancien nom d'une Riviere dans le Territoire des Venetes où Elien [d] dit que se pêchoient les plus excellentes anguilles. Leandre dit que c'est à présent le RERONE.

ERETIA, Bourg de la Grece dans la Livadie, près du Golphe de Negrepont vis-à-vis du Cap Litar; qui est la pointe Occidentale de l'Isle de Negrepont. On presume qu'Eretia est l'ancienne CNEMIS dont les Locres *Epicnemidiens* tiroient leur nom.

1. **ERETRIA**, Ville de Thessalie dans la Phtiotide. Cette Ville est nommée *Eretria* au singulier, & quelquefois *Eretria* au pluriel.

2. **ERETRIA** ou **ERETRE'A** [e], Ville considerable de l'Eubée. Strabon, L. 10. nous apprend, qu'elle avoit été appellée MELANEÏS & AROTRIA; qu'on la connoissoit avant la guerre de Troye; que les Perses la ruinérent lorsque Xerxès vint dans la Grece; & que de son tems on en voyoit encore les fondemens, au lieu appellé *Eretrie l'ancienne*, située sur l'Euripe, vis-à-vis du Port de l'Attique appellé *Delphinium*, le trajet n'étant que de quarante stades, comme dit le même Strabon l. 9. L'*Eretrie* dite *nouvelle*, a été la plus grande Ville de l'Eubée, après celle de Chalcis. Elle étoit à son Midi, & Menedeme y avoit établi une Ecole de Philosophes, surnommez ERETRIENS. Le lieu se nomme à présent ROCHO. Dans le tems que Philippe de Macedoine regardoit l'Eubée comme fort propre par sa situation à favoriser le dessein qu'il meditoit contre la Grece, Plutarque, maître d'Eretrie, l'une des principales Villes de cette Isle, demanda du secours aux Atheniens; mais l'ayant obtenu, il paya ses bienfaicteurs d'ingratitude, il se déclara pour leurs ennemis, & conspira ouvertement contre ceux qu'il avoit appellez. Phocion commandoit l'Armée auxiliaire d'Athenes. La perfidie imprevuë ne le deconcerta point. Il poursuivit son entreprise, gagna une bataille contre Philippe, & chassa Plutarque d'Eretrie. D'un autre côté les Eretriens furent chassez de *Porthmus* autre Place de l'Eubée, par Philippe, dont ils avoient pris le parti comme de leur allié.

ERETRII, peuple originaire de l'Eubée établi dans la Babylonie. Philostrate dans la Vie d'Apollonius dit que ce fut Darius qui y mena cette Colonie. Il semble à Ortelius que ce peuple étoit aux environs d'Ecbatane.

ERETUM, Ville des Sabins dans l'Ombrie selon Strabon [g], Etienne le Geographe, & Virgile [h]. Le premier dit que ce lieu ressembloit plus à un village qu'à une ville. Elle étoit à 107. stades de la Ville de Rome selon Denis d'Halicarnasse [i]; & Antonin la met à 18. milles: c'est présentement MONTE ROTONDO, dans la Sabine.

EREUATIS, Ville ancienne de la Lycie selon Etienne le Geographe.

EREUM, Ville ancienne de l'Isle de Sardaigne. Elle ne subsiste plus.

EREZII ou **ERIZII**, ancien peuple de l'Asie mineure peu loin du Rhindacus fleuve de Misie. Voyez ERIZENA.

ERFORT ou **ERFURT** [k], Ville d'Allemagne située sur la Gere au milieu de la Turinge, avec Université, en Latin *Erfurtum* ou *Erfordia*. Elle est entre Weimar & Gotha à quatre lieües de l'une & de l'autre, considerable pour sa grandeur, pour la beauté de ses Edifices, & pour le grand nombre de ses habitans, & défenduë par une Citadelle qu'on nomme de Saint Cyriaque, à cause qu'elle a été bâtie en un lieu où il y avoit autrefois un Monastere de Religieuses de ce même nom. L'autorité des Electeurs de Mayence, à qui Erfort appartient, s'y trouvoit tellement diminuée, qu'il ne leur restoit presque que le vain nom de Seigneurs. Les Bourgeois prétendoient avoir racheté en differens tems les Droits que les Archevêques avoient dans la Ville, jusqu'à soûtenir qu'ils n'étoient point Seigneurs du Territoire, ils n'y pouvoient posseder aucune terre en propriété, & quoique les Electeurs y eussent repris leur autorité, selon que les diverses factions leur en avoient pû fournir de favorables moyens, ils la perdirent entierement après que la ville eut embrassé la Confession d'Augsbourg, ce qui obligea les habitans de se mettre sous la protection des Ducs de Saxe. Cependant Gustave-Adolphe Roi de Suede, étant entré en Allemagne, se rendit maître de cette ville, & parce qu'après sa mort, elle n'étoit pas demeurée ferme dans le parti des Suedois, un de leurs Generaux, appellé *Banier*, la remit sous leur pouvoir, & par les Traitez de Westphalie, ils consentirent qu'elle retournât sous l'obéïssance de l'Electeur de Mayence, ce que les habitans prétendirent ne devoir être entendu que d'une obéïssance pareille à celle qu'ils avoient renduë à leurs prédecesseurs. L'Electeur Jean Philippe de Schon-

Schonborn repliqua qu'il devoit rentrer en possession de la Seigneurie de la ville, & y jouir de tous les droits de souveraineté. Sa prétention parut si juste que l'Empereur mit les habitans au Ban de l'Empire. Le Roi de France envoya des troupes à cet Electeur pour lui faire rendre l'obéïssance, qui lui étoit dûë, en sorte qu'il en est demeuré entièrement le maître depuis ce tems-là. Il y a envoyé un Gouverneur qui s'appelle *Vicedom*, & les Magistrats qui sont élus tous les ans, sont serment de conserver ses droits.

Le Territoire d'Erfort comprenoit autrefois quatre-vingt villages ou Châteaux, mais par le Traité de Leipsig du 30. de Septembre 1665. l'Electeur de Mayence en cela dix-sept à celui de Saxe pour toutes les prétentions qu'il pouvoit avoir sur cette ville. Elle fut presque toute ruinée par le feu l'an 1417. Les Ducs de Saxe de la Branche Ernestine prétendent avoir le droit de protection hereditaire & celui de conduire sur les hommes & les Marchandises qui entrent ou qui sortent de la Ville. Il y a une Academie [a] dont on croit que Dagobert Roi de France est le fondateur; la Cathédrale est remarquable en ce qu'il y a deux fabriques l'une sur l'autre, & à cause de la grande cloche qu'Erhard de Campen fondit en 1479. elle pese 470. quintaux & a de tour 14. coudées & demie, & quatre coudées & un quart de hauteur.

[a] *Vagenseil Pera lib. Locul. 2. p. 303.*

ERGA, Bourg ancien des Hergetes en Espagne, selon Ptolomée [b]. Ses Interpretes l'expliquent par *Urgel*, mais ce n'est qu'une conjecture.

[b] *L. 2. c. 6.*

ERGASTERIA, Village de la Troade entre Cyzique & Pergame à 440. stades de [c] Thesaur., cette derniere selon Ortelius, qui cite Galien.

ERGAVIA, Ville ancienne de l'Espagne [d] Tarragonoise. selon Ptolomée [d]. C'est selon quelques modernes YGUALADA, en Catalogne. Il ne faut pas confondre cette ville avec celle dont il sera parlé dans l'article suivant.

[d] *L. 2. c. 6.*

ERGAVICA, Ville des Celtiberiens dans l'Espagne Tarragonoise. On a, outre l'autorité de Ptolomée qui en parle aussi, plusieurs Médailles, entre autres une d'Auguste avec ces mots MUN. ERGAVICA; & une autre de Tibere avec ce mot *Ergavica*. Une ancienne inscription dans le Recueil de Gruter [e] porte aussi ce nom.

[e] *pag. 382. n. 9.*

M. CALP. M. F.
LUPO. FLAM. P. H. C.
EX CONVEN.
CÆSAR. ERCAVIC.

C'est-à-dire, *Marco Calpurnio, Marci Filio, Lupo Flamini Provinciæ Hispaniæ Citerioris, ex Conventu Cæsaraugustano, Ercavicensi*. Dans [f] *L. 3. c. 3.* ce dernier mot le C. est pour G. Pline [f] a rangé dans l'Assemblée de Sarragoce (*in Cæsaraugustano Conventu*), un peuple qu'il nomme *Ergavicenses*. Il n'y a pas de doute que dans le passage du 40. livre de Tite-Live, c. 50. il ne faille lire *Ergavica* au lieu d'*Ergavia* qui y est qualifiée *noble & puissante Cité*, ce qui convient mieux à *Ergavica* qu'à la petite Ville d'*Ergavia*. C'est le sentiment du savant Si-

gonius & de Cellarius. Les Espagnols tiennent que c'est présentement ALCANNIZA, à sept lieuës de Tortose. Moralés l'approche davantage de Toléde & croit que c'est le lieu nommé à présent PENNA ESCRITTA DU SANTAVER.

ERGERS [g], Riviere d'Allemagne. Elle a sa source aux Montagnes qu'on voit au delà de St. Leonard. Elle passe par la haute & par la basse Ehenheim, vient à Krant, à Ergersheim, qui en prend le nom, & à Blesheim où elle reçoit le Ruisseau de Mage qui coule par la Ville de Rosheim. Delà l'Ergers va mêler ses eaux avec celles de Ill proche de Gravenstaden.

[g] *Corn. Dict. Daviry Alsace.*

ERGETIUM, ancienne Ville de Sicile selon Etienne le Geographe. Ptolomée la nomme *Sergentium*. Elle étoit à quelque distance de la Mer, & ses ruines sont aujourd'hui nommées CITADELLA. Cependant Polyen parle d'une Ergetium Ville maritime de Sicile laquelle fut prise par stratagème.

ERGIMUL, Royaume ou Province de la grande Tartarie dans le Tangut, c'est-à-dire, dans un pays que nous ne connoissons presque pas. Daviry dit que ce Roïaume a pour Capitale une Ville de même nom.

ERGINUS, fleuve de Thrace dans le voisinage d'Athyras, autre Riviere du même pays. Pomponius [h] Mela & Pline [i] en font mention; mais ils ne disent rien de precis sur sa source ni sur son cours.

[h] *L. 2. c. 2.*
[i] *L. 4. c. 11.*

ERGISQUE [k], lieu de Thrace. Eschine en parle, dans sa harangue contre Ctesiphon. L'Auteur de la harangue sur l'Halonése dit que Philippe, après avoir fait la paix avec Athenes, ne laissa pas de prendre Serrie, la Montagne Sacrée, & *Ergisque*. Cette derniere Place, voisine des deux autres, portoit le nom de son fondateur Ergiscus qu'on croïoit fils de Neptune & de la Nymphe Aba selon le témoignage d'Harpocration & de Suidas.

[k] *Oeuvres de Tourril T. 4. p. 210.*

ERI, petite Riviere d'Italie dans le Patrimoine de St. Pierre, où elle arrose le Duché de Bracciano, & se jette dans la Mer de Toscane à deux ou trois lieuës de Civita-Vecchia, du côté du Levant.

ERIA. Voyez HERII MONTES.

ERIBANUM, Montagne ou Colline d'Italie, dans la Campanie sur le Vulturne. Polybe en fait mention [l].

[l] *L. 3. c. 91.*

1. ERIBOEA, Ville ancienne des Parthyéens dans la Macedoine selon Ptolomée [m]. Peut-être ce nom lui venoit-il de la Montagne Eribœa que Polyen met au même endroit. Les Interpretes de Ptolomée croient que c'est CROYE, Ville & Résidence des Despotes d'Albanie, avant l'invasion des Turcs.

[m] *L. 3. c. 13.*

2. ERIBOEA, ancienne Ville d'Asie dans la Bithynie selon Ptolomée. Ses Interpretes écrivent en marge pour noms modernes GEBYSE, LEHUSSA.

ERIBOLUM, Xiphilin [n], & Zonare nomment ainsi un Port ou une Rade d'Asie & disent qu'*Eribole* étoit le havre de Nicomedie Ville de Bithynie.

[n] *In Macrin. Hist. Rom. T. 1. p. 437.*

ERICE [p], Bourg & Port d'Italie dans l'Etat de Genes, sur le Golphe d'Espezza vis-à-vis de l'Isle de Porto. Venere. Les Latins l'ont nommé *Ericis portus*.

[o] *Cousin*
[p] *Baudrand.*

ERI-

ERICIA, ancien Village de Grece dans l'Attique, & dans la Tribu Egéide.

1. ERICINUM, Bourg ou petite Ville de Sardaigne selon Ptolomée [a], Simler croioit que ce même lieu est nommé par Antonin ERUGIUM ou ERUBRIUM. Car l'un & l'autre se trouvent en divers exemplaires, aussi-bien qu'ERURIUM, que lisoit Ortelius dans ce même Auteur.

2. ERICINUM, ancienne Ville de Macedoine selon Tite-Live [b]. Elle [c] étoit dans l'Æsticœotide au midi d'*Eginium* aux confins de la Pelagonie Tripolitide.

ERICIS PORTUS, nom Latin d'ERICE.

ERICODES. Voyez ERICUSA 2.

1. ERICUSA, Isle de la Mer Ionienne auprès de Corcyre selon Ptolomée [d], c'est-à-dire dans le voisinage de Corfou. Bellon cité par Ortelius croit qu'elle s'apelle *Paxo*, Sophien est dans le même sentiment. Il y a apparence qu'ils se trompent, car *Ericusa* & *Paxa* étoient des Isles differentes au raport de Pline [e]. Le R. P. Hardouin, qui remarque que le nom d'ERICUSA vient des bruieres dont elle étoit couverte, ajoute que ni cette Isle ni plusieurs autres petites qui sont autour de Corfou n'ont point aujourd'hui de noms particuliers.

2. ERICUSA, l'une des Isles de Lipari, & la cinquieme selon Pline [f] entre les Eoliennes, Isles voisines de la Sicile. C'est apparemment la même que Ptolomée [g] nomme ERICODES. Voyez ALICUR.

1. ERIDAN, en Latin *Eridanus*, ancien nom d'un fleuve d'Italie. plus connu sous le nom de Pô, en Latin *Padus*. L'ancien nom lui fut donné à cause d'Eridan, fils du Soleil, parce que ce temeraire plus ordinairement nommé Phaeton, ayant eu la temerité de vouloir conduire le char de son Pere fut precipité dans ce fleuve. Voyez Pô.

2. ERIDAN, petite Riviere de Grece dans l'Attique. Elle couloit au couchant d'Athenes & se mêloit au-dessous de cette Ville. Pausanias [h] dit qu'elle avoit le même nom que le fleuve Eridan qui étoit dans la Gaule. (*Cisalpine*)

3. ERIDAN, Vibius Sequester dans sa liste des Montagnes en met une qu'il nomme *Eridanus Dyrrachii*.

4. ERIDAN, quelques Auteurs, comme Oppien dans ses Halieutiques [i] & Philostrate [k], donnent ce nom au Rhône, trompez peut-être par la ressemblance de *Rhodanus* avec *Eridanus*. Et Tzetzès [l] met dans la Celtique vers les Pyrenées un fleuve d'Eridan d'où il feint qu'Hercule partit pour se rendre en Libye.

5. ERIDAN, Herodote [m] parle ainsi d'un Eridan different des deux fleuves dont j'ai parlé : „ Je n'ai rien à dire bien averé tou-„ chant les extrémitez Occidentales de l'Euro-„ pe & je ne conviens pas qu'il y ait quel-„ que fleuve nommé Eridan par les Barbares, „ qui se perd dans la Mer Septentrionale & „ d'où l'on dit que vient l'Ambre (*Electrum*); „ car le nom d'*Eridan*, qui est Grec & non „ pas étranger, marque assez que c'est une „ fiction de quelque Poëte. Quelques-uns „ ont pris occasion de ce passage pour dire que cet Eridan n'est autre que la *Wistule* ; persuadez sans doute par l'analogie qu'ils trouvoient entre l'Eridan Septentrional, d'où venoit l'Ambre & la Wistule à l'embouchure de laquelle étoient les *Electrides*, Isles qui fournissoient beaucoup d'Ambre & en prenoient leur nom.

ERIE, grand Lac du Canada. Voyez ERRIE.

ERIEU [n], Riviere de France dans le Vivarais. Elle a sa source près de St. Agreve, separe le haut Vivarais d'avec le bas & va décharger dans le Rhône, après s'être déja grossie des eaux de la Dumere, de la Doria, de la Gleure, & de l'Orene. Sa jonction avec le Rhône se fait au-dessous du Poussin.

ERIGON, Riviere de la Macedoine selon Ptolomée [o] qui dit qu'elle a sa source dans les Montagnes qui sont sous la Dalmatie. Tite-Live [p] la fait couler de l'Illyrie par la Péonie dans l'Axius. Il la nomme *Erigonus*; ce qui revient à la maniere dont Ptolomée l'appelle Ἐριγώνου. Strabon [q] la nomme ERIGON, & il paroît qu'elle a été aussi nommée RIGINIA [r]; & qu'on l'a quelquefois donnée à la Thrace. C'est aujourd'hui *Vistriza*.

ERIMANTHUS. Voyez ERYMANTHUS.

ERIMUM ou ERINUM, ancienne Ville de l'Oenotrie, selon Etienne le Geographe. Gabriel Barri veut que ce soit aujourd'hui le Bourg nommé REGINA Bourg de la Calabre Citerieure, d'autres LA REYNA Village entre Cosenza & Citraro ; comme les Cartes de Magin ne marquent que le Village ni Bourg sur le *Perditio* Ruisseau qui tombe dans le *Crate*, je doute que le Bourg des uns & le Village des autres soient diferents.

ERINAEI, selon Ptolomée ou ORINÆI, selon ses Interprêtes, ancien peuple de la Sarmatie Asiatique.

ERINDE, Riviere d'Asie, vers l'Hyrcanie ou la Parthie selon Tacite [s]. En Latin *Erindes*.

ERINESES, Riviere de l'Inde, & l'une de celles qui se jettent dans le Gange, selon Arrien [t].

1. ERINEUS, ancienne Ville de Grece en Thessalie dans la Phtiotide ; selon Strabon [v].

2. ERINEUS, Ville ancienne de Grece dans la Tetrapole Dorique selon le même [x].

3. ERINEUS, Strabon nomme ainsi un lieu inculte & tout couvert de figuiers sauvages, au-dessous de l'ancienne *Ilium*, & assez loin de la nouvelle. Et c'est à ce lieu qu'a raport le discours d'Andromaque dans Homere [y].

4. ERINEUS, ancien Port de Mer au Peloponnese dans l'Achaïe entre Ægium & le Promontoire Rhium. Pline [z] le nomme ERINEOS.

5. ERINEUS, Rivière de Sicile selon Thucydide & nommée par Ptolomée ORINOS. Voyez ce nom.

ERINGDRANE [a], Province de l'Isle de Madagascar. Elle est bornée à l'Orient par des Montagnes fort hautes qui la séparent du pays d'Antavara & d'Amboshimene. Elle a du côté d'Occident trois grandes Rivieres, savoir Manatang, Zoumando, & Sahamang, qui sortent de ces Montagnes & qui après avoir traversé tout le Pays se vont décharger dans une

une grande Baye située sous le 20. d. de latitude Méridionale à côté de Mosambique. C'est un pays plat & d'assez grande étendue. On le divise en grande & petite Eringdrane. La petite d'où la Riviere de Mangarach prend sa source est le quartier Meridional & la grande est le Septentrional qui finit au pays de Vohitsanghombe, duquel il est séparé par le Mansiate grande Riviere qui se va jetter dans la même baye. Cette Province est extrémement peuplée. Du côté du Levant il y a quantité de bétail sur ses Montagnes. Les habitans de la Province de Vohitsanghombe sont ennemis jurez des Eringdranes.

ERINIATES, Village de Grece dans la Megaride selon Etienne le Geographe. Ortelius conjecture fort heureusement que c'est E-RENIA, dans l'Attique, Ἐρένεια τῶν Μεγαρέων κώμη, c'est-à-dire, *Ereneia Village des habitans de Mogare*; dit Pausanias[a]. Etienne, ou son Copiste, a lié mal à propos l'article *Erissé* avec le nom, qu'il defigure.

[a] In Attic.

ERISANE, ancienne Ville de la Lusitanie, & l'une de celles où commandoit Viriate selon Appien[b].

[b] In Ibericis.

ERISSE[c], en Latin *Rhizus* & *Rizaus*, petite Ville de la Natolie, avec un port, sur la Côte de la Mer Noire, aux frontieres de la Mingrelie, à près de soixante milles de Trebizonde vers le Levant. Elle étoit autrefois Episcopale sufragante de Trebizonde.

[c] Baudrand Ed. 1705.

ERISII[d], ou CYDONIA, autrefois Ville Episcopale de l'Isle de *Lesbos*, presentement cette ville n'est plus qu'un village de cette Isle qui est, aujourd'hui celle de *Metelin*.

[d] Ibid.

ERISSO[e], Ville de la Turquie en Europe dans la Macedoine & dans la Province d'Emboli avec un port sur le Golphe de Monte Santo, près de la Montagne de ce nom. Il y a un Evêque Grec sufragant de l'Archevêché de Salonique entre le Golphe d'Agiomana & celui de Contessa. Cette ville est la même qu'*Achante* 1.

[e] Ibid.

ERITHIA. Voyez ERYTHIA.

ERITHINI SCOPULI. Voyez ERYTHINI.

ERITHRE'E. Voyez ERYTHRE'E.

1. ERIVAN, ERVAN IRIVAN ou IRWAN, HIRVAN, & CHIRVAN, Province de Perse dans la grande Armenie des anciens entre la Turcomanie au Couchant, la Georgie au Nord, le Schirvan à l'Orient & l'Adirbeitzan au Midi. L'air y est fort froid à cause des Montagnes d'Ararath. Cependant le terroir y est fertile même en vins. Ses principales Villes sont Erivan Capitale, Karasbah, Bilagan & Chincar selon Mr. Baudrand[f]. Mais Mr. de l'Isle[g] qui nomme cette Province IRAN y met Erivan, le Monastere d'Echmiazin, Gangea Ville à l'Orient du *Lac d'Erivan* qu'il apelle *Lac de Giaguni*. Les autres lieux, moins considerables sont Berde, Bilagan, Nachevan & Julfa.

[f] Ed. 1705.
[g] Carte de Turquie &c.

2. ERIVAN, Ville d'Asie, Capitale de l'Armenie Persienne à trois heures de chemin de Trois Eglises. Les Geographes Orientaux la mettent à 63. d. 15'. de longitude & à 38. d. 32'. de latitude. Mr. de l'Isle la fait plus Septentrionale que le 40. d. Tavernier[h] la nomme Chiruan & dit que d'autres l'appellent

[h] Voyage de Perse T.1.l.3.

Hirvan ou Erivan, & que c'est un des bons *Canats* c'est-à-dire, un des bons gouvernemens de la Perse à cause de son grand revenu. La Ville d'Erivan est remplie de vignes & de jardins, bâtie sur une Colline qui est au bout de la plaine; les maisons mêmes s'étendent dans une des plus belles vallées de Perse, & dont les prairies sont entremêlées d'arbres fruitiers & de vignobles. Les Bourgeois d'Erivan sont assez simples pour croire que leurs vignes sont encore de l'espece de celles que Noé y planta. Quoiqu'il en soit, elles produisent de fort bon vin, & cela fait mieux leur éloge, que si on les faisoit descendre de celles du bon Patriarche. La vallée est arrosée par de belles sources, & les maisons de Campagne y sont presque aussi nombreuses qu'aux environs de Marseille. Il n'y a que le haut des Collines qui deshonore le pays par sa secheresse, mais la vigne y feroit des merveilles, s'il y avoit assez de monde pour la cultiver. Les meilleures terres sont couvertes de grains, de Coton & de Ris, ce dernier est principalement destiné pour Erzeron. Les maisons d'Erivan ne sont qu'à un étage en terrasse bâties de boüe & de torchis à la maniere des autres Villes de Perse. Châque maison est enfermée dans une enceinte isolée, quarrée, anguleuse ou arrondie, haute d'environ une toise. Les murailles de la Ville, quoiqu'à double rempart en plusieurs endroits, n'ont gueres plus de deux toises d'élévation, & ne sont défenduës que par de méchants ravelins arrondis, épais de quatre ou cinq pieds. Toutes ces pieces de même que les murailles, sont de boüe séchée au soleil, sans être terrassées. Les murailles du Château qui est au haut de la Ville, ne vallent gueres mieux, quoiqu'elles soient à triple rang. Le Château est presque ovale, renferme plus de huit cens maisons, occupées par des Mahometans; car les Armeniens qui y travaillent pendant le jour, viennent coucher à la Ville. On assura à Mr. Tournefort[i] que la garnison de ce Château étoit de 2500. hommes, la plûpart gens de métier. La Place est imprenable du côté du Nord, mais c'est l'ouvrage de la nature, qui au lieu de remparts de boüe, l'a munie d'un précipice effroiable au fond duquel passe la Riviere. Les portes du Château sont garnies de tole. Les Sarrasines & les corps de garde paroissent assez bien entendus. L'ancienne Ville étoit peut-être plus forte, mais elle fut détruite pendant les guerres des Turcs & des Persans. Mr. Tavernier assure qu'elle fut livrée à Sultan Mourat par trahison, & que les Turcs y laisserent vingt-deux mille hommes de garnison. Cependant Cha-Sefi Roi de Perse l'emporta de vive force: Il fut le premier à l'assaut, & les vingt-deux mille Turcs qui n'avoient pas voulu se rendre, furent taillez en pieces. Mourat se vangea en Prince Barbare dans Babylone; il fit passer au fil de l'épée tous les Persans qui s'y trouverent, quoiqu'il leur eût promis la vie par la capitulation.

[i] Voyage de Tournefort T.2.p.141. & suiv.

Du côté du Midi sur une butte, à mille pas environ de la Citadelle, est le petit Fort de QUETCHYCALA, revêtu d'une double muraille; mais ces fortes d'ouvrages craignent plus la pluye que le canon. Quetchycala ressemble à ces Forts de terre grasse que l'on construit quel-

quelquefois à Paris pour faire exercer les Académistes. Les canoniéres de toutes les fortifications d'Erivan sont d'une structure assez singuliere; elles avancent hors de la muraille en maniere de masque, d'un pied & demi de saillie, & sont terminées en capuchon ou en groin de Cochon, ce qui met tout-à-fait à couvert la tête du Soldat qui est commandé pour tirer. Cela n'est pas trop mal-imaginé pour les poltrons ; mais aussi ils ne sauroient découvrir les ennemis que quand ils sont à portée, & qu'ils viennent se placer justement où il faut pour se faire tuer, car si les assiégez attendent qu'ils soient arrivez au pied des murailles, ils ne peuvent plus tirer sur eux.

Mr. Chardin qui a mieux connu *Erivan*, & ses environs qu'aucun voyageur, en décrit exactement les Rivieres. Le *Zengui* coule au Nord-ouest, & le *Queurboulac* au Sud-Ouest, formé par 40. fontaines, comme l'exprime son nom. Le *Zengui* vient du Lac d'Erivan à deux journées & demi de la Ville.

Le LAC d'ERIVAN qui est profond & de 25. lieuës de tour, est rempli de Carpes & de Truites excellentes, dont les Religieux qui sont dans un Monastere bâti sur l'Isle qui est au milieu du Lac, ne profitent gueres, car il ne leur est permis d'en manger que quatre fois l'année, & ils ne peuvent parler entre-eux que ces jours-là. Pendant le reste de l'année ils gardent un silence perpetuel, & ne mangent que les herbes de leur jardin, telles que la nature les leur prepare, c'est-à-dire, sans huile, ni sel. Ces pauvres Moines sont comme autant de Tantales qui voyent à quatre doigts de leur bouche d'excellens fruits sans y pouvoir toucher. Cependant l'ambition n'est pas tout-à-fait bannie de ce lieu; le Superieur ne se contente pas de prendre le titre d'Archevêque, il prend aussi celui de Patriarche, & il le dispute même au Patriarche des Trois Eglises.

On passe le Zengui à Erivan sur un pont de trois arches, sous lesquelles on a pratiqué des chambres, où le Kan, qui est le Gouverneur du pays, vient quelquefois se rafraichir pendant les grandes chaleurs. Ce Kan tire tous les ans plus de vingt mille Tomans de la Province, c'est-à-dire plus de neuf-cens mille livres monnoye de France, sans compter ce qu'il gagne sur la paye des troupes destinées pour garder la frontiere. Il est obligé de donner avis à la Cour, de toutes les Caravanes & de tous les Ambassadeurs qui passent. A l'égard des Ambassadeurs, la Perse est le seul pays que je connoisse, où ils soient entretenus aux dépens du Prince: rien ne fait tant d'honneur à un grand Roi. Dès qu'un Ambassadeur ou un simple Envoyé a fait voir aux Gouverneurs des Provinces les Lettres dont il est chargé pour le Roi de Perse, on lui donne le *Tain*, c'est-à-dire sa subsistance journaliere. Tant de livres de viande, de pain, de beurre, de ris, & un certain nombre de chevaux & de chameaux.

On fait bonne chere à Erivan. Les perdrix y sont communes, & les fruits y viennent en abondance. Le vin y est merveilleux; mais les vignes donnent beaucoup de peine à cultiver, car le froid & les gelées obligent les vignerons non seulement à chausser les seps,

mais à les enterrer au commencement de l'hiver, pour ne les découvrir qu'au printemps.

Quoique la Ville soit mal bâtie, elle ne laisse pas d'avoir certains beaux endroits. Le Palais du Gouverneur, qui est dans la Forteresse, est considerable par sa grandeur & par la distribution de ses appartemens. Le *Meidan* ou la grande place est quarrée, & n'a gueres moins de 400. pas de diametre. Les arbres y sont aussi beaux qu'à Lyon dans la place de Bellecour. Le *Bazar* qui est le lieu où se vendent les marchandises, n'est pas desagréable. Les Bains & les Caravanserais ont leurs beautez, sur tout le Caravanserai neuf qui est du côté de la Forteresse. Il semble qu'on entre d'abord dans une Foire, car on passe par une gallerie où l'on vend toutes sortes d'étoffes.

Les Eglises des Chrétiens sont petites & à demi-enterrées. Celles de l'Evêché, & l'autre que l'on appelle *Catoviqué*, ont été bâties, dit-on, du temps des derniers Rois d'Armenie. On voit du côté de l'Evêché une vieille Tour d'une structure assez singuliere, elle auroit quelque rapport à la Lanterne de Diogene, si son Architecture n'étoit pas dans le goût Oriental. Elle est à pans, & le dôme qui la termine a quelque chose de plus agréable, mais les gens du pays ne savent à quel usage elle a servi, ni dans quel temps elle a été bâtie. Les Mosquées de la ville n'ont rien de particulier. Mr. Chardin assure que les Turcs prirent Erivan en 1582. & qu'ils y bâtirent la Forteresse; que les Persans l'ayant reprise en 1604. la mirent en état de résister au Canon, qu'elle soutint un siege de quatre mois en 1615. que les Turcs furent obligez de le lever, qu'ils n'emporterent la place qu'après la mort d'Abas le Grand, qu'enfin les Persans l'ayant reprise en 1635. ils en sont demeurés les maîtres depuis ce temps-la.

3. LAC d'ERIVAN, c'est ainsi que quelques Relations nomment la source du Zengui Riviere d'Armenie qui, après avoir coulé entre Erivan & le Monastere des Trois Eglises, se perd dans l'Aras, & roule avec lui dans la Mer Caspienne. J'en parle suffisamment dans l'article precedent.

ERIX. Voyes ERYX.

ERIZA, Ville de l'Asie propre. Tite-Live [a] en fait mention, & il paroît qu'elle étoit sur les confins de la grande Phrygie, de la Pisidie & de la Galatie.

ERIZENA REGIO, en François l'ERIZENE, contrée d'Asie selon Pline [b]. Le même Auteur [c] place dans cette Asie vers le Rhindacus un peuple qu'il nomme EREZII & que le R. P. Hardouin croit être le même que Ptolomée [d] appelle EPIZHAOI ; au lieu d'EPIZHNOI qu'il faut lire dans cet Auteur. Les anciennes Notices Episcopales placent dans la Carie un Siege nommé tantôt EREZOS & tantôt ERIZOS, & comme observe le R. P. Hardouin, les bornes de la Carie, de la Mysie & de la Lydie, ont toujours été bien confuses.

ERKELENS [e], en Latin *Herculenum*, ou *Herculis Castra*, petite Ville d'Allemagne au Duché de Juliers, mais du quartier de Ruremonde & près de la Riviere de Roer. Elle avoit un Château qui fut pris & rasé par François en 1674. Elle n'est qu'à trois milles d'Alle-

[a] L. 38. c. 14.
[b] L. 10. c. 43.
[c] L. 5. c. 30.
[d] L. 5. c. 2.
[e] Baudrand Ed. 1705.

ERK. ERL. ERM.

d'Allemagne de Juliers au Septentrion & à sept de Cologne au Couchant.

a d'Herbelot Bibl. Orient.

ERKENEH-KOUN [a], Montagne d'Asie. Ces mots signifient une *Montagne* inaccessible. Ce fut dans cette Montagne que Kian & Teghous se retirerent apres la defaite entiere de leur Nation dans la sanglante bataille que Tour fils de Feridoun livra aux Mogols. Ce fut aussi dans cette Montagne qu'ils engendrérent les Peres de deux peuples nommez *Kiat* & *Derlighin* qui rétablirent la Nation & l'Empire des Mogols. Cette Montagne est fermée par une autre chaine de Montagnes que les anciens ont appellée Imaüs qui separe les Scythes en Orientaux & Occidentaux.

ERLA, ou ERLAW ou ERLAUT, Nom de la Citadelle d'*Agria* Ville de Hongrie. Voyez AGRIA.

b Delices de la Suisse T. 1. p. 130.

1. ERLACH [b], petite Ville ou Bourg de Suisse. Les François le nomment SERLIER; il appartient au Canton de Berne, & est situé au bord du Lac de Bienne. Il n'y a rien de remarquable que le Château où reside le Bailli.

c Ibid.

2. ERLACH [c], Bailliage de Suisse au Canton de Berne. Il ne renferme que le Bourg d'Erlac & quatre ou cinq paroisses & ses rentes sont principalement en Vin. Les Princes de la Maison de Châlon possedoient autrefois cette terre, mais comme ils prirent parti pour le Duc de Bourgogne contre les Suisses, dans la guerre qu'il leur fit, les Bernois victorieux leur prirent toutes les terres qu'ils possedoient dans ces Pays, Erlac, Orbe, Echalens, & Gransson.

d Ibid.

3. L'ISLE DE ST. JEAN D'ERLACH [d], autre Bailliage de Suisse au Canton de Berne. C'étoit autrefois une celebre Abbaye de l'Ordre de Cisteaux fondée par un Evêque de Bâle dans le XII. siécle. Comme elle avoit des terres d'un grand revenu, les Bernois en ont fait un Bailliage. Le Bâtiment qui servoit à loger les Moines sert à loger le Bailli. Ce lieu est situé dans un fond, à l'endroit, où la Thiele se va jetter dans le Lac de Bienne. La Thiele l'environne de tous côtez & en fait une espece d'Isle & c'est ce qui lui a fait donner le nom qu'il porte. Les rentes de ce Bailliage sont principalement en grains.

e Baudrand. Edit. 1705.

ERLANG [e], petite Ville d'Allemagne au Cercle de Franconie, sur la Riviere de Rednitz, dans le Margraviat de Culembach, aux confins de l'Evêché de Bamberg & du Territoire de Nuremberg.

ERLAPH, en Latin *Arlapa* ou *Arelapus*, petite Riviere d'Allemagne en Autriche. Elle a sa source vers les frontieres de la Stirie & se jette dans le Danube joignant Pechelarn dans la basse Autriche.

f Le même.

ERMA, ou GERMASTE [f], petite Ville de la Natolie propre, en Latin *Germa* ou *Therma*. Elle est sur la Riviere de Sangar, à environ huit lieues au-dessous de Pessin. Elle a eu autrefois un Archevêque.

ERMÆA, Isle voisine de celle de Sardaigne selon Ptolomée; Pinet la nomme TALARA

g Thesaur.

& MOLARA au raport d'Ortelius [g].

ERMANDICA, ou ERMANTICA, ou HELMANTICA, ou HERMANDICA. Car ce nom varie selon les differens exemplaires ou

ERM. ERN.

traductions de Polybe [h] ou dans Tite-Live qui a copié cet Auteur [i]. Plusieurs Savans prétendent que c'est la même chose que SALMANTICA aujourd'hui SALAMANQUE. Cellarius n'est pas de ce sentiment. Il prétend que la Ville de laquelle Polybe a voulu parler étoit une Ville des *Vaccéens* où étoit aussi *Arbucala* que Polybe joint dans le même passage, dont Tite-Live a fait *Arbacala*; & Ptolomée *Albucela*, ou *Albocela*, au lieu que selon le même Ptolomée Salmantica étoit dans le Territoire des Vections.

h L. 3. c. 14. i L. 21. c. 5.

ERMELAND, en Latin *Varmia*, petit pays de la Pologne dans la Prusse Royale, dont il est une des quatre Parties, au Palatinat de Mariembourg. Ceux de dehors l'appellent souvent WARMELAND. Il est presque environné de la Prusse Ducale & du Golphe nommé le Frisch-Haff. Sa principale Ville est *Heilsberg*, où est la Residence ordinaire des Evêques de Varmie. Outre cela on y trouve Wartenberg, Gutstadt Braunsberg, & autres moindres lieux.

ERMENIA, Ville Episcopale sous Sergiopolis Metropole selon Guillaume de Tyr cité par Ortelius [k]. Une ancienne Notice du Patriarchat d'Antioche publiée par Schelstrate met pour XI. Siege Metropolitain, Sergiopolis, & sous ce Siege quatre Evêchez dont le IV. est Ermenia. Ce qui fait voir l'erreur du P. Charles de St. Paul [m] qui ne compte Sergiopolis que comme un Evêché suffragant d'Hierapolis; & dit qu'Abraham Evêque de Sergiopolis souscrivit au V. Concile General de Constantinople, & y est nommé Metropolitain seulement pour l'honneur. Sergiopolis étoit dans l'Euphratesée, & conséquemment *Ermenia* n'en étoit pas loin.

k Thesaur. l Antiq. Ecclesi. T. 1. p. 738. m Geog. Sacr. p. 151.

ERMIANENSIS SEDES. Voyez HERMIANENSIS.

ERMIONE, Ville ancienne de Grece au Peloponnese dans le Golphe Argolique, lequel est presentement le Golphe de Napoli en Morée. Sophien prétend que c'est aujourd'hui CASTRI. Strabon & Thucydide écrivent ce nom par une Aspiration, HERMIONE; au raport d'Ortelius [n].

n Thesaur.

ERMITA DE LOS PALACIOS [o], petit Village d'Espagne dans l'Andaloussie sur l'Almudiel, n'est remarquable qu'en ce qu'on croit qu'il occupe la même place où a été l'ancienne FLAVIUM VIVITANUM, & ensuite la Ville de XARANDILLA.

o Baudrand Ed. 1682.

ERNAGINUM, selon Antonin [p] & Ptolomée, ERNAGINA dans la Table de Peutinger; ancienne Ville de la Gaule Narbonnoise : les Savans ne s'accordent point sur le nom moderne du lieu où il faut le chercher. On dispute en faveur de divers lieux de Provence, les uns sont pour VERNEGUES, d'autres pour MEILLANE; ce sont aujourd'hui deux Villages. Bouche, dans son Histoire de Provence, est pour le dernier; il y en a qui veulent que ce soit ST. GABRIEL Village peu éloigné des précedents. Hadrien de Valois me paroît avoir plus vraisemblablement rencontré en disant que c'est ERAGNAC. Le nom & la situation s'accordent assez. Ce lieu est nommé dans l'Itinéraire de Bourdeaux à Jerusalem, *Mansio Arnagine*. Ce lieu devoit être entre AR-

p Itiner.

LES

ERN. ERO.

LES & CAVAILLON à VII. mille pas de la première & à XXIX. mille pas de la seconde. L'Itineraire de Bordeaux à Jerusalem donne VII. mille pas depuis ARLES à Arnaginé qui, comme je l'ai remarqué, est le même lieu qu'*Ernaginum*, & de ce lieu à Avignon V. mille pas.

ERNE. Voyez EARNE.

1. ERNE'E ou ERRENE'E [a], petite Ville de France au Maine & sur les confins de la Bretagne; à quatre lieues de Fougeres & à quatre de Vitray sur une petite Riviere de même nom [b]. C'est un membre dépendant du Duché de Mayenne: on tient qu'elle a pris le nom d'une Ste. fille qui vivoit sous le Regne de Clotaire, & qui fut inhumée en ce lieu. Outre la Paroisse, qui contient cinq cens-quarante feux, il y a un Couvent de Benedictines, & un Hôpital fondé en 1297. par Richard Morin Prêtre qui lui donna tous ses biens. Il est gouverné par un Administrateur électif & par quatre Hospitalieres. On trouve à Ernée Jurisdiction, Grenier à Sel, & Hôtel de Ville.

2. ERNE'E [c], Riviere de France dans la Province du Maine; elle a sa source dans l'Election de Mayenne où elle se charge de plusieurs ruisseaux au-dessus & au-dessous d'Ernée où elle passe, g. aussi bien qu'à Chaillant qu'elle laisse à droite, à Andouillé g. dans l'Election de Laval où elle se perd dans la Mayenne, à l'Orient de St. Germain.

ERNODORUM, ancienne Ville de la Gaule Celtique. Antonin [d] en fait mention dans la route de *Bourdeaux* à *Autun*, (*A Burdigala Augustodunum*) & compte d'*Argantomagus* [e] (aujourd'hui *Argenton* en Berry) XXVI. mille pas à Ernodorum, delà XIII. autres mille pas jusqu'à *Avaricum*, autre ancienne Ville du Berry. C'est donc dans cette Province & entre ces deux Villes qu'il faut chercher *Ernodorum* ou *Enotrum*, comme ce nom se trouve écrit dans la Vie de St. Ambroise Evêque de Cahors; où il est porté que ce St. Prélat mourut & fut inhumé à Enotrum Village peu distant de la Ville de Bourges. Avec le temps il perdit son ancien nom, & la piété des peuples lui donna celui de ce St. desorte que ce lieu s'appelle aujourd'hui *St. Ambroise*. Mais l'ancien s'est pourtant conservé en quelque maniere; car *Ernodorum* veut dire *l'eau de l'Arnon*, & ce lieu est nommé ST. AMBROISE SUR L'ARNON. D'autres, au raport de Mr. Baudrand, croient que c'est *Issoudun*; leur opinion me paroît moins vraisemblable.

ERNULEIFFER. Voyez RETGTLES.

EROANUM, nom Latin d'ERIVAN.

EROCHUS, ancienne Ville de Grece vers le fleuve Cephise selon Herodote [f]. Pausanias [g] la met dans la Phocide.

EROEADÆ, partie de la Tribu Hippothoontide dans l'Attique selon Etienne le Geographe.

EROGE' [h], Josephe [i] dit que sous le Regne d'Ozias, Roi de Juda, il arriva un si grand tremblement de terre à Jerusalem qu'une partie du Mont des Oliviers s'en détacha & roula jusqu'au lieu nommé Erogé à quatre stades de la Ville. Ortelius [k] semble avoir cru

ERO. ERP. ERQ. ERR. 305

que c'est la même chose que la fontaine Rogel dont, il est parlé dans Josué [l].

EROINE' [m], ancienne Ville Archiepiscopale, de laquelle il est fait mention dans les Sanctions ou Ordonnances des Pontifes Orientaux.

EROPÆI, peuple de l'Afrique propre, selon Ptolomée [n].

ERPACH [o], Château d'Allemagne en Franconie, au Comté d'Erpach sur le Torrent de Mulhing, entre les Rivieres du Mein & du Neckre, environ à vingt mille pas d'Aschaffenbourg, au Midi & un peu moins de Heidelberg.

LE COMTE' D'ERPACH [p], petit pays d'Allemagne dans la Franconie. A ses Comtes particuliers & prend son nom du Château qui en est la résidence: il s'étend du Nord au Sud entre les terres de l'Electeur de Mayence à l'Orient & celles de l'Electeur Palatin à l'Occident, entre les Rivieres du Mein & du Neckre.

ERPIS ou HERPIS, Ville de la Mauritanie Tingitane selon Ptolomée: Marmol semble la nommer MACARMEDA. Voyez ce mot.

ERQUICCO, ARQUICCO, ERCOCCA, ERKIKO, ou ERCOCO. Le premier est preféré par Mr. Baudrand; le second par Mr. Corneille; le troisieme par le R. P. Hardouin qui explique par ce nom l'*Adulliton Oppidum* de Pline [q]; le quatrieme par Mr. de l'Isle & le dernier par MSS. Sanson. Mr. Ludolfe dans sa Carte d'Abissinie en forme une sixieme Orthographe & nomme ce lieu ARKIKO. C'est un bourg de la haute Ethiopie avec un petit Château, un port sur la côte de la Mer Rouge. Il est dans la Province du Barnagass, mais il appartient au Turc. Hierôme Lobo Portugais le met à deux lieues de l'Isle de Mazua & environ à cent de Suaquen au Midi.

ERQUIVIAS [r], Bourg d'Espagne peu éloigné de la Ville de Tolede. Il n'est remarquable que pour avoir été la Patrie de Michel Cervantes Auteur de l'ingenieux Roman de Dom Quichote; quoique d'autres disent qu'il étoit né à Seville.

ERRANOBOA. Voyez ERANOBOA.

ERRAVES, en Latin *Erravi*, Nation d'Asie sur le Pont-Euxin selon Orphée dans les Argonautiques citées par Ortelius [s].

ERRIE', Lac du Canada nommé autrement LAC DE CONTY. Son circuit est de deux cens trente lieuës, & tout le long de ses bords, on voit des ormeaux, des chênes, des châtaigniers, des noyers, des pommiers, des pruniers & des treilles qui portent leurs grapes jusqu'au sommet des arbres, sur un terrain très-uni, de sorte que l'aspect en est charmant. Il y a une quantité incroyable de bêtes fauves, & de poulets d'Inde, dans les bois & dans les vastes prairies qu'on découvre du côté du Sud. Les bœufs sauvages se trouvent au bout de ce Lac, sur les bords de deux belles Rivieres qui s'y déchargent sans rapides & sans cataractes.
Il est abondant en éturgeons & en poissons blancs; mais il y a peu de truites. Il est aussi sans batures, sans rochers ni bancs de sable; sa profondeur est de 14. à 15. brasses d'eau, & les gros vents n'y soufflent que pendant les mois de Décembre, de Janvier & de Février.

vrier. Selon ce qu'en difent les Sauvages, fes bords ne font d'ordinaire frequentez que par des Guerriers, Iroquois, Ilinois, Oumamis, & autres; & comme le peril de s'y arrêter à la chaffe eft grand, les cerfs, les chevreuils & les poulets d'Inde courent en troupeaux le long de fon rivage, dans toute l'étenduë des terres, dont il eft environné. Les ERRIERO-NONS & les Andaftogueronons qui habitoient autrefois autour de fes bords, ont été détruits par les Iroquois. Du côté du Nord on découvre une pointe de terre qui avance vingt lieuës au large; & à trente lieuës delà vers l'Orient, eft une petite Riviere qui prend fa fource près de la Baye de Ganaraske, fituée dans le Lac de Frontenac.

[a] Voyages T. 2. p. 22. Le Baron de la Hontan [a] de qui Mr. Corneille a pris la fubftance de cette defcription dit que c'eft le plus beau Lac du monde.

1. ERRIF: quelques Geographes donnent ce nom à la baffe Egypte.

2. ERRIF, Province d'Afrique au Roiaume de Fez. Voyez RIFFE.

ERRORIS INSULA, c'eft-à-dire, *l'Isle de l'Erreur* ou *de l'Egarement*, nom Latin d'une Ifle dont Ortelius croit que le nom moderne eft ALBORAN, ou ALBUSAMA.

[b] L, 14. ERRUCA, ancienne Ville des Volfques peuple d'Italie felon Diodore de Sicile[b].

ERSINGA. Voyez ERTZICA.

ERTHA, Ville ancienne de la Parthie felon Etienne le Geographe.

ERTZGEBURGE, c'eft-à-dire, *les Montagnes des Mines*, & non pas le quartier des Montagnes, comme traduit Mr. Baudrand, qui le rend en Latin *Archimontanum*, très-mal à propos & par une équivoque très-plaifante. On appelle ainfi un des Cercles de l'Electorat de Saxe où font les riches Mines de Freyberg. Il fait partie de la Mifnie fur les frontieres de la Boheme qui le termine au Midi; comme le Voigtland le borne au Couchant, le Cercle de Leipfig au Septentrion, & celui de Mifnie propre au Levant. Ses places font

Freiberg,	Grun-haim,
Chemnitz,	Johan Georgenftadt,
Zwickau,	Wildenfels,
Stolberg,	Glaucha,
Annaberg,	Hardenftein,
Schneeberg,	Penick,
Catharinenberg,	Wiefenburg,
Altenberg,	& autres moindres lieux.
Franckenberg,	
Schwartzenberg,	
Auguftusburg,	
Wolckenftein,	

Ces places n'appartiennent pas toutes à l'Electeur de Saxe. Wildenfels appartient au Comte de Solms; Glaucha, Hardenftein, Penick, & quelques autres appartiennent aux Seigneurs de Schœnburg; & Wiefenburg, Château & Bailliage, eft à une branche de la Maifon de Holftein-Sunderbourg.

ERTZICA, Ville Capitale des Armeniens [c] Thefaur. felon Laonique cité par Ortelius[c]. Mr. Baudrand dit fur la foi du même Laonique que c'étoit une Ville de Capadoce dans l'Afie mineure, que Leunclave la nomme ERZINGA, & la donne à l'Armenie. Mr. Baudrand ajoute qu'on la nomme communément ARZINGAM, qu'elle eft vers l'Euphrate & que delà s'eft formé le nom d'*Artzinga* & d'*Artzinganis*.

ERUBRUS, Aufone nomme ainfi dans fon Poëme fur la Mofelle une Riviere qui fe joint avec celle-ci. On croit que c'eft prefentement celle qui porte le nom de ROBER.

ERUCIO ou ERUBRIO. Voyez ERICINUM I.

ERULI. Voyez HERULES.

ERUPA, ancienne Ville de l'Arabie deferte, felon Ptolomée[d]. [d] L. 5. c. 19.

ERYANNOS, Riviere de la Troade. Elle a fa fource au Mont Ida felon Pline[e]. Les exemplaires varient & quelques-uns portent CRYANNOS. [e] L. 5. c. 34.

ERYBIUM, ancienne Ville de Grece dans la Doride au pied du Mont Parnaffe, felon Diodore de Sicile cité par Ortelius.

ERYCE, ancien nom d'une Ville & d'une Riviere de Sicile, felon Etienne le Geographe. Elle eft diferente d'ERYX. Voyez l'article de cette derniere.

ERYGROS, fleuve de la Germanie felon l'Hiftorien Dion[f]. Ortelius foupçonne avec beaucoup de fondement que ce mot eft corrompu de VISURGIS. [f] L. 55.

ERYMANTHE[g], Ville, Montagne, & Riviere de l'Arcadie. Paufanias[h] dit que la Ville d'Erymanthe fut auffi nommée PHEGIA & PSOPHIS, & Plethon dit PSOPHTHIS. Voyez DIMITZANA. [g] Ortelius Thefaur. [h] In Eliacis.

1. ERYMNÆ, Ville de la Lycie felon Etienne le Geographe.

2. ERYMNÆ, Ville de la Theffalie felon Strabon[i], en Magnefie felon Pline[k]. Scylax[l] en fait auffi mention; & le R. P. Hardouin femble la confondre avec la premiere. [i] L. 9. p. 443. [k] L. 4. c. 9. [l] p. 24.

ERYSIBE, Ville de Sicile, felon le grand Etymologique.

ERYSICHE. Voyez OENIADÆ.

ERYSIMA, Ville de la Cappadoce felon Conftantin Porphyrogenete cité par Ortelius.

ERYSTHIA, Ville de l'Ifle de Cypre, felon Etienne le Geographe.

ERYTHEA ou ERYTHIA, Ifle de l'ancienne Efpagne dans le voifinage de Cadix. Strabon[m] dit qu'*Erythée* étoit feparée de la terre ferme par un détroit d'un ftade, c'eft-à-dire, de 120. pas. Pline[n] la nomme *Erythie*, & dit qu'elle étoit à près de cent pas de l'Efpagne, qu'elle avoit été nommée auffi APHRODISIAS, c'eft-à-dire, *l'Isle de Venus*, & que d'autres l'avoient appellée l'Ifle de Junon. Mariana[o] croit qu'elle a été engloutie par la Mer & qu'il n'en refte plus aucun veftige, mais Salazar né à Cadix prétend[p] les Antiquitez de cette ville qu'elle s'appelle encore prefentement ISLA DE LEON. [m] L. 3. p. 167. [n] L. 4. c. 22. [o] Hift. Hifp. l. 1. c. 21. [p] Antiq. Gadit. l. 1. c. 4.

ERYTHINI, Ville & pays de la Paphlagonie, felon Ortelius qui cite Hefyche.

1. ERYTHRÆ, Ville de la Béotie felon Pline[q]. Strabon[r] dit que quelques-uns la plaçoient dans le territoire de Platée. [q] L. 4. c. 7. [r] L. 9. p. 409.

2. ERYTHRÆ, Ville de l'Ionie felon Pline. Il dit qu'Alexandre le Grand ordonna que l'on coupât un Canal de 7500. pas de longueur pour ifoler le Mont Mimas & Erythres.

ERY. ERZ.   ERZ.

thres. Suivant Strabon [a] c'est de ce lieu que la Sibylle Erythrée avoit été surnommée ainsi, & le R. P. Hardouin observe que les Relations des nouveaux Voyageurs nomment ce lieu GESME, & que c'est aujourd'hui un Village. Pline [b] y met un Temple d'Hercule. Strabon [c] y met un port devant lequel étoient quatre Isles nommées *Hippi*, c'est-à-dire *les chevaux*. Etienne dit qu'elle fut appellée CNOPUPOLIS, à cause d'un certain *Cnopus*. Strabon [d] dit que ce Cnopus la bâtit & qu'il étoit fils naturel de Codrus; mais Pausanias nous apprend qu'elle eut pour fondateur *Erythrus*, fils de Rhadamante qui y fit conduire une Colonie; mais que Cnopus étant survenu avec quantité d'Ioniens l'agrandit & la peupla plus qu'elle n'étoit auparavant. L'un explique l'autre.

3. ERYTHRÆ, Ville de la Libye, selon Etienne le Géographe.

4. ERYTHRÆ, Ville de la Locride, selon le même.

5. ERYTHRÆ, Ville de Thessalie sur le fleuve Enypée. Strabon [e] la nomme *Erythra* au singulier. Il ne faut pas la confondre avec celle de Béotie, qui étoit près du Mont Citheron selon Euripide [f].

6. ERYTHRÆ, Ville de l'Etolie, selon Tite-Live [g]. C'est la même Ville qu'Etienne donne à la Locride; Tite-Live dit qu'elle étoit près d'*Eupalium*. Elle étoit aussi voisine de Naupacte qui fut premierement au peuple nommé par les Latins *Locri Ozolæ*, & passa ensuite au pouvoir des Etoliens. Etienne le Géographe dit toujours ERYTHRA, au singulier & met encore une ville de ce nom dans l'Isle de Cypre nommée Paphos de son temps. Nonnus fait aussi mention de cette derniere au XIII. livre de ses Dionysiaques.

ERYTHRÆUM MARE. Voyez au mot MER l'article de la Mer Rouge.

ERYX, ancien nom d'une Ville de Sicile & de la côte sur laquelle elle étoit située. Elle étoit fameuse par un Temple de Venus, qui prit de là le surnom d'ERYCINE que les Poëtes Latins lui ont donné. Solin [h] dit: il y a en Sicile deux hautes Montagnes, l'Etna, & l'Eryx; la premiere est consacrée à Vulcain & l'autre à Venus. Polybe [i] place Eryx entre Drepana & Palerme, la Ville étoit au sommet, & on y abordoit dificilement. Elle étoit déja bien dechue aussi bien que son Temple du temps de Strabon [k]. Cette Montagne est aujourd'hui nommée MONTE S. JULIANO ou MONTE DI TRAPANI, & la Ville TRAPANI DEL MONTE pour la distinguer de Trapani qui est sur le Rivage de la Mer.

§. Il ne faut pas confondre cette ancienne Ville nommée ERYX, avec ERYCE de laquelle parle aussi le Géographe Etienne & qu'il met aussi dans la Sicile. Eryx étoit au Couchant de l'Isle; au lieu qu'Eryce étoit au Midi Oriental du Lac des Paliques à la source de la Riviere ERYCES, dont l'embouchure étoit entre le Symæthus, & le Terias.

ERZEROM, ARZERON ou ARZERUM: Quelques-uns, comme Mr. de Tournefort [l], écrivent ERZERON: grande Ville à cinq journées de la Mer Noire, & à dix de la frontiere de Perse. Erzeron est bâti dans une belle plaine au pied d'une chaîne de Montagnes qui empêchent l'Euphrate de se rendre dans la Mer Noire, & l'obligent de se tourner du côté du Midi. La plaine d'Erzeron est fertile en toutes sortes de grains. Le bled y étoit moins avancé au mois de Juin qu'à Paris, & n'avoit pas deux pieds de haut, aussi n'y fait-on la recolte qu'en Septembre. Je ne suis pas surpris, dit l'Auteur cité, de ce que Lucullus trouva étrange que les champs fussent encore tout nuds au milieu de l'été, lui qui venoit d'Italie où la moisson est faite dans ce tems-là. Il fut encore bien plus étonné de voir de la glace dans l'Equinoxe d'Automne; d'apprendre que les eaux par leur froideur faisoient mourir les chevaux de son armée, qu'il falloit casser la glace pour passer les Rivieres, & que ses Soldats étoient forcez de camper parmi la neige qui ne cessoit de tomber. Alexandre Severe ne fut pas plus satisfait de ce pays-ci. Zonare remarque que son armée repassant par l'Armenie fut si mal traitée du froid excessif qui s'y faisoit sentir, qu'on fut obligé de couper les mains & les pieds à plusieurs Soldats que l'on trouvoit à demi gelez sur les chemins.

Outre la rigueur des Hivers, ce qu'il y a de plus facheux à Erzeron, c'est que le bois y est rare & fort cher. On n'y connoît que le bois de Pin que l'on va chercher à deux ou trois journées de la Ville, tout le reste du pays est découvert. On n'y voit ni arbres, ni buissons, & l'on y brûle communément de la bouze de vache dont on fait des mottes, mais elles ne valent pas celles des tanneurs dont on se sert à Paris, encore moins celles du marc des Olives que l'on prépare en Provence. Je ne doute pas que l'on ne trouvât de la houille si l'on vouloit se donner la peine de fouiller les terres. C'est un pays où les mineraux ne manquent pas, mais ils sont accoûtumez à leur bouze. On ne sauroit s'imaginer quel horrible parfum fait cette bouze dans des maisons qu'on ne peut comparer qu'à des renardieres, & sur tout les maisons de la Campagne. Tout ce qu'on y mange sent la fumée, leur creme seroit admirable sans cette cassolette, & l'on feroit fort bonne chere si l'on pouvoit y faire cuire, avec du bois, la viande de boucherie qui y est fort bonne.

Les fruits qu'on y apporte de Georgie sont excellens. C'est un pays plus chaud & moins tardif qui produit en abondance des poires, des prunes, des cerises, des melons. Les Collines voisines fournissent à Erzeron de très-belles sources, lesquelles non seulement arrosent la campagne, mais encore les ruës de la Ville. C'est un grand avantage pour les étrangers que les eaux soient bonnes, car on y boit le plus detestable vin du monde. On se consoleroit de toutes les glaces & de tous les frimats & on compteroit la fumée pour rien, si l'on trouvoit du vin passable; mais il est puant, moisi, aigre, pourri, le vin de Brie y passeroit pour du nectar; l'eau de vie ne vaut pas mieux; elle est chancie & amere, encore en coute-t-il bien des soins & de l'argent pour avoir ces boissons detestables. Les Turcs y affectent plus de sévérité qu'autre part, & se font un plaisir de surprendre & de bâtonner ceux qui font ce Commerce: franchement ils n'ont pas trop de tort, car c'est rendre un

grand

ERZ.

grand service au public que d'empêcher le debit d'aussi mauvaises drogues.

La Ville d'Erzeron vaut mieux que celle de Trebisonde; l'enceinte de cette premiere place est à doubles murailles défendues par des tours quarrées ou pentagones, mais les fossez ne sont ni profonds, ni bien entretenus. Le Beglierbey ou le Pacha de la Province, est logé dans un vieux Serrail fort mal entendu. Le Janissaire Aga se tient dans une espece de Fort au haut de la Ville. Quand le Pacha ou les personnes les plus considerables du pays vont dans ce Fort, c'est pour y laisser leurs têtes. Le Janissaire les fait avertir de s'y rendre par ordre du Grand Seigneur: le Capigi arrivé de la Cour leur montre ses ordres & les execute sans autre ceremonie. On croit qu'il y a dix-huit mille Turcs dans Erzeron, six mille Armeniens, & quatre cens Grecs. On estime qu'il y a soixante mille Armeniens dans la Province, & dix mille Grecs. Les Turcs qui sont dans Erzeron sont presque tous Janissaires; on y en compte environ douze mille, & plus de cinquante mille dans le reste de la Province. Ce sont presque tous gens de métier, qui la plûpart donnent de l'argent au Janissaire Aga, bien loin d'en retirer; cela s'appelle acheter le Privilege de ne rien valoir & de commettre toutes sortes d'insolences. Les plus honnêtes gens sont obligez de s'engager dans ce Corps, parce qu'outre qu'ils ne seroient pas bien venus du Commandant qui est presque absolu dans la Ville, ils se trouveroient tous les jours exposez aux violences de leurs voisins & n'auroient aucune Justice des Officiers. Le Grand Seigneur ne donne par jour aux veritables Janissaires du pays, que depuis cinq aspres jusqu'à vingt; l'Aga profite de cet argent.

Les Armeniens ont un Evêque & deux Eglises dans Erzeron. Ils ont quelques Monasteres à la Campagne, comme le *grand Couvent* & le *Couvent rouge*. Ils reconnoissent tous le Patriarche d'Erivan. Pour les Grecs ils ont aussi leur Evêque dans la Ville, mais ils n'y ont qu'une Eglise qui est fort pauvre. Ils sont presque tous Chauderonniers & occupent les Fauxbourg où ils travaillent à mettre en vaisselle le cuivre qu'on y apporte des Montagnes voisines. Ces pauvres gens font un tintamarre horrible, jour & nuit, car ils ne cessent de forger, & les Turcs aiment trop la tranquilité pour souffrir qu'on batte l'enclume dans la Ville. Outre cette vaisselle que l'on transporte en Turquie, en Perse & même chez le Mogol, on fait un grand Commerce à Erzeron de fourrures, & sur tout de celles de *Jardava* ou *Zerdava*, ce sont des peaux d'une espece de Martre assez commune dans le pays. Les peaux les plus foncées sont les plus estimées; on compose les plus precieuses fourrures avec les seules queues, à cause qu'elles tirent sur le noir, c'est ce qui les rend si cheres, car il faut bien assembler des queues de ces animaux pour en doubler une veste. On apporte aussi à Erzeron beaucoup de Gales de cinq ou six journées de la Ville & l'on y conserve les chênes avec soin par ordre du Pacha; le bois seroit d'ailleurs trop cher, si on n'y apportoit pour brûler.

Cette Ville est le passage & le reposoir de

ERZ. ESA.

toutes les Marchandises des Indes, sur tout lorsque les Arabes courent autour d'Alep & de Bagdat. Ces Marchandises dont les principales sont la soye de Perse, le Coton, & les drogues, & les toiles peintes, ne font que passer en Armenie. On y en vend très-peu en détail, & l'on laisseroit mourir un malade faute d'un gros de Rhubarbe, quoiqu'il y en eût plusieurs balles toutes entieres. On n'y debite que le Caviar, qui est un ragoût détestable. C'est un Proverbe dans le pays que si l'on vouloit donner à déjeûner au Diable, il faudroit le regaler avec du Caffé sans Sucre, du Caviar & du Tabac; je voudrois ajoûter du vin d'Erzeron. Le Caviar n'est autre chose que des œufs sallez des Eturgeons que l'on prepare autour de la Mer Caspienne. Ce ragoût brûle la bouche par son sel, & empoisonne le nez par son odeur. Les autres Marchandises dont on vient de parler, sont portées à Trebisonde où on les embarque pour Constantinople. Nous fûmes surpris de voir arriver à Erzeron une si grande quantité de Garance, qu'ils appellent *Boia*: elle vient de Perse, & sert pour les teintures des Cuirs & des toiles. La Rhubarbe y est apportée du pays d'Usbeq en Tartarie. La Semencine ou la graine aux vers vient du Mogol. Il y a des Caravaniers qui de pere en fils ne se mêlent que de voiturer les drogues, & qui croiroient degenerer s'ils se chargeoient d'autres Marchandises.

Le Gouvernement d'Erzeron rend trois cens bourses par an au Pacha que l'Auteur cité appelle Beglierbey ou le Viceroi de la Province, pour le distinguer des autres Pachas du pays qui sont sous ses ordres. Chaque bourse est de 500. écus, de même que dans tout le reste de la Turquie; ainsi ces trois cens bourses font cent cinquante mille écus. Elles se prennent 1. sur les Marchandises qui entrent dans la Province, ou qui en sortent; la plûpart payent trois pour cent; quelquefois le double. On exige de gros droits pour les especes d'or & d'argent. La soye de Perse *Chorbassi*, qui est la plus fine, & l'*Ardachi* qui est la plus grossiere payent 80. écus par charge de Chameau, qui est du poids de 800. jusques à 1000. livres. 2. Le Beglierbey dispose de toutes les charges des Villes de la Province; ces charges s'afferment suivant l'usage du pays, & se donnent au plus offrant & dernier encherisseur, comme par tout ailleurs. 3. Excepté les Turcs, tous ceux qui doivent sortir de la Province pour aller en Perse, sont obligez de payer dans Erzeron au moins cinq cens écus, quoiqu'ils n'ayent point de Marchandises; c'est comme une espece de Capitation qu'on leur impose. Ceux qui ne portent de l'or & de l'argent que pour les frais de leur voyage, doivent cinq pour cent sur la somme dont ils sont porteurs.

ES.

ESAR, Ville d'Egyptiens en Ethiopie selon Pline[a]. Ce ne doit pas être la même que Ptolomée[b] place dans l'Isle de Meroé, ou bien ce dernier s'est trompé sur la position de cette Ville. Il la nomme Esỳe.

[a] L. 6. c. 30.
[b] L. 4. c. 9.

ESA. ESB. ESC.

ESARO[a], en Latin *Æsar*, ou *Æsarus*, Riviere du Royaume de Naples dans la Calabre ulterieure. Elle sort de l'Apennin & se rend dans la Mer Ionienne près de Cortone entre le Cap des Colomnes & les Confins de la Calabre citerieure.

[a] Baudrand Ed. 1705.

ESBONITÆ, ancien peuple de l'Arabie Petrée selon Pline[b]. Leur Capitale de laquelle ils prenoient ce nom se nommoit ESSEBON, ESEBON ou ESBUS; du territoire des Amorrhéens & qui appartenoit à leur Roi Sehon, elle étoit située dans les Montagnes vis-à-vis de Jericho. On peut juger delà où étoit ce peuple. Voyez ESBUS.

[b] L. 5. c. *1.

ESBREULE. Voyez EBREUIL.

ESBUS, ESEBON, ESSEBON, ESSEBON, HESEBON, CHESBON, CHESEHBON, CHASPHON ou même CHASCOR; car ce nom se trouve diversement écrit par les Hebreux, les Grecs, & les Latins. Ville celebre dans la Palestine. Elle étoit, dit Eusebe[c], à vingt milles du Jourdain vers l'Orient. Elle fut donnée à la Tribu de Ruben[d]; mais apparemment qu'elle fut cedée à celle de Gad puis qu'elle se trouve parmi les Villes que cette Tribu donna aux Levites pour leur demeure[e]. Elle avoit d'abord appartenu aux Moabites, que le Roi de Séhon l'avoit conquise[f]. Elle fut reprise par les Israelites peu de temps avant la mort de Moyse. Enfin après le transport des dix Tribus au delà du Jourdain les Moabites s'en ressaisirent. Pline l'attribue à l'Arabie & en nomme[g] les habitans *Esbonitæ Arabes*. Ptolomée[h] la met dans l'Arabie Petrée & écrit ce mot Σεβοῦντα, ou Ἐσβοῦτα SEBUNTA ou ESBUTA. Elle est nommée Πόλις Ἐσβούτων dans le Concile de Calcedoine[i] où il est fait mention de Zosius son Evêque. Salomon[k] parle des eaux d'Esebon, & le second livre des Machabées[l] dit que l'étang d'Esebon avoit deux stades ou trois cens pas de long. D. Calmet qui conjointement avec Mr. Reland me fournit une partie de cet article, croit qu'Esebon fils de Gad, dont il est parlé dans la Genese[m], fonda ou rétablit cette Ville. Je remarquerai encore que l'Auteur du second livre des Machabées appelle CASPIN cette Ville auprès de laquelle étoit l'étang marqué ci-dessus.

[c] Onomast.
[d] Josué c. 13. v. 17.
[e] Ibid. c. 21. v. 37. & 2. Paral. c. 6. v. 80.
[f] Num. c. 32. v. 37.
[g] L. 5. c. 11.
[h] L. 5. c. 17.
[i] Act. 6.
[k] Cant. c. 7. v. 4.
[l] c. 12. v. 16.
[m] c. 46. v. 16.

ESBUTA. Voyez l'article precedent.

ESCALONA, Bourg, selon Mr. Baudrand, Ville selon Mr. de Vayrac. Elle est située dans la nouvelle Castille selon ces deux Auteurs, & dans la vieille selon Mr. Corneille qui cite Mr. Maty, quoique cet Auteur la mette aussi dans la nouvelle. Elle est à huit lieues de Toléde. Elle fut érigée en Duché vers l'an 1469. par Henri IV. surnommé l'*Impuissant*, en faveur de D. Jean Pacheco Marquis de Villena, & Grand Maître de l'Ordre de St. Jaques, son favori, descendu de la Maison d'Acuña. Mais D. Alphonse son Pere avoit déja changé le nom d'Acuña en celui de Tellez-Giron, parceque sa Mere étoit sortie de la Famille de Giron, & ayant épousé Doña Marie Pacheco fille unique de D. Jean Pacheco Seigneur de Belmont, D. Jean son fils aîné en prit le nom & laissa celui de Giron à son frere Pedro qui devint le chef de la Maison des Ducs d'Ossonne. Le Duc d'Escalona d'aprésent est D. *Jean Emanuel Fernandez Pacheco, Cabrera, & Bobadilla*, huitieme Duc d'Escalona & à ce titre il ajoûte ceux de *Marquis de Villena & de Moya*, de *Comte de Sant Estevan, de Gormas, de Quixena, & de Seigneur de Belmont*. Il porte parti au 1. d'argent à deux chaudieres l'une sur l'autre, endentées en face d'or & de gueules à trois Serpenteaux issans de châque côté des anses, un en dedans & deux en dehors qui est Pacheco. Au second de Sable, la bande d'or, chargée en chef de neuf cogniers d'Azur 3. 3. & 3. & de neuf en pointe de même, le milieu de la bande chargé d'une croix fleuronnée de gueules qui est Acuña.

ESCAMUS, fleuve de la Moesie dans la partie que l'on a nommée depuis la Bulgarie. Il a sa source au Mont Hæmus selon Pline[n]. Mr. Baudrand[o] dit que c'est presentement l'*Ischo*; qui se perd dans le Danube & qu'à sa jonction il y avoit anciennement une Ville nommée *Oescens* qu'il dit être à present *Ghigen*. L'*Oescus* de Pline étoit une Riviere qui descendoit du Mont Rhodope & la même que l'*Ischa*, Riviere qui arrose la Bulgarie, par conséquent differente d'*Escamus*.

[n] L. 3. c. 28.
[o] Ed. 1682.

ESCARP ou **ESCARPE**, Orthographe Gasconne pour la SCARPE. Les Gascons disent *Estyle* & *Estatue* pour *Style* & *Statue*. Voyez SCARPE.

ESCAUPONT[p], en Latin *Scaldisson*, Village du Hainaut sur l'Escaut à deux lieues de Valenciennes. On le prend pour la Ville des anciens Nerviens appellé par les Anciens *Pons Scaldis*, que d'autres mettent à Condé.

[p] Baudrand Ed. 1705.

ESCAUSIENNES[q], grand Village en Hainaut à une lieue de Braine-le-Comte.

[q] Dict. Geog. des Pays bas.

ESCAUT, Riviere des Pays-bas & l'une des plus considerables de ces Provinces. Les Latins la nommoient SCALDIS, nom que les Flamands conservent encore dans celui de SCHELD. Elle a son commencement auprès du Village de Beaurevoir en Picardie dans le Vermandois; delà coule à l'Abbaye du Mont St. Martin, g. au Catelet, g. à Honnecourt, g. à Crevecœur d. à Cambray d. à Thun St. Martin, d. à Thun l'Evêque, g. à Hourdain, d. à Bouchain, g. à Neuville, d. à Denain, g. à l'Abbaye de Fontenelles, d. à Valenciennes, à Fraine, g. à Condé où elle reçoit l'Haisne, d. à Hargnies, d. à Mortagne où elle reçoit la Scarpe, g. à Espain, g. à Antoing, d. à Tournay, g. à Pecq, g. à Espiers, g. à Bossut, g. à Pont à Laye, d. à Warmade g. à Kerckhove, g. à St. Jacobs, d. à Oudenarde, g. à Ename, d. à l'Abbaye d'Ename, g. à Haine, g. à Asperen, g. à Gavre, d. à Hecke, g. à Malset, d. à Zeverghem, g. à Forest, g. à Gand, où elle reçoit la Lis, à Gentbrugge, d. à l'Abbaye de Nonnenbosch, g. à Melle, d. à Wettere, d. à Urberge, g. à Appels, d. à Dendremonde ou Tenremonde, où elle reçoit la Dendre, d. à Rupelmonde, où elle se charge de la Rupel, g. à Anvers, où elle forme un très-grand Port. d. au Fort d'Isabelle, g. au Fort de Pimentel proche d'Osterweel, d. au Fort de Ste. Marie, g. au Fort St. Philippe, d. au Fort de Lillo, d. au Fort de Liefkeens, g.

Quelques lieues au-dessous du Fort de Lillo cette Riviere se partage en deux branches, l'une l'une que l'on nomme *Escaut Oriental*, & l'autre *Escaut Occidental*.

L'ESCAUT ORIENTAL passe à quelque distance de Berg-op-Zoom qu'il laisse à la droite, & delà coule entre l'Isle de Suyd-Beveland, & celle de Ter-tolen, laissant la Ville de Tolen à droite & celle de Goes à gauche, & continuant son cours il separe l'Isle de Schouwen d'avec celles de Nord-Bevelandt & de Walcheren, ayant celle-ci à la gauche & celle-là à la droite, après quoi il se perd dans la Mer d'Allemagne ou Mer du Nord.

L'ESCAUT OCCIDENTAL, se nomme autrement HONT, & passe entre l'Isle de Suyd-Bevelandt & la Flandre Hollandoise, ayant à la gauche le Fort de Ter-neus & celui de Biervliet, & delà passe entre l'Isle de Walcheren & celle de Cadsandt, passe devant Flessingue qu'il a à la droite, après quoi il se perd dans la Mer d'Allemagne.

ESCHALANS[a], ESCHALENS ou ECHALENS, Bourg de Suisse au Bailliage d'Orbe dans le Pays de Vaud, au milieu du Bailliage avec un Château où reside le Bailli, il n'a rien de remarquable sinon que les habitans sont en partie P. Reformez & en partie Catholiques & que cependant il n'y a pour tous qu'une seule Eglise où le Ministre & le Prêtre font tour à tour le service divin. Cet usage commun se pratique en quelques autres Villages du même Bailliage, mais avec cette diference qu'à Echalens il y a deux chaires pour prêcher, l'une pour le Ministre, & l'autre, qui est la plus belle, pour le Curé. Ce Bourg qui est entre Lausane & Yverdun appartient en commun aux Cantons de Berne & de Fribourg, aussi-bien que tout le Bailliage d'Orbe.

[a] Delices de la Suisse T. 2. p. 244.

ESCHATE MYSORUM. Voyez THYATIRE.

ESCHATIA, l'un des noms que les anciens Grecs ont donné à la Libye partie de l'Afrique.

ESCHATIOTIS[b], Marais dans le voisinage de Corinthe. On le nommoit aussi GORGOPIS.

[b] Etymologie.

☞ Ces mots viennent du Grec Ἔσχατος, *Eschatos* qui veut dire le dernier, ou ce qui est à l'extrémité. Delà vient que dans les Geographes Grecs Ἐσχάτη est souvent le surnom d'un lieu pour marquer qu'il est à l'extrémité d'un Canton. Les Latins l'expriment par *Extrema* dans le même sens. Ptolomée en fournit beaucoup d'exemples.

ESCHENECK[c], Bourg de la Basse Hongrie entre Albe Roiale & Komore. Quelques-uns y cherchent l'ancienne Cesarée Bourg de la Haute Pannonie, lequel d'autres placent à Tata.

[c] Baudrand Ed. 1705.

ESCHIBABA, ou ISCHEBOLI, en Latin *Scopelus*, petite Ville autrefois Episcopale dans la Romanie près de la Bulgarie, & de la source de la Riviere de la Capriza, au Nord d'Andrinople dont elle étoit suffragante.

[d] Ibid.

☞ Les Syllabes BOLI, & BOUL, qui terminent plusieurs noms Geographiques, sont des corruptions du mot Grec *Polis* qui signifie une Ville.

ESCHIHISSAR, selon Mr. Corneille, ESKIHISSAR selon Wheler, ou ESKICHER

selon P. Lucas; c'est-à-dire le vieux Château. Voyez ESKICHER.

ESCHIL[e], Isle de Dannemarck avec un Monastère de Chanoines reguliers dans le Diocése de Roschild. L'Evêque Absalon y fit venir l'an 1161. ou 1171. son ami St. Guillaume Soupreur de l'Abbaye de Ste. Genevieve de Paris pour le mettre en regle & le rétablir. Ce St. mourut l'an 1203.

[e] Baillet Topog. des Saints p. 184.

ESCHINGIACUS VICUS, nom Latin de *Doneschingen* sur le Danube.

ESCHOLIERS. Voyez ECOLIERS.

ESCHWEGE[f], petite Ville d'Allemagne dans la basse Hesse sur la Werre aux frontieres de la Thuringe. Elle appartient au Landgrave de Hesse Rhinfels avec le territoire aux environs. Elle étoit anciennement à l'Electeur de Mayence. Mais elle lui fut prise dans une guerre en 1387. par le Landgrave de Hesse à la Maison duquel elle est demeurée depuis ce temps-là. Elle est à six milles d'Allemagne de Cassel, au Levant, en allant vers Eisenach d'où elle n'est qu'à quatre milles.

[f] Baudrand.

ESCLARON, petite Ville de France en Champagne. C'est la même qu'ECLAIRON ou ECLARON. Mr. de l'Isle & autres bons Auteurs écrivent ESCLARON.

ESCLAVONIE, en Latin *Slavia*, ou *Sclavonia*; on a donné ce nom à divers pays qui ont été successivement habitez par une Nation inconnuë aux Auteurs de la belle Antiquité, mais qui est nommée *Slavi* par les Auteurs des Chroniques faites en Allemagne dans le moyen âge, comme celle d'Helmold &c. *Sclavini* par l'Anonyme de Ravenne, & par le Traducteur Latin de Procope. Je parle plus amplement de ce peuple au mot SLAVI, d'où il me paroît que *Sclavi* de Crantzius; *Sclavini*, de l'Anonyme de Ravenne, & *Sclavoni* d'Æneas Silvius, sont dérivez comme autant de déguisemens du même nom. Ce peuple dont la langue est aujourd'hui en usage à l'Orient & au Nord de l'Europe comme on verra au mot LANGUE, à plusieurs fois, changé non seulement de bornes mais encore de pays. Ainsi le nom d'Esclavonie signifie diferentes regions selon le siecle où il en est parlé. C'est ce que je prouve à l'Article SLAVI. Ce peuple après avoir occupé, au moins pendant quelque temps, des pays très-étendus, tomba enfin dans un tel état de foiblesse & de mepris qu'il a, fourni le nom d'*Esclave* pour signifier un homme soumis à la plus miserable servitude. Il y a, néanmoins encore un pays qui porte leur nom & que l'on apelle à present l'Esclavonie.

ESCLAVONIE PROPRE (l') petit pays d'Europe entre la Sawe, la Drave & le Danube. Il a ce dernier fleuve au Levant, la Stirie au Couchant. Sa longueur depuis la Ville de Kopranitz jusqu'à la jonction de la Sawe & du Danube est d'environ cinquante milles d'Allemagne & sa largeur depuis la Drave jusques à la Sawe environ de douze. On divise l'Esclavonie en six Comtez qui sont : 1. Posega, 2. Agram, 3. Sainte Croix, 4. Warasdin, 5. Walpon & 6. Szerem ou Sirmich. Les principales places de ces Comtez sont

1. { Posega, Gradisca, Weirowitza.

2. Agram

2. Agram ou Zagrab.
3. Ste. Croix, ou Kreiſſ.
4. {Waraſdin, Copranitz ou Kopraneitz.
5. {Walpon, Eſſeck, Walkowar.
6. {Szerem ou Sirmich, Salankemeri, Peterwaradin, Carlowitz.

Ce Pays avoit autrefois ſes Rois particuliers, & fut enſuite aſſujetti aux Rois de Hongrie. C'eſt la Maiſon d'Autriche qui le poſſede maintenant après l'avoir reconquis ſur les Turcs qui l'avoient preſque entierement envahi.

§. Il eſt neceſſaire de ſavoir pour l'intelligence de quelques Hiſtoriens que depuis que les bornes de la Pannonie & de l'Illyrie furent confondues, on prit l'habitudé de nommer Eſclavonie tout ce qui eſt depuis la Drave juſques au Golphe de Veniſe & à l'Albanie ; & il y a des Auteurs qui par le mot d'Eſclavonie comprenent une très-grande partie de l'ancienne Illyrie. Voyez ILLYRIE.

ESCLUSE. Voyez ECLUSE.

ESCO, Petite Ville de la Vindelicie ſelon Antonin[a]. On croit[b] que c'eſt preſentement SCHONGA ſur la Riviere de Lech, aux confins de l'Evêché d'Augsbourg, ſur la route de cette Ville à celle de Munick, entre Landſperg & Fueſſen.

[a] Itiner.
[b] Baudrand. Ed. 1682.

ESCOL, vallée ou Torrent d'Eſcol ou vallée du Raiſin dans la partie Meridionale de Juda. C'eſt là que les Envoyez des Hebreux couperent un Raiſin d'une telle groſſeur qu'il falut deux hommes pour le porter[c].

§. St. Jerôme dans l'Epitaphe de Ste. Paule parle d'Eſcol comme d'une Ville.

[c] Num. c. 13. v. 24. & c. 32. v. 9. & Deut. c. 1. v. 24.

ESCOLATE[d], Bourg de Normandie au Dioceſe de Seez. Il eſt ſitué à quatre lieues de la Ville de ce nom ſur la Riviere de Sarte dans une plaine fertile en grains. Outre la Paroiſſe il y a un Prieuré ſimple dans ce Bourg.

[d] Corn. Dict.

ESCOMBRERA, Iſle de la Mer Mediterranée ſur la Côte de Murcie. Mr. Baudrand[e] dit qu'elle n'a pas plus d'une lieuë ou deux qu'on lui donne ce nom à cauſe de la quantité de Maquereaux qu'on y pêche aux environs. Le Portulan de la Mer Mediterranée parle auſſi de cette Iſle[f] : Environ trois milles au Sud-quart-Sud-eſt du Port de Carthagene il y a une petite Iſle preſque ronde que l'on appelle ASCOMBRERA, ou COMBRERA. Elle eſt éloignée de la Côte, environ quatre à cinq cens toiſes & preſque vis-à-vis du Port de Carthagene; on y peut paſſer avec des Galeres à terre paſſant à mi-chenail, rangeant tant ſoit peu plus l'Iſle que la plus prochaine pointe, parce qu'il y a quelques ſeches vers le Nord-oueſt de la dite pointe. Il y a auſſi quelques roches preſqu'à fleur d'eau du côté de l'oueſt de l'Iſle dont elles ſont fort proches. Entre Carthagene & cette Iſle il y a une grande anſe fort enfoncée qu'on appelle Aſcombrera dans laquelle on peut mouiller avec des Vaiſſeaux & des Galeres, y étant à couvert de pluſieurs

[e] Ed. 1705.
[f] P. 17.

Vents. On peut mouiller par toute l'anſe, mais principalement du côté du Sud vis-à-vis une petite chapelle qui eſt proche la Mer, où les Galeres d'Eſpagne diſent la Meſſe lors qu'elles ſont dans cette rade. On peut même ſi on veut s'enfoncer plus avant que la chapelle, y pouvant mouiller par huit ou neuf braſſes d'eau fond d'herbe vaſeux. Le traverſier eſt l'Oueſt-Sud-Oueſt.

ESCON, nom d'un des puits que creuſa Iſaac à la place de ceux que ſon Pere Abraham avoit autrefois creuſez dans le territoire du Roi Abimelec auprès de la Ville de Gerara ſelon Joſephe[g], qui dit que ce nom ſignifie le puits de la querelle. Et en effet Iſaac n'avoit été obligé de creuſer ces nouveaux puits dont même on lui diſputa la poſſeſſion, qu'à cauſe que les habitans du pays avoient comblé & rempli ceux de ſon pere; par une lâche jalouſie qu'ils avoient de ſa proſperité. L'Ecriture[h] nomme ce puits ESEC. La Vulgate traduit ce mot ſans l'exprimer & dit : nomen putei, ex eo quod acciderat, vocavit Calumniam. Ortelius traduit mal Eſcon par Puteus lilii, le puits du lis. Il devoit dire Puteus jurgii le puits de la diſpute.

[g] Antiq. l. 1. c. 17.
[h] Geneſ. c. 26. v. 20.

ESCORNAY[i], ſelon les François; SCHORISSEN ſelon les Flamands ; Bourg des Pays bas en Flandres dans la Châtellenie d'Aloſt.

[i] Baudrand Ed. 1705.

ESCOS, Bourg de France au Dioceſe de Rouen ; dans le Vexin Normand, à trois lieues d'Andeli, dans le voiſinage de la Riviere d'Epte & de l'Abbaye du Treſor: on y tient la haute Juſtice de la Baronie de Baudemont & il y avoit autrefois un Marché tous les Vendredis.

ESCOSSE. Voyez ECOSSE.

ESCOULOUBRE[k], petite Ville de France ; c'eſt le Chef lieu du Pays de Sault au Dioceſe d'Aleth ſur les frontieres du Rouſſillon. C'étoit un poſte important pour couvrir les terres de France, lors que les Eſpagnols étoient maîtres du Rouſſillon.

[k] Sanſon Atlas, & Longuerne Deſcr. de la France 1. part. p. 241.

ESCOYEUX[l], Ville de France en Saintonge ; elle eſt ſituée dans une plaine aſſez près d'un grand bois à deux lieues de la Ville de Thoré.

§. Ce lieu n'eſt compté que pour un Bourg de 240. feux dans le Denombrement de la France[m], & ſe trouve dans l'Election de St. Jean d'Angely, Generalité de la Rochelle.

[l] Corn. Dict.
[m] T. 1. p. 258.

ESCUA, ſelon Pline[n]; Eσκουα ſelon Ptolomée[o] ancienne Ville d'Eſpagne. Mr. Baudrand dit qu'ESCUA eſt beaucoup mieux appellée OSCA, & cite Pline, quoique cet Auteur diſtingue formellement Oſta d'Eſcua; il ajoute que c'eſt Hueſca (Hueſcar) Ville du Royaume de Grenade, au Dioceſe de Tolede: ce qui convient à Oſca & non pas à Eſcua, qui en étoit diferente. Il ne reſte plus de cette derniere que la place que même l'on ne reconnoît plus.

[n] L. 3. c. 1.
[o] L. 2. c. 4.

☞ ESCUEIL (l's. ne ſe prononce point & on dit E'CUEIL.) en Latin Scopulus. On apelle ainſi des rochers en Mer ou des maſſes de pierres contre leſquels ſe briſent les vaiſſeaux lors qu'ils y ſont jettez ſoit par une tempête ſoit par l'ignorance ou l'imprudence des Pilotes. Ce mot ſignifie en général toute route de terrain dangereux où l'on peut faire naufrage

frage; ainsi les bancs de sable sont de véritables écueils, quoi qu'on ne leur donne ce nom proprement que lors qu'il y a des roches mêlées. Sur la Mer Méditerranée & même ailleurs on nomme les écueils DANGERS; comme *les Dangers de St. Hilaire*, *le Danger de los Poiros* & autres.

ESCURE, Province du Royaume de Maroc. Marmol, & Mr. de l'Isle la nomment de même. Jean Leon l'Africain, Mr. Sanson, Dapper & quantité d'autres la nomment HASCORE. Voyez ce mot. Mr. Baudrand le preferé; Mr. Corneille fait un double article sous ces deux noms. Voyez HASCORE.

ESCUREY [a], Abbaye d'Hommes, Ordre de Citeaux en Lorraine au Duché de Barrois, Bailliage de Bar-le-Duc, aux confins de la Champagne au bord Oriental de la Riviere de Saux; un peu au-dessous de Monstier sur Saux. De l'autre coté de la Riviere est un Village de même nom.

[a] *Jaillot Atlas.*

ESCURIAL, en Latin *Escuriale* ou *Scoriale*, Monastere Royal d'Espagne dans la nouvelle Castille. [b] Il prend son nom d'un petit Village auprès duquel il est bâti. Philippe II. en fit jetter les fondemens en l'année 1557. en memoire de la bataille que son Armée gagna sur les François cette même année, près de Saint Quentin en Picardie, le jour de Saint Laurent. On dit qu'il fit alors deux vœux, l'un de n'aller jamais à la guerre, & l'autre d'élever à la gloire du Saint le plus beau monument de l'Europe, en cas qu'il remportât la victoire: sur quoi l'on peut dire que jamais Chartreux n'a mieux executé ceux qu'il a faits à sa profession, que le Monarque exécuta les siens. Car il est de notorieté publique qu'il ne sortit jamais de son Royaume, & que dans l'espace de 22. ans il dépensa six millions de piastres, pour bâtir cet édifice à l'honneur de ce Saint, & c'est pour cette raison qu'on l'appelle *Saint Laurent de l'Escurial.*

[b] *Voyne Etat de l'Espagne T. 1. p. 351. & suiv.*

C'est un bâtiment mixte, où l'on trouve tout ce qu'on pourroit souhaiter dans une ville entiere. On y voit un Palais Royal, une Eglise, des Cloîtres, un College, une Bibliotheque, des boutiques de divers Artisans, des logemens pour beaucoup de monde, de belles promenades, de grandes allées, un parc fort vaste, & de grands jardins ornez d'un très-grand nombre de fontaines.

Il est bâti dans un lieu sec, aride, sterile; environné de Montagnes fort rudes, où rien ne croît qu'à force de culture & de soins; de sorte que comme tout ce terrain étoit raboteux, il a falu, avant que d'y bâtir, l'aplanir, afin que toutes les pieces fussent au niveau les unes des autres. Philippe II. choisit cet endroit pour épargner la depense du charroi de la pierre, qui a toute été tirée d'une carriere qui est tout proche. Elle est grisâtre, extrêmement dure, resiste à toutes les injures de l'air & des mauvais tems, & a cela de propre, qu'elle conserve toujours sa couleur naturelle sans jamais se ternir.

L'édifice est quarré, tant soit peu plus long que large, ayant 260. pas de longueur, & environ 260. de largeur. Il est construit en forme de gril, pour faire allusion au Martyre de S. Laurent qui fut grillé, & est composé de quatre corps de Logis d'une grandeur énorme, & flanqué aux quatre coins de quatre gros pavillons couverts de plomb, surmontez par une aiguille fort haute. Il a quatre étages dans les façades, & trois dans d'autres endroits. On y compte en tout 11000. fenêtres, 17. Cloîtres, 22. cours, plus de 800. colomnes, un nombre prodigieux de salles, de sallons, de cabinets, & 14000. portes, dont les clefs pesent toutes ensemble 7. quintaux. On peut juger par-là de sa vaste étenduë.

La principale façade est tournée vers l'Occident, & a la vuë sur les Montagnes qui en sont tout près. Elle a trois portes, l'une au milieu, & deux aux deux côtez. Celle du milieu, qui est la principale, conduit à l'Eglise, à l'appartement du Roi, au Monastere & au College. Celle qui est à droite, conduit aux boutiques de divers Artisans qui y sont établis, pour l'entretien de leur maison, & celle qui est à gauche conduit au College.

Celle du milieu est ornée d'un beau portail élevé, soutenu par 8. colomnes d'ordre Dorique, quatre d'un côté, & quatre de l'autre, posées sur un pied-d'estal de 130. pieds, & haut de 36. le tout d'une pierre fort blanche, & fort délicatement travaillé, entre lesquelles il y a deux grandes fenêtres.

Tout cet ouvrage est haut de 56. grands pieds, & se termine à la corniche de tout le bâtiment, lequel s'éleve de 60. pieds du rez de chaussée, dans la partie Occidentale de la façade Septentrionale. Cet ordre Dorique en supporte un autre qui est Ionique, de quatre colomnes travaillées avec tant d'art, que dans leur contour elles paroissent être faites d'argent; & à châque côté au delà des deux colomnes, se voyent quatre pyramides, dont les pointes sont chargées d'une boule, deux deçà & deux delà, posées justement sur les deux colomnes du bas qui sont aux deux extremitez, ce qui donne beaucoup de grace à tout l'ouvrage. Entre ces colomnes on a pratiqué deux rangs de niches, dont celui qui est au-dessous, porte les Armes du Roi, chargées de la couronne royale, le tout sculpté sur une pierre de foudre apportée d'Arabie, & dont la gravure a couté 60000. écus. Ces Armes se trouvent précisément au-dessus de la porte, & dans le rang d'enhaut. On voit au-dessus un grand Saint Laurent de quinze pieds de haut, en habit de Diacre, tenant un livre d'une main & un gril de l'autre, pour faire allusion à son Martyre. La statue est d'une pierre très-blanche, faite de la main de Jean Baptiste Monegri, Sculpteur natif de Tolède.

La porte qui est au milieu, de l'ordre Dorique, est large de douze pieds, & haute de vingt-quatre. Châque bandeau est d'une piece si grosse, que pour l'apporter de la carriere, il falut la charger sur un chariot trainé par 40. paires de bœufs. Au-dessus de cette porte est une fenêtre, aux deux côtez de laquelle on voit deux grils suspendus, l'un deçà & l'autre delà. Ce portail a une muraille qui s'éleve 30. pieds au-dessus de la Corniche de tout le reste du bâtiment.

Les portes qui sont aux deux côtez de la façade,

façade, font ornées de beaux pilaſtres, dont ceux qui ſont à châque extremité, ne s'élevent que juſqu'à la corniche du bâtiment : mais les deux autres qui ſont au dedans, s'élevent par deſſus, & ſont à châque porte un frontiſpice, moindre que celui du milieu. Les portes ont dix pieds de large, & vingt de haut. Les pilaſtres en ſont chacun d'une piéce.

Les Pavillons qui ſont aux extremitez de la façade, s'élevent du rez de chauſſée juſqu'aux croix de leurs chapiteaux de la hauteur de 200. pieds. Toute cette façade a 225. fenêtres. Celle qui lui eſt oppoſée, & qui regarde l'Orient, a à-peu près le même ordre d'Architecture. Elle eſt environnée d'une place faite en terraſſe, ſoutenuë par un nombre prodigieux de voûtes fort hautes, & bordées d'une baluſtrade qui regne tout autour à hauteur d'appui. Au pied de cette terraſſe eſt une large eſplanade parfaitement belle, qui s'étend de toute la longueur de la façade, laquelle ſeroit beaucoup plus belle, ſi elle n'étoit pas un peu défigurée par le derriére de la grande Chapelle de l'Egliſe, qui s'éleve fort au-deſſus de tout l'appartement Royal & ne preſente aux yeux qu'une maſſe de muraille toute nuë ſans fenêtres, ſans pilaſtres, ſans enjolivemens, tandis que tout le reſte qui eſt à l'entour eſt très-bien revêtu & orné. Au reſte cette façade n'eſt pas unie, d'autant qu'au milieu s'avance en ſaillie un bâtiment nouveau qui a la forme du manche de tout le gril. Il compoſe une partie de l'appartement Royal, & eſt d'une telle étenduë, que la façade en a plus de la moitié de contour, dont l'une des parties ſert à donner dans la Sacriſtie, dans les offices, & dans les chambres du quartier du Roi. La ſeconde qui eſt la plus grande, fait que l'appartement Royal embraſſe de côté & d'autre la grande Chapelle : de ſorte que leurs Majeſtez peuvent, quand elles ſont incommodées, entendre la Meſſe de leur Oratoire, & même de leur lit. La troiſiéme qui eſt au Nord-eſt, fait la façade de la Maiſon Royale. On compte en toute la façade cinq portes, & 366. fenêtres.

La façade du Midi n'eſt pas tout à fait ſi longue que les deux premieres. Elle eſt à leur égard dans la proportion de 56. à 64. mais elle paroît la plus belle de toutes, quoi qu'elle n'ait aucun pilaſtre. Sa beauté vient en partie de la belle ſymetrie de cinq rangs de fenêtres qui font plaiſir à la vûë. Au milieu de la façade eſt un petit ouvrage en ſaillie, où le grand Cloître ſe divise d'avec les quatre petits. Toutes les fenêtres du bas étage ſont fermées de grandes grilles de neuf pieds de haut qui vont juſqu'au niveau du pavé, & la moitié autant de large. Le nombre des fenêtres de ce côté-là, eſt de 306. C'eſt par cette façade que l'édifice fut commencé le 23. Avril de l'année 1563. On grava ſur la premiere pierre du fondement ces trois Inſcriptions, *DEUS OPTIMUS MAXIMUS OPERI ASPICIAT;* c'eſt-à-dire, *que Dieu très-bon & très-grand regarde cet ouvrage.* D'un autre côté on lit : *PHILIPPUS II. HISPAN. REX A FUNDAMENTIS EREXIT M. D. LXIII.* C'eſt-à-dire : *Philippe II. Roi d'Eſpagne a fait bâtir cette maiſon dès les fondemens, l'an 1563.*

Sur un troiſiéme côté eſt écrit : *JOAN. BAPTISTA ARCHITECTUS.* Ce qui ſignifie en François *Jean Baptiſte Architecte.* Cette pierre ſe trouve préciſément dans le Refectoire des Moines ſous le ſiege du Prieur.

Devant les façades Orientale & Meridionale, on voit une place en forme de terraſſe, haute de 18. pieds au-deſſous de laquelle ſont les caves & des chambres pour les bas Offices. Elles reçoivent le jour par des fenêtres qu'on a percées au-deſſous de la corniche qui ſupporte les grilles dont je viens de parler. On y voit trois petites portes pour deſcendre dans les jardins.

La façade Septentrionale eſt de même longueur que la Meridionale, & a trois portes principales, dont l'une conduit à la cour du logement du Roi & au quartier de la Reine; celle qui eſt au milieu conduit aux cuiſines & aux Offices des appartemens de leurs Majeſtez, & la troiſiéme au College. Elles ſont toutes hautes de 20. pieds ſur 10. de large. Leurs bandeaux ſont faits d'une piéce. Comme cette façade eſt expoſée au vent de bize, elle n'a pas tant de fenêtres que les autres; ſi bien qu'on n'y en compte que 160.

Enfin toutes les fenêtres des quatre façades, à compter celles des pavillons & de leurs chapiteaux, ſont au nombre de 1140. & toute cette maſſe du bâtiment eſt de 380. pas en quarré, ou, comme quelques-uns comptent, de 2980. pieds.

Tout ce vaſte bâtiment ſe partage en trois grandes parties interieures. Celle qui eſt au milieu, comme la plus honorable, eſt conſacrée à la Divinité, & contient l'Egliſe, avec une large & belle cour au devant. Les deux qui ſont aux deux extremitez, ſe ſubdiviſent chacune en deux corps de logis, dont celui qui eſt à l'Orient, forme une grande cour toute entiere ſans diviſion, & celui qui eſt au Couchant ſe ſubdiviſe en quatre Cloîtres, tous bâtis de la même maniere, de ſorte qu'il ſuffit d'en voir un pour ſe former une idée parfaite de tous les autres. Chacun d'eux a une belle fontaine de marbre au milieu.

Au côté droit qui fait face au Midi, eſt le Monaſtere, lequel, comme je viens de remarquer, eſt compoſé de cinq Cloîtres.

L'autre côté de l'édifice qui fait face au Nord, eſt diviſé & ſubdiviſé de la même maniere que celui du Midi, ſi bien que tout cela fait une des plus belles ſymetries qu'on puiſſe voir.

Le grand eſpace qui eſt à la partie Orientale & au côté Septentrional, eſt occupé par les appartemens de toute la Maiſon Royale, & les quatre Cloîtres qui ſont à la partie Occidentale, ſont occupez par les gens de la Cour, & par les Ecoliers; car il faut ſavoir que ce Monaſtere Royal a été donné aux Hieronymites qui y tiennent 200. Religieux. A l'autre quartier eſt un College où logent un grand nombre d'écoliers que le Roi y entretient pour étudier. On entre par ce magnifique portail dont j'ai parlé, qui eſt au milieu de la façade Occidentale, & l'on traverſe un ſuperbe veſtibule qui conduit à une vaſte & large Cour, au fond de laquelle eſt l'Egliſe. Ce veſtibule fait la traverſe entre le Monaſtere &

le

le College. Il a 30. pieds de largeur, & 80. de longueur. Sa voûte a en front trois grandes Arcades qui donnent l'iſſuë ſur la cour, & en face à l'entrée, trois autres de pareille grandeur, avec leurs pilaſtres de demi pied en ſaillie. A châque côté on voit une porte quarrée, dont l'une ſert à la *Procuration du Couvent*, & l'autre aux Salles du College. Au-deſſus du veſtibule eſt la Bibliotheque.

Après avoir traverſé ce veſtibule, on entre dans une large & magnifique Cour quarrée, & pavée de *Cadettes*, aux deux côtez de laquelle on voit deux grands Corps de logis à quatre étages, dont l'un à la droite eſt le Monaſtere, & l'autre les Salles du College, & les appartemens du Roi à la gauche. Au fond eſt le frontiſpice de l'Egliſe, à laquelle on monte par un beau perron de 5. ou 6. marches, qui tient toute la largeur de la Cour, & ſur lequel le portail avance en ſaillie, orné de 8. Colomnes d'Ordre Dorique, ſix en face & une à châque côté. Toutes ces Colomnes s'élevent à la hauteur du reſte du bâtiment, & ſupportent un fronton d'une hauteur à peu-près égale, mais telle qu'elle n'empêche pas que deſſus le faîte de cet ouvrage, on ne découvre la coupole du dôme de l'Egliſe.

Là paroiſſent ſix grandes ſtatuës qui repreſentent ſix Rois d'Iſraël, & une ſeptiéme qui repreſente Saint Laurent. Les deux du milieu ſont David & Salomon, ſous l'embléme deſquels on a peint Charles V. & Philippe II. ſon fils, l'un homme de guerre, & l'autre homme de paix & de Cabinet. Les autres ſont Ezéchias, Joſias, Joſaphat & Manaſſé, quatre Rois de Juda dont les trois premiers ſe ſont ſignalez par leur piété, & le dernier par ſa converſion. Ce fut par le conſeil du ſavant Arias Montanus qu'on les plaça là. Saint Laurent, comme le patron de l'Egliſe, eſt au milieu d'eux. Chacune de ces ſtatuës a 18. pieds de haut; & ce qu'il y a de ſingulier, eſt que toutes les ſept ont été tirées d'une ſeule piece de rocher, ce qui a donné occaſion de mettre au-deſſous d'elles ce diſtique Eſpagnol:

De eſte canto,
Salieron ſeis Reyes, y un Santo,
Y quedo para otro tanto.

C'eſt-à-dire, *de cette piéce de rocher on a fait ſix Rois & un Saint, & il eſt reſté pour en faire encore une fois autant.*

Au-deſſous du châque Roi, on a gravé ſon nom & quelqu'une de ſes actions, qui a du rapport au Temple & au ſervice de Dieu. Châque Roi a une belle Couronne de bronze doré du poids de 100. livres, & un ſceptre à la main de même matiere du poids de 50. livres.

Tout ce beau portail ſe termine en figures triangulaires, & au-deſſous de l'angle le plus élevé, eſt une fenêtre de 20. pieds de haut, faite en façon de gril; car pour le dire une fois pour toutes, on voit des grils par tout, pour faire alluſion à Saint Laurent.

Aux deux coins de la Cour s'élevent deux fort belles tours qui ſervent de Clochers, avec une belle horloge à chacune. Celle qui eſt à la droite du Couvent, a 19. Cloches de toutes grandeurs, dont l'une ſert à ſonner les heures: & celle qui eſt de l'autre côté, a 40. petites Clochettes, diſpoſées de telle maniere qu'elles forment un carillon très-harmonieux.

Aux deux cotez du portail de l'Egliſe, dans le reſte de la largeur du perron, l'on trouve deux portes qui donnent l'entrée à deux portiques, dont celle qui eſt à la droite, conduit au Monaſtere, & l'autre au Quartier du Roi. Le portail a trois portes pour aller à l'Egliſe, dont les deux de l'extrémité ont chacune une Inſcription gravée en lettres d'or ſur du marbre noir. Sur l'une on lit:

PHILIPPUS II.
OMNIUM HISPANIÆ REGNORUM
UTRIUSQUE SICILIÆ,
ET HIEROSOLYMÆ REX,
HUJUS TEMPLI PRIMUM DEDICAVIT
LAPIDEM D. BERNARDI SACRO DIE,
ANNO M. D. LXIII.
RES DIVINA IN EO FIERI COEPTA,
PRID. FEST. D. LAURENTII,
ANNO M D. LXXXVI.

C'eſt-à-dire, *Philippe II. Roi de toutes les Eſpagnes, des deux Siciles & de Jéruſalem, a dédié la premiere pierre de ce Temple, le jour de Saint Bernard de l'an 1563. & on y a celebré pour la premiere fois le Service divin la veille de Saint Laurent, l'an 1586.*

Par cette Inſcription on voit qu'il y a eu 23. ans d'intervalle entre le commencement de la conſtruction de ce vaſte édifice & ſon entiere perfection.

Sur l'autre on lit:
PHILIPPI II. &c.
CAMILLI CAJET. ALEXANDR.
PATRIARCHÆ NUNTII APOST.
MINISTERIO HANC BASILICAM
S. CHRISMATE CONSECRAND.
PIE AC DEVOTE CURAVIT
DIE AUGUST. XXX. ANN. M. D. XCV.

Ce qui ſignifie que *Philippe II. par un eſprit de pieté & de dévotion, a fait conſacrer cette Baſilique par le Miniſtere de Camille Cajetan, Patriarche d'Alexandrie & Nonce Apoſtolique, le 30. Août de l'année 1595.* L'Egliſe eſt très-grande, très-belle & faite ſur le Modéle de celle de Saint Pierre de Rome. Elle eſt ſoutenuë par quatre rangs de pilliers, & a un ſuperbe dôme au milieu d'ordre Dorique, ainſi que tout le reſte de l'édifice. Elle eſt fort bien éclairée, pavée de marbre noir & blanc, & de carreaux de fayance peinte. La voute eſt richement dorée. Les ornemens en ſont brodez de perles & de pierreries. Les Vaſes & les Calices ſont de pierres precieuſes; les lampes & les chandeliers d'argent & pluſieurs d'or. On y compte 40. Chapelles, & autant d'Autels que l'on pare tous les jours de 40. manieres differentes. La principale Chapelle où l'on a placé le grand Autel, eſt une grande voute, qui occupe tout le fond de l'Egliſe, & eſt toute de jaſpe depuis le pavé juſqu'au haut.

Aux

Aux deux côtez il y a deux petites Chapelles, ou Oratoires: dans l'un on voit la figure de Charles V. en bronze, à genoux, vêtu d'habits Royaux, avec tous ses enfans à ses côtez, representez au naturel; & dans l'autre qui est vis-à-vis, on voit Philippe II. vêtu de même, & dans la même posture, accompagné aussi de ses enfans, le tout de bronze. Ces deux Monarques ont leurs Armes au-dessus d'eux. Au-dessous de ces deux figures, on voit deux petits Cabinets de Jaspe, où leurs Majestez vont de leur appartement pour entendre la Messe. Les Benitiers sont faits de deux grandes pierres precieuses & garnis d'or.

Au bas des degrez du Maître-Autel, on voit à droite douze chandeliers d'argent massif qui surpassent la hauteur d'un homme, & à gauche douze autres de même grandeur. On estime que la seule Chapelle a coûté 3000000. Il y a dans l'Eglise sept chœurs d'orgues, enrichis de plaques de bronze doré & fort luisant: Quelques-uns se font entendre comme des concerts des trompetes, d'autres comme des flûtes douces, des cornets à bouquin, des clairons, & d'autres instrumens de Musique.

On monte au grand Autel par 16. marches de Jaspe, ou de marbre rouge, qui tiennent toute la largeur de la Chapelle. Il est de beau marbre noir, à la reserve du dessus qui est de porphyre, & le dehors est composé de quatre ordres, qui sont le nombre de 16. petites Colomnes de Jaspe fin & d'agathe chacune d'une seule piece, avec des chapiteaux de bronze doré. La muraille de derriere est incrustée d'une piece de porphyre, si grande & si luisante, qu'on y voit toute l'Eglise comme dans un Miroir. Le Tabernacle est aussi de porphyre, travaillé avec la pointe d'un Diamant. Il est fait en dôme, chargé d'une espece de petite Tour, & soutenu de 18. Colomnes d'agathe, entre lesquelles sont plusieurs statuës de bronze. Les pierreries, l'or & l'argent y brillent de toutes parts, & l'éclat en est si grand, qu'on voit au travers d'un vase d'agathe le Saint Sacrement qui y repose. Le dessus de la Custode où l'on tient le Saint Sacrement, est enrichi d'une émeraude grosse comme un œuf, & d'un prix inestimable. Cette Custode est de la hauteur d'un homme, & a deux brasses de circonference. Elle est faite d'une pierre plus precieuse que le porphyre, estimée cinq cens mille écus. Cent hommes y furent occupez pendant 14. ans travaillant tous les jours. Les portes des deux côtez qui conduisent derriere l'Autel, ont les bandeaux de pieces de Jaspe & d'agathe rassemblées, & ces portes sont d'un bois d'Inde fort precieux. On peut aller tout à l'entour de l'Autel, mais il n'est permis à aucun Seculier de le toucher.

Le Chœur de l'Eglise est une piece fort singuliere, tant par sa structure, que par les raretez & les richesses qu'il renferme. On y voit 214. livres pour les Offices qui se doivent dire châque jour, d'une grandeur prodigieuse, reliez & peints en velin, avec de très-belles figures & garnis de cuivre doré. Il y en a un qui a coûté 400. écus. Ce sont tous des ouvrages de la main d'un Religieux Hieronymite appellé Frere André de Leon, aidé de quelques autres habiles Maîtres du XVI. siecle.

Au devant du Chœur on voit deux tableaux, où l'on tient un Registre de toutes les Reliques qui s'exposent dans l'Eglise, & de toutes les autres choses sacrées qu'on y conserve. En voici la liste. 7. corps Saints entiers. 107. têtes entieres. 177. tant bras que jambes. 346. veines. 1400. autres petites pieces comme doigts, cheveux, &c. & enfin 1500. autres pieces encore plus petites. Toutes ces Reliques sont serrées dans quatre armoires, placées dans quatre Chapelles. On prétend qu'une seule de ces armoires, surpasse le Tresor de Saint Marc de Venise.

A l'un des côtez du Chœur, au coin de la Sacristie, se voit un beau puits, d'où l'on fait aller l'eau dans des bassins de marbre, qui sert aux Religieux pour se laver les mains avant que d'aller à l'Autel.

Toute la voute de l'Eglise est ornée de très-belles peintures à fresque; sur tout celles du Chœur sont d'une beauté ravissante. Elles sont de la main du Titien. Elles representent le Paradis, où l'on voit la Sainte Trinité, environnée de Legions d'Anges & d'Armées celestes, & à côté le Titien qui s'y est peint à genoux.

Deux cens sieges occupent le Chœur pour y placer 200. Religieux. Ils sont separez par de petites Colomnes, & faits de bois rares apportez des Indes, comme bresil, cedre, ébene & autres. On y voit plusieurs beaux pupitres. Il y en a un entre autres qui represente un Ange, qui a pour pied-d'estal une boule, & un autre une aigle qui tient un gril pendu à son bec, le tout de bronze. On assure que le plus grand pese 1400. livres. Au milieu on a suspendu un très-beau lustre d'argent d'un très-grand prix.

La Sacristie est à côté du Chœur. C'est une grande salle, ornée de très-belles peintures de la main du Titien, & de divers autres Peintres fameux. C'est là qu'on tient les ornemens Sacerdotaux, tous brodez & enrichis de perles & de pierres precieuses, de sorte qu'on ne sait si on doit plus estimer, ou la beauté du travail & de l'art, ou les richesses & la beauté de la matiere. Mais ce qu'on y voit de plus precieux, est une Croix d'or massif, enrichie de perles grosses comme une noix muscade, de rubis, de turquoises, d'émeraudes, & de diamans. L'argenterie répond à la magnificence de tout le reste.

De la Sacristie on passe dans une autre salle, où l'on voit deux vases d'un très-grand prix. L'un est d'un seul saphir, enrichi de perles & de pierres precieuses, au milieu desquelles brille un gros rubis. L'autre est un ouvrage de fonte, aussi enrichi de pierreries, qu'on dit être fait de la propre main de l'Empereur Maximilien II. On y montre encore un livre estimé 4000. ducats, où toute la vie de Notre Seigneur est écrite fort proprement de la main d'un Religieux, avec les Pseaumes & les Antiennes qui y ont du rapport, écrits tous de la main d'un autre Religieux, sans compter divers autres ornemens & habits d'un prix infini.

Au-dessous de l'Eglise est le Pantheon, qu'on tient pour ce qu'il y a de plus beau dans tout l'Escurial. Il est au-dessous du grand

grand Autel. C'est un superbe Mausolée, auquel on a donné le nom de Panthéon, à cause qu'il a été fait sur le modele d'un Temple rond & obscur qu'Agrippa, gendre d'Auguste, consacra à tous les Dieux, dont chacun y avoit sa niche & sa statuë. Ainsi le Panthéon de l'Escurial est destiné pour la sepulture de tous les Rois & Reines d'Espagne, qui sont morts depuis la fondation de cet édifice, & qui mourront à l'avenir, jusqu'à ce que toutes les niches qu'on y a preparées soient remplies.

La beauté de ce lieu, quoi que souterrain, ne cede nullement à ce qui est au-dessus. On y descend par 25. marches d'une pierre grise marquetée de noir. La porte est faite de plusieurs espéces de bois apportez des Indes, dont les differentes pieces rassemblées avec art, forment une diversité de couleurs qui ravissent par leur éclat. Malgré l'enfoncement du lieu, l'escalier est très-bien éclairé. La voûte, les murailles sont incrustées de differentes pierres, dont l'assemblage fait un effet agreable. Ces 25. marches ont un pilier, au bout duquel on tourne & on continuë à descendre 33. degrez de fin Jaspe de Tortose, & de marbre gris & blanc, pris à Saint Paul de Tolede, mélangé d'une maniere si agreable, qu'on diroit que c'est plûtôt un effet de l'Art que de la Nature. En cet endroit, la voute de l'escalier est embellie de moulure de Jaspe, polie proprement & luisante comme un miroir, de sorte que l'on peut s'y voir de quelque côté qu'on jette la vuë.

Au bas de ces degrez, on voit au devant de la porte qui donne entrée dans la voute, quatre piliers, de Jaspe & deux de bronze doré, très-bien travaillez & une grille de même metal doré.

On entre dans cet auguste Mausolée qui est une voute de la même étenduë que la grande Chapelle, bâtie en rond, & élevée en dôme. Quoi qu'il soit sous terre, on a trouvé cependant le moyen de lui donner un beau jour. On lit sur les portiques plusieurs Inscriptions accommodées au lieu où elles se trouvent placées, & on y voit quantité de figures de bronze & d'autres matieres, qu'on a fait venir d'Italie & de divers autres endroits.

Les Armes d'Espagne représentées par plusieurs pierres fines qui ont les couleurs nécessaires pour en faire les couleurs & les metaux & rassemblées avec tant d'art, qu'on ne peut rien voir de mieux entendu ni de plus beau: de sorte qu'on a peine de distinguer si l'Art l'emporte sur la Nature, ou la Nature sur l'Art. L'or, l'argent, les pierres precieuses & le bronze sont employez avec profusion pour l'embellissement de cette voute.

Le plancher est de carreaux de Jaspe & de marbre, compartis en figures & en fleurons, qui forment une étoile dans le milieu. La voute est soutenuë par 16. pilastres de Jaspe de diverses couleurs, de la hauteur de 16. pieds, & de 20. pouces de Diametre d'Ordre Corinthien. Derriere ces premiers pilastres on en voit d'autres de marbre des Chapiteaux de bronze doré posez en perspective: sur ces Chapiteaux regne une plate-bande aussi de bronze doré travaillé en feuillages avec de petites corniches de la largeur de deux pieds. A ces corniches commence la voute qui est de Jaspe mêlé de petites plaques de bronze. L'espace qui est entre les Colomnes & les pilastres, est occupé en partie par une Chapelle, qui se voit d'abord en entrant étant placée au fond du Panthéon, vis-à-vis de la porte. Le reste de l'espace est partagé en plusieurs niches, separées & rangées comme des tablettes les unes sur les autres, de quatre en quatre. Elles sont superbement ornées, & remplies par 26. urnes de marbre noir, embellies de moulures de bronze doré. De 26. il y en a 24. rangées tout-à-l'entour du Mausolée, & les deux autres au-dessus de la porte. Chaque urne est soutenuë par quatre griffes de Lion aussi de bronze doré. Celles qui sont déja occupées ont des Inscriptions gravées en lettres d'or, qui marquent les noms des Rois & des Reines dont elles renferment les corps. Ceux des Rois sont à la droite, & celles des Reines à la gauche. Au milieu du Panthéon paroît un grand chandelier de bronze doré, fondu à Genes qui a couté 10000. écus. Il est soutenu par des Anges & par les quatre Evangelistes, de bronze doré, aussi bien que le chandelier. Mais c'est assez demeurer dans la région de la mort; revenons au reste de l'édifice, & faisons la description du Palais du Roi.

Philippe II. qui fit bâtir l'Escurial, aiant si richement embelli l'Eglise, ne voulut pas que sa maison fût aussi magnifique ni aussi belle que celle du Seigneur; c'est pourquoi l'appartement Royal, comparé avec ce que nous venons de voir, ne paroît pas à beaucoup près si considerable. On y entre par une porte qui est à la façade Septentrionale. Le vestibule à trois appartemens accompagnez de leurs cours pour l'usage des offices & des cuisines. Par le même vestibule on va aussi dans une salle où mangent les Gentils-Hommes de la Chambre, le Capitaine des Gardes, & autres gens de la Cour. De là on passe dans les galeries & dans les appartemens où demeurent ceux qui ont soin de fournir les provisions de la Table du Roi. Dans le même côté on voit une autre porte, par laquelle on va du Palais du Roi au Chœur, à la Nef, au Monastere & au College. Près de cette porte est une galerie, où s'assemblent les Grands & les Gardes du Roi. A l'Orient sont les appartemens des Ambassadeurs, qui s'étendent le long du grand portique. A l'un des Coridors paroît une porte fort superbe, par où l'on entre dans l'appartement du Roi, qui est bâti derriere la Chapelle, & environné d'une belle galerie. Au Midi est une autre porte près le grand Autel, par laquelle on entre dans le Monastere & dans toutes les parties du Palais Royal. Le portique regarde le côté Septentrional de l'Eglise. On voit sur la muraille du Temple une peinture à fresque, qui represente la bataille de Higueruela, dans laquelle Jean II. Roi de Castille battit les Mores de Grenade. Tout le quartier du Roi a quatre Corps de logis, accompagnez d'autant de Tours. Les Galleries sont ornées de tableaux, dans l'un desquels on voit la celebre bataille de Lepante. Les salles ont leurs plafonds richement embellis de diverses peintures de grand prix. Les chambres du Roi
&

& de la Reine sont aussi ornées de tableaux, & les peintures des salles où l'on mange, représentent toutes sortes de poissons, d'oiseaux & d'insectes.

Du quartier du Roi on passe à celui des Ecoliers qui est fait comme les autres. Les Coridors qui regnent tout à l'entour, sont ornez de beaux tableaux & les salles de même. Les classes sont belles, & le Refectoire est rempli de diverses peintures d'un très-grand prix.

La Bibliotheque est un chef-d'œuvre. C'est une Salle longue de 194. pas, large de 32. & haute de 36. Elle est partagée de tous côtez en 4. galleries, attachées à la muraille l'une au-dessus de l'autre, de la longueur de 130. pieds. Les tablettes sont faites de plusieurs sortes de bois rares apportez des Indes, dont la diversité des couleurs fait un très-bel effet. Le plancher est pavé de marbre & de fayante fine, peinte en bleu qui fait un beau parterre. Vers les fenêtres & autour de la galerie, il est orné de bordures de Jaspe rouge. Vingt grandes fenêtres lui donnent tout le jour dont on a besoin pour en voir toutes les beautez: les vitres en sont de crystal, & se ferment avec de petites targettes d'argent doré. Les tremeaux d'entre les fenêtres sont coupez en Cabinets sans portes remplis de 8. tablettes, chargées de 8. rangs de livres tous reliez, & dorés de la même façon, avec un gril doré au-dessus pour Armes. On y compte jusqu'à 130000. volumes, sur toutes sortes de sujets & en toute sorte de Langues. Entre la voute & les Cabinets, on voit les portraits des quatre premiers Rois d'Espagne de la Maison d'Autriche, & ceux de plusieurs grands hommes, dont le nom a été rendu celebre par leur science & par leurs ouvrages. Châque tableau a son Inscription qui marque le nom de celui qu'on y a peint.

La voute est embellie de peintures parfaitement belles, qui représentent toutes les Sciences & les sept Arts liberaux, chacune avec son hieroglyphe: & leur rapport avec les livres est si regulierement observé, que la peinture de châque Science est posée justement au-dessus des livres qui en traitent.

Le milieu de la salle est occupé d'espace en espace par dix ou douze grandes tables de Jaspe enchaffées les unes dans l'ébene & d'autres dans l'yvoire, chargées de Globes, de Spheres & de divers instrumens de Mathematique: on y remarque entre autres choses une Sphere de bronze qui represente les divers mouvemens des Corps Célestes. Quelques-unes de ces tables sont vuides & servent à ceux qui souhaitent consulter quelque Livre: car il n'est pas permis, non pas même aux Religieux, d'en emporter aucun. Il faut qu'ils aillent étudier dans la Bibliotheque.

On y montre encore diverses raretez fort curieuses, comme une pierre d'aimant du poids de sept livres, qui soutient 25. livres pesant; quelques livres imprimez sur du papier de la Chine. On prétend même qu'il y a du premier papier dont on s'est servi en Europe.

De la Salle où sont les Livres imprimez, on passe par une gallerie dans une autre, où l'on voit 14000. ou 15000. volumes de Manuscrits, dont quelques-uns sont très-considerables par leur antiquité, d'autres enfin qui sont rares & anciens. Ils sont tous reliez d'un velours ras & disposez comme dans des rayons. Les plus estimez sont un Saint Chrysostome en Grec; un Traité de Saint Augustin touchant le Batême, écrit de la main de ce Docteur de l'Eglise; & par consequent le plus vénérable par son antiquité; un autre écrit de la main de Sainte Therese; un autre écrit sur des feuilles de palmes, & un autre écrit en lettres d'or, qui contient les 4. Evangiles avec les Prefaces de Saint Jerôme, & les Canons d'Eusebe, qu'on dit avoir été fait du tems de l'Empereur Conrad. Mais ce qu'il y a de plus remarquable, est une Bibliotheque entiere de Livres Arabes, qu'un Capitaine de Vaisseau vola au Roi de Maroc il y a environ 100. ans, & qu'il vendit au Roi d'Espagne. On tient qu'elle est composée du 7800. volumes. On y voit encore en relief l'ancienne Jerusalem representée dans l'état qu'elle étoit du tems de Notre Seigneur. Parmi une infinité de belles peintures dont cette Salle est ornée, on voit le portrait de Dom Jean d'Autriche, avec les deux grands fanaux que ce Prince remporta sur la Capitane des Turcs à la bataille de Lepante.

Sortant de la Bibliotheque on passe par un grand vestibule, dont la voute est faite avec tant d'art, & si unie, qu'on y entend d'un bout à l'autre tout ce qu'une personne dit pour bas qu'il parle.

Le Monastere est tout contre le quartier du Roi & celui des Ecoliers Pensionnaires: il fait face au Midi par le dehors, ainsi qu'il a déja été dit, & est partagé en dedans en cinq cours, savoir en une grande & quatre petites. Le dessein des quatre petites est le même que celui des cours du quartier opposé. Le grand Cloître a 200. pas en quarré, & est pavé de marbre blanc & noir. La Vie de Notre Seigneur est peinte tout-à-l'entour en détrempe. Aux quatre coins on a placé quatre grands tableaux fermez, aux portes desquels sont peintes les mêmes choses que dedans. La cour de ce Cloître est occupée par un beau Jardin de fleurs, dont les allées sont aussi pavées de marbre. Au fond de ce jardin est une Chapelle faite en dôme, de Jaspe, pavée de marbre blanc & noir, & ouverte par les quatre côtez. Des Colomnes de porphyre en soutiennent la voute, qui est d'une très-belle Architecture. Aux quatre coins en dehors, on voit dans des niches les quatre Evangelistes plus hauts que le naturel, chacun accompagné de son symbole, savoir l'un d'un Ange, & les trois autres d'un animal qui repand de l'eau à gros bouillons dans quatre grands bassins. Les quatre Evangelistes, l'Ange, les animaux & les bassins sont de beau marbre blanc.

Les Dortoirs sont de marbre blanc & noir. La salle où le Chapitre s'assemble est fort vaste, & divisée au milieu par deux arcades. La voute est peinte en petites figures, & embellie d'un grand nombre d'ouvrages dorez, & de tableaux faits par les plus habiles Maîtres, dont quelques-uns n'étant pas achevez, personne n'a osé y toucher après eux pour y mettre la derniere main. On y voit aussi deux bas-reliefs d'agathe de 18. pouces chacun, d'un prix

prix extraordinaire. La figure de Notre Seigneur est peinte sur un côté de la porte, & celle de la Sainte Vierge sur l'autre, chacune avec un distique Latin. Vis-à-vis est celle de Jacob de Trezza, Sculpteur & Architecte, qui a bâti le Cloître: de l'autre côté un petit Jesus couché dans le berceau & dormant, avec cette Inscription: *Cor meum vigilat*.

Le Refectoire des Religieux est fort long & orné de belles peintures. On y voit entre autres, les tableaux de Charles V. & Philippe II. dans lesquels le Peintre les a representez portez dans le Ciel par les Anges. Dans le lieu le plus élevé on voit une table particuliere, où le Roi mange lors qu'il lui plaît: mais quand il n'y est pas, le Prieur prend sa place.

Sortant du Chapitre & du Cloître, on monte par un escalier à deux rampes fort magnifiques, dont les marches sont toutes d'une piece, & ont sept pas de longueur. Les côtez & la voute sont peints en détrempe à grands personnages au naturel. On y voit entre autres un Saint Jerôme & une Baleine; qu'on prit autrefois à Valence, laquelle avoit 48. empans de long.

L'esplanade dont j'ai parlé au commencement, qui est au devant de l'Escurial, & qui en fait le tour, est occupée au côté Septentrional par des Hôtels magnifiques, qui servent de logement à une partie de la Cour: & au coin du Sud-ouest, on voit un autre quartier fort étendu, où sont quelques Officiers du Roi, divers Artisans & plusieurs domestiques des Religieux. Elle est fermée du côté des bâtimens par de gros piliers entrelacez avec des chaines de fer.

De la place de l'Escurial, on descend dans de grands & beaux Jardins, qui sont arrosez par le moyen de plusieurs belles fontaines de marbre de diverses couleurs.

Des Jardins on passe dans le parc, qui est d'une étendue prodigieuse, fermé de murailles qui ont sept lieuës de tour. On y voit des bois, des étangs, des plaines, & au milieu une maison pour les garde-chasses.

Voilà à peu-près ce qu'il y a de plus beau à remarquer dans ce vaste & riche édifice, qui est sans contredit la merveille d'Espagne. On prétend qu'il a coûté 25. millions d'or. C'est de cet endroit que Philippe II. parloit lors qu'il se vantoit que du pied d'une Montagne sterile avec quatre doigts de papier, il se faisoit obéir aux deux bouts du Monde, sous l'un & sous l'autre hemisphere. Ce fut *Bramante* fameux Architecte Italien qui en donna le dessein.

[a] *Denombr. de la France T.1.p.279.*
[b] *Corn. Dict.*

ESCUROLLES [a], petite Ville de France au Bourbonnois dans l'élection de Gannat, Generalité de Moulins; [b] dans une plaine proche la Riviere d'Annelot, à environ deux lieuës de Gannat.

[c] *P.Lucas. 1.Voyage T.1.p.101.*

ESCYPOUR [c], petite Ville d'Asie sur la route de Diarbekir à Alep, à une journée de chemin de la premiere. Elle est presque toute ruinée; il y a une Forteresse, comme une petite Montagne toute revêtuë de pierres aussi belles que du marbre; mais tout y tombe en ruine & il n'y habite personne.

ESDRAI, ou ESDRAEI. Voyez EDRAÏ 2.

1. ESDRELON [d], ou ESDRAELA Bourg de la Palestine dans la Tribu d'Issachar. Il donnoit son nom à la Campagne d'Esdrelon. On le nommoit aussi Jezraël [e], à dix milles de Scythopolis, comme le porte l'ancien Itineraire.

[d] *D. Calmet Dict. de la Bible.*
[e] *Jesus c.19.v.18.*

2. ESDRELON [f], campagne d'Esdrelon, campagne de la Palestine dans la Tribu d'Issachar: elle s'étend de l'Orient en Occident presque depuis Scythopolis jusqu'au Mont Carmel; on l'appelloit aussi LE GRAND CHAMP, LA VALLEÉ DE JEZRAEL, & la Campagne d'*Esdraela*.

[f] *D. Calmet Ibid.*

ESDRIN [g], nom que l'on trouve au second livre des Machabées [h]; & sur lequel les Savans ne sont pas d'accord. Quelques-uns croient que c'est le nom d'une Ville au delà du Jourdain où se donna un combat entre Judas Machabée, & Gorgias & Timothée. Quelques autres, comme Grotius & Hillerus, lisent *Ephron* au lieu d'*Esdrin*. D'autres croient avec assez de vraisemblance qu'Esdrin est un nom d'homme; *qui cum Esdrin erant*, c'est-à-dire, ceux qui etoient commandez par Esdras.

[g] *Ibid.*
[h] *c.12.v. 36.*

ESE [i], en Latin *Isia*, Village des Etats de Savoie dans le Comté de Nice, sur la côte. Il y a un petit port. Ce lieu est à une lieuë de Monaco du côté du Couchant. On soupçonne que c'est l'ancien AVISO.

[i] *Baudrand. Ed. 1705.*

ESEBON. Voyez ESBUS.

ESEM [k], ancienne Ville de la Palestine dans la Tribu de Juda [l]. C'est peut-être la même qu'ESMONA ou *Asemona*. Voyez ESMONA.

[k] *D. Calmet Ibid.*
[l] *Josué c. 15.v.19.*

ESENS [m], en Latin *Esena*, petite Ville d'Allemagne dans la Frise Orientale ou Ostfrise près de la côte de la Mer d'Allemagne & à vingt-six milles d'Emden vers le Nord.

[m] *Baudrand.Ibid.*

ESER, Ville bâtie par Salomon. C'est la même qu'ESRON, ou HESRON.

ESERNINI. Voyez ÆSERNIA.

1. ESERO [n], en Latin *Eserus*, petite Ville de Turquie en Macedoine & dans la Province de Janna, vers la côte de l'Archipel & du Golphe de Volo. Elle est sur une Montagne de même nom.

[n] *Ibid.*

2. ESERO [o], Montagne de Turquie en Macedoine dans la Province de Janna, entre les Montagnes d'Ossa, de Pelion, & d'Olympe.

[o] *Ibid.*

ESFAGUES, ou ESFAQUES, ou ALFAQUES. J'en ai déja parlé sous ce dernier nom; j'ajouterai ici ce qu'en dit Marmol [p]. C'est, dit-il, une petite place de quelques six cens feux à vingt-six lieuës de la Ville d'Afrique du côté du Levant. Quelques-uns attribuent sa fondation aux Romains, mais plus communément à ceux du Pays. Elle étoit autrefois fort peuplée & il y avoit un grand commerce; mais elle fut ruinée à la venuë des successeurs de Mahomet & se repeupla depuis. On la nommoit autrefois Rusfine ou Tasso, à qui Ptolomée donne 38. d. de longitude & 32. d. 20'. de latitude. Les habitans s'adonnent la plûpart à la Marine, ou à la Pêche qui est fort bonne sur cette côte. Il y a quelques Tisserans, mais il n'y en a point de riches quoi qu'ils soient fort orgueilleux. Leur nourriture ordinaire est de pain d'orge, & d'un manger de cette farine dont usent ceux de la côte de

[p] *T.1.l.6. c.29.*

de Tunis. Plusieurs vont courre les côtes de la Chrétienté en la compagnie des Corsaires Turcs; d'autres sont Marchands & trafiquent en Turquie & en Egypte. Ils ont été fort tourmentez des Rois de Tunis & des Arabes de la contrée parce qu'ils se revoltoient & donnoient retraite aux Corsaires. Cette place est à présent sous la Regence de Tunis. Marmol, ou son Traducteur, se trompe. Esfaques n'est pas *Ruspine*, mais *Ruspa*. Ces deux Villes étoient diferentes & Ptolomée les distingue très-bien; elles diferoient, selon cet Auteur, d'un dégré & 10'. pour la longitude, quoi qu'il n'y eût que 30'. ou un demi degré de diference pour leur latitude. Ses Interprètes donnent pour le nom moderne de *Ruspina* TOULB.

ESFAHAN, ou ISPAHAN. Voyez HISPAHAN.

ESFARAÏN [a], Ville d'Asie dans la Province de Khorasan. Elle est située selon les Tables Arabiques à 91. d. & 5'. de longitude & à 36. d. 55'. de latitude. Cette Ville est fameuse par le grand nombre d'Ecrivains & autres personnes illustres qu'elle a fournis. Le Traducteur de l'Histoire de Timur Bec [b] nomme cette Ville Esferaïn & dit qu'on l'appelle autrement ELMEHREDGAN; elle est, dit-il dans une Note, au milieu du chemin entre Nichabour & Jorjan & dépend de Nichabour. Il s'accorde pour la longitude avec Mr. d'Herbelot, mais il ne donne que 36. d. 44'. de latitude. Nassir Eddin met 55'. comme Mr. d'Herbelot. Mr. Grave dans sa Traduction Latine des Tables de cet Arabe, écrit ESFARAYIN.

ESFIGIAB [c], Ville d'Asie dans la Transoxane, de la Jurisdiction de celle de Schafche. Les Tables Arabiques lui donnent 99. d. 50'. de longitude 43. d. 36'. de latitude: ses murailles sont de deux lieues de tour & enferment quantité de Jardins arrosez d'eaux courantes. Cette Ville est entre celles de Tharaz, & d'Osbaniketh, à une journée environ de chemin de l'une & de l'autre. Abulfeda varie un peu dans sa position & remarque aussi bien qu'Al-Bergendi qu'elle a donné plusieurs Docteurs au Musulmanisme.

§. Abulfeda ne varie sur sa position qu'en raportant selon sa coutume divers Auteurs dont voici les sentimens.

Alfaras 89. d. 50'. long. 43. d. 35'. lat.
Albiruni. 89. d. 20'. long. 43. d. 30'. lat.

On voit que Mr. d'Herbelot s'est écarté d'Abulfeda au moins de dix degrez pour la longitude. Le Traducteur Latin d'Abulfeda écrit ESFIJAB. Il faut avouer pour la justification de Mr. d'Herbelot que Nassir Eddin compte 99. d. 50'. de longitude. Les Tables d'Ulugbeg en comptent autant. Mais il faut remarquer que cela revient au même, car ceux qui ne comptent que 89. d. prennent leur premier meridien plus à l'Orient que les autres qui se tiennent à celui de Ptolomée fixé aux Canaries. Je traite ailleurs cette matiere plus amplement.

ESIA, ancien nom d'une Riviere de la Gaule selon Vibius Sequester [d]. On croit, sur ce qu'il ajoute qu'elle tombe dans la Seine, que ce doit être l'OISE nommée par d'autres ISARA, à quoi se raporte le *Brivanisara* d'Antonin [e]. pour dire *Pontoise* ou le Pont sur l'Oise. Cette particularité que l'Esia tombe dans la Seine rend inutile & impertinente la conjecture de Simler qui croit que ce pouvoit être d'ÆSIS Ville des Gaulois Senonois, qui se jette dans la Mer Adriatique.

ESIGUS, SIGUS, ou ISIGUS, ces trois diverses manieres d'écrire un même nom se trouvent dans les divers Exemplaires d'Antonin. Le second est dans l'exemplaire du Vatican publié par Schelstrate; & est à vingt cinq milles de Cirta. L'Edition de Bertius porte Sugus. Ce lieu est en Afrique dans la Numidie.

ESII FORUM. Voyez au mot FORUM.

ESK, petite Riviere de l'Ecosse meridionale. Elle a sa source dans les Montagnes qui bornent la Province d'Anandale au Levant & cette source s'apelle *Black Esk*; elle en a une autre plus au Nord vers les Montagnes qui sont au Midi de Twedale; & cette source est nommée *Whyt Esk*. La premiere veut dire *Esk la noire* & l'autre *Esk la blanche*. Elles vont se perdre ensemble dans la Lidde; avec laquelle elles se rendent dans le Golphe de Solway.

ESKDAIL [f], ou ESKDALE contrée de l'Ecosse Meridionale. Son nom qui signifie *la vallée* où coule la Riviere d'*Esk* marque sa position: Elle est enfermée au couchant par la Province d'Annandale, par celles de Twedale & de Tiviotsdale au Nord, par celles de Tiviotsdale & de Liddesdale au Levant & par celle de Cumberland qui est d'Angleterre au Midi. Dans l'Etat present de la grande Bretagne [g] elle est raportée à la Province de Liddesdale. Mr. Mati la borne par la Province de Northumberland, d'où elle n'approche point & nomme Tuwedale & Tivedale les Provinces de Twedale & de Tiviotsdale. Mr. Corneille estropie ces noms encore davantage.

ESKERDOU, Ville d'Asie dans le petit Tibet dont elle est la Capitale à huit journées de la Ville de Kachemire selon Mr. Corneille [h] qui ne cite aucun garant. Mr. de l'Isle la nomme ELKERDOU. [i] Elle n'est pas loin de la source du Sihun, ou Jaxarte des Anciens.

ESKI, ce mot, qui en langue Turque signifie *Vieux*, entre dans la composition de quelques noms Geographiques, comme

ESKI-BABA. Voyez ce nom écrit ESCHIBABA.

ESKI-ISSAR, c'est-à-dire, Vieux Château. Voyez LAODICÉE.

ESKI-NUMRUD, ou NIMROD, c'est-à-dire, *le Vieux Nembrod*. Les Turcs, au raport de Mr. d'Herbelot [k], apellent ainsi les ruines de la Ville de Babel ou Babylone qui subsistent encore sur le bord de l'Euphrate.

ESKI-SERAY [l], ou le Vieux Serrail, Palais des Sultans au milieu de Constantinople. Il ne sert maintenant qu'à loger les femmes que l'on met hors du nouveau Serrail après la mort du Sultan. Les Grecs l'ont autrefois nommé *Basiliki Megali*, c'est-à-dire le grand Palais.

ESKIMAUX [m], peuple de l'Amerique Septentrionale. Ils habitent la grande terre de La-

[a d'Herbelot Bibliot. Orient.]
[b L. 2. c. 34. T. 2. p. 330.]
[c d'Herbelot Ibid.]
[d p. 34.]
[e Itiner.]
[f Ibid.]
[g T. 2. p. 233.]
[h Dict.]
[i Atlas.]
[k Bibliot. Orient.]
[l Ibid.]
[m La Hontan Voyages T. 2. p. 11.]

ESK. ESL. ESL. ESM.

Labrador & font fi féroces qu'on n'a pû juſqu'à préſent les humaniſer[a]. Les Danois font les premiers qui ont découvert cette contrée. Elle eſt remplie de Havres, de Ports, & de Bayes, où les barques de Quebec ont accoûtumé d'aller faire la troque de peaux de Loups marins durant l'été avec ces Barbares. Si-tôt que ces barques ont mouillé l'ancre, les Eskimaux viennent à bord, dans de petits canots de peaux de Loups marins couſuës enſemble. Ces canots ſont faits à peu près comme des navettes de tiſſeran, avec un trou au milieu comme celui d'une bourſe. Les Eskimaux s'y enferment avec des cordes, s'y tenant aſſis ſur les talons. Ils ſe ſervent de petites palettes pour ramer; ce qu'ils font tantôt à droite, tantôt à gauche, ſans pancher le corps de peur d'être renverſez. Dès qu'ils approchent de la barque[b], ils montrent leurs Peleteries au bout de l'aviron, & demandent en même temps les couteaux, les haches, les chaudieres, & les autres choſes dont ils ont beſoin. Le marché conclu, ils reçoivent & donnent tout au bout d'un bâton. Il faut prendre garde à ne ſe pas laiſſer inveſtir par un trop grand nombre de leurs canots, parce qu'ils ont enlevé aſſez ſouvent de petits vaiſſeaux, pendant que les Matelots étoient occupez à manier; & à remuer les Pelleteries, & les Marchandiſes. Ils ſont auſſi à craindre durant la nuit, ſi l'on n'uſe de vigilance, à cauſe qu'ils ſavent faire de grandes chaloupes qui vont auſſi vîte que le vent, & dans leſquelles ils ſe mettent trente ou quarante; c'eſt ce qui oblige les Malouins qui font la pêche des moruës au petit Nord, & les Eſpagnols à Portochoua, d'armer quelques barques longues pour coürir la côte, & pour les pourſuivre. On compte parmi ces peuples plus de trente mille combattans; mais ils ſont ſi lâches que cinq cens *Cliſtinos* de la Baye de Hudſon ont accoûtumé d'en battre cinq ou ſix mille. Leur pays s'étend depuis la côte qui eſt vis-à-vis des Iſles de Mingan juſqu'au détroit d'Hudſon. [c] Ils paſſent tous les jours à l'Iſle de Terre Neuve par le détroit de Belle-Iſle qui n'a que ſept lieuës de traverſe & s'ils ne viennent pas juſqu'à Plaiſance c'eſt qu'ils craignent d'y trouver d'autres Sauvages. Voyez Labrador.

1. ESKODAR ou ISKODAR[d], les Turcs nomment ainſi la Ville de Chalcedoine en Aſie vis-à-vis la pointe du Serrail de Conſtantinople. Nous l'appellons Scutari, ou Scutaret.

2. ESKODAR. Voyez Scodra & Scutari en Albanie.

ESLA, en Latin *Eſtola*, Riviere d'Eſpagne. Voyez Ezla.

☞ ESLAMIAT, ce mot en Arabe ſignifie le Muſulmaniſme, & par raport à la Geographie il ſe prend dans le même ſens que le mot de Chrétienté dans cette Phraſe, *Je ne crois pas que dans toute la Chrétienté on puiſſe trouver* &c. de même les Arabes appellent *Belad El Eslam* le pays que poſſedent les Muſulmans ou Mahometans, & ils nomment *Eslamiat* l'Iſlamiſme & le Muſulmaniſme. L'étendue de l'Eslamiat, ou Iſlamiſme du temps d'Ebn Aluardi Géographe Arabe qui vivoit l'an 385. de l'Hégire, de J. C. 995. étoit depuis la Ville de Farganah dans la Province

[a] p. 12.
[b] p. 13.
[c] p. 14.
[d] d'Herbelot Biblioth. Orient.

Tranſoxiane, juſqu'au Rivage maritime de l'Yemen ou Arabie heureuſe ſur l'Océan vers la Ville d'Aden, c'eſt ainſi que l'on prend ſa longueur qui comprend cinq mois entiers de Caravane. Sa largeur eſt depuis le Pays de Roum qui eſt la Natolie juſqu'à Manſourat ou Souratte aux Indes dans le Decan & cet eſpace contient cinq mois de chemin. Dans toute cette étenduë on ne comprend point la partie Occidentale depuis l'Egypte le long de l'Afrique juſques en Eſpagne, dit le même Auteur, parce que cette partie de l'Iſlamiſme, qui eſt comme la manche dans un habit, eſt reſſerrée vers le Septentrion par la Mer Mediterranée & au Midi par le pays des Negres qui n'ont pas encore reçu la Religion Mahometane. Ebn Aluardi fait encore un plus grand détail de cette contrée lors qu'il dit que pour meſurer ſa longueur on va de Farganah en Khoraſſan, de Khoraſſan, au Gebal qui eſt l'Iraque Perſienne, de celle-ci à l'Iraque Arabique ou Babylonienne, puis en Arabie juſques aux bords de la Mer d'Yemen.

Sa largeur commence dans l'Aſie mineure, ou pays des Grecs duquel on paſſe en Syrie, de là en Meſopotamie, puis dans l'Iraque Arabique ou Chaldée, de cette Province en Perſe, de Perſe en Kerman, & du Kerman à Sourate aux Indes.

Cependant ſi vous comptez ſa manche dont nous avons déja parlé, il y a depuis *Acſa Almagreb*, qui eſt à l'extremité de l'Afrique juſques en Egypte, XC. journées. Depuis l'Egypte juſqu'à l'Iraque Arabique XXX. depuis l'Iraque juſqu'à Balkhe en Khoraſſan LX. & de Balkhe à Farganah XX.

Abdallah Al Banna dit Mocdeſſi, c'eſt-à-dire, natif de Jeruſalem, a fait un Ouvrage intitulé: *Bedi Filmemalek al Eslamiat* c'eſt-à-dire: ce qu'il y a de merveilleux & d'admirable dans toutes les Provinces du Muſulmaniſme.

Pour mieux connoître l'étenduë de ce pays, il faut conſiderer que depuis le temps qu'Ebn Aluardi a écrit, la plus grande partie des Indes, en y comprenant les Royaumes de Viſapour & de Golconde, eſt devenuë Mahometane. Il eſt vrai que les Mahometans ont perdu l'Eſpagne, mais ils ont beaucoup gagné du côté de la Grece, de la Hongrie & de la Tartarie.

ESLAN, Abbaye de France en Champagne. Voyez Elan.

ESLINGEN, les François prononcent ESLINGUE, ce qui revient preſque au même ſon. [e] Ville d'Allemagne dans la Suabe au Duché de Wirtemberg. Elle eſt libre & Imperiale & doit cette qualité à l'Empereur Frederic II. Elle eſt ſeulement ſous la protection du Duc de Wirtemberg. Elle eſt petite, ſituée ſur le Necre à trois milles de Tubinge & à un mille de Stargard. Elle a été bien mal-traitée durant la longue guerre d'Allemagne. Ce fut près de cette Ville que l'Empereur Louis de Baviere vainquit & fit priſonnier Frideric Archiduc d'Autriche ſon Competiteur à l'Empire & l'obligea enſuite de lui ceder toutes ſes prétentions.

ESMONA[f], HESMONA ou AZEMONA, Ville de l'Arabie Petrée où les Hebreux firent une

[e] Baudrand Ed. 1705.
[f] D. Calmet Dict. de la Bible.

ESM. ESN. ESP.

[a] Num. c. 33. v. 29.
[b] Josué c. 15. v. 27.

une station dans le desert[a]. Elle est attribuée à la Tribu de Juda [b] ce qui fait soupçonner que c'est la même qu'Esem qui étoit aussi de cette Tribu.

ESMOUTIER, (l'S ne se prononce point) Mr. Corneille écrit Eimoustier, Ville de France dans l'Election & Generalité de Limoges. Elle est comptée pour quatre cens feux dans le Denombrement du Roiaume[c]. Son Chapitre a un Prevôt, [d] dix-sept Chanoines, & dix Titulaires du bas Chœur. L'Evêque & le Chapitre sont Seigneurs de la Ville selon Mr. Corneille[e]. Il ajoute qu'elle est sur la Riviere de Vienne à sept lieues de Limoges & qu'outre l'Eglise Collegiale il y a un Couvent d'Ursulines. Le commerce n'y consiste qu'en cire, pelleteries, cuirs & vieux linges pour le papier.

[c] T. 1. p. 318.
[d] Piganiol de la Force, Desc. de la France T. 5. p. 357.
[e] Dict.

ESNA, ancienne Ville de la Palestine dans la Tribu de Juda[f].

[f] Josué c. 15. v. 47.

ESNEMID, ou Isnimit, noms que les Turcs donnent à Nicomedie Ville de Bithynie.

ESPAGNAC, Village ou Bourg de France dans le Gevaudan sur le Tarn. Davity copié par Mr. Corneille en fait une Ville qui appartient au Prieur du lieu; ils y placent une Eglise Collegiale de dix Chanoines fondée par le Pape Urbain V. natif du Diocése & de la Maison de Grimoal du Roure, avec un fort Château & une grande tour de l'Eglise de Notre Dame celebre par le grand concours du peuple.

ESPAGNE, Presqu'Isle & Royaumes au Midi Occidental de l'Europe dans notre Continent ; dans cette définition est compris le *Portugal* Royaume détaché autrefois de l'Espagne & qui repond à peu près à cette partie de l'Espagne que les Romains ont apellée *Lusitanie*; & qui n'étoit qu'une Province avant que d'avoir ses Souverains particuliers. L'Espagne s'étend au milieu de notre Zone depuis le 8. d. 30'. de longitude jusqu'au 21. à la prendre depuis le Cap de Finisterre jusqu'au Cap de Creus; & depuis le 36. degré moins cinq ou six minutes qui est à peu près la latitude du Détroit de Gibraltar; jusqu'au delà du 44. degré de latitude; où est le Cap d'Ortegal. Elle est bordée au Nord par le Golphe de Gascogne & par les Pirenées, au Sud-Est par la Mer Mediterranée, au Sud par le détroit de Gibraltar & par l'Ocean qui la termine aussi à l'Ouest. Je me suis servi du mot de Royaumes au pluriel dans la definition, car outre que le Portugal en est un indépendant de l'Espagne, sous le nom de laquelle il n'est compris que par les Géographes, l'Espagne même qui est sous un même Souverain est divisée en plusieurs Royaumes que j'expliquerai ci-après. Strabon [g] la compare pour sa figure à un cuir de bœuf, Justin [h] lui donne une figure quarrée, Orose & Ethicus le Cosmographe lui donnent une figure triangulaire. Elle n'est ni quarrée, ni triangulaire à parler juste.

[g] L. 3.
[h] L. 44.

Elle a eu divers noms chez les Anciens. Ils l'ont apellée *Hispania*, d'où s'est formé le nom moderne. On a raillé avec justice ceux qui ont derivé ce nom d'*Hispan* fils d'Hercule, ou d'*Hispal* Roi très-ancien. Le P. Briet [i] croit qu'elle peut avoir été nommée de *Pan* Lieutenant de Bacchus *Pania*, & que comme ce nom lui étoit commun avec le Peloponnese, ou du moins avec l'Arcadie, on ajouta à ce nom la Syllabe *His* qui en langue Teutonique signifie l'Occident; le P. Briet cite Goropius, dont l'autorité n'est pas assez grande pour rendre plus vrai-semblable ce melange de Grec & de Teutonique. Le savant Bochart non content de détruire cette Etymologie en donne une autre qu'il assure être très-vraye & qui est effectivement la plus raisonnable. Il est de fait que les Pheniciens ont été les premiers à connoître les ports de l'Espagne & qu'ils y ont établi des Colonies avant que les Grecs aient osé y aller. C'est de leur Langue qu'il faut emprunter l'origine du nom *Hispania*: Cette Langue fournit le mot *Sphanijam* ou *Spanijam*, qui signifie *pleine de Lapins*; & il se trouve que les Auteurs Grecs & Latins s'accordent à dire que l'Espagne fourmilloit de ces animaux & qu'ils lui étoient particuliers[k]. Je ne raporterai point leurs passages que les personnes curieuses dans l'Histoire naturelle peuvent consulter dans les Livres citez en marge; où l'on verra les dégats que ces animaux trop multipliez firent jusqu'à renverser des villes entieres à force de creuser leurs tanieres.

[i] Parall. 2. part. l. 4. c. 1.

[k] Varro de Re Rust. l. 3. c. 13.
Galenus de Aliment. l. 3.
Aelian de Anim. l. 13.
c. 15.
Plin. l. 8. c. 58. l. 3. c. 5. & l. 8. c. 29. & c. 55.
Strab. l. 3.
[l] L. c.

L'autre nom que les anciens ont donné à cette partie de l'Europe est *Hesperia*, où à cause d'*Hesperus* qui est l'Etoile du soir, ou à cause, dit le P. Briet [l] d'un frere d'Atlas qui donna le même nom à l'Italie, & pour distinguer les deux Hesperies on appella l'Espagne *Hesperia Ultima* c'est-à-dire, la derniere. Le mot *Hesperius*, adjectif dont le feminin est *Hesperia* en sous-entendant le mot *Regio*, signifie Occidental. Les Grecs donnerent ce nom à l'Italie qui étoit à leur couchant & les Latins le donnerent à l'Espagne pour la même raison.

Ils appellerent aussi l'Espagne *Iberie*, soit à cause de l'Ebre nommé en Latin *Iberus*, soit à cause des *Iberi* peuple d'Asie, comme le dit Varron cité par Pline. Cependant Denis le Periegete & Eustathe son Scholiaste, au contraire que les *Iberi* d'Asie sont une Colonie de ceux d'Europe; on peut voir dans les voyages de Chardin que les Princes de Géorgie se disent parens du Roi d'Espagne; mais on y lit en même temps que c'est une tradition moderne venue du temps du Pape Clement VIII. qui traita dans des Lettres Taymurus Prince de Georgie de parent de Philippe II. & les Iberiens & les Espagnols de Freres.

[T. 1. p. 190.]

On donna aussi le nom de *Celtiberie* à l'Espagne, & quoique Ptolomée [m] ne comprenne sous ce nom qu'une partie de l'Espagne Tarragonoise; il paroît [n] que les anciens l'ont donné à toute l'Espagne, puisque Diodore de Sicile apelle les Lusitaniens les plus courageux des Celtiberiens, & il seroit difficile de decider preuve en main, si un nom general à tout le pays auroit été restraint dans la suite à une Province comme nous voyons aujourd'hui le nom *Bourgogne*, autrefois commun à un Royaume, reduit à une Province, ou si c'est le nom d'un Canton qui par quelque pre-

[m] L. 2. c. 6.
[n] Briet. ibid.

Tome II. Ss roga-

rogative a été transporté à toute la Nation, comme celui de *Suiz* qui n'est qu'un petit Canton, est devenu commun à tout le Corps Helvetique.

Quand j'ai dit ci-dessus que les Phéniciens furent les premiers qui connurent l'Espagne, cela ne doit s'entendre que d'une découverte pareille à celle de l'Amerique par raport aux côtes de la Mediterranée, puis qu'ils la trouverent peuplée & n'y furent attirez que par le commerce. Les Celtes s'y étoient déja établis, aussi bien que les Iberes & de leur mélange se fit celui de leurs noms. Ils s'apellerent donc Celtiberiens. Les Phéniciens firent ensuite des établissemens à Cadix qu'ils nommerent *Gadir* qui en leur langue signifie *haye* ou *rempart*. Ils fonderent d'autres Colonies comme *Malaga*, *Audera* &c. D'un autre côté les Massiliens, ou anciens Marseillois, s'établissoient à un autre bout de l'Espagne. Ils bâtirent plusieurs Villes entre les Pirénées, & la Riviere de l'Ebre, entre autres *Rhode*, aujourd'hui *Roses*, *Emporia*, aujourd'hui *Ampurias*, & autres. Les Grecs les imiterent. Ensuite vinrent les Carthaginois qui peu à peu s'emparerent d'une grande partie de l'Espagne, y bâtirent Tarragone, Carthagene ou la nouvelle Carthage, & Barcelone. Après la premiere guerre qu'ils eurent avec les Romains & qui dura 24. ans, ces deux Nations partagerent entre elles l'Espagne. Annibal ayant violé la paix par ses hostilitéz, donna lieu à une seconde guerre, dans laquelle Annibal traversa l'Ebre, les Pirénées, toute la Gaule Cisalpine, les Alpes, & remporta quatre victoires sur les Romains qui bien loin de songer à lui disputer l'Espagne, virent presque toute l'Italie à la discretion du vainqueur; mais Fabius *Maximus* en l'amusant gagna du temps & tombant sur une armée énervée par les delices de Capoue, batit Annibal sans ressource. Le Jeune Scipion âgé de 24. ans fit encore plus, il passa en Espagne, où son pere & son oncle venoient de perir, emporta Carthage la Neuve & en moins de quatre ans s'étant rendu maître de l'Espagne, passa en Afrique & soumit l'Empire de Carthage.

Les Romains n'étoient pourtant pas encore maîtres de toute l'Espagne mais seulement de ce que Rome & Carthage en avoient possedé. Il restoit au Nord de ce pays une Nation belliqueuse nommée les Cantabres qui ne vouloient pas recevoir le joug, même du temps d'Auguste, qui quoique l'Empire Romain fût très-puissant & dans une paix profonde trouva de leur côté une resistance qui lui donna bien de la peine, mais enfin, accablez sous le nombre, ils se rendirent.

Ce que l'on vient d'expliquer servira à éclaircir les diverses divisions de l'Espagne. Les Romains la diviserent d'abord par raport à la Riviere de l'Ebre (qui separoit l'Espagne *Romaine* d'avec la *Carthaginoise*) en *citerieure* & *ulterieure*; mais ces noms s'entendirent ensuite dans un autre sens lors qu'il n'y eut de maîtres que les Romains. L'ULTERIEURE fut ensuite bornée à la Lusitanie & à la Betique, on la nomma aussi *exterieure*, ou *inferieure*, ou *petite*.

La CITERIEURE fut nommée par oposition *Interieure*, ou *Superieure*, ou *grande*. On subdivisa l'Espagne Citerieure en trois Provinces, à savoir la *Tarraconoise*, la *Carthaginoise*, & *Gallicane*.

I. Division de l'Ancienne Espagne.

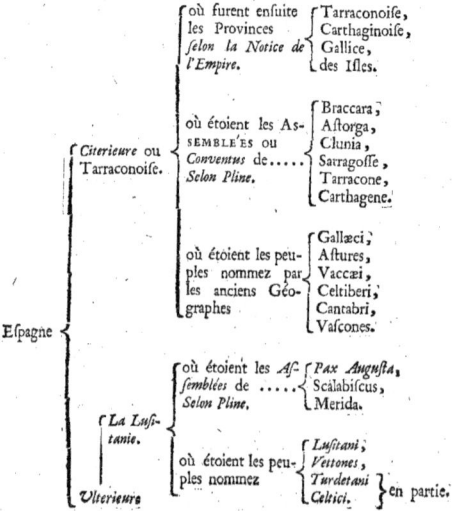

	La Bétique	où étoient les Assemblées ou *Conventus* de .... *Selon Pline.*	Cadix, Seville, Astigi, Cordoue.
		où étoient les peuples nommez	*Bastuli*, ou *Pœni*, *Turduli*, *Turdetani*, *Celtici.* } en partie.
		à quoi l'on ajouta dans la Notice	la Mauritanie *Tingitane.*

II. division de l'Espagne en Peuples.

§. 1. La Lusitanie avoit pour peuples
- Les Lusitaniens, C'est à présent l'*Estramadure*, la Province de *Beiria*, & partie d'*Entre-Duero & Minho*, partie d'*Entre-Teio-& Guadiana* & de *Montes*.
- Les Vettons, C'est à présent partie de *Tra-os-Montes*, & du Roiaume de *Leon*.
- partie
  - des Turdetains, qui occupoit le Canton de *Beia* & l'*Algarve*.
  - des Celtiques, qui occupoit partie du territoire d'*Evora* & de celui d'*Elvas*.

§. 2. La Bétique avoit pour peuples.
- partie
  - des Celtiques, qui occupoit l'autre partie du territoire d'*Elvas*.
  - des Turdetains, qui occupoit une partie du territoire de *Seville* & presque tout le Duché de *Medina Sidonia*.
- Les Bastules ou *Pœni*, ils occupoient un peu du Duché de *Medina Sidonia*, les Evêchez de *Malaga* & d'*Almeria*, au Royaume de Grenade.
- Les Turdules, leur pays repond au *territoire de Cordone* en Andalousie, & à l'*Evêché de Grenade*, avec une partie de l'*Estramadure Castillane*.

Les Gallæci ou Callæci divisez en
- Braccariens, ainsi nommés de *Braccara Augusta* aujourd'hui *Bragues*. Leur pays enfermoit une partie du Portugal, *Entre Duero & Minho* & partie de *Tra-os-Montes*.
- & Lucenses, ainsi nommez de *Lucus Augusti* aujourd'hui *Lugos*; leur pays étoit le même que la Galice.

Les Astures.
- Les Transmontains, qui occupoient l'*Asturie d'Oviedo*,
- Les Augustani, qui occupoient partie du Royaume de *Leon au delà du Duero*.

Les Vaccéens, qui occupoient une autre partie du Royaume de *Léon au delà du Duero* & une partie de la vieille Castille.

Les Arevaces, ainsi nommez de la Riviere *Arlance* que les Latins nommoient *Areva*; ils occupoient une partie de la Merindad de *Valladolid*, toute celle de *Segovie* & partie de celle de *Burgos* dans la Castille vieille.

Les Carpetains, leur pays est aujourd'hui partie de l'*Algaria*, & de la *Manche* dans la Castille Neuve.

Les Oretains, qui occupoient partie de la *Manche* & de la *Sierra*.

§. 3. La Tarraconoise avoit pour peuples	Les Cantabres { proprement dits,	leur pays repond à une partie de l'*Asturie de Santillane* & de la *Biscaye propre*.
	Les Autrigons,	qui occupoient partie de la contrée d'*Alaba* & de la *Biscaye*.
	Les Charistes,	qui occupoient une autre partie de la *Biscaye* & de *Guipuscoa*.
	Les Vardules,	qui occupoient une autre partie de la *Biscaye* & d'*Alaba*.
	Les Murboges,	leur pays repond à une partie de la Merindad de *Burgos* & de *Rioja*.
	Les Bastitains,	ils occupoient le *Pays de Murcie* & l'*Evêché de Guadix*.
	Les Contestains,	qui occupoient *la plus grande partie du Royaume de Valence*.
	Les Celtiberiens divisez en { Celtiberiens proprement dits,	ils occupoient une *partie de l'Evêché de Tarragona*, celui de *Sarragoce*, partie de la *Sierra*, dans la nouvelle Castille, & une lisiére du Royaume de *Valence*.
	Les Lobetains,	dont le pays est aujourd'hui le Diocése d'*Albarazin*.
	Les Pelendons,	qui occupoient la Merindad de *Soria*.
	Les Berons,	dont le pays fait partie de *Rioja*.
	Les Edetains,	ils occupoient *partie de l'Evêché de Sarragoce & du Royaume de Valence*.
	Les Ilercaons,	à quoi repond *partie de la Catalogne au delà de l'Ebre & partie de Valence*.
	Les Vascons,	leur pays enfermoit la plus grande partie du Royaume de *Navarre*, partie du *Guipuscoa* & un peu de l'Evêché de *Sarragoce*.
	Les Ilergetes,	qui occupoient partie des Diocéses d'*Huesca*, de *Sarragoce* & de *Balbastro*.
	Les Lacetains ou Jacetains,	faisoient partie de l'Evêché de *Lerida* & de la *nouvelle Catalogne*.
	Les Coerretains & Les Castellans	étoient dans la *Catalogne vers les Pirenées*.
	Les Indigetes ...	dans le *Roussillon* vers *Ampurias*, *Roses* & *Junquera*.
	Les Authetains,	dans la *Catalogne vers Gironne*, & *Vich*.
	Les Læetains,	sur la *côte de Catalogne vers Barcelone*.
	Les Cosetains,	sur la même côte à *l'Orient de l'Ebre & à l'Occident de Barcelone*.

Lorsque les Romains furent maîtres de l'Espagne ils y établirent des Tribunaux pour rendre la Justice, & terminer les procès. Nos Parlemens semblent faits sur ce modelle. On leur marqua à chacun un district ou une étendue de jurisdiction, afin que chacun fût à quel Tribunal il devoit s'adresser. Les villes où ces Tribunaux furent érigez, ou plutôt les Tribunaux mêmes font ce que Pline [a] nomme *Conventus Juridici*, qui signifie mot à mot *Assemblées* ou *Rendez-vous juridiques*. Il y en avoit XIV. à savoir IV. dans la Betique,

[a] L. 3. c. 1.

III. dans

ESP.

III. dans la Lusitanie, & VII. dans la Tarraconnoise, en voici l'étendue, & le lieu de leur Siege reduit en Table par le Pere Briet.

§. 1. Dans la Betique.

GADITANUS, partie du territoire de Seville, & l'Isle de Calis. A *Gadira* ou *Cadix*.
HISPALENSIS, la plus grande partie du territoire de Seville. A *Seville*.
ASTIGITANUS, partie du territoire de Seville & le Diocese de Malaga au Royaume de Grenade. A *Astigi*, ou *Ecya*.
CORDUBENSIS, le territoire de Cordoue & tout le Royaume de Grenade excepté l'Evêché de Malaga. A *Cordoue*.

§. 2. Dans la Lusitanie.

PACENSIS, partie du Portugal, à savoir Entre-Tejo-& Guadiana, & l'Algarve. A *Beja* que l'on nommoit alors *Pax Julia*.
SCALABITANUS, la Province de Beyria, l'Estramadure Portugaise & partie de Tra-os-montes. A *Scalabiscus*, aujourd'hui *Santaren*.
EMERITENSIS, partie du Royaume de Léon en deça du Duero & toute l'Estramadure Castillane. A *Merida*, nommée alors *Augusta Emerita*.

§. 3. Dans la Tarraconnoise.

LUCENSIS, toute la Galice. A *Lugos* nommée alors *Lucus Augusti*.
BRACCARENSIS, une bonne partie du Portugal entre Duero & Minho & partie de Tra-os-montes. A *Braccara*, aujourd'hui *Brague*.
ASTURICENSIS, l'Asturie d'Oviedo, & partie du Royaume de Léon au delà du Duero. A *Asturga* nommée alors *Asturica*.
CLUNIENSIS, l'Asturie Santillane, toute la Biscaye, une petite partie du Royaume de Léon & la vieille Castille. A *Clunia*, aujourd'hui *Corogna del Conte*.
CÆSAR AUGUSTANUS, partie de la nouvelle Castille avec les Royaumes d'Arragon & de Navarre. A *Sarragosse* nommée alors *Cæsar Augusta*.
TARRACONENSIS, toute la Catalogne & un peu du Royaume de Valence. A *Tarragone* Ville bâtie par les Scipions. Ce département contenoit 44. peuples.
CARTHAGINIENSIS, partie de la nouvelle Castille; tout le Royaume de Murcie; presque tout celui de Valence, & tout celui de Majorque. A *Carthagene* Ville fondée par les Carthaginois.

L'Espagne fut divisée en VI. parties sous l'Empire d'Hadrien. La *Tarragonoise* comme la plus grande fut divisée en *Tarragonoise*, *Gallice* & *Carthaginoise*, auxquelles on ajouta l'Espagne au delà du détroit (*Transfretana*) qu'on apella aussi *Tingitane*, afin d'interesser l'Espagne à la conservation de cette partie de l'Afrique. Mais du temps de Constantin, on ajouta une septieme partie formée des *Isles Baleares*. Ces sept Provinces étoient gouvernées par un Vicaire qui relevoit du Préfect du Pretoire des Gaules[a]. Voici quelles étoient ces Provinces; & leur raport avec la Geographie moderne, selon le P. Briet.

[a] Voyez *Pancirolle* chapitre 67. sur la Notice de l'Empire d'Occident.

III. Division de l'Espagne selon la Notice de l'Empire.

I. LA BETIQUE, toute l'Andalousie, tout le Royaume de Grenade avec une petite partie du Portugal.
La *Capitale* étoit *Hispalis*, aujourd'hui *Seville*. Cette Province du temps de Domitien étoit Proconsulaire; sous Constantin elle eut un Président, mais sous Constance elle devint Consulaire.

II. La LUSITANIE, presque tout le Portugal, à la reserve de la partie Septentrionale, avec quelques lisieres de l'Estramadure, de la Castille, & du Royaume de Léon.
La *Capitale* étoit *Augusta Emerita*, aujourd'hui *Merida*, ainsi nommée pour faire plaisir à Auguste qui y avoit envoyé une Colonie. Cette Province étoit Consulaire.

III. La GALLICE, (en Latin *Gallacia*) outre la Gallice moderne entiere, une petite partie du Portugal, le Royaume de Léon & les Asturies, la Biscaye dans son étendue & la Castille vieille.
La *Capitale* étoit *Braccara Augusta*, aujourd'hui *Bragues*. Cette Province étoit sous un Président, mais elle devint Consulaire ensuite, & sur le déclin de l'Empire, elle n'eut plus qu'un Président.

IV. La TARRAGONOISE, un peu de la nouvelle Castille, les Royaumes de Navarre & d'Arragon, toute la Catalogne, & un peu du Royaume de Valence.
La *Capitale* étoit *Tarragone*. Cette Province n'eut qu'un Président.

V. La CARTHAGINOISE, tout le Royaume de Murcie, la plus grande partie du Royaume de Valence & de la Nouvelle Castille.
La *Capitale* étoit *Carthage la Neuve* ou *Carthagene*. Cette Province n'eut aussi bien que la précédente pour la gouverner qu'un Président.

VI. des ISLES, le Royaume de Majorque.
Il y avoit trois Villes remarquables, à savoir *Palma*, *Mago*, *Ebusus*, dans les trois plus grandes Isles. Cette Province fut d'abord conduite par un Prefect & ensuite par un Président.

VII. La TINGITANE, en Afrique; les Royaumes de Maroc, de Fez & l'Isle de Calis.
La *Capitale* étoit *Tingis*; & la Province avoit un Président.

L'air que l'on respire en Espagne est sec, pur, chaud & admirable pour la santé, à parler en général. Car il n'est pas possible que ce soit la même chose dans toutes les Provinces, vû leurs diverses situations. Il est humide dans la Galice & dans la Catalogne; & extrémement froid dans les parties Septentrionales & dans les Montagnes. Mais il pleut rarement dans le reste du Pays, & l'air y est si serain qu'aucun nuage n'y derobe la vue du Soleil. L'hyver ne s'y fait gueres sentir & depuis le mois de Septembre jusqu'au mois de Juin, on n'y n'y a aucun besoin de feu pour se chauser. La glace y est rare & passe à peine l'épaisseur d'un écu, & on n'y voit de Neige que sur les Montagnes. Les Campagnes y sont couvertes de fleurs & d'herbes odoriferantes pendant qu'en d'autres pays assez voisins on passe les plus rapides Rivieres sur la glace. D'un autre côté ces lieux, à l'abri du froid, sont exposez pendant l'Eté à des chaleurs insuportables, sur tout dans le cœur du pays & dans les Provinces Meridionales. Les ardeurs du Soleil desséchent non seulement quantité de petits ruisseaux, mais même des Rivieres, & comme le terrain est fort sec, il s'y forme une poussiere horrible. Cette chaleur est d'autant plus grande que l'air est fort serain & que les vents n'y soufflent pas si souvent que dans les pays plus Septentrionaux. On ne laisse pourtant pas d'y sentir un certain vent frais que les Espagnols appellent *Gallego*, à cause qu'il vient des Montagnes de Galice, mais il est dangereux de s'y trop exposer; car au lieu de rafraîchir il glace les membres & pénétre jusqu'aux os, & souvent pour s'y être livré on est perclus de quelques membres pour toute sa vie. Si les excessives chaleurs fatiguent pendant le jour, on se dedommage avantageusement pendant la nuit. Ce n'est pas comme en France où très-souvent les nuits sont encore plus incommodes que les jours les plus chauds. Les crepuscules n'y ont point d'influence maligne & l'on peut rester à l'air tête nue sans craindre les fluxions, les Catharres, ni les maux de dents, c'est pourquoi les femmes y vont toujours en cheveux, sans coeffure ni bonnet.

L'Espagne est traversée par des *Montagnes* qui sont de longues branches des Pirenées; & dont je parle amplement aux mots *Pirenées*, & *Sierra*.

On compte qu'il coule en Espagne 150. *Rivieres* dont six des plus considerables peuvent porter le nom de Fleuves. De ces six l'une, à savoir l'*Ebre*, coule au Midi & se décharge dans la Méditerranée. Les cinq autres vont se jetter dans l'Ocean, deux au Sud-ouest, à savoir le *Guadalquivir* & la *Guadiana* & trois au Couchant, à savoir le *Tage*, le *Duero*, & le *Miño*, ou *Minho*.

Je reserve aux Articles particuliers des Provinces ce qui regarde leurs productions, leur commerce, le genie particulier & les mœurs de leurs habitans.

L'Espagne ayant été à proye à divers peuples a souvent été divisée en quantité de Souverainetez & il n'y a pas long temps qu'elle est réunie sous un même Souverain, si on en excepte le Portugal que Philippe second avoit réuni, & qui a secoué la domination Espagnole pour se donner aux Ducs de Bragance qui possedent aujourd'hui cette Couronne. Ces Provinces gouvernées autrefois par des Rois particuliers conservent encore le titre de Royaumes: à savoir les deux Castilles, l'Andaloussie, Grenade, Cordoue, Jaën, Murcie, Valence, l'Arragon, la Navarre, Léon, & la Galice. Outre les douze Royaumes il y a sept Provinces qui sont la Catalogne, Guipuscoa, la Biscaye, l'Asturie, Alava, la Rioja, & l'Estramadure. Presque toutes ces Provinces ont eu autrefois titre de Royaumes, mais à present la Catalogne n'a plus que celui de *Principauté*, la Biscaye celui de *Seigneurie* & les autres celui de *Province*.

Voici la situation de ces pays les uns à l'égard des autres. Au Nord sont la Navarre, la Biscaye & l'Asturie; au Couchant l'Estramadure & la Galice; au Midi l'Andaloussie, Grenade, Cordoue, Jaën & Murcie; au Levant Valence, l'Arragon & la Catalogne; au milieu du tout sont Léon & les deux Castilles.

Par une longue suite d'acquisitions procurées par les conquêtes ou par les Alliances, ces Souverainetés se réunirent peu-à-peu, & au milieu du XV. siécle on remarquoit quatre Souverains principaux en Espagne, à savoir les Couronnes de Castille, de Portugal, de Grenade, & d'Arragon. Mais celles de Castille & d'Arragon s'unirent par le Mariage de Ferdinand V. Heritier de l'Arragon, avec Isabelle Sœur & Heritiere d'Henri de Castille; & ce Prince eut le bonheur de defaire les Maures & de leur enlever le Royaume de Grenade qu'il réunit à la Castille. Ses victoires sur les Ennemis du nom Chrétien lui aquirent le surnom de CATHOLIQUE qui est devenu un titre Hereditaire à ses Successeurs.

Quoi que cette Monarchie soit sous un même Roi, on a toujours conservé des traces des anciennes differences de jurisdiction.

Il faut encore remarquer que lors que l'Espagne étoit divisée en tant de Souverainetez pas un de ces Rois ne prenoit le nom de Roi d'Espagne; mais du Royaume particulier qu'il possedoit, ou du principal s'il en possedoit plusieurs.

Lors du mariage d'Isabelle la Castille avoit sous elle les deux Castilles, y compris l'Estramadure Castillane, l'Andaloussie, Murcie, Léon en y joignant l'Asturie d'Oviedo & l'Asturie de Santillane, la Navarre, la Biscaye, y compris Guipuscoa, Alava & Rioja & enfin la Galice.

Le Royaume d'Arragon comprenoit l'Arragon, la Catalogne, le Roussillon, Valence, & les Isles de Majorque, Minorque & Iviça.

L'Espagne par raport à l'*Eglise* fut partagée du temps de Vamba en six Metropoles que voici avec leurs Evêchez suffragants.

TOLEDE, *Oretum, Biacia, Montesa, Acci, Basti, Urgi, Bigastro, Iluen, Setabis, Dianium, Valentia, Valeria, Segobriga, Ercavica, Complutum, Siguença, Oxamia, Segovia & Palencia.*

SEVILLE, *Italica, Assidonia, Ilepa, Malaca, Eliberi, Astigi, Cordova, Egabra & Tucci.*

MERIDA, *Pax Julia, Lisbona, Ebora, Ossanaba, Caliabria, Conimbra, Visco, Lameo, Coria, Abula & Lampa.*

BRAGUE, *Dumio, Portucale, Orense, Oviedo, Astorga, Britania, Iria, Aliubra, & Issa.*

TARRAGONE, *Barcelone, Egara, Auca, Morada, Beria, Oriosa, Ilerda, Dertosa, Jetosa, Ampurias, Girona, Ausonia, Urgel, Osca, Cæsar-Augusta, Calaguris, Pampilona, & Tireasso.*

Cette division d'Evêchez ayant été confirmée

mée dans le XI. Concile de Toledo, l'Eglise d'Espagne demeura en cet état jusqu'à l'invasion des Maures, qui portant le fer & le feu partout, si l'on en, excepte les Asturies où ils ne purent jamais penetrer, forcerent les Evêques d'abandonner leurs troupeaux & de se refugier à Oviedo qui devint parlà la ressource de toutes les Eglises d'Espagne. Pelage commença à repousser ces Infidelles, rétablit les Evêques dans les Villes reconquises. Ses Successeurs poursuivirent l'entreprise, mais il se trouve beaucoup de Villes Episcopales détruites. Il y en a même dont on ignore presentement le lieu: & plusieurs de ces Evêchez seroient demeurez inconnus sans les secours de l'Histoire & des Actes des Conciles.

Après l'expulsion des Maures on trouve en Espagne huit Metropolitains au lieu de six, sans y comprendre celui de Brague qui est de la Couronne de Portugal. Voici les noms de ces Metropoles avec ceux de leurs suffragans.

TOLEDE, *Segovie*, *Valladolid*, *Osma*, *Siguença*, *Cuença*, *Carthagéne*, *Jaën* & *Cordoue*.

TARRAGONE, *Barcelone*, *Tortose*, *Lerida*, *Vich*, *Urgel*, *Gironne*, *Elna* & *Solsone*. Le Siege d'Elna a été transferé à Perpignan, & n'est plus suffragant de Terragone; mais de Narbonne. Cependant n'y ayant point encore de Bulles de translation, dans les expeditions de Rome on lui donne toujours le titre d'Eglise d'Elna.

SEVILLE, *Cadix*, *Guadix*, & les *Canaries*.

St. JAQUES DE COMPOSTELLE, *Astorga*, *Avila*, *Salamanque*, *Coria*, *Palencia*, *Badajox*, *Tuy*, *Mondoñedo*, *Orense*, *Ciudad-Rodrigo*, *Lugo*, & *Zamora*.

SARRAGOCE, *Huesca*, *Taraçona*, *Albarazin*, *Jaca*, *Balbastro* & *Teruel*.

VALENCE, *Segorbe*, & *Orihuela*.

GRENADE, *Almeria*, & *Malaga*.

BURGOS, *Pampelune*, *Calahorra*, & *Palencia*.

Il y a outre cela deux Evêchez, *Leon* & *Oviedo*, qui relevent immediatement du St. Siége.

Le Tribunal de l'*Inquisition* est établi en Espagne, mais sa principale activité est contre les faux Chrétiens qui étant descendus de familles Juives ou Mahometanes dissimulent la Religion de leurs ancêtres qu'ils professent toujours en secret, se mêlant même dans l'Etat Ecclesiastique par un déguisement sacrilège. Ce Tribunal est composé d'un Président avec titre d'Inquisiteur General & de Lieutenant du Pontife Romain en Espagne; de six Conseillers sous le nom d'Inquisiteurs Apostoliques; d'un Fiscal; de deux Secretaires du Conseil; d'un Alguasil Major; d'un Receveur; de deux Raporteurs; de quatre Portiers ou Huissiers; d'un Solliciteur; de plusieurs Qualificateurs, & Consulteurs, dont le nombre n'est pas déterminé. Entre eux, de droit, il doit y en avoir un Dominicain en vertu d'un Decret de Philippe III. du 16. Decembre de l'année 1618. Une tradition étrangere & fabuleuse a amplifié ce privilege comme si cet Ordre avoit le gouvernement absolu du Conseil supreme de l'Inquisition, ce qui n'est pas vrai. Ce Conseil a sous lui des Tribunaux subalternes qui ne peuvent pas conclurre à la prison contre les Prêtres, les Religieux, les Chevaliers des Ordres militaires & les Nobles sans sa participation, ni ne peuvent celebrer d'Acte de foi sans sa permission expresse. Les Tribunaux subalternes sont à *Seville*, à *Toledo*, à *Grenade*, à *Cordoue*, à *Cuença*, à *Valladolid*, à *Murcie*, à *Lleveda*, à *Logrogno*, à *St. Jaques*, à *Sarragoce*, à *Valence*, à *Barcelone*, à *Mayorque*, en *Sardaigne*, aux *Canaries*, à *Mexico*, à *Carthagene*, & à *Lima*.

Il y a cinq *Ordres militaires*, à savoir celui de la *Toison d'Or*, celui de *St. Jaques*, celui de *Calatrava*, celui d'*Alcantara* & celui de *Montesa*.

Il y a XXIV. *Universitez* dont voici les noms avec l'année de leur fondation, j'en reserve les details aux articles des Villes.

Alcala, 1498.
Avila, 1445.
Baëça, 1533.
Cervera, 1717.
Gandie, 1549.
Grenade, 1531.
Huesca, 1354.
Lerida, 1300.
Oñate, 1543.
Orihuela, 1555.
Ossune, 1549.
Oviedo, 1580.
Palencia, 1200.
Pampelune, 1608.
St. Jaques de Compostelle, 1532.
Salamanque, 1200.
Sarragoce, 1474.
Seville, 1531.
Siguença, 1471.
Tarragone, sous Philippe II.
Toledo, 1475.
Tortose, 1540.
Valence, 1470.
Valladolid, 1346.

Je ne parlerai point ici d'une Dignité qui est particuliere à l'Espagne, à savoir celle de *Grand*, parce que j'en parle susisamment au mot *Grandesse*.

La seule *Religion* professée en Espagne est la Catholique, excepté à Gibraltar que les Anglois possedent depuis la derniere guerre, & où ils ont établi l'usage de la Religion Protestante.

La *Langue* Espagnole est une dialecte de la Latine mêlée avec quelques autres. Elle est majestueuse, expressive, harmonieuse & très-propre à exprimer des matieres sublimes; & comme l'Esprit des Espagnols est fort tourné à la Metaphysique & à la reflexion, leur langue est très-cultivée de ce côté-là. Entre ses diverses dialectes, parmi lesquelles on peut compter la Portugaise, la plus estimée est la *Castillane* qui se polit de plus en plus par l'Academie instituée à Madrid en 1713. sur le modelle de l'Academie Françoise.

On a reproché aux Espagnols d'avoir peu d'attachement à la Physique. En effet cette Science qui demande une activité continuelle pour

pour raſſembler des Experiences, n'eſt pas tant de leur goût, que celles où il ne faut que du raiſonnement. Cependant ils ont depuis quelque temps une *Academie* des Sciences & des Arts, établie à Seville.

Lors que Charles II. dernier Roi de la Branche Eſpagnole de la Maiſon d'Autriche mourut, l'Eſpagne comptoit pour ſes Annexes, les Royaumes de Naples, de Sicile, de Sardaigne, le Duché de Milan, & les Pays-bas. Pour l'Iſle de Malthe il y a long-temps qu'elle a été donnée en fief aux Chevaliers qui en prennent le nom. La longue guerre finie par le Traité d'Utrecht a fait de grands changemens; l'Empereur poſſede les Royaumes de Naples & de Sicile avec le Duché de Milan, & les Pays-bas Eſpagnols. L'Iſle de Minorque avec Port-Mahon, & Gibraltar, ont été cedez à l'Angleterre, & le Royaume de Sardaigne au Duc de Savoye. La France eſt en poſſeſſion du Rouſſillon, & une ligne tirée le long des Pirenées depuis le Cap de Creus juſqu'a Fontarabie fait la ſéparation des deux Couronnes. Mais des Annexes plus importantes ſont les vaſtes pays que la Couronne d'Eſpagne poſſede hors de l'Europe.

En Afrique { Ceuta, Les Canaries.

En Aſie { Les Philippinnes, Les Iſles Mariannes, Les Iſles de Salomon.

En Amerique { La Nouvelle Eſpagne, La Terre ferme, Le Perou, Le Chili, Le Tucuman, & les plus grandes des Iſles Antilles.

Les nombreuſes garniſons que l'Eſpagne entretient au dehors, les Colonies qu'elle y envoye & dont il ne revient gueres d'hommes, parce que la plupart s'y établiſſent ou meurent en chemin, font que l'Eſpagne n'eſt pas à beaucoup près ſi peuplée que le merite la bonté du terroir. D'un autre côté, le mepris que les Eſpagnols font des Arts mechaniques & ſur tout de l'Agriculture eſt cauſe qu'ils ne tirent pas de leur pays tous les avantages qu'ils en pourroient tirer, s'ils le cultivoient avec ſoin. L'air contribue beaucoup à leur inſpirer cette indolence & les François les plus agiſſans prennent les mêmes manieres après quelques années; & s'accoutument facilement à cette oiſive gravité qui fait le caractere diſtinctif de la Nation Eſpagnole.

On peut dire de l'Eſpagnol en general qu'il eſt Chrétien zelé, Sujet fidelle, Soldat intrepide, ſobre & patient, & amant tendre & ſpirituel. Quoi que l'Eſpagne produiſe d'excellens vins, on ne voit point les Eſpagnols tomber dans les excès de boiſſon ſi ordinaires en d'autres pays. Economes pour la depenſe de la bouche, ils regardent avec mepris l'avidité qu'ont pour la bonne chere les Etrangers qui voyagent en Eſpagne; & écoutent avec compaſſion le recit qu'on leur fait des repas qu'on a donnez ou reçus. On peut voir leur genie plus en détail dans les Articles particuliers des Provinces ſelon leſquelles il eſt diferent.

Table

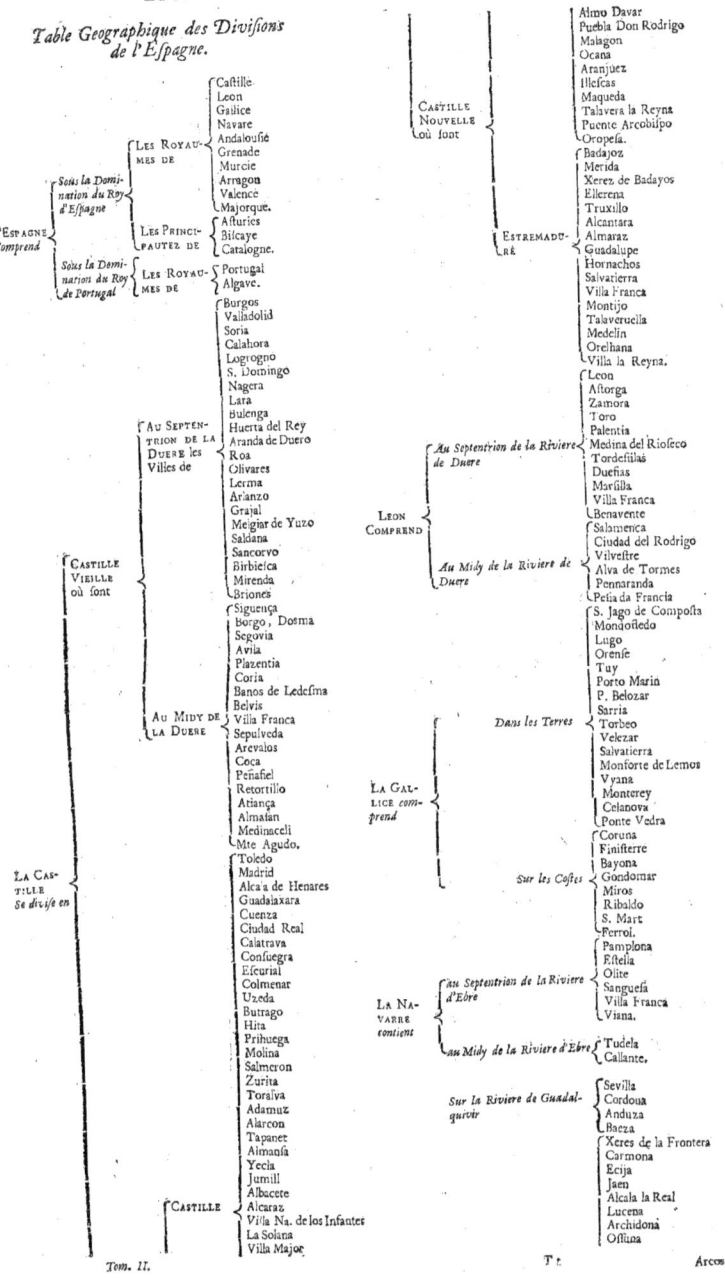

ESP.

dans L'ANDA-LOUSIE	au Midy de la Riviere de Guadalquivir	Arcos, Medina Sidonia, Villa Martin, Zahara, Espeja, Lebrixa, Armagen, Fuentes.
	au Septentrion & à l'Occident du Guadalquivir	Moguer, Lucena, S. Lucar la Major, Ubeda, Segura, Venta Quemada, Tolosa, Betal Casar, Hinojosa, Constantina, Cacalla, Aracena, Cambre, Aroche, Puymogo, Xerez de Guadiana, Gibraleon, Niebla, Mançanilla.
	Sur les Costes	Cadiz, S. Lucar de Barameda, El Puerto de S. Maria, Gibaltar, Estepona, Tariffa, Conil, Puerto Real, Ayamonte.
La Grenade	DANS LES TERRES	Les Places les plus considerables sont: Grenada, Guadix, Baço, Guescar, Loja, Sta. Fé, Alama, Antequera, Ronda. Les Places les moins considerables sont: Settenil, Lora, Estepa, Velez de Malaga, Albanuelas, Cardiar, Taron, Veria, Uxixar, Anduxar, Cangivar, Hoannez, Sta. Cruz, Nerca, Porcena, Montejicar, Cogollos, Monachil, Monda.
Les Places de la Coste de Grenade	les plus Considerables sont	Malaga, Almeria, Muxacra, Vera, Marbella.
	les moins Considerables sont	Fuengirola, Molina, Pto. de Torres, Almunecar, Salobrena, Motril, Castel Ferro, Beria, Adra, Aladra, Castel Grimaldo.
LA MURCIE où sont	dans les Terres	Murcia, Lorca, Lorqui, Cruz de Cavaraca, Ninaterra, Favanella, Cieca, Le Brilla, Molina.

ESP.

	Sur la Coste	Cartagena, Sogana, Almacaren.
	Les Principales Places de	Zaragoça, Calatajud, Taragona, Albarazin, Teruel, Daroca, Boria.
L'ARAGON comprend	au Midy de la Riviere de l'Ebre	Alagon, Pedrosa, Evente, Caspe, Ixar, Alaniz, Calanda, Honaspe.
	Les Places de moindre consideration	Fayo, Capta Veja, Montaluan, La Peña de Cid, Alhambra, Villa Franca, Barachina, N. S. de Herrera, Belchire, Longares, Rida, Pedra, Ariza.
	Les plus considerables sont	Balvastro, Huesca, Jaca, Moucon.
LES PLACES DE L'ARAGON	au Septentrion de la Riviere de l'Ebre	Fraga, Mequinença, Velilla, Ainsa, Camfrane, Verdun, Cuera, Taufle, Luna, Sadava.
	Les moins considerables sont	Un Castillo, Navardun, Sos, Echo, S. Christina, Sallient, Elfuerte, Puertolas, S. Pedro, Campo, Castro, Benhuarri, Vio, Viescas.
LA VALENCE Comprend	au Septentrion de la Riviere de Xucar	Sur la Coste: Valence, Murviedro, Oropesa, Peniscola. dans les Terres: Segorbe, Villa Hermosa, Villa Real, Xerica, Xelua, Lliries, Buñol.
	au Midy de la Riviere de Xucar	Sur la Coste: Alicante, Gandia, Denia, Villa Loyosa, Guardamar. dans les Terres: Origuela, Xativa, Eche, Clevilente, Aspe, Elda, Xixona, Alcoy, Hontavent, Luchen, Apora, Montessa.

ESP.   ESP.

Sous le nom de MAJORQUE sont les ISLES de	MAJORCA	Majorca Alcudia Prementor Campos.		
	MINORCA	Citadella Pto. Maon Fornelle.		
	YVIÇA	Yviça S. Hilario.		

LES ASTURIES se divisent en	Asturies d'Oviedo	Oviedo Aviles Luarca Navia Castropolo Gijon Villaviciosa Penaflor Manseret Verco Torres.
	Asturies de Santillana	Santillana S. Vincente Villa Viciosa Llanes Columbres Veutade Verco Riba de Sella.

LA BISCAYE se divise en	Biscaye, où sont	Bilbao Laredo S. Andreo Vermejo Orduna Lusciandro Berberana Durango
	Guipuscoa où sont	Tolosa S. Sebastien Guetaria Deux Motrico Plasentia Mondragon Villa Franca Segura Ascoytia.
	Alava, où sont	Vitoria Trevigno Villa Fria Salvatierra S. Adrian.

		Barcelona Tarragone Roses Cadaques Cervera Amparias

sous le nom de la Catalogne sont compris	La Catalogne où sont	
	Sur la Côte	Palamos S. Fetiu de Quixols Tosa Blanes Malgrat Canet Arenys Mataro Badelona M. Jui Sitias Tamarit Cambrils.
	dans les Terres	Girona Vique Solsona Urgel Lerida Tortosa Manresa Balaguer Campredon Ripoll Beshalu Torœlla Aulot Moya Ygualade Martorell Villa Franca de Panades Monblancq Arbeca Cervera Tarrega Cardona. Agramunt Bellmunt Camarasa Monmagastre Oliana Organya Gerry Rialp Llaborsi C. de Valentia Boy Tor Terramosi Salas Tremp Ager Aytona Flix Mora Miravet Cenia Amposti
	LA CERDAGNE où sont	Puiserda Llivia Bellevert Tosas Andorra.

Tom. II.   Tt 2   Nou-

NOUVELLE ESPAGNE, nom que les Espagnols ont donné à l'ancien Mexique. Voicz MEXIQUE.

ESPAGNOLE (l') HISPANIOLA ou ST. DOMINGUE, en Latin *Hispanica* ou *Sancti Dominici Insula*: Isle fort considerable de l'Amerique Septentrionale dans la Mer du Nord entre l'Isle de Cuba au couchant & celle de *Porto Ricco* au Levant: ses habitans la nomment AYTI. Elle fut premierement decouverte par Christophle Colomb dans son premier voyage. Celui-ci y laissa quelques Espagnols pour y former une Colonie, & ils lui donnerent le nom d'Espagnole. Ils s'en rendirent les maîtres peu à peu, en chassant dans la suite les naturels qui y étoient en assez grand nombre. Cette Isle a plus de trois cens lieues Espagnoles de circuit; près de cent trente de longueur de l'Est à l'Ouest; & soixante de large du Nord au Sud: on la divisoit autrefois en quatorze Provinces; maintenant elle se partage seulement en deux: sçavoir LA PARTIE ESPAGNOLE, qui est la moindre & à l'Orient & LA PARTIE FRANÇOISE, qui est la plus grande à l'Occident & au Nord. Le Chef lieu de la premiere est ST. DOMINGUE, qui a donné lieu d'appeller de ce nom toute l'Isle.

§ Voyez sous ce nom un plus grand détail de cette Isle. Je marque aussi en parlant d'une Isle voisine nommée la TORTUE comment les Espagnols ayant degarni l'Isle Espagnole pour passer dans la Nouvelle Espagne où se faisoient alors de fortunes très-rapides, les François s'établirent dans cette Isle dont ils ont conservé la plus grande partie.

Il est bon de remarquer avec l'Auteur cité que cette Isle est mal nommée L'HISPANIOLA dans les Cartes recentes puisque ce nom n'est ni Espagnol, ni Latin; mais entierement forgé. Les Espagnols la nomment toûjours l'Espagnole.

ESPAGNOLS, habitans de l'Espagne; en Latin *Hispani*, *Iberi*. Quoi qu'à la rigueur ce nom ne convienne qu'à ceux de l'Espagne propre on ne laisse pas dans les occasions de l'étendre à des peuples très éloignez de ce pays; mais soumis au même monarque & on a dit dans le même sens les PAYS BAS ESPAGNOLS, pour signifier les Provinces des pays bas qui ne sont compris ni dans la Republique des Provinces Unies ni dans les conquêtes de la France. Mais quoi que la meilleure partie de l'Amerique appartienne à la monarchie Espagnole le nom d'Espagnol ne se donne dans ce pays qu'à ceux qui sont nez dans l'Espagne qui est en Europe; un homme né dans la Nouvelle Espagne n'est point nommé Espagnol quoique sujet du Roi d'Espagne. Mais je ne crois pas que l'on puisse accorder à Mr. Baudrand que l'on puisse comprendre sous le nom d'Espagnols les Portugais qui ont un Roi separé. Dans le temps même que Philippe II. avoit réüni le Portugal, les habitans de ce dernier Royaume auroient refusé le nom de Castillans, comme l'on appelloit alors les Espagnols; l'Espagne & le Portugal étoient alors deux monarchies très distinctes quoi que sujettes à un même Monarque. Mais au temps des Romains les Lusitaniens qui occupoient le Portugal d'aujourd'hui étoient de veritables Espagnols *Hispani* parce que leur pays étoit indifferemment nommé *Lusitanie* & *Espagne Lusitanique*.

ESPARRE[a], petite ville de France dans la petite Flandre de Medoc, sur la route qui mene par terre de Bourdeaux à l'embouchure de la Garonne, ou Gironde. [a De l'Isle Carte du Bourdelois.]

ESPARTEL, ou SPARTO, ou comme plusieurs écrivent le CAP SPARTEL. Mr. Baudrand dit[b]: en Latin *Espartelum Caput*, anciennement *Ampelusia Cotes* & il ajoute: c'est le Cap le plus Septentrional de l'Afrique, dans la côte de la Province d'Habata au Royaume de Fez au couchant de la ville de Tanger. Les anciens le nommoient *Ampelusia* à cause de la grande quantité de vignes. [b Ed. 1705.]

§ *Espartelum Caput*, est un langage inconnu aux anciens. *Ampelusia* & *Cotes* ou *Cotta*, ne sont pas la même chose: Ampelusia est une faute des imprimeurs pour Ampelusia qui est bien écrit à la fin de cet Article. Il n'est vrai que, ce Cap soit le plus Septentrional de l'Afrique, il l'est moins que la pointe de Ceuta, & de beaucoup plus meridional qu'Alger, & par consequent que le Cap Negre qui est effectivement la pointe la plus Septentrionale de cette partie du monde; mais ce qui justifie Mr. Baudrand c'est que son erreur à cet égard étoit generale de son temps; & les meilleures Cartes qu'il y ait eu avant Mr. de l'Isle nous donnent une très-fausse idée de l'Afrique & de la Mediterranée.

ESPARVIERE, (l') Isle de France dans le Rhône auprès de Valence. Elle est remarquable par l'Abbaye de St. Ruf qui y a été quelque temps avant que d'être dans la ville même de Valence.

ESPECCE. Voicz SPEZZIA.

ESPEIO en Latin *Aspavia*[c]: c'étoit anciennement une petite ville de l'Espagne Betique. Ce n'est plus presentement qu'un village d'Andalousie, sur la Riviere de Castro, entre Cordoue & Eccija. [c Baudrand Edit. 1705.]

ESPERNAI[d], Ville de France dans la Champagne. (l'S. ne se prononce point & bien des gens écrivent EPERNAI.) Cette ville est petite, mais la situation qui est sur la riviere de Marne, en est tout à fait agréable. Elle est à 7. lieuës de Chaalons en tirant du côté de Paris. C'étoit autrefois une assez bonne place, qui avoit de bons fossez pleins d'eau, de bons ramparts, & de bonnes murailles flanquées de tours de distance en distance: mais ces fossez sont à present la plupart comblez & secs, & ces tours presque entierement ruinées. Epernay n'étoit autrefois qu'un château, ou maison de plaisance, qui du temps de Clovis, premier Roi Chrétien, appartenoit à Enlage, Gentil-homme François, qui étant coupable du crime de leze Majesté, que l'Histoire ne marque point, obtint sa grace du Roi par l'entremise de St. Remy, auquel ce Prince ne pouvoit rien refuser. Ce Gentil-homme pour expier en quelque maniere une si grande faute, se priva de cette maison qu'il aimoit beaucoup, & tant par un esprit de pénitence que par reconnoissance envers S. Remy, il en fit une donation à de S. Prélat: qui ne voulant pas la recevoir sans récompense, lui fit present à son tour de [d Baugier mem. de Champ. T. 1. p. 282.]

ESP. ESP. 333

de cinq mille livres, qui étoit alors une très-grande somme qu'il tira du tréfor de l'Eglife de Reims. Epernay fervit ainfi à augmenter le domaine de cette Eglife, & de lieu de plaifance à S. Remy & à fes Succeffeurs, qui alloient y prendre l'air en certains temps de l'année.

Tel étoit alors l'état du Château d'Epernay. Quelques Tanneurs y ayant été attirés par la commodité du petit ruiffeau nommé *Cabry*, qui en eft proche, & qui fépare la Champagne de la Brie, ils y firent quelques habitations qui s'augmentérent dans la fuite & devinrent une petite Ville, dont les Comtes de Champagne s'emparérent depuis, à caufe de la fituation & de la commodité de fon paffage fur la Riviere de Marne.

Pendant les courfes que les Normands faifoient autrefois fi fréquemment en France, un parti de leurs troupes entra dans le païs Rémois & le ravagea entierement. Hincmar Archevêque de Reims fe refugia à Epernay & y fit porter le corps de S. Remy. Foulques un de fes Succeffeurs y fit conftruire une Citadelle, qui fut démolie par le commandement de Charles le Chauve. Gervais qui fucceda à Foulques, la rétablit, mais elle fut encore détruite en 925. La Ville d'Epernay paffa enfuite dans la Maifon d'Herbert II. du nom, Comte de Vermandois, & premier Comte de Champagne, & de Robert fon fils, fecond Comte de Champagne, qui après s'être rendu maître de la Ville de Troyes, entra dans le Diocefe de Reims, où il prit plufieurs places, enfuite dequoy l'Archevêque fut obligé de lui céder Efpernay, Fîmes & Vertus, pour fauver les autres lieux du Domaine de Reims, à condition d'en faire foy & hommage aux Archevêques de Reims. Ce traité fut confirmé par les Bulles des Papes Alexandre III. Clément III. & Innocent III. Eudes II. du nom, Comte de Champagne, fit bâtir un Château à Epernay, dont il refte très-peu de chofe. Cette terre fut réünie à la Couronne en 1284. Philippe le Bel avant qu'il fût parvenu à la Couronne, en fit hommage à l'Archevêque de Reims: car on fait que la Majefté des Rois de France, qui releve de Dieu feul, ne reconnoît aucun Seigneur Féodal ni pour leur Couronne ni pour aucun membre qui la Compofe. Cette Terre paffa enfuite à la Maifon d'Orleans, & elle ne fut réünie à la Couronne qu'en l'année 1531. par le décès de Louïfe de Savoye, Mere du Roi François I. le Domaine en fut néanmoins donné dès la même année par ufufruit au Duc de Guife, après lui au Maréchal Strozi, & enfuite à Marie Stuard, Reine de France & d'Ecoffe, veuve du Roi François II. Après la mort de laquelle ayant été réünie à la Couronne, elle fut auffi-tôt aliénée par le Roi Henry III. Il y a eu encore plufieurs reventes, dont la derniere fut fous le regne du Roi Henry IV. en 1601. Enfin en l'année 1641. Cette Terre fut donnée avec les Duchés de Château Thierry & d'Albret, le Comté d'Evreux & autres terres confidérables à Frédéric Maurice de la Tour d'Auvergne, Duc de Boüillon, en échange des Principautez Souveraines de Sedan & Raucourt: & quoique par le Contract qui en à été fait on ait accordé à ce Prince & à fes Succeffeurs la faculté d'établir des Officiers pour rendre la juftice en fon nom, après la mort de ceux qui exerçoient alors ces offices au nom du Roi, cela n'a point encore été exécuté, & la juftice fe rend toûjours au nom du Roi dans le Bailliage & la Prevôté d'Epernay.

EPERNAY, eft une Châtellenie qui fait partie du Duché de Château-thierry, érigé en faveur de François Duc d'Alençon quatrième fils du Roi Henry II. par lettres patentes du 7. Fevrier 1560. vérifiées en Parlement le 2. Mars fuivant. La Ville d'Epernay ayant été occupée par les Efpagnols du temps de la ligue, Henry IV. crut qu'il étoit du bien de fes affaires de s'en faifir, à caufe de l'importance de fon paffage, il vint à Chaâlons, d'où il alla par eau fe rendre à Epernay qu'il affiégea & qu'il prit après une vigoureufe réfiftance en l'année 1592. le Maréchal de Biron y fut tué, en voulant reconnoître la place, le Roi ayant dans ce moment la main fur fon épaule; ce coup lui fut tiré du haut du Clocher ou d'une Tour appellée maintenant la Tour du Collége.

ESPERNON, petite Ville de France dans la Beauce, fur la Riviere Guefle à deux lieues de Chartres & de Nogent le Roi.

ESPHARAYEN, c'eft ainfi que Mr. Corneille écrit le nom d'une Ville de Perfe de laquelle il dit que le territoire produit quantité de Pommes & de Poires & generalement tout ce qui eft neceffaire pour la vie. Il cite Tavernier, mais il devoit avertir que cette Ville eft nommée ESFARAIN, par des Auteurs plus exacts & qu'elle n'eft point diferente de la Ville dont il fait lui même un article fous ce nom.

ESPICHEL, Cap de Portugal fur la côte de l'Eftramadure. Voyez au mot CAP.

ESPINAL, petite Ville de Lorraine dans la Seigneurie & Prevôté d'Efpinal. L'S. ne fe prononce point & Pluliers l'obmettent dans l'Orthographe de ce nom. Elle eft fituée fur la Mofelle vers le Mont de Voge à trois lieues de Remiremont. [a] C'eft un des plus anciens Domaines de l'Eglife de Mets. Il y en a qui veulent que ce lieu lui appartint dès le feptième fiécle du tems de S. Goëric Evêque de Metz; ce qui eft fort incertain: mais il eft indubitable, que vers la fin du dixiéme fiécle, Epinal appartenoit à l'Evêque de Metz Adalberon II. l'Auteur de fa vie, qui eft contemporain, dit qu'alors le Château d'Epinal étoit le fiége, ou la demeure de l'Evêque de Metz, *Sedes eft Epifcopalis*. Le même Auteur dit, que ce lieu avoit été nommé par les payfans en leur langue (*lingua rufticorum*) SPINAL, parceque le Château étoit entre la Mofelle, & une Montagne fur le penchant de laquelle (*in devexo*) Epinal étoit bâti. Le mot d'EPINE fignifie en une Montagne en ce païs là comme celui de côte. Adalberon fit bâtir auprès de ce Château un beau Monaftere de Religieufes de l'Ordre de St. Benoît, *Ancillas Chrifti fub regulari Vita, & inftitutione Patris Benedicti dotavit*; & il y transfera le Corps de St. Goëric, qui étoit auparavant à S. Symphorien de Metz. Ce que dit l'Auteur de la Chronique des Evêques de Metz

[a] *Longuerue Defc. de la France 2. part p. 170. & fuiv.*

Metz au VI. Tome du Spicilege de D. Dacheri: *Translata sunt ossa ad Castrum Spinal Dictum.* Celui qui a écrit la vie d'Adalberon II. assure qu'Epinal étoit, *in pago Calvo-Montense*, dans le *Chaumontois*. Ce pays s'étendoit depuis les Montagnes de Vosge, jusqu'au voisinage de la Moselle; puisque selon cet Auteur, le Château de *Vendopera*, c'est-à-dire, de Vendeuvre, à une lieuë de Nancy, étoit du Chaumontois, que les anciens Actes nomment quelquefois *Calmontense*. Mais il n'est fait aucune mention d'Epinal avant la fin du dixiéme siécle, quoiqu'il puisse être plus ancien. C'étoit une Ville assez grande & peuplée, & qui avoit de bonnes murailles, ayant soûtenu un siége l'an 1670. contre l'Armée du feu Roi Louïs XIV. commandée par le Maréchal de Crequi les François ayant pris cette place la firent démanteler. Les Religieuses que l'Evêque *Adalberon* avoit établies à Epinal, ont quitté la Regle il y a long-tems. Etienne de Bar, Evêque de Metz, donna dans le douziéme siécle l'Avoüerie ou Voüerie d'Epinal à Mathieu I. Duc de Lorraine, mais la Seigneurie directe & utile demeura à l'Evêque & à l'Eglise de Metz : les Successeurs du Duc Mathieu n'eurent pas cette Avoüerie, dont les Evêques disposerent librement, ainsi que des autres charges de la Ville d'Epinal dont ces Prelats joüirent paisiblement, & de toutes ses dépendances jusqu'à 1395. que Raoul de Couci Evêque de Metz engagea à Charles I. Duc de Lorraine la moitié de la Ville & du Château de Ramberviller, & des Domaines d'Epinal excepté la Ville & le Château d'Epinal avec les jardins des habitans, qui n'étoient pas compris dans l'engagement fait pour quatre mille francs d'or. Dans le siécle suivant Epinal étoit sujet constamment à l'Eglise de Metz, & René d'Anjou Duc de Bar, Heritier de Lorraine par sa femme Isabelle, reconnut le droit de l'Evêque qui étoit alors Conrad Baier, par un Acte du premier de Janvier 1429. Le Duc promit à la priére de Conrad Seigneur de la Ville d'Epinal à cause de son Evêché, de décharger les habitans de cette Ville, lorsque la succession du Duché de Lorraine lui seroit échuë, de ce que chaque habitant d'Epinal payoit au Duc de Lorraine en argent & en avoine, pour droit de Sauvegarde, Protection & Bourgeoisie: ce que ces habitans avoient accordé aux Ducs contre le gré de l'Evêque de Metz leur Seigneur. René promit de rendre les lettres de redevance passées l'an 1308.

Charles Duc de Lorraine, beau-pere de *René*, avoit vendu l'an 1417. à Henri d'Angeviller moïennant mille florins du Rhin, la moitié des choses qui lui avoient été engagées l'an 1395. Jeanne de Jainville veuve de Henri d'Angeviller, qui étoit aux Droits de son mari, & pour heritier Simon Comte de Salmes, qui retroceda ce qu'Henri d'Angeviller avoit acquis, à Conrad Baier Evêque de Metz l'an 1434. moïennant mille vieux florins de Rhin. Dix ans après les habitans d'Epinal se separant de l'obéïssance de l'Evêque de Metz, se donnerent à Charles VII. Roi de France, qu'ils reconnurent pour leur Souverain ; ce qui dura jusqu'au tems de la guerre du bien public. Jean d'Anjou Duc de Calabre & de Lorraine, étant entré dans la ligue contre Louïs XI. Nicolas d'Anjou Marquis de Pont, fils & heritier du Duc, se rendit maître d'Epinal l'an 1466, & le Marquis promit aux habitans de les indemniser de ce qui pourroit leur arriver du côté de l'Evêque de Metz. La même année Louïs XI. étant à Montargis, déchargea par ses lettres les habitans d'Epinal des Sermens de fidelité qu'ils lui avoient prêtez, & leur permit de choisir tel Prince qu'ils voudroient pour les défendre : Ensuite George de Bade voyant qu'il ne pouvoit plus recouvrer Epinal, que René Duc de Lorraine, heritier de Nicolas tenoit, fit un traité avec Charles de Bourgogne : il lui engagea l'an 1473. le Château d'Epinal entierement, avec la moitié du Domaine, que le Duc recevroit par Justice ou par les armes, & que ce Prélat pourroit retirer du Duc, & le dégager pour quinze mille francs monnoïe de Bourgogne : l'Evêque dans l'Acte marqua qu'il s'étoit pourvû devant le Pape, l'Empereur & le Roi de France, pour rentrer en possession d'Epinal. Il y avoit encore alors un Avoüé dans cette Ville, qui se reconnoissoit Vassal de l'Evêque de Metz, de sorte que Thibaut d'Anglurre, Voüé ou Avoüé d'Epinal, fit foy & hommage à l'Evêque Henry de Lorraine l'an 1486. Depuis ce tems-là les Evêques de Metz n'ont plus exercé aucune jurisdiction dans cette Ville & ses dépendances, & le Duc Charles en fut remis en possession par le feu Roi Louïs XIV. tant par le LXII. Article du Traité des Pirennées de l'an 1659. que par le XIX. de celui de Vincennes de l'an 1661, confirmez par les Traitez suivans, par lesquels il a été accordé que les Ducs de Lorraine joüiront dans les 3. Evêchez de Metz, Toul & Verdun, de ce que le Duc Charles y avoit, quand il fut dépouillé de son Duché, excepté Moyenvic.

ESPINAR, (Notre Dame de l') Voyez l'Article de Barjols.

ESPINELIEU, Abbaye de filles de l'Ordre de Citeaux, dans le Hainaut, sur la Riviere de Haine au Nord-Ouest de Mons & tout auprès de cette Ville. Mr. de l'Isle écrit ESPINLIEU dans sa Carte du Hainaut, & l'Auteur du Dictionnaire des Pays-bas, écrit *Espine lieue.*

1. ESPINOI (l'S. ne se prononce point) en Latin *Spinetum.* C'est selon Mr. Baudrand [a] un Château de France dans la Châtellenie de Lille au Comté de Flandres, sur la Frontiere de l'Artois à deux petites lieuës de Douai vers Armentieres, avec titre de principauté de la Maison de Melun. Cet Auteur écrit EPINOY. On le trouve aussi écrit de même dans le Dictionnaire Géographique des Pays-bas; mais ce dernier Ouvrage dit seulement : EPINOY : Principauté en Artois à trois lieuës de Lens sur les confins de Flandre; ce qui est beaucoup mieux; car le Bourg que Mr. Corneille prend pour Espinoy, se nomme *Carvin* entre Phalempin & Pont à Vendin ; & tant le Bourg de Mr. Corneille que le Château de Mr. Baudrand sont dans le bailliage de Lens en Artois. Ce dernier Auteur se trompe en disant qu'Espinoi est entre l'Isle & Douay à

trois

[a] *Ed. 1705.*

ESP. ESQ. ESQ. ESS.

trois lieues de l'une & de l'autre & aux environs de Lannoye. Lannoi est à l'Orient de l'Isle, Douai est au Sud, & Espinoi qui est entre ces deux dernieres places reste à l'Occident de l'une & de l'autre.

2. ESPINOI ou EPINOY[a], Village des Pays-bas en Hainaut à une lieue de Binch.

3. ESPINOI ou EPINOY[b], autre Village en Hainaut proche de Solre le Château.

4. ESPINOI ou EPINOY[c], Village de France dans le Cambresis auprès d'Oysi.

ESPINOSA[d], petite Ville d'Espagne en Biscaye sur la Frontiere d'Asturie, à deux lieues seulement de la côte de l'Ocean, & à trois de Santander au couchant d'hyver, & à Neuf de Larede à l'Occident.

ESPINOSA[e] DE LOS MONTES, Bourg ou petite Ville d'Espagne dans la vieille Castille vers les Montagnes des Asturies à trois lieues de Medina del Pomar du côté du Couchant. On la prend pour l'ancienne VELLICA Ville Episcopale que d'autres placent à Trevinno petite Ville de l'Alava.

1. ESPIRITU SANTO[f], (EL) en François le St. Esprit. Ville de l'Amerique Septentrionale dans la nouvelle Galice partie de la nouvelle Espagne sur le Golphe de Mexique. Elle est petite & bâtie par les Espagnols qui lui ont donné ce nom.

2. ESPIRITU SANTO[g], (EL) Ville de l'Amerique Septentrionale & sur la côte du Mexique vers les Monts de St. Martin dans la Province de Guaxaca : elle fut bâtie par les Espagnols en 1522. Elle est à quatre vingt lieues de la Ville d'Antequerra.

§. Cette derniere est marquée sur les Cartes de Mr. de l'Isle comme un Village au Couchant à l'embouchure d'une Riviere qui en se perdant dans la Baye de Campeche, sert de borne aux Provinces de Guaxaca & de Tabasco; entre Tabasco ou Vittoria & les Montagnes de St. Martin.

3. ESPIRITU SANTO[h], (EL) Capitainie du Bresil avec une Capitale de même nom. Voyez SPIRITU SANTO.

ESQUEVA[i], Riviere d'Espagne dans la Vieille Castille. Elle a sa source à Cirvelos d'où elle passe à Bahabon & à d'autres lieux puis se rend dans le Pisuerge à Valladolid.

ESQUILIN, LE MONT ESQUILIN. En Latin *Esquiliæ*, *Exquiliæ*, *Esquilinus Mons*. C'est une des sept Montagnes de la Ville de Rome, où étoit anciennement une des portes de Rome que l'on nommoit pour cette raison la Porte Esquiline. On nomme aujourd'hui cette Montagne IL MONTE DI SANTA MARIA MAGGIORE; en François *le Mont de Sainte Marie Majeure*.

ESQUILLE[k], Riviere de l'Amerique Septentrionale dans l'Acadie, où elle se décharge dans le Port Royal. On l'a appellée ainsi d'un petit poisson de la grandeur d'un Esperlan qui s'y pêche en quantité. On y pêche aussi du hareng dans la saison, & plusieurs autres sortes de poissons, qui y sont en abondance. Cette Riviere a près d'un quart de lieuë de largeur en son entrée, où il y a une Isle qui peut avoir demi-lieuë de tour, & qui est remplie de pins, de sapins, de trembles & de bouleaux, comme tout le reste du terroir. Il y a deux entrées en cette Riviere, l'une du côté du Nord, l'autre au Sud de l'Isle. Celle du Nord est la meilleure. Les vaisseaux y peuvent mouiller l'ancre, à cinq, six, sept, huit & neuf brasses d'eau, mais il faut le garder de quelques basses fort dangereuses qui sont près de l'Isle, & contre le continent. La Mer y monte quinze ou seize lieues; & la Riviere ne sauroit porter bateaux guere plus avant au dedans des terres. En ce lieu elle a environ soixante pas de largeur, & on y trouve une brasse & demie d'eau. Depuis son embouchure, jusque là, il y a un grand nombre de prairies; mais elles sont inondées aux grandes marées, y ayant quantité de petits ruisseaux qui traversent d'une part & d'autre, par où des bateaux & des chaloupes peuvent aller de pleine mer.

ESQUIMAUX. Voyez ESKIMAUX.

ESSA, ancienne Ville de la Palestine au delà du Jourdain[l]. Elle fut prise par Alexandre Roi des Juifs.

ESSECHIRE, Ville d'Armenie, anciennement Artaxate selon Mr. Corneille[m] qui dit qu'elle est située près de l'Araxe sans nommer aucun garant. Il ajoute que Paul Jove la prend pour CHOIN ou COY Ville des Medes entre Van & Tauris.

ESSEDONES, peuple ancien de la Scythie. Pline[n] en fait mention & le R. P. Hardouin dit que ce sont les *Moscovites Meridionaux*. Le même Auteur[o] joint les ESSEDONS aux habitans de la Colchide. Le R. P. Hardouin[p] semble les distinguer des Essedons que Pline dit avoir été des Scytes & peut-être étoient ils trois branches d'un même peuple.

ESSEK[q], Ville de la basse Hongrie, on l'appelloit anciennement *Mursa*, ou *Murcia*. La situation en est fort basse, & il y a des arbres dans toutes les ruës. On trouve sur un côté de la porte, une partie d'une inscription Romaine, où l'on ne peut lire que M. AELIAN. Sur l'autre on voit la tête d'une fille dans une pierre. La Ville est assez grande, & l'on y compte plus de cinq-cens boutiques de Marchands, plusieurs Mosquées & de grands Basars ou Marchez. Ses murailles sont de mediocre défense, mais le Château est un poste difficile à emporter. Il est tout situé sur un roc dans la Riviere. Il y a joignant cette Ville un pont pour passer la Drave, sur laquelle elle est bâtie : c'est un Ouvrage des plus beaux qu'on puisse voir. Ce Pont a huit à neuf mille pas de long, sur vingt-quatre pieds de large, & s'étend jusqu'à la petite Riviere de Fennes, qui est en deçà de la Drave. D'espace en espace il y a des guerites pour poser des sentinelles, avec des degrez par où l'on descend dans le Marais qui est entre les deux Rivieres, lors qu'il n'est pas inondé par le debordement de leurs eaux, comme il arrive souvent. Le Fort de Tarda ou Daunda, couvre ce Pont en deçà de la Drave. Ce fut près de cet endroit que se donna la premiere des deux grandes batailles qu'il y eut entre Constantius & Magnence. Ce dernier qui étoit Barbare de naissance, avoit été proclamé Empereur par les principaux Officiers de l'Armée qu'il commandoit en Rhetie sous les Ordres de Constant qu'il fit assassiner à Elne dans le Roussillon. Constantius, frere de Constant, avoit resolu de venger cet attentat, mais ayant sû que Magnence, qui étoit passé en Italie, avoit fait Cesars, Decennius & Didier ses freres, avec ordre à l'un d'aller en Espagne pour s'en saisir, & à l'autre dans les Gaules pour les conserver; il lui fit offrir cette derniere Province, afin d'éviter une guerre civile, à condition qu'il desarmeroit, mais Magnence se determina au combat où il fut vaincu, avec une perte de vingt-quatre mille hommes, ce qui l'obligea de se sauver avec l'habit de Cavallier ayant laissé les marques Imperiales & son cheval, persuadé qu'on croiroit que le maître de ce cheval auroit été tué avec les autres. Les Turcs pendant les conquêtes qu'ils ont faites en Hongrie, ont toûjours cherché à se rendre maîtres du Pont d'Essek, comme leur étant très important pour le passage de leurs Armées. Les Chrétiens ont fait differens efforts pour leur ôter cette Communication. Ce fut dans cette vûe, qu'en 1685. le Comte de Lossé, Maréchal de Camp-General de l'Empereur, ayant mis en fuite un detachement de ces infideles, fit une irruption dans la Ville durant le Siége de Newhausel. Il brûla près d'onze cens pas du Pont, mais on laissa le Château quand on vit qu'environ cent Soldats & quelques Capitaines de ceux qui avoient entrepris de l'emporter, avoient payé de leur sang la premiere attaque. L'année suivante le Prince de Bade ayant eu avis que les Marais autour d'Essek étoient si secs que les Chariots chargez y pouvoient passer, arriva le premier jour de Novembre à la vûe du Fort Darda, avec le Corps d'armée qu'il commandoit. Aussi-tôt la garnison mit le feu au Fort, & l'abandonna. Ce Prince fit en même tems avancer sa Cavalerie le long du Pont d'Essek qu'il laissa sur la droite, & il y eut une rude escarmouche à la tête d'un autre Pont de bateaux que les Turcs avoient sur la Riviere; mais ils se retirerent bien-tôt de l'autre côté, il y eut un grand feu de mousqueterie & de Canons toute la nuit, ce qui n'empêcha pas les Imperiaux de ruiner un autre Pont de trente pas de longueur, construit de poutres, & attaché au Pont de bateaux. On mit ensuite le feu au Pont d'Essek, dont on détruisit une fort grande partie. Les Turcs le rétablirent en 1687. & il leur fut d'un heureux secours pour se sauver après qu'ils eurent été defaits proche de Mohacs : mais l'avantage de ce poste ne leur dura pas long-tems, puisqu'ils se trouverent dans une telle consternation, qu'ils abandonnerent Essek dont les Imperiaux sont presentement les maîtres.

ESSEMOTH, ancien lieu de la Palestine selon les Septante [a]. C'est peut-être l'ESSEBONITIS de Josephe [b].

[a] Josué c. 15.
[b] Antiq. l. 12. c. 15.

1. ESSEN, Ruisseau d'Allemagne en Westphalie. Il a sa source au midi de la Ville de même nom qu'il arrose, & courant vers le Nord il se perd dans l'Emser qui tombe dans le Rhin au-dessous de Duytsbourg.

2. ESSEN [c], Abbaye Imperiale & seculiere d'Allemagne sur le Ruisseau de même nom. St. Alfride Evêque de Hildesheim fonda en Westphalie au Duché de Bergue ce monastere & le rendit si riche qu'il a entretenu jusqu'à cinquante deux Religieuses de l'Ordre de St. Benoît, & vingt chanoines qui dependoient de cette Abbaye dont les biens qui avoient diminué furent rétablis par l'Abesse Theophanie fille du Comte Palatin Ehrenfried de Braweiler. Les Dames de ce chapitre sont pour le moins Baronnes & vivent avec liberté. Les Ducs de Bergue étoient autrefois les Protecteurs de cette Abbaye. Le Roi de Prusse leur a succedé comme Comte de la Marck. L'abesse demeure dans le Cloître d'Essen, & sa Ville est habitée par des Catholiques & des Protestans qui y ont la liberté de conscience.

[c] Souver. du monde T. 1. p. 311.

3. ESSEN [d], en Latin Essendia, Ville d'Allemagne, en Westphalie, sur le Ruisseau d'Essen, entre les Duchez de Cléves & de Bergues, & le Comté de la Marck. Elle a été autrefois Ville libre & Imperiale; mais depuis elle a été ôtée de la matricule de l'Empire, & est à présent sujette à l'Abbesse d'Essen, avec le petit païs aux environs. Elle n'est qu'à trois milles d'Allemagne du Rhin, & de Duisbourg à l'Orient, & un peu plus de Dorsten au Midy.

[d] Baudrand

ESSENAY [e], Ville de la haute Egypte, située à vingt ou vingt-cinq lieues de la Forteresse de Naasse, de l'autre côté du Nil, en le descendant. On y voit un fort beau Temple des anciens Egyptiens, qui est encore tout entier. Il est peint par-tout, à l'exception de quelques endroits que le tems a effacés, & les Colomnes sont chargées de figures Hieroglifiques. C'est une chose déplorable qu'un bâtiment si superbe ne serve presentement qu'à mettre des Chameaux, des bœufs & des Chevres. Il y a en ce lieu là trois Prêtres des Chrétiens Coptes, dont deux Eglises, dont l'une est dediée à la Vierge & proche de là un bâtiment qui paroit avoir été autrefois un grand Monastere. Sainte Helene, mere du grand Constantin l'avoit fait bâtir, en l'honneur des Chrétiens à qui les Lieutenans de l'Empereur Diocletien avoient fait souffrir le Martyre. La tradition porte que le nombre en fut si grand, que leurs Corps qui furent laissez sur la terre pendant quelques jours, couvroient plus d'un quart de lieüe de pays. Autour de ce monastere font quantité de Tombeaux d'un fort beau travail, que la même Sainte Helene a fait élever pour rendre honneur à ces Saints Martyrs.

[e] P. Lucas Voyage du Levant T. 1. c. 13.

ESSENIENS. Secte entre les Juifs lorsque ce peuple habitoit la Palestine. La diference de leurs sentimens d'avec ceux des Pharisiens & des Saducéens, en faisoit comme une nation separée. On ignore [f] l'origine des Esséniens, & l'étymologie de leur nom. Pline [g] dit qu'ils subsistoient depuis plusieurs milliers d'années, sans mariage & sans aucun commerce, & avec des personnes d'un autre Sexe. *Ita per seculorum millia, incredibile dictu, gens æterna est, in qua nemo nascitur.* Le quatriéme livre des Maccabées [h] les appelle Haspanim, & dit qu'ils subsistoient déja du tems d'Hircan Grand-Prêtre des Juifs, vers l'an du Monde 3894. avant J. C. 106. avant l'Ere vulgaire 110. le prémier Essénien, dont Josephe [i] fasse mention, est un nommé Judas, qui vivoit du tems d'Aristobule & d'Antigone fils d'Hircan. Suidas [k] & quelques autres après lui ont

[f] D. Calmet Dict. de la Bible.
[g] L. 5. c. 17.
[h] c. 6.
[i] Antiq. l. 13. c. 19.
[k] In προγο-νοι.

ESS.

ont crû que les Esséniens étoient une branche des Réchabites, qui, comme on fait, vivoient dès avant la Captivité de Babylone. St. Epiphane [a] dérive leur nom de Jessé Pere de David; ou de nôtre Seigneur Jesus Christ, dont le nom, selon lui, signifie Medecin, ou Sauveur. Il dit que c'étoit une Secte de Samaritains, à qui Elxaï avoit inspiré diverses erreurs. Drusius croit que les Esséniens sont une branche des Pharisiens. Saumaise veut qu'ils ayent tiré leur nom de la Ville d'Essa, dont on a parlé plus haut; enfin Serrarius [b] rapporte jusqu'à douze opinions sur le seul nom des Esséniens. Nous croyons, dit D. Calmet, que les Chasidim, dont il est parlé dans quelques Pseaumes [c] & les Assideens des Maccabées [d] sont la vraye source des Esséniens. Voici la peinture que Josephe fait des Esséniens [e]. Ils vivent entre eux dans une union parfaite, & ont en horreur la volupté, comme le plus dangereux poison. Ils ne se marient pas, mais ils nourrissent les enfans des autres, comme s'ils étoient à eux, & leur inspirent de bonne heure leur esprit & leurs maximes. Ils méprisent les richesses, & ne possédent rien qu'en commun. L'huile & les parfums sont bannis de leurs demeures. Ils ont un air austere & mortifié, mais sans affectation, & portent toûjours des habits bien blancs. Ils ont un économe qui a soin de distribuer à chacun, ce dont il a besoin. Ils exercent l'hospitalité envers ceux de leur Secte; en sorte qu'ils ne sont jamais obligés de prendre de provision dans leur voyage. Les enfans qu'ils élevent sont tous traitez & vêtus de la même sorte, & ne changent point d'habits que les leurs ne soient entierement usez. Tout le Commerce se fait entre eux par échange, chacun donne ce qui lui est superflu, pour recevoir ce dont il a besoin. Ils ne parlent pas avant le lever du Soleil, si ce n'est qu'ils prononcent quelques priéres qu'ils ont apprises de leurs peres, & qu'ils adressent à cet Astre, comme pour l'inviter à se lever. Après cela ils vont au travail, où ils demeurent jusqu'à la cinquième heure du jour, qui revient à peu près à onze heures du matin. Après cet exercice, ils s'assemblent tous ensemble; & se ceignant avec des linges blancs, ils se baignent tous dans l'eau fraîche, puis ils se retirent dans leurs cellules, où il n'est permis à aucun étranger d'y entrer. Delà ils passent dans leur réfectoire commun, qui est comme un Temple sacré, où ils demeurent dans un profond silence. On leur sert du pain, & un mets à chacun. Le Prêtre fait la priére; après quoi ils peuvent manger. Ils finissent aussi leurs repas par la priére. Puis ils quittent leurs habits blancs, avec lesquels ils ont mangé, retournent à leur travail, jusqu'au soir. Alors ils reviennent au réfectoire, & font manger leurs hôtes avec eux, s'il leur en est survenu quelqu'un. Ils sont très-religieux observateurs de leur parole, & leur simple promesse vaut les sermens les plus sacrez. Ils évitent le jurement comme le parjure même. Le soin qu'ils ont des malades, est très-grand, & ils ne souffrent pas qu'ils manquent de la moindre chose. Ils lisent avec soin les ouvrages des Anciens, & cette étude les rend habiles dans la connoissance des plantes, des pierres, des racines & des rémedes. Avant que d'accorder l'entrée de leur Secte à leurs postulans, ils les éprouvent pendant un an, en leur faisant pratiquer leurs plus pénibles exercices. Après ce terme ils leur donnent entrée au réfectoire commun, & au bain. Mais ils ne les admettent dans l'interieur de la Maison, qu'après deux autres années d'épreuves. Après ces deux ans on les reçoit à une espéce de profession, dans laquelle ils s'engagent par les sermens les plus horribles, à observer les loix de la pieté, de la justice, de la modestie; la fidelité à Dieu, & aux Princes; de ne découvrir jamais aux étrangers les sécrets de la Secte, & de conserver précieusement les Livres de leurs Maîtres, & les noms des Anges. Si quelqu'un viole ces promesses, & tombe dans quelque faute notable, il est chassé de la société, & meurt souvent de misére; parce qu'il ne peut recevoir de nourriture d'aucun étranger, étant lié par les sermens dont on vient de parler. Quelquefois les Esséniens touchez de compassion, les reçoivent, lors qu'ils ont donné de longues & solides preuves de leur conversion. Après Dieu, ils ont un souverain respect pour Moyse, & pour les vieillards. Le Sabat parmi eux est très-régulierement observé. Non feulement ils n'allument point de feu, & ne préparent rien ce jour-là, ils ne remuënt pas même un meuble, & ne se déchargent pas des superfluitez de la nature. Les autres jours lors qu'ils sont obligez de satisfaire à ce devoir, ils se retirent loin à l'écart. Et après avoir creusé une fosse de la profondeur d'un pied, avec une béche qu'ils portent toûjours à leur ceinture, ils y satisfont à leur besoin, se baissant & se couvrant tout autour avec leurs habits, de peur de souiller les rayons de Dieu, dit Josephe. Après quoi ils remplissent de terre le trou qu'ils ont fait, & vont se purifier après cette action, comme s'ils avoient contracté quelque souillure. Les Esséniens vivent d'ordinaire fort long-temps, & plusieurs atteignent à l'âge de cent ans; ce que l'on attribuë à la simplicité de leur nourriture, & au grand régime de leur vie. Ils font paroître une fermeté incroyable dans les tourmens, & on en vit de grands exemples durant la guerre des Romains contre les Juifs. Ils tiennent les ames immortelles, & croient qu'elles descendent de l'air le plus élevé, dans les Corps qu'elles animent, où elles sont attirées par un certain attrait naturel, auquel elles ne peuvent résister. Après la mort, elles retournent avec rapidité au lieu d'où elles étoient venuës, comme sortant d'une longue & triste captivité. Ils sont sur l'état des ames après la mort, à peu près les mêmes sentimens que les Payens, qui placent les ames des gens de bien aux Champs Elisiens, & celles des impies dans le Tartare, & dans le Royaume de Pluton, où elles sont tourmentées selon la qualité de leurs fautes. Il y en a parmi eux quelques-uns qui sont mariez. Dans tout le reste ceux-là sont d'accord avec les autres Esséniens. Ils ne prennent des femmes qu'après s'être assûrez pendant trois ans si elles sont d'une bonne santé, & propres à donner des enfans bien sains. Dès que leurs femmes sont enceintes ils ne s'en approchent plus. L'esclavage passe dans leur esprit comme

[a] Hæres. 29. de Nazaræis. c. 4.

[b] Trihæres. l. 3. c. 1.

[c] Psalm 78. v. 2. & 84. v. 9.
[d] 1. Macch. c. 11. v. 42. & 2. Macch. c. 14. v. 7. & 44. v. 10.
[e] De Bell. l. 2. c. 12. Voyez aussi Philon dans son Traité QUE TOUT HOMME DE BIEN EST LIBRE.

me une injure faite à la nature humaine; ainsi ils n'ont point d'esclaves parmi eux. Il y en a plusieurs entre eux, qui ont le don de Prophétie; ce que l'on attribue à la lecture continuelle qu'ils font des Auteurs sacrez, & à la maniere simple & frugale dont ils vivent. Ils croyent que rien n'arrive dans le monde, que par les décrets de Dieu; & leur Secte a assez de raport à celle des Pythagoriciens parmi les Grecs. Outre les hommes qui faisoient profession de la vie dont on vient de parler, il y avoit aussi des femmes qui suivoient la même institut, & les mêmes pratiques.

Quoi-que les Esséniens fussent les plus religieux de leur Nation, ils n'alloient pas toutefois au Temple de Jérusalem, & n'y offroient point de sacrifices sanglans. Ils craignoient de se souiller par le commerce des autres hommes, dont la vie n'étoit pas si pure que la leur. Ils y envoyoient leurs offrandes, & offroient à Dieu le sacrifice d'un cœur pur, & exemt de crime. Philon [a] dit que les Esséniens sont au nombre d'environ quatre mille dans la Judée; & Pline [b] semble fixer leur principale demeure au-dessus d'Engaddi, où ils se nourrissent du fruit de leurs palmiers, qui sont communs en ces quartiers-là. Il ajoûte qu'ils demeurent éloignez du bord de la mer, de peur de se corrompre par le commerce des étrangers. Philon assure qu'on en voyoit dans plusieurs Villes, mais qu'ils préféroient la demeure des Campagnes; ils s'appliquoient à l'Agriculture, & à d'autres exercices laborieux, qui ne les éloignoient point de la solitude, dont ils faisoient profession. Leurs études n'étoient ni la Logique, ni la Physique, mais la Morale & les Loix de Moyse. Ils s'y appliquoient principalement les jours de Sabbat. Ces jours-là ils s'assemblent dans leurs Synagogues, où chacun est assis selon son rang; les anciens au-dessus, & les plus jeunes au-dessous. Un de la Compagnie fait la lecture, & un autre des plus instruits en fait l'explication. Ils se servent beaucoup de symboles, d'allegories, & de paraboles, à la maniere des Anciens. Voilà l'idée que Joseph & Philon nous donnent des Esséniens. Nous ne voyons pas dans l'Evangile que Jesus-Christ en ait parlé, ni qu'il ait prêché parmi-eux. Il n'est pas hors d'apparence que Saint Jean Baptiste a vécu parmi eux jusqu'au tems qu'il commença à baptiser, & à prêcher la pénitence [c]. Le Désert où Pline place les Esséniens, n'étoit pas fort éloigné d'Hébron, que l'on croit être le lieu de la naissance de Saint Jean. Voyez ASSIDEENS.

ESSEQUEBE, ou ESSEKEBE, Riviere de l'Amerique Meridionale dans la Guiane. Mr. Corneille dit très-mal dans l'Amerique Septentrionale. Les Hollandois la nomment Esquib. [d] Elle est belle, & a une embouchure fort large, mais si embarassée par des bancs de sable, que pour y entrer on a besoin d'un Pilote qui ait de l'experience. Il y a dans son embouchure trois longues Isles assez grandes, qui la divisent en un pareil nombre de canaux. On entre ordinairement par l'Oriental. Au-dessus l'on trouve encore plusieurs Isles, mais plus petites. Laurent Kemys dit qu'il a appris des Sauvages que cette Riviere prend son origine à vingt journées de son embouchure,

[a] L. c.

[b] L. 5. c. 17.

[c] Voyez St. Epiphane Hæres. 19. de Nazaræis.

[d] Corn. Dict. & Laet Ind. Occid. l. 17. c. 17.

& qu'à une journée de là il y a un Lac renommé que les Yaos appellent *Ropowini*, & les Caribes *Parime*. Il est spacieux comme une mer. Ils disent que la Ville de Manoa est bâtie aux bords de ce Lac, mais les Espagnols & les Anglois l'ont cherchée long-temps inutilement. Au-dessus du premier saut de cette Riviere qui en a plusieurs, ce qui est cause qu'on ne peut monter jusqu'à sa source, les Sauvages trouvent du cristal fort dur & transparent. Les *Aravaques* occupent ses bords, dans plusieurs Villages, quatre ou cinq familles en châque Cabane. Ils s'appliquent fort à la culture des arbres, des fruits desquels on fait la teinture, & sont extrêmement addonnez à l'yvrognerie. Ils vont tout nuds tant les hommes que les femmes, si ce n'est que les hommes couvrent d'un petit drapeau ce qu'il faut cacher, mais ils le mettent plûtôt pour ornement que par bienséance. Ils tondent leurs cheveux en rond, & les femmes les laissent croître fort longs. Elles ont cela de particulier, que dès leur jeunesse elles se serrent si fort les jambes avec de certaines bandes, tant au droit de la jarretiere qu'au dessus de la cheville du pied, que le gras de la jambe leur croît d'une grosseur demesurée, ce qui leur paroît fort beau. Ces Sauvages ne reverent que le Diable, qu'ils savent être mauvais, mais ils le font afin d'empêcher qu'il ne leur fasse du mal. Au-dessus d'eux habitent d'autres Sauvages qu'ils appellent *Waccewayes*. Ils ne different des Arwaques que par leur langage, & ont guerre continuelle contre les Caribes. Ceux-là se tiennent au-dessus des sauts de la Riviere, & presque jusqu'à sa source, de sorte qu'il est assez difficile d'aller jusqu'à eux, si ce n'est par le moyen des autres Sauvages. Ils demeurent dans des Villages, châque famille ayant sa maison à part; mais au milieu du Village ils ont une loge un peu plus grande & ouverte de tous côtez, & dans laquelle ils reçoivent leurs Hôtes. Les Caciques y conduisent celui qui arrive, sans lui parler, & ensuite ils lui presentent un siége, & du tabac, & le laissent ainsi quelque temps. Quand il a pris son tabac, le Cacique s'approche de lui, & lui demande s'il est venu pour le voir. Après que l'autre a répondu par un signe, ceux du commun s'approchent aussi, & ils discourent ensemble pendant quelques heures. Ils sont fort sobres, quoique leur contrée soit abondante en sauvagine. Leur nourriture ordinaire est de la Cassave, de la sauce de poivre, de cancres de terre, & quelquefois du poisson. Ils vont tout nuds, & les femmes ont grand soin de se peigner: ils en prennent plusieurs chacun, & quand elles leur déplaisent ils en font leurs Esclaves. Leurs *Pyais* ou Devins leur persuadent tout ce qu'ils veulent. Quand quelqu'un meurt, ils ont coûtume de lui demander pourquoi il est mort, & si le Devin par inimitié nomme quelqu'un qu'il dit en être la cause, ses parens ne cessent de le poursuivre jusqu'à ce qu'ils l'ayent fait mourir. Ils font de grandes plaintes lorsqu'ils ensevelissent leurs Morts & couvrent le corps de terre. Quand toute la chair est consumée, ils deterrent les os, & après quelques fêtes celebrées avec des danses, ils les enterrent tout de nouveau.

ESS.

veau. Ce qui étant fait, ils brûlent tout le Village, & vont demeurer ailleurs de peur d'y mourir aussi. Le terroir le long des rivages d'Essequebe auprès de son embouchure est bas, & divisé en plusieurs Isles. Sept ou huit lieues au-dessus il commence d'être plus élevé & fertile pour la plus grande partie. La Rivière se divise plus avant, comme en trois branches, qui descendent de divers quartiers, & arrosent de fort fertiles contrées. Le long de la même côte sont quelques autres Rivieres, savoir *Coapici*, *Pavrooma* & *Moruga*. Les Hollandois donnent le nom d'*Ammegara* à cette dernière. Les Espagnols, venus de la Marguerite, & de Caracques chasserent en 1596. du pays de leurs predecesseurs ceux qui habitoient sur les bords de cette Rivière, & se servirent pour cela du secours des Arwaques. Mr. de l'Isle a nommé Esquibé & s'accorde pour la latitude de l'embouchure avec ceux qui comptent 6. d. 45. de latitude Nord.

1. ESSEX, ancien Royaume de la Grande Bretagne. *Essex* est la même chose que les SAXONS ORIENTAUX. Ce Royaume étoit borné du côté du Nord par l'Estanglie, du côté de l'Orient par la Mer Germanique, au Midi par la Tamise, & à l'Occident par le Royaume de Mercie. Sa plus grande longueur étoit de soixante & quinze milles, & sa largeur de trente-huit. Il comprenoit les Provinces d'Essex & de Midlesex, & une partie de Hartford. Ses principales Villes étoient Londres & Colchester, dont la première devint dans la suite la Capitale de toute l'Angleterre. Elle avoit été autrefois très-considérable à cause de sa situation, pendant la domination des Romains qui en avoient fait une Colonie. Mais il y a beaucoup d'apparence qu'elle avoit été réduite à peu de chose, depuis que les Saxons étoient venus dans la Bretagne. Ce Païs qu'Hengist s'étoit fait ceder par Vortigerne, après le massacre des Seigneurs Bretons, fut érigé en Royaume par Ercenwin qui en fut le premier Roi. Les Historiens ont négligé de nous instruire de l'occasion & du détail de la fondation de ce Royaume, par laquelle les Successeurs d'Hengist perdirent un Païs qui n'étoit guère moins considérable que le Royaume de Kent. S'il se fût agi d'un Monastère, ils en auroient raporté toutes les particularités. C'est la reflexion de Mr. Rapin Thoyras dans son Histoire d'Angleterre [a]. Mais il est permis à un Protestant, tout habile & tout éclairé qu'il est, d'ignorer qu'un Monastère est aussi cher à un bon Religieux que tout un Royaume; & qu'il compte presque pour rien tout le reste de l'Univers. Ce Royaume qui commença sous le Regne d'Ercenwin l'an 527. finit avec Suiehred. C'est le dernier Roi d'Essex, dont on trouve le nom dans l'Histoire ou dans les Annales Saxonnes. Il commença son regne en 746, & s'il a été en vie au tems de la dissolution de l'Heptarchie, il faut que son regne ait été de soixante dix-huit ans: de tous les Royaumes de l'Heptarchie il n'y en a point dont l'Histoire ait été plus négligée, que celle du Royaume d'Essex.

[a] L. 3. T. 1. p. 189.

2. ESSEX [b], Province Maritime d'Angleterre à l'Orient dans le Diocese de Londres, est ainsi appellée des Saxons de l'Est, ou Saxons

[b] Etat pres. de la G. Bret. T. 1. p. 62.

Tom. II.

ESS. 339

Orientaux, par qui elle étoit habitée. Elle a 146. milles de tour, & contient environ 1240000. Arpens & 34819. Maisons. L'air y est tempéré, mais du côté de la Mer & de la Tamise il est fort humide, & les habitans y sont sujets aux fievres intermittentes; le terroir y produit abondance de Bled, de bétail & de bois. Le gibier & le poisson y abondent. Du côté du Nord il croît beaucoup de saffran. Il y a même des endroits, où le terroir est si bon qu'après trois années de saffran, il produit de bon orge pendant près de 20. ans de suite sans le fumer. Un grand nombre de Rivieres arrosent cette Province. Outre la Tamise qui la sépare de Kent, la Stoure de Suffolk, la Lea de Midlesex, & la petite Stoure de Hartfordshire, il y a le Coln, le Chelmer, le Crouch, le Roding, & plusieurs autres qui sont fort poissonneuses. Cette Province a le titre de Comté.

Ses Villes & Bourgs, où l'on tient marché.

COLCHESTER, la Capitale.

Harwich,	Billericay,
Malden,	Bruntwood,
Chelmsford,	Dunmore,
Barking,	Cogshall,
Hatfield,	Grayes,
Rochford,	Halsted,
Rumford,	Haverill,
Walden,	Horndon,
Epping,	Raleigh,
Ingerstone,	Maningtre,
Harlow,	Waltham,
Bradfield,	Thaxted,
Braintre,	Witham.

ESSEY [c], Bourg de France en Normandie dans le Diocese de Séez. Il est situé à deux lieues de la Ville de ce nom, & à quatre d'Alençon, entre une forêt & un grand étang, dans une plaine fertile en grains, & en fruits, avec des prairies & herbages où l'on nourrit quantité de gros & de menu bétail & où l'on eleve des chevaux. On y recueille des chanvres dont on fait des toiles, l'Eglise paroissiale est bien bâtie & dédiée à Saint Pierre. On y trouve un Monastère considérable de Religieuses, du titre de Sainte Magdelaine. L'Abbaye dite l'Essey, fondée en 1064. est de l'Ordre de Saint Benoît. plusieurs familles de noblesse font leur résidence dans ce Bourg, qui a porté autrefois le titre de Ville, & où l'on tient un gros marché le Mardi. On y voit les ruines d'un vieux Château qui fut une Maison de plaisance des Ducs d'Alençon. La Chapelle de ce Château est fondée, & assez bien entretenuë. Mr. Baudrand nomme en Latin ce lieu *Exaquium*.

[c] Corn. Dict. Memoires dressez sur les lieux.

ESSIA. Voyez ASION-GABER.

ESSIDEUIL, en Latin *Exidolium*, petite Ville de France dans le Perigord avec un ancien Château sur la Frontière du Limosin, à cinq lieues de Perigueux au Levant d'Eté vers Limoges.

ESSINA, Port de Mer d'Ethiopie selon Ptolomée; qui le met au midi de l'Equateur, ce lieu étoit entre la Ligne & le fleuve *Raptus* qui eſt aujourd'hui le *Zebée*; & par conſéquent étoit aux environs du Port de Melinde, ſupoſé que ce ne ſoit pas le même.

ESSIOS, Appien [a] met une Iſle de ce nom dans la Mer Ionienne & il dit qu'elle avoit abandonné le parti du Roi Agron pour ſe donner aux Romains. Le même Auteur nomme *Eſſii* les habitans de cette Iſle. Ortelius [b] ſoupçonne très-juſtement que c'eſt l'*Iſſa* de Ptolomée.

[a] In Illyricis.
[b] Theſaur.

ESSOMES [c], Abbaye de France dans la Brie Champenoiſe ſur la Marne, à demie lieue au-deſſous de Château-Thierri & non pas deux lieues au-deſſus comme le dit Mr. Baudrand copié par Mrs. Maty & Corneille. Elle eſt de l'Ordre de St. Auguſtin de la Congrégation reformée de France. Le nom Latin eſt de *Eſſomis*.

[c] De l'Iſle Atlas.

1. ESSONE [d], (l') Rivière de l'Iſle de France. Elle n'a point de ſource particulière, mais elle ſe forme des Rivières d'Eſtampes & la Juine réunies dans un même lit & coulant vers le Nord-eſt elle arroſe Eſſone & va ſe perdre dans la Seine au-deſſus & au-deſſous de Corbeil après avoir formé quelques Iſles. Mr. Corneille a cru que cette Rivière conſervoit le nom d'Eſtampes juſqu'à Corbeil en quoi il ſe trompe.

[d] De l'Iſle Atlas.

2. ESSONE, Bourg de l'Iſle de France ſur la petite Rivière d'Eſſone à ſept lieues de Paris & à pareille diſtance de Fontainebleau. Ce lieu [e] eſt un grand paſſage de Paris à Lyon. Son Egliſe Paroiſſiale eſt ſous l'invocation de St. Etienne. On y voit une Manufacture Royale de poudre à canon. A un quart de lieue de là eſt un hermitage dit de St. Lazare. Son territoire eſt rempli de vignes.

[e] Corn. Dict.

ESSOS, ancienne Ville de Grèce dans la Locride ſelon Etienne le Geographe & Thucydide dont il cite le III. livre.

ESSUI. Jules Ceſar dans ſes Commentaires nomme ainſi un peuple entre les Belges. Il dit [f] qu'ayant terminé l'aſſemblée des Gaulois à Amiens, & l'année n'ayant gueres fourni de bled à cauſe des ſechereſſes, il fut obligé, en mettant ſon armée en quartiers d'hyver, de la repartir autrement qu'il n'avoit fait les années précedentes, & de diſtribuer les Legions en pluſieurs garniſons. Il en envoya une ſous C. Fabius ſon Lieutenant chez les Habitans de Terouenne (*Morini*) la ſeconde ſous Q. Ciceron dans le Hainaut (*Nervii*); une troiſiéme ſous L. Roſcius chez les ... (*Eſſui*.) La quatriéme ſous T. Labienus chez les Rhemois, ſur la frontière de Treves &c. Comme ce nom ne ſe trouve que dans ce ſeul paſſage de Ceſar ſes Interprêtes ne s'accordent gueres touchant le peuple *Eſſui*. Marlian ſoupçonne qu'ils étoient ou en Normandie ou dans la Bretagne en deça de la Mer. Ce qu'il ajoûte n'y convient pas; les François, dit-il, les appellent le *Rethelois*. Tout le monde ſait que le Rethelois n'eſt dans aucune de ces deux Provinces, mais bien loin delà dans la Champagne. C'eſt ce qui me perſuade que Marlian a ramaſſé peu judicieuſement dans un même article pluſieurs opinions diferentes ſans les entendre. D'Ablancourt dans ſa Traduction de Ceſar rend *Eſſui*, par le pays de *Seez*. En quoi il ne s'écarte pas trop de Vigenere qui a cru que le mot de Pays *Beſſin* auprès de Bayeux vénoit du mot ESSUI. D'autres comme *Divæus*, diſent que c'eſt le Comté d'*Eu*, d'autres THIERACHE OU TERESSE, comme qui diroit *terra Eſſuorum*; Sanſon croit que ce nom eſt corrompu de *Seſſui* ou SESUVII. Je raporte ſes raiſons au mot SESUVII. Voſſius avoit cru d'abord qu'*in Eſſuos* étoit pour *Sueſſionibus* defiguré par les copiſtes, mais il changea de ſentiment, & crut qu'il faloit lire *in Æduis*. Voici ſur quoi il ſe fonde. Les *Ædui* & les Rhemois ſont preſque toujours joints enſemble. Ceſar dit que tous ces quartiers d'hyver faiſoient à peine un eſpace de cent mille pas, excepté celui de Roſcius qui étoit logé dans le pays le plus paiſible. Cela détruit la conjecture de ceux qui ont placé les *Eſſui* auprès du Hainaut; & celle de Hubertus Leodius qui les met à Ath dans le Hainaut même: car ſi l'on ſupoſe qu'ils étoient au milieu des Nations que Ceſar nomme dans la repartition des quartiers, pourquoi, lors qu'il fit marcher ces Legions, fit-il venir Craſſus qui étoit à Beauvais environ vingt-cinq milles par delà Amiens; Labienus qui étoit dans le Rhemois; Fabius qui étoit au pays de Terouenne, & qui tous par conſéquent étoient plus éloignez de lui? Pourquoi n'appella-t-il pas Roſcius qui auroit été auprès de lui ſi les *Eſſui* euſſent été voiſins du Hainaut. Roſcius étoit plus à portée de marcher & de plus ſes troupes étoient aſſez inutiles dans un pays très-paiſible. Voſſius conclut delà qu'il faut lire *in Æduos*. Ce ſentiment convient d'autant plus que les *Ædui* étoient anciens & fidèlles alliez des Romains, *gens pacariſſima & quietiſſima*, & par l'intervalle qu'il y avoit entre eux & les autres quartiers d'hyver on voit pourquoi Ceſar ne put employer les troupes de Roſcius auſſi-tôt que les autres. Ne laiſſez pas de voir les raiſons de Sanſon au mot SESUVII.

[f] De Bell. Gall. l. 5. c. 24.

ESSUOAHILA, petite Ville d'Afrique dans la Numidie: on l'apelle auſſi ZUAHILA. Voyez ce mot.

☞ EST, c'eſt ainſi que par un mot emprunté des Navigateurs Hollandois on nomme celui des quatre points Cardinaux où le Soleil ſe leve dans les Equinoxes. Les Italiens le nomment *Levante*, les François *Levant*, ou *Orient*, les Anglois *Eaſt*, les Allemands *Ooſt*. On peut voir l'Article RUMBS, les diviſions où ce mot eſt employé, lors que pour une plus grande précision on diviſe l'horiſon en trente-deux Rumbs ou vents; ce qui eſt eſſentiel à la Navigation.

EST. Voyez ESTE Ville d'Italie.

ESTABARAS. Voyez ASTABORAS.

ESTABERUS, Florien dans ſa Chronique d'Eſpagne parle d'une Rivière de ce nom & il dit que Pline en donne la deſcription. Il ajoûte que le nom moderne eſt LA SEGURA. Ortelius a raiſon de ſe plaindre que Florien lui ſait donné la peine inutile de chercher dans Pline une Rivière nommée *Eſtaberus* & ce n'eſt, dit-il, qu'en obſervant même la deſcription même de Florien que cette Rivière ſuit le bucher de Scipion qu'il a enfin reconnu que Pline nomme cette Rivière TADER [g] eſt en effet *la Segura* d'apreſent. Il ne devroit pas être permis aux modernes de corrompre

[g] L. 3. c. 3.

ainſi

EST. 341

ainsi ce qu'ils trouvent dans les anciens; & de citer à faux. Loin de rendre service au public ils ne font que jetter dans l'erreur ceux qui les suivent sans examen, & dans l'embarras ceux qui veulent consulter les sources, & sitôt qu'on s'aperçoit de leur infidélité on n'a que du mépris pour leurs travaux. Cette remarque reflechit sur un plus grand nombre d'Auteurs que l'on ne croit. La liste en seroit trop longue. Comme je me suis souvent trouvé dans le même embarras qu'Ortelius, son chagrin contre ces Literateurs infidelles a reveillé le mien & m'a arraché ce peu de lignes. Les Imitateurs de Florien puissent-ils en profiter!

a Baudrand.

ESTAGEL*a*, petite place de France dans le Comté de Roussillon sur la Riviere d'Egli. Le nom Latin est *Stagellum*.

ESTAFORT. Mr. Corneille dit mal ESTAHORT. Petite Ville de France dans le Condomois: le Denombrement de la France où elle est nommée ASTAFORT, lui donne 690. feux. Elle est à l'Orient de la Riviere du Gers, au Nord de Leitoure. Mr. Corneille dit: environ à une lieuë. Il devoit dire à deux lieuës & un quart de celles dont il faut dix-neuf pour un degré, ou lieuës communes de Gascogne, dont chacune est de trois mille toises.

b Longuerue Descr. de la France p. 2. part. 187.

ESTAIN*b*, ou ETAIN, Ville de France au Duché de Bar, dans les Etats du Duc de Lorraine avec titre de Prevôté &. sur les confins du Verdunois. La Ville d'Estain est ancienne, puisqu'elle étoit déja fondée sur la fin du septiéme siécle, & appartenoit à un particulier, après la mort duquel elle échut par succession à son fils Leodinus ou Luituvius, Archevêque de Treves, qui donna Estain avec son Ban ou Territoire, au Monastere de St. Euquaire de Treves, par ses Lettres dattées de la douziéme année du Roi Childebert (ou de l'an de J. C. 706.) dont l'original subsiste encore aujourd'hui. Les Moines de S. Euquaire aiant joui cinq cens ans d'Estain, l'Abbé Jacques, du consentement de son Couvent, donna à perpetuité l'an 1221. la Ville & le Ban d'Estain, au Chapitre de l'Eglise Collegiale de Sainte Marie Magdelaine de Verdun, & l'année suivante 1222, les Chanoines de la Magdelaine donnerent en échange aux Moines de S. Euquaire la Ville de Maekre, qui étoit à leur bienfeance, à quoi Theodoric de Wede, Archevêque de Treves, & son Chapitre consentirent. L'Abbé de S. Euquaire aiant envoié ordre aux Juges & aux habitans d'Estain, de reconnoître à l'avenir pour Seigneurs les Chanoines de la Magdelaine, ceux-ci aiant pris possession, ne purent jouir paisiblement de leur nouvelle acquisition; car ils furent troublez par Henri Comte de Bar, qui disoit avoir des pretentions sur Estain, dont on ignore le fondement: mais les Chanoines transigerent avec lui l'an 1224, & lui cederent la propriété de la Ville d'Estain & ses dépendances, ne se reservant que le patronage de l'Eglise, les dixmes, les terrages, ou champarts, avec un droit d'usage dans les bois de la Seigneurie, & à la charge que le Comte de Bar ne pourroit transmettre Estain sinon à ses Successeurs Comtes de Bar ou de Briey: mais comme le Chapitre se plaignit d'avoir été lezé dans ce Traité, le Comte en fit un autre l'an 1228, par lequel il donna à ces Chanoines une plus grande recompense. Depuis ce tems-là, les Comtes ou Ducs de Bar, ont toujours joui d'Estain, qui a été restitué au Duc de Lorraine aujourd'hui regnant en execution du Traité de Ryswyck.

ESTAIRE*c*, petite Ville des Pays-bas, sur la Riviere de Lis aux confins de l'Artois entre Merville & Armentieres. On la nomme aussi STEGHERS.

c Dict. Géog. des Pays-bas.

ESTALE, (Grote de l') Grote en Egypte dans une Montagne qui est à demie lieuë de la Ville de Siouth. Voici comment la decrit le Sr. Paul Lucas dans son Voyage de la haute Egypte*d*, où il dit qu'on monte environ 500. pas pour trouver cette belle grote, qui est, dit-il, si grande qu'il y pourroit tenir plus de 600. Cavaliers rangez en bataille. Elle est, dit-il, taillée à la pointe du Ciseau & soutenue par de gros piliers quarrez du même Roc. On a pratiqué dans cette grote plusieurs especes de petits Sophas pour s'y reposer & il paroit encore par quelques vestiges qui y restent qu'on y avoit peint plusieurs Divinitez; mais le temps a presque tout effacé. Cette grote n'est pas la seule qu'il y ait dans cette Montagne. Il y en a plusieurs autres encore plus belles que celle-là; elles sont rangées les unes auprès des autres avec des portes en symmetrie, sur lesquelles on voit encore aujourd'hui plusieurs bas reliefs des anciens Dieux d'Egypte. Il y en a qui ont un bâton à la main, comme s'ils avoient été destinez à en garder l'entrée. On avoit pratiqué dans ces grotes plusieurs appartemens & quelques puits: Mais ce qu'il y avoit de plus admirable, c'est qu'au bout on avoit creusé des catacombes, où il y avoit un grand nombre de momies. Le Voyageur cité dit que la crainte de se perdre dans ces vastes lieux l'empêcha de pouvoir les parcourir entierement. J'y vis, poursuit-il, plusieurs tombeaux creusez dans le Roc, & un grand nombre de bas reliefs presque tous defigurez par l'avarice des Arabes qui avoient cru y trouver quelque tresor. J'entrai dans plus de 200. de ces grotes, toutes plus singulieres les unes que les autres & je puis assurer qu'il y en a plus de mille. J'étois ravi en admiration en songeant au temps & au nombre infini d'ouvriers qu'il a falu employer pour l'exécution d'un ouvrage si difficile; car je ne crois pas qu'il y ait dans le reste du monde de monument qui marque plus la puissance de ceux qui y ont fait travailler. Comme cela paroît surpasser toute croyance, il n'est pas étonnant que les gens du pays s'imaginent que c'est l'ouvrage des Démons qui y avoient caché des tresors immenses & que les figures qu'on y voit, étoient des Talismans par la vertu desquels ils étoient conservez. Que les Savans décident en quel temps & à quel usage on avoit creusé tant de grotes si vastes & si bien travaillées.

d L. 5. p. 76.

ESTAMNUS. Voyez ASTABORAS.

ESTAMPES, l'S. ne se prononce point, en Latin *Stampa*, Ville de France dans la Beausse avec titre de Duché. Elle est située sur la Riviere de la Juine entre Paris & Orléans dans un Païs assez fertile. Il y a Bailliage.

Memoires communiquez à Mr. Bayle.

Vv 3

ge, Prévôté, Election, Marechauſſée & grenier à Sel : deux Collegiales de fondation Royale, une ſous le titre de Nôtre Dame avec une Dignité & dix ou onze Chanoines, & une ſous le titre de Ste. Croix avec deux Dignitez & dix-neuf Chanoines: cinq Paroiſſes & diverſes Maiſons Religieuſes. Le Roi Robert jetta les prémiers fondemens du Château d'Eſtampes, lequel fut détruit à la réquiſition des habitans au commencement du Regne d'Henri IV. Le Prince de Condé y mit en garniſon en 1562. une partie des troupes que d'Andelot avoit amenées d'Allemagne, qui pendant ſix ſemaines qu'elles y reſtérent firent horriblement ſouffrir les habitans & ſurtout les Eccléſiaſtiques. Cette Ville eſt de l'ancien Domaine de la Couronne. Le Roi Charles IV. l'érigea en Comté en faveur de Charles d'Evreux ſon Couſin. Auparavant elle étoit Baronie, ainſi qu'il ſe voit dans les Lettres de ſon érection en Comté qui ſont du mois de Septembre 1327. Etant revenuë à Charles VII, il la donna en 1421. à Richard de Bretagne; & depuis ayant été réünie au Domaine de la Couronne, Louïs XI. la donna à Jean de Foix : les Lettres de donation ſont de l'an 1498. au mois d'Avril. Gaſton de Foix fils de Jean, aiant été tué à la Bataille de Ravenne, Anne de Bretagne femme de Louïs XII. devint Comteſſe d'Eſtampes par la donation que lui en fit le Roi ſon Mari en l'année 1513. au mois de Juin. Après la mort de cette Princeſſe qui arriva l'année ſuivante, le Comté d'Eſtampes paſſa à Madame Claude de France ſa fille aînée, qui depuis fut mariée à François prémier pour lors Duc de Valois. Cette bonne Princeſſe étant morte, le Roi en donna la jouïſſance à Jean de la Barre. Après la mort de celui-ci François prémier érigea Eſtampes en Duché en faveur de Jean de la Broſſe de Bretagne & d'Anne de Puiſſeleu, ſon Epouſe, laquelle avoit beaucoup de part aux bonnes graces du Roi : ſon nom eſt aſſez connu dans l'Hiſtoire. Henri II. les dépoſſéda de ce Duché en 1553. pour en gratifier Diane de Poitiers ſa Favorite, femme de Louïs de Brezé, Grand Sénéchal de Normandie. Charles IX. étant parvenu à la Couronne le rendit à Jean de la Broſſe au mois d'Avril 1562. Etant mort ſans poſtérité, Henri III. en gratifia en 1576. le Duc Jean Caſimir, mais y ayant renoncé l'année d'après, le Roi le donna par engagement à la Ducheſſe de Montpenſier, d'entre les mains de qui il le retira pour le donner à Marguerite de Valois ſa ſœur Reine de Navarre; le cette Princeſſe le donna quelques années après à Gabriele d'Eſtrée Ducheſſe de Beaufort, qui l'a laiſſée à Ceſar Duc de Vendôme fils naturel du Roi Henri IV. La poſterité illuſtre de ce Prince en eſt encore en poſſeſſion. Il y en a qui prétendent qu'Artus Gouffier, Grand Maître de France, a été Comte d'Eſtampes ; l'Acte de donation ne s'en trouve point. Si cela eſt, il faut que la poſſeſſion de Madame Claude de France ait été interrompue. En tout cas ce Seigneur n'en a pas joüi fort long-tems, étant mort en 1518. Pendant les troubles de 1652. la Ville d'Eſtampes, au grand regret des habitans toûjours fidelles au Roi, fut livrée par un perfide à l'Armée des Princes, laquelle y fut auſſi-tôt aſſiégée par l'Armée du Roi, qui, après avoir reſté devant la Ville près de ſix ſemaines & fait pluſieurs attaques où il y eut quantité de monde tué de part & d'autre, fut enfin obligée de lever le ſiége pour aller à la rencontre du Duc de Lorraine qui venoit au ſecours des Princes avec une Armée de neuf à dix mille hommes.

La Ville d'Eſtampes a été honorée de pluſieurs Conciles Provinciaux & d'un Concile National. On ne ſait point le ſujet du I. Il fut tenu en 1048, & convoqué par Gerduin Archevêque de Sens. Voila ce qu'on en lit dans la Vie des Archevêques de Sens : *Gerduinus Synodum Stampis habuit anno 1048, in qua Imbertus Pariſienſis, Tſambertus Aurelianenſis, Maynardus Trecenſis, Hugo Nivernenſis, Gilbertus Antiſſiodorenſis, & Galtherius Meldenſis, adfuere, Rege Henrico præſente*. Le II. fut aſſemblé par (*Richerius*,) Richer, Archevêque de Sens, en 1092, au ſujet de l'ordination d'Yves de Chartres faite par Urbain II. Cet Archevêque prétendoit qu'Yves étoit criminel de Leze-Majeſté, pour s'être fait ordonner hors du Royaume ſans permiſſion du Roi, & ainſi qu'il devoit être dépoſé. Le III. ſe tint en 1112. Daimbert Archevêque de Sens y préſida. On s'y plaignit d'abord de la mauvaiſe conduite de l'Evêque de Troies, ſur quoi il lui fut écrit par le Concile. Enſuite on procéda à la conſécration d'un Evêque de Nevers, & enfin on y fit pluſieurs réglemens pour la réformation des mœurs. Le Concile National tenu à Eſtampes l'an 1130. a été aſſemblé par les ſoins de Louïs le Gros : ce fut pour ſavoir quel parti il falloit prendre entre le Pape Innocent II, & Pierre de Leon qui ſe faiſoit appeller Anaclet II. Saint Bernard qui s'y trouva dit hautement qu'Innocent avoit été canoniquement élu & qu'on n'avoit pas pû valablement procéder à une autre élection. Tout le Concile ſe conforma au jugement de S. Bernard & Innocent fut reconnu pour vrai & légitime Succeſſeur de S. Pierre. Ce Pape vint exprès de Chartres à Eſtampes pour donner aux habitans des marques de ſa reconnoiſſance; il y reſta deux jours & logea dans l'Abbaïe de Morigni Ordre de St. Benoît à demi quart de lieuë d'Eſtampes. C'eſt ce que nous apprenons de la Chronique de cette Abbaye, qui n'a jamais reconnu d'autre Superieur que l'Archevêque de Sens. Louïs le jeune, auparavant ſon voyage en Orient, aſſembla ſon Parlement à Eſtampes, & y laiſſa la Régence du Royaume à Raoul Comte de Vermandois, & à Suger Abbé de S. Denis. Dans la conteſtation entre Alexandre III., & le Cardinal Octavien qui avoit pris le nom de Victor, le même Prince aſſembla en 1160. l'Egliſe Gallicane à Eſtampes, pour ſavoir lequel il devoit reconnoître; & ſur le jugement des Evêques, le Roi adhéra à Alexandre.

ESTAMPON [a], Riviere de France. Elle a ſa ſource dans le Gabardan aux frontieres du Duché d'Albret d'où coulant vers l'Occident Meridional, elle entre dans le Marſan, où elle ſe jette dans la Douze à l'Oueſt de Roquefort.

_{a De l'Iſle Atlas.}

ESTAN,

EST. EST. 343

ESTAN, Ville & Riviere de France. Voyez ESTANG, petite Ville.

1. ESTANFORDE, en Latin *Stanfordia*, Bourg des Pays-bas dans la Flandre, sur la petite Riviere d'Estanforde environ à deux lieues de Cassel du côté du Levant.

2. ESTANFORDE, Ruisseau des Pays-bas dans la Flandre Teutone, & dans la Châtellenie de Cassel. Il passe au Bourg d'Estanforde & coulant vers le Nord il se jette dans l'Yser.

☞ ESTANG, (l'S. ne se prononce point.) Amas d'eaux dormantes qui ont quelque profondeur, & qui sont fournies soit par les pluyes, soit par quelque source peu considerable : il differe du Lac en ce que le Lac est plus grand, plus profond, qu'il reçoit & forme quelque Riviere ou ruisseau, au lieu que l'étang n'en forme, ni n'en reçoit ; il difere de la Mare en ce que la Mare est plus petite dans sa circonference, moins profonde & plus sujete à se dessécher durant l'Eté. Je dis d'eaux dormantes car les anciens qui ont apellé *Stagnum*, l'Estang, apellent aussi *stagnantes*, les eaux dormantes. Ils ont aussi nommé au pluriel *Stagna* certaines plages de la mer, où il regne un calme assez ordinaire ; Virgile dit de Neptune qui s'aperçoit d'une tempête excitée sans son ordre, & dont la mer est troublée,

Æneid.
l. 1. v. 128.
& sequ.

Intereà magno misceri murmure Pontum,
Emissamque Hyemem sensit Neptunus & imis
Stagna refusa vadis.

Le même Poëte se sert du mot *Etang* pour designer le Cocyte dont les Poëtes supposent que les Eaux sont dormantes :

Æneid.
l. 6. v. 323.

Cocyti Stagna alta videt.

Festus, Servius & Isidore disent que l'Etang, *Stagnum*, est ainsi nommé parce que l'eau y est sans mouvement *quod in eo aqua perpetuo stet*. Mais Festus ne donne cette Etymologie que comme le sentiment de quelques-uns, il ajoute que selon d'autres ce nom vient des Grecs qui appellent ces sortes de lieux στεγνός *Stegnos*, parce qu'il contient bien l'eau. Ainsi

ⁿ L. 4. de
L. L.

Varron ⁿ dit *Stagnum Græcè* στεγνὸν *quod non habet rimam*, parce qu'il n'a point d'ouverture par où l'eau puisse s'écouler. Il y a des Etangs d'eau salée comme sur la côte de Languedoc l'Estang de Maguelone, l'Estang de Thau. Ce n'est qu'un amas d'eau de la mer qui n'a qu'une issue. On voit dans les Indes quantité d'étangs faits & menagez par l'industrie des habitans. Quelques-uns ont un ou même deux milles de tour, plusieurs sont bordez d'une muraille pour retenir l'eau qui tombe du Ciel durant les mois de pluye, & en fournir durant la secheresse de l'Eté aux habitans qui sont trop loin des Rivieres, ou dont le terroir n'est pas propre à creuser des puits. Ce nom qu'ils donnent à ces reservoirs n'est pas fort diferent du mot François, car ils les appellent TANCKES. En Egypte on ménage au voisinage du Nil des creux entourez de digues que le Nil, lors qu'il se deborde, couvre de ses eaux dont ils se remplissent & qu'il y laisse en se retirant ; ressource necessaire dans un pays où il ne pleut presque jamais.

En France nous entendons communément par le mot d'Estang un reservoir d'eau douce dans un lieu bas fermé par une digue ou chaussée pour y nourrir du Poisson, & c'est ce que les anciens Latins nommoient *Piscina*. On pêche les Estangs tous les trois ans. On les repeuple avec du Nourrain ou petit poisson. On lâche la *bonde* d'un Estang pour le mettre en cours & en vuider l'eau. La Queue de l'Estang est l'endroit par où l'eau y entre, la grille ou la décharge est le lieu par où elle s'écoule quand il y en a trop.

On apelle ESTANGS SALEZ certains creux sur le rivage de la mer, où quand la marée est haute, elle se repand, & qu'elle laisse remplis lors qu'elle se retire.

L'ESTANG de BAGES, *Rubrensis Lacus*, Estang de France au bas Languedoc, qui est long de trois lieues du Nord au Sud, & par où passe un Canal de l'Aude qui vient de la Ville de Narbonne, ce qui fait qu'on l'appelle aussi l'Estang de la Robine & souvent l'estang de Sigean, à cause du Bourg de ce nom, qui en est proche, ainsi que celui de Bages, & il se rend dans la Mer Mediterranée par le passage dit le Grau de la nouvelle.

L'ESTANG de DIANE, *Dianæ Portus*, Estang d'Italie sur la côte Orientale de l'Isle de Corse. Il se décharge dans la Mer de Toscane près des ruines d'Aleria. Ceux du Païs le nomment *lo Stagna di Diana*. Il y avoit autrefois un bon Port à son embouchure ; mais il s'est bouché depuis long-tems par une grande quantité de sable qui s'y est amassé, ce qui le rend assez mal sain. Il est pourtant assez étendu, & n'est qu'à vingt-deux milles de Corte à l'Orient.

L'ESTANG de LEUCATE, *Sordice*, Marais de France. Sa partie Septentrionale est au bas Languedoc, & la partie Meridionale est dans le Comté de Roussillon ; on le nomme aussi l'Estang de Salces, à cause qu'il est près de ces deux Places. Il est sur la Côte de la Mer Mediterranée, où il se décharge par deux petits canaux ; étant presque au milieu entre Narbone au Nord & Perpignan au Sud.

L'ESTANG de LINDRE, *Lindricum Stagnum*, Estang de France dans la Lorraine, d'où sort la Seille, un peu au-dessus de Dieuze. Il a environ quatre lieuës de tour, & n'est qu'à deux lieues de Marsal au Levant, & huit de Nancy.

L'ESTANG de MAGUELONE, *Volcarum Stagna*, c'est un Estang ou plûtot un Lac de France, au bas Languedoc, proche de la Ville ruinée & de l'Isle de Maguelone, sur la côte de la Mer Mediterranée. Il s'étend à une demi lieuë de la Ville de Montpellier, & est proprement la partie du milieu de ce grand Estang qui est en long de l'Orient à l'Occident l'espace de près de quinze lieuës depuis les environs d'Aiguemortes jusques à Agde. Sa partie au Levant s'appelle l'estang de Peraut, à cause du Château de ce nom, & aussi l'estang de Mauguio ; & sa partie au Couchant est dite l'estang de Thau. On appelle autrement cet estang l'estang de Latte, & l'estang de Languedoc. Il reçoit les Rivieres de Lez,

de

EST.

de Vidourle, & le Canal de la Radelle qui vient d'Aiguemortes. Il se décharge dans la mer ou plutôt dans le Golfe de Lyon par le Canal nommé le Grau de Palavas.

L'ESTANG de PERAUT, estang de France, au bas Languedoc, ou plutôt la partie Orientale de ce long estang qui est près de Montpellier. Voyez l'*Estang de Maguelone* ci-dessus.

ESTANG de THAU, est un estang de France, au bas Languedoc & au Diocèse d'Agde, & la partie Occidentale de ce grand estang qui est près de Montpellier, ainsi que j'ai remarqué ci-dessus. Il n'est séparé de la mer Méditerranée que par une plage ou langue de terre, & s'étend depuis Balaruc & le Cap de Sette jusques près d'Agde & du Brescou, servant ainsi pour le grand Canal de Languedoc qui le traverse en sa longueur.

L'ESTANG de VACARAI, *Volcarum Stagna*, est un estang de France en Provence, dans la Camargue, entre les deux bras du Rhône ou entre le Tampan au Levant & les Saintes Maries au Couchant, vers la côte de la mer, dont il n'est séparé que par une petite Isle.

L'ESTANG de VENDRES, *Volcarum Stagnum*, est en France dans le bas Languedoc & au Diocèse de Narbonne. Il reçoit la Riviere d'Aude, & se décharge dans la Mer Méditerranée par le Grau de Vendres.

a Piganiol de la Force, Desc. de la France T. 6. p. 4.

L'ESTANG de VILLERS[a], Estang de France dans le Berry aux environs de la petite Ville de Liniéres à dix lieues de Bourges. C'est un des plus grands que l'on puisse voir, puisque lors qu'il est dans son plein il a sept ou huit lieues de tour.

ESTANG, petite Ville ou Bourg de France dans le bas Armagnac aux confins de l'Eauzan, en allant de Maupas qui est au Couchant à Eause qui est à l'Orient. Ce lieu est nommé Estang sur les Cartes de Mr. de l'Isle & dans le Denombrement de la France où l'on ne lui donne que sept feux & quarante-sept Belluques. L'Auteur de ce livre le met dans la Generalité de Montauban Election d'Armagnac; Collecte du Bas Armagnac. Mr. Corneille écrit ESTAN, une Ville sur une Montagne & proche d'une petite *Riviere* qu'on nomme aussi ESTAN. Cette Riviere, va-t-il, se décharge dans le Midour près de la Ville de Montaigut. Il ajoute que la Ville d'Estan est defenduë d'un Château dont la situation est fort avantageuse. Mr. de l'Isle dans sa Carte de l'Armagnac ne met point là de Riviere. Jaillot dans sa grande Carte de la Generalité de Montauban en met une sans la nommer & la fait couler d'Orient en Occident au midi d'Estang, & tomber dans le Midou Riviere qui passe à Montagut où elles se joignent.

b Rogers Supplement p. 7. & 8.

ESTAPA, ou BARRE D'ESTAPA[b], anse de la Mer du Sud sur la côte de la nouvelle Espagne par les 285. d. de longitude & entre le 13. & le 14. d. de latitude selon Mr. de l'Isle qui dans sa nouvelle Carte de l'Amerique la nomme BARRE D'ITAPE. Le Supplement aux Voyages de Rogers compte de cette Barre au Golphe de Tecoante-Peque 75. lieues, de cette même Barre au Volcan de Guatimala 8.

EST.

lieues, & à la Riviere de Moticalco 10. lieues & au Port de Sonsonate 36. lieues.

1. ESTAPE, (l's ne se prononce point.) On apelle VILLES D'ESTAPE ou D'ETAPE, quelques Villes de grand Commerce où arrivent, se ramassent, & se vendent certaines Marchandises étrangeres. C'est en ce sens qu'en Hollande Amsterdam est regardé comme l'Estape generale de toutes les Marchandises des Indes, de l'Espagne, de la Mer Méditerranée, & de la Mer Baltique; Dordrecht du vin de Rhin. En Russie Archangel étoit autrefois l'Estape unique des Marchandises de Moscovie, elle partage presentement cet avantage avec St. Petersbourg. Danzig est l'Etape où les Vaisseaux de diverses Nations, vont chercher les bleds de Pologne qui y descendent par la Vistule. Les anciens exprimoient les Villes d'Estape par le mot generique d'EMPORIUM. Les Villes d'Estape dans le Levant sont nommées ESCHELLES. Voyez ce mot.

2. ESTAPE, se prend dans un sens plus ressérré. Il signifie alors une place publique d'une grande Ville, & les Marchands sont obligés d'apporter dans cette place leurs Marchandises pour être achetées par le peuple. La place de Greve ou plutôt les lieux circonvoisins de la Riviere servent d'Estape à la Ville de Paris particulierement pour les Vins & Bleds. Les autres places & marchez où les Marchands forains sont tenus de décharger leurs Marchandises & denrées pour y être visitées, puis loties, & vendues, sont encore comme autant d'Estapes.

3. ESTAPE, se prend aussi dans un sens qui a un raport moins direct avec la Géographie. C'est lors qu'il signifie un droit qu'ont certaines Villes de faire decharger dans les Magasins publics ou particuliers les Marchandises qui arrivent dans leurs ports sans que les Marchands puissent les vendre à bord de leurs Vaisseaux, ou les debiter dans les terres & lieux circonvoisins. Les Villes Anseatiques, au moins les plus considerables, jouïssent de ce droit, mais diversement; les unes n'ont que le droit de la décharge des Marchandises que les Marchands ont ensuite la liberté de vendre soit aux Bourgeois, soit aux étrangers, ou de remporter, s'ils n'en trouvent pas le débit; d'autres jouïssent du droit de preférence sur les Marchandises déchargées chez elles lors qu'elles ne peuvent être vendues qu'à des Bourgeois; d'autres ne permettent pas aux étrangers de mettre à terre leurs Marchandises que les Bourgeois ne s'en soient fournis; & d'autres encore ont pareillement cette preférence d'achat sur les Marchandises déchargées chez elles; mais doivent aussi de leur part acheter à certain prix toutes les Marchandises sujetes à l'Estape.

§. La plûpart de ces remarques sont de Mr. Savary dans son Dictionnaire du Commerce.

c Corn. Dict. Memoires Manuscrits

ESTAPLES[c], (l'S. ne se prononce point) Ville de Picardie dans le Boulonnois, en Latin *Stapulæ*. Elle est située sur la Riviere de Canches assez proche de son embouchure, du côté des Montagnes de Neuf-Castel; à quatre lieues de Boulogne. Cette Ville est si fort déchue que ce n'est plus aujourd'hui qu'un Bourg où il ne laisse pas d'y avoir un Maire, des Echevins & un Bailliage Royal. Le Châ-

Château est abandonné depuis la prise d'Aire & de St. Omer, & on le laisse tomber en ruine. Il y a un marché considerable à Estaples toutes les semaines & on y tient une foire franche pour les chevaux & les Marchandises le jour de St. Nicolas d'hyver.

a Dampier Voyage à la Baye de Campêche p. 166.

ESTAPO[a], Ville de l'Amerique dans la nouvelle Espagne, en remontant la Riviere de Tabasco qui tombe dans la baye de Campêche. Elle est située quatre lieues au-dessus de Villa de Mose, à douze de l'Embouchure de la Riviere de Tabasco, & à trois lieues au-dessous de Halpo. Elle est habitée en partie par des Espagnols & en partie par des Indiens, quoique ces derniers y soient en plus grand nombre, de même que dans presque toutes les autres Villes du Pays. Elle est assez riche & située au bord Meridional de la Riviere, & bâtie de telle sorte entre deux Criques qu'il n'y a qu'une seule avenue pour y entrer. Elle est d'ailleurs si bien défendue par un parapet, qu'un Armateur Anglois nommé le Capitaine Hewet qui y avoit près de deux cens hommes sous lui fut repoussé avec perte de plusieurs des siens & y reçut lui-même une blessure à la jambe.

ESTARABAT. Voyez STARABAT.

ESTARKE', Ville de Perse, dans le Farsistan ou la Perse proprement dite, & c'en est une des plus anciennes Villes. Tavernier[b] lui donne 78. d. 40'. de longitude & 30. d. 15'. de latitude. Il ajoute qu'elle étoit autrefois la Capitale de tout le pays, qu'elle est très-bien bâtie de hautes murailles. Son terroir est abondant en vignes & en Datiers, mais les habitans du lieu n'en font pas pour cela beaucoup de vin & ils convertissent la plus grande partie de leurs raisins en vin cuit & en une espece de resiné. Ils font grand commerce de leurs dattes qui se transportent en divers lieux & cette Ville n'est guéres éloignée de Schiras que de dix ou douze lieues.

b Voyage de Perse l. 3. c. dern.

§. Mr. Corneille dit ESTARKE'. Tavernier qu'il cite dit ESTAKRE qui est beaucoup mieux, car Nassir Eddin, & Ulugbeig dans leurs Tables Geographiques écrivent ESTACHR. Tous deux s'acordent à lui donner 88. d. 30'. de longitude & 30. d. de latitude.

ESTARAC, Mrs. Corneille, Piganiol de la Force & de Longuerue preferent ASTARAC, d'autres disent ESTERAC. Voyez ASTARAC. Mr. Baudrand dit *Estarac*.

☞ ESTAT, (l'S. ne se prononce point.) Pays d'une ou de plusieurs Nations gouvernées par un même Souverain; soit Empereur, Roi, Duc, ou Republique. En ce sens le mot d'Etat signifie pays de Souveraineté. On dit ainsi l'ETAT DE VENISE, de l'EGLISE, de GENES, &c. on dit au pluriel les ETATS d'un Prince, pour dire les Pays dont il a la superiorité territoriale & la Souveraine autorité.

☞ ETATS, ce mot signifie une assemblée des Principaux du Pays ou de ceux à qui un Peuple ou une Province a donné le pouvoir de régler les intérêts publics. Dans les Provinces-Unies chaque Province a ses Etats particuliers; ainsi les Etats de Hollande & de Westfrise sont composez des Deputez des Villes & des Corps qui ont droit d'y envoyer. Il y a outre cela les Etats Generaux des Provinces-unies, c'est-à-dire une Assemblée formée par les Deputez des Etats particuliers de chaque Province, &c. & c'est cette Assemblée qui veille aux intérêts Generaux de la Republique. Voyez l'article PROVINCES-UNIES, où ceci est expliqué plus au long.

ETAT DE L'EGLISE. Voyez EGLISE.
ETAT DE GE'NES. Voyez GE'NES.
ETAT DE MILAN. Voyez MILAN.
ETAT DE VENISE. Voyez VENISE.

PAYS D'ETATS, on distingue les Provinces de France par la maniere dont s'y font les impositions. Dans la plûpart la Cour adresse aux Intendans & aux Tresoriers de France un état de ce que la Generalité doit payer l'année suivante; après quoi il s'en fait une repartition sur châque Election particuliere, comme je l'explique au mot GENERALITE'. Il y a d'autres Provinces, où le Clergé, la Noblesse & le Tiers Etat s'assemblent par des Deputez, ou tous les trois ans, comme dans le Duché de Bourgogne, ou tous les deux ans, comme en Bretagne; ou tous les ans, comme en Languedoc. Cette Assemblée que l'on nomme LES ETATS & qui est un reste de l'ancienne liberté que ces Provinces ont conservé, fait elle-même les Impositions. Quelques-unes de ces Provinces au lieu de la taille réelle ou personnelle font un don gratuit qui se leve par la Province de la maniere que les Etats l'ont réglé. Ces Provinces sont ce qu'on appelle en France PAYS D'ETATS.

La France a eu aussi ses ETATS GENERAUX qui étoient; à peu de chose près, ce qu'est le Parlement en Angleterre, où l'ancien nom & le pouvoir très-étendu se sont conservez. Pour bien entendre cette matiere qui donne un grand jour à l'Histoire & à la Geographie, nous entrerons dans le detail. L'Histoire des commencemens de nôtre Monarchie[c] est si peu débrouillée qu'il est très-mal aisé, pour ne pas dire impossible, de fixer l'origine des Etats Généraux. Il y a des Auteurs qui l'ont rapportée à des Assemblées qui se tenoient dans les Gaules, avant que Cesar en fît la conquête. D'autres plus modestes ne font pas les Etats Généraux plus anciens que la Monarchie, & disent que la premiere de ses Assemblées se tint à Salisson, aujourd'hui Seltz dans la Basse Alsace: mais quelle foi peut-on ajoûter à des Auteurs des derniers siécles, lorsqu'ils avancent des faits aussi anciens, sans en apporter aucune preuve? Il y a cependant beaucoup d'apparence que les Rois de la premiere race, pour donner une forme de Gouvernement à differents peuples qui étoient sous leur domination, convoquoient des Assemblées où assistoient les Barons ou Grands de châque Païs; c'est ce qu'on appella dans le commencement, *Conferences*, *Grands plaids*, *Convocations générales*, *Champs de Mars* ou *Champs de Mai* parce qu'elles se tenoient dans ces mois-là. Le Roi y présidoit ou y faisoit des Loix pour l'administration de la justice, on y deliberoit sur les affaires les plus importantes de l'Etat, & l'on y décidoit les causes majeures, c'est-à-dire, les differens qui survenoient entre les Ducs & les Comtes; mais on n'y recevoit pas les appel-

c Piganiol de la Force, Descr. de la France T. I. p. 137.

pellations des jugemens rendus par les Juges. Les Ducs & les Comtes, & depuis les Baillis & les Sénéchaux jugeoient alors en dernier ressort, & ceux qui étoient condamnez n'avoient d'autre ressource que de se plaindre au Roi contre leur Juge qui étoit personnellement responsable de son jugement. Le pouvoir de ces Assemblées, à qui on commença pour lors de donner le nom de PARLEMENT, augmenta sous les derniers Rois de la premiere race, & ce fut par le suffrage du Parlement que Pepin parvint à la Couronne. Leur autorité continua sous la seconde, & une partie de la troisième race. Ce fut encore le Parlement qui mit Hugues Capet sur le Trône: cependant les Successeurs de ce Prince les convoquerent plus rarement, afin d'accoûtumer les peuples à s'en passer. Jusqu'à Philippe le Bel, les Prelats seuls & les Grands du Royaume composoient ces Assemblées; mais ce Roi, vers l'an 1300. eut la prudente politique d'y appeller des Députez du peuple, afin de l'engager à supporter plus patiemment les Charges qu'on lui imposoit. Comme les affaires se multiplioient entre les particuliers & que l'on assembloit rarement les Etats Généraux, le même Philippe le Bel fixa un Tribunal ou *Parlement* à Paris pour décider les procès. Les plaintes qu'on faisoit auparavant contre les Juges qu'on croyoit avoir mal jugé, furent converties en appels, & les Baillis & Sénéchaux depouillez du pouvoir de juger en dernier ressort.

Le pouvoir des Etats Généraux étoit si grand, que souvent il restreignoit celui des Rois: d'ailleurs les lenteurs & les cabales toûjours inseparables de ces sortes d'Assemblées, étoient très-nuisibles à l'expedition des affaires. Loüis XI. qui étoit grand politique, sentit mieux que n'avoient fait ses Prédécesseurs, tous ces inconveniens. Il donna le premier quelque atteinte à cette grande autorité. Charles VIII. & Loüis XII. auroient volontiers suivi ses maximes; mais la difficulté des tems les contraignit de les négliger. Henri II. eut de grands menagemens pour les Etats, afin d'en tirer de l'argent. Charles IX. Henri III. & Henri IV. furent trop occupez, pour travailler à cette grande affaire, qui fut en quelque façon terminée sous le regne de Loüis XIII. puisque depuis l'an 1614. les Etats n'ont point été assemblez, & toute leur autorité a été devolüe au Roi, de qui elle étoit émanée.

Ces Etats Généraux étoient donc composez du Clergé, de la Noblesse & du Tiers-Etat. Lorsque le Roi vouloit les assembler, il envoyoit des Lettres de Cachet à tous les Sénéchaux & à tous les Baillis, & leur ordonnoit de faire tenir chacun dans sa Sénéchaussée ou dans son Bailliage, trois Assemblées, une du Clergé, une de la Noblesse, & une du Tiers-Etat. Chacune de ces Assemblées nommoit des Deputez qui se rendoient au lieu que sa Majesté avoit marqué pour l'Assemblée generale, & lors qu'ils y étoient arrivez, la Chambre du Clergé, celle de la Noblesse & celle du Tiers-Etat, s'assembloient chacune séparément dans des salles qu'on leur avoit préparées. Dans les premiéres séances, chaque Chambre choisissoit un ou plusieurs Presidens, un ou plusieurs Secretaires, & deux ou trois Assesseurs. Chaque Chambre nommoit aussi quelqu'un pour haranguer le Roi. On faisoit ensuite une procession générale, où le Roi assistoit avec toute la Cour & tous les Deputez des Etats Généraux, puis l'on celebroit une Messe du St. Esprit. Quelques jours après, tous les Députez s'assembloient dans un lieu où le Roi se trouvoit. Sa Majesté faisoit un discours sur le sujet pour lequel il avoit assemblé les Etats Géneraux & le Chancelier l'exposoit plus au long. Les jours suivans les trois Etats s'assembloient chacun dans le lieu qui lui avoit été destiné. Les trois Chambres s'envoyoient faire des complimens l'une à l'autre, & conferoient quelquefois ensemble, par Deputez sur les matières les plus importantes. Après que le sujet dont il étoit question, avoit été agité dans chaque Chambre en particulier, elle dressoit son cahier pour faire des remontrances au Roi, & pour lui donner des avis qu'elle croyoit utiles à son service & au bien de l'Etat. On tenoit une seconde Assemblée générale dans laquelle l'Orateur choisi par le Clergé, celui de la Noblesse, & celui du Tiers-Etat, haranguoient le Roi. Aux Etats tenus à Paris en 1615. le President Miron harangua le Roi à genoux au nom du Tiers-Etat. On presentoit au Roi les cahiers de chaque Chambre séparement, & sur les avis des trois Chambres, le Roi prenoit ses résolutions & faisoit quelquefois des Ordonnances tirées des Cahiers que les Etats lui avoient presentez.

C'est ainsi que furent dressées les Ordonnances d'Orleans & de Blois. Souvent avant que de se separer, les Etats accordoient au Roi quelque secours extraordinaire. Tous les Deputez de chaque Chambre étoient partagez en douze Gouvernemens Généraux, dont voici les noms & le rang.

1. L'Isle de France.
2. La Bourgogne.
3. La Normandie.
4. La Guienne.
5. La Bretagne.
6. La Champagne.
7. Le Languedoc.
8. La Picardie.
9. Le Dauphiné.
10. La Provence.
11. Le Lionnois.
12. L'Orleanois.

Lorsque dans une des Chambres on deliberoit sur quelque affaire, elle étoit décidée à la pluralité des voix des Gouvernemens, & l'un des Gouvernemens n'avoit pas plus de pouvoir que l'autre, quoi-qu'il fût composé d'un plus grand nombre de Députez. Les affaires se décidoient dans chaque Gouvernement à la pluralité des voix des Bailliages, & des Sénéchaussées, chaque Gouvernement avoit un banc séparé & se choisissoit un President. On choisissoit quelquefois dans chaque Chambre douze Députez, un de chaque Gouvernement & on les chargeoit de quelques affaires particulieres.

En Bretagne, en Dauphiné & en Provence, les Députez pour les Etats Généraux sont nommez dans les Assemblées de toute la Province,

EST.   EST.   347

ce, mais dans le reste du Royaume, ce sont les Bailliages ou les Sénéchaussées, ou les Villes qui les nomment. De ces Bailliages & de ces Sénéchaussées, il y en a eu en 1614. qui ne nommerent des Députez que pour une ou pour deux des trois Chambres. Le Bailliage d'Amboise n'en nomma point, ni pour le Clergé, ni pour la Noblesse : celui de Châteauneuf en Timerais, n'en nomma ni pour le Clergé, ni pour le Tiers-Etat : le Pui, la Rochelle, le Lauragais, Calais, la Haute Marche & Châtelleraut, n'en nommerent point pour le Clergé : Montdidier & Roye, n'en nommerent point pour la Noblesse.

Dans les Cérémonies comme dans les Processions, & à l'entrée des Députez dans la salle où le Roi faisoit l'ouverture des Etats, tous les Députez, excepté les Archevêques & les Evêques, marchoient selon le rang des Bailliages & des Sénéchaussées, & non pas selon le rang des Gouvernemens, de sorte que ceux des Bailliages de Senlis, de Valois & de Melun, marchoient presque les derniers de tous, quoiqu'ils fussent du Gouvernement général de l'Isle de France qui est le premier des douze Gouvernemens généraux.

Dangeau Methode de Geog. Les dernieres tenues des Etats Generaux & celles dont on a le plus de connoissance sont celles-ci.

Celle de Tours 1468.
Celle de Tours 1483.
Celle d'Orleans 1560.
Celle de Blois 1566.
Celle de Blois 1588.
Celle de Paris 1614.

Il y eut outre cela une convocation faite par le Roi Louïs XIV. en 1650. en vertu de laquelle on tint des Assemblées particulieres dans les Provinces, dans les Bailliages &c. pour nommer des Députez & leur donner leurs Instructions, mais on ne tint pas les Etats Generaux : il n'y eut que la Noblesse qui s'assembla à Paris.

Autrefois on opinoit par Bailliages & par Sénéchaussées mais aux Etats d'Orleans en 1560. il fut réglé qu'à l'avenir on opineroit par Gouvernemens, & cet ordre a toûjours été suivi depuis ce tems-là, même dans l'Assemblée de la Noblesse en 1650. Après plusieurs Disputes qu'il y a eu entre les Gouvernemens pour la preséance, enfin par Arrêt du Conseil donné en 1614. ils furent reglez selon l'ordre que nous avons marqué ci-devant.

Le nombre des Provinces & des Bailliages qui ont envoyé des Députez aux Etats Généraux a été diférent dans les diferens tems. Aux Etats assemblez à Tours en 1483. au commencement du Régne de Charles VIII. il y avoit des Députez

de Flandre,
de Tournai & du Tournaisis,
d'Artois,
du Bailliage de Hedin,
du Bailliage de Dole, }
du Bailliage d'Amont } en Franche Comté
du Bailliage d'Aval, }

Tom. II.

du Roussillon,
du Comté de Cerdagne,

A ceux de Blois en 1566. & en 1588. il y avoit des Députez du Marquisat de Saluces.

A ceux de Paris en 1614. il y en eut

de Bresse,
de Bugei,
& de Gex,

qui n'avoient pas envoyé aux Etats précédens, parce qu'ils n'étoient pas encore réünis à la Couronne.

Pr. & Vic. de Paris.
B. de Dijon.
B. d'Autun.
B. de Châlon sur Saône.
B. d'Aussois.
B. de la Montagne.
B. de Charolois.
B. de Mâcon.
B. d'Auxerre.
B. de Bar-sur-Seine.
V. & B. de Rouen.
V. & B. de Caen.
B. de Caux.
B. de Cotantin.
B. d'Evreux.
B. de Gisors.
B. d'Alençon.
V. de Bourdeaux.
& S. de Guïenne.
S. de Bazadois.
S. de Périgord.
S. de Rouërgue.
S. de Saintonge.
S. d'Agenois.

Comté de Cominges.
Pays de Riviere Verdun.

S. des Landes.
Albret.
S. d'Armagnac.
S. de Condomois.
S. de haut-Limousin.
S. de bas-Limousin.
S. de Querci.

Comté de Bigorre.
Duché de Bretagne.

B. de Troyes.
B. de Chaumont en Bassigni.
B. de Vitri le François.
B. de Meaux.
B. de Provins.
B. de Sezane.
B. de Sens.
B. de Château-Thierri.
V. & S. de Toulouse.
S. de Beaucaire & Nimes.
S. du Pui.

Gouvern. de Montpellier.
S. de Carcassonne & Beziers.
S. de Lauragais.

Xx 2   Com-

348 EST.

Comté de Foix.

 B. de Vermandois.
 S. de Poitou.
 S. d'Anjou.
 S. du Maine.
 B. de Touraine & Amboise.
 B. de Berri.
 B. de Saint Pierre le Moûtier.
 S. de Bourbonnois.
 B. de Forez.
 B. de Baujolois.
 S. de basse Auvergne.
 S. de haute Auvergne.
 S. de Lyon.
 B. de Chartres.
 B. d'Orléans.
 B. de Blois.
 B. de Dreux.
 B. de Mante & Meulan.
 B. de Gien.
 B. de Montargis.
 B. du Perche.
 B. de Château-neuf en Timerais.
 B. d'Amiens.
 S. de Pontieu.
 S. de Boulenois.
  Calais & Pays conquis.

Gouvern. de Peronne, Mondidier & Roye.
 B. de Senlis.
 B. de Valois.
 B. de Clermont en Beauvoisis.
 B. de Chaumont en Vexin.
 B. de Melun.
 B. de Nemours.
 B. de Nivernois.

Dauphiné.

V. & Gouv. de la Rochelle.
 S. d'Angoûmois.
 B. de Montfort l'Amauri & Houdan.
 B. d'Estampes.
 B. de Dourdan.

Provence.

Marseille.
Arles.
 S. de haute Marche.
 S. de basse Marche.
 B. de Vendomois.
 S. de Loudunois.
 B. de Beauvais.
 B. de Soissons.
 S. de Chatelleraut.
 B. de Bresse.
 B. de Bugei.
 B. de Gex.

ESTATA, petite Isle de la mer du Sud sur les côtes du Mexique ou de la nouvelle Espagne. Dans le Suplement aux Voyages de Rogers [a] on compte 17. lieues & demie de Guatulco jusqu'à cette Isle, en suivant la côte vers le Sud & l'Est, selon qu'elle tourne vers l'un ou vers l'autre.

[a] p. 5.

[b] Delices

ESTAVAYER [b], ou ESTAVAYEL, en

EST.

Allemand STÆFFIS, Ville & Bailliage de Suisse dans la partie Orientale du Canton de Fribourg. Cette Ville est assez jolie, médiocrement grande, au bord du Lac de Neuchâtel, vers le milieu de son rivage Oriental, & à peu près vis-à-vis de S. Aubin dans le Comté de Neuchâtel. Il y a là un beau Château, fort élevé, au bord du Lac. On y trouve aussi un Convent de Religieuses Ursulines. Cette Ville avoit anciennement des Seigneurs particuliers, dont les descendans ont retenu le nom d'Estavayer, & sont l'une des Maisons les plus illustres de Fribourg. En ce Bailliage les bords du Lac sont presque par tout fort élevez, & en plusieurs endroits ce sont des rochers élevez & escarpez, & par conséquent de difficile abord. Non loin d'Estavayer est Montbrenlos, Monastére de Chartreux.

[de la Suisse, T. 1. pag. 398.]

ESTAYRES. Voyez STEHGERS.

ESTE [c], en Latin ATESTE, petite Ville d'Italie dans l'Etat de la Republique de Venise, au Padouan & aux confins du Vicentin, sur le Bacciglione au pied des Monts de Padoue & près de Monselice. On croit que c'est delà que sont nommez les Princes de la Maison d'Este qui sont Ducs de Modène & de Reggio. Cette Place est à quinze milles de Padoue au Midi, avec un vieux Château. Cette Ville étoit autrefois Episcopale & suffragante d'Aquilée.

[c] Baudrand Ed. 1705.

ESTE'CHEMINS. Voyez ETE'CHEMINS.

ESTELAN [d], ancienne terre Seigneuriale de France en Normandie au Pays de Caux. Son nom qui vient de la langue Saxonne & est formé d'*Est-land* c'est-à-dire, terre Orientale répond à sa situation. Elle est en effet à la rive Orientale de la Seine.

[d] Huet Orig. de Caen. c. 11, p. 446.

ESTELLA [e], STELLA ou ESTELLE; Ville d'Espagne au Royaume de Navarre sur la Riviere d'Ega où elle reçoit le torrent d'Ureder. Les François la nomment L'ETOILE. Elle est à cinq lieues de la Riviere d'Ebre & presque au milieu entre la Ville de Pampelune au Levant & Longrogne au Couchant à sept lieues d'Espagne de chacune. Quelques Auteurs la prennent pour l'ancienne CURNONIUM, ou CURNOVIUM Ville des Vascons que d'autres placent à *Carnobio* Village de Navarre aux confins de l'Arragon [f]. Elle est située dans une plaine fort agreable, au bord de la Riviere d'Erga (c'est ainsi que Mr. de Vairac écrit le nom de cette Riviere) y qui l'environne de deux côtez, & est fortifiée par un Château & honorée du titre de Cité. Elle est Capitale d'une Merindad qui comprend vingt-quatre Bourgades & cent six autres Paroisses.

[e] Baudrand Ed. 1705.

[f] Etat de l'Espagne T. 1. p. 86.

ESTEN [g], ESTONIE, ESTHONIE, ESTHLAND, en Latin *Esthonia* & *Estia*, contrée située à l'Orient de la Mer Baltique & des Isles de Dagho & d'Osel; elle a au Nord le Golphe de Finlande; au Levant, l'Ingrie & au Midi la Livonie dont elle étoit partie ou annexe, avec titre de Duché. Elle est divisée en cinq Dioceses qui sont:

[g] Zeyler Sueciæ desc. p. 42. & 251.

1. Alentakie ou Alentaken
2. Virrie
3. Harrie
4. Vikie
 & 5. Jervie.

Les

Les 3. premiers se trouvent d'Orient en Occident en suivant la côte du Golphe de Finlande. Le quatrieme occupe la côte de la Mer Baltique & confine au cinquieme qui est dans les terres. On peut voir leurs articles particuliers.

L'ESTONIE, a eu les mêmes maîtres & les mêmes revolutions que le reste de la Livonie. La Suede s'en empara au commencement du siécle passé ; mais les reductions dont je parle ailleurs firent une grande bréche aux priviléges dont la Noblesse de cette Province jouïssoit. Ce pays faisoit un grand Negoce de ses grains avant que la derniere guerre l'eût desolé.[a] Les Etrangers en preferent les bleds à ceux de Pologne & à tous les autres, parce que les Estoniens font secher les leurs dans leurs Etuves, ce qui fait qu'on n'a pas besoin de les remuer de trois ou quatre ans. La derniere guerre du Nord n'a presque point laissé de Villages en Estonie & les maisons en sont fort écartées l'une de l'autre. On fait souvent deux ou trois milles de chemin sans trouver qu'une seule Eglise, elles sont presque toutes sur des hauteurs. Il n'y a pas dans ce pays le quart des habitans qu'il y devroit avoir, & on peut encore juger par les masures qu'il doit y avoir eu dans cette Province quantité de maisons tant pour la Noblesse que pour les Paysans. Le plus mauvais temps que ce Pays ait eu à souffrir a été au commencement de la derniere guerre, parce qu'alors le Czar qui ne voyoit pas encore beaucoup d'apparence de le garder ne songea qu'à effrayer les Suedois & il y fit entrer des Calmoucks & des Cosaques qui y firent d'horribles dégats. Les Habitans de la campagne sont Esclaves; mais lors que le Czar Pierre I. s'en rendit maître, il rétablit les Gentilshommes dans leurs anciens Privileges & abolit une reforme qui étoit alors poussée si loin que dans toute l'Estonie il n'y avoit que vingt terres qui en fussent exemptes. Ils sont en possession de leurs terres dont ils jouïssent, mais avec cela ils n'ont gueres d'argent comptant: la reduction les avoit forcez à mettre leurs propres biens à ferme des mains du Roi & ils n'en étoient que d'honnêtes Metayers. Charles XII. a tiré de l'Estonie pendant la derniere guerre plus de quinze cens Officiers & en 1715. il n'y avoit dans toute la Province que deux Gentilshommes qui n'eussent pas servi. Ce Pays raporte au Czar qui l'a conquis & en est demeuré Souverain par la paix de Neustadt, vingt-cinq mille Roubles tous les ans sans y comprendre les terres qui appartiennent en propre à la Couronne & rendent à raison de quarante Roubles pour soixante Arpens. Les momies que l'on trouve par-ci par-là dans l'Estonie, font une chose digne de remarque, & on en raisonne diversement. L'Auteur Allemand dont une partie de ces Memoires est empruntée dit avoir vu au Village de Wesenberg en 1715. un tombeau dans l'Eglise de ce lieu: le corps d'une femme de qualité nommée Madame de Lohe y avoit été inhumé en 1604. Il ne s'étoit point corrompu; il ressembloit à un bois leger, & on eût dit qu'il n'avoit été enterré que depuis fort peu de semaines. Comme on est sûr qu'il n'avoit point été embaumé, on atribuoit sa conservation aux mineraux qui font cachez dans la terre. Le même Auteur le retrouva encore dans le même état en 1718. Ces Ecrivains ne connoissent point de Province particuliere d'Estonie, qui doive être apellée l'ESTEN propre, & qui ait Pernaw pour principale Ville, comme le dit Mr. Baudrand, & après lui Mrs. Maty & Corneille.

[a] Memoires de l'Empire Russien T. 2. p. 135.

ESTEPA[b], petite Ville d'Espagne dans l'Andalousie aux frontieres du Royaume de Grenade, avec un ancien Château sur une Montagne à cinq lieues d'Ecija vers le midi.

[b] Baudrand Ed. 1705.

§. Les grandes Cartes d'Espagne, à savoir celles de Sanson, de Jaillot en 4. feuilles, & de Baillieu, mettent Estepa dans le Royaume de Grenade aux frontieres de l'Andalousie. Mr. de l'Isle s'accorde avec Mr. Baudrand.

ESTEPONA[c], Bourg & Château d'Espagne dans l'Andalousie sur la côte de la Mer Mediterranée & aux frontieres du Royaume de Grenade à cinq lieues de Gibraltar au Levant d'Eté, en allant vers Malaga.

[c] Baudrand Ibid.

§. Mr. Baudrand s'accorde avec les Cartes mentionnées, excepté avec Mr. de l'Isle qui met Estepona dans le Royaume de Grenade sur la frontiere de l'Andalousie au Nord Oriental de Gibraltar.

ESTERABAT, Ville & Province de Perse. Voyez ASTERABAD.

ESTERAC. Voiez ASTARAC.

ESTERP, Abbaye de France dans le Limousin ; en Latin *Stirps*, selon Mr. Baillet[d], qui ajoute que le Vulgaire prononce ETER ; Mrs. Baudrand & Piganiol de la Force[e] disent que le nom Latin est *Stirpum* : le premier met auprès de cette Abbaye un Village de même nom, Mr. Corneille fait un Bourg de ce Village. Mr. de l'Isle qui écrit *Lesterp* n'y met qu'une Abbaye ; à l'Orient d'été & à une lieue & trois quarts (de vingt au degré) de Confolens. Mr. Corneille met la fondation de cette Abbaye en 1090. Mr. Piganiol de la Force la met en 1057. Il ajoute que l'Esterp est à huit lieues de Limoges, de l'Ordre de St. Augustin & de la Congregation de Ste. Geneviéve. Ni l'un ni l'autre n'a marqué juste le temps de la fondation d'Esterp, s'il est vrai ce qu'on lit dans la Vie de St. Gautier[f] qu'il en fut fait Abbé vers l'an 1032. & qu'il y mourut l'an 1070.

[d] Topographie des Saints. p. 185.
[e] Desc. de la France T. 5. p. 359.
[f] Baillet Vie des Saints 11. de Mai.

1. ESTERRE[g], contrée de l'Isle de St. Domingue & le principal Quartier de Léogane dans la partie meridionale de ce que les François possedent dans cette Isle.

[g] Labat Voyage aux Isles Françoises de l'Amerique T. 2. p. 215.

2. ESTERRE, (l') Bourg dans le Quartier de même nom ; à trois lieues de la petite Riviere. Le chemin qui y conduit[h] est de six à sept toises de large, tiré au cordeau dont les côtez sont bordez de plusieurs rangs de citronniers plantez en hayes qui font une épaisseur de trois à quatre pieds ; sur six à sept pieds de hauteur, taillez par les côtez & par dessus comme on taille le bouis ou le charmille : ce qui les rend si forts & si épais qu'ils sont impénétrables à toutes sortes d'efforts. Les Maisons & habitations que l'on trouve le long de ces magnifiques chemins ont de belles avenues, de grands arbres, chênes, ou ormes plantez à la ligne & entretenus avec soin, à quoi que les maisons qui terminent ces avenues, n'aient rien de grand, ni de superba

[h] Ibid. p. 234.

pour

pour la matiere & pour l'Architecture, elles ne laissent pas de plaire beaucoup, parce qu'elles ont du bon goût & quelque chose de nos maisons de Noblesse de France. Le terrain est tout plat & uni; la terre est grasse, bonne, & profonde. Le Bourg est bien plus considerable que celui de la petite Riviere; la plûpart des maisons sont de charpente à deux étages, bien prises, palissadées de planches, couvertes d'essentes, occupées par de riches Marchands, bon nombre d'ouvriers, de cabarets, de Magazins pour les habitans, qui composent plusieurs rues droites, larges, & bien percées. Tout se ressent dans ce Bourg de la politesse du quartier qui est celui du beau monde, la demeure du Gouverneur, le lieu où se tient le Conseil de la Colonie & où les habitans sont les plus riches. L'Eglise Paroissiale n'est pas magnifique, mais propre; c'est un bâtiment de charpente de quatre-vingts-pieds de long sur trente de large. Elle est un peu hors du Bourg.

ESTEVAY. Voyez ESTAVAYER.

ESTHAMA, ou ESTHEMA *d*, Ville de la Palestine dans la partie Meridionale de Juda *e*. Eusebe dit que c'étoit un gros bourg dans le Canton d'Eleutheropolis; au Nord de cette Ville. Elle fut cedée aux Prêtres pour leur demeure *f*.

d D. Calmet Dict. de la Bible.
e Josué. c. 15. v. 50. & 21. v. 14. & 1.Reg. c. 30. v. 18.
f 1. Paril. c. 6. v. 58.

ESTHAOL, Ville de la Palestine dans la Tribu de Dan *g*. Elle avoit d'abord appartenu à la Tribu de Juda. Eusebe qui la nomme ESTAOUL dit qu'elle étoit à dix milles d'Eleutheropolis, en allant vers Nicopolis.

g Le même. Josué. c. 19. v. 41.

ESTHONIE. Voyez ESTEN.

ESTIA, nom Latin qui signifie le même Pays.

h L. 5. c. uit.

ESTIÆ, *h* Pline, qui met ce lieu dans la Bithynie sur la Propontide, ne nous dit point ce que c'est, & nous aprend seulement qu'il y avoit un Temple de Neptune. Polybe *i* fait mention de ce Cap, ou même de plusieurs Caps, il les met dans l'Europe & les nomme ESTIÆ au pluriel, aussi bien que Pline. Le R. P. Hardouin *k* dit que ce lieu se nomme presentement ALGIRO: Que Timosthene y plaçoit un Temple consacré à Neptune: que, selon tous les autres Ecrivains, ce Temple étoit dedié aux douze Divinitez: & que au raport de Mela *l*, il étoit dedié à Jupiter. Si nous en croions Pierre Gilles dans sa Description du Bosphore de lieu est le même qui est nommé ANAPLE par Procope & MICHAELIUM par Sosomene.

i L. 4. c. 43.
k In l. c. Plinii.
l L. 1. c. 6.

ESTIÆOTIS, ç'a été l'un des anciens noms de la Doride Province de Thessalie. Voyez aux mots DORIDE & ESTIOTÆ.

ESTIANIA. Voyez NOSTIA.

ESTICHER, Mr. Corneille dit après Jouvin de Rochefort que c'est une petite Ville qui n'est pas fort éloignée de Constantinople en venant d'Alep. Elle est bien peuplée & très-agréable à cause de sa situation dans un pays très-fertile en bleds & en arbres fruitiers. Un petit Ruisseau qui coule là y fait de belles prairies que bordent de grands Cyprés. Il y a des bains chauds dans cette petite Ville & comme on y nourrit beaucoup de bétail on y trouve du lait en abondance. C'est le grand ragout des Turcs. On y voit plusieurs Kans, & un grand Bazar qui n'est point couvert avec d'assez belles Marchandises.

§. Cette Ville est la même que le Sr. Lucas nomme ESKICHER; au Sud-est de Brousse, & au Nord de Cutayé; & Mr. Corneille lui-même la nomme ailleurs ESCHI-HISSAR.

ESTIE'E, Ville de l'Eubée selon le P. Lubin *m*. Voyez HISTIE'E.

m Tabl. Géog.

ESTIONS, ancien peuple de la Vindelicie. Strabon *n* les joint aux BRIGANTIENS, & dit: les Estions & les Brigantiens sont des peuples de la Vindelicie & leurs Villes sont *Brigantium* & *Campodunum*. Comme on ne peut pas douter que *Brigantium*, aujourd'hui *Bregentz*, ne fût aux Brigantiens, on ne peut pas douter que *Campodunum* ne fût aux Estions. Ainsi ils habitoient aux environs de la Ville KEMPTEN, qui est le nom moderne de *Campodunum*, auquel a succedé la fameuse Abbaye de Kempten sur la Riviere d'Iller dans la Suabe.

n L. 4.

ESTIOTÆ, &' ESTIÆOTÆ, ancien peuple de la Thessalie. Quelques Auteurs les nomment ESTIÆOTÆ, & Strabon *o* qui est de ce nombre leur assigne la partie Occidentale de ce Royaume. Ptolomée *p* qui nomme ce Peuple ESTIOTÆ lui assigne pour Villes,

o L. 9. p. 430.
p L. 3. c. 13.

Phæstus,	*Tricca*,
Gomphi,	*Ctemena*,
Atinium,	*Chyretia*,

& *Metropolis*.

Il faut y ajouter, sur le temoignage de Tite-Live *q* & de Strabon,

q L. 34.

Pheca	& *Itome* ou *Thome*.

Herodote ne s'accorde pas avec Strabon & Ptolomée sur la position du pays qu'habitoient les *Estiotæ*. Car il les met au pied des Monts Ossa & Olympe, Montagnes qui sont dans la partie Orientale de la Thessalie. Mais rien n'empêche de les concilier. Herodote *r* parle là d'un pays nommé alors l'Istiæotide, & non pas du pays qu'habita dans la suite le peuple dont parlent Strabon & Ptolomée. Ce pays au reste est nommé ISTIÆOTIS *r* par Herodote. ESTIÆOTIS par Strabon & par Etienne le Géographe & ESTIÆTIS par Suidas. Strabon *t* citant un vers d'Homére où il est parlé de Tricca & d'Ithoma, ajoute: ces Villes sont de l'Estiæotide qui fut autrefois nommée la Doride, mais les Perrhabes l'ayant occupée après avoir détruit la Ville d'Estiée dans l'Isle d'Eubée & fait passer les habitans en terre ferme, donnerent ce nouveau nom à ce pays à cause de la multitude d'Estiæens qui vinrent s'y établir.

r L. 1. c. 56.
s L. 7. c. 175.
t L. 9. p. 437.

1. ESTIVAL, ou ESTIVAY Abbaye en Lorraine sur une petite Riviere qui tombe dans la Meurte au Bailliage de Mirecourt, dans le Diocése de Toul. Cette Abbaye est de l'Ordre de Prémontré; entre St. Diey & Raon l'Estape. On la nomme en Latin *Stivagium*, & *Stivagium*.

2. ESTIVAL en CHARNIE. Mr. Piganiol de la Force écrit ETIVAL; en Latin *Æstivalium*, *Estivale*, *Stivale*; Abbaye de France

Desc. de la France T. 5. p. 129.

France dans le Maine. Ce sont des filles de l'Ordre de St. Benoît. Elle fut fondée en 1109. par Raoul de Beaumont Vicomte du Lude & Seigneur de Monreveau, à la sollicitation d'un St. Hermite appellé Aleaume. Mr. Baudrand met cette Abbaye à neuf lieues de la ville du Mans vers le Couchant.

ESTOI ou ESTOL, Mr. Corneille après Davity en fait une ville de Portugal au Royaume des Algarves proche de celle de Faro. Ce n'est qu'un village au Nord-est de ce port.

ESTOLA, nom Latin de l'EZLA, riviere de l'Asturie selon Florien cité par Ortelius[a]. *a* Thesaur.

ESTOMAZON[b], Siége Episcopal suffragant de Césarée de Strabon, selon Guillaume de Tyr cité par le même. *b* Ibid.

§. Ce même Siége est nommé ESTOMAZAN, & mis dans la Palestine dans une ancienne Notice publiée par Schelstrate[c] dans son Antiquité de l'Eglise: une autre Notice[d] inserée dans le même Recueil le nomme ESCANIASON, apparemment par la faute des Copistes à qui il a été facile en voyant des lettres mal formées de prendre un *t.* pour un *c.* & un *m.* pour *ni,* & dans une autre Notice ce même mot est écrit ETOUMASON. *c* T. 2. p. 769. *d* Ibid p. 755.

ESTOMBAR, ESTONVAR, ou ESCOMBAR, selon quelques Cartes; autrefois ville Episcopale, & presentement Bourgade du Royaume de Portugal au Royaume des Algarves au Midi, & à une lieue de la ville de Silves, où le Siége Episcopal a été transferé. Quelques-uns[e] croient y trouver l'ancienne OSSONABA de Ptolomée[f], ou plutôt OSSONOBA, comme parlent Pomponius Mela[g], Pline[h] &c. *e* Roder. Car. Ant. Lusit. L. 3. c. 75. *f* l. 2. c. 5. *g* l. 3. c. 1. *h* l. 4. c. 22.

ESTORA, ancienne ville Episcopale d'Espagne suffragante de Merida, selon une ancienne Notice déja citée & publiée par le même Schelstrate[i]: c'est une faute des Copistes qui ont mis Estora pour Ebora. Car voici les sufragans que cette Notice d'ailleurs ancienne & dressée sous Celestin III. l'an 1225. donne à la Metropole de Merida. *i* Ibid. p. 747.

Abulensem,
Placentinum,
Salamantinum,
Estorensem,
Cauriensem,
Ulixbonensem,
Legionensem,
Cucensem,
Zamorensem.

Il y a des exemplaires où *Ulixbonensem* ne se trouve point, mais en échange on y lit de plus:

Civitatensem, *Lanietensem,*
Egitamensem, *Pacensem.*

Mariana parlant de la division de l'Espagne par Constantin donne à Merida pour l'un de ses Siéges sufragans Ebora, & dans l'article d'ESPAGNE en parlant des Metropoles j'ai mis EBORA sous Merida.

ESTORE, ancienne ville d'Afrique au Royaume de Tunis. Marmol[k], qui pretend que ce soit la Rusicada de Ptolomée, dit qu'elle est à quatorze lieues de Col du côté du Levant dans le Golphe d'Estore ou de Numidie, *k* T. 2. l. 6. c. 4.

& c'est là, dit-il, qu'est le port de Constantine. Elle n'est pas forte, poursuit cet Auteur, parce que ses murs sont démolis; & il n'y a gueres que deux cens maisons qu'on habite.

§. Mr. Corneille, qui a aussi parlé de cette ville sur le raport de Marmol, au lieu de dire qu'il n'y a gueres que deux cens maisons qu'on habite, dit qu'on n'y habite gueres que depuis deux cens ans; ce qui est bien éloigné du sens de Marmol. Ce n'est plus qu'un village au fond du Golphe sur la côte Occidentale duquel est située la ville d'Algol. Quelques-uns nomment ce lieu LE STORE. Il n'est pas sûr qu'Estore soit la *Rusicada* des anciens, & je trouve plus de vraisemblance à croire qu'elle a succedé à CULLU lieu municipal situé à peu de distance de Tucca ville à laquelle Algol a succedé.

ESTORIUM, petite ville de la grande Phrygie selon Ptolomée dans quelques Exemplaires; d'autres portent ISTORIUM; d'autres STECTORIUM. Le dernier me semble preferable, car dans une Notice[l] intitulée *Ordo præsidentia* &c. c'est-à-dire où sont reglez les rangs des Metropolitains, & des Evêques, on trouve entre les Sieges Episcopaux de la Phrygie salutaire STECTORIUM au XVII. rang. *l* Schelstrate antiq. Eccl. T. 2. p. 678.

ESTOTILAND, pays le plus Septentrional que l'on ait découvert dans l'Amerique vers les terres Australes. Les Géographes ne s'accordent gueres, ni sur son étendue, ni même sur le pays auquel on doit donner ce nom. Selon Mr. Robbe[m] le pays de Labrador (ou *Labrador*) l'Estotiland, & le nouveau pays de Galles sont la partie la plus Septentrionale du Continent du Canada mais encore de toute l'Amerique. On n'en connoit presque rien que les côtes, & ils ont à peu près la même latitude qui est depuis le 50. ou 51. degré jusqu'aux bornes generales de l'Amerique. Le premier, poursuit-il, qui est le plus Oriental, s'apelle quelquefois la nouvelle Bretagne, ou terre de Cortereal, du nom de celui qui l'a découvert. L'autre (à savoir l'Estotiland) qui est plus Septentrional est confondu par quelques-uns avec le premier &c. L'Auteur de la Nouvelle Methode[n] pour étudier la Géographie nomme ce pays la Nouvelle Angleterre. Selon lui Antoine Zeni Venitien en découvrit la côte Orientale en 1590, & les Espagnols au service desquels il étoit la nommerent Terre de LABRADOR, ou LABORADOR. Les François l'appellerent ESTOTILANDE, & les Anglois qui ont penetré fort avant dans le pays lui ont donné le nom de NOUVELLE BRETAGNE. *m* Methode de Géographie T. 1. l. 5. c. 3. §. 9. *n* T. 3. l. 5. Art. 4.

On voit que cet Auteur regarde ces trois noms comme designans un même pays. Mrs. Baudrand & d'Audifret sont aussi dans cette opinion. Mr. de l'Isle a banni entierement de ses Cartes, avec d'autant plus de raison que l'on ne sait ce qu'il signifie. L'Auteur de la Nouvelle Methode auroit de la peine à dire par quel hazard des François ont inventé un nom si éloigné du genie de notre langue. Il vaut mieux s'en passer jusqu'à ce qu'on sache précisément dans quelles bornes est renfermé le païs que l'on nomme ainsi. Davity n'a pas laissé de nous en donner une description,

cription, de marquer les mœurs des habitans, & même d'observer que du temps de Zeni il y avoit des Livres Latins dans la Bibliothéque de celui qui y commandoit & Mr. Corneille[a] a eu le courage de copier ces détails.

[a] Dict.

ESTOUTEVILLE, Bourg de France en Normandie (quelques-uns écrivent ETOUTEVILLE, parce que l'S. ne se prononce pas.) Il fut honoré du titre de Duché-pairie[b] sous le Regne de François I. par Lettres patentes du mois d'Août 1534. en faveur d'Adrienne Dame d'Estouteville. Elle épousa par contract du 9. Fevrier 1534. François de Bourbon Comte de St. Paul, à la charge de prendre le nom & les armes d'Estouteville, lequel contract fut registré au Parlement de Paris par Arrêt du 16. Avril 1540. Ce Bourg qui n'est[c] que d'environ trente-cinq feux est dans la Generalité de Rouen, Election de Lyons, Sergenterie de Buchy.

[b] Etat de la France 1712. T. 2. p. 341.

[c] Denomb. de la France T. 2. p. 16.

☞ ESTRAIN, on apelle ainsi une côte de la Mer qui est plate & sablonneuse.

ESTRAMADOURE. Voyez ESTREMADURE.

L'ESTRE'E[d], OU LE MENIL DE L'ESTRE'E, Abbaye de France en Normandie. Elle est de l'Ordre de Cisteaux, dans le Diocèse d'Evreux, sur le bord Septentrional de la Riviere d'Aure aux confins des Diocèses d'Evreux & de Chartres, à deux lieues de la Ville de Dreux vers le Couchant d'Eté. Sa fondation est de 1144. & elle est unie à l'Evêché de Quebec en Canada.

[d] Bauærand Ed. 1705.

1. ESTREHAM,[f] petit Port de Mer de France dans la basse Normandie, en Latin *Estrehamum*, Diocese de Bayeux, avec un titre de Baronnie. Il est à l'embouchure de l'Orne, dans la Mer, trois grandes lieuës au-dessous de Caën, à deux de Nôtre-Dame de la Délivrande & à un peu plus de la Ville de Dive. La tour de la Paroisse est assez haute, & on voit dela fort loin sur la Mer. Ses habitans s'occupent à la pêche & au labourage. L'Abbesse de-la Trinité de Caën est Baronne d'Estreham, où il y a un siege d'Amirauté. Cette Baronnie comprend trois Paroisses, outre celle d'Estrehan, savoir Colville, Saint Aubin, Benonville.

[e] Piganiol de la Force Desc. de la France T. 5. p. 25.
[f] Corn. Dict. Memoires dressez sur les lieux.

2. ESTREHAM, Village de France en Normandie dans le Bessin, au Midi & assez près de l'endroit où l'Aure (Riviere diferente de celle dont il est parlé à l'Article d'ESTRE'E) se cache sous la terre pendant un intervale de chemin.

§. Mr. Bochart faisoit venir ce nom d'*Easter* Déesse des Anciens Saxons. Et comme il avoit entrepris de rapporter les anciennes originies à la Langue & à la Doctrine des Pheniciens, il prétendoit que cette Easter étoit la même qu'Astarté. Ses sacrifices se faisoient au commencement du printems; & delà vient que les Saxons appellerent *Easter* le mois auquel se celebre la Pâque. Skinnerus ne s'éloigne pas beaucoup de ce sentiment dans son Etymologique de la Langue Angloise. Mr. Valois tire le nom d'Estreham du Latin *Strata*, & de l'Allemand *Hamum*, pour marquer une demeure bâtie sur un chemin public, ou au bout d'un chemin public, comme si le Bourg d'Estreham étoit sur un grand chemin, ou au bout

Huet Origines de la Ville de Caen p. 447.

d'un chemin public: & qu'il ne fût pas sur une extrémité de terre qui ne mene à rien, ayant la mer d'un côté & l'embouchûre de la Riviere d'Orne de l'autre: ou comme si tous les Villages du monde ne pouvoient pas être censez terminer de grands chemins. Mais ces opinions sont détruites par l'ancienne Orthographe du nom d'Estreham, qui est constamment écrit dans les vieux titres, & par Mr. de Bras, OISTREHAM, pour *Westerham*, c'està-dire Village Occidental; car il se trouve placé à l'West de l'embouchure de l'Orne. Le nom d'*Esterville* vient de la même origine, Village situé au-dessus de Caën, sur la rive Occidentale de la Riviere d'Orne, & ne vient pas de *Stratavilla*, comme l'a aussi écrit le même Mr. Valois.

ESTREMADURE, quelques-uns disent, ESTRAMADOURE, OU ESTRAMADURE. Grande contrée de l'Espagne & du Portugal le long du Tage. Mariana derive ce nom de ce qu'après l'invasion de l'Espagne par les Maures les Chrétiens commencérent à retablir leurs affaires[h]. Cette Province fut quelque temps frontiere. Elle fut jointe au Royaume de Leon dont elle est la partie Meridionale, & comme le Royaume de Portugal a son Estremadure & le Royaume de Léon la sienne, on les divise en ESTREMADURE DE LE'ON; & ESTREMADURE PORTUGAISE. Le Royaume de Léon étant devenu une annexe de celui de Castille, la premiere Estremadure a été aussi nommée ESTREMADURE CASTILLANE, à present que le nom particulier de Castille a fait place au nom general d'Espagne, on dit l'Estremadure Espagnole.

[h] Hist. Hisp. l. 1. c. 4.

L'ESTREMADURE de LE'ON[i], OU CASTILLANE, OU ESPAGNOLE, OU L'ESTRAMADOURE, Province d'Espagne & l'une des Annexes de la Couronne de Castille; en Latin *Estremadura*. Les Geographes ne sont pas d'accord, pour ce qui regarde l'Estramadoure. Les uns prétendent que c'est le Païs qui est assis en deça du Duero, nommé ainsi par ceux qui sont au delà de ce fleuve, de ces deux mots Latins *extra Durium*: & pour autoriser leur opinion, rapportent cet ancien proverbe Espagnol: *Anda moço, anda de Burgos à Aranda, que de Aranda à Estramadura 70 to llevarè en mi mula*. C'est-à-dire, jeune homme, marche depuis Burgos jusques à Aranda, & ensuite je te porterai sur ma mule depuis Aranda jusqu'en Estramadoure; prétendant dire par-là, que comme le Duero coule de ce côté-là près d'Aranda, ceux qui passent le Pont entrent en Estramadoure. Les autres (dont le nombre est plus grand & l'autorité plus respectable) assûrent qu'elle doit être prise pour cette partie de la Lusitanie, que les Anciens appelloient *Beturie*. Elle forme un quarré long de 70. lieuës de longueur, & 40. de largeur, & s'étend depuis Ville-Real, sur les confins de la Nouvelle-Castille, jusqu'à Badajoz, & depuis la Montagne appellée Sierra Morena, jusqu'aux extrémitez du territoire de Coria, & de Placencia; tellement qu'elle a au Nord le Royaume de Léon, & la vieille-Castille; au Levant, la Nouvelle-Castille; au Midi, l'Andalousie; & au Couchant le Portugal.

[i] Voyne Etat pres. de l'Espagne, T. 1. p. 250.

De-

Depuis qu'elle a été feparée du Portugal, dont elle faifoit partie, elle a toûjours été regardée comme une Province feparée de toutes les autres qui compofent la Monarchie d'Espagne : mais dans le fiecle paffé, elle fut incorporée à la Couronne de Caftille. Elle eft entre-coupée de Montagnes, & arrofée par la Guadiana, & par le Tage qui la traverfent d'un bout à l'autre, par un cours parallele qui va du Levant au Couchant. Elle eft abondante en blé, en vin, en fruits & en gras pâturages, dont les Habitans tirent de grands avantages, tant par rapport au pacage qu'ils vendent à ceux des autres contrées d'Efpagne, que par la vente des Laines qu'ils font, & des bœufs qu'ils fourniffent à Madrid, & dans les autres Villes de la Nouvelle Caftille pour entretenir les boucheries. L'air y eft fort fain pour ceux qui y font accoûtumez : mais pour les Etrangers il eft infupportable à caufe de fon exceffive chaleur. Les endroits qui font au pié des Montagnes ont de fort bonne eau ; mais la plûpart de ceux qui font dans les plaines en manquent ; ou s'ils en ont, ce n'eft que celle qu'ils tirent de certains creux qu'ils font dans la terre, par le moyen d'une machine qu'on appelle *Novia*, que les Mores mirent en ufage, lors qu'ils eurent envahi l'Efpagne. Les Habitans font un peu groffiers, mais bonnes gens, affables, finceres, forts, robuftes, courageux, hardis dans les expeditions, comme l'on peut en juger par la conduite du fameux Ferdinand Cortez, qui conquit la Nouvelle-Efpagne ; par celle de François Pizarro, fous les ordres duquel fe fit la conquête du Perou ; & par celle de Velazco Nuñez de Valboa, qui découvrit la Mer du Sud. Quoique cette Province ait été unie à la Nouvelle-Caftille, elle a pourtant confervé une efpece de Gouvernement, qui femble l'en fouftraire, ayant un Capitaine Géneral, qui outre l'autorité qu'il a fur les Troupes, a une infpection abfoluë fur la Police, tant dans les Villes que dans les Bourgades. Ses principales Villes font fur les bords de la Guadiana, Badajos, Merida, Medellin, & Calatrava : Au Midi de la même Riviere, Zafra, Xerès de los Cavalleros, & Lerena : entre le Tage & la Guadiana, Truxillo, Guadaloupe, Valencia d'Alcantara, & Albuquerque. Au Septentrion, & aux bords du Tage, Plazencia, Coria, & Alcantara.

2. ESTREMADURE, Province du Royaume de Portugal vers l'embouchure du Tage, en Latin *Eftramadura Lufitanica*. Elle a pour bornes au Septentrion la Province de Beira, à l'Orient & au Midi celle d'Alentejo,[a] & à l'Occident l'Ocean Atlantique. [a] On la divife en cinq Territoires, qui font Setuval, Alanguer, Santaren, Leiria & Tomar. Cette Province eft de fort bons vins en quantité & d'excellente huile. La terre y eft couverte de fleurs, & les abeilles y rendent une fi prodigieufe abondance de miel, qu'on peut dire que c'eft une region auffi fertile que délicieufe. Ce fut là que l'on commença à planter la premiere tige des Orangers qui furent apportez de la Chine. Quoiqu'il n'y ait pas encore un fiécle qu'on a vû ces arbres odoriferans en Portugal, ils y ont fi bien multiplié, que l'on

[a] *Le Quien de la Neuville*, Hift. de Portugal.

en trouve à prefent dans tous les jardins du Royaume, & dans la plûpart de ceux de l'Europe. Il y a dans l'Eftremadure un Commandant avec le titre de Meftre de Camp General & de General de la Cavalerie. Il ne devroit y avoir que deux Lieutenans de Meftre de Camp General, mais il y en a prefentement quatre & deux Aides. Les troupes qui font dans cette Province confiftent en cinq Régimens d'Infanterie. Celui d'Armada ou de la Marine, eft de huit cens hommes en dix Compagnies. Le Regiment de la *Junta* du Commerce eft auffi de huit cens hommes, mais en douze Compagnies. On l'employe ordinairement à l'armement des vaiffeaux qui fervent de convoi à la Flotte du Bréfil. Cette troupe eft commandée par un Major, & elle n'a jamais eu de Meftre de Camp. Les Regimens de Cafcaës & de Setuval font de cinq cens hommes chacun en dix Compagnies, avec un Lieutenant General, & un Commiffaire General. Outre ces Troupes, il y a encore trois Compagnies de Gardes du Corps, qui ne fervent qu'à garder le dedans du Palais & à fuivre le Roi. Les Milices de cette Province compofent fix Régimens qui ne font pas toûjours fi complets qu'ils le devroient être ; & quant à ce qui regarde l'Artillerie, il n'y a pas de General, mais feulement un Lieutenant avec quelques Officiers fubalternes. [b] Cette Province a beaucoup de Nobleffe de la premiere qualité. Son terroir eft abondant en pâturage. Ses Citez font Lisbonne, Leiria, Santaren, Alanguer, Albrantez, Tomar, Aljubarota, & Cafcaës ; fes Duchez, Torres-Novas, & Cadaval ; fes Marquifats Cafcaës, Alanguer, & Fereira. Ses Comtez, Arganil, Ourem Caftanheira, Atougia, Atalaya, Miranda, Ericeïra, & le très-illuftre Convent de l'Ordre militaire de Chrift, fa Grande Commanderie, le Prieuré d'Ocrato, & les Maifons Royales de Belen, de la Bataille, de Tomar, d'Odivellas, de Sintra, de Salvaterre, & d'Almerin.

[b] *Maugin Defc. du R. de Portugal.* p. 7.

3. ESTREMADURE, (la nouvelle) c'eft ainfi que les Efpagnols ont nommé quelquefois une partie de la Province de Nicaraga dans le Mexique, & dans l'Audience de Guatimala. Mais ce nom n'eft gueres ufité.

ESTREMOS. Voyez EXTREMOS.

ESTREPAGNI[c], gros Bourg de France au Vexin Normand. Il eft fitué au milieu d'une belle campagne fur une petite Riviere qui tombe dans l'Epte à Neaufle. Il eft entre les Villes de Gifors & d'Andeli à trois lieues de l'une & de l'autre, à neuf ou dix de Rouen, avec titre de Seigneurie & une haute Juftice. Comme il eft fermé de murailles il pourroit paffer pour une petite Ville. Son Eglife Paroiffiale a pour Patrons St. Jean & les SS. Martyrs Gervais & Protais & il y a un Prieuré de Benedictines. On fait dans ce Bourg un affez gros Commerce de Grains & de plufieurs denrées. On y tient marché tous les Mardis & une foire le 29. d'Août jour de la décollation de St. Jean. Les filles y travaillent à la dentelle. Il y a dix-neuf Paroiffes qui relévent de la Seigneurie d'Eftrepagni, qui a long-temps appartenu à des Princes & qui n'eft éloignée que d'une lieuë de la forêt de Lyons. Dans fon voi-

[c] *Corn. Dict. Memoires dreffez fur les lieux.*

voisinage on voit les belles maisons d'Heudicour, du Til & autres. Quoiqu'Estrepagni soit enclavé dans le Diocèse de Rouen, il dépend néanmoins de l'Evêque de Lisieux pour ce qui regarde le spirituel, par une exemption particuliére, de même que l'Eglise Collegiale & Paroissiale de St. Cande le vieil, dans Rouen même.

ESTREU[a], Abbaye de France en Artois au Diocèse d'Arras, ce sont des filles de l'Ordre de St. Benoît; on n'y reçoit que des Demoiselles sans les obliger néanmoins à aucune preuve. Ce Monastere a été aussi nommé ESTRUM, en Latin *Strumense Monasterium*. Il est à une lieue d'Arras. Gerard [b] II. du nom Evêque de Cambrai & d'Arras le bâtit vers l'an 1085. & y établit pour premiere Abbesse Fulgende ou Fulgence, qui ayant rassemblé plusieurs Demoiselles & après avoir gouverné cette maison durant quarante ans, mourut l'an 1124. Lambert Evêque d'Arras fit confirmer la fondation & les Statuts de cette Abbaye par le Pape Paschal.

ESTUQUE[c], Province d'Afrique dans le Biledulgerid. C'est un Quartier de Villes & de Châteaux, où il y a plus de 40. habitations de Béréberes. La principale se nomme *Targuez*, & a un Château sur un petit tertre, où demeure le Checque. Le païs est tout coupé de rochers, mais il est fertile en orge, & l'on y nourrit force troupeaux de Chevres, dont les habitans font leur principal trafic. Ce sont des Béréberes de la tribu de Muçamuda, qui en ont encore d'autres pour voisins. Ils logent comme eux dans des maisons, & ont des Villes & des Châteaux. Les plus considerables sont ceux d'*Ydaguazinguel*, d'*Ydaubaquil*, de *Deursemugt* & d'*Hilela* qui sont les plus puissans de la contrée.

ESTYONS. Voyez ESTIONS.

ESUBIANI, ancien peuple des Alpes dont il est fait mention dans le Trophée dont Pline[d] nous a conservé l'inscription. Bouche dans son Histoire de Provence[e] les met près de la Riviere d'Hubaye, sur les confins de la Savoye & de la Provence dans la vallée de Barcelonne.

ESULA, Æsulæ, Æsulum, ou Esola. Acron Commentateur d'Horace à l'occasion de ces vers:

Eripe te mora
Ne semper udum Tibur & Æsula
Declive contempleris arvum &
Telegoni juga parricidæ;

observe que c'est le nom d'une Ville qui étoit sur la pente de la Montagne auprès de Tibur. Pline[g] en nomme les habitans ÆSOLANI, & en parle comme d'un des peuples qui ne subsistoient plus; ainsi Horace ne doit pas être entendu comme s'il eut nommé une Ville de son temps, mais il nomme le terroir du nom de la Ville à laquelle il avoit appartenu. Paterculus[h] dit ÆSULUM, au neutre, & il dit qu'il fut donné à une Colonie vingt-trois ans après le commencement de la I. Guerre Punique.

ESUOS, ou selon d'autres exemplaires ESMOS, Siege Episcopal de l'Arabie Petrée sous la Métropole de Beryra; selon une ancienne Notice inserée dans le Recueil de Schelfstrate[i]. A la page suivante on trouve dans un ouvrage diferent ESSUUM, suffragant de Bostra, ce qui montre que Beryra n'est autre que Bostra defigurée par les Copistes; ou peut-être par le langage maternel des Ecrivains.

ESURIS, petite Ville de l'ancienne Espagne. Antonin[k] en fait mention & Resendius cité par Ortelius croit que c'est XERES en Andalousie.

ESUS, fontaine de Rhode selon Vibius Sequester.

ET.

ETA, ou ETAM. Voyez ETHAM.
ETAMPES. Voyez ESTAMPES.
ETANG. Voyez ESTANG.
ETAT & ETATS GENERAUX &c. Voyez ESTATS.

ETAXALOS, Isle sur la côte Orientale de l'Arabie heureuse selon Pline[l].

ETEA, ETEIA ou ETIA, petite Ville de l'Isle de Créte selon Diogéne Laerce[m], Etienne le Géographe & Pline[n]. On lisoit autrefois dans ce dernier ELBA, faute que le R. P. Hardouin a heureusement corrigée.

ETECHEMINS, Peuple de l'Amerique Septentrionale dans la nouvelle Ecosse dont cette Nation occupe la partie Occidentale ayant au Nord les Abnaquis & la Gaspesie, au Levant la Riviere de St. Jean, au Midi la Baye Françoise, & à l'Occident partie des Abnaquis & de la nouvelle Angleterre. La Riviere de Pentagouet separe en deux parties presque égales leur pays que Mr. Robe[o] nomme la NORUMBEGUE. Il la donne au Canada. Nos Dictionnaires Géographiques la mettent de même dans la nouvelle France. Le Baron de la Hontan mieux instruit place les Etéchemins dans l'Acadie, & j'ai déja remarqué que ce pays a été cedé aux Anglois qui le nomment la nouvelle Ecosse.

ETELESTA. Voyez ECELESTA, & EGELASTE.

ETENNENSES, Peuple ancien de la Pisidie selon Polybe[p]; qui les place dans les Montagnes au-dessus de Sida. Le III. Concile d'Ephese fait mention des ETENI, dans la Pamphylie & ce peut bien être le même peuple, comme Ortelius semble le conjecturer.

ETEOCRETÆ, très-ancien peuple de l'Isle de Créte selon Diodore de Sicile[q]. Homere le nomme aussi[r], & Strabon[s] le place dans la partie Meridionale de l'Isle, & leur donne la petite Ville de Prasos où étoit un Temple de Jupiter.

ETEON, Ville de la Beocie selon Hesyche.

ETEONOS, Ville de l'Euboée selon Etienne le Géographe; mais Berkelius soupçonne avec bien de la vrai-semblance que c'est une faute & qu'il faut lire de la Béocie au lieu de l'Euboée, & alors ce sera la même chose que l'Etéon d'Hesyche; car Etienne cite pour garant Homere qui est l'Auteur qu'Hesyche consulte le plus & duquel il parle apparemment emprunté l'*Eteon* de laquelle il parle. Mais il y a plus: Etienne dit que cette Ville se nommoit

SCAR-

ETE. ETF. ETH.   ETH.   355

SCARPHE de son temps; Or Strabon[a] met Eteonos ou Scarphe dans la description de la Beocie.

ETESIES, sorte de Vens reglez. J'en parle au mot VENT.

ETETA, ancienne Ville de la Haute Mysie selon Ptolomée[b]. Niger la nomme ROCANA. C'est l'AGETA d'Antonin[c] & l'ÆGETA de la Notice de l'Empire.

ETFANTARIENSIS, Ortelius ayant trouvé dans son exemplaire de Victor d'Utique un Evêque d'Etfantaria (*Etfantariensis*) qui doit avoir été un Siege de la Mauritanie Cesariense, soupçonna que c'étoit une faute des copistes, & douta si ce mot ne seroit pas corrompu d'*Euphranta*. Sa conjecture n'est pas heureuse. Car ce dernier nom, s'il se trouvoit dans le passage à corriger, devroit lui-même être suspect. ETFANTARIENSIS est donc une faute de Copiste, mais il est mis pour ELFANTARIENSIS, ou ELEPHANTARIENSIS. Outre l'Elesantaria de l'Isle de Sardaigne dont je parlerai ci-après, il y en avoit deux en Afrique & l'Anonyme de Ravenne les marque très-bien; la premiere qu'il nomme *Elesantaria*[d], & la seconde qu'il apelle HELEPHANTARIA[e]. La premiere est aussi très-bien marquée dans la Table de Peutinger à dix milles de Glucar. Elle étoit dans l'Afrique Proconsulaire assez près d'Utique. La seconde est mise par l'Anonyme dans la Mauritanie Cesariense, & c'est la même dont les copistes ont fait *Etfantaria*. Cette derniere se trouve dans la Notice Episcopale d'Afrique, où il est parlé de *Vassivus* Evêque d'Elesantrate (*Elsamariensis*) selon l'édition de Schelstrate[f]. Le P. Porcheron[g] dans ses Notes sur l'Anonyme de Ravenne croit que la premiere est la même *Elephantaria* que quelques-uns mettent mal-à-propos, selon lui, dans l'Isle de Sardaigne.

ETHÆI. Voyez HETH.

ETHAGURI, selon Ptolomée[h] qui écrit Ἠθαγοῦροι, ITAGURI selon son Interprete Latin; ATHAGORÆ ou même d'une maniere encore plus corrompue ATHARÆ selon les divers Exemplaires d'Ammien Marcellin[i]: Ancien peuple d'Asie dans la Serique. Ptolomée[k] les met au-dessus des Issedons, Ammien Marcellin[l] les fait aussi limitrophes des Essedons; mais à l'Occident de ce peuple: le premier de ces deux Auteurs leur assigne un pays à l'Orient d'une Montagne de même nom.

ETHALIE. Voyez ÆTHALIA, & ELVA.

ETHALON. Voyez HETALON.

1. ETHAM[m], troisieme station des Israëlites après leur sortie d'Egypte[n]. Etham devoit être vers la pointe de la Mer Rouge & c'est peut-être la même que *Buthus* ou *Buthum*. D'Hetam les Israëlites allerent à Pihahiroth.

2. ETHAM, Rocher d'Etham où Samson se retira après avoir brûlé les moissons des Philistins[o].

3. ETHAM, ou plutôt ETHAN lieu delicieux par ses belles eaux & par ses beaux jardins à deux Schoenes[p] ou soixante stades, c'est-à-dire, (selon le calcul de D. Calmet) à six lieues de Jerusalem vers le midi; où Salomon alloit souvent pour se divertir.

4. ETHAM[q], ou AITHAM, ou AITHAN, Ville située auprès des eaux dont il est parlé dans l'article precedent. Elle étoit entre Bethléem & Thecué.

§. Les Voyageurs, comme Cotovic, le Brun, le P. Roger, &c. parlent des belles eaux qu'on voit encore à cinq ou six lieues de Jerusalem. Nous croyons, dit D. Calmet, que ce sont les mêmes que Pilate fit conduire à Jerusalem & on remarque encore aujourd'hui des ruines de l'aqueduc qui les y amenoit. Quelques-uns croyent que les FLEUVES D'ETHAN, dont il est parlé dans le Pseaume LXXIII. v. 15. ne sont autres que ces eaux d'Ethan. Voyez ETHAN. Les mêmes Voyageurs parlent des vastes bassins que l'on voit encore aujourd'hui au voisinage de Bethléem & que la tradition du peuple croit avec beaucoup de fondement avoir été faits par Salomon. Ces bassins sont d'un ouvrage magnifique & les eaux y sont très-belles & très-abondantes. Il y a trois bassins. Le premier a deux cens pas de long, & cent de large. Le second a cent-quatre-vingt-dix pas de long, cent quinze de large & soixante de haut. Le troisieme a deux cens quatre-vingt neuf pas de long; cent quatre-vingt-dix-sept de large & cent quatre de haut.

ETHAN, ou les FLEUVES D'ETHAN; dont il est parlé dans le Pseaume LXXIII[x]. On l'explique diversement, ou des *Fleuves d'Etham* dont il a été parlé ci-dessus, ou des fleuves violens & rapides suivant la force de l'Hebreu איתן *Ethan*, qui signifie *fort*, *haut*, *élevé*. Les Juifs l'entendent des fleuves que les Israëlites passerent en venant dans la Terre Sainte. Ils croient que l'Arnon fut mis à sec de même que le Jourdain, pour donner passage aux Hebreux.

§. L'Hebreu porte de mot à mot: *vous avez dessechè les fleuves de la force*. C'est-à-dire, le fleuve rapide, en parlant du Jourdain seul: la Langue Hebraïque met souvent le pluriel pour un singulier, par une espece d'emphase; on peut dire aussi que le Jourdain est grossi de plusieurs torrens qui coulent dans le même lit que lui à l'endroit où il fut desseché pour le passage des Israëlites. Ainsi ils furent tous dessechez en ce lieu en même temps que lui.

ETHAROTH, ETHROTH, ou ATHAROTH, il y a eu dans la Palestine plus d'une Ville de ce nom.

1. ATHAROT[y] ou Atroth-Sophan, ancienne Ville de la Palestine dans la Tribu de Gad. Les deux noms se trouvent dans un même verset & D. Calmet croit que c'est la même Ville. Notre Vulgate brouille un peu ces noms, car au lieu de ces mots *& Ataroth atque Aroer. Item Atroth-Sophan, Jazer, Jogbeda, &c*. comme portent les versions sur l'Hebreu on y lit *& Ataroth & Aroer & Ethroth & Sophan & Jazer & Jegbaa &c*. par où l'on voit que d'Etroth-Sophan elle fait deux lieux diferens l'un de l'autre & du premier qui est nommé Ataroth dans le même verset.

2. ATAROTH autre Ville de la Palestine sur les frontieres d'Ephraim entre Janoé & Jericho[z]. D. Calmet croit que c'est la même qu'Atharoth Adar, ou selon d'autres versions Ataroth-Ad-dar[a], qui est nommée au livre de Josué en deux chapitres diferens dans l'un desquels[b] notre Vulgate porte dans quelques Editions Ata-

ETH.

Aftaroth-Addar. Voyez ATHAROTH & ASTAROTH.

ETHELEUM, Riviere qui servoit de Bornes entre la Troade & la Mysie selon Pline[a]. Strabon[b] la nomme *Æthaloeis*; & ne la donne que pour un torrent.

a L. 5. c. 32.
b L. 10. p. 473.

ETHER, ou **ATHAR** ou **JETHER**, Ville de la Palestine à vingt milles d'Eleutheropolis près de Malatha dans la partie la plus Meridionale de Juda[c]. Ether fut d'abord attribuée à la Tribu de Juda[d] & ensuite elle fut cedée à Siméon[e].

c D. Calmet Dict. de la Bible, Hieron. & Euseb. in voc. JETHER, & ETHER.
d Josué. c. 15. v. 42.
e Ibid. c. 19. v. 7.

ETHERON, Ville de l'Isle de Taprobané selon Jornandes cité par Ortelius[f].

ETHESPAMARÆ, peuple d'entre les Getes selon les mêmes.

f Thesaur.

ETHIOPE, ou **ÆTHIOPE**[g] l'un des anciens noms de l'Isle de Lesbos. Hesyche explique le nom d'*Ethiopien* par le Synonyme *Lesbien* Αἰθίοψ, ὁ Λέσβιος.

g Plin. L. 5. c. 31.

☞ **ETHIOPIE**, nom qui a été commun à divers pays tant de l'Asie que de l'Afrique; quoi que dans la Geographie moderne il ne se donne qu'aux pays de cette derniere. Les Grecs nommoient Ethiopiens tous les peuples qui ont la peau noire ou basanée; & on peut voir à l'article COLCHIDE, que les Colches ont été nommez Ethiopiens & que la Colchide a été apellée Ethiopie. Le nom d'Ethiopien n'est pas un nom qu'aucune Nation se soit donné: mais une épithete donnée par les Grecs, & qui a passé dans les autres Langues à la place du vrai nom que l'on ignoroit; c'est ainsi que quelques Géographes ou descripteurs de l'Afrique y mettent *le Pays des Noirs*, qui n'est pas un nom particulier à une Province, mais une phrase qui tient lieu de nom propre. On croit ordinairement que l'Ethiopie est designée par le mot de CHUS, dans quelques Livres de l'Ancien Testament. Et Mr. Huet dans son Traité de la situation du Paradis terrestre le prouve contre le savant Bochart qui l'avoit nié. Voyez à l'article CHUS, le raport qu'a ce nom avec l'Ethiopie. Bochart pretend que LUD dont il est parlé dans Esaye[h] est l'Ethiopie des Grecs; & que les Ethiopiens sont nommez LUDE'ENS par Jeremie[i]. Et il en aporte diverses preuves qui ne sont gueres que des convenances de noms. Mr. Huet[k] dit: L'Ethiopie étoit partagée en deux lisieres le long des côtes du Golphe Arabique & même au delà de son embouchure: la lisiere Orientale qui faisoit une partie de la grande Peninsule de l'Arabie, l'Occidentale qui est entre ce Golphe & le Nil. Homere[l], Herodote[m], & quelques autres ont partagé cette sorte Ethiopiens habitans de cette contrée & voisins d'Egypte en Orientaux & Occidentaux; & Eustathius nous apprend que les anciens ont ainsi entendu les paroles d'Homere. Delà vient (continue Mr. Huet) que les Homerites peuples de l'Arabie situez sur la côte meridionale sont appellez Ethiopiens par le Géographe Stephanus (Etienne), & Holstenius tout habile qu'il étoit faute d'avoir fu cela s'est mepris bien grossierement en changeant les paroles de Stephanus & mettant Ἀμύθων au lieu d'Αἰθιόπων, selon la louable coutume des Critiques d'alterer dans les ouvrages des Anciens tout ce qu'ils n'entendoient pas.

h c. 66. 19.
i c. 46. v. 9.
k L. c. p. 153.
l Odyss. l. 1.
m L. 7. c. 59. & 60.

ETH.

Il est certain que les Anciens donnoient souvent le nom d'Indiens aux Ethiopiens, & le nom d'Ethiopiens aux veritables Indiens. Virgile dit:

Usque coloratis amnis devexus ab Indis.

Georg. l. 4. v. 393.

Il parle du Nil dont il met la source chez les Indiens c'est-à-dire, dans l'Ethiopie. C'est le sens que donnent à ce vers plusieurs Savans, entre autres Marsham[n] que Mr. Bayle reprend mal-à-propos, faute d'avoir lui-même compris le sens de Virgile; qui par *colorati Indi* entend les Indiens Noirs, ce qui n'est qu'une traduction Latine du mot *Ethiopien*. C'est ainsi que l'ont entendu le P. de la Rue, Mr. Freret de l'Academie des Belles Lettres dans ses doctes Observations sur la Cyropedie de Xenophon[o], & quantité d'autres. Le même Poëte dit en parlant d'Auguste[p].

n Chron. Canon. Ægypt. &c. 13. p. 335.
o Mem. de litterat. T. 6. p. 354.
p Æneid. l. 6. v. 794.

Ultra Garamantas & Indos
Proferet imperium.

Il est certain que les Garamantes étoient à l'Occident de l'Ethiopie, & qu'Auguste que Virgile veut louer, avoit effectivement conquis quelques Villes d'Ethiopie & obligé ces peuples à demander la Paix par des Ambassadeurs. Ælien met des Indiens auprès des Garamantes dans la Libye. Dans Procope l'*Ethiopie* est nommée *Inde*, & sans perdre temps à des citations inutiles les Exemples en sont trop frequents dans les Ecrivains de l'Histoire Ecclesiastique & de la Civile pour que la chose puisse être revoquée en doute. Il vaut mieux chercher avec Mr. Freret pourquoi cela est arrivé. On[q] peut apporter plusieurs raisons de cette expression. 1. La ressemblance qui étoit anciennement entre les Ethiopiens & plusieurs Nations Indiennes. Herodote distingue deux sortes d'Ethiopiens; les uns Orientaux qui habitoient au milieu des Indiens, & servoient avec eux dans les troupes de Darius & de Xerxès; les autres Occidentaux qui demeuroient au Midi & à l'Occident de l'Egypte. Les uns & les autres étoient également noirs, & differoient seulement par le langage & la forme de leurs cheveux; les Ethiopiens d'Afrique les ayant extrémement crepez comme les Negres; au lieu que ceux de l'Inde les avoient noirs, longs & rudes comme du crin. 2. L'origine des Ethiopiens voisins de l'Egypte. Car les Indiens croyoient, sur une ancienne tradition, que les Noirs ou Ethiopiens de l'Inde avoient abandonné leur Païs pour passer en Afrique, où ils avoient peuplé l'Ethiopie, après en avoir chassé les Egyptiens; c'est Jarchas, Philosophe Indien, qui l'assure à Apollonius dans Philostrate, & ce Philosophe Pythagoricien en paroît si persuadé, que dans la suite il parle aux Ethiopiens sur ce principe. Eusebe & George le Syncelle, après d'anciens Historiens, font mention de cette migration des Ethiopiens, & en placent le temps sous le régne d'Aménophis, pére du fameux Sesostris, c'est-à-dire, dans les premiers tems héroïques de la Grece. Cette migration des Ethiopiens de l'Inde dans l'Afrique, n'est peut-être pas tout à fait à rejetter.

q Freret Observ.

Car

Car les Ethiopiens, ou Abyssins, différent des Négres par leur Langue, par leur chévelure, & même par la couleur de leur teint & les traits de leur visage, quand on les examine de près. Les Abyssins ont des cheveux, & non de la laine; ont le teint brun olivâtre avec des taches noires, & non entierement noir, comme les Negres. Il est vrai qu'aujourd'hui on ne trouve plus de véritables Noirs, dans la Presque-Isle de l'Inde, la seule partie de ce Païs qui ait été connuë des Grecs: mais outre que le témoignage d'Hérodote est précis, les nouvelles découvertes nous ont appris, que presque toutes les Isles Meridionales de l'Inde sont remplies de Noirs ; ce qui a fait croire à de très-habiles gens, que ces Noirs à longs cheveux sont les anciens & naturels habitans de l'Inde. Les Portugais donnent le nom de Noirs aux Canarins, voisins de Goa; & il semble que les ancêtres de ces Canarins ont été de véritables Noirs, dont le mélange avec les Arabes & les Indiens blancs, ont altéré la couleur. Les Anciens voyant donc que les Ethiopiens d'Afrique, & plusieurs Nations de l'Inde se ressembloient dans un point aussi essentiel que cette noirceur radicale, qui se remarquant dans les enfans quelques instants après leur naissance, (& qui, même selon Hérodote [a], est dans le principe qui leur donne la vie, & que ses Traducteurs appellent *Genitura quam in mulieres emittunt*) ne peut être attribuée à l'ardeur du Soleil; & sachant par une tradition confuse, que ces peuples avoient une même origine, ils confondirent leurs noms, & les employérent presque comme des synonymes, nommant Indiens les peuples de l'Ethiopie, ainsi que je l'ai prouvé ci-dessus, & Ethiopiens les Noirs de l'Inde, ainsi que fait Hérodote qui les appelle *ἀπ' Ἡλίου ἀνατολέων Αἰθίοπες*. Il paroit même par un endroit des Scholies d'Eustathe sur Denys de Charax, que l'on avoit étendu cet usage jusqu'à la haute Egypte, & qu'on lui donnoit quelquefois le nom d'Inde, aussi-bien que celui d'Ethiopie; qu'elle porte souvent, de l'aveu de tout le monde.

Pline [b] fait aussi mention de la division des Ethiopiens en Orientaux & en Occidentaux: mais il les place tous dans l'Afrique; & cite Homere [c] comme garant de cette division. J'ai déja dit que Mr. Huet allegue le même Poéte, & entend cette division d'une autre maniere, & que l'Orient & l'Occident de l'Ethiopie se doivent prendre selon lui par raport à la Mer Rouge. Ce qui favorise le sentiment de Mr. Huet, c'est que Sephora femme de Moïse qui étoit de Madian sur la Mer Rouge est nommée *Chusite* ou *Ethiopienne* [d]. Pline [e] remarque que l'Ethiopie fut d'abord nommée Ætheria. Hesyche dit Αἰθία & comme, suivant la remarque du R. P. Hardouin, ce nom a été aussi donné à l'Egypte, peut-être leur étoit-il commun, lorsque les Egyptiens étoient maîtres de l'Ethiopie. Pline ajoute qu'elle fut ensuite apellée Atlantia, & peu après Æthiopia du nom d'Æthiops fils de Vulcain. L'esprit fabuleux est inépuisable & comme il veut rendre compte de tout, il ne lui coute rien de créer tous les hommes dont il a besoin; & si un pays a eu quatre ou cinq noms, voilà quatre ou cinq Princes dont il faut imaginer la naissance, la Genealogie & l'histoire. Pline a sans doute pris des Grecs le prétendu Æthiops fils de Vulcain. L'Etymologie n'est-elle pas plus naturelle si l'on observe qu'Αἴθω, mot Grec, veut dire *brûler* & Ὤψ le *visage*, c'est-à-dire, *visage brûlé*, ou *noirci par les ardeurs* du Soleil; quoique j'aie déja marqué qu'il y a une autre cause physique de la noirceur des Ethiopiens.

L'Ethiopie, à considerer que celle qui étoit toute renfermée dans l'Afrique, étoit divisée par les Anciens en diverses manieres. J'ai déja dit sur le témoignage de Pline [f] que les Ethiopiens Occidentaux étoient distinguez des Orientaux. Il parle d'une haute Montagne maritime, où étoit alors un Volcan & qu'il nomme avec les Grecs *Theon Ochema*, c'est-à-dire le Chariot des Dieux & que l'on croit être presentement *Capo das Palmas* ; delà il compte quatre jours de Navigation jusqu'au promontoire nommé par les Grecs *Hesperion Ceras*, c'est-à-dire la corne ou la pointe Occidentale, aujourd'hui Sierra Lionna, qui est, dit-il, voisine de l'Afrique auprès des Ethiopiens Occidentaux. Mr. de l'Isle met ces derniers dans le lieu de la côte d'Afrique où est presentement le Royaume de Benin: ainsi ces Ethiopiens ne remplissant qu'une petite partie de l'Occident de l'Ethiopie selon Pline & Ptolomée il faut chercher une division qui renferme toute l'Ethiopie. Voici celle que Ptolomée [g] nous fournit, elle est preferable aux autres parce que c'est la plus distincte, sa methode n'admettant point de descriptions confuses, & qu'il a profité de ceux qui avoient écrit avant lui. Il distingue donc l'Ethiopie en trois parties qu'il traite en autant de chapitres, à savoir,

L'Ethiopie sous l'Egypte, qui repond à peu près à la Nubie, à l'Abyssinie & sous laquelle il faut ranger la Troglodytique des Anciens, qui est aujourd'hui la côte d'Abex. C'est proprement à cette partie de l'Ethiopie que l'on a donné le nom d'*India* dans l'antiquité. Voyez les Articles Abex, Abissinie, & Troglodytes.

L'Isle de Meroe', dont il est traité amplement dans son article particulier.

L'Ethiopie Interieure. Ce pays comprend tout ce qui étoit au midi du fleuve Niger, c'est-à-dire, aujourd'hui, du Senegal & du Niger, & au Couchant meridional de l'Abissinie. Il apelle *Barbarie* une Province dont Rapta étoit la Capitale, & qui repond aujourd'hui à Zanguebar. Il nomme *Asanie*, ce qui est aujourd'hui le Royaume d'Adel ; il met une place maritime nommée l'Hippodrome d'Ethiopie , vers l'endroit de la Guinée où est presentement Christianebourg. Il n'a pas cru que les connoissances de son temps fussent assez sures pour en faire usage plus loin que le promontoire Prassum à l'oposite de l'Isle qu'il nomme Menuthias, & qui est le Cap de Mosambique; opposé à l'Isle de Madagascar. Il ne laisse pas de nommer quantité de Nations , dont l'existence doit être d'autant plus suspecte que l'on n'en fait rien que les noms & quelques descriptions fabuleuses, pueriles & aussi monstrueuses que les habitans

bitans qu'elles y supposent. Ainsi on peut regarder le Congo & la Cafrerie comme des pays absolument inconnus aux Geographes Grecs & Romains; il n'en est pas de même de l'Ethiopie proprement dite qui étoit au midi de la haute Egypte. Ce pays est illustre dans l'antiquité tant par la richesse de son commerce que par les guerres qu'il eut avec les Egyptiens. C'est ainsi qu'en parle Mr. Huet, dans son Histoire du Commerce & de la Navigation des Anciens[a] : L'or est encore aujourd'hui la principale Marchandise d'Ethiopie. Je comprens sous le nom d'Ethiopie, tout ce grand Continent, qui s'étend depuis le Tropique du Cancre jusqu'à l'Océan. On trouve l'or principalement en approchant du Midi, & le plus grand trafic s'en fait à Sophala. Ce trafic ne s'y fait ni par mesure, ni par poids, ni par monnoye; mais seulement à la vûë, & par une estimation des yeux, qui ne peut être que fort incertaine, & qui quelquefois est fort lucrative pour les Marchands étrangers. Cette pratique est ancienne parmi ce peuple, & étoit fort générale; car s'ils forgeoient quelques piéces de monnoye, c'étoit plûtôt pour l'usage des externes qui trafiquoient parmi eux, que pour le leur. Ils ont encore d'autres métaux, mais ils n'ont pas l'art de les tirer de la terre, & ils sont contraints d'en faire venir d'Europe pour leur usage. Monsieur Bochart[b] soutient qu'encore qu'il se trouve des métaux en Afrique, néanmoins les Anciens ne les ont pas connus. Pour garant de cette opinion, il cite le Poëte Lucain[c], qui dit que la Libye ne fournit ni or ni argent, & que sa terre est de la terre pure. Il pouvoit ajouter l'autorité de Strabon[d], qui dit, qu'on ne trouve ni or ni argent dans l'Ethiopie, mais seulement de l'yvoire. Si on lit attentivement ce qui précede de ce passage de Lucain, on verra qu'il ne parle que d'une partie de l'Afrique, située vers l'Occident: & en lisant ce qui suit ce passage de Strabon, on verra qu'il ne parle que de la partie d'Ethiopie, qui confinoit à la haute Egypte. Mais quand ces passages signifieroient ce que Monsieur Bochart a prétendu, on pourroit leur opposer l'autorité de Diodore[e], qui dit que Sesostris Roi d'Egypte, ayant subjugué les Ethiopiens, leur imposa un tribut annuel d'or, d'yvoire, & d'ebene: & celle de Théodoret[f], qui assure que l'argent d'Afrique étoit si estimé, que de son tems ceux qui s'appliquoient à déterrer & à amasser de l'or & de l'argent, cherchoient des Afriquains pour ce ministere. Outre qu'il n'est pas croyable, que l'Ethiopie méridionale étant aussi abondante en or qu'elle l'a toûjours été, les peuples voisins, & ceux avec qui elle trafiquoit, l'eussent pû ignorer. L'Ethiopie fournit aussi l'yvoire en abondance, l'écaille de tortuë, les plumes d'Autruche, & quelques aromates: non pas toutefois la canelle, que toute l'Europe venoit prendre autrefois en Egypte, & que l'on croyoit venir d'Ethiopie, quoi qu'il n'y en naisse point, & qu'elle y fût apportée de l'Isle de Ceylan. Quoiqu'il en soit, cette Nation a été puissante, & a autrefois étendu sa domination jusque sur la Syrie. Ils attirerent dans leur païs les armes de Semiramis. Sesostris la parcourut toute par ses victoires, & de tous les Rois d'Egypte, il est le seul qui ait eu la gloire de l'avoir soumise à sa patrie; laquelle les Ethiopiens prétendent sans aucune apparence, être une de leurs Colonies, & contre laquelle ils ont soutenu de grandes guerres. Personne n'ignore la fable de Memnon, qui vint au secours de Troye. On le fait Roi d'Ethiopie par une ancienne erreur, qui a fait confondre cette region avec la Susiane qu'on appelle aujourd'hui Chusestan, située à l'Orient de l'embouchure de l'Euphrate, & qui fut gouvernée par Tithon, & par Memnon son fils. La source de cette erreur vient de l'ambiguité du nom de Chus, qui dans les Livres sacrés se donne quelquefois à la Susiane, & quelquefois aux païs qui sont situés des deux côtez du Golfe Arabique, & font une partie de l'Arabie, & une partie de l'Ethiopie. Cambyses ayant ensuite entrepris de dompter les Ethiopiens, y perdit son armée. Auguste leur fit respecter son empire, envoyant contre eux ses Legions sous la conduite de Petronius, Gouverneur d'Egypte, qui poussa ses conquêtes bien loin par delà la Ville de Syene. Et Neron enfin conçut quelque dessein de l'attaquer, mais ce dessein ne fut suivi d'aucun effet. Quoique[g] les Ethiopiens menassent une vie pauvre, habitans un terroir ingrat, respirans un air mal-sain, & étant éloignez des autres Nations, leur païs néanmoins ne laissoit pas de fournir plusieurs riches marchandises, & à l'Egypte qui en étoit proche, & aux Arabes, & autres peuples, qui abordoient par mer à leurs côtes. Il produisoit de l'or, du cuivre, du fer, & d'autres métaux, qui manquoient à l'Egypte: mais de l'or, en plus grande abondance: car Héliodore[h] atteste qu'ils se servoient d'or à plusieurs usages, où d'ordinaire on employe le fer. Les navires de Salomon, qui raportoient tant d'or d'Ophir, c'est-à-dire, de Sophala; & celui que rend encore aujourd'hui le Monomotapa, font la preuve des richesses de l'Ethiopie: car je comprends sous le nom d'Ethiopie, tous ces vastes païs qui s'étendent au-dessus de l'Egypte, vers le Midi. Avant même le tems de Salomon, l'or d'Ophir étoit connu dans la Palestine: car on lit dans les Paralipomenes, que David[i] avoit amassé pour la construction du Temple de Jerusalem, trois mille talens d'or d'Ophir. Ce qui lui étoit venu apparemment par les Tyriens. Par là on connoît l'antiquité du commerce d'Ethiopie. Il en venoit aussi plusieurs sortes de pierres précieuses. Les mines d'émeraudes, qui étoient sur leurs frontiéres, & que l'on n'y trouve plus maintenant, firent naître entre eux & les Egyptiens, cette guerre que décrit Héliodore[k]. Aucune autre région ne rendoit tant d'yvoire que l'Ethiopie. Elle rendoit du Cinnamome, de la Myrrhe, & plusieurs autres précieux aromates. Sous le nom d'Ethiopie il faut entendre aussi la Troglodytique, si célébrée par les Anciens. Les Portugais n'ont pourtant pas trouvé dans ces régions-là tous ces aromates, qui y étoient autrefois en abondance. Philostrate raporte que de son tems, il y avoit un commerce réglé entre les Egyptiens & les Ethiopiens, & que ce commerce se faisoit par terre & par échange.

[a] c. 14. p. 60. & seq.
[b] Præfat. Phal. & l. 3. c. 7.
[c] L. 9. v. 424.
[d] L. 2.
[e] L. 1.
[f] In Jerem. 10.
[g] Huet Le 49. p. 313. & seq.
[h] Æthiop. L. 9. & 10.
[i] 1. Paral. 29. v. 4.
[k] L. c. l. 9.

Ces

ETH.   ETH.

Ces deux Nations se sont long-tems disputé la primauté & l'antiquité. Les Ethiopiens prétendoient être la plus ancienne Nation du monde, & avoir peuplé les premiers l'Egypte par leurs Colonies, sous la conduite d'Osiris. Les Egyptiens soûtenoient au contraire, que les Ethiopiens sont sortis d'eux & cela semble confirmé par le témoignage de Moyse [*]. Ces differens ont produit entre eux plusieurs guerres, qui ont eu divers succès, & avant même la guerre de Troye. Les Rois d'Egypte, Sesostris, & Rhamsés, dont le premier regna peu d'années après Salomon; & le second, environ cinquante ans après le premier, se rendirent maîtres de l'Ethiopie; mais secoua le joug bien-tôt après, & se sépara entiérement de l'Egypte, sans y entretenir aucune correspondance. Ptolomée Philadelphe ne négligea pas les avantages que l'Egypte pouvoit retirer de l'Ethiopie; il y entra avec une armée, & fit mieux connoître ce païs qu'il n'avoit été connu jusqu'alors. Il y fit refleurir le commerce. La Ville de Coptos sur le Nil étoit l'entrepôt, & comme le magasin de toutes les marchandises, tant de celles qui venoient de l'Occident par Alexandrie, pour passer au Levant, que de celles qui venoient de l'Ethiopie par le Nil. Et parce que les Navigations de la Mer Rouge étoient plus difficiles & dangereuses vers le fonds du Golphe Arabique, que vers son embouchure, Philadelphe fit bâtir la Ville de Berenice, du nom de sa mere, sur le bord de ce Golphe, plus bas vers son entrée, dans le païs des Troglodytes, pour y faire porter les marchandises de Coptos.

Après tant de diverses contrées auxquelles on a démontré que le nom d'Ethiopie a été commun il seroit dificile de dire quelle est celle où Lucien [a] dit que l'Astronomie prit naissance. Voici ses termes traduits par d'Ablancourt. Les Ethiopiens, à ce qu'on dit, sont les premiers qui l'ont découverte (l'Astrologie) à cause que leur Ciel est sans nuages & qu'ils n'éprouvent pas comme nous le changement des saisons (on a vu le contraire dans l'Article ABISSINIE); outre que c'est une Nation fort subtile & qui surpasse toutes les autres en esprit & en savoir. Après avoir donc remarqué les faces (phases) diférentes de la Lune, ils en voulurent rechercher la cause & trouvèrent à la fin que cela venoit des divers aspects du Soleil dont elle empruntoit sa lumière. Ils étudièrent ensuite le cours & la nature des autres Planetes & leur donnèrent des noms non seulement pour les discerner; mais pour marquer leurs diverses influences. Tous les Savans s'accordent presque à faire honneur de cette Invention aux Chaldéens & après ce qui a été dit dans cet article, on pourroit aisément concilier ces deux sentimens. Lucien fournit encore deux choses remarquables, à savoir 1. Que les Ethiopiens adoroient le Jour, ce qui est bien exprimé dans ce vers d'un des Poétes qui transporte aux Persans ce qui peut aussi convenir aux Ethiopiens.

Où le Perse est brulé de l'astre qu'il adore.

2. L'autre observation de Lucien que les Ethiopiens sont nommez par Homere *Irrepre-*

* Gen. 10.

a De l'Astrologie Judiciaire. p. 450. T. 1. des Oeuvres de cet Auteur.

Jupit. le Tragique T. 2. p. 90.

hensibles [e]. Rien ne peut faire plus d'honneur à cette Nation que l'idée que l'on a de la justesse des épithetes d'Homere.

Il n'est pas non plus fort aisé de dire dans quelle sorte d'Ethiopie étoit Roi le Pere d'Andromede, laquelle fut délivrée par Persée qui revenoit de Libye où son pere l'avoit envoyé contre les Gorgones. Lucien observe [d] que ce fut sur les côtes d'Ethiopie qu'il combatit le monstre marin destiné à la devorer. L'Ethiopie étant bornée par l'Egypte & par la Libye au Nord ne pouvoit avoir de côtes sur la Méditerranée; à prendre l'Ethiopie selon les idées de Pline & de Ptolomée. Cependant le Sr. Paul Lucas dans son second Voiage [e] parle ainsi: le bord de la Mer auprès de cette Ville (Jaffa qui est la Joppe de Jonas & le port de la Palestine le plus proche de Jerusalem) est plein d'écueils. Les gens du païs disent qu'il y avoit autrefois, tantôt sous les antres, tantôt sur le haut des rochers un monstre Marin d'une figure hideuse & épouventable, qu'il paroissoit souvent sortant des antres & s'avançant dans la Mer avec des bruits horribles. Ils ajoutent qu'ils étoient obligez de lui donner tous les jours quelques malheureux à devorer pour éviter de plus grands ravages: mais qu'un homme qui avoit des ailes devenu amoureux d'une Princesse qu'on étoit contraint d'exposer à ce monstre le combatit, le tua, & ainsi délivra sa maîtresse du peril & la Province de cette affliction publique. Le même Voyageur ajoute qu'on lui donna cette tradition pour fort ancienne. Si elle est vraye, la côte de Jaffa doit avoir été nommée Ethiopie dans les temps fabuleux.

L'ETHIOPIE MODERNE a des bornes plus resserrées que l'ancienne, mais les Géographes de notre temps ne s'accordent pas mieux que les anciens sur les païs que l'on doit nommer l'Ethiopie. Mr. Baudrand [f] la distingue en haute ou *interieure* où sont l'Abissinie, la Nubie, les Galles, & les autres Etats voisins; & la basse ou *exterieure* où sont la Caffrerie, le Monomotapa, le Monoemugi & le Zanguebar. On voit qu'il renverse les idées des Anciens en nommant *exterieure* celle qu'ils nommoient *interieure*. D'autres [g] donnent pour bornes à l'Ethiopie moderne la Mer Rouge, la côte d'Ajan & le Zanguebar à l'Orient; le Monoemugi & la Cafrerie au Midi; le Congo à l'Occident; la Nubie & l'Egypte au Septentrion. Ainsi ils y comprennent l'Abissinie & quelques vastes païs éloignez des côtes & dont on ne fait que les noms de quelques Royaumes.

ETHIM. Voyez HETH.

ETHINI, ancien peuple d'Afrique selon Pline [h]. Le R. P. Hardouin soupçonne que ce sont les KINITHII de Ptolomée [i], dont parle aussi Tacite qui dit que ce peuple n'étoit pas à mepriser [k].

ETHLEC, Ville de la haute Moesie. Antonin en fait mention [l].

ETHNA. Voyez ÆTHNA.

ETHNESTÆ, Nation dans la Thessalie, selon Etienne le Géographe.

ETHOPIA, Ville de l'Athamanie selon Tite-Live [m] qui la met au-dessus d'Argithie autre Ville de l'Athamanie dans l'Epire.

ETHRE-

e Promethée ou le Caucase T. 1. p. 49.

d Dialogues des Dieux Marins p. 197.

e T. 1. à la fin.

f Ed. 1705.

g Methode pour étud. la Geog. T. 3. p. 96. Ed. Paris.

h L. 5. c. 4.
i L. 4. c. 3.

k Ann. l. 2.

l Itiner.

m L. 37. l. 38.

360 ETH. ETI. ETL. ETN. ETO. ETR. ETS.

a Ora Mar. p.7. v. 244.

ETHREPHÆA [a], Marais d'Espagne, où il y avoit autrefois une Ville nommée HERBUS ou HERBUM au raport de Festus Avienus. Ce mot est écrit ETREPHÆA dans la Collection d'Oxford [b].

b T. 3.

ETHUSA. Voyez ÆTHUSA.

ETINI, peuple de la Sicile, selon Pline.

ETLINGEN, Ville d'Allemagne dans le Sousbe, dans le bas Margraviat de Bade. Zeyler [c] dit que, selon Abraham Sawer dans son Théatre des Villes fol. 59. cette Ville, qui professe la Religion Catholique Romaine, est à moitié chemin entre Pfortzheim & Rastat, à deux milles de chacun de ces deux endroits, la Patrie du fameux Irenicus & qu'on lui attribue une origine plus ancienne que l'Ere vulgaire; que cette Ville a aussi été nommée POSIDONOPOLIS, & a appartenu à l'Abbé de Weissenbourg avant que d'être à la Maison de Baden. Delà vient que ceux de Weissenbourg sont francs du Péage en passant à Etlingen.

c Suev. Topog. p. 29.

ETNA. Voyez ÆTHNA.

ETOBESA, selon Ptolomée [d] ou selon quelques Exemplaires ETOBEMA ou ETOVISSA selon Tite-Live [e], ancienne Ville d'Espagne dans l'Edetanie. Il ne faut pas croire qu'elle fût sur l'Ebre comme Ortelius le dit, faute d'avoir bien ponctué le passage de Tite-Live où il en est fait mention & que voici: *Ab Gadibus Carthaginem ad hiberna exercitus rediit; atque deinde profectus præter Etovissam urbem, ad Iberum maritimamque oram ducit.* La Virgule mise ou omise après le mot *urbem* fait deux sens bien differents par raport à la Géographie.

d L. e.

e L. 21.

ETOCETUM, ancienne Ville d'Angleterre selon l'Itineraire d'Antonin. Mr. Gale [f] juge que c'est aujourd'hui WALL auprès de LITCHFIELD, parce qu'on y voit quelques restes de murs d'une ancienne Ville. Il ajoute que ce pourroit bien être Litchfield elle-même dont les murs s'étendoient peut-être jusques-là. Il y a lieu de douter si le vrai nom de ce lieu est LECTOCETUM qui se trouve dans l'Anonyme de Ravenne, & ne difere pas beaucoup plus de Litchfield; ou ERICETUM, comme il se trouvoit dans un des exemplaires consultez par Surita. Il est toujours vrai que c'est là que commencent les bruyeres qui s'étendent en Derbyshire jusqu'au Nord.

f p. 88.

ETOLIE ou ÆTOLIE [g], Province de la Grece proprement dite. Elle fut d'abord nommée CURETIS & HYANTIS & ensuite Ætolie d'Ætolus fils d'Endymion qui ayant commis un meurtre se sauvoit d'Elide & arrivant ici en chassa les Curetes. Lors que l'on parle de l'Etolie il faut distinguer les temps & ne pas confondre l'Etolie entiere avec l'Etolie propre. L'Etolie entiere & dans toute son étendue étoit depuis l'Achelous jusqu'au détroit du Golphe de Corinthe. Strabon [h] distingue très-bien entre l'Etolie *ancienne* & l'Etolie *ajoutée*. Il étend la première depuis l'Achelous jusqu'à la Marine de Calydon où couloit l'Evenus, vers Naupacte & Eupalium. Les Etoliens s'étant accrus par divers succès militaires s'emparerent de divers lieux dans la Thessalie & l'Acarnanie &c. on peut voir dans les Histoires de Tite-Live & de Polybe les guerres que les Etoliens ont eues contre les Macedoniens & les Romains. Tite-Live [i] nous depeint les Etoliens comme des orgueilleux & des ingrats, mais guerriers, ce qui se raporte aux Epithetes que leur donne Homere de μονοχήρμαι, prompts à la guerre & Euripide de σακεσφόροι, armez de boucliers. Ils combatoient n'aiant qu'un pied chaussé, ce que signifie l'Epithete de μονοκρηπίδες. Maxime de Tyr en fait de vrais brigands, Strabon les traite de Pirates, & leur attribue l'invention de la fronde. Athenée dit qu'ils se piquoient de magnificence & étoient toujours endetez. Le P. Briet qui fournit presque toutes ces remarques observe que l'Etolie a eu autrefois ses Rois & que les plus fameux dans les fables ont été Oeneus & son fils Meleagre époux d'Atalante, à l'occasion de qui il y eut plusieurs guerres entre les Caledoniens & les Pleuroniens; ensuite l'Etolie se gouverna quelque temps d'une maniere Républicaine & resista assez vigoureusement aux Macedoniens, se gouvernant par le Conseil nommé *Panætolium*. Mais les Romains que les Etoliens mepriserent rabaisserent bien leur fierté & Fulvius Nobilior les dompta & la soumit au Peuple Romain. L'Etolie avoit deux fleuves très-remarquables, l'un l'Acheloüs qui la separoit de l'Acarnanie, l'autre l'Evenus qui séparoit l'ancienne Etolie de ses annexes. Les principales Villes de l'Etolie étoient selon le P. Briet [k],

g P. Briet Parall. 2. part. l. 3. c. 6. §. 3. n. 6.

h l. 10.

i L. 36.

k Ibid. §. 7.

- Calydon,   Chalcés,
- Pleuron,   Oenias, ou Oeniada,
- Oechalia,   Olenus.

&

PILENE { l'ancienne, la nouvelle.

Mr. Baudrand dit que c'est presentement le DESPOTAT, la partie de la Livadie renfermée entre les Rivieres d'Aspri & de Fidari ; ce sont les deux Rivieres que j'ai déja nommées. Mr. Baudrand ajoute que *Peschiera*, *Petala* & *Neocastro* en sont les lieux principaux.

ETON. Voyez EATON.

ETOVISSA. Voyez ETOBESA.

ETRE'PAGNI. Voyez ESTREPAGNI.

ETREPHEA. Voyez ETHREPHÆA.

1. **ETRURIA**, nom Latin dont se servent les modernes pour signifier la Toscane d'aujourd'hui. Voyez TOSCANE.

2. **ETRURIA**, nom Latin dont se sont servis les anciens pour signifier l'Etrurie du temps des Romains. Voyez HETRURIE.

§. L'ancienne Etrurie est bien diferente de la nouvelle pour l'étendue; & elle étoit bornée par les Rivieres de la Magra & l'Arno, par l'Apennin, le Tibre, & la Mer à laquelle elle donnoit le nom de Tyrrhene. La Toscane d'aujourd'hui est bien plus resserrée. Voyez aux Articles TOSCANE & HETRURIE.

ETSCH, les Allemands nomment ainsi la Riviere de l'Adige. En Latin *Athesis*. Voyez ADIGE.

ETSCHLAND, (l') petite contrée du Tirol le long de l'Adige dont elle porte le nom. En Latin *Athesinus Ager*. Ce petit pays s'étend depuis la source de l'Adige & le Mont

Baudrand.

Mont-Brenner au Septentrion jusqu'au territoire de Trente au Midi & a pour Capitale la Ville de Meran. Elle appartient à la Maison d'Autriche comme tout le reste du Tirol.

ETTERNACH. Voyez ECHTERNACH.
ETTINGUE. Voyez OTTINGEN.

a Le même. ETTRICH[a], en Latin *Ettricus*, petite Riviere d'Ecoffe dans fa partie Meridionale & dans la Province de Twedale, elle paffe à Selkirck & fe perd dans la Twede.

EU.

b Corn. Dict. & Memoires dreffez fur les lieux en 1703.

1. EU[b], petite Ville de France dans la haute Normandie, avec titre de Comté-Pairie, Bailliage, Election, Maîtrife des Eaux & Forêts, Château, Gouverneur, Lieutenant de Police, quatre Echevins, & Maifon de Ville. Elle eft fituée dans un vallon à fix lieuës de Dieppe, à cinq d'Abbeville, à fept de Neuchâtel, & à une petite lieuë de Tréport, d'où le reflux de la Mer remonte dans la Brefle, & dans la prairie jufqu'au pied du Château d'Eu. Cette Ville eft affez ancienne, ce que l'on connoît par fes petites Ruës étroites, & entrecoupées les unes par les autres, à l'exception de celle qui paffe au Marché. Le favant M. Huet, ancien Evêque d'Avranches, dans fon Livre de l'origine de Caën[c], dit que la Ville d'Eu fituée dans des prairies a tiré fon nom d'*Au*, *Aw*, *Awe*, & *Ou*, qui en Allemand fignifient un *Pré*. Il ajoute que les vieux Ecrivains l'appellent *Auga*, *Augum*, & *Aucum*, & les Auteurs Anglois la nomment Ou, d'où s'eft formé Eu en nôtre Langue. Dans l'enceinte de fes murailles eft une Abbaye de Chanoines Reguliers de Saint Auguftin, du titre de Saint Laurent; avec trois Paroiffes, Nôtre-Dame, Saint Jean, & Saint Jacques, gouvernées par des Chanoines Reguliers; un College de Jefuites; les Couvens des Capucins & des Urfulines; un Prieuré de Chanoineffes de Saint Auguftin, qui gouvernent l'Hôtel-Dieu pour les malades. Les Filles de la Charité, dites Sœurs grifes, y fervent l'Hôpital general. Les murailles de la Ville, une partie des Maifons, tous les Monafteres, & les Hôpitaux font bâtis de briques, & quatre ruës fe terminent à la grande place. L'Eglife des Jefuites dédiée à Saint Michel renferme les magnifiques Tombeaux de Henri Duc de Guife, furnommé le Balafré, & de la Comteffe de Cleves fon époufe. On les a élevez & differemment reprefentez en marbre, fous deux ceintres ou Arcs ouverts qui féparent à droit & à gauche le Sanctuaire des deux Chapelles qui terminent les Galeries ou Corridors de cette Eglife. Ces deux Monumens méritent la curiofité de ceux qui aiment à voir des ouvrages où les accompagnemens, & les ornemens de marbre n'ont point été épargnez. L'Eglife de Nôtre-Dame bien bâtie en croix, eft grande, belle, couverte de plomb, auffi-bien que fon clocher qui eft une groffe & haute pyramide, & elle a toute l'apparence d'une Cathedrale. On y voit dans fa longueur feize pilliers de châque côté. La nef fert de paroiffe, & les Religieux font le fervice Divin dans le Chœur, où font les Tombeaux des anciens Comtes d'Eu & celui de Saint Laurent Archevêque de Dublin en

c, 2 1. p. 37.

Irlande, qui eft reveré dans le Comté d'Eu. La Châffe où font fes Reliques eft élevée au-deffus du grand Autel, & fon Chef eft dans un bufte d'Argent. Le tréfor de cette Eglife conferve plufieurs autres Reliques avec la Mitre & l'Etole de ce faint Prélat, mort en la Ville d'Eu le 14. Novembre 1181. & enterré dans l'Eglife de l'Abbaye, alors defservie par des Chanoines Reguliers de Saint Victor de Paris, & qui l'eft prefentement par ceux de Sainte Geneviéve de la même Ville, dits de la Congrégation de France. La Ville d'Eu eft affez marchande. On y fabrique des Serges, des frocs & autres étoffes de Draperies, & l'on y fait des toilles & des dentelles; elle a deux Fauxbourgs, dont l'un eft du côté de Roüen; & l'autre avec la Paroiffe de la Trinité, eft du Diocèfe d'Amiens auffi-bien que la Chapelle de Saint Laurent fur la côte de Picardie. Le Château d'Eu a de grands appartemens bien exhauffez, de plein-pied, & en enfilade, enrichis de quantité de portraits de Princes & de Princeffes. Entre ce Château & celui que l'on nomme le Château neuf, bâti fur le chemin du Tréport, il y a un grand parterre, des avenuës & des allées d'arbres plantez à la ligne au-deffus du Canal de la Riviere de Brefle qui fépare la Normandie de la Picardie, & le Diocèfe de Roüen de celui d'Amiens depuis Aumale jufqu'à la Mer. Le territoire produit des grains, du bois à bâtir, & à brûler, & on trouve des verreries dans la forêt.

LE COMTÉ D'EU, comprend plus de cinquante Paroiffes, & Blangi, Criel & le Tréport en dépendent. [d] Il faifoit autrefois partie du Pays de Caux & s'apelle en Latin dans les anciens livres *Comitatus Aucenfis*, & en vieux François LE COMTE D'AOU, ou d'Ow. Il eft féparé de la Picardie par la Riviere de Brefle & n'appartient en rien à cette Province. Ce Comté fut érigé par Richard I. Duc de Normandie vers le milieu du X. fiécle en faveur de Guillaume fon fils naturel. Les mâles defcendans de ce Comte ont poffedé la même Terre jufqu'à la fin du XII. fiécle. Alors cette Maifon étant tombée en quenouille, Alix qui en étoit Heritiere époufa Raoul de Lezignen, qui prit le nom d'Iffoudun, & elle eut pour heritier fon fils Raoul II. qui porta auffi le nom d'Iffoudun, comme fes defcendans. Marie d'Iffoudun, heritiere de cette Maifon, porta ce Comté à fon mari le Comte de Nefle de la Maifon de Brienne: mais le Connétable de Nefle ayant été condamné comme criminel de leze-Majefté, ce Comté fut confifqué & donné à Jean d'Artois Prince du fang. Les mâles de cette Maifon d'Artois ayant fini en la perfonne de Charles Comte d'Eu, mort l'an 1471. Jean de Bourgogne Comte de Nevers, Neveu du dernier Comte d'Eu, fut, à caufe de fa mere Bonne d'Artois, heritier de ce Comté d'Eu. Jean mourut fans enfans l'an 1491. & fes grands biens pafferent dans la Maifon de Cleves: cette Maifon de Cleves tomba auffi en quenouille fous Charles IX. & la Cadette des deux Princeffes de Cleves ayant époufé Henri de Lorraine Duc de Guife, elle lui apporta en mariage entre autres Terres le Comté d'Eu que fon petit-fils vendit à Mademoifelle de Mont-

d Longueruë Defc. de la France 1. part p. 70.

penfier

penfier (pour deux millions cinq-cens mille livres en 1660.) qui la vendit au Duc du Maine dont le second fils porte aujourd'hui le nom de Comte d'Eu. Ce Comté a été depuis long tems érigé en Pairie, qui releve entiérement du Parlement de Paris. L'Archevêque de Rouen en a toûjours la Jurisdiction spirituelle, & il a à la Ville d'Eu une Officialité pour juger les causes Ecclesiastiques, tant de ce Comté d'Eu, que du Duché d'Aumale.

2. EU, c'est selon Davity une Riviere de France en Normandie; Il la nomme en Latin *Alchanus*, & ajoute qu'elle separe la Normandie de la Picardie, & qu'après avoir arrosé Aumale, Blangi, & la Ville d'Eu, elle tombe dans la Mer. Cette Riviere n'est autre que la Bresle; & Davity a donné à la Riviere le nom de la Ville.

3. EU, Riviere d'Espagne. [a] Elle sepa-re la Galice de l'Asturie, & se rend dans l'Océan auprès de Ribadeo. Quelques Géographes croient que c'est le Nabios de Ptolomée[b].

[a] Baudrand Ed.1705.
[b] L.2.c.6.

1. EVA, Ville de l'Arcadie selon Etienne le Géographe.

2. EVA, Pausanias[c] fait mention d'un fort gros Village de ce nom dans le pays d'Argos.

[c] L.2.c.38.

3. EVA, Polybe[d] nomme ainsi une Colline près de Sellasie dans la Laconie.

[d] L.2.c.66.

EVACOMIAS, Siége Episcopal, sous Becerra Metropole, dans l'Arabie selon Guillaume de Tyr cité par Ortelius; d'autres Notices dans le Recueil de Schelstrate fournissent quelque clarté pour rétablir ces noms corrompus par les Copistes. L'une[e] met dans la Syrie pour Metropole de l'Arabie Petrée la Ville de Betra (Pétra;) & lui donne entre autres sufragans, *Tricomias*, *Pentacomias*, *Exacomias*, *Enacomias* &c. Une autre[f] qui nomme cette même Metropole *Beteria*, lui donne les mêmes Siéges que je viens de marquer. Il est aisé de juger que ces Evêchez n'aiant aucune place de marque dont leur Siége portât le nom, on leur en fit un du nombre des Villages, ou Bourgades qui étoient dans leur Diocèse, les *trois*, les *cinq*, les *six*, Bourgades, &c. c'est ce que signifient les noms des Dioceses nommez ci-dessus. EVACOMIAS est aparemment pour EXACOMIAS. Une troisiéme Notice met tous ces Evêchez sous Bostra; & n'en laisse que Pentacomia à la Metropole Petra.

[e] T.2.p.766.
[f] p.770.

EVAEI. Voyez HEVE'ENS.

EVAEMON, Ville de Grece dans le territoire des Orchomeniens selon Etienne le Géographe.

EVAGIONUM CIVITAS, ou WARINACIA, Siége Episcopal de la premiere Germanie sous Mayence Métropole. C'est aujourd'hui WORMS.

EVAIN, Ville ancienne de Savoye avec titre de Comté, dans le Chablais &c. Mr. Corneille trompé par Daviti ne s'est pas aperçu que c'est la même place dont le veritable nom est EVIAN, sous lequel il donne encore un article tiré de Mr. Maty, ou ce qui est la même chose, tiré de Mr. Baudrand.

EVALENI, peuple dont parle Etienne le Géographe qui ne dit point où ils étoient; mais comme il cite le II. livre des Arabiques de Glaucus, Ortelius[g] soupçonne qu'ils étoient dans l'Arabie.

[g] Thesaur.

EVANDRIA[h], petite Ville d'Espagne dans la Lusitanie. Les modernes croient la retrouver à TALAVERA LA VEJA; Bourg de la Vieille Castille; elle n'est pas apparemment fort diferente de l'EVANDRIANA d'Antonin[i].

[h] Ptolom.l.2.c.5.
[i] Itiner.

EVANDRIUS MONS, c'est ainsi que Claudien[k] nomme le Mont Palatin, l'une des sept Montagnes de la Ville de Rome.

[k] In VI. Cons. Honor.

EVANGELORUM PORTUS, ancien port de l'Ethiopie dans le Golphe Arabique selon Ptolomée[l].

[l] L.4.c.7.

EVANTHIA. Voyez OEANTHIA.

EVARCHUS, Riviere qui servoit de bornes entre la Paphlagonie & la Cappadoce, selon Etienne le Géographe[m]: un Poëte[n] qui le donne à la Scythie dit qu'il y avoit beaucoup de Cygnes.

[m] In voce Κναυηθ..
[n] Val. Flacc.

EVARIA[o], Ville de la Phénicie du Liban. Il en est fait mention dans les Actes du Concile de Chalcedoine.

[o] Ortel. Thesaur.

EVAZA, orum[p], Siege Episcopal dont étoient Evêques Eutrope qui est nommé dans le Concile d'Ephese, & Olympius au Concile de Chalcedoine. Il étoit du Diocese de l'Asie proprement dite & avoit Ephese pour Métropole.

[p] Holsten. in Carol. a St. Paulo Geog. Sacr. p.227.

1. EUBOEA, Isle de l'Archipel. Elle s'étend en longueur le long de la Béotie depuis l'Attique jusqu'à la Thessalie, & elle est separée de la terre ferme par un Détroit qu'on apelle l'Euripe. Selon Strabon[q], elle fut nommée MACRIS, puis ABANTIS, ensuite OCHE' du nom de sa plus haute Montagne, & ELLOPIA à cause d'Ellops fils de Jupiter. Pline[r] dit qu'elle fut anciennement apellée CHALCIS, ou MACRIS, comme l'enseignent Denis & Ephorus; MACRIS selon Aristide, CHALCIS selon Callideme à cause qu'on y trouva le premier Airain; ABANTIAS, selon Menæchme; & ASOPIS dans le style des Poëtes. Son nom moderne est NEGREPONT. Les deux Auteurs que je viens de citer croient qu'elle avoit été autrefois jointe au Continent de la Béotie. Tous deux lui donnent au Midi deux Promontoires, l'un *Geræsteum*, du côté de l'Attique, l'autre *Caphareum*, du côté de la Mer. Et un autre au Nord, *Cenæum*. Ils lui donnent du moins deux mille pas dans sa plus petite largeur, & tout au plus quarante mille dans sa plus grande; cent cinquante mille pas de longueur & trois cens soixante-cinq mille pas de circuit. [s] Les Atheniens l'eurent autrefois sous leur Domination & établirent des Colonies dans Erythrée & dans Chalcide ses deux principales Villes. Philippe Roi de Macedoine n'oublia rien pour s'emparer de l'Euboée qu'il apelloit les *Entraves de la Grece*. Les Atheniens avoient un grand intérêt de ne point laisser tomber en des mains ennemies une Isle que l'on pouvoit joindre au Continent de l'Attique. Aussi Thucydide[t] dit que dans la guerre du Peloponese la revolte de l'Euboée les consterna fort, parce qu'ils en retiroient plus que de l'Attique. Après cette expedition l'Euboée se separa en deux factions. L'une reclama le secours de Thebes & l'autre celui d'Athenes. Les Thebains d'abord ne trouverent point d'obstacle & firent sans peine triompher leur faction;

[q] L.10. init.
[r] L.4.c.12.
[s] Tourril Harang. de Demosthene. Pref. & Rem. sur la III. Olynth.
[t] L.8.

mais

EUB. EUC. EUD.   EUD. EVE.   363

mais à l'arrivée des Atheniens tout changea de face. Ils repoufferent les Thebains, les chafferent, & rendirent ainfi le calme à cette Ifle. Voyez fon Etat moderne fous le nom de Negrepont.

2. EUBOEA, Ville de Sicile felon Strabon [a]. Fazel cité par Ortelius dit qu'elle eft ruinée & remplacée par une Fortereffe nommée CASTELLAZIO, Strabon en parloit déja comme d'une Ville détruite.

3. EUBOEA, Ville de l'Ifle de même nom. Strabon qui en fait mention dit qu'elle fut engloutie par un tremblement de terre; & il remarque que cette Ifle eft fort fujette à des vents fouterrains qui la secouent.

4. EUBOEA, Ville de la Macedoine felon Etienne le Geographe. Il dit que les Infulaires qui s'y en allerent furent nommez *Abantès*. Le même Auteur dit qu'il y avoit auffi dans l'Argie un lieu nommé EUBOEA. Il paroît par un paffage de Strabon qui parle de ces deux Eubées de celle de Macedoine que de celle d'Argie que cette derniere étoit une Colline[b], ou un tertre, Λόφος; & Paufanias[c] met dans le même pays une Montagne nommée EUBOEA & fans doute c'étoit la même chofe. Strabon donne auffi ſe même nom à un lieu de l'Ifle de Corcyre[d] & à un autre de l'Ifle de Lemnos.

EUBONIA, l'un des noms Latins de l'Ifle de MAN.

EUBURIATES, ancien peuple qui habitoit vers la côte de Gènes, felon Pline[e]; Florus en fait auffi mention[f].

1. EUCARPIA, Ville d'Afie dans la grande Phrygie felon Ptolomée[g] & Strabon[h], & dans la Phrygie falutaire felon les Notices Ecclefiaftiques. C'étoit une Ville Epifcopale. Pline[i] nomme EUCARPENI fes habitans.

2. EUCARPIA, Château de la Sicile felon Etienne le Géographe.

EUCHATÆ. Voyez SCYTHES.

EUCHRATIDA, Ville de la Bactriane felon Etienne le Géographe. Ptolomée dit EUCHRATIDIA.

EUDÆMON, on a apellé ainfi l'ARABIE HEUREUSE.

EUDALA, ancienne Ville Epifcopale d'Afrique dans la Province Proconfulaire, felon Victor d'Utique. La Notice d'Afrique nomme Victor Evêque de ce lieu. De favans hommes ont démontré que c'eft une faute des Copiftes & que ce Siége eft le même place que Ptolomée nomme THEUDALE. Voyez ce mot.

EUDEMIA, petite Ifle de la Mer Egée dans le Golphe Thermèen, felon Pline[k].

EUDON, Riviere de la Carie felon Pline[l].

EUDOSES[m], peuple ancien de la Germanie compris autrefois fous les Sueves Septentrionaux. Ils habitoient la partie de la Pomeranie où font les Villes de Stralfund & de Bard, c'eft-à-dire, la partie la plus Occidentale. Le Temple de *Herta* fi revéré des Germains rendoit leur pays celebre. Il étoit dans une Ifle de la Mer Baltique, & cette Ifle étoit commune à fept peuples. *Bunitium* que tous les Géographes expliquent par Stralfund étoit leur principale retraite.

EUDOXIANA, Ville du Pont dans la Galatie felon l'ancienne verfion Latine de Ptolomée. Metaphrafte dans la Vie de St. Théodore parle d'EUDOXIAS dans la même contrée & il eft fait mention d'EUDOCIA dans le Concile d'Ephefe.

§. Le P. Charles de St. Paul[n] diftingue trois Villes, l'une eft

1. EUDOCIAS, *adis*, ou EUDOXIAS *adis*, Ville Epifcopale de la Lycie & il foupçonne qu'Aquilius Evêque d'Eudoxias qui affifta au fixiéme Concile Romain fous Symmaque étoit Evêque de ce lieu. Holftenius[o] trouve Photius Evêque des Eudoxates de la Province des Lyciens au Concile de Conftantinople fous Mennas.

2. EUDOXIAS[p], Ville Epifcopale de la feconde Pamphylie. Timothée Evêque de Termeffe & d'Eudoxias foufcrivit au Concile d'Ephefe[q] : on trouve encore Innocent Evêque de la Pamphylie Eudoxiane dans l'Epitre Synodale de cette Province. Thermefle a en quelque temps fon Evêque particulier ; mais ce Siége a été quelquefois uni avec celui d'Eudoxias, & même avec un troifiéme Siége nommé Jobia. Sabinien Evêque de ces trois Eglifes foufcrivit au Concile de Chalcedoine fous Flavien.

EUDOXIOPOLIS[r], Ville Epifcopale de Pifidie felon la Notice de Hierocles. Holftenius[s] dit que Philippe fut transferé de l'Eglife d'Apamée en Afie à cette Eglife, au raport de Nicephore Califte[t] qui dit qu'elle avoit été autrefois apellée SALAMBRIA ; & Romain fon Evêque eft nommé au Concile[v] de Chalcedoine.

EUDRACINUM, Ville entre les Alpes felon Antonin[x] à moitié chemin entre le grand St. Bernard (*Summus Penninus*) & Aoufte (*Augufta Pretoria.*)

EUDRAPA, Ville de la Mefopotamie, felon Ptolomée[y].

EVEA, ou fimplement EVE, ancien nom de BYRLOS Ville de Phénicie. Voyez ce mot.

EVELGIA, Ville dont Hecatée fait mention dans fa Periegefe, ou Defcription, felon Etienne le Géographe dans le livre duquel la pofition de cette Ville n'eft point marquée.

EVENITÆ, peuple de l'Egypte qui adoroit un poiffon nommé Φυχρος par les Grecs, & que Rondelet[z] apelle *Pagre*. St. Clement d'Alexandrie[a] fournit ce nom, & comme Elien & Plutarque[b] attribuent le même culte aux Syenites, c'eft-à-dire, aux habitans de Syéne, il y a lieu de croire, comme le conjecture Ortelius, que le mot EVENITÆ, n'eft qu'une faute d'Orthographe dans les Oeuvres de St. Clement Alexandrin au lieu de SYENITÆ.

1. EVENUS, Riviere de l'Afie mineure. Pline[c] dit que les Villes de Lyrneffe & Milet qui ne fubfiftoient déja plus de fon temps, avoient été fur fes bords, & Strabon[d] dit que les habitans d'Adramytte faifoient venir l'eau de cette Riviere par des Canaux.

2. EVENUS, Riviere de l'Europe dans la Grece. Elle couloit dans l'Etolie & elle feparoit la Province qui portoit proprement ce nom & qui pour cela étoit nommée *Ætolia vetus*, d'avec l'Etolie ajoutée, ou les conquêtes des Etoliens. C'eft aujourd'hui la Riviere de FIDARI que quelques-uns nomment

FIDARI

FIDARI confondans l'article avec le nom. Mr. Corneille est de ce nombre.

a L. 11. p. 568.

EVERCE, Strabon *a* dit que l'Isaurie avoit deux Villages de même nom & desquels dependoient plusieurs autres Villages qui étoient des repaires de brigans ; mais outre le nom commun à ces deux Villages qui étoit ISAURIA, il ajoute ceux de PALÆA qui pourroit être une Epithete aussi-bien qu'un nom propre, & signifie *l'ancienne* ; & le mot d'EVERCE peut aussi-bien être le nom propre de l'un de ces lieux qu'une Epithete, qui veut dire *bien muni, bien fortifié*. Ainsi les uns entendent Strabon comme s'il eût dit : Ensuite vient l'Isaurie qui a deux Villages de même nom : l'ancien est nommé Everce. D'autres l'expliquent en distinguant ce dernier, & lisent comme s'il y avoit : Ensuite vient l'Isaurie qui a deux Villages de même nom & celui d'Evercé qui est appellé l'ancien. Cette seconde Interpretation est celle qu'ont choisie les Auteurs de la Traduction Latine attribuée à Guarini de Verone & à Gregoire Tiphernate. Casaubon traite de faute puerile le doute où Xylandre a été, savoir lequel des deux, ou Palæa ou Everce étoit le nom propre. Xylandre étoit pour le dernier ; Casaubon au contraire croit que c'est Palæa sur ce qu'il trouve dans un autre passage de Strabon *Palæa Isauria*.

EVERENSIS, ou plutôt, ENERENSIS, Siége Episcopal d'Afrique duquel il est fait mention dans la Conference de Carthage. On ne sait dans quelle Province il étoit.

EVERGETÆ, ancien peuple de l'Asie dans le voisinage de la Drangiane. Au lieu de ce nom on lisoit autrefois dans Pline *b* ARGETÆ auquel le R. P. Hardouin *c* a substitué le vrai nom, sur l'autorité de Strabon *d* qui dit qu'Alexandre le Grand sortant de la Drangiane alla chez les Evergetes : Or Pline à l'endroit cité joint ensemble les Dranges & les Evergetes, ce qui est d'autant plus remarquable en cet endroit qu'il ne suit point l'ordre Alphabetique, qu'il affecte quelquefois. Les anciens conviennent que ce fut Cyrus qui leur donna le nom d'Evergetes ; c'est-à-dire, un nom équivalent ; car ce mot est Grec, & exprime dans cette Langue celui d'OROSANGÆ dont se servoient les Perses, & tous deux signifient en François *Bienfaisans* & *bienfaiteurs*. Diodore de Sicile dit que Cyrus, celui qui transporta aux Perses l'Empire des Medes, s'étant engagé dans un desert, où les vivres venant à manquer la famine fut si affreuse dans son armée que ses Soldats étoient réduits à se nourrir de la chair de leurs Camarades ; les ARIMASPES lui amenerent trente mille Chariots de vivres & que ce secours inesperé ayant sauvé l'armée, Cyrus par reconnoissance voulut qu'à l'avenir ils fussent exempts de toutes sortes de tributs, les combla de marques de sa liberalité & leur changea leur ancien nom d'Arimaspes en celui d'Evergetes. Alexandre étant arrivé chez eux éprouva à son tour leur honnêteté, & leur marqua sa gratitude. Strabon dit *f* de même, mais sans aucune circonstance, qu'Alexandre passa du pays des Dranges à celui des Evergetes ; Justin s'accorde avec lui sur ce point *g* & Arrien *h* dit aussi qu'on les nomma Evergetes parce qu'ils lui avoient fait plaisir, mais il prétend

b L. 6. c. 23.
c L. c. Emend. 15.
d L. 15. p. 724.

e Biblioth. l. 17.

f L. 15. p. 724.
g L. 12. c. 5.
h De Expéd. Alex. l. 3.

qu'ils se nommoient auparavant AGRIASPES ; ce qui peut être une faute des Copistes qu'il a été d'autant plus facile de faire que ces deux mots ne different que par la transposition & le changement d'une seule lettre. Voyez ARIMASPES.

EVERSCHOP, petite contrée du Duché de Sleswick au Nord de l'Embouchure de l'Eyder. Elle contient six Paroisses formées de Villages & de Maisons de Campagne, & appartient au Duc de Holstein, comme tout le reste de l'Eydersted Bailliage dont elle fait partie.

EVESHAM, (Mr. Corneille dit mal EVESHOLME par une terminaison Suédoise) Ville d'Angleterre en Worcestershire, sur l'Avon. C'est une Ville Marchande qui envoye ses Deputez au Parlement. Elle a eu autrefois beaucoup plus d'éclat à cause d'une fameuse Abbaye à laquelle elle doit son origine & qui fut fondée par St. Egwin Evêque de Worcester sur une revelation *i* dans laquelle la Ste. Vierge lui apparut lors qu'il étoit dans une solitude où il y avoit une petite Chapelle ; & lui ordonna de fonder un Monastere. Il le bâtit au lieu même où il avoit eu cette vision.

i Act. Bened. Sæc. 3. part. 1. p. 330.

EUFRATE. Voyez EUPHRATE.

EUGANEI, ancien Peuple d'Italie vers les Alpes. Tite-Live leur assigne une demeure diferente de celle qu'ils eurent dans la suite. Voici le passage : on sait assez qu'Antenor accompagné d'une multitude d'Henetes qui chassez de Paphlagonie par une sedition cherchoient une retraite & un chef après avoir perdu leur Roi Pylæmen devant Troye, vint au fond du Golphe Adriatique & ayant deposté les Euganéens qui habitoient entre les Alpes & la Mer, les Henetes & les Troyens occuperent ce terrain, ... toute la Nation fut nommée (*Veneti*) Venitiens. C'est pour cela que les Poëtes donnent souvent au pays des Venitiens en general le nom des Euganéens ses anciens possesseurs. Silius *l* dit :

l L. 1. c. 1.

l L. 8. f. 603.

Tum Trojana manus, tellure antiquitus orti
Euganea, profugique sacris Antenoris Oris.

Martial *m* dit :

m L. 4. Ep. 24.

Quæque Antenoreo Dryadum pulcherrima Fauno
Nupsit ad Euganeos sola puella lacus.

Sidoine Apollinaire :

Paneg. Anthemii v. 189.

Quidquid in ævum,
Mittunt Euganeis Patavina volumina chartis.

Mais comme cette migration est fort ancienne, il n'y a gueres que les Poëtes qui ayent entendu par ce nom l'ancienne demeure de ce peuple, qui l'ayant perduë se jetta dans les Alpes & s'établit entre l'Adige & le Lac de Côme. Pline dit qu'ils avoient le droit du *Latium*, c'est-à-dire, les mêmes droits que cette Province. Il nous apprend aussi que Caton leur attribuoit XXXIV. Villes. Le même Pline ajoute qu'ils tiroient leur nom des

avan-

EUG. EUH. EVI.   EVI. EUL.

avantages de leur naiſſance ; en effet ſelon la remarque du R. P. Hardouin Εὐγένειοι, ou Εὐγενὴς ſignifie *bien nez*. Les *Triumpilini* dont le pays eſt aujourd'hui la Vallée de *Troppia* : les *Camuni* qui occupoient la vallée de *Camonica* faiſoient partie de ce peuple. Ils bâtirent la Ville de Verone ; mais il y a bien de l'apparence que le nom de leur Capitale s'eſt conſervé dans celui de LUGANO ſur le Lac de même nom, entre le Lac Majeur (*Maggiore*) & celui de Côme. Le P. Briet [a] les diſtribue ainſi en Peuples & en Villes.

[a] Paral. l. part. l. 5. p. 547.

Les Euganéens avoient

pour Peuples
- Vennones aujourd'hui *Val Venoſca*.
- *Triumpilini* — *Val di Troppia*.
- *Camuni* — *Val di Camonica*.
- *Rugusci* & *Rigusci* dans le Trentin.
- *Suanetes* au Village de *Zuan*.
- *Brixentes* à la Ville de *Brixen*.
- *Calucones* dans l'*Engadine*.
- *Stoni* ou *Stoeni* au Village de *Stor*.

pour Villes
- *Anonium* ou *Ananunia* aujourd'hui *Non*, ou *Nan*.
- *Garda* ou *Lagare* — *Garde*.
- *Tuſculanum* — *Tuſculano*.
- *Maternum* — *Maderno*.
- *Sabium* — *Sabio*.
- *Voberna* — *Boarno*.
- *Vannia* — *Cividado*.
- *Telium* — *Tellio* d'où vient le nom de la Valteline.
- *Clavena* — *Chiavena*.

pour Rivieres
- *Ollius* — l'*Oglio*.
- *Addua* — l'*Adda*.
- *Ubartus* — le *Brembo*.
- *Humatia* — le *Serio*.
- *Mella* — la *Mela*.
- *Cluſius* — la *Chieſe*.
- *Sarraca* — la *Sarca*.

pour Lacs
- *Larius* — de *Côme*.
- *Sevinus* ou *Sebinus* — d'*Iſeo*.
- *Edrinus* ou *Edranus* — d'*Idro*.

pour Montagne
- *Brennus* — *Manina*.

Mr. Baudrand [a] leur aſſigne pour demeure le Breſſan & le Bergamaſque.

[a] Edit. 1705.

EUGENIUM, Ville de l'Illyrie ſelon Tite-Live [b].

[b] L. 29. c. 12.

EUGIA, petite contrée de l'Arcadie ſelon Etienne le Géographe.

EUGITANA, nom d'une Province de l'Afrique que l'on appelloit ordinairement la Province PROCONSULAIRE. Ce mot eſt apparemment corrompu de ZEUGITANA qui étoit auſſi un de ſes noms.

EUGOA, Ville de l'Ethiopie ſous l'Egypte ſelon Pline [c] dans les anciennes Editions. Le R. P. Hardouin lit AGUGO.

[c] L. 6. c. 29.

EUGUBIO. Voyez GUBIO.

EUHIPPA. Voyez THYATIRE.

EUHYDRIUM, Ville de Theſſalie ſelon Tite-Live [d].

[d] L. 32. c. 13.

EVIA, Ville de Macedoine ſelon Ptolomée [e] qui la donne aux Deſſaretiens.

[e] L. 3. c. 13.

EVIAN [f], en Latin *Aquianum*, petite Ville du Duché de Savoye dans le pays de Chablais & ſur le bord du Lac de Geneve à deux lieues de Thonon, & à cinq d'Ivoire & à quatre de Lauſanne vers le Midi.

[f] Baudrand Edit. 1705.

EVII, peuple ancien d'Italie dans la Ligurie ſelon Etienne le Géographe.

EVILA, EVILAT, ou EVILATH. Voyez HEVILA.

EVIPPE, Village de la Carie ſelon Etienne le Géographe. Ortelius reprend Baronius de l'avoir confondu avec HYPÆPA.

EVISSE, c'eſt ainſi que quelques Géographes nomment en François l'Iſle d'IVIÇA. Voyez ce mot.

☞ EVITE, les gens de mer entendent par ce mot la largeur que doit avoir le lit d'une Riviere pour le libre paſſage des Vaiſſeaux.

EULAC [g], petite Riviere de Suiſſe au Canton de Zurich. Elle a ſa ſource aux confins du Thurgow aux environs d'Elg, & coulant d'Orient en Occident elle paſſe au Midi de Winterthur, & peu après ſe perd dans la Toſs.

[g] Schuchzer Cartes de la Suiſſe.

EULÆUS. Voyez l'Article d'EULÉE.

EULAND. Voyez OELAND.

EULEE, (l') Riviére d'Aſie dans la Suſiane. On ne doute point que ce ne ſoit la même que le VLAI nommé dans la Prophetie de Daniel [h]. Pline [i] dit qu'il baignoit la Citadelle de Suſe ; Herodote [k] nomme CHOASPE le fleuve qui paſſoit à Suſe. C'eſt ce qui a fait naître une diſpute entre les Savans, ſavoir ſi l'Eulée & le Choaſpe ſont une même Riviere, ou deux Rivieres differentes. Pline qui les fait venir l'une & l'autre de la Medie, les diſtingue en faiſant tomber le Choaſpe dans le Paſi-

[h] c. 8. v. 16.
[i] L. 6. c.
[k] L. 1. c. 188.

Pasitigris avec lequel il se repand dans les Lacs de la Chaldée; & il fait couler l'Eulée dans le Lac de Charax dans lequel le Pasitigris se decharge aussi. Strabon [a] raporte un autre sentiment qui est celui de Polyclete, à savoir que le Choaspe, l'Eulée, & aussi le Tigre se joignent dans un certain Lac & vont ensemble à la Mer. Ainsi Polyclete distingue ces Rivieres & dit de leur sortie dans un même Lac presque la même chose que Pline, excepté que ce dernier est un peu plus embrouillé dans ce qui regarde son Pasitigris & les Lacs de la Chaldée, comme il les appelle. Saumaise [b] croit au contraire que l'Eulée & le Choaspe sont la même Riviere nommée d'une maniere près de sa source & d'une autre lors qu'elle sort de dessous de la terre, où elle se cache un intervale de chemin. Car Pline [c] dit: l'Eulée ayant sa source dans la Medie & se cachant dans un souterrain d'un espace mediocre, en ressort & traversant la Mesobatene fait le tour de la Forteresse de Suse. Mais comme il ne se cache qu'un court espace on pourroit avec Saumaise douter s'il n'a pas un de ces deux noms depuis sa source jusqu'à l'endroit où il se perd sous la terre, & un autre nom depuis l'endroit où il recommence à paroître. On ne peut pas nier qu'il n'ait deux sources. Ptolomée lui en donne deux, l'une dans la Susiane à 35. d. de latitude, l'autre dans la Medie à 38. d. de latitude. Que dirons-nous à cela? dit Saumaise. L'Eulée auroit-il sa source dans la Medie, se cacheroit-il ensuite pour reparoître dans la Susiane? il n'y a rien de plus vraisemblable. Ce sentiment peut être fortifié de plusieurs raisons. Ce que l'on dit du Choaspe convient à l'Eulée. Herodote [d] dit qu'il passe à Suse, que les Rois n'usoient point d'autre eau que de la sienne, que même après l'avoir fait bouillir ils en portoient avec eux une provision lors qu'ils faisoient de longs voyages. Pline dit de même de l'Eulée qu'il entoure la Forteresse de Suse & le Temple de Diane lequel est en grande veneration à ces Peuples, que luimême il en est fort estimé, que les Rois ne boivent point d'autre eau & que pour cela ils en portent fort loin. Il fait venir de la Medie le Choaspe & l'Eulée. Ptolomée qui ne parle que de l'Eulée ne connoît point le Choaspe, & il n'est pas rare qu'une Riviere ait deux noms, comme l'Ister & le Danube, *Vierra & Visurgis*, l'un près de sa source, l'autre plus loin. Il y a bien de la dificulté touchant la maniere dont cette Riviere arrive à la Mer. Pline [e] dit: le Lac que forment l'Eulée & le Tigre auprès de Charax & ailleurs: le Tigre reçoit le Choaspe qui vient de la Medie. Mais Ptolomée donne à l'Eulée une embouchure dans la mer, à près de 50. milles d'Allemagne de l'embouchure Orientale du Tigre: il fait plus, il fait couler entre le Tigre & l'Eulée une Riviere qu'il apelle Mosæe. Cela fait une contradiction. D'ailleurs Arrien dit [f] que l'on coupa un Canal de communication entre le Tigre & l'Eulée. Ils n'étoient donc pas si éloignez l'un de l'autre; car comment auroit-on pu creuser un si long Canal & le rendre navigable? Voici les passages d'Arrien. Ayant fait aborder sa Flote au pays des Susiens, il monta sur ses vaisseaux avec des Soldats armez de boucliers & avec l'Avant-garde il s'avança vers la mer descendant l'Eulée & quand il fut près de l'Embouchure par laquelle cette Riviere se jette dans la Mer, laissant la plupart de ses vaisseaux & ceux qui étoient endommagez, il s'avança lui-même avec les barques les plus legéres, & naviga PAR MER depuis l'Eulée jusqu'à l'embouchure du Tigre. Les autres navires se rendirent par l'Eulée dans le Canal que l'on a mené du Tigre jusqu'à cette Riviere & entrerent ainsi dans le Tigre. Le même Auteur ajoute peu après: Alexandre ayant doublé par mer tout l'espace du Golphe Persique entre l'Eulée & le Tigre remonta cette derniere Riviere jusqu'à son camp; c'està-dire, jusqu'au lieu où Ephestion étoit avec l'Armée. On voit par ce recit d'Arrien que l'Eulée est une Riviere qui coule jusqu'à la mer, où elle a son embouchure independante; qu'outre cela elle communiquoit au Tigre par un Canal: on voit de plus que ce Canal de communication ne devoit pas être fort éloigné de l'Embouchure de ces deux Rivieres. Ceci posé, il est dificile de comprendre comment entre l'Eulée & le Tigre il y avoit le fleuve Mosæe à qui Ptolomée donne une embouchure dans la Mer; & comment il pouvoit traverser ce Canal dont les eaux se seroient écoulées pour lors, desorte qu'il n'auroit plus été navigable. Peut-être que Ptolomée a manqué d'exactitude & que le Mosæe se repandoit dans le Tigre, ou dans l'Eulée audessus du Canal. C'est le doute de Cellarius [g] de qui j'ai emprunté presque tout cet article. Voyez au mot PASITIGRE, combien les Historiens d'Alexandre ont brouillé les noms de ces Rivieres.

EULEPA, EULEPAR ou EULAPA, Ville ancienne de Cappadoce, selon Antonin [h].

EULI [i], Montagne de Suisse au Canton d'Ury. Au-dessus de l'Euli il y a un Lac dont l'eau aussi-tôt qu'elle est sortie se perd dans la terre & en sort de nouveau proche du grand Lac.

EULYSIA, Pays de la Scythie vers le Palus Méotide, selon Procope cité par Ortelius [k].

EUMENIA, Ville de la grande Phrygie selon Strabon [l], Ptolomée [m] & Etienne le Geographe. Elle portoit le nom d'Eumene son Fondateur, selon Eutrope [n]. Pline dit [o] qu'elle étoit sur le Cludrus, Riviere qui tomboit dans le Caïstre ou dans le Méandre; car cette Riviere n'est pas assez connue pour que l'on sache, où elle aboutissoit. Elle est nommée EUMENIA dans Pline, Ptolomée & Eutrope; & dans la Notice de Hierocles; mais dans Etienne le Geographe & dans la plupart des Notices Ecclesiastiques elle est nommée EUMENEIA. C'étoit une Ville Episcopale, & ces Notices la mettent dans la Phrygie Capatienne. Il est bon au reste d'avertir que lors que Strabon dit : les environs d'Amorium & d'Eumenia, que ses Interpretes Latins rendent par *Regio circa Amorium Eumeniamque* ; il ne faut pas l'entendre comme si cet Auteur avoit mis ces Villes proche l'une de l'autre. Au contraire ces Villes étoient assez éloignées; mais il faut les separer en disant les environs d'Amorium & ceux d'Eumenia.

§. Cel.

EUM. EUN. EVO.   EVO. EUP.

§. Cellarius [a] de qui j'ai emprunté la plus grande partie cet article, met cette Ville dans la Phrygie & croit qu'elle n'étoit point diferente de celle de la Carie de laquelle Pline dit qu'elle étoit sur le Cludrus ; le R. P. Hardouin parle dans la même supposition. Etienne le Geographe les distingue ; & compte trois Eumenies. I. EUMENIE dans la *Phrygie* ; II. EUMENIE dans la *Carie*, & III. EUMENIE près de l'Hyrcanie. Pline [b] fournit une IV. EUMENIE dans la *Thrace* sur les confins de la basse Moesie.

EUMINACUM, Ville de la Moesie selon Antonin [c] qui compte XXIV. mille pas delà à *Viminacum*.

EUMOLPIDÆ, peuple d'une des Tribus de l'Attique selon Ortelius.

1. EUNÆ, Ville de l'Argie dans le Péloponese, selon Etienne le Géographe.

2. EUNÆ, Ville de la Carie, selon le même.

EUNÆUS, Riviere de la Carie, selon le même. Il y a des Savans [d] qui croient que c'est l'Eudon de Pline.

EUNENO, Riviere dont il est parlé dans la Vie de St. Bertulphe. Ortelius juge que ce peut être l'Aa Riviere de Flandres qui a son embouchure à Gravelines.

EUNOSTI, Port d'Egypte près de Pharos, selon Strabon cité par Ortelius.

EVODUNUM, petite Ville forte de l'Ecosse Meridionale : Elle a été aussi nommée STEPHANODUNUM selon Mr. Baudrand [e], & EVODUNUM selon Mr. Corneille. On convient que son nom moderne est DUNSTAFAG.

EVOENUS, ancien nom d'une Isle de la Mer Egée. Pline [f] nous apprend qu'elle fut ensuite nommée Peparethus. Ovide [g] en parle sous ce dernier nom & la vante à cause de la quantité d'Olives qu'elle portoit. Le nom d'*Evoenus*, en Grec Ευοινος, signifie qu'elle étoit fertile en bon vin. Son nom moderne est PIPERI, selon le R. P. Hardouin.

EVOLA, (l') petite Riviere d'Italie dans l'Etat de l'Eglise [h], dans la Campagne de Rome & dans le pays de la Marine. Elle a sa source au territoire de Piperno, & se rend dans les marais Pontins, près de Monte Circello. Les Anciens l'ont connue sous le nom d'AMASENUS ; & l'on croit que c'est la même Riviere qui est nommée LIGULA dans les Actes de St. Cesaire Martyr. Voyez AMASENUS.

EVOLI, Ville d'Italie au Royaume de Naples dans la Principauté d'en deçà. Elle est petite, mais ornée du titre de Duché, à six mille pas du Golphe de Salerne au Levant, à quinze de Salerne & à six de la Riviere de Selo, & de la Ville de Campagne. [i] Léandre écrit EBOLI. Voyez l'Article EBURINI, peuple qui n'a rien de commun avec EVOLI, quoique des Savans aient cru que c'étoit la même chose.

1. EVONYMIA, Ville de la Carie selon Etienne le Geographe.

2. EVONYMIA, Village de l'Attique selon le même. Hesyche dit qu'il étoit de la Tribu Erechtheïde.

EVONYMITE, peuple d'Egypte voisin de l'Ethiopie, selon Etienne le Geographe. Ptolomée le place dans l'Ethiopie même, en quoi il s'accorde avec Pline qui apelle EVONYMITON la premiere contrée de l'Ethiopie sous l'Egypte.

EVONYMOS. Voyez USTICA.

1. EVORA [k], en Latin *Ebora*, *Eburia*, & *Libertas Julia*, Ville de Portugal dans la Province d'Alentejo, dont elle est la Capitale, avec un Archevêché érigé par le Pape Paul III. en l'année 1540. & une Université érigée par le Cardinal Henri qui fut ensuite Roi de Portugal. Elle est située entre de petites Montagnes, & fut prise en 1663. par les Castillans commandez par Dom Jean d'Autriche ; mais ils en furent chassez peu après par les Portugais qui reprirent la Ville. Elle est à huit lieues de la Guadiane, & à seize lieues de Badajox au Couchant en allant vers Lisbonne dont elle est à dix-neuf lieues.

2. EVORA [l], *Ebora*, Bourg presque ruïné, dans l'Andalousie, Province d'Espagne à l'embouchure du Guadalquivir. Quelques-uns le prennent pour l'ancienne *Ebora* Ville des Turdules, que d'autres placent à Rota, Bourg de la même Province, entre l'embouchure du Guadalquivir & de la Baye de Cadix.

3. EVORA DE ALCOBAÇA. Voyez ALCOBAÇA.

4. EVORA DE MONTE [m], en Latin *Ebora alta*, Bourg de Portugal sur une Montagne dans la Province d'Alentejo à deux lieues d'Extremos en allant vers la Ville d'Evora dont il n'est qu'à cinq lieues. Il est remarquable par la Victoire que les Portugais y remporterent en 1663. contre les Castillans qui y furent défaits.

EVORAS, bois de la Laconie, selon Pausanias [n]. Il étoit près du Mont Taigete & nourrissoit beaucoup d'animaux farouches, sur tout des chevres sauvages. L'espace entre le Taigete & ce bois étoit nommé *Thera*.

EVORIA, lieu de l'Epire selon Sofomene [o]. Elle semble avoir été nommée DONATIANA, du nom de Donat son Evêque, selon Caliste cité par Ortelius.

EUPAGIUM, Ville du Peloponese, selon Diodore de Sicile [p].

EUPALIA, selon Etienne le Géographe Ville de la Locride. Pline [q] la met dans le pays des Locres Ozoliens. Artemidore & Tite-Live [r] font aussi mention d'Eupalium qui est la même chose.

1. EUPATORIA, Ville du Pont au confluent des Rivieres l'Iris & le Lycus [s]. Strabon dit que son premier fondateur lui avoit donné son nom & l'avoit appellée Eupatoria ; il n'étoit pas encore achevée lors que Pompée le grand (*Magnus*) la peupla & lui donna un territoire, & la fit nommer MAGNOPOLIS. Elle est differente de celle dont il est parlé dans l'article suivant.

2. EUPATORIA, autre Ville du Pont que [t] Mithridate fonda auprès d'Amisus, & dont il fit le lieu de sa Résidence. Elle étoit sur la côte, au lieu que celle de l'article precedent étoit dans une campagne au confluent du Lycus & de l'Iris. Pline dit qu'après que Mithridate eut été vaincu, cette Ville fut nommée POMPEIOPOLIS. C'est aujourd'hui AMID.

3. EU-

3. **EUPATORIA**, selon Ptolomée[a], ou **EUPATORIUM** selon Strabon[b], Place forte de la Chersonnese Taurique. Ce dernier lui donne pour fondateur Diophante qui commandoit l'armée de Mithridatè.

[a] L. 3. c. 6.
[b] L. 7. p. 312.

EUPHORBENI, ancien peuple de la Phrygie selon Pline[c].

[c] L. 5. c. 29.

EUPHRATE[d], (l') grand fleuve d'Asie, l'un des plus celebres de toute la Terre. Il tire sa source du Mont Ararat dans l'Armenie, & est appellé *Morat* par les Turcs, & *El-farat* par les Arabes. Lors qu'il est sorti des confins de cette Province, il lave la Ville El-bir, bâtie sur le rivage de la Mesopotamie; & après plusieurs journées, il vient jusqu'à la Province d'Auxa, d'où ayant arrosé quantité de Bourgs il passe par devant Hella, à plus d'une journée de chemin de Babylone. De là il coule vers la Ville d'Aria, où sa course lente & naturelle est troublée par le reflux que la violence du Golfe Persique fait faire à ses eaux, quoiqu'il en soit encore éloigné de trente lieues. Enfin auprès du Bourg appellé Cornet, distant de la Mer d'environ vingt lieues, il se joint au Tigre. Son cours est très-agréable par de vastes plaines, dans un Canal dont les deux rivages sont toûjours verdoyans de palmes ou d'autre verdure. Ses eaux sont très-salutaires, & les Arabes en boivent, persuadés qu'elles ont la vertu de les guérir de toutes sortes de maux. Elles sont neanmoins quelque peu troubles, & même lors qu'elles arrivent au milieu du Desert, comme elles se mêlent avec quantité de Limon qu'on s'y rencontre, elles deviennent jaunâtres, & cette couleur les fait reconnoître plusieurs milles avant dans le Golfe Persique. Il n'est pas beaucoup profond, si ce n'est lors qu'il est enflé des pluyes ou des neiges fondues d'Armenie. Mr. d'Herbelot[e] fait au mot FORAT, qui est un des mots de l'Euphrate, plusieurs observations curieuses que voici. Il est divisé par les Arabes en grand & en petit.

[d] *Corn. Dict. Le P. Philippe Voyage d'Orient.*

[e] *Biblioth. Orient.*

Le GRAND EUPHRATE, est celui qui prenant sa source dans les Monts Gordiens, se décharge dans le Tigre près d'Anbar & de Felougiah.

Le petit, dont le Canal est souvent plus gros que celui du grand, prend son cours vers la Chaldée, passe par Coufah, & va se décharger aussi de ses eaux dans le Tigre (après en avoir laissé néanmoins une grande partie dans les marais des Nabathéens) entre Vasseth & Naharvan, en un lieu nommé aujourd'hui Carna, parce qu'il est à la Corne, c'est-à-dire, le Confluent de ces deux Rivieres. De ce petit Euphrate l'on passe dans le grand par un Canal que Trajan fit creuser : c'est la *Fossa Regia*, ou le *Basilius Fluvius* des Grecs & des Romains, que les Syriens ont appellé NAHARMALCA, par où l'Empereur Severe passa pour aller assieger la Ville de Ctesiphon sur le Tigre. Les Historiens de Perse disent que Manugeher un des Rois de leur premiere Dynastie fut celui qui fit travailler le premier à partager les deux Fleuves du Tigre , & de l'Euphrate en plusieurs branches, pour empêcher leurs inondations. Les Rois de Perse ses Successeurs, & les Kalifes mêmes y ont aussi fait travailler à plusieurs reprises, sans que tous les grands ouvrages qu'ils y ont fait faire, ayent pû empêcher que le terroir de Coufah, & de Vasseth, & de plusieurs autres Villes de la Chaldée, ne soient inondez tous les ans à peu près comme l'Egypte. Ce fleuve est souvent appellé par les Arabes, aussi-bien que par les Hebreux, NAHAR ou NEHER, c'est-à-dire, *le Fleuve* par excellence; de même que les Persans appellent le Gihon ou Oxus, ROUD qui signifie la même chose que Nahar. L'Euphrate est souvent aussi appellé par les Arabes NAHAR COUFAH, le Fleuve de Coufa.

La Topographie de l'Euphrate est naturellement liée avec celle du Tigre. Mr. Huet a tâché de debrouiller l'une & l'autre dans son Traité de la situation du Paradis terrestre[f]. Voici comme il traite cette matiere.

[f] c. 6. p. 72. & seq.

L'EUPHRATE a sa source dans la grande Armenie, au côté Septentrional du Mont Abos, qui est une branche du Taurus. Le Tigre a la sienne dans le même Pays, au côté meridional du Mont Niphate, autre branche du Taurus. Ces deux sources sont éloignées l'une de l'autre de plus de cent lieues. L'Euphrate prend sa course du côté de l'Occident, le Tigre du côté de l'Orient : & ils enferment la Mesopotamie, l'une des plus fameuses & des plus fertiles contrées de la terre. Ils se joignent ensuite par plusieurs Canaux, qui enferment l'ancienne Babylonie. Puis ne faisant plus qu'un même lit, ils s'avancent vers le Midi & avant que de tomber dans le Golfe Persique, ils se separent de nouveau & enferment dans leurs bras une grande Isle, qui s'appelloit autrefois *Messene*, & qui s'appelle presentement *Chader*. Du temps de Moyse la face de ce Pays étoit bien différente de ce qu'elle a été depuis, & de ce qu'elle est aujourd'hui: l'industrie des hommes, la puissance des Rois d'Assyrie, de Babylone, d'Egypte & de Perse, des Princes Grecs, & des Caliphes, qui ont été maîtres tour à tour de ces contrées, la longueur du temps, la violence de la mer, & les debordemens des Rivieres, y ayant apporté de grands changemens. Des cinq canaux qui portent l'eau de l'Euphrate dans le Tigre, & dans divers Lacs, quatre ont été faits par le travail des hommes: il n'y a que celui qui traversoit la grande Ville de Babylone, qui soit naturel. Il semble que cela ne s'accorde pas avec l'opinion de quelques anciens Auteurs, qui ont écrit que l'Euphrate entroit dans la mer, du côté du Couchant, par une embouchure qui lui étoit particuliere, & différente des deux, qui lui ont depuis été communes avec le Tigre. D'où l'on pourroit conclure que , du temps de Moïse, l'Euphrate ne se joignoit point au Tigre. Ces Auteurs ajoûtent que ce Canal à force d'être saigné & detourné par les Arabes Scenites, pour arroser leur terroir sec & sterile, est demeuré si foible, & si extenué, qu'il n'a pû continuer sa course jusqu'à la mer, comme il est arrivé au Rhin par les frequentes Coupures, que lui ont faites les Hollandois. Mais un grand Fleuve, comme l'Euphrate, enflé de plusieurs Rivieres, & qui se grossissoit tous les Etez des neiges fondues & des avalaisons du Mont Taurus, pouvoit bien fournir à deux canaux dans ces commencemens, puis qu'il qu'il a fourni depuis à tant d'autres. Quelques-uns ne furent faits d'abord que pour remedier aux débordemens qui ruinoient les campagnes. Leur nombre fut augmenté depuis pour arroser celles qui manquoient d'eau. Nabuchodonosor, qui fut un grand Prince, & de haute entreprise, se signala dans ces ouvrages, & pour dégager le païs des eaux de l'Euphrate, qui le noyoient entierement, tira les principaux canaux : & pour prevenir la secheresse qui pouvoit en arriver, il fit de grands reservoirs avec des éclufes, & se rendit maître de ce Fleuve indocile, & de ces eaux incommodes, mais quoique cette abondance d'eau puisse avoir fourni d'abord au Canal qui tomboit dans le Tigre, & à celui qui alloit vers l'Arabie, & entroit dans la mer, il est néanmoins, plus croyable que l'Euphrate n'avoit qu'un seul Canal naturel, qui étoit celui qui le joignoit au Tigre; & que cet autre qui le detournoit vers le Couchant, étoit l'ouvrage des Arabes. Tous les Anciens & même ceux qui ont le mieux décrit ces canaux faits à la main, témoignent si affirmativement & si constamment que l'Euphrate se joignoit naturellement au Tigre, que ceux qui en creuserent d'autres, ne firent que suivre l'indication de la nature, qu'on ne sauroit dire le contraire sans témerité. On lit dans un ancien fragment d'Abydene, rapporté par Eusebe[a], que tout ce païs étoit si couvert d'eau dans les commencemens qu'on l'appelloit la Mer. Cela ne pouvoit venir que du débordement de l'Euphrate, dont le lit est fort élevé: de sorte qu'aux ouvertures qui se présentoient, sa pente naturelle l'emportoit dans les Campagnes plates des Babyloniens, & après les avoir couvertes, il tomboit necessairement dans le Tigre, qui étoit proche, & dont le lit étoit fort bas. Ce fut cette disposition qui ôta à Trajan la pensée qu'il avoit de tirer une nouvelle tranchée de l'Euphrate au Tigre, pour y conduire des bâteaux, dont il voulait faire un pont sur le Tigre. Il apprehenda qu'il ne se fit un trop grand écoulement des eaux de l'Euphrate, & qu'on ne pût plus le naviger. Quand on eut remedié à ces inondations par des tranchées (que la terre de ce païs-là souffroit aisément, étant grasse & molle, mais qu'il falloit renouveller souvent) & par des éclufes; les Arabes à cet exemple, pour se défendre du mal contraire, je veux dire de la secheresse de leur terre sablonneuse commencerent à détourner les eaux de l'Euphrate de leur côté : & après avoir abreuvé leur terroir, ils laisserent aller le trop-plein dans la mer. Ce trop-plein fut tari depuis par de nouvelles coupures. Peut-être aussi que ce conduit n'étoit qu'un torrent qui couloit dans la mer pendant l'Eté, lorsque l'Euphrate se débordoit. Quoiqu'il en soit, les Assyriens & les Babyloniens, qu'une longue possession faisoit regarder ces eaux comme leur propre, s'opposerent à ce larcin des Arabes; & il en vint de grands démêlez entre ces Nations. Il semble ce fut pour terminer cette querele, & rendre aux Babyloniens ce qui leur appartenoit, qu'Alexandre entreprit de remettre l'Euphrate dans son ancien lit, en bouchant le Canal nommé *Pallacopas*; qui lui faisoit prendre un autre cours. On n'avoit pensé en creusant cette fosse, qu'à faire ce qu'on avoit fait en creusant les autres, savoir à empêcher les débordemens de ce Fleuve, qui arrivoient tous les Etez, en conduisant ces eaux dans des étangs & des marais : mais les terres des Babyloniens demeurant à sec pendant le reste de l'année, & celles des Arabes en profitant, Alexandre voulut remettre les choses en leur premier état ; comme un Satrape de Babylone l'avoit voulu faire auparavant. L'ouvrage fut commencé, mais la mort de ce Prince empêcha qu'il ne fut consommé alors, comme il l'a été depuis. Alexandre visita plusieurs de ces conduits, les fit nettoyer, ouvrit les uns, boucha les autres, & en fit faire quelques nouveaux. Plusieurs Princes prirent le même soin. On voit encore aujourd'hui le long du lit commun du Tigre & de l'Euphrate, à droit & à gauche, plusieurs canaux faits à la main. Les Perses ignorans alors dans la Navigation, & dans le commerce & la guerre de mer, comme ils le sont encore aujourd'hui, & craignans les invasions qu'on pouvoit faire dans leur païs par le Tigre & par l'Euphrate, avoient fait faire des sauts & des Cataractes en divers endroits de ces Fleuves. Alexandre les retablit dans leur état naturel; en sorte que les Vaisseaux pouvoient remonter jusqu'à Opis & à Seleucie par le Tigre; & jusqu'à Babylone par l'Euphrate. C'est ainsi que l'Art lutant contre la Nature, toute cette contrée en a été défigurée. D'ailleurs la Mer qui s'entonne avec impetuosité dans le Golfe Persique par le Détroit d'Ormus, & dont les marées remontent jusqu'à trente lieuës dans l'Euphrate, vient battre rudement cette côte, qui est le fond du Golfe, & y fait beaucoup de ravage. Ces violentes marées avec la rapidité du Tigre, & une Tempête qui survint, mirent en grand peril Trajan avec ses Legions, vers l'Isle que produit la separation du Tigre & de l'Euphrate. Ce païs qui est plat, est défendu par des digues en quelques endroits : mais en plusieurs autres l'entrée étant presque libre aux eaux de la mer, elles tuent par sel trop acre les fruits de la terre, & la rendent sterile. Ce même Nabuchodonosor, dont j'ai parlé, qui exécuta de si grandes choses, domta cette mer par de fortes digues, comme il avoit domté l'Euphrate; & reprima le brigandage des Arabes, grands voleurs dès ce temps-là, en faisant bâtir la Ville de Teredon à l'entrée de leur païs. Assez près delà, vers le Levant, les eaux des Rivieres ont charié tant de limon à leur embouchure, que la mer en a été bien reculée. De sorte que le Fort de Spasine situé sur la côte, dont l'embouchure Orientale du Tigre & celle de l'Eulée, qui n'étoit autrefois éloigné de la mer que d'un peu plus d'une demie lieuë, s'en trouvoit éloigné de cinquante lieuës du temps de Pline[b], qui assure qu'il ne s'étoit point fait ailleurs un si grand ni si prompt accroissement. J'ai pourtant bien de la peine, poursuit Mr. Huet, à m'empêcher de croire qu'il y a quelque erreur au Chiffre: ce qui n'est que trop ordinaire dans les livres des Anciens. Je sais que le même Pline a dit [c] après Theophraste[d], que l'Euphrate & le Tigre ne charient point de limon ; mais cela ne se peut entendre que de leurs

[a] Præp. Evang. l. 9. c. 41.
[b] L. 6. c. 27.
[c] L. 28. c. 17.
[d] De Cauf. Plant. l. 8. c. 7.

leurs eaux qui sont près des sources: car toute Riviere qui se déborde, devient necessairement bourbeuse, & les Voyageurs modernes rapportent que les eaux de l'Euphrate approchant de la mer sont fort jaunes & fort limonneuses. Outre que le Fort de Spasine n'est point sur les embouchures de l'Euphrate & du Tigre, ni sur celle de l'Eulée; mais sur le bord de la mer entre les embouchures de ces Rivieres. La suite du temps a remis la mer en possession de ses droits; car les habitans du païs montrent présentement en ces quartiers la place d'une grande Ville, qui est sous l'eau. Outre tous ces changemens, on voit le long des rives de l'Euphrate & du Tigre les débris de plusieurs belles Villes, dont les histoires anciennes vantent tant l'opulence & la grandeur. Il y a sujet de s'étonner, que des gens aussi éclairez que le Cardinal Bellarmin [a], & les Peres Malvenda [b] & Bonfrere [c], ayent pû nier que le Tigre & l'Euphrate joints ensemble, se séparent de nouveau avant que d'entrer dans la mer. Que deviendra donc cette grande Isle que forme leur séparation, si nettement décrite par Philostorge [d], qu'on nomme aujourd'hui Chader; lors qu'il dit qu'elle est habitée par les Messeniens, qu'elle est environnée en partie d'eau de mer, & en partie d'eau douce, savoir de deux grands Fleuves que produit le Tigre, en se partageant avant que d'entrer dans la mer? Et il ne faut pas prendre pour une exaggeration ce qu'il dit de la grandeur de ces deux canaux, puisque celui du Tigre & de l'Euphrate a deux fois & demi la largeur de la Seine à Paris, quoique très-profond, & une lieuë en approchant de la mer. Joignez au témoignage de Philostorge, celui d'Asinius Quadratus dans le Géographe Stephanus [e]; qui dit que ce Païs nommé Messene, est enfermé entre le Tigre & l'Euphrate. Joignez-y encore celui de Ptolemée [f], qui donne deux embouchures au Tigre, l'une Orientale & l'autre Occidentale, & place la Ville de Teredon au milieu. Mais les Chiffres de la position de cette Ville sont sans doute defectueux dans cet Auteur, car elle n'est point dans l'Isle, mais sur la rive Arabique du Canal Occidental, & on en montre encore aujourd'hui les ruïnes. Joignez-y de plus le suffrage de Xiphilin [g], qui rapporte que Trajan se rendit maître de cette Isle nommée Messene, que fait le Tigre vers son embouchure, & où il pensa périr. Joignez-y de plus celui de Marcien d'Heraclée [h], qui parle de l'embouchure Orientale du Tigre, & qui en suppose par consequent une Occidentale. Et joignez-y enfin celui des Voyageurs de ces derniers temps, & principalement de Texeira Portugais [i], & de M. Thevenot [k] François, qui ont vû & décrit la division de ces deux canaux.

[a] De grat. primi Hom. c. 12.
[b] De Paradiso c. 48.
[c] In Genes. c. 2 v. 11.
[d] L. 3. c. 7.
[e] In Μεσσήνη.
[f] L. 6. c. 3.
[g] In Trajan.
[h] Peripl.
[i] Relat. c. 3.
[k] T. 2. l. 3. c. 4.

EUPHRATENSE, (l') en Latin *Euphratensis Provincia* ou *Euphratesia*, c'est le nom que porta dans le moyen âge & dans les Histoires & Notices Ecclesiastiques, la Province située sur l'Euphrate dans la Syrie, & que l'on avoit appellée auparavant COMAGENE. Voyez ce nom. L'Euphratense étoit un peu plus étenduë que l'ancienne Comagene, sur la grandeur de laquelle les anciens Géographes ne s'accordent pas. [l] Selon le Pere Charles de St. Paul elle s'étendoit le long de l'Euphrate, & avoit à l'Orient ce fleuve & la Syrie salutaire, au Couchant la premiere Syrie & au Nord le Mont Taurus & l'Euphrate. Je ne vois pas comment la Syrie salutaire (qui est la même chose que la Palmyrene) pouvoit être à l'Orient de l'Euphratense, c'est-à-dire de l'Euphrate qui bornoit l'Euphratense à l'Orient & la separoit de l'Osrhoëne. Il y a aparemment un mot omis dans l'impression du Livre du P. Charles de St. Paul dans lequel il faut lire: *habetque ab ortu Euphratem*, & (a Meridie) *Syriam salutarem*, &c. c'est-à-dire: elle a *l'Euphrate à l'Orient*, la Syrie *salutaire* (au Midi): & c'est en effet la juste position de ces lieux. Cette Province de l'Euphrate est remarquable dans l'Histoire Ecclesiastique; elle étoit du Patriarchat d'Antioche, & avoit un Metropolitain & douze Siéges Episcopaux, savoir

[l] Geog. Sacr. p. 275.

Hierapolis Metropole.

Cyrrhus,   Europus,
Samosata,   Urima,
Doliche,   Cæsarea ou Neocæsarea,
Germanicia,   Sergiopolis,
Zeugma,   Sura,
Perre,   Marianopolis.

Cette liste est du P. Charles de St. Paul [m], qui observe que Cosmas Evêque de Marianopolis [n] est censé sous la Metropole Hierapolis, au Concile de Chalcedoine; & que, selon d'autres, il est sous Apamée de la seconde Syrie. Mr. de l'Isle né convient pas avec ce Pere touchant les bornes de l'Euphratense. Il y met *Berroée* & *Chalcis* que ce Pere met [o] sous Antioche dans la premiere Syrie, & il en exclut au contraire *Sura*, *Sergiopolis*, & *Topsacus* que ce Pere dit être la même chose qu'*Europus*; & Mr. de l'Isle donne des Places à la Palmyrene. Il nomme *Amanus* la partie du Mont Taurus qui borne l'Euphratense au Nord.

[m] P. 191.
[n] P. 191.
[o] P. 287.

EUPILIS, ancien nom d'un Lac du Milanez, Pline [p] dit qu'il en sortoit la Riviere *Lambrus* aujourd'hui Lambro, qui coule dans le Pô un peu au-dessus de Plaisance. Ce Lac prend aujourd'hui le nom d'un Village qui en est au Nord & que l'on apelle PUSSIANO selon Magin [q]. Le R. P. Hardouin [r] écrit LAGO DI PUSIANO. Mr. Corneille [s] écrit mal l'ancien nom EUPHILIS.

[p] L. 3. c. 19.
[q] Ital.
[r] In Plin.
[s] Dict.

EUPLÆA, Isle de la Mer Thyrrhene vers Naples auprès du Cap de Posilipo; en tirant vers Pouzol. Stace en fait mention dans ses Sylves [t]. Quelques Ecrivains [v] croient que c'est presentement l'Isle de GAIOLA.

[t] L. 2. & 3.
[v] Ortel. Thes.

EUPORIA, Ville de la Macedonie selon Etienne le Géographe. Ptolomée [x] la met dans la Bisaltie, ce qui revient au même.

[x] L. 3. c. 13.

EUPREPII *Monasterium*, ancien Monastere dont parle Evagre [y] en ces termes: il ajoute (*Nestorius*) que l'Empereur Théodose desapprouva d'abord sa deposition, à cause de l'affection qu'il avoit pour lui: mais depuis que des Evêques des deux partis, eurent été deputez d'Ephese vers ce Prince, & qu'il eut

[y] Hist. Eccl. l. 1. c. 7. de la traduct. de Mr. Cousin.

EUP. EUR.　　　　　　EUR.

eût demandé lui-même la permission de retourner à son Monastere assis proche d'Antioche, on la lui donna. Il ne dit point le nom de ce Monastere; mais on dit qu'on l'apelle maintenant le Monastere d'EUPREPRE (suivant le texte il faloit dire d'EUPREPIUS) & je sais qu'il est en effet à deux stades d'Antioche.

EUPYRIDÆ, lieu municipal de l'Attique dans la Tribu Léontide vers Athenes. Etienne le Geographe en fait mention.

EURANIUM, Ville de la Carie, selon Pline[a].

[h L. 5. c. 29.]
[b Baudrand Ed. 1705.]

EURE[b], (l') en Latin *Ebura*, ou *Aura*, Riviere de France. Elle à sa source au Perche, dans la Forêt de Logny, entre Nully & la Lande; d'où passant dans la Beausse, à Pontgoin, & à Courville, elle s'en vient à Chartres; & delà coulant au Septentrion par Maintenon & Nogent-le-Roi, où elle reçoit quelques petites Rivieres, elle passe par l'Isle de France, & s'augmente de la Blaise qui vient de Dreux, & de l'Aure; puis separant l'Isle de France de la Normandie, elle va près d'Anet, à Ivry où elle reçoit la Vegre & à Bredepont; delà coulant par la Normandie à Pacy & autres lieux, elle se grossit de l'Itoh un peu au-dessus d'Acquigny, d'où elle va à Louviers; & enfin elle se rend dans la Seine un peu au-dessus du Pont-de-l'Arche à trois lieuës de Rouen. Cette Riviere porte bateau dès Maintenon, & coule toûjours delà en bas par une vallée qui est des plus belles & des plus fertiles que l'on puisse voir, que l'on appelle la vallée d'Eure, qui continue jusqu'au Pont-de-l'Arche; & c'est cette Riviere dont-on tire une partie à Pontgoin pour la faire passer à travers les terres par un Acqueduc à Maintenon, pour delà être conduite à Versailles.

LA VALLE'E D'EURE, est la vallée qu'arose la Riviere d'Eure au-dessous de Maintenon, & elle s'étend delà jusqu'au Pont de l'Arche. Elle est belle & fertile.

§. Lors que Louïs le Grand voulut embellir ses superbes jardins de Versailles, les Géometres[c] de l'Academie Royale des Sciences furent occupez à de grands nivellemens, pour trouver quelles étoient les Rivieres dont on pouvoit y amener les eaux, pour y produire les merveilleux jets d'eau qui en font le plus grand ornement. Mr. de la Hire trouva qu'en prenant l'Eure à dix lieues environ au delà de Chartres, elle étoit de 81. pieds plus haute que le reservoir de la Grotte de Versailles. Le nivellement fut recommencé en 1685. & il ne diferá du premier que d'un pied ou deux.

[c Eloge de Mr. de la Hire Hist. de l'Acad. des Sciences à l'année 1718.]

EVRE[d], en Latin *Avara*, ou *Avera*, & par corruption *Evra*, d'où s'est formé le nom François *Evre* que quelques-uns écrivent YEVRE, petite Riviere de France dans le Berri. Bourges Capitale de cette Province est nommée *Avaricum* du nom Latin de cette Riviere qui y passe. Coulon[e] la nomme AURE ou EURE, & en parle ainsi: Elle vient de dessous Saint Soulanges, des Etangs de Poligny, & de Saugy, passe à St. Germain & entre à Bourges du côté de St. Privé, où elle se divise en trois branches dont l'une entre dans la Ville & la traverse pour se rendre dans les fossez, la nettoie; & sert aux Teinturiers, & aux

[d Longuerue Desc. de la France 1. part. p. 123.]

[e Rivieres de France 1. part. p. 305.]

Tanneurs pour les ouvrages de leur métier. La deuxiéme coule le long des fossez & la troisiéme qui est LA GRANDE EURE passe au-dessus du Faux-bourg de St. Pierre. Cette Riviere se charge à Bourges de plusieurs autres, avec lesquelles elle va se perdre dans le Cher à Vierzon.

EVRECI, Bourg de France en Normandie dans le Bocage assez près de la source d'une petite Riviere qui tombe dans l'Orne, entre Aunai sur l'Odon, & Caën. Il a titre de Vicomté,[f] laquelle a été demembrée tant de la Vicomté que du Bailliage de Caën, malgré les oppositions des habitans de Caën. Les affaires qui sont du ressort du Bailliage, s'y jugent de six en six semaines devant le Bailli de Caën ou son Lieutenant qui y va tenir ses assises. Les affaires de la Vicomté s'y jugent le Jeudi de châque semaine devant le Vicomte qui est particulier pour ce Siége; ainsi que les Gens du Roi & quelques autres Officiers, mais les Assesseurs sont les mêmes que ceux de la Vicomté de Caën.

[f Corn. Dict. Huet orig. de Caën. p. 211.]

EUREPA[g], petit pays de Finlande dans la Carelie, le long du Golphe de Finlande, entre Vibourg au Nord & les frontieres d'Ingrie au Sud. Il n'y a aucune place remarquable. Il est mal nommé *Europa* sur quelques Cartes.

[g Baudrand Ed. 1705.]

EURES, le Capitaine Cowlet[h] dans son Voyage autour du Monde de l'an 1684. dit avoir donné ce nom à l'une des Isles que les Espagnols nomment *Gallepagos* ou les Isles enchantées. Elle doit être à peu près sous la ligne.

[h Cowlet Voyage impr. au 4. T. des V. de Dampier. Ed. d'Amst. 1714. p. 220.]

EVREUX[i], Ville de France dans la Haute Normandie avec Evêché suffragant de l'Archevêché de Rouën. Elle est située à quatre lieuës de Pacy, d'Ouches & de Louviers, à cinq de Vernon, à huit de Dreux, à dix de Mante & à pareille distance de Rouën, & environnée de tous côtez de vignes, de jardins & de prairies, où s'assemblent deux petites Rivieres, dont on paste l'une dans le Fauxbourg de Saint Thomas qui a une Eglise Paroissiale du même nom avec une belle Tour. L'autre Riviere fait la separation du Fauxbourg de la Porte peinte, d'avec la Ville, dont elle remplit les fossez; passant ensuite au milieu de la grande ruë du Fauxbourg Saint Leger, où plusieurs ouvriers s'en servent pour appréter de la laine, dont on fait plusieurs belles étoffes; de sorte qu'Evreux est dans une Presqu'Isle. L'une de ces deux Rivieres s'appelle Iton. Quoi-que la Ville, si on en excepte les Fauxbourgs, ne soit pas d'une fort grande étenduë, on y compte neuf Paroisses & un grand nombre de Monasteres. Les Paroisses sont Saint Pierre, Saint Nicolas, Saint Thomas, Saint Denis, Saint Leger, Notre-Dame de la Ronde, Saint Gilles, Saint Aquilain & Saint Germain. La Cathedrale ornée de deux belles Tours, est sous l'invocation de Notre-Dame, & son Chapitre est composé d'un Doyen, d'un Chantre, de trois Archidiacres, l'un appellé le grand Archidiacre d'Evreux, & les deux autres les Archidiacres de Neusbourg & d'Ouches; d'un Trésorier, d'un Penitencier, & de vingt-six Chanoines. Le Doyen est élu par le Chapitre, & toutes

[i Corn. Dict.]

EUR.

les Prébendes & les Dignitez font à la Nomination & à la Collation de l'Evêque qui est Baron de Brosville, de Condé fur Iton & d'Illiers. Cette Cathedrale bâtie en Croix est magnifique dans toutes ses parties. Elle a seize piliers de chaque côté dans sa longueur. Son Chœur, sa Nef, sa grande Chapelle de la Vierge, ses bas côtez, sa galerie, ses trois grands vitraux en étoile ou rose, ses tours, sa Pyramide, son grand Portail & celui qui est[b] du côté du Septentrion; enfin ses dedans & ses dehors sont des ouvrages que les curieux regardent avec plaisir. La Cathedrale a aussi des Fonts baptismaux. On y voit encore un Seminaire Episcopal, dont l'Eglise est bâtie avec assez de propreté, les Couvens des Dominicains, des Cordeliers, des Capucins, des Ursulines, & des Sœurs grises qui servent l'Hôpital de l'Hôtel-Dieu, une Chapelle de Saint Adrien & un Collége.

Le Corps de Ville est composé d'un Lieutenant de Police, d'un Maire, de six Echevins, & autres Officiers. La Tour de Ville est fort haute, & porte une pyramide de plomb ouvragée à jour qui en fait un bel ornement. Il y a un Bailliage, Siège Présidial, Vicomté, Election, Grenier à Sel, Maîtrise des Eaux & Forêts.

Son Commerce consiste principalement en Draperies, Draps, Serges, Frocs, & autres ouvrages de laine. On y fait des toiles & on y debite des grains. [a] Cette Ville qui est très-ancienne, a tiré son nom des Peuples Eburovices, & par corruption, Ebroici. On les appelloit aussi Aulerci; mais ce dernier nom étoit commun à plusieurs autres Peuples des Gaules éloignez les uns des autres, & qui paroissent n'avoir rien eu de commun entr'eux. L'ancien nom de la Ville étoit Mediolanum. Le Pays voisin d'Evreux est appellé dans les Capitulaires Pagus Ebrecinus & Ebricinus. Cette Ville qui avoit fait partie de la seconde Lyonnoise sous l'Empire Romain, & ensuite du Royaume de Neustrie sous les François, fut du nombre de celles que Charles le simple ceda aux Normands & à leur Duc Rollo. Son petit-fils Richard I. érigea Evreux en Comté pour son fils Robert, qui fut le premier Comte d'Evreux, & Archevêque de Rouen; ce qui ne l'empêcha pas d'épouser une Demoiselle nommée Herleve, dont il eut plusieurs enfans; Richard l'aîné fut Comte d'Evreux, parce que le Comte Guillaume son oncle étoit mort sans enfans; ainsi le Comté d'Evreux entra dans la Maison de Montfort. Les Seigneurs de cette Maison furent aussi Comtes de Leycestre en Angleterre; enfin Amaury Comte de Leycestre & d'Evreux ceda le dernier Comté à Philippe Auguste par un Acte passé l'an 1200. Sur la fin du treiziéme siécle Philippe le Bel donna à son plus jeune frere Louis les Comtez d'Evreux & de Beaumont le Roger, & le Roi Louis Hutin neveu de Louis, érigea en sa faveur Evreux en Pairie l'an 1316. Le fils du Comte Louis nommé Philippe épousa Jeanne de France Reine de Navarre, & laissa à ses descendans mâles ce Royaume & le Comté d'Evreux; mais Charles III. Roi de Navarre par un Traité qu'il fit avec Charles VI. Roi de France, en échan-

a Longuerue Desc. de la France 1. part. p.73.

EUR.

ge de plusieurs Villes, Terres & Seigneuries qu'on lui donna, ceda les Comtez d'Evreux, de Beaumont le Roger, & tous les autres Biens qu'il avoit en Normandie. Ce Comté fut ensuite réuni à la Couronne, où il est demeuré jusqu'à l'an 1651. qu'il en a été demembré avec celui de Beaumont le Roger, & donné en pleine proprieté à la Maison de la Tour pour partie de la recompense de Sedan. Mr. Piganiol de la Force [b] impute injustement à Ptolomée d'avoir placé Evreux sur la Riviere de Loire. Cet Auteur dit que les *Aulirkioi Ebouraikoi*, (qui sont les *Aulerci Eburovices* de Jules-César) étoient entre la Seine & la Loire, ce qui est vrai. Il ajoute que leur Capitale étoit Mediolanion, que quelques-uns de ses Interprétes rendent très-mal par Orleans; mais cet Ancien n'est pas responsable de leurs bévûes.

[c] Le Bailli d'Evreux est d'épée & sa charge perit par mort. Au Bailliage & autres Siéges qui en dependent, la Justice se rend au nom du Roi; mais le Duc de Bouillon prétend qu'elle doit être rendue au sien & la moitié des charges des principaux Officiers du Siége lui appartiennent par l'échange qu'il a fait pour la Principauté de Sedan. Lorsque la Place de Bailli d'Evreux est remplie, il est employé pour cent livres dans les Etats des charges du Domaine. * L'Evêché d'Evreux est du III. siécle, & reconnoît St. Taurin pour son premier Evêque: ce Diocèse comprend quatre cens quatre-vingt paroisses. Le Cardinal Balue connu sous Louis XI. & le Cardinal du Perron ont été Evêques d'Evreux.

EURIA, Ville de l'ancienne Epire. Il en est souvent fait mention au Concile de Chalcedoine. Ortelius croioit que ce pouvoit être l'*Evoria* de Sozomene.

EURIANASSE, Isle de l'Archipel dans le voisinage de celle de Chio, selon Pline [d]. Ortelius [e] écrit ce nom par un *i*: le R. P. Hardouin par un χ, ce qui est plus conforme au nom Grec Εὐριάνασσα c'est-à-dire, *qui commande loin*. Ce nom semble signifier que cette Isle auroit été autrefois assez peuplée & fortifiée pour s'être fait craindre dans le voisinage. On ne sait presentement ce que c'est.

EURICOME, Ville de Gréce dont Eustathe fait mention dans son Roman d'Ismenus, au raport d'Ortelius [f].

EURIPE, (l') petit bras de Mer, de la Grece, où il separoit autrefois l'Isle d'Eubœa d'avec la Beotie, c'est-à-dire, dans le langage moderne l'Isle de Négrepont d'avec la Livadie qui est en terre ferme. Nous n'en avons point de description plus exacte que celle qui se trouve dans la Lettre du P. Babin Jesuite à Mr. l'Abbé Pecoil. C'est le fruit d'un séjour de deux ans [g]. Voici comme il en parle: Quoique l'Euripe soit le symbole de l'inconstance, il a neanmoins cet avantage de n'avoir pas souffert de changemens si remarquables, que d'autres choses qui nous font décrites par les Anciens, comme sont les Antiquitez de Smyrne, la magnificence d'Athenes, le cours du Xante, du Simoïs, du fleuve Meles, de l'Ilissus, & de plusieurs autres Rivieres renommées, qui ne sont plus dans l'état où on les a vûes autrefois, ou du moins qui ne nous paroissent

b Desc. de la France T. 5.p.77.

c Ibid. p.33.

Ibid. p. 24.

d L.5.c.31.

e Thesaur.

f Thesaur.

g Elle est inserée dans les Voyages de Mr. Spon T. 2. p.193. & suiv.

roiffent plus telles que les Hiftoriens & Géographes nous les repréfentent, ces antiquitez ayant été ruinées par les incendies, comme Troye, ou par les tremblemens de terre, comme Smyrne, ou par les guerres, comme Athenes, & l'eau de ces Rivieres s'étant peut-être perduë en divers endroits, & divifée en plufieurs ruiffeaux ; au lieu qu'on nous affure qu'elles couloient autrefois fuperbement.

Mais l'Euripe eft tel qu'il a toûjours été, & bien que l'ancienne Ville de *Chalcis*, fur l'Euripe foit détruite, & changée en celle qu'on appelle préfentement *Negrepont*, dont il lave & arrôfe les murailles & le Donjon, il eft demeuré toûjours au même état, malgré toutes les révolutions de tant de fiécles, & les tremblemens de terre qui font affez fréquens dans la Béoce (Béotie) & dans l'Eubée qu'il bat également de fes flots, fans qu'on ait entrepris de le fermer & d'arrêter fon cours par une digue, comme il feroit aifé de faire, en joignant l'Ifle de Negrepont à la terre ferme de la Béoce. Elles ne font féparées que par un petit pont de pierre & un autre de bois, entre lefquels eft une Tour ou Donjon bâti par les Venitiens, dont l'on voit encore les Lions ailez de marbre aux portes & aux murailles, fur une roche qui eft au milieu de ce Détroit.

Vous vous étonnerez peut-être, & vous croirez que je tombe en quelque contradiction, quand je vous parlerai de l'Euripe autrement que les Anciens ne nous l'ont décrit, après avoir avancé qu'il n'a fouffert aucun changement. Mais j'ai déja été au devant de cette objection, quand j'ai dit que les anciens Hiftoriens & Géographes n'ont laiffé par écrit qu'une partie de ce qui en eft, foit qu'ils ne l'ayent jamais vû, en parlant feulement felon le rapport que l'on leur en avoit fait; foit qu'ils ne l'ayent jamais confideré attentivement & en divers temps felon les divers quartiers de la Lune, & les divers jours du mois ; comme j'ai fait plufieurs fois, fans m'en rapporter à ce que l'on m'en difoit. Quoique je fois tombé d'accord avec ceux qui l'ont confideré avec moi, j'en ai conferé avec des Turcs & des Grecs, qui ont foin de deux Moulins qui font fur ce Détroit. Perfonne n'en peut être mieux informé qu'eux, puifque les rouës tournent tantôt d'un côté, tantôt de l'autre felon le flux & reflux de l'eau depuis quatorze ou quinze ans qu'ils y font. Voici donc ce que j'en ai remarqué, & qui eft conforme au rapport que ils m'en ont fait.

L'Euripe eft un Détroit de la Mer Egée, fi ferré & de fi peu de largeur, qu'à peine une galere y peut paffer fous un pont qui le couvre entre la Citadelle, & la Tour ou le Donjon de Negrepont. Non feulement cet endroit où eft le Pont eft appellé Euripe, mais encore dix ou douze lieuës & davantage de châque côté, où fon Canal étant plus large, fon cours inconftant n'eft pas du tout fi vifible qu'au pied du Château. Tout l'efpace où il va & vient entre la Terre-Ferme de la Béocie, & l'Ifle d'Eubée, nommée aujourd'hui Negrepont, du nom de la principale Ville de cette grande Ifle, d'où vient qu'il eft appellé par quelques Auteurs *Euripus Euboicus*, & par quelques autres *Chalcidicus*, de l'ancienne Ville de Chalcis, proche des ruines de laquelle eft bâtie celle que nous appellons Negrepont & à qui les Grecs donnent le nom ancien de l'Euripe Εὔριπος, ou par corruption EGRIPOS. Durant ces dix ou douze lieuës de châque côté on trouve plufieurs petits Golfes, où l'on peut remarquer par l'accroiffement & le décroiffement de l'eau la diverfité de ce flux & reflux. Le cours de l'Euripe doit être confideré en divers tems. Il y a dix-huit ou dix-neuf jours châque mois, ou pour mieux dire châque Lune, aufquels il eft réglé; & onze autres jours aufquels il eft déreglé & gâté. Ce font les termes dont on fe fert à Negrepont, pour expliquer cette merveille continuelle de la nature. Il eft en fa force, ou pour dire en termes plus clairs, il eft réglé depuis les trois derniers jours de la Lune jufqu'au 8. de la nouvelle, & il fe deregle & gâte le 9. Son cours demeure ainfi troublé jufqu'au 13. incluſivement; le 14. il fe racommode & reprend fes forces, mais il fe deregle de nouveau le 21. jufqu'au 27. comme il fera plus facile de le comprendre par la Table fuivante.

Table des jours reglez. & dereglez. du flux & reflux de l'Euripe, felon ceux de la Lune.

Nouvelle Lune	1	reglé comme l'Ocean.
	2	reglé.
	3	reglé.
	4	reglé.
	5	reglé.
	6	reglé.
	7	reglé.
Premier quartier	8	reglé.
	9	dereglé. ⎫ de 12.
	10	dereglé. ⎪ 13. ou
	11	dereglé. ⎬ 14. flux
	12	dereglé. ⎪ & autant
	13	dereglé. ⎭ de reflux.
	14	reglé.
Pleine Lune	15	reglé.
	16	reglé.
	17	reglé.
	18	reglé.
	19	reglé.
	20	reglé.
	21	reglé.
Dernier quartier	22	dereglé.
	23	dereglé.
	24	dereglé.
	25	dereglé.
	26	dereglé.
	27	reglé.
	28	reglé.
	29	reglé.

Ainfi châque Lune il a 11. jours de dereglement, & les 18. ou 19. autres il eft reglé. Il eft donc dereglé depuis le premier quartier jufqu'environ le plein de la Lune, & depuis le dernier quartier qu'elle commence à défaillir, qui eft le 22. Auquel tems l'Euripe qui reffent la force de cet Aftre participe à ce défaut ; ce qui eft caufe que durant ces jours-là il va comme un homme qui a le cerveau troublé, ou comme une bâle dans un jeu de paume, dont la corde qui eft au milieu repréfente le pont levis avec ces chaînes qui eft fur le milieu
du

du canal de l'Euripe, comme les trous, les fenêtres & les galeries représentent tous ces petits golfes qui sont de part & d'autre dans ce Canal & dans lesquels la nature se joue de cette eau. Pendant les jours de son déreglement, il a dans un jour naturel, c'est-à-dire, en 24. ou 25. heures 11. 12. 13. & même 14. fois son flux & autant de reflux, selon que je l'ai observé moi-même & que m'ont assuré ceux qui sont tous les jours aux Moulins, & voyent changer les rouës plusieurs fois chaque jour selon le different cours de cette eau. Le flux ne vient donc pas seulement 7. fois comme l'ont écrit les Anciens, mais bien davantage. J'ai une fois demeuré pendant une heure & demie au moulin qui est sous le Château, & quoique le vent fût assez fort, je vis changer trois fois le cours de l'eau. J'ai remarqué souvent la même chose étant dans le port, sur des vaisseaux ou sur des barques de France, où je demeurois tant de tems que je voulois pour considerer ces divers mouvemens de la Mer avec plus de liberté; quoique ce ne fût pas avec la même facilité, à cause de la largeur du port. Lorsque le cours de l'Euripe est réglé, pendant les autres 18. ou 19. jours il a cela de semblable avec la Mer Oceane & avec le Golfe de Venise, qu'en 24. ou 25. heures il a seulement deux fois son reflux; & chaque jour il retarde d'une heure comme l'Ocean, & dure six heures en son montant, & autant en son descendant, soit en Hyver, soit en Eté; soit que le vent soit violent, ou qu'il y ait bonace. Dans les jours du déreglement, le montant est d'environ demi-heure, & le descendant de trois quarts d'heures. Toutes ces marées de l'Euripe réglées, ou non réglées ont encore deux differences d'avec celles de l'Ocean; car l'eau ne s'élève ordinairement dans son montant que d'un pied, & rarement elle vient jusqu'à deux; au lieu que l'Océan s'élève quelquefois jusqu'à la hauteur de 80. coudées, comme aux ports de Bretagne; quoiqu'aux Isles de l'Amerique il ne s'élève pas plus haut que l'Euripe. En second lieu j'y ai remarqué cette difference, que dans l'Ocean, lorsque l'eau s'écoule & s'abbaisse, elle se retire en haute mer, comme au contraire elle s'élève & couvre plus de terre quand elle s'approche des côtes. L'Euripe va d'une autre maniere: car son montant arrive, quand son eau s'écoule vers les Isles de l'Archipel, où la mer est plus grande; & son descendant lorsqu'elle court vers la Thessalie, & qu'il s'écoule dans le Canal par où les galeres passent pour aller à Thessalonique, & pour arriver plutôt & avec plus de sûreté à Constantinople. Entre le montant & le descendant il y a un petit intervale, qui fait paroître l'eau en repos, & comme dormante, de sorte que les plumes & la paille restent, sur l'eau sans mouvement, à moins qu'il n'y ait du vent. Que si l'on me demande la raison pour laquelle l'Euripe est réglé aux jours que j'ai marqué, & deréglé aux autres, je differerai de répondre jusqu'à ce qu'on me dise auparavant, pourquoi en quelques endroits, comme à Dieppe, les grandes marées sont deux ou trois jours après la nouvelle & la pleine Lune: & pourquoi elles croissent à la nouvelle Lune, quand cet Astre a le-

moins de force, & qu'elles diminuent, lorsqu'il commence à se fortifier: Pourquoi dans une certaine Mer des Indes, l'eau est quinze jours à monter, & quinze jours à descendre; Pourquoi dans le Port de Cambaye les grandes marées ne sont qu'à la pleine Lune; & au Port de Calicut, qui n'en est pas fort éloigné, elles n'arrivent qu'à la nouvelle Lune: Ainsi voyons-nous dans cet Element quantité de merveilles, dont nous ne pouvons rendre raison, ni en connoître parfaitement les causes. Dieu s'est reservé la connoissance de ces secrets pour nous faire davantage admirer sa puissance, & pour nous faire avouer avec le Prophete Royal, que Dieu fait autant paroître de merveilles dans la mer qu'en aucune autre de ses creatures: & que ses élevations sont tout-à-fait merveilleuses. Mais il est plus important d'accorder les sentimens qu'on a eu de l'Euripe; qui n'a pas plus d'agitations différentes, qu'il y a eu d'opinions sur ce sujet. Antiphylus natif de Byzance dit dans une Epigramme Grecque que l'Euripe a six fois son montant & son descendant. Strabon, Pline, Suidas, & plusieurs autres soûtiennent que ce flux & reflux se fait 7. fois. Pomponius Mela est plus conforme à la verité, assurant qu'il se fait 14. fois, quoique par ses paroles il semble qu'il veuille dire qu'en tout tems l'Euripe va & vient 14. heures. Voici comme il parle; la mer y court rapidement tantôt d'un côté tantôt de l'autre, sept fois le jour, & sept fois la nuit; les flots retournant d'où ils venoient auparavant, avec tant de précipitation que le vent n'arrête point leur course, & qu'ils empêchent même de remonter les vaisseaux qui viennent à pleines voiles. Seneque semble être de même opinion dans une de ses Tragedies, où il parle ainsi:

Euripus undas flectit instabilis vagas,
Septemque cursus flectit, & toridem refert;
Dum lassa Titan mergat Oceano juga.

Il est aisé de voir par là qu'il ne compte ces sept flux & reflux que jusqu'au coucher du Soleil. Et il ne se fait pas ici comme sous le Pole Arctique, & dans la Mer Indienne, où il y a flux reglement deux fois le jour, sans qu'il se fasse jamais la nuit; ni comme dans la Mer Persique où il ne se fait que la nuit. Mais les agitations periodiques de l'Euripe se font aussi-bien la nuit que le jour. Il semble même que Pline veuille dire qu'il a le flux & reflux, sept fois le jour, & autant la nuit, quoiqu'il ne s'explique pas assez en ces termes: il y a des Courants qui sont d'une nature toute particuliere, comme celui des Tauromeniens qui vient & revient plusieurs fois, & celui de l'Eubée qui le fait par sept fois, le jour & la nuit. Tite-Live croit avoir mieux trouvé la verité que tous les autres: l'Euripe, dit-il, n'a pas sept flux & reflux reglez dans un jour, comme la renommée le publie; mais il court tantôt d'un côté, tantôt de l'autre, à la maniere du vent, comme un torrent qui tombe avec précipitation par la pente d'une Montagne. Cela convient assez bien aux jours dereglez, mais il se trompe quand il ajoûte qu'il n'y a point de port plus mauvais que celui de Chal-

Chalcis, à cause du courant; car ce flux & reflux ne fait nullement remuer les vaisseaux qui ont assez d'espace pour se mettre à couvert du Courant, soit dans le grand port que les murailles de la Citadelle couvrent, soit dans celui qui est de l'autre côté du pont, comme j'ai souvent remarqué, l'an 1669. que l'armée navale des Turcs hivernoit à Negrepont. Toutes ces opinions ne sont pas si opposées, qu'on ne les puisse accorder, puisque tous ces Auteurs ont dit la verité; mais ils n'en ont dit qu'une partie. Les uns l'ont consideré, quand la violence du vent retardoit le Courant de l'eau, d'où vient qu'ils ne l'ont vû que dans les jours dereglez. Pour ce qui est des Auteurs Modernes, qui disent que les Anciens se sont moquez de nous, & qu'ils nous ont conté des fables touchant l'Euripe, vû qu'il ne s'y passe rien de plus extraordinaire que dans l'Océan, ou à Venise, je les trouve aussi temeraires que seroit une personne, qui ayant vû un ver à soye quand il est formé en papillon, se moqueroit de ceux qui lui donnent le nom de ver. De même qu'il y a diverses choses dans la nature qui demandent d'être considerées en divers temps, à cause des changemens ausquels elles sont sujettes, entre lesquelles l'Euripe, comme nous l'avons vû, tient le premier rang. On peut dire qu'il ressemble à une fievre qui a ses accès, ses redoublemens, ses Symptomes en divers tems.

a Ortel. Thesaur.

EUROBOREUS OCEANUS[a], c'est ainsi que Jornandes nomme la Mer que Pline appelle Scythique & dans laquelle les anciens ont cru que la Mer Caspienne se déchargeoit. Ce mot, composé d'*Eurus* le vent d'Est & de *Boreas* le vent de Nord, signifie la Mer du Nord-est, c'est celle que Tite-Live nomme *Mare Pigrum*, la Mer qui n'a presque point de mouvement. Les Anciens n'avoient qu'une connoissance très-confuse du Nord de l'Europe, faute de Voiageurs & de Relations fidelles; & nous mêmes après toutes les tentatives faites il y a environ un siécle pour chercher un passage au Japon par la Mer Septentrionale nous sommes encore dans une ignorance à ne devoir pas insulter les Anciens sur ce que nos connoissances s'étendent un peu plus loin que celles des Grecs & des Romains.

1. EUROEA, Ville située sur la rive du Danube, comme il paroît par un passage de Procope[b], auprès d'un étang avec une Isle au milieu, dans laquelle il y avoit une petite Coline où l'Empereur Justinien transfera la Ville & les habitans.

b Ædif. l. 4.

2. EUROEA; on trouve dans Nicephore Caliste[c] une Ville Episcopale d'Epire nommée *Euroea*. Ortelius juge très-bien que c'est une faute pour EVORIA. Voyez ce mot.

c L. 12. c. 45.

EUROMA, Ville de Phénicie. Il en est fait mention dans les Actes du Concile de Chalcedoine. Ortelius doute si ce ne seroit pas une faute pour EUROPE. Voyez ce mot.

EUROME, Ville de la Carie selon Pline[d]. Strabon[e] la nomme EUROMUS.

d L. 5. c. 29.
e L. 14. p. 658.

EVRON[f], petite Ville de France dans le Maine vers les sources de la Riviere d'Erve, dans l'Election de Mayenne. La Paroisse est composée de cinq cens soixante-quatre feux & la jurisdiction s'étend sur neuf Paroisses.

f Piganiol de la Force Deic. de la France T. 5. p. 144.

Elle est plus connue par son Abbaye que par toute autre chose. [g] L'Abbaye est à des Religieux Benedictins de la Congregation de St. Maur. Elle fut fondée non pas dans le VI. siécle, comme le dit Mr. Piganiol de la Force; mais vers le milieu du VII. puisque son fondateur fut Successeur de St. Bertrand Evêque du Mans qui vivoit encore en 1615, selon l'Historien de l'Ordre de St. Benoît[h]. Le nom du fondateur est écrit *Hardouin* ou *Audouin* par Mr. Piganiol de la Force, *Chadouin* par Mr. Baillet[i] qui dit aussi *Haduind*, ce qui s'accorde avec l'Orthographe suivie par Mr. Baudrand[k] qui prefere *Hadoinde*. Cette Abbaye qui est à dix lieues du Mans, fut ruinée par les Normands dans le IX. siécle & rétablie cent ans après par le Comte de Blois.

g Ibid. p. 128.
h T. 1. l. 3. c. 22. p. 474.
i Topog. des Saints p. 590.
k Ed. 1705.

EUROPE, grande contrée du Monde habité. Les Relations les plus exactes des Voyageurs s'accordent à faire voir que quoi qu'elle ne soit pas la plus grande par l'étendue de son terrain, c'est la plus considerable de toutes par sa fertilité, par le nombre & l'industrie de ses habitans, par l'étude des Belles Lettres, & ce qui est plus important par le Christianisme dont elle est devenue la plus precieuse portion & en quelque maniere la ressource. Elle n'a pas toujours eu ni le même nom, ni les mêmes divisions par raport aux principaux peuples par qui elle a été habitée; car pour les soudivisions elles dépendent d'un détail non seulement long & penible, mais encore impossible, tant à cause des interruptions que l'histoire a souffertes, que des frequentes migrations des peuples & des revolutions rapides qui ont souvent partagé une grande Nation en plusieurs, réuni plusieurs en une, détruit des peuples entiers. Faute d'Historiens qui puissent donner un fil capable de nous tirer de ce labyrinthe, on perd souvent de vuë des peuples déja celebres, tout à coup assujetis par une Nation inconnue jusques-là, mais guerriére, & qui semble sortir de dessous la terre où elle commence à se signaler.

Pour éviter la confusion je donnerai deux articles diferens. Dans l'un je considere l'Europe telle que l'ont connuë les Anciens dont les Ecrits sont parvenus jusqu'à nous. Dans l'autre je l'examine sur les connoissances que nous en avons presentement.

DE L'ANCIENNE EUROPE.

Moïse après avoir nommé les fils & les petits-fils de Noé, ou plûtôt les peuples qui en sortirent, dit que se divisant par Colonies ils allerent s'établir dans les ISLES DES NATIONS, dans des terres qu'ils s'approprierent, selon leurs Langues & leurs familles; & formerent autant de Nations. On ne doute point des les Isles des Nations Moïse n'ait voulu dire l'Europe. Ce style des Asiatiques étoit conforme à la saine Geographie; puis que pour passer de l'Asie mineure en Europe la premiere chose qui se presente c'est une multitude innombrable d'Isles semées sur l'Archipel. Peut-être même, comme dit le savant Mr. le Clerc, croioient-ils que l'Europe entiere étoit une grande

Genes. c. 10. v. 5.

grande Isle. Pomponius Mela* n'en donne pas une autre idée lors qu'il dit que l'Europe est bornée à l'Orient par le Tanais, le Palus Méotide & le Pont Euxin, au Midi par la Mer Mediterranée, à l'Occident par la Mer Atlantique & au Nord par la Mer Britannique. Ces bornes ne sont pas toutes fort justes par raport aux connoissances modernes; mais si un homme qui écrivoit bien des siécles après Moïse, & presque dans le cœur de l'Europe a parlé ainsi, l'expression Asiatique en doit paroître moins étrange. Elle se retrouve dans le Prophete Sophonie [a] & au 2. Livre des Machabées [b], où nous lisons que Demetrius Nicanor ayant forcé ses ennemis à vivre en paix avec lui, congedia toute son armée hormis les troupes étrangeres qu'il avoit fait venir, *ex insulis Gentium*, c'est-à-dire de Grece. Si les Asiatiques nommoient l'Europe, LES ISLES, par opposition ils nommoient CONTINENT l'Asie qu'ils habitoient. Herodote [c] s'est conformé à cette idée en raportant les victoires que Sesostris remporta en premier lieu sur les Asiatiques, en second lieu sur les Européens : il parcourut ainsi le Continent, dit cet Historien, jusqu'à ce que passant d'Asie en Europe il subjuga les Scythes.

Quelques modernes voyant que la posterité de Japhet avoit peuplé l'Europe, ont voulu dire que l'Europe a été nommée anciennement pour cette raison JAPETIA. Ortelius dit que sur le témoignage de l'Ecriture on pourroit l'appeller JAPETIA. Merula va plus loin; car il dit que plusieurs (*non pauci*) des Ecrivains sacrez l'appellent *Japetia*. Je passe les autres qui ont dit la même chose & je donne ce sentiment pour ce qu'il vaut.

Théocrite nomme cette partie du Monde TYRIA; & Merula dit que c'est à cause d'une fille enlevée, mais il doute si par ce nom on en designe la mere ou la Patrie.

Le Pere Briet [e] dit que l'Europe a été nommée GALATIE, & il s'appuie sur le témoignage de Diodore de Sicile [f] qui donne à la Galatie une grande partie de l'Europe, à ce que dit ce Pere : mais Diodore regarde la *Galatie* & la *Gaule* comme une même chose. Il est vrai qu'il l'étend un peu plus que nous ne faisons; mais il n'entend point l'Europe par ce nom. C'est en vain que le P. Briet croit confirmer cette conjecture par l'autorité de Solin qui dit selon lui [g] que toute la partie de la Mediterranée qui baigne l'Europe est nommée, Mer des Gaules (*Mare Gallicum*.) Solin ne dit rien de pareil. Après avoir dit que la Mer Mediterranée prend divers noms, les uns tirez des diverses Provinces qu'elle arrose, comme *Asiaticum*, *Phoenicium* Mer d'Asie (de l'Asie mineure); de Phoenicie; d'autres des Isles qui y sont situées comme *Carpathium*, *Ægæum*, *Icarium*, & d'autres des peuples, comme *Ausonium*, *Dalmaticum*, &c. d'autres des Villes, comme *Adriaticum*, *Argolicum*, &c. d'autres de quelque avanture, comme *Myrtoum*, *Hellespontus*, &c.; Il ajoute que la Mer d'Egypte est attribuée à l'Asie, celle de France (qui est le Golphe de Lyon) à l'Europe, & celle d'Afrique, (de l'Afrique propre, Province particuliere) à la Libye; & il poursuit; *his ut quaque proxima sunt, venere in partes partium*, il n'y a rien là qui signifie ce que dit le P. Briet.

Un nom ancien de l'Europe dont tout le monde convient, c'est le nom de CELTIQUE. Ptolomée le lui donne dans le second livre, non de sa Geographie comme on le cite d'ordinaire, mais de celui qui est intitulé *Opus quadripartitum*. Voyez aux mots CELTES & CELTIQUE.

Le nom d'EUROPE, qui lui est resté, est fort ancien. Les Latins ont dit *Europa* & les Grecs Εὐρώπη & Εὐρωπία. On ne convient pas de l'origine de ce nom. Il est certain, dit Festus [h], que l'Europe qui est une des trois parties du Monde a pris ce nom d'Europe fille d'Agenor; mais les uns disent que ce fut à l'occasion de l'amour qu'eut pour elle Jupiter qui se changea en taureau; d'autres qu'elle fut enlevée par des Pirates & que le Vaisseau qui avoit Jupiter pour Dieu tutelaire avoit à la proue une figure de Taureau. Il faut remarquer que les Anciens avoient à leurs vaisseaux deux sortes de figures. Celles des Dieux tutelaires étoient toujours à l'arriere, mais il y avoit à la proue quelque figure particuliere dont le vaisseau portoit le nom : ainsi un vaisseau étoit nommé le Tigre, le Lion, le Taureau, &c. selon la figure de la proue; & non pas selon celle de l'arriere ou de la poupe qui étoit une veritable Idole, objet impie d'un culte & d'une adoration sacrilege. Quelques-uns, poursuit Festus, disent que ce pays fut conquis par Agenor & les Pheniciens sous le déguisement d'une fille enlevée. C'est à ceux qui traitent de la Mythologie à examiner ce qu'il y a d'historique dans cette fable que les Poëtes n'ont eu garde de laisser échaper. Il y a plus de vraisemblance à deriver ce nom du Phenicien UR-APPA, qui dans cette langue signifie *visage blanc*, nom qui pourroit avoir été donné à la fille d'Agenor Sœur de Cadmus; & qui convient aux Européans qui ne sont, ni bazannez, comme les Asiatiques Meridionaux, ni noirs comme les Africains.

Les bornes de l'Europe ne sont pas les mêmes, dans les Ecrits des anciens Geographes. Celles du Midi, & de l'Occident n'ont jamais souffert de difficulté. C'est la Mer qui l'entoure de ces deux côtez. Strabon, Pline, Mela, & Etienne, la bornent au Nord par la Mer; mais plus par conjecture que par aucune certitude; & Ptolomée, après avoir suivi la côte aussi loin qu'il croit la connoître, met des terres inconnues au lieu de l'Ocean qu'il ne connoissoit pas. On sait presentement que l'Europe est bornée au Nord par la Mer; & il n'y a plus lieu d'en douter. Les bornes de l'Europe du côté de l'Orient ne sont pas si clairement décidées; & il y a cinq opinions, diferentes dans les Ecrits des Anciens; au sentiment du P. Briet qui dit que la I. est celle d'Herodote qui croioit l'Europe bornée de ce côté-là par un détroit de communication qu'il supposoit être entre la Mer Septentrionale & la Mer Caspienne. Cette opinion accommode assez la symmetrie imaginaire de ceux qui croioient les trois parties du Monde separées par autant de mers; à savoir l'Europe separée de l'Afrique par la Mediterranée & le Détroit de Gibraltar; l'Afrique separée de l'Asie par la Mer

Mer Rouge, & l'Asie separée de l'Europe par ce détroit imaginaire depuis la Mer Caspienne jusqu'à l'Océan qui est au Nord de l'Europe. Herodote dit cependant deux choses remarquables & qui ne permettent pas de le faire Auteur de ce sentiment; l'une[a], que de son temps l'Europe n'avoit pas encore été découverte entièrement & que l'on ignoroit, si elle étoit entourée de la Mer à l'Occident & à l'Orient; l'autre[b], que la Mer Caspienne est une Mer par elle-même & qui ne se mêle avec aucune autre: ainsi il n'y a pas sujet de lui attribuer une opinion fausse qu'il contredit si positivement. Suivons le P. Briet: La II. est celle de ceux qui ont regardé le Phase comme une borne commune entre l'Asie & l'Europe. La III. de ceux qui ont borné l'Europe à l'Orient par le Danube. Ce sentiment que le P. Briet attribue à Seneque[c], n'est pas si éloigné de la verité qu'il paroît d'abord. Acron Commentateur d'Horace, nous apprend que le nom de DANUBE a été donné au TANAIS. Isidore semble favoriser Acron, lorsque parlant de la Rheubarbe il dit qu'elle vient d'un pays Barbare au delà du Danube. Or on sait qu'on la cueille sur le Wolga fleuve qui coule au delà du Don ou du Tanaïs des Anciens. La IV. prend pour limites communes de l'Asie & de l'Europe depuis le Pont-Euxin, le Bosphore Cimmerien, le Palus Méotide & tout le Tanaïs jusqu'à sa source, & delà une ligne tirée vers le Nord. La V. ne prend qu'une partie du Tanaïs, puis une ligne tirée de cette Riviere au Wolga, & de ce dernier fleuve une autre ligne jusqu'à la Riviere de Carambyce que beaucoup de modernes croient être presentement l'Obi, & enfin toute cette Riviere jusqu'à son embouchure où est l'Isle d'Elixona que plusieurs jugent devoir être la nouvelle Zemble. Ortelius & Cluvier ont tâché de mettre cette opinion sur le compte de Pline. Mais ceux qui la suivent font l'Europe beaucoup plus grande qu'elle n'est en effet, en l'étendant jusqu'à l'Obi qui ne peut être la Carambyce des Anciens; car il est certain que toute la Sarmatie étoit en deçà de l'Oby moderne, & s'il eût été la separation de l'Asie & de l'Europe, la division ancienne de la Sarmatie en Asiatique & Européenne seroit impertinente, puisque toute la Sarmatie auroit été en Europe. La Carambyce des Anciens ne peut être que la Dwine, qui coule à Archangel & auprès de laquelle sont encore aujourd'hui les veritables bornes de l'Europe. Telle est la diversité des opinions des Anciens sur les bornes de l'Europe à l'Orient; car, si on en excepte ceux qui les ont reculées jusqu'au Phase, tous s'accordent à la terminer d'Orient au Midi & à l'Occident par le Palus Méotide, la Mer Noire, la Propontide, l'Archipel, la Méditerranée & l'Océan. L'erreur des modernes qui ont pris la Carambice des Anciens pour l'Obi d'à present a jetté une énorme confusion dans la Géographie & engage presque tous les Géographes modernes dans une erreur qu'ils n'ont que trop bien copiée les uns des autres. Il n'est pas surprenant que Mr. Baudrand & ce que j'apelle sa famille, c'est-à-dire, tous les Dictionnaires auxquels le sien de 1682. a servi de base & de fondement, aient adopté une decision fausse qu'ils voyoient generalement reçue; plus habiles que lui s'y sont trompez, savoir Ortelius, Cluvier, & Mess. Sanson qui y regardoient de plus près que lui: cependant le P. Briet ayant eu le courage de s'opposer au torrent & aiant démontré que la Carambice des Anciens n'a rien de commun avec l'Obi d'aujourd'hui, ceux qui ont travaillé après lui devoient profiter de sa correction; car il seroit honteux à des Géographes de profession de ne pas connoître ses Parallèles, mais je ne sais s'il l'est moins de ne s'être pas rendu à ses raisons. Mr. de l'Isle est presque le seul des nouveaux Auteurs dont les Cartes soient exemtes de cette erreur. Elle ne se trouve pas non plus dans la Carte de l'Europe qui est dans l'Atlas de Bleau; mais l'Auteur du Discours qui lui sert d'explication, y a donné comme les autres. Une infinité de Methodes, d'Introductions &c. sont dans le même Principe.

On me dira peut-être que le consentement des Modernes suffit pour placer les bornes de l'Europe à l'embouchure de l'Obi. Ce n'est pas ce dont il s'agit; mais de l'Europe des Anciens qui étoit bornée par la Carambice aujourd'hui la Dwina; sinon Strabon & Pline se seroient trompez en prenant la longueur de l'Europe depuis Cadix jusqu'au Tanaïs, ce qui est juste en mettant les limites à Archangel, mais ce seroit le contraire si on les recule jusqu'à l'Obi; alors la longueur se doit prendre depuis Cadix jusques là & non pas jusqu'au Tanaïs. Voici une Table des principaux pays de l'ancienne Europe. Il s'en faut bien qu'elle soit complette, mais je la donne telle que le P. Briet l'a dressée & n'ai fait que la rendre plus intelligible à ceux qui n'ont point d'étude & corriger quelques fautes qui defigurent les noms.

[a] L. 4. c. 45.
[b] L. 1. c. 202.
[c] Nat. Quæst. l. 4.

TABLE GEOGRAPHIQUE
DE
L'ANCIENNE EUROPE.

Les principaux Pays de l'ANCIENNE EUROPE étoient

- **à l'Occident**
  - **Les Isles Britanniques**
    - Villes: Londres, *Londinum.* ; Edimbourg, *Alata Castra.*
    - Rivieres: la Tamise, *Tamesis.* ; la Saverne, *Sabrina.*
  - **l'Espagne**
    - Villes: Carthagene, *Carthago Nova.* ; Seville, *Hispalis.* ; Tarragone, *Tarraco.* ; Tolede, *Toletum.* ; Sarragoce, *Cæsar-Augusta.*
    - Rivieres: l'Ebre, *Iberus.* ; Le Tage, *Tagus.* ; Le Guadalquivir, *Bætis.*
    - Montagnes: Les Pyrénées *Pyrenæus.* ; Le Mont d'Occa &c. ; *Orospeda.* ; Sierra Morena, *Mariani.*
    - Isles: Les *Baleares,* aujourdhui Majorque &c. ; Yviça, *Pytiusa.*
  - **La Gaule**
    - Villes: Lyon, *Lugdunum.* ; Treves, *Treviri.* ; Narbonne, *Narbo.*
    - Rivieres: Le Rhône, *Rhodanus.* ; La Garonne, *Garumna.* ; La Loire, *Ligeris.* ; La Seine, *Sequana.*
    - Montagnes: Les Alpes, *Alpes.* ; Les Sevennes, *Cemenii Montes.* ; Le M. St. Claude. *Jurassus.*
- **Au Nord**
  - **La Germanie**
    - Villes: Prague, *Cassurgis.* ; Marpurg, *Aqua Mattiacæ.* ; Hambourg, *Marionis.*
    - Rivieres: le Rhin, *Rhenus.* ; le Mein, *Moenus.* ; l'Elbe, *Albis.* ; l'Oder, *Viadrus.*
    - Montagnes: de Boheme, *Hercynii.* ; de Brandebourg, *Asciburgii.* ; d'Otton, *Hercynia.* ; la forêt Noire, *Helvetiorum Eremus.*
  - **l'Isle de Scandie**
    - Ville: Bergen en Norwege, *Berga.*
    - Montagnes: Dofrins ou Daerefiels, *Suevo.*
  - **La Sarmatie**
    - Villes: Caffa, *Theodosia.* ; Kaminieck, *Clepidava.* ; Bar en Podolie, *Vibantuarium.*
    - Rivieres: La Vistule, *Vistula.* ; Le Nieper, *Borysthenes.* ; Le Don, *Tanais.*
    - Montagnes: Kameny: Poyas, *Riphæi.*
  - **La Dacie**
    - Villes: *Zarmigethusa.* ; *Tomi.*
    - Rivieres: Le Danube, *Ister.* ; La Theisse, *Tibiscus.* ; l'Alaut, *Aluta.*
    - Montagnes: Le Crapachs, *Carpathus.* ; Le Marinay, *Scodrus.*

Den-

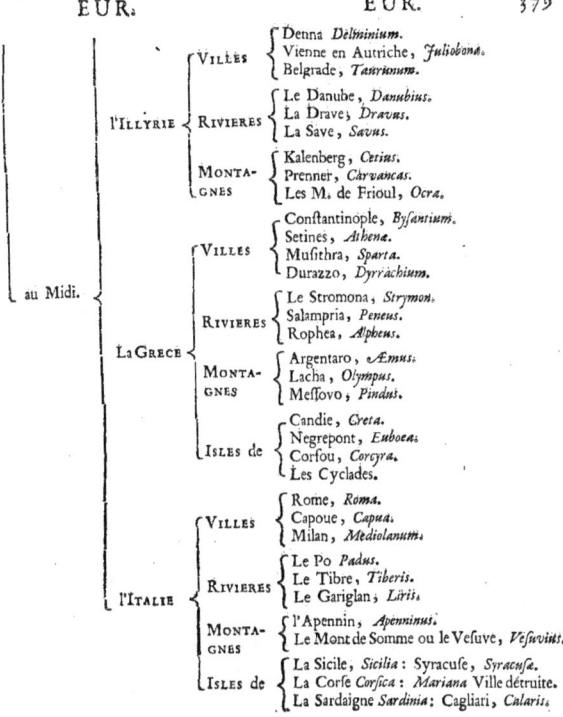

DE L'EUROPE MODERNE.

L'Europe est comptée ordinairement pour une des quatre parties du Monde habité par ceux qui ne comptent que quatre parties par une division assez imparfaite, puisqu'ils ne sauroient y renfermer les Terres Arctiques & les Antarctiques qui pour n'être pas aussi connues que le reste ne laissent pas d'exister & de meriter au moins une place vuide sur les Globes & les Cartes. Cette partie est bornée au Nord par la Mer Glaciale, & par une ligne tirée de la pointe de terre qui ferme au Midi le Golphe qui est au Midi de l'Isle de Candenoes; entre la Province de Dwina, & de Zirannie; le Duché de la grande Novogorod, & celui de la basse Novogorod jusqu'au Wolga un peu au-dessus de Nisi Novogorod; & de là en suivant les bornes Orientales du Duché de Volodimer jusqu'à Kassinougorod, de là jusqu'à la courbure du Don jusqu'au Palus Méotide. Delà par la Mer Noire, la Mer de Marmora, l'Archipel dont la plus grande partie est de l'Europe; la Mer Mediterranée & ensuite l'Ocean jusqu'à la Mer Glaciale. Telles sont les veritables bornes de l'Europe. Il est vrai que je m'écarte de presque tous les Auteurs qui les reglent autrement; mais en échange j'ai pour moi l'autorité des anciens bien entendus & celle du Géographe à qui cette Science a les plus grandes obligations, Mr. de l'Isle, qui seul suffiroit à lui donner toute la perfection dont elle est capable si sa vie étoit assez longue pour exécuter les travaux que demandent les besoins de la Science qu'il cultive. Les écuries qu'Hercule netoia n'étoient pas à beaucoup près si remplies d'ordures & de saleté que la Géographie l'a été par les fausses conjectures de quelques Savans, & par l'ignorance de ceux qui, en les adoptant sans examen, ont achevé d'établir par le grand nombre des autoritez, les erreurs dont ils ont parsemé leurs Livres, & imbu tous leurs Lecteurs. Cependant afin que quelques Lecteurs n'aient pas le chagrin de chercher ailleurs les bornes que j'apelle fausses, quoiqu'elles soient generalement suivies dans presque tous les Livres des Géographes Modernes, je les mettrai ici dans les propres termes de Mr. Baudrand[a].

L'Europe s'étend en sa plus grande longueur depuis le Cap de St. Vincent en Espagne (Portugal) & dans l'Algarve sur la cô-

[a] Ed. 1705.

te de l'Océan Atlantique, jusques à l'embouchure de l'*Obi* dans l'Océan Septentrional par l'espace de treize cens lieues Françoises, ou de neuf-cens milles d'Allemagne & sa plus grande largeur prise depuis le Cap de *Matapan* au Midi de la *Morée* jusqu'au Cap de Nord dans la partie la plus Septentrionale de *Norwege* est d'environ huit cens lieues Françoises, ou de cinq cens cinquante milles d'Allemagne. Elle est bornée à l'Orient par l'*Asie*; au Midi par l'*Afrique* dont elle est separée par la Mer Mediterranée; à l'Occident par l'Océan Atlantique ou Occidental; & au Septentrion par l'Océan Septentrional & Glacial. QUELQUES-UNS lui donnent la Riviere de *Duina* vers *Archangel* pour ses limites de ce côté-là, & cette opinion a été suivie par Magin & par le P. Briet. Pour moi après avoir examiné, J'AI CRU devoir suivre la plus commune opinion qui met les bornes de l'Europe à la Riviere d'*Oby*: c'est l'avis de Mercator, d'Ortelius & des autres Savans & sur tout de Philippe Cluvier qui dit FORT BIEN, qu'elle est separée de l'Asie par l'Archipel dont la plus grande partie est de l'Europe, puis par le Détroit des Dardanelles, la Mer de Marmora, les Bouches de Constantinople, la Mer Noire, le Détroit de *Caffa*, la Mer de *Zabaque* & la Riviere du *Don*. (Tout est fort juste jusques là.) En la remontant jusqu'au coude qu'elle fait près de la petite Ville de *Tuja* dans la Tartarie Moscovite où elle s'approche le plus de la Riviere de *Wolga* & delà par une chaine de Montagnes nommée *Perowlok* qui s'étend du Midi au Septentrion entre ces deux Rivieres de *Wolga* & en remontant jusqu'aux places de *Veliki*, (ce mot n'est pas le nom d'une Ville, mais une Epithéte qui signifie *grand*, & sert étant joint à un nom de Ville à la distinguer d'une autre Ville de même nom. Ce mot doit s'écrire *Velikaia*, & il faloit dire *Perma Velikaia* c'est-à-dire, *la grande Perma*, qui par cette Epithete est distinguée de *Staraia Perma*, c'est-à-dire, de la vieille *Perma*) de *Tumen*, & de *Leptin* dans la Siberie Province de Moscovie, puis par la Riviere d'*Obi* qui en est proche, qui continue toujours la division de ces deux parties jusqu'à son embouchure dans l'Océan Septentrional & Glacial. Ce qui paroît d'autant plus juste, ajoute Mr. Baudrand, qu'il approche plus du sentiment de Pline & de quelques autres Anciens, & que par ce moyen la Grande Russie ou Moscovie est toute enclavée dans l'Europe avec une partie de ses acquisitions sur les Tartares. Il semble que la nouvelle Zemble peut être censée partie de l'Europe puisqu'elle n'en est séparée que par le Détroit de *Vaygats*.

Mr. Baudrand auroit dû dire les raisons qui l'ont determiné à suivre la plus commune opinion preferablement à celle du P. Briet son maître en Géographie[a], & de Magin. Car pour l'autorité d'Ortelius, de Mercator & de Cluvier, elle ne roule que sur la suposition que la Carambice des Anciens est presentement l'*Obi*; & cette suposition étant demontrée fausse, les raisons de ces Savans tombent avec elle. Pline ne détermine point les bornes de l'Europe dans l'endroit contesté & comme le sentiment qu'il peut avoir eu, ne se trouve point marqué dans son livre, on ne peut pas dire qu'il approche de telle ou telle opinion. Il parle bien de *Carambucis*[b], qu'il dit être à l'endroit où les Astres lassez n'ont plus la même rigueur, & où finissent les Monts Riphées; c'est-à-dire, comme l'explique le R. P. Hardouin, où finit la chaine des Monts Riphées & où les Astres cessent d'être rigoureux, où la temperature de l'air commence à être douce & le pays plus habitable. On pourroit aussi l'entendre de cette maniere: qu'auprès de la Carambucis se terminent les Monts Riphées, & que les Astres commencent à n'y avoir plus la même force qu'ils ont à mesure que l'on revient vers le Midi. Quoiqu'il en soit de ces deux sens qui reviennent à un, le R. P. Hardouin explique la *Carambucis* de Pline par la *Dwina*, qui coule à Archangel. Ainsi les nouvelles bornes n'étant fondées que sur une fausse explication, il n'y a nulle raison qui oblige de s'y conformer.

[a] Voyez la Préface du Dict. Franc. de 1705.

[b] L.6.c. 12.

On dira peut-être que l'Europe des Anciens a pu se borner auprès de la Dwina; mais que la moderne va jusqu'à l'Obi. A cela je reponds qu'il n'y a nulle necessité de changer les anciennes bornes. Tant qu'elles ont été ignorées & deguisées par une erreur, on a pu les chercher où elles n'étoient pas; mais l'erreur étant reconnue, pourquoi s'y tenir? Pourquoi ne pas revenir au sentiment le plus conforme à la verité déja montrée par le P. Briet, par Magin, & par Mr. de l'Isle. Quelle necessité y a-t-il que l'Empire Russien soit presque tout entier en Europe, plutôt que l'Empire Ottoman qui est en Europe, en Asie & en Afrique? Les frontières Orientales de l'Europe, de quelque maniere qu'on les prenne, laisseront toujours en Asie de vastes pays de la Tartarie qui sont sous la dependance de l'Empire Russien. Peut-être que les raisons qui ont determiné Mr. Baudrand à suivre l'opinion commune avoient plus de force que celles des Auteurs qu'il allegue; mais comme il ne les a point publiées on peut se dispenser de s'y rendre.

J'ajoute ici la Table de l'Europe dressée par Mr. Sanson. Mr. Baudrand a raison de dire qu'elle est defectueuse & qu'il y a omet des pays considerables. Elle a outre cela le défaut des fausses bornes que je viens de marquer. J'aime mieux en avertir que de la corriger, en la falsifiant.

Tables Geographiques des Divisions de l'Europe.

- **L'EUROPE**
  - dans la **TERRE FERME**
    - **LA SCANDAVIE** où sont
      - La Suede
      - Le Danemarck
      - La Norwege.
    - La Moscovie
    - La France
    - L'Allemagne
    - La Pologne
    - L'Espagne
    - L'Italie
    - La Turquie en Europe.
  - dans l'**OCEAN**
    - **LES ISLES BRITANNIQUES**
      - Angleterre
      - Ecosse
      - Irlande.
  - dans la **MEDITERRANE'E** plusieurs ISLES, dont les plus considerables, sont
    - Sicile
    - Candie
    - Sardaigne
    - Corso
    - Majorque

- **LA SUEDE** se divise en
  - **SUEDE** dont les principales PROVINCES sont
    - UPLANDE : Stokholm, Upsal.
    - WESTERMANTE : Arosio.
    - DALECARLIE : Idra, Dala.
    - SUDERMANIE : Nicoping, Strengnes.
    - GESTRICIE : Gevalie, Copenberget.
    - HELSINGE : Hundwich-wald
    - ANGERMANIE : Hernosand, Arnes.
    - BOTHNIE : Uma, Pitha, Torne.
  - **GOTHLANDE**, où sont les PROVINCES de
    - OSTROGOTHLANDE : Linkoping, Sunderkoping.
    - SMALANDE : Calmar, Jonekoping, Vexio.
    - WESTROGOTHLANDE : Gotheburg, Scara.
    - SCHONEN : Lunden, Ellenbogen.
    - BLECKINGE : Christinstat, Christianopel, Ahuys.
    - HALLANDE : Helmstede.
  - **LAPPONIE**
    - LAPPONIE SUEDOISE : Kimi, Torpajaur, Semijerfui.
  - **FINLANDE** dont les principales PROVINCES, sont
    - FINLANDE : Abo, Biernebo
    - NAPLANDE : Borgo, Raseborgo.
    - CARELIE KEXHOLM : Wiborg, Kexholm.
  - INGRIE où sont : Noteburg, Juwanogarod.
  - LIVONIE où sont : Riga, Revel, Narwa, Derpt.

- **LE DANEMARCK**
  - Plusieurs ISLES dont les plus considerables font
    - SEELANDE : Coppenhague, Roschilt.
    - FYONIE : Ottensée, Middelhart.
  - LA PRES-QU'ISLE de
    - JUTLANDE : Rypen, Aarhus, Ahlborg, Wiborg, Sieswyck, Flensborg.

- **LA NORWEGE** où sont Les GOUVERNEMENS de
  - DRONTHEMHUS : Dronthem, Salten.
  - VARDHUS : Wardhus.
  - BERGHENHUS : Berghen, Strafhauger.
  - AGGERHUS : Obslo, Agger, Friderichstat.
  - BAHUS : Bahus.

- **LA MOSCOVIE** dont les plus considerables DUCHEZ sont
  - MOSKOW : Moskow, Olesko, Colomna.
  - WOLODIMER : Wolodimer.
  - REZANSKI : Rezan, Caffira.
  - WOROTIN : Worotin, Rylesk, Putiwle.
  - NOWOGOROD : Nowogorod Sewierski, Branseo.
  - CZERNIKOW : Czernikow.
  - SMOLENSKO : Smolensko, Drohobus, Dniepesko, Mosaysko.
  - RESCHOW : Reschow, Wyelikilskie.
  - TWERSKI : Twer, Tc.sack.
  - NOWOGOROD WELIKI : Nowogorod Weliki, Mooga, Oltuzna
  - BIELEJEZORSKI : Bielejozoro.
  - WOLGSKI : Wologda, Vitegre, Teropiio.
  - JEROSLAWSKI : Jeroslaw.
  - RESTOWSKI : Restow, Peresiaw.
  - SUSDAL : Susdal, Castromoigorod.
  - NISI NOWOGOROD : Nisi Nowogorod, Wasiligorod.
  - BOLGARSKI : Bo'gar, Samara.
  - WLADSKI : Oorloff, C.inoff.
  - PERMSKI : Permaweliki, Ousgy.
  - JUHORSKI : Juhora.

EUR.   EUR.

- PROVINCES font
  - OBDORSKI { Berezow.
  - CONDINSKI { Wirchatouria, Ouzyxoli
  - PLESKOW { Pleskow, Ostrow.
  - BIELSKI { Bielski.
  - DWINA { S. Michel Archangel, Colmogorod, Ouswaga.
  - KARGAPOL { Kargapol.
  - OUSTIUGH { Ouſtiugh, Ouſoyl, Goſtenga.
  - PETZORA { Petzora, Papinowgorod.
  - OCRAINA { Biallogorod, Czuhojow.
  - POLE { Icoretz.
- ROYAUMES font
  - SIBERIE { Toboleska, Tabary.
  - CAZAN { Caſan, Tetus.
  - ASTRACAN { Aſtraca, Scratoff.
- PEUPLES font
  - LAPPONS { Kola, Jokena, Kouada.
  - SAMOIEDES, CZEREMISSES, TNIGOESES

LA FRANCE a pluſieurs GOUVERNEMENS GENERAUX, ſavoir

- dans les TERRES
  - l'ISLE DE FRANCE { Paris, Beauvais, Soiſſons, Laon.
  - LA CHAMPAGNE { Troyes, Rheims, Sens, Langres, Chaalons, Meaux.
  - l'ORLEANNOIS { Orleans, Tours, Poitiers, La Rochelle, Bourges, Nevers, Angers, Chartres.
  - LA BOURGOGNE { Dijon, Autun, Auxerre.
  - LE LYONNOIS { Lyon, Clermont, Moulins.
- ſur l'OCEAN, ſur LA MER MEDITERRANE'E
  - LE DAUFINE' { Grenoble, Vienne, Embrun, Valence.
  - LA PICARDIE { Amiens, Abbeville, Calais.
  - LA NORMANDIE { Rouen, Caen, Le Havre, Dieppe.
- ſur l'OCEAN
  - LA BRETAGNE { Rennes, Nantes, S. Malo, Quimpercorentin, Breſt.

Les GOUVERNEMENS DE LA FRANCE ſitués
- Sur LA MER MEDITERRANE'E
  - LA GUIENNE & GASCOGNE { Bourdeaux, Aux, Pau, Bayonne, Saintes, Cahors.
  - LE LANGUEDOC { Touloufe, Narbonne, Montpellier.
  - LA PROVENCE { Aix, Avignon, Marſeille.
- auxquels l'on peut ajouter
  - LA LORRAINE { Metz, Nancy.
  - L'ALSACE { Briſac.
  - Partie de FLANDRE { L'Iſle.

L'ALLEMAGNE a pluſieurs PROVINCES
- Celles qui appartiennent A LA MAISON D'AUTRICHE font
  - AUSTRICHE { Vienne, Lintz, Neuſtat.
  - STIRIE { Gracz.
  - CARINTHIE { Clagenfurt.
  - CARNIOLE { Laubach.
  - TIROL { Inſpruck, Brixen.
  - BOHEME { Prague, Egra, Budweis.
  - SILESIE { Breslaw, Glogaw, Ratibor.
  - MORAVIE { Olmutz, Brin.
  - LUSACE { Paudiſſen, Gorlitz.
  - BOURGOGNE COMTE' { Beſançon, Dole.
  - PAYS BAS CATHOLIQUES { Bruſſelles, Malines, Louvain, Anvers, Gand, Mons, Namur, Luxembourg.
- Celles qui ſont partagées, entre les PRINCES de l'EMPIRE
  - LE PALATINAT DU RHEIN { Heidelberg, Spire, Worms, Zweybruck.
  - LES ELECTORATS ECCLESIASTIQUES { Mayence, Treves, Cologne.
- des PROVINCES D'ALLEMAGNE qui ſont partagées, entre les PRINCES de l'EMPIRE font
  - LA FRANCONIE { Nuremberg, Wurtzburg, Bamberg.
  - LA HESSE { Caſſel, Marpurg, Francfort ſur le Mein.
  - LA WESTPHALIE { Munſter, Embde, Osnabrug, Duſſeldorp.
  - LA BAVIERE { Munick, Ratisbone, Paſſaw, Amberg, Neuburg, Saltzburg.

Aug.

EUR.   EUR.   383

Auxquelles on peut ajouter
- La Souabe
  - Augsburg
  - Ulm
  - Hall
  - Stutgard
  - Constance.
- La Haute Saxe
  - Dresde
  - Meissen
  - Wittenberg
  - Leipsick
  - Erfurt.
- Le Brandebourg
  - Berlin
  - Francfort, sur l'Oder
  - Landsberg.
- La Pomeranie
  - Stettin
  - Wolgast
  - Stralsund.
- La Basse Saxe
  - Magdeburg
  - Breme
  - Hamburg
  - Lubeck
  - Rostock
  - Brunswick
  - Lunebourg.
- Les Provinces Unies des Pays Bas
  - Amsterdam
  - Utrecht
  - Zutphen
  - Deventer
  - Groningue.
- Les Suisses
  - Basle
  - Zurich
  - Berne
  - Coire
  - Geneve.
- La Haute Pologne
  - Crakow
  - Sandomirz
  - Lublin.
- La Basse Pologne
  - Gnesna
  - Posna
  - Calisch
  - Rava.
- La Prusse
  - Dantzick
  - Konigsberg
  - Elbing
  - Memel.
- La Masovie
  - Warsaw.
- La Polaquie
  - Bielsk.
- La Russie Noire
  - Lemberg
  - Belcz.
- La Lithuanie
  - Wilna
  - Witepsck
  - Nowogrodeck.
- La Samogitie
  - Rosiem.
- La Curlande
  - Mittaw
  - Goldingen.
- La Volhynie
  - Kiow
  - Biala Cerkieu
  - Lusuc
  - Wlodzimierz.
- La Podolie
  - Kaminieck
  - Bracklaw
  - Bar.

sous le nom d'Espagne sont compris
- dans le Milieu du Pays
  - La Castille
    - Madrid
    - Toledo
    - Burgo
    - Valladolid
    - Alcala de Henares
    - Guadalajara
    - Cuença
    - Ciudad Real
    - Badajos
    - Placentia.

Sous le nom d'Espagne sont compris
- Vers le Septentrion
  - Leon
    - Leon
    - Salamanca
    - Camora
    - Toro.
  - La Gallice
    - S. Jago de Compostella
    - Mondonedo
    - Orense
    - Tuy
    - La Coruña.
  - Les Asturies
    - Oviedo
    - Santillana.
  - La Biscaye
    - Bilbao
    - Tolosa
    - S. Andero
    - S. Sebastien.
  - La Navarre
    - Pamplona
    - Estella
    - Tudella.
- Vers l'Orient
  - La Catalogne
    - Barcelona
    - Tarragona
    - Lerida
    - Urgel
    - Girona.
  - La Valence
    - Valencia
    - Alicante.
- Vers le Midi
  - Murcie
    - Murcia
    - Cartagena.
  - Grenade
    - Granada
    - Guadix
  - L'Andalousie
    - Sevilla
    - Cordoua
    - Cadix
    - S. Lucar
    - Gibraltar.
- Vers l'Occident
  - Les Algarves
    - Faro
    - Silves.
  - Le Portugal
    - Lisboa
    - Braga
    - Evora
    - Coimbra
    - Bragança
    - Beja
    - Porto.

L'Italie a plusieurs Etats
- dans le Milieu du Pays sont
  - Les Etats de l'Eglise
    - Roma
    - Bologna
    - Ravenna
    - Ferrara
    - Urbino
    - Ancona
    - Spoleto
    - Fermo
    - Civita Vechia.
  - Les Etats de Toscane
    - Fiorenza
    - Siena
    - Pisa
    - Livorno.
  - Venise
    - Venetia
    - Padoua
    - Verona
    - Brescia.
  - Piemont
    - Turin
    - Chambery
    - Vercelli
    - Yvrea
    - Suza
    - Saluces
    - Nizza.
- dans la Lombardie
  - Milan
    - Milan
    - Pavie
    - Cremone
    - Lodi
    - Novarre
    - Tortoue.

L'ITALIE a plusieurs ETATS.	GENES	Genoa, Savona, Albenga.	
	PARME	Parma, Piacenza.	
	MODENE	Modena, Reggio.	
	MANTOUE	Mantoua, Casale.	
	TRENTE	Trente	
	LUCQUES	Lucca.	
à l'extremité DE L'ITALIE	NAPLES	Napoli, Capua, Benevento, Regio, Otranto, Brindisi, Taranto, Cozenza, Manfredonia, Aquila, Gaeta.	
LA TURQUIE EN EUROPE comprend	Vers le SEPTEN-TRION les PROVINCES de	ROMANIE	Constantinopoli, Andrinopoli, Galipoli, Philippopoli.
		BULGARIE	Sophia, Silistria, Nigepoli.
		SERVIE	Belgrad, Semendria, Nizza, Tekin.
		BOSNIE	Bagnialuck, Jaieza, Sarajo.
		HONGRIE	Bude, Newhausel, Agria, Canisia, Stulwassenburg, Petsche, Presburg, Kaschaw, Rab, Oedenburg.
		CROATIE	Wihitz.
		DALMATIE	Zara, Sebenico, Scardona.
	Vers le MIDI les PROVIN-CES de	MACEDOINE	Salonichi, Contessa.
		THESSALIE	L'Arissa, L'Armiro, Tricala.
		EPIRE	Preveza, Delvino.
		ACHAIE	Lepante, Setine, Stives, Negrepont.
		MORE'E ou PELOPONESE	Misistra, Napoli de Malvasia, Paleopatra, Coranto, Arcadia.

auxquelles l'on peut encore ajouter	LA TRAN-SILVANIE	Hermanstat, Clausenburg.	
	LA VALA-QUIE	Targowis, Ermistat.	
	LA MOLDA-VIE	Soczowa, Jazy.	
	LA PETITE TARTARIE	Capha, Baciesaray.	
LES ISLES DE L'EU-ROPE dans l'OCEAN font	LES ISLES BRITAN-NIQUES qui comprennent	LA GRAN-DEBRE-TAGNE qui comprend	ANGLE-TERRE	Londres, Yorck, Bristoll, Glocester, Canterbury, Oxford, Cambridge, Rochester, Yermuth, Barwick, Chester, Pembrock, Plymouth, Southampton, La Rye, Lancaster.
			ES-COSSE	Edimburg, S. André, Glasguo, New Aberdone.
		IRLANDE	Dublin, Wexford, Armagh, Galway, Limmerick.	
	LES ISLES OR-CADES	Kirckwolle.	
	LES ISLES DE SCHETLAND	Burgh.	
	LES ISLES DE FERO	Stromo.	
	Le long des COSTES DE FRANCE	LES ISLES DE JERSEY, ET DE GARNESEY, L'ISLE DE RE', L'ISLE D'OLERON, BELL'ISLE	
L'EUROPE a plusieurs ISLES dans la MER MEDITER-RANE'E	Les plus Grandes sont	SICILE	Messina, Palermo, Mazara, Noto, Siracusa.
		SARDAIGNE	Cagliari, Algeri.
		CORSE	Bastia, Adjazzo, Bonifacio.
		CANDIE	Candia, Canea, Retimo, Setia.
		MAJORQUE	Majorca.
		MINORQUE	Citadelli.
		YVIÇA	Yviça.
	entre les Moindres sont	Sur les Côtes de France	LES ISLES D'HYERES
		Sur la Côte d'Italie	L'ISLE D'EL-BE	Portolongone.
		Sur les Côtes de la Turquie en Europe	CORFU, ET ZANTE	Corfu, & Zante.
			LES ISLES CYCLADES	Milo.

2. EUROPE, contrée particuliere de l'Europe, de laquelle on la distingue en la nommant l'Europe propre. C'est de cette Europe particuliere qu'il faut entendre ce vers d'Ausone [a] à Æmilius Magnus Arborius :

Hinc tenus Europam famâ crescente, perito
Constantinopolis Rhetore te viguit.

Ortelius [b] remarque que faute de savoir cette distinction Vinet s'est donné une torture inutile ; & qu'un autre Critique nommé Titius Burgensis ne comprenant pas ce vers a changé *Europam* en *Euripum*. Sextus Rufus [c] parlant de l'acquisition que fit la Republique dans la Thrace divise toute la Thrace en six Provinces, à savoir la Thrace propre, l'Æmimont, la basse Mœsie, la Scythie, la Rodope, & l'Europe dans laquelle on a bâti les secondes Citadelles de l'Empire Romain ; c'est-à-dire, Constantinople. Le P. Charles de St. Paul [d] marque ainsi les bornes de l'Europe de Thrace ; elle s'étend le long de la Mer, elle est bornée au Levant par la Propontide, au Nord par le Pont, au Couchant par l'Æmimont & par la Rhodope & au Midi par la Mer Egée. Les Villes Episcopales qu'il met dans cette Province sont

Heraclée	aujourdhui Heraclia,
Panium	——— Phanorion,
Coelos,	
Callipolis	——— Gallipoli,
Cyla,	
Aphrodisia,	
Theodosiopolis,	
Chersonnesus,	
Drusipara	——— Misini,
Lisimachia	——— Hexamili,
Byzia	——— Vize,
Selymbria	——— Selombria, ou Selivrée,
Arcadiopolis	——— Bergas.

Mr. Baudrand soupçonne qu'il est arrivé à l'Europe, comme à l'Asie & à l'Afrique ; à savoir que ces trois parties ont pris chacune le nom d'une de leurs Provinces particulieres. Il faut de plus remarquer que dans le Code, dans les Novelles, dans les Conciles de Chalcedoine & d'Ephese ; le nom *Europe*, ne signifie que cette partie de la Thrace & non pas tout ce que nous entendons aujourd'hui par ce mot pris dans sa plus grande étendue.

EUROPE, en Grec Ἐυρώπη ou ;

EUROPIA, en Grec Εὐρωπεία, Ancien lieu de la Phenicie selon Etienne le Géographe. J'ai remarqué ailleurs que le Concile de Chalcedoine fait mention d'EUROMA Ville de Phenicie, & qu'Ortelius doute si ce n'est pas la même chose.

EUROPUM. Voyez EUROPUS.

1. EUROPUS, Ville de la Parthie selon Pline [e]. Strabon [f] dit dans la Medie la Ville de RAGEIA, qu'il dit avoir été nommée Europus par Nicator son fondateur ; mais que les Parthes l'appelloient ARSACIA. C'est la même Ville. Isidore de Charax [g] dit que DURA Ville de Nicanor bâtie par les Lacedemoniens étoit nommée EUROPUS par les Grecs.

2. EUROPUS, Ville de Syrie sur l'Euphrate. Elle étoit Episcopale & reconnoissoit pour Metropole Hierapolis, sous le Patriarchat d'Antioche. Le P. Charles de St. Paul [h] la met dans l'Euphratense. Ortelius, & ce Pere se sont trompez lors qu'ils ont cru qu'Europus a été aussi nommée Amphipolis & Thapsacum. Pline qu'ils citent pour garant parle de deux Villes diferentes dont l'une est Europus, ou Europum, l'autre Amphipolis dont l'ancien nom étoit Thapsacum. * *At in Syria Oppida, Europum, Thapsacum quondam, nunc Amphipolis.* Etienne distingue fort bien *Europus de Thapsacum*, & les met l'une & l'autre sur l'Euphrate. Ptolomée [i] l'y place aussi entre les Villes de la Syrie. Le mot *Oppida*, au pluriel, ne laisse pas douter qu'il ne s'agisse de plus d'une Ville.

3. EUROPUS, ancienne Ville de la Carie selon Etienne le Géographe. Berkelius son Interprete prétend que c'est là même que cet Auteur nomme peu de lignes auparavant EUROMUS. Car il dit d'Europus qu'elle a été nommée Idriade du nom d'Idris fils de Chrysaor, & il dit d'Euromus qu'elle tiroit son nom d'Euromus fils d'Idrieus le Carien.

4. EUROPUS, Ville de Macedoine selon le même qui dit qu'elle tenoit ce nom d'Europus fils de Macedon & d'Orithyie fille de Cecrops.

5. §. On ne sait de quelle Europus de Macedoine Etienne a voulu parler ; car il y en avoit plusieurs. Pline [k] en met deux, l'une sur l'Axius, l'autre qui étoit arrosée par la Riviere Rhoedias. Ptolomée [l] y en met aussi deux, l'une dans la Province qu'il nomme *Mathia*, ou *Macetia*, & l'autre dans le Pays des Albotes, ou Almopes suivant les divers exemplaires de cet Auteur. Ortelius distingue les deux Europus de Ptolomée de celles de Pline, & en fait quatre Villes diferentes. Le R. P. Hardouin n'en fait que deux.

6. EUROPUS, Riviere de la Thessalie : l'Abreviateur de Strabon dit qu'Homere la nomme Titaresion. Sa source est au Mont Citarius, qui est une continuation de l'Olympe & il se jette dans le Penée. Au lieu de Citarius Casaubon veut que l'on lise Titharius, ou Titarus, suivant Eustathe. Voyez EUROTAS 2.

1. EUROTAS, Riviere du Peloponnese. Voici le cours que lui donne Strabon [m]. Elle a sa source assez près de celle de l'Alphée, savoir à Asea Village du Territoire de Megalopolis, l'une & l'autre Riviere coule cachée sous la terre l'espace de quelques stades, puis sortent l'une dans la Laconie, l'autre dans la Pisatide. L'Eurotas recommence à se montrer dans la contrée de Belbina, suivant la correction de Casaubon ; passe auprès de la Ville même de Sparte & après avoir parcouru une petite Vallée près de Helos, elle a son embouchure dans la Mer entre Gythium Port de Mer de Lacedemone, & la Ville d'Acria. Cette Riviere a eu plusieurs noms. Plutarque le Géographe

phe [a] nous en a conservé quelques-uns & l'origine que la fable leur donnoit; voici ce qu'il en dit : Himere fils de la Nymphe Taygete & de Lacedemon s'étant attiré la colere de Venus deshonora un soir Cleodice sa propre Sœur. Le lendemain ayant apris la verité, il en eut une extrême affliction, de sorte que transporté de douleur il se précipita dans la Riviere de Marathon qui fut nommée Himere à cause de lui. Elle fut ensuite nommée Eurotas pour cette raison. Les Lacedemoniens étant en guerre contre les Atheniens attendoient la pleine Lune. Eurotas leur General meprisant toute superstition rangea l'armée en bataille malgré la foudre & les éclairs; mais il perdit son armée & de chagrin il se jetta dans le fleuve Himere qui depuis ce temps-là fut nommé Eurotas. Le même Plutarque dit qu'il y naissoit une Pierre nommée *Thrasydile* de la figure d'un Casque; ce qu'il ajoute est une badinerie puerile, à savoir que sitôt qu'elle entend sonner de la trompette elle saute sur le rivage, mais qu'elle se replonge dans l'eau dès que l'on vient à nommer les Italiens. L'autorité de Nicanor le Samien qu'il cite, ne suffit pas pour faire accroire cela à d'autres qu'à des enfans. Le nom moderne de cette Riviere est Basilipotamo, selon Sophien & le R. P. Hardouin [b]. Ortelius trouvant dans Stace [c] ce vers,

Et Lacedæmonii pecuaria culta Galesi;

l'explique comme si le nom de Galesus avoit été commun à l'Eurotas, & à la Riviere qui coule auprès de Tarente en Italie, de sorte que pour les distinguer l'Eurotas auroit eu le surnom de Lacedemonien. L'Abbé de Marolles l'entend du Galesus d'Italie, & prend le surnom de Lacedemonien d'une Colonie de Lacedemoniens qui selon lui vint s'y établir. L'Eurotas [d] a quantité de longs & gros roseaux à son embouchure près de laquelle est la Ville de Colochina. Les jeunes hommes de Lacedemone en faisoient autrefois des nates & couchoient dessus. Son fil au fond & il seroit navigable pour de mediocres bâtimens sept à huit lieues de son embouchure; mais il n'a pas autant de largeur qu'il en faut à un bâtiment pour virer sans qu'il touche les rivages.

2. EUROTAS, Riviere de Thessalie auprès du Mont Olympe selon Strabon [e] qui dit qu'elle est nommée Titaresium, par Homere. C'est la même que son Abreviateur apelle Europus. Voyez ce mot au No. 6. Cette même Riviere est nommée Titaresus par Lucain [f]. Voyez aussi Titaresus.

3. EUROTAS, Riviere d'Italie, près de Tarente. C'est la même que le fleuve Galese. Je ne l'ai dit dans le premier article que comme une conjecture d'Ortelius ; mais je l'assure ici sur l'autorité de Polybe qui en parle ainsi [g] : la plupart apellent Eurotas cette Riviere de Galese ; & ce nom lui vient de l'Eurotas qui baigne la Ville des Lacedemoniens. Il y a, tant dans le territoire que dans la Ville même de Tarente, beaucoup de choses qui se ressemblent, parce que les habitans sont une Colonie de Lacedemoniens,

& ont avec eux une affinité : ce dont personne ne doute.

4. EUROTAS, Ortelius croit trouver une Montagne de ce nom dans ce vers de Stace [h]:

*Auditt & medius Cœli Parnassus, & asper
Eurotas, dubiamque jugo fragor impulit
Oeten.*

EURYAMPUS, Ville ancienne de Macedoine dans la Magnesie selon Etienne le Géographe.

EURYEIS, Riviere & Village dans le pays nommé Scepsia, auprès de la contrée de Troye selon Strabon [i].

1. EURYMEDON, Riviere de l'ancienne Pamphylie. Elle avoit sa source au Mont Taurus, passoit à la Ville d'Aspendus & se jettoit dans la Mer de Pamphilie. Cimon General de la Flore des Atheniens poursuivit le Roi Xerxès jusqu'à l'embouchure de cette Riviere qui coule maintenant dans la Caramanie sous le nom de Zacuth.

2. EURYMEDON, lieu de la Cilicie auprès de Tarse, selon Etienne le Geographe.

EURYMENÆ, Ville de la Thessalie selon Tite-Live [m] & Etienne le Géographe. Ortelius doute si ce ne seroit pas la même qu'Erymnæ. Voyez ce mot au No. 2.

EURYSICHEÆ, peuple de l'Acarnanie selon un ancien cité par Strabon [n].

EURYTANES, peuple de l'Etolie. Il en est parlé à la fin du III. Livre de Thucydide. Etienne le met aussi dans l'Etolie; mais les imprimez portoient de l'*Italie* au lieu de l'Etolie avant que Casaubon eût averti de cette faute dans une de ses Notes sur Strabon [o].

EURYTUS, fontaine de la Gréce. Euripide en parle dans sa Tragedie d'Iphigenie [p] en Aulide.

EUSAN. Voyez Eausan.

EUSDAIL, ou Ewsdale, territoire de l'Ecosse Meridionale. Il tire son nom de la Riviere d'Ew. L'Auteur [*] de l'Etat present de la grande Bretagne le raporte à la Province de Liddesdale; aussi-bien de celle d'Eskedal, dont Mr. Baudrand [q] fait une Province sous laquelle il range l'Eusdail.

EUSE. Voyez Eause.

EUSENE, ancienne Ville du Pont dans la Paphlagonie selon Ptolomée [r].

EUSIMARA, ancienne Ville de Capadoce selon le même [s] qui la met dans la Meliteme auprès de l'Euphrate, & cette contrée étoit un des Gouvernemens de la Capadoce.

EUSON, Mr. Corneille dit que c'est le nom d'une Riviere de la Macedoine; qu'elle a conservé son ancien nom & qu'elle se jette dans la Mer près de la Ville de Pierie. Il y a bien de l'inexactitude dans cet article. 1. Aucun des Anciens que j'ai consultez en grand nombre ne fait mention d'Euson. 2. Pierie n'est pas le nom d'une Ville ; mais celui d'une contrée de la Macedoine ; au Nord de laquelle couloit l'Erigon & je soupçonne fort les Copistes de Mr. Corneille d'avoir changé *Erigon* en *Euson* : la meprise étoit

d'aud'autant plus facile que Mr. Corneille étant aveugle & obligé de s'en fier à eux ne pouvoit gueres s'appercevoir de leur erreur.

EUST. Voyez au mot, VIST, *North-vist* & *South-vist*.

EUSUGAGUEN, Ville d'Afrique, dans la Province de Hea au Royaume de Maroc. Elle est fort ancienne, & d'une situation très-avantageuse, étant sur une haute Montagne au pied de laquelle passe un ruisseau qui pourroit beaucoup servir pour le jardinage si les habitans étoient moins sauvages. Ils vivent de farine d'orge, d'huile d'Erquen & de chévres, & ignorent ce que c'est que de dresser des jardins. Cette Ville, qu'on peut appeller une place forte, est à trois lieuës de Hadequis, du côté du Midi, & a été bâtie par ceux du pays, qui n'ayant ni Religion ni crainte de Dieu, quoiqu'ils se disent Mahometans, ont guerre continuelle avec leurs voisins, & s'entretuent pour la moindre chose. Comme les hommes & les femmes broffent sans souliers au travers de ces Montagnes, où il y a quelques hameaux que ces Sauvages habitent, ils ont aux pieds des crevasses qui vont jusqu'à l'os. Ils n'ont ni Juges ni Alfaquis, & n'étant retenus ni par l'honneur ni par la connoissance du bien, ils ne songent qu'à se venger de leurs ennemis, & à les tuer en trahison s'ils peuvent le faire. Ainsi ils passent pour les plus cruels, & les plus brutaux de toute la Barbarie, & on ne tient pas pour brave parmi eux, celui qui n'a pas tué douze ou quinze hommes: tout leur commerce est de miel & de cire qu'ils vendent aux Marchands Chrétiens, encore jettoient-ils la cire qu'ils vendent aux Marchands Chrétiens, comme n'étant propre à aucun usage, avant la venue des Portugais, dont ils n'appréhendoient pas les courses, à cause que leur Montagne est si roide qu'on n'y peut aller qu'à pied. Aussi n'ont-ils ni chevaux ni bœufs ni d'autre bétail que des Chévres éparses par la Montagne, quoiqu'il n'y ait pas plus de cinq cens maisons dans la Ville. Ils ne laissent pas de faire plus de trois mille combatans.

EUTÆA, Ville ancienne de l'Arcadie selon Etienne le Geographe. Xenophon en parle aussi au VI. livre de l'Histoire Greque.

a Dapper Afrique p. 219.

EUTAN[a], Lac d'Afrique, dans la Nigritie au Royaume de Senega à quatre lieuës de Jandos & à deux d'Emduto qui sont deux Villages de ce Pays-là. [b] Il a sept lieuës & demie de long, trois quarts de lieuës de large & cinq ou six pieds de profondeur. Dans les saisons pluvieuses ce Lac est fort poissonneux & reçoit plusieurs torrens dans son sein; mais au fort de l'Eté les torrens & les Lacs se sechent de sorte qu'on y peut passer à pied sec: alors on trouve sur son fond de petites cornes qu'ils appellent *Simbos*, & qui servent de Monnoye à Angola.

b p. 231.

EUTASUM, Ville de l'Arcadie selon Pausanias[c]. Sylburge a sagement rétabli EUTÆA qui est le vrai nom de cette Ville.

c L. 8. c. 27.

EUTHALITÆ. Ce nom se trouve dans quelques Editions de Procope, au lieu de NEPHTALITÆ peuple d'entre les Huns. Voyez NEPHTALITES.

Tom. II.

EUTHANÆ, EUTANÆ ou EUTHENÆ, Ville de la Carie selon Etienne le Géographe. On trouve une Medaille des EUTHENITES dans le Tresor de Goltzius[d]. Pline[e] parle d'EUTHENE, cette Ville étoit maritime & dans le Gôlphe de la Doride, mais diférente d'EUTANE dont Pline parle une ligne ensuite. Cette derniere selon l'observation du R. P. Hardouin est l'Euthané de Mela[f] & étoit entre Cnide & le Golphe Ceramique.

d p. 215. e L. 5. c. 29. f L. 1. c. 16.

EUTHERE. Mr. Corneille met un fleuve de ce nom dans la Syrie & il dit que quelques-uns l'appellent VALANIA &c. il tire cet article de Davity qui dit du fleuve ELEUTHERE ce que Mr. Corneille dit de l'EUTHERE.

EUTIM, ou EUTHIM Siége Episcopal de l'Arabie sous Bostra Metropole, en Latin EUTIMIUM, selon la Notice Episcopale de 1225[g]. Ce lieu est nommé EUSTUM dans une autre[h], & EURINII ou EUTUNI dans celle des Patriarchats d'Antioche & de Jerusalem.

g Schelstrate Ant. Eccles. T. 2. p. 757. h ibid p. 770.

EUTIN, ou EUTHIN, Château & petite Ville d'Allemagne dans le Holstein & dans la contrée de cette Province que les anciens ont nommée la Vagrie. Zeyler[i] écrit ce nom OITIN, OYTIN; & EUTYN. Pontanus Historien du Danemarck dit dans la Topographie de ce Royaume qu'Eutin (*Oitina*) qui n'étoit encore qu'un Village du temps d'Adolphe II. Duc de Holstein (vers l'an 1160.) reçut une Colonie de Hollandois, qui l'embellirent. On lit dans la description des Villes par Bräun[k] qu'Adolphe II. fondateur de ce lieu donna le Château & trois cens arpens de terre à l'Evéché d'Aldenbourg fondé par l'Empereur Otton I. l'an 952. & qu'en vertu de cette Donation, l'Evéché d'Aldenbourg ayant été transferé à Lubec ce Château devint la principale résidence des Evêques: les Lubecquois s'en étant emparez, Christian III. Roi de Danemarck le rendit aux Evêques & au Chapitre à certaines conditions. Il y a un Lac, un parc & il y avoit une Collegiale avec un Chapitre de douze Chanoines. Henri de Rantzow Gouverneur pour le Roi de Dannemarck parle ainsi d'Eutin dans ses Eloges des Villes.

i Topog. Infer. Saxon. p. 188.

k V. part.

Arx Oitinensis clara est Primaria Sedes
Quæ Lubecensis Præsulis esse solet.
Inclitus Holsatiæ Comes hanc construxit Adolphus,
Qui quondam istius nominis alter erat.
Idem etiam parvam juxta arcem condidit urbem
Atque huic jus proprium Municipale dedit.

EUTRESIS, ancienne Ville de l'Arcadie selon Pausanias[l] cité par Ortelius. Cet Ancien ne parle pas d'une Ville ainsi nommée, mais d'un peuple qu'il appelle les Eutresiens.

l L. 8. c. 27.

EUTROPIUM, lieu de la Bithynie où l'Empereur Maurice fut tué auprès d'Hérée; selon Procope[m].

m Ædific.

EUTYCHIA, Isle de la Mer Egée devant le Golphe Pagasique[n] que nous appellons presentement le Golphe del Vollo.

n Plin. l. 4. c. 13.

EUXIN. Voyez PONT.

EW, Riviere d'Ecosse selon l'Auteur de l'Etat de la grande Bretagne ou EUS selon les Cartes d'Allard. Elle est dans la Province de Liddesdale. Elle a sa source aux confins de Toviotsdale, & coulant vers le Midi, dans une Vallée à laquelle elle donne le nom de Eusdale, elle se jette dans l'Esk, avec laquelle elle se perd dans la Liddel, au Midi de l'Ecosse.

EVUSUM, Isle & Ville Episcopale entre les Baleares; Holstenius [a] a très-bien remarqué que c'est la même chose qu'EBUSUS, qui est aujourd'hui IVIÇA. Voyez ces articles.

[a] Not. in Carol. a S. Paulo Geog. Sacr. p. 67.

EX.

EX [b], en Latin ISCA & ISACA, petite Riviere d'Angleterre. Elle a sa source au Comté de Sommerset d'où elle coule en Devonshire & arrose la Ville d'EXCESTER à laquelle elle donne son nom, puis elle se rend dans la Mer à neuf mille plus bas proche d'un Château nommé EXMOUTH parce qu'il est à l'embouchure de l'Ex.

[b] Allard Carte de l'Angleterre.

☞ EX, ce mot qui dans la Langue Greque signifie le nombre de SIX entre dans la composition de quelques noms Geographiques.

EXACOMIA, Siége Episcopal & petite contrée de l'Arabie petrée. Elle étoit ainsi nommée parce qu'elle renfermoit sept Bourgades. Ce nom se trouve dans plusieurs Notices & j'en ai parlé à l'article EVACOMIAS, qui est une corruption de ce mot.

EXAGYIUS, Ville de Sicile selon Etienne le Géographe, de l'Edition de Xilander; celle de Berkelius retranche l'A sur l'autorité des Manuscrits; & porte ΕΞΓΥΙΟΣ Hexgyius: on la nommoit ainsi parce qu'elle avoit six chemins.

EXAMILION [c], muraille celebre ainsi nommée parce que sa longueur étoit de six milles. L'Empereur Emanuel la fit élever en 1413. sur l'Isthme de Corinthe pour garantir le Peloponnèse de l'incursion des barbares. Elle commençoit au Port Lechée à seize stades de Corinthe, & finissoit au Port Cenchrée vers le Golphe Saronique. Amurath II. ayant levé le siége de Constantinople en 1424. fit démolir l'Examilion, quoy qu'il eût conclu la Paix avec l'Empereur Grec. Les Venitiens resolurent en 1463. de rebâtir cette muraille comme un rempart qui leur parut necessaire pour conserver leurs Etats dans la Morée. Ils se servirent de Louïs Loredano General de la Mer qui ayant debarqué des troupes en ce lieu-là, les joignit à celles de Bertold d'Est pour les employer à ce grand Ouvrage auquel trente mille Ouvriers travaillerent. Il fut achevé en quinze jours. On y ajouta des doubles fossez & cent trente-six tours. Les Infidelles étant venus attaquer cette muraille furent contraints après avoir été repoussez de se retrancher aux environs. Loredano alla au Siége de Corinthe & Bertold qui se rendit au Camp peu de temps après y reçut un coup de pierre dont il mourut. Bertino de Calcinato prit ensuite le commandement de l'armée, & sur l'approche du Beglierbey qui s'avançoit à la tête de quatre-vingt mille hommes, il aban-

[c] Corn. Dict. Le P. Coronelli Desc. de la Morée.

donna le siége, & la defense de la muraille pour laquelle on avoit fait des depenses excessives.

EXAMPÆUS, source d'eaux améres dans la Sarmatie Européenne. Solin [d] dit que se mêlant avec l'Hypanis qui a des eaux fort pures & fort salubres jusqu'à ce qu'il arrive aux confins des Callipides; il les gâte, & l'infecte de maniere que les eaux de ce fleuve ne sont plus reconnoissables delà jusqu'à leur embouchure. Il ajoute que ceux qui ne connoissent l'Hypanis que vers sa source en loûent les eaux & ceux qui ne les ont éprouvées que vers son embouchure n'en parlent qu'avec horreur. Herodote [e] qui en parle dans le même sens dit que ce nom est Scythique & signifie les Chemins sacrez. Il le met entre [f] l'Hypanis & le Borysthene & parle d'une chaudiere qu'on y voyoit & qui contenoit la mesure de six cens Amphores, & avoit six pouces d'épaisseur. Un Roi des Scythes nommé Ariantas voulant sçavoir le nombre des Scythes ordonna que chacun sur peine de la vie apportât une pointe de fléche. Il s'en trouva assez pour faire cette chaudiére que l'on consacra dans le lieu nommé Exampée aussi-bien que la Fontaine.

[d] Edit. Salmas. c. 14. Delrian. 20.
[e] L. 4. c. 53.
[f] c. 81.

EXARCHAT, contrée d'Italie, sur le declin de l'Empire l'an 537. ou 538 [g]. La seconde ou la troisième année de Justin le Jeune, Fl. Longin fut envoyé en Italie pour y conserver le peu qu'il y restoit de soumis à l'Empire d'Orient. Longin gouverna sous le titre d'*Exarque*, qui veut dire *Chef* avec une préeminence particuliere. De ce mot vint le nom d'*Exarchat* au pays où il commandoit pour l'Empereur; & cette sorte de gouvernement dura sous quinze Exarques dont il fut le premier, & dont le dernier nommé Eutychius chassé de Ravenne & de toute l'Italie, fut forcé par Astolphe Roi des Lombards de se retirer à Constantinople l'an 752.

[g] Schelstrat. Ant. Ecclef. T. 1, p. 231.

L'Historien [h] de Ravenne derive ce nom d'Exarque d'une autre maniere, comme s'il c'étoit ἐκ τοῦ Ἄρχοντος, c'est-à-dire, *de la part du Prince*, ou *envoyé par le Prince pour commander*. Ce titre étoit commun à plusieurs Gouverneurs. On trouve en Afrique l'Exarque Gennadius à qui Gregoire I. donne ce titre en lui écrivant. Les Atheniens avoient un Exarque qui étoit le premier Magistrat. Curopalate & Fazel fournissent en Sicile un Exarque envoyé par l'Empereur Michel le Begue, & un marbre trouvé à Milan parle aussi d'un Exarque. Voici l'inscription.

[h] Hier. Rub. Hist. Raven. l. 3. init.

D. M. Aurelio Januario signi.
Dalmat. Fert.
Et Aurelio Valentiniano Exarcho,
Posuit Aurelius pater. Januarius.
Vixit An. XXXII. M. III. D. VI.

Comme Milan a toûjours été aux Lombards tant qu'ont duré les Exarques de l'Exarchat, on ne peut entendre cette Inscription d'aucun d'eux, mais d'un Exarque de Milan. Je ferai voir dans la suite de cet article que ce titre étoit aussi donné à divers Evêques.

L'Exarque Longin changea le gouvernement des Villes à son arrivée. Au lieu de Presidens ou de Deputez (*Legati*) qui avoient au-

EXA. EXA.

auparavant adminiſtré les Provinces entieres, il voulut que châque Ville fût regie par une forte de Magiſtrat particulier qu'il y envoyoit, & que l'on appelloit Ducs, (*Duces*) & ce fut alors que l'on entendit parler de cette ſorte de Magiſtrature en Italie. Il ne diſtingua point Rome des autres Villes, mais il y envoya pour Duc un certain Grec à qui les Exarques qui ſuivirent envoyérent de Ravenne des Succeſſeurs. C'eſt ce Duc Romain qui le premier fit batre à Rome de la Monnoie d'or d'un poids & d'une qualité requiſe & c'eſt la raiſon pourquoi cette monoye fut nommée Ducat Romain ſelon la Latinité de ce temps-là (*Ducatus Romanus*) Alboin Roi des Lombards s'étant emparé du Frioul & y aiant laiſſé ſon Neveu Siſulfe en qualité de Commandant, ravagea l'Italie, prit Vicenze, Verone, Milan, Pavie & Rimini. Longin qui reſidoit à Ravenne tenoit encore le reſte des Villes. Mais ſes Succeſſeurs harcelez par les Lombards qui empiétoient toujours ſur l'Exarchat, & mal ſecondez par les Empereurs Grecs perdirent peu à peu tout ce qu'ils avoient tâché de leur conſerver, de ſorte que les Lombards ſe rendirent maîtres de Rome, de Ravenne & de tout ce qui avoit appartenu à l'Empire Grec en Italie. L'Exarchat contenoit la Province nommée *Æmilia*, par les Romains. Voyez EMILIE; outre cela les Villes de

Adria,	Ferrare,
Bertinoro,	Forli,
Bologne,	Forlimpopoli,
Cervia,	Ravenne, Capitale,
Ceſenne,	Sarſina,
Commachio,	& quelques autres Villes moins importantes.
Faenza	

On voit par là qu'il occupoit ce qu'on appelle la Romagne priſe dans le ſens le plus étendu. Les Exarques poſſederent auſſi pendant quelque temps la Province nommée Pentapole, à cauſe des cinq Villes qui s'y trouvoient, à ſavoir

Ancone,	Oſimo,
Fano,	Peſaro,
& Sinigaglia.	

a Marca De Concord. Sacerd. & Imperii l. 3. c. 10. §. 4.

Les Lombards s'emparerent peu à peu de ce pays. L'an 725. Luitprand leur Roi *a* voiant la puiſſance des Exarques affoiblie par les guerres paſſées & par les querelles inteſtines prit Ravenne & la pilla. L'Exarque Paul fut ramené & retabli dans la Ville & dans ſon pays par les troupes des Venitiens. Aſtolphe Roi des Lombards plus heureux en 752. chaſſa de l'Italie Eutychius le dernier des Exarques, comme je l'ai déja dit, prit Ravenne par compoſition, & ſe voyant maître de l'Exarchat voulut dominer dans Rome & la mettre ſur le même pié de ſoumiſſion où elle avoit été ſous les Exarques; mais il y trouva un obſtacle auquel il ne s'étoit point attendu. Leon Iſaurique Empereur d'Orient voyant accomplie à la lettre la prediction que lui avoient faite deux Juifs lors qu'il n'étoit encore qu'un pauvre voiturier, voulut leur tenir la parole qu'il leur avoit donnée d'abolir le culte des Images. Il commença d'y travailler l'an 725. employant le fer & le feu pour venir à ſon but. L'année ſuivante il voulut repandre ſa doctrine des Iconoclaſtes dans l'Occident. Toute l'Italie s'y oppoſa & le Pape Gregoire II. tâcha en vain de retenir les peuples dans la fidelité qu'ils devoient à cet Empereur. Il empêcha qu'on ne créat, comme on vouloit le faire, un nouvel Empereur que l'on auroit mené à Conſtantinople. Le Pontife laiſſa traîner l'affaire juſqu'après l'année 730. lors que voyant qu'il avoit en vain eſperé de ramener le cruel Léon à une meilleure conduite, il uſa de l'excommunication pour n'avoir pas à ſe reprocher d'avoir fait le perſonnage d'un chien muet. Rome & tout l'Exarchat conſpirerent enſemble & reſolurent de ſe gouverner en Republique dont on convint que le Pape ſeroit le Chef & le Prince, le ſubrogeant à la place de Léon. On continua cette forme de gouvernement pendant le regne de Conſtantin Copronyme que Léon ſon Pere avoit aſſocié à l'Empire & qui en fut le Succeſſeur. Cette Republique étoit déja établie lors que Luitprand profitant de la conjoncture favorable ſe rendit maître de quatre Villes ſituées dans le Duché de Rome qu'il faut diſtinguer de l'Exarchat, quoiqu'ils fiſſent enſemble une même Republique. Le Saint Pape Zacharie qui ſiégeoit alors implora le ſecours de Charles Martel qui eut aſſez de credit pour engager Luitprand à rendre ce qu'il avoit pris. Hildebrand, qui ſucceda à Luitprand, ne regna que ſept mois & eut pour Succeſſeur Rachis Duc de Frioul qui ravagea les terres de la Republique; le Pape Zacharie vint à bout non ſeulement de l'adoucir, mais encore le convertir, de ſorte que ce Roi après un regne de cinq ans & demi embraſſa la vie monaſtique l'an 750. Son frere Aſtolphe renouvela & porta plus loin ſes entrepriſes. Déja maître de l'Exarchat il tenoit Rome aſſiégée & alloit achever par cette conquête, celle de la nouvelle Republique Romaine, lorſque Zacharie eut recours à Pepin; qui de Maire du Palais étoit devenu Roi de France, étant ſoutenu de l'autorité de Zacharie. Après la mort de ce Pape, Etienne III. qui lui ſucceda, renouvela ſes priéres à Pepin qui après bien des Negociations inutiles paſſa en Italie avec une forte armée, & força le Lombard, qu'il ſerroit de près dans Pavie, à demander la Paix & à promettre qu'il reſtitueroit à la Republique Romaine tout ce qu'il avoit pris. Pepin ayant repaſſé les Alpes, & Aſtolphe ne ſe preſſant point d'exécuter ſa promeſſe, Pepin ſollicité de nouveau par les plaintes du Pape retourna l'année ſuivante en Italie, contraignit le Lombard une ſeconde fois à s'obliger de remettre au Pape Etienne tout l'Exarchat dont Pepin fit une Donation à l'Apôtre St. Pierre & à l'Egliſe Romaine. Anaſtaſe *e* aſſure qu'il a vû lui-même cet Acte dans les Archives de Rome dont il avoit ſoin & que l'Abbé Fulrade fut envoyé par le Roi Pepin dans toutes les Villes de la Pentapole & de l'Emilie. Comme dans la Donation Pe-

Anaſtaſ. in Vit. Greg. II.

e In Vita Steph. III.

Pepin il n'est point fait mention de la Ville de Rome le Cointe prétend que nonobstant cette Donation les Grecs retinrent sur cette Ville un Empire Souverain jusqu'à l'année 796. mais le P. Pagi fait voir au contraire qu'immediatement après la Donation les Papes exercerent dans Rome comme dans l'Exarchat le Souverain pouvoir. Pepin après cette Donation eut quelques contradictions de la part des Empereurs Grecs qui prétendirent qu'il n'avoit pu disposer de leur bien, que l'Exarchat n'appartenant pas aux Lombards devoit revenir à ses Maîtres legitimes. Pepin soutint au contraire qu'il l'avoit enlevé aux Lombards qui en étoient possesseurs, que c'étoit sa conquête & qu'il lui avoit été libre d'en faire un don au Pape. Il faut néanmoins remarquer que Pepin se servit du mot de *restitution* dans l'Acte même de Donation, parce qu'il regardoit l'Exarchat comme un Etat de la Republique Romaine dont le Pape étoit le Chef & sur laquelle les Lombards l'avoient usurpé.

Didier qui succeda à Astolphe l'imita dans sa conduite, envahit la Pentapole l'an 757. & ravagea les autres Etats de l'Eglise. Il discontinua pourtant ses hostilitez, pour s'opposer de concert avec le Pape aux tentatives de Constantin Copronyme qui tâchoit de regagner ce qu'il avoit perdu en Italie. Mais delivré de cette crainte & apprehendant peu le Roi Pepin, occupé à faire la guerre dans l'Aquitaine, il recommença ses entreprises sur l'Exarchat. Le mariage de sa fille avec Charlemagne valut au Pape la restitution d'un assez grand nombre de Villes; mais le renvoi de cette Princesse incapable du devoir conjugal rengagea Didier dans de nouvelles intrigues qui causerent sa perte. Charles le depouilla du Royaume de Lombardie qu'il garda & fit à l'Eglise Romaine aux fêtes de Pâques de l'année 774. une nouvelle Donation, semblable & sur le modele de celle de Pepin, mais bien plus ample, car il y ajouta des Provinces entières qui n'étoient point de l'Exarchat, comme on voit dans les Lettres du Pape Adrien I. qui siégeoit alors, & dans la Vie de ce Pape écrite par Anastase le Bibliothecaire. Il y joignit la Toscane dont une grande partie est possedée par le Grand Duc qui en porte le nom, l'Etat de Venise & l'Istrie, dont le premier est une Republique, & la seconde partagée entre les Venitiens & la Maison d'Autriche. Naples, la Campanie, l'Abruzze, & la Pouille, qui sont presentement parties de la Couronne de Naples; & quelques autres Etats qui pour la plupart ont changé de maîtres, comme je le marque dans leurs articles particuliers. Depuis ce temps-là l'Exarchat est demeuré au Siége de Rome, quoique de temps en temps il y ait eu des Souverains particuliers, comme les Ducs de Ferrare, de Parme, de Plaisance, &c. qui ont tous été feudataires du St. Siége, quoique l'Empire fasse de temps en temps des efforts pour s'établir un droit de Souveraineté sur diverses parties de l'Exarchat.

Il seroit inutile de chercher l'Exarchat dans les Anciens Géographes, il n'y est que sous les anciens noms de plusieurs Provinces, à savoir la Flaminie, l'Emilie, & le *Picenum* qui répond à ce que nous appellons la Marche d'Ancone &c.

Il y avoit aussi dans la Hierarchie, un Exarchat qui étoit une Dignité jointe à une Jurisdiction Ecclesiastique au-dessus des autres Métropolitains; que l'on ne qualifioit que *Hypertimi*, très-Honorables, au lieu qu'on nommoit les Exarques *Exarchi Hypertimi*, Superieurs très-Honorables. On en trouve une liste de quarante dans l'Antiquité de l'Eglise par Schelstrate. Elle est tirée d'un des Manuscrits du Vatican. La voici.

L'Evêque de Cesarée en Cappadoce, Hypertime des Hypertimes & Exarque de tout l'Orient.

L'Evêque d'Ephese, Hypertime & Exarque de toute l'Asie (proprement dite.)

L'Evêque d'Heraclée, Primat des Hypertimes, & Exarque de toute la Thrace & de la Macedoine.

L'Evêque d'Ancyre, Exarque de toute la Galatie.

L'Evêque de Cyzique, Exarque de tout l'Hellespont &c......

L'Evêque de Sardis, de toute la Lydie... ᵃ C'est presentement celui de Philadelphie qui devenu Metropolitain a pris la place de l'Exarque de Sardis & a les autres Evêchez sous lui.

L'Evêque de Nicomedie, de toute la Bithynie.

L'Evêque de Nicée, aussi de toute la Bithynie.

L'Evêque de Chalcedoine, de même.

L'Evêque de Sida, de toute la Pamphylie.

L'Evêque de Sebaste, de toute l'Armenie.

L'Evêque d'Amasie, du Pont Euxin.

L'Evêque de Melitene, de la seconde Armenie.

L'Evêque de Tyane, de la seconde Cappadoce.

L'Evêque de Gangres, de toute la Paphlagonie.

L'Evêque de Thessalonique de toute la Thessalie.

L'Evêque de Claudiopolis de toute l'Honoriade. Sa place & sa dignité d'Exarque ont passé à l'Evêque d'Heraclée du Pont qui étoit auparavant sous lui.

L'Evêque de la nouvelle Cesarée du Pont, du Pont Polemoniaque.

L'Evêque de Pissinus (Pessinus), de la seconde Galatie.

L'Evêque de Myre, de toute la Lycie.

L'Evêque de Stauropolis, de toute la Carie.

L'Evêque de Laodicée, de la Phrygie Capatiane.

L'Evêque de Synade, de la Phrygie salutaire.

L'Evêque d'Iconium, de toute la Lycaonie.

L'Evêque d'Antioche, de toute la Pisidie.

L'Evê-

ᵃ Ces Remarques sur les changemens arrivez dans les Exarchats sont de l'Auteur Grec.

L'Evêque de Sylæum, qu'on nomme aussi Evêque de Perges. C'est presentement l'Evêque d'Attalie qui étoit autrefois sous celui de Perges dont il a pris la place.

L'Evêque de Corinthe, de tout le Peloponnese.

L'Evêque d'Athenes, de toute la Grece.

L'Evêque de Mocissus, de la seconde Cappadoce.

L'Evêque de Seleucie de la seconde Pamphylie.

L'Evêque de Rhege, ou de la Calabre n'a point d'Exarchat.

L'Evêque des Anciens Peres (*veterum Patrum*) de l'ancienne Ville *Patræ*, de toute l'Achaïe.

L'Evêque de Trebisonde, de toute la Lazique. Celui de Cesarée a pris sa place.

L'Evêque de Larisse, de la seconde Thessalie & de toute la Grece.

L'Evêque de Naupacte, de toute l'Etolie.

L'Evêque de Philippopolis n'a point d'Exarchat.

L'Evêque de Trajanopolis, de toute la Province de Rhodope.

L'Evêque de Rhode, des Isles Cyclades.

L'Evêque de Philippes, de toute la Macedoine.

L'Evêque d'Andrinople Hypertime & Exarque de l'Hemimont.

On voit par cette Liste qui est ancienne que plusieurs Evêques se disoient Exarques d'une même contrée. Quelques-uns, ou, pour mieux dire, tous les uns après les autres cederent leurs pretentions aux Patriarches ; comme on peut voir dans la Dissertation de Schelstrate[a] à laquelle je renvoye le lecteur.

[a] Ant. Ecclef. T. 2. Diss. V. p. 312. & sequ.

EXCESTER, Mr. Baudrand écrit EXCESTRE, en Latin *Isca*, ou *Exonia*. Les Chroniques[b] Saxones nomment cette Ville EAXANCESTER EXANCESTRE, EXCESTRE. C'est-à-dire, la Ville sur la Riviere de l'Ex. Les Anciens l'ont connue sous le nom d'*Isca Danmoniorum*. Les Anglois écrivent indifferemment EXCESTER ou EXETER.[c] Cette Ville qui est en Devonshire est située sur la Riviere d'Ex avec un beau pont de pierre à 138. Milles de Londres. C'est une des principales Villes du Roiaume par sa grandeur, par ses Richesses & par son Negoce : on assure que l'on y trafique en Serges pour dix mille livres Sterling par semaine, l'une portant l'autre. Elle a quinze Paroisses & deux Marchez par semaine. Elle est fortifiée d'une bonne Muraille & d'un Château : sa Cathedrale qui est fort belle est auprès du Château. Ce fut le Roi Saxon Ethelstan qui bâtit cette Eglise à l'honneur de St. Pierre l'an 914. mais elle n'étoit pas alors Cathedrale. Excester n'est devenu Siége Episcopal que sous le Regne d'Edouard le Confesseur qui y transfera les deux Evêchez de St. Germain en Cornouaille & de Kirton en Devonshire. Cette Ville a titre de Comté.

[b] Gibson dans l'explication des noms Saxons à la fin de la Chron. Saxone. p. 28.
[c] Etat pres. de la G. Bret. T. 1. p. 56.

EXCISUM, selon Antonin[d] & la Table de Peutinger[e], ancien nom d'un lieu de la Gaule ; à XIII. milles d'Agen selon ces deux Itineraires. Je ne vois nulle necessité d'en faire une Ville comme fait Ortelius[f].

[d] Itiner.
[e] Segm. 1.
[f] Thesaur.

EXEA, en Latin *Setia*,[g] Bourg & Château d'Espagne en Arragon sur le Ruisseau de Biel à neuf lieues de Sarragosse en allant vers Pampelune.

[g] Baudrand Ed. 1705.

EXELODUNUM, EXSOLDUNUM, ou EXOLIDUNUM selon d'autres. Noms Latins de la Ville d'ISSOUDUN en France dans le Berri.

Baudrand Ed. 1682.

EXENETON, Ville de Paphlagonie selon Hesyche. Ortelius doute si ce ne seroit pas l'HENETUS de Solin.

EXIDEUIL, en Latin EXIDOLIUM, petite Ville de France avec titre de Marquisat, dans le Perigord, sur la Riviere de Loulour, sur les confins du Limosin à huit lieues au-dessus de Perigueux.

EXIJA[i], petite Ville d'Espagne dans l'Andalousie. Elle est petite, mais fort jolie. Elle est située sur le bord du Xenil qu'on y passe sur un très-beau pont de pierre, à huit ou neuf lieues d'Ossone vers le Septentrion. Exija étoit incomparablement plus considerable autrefois qu'elle n'est à present, & les anciens Auteurs lui donnent le troisiéme rang parmi les Villes de la Betique : on la connoissoit sous le nom d'ASTIGIS ou ASTYR, & ensuite sous celui d'AUGUSTA FIRMA, lors qu'on y eut envoié une Colonie Romaine. On y a trouvé diverses inscriptions qui prouvent cette verité, entre autres celle-ci.

[i] Vairac Etat pres. de l'Espagne T. 1. p. 247.

P. NUMERIUS MARTIALIS
ASTIGITANUS SEVIVALIS
SIGNUM PANTHEI
TESTAMENTO FIERI PONIQ.
EX ARGENTI LIBRIS C.
SINE ULLA DEDUCTIONE JUSSIT.

Elle étoit honorée aussi d'un Evêché qu'elle perdit par le malheur des temps après l'invasion des Mores, de sorte qu'elle n'est à present qu'un Archidiaconat de l'Eglise de Seville. Son terroir est très-fertile en tout ce qui est necessaire pour les commoditez de la vie ; il abonde sur tout en bons pâturages où l'on nourrit quantité de troupeaux, de brebis, de chevaux, & de bœufs. La plus grande richesse de ses habitans provient du chanvre & de la laine qu'ils tirent de leurs troupeaux, c'est ce qui fait que la plûpart s'apliquent à ce Négoce, ayant une grande commodité pour cela par le moyen du Xenil qui baigne ses murailles & dont l'eau est très-propre pour laver les laines. Quelques-uns écrivent ECIJA.

EXILISSA, Ville de la Mauritanie Tingitane selon Ptolomée[k]. Les modernes croient que

[k] L. 4. c. 1.

que c'est presentement Ceuta en Afrique.

EXILLES, Bourg & forteresse selon Mr. Baudrand, petite Ville selon Mr. Piganiol de la Force[a]. Elle est selon ces deux Auteurs dans le Dauphiné au Briançonnois sur la Doire à deux lieues au-dessus de Suse. Elle a un Château assez fort, & sa garnison est au plus de quatre Compagnies. Il y a Gouverneur & Lieutenant de Roi. Son nom Latin est *Ocellum*. Quelques-uns croient que c'est la Gadaone, des Anciens. Exilles étoit à la France, mais elle fait presentement partie du Piemont étant au delà des sommitez des Alpes & Montagnes qui doivent servir de limites entre la France, le Piemont & le Comté de Nice, conformément au Traité conclu à Utrecht le 11. Avril 1713. par les Articles IV. & V.

[a] Desc. de la France T. 3. p. 162.

EXISUM. Voyez Excisum.

EXITANI, Ancien peuple d'Espagne dans la Betique. Voyez Sexitani.

EXMOUTH, c'est-à-dire l'Embouchure de l'Ex, ce n'est qu'un Village ainsi nommé à cause de sa situation. Il est ancien & les Saxons l'ont nommé Exammuth.

EXOBIGITÆ, Ancien peuple de la Sarmatie en Europe selon Ptolomée[b]. Ortelius croit que ce sont les Sexolitæ de Pomponius Mela. Il est vrai que dans les anciennes Editions[c] ce mot *Sexolitæ* se trouvoit, mais les Manuscrits varient extremement & il est vrai, nous ne savons gueres comment on doit lire le passage de Mela. Les uns lisent: *Reliqua ejus fera incultaque gentes vasto mari assidentes tenent Melanchlæni, Toretæ, Sedochezi, Coraxi* &c. d'autres lisent *R. e. f. in. q. g. v. m. a. t. Meandea, terrestrea, Sexoli, ce Coraxi*; d'autres *Menanclea terrestrea Sex Solica Coraxi;* d'autres *Sesxolycen Coraxi Cleptirophigi*. Vossius prétend par une conjecture hardie, que Gronovius n'aprouve pas, qu'on lise . . . *Melanchlæni, Ecretlica, Colice, Coraxi, Phthirophagi*. Mais en verité nous n'en sommes gueres plus avancez. Il vaut mieux se resoudre à ignorer ce que Mela nous a voulu enseigner dans cette ligne.

[b] L. 3. c. 5.

[c] Edit. Olivar. c. 21.

EXODA, & Exodon, Ville de la Melitene contrée de la Carie selon Arrien cité par Ortelius.

EXOLIDUNUM. Voyez Exelodunum & Issoudun.

EXOMATÆ, Ancien peuple de la Sarmatie Asiatique selon Valerius Flaccus dans son Poëme des Argonautes. Mela les nomme Jaxamatæ, & Polyen les nomme Ixomatæ selon Mr. Baudrand[e] qui dit très-bien qu'on ne fait aujourd'hui ce c'est.

[e] Ed. 1682.

EXONABA[f], ancienne Ville d'Espagne dans la Lusitanie. On croit que ce pourroit bien être l'Ossonaba de Ptolomée que quelques-uns mettent à Estombar, Village de l'Algarve, & d'autres à Silves qui en est la Capitale & où est presentement le même Siége qui est nommé dans les Conciles Ecclesia Ossonobensis.

[f] Ibid.

EXOPOLIS, Ville de la Sarmatie Asiatique selon Ptolomée[g] sur le Tanaïs, & un peu au-dessus de son embouchure vers l'Orient. Molet croit que c'est presentement Bogazar.

[g] L. 5. c. 9.

EXPLORATORUM CASTRA. Voyez au mot Castra.

EXSECHIA, (le Lac d') ou d'Exechia. Les Cartes de Frideric de Witt, & autres qui l'ont suivi, placent ce Lac à l'Occident de Derbent; & lui donnent un debouchement par une Riviere qu'ils nomment Cor, & dont l'embouchure selon eux est dans la Mer Caspienne, au Nord de Derbent. Cette Riviere communique aussi suivant leur opinion avec le Kur qui est le Cyrus des Anciens & Mr. Baudrand[h] dit que ce Lac est le *Lichnitis Palus* des Anciens. La Carte de la Perse par Olearius qui a été sur les lieux ne fait aucune mention de ce Lac ni d'aucun autre qui communique au Cyrus. Le *Lichmites* de Ptolomée[i] ne peut être que le Lac de Giaguni[k] qui se décharge par un Ruisseau dans l'Aras auprès d'Erivan; & il n'a rien de commun avec le Kur, ou le Cyrus dont il n'approche en aucune maniere, si ce n'est que l'Araxe, ou l'Aras, & le Kur se mêlent peu avant que de se perdre dans la Mer Caspienne.

[h] Ed. 1705.
[i] L. 5. c. 13.
[k] Voyez la Carte de Turquie & de Perse par Mr. de l'Isle.

☞ EXTÉRIEUR & Exterieuré, ce mot signifie dans la Géographie, ce qu'il signifie dans l'usage ordinaire. Les Romains nommoient *Espagne Exterieure*, les Provinces d'Espagne qui sont au delà de l'Ebre. Ils nommoient *Mer exterieuré*, l'Océan par opposition à la Mer Mediterranée qu'ils apelloient *interieure*.

☞ EXTREMA, ce surnom qui étoit commun à plusieurs Villes à cause de leur situation, comme je l'ai remarqué au §. de l'Article Eschatiotis, étoit néanmoins le nom propre de quelques-unes.

1. EXTREMA, nom Latin d'une petite Ville de France dans le Limosin. On la nomme presentement Bort selon Mr. Corneille. Mr. Baudrand dit la même chose[l]. Voyez Bort.

[l] Ed. 1705.

2. EXTREMA, nom Latin de la Ville Extremos. Voyez ce mot.

EXTREMADURA. Voyez Estramadure.

EXTREMOS[m], Ville de Portugal dans la Province de l'Alentejo, avec un ancien Château sur la Riviere de Tera: c'est là que mourut Ste. Elizabeth Reine de Portugal en 1336. Elle n'est qu'à sept lieues d'Evora au Levant d'Hyver en allant à Elvas dont elle est à presque pareille distance. Monconis[n] dit dans son Voyage d'Espagne que la place en est remarquable. Je devrois, poursuit-il, l'appeller plutôt un champ à raison de sa grandeur. Elle est entourée de Maisons & au milieu il y a un très-bel étang.

[m] Baudrand Ed. 1705.
[n] Voyage T. 4. p. 28.

EXTUCA, contrée du Royaume de Sus en Barbarie, sur la côte de l'Océan Atlantique aux frontieres du Royaume de Maroc

EXU. EYD. EYE. EYF. &c.

roc & vers le Mont Atlas & les confins du Biledulgerid selon Marmol cité par Mr. Baudrand[a]. Mr. Corneille dit de plus sur l'autorité de Davity qu'on y trouve plus de quarante Villes & Châteaux de Bereberes Africains & que le principal lieu est Targuez.

[a] Ed. 1705.

EXUL. Voyez Cesil.

EYDER[b], Riviere d'Allemagne: elle a sa source dans un Lac qui est au Couchant de Kiel, puis se rejoignant à une autre source qui est auprès du Village de Warneberg dans le Sleswig aux frontieres du Holstein, elle coule entre ces deux Provinces auxquelles elle sert de bornes en serpentant, passe à Rensbourg dont elle fait une Isle, puis à Tonningen & se perd dans la Mer d'Allemagne.

[b] De l'Isle Carte du Dannemarc.

EYDERSTED, Prefecture ou Bailliage du Sleswig au Nord de l'Embouchure de l'Eyder dont ce petit pays porte le nom. Il n'y a d'autre Ville que Tonningen avec quelques Villages.

EYERLAND, petite Isle des Provinces-Unies des Pays-bas à l'entrée du Zuyderzee au Nord de l'Isle du Tessel. Son nom signifie l'Isle des Oeufs; parce qu'étant inhabitée quantité d'oiseaux y vont pondre. Il n'y a qu'une maison attachée à un office & celui qui la possede fait sa residence ordinaire au Tessel, & ne laisse qu'un ou deux domestiques pour garder cette maison.

EYFFEL. Voyez Eiffel.

EYGER, Montagne de Suisse au Canton de Berne vers la source de la Riviere de Glitschen[c]. Elle est remarquable en ce qu'elle est percée à jour tellement que les habitans du Pays voyent le Soleil à travers ce trou le 5. de Fevrier.

[c] Delices de la Suisse T. 2. p. 353.

EYGUES, Eiguez[d], ou Aigue'es, Riviere de France; en Latin *Icarus*, *Eigarus*, & *Aigarus*. Elle a sa source dans le Dauphiné où elle passe à Nions. Ensuite elle traverse une partie du Comté Venaissin & de la Principauté d'Orange, après quoi elle se jette dans le Rhône par deux Embouchures dont l'une arrose la Ville d'Orange.

[d] Baudrand Ed. 1705.

EYMBECK. Voyez Eimbeck.
EYMOTIERS. Voyez Esmoutiers.

EYNDHOVE[e], petite Ville des Pays-bas dans la Campine, au Brabant Hollandois, dans le quartier de Bois-le-Duc entre cette Ville & celle de Mastricht, à cinq lieues de la premiere sur la Riviere de Dommel.

[e] Dict. Geog. des Pays-bas.

EYRIEU[f], petite Ville de France en Dauphiné à deux lieues de la Vulpiliere, à quatre de Lion, au Levant d'Hyver en allant à Grenoble.

[f] Baudrand Ed. 1705.

EYSACH ou Eysoch, Riviere d'Allemagne au Comté de Tyrol: elle a sa source au Mont Brenner, & y reçoit l'Aicha avec d'autres ruisseaux; puis elle s'en va à Bossan (Bolsano) & se rend dans l'Adige un peu au-dessous.

EYSENACH. Voyez Eisenach.

EYSILLES, Mr. Corneille fait un article particulier de ce lieu & le tire de Davity. La difference d'Orthographe l'a empêché sans doute d'y reconnoître Exilles, dont il avoit déja fait un article pris de Mr. Ma-

EZA. EZE. EZI. 393

ty; du moins il devoit avertir que c'est le même lieu deguisé.

EZAGEN, Ville d'Afrique dans la Province de Habat au Royaume de Fez. Elle est ancienne & a été bâtie par ceux du pays sur la pente d'une Montagne à trois lieues de la Riviere d'Erguilé. Entre cette Ville & la Riviere il y a une belle plaine, où sont quantité de Jardinages & où l'on recueille force bled; ainsi que sur la Montagne dont les terres sont fort bonnes. Cette place a d'assez fortes murailles & belles à voir & les habitans sont riches. Ils s'habillent la plûpart comme ceux de Fez quoique quelques-uns se mettent à la[g] façon des Bereberes. Ils ont de fort grands vignobles dont ils font d'excellent vin. Le Roi leur permet d'en boire. Il se tient tous les Mardis un Marché dans la Ville où l'on voit plusieurs fontaines qui sortant delà vont arroser les Campagnes qui raportent quantité de lin & de chanvre. Les Arabes & les Bereberes de la contrée accourent à ce Marché avec des Marchandises du pays & des Vivres. Ezagen est à vingt-trois lieues de Fez & contient environ sept cens habitans. Il y a tout à l'entour plusieurs Hameaux qui sont de sa jurisdiction. Du temps de Marmol, de qui Mr. Corneille a pris cet article, le Gouverneur étoit obligé d'entretenir cinq cens chevaux pour la garde de la Province à cause des Portugais de la frontiere qui couroient quelquefois quinze ou vingt lieues au dedans du Pays. Mais à present cela n'a plus lieu depuis que le Royaume de Fez, & son Voisinage sont soumis au Roi de Maroc: les Portugais ne sont plus à ses portes comme autrefois.

EZARO. Voyez Esaro.
EZECH. Voyez Essek.
EZERO. Voyez Esero.

EZERUS, ancien nom d'Esero. Elle étoit Episcopale & reconnoissoit Larisse pour Metropole. Ortelius croit que c'est la Boebe de Strabon.

EZIME, petite Ville de la Grande Tartarie au Royaume de Tangut: elle est située au bout d'un Desert sablonneux au Nord à douze Journées de celle de Campion; au raport de Davity, qui tire de Marco Paolo le Venitien ce qu'il en dit; du moins il le cite en marge. Mais voici ce qu'on lit dans la Relation du Voyageur Venitien[h]. Depuis la Ville de *Campition* on a douze jours de marche jusqu'à Ezine, Ville qui touche à un desert sablonneux vers le Septentrion. Il y a là des chameaux en quantité & beaucoup d'autres animaux & oiseaux de diferentes especes. Les Habitans qui sont Idolatres, vivent des fruits de la terre & ne font point de trafic. Les Voyageurs qui veulent traverser le grand Desert qui s'étend vers le Nord & que l'on ne passe qu'en quarante jours, font leurs provisions dans cette Ville. Ce que cet Auteur dit ensuite ne regarde que ce Desert qui est apparemment celui de Xamo, ou Chamo. Mais il faut remarquer 1. Que le Venitien nomme la Ville Ezine, & non pas Ezime, comme font Davity & Mr. Corneille. 2. Que la

Asie p. 854.

[h] c. 50. p. 77.

la Ville qu'ils apellent *Campion* est nommée *Campition*, par cet Auteur, qui en fait [a] la Capitale du Tanguth.

EZLA[b], Riviere d'Espagne. Elle a sa source aux Montagnes de Marana & de Lanaves dans les Asturies d'où coulant au Midi par le Royaume de Léon elle arrose Rueda, Mansilla, & Benevent, puis étant accrue des eaux de l'Orbega, de Cea & de quelques autres petites Rivieres elle passe à Castro Torase & se rend dans le Duero entre Zamora au Levant & Miranda au Couchant sous Vilaseco.

EZZAB[c], Province d'Afrique, au Royaume de Tripoli; quelques-uns la mettent entre les dépendances du Biledulgerid. Elle commence à l'Occident au delà des Montagnes de Garian & de Biniguarid, & finit vers une Riviere qui la separe de Mesrata, & se jette dans la Mer du côté de l'Orient. Sanut met dans cette Province les Places de Ras-Axurra, de Tessuta, de Rasamisar, de Lepide, autrefois *Eoa*, ou plutôt Lepris; de Brata ou Blata & le Cap de Giudeca, ou Zudica. La contrée d'Ezzab produit peu de bled, mais beaucoup de dates, d'olives & de safran. Ce safran est tellement estimé au Caire qu'il s'y vend le tiers plus que celui qui croît ailleurs.

[a] c. 49. p. 76.
[b] Baudrand Ed. 1705.
[c] Corn. Dict. la Croix.
Relat. de l'Afrique T. 2. p. 247.

FIN DE LA PREMIERE PARTIE DU TOME SECOND.

F. FAB. FAB.

Les Grecs n'ont pour exprimer le son de dette lettre que leur Φ, qu'ils nomment *Phi*, & qui répond à notre *Ph*. Ainsi il arrive que plusieurs noms Géographiques s'écrivent avec une F, par les uns & avec un PH par les autres.

FABA, *Bourg* de la Palestine; à sept ou huit lieues de la Ville d'Acre vers le Levant: ce lieu, dit Mr. Baudrand [a] donne le nom à une grande *plaine* qui fait partie de la Galilée, entre Samarie, la Mer de Galilée, les Montagnes du Liban & le Mont Carmel; cette vallée, poursuit le même Auteur, peut avoir dix lieues de long & six de large. C'est celle que l'on nommoit anciennement *Esdrelon* ou *Campus Magnus*. Il ajoute [b] sur le témoignage de Bredenbach cité aussi par Ortelius que ce bourg est l'ancienne APHECA. Mr. Baudrand ne connoît qu'une seule *Apheca*, Ortelius en connoît plusieurs; il est certain qu'il y en avoit au moins trois. Voyez au mot APHEC.

[a] Ed. 1705.
[b] Ed. 1682.

FABARIA, *Insula*, l'un des anciens noms de l'Isle de BOREUM [c], dans la Mer d'Allemagne à l'embouchure de l'Ems. Pline [d] la nomme BURCHANA, Strabon [e] BYRCHANIS; & Etienne le Géographe BURCHANIS. Jérôme Verrutius de Frise dit que de son temps il y avoit encore une tour nommée *het Boonhuys*, c'est-à-dire, *la maison aux féves*; ce qui répond assez au nom de *l'Isle aux Féves* que lui donnerent les Romains à cause des Féves qu'ils y trouverent & qui y venoient, dit-on, sans culture; quoi que cette circonstance ne s'y trouve pas presentement. J'explique au nom BURCHANA, les doutes que pourroit faire naître l'état present de cette Isle au sujet de la resistance qu'elle fit autrefois à Drusus.

[c] Cluver. Germ. ant. l. 3. c. 16.
[d] L. 4. c. 13.
[e] L. 7.

FABARIS, Riviere d'Italie dans le territoire des Sabins. Virgile [f] en fait mention.

[f] Æneid. l. 7. v. 715.

Qui Tiberim Fabarimque bibunt:

Servius [g] dit qu'on le nommoit aussi FARFARUS; d'où Ortelius tire le nom moderne FARFARO. Le P. de la Rue [h] & Mr. Baudrand disent FARFA. Vibius Sequester dit qu'on nommoit le *Fabaris* FABER par corruption.

[g] In l. c.
[h] In l. c.

FABARIUM. Voyez PFEFFERS.

FABENTIA, pour FAVENTIA. Voyez FAENZA.

FABER, pour FABARIS. Voyez ce mot, & FARFA.

FABIA, Ville de la Gaule Celtique bâtie par Fabius Maximus selon Apollodore cité par Etienne le Géographe.

FABIANA, Voyez FLAVIANA & VIENNE en Autriche.

FABIANUS *Pagus*, petit Canton d'Italie dans le Territoire de Sulmone [i].

[i] Plin. l. 17. c. 26.

FABIENSES, Bourgade d'Italie; elle appartenoit à la famille des Fabiens, sur le Mont Albano, & près d'Albe la Longue.

FABIRANUM [k], ou plûtôt PHABIRANUM ancien lieu de la Germanie que l'on croit être à present la Ville de BREME.

[k] Ptolom. l. 2. c. 11.

FABOSIS, lieu d'Afrique dans la Mauritanie au pied du Mont Aurase selon Procope [l].

[l] Vandal. l. 2.

FABRATERIA, Ville & Colonie des Volsques dans l'Italie, sur la Riviere de *Trerus* selon Strabon [m], entre *Aquinum* & *Fregelanum* selon Antonin [n]. Juvenal en fait mention dans sa troisiéme Satyre [o],

[m] L. 5. p. 237.
[n] Itiner.
[o] V. 224.

Aut Fabrateriæ domus, aut Frusinone paratur.

Pline nomme un peuple d'Italie FABRATERNI [p], qu'il distingue en vieux & en nouveaux. La Table de Peutinger [q] nomme un lieu *Fabrateria* qui doit être le même, & entre les Inscriptions, recueillies par Gruter, il y en a une où il est fait mention de FRABATERNI, qui s'est apparemment glissé au lieu de *Fabraterni*; car, comme la remarque Ortelius, il y a des fautes gravées sur les marbres; & Balzac parle quelque part de Solecismes en pierres. Fabrateria est aujourd'hui FALVATERRA.

[p] L. 3. c. 5.
[q] Segm. 4.

FABREGUES [r], petite Ville de France dans le bas Languedoc sur le torrent de Caulazon à une lieue de l'Etang de Maguelone, au Septentrion & à deux lieues de Montpellier du côté du Couchant. Mr. Baudrand est pour ceux qui croient que c'est le *Forum Domitii* des Anciens. J'aime mieux croire avec Mr. de Valois que *Forum Domitii* est aujourd'hui Frontignan.

[r] Baudrand Ed. 1705.

FABRIANO [s], Ville d'Italie dans l'Etat de l'Eglise; & dans la Marche d'Ancone, au pied du Mont Apennin, sur les confins du Duché d'Urbin: elle est connue par le bon papier que l'on y fait & pour être une des Places que l'on nomme les quatre Châteaux d'Italie: elle n'est qu'à six milles de Matelica au Couchant & à quatorze de Camerin vers le Septentrion; on appelle ses habitans *Fabrianesi*. [t] Le Pape Nicolas V. repara cette ville, & en fit agrandir la place par Bernard Rosselin qui bâtit l'Eglise de St. François par ordre du même Pape. Alexandre VI. orna aussi Fabriano de plusieurs bâtimens & fit construire la fontaine qui

[s] Ibid.
[t] E. D. R. Nouv. Voyage d'Ital. T. 2.

FAB. FAC. FAE.

qui est dans la place. On voit dans cette ville plusieurs Monasteres & Abbayes très-riches dont les Eglises sont ornées de marbres, de dorures, de peintures & de sculptures excellentes. Le Corps de St. Romuald repose dans celle des Camaldules dont il est le fondateur; c'est là qu'est l'Abbaye Chef de la Congregation Sylvestrine Ordre de St. Benoît. Les Peres du Mont Olivet, autre Congregation de ce même Ordre, y ont le Monastere de Ste. Catherine. Ces Eglises sont embellies de plusieurs Peintures de Gentil de Fabriano, du Guerchin, du Guide & autres. Mr. Baillet [a] met cette ville dans l'Ombrie vers les limites de la Marche d'Ancone.

[a] Topog. des Saints p. 188.

FABRICIUS PONS [b], Pont de la Ville de Rome par où l'Isle communiquoit à la ville. On le nomme presentement IL PONTE DI QUATRO CAPI.

[b] Ortel. Thesaur.

FABRIS, Isle vis-à-vis de l'Attique selon Favorin cité par Ortelius.

FABULA [c], on avoit donné ce nom à un jardin de Syracuse en Sicile au raport d'Athenée qui l'exprime en Grec par Μυθος.

[c] L. 2. c. 20.

FACALHAD, c'est ainsi que quelques Géographes nomment une pointe de terre dans l'Arabie heureuse au côté Occidental de l'embouchure de la Riviere de Prim, où est la petite Ville de Nibane; mais à parler juste il n'y a point le Cap avancé qu'ils y mettent, vis-à-vis des Isles de Caria-Muria. Cependant ces Géographes ne laissent pas d'assurer que c'est *Prionotus* des anciens.

FACHS, selon Mrs. Baudrand, Maty & Corneille; le premier & le dernier, en font encore un autre article sous le nom d'ELFAGUES; ASFACHUSA selon Sanson, SFACHS selon Mr. Paul Lucas dans son second Voiage, ESFAQUES selon Mr. de l'Isle [d]: Petite Ville de Barbarie au Roiaume de Tunis sur la côte du Golphe de Gabès. Elle est fort jolie, dit Mr. Lucas, & est entourée de grandes murailles. On y fait un Negoce considerable en cire, en laine, en peaux & en éponges, mais la plus grande partie de celles-ci viennent de Gerbe. La Mer de Sfachs est des plus poissonneuses, aussi le poisson s'y donne pour rien.

[d] T. 2. p. 106.

§. Ce qu'il y a de singulier c'est que Mr. Baudrand qui distingue ELFAGUES de FACHS prétend que la premiere est la *Ruspa* des Anciens & la seconde leur *Taphra* ou *Taphrura*. Ce ne sont que diverses manieres d'écrire le nom d'un même lieu.

FACIAL-CAÇAR, Ruines d'une ville que l'on croit être l'ancienne Alpesa en Espagne dans la Betique. On les trouve dans l'Andalousie entre les Bourgs d'Utera & de Coronil à sept lieues de Seville du côté du Midi Oriental.

FACIDIA, Village d'Egypte, sur les confins de la Palestine, dans le territoire de Rhinocorura. St. Jérôme en fait mention dans la Vie de St. Hilarion.

FACIS FLUVIUS, nom Latin de RIO DE LA HACHA, Riviere de l'Amerique.

FAENZA, quelques-uns disent FAYENCE; d'autres FAYANCE en Latin FAVENTIA: Ville d'Italie dans l'Etat de l'Eglise & dans la Romagne sur la Riviere de l'Amone & non pas de *Lamone* comme le mettent les Imprimeurs du Dictionnaire François de Mr. Baudrand. Cette ville est ancienne. Tite-Live [e] en faisoit mention à l'occasion de la deroute de Carbon qui aiant été defait par Sulla fut contraint de s'enfuir de l'Italie. Velleïus [f] Paterculus parle d'une victoire que Metellus Pius remporta auprès de cette ville. Pline en nomme les habitans *Faventini*, & Silius Italicus [g] parle des pins qui y couronnoient la Campagne.

[e] Epitom. 88.
[f] L. 2. c. 18.
[g] L. 8. v. 596.

Undique sollers
Arva coronantem nutrire Faventia Pinum.

Pline [h] vante aussi la beauté des Lins de son territoire. Faenza étoit comptée entre les villes de la Flaminie: Constantius son Evêque est nommé dans le I. livre de St. Optat [i], comme l'un des Evêques qui assisterent au Concile de Rome tenu sous le Pape Miltiade en 313. & Juste, autre Evêque de Faenza, souscrivit à un autre Concile tenu à Rome sous le Pape Hilaire en 465. cette ville est à onze milles de Forli & à presque autant d'Imola [k], sur la voye Flaminienne: toutes ses rues sont étroites à l'exception d'une grande qui la traverse. La place est assez belle & considerable à cause de sa fontaine & de la tour de l'Horloge de la ville. Les Goths aiant ruiné Faenza, elle dependit d'abord des Exarques de Ravenne; quelque temps après qu'elle eut été reparée, ceux de Boulogne s'en emparerent & par leurs divisions, ils lui donnerent moyen dans la suite des temps de recouvrer la liberté. Elle ne la garda pas long-temps & changea souvent de maitres, tantôt au St. Siège, tantôt envahie par les Manfredi, puis rendue au Pape, soumise à Jean Haucut, puis vendue par ce dernier à Nicolas Marquis d'Este; & reprise de nouveau par les Manfredi, passant ensuite aux Visconti, retournant aux Papes & enfin aux Manfredi; on peut voir toutes ces revolutions dans l'Histoire de Ravenne par Rubei [l]. Les Manfredi s'y maintinrent jusqu'au commencement du XVI. siecle que cette famille s'éteignit. Faenza a des Eglises très propres. [m] On monte par un Escalier à la Cathedrale bâtie à la moderne avec un grand Dôme sous lequel, aux deux grands Piliers qui le soutiennent du côté de la Nef, il y a deux tables de cuivre chargées d'une inscription Latine qui apprennent que la Communauté de la ville a ordonné des processions annuelles les trois premiers jours de Mars & de marier deux filles du lieu aux depens du Public, en action de graces de ce que Dieu les a conservez du pillage des François, & des Suisses qui étoient en Italie l'an 1557. sous la conduite du Duc de Guise. Ce fut quand Henri II. Roi de France s'étant allié avec Paul IV. & le Duc de Ferrare pour le recouvrement du Roiaume de Naples envoia le Duc de Guise en Italie, afin d'attaquer les Espagnols pour qui Faenza avoit pris parti. Faenza est devenue très-celebre par la belle vaisselle de terre qu'on y a inventée & que l'on appelle communément *Vaisselle de Faience*, nom qui est devenu un substantif & le nom generique de cette Vaisselle que l'on a parfaitement imitée en d'autres pays, à Delft, & successivement à Rouen, à Passi près de Paris, & à St. Cloud &

[h] L. 19. c. 1.
[i] Edit. Dupin. p. 23.
[k] Corn. Dict.
[l] Rubei Hist. Ravenn. pag. 521. 545. 569. 574. 588. 599. 602.
[m] Corn. Dict.

FAE. FAF. FAG. FAH.

& ailleurs. Ce qui a encore contribué le plus à donner de la reputation à cette imitation de la Porcelaine, c'est que des Peintres illuftres, comme Raphael & Jules Romain, ont emploié leurs Pinceaux à peindre quelques-unes de ces fayences, ce qui les rend d'un prix extraordinaire.

FAESULÆ. Voyez FESULÆ; & FIESOLI.

FAFELLA[a], PANCOR, SARENDIN, ce font trois lieux d'où Serapion écrit après Diofcoride que l'on nous aporte le Camfre. La conformité du nom de SARENDIN avec le mot SARENDIP, nom que les Orientaux donnent à l'Ifle de Ceïlan, eft un indice qui conduit naturellement à chercher les deux autres dans les Indes Orientales. [a Ortel. Thefaur.]

FAGGIANO[b], Bourgade du Royaume de Naples dans la Calabre citerieure entre Monte Alto & San Marco. Holftenius tient que c'eft l'ancienne UFFUGUM des Brutiens que Barri & Mazzella cherchent à Monte Alto. [b Baudrand Ed. 1682. in voce UFUGUM.]

FAGIFULANI, peuple ancien de l'Italie dans le voifinage du même dans le pays des Samnites. Pline[c] eft peut-être le feul qui en faffe mention, & les éditions ne s'accordent pas, car quelques Manufcrits divifent ce nom en deux FAGI, FUGALI; comme fi c'étoit le nom de deux Peuples. [c L. 3. c. 12.]

FAGITANA, lieu du Trentin felon Paul Diacre[d]. [d Longob. l.3.c.15.]

FAGIUS, en Grec Φηγίος, c'eft, felon Lycophron, une Montagne aux environs de l'Ifle Cerné. Pline[e] fait mention d'une très-haute Montagne de l'Ethiopie qu'il nomme PHEGIUS, ou PHEGIUM. Il y a bien de l'aparence que c'eft de la même Montagne qu'ils ont voulu parler l'un & l'autre. [e L. 2. c. 91.]

FAGNAUX[f]; en Latin FANIOLUM, Petite Ville de France, en Languedoc dans l'Evêché de Mirepoix à trois lieues de Caftelnaudari au midi. [f Baudrand Edit. 1705.]

FAGNE (la), ou FAINE en Latin *Fania*, Forêt des Pays bas partie au Comté de Hainaut, & partie au pays de Liége. Elle s'étend entre la Meufe au Levant, le Hainaut propre au Couchant, le Comté de Namur au Septentrion & la Champagne au Midi vers les Villes de Charlemont, Marienbourg, & Philippeville. Elle étoit autrefois au Comte de Hainaut qui la vendit à l'Evêque de Liége.

§. Le Dictionnaire Géographique des Pays bas[g] dit LA FAGNE de CHIMAY; Forêt entre Chimay & Philippeville. [g p. 173.]

FAGNEULEZ[h], Seigneurie en Hainaut près de Marienbourg. [h Dict. Geogr. des Pays bas.]

FAGONA, Cap d'Afie dans la Natolie. Il avance dans la Mer de Marmara à l'entrée du Golphe de Nicomedie, du côté Meridional. Les Anciens le nommoient *Pofidonium Promontorium*, à cauſe d'un Temple de Neptune. Ce Dieu étoit nommé en Grec Ποσειδῶν, *Pofidon*.

FAHLUN[i], Ville de Suede en Wefterdal, dans la Dalecarlie au Nord du Lac Roun qui fe vuide dans la Riviere de Dala. Le voifinage des Mines de Coperberg la fait fubfifter, & [k] lui donne même le nom de COPERBERG. Mr. Leopold qui a publié une relation de fon voiage de Suede, nomme ce lieu Fahlu- [i Baudrand. k De l'Ifle Atlas.]

FAI.

na[l]. C'eft, dit-il, la principale Ville de la Dalecarlie. Ceux qui la voient de loin pour la premiere fois font faifis d'horreur à caufe des fumées noires & épaiffes qui en fortent continuellement & en fi grande quantité que l'on croiroit que c'eft plûtot l'antre des Cyclopes qu'une ville. Ces fumées viennent des Forges qui font aux environs du Lac Warpan & du Lac Rund & lorfque le vent d'Oueft fouffle, elles caufent quelquefois une fi grande obfcurité dans cette ville que les habitans font obligez d'allumer des chandelles en plein midi. La Mine de Cuivre eft à environ un mille de là à l'Occident. Voyez COPERBERG. [l Memoires liter. de la Gr. Bret. T.5. p. 12.]

FAIAL. Voyez FAYAL.

FAID[m], petite Ville de l'Arabie heureufe dans la Province de Nagd. Elle eft fituée vers le milieu du chemin que tiennent les pelerins de Chaldée, en allant de Koufah à la Mecque. Elle eft proche de Salamy, ou Salmi, l'une des Montagnes de Tay. Les pelerins y laiffent en dépôt une partie de leurs effets. Faid eft éloigné de Koufah de 109. parafanges. Il eft marqué dans Alazizy, que Faid eft fur le milieu du chemin des pelerins de Chaldée allant à la Mecque; Il y ajoûte qu'entre cette ville & les deux Montagnes nommées Salamy & Agam, il y a 36. milles, & ces deux Montagnes font celles de Tay. On compte 10. milles entre Faid & Althoalabiyan, gros Bourg ceint de murailles, & riche en beftiaux; ce Bourg eft environ fur la troifiéme partie du chemin des mêmes pelerins de Chaldée, & dans le Livre des Longitudes, il eft marqué fous le foixante-huitiéme degré 30. minutes de longitude, & fous le dix-huitiéme degré 30. minutes de latitude. [m Abalfeda Defc. de l'Arabie p. 323. Trad. de Mr. de la Roque.]

1. FAIENCE; Ville d'Italie. Voyez FAENZA.

2. FAIENCE, Bourg[n] de France en Provence près des fources de la Riviere de Binfon. Mr. Baudrand[o] dit; petite ville, dans un affez beau pays à quatre lieues de Graffe au Couchant & à trois de Frejus & de la côte de la Mediterranée. (Ces diftances font très-differentes de celles de Mr. de l'Ifle. Car felon lui il y a quatre lieues & un quart de 25. au degré de Faience à Graffe, un peu plus de fix de Faïence à Frejus, & un peu moins de cinq & demie de ces mêmes lieues de Faience à la Mer, dans la plage de Cannes, à l'embouchure du Binfon qui eft l'endroit de la Mer le plus près du bourg en queftion). [p] On y fait auffi de la vaiffelle de Faïence que les Italiens apellent *la Majolica*, & qui eft fort propre. [n De l'Ifle Atlas. o Ed. 1705. p Baudrand Ibid.]

FAINAM, Cap de la Macedoine près de l'Embouchure de la Riviere de Chabro dans le Golphe de Salonique entre la Ville de Caffandria & celle de Salonique. Mr. Baudrand le nomme *Egos-potamos*, ou *Hegonis Promontorium*. Voyez l'Article d'ÆGOS-POTAMOS; où vous trouverez que ce n'étoit pas un Cap, mais une Riviere bien éloignée de la Macedoine. Cette méprife a été repetée par Mr. Corneille. [Ibid.]

FAIRE, en Latin *Faria*, Ifle d'Ecoffe dans l'Océan Septentrional. Ceux du Pays l'appellent auffi *Faire-Ifle*, & les François BELLE ISLE. Elle eft entre les Orcades & les Ifles de Schetland, ou Hitland. Elle eft au Roi d'An-

FAL.

d'Angleterre comme dependante de l'Ecoffe, mais fort petite & toute remplie de Montagnes avec très-peu de pêcheurs pour habitans; & le feul Château de Dumo.

FAISANS, (*l'Isle des*) en Latin *Phasianorum Insula*, Petite Isle que forme la Riviere de Bidassoa dans son cours, qui sépare la France de l'Espagne. Cette Isle située à une lieue de Fontarabie & de la Mer de Biscaye est devenue celebre par la Paix qui y fut conclue en 1659. & c'est ce qu'on apelle la Paix des Pyrenées. Les Rois de France, & d'Espagne qu'elle reconcilia par le Mariage de Louis XIV. avec l'Infante Marie Therese choisirent ce lieu pour leur entrevuë. Ce qu'il y eut de remarquable c'est que pour éviter aux Conferences des Plenipotentiaires les dificultez des premieres visites & autres vetilles sur lesquelles on dispute souvent davantage que sur l'essentiel du Traité [a] on proposa de faire des ponts pour passer chacun de son côté dans l'Isle & d'y bâtir des logemens égaux & une chambre à la tête de l'Isle dans une distance égale des deux logemens : que dans cette chambre il y auroit deux portes, l'une de chaque côté par lesquelles entreroient les deux Plenipotentiaires prenant tous deux séance dans les sièges qu'on leur auroit preparez au milieu de la Chambre que chacun prendroit soin de bâtir & de meubler par moitié ; ce qui fut exécuté. C'est à cause de ces particularitez qu'on lui a quelquefois donné le nom de l'ISLE DE LA CONFERENCE. Mr. de Larrey [b] la nomme *l'Isle de Bidassoa*.

FAITZINCHIMA[c], Isle du Japon. Elle n'a qu'une lieuë de circuit, & est à quatorze lieuës de Jedo vers l'Orient, & en quelque sorte inaccessible, étant impossible d'y mouiller l'ancre, parce qu'on n'y trouve point de fond, de sorte qu'il n'est ni vaisseau ni barque qui en puisse approcher, si ce n'est dans le temps calme, & même ceux qui s'y hazardent ne le peuvent faire fans un extrême péril. Ils entrent dans une barque, ayant chacun une corde liée à leur corps, & s'étant avancez vers l'Isle, ils montent sur des rochers escarpez qui l'environnent, tirant ensuite avec leurs cordes, les instrumens & les machines de bois qu'ils ont preparées, ausquelles ils ont attaché des poulies & des soliveaux. Ils élevent par ce moyen leur barque de quelques toises par dessus l'eau, & elle demeure ainsi suspenduë en l'air. Sans cela le moindre vent qui viendroit, & les grandes ondes qu'il y a toûjours auprès de cette Isle, la mettroient en pieces, ce qui est arrivé à plusieurs avant qu'on se fût avisé de cette invention. Ce lieu est fort infertile. Ce ne sont que des rochers au dedans, & il y a peu d'endroits que l'on puisse labourer, & où il y croisse autre chose que des meuriers. C'est dans cette Isle que sont envoyez comme en exil les principaux Seigneurs de l'Empire, quand ils ont commis quelque crime qui merite d'être puni, & lors qu'ils y sont ils y finissent leur vie sans aucune esperance d'en sortir. Il y a un corps de garde sur chaque coin de l'Isle, avec une garnison que l'on change tous les mois, pourvû que le temps permette d'y aborder. On previent par là le même peril qu'il y auroit, si les

[a] *Larrey Hist. de France sous Louis XIV. T. 3. p. 99.*

[b] *Ibid. p. 193.*

[c] *Ambassade des Hollandois au Japon. Corn. Dict.*

FAL.

mêmes Gardes y demeuroient plus long-temps, qu'ils ne se laissassent corrompre aux Seigneurs qu'on y détient prisonniers. Ils y vivent assez miserablement les uns & les autres, n'ayant pour nourriture que du ris, des racines d'arbres, des herbes sauvages & de méchante eau. Les Cabanes qu'ils ont pour leur logement sont si mal bâties qu'à peine y sont-ils à l'abri du froid & des chaleurs de l'Eté. Ils sont d'ailleurs obligez de donner châque année quelques pieces de soye qu'ils filent, & dont ils font la tissure eux-mêmes, ayant pour cela des vers à soye que les meuriers leur fournissent.

FALACRINE, petite Vallée d'Italie dans le Duché de Spólettre vers l'Abruzze & la petite Ville de Civita-regale. Cette vallée tire son nom de FALACRINE, à présent *Village*, autrefois PHALACRINA, ou PALACRINUM, Village des Sabins, Patrie des Empereurs Vespasien & Titus.

FALACRIUM, Promontoire de Sicile selon Ptolomée [d] aujourd'hui RAZO CULMO selon Fazel.

[d] *L. 3. c. 4.*

FALACRUM. Voyez FESTA.

FALÆCI. Voyez FALISQUES.

☞ FALAISE[e], on apelle ainsi des côtes ou bords de la Mer, qui sont élevez, escarpez & coupez à pied droit. Mr. l'Abbé de Longuerue[f] derive ce mot d'un ancien mot Allemand *Falez* que les Allemands prononcent aujourd'hui *Felse*. Ce dernier mot signifie une roche ; ce qui convient assez à une falaise.

[e] *Sanson Introd. l. 1. c. 3.*

[f] *Descr. de la France 1. part. p. 77.*

FALAISE[g], Ville de France dans la basse Normandie. Elle est appellée ainsi, selon quelques-uns, à cause des rochers & des Falaises qui l'environnent du côté de la Mer, en Latin *Falesia*. Elle est située sur la petite Riviere d'Ante entre les Villes de Caën & de Séez, & reconnoît la premiere pour la jurisdiction civile, & la seconde pour le spirituel. Cette ville est l'une des plus anciennes du Païs, & construite en forme de nef, ou navire, longue & étroite, dont la poupe est representée par le Château assis sur un roc, qui a des fossez profonds pour sa défense avec deux étangs, dont l'un ne tarit jamais & l'autre sert à faire tourner des moulins, tant à foulon qu'à émouleurs de couteaux. Les premiers Ducs de Normandie firent leur Palais de ce Château en temps de paix, & leur Forteresse en temps de guerre. Il est encore remarquable par une tour ronde, si belle & si haute qu'il n'y en a peut-être aucune qui l'égale en toute la France. On y voit aussi un donjon fossoyé qu'on tient que Jules Cesar fit bâtir avec le même Château pour se fortifier contre les Gaulois, s'ils eussent voulu se revolter pendant un voyage qu'il avoit dessein de faire en Bretagne. De trois ruës principales que l'on trouve dans Falaise, il y en a deux qui vont d'un bout de la ville à l'autre. Elle a cinq portes, trois Fauxbourgs, & deux Eglises Paroissiales, la Trinité & St. Gervais, les Monasteres des Cordeliers, & des Capucins, un Hôtel Dieu pour les malades, & un Hôpital general. La Riviere d'Ante donne son nom à un de ses Fauxbourgs, l'Eglise de St. Laurent donne le sien à un autre, & le troisiéme est appellé de Guibray. Il est fameux par la foire nommée

[g] *Corn. Memoires dressez sur les lieux.*

FAL.

mée *Guibray*. Voyez l'article particulier GUI-BRAY. [a] On fait à Falaife, dans fes Fauxbourgs & dans dix Villages aux environs des étofes de laines legeres qui fe portent à Paris & en Bretagne & dont il fe débite auffi beaucoup aux foires de Guibrai & de Caen. Outre ces Serges [b] on fait auffi à Falaife des Toiles fines, des dentelles & autres Ouvrages. Le territoire de Falaife produit des grains. Mr. l'Abbé de Longuerue ne convient pas de cette antiquité que femblent donner à la Ville de Falaife ceux qui veulent que Jules Cefar y ait fait batir un Château. Car il affure que cette ville a été bâtie par les Normands & qu'il n'en eft fait aucune mention avant eux. Mais il ajoute ceci: depuis elle a été fort connue dans l'hiftoire, aiant foutenu plufieurs grands Sieges & aiant paffé autrefois pour une place imprenable. Elle étoit déja connue fous Guillaume le conquerant auffi-bien que le bourg voifin nommé la Guibrai, en Latin *Wibraja*.

FALAIX*, Comté en Brabant dans le quartier de Louvain fur les confins du Namurois fur la Riviere de Mehaigne.

FALANGAME [c], Ifle fituée dans un Lac d'eau douce proche de celle d'Ila qui eft au couchant de l'Ecoffe. Cette Ifle fervoit autrefois de Siege Roial à celui qui prenoit le nom de Roi des Ifles Wefternes ou Hebrides.

§. Ce Lac eft dans une Prefqu'Ifle attachée au midi Occidental de l'Ifle d'Ila & eft nommé *Logh Gurim* ou le *Lac de Gurim*. Blaeu dans fon Atlas marque dans ce Lac un Château qu'il nomme *Caftel of* FALINGHAM ou FINLAGAN.

FALARIENSES; ancien peuple d'Italie dans le Picentin felon Pline [d]. Leur ville quoique ruinée garde encore fon ancien nom, & fes ruines font nommées FALERONI ou FALARI. Ce lieu eft prefentement dans la Marche d'Ancone.

FALARIS. Voyez PHALARIS.

FALARIUM ou PHALARIUM. Voyez ECNOMUS.

FALCES, Bourg & Château d'Efpagne au Roiaume de Navarre dans la Merindade ou territoire d'Olite fur la Riviere d'Arga, à deux petites lieues d'Olite au Couchant & à cinq de Calahore au Levant d'Eté.

FALCIANA, lieu de la Norique, duquel il eft fait mention dans le livre des Notices de l'Empire. C'étoit, felon Ortelius [e], une ville fituée fur le Danube. Lazius tient que c'eft WELS, & Mr. Baudrand [f] croit que c'eft WALS village de la baffe Autriche fur le Danube, entre Lintz & Vienne, à cinq milles d'Allemagne au-deffous de la premiere. Lazius croit que c'eft la même chofe que le *Locus Felix* de l'Itineraire d'Antonin.

§. Je doute qu'Ortelius ait lui-même confulté le livre des Notices, & je crois plutôt qu'il a cité en fecond ; car dans ce livre [g] de l'édition avec les Commentaires de Pancirole & de celle du P. Labbe au Louvre, on lit FASIANA & non pas *Falciana*, Mr. Baudrand qui cite le même Ouvrage pourroit bien l'avoir cité en troifieme.

FALCIANO, territoire d'Italie dans la terre de Labour, entre le Gariglan & le Vol-turne. C'étoit autrefois *Fauftianus Ager* dont les vins étoient jugez les meilleurs entre les vins de Falerne. Le vin de ce cru eft nommé à prefent *Vino Razzefe* [h].

1. FALCKENBERG [i], petite Ville de la haute Silefie fur la Riviere de la Steina dans la Principauté d'Oppeln, pas loin de la Ville de même nom. Mr. Baudrand [k] ajoute qu'elle a un Château avec titre de Duché.

2. FALCKENBERG, petite Vil'e ou Bourg Maritime de Suede, dans la Province de Halland; à l'embouchure & au bord Septentrional d'une Riviere que Mr. de l'Ifle nomme ETER AA, & à l'opofite de l'Ifle de Maruptingen. Elle eft marquée comme un Village dans l'Atlas de Blaeu où elle eft nommée *Falckenborg*.

FALCKENBOURG [l], petite Ville & Château d'Allemagne dans la nouvelle Marche de Brandebourg fur la Trage vers les confins de la Pomeranie & de la Pologne.

1. FALCKENSTEIN, Bourg & Château d'Allemagne dans le WASGAU. C'eft le chef-lieu du Comté de Falckenftein : il eft à quatre milles d'Allemagne de Creutzenach vers le Midi & à fix de Worms vers le Couchant.

2. FALCKENSTEIN (le Comté de) petite Contrée d'Allemagne contiguë au Comté de Bitfche; fur les confins de la baffe Alface. [m] C'étoit autrefois un Fief immediat de l'Empire ; mais l'an 1458. l'Empereur Frederic d'Autriche donna ce Fief au Duc de Lorraine à la charge de laiffer jouir les mâles de la Maifon de Falckenftein; ainfi cette terre devint un Fief de Lorraine & les Comtes ou Seigneurs de Falckenftein reçurent l'inveftiture des Ducs de Lorraine jufqu'à Guillaume Wirich de Falckenftein qui la reçut folemnellement de Charles III. dans la Ville de Wormes l'an 1641. le Comte de Manderfcheid s'y oppofa, prétendant que ce Comté lui appartenoit à caufe de fa femme fille de Stenon Loevenhaupt & petite-fille de Louife de Falckenftein. Il porta fes plaintes à la Chambre de Spire, à la Diete de Ratisbonne & au Congrès d'Osnabrug. Par le Traité on arrêta que le Comté de Falckenftein feroit reftitué à qui il appartenoit de droit. Le Comte de Manderfcheid entreprit de s'emparer de ce Comté par la voye de fait, & le Comte Guillaume de Falckenftein, fans enfans, vendit la proprieté de ce Comté l'an 1667. à Charles III. Duc de Lorraine qui en a invefti fon fils naturel le Prince de Vaudemont. La proprieté de ce Comté auffi-bien que la Seigneurie utile appartiennent à prefent à Leopold I. qui a été rétabli dans les mêmes droits dont jouïffoit le Duc Charles III. fon grand-Oncle.

3. FALCKENSTEIN [n], Château & Village de Suiffe au Canton de Soleurre. C'eft un des huit Bailliages exterieurs. Ce lieu étoit autrefois la refidence des Seigneurs particuliers qui en portoient le nom, mais cette famille eft éteinte il y a long-temps.

FALCKLAND [o], Bourg de l'Ecoffe Meridionale dans le Comté de Fife, près de la Riviere d'Eden à cinq lieues de la Ville de St. André vers le Couchant & à deux lieues de la Ville

Ville d'Abernath. Cette EDEN est diferente de celle qui est l'*Ituna* des Anciens.

☞ La plûpart des Ecrivains François ne mettent dans la plupart de tous ces noms qu'un simple K sans c. C'est ainsi qu'en usent Mrs. Baudrand, Maty, Corneille, de Longuerue &c. Cependant il est à remarquer que dans la Langue Allemande & dans celles qui en sont pour ainsi dire les filles, l'usage est que tout K, qui n'est pas la premiere lettre d'un mot prend presque toujours un c. devant soi.

FALCO. Voyez MONTE-FALCO.

FALCOBURGUM. Voyez FAUQUEMONT.

1. FALCONARA[a] (la) ou NOTO, en Latin *Falconarius*, ou *Notus*, & anciennement ASSINARUS, (Asinarus ou Assinarus). Torrent de Sicile dans la vallée de Noto. Il passe près de la Ville de Noto & près du Château de Falconare où il se jette dans la Mer Ionienne après un cours de quinze ou dix-huit milles seulement & à dix milles du Cap Passaro au Nord. Mr. Corneille dit: on conjecture que cette Riviere est l'ACHETUS de Silius Italicus. Silius Italicus nomme en effet une Riviere *Achetus* dans ce vers[b]:

Et Netum & Mutyce, pubesque liquentis Acheti,

& Ortelius conjecture qu'*Achetus* c'est l'*Achates* de Vibius Sequester. J'ai déja remarqué au mot ACHETUS que le nom moderne de cette Riviere est *Fiume di Noto*. Voyez NOTO.

2. FALCONARA, ou LA FALCONARE[c], en Latin *Falconaria*, petite Isle de l'Archipel proche de l'Isle de Milo & vers sa côte Occidentale, mais sans habitans: les anciens lui donnoient le nom de POLYÆGOS à cause de la quantité de chévres qu'elle nourrissoit.

FALCONENSIS MONS[d], place forte dont parle Sigebert, & qu'il place entre Aix-la-Chapelle & Mastricht. Ce lieu garde encore aujourd'hui son ancien nom dans celui de VALCKENBORG.

FALDSTRANDT[e], Bourg de Dannemarck sur la côte Orientale de la *Jutlande Septentrionale* entre le Cap de Schagen & l'entrée du Golphe d'Alborg. Il y a en ce lieu un assez bon port & une forteresse pour le defendre.

FALE, ou VALE, petite Riviere d'Angleterre dans la Province de Cornouailles. Elle forme avec plusieurs autres un petit Golphe à son embouchure où est un havre auquel elle donne le nom de Falmouth.

FALEMPIN[f], en Latin *Falempium*, Village de Flandres dans la Chatellenie de l'Isle, à trois lieues de cette ville du côté du Midi & à six de Tournai vers le Couchant d'Eté.

FALERE[g], Ville ancienne d'Italie dans la Toscane, en Latin *Faleria*, *Faleris*, *Falerii* & *Falisca*: cette ville aujourd'hui ruinée a eu autrefois un Evêché que l'on a depuis transferé à *Civita Castellana*. On tient même que cette derniere ville a été bâtie près des ruines de Falere dont les anciens Auteurs parlent souvent. Plutarque en fait mention[h], & la nomme FALERIE[i]. Strabon[k] l'apelle Ville des Falisques peuple de l'ancienne Etrurie. Elle étoit peu éloignée du Tibre.[l] Falere ou Falerie étoit un lieu Maritime où Rutilius[m] dit que le calme l'obligea de s'arrêter:

Laxatum cohibet vicina Faleria cursum.

Quelques exemplaires portent *Falesia*; Antonin la nomme aussi *Falesia* & Festus l'appelle FALERI, bourg, dit-il, ainsi nommé à cause du sel. C'est-à-dire, que les salines furent cause qu'on apella le lieu *Halerii*: mais Mr. Dacier[n] aime mieux deriver ce nom d'Halesus le fondateur de cette ville & duquel vient aussi le nom des Falisques. Et Ovide favorise cette opinion:

Venerat Atrides fatis agitatus Halesus
A quo se dictam terra Falisca putat.

Voyez FALISQUES.

FALERNE, en Latin *Falernus Ager*. Territoire d'Italie dans la Campanie auprès de Sinope selon Tite-Live[p]. On l'appelloit anciennement MINEA REGIO comme le dit Macrobe. Cette region nommée *Minea* par cet Auteur est sans doute celle dont Virgile vante les vignes qu'il apelle *Aminea* vites.

Sunt & Amyneæ vites, firmissima vina.

d'autres lisent:

Sunt etiam Amminea vites &c.

Ce Poëte venoit de parler du vin de Falerne dans le vers precedent & on voit bien qu'il le distingue des vignes Amynéennes. On peut voir au mot AMYNEI quelque chose de plus particulier sur ces Vignes. Le territoire de Falerne s'étendoit au-dessous du Mont *Massicus*. Ce Mont étoit même regardé comme partie de ce territoire, delà vient qu'on le nommoit *Mons Falernus*, ou la Montagne de Falerne.

Nec in Falerno Monte major Autumnus;

dit Martial[r]. Pline[s] nommant des vins estimez donne le second rang, à ceux de Falerne, & entre ceux-ci la preference à celui du terroir de *Falciano*, *Faustianus Ager*. Horace loue souvent le vin de Falerne dans ses vers. Le territoire de Falerne étoit borné au Nord par le Mont *Callicula*. Mr. Baudrand dans son Dictionnaire François ne parle de Falerne que comme d'une Montagne & dit qu'on la nomme aujourd'hui MONTE MASSICO, parce qu'elle y est jointe. Ainsi il distingue le Mont de Falerne & le Mont *Massicus* qui étoient la même chose. Mazella cité par Ortelius[t] dit que le Mont Falerne est nommé à present ROCCA DI MONDRAGONE. Pline[v] vante aussi les Poires de Falerne, qu'on apelle presentement *Poires-sucre*; selon le R. P. Hardouin à cause de la grande douceur de leur eau.

FALERONI. Voyez FALARIENSES.
FALESIA. Voyez FALERIA.
FALISCA. Voyez FALISQUES.
FALISCENSIS, Siege Episcopal d'Afrique; selon Victor d'Utique cité par Ortelius. Ne seroit-ce point une faute des Copistes; au lieu de *Filacensis*? On ne connoit point de *Falisca* en Afrique, mais Filace étoit un siege Episcopal de la Bysacene.

FA-

FAL.

FALISCI, & **FALISCORUM AGER**. Voyez l'Article suivant.

FALISQUES, ancien peuple d'Italie: il habitoit la Ville de Falere & son territoire sur le Tibre. Strabon s'est trompé, ou du moins ceux dont il raporte le sentiment, selon lequel les Faleriens & les Falisques sont des peuples distinguez; Solin n'a pas mieux rencontré quand dans le chapitre où il traite de l'Italie il distingue Falisca & Falerii comme des villes diferentes, Tite-Live plus exact nomme la Ville *Falerii* & le Peuple *Falisci*. A l'égard de la ville [a] il fait dire au traitre qui avoit livré les enfans à Camille qui assiégeoit la ville qu'il a livré *Faleres* aux Romains. Il nomme encore ailleurs de même nom cette ville [b]. Denis d'Halicarnasse la nomme Φαλέριον, *Falerium*. Quant au peuple Tite-Live [c] dit: jusqu'à ce que M. Furius Camillus marchât contre les Falisques: il dit aussi que les Falisques se joignirent aux Etrusques [d]. Zonare [e] les distingue aussi très-bien, & nomme *Falisques* le peuple, & *Faleres* Φαλέριοι la ville. Virgile [f] loue l'équité des Falisques; & Servius remarque que c'est à cause qu'on emprunta d'eux dequoi suplêer la Loi des Douze Tables. Il se trouve des anciens qui ont nommé la Ville de Falere; **FALISCI**; d'autres **FALISCOS**, d'autres **FALISCANUM**. Pline dit que *Falisque* (Falisca) étoit une Colonie venue des Argiens selon Caton (dans le livre des Origines que nous n'avons plus) surnommée *des Etrusques*. Frontin [g] dit: *Colonia Junonia quæ appellatur*, Faliscos; c'est-à-dire: la Colonie de Junon, que l'on apelle *Faliscos*. Ortelius [h] dit qu'elle est nommée *Phaliscanum* par Caton. Il ajoute que c'est aujourd'hui *Monte-Fiascone* dequoi il est repris par Holstenius. Le P. Lubin [i] distingue avec Strabon les Faleriens comme peuple diferent des Falisques. Il se trompe avec son Auteur. Voyez **FALERE**.

FALISCORUM MONS, c'est-à-dire, le Mont des Falisques. Quelques-uns le prennent pour le même que le Mont **SORACTE** aujourd'hui le **MONT DE ST. ORESTE** à cause de la Bourgade de St. Oreste qui est au pied. On l'appelle aussi quelquefois **LE MONT DE ST. SYLVESTRE**. Il est dans le Patrimoine de St. Pierre à huit milles de Civita Castellana.

Falkenberg
Falkenbourg } Voyez { Falckenberg.
Falkenstein   Falckenbourg.
                   Falckenstein.

FALKIRK [k], Bourg d'Ecosse dans la Province de Sterling à trois lieues de la Ville de Sterling vers le Midi & à trois de Linlithquo vers le Couchant. Ce nom est mal écrit Fakirk dans les Cartes de Blaeu.

FALKOPING, en Latin *Falecopia*, selon Zeyler [l]; *Falcopinga* selon Mr. Baudrand, petite Ville de Suede dans la Province de Westgotland, ou Gothie Occidentale; au Sud d'un petit Lac qui se va perdre par la Riviere de Lida dans la partie Orientale du Lac Wener à Lidkoping. L'Orthographe de ce nom varie. Mrs. Baudrand & d'Audifret, Sanson, Homan & de Witt, écrivent **FALLEKOPING**, Mess.

FAL.

de l'Isle & la Forêt de Bourgon écrivent *Falkoping*; que je crois meilleur.

FALLIENATES, ancien peuple de l'Italie dans l'Ombrie. Pline [m] qui en fait mention en parle comme d'une Nation qui ne subsistoit déja plus de son temps.

FALME [n], Riviere d'Afrique. Elle a sa source dans le Pays des Negres, & se rend dans celle de Senega au-dessous de Tombut.

FALMIO [o], lieu des Pays bas dans la Hasbaine à près de trois milles de Sarcinium qui est aujourd'hui Saint Tron. Il en est fait mention dans la Vie de Saint.

FALMOUTH, Port de Mer d'Angleterre sur la côte Meridionale de Cornouailles. Les Géographes tiennent que c'est la **VOLIBA** Ολοιβα de Ptolomée. **FALEMUTH** *quasi* **VOLEMUTH**, dit [p] Cellarius. J'ai déja remarqué au mot **FALE** que *Falmouth* ne signifie que l'Embouchure de la Fale parce que ce havre est en effet à l'embouchure de cette Riviere. [q] C'est un des meilleurs ports d'Angleterre: & c'est delà que partent les Paquebots pour Lisbone. Vis-à-vis de Falmouth on trouve le Château de Pendennis bâti par Henri VIII. pour la sureté de cette côte.

FALONES, peuple dont Othon de Fresingen fait mention, & sur les indices peu marquez qu'il en donne Ortelius [r] soupçonne que ce pourroit bien être la Valachie.

FALSIANA. Voyez FALCIANA.

FALSTER [s], en Latin *Falstria*, Isle de Dannemarck, dans la Mer Baltique. Elle n'est separée que par un petit détroit de l'Isle de Laland qui lui est à l'Occident. Elle a au Septentrion l'Isle de Selande, & celle de Mone, desquelles elle n'est divisée que par le détroit de Grone, c'est-à-dire nord. On la partage en deux territoires, savoir celui du Midi ou Synderherrit, où est la Ville de Nicoping principale de l'Isle; & celui du Septentrion ou Norreherrit, où est le Bourg de Stubcoping.

FALVATERA [t], en Latin *Fabrateria*, c'étoit anciennement une Colonie des Volsques peuples d'Italie. C'est maintenant un petit bourg de l'Etat de l'Eglise, dans la Campagne de Rome, près du Gariglan & sur les confins de la Terre de Labour, à quatre lieues d'Aquino, vers le Couchant.

FALUPPOS [v], Peuples d'Afrique, au Païs des Noirs. Ils demeurent comme les Ariareos entre le Cap de Ste. Marie, ou entre Cabo, Roxo & San-Domingo. Cette côte dont la situation est basse, est fertile en pâturages. Cela est cause que le bétail y est à fort grand marché. On y échange un bassin d'Etain de trois ou quatre livres, ou une vache & demie à un drap grossier pour une vache; l'on y a un bouc pour un petit plat, & un poulet pour trois echeveux de fleuret: les habitans sont mieux faits que ceux d'Angole, mais fort défians, ne voulant pas trafiquer avec les Blancs, ni entrer dans leurs vaisseaux qu'ils n'ayent des ôtages, à cause, disent-ils, qu'il y a eu de ces blancs qui ont enlevé des gens de leur païs, sous prétexte d'amitié & de commerce. Ils sont nuds de la ceinture en haut, & n'ont qu'un petit habit autour des reins. Cet habit ne leur descend que jusqu'aux genoux, & même les jeunes gens ne portent qu'une

FAM. FAN. FAN.

qu'une ceinture, qui leur serre le milieu du Corps, & couvre ce qu'il est honteux de faire paroître. Plus ils entretiennent de femmes, plus ils sont estimez riches. Ils ont du vin de datte qu'ils vendent aux Blancs à bon marché. Ils donnent un pot de cette boisson pour deux ou trois aiguillées de fleuret. Voyez FOULES.

FAMA-AUGUSTA. Voyez FAMAGOUSTE.

Baudrand Ed.de 1705. FAMAGOUSTE, *Ammochostos, Arsinoe*; Ville d'Asie, dans une belle plaine sur la côte Orientale de l'Isle de Cypre, avec un bon port dont l'entrée est défendue par deux Forts situez vis-à-vis l'un de l'autre, sur sa côte Orientale. Elle a un Evêché Grec suffragant de l'Archevêché de Nicosie, & est la principale de cette Isle après Nicosie qui en est la Capitale. Elle avoit été autrefois bien fortifiée par les Venitiens qui la possedoient, mais les Turcs l'assiégerent, & s'en rendirent les maîtres le 9. d'Août en 1571. après un siege de dix mois, depuis lequel temps ils l'ont toûjours gardée : elle n'est plus si peuplée, ni si considerable depuis qu'ils en sont les maîtres. Elle est à trente-six milles de Nicosie au Levant, & à trente du Cap de la Grecque.

a L. 3. c. 1. FAMA JULIA, Pline [a] dit qu'on avoit ainsi surnommé la Ville de SERIA.

FAMASTRO ou SAMASTRO. Voyez AMASTRIS.

b Baudrand Ed. 1705. FAMINE ou FAMENE [b], petite contrée du Païs-bas, dans la partie Occidentale du Comté de Chiny, & du Duché de Luxembourg, sur les frontieres du Païs de Liége. Ses villes plus considerables sont *Marche*, & la *Roche* que l'on surnomme en Famine ; mais on n'en peut pas bien déterminer les limites. Tout ce païs-là avoit été réuni à la France en 1681. avec le Comté de Chiny dont il fait partie, mais il fut remis aux Espagnols en 1681. & ils le tiennent encore.

c Ibid. FAMINE [c], Port Famine, *Portus S. Philippi*; ou *Philippopolis*, Colonie que les Espagnols établirent l'an 1585. dans les terres Magellaniques, sur le détroit de Magellan, à dessein de se rendre Maîtres de ce détroit, qui paroissoit alors fort important. On donna à ce lieu le nom de CIUDAD DEL REY FELIPE, ou de S. PHILIPPE, mais les habitans qu'on y laissa n'étant pas bien pourvûs, perirent de froid & de faim : c'est pourquoi on l'a depuis appellé *le Port Famine*. On n'a pris aucun soin de rétablir cette Colonie, parce que la découverte du détroit de Maire & du passage de Brouwers ont rendu celui de Magellan inutile.

d Ibid. FANALE [d], en Latin *Phana*; Cap de l'Isle de Scio dans l'Archipel ; c'est le coin de cette Isle, entre sa côte Meridionale & l'Occidentale.

e Ibid. FANAR [e], nom moderne de l'ACHERON Riviere d'Epire & du Lac ACHERUSIA.

f Ibid. FANESTRIA [f], Village d'Italie dans la Romagne. C'étoit anciennement une Ville Episcopale.

g Ibid. FANJAUX [g], en Latin *Fanum Jovis*, Bourg de France dans le Languedoc vers la Ville de Toulouse. Mr. de la Forêt de Bourgon dit que c'est une ville, située sur une Colline, & connue du temps des Albigeois par un Miracle que Dieu accorda aux prieres de St. Dominique.

FAN-MARS. Voyez FANUM MARTIS.

FANNA, Bourg d'Italie dans le Frioul environ à deux lieues de Monte-Regale & de la frontiere du Bellunois dans l'Etat de Venise. Mr. Baudrand propose si ce ne seroit pas l'ancienne *Vannia* Capitale des *Vanniens*.

1. FANO, Ville Maritime d'Italie dans l'Etat Ecclesiastique sur la côte du Golphe de Venise dans le Duché d'Urbin où elle est enclavée. Elle conserve dans son nom moderne l'ancien qui étoit *Fanum Fortuna* à cause d'un *Temple de la Fortune*, qui y fut bâti par les Romains. [h] On y voit encore les restes d'un Arc Triomphal, qui fut érigé en l'honneur d'Auguste qui y envoya une Colonie, laquelle fut appellée *Julia Fanetris*. Après avoir long-temps respiré sa liberté, même malgré les Ducs d'Urbin qui tâcherent de s'en emparer, elle s'est soumise volontairement au Saint Siége, qui encore aujourd'hui en est en possession. Elle est Episcopale, & située dans la Marche d'Ancone. Elle est entourée de Fossez & fermée de murailles de brique d'une hauteur considerable, défendués par des Tours que l'on y voit d'espace en espace, soûtenuës du côté de la Mer par de bons Bastions, en un mot en cas d'alarme elle pourroit se défendre contre les Turcs qui viennent de temps en temps faire des incursions en ces quartiers. Le dedans de la ville paroît tout à fait agréable, soit que l'on considere la brique dont elle est bâtie, soit que l'on jette la vûë sur ses beaux Palais, soit que l'on regarde les ruës qui en sont fort propres. Pour la commodité de ses habitans, on a fait exprès un Canal, revêtu de pierres de taille en forme de Nacelle, où les navires & les écluses on fait entrer les barques chargées de toutes sortes de commoditez. L'assiéte en est si avantageuse, qu'elle a attiré plusieurs Couvents qui y ont leurs établissemens. Outre les Capucins, les Cordeliers, les Recolets, les Peres de l'Oratoire & autres, on remarque dans l'Eglise Cathedrale un beau Tableau de l'Assomption sur le maître-Autel, & à droite une Chapelle riche dans ses peintures & dans ses sculptures. L'Eglise de S. Pierre gouvernée par les Peres de l'Oratoire, surpasse de beaucoup toutes les autres par ses peintures, & par ses sculptures qui ornent ses Chapelles, l'on y voit N. Seigneur dans un tableau donnant les clefs à S. Pierre, qui les reçoit avec humilité, & une Annonciation, deux chef-d'œuvres de Guide : celles qui sont dans la voûte qui representent une Assomption, S. Pierre & S. Paul se disant adieu & autres, sont de très-beaux ouvrages de Sordo de la Ville d'Urbin. A la sortie de la ville l'on trouve la Riviere d'Argila, & un peu au delà du Fleuve Metaure la campagne, où Narsès premier Exarque de l'Italie & Chef de l'armée de l'Empereur Justinien, défit Totila Roi des Goths, qui furent ainsi chassez de l'Italie, leur Chef ayant été tué en cette bataille. Fano, dit Mr. Misson [i], est une assez jolie petite Ville, nous n'y avons rien vu de remarquable qu'un arc de Triomphe duquel même les inscriptions sont presque tout éfacées. Cet arc a trois portes au lieu que celui

[h] *Journal d'un Voy. de France & d'Italie* p. 757.

[i] *Voyage d'Italie* T. 1.

FAN.

celui de Rimini est d'une seule Arcade. On vante les trufes de Fano & on dit aussi que les femmes y sont beaucoup plus belles que dans les autres villes du pays. Cet Auteur avoue que cette pretendue diference lui paroît suspecte. Il donne dans la suite de son Voiage [a] l'inscription qui se voioit sur l'arc Triomphal. La voici.

[a] T. 3. P. 187.

Divo Augusto Pio Constantino Patri Domino Q. imp. Cæsar. Divi F. Augustus. Pontifex Max. Cos. XIII. Tribunal (Tribunic.) Potest. XXXII. Imp. Pater Patrie Murum dedit.

Curante L. Turcio secundo. Aproniani præf. Fil. Asterio. V. C. Corr. Flam. & Piceni.

Il observe en cet endroit que Fano fut détruite par Totila & ensuite reparée par Bellisaire.

2. FANO. Voyez Fanu.

3. FANO[b], Monte Fano, en Latin *Fanum Montanum*, Bourg d'Italie dans l'Etat de l'Eglise sur une Montagne entre Osmo & Macerata.

[b] Baudrand Ed. 1705.

FANOPOLIS. Voyez Feldkirch.

1. FANSHERE, (prononcez *Fanchere*, le ch, comme dans *bonne chere*) Riviere d'Afrique dans la partie Meridionale de l'Isle de Madagascar dans l'endroit où elle se courbe à l'Orient, au pays de Carcanossi; elle est assez considerable.

2. FANSHERE, Bourgade de l'Isle de Madagascar sur la Riviere de même nom.

FANTIN, Roiaume d'Afrique sur la côte d'Or. [c] Il confine à Saboe, (prononcez *Sabou*) du côté de l'Occident, & en est séparé par le Mont de Fer, à une demie lieue de Mourée. Depuis le pied de cette Montagne il s'étend neuf ou dix lieues le long de la Mer & a quelques lieues de largeur. Les Anglois y ont un Fort & trois loges & les Hollandois y ont un Fort: le premier, à savoir celui des Anglois, est auprès d'un petit village nommé Ingenisian. Toute la garnison de ce Fort, du temps que Bosman écrivoit ses Lettres dont cet article est extrait, ne consistoit que dans un seul Anglois qui y étoit pour conserver s'il pouvoit l'honneur du Pavillon. A demie lieue plus bas, continue le même Auteur, les Anglois ont un petit Fort très-proprement bâti proche du Village d'Annamabo. Il y a toujours grand nombre de Vaisseaux Anglois à la rade. Les Negres de Fantin, poursuit Bosman, tourmentent horriblement les Anglois & les renferment quelquefois dans leur propre Fort sans qu'ils aient la liberté d'en sortir, & s'il arrive que le Directeur ne leur plaise pas, ils les renvoient d'une maniere outrageante à Cabocors dans un Cariot. Les Anglois n'osent, ni ne peuvent s'oposer à cela par la force, ils sont au contraire obligez de les appaiser encore par des presens. On peut juger de la force du Fantin par le seul Village d'Annamabo qui n'en fait que la cinquiéme partie & qui a néanmoins lui seul autant de gens de guerre que les Roiaumes de Saboe & de Commany. Ainsi le Fantin n'a rien à craindre de ses voisins à moins que ses habitans ne soient divisez entre eux. C'est un pays extrémement peuplé; les habi-

[c] Bosman Voyage de Guinée Lettre 4.

FAN.

tans y sont fort riches en or, en esclaves & en tout ce qui est necessaire pour la vie, particulierement en grains & ils vendent tout cela aux Anglois. Ces richesses leur inspirent beaucoup d'orgueil, & de grands airs de fierté envers les Européens qui ont besoin d'eux.

Ce pays n'est pas gouverné par un Roi, mais par un Chef qu'ils apellent *Braffo*, & qu'on pourroit expliquer selon le stile François par celui de Gouverneur. Ce mot signifie conducteur, ou celui qui combat à la tête des autres. Il est le premier Magistrat & a le plus d'autorité de tout le Pays. Son autorité est limitée par des vieillards qui sont comme les Conseillers, & que l'on pourroit comparer au Parlement d'Angleterre; quoiqu'ils ne soient, dit Bosman, que de la boue auprès d'un corps si illustre. Ces vieillards reglent les affaires comme il leur plait sans trop se mettre en peine du Braffo. Outre ces vieillards chaque partie du Pays de Fantin a encore un chef particulier qui a beaucoup de credit & qui quelquefois ne cede gueres au Braffo. Ceux qui demeurent plus avant dans le Pays, outre le Negoce qu'ils font, s'occupent à l'Agriculture & à faire du Vin de Palme; il y a de ce dernier une sorte que l'on apelle Quaker, & qui a la vertu de donner des pensées fanatiques & extravagantes. Ce vin est deux fois plus cher que l'autre, & cependant le nombre de ceux qui en achettent est si grand qu'il ne s'en trouve jamais assez.

Les Négres de Fantin qui demeurent sur le Rivage de la Mer font un grand Negoce avec toutes sortes de Vaisseaux non privilegiez & cela ouvertement & à la vue des deux Nations Angloise & Hollandoise sans que ni l'une ni l'autre ose s'y oposer, & elles s'y oposeroient en vain. Le Pays est si rempli de Pêcheurs, que Bosman en fait monter le nombre à quatre mille. Les Villages de ce Pays sont

Adja où les Hollandois avoient une Forteresse que possédent les Anglois.

Annamabo où les Anglois ont un Fort aussi bien que les Hollandois.

Le petit *Cormantin*, où les Hollandois ont le Fort d'*Amsterdam*: ce village est petit & pauvre.

Le grand *Cormantin*, village fort grand & bien peuplé à une portée de Canon du Fort des Hollandois.

Fantin Capitale & residence du Braffo.

Ingenisian.

Bosman qui écrivoit son livre à la fin du siécle passé, ou même au commencement de celui-ci, dit qu'il y avoit deux ans que les Anglois avoient commencé à bâtir un Fort. Il dit que le credit des deux Nations, l'Angloise & la Hollandoise, est égal chez les gens de Fantin, c'est-à-dire, ajoute-t-il, qu'elles n'y en ont point du tout. Il depeint les habitans naturels comme des scelerats insatiables que l'on ne gagne que par des presens toujours nouveaux & qui sont toujours prêts à former de nouvelles pretentions & même à bloquer les Anglois ou les Hollandois, & à les affamer dans leurs Forts sur le moindre pretexte de mecontentement.

§. On voit par ce détail que feu Mr. Savary ne

*pag. 1042. ne parle pas juste dans son Dictionnaire du Commerce[a], lors qu'en parlant des établissemens des Hollandois sur cette côte il dit qu'ils ont pris le Fort de Cormentin sur les Anglois & ajoute: Ils ont outre cela une loge à Nemabon, & une autre dans le Roiaume de Fantin. Outre qu'il falloit dire *à Annamabo* ou *Annamabon*, il ne faloit pas distinguer ce lieu & Cormentin du Roiaume de Fantin dont ils

[b] Ed. 1705. font partie l'un & l'autre. Mr. Baudrand[b] y met le Fort Nassau, & St. George de la Mine; c'est une erreur. Le Fort Nassau est auprès du Village de Mourée, qui aussi bien que St. George de la Mine, nommé par Bosman Elmina, est dans le Roiaume de Sabou, ou Saboe comme l'écrivent les Hollandois, ce qui revient à la même prononciation.

[c] Ortel. Thesaur. FANTUS[c], nom d'une Riviere de l'Asie mineure dans la Phrygie, vers le Mont Ida, selon Bongars sur Justin, & il tire d'un ancien Interprête de Virgile ce nom qui est corrompu de *Xanthus*, LE XANTE, Riviere souvent nommée par les Poëtes.

FANU, petite Isle de la Mer Ionienne à douze ou quinze milles de celle de Corfou au Couchant & près de celle de Merlere. Elle

[d] Ed. 1705. est deserte & Mr. Baudrand dit[d] que les Anciens l'ont connue sous le nom de THORONUS, ou OTHRONUS.

☞ FANUM, mot Latin qui signifie *un Temple*, une *Eglise*, une *Chapelle*, ou même simplement *un lieu dedié*, ou *sacré*. Plusieurs lieux ont été nommez *Fanum* à cause d'un Temple, ou Chapelle qui y étoit consacrée aux faux Dieux sous le Paganisme, ou au vrai Dieu sous l'invocation de quelque Saint ou Sainte depuis l'établissement de la Religion Chrétienne & alors au mot *Fanum* on joint le nom de la fausse Divinité, ou celui du Saint ou de la Sainte dont le Temple, l'Eglise, ou la Chapelle porte le nom. Voici les principaux noms Géographiques de cette nature. Je

[e] Ed. 1682. l'emprunte de Mr. Baudrand[e].

FANUM AD TAVUM, Ville d'Angleterre au pays de Galles; aujourd'hui LANDAFF.

FANUM CANICI, Ville forte d'Irlande dans la Province de Lagenie, au Comté de Kilkenny, dont elle est la Capitale: aujourd'hui KILKENNY.

FANUM FIDEI; en Espagnol SANTA FE; en François SAINTE FOI, petite Ville d'Espagne au Roiaume de Grenade.

FANUM FORTUNÆ. Voyez FANO 1.

FANUM JOVIS, aujourd'hui FANIAUX, petite Ville de Languedoc vers Toulouse selon Catel.

FANUM LUCIFERI, en Espagnol S. LUCAR DE BARAMEDA; en François ST. LUQUE, Place forte d'Espagne avec un port dans l'Andalousie.

1. FANUM MARTIS, ancienne Ville, aujourd'hui FANMARS; dans les Pays bas en Hainaut à une lieue de Valencienne vers le midi. Ce n'est plus qu'un village avec un mauvais Château.

2. FANUM MARTIS, Ville d'Italie sur la route nommée Claudia, c'est presentement PESCIA, en Toscane, sur la Riviere de même nom dans le territoire de Pise.

FANUM SANCTI ÆGIDII, en France dans le Languedoc; aujourd'hui ST. GILLES.

FANUM SANCTI AFRICANI, en France dans la Guienne; aujourd'hui STE. FRIQUE.

§. Ce mot, comme le remarque Mr. Bailler[f], est dit par corruption pour ST. EFRIQUE, de-forte que le vulgaire ignorant a feminisé ce Saint. Cet Auteur met ce lieu dans le Rouergue. [f] Topog. des Saints p. 557.

1. FANUM SANCTÆ AGATHÆ, Place du Roiaume de Naples dans la Calabre ulterieure, aujourd'hui SANTA AGATA en Italien & SAINTE AGATHE en François.

2. FANUM SANCTÆ AGATHÆ GOTHORUM, petite Ville d'Italie au Roiaume de Naples dans la Principauté Ulterieure, aujourd'hui SANTA AGATA DE GOTI.

3. FANUM SANCTÆ AGATHÆ, aujourd'hui SANTIA, en Italie dans le Piemont.

FANUM SANCTI AGRIPPANI, presentement SAINT AGREVE, Village de France dans le Vivarez.

FANUM SANCTI ALBANI, aujourd'hui ST. ALBANS en Angleterre dans la Province de Herford.

FANUM SANCTI ALBINI, aujourd'hui ST. ALBIN DU CORMIER, petite Ville de France en Bretagne, entre Rennes & les Frontieres de Normandie.

FANUM SANCTI AMANDI, en François ST. AMAND, Bourg & Abbaye des Pays bas dans le Comté de Flandres en Tournesis.

FANUM SANCTI AMARINI, ou SANCTI MARINI, en François ST. AMARIN, ou, comme disent quelques-uns, ST. DAMARIN, Bourgade de France dans la haute Alsace, sur la Riviere de Senne. Elle dépend de l'Abbaye de Murbach.

1. FANUM SANCTI ANDREÆ, en François ST. ANDRE', petite Ville d'Allemagne dans le Duché de Carinthie.

2. FANUM SANCTI ANDREÆ, Ville Episcopale d'Ecosse dans le Comté de Fife, en François ST. ANDRE', ou, comme écrit Mr. Baudrand, S. ANDREW.

3. FANUM SANCTI ANDREÆ, en François SANTANDER, Ville assez belle & forte en Espagne dans la Biscaye.

FANUM SANCTI ANEMUNDI, en François ST CHAUMONT, Ville de France dans le Lyonnois sur la Riviere de Giez.

1. FANUM SANCTI ANGELI, en Italien SANT' ANGELO, Ville du Roiaume de Naples dans la Capitanate, au sommet du Mont Gargan.

2. FANUM SANCTI ANGELI LONGOBARDORUM, en Italien S. ANGELO DE LOMBARDI, Ville d'Italie dans le Roiaume de Naples, dans la Principauté Ulterieure au pied de l'Appennin.

3. FANUM SANCTI ANGELI, en Italien S. ANGELO, Château & Bourg dans l'Etat de l'Eglise dans la Marche d'Ancone. Ce lieu est celebre par la naissance de St. Nicolas, surnommé de Tolentin parce qu'il fit un long séjour dans ce dernier lieu.

4. FA-

4. FANUM SANCTI ANGELI, en Italien S. Angelo, Place d'Italie dans le Duché de Milan au territoire de Lodi.

5. FANUM SANCTI ANGELI VADANI, en Italien S. Angelo in Vado, petite Ville d'Italie dans l'Etat de l'Eglise, au Duché d'Urbin.

FANUM SANCTI ANTONII, en François St. Antoine, Abbaye & Bourg de France en Dauphiné dans le Viennois.

FANUM SANCTI ANTONINI, en François St. Antonin, petite Ville de France en Guienne.

FANUM SANCTI AREDI, en François St. Irier, on le nommoit autrefois Attanum, & quelques-uns l'appellent *Iredium*, petite ville de France dans le Limosin.

FANUM SANCTI ARNULPHI, en François St. Arnoul, petite Ville de France dans la Beausse dans le Pays Chartrain.

FANUM SANCTI ASAPHI, ou Asaphopolis, petite Ville Episcopale d'Angleterre nommée St. Asaph.

FANUM SANCTI AUDOMARI, Ville de France en Artois ; les François la nomment St. Omer.

FANUM SANCTI AUGUSTINI, Petite Ville de l'Amerique Septentrionale dans la Floride. Elle est nommée sur les Cartes S. Agostin ou S. Augustin.

FANUM SANCTI BERTRANDI, en François St. Bertrand, Ville de France en Guienne sur la Garonne. C'est la Capitale du Pays de Cominge.

FANUM SANCTI BOTOLPHI, en Angleterre dans la Province de Lincoln; c'est Boston; prononcez *Baston*.

FANUM SANCTI BRIOCI, ou Briocum, en François St. Brieu, ou St. Brieuc : Ville Episcopale de France en Bretagne.

FANUM SANCTI CHANEMUNDI, c'est la même chose que Fanum Sancti Anemundi.

FANUM SANCTÆ CHRISTINÆ, Ville d'Espagne dans l'Arragon; en Espagnol S. Christina.

1. FANUM SANCTI CHRISTOPHORI, en Espagnol S. Christoval de la Havana Ville de l'Amerique Septentrionale dans l'Isle de Cuba. Voyez Havana.

2. FANUM SANCTI CHRISTOPHORI DE LACU, en Italien la Laguna, Ville de l'Isle de Teneriffe l'une des Canaries.

3. FANUM SANCTI CHRISTOPHORI, Ville de France en Touraine. On la nomme en François St. Christophe.

FANUM SANCTI CLARI, en François St. Cler, Ville de France, dans l'Isle de France sur la Riviere d'Epte.

FANUM SANCTI CLAUDII, en François St. Claude, Ville de France en Franche Comté.

FANUM SANCTI CLODOALDI, en François St. Clou, bourg de France, celebre par le Château que la Maison d'Orleans y possede; & par le titre de Duché Pairie qu'il donne à l'Archevêque de Paris.

FANUM SANCTÆ COLUMBÆ, en François Sainte Colombe, petite Ville de France dans le Lyonnois sur le Rhone.

1. FANUM SANCTÆ CRUCIS; en Espagnol Santa Cruz de la Sierra; Village d'Espagne dans l'Estramadure au pied du Mont de Sainte Croix.

2. FANUM SANCTÆ CRUCIS, en Espagnol Santa Cruz, avec le surnom distinctif de la Zarça, petite Ville d'Espagne dans la nouvelle Castille.

3. FANUM SANCTÆ CRUCIS, Ville & port d'Afrique sur l'Océan Atlantique. Elle est nommée Santa Cruz par les Espagnols, Sainte Croix par les François. On la nomme aussi Agades, Cap d'Aguer, & les Maures la nomment Darrumia.

4. FANUM SANCTÆ CRUCIS DE MONTE, en Espagnol Santa Cruz de la Sierra, petite Ville de l'Amerique Meridionale, au Perou dans la Province de la Sierra.

FANUM SANCTÆ CYRIACÆ ; c'est ainsi que les Auteurs du moyen âge ont nommé Gieraci, en Latin *Hieracium*, Ville du Roiaume de Naples dans la Calabre ulterieure.

FANUM SANCTI CYRIACI, en François l'*Abbaye de* St. Cyr : dans l'Isle de France.

FANUM SANCTI DAVIDIS, en Anglois St. Davides, Ville Episcopale d'Angleterre au Pays de Galles.

1. FANUM SANCTI DEODATI, en François St. Diei, Ville de Lorraine.

2. FANUM SANCTI DEODATI, en François St. Die', petite Ville de France sur la Loire près de Blois.

1. FANUM SANCTI DESIDERII, en François St. Dizier, Ville de France en Champagne.

2. FANUM SANCTI DESIDERII, en François St. Didier. Bourg de France dans le Forez.

3. FANUM SANCTI DESIDERII, en François St. Didier, petite Ville de France dans le Velay.

1. FANUM SANCTI DIONYSII, ou Dionysiopolis ; en François St. Denis avec le surnom *en France*; petite Ville de l'Isle de France avec une fameuse Abbaye.

2. FANUM SANCTI DIONYSII, en François St. Denis, Village de France en Normandie; où mourut Henri I. Roi d'Angleterre en 1135. il est dans la forêt de Lyons.

3. FANUM SANCTI DIONYSII, Abbaye des Pays bas en Hainaut au Nord-est de Mons. C'est là que se donna la bataille de St. Denis le 14. d'Aout 1678, quoique la Paix fût déja reglée & signée.

FANUM SANCTI DOMINICI, en Espagnol San Domingo, en François S. Domingue, Ville de l'Amerique Meridionale dans l'Isle Hispaniola, à laquelle elle donne aussi le nom de St. Domingue.

FANUM SANCTI EDMUNDI, en Anglois S. Edmonds-Buri, Bourg d'Angleterre dans la Province de Suffolc.

FANUM SANCTI EUGENDI, en François St. Oyen de Joux, on a ainsi nommé St. Claude en Franche Comté.

FANUM SANCTÆ EULALIÆ, en Espagnol S. Olalla, petite Ville de la nouvelle Caftille près de Talavera de la Reyna.

FANUM SANCTÆ EUPHEMIÆ, en Italien *Santa Eufemia*, en François *Sainte Euphemie*, Ville du Roiaume de Naples dans la Calabre ulterieure.

FANUM SANCTI EUTICHII, en Espagnol Santoyo, petite Ville d'Espagne au Roiaume de Léon. Voyez Gella.

FANUM SANCTI FACUNDI, en Espagnol Sahagun, Ville & Abbaye d'Espagne au Royaume de Leon.

1. FANUM SANCTI FELICIS, en Italien San Felice, Place forte de l'Etat de l'Eglise dans la Campagne de Rome. Mr. Baudrand observe qu'elle est mal nommée S. Felicita dans quelques Cartes.

2. FANUM SANCTI FELICIS DE QUIXOLIS, en François S. Felieu de Quixols, Ville d'Espagne en Catalogne.

1. FANUM SANCTÆ FIDEI, en François Sainte Foi, Ville de France dans la Guienne.

2. FANUM SANCTÆ FIDEI, en Espagnol Santa Fe', petite Ville d'Espagne au Roiaume de Grenade: c'est la même que *Fanum Fidei*.

3. FANUM SANCTÆ FIDEI, en Espagnol Santa Fe', Ville de l'Amerique Meridionale dans le Paraguai; dans la Province de la Plata.

4. FANUM SANCTÆ FIDEI DE BOGOTA, en Espagnol Santa Fe' de Bogota, en François Sainte Foi; Ville Archiepiscopale de l'Amerique Meridionale & Capitale de la Nouvelle Grenade.

5. FANUM SANCTÆ FIDEI, en Espagnol Santa Fe', Ville de l'Amerique Septentrionale, au nouveau Mexique.

6. FANUM SANCTÆ FIDEI, en Espagnol Santa Fe', petite Ville de l'Amerique Septentrionale, dans la nouvelle Espagne, dans la Province de Veragua.

FANUM SANCTI FLORENTII, en Italien San Fiorenzo, Bourg d'Italie, sur la Côte Septentrionale de l'Isle de Corse.

FANUM SANCTI FLORENTINI, en François St. Florentin, Ville de France en Champagne.

FANUM SANCTI FLORI, ou Floropolis, en François St. Flour, Ville Episcopale de France dans la haute Auvergne.

1. FANUM SANCTI FRANCISCI DE CAMPECO, en Espagnol S. Francesco de Campeche, petite Ville de l'Amerique Septentrionale dans le Yucatan.

2. FANUM SANCTI FRANCISCI DE QUITO, en Espagnol S. Francesco de El-Quito, grande Ville de l'Amerique Meridionale au Perou. Voyez Quito.

FANUM SANCTI GALLI, en François St. Gal, Ville, Abbaye & Souveraineté de Suisse.

FANUM SANCTI GALMERII, en François St. Galmier, petite Ville de France en Forez.

FANUM SANCTI GAUDENTII, en François St. Gaudens, petite Ville de France au Comté de Cominge.

FANUM SANCTI GENESII, en François St. Genais, gros Bourg & presqu'Isle de France en Provence.

1. FANUM SANCTI GERMANI, en Italien San-Germano, petite Ville de Piémont.

2. FANUM SANCTI GERMANI, en Italien S. Germano, petite Ville du Roiaume de Naples dans la terre de Labour.

3. FANUM SANCTI GERMANI IN LAYA; en François, St. Germain en Laye, Ville & Maison Roiale dans l'Isle de France.

4. FANUM SANCTI GERMANI IN LEMBRUNO; en François St. Germain Lembrun, Petite Ville de France dans la basse Auvergne.

FANUM SANCTI GOARI; en François St. Gover, en Allemand S. Gewer, Ville d'Allemagne sur le Rhin auprès de Rhinfeld.

FANUM SANCTI GOTHARDI, en François St. Godart, ou St. Gottard, Monastere de la basse Hongrie.

FANUM SANCTI GISLENI, ou Gislenopolis, en François St. Guilain, ou St. Ghislain, petite Ville des Pays bas dans le Hainaut.

1. FANUM SANCTI HIPPOLYTI, en Allemand S. Polten, petite Ville d'Allemagne dans la basse Autriche.

2. FANUM SANCTI HIPPOLYTI, en François St. Hippolyte, les habitans disent St. Pilt, petite Ville de France dans la haute Alsace.

3. FANUM SANCTI HIPPOLYTI, en François St. Hippolyte, Bourg de France au haut Languedoc.

FANUM SANCTI HUBERTI, en François St. Hubert, petite Ville du Païs de Liege dans le Duché de Bouillon.

1. FANUM SANCTI JACOBI, en Espagnol Sant Jago, Port de l'Amerique dans le Mechoacan.

2. FANUM SANCTI JACOBI, en Espagnol Sant Jago, Ville Episcopale de l'Amerique Meridionale dans le Chili.

3. FANUM SANCTI JACOBI DE PLANITIE, en Espagnol Sant Jago de la Vega, Ville de la Jamaïque Isle de l'Amerique.

4. FANUM SANCTI JACOBI, en Espagnol, Sant Jago de Cuba, petite Ville de l'Isle de Cuba.

5. FANUM SANCTI JACOBI DE STOREA, en Espagnol Sant Jago del Estero, Ville de l'Amerique Meridionale dans le Tucuman.

6. FANUM SANCTI JACOBI DE GUATIMALA, Ville de l'Amerique Septentrionale dans la Province de Guatimala. On la nomme aussi simplement Guatimala.

7. FANUM SANCTI JACOBI, en Espagnol Sant Jago, en François Santiogue, Ville de l'Amerique dans l'Isle de St. Domingue.

8. FANUM SANCTI JACOBI; Ville de la Barbade l'une des Antilles. Les Anglois

glois l'appellent S. James, & les François St. Gemes, ce qui revient à la même prononciation. Les premiers appelloient autrefois ce lieu The Hall & les François la Halle.

9. FANUM SANCTI JACOBI DE VALLIBUS, en Espagnol Sant Jago de los Valles, Ville de la nouvelle Espagne dans la Province de Panuca.

10. FANUM SANCTI JACOBI, en Espagnol Sant Jago, Ville d'Espagne dans la Galice dont elle est la Capitale. On la nomme quelquefois St. Jaques de Compostelle, ou simplement Compostelle.

FANUM SANCTI IGNATII, en Espagnol Sant Ignacio, bourgade de l'Amerique Meridionale dans le Paraguai.

1. FANUM SANCTI JOANNIS, en François St. Jean, Ville de Savoye dans la Vallée de Maurienne. On la nomme aussi St. Jean de Maurienne.

2. FANUM SANCTI JOANNIS, en François St. Jean, Bourg d'Allemagne dans les Etats de la Maison de Nassau-Sarbruch, sur la Sare.

3. FANUM SANCTI JOANNIS AD TAVUM, en Ecossois St. Johnstoun, Ville de l'Ecosse Septentrionale. On la nomme plus communément Perth dans la Province de même nom.

4. FANUM SANCTI JOANNIS ANGERIACI, en François St. Jean d'Angely, Ville de France en Saintonge.

5. FANUM SANCTI JOANNIS DE AURO, en Espagnol San Juan de Oro, Bourg de l'Amerique Meridionale dans le Perou.

6. FANUM SANCTI JOANNIS DE CONFINIO, en Espagnol San Juan de la Frontera, Bourg de l'Amerique Meridionale dans le Chili.

7. FANUM SANCTI JOANNIS DE PORTU DIVITE, les Espagnols disent S. Juan de Puerto Ricco, & les François St. Jean de Portric, ou plutôt Porto Ricco, ville de l'Amerique Septentrionale dans l'Isle de même nom.

8. FANUM SANCTI JOANNIS DE RUPE. Les Espagnols disent St. Jean de la Peña, Monastere d'Espagne dans l'Arragon.

9. FANUM SANCTI JOANNIS DE ULUA; en Espagnol S. Juan de Ulua ou de Lua; selon le langage des habitans, St. Jean de Luz selon les François, ou St. Jean de Lud selon les Flamands; Place forte de l'Amerique Septentrionale dans une petite Isle de la Mer du Nord joignant la côte de la nouvelle Espagne.

10. FANUM SANCTI JOANNIS IN PISCARIA, en Portugais S. Joan do Pesquera, Forteresse de Portugal, dans la Province de Traos Montes.

11. FANUM SANCTI JOANNIS LAUDONENSIS, en François St. Jean de Laune, Ville de France en Bourgogne.

12. FANUM SANCTI JOANNIS LUISII, en François St. Jean de Luz; les habitans disent Loizune, Ville de France au Pays des Basques.

13. FANUM SANCTI JOANNIS PEDEPORTUENSIS, en François St. Jean Pied-de-Port; Place forte de France dans la basse Navarre.

FANUM SANCTI JOSEPHI, Ville de l'Isle de la Trinité dans la Mer du Nord dans l'Amerique Septentrionale. On l'appelle en langue vulgaire S. Joseph.

FANUM SANCTI IRENES, Ville de Portugal. Voyez Santaren.

FANUM SANCTÆ JULIANÆ, en Espagnol Sant-Illana, ou comme on écrit plus ordinairement sans distinction de mots, Santillane; petite Ville d'Espagne dans les Asturies.

FANUM SANCTI LAUDI, en François St. Lo, Ville de France dans la basse Normandie.

FANUM SANCTI LAURENTII DE AREOLIS, les François disent St. Laurent des Eaux, Bourg de France en Sologne près de la Loire entre Blois & Orléans.

FANUM SANCTI LEODEGARII, en François St. Leger, Bourg de France dans le Poitou.

FANUM SANCTI LEONARDI, en François St. Leonard, Ville d'Allemagne dans la basse Carinthie.

1. FANUM SANCTI LEONIS, ou Leopolis; en Italien S. Leo, Ville d'Italie dans l'Etat de l'Eglise, au Duché d'Urbin.

2. FANUM SANCTI LEONIS, en Italien S. Leone, petite Ville de Naples dans la Calabre citerieure.

3. FANUM SANCTI LEONIS, en François St. Lye'; Village de France dans la Champagne.

FANUM SANCTI LICERII, en François, St. Licer, Ville de France dans la Guienne.

1. FANUM SANCTI LUCÆ DE BARAMEDA, en Espagnol S. Lucar de Barameda. C'est le même lieu que Fanum Luciferi.

2. FANUM SANCTI LUCÆ MAJORIS, en Espagnol S. Lucar la Major, petite Ville ou Bourg d'Espagne dans l'Andalousie.

FANUM SANCTÆ LUCIÆ, en Italien S. Lucia, petite Ville de Sicile dans la Vallée de Demona.

FANUM SANCTI LUDOVICI, en Portugais S. Luis de El Maranhaon, petite Ville de l'Amerique Meridionale dans le Bresil dans l'Isle de Maragnan, bâtie par les François en 1612. Elle est soumise presentement au Roi de Portugal, & est ornée d'un Evêché sufragant de S. Salvador fondé l'an 1677. par le Pape Innocent XI.

FANUM SANCTI MACLOVII, Ville de France dans la Bretagne. Voyez S. Malo.

FANUM SANCTI MARCELLINI, en François S. Marcellin, Bourg de France dans le bas Dauphiné sur l'Isere.

FANUM SANCTI MARCELLI. On appelloit dans le moyen âge La Ville de S. Marcel, ou de St. Marceau, ce qu'on appelle aujourd'hui St. Marceau l'un des Fauxbourgs de Paris. C'étoit alors une Ville separée & diferente de Paris & souvent l'Evêque de Paris y faisoit sa résidence.

FANUM SANCTI MARCI, ou Marcopolis, petite Ville d'Italie au Roiaume de Naples dans la Calabre citerieure; en Italien San-Marco.

1. FANUM SANCTÆ MARIÆ, en François Ste. Marie, Bourg de l'Amerique Septentrionale dans le Mary-land dont il est le principal lieu.

2. FANUM SANCTÆ MARIÆ, Ville de l'Amerique dans l'Isthme de Darien au fond du Golphe de St. Michel dont l'ouverture est dans la Mer du Sud. Les Espagnols la nomment Santa Maria. Elle est considerable par ses Mines.

3. FANUM SANCTÆ MARIÆ DE IGUAZU, en Espagnol, S. Maria de Iguazu, Bourgade de l'Amerique Meridionale dans le Paraguai, & dans la Province de Parana. Elle tire son nom de la Riviere d'Iguazu sur le bord de laquelle elle est bâtie.

4. FANUM SANCTÆ MARIÆ DE LACUBUS, en Espagnol Santa Maria de los Lagos, petite Ville de l'Amerique Septentrionale dans la Nouvelle Espagne.

5. FANUM SANCTÆ MARIÆ DE PORTU, en Espagnol Santa Maria del Puerto, petite Ville de l'Amerique dans l'Isle Hispaniola. On l'appelle aussi Guayana.

6. FANUM SANCTÆ MARIÆ DE REMEDIIS, en Espagnol, Nuestra Señora de Remedios, Ville de l'Amerique Meridionale dans la Province de Terre ferme. Voyez Rio de la Hacha.

FANUM SANCTÆ MARINELLÆ, en Italien Santa Marinella, Château de l'Etat de l'Eglise en Italie.

FANUM SANCTI MARINI, ou San-Marinum, ou Mons Titanus, ou Mons Acer, en Italien San-Marino, petite Ville, la Capitale & l'unique d'une Republique de même nom enclavée dans le Duché d'Urbin en Italie.

FANUM SANCTÆ MARTHÆ, en Espagnol Santa Marta, Ville de l'Amerique Meridionale dans le Gouvernement de Terre ferme, où elle est la Capitale d'une contrée de même nom.

1. FANUM SANCTI MATHÆI, en François St. Mahe. On ajoute ordinairement au nom Latin *in finibus terræ*. Abbaye de France dans la basse Bretagne, Ordre de St. Benoît, avec un Bourg & un Cap de même nom.

2. FANUM SANCTI MATHÆI, en Espagnol San Matheo, Bourg de l'Amerique Septentrionale dans la Floride. Le Bourg, le Fort & le Port ont été fort negligez par les Espagnols qui en sont les maîtres.

3. FANUM SANCTI MATHÆI, aussi San Matheo, petite Ville d'Espagne au Roiaume de Valence.

FANUM SANCTÆ MAURÆ, Ville de Grece, aujourd'hui Sainte Maure, dans l'Isle de même nom qui est la Leucade des anciens.

1. FANUM SANCTI MAURI, ou Maurum; en Italien San-Mauro, anciennement Ville Episcopale, presentement Village du Roiaume de Naples dans la Calabre Citerieure.

2. FANUM SANCTI MAURI, ou Monasterium Fossatense, ou Bagaudarum Castrum, Bourg dans l'Isle de France, avec une Abbaye secularisée, en François St. Maur des fossez.

3. FANUM SANCTI MAURI AD LIGERIM, ou Glandafolium. Voyez Glanfeuil.

FANUM SANCTI MAURINI, en François St. Maurin, Abbaye de France dans le Diocese d'Agen, Ordre de St. Benoît.

1. FANUM SANCTI MAURITII, ou Agaunum, ou Ternatense Coenobium, en François St. Maurice, Ville & Abbaye au bas Valais près de la Suisse.

2. FANUM SANCTI MAURITII, Abbaye de France dans la haute Auvergne, en François St. Maurice. Elle est de l'Ordre de St. Benoît.

3. FANUM SANCTI MAURITII, en François St. Maurice, petite Ville de Savoye dans la Tarantaise.

FANUM SANCTI MAXENTII, en François S. Maixant, Ville de France en Poitou avec une Abbaye de l'Ordre de St. Benoît.

FANUM SANCTI MAXIMINI, Ville de France en Provence, en François St. Maximin.

FANUM SANCTÆ MENEHILDIS, en François, Sainte Menehould, Ville de France en Champagne.

1. FANUM SANCTI MICHAELIS ARCHANGELI, ou Archangelopolis. Voyez Archangel.

2. FANUM SANCTI MICHAELIS; en langue vulgaire S. Mihel, Ville de Lorraine sur la Meuse au Duché de Bar.

3. FANUM SANCTI MICHAELIS, en Espagnol S. Miguel, Ville de l'Amerique Septentrionale dans la nouvelle Espagne dans la Province de Mechoacan.

4. FANUM SANCTI MICHAELIS, en François S. Michel, en Anglois S. Michaels, Ville bâtie dans l'Isle de Barbade l'une des Antilles par les Anglois.

5. FANUM SANCTI MICHAELIS, en Espagnol S. Miguel, Ville de l'Amerique Septentrionale dans la nouvelle Espagne dans la Province de Guatimala.

6. FANUM SANCTI MICHAELIS, en Espagnol, S. Miguel, Bourg de l'Amerique Meridionale dans la nouvelle Grenade.

7. FANUM SANCTI MICHAELIS, Ville de l'Amerique Meridionale au Perou dans le Gouvernement General de Quito. Les Espagnols à qui elle appartient la nomment souvent S. Miguel de Piura, parce qu'elle est située dans la Vallée de *Piura*.

8. FANUM SANCTI MICHAELIS DE MATTA, ou de Storea; en Espagnol S. Miguel de Estero, & St. Michel de la Natte en François, petite ville de l'Amerique Meridionale, dans le Tucuman dont elle est la Capitale.

FANUM SANCTI MINIATI TEUTONIS, en Italien San-Miniato al Tedesco,

DESCO, Ville d'Italie en Toscane sur l'Arne.

FANUM SANCTI NABORIS, ou NOVA CELLA; en François St. AVAUD; Ville & Abbaye de France en Lorraine.

1. FANUM SANCTI NICOLAI, Bourg de France dans la Lorraine, en François SAINT NICOLAS. C'est un pelerinage fameux.

2. FANUM SANCTI NICOLAI, Bourg des Pays bas dans le pays de Waes, en François ST. NICOLAS.

FANUM SANCTI PALATII, en François ST. PALAIS, petite Ville de France dans la Basse Navarre.

FANUM SANCTI PAPULI, ou PAPULOPOLIS, Ville Episcopale de France dans le bas Languedoc: en François St. Papoul.

1. FANUM SANCTI PAULI, en François ST. PAUL, petite Ville de France dans la Provence.

2. FANUM SANCTI PAULI, en François ST. PAUL, petite Ville de France dans le Comté de même nom au Pays bas François.

3. FANUM SANCTI PAULI, en François ST. PAUL, petite Ville de France dans le haut Languedoc au Diocese de Lavaur.

4. FANUM SANCTI PAULI, en François ST. PAUL, Ville de l'Amerique Meridionale au Bresil.

5. FANUM SANCTI PAULI, en François ST. PAUL, Village de la Basse Hongrie sur le Danube. C'est peut-être la *Floriana* des Anciens.

6. FANUM SANCTI PAULI FOENICULENSIS, petite Ville de France au bas Languedoc, au petit pays de *Fenouilledes*, d'où lui vient le surnom, de S. PAUL DE FENOUILLEDES.

7. FANUM SANCTI PAULI LEONINI, en François ST. PAUL DE LEON, ou LEONDOUL selon les habitans; Ville Episcopale de France en Bretagne.

8. FANUM SANCTI PAULI TRICASTINENSIS, en François ST. PAUL-TROIS-CHÂTEAUX, Ville Episcopale de France en Dauphiné.

FANUM SANCTÆ PETRONILLÆ, Place forte d'Allemagne dans la basse Autriche sur le Danube, en langue vulgaire S. PETRONEL, ou PETERNEL.

FANUM SANCTI PONTII TOMERIARUM, ou TOMERIÆ, ou PONTIOPOLIS en François ST. PONS DE TOMIERES, Ville Episcopale de France en Languedoc.

FANUM SANCTI PORTIANI, en François ST. POURÇAIN, Ville de France dans la basse Auvergne.

FANUM SANCTI PRÆJECTI, en François ST. PRIEST, Bourg de France en Forez.

FANUM SANCTI QUINTINI; en François ST. QUENTIN, Ville forte de France en Picardie sur la Riviere de Somme.

FANUM SANCTI QUIRICI; en Italien SAN QUIRICO, Bourg d'Italie en Toscane dans le territoire de Sienne.

FANUM SANCTI RAMBERTI, ou RAGNEBERTI, en François ST. RAMBERT, petite Ville de France dans le Forez.

FANUM SANCTI REGULI, Ville d'Ecosse: c'est la même que ST. ANDRÉ.

FANUM SANCTI REMIGII; en François ST. REMI, Bourg de France en Provence. Voyez GLANUM & FRETE.

FANUM SANCTI RICARII, petite Ville & Abbaye de France en Picardie: en François ST. RIQUIER.

FANUM SANCTI ROMULI, en Italien SAN REMO, petite Ville d'Italie sur la Côte de Gênes.

1. FANUM SANCTI SALVATORIS, ou SOTEROPOLIS. Les Portugais disent SAN SALVADOR, & comme cette Ville est dans l'Amerique Septentrionale, au Bresil dans la baye de Tous les Saints que cette Nation nomme LA BAHIA DE TODOS OS SANTOS, plusieurs personnes donnent improprement le nom de BAHIA à la Ville de San Salvador.

2. FANUM SANCTI SALVATORIS, aussi SAN SALVADOR, Ville d'Afrique au Roiaume de Congo. Les habitans la nomment BANZA.

3. FANUM SANCTI SALVATORIS VICECOMITIS, petite Ville de France dans la basse Normandie au Coutantin; en François ST. SAUVEUR LE VICOMTE.

1. FANUM SANCTI SEBASTIANI, les Espagnols disent SAN SEBASTIAN, les François ST. SEBASTIEN, & les habitans la nomment DONASTIEN, Ville d'Espagne dans la Province de Guipuscoa.

2. FANUM SANCTI SEBASTIANI; en Espagnol SAN SEBASTIAN, Ville de l'Amerique Meridionale au Gouvernement de Rio Janeiro.

FANUM SANCTI SELERINI; en François ST. SELERIN, Ville autrefois très-forte dans le Maine Province de France.

FANUM SANCTI SEQUANI; en François ST. SEINE, Bourg & Abbaye de France au Duché de Bourgogne.

1. FANUM SANCTI SEVERI, ou SEVEROPOLIS, en Italien SAN SEVERO, Ville du Roiaume de Naples dans la Pouille.

2. FANUM SANCTI SEVERI, ou SEVEROPOLIS; en François ST. SEVER, Ville & Abbaye de France en Gascogne.

1. FANUM SANCTI SIMPHORIANI DE AUZONE; en François ST. SAPHORIN D'OZON, Bourg de France en Dauphiné.

2. FANUM SANCTI SIMPHORIANI AD LAYAM, en François ST. SAPHORIN DE LAY, petite Ville de France au Beaujolois.

1. FANUM SANCTI SPIRITUS, en François, LE ST. ESPRIT, Ville de France au bas Languedoc.

2. FANUM SANCTI SPIRITUS, en Espagnol EL ESPIRITU SANTO; Ville de l'Amerique Septentrionale dans la nouvelle Galice, Canton de la nouvelle Espagne.

1. FANUM SANCTI STEPHANI, en Anglois KIRKBYSTEVEN, Bourgade d'Angleterre en Westmorland aux Confins d'Yorckshire.

2. FANUM SANCTI STEPHANI.
En

En François St. Etienne, Bourg de France dans le Forez.

FANUM SANCTI THEODORICI IN MONTE AUREO, en François St. Thierry du Mont d'Or, Village & Abbaye de France en Champagne au Nord & à deux lieues de Rheims.

1. FANUM SANCTI THOMÆ, en Irlandois Thomasthowne, Bourg d'Irlande dans la Lagenie au Comté de Kilkenny.

2. FANUM SANCTI THOMÆ, Ville d'Afrique dans l'Isle qui en prend le nom de St. Thomé ou de St. Thomas, vers la Côte de Guinée.

3. FANUM SANCTI THOMÆ, Ville de la presqu'Isle en deçà du Gange. On l'appelle S. Thomé & Meliapour. Voyez Meliapour.

FANUM SANCTI TORPETIS, ou Torpetopolis, en François St. Tropez, Ville de France en Provence.

FANUM SANCTÆ TRINITATIS, Ville de l'Amérique Meridionale au Paraguai. Quoique son nom entier soit la Santa Trinidad de Buenos Ayres, on dit seulement Buenos Ayres.

1. FANUM SANCTI TRUDONIS, ou Trudonium, les Habitans disent S. Truyen, les François St. Tron, petite Ville d'Allemagne au Pays de Liege.

2. FANUM SANCTI TRUDONIS; c'est ainsi que quelques Ecrivains du moyen âge nomment Santander Ville d'Espagne dans la Biscaye.

1. FANUM SANCTI VALERICI, Ville de France dans le Vimeu en Picardie sur la Riviere de Somme, delà vient qu'on la nomme Saint Valery en Somme.

2. FANUM SANCTI VALERICI, Bourg & Port de France en Normandie dans le pays de Caux; c'est pourquoi le nomme par distinction, St. Valery en Caux.

FANUM SANCTI VALERII, en François St. Valier, Ville de France au bas Dauphiné dans le Viennois.

FANUM SANCTI VENANTII; en François St. Venant, petite Ville de France en Artois.

FANUM SANCTI VENDELINI, Bourg de l'Allemagne Françoise dans l'Electorat de Treves, dans le Westereyck. C'est St. Vendel.

1. FANUM SANCTI VINCENTII, en Portugais San Vincente, Ville de l'Amerique Meridionale, sur la côte du Bresil. C'est un port & chef lieu de la Capitainerie de St. Vincent.

2. FANUM SANCTI VINCENTII, en Espagnol San Vincente, on y ajoute aussi le surnom de la Barquera, Bourg, bon port & Citadelle d'Espagne dans la Biscaye.

1. FANUM SANCTI VITI, en langue vulgaire S. Weit, Ville d'Allemagne dans la haute Carinthie.

2. FANUM SANCTI VITI FLUMENIENSIS, ou Flomoniensis, en Italien Fiume, les habitans disent St. Weit am Flaum, Place forte d'Allemagne dans la Carniole avec un port de Mer sur le Golphe de Venise.

FANUM SANCTI URSICINI, Ville d'Allemagne sur le Doux, dans l'Evêché de Bâle. Les Allemands disent S. Ursitz, & les François St. Ursane.

FANUM SANCTI YVONIS, Bourg d'Angleterre en Huntingthonshire. On l'appelloit autrefois Slepe. On le nomme à present S. Ives.

FANUM VACUNÆ. Voyez Vocone.

FANUM VOLTUMNÆ. Voyez Viterbe.

§. Il auroit été aisé de grossir extremement cette liste, si j'eusse voulu marquer toutes les Eglises qui portent le nom d'un Saint ou d'une Sainte : mais je me suis borné aux villes, aux bourgs, & aux principaux villages qui n'ont point d'autre nom Latin que celui de l'Eglise principale du lieu. Il faut remarquer que ces lieux sont devenus quelque chose de remarquable, ou par une Abbaye, ou par quelque Pelerinage, ou en un mot par quelque autre objet de la devotion. Voyez une liste de ces sortes de lieux aux mots Saint, Sainte, San- ou Sant- & Santa.

FANZARA [a], Bourg ou petite Ville d'Afrique du Royaume de Fez en Barbarie, environ à six lieues de Salé, vers l'Orient Meridional. Quelques Géographes mettent en ce lieu l'ancienne Banasa ou Banassa, Ville de la Mauritanie Tingitane & d'autres la placent à *Theselsetra*.

[a] *Baudrand.*

1. FARA. Voyez Ferb.
2. FARA. Voyez Faire.
3. FARA CAMPANIÆ. Voyez Fere Campenoise.
4. FARA IN TARDENIACO. Voyez Fere en Tardenois.

FARAA, contrée de l'Arabie heureuse. Abulfeda [b] dans la description qu'il a donnée de ce pays-là dit qu'elle est éloignée de Medine, vers le Midi, d'un peu moins de quatre journées. Elle est composée de plusieurs Villages bien peuplez. Le chemin le plus court pour aller de Medine à la Mecque, est par Faraa, mais on fait le chemin avec peu de sûreté, à cause des Brigands qui le frequentent. Le Cherif Edrisi marque dans son livre, intitulé, *Délassement de l'Esprit curieux*, [c] que les lieux les plus considerables d'auprès de Medine, & où les Pelerins s'arrêtent, sont Tayma, Dowmato-Igiandal, Faraa, Wady, Alkaray, Madyan, Chaibar & Fadak.

[b] *P. 321. de la trad. de Mr. de la Roque.*

[c] *Geogr. Nub. p. 48.*

Le Cherif Edrisi à l'endroit cité nomme ce lieu Alefre; dans l'Edition d'Abulfeda procurée par Mr. Grave on lit Al-Farao.

FARAB, FARIAB, & Fargiab. [d] C'est une ville du Pays de delà le Fleuve Gihon, sur les confins du Turquestan, à l'Occident : elle a une Journée entière de longueur, & autant de largeur, & ses habitans sont Musulmans de la Secte Schaféienne. Gienhari Auteur du Sihat allogat, qui est un Dictionnaire Arabe très-ample, en étoit natif, aussi-bien qu'Alfarabius &c. Cette Ville est plus Septentrionale que Schafche, & sa Riviere que l'on nomme de Farâb, est une des deux qui passent à Schafche. Farab semble être plutôt un pays entier qu'une ville : car il y a des bois, & de fort grandes terres labourables dans son en-

[d] *d'Herbel. lot Bibliot. Orient.*

FAR. FAR. 17

enceinte. On l'appelle aujourd'hui *Otrar*, & on la compte entre les Villes du Turqueftan, qui font au delà de Schache, & plus proches de Balafgoun.

§. Le mot de FARGIAB qui eft en ufage dans ces pays-là fignifie une *terre arrofée par les eaux des Riviéres & des canaux*, au contraire de DIM, qui dans la même langue fignifie *celle qui n'eft arrofée que des eaux du ciel*. *Al Bergendi*. Ebn Haucal donne à la Ville de Farab ou Otrar 98. dégrez de longitude, & Birouni ne lui en donne que 88. mais tous les Géographes conviennent à lui en donner 44. de latitude.

Ibid. FARABER, petite Ville d'Afie fituée fort près du fleuve Gihon. Il y a un gué où l'on traverfe ce fleuve pour venir de la Tranfoxane en Khoraffan; & quoi qu'elle foit des dépendances de la Ville de Bokharah, Abulfeda l'a inférée dans la table du Khuarezm. Sa longitude varie felon les Auteurs de 87. à 89. dégrez: mais fa latitude eft fixée unanimement à 38.

§. Mrs. Maty & Corneille donnent un article fous le titre de FARABO, c'eft la même chofe que *Farab*.

a Baudrand Ed. 1705. FARAGLIONI[a], en Latin *Cyclopum Scopuli*. Ce font trois petits écueils de la Mer de Sicile fur la côte Orientale du Val Demone à quatre lieues des ruines de la Ville de Catane.

FARAMIDA, Village que l'on croit être l'ancienne Ville d'Egypte RHINOCORURA, au bord de la Mediterranée aux frontieres de la Terre-Sainte, à plus de foixante-dix mille pas de Damiette au Levant: le mauvais air, & les courfes des Arabes, ont beaucoup contribué à fa décadence.

FARAN. Voyez PHARAN.

b Marmol. T. 1. l. 3. c. 15. FARAYCHA[b], la prononciation a engagé Marmol ou fon Traducteur d'Abjancourt à écrire ainfi cè nom dont l'Orthographe Efpagnole eft FARAIXA: Petite Ville d'Afrique au Roiaume de Maroc Province de Sus; à une lieue & demie de Tarudant. Elle fut rebâtie par le Cherif Mahamet qui devint enfuite Roi de Maroc. Muley Abdula fon fils qui lui fucceda & qui vivoit du temps de Marmol, y tenoit ordinairement un Gouverneur avec trois cens chevaux aux lieux d'alentour, pour la fureté de ces campagnes dont une partie lui appartenoit en propre. Près delà font les ruines d'une ancienne Ville nommée Arfartal qui étoit fort peuplée pendant la fortune des Muçamudins & qui fut ruinée par les Arabes.

§. Mr. Corneille trouvant cette ville écrite diferemment, à favoir FARAIXA, par de la Croix & FARAYCHA par Marmol, en a fait deux articles diferens fans avertir que c'eft la même Ville.

FARBO. Voyez FARIBO.

g Corn. Dict. FARCALA[c], Riviere d'Afrique dans le Biledulgerid. Elle fourd des Montagnes vers le Nord & après avoir baigné les PAYS DE FARCALA, elle fe va rendre dans un Lac qui eft au Royaume de Tafilet.

§. Ce doit être la même Riviere que Mr. de l'Ifle nomme Riviere de Tafilet & qui coule dans le Pays des Ferqueles.

FARE. Voyez FERO.

d Baudrand Ed. 1705. FARE DE MESSINE[d], (le) *Fretum Siculum*, c'eft un Détroit de la Mer Méditerranée, en Italie, entre l'Ifle de Sicile à l'Occident, & la côte de la Calabre ultérieure à l'Orient. Il s'étend du Septentrion au Midi la longueur de vingt-cinq mille pas, depuis la tour du Fare qui eft à fa pointe Septentrionale, en Sicile, vis-à-vis de Sciglio qui lui donne le nom, où il n'a pas plus de trois mille pas de large, jufqu'au Cap des Armes qui eft la pointe Méridionale de la Calabre, où il a bien huit à neuf milles de large. On l'appelle fouvent le Fare, à caufe de cette tour du Fare qui eft à fon entrée, & où il eft le plus étroit, & auffi le Fare de Méffine, à caufe de la Ville de Méffine qui eft située fur fa côte Occidentale où on le traverfe le plus fouvent. Il eft affez connu pour fes courants, qui vont tantôt dans la Mer de Tofcane, & tantôt dans la Mer de Sicile, ce qui a donné lieu à ce que les Anciens ont faint dit de Scylle, & de Carybde. Les François gagnerent une grande bataille navale fur les Efpagnols à l'embouchure Septentrionale de ce détroit le 11. Février 1675. Ce Canal eft fameux par le flux & reflux qui s'y fait de fix en fix heures, & quelquefois avec tant de rapidité, qu'il emporte les vaiffeaux malgré la réfiftance des ancres. Ce que les anciens appelloient *Scylla*, fe nomme aujourd'hui *Capo Sciglio*. C'eft un rocher de la côte de Calabre qui s'avance en forme de prefqu'Ifle vers le Cap de Faro, en Sicile. Ce rocher eft très-dangereux. Tous les vaiffeaux qui y font emportés par la violence du flux ou des vents, y périffent fans reffource. Le Charybde eft près du Cap Faro, en Sicile. C'eft un tournant d'eau d'environ trente pas de diametre; les Matelots le craignoient autrefois beaucoup; aujourd'hui ceux de Meffine vont s'y promener avec des barques plates, & après y avoir fait plufieurs tours au gré de l'eau, ils s'en retirent à force de rames.

e Ibid. FARE-HEAD[e], *Virvedrum*, Promontoire d'Ecoffe, dans la partie plus Septentrionale, & dans la côte du Nord de la Province de Stratherne où commence l'Occidentale. On le nomme ainfi, comme qui diroit le beau Promontoire, à caufe de fon bel afpect. Il eft à près de cinquante mille pas du Cap de Dungisby au Couchant.

f Corn. Dict. Memoires dreffez fur les lieux. FARE-MOUSTIER[f], quelques-uns écrivent Pharemouftier (l'S ne fe prononce point) Bourg de la Brie, Province de France, à une lieue de Coulomiers, à deux de Creffy, à trois de Rofay, à quatre ou cinq de Meaux, & à douze de Paris, en Latin *Monafterium Farenfe*, autrefois, *Eboriacum Monafterium*, & *Brigenfe Monafterium*. Le petit Morin fur lequel il eft affis, reçoit l'Optain à une lieuë de là au Port de Tyaux. Le Bourg de Faremouftier eft confidérable par une fameufe Abbaye de Bénédictines, qu'il renferme dans fon enceinte. L'Eglife Paroiffiale dédiée à Saint Sulpice, eft defservie par quatre Chanoines, qui font auffi Chapelains de cette Abbaye, dont l'Eglife eft fous l'Invocation de la Sainte Vierge & des Apôtres Saint Pierre & Saint Paul. On y conferve dans une riche & prétieufe Châffe les Reliques de Sainte Fare, qui en fut la Fondatrice pendant le feptieme fiécle.

Tom. II. PART. 2. C

siécle. L'Abbesse est Dame de Faremoustier, & presente à la Cure de l'Eglise Paroissiale, & aux quatre Prébendes, dont il y en a une attachée à cette Cure. Elle presente aussi à la Diaconale, à la Subdiaconale, à trois Chapelles fondées dans l'Eglise Abbatiale, à trois Prébendes de la Cathedrale de Meaux, & à un assez grand nombre de Cures dans ce Diocese. Aux Fêtes solemnelles de la Vierge, l'Eglise Paroissiale est fermée, & avant les premieres vêpres on en apporte les clefs à l'Abbesse de Faremoustier. Les Chanoines font tout l'Office Canonial dans l'Eglise de l'Abbaye, à une heure différente de celle de la Communauté, & la Messe Paroissiale est chantée par les Chanoines dans la Chapelle du titre de Saint Nicaise, qui fut autrefois la Paroisse du bourg. Durant ces mêmes Fêtes, s'il faut administrer quelques Sacremens aux Paroissiens, on baptise, & on prend le Saint Viatique & les Saintes Huiles dans l'Eglise de cette Abbaye, qui a relevé long-temps immédiatement du S. Siége. Elle a été soûmise dans le dernier siécle à la visite personelle de l'Evêque de Meaux; mais non pas à celle de ses Grands Vicaires. Le Prieuré des Bénédictines de Gif dépend de cette même Abbaye. L'Abbesse nomme leur Prieure, & les Professions s'y font en son nom. Elle a encore un privilege particulier, qui consiste à visiter en personne ces mêmes Religieuses, à les échanger, & à les donner de famille dans son Abbaye, où l'on conserve les Reliques de Saint Zéroche qui fut Confesseur de Sainte Fare, celles de Sainte Edilburge, Angloise, & seconde Abbesse de Faremoustier, & les Reliques de plusieurs autres Saintes dont on fait l'Office double dans cette Eglise. Il y a un grand commerce de bled dans ce bourg, où il se débite au Marché tous les Lundis. On y tient aussi une Foire chaque année le Lundi de la semaine sainte.

§. Cette Abbaye fut fondée par Ste. Fare, dont le nom joint à celui de Moustier, c'est-à-dire, Monastere, est celui qu'elle porte presentement. [a] Ste. Fare bâtit l'an 617. en ce lieu un Monastere sur un fonds que lui donna son pere Agnery. Elle y rassembla un grand nombre de Religieuses qu'elle gouverna en qualité de premiere Abesse sous la regle de St. Colomban ou de Luxeu, d'où elle fit venir des Religieux pour en prendre la direction & pour gouverner aussi un autre Monastere d'hommes qu'elle y avoit joint.

[a] Baillet Vie des Saints 7. Decemb.

[b] Corn. Dict.

FARELLONS[b], (Isle des) Isle d'Afrique dans le Pays des Negres. Elle est située sous le 8. degré d'élévation du Pole du côté du Nord & n'est gueres éloignée de l'Isle de Cap de Mont. Toutes les deux sont fort près de la terre ferme. L'Isle des Farellons abonde en Pommes & en autres fruits. Il y a quantité d'Arbres qui produisent les Limons. Les habitans ne sont ni farouches ni cruels, au contraire ils sont reconnoissans des bienfaits reçus. Ils ont les mêmes manieres de vivre que les autres Negres qui sont éloignez de six cens lieues, & à l'égard des habits, ils diferent peu de ceux des peuples voisins. Leurs saies faites de Coton ne leur descendent que jusqu'aux genoux. Leur plus grand trafic ne consiste qu'en os & en dents d'Elephant, parceque leur Isle est si peuplée de ces Animaux qu'il en entre quelquefois dans leurs Bourgs & dans leurs Villages. Les Farellons sont Idolatres, mais circoncis comme les Juifs & les Turcs quoi qu'ils rejettent la Circoncision.

§. Cette Isle est à l'embouchure de la Selbole Riviere de la Côte de Maleguete dans la haute Guinée. Elle a six lieues de long au raport de Dapper[c] & son extremité Occidentale qui est ombragée d'arbres des deux côtez est nommée par les Portugais Cabo de S. Anna. L'Isle est marquée dans les Cartes Marines de cette Nation par le nom de Ferula, ou Farellons; mais les Hollandois l'appellent Massacoye du nom d'un Gouverneur établi par le Roi de Quoja qui commandoit dans le pays lors qu'ils y allerent. Cette Isle est bordée de Rochers & au devant, c'est-à-dire, à l'égard de ceux qui viennent du Nordouest, il y a un grand banc de Sable nommé Baixos de S. Anna. La latitude qu'en donne Mr. Corneille n'est pas exacte. Mr. de l'Isle ne la met que de 8. d. & environ 48'. sa longitude est sous le 5. d. Ce Geographe nomme l'Isle Massacoye ou Farellons, & marque très-exactement le Cap Ste. Anne & le Banc de même nom.

[c] Afrique p. 251.

FARENOMINI ou Faneromini[d], ou Anchora, Village de Grece dans la Morée sur le Golphe de Coron à deux lieues de la Ville de Coron du côté du Midi. On croit que ce peut être l'Arsine Ville de la Messenie au Peloponese.

[d] Baudrand, Ed. 1705.

1. FARFA[e], en Latin Farfarium, ou Farfarus, Bourg d'Italie dans l'Etat de l'Eglise avec une belle Abbaye qui n'est d'aucun Diocese, sur la petite Riviere de même nom dans la Sabine, à treize milles de Rome vers le Septentrion.

[e] Le même.

2. FARFA, en Latin Farfarus & Fabaris, petite Riviere d'Italie dans l'Etat de l'Eglise, dans la Sabine. Elle a sa source au lieu dit Capo Farfa & courant au Couchant par l'Abbaye de Farfa & quelques autres endroits, elle se rend sous le Tibre un peu au-dessus de Fiano vis-à-vis de Torreta.

FARFAIR, en Latin Forfarium, Bourg & Château de l'Ecosse Septentrionale dans la Province d'Angus. Ce mot doit s'écrire Forfar. Voyez ce mot. Mr. Corneille en parle comme de deux Villes differentes sous ces deux Orthographes. Mr. Baudrand prefere Farfair qui est plus conforme à la prononciation.

FARFAR, Riviere de Syrie. Mr. Baudrand suivi par Mr. Corneille croit que c'est l'Oronte des Anciens. Cela ne sauroit être comme je le ferai voir à l'article de l'Oronte. Il vaut mieux sur ce qu'en dit le Ministre Maundrell[f] avouer qu'on ne sait aujourd'hui ce que c'est que par conjecture. Pour ce qui est, dit-il, d'Abana & de Pharpar Rivieres de Damas mentionnées au 2. Livre des Rois (c'est-à-dire au IV. selon les Septante & la Vulgate) c. 5. v. 12. Je n'en pus pas trouver les moindres traces, non pas mêmes les noms. Ce nom est écrit Pharphar par la Vulgate, Pharpar ou Parpar selon l'Hebreu. Mr. Maundrell ajoute une conjecture que je crois très-

[f] Voyage d'Alep à Jerusalem p. 207.

très-vraye. Il faut assurément, dit-il, que ce n'aient été que des branches de la Riviere *Barrady*. Il y a même apparence qu'une de ces Rivieres-là étoit la branche qui passe aujourd'hui au travers de l'*Ager Damascenus*, & va se rendre directement dans la Ville ; car comme elle va en serpentant, il y a lieu de croire que le Canal en est naturel. Je ne sais pas, poursuit le même Auteur, où trouver l'autre, mais cela n'est pas surprenant, puisqu'ils ont trouvé le secret de changer le Cours de cette Riviere selon qu'ils le jugent à propos pour leur intérêt & pour leur plaisir.

[*] d'Herbelot Bibliot. Orient.

FARGANAH[a], nom d'une des contrées de la Transoxane, dont la Ville Capitale porte le même nom. Le nom d'ANDŎGHIAN & d'ANDUGIAN lui est aussi commun, quoi que ce soit proprement une de ses dependances, aussi bien que les villes de *Coba* & de *Nessa*. Ce pays s'étend le long du fleuve Sihon ou Jaxartes, quoi qu'il ne soit qu'à 92. dégrez de longitude, & à 42. dégrez 20. minutes de latitude Septentrionale, selon les Tables d'Abulfeda dans le cinquiéme Climat, quoique Alfragan la place dans la fin du quatriéme. Quelques-uns ont cru que la ville d'*Akhsicas* ou *Akhsiket* est la même que Farganah ; Ulug Beg lui donne l'épithete de CASBAT FARGANAH, & la met à 42. 25'. de latitude. Voyez sur ceci les notes de Golius sur Alfragan. Al Bergendi qui place cette Ville dans le cinquiéme Climat, écrit qu'elle est voisine de celle de Schasche, (quoi qu'elle en soit cependant éloignée de cinq journées de caravanne) & que la Ville de Coba, d'où sont sortis plusieurs grands personnages, est de ses dependances, cependant quelques-uns veulent qu'elle appartienne à celle de Schasche. On trouve dans les *Montagnes de Farganah* des Turquoises, & du charbon de pierre dont les cendres sont d'un très-grand usage ; il y a aussi des mines d'or, d'argent, de cuivre, de fer, & de plomb, & des sources de Naphte. Quelques Géographes mettent aussi les villes de Khovakend, de Khogiend, & de Marghinan dans les pays de Farganah, & fixent en cet endroit les limites du Musulmanisme.

FARGIAB. Voyez FARAB.

☞ FARIAB, ce mot Arabe signifie un terrain arrosé par des canaux tirez des Rivieres.

FARIAB, Ville d'Asie. Voyez OTRAR.

1. FARIMA, Place du Japon dans ce qu'on apelle l'Isle de Niphon, au pays de Jetsengen. Elle est la principale de la Province ou Roiaume de ce nom : elle est à dix-huit lieues de Méaco à l'Occident selon Cardin cité par Mr. Baudrand[b].

[b] Ed. 1705.
[c] Ibid.

2. FARIMA[c], Royaume ou Province du Japon au pays de Jetsengen dans l'Isle de Niphon, entre les Royaumes de Bigen & de Tamba. Elle prend le nom de sa Capitale.

[d] Ibid.

FARINA[d], ou PORTO-FARINA, en Latin *Farina Portus*, Bourg & Port de Mer d'Afrique au Royaume de Tunis, en Barbarie, sur la pointe d'un petit Cap à l'embouchure du Magrada du côté du Couchant. Quelques Géographes disent que c'est l'ancienne Utique, que d'autres mettent à Biserte.

Tom. II. PART. 2.

FARION[e], en Latin *Pharos*; petite Isle d'Egypte près de la Ville d'Alexandrie ; sur laquelle Ptolomée Roi d'Egypte fit bâtir une tour pour servir de Fare, pour éclairer de nuit le Port d'Alexandrie. Ce Fare passa pour une des merveilles du monde. Cette Isle est presentement jointe au Continent. Le Fare est ruiné, & les Turcs ont bâti sur ses ruines une Citadelle pour défendre le Port d'Alexandrie, & quelques maisons de marchands & de pécheurs.

[e] Ibid.

FARNACE. Voyez PLATINA.

FARNASIA[f], en Latin *Farnasia*, anciennement THYNIAS ou BITHYNIDA, petite Isle de la Mer Noire, sur la côte de la Natolie, près du Canal de Constantinople. Il y a auprès de cette Isle, du côté du Levant, quelques écueils ou rochers nommés FARNASII, que les anciens nommoient ERITHINI.

[f] Ibid.

FARNE[g], en Latin *Farnia*, petite Isle d'Angleterre, dans la Mer d'Allemagne, & sur la côte de la Province de Northumberland, à trois milles Anglois du Château de Bambury, à six d'Holy au Midi, & à douze de Berwick. Voyez LINDISFARNE.

[g] Ibid.

FARNESE, ou CASTEL-FARNESE, en Latin *Farnesium Castellum*, Bourg & Château du Duché de Castro en Italie. Il est sur une colline dont le pied est baigné par la Riviére d'Olpita, à deux lieues de la Ville de Castro du côté du Nord. Il a pris son nom des Ducs de Parme, pendant qu'ils possédoient le Duché de Castro.

FARNHAM[h], en Latin *Farnhama*, Bourg d'Angleterre, dans le Comté de Surrey, entre Londres & Winchester. Il est connu dans l'Histoire par la victoire du Roi Ethelrede qui y défit les Danois l'an 993. Ethelbalde Roi de West-sex donna ce Bourg à l'Evêque de Winchester.

[h] Ibid.

1. FARO[i], Ville de Portugal dans le Roiaume d'Algarve, en Latin *Pharus*. Elle est du côté de Sylves & de Lagos, avec un Port sur la côte du Golfe de Cadis. Cette Ville, qui est près du Cap de Sainte Marie, à cinq milles de Tavira, & à neuf de l'embouchure de la Guadiana du côté de l'Occident, a un Evêché suffragant de l'Archevêché d'Evora, qui renferme tout le Royaume des Algarves. Alfonse Roi de Portugal, après avoir fait plusieurs conquêtes dans l'Algarve, entreprit le siége de Faro en 1249. Le Miramolin de Maroc, à qui cette Ville appartenoit, en avoit fait rétablir les fortifications, & y avoit établi pour Gouverneur un de ses plus grands Capitaines appellé Aben-Baran. Ce Commandant y avoit mené une garnison considérable pour la défendre par terre & par mer. Alfonse marcha lui-même à cette conquête, & commença par se rendre maître de tous les postes & de toutes les avenuës par où l'on pouvoit secourir la Place, quand il l'auroit assiégée. Les Sarasins se défendirent d'une manière très-opiniâtrée, mais les Portugais firent de si pressantes attaques, qu'ils les réduisirent à capituler. Le Roi voulut bien leur accorder une partie de ce qu'ils lui demandérent. Il leur permit de sortir de la Ville, mais sans armes & sans bagages, & laissa la liberté à ceux qui furent bien aises d'y rester, de continuer leur profession & leur négoce,

[i] Corn. Dict. Le Quien de la Neuville Hist. Gener. de Portugal.

négoce, pourvû qu'ils lui payaſſent le même Tribut qu'ils payoient au Miramolin, & qu'ils le reconnuſſent pour leur Souverain.

2. FARO. Voyez FARE, & MESSINE.

à Baudrand. FARRINGDON ou FARENDON [a], Ville d'Angleterre en Berckſhire. Elle étoit autrefois renommée à cauſe d'une Forterefſe voiſine, & elle eſt aujourd'hui remarquable pour ſon trafic.

b Corn. Dict.
Tavernier
Voyage l. 4.
1. FARS ou FARSISTAN [b], Province de Perſe, autrefois la Perſe proprement dite, dont Perſépolis étoit la Capitale. Elle s'étend au Sud-oueſt juſqu'au Sein Perſique, & commence à quatre journées d'Iſpahan à un vallon large ſeulement de mille pas, & long de quinze ou vingt lieuës. Il paſſe une petite Riviére au milieu, & c'eſt ſur une pente de ce vallon qu'eſt bâtie la Ville d'Iéſdecas, renommée pour ſon bon pain. Cette Province ne s'étendoit pas autrefois ſi loin, & ſe terminoit à Benarou, à deux journées de Lar, avant que l'ancien Royaume de Lar eût été conquis par Cha-Abas, & enſuite le Royaume d'Ormus. Ils lui ont été tous deux unis, & ont chacun un Sultan ou Gouverneur à part, au lieu des Princes Souverains qui les poſſédoient. Les Villes principales de la Province de Fars, ſont Schiras ſur la Riviére de Kur, Caſeron, Bénarou, Firuſabat, Darabguier, & autres. Ses Ports de Mer le long du Golfe Perſique, ſont le *Bander-Abaſſi* & le *Bander-Congo*. Le premier nommé autrement *Gomrom*, eſt d'ordinaire appellé le *Port d'Ormus*, quoi qu'il en ſoit éloigné de trois lieuës en terre ferme, & que la Ville d'Ormus ſoit dans une Iſle qui eſt vis-à-vis, où les vaiſſeaux ne s'arrêtent plus depuis que les Perſans en ſont maîtres. Le *Bander-Congo* eſt à deux journées delà en tirant à l'Oueſt, & comme l'air y eſt beaucoup plus ſain qu'à Gomrom, & le chemin plus court pour les voyageurs qui vont négocier à Schiras, il leur ſeroit auſſi plus commode, ſi les paſſages des hautes Montagnes n'étoient pleins de précipices, & très-dangereux pour les chameaux & autres bêtes de charge. Quand on part de Balſara pour la Perſe, & qu'on eſt ſorti de l'embouchure de l'Euphrate, on trouve à vingt ou trente heures de mer, dans le Sein Perſique, deux autres petits Havres, appellez *Bander-Rick* & *Bande-Rakel*, mais où il ne peut entrer des barques que de la grandeur de celles de Marſeille. L'uſage du fer étant entiérement inconnu à ceux qui habitent cette côte, on ne peut trop admirer leurs barques, qui ſont ſi bien faites & ſi fortes, qu'elles ſont capables de réſiſter à la Mer, quoi que les ais ne ſoient attachés enſemble que par une coûture de corde faite de chanvre, pris autour de la noix de l'arbre cocos ſi eſtimé dans les Indes.

d'Herbelot Biblioth. Orientale.
Les Arabes diſent que Fars étoit fils d'Azas, ou d'Arphaxad fils de Sem, fils de Noé. Quelques-uns le font néanmoins deſcendre de Japhet, & tous conviennent qu'il a donné ſon nom à la Perſe, que l'on appelle le pays de *Fars*, & d'*Agem* en général. Cependant les Perſans prétendent tirer leur origine de Kaiumarath qui eſt parmi eux, ce qu'eſt Adam parmi nous, & diſent qu'ils ont toujours eu des Rois de leur Nation, dont la ſucceſſion n'a

été interrompuë que pendant un eſpace de temps qui n'eſt pas conſidérable. Les *Dilemites*, les *Curdes*, & même les *Turcs Orientaux*, ſelon quelques Auteurs, deſcendent des Perſans. Les DILEMITES habitent le long des rivages de la Mer Caſpienne, que les Orientaux nomment la Mer de *Thaileſan*, laquelle porte auſſi le nom de *Dilem* à cauſe du voiſinage de cette Nation. Pour les CURDES qui ſont répandus vers *Scheherezur* dans l'Aſſyrie, à laquelle ils ont donné le nom de *Curdiſtan*, pluſieurs veulent qu'ils ſoient Arabes d'origine, & qu'étans venus établir leurs demeures dans les marais des Nabathéens, aux embouchures de l'Euphrate, & du Tigre, on les a appellés Arabes Agem, c'eſt-à-dire, Arabes Barbares, nom qui eſt demeuré depuis aux Perſans. Les Turcs ſe ſont retirez au delà du Gihon, c'eſt-à-dire, du fleuve Amou ou Oxus dans le pays qui a été appellé à cauſe d'eux le *Turkeſtan*.

Mais pour revenir aux Perſans, c'eſt une Nation dont la Monarchie & la Religion ſont fort anciennes; car ils reconnoiſſent pour fondateur de l'une & de l'autre, leur premier Pére & leur premier Roi; c'eſt pourquoi ils appellent leur Religion Kaiumaráthienne. Les principes de leur Religion ſont qu'il y a un Dieu Eternel qu'ils appellent en leur langue *Jezdan*, & *Oromazde* qui eſt le vrai Dieu appellé par les Arabes *Allah*, Auteur de tout bien ; & un autre créé des ténébres, auquel ils donnent le nom d'*Ahermen*, qui eſt proprement l'*Eblis* ou le Diable des Arabes, principe de tout mal. Ils ont en très-grande vénération la lumiére, & ont une extrême horreur des ténébres, ce qui les porte juſqu'à la ſuperſtition d'adorer le Feu. Cette Religion n'a pas fait grand bruit, juſqu'à Zerdacht ou Zéradaſcht (c'eſt Zoroaſtre) qui voulut paſſer pour Prophéte parmi eux, & leur enſeigna que le Créateur de toutes choſes qui ne connoît rien de ſemblable à lui, a produit la lumiére & les ténébres; & que du mélange de ces deux choſes, le bien & le mal; la génération, & la corruption, la compoſition de toutes les parties du monde s'eſt faite, & ſubſiſtera toujours, juſqu'à ce que la lumiére ſe retirant à part d'un côté, & les ténébres de l'autre, cauſeront ſa deſtruction. Cette doctrine de Zoroaſtre eſt celle des Parſis appellez auſſi *Mogan*, & *Magious*, ou *Mages*, comme auſſi *Ghebres*, leſquels ſe tournent toujours vers le Soleil Levant, quand ils prient. Ben-Schohnah Auteur fort eſtimé parle ainſi des Perſans dans ſon Raoudhat-almenadhir, & leur attribue l'inſtitution d'une réjouiſſance que les Arabes appellent la fête des Mages ; mais il n'en fait point la deſcription, comme il fait de celle qu'ils appellent *Rokouh al Kauſage*, célébrée au commencement du printemps en la maniére ſuivante. Un homme ſans barbe & ſans dents, monté ſur un âne, tient d'une main un corbeau qui bat des aîles, & qui l'évente, & de l'autre une baguette; cet homme court, ainſi par toute la Ville, & frappe tous ceux qu'il rencontre ſur ſon chemin, c'eſt-lui, diſent-ils, qui chaſſe l'hyver. Cette fête eſt aſſez ſemblable à quelques maſcarades qui ſe font parmi les Chrétiens, dans la même ſaiſon. Les jours que les Arabes appellent

FAR.

Al agious de la vieille, y ont aussi du rapport, & il semble que *Seger la Vecchia*, scier la vieille, qui se dit en Italie au milieu du caresme, ait pris de là son origine. La fête appellée *Sedch* ou *Sedouk*, dans laquelle les Persans allument de grands feux pendant la nuit, autour desquels ils font des festins, & des danses, est une des plus solemnelles parmi eux ; les Arabes l'appellent *Leilatal-voucoud*.

2. Le mot de FARS, pris plus spécialement, est la Perse proprement dite. Cette Province est bornée à l'Orient par celle de Kerman, à l'Occident par le Khusistan, au Midi par le Golphe Persique, & au Septentrion, par un grand desert qui la sépare du Khorassan. Elle a 160. parasanges d'étendue le long de la Mer Océane, ce qui revient à 300. lieuës Françoises. *Jezd* est la Ville la plus Orientale de cette Province, & celle de *Hamadan* en est la plus Occidentale, *Girest* ou *Sirest* la plus Méridionale, & *Rei* la plus Septentrionale. Le grand desert dont on a parlé, s'appelle *Naubendighian*, & il appartient en partie au Khorassan par où il se joint au pays de Fars, vers les Villes de Comus, de Com, de Caschian, & de Rei, & en partie au Segestan & au Kerman.

Toute cette grande Province est divisée en deux parties, celle qui est plus unie s'appelle *Nerm*, qui signifie douce & traitable ; celle qui est plus raboteuse, se nomme *Kouhessar*, ou *Gebal*. Il y a dans la Perse auprès de Hendekan un puits qui exhale continuellement une grosse fumée, dont la vapeur est si maligne, que personne n'ose en approcher, & les oiseaux qui passent par dessus, y tombent morts infailliblement, comme au Lac d'Averne dans le Royaume de Naples.

FARSISTAN. Voyez FARS.

FART, ou FORAT nom moderne de l'Euphrate. Voyez EUPHRATE.

1. FARTAQUE ou FARTACH, Cap de l'Arabie heureuse, dans l'Yemen, dans la Mer des Indes. Il gît par les 69. d. de longitude & par les 14. d. 24'. de latitude Septentrionale. Les bons Auteurs sont partagez pour la maniere d'écrire ce mot ; & Mr. de l'Isle lui-même dans une de ses Cartes écrit *Fartaque* & dans une autre *Fartach*.

2. FARTAQUE, Royaume de l'Arabie heureuse : il s'étend le long de la Mer des Indes depuis le Port de Cheer, jusqu'à l'embouchure de la Riviere de Prim. L'Isle de Zocotora qui est à l'entrée de la Mer Rouge en depend. Thomas Rhoe dans les Memoires de son Ambassade auprès du Mogol imprimez au I. volume des Voyages recueillis par Thevenot, dit que le Royaume de Fartaque a son étenduë depuis le 15. d. jusqu'au 18. Mr. de l'Isle[a] l'étend depuis le 14. d. de latitude jusqu'au 16. d. 30'. & par la longitude depuis 67. d. 30'. jusqu'à 73. d. de longitude. Il n'y met point d'autres Villes que Fartach Capitale, & Nibane qui est au bord Occidental de l'embouchure de la Riviere de Prim. Mais dans sa Carte de l'Egypte &c. il dispose cette côte autrement ; & au lieu du Royaume de Fartach, on trouve le Royaume de Hadramut où sont Schibam ou Hadramut, Sequire, Mocala, & Ardgye, & à l'Orient de ce

[a] Carte du Royaume d'Yemen.

FAR. FAS.

Royaume jusqu'à la Riviere de Prim il place le pays de Seger, ou Schajar dont la partie Meridionale est nommée dans cette Carte Royaume de Caresen où sont Caxem, ou Caresen, Fartaque, Tgidit, Dophar ou Taphar, Mirbate, & Nibane. Ces diferences dans les Cartes viennent de la diversité des Relations dont les Auteurs donnent souvent à un Royaume le nom de la Province ou de la Ville qu'ils connoissent le mieux faute de savoir le veritable. Cela vient aussi quelquefois du changement de residence ; un nouveau Roi soit caprice, soit raison, transportant sa Cour dans une autre Ville. Mais il faut remarquer ici que Mr. de l'Isle distingue Fartaque, de Schibam ou Hadramut ; & les met dans deux Provinces diferentes ; au lieu que Mr. Baudrand dit que Fartach est aussi nommée Hadramut ; en second lieu que le pays d'Hadramut, le pays de Seger & le Royaume de Caresen, ne different du Roiaume de Fartach, que comme les parties different du tout. Thomas Rhoe dans les Memoires déja citez dit que ce Royaume est en paix avec le grand Seigneur à qui toute l'Arabie heureuse paye Tribut excepté ce pays qui n'est obligé à autre chose qu'à lui envoyer cinq mille hommes quand il les demande ; à condition toutefois que le Grand Seigneur se doit payer & entretenir.

[b] Recueil de Thevenot T. 1. p. 6.

3. FARTAQUE, Ville de l'Arabie heureuse dans le Roiaume de Fartaque & au Cap de même nom. Les Géographes Arabes que nous avons n'en font aucune mention.

FARWEL, ou plutôt FAREWEL, Cap, ou plutôt Isle la plus Meridionale de celles qui sont au Midi du Nouveau Groenland. Sa partie Meridionale est à 60. d. de latitude. Ce mot signifie *Adieu* est nommé par quelques Auteurs le CAP D'ADIEU ou de L'ADIEU ; d'autres le nomment LE CAP DE FORBISHER.

FASCALO, Roiaume imaginaire que quelques Auteurs placent dans l'Abissinie.

FASCELINA, ancienne Bourgade de Sicile sur la côte Occidentale proche de Palerme selon Mr. Baudrand[c]. Les Anciens ont fait mention d'un Temple de la Déesse Diane entre Milæ & Naulochus & Silius Italicus[d] dit :

[c] Ed. 1682.
[d] L. 14. v. 261.

Mille Thoanteæ sedes Fascelina Divæ.

Ce lieu étoit arrosé par le fleuve Melas ; & est nommé ARTEMISIUM par Appien[e] qui le qualifie πολίχνη βραχυτάτην, c'est-à-dire, *uno très-petite Villette* ; le même Auteur ajoute qu'on disoit que les bœufs du Soleil y avoient été. Pour entendre cette opinion populaire des Anciens il faut savoir que le fleuve Melas dont Ovide dit[f] :

[e] Civil. l. 5.
[f] Fast. l. 4. v. 486.

Sacrorumque Melan pascua lata Boum ;

Ce fleuve, dis-je, est nommé aussi *Fascelinus*, *Phacelinus*, *Phaselinus* ou même *Facilinus* par les Anciens. Ce nom se trouve estropié en celui de *Phathelinus* ou *Phaethleinus* dans les Editions de Vibius Sequester qui dit qu'il étoit près de Peloride & voisin du Temple

FAS. FAT. FAU. FAV. FAV. FAU.

ple de Diane. Pline[a] explique ainsi cette fable. La Mer, dit-il, jette sur le rivage entre *Messana* (Messine) & *Mila* (Milazzo) des ordures qui ressemblent à du fumier, delà est venue la fable selon laquelle les Bœufs du Soleil ont leur étable dans cet endroit. Seneque[b] dit la même chose, & Fazel[c] dit avoir été témoin de ces éjections de la Mer. Theophraste dit que ce qui avoit donné lieu à cette fable, c'est l'excellence des Pâturages de ce pays-là.

[a] L. a. c. 98.
[b] Natur. Quæst. l. 3. c. 26.
[c] Decad. 1. l. 9. de Reb. Sicul. c. 8.

FASSEN, Pays ou habitation d'Afrique dans la Numidie à soixante journées du Caire: elle est située entre les deserts de Libye, le Royaume d'Agadez, le pays des Négres & l'Egypte & comprend cent Villages & vingt-huit Villes dont la Capitale est à 44. degrez de longitude & à 26. de latitude, selon le calcul de Dapper, dont le premier Meridien passe à la pointe du Cap Verd. C'est, dit le même Auteur[d], un Etat peuplé de gens riches en dates & en argent à cause du commerce des Negres. Les habitans ont un Seigneur particulier qui est d'entre eux & qui employe tout le revenu au profit du public & en paye quelque contribution aux Arabes. Ce pays s'apelle FASSEN ou FESSEN. Je crois que c'est le même que Mr. de l'Isle nomme Royaume du Faisan, au Midi Occidental du Roiaume de Tripoli, & auquel il donne une Ville Capitale nommée FAISAN au Midi du Mont Guibet ou Mont Atlas sur la route de Tripoli à Bournou Ville située sur le Niger.

[d] Dapper Afrique page 214.

FASSIO[e], place de la Macedoine près du Golfe de Monte Santo dans l'Archipel.

[e] Corn. Dict.

FASSO, grande Riviere d'Asie dans la Georgie. Voyez PHASE.

FATAGAR, selon Mrs. de l'Isle & Ludolfe; ou Fatigar selon Davity & Mr. Baudrand, Royaume d'Afrique en Ethiopie. Il faisoit autrefois partie de l'Empire des Abissins, mais il est maintenant sous la domination des Galles Orientaux. Il a au Nord le petit Roiaume de Gan, & à l'Orient celui de Balli: c'est l'extremité Septentrionale du Royaume de Fatigar que les Rivieres d'Haouache & de Matchi se joignent dans un même lit. Mr. Ludolfe[f] dit qu'il y étoit autrefois peuplé de Chrétiens à sa partie Orientale.

[f] Hist. d'Ethiopie. l. 1. c. 3.

FATEFUL, ou FATIPOR. Voyez FETIPOUR.

FAU. Voyez FOUG.

FAVAGNANA, FAVIGLIANA ou FAVOGNANA, petite Isle d'Italie sur la côte Occidentale de la Sicile, & l'*Ægusa* des anciens. Le Portulan[g] de la Mer Méditerranée la nomme FAVOUILLANE; voici les connoissances qu'il en donne. Le milieu de cette Isle est à l'Est Sud-ouest de Trapano environ dix milles, & les Isles des Fornigues se trouvent dans cette route. Elle n'est éloignée de l'Isle de Levanzo que de deux milles vers le Sud, on peut aisément passer entre deux. Elle est fort grande & platte du côté de l'Est & du Sud. Du côté de l'Ouest, il y a une grosse Montagne sur laquelle il y a un Fort à quatre bastions fort élevé apellé *Fort de Ste. Catherine*. Il y en a un autre au-dessous du côté du Nord & un petit Village nommé *S. Leonardo* auprès duquel il y a un petit port pour des Barques, où il y a deux ou trois brasses d'eau; le vent de Nord y donne à plein; sur la pointe de la gauche du port il y a une tour. On peut mouiller avec toutes sortes de Bâtimens au-dessous du Fort de Ste. Catherine, par 10. & 12. brasses fond de Sable; & avec les Galeres, on porte une amarre à terre vers l'Ouest sous cette Forteresse; mais il ne faudroit pas s'y laisser surprendre aux vents de Nord-Nord-Est & d'Est qui sont les traversiers. On peut aussi mouiller du côté du Sud de l'Isle dans un petit enfoncement presque par le milieu de l'Isle pour les Vents de Nord, & de Nord-Ouest. Cette Isle a environ dix-huit milles de tour, est plus longue que large & gît Sud-est & Nord-ouest (par les 38. d. de latitude pour sa partie Septentrionale[h].) Le même Auteur dit que presqu'à moitié chemin de la pointe du Sud-est de l'Isle & le prochain terrain de l'Isle il y a sous l'eau de petits bancs de roche fort dangereux. Ce qu'il apelle les *fornigues* dans cet article, sont d'autres Ecueils dont le vrai nom est *le Formiche* c'est-à-dire, les fourmis; entre la Favognana, l'Isle de Levanzo & la Sicile.

[g] P. 134.
[h] De l'Isle Atlas.

FAVARA, source dans la Sicile d'où sort la petite Riviere de Favara qui coule dans la vallée de Noto, & se décharge dans la Mer d'Afrique entre l'embouchure du Maulo & celle de Frascolar. Cette source a été nommée par les anciens FONS DIANÆ, la fontaine de Diane.

1. FAVARS[i], ou FAVAS Abbaye de filles de l'Ordre de Cisteaux dans le Diocese de Cominges en Gascogne, Province de France. Cette Abbaïe est nommée FAVAS par Mr. Piganiol de la Force dans sa Description de la France[k]. Mr. Corneille dit que cette Abbaye a été aussi nommée *de Lumine Dei*.

[i] Baudrand Ed. 1705.
[k] T. 4. p. 35.

2. FAVAS[l], ou FAVARS, selon le même, lieu de France qu'on a coûtume de joindre à Bargemont Ville de Provence dans l'Evêché de Frejus. Il fut ruiné par les Sarrazins dans le VIII. siecle, au même temps que ces Barbares martyriserent St. Porcaire Abbé de St. Honorat de Lerins & ses Moines. Il est parlé de Favas dans les Archives du Monastere de Cluny de l'an 1015. du temps que St. Odillon Abbé de ce Monastere fut appelé à Lerins. Quelques inscriptions & des tombeaux qu'on a trouvez; avec les pieces de monnoie & les vases que les Payens mettoient dans les sepulchres sont des preuves de son ancienneté.

[l] Corn. Dict.

§. Cet article est extrait par Mr. Corneille des Histoires de Provence écrites par Nostradamus & Bouche.

FAUCENA, nom Latin de Fuessen Ville de Suabe.

☞ FAUCES, mot Latin qui répond au mot François *Gorge*; les Anciens s'en servoient pour signifier le Canal de communication d'un Lac, d'un Etang, d'une Mer, avec une autre; & c'est ce que nous exprimons par les mots de *Detroit*, de *Canal* & d'*Embouchure*. Ils s'en servoient aussi pour marquer les passages entre des Montagnes, c'est ce que nous disons *Pas*, *Col*, ou *Gorge*.

FAUCILLES, en Latin *Secularum Mons*, Montagne qui fait partie des Monts de Vosge. Voyez VOSGE.

FAU. FAV.

FAUCINIANUS TRACTUS, nom Latin du FAUSSIGNI.

a Baudrand Ed. 1705. FAUCOGNEY *a*, en Latin *Fauconium*, Ville de France dans la Franche-Comté au Bailliage d'Amont, & au pied du Mont de Vofge, fur la petite Riviere de Lantaine, à trois lieues au-deſſus de Luxeuil, & un peu plus des frontieres de la Lorraine.

FAUCON, Bourg de France en Provence, ſelon Mr. Baillet; ou Village ſelon d'autres. Il eſt dans la Viguerie de Siſteron & n'eſt remarquable que pour avoir été la Patrie de St. Jean de Matha Inſtituteur des Religieux de la Trinité pour la redemption des captifs, dits Mathurins.

b Corn. Dict. FAUDOAS *b*, Bourg de France dans la Lomagne, avec un Château. Il eſt dans le Dioceſe de Montauban & donne ſon nom à l'ancienne Maiſon de Faudoas.

§. Mr. de l'Iſle écrit FAUDOES, & n'en fait qu'un ſimple Village, à l'Orient de Maubec ſur la grande route de Leitoure à Toulouſe.

1. FAVENTIA, nom Latin de FAENZA, Ville d'Italie.

2. FAVENTIA, nom Latin de FAIENCE, Ville de Provence.

c Baudrand Ed. 1705. FAVERNAY, *c* Abbaye de France en Franche Comté, elle eſt de l'Ordre de St. Benoît, au Dioceſe de Beſançon, ſur la Riviere de Lantaine à quatre lieues de Luxeuil vers le Couchant. *d* Ce fut d'abord une Abbaye *d Piganiol de la Force Deſc. de la France T. 6. p. 382.* de filles, en la place deſquelles Anferic Archevêque de Beſançon mit des Moines l'an 1132. Elle a été réguliere juſqu'en 1582. que le Pape Gregoire XIII. inſtitua le premier Abbé Commendataire ſur la nomination du Roi d'Eſpagne, en vertu d'Indult. C'eſt dans l'Egliſe de cette Abbaye que ſe fit en 1608. le fameux miracle d'une hoſtie conſacrée, qui, diton, ſe conſerva ſuſpendue en l'air au milieu d'un incendie & à la vûë d'une affluence de peuple pendant l'eſpace de deux jours entiers; ce qui donna lieu à l'Archiduc Albert & à Iſabelle d'Autriche, Comte & Comteſſe de Bourgogne de faire introduire la réforme de St. Vanne dans cette Abbaye.

e Denomb. du R. de France T. 1. 382. FAUGUEROLLES *e*, Bourg de France dans l'Election de Condom, Generalité de Bourdeaux. Il a autour de 394. feux.

FAVIGLIANA, ou FAVOGNANA, ou FAVOUILLANA, } Voyez FAVAGNANA & ÆGUSA.

f Baudrand Ed. 1705. FAVONE *f*, ou PORTO FAVONE, ou NAVONE; en Latin *Favonius* ou *Philonius Portus*. Port de l'Iſle de Corſe, ſur la côte Orientale de l'Iſle, entre Porto Vecchio & Aleria diſtrutta.

FAVONIUS, nom d'une ſorte de Vent. J'explique tous ces noms au mot VENT; où je donne un détail des noms dont les anciens & les modernes ſe ſont ſervis pour deſigner les differens Rumbs de Vent & pour s'orienter tant ſur la terre que ſur la mer.

FAVORITE, (la) Château de Plaiſance de l'Empereur au Midi de la Ville de Vienne de laquelle il eſt ſeparé par la petite Riviere de Vienne, dont la Capitale de l'Autriche prend le nom.

FAU. 23

g Dict. Geog. des Pays bas. FAUQUENBERG *g*, Comté en Artois ſur la Riviere d'Aa, à quatre petites lieues d'Aire ſur les Confins du Boulenois.

1. FAUQUEMONT, en Allemand VALCKENBOURG, ou VALCKENBERG, Bourg & Seigneurie de la Lorraine dans le Bailliage Allemand, ſur la Riviere de Nied. Jaillot dans ſa grande Carte des Etats de Lorraine lui donne le tître de Marquiſat. Outre le lieu de Fauquemont on y voit Dritlin, Redlac, St. Vincent, Chemery, Val & Adlange & les deux bois de Stempeche, & de Woderpeche: outre quelques autres lieux enclavez dans d'autres contrées comme Morlange, Geneviller, Meriendal, &c. *h* Cette Seigneurie a appartenu d'ancienneté à l'Egliſe de Mets & fut *h Longuerue Deſc. de la France 2. part. p. 158.* uſurpée par des Seigneurs du Pays dans le XII. ſiécle. L'Hiſtoire des Evêques de Mets aſſure que l'Evêque Etienne de Bar, que St. Bernard apelle un zelé Paſteur & défenſeur des droits de ſon Egliſe, reprit par la force des armes pluſieurs Places occupées par divers particuliers, entre autres Fauquemont. Après cela les Ducs de Lorraine ſe rendirent maîtres de Fauquemont & ils jouïſſoient du moins d'une partie au commencement du XV. ſiecle puiſque Charles Duc de Lorraine donna le quart de cette Seigneurie en échange du quart de la Seigneurie d'Albe.

2. FAUQUEMONT *i*, en Allemand *i Dict. Geog. des Paysbas.* VALCKENMONT, petite Ville des Pays bas au Duché de Limbourg ſur la Riviere de Gueul, au Levant & à deux grandes lieues de Maſtricht. Elle appartient aux Etats des Provinces-unies, & avoit ci-devant un Château *k* ſur *k Baudrand Ed. 1705.* une Montagne, mais il fut ruiné par les François lors qu'ils prirent cette place en 1672.

3. LE QUARTIER DE FAUQUEMONT: *Jaillot Atlas.* on appelle ainſi une des quatre parties du Duché de Limbourg au pays d'Outre-Meuſe. Il eſt borné au Nord par le Duché de Juliers, à l'Orient partie par le même Duché & partie par la Seigneurie de Rolduc, au Midi par le Comté de Dalem & au Couchant par la Meuſe. Il fut cédé aux Etats Generaux par les Eſpagnols au Traité de Munſter *m*. *m Art. 3.*

FAUSSIGNI, FOUCIGNI, FAUCIGNI ou FOSSIGNI, Baronie dans la Savoye. Le Fauſſigni eſt borné du côté du Septentrion *n Longuerue Deſc. de la France 2. part. p. 326.* par le Chablais, vers l'Occident par le Genevois, vers le Midi par la Savoye & la Tarentaiſe, à l'Orient il a le Vallais, & de ce côté-là il eſt ſeparé par la Val d'Aoſte par les hautes Alpes, que les Anciens nommoient *Graienmes*. Autrefois le Fauſſigni avoit des bornes differentes de celles qu'il a aujourd'hui. Le païs eſt dans les Alpes; de ſorte qu'une partie eſt rude, âpre & ſterile, mais il ne laiſſe pas d'y avoir de bons endroits. On l'appelle en Latin (*Fuciniacum*) & il a eu ſes Seigneurs dès l'onziéme ſiecle, lorſque les Empereurs Allemands deſcendans de Conrad le Salique, étoient en poſſeſſion du Roïaume de Bourgogne & d'Arles. Les premiers Seigneurs de Fauſſigni ont été Emerard & Louïs avant l'an 1100.

Guillaume ſuccéda à ſon pére Louïs, & c'eſt de ce Guillaume que deſcendoit en ligne directe & maſculine Aimon II. Seigneur de Fauſſigni qui mourut ſans enſans mâles au commencement

ment du douziéme siécle. Son héritiere fut sa fille Agnès, qui épousa Pierre Comte de Savoie, qui n'en eut qu'une fille, Beatrix de Savoie, laquelle épousa Guigûe Dauphin, fils d'André de Bourgogne, & par ce Mariage le Faussigni fut uni au Dauphiné. Aussi tous les Dauphins en ont joüi jusqu'au dernier Humbert, qui donna ses Etats à la France; mais les Comtes de Savoie s'étoient reservé l'hommage, qui fut racheté du Comte Aimon pour une grande somme d'argent par Humbert l'an 1334, & pour la païer il mit une taille extraordinaire sur ses Sujets. Le Faussigni fut donné à la France par le Dauphin Humbert avec ses autres Etats.

Les Comtes de Genevois avoient des prétentions sur le Faussigni, sur lesquelles le Roi Jean & son fils Charles Dauphin transigerent avec Amedée Comte de Genevois à Paris l'an 1352. Le Comte leur aïant cedé son droit, la Baronnie de Faussigni fut unie à perpetuité au Dauphiné; ce qui n'empêcha pas le Roi d'aliéner tout le Faussigni, & de quitter les droits des Dauphins sur Gex & les fiefs de Genevois, la Valbonne & Monthuel en Bresse. On donna en échange au Dauphin plusieurs Bourgs & Villages du Viennois & du Graisivaudan, qui appartenoient au Comte de Savoïe; à la charge que les Comtes tiendroient le Faussigni des Dauphins de Viennois, leur en feroient foi & hommage, & les serviroient envers & contre tous, excepté l'Empereur & l'Empire. Ce Traité fut confirmé l'an 1376. par Charles V. & l'an 1410. par Charle VI. Les Comtes de Savoie ensuite rendirent hommage aux Dauphins jusqu'à l'an 1410, où Amedée s'acquitta de ce devoir, & c'est lui qui fut le premier Duc de Savoye.

Le Dauphin Louïs, qui fut depuis le Roi Louïs XI. étant en personne en Dauphiné, vendit à Louïs Duc de Savoye le droit de Souveraineté qui lui appartenoit sur le Faussigni l'an 1445. ce qui fut ratifié par le Roi Charles VIII. à Chinon la même année. Le Duc renonça au droit qu'il prétendoit avoir sur le Comté de Valentinois au profit du Roi & du Dauphin; ainsi le Duc de Savoye fut après cela aussi Souverain dans le Faussigni qu'en Savoye.

Il n'y a en ce païs de Faussigni aucune Place considerable. La principale s'appelloit autrefois FOUSSIGNI & avoit donné son nom au pays. CLUSE petite Ville lui a succedé. Il y a encore BONNE & la BONNEVILLE sur la Riviere d'Arve.

FAUSTINOPOLIS, Ville de la Capadoce seconde; Antonin[a] en fait mention. [b] Elle étoit Episcopale sous Thyane Metropole & Daniel son Evêque souscrivit au Concile d'Ephese. Ortelius [c] écrit FAUSTINIANOPOLIS; mais Antonin & les Notices portent *Faustinopolis*.

[a] Itiner.
[b] Carol. à S. Paulo, Geog. sacr. p. 246.
[c] Thesaur.
[d] Dict. Geog. des Pays-Bas.

FAY[d], Village en Hainaut, à une lieue de Binch & à autant de Roeuls. Il est remarquable par la resistance qu'y firent les troupes de Hollande que le Prince d'Orange y jetta le jour de la Bataille de Seneffe dans le voisinage duquel il est situé, & par le carnage que ces troupes y firent de celles de France & sur tout de quantité d'Officiers de marque le 11. d'Aout 1674.

FAYAL, Isle de l'Ocean Atlantique, & l'une des Açores; dont elle est la plus considerable après celle de Tercere & celle de St. Michel. Selon Linschot [e] elle peut avoir 17. ou 18. Milles d'étenduë. Elle a reçu le nom de *Fayal* des Portugais qui nomment ainsi les hêtres arbres qu'ils trouverent dans cette Isle. Elle abonde en gros Bétail & en poisson; & elle en a assez pour en fournir l'Isle Tercere. Elle fournit aussi du Pastel & est frequentée à cause de cela par les Anglois. Le principal lieu où l'on aborde est à la rade de Villa d'Orta. La Ville a une mauvaise Citadelle où le Roi de Portugal tient garnison. Les Insulaires avoient autrefois voulu épargner ce qu'elle leur coute & avoient offert de se garder eux-mêmes; mais les Anglois profitant de leur désunion firent une descente, ruinerent les fortifications, jetterent l'Artillerie dans la Mer; enleverent quelques Caravelles, & firent repentir le Roi de Portugal de la condescendance qu'il avoit euë pour les habitans de cette Isle en retirant la garnison qu'il fut obligé d'y remettre. Il y a dans cette Isle beaucoup de Flamands descendus de ceux qui en firent la découverte & qui firent donner aux Açores le nom d'Isles Flamandes; mais Linschot dit que de son temps, ils ne parloient plus que Portugais quoi qu'ils aimassent toujours bien à voir les Flamands les Compatriotes de leurs Peres. Mr. Baudrand [f] donne pour lieux principaux de cette Isle, Cruz, Fayal, & la Trinidad. Le P. Coronelli [g] y met de plus Sta. Catalina, N. S. de la Gracia, & P. de George Loreco. Ce ne sont ni des Villes, ni des Bourgs, mais de simples habitations; ce Pere ni Linschot, n'y mettent point le Volcan que Mr. Baudrand y place. L'extremité Orientale de cette Isle est par le 350. d. de longitude & le milieu sous le 39. d. 30'. de latitude, selon l'Isolaire du P. Coronelli.

[e] Navigat. &c. cap. 97. p. 118.
[f] Ed. 1705.
[g] Isolatio.

FAYD[h], petite Ville d'Asie dans la Syrie sur la frontiere de l'Arabie deserte environ à 400. mille pas de Damas vers l'Orient & à près de deux cens mille pas d'Antioche vers l'Orient d'Hyver. On croit que c'est l'ancienne PALMYRE. Voyez ce mot.

[h] Baudrand Edit. 1705.

FAZE. Voyez PHASE.

FE.

FEARNES[i], FERNS ou FERNES; en Latin *Ferna* ou *Ferne*, petite Ville d'Irlande au Comté de Wexford, dans la Province de Leinster, vers les parties Septentrionales: elle n'est remarquable que par son Evêché suffragant de Dublin, & l'un des XIX. qui ont été conservez.

[i] Etat de l'Irlande p. 46.

FEATHARD, ou FEATHERD[k], petite Ville d'Irlande dans la Province de Leinster au Comté de Wexford à deux milles de Duncannon. Elle envoye deux Députez au Parlement. [l] Elle est sur une petite presqu'Isle entre la Baye de Wexford & celle de Banne.

[k] Ibid. p. 47.
[l] Baudrand Edit. 1705.

FEBIANA, ancienne Place de la Vindelicie selon la Notice de l'Empire, de l'édition dont s'est servi Ortelius. Mr. Baudrand [m] dit FEBIANA CASTRA, & cite la Notice où il n'est point fait mention de CASTRA. Le P. Labbe

[m] Ed. 1682.

FEB. FED. FEH. FEK. FEL.

Labbe qui a fait imprimer au Louvre la même Notice, Edition dont je me sers dans cet Ouvrage, dit simplement [a] :

Equites Stablesiani juniores Ponte Oeni, nunc Fabianis.

Il nomme ce lieu *Fabiana* dans la Table. D'ailleurs la Notice ne dit point que ce fut une petite place de la Vindelicie; mais elle met seulement cette garnison sous la direction du Commandant de la Province de Rhetie I. & II. Beatus Rhenanus croit que c'est presentement BEBENHAUSEN Bourg de Suabe, & la même place que Ptolomée appelle selon lui *Phœbiana*, au lieu qu'on ne trouve dans cet Auteur que Φανιανα dans la Rhetie. D'autres croient que c'est BURGAU dans la même Province.

2. FEBIANA, ancien Siége Episcopal d'Afrique dans la Bisacene : la Notice des Evêques d'Afrique fait mention d'un Evêque de Fabiana [c], *Succensianus Febianensis*. C'est le même Siége que *Rebianensis*, comme il se trouve écrit ailleurs. Salustius Evêque de cette Eglise, *Sanctæ Ecclesiæ Rebianensis*, souscrivit à la Lettre des Evêques de la Province de Bisacene dans le Concile de Latran tenu sous Martin.

FEBRA. Ortelius dit : Electris ou Febra est une Isle peu distante de la Calabre & làdessus il cite Servius sur le XI. livre de l'Eneide. Voyez SEBRIA., Car c'est ainsi que le mot se trouve dans Servius.

FEDER-SE'E [d], c'est-à-dire le LAC DES PLUMES ; Lac d'Allemagne dans la Suabe à l'Orient de la Ville Imperiale de Buchau. Il a deux petites lieues communes de France dans sa plus grande longueur, qui est Nord & Sud & une & demie dans sa plus grande largeur d'Occident en Orient. Il communique au Danube par la petite Riviere de Krantzach dont le cours est de deux lieues & demie vers le Nord-ouest.

FEHRBELLIN. Voyez BELLIN.
FEHRDEN. Voyez FERDEN.

☞ FEHRE, ce mot dans les noms Géographiques de lieux en Allemagne signifie un passage où il y a à toute heure un pont volant, un bac, ou quelqu'autre commodité reglée pour traverser une Riviere. Il vient du mot *Fahren*, passer en bâteau, ou en voiture.

FEKIER-KEREZ. Voyez KERES.

FELA [e], Riviere de Livonie. Elle tire ses eaux du Lac Wortzi d'où elle sort au Nord de Tarvast ; & se grossissant de plusieurs autres petites Rivieres, elle se joint avec l'Ossa & perd encore ce nouveau nom avant que de se jetter dans le Golphe de Livonie. On ne l'apelle ordinairement à son Embouchure que la Riviere de Pernau, qui est le nom d'une Ville qu'elle separe en deux parties ; à savoir la Septentrionale, le Vieux Pernau, & celle qui est au Midi est nommée simplement Pernau. Mr. Baudrand la nomme FELIN [f].

FELANOS ou AGGIUL FELANOS, c'est ainsi qu'au raport de Leunclavius cité par Mr. Baudrand [g] les Turcs nomment la Ville de la Natolie nommée *Philomelium* par les anciens. Elle étoit petite, & placée dans la grande Phrygie.

FEL.

FELBER-TAURN, ou FELBER-ALBEN, partie des Alpes. Ce sont les Montagnes d'Allemagne entre la Carinthie & l'Archevêché de Saltzbourg. J'ai déja averti ailleurs que les ALPES ont été nommées en partie *Taurus* & que delà est venu le nom de *Taurisci* aux anciens habitans de ces pays-là.

☞ FELD, les Allemands nomment ainsi une *Plaine*, une *Campagne* ; ce nom entre dans la composition de bien des noms Geographiques & se met dans quelques-uns au commencement & en d'autres à la fin du nom, selon le caprice de l'usage. Ce mot fait au pluriel FELDEN. Il est ancien pour signifier des *plaines*; & au jugement d'Ortelius [h] il a trompé Paul Diacre [i] qui l'a pris pour le nom propre de quelque lieu, faute de savoir la Langue Teutonique que l'on parloit alors & de laquelle il est passé dans l'Allemand moderné.

FELDBERG, petite Ville d'Allemagne en Basse-Saxe, au Duché de Meckelbourg dans la Seigneurie de Stargard ; elle est du partage de la Branche de Meckelbourg-Strelitz.

FELDKIRCH, Ville d'Allemagne en Suabe, aux Frontieres de la Suisse, & Capitale d'un Comté de même nom, sur la petite Riviere d'Ill qui se rend peu après dans le Rhin. Elle fait partie des pays Hereditaires de la Maison d'Autriche, & est censée dans le Cercle de ce nom. Elle est à deux milles d'Allemagne d'Appenzel, au Levant ; & presque au milieu entre le Lac de Constance au Septentrion & Coire au Midi. Cette Ville est bien bâtie & fort marchande, & quoi que le feu l'ait desolée quelquefois, ses habitans l'ont toujours remise en bon état. Il s'y tient deux Foires tous les ans, & on y trouve toujours grande quantité de vin à vendre. Ses Privileges sont considerables, la Ville élit ses Magistrats ; on y peut retenir ceux qui sont bannis de l'Empire & ses habitans ne peuvent être citez à aucun jugement Provincial. Sur un Roc au-dessus de la Ville est le Château de Schatenbourg. Zeyler [k] croit que c'est la CLUNIA de la Table de Peutinger. Mais il n'y a point d'apparence, Feldkirch est à la droite du Rhin, & *Clunia* est marquée à la gauche dans cette Table. Le lieu prend son nom d'une plaine où fut bâtie une Eglise sous l'invocation de St. Pierre, delà vient qu'au lieu de Feldkirch, les habitans des Vallées & les Italiens ont aimé mieux dire CAMPO DI S. PEDRO, ou S. PEDRO. Le même Zeyler ajoute qu'elle a été aussi la Capitale des *Estions*, dont le nom s'est conservé dans les noms d'*Esthen* Village & *Esthnerberg*. On écrit aussi VELDKIRCH. Il y a au-dessous un Village qui paroît être l'ancienne Ville.

LE COMTE' DE FELDKIRCH, petit pays d'Allemagne autrefois dans la Swabe & regardé presentement comme une partie du Tirol. Il est borné au Nord par le Comté de Montfort, à l'Orient par celui de Pludentz ; au Midi par la Ligue des dix Communautez, & à l'Occident par le Rhin. Il a eu anciennement ses Comtes particuliers de la Maison de Montfort de qui il passa aux Comtes de Werdenberg, & de Sargans qui le possederent jusqu'en 1376. que le Comte Rudolphe de Werdenberg (d'autres disent Montfort) vendi-

Tom. II. PART. 2.   D

dit à Leopold d'Autriche la Ville, le Château & Comté de Feldkirch pour 36000. guldes. Ils furént ensuite engagez l'an 1417. au Comte de Tockenbourg & degagez par la Maison d'Autriche en 1436. qui en est restée en possession. Feldkirch est la seule Ville de ce Comté.

1. FELICIS LACUS, lieu de la Norique selon Antonin[a]. Voyez FALCIANA qui est la même chose selon les Savans.

[a] Itiner.

2. FELICIS LACUS, ou LOCUS; car les Exemplaires d'Antonin fournissent l'un & l'autre de ces deux mots. Simler le distingue du precedent & veut que ce soit BLINDENBOURG ou PLINDENBOURG selon les Allemands qui confondent facilement le B. & le P. le D. & le T; & VIZZEGRAD selon les Hongrois.

FELICIANIATENSIS, Ortelius[*] dit avoir trouvé dans la Conference de Carthage, un Diocése de ce nom. Il étoit donc en Afrique.

[b] L.4.c.22.

FELICITAS JULIA, Pline[b], & divers marbres trouvez à Lisbonne sur lesquels on trouve FEL. JUL. OLIS. & FEL. JUL. OLISIPO, ne laissent pas douter que ce ne soit un des anciens noms de cette Ville.

FELICUR ou FENICUSA, anciennement Phœnicusa & en Latin moderne Felicudia, petite Isle d'Italie, l'une de celles de Lipari, vers la côte Septéntrionale de Sicile dont elles dépendent[c]. Elle n'a que dix milles de tour; mais elle est deserte & sans habitans selon Fazel. Elle est dans la Mer de Sicile à dix milles de Lipari vers le couchant: on la nomme aussi PALMARIA. Le Portulan de la Mer Mediterranée en parle ainsi[d]: Droit à l'Ouest de l'Isle de Lipari environ trente-deux milles sont deux plus petites Isles que les precedentes (Panaria, Salini, Lipari &c.) mais très-hautes. La premiere est Alicur & celle de l'Ouest est Felicur. Ces Isles sont proches l'une de l'autre, & du côté de l'Est d'Alicur il y a un gros écueil hors de l'eau. Elles ne sont point habitées.

[c] Baudrand Ed. 1705.

[d] pag. 128.

FELIGINATES, ancien peuple d'Italie dans l'Ombrie. Pline[e] en parle comme d'un peuple qui ne subsistoit plus de son temps.

[e] L.3.c.14.

1. FELIN, Ville de Livonie dans l'Estonie sur la Riviere de Fela.[f] Il y a un Château où Guillaume de Furstenberg Grand Maitre de l'Ordre Teutonique fut pris par les Moscovites en 1560. par la trahison des siens. Elle est à present de peu de conséquence à quatorze milles Suedois de Revel & à treize de Pernau. Mr. de l'Isle la marque comme une place ruinée & reduite à rien.

[f] Baudrand Ed. 1705.

2. FELIN, Mr. Baudrand, apelle ainsi la Riviere de FELA.

FELIX-JULIA, c'est ainsi que fut surnommée BERYTE Colonie[g], & Ville de Phenicie. On lit sur des Medailles, Col. Augusta Berytus Felix Julia; selon Ortelius.

[g] Plin.l.5. c.20.

FELLETIN[h], en Latin Felitinum, petite Ville de France dans la Province de la Marche sur la Riviere de Creuse à dix-huit lieuës au-dessus d'Argenton vers le Midi dans la haute Marche.[i] Elle n'est connue que par son commerce de Bestiaux & par sa Manufacture de Tapisseries.

[h] Baudrand Ed. 1705.

[i] Piganiol de la Force, desc. de la France T.5. p.381.

FELLO, petite Ville de Macedoine dans la Province de Janna, sur la Riviere de Salampria. Elle est de peu d'importance. On croit que c'est l'ancienne PHILA de Tite-Live[k].

[k] L.44. c.2. & 6.

FELOUPES. Voyez FALLUPOS & FOULES.

§. Mr. Corneille fournit trois articles diferens de ce peuple dont il semble en faire trois. Ce n'en est qu'un & il devoit en avertir. Mr. Baudrand distingue mal à propos les Feloupes des Foules, & en fait deux articles sans renvoi.

☞ FELS, ce mot, qui signifie une Roche, entre dans la composition de plusieurs noms Géographiques en Allemagne, comme Weissenfels qui signifie Roche blanche & qui est particulier à une branche particuliére de la Maison de Saxe & quantité d'autres noms terminez en Fels. L'ancien Teuton étoit FELIS, & FELISO.

FELSINA, ancien nom de la Ville de BOLOGNE en Italie avant que les Romains lui donnassent celui de BONONIA. Pline[l] dit qu'elle étoit nommée Felsina lors qu'elle étoit la principale Ville d'Etrurie.

[l] L.3.c.15.

FELSTIN[m], petite Ville de Pologne dans le Palatinat de Lembourg en Russie sur une petite Riviere à neuf lieues de Premislie.

[m] Baudrand Ed. 1705.

§. Au lieu de Lembourg il faloit dire Lemberg. Cette petite Riviere tombe dans celle de San; Felstin est au Sud-Ouest de Lemberg, ou Léopol, & au Sud-Est de Przemislie, au Palatinat de Russie, dans la Russie Noire & non pas dans la Rouge comme le dit Mr. Maty copié par Mr. Corneille.

FELSTIR, petite Ville de Pologne selon Mr. Maty, Bourg selon Mr. Baudrand, & Village selon Mr. de l'Isle. Elle est dans la Podolie à la source de la Riviere de Smotrzicz qui coule aussi à Kaminiec avant que de se jetter dans le Niester.

FELTRI[n], ou selon Mr. Baudrand FELTRE; Ville Episcopale d'Italie dans la Marche Trevisane sous la Republique de Venise où elle est la Capitale d'un petit pays nommé à cause d'elle il Feltrino; en François le Feltrin. Elle est sur une Montagne, au rivage gauche de l'Asona petite Riviere qui tombe un peu au-dessous dans la Piave. Elle est vers le Sud-Ouest de Belluno à la distance de quinze milles. Son Eveque est suffragant du Patriarche d'Aquilée. On atribue à Jules Cesar un distique dans lequel il paroit assez mecontent de la situation de cette Ville; le voici:

[n] Ital. di Magini.

FELTRIA, *perpetuo nivium damnata rigore,*
Atque mihi posthac non adeunda, vale.

FELTRIN[o], (le) en Italien IL FELTRINO, en Latin Feltrinus ager, petit pays de l'Italie dans l'Etat de Venise. Il a au Nord le Bellunese; le Trevisan au Levant & au Midi; le Trentin & le Vicentin au Couchant. C'est un pays de Montagnes. Les principales Rivieres qui l'arrosent sont Cordevol qui lui sert de limites au Nord-est, Mis qui entre dans le Cordevol, Caurano qui vient du Trentin, Asone qui a sa source dans le Feltrin; toutes celles-là tombent dans la Piave. La Cismone qui le traverse aussi & la Schizzon qui

[o] Ibid.

qui y a sa source se joignent peu après en être sorties & vont tomber dans la Brente au-dessus du Bourg de Cismone. *Feltri* est la seule Ville du pays. Les Venitiens le possedent depuis 1404.

FELTRO ou MONTE FELTRO [a], en Latin *Mons Feretranus*, petite contrée de l'Etat de l'Eglise en Italie dans le Duché d'Urbin vers les confins de la Romagne. La Ville de St. Leon en est le seul lieu considerable.

[a] *Baudrand Edit. 1705.*

FELUGA [b], petite Isle de la Mer Mediterranée, la DIABATE & DIABETE des Anciens. Elle est près de la côte Occidentale de la Sardaigne & du Cap della Cacca.

[b] *Ibid.*

FELXIN ou FALCZYN [c], petite Ville de Moldavie sur la rive Orientale de la Riviere de Pruth à dix-neuf milles Germaniques de son Embouchure dans le Danube & à 4. au-dessous de Hus.

[c] *De l'Isle Atlas.*

FEMEREN ou FEMERN, en Latin *Fimbria*, *Fimera*, ou *Fimeria*, Isle de la Mer Baltique, sous la Couronne de Dannemarck. Elle est située à environ deux milles du Holstein, dont elle est separée par un Canal nommé *der Femmer-Sund*, ou le Detroit de Femern. Cette Isle est petite, mais extrémement fertile en grains & en pâturages. On y voit encore les ruines d'une bonne Forteresse qu'on y avoit bâtie autrefois : on l'appelloit le Château de Glabeck. Erric Roi de Dannemarck, saccagea cette Isle l'an 1416. & 1420. dans le temps qu'il faisoit la guerre aux Comtes de Holstein qui en étoient Seigneurs & y exerça des cruautez inouïes. Il fut batu par les Insulaires & contraint de se retirer honteusement & pour expier ses cruautez il fit le voiage de la Terre Sainte, au raport de Kortholt dans son Traité intitulé *Famaria desolata*. Cette Isle fait partie du Holstein-Gottorp auquel elle devroit appartenir, comme le juge Mr. d'Audifret [d] ; si les droits du plus fort & autres raisons de convenance, qui décident souvent de la Souveraineté d'un pays, ne prévaloient pas sur les droits de possession & de propriété. Le même Auteur dit qu'elle a été ainsi nommée par les Cimbres & qu'on n'a changé qu'une lettre dans le nom Latin de *Fimbria*, comme Pontanus l'a fort bien remarqué dans sa Chorographie de Dannemarck. Cette conjecture qui est legere, parce que dans le Nord, où la Langue Latine n'a été portée que dans le IX. siécle, les noms en Langue vulgaire sont plus anciens que les Latins & en sont presque toujours l'Etymologie, cette conjecture, dis-je, est plus ancienne que Pontanus. On la trouve dans Crantzius [e] qui en décrivant les 3. Isles qui sont sur le Rivage des Vandales dit en propres termes : *Prima ab occidua parte est* CIMBRIA *vetus retinens nomen totius vicinæ Provinciæ quamvis imperiti corrupto vocabulo* IMBRIAM & FIMBRIAM *solent appellare. Hæc est opposita olim Wagris nunc Holsatis qui pulsis Wandalis, eam quoque regionis partem tenent & ideo insula eorum non Jutia censetur.* Mr. d'Audifret ajoute : Quelques Géographes ont cru qu'elle étoit la *Burchania* de Pline que d'autres ont nommée *Fabraria*. Voyez au mot FABARIA, où l'on prouve qu'ils se sont bien égarez. Cette Isle n'a que deux Paroisses ; à savoir BORG & PETERSDORP. Il y a

[d] *Geog. T. 3. p. 414.*

[e] *Daniæ l. 1. p. 3.*

un Fort au passage par où on arrive du Holstein & on le nomme FEHRSCHANTZ : c'est-à-dire, le Fort du passage. On fait cas des bas tricotez de cette Isle, pour leur bonté plus que pour la beauté de l'ouvrage. Mr. Corneille se sert du correctif *apparemment*, pour dire que l'Isle de *Femern*, & celle de *Femeren* sont la même chose. Le correctif est inutile.

FEMER-SUND, petit Détroit de la Mer Baltique entre l'Isle de Femern & le Holstein. Il a à peine 2. milles de large dans sa plus petite largeur.

FEMY, en Latin FIDEMIUM, FIDEMIENSE COENOBIUM ou SANCTI STEPHANI DE FIDEMIO, Village & Abbaye de France dans le Cambresis, aux frontieres du Hainaut auprès de la source de la Scarpe. Le Village ne s'est formé qu'à la faveur de l'Abbaye, qui fut commencée l'an 1080. par deux Gentilshommes Anglois qui abandonnant leur patrie pour vivre dans la retraite allerent à Rome où le Pape leur donna la Regle de St. Benoît. L'un d'eux nommé Etienne fut le premier Abbé de ce lieu, & l'Eglise est dediée sous l'invocation de St. Etienne premier Martyr. Nicolas Evêque de Cambray & les Chanoines de sa Cathedrale firent beaucoup de bien à ce Monastere & en furent en quelque maniere les seconds fondateurs. Il y a eu contestation entre les Rois de France & les Souverains de la Flandre, pour savoir à qui doit appartenir cette Abbaye. Mais des arbitres nommez à Montdidier l'an 1603. l'ajugerent au Cambresis & par consequent à la France.

[f] *Auberti Miræi. Orig: Cœnob. Belg. p. 129.*

FENECTANI CAMPI, Tite-Live [g] parle d'une victoire remportée par les Romains sur les Latins *in Fenectanis Campis*; ou *Senectanis*. Glareanus avoue qu'il ne connoît ni l'un, ni l'autre de ces deux noms. Mr. Doujat a avoué qu'il faut corriger cet endroit ; il avoit d'abord pensé à lire *Faustianis* qui faisoit partie du territoire de Falerne, ou *Fregellanis*, ou *Setinis*, qui étoient entre les Volsques, & voisins de Piverne ; mais ces lieux étoient hors du Latium & diferent trop des noms *Fenectani* & *Senectani*, c'est à dire s'il ne faudroit pas lire *Ferentinis*. Ne vaut-il pas mieux dire : *Je n'en sais rien :* reponse noble & qui par malheur est moins employée qu'elle ne devroit l'être. Qui empêche qu'il n'y ait eu un lieu nommé *Fenectani Campi* du nom de quelque homme d'ailleurs obscur ; & qui ne se trouvant nommé dans aucun autre Auteur qui nous soit resté, est demeuré inconnu pour sa situation & ses limites, comme une infinité d'autres ?

[g] *L. 8. c. 12.*

1. FENEO [h], petite Ville de la Morée dans la Zaconie sur le Lac de Feneo. C'est l'ancienne PHENEUS Ville de l'Arcadie. Voyez PHENEUS.

[h] *De l'Isle Atlas.*

2. FENEO [i], Lac de la Morée dans la Zaconie ; à la source du fleuve Ladon qui se perd dans l'Alphée.

[i] *Ibid.*

FENESIA, petite Riviere de Turquie dans la Natolie. Elle se perd dans la Mer Noire à 35. mille pas de Constantinople. C'est la Psillis de Bithynie des anciens.

FENESTRANGE, petite Ville de Lorraine sur la Sare, que les Allemands nomment VINSTRINGEN ou FINSTRINGEN, ce qui est presque la même chose pour leur maniere de pro-

prononcer, le V. étant chez eux auſſi dur que notre F. Mr. Corneille dit mal *Viſtenge* qu'il ſemble avoir pris de Mr. Maty qui écrit *Viſtingen*, quoi qu'on ne voye que Mr. d'Audifret cité dans l'article de Mr. Corneille. Ce lieu, dit Mr. Baudrand, eſt au-deſſus de Saarverden & de Bouquenon, à ſept lieues de Marſal au Levant & autant de Deuxponts au Midi.

SEIGNEURIE DE FENESTRANGE, petit Canton dans les pays réunis de la Lorraine; il s'étend le long de la Saare entre les Comtez de Saarverden & de Saarbourg. C'eſt un ancien Fief de l'Evêché de Mets, quoi que pluſieurs Auteurs pretendent que ce ne ſoit qu'un franc-alleu. Il a eu durant long-temps des Seigneurs particuliers iſſus d'une ancienne & illuſtre famille. Jean Grand Maréchal de Lorraine ne laiſſa de Beatrix d'Orgiville que deux filles nommées Barbe & Madelaine. La premiere fut mariée à Jean VI. Rhingrave à qui elle porta en dot la moitié de la Seigneurie de Feneſtrange, Ogiville, Neuville & Dimringen, & l'autre moitié paſſa dans la famille de Neufchâtel par le mariage de Madelaine avec Ferdinand de Neufchâtel Seigneur de Montagu. De cette alliance vint Anne qui épouſa Guillaume Seigneur de Dammartin dont elle n'eut qu'une fille nommée Diane qui porta cette Succeſſion à Charles-Philippe de Croy Marquis de Havré. Marie-Claire, fille unique de Charles Alexandre de Croy Marquis de Havré & Comte de Fontenai, épouſa en premieres noces Charles Philippe Alexandre de Croy Marquis de Renti de la Branche de Solre, dont elle eut Eugene de Croy & Marie Ferdinande, & en ſecondes Philippe François de Croy frere de ſon premier Mari & qui mourut en 1650. Gouverneur de Luxembourg & du Comté de Chini. De ce Mariage eſt venu Ferdinand-François-Joſeph Duc de Havré & de Croy dont le fils Charles Joſeph né en 1683. poſſede une partie de la Seigneurie de Feneſtrange, & prend entre autres titres celui de Souverain de Feneſtrange. Une autre partie de cette Seigneurie eſt au Prince de Salm.

[a] *Baudrand Ed. 1705.*
FENESTRELLES[a], Village dans les Vallées des Vaudois, au Duc de Savoye dans la Vallée & ſur la Riviere de Cluſon à environ ſix lieues de Pignerol. La France y fit bâtir une Fortereſſe pour ſe couvrir du côté du Duc à qui elle avoit rendu Pignerol & la Perouſe; mais par le IV. article du Traité d'Utrecht entre cette Couronne & le Duc de Savoye elle lui ceda ce lieu avec pluſieurs autres. Mrs. Maty, Baudrand & Corneille donnent ce lieu au Dauphiné.

FENICUSA. Voyez FELICUR.

[b] *Baudrand. Ed. 1705.*
FENIERES[b], en Latin *Fenerium*, & *Vallis honeſta* Abbaye de l'Ordre de Ciſteaux dans la haute Auvergne ſur la Riviere de Rue, auprès de Condat, qui pour cette raiſon s'appelle *Condat en Fenieres*; à douze lieuës de la Ville de Clermont du côté du Midi.

FENISSA, c'eſt ainſi que Lipſe veut que l'on liſe au lieu de PHOENISSA au XVI. Livre des Annales de Tacite.

[c] *Mor. Germ. c. 46.*
FENNI[c], Tacite nomme ainſi un peuple pauvre juſqu'à la miſere & ſauvage juſqu'à la ferocité qu'il ne ſait s'il doit joindre à la Germanie ou à la Sarmatie. Ce peuple étoit à l'Orient de la Mer Baltique quelque part dans la Livonie, d'où il y a apparence qu'il a paſſé dans la Finlande à laquelle il a porté ſon nom. Ptolomée place au delà de la Viſtule un peuple nommé PHINNI, & c'eſt ſans doute le même.

☞ Le mot de FINLANDE ne ſignifie autre choſe que le pays des Finnes. Mais tous les pays qu'ils ont ſucceſſivement occupez étoient leur pays, & il y auroit de la folie à decider que la Finlande d'aujourd'hui eſt l'ancien pays des *Fenni*, *Finni* ou *Phinni*; quoiqu'elle en porte le nom. La *Bourgogne* d'aujourd'hui n'eſt rien moins que le pays des *Burgundi*, ou *Burgundiones* des anciens; qui étoit proche de la Mer Baltique. Les migrations des peuples & ſurtout des peuples Septentrionaux demandent abſolument que lors qu'on fait des Cartes pour les arranger, on s'arrête à un ſiecle. Il en faut ſouvent une nouvelle arrangée diverſement pour le ſiecle qui ſuit. Je fais cette remarque pour les jeunes gens qui ont beſoin d'être avertis qu'une Carte dreſſée ſur un ancien Auteur ne convient pas toujours aux Ecrivains poſterieurs, qui ont écrit l'Hiſtoire d'une Nation, ſurtout quand il y a un intervale conſiderable entre les temps où ils ont vécu. Ils doivent encore ſavoir que ce n'eſt pas toujours une contradiction quand deux Hiſtoriens ne s'accordent pas ſur le pays où ils mettent une Nation.

FENOUILLEDES[d], (les) en Latin *Feniculetum*; petit pays de France au bas Languedoc vers les confins du Rouſſillon au pied des Monts & au Dioceſe d'Alet. St. Paul de Fenouillédes en eſt le ſeul lieu conſiderable.
[e] C'eſt une des anciennes dependances du Comté de Razez auſſi-bien que le pays de Sault. Louïs VIII. Roi de France donna en Fief l'an 1226. le pays de Fenouilledes à Nunno, Comte de Rouſſillon, qui à cauſe de ſon Comté étoit alors Vaſſal du Roi d'Arragon, comme il paroît par les Lettres de Louïs VIII. raportées à la fin de l'Ouvrage intitulé *Marca Hiſpanica*, où l'on voit auſſi celles de St. Louïs de l'an 1228. par leſquelles il confirma le don que ſon Pere avoit fait au Comte Nunno. Après la mort de ce Comte le pays de Fenouilledes fut réuni à la Couronne & par le Traité de 1258, non ſeulement Jaques Roi d'Arragon renonça à ſes droits ſur le Comté de Razez, mais auſſi à celui qu'il avoit ſur le territoire de Fenouilledes, de Sault & à celui de Pierre Pertuy, qui eſt ſur les confins du Rouſſillon & que le Comte Nunno avoit tenu en fief de Louïs VIII. & de St. Louïs, comme on le voit par les Lettres de ces deux Rois ci-deſſus citées.

[d] *Baudrand Ed. 1705.*
[e] *Longurus Deſc. de la France 1. part. p. 141.*

FER, l'ISLE DE FER. Voyez au mot ISLE.

FERABATH, ou FERH-ABAD, ou FARABATH, Ville de Perſe dans les Montagnes qui bornent la Mer Caſpienne au Midi; dans le Meſanderan Province du Kilan. Olearius[f] dit qu'on la nommoit autrefois TAHONA; qu'elle eſt belle & agréable & que Schac Abas la trouva tellement à ſon gré qu'il y paſſoit ſouvent l'hyver & lui fit donner le nom qu'elle a encore aujourd'hui; du mot Ferath qui

[f] *Voyages l. 4. p. 363.*

qui fignifie agréable. Il ajoute que tout le pays l'eft & que ceux qui difent qu'elle eft fi froide que les Fruits ont de la peine à y meurir, lui font grand tort, fi ce n'eft qu'ils entendent parler de fes Montagnes qui font en effet inhabitables. Mais la plaine eft fort peuplée & très-fertile, & fi agréable que les Perfans difent que c'eft le jardin du Royaume, comme les François le difent de la Touraine. Mr. de l'Ifle dans fa Carte de la Mer Cafpienne ne la marque point, mais une autre Carte nouvelle de cette même Mer [a] la marque par les 39. d. 46'. de latitude & 76. d. 12'. de longitude; au Levant de l'Abitore Riviere qui defcend d'Amola; la même Carte met au Levant de l'Embouchure de l'Abitore, & au Nord de Farabath un Cap nommé *Stierslan*.

[a] A Amfterdam chez Ottens.

FERACHIO, petite Ville fur la Côte Occidentale de l'Ifle de Rhodes. Quelques Géographes la prennent pour l'ancienne CAMIRUS, qui étoit une des trois principales de l'Ifle.

FERADIMAIENSIS. La Notice des Evêques d'Afrique nomme entre les Evêques de la Bifacene *Aurelius Feradimaienfis* [b], & Germain *Peradamienfis* [c]. Je crois que ces deux noms font corrompus de ces deux-ci: *Feraditana majoris*, & *Feraditana minoris*; qui aiant été écrits ainfi en abregé *Feradi. maj. Feradi. min.* quelque Copifte ne foupçonnant point d'abreviation, aura ajouté à ces mots qu'il n'entendoit pas, une terminaifon Latine de fa façon. Voyez l'article fuivant.

[b] No. 39.
[c] No. 31.

FERADITANA, il y avoit deux Siéges Epifcopaux de ce nom, dans la Bifacene Province d'Afrique. On les diftinguoit par les noms de grande, & de petite, *Feraditana Major*, & *Feraditana Minor*. La preuve en tire de la Conference de Carthage où dans la premiere Séance [d] affifta *Vincentianus Epifcopus Plebis Feraditana Majoris*; & dans la même féance [e] fe trouve *Felicianus Epifcopus Plebis Feraditana minoris*. On eft affuré que *Feraditana Major* étoit dans la Bifacene. Il eft bien vraifemblable que *Feraditana minor* y étoit auffi; car les Villes de même nom diftinguées par les furnoms de grande & de petite, étoient prefque toujours voifines & dans la même Province; finon on les diftinguoit par le nom de la Province où chacune étoit.

[d] CXVI.
[e] CXXXIII.

FERAH, Ville de Perfe felon Tavernier [f] qui après les Géographes Orientaux la met à 80. d. 15. minutes de longitude & 39. d. 15. de latitude. Cette Ville eft, dit-il, dans un bon terroir & très-ancienne, ayant été bâtie par Abdalla, fils de Taher du temps de Maimon Rechid l'un des Califes de Beni Abbas. La pofition lui permet pas de la confondre avec Ferabat, puifqu'ils la mettent au delà de l'Oxus; ou ce qui eft la même chofe dans la Tranfoxiane. Je ne le crois pas diferente de celle que Mr. d'Herbelot nomme FARAB. Voyez ce mot.

[f] L. 3. c. 14.

FERBA [g], petite Province d'Afrique, dans le pays des Négres près des Feloupes, & au Midi de la Riviere de Gambie.

[g] Baudrand Ed. 1705.

FERCALA, Habitation des Bereberes en Afrique dans le Bildulgerid. Ils font, dit Marmol [h], orgueilleux & mechans. Leurs Villages font le long d'une petite Riviere (la même dont j'ai donné un Article au mot FARCALA) à trente-quatre lieues pour le moins du grand Atlas du côté du Midi & à vingt de la Province de Sugulmeffe. C'eft un pays de Dates & de toutes fortes de fruits comme en Barbarie. On y arrofe les Arbres de l'eau de la Riviere le long de laquelle ils demeurent. Il y a peu de Bled dans cette contrée; mais il y a quelques troupeaux. Les habitans y font pauvres parce qu'ils font tourmentez des Arabes qui regnent dans ces deferts & de celui qui confine avec Dedez; mais ils fe piquent de valeur & font bons hommes d'Infanterie. Leurs habitations font nommées FERQUELA, fur les Cartes de Mr. de l'Ifle. Voyez FARCALA.

[h] Tom. 3. L. 7. c. 30.

FERDEN, ou VERDEN, ou FEHRDEN, les François retranchent l'N & écrivent FERDE, ou VERDE; en Latin *Verda*. Ville autrefois Epifcopale d'Allemagne, & maintenant Capitale d'une Principauté formée de l'Evêché fecularifé. Elle eft dans la Baffe Saxe fur la Riviere d'Aller qui fe jette un peu au-deffous dans le Wefer. C'eft un des Evêchez fondez par Charlemagne Roi de France & Empereur [i]. Ferden étoit autrefois Ville Imperiale; mais depuis elle fut tirée de la Matricule de l'Empire & foumife à fon Evêque auquel elle étoit fujette & à l'Adminiftrateur de cet Evêché; jufques à la Paix de Weftphalie qu'elle fut cedée au Roi de Suede avec l'Archevêché de Brême auffi fecularifé & reduit au titre de Duché. Ces deux Etats ont eu la même deftinée & les mêmes Maîtres dans la derniere guerre du Dannemarck avec la Suede; les Danois qui s'en rendirent maîtres en 1712. s'en accomoderent avec l'Electeur d'Hanover qui en eft refté en poffeffion. Mr. Baudrand qualifie cette Ville *Duché*; il devoit dire *Principauté*. Dans les Prelatures fecularifées les Archevêchez font devenus Duchez & les Evêchez ont été changez en Principautez. La Ville de Ferden eft partagée en deux Villes, la *vieille* & la *nouvelle*, quoique pourtant elle foit affez petite. Elle eft à fix milles d'Allemagne au-deffus de Brême vers l'Orient en allant à Zell, à moitié chemin de ces deux Villes, & à une égale diftance de Stade vers le Midi.

[i] Baudrand Ed. 1705.

La PRINCIPAUTÉ DE FERDEN, autrefois l'*Evêché de Ferden*, en Latin *Principatus Verdenfis*, petit pays d'Allemagne dans la Baffe Saxe, autour de la Ville de Ferden fa Capitale, entre les pays de Brémen, & de Brunswick & le Wefer. La Maifon de Brunswick qui le poffede maintenant & à laquelle il eft avantageux par fa fituation a fait plufieurs efforts pour l'acquerir. En 1676. elle s'en empara, mais elle le rendit à la Suede en 1679. par le Traité de Zell, excepté le Bailliage de Tedinghufen entre le Wefer & l'Aller qui demeura à la Maifon de Zell. Elle poffede maintenant tout entier, ce qui joint au Duché de Brême qu'elle a auffi acquis en même temps fait une importante augmentation à fes anciens Etats.

FERDINANDA. Voyez FERRANDINA.
FERDINANDI INSULA. Voyez ISLE.

1. FERE (la) en Latin *Fara*; petite Ville de France en Picardie dans la Thierache: elle eft fituée dans un Marais où la petite Riviere de

de Serre se joint à l'Oise. Le Cardinal Mazarin l'avoit fait fortifier & l'avoit rendue une des plus fortes places du Roiaume tant par les fortifications regulieres dont elle étoit revêtue que par les Ecluses qu'on y avoit faites pour inonder le pays. Toutes ces fortifications ont été démolies. Cette Ville a plusieurs époques memorables dans l'Histoire. Le Roi Eudes y mourut en 898. Colas Vice-Senechal de Montelimart la livra aux Espagnols; mais elle fut rendue à la France en 1597. ou plutot selon le P. Daniel en 1597. après un Siége fort opiniâtre. Il y a dans cette Ville un Moulin à Poudre où l'on en fabrique environ cent vint milliers par an.

2. FERE (la) Ville de France dans la Champagne pouilleuse, sur la Riviere de Pleurs qui tombe dans l'Aube entre Anglure & Planci; dans l'Election & Generalité de Chalons. Elle est comptée dans le [a] Denombrement de la France pour 371. feux. On la nomme par distinction la Fere Champenoise.

[a] T. 1. c. p. 104.

3. FERE (la) Ville de France en Champagne dans le Tartenois, d'où vient qu'on la nomme par distinction la Fere en Tartenois ou Tardenois. Elle est dans l'Election de Château-Thierri Generalité de Soissons entre Soissons & Châtillon sur la route de Braine à Château-Thierri & sur celle de Meaux à Rheims. Il y a Maitrise particuliere, les cinq grosses fermes & on compte delà vingt-deux lieues à Paris.

FERENTA, FERENTUM, FERENTINUM; ancienne Ville d'Italie. Diodore de Sicile [b] la met dans la Pouille, & dit Φερέντη. On lit dans Tite-Live [c] *Ferentani* pour les habitans de cette Ville. Son Commentateur Mr. Doujat [d] prétend que *Ferentum*, ou plutôt *Forentum* étoit une petite Ville ou un Bourg (*Oppidum*) de la Pouille Peucetienne un peu par delà Venuse, que le Vultur étoit entre ces deux places, mais qu'elle étoit encore plus près d'Acheronta. Il dit que c'est presentement [e] FORENZA. Il cite là-dessus Pline [e] & Etienne le Géographe qui ont nommé un peuple FORENTANI. Mr. de l'Isle [f] marque aussi ce lieu comme un Village & le nomme *Forentum*. On peut joindre à ces autoritez celle d'Holstenius qui dit que *Forentum* est presentement Forenza. Cependant outre l'autorité de Diodore raportée ci-dessus nous avons encore celle d'Horace qui a écrit la premiere syllabe par un E: voici ses vers [*], qui marquent de plus la situation de ce lieu.

[b] L. 19. c. 65.
[c] L. 9. c. 16.
[d] Ad usum Delph.
[e] L. 3. c. 5.
[f] Ital. ant. Tab.
[*] L. 3. Od. 4. v. 9.

Me fabulosa Vulture in Appulo,
Altricis extra limen Apuliæ,
Ludo fatigatumque somno
   Fronde nova puerum Palumbes
Texere, mirum quod foret omnibus
Quicumque celsa nidum Acheruntia,
Saltusque Bantinos, & arvum
   Pingue tenent humilis Ferenti.

C'est-à-dire, suivant la traduction de Mr. Dacier: Un jour que, las d'avoir joué avec des enfans de mon âge, j'étois accablé de sommeil sur la Montagne de Vultur hors des frontieres de la Pouille ma Patrie des Pigeons sauvages me couvrirent de feuilles toutes vertes. Ceux qui habitent la haute Acherontia, ceux qui demeurent dans les bois & dans les pâturages de Bantia & ceux qui sont dans la fertile valée de Ferente étoient saisis d'étonnement & d'admiration de me voir dormir sans danger &c. Ce passage fait voir que le Mont *Vultur* qui bornoit la Pouille & la Lucanie, *Bantia*, & *Ferentum*, étoient des lieux voisins mais tous furent témoins de son avanture. J'explique au mot. VULTUR pourquoi ce Poete dit que ce Mont étoit de la Pouille & pourquoi Horace ne laisse pas de dire hors de la Pouille sa Patrie.

FERENTIA. Voyez FERENTINUM 2.

FERENTINATES, nom Latin des habitans de *Ferentinum* dans le Latium.

FERENTINI, ou FORENTINI, habitans de *Ferenta* ou *Ferentum* dans la Pouille Peucetienne.

FERENTINO [g], Ville d'Italie dans l'Etat de l'Eglise & sur une Montagne de la Campagne de Rome avec un Evêché qui ne relève que du Saint Siege. Elle est près des Frontieres du Roiaume de Naples, à sept milles d'Anagni au Levant en allant vers Veroli dont elle n'est qu'à six milles & vers Alatri dont elle est à cinq milles & environ six de Frosinone vers le Septentrion.

[g] Baudrand Ed. 1705.

1. FERENTINUM, ou FERENTIUM, ancien Bourg d'Italie dans le Latium; suivant le Commentateur d'Horace publié par Cruquius, qui dit que ce lieu étoit sur la voye Lavicane à quarante-huit milles de Rome. Cet Auteur compte trois lieux nommez *Ferentinum*, à savoir celui-ci, un autre dans la Campanie & un autre dans la Toscane. Celui du Latium est designé dans le III. Livre par le [h] nom de ses habitans qu'il nomme FERENTINATES. La Table de Peutinger [i] le met à VII. milles d'Anagnia & à IV. de Fabrateria. Le nom de ses habitans selon Tite-Live [k] & Pline [l] est *Ferentinates*, mais les Poëtes ont pris la licence de l'abreger, témoin Silius Italicus dans ce vers:

[h] c. 5.
[i] Segm. 6.
[k] L. 9. c. 42.
[l] L. c.

Sulla Ferentinos, Privernatumque maniplos   L. 8. v. 394.
Ducebat.

Cette place [m] étoit d'abord aux *Hernici* dont le chef lieu étoit Anagnia & comme elle ne prit point de part à la guerre que ce peuple fit aux Romains, ceux-ci s'en étant rendus maîtres laisserent aux Ferentins la liberté de se gouverner par leurs propres Loix. Les Triumvirs y firent aller ensuite une Colonie sous le Consulat de L. Cornelius Merula & de Q. Minucius Thermus; l'an de Rome DLX. Ce lieu a toujours été peu de chose. On le nomme encore FERENTINO. Voyez ce mot. Il est nommé FERRETINO, dans les Cartes de Magin.

[m] Tite-Live l. c.

2. FERENTINUM, FERENTIA, MUNICIPIUM FERENTI & VERENTINUM, le premier de ces noms est de Suetone [n], d'Horace [o] &c. le second est de Ptolomée; le troisiéme de Vitruve [p]; le quatriéme est de Mr. de l'Isle [q]. On y pourroit ajouter *Colonia Ferentinensis* de Frontin [r]. Ce lieu qui a été le Siege d'un Evêché & dont il reste à peine quelques ruines auprès de Monte Fiascone entre Viterbe & Bolsena, dans le patrimoine de

[n] In Otton. c. 1.
[o] 1. Epist. 17. v. 8.
[p] L. 2. c. 9.
[q] Ital. ant. Tab.
[r] De Thusc. Col.

FER. FER.

de St. Pierre. Pline [a] le met au nombre des Bourgs de l'Etrurie, & Suétone aussi dans la Vie d'Othon [b], duquel la famille en étoit originaire. Voyez FERENTO.

FERENTO, Ville Episcopale d'Italie dans le Patrimoine de St. Pierre, à deux lieues de Viterbe. Elle fut ruinée par les Viterbiens l'an 1074. parce que les habitans étoient accusez d'heresie. Il n'en reste plus que quelques Maisons & l'Evêché a été transferé à Viterbe. Ce pretexte d'heresie est aussi raporté par Ortelius d'où Mr. Baudrand peut bien l'avoir pris. Mais le continuateur d'Ughelli [c] n'en allegue point cette raison, car après avoir parlé de quelques Evêques de ce lieu durant les V. & VI. siecles; il ajoute que dans la suite la Ville étant tombée en décadence le Siége Episcopal fut transferé à *Polymartium* (aujourd'hui Bomarzo) ce que l'on peut conclure de ce que Bonitus qui assista au Concile de Rome tenu l'an 649. est qualifié Evêque *Ferentos-Polymartio*. La Ville de Ferento ne laissa pas de subsister en quelque maniere jusqu'au XII. siécle, dit le même Auteur, & ce fut durant ce siécle que les habitans de Viterbe, lui faisant la guerre, la prirent & la détruisirent de maniére que la meilleure partie de ses habitans furent forcez de s'aller domicilier à Viterbe.

FERENTUM. Voyez FERENTA.

FERENZUOLA. Voyez FLORENTINUM.

FERGAN, en Latin *Fergana* ou *Ferganum*. Voyez FARGANAH. Cette même Province est nommée FERGALAH [d] dans la Description qu'Abulfeda a faite de l'Arabie heureuse.

FERH ABAD. Voyez FERABATH.

FERIA [e], Ville d'Espagne en Estramadure sur une Montagne escarpée, à la partie Meridionale de cette Province en tirant vers l'angle qui vient terminer le Portugal du côté de l'Andaloussie. Cette Ville dont Mr. Baudrand ne fait qu'un Bourg est sur la Guadaxira, à six lieues des Frontieres du Portugal en allant à Zafra. Mr. Baudrand dit qu'elle a titre de Duché; que quelques Auteurs la prennent pour l'ancienne Ville nommée VERIA & JULIA FAMA, que d'autres placent à Xerès de Guadiana. C'est une des Grandesses d'Espagne [f]. D. Laurent Suarez de Figueroa, Grand Maître de l'Ordre Militaire de St. Jacques l'acquit & en mourant vers l'an 1409, il la laissa à son fils aîné D. Gomez Suarez de Figueroa, lequel fut Pere de D. Laurent II. du nom & fut créé Comte de Feria en 1467. par Henri IV. surnommé l'impuissant, Roi de Castille. Laurent III. petit-fils de Laurent II. & troisiéme Comte de Feria épousa en 1518. Doña Catherine Fernandez de Cordoue, fille aînée de D. Pedro Fernandez de Cordoue, premier Marquis de Priego & Seigneur d'Aguilar, & par ce mariage, les Etats de Priego & de Feria furent unis & incorporez dans une même Maison. Ils en furent détachez après le decès de D. Pedro Fernandez de Cordoue & Figueroa fils aîné de D. Laurent III. & quatriéme Comte de Feria, lequel mourut en 1552. avant la Marquise de Priego sa Mere & ne laissa qu'une fille, laquelle ne pouvant succeder au Comté de Feria à cause que les femmes en sont exclues suivant l'institution de ce *Mayorazgo*, D. Gomez Suarez de Figueroa frere du defunt devint V. Comte de Feria & en fut créé Duc en 1567. par Philippe II. en consideration de ses services. Sa posterité finit avec la vie de D. Laurent Balthazar de Figueroa & Cordoue IV. Duc de Feria qui decéda sans alliance peu après son pere. Il eut pour Successeur D. Alphonse Fernandez de Cordoue & Figueroa, cinquiéme Marquis de Priego, son ayeul maternel qui descendoit de D. Alphonse Fernandez d'Aguilar Marquis de Villa Franca. Ce dernier étoit troisiéme fils de Doña Catherine de Cordoue, Marquise de Priégo, & du troisiéme Comte de Feria son mari, & aiant épousé sa niece fille de son frere aîné & heritiere de la terre de Priégo il en devint troisiéme Marquis, & eut posterité, laquelle réunit une seconde fois les Etats de Feria & de Priégo, par cette succession du V. Marquis de Priégo au IV. Duc de Feria. D. Loüis Ignace fils de celui-là, VI. Marquis de Priégo, & Duc de Feria fut honoré de la Dignité de Grand par Philippe IV. Il étoit grand-pere de D. Emanuel Fernandez de Cordoue huitieme Duc de Feria.

FERIMACO. Voyez FERMACO.

FERITOR, Riviére de la Ligurie selon Pline [g]. Le R. P. Hardouin croit que c'est la Riviere de LAVAGNA, qui tombe dans la partie Orientale de la Baye dont se forme le Port nommé *Portofino*, nom moderne diminué de l'ancien nom qui étoit *Portus Delphini*.

FERLA [h], (la) petite Ville d'Italie en Sicile dans la Vallée de Noto à vingt milles de Saragousse au Couchant.

FERMACO ou FERIMACO [i], petite Isle d'Asie dans l'Archipel à la côte de la Natolie & de la Province d'Aidinelli près de l'Isle de Gatonisi & de la Ville de Palatscia. Quelques Auteurs conjecturent qu'elle est l'ancienne Isle de LADE, ou celle de PHARMACUSA, près de laquelle Jules Cesar fut pris par des Pirates.

FERMANAGH, ou FARMANAGH [k], Comté d'Irlande dans la Province d'Ulster. Il a Monoghan à l'Est, Dunnegal au Nord-Ouest, Tyrone au Nord & au Nord-Est, Cavan au Sud, & Letrim au Sud-Ouest. Ce Comté a 28. milles de long sur 24. de large. C'est un pays de forêts & de marécages & l'on croit que le Lough Earne en occupe bien le tiers. Peu de temps après l'avenement de St. Anne I. à la Couronne le Chevalier Jean Verney, Baronet, fut créé Baron Verney de Belturbet & Vicomte de Fermanagh & ce fut premier Pair Irlandois de sa création. Ce Comté se divise en huit Baronies, à savoir celles de

Lurge,	Maghere,
Magheroboy,	Kienekelly,
Terokencdy,	Knocknie &
Canawly,	Coole.

Il n'y a qu'une seule Ville qui ait droit d'envoyer ses Députez au Parlement & pas une qui tienne un Marché public. Les principales sont

Tar-

Tarmon,
Balleck
Tully-Castle
Eniskilling,
&
Crom-Castle.

FERMENE, petite Isle de l'Archipel & la plus grande des deux Isles que les anciens ont comprises sous le nom de Delos, & que les modernes nomment Dili, nom corrompu de l'ancien & auquel pour une plus grande depravation ils ajoutent une S. qui jointe avec une terminaison Françoise acheve de le deguiser. Cette S. vient du Grec Εις; la plus grande étoit nommée Rhenée, en Grec Ρήνεια. Mr. Baudrand la nomme en Latin *Sdilla Major*; ce qui aparemment est un Latin des Matelots de l'Archipel. Il lui donne dix lieues de circuit & dit qu'elle est entierement deserte. Mr. de Tournefort [a] dit que l'une & l'autre de ces deux Isles, qu'il nomme Ecueils, sont tout à fait abandonnées & ne servent de retraites qu'à des Corsaires & à des Bandits. Voyez DELOS.

[a] Voyage du Levant Lett. 7.

FERMO, en Latin *Firmium*, ou *Picenium*, Ville de l'Etat. de l'Eglise en Italie, dans la Marche d'Ancone, sur la Montagne avec un Archevêché érigé en 1589. par le Pape Sixte V. Ceux qui ont la demangeaison de Francifer tous les noms l'appellent FERME. Elle est assez peuplée, avec un grand territorie environ à trois milles de la côte de la Mer Adriatique ou du Golphe de Venise; à vingt-cinq milles de Macerata au Levant d'hyver, autant d'Ascoli au Septentrion en tirant vers Lorete; & à cent trente de Rome. Lactance qui étoit de *Fermo*, (en Latin *Firmium*) en avoit pris le surnom de Firmien (*Firmianus*).

§. Mr. Corneille nomme PORTO FERMO, & Mr. Baudrand apelle *Fermo*, ou MONTE FERMO, un Bourg de la même Province, sur la côte du Golphe de Venise à une lieue Françoise ou trois milles d'Italie de la Ville de Fermo. Ce Bourg à l'Est Nord-est de la Ville & au Sud-est de l'embouchure de la Tenna est nommé *Porto Fermano*, dans les Cartes de Magin.

FERMOSA, Isle d'Asie. Voyez FORMOSA.

FERNAMBOUC, ou PERNAMBOUC. Voyez OLINDE, qui est le vrai nom de cette Ville du Brésil, Capitale de la Capitainie de PERNAMBOUC. Voyez aussi le nom, qui est celui que lui donnent les Portugais.

1. FERNANDINE, ou FERNANDINA, en Latin *Ferdinanda*. Mr. Baudrand [b] nomme ainsi en Latin une Isle qu'il dit être l'une des Philippines, dont il prétend que la Ville Capitale est nommée en Latin *Virganum*; à soixante lieues de Manille. Mais il ne dit point de quel côté.

[b] Ed. 1682.

2. D'une autre part Davity copié par Mr. Corneille dit que FERNANDINE, est une Ville des Indes située dans une petite Isle des Philippines peu éloignée de Manille. Il ajoute qu'elle est proche de la Riviere de Pangasinam qui va se decharger dans la Mer.

§. Une preuve que Mr. Baudrand n'étoit pas trop convaincu de l'existence de cette Isle, c'est que dans l'Edition de 1705, il n'en dit rien; & comme je ne sais aucun autre Géographe qui en ait parlé il faut attendre des preuves plus sures de sa position. Ce que dit Davity est plus réel, mais peu exact. *Fernandine*, ou, comme l'écrit Mr. de l'Isle, FERDINANDINE, est une Ville sur la côte Occidentale de l'Isle de Luçon ou de Manille, la plus grande des Philippines vers le Nord de l'Isle assez près de l'embouchure de la Riviere de Bigan. Le nom que Davity donne à la Riviere est celui d'un Canton qui est plus vers le midi sur la même côte. Cette Ville est par les 138. d. de longitude & par les 17. d. 30'. de latitude Nord. Gemelli Careri [c] dit que cette Ville fut fondée en 1574. par le Gouverneur Guido de Laccazarris Successeur de l'Adelantado, dans la Province d'Iloccos l'une des plus peuplées & des plus riches de l'Isle. La Riviere de *Bigan*, de laquelle cet Auteur fait aussi mention, pourroit bien avoir été changée en une Ville nommée *Virgan*, & la Ville en une Isle dans quelque mauvaise relation, qui auroit ensuite trompé Mr. Baudrand.

[c] Voyage T. 5. p. 81.

FERNE, Mr. Baudrand dit que c'est une petite Riviere de Syrie, qu'elle a sa source au Mont Liban & se divise en plusieurs branches dont l'une passe aux murailles de la Ville de Damas, une autre la traverse, une troisiéme arrose ses Campagnes du côté du Nord. Ses eaux, dit le même Auteur, se perdent en partie dans un petit Lac à l'Orient de cette Ville, en partie dans la Campagne qu'elles rendent très-fertile. Voyez ABANA, BARADI & CHRYSORHOAS.

FERNES, FEARNES, FEARNS ou FERNS, petite Ville de Bourg d'Irlande, dans la Province de Linster au Comté de Wexford. Elle est vers les parties Septentrionales & n'est remarquable que par son Evêché. Et quoique Mr. Baudrand dise que cet Evêché a été uni à celui de *Lagh-Lin* depuis 1600; cependant cet Evêché subsiste, & l'Evêque de Fearns est un des trois suffragans de l'Evêché de Dublin qui ont été conservez dans la reduction des Evêchez d'Irlande faite par les Protestans.

FERO, ou FARRE; Isles de l'Océan Septentrional ou Caledonien au Nord des Westernes & de l'Irlande en allant vers l'Islande. Les anciens les ont connues sous le nom de GLOSSARIÆ, dans l'Océan Caledonien, ce sont des dependances de la Norwege, & par cette raison elles dependent du Roi de Dannemarck. Il y en a 24. à savoir douze grandes & douze plus petites. Les principales selon le P. Coronelli [d] sont Stromo, Borde, Ostro & Sando, & selon lui, les autres forment une espece de Couronne à l'entour, celles de ce second rang sont à commencer au midi Monnichsambi qui est plutôt un écueil qu'une Isle, Stoerdiner, Scaulo, Mulfo, Colfter, Moggenes-holm, Moggenes, Wage, Calso, Cunno, Widro, Failo, & Bischop-Farro la plus Septentrionale. Mr. Baudrand fournit d'autres noms. Selon lui les principales sont Strummo, Sudro, Ostro, Bordo, Sando, Moggenes & Wage. Outre les douze plus grandes il y en a douze autres plus petites, mais elles n'ont aucunes places considerables; on y voit seulement quelques Bourgs comme Lonen, Wage, Suvino, & Calfortgreve. Mr. d'Audifret [e] y nomme aussi Widro. Il ajoute que l'air y est si bon que beaucoup de gens

[d] d'Isolar. 2. part. p. 24.

[e] Geog. 5. T. 1. p. 332.

gens y vivent jufqu'à l'extrême vieilleffe. Les Habitans ont, dit-il, pour nouriture une forte de pain qui fe peut garder trente ou quarante ans. Il eft d'orge & d'avoine qu'on pétrit enfemble & que l'on fait cuire entre deux cailloux creux. Plus il eft vieux plus le goût en plaît; auffi en garde-t-on très-long temps pour les feftins, & dans celui qui fe fait à la naiffance de quelque enfant il n'eft point rare que l'on mange de cette forte de pain qui a été cuit à celle de fon grand Pere. Les habitans font fujets de même que les Irlandois à une efpece de petite verole periodique qui revient de vingt ans en vingt ans, mais on n'y voit point regner les fievres ni le fcorbut qui caufent de grandes mortalitez dans les autres pays Septentrionaux. Cet Auteur fe trompe pour la latitude de ces Ifles, car il les met entre le 51. & le 61. degré de latitude; au lieu que la plus meridionale eft au delà du 61. d. Mr. Baudrand dit qu'elles font au Couchant d'Eté de l'Ecoffe; au lieu de dire qu'elles en font au Nord Nord-oueft, fous le même meridien qu'Armagh en Irlande pour les plus Orientales, c'eft-à-dire, par les 10. d. de longitude pour la pointe boreale de Suidro. Elles occupent tout le 62. d. de latitude dans leur longueur. Le P. Coronelli [b] dit apparemment par diftraction qu'elles font entre l'Ecoffe & les Orcades. Il devoit dire entre l'Iflande, & les Ifles de Schetland.

De l'Ifle Atlas. 6 L. c.

1. FERONIÆ FANUM, on lit dans une des infcriptions du Recueil de Gruter ces paroles *Petra Sancta olim Fanum Feroniæ*; cela a fait naître à Cluvier la penfée que le Bourg de PIETRA SANTA, étoit ce Temple de Feronia. Ce Bourg fe trouve fur la Riviege de Verfiglia en Tofcane entre l'Etat de Luques & celui de Maffa. Ce qui femble confirmer la conjecture de Cluvier. Le traducteur Latin de Ptolomée met *Lucus Feroniæ*, ou le bois de Feronia entre le Promontoire de la Lune aujourd'hui Cap de Spezza & Mercator l'a mis auffi dans les Cartes dreffées fur Ptolomée, mais le Grec n'a rien de pareil.

2. FERONIÆ FANUM, Temple de Feronie, en Italie entre les Veiens & le Tibre dans le territoire de Capene, comme on le prouve par plus d'un paffage de Tite-Live [c]: il l'appelle tantôt *Lucus* tantôt *Fanum Feroniæ*, parce qu'il y avoit un bois & un Temple: il raconte [d] de quelle maniere Annibal pilla ce Temple. Delà, dit cet Hiftorien, Annibal alla au bois de Feronia où il y avoit alors un Temple celebre pour fes richeffes. Les habitans de Capene & ceux des environs qui y alloient porter les premices de leurs fruits & y confacrer des offrandes à proportion de leurs biens, l'avoient enrichi de beaucoup de dons d'or & d'argent. Annibal le ravagea, & en empoïta toutes les richeffes. Strabon [e] diftingue en ce lieu une Ville qu'il nomme fimplement FERONIA, & qu'il met fous le Mont Soracte; & un *bois de Feronia* où demeuroient des Prêtres dont il décrit les fuperftitions. Leandre [f] qui les raporte auffi croit que le nom moderne de ce lieu eft LE BOURG DE S. SILVESTRE. Il y a de la difficulté à accorder ici Tite-Live & Strabon, car le premier met *Feroniæ Fanum* ou *Lucus*, auprès de Capene & le fecond, au-deffous du Mont Soracte. Or de Capene à cette Montagne il y avoit plus de dixhuit milles Romains; Mr. de l'Ifle dans fon ancienne Carte des Provinces qui font au milieu de l'Italie, prefere l'autorité de Tite-Live, & place *Lucus* ou *Fanum Feronia*, au midi & environ à deux mille fix cens pas de Capene fur la lifiére Orientale de la forêt Ciminus, prefque la pareille diftance & à l'Occident de la route qui alloit de Faleres à Almeria. Mr. Danet a pris mal à propos ce Temple ou bois de Feronia pour celui qui étoit auprès de Terracine; en raportant à ce dernier ce que Strabon dit des Preftiges que faifoient les Prêtres devouez au culte de Feronia, à favoir qu'ils marchoient pieds-nuds fur des brafiers fans recevoir aucune atteinte du feu, quoique Strabon le dife des Prêtres du Temple ou bois qui étoit auprès de Faleres; c'eft-à-dire, dans l'Etrurie. Mr. Danet [g] fait une autre faute d'exactitude en ce qu'il attribue ces preftiges à ceux qui offroient quelques facrifices à la Déeffe Feronie, au lieu qu'il paroît par les paroles que cela n'arrivoit qu'à quelques perfonnes particulieres & qu'elle fembloit privilegier par cette marque de diftinction, & il dit que cette merveille attiroit tous les ans une grande multitude de fpectateurs. Les Prêtres qui avoient intérêt d'entretenir cette fuperftition étoient plus propres à cette farce après quelques preparations fecrettes que le peuple qui en devoit être la dupe. Mr. Corneille [h] a copié l'Abbé Danet.

e L. 26. c. 4. & l. 33. c. 26.
d L. 26. c. 11.

e L. 5. p. 226.

f Defc. di tutta Ital. p. 74.

g Dict. des antiquitez.

h Dict.

3. FERONIÆ FANUM, l'ancien Scholiafte d'Horace dit que le Temple de Feronia étoit à trois milles de Terracine. Horace lui même approuve cette diftance dans ces vers,

Millia tum pranfi tria repimus: atque fubimus,
Impofitum faxis latè candentibus Anxur.

L. 1. Sat. 5. v. 25. & 26.

Anxur & *Terracine* font deux noms de la même Ville felon Pline [k]. Ce Temple ou étoit auffi un bois confacré à la même déeffe étoit entre la Mer & la grande route de Terracine à Fondi; dans le pays des Volfques à l'extremité & tout joignant le territoire de Fondi.

k L. 3. c. 5.

FERONIÆ FONS. Auprès du Temple de Feronia dont il eft parlé dans l'article precedent il y avoit une fontaine ou un ruiffeau. Horace dit:

Ora, manufque tuâ lavimus, Feronia, lymphâ.

L. 1. Sat. 5. v. 24.

Voyez l'article fuivant.

FERONIÆ LACUS. C'eft-à-dire, le *Lac confacré à la déeffe Feronia*, Lac que les Italiens nomment prefentement LAGO DI FERONE; felon Mr. Baudrand qui le met dans la Campagne de Rome à une lieue de Terracine; ce qui revient au même que les trois milles pas d'Horace; ce Lac ne fe trouve ni dans les Cartes de Magin, ni dans la defcription de Leandre. Ces deux Auteurs font, pour le dire en paffant, ce qu'il y a de plus détaillé pour l'Italie: il pourroit bien de même que la Fontaine de Feronie de Cellarius n'avoir qu'une même source dans les vers cité d'Horace dans l'article precedent.

FERONIÆ LUCUS. C'est-à-dire, le *Bois consacré à la deesse Feronie*. J'ai remarqué dans les articles precedens que les Temples (*Fana*) de Feronie avoient chacun un bois sacré. Virgile le dit expressément du troisiéme

L. 7. v. 799.
>... *Queis Juppiter Anxurus arvis Præsidet, & viridi gaudens Feronia Luco.*

Tite-Live dans les passages citez le dit assez du second.

FERONTIANENSIS. Voyez FORONTONIANENSIS.

b Baudrand

FERRANDINE*b*, en Latin *Ferrandina & Ferdinanda*; petite Ville avec titre de Duché au Royaume de Naples dans la Basilicate sur le Basiento. Elle fut bâtie par Ferrand Duc de Calabre, fils du Roi Alphonse II. qui lui donna son nom. Elle est près de la Riviere de Basiento, à douze milles de Matera au midi & à dixhuit de la côte du Golphe de Tarente à l'Occident.

FERRARE, Ville d'Italie Capitale du Duché de même nom, dans l'Etat de l'Eglise. Cette Ville seroit ancienne s'il étoit vrai que, ce fût la place que Tacite nomme FORUM ALLIENI, ou ALIENI, comme de savans Géographes l'assurent sur des preuves que Cel-

c Geogr. ant. l. 2. c. 9.

larius *c* ne donne que pour ce qu'elles vallent. Mr. Misson dans son memoire pour les voyageurs ne convient pas de cette Antiquité. Fer-

d Voyage d'Ital. T. 3. p. 182.

rare, dit-il, *d* ne manque pas de gens qui la font naître peu après le deluge, mais il me semble qu'on a fort bien prouvé que ce n'a jamais été qu'un Village avant Smaragde second Exarque de Ravenne qui l'environna de murailles vers la fin du VI. Siécle; & qu'elle n'a porté le titre de Ville que sous le Pontificat de Vitalien, près de cent ans après. L'Empereur Frederic II. voulant chagriner ceux de Bologne fonda une université à Ferrare, mais cette université est presentement reduite à un College

Ibid. Tom. 1. p. 290.

de Jesuites. *e* Les ruës de la Ville sont belles, droites & larges, & si longues que quelques-unes sont à perte de vûë. La grande place, outre le beau Palais dont elle est presque toute environnée, a pour ornement deux statuës de bronze haut élevées, de deux Princes de la Maison d'Est, qui ont voulu que les coupables de quelque crime, qui se refugieroient à vingt pas de l'un ou de l'autre, fussent en sureté: l'un de ces Princes est assis au milieu de quatre petites figures aussi de bronze, & l'autre est monté sur un cheval de même matiere. Ils sont proche de la place de la porte neuve, en laquelle il y a de belles maisons. Celle de Ville est la plus considerable. Elle servoit autrefois de Palais aux Nobles. Ce qui donne le plus d'éclat à la grande place, c'est le Dôme dont le portail se fait admirer par sa structure; il y a trois rangées de Colomnes qui le soûtiennent, & qui sont entre mêlées de petits portiques les uns sur les autres, qui font paroître cette Eglise magnifique & fort ancienne. D'abord qu'on y entre, on est surpris de voir les peintures & les ornemens de ses Chapelles; le pavé est tout de marbre & cette Eglise renferme les sepulchres de plusieurs Ducs, & dans

f Corn. Dict.

une Chapelle ceux de quatre Evêques de Ferrare avec leurs figures de marbre au-dessus. Le Tombeau de marbre du Pape Urbain III. est dans le Chœur. Le maître Autel & les fonds baptismaux ont des beautez qui meritent d'être vûës. Dans la même place est un ancien Palais qui est proche de la porte du quartier des Juifs, qui occupent dans Ferrare toute une grande ruë fermée de portes en façon d'une petite Ville. Entre les Eglises celle de St. Paul, est l'une des plus considerables par ses belles peintures, ses Tombeaux & ses Cloîtres soûtenus de Colomnes. Ce sont des Carmes qui la gouvernent. Dans le Chœur sont representez en trois quadres le Martire de St. Paul, sa Conversion, & l'adoration des Mages. l'Eglise du St. Esprit, bâtie en Croix & desservie par des Recolets, est d'une sort belle Architecture, & paroît aussi large que longue, tant les aîles en sont regulieres: ses Chapelles sont grandes & fort ornées. L'Eglise de *Santa Maria del vado*, des Theatins est grande & belle, &, quoiqu'elle ne soit ornée, ni de peintures ni de dorures, elle ne laisse pas de paroître beaucoup, tant pour sa blancheur que pour la délicatesse de sa structure. Celle de St. François, de St. Dominique, & de St. Benoît, meritent aussi la curiosité des voyageurs. La premiere à cause des pilliers qui la soûtiennent, entre lesquels il y a des statuës de marbre élevées sur des piedestaux, & qui representent diverses vertus; la seconde pour ses belles Chapelles, & pour les Tombeaux de Jean-Baptiste Cintio Giraldo, très-éloquent en son temps dans la langue Italienne: de Gasparo, & d'Alessandro Sardi, celebres Historiens; de Peregrino Prisciano, qui a composé l'Histoire de Ferrare, & de quelques autres qui se sont signalez par leurs ouvrages. Quant à l'Eglise des Benedictins, elle est estimable pour sa grandeur & pour le superbe Tabernacle de son Maître-Autel soûtenus de colomnes cannelées, accompagnées de figures des Saints du même ordre. Ce Monastere a des jardins fort spacieux, qu'on peut comparer à ceux d'Urbain. L'Eglise des Chartreux est un somptueux Edifice, tant pour sa grandeur & sa structure que pour le grand nombre de ses Chapelles, qui sont toutes ornées de peintures très-exquises. Au fond de l'Eglise derriere le Chœur, il y a un Saint Roch fort estimé. Au milieu dans une Chapelle qui est à main droite, est representé le jugement, & vis-à-vis dans une autre, l'Ascension. Le Couvent des Religieux est magnifique, il fut fondé il y a environ deux cens ans par un Marquis d'Est dont le Tombeau est dans le Cloître, entouré de colomnes avec une couverture qui le garantit des injures du temps. Leur Maison est considerable tant pour la brique dont elle est bâtie, que pour son Cloître qui est tout environné de Colomnes. Le Pape a son Légat à Ferrare, chef de la Justice & de la Police du Païs. Ce Légat demeure dans l'ancien Château des Ducs, muni de quatre Tours quarrées, jointes par quatre grandes aîles, qui ferment une Cour quarrée de belle étenduë, ornée de plusieurs galeries, de quelques figures de marbre, & de belles peintures qui representent la Genealogie de la Maison d'Est. Les armes

armes de cette illuftre maifon font élevées en marbre fur la façade de ce Château, au deffus de la grande porte, où aboutit le grand pont levis, pofé fur les foffez à fond de cuve qui l'environnent. L'eau du Canal qui entre dans la Ville remplit ces foffez, & c'eft fur ce Canal que l'on s'embarque pour aller jufques au Pô à trois milles delà. On voit un autre Palais, appellé *le Palais des Diamans*, parceque les pierres de marbre blanc dont il eft bâti font taillées en dehors comme des Diamans en pointe; le dedans n'eft rien moins que ce que promet la façade. Sur cette defcription on pourroit croire que Ferrare eft une des plus floriffantes Villes d'Italie; néanmoins les relations les plus recentes n'en donnent pas cette idée. Ferrare, dit Mr. Miffon[a], eft fort grande & affez belle quoique deferte. Quelques-uns difent quelle fut appellée Ferrare *quafi fere aurea* à caufe de la richeffe de fon commerce; mais cette Etymologie eft fans doute un jeu trouvé après coup par quelque oifif, & aujourd'hui felon le même voyageur tout y eft pauvre & defolé d'une maniere à faire pitié, & cette Ville a plus de maifons que d'habitans. Cette Ville étoit autrefois très-peuplée à caufe de la Cour des Ducs de Ferrare qui la faifoit fubfifter; mais depuis qu'avec le Duché elle a paffé fous la domination du St. Siége qui n'y entretient qu'un Legat, elle eft dechue & decheoit encore tous les jours de fon ancienne fplendeur. Sur la fin de 1597. le Duché de Ferrare faute d'heritiers mâles retourna aux Papes fous le Pontificat de Clement VIII. qui fit bâtir une Citadelle qui couta, dit-on, deux millions d'écus d'or. Elle eft encore en fort bon état; Ferrare a eu auffi beaucoup à fouffrir de diverfes facheufes conjonctures; & on remarque que l'an 1570. Ferrare fouffrit en quarante heures de temps cent foixante fecouffes de tremblemens de terre & fut prefque toute détruite. Cette Ville eft felon les obfervations à 44. d. 54'. de hauteur du Pole & eft de 9. d. 26'. plus Orientale que Paris.

Entre les Illuftres dont elle a été la Patrie on Comte Gui Bentivoglio negociateur, hiftorien & Cardinal fameux, né en 1579. fait Cardinal en 1620. après fa nonciature de France & mort peu après fon patron Urbain VIII. dont on avoit penfé à le choifir Succeffeur. Louïs Ariofte Poete celebre entre les Italiens, mort en 1533. Jean Baptifte Guarini mort en 1613, & dont on a des Poefies Italiennes très-eftimées entre lefquelles la Paftorale intitulée il Paftor fido tient le premier rang. L'Evêque de Ferrare ne releve que du St. Siége.

LE DUCHÉ DE FERRARE, ou LE FERRAROIS; les Italiens difent IL FERRARESE, Province de l'Etat de l'Eglife en Italie; elle fait partie de la Romagne vers l'embouchure du Pô. Elle avoit autrefois fes Ducs particuliers de la Maifon d'Efte, qui poffedoient auffi les Duchez de Modène & de Reggio. Elle étoit alors divifée en deux parties favoir le Duché de Ferrare & le Polefin de Rovigo: mais vers l'an 1500. la Republique de Venife s'empara du Polefin de Rovigo qu'elle a toujours gardé depuis ce temps-là; & Alphonfe II. dernier Prince fils legitime de la Maifon d'Efte étant mort l'an 1597. fans heritiers mâles, celui qui

[a] L. c. T. 1. p. 289.

fe prefentoit pour fuccéder en qualité d'heritier étoit Cefar d'Efte fils d'Alphonfe d'Eft Marquis de Montechio; mais comme le Pere de ce Succeffeur étoit né d'un mariage clandeftin contracté par Alphonfe I. avec une Bourgeoife de Ferrare après la mort de fa premiere femme, le Pape declara le fils inhabile à fuccéder au fief de Ferrare qu'il réunit à la Chambre Apoftolique qui en a joui depuis ce temps-là; & Céfar fut trop heureux que Charles V. lui donnât l'inveftiture de Modene & de Reggio qui forment depuis ce temps-là un état Souverain diferent du Ferrarois avec lequel il n'a plus rien de commun. Ainfi il eft important de diftinguer les dates; car elles font voir la diference qu'il y a entre les Etats des Ducs de Ferrare, & le Ferrarois d'aujourd'hui. Ce dernier eft prefentement borné au Nord par le Polefin de Rovigo, au couchant par le Duché de Mantoue, au midi par le Boulonnois & la Romagne propre, & à l'Orient par le Golphe de Venife. Tout le pays eft fort fertile; mais bas & marécageux. Ses parties font le Polefin d'Ariano, le Polefin de Ferrare, le Polefin de St. George, Vallées de Commachio, on y trouve auffi vers le midi celle de Marare & celle de Maremorto. C'eft apparemment, d'après les bornes prefentes que l'Auteur des Remarques inferées après le Voyage de Mr. Burnet affure [b] le Duc de Ferrare n'a jamais été qu'un petit Prince, parce, dit-il, que fon état n'eft pas fort grand. Cependant, pourfuit-il, il y a eu plufieurs Ducs qui regnoient il y a 150. ans & depuis, (c'eft-à-dire, dans le XVI. fiécle) qui faifoient belle figure & tenoient un rang confiderable parmi les Princes d'Italie. Leur état étoit extremement peuplé & comme le terroir eft fertile & qu'il étoit bien cultivé, le Prince tiroit des revenus confiderables, & avoit une fort belle Cour. Il faloit ajouter que le territoire étoit auffi beaucoup plus grand; puifque le Polefin de Rovigo, les Etat de Modene, & de Reggio, font des demembremens de l'Etat que poffedoient les Ducs de Ferrare. C'eft comme fi un jour les Etats de Savoie, de Piemont, de Montferrat & autres qui font à prefent fous un même Souverain, venant à être détachez l'un de l'autre, quelqu'un jugeant des forces de Victor Amedée, les mefuroit fur l'étendue de la feule Province de Savoye reduite aux bornes de la Savoye propre. Le même obfervateur s'accorde avec toutes les relations fur le deperiffement de fon pays & il en donne pour raifon le changement de gouvernement. [c] Le Polefin eft, dit-il, un des meilleurs terroirs d'Italie, que les Venitiens en poffedent eft très-bien cultivé & fort peuplé & c'eft une de leurs meilleures petites Provinces. Dès que vous avez paffé le grand bras du Pô qu'on appelle le Langofcouro qui fait la feparation de la partie du Polefin qui appartient aux Venitiens d'avec celle qui appartient au Pape, quoique le terroir de l'une & de l'autre foit entierement femblable, on voit en friche la plus grande partie des terres du Polefin de l'Etat Ecclefiaftique. Vous voyez l'herbe fecher & pourrir fur les prez, parce que perfonne ne prend foin de les faucher, & vous paffez dans

[b] P. 511.

[c] P. 511.

36 FER.

a Burnet Voyages p. 194.

de grands Villages dont les maisons sont toutes desertes & où il n'y a pas un seul habitant. [a] Les habitans interrogez pourquoi un si beau & si fertile pays n'est ni habité, ni cultivé comme il devroit l'être, repondent que c'est à cause que l'air y est devenu très-mal sain & qu'on n'y peut pas vivre long-temps. Mr. Burnet [b] croit au contraire que ce pays n'est devenu mal sain que par le manque d'habitans, parce que ne se trouvant pas assez de monde pour ameliorer les terres & pour tenir les fossez nets, il arrive dela que tout est plein d'eaux croupissantes & de boues qui infectent l'air. Il aime mieux attribuer le depeuplement de la Ville & du Duché de Ferrare à la constitution du gouvernement sous les Ecclesiastiques. Lui & les autres Protestans qui ont voyagé en Italie, & donné leurs relations au public ne manquent gueres ces sortes d'occasions de décrier la domination du St. Siége, & ils semblent n'avoir passé à Ferrare que pour y prendre le pretexte de copier ces sortes d'observations, qui se retrouvent fidellement repetées dans les voyages de diferens Auteurs.

b Ibid.

1. FERRARIA, nom Latin de FERRARE.

2. FERRARIA, bourgade de l'Isle de Sardaigne, à XIII. milles de Cagliari selon Antonin [c], en allant le long des côtes Orientales de l'Isle sur la route de Cagliari à Tibula. Il y a bien de la vrai-semblance que cette bourgade a pris ce nom des mines & des forges de fer; qui fournissoient beaucoup de ce metail; & Rutilius dans son Itineraire [d] où il loue l'acier de l'Isle d'Ilva dit que celui de la Norique & du Berri ni même celui que l'on tire de Sardaigne, n'est ni meilleur ni plus abondant.

c Itiner.

d L. 1. v. 351. & suiv.

Occurrit chalybum memorabilis Ilva metallis
Quâ nihil uberius Norica gleba tulit.
Non Biturix largo potior strictura Camino,
Nec quæ Sardonio cespite massa fluit.

Quoique dans ce passage le nom de cette mine ne soit pas exprimé il y est assez désigné. Mr. De l'Isle dans sa Carte de l'ancienne Italie marque ce lieu au couchant d'été de Calaris (aujourd'hui Cagliari) sur le chemin de cette Ville à Scarcapos (aujourd'hui Sorabos) lieu situé à l'embouchure de la Riviére Seprus (aujourd'hui Sepro.) Antonin compte vingt milles de Sarcopos (c'est ainsi que portent les Editions de Surita & de Bertius.) à Ferraria & treize de Ferraria à Calaris.

e L. 2. c. 7. Edit. Vossii.

3. FERRARIA. Mela [e] nomme ainsi un Promontoire d'Espagne dans le Golphe de Valence (in Sucronensi sinu), vis-à-vis duquel il dit qu'est située l'Isle d'Ebuse. Pierre de Medina cité par Ortelius dit qu'on le nomme en Espagnol SEGARRA; il est vrai-semblable comme le croit Florian que c'est le même Cap que Pline nomme DIANIUM [f]. Et en ce cas c'est le même que l'on nomme presentement PUNTA DEL IMPERADOR ou CABO MARTIN.

f L. 3. c. 5.

4. FERRARIA, ou FERRARIÆ. Voyez FERRIERES 1. 2. 3.

§. Tous ces noms comme je l'ai insinué dans un des articles precedents, tirent leur origine, ou de quelque Mine de Fer qu'il y a eu auprès de ces lieux là ou du moins de quelque forge remarquable.

FERRARIUS PORTUS. Voyez au mot PORTO, l'Article PORTO FERRAIO.

FERRATUS MONS, ancien nom d'une Montagne d'Afrique dans la Mauritanie. Ammien Marcellin [g] dit que Tubusuptum étoit attenant cette Montagne; on sait d'ailleurs que cette place étoit de la Mauritanie Sitifense; comme je le prouve dans son Article. Cette Montagne est marquée dans la Table de Peutinger entre Rusuccurrum & Saldæ, & s'il n'y a point d'erreur dans les chifres elle a plus de quatre vingt milles de longueur.

g L. 29.

FERREA PORTA. Ortelius trouve dans Hegesippe [h] qu'Alexandre mit une porte de fer à un endroit escarpé du Mont Taurus. Ortelius croit que c'est DERBENT. Voyez aux Articles DEMIR CAPI, DERBENT & PORTE.

h L. 5. c. 50.

FERREA REGIO. Voyez SIDERAS.

FERRETE, selon les François & PFIRTH selon les Allemands, petite place autrefois de l'Allemagne & presentement de la France; à la source de la Riviere d'Ill, avec un Château & un Comté qui portent le nom de Ferrete. Le Comté de Ferrete est la même chose que le Sundgaw propre. Voici ce que dit tant de la place que de ce Comté Mr. l'Abbé de Longuerue qui en a très-bien debrouillé l'histoire. Ferrete est un bourg au-dessous d'un Château de même nom à deux grandes lieues de Bâle. Ses premiers Seigneurs ont été les Comtes de Montbeliard durant 100. ans; après cela ces Comtez furent separez, comme dit Alberic dans sa Chronique à l'an 1158, où il nous apprend qu'Etienne de Bar Evêque de Metz, avoit eu trois freres Comtes, Thierri Comte de Montbeliard, Renaud Comte de Bar, & Frederic Comte de Ferrette, qui fut pere de Louïs Comte de Ferrette.

Longuerue Desc. de la France part. 2. pag. 243.

Ceux de cette Maison ont joüi de ce Comté comme Feudataires de l'Empire jusqu'à l'an 1271. Ce fut alors qu'Ulric, du consentement de son fils Thibaud, vendit son Comté de Ferrette à Henri de Neuchâtel Evêque de Bâle, pour 850. marcs d'argent. Ce Prelat avoit déja une forêt entre l'Ile & le Rhin, avec un territoire assez grand, & qui avoit été donné à son Eglise de Bâle l'an 1004. par l'Empereur S. Henri.

La vente faite par le Comte Ulric, fut à condition que les choses vendües demeuroient en proprieté au Comte & à ses descendans mâles, qui les tiendroient en fief des Evêques de Bâle; & qu'en cas que leur posterité masculine vînt à manquer, le tout seroit réüni à la Manse Episcopale. Le dernier Comte de Ferrette donna de son vivant une partie de ses propres à l'Evêque Gerard de Wippingen.

Ce Comte mourut l'an 1371, ne laissant qu'une fille nommée Jehannette qu'il avoit mariée à Albert le sage Duc d'Autriche; leur fils Rodolphe d'Autriche demanda le Comté de Ferrette à Jean de Sennen Evêque de Bâle qui n'osa le lui refuser, & il le lui accorda pour le tenir en fief de l'Eglise de Bâle.

Le

FER.   FER.   37

Le Comté de Ferrette, est pour la plûpart beau & fertile. Les François s'étans rendus maîtres du païs de Suntgau le feu Roi Louïs XIV. voulant recompenſer les grands ſervices du Cardinal Mazarin ſon premier Miniſtre, lui donna & à ſes Succeſſeurs & aïans cauſe, en pleine proprieté le Comté de Ferrette, avec ſes Bailliages & les Seigneuries annexées qui ſont ſituées dans ce païs, ne ſe reſervant que la Souveraineté & le haut Domaine.

Le Cardinal donna tout cela à ſa Niéce Hortenſe Mancini, qui épouſa Charle de la Porte, qui prit le nom de Duc de Mazarin. Son fils jouit encore aujourd'hui de ces grands Domaines, que la France a païé ou recompenſé à la Maiſon d'Autriche de la ſomme de trois millions de livres. Le Roi s'eſt reſervé le reſſort des Juſtices du païs, dont les appels ſont relevez au Conſeil Roïal d'Alſace, qui eſt à preſent établi dans la Ville de Colmar, & auquel toute la haute & la baſſe Alſace ſont ſoûmiſes avec le Suntgau.

a Baudrand Ed. 1705. 1. FERRIERES[a], petite Ville de France au Gatinois ſur la Riviere de Clairy qui ſe rend peu après dans le Loing aux confins du Senonois & à deux lieues de Montargis au Septentrion en venant à Paris dont elle eſt à vingt trois lieues.

Ibid. Il y a à Ferrieres une ancienne Abbaye de l'Ordre de St. Benoît fondée par Clovis I. Roi de France & nommée anciennement BETHLE'EM, parce qu'il y avoit dans ce monaſtere une Chapelle nommée *Bethléem* dediée à la Sainte Vierge. [c] Cette Abbaye eſt du Dioceſe de Sens; & a eu des Abbez très-illuſtres *e Abregé de l'hiſt. de St.Benoît.* comme Alcuin, St. Aldric ou Audri Evêque de Sens, & Loup dont les œuvres ont été publiées par Mr. Baluſe ſous ce titre *Beati Servati Lupi Presb. & Abbatis Ferrarienſis ordinii St. Benedicti Opera.* Cette Abbaye eſt aujourd'hui à la preſentation de M. le Duc d'Orleans comme étant ſituée dans ſon Appanage.

2. FERRIERES, petite Ville de France en Provence à la bouche de l'étang de Martigues près de l'Iſle de Martigues à ſept lieues d'Arles au Levant en paſſant vers Marſeille. Voyez MARTIGUES.

3. FERRIERES, Village de France dans le Loudunois au Poitou avec une *Abbaye* de l'Ordre de St. Benoît auprès de la Riviere d'Argenton à deux lieues de Montreuil-Bellay vers le Midy & à trois de Thouars vers le Nord.

FERRI-LAND, petite Colonie des Anglois dans l'Iſle de Terre-Neuve dans l'Amerique Septentrionale dans la Province d'Avalon, ſelon Mr. Baudrand. Mr. Corneille ajoute ſur l'autorité de Mr. Maty que les François ruinerent cette Colonie en 1696. & qu'elle fut retablie par le Traité de Paix conclu à Riſwick. L'Auteur d'une deſcription de l'Iſle *d P. 80.* de St. Criſtophe, qui nome New-Foun-land l'Iſle de Terre-Neuve à la maniere des Anglois qui écrivent New-Found-land, dit[d] qu'il n'eſt pas aiſé de s'imaginer la quantité de poiſſon qui ſe pêche particulierement à Ferryland & au Golphe qu'on nomme Bulliſbay. Une relation de Terre-Neuve imprimée parmi les voyages au *e T.3.p. 10.* Nord[e] met auprès de Bona-viſta FORILAND ou la Baye de FRELAYE, ou FARILLON. Je doute que ce ne ſoit pas la même choſe. Mr. de l'Iſle met la Baye de FRELAY.

1. FERRO, ou l'Iſle de Fer, Iſle d'Afrique & l'une des Canaries : elle eſt d'une extrême importance pour les Géographes qui comptent les longitudes depuis la partie Occidentale de cette Iſle où ils font paſſer leur premier meridien. Voyez au mot, ISLE; l'article l'ISLE DE FER.

2. FERRO, FIUME DEL FERRO, ou *f Baudrand Ed. 1705.* de SALEFO[f]; Riviere de Natolie en Aſie : elle coule dans la petite Caramanie paſſe à Selechia qui eſt l'ancienne Seleucie & ſe rend dans la Mer de Cypre environ à quatorze lieues de Scalemure du côté du Levant.

FERROL[g]; en Latin *Ferrolium* & *For-* *g Ibid. neli*; petite Ville d'Eſpagne dans la Galice ſur le Golphe de la Corogne du côté du Septentrion à l'embouchure de la Riviere de Juvia où il y a un aſſez bon port.

FERRYLAND. Voyez FERRILAND.

☞ FERTE', (la) nom commun à pluſieurs places de France, & qui ſe trouve diverſement exprimé dans les titres Latins par les mots de FIRMITAS; & de FERITAS. Le premier de ces noms qui eſt le même que notre mot de *Fermeté*, ſignifie un lieu fort bâti ſur quelque roche bien ferme. Le ſecond dont nous avons fait le mot de *fierté*, quoique dans un ſens un peu détourné, ſignifie ferocité cruauté & peut marquer que les garniſons qui étoient dans ces lieux s'étoient rendues redoutables au voiſinage.

2. FERTE', (la) Ville demantelée ſur la Riviere de Chiers, dans le Luxembourg ſelon le Dictionnaire Géographique des Pays- *h Ed. 1705.* bas. Mr. Baudrand dit: [h] LA FERTE', *Firmitas* Bourg de France au Duché de Luxembourg aux Frontieres du Barrois & de la Champagne à une grande lieue au-deſſus d'Ivoy au Levant d'Hyver, en allant vers Montmedi dont il eſt preſque à pareille diſtance, ainſi que de Stenay.

3. FERTE'-ALAIS (la) ou LA FERTE' ALEPS en Latin *Firmitas Adelhaidis*, ou *Firmitas Alepia.* Ville de France dans la Province de l'Iſle de France au Gâtinois ſur le Ruiſſeau de Juine à ſept lieues de Paris au midi & à trois d'Eſtampes; au Levant ſur le chemin de Mehun.

4. LA FERTE' AVRAIN[i], Ville de *i Denombrem. de la France T.1. p. 162.* France dans la generalité d'Orleans Election de Romorentin, au Bleſois; dans la Sologne, ſur la Riviere de Beuvron, à dix lieues d'Orléans & à cinq de Romorentin : on appelle ſouvent CHATEAU VIEUX, la partie qui en eſt ſeparée par la Riviere au Septentrion. Ce lieu dans le Denombrement de la France eſt qualifié Duché Pairie, ce que je ne trouve point ailleurs.

5. FERTE' BERNARD[k], (la) en La- *k Piganiol de la Force Deſc. de la France T.5. p. 146.* tin *Firmitas Bernardi*, Ville de France dans le Maine à ſix lieues du Mans ſur la Riviere d'Huiſne à main gauche de cette Riviere. Elle porte le titre de Baronie Pairie, & a toujours eu des Seigneurs illuſtres. Elle appartient preſentement au Duc de Richelieu. Sa juriſdiction s'étend ſur dix-neuf paroiſſes. Il y a auſſi grenier à Sel, Maréchauſſée & Maiſon de Ville. La Paroiſſe contient trois cens ſoixante

foixante cinq feux. Il y a couvent d'hommes & couvent de filles. Ce lieu eſt la Patrie de Robert Garnier Poëte Tragique qui a vecu ſous les Regnes de Charles IX, de Henri III. & de Henri IV. il fut Lieutenant General au ſiege du Mans & enſuite Conſeiller au grand Conſeil. Il mourut au Mans à l'âge de 56. ans & fut enterré dans l'Egliſe des Cordeliers. Ses neuf Tragedies faites ſur le modelle de Seneque ont eu de la reputation en France avant que le Miniſtere du Cardinal de Richelieu eut amené le vrai goût du Poëme Drammatique.

6. FERTÉ-CHAUDERON, (la) petite Ville de France [a] au Nivernois. C'eſt une ancienne Baronie. Le Seigneur outre la qualité de Baron, prend celle de Maréchal & de Senechal du Nivernois, & prétend qu'à ce titre il doit conduire l'avant garde de l'armée du Comte en allant, & l'arriere garde au retour; il a encore pluſieurs autres pretentions que l'Auteur cité ſe diſpenſe de raporter.

[a] Ibid. p. 243.

7. FERTÉ AU COL [b], (la) ou la FERTÉ AUCOL, en Latin *Firmitas Auculphi*, Ville de France dans la Brie, ſur la Riviere de Marne. C'eſt la même que la FERTÉ SOUS JOUARRE, dont je parle ci-deſſous.

[b] Baudrand Edit. 1705.

8. FERTÉ-EN-BRAY [c], (la) Bourg de Normandie, Diocéſe de Rouen avec Vicomté, Châtellenie, & haute Juſtice. Il eſt ſitué entre Gournay & Neuf-Châtel, à une lieue de Forges & à demie lieue de Rouvray & de Sigy, ſur une Colline d'où l'on voit des terres de labour, des bois, & un étang où la Riviere d'Andelle a ſa ſource. Il y avoit autrefois un beau Château, mais il a été détruit. L'Egliſe Paroiſſiale eſt deſſervie par un Chanoine regulier du Prieuré Clauſtral du titre de St. Laurent ſitué dans la Forêt de Lyons. La Vicomté de la Ferté en Bray comprend cinquante deux Paroiſſes.

[c] Corn. Dict. Memoires dreſſez ſur les lieux.

9. FERTÉ FRESNAY [d], (la) Bourg de France dans la haute Normandie. Il eſt du Diocèſe d'Evreux & ſitué à une grande lieue de St. Evroul & à quatre de Lyre. Il y a un ancien Château entouré d'eau, avec des bâtimens fort logeables, des Jardins & autres accompagnemens.

[d] Corn. Memoires dreſſez ſur les lieux.

10. FERTÉ-GAUCHER [e], (la) Bourg de France; en Latin *Feritas*, ou *Firmitas Galtieri* Ville de France dans la Brie ſur la Riviere de Morin à quatre lieues au-deſſus de Coloumiers à l'Orient & autant de la Marne vers le Midi.

[e] Baudrand Ed. 1705.

11. FERTÉ-IMBAUT [f], (la) en Latin *Firmitas Imbaldi*, Bourg de France en Sologne avec un beau Château ſur la Riviere de Sendre, à cinq lieues de Romorentin.

[f] Ibid.

12. FERTÉ-LOUPIERE [g], (la) en Latin *Firmitas Lupera*; Bourg de France, au Gâtinois, dans le Comté de Joigni.

[g] Ibid.

13. FERTÉ-MACE [h], en Latin *Firmitas Macei*; petite Ville de France au Maine ſur les confins de la Normandie à ſix lieues de Domfront au Levant.

[h] Ib.d.

14. FERTÉ-MILON [i], (la) en Latin, *Feritas* ou *Firmitas Milonis*, Ville de France dans la Province de l'Iſle de France, ſur la Riviere d'Ourque avec un ancien Château ſur une Côte, entre Meaux au midi & Soiſſons au Septentrion, & à ſeize lieues de Reims, au Couchant en allant vers Paris dont elle eſt à pareille diſtance. [k] L'Ourque la partage en haute & baſſe Ville: on dit qu'elle a priſ ſon nom du Comte Milon qui la fit bâtir ſous le Regne de Louïs le Gros. Cette Ville eſt la Patrie de Jean Racine Poëte Tragique qui après avoir partagé avec Pierre Corneille le Sceptre Drammatique mourut le 22. d'Avril 1699. La Seigneurie de la Ferté Milon avec pluſieurs autres fut érigée en Pairie auſſi-bien que la Ferté Bernard en faveur de Louïs de France Duc d'Orléans par lettres patentes du mois de Juin 1399. ces Pairies ont été éteintes dans la ſuite des temps [l].

[i] Ibid.

[k] Piganiol de la Force, Deſc. de la France T. 2. p. 304.

15. FERTÉ-NABERT [m], (la) en Latin, *Firmitas Naberti*, on l'appelle auſſi LA FERTÉ ST. AUBIN, Bourg de France dans la Sologne avec titre de Duché, ſur le Ruiſſeau de Couſſon, avec un beau Château; à cinq lieues d'Orleans au midi en allant vers Romorentin dont il eſt à 11. lieues & vers Vierzon d'où il eſt éloigné de quatorze lieues dans un Vallon avec de beaux canaux. Mr. de l'Iſle [n] nomme ce lieu ſimplement ST. AUBIN; & Bois de la FERTÉ la forêt qui eſt entre Orleans & St. Aubin.

[l] Etat de la France 1712. T. 2. p. 224.

[m] Baudrand Ed. 1705.

[n] Carte de la Beauce &c.

16. FERTÉ ST. AGNAN, (la) Bourg de France dans l'Orléanois Election de Beaugenci ſur la Riviere de Couſſon au-deſſous de la Ferté St. Aubin.

17. FERTÉ SAINT AUBIN, (la) Voyez LA FERTÉ-NABERT.

18. FERTÉ-ST.-CYR, (la) Village de France dans l'Election de Beaugenci, Generalité d'Orléans, ſelon le Denombrement de la France [o].

[o] T. 1. p.

19. FERTÉ-SAINT-NECTAIRE, (la) ou comme l'uſage l'a corrompu LA FERTÉ SENNETERRE. Baronie de France. Elle fut érigée en Duché Pairie en faveur d'Henri de Senneterre par lettres patentes du mois de Novembre 1665. regiſtreéees le 2. Decembre ſuivant. Cette Pairie eſt éteinte par la mort d'Henri Duc de la Ferté Senneterre décedé ſans enfans le 1. d'Août 1703. Dans la promotion des Maréchaux de France en 1651, il y eut deux la Ferté élevez à ce grade ſavoir la Ferté-Imbaut & la Ferté Seneterre. Elle eſt dans le bas Orléanois.

154. Memoires du temps.

20. FERTÉ-SOUS-JOUARRE [q], (la) ou la FERTÉ AUCOL, ou AUCOL, ou ANCOUL, en Latin *Firmitas Sancti Auculphi*, Ville de France dans la Brie Champenoiſe ſur la Marne; preſque au milieu entre Château-Thierri à l'Orient & Meaux au Couchant avec un pont ſur la Marne où elle reçoit le petit Morin un peu-deſſous de Jouarre d'où lui vient ce nom.

[q] Baudrand Ed. 1682. & 1705.

21. FERTÉ-SUR-AMANCE [r], (la) Bourg de Champagne dans l'Election de Langres ſur la Rive gauche de la Riviere d'Amance. C'eſt une Baronie mouvante du Roi & qui appartient à Mr. de Choiſeuil.

[r] De l'Iſle Atlas & Baugier Memoires de Champ. T. 2. p. 346.

22. FERTÉ-SUR-AUBE [s], (la) en Latin *Firmitas ad Albulam*. Petite Ville de Champagne aux frontieres du Duché de Bourgogne ſur la Riviere d'Aube d'où lui vient ce ſurnom, à quatre lieues au-deſſus de Bar ſur Aube au midi.

[s] Baudrand Ed. 1705.

23. FERTÉ-SUR-GROSNE [t], en Latin

[t] Baudrand Ed. 1705.

tin *Firmitas ad Gronam*, Bourg de France en Bourgogne avec une Abbaye fur la Riviere de Grofne à deux lieues de Challon fur Saone au midi.

§. L'Abbaye de LA FERTE'[a], eft la premiere de celles que l'on appelle les quatre filles de Citeaux. Elle fut fondée par les foins de l'Abbé Etienne & des liberalitez des Comtes Savaric & Guillaume qui donnerent à l'Abbé & aux Religieux leur forêt de Drague où cette Abbaye eft fondée. Le Bâtiment eft à la moderne & beau. L'Eglife en eft très-belle & la Bibliotheque bien fournie. Cette Abbaye eft en regle & peut jouïr d'environ vingt cinq mille livres de rente.

24. FERTE'-LE-VIDAME, (la) en Latin *Firmitas Vicedomini* ; petite Ville ou Bourg de France au Perche.

25. FERTE' VILEVINEUIL, (la) felon Mr. Baudrand & LA FERTE'-VILENVEILLE, felon le Denombrement de la France[b] Bourg de France dans l'Election de Châteaudun generalité d'Orleans. Le livre cité en marge ne lui attribue que quatre vingt fept feux.

§. Il y a encore d'autres lieux nommez la *Ferté* mais qui font peu confiderables.

FERTEU, en Latin *Ferto* ou *Peifo*, Lac de Hongrie. Il eft appellé par les Allemands NEUSIDLERZE'E felon Mr. Baudrand[c] ; au lieu de quoi les imprimeurs de Mr. Corneille ont mis NAUDL-ZILERZE'E. Il eft dans la baffe Hongrie, aux frontieres de l'Autriche près d'Edenbourg (ou Oedenbourg) & entre Javarin à l'Orient & Vienne à l'Occident.

FERTINATES, anciens habitans d'une Ifle de l'Illyrie felon Pline[d] qui les nomme avec les *Curictæ* dont l'Ifle eft aujourd'hui celle de Vegia. Ces Ifles font dans le Golphe de Quarner qui fait partie de la Mer Adriatique, & appartienent aux Venitiens.

FERTINI, le même Auteur[e] nomme ainfi un peuple voifin de celui qu'il nomme *Tridentini*, & comme ce dernier répond à ce que nous appellons le Trentin quoique les bornes n'en foient pas precifement les mêmes, nonobftant l'uniformité des Manufcrits qui tous portent *Fertini*, le R. P. Hardouin[f] ne doute point qu'il ne faille lire FELTRINI. Antonin[g] nomme FELTRIA, un Bourg de la Rhetie ; à LIV. mille pas de Trente. Et il croit que c'eft prefentement FELTRI, au-deffus de Trevifi.

FERVAQUES[h], Bourg de France en Normandie fur la Riviere de Touques entre Lizieux & Vimoutiers à une lieue ou environ de Livarrot.

FERVAQUES[i], Abbaye de France en Picardie, Diocefe de Noyon dans le Vermandois à deux lieues de St. Quentin vers le Nord. Il ne refte plus à prefent qu'une ferme au lieu où étoit anciennement cette Abbaye qui a été transferée à St. Quentin. Au milieu de la Cour de cette ferme, on voit la fource de la Riviere de Sôme ; c'eft une belle fontaine dont le baffin eft de cinq ou fix pieds de diametre.

FESCAMP, (l'S ne fe prononce point) en Latin *Fifci Campus*, felon Mr. Corneille[k] & quelques autres, ou FESCAN en Latin *Fifcannum* felon Mr. Baudrand[l] & *Fifcamnum*

felon Mrs. Baillet[m] & Longuerue[n] : Ville de France en Normandie avec Château, Abbaye Port de Mer, & Titre de Baronie : [o] Elle eft à huit lieues du Havre de Grace, à fix de Montivilliers, & de St. Vallery en Caux, à douze de Dieppe, & à quatorze de Rouën fur une petite Riviere qui a fa fource un peu au-deffus du Bourg & de l'Abbaye de Valmont. Cette Ville avec fon Château eft féparée de fon Port par un grand Marais, & fituée dans un Vallon. Elle a dix Paroiffes, favoir Sainte Croix, Saint Etienne, Saint Fremond, Saint Thomas, Saint Nicolas, Saint Leger, Saint Vallery, Saint Benoît, Saint Ouën & Saint Léonard, qui compofent la Baronnie de Fefcamp. Les trois dernieres font hors de la Ville, auffi-bien que les Chapelles de Nôtre Dame de Salut, & de Saint Jacques. Il y a auffi un Couvent de Capucins, un Monaftere de Religieufes de l'Annonciade, un Hôpital, un College où l'on enfeigne les Humanitez & une Commanderie de l'ordre de Malthe. Le Port de Fefcamp où eft un Ingenieur avec penfion du Roi, eft entre deux Côtes, & il y entre plus de feize pieds d'eau dans les grandes Marées. Ce Port eft défendu par une Tour, & par des batteries de canon établies fur la terraffe au pied de la Falaife. Une jettée bâtie partie de pierre, partie de bois, facilite l'entrée de fon canal. Une longue chauffée qui fe fépare du Marais, retient avec fes éclufes les eaux de la Riviere, qui le nettoyent lors qu'elles font lâchées quand la mer eft baffe. Il y a dans la Ville de Fefcamp un Gouverneur, un Lieutenant de Roi, un Capitaine de Château, une Senéchauffée, une haute Juftice, une Amirauté, un Grenier à Sel, un Maire, deux Echevins & dix findics qui forment le Corps de la Ville. Son Commerce confifte en Draperies, Serges, toiles, dentelles, Chapelleries & tanneries, & on y trouve une bonne carriere de pierre à bâtir. Ses habitans envoyent quelques Vaiffeaux à la pêche des moruës en Terre-Neuve, & des groffes barques à la grande pêche du hareng. Ils envoyent auffi leurs petites barques à la pêche journaliere qu'on fait à la Côte. Le Marché appellé auffi *les Halles*, eft d'une vafte étenduë affez vafte, fermée de fortes & hautes murailles, & très-frequenté tous les Samedis.

Cette Abbaye[p] fut fondée (dans le VII. Siécle[q]) par le Bienheureux Waning dont la memoire eft honorée par l'Eglife le 9. Janvier. Ste. Hildemarque premiere Abeffe de ce lieu eft honorée le 25. d'Octobre, car le Monaftere avoit été bâti d'abord pour des filles ; jufqu'à ce que Richard II. fit élever fur un ancien édifice, qui étoit bas & obfcur, un nouveau Monaftere qui eft bâti dans l'enceinte du Château qui a fes foffez & fes ponts-Levis. Ce Prince y mit des Chanoines Reguliers en la place des Religieufes qu'il y trouva, & qu'on transfera à Montivilliers. Il fit faire auffi un cercueil de pierre, & il y voulut être inhumé. Tant qu'il vécut après qu'il fut fait, il eut foin de le faire emplir de froment châque Vendredy, pour donner aux pauvres, avec vingt fols d'argent. Robert III. fon Succeffeur accrut encore de beaucoup les biens de cette Abbaye, & y fit venir des Religieux de Saint

---

[a] *Piganiol de la Force*, Defc. de la France T. 3. p. 164.

[b] T. 1. p. 170.

[c] Ed. 1682. & 1705.

[d] L. 3. c. 21.

[e] L. 3. c. 19.

[f] In l. c. Plinii.

[g] Itiner.

[h] Corn. Dict.

[i] Baudrand Edit. 1705.

[k] Dict.

[l] Edit. 1705.

[m] Topog. des Saints. p. 190.

[n] Defc. de la France 1.

[o] part. p. 69. Corn. Dict.

[p] Baillet l. c.

[q] Longuerue l. c.

Corn. Memoires dreffez fur les lieux.

Saint Benigne de Dijon, aufquels il donna droit de haute, moyenne & baffe Juftice. Guillaume Abbé de St. Benigne de Dijon fut le premier Abbé de Fefcamp, où il mourut l'an 1031. & fon corps s'y conferve; il obtint même du Pape Jean XVI. qu'ils fuffent independans de l'Archevêché de Roüen. C'eft fans contredit l'une des plus belles, & des plus nobles & des plus riches Abbayes du Royaume. Elle poffede quantité de précieufes Reliques, & beaucoup d'argenterie. Son Eglife qui porte le titre de la Sainte Trinité, eft la plus grande & la plus majeftueufe de toutes les Eglifes du Païs de Caux, avec feize piliers de chaque côté dans fa longueur. Elle eft bâtie en croix, couverte de plomb; auffi bien que fa groffe tour quarrée, qui eft élevée fur le milieu de la croifée, & ouverte en dedans en maniere de lanterne, & qui renferme une groffe fonnerie, & une cloche du poids de plus de dix milliers. Les bas côtez qui accompagnent la nef font à double voute. Le grand Autel eft de marbre blanc enrichi de bas-reliefs, qui fervent comme de piedeftal à une grande châffe faite en forme de tombeau, accompagnée des figures de Saint Taurin, & de Sainte Suzanne, en grand; le tout de même marbre. Dans cette châffe font enfermez quatre Corps Saints, favoir celui de Saint Flavien, Evêque d'Autun; celui de Saint Conteft, Evêque d'Evreux; celui de Saint Saën, Religieux, & enfuite Abbé de Saint Saën; & celui de Sainte Atre, Martyre. Derriere le Maître Autel qui eft ifolé, on voit un Calvaire où l'on a repréfenté un grand nombre de perfonnes. Les Chapelles d'autour du Chœur font affez propres, & fermées d'une grande & haute baluftrade de pierre dure, bien ouvragée, & chargée de fculptures. On diftingue la Chapelle de la Vierge, bâtie hors d'œuvre derriere le Chœur; elle a la longueur de cinq croifées. L'Autel où eft repréfenté le trepas de Saint Benoît eft un affez beau travail; mais celui qui repréfente le trepas de la Sainte Vierge en préfence des Apôtres, attire furtout l'attention des connoiffeurs. Toutes les figures font en pierres, & plus hautes que le naturel. On eftime auffi beaucoup les huit figures qui accompagnent le Tombeau de nôtre Seigneur. L'Autel qui eft appuyé contre une belle Tribune ou jubé, dont le deffous fert d'un veftibule fort fpacieux pour entrer de la Nef au Chœur, eft encore un grand ouvrage de pierre où l'on n'a épargné ni le nombre des figures en grand, ni les gros reliefs. L'Abbaye de Fefcamp dans l'Eglife de laquelle font les Tombeaux des Anciens Ducs de Normandie poffede dix Baronnies, dix hautes juftices & dix fergenteries; entre lefquelles la Baronnie de Fefcamp & celle de Vitfleur qui font la Manfe Abbatiale, produifent plus de foixante mille livres de rente à l'Abbé. Non feulement elle eft exempte de la Jurifdiction Epifcopale mais elle exerce une jurifdiction comme Epifcopale fur les dix Paroiffes de la Ville, & fur feize autres fituées dans le Diocéfe de Roüen, fuivant la conceffion faite à Henri Abbé de Fefcamp, par Hugues Archevêque de Roüen. L'Official de Fefcamp a droit de vifite fur toutes ces Paroiffes, & peut y tenir Sinode, & affembler des Curez, & y faire des Reglemens. Voici une Copie de cette conceffion tirée du livre des ftatuts Synodaux de Roüen.

DIPLOMA EXEMPTIONIS
Abbatiæ Fifcanenfis.

Hugo Rhotomagenfis Archiepifcopus, Dilecto Henrico, Abbati Fifcanenfi, ejufque fucceffioribus in perpetuum. Ecclefias quafdam cum Paroachiis fuis, in noftro Epifcopatu perpetuo jure libertatis, abfolutas ab omni jure Epifcopali, tibi tuifque fucceffioribus, & Ecclefia Fifcanenfi, habendas in perpetuum concedimus, & confirmamus. Ut igitur nulla fuper eis de jure libertatis oriatur contentio, eas huic chartæ noftræ nominatim inferimus, fcilicet Ecclefiam de Eftectot, Ecclefiam Sancti Gervafi, apud Rhotomagum, de Limpivilla; de Tormot-Villa; de Wiefiue; de Paluel, de Sancti Richarii; de Ingovilla, de Sancti Wallerii; de Mannevilla; de Wellis; de Pena-filva; de Sancti Petri de Senis; de Sanctæ Maria Gaillardæ; Sanctæ Mariæ de Vafto, & de Sancti Petri Parvi.

On peut compter entre les grands hommes qui font fortis de l'Abbaye de Fefcamp St. Maurille Archevêque de Rouen peu après le milieu de l'onzieme fiécle.

FESCENNIA, felon Pline [a] & Phafcenion Φασκένιον felon Denis d'Halicarnaffe [b] ancienne Ville d'Italie dans l'Etrurie, au-deffus de Faleres dont elle étoit voifine, auffi Virgile [c] les joint-il dans ces vers:

[a] L. 3. c. 5.
[b] L. 1.
[c] Æneïd. l. 7. v. 695.

*Hi Fefcenninas Acies, æquofque Falifcos;
Hi Soractis habent Arces.*

Ce fut là que prirent leur commencement les vers nuptiaux ou Epithalames; & comme cette matiere donnoit beau jeu à des gens qui ne fe piquoient pas de la modeftie, & de la politeffe du ftyle, on appela dans la fuite *Fefcennina Carmina*, ou *vers Fefcennins*, les vers impudiques où la pudeur n'étoit nullement menagée. C'eft ce qu'Horace apelle *Fefcennina licentia* [d] la licence Fefcennine, parce, dit Mr. Dacier [e] que ces vers libres & obfcenes furent inventez par les habitans de Fefcennia. C'eft auffi à quoi fait allufion Catule dans les vers tirez d'un Epithalame de fa façon

[d] Trad. d'Horace.
[e] T. 5. p. 384.

*Nec diu taceat procax
Fefcennina locutio.*

Mr. Dacier [f] dit que Fefcennia eft aujourd'hui CITTA CASTELLANA. Ortelius le dit auffi & cite pour garants Leandre & Erythræus; mais le R. P. Hardouin [g] veut que ce foit préfentement GALESE fur le Tybre dans le Patrimoine de St. Pierre.

[f] Ibid.
[g] In Plinii l. c.

FESENSAC. Voyez FEZENZAC.
FESOLI. Voyez FIESOLI.
FESSEITANUS, dans la Notice d'Afrique [h] on trouve entre les Evêques de la Numidie *Adeodatus Feffeitanus.*

[h] No. 12.

FESSEN, ou FIZEN. Voyez FASSENO.
FESTA [i], & Falacron, ou felon d'autres exemplaires *Fallacorum*; ce font deux Ifles entre

[i] Ortel. Thef.

FES. FET.

tre la Sicile & l'Afrique suivant Antonin[a]. Surita lit ICESIA au lieu de *Festa*.

[a] Itiner.

FESTI. Voyez PHESTI.

FESTO. Voyez PHÆSTUM, & PHÆSTUS. Mr. Maty copié par Mr. Corneille dit qu'il y a eu dans l'Isle de Candie & dans la Theffalie deux Villes nommées *Festo*. Mr. Baudrand [b] avoit dit que le nom moderne de Phæstum en Crete est Festo, & avoit ajouté qu'il y avoit eu Phæstum Ville de Macedoine dans l'Estiotide. Mais il ne donne point le nom moderne de cette derniere. Il ne fait mention ni de l'une ni de l'autre dans son dictionnaire François destiné à la Géographie moderne. Au lieu de *Phæstum* Mr. Corneille dit *Festum* qui est inconnu à tous les anciens.

[b] In voce *Phæstum*.

FESULÆ. Voyez FIEZOLI.

FETHARD[c], petite Ville d'Irlande dans la Province de Munster au Comté de Tiperari à huit milles presque à l'Est de Cashel. Elle a droit d'envoyer deux deputez au Parlement. Il ne faut pas la confondre avec Feathar qui est dans une autre Province.

[c] Etat prés. de l'Irlande p. 54.

FETIPOUR[d], Ville de l'Indoustan dans la Province d'Agra. Elle s'appelloit autrefois SICARI, & le mot de *Fetipour* qui marque en sa signification la jouissance de ce que l'on souhaite, lui fut donné par Ecbar (Akebar) à cause de l'heureuse nouvelle qu'il y reçut de la naissance d'un fils. Cette Ville est éloignée d'Agra d'environ six lieues. Elle a été très-belle & ce grand Mogol au commencement de son Regne, après en avoir fait rebâtir les murailles, en avoit fait la Capitale de son Empire. Mais la passion que les Rois ont de faire de grandes choses des petites, fit qu'Ecbar ayant voulu bâtir une Ville dans un lieu où il n'y avoit qu'un Village ou tout au plus un bourg, nommé Agra, non seulement la Ville de Fetipour fut negligée, mais elle fut depuis entierement abbandonnée, puis qu'aussitôt qu'Agra fut devenue Ville & que ce Roi lui eût donné son nom en l'appelant Ecbarabad, lieu bâti par Ecbar, il y alla faire sa résidence & quita Fetipour. Quoique la Ville de Fetipour soit fort delabrée on y voit encore une grande place ornée de beaux bâtimens & l'entrée magnifique du Palais d'Ecbar y est entiere. Ce Palais est accompagné d'une des belles Mosquées de l'Orient, bâtie par un Mahommetan Calender de profession qui y est enterré avec la reputation d'un Saint. Elle est ornée de toutes ses colonnes & de ses beaux Lambris & en général de tout ce qui peut parer un beau Temple. Il y a auprès un grand reservoir qui fournissoit de l'eau à toute la Ville & il étoit d'autant plus necessaire que toutes les sources des environs étoient salées, & les eaux malsaines furent un des principales causes qui obligerent le grand Mogol à s'établir ailleurs.

[d] Thevenot Voyages des Indes p. 115. & suiv.

§. Quelque grande que soit l'autorité de l'Auteur cité en marge puis qu'il n'écrit rien que ce qu'il a apris sur les lieux, elle ne peut balancer celle de Mr. Manouchi sur les memoires duquel le P. Catrou a écrit son Histoire generale du Mogol[e]. Ces deux Auteurs s'accordent pour le gros & voici en quoi ils diferent. Le pretexte que prit Akebar d'abbandonner Dely fut le veu qu'il avoit fait d'é-

[e] p. 97.

riger une Mosquée en l'honneur de Mahommet pour obtenir du ciel un fils qui fût l'heritier de l'Empire. (C'est donc ce Prince & non pas le Calender qui est le fondateur de la belle Mosquée, qu'on y voioit du temps de Thevenot.) Auprès de la mosquée l'Empereur fit bâtir un Palais magnifique & ce fut là qu'il fixa son séjour, pour lors les courtisans s'empresserent à l'envi d'eriger des maisons autour du nouveau Palais & bientôt on en éleva assez pour faire une Ville mediocre. On lui laissa son ancien nom de Fetipour; (cela s'écarte de ce que dit Thevenot du nom de Fetipour donné à ce lieu à cause de la naissance du Prince, puisque c'étoit l'ancien nom.) La gloire de ce nouvel établissement ne fut pas de longue durée. On s'apperçut quelque temps après que l'air y étoit mal-sain & que les eaux y causoient des maladies. Le Roi condamna donc lui même son mauvais choix, abbandonna Fetipour & retourna sur les bords du Fleuve Gemma eriger une nouvelle Ville dans le voisinage de Dely.

FETU[f]. Royaume d'Afrique, sur la côte d'or, dans la Guinée. Il a le Royaume de Guafo au Couchant, Ati au Nord, Sabou au Levant & la mer au Midy. Il y a plusieurs villages sur la côte, & le plus considerable est celui que les Portugais appellent *Cabo Corço*, du nom d'un Cap qui en est tout proche. Ces Villages sont habitez par des Pêcheurs & par des gens qui s'occupent à faire du Sel. Les Hollandois avoient un Fort près de ce Village de *Cabo Corço*, assez bien fourni d'hommes & de munitions de guerre; mais cela n'empêcha pas que le Capitaine Holmes ne s'en rendît maître au nom de la Compagnie Angloise d'Afrique. Ce Fort qui porte le nom des Mines d'or, qui n'en sont pas éloignées, est situé sur les confins du Royaume de Fetu près de la mer, au fond d'un arc que forme la côte sur les bords d'une petite Riviere salée nommée *Benja*, & à trois lieues du petit Commendo. C'est un bâtiment fort vieux, comme les masures le font connoitre. Il y a quelques années que les Hollandois relevant une batterie qu'on nomme la Batterie des François, parce que selon ce que disent les Originaires du Pays, les François l'ont possedée avant la venuë des Portugais, on y trouva quelques chiffres gravez sur une pierre, sans que l'on en pût distinguer la suite. Il y avoit aussi une inscription gravée sur la pierre, entre deux Colomnes, dans une petite chambre au dedans du Fort, mais les Caractères en étoient effacez. Un chiffre qui est sur la Porte du magasin, fait conjecturer que cet appartement a été bâti l'an 1484. sous Jean II. Roi de Portugal. Comme les chiffres dont ce nombre est composé, sont encore aussi entiers, que s'ils avoient été gravez depuis peu d'années, on a lieu de croire que les autres sont très-anciens. Ce Château est bâti sur une roche fort haute que la mer baigne d'un côté. Ses murailles sont d'une pierre très-dure, ce qui fait que le Canon n'y sauroit faire aucune bréche considerable. On ne peut d'ailleurs le prendre d'assaut à cause de sa hauteur prodigieuse. Les murailles sont moins hautes du côté de la mer, parce que les bastions qui

[f] Corn. Dict. La Croix Relat. de l'Afrique T. 3.

Tom. II. PART. 2.   F   sont

font flanquez au-deſſous, s'elevent aſſez haut ; de celui de la terre ferme, elles ſont plus élevées & moins épaiſſes. La Montagne de Saint Jacques, qui a pris ſon nom d'une petite Chapelle que les Portugais y avoient bâtie en l'honneur de ce Saint, eſt à l'oueſt du Château, au delà du fleuve. La montée en eſt facile du côté du Château, mais elle eſt preſque inacceſſible vers Fetu & Commendo. Derriere cette Montagne il y en a une autre de même hauteur, & vis-à-vis dans le Château, on a dreſſé une batterie, ſans épaules, avec quelques pieces de Canon, pour tirer ſur le Fort Saint Jacques en cas de beſoin. L'an 1637. la diviſion s'étant miſe parmi les Portugais, les Hollandois leur enleverent ce Fort, par le moyen duquel ils étoient ſouvent troublez dans leur Commerce. A demi lieuë du Mont de Saint Jacques, & du Village de la Mine, il y a une Riviere qui ſe déborde pendant les ſaiſons pluvieuſes. Les rochers dont elle eſt pleine ſont cauſe qu'on ne peut la remonter, non pas même avec des barques. L'eau en eſt fraîche & fort bonne, & les vaiſſeaux y viennent s'en fournir aſſez ſouvent. Les gens du Château en boivent, ainſi que ceux du Village, ſans quoi ils ſeroient embaraſſez durant les ſaiſons qu'il ne pleut point, parce qu'il n'y a aucune autre ſource d'eau douce qu'à plus de trois lieuës delà. Le terroir de la Mine étant bas & peu fertile, ceux de Fetu, d'Abremboc, de Commendo & d'Acanie, qui ſont leurs voiſins leur apportent du millet, du vin de palme, du ſucre, des ananas, & autres vivres, & prennent de l'or & des poiſſons en échange. Le village ne laiſſe pas d'être bien peuplé, en ſorte que dans le beſoin on en peut tirer juſqu'à deux mille hommes propres à porter les armes, parmi leſquels il peut y avoir deux cens Chrétiens de race de Mulates. Ils ſont preſque tous Pêcheurs & tributaires de la Citadelle à la quelle ils donnent le cinquiéme de toutes les priſes qu'ils font. Quelques-uns s'appliquent à polir le corail. Le Village de la Mine avoit autrefois deux Maîtres; une moitié dependoit du Roi de Guafo, & l'autre du Roi de Fetu. Les Habitans ont l'obligation (de leur liberté aux Portugais, & vivent preſentement en forme de République ſous la direction du Gouverneur du Château & de quelques Chefs de leur Nation. Le Village eſt diviſé en trois parties, & chaque quartier a ſon *Brafu* ou Capitaine particulier. Lors qu'il ſurvient quelque démêlé entre-eux, ils s'aſſemblent chez le plus ancien de ces trois Chefs, & après que leur reſolution a été formée, ils la portent au Gouverneur, qui l'approuve ou la rejette, ſelon les ſuites qu'il en peut prévoir. Si quelqu'un de leurs voiſins de Fétu ou de Commendo a fait tort à l'un d'entre-eux, tout le peuple prend ſon parti, & les Chefs vont prier le Gouverneur de leur permettre d'uſer du droit de repreſailles ſur les terres de l'offenſeur. Les Portugais prenoient grand ſoin de les ſoutenir dans ces ſortes d'occaſions; afin de les rendre redoutables à leurs voiſins, en quoi ils ſont imitez par les Hollandois qui ont pris leur place.

§. Comme cette deſcription pourroit faire accroire que Fétu eſt un Royaume auſſi grand que la France ou l'Eſpagne, ou du moins tel que l'Aragon ; il eſt bon d'ajouter ici ce qu'en dit Boſman[a]. Le pays de Fétu a, dit-il, environ quatre petites lieues d'étendue tant en longueur qu'en largeur. Il commence au Mont S. Jago, ou à la petite Riviere ſalée qui court le long du Village de Mine dans les terres & qui a environ une demie lieue de long ; & il finit un peu au-deſſous du Mont Danois au delà de Cabo Corſo. Il ajoute que ce pays a été ci-devant ſi peuplé & ſi puiſſant qu'il étoit la terreur de ſes voiſins & particulierement de ceux de Commany, qui en dependoient en quelque maniere. Mais, pourſuit-il, les guerres continuelles l'ont fort affoibli & ce peuple eſt reduit à reconnoître pour ſes maîtres, ceux à qui il commandoit auparavant ; car ni le Roi de Fétu ni les grands de ſon Royaume n'oſeroient rien faire de conſiderable ſans le conſentement de ceux de Commany. La diviſion qui a partagé le peuple de Fétu en deux partis & cauſé des guerres civiles lui a été funeſte de quelque côté qu'ait panché la victoire & l'a mis hors d'état de bien cultiver le pays qui eſt très-beau. L'Auteur qui l'a ſouvent traverſé avant cette guerre y a trouvé grand nombre de beaux Villages bien peuplez, bien bâtis ; le pays abbondant en fruits, en bé¨ail, en huile, en vin de Palme. Ce qu'il y a vû de plus agréable ce ſont les promenades couvertes & unies entre El Mina & Simbé Village qui eſt une lieue & demie avant dans le pays. Il y a vû d'autres allées d'une demie lieue de long & ſi bien couvertes qu'il y étoit à l'abri de la Pluye & du Soleil. Les grands & beaux arbres que l'on voit ſur les Montagnes, ſervent auſſi d'un grand ornement au pays auſſi-bien que la petite Riviere d'eau fraîche dont il eſt arroſé. Le manque de fraîcheur fait que l'on admire dans ce pays là ce que l'on regarde à peine dans un climat comme le nôtre.

[a] Lettre IV.

FEVERSHAM[b], Bourg d'Angleterre avec titre de Comté dans la Province de Kent. Il eſt entre Cantorberi & Rocheſter ; à trois lieues de la premiere & à cinq de l'autre ; ſa ſituation ſur un petit Golphe lui eſt avantageuſe. [c] Il eſt remarquable dans l'hiſtoire Eccleſiaſtique d'Angleterre par l'Abbaye qu'Etienne y fonda, & où la Reine ſa femme, le Prince Euſtache ſon fils, & lui furent inhumez. Ce monaſtere étoit de l'ordre de Clugni. Ce lieu eſt nommé FAURESFELD dans les Chroniques Saxonnes publiée par Mr. Gibſon[d].

[b] Baudrand Ed. 1705.
[c] Raph Thoirs Hiſt. d'Angleterre T. 2. p. 140.
[d] p. 244.

FEUILLANS[e], en Latin *Fulium*, Village & Abbaye de France en Languedoc, aux Frontieres du Comté de Comminge, ſur le Ruiſſeau de Touche, à deux lieues de Rieux au Septentrion, en paſſant vers Toulouſe dont elle n'eſt qu'à ſix lieues. Ce lieu a donné le nom à la congregation des Feuillans & à celle des Feuillantines. [f] Cette congregation dont Feuillans eſt le Chef-lieu, fut inſtituée par Jean Barreria Abbé de l'Ordre de Ciſteaux dans le Dioceſe, alors de Toulouſe, aujourd'hui de Rieux, en 1577 ; pour faire revivre le premier eſprit de St. Benoît & de St. Bernard. Elle fut approuvée en 1586. par le Pape Sixte V.

[e] Baudrand.
[f] Vallemont Elem. de l'Hiſt. T. 3.

FEURS[g], Ville de France en Forez ſur la

[g] Baudrand Ed. 1705.

la Riviere de Loire qui y reçoit le Lignon. Elle est Capitale du haut Forez presque au milieu entre Rouanne au Septentrion & St. Etienne au midi, environ à six lieues de chacune de ces Villes & à huit de Lyon au Couchant. Cette Ville est ancienne & a été connue des Romains sous le nom de FORUM SEGUSIANORUM.

[a] Ibid.

FEYRA ou AFEYRA[a], Bourg de Portugal dans la Province de Beyra, près de la côte, à quatre lieues de Porto du côté du midi. Quelques Auteurs mettent en ce lieu l'ancienne Ville de *Lancobriga*, mais d'autres la mettent à *Langroiva* Village de la même Province entre les Villes de Porto & de Viseu.

1. FEZ. Royaume d'Afrique, sur la côte de Barbarie : il fait partie de la Mauritanie Tingitane des anciens. Il est borné au nord par le detroit de Gibraltar & par la Mer Mediterranée ; à l'Orient par une ligne tirée depuis l'embouchure de la Meluya jusques au Mont Atlas qui le borne au Sud-est jusqu'à la source de la Riviere des Noirs qui avec la Marbea dans laquelle elle se jette, le termine au Sudouest jusqu'à l'Océan Atlantique qui lui sert de limites au couchant. Ainsi il est enfermé entre le Royaume d'Alger au Levant, le Royaume de Maroc au midi & la Mer par tout ailleurs. Il a sept Provinces qui sont selon Mr. Baudrand

> Asgar,
> Chaous,
> Errif,
> Fez,
> Garet,
> Hasbat,
> & Temesne.

Mr. de l'Isle les marque differemment. Car de celles d'Asgar, & de Hasbat nommée dans les Cartes de Sanson Haba, il n'en fait qu'une qu'il nomme l'*Algarbe*. Il nomme *le Riffe* ce que Mrs. Sanson & Baudrand nomment Errif, il apelle *Alcalaya* ce qu'ils nomment Garet. Au lieu de la Province de Chaus de Sanson ou Chaous de Baudrand, il se contente de marquer une habitation dont il nomme les habitans *Zaovias*. Voyez CHAVIA, qui comme l'observe d'Ablancourt dans sa traduction de Marmol[b], avertit que ce sont les Portugais qui ont donné ce nom à la Province à cause des Chaviens, qui se distinguoit alors par sa valeur. Mr. de l'Isle nomme Seis la Province où est la Capitale, & Temesena, celle de Temesna.

[b] L. 4. p. 138.

LE ROYAUME DE FEZ[c], n'est pas moins grand que celui de Maroc & se divise comme lui en sept Provinces ; mais il est beaucoup plus fertile, mieux peuplé & plus abbondant en toutes sortes de grains, de Bestiaux, legumes, fruits & cire. Il seroit encore davantage, si l'on prenoit plus de soin de le cultiver ; mais la bonté du Terroir qui produit presque de soi-même, la nonchalance des Habitans qui se contentent de ce qui suffit à leur subsistance & leur scrupuleux entêtement à ne vouloir point laisser sortir leurs grains, sont cause que plus de la moitié de ces terres demeurent en friche. Il y a quelques Mines de

[c] St. Olon Etat de l'Emp. de Maroc p. 21.

fer, mais ils ne savent pas le rafiner & ils ne s'en servent qu'à faire des clouds & autres ferremens grossiers. Ce Royaume est traversé par le rapide fleuve de Sebou qui passe à demie lieue de sa Capitale & va se décharger par la Mamorre dans l'Océan. Il n'y a ni postes, ni voitures publiques établies en tous ces pays & les correspondances qui n'y sont pas frequentes ne s'y entretiennent que par des exprès à pied ou à cheval, qui sont cependant assez de diligence & ne coutent pas beaucoup, tant parce que les hommes & les chevaux sont durs à la fatigue, qu'à cause qu'ils s'y nourrissent de peu de chose & à très-bon marché. On s'y sert pour les affaires importantes & pressées d'une maniere de monture qu'on nomme Dromadaire qui est une espece de chameau & n'en difere que par sa vitesse & sa maigreur, qualitez qui lui sont naturelles & tout à fait particulieres ; car on observe à ce que disent ceux du pays que cet animal fait par jour autant de lieues qu'il est de jours à dormir & sans voir clair en naissant ; de sorte que s'il dort pendant six jours aussi-tôt après qu'il est né il fait par jour soixante lieues & plus ou moins à proportion. (Il y a sans doute une faute dans ce detail & il faut dire qu'il fait par jour autant de dix lieues qu'il est de jours &c. autrement la suite ne seroit pas raisonnable.) On estime que les Adouars des Arabes dans ce Royaume y composent près de trois cents mille hommes payans Garamme ; c'est-à-dire un tribut annuel de la dixieme partie de ce qu'ils possedent, tribut qu'ils doivent dès qu'ils ont atteint quinze ans. Ce Royaume a eu autrefois ses Rois particuliers ; mais il est presentement uni à celui de Maroc & n'a qu'un même Souverain ; qui même fait sa residence à Miquenez. Les Portugais & les Espagnols y ont eu plusieurs places, mais les Portugais cederent Tanger aux Anglois qui l'ont abbadonné, & les Espagnols qui y ont eu beaucoup de Places n'y conservent plus que Ceuta dont le siege memorable dura depuis les dernieres années du siecle passé. Ce fut vers ce temps là que les Mores reprirent la Mamorre & la Rache que cette couronne possedoit encore.

LA PROVINCE DE FEZ, ou Fez, proprement dite, Province du Royaume de Fez en Afrique. Elle est bornée au Septentrion par la Riviere de Subu ou Sebou, qui la separe de la Province d'Asgar ; à l'Occident par la Riviere de Burregreg qui la separe de Temesne, & elle s'étend à l'Orient jusqu'à la Riviere d'Inavan, & au midi jusqu'à la Province de Chaus ou Chavia. Dapper[d] l'étend de ce coté jusqu'au grand Atlas. Les Villes qu'il lui donne sont

[d] Afrique p. 140.

> Salé,
> Mequinez,
> Tifelfelt,
> Gema el Hamen,
> Hamis Metagare,
> Beni becil,
> Macarmede,
> Zavie ou Zaguie,
> Halvan,
> Fez, Capitale,
> Lampte,
> Ti-

Titulit,
El Caſſar Faron, } détruites
Dar el Hamar,
Maguile &
Gemat.

Les Montagnes de cette Province ſont

Zalagh,
Zarhon ou Zarahanum,
Tagat & Guerigure.

La fertilité du terroir de Fez eſt admirable. Il produit abbondamment de toutes ſortes de grains & de fruits, & ſurtout des figues, des amandes, des olives & de gros raiſins, du lin, du Coton, il nourrit des chevaux, des chameaux, des bœufs, des brebis, & des boucs, des Renes & des liévres. C'eſt dommage que ce beau pays ſoit ſujet à une grande incommodité qui eſt qu'un Canton de dix milles de long & de cinq milles de large ſitué à l'Occident du Vieux Fez eſt infecté d'un ſi mauvais air que les habitans ſont tous jaunâtres, & fort ſouvent attaquez d'une fiévre epidemique qui fait de grands ravages parmi eux. La cauſe de cela eſt apparemment l'humidité exceſſive du terroir qui eſt plein de fontaines & de Riviéres ; c'eſt pourquoi dans toute la Province il y a grand nombre de jardins où il croît du lin, des melons, des citrouilles, des betes-raves & toute ſorte de ſalade & d'herbage en ſi grande abbondance qu'on dit qu'auſſi-bien en hyver qu'en été les jardiniers en apportent au marché plus de cinq cens chariots. Les Quartiers qui ſont au Nord, à l'Eſt & au Sud du vieux Fez, ſont baignez par des branches de la Riviere du même nom & produiſent auſſi une quantité incroiable de fruits : on n'y prend pas la peine de labourer la terre, on ne fait que l'arroſer au mois de May & cela ſuffit pour la faire rapporter abbondamment des fruits de fort bon goût. Il n'y a que les pêches qui ſentent un peu trop l'eau. Outre la fécondité du terroir les quartiers d'autour de Fez ont encore l'avantage de la pêche, car on prend dans la Riviere de Fez en abondance un certain poiſſon que les Eſpagnols appellent *Sabalos*. La pêche s'en fait depuis le mois d'Octobre juſqu'à celui d'Avril.

Le Territoire de Salé porte beaucoup de bouis dont les payſans font des peignes, il y a auſſi quantité de Coton ; mais peu de grain, à cauſe des ſablons qui l'environnent.

Le Territoire de la Mamorre eſt ombragé d'un côté par des chênes qui portent quantité de gland. Les pâturages y ſont fort gras. Il n'y a ni pommes, ni poires, ni noix, ni Ceriſes, mais en récompenſe on y trouve force oranges, citrons, pois, figues, & dattes. Il y a auſſi beaucoup de gros bœufs, de boucs, de Poulets, de perdrix, de Pigeons. Il n'y manque pas non plus de chevaux ; mais ils ſont fort maigres, parce qu'ils courent jour & nuit ; on les nourrit pour la plûpart de lait de chameau afin de les ſortifier. Dans les forêts de ce pays ſe retirent les Lions les plus cruels & les plus forts de toute l'Afrique. Il y a beaucoup de miel blanc que les Abeilles font dans des creux de la terre. On y trouve auſſi de grandes cannes de Sucre dont on ſe ſert à préſent les habitans en aiant apris l'uſage des Mores. Le Terroir de Mechneſſe (Mequinez) porte auſſi d'excellens fruits, entre autres des coings, des grenades, des prunes blanches, des Prunes de Damas, des Figues, des raiſins, des olives, & du lin. La Montagne de Zalagh eſt couverte de vignes du côté Septentrional & celle de Zarhon eſt plantée d'oliviers ſi épais qu'elle reſſemble de loin à une forêt.

Dans les dépendances de la Ville de Teſelſelt près de la Riviere, il y a pluſieurs Forêts où ſe tiennent de terribles Lions ; mais pour les Plaines d'Aſeïs (Eceïs) & d'Adhaſen ils ſont ſi doux & ſi timides qu'une femme les fait fuir avec un baton.

Les Habitans mangent à peu près comme les autres Mores de Barbarie. Ils font trois repas par jour. A dejeuner en été ils mangent du Pain, des fruits & de la bouillie ; mais en hyver ils font détremper un peu de farine dans du bouillon de chair ſalée qu'ils hument fort chaud. Ils dînent mieux en été qu'en Hyver, & c'eſt d'ordinaire avec de la Viande, une Salade, du Fromage, des olives & de la bouillie. En été ils ne ſe chargent pas le ſoir de beaucoup de viandes & ne mangent que du Pain & des melons, des raiſins & du fruit ; mais en hyver ils mangent du bouilli avec leurs *Couſcous* & rarement du roti. Telle eſt la vie des gens du commun ; les perſonnes de condition ſe traitent un peu mieux. Ils mangent ſur une table fort baſſe ſans nappe & ſans couteau. Ils mangent leur Couſcous ſans cuillere le prenant à belles mains auſſi-bien que leur viande qu'ils dechirent avec leurs doits. Ils ne boivent jamais qu'après avoir aſſez mangé & à la fin du repas ils boivent une taſſe d'eau froide. Il y en a qui boivent du vin quoique leur loi le defende. Quant aux habillemens les hommes qui ont un peu de bien portent ſur leurs chemiſes une caſaque à manches courtes & par deſſus une eſpéce de Brandebourg fermée par devant. Leurs Turbans reſſemblent à un bonnet de nuit qu'ils entortillent d'un bandeau qui fait deux tours par deſſous le menton. Ils ne portent ni bas, ni caleçons ; mais en hyver lors qu'ils vont à cheval ils mettent des bottes. Ceux qui ne ſont pas riches ne portent qu'une Caſaque & un manteau avec un ſimple bonnet. Les femmes ne portent en été qu'une chemiſe ; mais en hyver elles ont un habit à manches larges fermé par devant. Quand elles ſortent elles prennent des Caleçons, un maſque devant les yeux & un voile qui leur couvre tout le corps. Celles qui ſont riches ont des pendants d'oreilles d'or avec des pierreries, des bracelets & des chaines d'or ou d'argent aux jambes ; les perſonnes qui ſe piquent de propreté portent des pantoufles brodées. Les Arabes d'autour de Fez portent une piéce de Barracan qui fait deux ou trois tours autour du corps avec un bonnet rouge. D'autres vont tous nuds, ſi ce n'eſt qu'ils ont autour des reins une ceinture qui ne deſcend que juſqu'aux genoux. Leurs Chefs s'habillent à la Turque & portent un turban de même ſi ce n'eſt qu'il eſt petit & pointu. On compte

huit

huit cents mille Juifs dans la Province.

2. FEZ. Riviere d'Afrique dans le Royaume de Fez. J'en parle sufisamment en plusieurs endroits de l'article qui suit.

3. FEZ, Ville d'Afrique en Barbarie dans le Royaume & la Province de Fez: c'est, dit Marmol [a], la plus grande & la plus belle Ville de toute l'Afrique, où sont les Ecoles de la Secte de Mahomet. Elle est divisée en trois, ou plutôt ce sont trois Villes assemblées en une, & qui portent le même nom & ont été bâties en divers tems.

[a] Afrique l. 4. c. 22. p. 157. & seq.

La plus ancienne est celle de BELEYDE, qui est au Levant du fleuve, où sont les jardins & les fontaines de *Zingifor*. Elle est d'environ 4000. feux, & fut bâtie par Idris illustre Predicateur.

L'autre qu'on nomme LE VIEUX FEZ, autrement AIN ALU, est au Couchant du Fleuve, & contient deux vingts mille habitans. Elle doit sa fondation à Hascen petit fils de ce predicateur, & c'est là qu'est la grande Mosquée du Caruvin. Abdulmalic dit, que ces deux Villes ont été autrefois à deux differens Princes de cette Maison, qui étoient en guerre continuelle, quoi-qu'il n'y eut point d'autre séparation entre eux que la Riviere & la ruë; mais que Jof second Roi des Almoravides, après avoir ravagé la Province de Temecen, les fut attaquer comme héretiques, parce qu'ils n'étoient pas de l'opinion des autres Mahometans & les ayant pris & tuez, ne fit qu'une Ville des deux, en dressant un pont sur la Riviére & démolissant le mur qui les separoit. Il la nomma FEZ du nom du Fleuve, qui se nommoit autrefois *Huet Giohora* ou la *Riviere des Perles*, & se nomme maintenant *Huet-Fez*, c'est-à-dire, *Riviere d'or*, parce qu'elle est bordée de vergers, & que c'est une très riche contrée.

La troisiéme Ville est LE NOUVEAU FEZ, qui contient plus de huit mille habitans, & un peu à l'écart. Jacob Roi des Benimérinis la bâtit comme une Forteresse pour s'y loger avec sa Cour, & la nomma ELBEYDA, ou la *Blanche*, mais on l'appelle maintenant le Nouveau Fez, pour avoir été construit depuis les autres, quoique construit ensemble ne portent qu'un même nom. La plus ancienne est au même lieu qu'on nommoit autrefois *Bulibile*, dont Ptolomée met la situation à huit degrez quinze minutes de longitude, & à trente-trois quarante minutes de latitude (Ptolomée [b] écrit Ουολοβιλις, & ses Interprêtes *Volobilis* ou Volubilis.) Cela me fait croire, dit Marmol, parce que j'en ay vû presente la hauteur dans la même Ville, du haut du Mont Tavertin, où sont les cavernes, qu'il y avoit déja quelque habitation où Idris fonda sa Ville. Mais les Arabes qui ont coûtume de s'attribuer les choses les plus remarquables, l'en font le premier fondateur, & disent que celle qui est au Couchant du fleuve se bâtit depuis; c'est d'elle que nous parlerons plus particulierement, parce que c'est la principale de toute l'Afrique.

Le VIEUX FEZ, qui est si fameux, est situé sur des colines & dans des valées & ceint de vieux murs bien garnis de Tours & de bonne fabrique: il y a sept portes, dont la premiere se nomme *Bib-el-Gadar* la porte de la trahison, la seconde *Bib-el-Maharroc* celle des brûlez, la troisiéme *Bib-el-Guza* la porte de la guerre, la quatriéme *Bib-el-Hadid*, celle de fer, la cinquiéme *Bib-Rob* la porte du résiné, la sixiéme *Bib-el-Fetoh* celle des victoires, & la septiéme *Bib-el-Mareforin* des pelerins. Elle est divisée en douze quartiers, dont chacun a un Commandant d'entre les principaux habitans, qui comme Colonel a soin de voir si l'on est bien pourvû d'armes, & à ceux qui n'en ont point, il leur en fait donner du magazin du Roi, mais à leurs dépens. Il a soin aussi de ce qui concerne la police, comme les Regidors d'Espagne. Ils mettent sur pied dans l'occasion quelques trente mille Combatans, dont les plus braves sont les Morisques d'Espagne, qui se sont retirez là de Grenade & d'Andalousie & qui sont armez d'Arbalétes ou d'Arquebuses: car les autres sont gens de plaisir qui sont à leur aise, & ne vont à la guerre qu'à regret. Ils ont ce privilege illustre qui leur a été accordé par les premiers Rois, de n'être point obligez de se défendre, si le Roi ne peut tenir la Campagne; de sorte que sans être suspects de lâcheté ni trahison, ils se rendent au vainqueur, s'il aproche à demi-lieuë de la Ville; ce qu'on a fait pour empêcher la ruïne d'une Capitale, qui se piqueroit d'une vaine & dangereuse fidelité envers un Prince qui ne la pouroit défendre. Ces Rois (lorsque l'Auteur écrivoit le Royaume de Fez avoit ses Souverains independamment de celui de Maroc; ce qui est changé depuis long-temps.) sont donc toûjours puissans en Cavalerie, pour être maîtres de la Campagne; quoique quelques-uns ayent été si aimez de leurs sujets, qu'ils ont souffert pour eux de longs siéges, comme ils firent en la guerre de Sayd. Les Maisons sont de brique ou de moilon lié avec de la chaux, ou du ciment, & sont plus belles par dedans que par dehors: car il y a de fort beaux appartemens, blanchis & carrelez de petits carreaux, qui sont plombez & fort nets. Dans les Chambres des belles maisons il y a ordinairement des armoires pratiquées dans le mur, & des arcades de plâtre fort blanc, avec des chiffres & des feuillages peints de diverses couleurs. Les maisons sont couvertes en terrasse d'une terre grasse détrempée avec de la chaux, du Sable & du ciment, & ont toutes des Cours environnées de portiques & de galeries où il y a des Armoires entaillées de bois odoriferant d'un arbre nommé Alarzé qui est une espece de cedre. Il y a aussi dans les Maisons de grands réservoirs de brique avec un pavé de marqueterie, & des bains ou bassins d'Albâtres. Il y a dans la Ville cinquante principales Mosquées, qui ont toutes leurs fontaines d'eau courante, avec des grands bassins d'Albâtre ou de jaspe & plusieurs colomnes de même pour soûtenir la nef, sans parler de six cens autres moindres, qui ne sont pas si bien bâties. Tout le lambris est de cédre, avec plusieurs graveures & entaillures. Elles ont toutes des hautes tours, comme des clochers où l'on monte la *Muéden*, qui est comme le sacristain, pour appeller le peuple à l'oraison quatre fois le jour, depuis le matin jusqu'au soir. Il n'y a qu'un Alfaqui

qui dans châque Mosquée, lequel dit l'oraison aux heures ordinaires. La principale de toutes est celle de *Caruvin*, qui est la plus riche & a plus grande de toute l'Afrique. Elle est au milieu de la Ville, en un endroit plat & uni & a quelque demi-lieuë de tour. Il y a six portes principales, qui répondent à autant de ruës, & sont toutes couvertes de petites piéces de bronze, qui font divers chiffres & entrelassures d'une façon fort agréable, avec des gros veroux ouvragez de même, comme on en voit en la grande Eglise de Seville. Elle a dixsept arcades ou grandes voûtes de large, sur six vingts de long, soûtenuës sur dix mille cinq cens gros pilliers de marbre blanc. En la principale nef où est la Chaire de l'Alfaqui, dans laquelle il monte pour dire l'oraison, il y a une grande lampe de bronze, environnée de cent cinquante autres moindres, sans parler de celles qui sont dans les autres arcades, où il y a dans chacune une lampe de même métal, où l'on peut faire brûler en même tems quinze cens méches. Les habitans disent qu'elles ont toutes été faites des cloches que ces infideles ont enlevées des Eglises d'Espagne, & mises là comme par trophée. Il y a dans l'enceinte de cette Mosquée un Collége, où l'on enseigne leur Theologie avec leurs autres arts & sciences, & le plus docte de tout le païs en est le principal. C'est comme l'Evêque, dont tous les autres Alfaquis vont prendre l'ordre, & qui résout toutes leurs difficultez, ils le nomment le Moufti. C'est lui qui reçoit & qui fait valoir les revenus de la Mosquée, qui sont de plus de quatre vingt mille ducats. Il y a encore d'autres Colléges dans Fez, où l'on enseigne la Grammaire, la Rhetorique & la Théologie, la Philosophie, l'Ortographe, les Mathématiques & les autres sciences. On y enseignoit autrefois la Négromancie ; mais on ne l'ose plus faire publiquement depuis plusieurs années. Le principal Collége se nomme *Madaraça*, qui est une des plus belles piéces de toute l'Afrique, à cause de ses grandes Cours & galeries, & de plusieurs appartemens bien lambrissez, dont le plancher est de marqueterie aussi-bien que la chaire où l'on fait les leçons, qui est marquetée d'ébéne & d'yvoire. Il y avoit autrefois des boursiers dans ce Collége, & dans les autres, qui étoient entretenus comme en Europe, mais les Rois ont pris ces revenus, qui sont fort grands & n'ont laissé que ce qu'il faloit pour les Professeurs, & les Ecoliers n'ont rien que la Chambre & les leçons. Il y a plus de deux cens écoles dans la Ville, pour apprendre à lire, quoique l'Ortographe & la Grammaire Arabesque se lisent ordinairement dans les Universitez. Les hôpitaux ne sont pas moins beaux ni moins grands que les Colléges ; c'est là qu'on renfermoit les foux & les malades, & qu'on donnoit à manger aux pauvres trois jours durant, mais comme les Rois se sont emparez du revenu ils sont maintenant vuides. Il y a seulement un hôpital au Fauxbourg de *Méreslan* pour les Etrangers qui sont malades ; mais il faut qu'ils se fassent soigner à leurs depens, parce qu'on se contente de les servir & de les nourrir, & que l'hôpital est trop pauvre pour fournir le reste. Il y a aussi plusieurs bains, qui est la principale recréation de la Ville : car les femmes & les hommes s'y vont baigner, ceux-ci le matin, & les autres le soir, & ils sont fort frequentez, ce qu'ils sont à ce qu'ils disent par propreté, mais qui cause beaucoup de desordres ; & ils y sont si accoûtumé qu'ils ont plûtôt de l'argent pour payer leur bain, que leur dépense. Il y a plus de deux cens hôtelleries pour les Etrangers, comme en Europe, qui sont grandes & bien bâties, & ont plusieurs appartemens par haut & par bas, avec tout ce qui est necessaire. Les principales sont près de la grande Mosquée, où logent les Marchands Chrétiens & les plus honnêtes gens qui passent là. Tous les autres sont des répaires de Démons où se commettent mille pechez avec tant de licence & d'impunité, qu'il est permis aux hôteliers de sortir en habit de femme, avec la barbe raze & une quenouille à leur ceinture, & quand ils parlent ils se radoucissent la voix & contrefont les femmes, pour inciter les hommes à une infame débauche, & il leur est permis d'avoir des rufiens publics, & de vendre du vin, & loger des femmes & des jeunes garçons, comme en des lieux de prostitution. Ce qui est de plus étrange c'est que la justice n'y oseroit aller, ni les sergens y mettre la main sur personne ; de sorte que c'est la retraite des voleurs, de ceux qui fournissent des malheureuses victimes à l'incontinence publique, des assassins & de tous les scelerats de la Ville. Ces hostéliers qu'on nomme *Badis*, payent pour cela une grande somme tous les ans au Gouverneur, & sont obligez toutes les fois que l'armée marche sous le Commandement du Roi ou du Prince, d'envoyer quelques-uns d'entre eux, pour servir & aprêter à manger aux Officiers de sa suite. Mais on ne les laisse entrer, ni aux bains, ni aux Mosquées, ni converser avec les Marchands, ni louer des hôtelleries qui sont proche de la grande Mosquée. Quand le Pere du Chérif Mahamet, fit la guerre au Roi de Fez, les Alfaquis, s'étant plaints de ce qu'il persécutoit un Roi de sa Religion, il répondit que c'étoit pour punir les pechez abominables qu'il laissoit commettre publiquement contre Dieu & Mahomet ; de sorte qu'il persécuta ceux-ci dès qu'il fut le maître, & Sidi Muça un de ses Cadis, en égorgeoit autant qu'il en pouvoit attraper, sans défense de les ensévelir, afin qu'ils fussent mangez des Chiens. Mais cela dura peu, car sitôt qu'il fut parti, ils reprirent leurs detestables coûtumes, quoiqu'avec un peu moins de licence.

La *Riviere* qui passe dans Fez y fait moudre quatre cens moulins, dont chacun a quatre ou cinq rouës & quelquefois six, les uns servent pour moudre du bled des maisons, d'autres sont tenus par des meûniers ou boulangers, qui vendent la farine en détail aux Artisans & aux autres, qui n'ont pas le moyen d'acheter du bled ; le reste moud pour les habitans & prend sa mouture en argent ou en farine. Mais le Roi prend demi réale ou environ de châque mine de bled, quoique les moulins ne lui appartiennent pas : aussi n'y moud il point ni sa suite ; mais dans le nouveau Fez où il a quinze moulins : les autres appartiennent aux particuliers, aux Colléges & aux Mosquées ;

mais

mais il dit que le Domaine de l'eau eſt à lui. Au milieu de la Ville il y a une place fermée de murailles, qu'on nomme l'*Alcaycérie*, où ſont les boutiques des Marchands & toutes les richeſſes de Fez. Elle a douze grandes portes avec de groſſes chaines de fer, qui leur ſervent de barriere pour empêcher qu'on n'y entre à cheval, & contient quinze ruës de boutiques. Les deux principales ſont des Cordonniers, qui font des ſouliers enrichis d'or & de ſoye. Les deux qui ſuivent ſont des paſſémentiers, qui font des Cordons & des houpes, pour pendre aux étriers & au poitrail des chevaux, avec des enharnachemens de même matiere. Il y a auſſi là plus de cent boutiques de marchans qui vendent toutes ſortes d'étoffes d'or & de ſoye, & d'autres auprès où ſe vendent des ceintures de ſoye & de laine pour les femmes, tiſſuës ſur des groſſes écharpes de fil avec des longues franges au bout. Ces ceintures font deux tours, puis reviennent pendre devant en façon de houpe; ce qui eſt un grand ornement en ce païs-là, & toutes les Arabes en ont. Il y a auſſi au même endroit quantité de boutiques, où l'on vend de fins draps de laine, & des écheveaux de ſoye cruë. La plûpart de ces Marchans ſont des Maures d'Andalouſie & de Valence. En d'autres boutiques on vend des Matelas, des oreillers de toille, de ſoye ou de lin, & des tapis de cuir doré, enrichi d'or & de ſoye, dont on ſe ſert là comme de napes, & on les étend ſur terre pour manger & pour s'aſſeoir en été. Près delà ſont les fermiers qui reçoivent le droit de tout ce qui s'y vend. Il y a auſſi une autre ruë pour les crieurs, qu'ils appellent *Caguaçadors*, qui debittent tout ce qu'on apporte vendre là. Ils le portent de boutique en boutique, & ne le délivrent qu'au marchand qui en donne le plus; mais il eſt permis au Bourgeois, ou à un Etranger de le racheter ſur l'heure au même prix. Il y a ſoixante & dix de ces crieurs, qui prennent environ un ſou pour ducat de tout ce qu'ils vendent, & tout paſſe par leurs mains. Il y a encore au même endroit quantité de boutiques de tailleurs & de lingers, dont les plus riches ſont celles où ſe vendent les chemiſes, les mantes, les chauſſes & les coiffures des femmes, qui ſont de ſoye & de toille ouvragée, parce qu'il ſe fait plus de trafic de cela que de tout le reſte. Les fripiers ſont dans une autre ruë, où l'on vend des habits d'hommes & de femmes, tant de drap que de ſoye, vieux ou nouveaux; & ſur le ſoir il s'y vend à l'encan quantité de hardes. Tout contre cette ruë, il y en a une autre, où ſe vend le vieux linge, des couvertes & des tapis fort riches de toutes ſortes. Il y a auſſi pluſieurs boutiques où l'on vend des gances & des boutons. Tout cela eſt enclos dans le lieu que j'ai dit, qui eſt fermé toutes les nuits par un ☞ homme qui a cette charge. Au reſte cette place a pris ſon nom de *Caiçar*, qui veut dire Ceſar en langue Africaine, parce que les Hiſtoriens diſent que quand les Romains étoient maîtres de l'Afrique, ils avoient en châque Ville une Maiſon de la Doüane, où l'on reſſerroit les Marchandiſes & autres choſes qui leur appartenoient. Et parce qu'il arrivoit ſouvent que dans les émeutes on ſacageoit cette maiſon, l'un des Ceſars ordonna que dans châque Ville il y auroit un lieu fermé de murailles, où l'on reſſerreroit les Marchandiſes qui appartiendroient à l'Empereur, avec celles des marchans, afin que les habitans y ayant intérêt, euſſent plus de ſoin d'en empêcher le pillage. Delà vient qu'on la nomma *Céſarie* ou *Céſarerie*, & par corruption *Alcay cérie*, en y joignant l'Article Arabe. On en voit encore pluſieurs dans les principales Villes d'Eſpagne, qui gardent encore ce nom. Au ſortir de celle-ci du coté de la porte qui regarde le Septentrion, il y a une belle ruë *la Atarin*, qu'on nomme de l'Epicerie, qui contient cent ſoixante & dix boutiques, tant de part que d'autre, & a deux entrées qui ſe ferment toutes les nuits, outre qu'on y fait garde, quoique la Doüane des Marchands Chrétiens ait été tranſportée delà au nouveau Fez, pour plus grande ſureté. Parmi ces boutiques il y en a pluſieurs d'arboriſtes, qui font des onguens & des remedes pour ces peuples leſquels n'ont pas accoûtumé de ſe purger, ni de prendre medecine, & ne ſe guériſſent qu'avec le feu, la diette ou quelques drogues. C'eſt la plus belle ruë qu'il y ait dans Fez, parce que les boutiques y ſont fort grandes & bien éclairées, & les caiſſes ou boites rangées avec tant d'ordre, que la vuë en eſt fort agréable. Tous les artiſans & les Merciers ont chacun leur quartier ſéparé. Il y a quatre vingts études de Notaires autour de la grande Moſquée; & à châcune deux Bureaux & deux Clercs pour paſſer toutes ſortes d'Actes, tant de la Ville que des Champs, qui ſont après ſignez du juge, ſans quoi l'on n'y a point d'égard. Il y a auprès trente boutiques de libraires & plus de deux cens cordonniers tant pour hommes que pour femmes. Devant l'autre porte de la Moſquée qui regarde le Couchant, il y a une grande place où ſe vendent les fruits, & tout auprès une ruë (la ruë de *Gemain* ou des Ciriers) où il y a quarante boutiques de merciers, de ciriers, & pluſieurs autres de bouquets que chacun a coûtume de porter dans la main. On y vend auſſi des oranges & des citrons, & toutes ſortes de breuvages rafraichiſſans. Vis-à-vis ſont d'autres boutiques remplies de grandes cruches plombées où l'on vend de lait; le caillé & le beurre frais; & plus de trente autres où ſe vend le Coton tant filé que non filé. A main droite eſt une autre ruë où l'on vend le Chanvre, & où il y a pluſieurs boutiques de ſelliers & des natiers. Devant celles là il y en a pluſieurs autres où ſe vendent des bourſes & des ceintures de cuir garnies de ſoye de [couleur, & une eſpéce de licous dorez pour mener les Chevaux en main ſans les brider. Près delà ſont ceux qui font des brides, poitrails, étrivières, & autres ornemens de chevaux. Un peu plus loin, il y a des boutiques où l'on vend le ſel & le platre en détail, & plus de cent autres de verriers. Tout proche ſont les éperonniers en plus de quatre vingts & dix boutiques, & auprès là place de l'*Hamelin* où abordent tous les jours plus de trois cens porte-faix & Charretiers pour tranſporter les Marchandiſes, charge qu'on ne peut exercer ſans la permiſſion du

Gou-

Gouverneur, & en donnant Caution, qui exemte de la Justice & de tout subside; mais ils ont un Consul qui juge de leurs différens. Et il y a entr'eux une société ou Confrerie, & une caisse commune, où ils mettent tous les jours quelque partie de ce qu'ils ont gagné, pour subvenir à leurs nécessitez & faire quelque dépense en leurs mariages & enterremens. Un peu plus loin est une autre place où demeure le Prévôt des marchans qui met le prix aux vivres & contrôlle les poids & les mesures. Il a son petit tribunal à part où il rend la justice, & l'on prend pour exercer cette charge le plus considérable de la Ville; aussi a-t-il plus d'occupation que le Gouverneur. Il y a un grand enclos au milieu de cette place, où se vendent toutes sortes d'herbes & de légumes, & autour plus de cent boutiques où l'on vend des gauffres, des bignets & des saucisses frites à l'huile, & plus de soixante autres de rotisseurs. Tout proche sont plusieurs boutiques de Charcutiers, où l'on vend de la Chair & du poisson cuit, & des gâteaux ou galettes au beurre, qu'on cuit dans des terrines, & qu'on mange avec ces viandes. Devant sont plus de cinquante boutiques où l'on vend l'huile, le beurre, le miel, le fromage, les olives & les Capres & autres choses semblables. Près delà sont quarante étaux de bouchers, où l'on vend au poids la viande au sortir de la tuerie qui est sur le fleuve. Mais auparavant on la porte au Prévôt des marchans qui y met le prix, & donne un billet de sa main, que le boucher est obligé d'attacher au haut de sa porte tandis qu'il la vend, afin qu'on n'y soit point trompé. Passé la boucherie il y a une autre ruë que l'on nomme la *Jussie*, où l'on vend des tapis, des casaques, & des étoffes de laine du païs dans plus de quatre-vingt boutiques. Plus loin est le quartier des fourbisseurs qui vendent des Epées, des poignards, & des fers de lances; après quoi sont les boutiques où l'on vend le poisson frais qui se prend dans la Riviére de Fez & dans le grand fleuve de Cébu, (Sebout) où il y a si grande quantité d'alozes qu'elles ne valent pas quelquefois un sou la piéce. Le Roi afferme plus de vingt mille ducats la pêche, qui se fait depuis le commencement d'Octobre jusques à la mi-avril. Près delà est une place (*Cobeib-el-Nacas*) où il y a une fort bonne citerne, & autour plus de quarante boutiques où l'on fait des grandes cages d'ozier ou de roseaux pour engraisser la volaille: incontinent après est la savonnerie qui consiste en plus de cinquante boutiques, où l'on vend du savon noir, parce qu'il n'y en a point d'autre en Afrique. Il y a plusieurs autres boutiques répandues par toute la Ville, où l'on vend en détail de l'huile, du miel, du beurre, des épices & du Savon. Devant la place dont nous venons de dire, il y en a une autre où l'on vend le bled, l'orge, la paille où la chandelle, soit en gros ou en détail. Tout auprès est la lingerie en forme d'une grande hale à quatre portes, où l'on vend de la filasse, du fil & de la toile. Il s'y fait tous les jours un marché qui dure depuis midi jusqu'à deux heures, où il y a une si grande foule de femmes qui y viennent pour vendre ou pour acheter de la toile, qu'on ne s'y sauroit tourner, & elles s'entre battent souvent, & s'arrachent les cheveux. Il y a une autre ruë qui commence à la porte du Couchant de la grande Mosquée, & se va rendre à celle de la Ville par où l'on va au nouveau Fez. Cette ruë est remplie de places & de boutiques où l'on accommode des peaux de bouc, pour mettre de l'eau. Il y a aussi plus de cinquante paneriers & serruriers qui polissent des étriers & autres ouvrages de fer. Vis-à-vis sont les faiseurs de boucliers, qui font de belles rondaches de peau d'élan, & quelque vint cinq boutiques de blanchisseurs, qui font de grandes cuves où ils font la lescive, & rendent le linge blanc comme neige; mais il y en a encore plus de deux cens de répanduës par toute la Ville. Après sont ceux qui font des arçons de Selle, & tout auprès le Collége de *Madaraça*, autour duquel il y a plusieurs boutiques de doreurs qui dorent & émaillent, étriers, éperons, poitrails, testiéres, & autres choses de fer fort poliment, quoiqu'il s'en fasse de plus riches dans Tremecen. Devant cette ruë il y en a une autre où il y a plus de quatre vingt boutiques de faiseurs de couvertures de Selles à piquer, de ce beau Maroquin, cousuës fort proprement. Tout proche est la forteresse, qui a des deux cotez deux belles galeries, dont l'une va jusqu'à une des portes de la Ville, & l'autre jusqu'à un grand Palais où demeure ordinairement le frére, ou le plus proche parent du Roi. Il y a une autre ruë vers l'Orient tout proche de l'épicerie, où il y a plus de quarante boutiques de faiseurs d'éguilles, & quinze autres où l'on fait des peignes, après quoi sont les tourneurs, quoiqu'il y en ait plusieurs autres de répandus par toute la Ville. Un peu plus loin est une petite place où il y a plusieurs boutiques qui se touchent, dans lesquelles on vend de la farine, du Savon, des balais, & autres choses qui servent au ménage. Cette place va rejoindre la hale du lin, dont nous avons parlé: & près des boutiques où l'on vend le Coton, il y a une petite ruë qui traverse, où l'on fait des tentes & des pavillons pour la Campagne. Tout proche sont seize boutiques, où l'on vend des oiseaux pour mettre en cage, & des oiseaux tuez pour manger. En ce lieu est un grand logis où l'on vend tous les soirs des Négres de l'un & de l'autre sexe. Tout auprès sont les faiseurs de galoches & de sandales de marqueterie, couvertes de cuir ou de soye que les habitans ont coûtume de porter, quand il pleut où qu'il fait sale. Et il y en a de si chéres, qu'elles valent dix ou douze écus. Devant ces boutiques sont douze autres, de Morisques de Grenade & de Valence, qui font des arbâletes; après quoi il y en a cinquante, où l'on ne fait que des balays de palmiers que l'on porte vendre par toute la Ville, & qu'on échange contre de la cendre, du son & des vieux souliers. A côté sont vingt autres de Cloutiers. Et plus outre celles où l'on fait des cuves & des mesures de bois pour le bled, & les autres choses qui se vendent de même, parce que dans Fez la plus part des choses se vendent au poids & à la mesure. Au delà il y a une ruë qui traverse, où l'on vend la laine

laine des peaux de mouton, que l'on corroye & dont on fait des basannes. A côté sont les corroyeurs de peaux de vaches, & de maroquin. Après quoi sont les boutiques où l'on fait des chapeaux de paille, ou de palme & de petits paniers de même fort bien travaillez, & autres choses semblables. Cette ruë aboutit à la Chauderonnerie; mais retournant au lieu où l'on fait les cuves, il y a une ruë qui traverse où sont plusieurs boutiques où l'on fait des serans & des peignes de fer fort aigus, pour accommoder le lin & carder la laine. Plus outre il y a une grande place pleine de boutiques, où l'on polit des éperons, des étriers, des poitrails & autres ouvrages de fer délicats. Après quoi sont les Charrons, qui font des charuës & des rouës pour les Chariots, avec d'autres grandes pour les moulins & pour tirer de l'eau. Tout auprès sont les teinturiers qui ont une belle fontaine, où ils lavent la soye qu'on veut mettre à la teinture. Derriere sont les faiseurs de halebardes, en une grande place qui est fort fraîche l'Eté, à cause de quantité de meuriers qui y donnent du couvert. Ensuite sont les maréchaux, & tout devant ceux qui font des cordes d'arbalêtes & les traits ou matras. Plus outre sont grand nombre de boutiques, où l'on ne fait que des fers de chevaux, & de mules, & tout auprès ceux qui blanchissent la toile, & qui lui donnent le lustre. Voilà les principales ruës & les principales places du vieux Fez.

ELBELEIDA ou le VIEUX FEZ, est la premiere partie de la Ville qui ait été bâtie quoiqu'elle ne soit pas si peuplée; aussi a-t-elle des anciens & beaux édifices, soit Palais, bains, Temples, ou Colléges; mais il n'y a pas de commerce de soye & de fins draps, comme en l'autre, ni des artisans si considérables. On y voit seulement une belle ruë où il y a trente boutiques d'épiciers. La plus grande partie est deserte, particulierement vers les murailles, où l'on fait de la brique & des verres: mais il y a une grande Mosquée qu'on nomme d'*Andalousie*, qui a devant soi une place pavée de briques, avec plusieurs artisans & merciers. Il y a plusieurs autres places par toute la Ville où l'on vend des vivres. Ce qui est de plus considérable, c'est la manufacture des toilles, & des soyes, en quoi travaillent d'ordinaire vingt mille ouvriers en plus de cinq cens cinquante maisons, qui ont deux & trois étages tout remplis de toiles & d'étoffes de soye sur le métier, sans parler de cent cinquante autres logis, la plûpart sur la Riviere, où l'on ne fait que coudre, blanchir du fil, & teindre de la soye. Il y a aussi des grandes places où les esclaves Chrétiens vont sier le bois toute la semaine, hormis le vendredy depuis midy, jusqu'au soir, & sept ou huit jours de fêtes que l'on solemnise le long de l'année. On voit au Septentrion une Montagne où le bled se conserve fort long-tems dans des creux soûterrains, dont les habitans du quartier ont la garde, pour quelque chose que leur donnent ceux à qui il appartient. C'est là que sont les jardins & les fontaines de ZINGIFOR.

Le NOUVEAU FEZ, est dans une plaine sur le bord de la Riviere à plus de mille pas du Vieux, entre le Couchant & le Midy, &

a un double mur fort bien travaillé, & garni de tours à la façon d'une forteresse. Il contient plus de huit mille habitans, & a été bâti par le second Roi de Fez de la race de Benimerinis, qui conquit le Royaume de Maroc sur le dernier Roi de la race des Almohades, & transporta le siége de l'Empire de Maroc à Fez, pour être plus proche du Roi de Tremeçen, avec qui il avoit guerre continuelle. Il la nomma LA VILLE-BLANCHE; mais on lui a donné le nom de Nouveau Fez. Elle est divisée en trois quartiers. Au premier est le Palais du Roi, & celui de ses fils, & de ses freres, où il y a de beaux appartemens, avec des jardins, des bains, des fontaines, pour son divertissement, & tout proche une grande Mosquée fort belle. Au second quartier sont les écuries du Roi, & plusieurs hôtels de grands Seigneurs, avec une ruë qui s'étend du Levant au Couchant plus d'un quart de lieuë, où sont les boutiques des Marchands & des Artisans, les places, & les boucheries. Il y a dans cet espace plusieurs bains & plusieurs Mosquées d'une fort belle structure, qui ont coûté beaucoup à bâtir. Au troisiême quartier où logeoient autrefois les gardes du Prince, qui étoient des étrangers fort bien appointez, est aujourd'hui la Synagogue qui étoit auparavant au Vieux-Fez: car comme elle étoit sujette à être pillée à la mort des Rois, on la transporta là pour sa sureté, moyennant double tribut. En ce quartier est une grande place environnée de boutiques, de Synagogues & de maisons biens bâties, où les Juifs sont comme dans une Ville à part; au nombre de plus de dix mille: car il y a dans châque logis quatre ou cinq ménages. La plûpart sont de ceux qui furent chassez d'Espagne par les Rois Catholiques, & il y en a quelques-uns de riches. Ils sont regis par un Chec ou Gouverneur, qui leur administre la justice, & fait le département de ce qu'ils payent au Prince; & afin qu'ils ne soient pas si tourmentez, il prend la ferme des amendes & des impôts, qui sont sur leurs Manufactures & leurs Marchandises: car ils payent un droit de tout ce qu'ils font & qu'ils vendent, cette nation étant fort maltraitée en Afrique. On leur crache au nez dans les ruës, on les frappe, on ne leur permet pas de porter des souliers, si ce n'est à quelques-uns qui ont habitude près du Roi & des Grands, le reste n'a que des chaussures de jonc, qu'ils sont obligez de quitter en entrant chez le Prince, aussi leur est-il défendu de porter des turbans noirs, & sur le turban ou le bonnet, une piéce de couleur, & même sur leurs habits, pour être distinguez des autres. S'il y en a quelqu'un de riche, le Roi lui enleve son argent, & lui ôte quelquefois même la vie; mais ils savent si bien s'entremettre, & sont si intelligens dans les affaires, que le Roi & les Grands leur donnent l'administration de leur revenu, parceque les gens de condition parmi les Maures, ne se piquent point d'amasser, & ne s'entendent pas en ces petites finesses; de sorte que chacun d'eux a un Juif pour son Intendant, ce qui sert à les maintenir & leur vaut beaucoup. Près du Palais est la Maison de la Monnoye, où demeure celui qui en a l'Intendance, & tout auprès l'orfévrerie &

le changeur qui a le coin, & qui pese l'argent & y met le taux : car on ne peut travailler ni en or, ni en argent dans Fez, qu'il ne soit marqué auparavant, après quoi il passe pour monnoye au poids. La plûpart des Juifs sont orfévres, & travaillent dans le Nouveau Fez, où ils ont leurs boutiques & vont vendre leurs ouvrages au Vieux, dans une place qui est proche de l'épicerie, parce qu'on ne peut travailler en or, ni en argent dans le Vieux Fez. Les Maures ne se plaisent pas à cet art, & s'il y a quelques orfévres parmi eux, ils ne font que des bagues, des pendans d'oreilles, & des grains de Chapelet pour les femmes des Arabes & des Villageois. Enfin le Prince qui a bâti cette Ville neuve, y a mis tout ce qui étoit necessaire à une bonne place, afin d'y pouvoir vivre sûrement & commodément, lui & tous ses Successeurs & régir delà le Vieux Fez, où il a fait un chemin sous terre, qui conduit à la forteresse, lequel est si large que trois chevaux y peuvent aller de front, ce qui lui fût facile alors que l'Empire des Bénimérinis étoit en sa vigueur. Mais qui remarquera bien ces bâtimens d'Afrique, trouvera que les plus illustres Villes de la Mauritanie Tingitane ont été bâties & embellies des richesses que ces Infidelles y ont transportées d'Espagne. Il y a dans le Nouveau Fez un grand hôtel où les esclaves Chrétiens avoient accoûtumé de travailler en ouvrages de fer, & autres choses, sous le commandement des renégats de Grenade, d'Andalousie & d'ailleurs, qui faisoient des Armes & des munitions. Mais on a donné cette maison aux Juifs qui y tiennent leurs boutiques d'orfévrerie, & les Chrétiens travaillent ailleurs en divers endroits. Il y avoit aussi là autrefois un quartier où vivoient plusieurs Chrétiens libres, & quelques esclaves même, qui étoient bons ouvriers, que le Roi traitoit de bien, & les laissoit demeurer là avec leurs femmes & leurs enfans. Il y en a encore plusieurs de cette sorte dans Fez & dans Maroc. Tout le reste de ceux qui vivent dans la nouvelle Ville, sont gens de peu de considération, parceque toutes les personnes riches & de qualité, sont bien aises de n'être pas connues de la Cour, pour être plus en assurance, & ne se plaisent pas même à loger des Courtisans, ni à marier leurs filles à la Cour. La nouvelle Ville a deux portes principales, l'une où va à la vieille Ville, & l'autre où est l'*Acéquise*, & la Garde du Roi. Il y en a une troisiéme plus en dedans, qui va entre les clôtures des deux murailles ; mais il y a garde par tout. Le Roi a continuellement dans le Nouveau Fez quinze cens chevaux bien équipez & deux mille Arquebusiers à pied, avec beaucoup d'Artillerie & de munitions, dont on entretient celles des autres places. Enfin toute la force de l'Etat consiste en cette Ville, qui se défendroit pourtant fort mal, si on l'assiegeoit aujourd'hui, tant parce qu'on la peut battre & attaquer en divers lieux & de fort près & qu'elle manque de Boulevarts commodes, & de plateformes pour mettre l'Artillerie, aussi-bien que de gens qui la sachent gouverner, que parce qu'il y a quantité de bouches inutiles, qui y mettroient bien-tôt la famine, particulierement si l'on se rendoit maître du Vieux

Fez, comme on pouroit faire s'il plaisoit à Dieu de réunir les Princes Chrétiens, & de les porter à cette entreprise.

Au milieu du Vieux Fez passe une Riviere, qui prend sa source à trois lieues delà, près d'un petit lieu nommé AIN EL HAMIZ, & traversant une grande plaine, passe entre quelques colines, d'où elle se va rendre aux jardins qui sont devant la porte *Bib-el-Hadid*. Elle se sépare là en deux bras, qui entrent par deux endroits dans la Ville, l'un près de cette porte, lequel va à la baterie proche du pont, qu'on nomme *Racif*, & l'autre par la porte *Bib-el-Fétoh*, d'où il va rejoindre le premier au pont des teinturiers, puis ils traversent ensemble la Ville, & vont sortir à la porte *Bib-el-Gadar*, où ils sont bordez de beaux jardins plus d'une grande lieuë ; après quoi ils se vont rendre dans le grand fleuve de *Sébu*, à une lieuë & demie de la Ville. Ils font tourner dans la place quatre cens vingt moulins.

Il y a une autre Riviere qu'on nomme de Fez, qui vient de trois lieues delà, d'une grande fontaine près d'un Château, où les Rois de Fez tiennent cinquante hommes en garnison, d'où descendant par une belle plaine, elle se vient rendre au Nouveau Fez par la porte qui va au vieux, & passant entre les deux murailles, court par les deux jardins qui sont devant la porte *Bib-el-Hadid*, & se jette delà hors de la Ville à travers de beaux vergers, jusqu'à ce qu'elle se décharge dans le fleuve de Sébu. Elle fait moudre quinze moulins entre les murailles du Nouveau Fez, par où elle passe.

Outre cela il y a dans le Nouveau Fez plusieurs fontaines, qui naissent toutes d'une seule source, qui n'est pas loin delà, d'où l'eau est conduite par des canaux soûterrains, jusqu'au Palais du Roi, & se distribuë par aux autres Palais & par toute la Ville. Il y a aussi plusieurs fontaines dans le vieux Fez, dont l'eau est très fraîche, qui naissent toutes entre les murailles, & divers canaux & aqueducs, qui conduisent l'eau de la Riviere aux Mosquées, aux Colléges, aux bains & aux principaux logis, avec plusieurs puits par toute la Ville, dont l'eau est si proche des bords, qu'on la puise en beaucoup d'endroits avec le seau à la main. Car à quatre lieuës & demie delà, il y a une grande source, qui après avoir coulé une lieuë & demie à découvert, se perd en partie dans un grand Lac, & ceux de Fez disent que ce qu'il se perd, rentre dans la Ville, qui pour être toute creuse & portée sur les eaux, tremble fort souvent. Dans le *Beleyda* qui est au devant du fleuve, il y a six cens fontaines, qui sont toutes murées & fermées à clef, parce que l'eau se rend delà par des conduits dans le vieux Fez, & est fort fraîche en été. La plûpart de ces fontaines viennent du côté du Couchant & du Midi, d'une grande esplanade, où il y a force beaux jardins & arbres à fruits, orangers, citroniers, myrthes, lauriers & jasmins, accompagnez de roses & d'autres fleurs odorantes, qui parfument tellement l'air l'Eté, qu'on diroit un paradis terrestre, & tout cela est arrosé de plusieurs rigoles tirées de ces fontaines. Tous ces lieux ont des logis fort frais,

où

où les gens de condition & de plaisir se retirent l'Eté, depuis le commencement d'Avril jusqu'à la fin de Septembre, & tous ces lieux s'appellent les jardinages de ZINGIFOR, parce que la terre y est de couleur dorée, qui est la signification du mot Arabe.

Hors des murs du nouveau Fez, on éleve l'eau de la Riviere avec des rouës, qui portent l'eau au-dessus des murs, qui se répand delà dans les Palais, les bains & les jardinages de toute la Ville. Il y en a de même dans la plaine de Toléde, par où l'on fait monter l'eau du Tage, pour arroser les jardins, & l'on tient que ce fut un Captif de Toléde qui en porta l'invention en Barbarie, parce que autrefois ceux de Fez faisoient venir par des aqueducs qui sont ruinez l'eau de la fontaine qui coule maintenant sous terre. Ces rouës qui élevent l'eau, sont posées sur le bord du fleuve, en un Canal fort étroit, afin que l'eau entrant de furie dans les auges dont elles sont environnées, les fasse tourner plus vîte, & quand elles sont en haut elles versent l'eau en descendant, mais elles font une heure entiere à faire un tour.

Hors de la vieille Ville, du côté du Couchant, est le Fauxbourg de MERZ, de plus de trois cens maisons, où il y a une place qui répond à la porte de *Bib-el-Gadar*, & contient plusieurs caves taillées dans le roc, où les Rois de Fez renfermoient autrefois le bled. Il y a marché tous les jours dans cette place depuis le matin jusqu'à midi. Ce Fauxbourg n'a que de mechantes maisons, où se retirent tous les voleurs, débauchez, & vagabonds de la Ville, qui en font des lieux de prostitution & de débauche, qui y joüent aux cartes & aux dez, & y tiennent cabaret sans que la justice les puisse prendre, parce que les maisons étant bâties sur le bord de la Riviere, dès que le Magistrat paroît, ils passent de l'autre côté, & se sauvent dans une forêt épaisse d'arbres fruitiers où il est impossible de les trouver. On enferme maintenant le bled dans le nouveau Fez, où il est plus en sûreté. Il y a encore du même côté un Fauxbourg de quelques soixante maisons, où il y a un hôpital pour les ladres, dont l'administrateur reçoit le revenu, & les nourrit & entretient, tant de cela que des aumônes, sans leur permettre de courir parmi la Ville; ce qui n'est pas permis dans Fez à ceux qui ont des maladies incurables. Quand ce seroit un homme de condition, qui se voudroit faire traiter chez soi, on ne le souffriroit pas, & on le transporteroit à l'hôpital, qui herite de la moitié de son bien quand il vient à mourir, & laisse le reste à ses héritiers; de sorte qu'il est fort riche.

Il y a un autre Fauxbourg devant celui là, de cent cinquante habitans qui vivent dans des creux sous terre, & sont tous muletiers, potiers de terre, massons, bucherons, ou manœuvriers. Plus loin, en tirant toûjours vers le Couchant, il y en a encore un qui a plus de cinq cens maisons, où demeurent de pauvres manœuvriers, & tout joignant est une plaine de plus de demi-lieuë de large, entre les maisons & le fleuve, & de plus d'une lieuë de long, où les paisans arrivent tous les jeudis au marché, avec du bétail, de la laine, de la cire, du beurre & autres choses qu'on apporte des champs, les Marchands & Artisans de Fez y viennent dresser leurs boutiques en bel ordre autour d'un hermitage qui y est.

Au-dessus de ce Fauxbourg est une grande carriére, d'où l'on tire toute la pierre, & dont on fait la chaux; & tout proche il y a plusieurs fourneaux pour la cuire, si grands qu'on cuit vingt-cinq mille boisseaux d'une seule fournée. Il y a un autre Fauxbourg du même côté sur la Riviere, où il y a plus de cent vingt logis de blanchisseurs, qui blanchissent la toile dans un beau pré exposé au Soleil, & l'arrosent de tems en tems de l'eau du fleuve. Ce pré est couvert d'herbe toute l'année, & particuliérement en Eté, quand les toiles sont tenduës, l'on y voit briller toutes sortes de fleurs, dont la vuë est fort agréable, d'autant plus que l'eau de la Riviere est alors comme du cristal, & qu'on pourroit compter tous les petits cailloux qui sont au fond. Hors de la Ville du côté du Septentrion, il y a un Palais bâti sur une haute Montagne, où sont enterrez les Rois de Fez de la race des Benimérinis, avec de grandes tables d'albâtre à leurs pieds & à leurs têtes, où sont gravez en lettres d'or, entremelées de rouge, leurs noms avec le tems de leur mort, & quelques vers à leur loüange. Il y a plusieurs autres tombeaux par toute la campagne parce que chacun des Mahométans doit avoir son tombeau séparé. Tout le vieux Fez tant du côté du midi que du Septentrion, est environné de jardins pleins de grands arbres qui portent quantité de bons fruits & sont bordez de plusieurs rigoles qu'on tire de la Riviere. Ces arbres font une forêt si épaisse de tous côtez qu'il faut être bien expert pour s'en tirer. On n'arrose le pied de ces arbres que le mois de May, qui est le tems où on les déchausse & on les laboure; mais les jardins sont arrosez tous les jours.

Il y a dans Fez une hale où abordent tous les fruits qui viennent dans la Ville, on les y vend à l'encan dans des paniers par l'entremise de ces crieurs, dont j'ay parlé, après que les particuliers en sont fournis, les revendeurs achettent le reste, & ne peuvent rien achetter que dix heures ne soient passées. Quiconque achette pour revendre devant ce tems là, ou qui porte le fruit ailleurs qu'à la hale pour payer les droits, est condamné à une grosse amande, parce que les fermiers sont présens.

Du côté du Couchant est une grande campagne de dix lieues de long sur cinq de large, où l'on recüeille quantité de lin & de chanvre, & si grand nombre de légumes d'herbes potagéres, à cause de la multitude des rigoles & des fontaines qui y sont, qu'il y en a suffisamment pour toute la Ville. Mais l'air n'en vaut rien & ceux qui y demeurent sont toûjours pâles & défaits, jusque là que plusieurs meurent hydropiques. Il y a une Mosquée dans Fez, en un quartier qui est en jardinages, dans laquelle est enterré un Maure, dont on fait ce conte, qu'étant aveugle, & s'étant mis à dormir sous une guérite du mur, où est enterré le corps de Dom Fernand, Infant de Portugal qui mourut prisonnier dans Fez,

Fez, il en degouta quelque chose sur ses yeux qui lui fit recouvrer la vûë ; de sorte qu'il courut par tout, criant que la Religion de cet homme là étoit la meilleure, & qu'il y croioit, & fut lapidé par les Maures, qui le nomment le Saint Mécréant & visitent encore son sepulcre en grande devotion.

FEZ, Riviere d'Afrique en Barbarie dans le Royaume de Fez dont elle arrose la Capitale. J'en parle assez dans les articles precedens.

FEZENSAC, Bourg de Gascogne & chef lieu du COMTE DE FEZENSAC, qui fait partie de l'Armagnac. Guillaume Garcie Duc de Gascogne fut le premier Comte de Fezensac qui fut detaché de l'Armagnac.[a] Ce Comté entra dans la Maison de Béarn par le mariage de Beatrix Comtesse de Fezensac avec Gaston fils de Pierre Gabaret, & de Guicharde de Béarn. Et comme Béatrix mourut sans enfans Gerard Comte d'Armagnac son beaufrere lui succéda. Cependant quoique Fezensac fut la tige de la famille & que ce Comté eût toûjours eu la préeminence sur l'autre dans les assemblées des Etats du pays, Gerard ne prit le titre de Comte de Fezenzac qu'après celui de Comte d'Armagnac.

FEZENZAGUEL, petite contrée de France en Gascogne à l'Orient du Fezensac avec titre de Vicomté. [b] C'est aussi une annexe de l'Armagnac, en ayant été detachée par Bernard IV. Comte d'Armagnac, qui le donna en partage à son fils Roger, dont la posterité masculine a joüi du même Vicomté jusqu'à Geraud III. qui fut pris avec ses deux fils Jean & Arnaud par Bernard Comte d'Armagnac, qui mit le père & les enfans en prison, où ils moururent, après quoi le Vicomté de Fezenzaguel fut réüni au Comté d'Armagnac. Ce mot Fezenzaguel est un diminutif de Fezenzac, qui est l'ancien nom du Pays voisin d'Auch. Mauvesin est la principale place de ce Vicomté; elle a été une des Villes de sureté que les P. Reformez tenoient en Gascogne, & fut renduë à Loüis XIII. l'an 1621.

FEZZA, c'est ainsi que l'on nomme en Latin le Royaume, la Ville, & la Riviere de Fez.

FEZZANUM DESERTUM. Voyez FEZZEN.

FEZZANUM REGNUM. Voyez Fez Royaume.

FEZZEN[c], contrée d'Afrique dans le Biledulgerid avec une place de même nom, entre les Montagnes de l'Atlas, près de Gademes selon Sanut & autres.

§. C'est la même chose que FASSEN ou FESSEN, dont j'ai parlé ci-devant; ce pays est nommé par Mr. de l'Isle le Royaume du Fasan, & par le P. Coronelli FAZZEN; nom qu'il donne au peuple & à la Capitale. Cette derniere est nommée par Mr. de l'Isle Chaté ou Faisan. Le pays est entre les Bereberes au midi du Royaume de Tripoli. Le P. Coronelli y mét 58. Bourgs & 100. Villages. Mr. de l'Isle y met en tout 101. Villages.

FI.

FIACONE[d], en Latin Fiaconium & Alia-

[a] d'Audifret Geog. T. 2.

[b] Longuerue Desc. de la France 1. part. pag. 196.

[c] Baudrand Ed. 1705.

[d] Baudrand Ed. 1705.

nus, Bourg d'Italie dans l'Etat de Génes dans les Montagnes de l'Apennin aux confins du Milanez entre la Ville de Génes & celle de Tortone.

FIANO[e], en Latin Fianum, Château de l'Etat de l'Eglise en Italie dans la Province du Patrimoine sur le Tibre avec titre de Duché de la Maison de Ludovisio à quinze milles au-dessus de Rome au Septentrion. On dit que le fameux Temple dedié à la déesse Feronia, étoit à Fiano, ou dans un bois voisin nommé Lucus Feronia. Les Esclaves avoient du respect pour cette Divinité, parce que lors qu'ils étoient affranchis ils prenoient dans ce temple le bonnet qui étoit la marque de leur liberté.

§. Leandre ne parle point du Château de ce nom mais du Bourg. Il l'appelle Castello en Italien se prend pour un Bourg, & que cet Auteur employe presque par tout en ce sens; quoi qu'il se prenne quelquefois selon l'Academie de la Crusca pour une Ville murée quantita di case circondate di mura; ou même pour une forteresse per fortezza. Il est surprenant que Mr. Baudrand rende presque toûjours le Castello de Leandre par le mot Château qui donne une idée très-diferente de celle d'un bourg. Leandre[f] dit que Fiano est celebre à cause de Francesco excellent historien & Poëte duquel le Biondo fait, dit-il, mention. Quant au Temple de Feronia, j'en parle ailleurs à l'article FERONIA.

FIANONE[g], en Latin Flanona ou Flanova, petite Ville d'Italie dans la Republique de Venise dans l'Istrie avec un port sur la côte du Golfe de Venise & de celui de Carnero, aux frontieres de la Carniole presque au milieu entre St. Weit, & l'embouchure de la Riviere d'Arsia dont elle est à douze mille pas au Nord, ainsi qu'à 22. mille pas de Pola. Elle n'a gueres d'habitans & diminue de jour en jour.

FIARASUM, ancienne Ville de la Capadoce selon Antonin[h]. Quelques-uns la prennent pour la PHIARA de Ptolomée.

1. FIASCONE, ou MONTE FIASCONE. en Latin Faliscorum Mons, & Mons Physcon. Petite Ville de l'Etat de l'Eglise en Italie, sur une Montagne ou colline près du bord Oriental du Lac de Bolsena, à trois lieuës de la Ville d'Orviéte du côté du midi. Cette Ville est considerable pour ses bons vins muscats, & par son Evêché immediat du St. Siége.

2. FIASCONE, est aussi le nom de la Montagne sur laquelle cette Ville est bâtie.

FIBRENUS[i], Riviere d'Italie. Silius en parle ainsi

At qui Fibreno miscentem flumina Lirim
Sulphureum tacitisque vadis ad littora lapsum
Accolit Arpinas.

Par où l'on voit que le Fibrenus & le Liris, tombent l'un dans l'autre & que l'ancienne Ville d'Arpinum étoit près du lieu où elles se joignent. San-Felix cité par Ortelius[k] dit que le Fibrenus est presentement FIUME DE LA POSTA; Magin le nomme FIBRENO; & reserve le nom de la Posta à un Village situé au pied de l'Apennin & auprès de la source du Fibreno. Le Fibreno avant que de se joindre

au

[e] Ibid.

[f] P. 84.

[g] Baudrand Ibid.

[h] Itiner.

[i] L. 8. v. 400.

[k] Thesaur.

FIB. FIC.   FIC.

au fleuve Liris aujourd'hui le Garigian forme une Isle où Ciceron avoit une Maison de Campagne de laquelle il fait mention dans son second Dialogue sur les Loix[a]. ,, Voulez vous, ,, dit Atticus, que nous allions continuer la ,, conversation dans l'Isle que forme le Fibre-,, nus ? Je le veux bien, dit Ciceron, j'ai-,, me cet endroit-là parce que c'est ma patrie ,, & celle de mon frere.... Nous y sommes ,, sortis d'une famille fort ancienne. J'y vois ,, des sacrifices, un peuple, & quantité de ,, choses qui me rappellent le souvenir de mes ,, ancêtres. Que vous dirai-je davantage ? ,, vous voyez cette maison de Campagne, c'est ,, mon pere qui a pris le soin de la rebatir & de ,, la mettre dans l'état où elle est. Comme il ,, étoit valetudinaire, il a passé ici presque ,, toute sa vie à étudier. Il paroît par une des Lettres de Ciceron[b] que ce n'étoit pas la seule maison de Campagne qu'il eut aux environs d'Arpinum. P. Marsius un des Commentateurs de Silius dit que le nom moderne de cette Isle est l'ISLE DE ST. DOMINIQUE. Magin la nomme simplement l'ISOLA c'est-à-dire l'Isle.

[a] C. 1.
[b] Ad Attic. l. 8. Ep. 9.

FIBULARENSES[e], surnom d'un ancien peuple d'Espagne nommé CALAGURITANI, & dont le nom est demeuré à la Ville de CALAHORRA, de la Castille Vieille. Ortelius dit mal *Calaguris Fibularia*, comme si ces mots étoient de Pline.

[e] Plin. l. 3. c. 3.

FICANA, ancienne Ville d'Italie dans le Latium. Elle ne devoit pas être loin d'Ostie, car Festus à l'article de *Pinilia Saxa* dit: Labeon croit qu'on a appellé ainsi le lieu où étoit Ficana, sur le chemin d'Ostie à l'onzième M. Tite-Live[d] dit qu'elle fut prise sous le Regne d'Ancus, & Pline[e] là met au nombre des Villes du Latium qui ne subsistoient plus depuis long-temps. (*Fuere*.)

[d] L. 1. c. 33.
[e] L. 3. c. 5.

1. FICARI (le) Torrent dans la partie Meridionale de l'Isle de Corse. Il se jette dans le Golphe de Talavo. (*Talabo*) Il est nommé LE BOZZO par Magin.

2. FICARI, Bourg de l'Isle de Corse dans le Golphe de Talavo, à l'embouchure du Torrent de même nom, avec un Château nommé aussi Ficari; selon Mr. Baudrand. Magin ne marque ni le Bourg, ni le Château.

FICARIA, Isle sur la côte de la Sardaigne selon Pline[f]; & Ptolomée[g]. Léandre croit que c'est presentement l'Isle SERPENTARIA. Cluvier suivi par le R. P. Hardouin dit que c'est COLTELAZO; que Magin nomme CORTELAZZO, & qui est au midi de celle de Serpentera, comme Baudrand cet Auteur, c'est-à-dire, de la Serpentaria de Léandre, à l'entrée Meridionale du Golphe de Cagliari.

[f] L. 3. c. 7.
[g] L. 3. c. 3.

FICEDULENSES, nom d'un peuple dont Plaute semble parler dans sa Comédie des Captifs[h]. Ortelius croit avec raison que c'est un nom imaginaire. Plaute toujours fecond en allusions fait parler un de ses Acteurs qui dit à l'autre; il faut bien des Soldats pour cette entreprise. Il faudroit que tu eusses à ton service les *Turdetains*, les *Placentins*, les *Ficedulenses*, mots qui semblent signifier autant de Nations; il y avoit en effet le peuple *Turdetani* en Espagne, le peuple *Placentini* en Italie. Mais ce n'est point là le vrai sens du Poë-

[h] Act. 1. Sc. 2. v. 60.

te. Il entend par *Turdetani* les Vendeurs de grives, du mot *Turdus* une grive, par *Placentini* les patissiers, de *Placenta* un gâteau & par *Ficedulenses* les Marchands de Becfigues de *Ficedula*, qui signifie cette sorte d'oiseau. Lambin sur cet endroit de Plaute dit qu'une rue de Rome s'appelloit *Ficedula*, peut-être parce qu'on y en vendoit, comme à Paris on apelle la *Rue aux Oues*, c'est-à-dire la rue aux Oyes, une rue qui est presque occupée par des rotisseurs qui en vendent; & que la populace nomme mal *la rue aux Ours*.

FICELIA, Althamer dans son commentaire sur la Germanie de Tacite[i] dit qu'OBER VESEL Ville de l'Electorat de Tréves, en Latin *Vesalia superior* a été nommée par les anciens *Vosavia* ou *Ficelia*. Il ajoute que ce fut là que Mammée mere de l'Empereur Alexandre fut massacrée & ensevelie. Pirckheimer[k] dit la même chose dans sa petite description de la Germanie, & on voit bien que l'un a copié l'autre, & ils auroient bien fait de dire dans quel Auteur ancien ils avoient trouvé cette Anecdote; car Zonare ne dit point en quel endroit Mammée fut tuée. On sait d'ailleurs que la mere & le fils furent assassinez au même lieu. Lampridius dans la vie de cet Empereur, dit qu'il fut tué en Bretagne, ou selon d'autres dans la Gaule, en un Village nommé SICILA. L'Abbé de Maroles dans une note sur cet Auteur dit qu'Orose, Eusebe, & Cassiodore maintiennent qu'Alexandre fut tué auprès de Mayence au Village appellé SICILE. En un mot Althamer pourroit bien avoir lu *Ficelia* pour *Sicila*. Voyez VOSAVIA.

[i] P. 42.
[k] P. 678.

FICENSIS. Voyez FICUS.

FICHERUOLO, petite Ville d'Italie au Duché de Ferrare dans les Vallées du Ferrarois, sur le Pô, au Nord-ouest de Ferrare sur les frontieres du Mantouan. Il y a en cet endroit un Canal qui communique du Pô au Tartaro selon Magin. Quelques Géographes cherchent en cet endroit le *Vieux Varianus* des anciens.

FICHTELBERG[l], hautes Montagnes d'Allemagne. Les anciens les ont connues sous le nom de SUDITI MONTES, ou HERCINII MONTES. Elles s'étendent dans la Franconie & dans le Marquisat de Culembach plus de seize à dix-huit mille pas entre Bareuth au midi & Hof au Nord; & entre Eger au Levant & Culembach au Couchant. C'est de ces Montagnes que le Meyn, l'Eger, le Nab & la Saal tirent leurs sources.

[l] Baudrand.

FICHOLA, ou selon d'autres exemplaires PHICHOLA ou même PICHOLA, Village de la Palestine. Josephe en fait mention à l'occasion de Joseph fils de Tobie & de la Sœur d'Onias le grand Prêtre; ce Joseph étoit né dans ce lieu là.

[Ant. l. 12. c. 4.]

FICOLENSES, c'est ainsi que Pline nomme les habitans de l'ancienne Ville FICULNEA. Voyez ce mot.

FICONISI, FIDONIXI, ou SIDONISI Isle de la Mer Noire à l'embouchure du Niester selon Ortelius[n]. Mercator la met à l'embouchure du Danube. C'est l'ACHILLEA, des anciens & non pas l'*Achilleos Dromos*, comme le pretend Mr. Baudrand & ceux qui le suivent.

[n] Theatr. Geogr.

FIC. FID.

FICULEATES, ce mot qui se trouve dans Varron pourroit bien être pour *Ficulneates*, comme le conjecture Ortelius.

FICULNEA, ancienne Ville d'Italie dans le *Latium*, Tite-Live en fait mention [a]. On croit que c'est présentement S. Vasile; à trois milles de Fidenes. Sigonius sur Tite-Live croit que *Ficulnea* & *Ficana* sont la même chose.

FICULNEATES, habitans de l'ancienne Ville Ficulnea.

FICUNDA, Village d'Italie aux environs de Ravenne. Rubeus dans son histoire de Ravenne [b] dit que le Tyran Maurice y fut pris & tué. Cet Auteur & le Biondo le mettent à douze mille pas de Ravenne.

FICUS, ou AD FICUM c'est-à-dire au figuier. Ce lieu qui étoit sur la route de Sitifi à Saldæ, en Afrique dans la Mauritanie Sitifense, devint dans la suite une Ville Episcopale, & Felix son Evêque (*Ficensis*) est nommé dans la conference de Carthage. Ce lieu est appellé AD FICUM dans la Table de Peutinger; & l'Itineraire d'Antonin le place à XV. mille pas de Basilica, & à XXXIII. de Igilgili. On trouve aussi dans la Notice des Evêques de la Mauritanie Sitifense *Abus Ficensis*.

FIDARI, (le) Niger dit LAPIDARI, Riviere de Gréce où elle coule entre la Livadie propre & la Carnie passe à Neocastro & se rend dans le Golphe de Patras vis-à-vis des Isles Cursolaires. Mr. Baudrand dit que c'est en Latin *Evenus*, & *Lycormas*. Il est certain que selon Strabon [d] ces deux noms signifioient la même Riviere; mais Mr. de l'Isle apelle *Stonaspre* la Riviere que Strabon nomme Evenus ou Lycormas.

FIDENCE [e], Ville ancienne de l'Emilie. Plutarque en parle dans la vie de Sylla. On l'apelloit JULIA FIDENTIA, & simplement JULIA. Elle a eu depuis le nom de FIDENTIOLA. C'est aujourd'hui BORGO SAN DONINO, entre Parme & Plaisance. Voyez FIDENTIA, FIDENTIOLA & BORGO.

FIDENE [f], ou FIDENES, les Latins ont dit FIDENÆ au pluriel; Ville ancienne du Latium, en Latin *Fidena*, & *Fidena*. C'est une des trois Colonies qui avoit été bâtie par les Albains. Elle étoit à quarante stades de la Ville de Rome. Romulus fit la guerre aux Fidenates, parce qu'ils avoient pillé quelques batteaux qui portoient du bled à Rome pendant la famine. Il prit leur Ville & en fit une Colonie Romaine. Ils ne laisserent pas de se révolter contre le Roi Tullus Hostilius, qui les ayant vaincus, nonobstant la trahison de Suffetius, se contenta de punir les Auteurs de la rébellion, & laissa au reste des habitans leurs anciens droits & privileges. Ces faits sont raportez par Tite-Live [g] & par Denis d'Halicarnasse. Suetone [h] dit qu'en la douziéme année du regne de Tibere, vingt mille hommes perirent dans l'Amphithéatre de Fidenes, où l'on faisoit des combats de Gladiateurs. Cela arriva par le poids de la multitude du Peuple qui étoit entré dans cet Amphithéatre & qui le fit écrouler. Cette Ville qui a été ruinée plusieurs fois & plusieurs fois rebâtie sur ses propres ruines, étoit au lieu où est à present

une ferme appellée CASTEL GIUBILEO, qui appartient au Chapitre de Saint Pierre. L'Achat qu'il en fit durant l'Année Sainte du Jubilé universel fût cause qu'on lui donna ce nom de Castel Giubileo.

§. La distance de Fidenes à Rome n'est pas une chose bien uniforme dans les écrits des Auteurs anciens. Denis d'Halicarnasse [i] la met au confluent du Tibre & du Teverone, à quarante stades de Rome, ce qui ne feroit que V. milles Romains de huit stades chacun. L'Auteur cité la copie en cela. Mais l'un & l'autre se trompe apparemment; car les milles Romains étoient d'un cinquiéme plus courts que les mille d'Italie d'aujourd'hui dont il faut soixante pour un degré. Le R. P. Hardouin [k] dit que selon Eutrope Fidenes étoit à XVIII. mille pas de Rome. Outre que cela ne peut être, Eutrope ne dit point cela. Voici ses paroles: l'an 315. de la fondation de Rome les Fidenates se revolterent contre les Romains. Ils étoient appuyez par les Veiens & par Volumnius Roi des Veiens; ces deux Villes sont si proche de Rome que Fidenes n'en est qu'à sept milles, & Vejes (*Veientes*) à dixhuit. Les Volsques se joignirent aussi à eux &c. Holstenius qui assure après Cluvier que *Fidenes* est Castel *Jubileo* compte depuis ce dernier lieu six milles jusqu'à Rome: ce qui, à quelques fractions près, répond aux sept milles d'Eutrope; puisque comme je viens de dire les milles modernes qui repondent à une minute de degré sont d'un cinquiéme plus longs que les milles des anciens Romains. Ptolomée place une Ville nommée Φιδηνας dans le *Latium*, mais il en marque pas la situation fort juste; quoi qu'apparemment ce soit la même dont il s'agit dans cet article.

FIDENTIA, ancienne place de la Gaule surnommée Togata dans l'Emilie entre Parme & Plaisance, auprès de la fosse Æmilienne c'est-à-dire du Canal qu'Æmilius Scaurus fit creuser. Antonin en parle en plusieurs endroits. Car dans la route de Milan par le *Picenum* il met un Village nommé FIDENTIOLA à vingt-quatre milles de Plaisance & à quinze de Parme & dans la route de Rimini à Dertona. On trouve de Parme à Fidentiola XV. milles, delà à Florentiola X. milles, & de cet endroit à Plaisance XV. milles. Cette Florence étoit suspecte à Surita. Cependant l'Antonin du Vatican s'accorde parfaitement sur ces trois noms & sur leurs distances, avec celui de Bertius, mais il en est bien diferent sur la premiere route, car il compte de Parme à Fidentiola XVIII. milles. La Table de Peutinger ne sert pas beaucoup à debrouiller la chose, car elle compte de Plaisance à Florence XV. milles; de Florence à Fidentia X. milles, & de Fidentia à Parme XV. ce qui s'accorde fort juste avec la seconde route d'Antonin. Les distances marquées par les Itineraires font connoître que *Fidentia* est presentement BORGO SAN DONINO ou comme l'écrit Magin BORGO SAN DONINO. Ainsi il est aisé de voir que George Fabricius se trompoit; puisqu'au raport d'Ortelius il croioit que l'ancienne *Fidentia* est *Florenzola*, qui ne peut-être que la *Florentia* d'Antonin & de la Table de Peutinger. Les deux places sont trop bien distinguées dans les Itine-

[a] L. 1.
[b] L. 4.
Ed. Dupinian. p. 288.
[d] L. 10. p. 451.
[e] Le P. Lubin Tab. Geog.
[f] Corn. Dict. de Seine Voyage d'Italie T. 2.
[g] L. 1. c. 14.
[h] In Tiber. c. 40.
[i] Antiq. l. 2. & 3.
[k] In Plin. l. 3. Sect. 9.

FID. FIE.

Itineraires anciens, & dans les Cartes modernes pour qu'on doive les confondre. Simler n'a pas mieux rencontré quand il dit au raport du même Ortelius que Fidentia est à present BOURG S. DIONYSIO. Mais le Martyrologe Romain dit [a] que San Domnino souffrit le Martyre *apud Julians in territorio Parmensi*, cela voudroit dire au cas que *Julia* ait été un surnom de Fidentia qu'il y alla une Colonie sous les auspices de Jules Cesar, ou d'Auguste.

[a] Ad 7. idus Octob.

FIDENTIOLA, Village nommé dans l'Itineraire d'Antonin. Ortelius croit que c'est aujourd'hui Fiorenzola. A lui permis. J'ai dit dans l'article precedent ce qui m'empêche d'être de cette opinion. Fidentiola est un diminutif de Fidentia & me paroît la même chose que Fidentia elle même tombée en decadence & reduite à la condition d'un Village, ou du moins un Village, bâti tout auprès & formé de ses debris.

FIDENTIORES; comme lisoit Ortelius, ou Fidentes comme lit le R. P. Hardouin, surnom d'une partie du peuple appelle ARETINI. Voyez ce mot.

FIDEYDA[b], Ville d'Asie dans l'Isle de Java, selon Vincent le Blanc.

[b] Corn. Dict.

FIDOLOMENSIS, on trouve dans la Notice des Evêchez d'Afrique sous la Province de la Mauritanie Cesariense Onesime Evêque de Fidolome, c'est je crois la seule trace qui nous en reste.

FIDONISI, ou FIDONIXI. Voyez ACHILLEA & FICONISI.

FIEDRUNDIA. Voyez FIERUND; Ville de Suede dans la Gestricie selon Mr. Corneille[c]. C'est la même que FAHLUN. Voyez ce mot.

[c] Dict.

FIERUND, en Latin *Fiedrundia* & *Fierundia* petit pays de Suede dans la Province d'Uplande. [d] Son nom signifie les IV. Bailliages ou Prefectures. [e] Cette contrée dont Enekoping est le principal lieu est à l'Occident de Stockholm.

[d] Zeyler descr. Suec. p. 4.
[e] De l'Isle Atlas.

FIESOLI, ancienne Ville d'Italie, connue des Romains sous le nom de *Fesulæ*, dans le territoire de Florence, sur une côte, près du ruisseau de Mugnon. Si l'on en croit Ange Politien dans une de ses lettres à Pierre de Medicis[f], cette Ville doit avoir eu une origine très ancienne. Il en derive le nom de Fœsula Nymphe dont Hesiode fait mention dans un fragment de son poème intitulé Astrée, & que Zezes le Grammairien a conservé dans ses lettres. Il y est dit que Fesula, Coronis, Cleia, Phæo, & Eudore étoient des Nymphes semblables aux Graces & que les hommes leur avoient donné le nom d'Hyades. Ces Nymphes étoient filles d'Atlas; & nourrices de Bacchus, & Ammonius le Grammairien parle de Fæsula comme d'une des nourices du Dieu de la treille. Politien prétend même que la Lune qui est le symbole ou les armoiries de Fiesoli, vient d'Atlas qui est supposé porter le ciel comme étant celle de toutes les planetes qui comprime davantage la terre. N'y a-t-il pas plus d'imagination que de solidité dans ces recherches? Ce qui suit est plus certain. Les Etrusques prétendoient exceller dans la science de connoître les presages donnez par le tonnerre, & cette science étoit fort exercée à Fie-

[f] L. 1. Epist. 2.

FIE. FIF.

soli, comme il paroît par ces vers de Silius Italicus.

Adfuit & sacris interpres fulminis alis
Fæsula.

Cette Ville sauva l'Italie par les secours qu'elle fournit à Stilicon moyennant quoi il defit Radagaise ou Radegaste Roi des peuples Septentrionaux qui inondoit le pays avec une multitude de deux cens mille hommes. Cette Ville a toujours un siége Episcopal dont l'Evêque demeure à Florence qu'il reconnoît pour metropole. Elle ne vaut gueres mieux qu'un Village. Car au raport des Voyageurs, il n'y reste plus que quelques maisons de Plaisance qui appartiennent à des Florentins. On y voit une Abbaye fondée par Cosme de Medicis qui y dépensa cent mille écus, pour les chanoines reguliers de Latran; l'Architecte fut Philippe Bruno Leschi: la Bibliotheque en est belle. Il y a aussi un beau Couvent de Dominicains, où sont plusieurs peintures de Frere Jean Angelique de Fiesoli. Le Dôme qui est sous l'invocation de St. Romule n'a rien de considerable que le tombeau de l'Evêque Léonard Salviati elevé par Mino de Fiesoli.

FIESSEN. Voyez FUESSEN.

FIFE[g], Province de la grande Bretagne dans la partie Meridionale de l'Ecosse. Elle est bornée au Nord par le Golphe de Tay, à l'Orient par la Mer, au midi par le Golphe de Forth; qui en font une presqu'Isle; les Monts Ochell, (Ochell-hils) la bornent d'un de ces Golphes à l'autre, c'est-à-dire, à l'Ouest & au Nord-Ouest de cette Province. [h] On la divise ordinairement en deux parties. L'Orientale comprend tout ce qui est depuis le Golphe de Tay jusqu'au fleuve Levin & a pour Villes St. André, Cowper, Falckland, Carell, & Amstrutter. L'Occidentale renferme tout ce qui est en deça du Levin jusqu'aux Monts Ochells: ses Villes sont Dumfermeling, Innerkeitni, Burniland, Suktenland, Kinghrn, Kirkaldi, Disart, & Culross. Le Scheriffdom de Klakmannan est compris dans cette partie de laquelle dépend aussi l'Isle de St. Colm. La Province de Fife fut d'abord nommée Ross, c'est-à-dire presqu'Isle. Elle prit le nom qu'elle a presentement de *Fife* l'un des principaux Officiers de Kennet II. Roi d'Ecosse à qui ce Prince la donna en recompense des services qu'il lui avoit rendus contre les Pictes. Ses descendans se dirent Comtes hereditaires de Fife & Macolme III. leur confirma cette qualité. Après la mort de Mardac fils de Robert Stewart qui eut la tête tranchée sous le regne de Jaques I. elle fut réünie à la Couronne.

[g] Bleau Atlas.

[h] Audifret Geogr. T. 1. p. 207.

[i] L'air y est bon; mais le terroir inégal. Du côté de l'Ouest il est un peu montagneux, ses bords sont les plus fertiles en bleds & en pâturages: outre le Forth & le Tay qui la bordent au midi & au Nord & le Levin qui la traverse, il y a encore l'EDIN Riviere fort poissonneuse. Cette Province a deux Maisons Royales à savoir Dumfermling, & Falkland. De toutes les Provinces de l'Ecosse il n'y en a point où il y ait plus de noblesse. [k] Elle l'emportoit aussi en nombre de deputez au Parlement. Ils étoient élus à Culrosse, Innerkithing,

[i] Etat de la G. Bret. T. 2. p. 246.

[k] P. 250.

kithing, Burnt-Island, Kinghorn, Kirkcaldi, Dysart, Pitten-weem, Anstruther Wester, Anstruther Haster, Kilrinny, Crail, petites Villes situées sur la côte Meridionale. Les Principaux havres sont Innerkithing, Burnt-Island, & Ely qui abbondent le plus en Mariniers.

FIFE NESS. Cap ou pointe la plus Orientale de la Province de Fife. A l'entrée & au Nord du Golphe de Forth. Le Neptune François & Mr. de l'Isle mettent cette pointe à 16. d. 20'. de longitude, mais ils ne conviennent pas de la latitude, car le premier compte 56. d. 15'. de latitude, au lieu que Mr. de l'Isle met environ douze minutes de plus; ce qui convient mieux avec la latitude indiquée par le guide [a] des Mariniers Hollandois qui nomme ce lieu FYVESNES & lui donne 56. d. 24'. La Ville de Crail, ou Carell est située sur cette pointe.

[a] Zeemans Wegh-wyser p. 384.

FIGA. Voyez FIGO.

FIGALO. Voyez au mot CAP, cet article en son rang alphabetique.

1. FIGEAC[b], en Latin *Fiacum*, d'où est venu *Figiacum*, & *Figeacum*. Ville de France dans le Querci sur la Riviere de Selle & sur la frontière de la haute Auvergne. Cette Ville doit son origine à l'Abbaye que le Roi Pepin y fonda. Les privileges que ce Prince lui accorda & aux habitans des environs y attira plusieurs familles qui vinrent s'y établir, & formerent une Ville dont Philippe le bel aquit la Justice en 1301. par une échange qu'il fit avec l'Abbé. Les Rois ses Successeurs confirmerent les habitans dans leurs Privileges & leur en accorderent de nouveaux. Cette Ville fut assiégée en 1568. par une armée de trente mille Pretendus Reformez, qui après trois mois de siège furent obligez de le lever. Elle n'eut pas le même bonheur en 1576. car quelques-uns de ses habitans qui étoient Protestans la livrerent à ceux de leur parti qui la pillérent & la brûlerent après avoir massacré une partie des Catholiques. Ils s'y fortifierent, y firent bâtir une Citadelle & la garderent jusqu'en 1622. que le Duc de Sully qui en étoit Gouverneur la remit à l'obeïssance de Louïs XIII. La Citadelle a été démolie & les Fortifications ont été rasées.

[b] Piganiol de la Force Desc. de la France T. 4. p. 198.

2. FIGEAC, Abbaye de France dans le Querci Ordre de St. Benoit. Mr. de Longuerue[c] dit que Pepin Roi d'Aquitaine fils de l'Empereur Louïs le debonnaire la fonda au commencement de son Regne l'an 815. & que le Pape Etienne IV. la consacra l'année suivante 816. lorsqu'il étoit en France où il étoit venu pour couronner Louïs Empereur. Il est certain qu'elle est plus ancienne. La petite Chronique de Figeac citée par l'historien François de l'Ordre de St. Benoit[d] raporte que ce Monastere avoit été favorisé & comblé de graces par Pepin qui le fonda ou le rebatit & depuis par Charlemagne & avoit eu pour Abbez Anastase, Jean, & Etienne. Il fut presque detruit, continue le même Auteur, en sorte qu'au commencement du Regne de Louïs le debonnaire il ne s'y trouvoit plus de religieux. Un ecclesiastique nommée Aigmar qui en desservoit l'Eglise s'en alla à Rome & y reçut l'habit monastique des mains du Pape Paschase qui

[c] Desc. de la France 1. part. p. 181.

[d] L. 5. c. 7.

l'institua aussi Abbé & le benit selon un usage qui étoit déja fort ancien. Aigmar étant revenu à Figeac y fit de nouveaux bâtimens, & en orna l'Eglise. Il fit faire deux croix enrichies d'or & de pierreries & mit la plus grande à Figeac & la plus petite dans l'Abbaye de Conques dont il avoit aussi la conduite. Aigmar fut trente deux ans Abbé savoir depuis l'an troisiéme ou quatriéme de Louïs le debonnaire c'est-à-dire l'an 817. jusqu'à l'an cinquiéme de Lothaire c'est-à-dire l'an 844. Ce détail sert à concilier les deux Auteurs qui ont traité la Géographie historique de la France avec le plus de savoir; je veux dire Mes. Piganiol de la Force & de Longuerue. On a vu[e] les dates de ce dernier qui attribue la fondation de Figeac à Pepin Roi d'Aquitaine petit fils de Charlemagne. ce qui doit s'entendre de la restauration faite sous la conduite de l'Abbé Aigmar. Mr. Piganiol de la Force en attribue non la fondation, mais la restauration à Pepin Roi d'Aquitaine Pere de Charlemagne. [f] Ce Pepin rétablit, dit-il, ce monastere en le faisant rebâtir depuis les fondemens vers l'an 755. ce qui s'accorde avec l'histoire de l'Ordre de St. Benoît & avec l'histoire de ce Prince qui regna depuis 750. jusqu'en 768. Cette Abbaye fut secularisée[g] par le Pape Paul III. à la priere du Cardinal Jean de Lorraine qui en a été le dernier Abbé commendataire & premier Abbé titulaire secilier.

[e] Supra.

[f] L. c. p. 160.

[g] Longuerue l. c.

1. FIGEN, Royaume du Japon selon Mr. Baudrand; FISEEN selon Mr. Reland dans sa Carte du Japon. Ce Royaume qui selon ce dernier est l'un des neuf qui sont dans l'Isle de Kioe-Sioe, ou Saicock, est à l'extremité de l'Isle dont il occupe la partie la plus Occidentale au Nord; vis-à-vis de l'Isle de Firando. Il est borné à l'Orient par les Royaumes de Tsuckuseen & de Tsuckingo. Et par tout ailleurs par la mer. Il tient à l'Ouest par un Isthme à la presqu'Isle où est Nangazaqui.

2. FIGEN, ou plutôt FISEEN, Ville du Japon Capitale du Royaume de même nom.

1. FIGENA[h], en Latin PHYGELA ou PIGELLA ancien Bourg d'Asie dans la Natolie près de la Ville d'Ephese.

[h] Baudrand Ed. 1705.

2. FIGENA[i], Montagne de Natolie près d'Ephese que les anciens l'ont connue sous le nom de PACTYES MONS.

[i] Ibid.

FIGERA[k], ou CAP DEL ORO, anciennement CAPHAREUM ou CAPHEREUM *Promontorium*, c'est le Cap le plus Oriental de l'Isle de Negrepont vers les Isles de Schirro & d'Andros. Il est environée de rochers qui en rendent l'abord dangereux. Nauplius Roi de Negrepont pour vanger la mort de son fils Palamede qu'Ulisse avoit tué en trahison, fit allumer un Fanal sur ce Cap. Les Grecs qui retournoient du siège de Troye pensant à ce signal que ce fût un bon port y vinrent aborder, & plusieurs y perirent.

[k] Ibid.

§. Mr. Baudrand, ou son editeur François se trompe lorsqu'il dit que le Cap de Figera ou del Oro est vers les Isles de Schirro & d'Andros. Il faloit dire vis-à-vis, & à l'Occident de l'Isle de Scio. Celle de Scire est bien loin de là au Nord & celle d'Andros est beaucoup plus au midi.

FIG.   FIJ. FIL. FIM. FIN.

FIGLINA, Ville d'Italie dans le territoire de Rome sur la voye Salaria selon l'Auteur de la Vie de St. Laurent citée par Ortelius[a].

[a] Thesaur.

FIGO[b], en Latin *Figa*, petite Isle de la Mer Méditerranée dans le Détroit de Boniface sur la côte de Sardaigne. Quelques-uns la prennent pour l'ancienne *Phintonis Insula*, que d'autres croient être la *Cabriera*, dans le Golphe de Longosardo.

[b] Baudrand Ed. 1705.

FIGUERAS, comme disent les Espagnols, ou, comme disent les François, **FIGUIERES**, en Latin *Ficuaria* ou *Ficaria*, Bourg d'Espagne en Catalogne dans l'Ampourdan; sur la route de Girone à Perpignan. Mr. de l'Isle n'en fait qu'un Village sur sa Carte d'Espagne. ç'a été une Ville & même assez ancienne. Pujadez cité par Mr. de Marca[c] conclut cette antiquité d'une inscription qu'on y voit devant la porte de l'Eglise de St. Pierre.

[c] Marca Hisp. p. 181.

D. M.
M. VAL FLAVINIO B. COS.
VAL. GEMINUS
FRATRI OPTIMO.

Ce nom FICARIA, ni celui de FICUARIA ne se trouvent point dans les anciens Itinéraires. Mais en échange les distances marquées pour JUNCARIA conviennent à Figueras, tant dans l'Itinéraire d'Antonin que dans la Table de Peutinger. Cela a fait croire à Mr. de Marca que Juncaria est l'ancien nom de Figueras. Ce qui pourroit faire de la dificulté c'est qu'il y a assez près delà un autre lieu nommé *Junquera*; mais Mr. de Marca juge que la vallée de Junquera, (*Campus Juncarius*) qui avoit donné le nom de *Juncaria* à Figueras, qui est à une de ses extremitez, a pu le donner ensuite à Junquera qui est à l'autre extremité, & qui est la DECIANA, ou DELIANA de la Table de Peutinger. Figueras ayant été détruite par les Goths ou Vandales, fut rétablie par Jacques I. Roi d'Arragon l'an 1267. qui lui donna le privilege de Ville Royale. Elle portoit déja le nom de *Ficaria*. C'est très-peu de chose à present, & elle n'a presque aucun Commerce que de bas d'Estame, qui se fabriquent aux Villages des environs, qui sont agréables & fertiles en fruits & en vins.

FIGUIER, Cap d'Espagne sur la côte de Guipuscoa près de Fontarabie. Les Géographes disputent si c'est là, ou à St. Sebastien qu'il faut placer le promontoire apellé Pirene par les Anciens. [d] Ce Cap du Figuier est par les 16. d. 44'. de longitude & 43. d. 21'. de latitude.

[d] Nept. Franç.

FIGUIC[e], Canton d'Afrique au milieu du desert de Numidie où sont trois Châteaux, à cinquante lieues de Sugulmesse du côté du Levant. Les habitans sont riches & ont quantité de fort bonnes dates. Les femmes y font des draps de laine qui sont comme des couvertures pointées, ou couvertures piquées, mais si fines & si minces qu'on diroit qu'elles sont de soye. On vend ces draps fort cher en Barbarie, où ils se debitent & particulierement dans Fez & dans Trémécen. Les hommes sont très-spirituels, & les uns trafiquent en Nigritie, les autres vont étudier dans Fez & étant de retour en Numidie, ils se font Alfaquis & Predicateurs; de sorte qu'ils sont riches & respectez; mais ils relevent des Arabes de Benicarragi qui ont plus de quatre mille chevaux & sont les plus grands voleurs de toute la Numidie.

[e] Marmol T. 3. l. 7. c. 4 l.

§. Mr. Corneille écrit FIGUIC ou FIGLIC, aparemment par la faute de son copiste qui a trouvé dans la Relation du Biledulgerid par la Croix[f], le Pays de FIGHIG, ce qui revient à la même prononciation que Figuic. Mais comme ce dernier Auteur ne fait que copier de mot à mot le Marmol François, on peut ignorer la raison qu'il a eue de changer l'Orthographe de son Auteur. Mr. Baudrand n'en dit rien.

[f] Afrique T. 2. p. 311.

FIGULNENSIS PORTA[g], l'une des portes de la Ville de Rome. On l'apella aussi VIMINALIS. C'est aujourd'hui LA PORTE DE SAINTE AGNES.

[g] Ortel. Thesaur.

FIJUM, Ville d'Egypte selon Davity, & Mr. Corneille. Voyez FIUM.

FILADELPHIA. Voyez Allachars & Philadelphie.

FILÆ, lieu d'Egypte dans la Thebaïde selon Antonin[h]. Voyez PHILÆ.

[h] Itiner.

FILIPPOPOLI. Voyez PHILIPPI & PHILIPPOPOLI.

FILLECK, Ville de la haute Hongrie dans le Comté de Saq sur la petite Riviere d'Ipol, derriere la forêt de Monac selon Mr. Corneille; ou plûtôt dans le Comté de Novigrad à l'extremité Septentrionale & assez près des sources d'une Riviére qui tombe dans celle d'Ipola selon Mr. de l'Isle[i]; cette Ville, qui a un Château sur la Montagne au Sud-Ouest de laquelle elle est située, est au Nord & à onze lieues, ou neuf heures de chemin d'Agria; ou, ce qui est la même chose, à plus de six grands milles & demi d'Allemagne; quoi que Mr. Baudrand n'y en compte que trois; en quoi il se trompe; aussi-bien que quand il dit qu'il y a un peu moins de distance de Filleck à Cassovie qui en est à près de quinze milles de 15. au degré. [k] Les Turcs s'en étant rendus maîtres en 1554. les Chrétiens y étoient rentrez depuis. Dans les derniers troubles les mecontens de Hongrie s'en emparerent en 1682. & firent prisonniers les Soldats de la Garnison avec le Baron Cohari qui commandoit dans la Place: l'année suivante Jean Sobieski Roi de Pologne après avoir fait lever le Siége de Vienne & sauvé l'Empire, reprit Filleck avec quelques autres Places fortes d'où il chassa les Turcs.

[i] Carte partic. de la Hongrie 1717.

[k] Hist. & descr. du R. de Hong. l. 3.

FIMBRIA, nom Latin de l'Isle de FEMEREN en Dannemarc.

FIMES. Voyez FISMES.

1. **FINAL**, Ville d'Italie, sur la côte de Génes & dans la Rivière Occidentale de l'Etat de Génes[l]. Il y a une Citadelle bâtie presque entierement sur un rocher & aussi considerable par son assiéte que par ses fortifications qui sont très-bien entretenues. La Ville est entourée de murailles & deux Forts gardent l'avenue de la Montagne sur laquelle est élevé le Château qui est flanqué de quatre tours. Final porte titre de Marquisat, & ce Marquisat n'a que six milles de long du côté de la Mer, où deux pointes lui servent de limites. (Les six milles de cet Auteur ne sont pas

[l] Corn. Dict.

Tome II. PART. 2. H   deux

deux lieues de 25. au degré), mais il s'étend jusques dans les Montagnes de l'Apennin. Il a été possedé long-temps par la Maison de Carreto. Alphonse de Carreto I. de ce nom Marquis de Final fit travailler aux fortifications de cette place. L'Empereur Maximilien I. lui donna pouvoir de faire battre monnoye. Philippe II. Roi d'Espagne [a] s'en empara en 1571. au préjudice d'Alphonse II. fils de cet Alphonse I. & les Marquis de Carreto ayant trouvé moyen depuis ce temps-là de rentrer dans Final, le conserverent jusqu'en 1602. que le Marquis de Fuentes s'en rendit maître par ordre de Philippe III. Roi d'Espagne. L'Espagne a possedé ce Marquisat jusqu'au commencement de ce siecle [b], qu'il a été occupé par les Alliez de l'Archiduc Charles aujourd'hui Empereur, lequel a vendu la Ville & Marquisat de Final aux Génois qui avoient d'autant plus d'interêt à faire cette acquisition que ce pays coupe leur Pays en deux. Le Duc d'Uzeda les en mit en possession le 3. d'Août 1713. [c] Final est environ cinq milles à l'Ouest-nord-ouest du Cap de Noli. Il y a deux Forteresses très-considerables proche l'une de l'autre, situées sur une Colline, au pied desquelles on voit un grand Village sur le bord de la Mer, devant lequel on peut mouiller dans une necessité par 5. 6. & 8. brasses d'eau ; mais on n'y a nul abri des vens du large. Venant du côté de l'Ouest on le reconnoît par une grosse pointe sur le haut de laquelle sont plusieurs sables blancs qui se voyent de fort loin ; ensuite on voit les Citadelles, outre que le Cap de Noli en donne une entiere connoissance. On ne peut voir ces taches de sable hors qu'on soit du côté de l'Est. Quelques-uns écrivent FINALE.

[a] Mr. Baudrand dit que Final fut vendu aux Espagnols en 1599. par le dernier Marquis André Sforce.

[b] Memoires du temps.

[c] Portulan de la Mediterr. p. 89.

2. FINAL [d], ou FINALE, petite Ville d'Italie au Duché de Modene au Nord-est de cette Ville & dans une Isle que forme la Riviere du Panaro, sur les confins du Mantouan & du Ferrarois. [e] On l'appelle souvent Final de Modene pour le distinguer de l'autre.

[d] Magin Ital.

[e] Baudrand Ed. 1705.

FINANA. Voyez ACCITUM & FINIANA.

FINCHALE. Voyez FINKELEY.

FINDA, Royaume du Japon dans l'Isle ou Presqu'Isle de Niphon avec une Ville de même nom. Selon Mr. Reland c'est une Province qui a au Nord celle de Jetsioe, à l'Orient celle de Sinang, au Midi celle de Mino, & à l'Occident celle de Jetsiséen.

FINE, ou plutôt PORTO-FINE, en Latin *Delphini Portus*, Bourg d'Italie dans l'État de Génes sur le Golphe de Rapallo à six lieues de la Ville de Génes. Il y a un Port de Mer ; avec un Cap nommé POINTE DE PORTO-FIN, ou Porto-fine. La Pointe de Porto-fin, est-il dit dans le Portulan de la Mediterranée [f], fait l'entrée du Golphe de Rapallo ; elle est facile à reconnoître par quelques tours & un petit Fort quarré qui est sur le haut ; outre qu'on y voit une chapelle entre deux rochers, comme une espece de coupure : cette pointe est escarpée de toutes parts & basse par son extrémité ; on la peut ranger de fort proche. Le Portofin est une petite Calanque située entre deux Montagnes, en dedans de cette pointe, environ un quart de lieue & de ce même côté

[f] P. 94.

elle à environ 140. toises de long & 70. de large. On n'en peut découvrir l'entrée à moins d'en être presque par le travers. On voit sur le haut de la pointe de la gauche en entrant un petit Fort presque quarré, armé de quelques canons & sur la droite dudit Fort, le *Village* de Porto-fin, où tout le long il y a un quai avec des piliers pour amarer les bâtimens. A l'entrée du Port il y a dix à douze brasses d'eau & trois à quatre par le milieu, fond d'herbe vaseux. Il n'y a que le Vent du Nord qui donne dans l'entrée du Port & ne peut causer de grosse Mer parce qu'il vient du côté de terre. On ne peut découvrir la Mer du large lors qu'on est dans ce Port. Il n'est propre que pour des galeres & barques. Car pour des Vaisseaux, ils y seroient trop engagez & resserrez.

FINEN. Voyez FUNEN.

FINES. Voyez AD FINES.

FINGERLA, selon Mr. Corneille, ou VINGRELA selon Mr. de l'Isle ; Bourgade des Indes au Royaume de Visapour sur la côte de Malabar au Nord de Goa & à l'embouchure de la Riviere de Dery. Cette Place est aux Hollandois qui y ont un Comptoir. Au Nord des Isles brûlées est un écueil nommé Pierre de Vingrela.

FINGO, Royaume du Japon. Mr. Reland écrit Figo. Il est sur la côte Occidentale de l'Isle Kioesioe que les Cartes ordinaires & Mr. Baudrand nomment Saicoco. Il a au Nord les Provinces de Tsuckingo & Boengo ; à l'Orient celle de Fioega ; au Midi celles d'Osummi & de Satsuma ; la Mer le borne au Couchant. Il a une Ville de même nom. C'est une chose assez commune en Asie que les Isles, Provinces & Royaumes prennent le nom de la principale Ville, quoi que ce ne soit pas une chose generale.

FINIANA ou FINANA [g], Bourg d'Espagne au Royaume de Grenade à trois lieues de la Ville de Baça du côté du Midi. Il n'est gueres remarquable que par son ancienneté qui est considerable s'il est vrai que ce soit la Ville nommée ACCITUM par les Anciens.

[g] Baudrand Ed. 1705.

FINICHIA, Port de Mer de l'Isle de Candie dans sa partie Meridionale & au territoire de la Canée à huit mille pas de Castel-Sfaccia au Couchant en allant vers le Cap de Crio dont elle est à vingt-cinq mille pas. Mr. Corneille y met un Bourg après Mr. Mati. Mr. Baudrand d'après qui ils parloient n'y met point de Bourg, mais un Château. Le P. Coronelli [h] n'y met ni Château ni Bourg. Ces mêmes Auteurs, excepté le dernier, disent que c'est le *Phœnix*, ou *Phœnicus Portus* des anciens.

[h] Isolario.

FINISCHIA [i], Riviere de l'Isle de Candie dans le territoire de Retimo aux frontieres du territoire de la Canée. Elle coule du Nord au Sud & se perd dans la Mer à l'Occident de Castello Melletti.

[i] Ibid.

1. FINISTERRE, ou FINISTERE. C'est le Cap le plus Occidental non seulement de la Galice & de l'Espagne, mais encore de tout le grand Continent de l'Europe. Delà vient que les Latins dans un temps où l'on ne connoissoit rien au delà l'ont nommé FINIS TERRÆ, c'est-à-dire, l'extremité de la Terre ou le bout

bout du Monde. Ptolomée le nomme Nerium dans quelques Exemplaires, & Sacrum selon d'autres; mais il se trompe lors qu'il le fait plus Oriental, de 2. d. 44'. que le Cap de Saint Vincent qu'il nomme *Sacrum*. Mrs. Baudrand, Maty, & Corneille se trompent aussi quand ils disent que ce Cap est l'*Artabrum Promontorium*. Pline [a] nomme ainsi non le Cap de Finisterre qu'il nomme [b] Celticum Promontorium; mais celui qu'on appelle aujourd'hui *Capo di Roca Sintra* qui est auprès de Lisbonne & bien loin delà. Voyez au mot Cap.

[a] L. 4. c. 11.
[b] L. 4. c. 20.

2. FINISTERRE, Bourgade d'Espagne dans la Galice sur la côte & au Cap de même nom.

§. Mr. l'Abbé de Vairac dit que c'est une petite Ville; Mr. de l'Isle au contraire n'en fait qu'un Village. Cet Auteur dit aussi mal que ceux que j'ai déja citez que ce Cap est appellé par les anciens *Artabrum* & *Celticum Promontorium* & par quelques-uns *Norium*. Il y auroit plus de vraisemblance à dire que le Bourg, ou la petite Ville de Finisterre est à peu près au même lieu que l'Artabrorum Portus de Ptolomée [c].

[c] L. 2. c. 6.

FINKELEY, en Latin *Finchala*, ou *Fincenhala*; Ville d'Angleterre dans la Province de Northumberland, au Diocèse de Durham. Mr. de Rapin Thoyras qui nomme ce lieu Finchales [d], dit qu'en 798. un Synode y fut assemblé par Eanbald Archevêque d'Yorck: il ajoute que le dessein de cette Assemblée étoit de regler certaines choses qui regardoient la Discipline; mais que par occasion, l'Archevêque y fit lire les Canons des cinq Conciles generaux qui furent unanimement reçus.

[d] Hist. d'Anglet. T. 1. l. 3. p. 268.

FINLANDE, c'est-à-dire, Pays des Finnes. Ce pays est diversement nommé par les Anciens. Tacite nomme le peuple Fenni, sans nommer le Pays. Pline [e] le nomme Epigia, dans tous les Manuscrits & il n'est pas le seul. Voyez Epigia. Le R. P. Hardouin préfère néanmoins Eningia; Pline [f] en fait une Isle; quoi que ce ne soit qu'une Presqu'Isle. Au lieu d'*Eningia* Cellarius veut qu'on lise *Finningia*. Les Auteurs Modernes ont dit Finnia, & Finnonia. Rien n'est plus ridicule que l'Etymologie que donne Ziegler du mot Finland; il prétend qu'il vient du mot Fin dans le sens de beau, agréable. Celle du savant Wagenseil [g] ne vaut gueres mieux. Il veut que les anciens Suedois étant souvent infestez par les Finois, qu'il nomme Finnones, en appellérent le pays Fienden-land, c'est-à-dire pays des Ennemis & par contraction Finland. Pourquoi chercher une autre derivation de ce nom que celle du peuple Fenni, ou Finni que les Anciens y placent? Ce pays qui a été un Royaume séparé est presentement une Province de Suede. Il est borné à l'Occident par le Golphe de Bothnie, au Midi par celui de Finlande & par l'Ingrie, il a à l'Orient l'Empire Russien & au Septentrion la Bothnie & la Laponie. Ce pays comprend six grandes contrées, qui sont

[e] L. 4. c. 13.
[f] Ibid.
[g] Pera lib. Lorul. 2. p. 586.

La Finlande propre,
La Cajanie,

Le Tavasthland, ou la Tavastie avec l'Isle d'Aland
Le Niland,
Le Savolax,
La Carelie.

La Finlande en general est un pays abondant en bestiaux & en pâturages, la pêche y fournit une extrême quantité de poisson que l'on transporte dans la Suede proprement dite; où elle envoye aussi beaucoup de beurre & de fromages. La langue que l'on y parle est particuliere & diferente de la Suedoise. Mais un Suedois & un Finois ne laissent pas de s'entendre, ce qui suppose une affinité. André Buræus, & après lui le savant Wagenseil, disent [h] qu'elle n'a point la lettre F. qu'elle n'a pas un seul mot qui commence par B, ou par D, ou par G, ou par deux consonnes; & que c'est la cause pour laquelle les Finois ne sauroient aprendre les autres Langues à moins qu'ils ne s'y exercent dans leur enfance; car, ajoute ce même Ecrivain, lors qu'ils sont grands il ne leur est pas possible d'attraper la prononciation de ces lettres; ils n'ont aucune diference de genre & n'ont qu'un seul article qui est *Se* & qui convient aux deux Sexes. Au lieu de ces particules que nous apellons prepositions, parce qu'on les met devant les mots, ils en ont d'autres qu'ils mettent après & que l'on pourroit nommer postpositions. Ils ont aussi leur poesie; les vers qui sont de huit syllabes ne sont pas rimez, mais tout l'artifice consiste en ce qu'il y a deux ou trois mots qui commencent de la même maniere. Tacite [i] parle des anciens *Finnes*, comme d'un peuple très-sauvage, & très-pauvre. *Fennis mira feritas, foeda paupertas*. Il ne sait s'il doit les comprendre dans la Sarmatie ou dans la Germanie. Il met entre eux & les *Peucins* des forêts & des Montagnes où alloient exercer leurs brigandages les Venedes peuple dont le Golphe de Dantzig a pris le nom Latin de *Venedicus Sinus*; & ce passage de Tacite fait voir qu'il ne croioit pas que le pays des Finnes fût une Isle, comme Pline l'a cru. La Religion dominante du Pays de Finlande a été long temps celle du Rite Grec [k], qu'il avoit reçu des Russiens ses maîtres; mais la domination Suedoise y a substitué la Religion Lutherienne qui est celle du Roi & du Royaume de Suede. Cette Couronne avoit perdu toute la Finlande durant la derniere guerre, mais elle lui a été rendue par le Traité de Paix à la reserve d'une partie de la Carelie où sont les Villes de Wibourg & Kexholm lesquelles sont maintenant de l'Empire Russien. Les limites passent à trois lieues au Nord de Wibourg; & le fief de Kexholm est partagé entre les deux Puissances; de sorte que la Capitale de ce nom est à la Russie qui de son côté a cédé à la Suede la partie que les Russiens avoient de ce même fief, comme on lit plus au long dans le Traité de Neustad [l]. La Finlande a titre de Grand Duché.

[h] Li. e.
[i] De Morib. German.
[k] Ziegleri Scandia p. 495.
[l] Art. 8.

LA FINLANDE PROPRE [m], Province du Grand Duché de Finlande. Elle se divise en Finlande Septentrionale & en Meridionale.

[m] Baudrand rectifié sur les Cartes de Mr. de l'Isle.

LA FINLANDE SEPTENTRIONALE; c'est la partie de la Finlande propre qui avance

avance le plus au Nord le long du Golphe de Bothnie à l'Occident. Elle a au Septentrion la Cajanie de laquelle elle est séparée par la Riviere Kiro, la Tavastie à l'Orient & la Finlande Meridionale au Midi. Elle en est separée par la Riviere Aurajoki, laquelle coule à Abo; elle est sousdivifée elle-même en deux Centuries; la haute & la basse, & en deux territoires que l'on nomme les *Satagundies*. Ses lieux principaux sont Biornebourg, Raumo, Nykork, Nystad, ou Neustat; & Wirmo qui sont des places maritimes.

La FINLANDE MERIDIONALE, est la partie de la Finlande propre la plus avancée vers le Midi entre la Finlande Septentrionale au Nord, la Mer Baltique au Couchant, le Golphe de Finlande au Midi, & le Nyland au Levant. On la divise aussi en deux territoires. Elle n'a de places fort remarquables qu'Abo Capitale de toute la Finlande, Biorno & Hango port celebre.

Le GOLPHE DE FINLANDE, partie de la Mer Baltique qui s'étend d'Occident en Orient entre la Finlande au Nord, l'Ingrie à l'Orient & l'Estonie au Midi. Il peut avoir environ quatre-vingt-dix lieues marines dans sa longueur; quatorze de ces mêmes lieues de largeur à son entrée, & trente depuis l'embouchure de la Riviere de Narva jusqu'au port de Wibourg. Il communique au Lac de Ladoga par la Riviere de Nieve ou Nie, sur laquelle est la Ville de St. Petersbourg, Ville nouvellement bâtie; Cronslot a presentement un port très-considerable. L'Isle de Hoghland est la plus grande de toutes, celles de Nerfwo & de Ruttenzari sont beaucoup moindres. Les côtes de ce Golphe sont pleines de roches & d'Islets sur tout du côté Septentrional. Il y a aussi divers bancs de sable au Midi de l'Isle de Hoghland, & des Ecueils de roche entre la Riviere de Narva & l'Isle de Ruttensari, & depuis l'Isle de Nerfwo jusqu'au port de Vibourg. Les premiers sont nommez les Ecueils de Russie. Les Suédois nomment ce Golphe FINSKE-SIOEN c'est-à-dire, Mer de Finlande; & Zeyler[a] apelle SIOFINNI les Finois qui habitent le long de la Mer; ces mots sont corrompus du Suedois SCHOE, qui doit se prononcer comme nous lirions *Chen*, par une diphthongue telle qu'elle est dans le mot *feu*, l'Oe adouci se prononçant comme *eu*, ou *œu*; ce mot au reste veut dire MER.

FINMARCHIE ou *frontieres des Finois*, Province de la Laponie Danoise ou Norwegienne. Elle s'étend depuis la Prefecture de Salten au Midi le long de la côte vers le Nord jusqu'au Cap nommé Nordkyn, à l'Orient du Nord-cap; & occupe ainsi la côte Occidentale du Gouvernement de Wardhus; de laquelle Mr. de l'Isle ne la distingue nullement. Il ne la nomme pas même dans sa Carte des Couronnes du Nord. Hermanides[c] dit que cette contrée est assez peuplée quoi qu'elle le soit moins que la Norwege. Mr. d'Audifret dit que la Finmarchie[d] est un desert affreux où il n'y a ni Villes ni Bourg. Ceux qui l'habitent, sont, dit-il, la plupart idolâtres. Ils adorent un Dieu particulier & ils égorgent en son honneur des Vaches & des Brebis dont ils lui offrent la chair en sacrifice; on les prendroit en hyver pour des bêtes fauves parce qu'ils sont tous couverts de peaux & ne laissent qu'une petite ouverture pour les yeux. Ils s'habillent en été d'une petite étoffe verte & dressent des tentes dans les prairies, où une partie est occupée à faire paître les bestiaux, tandis que l'autre s'adonne à la chasse pour vendre les peaux & les fourures aux Suedois qui les achettent aux foires que l'on tient deux fois l'année dans le Jempteland. Mr. Corneille donne la Finmarchie à la Couronne de Suede. Il se trompe, elle est à la Couronne de Norwege & par consequent sous la domination Danoise.

FINNI ou *Fenni*, nom Latin des anciens *Finois*.

FINOIS, habitans de la Finlande.

FINOPOLI, ou FILOPOLI, Village d'Asie dans la Romanie sur la Mer Noire à l'embouchure du Delcon du côté du Midi, selon Mr. Baudrand qui ajoute que ç'a été autrefois une Ville ancienne nommée PHINOPOLIS. Voyez ce mot.

FINSTERWALD[e], petite Ville d'Allemagne dans la basse Lusace au bord Occidental de la Dober Riviere qui tombe dans la Sprée. Elle a été incendiée par les Suedois durant les Guerres civiles d'Allemagne.

FIOHTELBERG Montagne, Mr. Corneille fait un article particulier de cette montagne d'où il dit que le Meyn & l'Eger prennent leurs sources. Un peu de reflexion lui auroit fait remarquer que dans l'Auteur qu'il cite les Imprimeurs ont mis un O pour un C & fait FIOHTELBERG de Fichtelberg dont il avoit déja fait un article.

FIONDA, en Latin *Fionda*, *Phaselis*, & *Pityussa* ancienne Ville Episcopale d'Asie dans la Natolie sur le Golphe de Satalie du côté du Couchant selon Mr. Baudrand[f] qui ajoute qu'elle est fort déchue. Voyez PHASELIS Ville de la Pamphylie.

FIONIE, c'est ainsi que quelques Auteurs expriment en François l'Isle de Funen, qui fait partie du Royaume de Dannnemarc dans la Mer Baltique, & que l'on nomme en Latin *Fionia*. Quelques Auteurs la nomment FINNE.

FIORE[g], en Latin *Flora* ou *Ossa*, Riviere d'Italie. Elle a sa source dans la Toscane au Siennois d'où elle passe au Duché de Castro. Elle y reçoit la petite Riviere d'Olpita près des ruines de la Ville de Castro, & delà se jette dans la Mer de Toscane au-dessous de Montalto presque au milieu entre Corneto à l'Orient & Orbitello à l'Occident.

1. FIORENTINO, (il) pays d'Italie; nous disons en François LE FLORENTIN, ou le TERRITOIRE DE FLORENCE.

2. FIORENTINO[h], en Latin *Florentinum*, Château du Royaume de Naples dans la Pouille à six milles de Lucera en allant vers Tarente. L'Empereur Frederic II. y mourut le 13. Decembre 1250.

FIORENZA, Ville d'Italie Capitale de la Toscane. Voyez FLORENCE.

1. FIORENZUOLA[i], en Latin *Florentiola*, Ville d'Italie en Lombardie, au Duché de Parme & dans l'Etat de Bousset, dans une

une fort belle plaine, à six milles du Bourg Saint Donin (*Borgo San Donino*) au Couchant & à vingt-deux de Parme vers Plaisance dont elle est à treize milles. Voyez au mot FIDENTIA les méprises de quelques Modernes sur l'ancien état de ce lieu.[a]

[a] Ibid.

2. FIORENZUOLA[a], en Latin *Florentia*, *Florentinum* & *Farentinum*. C'étoit autrefois une Ville Episcopale de la Pouille. Ce n'est plus qu'un Village de la Capitanate près de Nocera, où son Evêché a été transféré & uni.

3. FIORENZUOLA. Voyez FIRENZUOLA.

1. FIRANDO, Isle du Japon avec titre de Royaume, à l'Occident Septentrional de celle de Kioesioe & du Royaume de Fisen selon la Carte du Japon par Mr. Reland. Les Hollandois lui donnent 148. d. 50′. de longitude selon leur maniere de compter & 32. d. 50′. de latitude[b]. Mr. Reland y fait passer le 157. d. de longitude & la met entre les 33. d. 15′. & 33. d. 50′. La premiere de ces longitudes s'écarte moins de la juste position & s'accorde mieux avec les observations. Cette Isle est petite, & moindre que celle de Gotto qui est au Midi, quoique Mr. Reland la fasse plus grande.

[b] Zeemans Weghwyser p. 363.

2. FIRANDO[c], Port de Mer du Japon dans l'Isle de Firando. Ce fut le premier lieu que choisirent les Hollandois pour s'établir au Japon. Le Port de Firando est plus propre pour des barques à la maniere des Japonois que pour de grands bâtimens. Son embouchure étant fort étroite & par consequent d'une entrée fort dangereuse. Il est assez large de circuit & à l'abri de toutes sortes de vents & d'orages. Le fond en est limonneux & quelquefois même il manque d'eau. Il y a deux Villages sur la rade. Le Seigneur de l'Isle (lorsque les Hollandois ont écrit leurs relations il y a environ un siécle,) demeuroit dans un bâtiment de planches qui faisoient la maniere de toit & il n'y avoit que des Marchands peu considerables. Mais après-ce que la Compagnie Hollandoise des Indes Orientales eut fait de ce port une Etape, ceux qui ont commerce avec les Hollandois y viennent de tous côtez on y fit des bâtimens qui apportoient tous les ans un grand revenu au Gouverneur de Firando. Les Hollandois y bâtirent au commencement une ruë & dans la suite il y en eut jusqu'à quarante. Le Magazin qui appartenoit à la Compagnie des Indes Orientales & qui n'étoit que de bois étant ruiné, elle songea en 1640. d'y faire construire un Edifice de pietres, & cette entreprise fut suspecte à l'Empereur du Japon qui craignant que cet édifice ne servît un jour de Fort pour insulter ses Sujets, obligea les Hollandois de se retirer à Nanguesaque.

[c] *Corn. Dict. Ambass. des Holland. au Japon.*

Il n'y a rien de considerable à voir dans l'Isle de Firando que le Château de Firandono frere du Seigneur de l'Isle. Ce Château est situé dans une belle plaine, & il y a un pont d'Ardoise qui donne jusqu'à la premiere cour & qui est gardé des deux côtez par treize Gardes qui ont tous des arquebuses. La premiere porte est couverte de deux toits dont le plus bas a plus de largeur que l'autre. Les armes de l'Empereur sont à un côté de cette porte & celles du proprietaire à l'autre côté. Ce Château est apperçu de fort loin à cause qu'il est sur une haute colline; mais sur tout à cause de sa tour. Elle est de sept Etages qui diminuent de largeur & de longueur à mesure qu'ils s'élevent. Aux deux côtez du Château il y a huit portes, à chacune desquelles on arrive par un grand escalier taillé sur la colline au dehors. Quatre Pavillons bâtis en forme de Dome au pied de cette colline ont des Galeries soutenues par des piliers quarrez qui servent de communication pour aller des unes aux autres.

1. FIRENZUOLA[d], en Latin *Florentiola*, Ville d'Italie dans l'Etat du Grand Duc de Toscane sur la Riviere de Santerno au pied du Mont Apennin & dans le territoire de Florence, aux frontieres du Boulonois, & presqu'au milieu entre Florence au Midi & Bologne au Septentrion, à vingt-six milles de chacune.

[d] *Baudrand Ed. 1705.*

2. FIRENZUOLA, dans l'Etat de Buffeto. Voyez FIORENZUOLA 1.

1. FIRMA, ou AUGUSTA FIRMA, l'un des surnoms de la Ville d'ASTYGIS, qui est presentement ECEJA Ville d'Espagne.

2. FIRMA, ou COLONIA AUGUSTA FIRMA. Voyez l'article suivant.

FIRMANORUM CASTELLUM, ancien nom que Pline[e] donne à la Ville de FERMO en Italie. Voyez FERMO. Ciceron l'appelle aussi FIRMUM[f].

[e] *L. 3. c. 13.*
[f] *Ad Attic. l. 8. Epist. 12.*

FIROUZABAD[g], Ville de Perse située selon les Géographes du Pays à 82. degrez 32′. de longitude & à 30. d. 10′. de latitude. C'est une petite Ville de Perse qu'on appelloit autrefois Hourbehétion: son terroir porte quantité de dattes & de fleurs de Narcisse dont ceux du lieu font une huile de senteur que les Dames recherchent fort.

[g] *Tavernier Voy. de Perse l. 3. c. dern.*

FIROUZCOUH, Ville de Perse dans la Province de Tabarestan ou de Mazandran. Elle a pris son nom d'une Montagne qui en est voisine & dans laquelle il y a une Mine de Turquoises. Abbas Roi de Perse premier du nom y fit bâtir un palais pour y aller gouter les delices que fournit la Mer Caspienne. Il y a quelques Auteurs qui font cette Ville Capitale de la Province de Gaur.

FIRSE'ENS, ancien peuple de la Scandinavie selon Mr. d'Audifret[h] qui les place dans la partie du Royaume de Suede qui porte aujourd'hui le nom de Westman-land. Ce seront apparemment les Phiraesi de Ptolomée[i].

[h] *Géog. T. 1. p. 275.*
[i] *L. 2. c. 11.*

FISARDO ou MONTE FISARDO[k], en Latin *Elibanus Mons*, Montagne du Royaume de Naples dans la Calabre ulterieure près de S. Severino.

[k] *Baudrand Ed. 1705.*

FISAT. Voyez FISMAT.

FISCELLUS MONS, Montagne d'Italie. C'est aujourd'hui MONTE FISCELLO, ou LE MONT DE LA SIBYLLE. Il fait partie de l'Apennin entre les Sabins & le *Picenum*, ou, pour parler selon les noms modernes, au Midi de la Marche d'Ancone. Pline[l] dit que le Nar, (aujourd'hui la Nera) y a sa source. Varron[m] parle des chevres sauvages qui étoient autour de cette Montagne & du Mont

[l] *L. 3. c. 12.*
[m] *Rei Rust. l. 2. c. 3.*

62 FIS.

[a] Edit. Ald'in.

Mont Soracte. On lit dans cet Auteur[a]: *in Soracti fiscelio capræ feræ sunt &c.* mais Ortelius & Cluvier lisent beaucoup mieux *in Sauracti*, (ou *Soracti*) *& Fiscelio* (ou *Fiscello*) Magin met auprès de cette Montagne un lieu qu'il nomme Grotte de la Sibylle. Ortelius[b] dans son Theatre du Monde dit que cette grote est horrible & que l'on a imaginé que les Champs Elisées étoient en cet endroit. Le menu peuple s'est mis en tête qu'il y a une Sibylle qui possede en ce lieu-là un vaste & riche Royaume rempli de Palais & de Jardins delicieux, qu'il y a quantité de jeunes filles d'une rare beauté & tout ce qui peut satisfaire les sens. Ces plaisirs sont le partage de ceux qui vont trouver la Sibylle par cette grotte qui demeure toujours ouverte. Après un an de séjour la Sibylle permet de retourner dans ce Monde, & ceux qui reviennent ainsi menent jusqu'à leur mort la vie la plus heureuse qu'ils puissent souhaiter. Les Flamands, poursuit Ortelius, connoissent cette Montagne sous le nom de VROUW VENUS BERG, c'est-à-dire, *la Montagne de Venus*. On a des vers Toscans touchant le petit Daniel, c'est ainsi que le nomme la chanson. Il séjourna tout un an dans cette Caverne & revint ensuite dans ce Monde-ci. Resolu d'abjurer sa Venus, il se rendit à Rome, parla au Pape, & s'accusa de son peché. Le Pape ne crut pas que la faute fût remissible, ficha en terre la canne qu'il portoit à la main & qui étoit d'un bois très-sec; & lui dit que quand il verroit ce bâton fleurir & pousser des roses il l'absoudroit. Le petit Daniel, que cette reponse jetta dans le desespoir, se retira avec depit & prenant avec soi ses deux neveux fils de sa sœur il retourna près de sa Venus. Trois jours après on vit sortir de son bâton des boutons de roses. On chercha Daniel par tout, on ne le trouva plus, & on crut qu'il avoit été passer le reste de sa vie dans cette Caverne. Cette Historiette raportée par Ortelius montre combien le menu peuple est disposé à recevoir les fictions les plus chimeriques; puisqu'une chanson composée peut-être pour faire connoître d'une maniere allegorique le danger qu'il y a de decourager ceux qui reviennent de leurs égaremens, a été prise pour une verité Historique, jusqu'à servir de fondement à la denomination d'un lieu, dans un pays où l'on suppose que le Christianisme étoit déja établi. Léandre ne fait aucune mention de cette Grotte; quoi qu'il parle de cette Montagne qu'il nomme MONTE FISCELLO; & je l'aurois omise aussi, si ce n'étoit qu'à l'exemple d'Ortelius j'ai voulu marquer d'où vient le nom de Montagne de la Sibylle qu'on lui donne. Mr. Baudrand dont les Editeurs accusent[c] Mr. Maty de ne pas remplir les renvois est tombé lui-même dans le cas; au mot FISCELLO; il renvoye au mot SIBILLE qui ne se trouve point dans son livre.

[b] n. 95.

[c] Preface de l'Ed. 1705.

[d] Zeyler Pruss. Topogr. p. 25.

FISCHAUSEN[d], petite Ville de Prusse sur le Frisch-haff, à cinq milles de Konigsberg. Elle fut bâtie en 1269. & fut ensuite la résidence de l'Evêque de Szamland (cet Evêché a été depuis uni à celui de Varmie) à qui elle appartenoit jusqu'à ce que l'Evêque George Polenski la livra à Albert Margrave de

FIS.

Brandebourg premier Duc de Prusse qui lui donna en échange Balgen. Il quitta aussi sa Religion, & se maria. Les Evêques de Szamland ses Successeurs residerent à Konigsberg & Fischausen devint une Prevôté d'où le College de Konigsberg tire son entretien. Le Château est au-dessus de la Ville; c'est un grand bâtiment entouré d'eau. On trouve en ce lieu de grans bois peuplez d'Elans. St. Adalbert qui avoit été Evêque de Prague fut martyrisé l'an 997. le 23. d'Avril auprès de cette Ville. Boleslas alors Duc & depuis Roi de Pologne surnommé Chrobry racheta son corps des mains des Prussiens & le fit porter à Gnesne.

1. FISCHBACH[e], ou VISP par contraction, prononcez FISP. Bon Bourg de Suisse dans le haut Vallais & au departement auquel il donne son nom; qu'il prend lui même d'une Riviere qui se jette là dans le Rhône, sur la rive gauche duquel ce Bourg est situé. Il y a quelques jolis bâtimens & entre autres deux Eglises. Autrefois il avoit le nom de HUBSCHBOURG, c'est-à-dire BEAUFORT, à cause d'un fort Château qu'il y avoit au-dessus du Bourg, & qui étoit la residence des Comtes & Seigneurs du Pays; mais dans la suite il a pris le nom de la Riviere qui l'arrose. Le Bourg de Fischbach ou Visp passe pour être le lieu d'origine de la plûpart des familles nobles du Pays. Il a été un temps que les Gentils-hommes de Visp avoient leur Eglise particuliere où ils ne souffroient point que les simples Bourgeois & les Roturiers entrassent avec eux. L'an 1388. il y eut là une sanglante bataille entre Amedée Comte de Savoye & les Vallaisans. Le premier fut batu & perdit 4000. hommes.

[e] Delices de la Suisse T.4.p.715.

2. FISCHBACH[f], petite Riviere de Suisse dans le Haut Vallais. Elle est formée de deux Ruisseaux qui coulant des Vallées de Matten & de Safs se joignent auprès de Stalden, & va se perdre dans le Rhône auprès du Bourg de Visp.

[f] Ibid.

3. FISCHBACH[g], departement du Haut Valais en Suisse & le 3. en ordre. Il tire son nom du principal lieu dont on vient de parler, derriere lequel sont entre des Montagnes la Vallée de Matten & la Vallée de Safs qui aboutissent toutes deux aux frontieres du Milanez à 4. ou 5. lieues de Visp. Dans la premiere on trouve deux chemins pour passer dans ce Duché. On y voit quelques bons Villages, à savoir Matt, Tefs, ou Daesch, Gassen, Stalden, & Terminen. L'autre Vallée a un Village Paroissial nommé Safs qui lui donne le nom, & où coule un petit Ruisseau d'eau tiede, nommé le *Ruisseau Rouge* parce que son eau teint en rouge la terre & les pierres de son lit. On pretend qu'elle a les mêmes vertus que les bains de Leuck. Sur la Montagne qui separe ces deux vallées on voit le Village Paroissial de Grenchen qui a produit deux savans hommes, Simon Lothonius Professeur en Grec & en Latin à Bâle où il mourut à la fleur de son âge l'an 1543. & Thomas Plater tige des Platers de Bâle.

[g] Ibid.

FISCHINGEN[h], Abbaye de Suisse dans le Thurgow. Elle est de l'Ordre de St. Benoît, à deux lieues au Midi de Wyl sur le Murg

[h] Ibid. T. 3.p.481.

Murg au pied d'un Mont nommé Hoernlin. On y voit le tombeau d'Ita femme de Henri Comte de Toggenbourg.

FISCHIO, Phiscio, ou Fiesco, en Latin *Fufca* ou *Phufca*, ancienne Ville Epiſcopale de la Natolie propre, au Nord de l'Iſle de Rhodes à quarante-cinq lieues de la Ville de Patera du côté du Couchant. Ce n'eſt plus qu'une Bourgade.

1. FISEEN, petit païs du Japon dans l'Iſle de Ximo ſelon Mr. Baudrand & les Cartes ordinaires; mais dans celle de Mr. Reland l'Iſle eſt nommée *Kioeſioe*. Il a deux Peninſules qui ne lui ſont jointes que par un Iſthme aſſez étroit, l'une s'étend au Midi vers l'Iſle d'Amaxa, l'autre plus Occidentale s'étend au Midi où eſt Nangaſaki & au Nord vers Firando & Gotto. On peut voir par ce detail que Mr. Corneille ſe trompe après Davity lors qu'il nomme ce Royaume FIGEN, & dit que ſa principale Ville s'appelle *Rioſoge*. Mr. Reland écrit FISEEN. Mr. Corneille après avoir fait un article tiré de Daviti au mot FIGEEN fait un article particulier de la Ville de Fizen. Mr. Baudrand dit que ce pays eſt ainſi nommé de la Ville de Fiſen ſa principale Ville.

2. FISEEN, ou

FISEN, Ville du Japon, du pays de Fiſen, dans l'Iſle de Kioeſioe, ou de Ximo. Cette Ville eſt grande & Mr. Corneille en donne cette deſcription. [a] On y trouve tout en abondance. Le Château eſt un bâtiment auquel il ne manque rien de ce qui le peut rendre conſiderable. On l'apelle DAYMATS à cauſe que le DAY en la lave le pied. La Maiſon du Gouverneur ne contribue pas peu à ſa beauté; elle eſt conſtruite ſur des pilotis au milieu de la Riviere, & elle a pluſieurs chambres dont les croiſées ne ſe ferment point, ce qui fait que l'air y entre de tous côtez. Le haut de la voute eſt orné de dorures, & le bas garni de quantité de petites barques auſſi belles que commodes & où l'on peut ſe mettre à couvert de la chaleur & de la pluye. Au Fauxbourg du Château ſont les Receveurs des douanes qui payent tant les vaiſſeaux étrangers que ceux du pays: ce qui rend ce lieu fort fréquenté, de ſorte que l'on y trouve à toute heure quantité de gens dont les uns ſe promenent dans des Palanquins ou à cheval, & les autres roulent des balots de Marchandiſes. On les décharge ſur un très-beau quai qui eſt entre le Fauxbourg & la Riviere. Il y a trois portes à ce Fauxbourg. La principale eſt au bord de l'eau, & l'on y entre par une barriere, qui a deux portes pratiquées entre deux murs, qui montent en biaiſant vers cette porte dont le haut s'élève un peu au-deſſus des baſtions. A quelques pointes de ces baſtions tous remplis d'entaillures ſont des corps de garde quarrez & à deux étages. Au bout du Fauxbourg on entre dans un chemin qui conduit au Château dont la ſituation eſt avantageuſe. Il eſt aſſis ſur une Montagne élevée & entouré de murailles fort hautes & fort épaiſſes. Outre quatre belles portes, il eſt embelli de ſix tours dont il y en a cinq de cinq étages chacune, la ſixiéme en a ſix & ſurpaſſe les cinq autres en beauté ainſi qu'en hauteur. Dehors & dedans elles ſont extrémement belles. A moitié chemin du Fauxbourg au Château, & ſur la croupe de la Montagne eſt une fort belle Pagode, où les Prêtres font tous les jours le ſervice. Une partie de Fiſen eſt bâtie derriere la Montagne & contient plus de vingt milles maiſons, ſans les tours & les Pagodes qu'on voit de fort loin.

FISERA, Ville ancienne de l'Iſle de Corſe ſelon Ptolomée [b]. Mais Cluvier [c] obſerve que dans l'exemplaire du Vatican il y a FICARIA au lieu de ce mot & *Titiani* Τιτίανου, au lieu de *Titanis*, & *Ficarii*, au lieu de *Ticarii*, de ſorte que ſelon lui les exemplaires imprimez de cet Auteur ſont corrompus en cet endroit. Ce lieu conſerve l'ancien nom dans celui de FIGERI, ou FICARI comme l'écrit Cluvier [d] & le Pere Briet [e]. Voyez FICARI 1. & 2.

FISHGARD, Ville d'Angleterre dans le Comté de Pembrock ſelon Davity [f]. Voyez ABERGAVENNY.

FISMAT ou FISAT [g], Montagne de Suiſſe au Canton d'Uri aux frontieres de celui de Glaris, auprès du Mont Barenboden. Cette Montagne eſt peuplée de Chamois, & on y en trouve en quelque temps que ce ſoit. Ce lieu ſemble fait exprès pour ces animaux. Ce ſont de grandes roches rangées en Amphithéatre de telle maniere que les fentes, & les intervales où ſont les pâturages leur ouvrent un paſſage commode pour s'enfuir. Au pied de ces roches eſt une large plaine, couverte de toutes les ſortes d'herbes que l'on trouve dans les Alpes. Cette Montagne eſt diſtinguée en haute & en baſſe. De cette Montagne coule un ruiſſeau nommé SCHRAYEN & FISMATHBACH.

FISMES [h], petite Ville de France en Champagne, à ſix lieues de Rheims ſur la Riviere de Veſle. Quelques-uns écrivent Fiſmes; elle eſt au Dioceſe de Rheims ſur les confins du Dioceſe de Soiſſons. Elle eſt fort ancienne & n'a rien de fort remarquable ſinon qu'on y a tenu deux Conciles dans l'Egliſe de Ste. Macre Martyre. Le premier eſt du 2. Avril 881. auquel preſida Hinemar Archevêque de Rheims. Le ſecond eſt de l'an 935. On dit qu'il y a près de Fiſmes une pierre qui eſt de limites au Dioceſe de Rheims dont elle dépend & à ceux de Laon & de Soiſſons. Dans le temps que la Monarchie Françoiſe étoit diviſée en quatre Royaumes Fiſmes ſervoit de limites à celui de Soiſſons. Les Savans ne s'accordent pas ſur le nom que les Anciens ont donné à Fiſmes. Sanſon dans ſes remarques ſur la Carte de l'ancienne Gaule dit que Bibrax ne ſe peut mieux expliquer que par Fiſmes ſuivant toutes les circonſtances qui ſe peuvent recueillir de Ceſar & il croit l'avoir montré bien clairement dans ſes Diſquiſitions Géographiques contre le Phare du Pere Labbe. J'avoue que j'aime mieux me ranger du côté de ceux qui croient que Fiſmes eſt le même lieu qu'Antonin [k] nomme *Ad fines* entre Soiſſons & Rheims.

Auguſtam Sueſſonum,
Fines XIII. M. P.
Durocortorum XII. M. P.

Mr. de Valois FINES *qua & FIMMÆ.* On con-

---

[a] Dict.

[b] L. 3. c. 2.
[c] Corſic. Ant. p. 505.

[d] Ibid.
[e] Paval. 2. part. l. 5. p. 681.
[f] T. 1. p. 331.

[g] Scheuchzer Iter Alpin. IV. p. 185. & 199.

[h] Baugier Mem. Hiſt. de Champagne T. 1. p. 316.

[i] p. 13.

[k] Itiner.

convient d'ailleurs que c'est à Fismes que se sont tenus les deux Conciles nommez en Latin *ad fines* ou *in finibus*. Cela prouve que depuis le temps d'Antonin jusqu'au X. siecle ce lieu n'avoit point changé de nom. Flodoard dans sa Chronique à l'année 922. la nomme FIMÆ, qui est un commencement d'alteration. [a] Fismes étoit de l'ancien domaine de l'Eglise de Rheims & les Archevêques l'alienerent avec Espernay en faveur des Comtes de Champagne qui leur en ont fait hommage jusqu'à la réunion à la Couronne, car alors les Rois mirent la Prevôté de Fismes sous le Bailliage de Vitri ; mais la Justice ordinaire & la Seigneurie utile de la Ville de Fismes appartient à la Communauté des habitans.

[a] *Longuerue Desc. de la France 1. part. p. 44.*

FISSANENSIS, Siége Episcopal d'Afrique. On trouve dans la Conférence de Carthage *Turrasius Episcopus* FISSANENSIS. On ne sait pas aujourd'hui dans quelle Province étoit ce lieu ; mais il y a apparence que c'est le même que FISCIANENSIS, dont l'Evêque Donat assista au Concile de Cabarsus. Or ce lieu étoit dans le Bizacene ; ce qui est un préjugé plutôt qu'une preuve que *Fissana* étoit dans la même Province.

FISSENIA, Ville de la Mesopotamie sur le fleuve Basile ou Royal vers la Babylonie. Zozime en fait mention au raport d'Ortelius [b].

[b] *Thesaur.*

FISSIMA, Ville celebre du Japon à seize lieues d'Osacca & à trois de Méaco. Elle a été, dit Mr. Corneille [c], le siége de l'Empire & l'Empereur Taïcosama y faisoit ordinairement sa résidence. Mr. Reland la nomme FUSSIMI. Dans l'Histoire de l'Eglise du Japon [d], où celle de Taycosama est assez détaillée on lit partout FUXIMI ; qui ne s'écarte pas beaucoup du nom Japonnois ; mais dans un Voyage des Hollandois [e] au Japon ce nom est écrit FUSSIGNI. Ce fut ce même Empereur qui la fit bâtir, & il eut pour elle des tendresses de fondateur.

[c] *Dict.*
[d] *T. 1. p. 634. 644. 647. & T. 2. p. 71. 74. 77. &c.*
[e] *Voyages de la Comp. Holl. T. 4. p. 115.*

FISTELLE, Ville d'Afrique au Royaume de Maroc dans la Province de Tedla. Marmol [f] en fournit cette description. Outre le nom de Fistelle que lui donnent les Bereberes qui l'habitent, elle a aussi celui de TEFZA ; (qu'elle prend de la muraille qui l'environne) C'est une Ville de sept cens feux fondée par les anciens Africains sur un haut tertre du côté Septentrional du Grand Atlas à une lieue de Tebza du côté du Levant. Vers le Midi elle a un fort Château fermé de deux bons Murs bâtis de pierre & de chaux & éloignez de cinquante pieds l'un de l'autre, avec plusieurs tours & traversés tout à l'entour d'un ravelin bas en dehors. La Ville n'est pas fermée de murailles ; mais elle est forte par sa situation, parce qu'on n'y peut mettre d'Artillerie à cause des fondrieres outre la roideur de la côte. Le Château est commandé par une haute Montagne qui a au-dessus une forte tour qu'on a bâtie apparemment pour le défendre. Les Habitans disent que c'est un Gouverneur du Roi de Fez qui la fit bâtir & peut-être qu'il la racommoda ; mais les fondemens & une partie des murailles qui sont encore debout témoignent que l'ouvrage est plus ancien. Cette tour est située de sorte qu'on peut

[f] *T. 2. p. 129.*

assiéger le Château qu'avec beaucoup de peine & de danger qu'on ne l'ait prise. Il y en a une autre bien forte du côté du Couchant qui tient au Donjon du Château par un pan de Mur, avec double Parapet, afin qu'on puisse venir puiser à couvert dans une fontaine qui est proche delà dans un Vallon, où cette tour est si enfoncée qu'on ne la peut batre de quelque côté que ce soit & que l'on en découvre à peine les creneaux ; mais il y a toujours garde parce que de sa conservation dépend celle du Château & de la Ville qui n'ont d'autre eau que celle-là. Les habitans cultivent la plaine, mais ils ont de beaux Vergers & des vignes sur la côte qui est au-dessus de la Place. Il y en a qui trafiquent de fines laines, dont on fait de riches Casaques, & des tapis parce que les femmes la savent fort bien filer. C'est une Nation belliqueuse, quoique d'une conversation fort douce & les femmes y sont belles & bien parées de quoi elles se piquent fort. Entre cette Ville & celle de Tebza passe la DERNE qui descend du grand Atlas & coule entre des Montagnes & des collines où ses bords sont embellis de Jardins & de Vergers, d'où elle passe dans la Plaine & se va rendre dans l'Ommirabi vers le Nord. Cette Ville avoit coutume de vivre en liberté & d'être plus unie que les autres de la Province ; mais quand les troupes du Roi de Fez se saisirent de Tebza, elles firent tant de mal aux habitans qu'ils furent contraints de subir le joug, & ils étoient encore au Roi de Fez, lors que les Cherifs se souleverent. Mais depuis qu'ils se furent emparez de Maroc, ayant dessein sur le Royaume de Fez, ils essayerent par tout moyen de se rendre maîtres de cette Ville qui est fur le passage. Mahamet envoya donc (1543.) contre elle un de ses fils avec Mumen Belelche & toutes les troupes de sa garde sans compter dix mille chevaux Arabes. Il assiégea & batit avec deux grosses piéces d'Artillerie la tour qui défend l'eau. Après avoir renversé les parapets & fait un petit trou il commanda de donner l'assaut, mais le Gouverneur se défendit si bien qu'il le fit retirer bien vîte avec perte d'un grand nombre de Turcs & de Maures de la garde du Cherif. Sur ces entrefaites la nouvelle étant arrivée de la venue du Roi de Fez, le fils du Cherif leva le siége & se retira à Maroc après avoir laissé une partie de ses troupes avec Mumen dans Tebza. Quelque temps après le Roi de Fez ayant pris la route de Tedla avec son armée le Cherif sortit de Maroc avec la sienne & joignant les troupes de Tebza lui fit donner bataille sur la Riviere de Derne où le Roi de Fez fut pris & son armée défaite. Le Château de Fistele se rendit le même jour & toute la Province demeura sujette au Cherif. Les habitans de cette Ville sont riches & l'on y fait de belles Casaques & d'autres vétemens, que l'on nomme Fistele & que l'on porte à Fez & à Maroc. Il y a plus de cent maisons de Juifs dans la Ville.

1. FITAQUI, ou FITATS Royaume du Japon dans l'Isle ou Presqu'Isle de Niphon. [g] Dans la côte Orientale & au pays d'Ochio, entre les Royaumes & Provinces de Ximola au Midi ; de Nivata au Couchant & de Voxu au Sep-

[g] *Baudrand Ed. 1705.*

FIT. FIV.

Septentrion avec une Ville de même nom assez avant dans le Pays, selon le P. Briet. Mr. Reland dans sa Carte du Japon nomme ces lieux autrement; il met la Province de Fitats entre Ofioe au Nord; Sinnootske au Couchant & Smofa au Midi.

2. FITAQUI, ou FITATS, Ville Capitale du Royaume de même nom au Japon. Elle est au milieu de la Province dans la Carte de Mr. Reland.

FITELCO, ou FITLEO, petit lieu de Grece dans la Thessalie, sur le Golphe de Vollo. Plusieurs pretendent que c'est l'ancienne PHTELEON, ou SPERCHIA.

FIVEL [a], Ruisseau des Ommelandes. Il a sa source vers l'endroit d'où l'on tire les tourbes à Trentwalde & après avoir couru une lieue & trois quarts au travers de Duurswolde par le Nord-Ouest, il coule vers le Nord deux lieues & demie & se jette dans l'Ems à Delfzyl. C'est le cours present de ce Ruisseau; mais du temps de l'Abbé Menco il avoit sa sortie dans l'ancien havre d'Anisfia, où l'on a bâti le Temple de Werum. Menco nomme cette Riviere *Fivel*, les peuples d'alentour FIVELGONES, & le pays même FIVELGO. Le pays & les habitans que l'on nomme Fivelanders conservent encore les anciens noms, quoique la Riviere qui les leur donnoit ait perdu elle-même le sien, parce qu'à force d'en détourner les eaux, on l'a presque desseché sur tout par le nouveau Canal de deux milles moins un quart, que l'on a creusé depuis la Ville jusqu'au Coude, & auquel on a donné le nom de *Damsterdiep* aussi-bien qu'à l'autre lit, du nom du Bourg d'Appingadam par où il passe. L'utilité de ce Canal est grande en ce qu'il établit une communication entre les Rivieres de Unsing & de l'Ems; aboutissant à l'une à Groningue, & à l'autre à Delfzyl.

FIVELGO [b], ou FIVELINGO, en Latin *Fivelingia*, Contrée des Pays bas, aux deux côtez de la Fivel entre Groningue au Sud-ouest & l'Embouchure de l'Ems au Nord-est. Dans les Diplômes d'Otton le Grand, d'Otton III. & de Lothaire II. aux années 970. 996. & 1134. on trouve FUALGO Comté de Frise dans la contrée où sont aussi *Hunesgô*, *Mermu*, & *Midage*; ce qui montre qu'il faut entendre le Fivelgo & lire FIVALGO. Alfric dans la Vie de Ludger écrit FIVILGA. Adam de Brême [c] Ecrivain de l'XI. siécle prétend que l'Archevêque de Hambourg reçut de l'Empereur Henri IV. à titre de donation le Comté de Fivelgo possedé auparavant par le Duc Godefroi & alors par Ecbert: *Maximum Comitatum Fresiae de* FIVELGOE *quem prius habuit Dux Gothafridus & tunc Ecbertus*; c'est cet

FIV.

Ecbert Margrave de Saxe & de Thuringe; le fleau de la Frise, dont les biens furent confisquez en 1086. comme il paroît par le Diplome du même Empereur. Le même Historien rapporte que l'Archevêque jouit de ce Comté pendant dix ans jusqu'à ce qu'il en fut dépouillé. Cet Auteur qui étoit contemporain merite d'être crû, quoique les autres ne disent rien de ce fait. Mais il y a quelque difficulté en ce qu'il nomme ce Comté le plus grand Comté de Frise. Or l'Ostergo & le Westergo, qui furent demembrez des Etats d'Egbert & donnez à l'Eglise d'Utrecht, sont une fois plus grands chacun que le Fivelgo. Il faut croire qu'Adam de Brême entend par Fivelgo tout ce qui est entre le Lauwers & l'Ems. L'Empereur ayant dépouillé Egbert de la Frise la partagea entre deux Evêques; donnant à celui d'Utrecht ce qui étoit entre l'Issel & le Lauwers, & à celui de Brême (qu'Adam nomme Archevêque de Hambourg parce que ces deux Siéges ont été long temps unis) ce qui étoit entre le Lauwers & le Jade; de sorte que le premier eut les Comtez d'Ostergo, de Westergo, & d'Islago, de Stavern, & le second eut le Fivelgo & l'Emisgo. Le Fivelgo est presentement la seconde partie des Ommelandes, c'est-à-dire, du pays d'autour de Groningue. Il confine au Midi au Trentewold, au Levant au Vieux Bailliage (*Oldampt*) à l'Occident au Hunesgo, ou Ansingerland; sa longueur du Nord au Sud-est d'environ trois milles & demie & sa largeur d'environ trois milles; ainsi il est presque quarré. Les FIVELANDERS, en Latin *Fivelgones* ou *Fevelgones*, ou *Fivelingii* [d] après de longues brouilleries causées par leurs pretentions s'unirent enfin pour toujours l'an 1258. avec la Ville de Groningue avec laquelle ils ne sont plus qu'un corps qui est l'une des sept Provinces-Unies.

§. Il ne faut pas prendre à la rigueur la maniere dont Alting que j'ai suivi oriente cette Province par raport à ses voisins, car l'Ems n'est pas exactement au Nord, mais au Nord-Est de cette Province & des autres Provinces limitrophes.

LE QUARTIER DE FIVELINGO [e], partie considerable de la Province de Groningue & des Ommelandes. Il renferme, outre le Fivelingo propre, le *Hunsingo*, le Wester-quartier, ou quartier Occidental & l'Old-ampten. Ce pays fut fort mal traité par une inondation le 12. & le 13. de Novembre 1686. Les Etats Generaux qui voulurent savoir à quoi se montoit le dommage chargerent des Ecclesiastiques d'en dresser des Mémoires dont on forma les listes suivantes.

---

[a] *Alting. Notit. Germ. infer. 2. part. p. 55.*

[b] *Alting. Ibid.*

[c] *Hist. Eccles. l. 4. c. 5.*

[d] *Emmii, l. XI.*

[e] *Halma Tonneel der Vereenigde Nederlanden part. 1. p. 313.*

FIV. FIU. FIU.

Villages	Hommes	Maisons	Maisons	Chevaux	Vaches
	Hommes, Femmes, Enfans noyez ou peris.	Maisons & granges emportés par l'eau.	Maisons & granges fort endommagées.	Chevaux noyez & peris.	Vaches & boeufs noyez & peris.
Appingadam	--	3	13	2	12
Spyck	104	42	--	--	--
Berum	61	17	--	68	284
Godlinse	53	13	--	53	256
Colham	--	--	9	23	166
Delfzyl	--	--	1	--	1
Holwyrda	37	26	--	4	25
Vitwierda	9	--	15	21	63
Solwert	6	2	--	--	139
Marsum	--	1	Q	6	43
't Sant	--	--	Q	8	42
Farmsum	9	5	2	14	39
Otterdum	17	7	32	68	273
Weywert	97	32	13	44	255
Siddebouren	--	2	4	20	52
Losdorp	--	6	22	136	468
Ten Bour	6	2	8	7	83
Wolterfum	--	--	8	4	33
Tiamsweer	--	5	38	9	67
Hellum	--	--	23	20	101
Heveskes	--	--	9	10	75
Wester-Embden	11	12	8	40	174
Stedum	1	--	--	--	1
Wittewyrum	--	--	--	--	1
Crewert	1	2	7	9	65
				6	41
	416.	177.	212.	572.	2759.

La Lettre Q. qui se rencontre entre les chifres signifie *quelques-uns*; au lieu du nombre juste que l'on ignore. Une autre inondation arrivée la nuit de Noel 1717. fit encore de très-grands ravages.

FIVES, en Latin *Fiva*, gros Village des Pays bas auprès de Lille en Flandres. Il y a une Prevôté Conventuelle de l'Ordre de St. Benoît dependante de l'Abbaye de St. Nicaise de Rheims.

FIVIE, en Latin *Fivium*, Bourg de l'Ecosse Septentrionale au Comté de Buchan sur la Riviere d'Itan, que l'on y passe sur un pont, à trois lieuës du Bourg d'Innenourie vers le Nord.

FIUM ou FIOUM [a], Ville d'Egypte dans la Province qui en prend le nom, & dont elle est la Capitale. Elle est grande & fort peuplée, & on croit qu'elle est bâtie sur les ruines de l'ancienne Arsinoé. Quoique la plûpart des Maisons y soient petites étant d'un étage seulement & bâties de briques sechées au Soleil, elles ne laissent pas d'être commodes. On en trouve aussi de belles, principalement celles où logent les Officiers & quelques Turcs de confideration. Il y a dans cette Ville un grand nombre de Chrétiens Cophtes & même un Evêque; mais ils n'ont aucune Eglise dans cet endroit & ils sont obligez d'aller faire le service divin dans le village de DESIA, qui en est tout proche. On voit encore dans cette Ville plusieurs marques d'Antiquité, comme des chapiteaux, des corniches, des colomnes de granite à demi-brisées, & plusieurs autres sortes de marbre. [b] Au Marché au bled on voit une grande Colomne toute entiere, couchée par terre, & une grosse Meule de Moulin, toutes deux de Granite: il y a même peu de Maisons où l'on ne trouve quelque Antiquité remarquable. [c] Le principal commerce de Fium consiste en lin, en toile de menage, en Canevas, en toiles rayées, en cuirs, en nattes, qui sont les plus belles & les plus fines de tout le pays, sans parler des raisins, des figues & des autres fruits qu'on envoye au Caire. [d] Les cuirs qu'on y prepare sont fort estimez. Ils font encore une sorte de filets de cordes en forme de grands sacs dont on se sert en Egypte pour porter des chameaux de la paille, & de la fiente séchée pour brûler, ou des pierres, & ce que nous avons coutume de transporter dans les Charrettes dont ils n'ont pas l'usage. Le territoire qui est aux environs de cette Ville est le plus fertile & le mieux cultivé de toute l'Egypte, & tout ce qui y croit a un gout bien meilleur que ce que produisent les autres Provinces. On y voit des champs entiers plantez de rosiers & des bosquets de figuiers, ce que l'on ne voit point en d'autres endroits de l'Egypte. Les jardins y sont remplis de toutes sortes d'arbres fruitiers, de citroniers, de pêchers, de pruniers, d'abricotiers & de plusieurs autres sortes qui s'envoyent au Caire & raportent un grand profit. Mr. d'Herbelot dans sa Bibliotheque Orientale écrit FIIOM, & Faïoum. Il la met dans la Thebaïde inferieure ou haute Egypte, sur le Nil dont elle est, dit-il, entourée avec son terroir qui est fort bas, & qui ne se défend de l'inondation que par des levées fort épaisses & fort hautes. „ Elle est, poursuit-il, éloignée du „ Caire en remontant le Nil d'environ six „ journées & demeura inconnuë aux Arabes „ pendant plus d'un an après qu'ils eurent con- „ quis

[a] Le P. Vansleb. Relat. de l'Egypte p. 151. & Paul Lucas Voyages dans la haute & basse Egypte l. 6. p. 205.

[b] Vansleb. l. c.

[c] Lucas l. c.

[d] Vansleb. l. c.

„ quis l'Egypte. Les Auteurs Arabes attri-
„ buent au Patriarche Joseph la fondation ou
„ la restauration de cette Ville à cause des
„ grands ouvrages qui s'y voyent & qui ne
„ peuvent avoir été faits que par d'excellens
„ Géométres. Il y a cependant apparence que
„ c'est l'Heracleopolis Superieure des An-
„ ciens, qui porte aussi le nom de *Herculis magna*
„ *Urbs*, pour la distinguer d'une Ville de mê-
„ me nom qui est à une des embouchures du
„ Nil, appellée autrefois *Ostium Heracleoti-*
„ *cum* ". Il y a plusieurs choses à reprendre
dans ce détail. 1. On ne peut pas dire que
Fium soit sur le Nil, mais sur un bras qui
communique du Lac Moeris avec ce fleuve.
Les Arabes vainqueurs de l'Egypte auroient-
ils pû ignorer Fium si elle avoit été sur le Nil
qu'ils ne manquerent pas de remonter? 2. Fium
ne sauroit être dans la Thebaïde des Anciens,
qui ne descendoit point si bas; ni dans celle
des Modernes, qui est de l'autre côté du Nil.
3. Ce ne peut être l'Heracleopolis des Anciens;
car Fium est au couchant du Nil à
quelque distance du vrai lit de ce fleuve, au
lieu que la grande Ville d'Hercule étoit selon
Ptolomée dans une Isle formée par le Nil, laquelle y prenoit le nom de *Nome Heracleo-
polite*. Les plus habiles Géographes conviennent que Fium est l'Arsinoé des Anciens. Voyez
ce mot. Ce qui a donné lieu à quelques Auteurs de mettre Fium sur le Nil, c'est qu'il y
a en effet [a] un Canal artificiel qui va du Nil
en cette Ville d'Orient en Occident : ils
l'appellent tantôt *Bahr-Jousef*, ou le Fleuve de
Joseph; parce qu'ils croient que c'est Joseph
fils du Patriarche Jacob, qui l'a fait creuser;
& tantôt *Calitz-il-Menhi*, ou le Canal de
Menhi. Ce Canal est considerable parce qu'il
a toute l'année un peu d'eau douce qui sort
de plusieurs fontaines, qu'il ne porte bâteaux que
quand le Nil se deborde. Il commence à trois
journées de Fium en tirant vers le Midi près
d'un Village nommé Taruc Iscerif, & va,
après avoir quitté la Ville, se décharger dans
le Lac nommé *Birket il Kern* ou Lac de Caron, où ses eaux deviennent salées. Mr. Baudrand [b] distingue deux Villes de Fium. L'u-
ne qu'il croit être la même qu'Abutich, ou
l'Abydos des Anciens. Il la met dans la moyenne Egypte à douze lieues au-dessus du Caire;
ce qui ne s'accorde gueres avec les douze journées que met Mr. d'Herbelot [c]. Il faut pourtant que ce soit la même que Fium dont il est
ici question, car il la met le Gouvernement de
Fium entre ceux de Gise & de Benesuef. Ce
qui a trompé Mr. Baudrand, c'est qu'il a trouvé quelque part qu'Asioun est un nom que
l'on a donné à la Ville d'Aboutiche qui n'est
plus qu'un Village très-different de la Ville
de Fium. Voyez Aboutige. Il met encore
une Ville de Fium dans la haute Egypte sur
le Nil à quarante lieues au-dessus de celle-ci;
& cette seconde est la veritable Aboutiche.
Quant à l'*Abydos* des Anciens, voyez ce que
j'en dis au mot Abydos 2.

FIUM [d], (le) Province d'Egypte au bord
Occidental du Nil. Elle commence à Laon
petit Village sur le Canal de Jouseph. Les sables
& les deserts de la Libye la bornent au Couchant. Cette Province contient près de trois

[marginalia: *Vansleb. l. c.*; *Ed. 1705.*; *L. c.*; *d Lucas l. c.*]

cens soixante Villages & on y recueille quantité de lin & plusieurs sortes de fruits & beaucoup de raisins; c'est la seule Province de toute l'Egypte où il y ait des Vignobles; encore
n'y en a-t-il que dans l'étendue de sept Villages, qui sont Fidimin, Nacalifé, Seliin, Abu-
kesa, Agiamiin, Gerrâdo, & Tobhar. On
y fait le vin de cette sorte. Ils pressent les
raisins dans une cuve de terre, & mettent ensuite le Moût dans un sac de grosse toile &
le pressent une seconde fois dans une autre cuve. Delà ils le mettent dans des cruches qui
sont bien poissées en dedans & qui tiennent
environ trois Ocques. Ils mettent ces cruches
pendant sept jours au Soleil, les laissant ouvertes afin que le Moût se puisse purifier. Ils
les bouchent après cela avec des bouchons de
feuilles de palmiers, les couvrant par dessus avec
de la terre mouillée. Ils conservent ainsi leur
vin jusqu'à ce qu'ils veuillent le boire. Il est
vrai néanmoins, continue le P. Vansleb, que ce
vin n'est pas fort prisé des Francs à cause qu'il
y reste toujours un tiers de la lie qui le rend
trouble aussi-tôt qu'on en veut verser. Mais
si on avoit le moyen de le clarifier, ce seroit
un vin delicieux, les raisins étant extrémement
doux & agréables au gout. Le Sr. Lucas [f] qui,
pour le dire en passant, ne dit presque rien de
Fium qu'il n'ait copié du P. Vansleb, s'en écarte un peu à l'égard du vin. On y seroit,
dit-il, de fort bons vins s'il étoit permis aux
Arabes de cultiver les vignes. Les Peres de la
Terre Sainte qui y en ont, se trouvent obligez
de cueillir le raisin avant qu'il soit mur, ainsi,
dit-il, leur vin est toujours verd. Ce qui les
oblige de se hâter, c'est qu'autrement on leur
épargneroit la peine d'en faire du vin, & qu'on
le cueilleroit s'ils le laissoient mûrir. Il est bon
de corriger le Sieur Lucas par le P. Vansleb.
Le premier met dans le Fium comme j'ai dit
plus haut, près de trois cens soixante Villages;
le P. Vansleb plus ancien que lui dit que cela
étoit vrai autrefois; mais il ajoute qu'aujourdhui (c'est-à-dire de son temps) il n'y en a
que soixante & deux & que tous les autres
ont été submergez dans le Lac de Kern ou
ruinez par la tyrannie des Gouverneurs. Cette
remarque ne devroit pas échaper au Voyageur
Moderne. Le P. Vansleb dit n'avoir point
vu en Egypte de Province qui soit si coupée
& qui ait tant de canaux artificiels que celle-
ci. Ils sortent tous du fleuve de Joseph &
ils sont faits pour arroser plus commodément
la Campagne : & parce que cette multitude de
fossez ôteroit le moyen d'y voyager s'il n'y
avoit des ponts, il y en a en plus grand nombre qu'en tout autre endroit de l'Egypte. Ils
sont tous faits de briques cuites au feu & très-
fortes. On assure qu'ils sont bâtis sous les
Regnes des anciens Rois Pharaons. Les Cophtes pensent que ces Rois employerent les Israëlites à faire des briques pour ces Ponts ce qui
est assez vrai-semblable; car il est certain qu'il
a falu un nombre presque infini d'hommes
pour faire une si prodigieuse quantité de briques. Le Casciéf a sa résidence dans la Ville
de Fium. Il paye vingt-cinq bourses au Bacha & cinq au Kehaia ou Lieutenant & à
ses Agas. Le prix de sa Ferme est de deux
cens bourses argent comptant qu'il paye en quatre

[marginalia: *Le P. Vansleb. l. c.*; *f L. c.*]

tre termes. Le Divan du Caire lui donne trois cornettes de Spahis, ou de Cavalerie pour la garde de son pays, auxquels il paye de six en six mois vingt-cinq Piastres : ce qui étant une somme fort modique, ils sont très-mal-accommodez & ressemblent plûtot à des gueux qu'à des Soldats d'un si puissant Empereur, Voyez ARSINOE'.

a Baudrand Ed. 1705.

FIUMARA DEL MURO[a], en Latin *Fumaria Muri*; autrefois CAENIS, ancienne Ville des Brutiens; dans la Calabre ulterieure sur la Riviere de Cenis, à une lieue du Fare de Messine & à trois de Rhegio du côté du Nord.

☞ FIUME, ce mot ne veut dire que *Riviere* en Italien; & se joint à quelques denominations particulieres, qui déterminent la Riviere dont il est question.

b Ibid.

2. FIUME[b], en Latin *ad Flumen, Fanum Sancti Viti Flommoniensis*, Ville d'Allemagne dans la Carniole sur la côte du Golphe de Carnero. Ce sont les Italiens qui l'appellent ainsi; car les Allemands la nomment S. WEIT. Voyez ce mot.

c Ibid.

FIUME DEL AMIRAGLIO[c], c'est-à-dire, *la Riviere de l'Amiral*; en Latin *Admr*; petite Riviere de Sicile, la même que l'ORETO selon Mr. Baudrand. Voyez ce mot.

d Ibid.

FIUME DI S. BIAGIO[d], c'est-à-dire, *la Riviere de St. Blaise* : la même que l'AGRAGAS des Anciens, Riviere de Sicile dans la Vallée de Mazare. On la nomme aussi *la Riviere de* NARO, parce qu'elle a sa source auprès de Naro, d'où coulant vers le Midi elle se rend dans la Mer d'Afrique à trois milles au-dessous de la Ville de Gergenti.

e Ibid.

FIUME DE LENTINI[e], en Latin *Lentinus*; Riviere de Sicile dans la Vallée de Noto. Elle a sa source du côté de Cerretana, d'où elle passe à Lentini & peu après se jette au Golphe de Catane, environ à sept milles au-dessous de Lentini.

f Ibid.

FIUME DI SAN LEONARDO[f], c'est-à-dire, la Riviere de Saint Leonard, en Latin *Fluvius Sancti Leonardi*, Riviere de Sicile dans la Vallée de Noto. Elle passe près de Lentini & puis se jette dans le Golphe de Catane environ à douze milles de la Ville de Catane au Midi.

g Ibid.

FIUME DELLA MADALENA[g], en Latin *Fluvius Magdalena*; petit Ruisseau du Royaume de Naples dans la Province de Labour; on l'apelle aussi le FORNELLO. Il se rend dans la Ville de Naples un peu plus bas que le Pont de la Madeleine qui le traverse selon Mr. Baudrand témoin oculaire.

h Ibid.

FIUME DI NISI[h], en Latin *Enisis*; petite Ville de Sicile dans la Vallée de Demona & dans le district de Messine vers le Midi. On l'apelle ainsi parce qu'elle est près du *Torrent* de NISI à quinze milles de Messine vers le Midi, & à trois ou quatre milles de la côte du Fare.

i Corn. Dict.

FIUME DI TERMINI[i], Riviere de Sicile. On la nomme ainsi à cause qu'elle passe proche de la Ville de Termini. Quelques-uns ont cru que c'étoit la même qu'une autre Riviere de Sicile nommée *Il Salso*, parce que les Anciens ont donné le nom d'HIMERA à toutes les deux; mais les eaux de l'une sont douces, & celles de l'autre sont salées. Ce qui en fait voir la diference. D'ailleurs leurs sources sont éloignées de plus de quarante mille pas, & elles ont chacune un cours opposé; *il Fiume di termini* se décharge dans la Mer de Toscane du côté du Nord.

FIUME FREDDO[k], Mr. Corneille en fait une Ville du Royaume de Naples dans la Calabre Citerieure. Magin[l] n'en fait qu'un Village au bord Meridional & presque à l'embouchure d'une Riviere dont il prend le nom.

k Dict.
l Ital.

FIUMINALE DI SAN FIORENZO[m]; en Latin *Fluvius Sancti Florentis*, Riviere d'Italie dans l'Isle de Corse. Elle a sa source près des ruines de Nebio & delà court vers le Nord de l'Isle où elle se jette dans la Mer de Genes, près de San-Fiorenzo d'où lui vient son nom.

m Baudrand Ed. 1705.

FIUMINALE D'ORNANO[n], en Latin *Ornanus Fluvius, Pitanus, Titianus, Titamus*, Riviere de l'Isle de Corse dans sa partie Occidentale vers le Midi. Elle est fort petite & se jette dans le Golphe de Talabo.

n Ibid.

FIUNGA, Province du Japon dans l'Isle de Ximo & dans sa partie Occidentale où elle tourne vers le Midi près du Royaume de Bungo avec une petite Ville de même nom selon Cardin cité par Mr. Baudrand. Selon Mr. Reland[o] il faudroit dire FIOEGA Province de l'Isle Kioesioe, au Midi de la Province de Boengo; au Levant de celle de Figo, & au Nord-est de celle d'Osumni avec une Ville de même nom.

o Ibid. Carte du Japon.

FIXTELE, Daviti n'en fait qu'une Bourgade d'Afrique dans la Province de Tedle, & y place environ sept cens Maisons, Voyez FISTELLE.

FLA.

FLACCIA, on a donné quelquefois ce nom à la basse Moesie.

FLACKE, Isle de Hollande, separée de l'Isle de Goerée par un bras de Mer selon Mr. Corneille. Voyez OVER-FLACKEE qui est le vrai nom de l'Isle.

FLADDE[p], Isle de la Mer d'Ecosse, au Midi & fort près de l'Isle d'Arran entre la Presqu'Isle de Kyntire au Couchant & la Province Carrick au Levant. Elle est fort petite.

p Allart Atlas.

FLAGONITORUM URBS. [q] Ortelius trouve qu'il est fait mention de cette Ville dans une Lettre des Evêques d'Egypte à l'Empereur Leon, qui se trouve dans les Collections des Conciles. Cette Ville devoit être en Egypte.

q Thesaur.

FLAMANDES, (les Isles.) Voyez les Açores.

FLAMANDS, peuple qui habite la Flandre.

FLAMINIE, contrée de l'Italie, que les siécles posterieurs ont nommée ROMANDIOLA, ou la *Romagne* prise dans le sens étroit. Les anciens n'ont connu aucun de ces noms; mais bien ceux de *Lingones* & de *Senones*, peuples Gaulois qui occupoient ce pays où ils étoient venus s'établir des Provinces de Langres & de Sens, d'où cette partie de l'Italie avoit

FLA.

avoit pris le nom de Gaule Cis-alpine. La Ville de Ravenne en étoit la Capitale & à cause des cinq autres Villes de ce pays on la nomma la Pentapole. Elle a fait ensuite une partie fort importante de l'Exarchat: sa Capitale étant en même temps le Siége des Exarques & de ce que l'Empire d'Orient avoit conservé en Italie.

LA VOYE FLAMINIENNE, grande route des Romains. Voyez au mot VOYE.

FLAMINIUM FORUM, Ville d'Italie dans l'Ombrie selon le P. Briet[a]: c'est presentement PONTE CENTESIMO. *[a Paral. 2. part. l. 5. p. 569.]*

FLAMMONA FLANONA, ou FLAVONA, selon divers exemplaires de Ptolomée[b] dans le Grec duquel on lit Φλανῶνα ou Φλανῶα; Ortelius lisoit Φλανοῦνα. Ancienne Ville de l'Illyrie sur la Mer Adriatique. Ses Interprêtes disent que c'est presentement FLANONA. Etienne le Geographe la nomme FLANON Φλάνον. Pline[c] la nomme FLANONA. Voyez ce mot. *[b L. 2. c. 17.]* *[c L. 3. c. 21.]*

FLAMONIENSES VANIENSES, ancien peuple qui habitoit vers le fond du Golphe Adriatique selon Pline[d]. Le R. P. Hardouin avertit qu'ils n'étoient pas ainsi nommez de Flanona, Ville Maritime, mais de FLAMONIA, qui est presentement FLAGOGNA, peu loin du bord de la Riviere de Tagliamento. *[d L. 3. c. 19.]*

FLANATES, ancien peuple de l'Illyrie selon Pline[e]. Ils étoient ainsi nommez de leur Ville qui étoit FLANONA. Pline remarque qu'ils donnoient le nom au Golphe voisin. *[e L. 3. c. 21.]*

FLANATICUS SINUS, aujourd'hui le GOLPHE DE CARNERO ou CANARIO, au fond du Golphe de Venise. Nos Géographes François le nomment le GOLPHE DE QUERNER.

FLANDRE, (la) grande Province des Pays-bas. Il n'est pas aisé d'en marquer les limites d'une maniere qui ne soit pas confuse. Car comme ce nom a un sens plus ou moins étendu suivant les divers temps dont l'on parle, il faut auparavant connoître ses diferentes significations, avant que de fixer une description qui ne conviendroit pas à ces diferens sens dans lesquels le mot a coûtume de se prendre. La Flandre est nommée FLANDRES, au pluriel, par quelques-uns; mais, ce qui n'est gueres fondé en raison, ils y ajoutent l'article du singulier & disent *la Flandres*; ce qui ne me paroît pas fort juste. Les Flamands disent 't VLANDEREN, les Allemands FLANDERN, les Anglois THE FLANDERS, les Espagnols FLANDES, & les Italiens LA FIANDRA.

On pourroit diviser la Flandre selon les Langues qu'on y parle, en Flandre *Flamande, Flamingante* ou *Teutonique*, c'est-à-dire, où l'on parle Flamand qui est une Dialecte derivée de l'ancienne Langue Teutone; & en Flandre *Walonne*, où l'on parle la Langue Walonne qui est une Dialecte de la Langue Françoise telle que l'ont parlée nos ancêtres.

On peut aussi la diviser par raport aux divers Souverains entre lesquels elle est partagée: en *Austrichienne*, qui est possedée par la Branche Allemande de la Maison d'Autriche depuis le démembrement qui en a été fait de l'Espagne, dont le Comté de Flandre étoit une annexe avant l'extinction de la Branche Espagnole; en *Françoise* à cause du quartier de l'Isle, & autres parties Meridionales que la France en a reconquises; & en *Hollandoise* à cause de la partie que les Provinces-Unies en aquirent dans les longues guerres qu'ils soutinrent contre l'Espagne, lors qu'elles s'en separerent pour former une Republique independante de cette Monarchie. Les autres divisions seront plus aisées à comprendre quand on aura vû les diverses revolutions arrivées à ce Pays. Voici comment Mr. de Longuerue[f] éclaircit cette matiere. *[f Descr. de la France 2. part. p. 60.]*

Ce Païs a eu differente étenduë en divers siécles. D'abord le païs nommé *Flandre* n'étoit autre chose que le territoire de Bruges; car Saint Ouën, qui dans la Vie de Saint Eloy, a fait le premier, au septiéme siécle, mention de ce païs de Flandre, le distingue des païs ou territoires de Gand & de Courtray: & il marque un *Municipe*, qu'il nommé *Flandrense*, & qu'il compare avec ceux de Vermand (ou Saint Quentin) de Noyon, (*Noviomagense*) de Tournay, de Gand, de Courtray: par où il paroît qu'il y avoit un *Municipe*, c'est-à-dire, un lieu nommé Flandres, & qui avoit son territoire de même nom, comme ceux qu'il marque dans le même chapitre. Dans la suite ce lieu de Flandre fut nommé *Bruxxia* ou *Bruga*, à cause du Marais où il est situé: de sorte que l'Auteur Anonyme de la Vie de Saint Eloy, qui a abregé il y a environ six ou sept cens ans l'Ouvrage de Saint Ouën, nomme *Municipium Flandrense, Municipium Brugense.*

Le Païs de Flandres étoit encore dans des bornes étroites sous le Regne de Charles le Chauve l'an 853. & on voit dans les Capitulaires, qu'alors ce païs étoit distingué de celui de Courtray. Les Auteurs Flamands veulent qu'alors & long tems auparavant, ce païs fût gouverné & possedé par des Seigneurs qui avoient la qualité de Forestiers. Ce qui néanmoins ne se prouve par aucun monument ancien ou témoin digne de foi. Le premier qui possêda ce païs avec le titre de Comte fut Baudouïn, qui ayant enlevé la fille de Charles le Chauve, & l'ayant épousée, obtint le pays de Flandres avec la qualité de Comte, du Roi Charles, qui lui pardonna à la fin, & le reçut dans ses bonnes graces. Baudouïn obtint du Roi non seulement le veritable païs de Flandres, mais les territoires de Gand, de Courtray, de Tournay, d'Arras & de Terouënne, ou le Païs des Morins, lesquels étoient alors défolez par les ravages des Normands. Ce Baudouïn laissa ses Etats à son fils Baudouïn, dit le Chauve, qui fit fortifier & fermer de murailles la Ville de Bruges, pour servir de boulevart contre les Normands. Les descendans mâles des deux Baudouïns possederent de Pere en fils le Comté de Flandres jusques vers la fin de l'onziéme siécle. Baudouïn surnommé de Lille, qui mourut l'an 1067. laissa deux fils, savoir Baudouïn, dit de Monts, & Robert le Frison. Baudouïn qui étoit l'aîné, épousa Richilde, Fille & heritiere de Reinier Comte de Monts; & mourant l'an 1070. il laissa deux fils, Arnoul qui fut Comte de Flandres, & Baudouïn Comte de Hainaut. Arnoul fut privé de ses Etats & de la vie par son Oncle Robert, qu'on appelloit le Frison, parce qu'il avoit pendant quelque tems été reconnu Prince dans la Hollande, & dans quelque partie de la Frise. Ce Robert avoit aussi une partie de la Flandre qu'on nommoit Imperiale, parce qu'elle dépendoit du Royaume de Lorraine uni à l'Empire par Othon le Grand. Robert mourut l'an 1077. en possession de toute la Flandres, qu'il avoit usurpée sur Baudouïn son neveu Comte de Hainaut frere & heritier du Comte Arnoul. Robert II. fils du Frison succeda à son pere; & ayant été à la guerre de Jerusalem avec Godefroy de Bouillon, il mourut l'an 1111. & eut pour Successeur son fils Baudouïn, surnommé à la Hache, parce qu'il étoit fort severe en rendant la justice. Il mourut sans enfans l'an 1119. & nomma pour son heritier son cousin germain Charles de Dannemarck, fils du Roi Canut. Charles fut reconnu par les Flamands, mais quelque tems après il fut assassiné, & les Peuples appellerent pour être leur Comte, Guillaume fils de Robert Duc de Normandie. Guillaume s'étant rendu odieux à ses nouveaux Sujets, ils le chasserent, & proclamerent Comte l'an 1129. Thierry d'Alsace, qui étoit fils de Thierry Duc de Mosellane ou de la Haute Lorraine, & de Gertrude fille de Robert le Frison. Le Comte Thierry laissa au Duc Simon son frere aîné ce qu'il avoit dans le païs de sa naissance, & s'établit en Flandres, où il mourut l'an 1168. Son fils & Successeur nommé Philippe n'eut point d'enfans, & eut pour heritiere sa sœur Marguerite l'an 1192. Elle avoit épousé Baudouïn Comte de Hainaut, qui descendoit par mâles du Comte Baudouïn, sur lequel Robert le Frison avoit usurpé la Flandres, laquelle retourna ainsi à la posterité de ses anciens & legitimes Seigneurs. Le Comte Baudouïn & sa femme Marguerite eurent pour Successeur leur fils Baudouïn, qui fut couronné Empereur de Constantinople, & mourut en Grece l'an 1205. sans enfans mâles. Il eut deux filles, savoir Jeanne & Marguerite. Jeanne n'eut point d'enfans de ses deux maris Fernand, fils de Sanche premier Roi de Portugal, & de Thomas de Savoye, fils de Thomas Comte de Savoye; elle mourut l'an 1243. & laissa heritiere sa sœur Marguerite: ce qui causa de grandes guerres dans le païs, car cette Princesse Marguerite étant sous la tutele de Bouchard d'Avesne, elle fut engagée à l'épouser: ce qu'il fit du consentement des Grands du Païs; car il n'est pas vrai qu'il débaucha sa pupile, comme quelques Auteurs apocryphes l'ont voulu dire. Elle eut de son Tuteur & mari deux enfans, dont l'un se nommoit Jean Comte de Hainaut, & l'autre Bouchard Seigneur d'Avesnes. Marguerite après la mort de Bouchard fut mariée à Guillaume de Dampierre fils d'Archambaud, Sire de Bourbon, dont elle eut un fils nommé Guy, que sa mere reconnut pour son legitime heritier, parce qu'on découvrit que Bouchard, destiné à l'Eglise & pourvû de plusieurs Benefices, avoit secretement pris le Sousdiaconat à Orleans; de sorte qu'on tenoit son mariage nul & ses enfans bâtards. Baudouïn eut recours aux armes, & après une longue guerre entre les freres uterins, ils s'accorderent enfin. Le Comté de Flandres demeura à Guy, & celui de Hainaut fut cedé à Baudouïn. Cet accord fut fait à Paris l'an 1244. à la sollicitation du Pape Innocent IV. & du Roi Saint Louïs. Néanmoins la Comtesse Marguerite perseverant dans sa haine contre ses enfans du premier lit, le Pape Innocent IV. les déclara legitimes par son Jugement définitif, rendu l'an 1251. attendu la bonne foi de la mere, qui ignoroit que Bouchard fût dans les Ordres sacrez quand elle l'épousa, vivant alors en Laïc & portant les armes. Marguerite ne put donc donner que la Flandres à ses enfans du second lit, Guillaume, qui mourut avant sa mere, & Guy. Ce Comte Guy fut ennemi de Philippe le Bel Roi de France, qui le prit prisonnier; de sorte que ce Comte mourut en prison à Compiègne l'an 1304. On fut contraint pour satisfaire le Roi, de lui ceder les Villes de Lille & de Douay, qui furent pour lors démembrées de la Flandres; & quoique dans la suite elles ayent été réunies au pouvoir des Comtes, elles ont toûjours fait une Province particuliere, comme a fait l'Artois démembré aussi de la Flandres sous le regne de Philippe-Auguste, à qui ce païs d'Artois fut cedé par le Comte de Flandres. Les descendans mâles de Guy, de la Maison de Dampierre, ont joüi du Comté de Flandres jusqu'à Louïs, dit de Mâle, qui mourut l'an 1383. laissant pour heritiere sa fille Marguerite, femme de Philippe le Hardy Duc de Bourgogne. Leur arriere-petit-fils Charles de Bourgogne ne laissa qu'une fille nommée Marie, mariée à Maximilien d'Austriche, qui fut depuis Empereur. Marie eut pour heritier son fils unique Philippe, pere de l'Empereur Charles-Quint, qui donna de son vivant l'an 1549. le Comté de Flandres, avec ses autres Etats des Païs-Bas à son fils Philippe II. dont l'arriere-petit-fils Charles II. étant mort sans enfans, la plus grande partie de la Flandres a été cedée après une longue & sanglante guerre, à la Maison d'Austriche par les Traitez d'Utrecht, de Rastat & de Bade. Il y a néanmoins une partie de cette Province qui obéit à la France, & une autre partie qui est soumise aux Etats Generaux des Provinces-Unies, en vertu des cessions faites de ces parties de la Flandre par les Rois Philippe IV. & Charles II.

La Province & Comté de Flandres est divisée en quatre parties, qui sont Gand, Alost, ou la Flandre Imperiale; Bruges, avec le territoire appellé le Franc; & Ypres. Ces quartiers sont differens des quatre Membres de Flandres. Car le quartier d'Alost est du Membre de Gand, & le quatriéme Membre, qui est le Franc, est du quartier de Bruges.

[a] Les Flamans sont corpulens, communément gros & gras, d'un naturel flegmatique, & assez lents dans leurs manieres d'agir, quoique laborieux, soit pour la culture de la terre, soit pour les manufactures & le commerce que nulle Nation n'entend mieux. Ils sont amateurs de la liberté, & grands ennemis de la servitude. On les fléchit aisément par la douceur, qui a plus de pouvoir sur eux que la force, & on ne leur voit pas beaucoup de sensibilité dans l'amour ni dans la haine. Ils se con-

[a] Corn. Dict. Memoires dressez sur les lieux.

consolent sans peine de tous les malheurs qui leur arrivent, en songeant qu'ils en pourroient encore avoir de plus grands à essuyer. Ils ont de l'esprit & du bon sens; mais l'imagination moins vive que les peuples plus meridionaux, ce qui fait que ceux-ci les trouvent grossiers & stupides dans la Conversation. Ils sont cependant entendus dans les affaires qu'ils font avec réfléxion & sont rarement les dupes de ceux qui se croient plus fins qu'eux. Les femmes sont blanches & assez belles; mais leur beauté n'est point assaisonnée de cet air piquant qu'on aime dans certaines autres Nations. Elles ont plus d'esprit & de plus belles qualitez que les hommes, & sont sages par tempérament & par vertu. La nourriture la plus commune des Flamans, est du pain bis, du lait, du beurre, de la Chair salée, soit bœuf ou vache grasse ou du porc, de la viande froide, & des légumes. Ils sont aussi sobres dans leur domestique, qu'ils aiment la bonne chere en compagnie, & ont une qualité qu'on ne sauroit trop loüer, qui est de savoir proportionner leur dépense à leur revenu & de retrancher leur train selon la diminution de leurs rentes. Ils aiment fort les réjouïssances publiques. Châque Ville, & châque Village a la sienne tous les ans qu'on nomme Kermes, & qui dure ordinairement huit jours. Ce mot signifie une foire à l'occasion de la dedicace de l'Eglise du lieu ou de la Fête du Patron. L'ouverture s'en fait par une procession du Saint Sacrement, & le profane y est quelquefois mêlé. Des géants, de grands poissons, des représentations de l'Enfer & du Paradis, des fous & des Diables qui marchent en cortege dans la ruë, sont le principal divertissement du Peuple, dont la plus grande partie quitte son travail pendant que la Fête dure, pour se divertir, & pour faire bonne chere.

Outre la grande quantité de bois à brûler & à bâtir que fournit le païs qui est éloigné de la Mer, on trouve dans celui qui en est voisin, comme le bas Furnembach, la Châtellenie de Bourbourg, & autres dequoi faire des tourbes quand on a creusé quatre ou cinq pieds dans terre. C'est un lit de bois pourri de l'épaisseur de deux pieds ou environ, parmi lequel on voit encore de grands arbres renversez, des feuilles & même des noisettes entieres, de sorte qu'il paroît que ces païs ont été autrefois de grandes & vastes forêts; mais ce qui embarasse le plus, est de savoir comment ces arbres ont pû croître dans des terres si basses, & si marécageuses, dont on n'auroit dû attendre que des joncs plutôt que du bois. Les gens du païs croyent que ces arbres ont été submergez du tems du Déluge, & que la Mer a couvert long tems depuis la surface de tous les terrains bas, ce qui se vérifie par trois ou quatre pieds de sable de Mer mêlé de coquillages, qu'on trouve au-dessus de cette tourbe, sur laquelle les eaux douces ont amené des graisses qui ont formé le sel de toutes les excellentes terres de Furnembach, après que les habitans les ont gagnées sur la mer par le moyen des éclûses. Il n'y a cependant que les pauvres gens qui se chauffent de ces tourbes, quand elles sont bien séches, tant parce qu'elles sentent très-mauvais, que parce qu'il est défendu d'en tirer trop de peur de gâter les terres. Le pays nourrit quantité de chevaux très-grands, dont la plûpart sont plus propres à la culture de la terre qu'à d'autres usages. On ne laisse pas d'en trouver d'assez propres à monter, dans les Châtellenies de Bourbourg, de Cassel; dont quelques-uns y naissent; & les autres en plus grand nombre, y sont amenez Poulains de l'Artois, ou du Boulonois, pour y prendre une nourriture plus forte. On y éleve aussi de fort bons chevaux de Carosse; mais qui sont sujets à avoir la tête un peu grosse. Le terroir est excellent pour la nourriture des vaches, des bœufs & des porcs. On y en engraisse tous les ans une grande quantité qu'on fait venir maigres de la Picardie, & de l'Artois. Les vaches y donnent du lait en abondance; & plus dans le Furnembach qu'en d'autres endroits. Les païsans élevent par curiosité dans ce Canton de grandes brebis qui sont ordinairement trois agneaux, quelquefois quatre & cinq, & rarement sept, ce qu'elles ne font plus quand elles sont transportées ailleurs. Aussi est-ce sans contredit la plus fertile contrée de la Flandre, ce qu'elle doit particulierement à l'engrais qu'elle tire de la matiere à Tourbes qu'elle enferme dans son sein. C'est un excellent fumier, qui brûle la terre la premiere année, mais qui l'engraisse pour cinquante ans. La Flandre n'ayant ni pierres, ni ardoises, on y fait beaucoup de briques & de tuiles. Toutes les maisons n'étoient presque autrefois bâties que de bois; mais à cause des fréquens incendies qui arrivoient dans les Villes, on ne souffre plus qu'on les construise que de briques, ou de pierres. S'il n'y croît point de vignes dont on puisse faire du vin, on y recueille en abondance toutes sortes de grains, fruits & légumes. Il y a peu de chanvre; mais il y croît du *Koolzaad*, graine d'une espece de choux sauvage, de laquelle on tire de l'huile à brûler. La boisson ordinaire de ceux du païs est la biere, qui se fait avec de l'orge hâtif, qu'ils appellent sucrion, un peu d'avoine quelquefois du froment, & de houblon. On prend une certaine quantité de sucrion, qu'on fait germer en le mouillant, puis sécher & moudre. On y ajoûte une huitiéme partie d'avoine courte qu'on fait moudre sans germer, & ensuite on fait bouillir le tout dans une chaudiere avec du houblon pendant vingt-quatre heures, après quoi on met la biere dans des tonnes qui tiennent environ un demi-muid. Elle s'y fermente, & jette une écume que l'on nomme *Quyl*, & dont on se sert au lieu de levain pour faire du pain. Cela fait, on bouche bien les tonnes, & on peut boire de cette biere quinze jours après. Elle se peut garder plus d'un an, selon qu'elle est bien faite, ou plus ou moins forte, à proportion du grain qu'on y a mis. Le houblon est une plante dont les feuilles sont la moitié plus petites que celles de vignes. Elle se cultive sur de petites mottes de terre où l'on en seme la graine, & le houblon croît en montant, & en s'attachant à des perches de dix à douze pieds de haut, & donne une fleur qui étant séche sert à faire la biere. Il n'en croît abondamment que dans le territoire de Poperingue, & dans quelques autres.

Tous

FLA.

Tout l'intervalle qui est entre la Mer & la Colline, depuis la Riviere d'Aa jusqu'au canal de Bergues à Dunkerque, & depuis ce canal jusqu'à l'Iper qui comprend une partie de la Châtellenie de Bourbourg, de Bergues, de Furnes, & le territoire de Dunkerque, est plat & bas, à la reserve d'une lisiere de Dunes que la nature semble avoir élevée exprès, depuis Nieuport jusqu'à Gravelines, & bien au delà, pour servir de digues à ce païs qui a été gagné sur la Mer. Il y en a même une partie de la grandeur de six à sept mille mesures appellée la *Moëre*, actuellement inondée. Le reste jusqu'à la Riviere de Lys est entrecoupé de divers côteaux, vallées & petites plaines, diversifiées même par plusieurs petites Montagnes, dont il regne une lisiere depuis Waten sur la Riviere d'Aa jusqu'auprès d'Ipres, qui se subdivise en plusieurs parties dans la Châtellenie de Cassel, de Bailleul & autres endroits.

En general tout ce Canton est rempli de vergers plantez de pommiers, de poiriers & d'autres arbres fruitiers, mauvais fruits, à la reserve des pommes de renette blanche; ou de grandes pieces de Labour, gras pâturages, & prairies entretenues de hayes, & plantées par-ci par-là d'arbres à haute tige, savoir, ormes, bois blancs dits trembles, chênes, aulnes, peupliers, & fort peu de hêtres & de frênes. Toutes ces plantes rendent le païs très-agréable à la vûë. Les bois taillis y sont fort fréquens, surtout dans la partie Orientale de la Châtellenie d'Ipres, dans le territoire de Poperingue, & dans la Châtellenie de Warneton. Outre cela il y a une Forêt de quatre mille cinq-cens arpens dans la Châtellenie de Cassel proche de la Lys, qu'on appelle la forêt de *Niepe* qui appartient au Roi aussi-bien que le bois taillis de l'Hout-Alst dans la Châtellenie d'Ipres, qui contient trois mille trois cens cinq arpens.

L'air du païs aux environs de la mer est épais & rude, tant à cause de la grande quantité de Canaux & de *Watergans* où les eaux croupissent, que des vents de Nord qui sont fort frequens; mais quand on remonte dans le païs haut, l'air est meilleur, & plus épuré, quoiqu'il s'en faille beaucoup qu'il ne soit aussi doux qu'en France. L'Hyver y est long, l'Eté pluvieux pour l'ordinaire, & quelquefois très-chaud, mais les chaleurs durent peu. On ne connoît guere en Flandres que ces deux saisons.

On tient que Saint Victoire & Saint Fuscien ont été les premiers qui ont annoncé l'Evangile dans la Flandre Occidentale pendant le troisième siécle ; mais le peuple étant retombé depuis dans l'Idolâtrie, Saint Antimonde Évêque de Teroüane rétabli la Foi Catholique vers l'an 509. profitant de la victoire que Clovis premier Roi Chrétien de France remporta sur Regnacaire Prince ou Gouverneur du Païs d'entre la Somme, l'Escaut, & l'Océan. Ensuite Saint Medard François de Nation, Evêque de Noyon & de Tournay, poussé du même zéle, continua d'y faire de grands progrès en 530. Il ruina toutes les Idoles & les Temples des faux Dieux & bâtit plusieurs Eglises. Tout le peuple n'étoit pas cependant encore converti cent ans après, puisque vers l'an

FLA.

646. Saint Eloy Evêque de Noyon baptisa beaucoup de Païens dans cette Contrée. Il s'arrêta même quelque tems au lieu où est à présent Dunkerque, qu'il trouva peuplé d'un assez grand nombre de Pêcheurs & autres pauvres gens pour lesquels il fit bâtir une petite Chapelle qu'il dédia à Saint Pierre. Depuis ce tems-là la Flandre a toujours été Catholique jusques au seiziéme siécle, que les opinions de Calvin & de Luther s'y introduisirent par le Commerce des Etrangers, nonobstant les Edits rigoureux de Charles Quint & de Philippe II. ce qui joint à la sévérité du Duc d'Albe, établi Gouverneur des Païs-Bas, qui n'eut point d'égard aux Privileges des Flamands, aboutit enfin à une révolte presque générale du païs & à l'établissement de la République des Provinces-unies ; mais le Duc Alexandre de Parme ayant remis sous l'obéïssance du Roi Philippe II. tout le païs dont on a parlé, partie par l'effort de ses armes, & partie par ses négociations, le culte de la Religion Catholique qui avoit été fort interrompu en 1577; & dans les années suivantes reprit sa premiere forme, & sept ou huit ans après la Religion pretendue Reformée en fut entierement bannie.

Cette Province quant au spirituel, dépendoit de l'Evêché de Teroüane ; mais cette Ville ayant été ruinée de fond en comble en 1553. par l'ordre de Charles-Quint, & le Traité de paix de Câteau-Cambresis portant qu'elle ne pourroit être rétablie, son Evêché fut divisé en ceux de Boulogne, de Saint Omer, & d'Ipres. Ce païs est presentement sous ces deux derniers, & sous celui de Bruges. Celui de Tournay y a aussi quelque extension ; mais l'Evêché d'Ipres en tient plus de la moitié. Il fut érigé en 1559. & l'un des quatorze que l'on créa dans les Païs-Bas, au grand mécontentement des Peuples, qui craignoient que cette multiplication d'Evêchés ne donnât moyen d'introduire plus facilement l'Inquisition d'Espagne qu'ils avoient en horreur sur toute chose.

La Justice est administrée par les Magistrats des Villes & Châtellenies, & les Sentences sont rendües à la pluralité des voix de même qu'en France ; comme il n'est pas necessaire d'être Licentié en Droit pour être Echevin, & que ce sont les Echevins qui ont voix décisive, & qui rendent les Jugemens, châque Corps de Magistrat a un ou plusieurs Conseillers, qui étant Avocats doivent être habiles dans le Droit, & dans les affaires. Ils rapportent les Procès & donnent leur avis suivant lequel les Echevins forment ordinairement leurs conclusions, sans qu'ils y soient obligez. La voix des Conseillers étant seulement consultative. Ces Officiers qu'on nomme *Pensionnaires* à cause de la Pension que la Ville ou Châtellenie leur fait, étoient mis autrefois à vie; & le Roi choisissoit un sujet entre trois que le College lui présentoit ; mais Sa Majesté a rendu ces Charges hereditaires au moyen d'une finance. Toute la Justice de cette Province ressortit par Appel au Parlement de Tournay à la reserve de Dunkerque, de Gravelines & de Bourbourg, qui vont au Conseil Provincial établi

FLA.

bli à Arras & delà au Parlement de Paris. Ces dernieres circonstances étoient vrayes lors que Mr. Corneille écrivoit, à savoir au commencement de ce siécle. Mais la derniere Guerre a enlevé Tournai à la France & le Parlement que Louïs XIV. y avoit érigé a été transporté à Douai. Par le Traité conclu à Utrecht entre la France & les Provinces-Unies le 11. d'Avril 1713. cette Couronne a

Art. XII. cedé en faveur de la Maison d'Autriche tout le droit qu'elle avoit sur Furnes, Furner-Ambagt (c'est ce que l'Auteur des Memoires inferez ci-dessus apelle *Furnembach*) y compris les huit paroisses, le Fort de Knoque, les Villes de Loo & Dixmuyden, avec leurs dependances, Ypres avec sa Châtellenie, Rousselaer y compris & avec les autres dépendances qui seront desormais Poperingue, Warneton, Commines, Warwick; ces trois dernieres places pour autant qu'elles sont situées du côté de la Lys vers Ypres, & ce qui depend des lieux ci-dessus exprimez, sans que S. M. T. C. se reserve aucun droit sur lesdites Villes, Places, Forts, & Pays, ni sur aucune de leurs appartenances, dependances, annexes ou enclavemens. Ce sont les termes du Traité. Cette

Art. XI. Couronne a cedé encore par le même Traité la Ville de Menin avec toutes ses fortifications, & avec sa Verge; la Ville & Citadelle de Tournay avec tout le Tournaisis, sans se rien reserver de son droit là-dessus ni sur aucune de ses dépendances, appartenances, annexes, enclavemens, & avec tous les mêmes droits en tout, que S. M. T. Chrétienne les avoit possedées avant la Guerre, excepté que St. Amand avec ses dependances, & Mortagne sans dépendances reviennent & demeurent à la France, à condition qu'on ne pourra faire à Mortagne aucunes Fortifications ni éclufes de quelque nature qu'elles puissent être. Voila ce que la France a perdu par la derniere paix. D'un autre côté les Alliez lui ont rendu quelques places qu'elle avoit perdues pendant la guer-

Art. XV. re; à savoir la Ville & Citadelle de l'Isle avec toute sa Châtellenie sans aucune exception; Orchies, le pays de Laleu & le Bourg de la Gourgue, les Villes & Places d'Aire, de Bethune & St. Venant avec le Fort François, leurs Bailliages, Gouvernance, appartenances, dependances, enclavemens & annexes. Le tout ainsi qu'il a été possedé par le Roi très-Chrétien avant la Guerre.

Il est d'autant plus necessaire de remarquer ce changement que presque toutes les Cartes de Flandres & les Livres de Géographie étant faits avant le Traité d'Utrecht partagent la Flandres sur l'ancien pied; & en donnent une idée qui est devenue fausse. Mr. Baudrand distingue la Flandre, en Flandre *Espagnole*, Flandre *Françoise*, Flandre *Imperiale*, Flandre *Hollandoise*, & Flandre *Proprietaire*. La Flandre Espagnole ne doit plus porter ce nom; mais celui d'Austrichienne puis qu'elle est perdue pour cette Couronne, & acquise par le Traité d'Utrecht à la Maison d'Autriche. Elle est entre la Mer, la Flandre Françoise, le Hainaut, le Brabant, & la Flandre Hollandoise. Ses principales Villes sont Gand, Oudenarde, Bruges, Ostende, Nieuport, Furnes, Ypres, Menin, Dixmuyden, &c.

Tom. II. PART. 2.

FLA. 73

La Flandre Françoise, est la partie Meridionale de la Flandre: on l'appelle aussi la Flandre Vallone, quoiqu'il y ait quelque difference entre elles pour l'étendue. Ses principales Villes sont Lille, Douai, Dunkerque, Cassel, Orchies & St. Amand. Les Villes d'Aire, de St. Venant & de Bethune rendues par le Traité, ne sont pas de Flandre, mais d'Artois.

La Flandre Imperiale est une petite partie de ce Comté qu'on pretendoit relever de l'Empire. Elle contenoit le territoire d'Alost, le pays de Waes & les quatre Metiers, s'étendant ainsi vers l'Escaut & le Hondt & sur les frontieres du Brabant. Sa principale Ville étoit Alost selon Mr. Baudrand. Mr. de l'Isle donne le nom de Flandre Imperiale à ce qui est enfermé par l'Escaut Occidental au Nord; le Marquisat d'Anvers & le Duché de Brabant à l'Orient; le Comté de Hainaut au Midi; le petit Escaut & le Canal qui mene de Gand à Bochout, à l'Occident. Les Villes de la Flandre Imperiale selon cet Auteur sont Alost, Termonde, Ninove, Grammont, le Sas de Gand, Axel, Hulst & Rupelmonde. La Flandre Imperiale prise dans cette étendue renferme une partie de la Flandre Hollandoise.

La Flandre Hollandoise est une petite partie du Comté de Flandre à l'extremité Septentrionale de cette Province. Les Provinces-Unies la conquirent durant les guerres contre l'Espagne & l'ont conservée par les Traitez de Paix. Elle contient une petite partie des quartiers de Gand & de Bruges; les plus au Nord & vers la côte, savoir les deux Metiers de Hulst & d'Axel; avec le Sas de Gand, la Philippine, Terneuse & quelques Forts qui sont du quartier de Gand; & à l'Ecluse, Ardenbourg, Middelbourg, Isendyck, & l'Isle de Cadsandt qui sont du quartier de Bruges avec leurs territoires. Les principales Villes sont Hulst, Axel, l'Ecluse, & Ardenbourg.

La Flandre Proprietaire étoit aussi une petite partie de la Flandre qu'on pretendoit être en propre au Comte & il n'y avoit que les Villes de Denrmonde, & Grammont avec leurs territoires & Bornheim vers le grand Escaut. Mais, comme le remarque Mr. Baudrand, ces divisions ne sont plus d'usage quoi qu'on les marque mal-à propos dans des Cartes recentes dressées pour l'Histoire du temps & l'Etat present de ce pays; à quoi elles n'ont nul rapport.

§. Il faut encore remarquer que par une façon de parler peu exacte, les François donnent souvent le nom de Flandre en general aux Pays bas Catholiques. Les Italiens & les Espagnols font encore pis & nomment Flandre tous les Pays bas. C'est dans ce sens que Pierre Corneio a intitulé son Histoire des Guerres de Flandre. *Sumario de las guerras civiles y cauzas de la Rebellion de Flandres*, imprimé à Léon 1577. en quoi il a été imité par un grand nombre d'autres Ecrivains.

FLANONA, c'est la même que FLAMMONA qui même n'en est qu'une corruption. Voyez cet article.

FLANONICUS SINUS, nom Latin du Golphe de Carneio dans la Mer Adriatique.

FLAVI, Ortelius citant ce vers de Tibulle,

K   Car-

FLA.

Carnuti & Flavi, cærula lympha Liger.

^{L. 1. Eleg.}
^{7. selon les Edit. Ordin. & Eleg. 8. selon l'Edit. ad us. Delph. &celle de Broekhuyse, v. 12.}

doute si *Flavi* est le nom d'un peuple particulier, ou si c'est seulement une Epithéte du peuple *Carnuti*; il panche pour ce dernier sentiment. Mr. Baudrand au contraire croit que *Flavi* est le nom d'un peuple dont le pays avoit nom *Flavia*; mais il le place dans la Germanie, vers l'endroit où est la Pomeranie ulterieure & la Prusse & l'étend jusqu'à la Russie. Voyez FLAVIA. L'Editeur de Tibulle, *ad usum Delphini*, change *Flavi* en *Fluvii* & regarde au contraire *Carnuti* comme une détermination de ce mot; de sorte que, par *Carnutus Fluvius*, il entend la Loire.

^{b Ortel. Thesaur.}

1. FLAVIA[b]. St. Justin Philosophe & Martyr nomme ainsi dans ses Epitres la Ville où il étoit né. On sait d'ailleurs qu'il étoit Samaritain & on croit que c'est presentement NAPLOUSE Ville de Palestine. Ortelius croit que c'est la même Ville qui est nommée FLAVIOPOLIS sur quelques marbres. Mr. Baudrand la confond avec CESARE'E DE PALESTINE. Voyez FLAVIA 4.

2. FLAVIA ÆDUORUM, Ville des Sequaniens. Il y en a, dit Ortelius[c], qui l'expliquent de FLAVIGNY, d'autres d'AUTUN. Voyez AUGUSTODUNUM & AUTUN.

^{c Thesaur.}

3. FLAVIA AUGUSTA[d], l'un des noms de la Ville de POUZOLS dans le Royaume de Naples.

^{d Ibid.}

4. FLAVIA CÆSAREA AUGUSTA FELIX, [e] c'est la Ville de CESARE'E DE PALESTINE. Ce fut l'Empereur Vespasien qui lui fit prendre ce nom de FLAVIA COLONIA; comme je le marque plus au long à l'article CESARE'E. C'est presentement CAISAR.

^{e Ibid.}

5. FLAVIA CÆSARIENSIS, ancien nom d'une contrée d'Angleterre. Elle faisoit partie du pays que les Romains avoient appellé *Maxima Cæsariensis*, & fut surnommée Flavienne du nom de l'Empereur Flave Theodose fils de Theodose qui y remporta de grands avantages. Selon le Pere Briet[f] elle renfermoit les peuples suivans.

^{f Paral. Part. 2. l. 2. p. 181.}

Les TRINOBANTES qui repondent aux Comtez de *Middlesex* & d'*Essex*. Leurs Villes étoient	*Londinium* & *Lundunium*, aujourd'hui *Londres*. *Camelodunum* & *Camulodunum*, aujourd'hui *Maldon*. *Colonia*: aujourd'hui *Colchester*.	
Les ICENIENS qui repondent aux Comtez de *Suffolck*, *Norfolck*, *Cambridge*, & *Huntington*. Leurs Villes étoient	*Venta Icenorum*, aujourd'hui, *Caster*. *Durobrivæ*; aujourd'hui *Donnehan* ou *Dorme Caster*. *Gariononum*: aujourd'hui *Yarmouth*. *Extensio*: aujourd'hui *Easton*. *Combretonium*; aujourd'hui, *Breteham*. *Sittomagus*; aujourd'hui *Thesford*. *Villa Faustini*; aujourd'hui *Edmondburi*. *Camboritum*; aujourd'hui *Cambridge*.	
La Province FLAVIA CÆSARIENSIS, avoit pour peuples	Les CATYEUCLANS, qui repondent aux Comtez de *Buckingham* & d'*Herford*. Leurs Villes étoient	*Verolamium*; aujourd'hui *St. Albans*. *Pontes*; aujourd'hui *Colebrocke*. *Lactodorum*; aujourd'hui *Betfort*. *Isanavaria*; aujourd'hui *Passaham* ou *Stonistrasford*. *Durocobriva*; aujourd'hui *Herford*.
	Les DOBUNIENS, qui repondent aux Comtez d'*Oxford* & de *Glocester*. Leurs Villes étoient	*Clevum* ou *Glevum*; aujourd'hui *Glocester*. *Corinium* ou *Durocornovium*; aujourd'hui *Cirencester*. *Trajectus*; aujourd'hui *Augst*, Village. *Oxonium*; aujourd'hui *Oxford*.
	Les CORNAVIENS, qui repondent aux Comtez de *Warwick*, *Worchester*, *Stafford*, *Schropp*, & *Chester*. Leurs Villes étoient	*Divana* ou *Deva*; aujourd'hui *Chester*. *Manduessedum*; aujourd'hui, *Manchester*. *Condate*; aujourd'hui *Congleton*. *Præsidium*; aujourd'hui, *Warwik*. *Pennocrucium*; aujourd'hui, *Penkrige*.
	Les CORITAINS, qui repondent aux Comtez de *Northampton*, *Lincester*, *Rutland*, *Lincolne*, *Nottingham* & *Darby*.	*Lindum*; aujourd'hui *Lincoln*. *Rate* ou *Rage*, aujourd'hui *Lincester* ou *Ratby* Village. *Antona*; aujourd'hui *Northampton*. *Crococalaria*; aujourd'hui *Ancester*.

^{a Ibid.}

6. FLAVIA CONSTANTIA[a]. La Ville de COUTANCES en basse Normandie est ainsi nommée dans les Notices.

^{b Ortel. Thesaur.}

7. FLAVIA CURVA PAPIA,[b] l'Auteur de la vie de St. Maur Evêque nomme ainsi la Ville de CESENE en Italie.

8. FLAVIA FIRMA SURA. Le Livre des Notices nomme ainsi la Ville de SURA en Syrie sur l'Euphrate. Voyez SURA.

9. FLAVIA (GALLICA), [c] Ville des Ilergetes dans l'Espagne Tarragonoise selon Ptolomée. C'est presentement FRAGA. Voyez ce mot.

^{c L. 2. c. 6.}

10. FLAVIA IRIA. Voyez IRIA.

11. FLA-

FLA.

11. FLAVIA LAMBRIS, Ville de l'Espagne Tarragonoise selon Ptolomée[a]; qui la met comme l'unique place du territoire des Bædiens, Βαιδῶν, au lieu de quoi Ortelius lit *Æduorum*. Pomponius Mela[b] l'appelle *Lambriaca*, & les Interpretes de Ptolomée disent que c'est presentement SAINTE MARIE DE FINISTERE. Ortelius n'est pas de leur sentiment. Le nom de *Lambriaca* autorisé par la *Lambris* de Ptolomée a semblé si étrange à Pintianus, l'un des Commentateurs de Mela qu'il lui substitue *Abobrica*.

12. FLAVIA SECUNDA, Ortelius trouve un lieu ainsi nommé dans le Livre des Notices. En effet[c] au titre *sub dispositione viri spectabilis Ducis Mogontiaci*: on lit *Præfectus militum secundæ Flaviæ Vangiones*. Mais je crois que c'est moins un nom de lieu que celui de la Legion dont étoient les troupes cantonnées chez les Vangions, c'est-à-dire, vers l'Evêché de Wormes; & partie de l'Electorat de Mayence; ainsi que dans la même Section on voit *Armigerorum*, *Balistariorum*, & *defensorum*; qui marquent non pas le lieu, mais le corps dont étoient les troupes qui se trouvoient alors à Mayence, à Bodobrica, & à Coblens.

FLAVIACUM. Voyez FLAY.

FLAVIANA ALA, ou FLAVIANA CASTRA, ou FLAVIANUM. Voyez VIENNE en Autriche.

1. FLAVIANA, Ville ancienne de la Scythie. Il en est fait mention dans les Notices[d].

2. FLAVIANA, autre ancienne Ville dans la premiere Mœsie selon le même Livre[e].

FLAVIANOPOLIS. Voyez FLAVIOPOLIS. 1.

FLAVIANUM. Voyez VIENNE en Autriche.

FLAVIAS. Voyez FLAVIOPOLIS. 2.

FLAVIGNI, en Latin FLAVINIACUM, selon les modernes, & FLAVIA ÆDUORUM, selon quelques-uns qui aiment mieux chercher cette ancienne Ville à *Flavigni* qu'à *Autun* où d'autres la mettent. C'est une petite Ville de France en Bourgogne dans l'Auxois, sur une Montagne environnée de plusieurs autres[f]. Elle étoit autrefois d'une grande étendue & divisée en Cité, Bourg & Fauxbourg. On ruina ces deux dernieres parties du temps des Guerres civiles, afin de rendre la place plus reguliere & plus facile à garder. Elle n'a à present qu'environ huit cens pas de long, cinq cens de large, & deux mille trois cens de circuit. Il n'y a dans cette Ville que trois Eglises, à savoir l'Abbaye dont je parlerai ci-après, l'Eglise des Ursulines & l'Eglise Paroissiale qui est dediée à St. Genêt, & est desservie par un Curé & par une Communauté de Prêtres fondée par Menard originaire de Flavigni & Archevêque de Besançon. Ces Prêtres étoient au nombre de trente-six, lors de la fondation, mais on les a reduits à dixhuit. Ils ont chacun deux cens cinquante livres de revenu.

L'*Abbaye* de FLAVIGNI fut fondée par Widrad du temps de Charles Martel. L'Abbé est Seigneur de la Ville & nomme le Juge & les Officiers de Justice, hormis le Procureur d'office qui est à la nomination des Religieux par un Concordat de l'an 1663. L'Historien de l'Ordre de St. Benoît[g] raconte ainsi l'Histoire des commencemens de cette Abbaye. Je le copie d'autant plus volontiers qu'il doit en être mieux instruit que Mr. Baillet qui les raporte autrement dans la Topographie des Saints. Le St. Abbé Widrad qui possedoit de grands biens en Bourgogne & ailleurs, s'en fit un thrésor pour l'éternité en les employant à de bonnes œuvres. Il fonda le Monastere de Flavigni dans le Diocèse d'Autun, & en fit dedier l'Eglise à St. Prix, mais depuis elle fut consacrée à St. Pierre[h]. Il eut une affection particuliére pour cette Abbaye, & l'instituta son heritiére, comme il paroît par ses deux Testamens, l'un fait à Semur le 18. de Janvier, la premiere année de Thierri IV. c'est-à-dire l'an 722. l'autre fait à Autun la quatriéme année de Chilpéric ou plutôt de Childeric III. c'est-à-dire, l'an 746. ou 747. Il declara de plus dans ce dernier, que sa volonté étoit que les Religieux de ce Monastére élussent leur Abbé selon la regle de St. Benoît, & que si le Saint Ordre & la Discipline venoient à s'y relâcher & à s'y affoiblir par la negligence de l'Abbé, & de la plûpart des Moines, ceux d'entre les Religieux à qui il resteroit quelque zéle pour la pureté de l'observance pourroient faire venir d'autres Religieux des Monastéres bien reglés, pour mettre chez eux la reforme, & y faire refleurir l'observation de la regle de St. Benoît. Les petits Monastéres de St. Andoche, de Saulieu & de Ste. Reine, & l'Eglise de St. Ferréol eurent part aux pieuses liberalitez de Widrad. Dès son premier Testament il est qualifié Abbé, parce qu'il avoit la conduite & la direction de ces trois Eglises. On dit aussi qu'il exerça douze ans cette charge dans Flavigni, ce qu'il n'est pas aisé de concilier avec ses deux Testamens, qui font voir que Magoalde étoit Abbé de Flavigni, du moins depuis l'an 721. jusqu'à 746. si ce n'est qu'on ne dise que ce Monastere eut en même tems deux Abbez, savoir Widrad le fondateur & Magoalde, ce qui avoit été défendu environ cent ans auparavant dans le Concile de Châlons[i], parce que le partage d'autorité causoit souvent de la division parmi les Religieux: desordre qui n'étoit pas à craindre à Flavigni, où probablement Widrad n'avoit la qualité d'Abbé que par honneur, & laissoit à Magoalde le gouvernement de la Communauté. Il y a apparence que ces deux Abbés mourrurent avant l'an 750. Car en ce tems-là le Monastere de Flavigni étoit sous la conduite de Gairon ou Gaguin, qui fut peu après Evêque d'Autun, ou de quelque autre Ville. Après Gairon, il eut pour Superieurs pendant le huitiéme siécle, Manassés, Adalbert, & Zacho.

Manassés obtint les reliques de St. Prix, qui étoient dans le Monastère de Volvic, & les transfera dans celui de Flavigni, qui en possède encore aujourd'hui la plus grande partie, avec le corps de Ste. Reine: car il s'en trouve quelques parcelles dans d'autres Eglises. L'édification que l'on recevoit des Religieux de la Communauté de Manassés, porta Charlemagne à permettre à cet Abbé de bâtir un Mo-

76 FLA.   FLA.

Monastére à Corbigni, & lui fit cette grace à la priere de Theodulfe Evêque d'Orleans, & Abbé de Fleuri. Les Lettres de ce Prince y mettent une condition qui est remarquable; & importante pour la discipline. [a] C'est que les Religieux que l'on établiroit à Corbigni, iroient souvent à Flavigni, pour y exercer les fonctions de leur état, & qu'après qu'ils s'en seroient bien acquitez, ils retourneroient à Corbigni par l'Ordre de l'Abbé Manassès & de sa Communauté. Cette condition supposoit que la regle s'observeroit plus exactement dans le grand Monastére que dans le petit, & qu'ainsi il seroit utile aux Religieux qui demeureroient dans celui-ci, d'aller passer quelque tems à Flavigni pour renouveller leur ferveur & y garder plus ponctuellement les Loix de leur profession; laquelle pratique a du rapport à ce qui est aujourd'hui, en usage parmi les Religieux, qui tous les ans ou plus souvent, font ce qu'on appelle *les exercices* soit dans leur propre Monastére ou dans quelque autre Maison de leur Institut. Ceux de Corbigni auroient dû aussi payer chaque année quelque petite rente à l'Abbaye de Flavigni pour marque de leur dépendance. Mais le dessein de Manassès de bâtir un Monastére à Corbigni, ne fut qu'un projet à son égard: car prévenu de la mort, ou arrêté par quelque autre obstacle, il n'en exécuta rien & ce Monastére ne fut bâti que plus de soixante & dix ans après, par le venerable Egil son successeur. L'Abbé Gunderad qui souscrivit le second Testament du venerable Widrad, gouvernoit vrai-semblablement le Monastére de St. Martin, ou celui de St. Symphorien, situés près d'Autun.

Mr. Baillet [b] dit au contraire que St. Prix dont la plus grande partie des reliques furent transportées à Flavigni vers le milieu du VIII. siécle, est à cause de cela devenu second Patron titulaire de cette Eglise; que le 1. étoit St. Pierre sous le nom duquel elle avoit été dédiée d'abord. Il ajoute que l'an 864 Charles le Chauve donna l'Abbaye de Flavigni à l'Abbé Egil, pour la reparer & la remettre en regle; qu'il y fit transporter les reliques de Ste. Reine qui étoient à Alise à une lieue delà; & qu'il y établit la regle de St. Benoît. Il paroît par l'Auteur cité ci-dessus que cette Regle y étoit établie dès la fondation.

§ Ferrari s'est fort trompé lors qu'il a confondu ce lieu avec *Flay*, (Flaviacum) Abbaye du Diocèse de Beauvais; & Mr. Baillet [c] a eu raison de relever cette faute.

FLAVINIUM Servius expliquant ces vers de Virgile

[d] *Hi Fescenninas acies, æquosque Faliscos,*
Hi Soractis habent arces; Flaviniaque arva,

dit que *Flavinia arva* étoit un lieu de l'Italie nommé *Flavinium*; il ne dit point si c'étoit une Ville, ou une Campagne, & le P. de la Rue laisse la chose douteuse. Silius Italicus fait mention de FLAVINA, & on voit bien que les vers de Virgile étoient presens à sa memoire lors qu'il composoit les siens[e]:

Æquique Falisci,

[a] Ibidem pag. 692.

[b] Topograph. des Saints p. 391.

[c] Ibid.

[d] Æneid. l. 7. v. 695. 696.

[e] L. 8. v. 481. & seq.

Quique tuos, Flavina, focos; Sabatia quique Stagna tenent, Ciminique lacum.

Les foyers de Flavina font voir que c'étoit plus qu'une campagne, & qu'il y avoit une Ville. Sa situation entre les lieux nommez dans les mêmes vers fait voir qu'elle étoit en Toscane.

FLAVIOBRIGA, Colonie de l'Espagne Tarragonoise [f] au pays des Autrigons, peuple d'entre les Cantabres. Pline [g] nous apprend qu'elle avoit été aussi nommée *Amanum portus*. On croit que ce fut à cause de Flave Vespasien qu'elle prit celui de *Flaviobriga*. Mr. Baudrand [h] croit que c'est BILBAO. Villanovanus croit que c'est FONTARABIE. Morales, cité par Ortelius [i]; Mariana [k] & Oihenart [l] aprouvez par le R. P. Hardouin, jugent que c'est VERMEO ou BERMEO.

FLAVIONAVIA, c'est ainsi, au raport de Bertius, que ce nom est écrit dans les manuscrits de Ptolomée [m], au lieu que les imprimez portent d'ordinaire en deux mots FLAVION (ou *Flavium*) AVIA, ancienne Ville de l'Espagne Tarragonoise, dans le territoire des Pæsiques. Villanovanus & quelques autres disent que c'est BILBAO. Molet croit que c'est SANTANDER; & ce sentiment est le plus suivi.

1. FLAVIOPOLIS, Ville & Colonie de Thrace dans la Cænique. Elle avoit succedé à l'ancienne ZELA, & n'étoit pas éloignée de BIZYA. Elle avoit pris le nouveau nom, de Vespasien & de Titus, qui étoient de la famille Flavienne. On trouve en effet une medaille de Titus avec ces mots COL. FLAVIOPOLIS, dans le Thresor de Goltzius [o].

2 FLAVIOPOLIS [p], ancienne Ville de Cilicie au pied du mont Taurus, & assez près des sources de la Riviere Calycadnus. Elle est nommée FLAVIAS dans la Notice de Hierocles, & dans une autre Notice Episcopale qui la met dans la seconde Cilicie. Elle est apparemment la même que FLAVIADA mise par Antonin sur la route de Cesarée de Cappadoce à Anazarbe, à XVIII. mille pas de cette derniere. On a une medaille des Flaviopolitains de Cilicie avec la tête d'Antonin Pie & ces mots, Φλαυιοπολειτων ET. HE. c'est-à-dire l'an 68. Cette année se rencontre avec la IV. de l'Empire d'Antonin, la DCCCXCIV de la fondation de Rome, & l'Ere s'en doit prendre de l'automne de l'an DCCCXXVII. de Rome, la sixieme de l'Empire de Vespasien; cette Ere peut servir à montrer dans quelle année Vespasien merita par ses bienfaits que cette ville portât son nom & commençât une nouvelle Ere pour en éterniser l'Epoque.

3 FLAVIOPOLIS, ancienne ville de Bithynie. On la nommoit aussi CRATEA & CRATIA. Ptolomée dit [r] Φλαυιοπολις η και [s]. Κρατεια. Une medaille de l'Empereur Severe porte Κρητιεων Φλαυι. D'autres de Julia Domna & de Geta portent Κρητιεων Φλαυιοπολειτων, & Κρητις Φλαυιοπολεως. La difference de l'α & de l'η, n'est qu'une difference de dialectes & un changement du Dorique en l'Ionique. Cette ville qui est comptée dans l'Honoriade & sous le Patriarchat de Constantinople, dans

[f] Ptolom. l. 2. c. 6.
[g] L.4. c.20.

[h] Ed. 1682.

[i] Thesaur.
[k] Hist. Hisp.
l. 4. c. 4.
[l] Notit. Vasc.
con. p. 153.

[m] l. 2. c. 6.

[n] Plin. l. 4. c. 11.

[o] p. 240. &
[p] Harduini num. illustr. p. 60.
Cellar. Geog. ant. l. 3. c. 6.

[q] Harduini Num. illustr. p. 180.

[r] L. 5. c. 1.
[s] Harduini l. c.

[t] Caroli a S. Paulo Geogr. Sacr. p. 251.

les Notices Ecclefiaftiques étoit le Siege d'un Evêque. Filet de *Cratia* foufcrivit au faux Concile de Sardique, Epiphane de Cratia de l'Honoriade eft nommé dans le Concile d'Ephefe, & Genethlius dans celui de Chalcedoine.

1 FLAVIUM, ancienne ville de la Norique, felon Pline [a], qui le nomme *Flavium Solvenfe*. Lazius croioit que c'eft prefentement S. Andres. Gruter fournit une infcription dans laquelle on lit FL. SOLVA. Le R. P. Hardouin dit en expliquant ce mot: on dit que c'eft SOLTFELDT dans la Carinthie proche de Klagenfurth.

[a] l. 3. c. 24.

2 FLAVIUM *Arvenfe*. Morales cité par Ortelius le met en Efpagne à huit lieues de Seville, & dit que fon nom moderne eft ALCOLEA. Ce nom de *Flavium Arvenfe* s'eft trouvé dans une infcription qui eft ancienne.

3 FLAVIUM-AVIA, voyez FLAVIONAVIA.

4 FLAVIUM AXALITANUM, voiez AXALITA.

5 FLAVIUM BRIGANTIUM, ville de l'Efpagne Tarragonoife [b]; c'eft prefentement BETANÇOS petite ville de la Galice. Morales croit que c'eft COMPOSTELLE. Voiez BRIGANTIUM.

[b] *Ptolom.* L. 2. c. 6.

6 FLAVIUM INTERAMNUM. Haubert de Seville cité par Mr. Baudrand [c] dit que c'eft préfentement PONTFERRADA au Roiaume de Léon, en Efpagne.

[c] *Baudrand.* Ed. 1682.

7 FLAVIUM LAMINITANUM [d], lieu municipal d'Efpagne. Il eft à préfent détruit, & étoit, au raport de Ximenés, à l'endroit où eft préfentement ALHAMBRA dans la nouvelle Caftille.

[d] *ibid.*

8 FLAVIUM SALPESANUM [e], ancienne ville d'Efpagne dans la Betique. On en voit encore les ruines en Andaloufie, à une lieue & demie de la ville d'Utrera, felon Rodericus Carus. On la nomme auffi SALPESA.

[e] *ibid.*

9 FLAVIUM SOLVENSE [f]. Voyez FLAVIUM I.

[f] *ibid.*

FLAVIUM VIVITANUM, petite ville d'Efpagne dans la Betique. Elle eft detruite depuis long-temps & a fait place à la ville de XARANDILLA. Ce n'eft plus qu'un village nommé ERMITA DE LOS PALACIOS en Andaloufie au pied de la Sierra Morena, fur la Riviere d'Almudiel, à 7. lieues de Baeça.

FLAVONA, voyez FLAMMONA.

FLAY [g], & par corruption FLY, ou FLIX, en Latin *Flaviacum*, Abbaye de France au Diocèfe de Beauvais du côté de la Normandie vers la ville de Gournay. On la nomme auffi ST. GERMER.

[g] *Baillet* Topogr. des Saints p. 594.

FLEA, voiez FLEVUM.

FLECHE (la) Ville de France à l'extrêmité de l'Anjou vers le Maine, fur le Loir. Elle étoit connue fous le nom de Fleche [h] dès le douziéme Siécle, car Orderic Vital apelle toujours le Château de la Fleche *Flecchia Caftrum*. Néanmoins dans les titres ce lieu eft apellé tantôt FISCA, tantôt FISSA & FIXA, ce qui fait voir que ce nom n'a point de raport avec une fleche. Les anciens Seigneurs de cette ville font fort connus dans l'Hiftoire à caufe que les Ducs de Normandie & les Comtes d'Anjou les vouloient avoir pour Vaffaux. Enfin la Fleche eft demeurée fujette aux Princes d'Anjou & fait partie de cette Province, quoique pour le fpirituel elle foit du Diocèfe du Mans. Elle eft de 2. d. 28'. plus occidentale que l'Obfervatoire de Paris, à 47. d. 42'. de latitude, felon les obfervations aftronomiques. Sa fituation eft agréable [i] dans un grand vallon dont les côteaux font couverts de vignes & de boccages. Il n'y a qu'une feule Paroiffe dans cette ville, qui eft defservie par un Curé, un Vicaire, douze Habituez & autant de Chantres. On compte dans la Fleche environ fix mille habitans. Cette ville eft redevable au Roi Henri IV. de la confideration où elle eft à préfent. C'eft ce grand Prince qui y établit le Préfidial, la Maréchauffée, & qui y fonda un magnifique Collége de Jefuites en 1603. Ce Prince fut porté à embellir & orner cette ville par l'inclination particuliere qu'il avoit pour un lieu où il avoit été conçu, & dont il étoit Seigneur, indépendamment de la Couronne, comme fils & héritier des Ducs de Vendôme & de Beaumont. Il y avoit un ancien Château au milieu du pont dans une petite Ifle de la riviere, bâti par les anciens Seigneurs de la Fléche. Cette place avoit foutenu des fieges de fix mois, elle eft à préfent démolie, & les Carmes ont bâti leur Couvent fur fes ruïnes. Françoife d'Alençon femme de Charles premier, Duc de Vendôme, & ayeule du Roi Henri le Grand, fit bâtir l'an 1540. un autre Château de l'autre côté de la ville, qui fut appelé le Château-neuf, lequel fait aujourd'hui la face de la grand-cour, & un des corps de logis du College. On voit encore fur les vitraux de l'étage qui eft au rez de chauffée, les armes de cette Ducheffe, celles du Duc Charles fon mari, celles de François de Bourbon Comte de Vendôme, & de Marie de Luxembourg fa femme, pere & mere du Duc Charles, celles de René Duc d'Alençon, & de Marguerite de Lorraine, pere & mere de la Ducheffe Françoife, & celles de Jean Duc d'Alençon fon ayeul, & de Marie d'Armagnac fa grand-mere.

[i] *Piganiol de la Force* Deic. de la France T. 6. p. 122.

Le Château du feu Marquis de la Varenne eft un des plus beaux ornemens de la Fléche. Henri le Grand le fit bâtir pour Guillaume Fouquet de la Varenne fon favori, qui étoit né dans cette ville. C'eft la plus belle maifon de particulier qu'il y ait dans aucune ville du Roiaume. Elle eft bâtie, & accompagnée d'eaux, de jardins, de prairies, & d'un trèsbeau mail. Le jardin & le Château font entourez de quatre grands canaux très-larges, dans lefquels coule la riviere du Loir. Les meubles répondent à la magnificence de la maifon, & font dignes de celle du Roi Henri le Grand qui la lui a donnez. On y admire le tout un magnifique fervice de vermeil doré, cizelé en perfection, & une tapifferie qui repréfente l'hiftoire de Jofeph, qui eft admirable pour le deffein, & pour la vivacité des couleurs. L'on conferve dans un cabinet les armes qu'avoit Henri le Grand à la journée de Fontaine-Françoife.

Le College Roial de la Fléche a été fondé & donné aux PP. Jesuites par le Roi Henri le Grand en l'année 1603. par Lettres expediées à Rouën au mois de Septembre. Il donna pour ce nouvel établissement son châteauneuf de la Fléche, avec son jardin & son parc; mais pour faire les corps de logis tels qu'ils sont aujourd'hui, il fallut acheter plus de trente maisons & jardins. C'étoit là même où se tenoit le Presidial, & ce bâtiment ne fait que la face de la Cour Roiale; tout le reste a été ajouté par la liberalité de l'auguste fondateur, secondée par celle du Roi son Successeur, & des épargnes de la maison. On y voit trois grandes cours bordées de trois grands quarrez de corps de logis, avec deux grandes basses-cours, & tout cela de suite & de plein pied. Il y a un beau canal d'eau vive qui vient de la riviere du Loir, & qui coule tout le long des bâtimens du côté du jardin. La premiere cour que l'on trouve en entrant, est pour les Peres, la seconde pour les Classes, & la troisiéme pour les Pensionaires. L'Eglise qui sert au College est grande & belle. L'on y voit les cœurs du Roi Henri le Grand, & de la Reine Marie de Medicis son épouse. Ces deux précieux dépôts sont tous les ans honorez le quatriéme jour du mois de Juin par un solemnel anniversaire, où l'on fait un panegyrique de ce Monarque. Pour rendre cette cérémonie plus auguste, le Clergé de toute la ville, & tous les Corps se rendent en l'Eglise dans un bel ordre. Le corps de logis qui répond à l'Eglise contient une grande Bibliothéque d'un côté, & de l'autre une salle magnifique qui sert à la représentation des actions publiques du Collège. On y voit aussi une grande gallerie toute garnie de peintures, qui représentent les principales actions de la vie de Henri le Grand, & la suite généalogique de ses ancêtres depuis Saint Louïs. Les peintures d'enhaut contiennent les noms, les armes, & les alliances des Seigneurs de la Fléche depuis environ l'an 1070.

Henri le Grand avoit formé le projet de faire une Université de ce College. Ainsi outre les Professeurs Jesuites pour les Sciences que leur Institut leur permet d'enseigner, il devoit établir huit Professeurs Roiaux, quatre de Droit & quatre de Medecine, à cinq cens écus d'appointemens pour chacun. Le Recteur du College qui l'auroit été en même temps de l'Université, devoit avoir le droit de les présenter au Roi, pour être pourvus par Sa Majesté. Et ce qui est encore plus digne de la pieté de ce Roi, il devoit y avoir dans le College cent vingt-quatre enfans de Gentilshommes ou d'Officiers de la Maison du Roi nourris & entretenus aux études gratis, à la nomination du Roi. Le College devoit outre cela doter douze honnêtes filles de familles incommodées, leur donnant une somme pour un mariage convénable. Quatre de ce nombre auroient été de la Fleche, au choix du P. Recteur, huit d'ailleurs à la nomination de la Reine. On devoit enfin joindre un Noviciat au College. Mais l'assassinat de ce Roi détruisit des projets si favorables à la Societé. Le Roi donna pour la fondation de ce College 7000. livres de rente annuelle sur le Papegai de Bretagne. Les Etats de la Province ratifiérent cette donation, & cette somme est exactement payée. Les Prieurez de Luché, de St. Jacques de l'Echeneau, les Abbayes de St. Jean de Melinais en Anjou & de Notre-Dame de Bellebranche au Maine, furent aussi donnez à ce College. Toutes ces unions en faveur du College de la Fleche furent faites en 1604. & 1607. avec l'approbation des Papes Clement VIII. & Paul V.

Le College a toujours seize Regens, savoir IV. de Theologie, III de Philosophie, l'un desquels enseigne en particulier aux jeunes Jesuites toute la Philosophie en un an; II de Mathematique; II de Rhetorique, & V. d'humanitez. Il est sorti de ce College de fort grands hommes; mais je ne sai si Descartes lui fait beaucoup d'honneur, vû le mepris qu'il temoigne pour la Philosophie de ses Maitres.

Il y a à la Fleche une ancienne *Ceremonie* qu'on pretend être venue des Romains. Le Dimanche de la Trinité de sept ans en sept ans les Bouchers & autres gens de certains métiers sont obligez d'aller en bateau rompre une perche contre un poteau qu'on plante dans la Riviere. Cette ceremonie a dû se faire en 1719.

FLECK. Ce mot sur les Cartes dressées en Allemand signifie un bourg.

FLECKENSTEIN [a], Château & Baronie de France dans la basse Alsace. Il est possedé par une famille qui en jouït depuis IV. ou V. siécles. Ils avoient été mis comme immediats & Vassaux de l'Empire sous le Cercle du haut Rhin, comme les Comtes de Hanau; & dans le Traité de Westphalie ces Barons sont comptez entre ceux qui doivent demeurer immediatement fournis à l'Empire. Dans le temps que le Conseil d'Alsace poursuivoit en 1680 les Seigneurs de la basse Alsace, le Baron de Monclar se saisit le 21. d'Avril de cette année du Château de Fleckenstein qui étoit très-fort à cause de sa situation sur une haute montagne escarpée. Le Baron se soumit avec le Comte de Hanau, & les autres l'an 1681. Mr. Corneille le met entre les pays réünis de Lorraine. C'est une erreur, il faut dire d'Alsace [b]. Les Seigneurs de Fleckenstein sont d'une famille fort ancienne & des plus considerables du pays. Henri Seigneur de Fleckenstein étoit à la tête de la Noblesse du Rhin au fameux Tournois de Rotenbourg de l'an 942. Sa posterité n'est pas bien connue jusqu'à la fin du XIII. siécle que Rodolphe & Henri commencerent les branches de Dachstull & de Fleckenstein. La premiere branche mort de George qui vendit la Seigneurie de Dachstuhl à Philippe Christophle de Soteren Archevêque de Treves, & mourut le 31. Janvier 1644. Celle de Fleckenstein commencée par Henri subsiste encore, & en vertu de l'union hereditaire faite entre les deux branches l'an 1663. par laquelle elles devoient jouïr en commun des honneurs, titres, privileges, & prerogatives qui seroient accordez par les Empereurs à l'une & à l'autre. Le Baron de Fleckenstein prend la qualité de Baron de l'Empire. La Baronie de Fleckenstein s'étend entre la Prevôté de Weissenbourg & le Comté de Bitch. Le Château qui est assez

[a] *Longuerue Desc. de la France part. 2. p. 237.*

[b] *D'Audifret Geog. T. 2. p. 386.*

FLE. FLE.

assez bon est entre ceux d'Holenbourg & de Louwenstein.

a De l'Isle Atlas.

1. FLECKEREN [a], Isle sur la Côte meridionale de Norwege; par les 57. d. 50'. de latitude.

2. FLECKEREN, Port de Mer de la Norwege au gouvernement d'Agerhus. Ce Port est une petite baye où se rendent plusieurs Rivieres, & qui est couverte au Midi par l'Isle de Fleckeren. Mr. Baudrand [b] dit qu'on y avoit bâti depuis peu la petite ville de *Christian-Sand*.

b Edit.1705.

c Hermanid. Dan. & Norw. Descript. p.850.

FLENSBOURG [c], Ville de Dannemark sur la Côte orientale du Slefwik, au fond d'un Golphe long & étroit qui en porte le nom. Elle est à quatre milles de Sleswik sur la route d'Apenrade, presque à moitié chemin. Il n'en est point fait mention avant les guerres des deux freres Abel & Eric le Saint qui, dit-on, s'empara alors de ce lieu, le pilla, & le brûla. Nicolas, Comte de Holstein, étant en guerre contre son frere Henri, permit aux habitans de Flensbourg de se fortifier, & éleva *Nichaws* assez près delà pour defendre cette ville qui commença de ce temps-là à devenir florissante. Du temps de la guerre que la Reine Marguerite & son fils Eric eurent contre les habitans de Holstein, ils obligerent le Comte Henri tuteur des jeunes Ducs de Sleswick de leur payer dans le terme d'un an onze mille florins; & pour sûreté de cette somme ils garderent Flensbourg. Le Comte ayant payé, le Roi ne laissa pas de garder le gage. Les habitans de Holstein voulant en tirer raison par les armes livrerent bataille auprès d'*Eggebeck*, village de ce territoire, & aiant batu les Danois rentrerent dans Flensbourg, mais ils l'abandonnerent parce qu'ils ne purent se saisir de la Citadelle. Le Roi de Danemarck se ressaisit de la place, & fit decapiter & rouer quelques Bourgeois qu'il soupçonnoit d'avoir favorisé ses ennemis. L'an 1427. le Duc Henri de Slefwic assisté par les Hambourgeois & les Lubecois & autres villes, assiégea Flensbourg; mais comme il fut tué par un Danois le siège fut levé. L'an 1431. le jour des rameaux ceux de Holstein reprirent la ville, & ensuite Nieuwhaus qu'ils raserent. Cette ville est présentement à la Couronne de Danemarck. Elle a été ravagée trois fois durant le siécle passé. Elle est assez bien bâtie, les maisons sont de pierre & grandes, leur situation est telle pour la plupart que les navires viennent au pied du magazin charger & debarquer les marchandises. Son commerce étoit autrefois assez étendu, mais il est bien diminué. Il y a quatre Eglises, à savoir lcelles de Notre-Dame, de St. Nicolas, de St. Jean & du St. Esprit. La derniere est celle où l'on prêche en Danois. Dans les autres le Sermon se fait en Allemand. Quoique presque tous les habitans entendent l'Allemand, le peuple & celui des environs parle Danois. La citadelle est au Nord-Ouest de la Ville. Il y a quantité de Sources à l'Ouest de la place.

d Ibid. p. 845.

La Prefecture de FLENSBOURG [d], Contrée du Duché de Slefwick. Elle est bornée du Couchant & au Levant par la Mer; au Nord par les Prefectures de Tunder & d'Apenrade & au Midi par celles de Husum & de Gottorp. Cette Contrée n'est pas également fertile par tout. A l'Orient & à l'Occident elle produit abondamment tous les besoins de la vie; le terroir du milieu est de bruieres & de marais. Deux Rivieres assez grandes ont leur source dans cette Prefecture: la *Soholm* ou *Saholm* l'une des deux coule entre les Prefectures de Tunder & de Flensbourg, & reçoit en passant les ruisseaux *Wyhbeck* & *Leckaw*, & se perd à l'Occident dans une baye nommée *Botsschloter Tieff*: l'autre qui est la Treen ou Treyen est fort poissonneuse, coule du Nord au Sud & se perd dans l'Eyder au-dessous de Friderichstadt.

Cette Prefecture se divise en cinq Hardes, ou départemens, savoir *Vyhesharde*, *Husbyharde*, *Newharde*, *Uggelharde*, & *Norgosharde*. Elle peut avoir dans sa longueur, c'est-à-dire d'une mer à l'autre, neuf milles d'étendue, & trois & demie plus ou moins dans sa largeur. Flensbourg en est la seule ville.

Le Golphe de Flensbourg, petit bras de mer au fond duquel est située la ville de ce nom au Duché de Slefwick. Il semble d'abord chercher le Couchant, puis le Nord, & enfin se tournant vers le Sud-Ouest il s'avance jusqu'à la ville dont il fait un port de mer. Son entrée est auprès de l'Isle d'Alsen qui est un peu plus au Nord.

FLEON [e], ou FLOYON, lieu près d'Avesnes en Hainaut du côté du Thierrasche. C'est le lieu de la naissance de St. Ursmar. Evêque Regionnaire, Abbé de Lobbes.

e Baillet Topogr. des Saints. p. 594.

1. FLESSINGUE [f], Ville des Provinces-Unies dans la Zelande, dans l'Isle de Walcheren avec titre de Marquisat. Elle est belle & forte, & considerable par son port qui est très-bon; sur l'embouchure occidentale de l'Escaut que l'on nomme *de Hondt*. [g] Les habitans le nomment Vlissingen. Elle fut une des premieres qui se détacherent des Espagnols en 1572. & n'est qu'à une lieue de Middelbourg au Midi en allant vers l'Ecluse dont elle n'est qu'à trois lieues & à une de l'Isle de Cadsand & de la Côte la plus proche de la Flandre & environ à sept de Gand. [h] Ce n'étoit qu'un petit Bourg qui fut fermé de murailles en 1210. Elle passa sous la domination des Borsales en 1470. & ensuite sous celle des Bourgognes, qui la vendirent l'an 1587. au Prince d'Orange avec le Marquisat de Vere pour la somme de cent quarante-six mille florins. Elle prit ensuite de fort grands accroissemens par le Commerce, & principalement par celui des Indes Occidentales. L'Empereur Charles V. faisoit tant de cas de cette Ville qu'il conseilla à Philippe II. lors qu'il lui remit la Couronne, de la conserver avec soin. Elle fut engagée à Elisabeth [i] Reine d'Angleterre avec la Brille & le Fort de Rammekens. Flessingue étoit la patrie de Ruiter, homme illustre par les services qu'il rendit à sa patrie en qualité d'Amiral. Il y naquit le 24. de Mars 1607. [k] Il y a un Fauxbourg que l'on nomme le Vieux Flessingue.

f Dict. Geog. des Païs-bas.

g Baudrand Ed. 1705.

h D Audifret Geog. T. I. p. 403.

i Dict. Geog. des Païs-bas.

k Corn. Dict.

2. FLESSINGUE [l], Forteresse de l'Amerique dans l'Isle de Tabago. Elle avoit été construite par les Hollandois, & les François l'ayant

l Corn. Dict.

l'ayant prife la raferent fous la conduite du Duc d'Eftrées.

FLEVI LACUS, voyez FLEVO LACUS.

FLEVO, Ifle. Mela [a] eft l'unique entre les anciens Geographes qui nous ait fait connoître cette Ifle. Il la met dans le canal droit du Rhin, entre le lieu où les rives s'écartant fort loin l'une de l'autre, d'une riviere affez étroite il fe forme un grand Lac, & celui où fe retreciffant cette riviere fort de ce Lac. On ne doute point que l'endroit où cette riviere s'élargiffoit pour former le Lac ne foit à Campen; mais on ne s'accorde pas fur l'endroit où le Lac fe terminoit, ne laiffant qu'un paffage pour l'écoulement de la Riviere.

Alting [b] ne doute point que cette Ifle ne fût au lieu où l'on voit préfentement les deux Ifles d'ENS & d'URCK qui du temps de Mela étoient contiguës & occupoient beaucoup plus de terrain. Ortelius croit que c'eft l'Ifle de FLIE, ou 't VLIE.

FLEVO LACUS. Après que par les foins de Drufus le Rhin eut été détourné pour la feconde fois dans le lit de l'Iffel, & eut entrainé avec lui le Wecht, Riviere du pays des Brucleres, il fe jetta dans des plaines baffes déja inondées par les pluies, & en fit un Lac perpetuel. Ce Lac eft nommé FLEVO par Mela. Pline & Tacite n'en parlent point quoiqu'ils difent bien qu'il y avoit quelque Lac en cet endroit. Mela le nomme un grand Lac formé par le Rhin, dont les rivages s'écartent, lorsqu'il a couvert les Campagnes qui étoient entre les peuples nommez *Auchi, Frifiabones, Sturii & Frifii*. Il peut bien dire que fes rivages s'écarterent, car ils s'approcherent des *Frifiabones* de XXX. mille pas, des *Sturii* XX. mille pas, & occuperent XL. mille pas entre les Frifons ulterieurs & les *Auchi*. Le Golphe qui s'étend depuis la Mer jufqu'à ce Lac entre le banc d'Enchuyfe & Takefiil n'eft pas ancien, & il n'y a gueres que V. ou VI. fiécles qu'il s'eft formé. Pline [c] dit que le Rhin fe repand au Nord dans *des Lacs* au pluriel. Tacite [d] les nomme *des Lacs immenfes autour desquels demeurent les Frifons*; & tous deux fe fervent du pluriel pour fignifier la même chofe. Cela peut être affez jufte en fupofant que le Lac étoit divifé en deux parties par l'Ifle Flevo & par le banc de fable nommé *Enchuiferfand*, qui s'étend fort loin depuis la ville d'Enchuyfe. Il y a long-temps que les habitans ont donné à ce Lac le nom de ZUIDER-ZEE avant que la Mer eût formé le nouveau Golphe, & on l'en diftingue encore à prefent par ce nom, quoiqu'il y ait des gens qui donnent mal à propos le nom de Zuiderzee, tant à l'ancien Lac qu'au nouveau Golphe; Alting les traite d'ignorans [e].

FLEVUM OSTIUM; c'eft ainfi que les Anciens ont nommé le debouchement par lequel le Rhin fortant du Lac Flevo & refferré dans un lit plus étroit, alloit fe perdre dans l'Océan. Pline [f] eft le feul qui lui ait donné ce nom; car Ptolomée [g] ne l'apelle qui l'embouchure orientale du Rhin. Le premier compte entre FLEVUM & HELIUM près de C. mille pas. L'autre compte entre l'embouchure orientale & l'occidentale LXXXIV. mille pas feulement; cependant ils s'accordent.

Ptolomée prend la diftance en droite ligne, & Pline en faifant le tour. De leur calcul qui eft conforme à l'état prefent de Vlieland, on peut juger que le *Flevum Oftium* ou l'embouchure occidentale du Rhin, du temps de ces deux Auteurs, étoit entre Vlieland & Schelling; car ces deux ouvertures qui font de côté & d'autre de l'Ifle de Teffel la Mer fe les a données bien des fiécles après.

FLEVUS FLUVIUS. [h] Le Rhin ayant été forcé de couler dans trois lits diferents, prit le nom particulier de chacun. Celui du milieu garda le nom de RHIN, celui de gauche fut appellé WAHAL; & celui de la droite fut nommé d'abord LE CANAL DE DRUSUS, *foffa Drufiana*, enfuite il prit le nom de *Sala*, (l'Iffel,) avec les eaux de cette riviere. De là fe repandant dans le Lac, il prit depuis ce Lac jufqu'à la mer le nom de FLEVUS. Ce n'eft pas que les Anciens aient dit en termes exprès la même chofe, mais cela fe trouve en joignant leurs paffages. Mela [i] dit: Le lit droit du Rhin fortant plus étroit du Lac. Pline [k] dit: le Rhin fe repandant du côté du Septentrion dans de grands Lacs, dont l'embouchure eft nommée *Flevum*. Tacite [l] dit: le Rhin au fortir de la Foffe de Drufus conduit par de grands Lacs vers les Frifons; & Ptolomée nomme ce même lit le Rhin oriental, ce qui doit s'entendre de cette partie qui étoit entre le Flevo & l'embouchure *Flevum*, puifqu'elle garde encore l'ancien nom dans ceux-ci HET LANGE VLIET, 'T OUDE VLIE, ou fimplement 'T VLIE. Le nom de Rhin n'eft demeuré qu'à ce qui étoit ce grand Lac & les moindres. Il n'eft pas fi dificile que l'on croit de determiner l'ancien lit du Flevus. Car il fortoit du Lac entre Takeziil & Lemmer, ce que l'on peut juger de ce que le nom de Rhin y eft encore ufité, & le canal de communication entre les deux lacs de Sloten porte encore le nom de *Rhijnfloot*. Après avoir paffé le grand Lac de Sloten, il alloit en façon d'arc vers le Lac de Haegen près du petit village d'Indijk, & delà fe detournant droit vers le Courhant d'hyver, l'efpace de cinq cents pas au-deffous du village de Gafmeer, fous le nom de *Flevus* que les habitans nomment encore 't *Lange Vliet*, il fe rendoit à l'endroit où eft aujourd'hui Worcum, nommé l'Oriental, pour le diftinguer d'un autre Worcum plus occidental qui étoit à V. milles au-deffous de celui-là, & qui a été abimé fous les eaux, deforte que fon nom eft demeuré aux écueils de cet endroit. Delà il fe recourboit vers le Midi & baignoit le rivage meridional & l'occidental de la terre qui n'eft plus qu'un banc de fable nommé Breezand, & faifoit un circuit que les Pilotes nomment 't *Oude Vlie* pour le diftinguer du nouveau. Il s'enfuit, felon Alting [m] de qui font ces recherches, que le nouveau paffage de Vlie s'eft ouvert long-temps après les Romains, s'eft joint à l'autre qui étoit connu anciennement, en fe faifant une route droite depuis le Worcum occidental vers le Nord, & qu'enfuite ils ont coulé enfemble entre Schieringshals & Langerzand jufqu'à la côte la plus orientale de Vlieland, où ils fe jettent dans la mer par la même embouchure que l'Antiquité a nommée *Flevum*; & qui étoit

toit plus étroite que celle d'à present, & bien diferente de l'état où nous la voyons.

FLEUR*, est la terminaison de plusieurs lieux de Normandie, de *Barfleur*, *Harfleur*, *Honfleur*, *Ficfleur*, *Vitefleur*. Si cette terminaison vient de *Fluctus*, comme quelques-uns le croyent, elle a passé par le Saxon, car *Fleoten*, en cette Langue, signifie *couler*. Delà est venu *Flot*, *Fluctus*. De *Flot* on fait *Fleut*, comme de *Flos*, *Fleur*. De *Fleut* on a fait *Fleur*, nôtre Langue se portant volontiers à cette terminaison. La preuve de cette origine est que les noms terminez en *fleur*, se trouvent terminez en *flot* dans les vieux Titres. Ainsi *Barfleur* est appellé *Barbeflot*; *Harfleur* & *Honfleur*, *Hareflot* & *Huneflot*; & tous les lieux de cette terminaison sont situez dans les lieux qui sont battus des Flots de la Mer, *in Æstuariis*. Les noms des lieux de Hollande terminez en *Vliet*, ont la même situation & la même origine. Les Allemans les appellent *Fleet*, les Anglois *Fleta*. Le *Flevus* des Anciens est encore de ce genre, & vient de la même souche. Car au lieu de *Hareflot*, & de *Huneflot*, quelques vieux titres ont *Hareflou* & *Huneflou*, & quelques autres *Barfleu*; terminaisons approchantes de *Flevus*, qui est aussi appellé par Ptolomée *Fleus*, & par Mela *Fletio*. Or tous ces lieux signifient des lieux exposez aux Flots de la mer, & les Lacs qui en sont produits, que les Latins appellent en un mot *Æstuaria*, & viennent du Saxon *Fleoten*, couler, d'où l'on a formé le mot de *Flotte*. Du reste les noms de *Fletio* & de *Flevus*, sont trop anciens pour laisser lieu de croire, qu'ils ayent été donnez à ce Lac, depuis que les Romains ont été maîtres des Gaules: & il n'est nullement probable que les Saxons ayent emprunté leur *Fleoten* du Latin. Mais nous devons remarquer que dans le Bas-Breton, les lieux dont les noms commencent par les syllabes de *Pleu* & de *Plou*; sont voisins de la mer, & battus de ses flots, & que l'origine de ces syllabes, & de celle de *fleu* & de *flou*, qui signifie la même chose, peut avoir été commune à la Langue Celtique, & à la Langue Germanique, & de même que celle du nom *Brieg*, que nous avons remarqué ci-dessus, & de plusieurs autres.

FLEURMONT, en Latin *Florimontium*; Bourg de France en Alsace dans le Sundgow. Ceux du pays le nomment BLUMBERG; il est sur les frontieres de l'Evêché de Bâle, presque au milieu entre Ferrete à l'Orient & Montbeliard à l'Occident. Il étoit de l'Allemagne; mais il a été cedé à la France par le Traité de Westphalie avec tout ce pays-là en 1648.

FLEURUS, Village des Pays-bas au Comté de Namur, sur les confins du Brabant entre Charleroi & Gemblours. Ce village est devenu fameux par deux celebres batailles données dans la grande plaine où il est situé. La premiere l'an 1622, où le Comte Ernest de Mansfeld, & Christian Duc de Brunswig & Evêque de Halberstat, défirent Gonsalve de Cordoue General des Espagnols. L'autre l'an 1690. où l'armée des Alliez commandée par le Comte de Waldec fut defaite par celle de France que commandoit le Maréchal Duc de Luxembourg. Les Historiens ne s'accordent ni pour le nom, ni pour le succès de ces actions. Les uns nomment ce lieu FLERUS, d'autres FLEURI; *Fleurus* est presentement le seul. Quant au succès, il y en a qui disent que ce fut Cordoue qui fut vainqueur dans la premiere de ces batailles, & pour la seconde, on a voulu diminuer la gloire de Luxembourg en lui donnant une armée superieure, mais si maltraitée par les Vaincus qu'elle n'osa rien entreprendre le reste de la Campagne. C'est ainsi que la posterité sera un jour en peine de savoir au juste la verité alterée par les contradictions infideles des deux partis. Ce Village est encore remarquable par son Abbaye.

1. FLEURY, Village & Abbaye. Voyez FLEURUS.

2. FLEURY, Abbaye & bourg de France au Diocese d'Orleans. Voyez ST. BENOÎT *sur Loire*.

3. FLEURY, Bourg & Abbaye de France dans le Vexin Normand à deux lieues d'Ecouis & à cinq de Rouen sur le chemin de Paris. Un homme de qualité nommé Freric qui possedoit la terre de Fleury en consacra une partie à Dieu en y bâtissant une Chapelle sous l'invocation de Ste. Anne ou de Sainte Marie, de St. Pierre & de St. Aignan, avec un hôpital qu'il fonda pour dix pauvres. Neuf ans après, l'an 687. Pepin ayant obtenu la dignité de Maire du Palais dans toute la France par la victoire qu'il remporta à Tertri, Freric lui ceda cette Chapelle & ses dépendances à condition qu'il la mettroit en meilleur état, & qu'il y établiroit une Communauté de Religieux, & c'est ce que fit Pepin l'an 706. car ayant bâti un Monastere autour de cette Chapelle il le donna à St. Bain, Abbé de Fontenelle ou St. Vandrille, voulant qu'il en eût la direction; & qu'après sa mort l'on en donnât la conduite à un autre Religieux de St. Vandrille. Fleury n'appartient plus à cette Abbaye, & n'est plus qu'un petit Prieuré dependant de St. Marcel de Châlons de l'Ordre de Clugni.

4. FLEURY. Mr. Corneille après Mr. Maty met un Bourg de ce nom dans le Duché de Bourgogne, à 2. lieues de Dijon vers le Couchant. Le Denombrement de la France n'en fait qu'un village de 115. feux; & écrit ce nom FLEUREY.

FLEUVE, grande Riviere. On n'est pas encore convenu de la diference qu'il y a entre un Fleuve & une Riviere; car si on pretend que c'est par la quantité d'eaux qui coulent dans un même lit, on pourra objecter qu'il y a d'assez petites rivieres auxquelles on a conservé le nom de Fleuve que les Poëtes leur ont donné, & qui a passé dans les ouvrages en prose. Si on dit que ce nom convient aux Rivieres qui coulent depuis leur source jusqu'à la mer sans changer de nom, le titre de Fleuve ne conviendra plus au Rhin qui n'arrive pas avec son nom jusqu'à l'Océan. Si l'on veut que ce nom soit propre aux Rivieres qui se mêlent avec d'autres sans perdre leur nom, au lieu que les autres perdent le leur; on repondra que dans l'usage ordinaire personne ne s'avise de dire le Fleuve de la Seine; le

Fleuve

Fleuve de la Loire, le Fleuve de la Meuse, quoiqu'elles aient cette condition. Mr. Santson[a] va plus loin; il accorde le nom de Fleuve aux Rivieres qui portent de grands bateaux & que leur cours rend confiderables, quoiqu'elles ne portent pas leurs eaux immediatement à la Mer, comme la Save & la Drave qui se perdent dans le Danube, le Meyn & la Moselle dans le Rhin &c. Mr. Corneille[b] dit que l'on donne ce nom aux anciennes Rivieres, comme à l'Araxe, à l'Ifter. Mais y en a-t-il de nouvelles, & toutes les rivieres ne font-elles pas également anciennes? Peut-être a-t-il voulu dire aux Rivieres que l'on nomme par leurs anciens noms comme l'Ifter & l'Araxe dont le nom moderne eft le Danube & l'Aras, ce que l'on peut bien accorder, car alors on employe ces noms dans le ftyle foutenu, où le mot Fleuve fied très-bien, fur tout lorsqu'il s'agit des grandes Rivieres auxquelles feules, il convient. Il faut remarquer encore qu'il eft plus poëtique que le mot de Riviere, c'eft pourquoi les Poëtes le prodiguent aux moindres ruifleaux. Pour ce qui eft des rivieres, ce nom fe donne tant aux grandes qu'aux petites, & on dit également la Riviere de Loire & la Riviere des Gobelins. Je renvoye au mot RIVIERE ce que j'ai à remarquer fur cette matiere en general.

[a] Introduction Edit. fol. p. 5.
[b] Dict.

FLEVUM &
FLEVUS. Voyez après le mot FLEVO ces articles que j'y ai traitez de fuite à caufe de leur liaifon naturelle.

1. FLEXUM, FLEXUS, FLEXIO, où DIVERTIGIUM. Ces mots que Ptolomée[c] exprime par celui d'Επιςροφή, fignifie le circuit, ou le detour, & par ainfi dire une efpece de coude que forme une Riviere dans fon lit, en quittant le cours qu'elle avoit pris auparavant vers une des regions du monde pour couler d'un autre côté. Quelquefois cela fe fait par des obftacles naturels, quelquefois auffi par le travail des hommes. Ptolomée a eu grand foin de marquer les longitudes & les latitudes de ces fortes de detours; mais outre qu'il n'en a pas toujours fu exactement la fituation, bien des Rivieres ont fouffert depuis ce temps-là de grands changemens.

[c] Paffim.

2. FLEXUM; voyez AD FLEXUM.

3. FLEXUM, Ville de la Haute Pannonie, felon Ptolomée qui écrit PHLEXUM Φλέξου. Ses Interprétes jugent que c'eft PRESBOURG; d'autres difent que c'eft VIENNE en Autriche; Lazius balance entre Presbourg & ALTENBOURG. Voyez POSONIUM.

Ortel. Thef.

FLICZ, en Latin *Phlygadia*, Montagne de la Morlaquie. Comme elle eft fort haute on voit de la Mer Adratique, dont la vue, fi ce n'étoit fa hauteur, lui feroit ôtée par les Ifles du Golphe de Quarner. Mr. Maty ayant dit fur je ne fais quels memoires que Flicz eft vis-à-vis de la ville d'Altre en Abruffe, non feulement Mr. Corneille l'a malheureufement copié en cela fans examen; mais auffi l'Edition Françoife de Mr. Baudrand. Je ne vois pas quel raport cette montagne peut avoir avec l'Abruzze. Elle n'eft vis-à-vis d'*Altre* ou d'*Atri* qu'en difant qu'une montagne eft vis-à-vis de toutes les villes du monde à quelque diftance que ce foit. Cette riviere n'eft pas dans le Dictionnaire Latin de Mr. Baudrand.

FLIE. Voyez VLIE, VLIELAND, & FLEVO.

FLINT[e], petite Ville du pays de Galles, & Capitale de Flintshire. Elle eft fi peu de chofe qu'elle n'a pas même de marché. Cependant il y a un vieux Château qui montre par fes ruines qu'il étoit autrefois confiderable. Le Prince de Galles eft par droit de fa naiffance Comte de Flint. Mr. Baudrand[f] met cette Ville à l'embouchure de la Dée, à CL. milles de Londres au Nord & à IX. milles au-deffus de Chefter au Couchant en allant vers St. Afaph. Il ajoute que ce fut là que Richard II. Roi d'Angleterre fut fait prifonnier en 1400. par Henri Duc de Lancaftre fon coufin qui s'empara du Royaume.

[e] Etat prefent de la Grande Bretagne T. 1. p. 138.
[f] Ed. 1705.

FLINTSHIRE[g], Province de la Principauté de Galles dans la Grande-Bretagne. Elle eft fituée entre Cheshire à l'Orient & Denbigshire à l'Occident. Elle a LXXX. milles de tour & contient XXVIII. Paroiffes, & environ 160000. Arpens & 3150. maifons. Elle eft pleine de montagnes, mais fes vallées font très-fertiles & les habitans y vivent long-temps. Ses principales productions font du Bétail, mais petit, du beurre, du fromage, du miel, du charbon de terre, du plomb, & des pierres de meules de moulin. De leur miel, ils font beaucoup d'une forte de breuvage qu'ils nomment Metheglin. Cette Province contient trois Villes, à favoir *Flint*, St. *Afaph* & *Caerwisk* ou *Cajerwis*. C'eft dans cette Province que fe trouve la fontaine de Ste. Winifride fameufe pour la guerifon des Rhumatifmes, & qui a, dit-on, quelque vertu pour la propagation. Au-deffus de fa fource il y a une belle Chapelle de pierre de taille. Les Catholiques y vont encore en foule par devotion pour la Sainte aux prieres de laquelle ils attribuent les guerifons que produit cette fontaine, & qu'ils regardent comme autant de miracles.

[g] Etat prefent de la G. Bret. T. 1. p. 138.

FLIOPOLI, ou FLAVIOPOLI[h], petit Village de la petite Caramanie fur la Riviere de Ferro, dix lieues au deffus de fon embouchure dans la Mer de Chipre. C'eft la même chofe que *Flaviopolis* de Cilicie. Voyez FLAVIOPOLIS 2.

[h] Baudrand Ed. 1682.

FLIUM. C'eft ainfi que Marmol & Mr. Corneille appellent une Ville d'Egypte fituée fur un bras du Nil. Ce dernier devoit avertir que c'eft la même Ville qu'il a decrite fous le nom de *Fium*. Voyez FIUM.

FLIX[i], en Latin *Flixa*, Bourg & Château d'Efpagne dans la Catalogne fur la Riviere de l'Ebre qui l'environne prefque entierement. Il eft prefque à mi-chemin entre Lerida & Tortofe à huit lieues de cette derniere. Il avoit été affiegé plufieurs fois en vain par les Efpagnols durant les guerres de la Catalogne, mais à prefent fes fortifications font rafées.

[i] Baudrand Ed. 1705.

FLOC, voyez FLOTZ.

FLORAC[k], petite Ville de France en Languedoc & au Givaudan dans les Sevennes, près de la Riviere du Tarn, à quatre lieues de Mende au Midi. Elle a titre de Baronie.

[k] Ibid.

1. FLORENCE ou FLEURENCE, en Latin *Florentia*, patite Ville de France dans la Gaf-

[Ibid.]

Gascogne au Comté d'Armagnac sur la Riviere de Gers. Elle est la principale du pays ou du Comté de Gaure, à deux lieues au dessus de Létoure au Midi en allant vers Auch.

2. FLORENCE, Ville d'Italie dans la Toscane dont elle est la Capitale, & dans le Florentin, ou Etat de Florence à qui elle donne le nom. Elle est à 43. d. 46'. de latitude & 9. d. plus Orientale que l'Observatoire de Paris; selon les observations Astronomiques. Antonin[a] dans deux diverses routes la met à XXV. mille pas de Pistoye. Elle est ancienne & étoit déja considerable dès le temps de Sylla. Florus[b] la compte entre les plus illustres *Municipes* qui furent vendus à l'encan. Dans ce passage il y a des imprimez où l'on lit FLUENTIA qui est aussi un des noms de cette Ville, puisque Pline[c] ne la designe que par le nom de ses habitans qu'il appelle FLUENTINI. Mais il y a des manuscrits qui portent *Florentia*. Tacite la compte entre les Municipes & les Colonies[d]. On écoura, dit-il, les Requêtes des Municipes & des Colonies. Les Florentins suplioient que l'on ne détournât point le Clanis de son lit ordinaire pour le conduire dans l'Arn. Mr. de Fontenelle[e] dont j'emprunterai ici les termes, explique fort nettement cette matiere qui est assez Géographique pour trouver ici sa place. Après un debordement du Tibre qui avoit fait du ravage dans Rome sous Tibere, le Senat chercha les moyens de s'en garantir à l'avenir. Celui qui se presentoit le plus naturellement étoit de détourner les Rivieres & les Lacs qui tombent dans le Tibre. Mais entre toutes les autres Rivieres la plus aisée à détourner étoit le Clanis apellé maintenant *la Chiana*. Car entre les montagnes de la Toscane il se forme dans une longue plaine un grand Lac que la Chiana traverse, & où ses eaux sont tellement en équilibre qu'elles n'ont pas plus de pente pour couler du côté d'Orient dans le Tibre que du côté d'Occident dans l'Arne qui passe à Florence. Desorte qu'elle coule de l'un & de l'autre côté. Elle contribue beaucoup aux inondations tant du Tibre que de l'Arne. On pouvoit donc en la détournant entièrement dans l'Arne ôter au Tibre une des causes de ses debordemens; mais on eût sauvé Rome aux depens de Florence, & quoique cette Ville ne fût alors qu'une Colonie peu considerable, elle fit au Senat des remontrances qui furent écoutées. . . . . Les Romains se déterminerent alors à laisser les choses comme elles étoient; mais depuis ils bâtirent une grosse muraille qui ferme d'une montagne à l'autre la Vallée par où passe la Chiana pour se jetter dans le Tibre, & ils laisserent au milieu une ouverture pour regler la quantité d'eau qu'ils vouloient bien recevoir. Cette muraille se voit encore aujourd'hui. Frontin parlant des Colonies de la Toscane[f] dit que celle de Florence fut menée par les Triumvirs. Elle étoit déja Episcopale du temps du Pape Miltiade puisque Felix son Evêque est nommé par St. Optat[g] comme l'un des Commissaires établis pour juger la cause de Donat & de Cecilien. Cet Evêché fut érigé en Archevêché par le Pape Martin V. On tient qu'elle fut ruinée par Totila Roi des Goths, & qu'elle demeura a-

a Itiner.
b l. 3. c. 21.
c l. 3. c. 5.
d Annal. l. 1. c. 79.
e Eloge de Mr. Viviani, dans l'Hist. de l'Ac. des Sc. 1703. p. 173.
f p. 93.
g L. 1. p. 23. Edit. Du Pin.

bandonnée jusqu'au temps de Charlemagne qui repassant de Rome en France en trouva la situation si charmante qu'il commença à la faire fermer de murailles, & invita tous les voisins à s'y venir habiter. Depuis ce temps elle a toujours crû en richesses & en beauté; & le nom de belle est devenu le surnom que l'on attache presque toujours au nom de Florence. Le Duc Albert de Saxe étoit si charmé qu'il disoit ordinairement qu'on ne devroit pas y laisser entrer tous les jours les étrangers, & qu'il ne la faudroit laisser voir que les Fêtes & les Dimanches. L'Arno la partage en deux, à l'Orient & au Seprentrion elle est entourée de Côteaux agréables, fertiles & couverts de belles maisons, de jardins & d'arbres fruitiers. Ces Côteaux en amphithéatre dans l'espace de quatre ou cinq milles, s'élevent insensiblement & se joignent aux hautes montagnes. A l'Occident est une plaine de grande étendue, bornée & pour ainsi dire fortifiée par l'Apennin qui en temps de guerre la met à couvert de l'irruption des Ennemis de ce côté-là.

Les murailles[h] ont quinze mille deux cens quarante brasses de circuit; & la largeur de l'Arno qui traverse la ville est de cinq cens brasses; desorte que la double largeur de cette Riviere étant comprise avec les murailles; le tour de Florence est de seize mille deux cens quarante brasses. Trois brasses faisant cinq pieds huit pouces, mesure d'Angleterre, les 16240. brasses sont, à quelques pouces près, trente mil six cens soixante & quinze pieds: on peut les reduire à present sur tel pied que l'on voudra. La Ville est à peu près ronde. Outre son enceinte qui est bien fortifiée, il y a encore trois Citadelles où le Grand Duc entretient une grosse Garnison, comme dans des places importantes. La premiere qui est là plus forte fut bâtie par Alexandre premier Duc avec cinq bastions. Côme de Medicis fit bâtir la seconde qui commande la Ville; & la troisieme, qui est une étoile à six pointes, est un ouvrage du Duc Ferdinand. Il n'y a cependant que la premiere qui soit bien forte & en bon état; les deux autres sont fort negligées. Les ruës sont larges, droites & toutes pavées de grandes pierres grisâtres qu'ils apellent *Pietra forte*, qui se tirent des carrieres voisines, & qui contribuent beaucoup à la propreté de la Ville. La plupart des maisons sont bâties de semblables pierres & sont d'une grandeur & d'une beauté peu commune. Quelques-uns prétendent même que les Palais de Florence l'emportent pour la magnificence sur tous ceux de l'Italie. On compte à Florence cent cinquante-deux Eglises, quatre vingt-neuf Couvens, vingt-deux Hôpitaux, quatre vingt-quatre Confrairies, dixhuit Halles ou Galeries de Marchands, soixante & douze Chambres de Justice, six Colomnes, deux Pyramides, quatre Ponts, sept Fontaines, dix-sept Places & cent soixante Statuës publiques, une grande quantité de Palais dont celui que l'on estime le plus est le Palais *Pitti* où demeure le Grand Duc.

On l'appelle le Palais PITTI à cause que ce sont ceux de cette Maison qui l'ont commencé. Ce bâtiment fait de grosses pierres de taille,

h Corn. Dict. rectifié sur un Journal d'un Voyage de France & d'Italie, & sur les Voyages de Misson.

est dans le plus bas endroit de la Ville. De trois côtez il est orné de très-belles Colomnes des trois ordres, Dorique, Ionique, & Corinthien. Au quatrieme c'est un très-beau jardin, où l'on voit des fontaines merveilleuses, tant pour la grosseur & la grandeur des pierres dont elles sont faites, que pour les belles & rares statuës de bronze & de marbre dont elles sont embellies. Il n'y a rien de plus agréable que les allées de ce jardin. Les Cyprès toujours verds qui bornent ces promenades, joints aux autres arbres parmi lesquels ils sont mêlez, forment une espece de forêt qui invite à y venir prendre le frais. L'escalier qui conduit jusques au haut de la maison, est un ouvrage hardi, & merite bien l'admiration qu'il cause à ceux qui le voyent. Il est de pierre de taille & fait en limaçon; mais de telle maniere que le bout de chaque marche n'est appuyé que sur celle de dessous. La Cour qui est à peu près quarrée n'a que soixante pieds de long, sur cent quarante de large, & la hauteur du Palais jusques à la corniche du troisiéme ordre est de cent vingt-deux pieds. La grandeur de la Cour paroît à la verité n'être pas proportionnée à la hauteur du bâtiment, mais il est à remarquer que l'on affecte quelquefois en Italie de faire les Cours étroites pour procurer de la fraicheur aux appartemens. Joignant la grande porte de ce Palais, il y a une grosse pierre d'aiman qui a été gâtée par le feu. Mr. Spon dit qu'elle pese 5000. livres.

Il y a de l'autre côté de la Riviere un ancien Palais que l'on nomme le *Palais Ducal*. On y va par le Pont de la Trinité où l'on voit quatre belles Statues de marbre blanc qui représentent les quatre Saisons. L'Hyver est de Thadée Landiny; l'Automne & l'Eté sont de Jean Cassini, & le Printems de J. Francavilla.

Vis-à-vis de cet ancien Palais Ducal est une place ornée de diverses Statues; entre lesquelles sont le David de Michel-Ange, la Judith de Donatelle, la belle Sabine enlevée par Jean de Bologne, le Persée de bronze du Cellini, l'Hercule & le Cacus de Bandinelli, & la Statue Equestre de Cosme I. par Jean de Bologne, posée sur un piedestal dont les trois basreliefs représentent Cosme I. agenouillé devant le Pape dont il reçoit le titre de Grand Duc. Le même Prince faisant son entrée à Florence dans une maniere de char de triomphe: La ceremonie dans laquelle le Senat de Florence lui remit l'autorité souveraine en le revêtant de la qualité de Duc.

Le vestibule de ce Palais est entouré de Colomnes d'ordre Corinthien. Les salles sont spacieuses & remplies de raretez. La grande gallerie est environ longue de quatre cens pieds. Le plafond en est peint, & on se promene entre deux rangs de Statues & de bustes qui sont presque tous antiques. Au haut contre la muraille on a mis d'un côté les portraits des anciens Philosophes; & de l'autre ceux des grands Capitaines. On remarque comme les plus belles Statuës de cette gallerie, celle que l'on soupçonne être de Scipion l'Afriquain, faite d'une pierre noire estimée huit cens ducats, sur le bord de la robe de laquelle il y a des caractéres que l'on croit être de l'ancien Hétrusque; la Léda qui reçoit avec plaisir les caresses de Jupiter, mais non sans pudeur; le Bacchus antique accompagné d'une copie de Michel-Ange qui ne cede point à l'original; la Julie fille d'Auguste; Pomone; Venus; Diane; Apollon; le second Bacchus; le Païsan qui frappe un sanglier; les Bustes des Empereurs jusques à Gallien, & surtout ceux d'Adrien, de Pertinax & de Severe. De cette gallerie on passe en plusieurs chambres toutes remplies de raretez. Dans la premiére on voit un chandelier à branches fait de gros morceaux d'ambre, une belle Colomne d'albâtre Oriental, une corne de Rhinoceros extraordinairement grande, quantité de bas-reliefs & d'autres sculptures antiques, de Medailles, d'Idoles, de lampes sepulchrales, de pierres, de mineraux, & d'autres curiositez naturelles. Dans la seconde il n'y a que des tableaux; la troisiéme est appellée la Chambre des Mathématiques, dont les Sphéres & les Globes ont sept pieds de diamétre. La quatriéme est toute tapissée de peintures encore plus rares que celles de la seconde. C'est dans cette chambre qu'est un Cabinet d'ébene orné d'ambre, d'yvoire, & de pierres précieuses, une grosse émeraude brute enchassée dans son rocher, une table de *Lapis Lazuli* sur laquelle on a tracé le plan de Livourne. Les portraits des hommes illustres du 17. siécle sont le principal ornement de la cinquième chambre: entre les Generaux d'Armée & les grands Capitaines il y a trois Anglois; Cromwel, le General Monk, & le feu Comte d'Ossory fils aîné du Duc d'Ormond. Dans la sixiéme, on trouve cent trente-sept portraits des plus fameux Peintres, faits de leur propre main. La septiéme est garnie de quantité de vases de porcelaine d'une beauté surprenante; & les cinq autres contiennent diverses choses très-curieuses, comme des armes de toutes façons & de tout Pays, & entr'autres un mousquet dont le canon est tout d'or; une pierre d'aiman (diferente de la premiere) qui levoit autrefois cinquante livres de fer, mais dont la vertu est beaucoup diminuée; la queuë du cheval d'un Duc de Lorraine, & qui a vingt pieds de long. Toutes ces beautez sont au-dessous de celles qui s'offrent aux yeux dans un salon octogone appellé la Tribune, de l'architecture de Buontalenti. Ce salon qui a vingt pieds de diamétre, est voûté en dôme & le dedans de ce dôme est revêtu de nacre de perles. Le pavé est de marbres de differentes couleurs artistement rapportez. Les murailles sont tapissées de velours cramoisi & ornées de mille choses rares. Les vitres sont de crystal. On y admire un diamant qui tient à juste titre le premier rang entre les joyaux de ce Cabinet. Il pese trente-neuf carats & demi. *C'est dommage*, dit Tavernier, *que l'eau tire un peu sur le citron*. On y estime infiniment une tête antique de Jules Cesar, d'une seule turquoise grosse comme un œuf: une armoire pleine de vases d'Agathe, de Lapis, de crystal de roche, de cornaline, garnis d'or & de pierres fines: une grande table & un cabinet d'ouvrages de rapport fort bien travaillez & faits l'un & l'autre de diaspre Oriental, de Calcedoine, de rubis, de topazes, & d'autres pierreries:

reries: les travaux d'Hercule d'argent maſſif, & un Globe celeſte dont les aſtres ſont autant de pierres précieuſes qui jettent un feu éblouïſſant. A cela eſt joint une grande quantité de tableaux tous chef-d'œuvres des meilleurs Peintres avec un nombre incroyable de medailles des plus rares & des mieux choiſies; une infinité de petites piéces de Sculpture & de gravûre antique extraordinairement bien conſervées, une horloge qui montre tous les mouvemens & les differentes revolutions du Soleil; & entre les Statuës on ne peut ſe laſſer d'admirer ſix figures Greques, deux hommes qui luttent, un payſan qui éguiſe ſa ſerpe, en écoutant la conſpiration de Catilina; un Faune, un Cupidon qui dort, une Venus haute de ſix pieds, une autre Venus plus petite d'un pied, l'une & l'autre de marbre blanc. La derniére eſt la fameuſe Venus de Medicis. C'eſt le plus beau corps & le bel ouvrage du monde. Cette incomparable Statuë a la tête un peu tournée vers l'épaule gauche; elle porte la main droite au-devant de ſon ſein, mais à quelque diſtance; de l'autre main, elle cache ce qui fait la diſtinction des deux Sexes, ce qu'elle fait, ſans y toucher non plus. Elle ſe panche doucement & ſemble avancer un peu le genou droit, afin de ſe cacher mieux, s'il lui eſt poſſible. La pudeur & la modeſtie ſont peintes ſur ſon viſage, avec une douceur, un air de jeuneſſe, une beauté & une delicateſſe admirables. Son bras rond & tendre s'unit inſenſiblement à ſa belle main. Sa gorge eſt admirable, & en un mot ſi le vermillon & la voix ne lui manquoient, ce ſeroit une parfaite imitation de la plus belle nature. On fait voir aux curieux une grande ſalle dans laquelle une troupe de Payſans & de Payſanes viennent danſer le jour de la fête de S. Jean, grand Patron des Florentins. Le Grand Duc a coutume d'aſſiſter à cette danſe, & il donne lui-même le prix à celui, ou à celle qui s'y diſtingue le plus. Il reçoit auſſi dans cette même ſalle l'hommage de tous ſes Vaſſaux qui ſe preſentent devant lui ce jour-là avec leurs armes & leurs banniéres. Le Lambris en eſt doré, & ſur les murailles ſont peints les plus beaux exploits du Grand Duc de Medicis. Elle eſt encore ornée de pluſieurs Statuës de marbre blanc, dont les principales ſont celles de Leon X. & de Clement VII. tous deux de la Maiſon de Medicis, & celle du Grand Duc Ferdinand. La grande place dans laquelle il y a un portique du Palais, eſt fort ſpatieuſe: elle a au milieu outre les Statuës dont a déja parlé, une fontaine, que quatre Statuës de marbre blanc plus grandes que Nature, accompagnées de quatre de bronze plus petites, rendent une des belles fontaines d'Italie. Ces Statuës repréſentent la famille de Neptune, au milieu de laquelle ce Dieu paroit tiré par quatre chevaux marins.

De ce Palais on paſſe par une petite gallerie de communication à l'ancien Palais de la Republique où ſont les meubles de la garderobe, & le riche caroſſe qui ſervit à la ſolemnité du mariage du Grand Duc. La grande ſalle de ce Palais eſt longue de cent ſoixante & douze pieds, & large de ſoixante & quatorze.

Il n'y a dans Florence aucune Egliſe qui n'ait ſa beauté particuliére. La Cathedrale appellée *la Chieſa di Santa Maria del Fiore* eſt un très-grand & très-ſuperbe édifice, quoiqu'il ſoit bâti à la Gothique. Il fut commencé en 1294. Les dehors en ſont d'un marbre poli & de differentes couleurs auſſi bien que le dedans. Sa longueur eſt de plus de quatre cens quatre vingt-dix pieds, & ſa hauteur juſqu'à l'extrêmité de la croix du Globe qui eſt au-deſſus du Dôme eſt de trois cens quatre-vingt. L'Autel eſt de marbre de l'Architecture de Bandinelli. Les Statuës d'Adam & d'Eve qui ſont derriére repondent à la beauté de cet ouvrage. Celles du Pere Eternel, du Chriſt mort, & de l'Ange qui le ſoutient, ſont du même Bandinelli. On ne laiſſe pas cependant de critiquer la Statuë d'Eve ſur ce qu'elle eſt de plus grande taille que celle d'Adam. Le Chœur eſt entouré de quantité de Colomnes auſſi de marbre, & au dehors du Chœur ſont merveilleuſement bien repréſentées quantité de figures de même matiere. Le Dôme eſt un ouvrage octogone qui a cent cinquante braſſes de hauteur ſans y comprendre le chapiteau ou la tourelle qui eſt au-deſſus, & à laquelle on en donne encore trente-ſix. On y monte par un eſcalier de cinq cens vingt degrez. Chaque côté de cet octogone a ſoixante & quinze pieds de large & au dedans ſont trois galeries dont la plus baſſe regne tout autour de l'Egliſe en dedans. A la même hauteur, il y en a une autre de marbre blanc qui l'environne en dehors; deſorte que tant par dedans que par dehors, on en peut faire aiſément le tour, excepté par le devant qui n'eſt qu'une muraille de pierres brutes, & qui n'eſt point revetuë de marbre comme le reſte, parce que le deſſein a été pris d'y faire une façade digne de la magnificence de cet édifice. Ce Dôme eſt peint en dedans de la main de Zucchero & de Vaſari, & couvre tout le Chœur de l'Egliſe où l'on voit, entre les Colomnes, les Statuës des douze Apôtres, entre leſquelles eſt le St. Jacques de Sanſovin. Les autres ſont de la main de differens Statuaires. Le Clocher que l'on appelle *Il Campanile*, ou bien *La Torre delle Campane* eſt un édifice quarré, embelli de carreaux de marbre rouge, blanc & noir, & detaché entierement de l'Egliſe. Sa hauteur eſt de cent quatre-vingt pieds. Elle a un eſcalier de quatre cens ſix degrez. On a delà une vûë charmante ſur toute la Ville & ſur les Côteaux qui l'environnent.

On remarque des peintures de l'Egliſe & du Dôme quelques deffauts, quoique d'ailleurs on eſtime beaucoup les ouvrages. Tels ſont la Reſurrection qui a été peinte par Zucchero; où l'on n'approuve pas la maniére de ce Peintre qui a fait les reſſuſcitez de differens âges, & les a vêtus: & la figure équeſtre de J. Augutus, Anglois, General de l'Armée des Piſans, dont le cheval repoſe ou ſe ſoutient ſur les deux jambes d'un même côté, les deux autres étant en action de marcher. Quoique cela paroiſſe d'abord ſauter aux yeux, on l'excuſe néanmoins, en diſant que c'eſt l'allure des chevaux d'amble.

Les morceaux de la verge de Moïſe & de la verge d'Aaron ſont les deux plus curieuſes reliques qui ſoient à la Cathedrale, quoiqu'on n'en n'en convienne pas à S. Jean de Latran, où l'on prétend avoir ces deux verges en leur entier.

Vis-à-vis de la grande porte de l'Eglise est une Chapelle ronde de forme exagone & d'environ quarante pas de diametre. Elle est toute bâtie de marbre & dediée à St. Jean Baptiste. On l'appelle *il Battisterio*. C'étoit autrefois un Temple consacré à Mars. On y entre par trois portes de bronze fort estimées, dont les bas reliefs représentent des histoires sacrées. On dit que Michel-Ange ne se pouvoit lasser de les admirer, & qu'il les avoit estimées dignes d'être les portes du Ciel. Au dessus de la plus grande on voit en marbre blanc, St. Jean qui baptise nôtre Seigneur, & un Ange à son côté. Au dessus de celle qui est du côté de l'Evangile du grand Autel, le même St. Jean est entre Herodias & le Bourreau qui va lui couper la tête. C'est un ouvrage de fonte comme celui qui est au dessus de la troisième, où St. Jean Baptiste est au milieu d'un Scribe & d'un Pharisien qui l'écoutent prêcher dans le désert. Le Chœur est au milieu de l'Eglise, où l'on voit du côté de l'Epître de son Autel, les fonts baptismaux d'un porphyre précieux, & plusieurs hautes colomnes de marbre tout à l'entour, avec des figures entre deux; savoir celles des quatre Evangelistes, des quatre Peres de l'Eglise & des sept Vertus, les quatre Cardinales & les trois Théologales, au dessous desquelles sont représentées en belle peinture la Vie de notre Seigneur, & celle de St. Jean Baptiste. De l'autre côté est le tombeau du Pape Jean XXIII. avec cette inscription:

BALTHASARIS COSSÆ JOANNIS XXIII.
QUONDAM PAPÆ CORPUS HOC TUMULO
CONDITUM EST.

Il y a encore dans cette Chapelle deux autres figures; l'une d'une jeune femme toute nuë, avec ces mots au dessous, LEX NATA. Et l'autre d'une vieille femme avec ceux-ci, LEX SCRIPTA. La Mosaïque de la voute est assez estimée.

Dans la place vis-à-vis de la porte du milieu de ce Baptistere, il y a deux Colomnes de Porphyre enchainées ensemble; quoiqu'un peu éloignées l'une de l'autre. On dit que les Pisans ayant fait quelques conquêtes dans l'Isle de Majorque avec le secours des Florentins, ceux-ci témoignerent qu'ils desiroient avoir ces deux Colomnes qu'ils avoient remarquées entre les dépouilles des Ennemis. Quelques-uns ajoutent que les Pisans ne les accordérent qu'à regret, qu'ils en ternirent l'éclat par le feu, & qu'ils les envoyerent en cet état sous un velours dont ils les enveloperent. Mais tout le monde ne convient pas de cette circonstance.

L'Eglise de Sainte Marie *Della Nonciata* est l'une des plus frequentées de la Ville, non seulement pour y voir le Tabernacle du grand Autel, & une croix de fonte qui est derriére, digne ouvrage du fameux Bologne, mais aussi ses tombeaux & ses Chapelles, avec plusieurs Epitaphes & principalement la Chapelle de l'Annonciade, dont on dit que le tableau fut achevé de la main des Anges. Cet Autel est d'argent, enrichi de plus de cinquante lampes qui l'éclairent. On voit dans ce même lieu beaucoup de bonnes peintures. Le tableau de la Chapelle des Romoli, de Perugin, la Visitation de Pontormo, & quelques autres d'André del Sarto, sont ce qu'il y a de meilleur. Cette Eglise est desservie par des Servites, Ordre religieux qui fut institué en 1233. par sept des principaux de Florence, & qui s'est augmenté en Italie. Ils ont un assez beau Monastere, & leur Bibliotheque est remplie de manuscrits curieux. Devant cette même Eglise, il y a une grande place quarrée, environnée de somptueux bâtimens. L'on y remarque entr'autres choses le grand Hôpital *Delli Innocenti*, bâti (dit-on) par Charlemagne, & la Statuë de Ferdinand I. Duc de Florence sur un cheval de bronze avec son Piedestal de marbre, entre deux belles fontaines dont cette place est ornée.

L'Eglise de St. Laurent est aussi très-remarquable pour ses merveilleuses peintures, & surtout pour celle d'un Jugement universel. On y voit représentez un nombre infini de corps, tellement entrelaffez les uns aux autres, & avec de si étranges postures, qu'encore que la pièce soit judicieusement conduite, elle est en quelque sorte monstrueuse à voir. La structure de cette Eglise est admirable, & ce fut Côme de Medicis qui la fit bâtir. Ensuite divers Princes de cette Maison l'embellirent de plusieurs merveilles que l'on y remarque. Les principales sont le grand Autel, avec des figures de marbre fort estimées, la plûpart faites par Michel-Ange; deux tombeaux de bronze proche les piliers, dont la nef est soutenuë, élevez sur des colomnes de même matiere. Derriere le Chœur il y a une Chapelle qui doit être le Mausolée des Ducs de Florence, & qui est comme détachée de l'Eglise. On y a travaillé pendant plus de soixante ans sans la finir. Elle est de figure octogone de vingt-cinq ou trente pas de diametre, couverte d'un grand Dôme & revetuë au dehors du marbre le plus fin qu'on puisse voir. Au dedans il n'y a pour ornement que le jaspe, le porphyre, l'albâtre, le marbre truité fort rare, le lapis, & autres pierres que les Grands Ducs ont fait apporter de toutes les Contrées du Monde, de France, d'Espagne, d'Alemagne, de Grece, de Candie, de Chypre, de Syrie, d'Egypte, de Perse, sans parler du plus précieux de l'Italie qu'ils tirent de leur propre fonds. On tient qu'il y a de quinze especes de jaspe, granatine, serpentin, agathe, entremélées de fleurs, compartimens, broderie, & marqueterie; le tout proprement poli, & fort luisant. Les huit faces de la Chapelle sont diversement ornées. En celle qui est vis-à-vis de la porte, est un Autel des plus riches. Les cinq autres qui suivent sont remplies de Statuës de bronze & de marbre tirées sur le naturel représentant les Grands Ducs Ferdinand I. Côme I. Ferdinand II. François & Côme II. Ces figures sont des ouvrages admirables pour la beauté & pour la richesse, parce qu'elles sont presque toutes bordées de diverses pierres précieuses. Au-dessous il y a une cave où sont plusieurs tombeaux des Princes & des Seigneurs de Toscane.

cane. Ceux qui ont leurs figures dans les niches qui font au deſſus, ſont entremélez des armes & des blaſons des plus groſſes Villes de leur Etat, & de pluſieurs petites Statuës de marbre qui paroiſſent parmi des Cornes d'abondance, & des vaſes pleins de fleurs repréſentées par des pierres fines de toutes couleurs ſi bien diſpoſées, qu'on n'en peut voir l'aſſemblage, ſans en admirer le travail.

La Bibliotheque de St. Laurent eſt longue de quatre-vingt braſſes & large de vingt. La braſſe de Florence eſt de deux pieds Romains; & le pied Romain eſt plus court de ſix lignes que le pied d'Angleterre. Elle a été bâtie ſur le deſſein qu'en avoit donné Michel-Ange; elle eſt pavée d'un fort beau marbre, remplie de figures, de livres & de manuſcrits très-anciens. On y voit entr'autres un Virgile manuſcrit du tems de Theodoſe: un autre manuſcrit Grec qui contient la Chirurgie des Anciens, d'Hippocrate, de Galien, d'Aſclepiade, de Bithynus, d'Apollonius, d'Archigenes, de Nymphodorus, d'Heliodore, de Diocles, de Rufus Epheſius & d'Apollodorus Citienſis; avec des figures peintes en vélin pour faire voir la maniere de remettre les diſlocations. On doit convenir que ce Livre eſt un threſor; c'eſt l'unique pareil ouvrage que l'on ſache aujourd'hui. On y voit encore un Livre de Geographie avec des mignatures fort exquiſes: une Bible Hebraïque avec les Commentaires des Rabbins en Hebreu qui eſt une piéce fort rare & d'un prix ineſtimable.

L'Egliſe de St. Marc eſt deſſervie par les Dominicains & conſiderable par la Chapelle des Salviati, où repoſe le corps de St. Antonin, Archevêque & Patron de Florence, & Religieux de ce Couvent. Elle eſt ornée de ſix grandes Statuës de marbre blanc, qui ſont à l'entour, de St. Dominique, de St. Edoüard, de St. Jean Baptiſte, de St. Thomas d'Aquin & de St. Philippe. Il y a au-deſſus des tableaux de fonte qui repreſentent la Vie de St. Antonin. Du côté du Septentrion eſt le tombeau du fameux Pic de la Mirandole. Politien eſt enterré de l'autre côté; mais ſans Epitaphe.

L'Egliſe de la Trinité n'a rien de particulier; mais tout auprès on voit une Colomne de pierre qui eſt d'une très-belle hauteur & groſſeur, ſur laquelle eſt une Statuë de porphyre toute d'une piéce qui repréſente la Juſtice, ayant les balances entre ſes mains. On dit que cette Colomne étoit autrefois à Rome au Panthéon, & qu'elle fut donnée par le Pape à Côme de Medicis, qui la fit dreſſer. De là eſt venu le proverbe à Florence que la Juſtice y eſt ſi haut montée, que perſonne n'y peut atteindre.

Gal. Guald. Prior.

L'Egliſe *di Santa Maria Novella* deſſervie par les Freres Prêcheurs, eſt belle, grande, & d'une ſtructure tant eſtimée par Michel-Ange, qu'il l'appelloit ſes délices. On y remarque le tombeau du Patriarche de Conſtantinople qui ſouſcrivit au Concile de Florence celebré ſous Eugene IV. Il y eſt repreſenté avec quelques inſcriptions Grecques & au-deſſous eſt écrit

Hic jacet Joseph Patriarcha Conſtantinopolitanus. Obiit anno Salutis Milleſimo quadringenteſimo vigeſimo ſecundo.

Cette Egliſe quoique très-grande, eſt preſque toute pavée de tombeaux de marbre blanc & très-fin. Il y a une belle Bibliotheque remplie de bons livres; & tout eſt ample & magnifique dans ce Monaſtere. Les jardins ſont grands & reguliers, les dortoirs ſont doubles. Ceux du bas ſont habitez l'Eté & ceux du haut l'Hyver.

L'Egliſe de Ste. Croix eſt d'une ſtructure merveilleuſe. Elle eſt une des plus larges que l'on puiſſe voir; en un mot c'eſt le digne ouvrage de Michel Ange. On remarque ſon tombeau en entrant, ſur un grand piedeſtal où ſont trois belles Statuës de marbre blanc qui repréſentent l'Architecture, la Peinture & la Sculpture qui ſont les trois Arts dans leſquels il excelloit. Il en avoit laiſſé le deſſein à ſon Neveu qu'il avoit fait ſon heritier, à condition qu'il l'executeroit. Au-deſſus ſon tombeau & ſon effigie en buſte encore plus élevé. C'eſt un ouvrage des plus admirables de l'Europe.

La Chaire pour prêcher eſt un chef d'œuvre: elle eſt d'un marbre blanc d'un travail fort étudié. Pluſieurs figures très-bien travaillées y ſont repréſentées; c'eſt auſſi un deſſein de Michel Ange. Les Orgues ſont regardées comme un ouvrage admirable pour les peintures; & on prétend qu'elles ont couté en premier lieu quatre mille écus au Grand Duc Côme. Au haut de la nef ſont les tombeaux de Léonard Aretin & de Charles Maruſpini, deux hommes célebres dans la Republique des Lettres, & qui ont été tous deux Chanceliers de Florence. Ce ne ſont point là les ſeuls ouvrages de Sculpture qu'on eſtime dans cette Egliſe qui a ſoixante & dix braſſes de largeur, ſur deux cens quarante de longueur. On y voit encore une Annonciation de Donatello dans la Chapelle des Calvacanti: un *Ecce homo*, & pluſieurs autres Statuës dans celle des Zeti: & une Vierge en bas-relief de marbre attachée au pilier qui eſt auprès du tombeau de Michel Ange. On peut auſſi mettre au nombre de ces beaux ouvrages la magnifique Chapelle des Nicolini, toute revêtuë de marbre, avec douze pilaſtres d'ordre Corinthien qui font un très-bel effet. Entre les peintures, on voit un fort un Crucifix de Cimabué, une deſcente de Croix de Salviati, une Reſurrection de Santi Titi, les peintures de la Chapelle des Bardi par le Giotto, St. Laurent qui diſtribuë les biens de l'Egliſe aux pauvres, de Paſſignano, Jeſus Chriſt portant ſa croix, de Vaſari, une Céne de Giotto dans le Refectoire, & pluſieurs autres. Le tombeau de Galilée, fameux Mathématicien, eſt dans le Cloitre du Couvent qui appartient à des Cordeliers.

L'Egliſe du St. Eſprit eſt auſſi fort conſiderable à cauſe de ſon grand Autel, ouvrage de Michel-Ange. On l'eſtime extrémement pour ſon Tabernacle, pour pluſieurs Colomnes & pour ſes belles figures de devotion. Tout cela enſemble jette un éclat qui n'éblouït pas moins les yeux qu'il cauſe d'admiration aux Specta-

Spectateurs. Il y a une si grande quantité de piliers de marbre aux environs des Autels, que Michel-Ange avoit coutume de dire que ce lieu paroissoit une petite forêt, & l'appelloit *Cannetto*. Outre les Statues & les belles Colomnes qui servent d'ornement à cet Autel, on est surpris de la quantité de perles & de pierres précieuses qui y reluisent de toutes parts. Ce ne sont partout que des ouvrages faits de pierres de toutes sortes de couleurs, & qui représentent diverses figures au naturel. Le Tabernacle qui renferme le St. Sacrement est environné de petites colomnes bleues de grand prix, dont les corniches sont dorées. C'est le plus bel ouvrage que l'on puisse voir en ce genre. Il a coûté dans l'état qu'il est quatre-vingt mille écus: & avant qu'il soit achevé il pourra en coûter encore quarante mille. Aux deux côtez de l'Autel sont quatre Colomnes d'une pierre verte très rare. Il est ceint d'une muraille faite du plus beau marbre & du mieux poli, au-dessus de laquelle est un balustre de grilles de fer doré, accompagné d'un rang de petites colomnes. L'Eglise est soutenue de plusieurs riches Colomnes d'une pierre que l'on appelle *Serena*, luisante comme le cristal. Elle appartient aux Religieux que l'on nomme Hermites de St. Augustin. Ils ont une galerie dans leur Couvent que l'on dit avoir été peinte par les Grecs, avant que l'art de peindre fût en usage en Italie.

L'Eglise de St. Michel est un édifice fort ancien & fort obscur comme le sont beaucoup d'autres du même Pays. On y est prévenu que cela imprime plus de respect & plus de devotion. Cela est causé qu'on y fait peu de fenêtres. Celle-ci ne laisse pas d'être fort riche en tableaux. On y voit une Ste. Famille dans la Chapelle des Pucci, qui est de Pontormo; dans celle des Pelli, Jesus Christ prêchant dans le Desert, qui est de Passignano. L'Autel qui est dedié à la Vierge, est tout de marbre, construit en manière de Tabernacle, & enrichi de plusieurs belles Colomnes.

Quatre *Ponts* joignent la plus petite partie de la Ville à la plus grande, & entre ces Ponts celui des Orphévres est le plus beau. Il est couvert de deux rangées de maisons & d'une galerie qui servoit autrefois pour aller du Palais neuf à l'ancien. Quand on a passé ce Pont on voit un grand Quay au bord de l'Arno, & on le côtoye à main droite, pour aller aux galeries du vieux Palais des Grands Ducs.

Il y a dans Florence plusieurs autres Palais très-magnifiques. Ceux du Marquis Ricardi & de Laurent Strozzi sont des plus considerables. L'un des plus anciens est celui qu'ils appellent *Or San Migel*. Il servoit autrefois de grenier à bled pour la Ville, & présentement les Grands Ducs s'en servent pour mettre leurs papiers, leurs contrats & autres écrits de consequence. Au-dessous il y a une petite Eglise, & derriére le grand Autel une piéce de Sculpture des plus rares.

La Juiverie qui est fermée en façon de petite Ville, n'est pas loin du Palais des Strozzi. La place qu'on appelle des Marchands, assez proche du marché neuf, est couverte de pierres que soutiennent de hautes Colomnes. On y voit une muraille d'où l'eau sort par le groin d'un Cochon d'airain. Dans la place qui est devant le Couvent de Ste. Marie *la nova*, il y a deux Obélisques soûtenus chacun sur le dos d'un Lion de bronze. Dans un Carrefour qui traverse une grande ruë qui aboutit à cette place, on trouve un Hercule domptant un Centaure fait de marbre blanc. Il est d'un travail exquis, sur un piedestal d'une belle proportion. A l'Hôpital *ad Scalas* on voit le tombeau & l'Epitaphe d'un monstre humain qui n'avoit qu'un corps, deux têtes, & quatre mains. Ce double homme, nommé Pierre & Paul, n'avoit pas les mêmes affections. L'un pleuroit, & l'autre rioit: l'un dormoit, & l'autre veilloit, & ainsi du reste. Il vecut vingt ans & vingt jours.

Il y a plusieurs Maisons de plaisance hors de la Ville, savoir celles de Prato, de Petraria, de Baroncelli, de Carregio. Mais il n'y en a point de plus belle que celles qu'on nomme *Poggio Imperiale* & *Pratolino*. Ces lieux sont fort agréables, & on peut même dire qu'ils ont des beautez peu communes, mais l'on a poussé en France la magnificence des eaux & des jardins que ni les Frescati, ni les Pratolino ne doivent pas presentement souhaiter qu'on entre dans le détail de toutes les petites merveilles qui étoient autrefois si vantées chez eux.

Le Grand Duc a plusieurs *Mesnageries* où l'on nourrit diverses sortes d'animaux. L'an 1331. il naquit à Florence deux Lionceaux qui devinrent grands. On rapporte que dans un autre tems, un Lion s'échapa de sa loge & jetta la terreur dans toute la Ville. Qu'ayant rencontré un enfant, il le prit sans le blesser, comme entre ses bras. La Mere de l'enfant toute éplorée & toute échevelée courut à ce ravisseur avec cris & larmes; & que le Lion la regardant attentivement, lui rendit son enfant, sans faire aucun mal ni à l'un ni à l'autre.

Il ne faut pas oublier que c'est dans les montagnes du voisinage de Florence que se trouvent ces pierres si curieuses qui étant sciées en deux, tout au travers du cœur, & ensuite polies, représentent les unes des arbres, les autres des Villes, & des ruines de Châteaux; d'une manière si naturelle qu'on ne peut s'empêcher d'en être surpris. Les premiéres sont appellées *Dendrites* à cause des figures d'arbres qui y paroissent.

Quelque belle & bien située que soit Florence, les Etrangers en trouvent cependant le sejour bien melancholique, surtout ceux qui sont accoutumez à goûter les douceurs de la Société. Les manières genées & les cérémonies éternelles des Florentins, desolent cruellement, aussi bien que l'invisibilité des Femmes. Il faut convenir qu'il faut être né dans ces coûtumes pour ne les pas trouver tout-à-fait étranges. Les Florentins ont une politesse qui semble excessive aux Nations qui se piquent d'agir rondement. Ils ont beaucoup d'esprit. L'Academie *della Crusca* est depuis long-temps en reputation. Elle a fourni IV. Papes à l'Eglise: trois étoient de la Maison de Medicis, à savoir, Leon X. fils de Laurent de Medicis & de Clarice des Ursins; il succeda à Jules II. en 1513. & mourut en 1521.: Clement VII.

fils

FLO.

fils de Julien, succeda à Adrien VI. en 1523. & mourut en 1534. Leon XI. fils d'Octavien succeda à Clement VIII. en 1605. & mourut la même année 26. jours après son élection. Le quatriéme Pape Florentin a été Urbain VIII. qu'on apelloit Maphée Barberini. Il succeda à Gregoire XV. en 1623. & mourut en 1644.

Entre les hommes de Lettres que cette Ville a produits on compte Dante, celebre par ses Poësies, né vers l'an 1265. Il fut Gouverneur de Florence & mourut à Ravenne l'an 1321. Machiavel assez connu par son Histoire de Florence, & par d'autres Livres de Politique où il a établi des maximes très-odieuses, qui, quoique detestées par tous les gens de bien, ne laissent pas d'être suivies dans la pratique par ceux qui les blâment dans la speculation. Il mourut en 1529. Guichardin son contemporain continua l'Histoire de Florence commencée par Machiavel. On a de lui une Description de tous les Païs-bas assez bonne pour ce temps-là, & augmentée par Pierre du Mont qui la publia en François l'an 1613.; en joignant ses Additions à la Traduction Françoise que Belleforest en avoit faite sur l'Italien de Guichardin. Guichardin mourut en 1540. Galilée s'est rendu immortel par les nouvelles découvertes qu'il a faites dans le Ciel; & qui ont donné lieu à une Astronomie inconnuë à toute l'Antiquité. Il mourut l'an 1642. Lulli fit pour la Musique ce que Galilée avoit fait pour l'Astronomie. Ses Oeuvres de Musique seront estimées tant que durera le bon goût. Une chose bien remarquable, c'est que l'on peut dire que Dante est le Créateur de la Poësie Italienne, & Machiavel de la Politique moderne, que Galilée est le Pere de l'Astronomie, & Lulli de la Musique Françoise. Le dernier a l'avantage entre eux d'être l'unique qui n'ait pas encore été égalé. Les autres ont eu des Successeurs qui les ont surpassez. Florence est l'endroit où la Langue Italienne a été le plus cultivée pour le style & le choix des expressions, mais la douceur de la prononciation ne se trouve qu'à Rome. De là vient le proverbe, *Lingua Toscana in bocca Romana.*

Les Florentins ont toûjours eu la reputation d'être fort propres aux Négociations, & on remarque que sous le Pontificat de Boniface IX. il y avoit à Rome XIII. Florentins Ministres d'autant de Princes souverains de l'Europe.

Il y a à Florence une Manufacture pour les Soyes dans deux Galeries destinées à cet effet, & l'on admire également le grand nombre & l'industrie des Ouvriers. On fait une chasse une fois tous les ans par la permission du Prince. Ce sont deux partis de Gentilshommes qui disputent à qui prendra une plus grande quantité de gibier. Le parti victorieux entre en triomphe à deux heures de nuit accompagnant un Vaisseau arboré de deux ou trois cents Liévres avec les acclamations du peuple & le bruit des trompettes. La course des chevaux barbes qui se fait aussi tous les ans, n'est pas moins agréable à voir, & donne un

Tom. II. Part. 2.

FLO. 89

divertissement de quelques jours aux Florentins.

3. FLORENCE (L'ETAT DE) Voyez TOSCANE.

4. FLORENCE (LE TERRITOIRE DE) Voyez le FLORENTIN.

FLORENNES, en Latin *Florina*, petite Ville du Païs-bas en Hainaut. Elle est sujette à l'Evêque de Liege, à une lieuë de Philippeville en allant vers Namur, dans le Païs entre Sambre & Meuse. [a] Gerard I. de ce nom, Evêque de Cambrai, étoit né à Florennes & avoit pour Pere Arnulfe homme de qualité & Seigneur de ce Canton. Ce Prelat y érigea à ses frais un Monastere à l'honneur de St. Jean Baptiste, & en acheva un autre sous l'invocation de St. Gingulfe, que son Pere avoit commencé. Dans l'un il mit des Clercs, dans l'autre des Moines. Il benit ces deux Monasteres avec la permission de Baudri, Evêque de Liege, dans le Diocèse de qui ils étoient. Ce Gerard Evêque de Cambrai mourut l'an 1048. & on trouve que dès l'an 1010. on mit dans l'Abbaye de Florennes des Moines au lieu des Clercs qui y avoient fait le service jusqu'alors, & que l'an 1015. l'Evêque Baudri aquit l'Abbaye de Florennes pour l'Eglise de Liege, dont il occupoit alors le Siége.

[a] *Aubert, Mirai. Cænob. Belg. c. 33.*

FLORENSAC [b], petite Ville de France dans le Languedoc, entre Agde & Pezenas. Elle est sur un bras de la Riviere d'Erault qui se jette dans le Golphe de Lyon.

[b] *Baudrand Ed. 1705.*

1. FLORENTIA. Voyez FLORENTINUM.

2. FLORENTIA. Voyez FLORENCE 1. & 2.

3. FLORENTIA, Ville de la Valerie, Province sur le Danube, selon le Livre des Notices de l'Empire. Surita soupçonne que c'est la même que FLORIANA.

1. FLORENTIN [c] (le) Province d'Italie dans la Toscane dont elle est la plus considerable des trois parties. Elle est divisée en deux par la Riviere d'Arno, & est sujette au Grand Duc de Toscane, étant bornée au Septentrion par le Boulenois & la Romagne, à l'Orient par le Duché d'Urbin & l'Ombrie, au Midi par le Sienois, & à l'Occident par le Luquois & le Pisan qui est même compris quelquefois dans cette Province qui est fort grande, & ainsi dite de la Ville de Florence sa Capitale qui lui donne son nom. Les autres Villes considerables sont

[c] *Baudrand Ed. 1705.*

Arezzo & Cortone Pistoye.

Le Païs de Casentin & le Mugello en font partie.

2. FLORENTIN [d], Bourg de France dans le Rouergue sur la Riviere du Lot à deux lieuës au-dessus d'Entragues.

[d] *Ibid.*

3. FLORENTIN (St.) Voyez au mot SAINT cet Article en son lieu.

FLORENTINUM [e], ancienne Ville de la Pouille; la même qui a été aussi nommée FARENTINUM, & FERENTINUM. Elle a été Episcopale sous l'Archevêché de Benevent. Elle

[e] *Baudrand Ed. 1682.*

M

Elle ne subsiste plus à présent & tout ce qui en reste c'est le nom de Fiorenzuola que porte un Village de la Capitanate au Royaume de Naples. Son Evêché a été supprimé & la Cathedrale en a été unie à l'Evêché de Lucera qui en est à six milles vers le Midi. Cette union à perpetuité se fit l'an 1410. L'Empereur Frederic II. mourut à Florentinum le 13. Decembre 1250. Voyez FIORENZUOLA.

1. FLORENTIOLA, Ville de l'Emilie, selon Antonin. C'est aujourd'hui FIORENZUOLA, ou FIRENZUOLA dans la Romagne Florentine, dans l'Etat du Grand Duc de Toscane. Voyez FIORENZUOLA.

2. FLORENTIOLA, dans la Gaule d'en deçà le Po (par raport aux Romains). C'est aujourd'hui Fiorenzuola au Duché de Parme.

a De l'Isle Atlas.

1. FLORES, Isle d'Asie dans la grande Mer des Indes. On l'apelle souvent ENDE. Mr. de l'Isle met les deux noms. Elle est par le 9. d. de latitude australe, & sa pointe la plus Orientale est par les 140. d. de longitude, selon ce Géographe. Elle a à l'Occident l'Isle de Camboua, au Nord le Royaume de Macassar, & à l'Orient les Isles de Lamalla & de Solor. Le principal lieu de cette Isle est Mumbas qui est sur la Côte Occidentale ; [sur la Meridionale sont deux Villages, Charoboro & Curelassos, que l'on trouve en allant d'Occident en Orient.

b Voyages de la Compagnie Holl. T.1.p.440.

2. FLORES [b], Isle de l'Océan Atlantique & l'une des Açores. Elle est à l'Ouest & à soixante & dix lieues de la Tercere; & au Midi à environ une lieuë de Corvo. Flores a environ sept lieuës de circuit, & donne du pastel & des vivres en abondance. Les Portugais la nomment ILHA DE FLORES. Quelques François disent l'Isle des Fleurs.

1. FLORIACUM, nom Latin de FLEURI, Bourg de France en Normandie.

2. FLORIACUM, nom Latin de FLEURI, Bourg & Abbaye de France en Gâtinois sur la Loire.

3. FLORIACUM, nom Latin de FLEURI, Bourg du Duché de Bourgogne, à trois lieues de Dijon en allant vers Autun.

4. FLORIACUM, nom Latin de FLEURI, Village & Abbaye au Comté de Namur. On le nomme en François plus communément FLEURUS.

FLORIANA, Ville de la basse Pannonie. Antonin en fait mention. Lazius varie au sujet de cette place; car dans un endroit de ses Ouvrages il dit que c'est ST. PAUL, Village de Hongrie sur le Danube auprès de Bade, & dans un autre il doute si GRAITZ ne seroit pas au même lieu où étoit autrefois FLORIANA. Surita soupçonne que ce pourroit bien être la même que *Florentia* qui étoit dans la Valerie.

1. FLORIDE, Contrée de l'Amerique Septentrionale, le long de la Mer du Nord qui la baigne au Levant & au Midi. Elle a été ainsi nommée par les Espagnols qui la decouvrirent le jour de Pâques-fleuries, ou Dimanche des Rameaux, selon quelques Relations. Cette découverte est celle de Jean Ponce de Leon dont je parlerai dans la suite. Tous ceux qui parlent de la Floride ne donnent pas à ce Païs la même étenduë; car la plûpart l'avancent jusqu'à la Virginie & y comprennent la Caroline; d'autres l'étendent au Couchant jusque bien à l'Ouest du grand Fleuve Mississipi & nomment *Floride* une grande partie de ce que l'on a apellé la *Louisiane* du nom de Louis le Grand.

[c] La Floride fut premièrement découverte en 1497. par Sebastien Cabok, Portugais, que Henri VII. Roi d'Angleterre avoit envoyé chercher un passage du côté de l'Ouest pour naviger dans l'Orient. Cabok se contenta d'avoir vû la terre qu'il nomma, à ce qu'on dit, JAQUAZA. M. Corneille dit qu'elle ne fut découverte qu'en 1512. par Jean Ponce de Leon, qui étant parti le 3. de Mars de l'Isle de St. Jean de Porto-rico après avoir passé *Amagnaya* & *Manegira* (je crois qu'il veut dire à *Mayaguana*) aborda à *Guana-hany*, Isle découverte & nommée *San Salvador* par Colomb; d'où s'étant avancé plus loin, le 3. Avril il vit terre sur 30. degrez & huit minutes de la ligne, & la croyant une Isle, il lui donna le nom de la Floride, ou à cause de sa beauté, & de sa verdure, ou parce qu'il avoit commencé à la voir le Dimanche des Rameaux appellé Paques fleuries. Ayant mouillé l'ancre auprès du rivage, & étant descendu à terre, il fut obligé de combattre les Sauvages. Il en prit un pour lui servir de Guide & de Truchement, & étant allé à la prochaine Riviere pour y prendre de l'eau & du bois, il planta sur le bord une croix de pierre avec cette inscription *Rio de la Crux*, qui est le nom qu'elle a toujours eu depuis. Le 8. de Mai les Espagnols après avoir passé le Cap de la Floride qu'ils appellerent de *Corrientes* sur le 28. degré 15'. de la Ligne, mouillérent l'ancre derriére ce Cap proche du Village *Abaiva*. Tirant vers le Sud ils découvrirent deux Isles, dont ils nommérent l'une *Ste. Marthe*, après quoi courant le long d'une grande suite de Rochers ou Isles qu'ils nommérent *Isles des Martyrs*, parce que ces Rochers étant élevez de côté & d'autre on les auroit pris de loin pour des hommes empalez, ils jetterent l'ancre au-dessous d'une. Entre cette suite d'Isles & la terre ferme, la Mer entre comme dans un Golfe, & y roule ses flots avec furie. Ponce après avoir vogué tantôt droit au Nord, tantôt vers le Nord-Est, s'en retourna à l'Isle de St. Jean d'où il étoit venu, sans croire que la Floride fût un Continent.

L'an 1520. Lucas Vasquez de Aaillon équipa deux Navires pour aller enlever des Sauvages, afin de les employer au travail des Mines. Il prit sa route du côté du Port de la Plata, situé au côté du Nord d'Hispaniola; il continua sa route par hazard ou par dessein jusqu'aux derniéres Isles des Lucayes, & enfin ils arrivérent à la terre ferme de la Floride sur le 32. degré de latitude Septentrionale nommée pour lors *Chicora* & *Gualdape*, & présentement la Riviere Jourdain & le Cap de Ste. Hélene. Les Habitans voyant ces Vaisseaux s'avancer à pleines voiles, les prirent pour quelques poissons monstrueux & accoururent en foule au rivage; mais ils furent fort surpris de voir des hom-

c Corn. Dict. & Laet. Ind. Occid. l. 4. c. 1.

hommes barbus, & qui avoient des habits, descendre à terre, hors de ces maisons flotantes qu'ils n'avoient point encore vûës. Ils en furent tellement épouvantez qu'ils prirent la fuite. Les Espagnols en ayant arrêté deux les menerent avec eux dans leurs Navires, où après les avoir fait boire & manger, ils les renvoyerent habillez à l'Espagnole. Le Roi du Païs admirant ce vêtement, envoya 50. des siens aux Navires avec divers fruits & autres provisions de ce lieu. Outre cela il fit accompagner par ses gens plusieurs Espagnols qui étoient descendus à terre, & qui voulurent aller dans les Provinces voisines où ils furent gratifiez de plusieurs presens d'or, de lames d'argent, & de perles. Les Espagnols qui examinerent en passant les mœurs des Habitans, & la nature de l'air & de la terre, invitérent à un festin un grand nombre de Sauvages, & pendant qu'ils les faisoient boire, ils leverent tout à coup les ancres & les emmenerent malgré eux. L'un de ces Navires périt en Mer, & l'autre retourna à Hispaniola. Il y eut beaucoup de ces malheureux que la tristesse fit perir dans ce Vaisseau. Les autres eurent à souffrir une rude servitude. D'autres Espagnols passérent aussi à la Floride & en enleverent un grand nombre d'Indiens dont ils firent des esclaves. On connut alors que c'étoit un Continent. Le même Vasquez y envoya en 1524. plusieurs Navires qui s'assûrerent de la fertilité de la terre, & de l'abondance de l'or, de l'argent & des perles qu'on y trouvoit, ce qui l'obligea d'y faire voile l'année suivante; mais lors qu'il fut arrivé au Cap de Ste. Helene, & qu'il fut entré dans la Riviére de Jourdain, il eut le malheur de perdre un de ses Navires avec deux cens de ses gens, que les Indiens tuerent. Cette perte le fit retourner à Hispaniola. Pamphile de Narvaëz ne fut guéres plus heureux dans le Voyage qu'il fit en la Floride l'an 1528. en partant du Port de *Xagua* situé au côté du Sud de Cuba.

Ces mauvais succès n'empêcherent point que Ferdinand de Soto ne prît le dessein de subjuguer la Floride. Il partit du Port de *Havana* le 12. Mai 1538. avec 350. Cavaliers, 900. hommes de pied, & un fort grand nombre de Matelots, & sur la fin du même mois il arriva dans la Baye de *Spiritu Sancto*, au Continent de la Floride. Il mit à terre 300. de ses gens, qui sur la pointe du jour furent chargez si inopinément par les Indiens que, si en fuyant vers la Mer, ils n'eussent pas été secourus par les Navires, il n'en seroit échappé aucun. Soto fit descendre le reste de ses troupes qui marcherent deux lieuës plus avant dans le Païs jusqu'au Village du Cacique *Hirrichiagua*. Le Cacique s'étant retiré dans les montagnes lui envoya cinquante de ses Indiens pour lui demander la paix. Soto l'accepta & resolut de penetrer dans le dedans des Terres, il renvoya ses Navires à l'exception de quatre pour ôter à ses Soldats toute esperance de s'en retourner. Il laissa Calderon & quarante Cavaliers pour les garder avec ordre de ne faire aucun dommage aux Sauvages, après quoi il prit sa route par la Province du Cacique *Mucoso*, vers le NordNord-Est. Etant venu dans la Seigneurie du Cacique *Virribaracuxi* qui avoit fuï dans des

Tome II. Part 2.

lieux cachez, il passa delà en deux jours un marais d'une lieuë de large, étant attaqué de tous côtez des Sauvages, dont l'un d'eux qu'il avoit pris pour guider sa troupe, la conduisoit dans les embuscades, ce qui fut cause que Soto pour épouvanter les autres, le fit devorer aux chiens. En effet, après cela celui qu'il choisit pour guide, le ramena dans le bon chemin par lequel il arriva à la Province *Acuera*, après avoir passé un autre marais sur un pont de bois. Delà il tira droit vers le Nord aux confins d'*Ocali*, Province fertile & sans marais, jusqu'au Village de ce même nom. Il étoit peuplé d'environ 600. Cabanes & fourni de mays, de légumes, de glands, & de noix. Ensuite il alla camper au bord d'un Fleuve & le passa sur un pont qu'il fit dresser, malgré les efforts de 500. Sauvages qui étoient de l'autre côté, & qui tirerent quantité de fléches. Ayant pris là d'autres guides, il arriva à la Province de *Vitacucho*, grande de 50. lieuës; & enfin après avoir traversé un Desert qui en avoit douze, il vint à une place où l'on disoit que Capafi, Cacique d'*Apalache*, l'attendoit avec une grosse troupe; mais il avoit fuï à son arrivée avec tous ses gens, & on ne pût l'obliger à revenir. Ce Village étoit de 200. Cases sans compter plusieurs loges bâties par les Champs en beaucoup d'endroits. L'air y étoit agréable, la terre fertile en legumes & en mays, les Riviéres poissonneuses, & les Habitans robustes. Soto après un repos de quelques jours envoya ses gens en divers quartiers. Ceux qui allerent vers le Nord rapporterent qu'ils avoient trouvé un terroir gras, cultivé & habité de beaucoup de Peuples, sans montagnes ni marais, & qu'ils y avoient été très-bien reçûs. Ceux qui avoient été du côté du Sud avoient trouvé une terre dure & mal agréable. L'Hyver commençant, il resolut de le passer en ce lieu-là, & envoya vers des Navires pour faire venir Calderon & le reste de ses gens, qui le joignirent à Apalache. Après avoir hyverné dans cette Province, il la traversa & plusieurs autres, toujours attaqué des Sauvages qui lui dressoient par tout des embuches, & deux années s'étant écoulées dans ces continuelles fatigues sans qu'il eût pû bâtir aucune Ville, il arriva dans la Province de *Guachacoya*, où il mourut de chagrin, l'an 42. de son âge, après avoir laissé le commandement de ce qui lui restoit de Troupes à Luïs de Moscoso de Alvarado. Celui-ci ne voyant plus l'Armée composée que de 350. Soldats & de 33. chevaux, ne se crut pas en état de resister à des Peuples si nombreux. Ainsi il jugea à propos d'abandonner la Floride, & prit la route de la Nouvelle Espagne. Il partit le jour de St. Pierre, dans des barques qu'il recouvra. Ce ne fut pas sans avoir essuyé de très-grands perils qu'il entra enfin dans la Riviére de Panuco, d'où sur la fin de l'Automne de l'année 1543. il ramena par terre à la Ville de Mexique ce qu'il avoit pû conserver de troupes.

Les Espagnols discontinuerent de frequenter la Floride jusqu'à ce que Jean Ribault, François, y fut envoyé avec deux Navires l'an 1562. Il fit amitié avec les Habitans, & 20. des siens s'étant resolus d'y passer l'Hyver il y

bâtit

bâtit à la hâte un petit Fort long de 16. perches de 10. pieds, & large de 13. Il le nomma *Carolin* du nom du Roi Charles IX. qui regnoit alors en France, où Ribault s'en retourna. Ceux qu'il avoit laissez dans le Fort commençant à manquer de vivres, & n'en pouvant recouvrer des Sauvages leurs voisins qui en avoient eux-mêmes besoin, ne pûrent demeurer long-tems dans le Païs. Ils l'abandonnerent l'année suivante, & René de Laudoniére qui avoit déja fait ce voyage avec Ribault, y fut renvoyé en 1564. avec trois Navires. Il y bâtit une Forteresse en forme triangulaire qu'il appella aussi *Carolin*. Du côté de l'Occident elle étoit environnée d'un rempart fait de gazon, & de celui du Midi, de fascines & de sable. Le côté qui étoit vers la Riviére, près de laquelle on bâtit ce Fort, fut ceint d'une palissade. On fit les maisons fort basses à cause que le Païs est exposé aux grands vents. Pendant ce tems quelques-uns de ceux que Laudoniére avoit renvoyez en France, l'ayant accusé de divers crimes, on fit partir encore Jean Ribault pour lui succeder au Gouvernement. Il arriva à la Floride le 28. Août 1565. Son arrivée ayant été divulguée, les Caciques voisins lui apporterent plusieurs presens, & lui promirent de le mener aux montagnes d'*Apalaches*, d'où l'on tiroit un certain métal jaune, qu'ils appelloient *Sieroa pira*, & qu'on crût être de l'or. Ribault avoit déja monté la Riviére avec 3. petits Vaisseaux, quand six grands Navires Espagnols entrerent dans son embouchure. Les François ne se voyant pas assez forts pour leur resister, gagnerent la Mer, après quoi les Espagnols vinrent mouiller l'ancre dans l'embouchure de la Riviére appellée *Seloy* par les Sauvages; & y ayant descendu leurs Soldats à terre, ils s'y fortifierent, par le moyen des Negres qu'ils avoient emmenez en fort grand nombre. Ribault voyant que les Navires étoient retournez au Port, l'ayant appris, résolut de les aller attaquer avant qu'ils eussent bâti une Forteresse proche d'eux, & dans ce dessein il emmena les meilleurs Soldats de Laudoniére, & les laissa dans *Carolin* avec 85. tant hommes qu'enfans & femmes, la plûpart malades. Il se mit en Mer le 10. de Septembre, & fut battu d'une si furieuse tempête, que ses Vaisseaux se perdirent sur les Rochers à plus de 50. lieües de la Forteresse. Lui même perdit la vie pour s'être rendu aux Espagnols, qui sous la conduite de Pierre Melández arriverent à la Forteresse le 19. du même mois. Lorsqu'ils eurent gagné le rempart que Laudoniére avoit commencé à relever, ils massacrerent tous ceux qu'ils trouverent dans la place, & Laudoniére eut beaucoup de peine à se sauver avec quelques-uns des siens qu'il ramena en France dans les Navires que Ribault avoit laissez.

Dominique de Gourgues, natif du Mont de Marsan en Gascogne, voulant vanger les François, équipa à ses dépens trois Navires de moyenne grandeur, où il embarqua deux cens Soldats & quatre vingt Matelots, & étant parti le 22. d'Août 1567. il fit alliance avec quelques Caciques de la Floride pour détruire les Espagnols, qui outre le Fort Carolin appellé communément *la Caroline*, qu'ils avoient raccommodé après la mort de Ribault, avoient encore fait bâtir deux Forteresses plus bas vers la Mer, d'un côté & de l'autre de la Riviére. Il y avoit une Garnison de 50. hommes en chacune avec les canons qu'ils avoient ôté aux François, & quatre cens Espagnols d'élite repandus en ces trois Forts. Gourgues secondé par les Sauvages s'en rendit le maître malgré la resistance des Espagnols, dont la plûpart demeurerent sur la place, & voyant qu'il n'étoit pas assez fort pour garder tant de Forteresses, il engagea les Indiens à les démolir, & emporta en France les canons & le butin qu'il chargea dans ses Navires. Les François depuis ce tems-là n'ont fait aucune expedition dans la Floride. Ils l'abandonnerent aux Espagnols qui l'ont gardée jusqu'en 1663. qu'ils en ont été chassez par les Anglois qui en sont encore aujourd'hui les maîtres. Cela doit s'entendre de la Caroline qui leur appartient maintenant, & dans laquelle ils ont même enfermé la Ville & la Baye de St. Mathieu, l'une des deux Villes que les Espagnols possedoient sur la Côte Orientale de la Floride. Jusqu'à present les Européens n'ont guéres d'établissemens solides dans la Floride, à comprendre sous ce nom tout ce qui est en terre ferme au Midi & à l'Ouest de la Caroline jusqu'à la Riviére de la Mobile.

[a] La Floride est arrosée de plusieurs Riviéres qui la rendent fertile & agréable: mais du côté de la Mer le Païs y est sablonéux. On y voit quantité de pins, de chênes, de cerisiers sauvages, de groseillers, de châtaigners, de lauriers, de cedres, de cyprès, de mastix, & de vignes sauvages &c. Il y a toutes sortes de bêtes à quatre pieds, sauvages & autres en quantité, comme des Cerfs, des Daims, des Chevreuils, des Ours, des Leopars, des Lions, des Loups de plusieurs sortes, des Chiens sauvages & des Liévres. A l'égard des oiseaux on y voit des Paons, des Perdrix, diverses especes de Perroquets, des Pigeons, des Tourterelles, des Corneilles, des Faucons, des Merles, des Gerfauts, des Grues, des Cigognes, des Vautours, des Herons, & diverses especes d'oiseaux de Riviére. Il y a des Alligadors ou Crocodiles, & plusieurs sortes de serpens. Il y a enfin quelque chose de meilleur que tout cela; c'est de l'or & de l'argent, sur tout vers les Apalaches: mais les Indiens évitent de découvrir les trésors que renferment ces montagnes. La racine *China* fort en usage dans la Medecine, & le Saffafras ou bois de Canelle y croissent en abondance, outre plusieurs autres plantes, semences & herbes utiles, dont il y en a que les Floridiens mettent en usage pour la teinture de leurs habillemens & de leur corps, qu'ils se peignent de diverses couleurs. Mais il faut entrer plus particuliérement dans le detail à l'égard de ces Peuples, dont Coréal dit ne rapporter que ce qu'il en a vû. Ils sont de couleur jaune & olivâtre, fort vigoureux & ayant les membres bien proportionnez. Ils sont ordinairement nuds, excepté qu'ils portent une peau de cerf qui tombant à moitié cuisse couvre leurs parties naturelles. Ils se peignent le corps de plusieurs couleurs qui la font penetrer de telle sorte dans la peau, qu'avec le tems on ne peut plus

[a] *Correal Voyages T. I. p. 28.*

plus les effacer. Ils ont la chevelure noire & longue qui leur tombe sur les epaules, mais qu'ils savent tresser proprement pour la nouer autour de la tête, quand il leur plaît. Au reste ces Peuples sont fourbes, hardis, dissimulez & trompeurs. Ils souffrent impatiemment les Européens, qu'ils haïssent à mort, & ils sont fort attachez à leurs superstitions, desorte qu'ils sont difficiles à convertir, quoiqu'on puisse dire en Espagne. L'Auteur cité ne pense pas même que la prévention où ils sont contre les Espagnols, puisse contribuer jamais à faire de bons Chrétiens de ces peuples. Les Floridiens montagnards se coupent les cheveux du côté droit & laissent croître les autres. Ils sont tous si jaloux de leur chevelure, que pour rien au monde ils ne voudroient pas la perdre. C'est une honte de l'avoir perduë, & de là vient peut-être que dans les combats contre l'ennemi, ils se piquent de lui enlever la chevelure, ce qui est pour eux la plus grande marque de bravoure. Les plus civilisez de ces peuples s'habillent aujourd'hui honnêtement, mais ils aiment les étofes bigarrées, & ils ajustent ensemble plusieurs pieces de differentes couleurs. Cela leur paroît aussi magnifique qu'à nous tout l'apareil des modes nouvelles. Il n'y a que l'opinion en toute chose. Ils ont pour armes l'arc & la flêche. Ils sont les cordes de leurs arcs de boyaux de cerfs, & rien n'est mieux peint que ces arcs. Ils se servent au lieu de fer, de dents de poissons, ou de pointes de bois aiguës. Ils dressent leurs enfans à la course & à tirer de l'arc dès la plus tendre jeunesse. Pour eux ils s'occupent sans cesse à la chasse & à la pêche. Leurs Rois ou leurs Chefs, qu'ils appellent *Paraoustis*, se font entr'eux des guerres continuelles, & ils n'épargnent pas les ennemis qu'ils ont vaincu; car après les avoir assommez ils leur enlevent la peau de la tête & la chevelure, ce qui est, comme je l'ai déja dit, la marque de leur victoire & le trophée des Guerriers. Ils épargnent cependant assez souvent les femmes & les enfans des vaincus, les nourrissant & les élevant à leur maniere. Revenus de cette guerre, ils assemblent le Canton victorieux & font des festins à leur mode pendant trois jours & trois nuits, qu'ils passent à se divertir, à boire, manger, danser & chanter. Après cela ils remettent ces chevelures à vieilles femmes, qu'ils honorent fort. Elles reçoivent ces chevelures en dansant & chantant des chansons à l'honneur du Soleil, qu'ils regardent comme l'Auteur de leurs victoires & de leur félicité. Les Floridiens adorent le Soleil & la Lune, comme font aussi quantité d'autres Peuples sauvages des deux Indes. Ils respectent beaucoup leurs Prêtres, & ils leur sont fort soumis, parce qu'ils les tiennent pour de grands Devins & pour des gens inspirez qui connoissent l'avenir. Ces mêmes Prêtres qui leur servent de Medecins & de Chirurgiens, portent toûjours avec eux un sac plein d'herbes medecinales pour guerir ceux qui sont malades. On tient que ces peuples sont fort sujets à la verolle, & il est bien vrai qu'ils sont extrêmement adonnez aux femmes, qu'ils appellent *Enfans du Soleil*. Chaque Floridien a sa femme, mais il est permis au Paraousti d'en avoir trois ou quatre : cependant la premiere épousée est toûjours plus honorée que les autres, & ses enfans sont heritiers & successeurs du Paraousti. Les femmes ont tout soin du ménage & des enfans. On assûre que les maris n'ont point de commerce avec elles du moment qu'elles sont enceintes, jusqu'à ce qu'elles soient accouchées. Le scrupule va même à ne point manger de ce qu'elles ont touché pendant le tems de leur grossesse. Les hommes sont fort enclins à la Sodomie; mais les garçons qui s'abandonnent ainsi, sont exclus de la societé des hommes, & envoyez à celle des femmes, comme étant des effeminez. Ils y sont confondus parmi les Hermaphrodites, qu'on dit se trouver en quantité chez les Floridiens. Je crois que ces Hermaphrodites ne sont autres que des garçons effeminez, qui en un sens sont de véritables Hermaphrodites. Quoiqu'il en soit, on les employe tous à divers ouvrages de femmes, à des fonctions serviles & à porter les munitions de bouche & les provisions de guerre. Ils sont aussi distinguez des hommes & des femmes par la couleur des plumes qu'ils se mettent sur la tête, & par le mépris qu'on fait d'eux. Ils font du pain avec des racines. Ils ont de la farine de Maïz : mais ils mangent quelquefois leur blé rôti, & quand ils veulent le garder pour la provision, ils le gardent toûjours rôti. Ils le font aussi bouillir pour en tirer la substance & ils s'en servent pour breuvage. En quelques endroits ils se nourrissent beaucoup de poisson, bien que generalement ils vivent de chasse, outre qu'ils ont aussi quantité de miel & de bons fruits, surtout vers le Mont d'Apalache. Lorsqu'ils vont à la guerre leur Chef ou Paraousti marche à la tête des Guerriers, tenant d'une main le dard & de l'autre l'arc, le carquois sur l'épaule & un javelot dans les tresses des cheveux, avec une couronne de grandes plumes de plusieurs couleurs, dont ils trempent le bout dans du miel ou dans quelqu'autre composition, pour les faire mieux tenir. Après cela les Guerriers suivent, portant leurs flêches dans les cheveux, ou le carquois sur l'épaule. On dit qu'à l'aproche de leurs ennemis ils jettent des cris éfroyables : cependant ils n'entreprennent rien sans un Conseil général, qui s'assemble tous les matins. L'Assemblée se tient en forme de Croissant autour du Paraousti, qui est au milieu sur une espece de siége plus élevé que les autres, & fait de plusieurs pieces de bois arrondies. Tous les Guerriers & les Conseilers, qui sont les anciens du Canton, viennent avec beaucoup de respect saluer leur Chef, à commencer par le plus ancien des vieillards, qui eleve ses mains sur sa tête avec de grands cris. Le reste des assistans fait la même ceremonie, en repondant sur le même ton. Ensuite chacun prend sa place, & lorsqu'il y a quelque affaire d'importance, le Roi ou le Paraousti fait appeller les *Jaoüanas*, (ce sont leurs Prêtres) & les Anciens, afin que chacun dise son avis. Les Jaoüanas ont grande influence sur ces déliberations, & sur l'esprit des Guerriers. Le resultat de ces avis vaut la décision d'un Concile. Après ces déliberations, les vieilles femmes apportent un breuvage fort, qui est le jus qu'elles ont épreint, & fait infuser de quel-

ques

ques herbes. Ce breuvage a cela de dégoutant qu'il est fait par de vieilles crasseuses, qui ont l'air de Sorcières: mais pour eux ils n'y trouvent rien de désagréable, & pour dire la vérité, lorsqu'il a infusé, & bouilli, il est clair & n'est désagréable ni au goût, ni à la vûë. Une espece d'Echanson le présente au Paraousti en élevant les mains sur sa tête, & celui-ci boit le premier dans la coupe, après quoi la Troupe Guerriere & les Vieillards boivent à leur tour. Ce breuvage est fort estimé chez les Floridiens, & il n'y a que les Guerriers & ceux qui ont fait des exploits de guerre, qui soient jugez dignes d'en boire. Il fait suer ceux qui en ont bû, & il anime extrêmement; car, comme je l'ai dit, ce breuvage est fort. On en fait boire une certaine quantité à ceux qui sont destinez à être Guerriers, mais si leur temperament ne résiste pas à la force de cette liqueur, on les juge inhabiles aux grands exploits militaires, & on ne se fie point à eux pour les affaires d'importance, car ces Sauvages jugent de la capacité de l'esprit, par la force de la constitution du corps. Ils disent que cette boisson leur est fort utile à la guerre, où il faut jeûner quelquefois deux ou trois jours, & alors ce breuvage corroboratif ne leur vient pas mal. Aussi les Hermaphrodites, dont j'ai parlé, suivent-ils les Guerriers, munis d'une bonne provision de cette liqueur. Ils sement le Maïz deux fois l'année, aux mois de Mars & de Juillet, desorte qu'ils font recolte au bout de trois mois, & la terre se repose les autres cinq, c'est-à-dire depuis Octobre à Fevrier inclusivement. Pendant ce temslà ils ne sument point la terre, mais ils y brûlent les herbes, & les cendres servent à l'engraisser, comme cela se pratique aussi en plusieurs terres d'Italie. Ils labourent, ou plûtôt ils fouïssent & remuent la terre avec de certaines pieces de bois pointuës, & jettent tout à la fois dans de certaines ouvertures qu'ils font en béchant ainsi deux ou trois grains de Maïz. Au tems des semailles, les Chefs ordonnent aux Vieillards d'assembler les Peuples pour labourer ou fouïr. On prepare alors de quoi boire, pour s'animer & se réjouïr dans cette cérémonie, ce qui se pratique aussi au tems des moissons. Les *Paraoustis* font partager à chacun selon son rang une portion des Maïz. Ils ne sement que pour leurs provisions de quatre ou cinq mois, sans songer plus loin, & ils se moquent de nos soucis pour l'avenir, & de l'ardeur avec laquelle nous amassons des richesses. Plus avant dans le Païs vers le Nord-Oüest ils se retirent dans les bois, où ils demeurent trois ou quatre mois d'Hiver en des Cabanes couvertes de feuilles & de branches d'arbres, & y vivent de racines, de cerf, de poisson, d'huitres, d'oiseaux & autre gibier. Ils mangent aussi de la chair d'Alligadors, (c'est une espece de Crocodiles.) Ils ne se font pas ouvrir la veine, lors qu'ils sont malades, ainsi que cela se pratique par deça: mais ils appellent leurs Jaoüanas, qui sont Prêtres & Medecins. Ceux-ci sucent l'endroit du corps qui fait le plus de mal aux malades, & cela de la bouche, quelquefois aussi avec une espece de chalumeau, après avoir fait une petite incision près de quelque veine. Ils font aussi des incisions aux parties affligées de ceux qui se mettent entre leurs mains. Avant la ceremonie le Jaoüana prononce quelques paroles, de même qu'après l'operation. Que le malade meure, ou guerisse, le Jaoüana ne perd rien de la gravité, qui fait une partie de son art, ni les Sauvages de l'estime & de la confiance qu'ils ont pour ces gens. Les Jaoüanas savent aussi provoquer le vomissement à leurs malades avec une poudre qu'ils font de coquillages calcinés. Il faut être Floridien ou Diable, pour résister à la violence de ce vomitif, car je doute qu'il se put trouver de remede plus éficace pour envoyer un Européan à l'autre monde. Ils baignent aussi leurs malades, & quand il n'y a plus de remede, ni d'esperance, ils les exposent au Soleil levant à la porte de leurs cabanes, priant & conjurant le Soleil de les guerir. Dans toutes les maladies l'ordre des remedes est toûjours le même. Ils commencent d'abord par sucer & faire des incisions, ils continuent par le vomitif, par le bain &c. jusqu'à ce que la guerison ou la mort s'ensuive. En tout cela ils conservent bien leur presomption, qui demeure cachée à ces pauvres Peuples sous une modestie affectée & dans une abstinence aparente. Il est bien vrai pourtant qu'ils font un rude & long aprentissage sous les vieux Jaoüanas, qui sont les Chefs de la Secte: ce qui contribuë sans doute à la confiance que les Floridiens ont pour ces Prêtres Medecins. Ces Jaoüanas sont vétus de longues robes faites de diverses peaux coupées en bandes inégales. Ces robes sont attachées avec des ceintures de peau de cerf, auxquelles ils attachent leurs sachets pleins d'herbes. Sur la robe ils portent en guise de manteau la peau de quelque bête sauvage. Ils vont les pieds & les bras nuds & portent sur la tête un bonnet de peau qui finit en pointe. Les femmes sont grandes & fortes, de couleur olivâtre, comme les hommes. Elles ont aussi les bras, les jambes & le corps peints de plusieurs couleurs, qui ne sauroient s'éfacer, parce qu'elles sont imbibées dans les chairs, par le moyen des piquures, si bien qu'elles y restent toûjours. Cette couleur olivâtre des uns & des autres ne vient pas tant de l'ardeur du Soleil, que de certaines huiles, dont, pour ainsi dire, ils se vernissent la peau. Elles vont nuës, excepté quelque partie du corps qu'elles couvrent. Ces femmes Floridiennes sont agiles & passent fort bien à la nage les grandes Rivières, même en tenant leur enfant d'un bras. Elles savent grimper avec une pareille agilité sur les plus hauts arbres du Païs. Si nous en croyons l'Auteur cité, la Floride s'étend jusques à environ 85. lieuës communes de la Capitale du Mexique, car voici comme il en parle: Les Provinces que les Espagnols ont découvertes en la Floride sont celles-ci: Panuco, qui est la plus voisine de la Nouvelle Espagne. François de Garay la découvrit en 1518. & y laissa plusieurs de ses gens, que les Sauvages massacrérent, écorchérent & mangerent, après avoir seché leurs peaux, qu'ils pendirent pour trophée au Soleil. Ceux-ci se percent le nez & les oreilles, pour y mettre des plaques & des anneaux. On dit qu'ils se marient tard, & cependant on assure que les filles de dix à douze

douze ans ont déja perdu leur virginité à cet âge. Cette partie de la Floride, qui avoisine la nouvelle Espagne, est bonne & fertile. Elle s'étend jusqu'à Rio Panuco, Riviére qui a de bons havres pour les Vaisseaux. Les Espagnols ont aussi découvert les Apalaches & Jaquaza, qui est proprement la Floride: mais en général le Païs est encore aux naturels, excepté du côté de la Caroline, vers les Forteresses de Saint Matthieu & de Saint Augustin, deux Places assez dégarnies. J'ai déja dit que St. Mathieu est présentement aux Anglois.

Carreal. Voyag. p. 43.

Les Mers qui environnent la Floride sont remplies d'Isles, de bancs, d'écueils & de bas fonts dangereux. Pour ce qui est des Islets, on en compte bien quatre cens, sans parler des Isles Lucaies & de quelques autres, qu'on trouve au Nord de Cuba & de S. Domingue, & au debouquement du Canal de Bahama.

b P. 44. & seqq.

b Les Floridiens ne sement, ne plantent & ne prennent rien, ni à la chasse, ni à la pêche, qui ne soit à la disposition de leurs Chefs, qui distribuent, & donnent comme il leur plaît, & selon qu'ils le jugent à propos. Ils font porter les provenus de leurs terres dans un seul endroit, où la distribution se fait. A dire la vérité ils paroissent assez heureux, car ils vivent tranquillement, sans soucis & sans convoitise, (au moins en apparence) mêlans les jeux aux travaux, & toujours appliquez à la guerre, à la chasse, ou à la pêche. Ils n'ont ni querelle, ni procès, ni Procureurs, ni Avocats, & s'il y a quelque chose où ils ne puissent s'accorder, on a recours à l'arbitrage & au jugement des Capitaines, dont la décision sert de Loi, sans appel & sans mécontentement des Parties. On trouve sur les Côtes de la Floride & près des Lucaies certains coquillages d'où les Naturels du Païs tirent des petites pierres rouges, qu'ils pendent à leurs oreilles. Ils en ont d'autres encore, qu'ils tirent de la tête d'une espéce d'escargot qu'ils appellent *Cohobeo*, dont la chair est de fort bon goût. La couleur de ces pierres aproche de celle des rubis. On trouve encore dans les sables du rivage diverses petites pierres transparentes, noires, jaunes & de plusieurs autres couleurs, dont ils font des carquans & des bracelets. Outre le Maïz, les Yucas & autres racines, le poisson & le gibier, ils ont encore plusieurs bons fruits pour se nourrir: mais la plus grande partie des habitans des Isles, que les Espagnols transporterent aux Isles de Cuba, de St. Domingue & ailleurs, y moururent en mangeant de la chair. En quelques-unes de ces Isles & à la Floride, il y a si grande quantité de pigeons sauvages, de perroquets, & autres oiseaux qui font leurs nids sur les arbres, que l'on en emporte souvent des bateaux pleins d'œufs & d'oiseaux. Les arbres où ces oiseaux se nichent ordinairement sont fort toufus & semblables aux grenadiers; l'écorce tient beaucoup du goût de la canelle, de même que l'odeur qui a pourtant aussi du rapport aux cloux de gérofle. Elle est chaude & amere comme le gingembre. Le bois de cet arbre, connu en Europe sous le nom de Saffafras, & que les Indiens appellent *Pabamwe*, est jaunâtre & acre, de même que l'écorce dont je viens de parler, qui a plus de vertu que le bois. Il y a encore en ce Païs-là un fruit qu'ils appellent *Jaruma*, qui est de très-bon goût & sain. Il a un pan & demi de longueur, & il est mol comme nos figues. Aussi l'arbre a-t-il quelque rapport avec le figuier, mais il est de la grosseur d'un peuplier. Les feuilles de cet arbre sont propres à guerir des blessures. On trouve aussi là le Lopal, le Cacaotier, &c.

Gisement des Côtes de la Floride, & distances, depuis les parties Septentrionales.

Le Cap *Sant' Helena* gît à 32. degrez. C'est là qu'il y a une assez belle & assez grande Riviére qui a en plusieurs endroits dix brasses de profondeur. On y voit aux environs des bois de chênes & de cedres abondans en Cerfs & autres bêtes sauvages. L'embouchure de cette Riviére a trois lieuës de largeur, & deux pointes dont l'une s'étend à l'Ouest, & l'autre au Nord. C'est sur cette Riviére que les François bâtirent leur Fort nommé par eux *Charlesfort*. Cette Riviere aboutit à une autre & va dans la Mer. Entre les deux pointes susdites & au-devant de l'embouchure gît une Isle assez agréable & remplie d'arbres.

De Sainte Helene à *Rio secco* on compte quarante lieuës d'Espagne. Rio secco a 31. degrez de hauteur.

De Rio secco à *Santa Cruz* il y a vingt lieuës, & delà à la pointe de *Cannaveral*, à 28. degrez; il y a autour de quarante lieuës.

De Sainte Helene faisant route au Sud le long de la Côte jusqu'à *Rio Grande* ou de *S. Pierre*, il y a cinq ou six lieuës. Delà à *Guade* & plus loin à la Riviére de *San Matteo* il y a ... lieuës ou à peu près. Delà à *Rio Agostino* à peu près autant. Laissant Rio Agostino, ou la Riviére de Saint Augustin, & tournant encore au Sud, le long de la Côte, on passe la petite Riviére de *Serravahi*, puis on vient à *Matanca*. (c'est la Riviére de *May*, que l'Auteur nomme ainsi) On voit autour de cette Riviére beaucoup de meuriers rouges & blancs, où se tiennent quantité de vers à soie.

De cette Riviére on vient à un Golphe qui s'étend un peu dans le Païs. C'est là qu'arriva pour la premiére fois Laudoniere venant de France. Ayant vû plusieurs Dauphins près de l'embouchure d'une Riviére, il la nomma la *Riviére des Dauphins*.

Au côté Meridional de ce Golphe gît *Cabo Frances*, à 30. degrez de hauteur, ainsi nommé des François. C'est une pointe basse, mais qui est bordée d'arbres grands & hauts.

Du Cap François on vient à *Canaveral*, autre Cap à trente-cinq lieuës delà, & qui est ainsi nommé parce qu'il y a quantité de cannes & de roseaux.

De Canaveral au Cap de la Floride il y a quarante lieuës. Le Cap susdit est à 25. degrez de hauteur. On trouve au-devant plusieurs Ecueils que l'on appelle les Martyrs, & de petites Isles que l'on a nommées Tortuës à cause de leur figure.

Le Cap de la Floride est de vingt lieuës de large.

De-

FLO.

Delà à *Ancon-baxo* il y en a cent. Cet endroit ci gît à cinquante lieuës de Rio secco Est & Ouest, qui est la largeur de la Floride.

D'Ancon-baxo à *Rio de Nieves* il y a aussi cent lieuës.

Delà à *Rio de Flores* vingt & quatre.

De Rio de Flores à *Bahia de Spirito Santo* soixante & quinze. Cette Riviére que l'on appelle aussi la *Culara* a trente lieuës de large.

De Bahia de Spirito S. (qui gît à 29. degrez) à *Rio de Pescadores* il y a soixante & dix lieuës.

De Rio de Pescadores, qui gît à 28½. degrez, jusqu'à *Rio de las Palmas*, cent lieuës & plus.

De Rio de Palmas à *Rio Panuco* trente lieuës, & delà à *Vera-Cruz* soixante & douze lieuës. Almeria de Vera-Cruz est à 19. degrez de hauteur. Il y a trente lieuës jusqu'à *Rio d'Alvarada*, que les Indiens nomment *Papa Loapon*.

De Rio d'Alvarada à *Rio Cazocalco* on compte cinquante bonnes lieuës.

Delà à *Gritalva* on en compte quarante plus ou moins: après quoi de *Cabo redondo* au Cap de *Cotoche* ou de *Jucatan* on en met quatre-vingt dix; c'est-à-dire jusqu'à 21. degrez de hauteur.

Ainsi il y a neuf cens lieuës d'étenduë des Côtes Septentrionales de la Floride jusqu'à Jucatan. Cette pointe de Jucatan s'étend vers la terre au Nord, & plus elle s'avance en Mer, plus elle va en tournant & en s'élargissant. Elle gît à soixante lieuës de l'Isle Cuba, qui pour ainsi dire, ferme la porte de la Mer qui est entre la Floride & le Jucatan. Cette Mer s'appelle d'un côté *Golphe de Mexique*, & vers la Floride, *Mer ou Golphe de la Floride*. Les Courans sont fort rapides dans ce Golphe entre Jucatan & Cuba, jusqu'à leur issue entre la Floride & Cuba.

2. FLORIDE: on appelle ainsi une des Isles de Salomon. Elle est apparemment la même que celle qui est nommée sur les Cartes de Mr. de L'Isle l'Isle des Rameaux; au Nord-est de l'Isle Isabelle. Elle est fort petite.

FLORIMONTIUM. Voyez BLUMBERG, Les François le nomment FLEURMONT.

FLORINÆ, nom Latin de FLORENNES.

FLORIUS, Riviere d'Espagne, selon Pline [a], C'est aujourd'hui RIO LEZARO près de Finisterre.

[a] L. 4. c. 20.

FLOROPOLIS, ou FANUM SANCTI FLORI, noms Latins de ST. FLOUR.

FLORUM INSULA. Voyez FLORES.

FLOTZ[b], ou FLOC, en Latin *Flotia*, petite Ville de Turquie en Europe dans la Walachie sur la Janissa, près de son embouchure dans le Danube, vis-à-vis de la Ville d'Axiopoli.

[b] Baudrand Ed. 1705.

FLOVIUS, vers l'Istrie, ou le Frioul. Paul Diacre dit qu'il s'y livra une bataille entre Cacanus & Lupus, qu'il dit y avoir été tué.[c]

[c] De Gest. Langob. l. 5. c. 19. p. 188.

§ Ortelius lit FLOVIUS, mais l'Edition de Vulcanius[e] porte *in loco qui* Fluvius *dicitur*.

FLU.

Ortelius demande si ce ne seroit pas FLAUM ou FIUME? Le nom & l'endroit conviennent assez.

FLUCTUS PASSERIS. Martial[d] parlant des bains de l'Italie les plus vantez, dit:

[d] L. 6. Epig. 42. des Editions ordinaires, ou Epigr. 28. Edit. du P. Jouvenci.

Non mollis Sinuessa, fervidique
Fluctus Passeris aut superbus Anxur,
Non Phœbi vada, principesque Baja.

L'Abbé de Marolles qui n'y cherchoit pas de finesse, traduit rondement *Ni les flots de l'ardent Passereau*; & dit dans une note que c'est un Fleuve de la Campanie. Le P. Jouvency dans ses Notes sur Martial, dit simplement que c'est un lieu de la Campanie. Cela est plus raisonnable que d'assurer que c'est un Fleuve. Martial ne parle dans cette Epigramme que de Sources d'eaux minerales, où l'on se baignoit; & non pas de Riviéres.

FLUENTIA, ancien nom de FLORENCE. Voyez ce mot.

FLUENTINI, ancien nom des Habitans du Florentin.

FLUETEN, ou VLUETEN: la premiére de ces Orthographes est de Mr. Baudrand[e], la seconde est de Mr. Maty dans son Indice des noms Latins. Ce Village qui est dans la Seigneurie d'Utrecht environ à moitié chemin d'Utrecht à Woerde, est, à ce que l'on croit, le FLETIO des anciens Bataves. Cluvier le dit ainsi au raport de Mr. Baudrand. Mr. Corneille qui ne vouloit citer ni l'un ni l'autre, a mieux aimé citer Mr. Mati qui ne fournit rien autre chose sinon FLETIO, Vlueten.

[e] Ed. 1682.

FLUMEN; mot dont les Latins se sont servis pour signifier une eau coulante, du mot *fluere*, couler; de même que nous l'appellons RIVIERE à cause des deux rives entre lesquelles elle coule. FLUVIUS, que les Latins emploioient dans le même sens que *Flumen*, vient de la même origine. Un Moderne a prétendu que *Flumen* est l'eau coulante; que *Fluvius* est le courant de l'eau. Je doute que les anciens Latins aient jamais songé à cette delicatesse; & je la crois aussi frivole que la distinction que quelques-uns font des mots *Fleuve* & *Riviére* en certaines occasions. Voyez ces deux Articles.

FLUMEN-DOSA, ou *Flumendosa*, en Latin *Dosa*, petite Riviére de l'Isle de Sardaigne. Elle a trois embouchures dans la partie Orientale de cette Isle, au petit Païs de Sarrabus près de Muravera & Santu-Vitu, ayant auparavant reçu la Riviere de Zuri.

FLUMEN-PISCENSIS: c'est ainsi qu'on lit le nom d'un Siége Episcopal d'Afrique dans la Mauritanie Sitifense, dans la Notice des Evêques de cette Province. Elle nomme *Victor Flumen-Piscensis*. On trouve aussi *Victor Flumen-Piscensis* dans la Conference de Carthage[f] au nombre des Evêques Donatistes, & c'est peut-être le même Evêque. St. Optat[g] fait mention de Januarius Flumen-Piscensis, car c'est ainsi qu'il faut lire, & non pas *Januarius Flamen-Pistensis* comme portent quelques Editions; ou *Flumen-Cispensis* comme on lit dans quelques Notices.

[f] Edit. Comelin. p. 195.
[g] De Schismat. Donatist. l. 1. c. 18.

FLU-

FLU. FOA. FOB. FOC. FOC.

a Baudrand Ed. 1705.
FLUMEN-SANTO[a], en Latin *Flumen-Sanctum*, Rivière de l'Isle de Sardaigne, dans la partie Septentrionale & dans la Province de Lugodori. Elle se jette en Mer près de Porto-Torre, vers Sassari, selon François de Vico cité par Mr. Baudrand.

FLUMEN-ZERITANUS, Siége Episcopal d'Afrique dans la Mauritanie Cesariense. La Notice des Evêques de cette Province nomme Paul Evêque de ce lieu-là.

b De Verbor. significat. l. 6.
FLUMENTANA PORTA, l'une des portes de Rome. Festus[b] dit qu'elle fut ainsi nommée parce qu'un bras du Tibre passoit autrefois, dit-on, en cet endroit. L'un de ses Interpretes croit plutôt que c'étoit à cause qu'elle étoit auprès du Fleuve, car elle étoit à la gauche du Tibre. On la nomme présentement PORTA DEL POPOLO.

FLUSTATES, mot corrompu d'ELUSATES. Voyez ce mot.

FLUVIA, en Latin,

c Baudrand Ed. 1705.
FLUVIAN[c], en Langue vulgaire, Riviére d'Espagne, dans la Principauté de Catalogne dans l'Ampourdan. Elle a sa source aux montagnes vers Campredon, d'où elle court à l'Orient vers Castel-Foliet, Besalu & Bascara, & se rend en Mer dans le Golphe de Roses.

FLUVIUS, mot Latin dont nous avons fait le mot FLEUVE qui signifie la même chose.

FLUX & REFLUX. Voyez MER.

F O.

FOA, Ville d'Egypte dans le Delta. Voyez FOUÉ.

FOBARIA, Ville ancienne d'Irlande, au milieu de la Province de Leinster. Il en est fait mention dans quelques Actes du moyen âge, mais elle est à présent détruite.

d Baudrand Ed. 1705.
FOBOURG[d], petite Ville ou Bourg de Danemarck, sur un petit Golphe de la Côte Orientale de l'Isle de Fuhne, vis-à-vis de l'Isle d'Arroe.

FOCARIA, Promontoire de la Flaminie, Province d'Italie sur la Mer Adriatique, dans Blondi. Léandre dit que ce Cap est aujourd'hui nommé MONTE DI PESARO. Il est dans l'Ombrie au Duché d'Urbin.

e Itiner. Marit.
FOCE, Isle de la Mer Ægée, selon Antonin[e]. Dans l'Edition de Bertius on lit PHOCÆ.

FOCENSES. Voyez PHOCENSES.

Baillet Topogr. des Saints p. 595.
FOCHARD, Village d'Irlande au Diocèse d'Armach dans la Province d'Ulster. C'est le lieu de la naissance de Ste. Brigide, Vierge & Patrone du lieu dont la memoire est celebrée le 1. Janvier.

g Corn. Dict. Ambass. des Holl. à la Chine c. 52.
FOCHEU[g], Ville de la Chine, première Capitale de la Province de Fokien, en Latin *Focheum*. Elle en a sept médiocres sous sa jurisdiction, Cutien, Mincing, Changlo, Lienkiang, Loyeven, Jungfo & Focing. Cette Ville est arrosée de la Riviére de Min & des eaux de l'Océan, qui par une large embouchure, portent de grands Vaisseaux jusqu'à ses murailles. La magnificence de ses bâtimens publics, le grand nombre de Marchands qui y trafiquent, la quantité de gens doctes qu'on y trouve, la somptuosité de ses ponts, dont l'un a cinquante perches de longueur; la fertilité de son terroir, & l'opulence de ses Habitans lui donnent rang entre les plus nobles Villes de l'Empire. On fait dans son territoire une quantité incroyable de sucre blanc, & on y recueille avec abondance les fruits de Lichi, de Lungyen & de Muiginli. Le Lichi est un fruit qui naît en des arbres fort grands & fort hauts, dont les feuilles sont semblables à celles du Laurier. Des extrêmitez des branches sortent des raisins. C'est où est le fruit comme dans les grappes. Il est néanmoins plus clair & pend à des queuës plus longues. Ce fruit a la figure d'un petit cœur, & est de la grosseur d'une grosse noix. Il a beaucoup de rapport avec une petite pomme de pin. L'écorce est pleine d'écailles & n'a pas plus d'épaisseur qu'une pellicule qu'on peut aisément déchirer avec la main. Le noyau est blanc & succulent & d'un très-bon goût, & a la même odeur que les roses. Quand le fruit est mûr, il est violet & pourprin, de sorte que ces arbres semblent être pleins de cœurs de pourpre, ce qui est fort agréable à la vûë. La chair environne l'os & la pierre. Plus elle est petite, plus on estime ce fruit. Le noyau fond en la bouche; c'est comme une tablette de sucre rosat. Le *Lungyen*, c'est-à-dire, œil de Dragon, est un peu plus petit & plus rond que le Lichi, à peu près comme peuvent être nos grosses cerises. La peau en est un peu plus dure & plus couverte d'écailles. Les Habitans sechent ce fruit pour le débiter aux Etrangers. Le *Muiginli* est une espece de prune. Ces prunes qu'ils appellent prunes de la belle femme, sont beaucoup plus grosses & meilleures que les prunes de Damas, plus rondes qu'elles ne sont longues ou ovales. Au Midi de la Ville de Focheu on voit le Côteau de *Keutai*, qui renferme un superbe Temple, appellé *Nantai*. Au Nord on découvre le Mont de Sive, remarquable pour sa hauteur. On voit encore les Monts d'*Uhoa* & de *Jungfu*, celebres pour leurs Forêts & pour leurs Monastères consacrez aux Idoles. Celui de *Fang* est renommé pour les oranges, les citrons & les limons qu'il produit.

FOCHIA *Vecchia*, en Latin *Phocæa*. Mr. Baudrand[h] y ajoute *Phocis* qui ne se trouve dans aucun bon Auteur de l'Antiquité si ce n'est pour signifier la Phocide, Province de la Grece. Voyez PHOCÆA. *Fochia Vecchia* n'est plus qu'un Village de la Natolie dans la Province de Sarcum, à X. milles de la nouvelle Fochia au Midi vers Smyrne.

h Ed. 1705.

FOCHIA NOVA, ou *Foja*, Ville de la Natolie dans la Province de Sarcum[i] avec un bon Port & un Château, sur la Côte Meridionale du Golphe, que les Venitiens commandez par Jacques de Riva défirent l'Armée Navale des Turcs l'an 1650. On croit que cette Ville occupe à peu près le même terrain que la CYMÆ des Anciens. *Cymæ* étoit peu de chose & s'est accrué aux dépens de Phocée dont elle a pris le nom. C'est pourquoi on lui donne le surnom de nouvelle pour la distinguer de l'ancienne. Elle est au Nord & à XXXVI. milles de Smyrne.

i Baudrand Ibid.

FOCIA. Le Livre contre les Images attribué à

FOC. FOD. FOE.

^a c. 25. à Charlemagne^a fait mention d'un Léon, Evêque de Focia. Ce doit être de *Phocée*, ou *Fochia Vecchia*, laquelle a été une Ville Episcopale.

^b Hift. Ecclef. 1. FOCIS, Lieu d'Egypte où demeuroit un homme nommé Paul au raport de Rufin^b. C'est aparemment la même que Φῶκις dont parle Eustathe en décrivant la Ville d'Alexandrie^c.
^c In Dion. Perieg.

^d Thefaur. in voce. DAULIS. 2. FOCIS, ancienne Ville de laquelle il est fait mention dans l'Itineraire d'Antonin, cité par Ortelius. Ce dernier Auteur^d soupçonne que c'est la même que DAULIS ou DAULIA, Ville de la Phocide. Mais Antonin ne nomme aucune FOCIS; mais seulement PHOCIS à XL. milles de Delphes & de Thespies; en quoi les Exemplaires de Surita, de Bertius, & celui du Vatican s'accordent parfaitement contre leur coutume.

^e Dapper Afrique p. 315. FOCKE^e, Village de la Nigritie auprès de la Riviére de Calbarie. On y recueille quantité de vin; c'est pourquoi les Hollandois le nomment WYN-DORP qui signifie cela.

FOCUI. Voyez l'Article suivant.

^f L. 3. c. 10. FOCUNATES, Peuple des Alpes duquel Pline^f fait mention. Il y en a qui veulent que ce soit le Faucigni, ou Fossigni. Le R. P. Hardouin trouve qu'il n'y a pas d'aparence que Pline ait fauté sans raison des Alpes Rhetiques dont il parle auparavant, aux Alpes Poenines où est le Fossigni.

^g Brown Voyages p. 52. FODWAR, Ville de Hongrie, vis-à-vis de Colocza, & de l'autre côté du Danube. Brown^g faute de s'être expliqué nettement a donné lieu de croire que cette Ville étoit Episcopale. Nous allames, dit-il, delà (de Pentole) à Fodwar qui est à la vuë de Colocza, & qui est située de l'autre côté du Danube sur le chemin de Temeswar, qui étoit autrefois une Ville Archi-Episcopale. La temerité de Tomoreus qui en étoit Evêque ne contribua pas peu à la perte de la Hongrie dans la bataille de Mohats. Son Traducteur s'exprime d'une maniére si louche qu'on ne sait si c'est Fodwar, ou Colocza, ou Temeswar qui étoit autrefois le Siège d'un Archevêque. Mais d'ailleurs il est certain que Tomoré étoit un étourdi qui de Cordelier devint Evêque de Colocza, puis Generalissime des Troupes Hongroises sous Louis Roi de Hongrie, & qui aiant meprisé les sages avis des gens de Guerre hazarda & perdit la bataille qui couta la vie au Roi, & causa la ruine du Païs. Ainsi ce que Brown dit de l'Archevêché ne convient qu'à Colocza, & non pas à Fodwar.

FOEDATURÆ, ancienne Colonie, selon Frontin allegué par Onuphre que cite Ortelius.

FOEHEEN, Ville de la Chine dans le Pekeli, sur la gauche d'une Riviére qui un peu au-dessous tombe dans celle de Caoleang qui coule à Peking. Mr. Corneille dit qu'elle est au bord de cette Riviére; en quoi il se trompe, ou bien il n'est pas vrai ce qu'il ajoûte, à savoir que Foeheen est nommée QUE par quelques-uns. Cette Ville qui est marquée sur une Carte dressée pour la route du Voiage des Ambassadeurs Hollandois à Peckin, ne se trouve ni dans celle de la Chine par Mr. de l'Isle, ni même dans les Cartes

FOE. FOG. FOI.

particuliéres des Provinces par le P. Martini. Dans le Voiage cité^h on lit FOCHEEN. ^h P. 48.

FOEDERATORUM FLUMEN. Voyez SALDUBA.

FOGARAS, Château & Fortereffe de Transilvanie, à quatre milles de Cronstadt.

FOGGIAⁱ, Ville du Royaume de Naples, dans la Capitanate près la Riviere de Cerbaro. Elle est connue à cause de sa riche Douane & n'est qu'à huit milles des Côtes du Golphe de Venise & environ à dix de Manfredonia au Levant. Ce fut là que mourut Charles d'Anjou, Roi des deux Siciles, le 7. Janvier en 1285. ⁱ Baudrand Ed. 1705.

FOGLIA^k (la) en Latin *Pisaurus*, *Isaurus*, Riviére d'Italie dans l'Etat de l'Eglise. Elle a sa source dans l'Apennin sur les Frontieres de la Toscane, d'où passant par le Duché d'Urbin, elle se rend dans le Golphe de Venise à Pesaro. ^k Ibid.

FOGLIANO^l, Lac d'Italie dans la Campagne de Rome sur la Côte de la Mer entre la Plage Romaine & les Marais Pontins à l'Orient de l'embouchure de la Riviére d'Astura. On le nomme aussi *Lago di Crapolaccio*. Il communique à l'Occident avec la Mer, & au Midi avec le Lac della Soressa. Mr. Corneille dit que son étendue est d'environ IV. milles d'Occident en Orient. ^l Magin Ital.

FOGO, L'ISLE DE FEU. Voyez FUEGO.

FOGORA, Ville d'Abissinie, au Royaume de Dambée, selon Dapper^m. ^m Afrique p. 412.

§ FOIA VECCHIA. Mr. Corneille dit que c'est une Ville ancienne de l'Eolide en Grece. Il se trompe, je marque l'origine de son erreur au mot PHOCÉE, qui est le vrai nom de cette Ville. Elle n'étoit point dans la Grece, mais dans la Natolie, comme Mr. Corneille le dit beaucoup mieux au mot FOCHIA. L'envie de citer Mr. Maty plutôt que Mr. Baudrand a été cause qu'il atribue à ce premier une faute grossiere qu'il n'a pas faite.

FOIGNI, Abbaye de France en Picardie, au Diocèse de Laon sur la Riviére d'Aubenton en Tierrache, à deux lieuës de Vervins vers l'Orient d'Eté. On la nomme en Latin *Fusniacum*. Elle est de l'Ordre de Citeaux, & remarquable à cause de St. Bernard, comme on peut voir dans la Vie de ce Saint écrite par Mrs. le Maître & Baillet. Barthelemi, Evêque de Laon, la lui donna l'an 1121.

FOILE. Voyez FOYLE.

FOIXⁿ, Ville de France, Capitale de la Province du même nom. Elle est située sur la Riviére d'Auriege, au pied des Monts Pyrenées, à six lieuës de la Frontiere d'Espagne, à trois de Pamiers & à douze de Toulouse. On ne sait point quand cette Ville a été bâtie; son origine étant incertaine & inconnuë; ce qui est sûr, c'est que les Comtes de Carcassone, à qui Foix appartenoit, y fonderent une Eglise dediée à Saint Volusien, Martyr, à laquelle ils donnerent cette Ville & d'autres grands biens dans l'XI. siécle. Le suivant, on y mit des Chanoines Reguliers, & cette Eglise de Saint Volusien devint une Abbaye. Les Comtes de Foix, Successeurs de ceux de Carcassone, n'avoient que le Château ⁿ Longuerue Desc. de la France. 1. part. p. 216.

de

de Foix; pour la Ville elle appartenoit entiérement aux Chanoines Reguliers de Saint Volufien; ce qui dura jufqu'à l'an 1168. que l'Abbé Pierre affocia le Comte en Pariage pour la Juftice, & le haut Domaine de cette Ville, à la charge que le Comte s'obligeroit à défendre les droits de cette Abbaye, & ce Pariage dure encore aujourd'hui. L'Abbaye de Saint Volufien avoit été ruïnée par les Proteftans durant les troubles de la Religion, mais elle avoit été retablie dans le dernier fiécle, & l'Abbé jouït toûjours de fes anciens droits, ayant le premier rang à l'Affemblée des Etats de la Province de Foix après l'Evêque de Pamiés, qui en eft le Prefident né. Quelques-uns ont voulu reculer la fondation de l'Abbaie de St. Volufien, & dire qu'elle fut fondée par Charlemagne en mémoire de la celebre victoire qu'il remporta fur les Sarrazins.

Ibid. p. 215.

LE COMTÉ DE FOIX, Province de France. Elle eft environnée par le Languedoc du côté du Septentrion & de l'Orient; à l'Occident elle confine avec le Païs & Sénéchauffée de Commingés; au Midi elle a le Rouffillon, & de ce même côté les grandes Pyrenées la feparent de la Catalogne. Elle a pris fon nom de fa Capitale Foix, dont il n'eft fait mention dans aucun Monument certain de l'Hiftoire avant l'onziéme fiécle. L'on voit qu'alors cette Place & fes dépendances, quoiqu'elle fût dans le Diocèfe de Touloufe, appartenoit aux Comtes de Carcaffone, & n'avoit point le titre de Comté, comme nous l'avons déja fait voir en parlant de l'ancien Comté de Conferans, donné par Roger Comte de Carcaffone à fon fils Bernard, avec le Château de Foix, & plufieurs autres terres fituées dans l'Evêché de Touloufe; & quoique Bernard perdît le Comté de Conferans, il conferva Foix, dont il prit le premier le titre de Comte.

Cette ancienne Seigneurie de Foix s'étendoit depuis les Pyrenées jufqu'à un lieu nommé le Pas de la Barre, fitué à une lieuë au deffous de la Ville de Foix; le Comte Bernard & fes Succeffeurs tenoient tout cet'efpace de terre librement & en franc-aleu, fans en faire hommage ni au Comte de Touloufe, ni à aucun autre Prince. Quant au Territoire qui eft au-deffous de Foix en tirant vers Touloufe, le Comte de Foix en faifoit hommage à celui de Touloufe, comme on le voit par les anciens dénombremens qu'ils en ont donné, & par le témoignage de Guillaume de Puy-Laurent en fon Hiftoire des Albigeois, qui affure que le Comte de Foix reconnut tenir du Comte de Touloufe toute la terre qu'il poffedoit du Pas de la Barre en bas dans l'Evêché de Touloufe. Raymond Roger Comte de Foix fe joignit au Comte de Touloufe pour la défenfe des Albigeois, & il fe rendit Vaffal de Pierre Roi d'Arragon, comme le Comte de Touloufe avoit fait; deforte que depuis ce tems-là ces Rois prétendoient à la Seigneurie directe & à la Souveraineté du Comté de Foix; mais Jacques Roi d'Arragon, y renonça par la Tranfaction paffée avec Saint Louïs l'an 1258. Le Comté de Foix avoit dès auparavant reconnu pour Seigneur de Fief le Roi Saint Louïs, à caufe de toutes les terres de Foix qui relevoient auparavant du Comte de Touloufe, & le Roi l'avoit reçû pour homme & Vaffal par fes Lettres datées du mois de Janvier 1251.

Depuis ce tems-là les Comtes de Foix devinrent Vaffaux immediats du Roi de France, & reconnurent tenir de fa Couronne tout leur Comté, fans diftinction de ce qui étoit de Fief, & de ce qui étoit de franc-aleu.

Ce Comté, avec tous les autres grands biens de la Maifon de Foix, vint à la Maifon de Grailly dont les droits pafferent à celle d'Albret, & enfin de celle-ci à celle de Bourbon par le mariage de Jeanne d'Albret avec Antoine Duc de Vendôme: leur fils Henri IV. étant parvenu à la Couronne, y réünit le Comté de Foix l'an 1607.

FOKIEN, ou FOKIENN, Contrée maritime de la Chine, & la XI. dans l'ordre des Provinces de cet Empire. Elle a l'Océan des Indes au Levant & au Sud-Eft, celle de Quanton au Sud-Oueft, celle de Kianfi à l'Oueft, & celle de Tchekian au Nord, felon Mr. de l'Ifle. Mr. Baudrand lui met à l'Occident la Province de Quanfi; cela n'eft pas exact. Celle de Quanton eft entre-deux. Voici l'idée que nous en donne le P. Martini dans fon Atlas de la Chine. La Province de Fokien étant maritime, a de grandes facilitez pour la navigation & pour le commerce. Elle a beaucoup de Montagnes, de Bois, & de Côteaux qui ne font gueres propres à labourer, mais qui en échange fourniffent de quoi bâtir des Vaiffeaux. Il y a quantité de Sources dont on détourne les eaux dans les endroits où l'on en a befoin, pour arrofer les Champs enfemencez de ris: & comme cette efpece de grain ne peut venir, pour ainfi dire, que le pied dans l'eau, l'induftrie des Habitans au défaut de Plaines menage le long des côtez des montagnes, des terrains diftribuez en differens étages, où ils fement le ris, & l'arrofent par le moyen des refervoirs d'eau qu'ils font au-deffus. Ils font même paffer fouvent cette eau, fuivant les befoins, d'une montagne à l'autre par des canaux. Cette maniere de cultiver les montagnes eft generale dans prefque toute la Chine; mais elle eft beaucoup plus ufitée dans la Province de Fokien, par la raifon qu'il s'y trouve une plus grande quantité de montagnes.

L'adreffe & l'induftrie des Habitans ne contribuent pas peu à la richeffe de cette Province. Ils font en effet prefque les feuls Chinois qui faffent le Commerce maritime avec les Etrangers chez qui ils vont commercer, quoique cela paroiffe défendu par les Loix du Païs. Ils emportent avec eux les plus riches marchandifes de la Chine, comme l'or, le mufc, les pierres précieufes, l'argent vif, des foïeries, des toiles de chanvre, & de coton; & même du fer & de l'acier: & en échange ils remportent dans leur Païs de l'argent, de la canelle, du poivre, de l'ambre, du corail & autres fortes de marchandifes, fur lefquelles ils font un profit confiderable. En un mot, pour concevoir la force de leur commerce, & le nombre de leurs Vaiffeaux, il n'y a qu'à faire attention, que l'Empereur de la Chine fongeant à faire la Guerre à celui du Japon, la Province de Fokien offrit de fournir un nombre fuffifant de gros Vaisseaux, qu'ils nomment dans le Païs *Changpan* & *Pancung*, pour faire un pont qui prit de la Côte de la Chine à celle du Japon, & l'on ne doute aucunement qu'ils n'eussent fourni ce nombre de Vaisseaux si la violence de cette Mer eût permis de mettre la chose en pratique.

C'est de cette Province que partit Marco Paolo, Venitien, pour s'en retourner en son Païs, après cette fameuse navigation qu'il fit dans les Indes. Elle est nommée dans la Relation de ce Voyage FUGUI, nom derivé de celui de la Capitale *Focheu*.

Le peuple de cette Province est naturellement adonné aux plaisirs les plus déreglez des sens. Il est industrieux & adroit jusqu'à la tromperie. La même Langue ne regne pas dans toute la Province, mais chaque Ville a la sienne propre qui ne peut que difficilement être entenduë de ses voisins. Ils ont ordinairement beaucoup d'esprit, & s'appliquent extrêmement à l'étude & aux Lettres Chinoises.

On a eû de la peine à y introduire la Religion Chrétienne ; cependant après bien des peines l'obstination d'une partie des Habitans a cedé à la force du raisonnement, & aujourd'hui il y a peu de Villes où il n'y ait quelque Eglise Catholique.

L'air de cette Province est à la vérité un peu chaud, mais il y est pur & sain ; à quoi ne contribuent pas peu apparemment les grands Fleuves & les Riviéres qui arrosent le Païs. La côte de la Mer est coupée d'une infinité de Golphes, & l'on y trouve une abondance prodigieuse de toute sorte de poissons que l'on voiture dans les terres ou frais, ou sechez, & dont l'on tire un profit considerable. On prétend qu'il y a dans le Païs des Mines d'or & d'argent ; mais jusqu'ici celles qui ont été ouvertes n'ont fourni que de l'étain & du fer.

Au lieu de donner ici simplement le nom des principales Villes de cette Province, je les donne distinguées suivant leurs Metropoles, avec leur longitude & latitude telles que le P. Martini les a fixées dans son Atlas, où il place le premier Meridien au Palais de *Peking*, & où les Villes les plus Orientales sont marquées par la lettre O, & les plus Occidentales par la lettre P.

Noms.	Longitude.		Latitude.	
	Degr.	min.	Degr.	min.
I. *Ville Metropolitaine.*				
Focheu.	2.	40.	25.	58. O
Cutien.	1.	35.	26.	22. O
Mincing.	1.	53.	26.	2. O
Changlo.	3.	10.	25.	48. O
Lienkiang.	2.	59.	26.	11. O
Loynen.	3.	16.	25.	20. O
Jungfo.	2.	4.	25.	45. O
Focing.	3.	13.	25.	36. O
II. *Ville.*				
Civencheu.	2.	9.	25.	0. O
Nangan.	2.	29.	25.	14. O
Tchoa.	1.	5.	25.	24. O
Gänki.	1.	34.	25.	4. O
Tunggan.	1.	50.	24.	50. O
Jungchung.	1.	29.	25.	14. O
III. *Ville.*				
Changcheu.	1.	10.	24.	42. O
Changpu.	0.	53.	24.	29. O
Lungnien.	0.	35.	24.	52. P
Nancing.	0.	34.	24.	39. O
Changrai.	0.	36.	24.	54. O
Changping.	0.	0.	24.	55. -
Pingho.	0.	7.	24.	37. O
Chargan.	0.	40.	24.	0. O
Haicing.	1.	16.	24.	22. O
Ningyang.	1.	15.	24.	56. O
IV. *Ville.*				
Kienning.	1.	0.	27.	0. O
Kienyang.	0.	45.	27.	22. O
Cunggan.	0.	28.	27.	41. O
Puching.	1.	12.	27.	47. O
Chingho.	1.	59.	26.	47. O
Sungki.	1.	32.	26.	55. O

Xeu-

FOK. FOL.   FOL.

Noms.	Longitude Degr.	min.	Degr.	Latitude min.	
Xeuning.	2.	27.	26.	35.	O
V. Ville.					
Jenping.	0.	57.	26.	34.	O
Cianglo.	0.	6.	26.	39.	O
Xa.	0.	35.	26.	20.	O
Yenki.	1.	26.	25.	56.	O
Xunchang.	0.	29.	26.	45.	O
Junggan.	0.	13.	26.	4.	O
Tatien.	0.	40.	25.	56.	O
VI. Ville.					
Tingcheu.	0.	55.	25.	40.	P
Ninghoa.	0.	44.	26.	30.	P
Xanghan.	1.	2.	25.	8.	P
Unping.	1.	35.	25.	10.	P
Cinglieu.	0.	29.	26.	9.	P
Lienching.	0.	28.	25.	34.	P
Queihoa.	0.	20.	26.	31.	P
Jungting.	1.	0.	24.	31.	P
VII. Ville.					
Hinghoa.	2.	35.	25.	27.	O
Sienlieu.	2.	10.	25.	28.	O
VIII. Ville.					
Xaouü.	0.	2.	27.	10.	P
Quangce.	0.	15.	27.	24.	P
Taining.	0.	30.	26.	54.	P
Kienning.	0.	44.	27.	13.	P
Grande Cité.					
Fohing Θ.	4.	6.	26.	33.	O
Fogan.	3.	19.	26.	46.	O
Ningte.	3.	34.	26.	32.	O
Places fortes.					
Punnen.	4.	25.	27.	0.	O
Foning.	4.	8.	26.	15.	O
Tinghai.	3.	22.	26.	10.	O
Muihoa.	3.	21.	25.	52.	O
Xe.	3.	28.	25.	50.	O
Haiken.	3.	50.	25.	50.	O
Vangan.	3.	34.	25.	29.	O
Ganhai.	2.	3.	24.	45.	O
Hiamuen.	1.	59.	24.	35.	O
Chungae.	1.	26.	24.	30.	O
Tungxan.	0.	57.	24.	15.	O
Hivenchung.	0.	46.	24.	0.	O
Jungting.	1.	18.	24.	33.	P

a Ortel. Thesaur. FOLCODI[a], Rocher qui fait partie de la Montagne de Voge. Il en est fait mention dans la Vie de St. Hildulphe.

b Baudrand FOLEMBRAI[b], en Latin *Follanebranum*, Maison Roiale de France en Picardie dans le Laonois, à une lieuë de la Ville de Couci au Couchant[c]. Henri II. en faisoit ses délices; mais depuis que sous son Regne Marie Reine de Hongrie, Gouvernante des Païs-bas, eut mis le feu à ce Château, il n'en reste plus que des ruïnes qui deperissent de jour en jour. Le Duc d'Orleans jouït du domaine qui fut donné à Philippe Frere unique de Louïs XIV. pour suplément d'apanage.

c Piganiol de la Force Desc. de la France T. 2. p. 309.

FOLGIA, petit Royaume d'Afrique dans la Nigritie, auprès de Rio Junck au Midi du Cap de Mesurada, entre la Riviére de St. Paul & le petit Dieppe, selon Dapper[d].

d Afrique Carte de la Nigritie. e Corn. Dict.

FOLIGNI[e], FOLIGNO, ou FULIGNO, en Latin *Fulginia* ou *Fulginium*, Ville d'Italie dans l'Ombrie, située au bord du Topino, en partie sur le penchant d'une montagne, & en partie dans une plaine qui est l'une des plus belles & des plus fertiles de tout le Païs. C'est

Memoires dressez sur les lieux en 1701.

un lieu très-agréable, rempli de riches Marchands. Ses ruës font droites & comme tirées à la ligne, & la grande place est bordée de grands bâtimens, entre lesquels ceux de la Maison de Ville & du Gouverneur sont les plus considerables. Son Evêché est Suffragant du Saint Siége. Le Dôme ou l'Eglise Cathedrale est dediée à Saint Felicien, dont le corps repose sous le Maître-Autel, élevé au milieu de la Croisée, sous la Coupole, isolé & disposé en forme de Confessional, comme de celui de Saint Pierre à Rome. Un Seigneur de la Maison de Roscioli, l'a fort enrichie de marbres fins, de bronzes dorez & d'argenterie, & autres ornemens, à quoi il a employé trente mille écus. Il l'a même établie son heritiere, & lui a laissé plus de cent cinquante mille écus, à la charge de quelques Messes fondées à perpetuité. Entre les plus belles Chapelles du Dôme, celles des Seigneurs Elisei, avec un double *jus-patronatus*, est une des plus considerables. Il y a un tableau des Fiançailles de la Sainte Vierge, peint par le Cavalier Ventura Salimbeni, Sienois. On admire dans une Eglise de Religieuses un autre tableau de Raphaël d'Urbin, qui représente une Vierge dans les nuées, & quelques Saints au bas. On voit à Saint Augustin une nativité de notre Seigneur, de Nicolas Alumno de Foligni. Outre l'Eglise Cathedrale desservie par un Chapitre nombreux, il y a deux autres Eglises Collegiales, huit Paroissiales, douze Couvents de Religieux, autant de Religieuses, & plusieurs Hôpitaux & Oratoires de Confrairies, ce qui va au-delà de soixante Eglises. Le Palais des Marquis Elisei est magnifique, & fort richement meublé. Il est si spacieux que la Reine Doüairiere de Pologne ayant passé par Foligni pour aller à Rome en 1699. logea fort commodément dans ce Palais, avec toute sa Cour. Celui de la famille de Sylvestre est isolé, & du dessein de Bramante Lazari. On conserve dans la maison des Cantagalli un Tabernacle d'argent pour enfermer le Saint Sacrement. C'est un ouvrage du Sieur Urbain, fameux Orfevre & Sculpteur Statuaire à Rome. Il a coûté six mille écus, & celui qui en est le possesseur, le prête aux Eglises où se font les prieres de quarante heures. La Ville a quatre portes, & l'on y compte plus de quatorze cens familles, qui font près de neuf mille ames. Le peuple est ami des Etrangers, & cela est cause qu'ils s'y établissent volontiers trouvant à y subsister honnêtement en diverses professions. On y fait sur tout d'excellentes confitures. Il y a quantité de moulins à papier, mais une des singularitez remarquables de cette Ville est la manufacture du tissu de la soye, qui se fait par le moyen de certaines machines appellées Naspi, que l'eau met en mouvement. On y tient une Foire très-celebre qui commence le 20. de Mai & dure jusqu'au 20. de Juillet. La Noblesse de la Ville jouït alors d'un privilege fort particulier qui lui a été accordé depuis un tems immemorial. Les Gentilshommes en élisent cinq d'entr'eux, qui gouvernent la Ville tant que cette Foire dure, non seulement au civil & au criminel, mais aussi à la police, jugeant en dernier ressort, & condamnant même sans appel au dernier supplice. L'autorité des Officiers du Pape comme du Gouverneur, du Podesta, & du Président, est suspenduë pendant ces deux mois. On conserve dans les Archives de Foligni plusieurs Bulles & Rescrits des Souverains Pontifes qui les ont confirmez dans la joüissance d'une si belle prérogative. Il y a encore une autre belle Foire qui dure huit jours & qui commence le 24. de Janvier, jour de la Fête de Saint Felicien. Le Diocèse de Foligni comprend vingt Bourgs murez, & cent onze Villages, qui font plus de deux mille feux, & pendant plusieurs Foires qui se tiennent en divers lieux de son territoire, ce sont deux nobles Deputez des cent Gentilshommes de la Ville qui y président, & qui y administrent la Justice. Dans les autres temps de l'année, ces mêmes Gentilshommes élisent les Magistrats, comme le Podesta, le Chancelier & autres. Ce qui augmente beaucoup le lustre de la même Ville, c'est qu'elle a donné plusieurs Cardinaux, & plus de trente Evêques à l'Eglise, grand nombre de savans Jurisconsultes, & des Medecins très-renommez. On la reconnoît pour être fort ancienne. M. Portius Cato, *Libro de Originibus*. Ciceron, *in Oratione pro Cornelio Balbo*. Cæsar, *Comment. L. 5. de Bello civili*, & plusieurs autres Auteurs en font mention. C'étoit une Ville libre qui se gouvernoit selon ses Loix sous la protection des Romains, qui appelloient ces sortes de Villes *Municipia*. Elle s'aggrandit beaucoup au VIII. siécle de l'Eglise par le concours des Habitans de la Ville, dite *Forum Flaminii*, qui s'y refugierent après la destruction de leur Ville. Durant les Guerres civiles des Guelfes & des Gibelins qui désolerent si long-temps l'Italie au XIII. siécle, la Ville de Foligni fut presque entierement ruinée par les Perusiens l'an 1281. mais ayant été rebâtie, les Trinzi s'emparerent du Gouvernement, & y dominerent long-temps d'une maniere assez tyrannique, jusqu'à ce que le Cardinal Vitelleschi, Legat à Latere, fit mourir le dernier de cette famille l'an 1439. & remit la Ville sous l'obéïssance du Pape. Saint Crispolde & Saint Brice, Disciples de l'Apôtre Saint Pierre, furent les premiers qui annoncerent l'Evangile à Foligni, à Forum Flaminii, & à Nocera, dont ils furent les premiers Evêques particuliers, comme on le voit dans les souscriptions des Conciles. Le plus illustre de leurs Successeurs, qui est le sixiéme, est Saint Felicien. On trouve les signatures de plusieurs Evêques de cette Ville, au bas des Actes de divers Conciles, & entr'autres de Fortunat qui assista à un Concile de Rome convoqué par le Pape Symmaque l'an 501. & de Florus qui se trouva au sixiéme Concile general, troisiéme Concile de Constantinople, tenu sous le Pape Agathon l'an 767. Plusieurs autres Prelats illustres par leur sainteté, par leur naissance, & par l'éclat de la pourpre, ont gouverné cette Eglise. Le Cardinal Jean de Medicis qui fut depuis Pape sous le nom de Pie IV. a été du nombre.

FOLKER, petite Ville de Suede dans la Gestricie, sur la Riviére de Dale. Mr. Baudrand a dit *de Dalecarle*, ce qui est la même chose. Elle est environ à dix lieues d'Arosio. *a* Ed. 1705.

FOL-

FOL. FOM. FON.

FOLKINGHAM[a], Bourg d'Angleterre en Lincolnshire, sur la route de Peterburg à Lincoln, vers la source d'un Ruisseau qui avec plusieurs autres, tombe dans le Golphe de Boston.

FOLSELLI. Voyez FORCELLI.

FOMBRONE. Voyez FOSSOMBRONE.

FOMILLAN[b], Bourg ou Village de Portugal dans la Province de Tra-os-Montes, au Territoire de Chiaves. On croit qu'il tient la place du FORUM BIBALORUM des Anciens.

FONCALDE[c], Fontchaud, ou FONCAUDE, Abbaye de France en Languedoc, au Diocèse de St. Pons. Elle est de l'Ordre de Premontré. Le nom Latin est *Fons Calidus*.

FONCOMBAUD, Bourg ou Village de France dans le Berry. Il est remarquable par son Abbaye de l'Ordre de St. Benoît. Il est situé sur la Rivière de Creuse, dix lieuës au-dessous de Blanc en Berri. Mr. Corneille[d] met la fondation de l'Abbaye de Foncombaud en 1090. Mr. Piganiol de la Force[e] dit qu'elle fut fondée l'an 1091. par Pierre de l'Etoile qui en fut premier Abbé, & qui étoit un des Compagnons de Bernard Abbé de Tiron. Il ajoute qu'elle n'est point reformée. Le nom Latin est *Fons Gombaldi*.

FONDI[f], en Latin *Fundi*, Ville du Royaume de Naples dans la Province de Labour, sur les Frontieres de l'Etat de l'Eglise & de la Campagne de Rome, avec un Evêché Suffragant de l'Archevêché de Capoue; mais qui est exempt de sa jurisdiction. Elle est dans une plaine entre des montagnes, mais mal peuplée à cause du Lac de Fondi qui en est proche, & de son mauvais air; à cinq milles de la Côte de la Mer & du Golphe de Gayete, & à dix de Terracine au Levant en allant vers Mola de Gayete dont elle est à onze milles.

LE LAC DE FONDI[g], en Latin *Lacus Fundanus*, petit Lac du Royaume de Naples dans la Province de Labour, entre la Ville de Fondi qui lui donne son nom, & la Côte de la Mer. Il étoit autrefois plus grand, mais à present il ne s'étend pas plus de quatre milles, ainsi que l'assure Mr. Baudrand, qui dit l'avoir observé en passant dans ces quartiers l'an 1667. Il se grossit quelquefois comme les Paluds Pontines, lorsque les grands vents empêchent l'écoulement de ses eaux.

FONDURA. Voiez HONDURA.

FONING[h], Ville de la Chine, avec titre de Cité, dans la Province de Fokien. Elle est belle & grande, & le voisinage de la Mer lui apporte beaucoup de commoditez. Ceux qui veulent y aller par les montagnes rencontrent de grandes difficultez. Il est impossible d'y marcher vers l'Est. Au Couchant de cette Ville il y a une montagne, que l'on dit être pleine d'argent, & un Temple dedié aux Heros. Le Mont de HUNG se voit au Midi ainsi que celui de NANKIN sur le bord de la Mer. Celui de TALAO qui a trente-six sommets fort élevez, est au Nord-Est. C'est delà que sort en Automne un Ruisseau qui jette des eaux azurées. Les Habitans s'en servent en ce temps pour teindre leurs étofes en les y lavant.

FON.

FONS. Ce mot Latin veut dire *Source* ou *Fontaine*, & entre dans la composition de plusieurs noms sans presque aucun changement que celui de l'S. en T. ou même par le retranchement de cette lettre comme on a vû en *Foncalde* ou *Foncombaud*.

FONS ÆTHIOPIS. Voiez ci-après dans les Articles FONTAINE.

FONS AVELLANUS. Voiez FONT-AVELLE.

FONS-BELLAQUEUS.
FONS BLAUDI. } Voiez FONTAINE-
FONS BLIAUDI. BLEAU.

FONS CALCARIUS. Voiez FORCALQUIER.

FONS CALIDUS. Voiez FONCALDE.

FONS CLARUS, nom Latin de SHIRBORN, Bourgade d'Angleterre en Dorfetshire, aux confins de Sommersetshire.

FONS-DULCIS. Voiez FONT-DOUCE.

FONS EBRALDI. Voyez FONTEVRAULT.

FONS EPISCOPI. Voyez FONTAINE-L'EVEQUE.

FONS FORTIS. Voiez FONT-FORTE.

FONS FRIGIDUS. Voiez FONT-FROIDE.

FONS GOMBALDI. Voyez FONCOMBAUD.

FONS HORTORUM, ou LA FONTAINE DES JARDINS. Voiez ci-après l'Article FONTAINE DES EAUX VIVES.

FONS JOVIS, ou LA FONTAINE DE JUPITER, Fontaine d'Epire auprès de Dodone. Pline[i] lui attribuë la proprieté d'allumer les flambeaux éteints & d'éteindre les flambeaux allumez.

FONS PADERÆ, nom Latin de PADERBORN.

FONS RAPIDUS, nom Latin de FONTARABIE.

FONS-ROGI. Voiez FONT-ROUGE.

FONS SALUBRIS, nom Latin de HAILBRON.

FONS SOLIS. Voiez EAU DU SOLEIL au mot EAU.

FONS-VENNÆ CASTRUM. Voiez FOUVENT.

FONS-FORT. Voiez FONT-FORT.

FONSECA[k], Baye de la Côte maritime de l'Amerique au Gouvernement de Guatimala, près de la Bourgade de S. Miguel, environ à 12. d. de latitude Septentrionale. Gil Gonzales d'Avila la découvrit l'an 1522. & il l'appella ainsi du nom de Juan Rodrigues de Fonseque Evêque de Burgos, pour lors President au Conseil des Indes établi en Espagne. Au-dedans de cette Baye il y a une petite Isle que le même Gil appella PATRONILLA. Le Port Acaxutla est proche de Fonseca.

FONT CHAUD. Voiez FONCALDE.

FONT-DOUCE[l], Village & Abbaye de France en Saintonge, au Diocèse de Saintes, à une demie lieuë de Cognac & à quatre lieuës de Saintes. Elle fut fondée par Eleonor Duchesse d'Aquitaine l'an 1170. L'Eglise étoit très-belle, mais elle fut en partie ruinée par les P. Reformez de même que les Lieux reguliers, qui dans ces derniers temps ont été un peu reparez. Il n'y a presentement qu'un Prieur Claus-

Clauſtral & un *Sacriſte* qui y reſidênt. Cette Abbaye a donné le nom au Village & l'a pris elle-même du Ruiſſeau qui l'arroſe.

[*k Corn. Dict. ſur des Memoires dreſſez ſur les Lieux en 1704.*]

FONT-ESTORBES [a], Fontaine celebre de France en Languedoc, près de Beleſtra dans le Dioceſe de Mirepoix. Elle peut être regardée comme la principale Source du Lers, puiſque juſques-là cette Riviére n'eſt qu'un Ruiſſeau. Au fond d'un autre profond & exhauſſé il ſort comme d'un puits qui dès ſa ſource fait moudre pluſieurs Moulins. Cette quantité prodigieuſe d'eau coule avec la même égalité pendant neuf à dix mois de l'année. Vers la fin du mois d'Août juſques à la fin d'Octobre, ou au commencement de Novembre, cette Fontaine coule & s'arrête par intervalles, & ces intervalles n'ont rien de périodique ni de réglé, quoique les gens du Païs croyent & aſſurent la plûpart, que d'heure en heure elle fait ſon flux & reflux. Ce terme eſt impropre pour ce phenomene, quoiqu'on l'ait autoriſé dans le Païs. C'eſt un flux & une ceſſation de flux qui n'ont rien d'irregulier, c'eſt-à-dire, que pendant deux ou trois mois preſque tous les ans après les grandes chaleurs, l'eau ceſſe de couler durant une heure ou une heure & demie; qu'enſuite elle coule pendant une heure ou deux plus ou moins avec la même abondance que dans l'Hyver, ou durant les grandes chaleurs, & qu'elle continuë ainſi pendant ces deux ou trois mois à couler & s'arrêter jour & nuit par de certains intervalles, qui donnent à raiſonner aux Philoſophes ſur ce qui peut en être la cauſe. A une petite lieuë de Font-Eſtorbes ſur la même ligne eſt un gros Rocher, qui s'ouvre en forme de portique, & qui laiſſe une entrée aiſée & libre dans une grande ſalle qui a quelque rapport à l'exhauſſement & aux voutes de nos Egliſes. De cette voute pendent des figures ſans nombre qui repreſentent des oiſeaux, des ſerpens, des têtes de belier, & une infinité de choſes ſemblables. Les unes paroiſſent d'un beau criſtal, les autres d'une vraye pierre. La Nature s'eſt jouée dans les eaux congelées & pétrifiées qui ont penetré le roc, ou qui ont trouvé des fentes imperceptibles. De cette ſale on paſſe dans une très grande chambre où l'on voit encore pluſieurs de ces figures un peu plus achevées. C'eſt un reduit charmant pour l'Eté. Un beau Ruiſſeau coule au milieu. L'eau en eſt très-bonne & d'une extrême fraicheur.

[*b Notit. Gall. p. 393.*]

§ Mr. de Valois [b] écrit Fons Astorgue où Font Estorgue. Il croit que c'eſt la Fontaine d'Orge mentionnée par Pline, & ajoute qu'il ſeroit plus raiſonnable d'écrire Fonsast-Orgue ou Fontest-Orgue, que Font-Astorgue ou Font-Estorgue. Aucun de ces quatre noms n'eſt uſité, on dit Font-Estorbes.

FONT-FORTE, Fon-Porte, ou Fons-Forte, Fontaine de France dans le Forez, à ſept lieuës de Lion, au Fauxbourg de St. Galmier [c]. C'eſt une eſpece de puits qui a cinq pieds de diametre & n'eſt qu'à vingt pas d'une petite Riviere, apellée la Coiſe. L'eau de cette Fontaine a un goût vineux, piquant & ſi agréable que ſouvent les Cabaretiers de St. Galmier en mettent dans le Vin, & à moins que d'être fin gourmet, on y eſt trompé. *In Coiſum Fluviolum Fori Segusianorum influit exigui fontis aqua ob mira quadam dicti Font-fortis: primum enim ſi in ſextarium vini effundas quartam hujus aquæ partem, minime diluum cenſebitur vinum.* C'eſt ce que dit Janus Cæcilius Frey dans ſon Livre intitulé *Admiranda Galliarum* p. 59. Comme les autres eaux de Saint Galmier ſont des eaux de citerne, on n'y eſt preſque point d'autres que de celles de la Fontaine minerale. Ils en pétriſſent auſſi le pain qui eſt aſſez bon, mais extrêmement levé. On a eſſayé de faire cuire de la viande dans cette eau, laquelle n'a fait que durcir, & les legumes ont fait de même. Les Habitans diſent qu'elle eſt ſi ſaine que c'eſt la raiſon pour laquelle il n'y a point de Medecins dans leur petite Ville. L'eau de Font-Forte ne prend aucune teinture avec la noix de galle & n'entraine point de rouille avec elle. Quand on la fait évaporer on en tire une reſidence qui eſt une eſpece de terre blanchâtre, mêlée de très-peu de ſel. Le P. Bouſſingaut dit que cette eau ſuplée au defaut du vin, & qu'un verre de cette eau a plus de force que toutes les recettes d'Hipocrate & de Galien pour la purgation des humeurs. Mr. Corneille dit qu'on trouve cette Fontaine à St. Baldom.

[*c Piganiol de la Force Deſc. de la France T. 5. p. 271.*]

FONT-FROIDE [d], Abbaye de France en Languedoc, en Latin *Fons Frigidus*. Elle eſt de l'Ordre de Ciſteaux, & ſituée à deux lieuës de la Ville de Narbonne du côté du Couchant. Elle étoit autrefois de l'Ordre de St. Benoît, & dépendoit de celle de Grand-Selve.

[*d Baudrand Ed. 1705.*]

FONT-ROUGE, en Latin *Font-Rogi*, Monaſtere de France dans l'Auxois. On lit dans la Vie de St. Maur, qu'il fut bâti par un Moine nommé Romain; mais, comme l'obſerve Mr. de Valois [e], cette Vie n'eſt d'aucune autorité.

[*e Notit. Gall. p. 198.*]

FONTAINE, Source d'eau vive qui ſort de la terre par des conduits cachez. Il y a un grand nombre de diferences entre les Fontaines. Il y en a de perpétuelles qui coulent toujours ſans jamais s'arrêter en quelque ſaiſon que ce ſoit; il y en a qui, après avoir coulé quelque temps, ceſſent juſqu'à ce que le reſervoir qui s'eſt vuidé ſe ſoit rempli. Il y en a qui paſſant par des veines metalliques, ou minerales, ſe chargent des ſels ou des ſoufres dont eſt imprégné le terroir qu'elles traverſent avant que d'arriver à la ſurface. Il y en a de froides; il y en a de chaudes. Il y en a de douces, de ſalées, d'aigrettes. Il y en a qui ſont viſibles ſans aucun travail; il y en a d'autres qui ſont l'ouvrage des hommes. Vitruve [f] donne dans ſon Livre de l'Architecture l'art de faire venir des Fontaines aux lieux où il n'y en a point. Je reſerve je l'ai recueilli ſur l'origine des Fontaines & ſur l'art de trouver celles qui ſont ſouterraines, aux Inſtitutions Geographiques que j'eſpere donner un jour au Public.

[*f L. 8. c. 1.*]

§ Il y a pluſieurs Fontaines celebres dans la Judée. Nous en avons marqué la plûpart, dans les lieux auprès deſquels elles ſe trouvent. Par exemple, en parlant de Jezraël & d'Emmaüs, on a dit qu'il y avoit une Fontaine près de

[*g D. Calmet, Dict.*]

de ces lieux. Nous avons aussi parlé ci-devant sous le nom d'Aïn de plusieurs Villes qui tirent leurs noms des Fontaines; car en Hebreu Aïn, ou Ein, ou En, signifie l'œil, ou une *Fontaine.* Ainsi En-Se'me's veut dire la *Fontaine du Soleil*; En-Gaddi, la *Fontaine du Chevreau*; En-Gannim, la *Fontaine des Jardins*; & ainsi des autres.

FONTAINE DE ROGEL. Voiez Rogel.

FONTAINE DE GE'HON. Voiez Ge'hon.

FONTAINE DE SILOE. Voiez Siloe.

FONTAINE DE NAZARETH. Voiez Nazareth. Et ainsi des autres.

FONTAINE DE L'ETHIOPIEN[a], est celle où l'Ethiopien Eunuque de la Reine Candace, fut baptizé par le Diacre Philippe, ainsi qu'il est dit dans les Actes[b]. Les uns la mettent assez près de Bethléem, & d'autres près de Bethsur. Eusebe & l'ancien Voiage de Jerusalem la placent au pied de la montagne sur laquelle est située Bethsur. Or Bethsur étoit à vingt milles de Jerusalem, & fort près d'Eleuthéropolis. Du tems de Saint Jérôme, la Fontaine de l'Eunuque étant sortie de la terre, y rentroit presque aussi-tôt. Aujourd'hui ces Eaux sont reçuës dans un bassin, d'où elles se répandent dans un canal, qui les porte environ à vingt pas de là, dans un réservoir, & de ce réservoir elles se répandent dans la vallée.

FONTAINE DES EAUX VIVES, qui tombent avec impétuosité du Liban, & dont il est parlé dans le Cantique des Cantiques[c]. C'est, selon les nouveaux Voiageurs[d], une Fontaine très-abondante, qui se trouve à une lieuë de Tyr dans la Plaine. Elle est bâtie en forme de Tour quarrée, élevée de terre de quinze coudées, dans laquelle les eaux sont enfermées comme dans un puits, de la largeur environ de quinze pieds en quarré. Elles en sortent par quelques portes ou ouvertures, avec tant d'impétuosité, qu'elles sont tourner au sortir de-là un moulin à bled à cinq meules. On peut monter à cheval jusqu'au dessus de cet édifice, par une large montée de pierre qui est du côté qui regarde Tyr. Il y a encore deux autres puits, auxquels on va de ce premier par un canal large d'environ trois pieds. Ces eaux étoient sans doute aux Tyriens, du tems de Salomon; & on n'a aucune preuve que ce Prince ait voulu marquer cette Source en particulier, dans le passage cité du Cantique.

FONTAINE SEELLE'E, *Fons Signatus*, dont il est parlé aussi dans le Cantique des Cantiques[f], est apparemment une allegorie, qui désigne la chasteté de l'Epouse sainte. Les Voyageurs parlent d'une Fontaine considérable, qui se voit à une lieuë & demie de Bethléem, & dont nous avons parlé ci-devant sous le nom d'Ethan. C'est là, à ce que l'on prétend, la *Fontaine scellée* de Salomon. Mais rien n'est moins certain que tout cela. Pour la Fontaine d'Ethan, ou ces eaux que l'on montre près de Bethléem, on peut voir les Voyageurs[g] qui en ont parlé, & qui ont fait la Description des Reservoirs où elles se conservent. C'est de là que venoit l'eau que Pilate conduisit à Jerusalem, quelques années avant la Guerre des Romains contre les Juifs.

La FONTAINE, ou le PUITS DE JACOB, étoit près de la Ville de Sichem[h].

FONTAINE DU JUGEMENT, ou FONTAINE DE MISPHAT[i]. C'est la même que les Eaux de contradiction, que Moyse tira d'un Rocher à Cadesbarne[k].

FONTAINE DE DAPHNE'. Voiez Daphne'.

FONTAINE D'ELISE'E. C'est celle dont les eaux furent adoucies[l] par Elisée. Elle coule[m] dans la Campagne de Jericho, & va tomber dans le Jourdain.

FONTAINE D'AGAR. C'est celle que l'Ange découvrit à Agar, lorsqu'elle erroit dans la Solitude[n] au Midi de Bersabée.

FONTAINE DU DRAGON[o]. Elle étoit apparemment à l'Orient de Jerusalem.

FONTAINE DE SAMSON, qui sortit du Rocher nommé la Dent machéliere, en Hebreu Machte's; a subsisté long-tems & subsiste peut-être encore à présent dans la Tribu de Dan, près du lieu nommé Lechi, c'est-à-dire, *la machoire*. Le Martyr Antonin & Glycas[p] mettent cette Fontaine aux Faubourgs d'Eleuthéropolis. Quelques Rabbins[q] la placent près du Torrent de Cedron, & d'autres près de Tiberiade. Saint Jerôme[r] semble mettre Morasthi entre Socoth & la Fontaine de Samson. Ce qui revient assez à ceux qui la mettent près d'Eleutheropolis.

Il y a en France & aux environs plusieurs Villes & Abbayes qui portent le nom de Fontaine.

FONTAINE-ANDRE'[s], ancienne Abbaye de Suisse au Païs de Neuchatel. On en voit encore dans un Bois au-dessus de Neuchatel le bâtiment à demi ruiné.

FONTAINE-BLEAU, Bourg de France dans le Gatinois. Mr. Corneille dit qu'il est ainsi nommé à cause de ses belles eaux, & donne pour nom Latin *Fons Bellaquœus*. Mr. Piganiol de la Force suppose la même chose; mais on ne voit rien de pareil dans nos anciens Ecrivains qui nomment ce lieu FONS BLAUDI, ou BLIAUDI, ou BLEAUDI, comme on peut voir au Traité des Palais & Maisons de plaisance des Rois de France, qui sert de IV. Livre à la Diplomatique du P. Mabillon. Il y a plus d'apparence de dire avec le savant Auteur de ce Traité que ce nom s'est formé de ce qu'il y a une Fontaine, & du nom du Seigneur ou Possesseur du Village ou du Champ qui est voisin. Voici la Description qu'en donne Mr. Piganiol de la Force[t]. Fontainebleau est dans le Gastinois au milieu d'une Forêt qu'on appelloit anciennement la Forêt de Biere, & qui à présent porte le nom qu'on a donné au Château à cause de la beauté de ses eaux. Ce Château est à quatorze lieuës de Paris, & nos Rois depuis un très-long-tems l'ont regardé comme un lieu de divertissement à cause de sa situation propre à la Chasse. Un bel esprit Italien[v] en a donné une Description générale bien juste & bien fleurie; en voici la traduction. *Fontainebleau*, dit-il, *est un vaste Palais, digne d'un aussi grand Roi que l'est celui de France. Et quoique ce soient plusieurs corps*

corps de bâtimens joints les uns aux autres en divers tems, sans ordre ni symmetrie, ce qui forme une masse confuse d'édifices de differente Architecture, cette confusion a néanmoins un air de grandeur & de majesté qui surprend. La situation du lieu est enfoncée, & n'a nul agrément, sur tout dans la saison où la Campagne & les Bois sont dépouillés de leur verdure. Une grande Forêt lui sert d'enceinte; & aux environs du Château ce sont des Collines couronnées de Rochers qui ne produisent rien, ni pour les necessitez de la vie, ni pour le plaisir des yeux. Comme il s'y trouve une infinité de bêtes sauves, le Prince y vient prendre le divertissement de la Chasse, & donne par sa présence à cette demeure un relief qu'elle n'a point d'elle-même. On y voit des jardins fort propres, & très-bien entendus; & outre la grande Fontaine qui par la beauté de ses eaux a donné le nom au lieu, il y en a un grand nombre d'autres qui embellissent extraordinairement ce charmant sejour.

Nous ne trouvons point qu'il soit fait mention de Fontainebleau avant le Regne de Louïs VII. dit le Jeune. On voit par une Charte de ce Prince qui est de l'an 1169. qu'il y fit bâtir une Chapelle en l'honneur de la Vierge & de Saint Saturnin, & qu'il fonda un Chapelain à perpetuité. Ces raisons ont fait regarder Louïs le Jeune comme le Fondateur du Château de Fontainebleau. Philippe Auguste son fils eût le même goût pour cette Maison Roiale, où il passoit une bonne partie de l'année. Saint Louïs s'y plaisoit aussi beaucoup, & l'on voit plusieurs de ses Lettres ainsi datées, *Données en nos Deserts de Fontainebleau.* C'est ce même Roi qui y fonda un Couvent de Religieux de la Redemption des Captifs, sous le titre de la Sainte Trinité. Philippe le Bel, Jean, Charles V. & Charles VII. avoient pour ce Château le même attachement que leurs Prédecesseurs. Mais François I. les surpassa tous, car non seulement il fit reparer les anciens bâtimens, mais il en fit construire de nouveaux; & comme il aimoit & protegeoit les Sciences & les Arts, il fit venir des Païs étrangers les plus excellens Ouvriers qui en embellissant le Château de Fontainebleau ramenerent en France le bon goût pour l'Architecture & pour la Peinture. Le Primatice eut l'intendance de tous les ouvrages qu'on y fit, & ce fut sur ses desseins qu'ils furent executez.

Quand on entre par la cour des offices où est l'entrée la plus frequentée, quoique ce ne soit point la principale, on distingue en passant de cette cour dans celle du Château du Donjon que François I. fit bâtir, la Façade de la grande porte du Pont-levis, à cause de plusieurs Colomnes de marbre qui la soûtiennent, & de quelques figures qui lui donnent beaucoup d'ornement. L'Architecture de ce vieux Château est remarquable. Il y a plusieurs petits donjons & des galleries qui environnent la cour, & par le moien desquelles les appartemens communiquent les uns aux autres. Entre ce qu'on y voit de plus curieux, est un petit Cabinet rempli de peintures très-rares, & une Chapelle dediée sous l'invocation de la Vierge & de Saint Saturnin, dont le platfond quoique très-ancien, paroit fort bien travaillé. On passe de-là dans la cour de la Fontaine qui a trente toises de long sur vingt-huit de large. C'est François I. qui la fit faire en 1528. & Charles IX. la fit revêtir de pierres de taille, telle qu'elle est présentement. Elle fut appellée la Cour de la Fontaine, parce qu'il y avoit une belle au milieu, que le Roi Henri IV. fit ôter, & fit faire celle qu'on voit aujourd'hui à l'un des bouts de cette cour. Son bassin est quarré & de dix-sept pieds de diametre. Au milieu est un Rocher sur lequel est une Statuë antique de marbre blanc, qui représente Persée avec les attributs qui lui conviennent. Aux quatre coins sont quatre Dauphins de bronze qui forment autant de jets d'eau. On voit dans cette même cour un grand escalier de pierre hors d'œuvre qui a deux belles rampes dont l'une conduit à la sale des Gardes du Roi, & l'autre à celle de la Comedie. Entre ces deux rampes est une porte par laquelle on entre dans la cour du Donjon, ou Cour ovale. Cette cour étoit autrefois ornée de plusieurs bustes & statuës.

La Sale de la Comedie est la plus grande qu'il y ait dans ce Palais. C'est pour cette raison qu'on l'appelloit autrefois la grande sale. Henri IV. y fit bâtir en 1599. la belle cheminée qu'on y voit encore, & dès lors elle ne fut plus connuë que sous le nom de Sale de la belle cheminée. Enfin on l'a nommée la Sale de la Comedie à cause d'un grand Théatre qu'on a élevé vis-à-vis la cheminée, & qui sert aux représentations de la Comedie lorsque la Cour est à Fontainebleau. La cheminée dont je viens de parler a vingt-trois pieds de haut sur vingt de large. Elle est decorée de quatre grandes Colomnes Corinthiennes de marbre brocatelle, avec les bases & les chapiteaux de marbre blanc. Au milieu de cette cheminée on voit sur une table de marbre noir la figure équestre de Henri le Grand, à demi relief, & grande comme le naturel. Au-dessous sont deux bas-reliefs dont l'une représente la Bataille d'Ivry, & l'autre la reddition de la Ville de Mante. Les deux Statuës de marbre blanc qu'on voit aux côtez de la figure, représentent l'Obéïssance & la Paix. Cette cheminée est de l'ouvrage de Jaquet dit Grenoble, Sculpteur habile pour son tems, qui fut cinq ans à finir ce morceau.

La Sale du Bal a quinze toises de long sur cinq de large. François I. la fit faire, & elle doit ses peintures & ses ornemens au Roi Henri II. ainsi qu'il paroit par ses chifres & sa devise. Les Peintures sont de Nicolo. On y remarque fort tout huit grands tableaux qui représentent 1. Bacchus, ou l'Automne; 2. le Mont-Parnasse; 3. une assemblée de Dieux & de Déesses, où dansent Junon, Minerve, & Venus; 4. les Noces de Thetis & de Pelée; 5. Jupiter & Mercure reçus chez Philemon & Baucis; 6. le cours du Soleil accompagné des Saisons & des Heures; 7. Vulcain à qui Venus ordonne de forger des armes pour son fils; 8. Cerès, ou l'Eté.

On voit encore plusieurs tableaux dans les arcades de cette Sale & ailleurs. L'appartement du Roi commence à la chambre de Saint Louïs où le Roi mange à son grand couvert.

Cette

Cette piéce est ornée d'un riche platfond & d'un beau lambris, comme aussi de plusieurs peintures qui représentent la Force, la Prudence, la Temperance, la Justice & plusieurs autres sujets. Le platfond & le parquet de la chambre du Roi sont fort estimez des Connoisseurs.

La Chambre ovale est à côté & lui sert de cabinet. Elle est ornée de plusieurs Tableaux où du Bois a peint les Amours de Théagene & de Cariclée. C'est le Roi Henri le Grand qui a fait orner cette piece. On entre dans l'appartement de la Reine par un grand cabinet appellé le cabinet des Empereurs, parce que les douze Cesars y sont représentez à cheval, au milieu desquels est aussi la figure équestre du Roi Henri le Grand.

On parcourt ensuite la chambre de la Reine, puis la sale après laquelle on trouve un grand & magnifique cabinet qui par ses dorures & sculptures est d'un éclat merveilleux. Il est aussi très-remarquable pour ses peintures parmi lesquelles on distingue huit grands tableaux dans lesquels du Bois a représenté l'Histoire des amours de Tancrede & de Clorinde.

La galerie de François I. autrement appellée la petite galerie, est dans un corps de bâtiment dont l'appartement du rez de chauffée est composée des bains & des étuves, & de plusieurs sales parmi lesquelles il y en a une appellée la Sale de la Conference, depuis celle qui y fut tenuë sous le regne du Roi Henri le Grand, entre le Cardinal du Perron & du Plessis Mornay. Cette Sale est fort ornée de peintures & de choses rares.

La galerie de François I. occupe le premier étage de ce bâtiment. Elle a trente toises de long sur trois de large, & est ornée d'un beau platfond doré, d'un beau parquet & de plusieurs tableaux dans lesquels le Rousse a voulu représenter par des sujets pris pour la plûpart de la Fable, les principales actions de la vie de François I.

Dans le dernier étage de ce bâtiment étoit enfin la Bibliotheque que François I. surnommé le Pere des Sciences, avoit fait dresser dans ce Palais avec beaucoup de soin & de dépense. Elle a été depuis transportée à Paris dans le tems des Guerres civiles, & a servi de fondement à cette nombreuse & riche Bibliotheque que Louis le Grand a renduë la plus considerable qu'il y ait au Monde.

La grande galerie a été aussi bâtie sous François I. mais la plûpart des ornemens ont été faits sous le regne d'Henri II. Charles IX. & Henri IV. Elle a soixante & seize toises de long sur trois de large. Nicolo y a représenté en cinquante-sept tableaux, de dix pieds & demi de haut sur huit de large, l'Histoire des travaux d'Ulysse à son retour du Siége de Troye. La voûte est distribuée en quatorze grands compartimens de stuc, dans lesquels sont autant de Tableaux peints par Saint Martin. A l'un des bouts l'on voit au-dessus de la porte la reddition de la Ville du Havre de Grace au Roi Charles IX. Ce Tableau est aussi de Saint Martin. Celui qui est à l'autre bout est de du Bois & représente le Siége & la reddition de la Ville d'Amiens au Roi Henri le Grand. J'entrerois dans un trop long détail si je rapportois ici toutes les emblêmes & devises qui sont dans cette galerie.

La galerie de la Reine, que l'on appelle plus communément la galerie des Reformez, a vingt-huit toises de long sur trois de large, & est un ouvrage du regne d'Henri le Grand. Un riche lambris regne au pourtour, & est rempli des chiffres du Roi & de la Reine, de petits tableaux en Camayeu & de plusieurs pots de fleurs. Sur l'une des cheminées est le Portrait du Roi Henri le Grand, sous la figure du Dieu Mars, assis sur un trophée d'armes. Sur l'autre cheminée est le Portrait de la Reine parée de ses habits Roiaux. Un grand nombre de Tableaux de sept pieds de haut sur seize de large, ornent encore infiniment cette galerie. Dans dix de ces Tableaux on y peint les Batailles & les Victoires du Roi Henri le Grand, & les sujets des autres sont pris de la Fable. A l'un des bouts de cette galerie est le cabinet de la Voliere, ainsi nommé parce qu'il est ouvert de ce côté-là, & que l'on voit les oiseaux qui sont dans cette Voliere. Ce cabinet est embelli de plusieurs Païsages & autres Tableaux. Celui qui est sur la cheminée représente la Peinture & la Sculpture, & est de du Bois.

La galerie des Cerfs a pris son nom de quarante-trois têtes de Cerfs que l'on y voit. Cette galerie a cent pas de long, & est embellie de peintures qui représentent toutes les Maisons Royales de France, leurs Forêts & le plan de leurs environs, avec une exactitude particuliere. Celles de Fontainebleau, de Folembray, de Compiegne, de Villers-Coterets, de Blois, d'Amboise, de Chambort, de S. Germain en Laye, du Louvre, de Versailles, & autres qui sont dignes d'être vûës. Chacun de ces plans est separé de l'autre par un grand Bois de Cerf prodigieux qui a été pris dans la Forêt qui y est représentée, ce que fait connoître un petit écrit qui est au-dessous de la tête de chaque Cerf.

La galerie de Diane, que l'on appelloit auparavant la galerie des Chevreuils, est ornée de vingt-quatre bois ou têtes de ces bêtes fauves; qui sont posées contre la muraille de côté & d'autre. Le Roi Henri le Grand est représenté en Chasseur, & les differentes especes de Chasse qui servoient au divertissement de ce grand Prince, sont ici peintes en sept Tableaux, chacun de douze pieds de haut sur vingt de large.

La Voliere tient à cette galerie, & c'est une des plus grandes & des plus belles qu'on puisse voir. Sa longueur est de trente toises & sa largeur de trois. Au milieu s'éleve un grand Dôme qui la decore magnifiquement. Sous ce Dôme est un grand rocher de rocaille d'où sortent plusieurs Fontaines dont l'eau se répand dans plusieurs petits canaux de pierre, & coule le long de cette Voliere. Plusieurs inscriptions ingenieuses font connoître que c'est Henri le Grand qui a fait construire cette Voliere. D'un côté on lit ces deux vers :

Tot populos victor justo Rex Marte subegit
Regius iste tenet quot sibi carcer aves.

Et à l'autre côté sont les deux que voici :

*Qui Janum clausit, volucres hic sponte reclusas
Detinet, æternum quæ sua facta canant.*

Au-dessous de ces Vers de part & d'autre sont les figures d'Apollon & de Diane, peintes par du Bois.

La cour du Cheval blanc a quatre-vingt toises de long, sur cinquante-huit de large, & fut construite sous le regne de François I. l'an 1529. Elle est divisée en quatre compartimens de gazon. Elle a porté le nom de *grande Cour* jusqu'au regne de Charles IX. que Catherine de Medicis envoya le Primatice à Rome où il fit mouler par Vignole le cheval de Marc Aurele, & ce modele en plâtre fut mis au milieu de cette cour, & lui fit prendre le nom qu'elle retient encore, quoique le cheval en ait été ôté en 1626. On voit dans cette cour un grand escalier de pierre & hors d'œuvre. Il est à deux rampes & d'une très-belle Architecture. Il fut construit en 1634. en la place d'un autre plus petit que les injures du tems avoient ruiné. C'est dans cette cour que logent Messieurs les Secretaires d'Etat, & plusieurs des principaux Officiers de Sa Majesté.

On va naturellement de cet endroit à la Chapelle ou Eglise de la Sainte Trinité, desservie par des Religieux Mathurins que Saint Louïs y établit au retour de son premier voiage de la Terre Sainte, où plusieurs de ces Religieux l'avoient suivi avec leur Général. François I. fit abattre cette ancienne Chapelle pour bâtir celle qu'on voit aujourd'hui, qui est toute belle par sa Sculpture, par son marbre, & par ses Peintures qui sont de Freminet, un des plus fameux Peintres de son tems.

Le pavé est de marbre rare & de différentes couleurs. La voute & les Chapelles brillent par l'or de leurs ornemens, & le Maître-Autel est encore au-dessus par les Colomnes, par ses figures, par ses riches ornemens, & par les saintes Reliques dont il est le dépositaire.

La Chancelerie bâtie du tems du Chancelier du Prat & augmentée sous les Chanceliers d'Aligre & Seguier, & l'Hôtel de Ferrare bâti par le Cardinal de ce nom, font partie des dépendances du Château, de même que les Ecuries du Roi & de la Reine, l'Aqueduc, l'Hôtel du grand Prevôt de l'Hôtel, & les Pressoirs du Roi.

Les Jardins repondent à la magnificence du Château, & sont tous ornez de quelques Statuës & Fontaines. Le grand Jardin a été dressé sous le regne de François I. & est en vuë du vieux Château, le long de la face duquel regne une terrasse élevée d'une toise seulement, afin qu'on se promenant on puisse voir le dessein plus facilement. Il ne fut d'abord orné que d'une Fontaine, mais Henri IV. y en fit ajouter cinq autres. La principale de ces Fontaines est au milieu de ce Jardin & s'appelle la Fontaine du Tibre à cause d'une figure de bronze qui represente ce Fleuve. Les grotes & les cascades sont ensuite de ce parterre & à l'entrée du Parc. Ce dernier a été dressé en 1607. par ordre du Roi Henri le Grand. On y voit un beau canal qui a six cens toises de long & vingt de large. Il est tout revêtu de pierre, & a deux Fontaines, une à chaque extrêmité. Rien n'est plus beau ni plus champêtre que les allées de ce Parc. Elles sont à perte de vuë, avec des palissades d'une hauteur surprenante.

Le BOURG DE FONTAINEBLEAU a sans doute commencé à se former dès le tems que nos Rois ont commencé à y faire quelque séjour. Il s'est acru depuis insensiblement, mais sur tout sous le regne d'Henri le Grand, ce Prince ayant donné des places à plusieurs particuliers à condition d'y bâtir. Louïs XIII. a aussi beaucoup contribué à son agrandissement, & c'est ce pieux Monarque qui a fait bâtir l'Eglise Paroissiale. Elle est située dans la grande ruë & décorée de huit Chapelles, quatre de chaque côté, sans compter les deux qui sont dans la croisée. Elle est enrichie de peintures, & le grand Autel est orné de deux Colomnes Corinthiennes de vingt pieds de haut & d'un excellent tableau de Varin qui represente le Paralytique gueri par Jesus-Christ auprès de la Piscine. Cette Paroisse est desservie par des Missionaires de la Congregation de Saint Lazare.

Quant à la Justice il y a dans ce Bourg une Prevôté Royale composée d'un Prevôt, Commissaire Enquêteur, civil & criminel, d'un Procureur du Roi & d'un Greffier. Cette jurisdiction s'étend sur quelques Villages & Hameaux qui en ressortissent, comme Avon, le Monceau, haut & bas Changy, & basses Loges, haut & bas Samois, qui étoit autrefois une petite Ville, & le Village de Bois-le-Roi avec ses Hameaux. Il y a encore à Fontainebleau une Maitrise particuliere des Eaux & Forêts qui fut érigée par François I. au mois d'Août de l'an 1534. Car avant ce tems-là la Forêt de Fontainebleau faisoit partie de la Maîtrise de Brie & de Champagne.

L'Eglise de Saint Pierre d'Avon étoit autrefois la Paroisse de Fontainebleau qui en est éloigné d'environ un quart de lieuë. On remarque dans cette Eglise une tombe de pierre de six pieds de long sur trois de large, autour de laquelle on lit une inscription qui est en lettres Gothiques, & qui marque que le cœur de Philippe le Bel Roi de France, & celui de Jeanne Reine de France & de Navare, y ont été inhumez. Des Auteurs assurent néanmoins que celui de Philippe le Bel est dans l'Eglise des Religieuses de Saint Dominique de Poissy que ce Roi fit bâtir en l'honneur de St. Louïs son Ayeul, mais quant à celui de la Reine Jeanne, personne ne doute qu'il ne soit sous cette tombe.

LA FORET DE FONTAINEBLEAU s'appelloit anciennement la Forêt de Bierre sans qu'on sache précisément l'origine de ce nom. Elle contient vingt-six mille quatre cens vingt-quatre arpens, tant plein que vuide. Sa figure est presque ronde, & le Château fait le centre. Henri IV. y fit faire une route appellée la route ronde, parce qu'elle fait le tour de cette Forêt. Elle sert à placer les relais pour courre les Cerfs. Outre cette route il y a une infinité d'autres qui ont été percées en differens tems; & depuis l'an 1679. on en a dressé plus de trois cens mille toises de long. On divise cette Forêt en huit gardes qui sont la Croix de Guise, la Croix de S.

Herant,

Herant, la Croix de Souvré, la Croix de Franchard, la Croix du grand Veneur, la belle Croix, la Croix de Vitry, & la Croix d'Angers. Plusieurs montagnes & plusieurs plaines servent encore à marquer certains quartiers de cette Forêt. Telles sont le Mont-chauvet, le petit Mont-chauvet, le Mont pierreux, le Mont-morillon, le grand & le petit Mont-merle, les Monts-girards, & la montagne de la Malle. Les Plaines sont celles de St. Loüis, du Mont-Chauvet, du Chêne au Chien, du Mont enflamé, du Rut, de Rosoy, & du Fort des Moulins.

Le Maître particulier des Eaux & Forêts de Fontainebleau avec son Lieutenant & les autres Officiers, s'assemblent tous les ans le premier jour de Mai à une table de pierre appellée la Table du Roi, laquelle est dans la Forêt, sur la route du chemin de Paris, & là ils reçoivent la foi & hommage dûs au Roi par certains Usagers de ladite Forêt qui doivent s'y trouver.

FONTAINE-BOURG[a], Bourg de France en Normandie. Il est sur la petite Riviére de Cailli dans le Païs de Caux, à trois lieuës de Rouen entre Gouville & Tandos, & à une lieuë de Cailli & de Claire. C'est un titre de Baronie avec Château, Senechaussée & haute Justice. Ce Bourg dépend des Benedictins de Fescamp qui en ont la Seigneurie pour le spirituel & pour le temporel, avec exemption de jurisdiction Episcopale pour l'Eglise de Sainte Anne qui en est la Paroisse. Les autres Paroisses de la Baronie de Fontaine-bourg sont St. George, Tandos, Mont-Cauver & Ratieville.

FONTAINE BRULANTE, Lieu de la France dans le Dauphiné, à quatre heures de chemin de Grenoble. On a compté cette Fontaine ardente pour une des merveilles du Dauphiné. St. Augustin dans son Livre de la Cité de Dieu[b], Chorier dans son Histoire du Dauphiné, le President de Boissieux, & un grand nombre d'Ecrivains en ont parlé comme d'une Fontaine ardente. L'Auteur des Voyages Historiques de l'Europe a donné dans tout ce qu'on en a dit de plus fabuleux. Et Mr. Corneille en parle après Mr. Dumont d'une maniere à faire croire que ce dernier, qui d'ailleurs a rendu des services essentiels au Public par son Recueil des Traitez de Paix, a composé ses Voyages sur des oüi dire, & sur des lectures assez mal choisies. Mr. Piganiol[c] a raporté le fabuleux de cette prétenduë Fontaine ne le refutant; & l'Academie Roiale des Sciences qui a fait examiner la chose par des yeux habiles, a detrompé le Public dont on avoit surpris la credulité. Je raporterai ce qu'en dit son Historien[d].

La Fontaine Brûlante n'est point une Fontaine; c'est un petit terrain de six pieds de long sur trois ou quatre de large, où l'on voit une flamme legere errante, & telle qu'une flame d'eau de vie, attachée à un Rocher mort, d'une espece d'ardoise pourrie & qui se fuse à l'air. Ce terrain est sur une pente assez roide environ à douze pieds au-dessous & autant à côté. Il tombe des montagnes voisines un petit Ruisseau ou torrent, qui peut-être a coulé autrefois plus haut & auprès du terrain brûlant, ce qui aura donné lieu de croire que ses eaux brûloient. On ne remarque point que la flame sorte d'un trou ou d'une fente du Rocher, par où l'on pourroit soupçonner qu'elle auroit communication avec quelque caverne inférieure qui seroit enflammée. On ne voit point de matiere qui puisse servir d'aliment à la flame. On s'apperçoit seulement qu'elle sent beaucoup le soufre. Elle ne laisse point de cendres. Il y a une espece de salpetre blanc fort acre aux environs de l'endroit où est le feu. On a assuré Mr. Dieulamant Ingenieur du Roi dans le Département de Grenoble, & à qui Mr. de la Hire s'étoit addressé & qui a envoié à l'Academie des Observations que je raporte ici: on l'a, dis-je, assuré que ce feu est plus ardent en Hyver & dans les temps humides; qu'il diminuë peu à peu dans les grandes chaleurs, & même s'éteint souvent sur la fin de l'Eté, après quoi il se rallume de lui-même. Il est fort aisé aussi de le rallumer avec d'autre feu, ce qui se fait promptement & avec bruit. Mr. Dieulamant observa enfin, qu'aux environs du feu, le terrain se fend, s'affaisse & coule à bas. Il n'en attribuë pourtant pas la cause à ce feu, mais aux eaux qui coulent entre des Rochers morts, & creusent ou emportent le terrain. Cet effet est si grand & si considérable dans quelques endroits du Dauphiné, & sur tout dans le Païs qu'on nomme le *Chanfeaux* que quelquefois deux Villages situez sur deux montagnes differentes, & qui ne se pouvoient voir parce que d'autres montagnes plus hautes étoient entre-deux, ont commencé tout d'un coup à se voir par l'affaissement des montagnes interposées.

§ J'ajouterai une reflexion qui me paroît utile aux Géographes modernes. Il arrive souvent des changemens sur la surface de la Terre qui sont quelquefois peu remarquez, & qui, si on les savoit, garantiroient de plusieurs erreurs. Pour ne point prendre d'autre exemple que celui de ces deux Villages, suposons que ç'ait été autrefois deux Villes qui ne se pouvoient pas voir; que cette circonstance ait été écrite, qu'on soit sûr que l'une est véritablement la même qu'autrefois, & que l'on dispute si l'autre est effectivement l'ancienne. Un Auteur qui soutiendroit qu'elle ne l'est pas, & que sa situation est diferente, ne manqueroit pas d'alleguer en preuve la circonstance de la possibilité presente de voir l'autre ville, & l'impossibilité qui étoit autrefois. Sa preuve seroit triomphante & pourtant elle seroit fausse, selon le fait rapporté ci-dessus.

FONTAINE-DANIEL[e], Abbaye de France dans le Maine, à une grande lieuë de la Ville de Mayenne vers le Couchant. Elle est de l'Ordre de Cisteaux, de la filiation de Clairvaux. Elle fut fondée l'an 1204. par de Mayenne qu'on enterra dans le Chœur de son Eglise.

FONTAINE FRANÇOISE[g], en Latin *Fons Franciscus*, Bourg de France au Duché de Bourgogne, à cinq ou six lieuës de Dijon, vers les Frontieres de la Champagne & de la Franche-Comté.

FONTAINE GUERARD[h], Abbaye de France en Normandie. Elle est occupée par des Religieuses Bernardines & située dans

un

---

[a] *Corn.*Dict. sur des Memoires dressez sur les Lieux en 1701.

[b] l. 11. c. 7.

[c] Desc. de la France T. 3. p. 240.

[d] A l'année 1699. p. 26. Edit. d'Amsterdam.

[e] Baudrand Ed. 1705.

[f] *Corn.*Dict.

[g] Baudrand Ed. 1705.

[h] *Corn.*Dict. Memoires Manuscrits.

FON.

un lieu marécageux, au bas d'une côte, sur la Riviere d'Andelle à quatre milles de Rouen, entre Pont Saint Pierre & Fleuri. Farin dans son Histoire de Rouen dit, que vers l'an 1187. Amauri de Meulent, Comte du lieu, de Beaumont-le-Roger, & de Noyon sur Andelle, fonda cette Abbaye, à laquelle il aumona de grands biens. Depuis ce tems-là ses revenus ont été fort augmentez par Ide de Meulent Comtesse d'Aumale, Veuve de Jean de Harcourt Comte d'Aumale, tué à la bataille de Courtray. L'Abbesse de Fontaine-Guerard presente aux Curés de Beaumont-Bosc Mouchel, d'Omouville, de Rocquemont & de St. Martin au blanc.

[a] *Corn. Dict.*

FONTAINE-JEAN, Abbaye de France dans le Gâtinois. Elle est de l'Ordre de Cisteaux & considerable. On la trouve à six lieues de Montargis. Plusieurs titres font connoître que cette Abbaye est de fondation Royale, & que Pierre de Courtenai qui la fit bâtir l'an 1124. y fit de grands biens avant son voiage de la Terre Sainte. On y voit les tombeaux de plusieurs Princes de cette famille. Morin dans son Histoire du Gâtinois rapporte, que cette Abbaye fut pillée & brûlée en 1562. par les Troupes de l'Amiral de Coligni.

[b] *Baudrand Ed. 1705.*

FONTAINE-L'EVEQUE[b], en Latin *Fons Episcopi*; petite Ville du Païs-Bas au Comté de Hainaut, sur la Frontiere de Namurois & proche de la Sambre. Elle fut cedée à la France par le Traité de Paix fait à Aix-la-Chapelle en 1667. & depuis ce temps-là elle a fait partie des Païs-Bas François n'étant qu'à une lieuë de Charleroi au Couchant, à six de Namur en passant vers Mons dont elle est à quatre lieuës. [c]Ce n'est plus maintenant qu'un Bourg.

[c] Addit.

[d] *Delices de la Suisse P. 334.*

FONTAINE DE MAY[d], Fontaines de Suisse dans les montagnes du Canton d'Underwald. On les nomme ainsi parce qu'elles ne commencent à couler qu'au commencement de Mai & se tarissent en Automne.

[e] *Dict.*

FONTAINE VINEUSE, Fontaine du Dauphiné dans le Gapençois. Mr. Corneille[e] dit sur l'autorité de Mr. Dumont dont il cite les Voyages, que l'eau de cette Fontaine a un gout qui approche de celui du petit vin aigrelet, & qu'étant mêlée à moitié avec du vin rouge, elle n'en diminue pas beaucoup la force. Il ajoute qu'on compte cette Fontaine entre les sept merveilles du Dauphiné. L'envie de trouver sept merveilles dans le Dauphiné est cause que chacun a trouvé du merveilleux dans une infinité de choses qui n'en avoient point.

[f] *l. 31. c. 2.*

C'est ainsi que Pline[f] dit sur la garantie d'un autre Ancien qu'une Fontaine d'Ethiopie qu'il ne designe point autrement que la nommant la FONTAINE ROUGE, avoit la proprieté d'envyrer ceux qui en buvoient sans moderation. Si ses eaux étoient rouges comme son nom semble le marquer, elle meritoit parfaitement le nom de Fontaine vineuse.

[g] *Corn. Dict.*

1. FONTAINES[g], Village de France en Bourgogne, en Latin *Fontes*. Il est situé à une lieuë de Dijon sur une petite colline, & remarquable pour être la Patrie de St. Bernard. Un Couvent de Feuillans occupe presentement le lieu même de la maison de son Pere qui é-

toit Seigneur du lieu. On y montre la chambre où ce Saint est né, & on en a fait une Chapelle. C'est une petite sale basse quarrée où est écrit sur la porte: *Venez mes enfans & je vous introduirai dans la maison de mon Pere, & dans la chambre où ma Mere m'a enfanté*[h]. Quelques-uns ont fait de vains efforts pour prouver que ce n'est pas dans ce Village de Fontaines que St. Bernard est né, mais dans un autre Village du même nom. Voiez l'article qui suit.

[h] *Baillet Topogr. des Saints p. 595.*

2. FONTAINES[i], Village de France en Champagne sur la Riviére d'Aube, au-dessus de la Ville de Bar sur Aube du côté de Clervaux. On a voulu dire que c'est la véritable Patrie de St. Bernard.

[i] *Baillet ibid.*

3. FONTAINES[k], Bourg de France dans la Sologne. Il est situé sur une montagne à une lieuë des Bourgs de Cour & de Cheverny, & à cinq de la Ville de Blois du côté du Levant. Son Eglise est remarquable par sa haute & grosse tour.

[k] *Corn. Dict.*

4. FONTAINES. (les) Voiez FONTES 3.

FONTANA, ou ACQUE DE TREVI. On l'appelle aussi ACQUA VERGINE, ce qui est une version de l'ancien nom qui étoit *Aqua Virgo*. Agrippa fit conduire cette eau à la Ville par un aqueduc. Pline[l] dit qu'il la prit à huit milles de distance de Rome, à deux milles de la voye de Preneste près du Ruisseau *Herculeanus*. Il dit qu'elle a été nommée Vierge parce qu'elle fuit ce Ruisseau. Cassiodore[m] dit qu'elle a ce nom parce que son eau qui est très-claire n'est souillée d'aucune impureté. Frontin[n] dit que c'est à cause que des Soldats Romains cherchant de l'eau; une petite fille leur en montra quelques veines qu'ils suivirent jusqu'à ce qu'ayant creusé ils trouverent de l'eau en abondance. Agrippa fit une depense très-magnifique pour amener à Rome les eaux de cette Fontaine qu'il nomma Auguste pour plaire à l'Empereur de ce nom. Cela arriva l'an de Rome 735. sous le Consulat de Sentius Saturninus & de L. Lucretius. Les Papes Pie IV. & Pie V. firent aussi de grandes dépenses pour les eaux de cette Fontaine. Plusieurs Auteurs ont traité particulierement cette matiere. Entre autres Luc. Pætus dans son Livre *de Mensuris & Ponderibus*, & Auguste Steuchus Bibliothecaire du Saint Siége.

[l] *l. 31. c. 3.*

[m] *l. 7. variar. form. 6.*

[n] *De Aquæduct.*

[o] *Dion. l. 54.*

ALLA FONTANA. Voiez AD FONTICULOS au mot AD.

FONTANETO[p], Bourg d'Italie au Milanez sur la Riviere de Goni, environ à deux lieuës d'Arona vers le Midi.

[p] *Magin. Ital.*

FONTARABIE[q], Ville d'Espagne dans la Province de Guipuscoa. On la nomme en Latin *Fons rapidus*, ou même *Fontarabia*. Les Habitans disent en Langue vulgaire FUENTE RAVIA. Elle est petite, mais forte sur la Côte de la Mer de Gascogne, & aux Frontieres de la France dont elle n'est separée que par la petite Riviere de Bidassoa, & vis-à-vis d'Andaye, à trois lieuës de St. Sebastien au Levant en allant vers St. Jean de Luz & vers Bayonne dont elle n'est qu'à six lieuës. Elle étoit autrefois du Païs de Labourd & de la Vicomté de Bayonne. Fontarabie est de l'ancienne Gaule;

[q] *Baudrand Ed. 1705.*

Gaule; mais non pas de la France quoiqu'elle *Corn. Dict.* soit en deçà des Pyrenées. Il y a un Port de Mer formé par l'embouchure du Bidaſſoa, ou Vidouze qui paſſe le long du Château. Le gros Bourg d'Irun-Uranci n'en eſt pas fort éloigné, non plus que le Val d'Oyarcum qui en 1202. fut compris dans ſon reſſort quand Alphonſe Roi de Caſtille augmenta ſa juriſdiction, dans laquelle il eſt encore le Château de Veloaga ſur la Frontiere de France ou de Guienne.

e Baillet Topogr. des Saints p. 194. FONTAVELLE[b], en Latin *Fons Avellanus*, Monaſtere d'Italie en Ombrie. Le bienheureux Pierre de Damien quita le ſejour de Ravenne pour ſe retirer dans l'*Hermitage de Ste. Croix de Fontavelle*, dit auſſi le Monaſtere de St. André en Ombrie, au pied du Mont Apennin, à cinq ou ſix lieuës de Gubbio; qui après avoir été long-temps ſous la regle de St. Benoît fut uni dans le Siécle XVI. à l'Ordre des Camaldules. Il n'y avoit qu'environ 20. ans que cet Hermitage étoit bâti lorſque le bienheureux Pierre s'y retira.

FONTECLI, autrefois Village de l'Æmilie. C'eſt préſentement une terre nommée FONDAZZA avec un Château ruiné au Duché de Plaiſance, entre Plaiſance & Parme à treize milles de la derniere, ſelon Ferrari[e].

c Lexic. Geogr. FONTEIA. Voiez BORN.

d Baudrand Ed. 1705. FONTENAI[d], Bourg de France en Bourgogne. On l'apelle auſſi VOUTENET, en Latin *Fontenæum*. Ce lieu qui eſt à ſix lieuës de la Ville d'Auxerre, eſt remarquable par la Bataille qui s'y donna en 841. entre trois Fils & un petit-Fils de Louïs le Debonnaire dans laquelle il perit plus de cent mille hommes, tant du côté de l'Empereur Lothaire & de Pepin ſon neveu qui perdirent la Bataille, que Charles le Chauve & de Louïs le Germanique qui la gagnerent.

v Hiſt. de France T. 24 p. 14. Edit. d'Amſterdam. § Le P. Daniel[e] met cette Bataille au 25. Juin 842. & convient qu'elle fut très-ſanglante. Mais, ajoute-t-il, je ne trouve point dans les Auteurs contemporains ce que d'autres plus recens, ont écrit qu'il y avoit peri cent mille hommes. Selon les anciennes coûtumes de Champagne la Mere, c'eſt-à-dire, la Mere annoblit les enfans, quoique le Pere ſoit roturier, & l'on prétend que cette coûtume a tiré ſon origine de cette Bataille, où il perit tant de Nobleſſe de cette Province qu'il n'en reſtoit preſque plus pour perpetuer les familles nobles, & que ce fut pour y ſupléer & remplir le corps de la Nobleſſe, que ce privilege fut accordé aux Femmes nobles. Cette tradition & ce privilege duquel tous les Juriſconſultes ne conviennent pas, ſervent au moins à confirmer qu'il ſe fit en cette occaſion un horrible carnage.

FONTENAI-LE-COMTE, en Latin *Fontanetum*, *Fontaniacum* ou *Fontenaium*. Mr. *f Baudrand Edit. 1705.* Baudrand dit[f] *Fontenacum Comitis*, peut-être *g Piganiol de la Force Deſc. de la France T. 4. p. 286.* pour *Fontenæum* Ville de France au Bas Poitou, ſur la Vendée[g]. Cette Ville eſt ſituée dans un aſſez bon fonds, à trois lieuës de Maillezais & à cinq de Marans vers le Nord, & environ à ſept de la Côte de la Mer. On y compte trois Paroiſſes, un Couvent de Jacobins, un Cordeliers, un College de Jeſuites, un Couvent de Filles de St. François, un de Notre-Dame & un de l'Union Chrétienne. La Senechauſſée eſt conſiderable par ſon reſſort, & l'Election eſt la plus grande après celle de Poitiers. Il y a auſſi une Juriſdiction des Traites foraines & un Corps de Ville compoſé d'un Maire perpetuel, de pluſieurs Echevins & Aſſeſſeurs. On y voit encore deux tours d'un vieux Château ruiné où il y a un Gouverneur & un Sergeant Major.

L'ELECTION DE FONTENAI-LE-COMTE[h] produit des grains plus qu'il n'en *h* Ibid. faut pour la proviſion des Habitans. Dans les 272. Marais deſſechez il croît quantité de fourrages, & c'eſt là où ſont les Haras qui produiſent des Chevaux & des Mulets dont on fait un grand commerce. On fabrique des draps & autres étofes de laine à Fontenai & dans pluſieurs Paroiſſes de cette Election, mais l'augmentation du prix des laines a cauſé la diminution de ce commerce.

FONTENELLE, fameux Monaſtere de Benedictins en France, dans la Province de Normandie, au Païs de Caux, à ſix lieuës de Rouen, à une de Caudebec & à un quart de lieuë de la Seine, dont elle eſt ſeparée par une Forêt. Elle a pris ſon nom du lieu qui luimême la reçoit d'une petite Fontaine qui l'arroſe. St. Vandrille, en a été le Fondateur & le premier Abbé. Archinoald Lieutenant du Païs donna ce lieu pour bâtir l'Egliſe, & la premiere pierre y fut miſe le 1. Mars 645. Le nom de Fontenelle a été changé en celui de ST. VANDRILLE. Voyez ce mot.

1. FONTES. Voyez au mot AD l'article AD FONTES.

2. FONTES. Les Auteurs Latins, dit Mr. Corneille, donnent ce nom à WELS, Ville d'Angleterre au Comté de Sommerſet, à cauſe des bains qu'on y trouve. Il y a prés cela de Mr. Baudrand. Voiez THEODORUNUM.

3. FONTES. en Grec Κρήναι. Thucydide[i] nomme ainſi un lieu de l'Epire entre *i L. 3. ad fi. nem.* Argos l'Amphilochique & l'Acarnanie. Mr. *k Hiſt. de Thucyd. T. 1. p. 280. Ed. d'Amſterdam 1713.* d'Ablancourt[k] traduit ce mot & dit: en un lieu nommé les FONTAINES.

FONTES APONI. Voyez ABANO.

FONTEVRAUT[l], FONTEVRAULT, ou *l Baudrand Ed. 1705* FRONTEVAUX, petite Ville de France dans l'Anjou, avec une fort belle Abbaye de Filles ſur les confins de la Touraine, à une lieuë de la Riviere de Loire, à trois de Saumur au Levant d'Eté, & à cinq de Chinon au Couchant. [m]Elle eſt Chef d'Ordre & fut fondée *m Piganiol de la Force Deſc. de la France T. 4. p. 265.* peu de temps après l'an 1100. par le Bienheureux Robert d'Arbriſſel. Le Pape Paſchal II. l'approuva en 1106. & en 1113. & ſes Succeſſeurs lui ont accordé de grands privileges. Elle dépend immediatement du St. Siége, & a cela de particulier que l'Abbeſſe eſt Generale de cet Ordre, & que les Religieux ſont ſoumis à ſon autorité de même que les Religieuſes. Mr. Baudrand[n] compte entre les Abbeſſes de *n* Ibid. cette celebre Abbaye quatorze Princeſſes dont cinq étoient de la Maiſon Royale de Bourbon.

FOORN. Voiez VOORN.

FOQUI[o], Royaume ou Province du *o Baudrand Ed. 1705.* Japon, dans l'Iſle (ou Preſqu'Iſle) de Niphon & au Pays de Jamaiſtro, dans ſa Côte Occidentale.

dentale, avec une petite Ville de ce nom, entre les Royaumes d'Inaba, d'Ivano & de Mimalaca, selon Chardin. Mr. Reland[a] qui écrit Foki, borne cette Province au Nord par la Mer, à l'Orient par les Païs d'Inaba & Mima Sacka, au Midi par celui de Bitfio, & à l'Occident en partie par celui de Bingo, & en partie par celui d'Idfoemo.

[a] Carte du Japon.

1. FORA. Annius de Viterbe dit que la Ville de Ninive en Assyrie étoit Tetrapole, c'est-à-dire formée de quatre Villes, sçavoir FORA, CALE, RESEM & NINIVE. Cela meriteroit d'être appuié sur quelque autorité moins suspecte. Voiez NINIVE.

[b] Ortel. Thesaur.

2. FORA. Voiez FORE.

[c] Ibid.

FORANUM[c], Ville de l'Etrurie dans le moyen âge. Il en est fait mention dans l'Edit du Roi Didier.

FORAT. Voiez EUPHRATE.

FORATH, Ville de l'Arabie heureuse, selon Pline[d], qui la met sur le bord du Pasitigris. Il ajoûte qu'elle étoit soumise au Roi des Characeniens, & qu'on y alloit de Petra, & que delà jusqu'à Charax il y avoit une navigation de XII. milles quand la Marée n'étoit pas contraire.

[d] l. 6. c. 28.

FORATIANENSIS, Siége Episcopal d'Afrique dans la Bisacene, selon la Notice Episcopale d'Afrique, où il est fait mention de Boniface Evêque de Foratiana. Ortelius[e] dit qu'un Manuscrit au lieu de Foratianensis portoit Forianensis.

[e] Thesaur.

FORBA[f], Vallée de Suisse dans les dépendances des Grisons au Comté de Bormio. C'est une des V. Communautez dont il est composé. La Vallée de Forba comprend plusieurs Villages, sçavoir St. Nicolas, St. Antoine, Maglia Vacca, &c.

[f] Delices de la Suisse T. 4. p. 679.

FORBAT, Cap d'Espagne sur la Côte de Valence, près de Peniscola, à trois lieües de la Catalogne. On le prend pour le *Tenebrium Promontorium* de Ptolomée, que les Interprêtes de cet Auteur croient être le Cap des Alfaques.

FORBISHER (Détroit de) Détroit de la Mer du Nord, au Midi du nouveau Groenland. Martin Forbisher, Anglois, fit trois diferens voiages en 1576. 1577. & 1578. pour chercher une route au Nord-Ouest, afin de passer, s'il étoit possible, par le Nord de l'Amerique, dans les Mers des Indes. Il ne trouva point ce qu'il cherchoit, mais il découvrit en échange plusieurs grands bras de Mer, des Bayes, des Isles, des Caps & des terres qui formoient un grand Détroit. Il est de certains entêtemens dans chaque genre de Science qui sont utiles par hazard. L'aplication opiniâtre ne parvient pas à trouver ce qu'elle cherche; mais elle rencontre presque toujours quelque avantage qu'on ne s'avisoit pas de chercher. Le Détroit de Forbisher ne fait que couper le Groenland dans sa partie meridionale.

FORCADO[g], Riviere d'Afrique dans la Nigritie, à trente-six lieües de la Riviere de Benin vers le Levant. Le long de cette Riviére est situé le Royaume d'OWERRE, que l'on nomme aussi de FORCADO du nom de la Riviére, de même que l'on donne souvent à la Riviére, celui d'Owerre qui est celui du Royaume, ou même d'une petite Ville ou Bourg residence du Roi. L'embouchure du *Rio Forcado* est ombragée d'arbres des deux côtez. Elle a plus de 1500. pas de large, & peut porter un Yacht qui prend sept ou huit pieds d'eau. A une lieüe & demie de la côte près d'un bras de cette Riviére il y a une habitation de Pêcheurs qu'on nomme POLOMA. La Ville ou le Bourg d'Owerre où le Roi tient sa Cour est à quarante lieües de la Mer sur les bords de Rio Forcado. Voiez OWERRE.

[g] Dapper Afrique p. 314.

FORCALQUIER[h], Ville de France en Provence, au Comté de Forcalquier qui en prend le nom, près du torrent de Laye, & sur une montagne à deux lieües de la Durance & presque au milieu entre Sisteron au Levant d'Eté, & Apt au Couchant d'Hyver, à cinq lieües de chacune, à douze d'Aix vers le Septentrion, & à six de Manosque. [i] Elle est grande & a droit de deputer aux Etats & aux Assemblées des Communautez de Provence. Plusieurs veulent qu'elle soit fort ancienne & la prennent pour FORUM NERONIS, ou pour ALAUNIUM, marquez par Ptolomée & les autres anciens Géographes. Tout ce que disent sur cela les Modernes n'est appuié d'aucune preuve. Il est certain que cette Ville nommée FORUM CALCARIUM, & par corruption *Forcalquerium*, n'a été connuë que dans le X. siécle. Comme elle étoit la Résidence des Princes de cette portion de la Provence, elle devint très-considerable; ensorte que son Eglise Collegiale dediée à St. Marius est appellée *Concathedrale* dès l'an 1060. parce que Gerard Evêque de Sisteron y établit son Siége, ce qui a continué long-temps. Il y a à Forcalquier un Siége de la Senechaussée qui est un des plus anciens de la Province. L'air de cette Ville est fort sain, & sa Campagne fertile, étant arrosée de plusieurs Ruisseaux.

[h] Baudrand Ed. 1705.

[i] Longuerue Desc. de la France t. part. p. 372.

LE COMTE' DE FORCALQUIER, Païs de France, l'une des annexes de la Provence. Il s'étend vers les montagnes entre la Durance à l'Orient & au Midi, & le Dauphiné au Septentrion, selon Mr. Baudrand. [k] Ce Comté étoit autrefois d'une étenduë plus considerable qu'il n'est aujourd'hui. Il renfermoit tout ce qui se trouve entre la Durance, le Rhône, l'Isere & les Alpes; mais il a été reduit à des bornes plus étroites, parce que les Comtez de Die, de Gap, d'Avignon, & d'Embrun en ont été separez. Il a eu autrefois des Comtes Souverains distinguez des Comtes de Provence desquels ils tiroient leur origine. Guillaume I. Comte de Forcalquier, en fut investi par son Pere Bozon I. Comte de Provence. Guillaume II. lui succeda, & comme il mourut sans posterité, Emme sa Sœur qui épousa Guillaume III. dit Taillefer, fit passer ce Comté dans la Maison de Thoulouse. Adelaïde Fille de Guillaume IV. le porta en dot aux Comtes d'Urgel, & Garsende II. Comtesse de Forcalquier aiant épousé Alphonse II. l'unit de nouveau à la Provence dont il avoit été demembré deux cens ans auparavant. [l] C'est à cause de cette distinction qui avoit duré deux Siécles, que dans les Actes publics on donne aux Rois de France la qualité de Comtes de Provence & de Forcalquier. Outre Forcalquier sa Capitale, il y a dans sa partie supe-

[k] D'Audifret Geogr. t. 2. p. 294.

[l] Baudrand Ed. 1705.

supérieure Manosque & Sault qui est Chef d'un autre Comté.

FORCELLI, ou FOSSELLI, en Latin *Forcella*, petite Ville d'Afrique du Royaume de Barca en Barbarie. Elle est sur la Côte à l'embouchure du Nachel, à dix-huit lieuës de Bonandrea du côté du Levant. On croit que c'est l'ancienne ERITHRON Ville de la Cyrenaïque.

FORCHAIM [a], ou FORCHAIN, ou plutôt FORCHHEIMB, en Latin *Vorchemium*, ou selon Mr. Baudrand *Forchanum* & *Forchena*, Ville d'Allemagne en Franconie, dans l'Evêché de Bamberg, sur la Riviére de Rednitz au Confluent du Wisent, à cinq ou six milles de Nuremberg. Elle est fortifiée, les murailles sont de pierre de taille, & a un bel Arsenal. Leopold Baron de Bebenbourg, Evêque de Bamberg, fonda l'an 1354. la Collegiale de St. Martin qui n'étoit auparavant qu'une Eglise Paroissiale. Munster prétend que Forcheim est plus ancienne que Bamberg, & allegue en preuve les Diétes & Assemblées qui y ont été tenuës par les anciens Rois de Baviere. Une Tradition populaire du Païs veut que ce lieu soit la patrie de Ponce Pilate. Ce nom que porte une Montagne & quelques Champs d'alentour ont pû donner lieu à cette opinion. Cette Ville a beaucoup soufert durant les Guerres civiles d'Allemagne; mais Zeyler ne dit point qu'elle ait été Ville Imperiale.

[a] *Zeyler. Francon. Topogr. p. 25.*

FORCONE, ou FORCONIO, en Latin *Furconium*, Ville autrefois Episcopale, détruite par les Lombards. On en voit encore les ruines dans l'Abbrusse ulterieure au Royaume de Naples, sur le Pescara, environ à trois lieuës de la Ville d'Aquila où son Evêché a été transferé. Mr. Baudrand croit que c'est AVIA Ville des Vestins. Voiez AVIA.

FORDAN [b], Bourgade de Pologne dans le Palatinat de Culm. Elle est située sur le penchant d'une colline au pied de laquelle passe la Vistule, cinq lieuës au-dessus de Thorn & les Douanes de la Riviére y sont établies. C'est en ce lieu que la Vistule commence à s'elargir davantage & à presenter des bords qui satisfont beaucoup plus la vuë.

[b] *Corn. Dict. Beaujeu Mem.*

FORDINGIANO, en Latin *Fordingianum*, petit Bourg de l'Isle de Sardaigne. Il est situé vers le milieu de l'Isle près de la Riviére de Thyrso, à onze lieuës d'Oristagni du côté du Levant. C'étoit anciennement une Ville nommée AQUÆ HIPSITANÆ.

[c] *De l'Isle Atlas.*

FORDON [c], Bourg de l'Ecosse Septentrionale dans la Province de Mernis, aux Frontieres de celle d'Angus. C'est de ce lieu qu'avoit pris son nom Jean Fordon, Auteur du Livre intitulé *Scoti Chronicon*, qui a donné de grandes lumieres aux Historiens d'Ecosse qui ont écrit après lui. Mrs. de l'Isle & Baudrand font de ce lieu le principal endroit de la Province. Allart dans sa Carte d'Ecosse le fait un des moindres; & l'Auteur de l'Etat de la Grande Bretagne [d] qui fait mention de Bervy & de Dunotyr, ne fait aucune mention de Fordon. Quelques-uns écrivent FORDUN. Fordon a été autrefois celebre [e] à cause des Reliques de St. Palladius, qui avoit été envoié par le Pape Celestin I. l'an 431. vers les Ecossois qui étoient encore Payens. Ce St. homme travailla éficacement à leur conversion, & la veneration que ce Peuple eut pour ses Reliques après sa mort rendit long-temps fameuse la Ville de Fordon où elles étoient.

[d] *T. 2. p. 267.*

[e] *Wagenseil Synop. Geogr. p. 464.*

1. FORE [f], ou FOORE, en Latin *Fora*, petite Ville d'Irlande dans la Province de Leinster, au Comté de Westmeath. Elle est à XIII. milles au Nord de Molingar, & à deux des Frontieres d'Esthmeath. Elle n'est remarquable que par le droit qu'elle a d'envoyer deux Deputez au Parlement.

[f] *Etat de l'Irlande p. 45.*

2. FORE, FOORE, VOORE, ou plutôt FOEHR ou FOEHRD. Mr. de l'Isle la nomme *Fora*; petite Isle de la Mer d'Allemagne sur la Côte Occidentale du Slefwick, entre les Isles de Sylt & de Nordstrand. Elle fait partie de la Prefecture de Tunder. Mr. Corneille [g] se trompe avec Mr. d'Audifret [h], lorsqu'ils mettent cette Isle & celle de Nord-Strand dans la Mer Baltique, d'où elles sont éloignées de toute la largeur du Slefwick. [i] L'Isle de Fore a la figure d'un œuf, sa longueur est d'un mille & demi, & sa largeur d'un mille d'Allemagne. Elle a quantité de bestiaux & fournit des grains abondamment à quatre mille deux cens Habitans, qui aussi bien que leurs Villages sont separez en deux districts. Celui qui est à l'Orient, nommé en Langue du Païs *Osterharde*, a deux Paroisses & appartient au Duc de Holstein-Gottorp. Celui qui est à l'Occident a une Paroisse & est sous l'obéïssance du Roi de Danemarck. Cette derniere partie est de la Prefecture de Ripen, l'autre est de celle de Tunder. Les Habitans qui ne se piquent nullement de politesse, conservent obstinément le Langage, les mœurs & l'habillement des anciens Frisons, quoique quelques-uns sachent parler le bas Saxon. Entre cette Isle & celle d'Amroem il y a une pêche d'Huitres qui appartient au Roi de Dannemarck.

[g] *Dict. Geog. T. 1. p. 269. & 270.*
[h]
[i] *Hermani des Daniæ, Norw. &c. Déscript. p. 831.*

FORENTANI. Voyez FERENTA.

FORENZA [k], ancien Bourg de la Pouille dans la Basilicate, au Roiaume de Naples, à deux lieuës de la Ville de Cirenza du côté du Nord. Voiez FERENTA.

[k] *Baudrand Ed. 1705.*

FOREST; l'S ne se prononce point; étenduë de terre, couverte d'arbres qui sont venus naturellement, & qui est ordinairement peuplée de bêtes sauvages. Les Forêts se forment souvent dans des lieux qui après avoir été cultivez sont negligez par les Habitans ou entierement depeuplez. La plûpart des Forêts n'ont chacune que des arbres d'une même espece, selon la qualité particuliere du terroir; & ces especes changent selon la temperature de l'air & du climat.

En Afrique au Cap verd il y a des Forêts d'Orangers & de Citronniers, & il est permis aux Mariniers qui y abordent de cueillir des citrons & des oranges presque pour rien. Ces sortes de Forêts se trouvent encore ailleurs.

En France il y a plusieurs Forêts de Chataigniers, d'autres de Hêtres ou d'autres arbres, selon que l'on s'aproche ou que l'on s'éloigne du Midi.

Dans l'Isle de Ceylan il y a des Forêts d'arbres dont l'écorce fournit la canelle.

Dans les Moluques les Forêts sont de Gerofliers.

Dans

Dans les Isles de Banda ce sont des arbres qui produisent la noix muscade.

Dans le Bresil ce sont des Forêts d'arbres dont le bois a donné son nom à ce Païs.

En Afrique, surtout dans la Numidie, il y a des Forêts de Datiers, dont le Biledulgerid a pris son nom.

Dans l'Isle de Madagascar les Forêts fournissent le Tamarin des Indes.

Sur le Liban ce sont des Cedres dont on trouve aussi des Forêts entiéres au Japon où l'on en fait des mâts de Navires.

En Espagne, en France, & en Italie, on trouve des Forêts d'Oliviers & de Myrtes.

En Allemagne les Forêts sont de Sapins, de Chênes, d'Aunes, de Hêtres, de Pins, de Genevriers, d'Erables, de Peupliers, de Frênes & d'Ormes.

Les Latins avoient des noms particuliers pour chaque sorte de Forêts, & ces noms étoient formez du nom de l'arbre. Par exemple, ils nommoient *Alnetum* une Forêt d'Aunes; *Quercetum* une Forêt de Chênes; *Palmetum* une Forêt de Palmiers. A leur exemple nos Ancêtres ont dit *Aunaye, Chenaye, Fresnaye, Châtaigneraye*, pour marquer une Forêt d'Aunes, de Chênes, de Frênes, ou de Châtaigniers. Mais il semble que tant les Latins que les François aient employé ces façons de parler non pour exprimer de véritables Forêts, mais pour des arbres qui occupoient peu de terrain.

Il y a eu de très-vastes Forêts qui s'étendoient très-loin & traversoient de grandes Contrées, qui à présent sont partagées en plusieurs, qui même sont assez éloignées les unes des autres, de sorte qu'on ne jugeroit pas qu'elles aient été contiguës. Des Peuples qui se sont accrus en ont essarté une partie pour en faire des terres labourables. Les Monasteres ont souvent donné lieu à ces changemens. Un St. homme s'étant retiré dans une Forêt y a attiré par sa reputation des Imitateurs de sa vie austere, & il est souvent arrivé que ce Monastere avec le temps a formé un Bourg, ou même une Ville, qui s'est agrandie aux depends de la Forêt, qui souvent a été entiérement détruite, de sorte qu'on a été obligé de faire des Loix pour la conservation des Forêts. Les Verreries & les Forges en ont diminué & éclairci plusieurs par la grande quantité de bois qu'elles consument. Voici diverses listes des principales Forêts de l'Europe. Toutes imparfaites qu'elles sont je les donne dans l'esperance que quelqu'un voudra bien contribuer à les completer un jour. Il faut y ajouter celle qui est au mot Bois. Les grands Bois ne different en rien des Forêts, puisqu'il n'y a d'autre distinction réelle que celle qu'une bisarerie de l'usage y a mise dans les noms. On auroit de la peine à dire pourquoi il y a des Forêts qui n'ont qu'une lieuë d'étenduë, & des bois qui en ont plusieurs en tous sens. Cela ne s'accorde point avec la definition ordinaire qui veut que les grandes étendues de terre couvertes de hauts arbres soient nommées *Forêts*, & les petites qui n'ont que peu d'espace soient nommées *Bois*.

Forêts dont il est fait mention dans l'Ecriture Sainte.

FORET DE BETHEL[a], d'où Elisée fit sortir les Ours qui dévorerent les Enfans de Bethel qui l'insultoient[b]. On croit que cette Forêt étoit voisine de la Ville de Bethel.

[a] D. Calmet Dict.
[b] Reg. l. 4. c. 2. v. 24.

FORET D'EPHRAIM. Voyez EPHRAÏM 5.

FORET DE HARET, où David se retira[c]. Elle étoit dans la Tribu de Juda.

[c] Reg. l. 1. c. 22. v. 5.

FORET DU LIBAN, Forêt sur le Mont Liban. Voyez LIBAN. Outre la vraye Forêt, où croissent encore aujourd'hui les Cedres & d'autres arbres, l'Ecriture donne le nom de *Forêt du Liban* à un Palais que Salomon avoit fait bâtir à Jerusalem[d], joignant le Palais de la fille du Roi d'Egypte. Salomon y faisoit sa demeure ordinaire, & toute la vaisselle qui étoit dedans étoit de pur or. On lui donna le nom de Palais de la Forêt du Liban ou à cause de la grande quantité de Cedres qu'on y avoit employé, ou à cause de la multitude des Colomnes dont il étoit soutenu. Quelques-uns mettent cette Maison ou ce Palais dans les montagnes du Liban; mais il y a beaucoup d'apparence qu'elle étoit dans Jerusalem même; & ce qui le prouve encore évidemment, au jugement de D. Calmet[e], c'est que les trois cens boucliers d'or que l'on portoit devant Salomon lorsqu'il alloit au Temple, étoient certainement dans une sale de ce Palais.

[d] Reg. l. 3. c. 7. v. 2. & c. 10. v. 17.
[e] Dict. de la Bible.

Forêts les plus fameuses dans les Ecrits des Anciens.

AGNITIA, ou ANGITIA SYLVA. Voiez ANGITIÆ LUCUS.

ALGIDUM. Voyez AGLIO 2.

ARDUENNA SYLLA. Voiez ARDENNES.

BACENIS SYLVA. Voiez BACENIS.

CALEDONIA.
DODONE.
GABRETA SYLVA.
HERCYNIA SYLVA. } Voiez ces mots en leur rang.

LITANA, aujourd'hui LA SELVA DI LUGO dans l'Emilie.

MAESIA, aujourd'hui IL BOSCO DI BACCANO en Toscane. Elle est fort petite.

MARICA, dans le Roiaume de Naples sur le Gariglian.

MARTIANA SYLVA, aujourd'hui la FORET NOIRE.

NEMBA, aujourd'hui LA SELVA DI TRISTENA dans la Morée.

SACER LUCUS, aujourd'hui LA SELVA DE HAMI dans la Terre de Labour.

SEMANA SYLVA. Voiez SEMANA.

SILA. Elle conserve encore son nom dans la Calabre près de l'Apennin.

VETULONIA, aujourd'hui LA SELVA VETLETTA dans la Toscane.

VOLSINIENSIS, aujourd'hui IL BOSCO DI MONTEFIASCONE, dans la Province du Patrimoine. Ce n'est plus qu'un petit Bois.

Forêts les plus fameuses d'Italie.

FORET D'ALIFI, en Italie dans le territoire

ritoire de Lavour, à neuf milles au Nord-Eſt de Capouë.

FORET D'ARLENA, en Italie, dans la partie Septentrionale du Duché de Caſtro, à deux milles au Midi du Lac de *Bolſena*.

FORET CAVALIERA. en Italie, dans la partie Orientale du Duché de Spolete, au Midi du Lac de *Norcia*.

FORET DE LAGERI, en Italie, dans la Campagne de Rome, à ſeize milles à l'Orient de cette Ville.

FORET DI S. MANO, en Italie, dans la partie la plus Septentrionale du Duché de Caſtro, à l'Orient du Lac de *Bolſena*.

FORET MATIANA, en Italie, dans le patrimoine de St. Pierre, à quinze milles au Couchant de Rome, le long de la Côte de la Mer de Toſcane.

Forêts les plus fameuſes de France.

FORET DE L'AIGLE, ſur les confins de la partie Septentrionale de l'Iſle de France, à deux lieuës au Nord-Eſt de Compiegne, la Riviére entre deux.

FORET D'AILLI, en la partie meridionale de Picardie, à une lieuë au Couchant d'Amiens.

FORET DES ALLUETS-LE-ROI, dans la Prevôté de Paris, à deux lieuës au Couchant de Poiſſi, & à quatre de St. Germain en Laye.

FORET D'AMBOISE, en Touraine, dans le voiſinage de la Ville de ce nom, au Midi, & au Nord de Montrichard dans le voiſinage de laquelle elle s'étend.

FORET D'ANDAINE, en Normandie, à l'Orient de Domfront.

FORET D'ANDELY, dans le Vexin Normand, au Midi du petit Andely.

FORET DE L'ANTEPOURRIE, en Normandie, à quatre lieuës au Midi de Vire, & à une à l'Orient de Mortain.

FORET D'ARC, aux Frontiéres de la Champagne, au Nord-Eſt de la Ville d'Arc en Barrois. Elle joint au Septentrion la Forêt de Château-Vilain.

FORET D'ARGENTAN, en Normandie, aux environs de la Ville du même nom.

FORET D'ARGUEL, ſur les Frontiéres de la Picardie & de la Normandie, Bailliage d'Amiens, au Couchant de cette Ville dont elle peut être éloignée de ſept lieuës, & d'une ſeule au Nord d'Aumale.

FORET D'ARQUES, en Normandie dans le Païs de Caux, à l'Orient de la Ville du même nom, & au Sud-Eſt de la Ville de Dieppe dont elle eſt éloignée de deux lieuës.

FORET D'ARTIE, dans le Vexin François, à quatre lieuës à l'Orient de la Rocheguion, à égale diſtance au Nord de Mante, la Riviére entre deux.

FORET D'AUNAY, aux Frontieres de la partie Meridionale du Poitou, à dix lieuës au Nord de Coignac, dans la Comté d'Aunay.

FORET DE BAREILLE, en Anjou, Election de Beaugé, à trois lieuës au Midi du Lude.

FORET DE BEAUFORT, en Anjou, Election d'Angers, à quatre lieuës à l'Orient de cette Ville.

FORET DE BEAUMONT, en Normandie, à une lieuë & demie à l'Orient de la Ville de Bernai, & au Couchant du Bourg de Beaumont.

FORET DE BEAUREGARD, dans la partie Meridionale de la Bourgogne, à une lieuë ou environ au Couchant de la Ville de Verdun.

FORET DE BECON, dans l'Anjou, Election d'Angers, environ à trois lieuës de cette Ville, en tirant vers le Couchant.

FORET DE BELLEME, dans la partie Meridionale du Perche, au Nord de la petite Ville de Bellême, & à quatre lieuës au Midi de celle de Mortagne.

FORET DE BERSAI ET DE CLEOFAS, dans le Maine, Election de Château du Loir, à une lieuë au Nord de cette Ville.

FORET DE BIENVALD, ou *Lutterbourg*, dans la Baſſe Alſace.

LA FORET DE BIERRE. C'eſt la même que celle de FONTAINEBLEAU.

FORET DE BLOIS, dans le Blaiſois, à l'Occident de la Ville du même nom.

FORET DE BOLOGNE, dans le Blaiſois, au Midi de celle de Chambord, & à quatre lieues à l'Orient de Blois.

FORET DE BOUCONE, dans le Haut Armagnac, Châtellenie de l'Iſle Jourdain, à deux lieuës au Nord-Eſt de cette Ville, & à trois lieuës au Couchant de la Ville de Touloufe.

FORET DE BOULOGNE, dans le Bas Boulonois, à deux lieuës au Nord de la Ville de même nom.

FORET DE BOURECHE, en Picardie, dans le Bailliage de Roye, à deux lieuës de cette Ville, en tirant vers le Sud-Eſt, & à égale diſtance de la Ville de Ham au Sud-Oueſt.

FORET DE BOURSE, en Normandie dans la Campagne d'Alençon, à trois lieuës au Nord-Eſt de cette Ville.

FORET DE BRAI, aux Frontieres de la Normandie & de la Picardie, au Midi du Bourg de Brai, & au Nord-oueſt de la Ville de Gournai, dont elle eſt éloignée de deux lieuës & demie.

FORET DE BRETEUIL, en Normandie, dans la Campagne de St. André, au Sud-oueſt de la Ville de Conches, dont elle eſt éloignée de deux lieuës & demie, & dans le voiſinage de la Ville de Breteuil, en tirant vers le Nord-oueſt.

FORET DE BRIGNON, dans la Marche de Poitou, à deux lieuës au Nord-oueſt de Thouars, & à trois au Sud-oueſt de Montreuil Belay.

FORET DE BRIX, en Normandie, à une lieuë au Midi de Cherbourg.

FORET DE BROTONE, en Normandie dans le Romois, au Midi de la Ville de Caudebec, la Riviere entre deux.

FORET DE BRUAUDAN, dans la partie Septentrionale de la Sologne, à une lieuë au Nord-Eſt de la Ville de Romorentin.

FORET DE LA CANAU, dans le Medoc, entre l'Etang Canau & la Côte de la Mer,

Mer, & au Midi de l'Etang de Carcans.

FORET DE CERISI, en Normandie, aux environs du Bourg de ce nom, à trois lieuës au Sud-ouest de Bayeux, & à égale distance au Sud-est de St. Lo.

FORET DE CHALIS, dans la partie Septentrionale de la Prevôté de Paris, environ à deux lieuës au Nord de Dammartin.

FORET DE CHAMBIERS, en Anjou, Election de Beaugé, à deux lieuës au Sud-ouest de la Fleche, & à égale distance au Nord-ouest de Beaugé.

FORET DE CHAMBORD, dans le Blaisois, aux environs de la Maison Royale de même nom, à quatre lieuës à l'Orient de Blois.

FORET DE CHAMOUZI, en Champagne, Election de Laon, dans le voisinage de cette Ville, du côté de l'Orient.

FORET DE CHAMPROND, dans le Haut Perche au Nord du Bourg de Champrond, à une lieuë au Sud-ouest de Pontgoin, & à deux de Courville du côté de l'Occident.

FORET DE CHANVEAUX, dans la partie Septentrionale du Païs Nantois, au Sud-Est de la Forêt de Juigné, à cinq lieuës au Nord d'Ancenis.

FORET DE CHATEAU-GIRARD, aux Frontieres de la Bourgogne, dans le Comté de Noyers, à deux lieuës au Sud-est de cette ville.

FORET DE CHATEAUVILAIN, aux Frontieres de la Champagne, du côté du Midi, dans le voisinage de la ville de Châteauvilain, dont elle dépend.

FORET DE CHATELLERAUD, en Poitou, au Couchant de la ville de même nom.

FORET DE CHEBOUTONE, à deux lieuës de la petite ville de ce nom du côté du Midi, sur les Frontieres de la partie Meridionale du Poitou.

FORET DU CHENOY, aux Frontieres de la Champagne du côté du Midi, dans le voisinage de la petite ville d'Arc en Barois, au Midi de laquelle cette Forêt est située.

FORET DE CHINON, en Anjou, au Nord de la ville de même nom.

FORET DE CHIZAY, aux Frontieres de la partie Meridionale du Poitou, à dix lieuës de la Rochelle du côté de l'Est.

FORET DE COGNAC, en Angoumois, à une lieuë du Nord de Cognac.

FORET DE COIALOU, en Bretagne, Evêché de Quimper, à cinq lieuës au Nord-est de cette ville, & à trois lieuës au Midi de Château-neuf.

LA FORET DE COMPIEGNE, dans la Province de l'Isle de France près de la Ville de Compiegne, à la jonction de l'Aisne à l'Oise. La plus grande partie de cette Forêt est proprement dite la Forêt de Cuise sur tout le long de l'Aisne.

FORET DE CONCHES, en Normandie, dans la Campagne de St. André, au Nord-ouest de la ville de Conches, & au Midi de celle de Breteuil, dont elle est éloignée de deux lieuës.

FORET DE COUBIAN, en Bretagne, Evêché de Quimper, au Nord de la ville de Châteauneuf, & à six lieuës au Midi de Morlaix.

FORET DE CONCISE, dans le Maine, Election de Laval, à une lieuë au Couchant de la ville de ce nom.

FORET DE COUCI, en Champagne, Election de Laon, à trois lieuës au Couchant de cette ville, & à une de celle de Couci, à l'Orient, la Riviere entre deux.

FORET DE CRAON, dans le Maine, Election de Châteaugontier, à l'Occident de la petite ville de Craon, & à deux lieuës au Sud-est de la Guierche.

FORET DE CRECY, en Picardie, Senechaussée de Ponthieu, à trois lieuës au Nord d'Abbeville, & à deux lieuës à l'Orient de l'Embouchure de la Somme.

FORET DE CRENETTE, dans la partie Septentrionale de la Prevôté de Paris au Sud-est, & dans le voisinage de Beaumont.

FORET DE CRESSI, dans la partie Orientale de la Prevôté de Paris, environ à six lieuës de cette ville.

FORET DE CRUYE, dans la Prevôté de Paris, & dans le voisinage de St. Germain en Laye & de Marli, au Couchant de celle-ci & au Sud-ouest de celui-là.

LA FORET DE CUISE. C'est la partie la plus considerable de la Forêt de Compiegne dans l'Isle de France, qui même n'avoit pas d'autre nom par le passé.

FORET DE DAMMARTIN, haute & basse, dans la partie Septentrionale de la Prevôté de Paris, aux environs de la ville de Dammartin.

FORET-DIEU, en Normandie, dans le Houlme, à trois lieuës au Nord-est de Domfront, partie de la Forêt d'Andaine entre deux.

FORET DE DIEULET, sur les confins de la partie Orientale de la Champagne, dans la Prevôté de Stenai, dans le voisinage de cette ville du côté du Couchant.

FORET DE DOLE, en Champagne, Election de Soissons, à quatre lieuës & demie au Sud-est de cette ville, & à une au Sud-ouest de Fimes.

FORET DE DOURDAN, dans la Beauce, aux environs de Dourdan, en tirant vers le Nord-ouest, & au Midi de St. Arnoul.

FORET DE DOUVREAU, en Anjou, à une lieuë au Sud-est de la Fleche.

FORET DE DREUX, en l'Isle de France, au Nord de la ville de Dreux, dans le voisinage de laquelle elle est, & au Couchant de la ville d'Houdan dont elle est éloignée de deux lieuës.

FORET D'EAVI, en Normandie dans le Païs de Caux, à deux lieuës au Couchant de Neuchatel.

FORET D'ECOUVES, en Normandie, dans la Campagne d'Alençon, à deux lieuës au Midi de cette Ville, & à égale distance au Sud-ouest de Séez.

FORET DE L'ESPAU, en Anjou, dans les Mauges, à trois lieuës d'Ancenis au Midi, la Riviere entre deux.

FORET D'ETRELLES, aux Frontieres de

de la Champagne du côté du Midi, dans le Comté de Bar-fur-Seine, environ à demi-lieuë de la Ville de ce nom, au Midi de laquelle elle eft fituée.

FORET D'EU, en Normandie, vers les confins de cette Province, & de la Picardie, à l'Occident de la ville de Blagni, dans le voifinage de laquelle elle fe trouve.

FORET D'EVREUX, en Normandie, dans la Campagne de Neubourg, dans le voifinage de la ville d'Evreux, au Nord-oueft de laquelle elle fe trouve.

FORET DE FERE, en Champagne, à deux lieuës au Nord-eft de Château-Thieri, & à une au Nord-oueft de Dormans, la Riviére entre deux.

FORET DE LA FERTE', aux environs du Bourg de la Ferté-Macé, à trois lieuës au Sud-eft de Domfront, la Forêt d'Andaine entre deux.

FORET DE FONTAINEBLEAU, dans le Gatinois, à une lieuë au Midi de Melun, la Riviere entre deux.

FORET DE FONTEVRAUD, en Anjou, au Nord de l'Abbaye de même nom, à trois lieuës au Sud-eft de Saumur.

FORET DE FRETEVAL, dans le Vendomois, à deux lieuës au Nord-eft de Vendôme, & à cinq de Châteaudun, en tirant vers le Sud-oueft.

FORET DE FRONNON, dans la partie Septentrionale de la Champagne, environ à deux lieuës au Sud-oueft de Mezieres.

FORET DE GATINE, aux Frontieres du Vendomois, environ à fept lieuës au Sud-oueft de Vendôme.

FORET DU GAVRE, en Bretagne, Evêché de Nantes, à quatre lieuës au Sud-eft de Rhedon, & à neuf lieuës au Nord-oueft de Nantes.

FORET DE GAZE, en Anjou, Election de Chinon, au Nord-eft de cette Ville.

FORET DE GENERIS, en Anjou, Election de Beaugé, à trois lieuës au Sud-eft de cette Ville, & à demi-lieuë à l'Orient de la Forêt de Loroux.

FORET DE LA GUERCHE, en Bretagne, aux confins de la partie Orientale de l'Evêché de Rennes, environ à fix lieuës au Sud-eft de cette derniere Ville.

FORET DE LA GUIERCHE, en Touraine, Election de Loches, au Couchant de la petite Ville de la Guierche, & à deux lieuës à l'Orient de Châtelleraud.

FORET DE HAGUENAU, dans l'Alface, au Nord de la Ville de même nom.

FORET D'HALOUSE, en Normandie, à deux lieuës au Nord de Domfront.

FORET DE LA HART, dans la haute Alface. Voyez HART.

FORET DE HEISSE, dans la partie Orientale de la Chartipagne, dependance du Clermontois, à deux lieuës au Nord-eft de Clermont, & à égale diftance de Verdun, en tirant du côté du Couchant.

FORET D'HERIVAUX, dans la partie Septentrionale de la Prevôté de Paris, à deux lieuës à l'Orient de Beaumont, & au Midi de la Forêt de Pontarmé.

FORET DE JAILLY, aux Frontieres de la Bourgogne, du côté du Midi, dans le Bailliage de Semur, environ à demi-lieuë au Nord de Montbar.

FORET DE JOUI, dans la partie Orientale de l'Ifle de France, Election de Provins, à deux lieuës au Nord-oueft de cette Ville.

FORET DE JUIGNE', dans la partie Septentrionale du Païs Nantois, à fix lieuës au Nord d'Ancenis.

FORET D'IVRI, en Normandie, dans la Campagne de St. André, au Couchant de la Forêt de Dreux, la Riviere entre deux, à trois lieuës au Nord-eft de Nonancourt, & au Sudoueft du Bourg d'Yvri dont elle eft éloignée d'une lieuë.

FORET DU LAGENDRE, en Perigord, à cinq lieuës de Perigueux du côté de l'Orient, & à une lieuë à l'Occident de Montignac.

FORET DE LAVARDIN, dans le Maine, Election du Mans, à trois lieuës de cette Ville, en tirant vers le Nord-oueft, & à égale diftance au midi de Beaumont.

FORET DE LENVOCE, en Bretagne, aux confins des Evêchez de St. Brieu & St. Malo, à une lieuë à l'Orient de Rohan.

FORET DE LIANNE, aux confins de la Bourgogne Septentrionale, en tirant du côté de l'Eft, dans le Bailliage d'Auffone, à deux lieuës au Nord de cette Ville, & à quatre lieuës de Dijon vers l'Orient.

FORET DE LIONS, aux confins de la Normandie & de la Picardie, dans le Païs de Brai, au Nord de la Ville de Lions, & à deux lieuës au Couchant de celle de Gournai.

FORET DE LOCHES, Generalité de Tours, Election de Loches, au Nord de la Ville de même nom.

FORET DE LOMBOIL, en Normandie, à trois lieuës au Sud-eft de la Ville de Rouen, & à égale diftance au Sud-eft de celle de Lions.

FORET DE LONGUENEE, dans l'Anjou, Election d'Angers, à trois lieuës au Nord-oueft de cette Ville.

FORET DE LORIC, dans le Bazadois, à une lieuë & demie au Nord de Ste. Bafeille, & à égale diftance au Midi de Mont-Segur.

FORET DE LOROUX, en Anjou, Election de Beaugé, à trois lieuës au Sud-eft de cette ville.

FORET DE LOUDEAC, en Bretagne, à l'extrémité Orientale de l'Evêché de Quimper, à une lieuë au Midi de Rohan.

FORET DE MACHENOIR, aux confins de la partie Orientale du Vendomois, au Nord de la petite ville de Machenoir, environ à fept lieuës au Midi de Châteaudun.

FORET DES MARCHAIS, en Anjou, Election d'Angers, à cinq lieuës au Midi de cette Ville, la Riviere entre deux.

FORET DE MARTON, en Angoumois, à trois lieuës au Sud-eft d'Angoulême.

FORET DE MAUNI, en Normandie, dans le Romois, à trois lieuës & demie au Couchant de Rouen, la Forêt de Roumare & la Riviere entre deux.

FORET DE MAYENNE, dans la partie Septentrionale de la Normandie, Election de Mayenne, à une lieuë de la Ville de ce nom en tirant au Couchant.

FORET DE MELINAIS, en Anjou, à deux lieuës au Midi de la Fléche, la Riviere entre deux.

FORET DE LA MOCUE, dans la partie Septentrionale du Bailliage de Châtillon fur Seine, environ à une lieuë de la ville de ce nom, à l'Orient de laquelle elle eſt ſituée.

FORET DE MOLIERE, dans la partie Septentrionale du Poitou, à trois lieuës au Midi de Châtelleraud.

FORET DE MONAYE, en Anjou, Election de Beaugé, à deux lieuës au Midi de cette ville, & à quatre au Nord de Saumur.

FORET DE MGNOYE, en Normandie, vers les Frontieres du Maine, à quatre lieuës au Nord-oueſt d'Alençon.

LA FORET DE MONTARGIS, en Gâtinois, près de Montargis & de la Riviere de Loing. Elle a près de cinq lieuës de tour. On l'appelloit autrefois la Forêt de PAUCOURT.

FORET DU MONT DE HIERE, en Normandie, dans le Houlme, au Nord-eſt de Domfront, partie de la Forêt d'Andaine & de la Forêt-Dieu, entre deux.

FORET DE MONTMIRAL, dans le Bas Perche, à l'Orient de la ville de même nom.

FORET DE MONTMORENCI, haute & baſſe, dans la partie Septentrionale de la Prevôté de Paris, environ à cinq lieuës au Midi de Paris.

FORET DE MONT-RUSSI, dans le Blaiſois, au Sud-oueſt de celle de Bologne, à deux lieuës de Blois, en tirant vers le Sud-eſt.

FORET DE MONTROND, dans la partie Septentrionale du Perche, dans le voiſinage de la ville de Pontgoin, au Couchant de laquelle elle eſt, à ſix lieuës à l'Orient de la Forêt de Refno.

FORET DES MOUTIERS, en Normandie, dans le Païs d'Auge, à l'Occident de Moutiers-Hubert & à cinq lieuës au Midi de la ville de Liſieux.

FORET DE MOZE', en Anjou, à deux lieuës du Lude du côté du Couchant.

FORET DE NEUBOURG, dans la Campagne de ce nom en Normandie, au Nord de Neubourg dans le voiſinage duquel elle ſe trouve, & au Couchant de la ville de Louviers, dont elle eſt éloignée de quatre lieuës.

FORET DE NEUILLI, en Normandie, aux environs du Bourg de ce nom, à trois lieuës au Nord de St. Lo, & à deux lieuës au Midi d'Iſigny.

FORET D'OMBRE'E, aux confins du Maine, & du Païs Nantois, Election de Châteaugontier, à cinq lieuës au Sud-oueſt de cette Ville.

FORET DES OMBRETS, en Angoumois, à une lieuë & demie au Nord-eſt d'Angoulême.

FORET D'ORIENT, en Champagne, Election de Troyes, à quatre lieuës à l'Orient de cette ville, & à égale diſtance de celle de Bar ſur Aube, du côté du Couchant.

FORET D'ORLEANS, dans l'Orleanois: cette Forêt comprend au Septentrion de la ville de même nom un eſpace de ſept à huit lieuës, ſur environ vingt de longueur, d'Orient en Occident.

FORET D'OUTHULOT, dans la Flandre Françoiſe.

FORET DE PAIL-VILAINES, dans la partie Septentrionale du Maine, dans le Païs appellé le Deſert, environ à quatre lieuës d'Alençon en tirant vers le Couchant.

LA FORET DE PAUCOURT. C'eſt la même que la Forêt de MONTARGIS.

FORET DE PAVE'E, en Bretagne, dans la partie orientale de l'Evêché de Nantes, au Midi de Châteaubriant.

FORET DE PERSEIGNE, dans la Campagne d'Alençon, à une lieuë à l'Orient de cette ville.

FORET DE PONTARME', dans la partie Septentrionale de la Prevôté de Paris, à quatre lieuës de Beaumont, en tirant vers l'Orient, & à égale diſtance de Dammartin, en tirant vers le Nord-oueſt.

FORET DU PONT DE L'ARCHE, en Normandie, au Midi de la ville de même nom, & au Nord de celle de Louviers.

FORET DE PORT-ROYAL, dans la Prevôté de Paris & dans le voiſinage de celle de Rambouillet, au Nord de laquelle elle eſt, & environ à huit lieuës au Sud-oueſt de la ville de Paris.

FORET DE PRESSIGNE', dans le Maine, Election de la Fleche, à deux lieuës au Nord-oueſt de cette ville, & à l'Orient du Bourg de Preſſigné.

FORET DE QUINTIN, en Bretagne, Evêché de St. Brieu, à quatre lieuës au Midi de cette derniere ville.

FORET DE RAMBOUILLET, dans la Prevôté de Paris, au Sud-oueſt de cette ville, dont elle eſt éloignée d'environ neuf lieuës.

FORET DE RESNO, dans la partie Septentrionale du Perche, à une lieuë & demie à l'Orient de Mortagne.

FORET DE RETZ, Retia Sylva, dans l'Iſle de France au Païs de Valois, proche de Villers-Coſte-Retz. Elle s'étend aſſez dans ce quartier-là, & eſt fort mal nommée la Forêt de Villers-Coſte-de-Retz dans la plûpart des Cartes.

FORET DE ROCHEFORT, aux Confins de la Saintonge & de l'Aunis, dans le voiſinage de la ville de même nom du côté du Midi. Aujourd'hui tout ce terrain eſt defriché, & il n'y a plus que le nom de cette Forêt qui ſoit demeuré.

FORET DE LA ROCHEGUION, dans la partie Septentrionale de la Prevôté de Paris, au Midi de la Rocheguion, la Riviere entre deux.

FORET DE ROUMARE, en Normandie, à une lieuë de la Ville de Rouen, en tirant vers le Couchant, le long de la Riviere.

FORET DE ROUVRAI, en Normandie, dans le voiſinage de la ville de Rouen, au Midi de laquelle elle eſt ſituée, la Riviere entre deux.

FORET DE ROYAN, en Saintonge, aux environs de cette Ville.

FORET DU ROI DE VIERZON, dans le Berri, au Nord de la Ville de Vierzon, & à sept lieuës de Bourges au Nord-ouest.

FORET DE RUFFEC, aux Frontieres de l'Angoumois du côté du Septentrion, dans le voisinage de Ruffec; & à dix lieuës au Nord d'Angoulême.

FORET DE ST. AGNAN, dans le Berri, au Midi de la Ville de ce nom.

FORET DE STE. CROIX, dans le haut Cominge, à une lieuë au Nord de St. Lisier, & à trois lieuës au Midi de Rieux.

FORET DE ST. ÉVRONT, en Normandie, aux environs du Bourg de même nom, & au Couchant de la Ville de l'Aigle, dont elle est éloignée de trois lieuës.

FORET DE ST. GERMAIN, dans la Prevôté de Paris au Nord de St. Germain en Laye, & à l'Orient de Poissi.

FORET DE ST. LEGER, dans la Prevôté de Paris, environ à cinq lieuës de Versailles, en tirant vers le Couchant, & dans le voisinage de Montfort-l'Amauri, au Midi duquel elle se trouve.

FORET DE ST. MICHEL, dans la partie Meridionale du Hainault, à deux lieuës & demie au Nord d'Aubenton, & à trois à l'Orient de la Capelle.

FORET DE ST. SAUVEUR, en Normandie, à trois lieuës à l'Orient de Barneville.

FORET DE SENAR, dans la Prevôté de Paris, au Midi de Corbeil, dont elle n'est éloignée que d'une demi-lieuë.

FORET DE ST. SEVER, en Normandie, à deux lieuës à l'Ouest de Vire.

FORET DE SILLE, dans le Maine, Election du Mans, à deux lieuës au Couchant de Beaumont.

FORET DE SOURDUN, dans la partie Orientale de l'Isle de France, Election de Provins, à deux lieuës au Sud-est de cette Ville.

FORET DE SENONCHES, dans la partie Septentrionale du Perche, à trois lieuës ou environ au Couchant de Château-neuf, & à égale distance au Nord-ouest de Pontgoin.

FORET DE SIGNI, dans le Rhetelois, à quatre lieuës & demie à l'Orient de Moncornet, & à six au Couchant de Doncheri.

FORET DE SULLY, dans l'Orleanois, au Midi de la Ville de Sully.

FORET DE LA TEILLE, en Bretagne, aux confins des Evêchez de Rennes & de Nantes, à quinze lieuës ou environ de celle-ci au Septentrion, & à sept lieuës de celle-là du côté du Midi.

FORET DE LA TONNE, dans le Berri, au Midi de celle de St. Agnan, à quatre lieuës à l'Orient de Loches.

FORET DE TOUQUES, en Normandie, à quatre lieuës de Pont-l'Evêque, en tirant vers le Nord, à une lieuë au Nord-ouest de Honfleur, & dans le voisinage du Bourg de Touques du côté de l'Orient.

FORET DE LA TRACONE, dans la partie Orientale de l'Isle de France, Election de Provins, à trois lieuës au Nord-ouest de cette Ville.

FORET DU TRAIT, en Normandie, au Sud-est de la Ville de Caudebec dont elle est éloignée d'une lieuë, & à l'Orient de la Forêt de Brotone, la Rivière entre-deux.

FORET DE TUSSON, en Angoumois, à huit lieuës ou environ au Nord d'Angoulême, & à deux de Verteuil du côté du Couchant.

FORET DE VATIGNI, dans la partie Meridionale du Hainault; à une lieuë de Rocroi, en tirant au Nord-ouest.

FORET DE VAUJOURS, en Anjou, élection de Beaugé, à quatre lieuës au Midi de Château-du-Loir, la Rivière entre-deux.

FORET DE VERNEUIL, sur les Frontieres de la partie Meridionale de la Normandie, au Couchant de la Ville de Verneuil.

FORET DE VERNON, dans le Vexin Normand, au Midi de Vernon, la Rivière entre-deux.

FORET DE VEZINS, dans la partie Meridionale de l'Anjou, Election de Montreuil-Belai, à quatre lieuës de Mortagne en Poitou, & à égale distance de la Forêt de Brignon du côté du Couchant.

FORET DE VIBRAIE, dans le Maine, Election de Château-du-Loir, à six lieuës à l'Orient de la Ville du Mans, & à deux de celle de Montmiral, en tirant vers le Sud-ouest.

FORET DE VIGNEAC, en la partie Meridionale de la Picardie, dans l'Amienois, à trois lieuës au Nord-ouest de cette Ville.

FORET DE VILLIERS-LE-DUC, haute & basse, dans le Bailliage de Châtillon-sur-Seine, à une lieuë au Sud-est de cette Ville, & au Midi de Villiers-le-Duc.

En Angleterre.

FORET D'ARDEN, dans la Province de Warwick.

FORET DE DEAN, dans la Province de Glocester. Voiez DEAN 2.

FORET DE NEEDWOOD, dans la Province de Strafford.

NEW-FORET, dans Hampshire. Guillaume le Conquerant fut si charmé de cette Forêt que pour l'aggrandir il fit démolir plusieurs Villes & Villages, avec 36. Eglises Paroissiales.

FORET DE SHERWOD, dans la Province de Strafford.

FORET DE WINDSOR, en Berckshire.

Forêts dans les Païs-Bas.

FORET DES ARDENNES, au Duché de Luxembourg, & Païs de Liége. Voiez ARDENNES.

FORET DE LA FAGNE DE CHIMAI, entre Chimai & Philippeville.

FORET DE MARLAINE, autrement BOIS DE VILLERS, dans le Namurois entre Namur & l'Abbaye de St. Gerard en Brogne.

FORET DE MEERDAL, proche Louvain.

FOR.

FORET DE MORMAUX, en Hainaut, entre le Quefnoi & la Sambre, dans le voifinage de Landreci & de Barlemont au côté gauche de la Sambre.

FORET DE SAVENTERLOO, en Brabant, entre Bruxelles, Louvain & Wilworde.

SEVENWOLDEN, ou SEPT-FORETS, dans la Province de Frife.

Forêts en Allemagne.

Les Anciens regardoient autrefois la Germanie comme une vafte Forêt, & ils nommoient *Hercynia Sylva* une vafte étendue de bois qu'ils s'imaginoient traverfer toute la Celtique, ou ce qui eft la même chofe, toute l'Europe. Bien des Auteurs frapez de ce préjugé, difent que les Forêts que l'on voit aujourd'hui en Allemagne en affez grand nombre font, pour ainfi dire, des reftes difperfez de cette vafte Forêt. Mais ils fe trompent après les Anciens qui ont cru que le mot HARTZ étoit le nom particulier d'une Forêt, au lieu que ce mot ne fignifioit que Forêt en general. Je remarque ailleurs que le mot ARDEN, d'où s'eft formé le nom d'ARDENNES, & qui n'eft qu'une corruption de HARTZ, fignifie chaque Forêt fans diftinction. Il s'en faut bien que je fois auffi bien inftruit des Forêts d'Allemagne que je le fuis des Forêts de France, quoique j'en aie traverfé un grand nombre dans mes Voiages. Voici les principales. Je laiffe un plus grand détail jufqu'à ce que Meffieurs les Allemands nous ayent un peu débrouillé cette partie de leur Géographie.

ALMAN-WALD, Forêt de Suabe au Duché de Wirtenberg, au Nord de la Source de la Zaber, Riviére qui tombe dans le Necker au-deffous de Lauffen.

APSWALD, Forêt du Landgraviat de Heffe, entre le Comté de Solms & de Vogelsberg.

BERGSTRAAT-WALD, chaîne de montagnes & de Forêts qui s'étend depuis Darmftadt au Nord, jufqu'à Mayence au Midi.

BIEN-WALD: c'eft la même que les François nomment LA FORET DE HAGUENAU.

BIRPAMER-WALD, Forêt dans la Carinthie, entre le Lac de Czirknick & les montagnes de la Vena.

BUDINGER-WALD, Forêt du Comté d'Ifembourg près de la Riviére de Kintz & de la Ville de Buding dont elle prend le nom, & qui eft fituée au Midi de cette Forêt & au Nord-oueft de Gelnhaufen, Ville du Comté de Hanau.

DUITZBURGER-WALD, Forêt du Duché de Berg, entre la Roer & l'Anger, & au Levant de Duitzbourg.

FRANCFURTER-WALD, Forêt en Franconie au Midi du Meyn, entre Francfort & Mayence.

HART-HEISER-WALD, Forêt du Duché de Wirtenberg, entre le Kocher & l'Iaxt, à l'Orient de Meckmuhl.

HARTZ. Voiez ce mot, & l'article HERCYNIA SYLVA, & MELIBOCUS.

FOR.

HEINISCH, Païs & Forêt du Landgraviat de Thuringe, aux Frontieres du Païs de Heffe.

HINDERWALD, Forêt entre le Rhin & la Mofelle, dans l'Unftrut, un peu au-deffus de leur jonction à Coblents.

KAUFFINGER-WALD, Forêt de Heffe au Nord-eft de Caffel. Elle s'étend entre la Verre à l'Orient, la Schwalm à l'Occident, & la Fulde au Midi. Vis-à-vis de Caffel elle s'apelle NULBERGER-WALD pour la partie qui s'étend vers le Midi.

KILLWALD, Forêt à l'Occident de la Riviére de Kill, dans le Cercle Electoral du Rhin.

LUSSART-WALD, Forêt au Midi du Necker, à l'Occident de Mosbach, dans le Bailliage de même nom.

NEVENSTAD-VORST, Forêt à l'Orient de la Ville de Nevenftad, fur le Kocher qui tombe dans le Necker un peu au-deffous.

NEUSTADT-WALD, Forêt à l'Occident du Rhin & de la Ville de Spire.

NULBERGER-WALD, Forêt de Heffe au Nord-eft de Caffel. Elle eft contigue au Nord à celle de Kauffinge.

REINHART-WALD, grande Forêt du Païs de Heffe, aux Frontieres du Duché de Brunfwick.

ROOPEREN-WALD; c'eft la même que HINDERWALD.

SAENWALD, Forêt du Comté de Spanheim entre la Ville de Spanheim & celle de Strasbourg.

SCHELLINGS-WALD, petite Forêt du Duché de Wirtenberg, au Nord de la Source de la Saltza, Riviére qui tombe dans le Rhin à Philipsbourg.

SCHUARTZ-WALD, ou la FORET NOIRE, nommée par les Anciens MARTIANA SYLVA; grande Forêt dans la Suabe. Elle s'étend du Nord au Sud, entre l'Ortnau, le Brifgau, partie du Duché de Wirtenberg, & de la Principauté de Furftenberg & vers la Source du Danube & jufques au Rhin au-deffus de Bâle, d'où vient que les IV. Villes Rhinfeld, Lauffenbourg, Seckingen, & Valdshut font nommées les quatre Villes Foreftieres.

SOHNWALD; Forêt dont la plus grande partie eft à l'Orient de la Riviére de Sommeren, entre Argenthal & Thaun, au Nord de cette derniere Ville.

SPESHART-WALD, Forêt de Franconie, entre les Riviéres de Kintzing, au Nord-oueft, & le Meyn au Midi & à l'Orient.

STEIGERWALD, Forêt de Franconie au Nord de la Riviére d'Aich & au Midi de celle de Reich-Ebrack dans l'Evêché de Bamberg.

STELCZENBERG-WALD; Forêt fur la montagne nommée Stelczenberg en Franconie, entre les Riviéres de Sin & de Schud qui fe joignent à Reineck.

THURINGER-WALD, grande Forêt du Landgraviat de Thuringe, aux Frontieres de Heffe. On tient que c'eft la Gabreta des Anciens. Voiez ce mot.

WIENNER-WALD, ou la Forêt de Vienne en Autriche. Voiez WIENNE.

Je

FOR.

Je passe les Forêts du Nord, celles de la Silesie, de la Pologne, de la Boheme, sur lesquelles mes recherches ne m'ont fourni jusqu'à présent rien dont je puisse être satisfait.

UNE FORET enfermée où l'on nourrit du Gibier, est apellée PARC. J'ai dit que le nom de Forêt se donne à un lieu où les arbres sont venus naturellement. Ce n'est pas qu'on ne puisse semer des Forêts dans les lieux où le bois est rare. Mais on trouve peu de personnes qui veuillent prendre ce soin pour la posterité. Cependant si quelqu'un l'aimoit assez pour entreprendre un tel travail en sa faveur, voici de quelle maniére Mr. Henri de Rantzaw Gouverneur pour le Roi de Danemark dans le Holstein, enseigne qu'il s'y faut prendre. C'est aussi la maniére dont cela se pratique dans le Païs de Lunebourg.

Cueillez les glands quand ils sont beaux, parfaitement murs, & gros, vers la mi-Octobre, un peu avant ou après, au croissant de la Lune. Semez-les dans un champ bien semé & labouré, aussi épais que le blé, puis herfez la terre pour les recouvrir. On peut même semer ensemble le gland & le bled ; mais dans la Moisson il faut couper les blez un peu haut, & on laisse ensuite croître les glands. Cette maniére est la moins bonne, parce que les Moissonneurs foulent & brisent les tendres branches que le gland a poussées. Il est necessaire de bien entourer d'une hayé ou de quelque autre maniére l'endroit où l'on a semé le gland, de peur que les chevres ou les pourceaux ne viennent tout gâter & ruiner le jeune plant. On peut avoir par la même methode des Sapins, des Hêtres, &c.

FORESTIERES. On a donné ce surnom à quatre Villes de la Forêt noire ; savoir Rheinfeld, Seckingue, Laufenbourg, & Walshut, le long du Rhin sur les Frontieres de la Suisse, entre Bâle & Zurzack. Elles sont de l'ancien Domaine de la Maison d'Autriche.

FORETANI, ancien peuple d'Italie dans les Alpes au-delà du Pô, par raport aux Romains, & au deçà à notre égard. Pline[a] en fait mention.

a L. 3. c. 20.

FORETII, Peuple d'Italie, selon le même[b]. Ce sont peut-être les mêmes que Fessus nomme Forienses[c]. Scaliger croit qu'il faut lire dans ce dernier FORENSIS & cite Ovide au III. Livre des Fastes.

b L. 3. c. 5.
c Verbo Novæ Curiæ. l. 12. p. 283. Edit. Amst. 1700.

Quintum Laurentes, bis quintum Æquicolus acer.
A tribus hunc primum turba Forensis habet.

Il ajoute que *Forenses* sont les mêmes que Strabon apelle *Foruli*, & Pline *Foretii*. Il remarque à cette occasion que Romulus en donnant les noms aux Curies leur donna ceux des Peuples voisins. Les Foretiens étoient du *Latium*, & Pline les met au nombre des LIII. Peuples de ce Canton, qui ne subsistoient plus depuis long-temps.

FOREZ (le) prononcez *Forès*, comme dans *Accès, Procès*, petite Province de France entre les Lyonnois, le Beaujolois, le Bourbonnois, l'Auvergne & le Velay[d]. Les montagnes le separent de l'Auvergne vers l'Occident. Il y en a d'autres qui vers l'Orient le separent du Lyonnois. Il a le Velai au Midi,

d Longuerue Desc. de la France. 1. part. p. 275.

Tom. II. PART. 2.

FOR. 121

& au Nord le Bourbonnois. Ce Païs fait partie des anciens *Segusiens*, & a tiré son nom de la Ville appellée par les Anciens FORUM SEGUSIANORUM, & aujourd'hui FEURS au lieu de FORS. Ce mot FORUM signifie le lieu où les Peuples du Païs s'assembloient pour leurs affaires concernant la Justice ou le Negoce ; ce qui marque la grande antiquité de *Forum Segusianorum* dont Ptolomée[e] fait mention, & qui est aussi marqué sur la Carte de Peutinger. Cette Ville de *Feurs* ou de *Fors*, dont je parle en son lieu, a donné son nom au Païs voisin. Il y a beaucoup qui au lieu de FOREZ, ou FORAIS, écrivent mal FOREST ; comme si ce Païs avoit tiré son nom d'une Forêt, dont il auroit été autrefois couvert, ce qui n'est pas véritable. Les Auteurs du Dictionnaire de Trevoux appuient ce sentiment tout déraisonnable qu'il est. Voici leurs paroles. Ce nom vient, selon quelques-uns, de ce qu'on y adoroit autrefois le Dieu des Forêts Sylvain, ou selon d'autres, des Forêts dont il est plein, ce qui montre qu'il est mieux d'écrire *Forêts* que *Forez*. L'usage cependant, ajoutent-ils, est pour le moins partagé sur cela. C'est pour cela, poursuivent ces Messieurs, que quelques Auteurs, comme Mr. Corneille de l'Academie Françoise dans son Dictionnaire Géographique, écrivent *Forest* suivant la prononciation ; car *Forez* ne differe point quant à la prononciation de *Forest*, nom appellatif qui signifie un lieu plein de bois. Ces mêmes Auteurs oubliant ce qu'ils viennent de dire que l'usage est pour le moins partagé sur cela, décident que l'usage est pour Forez. La décision est juste ; mais ils s'y devoient tenir, & n'avoir pas décidé auparavant qu'il est mieux d'écrire *Forêts* que *Forez*. Ils sont d'autant moins excusables qu'ils raportent ensuite un excellent passage qui tranche le nœud de la question. Il est tiré du Livre de La Mure qui a écrit l'Histoire du Païs de Forez[f]. Sous les Ducs de Bourgogne qui tenoient le Païs de Forez, avant qu'il fût uni à la Couronne, le nom de Païs s'écrivoit déja Forez comme nous l'écrivons par un simple Z. Auparavant sous les vieux Comtes du nom de Forez, il s'écrivoit FOURAIS ou FOUREZ. Enfin le plus vieux nom que je trouve en François de ce Païs tiré d'un titre de l'an 1120. s'écrit simplement FORE'S, *Provincia vocata Fores*, porte ce titre ancien, comme plusieurs autres qui l'ont suivi ; car c'est ainsi, comme l'observe très-bien l'Auteur du Livre intitulé *Nouvel Atlas*, qu'il faudroit écrire & qu'il s'écrit en effet dans les Dictionnaires les plus communs du P. Monet & du P. Pajot, Jesuites. Cet Auteur ajoute que la vraie maniére d'écrire ce nom est Forès ou Forez ; que le nom apellatif de FORISIEN en est une preuve ; que Forès est plus conforme au nom Latin *Forisium*, & du depuis *Foresium*, d'où s'est formé le nom François *Forès* ; que ce nom n'a point été donné à cause des Forêts dont il étoit plein ; que son nom Latin n'a rien d'aprochant de cette signification ; que ce seroit *Patria Sylvanectensis*, & non pas *Forensis* ou *Forisiensis* ; que le premier nom que l'on trouve de ce Païs est donc *Patria Forensis*, ensuite *Forensium* ou *Patria Forensium* ; que le nom de Forez vient de celui de

e L. 2. c. 8.

f Imprimée à Lyon in 4. 1674. l. 3. c. 1. 2. 3. 4.

Q

de la Ville de *Feurs*, qui est le *Forum Segosianorum* ou *Segusianorum* de Ptolomée; qu'ainsi Forez vient de *Forum*.[a]

[a] *Longuerue l. c.*

Le Forez est une grande Vallée fertile, agréable & entrecoupée de petites Rivières qui se jettent dans la Loire, laquelle traverse du Midi au Septentrion tout le Forez. Sur la fin du X. Siècle le Forez avec le Lyonnois fut occupé par les premiers Comtes hereditaires du Lyonnois qui étoient Sujets des Rois de Bourgogne & d'Arles. Après que le Comté fut venu à la Maison de Guines, le Roiaume de Bourgogne & d'Arles fut uni à l'Empire après la mort de Rodolphe III. Le Comté de Lyonnois fut cedé par les Comtes à l'Archevêque, & à l'Eglise de Lyon, & fut separé de celui de Forez l'an 1173. Guigue, Comte de Forez, avoit reconnu Louïs le Jeune, Roi de France, qui lui avoit donné en Fief Montbrisson (*Castrum Montis Brisonis*), & par reconnoissance ce Comté s'étoit soumis pour le reste du Païs à la Souveraineté du Roi Louïs comme on le voit par une de ses Lettres donnée l'an 1177. laquelle est rapportée figurée sur l'original dans le V. Livre de la Diplomatique. Il est marqué dans cette Patente que jamais Montbrisson n'avoit été auparavant aux Comtes de Forez. Le dernier mâle de la race des Comtes de Forez fut tué à la bataille de Brignais l'an 1361. & n'aiant point d'enfans, il eut pour heritière sa Sœur Jeanne qui avoit épousé Beraud, dit le Grand, Dauphin d'Auvergne; il n'y eut de ce mariage qu'une fille, Anne, qui épousa Louïs II. Duc de Bourbon l'an 1371. & lui apporta le Comté de Forez. Les Descendans de Louïs & d'Anne ont joüi de ce Comté jusqu'à l'an 1521. que Susanne de Bourbon mourut, après quoi il y eut de grands procès entre le Connétable de Bourbon Mari de Susanne, Louïse de Savoie Mere de François I. & la Princesse de la Roche-sur-Yon pour la succession de Susanne de Bourbon. Mais à l'égard du Forez, il fut réüni à la Couronne par François I. dès l'an 1532.

On divise cette Province en HAUT & en BAS FOREZ. La principale Ville du *Haut Forez*, & en même temps la Capitale de tout le Païs est Montbrison. Les autres sont St. Etienne de Furans & St. Chaumont. Le *Bas Forez* n'a point de place remarquable que Roanne qui a souvent donné le nom de Roannois au Païs où elle est située. Voyez ROANNOIS.

FORFAR, quelques-uns écrivent FARFAR[b] en faveur de la prononciation Françoise; Ville de l'Ecosse Septentrionale dans la Province d'Angus. Elle en est la Capitale & donne le titre de Comté à une branche de la Famille de Douglas. Davity veut que ce soit la plus ancienne de la Province d'Angus. Il ajoûte qu'elle est maintenant reduite en petit Bourg. Mr. Baudrand y met Bourg & Château.

[b] *Etat prés. de la G. Bret. T. 2. p. 266.*

[...] *T. 1. p. 386.*

FORFIAMMA, ou S. GIOVANI IN FORFIAMMA. C'étoit anciennement une Ville Episcopale de l'Ombrie en Italie. Elle fut ruinée par les Lombards en 740. On en voit les ruines à une lieuë de Foligno, où cet Evêché a été uni en transferé. On croit que c'est le *Forum Flaminii* des Anciens.

Corn. Dict. De la Croix.

FORFOLA, ou FURFURA, petite Isle voisine de celle de Malthe, dans la Mer Mediterranée. Elle est située à l'oposite du Golphe de *Pietra Santa*, & n'est autre chose qu'un écueil un rocher peuplé de lapins. Son nom est un mot de raillerie entre les Chevaliers de Malthe, qui par plaisanterie s'appellent reciproquement *Princes de Forfola*.

FORGES[e], Bourg de France dans la haute Normandie. Il est situé dans le petit Païs de Bray, à neuf lieuës de Roüen, à quatre de Gournay & d'Aumale, à trois de Buchy & de Neufchâtel, & à une lieuë de la Ferté en Bray, de Rouvrai & de l'Abbaye reguliére des Bernardins de Baubec. La Paroisse de ce Bourg est sous l'invocation de St. Nicolas. Le terroir de Forges est partagé en terres de labour, & en Bois de haute futaye. La Rivière d'Andelle prend sa source sur cette Paroisse, & n'est encore qu'un petit Ruisseau lorsqu'elle coule assez proche des Fontaines.

[e] *Corneille sur des Memoires particuliers.*

Les trois Sources des eaux minérales, qui ont rendu ce lieu célèbre, sont au Couchant du Bourg dans un Vallon où l'on descend par une belle avenuë d'arbres que les Capucins ont plantée depuis quelque tems. Ces trois Sources, mêloient leurs eaux, & n'avoient qu'un même bassin lorsque Louïs XIII. resolut d'y aller avec la Reine. On envoya des Fontainiers pour les nétoyer les Sources, & dès lors elles furent distinguées, & leurs eaux commencerent à sortir par trois endroits differens dans un enfoncement qui fut fait exprès, & où l'on descend par cinq ou six marches. C'est un espace long de deux toises sur une demie de large, revêtu d'un mur de brique à hauteur d'appui. On leur donna pour lors les noms de *Reinette*, de *Roiale* & de *Cardinale*, qu'elles portent encore aujourd'hui. La *Reinette* est plus abondante que les deux autres, & à cela de particulier que vers les six ou sept heures du matin, & pour l'ordinaire sur les six ou sept heures du soir, elle se brouille de sorte que l'eau en devient toute rougeâtre. Le reste du jour elle est claire. La Roiale est plus abondante que la Cardinale, mais moins que la Reinette. Son eau est plus froide à boire que celle de la Cardinale. Cette dernière a pris son nom du Cardinal de Richelieu qui but de ses eaux pour la gravelle, dont il étoit incommodé. Elle donne moins d'eau que les deux autres. Les eaux de ces trois Sources sont chargées des principes elementaires dont le fer est composé, ou plutôt, elles ne sont qu'une teinture de Mars plus ou moins forte; ou enfin c'est une dissolution des particules vitrioliques, sulphurées & terrestres, qui font toute la substance du fer, dans beaucoup d'eau, mais dans une proportion si juste que tout l'art de la Chimie ne sçauroit approcher de la perfection de cette opération, qui se fait naturellement dans le sein de la terre. Voici ce qu'en a remarqué M. Morin, avec M. Dodart.[g]

[f] *Pignoniol de la Force Descr. de la France T. V. p. 6.*

[g] *Hist. de l'Acad. des Sciences an. 1708. pag. 70.*

Quand on jette de la noix de Galle en poudre dans ces eaux, elles prennent aussi-tôt une foible couleur de violet, qui pendant une demi-heure se fortifie toujours, & vire enfin sur le noir, ce qui marque que ce n'est pas du vitriol qu'elles contiennent, mais une limaille de fer très-fine & très-subtile, ou un esprit vitriolique qui tient de la nature du fer.

Cet

Cet esprit vitriolique dont ces eaux sont imprégnées s'en dégage en 4. ou 5. jours, puisqu'au bout de ce tems elles ne prennent plus de teinture de la noix de galle ; toute leur vertu s'évapore avec cet esprit, & par là on peut regler la distance à laquelle il est permis de les transporter.

Les trois sources charrient, & jettent tous les jours certains floccons de couleur de rouille, si legers & si déliez, qu'étant pris entre les doits ils sont entiérement impalpables, & cependant ils ne se laissent pas rompre ni détruire par l'eau, & conservent assez constamment leur figure. Ils ressemblent parfaitement à ce *Saffran de Mars* qui est une rouillure de fer faite à la rosée ou à la pluie. Apparemment la superficie des Mines de fer par où ces eaux passent, se rouille par leur humidité, & il s'en détache de legeres pellicules de rouillure.

Les effets medicinaux des eaux de Forges sont connus par l'activité & la volatilité de leur esprit vitriolique. Elles pénetrent rapidement, ouvrent, entraînent ; par la force astringente, & par l'austerité de ce même esprit, elles raffermissent les parties solides, leur donnent le ressort nécessaire, & même resserrent les fibres du sang, & en chassent tout ce qui pourroit alterer leur tissure. Delà il est aisé de conclure quelles seront les maladies auxquelles les eaux de Forges conviendront.

M. Morin rapporte une experience que fit M. Dodart, & qu'il est à propos de remarquer, pour délivrer d'une contrainte assez incommode ceux qui prennent des eaux de Forges. Il est établi, que pendant le tems qu'on en fait usage, il est mortel de dormir après diné, & l'on raconte sur cela plusieurs histoires funestes & effrayantes. M. Dodart ne laissa pas de faire un somme tous les jours après diné, dans le tems qu'il prenoit les eaux, & s'en trouva fort bien. Il falloit être habile Médecin, & de plus courageux pour oser dormir dans ces circonstances, & peut-être aura-t-on encore besoin de courage pour dormir après lui.

Pendant l'Eté on voit ordinairement à Forges un grand concours de François & d'Etrangers qui viennent y boire les eaux.

FORIANENSIS. Voyez FORATIANENSIS.

FORLI[a], Ville d'Italie dans la Romagne, au milieu de laquelle elle est située. Les Romains l'ont nommée FORUM LIVII, & elle est sur la route qu'ils nommoient Voye Flaminienne. L'opinion commune est qu'elle a été bâtie 208. ans avant l'Ere vulgaire par Marcus Livius Salinator, dans le temps qu'il séjournoit & commandoit dans cette Province après avoir vaincu Asdrubal sur le Metauro. Elle fut encore agrandie par Livie Femme d'Auguste en mémoire du Fondateur qu'elle comptoit entre ses Ancêtres. Delà vient que cette Ville est souvent nommée simplement LIVIA dans les Auteurs. Elle fut soumise aux Romains tant que dura leur Empire ; mais après sa decadence elle se gouverna en République ; & ayant payé à l'Empereur Frederic II. six mille écus d'or, elle jouït d'une entiere liberté. Elle eut ensuite dans sa dépendance cinq Villes & plus de XL. Bourgs, & remporta des victoires sur plusieurs Villes de la même Province, & sur des Troupes étrangeres. Elle a été de temps en temps la Capitale de la Romandiole, & la Residence des Gouverneurs de cette Province. Elle a eu divers maîtres selon les diverses revolutions de l'Italie, étant gouvernée tantôt par les Papes, tantôt par les Ordelaffes, tantôt par ses propres Citoiens, tantôt par les Riarii, ou même par Cesar Borgia Duc de Valentinois. Son état s'est fixé depuis qu'elle se donna au St. Siége sous le Pontificat de Jules II. Elle est située sur une hauteur au milieu d'une Plaine ; l'air y est sain, les eaux excellentes & le terroir très-fertile. Le tour de ses murs intérieurement est de trois milles & un tiers. Sa longueur d'Occident en Orient est de cinq quarts de mille, & sa largeur du Nord au Sud est d'un mille entier. Elle avoit autrefois six portes, mais il n'y en a plus que quatre. Elle au Levant Forlimpopoli & Cesenne, au Couchant Brisighella, au Midi Meldola & l'Etrurie, & au Nord Ravenne. Elle confine à tous ces Territoires, mais non pas à égale distance. Ptolomée lui donne 43. d. 40'. de latitude, & 33. d. 30'. de longitude : mais le P. Riccioli donne pour la latitude 44. d. 17'. & 35. d. 10'. de longitude. En 1591. on y comptoit plus de 20000. Habitans, mais à présent il n'y en a gueres plus de 14000. Il y a deux Citadelles, l'une au Midi joignant la porte, nommée Ravaldini & que l'on dit avoir été bâtie l'an 1372 ; l'autre vers le Couchant bâtie l'an 1408. à la porte nommée Sclavonia. Ces Citadelles ont été negligées durant la longue Paix qui les a renduës moins nécessaires.

Au milieu de la Ville est la place l'une des plus grandes de l'Italie, ayant 260. coudées de long sur 180. de large. On voit partout à Forli de larges ruës, de grands Palais, des Tours, & de belles Eglises, entre lesquelles il faut distinguer la Cathédrale à cause de sa grandeur & d'une dévotion particuliere que l'on y a, à cause d'une Image de la Ste. Vierge qui fut conservée au milieu des flames ; & dont la Chapelle qui est fort grande, outre la magnificence de la structure, a deux ornemens remarquables, savoir un Autel tout de pierres de prix, élevé depuis peu par le Cardinal Fabrice Paulucci, & une Assomption de la Vierge peinte depuis peu d'années dans la voute par le Cavalier Carlo Cignano, l'un des premiers Peintres du Siécle. Le Clocher de St. Mercurial est vanté à cause de sa hauteur & de la hardiesse de l'exécution. Entre les grands édifices il ne faut pas oublier le Mont de Pieté, fondé & augmenté des deniers publics, & qui tient le premier rang entre ceux de la Province par la beauté de son bâtiment, ses richesses, & le bon ordre qui s'y observe. Les principaux Palais des Seigneurs particuliers sont ceux du Marquis Paulucci, du Comte Piazza, des Taurelli, de Jaques Moratini & du Marquis Albicini, &c.

Le territoire de Forli produit en abondance du lin, du chanvre, du froment, du vin, des feves & autres grains, comme aussi de la guede, de l'anis, de la coriandre, du cumin, du safran tant sauvage que cultivé, du senegré, de la garance & autres denrées qui entrent dans le

[a] Memoires dressez sur les lieux en 1723.

le Commerce. Il produit auſſi des ſoyes d'une grande beauté. Vers les montagnes on recueille d'excellente huile d'olive, des vins exquis & des fruits délicats. Forli eſt entre deux Riviéres, l'une qui eſt l'*Utens* des Anciens, aujourd'hui *Ronco*, coule à l'Orient de la Ville, à la diſtance de deux milles : il eſt navigable preſque par tout, & remarquable en ce qu'il bornoit autrefois les Gaulois, les Boiens & les Senonois, comme le dit Tite-Live[a]. L'autre eſt le Montone qui baigne les murs de la Ville au Couchant. On a fait ſur l'une & ſur l'autre de ces Riviéres un pont de pierres pour la commodité de ceux qui voiagent le long de la Voye Flaminienne. Le Territoire de Forli a des eaux ſalées dont on pourroit faire du ſel, ſi le Gouvernement le permettoit. Il y a auſſi des eaux minerales ſur tout auprès de St. Laurent *in Noceto*, qui valent du moins autant que celles de Maceria. Le Territoire fournit du ſoufre, du moilon, du plâtre, du marbre, des pierres à faire des meules, d'une pierre jaunâtre, & d'autres pierres que les Habitans appellent *Manganeſia*, & qui ſert à verniſſer la poterie qui eſt noire à la vérité, mais très-belle. Le Territoire a 46. milles de tour & renferme quatre Bourgs qui relevent du Senat de Forli & en reçoivent leur Magiſtrat; ſavoir Fiumana, Rocca d'Elmice, Pietra d'Appio, & Particetto. Le Territoire & la juriſdiction avoit autrefois plus d'étendue, & avoit quarante milles de largeur depuis la Mer Adriatique juſqu'à l'Apennin. Sa longueur étoit de près de cinquante milles depuis St. Archangelo, Bourg à l'Orient de Rimini, juſqu'à Imola; deſorte qu'alors le circuit étoit de cent ſoixante milles, comme on peut voir dans la Carte que Paul Bonolo a miſe devant ſon Hiſtoire de Forli.

Cette Ville embraſſa la Foi Chrétienne qui lui fut prêchée par St. Apollinaire Diſciple de St. Pierre. Son premier Evêque fut St. Mercurial qui en eſt le Patron, & qui eut pour Succeſſeur un Evêque qui portoit le même nom & lui reſſembloit encore par ſes vertus. Outre ces deux il y a eu une ſucceſſion de 72. Evêques juſqu'à Thomas Taurelli qui en eſt à preſent Evêque. Le Siége eſt le plus ancien de la Romandiole après Ravenne, & a trente mille ames dans ſon Dioceſe. Le revenu de l'Evêque eſt de 2000. Ducats. Le Chapitre eſt compoſé de 23. Chanoines tous Gentilshommes, & qui ont le privilege par un Bref du Pape de porter la grande Cappe. Il y a dans la Ville dix Paroiſſes, ſix Couvens de filles; ſeize Monaſteres de Religieux; cinq Oratoires ouverts à la devotion des Seculiers; cinq Maiſons qui ſervent d'aſyles aux pauvres filles, ou à celles dont la pudicité court quelque riſque; trois pour les jeunes garçons; quatre Hôpitaux pour les pauvres ou pour les malades, tant pour les Etrangers que pour ceux du Païs, outre diverſes Egliſes qui ſont ou l'effet d'un vœu, ou de la devotion particuliere à quelque Saint.

Hors de la Ville ſont deux endroits de dévotion, ſavoir le Mont de Paul, où l'on venere la mémoire de St. Antoine de Padoue qui y a fait quelque ſejour. L'autre eſt FORNOVIO, où eſt une image miraculeuſe de la Ste. Vierge, & où Pierre Pirrachin, fameux par ſes pirateries, alla finir ſa vie en Anachorete après ſa converſion.

Le St. Siége nomme un Gouverneur qui préſide aux cauſes civiles & aux criminelles. Mais la Police & la Regence politique ſont entre les mains de deux Magiſtrats, dont l'un eſt pris d'entre les Conſervateurs, l'autre d'entre les Défenſeurs de la Paix. Le premier a pour ſes armes le Gonfalon déployé donné par le Pape Honorius II. & en champ de gueules une croix d'argent à cauſe de la Croiſade que la Ville de Forli entreprit autrefois pour le recouvrement de la Terre ſainte ſous Urbain II. l'an 1095. A cette croix Frederic II. Empereur, ajouta l'an 1241. une Aigle de ſable avec le mot LIBERTAS, qui marque que cette Ville s'étoit gouvernée en Republique depuis longtemps. L'autre porte d'Azur à la croix partie de ſable & de gueules. Ces deux Magiſtrats ſont logez au Palais, où le Gouverneur a auſſi ſon logement. Ils ont chacun des Officiers, des Serviteurs publics, & des Gardes, avec un Capitaine & un Enſeigne, qui ſont garde au Palais jour & nuit, & marchent devant eux dans les Ceremonies ſolemnelles. Il y a quatre autres Magiſtrats ſubordonnez aux Conſervateurs. L'un à l'intendance des grains, l'autre des Boucheries, le troiſieme des Arts & Metiers, & le dernier vuide les diferens qui ſurviennent d'Etranger à Etranger, ou même d'Etranger à Citoien.

Forli a entre autres Academies une nommée *les Philergites*, inſtituée en 1370. par Jaques Alegretto, rétablie en 1574. par l'Evêque de Forli & par le Chevalier Simeon Paulucci. Leur deviſe eſt un eſſaim d'abeilles avec ces mots pris de Virgile *Nuſquam mora* : une autre fondée en 1683; pour les exercices de la jeuneſſe. On a vu en 1699. & en 1715. deux Volumes des Memoires de l'Academie des Philergites recueillis & publiez par Mr. Octavien Petrignano, qui en eſt le Secretaire. Entre les hommes illuſtres qu'a produits la Ville ou le Territoire de Forli on compte Paſchal II. Pape, né à Bleda, Bourg qui étoit autrefois des dépendances de cette Ville; Berenger, Empereur; dix Cardinaux, qui ſont Actius Orgoglioſo en 1117. ſous Paſchal II. Albert Theodolus en 1128. ſous Honorius II. Gregoire Theodolus du titre de St. Anaſtaſe en 1251. ſous Innocent III. Etienne Nardini en 1478. ſous Sixte IV. (Ce fut lui qui fonda à Rome le Colege de Nardini pour vingt pauvres Etudians qui y ſont défrayez, & dont cinq places ſont affectées à ceux de Forli.) Chriſtophle Numaio en 1517. ſous Urbain VIII. François Paulucci en 1654. ſous Innocent X. Etienne Auguſtini en 1681. ſous Innocent XI. Fabrice Paulucci encore vivant, fait Cardinal en 1698. par Innocent XII. Jules Piazza, Evêque de Forli, & fait Cardinal en 1712. par Clement XI. Je paſſe une foule de Prelats, de gens de Lettres, de Peintres, & de gens de Guerre qui étoient de Forli & qui ſe ſont acquis une grande reputation chacun dans leur état. C'eſt de Forli que ſont ſorties pluſieurs familles illuſtres, comme les Ordelaſes qui ſont à Veniſe ſous le nom de Falieri; les Orgoglioſi, Provoli, della Torre, Zampeſchi, Alegretti,

gretti, Berengarii, Gurioli, Bifolci qui se sont établis à Ravenne, les Bonatti, Corbelli, autrefois Corvini, qui demeurent à Padoue; les Gondi qui sont connus en France sous le nom de Retz; les Lombardini, Latiosi, Morandi, Nardini, Belmonti, Vanini &c.

§ J'ai suivi exactement le Mémoire, & c'est pour cela que je mets la *Voye Flaminienne*, sans cela j'aurois mis peut-être la Voye Emilienne comme plusieurs autres qui se sont trompez. Mr. de l'Isle n'est pas tombé dans cette erreur.

FORLIMPOPOLI, en Latin *Forum Popilii*, ou *Pompilii*, petite Ville d'Italie dans l'Etat de l'Eglise & dans la Romagne[a], sur le grand chemin de Forli dont il n'est qu'à quatre milles au Levant en allant à Cesenne. Ce lieu a été autrefois considérable & Episcopal; mais il fut ruiné l'an 700. par les Lombards, & une autre fois l'an 1360. par le Cardinal de Bourgogne, & la Ville de Bertinore qui n'en est qu'à quatre milles s'est accruë de ses debris, & a été honorée de son Siége Episcopal.

[a] *Baudrand Ed. 1705.*

FORMELLO[b], petite Ville d'Italie dans l'Etat Ecclesiastique, dans la Province du Patrimoine, avec une belle maison du Prince de Chigi. Mr. Corneille[c] parle ainsi de cette maison sur la foi d'un manuscrit de Mr. de l'Anglade de l'Academie des Sciences: A un mille de Formello qui est de l'Evêché de Sutri & de Nepi, le Cardinal Chigi à son retour de France où le Pape Alexandre VII. son Oncle l'avoit envoyé Legat *à Latere*, fit bâtir une petite maison, accompagnée d'un fort beau jardin qui du vivant de ce Prelat étoit très-bien cultivé & plein d'orangers & de fleurs de toutes sortes, & lui donna le nom de Versailles. La vuë en est desagréable, ne présentant de tous côtez que des Montagnes & des Vallons peu fertiles. Les fruits on peine à y réüssir parce que la terre n'est gueres grasse, outre que l'on trouve d'abord le Tuf. Il y a beaucoup de gibier dans le Territoire de Formello, & l'on y recueille quantité d'Olives dont on fait d'excellentes huiles. On les cueille sur la fin du mois de Decembre, & on les fait passer presqu'aussi-tôt sous la meule de Travertin, sorte de pierre dure qui vient de Tivoli. Cette meule en écrase seulement la pulpe, & on les met ensuite dans des paniers d'ofier ou de jonc sans fond, & après cela sous la presse qui fait avoir de l'huile-vierge. Cela fait, on met cette pâte sous la meule pour écraser les noyaux des olives qui y sont restez, & on en exprime une nouvelle huile beaucoup moins bonne que la premiere. Si elle se fige on la fait couler en y versant de l'eau tiede qui est plus propre à cela que l'eau bouillante. Dans ce même lieu de Formello la coutume est de garder le froment dans des trous faits en forme de puits que l'on couvre d'une pierre avec un grand foin. On a observé que si le trou n'étoit pas tout-à-fait rempli, un homme y mourroit s'il y descendoit aussi-tôt qu'on l'ouvre, & pour éviter ce danger, on le laisse évaporer durant une heure avant qu'on y entre.

[b] Ibid.
[c] Dict.

FORMENSIS, Siége Episcopal d'Afrique dans la Numidie, selon la Notice des Evêques d'Afrique qui fait mention de Mensor son Evêque.

FORMENTARA, ou LA FORMENTERE, petite Isle d'Espagne dans la Mer Mediterranée, au Midi de l'Isle Iviça, dont elle n'est séparée que par un trajet de quatre milles. Elle est censée du Royaume de Valence, mais elle est deserte à cause de la multitude de Serpens dont elle a toujours été infectée, ce qui lui a fait donner le nom d'*Ophiusa* par les Anciens. Elle est fort petite & depend de l'Archevêché de Tarragone. Voyez DRAGONERA.

FORMIÆ[d], ancienne Ville d'Italie, à l'Orient du Golphe de Gaiete auquel elles donnoient aussi quelquefois leur nom. Strabon[e] dit que cette Ville fut fondée par les Lacedemoniens, & fut nommée HORMIÆ à cause de la commodité de son Port διὰ τὸ Εὐορμον. Pline en parle dans le même sens & dit que cette Ville de FORMIÆ s'appelloit anciennement HORMIÆ, & que c'étoit l'ancienne demeure des Lestrygons, en quoi il se conforme à Homere[g], aussi bien qu'Ovide[h] qui les mettent en Terre ferme quoique les Lestrygons ne fussent que dans la Sicile. Velleius[i] dit que les Habitans de Fondi & ceux de *Formiæ* reçurent le droit de Bourgeoisie Romaine la même année qu'Alexandrie fut bâtie, & long-temps après la seconde Guerre Punique. Selon Tite-Live[k], ces deux Villes furent déclarées par le Tribun du Peuple avoir le droit de suffrage que leur donnoit pas celui de bourgeoisie qu'elles avoient déja. Horace[l] vante le vin de Formiæ:

[d] *Cellar. Geog. ant. l. 2. c. 9.*
[e] *l. 5. p. 233.*
L. 3. c. 5.
[g] *Odyss. K.*
[h] *Metam. l. 14.*
[i] *L. 1. c. 14.*
[k] *l. 38. c. 36.*
[l] *l. 1. Ode 20.*

*Mea nec Falernæ
Temperant vites, neque Formiani
Pocula Colles.*

Ciceron parle souvent de sa maison de Campagne nommée *Formianum*. Elle étoit dans le voisinage de Formiæ. Cette Ville ne subsiste plus. Le Bourg de MOLA en a pris la place à peu près.

FORMICHE. Ce mot, qui veut dire DES FOURMIS, se donne à quelques écueils, entre autres à deux petites Isles voisines de la Sicile près de la Ville de Trapano. Les Mariniers les nomment FORNIGUES par corruption.

FORMICOLE[m], Bourgade du Royaume de Naples sur la Côte de la Calabre ulterieure, à un mille de la petite Ville de Tropea. On la prend pour le *Portus Herculis* des Anciens.

[m] *Baudrand Ed. 1682.*

FORMIGNANO[n], Bourg d'Italie au Duché d'Urbin sur le Metro, à trois lieuës de Fossombrone: c'est en Latin FIRMANUM.

[n] *Ibid. in Voce* FIRMANUM.

FORMIGNI[o], ou FOURMIGNI, Village de France en basse Normandie, entre Isigni & Bayeux, à quatre lieuës de cette derniere Ville. Il est celebre par la bataille que les Anglois y perdirent le 18. Avril 1450. après laquelle le 16. de Mai de la même année ils furent chassez de la Ville de Bayeux & ensuite de la Normandie qu'ils avoient possédée long-temps. Cela arriva sous le regne de Charles VII. Roi de France.

[o] *Corn. Dict. Hermant Hist. du Diocèse de Bayeux T. 1.*

FORMIGUERA[p], ou FORMIGUERES, Village d'Espagne en Catalogne & au Comté de Cerdagne, dans les montagnes vers la Riviere

[p] *Baudrand Ed. 1705.*

re de Segre. C'est le lieu où mourut Sanche, premier Roi de Majorque, le 4. Septembre 1324.

FORMIO, nom Latin d'une Rivière qui bornoit l'Italie du côté de l'Illyrie. Les Allemands de la Carniole la nomment ALBEN, & les Italiens la nomment RISANO. Voyez RISANO.

1. FORMOSA, nom Latin de BELLE ISLE. Voyez au nom François.

FORMOSA[a], ou FORMOSO, Cap d'Afrique dans la Guinée, sur la Côte de Benin, & il sepere le Golphe de ce nom de celui de St. Thomas.

[a] *Corn. Dict.*

3. FORMOSA, grande Isle de l'Océan Oriental. Quelques-uns écrivent FERMOSA; d'autres disent en François FORMOSE qui est le plus usité. Les Chinois la nomment PACCANDE. [b]Cette Isle commence par les 21. degrez de latitude Nord, & court en longueur au Sud-quart-de-Sud-ouest, & à l'Est-quart-de-Nord-est, jusques par les 45. degrez & demi. Elle gît Nord-ouest, & Sud-est avec la grande Rivière de Chincheo, ou avec la Ville d'Aimoi, à la distance d'environ 32. lieues.

[b] *Rechteren Voyage. Il est entre ceux de la Comp. Holl. des Indes Orientales. T. 5. p. 159.*

Il n'y a pas de place plus propre pour le Commerce de la Chine. On y peut aller de cette Rivière dans toutes les saisons de l'année, de même qu'on peut aller aussi de l'Isle à la Rivière. Les Hollandois dans le tems qu'ils y ont été établis, y avoient bâti un Fort sur une montagne : on en acheva les quatre bastions l'an 1634, & on les revêtit de pierre grise. L'entrée du Canal est étroite & de haute eau, il n'y a que 13. à 14. pieds de profondeur. Il est à une portée de canon du Fort, au-devant duquel il y a encore une redoute aussi revêtuë de pierre à 16. pieds de hauteur avec deux piéces de canon où l'on tient toujours 25. à 28. hommes, qui suffisent pour défendre l'entrée de ce Canal. Quand les Vaisseaux sont entrez, ils se trouvent à l'abri de tous les vens.

Il y a de hautes montagnes dans l'Isle, & elle a environ 130. lieues de circuit. Les Habitans y sont d'un naturel doux, mais fainéans, aimant mieux mandier que travailler, & aussi se contentant de peu. Ils n'ont ni Roi, ni Souverain ; ils sont toujours en guerre, c'est-à-dire, un Village contre l'autre. Le Païs est traversé de Rivières fort poissonneuses, & est abondant en Cerfs, Chevreuils, Pourceaux, Boucs, Liévres, Lapins, Coqs de bruiere & Pigeons. Les cannes de sucre y croissent, ainsi que le Gingembre, les Cocos & Bobannes, dont chaque famille seme ce qu'elle croit qu'il lui en faut pour l'année. Le terrain est fertile quand il est cultivé ; & on est persuadé qu'il y a des mines d'or. L'on y voit encore de toute sorte de betail dont la chair est de très-bon goût, & que les Habitans nomment *Luvani.*

Les hommes sont vigoureux, d'une grandeur extraordinaire, & de couleur entre le brun & le noir. En Eté ils vont tout-nuds, sans en avoir la moindre honte. Pour les femmes elles sont de petite taille, grosses & robustes. Elles font paroître quelque pudeur naturelle, hormis lorsqu'elles se lavent d'eau chaude, ce qui arrive deux fois le jour, devant leur porte en pleine ruë. Elles ont cependant de la fidelité & sont naturellement douces. Ce sont elles qui cultivent la terre, qui l'ensemencent, & qui font toute la fatigue du ménage. Les hommes s'adonnent à la chasse & l'exercent en 3. maniéres, avec les assagaies ; avec la fleche & l'arc, & avec les lacets. Ils ont aussi des chiens qui sont partir le gibier. Ils attachent des sonnettes à leurs assagaies afin de savoir l'endroit où le gibier blessé aura fait retraite.

Ils épousent 2. ou 3. femmes & ils les quittent quand ils veulent. Ils ne demeurent pas avec elles ni dans la même maison. Les hommes ne se peuvent marier qu'à l'âge de 20. ans. Ils n'ont commerce avec leurs femmes que de nuit & en secret. Ils ne vont point dans leurs maisons qu'ils ne les fassent avertir ; mais quand ils ont 50. ans ils peuvent demeurer avec leurs femmes. Les enfans sont entre les mains de leurs meres jusqu'à l'âge de 3. ou 4. ans, & à cet âge-là les garçons se rangent auprès de leurs Peres qui couchent dans des Pagodes.

D'abord les femmes ne mettent point d'enfans au monde : c'est une chose qui ne leur est pas permise par leurs Loix. Quand elles deviennent grosses, il faut qu'elles se fassent avorter, & voici ce qu'elles pratiquent. Elles envoyent querir la Prêtresse, & se couchant devant elle au lit ou ailleurs, elle leur presse & leur foule le ventre, ou même marche dessus, jusqu'à ce que le fruit en soit sorti.

Ils ont de grandes & belles maisons & il n'y en a point de plus belles dans toutes les Indes. Elles sont construites de bambouc : les meubles & les ornemens sont des peaux de Cerfs, des vêtemens, des houës pour cultiver la terre, des assagaies, des boucliers, des sabres, des fleches, des arcs : mais l'ornement qui leur est le plus précieux consiste en des têtes, des cheveux & des ossemens de morts, qu'ils apportent chez eux quand ils ont tué leurs ennemis. Ils adorent plusieurs Dieux entre lesquels il y en a 22. des principaux, dont ils disent que l'un habite au Sud & ils le nomment *Tamagisangac*. C'est à lui que les hommes adressent leurs vœux pour être bien faits. La Déésse sa femme, à ce qu'ils s'imaginent, habite à l'Est & se nomme *Tecaroepada* : c'est à elle que les femmes adressent leur culte. L'autre de leurs principaux Dieux se nomme *Sarisang*, & ils disent qu'il habite au Nord : celui-ci est méchant, & passe pour rendre les hommes laids & leur donner les marques de la petite verole. Ils l'invoquent afin qu'il ne leur fasse point de mal. Ils en ont encore deux principaux qu'ils invoquent quand ils vont à la guerre.

Parmi les autres Nations des Indes le service des Dieux se fait par des hommes, & les instructions touchant la Religion s'apprennent d'eux : ici ce sont les femmes qui font le service public. On les nomme *Juibus*. Leur culte consiste en des invocations & des sacrifices. Elles sacrifient des pourceaux & en consacrent une partie avec du ris, du pinang & beaucoup de brûvage. Quand la consécration est faite, une ou deux Prêtresses se levent, font de grands sermons, invoquent les Dieux, & parmi les contorsions qu'elles font au milieu de leurs invocations, on leur voit leurs yeux tourner & rouler : elles se laissent tomber sur leurs genoux; elles hurlent horriblement, & ensuite elles disent que dans ces transports leurs Dieux leur ont apparu. Lorsque cette prétendue apparition se fait, elles se laissent tomber à terre comme étant en extase; enfin lorsqu'elles reviennent à elles-mêmes, elles sont dans des tremblemens & dans des agitations extraordinaires. C'est alors qu'elles font le recit de ce qu'elles prétendent avoir vû : & le Peuple qui les environne, crie & se tourmente comme elles. Voilà leurs étranges ceremonies. Les Hollandois ont souvent fait ce qu'ils ont pû pour les engager à leur faire part de leurs prétenduës apparitions, & à faire présenter à leurs yeux quelques-uns de leurs Dieux; mais elles n'ont jamais pû y réüssir.

Ces mêmes *Inibus* ou Prêtresses se mêlent aussi de prédire la bonne ou mauvaise fortune, quand on aura de la pluye, ou du beau tems. Elles purifient les lieux souillez : elles chassent les Diables dont le Peuple croit qu'il y a un grand nombre dans le Païs. Pour cette operation elles font de grands bruits, de furieux vacarmes. Elles portent des sabres nuds dans les mains & en poursuivent les Diables jusqu'à ce qu'elles les ayent contraints à se jetter dans l'eau, ou à s'enfuir d'un autre côté. Elles posent des offrandes pour leurs Dieux en divers endroits dans les ruës, dans les chemins &c.

a Les Places de l'Isle les plus considerables sont Sinkan, Mattau, Soulang, Baqueloang, Taffaean, Tifulucan, Teopan & Tefurang. Elles ont toutes les mêmes maniéres, coûtumes, Religion & Langage, ou au moins y a-t-il peu de différence. Elles sont situées sur les Côtes de la Mer, ou assez proche, & l'on peut aller du Fort jusqu'à la plus éloignée & en revenir en deux jours à pied, hormis à Tefurang qui est située sur les montagnes, à 3. journées de chemin d'allée & de venuë.

b Comme il n'y a ni Roi ni Souverain dans l'Isle, il n'y a point aussi de Commandant dans chaque Bourg particulier. Néanmoins il y a une espece de Conseil qui est composé de 12. personnes des plus graves à qui l'on donne un nom qui répond assez à celui de Conseillers: Ceux-ci changent tous les deux ans, & ils sont choisis parmi les gens qui ont environ 40. ans, de sorte qu'ils sont tous à peu près de même âge, car quoiqu'ils ne sachent pas compter les années, ou plutôt qu'ils ne s'y arrêtent pas, ils savent pourtant quel est leur âge, & en quel tems ils sont nez, en conservant la memoire de ce qu'on leur en a dit, lorsqu'ils ont commencé à être en âge de connoissance. Ceux qui ont servi deux années dans le Conseil, & qui sortent de charge, se font attacher les cheveux sur la tête, & aux deux côtez du front, ce qui est une marque de l'emploi qu'ils ont eu. Le pouvoir de ceux qui sont en charge n'est pas tel qu'ils puissent faire recevoir ou executer ce qu'ils proposent. Leur commission ne consiste qu'à s'assembler lorsqu'il survient quelque chose d'extraordinaire, & à examiner ce qu'on peut faire. Quand ils ont débrouillé la chose, ou qu'ils croyent avoir trouvé des expediens, ils font venir tous les gens du Bourg dans un des Pagodes, ils leur font le rapport de ce dont il s'agit ; ils établissent le pour & le contre; ils déliberent une demi-heure ou une heure; ils haranguent le Peuple pour l'amener à leur point, & quand l'un est las de parler l'autre le releve, jusqu'à ce qu'ils ayent persuadé les Assistans. Tout se passe en ces occasions avec assez de regularité; car pendant qu'un parle tous les autres sont attentifs, & on ne l'interrompt point. Ce qu'il y a de surprenant, c'est qu'ils parlent avec une grande fluidité, & qu'ils peuvent assurement meriter la qualité d'éloquens. Après les harangues, ils déliberent les uns avec les autres d'une maniere modeste: chacun dit fort librement son sentiment, & ce qu'il trouve d'avantage ou de préjudice dans la proposition qui a été faite. Il est aussi du devoir de ces Conseillers de prendre garde que ce qui a été prescrit par les Prêtresses, soit executé, & d'empêcher qu'on ne fasse quelque chose qui puisse irriter les Dieux.

Lorsque quelqu'un commet une faute à cet égard ou à l'égard d'un particulier, mais qui ne concerne pas le Public, le Conseil a le pouvoir d'en faire le châtiment, qui n'est pas de mettre en prison ou aux fers, ou de faire souffrir quelque peine corporelle, & encore moins la mort. Il ne s'agit pour lors que d'une amende, qui est de quelque morceau de toile ou d'un Cerf, ou d'un peu de ris, ou d'un pot du meilleur breuvage, selon l'exigence des cas.

Ils disent qu'ils vont tout-nuds pendant 3. mois de l'année marquez pour cet effet, afin d'honnorer leurs Dieux, qui sans cela ne leur envoyeroient point de pluie & le ris ne pourroit croître. Si pendant ce tems-là les Conseillers rencontrent quelqu'un qui ait un morceau de toile sur le corps, ils ont le pouvoir de le lui ôter, & de le condamner à donner deux peaux de Cerf ou du ris. Pour cet effet ils vont au soir & au matin se promener sur les avenuës, par où les gens doivent passer pour aller aux Campagnes, & en revenir afin de voir s'il n'y a en point qui ait quelque vêtement ou couverture. Dans les autres saisons de l'année ils peuvent porter des morceaux de toile, mais non pas d'étofe de soye: car si les Conseillers trouvoient quelqu'un qui en eût, ils le lui ôteroient & lui feroient payer l'amende. Il y a aussi des tems où les Conseillers eux-mêmes sont obligez de s'abstenir de certaines choses. Par exemple, lorsque le ris est à demi monté, ou à demi mûr, il ne leur est pas permis de s'enyvrer ni de manger du sucre, du pinang, ou d'aucune graisse, & quand on leur demande la raison de cette pratique, ils répondent que s'ils ne s'en abstenoient pas, les Cerfs & les Sangliers entreroient dans leurs Champs & y brouteroient tout. Ceux qui se licentient sur ces articles-là tombent dans le mépris du Peuple, & demeurent deshonorez.

Il n'y a point de peines pour les crimes de vol, de meurtre ou d'adultere. Chacun se fait justice à soi-même ainsi qu'il le peut & qu'il le trouve à propos. Lorsque quelqu'un a dérobé, & que le fait est notoire, celui qui a fait la perte prend ses amis avec lui, va dans la

a Relation du Ministre Candidius. ibid. p. 164.

b p. 177.

la maison du Voleur, & en emporte ce qu'il lui plaît; ou bien on les accorde, & le Voleur restitué ou indemnise. Mais s'ils ne peuvent s'accorder, & que le Voleur ne veuille pas soufrir que l'on emporte rien de chez lui, on en vient à se battre à coups de sabre, & il se fait une petite guerre particulière entr'eux, où chacun de son côté est assisté de ses amis. Ils en usent à peu près de même à l'égard de l'adultere. Un homme qui est assuré qu'un autre a eu commerce avec sa femme, va dans la maison de celui qui lui a fait l'outrage, & en enleve deux ou trois pourceaux; ce qui est la reparation ordinaire en pareil cas.

Ils n'enterrent pas les morts comme nous, ni ne les brûlent comme on fait sur la Côte de Malabar & sur celle de Coromandel; mais le 2. jour après que le mort est expiré, après bien des cérémonies ils le mettent sur un échafaut élevé de deux aunes de haut qui est fait de bambouc fendu; ils lui lient les pieds & les mains sur l'échafaut & font du feu à côté & tout proche pour le faire secher; ensuite ils celebrent la Fête des funerailles, ils tuent quantité de pourceaux selon leur pouvoir, & se mettent à boire & à manger à leur manière, c'est-à-dire avec excès. Cependant le mort seche auprès du feu que l'on entretient jusqu'au neuvieme jour, ce qui cause une grande puanteur dans la maison, quoiqu'on ait soin de la laver tous les jours & de la parfumer pour en chasser le mauvais air. Le 9. jour ils l'ôtent de dessus son échafaut, ils l'ensevelissent dans une petite nate, après quoi ils font dans la maison un autre échafaut, un peu plus haut; ils tendent des morceaux d'étofe tout autour, comme un pavillon, & ayant mis le corps dessus ce dernier échafaut, ils recommencent à celebrer la Fête des funerailles comme auparavant. Ce corps demeure dans cet état jusqu'à la troisiéme année qu'ils l'en ôtent; ou plutôt les ossemens, car c'est tout ce qui en reste, & ils les enterrent dans la maison, & à cette nouvelle ceremonie ils font encore un festin. Mais ils ne dansent pas comme aux autres.

Dans le Bourg Theosang. si quelqu'un est dangereusement malade & qu'il soufre de grandes douleurs, ils lui mettent un nœud coulant autour du cou, ils l'enleyent comme s'ils le vouloient jetter pour le faire étrangler, & le laissent retomber, afin de faire cesser plus promptement sa douleur par une prompte fin de sa vie.

Il n'y a pas d'homme de cette Nation qui sache lire ou écrire. Ils ont reçu leur Religion par tradition, de Pere en Fils: ils ne savent pourtant pas que le Monde a eu un commencement, & qu'il aura une fin; ils croyent au contraire qu'il a été de toute éternité, & qu'il subsistera toûjours. Pour l'immortalité de l'ame ils la croyent: c'est dans cette vuë que lorsque quelqu'un meurt ils lui font une petite hute de planches qu'ils ornent de verdure tout autour avec d'autres embellissemens. Ils mettent au-dedans une calebasse pleine d'eau fraîche avec un petit bambouc tout proche pour servir à prendre de l'eau en cas de besoin. Ils croyent que l'ame y vient tous les jours pour s'y laver & s'y baigner. Ils admettent des peines & des recompenses pour les ames a-

près la mort, ils disent que les ames de ceux qui n'auront pas bien vécû seront précipitées dans une fosse pleine d'ordures où elles seront extrèmement tourmentées, au lieu que les ames des gens vertueux passeront par-dessus la fosse, & s'en iront dans un lieu agréable mener une vie douce & glorieuse. Les pechez qui acquiérent aux hommes la qualité de méchans, & pour lesquels il faut qu'ils soufrent des peines, c'est par exemple d'avoir manqué d'aller nuds en de certaines saisons: c'est d'avoir porté, dans les saisons permises, des morceaux de vêtemens de soye, & non pas de la toile; d'avoir mis au Monde des enfans avant l'âge de 35. à 37. ans; d'avoir transgressé la défense d'aller chercher des huitres dans de certains tems; celle d'être sortis ou d'avoir entrepris quelque chose sans avoir observé le chant des oiseaux, & une infinité d'autres extravagances.

Il y a pourtant certains péchez qui sont regardez parmi eux comme chose illicite; tels sont le mensonge, le larcin & le meurtre. Quoique le jurement n'y soit pas en usage, ils ont cependant une pratique qui en tient lieu, savoir de rompre une paille entre eux, & ce qui a été arrêté ou fait avec cette formalité, ils l'observent exactement.

Les Hollandois étoient possesseurs de cette Isle lorsque les revolutions de la Chine obligerent plusieurs familles à chercher le repos hors de leur Patrie. Il aborda quantité de Chinois dans l'Isle Formose. Ils y vécurent d'abord tranquillement; mais s'étant affermis & multipliez, ils conspirerent avec ceux qui demeurérent maîtres de l'Empire Chinois, & leur aidérent à dépouiller les Hollandois d'un Païs où ceux-ci avoient eu tort de les recevoir en si grand nombre.

FORNACI. Voyez FORNASE.

FORNACUSA, ou ARETHUSE, en Latin *Arethusa*. C'étoit anciennement une Ville Épiscopale sous l'Archevêché d'Apamée. Ce n'est plus qu'un Village de Syrie près de la Ville d'Hama que Mr. Baudrand[a] croit être l'Apamée des Anciens. [a Ed. 1705.]

FORNASE[b], ou FORNACI, en Latin *Fornacum Portus*, Port de l'État de Venise, dans le Polesin de Rovigo, à l'embouchure du Pô delle Fornase ou de Viero. [b Ibid.]

FORNELLI, ou FURNI, Ecueils de l'Archipel près de l'Isle de Samo, du côté du Nord. Ce sont les MELANTHII SCOPULI des Anciens[c]. [c Ibid.]

FORNELLO, petite Rivière du Royaume de Naples. Elle passe en partie par la Ville de Naples pour se jetter dans la Mer par de petits Canaux, & partie hors des murs de la Ville sous le pont de la Magdelaine, d'où vient qu'on la nomme aussi FIUME DELLA MAGDALENA. [d Ibid.]

1. FORNOVE, lieu de devotion aux portes de Forli. J'en parle dans l'Article de cette Ville.

2. FORNOVE[e], en Latin *Forum novum*, Bourg d'Italie en Lombardie, au Duché de Parme, sur le Ruisseau de Sporzano au pied des Monts, à un mille de la Rivière du Taro & à dix milles de Parme au Couchant d'Hyver. Il n'est remarquable que par la victoire que Charles VIII. [e Ibid.]

FOR.

VIII. Roi de France y remporta le 6. de Juin 1495. à son retour de la Conquête de Naples avec neuf mille hommes, sur les Princes d'Italie liguez contre lui & qui avoient quarante mille hommes.

FORO AUGUSTANA. Voiez LIBISOSONA.

FOROBRENTANI, ancien Peuple de l'Ombrie, selon Pline [a]. *a L.3.c. 14.*

FORO DOMITI, dans l'Itineraire d'Antonin. Voiez FORUM DOMITII.

FOROLI [b], ancien Village d'Italie dans l'Etat de l'Eglise dans la Sabine, à la source de la petite Riviére d'Aia. C'est le FORULI des Anciens. *b Baudrand Ed. 1705.*

FORRESS [c], petite Ville de l'Ecosse Septentrionale dans la Province de Murray, entre Elgin & Nairn. Les Rois d'Ecosse y faisoient autrefois assez souvent leur Residence dans un Château dont il ne reste plus que les masures. Cette Ville a eu voix au Parlement. *c Ibid.*

FORST [d], petite Ville de Boheme dans la basse Lusace, dans une petite Isle que forme la Riviére de Neisse, entre la Ville de Guben & celle de Prybus. *d Ibid.*

FORSTECK [e], Château de Suisse au Canton de Zurich, dans la Baronie d'Altsax. Il est situé fort avantageusement sur une petite montagne qui est seule dans une plaine, & n'est commandée d'aucun endroit. Il occupe un Rocher qui a 35. pieds de haut. Durant 250. ans il n'avoit point eu de portes ; on n'y montoit que par des échelles à la maniére des Forteresses antiques, tellement qu'on la tenoit pour une place imprenable. On y a un puits profond qui est taillé dans le roc, & dans une vieille tour un triple moulin à bras. Mrs. de Zurich l'ont fait fortifier à la moderne avec de bons bastions & fossez. Il sert de Residence aux Baillis qu'ils y envoient pour gouverner le Païs. *e Delices de la Suisse T. 3.P.494.*

FORSTENOVE, petite Ville d'Allemagne au Cercle de Westphalie, dans l'Evêché d'Osnabrug, à sept lieües de cette Ville & à treize de Munster.

LE FORT BARRAUX, Forteresse de France en Dauphiné. Voiez BARRAUX.

LE FORT DE BLOCZIL [f], en Latin *Bloczilia*, Forteresse des Païs-Bas dans l'Over-Issel, au quartier de Vollenhove, dans les Provinces-unies & sur la Côte du Zuyderséé. Voiez BLOCZIL. *f Baudrand Edit. 1705.*

LE FORT BOURTANG [g], en Latin *Bortanga*, *Bortangi Arx*, Fort des Provinces-unies des Païs-Bas dans le Païs de Drente, en Over-Issel, au Marais de même nom. Voiez BOURTANG. *g Ibid.*

LE FORT DE CAPO-CORSO [h], en Latin *Corsica Arx*, Château d'Afrique sur la Côte de Guinée qui est aux Anglois. Voiez le CAP CORSO. *h Ibid.*

LE FORT COUBELS [i], en Latin *Cubella*, dans l'Isle d'Amboine, une des Moluques, aux Indes Orientales. Voiez COUBELS. *i Ibid.*

LE FORT DAUPHIN [k], en Latin *Arx Delphina*, Fort d'Afrique dans la partie Meridionale de l'Isle de Madagascar, avec un bon Port sur la Côte dans la Province de Carcanossi, à trois lieües de la Riviére de Fanshere. Les Habitans nomment ce lieu *Tolanghare*. Les François y bâtirent ce Fort en 1643. mais il a été abandonné depuis quelques années. *k Ibid.*

LE FORT DE DELFZIIL [l], en Latin *Arx Delfzilia*, Forteresse des Provinces-unies du Païs-Bas dans la Province de Groningue, sur la Côte. Voiez DELFZIIL. *l Ibid.*

LE FORT DE FRONTENAC [m], en Latin *Arx Frontenaci*, Fort de la nouvelle France en Amerique, bâti sur la Côte Orientale du Lac Ontario ou de Frontenac, à l'endroit d'où sort le Fleuve de St. Laurent, au lieu que l'on nommoit *Cataracouy*. Il fut ainsi nommé en memoire du Comte de Frontenac, Gouverneur de ce Païs-là, qui le fortifia en 1673. pour tenir ainsi en bride les Iroquois. On l'a ruiné & rétabli depuis. *m Ibid.*

LE FORT DE FUENTES [n], en Latin *Arx Fontana*, Forteresse d'Italie dans l'Etat de Milan, sur la montagne de *Montecchio*, dans le Comasque, aux Frontieres des Grisons & de la Valteline, à l'endroit où la Riviére d'Adde se jette dans le Lac de Côme. Elle fut bâtie en 1603. par les Espagnols, sous les ordres du Comte de Fuentes qui lui donna son nom, pour tâcher d'assujettir la Valteline. Elle est sur la Côte Septentrionale de ce Lac de Côme & à trente milles de la Ville de Côme vers le Septentrion. *n Ibid.*

LE FORT DE GUELDRES [o], en Latin *Arx Gueldria*, Château des Hollandois dans l'Inde deçà le Gange, & au Royaume de Narsingue, sur la Côte de Coromandel. Il fut bâti par les Hollandois en 1609. à l'embouchure de la Riviére d'Aremenago, à dix lieües de Narsingue vers l'Orient. *o Ibid.*

LE FORT DE HOEFT [p], en Latin *Arx Hostia*, Forteresse de Pologne dans la Prusse Royale, à l'endroit où la Vistule se separe en deux bras, trois milles d'Allemagne au-dessus de Dantzic, en allant à Elbing, & autant de Mariembourg. Elle a été prise plusieurs fois durant la Guerre des Suedois en Pologne, du tems de Charles Gustave Roi de Suede qui l'avoit bien fortifiée en 1656. Elle fut reprise par les Polonois en 1659. après deux mois & demi de Siége. *p Ibid.*

LE FORT DE LIERORT [q], en Latin *Ortia* & *Arx Lierortia*, Forteresse d'Allemagne dans la Frise Orientale sur l'Ems, & à trois milles d'Allemagne, au-dessus d'Embde au Midi. *q Ibid.*

LE FORT DE LINCKE [r], en Latin *Linchia*, Fort de France dans les Païs-Bas François, au Comté de Flandres, sur la Riviére de Colme, à une lieuë de Bourbourg au Couchant d'Eté, & à deux de St. Omer vers le Nord. Il fut pris par les François en 1678. & leur est resté par le Traité de Paix de Nimégue. *r Ibid.*

1. LE FORT LOUIS [s], en Latin *Arx Ludovicia*: c'est une place forte d'Alsace, dans une Isle du Rhin, avec une petite Ville nouvelle dont les ruës [t] sont bien droites & les maisons d'une même symmetrie. Elle est habitée par environ 800. personnes de differentes Nations. L'Isle est toute entourée d'une enceinte de terre irréguliere composée de plusieurs bastions & de redans. Elle a un Pont de bois *s Ibid. t Piganiol de la Force Desc. de la France T. 6.p.337.*

dans la baſſe Alſace & ſur la Frontière du Marquiſat de Bade. Elle eſt très-forte, & ainſi nommée par le Roi Louïs le Grand qui l'a fait bâtir à huit lieuës au-deſſous de Straſbourg, en deſcendant à Philisbourg dont elle eſt à douze lieuës, une & demie de Seltz, cinq de Haguenau, douze de Saverne, vingt de Briſac, cinq de Weiſſembourg, huit de Landau, trois de Bade, deux de Stolhoffen, ſix d'Oberkirk, & dix d'Offembourg.[a]

[a] *Piganiol de la Force Deſc. de la France T. 6. p. 228.*

2. LE FORT LOUIS[a], en Latin *Arx Ludovicia*, Fortereſſe ſur le Canal de Bergue, à une demi-lieuë de Dunquerque. Il avoit été conſtruit en 1670. & étoit compoſé de quatre baſtions; mais il a été démoli en conſequence du Traité d'Utrecht.

3. LE FORT LOUIS[b], en Latin *Arx Ludovicia*, Fort de l'Amerique Meridionale, dans l'Iſle de Caïenne, ſur la Côte de la Guiane, & à l'embouchure de la Rivière de Caïenne, dans la Mer du Nord, ſur le Mont de Ceperoux, ce qui fait qu'on le nomme auſſi quelquefois CEPEROUX. Il fut bâti en 1643. par les François qui y ont une Colonie, & qui le conſervent encore. Il fut pris par les Hollandois en 1675. & repris l'année ſuivante par le Comte d'Etrées, depuis Maréchal de France. Il s'y eſt formé une Bourgade.

[b] *Baudrand Ed. 1705.*

LE FORT DE MARDIC[c], en Latin *Arx Mardica*, Fort conſiderable des Païs-Bas en Flandres, qui fut bâti par les Eſpagnols, ſur la Côte, près du Village de Mardic, à une demi-lieuë de Dunquerque, vers le Couchant, pour la ſûreté de la Rade. Il fut pris pluſieurs fois pendant les Guerres de Flandres, & eſt demeuré aux François qui l'ont raſé depuis quelques années, n'ayant laiſſé que le Fort de bois qui avançoit dans la Mer.

[c] Ibid.

LE FORT MAURICE, en Latin *Mauritii Arx*, Fort bâti par les Hollandois dans l'Iſle de Machian, l'une des Molucques en Aſie, vers la Côte Occidentale de l'Iſle de Gilolo[d].

[d] Ibid.

LE FORT MOERMONT[e], en Latin *Moera Arx*, Fort du Païs-Bas dans le Brabant, proche de la Ville de Bergopzom, qui fut bâti par les Hollandois dans ſes marais en 1628. & leur appartient encore.

[e] Ibid.

LE FORT DU MORTIER[f], ſur le Rhin & près du nouveau Briſac. Il conſiſte dans une grande demi-lune entourée d'un foſſé & d'un chemin couvert. Cette demi-lune a au centre un reduit percé de crenaux. Sur cette demi-lune on a élevé une grande baterié qui défend le paſſage du Rhin. Ce Fort doit être joint à la Ville du nouveau Briſac par le chemin couvert d'un glacis qui regnera des deux côtez, & au milieu de cette communication on doit conſtruire une redoute de terre entourée d'un foſſé plein d'eau & d'un chemin couvert avec des places d'armes. Du centre de cette batterie s'élevera une ſeconde redoute de maçonnerie quarrée à machicoulis.

[f] *Piganiol ibid. p. 326.*

1. LE FORT DE NASSAU[g], en Latin *Arx Naſſovia*, Fort du Païs-Bas en Brabant, ſur la Rivière de l'Eſcaut, & dans les marais entre Bergopzom & Tolen. Il fut bâti par les Hollandois à qui il appartient encore.

[g] *Baudrand Ed. 1705.*

2. LE FORT DE NASSAU[h], en Latin *Arx Naſſovia*, Fortereſſe d'Afrique, ſur la Côte de Guinée. On l'appelle plus ſouvent la Mourre. Elle fut bâtie par les Hollandois en 1612. à quatre lieuës de St. Georges de la Mine, & leur appartient encore à préſent. Elle a un bon Port. Voïez la MOURRE.

[h] Ibid.

LE FORT NIEULET[i], en Latin *Arx Nieulana*, Fortereſſe de France en Picardie & au Comté d'Oye, dans des marais près de la Ville de Calais & de la Mer, pour la défenſe des Ecluſes. On l'a bien fortifiée depuis peu d'années.

[i] Ibid.

LE FORT PATIENTIA[k], en Latin *Patientia Arx*, Fort du Païs-Bas en Flandres, ſur la Côte oppoſée à la Zelande, à un mille d'Allemagne d'Iſendic, en allant vers le Sas de Gand. Il fut pris il y a quatre-vingt ans par les Hollandois qui le gardent encore.

[k] Ibid.

LE FORT PHILIPPE[l], en Latin *Philippi Arx*, Fortereſſe de France en Picardie, au Comté d'Oye, ſur la Côte de la Mer proche de l'embouchure de la Rivière d'Aa dans la Mer, & aux Frontières de la Flandre, à demi-lieuë de Gravelines. Elle fut bâtie autrefois par les Eſpagnols ſur les terres de France durant la Paix, parceque ce lieu-là étoit à leur bienſéance, quoique l'on pût dire, & elle leur demeura juſqu'à ce qu'on la prit. Puis elle eſt reſtée à la France par le Traité des Pyrenées, & eſt à préſent ruinée.

[l] Ibid.

LE FORT ROYAL[m], en Latin *Arx Regia*, Fort de l'Amerique bâti par les François dans l'Iſle de la Martinique, aux Antilles, dans la Mer du Nord & dans la Côte Occidentale de l'Iſle, où eſt à préſent Baſville, avec un bon Port. Il fut attaqué en vain par l'Amiral Ruiter Hollandois en 1674.

[m] Ibid.

LE FORT SAINT ANDRE[n], en Latin *Arx S. Andreæ*, Fortereſſe du Païs-bas uni, au Duché de Gueldres & au Territoire de Blommel, entre les Rivières de la Meuſe du Wahal, à une lieuë au-deſſus de Bommel, & à deux de Bois-le-duc, ſur la Frontière du Brabant. Elle fut bâtie par le Cardinal André d'Autriche qui lui donna ce nom en 1599. mais l'année ſuivante elle fut priſe par les Hollandois qui l'ont gardée juſqu'en 1672. que les François la prirent d'emblée, & la raſerent deux ans après en l'abandonnant.

[n] Ibid.

LE FORT DE SAINTE ANNE[o], en Latin *Arx S. Annæ*, petit Fort de l'Amerique en nouvelle France & au Fronde de la Baye du Nord ou de Hudſon, ſur ſa Côte Meridionale. Il a été bâti par les Anglois à qui il appartient, avec un aſſez bon Port.

[o] Ibid.

LE FORT DE SAINT DONAS[p], en Latin *Arx S. Donati*, Fort du Païs-Bas en Flandres, bâti par les Eſpagnols dans des marais, entre Dam & l'Ecluſe, pour empêcher les courſes de ceux de l'Ecluſe.

[p] Ibid.

1. LE FORT DE SAINTE MARIE[q], en Latin *Arx S. Mariæ*, Fort de l'Amerique, bâti par les François dans la partie Orientale de l'Iſle de la Guadeloupe, une des Antilles, dans la Mer du Nord.

[q] Ibid.

2. LE FORT DE SAINTE MARIE[r], en Latin *Arx S. Mariæ*: c'eſt une petite place d'Italie, ſur la Côte de Gênes, qui eſt fortifiée ſur un Rocher preſque ſeparé du Continent, dans la côte Occidentale du Golphe de

[r] Ibid.

la Specia, dans la Riviére de Levant. Elle appartient à la Republique de Genes, C'eſt vis-à-vis de Lerice à deux milles de Porto-Venere, & à cinq de Sarſane à l'Occident.

LE FORT DE ST. MARTIN DE RE[a], en Latin *Arx S. Martini Reenſis*, Forteresse de France dans l'Iſle de Ré, près de la Ville de St. Martin, ſur la Côte qui regarde à l'Orient, vers le Païs d'Aunis & la Rochelle, avec un petit Port. Elle eſt remarquable par la défaite des Anglois qui l'aſſiegeoient en 1627. & qui étoient commandez par le Duc de Buckingham.

LE FORT DE SAINT MICHEL[b], en Latin *Arx S. Michaelis*, Fort d'Eſpagne, dans l'Eſtremadoure, près de la Ville de Badajox. Il a été bâti depuis quelques années par les Eſpagnols pour la ſûreté de cette Ville. Il fut pris en 1658. par les Portugais; mais ils l'abandonnerent quelques ſemaines après. Les Eſpagnols l'appellent EL FUERTE DE SAN MIGUEL. Il eſt preſque ruiné depuis la Paix faite avec les Portugais.

LE FORT DE SAINT NICOLAS[c], en Latin *Arx S. Nicolai*, Forteresse de Dalmatie, bâtie par les Venitiens proche de la Ville de Sebenico & à l'embouchure de ſon Port pour en défendre l'entrée.

1. LE FORT DE SAINT PHILIPPE[d], en Latin *Arx S. Philippi*, Forteresse d'Eſpagne dans l'Iſle Minorque, ſur un Rocher près de la Côte, & au-deſſus du Port-Mahon pour ſa défenſe.

2. LE FORT DE SAINT PHILIPPE[e], en Latin *Arx S. Philippi*, Forterefſe de l'Iſle Tercere, une des Açores, dans l'Océan Atlantique, proche de la Ville d'Angra. Elle a été bâtie par les Portugais à qui elle appartient. Elle eſt la plus conſiderable de ce Païs-là, & c'eſt le lieu où l'on a gardé quelques années Alphonſe VI. Roi de Portugal.

LE FORT SASTINGUE[f], en Latin *Saſtingum*, Fort du Païs-Bas au Comté de Flandre, ſur la Côte de Hont, oppoſée à la Zelande, & vis-à-vis de l'Iſle de Sud-Beveland, entre Hulſt & Bergopzom. Il eſt aux Hollandois depuis long-tems avec le territoire des environs.

LE FORT DE SCHENCK[g], en Latin *Schinchii Munimentum*, Forteresse d'Allemagne, au Duché de Cleves & aux Frontiéres de la Gueldre, dans le Betau, où le Rhin commence de faire ſes deux bras du Rhin & du Wahal, à la pointe & en un endroit qui n'eſt joint au Betau que par une petite langue de terre, à un mille d'Allemagne au-deſſous d'Emeric vers le Couchant, & autant de Cleves vers le Septentrion. Elle eſt ainſi dite de Martin Schenck qui la fit bâtir. Elle fut ſurpriſe par les Eſpagnols en 1635. puis repriſe par les Hollandois après un ſiége de onze mois. Ainſi elle leur demeura juſqu'en 1672. que les François commandez par Mr. de Turenne la prirent en deux jours & la rendirent deux ans après à l'Electeur de Brandebourg, qui l'engagea derechef en 1679. pour une grande ſomme aux Etats Generaux des Provinces-unies qui en jouïſſent depuis ce tems-là, & qui l'ont bien faite reparer.

LE FORT URBAIN[h], que ceux du Païs nomment IL FORTE URBANO, en Latin *Arx Urbani*. C'eſt une Forteresse d'Italie, dans l'Etat de l'Egliſe & au Boulonois, ſur la Frontiére du Modenois, à un mille de Caſtel-Franco & de la Riviére de Panare en allant à Bologne, dont elle n'eſt qu'à douze ou treize milles à l'Orient. Elle fut ainſi nommée par le Pape Urbain VIII. qui la fit bâtir pour la défenſe de l'Etat de l'Egliſe de ce côté-là.

LA FORTERESSE DE SAINT MARTIN[i], en Latin *Arx S. Martini*; c'eſt une Forteresse d'Italie en Toſcane, & dans l'Etat de Florence. Elle a été bâtie par Côme le Grand ſur une montagne, près de la Riviére de Siéve & proche de l'Apennin, à dix milles de Florence au Septentrion, en allant à Bologne.

FORTAVENTURE. Voyez FORTÉVENTURA.

FORTE[k], l'ISLE FORTE, Iſle de l'Amerique dans le Gouvernement de Carthagene. Elle eſt aſſez grande & relevée par pluſieurs montagnes & collines. Pluſieurs Rochers s'étendent en Mer preſque deux lieuës loin du côté du Septentrion, entre l'Iſle & la Terre ferme. Il y a un bon ancrage en un détroit profond de quinze braſſes. Le fond en eſt argilleux. Oviedo dit qu'on y amaſſe beaucoup de ſel. La petite Iſle de Tortuga en eſt voiſine.

FORTEVENTURA[l], ou FUERTE-VENTURA, ou FORTAVENTURE, Iſle d'Afrique dans l'Océan Atlantique, & l'une des Canaries, à ſoixante mille pas de la Côte d'Afrique, à dix-huit de l'Iſle Canarie, & à trente-ſix de celle de Tenerife. Elle fut découverte & conquiſe par Jean de Betancourt, Gentilhomme François en 1417. & depuis ce temps-là elle a été ſujette au Roi d'Eſpagne à qui elle appartient encore. Elle eſt la plus avancée des Iſles Canaries vers le Levant. Son circuit eſt d'environ cinquante-ſix lieuës d'Eſpagne. Elle s'étend en long l'eſpace de vingt-cinq lieuës, & en a huit de large avec une petite *Ville de même nom*, & quelques Villages.

FORTH[m] (le) Riviére de l'Ecoſſe Meridionale. Elle a ſa ſource aux Frontieres de la Province de Lenox, d'où elle paſſe à Sterling; puis étant accrue de pluſieurs petites Riviéres elle ſepare la Province de Fiſe de celle de Lothiane, & ſe jette dans le Golphe auquel elle donne ſon nom.

LE GOLPHE DE FORTH[n], Golphe de l'Ecoſſe à l'embouchure de la Riviére de Forth. Les Habitans le nomment THE FYRTH OF FORTH, & c'eſt ainſi qu'il eſt marqué ſur quantité de Cartes. Il s'étend d'Occident en Orient entre la Province de Fiſe au Nord, & celle de Lothiane au Sud, & n'eſt pas éloigné plus d'un mille d'Edimbourg.

FORTORE[o], en Latin *Frento*, Riviére du Royaume de Naples dans la Pouille. Elle a ſa ſource dans l'Apennin, d'où courant au Septentrion par la Province de la Capitanate à Dragonara, elle ſe rend dans le Golphe de Veniſe entre Rivalta & Sant Agatha.

FORTULIÆ FANUM. Voiez FANUM.

FORTUNATÆ INSULÆ. Voiez ISLES FORTUNÉES & CANARIES.

[a] Ibid.
[b] Ibid.
[c] Ibid.
[d] Ibid.
[e] Ibid.
[f] Ibid.
[g] Ibid.
[h] Ibid.
[i] Ibid.
[k] *De Laet.* Ind. Occid. l. 8. c. 17.
[l] *Baudrand* Ed. 1705.
[m] Ibid.
[n] Ibid.
[o] Ibid.

FOR.

FORULI, Village ancien d'Italie entre A-miterne & Cutiliæ, comme il paroît par la route d'Annibal[a]. Strabon[b] dit que c'étoient des Roches plus propres à servir de retraite à des Rebelles que d'habitation à des Citoyens. C'est proprement FOROLI dans la Sabine.

[a] Tit. Liv. l. 26. c. 11.
[b] l. 5.

☞ FORUM. Ce mot signifie un lieu de marché & aussi un lieu où les Peuples d'alentour s'assembloient pour regler leurs intérêts devant des Juges, ou en pleine assemblée. Beaucoup de Villes portent ce nom dans la Langue Latine. Voici celles que Mr. Baudrand[c] a recueillies.

[c] Ed. 1682.

FORUM ADRIANI, Place des Bataves que l'Itineraire d'Antonin met auprès de la Fosse de Corbulon. Cluvier prétend que c'est aujourd'hui VOORBOURG Village de la Hollande. Voiez VOORBOURG.

FORUM ALIENI, Ville de l'Emilie sur le Po, selon Tacite. D'autres la placent dans le Domaine de l'Eglise au même lieu où se trouve aujourd'hui FERRARE, à 28. milles de Boulogne, à 46. de Padoüé, à 56. de Mantouë, à 50. de Ravenne, à 60. de Verone, & au milieu de ces cinq Villes. Voiez FERRARE.

FORUM APPII, Ville des Volsques dans le *Latium*, ou Campagne de Rome. Elle fut bâtie par Appius Claudius auprès du Palus Pontin & sur la *Voye Appienne*. Elle a été Episcopale, & aujourd'hui elle est entiérement détruite. Celsus Cittadinus prétend que ce soit maintenant l'Hôtellerie CASENOVE: d'autres veulent que ce soit l'Abbaye FOSSA NOVA. Holstenius contredit ces opinions, fondé sur ce que ces lieux sont hors de la *Voye Appienne*; & soutient avec beaucoup plus de vraisemblance que *Forum Appii* étoit dans le lieu nommé aujourd'hui IL CASARILLO DI S. MARIA, à 42. ou 43. milles de Rome, à 3. milles & quelque chose de plus de *Fossa nova*, & à 4. milles de Setia. On y remarque effectivement des traces d'une grande Ville détruite. L'on voit même en deçà de la petite Ville *Casarillo di S. Maria*, un Arc d'une ancienne & magnifique structure, appellé vulgairement l'*Arco della Communità*. Ce lieu est à 18. milles de Terracine.

FORUM AUGUSTUM, ou *Forum Augusti*, Lieu dans la Ville de Rome dont Ovide[d] fait mention.

[d] Fastor. Lib. V.

FORUM AURELII, Ville de l'Etrurie. Antonin la place entre *Centumcelles* & *Cosa*, à vingt milles de distance de chacune de ces deux Villes, & sur la Côte proche de Gravisca. Cette Ville se trouve aujourd'hui entiérement détruite.

FORUM BIBALORUM, Ville de l'Espagne Tarragonoise. On croit que c'est POMILLAN, Bourg du Portugal, dans la Province d'au-delà des Monts. Molet sur les confins de la Galice, dans le Canton d'*Aquæ Flaviæ*. Voiez POMILLAN.

FORUM CALVISII, Ville de la Gaule Cisalpine, dans le Canton des *Cenomanes*. Une ancienne inscription fait voir que c'est aujourd'hui CALVISANO, petite Ville de Lombardie dans le Domaine de la Republique de Venise. Voiez CALVISANO.

FORUM CASSII, Ville de l'Etrurie, autrefois Episcopale, aujourd'hui simple Bourg, vulgairement nommé S. MARIA FORCASSI. Ce lieu se trouve dans la Province du Patrimoine, à sept milles de Viterbe du côté du Midi, & à un mille de Vetralla, Ville qui s'est accruë des ruines de celle-ci, & que quelques Auteurs même ont prise pour le *Forum Cassii*.

1. FORUM CLAUDII, Ville d'Italie dans la Campanie. Elle a été Episcopale & ensuite ruinée. Ughelli veut que l'Evêché ait été transferé à Carniola.

2. FORUM CLAUDII, Ville maritime de la Toscane où a été le Siége d'un Evêché. L'opinion commune veut que ce soit aujourd'hui ORIOLO, Forteresse du Domaine de l'Eglise. Voiez ORIOLO.

3. FORUM CLAUDII, Ville de la Gaule Narbonnoise dans le Païs des *Centrons* & dans le voisinage du Mont St. Bernard. C'est aujourd'hui MOUTIERS Ville Archiépiscopale de Savoye, autrement Moutiers en Tarrentaise. Voiez MOUTIERS.

FORUM CLODII. Voiez FORUM CLAUDII 2.

FORUM CORNELII, Ville du Païs des *Lingones*, dans la suite Ville de l'Emilie dans la Gaule Cispadane. Quelques Auteurs l'ont nommée *Cornelium*, & d'autres *Sylla Forum*. C'est aujourd'hui *Imola*, ou comme les Naturels du Païs prononcent *Jumola*, Ville de la Romagne. Voiez IMOLA.

FORUM DECII, Ville des Sabins dont Pline fait mention. On ne trouve aujourd'hui aucunes traces de cette Ville.

FORUM DIUGUNTORUM, ou *Jutuntorum*, comme porte le Texte Grec de Ptolomée; Ville de l'*Insubrie* dans la Gaule Transpadane. C'est aujourd'hui *Crema* Ville forte de Lombardie, dans le Domaine de la Republique de Venise. Voiez CREMA.

FORUM DOMITII, Ville de la Gaule Narbonnoise. Varrerius en fait la même chose que FABREGUES, petite Ville de France sur la Rivière de Coulazon dans le bas Languedoc, à deux lieuës de Montpellier, à une de l'Etang de Maguelone & à 30. milles de Nîmes. Mais d'autres avec plus de raison veulent que ce soit[e] FRONTIGNAN Ville de la même Province, entre Nîmes & Beziers. Voiez FRONTIGNAN.

[e] Megalonensis.

FORUM EGURRORUM, Ville de l'Espagne Tarragonoise dans l'ancienne Asturie. Ortelius en fait le MONTE FURADO d'aujourd'hui, Forteresse de la Galice; mais l'opinion commune veut que ce soit MEDINA DE RIO SECCO, Ville du Royaume de Leon. Voiez MEDINA DE RIO SECCO.

FORUM FLAMINII, Ville de l'Umbrie, où il y a eu un Siége Episcopal. Les Lombards la ruinerent en 740. Le Lieu s'appelle aujourd'hui S. GIOVANI IN FORFIAMMA. Il n'est éloigné que de 3. mille pas de la Ville de Foligni, où l'Evêché a été transferé. Quelques Historiens ont voulu que Foligni ait été le *Forum Flaminii*; mais ce sentiment est détruit par les Actes de plusieurs Conciles qui mettent dans le même tems des Evêques différens dans ces deux Villes.

FORUM FULVII, ou FORUM VALENTINUM, Ville de la Gaule Cis-alpine dans la Ligurie & dans l'interieur des terres. On convient

FOR.

vient affez unanimement que c'est la Ville de Valence, ou vulgairement *Valenza*, Ville forte de l'Italie dans le Duché de Milan. Voiez VALENCE.

1. FORUM GALLORUM, petite Ville de la Gaule Cis-alpine, dans l'Emilie, aujourd'hui CASTEL-FRANCO, petite Ville du Domaine de l'Eglise, dans le Territoire de Boulogne. Voyez CASTEL-FRANCO.

2. FORUM GALLORUM, Ville de l'Espagne Tarragonoife, dans le Païs des *Vafcones*. Zurita veut que ce foit aujourd'hui GURREA petite ville du Royaume d'Arragon fur le Gallego. D'autres prétendent que c'est *Luna* Forterefle du même Royaume fur la Riviére de Biel. Voyez GURREA & LUNA.

1. FORUM JULII, Colonie & ville d'Italie dans le Païs qu'ont occupé les *Carni*. On le trouve auffi nommé *Forum Julium* & *Caftrum Julienfe*. C'est aujourd'hui *Cividal di Friuli*, ville d'Italie dans le Frioul, fur le Fleuve Natifon & dans le Domaine des Venitiens. Voyez CIVIDAL DI FRIULI.

2. FORUM JULII, *Frejus*, Ville de France en Provence. Voyez FREJUS.

FORUM JULIUM, ou *Foro-Julienfis Provincia*, le *Frioul*, Province d'Italie, autrefois la demeure des *Carni*. Voyez FRIOUL.

FORUM LEBUORUM, ou *Libicorum*, Ville des *Infubres* dans la Gaule Cifalpine, aujourd'hui *Borgo Lavizaro*, Bourg du Duché de Milan dans le quartier de Novarez. Voyez BURGO LAVIZARO.

FORUM LEPIDI, ville d'Italie, dans la Gaule Cifalpine, aujourd'hui *Regio*, Ville de Lombardie dans la dépendance du Duc de Modene. Voyez REGIO.

FORUM LICINII, ou mieux LICINII FORUM, Ville de la Gaule Tranfpadane, dans le Canton qu'occupoient les *Orobii*. C'est aujourd'hui la PIEVE D'INCINO, Bourg d'Italie dans le Duché de Milan. Cluvier a cru que c'étoit BARLASINA, petite ville entre Côme & Milan. Voyez BARLASINA & LA PIEVE D'INCINO.

FORUM LIMICORUM, Ville de l'Espagne Tarragonoife, dans le Païs des *Callaici Braccarii*, aujourd'hui *Ponte de Lima*, Ville du Portugal dans la Province d'Entre Duero & Minho. Voyez PONTE DE LIMA.

FORUM LIVII, Ville du Païs des *Sennons*, & dans la fuite Ville de l'Emilie dans la Gaule Cifpadane, aujourd'hui *Forli* ville d'Italie avec Evêché dans la Province de Rome. Voyez FORLI.

FORUM NARBASORUM, Ville de l'Espagne Tarragonnoife, dans le Païs des *Callaici*, vers les confins du Portugal, fur le Fleuve Duero, aujourd'hui, à ce que quelques-uns croyent, LA TORRE DE MONTCORVO en Portugal, comme la fituation du lieu femble le faire connoître; quoique Moralez prétende que FORUM NARBASORUM foit un lieu nommé *Arvas*, entre Leon & Oviedo vers les confins des Afturies.

FORUM NERONIS, Ville de la Gaule Narbonnoife dans la Provence, au Païs habité par les *Mimeni*. L'opinion commune veut que ce foit FORCALQUIER ville de France en Provence, fur les bords d'une petite Riviére nommée Laye, qui donne fon nom à un Comté du même Païs. Voyez FORCALQUIER où l'on fait voir le contraire.

1. FORUM NOVUM, Ville de la Gaule Cispadane. Elle a été autrement nommée FORUM NOVANUM. C'est aujourd'hui une Fortereffe de l'Italie vulgairement appellée FORNOVO, & par les François FORNOUE. Voyez FORNOUE 2.

2. FORUM NOVUM, Ville d'Italie dans le Païs des Sabins: elle a été Epifcopale. Aujourd'hui la ville fe trouve détruite, mais l'Evêché fubfifte dans le même lieu fous le nom de VESCOVIO, dans la Sabine dans l'Etat de l'Eglife, ce qui fe prouve par une ancienne infcription de l'Eglife, rapportée par Dominique Mager dans fa Differtation touchant l'Evêché des Sabins, adreffée au Cardinal Brancace.

FORUM POPILII, Ville de la Gaule Cisalpine dans l'Emilie. Quelques-uns la nomment auffi FORUM POMPILII. Elle a été autrefois Epifcopale, dépendante de l'Archevêché de Ravenne. Les Lombards la ruinerent en 700. & Ardouin Cardinal de Bourgogne en 1360. Aujourd'hui ce n'est plus qu'un Château nommé *Forlimpopoli*, dans la Province de Rome & du Domaine de l'Eglife, entre le *Forum Livii* qu'elle a au Couchant, & la ville de Cefene qu'elle a à l'Orient. Le Siége Epifcopal a été transferé à *Bertinoro* Ville voifine. C'est ce *Forum Popilii* qui avoit donné le nom aux Peuples *Foropopilienfes* de Pline.

FORUM SEGUSIANORUM, Ville de la Gaule Celtique dans le Lyonnois. C'est aujourd'hui *Feurs* Ville de la Province de *Forez* & Capitale du Haut Forez. Cette Ville est fituée fur la Loire entre St. Etienne & Roanne au Nord de celle-ci, au Midi de celle-là, & à peu près à égale diftance de l'une & de l'autre. Voyez FEURS & FOREZ.

FORUM SEMPRONII, Ville de l'Italie dans l'Ombrie. Elle est aujourd'hui appellée *Foffombrone*, Ville Epifcopale du Duché d'Urbin, dans l'Etat de l'Eglife. Voyez FOSSOMBRONE.

FORUM STATIELLORUM, Ville de la Ligurie dans l'interieur des Terres, aujourd'hui VILLA DE FO, Bourg du Duché de Milan dans le quartier Alexandrin. Voyez VILLA DE FO.

FORUM TIBERII, Ville de la Gaule Celtique chez les Helvetiens, felon Ptolomée. L'opinion commune veut que ce foit aujourd'hui *Keyferftuhl*, qui fignifie *Tribunal de Cefar* dans la Langue du Païs. C'est une ville de la Suiffe dans le Comté de Bade. Voyez KEYSERSTUHL.

FORUM TRUENTINORUM, Ville de la Gaule Cisalpine dans l'Emilie. On la trouve auffi nommée dans les anciennes infcriptions FORUM DRUENTINORUM. Elle est aujourd'hui entiérement ruinée. Le lieu où elle étoit bâtie s'appelle encore aujourd'hui *Tro* dans la Romagne, environ à un mille de Bertinoro, à 3. de *Forum Popilii*. Leandre & Cluvier, & quelques autres Auteurs avec eux, veulent cependant que cette Ville foit *Bertinoro* même dans l'Etat de l'Eglife, où l'on transferà l'Evêché de For-

limpopoli,

limpopoli, après la destruction de cette derniére Ville en 1360.

FORUM VALENTINUM, Ville de la Gaule Cispadane. Voyez FORUM FULVII.

FORUM VIBII, Ville de la Gaule Subalpine dans le Païs des *Taurini*. Quelques-uns veulent que ce soit aujourd'hui *Paisana*, Forteresse du Piemont sur le Po. Mais Cluvier prétend que c'est CASTEL FIORI, petit Bourg du même Piémont dans le Marquisat de Saluffes, aussi sur le Po, vers le lieu où ce Fleuve environ à 5. milles de sa source sort une seconde fois de dessous terre. Cette opinion est appuyée par la situation du lieu & la ressemblance du nom. Ce lieu est au pied du Mont Vesoul, à 5. milles au-dessus de *Pisana*, & à 10. de Pignerol en tirant du côté du Midi. Ce *Forum Vibii* avoit donné le nom aux *Foro Ubienses* de Pline.

FORUM VOCONII, Ville de la Gaule Narbonnoise dans la Provence. D'autres appellent cette ville *Forum Vocontii*. Cluvier prétend que c'est aujourd'hui DRAGUIGNAN ville de Provence; & Bouche veut que ce soit LE LUC, petite ville de Provence, où l'on voit plusieurs anciens Monumens d'Antiquité. D'autres enfin conjecturent que ce pourroit être LE CANET, Bourg de la même Province sur l'Argent, environ à demi-lieuë de *Luc*, & à 14. de la ville d'Aix en tirant vers l'Orient.

FORUM VULCANI, selon Strabon, ou *Campi Phlegræi*, selon Pline; Lieu dans la Campanie proche de Pouzols. Il jette presque continuellement du feu & produit du souffre. C'est aujourd'hui *la Solfotara* dans la Province de Labour. Voyez SOLFOTARA.

Puteolos.

On trouvoit encore les Places suivantes à Rome, selon Pub. Victor.

FORUM ARCHIMONII: c'est le lieu où l'on a bâti l'Eglise de St. Nicolas d'Archimon, aujourd'hui nommée *S. Nicolo a Capo le Case*.

FORUM AUGUSTI, Lieu dans le voisinage de la Ville de Rome, où sont aujourd'hui les Eglises de St. Adrien & de Ste. Martine.

FORUM BOARIUM, Lieu où est l'Eglise de St. Georges *in Velabro*, entre la Place de Rome & le Tibre, au pied du Mont Palatin.

FORUM CÆSARIS, Lieu où est le Portique de Faustine, proche de la Place de Rome. Ovide[b] en fait mention.

[b] *Tristium Lib. III.*

FORUM NERVÆ: ce lieu étoit au pied du Mont Quirinal où est aujourd'hui le Monastere de Ste. Euphemie, & l'Eglise de Ste. Marie *in Campo Carleo*.

FORUM OLITORIUM, c'est-à-dire, *le Marché aux herbes*, aujourd'hui *la Piazza Montanara*, auprès du Théatre de Marcellus, entre le Capitole & le Tibre.

FORUM PALLADIUM. Panvinus & Nardinus disent que ce *Forum Palladium* est le même que le *Forum Nervæ*. Martial en parle, Lib. 1.

FORUM PISCARIUM, c'est-à-dire, *le Marché au Poisson*, près du Tibre & du Théatre de Marcellus, entre le Marché aux Bœufs & le Marché aux herbes, où est encore aujourd'hui *la Piscaria*, la Poissonnerie.

FORUM ROMANUM, auprès du Portique de Faustine, entre le Capitole & le Mont Palatin, où étoit le Temple de la Déesse Vesta & où est aujourd'hui la place nommée *il Campo Vaccino*.

FORUM SALLUSTIANUM, auprès des jardins de Salluste, entre l'Eglise de Ste. Susanne & la porte *Salaria*.

FORUM SUARIUM, au pied du Mont Quirinal, proche l'Eglise des Lucquois & le vieux Palais des Colonnes.

FORZA DE AGRO[c] (la), en Latin *Agri Fortalitium*, petite Ville de Sicile dans la Vallée de Demona, sur un Rocher escarpé près du Ruisseau de même nom, dans le Territoire de Messine, à un mille de Savoca & à vingtquatre milles de Messine au Midi. Mr. Baudrand dit qu'elle est nommée AGRYLLA par les Auteurs du moyen age.

[c] *Baudrand Ed. 1705.*

FOS, mot abregé de celui de *Fosse*, & qui veut dire *Canal*.

FOS-DI-NOVO[d], en Latin *Fossa nova*, petite Ville en Toscane, dans la Vallée de Magra, sujette au Marquis de Fos-di-Novo de la Maison de Malespine, qui a le Territoire aux environs, entre l'Etat du Grand Duc de Toscane au Levant, & celui de Genes au Couchant. Cette Ville est au milieu entre Massa de Carara & Pontremoli, à trois milles de la Riviére de Magra à l'Orient & à quatre de Sarzana à l'Occident.

[d] *Ibid.*

FOS-DU-MARTIGUES[e], en Latin *Fossa Mariana*. C'étoit autrefois une Ville, & c'est maintenant un Village de France en Provence, entre la Mer du Martiguez & le Port de Galojon, près de la Plage de Fos. Voyez aussi FOSSA MARIANA au mot FOSSA.

[e] *Ibid.*

FOSATISII, ancien Peuple de la Romagne en Italie, selon Jornandès[f]. C'étoit un reste des Huns qui s'étoient jettez dans la Romagne.

[f] *De Reb. Get. c. 50.*

FOSCOLO, ou MONTE-FOSCOLO, en Latin *Mons Fusculus*; Bourg du Royaume de Naples dans la Principauté ulterieure, à deux lieuës de Benevent du côté du Midi. C'est la Residence ordinaire du Gouverneur de la Province.

FOSETE & FOSETESLANDIA, Isle aux confins des Frisons & des Danois, où Radbod Roi Payen des Frisons faisoit sa demeure, selon Altfrid dans la Vie de St. Ludger[g], & dans celle de St. Swidbert. Hierôme Verrutius & Ortelius pensent que c'est présentement l'Isle d'AMELANDT, & que l'ancien nom a passé de cette Isle à un lieu de la terre ferme, nommé *Fosverde*. Corneille de Kempen dit que c'est plutôt l'Isle de *Heiligeland* qu'il écrit *Heilichlands*, à l'embouchure de l'Elbe. Il est certain que les Frisons se sont étendus autrefois jusques aux Isles de Nordstrand & de Fora, sur la Côte Occidentale du Slefwick, où l'on trouve encore à présent leur posterité. Voyez l'Article suivant.

[g] *l. 1. c. 19.*

FOSI, ancien Peuple de la Germanie, selon Tacite[h], qui dit qu'ils se ressentirent de la ruine

[h] *Germ. c. 36.*

FOS.

ne des Cherusques, dont ils étoient Limitrophes. Cluvier[a] ne doute point que ce ne soit les mêmes que Ptolomée[b] nomme Saxons, qui avoient changé de nom dans l'espace de temps écoulé entre ces deux Auteurs. Cluvier les met dans la Ditmarse & partie de la Sud-Jutland. Mais il reste de grandes difficultez sur cette opinion. Mr. Leibnits dans ses Notes[c] sur les Extraits choisis de la Germanie de Tacite, trouve étrange que Cluviér mette les Fosi au-delà de l'Elbe, & qu'il les transforme en Saxons. Pour lui, il aime mieux croire qu'ils étoient un Peuple de la dépendance des Cherusques, de même qu'aujourd'hui Hildesheim est du Brunswick. Il croit en trouver encore le nom dans la Riviére de la FUSE, qui prenant sa source dans l'Evêché de Hildesheim se mêle avec l'Aw au Midi de la Ville de Zell, au-dessous & à l'Orient de laquelle elle se jette dans l'Aller. Le docte Spener[d] donne à son tour ses conjectures, & semble persuadé que ce même Peuple n'est point diferent de ce qu'Alfrid, cité dans l'article précédent, nomme FOSETESLAND; & dit avoir été ainsi nommé de Fosete, faux Dieu que l'on y adoroit. Qui empêche, dit-il, que ce nom ne vienne de l'Idole des Fosiens, ou que le nom des Fosiens mêmes n'ait été donné à l'Isle & à l'Idole à laquelle on y rendoit un culte religieux. Il est de ceux qui croient que cette Isle est aujourd'hui *Heiligeland*.

FOSS, en Latin *Fossa*, petite Ville du Païs-Bas de l'Evêché de Liege, quoiqu'enclavée dans le Hainaut, aux confins du Namurois, à une lieuë de la Sambre.

☞ FOSSA, mot Latin qui signifie un Fossé & quelquefois un Canal, pour détourner & conduire les eaux, ou pour communiquer d'une Riviére avec une autre. Il y a eu non seulement des *Canaux*, mais mêmes des Villes nommées *Fossa* à cause de leur situation.

FOSSA CLODIA[e], ou CLAUDIA FOSSA, & même CLUGIA dans quelques Auteurs, ville de la Venetie, selon Pline. C'est aujourd'hui CHIOZA ville dans l'Etat de Venise. Voyez CHIOZA.

FOSSA CORBULONIS[f], Bras du Rhin que Corbulon détourna dans la Meuse pour obvier aux inondations de l'Océan. Ortelius[g] a cru que c'étoit le Leck; mais Cluvier[g] a fait voir que c'étoit le Canal de Hollande appellé vulgairement *de Fliet*: il commence à Leyde, passe à Delft, ensuite au village de *Maesland*, après quoi il se joint à la Meuse au village de *Sluys*.

FOSSA DRUSI[h], FOSSA DRUSIANA, bras du Rhin que Drusus fit creuser dans l'Issel par un Canal que Drusus fit creuser depuis Arnheim jusqu'à Duisbourg, ville du Duché de Gueldres. Ce Canal se nomme aujourd'hui DE NIEW YSSEL, c'est-à-dire, le NOUVEL YSSEL.

FOSSA MARIANA[i], Canal de la Gaule Narbonnoise, dans la Provence, que Caius Marius fit creuser depuis le Rhône jusqu'à l'Etang ou Port d'*Astromela*, aujourd'hui Port de Martigues. Ce Canal, selon Bouche, s'appelle présentement le GALEJON, & s'étend au Midi l'espace de cinq lieuës depuis Arles, où est son commencement, jusqu'au Port *du Ga-*

FOS. 135

lejon. Mais le bras du Rhône qui se déchargeoit dans ce Canal est appellé aujourd'hui *Brasmort*, parceque les sables en empêchent le cours. La *Ville* FOSSA qui étoit située sur le Canal, est maintenant Fos Bourg de Provence, que l'on trouve sur la Côte de la Mer Mediterranée, entre le Port du *Galejon* & celui de Martigues.

FOSSA MEROVEI[k], aujourd'hui *la Merwe*, Riviére des Provinces-unies dans la Hollande Meridionale, selon Ortelius: mais c'est plutôt le bras droit & le principal lit de la Meuse, dans l'endroit où elle se separe au-dessous de *Gorkum*. Il passe à Dordrecht, fait la separation d'Isselmonde & de la Hollande, ensuite ayant reçu le Leck & l'Yssel il se rend à Rotterdam, & enfin auprès de Vlaerdingen, se rejoignant à l'autre bras de la Meuse dont il s'étoit separé, il forme l'embouchure de cette Riviére. Voyez MERWE.

FOSSA MESSANICIA[l], Lieu d'Italie dans la Romagne, par lequel on faisoit passer les Bateaux du Po dans la Mer jusqu'à Ravenne. C'est aujourd'hui le *Canal di S. Alberto*.

FOSSA NERONIS[m], Canal que Neron avoit entrepris de faire creuser dans la Campanie, & de rendre navigable depuis le Golphe de Puzzol jusqu'à Ostie. Ce lieu se nomme aujourd'hui LICOLA, & l'on y voit encore des restes de cette entreprise qui ne pût réüssir.

1. FOSSA NOVA[n], *Fossa nova*, Monastere de l'Ordre de Cîteaux en Italie, dans la Campagne de Rome sur l'Evola, environ à 50. milles de Rome. C'est dans ce lieu que mourut St. Thomas d'Acquin. Il est situé dans une plaine au pied des montagnes de la dépendance de l'Etat de l'Eglise, & se trouve à deux milles de Piperno, à autant des Marais Pontins sur le chemin de Rome à Naples.

2. FOSSA NOVA[o], ou *Fosdinovum*, vulgairement *Fosdinovo*, petite ville de Toscane dans la Vallée de Magra, dans le Domaine du Marquis de Malespine, avec un petit Territoire situé entre les Etats de la Republique de Genes & ceux du Grand Duc de Florence. Voyez Fos-DI-NOVO.

FOSSA PALTANA[p], en Latin *Togisonus*, petite Riviére dans l'Etat de Venise en Italie, dans le Padouan. Elle se jette dans le Golphe de Venise au Bourg de Bebe.

FOSSA REGIA, Canal près du Mont-Athos, selon Thucydide[q].

FOSSÆ PAPIRIANÆ[r], petite ville de l'Etrurie qu'Antonin appelle *Fossa Papiriana*. Il y a quelques Auteurs qui veulent que ce soit aujourd'hui *Fos-di-novo* dont il est parlé ci-dessus. Mais d'autres, avec plus de vraisemblance, soutiennent que c'est le Bourg de *Viareggio*, dans la dépendance de la Republique de Lucques, sur la Côte de la Mer de Toscane, où l'on voit un petit Port, & où l'on trouve encore aujourd'hui des traces de l'ancien nom, car les deux Riviéres voisines s'appellent *la Fossa de l'Abbate*, & *la Fossa della Maggione*.

FOSSÆ PHILISTINÆ[s], ou *Fossiones Philistina* & *Philistina Fossa*, l'un des bras du Po au-dessus de son embouchure, aujourd'hui nommé *Il Po grande*. C'est le principal lit
du

du Fleuve dans lequel le Tartare se décharge.

FOSSALENSIS, Siége Episcopal d'Afrique dans la Numidie, selon la Notice des Evêchez d'Afrique.

FOSSANO [a], Ville d'Italie dans le Piémont sur la Sture. Elle est assez recente avec un Evêché Suffragant de l'Archevêché de Turin, & un bon Château. Elle est ainsi nommée à cause de la quantité de bonnes Fontaines qui sont aux environs, & n'est qu'à six milles de Coni & à quinze d'Alba au Midi; au milieu entre Mondovi à l'Orient, & Saluces à l'Occident, environ à huit milles de chacune & à dix de Carmagnole. Son Evêché fut érigé par le Pape Gregoire XIII. La memoire de St. Juvenal y est extrêmement reverée.

[a] Baudrand Ed. 1705.

1. FOSSATO [b], en Latin *Fossatum*, ancien Bourg d'Italie dans l'Etat de l'Eglise, dans la marche d'Ancone, à quatre lieuës de Gubio du côté du Levant.

[b] Ibid.

2. FOSSATO, en Latin *Fossatum Palatioli*, Canal d'Italie dans la Romagne, au Midi de Ravenne. Il passe auprès de Classe & se mêlant avec le Condiano se perd dans le Golphe de Venise.

☞ FOSSE, lieu que l'on a creusé dans la terre soit pour donner un nouveau lit à une Rivière, & la faire communiquer avec une autre; soit pour quelque autre usage. On se sert pour les premieres especes de Fosse plus volontiers du nom de Canal. Tels ont été chez les Anciens les Canaux de Drusus & de Corbulon dans les Païs-Bas; le Canal de communication que les Rois d'Assyrie avoient fait entre l'Eufrate & le Tigre, & même entre le Tigre & l'Eulée, & celui par lequel on pouvoit en remontant le Nil passer de la Mediterranée dans la Mer rouge. L'Histoire Greque & la Romaine fournissent assez de Canaux de cette nature; mais sous le Regne de Louïs XIV. on a vu se former un Canal pour la jonction des deux Mers, à savoir de l'Océan & de la Mediterranée; ouvrage superbe, & qui surpasse tout ce qu'on avoit vû jusqu'alors dans ce genre. Je le décris au mot CANAL à l'article CANAL ROYAL.

FOSSE', se prend aussi en Géographie dans le sens de Fossé; c'est-à-dire d'un Creux d'une largeur, d'une longueur, & d'une profondeur susisantes pour arrêter les ennemis & servir de barriére à une région qu'elle separoit d'un voisin inquiet & redouté. Telle étoit celle qui separoit autrefois la Principauté de Galles du reste de l'Angleterre. Cette Fosse & plusieurs autres étoient des Fossez secs, qui même étoient garnis de Tours & autres pieces de défense contre l'ennemi.

FOSSE, Bourg de l'Evêché de Liege aux Païs-Bas, & dans le Païs nommé entre Sambre & Meuse. Elle est enclavée dans le Hainaut dont elle dépendoit autrefois, à une lieuë de la Sambre & sur les confins du Namurrois.

FOSSIGNI. (le) Voyez FAUSSIGNI.

FOSSEMBRUNO, ou plutôt FOSSOMBRONE, Ville d'Italie dans l'Etat de l'Eglise au Duché d'Urbin, près de la Riviére de Metro, avec un Evêché suffragant de l'Archevêché d'Urbin. Elle avoit été venduë pour la somme de 13000. florins d'or à Frederic Duc d'Urbin, du temps du Pape Sixte IV. par Galeas Malatesta qui en étoit Seigneur. Elle est presque au milieu entre Cagli au Midi & Pesaro au Septentrion, à quinze lieuës de chacune & à dix milles au Levant d'Urbin. Cette Ville a été bâtie des ruines de l'ancienne FORUM SEMPRONII qui en étoit à cinq cens pas, & qui fut détruite par les Gots & par les Lombards.

FOTHERINGHE, ou FOTHERINGHAT-CASTLE, Château d'Angleterre au Comté de Northampton, sur la Riviére d'Avon, aux confins du Comté de Huntington, entre Peterboroug & Northampton. Ce Château est remarquable par le meurtre de Marie, Reine d'Ecosse, qui y fut décapitée par la main du Bourreau, par les ordres d'Elisabeth Reine d'Angleterre.

1. FOUCARMONT, Bourg de France en Normandie, aux confins de la Picardie & dans le Païs de Caux, sur la Riviére d'Yere, que Mr. Baudrand nomme *le Sart*, assez près de la source de cette Riviére, à environ six lieuës de la Côte & à cinq & demie de la Ville d'Eu, entre Neufchatel & Blangis, à quatre petites lieuës de la premiere & à deux bonnes de la derniere.

2. FOUCARMONT, Abbaye de France, au-dessous du Bourg de même nom, dans le Diocèse de Rouen, Archidiaconé d'Eu. Elle est de l'Ordre de Cîteaux, de la filiation de Savigni, & fut fondée l'an 1130. par Henri Comte d'Eu. Son nom, qui est en Latin *Fulcardi Mons*, semble insinuer qu'elle est bâtie sur une montagne. Cependant cela n'est point; elle est dans des Prairies, & la Riviére d'Yere qui la traverse l'entoure de tous côtez, comme je l'ai vû encore en dernier lieu en 1715.

1. FOUCECHIO, Bourgade d'Italie dans la Toscane. Elle donne son nom à un Lac voisin.

2. FOUCECHIO (LE LAC DE) petit Lac d'Italie en Toscane & dans l'Etat de Florence, à cinq milles de St. Miniat vers le Nord & à dix au Levant du Lac de Bientina.

FOUCHENDGE, Ville d'Asie dans la Corassane. Les Géographes Arabes la mettent à 94. d. de longitude & à 34. de latitude, si nous en croions une Note du Traducteur François de la Vie de Timur Bec [c] : mais Nassir-Eddin & Ulug-beig de l'Edition d'Oxford, portent ce nom écrit FUSHANG', ce qui, de la maniére que les Anglois le prononcent, revient aux mêmes sons. Mais le premier met pour la longitude 94. d. 15'. & pour la latitude 34. d. 50'. le second ne met la longitude que de 94. d. 5'. au lieu de 15. Cette Ville lorsque Timur Bec l'assiegea étoit estimée pour sa force, parce qu'elle étoit entourée de hautes murailles & d'un excellent rempart. Ses autres fortifications étoient si bonnes qu'aucun Voyageur n'avoit vû de Citadelle si forte sur la terre. Ses dehors étoient gardez par un fossé profond rempli d'eau. Cependant elle se soumit dès la premiere attaque.

[c] T. 1. p. 119.

FOUCIGNI. Voiez FAUSSIGNI.

FOUE', c'est ainsi que ce nom se trouve écrit dans la Carte de la basse Egypte & du cours du Nil au dessous du Caire sur les Memoires de Paul Lucas. Mr. Corneille écrit FOA, ou FUOA, Mr. Baudrand [d] écrit FUOA &

[d] Ed. 1705.

FOU. FOU.

& dit que c'étoit anciennement *Nicii* ou *Nicia Vicus*. Le Pere Vansleb [b] écrit FUVÀ. Il dit que cette Ville apellée en Langue Grecque METELIS & dans les Dictionnaires Coptes MESSIL est une Ville fort ancienne, grande & confidérable située sur le bord Oriental du Nil, à sept heures de chemin ou environ de Rosette. Son terroir est très-agréable à cause des campagnes délicieuses & des beaux jardins. Les fruits de ses environs font fort estimés en Egypte. Thevenot [c] fait aussi mention de cette Ville qu'il nomme FOA; mais il se contente de la nommer. Le Sr. Lucas la met auprès & à l'Orient de Defrout & au Sud-est de Fezzara. Ces trois Villes ne sont séparées les unes des autres que par les bras du Nil.

FOUG [d], ou FAU, en Latin *Fagus*, Bourg de Lorraine, & l'une des anciennes Châtelenies du Bailliage de St. Miel. Quoi qu'enclavé dans le Toulois (à une lieue de Toul en allant à Void) il est de l'ancien Domaine des Comtes & Ducs de Bar qui en ont joüi de temps immemorial; comme on le voit par des titres formels de cette possession sans interruption depuis l'an 1213. Henri II. Comte de Bar fit fortifier cette place l'an 1218. comme le dit Alberic dans sa Chronique. Ce lieu s'appelloit *Fau* dans ce temps-là & non pas *Foug*. Voici les paroles d'Alberic [e]. *Comes Barri Castrum quod dicitur* FAU *ante Tullum firmavit*.

FOUGERES [f], en Latin *Filicaria*, Mr. Baudrand y ajoute *Fulgeria*, Ville de France en Bretagne sur la Rivière de Coüesnon vers les frontieres de la baste Normandie; à huit lieues d'Avranches vers le Midi, à neuf de Dol & à dix de Rennes. [g] Ce fut Raoul de Fougeres qui la fortifia & y fit bâtir un fort bon Château pour ce temps là. Mr. de Longuerue [h] qui la met pour la troisiéme Ville du Diocèse de Rennes dit que c'étoit une place assez considérable en 1202, lors que Jean Sans-terre s'en empara, après avoir mis en prison son neveu Artus Duc de Bretagne. Ce [i] Château a aujourd'hui un Gouverneur particulier; mais sans Garnison. Jean II. Duc d'Alençon aïant été fait prisonnier par les Anglois à la bataille de Verneuil fut obligé de vendre cette Ville à Jean V. Duc de Bretagne pour payer sa rançon au Duc de Betford. Fougeres est à présent considérable par la Jurisdiction Royale qui y est établie & par le Commerce des Cuirs qui la rend assez riche. Il y a à Fougeres l'Abbaye de RILLE' de l'Ordre de St. Augustin fondée vers l'an 1163. Ce lieu est la Patrie de René Le Pays Auteur du Livre intitulé *Amitiés*, *Amours*, & *Amourettes*, qui a été le Voiture des Provinciaux.

FOUGIRA, Ville d'Afrique dans l'Ethiopie. Elle est, dit Vincent le Blanc [k], située dans un bois d'Orangers qui parfument l'air d'une odeur très-agréable.

FOVILLE [l], Bourg de France dans la haute Normandie au Pays de Caux. Il est situé entre les Paroisses de Bernonville, Ricarville, Auberbosc, Hattenville, Bennetot, Ste. Marguerite & St. Pierre l'avis; à neuf lieues du Havre, de Dieppe & de Rouen; à quatre de Caudebec, de l'Islebonne & de Doudeville, à trois d'Ivetot, de Goderville & de Cani, & à deux de Bolbec, de Valmont & de Grainville la teinturière. Son Eglise Paroissiale qui porte le titre de Notre-Dame reconnoît St. Jean Baptiste pour second Patron. Le Curé est un Chanoine regulier de St. Augustin. Le territoire est un des plus beaux du pays de Caux.

FOULAAN, ou FOULAEN, Village d'Afrique dans la Guinée au Royaume d'Arder sur la côte. Dapper [m] dit que c'est le premier Village que l'on trouve après Popou, & qu'il est à sept lieues du petit Arder.

FOULES, Peuple d'Afrique auprès de la Rivière de Senegal. Leur nom est diversement écrit FALUPPOS, FELOUPPES, FLOUPES; le Sr. le Maire dans ses Voiages [n] dit qu'on apelle ainsi les Sujets du CHEYRATICK, c'est-à-dire du très-grand, titre que prend un Empereur de qui dépendent plus de dix petits Rois & autres mediocres Souverains. Son Empire, dit cet Auteur, s'étend sur les deux rives du fleuve du Senegal & contient bien 300. lieues de Pays. Ses terres produisent des dates, du mill, & des pâturages où l'on nourrit quantité de Bestiaux. Les Foules ne sont pas noirs, ni aussi si blancs que les Maures; mais ils tiennent un milieu. Ils sont plus civilisez que les autres Negres & reçoivent fort bien les étrangers. Il est même souvent arrivé que quand les Matelots François maltraitez par leurs Commandans se retiroient chez le Cheyratick; ils y ont été parfaitement bien reçus, admis à sa Table, & leur a procuré tous les plaisirs dont le lieu est capable. Le Cheyratick mange d'ordinaire du mill, du bœuf & des dates. Il boit du lait, jamais de vin, ni d'eau de Vie, observant la loi de Mahomet plus religieusement que les autres Negres. Il peut mettre 50000. hommes en campagne, mais faute de vivres, ils n'y subsisteroient pas long-temps. [o] Outre ce Roiaume des Foules, en remontant la Rivière du Senegal jusqu'au dessus de FELU qui est un grand Rocher qui fait le Saut du Senegal; on trouve un autre peuple aussi nommé les FOULES DE CASSON, pour être mêlez de MALINCOPES & de SARACOLE'. Ils tirent le nom de Casson d'une Montagne apellée ainsi sur la rive Septentrionale du Senegal à l'Orient de laquelle ils habitent. Entre eux & le grand Lac de Guayara & la Rivière Noire est un pays nommé FOUTE' GUAIALLON, qui est le pays naturel des Foules. Il y a lieu de croire que les FELOUPPES ou FLOUPES que l'on trouve au Cap rouge au Nord de la Rivière de St. Domingue & ceux que l'on trouve plus au Midi dans le pays de Serre Lionne sont la même Nation, mais disperséé. Les Relations inserées à la fin des Voiages du Sieur le Maire parlent ainsi de ces Flouppes: [p] La Rivière de *la Zamenée* (je crois que c'est celle que Mr. de l'Isle nommé *Cafamauce*) est habitée par plusieurs fortes de Negres. Ceux de l'Embouchure de la bande du Nord se nomment Flouppes peuples extrémement sauvages & avec lesquels nulle Nation n'a de commerce. Ils sont tous Payens, aïant chacun des Dieux qu'ils adorent à leur fantaisie, l'un une corne de bœuf, les autres un animal ou un arbre auxquels ils sacrifient à leur manière. Leur habillement consiste en une paigne de toille de coton rayée qui leur couvre simplement la nudité. Ils n'ont point de Roi, le plus absolu & le plus puissant d'entre eux leur commande. Ils cultivent assez bien leurs terres qu'ils ensemencent de ris & de mill. Leurs richesses consistent en bœufs, vaches, & cabrottes que plusieurs ont en quantité. Ils occupent jusqu'à la Rivière de Gambie le long de la côte environ six lieues dans les terres. Leurs Villages sont assez peuplez, éloignez les uns des autres d'environ un quart de lieue. Les Négres ou Flouppes qui habitent l'embouchure de la bande du Sud sont Barbares & très-cruels ; quand ils peuvent attraper quelque Blanc, ils ne leur font aucun quartier, on pretend même qu'ils les mangent. Ceux-là occupent le long de la côte jusqu'au Village de Boulol, qui est à l'entrée de la Riviere de St. Domingue. Cette côte est bien plus peuplée que celle de Gambie. Les Villages sont éloignez les uns des autres de près de deux lieues & d'un quart de lieue de la Mer. Les Floupes que cet Auteur décrit sont les mêmes que j'ai dit qui habitent auprès du Cap Rouge, & les mêmes dont j'ai donné un article tiré du Sieur de la Croix au mot FALUPOS.

[a] Delices de la Suisse T. 1. p. 399.
FOUNT[a], Château de Suisse au Canton de Fribourg. Le Château est situé sur une hauteur dans une pointe de terre qui s'avance dans le Lac de Neuchâtel & qui est fort élevée : il y a là quelques vignes qui sont assez bonnes. Ce lieu est chef d'un Bailliage de même nom celui que ceux de Granson & d'Estavayer.

1. FOUR, (le) en Latin *Furnus*, Bourg de France dans la basse Bretagne sur la côte du Couchant au Nord du Cap de St. Mahé & du Conquêt au Diocèse de Cornouailles. Mr.
[b] Ed. 1705. Baudrand[b] dit à trois lieues de ce Cap & du Conquêt vers le Nord. Mais s'il est au Nord de ces deux endroits il ne sauroit être à trois lieues de l'un & de l'autre, puisque le Conquêt & le Cap St. Mahié sont Nord & Sud & à une lieue commune l'un de l'autre : ce qui seroit au Nord & à trois lieues de l'un seroit à quatre lieues de l'autre.

2. FOUR (le) Ecueil, ou grande Roche toujours découverte sur la côte de Bretagne vis à vis du Bourg d'Argenton. Les Tables de Mr. de Hollande lui donnent 11. d. 54'. de longitude & 48. d. 35'. de latitude. C'est à cause de cette Roche que l'on nomme le Passage du Four la route que prennent les navires entre la côte de Bretagne & les Isles d'Oueslant, depuis les roches de Portsail en côtoyant vers le Midi à une certaine distance pour éviter le grand nombre de roches & d'écueils dont cette côte est bordée.

FOURCHE (Montagne de la) haute Montagne de Suisse à l'extremité Orientale du pays de Vallais qu'elle separe du Canton d'Uri, ou plutôt c'est une chaine de Montagnes fort hautes & fort étendues, ainsi appellées, à cause de deux grandes pointes fort élevées en guise de Fourche, qu'on y remarque. C'est dans ces Montagnes que le Rhône a sa source dans les glacières éternelles dont elle est couverte. [c] Elles font partie des Alpes Lepontiennes. Cette Montagne qui est quelquefois confondue avec celle de St. Gothard, est nommée en Latin *Furca*, ou *Furcula* ou *Bicornis*. C'est le grand chemin pour passer du Canton d'Uri dans le Vallais. Au sommet de la Montagne de la Fourche est une croix qui sert de borne entre le Vallais & la Vallée d'Urseren. Il y a quelques habitans dans cette Montagne. On lui donne aussi d'autres noms, à savoir ceux de *Contius*, *Juberus*, ou *Viberus*, à cause des Lepontiens surnommez *Viberi*, ou *Juberi*, peuple des Alpes & que l'on croit être les habitans de la Vallée d'*Urseren*, d'où vient aussi que l'on l'appelle *Ursellus*. Aujourd'hui encore la Montagne Voisine où est la source d'une Rivière que quelques-uns prennent pour la source du Rhone & que l'Auteur cité en marge nomme en Latin *Elmius*, est nommée *Jubet*, nom qui revient assez au mot *Juberus* des anciens ; & le même Ecrivain dit que c'est la Montagne que Paul Jove nomme quelque part *Jovetus*.

[c] Scheuchzer. Iter. Alpin. p. 164.

FOURION[d], Riviere de France dans le Berri. Elle a sa source à Bretagne paroisse de l'Election de Château-Roux. Elle se grossit d'un Ruisseau qu'elle prend auprès de Ste. Colombe, puis coulant au Septentrion, elle en reçoit encore un autre à Buxeuil ; & passe à Ste. Cecile, après quoi elle se mêle avec le Fouson & toutes deux se joignant avec le Naon à *Menetou* sur Naon, elles vont ensemble se perdre dans le Cher, entre Selles & St. Agnan.

[d] Jaillot Carte du Berri.

FOURNE[e], Riviere d'Afrique sur la côte de Nigritie. Son cours est de vingt quatre lieues, & son embouchure dans l'Océan proche du Cap de Verge.

[e] Corn. Dict.

FOUSCHANGE. Voiez FOUCHENDGE.

FOUSON[f], ou FOUZON, Riviere de France dans le Berri. Elle a deux sources au Midi de Vatan qu'elle arrose, de là coulant vers le Nord elle passe à Graçai, puis tournant au Nord-ouest, elle va se joindre au Fourion avec lequel elle va se perdre dans le Naon, qui tombe dans le Cher au-dessus de St. Agnan.

[f] Jaillot Carte du Berri.

FOUSSERET, selon l'Auteur du Denombrement de la France, ou FOUSSESERET, selon Mr. Corneille, petite Ville de France au Languedoc au Diocèse de Rieux. Mr. Corneille dit qu'elle entre aux Etats par tour comme Diocesaine, & cite Davity. Mais cet Auteur[g] ne dit autre chose sinon : le FOSSARET Siege du Juge de Rieux. Reste à savoir où Mr. Corneille a pris *Fousseseret* ; car la citation est fausse.

[g] T. 2.

FOUTE-GAIALLON. Voyez FOULES.

FOWEY, petite Riviere d'Angleterre dans le Comté de Cornouailles. Elle a sa source au Nord de la paroisse de Temple d'où coulant vers le Midi elle se perd dans l'Océan à l'Ouest de la pointe de Talland. Le Neptune François écrit ce nom *Foyo*.

FOYLE, (le Lac de) Lac ou Golphe d'Irlande dans la Province d'Ulster au Comté de Londondery entre la Ville de Londondery & l'O-

FR.

FRAKMONT[a], en Latin *Fractus Mons*, quelques-uns l'appellent le MONT DE PILATE. Montagne de Suisse au Canton de Lucerne en allant du côté d'Underwald. Elle est celebre dans le pays par les contes merveilleux que l'on en debitoit autrefois. En y montant on trouve au-dessus de la vallée d'EIGENTHAL quelques Fontaines de très-bonne eau, entre autres une qu'on nomme KALTWEHEBRUNNEN, qui a la vertu de guerir la fievre, particulierement la tierce, on n'a pour cela qu'à en boire tant qu'on en peut avaler même jusqu'à la nausée. Au-dessus de la Montagne dans un Vallon environné de bois, on voit un petit Lac ou plutôt un étang de forme ronde de trois piques de Diametre & d'environ deux coudées de profondeur qu'on nomme le LAC DE PILATE. On a conté autrefois cent choses fabuleuses touchant ce Lac. On disoit que Pilate s'y étoit jetté, que les Diables y paroissoient souvent (Mr. Corneille dit que si l'on s'en raporte au peuple, Pilate vêtu en Juge apparoit tous les ans une fois, sur cette Montagne.) On s'étoit tellement mis en tête que quand on jette quelque chose dans ce Lac, soit bois soit pierre, cela excite des tempêtes horribles qui causent de grands ravages dans le pays, que même dans le XVI. siécle on ne pouvoit pas monter sur cette Montagne & aller voir ce Lac sans une permission expresse du Magistrat de Lucerne, & il étoit severement défendu d'y rien jetter. Mais avant la fin de ce même siécle, on revint de cette erreur & aujourd'hui on sait par experience que ce sont des fables sans réalité. Du reste il y a dans cet endroit une très-belle vûë d'où l'on découvre tous les pays voisins bien loin à la ronde & d'où l'on peut compter quatorze tant Lacs que Rivieres dans la Suisse. On peut aller delà sur un autre Sommet de la même Montagne nommé Widderfeld, c'est-à-dire, le champ du Belier, où l'on trouve des rochers entiers qui sont des coquillages de mer petrifiez. On voit près delà la caverne qu'on apelle MON-LOCH, c'est-à-dire le trou de la Lune qui est étroite à l'entrée, mais large au dedans & profonde d'une centaine de Toises. Le haut de cette caverne distille perpetuellement une certaine eau qui se convertit en une matiere blanche comme le lait, legere & poreuse, qui d'abord est molle, ensuite se seche à l'air: on l'apelle *Mon-Miles*, c'est-à-dire, lait de la Lune. Elle est propre pour la guerison de diverses maladies.

FRAGA[b], petite Ville d'Espagne au Royaume d'Arragon aux frontieres de la Catalogne sur un rocher escarpé au pied duquel coule la Cinca sur laquelle il y a un pont de bateaux. Fraga a un Château assez fort. Cette Ville est à quatre lieues de Lérida. La vallée n'a pas plus d'un quart de lieue de large & est assez bonne. Les Limites de l'Arragon & de Catalogne sont à une lieue de Fraga après qu'on a monté la Montagne. Ensuite on trouve un pays tout desert jusqu'à Alcarras qui est à une lieue de Lerida. Quelques Géographes croient y trouver la FLAVIA GALLICA des anciens. Mr. Baudrand par la demangeaison peu louable, qui lui est commune avec plusieurs, de vouloir franciser tous les noms, l'apelle FRAGUES.

FRAGENÆ. Voiez FREGENÆ.

FRAGUES. Voiez FRAGA.

FRAINET[c], en Latin FRAXINETUM, Château de France en Provence: il étoit autrefois très-fort & servoit de retraite aux Sarrasins. On en voit les masures à deux lieuës du Golphe de Grimaudt, près du Village nommé la Garde du Frainet & de la forêt des Maures.

FRAMONT[d], Montagne de la Vosge, renommée par beaucoup de choses curieuses qui s'y trouvent & sur laquelle plusieurs pretendent qu'on ait inhumé Pharamond. Les Allemands la nomment FRANKENBERG. Cette Montagne est la plus haute de toutes celles qui separent la Lorraine de l'Alsace, située à six lieues ou environ de Molsheim & à trois de l'Abbaye de Senone en Vosge dont elle dépend. Au pied de cette Montagne on rencontre un grand chemin qui la traverse. C'étoit ancienement la grande route de Lorraine en Allemagne. Environ quatre cens pas au-dessus, on trouve une fontaine fort jolie qui étoit auprès d'une Metairie dont on voit encore les ruines. Depuis cet endroit la pente devient fort roide & fort difficile à monter. Il se presente ensuite une espece de Ravelin soutenu de part & d'autre par deux demi-bastions naturels. Au-dessus il y a un terrain d'environ cent pieds de largeur, qui s'étendant en largeur plus de quatre cens pas vers l'Orient, se termine à un autre rocher encore plus élevé que le premier. A cent pas de celui-ci on voit les restes d'un bâtiment dont on trouve encore tout le contour; il avoit de long trente-sept pieds dans œuvre sur vingt de large & treize pieds de hauteur jusqu'au toit, qui étoit encore environ de treize pieds jusqu'à la faistiere. Les deux portes, dont l'une étoit au Levant & l'autre au Couchant, avoient six pieds de hauteur sur deux de largeur & les fenêtres qui étoient au Septentrion & au Midi avoient cinq pieds de hauteur sur quatre de large. On ne peut distinguer si c'est du ciment ou du fer qui joignoit les pierres de ce bâtiment. Les tuiles qui couvroient cet édifice étoient plates & avoient dix pouces de largeur & un d'épaisseur avec un rebord d'un pouce & demi d'épais qui regne sur toute la largeur de la tuile.

A vingt-cinq pieds delà on voit les restes d'une Colonne de la hauteur de vingt-neuf pieds dont on trouve encore toutes les pierres, & l'on remarque qu'elle étoit composée comme de trois Colonnes entées les unes sur les autres. Il paroit qu'il y avoit une statue au-dessus de la derniere; mais on ne l'a pu trouver. Il reste encore plusieurs lettres gravées sur les pierres de cette Colonne, sur l'une desquelles on lit cette Inscription qui marque qu'elle a été faite pour un Illustre Romain.

I. O.

---

[a] Delices de la Suisse. T. 2. p. 285.

[b] Baudrand rectifié sur un Voyage d'Espagne.

[c] Baudrand Ed. 1705.

[d] D. Mabillon Discours sur les anc. sepult. des Rois de France, dans les Memoires de l'Academie des Inscr. T. 2. 2. part. p. 405.

I. O. M.
C. LUCULLUS
LEPIDINUS
V. S. L. M.

En avançant encore vingt-cinq pieds vers l'Orient, on rencontre les ruines d'un autre bâtiment semblable au premier & un peu plus loin les restes d'un troisiéme tout de même. Il est dificile de croire que ces édifices ayent été faits pour autre chose que pour des Temples ou pour servir de demeure aux Prêtres. Il paroît aussi que les Payens de ces temps-là avoient en ce lieu-là leur sepulture; car après avoir creusé un peu avant on a trouvé plusieurs Urnes & trois entre autres sous le pied de la Colonne dont on vient de parler.

Enfin en montant toujours vers l'Orient, on trouve le plus haut de la Montagne qui est terminé par un rocher d'environ quinze pieds de hauteur de figure ovale, dont la longueur d'Orient en Occident est de cent cinquante pas & du Septentrion au Midi de la largeur d'environ vingt-cinq pieds. Sur la surface de ce Rocher, du côté du Midi, on voit dans un Cartouche de trois pieds de long & de deux pieds de haut, enfoncé dans le Roc de quatre pouces un Lion & un Sanglier en bas relief; celui-ci assailli par le Lion avec cette Inscription en grands caracteres Romains.

BELLICUS SURBUR.

Autour de ce Rocher, particulierement vers le Septentrion & au Midi, on trouve encore les restes de plusieurs Statues dont la plûpart representent Mercure, que les Francs ou François, aussi-bien que les Gaulois Payens, reconnoissoient pour leur Dieu. Mr. l'Abbé de Moyenmoutier le Pere Allyot qui est très-curieux de l'Antiquité (c'est toujours D. Mabillon qui parle) nous a envoyé la description des édifices dont on vient de parler avec les crayons des statues qu'il y a découvertes, en remuant les terres de ce dernier Rocher; & c'est à lui qu'on a l'obligation de tout ce que l'on en vient de dire. On peut conjecturer de toutes ces Statues qu'il y avoit en ce lieu un Temple où les gens du pays offroient leurs sacrifices à Mercure; & les urnes que l'on y trouve sont une preuve manifeste qu'ils y enterroient aussi leurs Morts. Toutes ces Statues sont estropiées; ce qui fait voir que cette Montagne a été ravagée après la destruction du Paganisme. Pour revenir à Pharamond (dont il a été parlé au commencement de cet article,) on n'a pas de preuves certaines qu'il y soit inhumé. Trithême dans un Abregé qu'il a fait d'un certain Hunibalde dit que Marcomire Chef des François Orientaux a été enterré à la maniere du pays sur la Montagne de Franckenberg; *In Monte qui dicitur Frankenberg gentilitio more sepultus*; & que Pharamond a été aussi inhumé sur la même Montagne; mais il faudroit de meilleurs garants pour appuyer ce sentiment. On trouve la même chose attestée dans une Charte de l'Abbaye de Sénone de l'an 1261. ce qui fait voir au moins que cette tradition n'est pas nouvelle & elle n'est pas sans quelque fondement, puisque les François qui étoient encore Payens avoient leur Temple & leur sepulture sur cette Montagne.

FRANC [a], (le) contrée des Pays-bas, qui comprend les Châtellenies de Bergues, Bourbourg & Furnes, où sont les Villes de Dunkerque, Bergues, Gravelines, Bourbourg & Furnes; il est entre la Mer au Nord, l'Artois au Couchant, le quartier de Bruges au Levant & celui d'Ipres au Sud. Il est ainsi nommé parce qu'il a été exempté de la jurisdiction de ceux de Bruges dont il dépendoit autrefois. Il est mal nommé le FRANCONAT sur quelques Cartes. [b] Avant que les Hollandois se fussent rendus les maîtres de cette partie de la Flandre où est l'Ecluse, Ardenbourg &c. le Pays Franc contenoit jusqu'à XC. Bourgs ou gros Villages qui reconnoissoient la jurisdiction d'un Tribunal établi pour eux seuls dans la Ville de Bruges par Louis de Crecy Comte de Flandres l'an 1323. Il y a appel de ce Tribunal au Conseil Provincial établi dans la Ville de Gand: on avoit joint au Pays Franc trois grandes Châtellenies, savoir Furnes, Berghes St. Vinox, & Bourbourg. Les deux dernieres en sont aujourd'hui separées aiant été cedées à la France.

[a] *Baudrand Ed. 1705.*
[b] *Longuerue Desc. de la France 2. part. p. 64.*

FRANC DE BRUGES, (le) Voiez BRUGES.

FRANC-ALLOEU [c], en Latin *Liberum Allodium*, Petit pays de France dans la basse Auvergne & au pays de Combraille, sur les confins du Bourbonnois. Il est ainsi dit à cause des exemptions dont il jouït; mais il n'y a aucune place considérable.

[c] *Baudrand Ed. 1705.*

FRANCAVILLA [d], Bourg & Château du Royaume de Naples dans l'Abruzze citerieure sur la côte du Golphe de Venise entre Ortone & Pesquaire.

[d] *Ibid.*

FRANCE, en Latin *Francia*, en Allemand FRANCKREICH; c'est-à-dire le Roiaume des Francs. Ce pays n'a pas été le même depuis que la Nation des Francs est connue. Je veux la suivre dans ses principales migrations & considérer l'ANCIENNE FRANCE, *celle du moyen âge*, & la FRANCE MODERNE. Pour ne point causer de confusion j'entends par le mot FRANCE les Païs auxquels les Francs, ou François, ont donné leur nom, en differens tems & en differens lieux; tant au delà du Rhin qu'en deça. Une opinion assés ridicule [e], qui néanmoins a régné long-tems, vouloit que les anciens François fussent sortis de Troye, après la prise de la Ville par les Grecs; que s'étant mis dans des vaisseaux ils étoient venus par le Pont-Euxin premierement aux Palus Méotides, & puis dans le Danube, ensuite en Pannonie: l'Histoire ajoutoit que l'Empereur Valentinien I. les en avoit tirez pour servir contre les Alains, & qu'après cela ils étoient entrés dans la Germanie & delà dans les Gaules. C'est le conte que fait entre autres l'ancien Auteur des Gestes des Rois François. Il est aisé de conjecturer que cette fable de l'Origine Troyenne est venuë de ce que l'on a lû dans les Fastes de Prosper Tiron à la IV. année de l'Empereur Gratien, que *Priamus* regnoit alors sur les François & que c'étoit le plus ancien de leurs Rois que l'Auteur

[e] *Leibnitz Recueil sur l'Hist. Tom. II. pag. 287. & suiv.*

teur avoit pû deterrer. Le mot de *Priamus* a suffi pour forger la fable; & une erreur si agréable & si glorieuse à la Nation ne manqua pas d'être bien reçuë. Il y a eu même des Historiens qui pour fortifier cette fable ont dit que *Sunnon* Prince ou Roi des François étoit fils d'un *Antenor*; Mais cette imagination est détruite par de meilleures autoritez qui font *Sunnon* frere de Marcomir. Et il est croïable que le nom de *Priam* n'est qu'une contraction de celui de Pharamond. Il faut cependant entendre un Pharamond plus ancien que celui qui est connu & qui seroit l'ayeul du dernier, car suivant l'Auteur de la Vie du Roi Sigebert, Priam étoit pere de Marcomir; & suivant l'Auteur des Gestes, Marcomir étoit pere de ce Pharamond connu qui paroît avoir eu le nom de son ayeul, ce qui ne seroit pas sans exemple.

[a Ibidem.] [a] Paul le Diacre, Lombard de Nation, a favorisé cette fable pour complaire aux François de son tems, aiant dit qu'Ansegise, fils d'Arnulphe Evêque de Metz, de qui descend, sans doute, la Maison de Charlemagne, venoit d'Anchise le Troyen. Ce n'étoit encore pas assez pour relever davantage la gloire de la Nation, on trouva à propos d'aller à Alexandre le Grand, & aux Macedoniens. Fredegaire avança que les François sortis de Troye s'étoient divisés en deux troupes, dont l'une avoit été dans la Macedoine, & l'autre étoit allée en Asie & puis au Danube & au rivage de l'Océan, & qu'ensuite venus en Europe (comme si le Danube étoit en Asie,) ils s'étoient postés aux bords du Rhin sous la conduite de Francion. Le Moine Aimoin Auteur des Gestes des François rapportant les contes de Fredegaire pour de l'Ancien Auteur des Gestes des Rois François, ajoute que c'est avec leur assistance que Philippe & Alexandre avoient fait toutes leurs grandes actions. Aimoin a été suivi par Sigebert de Gemblours & autres Auteurs posterieurs qu'il seroit superflu de citer.

Gregoire de Tours le plus ancien Historien des François dont nous ayons, ne dit rien ni de Troye, ni de Macedoine; mais il fait venir les François de la Pannonie où il veut qu'ils ayent bâti une ville nommée *Sicambrie*: Mais il se trompe aussi en cela; & les anciens Auteurs donnent de tout autres habitans à la Pannonie & de tout autres habitations aux François. Il est vrai que les François ont été quelquefois appellés *Sicambres*, mais c'est parce qu'ils avoient pris la place des anciens peuples de ce nom qui demeuroient auprès de la Rivière de Siga vis à vis de Cologne un peu plus haut: mais cela n'a aucun raport à la Pannonie.

Le P. Lacarty & quelques autres qui ont écrit des Colonies des Gaulois, ne pouvant nier ce que Cluvier, Pontanus, Valois, & autres avoient si bien établi de l'Origine Teutonique des François, se sont pourtant imaginez par un zéle mal entendu pour la gloire de leur Patrie, qu'il seroit plus honorable de tirer les habitans modernes de la Gaule des anciens Gaulois-mêmes. Ils ont établi sans Auteur, ni preuve que c'étoit des anciennes Colonies Gauloises qui s'étoient établies dans la Germanie, que les François tiroient leur origine, & que c'étoit pour ainsi dire des Gaulois qui étoient retournez dans les Gaules. Mais c'est soutenir ce que l'on souhaite & non pas ce que l'on trouve dans les Anciens Auteurs, auxquels il paroît plus naturel de s'accommoder.

Un de ces Anciens Auteurs qui designe clairement le pays natal des François ou le plus ancien lieu connoissable de leur habitation est le Geographe de Ravenne [b], Auteur originaire lui-même, comme il paroît, de quelque peuple Teutonique, des Gots peut-être, comme Jornandes aussi de Ravenne; il cite en effet d'autres Auteurs Teutoniques inconnus aux Ecrivains Romains. Il a été deterré & publié par le P. Dom Porcheron Religieux Benedictin de l'Abbaye de St. Germain. Cet Auteur dont le nom est inconnu dit, Liv. I. chap. XI. *A la quatrième heure de la nuit est, la Patrie ou Region des Normans, que les anciens appelloient la Danie; au devant de laquelle est la region de l'Elbe que les Anciens appelloient la Maurungamie, & c'est dans cette region de l'Elbe, où la Ligne des François a eu sa demeure durant plusieurs années.* L'on sait par le Livre où Paul Diacre raporte les marches ou expeditions des Lombards que cette *Maurungamie* ou plutôt *Mauringavie*, étoit située le long de la Mer Baltique, & que le nom même que qui signifie une region maritime & ce même pays en une partie au moins s'appelle aujourd'hui Pomeranie qui en un Esclavon signifie *pays auprès de la mer*.

[b Le même que je cite souvent sous le nom d'*Anonyme de Ravenne*.]

Il paroît donc déja par le témoignage de cet Auteur que la *Ligne des François*, c'est-à-dire leurs Ancêtres, habitoient entre l'Elbe & la Mer Baltique, ce qui doit comprendre; selon les Cartes modernes, le Holstein, le Lauwenbourg, le Mecklebourg & la Pomeranie, au moins en partie.

Ce sentiment est renforcé par celui d'Ermold le Noiret, *Ermoldus Nigellus*, Ecrivain François dont il nous est resté un Poëme adressé à l'Empereur Louis le debonnaire: Il dit positivement que les François étoient compatriotes des Danois & descendoient même d'eux; ce qui doit s'entendre d'une partie des François, le reste de cette Nation sortant des peuples voisins qui avoient la même origine que les Danois.

Une autre preuve de cette origine des François se tire de l'Auteur des Gestes des anciens Rois François, & de ceux qui le suivent, en ce qu'ils font venir les François des Palus Méotides. Or il faut savoir que les Auteurs éloignés par raport aux tems & aux lieux ont quelquefois confondu la Méotide avec la Mer Baltique ainsi qu'Adam de Brême l'a déja remarqué Liv. IV. Procope en donne encore un exemple très-sensible quand il dit dans son premier Livre des Vandales que le premier lieu de leur habitation avoit été aux environs de la Mer Méotide: que l'on ne peut pas s'empêcher de prendre pour la Mer Baltique après que Tacite a dit que les Vandales étoient venus de la Germanie & du rivage de la Mer Baltique comme les Gots & les Bourguignons.

De ces preuves aussi convaincantes que l'éloignement des tems peut permettre d'en avoir, on ne peut gueres s'empêcher de chercher entre l'Elbe & la Mer Baltique le premier pays où les François ayent habité. On leur trouve un second établissement entre l'Elbe & le Weser avant qu'ils soient venus dans leur troisiéme païs entre le Weser & le Rhin. La preuve s'en tire de la Préface de la Loi Salique même, jointe à d'autres anciens monumens. On y remarque trois grands Districts, Pays, [*Pagos*] ou Cantons des François, qu'on appelle *Gawen* ou *Geven* en Allemand ; savoir *Salagéve*, *Bodogéve* & *Windogéve*. Ou comme d'autres ont lû & qui revient à la même chose, *Salaheim*, *Bodoheim* & *Windoheim*. Dans ces trois Districts ont été tenus trois *Malles* ou Assemblées, où se sont rendus les Deputés des quatre grands Cantons ou Provinces pour lors des François. Ces Députés sont appelés *Wisogast*, *Bodogast*, *Windogast*, & *Salagast*. Mr. de Valois a pris ces appellations pour des noms propres, ce qui a fait qu'ils lui ont paru suspects, mais ils ne signifient que les Provinces dont ils étoient députés. Tout le monde sait que *Gast* veut dire *Hospes*, c'est-à-dire un *passant*, un *nouveau venu* ; & paroît avoir quelque raport au mot *Gau*, *Geve*, *Goa*, *l'aïa*, c'est-à-dire au pays où l'on vient, ou d'où l'on vient. Ainsi *Salagast* étoit celui qui venoit du Canton de la *Sale* ou de *Salagéve* & ainsi des autres. On a deterré la situation de *Salagéve* qui paroît avoir été le Canton principal, & qui a donné le nom à toute la Loi, quoiqu'il soit plus que probable qu'on n'en fît dans ce Canton qu'une partie. Cette situation est determinée par les titres de l'ancien Monastére de Fulde, où *ce Gau* ou pays est marqué très-expressément & très-souvent. On y trouve aussi le *Pagus* ou pays de *Salagéve* nommé dans des écritures faites du tems de Pepin, Pere de Charlemagne ; & on y voit clairement que la Riviére de Sale dont il prend son nom, n'est pas la Sale de la Turinge dont plusieurs ont voulu tirer le nom de la Loi Salique, mais la Sale de la Franconie qui se perd dans le Mein auprès de Geminde ; à quoi il faut ajouter que l'on trouve encore en cet endroit une bonne partie des villages ou lieux de ce *Pagus* ou *Gau* nommez dans ces vieux titres, de sorte qu'il n'y a aucun moyen de douter de la situation de ce Canton de *Salagéve*. C'est cette Sale de Franconie où Charlemagne s'est trouvé quelquefois & où il a eu un palais qui ne subsiste plus ; mais dont le lieu garde encore aujourd'hui le nom de *Konigshofe*, qui veut dire *cour ou habitation Royale*. Quant aux Provinces de Bodogéve, & Wisogéve rien n'est plus naturel que de les placer aussi auprès des Riviéres qui ont dû leur donner leurs noms ; c'est-à-dire auprès de la Bode & auprès du *Weser*, dit *Visurgis* par les Romains, & vulgairement *Weser*, Riviére qui separe aujourd'hui la Westfalie de la basse Saxe. La Bode vient des Montagnes du Hartz, & tombe enfin dans l'Elbe. Le pays appellé depuis *Hartegau* doit avoir été une partie de cette Province ; & il se trouve assez souvent que les noms des grands *Gaus* se sont perdus ou ont été changés, ce qui n'est guéres arrivé aux petits qui ont retenu les leurs ou même se

font quelquefois approprié le nom de la Province entiére. Il est plus difficile de marquer la situation du Canton Windogeve, il ne peut néanmoins être raisonnablement entendu que de la Thuringe. On peut juger par ces quatre Provinces ou grands Cantons des François qu'ils devoient habiter depuis les Montagnes du Hartz, où la Bode a ses sources, jusqu'à la Riviére du Mein, dans laquelle la Sale Franconienne se décharge, ainsi ils embrassoient une partie des pays de Brunswic, du Halberstat & Magdebourg, de la Hesse, presque toute la Thuringe & la partie de Franconie qui est du côté droit du Mein. Ainsi les limites des François ont été alors le Mein au Midi ; les Montagnes du Hartz au Septentrion ; la Sale de Thuringe avec l'Elbe, où elle se rend à l'Orient, & le Weser continue en remontant par la Fulde à l'Occident.

Les François ne s'en tinrent pas là. Ils penétrerent encore plus avant, soit qu'ils y fussent contraints par le trop grand nombre d'habitans ou portés par l'exemple des autres peuples qui changeoient quelquefois de place pour aller habiter de nouveaux pays. Ils passérent donc le Weser & vinrent habiter les pays que l'on nomme aujourd'hui la Wetteravie, le Westervald, la Hesse & la Westfalie. Ils avoient [a] la Turinge & la Saxe à l'Orient, l'Océan & le Rhin à l'Occident ; la Mer de Germanie ou du Nord au Septentrion & l'Allemagne & la Suisse au Midi. On ne sait pas positivement le tems de cette nouvelle migration des François ; elle doit cependant être placée du moins vers le commencement du troisiéme siécle : Car suivant les Anciens Auteurs, le bruit des armes Françoises a été entendu des Romains sous Valerien Auguste : Et Flavius Vopiscus raporte qu'Aurelien qui depuis parvint à l'Empire, commandant à Mayence, & aux environs repoussa vers le milieu du troisiéme siécle les François qui pensoient à attaquer les Gaules ; ce qui prouve qu'ils habitoient deja auprès du Rhin. Ils n'étoient pas les seuls qui portassent le nom de François ; on le donna aussi en general aux autres peuples qui habitoient ce pays, parmi lesquels les François s'étoient établis ou de gré ou de force ; ces peuples ne laissoient pas pourtant de conserver chacun leurs noms particuliers. On nommoit par exemple *Attuaires* ceux qui demeuroient sur le Rhin ; *Bruēlaires*, *Chamaves*, & *Saliens* ceux qui étoient vers l'embouchure de ce Fleuve ; *Frisons* & *Cauffes* ceux qui habitoient les côtes de l'Océan, enfin *Amsivarres* & *Cattes* ceux qui possédoient l'interieur des terres : mais tous ensemble s'appelloient François, quelquefois même Sicambres du nom des pays que les anciens Sicambres avoient possédés.

[b] C'est-là à peu près ce que l'on peut dire de plus juste sur l'ancienne origine des François. Il se trouve plus de clarté dans l'Histoire du moyen âge. On sait que les affaires de l'Empire Romain, allant en decadence de plus en plus, il se forma une Ligue Françoise en 215. à l'imitation de celle que les Allemans avoient faite environ cinquante ans auparavant. Le dessein de cette Ligue étoit de se mettre en état de pouvoir attaquer les Romains, & en même tems de se munir contre la trop grand

[a] *Hadriani Valesii Not. Galliar. pag. 200.*

[b] *Jac. Car. Spener Not. Germ. Ant. Lib. iv. cap. 5.*

FRA.

grande puiſſance des Allemands qui leur devenoit redoutable depuis leurs heureux ſuccès contre les Romains, dont ils avoient ſecoué le joug. Ils reprirent donc vigueur & firent ſouvent ſentir à leurs ennemis qu'ils n'avoient plus affaire à une ſeule Ville, ni aux Habitans d'une ſeule Contrée, mais à un peuple entier & courageux. Cependant, ſous les quatre Rois que nous avons connoiſſance qui ayent regné ſur eux dans la France Germanique, qui ſont Pharamond, Clodion, Merovée & Childeric, leurs conquêtes ſe reduiſirent à peu de choſe. Ils firent bien en differens tems pluſieurs tentatives ſur les Gaules, mais ces expeditions ne furent que des irruptions qui conſiſtoient en ravages & ſaccagemens. Au bout de quelque tems ils ſe retiroient dans leurs Pays ſatisfaits de leur butin, quelquefois même repouſſez vigoureuſement par les armes des Romains, des Villes & des Châteaux dont ils s'étoient emparez.

a Le P. Daniel Hiſt. de France, Clovis pag. 2.

[a] Les Gaules en comprenant ſous ce nom tous les Pays ſituez entre le Rhin, l'Océan, les Pyrenées, & les Alpes, étoient alors partagées entre les Romains, les Viſigots & les Bourguignons. Les Bretons étoient maîtres de la Province qui tire de leur nom celui de Bretagne qu'elle porte aujourd'hui. Le Domaine des Romains conſiſtoit dans preſque toutes les Provinces qui ſont entre le Rhin, l'Océan & la Loire. Les Bourguignons s'étoient ſaiſis des places d'entre la Saône & le Rhône, & de pluſieurs Villes des deux côtez de ces Riviéres: ils poſſedoient les Villes de Lyon, de Vienne & de Geneve; ils s'étendoient dans ce que nous appellons le Dauphiné, dans la Provence, entre la Durance & le Rhône, & dans la Savoye; car on donnoit dès lors ce nom au Pays des Allobroges; & les Viſigots occupoient le reſte du Pays depuis la Loire juſqu'aux Alpes & aux Pyrenées. Syagrius gouvernoit ce qui reſtoit à l'Empire dans les Gaules, & le gouvernoit preſque en Souverain, parceque les Barbares étant maîtres de l'Italie, ce General n'avoit de dépendance que de l'Empereur de Conſtantinople, qui ne pouvoit guéres avoir de communication avec lui ni par terre, ni par la Mer Mediterranée dont les Viſigots occupoient les bords.

b Idem. N. 3.

[b] Telle étoit la ſituation des Gaules lorſque Clovis paſſa le Rhin à la tête d'une Armée formidable, dans le deſſein de ſe rendre maître des Pays qu'occupoient les Romains dans cette partie de l'Empire, de les en chaſſer, & de s'y établir une demeure fixe. Il avoit dans ſon Armée quelques Princes de ſa famille, un deſquels nommé Sigebert avoit déja pris la Ville de Cologne. Ce fut vrai-ſemblablement par là que Clovis paſſa le Rhin. Sans s'amuſer à attaquer les differentes places qu'il trouvoit ſur ſa route, il s'avança avec toutes ſes forces juſqu'à Soiſſons, Ville qui étoit la Reſidence ordinaire de Syagrius. Il lui préſenta bataille & le défit entierement. La conquête du reſte du Pays qui étoit ſoumis aux Romains fut facile. Il ne s'en tint pas là; il porta ſes armes juſque dans l'Aquitaine, la Provence, la Bourgogne & la Bretagne, & s'empara de la plus grande partie de ces vaſtes Provinces.

Ce fut dans ce tems que les Provinces des Gaules changerent leur nom en celui de France, & que les François commencerent à former le Royaume dont Clovis tranſmit la poſſeſſion à ſes Deſcendans.

Le nom de France ne fut cependant d'abord donné qu'à la partie Septentrionale des Gaules qui fut diviſée en deux grandes Provinces, dont l'une fut appellée AUSTRASIE, comme qui diroit *Païs d'Orient*, & l'autre NEUSTRIE. Quelques-uns ont crû que ce nom de Neuſtrie étoit corrompu pour celui de *Weſtrie*; mais cette opinion n'a aucun fondement, parce que ce mot de *Weſtrie* ne ſe trouve en aucun Monument de l'antiquité. On trouve au contraire par tout conſtamment le nom de *Neuſtrie* ou de *Neuſter*. Ce mot ſignifie *nouveau Pays*, ou *nouvel Etat*, & fut donné à cette partie de la France Occidentale, parce qu'elle ne fut conquiſe qu'après l'Auſtraſie, où les François firent leur premier établiſſement après leurs premiéres conquêtes. Ce ne fut cependant qu'après la mort de Clovis que l'Auſtraſie & la Neuſtrie eurent des bornes fixes, & l'on ne marqua proprement leurs limites que quand elles eurent leurs Rois particuliers.

Quant aux autres Païs, comme l'Aquitaine, la Bourgogne & les Provinces qui compoſerent dans la ſuite le Royaume de Clovis, le nom de France ne leur fut entierement communiqué qu'à meſure qu'elles furent unies à la Couronne.

A meſure que Clovis faiſoit la conquête des Gaules, les François partageoient les terres avec les Gaulois. Ils s'appliquerent enſuite à les faire valoir, de façon cependant qu'ils ne s'adonnoient pas tellement à l'Agriculture qu'ils renonçaſſent aux armes. Au premier ſignal ils étoient obligez de marcher, & aucun d'eux n'étoit exempt du ſervice. Ceux qui manquoient à ſe trouver aux lieux où on les convoquoit, étoient condamnez à une forte amende, à moins qu'ils n'euſſent une raiſon qui fut jugée legitime pour s'en diſpenſer; ainſi, quoique chacun en tems de paix demeurât chez ſoi, l'Armée étoit pourtant toujours cenſée ſur pié, & l'on voit dans d'anciennes Formules de priéres, qu'après avoir recommandé le Roi, la Reine, & la famille Royale aux priéres du Peuple, on y recommandoit auſſi l'Armée des Francs. C'étoit le nom qu'on lui donnoit; en effet, elle étoit preſque toute compoſée de François, & quand on vint à admettre les Gaulois, les Allemands, les Bourguignons, & les autres Peuples aux Charges & aux emplois militaires, l'Armée fut toujours appellée l'Armée des Francs, par la raiſon ſans doute que ceux qui ſervoient étoient exempts d'impôts, ainſi que les véritables Francs ou François; à la difference des Gaulois, que l'on appelloit Gaulois Romains; les mêmes qui avoient été ſoumis aux Romains avant la décadence de l'Empire, & qui devinrent Tributaires des François après la conquête des Gaules.

L'Auſtraſie, outre les Païs ſituez au delà du Rhin ſoumis aux François, comprenoit toutes les Villes du Rhin avec Metz, Toul, Verdun, Cambray, Maſtrick, Laon, Rheims, & Chalons ſur Marne; & c'eſt ce Territoire de Chalons & de Rheims qu'on nommoit la Champagne Auſtraſienne. Quant à Troyes, cette

Longuerue Deſc. de la France 1. Part. Diſc. Prelimin.

cette Ville étoit de la Neuſtrie, & ſon Territoire s'appelloit la Champagne Neuſtrienne. Enſuite tout ce qui s'étendoit depuis les Villes de Sens & de Paris juſqu'à l'Océan & à la Loire, étoit de la Neuſtrie, & étoit ſoumis entiérement à ſes Rois, excepté la Baſſe-Bretagne habitée par un Peuple venu de la Grande-Bretagne, qui n'obéïſſoit aux François que par force: enſorte que les Rois étoient contraints d'avoir ſouvent les armes à la main contre les Bretons. Le Royaume de Bourgogne comprenoit outre le Duché & le Comté de Bourgogne, tout l'Evêché de Langres, Lion, une partie du Dauphiné, & ſur tout les Villes de Vienne & de Grenoble, avec la Savoie & la plus grande partie de la Suiſſe. Quant à la Provence, les Villes étoient partagées entre les deux Rois d'Auſtraſie & de Neuſtrie; de maniére qu'une Ville appartenoit à un Roi & une autre à l'autre Roi. Marſeille même leur a été ſoumiſe à tous deux en commun; de ſorte qu'il eſt impoſſible de donner des bornes juſtes de cette diviſion.

L'Aquitaine étoit auſſi ſoumiſe aux deux Rois. Bourdeaux, Bourges, & Toulouſe étoient au Roi de Neuſtrie, avec la plupart des autres Villes. Mais Poitiers, l'Auvergne, & le Querci, étoient des dépendances de l'Auſtraſie. Cette diviſion n'eut cependant lieu qu'environ cent ans après la mort de Clovis, parce que le Royaume de Neuſtrie avoit été partagé en trois portions égales par les fils de Clovis & de Clotilde. Childebert avoit Paris pour Capitale, Clodomir Orleans, & Clotaire Soiſſons. Les Villes de ce Royaume étoient auſſi partagées; enſorte que dans un même Païs l'une étoit à un Roi & l'autre à ſon Frere. Il eſt donc impoſſible de marquer au juſte les bornes de ces Etats: outre que par les Guerres que ſe faiſoient ces Princes, & leurs frequens accommodemens, les choſes changerent trèsſouvent: & c'eſt pour cela que Gregoire de Tours, qui a employé ſi ſouvent dans ſes Ecrits le mot d'Auſtraſie, ne ſe ſert point de celui de Neuſtrie, parce qu'elle n'a été réünie en un ſeul corps ni compoſé un Royaume qu'après la mort de ce Prelat. Il arriva même que le Roi Clotaire II. ayant vaincu ſes parens les Rois Theodebert & Theodoric, ils ne lui laiſſerent qu'un Païs d'une fort petite étenduë vers la Somme & l'Eſcaut, & quelques années après ces deux Rois étant morts, Clotaire s'empara de toute la Monarchie des François. Enſuite il créa Roi d'Auſtraſie ſon fils Dagobert, & ce Prince ayant ſuccédé à ſon Pere au Royaume de Neuſtrie, donna à ſon frere Aribert, avec le titre de Roi, la Ville de Toulouſe & ſes environs. Ce nouveau Royaume de Touloufe dura fort peu, car Aribert étant mort, ce petit Etat fut réüni à l'Empire de Dagobert, qui créa auſſi-tôt ſon fils Sigibert Roi d'Auſtraſie, quoiqu'il ne fût qu'un enfant; & après la mort de Dagobert, Sigibert jouït de ce qui appartenoit aux Rois d'Auſtraſie en Aquitaine, & en Provence. Mais le Royaume de Bourgogne dont j'ai marqué ci-deſſus les bornes, appartint à Clovis II. Roi de Neuſtrie, & ces deux Royaumes demeurerent unis. Childeric II. Roi d'Auſtraſie, s'étant emparé du Throne de Neuſtrie après la mort de ſon frere Clotaire III. ſe rendit maître de la Monarchie Françoiſe, mais il fut tué trois ans après. Sa mort fut ſuivie de Guerres civiles durant leſquelles Dagobert, fils de Sigibert, qu'on avoit envoyé dans les Iſles Britanniques après la mort de ſon Pere, fut rappellé par les Auſtraſiens qui le reconnurent pour Roi. Néanmoins le Roi Thierri & ſon Maire Ebroïn conſerverent une partie de ce Royaume, & ſurtout les Païs ſituez au-delà de la Loire & du Rhône qui dépendoient auparavant de l'Auſtraſie. Après la mort du même Dagobert il n'y eût plus qu'un Prince qui eut le titre de Roi dans la France Orientale & Occidentale, mais il n'avoit aucun pouvoir. Le Maire du Palais avoit uſurpé toute l'autorité, & étoit le véritable Souverain. Cela donna occaſion à ceux qui commandoient dans les Provinces éloignées de s'y rendre auſſi les maîtres abſolus.

Eudes, dont l'origine eſt incertaine, occupa ſous le nom de Duc toute l'Aquitaine, depuis Bourdeaux & Toulouſe juſqu'à la Loire, dont il avoit le gouvernement; & les Gaſcons qui n'obéïſſoient aux François dans la *Novem-Populanie* que par force, ſe joignirent avec leur Duc à ſa rebellion. Ceux qui commandoient en Provence & en Bourgogne ne voulurent pas non plus ſe ſoumettre à Charles-Martel, qui ne pût ſe faire obéïr entiérement dans ces Païs-là qu'après une longue Guerre. Pepin ſon fils qui lui ſuccéda, & qui ſe fit couronner Roi après la dépoſition de Childeric III. l'an 751. conquit la Province de Narbonne ou la Gothie ſur les Sarraſins dans les premières années de ſon Regne; & enſuite ayant attaqué Gaiffre Duc d'Aquitaine, ce Duc après ſept ou huit années de Guerre, perdit ſes Etats & la vie: deſorte que Pepin fut le premier des Princes François qui poſſeda les Gaules dans toute leur étenduë. Il les laiſſa à ſes enfans Charlemagne & Carloman, leſquels diviſérent cet Etat en une maniére toute nouvelle; qui ne dura cependant pas long-tems, parceque Carloman mourut quatre ans après, & laiſſa la poſſeſſion entière de toutes les Gaules à ſon frere Charlemagne. Loüis le Débonnaire, fils de Charlemagne, fut auſſi maître de toutes les Gaules: mais *a* après ſa mort elles furent partagées en l'an 843. entre ſes trois enfans Lothaire, Loüïs, & Charles. Charles eut la partie Occidentale de la France, autrement l'ancienne Neuſtrie, qui conſiſtoit en tout le Païs qui étoit entre la Meuſe, l'Océan Britannique & la Loire, avec l'Aquitaine, la Septimanie, & une partie de la Bourgogne. Loüïs eut toute la partie Orientale qui comprenoit toute l'Allemagne juſqu'au Rhein, avec la Norique ou la Baviére, les Villes de Spire, Worms, & de Mayence, avec tout leur territoire abondant en vins. Lothaire comme l'aîné étoit déja Empereur & Roi d'Italie, à quoi il joignit les terres qui étoient entre les Etats de ſes deux Freres, autrement l'Auſtraſie, avec partie de la Bourgogne & la Provence; deſorte que les Provinces qui tomberent en ſon partage confinoient du côté de l'Orient au Rhein & aux Alpes: du côté de l'Occident à l'Eſcaut, à la Meuſe, à la Saône & au Rhône; & du côté du Midi à la Mer de France.

a Had. Valeſii Not. Gal. p. 102.

C'eſt

C'est pour lors que les noms d'Austrie (Austrasie) & de Neustrie cesserent d'être employez & qu'ils commencerent à s'abolir. Charles, dit le Chauve, & ses Successeurs se dirent Rois de la France Occidentale. Louïs & ses Successeurs se dirent Rois de la France Orientale, de façon qu'en 921. Charles & Henri dans un Traité qu'ils firent ensemble, prirent le titre, l'un de *Charles Roi des François Occidentaux*, & l'autre de *Henri Roi des François Orientaux*. Les Ecrivains Allemands du moyen âge ont aussi appellé les Rois de France tantôt *Rois des François Occidentaux*, tantôt *Rois de la France Romaine*, *de la France Latine*, ou *de la France Gauloise*, afin de les distinguer de leurs Rois à qui ils donnoient le titre de Rois des François Orientaux ou de la France Teutonique.

[margin: *à Longuerue Desc. de la France I. part. Disc. Prelimin. p. 8.*]
ᵃ L'Empereur Lothaire laissa son Royaume de Bourgogne & de Provence à son fils Charles, & celui d'Austrasie à son autre fils Lothaire, & c'est à cause de ce jeune Lothaire que ce Royaume fut nommé *Lotharii Regnum* ou *Lotharingia*. Les bornes en étoient bien differentes de celles du Duché de Lorraine d'aujourd'hui; car ce Duché qui n'en faisoit qu'une partie étoit anciennement nommé *Mozellane*, parce qu'il est situé le long de la Moselle, & le nom de Lorraine se donnoit principalement au Brabant & aux Païs adjacens dont les Princes prenoient la qualité de Duc de *Lothie* ou Lorraine, qu'ils ont conservé jusqu'à present.

[margin: *ᵇ Ibid.*]
ᵇ La portion de Charles le Chauve a depuis été nommée particulierement le Royaume de France, & comme il étoit situé entre l'Ocean, les Pyrenées, le Rhône, la Saône, la Meuse, & l'Escault; c'est pour cela que la Flandre proprement dite qui est à l'Occident de ce Fleuve, a relevé de la France, comme le Brabant & le Hainaut relevoient de l'Empire auquel le Royaume d'Austrasie fut annexé sous Henri l'Oiseleur & sous son fils Othon I. Dans la suite les Royaumes d'Arles & de Bourgogne furent aussi joints au même Empire, sous le Regne de Conrad le *Salique*, à qui Rodolphe le Lâche l'avoit donné. Mais depuis presque tout ce Païs est revenu aux Monarques François par d'autres donations.

Les premiers Rois de la Race des Carlovingiens étoient absolus dans leurs Etats. Les principaux Commandans dans les Provinces avoient le titre de *Ducs*, c'est-à-dire Generaux, & ceux des Villes ou des Païs de moindre étenduë avoient le nom de *Comtes* inventé sous le bas Empire Romain, & dont l'usage avoit été continué sous les François. Ces Ducs & ces Comtes n'étoient ni hereditaires, ni à vie, & leur pouvoir cessoit selon le bon plaisir du Souverain. Mais après la mort de Louïs le Debonnaire les François s'étant fait une cruelle Guerre civile pour la Succession, où une infinité de braves gens perirent, ils se trouverent si affoiblis que leur Païs devint la proye des Pirates Danois & autres Peuples du Nord qu'on nommoit *Normands*. C'est ce qui donna occasion à quelques Seigneurs qui commandoient aux extrémitez du Royaume, de se rendre les maîtres des Païs qu'ils gouvernoient, comme *Nomenoins*, ou *Numenoe*, Comte des Bretons,

Tome II. Part. 2.

qui se rendit indépendant des François, & ensuite Baudouïn *Bras de fer*, qui fut créé par Charles le Chauve Comte proprietaire & hereditaire de Flandres. Sous le Regne de Charles le Simple la puissance des Rois étant encore plus abaissée, ce Prince créa Gifrede Comte de Barcelone perpetuel & hereditaire. Sous ce même Prince Heribert fils de Pepin, petit-fils de Bernard Roi d'Italie, & arriere-petit-fils de Pepin aussi Roi d'Italie, qui étoit fils de Charlemagne, se rendit absolu & hereditaire dans le Comté de Vermandois. Ainsi lui & ses Successeurs ont occupé les Païs voisins & une partie de la Champagne. Enfin les Normands ayant ruiné toute la Neustrie maritime, on crût que pour avoir la Paix on pouvoit leur laisser ce Païs, qu'on donna à Rollo leur Chef *in allodem sempiternam*, ainsi que le dit Dudon Doyen de St. Quentin, Auteur presque contemporain. Ce mot *Alleu* ou *Allode* marque une pleine proprieté, & est distingué de *feudum* ou *feodum*, Fief, qui n'étoit dans l'origine qu'une espece de Commanderie donnée pour servir à la Guerre, & qui ne passoit pas du Pere au Fils sans une concession particuliére des Rois. Après la mort de Charles le Simple, & celle de Rodolphe ou Raoul, les autres Ducs ou Comtes, ceux même qui n'avoient les terres qu'en fief & en Gouvernement, se rendirent proprietaires & absolus dans les Lieux où ils commandoient. Ils s'y maintinrent à cause de la foiblesse des Rois Louïs d'outre-mer & Lothaire, auquel il ne restoit presque plus que le nom de Rois.

Les Ducs devoient commander aux Comtes suivant l'ancienne institution: mais ceux-ci se rendirent aussi indépendans dans les endroits où ils se trouverent les plus forts; desorte que quelques-uns ne reconnoissoient ni Ducs, ni Rois. Il seroit impossible de donner les véritables bornes à ces differens Etats, tant à cause de l'obscurité du dixiéme siécle, que des differens changemens que ces Usurpateurs introduisirent. Tous ces differens Seigneurs jouïssoient sans autre titre que celui de la force; mais après qu'ils eurent rejetté les Princes qui restoient de la race de Charlemagne, & qu'ils eurent élû & maintenu sur le Thrône un d'entre-eux qui fut Hugues Capet, Duc de France & Comte de Paris, ce changement les rendit paisibles possesseurs, le nouveau Roi étant obligé d'appuyer & de maintenir ceux qui le soutenoient lui-même. D'autre côté ces Seigneurs furent obligez de laisser leurs Vassaux en possession des Fiefs qui furent regardez comme biens patrimoniaux. Ces Vassaux dans la plupart des Païs n'étoient tenus qu'à un hommage lige à leurs Seigneurs de Fiefs; & en d'autres Païs où les Seigneurs avoient sû mieux conserver leurs droits, les Vassaux furent maintenus en possession de leurs terres en payant une certaine somme à chaque mutation, ce qu'on appelloit *racheter le Fief*, ou *le Droit de rachat*; & par là en France toutes sortes de Fiefs sont devenus patrimoniaux comme les autres biens. Ce Roi Hugues Capet n'étoit pas plus Souverain en France que l'Empereur l'est aujourd'hui en Allemagne. Les Ducs & les Comtes de Flandres étoient aussi absolus dans leurs Etats, & aussi considerez en Europe que

T   le

le font aujourd'hui les Princes de l'Empire, ce qui a duré jusqu'au tems de Philippe Auguste, qui par ses victoires réünit plusieurs grandes Provinces au Domaine Royal, après quoi ses Successeurs ont, ou par les armes, par succession, ou par donation, ou par d'autres titres d'acquisition, rejoint toutes ces pièces démembrées de la Monarchie Françoise dans l'état où nous la voyons aujourd'hui.

FRANCE, grand Royaume de l'Europe. Il est borné au Nord par les Païs-Bas, à l'Orient par l'Allemagne, les Suisses & la Savoye, au Midi par la Mer Mediterranée & par les Pyrenées, & à l'Occident par l'Océan. J'ai suffisamment parlé de ses anciennes divisions dans l'article précedent & au mot GAULE. Je le considere ici dans son état présent.

On y respire un air pur & sain, sous un Ciel temperé. On y joüit de la douceur des Saisons, sans en ressentir, comme ailleurs, les incommoditez. Il n'y a point de Païs dans l'Europe dont la situation soit plus belle, & le séjour plus agréable. L'Océan l'arrose d'un côté, & la Mediterranée de l'autre. Son terroir est agréablement diversifié. On y voit de hautes montagnes, les Pyrenées, les Alpes, les Sevenes, les montagnes d'Auvergne &c. La France est arrosée par un grand nombre de Ruisseaux & de Rivières qui la traversent, qui servent à la communication des deux Mers, & au transport des marchandises, & qui attirent un commerce considerable. Ses principales Riviéres sont la Seine, la Loire, la Garonne & le Rhône. Tous ces avantages que la France a reçûs de la nature, joints à l'industrie des Habitans, & aux soins qu'ils prennent de la cultiver, en font le Païs le plus fertile & le plus délicieux de l'Europe. Elle abonde en grains, en legumes, en fruits, en vins, en huiles, en pâturages, en gibier, en chanvre, & en lin. Ses Côtes sont poissonneuses & fournissent assez de sel pour elle & pour ses Voisins. On y trouve des Mines de fer, de plomb & de cuivre. Il y en a aussi d'or & d'argent, mais on ne permet pas d'y travailler, parce qu'elles ne paroissent pas d'abord assez pures, & que son sel, ses grains, ses vins, ses huiles, son miel, ses fruits secs, ses étofes de soye & de laine, ses toiles de chanvre & de lin, & ses ouvrages de fer & de clinquailleries lui servent de Mines, & lui attirent une bonne partie de l'argent des autres Païs. Toutes les Provinces de France sont bien peuplées, & il est ordinaire d'y trouver à toutes les heures de chemin des Bourgs ou Villages. On prétend qu'il y a en France quatre ou cinq fois plus de Peuple qu'en Espagne, & une fois plus qu'en Allemagne. On y trouva vingt millions d'ames du tems de Charles IX. & on jugeoit, il y a quelques années qu'il y en avoit quarante millions. Tous les Arts liberaux & mechaniques sont bien cultivez en France, le Commerce y fleurit, & les François qui autrefois ne connoissoient presque pas les Indes, ont appris à trafiquer dans les Orientales & les Occidentales. On y enseigne toutes les Sciences avec soin & avec succès. Il y a dans presque tous les lieux des Ecoles pour l'instruction de la jeunesse, un grand nombre de Colleges, plusieurs Academies & seize Universitez, établies à Paris, Toulouse, Montpellier, Orleans, Angers, Poitiers, Caen, Bourdeaux, Bourges, Cahors, Nantes, Rheims, Valence, Aix, Avignon & Orange. La Justice est bien administrée en France. Chaque lieu a son Juge particulier du jugement duquel on peut appeller aux Cours de Parlement qui jugent en dernier ressort. La seule Religion Catholique est maintenant soufferte en France. Elle y est sous dix-huit Metropoles qui sont Lion, Sens, Paris, Rheims, Rouen, Tours, Bourges, Albi, Bourdeaux, Auch, Narbonne, Toulouse, Arles, Aix, Vienne, Ambrun, Cambrai, & Besançon. On y compte cent sept Evêchez, sans y comprendre Metz, Toul, Verdun, qui sont sous la Metropole de Treves; & celui de Strasbourg qui est de Mayence, &: dans toutes ses Provinces 36441. Paroisses.

Les Rois de France portent le titre de *Rois très-Chrétiens* & de Fils aîné de l'Eglise, dont les Papes les ont honorez en recompense de la protection & des grands bienfaits qu'ils en ont reçûs. Les Rois de la première Race se contentoient de leur domaine qui ne consistoit, comme ceux des Seigneurs particuliers, qu'en terres, en redevances réglées, en droits Seigneuriaux, en confiscations, & en péages. Ceux de la seconde Race y ajoûterent les décimes du Clergé, & quelquefois ils levoient une espece de taille sur le Peuple; mais on ne connoissoit point les impositions extraordinaires. Il est vrai que les Seigneurs & les Vassaux servoient à leurs dépens dans les Guerres. Le Roi Jean fut le premier de la troisième Race qui unit les Aides à son domaine. Charles V. y ajoûta l'*affouagement*, qui étoit une imposition de quatre livres par feu. Charles VI. se contenta de six cens mille livres. Charles VII. porta son revenu à dix-sept cens mille livres, mais il en retrancha douze cens mille livres à la Requête des Etats Generaux qui se tinrent à Tours en 1483. Louis XII. & François I. furent engagez à de grandes dépenses à cause des Guerres qu'ils eurent à soutenir. Henri II. leva des sommes excessives sur ses Sujets & laissa son épargne engagée de quarante-deux millions. Charles IX. fut contraint d'augmenter les tailles & les autres impositions ordinaires. Henri III. se contenta de quinze millions sept cens mille livres. Henri IV. par le Commerce qu'il établit dans le Royaume, & par la Paulete sur les Charges de Judicature, grossit son revenu jusqu'à près de vingt millions. Louis XIII. le porta encore plus loin. Enfin, Louis le Grand étant rentré dans ses Domaines alienez en faveur des Particuliers, l'a si fort augmenté qu'il montoit à près de cent cinquante millions tous les ans. Cela va maintenant beaucoup au-delà. Ce revenu est employé à divers usages, dont le principal & le plus important est pour l'entretien des forces du Roi, tant sur terre que sur mer, dont le nombre varie suivant les tems de Paix ou de Guerre. Mais sa Maison est presque toujours composée de dix mille hommes. Elle est divisée en Cavalerie & en Infanterie. La Cavalerie consiste en quatre Compagnies de Garde du Corps de quatre cens hommes chacune, une Compagnie de Gendarmes, une Compagnie de Chevaux-legers de la Garde, deux Compagnies de Mousquequetaires, une de Gendarmes Ecoffois, une d'Anglois, une de Bourguignons, une de Flamands, des Gendarmes & Chevaux-legers de la Reine, des Gendarmes & Chevaux-legers de Monseigneur le Dauphin, des Gendarmes & Chevaux-legers d'Orleans, & des Grenadiers à cheval. L'Infanterie de la Maison du Roi est composée d'un Regiment des Gardes Françoises qui est de trente Compagnies, outre deux de Grenadiers & d'un Regiment des Gardes Suisses qui est de seize Compagnies.

Les forces de Mer consistent en un grand nombre de Vaisseaux & de Galeres, sans compter une infinité d'autres Bâtimens. La Marine a pour Chef l'Amiral, qui a sous lui deux Vice-Amiraux, celui du Ponant qui commande sur l'Océan, & celui du Levant dans la Mer Mediterranée. Ils ont sous eux des Lieutenans-Generaux qui donnent les ordres en leur absence, & au defaut de ceux-ci ce sont les Chefs d'Escadre qui commandent dans les Ports & sur la Mer. Les Vaisseaux sont distribuez dans les Ports de Toulon, de Rochefort, de Brest, & du Havre de Grace. Il y a dans chacun un Arsenal rempli de toutes sortes de munitions de guerre, & de tout ce qui peut servir à la construction, au radoub & armement des Vaisseaux sous la direction d'un Intendant.

Les Provinces de France sont

L'Agenois.
L'Albigeois.
L'Alsace.
L'Angoumois.
L'Anjou.
L'Armagnac.
L'Artois.
Le Païs d'Aunix.
L'Auvergne.
Les Basques.
Le Bassigni.
Le Bazadois.
Le Beaujolois.
La Beausse.
Le Beauvoisis.
Le Berri.
Le Bigorre.
Le Blaisois.
Le Boulenois.
Le Bourbonnois.
Le Duché de Bourgogne.
Le Comté de Bourgogne, ou la Franche-Comté.
La Bresse.
La Bretagne.
La Brie.
Le Bugey.
Le Cambresis.
Le Païs de Caux.
La Champagne.
Le Comté de Comminges.
Le Condomois.
Le Conserans.
Le Dauphiné.
Le Païs Entre-Sambre & Meuse.
La Flandre Françoise.
Le Comté de Foix.
Le Forez.
La Gascogne.
Le Gâtinois.
Le Givaudan.
La Guienne.
Le Hainaut.
Le Hurepoix.
L'Isle de France.
Le Haut Languedoc.
Le Bas Languedoc.
Le Laonois.
Le Limousin.
Le Luxembourg.
Le Lyonnois.
Le Maine.
La Marche.
Le Païs Messin.
La Basse Navarre.
Le Nivernois.
La Normandie.
L'Orleanois.
L'Ostervant.
Le Perche.
Le Perigord.
La Picardie.
Le Poitou.
La Provence.
Le Quercy.
Le Rouergue.
Le Roussillon.
La Saintonge.
Le Senonois.
Les Sevenes.
Le Soissonnois.
La Sologne.
Le Sundgau.
La Tierache.
La Touraine.
Le Velay.
Le Vendomois.
Le Verdunois.
Le Vermandois.
Le Vexin.
Le Vivarais.

Les Generalitez de France.

Voyez au mot GENERALITÉ.

Les Gouvernemens des Provinces de France, ainsi qu'ils sont présentement.

Le Gouvernement d'Alsace dans lequel sont compris la Haute & la Basse Alsace & le Sundgau.

Le Gouvernement d'Angoumois & de Saintonge.

Le Gouvernement d'Anjou, comprend la plûpart de l'Anjou au Couchant & au Septentrion.

Le Gouvernement du Païs d'Aunis comprend aussi le Brouageois, avec les Isles de Ré & d'Oleron.

Le Gouvernement d'Auvergne.
Le Gouvernement de Berri.
Le Gouvernement de Bourbonnois.
Le Gouvernement du Comté de Bourgogne, dit autrement la Franche-Comté, avec le Montbeliard & ses annexes.

Le Gouvernement du Duché de Bourgogne s'étend aussi sur la Bresse, le Bugey, le Val-Romey, & le Païs de Gex avec leurs annexes.

Le Gouvernement de Bretagne.
Le Gouvernement de Champagne & Brie.
Le Gouvernement de Dauphiné.
Le Gouvernement de la Flandre Françoise comprend la Flandre Françoise, excepté Dunquerque & Gravelines. Il s'étend aussi sur le Hainaut François, excepté Landrecies & le Quesnoi.

Le Gouvernement du Comté de Foix, où est le Comté de Foix, & les petits Païs de Dounesan & d'Andorre.

Le Gouvernement de Guienne contient la Guienne, la Gascogne, le Querci, le Perigord, & le Rouergue.

Le Gouvernement du Havre comprend le Havre, Montivilliers, Fescamp, & Harfleur en Normandie avec leurs Territoires.

Le Gouvernement de l'Isle de France s'étend sur toute la Province de l'Isle de France, excepté la Ville & Prevôté de Paris.

Le Gouvernement de Languedoc comprend tout le Haut & Bas Languedoc, avec les Provinces de Velay, du Givaudan & du Vivarais.

Le Gouvernement du Limousin.
Le Gouvernement du Lionnois, s'étend aussi sur le Forez & le Beaujolois.
Le Gouvernement du Maine & du Perche.
Le Gouvernement de la Marche.
Le Gouvernement du Païs Messin.
Le Gouvernement de la Basse Navarre, & du Bearn.
Le Gouvernement du Nivernois.
Le Gouvernement de Normandie comprend toute la haute & basse Normandie, excepté le Havre & ses annexes.

Le Gouvernement de l'Orleanois s'étend aussi sur le Blaisois, la Sologne & la Beauffe, ou Païs Chartrain & le Vendomois.

Le Gouvernement de Paris s'étend sur la Ville, Prevôté & Vicomté de Paris.

Le Gouvernement de Picardie, où est compris l'Artois avec les Villes de Gravelines en Flandres, Landrecies & le Quesnoy en Hainaut.

Le Gouvernement de Poitou comprend le haut & le bas Poitou, excepté les Villes de Richelieu & de Mirebeau.

Le Gouvernement de Provence & des terres adjacentes.

Le Gouvernement de Roussillon comprend les Comtez de Roussillon & de Conflans, avec une partie de Cerdagne.

Le Gouvernement de Saumur ou du Saumurois, comprend la Ville de Saumur en Anjou, & celles de Richelieu & de Mirebeau en Poitou, avec leurs Territoires.

Le Gouvernement de Touraine.
Le Gouvernement du Toulois.
Le Gouvernement du Verdunois.

Les Parlemens de France.

Le Parlement de Paris, qui est le plus ancien de tous, fut rendu sedentaire à Paris par le Roi Philippe le Bel en 1302. & comprend presque la moitié du Royaume qui y ressort, sçavoir les Provinces de l'Isle de France, la Picardie, l'Artois, la Champagne, la Brie, le Barrois, la Beauffe, la Sologne, le Perche, l'Orleanois, le Maine, le Blaisois, la Touraine, l'Anjou, le Poitou, le Païs d'Aunis, l'Angoumois, la Marche, le Berri, le Nivernois, le Bourbonnois, l'Auvergne, le Lionnois, le Forez, & le Beaujolois.

Le Parlement de Toulouse érigé en 1443. par le Roi Charles VII. dont ressortissent le Languedoc, le Velay, le Givaudan & le Vivarais.

Le Parlement de Grenoble érigé en 1453. par le Roi Louïs XI. dont tout le Dauphiné releve.

Le Parlement de Dijon érigé en l'an 1456. par le Roi Louïs XI. comprend le Duché de Bourgogne, la Bresse, le Bugey, le Val-Romey, & le Païs de Gex avec leurs annexes.

Le Parlement de Bourdeaux érigé en 1462. par le Roi Louïs XI. comprend toute la Guienne, la Gascogne, le Limousin, le Querci, le Rouergue & la Saintonge.

Le Parlement de Rouen érigé en 1499. par le Roi Louïs XII. Il a toute la Normandie dans son ressort.

Le Parlement d'Aix érigé par le Roi Louïs XII. en l'an 1501. comprend toute la Provence.

Le Parlement de Rennes érigé en 1553. par le Roi Henri II. dont ressortit la Bretagne.

Le Parlement de Pau érigé en 1620. par le Roi Louïs XIII. dont relevent le Bearn & la basse Navarre.

Le Parlement de Metz érigé en 1633. par le Roi Louïs XIII. a dans son ressort les Territoires des trois Evêchez Metz, Toul & Verdun.

Le Parlement de Besançon qui avoit été fait sedentaire à Dole en 1422. par Philippe le Bon Duc de Bourgogne, fut transferé à Besançon après la conquête de la Franche-Comté en 1674. par le Roi Louïs XIV. Il a dans son ressort toute la Franche-Comté ou le Comté de Bourgogne, avec ses annexes.

Le Parlement de Tournai, érigé en 1686. par le Roi Louis XIV. a dans son ressort toute la Flandre Françoise & le Hainaut François.

Pour la division de la France par Diocèses, voyez au mot ARCHEVECHEZ.

J'ajoute ici à l'ordinaire la Division Géographique du Royaume de France par Sanson; quoique le temps en ait diminué l'exactitude, y ayant plusieurs Villes qui ont changé de maîtres durant les derniéres Guerres & les derniers Traitez de Paix.

Table

Table des Divisions des Gouvernemens du Royaume de FRANCE.

LA FRANCE & plusieurs Provinces reduites sous douze GOUVERNEMENS suivant les ETATS GENERAUX dont

- Six font la pluspart dans les TERRES
  - Isle de France
  - Champagne
  - Orleanois.
  - Bourgogne
  - Lyonnois
  - Dauphiné.
- QUATRE sont sur l'OCEAN
  - Picardie
  - Normandie
  - Bretagne
  - Guyenne & Gascogne.
- DEUX sont sur la MER MEDITERRANÉE
  - Languedoc
  - Provence.
- & plusieurs ACQUISITIONS, savoir
  - Dans les PAIS-BAS les Provinces de
    - Flandre en partie.
    - Artois.
    - Haynaut en partie.
    - Namur en partie.
    - Luxembourg.
    - Cambresis.
  - Dans l'ALLEMAGNE les Provinces de
    - Franche-Comté
    - Lorraine
    - Alsace.
  - Dans l'ITALIE
    - Pignerol & Casal.
  - Dans l'ESPAGNE
    - Roussillon.

Le GOUVERNEMENT GENERAL DE L'ISLE DE FRANCE a

- Sur la Riviere de Seine
  - Paris
  - Melun
  - Corbeil
  - Montereau
  - St. Germain en Laye
  - Mante
  - Meulan.
- Au Septentrion sur la Riviere de Seine
  - Beauvais
  - Noyon
  - Laon
  - Soissons
  - Senlis
  - St. Denis.
  - Pont-Oyse
  - Magny
  - Clermont.
  - Compiegne
  - Chauny
  - Crespy en Valois.
- Au Midi de la Riviere de Seine
  - Nemours
  - Moret
  - Courtenay
  - Fontainebleau
  - Dourdan
  - Chartres
  - Montfort-l'Amaury
  - Dreux.
- A l'Orient de la Riviere de Seine & en Brie
  - Brie-Comte-Robert
  - Rosoy.

Le GOUVERNEMENT GENERAL DE CHAMPAGNE comprend

- LA CHAMPAGNE
  - Sur la Riviere de Marne
    - Chalons
    - Langres
    - Chaumont
    - Joinville
    - St. Dizier
    - Vitry
    - Epernay.
  - Au Septentrion de la Riviere de Marne
    - Rheims
    - Fismes
    - Rhetel
    - Rocroy
    - Charleville
    - Mezieres
    - Mouzon
    - Ste. Menehoult
    - Beaumont en Argonne.
  - au Midi de la Riviere de Marne &
    - Sur la Riviere de Seine
      - Troyes
      - Pont-sur-Seine
      - Nogent-sur-Seine
      - Bray-sur-Seine.
    - Entre les Rivieres de Marne & de Seine
      - Bar-sur-Aube
      - Vertus
      - Fere Champenoise.
    - Au Midi de la Riviere de Seine
      - Sens
      - Villeneuve-l'Archevêque
      - Villeneuve-le-Roi
      - Joigny
      - S. Florentin
      - Chablis.
- LA BRIE en partie où sont
  - Sur la Riviere de Marne
    - Meaux
    - Château-Thierry.
  - Entre les Rivieres de Seine & de Marne
    - Provins
    - Sezane
    - Colommiers
    - Montmirail.

L'ORLEANOIS, où sont
- Orleans
- Joinville
- Beaugency
- Gergeau.

BLAISOIS, où sont
- Blois
- Remorentin.

TOURAINE, où sont
- Tours
- Amboise
- Loches
- Chinon
- L'Isle Bouchart
- Château-Regnault.

ANJOU, où sont
- Angers
- Saumur
- La Flèche
- Le Lude
- Craon
- Château-Gontier
- Pont de Cé.

LE MAINE, où sont
- Le Mans
- Mayenne
- Laval
- Domfront
- Château du Loir.

PERCHE, où sont
- Nogent le Rotrou
- Mortagne
- Bellesme.

Le GOUVERNEMENT GENERAL D'ORLEANS comprend les Provinces de

BEAUCE, où sont
- Chartres
- Château-Dun.

VENDOMOIS, où est
- Vendôme.

GASTINOIS, où sont
- Montargis
- Estampes
- Gien
- Lorris
- Briare.

NIVERNOIS, où sont
- Nevers
- La Charité
- Clamecy
- Decize
- St. Pierre le Moutier.

BERRY, où sont
- Bourges
- Issoudun
- Château-Roux.
- Sancerre
- Argenton
- Boisbelle
- Le Blanc.

ANGOUMOIS, où sont
- Angoulême
- Cognac
- Jarnac.

AUNIS, où sont
- La Rochelle
- Marans.

FRA.

- Le Gouvernement Général de Bourgogne comprend
  - La Bourgogne, où sont
    - Le Haut
      - Poitiers
      - Chatelleraut
      - Loudun
      - Mirebeau
      - Richelieu
      - Thouars
    - Le Bas
      - Maillezais
      - Luçon
      - Niort
      - Fontenay-le-Comte
      - Beauvoir
      - Olone
    - Vers le Septentrion
      - Dijon
      - Auxerre
      - Châtillon
      - Bar-sur-Seine
      - Semur
      - Auxonne
      - Beaune
      - Nuys
      - St. Jean de Losne
      - Bellegarde
      - Arnay-le-Duc
      - Avalon
      - Coulange
      - Montreal
      - Aysey-le-Duc
    - Vers le Midi
      - Autun
      - Challon
      - Macon
      - Semeur en Brienois
      - Bourbon-lancy
      - Charolles
      - Clugny
      - Tornus
      - Dun-le-Roi
      - Ancy-le-Duc
      - Toulon
      - St. Gengoux
      - Verdun
  - La Bresse
    - A l'Occident de la Riviere du Dain
      - Bourg en Bresse
      - Coligny
      - Pont de Vaux
      - Montrevel
      - Châtillon
      - Montluel
    - A l'Orient de la Riviere du Dain
      - Bellay
      - Gex
      - Seissel
      - Châteauneuf
      - Châtillon
  - La Souveraineté de Dombes, où sont
    - Trevoux
    - Chalamont
    - S. Trivier

- Le Gouvernement General du Lyonnois comprend
  - Le Lyonois, où sont
    - Lyon
    - S. Chamond
    - Condrieu
    - Bresle
    - Tarare
  - Le Forez, où sont
    - Mombrisson
    - S. Estienne de Forez
    - Feurs
    - Rouane
    - S. Rambert
  - Le Beaujolois, où sont
    - Ville-Franche
    - Beaujeu
    - Belleville
  - Le Bourbonnois, où sont
    - Moulins
    - Bourbon-l'Archambaut
    - Montluçon
    - St. Amand
    - Xancoins
    - Germigny
    - Gannat
    - Vichy

- Du Gouvernement General
  - L'Auvergne, où sont dans la
    - Haute
      - S. Flour
      - Aurillac
      - Murat
      - Salers

- Du Lyonnois font encore
  - L'Auvergne, où sont dans la
    - Basse
      - Clermont
      - Riom
      - Montferrand
      - Issoire
      - Brioude
      - Vic-ne-Comte
      - Thiers
      - Auliergues
      - S. Pourçain
      - Montpensier
      - Maringue
      - Effuaon
  - La Marche du Limousin, où sont
    - Gueret
    - Belac
    - Dorat
    - S. Junien

- Le Gouvernement Général du Dauphiné comprend
  - Sur la Riviere du Rhône
    - Vienne
    - Valence
    - Montelimart
    - Donzeres
    - Mondragon
    - Thain
    - S. Valier
    - Cremieu
  - Sur la Riviere de l'Isere
    - Grenoble
    - S. Marcellin
    - Romans
    - Cantelin
  - Sur la Riviere de Durance
    - Embrun
    - Briançon
    - Talart
    - Vitrolles
  - Entre le Rhône & l'Isere
    - Chapeau-Cornu
    - Bourgoin
    - Eyrieu
    - S. Saphorin
    - La Côte St. André
    - Roussillon
    - Châteauneuf de Galaure
    - Brecieu
    - Virieu
    - La Grande Chartreuse
    - Pont-Beauvoisin
    - Quirieu

- Dans le Dauphiné sont encore
  - Entre le Rhône, la Durance, & la Provence
    - Gap
    - Die
    - S. Paul de Trois-châteaux
    - Crest
    - Mirande
    - Nyons
    - Le Buys
    - Serre
    - Aspres
    - Montauban
    - Monbrun
    - Montmaur
    - Suze
    - Dieu-le-fix
    - Livron
    - Luc
    - Vaudrome
    - La Mure
    - Lesdiguieres
    - S. Bonnet
    - Oysans
  - Entre la Durance & le Piemont
    - Château-Daufin
    - Pragelas
    - Feneftrelles
    - Oulx
    - Exilles

- Le Gouvernement General de Picardie comprend dans
  - La Haute
    - Sur la Riviere de Somme
      - Amiens
      - Corbie
      - Perone
      - Ham
      - S. Quentin
      - Pequigny
      - Bray
    - Au Septentrion de la Riviere de Somme
      - Dourlens
      - Encre
      - Le Cassellet
      - Vermand
      - Mon-

FRA. FRA. 151

Le Gouvernement Général de Picardie comprend dans
- LA HAUTE
  - Au Midi de la Riviere de Somme
    - Mondidié
    - Roye
    - Chaune.
  - Vers la Champagne
    - La Fere
    - Guise
    - Ribemont
    - La Chapelle
    - Aubenton
    - Vervins
    - Moncornet.
- LA BASSE
  - Sur la Côte
    - Abbeville
    - Boulogne
    - Calais
    - Montreuil
    - St. Valery.
  - Dans les Terres
    - Ardres
    - Rue.

Le Gouvernement Général de Normandie a dans
- LA HAUTE
  - Dans les Terres
    - Rouen
    - Evreux
    - Lisieux
    - Gisors
    - Caudebec
    - Montivillier
    - Lilliebonne
    - Neuchâtel
    - Aumale
    - Gournay
    - Andelis
    - Vernon
    - Pont de l'Arche
    - Louviers
    - Ponteau de Mer
    - Pont-l'Evêque
    - Orbec
    - Bernay
    - Conches
    - Laigle
    - Verneuil.
- LA BASSE
  - Sur les Côtes
    - Le Havre
    - Dieppe
    - Eu
    - Fescamp
    - Harfleur
    - Honfleur
    - Quilleboeuf.

LA BASSE NORMANDIE a
- Dans les Terres
  - Caën
  - Bayeux
  - Coutances
  - Avranches
  - Seez
  - Alençon
  - Falaise
  - Argentan
  - Hiesmes
  - Montgommery
  - Condé
  - Mortain
  - Vire
  - St. Lo
  - Torigny
  - Carentan
  - Valognes
  - S. Sauveur-le-Vicomte
  - Montebourg
  - Trevieres
  - Gaurey
  - S. James
  - Briouze
  - Argences.
- Sur les Côtes
  - Cherbourg
  - Barfleur
  - Granville
  - S. Michel.

Le Gouvernement Général de Bretagne
- LA HAUTE favoir
  - Dans les Terres
    - Rennes
    - Nantes
    - Dol
    - Vitray
    - Fougeres

- LA BASSE favoir
  - Sur les Côtes
    - Dinant
    - Antvaim
    - Ancenis
    - Machecou.
    - S. Malo
    - S. Brieuc
    - Croific.
  - Dans les Terres
    - Maleftroit
    - Rohan
    - Karhais.
  - Sur les Côtes
    - Treguier
    - S. Pol de Leon
    - Morlaix
    - Brest
    - Quimpercorentin
    - Quimperlay
    - Blavet
    - Hennebon
    - Vennes.

Le Gouvernement Général de Guienne & de Gascogne comprend fous les noms de
- GUIENNE & les PROVINCES de
  - GUIENNE
    - Bourdeaux
    - Blaye
    - Libourne
  - SAINTONGE
    - Saintes
    - Brouage.
  - PERIGORT
    - Perigueux
    - Sarlat
    - Bergerac.
  - LIMOSIN
    - Limoges
    - Tulle
    - Brive.
  - QUERCY
    - Cahors.
  - ROUERGUE
    - Rodez
    - Vabres.
  - AGENOIS
    - Agen.
- GASCOGNE, les PROVINCES de
  - GASCOGNE
    - Aire
    - S. Sever.
  - LES LANDES
    - Dax
    - Albret.
  - LABOUR
    - Bayonne.
  - BASSE NAVARRE
    - S Palais
    - S. Jean Pied-de-Port.
  - SOULE
    - Mauleon.
  - BEARN
    - Pau
    - Lescar
    - Oleron.
  - BIGORRE
    - Tarbe.
  - COMMINGES
    - S. Bertrand
    - Lombes.
  - CONSERANS
    - S. Licer.
  - ARMAGNAC
    - Aux
    - Lectour.
  - GAURE
    - Verdun.
  - ESTARAC
    - Mirande.
  - CONDOMMOIS
    - Condom.
  - BAZADOIS
    - Bazas
    - Nerac.

Tou-

FRA.

- **Le Gouvernement Général du Languedoc** comprend
  - **Le Haut Languedoc**, savoir dans le
    - Haut Languedoc
      - Toulouse
      - Montauban
      - Alby
      - Lavaur
      - Castres
      - S. Papoul
      - Mirepoix
      - Rieux
      - Castelnaudari.
    - Foix
      - Foix
      - Pamiez.
  - **Le Bas Languedoc**, savoir
    - Vers la Mer
      - Narbone
      - Beziers
      - Agde
      - Montpellier
      - Aiguemortes
      - Leucate.
    - Dans les Terres
      - Nismes
      - Beaucaire
      - Usez
      - Pont S. Esprit
      - Lodeve
      - Pezenas
      - S. Pons de Tomieres
      - Carcassone
      - Aleth
      - Limoux.
  - **Les Sevennes**
    - Le Vivarais : Viviers.
    - Le Velay : Le Puy.
    - Le Gevaudan : Mende.

- **Le Gouvernement Général de Provence** a
  - Au Septentrion de la Riviere de Durance
    - Forcalquier
    - Apt
    - Sisteron.
  - Au Midi de la Riviere de Durance
    - Aix
    - Riez
    - Senez
    - Digne
    - Glandeves
    - Vence
    - Grace
    - Draguignan
    - Brignolles
    - Tarascon.
  - Sur les Côtes
    - Marseille
    - Toulon
    - S. Tropez
    - Frejus
    - Antibe.
  - Les Terres Adjacentes
    - Arles
    - Salon.

- Sont encore estimez de la Provence
  - Le Comtat Venaissin : Avignon.
  - La Principauté d' : Orange.

FRA.

- **Les Isles de France**
  - Dans la Mer Oceane
    - Entre les Côtes de la Normandie & de la Bretagne : Jersey, Garnesey.
    - Sur les Côtes de Bretagne : Ouessant, Bell'Isle.
    - Sur les Côtes de Poictou : Nermoustier, Bouin.
    - Sur la Côte du Païs d'Aunix : Ré.
    - Sur la Côte de Saintonge : Oleron.
  - Dans la Mer Mediterranée
    - Sur les Côtes de Provence les Isles du Levant, à savoir : Porquerolles, Poreros, Du Levant.

- **Les Acquisitions sont**
  - Dans les Païs-Bas les Provinces de
    - Flandre en partie, où sont
      - Lisle
      - Tournay
      - Douay
      - Ypres
      - Dunquerque
      - Graveline
      - Menis.
    - Artois, où sont
      - Arras
      - S. Omer
      - Aire.
    - Hainaut en partie, où sont
      - Valenciennes
      - Bavay & Mons
      - Maubeuge
      - Condé
      - Marienbourg
      - Philippeville.
    - Namur en partie, où est : Charlemont.
    - Luxembourg
      - Luxembourg
      - Thionville
      - Montmedy.
    - Cambresis où est : Cambray.
  - Dans l'Allemagne les Provinces de
    - La Franche-Comté
      - Besançon
      - Dole
      - Gray
      - Salins.
    - La Lorraine
      - Metz
      - Toul
      - Verdun
      - Nancy.
    - L'Alsace
      - Brisac
      - Ensisheim
      - Haguenau
      - Fribourg.
  - Dans l'Italie : Pignerol & Cazal.
  - Dans l'Espagne : Le Roussillon
    - Perpignan
    - Villefranche
    - Elne.

FRANCE

FRA.   FRA.

[a] Baudrand rectifié. FRANCE[a] (l'Isle de) ou la France *proprement dite*; Province du Royaume de France. On lui a donné le nom d'Isle parcequ'elle étoit autrefois bornée par les Riviéres de Seine, de Marne, d'Oise, d'Aisne, & d'Ourque. Cette Province envisagée comme une Isle a toujours les mêmes bornes, & sa Capitale est Paris qui est aussi la Capitale du Royaume. Mais si on la considere par raport au Gouvernement, les choses sont diferentes. Paris est un Gouvernement particulier qui est separé du Gouvernement de l'Isle de France. Ce dernier a pour Capitale Soissons, & ses limites, differentes de ce qu'on appelle communément l'Isle de France, s'étendent beaucoup plus. Cette Province comprend, outre la France proprement dite, le Beauvaisis, le Valois, le Comté de Senlis, le Vexin François, le Hurepois, le Gastinois, le Multien, la Goelle, le Mantois, & s'étend jusques près de Vernon sur Seine & près de Pacy sur l'Eure. Le Gouvernement general de l'Isle de France comprend de plus le Noyonnois, le Laonois, & le Soissonnois. Les Places principales de l'Isle de France sont

Beauvais,
Braine sur Vesle,
Brie-Comte-Robert,
Chaumont,
Chelles,
Compiegne,
Corbeil,
Couci,
Crespi en Valois,
Dourdan,
Estampes,
La Fere en Tardenois,
Gerberoi,
Lagni,
Laon,
Mante,
Melun,
Meulan,

Montereau-faut-Yonne,
Montfort-l'Amauri,
Montl'heri,
Moret,
Nemours,
Noyon,
Paris,
Poissi,
Pontoise,
S. Cloud,
S. Denis,
S. Germain,
Senlis,
Soissons,
Versailles,
Vincennes.

FRANCE, petite Contrée de l'Isle de France dont elle fait partie, avec les autres que j'ai nommées dans l'Article précedent. Comme elle est confondue avec le Parisis, ou Territoire de Paris, on ne peut gueres en désigner [b] Ed. 1705. les limites. Mr. Baudrand[b] la met au Septentrion de Paris en allant vers Senlis. St. Denis en est, dit-il, la principale Ville. Il y ajoute Monmorenci avec sa Vallée, Gonesse, Ecouan, & plusieurs autres lieux dans l'espace de quelques lieuës d'étenduë.

Le Bastion de FRANCE. Voyez Bastion.

Ibid. La Baye de FRANCE, petit Golphe d'Afrique sur la Côte de Guinée, près de Serre-lionne. Il a été ainsi nommé par les François qui s'y sont habituez les premiers.

Le Golphe de FRANCE: les Navigateurs nomment ainsi cette partie de l'Océan qui est entre le Cap St. Mahé ou de St. Mathieu, en Bretagne, & le Cap de Finisterre en Gallice, & qui s'étend le long des Côtes de Bretagne en partie de Poitou, d'Aunis, de Saintonge, de Guienne, de Biscaie, d'Asturie & de Gallice. Mr. Baudrand, de qui

est cet Article[d], dit que les Cartes l'ont obmis jusqu'à présent. Les meilleures, à savoir celles de Mr. de l'Isle, & le Neptune François, nomment cette partie de l'Océan le Golphe de Gascogne. [d] Ibid.

Nouvelle FRANCE, Païs de l'Amerique Septentrionale. On le nomme plus communément le Canada. Voyez ce mot.

La petite FRANCE. Voyez Francia curta.

FRANCFORT, en Latin *Francofurtum*. Comme il y a en Allemagne deux Villes remarquables qui portent ce nom, on y ajoute pour les distinguer le nom de la Riviére sur laquelle chacune de ces deux Villes est située.

1. FRANCFORT sur le Mein, en Latin *Francofurtum ad Moenum*, Ville libre Imperiale & Anseatique d'Allemagne, dans la Franconie, selon le plus grand nombre des Géographes que suit aussi le docte Wagenseil[e]; quoique dans la division politique de l'Allemagne, elle soit dans le Cercle du haut Rhin & non pas dans celui de Franconie. Les Allemands la nomment Franckfurth. Elle est ancienne: Munster prétend qu'elle a été autrefois nommée Helenopolis; mais, comme le remarque Ortelius, c'est sans nous apprendre par qui, ni quand elle a été ainsi appellée. [e] Synops. Geogr. p. 350.

On dit que Charlemagne, lorsqu'il faisoit la Guerre aux Saxons qui se revoltoient souvent, & occupoient le bord du Mein où il n'y avoit point encore de Pont, trouva en cet endroit un Gué inconnu jusqu'alors, & defit ce Peuple dont il fit un grand carnage, en mémoire de quoi il donna à ce lieu le nom de son Peuple qui étoient les Francs, & y ajouta quelques prérogatives. Ce qui confirme cette tradition, c'est qu'un quartier de la Ville qui est separé de l'autre par la Riviére du Mein, est encore aujourd'hui nommé Saxenhausen, nom qu'il a gardé des Saxons qui y étoient ou campez, ou cantonnez. [g] Francfort est presque enclavée dans les Etats de l'Electeur de Mayence, à quatre milles d'Allemagne de Mayence à l'Orient en allant vers Hanau dont elle est à deux milles, & à cinq milles d'Aschaffenbourg. Les Ephemerides de l'Academie Royale des Sciences la font de 6. d. 15'. plus Orientale que l'Observatoire & lui donnent 49. d. 55'. de latitude. Quoique la Religion Catholique y ait les principales Eglises & qu'elle en possede le plus grand nombre, il y a beaucoup de Protestans, & on y vit avec une tolerance assez grande, & l'on semble n'y être occupé que du soin de faire fleurir le Commerce & de maintenir les droits & la liberté de cette petite Republique. La Ville est considerable par sa grandeur, par sa beauté, par ses fortifications, & sur tout par ses deux Foires dont l'une se tient au Printems & l'autre en Automne, & enfin par l'Assemblée des Electeurs qui s'y rendent toutes les fois qu'il s'agit d'élire un Empereur ou un Roi des Romains. [f] Wagenseil. l. c. [g] Baudrand Ed. 1705.

J'ai déja remarqué que le Mein coupe cette Ville en deux parties. Elles sont inégales, & la plus petite est *Saxenhausen* dont j'ai parlé. Quand les Suedois vinrent en Allemagne ils s'emparerent d'abord de ce quartier, & delà ils incommodoient l'autre quartier de la Ville. Ses Fortifications consistent en un grand ouvrage [Corn. Dict. & Memoires & Plans Géogr.]

Tome II. PART. 2.   V

vrage à cornes revêtu, avec son Fossé plein d'eau & le chemin couvert fort bien entendu & entretenu. Cette piéce couvre puissamment la porte de l'autre partie de la Ville que l'on nomme *Francfort*, & elle est postée à la tête du Fossé qu'on passe pour entrer dans Saxenhausen. Les six Bastions qui en achevent le circuit sont des piéces irreguliéres qui se flanquent assez mal, & dont les figures sont informes. On a voulu le couvrir d'une hauteur qui voit cet endroit du côté de la droite en entrant, d'un grand Cavalier de terre, élevé sur un de ces Bastions, & la défense en seroit assez bonne; mais le terrain depuis cette hauteur s'enfonçant & s'élargissant aussi sur la droite, en pente, donne jusqu'à la Riviére, & faisant un grand rideau, couvriroit par ses inégalitez les Attaquans de toutes ces défenses qui sont sur la gauche, & même de celles du grand Cavalier, & à la faveur de son terrain ondoyant, on pousseroit ces travaux à couvert jusques au Fossé. Quelques angles entrans & saillans achevent la Fortification de ce côté-là, & vont défendre le passage de la Riviére. Le côté de la gauche est encore plus foible: les courtines en sont délabrées, les bastions petits, en mauvais ordre & se flanquent mal. La Contrescarpe est fort relevée, ce qui fait la roideur de son glacis. Les Fossez pleins d'eau vont rencontrer le Mein à la pointe du dernier bastion qui est le meilleur & le plus capable, & qui acheve les défenses que l'on voit le long de la Riviére que l'on passe sur un grand pont de pierre pour aller dans l'autre partie de la Ville.

Celle-ci que l'on nomme proprement *Francfort*, est belle, fort marchande & fort peuplée. Ses Foires lui apportent beaucoup de commoditez: ses ruës sont larges, bien fournies de boutiques. Il y a quatorze Eglises Catholiques, beaucoup de Temples pour les Lutheriens, mais les P. Reformez qui n'ont point d'Eglise à Francfort, font leur exercice de Religion à une demi-heure de la Ville dans *Bockenheim*, Village appartenant au Comte de Hanau. Il y a aussi à Francfort plusieurs places publiques, dont la principale est celle où l'Empereur, après son Couronnement qui se fait dans cette Ville, paroît à la tête des Electeurs & fait ses largesses au Peuple. L'Eglise de *Notre Dame* est un bâtiment assez grossier; mais deux choses y sont remarquables pour la dignité des ceremonies: l'une est une petite Chapelle qu'on apelle le *Conclave*. Elle est fort étroite & fort longue. Sur la gauche on voit un Autel très-pauvre pour un endroit si celebre, & autour de cet Autel le long des murailles il y a des bancs fort simples. C'est dans ce lieu que s'assemblent les Electeurs pour nommer un Empereur. L'autre chose remarquable dans la même Eglise c'est la Chapelle, où après l'Election on conduit l'Elu Empereur pour y être couronné par l'Electeur de Treves assisté des Electeurs de Mayence & de Cologne. Cette Chapelle est une cloture de fer sans ornemens, attachée aux balustres du Chœur, & ayant à peu près la figure d'une grande cage à perroquet. Son Autel a pour tout enrichissement un Crucifix d'airain d'un ouvrage assez commun. La Maison de Ville de Francfort est assez vaste. On y voit entre autres une belle Salle où s'assemblent les Electeurs & tous les Membres de l'Empire quand il s'agit d'une élection nouvelle. On y garde l'original de la Bulle d'or: c'est un parchemin de 24. feüilles *in quarto*, selon l'Ouvrage cité, (ou de 43. feüilles, selon Wagenseil[a]). Elles sont couvertes ensemble & couvertes d'un autre parchemin sans aucun ornement. Le Sceau y est attaché avec un cordon de soye de differentes couleurs, & ce Sceau qui est couvert d'or a pour empreinte la figure de l'Empereur Charles IV. assis & couronné, tenant un sceptre de la main droite & un globe de la main gauche.

[a] l.c.

La situation de Francfort est dans une grande plaine égale par tout & fort riche, entre autres en jardinages qui fournissent tous les Païs des environs. Le terrain est bon & maniable pour toutes sortes d'ouvrages. Quant à la figure de la fortification, elle est décagone, c'est-à-dire, composée de dix bastions. Elle n'est pas dans la derniére regularité, mais on en a approché le plus qu'on a pu. Les Fossez sont grands, profonds, & remplis d'eau vive. La contrescarpe en bien des endroits n'y est que tracée, & tous les dehors consistent en certains ouvrages volans qui sont postez au-devant des portes. La mieux défendue est celle qui est au milieu de leurs travaux. Elle est couverte d'un ouvrage détaché & un peu avancé dans le Fossé, fort massif, & d'une ligne imparfaite, prolongeant sa face sur une ligne droite, & sur les deux côtez de cette ligne il y a deux perpendiculaires qui lui servent de flanc, & le tout bien revêtu, avec les parapets de terre à l'épreuve. Cela empêche la plus grande partie du feu de flanc à flanc; mais les bastions qui se regardent tirant leur second flanc du tiers de la courtine, comme ils sont en cet endroit, ne laissent pas d'être vûs de toute la ligne rasante & même de quelques fichantes, & reçoivent un puissant secours & bien prochain du flanc & des deux tiers de la face de cette avance qui est construite de telle sorte qu'elle est en vue de tout ce qui est derriere elle & à ses côtez.

§ La principale Eglise de Francfort où se fait l'Election est dediée à Notre Dame, selon l'Auteur cité ci-dessus. Wagenseil[b] dit que c'est à St. Barthelemi, & il ajoute qu'elle fut bâtie par Pepin Pere de Charlemagne.

[b] l.c.

2. FRANCFORT SUR L'ODER, Ville d'Allemagne dans la moyenne Marche de Brandebourg, aux confins de la Silesie & de la Lusace, à un mille d'Allemagne, au-dessus de Lebus au Midi, à trois de Custrin & à quatre des Frontieres de la Grande Pologne au Couchant en allant vers Berlin, dont elle est à dix milles. Mr. Hubner[c] dit que c'est une jolie Ville *eine feine Stadt*. Ce qu'il y a de plus remarquable c'est une Université érigée[d] par Joachim I. Electeur de Brandebourg, & par son Frere Albert Archevêque de Mayence & de Magdebourg, & ensuite Cardinal, qui la fonderent du consentement du Pape Alexandre VI. & de l'Empereur Maximilien I. Les Professeurs furent appellez de Leipzig.

[c] Frage aus der Geogr.
[d] d'Wagenseil Synops. Geogr. p. 285.

FRANCHECOMTE', Province de France. On la nomme aussi le COMTE' DE BOURGOGNE, ou comme l'on parloit encore il n'y a que peu d'années, La Comté. La partie de la Bourgogne, qu'on nomme le Comté, est entierement separée du Duché de Bourgogne,

[e] La Longuerue Desc. de la France part. I. pag. 307.

gogne, parce qu'elles ont appartenu à differens Souverains, le Duché étant la premiere Pairie de France, & le Comté ayant durant longtems relevé de l'Empire. Cette Province est bornée du côté du Nord par la Lorraine; à l'Orient d'Eté elle est bornée par l'Etat de Montbelliard; le Mont Jura la separe de la Suisse vers le Levant; au Couchant d'Eté elle confine avec la Champagne par le Bassigni; à l'Occident elle a le Comté d'Auxonne & la Bresse Challonnoise, & au Midi l'autre Bresse & le Bugey, qui sont des annexes du Gouvernement de Bourgogne.

Le Comté contient la plus grande partie du Territoire des anciens SEQUANIENS qui furent subjuguez par Jules Cesar. Ils étoient en ce tems-là du nombre des Celtes, mais Auguste les joignit à la Belgique avec les Helvetiens. Les Bourguignons, qui étoient sortis du fond de l'Allemagne, s'emparerent de ce Païs dans le cinquième siecle, & les François le conquirent dans le siecle suivant. Dans le neuvième siecle, par le partage qui fut fait des Etats de l'Empereur Louïs le Debonnaire, tout ce qui est au-delà de la Saone appartenoit à l'Empereur Lothaire & à ses fils Lothaire & Charles; mais après la mort de ces Princes & celle de Charles le Chauve, de son fils Louïs le Begue, & de Louïs & Carloman, après que Charles le Gros eût fait abdication de toutes ses Couronnes, les Peuples de la Bourgogne nommée *Trans-Jurane*, élurent Roi un Seigneur appellé Rodolphe, qui fut maître du Païs au-delà de la Saone, & ses Descendans en ont joui jusqu'à la mort de Rodolphe III. surnommé le Lâche.

Ce fut durant le Regne de ce dernier Rodolphe qu'Othe-Guillaume, fils du Prince Adelbert, & petit-fils de Berenger Roi d'Italie, s'étant retiré en France à Nevers auprès de sa Mere Gerberge, s'établit dans le Païs voisin du Mont Jura, & fut le premier Comte de Bourgogne au-delà de la Saone, sans qu'on sache à quel titre il se mit en possession de ce Païs, dont il n'étoit pas entiérement le maître, puisqu'il y avoit plusieurs autres Seigneurs indépendans. Othe-Guillaume mourut avant le Roi Rodolphe l'an 1026. & eut pour Successeur en ce Comté son fils Renaud I. Ce fut du tems de ce Comte Renaud que l'Empereur Conrad le Salique, après la mort de Rodolphe III. prit possession du Royaume de Bourgogne, & se fit reconnoître pour Souverain par les Seigneurs, tant Ecclesiastiques que Laïcs; ce que plusieurs firent à contre-cœur, & entre autres Renaud Comte de Bourgogne, qui, voyant l'Empereur Conrad mort, ne voulut point se soûmettre à son fils Henri le Noir, ni le reconnoître pour Souverain. Cet Empereur voulant reduire Renaud par la force des armes, donna le commandement de son Armée à Louïs Comte de Montbelliard, qui défit en bataille l'an 1044. Renaud & ses Alliez; desorte qu'il fut contraint de faire hommage à Henri dans la Ville de Soleure, où cet Empereur étoit alors, & les Successeurs de ce Comté furent durant long-tems Vassaux de l'Empire.

Les Descendans mâles de Renaud joüirent de ce Comté jusqu'à Guillaume III. qui mourut sans enfans l'an 1126. & eut pour Heritier un de ses parens nommé Renaud, dont on ne sait point la Généalogie, mais seulement qu'il eut une fille unique nommée Beatrix, qui épousa l'Empereur Frederic Barberousse, De ce mariage il eut entre autres enfans un fils nommé Othon, qui eut seul le Comté de Bourgogne, & porta le premier le titre de Palatin, & eut de grands differens avec les enfans du Comte Guillaume, Oncle paternel de sa Mere Beatrix, lesquels prétendoient partager le Comté de Bourgogne, qu'Othon laissa à sa fille Beatrix. Cette Comtesse épousa Othon, Duc de Meranie en Tirol, qui avoit de grandes Terres dans la Carinthie & jusques dans l'Istrie. Il eut pour Heritier son fils Othon, qui n'eut qu'une fille nommée Alix qui épousa Hugues de Challon. Leur fils Othon, appellé autrement Othenin, leur succeda au Comté de Bourgogne, & épousa Mathilde heritiére d'Artois. Leur fils Robert, Comte d'Artois & de Bourgogne, mourut sans posterité l'an 1315. Sa sœur Jeanne fut son heritiére; elle avoit épousé Philippe le Long, qui fut premiérement Comte de Poitiers, & puis Roi de France.

Philippe le Long n'eut que deux filles, Jeanne & Marguerite. Jeanne, qui étoit l'aînée, herita des Etats qui appartenoient à sa Mere, lesquels elle apporta en mariage à Eudes Duc de Bourgogne. Son Heritier fut son fils Philippe Duc de Bourgogne, pere du jeune Philippe de Rouvre, qui mourant sans posterité, eut pour heritiére des biens de sa grand'mere Jeanne de France, sa cousine Marguerite Comtesse de Flandres, comme sortie de Marguerite de France, sœur cadette de Jeanne.

Marguerite Comtesse de Flandres apporta en mariage tous ses grands Etats à Philippe le Hardi, fils de France, Duc de Bourgogne, leur arriere-petit-fils Charles Duc de Bourgogne, ayant été tué devant Nancy, Louïs XI. Roi de France, s'empara non seulement du Duché de Bourgogne, mais du Comté. Ensuite par la Paix qui fut faite entre le Roi Louïs & Maximilien d'Autriche, qui avoit épousé Marie Heritiere de la Maison de Bourgogne, on laissa les François en possession du Comté de Bourgogne, qui fut donné en dot à Marguerite d'Autriche, accordée à Charles, alors Dauphin, qui fut depuis Charles VIII. Ce mariage n'ayant point été contracté, il fallut, par la Paix de Senlis l'an 1493. rendre à Philippe, fils de Maximilien & de Marie de Bourgogne, & frere de Marguerite, le Comté de Bourgogne, que Philippe laissa à son fils Charles Quint.

Les Descendans mâles de cet Empereur ont joüi du Comté de Bourgogne jusqu'à Charles II. Roi d'Espagne, sur lequel le feu Roi Louïs XIV. conquit cette Province l'an 1668. & l'ayant rendue la même année par le Traité d'Aix-la-Chapelle, il la conquit une seconde fois l'an 1674. & quatre ans après elle lui fut cédée par le Traité de Nimegue, conclu l'an 1678.

*Lorsque ce Païs passa sous la domination de la France, il n'y avoit point de Province où il y eut une plus grande quantité de bois que dans celle-ci; mais on en a defriché une grande partie, & le peu d'ordre qu'on a observé dans les

a *Piganiol Descr. de la France, T. VI. pag. 350. & suiv.*

les coupes a rendu le bois à bâtir assez rare aux environs des Villes. La Franche-Comté est partagée presque également en Païs uni & en Païs de montagnes. Le Païs uni renferme le Bailliage de Vesoul, Gray, Dole, Lons-le-Saulnier, & Poligni, & est fertile en grains, vins, fourrages, chanvres, noyers &c. Le Païs de montagnes peut être subdivisé en Franche-Montagne & en Montagne. La premiére comprend le Bailliage de Pontarlier & d'Orgelet, Saint Claude, & une partie des Bailliages de Salins, Ornans & Baume. Il ne croît dans cette partie que de menus grains; cependant c'est le Païs de la Province le plus riche à cause de la quantité de bestiaux qu'on y nourrit. L'autre partie de la Montagne dans laquelle sont Besançon, Quingey, Arbois & une partie des Bailliages de Salins, d'Ornans & de Baume, produit du bled & de l'avoine, & beaucoup de vins.

La Franche-Comté est arrosée par cinq Riviéres principales, qui sont la Saone, Lougnon, le Dou, la Louve & le Dain. Ces Riviéres sont fort poissonneuses. On vante surtout la Carpe de Saone, le Barbeau de Lougnon, le Brochet du Dou, l'Umbre de la Louve, & la Truite du Dain. Outre ces Riviéres il y en a plusieurs moins considérables qui arrosent des Prairies & donnent quantité de fourrages.

On trouve dans le Païs des Mines de cuivre, de plomb, de fer & d'argent. Il y en a de cette derniere espéce auprès de Lons-le-Saunier qu'on prétend être abondantes. On y trouve aussi des eaux minérales comme à Luxeuil, Repes, Trouillon, & des eaux salées à Salins; voyez ces Articles. Il y a aussi des carriéres de toutes sortes. De quelques-unes on tire des albâtres très-blancs & très-clairs; de celles qui sont aux environs de Salins, on tire des albâtres jaspés dont les blocs sont si grands, qu'on en peut faire des colomnes de 12. à 15. pieds de long. Dans d'autres on trouve des marbres noirs.

Pour ce qui est du spirituel, quoique le Diocèse de Besançon s'étende sur une petite partie de la haute Alsace, il ne renferme cependant point toute la Franche-Comté. La plus grande partie de cette derniere Province est à la vérité du Diocèse de Besançon, mais le reste est du Diocèse de Lion, ou de ceux de Langres, de Lauzane & de Toul.

La Justice est rendue dans le Comté de Bourgogne par des Tribunaux inférieurs & par une Cour superieure ou Parlement. Ce dernier étoit ambulatoire dans son origine, & suivoit toujours le Prince dans ses voyages. Philippe le Bon le rendit sedentaire à Dole en 1422. Mais Louïs XIV. devenu maître de la Franche-Comté, le transfera à Besançon en 1676.

Le Comté de Bourgogne a esté nommé communément la Franche-Comté parce qu'originairement les Habitans étoient francs & libres, & que leur Comte ne pouvoit lever sur eux aucun impôt, étant obligé de se contenter de ses revenus ordinaires. Charles V. commença à donner atteinte à cette liberté, en mettant ce Païs sous l'Empire & le joignant aux Provinces des Païs-bas, dont il avoit composé un nouveau Cercle qu'il nomma le *Cercle de Bourgogne*, parceque ces Provinces avoient appartenu à la Maison de Bourgogne, dont il étoit Heritier, comme il a été dit ci-devant. Néanmoins jusqu'en 1668. cette Province n'avoit payé aucune contribution ordinaire aux Rois d'Espagne. Elle lui accordoit seulement tous les trois ans un don gratuit de cent ou cent-cinquante mille livres, à condition que cette somme seroit employée au profit de la Province, comme au payement des Garnisons, ou à l'entretien des Fortifications, ou enfin à l'acquit des dettes des Communautez. Le Roi ayant rendu cette Province par le Traité d'Aix-la-Chapelle en 1668. après en avoir fait démolir les Places fortes, le Roi d'Espagne demanda à cette Province la somme de huit cens mille livres, en forme de prêt pour être employée au payement des Troupes étrangeres que Sa Majesté Catholique y fit venir, & au rétablissement des Fortifications. Cette somme fut levée tous les ans jusqu'en 1674. que le Roi ayant conquis cette Province une seconde fois, les huit cent mille livres passérent en imposition ordinaire, & furent augmentées de trente mille livres l'an 1683. Comme il n'y a point d'Elections en Franche-Comté, cette somme de huit cens trente mille livres est imposée par Bailliages. Outre cette somme la capitation, qui est devenuë une imposition ordinaire, produit au Roi plus de sept cens mille livres par an. Le Domaine étoit affermé cinquante mille livres avant qu'il fût joint au bail des Salines de Salins, qui est de six cens mille livres. On voit par ce bail que les Salines rapportent au Roi cinq cens cinquante mille livres. Les Octrois de la Ville de Besançon & des autres de la Province, ont monté à plus de cent quatre-vingt mille livres par an.

Le bled, l'avoine, le vin, & les fourages que le Païs uni du Comté de Bourgogne produit, donnent lieu à un des principaux commerces qui s'y fassent. Outre le bled que ce Païs fournit au reste de la Province, on en transporte ordinairement une grande quantité à Lion, & pendant la Guerre on en a fait des levées considerables pour les Armées d'Italie & d'Allemagne. Les Suisses & les Genevois en enlevent aussi toutes les fois que le Roi veut bien le leur permettre, & cette permission ne se refuse gueres en tems de paix. Quoique les foins que le Païs uni produit soient bons & abondans; cependant l'herbe de la Montagne est beaucoup meilleure, & les Vaches & autres bestiaux qui s'y engraissent en peu de tems deperissent, aussi-tôt qu'ils descendent dans le Païs gras. Ainsi le meilleur usage qu'on puisse faire de ces foins, c'est de les faire consumer par la Cavalerie du Roi, laquelle consume aussi en même tems les autres denrées qui sans ce secours ne se débitent presque point. Les Lorrains enlevent ordinairement les vins des Bailliages de Vesoul, de Gray, & de Dole. Ceux des Bailliages de Poligni, d'Arbois, de Salins, & d'Ornans, sont transportez dans la Franche-Montagne où il n'en croît point, & ce commerce est le meilleur revenu de ces Bailliages. Quoique le vignoble des environs de Besançon soit fort étendu, il s'en faut cependant beaucoup que le vin qu'il produit suffise pour la consommation de Besançon, où l'on est enco-

re

re obligé d'en faire venir du voisinage. Comme ce vin se conserve cinq ou six ans, & qu'il lui faut même ce tems-là pour le rendre bon, ceux qui sont assez riches pour pouvoir le garder y font un gain considerable; & l'on assure que la plupart des riches maisons de Besançon ont commencé par là.

Il y a environ trente forges ou fourneaux le long des Riviéres de Saone, du Dou & de Lougnon, où il se fabrique une grande quantité de fer excellent, comme aussi des bombes & des boulets pour l'Artillerie de Terre, & pour celle de la Marine. Il y a beaucoup d'Armuriers à Besançon & à Pontarlier qui travaillent fort bien, & il conviendroit d'établir dans ces deux Villes des Manufactures d'armes à feu, & de faire un Magasin d'armes à Besançon qui par sa situation est à portée d'en fournir à nos Armées d'Allemagne, d'Italie, & de Catalogne. On coupe aussi sur les montagnes de cette Province des mâts pour les Navires. L'on éleve dans la Franche-Comté une prodigieuse quantité de Vaches & de bestiaux qui font la plus grande richesse de la Province par le commerce que l'on fait des bestiaux, des fromages & des beurres.

Les Haras réüssissent si bien dans cette Province, & surtout à la Montagne, que c'est sans contredit ce qui apporte le plus d'argent dans le Païs. Année commune les Haras produisent environ cinq mille poulains dont la plupart sont achetez à six mois ou à un an par les Marchands de Champagne, du Duché de Bourgogne, de Brie, & de Berry. Les Rouliers de ces Provinces achettent aussi tous les ans quatre ou cinq cens Chevaux entiers. Pendant la Guerre les Troupes de Cavalerie & de Dragons qui étoient en quartier d'Hyver dans cette Province, y ont fait leurs remontes aussi-bien qu'une partie de celles qui étoient en Dauphiné &c. ce qui quelquefois est allé jusqu'à deux mille Chevaux par an. Il ne s'est point passé d'année de Guerre qu'on n'ait acheté en Franche-Comté mille deux cens ou mille cinq cens Cavales pour les vivres & pour l'Artillerie. On en achetta même quatre mille pour la Campagne de 1696. Quoique tous ces Chevaux ne fussent pas du crû de la Province, & qu'il en vînt quantité de Suisse, comme c'étoient des Marchands du Comté de Bourgogne qui faisoient ce negoce, la Province en tiroit un grand avantage. Les Habitans de la Montagne font un commerce de Cochons qui est aussi de quelque consideration. Le climat & la nourriture de ce Païs étant peu propre pour les Moutons, l'on y en éleve très-peu, & les laines mêmes n'en sont pas bonnes, ce qui fait qu'il n'y a point de Manufactures de draps. On fait aussi dans cette Province environ douze cens milliers de salpêtre par an, & on pourroit même dans le besoin en augmenter la quantité.

Cette Province a un Gouverneur qui l'est aussi de Besançon, & qui a sous lui un Lieutenant-General, & autant de Gouverneurs particuliers qu'il y a de places fortifiées dans ce Gouvernement.

[a] *Longuerue Desc. de la France* 1. [a] Anciennement la Franche-Comté étoit divisée en trois grands Bailliages. Il n'y en avoit même d'abord que deux, l'un nommé le Bailliage d'*Amont*, c'est-à-dire du Septentrion, & l'autre le Bailliage d'*Aval*, c'est-à-dire, du Midi. (Il est bon de remarquer que dans le style des Navigateurs & de ceux qui demeurent le long de la Mer, AMONT signifie l'*Orient* & non pas le Septentrion, & AVAL signifie l'*Occident* & non pas le Midi. Mais ce n'est pas toujours à la rigueur, & *Amont* se dit de tout ce qui est du côté de l'Orient entre le Nord & le Sud, & convient au Nord-Est & au Sud-Est aussi bien qu'à l'Est. De même *Aval* se dit de tout ce qui est du côté de l'Occident, entre le Nord & le Sud, & convient au Nord-Ouest aussi-bien qu'au Sud-Ouest. Ce que j'ai cru devoir expliquer de peur qu'on ne prît l'expression de l'Auteur cité comme une regle generale.) Les Ducs de Bourgogne de la Maison de Valois établirent un troisième Bailliage dans la Ville de Dole, qui fut nommé le Bailliage du milieu, parce-qu'il est entre les deux anciens dont il a été détaché. Il est aujourd'hui de bien moindre étenduë, depuis que Philippe IV. ayant joint au Comté de Bourgogne la Ville de Besançon, y a établi un Bailliage composé de plusieurs Bourgs & Villages, qui étoient du ressort des Villes de Quingey & d'Ornans, membres du Bailliage de Dole. Mr. Piganiol de la Force [b] *Descr. de la France Tome VI. pag. 395.* prétend que ce ne fut qu'en 1674. que ce dernier Bailliage fut érigé par le Roi Louis XIV. Les quatre Baillifs sont d'épée, & avant la venalité des charges qui fut introduite dans cette Province en 1692. ils disposoient de celles de Lieutenans-Generaux & de Lieutenans particuliers de leurs Bailliages. A chaque mutation ils vendoient des charges, & en tiroient des sommes considerables. Lorsque le Roi établit la venalité, il leur donna à chacun pour les indemniser deux mille livres de gages. Avant la venalité des charges il n'y avoit dans le Comté de Bourgogne qu'un Prevôt, trois Lieutenans & quelques Exempts, qui exerçoient tous par commission, mais depuis on a créé une charge de Prevôt General, trois de Prevôts Provinciaux, autant de Lieutenans, & quarante-six Archers. Le Prevôt General fait sa residence à Besançon, & a donné vingt-quatre mille livres pour la finance de sa charge. Un des Prevôts Provinciaux reside à Vesoul, un autre à Lons-le-Saunier, & le troisiéme à Dole. La finance de leurs charges est de huit mille livres. Les Lieutenans ont financé chacun quatre mille livres, & le prix de celle d'Archer est fixé à mille livres.

FRANCHES-MONTAGNES[c], en Latin *Montes-Liberi*, Montagnes de l'Etat de l'Evêque de Basle. Elles font partie du Mont Jura sur les Frontiéres de France, entre le Suisse à l'Orient & la Franche-Comté à l'Occident, où il y en a même une petite partie vers Franquemont. [c] *Baudrand Ed. 1705.*

FRANCHEVAL, Village de France dans la Principauté de Sedan, à l'Orient de cette Ville & au Nord de Douzi[d]. Les Archevêques de Rheims en ont été Seigneurs dominans. [d] *Longuerue 1. part. p. 50.*

FRANCHIMONT, ou FRANCHEMONT. C'étoit autrefois une Ville fermée de murailles au Marquisat qui en a pris le nom. Ce n'est plus qu'un Village avec un vieux Château

FRA.

a Longuerue Desc. de la France 2. part. p. 129.

FRANCHIMONT[a] (LE MARQUISAT DE) petit Païs d'au-delà de la Meuse, au Midi du Duché de Limbourg, au Nord de celui de Luxembourg, & au Couchant du Territoire de Stablo. Ce Païs est de l'ancienne Ardenne, mais il étoit gouverné par des Comtes qui n'en étoient pas propriétaires. On appelloit ce Païs LUWA ou LUVIA. Il y avoit un Domaine Royal très-considerable nommé TECTA, & que le vulgaire nommoit TEUX. Zuentibold, Roi de Lorraine, donna ce Domaine de Teux à l'Eglise de St. Lambert (de Liege) & à ses Evêques, l'an 898. Charles le Simple donna à la même Eglise la Forêt que le Roi Zuentibold s'étoit reservée; & le lieu donné par ce Prince, est nommé par le Roi Charles TECTA. Il y avoit néanmoins d'autres Seigneurs proprietaires qui prenoient le titre de Marquis dans le X. siécle. Le dernier Marquis, nommé Rainard, n'ayant point d'enfans, donna à Baldric Evêque de Liege toute sa terre, & ensuite alla à la Terre sainte où il mourut. La terre de ce Seigneur portoit le nom de Franchimont à cause du lieu où il s'étoit établi & qui porte encore aujourd'hui le même nom. Verviers est aujourd'hui le lieu le plus peuplé de ce Marquisat, mais le Village de Spa en est le plus celebre à cause de ses eaux minerales, déja connues du temps de Pline.

FRANCIA. Voyez FRANCE.

b Baudrand Ed. 1705.

FRANCIA-CURTA[b] (la) c'est-à-dire la petite France; petit Païs d'Italie en Lombardie, dans l'Etat de la République de Venise, dans le Bressan, entre Bresse à l'Orient & Bergame à l'Occident, au Midi du Lac d'Iseo & le long de la Riviére d'Oglio qui, en sort.

c Ibid.

FRANCICA[c], petite Ville ou Bourg du Royaume de Naples dans la Calabre ulterieure, à une lieuë de Mileto du côté du Nord.

FRANCISCOPOLIS, nom Latin de la Ville de France nommé le Havre de Grace, à l'embouchure de la Seine.

d Ibid.

FRANCKENBERG[d], en Latin *Francoberga*, ou *Francorum Mons*, petite Ville d'Allemagne dans la haute Hesse, sur la Riviére d'Eder, à trois milles d'Allemagne de Marpourg vers le Nord. Elle est au Landgrave de Hesse.

FRANCKENDAL, ou FRANCKENTHAL, Ville d'Allemagne au bas Palatinat. Voici de quelle manière Zeiler en raconte l'origine sous Henri V. Vers l'an 1119. il y avoit à Worms un Gentilhomme fort pieux, nommé Eckenbert Camererer, dont la famille subsistoit encore à Worms vers le milieu du siécle passé. Il vendit tous ses biens & en fonda deux Monasteres, l'un pour les hommes, qu'il nomma le grand Franckenthal; l'autre pour des filles auquel il donna le nom de petit Franckenthal, sur le chemin de Worms à Spire, près du Village nommé Omars. Il fut lui-même Prieur dans le premier, & sa femme Richlinde fut Prieure dans le second. Tritheme[e] raporte cette fondation à l'an 1135. du temps que Buggon étoit Evêque de Worms. Il ajoute que le Monastere d'hommes étoit occupé par des Chanoines reguliers de St. Augustin; que le premier Prevôt fut Bertolse,

e Chron. Sponheim.

Chanoine de Sprengersbach, lequel resigna peu après, & le Fondateur fut choisi pour lui succeder. Dans la suite du temps la conduite des Religieuses fut cause qu'on leur ôta le Monastere pour y mettre des Religieux en leur place. Dans les Guerres de France & des Païs-Bas quantité de Nobles & de Marchands se refugierent au Palatinat où l'Electeur Frideric III. leur donna une belle plaine pour s'y établir. C'étoit la même où étoient ces deux Monasteres entourez de Champs fertiles en grains, de Vignobles, de Bourgs & de Villages, & il leur donna pour armes un Triangle d'or en champ de gueules, qui a un Lion pour support. La couleur du champ signifioit la persecution; le triangle la fermeté des Habitans, & le Lion l'Electeur qui les avoit pris sous sa protection. Le commerce & la fabrique du velours, des étofes de soie, & des draps, rendirent cette Ville celebre. L'an 1571. le même Electeur Frideric III. fit tenir à ses depens, en sa présence & sous sauf-conduit, une Conférence avec les Anabaptistes, laquelle a été imprimée. L'an 1573. il ajouta aux anciens privileges de cette Ville le droit d'avoir un Bailli, d'élire des Bourguemaîtres & des Echevins, & de lever un Regiment. Son fils Jean Casimir, Comte Palatin, ayant en partage le Bailliage de Neustad où est Franckenthal, voulut pour la sureté des Habitans entourer la Ville d'un Fossé qui n'étoit pas grand' chose, à la verité, & la gratifia de quelques nouvelles franchises. Voyant l'accroissement qu'elle prenoit de jour en jour, il y ajouta quelques fortifications en 1583, & en augmenta les privileges. L'Electeur Palatin Frideric IV. ne se contenta pas de les confirmer; mais encore il ceda les impôts que la Ville lui devoit, pour en augmenter les fortifications & les travaux. C'est ainsi qu'en 44. ans cette Ville devint très-considerable. Frideric V. y fit faire divers bastions par quelques Ingenieurs l'an 1618. & l'an 1621. la place munie de ravelins, de demi-lunes, de contrescarpe, de fausse-brayes, de bateries, &c. se trouva en état de défense. La même année elle soutint un Siége contre Dom Gonsalve de Cordoue; que Mansfeld fit lever; mais l'an 1623. aiant été assiégée & étant assez mal pourvue de tout, sans esperance de secours, elle se rendit & fut mise en sequestre pour un an & demi par un Accord fait entre le Roi de la Grande-Bretagne & l'Infante Gouvernante des Païs-Bas, pour hâter la reconciliation de l'Electeur avec l'Empereur. Les Habitans ne laisserent pas de conserver leur jurisdiction, leurs privileges, & le libre exercice de Religion. C'est ainsi que cette Ville eut Garnison Espagnole. Ils furent forcez de la remettre aux Suedois qui la prirent en Novembre 1632. Mais l'an 1635. en Octobre, les Imperiaux la réprirent par capitulation, & la mirent entre les mains des Espagnols qui s'en servirent pour incommoder les Païs aux environs par leurs courses. Ils furent obligez par le Traité de Westphalie[f] de la rendre à l'Electeur Palatin, qui la possede. Mr. Baudrand[g] qui l'avoit vue, dit qu'elle étoit peu habitée, & qu'elle diminuoit tous les jours. Elle n'est, dit-il, qu'à un mille d'Allemagne du Rhin au Couchant, ainsi qu'à quatre milles

f Traité d'execution de la Paix d'Osnabrug.
g Edit. 1705.

les de Heidelberg, & autant de Spire vers le Nord. Elle fut prise en 1688. par le Dauphin Ayeul du Roi, & entièrement démolie l'année suivante par les François. L'Electeur Palatin a tâché de la rétablir.

FRANCKENLAND. Voyez FRANCONIE.

FRANCKENMARCK, Bourg d'Allemagne dans la haute Autriche, aux confins de la Baviere. Quelques-uns le prennent pour la JOVIACUM d'Antonin que d'autres cherchent à Saltzbourg.

FRANCKER. Voyez FRANEKER.

1. FRANCKENSTEIN, Bourg d'Allemagne au Duché de Deux-Ponts, sur une montagne, entre Keyserslautern & Newstadt. Il a un bon Château pour sa défense.

2. FRANCKENSTEIN [a], Ville de la haute Silesie, dans la Principauté de Munsterberg.

[a] *Hubner p. 617.*

3. FRANCKENSTEIN, Seigneurie d'Allemagne au Cercle de Franconie. Elle fait partie du Comté de Henneberg & appartient au Landgrave de Hesse-Cassel. La Capitale[b] est Smalcalde, celebre par la Ligue que les Princes Protestans y firent pour la défense de leur Religion. Berthold VIII. Comte de Henneberg, acheta la Ville & la Seigneurie de Louïs & Sigebert, Comtes de Franckenstein.

[b] *D'Audifret Geogr. T. 3. p. 159.*

FRANCO, ou RIO FRANCO, Rivière de la Lombardie assez près d'Asti. Paul Diacre[c] en fait mention & le nomme *Francorum Rivulus*.

[c] *In Longobard.l.2.c.3.*

FRANCO-CASTRO, petit lieu de la Macedoine, au pied de Monte-Santo sur le Golphe. C'étoit autrefois, dit Mr. Baudrand[d], une Ville nommée Stratonice ou Stratonique. Voyez STRATONICE.

[d] *Ed. 1682.*

1. FRANÇOIS (les) Peuples de la France moderne. Ceux de l'ancienne sont nommez FRANCS lorsqu'il s'agit de temps fort reculez. Les Orientaux les nomment ALFRANG & FRANGUIS, ou comme d'autres écrivent FRANKIS. Ils ne donnent pas ce nom seulement aux François, mais aussi aux Allemands, aux Italiens, & aux Espagnols. Cette expression qui rend ce nom commun aux Peuples autrefois soumis à Charlemagne, Empereur d'Occident & Roi de France, semble avoir été inventée de son temps où l'on auroit donné le nom de François aux Nations renfermées dans l'Empire d'Occident qui étoit alors aux François.

2. FRANÇOIS[e] (LE CAP) Cap de l'Amerique Septentrionale sur la Côte de la Floride, au Midi de l'embouchure de la Rivière de Mai.

[e] *Baudrand Ed. 1705.*

L'ISLE FRANÇOISE. Voyez ISLE.

1. LE PORT FRANÇOIS[f], Port de l'Amerique Meridionale au Bresil, dans la Province de Pernambouc, à l'embouchure de la Rivière de St. Michel.

[f] *Ibid.*

2. LE PORT FRANÇOIS[g], Port dans l'Isle de St. Domingue, où les François ont des Colonies aussi-bien que les Espagnols.

[g] *Ibid.*

LA RIVIERE DES FRANÇOIS, Rivière de l'Amerique Septentrionale au Canada. Elle sort du Lac des Nissipiriens, & se décharge dans celui des Hurons.

FRANCOLI[h], petite Rivière d'Espagne dans la Catalogne, où elle arrose Montblanc & Tarragone & se jette peu après dans la Mediterranée. Les Anciens l'ont connue sous le nom de TULCIS.

[h] *Baudrand Ed. 1705.*

FRANCOLINO[i], Village d'Italie dans l'Etat de l'Eglise au Ferrarois. C'étoit autrefois une Place forte. Il est situé sur une des branches du Pô, à deux lieuës de Ferrare du côté du Nord.

[i] *Ibid.*

FRANCOLISI, ou TORRE DI FRANCOLISI, Bourgade du Royaume de Naples dans la terre de Labour, au confluent des deux Rivières dont se forme la Rivière nommée Saone ou Livignano, entre les Villes de Tiano & de Calvi, à trois milles & demi de la première & à quatre milles & demi de la seconde. Mr. Baudrand dit qu'elle étoit autrefois fameuse par ses eaux minerales.

[k] *Magin Ital.*

FRANCONIE, selon les François; FRANCKENLAND, selon les Allemands. C'est ce qu'on nomme souvent en Latin *Francia Orientalis*, ou *la France Orientale*, parceque ce fut le séjour des Francs avant leur établissement dans les Gaules qui sont à l'Occident de ce Païs-là. Tous les Francs ne quitterent pas ce Païs, & les Rois qui subjuguerent les Gaules peu à peu conserverent sur leur ancienne Patrie une autorité qui s'affoiblit peu à peu. Les Rois de la première race y établirent des Officiers pour la gouverner, & ceux-ci prirent la qualité de Ducs & dans la suite en devinrent propriétaires. La Franconie étoit possedée par divers Seigneurs lorsque Pepin fit donation de ce Duché à l'Evêque de Wurtzbourg. Ceux qui étoient en possession de ce Duché s'y maintinrent nonobstant cette donation; & c'est à dire vrai, elle ne leur étoit nullement préjudiciable puisque ce Prince avoit mis une clause qu'il ne lui donnoit que ce qui lui appartenoit, (*Quantum ejus ad se pertinebat*) c'est-à-dire, sauf le droit que pouvoient avoir les Possesseurs déjà jouïssans. Ces Ducs devinrent si puissans que Conrad, Duc de Franconie, fut le premier des Princes Allemands qui posseda l'Empire après les Descendans de Charlemagne. Il est, à proprement parler, le Fondateur de l'Empire d'Allemagne qui est un nouvel Empire diferent de l'Empire Romain & de l'Empire des François, avec lesquels il n'a aucun raport Géographique. Les Empereurs Conrad II. Henri III. Henri IV. & Henri V. étoient aussi de la Maison de Franconie. Ce dernier donna ce Duché à Conrad de Suabe son Neveu, qui fut depuis Empereur. Frederic, fils puisné de Conrad, étant mort de la peste au Siége de Rome l'an 1167. l'Empereur Frederic I. réünit le Duché de Franconie à l'Empire.

La Franconie peut avoir dans sa plus grande étendue du Septentrion au Midi trente-cinq lieuës & trente-huit d'Orient en Occident. La Thuringe la borne au Nord, la Suabe au Midi, le haut Palatinat à l'Orient, & le bas Palatinat à l'Occident.

La Religion Catholique est suivie en plusieurs endroits de cette Province, mais la Doctrine de Luther y est la dominante. Les P. Reformez y ont quelques Temples & les Juifs des Synagogues.

Les Rivières qui arrosent la Franconie sont le

le Mein, le Regnitz, l'Altmulla, Sala, & le Tauber, qui y prennent leurs sources. Elles rendent le milieu fertile en bleds, en vins, en fruits, & en pâturages. Il produit aussi des reglisses en abondance. Il est sterile sur les Frontiéres, étant entouré de Forêts & de montagnes incultes & pierreuses.

On trouve dans cette Province divers Etats; sçavoir

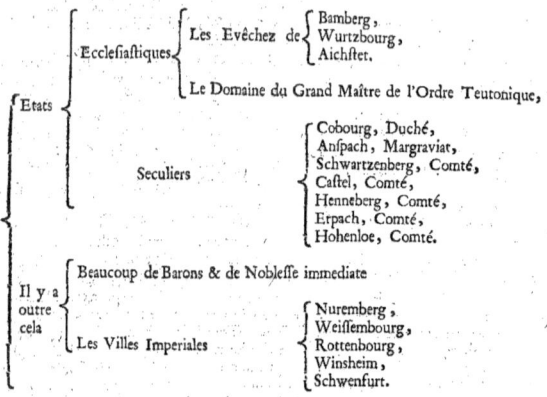

§. Cet Article est principalement tiré de la Géographie Historique de Mr. de la Forêt de Bourgon.

FRANCS. Voyez au mot FRANCE les diverses migrations de ce Peuple.

FRANCSTEIN. Voyez FRANCKENSTEIN 2.

FRANEKER[a], en Latin *Franequera*, Ville des Païs-Bas dans la Frise, au Westergoo, à deux lieües du Zuyder-Zee & autant de Lewarde & de Harlingen, entre l'une & l'autre Ville. Franeker tire son nom de celui d'un terrain labourable sur lequel elle a été bâtie. Ce terrain se nommoit en differens endroits *Fraen-Acker*, *Gods-Acker*, & *Dyl-Acker*. La première partie, qui est celle du milieu sur laquelle l'Eglise a été bâtie, a retenu son nom & l'a donné au reste de la Ville, quoique les deux autres parties ayent aussi en leur particulier conservé leur ancien nom. La Ville est renfermée d'un bon rempart, & ce rempart est entouré d'un fossé large & profond. Le Château est à une des extrêmitez de la Ville, & a servi quelquefois de demeure aux Gouverneurs: il a son fossé particulier dont l'eau baigne le pied des murailles qui sont flanquées de grosses tours de briques, & si fortes que le canon des Frisons qui assiégeoient Albert fils d'Henri, Electeur de Saxe, dans ce Château, ne put les entamer. Deux grands Canaux arrosent cette Ville, & contribuent également à sa propreté & à sa commodité. On y voit plusieurs Palais magnifiques bâtis de brique qui ont l'air d'autant de Châteaux. Ce sont plusieurs Gentilshommes qui les ont fait élever, & qui ont preferé le sejour de cette Ville à celui de beaucoup d'autres, à cause de la pureté de son air. La place du Marché est au milieu de la Ville, & presque toutes les ruës y aboutissent.

La grande Eglise autrefois dediée à St. Martin, étoit la seule Paroisse. L'édifice est beau & la tour bien élevée. Aujourd'hui les P. Reformez y font leur prêche, & le Couvent qui a appartenu à des Religieux de Ste. Croix, fondé en 1468. a été converti en Ecoles pour l'Université.

On tient que Franeker a été bâtie l'an 1191. sous le Regne de l'Empereur Henri VI. fils de Frederic Barberousse. Le Conseil de la Province y a été autrefois établi, mais on l'a transferé à Lewarde. Elle a de très-grands privileges, entre autres celui de se choisir des Magistrats, Consuls & Jurats. Ses Magistrats sont élus au nombre de six & nommez Bourgmestres, avec un Secretaire. Ce sont eux qui administrent la Justice, mais lorsqu'il s'agit de quelque cause de droit un peu difficile, ils appellent un Jurisconsulte à qui ils communiquent l'affaire; & le plus souvent ils jugent la different conformément à son avis. De ce Tribunal on peut appeller au Conseil souverain de la Province. Ils ne jugent cependant pas des crimes capitaux, car dans ce cas ils sont obligez d'envoyer les Coupables ou Accusez au Conseil souverain.

[b] En 1577. les Habitans chasserent les Magistrats de la Faction Espagnole, & se joignirent deux ans après pour toujours à l'union des Etats des Païs-Bas; & dans la suite les Etats de la Province de Frise y ont fondé une Academie ou Université pour toutes les Facultez qui est assez considerable par le nombre de ses Professeurs & de ses Ecoliers. Cette fondation se fit le 24. de Juillet 1585. Les environs de Franeker sont un peu plus élevez du côté du Septentrion & de l'Occident, & produisent du bled en abondance, mais les deux autres côtez sont marecageux, & en Hiver ils sont souvent couverts d'eau.

Les armes de la Ville sont d'azur à la cloche d'or bataillée de même.

FRANGHENEWRT; c'est ainsi que le nom

[a] Blaeu Desc. Urb. Belg.

[b] Longueruë Descr. de la France, II. part. pag. 31.

nom de la Ville de FRANCFORT se trouve écrit par le Moine Halitgarius dans la Vie de St. Faron[a].

☞ FRANGIS. Les Levantins nomment ainsi les Francs, c'est-à-dire, les Peuples d'Allemagne, d'Italie, & d'Espagne.

FRANGONES : quelques Critiques ont cru que c'étoit une Nation de laquelle Ciceron parle dans une de ses Lettres à Atticus[b]. Le mal est que les Critiques ne conviennent pas de la véritable maniére de lire ce passage. Victorius trouve dans les anciens Manuscrits *Redeo ad Tebassos, Scævas, Frangones*, &c. Junius, fondé sur un Manuscrit de la Bibliotheque Palatine, lit *Redeo ad te: Hassos, Suevos, Frangones*. Rhenanus[c] trouve dans un Manuscrit tiré de la Bibliotheque de Laurisheim, *Redeo ad te Bassos, Scacuas, Frangones*, ce qu'il croit devoir être, selon la pensée de Ciceron, *Redeo ad Betasios, Atuas, Vangiones*. Il examine ensuite chacun de ces Peuples, & croit prouver que cette leçon est la véritable. Si nous en croions Gronovius dans sa Note sur ce passage de Ciceron, où il cite la Germanie ancienne de Cluvier, Livre II. Chapitre 2. Cluvier s'éforcoit de lire dans ce même passage *ad tuos Bassos, Scævas, Frangones*. Ce que je puis assurer, c'est que dans le Chapitre cité Cluvier ne parle ni de près, ni de loin, ni du passage de Ciceron, ni d'aucun des Peuples qui y sont nommez. C'est dans le Chapitre 21. du même Livre que cela se trouve p. 207. Cluvier ne croit pas que ce soient des noms de quelques Nations qui fussent entre les Gaulois. Il juge au contraire que c'étoient les noms de quelques Romains de qualité, mauvais Citoyens, & malhonnêtes gens qui ayant pris leur part des brigandages & des liberalitez de Jules-César, ne pouvoient guéres se flater d'une possession tranquile tant que les Citoyens vertueux, tels que Ciceron & Atticus, seroient debout ; c'est-à-dire, en pouvoir de les chasser des biens usurpez sur les Sujets de la Republique Romaine, qui en étoient les véritables proprietaires.

FRANKENOFORD : c'est ainsi que le Moine de St. Gall nomme la Ville de FRANCFORT[d].

FRANQUEMONT, petite Ville ou Bourg de Suisse dans l'Evêché de Bâle. Ce lieu est sur le Doux, à deux ou trois lieuës de Delsberg ou Delmont. C'est le lieu principal de la Contrée qu'on apelle les Franches-Montagnes.

FRANS-EILAND. Voyez l'ISLE FRANÇOISE, au mot ISLE.

FRANSHERE : c'est ainsi que Flacourt & la Croix écrivent ce nom, que d'autres écrivent FANSHERE. Le premier[e] décrit ainsi cette Riviére qui, selon lui, est aussi nommée Riviére de RANEVATE ou d'IMOURS, & autrement RAHEHON. Elle a son embouchure dans la Province d'Androbeïzaha, ou Carcanossi, à 25. d. 18'. de latitude Sud, à trois lieuës du Fort Dauphin. Elle tire son origine de la montagne de Manghaze, & se grossit de plusieurs petits Ruisseaux & Riviéres qui descendent de plusieurs montagnes de cette Province, de la Riviére d'Acondre, de celle de Manambare, & de celle d'Andravoulle; puis

Tome II. Part. 2.

[a] Sæc. 2. Bened. p. 622.

[b] L. 14. Epist. 10.

[c] Rer. Germ. l. 2. p. 186.

[d] De Re. Diplom. l. 4. c. 60.

[e] Flacourt Hist. de Madagasc. c. 2. p. 4.

entre dans la Mer ayant son entrée bouchée la plupart de l'année, & elle ne se débouche point que par les grandes pluyes, ou bien quand la Mer est bien haute. Son eau jusqu'à une lieuë vers la terre est toujours salée, horsmis quand elle est débouchée. Il y a quantité de Crocodiles comme dans toutes les Riviéres de cette Isle. Vers son embouchure elle forme un étang d'une lieuë de large, & a tant de profondeur qu'un Navire y pourroit naviger si elle étoit toujours débouchée, ce qui se pourroit faire par artifice, & ainsi il y auroit le plus beau Port du Monde à mettre les Navires à l'abri. Il y a plusieurs Isles & Peninsules, & plusieurs belles prairies à nourrir du bétail, & les terres d'alentour sont très-excellentes pour planter toutes sortes de vivres. C'est un très-agréable Païs qui est environné de hautes montagnes & rempli de petites butes & plaines très-fertiles. Le long de cette Riviére & des autres qui y entrent sont les Bourgs des Grands du Païs, dont les principaux sont *Fanshere, Imanhal, Cocombes, Andravoulle, Ambonnetanaha, Maromamou, Imours, Manambaro, Vattemalame, Marofountouts, Fananghaa*, sans les autres Villages qui sont en grande quantité dans cette Province. Les Riviéres qui y descendent sont Acondre, Imanhal, Manambaro, & autres Ruisseaux qui seroient longs à nommer.

FRASCATI[f], en Latin *Tusculum novum*, parce qu'elle occupe à peu près le même terrain que le *Tusculum* des Anciens ; Ville d'Italie dans la Campagne de Rome, au pied d'une Côte avec un Evêché qui ne relève que du St. Siége, & qui est un des six qui sont optez par les six plus anciens Cardinaux. Elle est petite, mais fort connuë par les Maisons de plaisance & lieux de délices de quantité de Seigneurs & de Princes Romains qui les appellent des Vignes, & par la quantité des belles eaux qu'il y a, c'est à douze milles de Rome au Levant. Les plus beaux Palais & Jardins sont ceux des Princes Ludovisio, Borghese, & Aldobrandin.

[g] Le premier est rempli d'un grand nombre de tableaux exquis. En descendant à l'extrémité de la cour on se trouve sur une terrasse faite en demi-cercle & ornée de balustres. En deçà de cette terrasse il y a une Fontaine qui jette son eau fort haut & en abondance, & une autre qui n'en est pas éloignée. Celle-ci est faite en forme de bassin autour duquel s'élevent diferens jets d'eau d'une maniére fort agréable. La cascade qu'on y voit merite qu'on la considere. La source en est à deux milles; mais on lui a fait prendre un très-grand détour à cause des montagnes qui se sont rencontrées sur son chemin. Cette cascade jette son eau du sommet de la montagne, & la versant abondamment sur son penchant, elle coule jusqu'au pied du Rocher qu'elle mouille de tous côtez, n'étant pas plutôt tombée sur ce plan qu'elle paroître par une infinité de jets d'eau qui surprennent. Le long de la muraille, qui est bâtie dans la terrasse, on voit soixante petits bassins qui donnent leurs eaux en abondance. En quelque lieu qu'on se trouve dans ce beau jardin on est attaqué de l'eau de tous côtez, soit qu'on se promene dans les allées, soit qu'on monte ou descende

[f] Baudrand Ed. 1705.

[g] Corn. Dict. verifié sur les Lieux.

cende les degrez, soit qu'on passe par les portes, ou qu'on examine la cascade.

La Vigne du Prince Borghese, appellée autrement MONT-DRAGON, est à un mille de Frascati. La hauteur & la grandeur de son Palais, & sa situation sur le haut de la montagne, font donner la préférence à cette Maison sur toutes celles de Frascati. On voit delà la Ville de Rome, sa Campagne & la Mer, quoiqu'elle en soit éloignée. La cour est grande & bornée par trois ailes de bâtimens, qui outre leur belle Architecture se font admirer par leurs Sculptures délicatement travaillées, par leurs Peintures délicieuses, & par le grand nombre d'appartemens. Les Peintures sont autant de chefs-d'œuvres des plus excellens Peintres, des Carafes, de Raphael d'Urbin, de Zuccharo, du Dominicain, du Guide, de Michel-Ange, de Joseph d'Arpin, nommé communément le Josepin, & autres. Il y a une Gallerie où en entrant on remarque Orphée au milieu des animaux qui dansent au son de son Luth, & vis-à-vis à l'extrêmité de la même Gallerie il y a un tableau de Lancfranc qui représente la Fable de Polypheme. La Cene d'Albert Dure est admirée. Parmi plusieurs ouvrages de Sculpture on distingue dans une autre Gallerie deux bustes bien travaillez, l'un de Jules Cesar, & l'autre de Flavia. Dans une des chambres du Palais sont deux Grotes où des Fontaines jettent leurs eaux d'une agréable manière. La statuë de Bacchus est dans l'une & fournit quantité d'eau par une grappe de raisin. En descendant du Palais, on trouve deux terrasses l'une sur l'autre. La première, qui est la plus basse, est la plus grande & regne le long du corps de logis. Elle est toute bordée de balustrades, & de chaque côté sont deux fort belles Colonnes de pierre travertine fort élevées. De quelque côté qu'on regarde ce Palais, mais particulierement du jardin, on trouve toujours de nouveaux sujets de se satisfaire. D'un côté on découvre un portique fort estimé, soit pour la délicatesse de l'Architecture, soit pour ses statuës. Vis-à-vis de l'autre côté du jardin, il y a un bâtiment en croissant, où dans les enfoncemens des grotes qui s'y voyent on n'admire pas moins les belles Statuës & les jets d'eau qui s'y élevent de toutes parts, que la Girandole qui est au milieu de la place & qui remplit les oreilles d'un bruit épouvantable, imitant le tonnerre, la pluye & la grêle. Les deux autres côtez de ce jardin sont environnez de murailles, au-dessus desquelles sont plusieurs statuës d'espace en espace. Les jardins offrent de la même sorte de quoi contenter les Curieux. Il y a dans l'un une étenduë de près de deux arpents. On y voit six quarrez où l'on ne sait ce qu'on doit admirer le plus, ou les palissades de myrthe & de lauriers qui les ferment, ou la diversité des fleurs dont ils sont remplis, ou les Fontaines qui jettent leurs eaux dans chacun de ces quarrez. Plus loin sont plusieurs allées, aussi agréables pour leur longueur, que pour leur verdure de toutes couleurs, du vif, du naissant, sans parler des bois ombragez, ni des petites Forêts d'oliviers & de chênes verds qui y sont communs.

La Vigne du Cardinal Aldobrandin, qu'on appelle BELVEDER pour sa charmante situation & pour la diversité des belles choses qu'elle contient, surpasse toutes celles non seulement de Frascati, mais de toute l'Italie. Après avoir marché de la Ville environ un mille en montant par une large allée entre deux hayes vives, on arrive sur une terrasse faite en demi cercle, revêtu de pierre de taille, autour duquel sont des vases de pierre de distance en distance, sur une balustrade qui l'environne. Ces vases servent de caisse à des Myrtes, Orangers, Citronniers, & autres arbres de bonne odeur, & ensuite il y a une grote d'où sortent plusieurs Fontaines, & où sont quelques statuës qui jettent leurs eaux d'une maniere très-agréable. De cette terrasse on monte sur une autre palissade de Lauriers entre plusieurs figures, entremêlées d'autres arbres d'une perpetuelle verdure, qui font un objet tout charmant. En montant plus haut on rencontre le Palais qui ne consiste qu'en un grand corps de logis qu'il faut traverser pour entrer dans une grande place qui lui sert de cour. Si tôt qu'on a descendu du vestibule dans cette cour on voit au pied d'une montagne une grande grote faite en forme d'amphithéatre, du haut de laquelle l'eau descend d'une cascade entre deux rangs de petits bassins de pierre où elle jaillit agréablement, jusqu'à ce qu'elle arrive au-dessus d'une petite terrasse, où quelque precaution qu'on prenne, on ne peut éviter d'être mouillé. Là sont deux colonnes retorses de marbre; l'eau, qu'elles jettent fort haut, vient retomber pour s'écouler par les canules ou replis de ces colonnes jusqu'en bas, où toute cette eau s'étant assemblée, elle descend dans cette grote & y forme un objet très-agréable. On a fait venir cette grosse source d'eau de plus de cinq milles par un aqueduc qui fait cette cascade par sa chute sur le penchant de cette montagne dans l'espace de deux cens toises qu'elle a jusqu'à cette grote qui est divisée en cinq voutes ou arcades. Au-dessus de celle du milieu, on voit un Atlas chargé d'un globe qui représente le Monde. Ce globe est percé de tous côtez, & l'eau qui en sort en façon de pluye tombe sur un rocher à diverses pointes qui se jette au-dessous dans un grand bassin, au-dessus duquel plusieurs autres figures font jaillir leurs eaux de diferentes façons. Dans chacune des deux grotes qui sont à côté de celle d'Atlas, & qui jettent l'eau en grande abondance, il y a des statues plus grandes qu'à l'ordinaire, & dans deux autres qui sont voisines & vis-à-vis l'une de l'autre, à gauche, est représenté le Dieu Pan jouant du flageolet par le moyen du vent que l'on fait entrer adroitement par des tuiaux; & de l'autre côté il y a un Hippocentaure qui sonne du cor, se faisant entendre à plus d'une lieuë, ce qui se fait par le moyen de l'air que l'on tient renfermé & qu'on fait monter par un artifice merveilleux. A main droite proche la grote d'Atlas est la Salle des neuf Muses peinte par dedans, & représentant les metamorphoses d'Ovide. A l'extrêmité de cette salle les neuf Muses qui accompagnent Apollon sur le Parnasse, sont proprement vétues, avec leurs instrumens, dont par le moyen des eaux elles font un très-doux concert. Là le Cheval Pegase

FRA. FRA. 163

paſe en batant le roc du pied en fait ſortir l'eau. Là jouent les orgues dont l'eau fait hauſſer & baiſſer les ſouflets. Là s'entend le ramage des oiſeaux, ſi bien contrefait qu'on y eſt trompé. Là aux deux côtez du Parnaſſe ſont deux ſtatuës de Filles ſavantes reçues au nombre des Muſes. Là ſont des retraites de vents qui ſouflent ſans ceſſe un air frais par divers endroits en forme de ſoupiraux qu'ils font aller d'un côté & d'autre. Si on met une petite boule, pourvû qu'elle ſoit legere, ſur un petit trou qui eſt au milieu de cette ſale, le vent la porte & la fait danſer quelque temps en l'air ſans qu'elle tombe au milieu de la place qui eſt pavée à la Moſaïque, & qui fait face à cette grote. Il y a un grand baſſin, où un Lion jette de l'eau plus de vingt pieds de haut. Les deux pavillons qui accompagnent cette grotte ſervent de montées qui ſont couvertes de galeries, d'où l'on voit les deux rangées de petits baſſins qui regnent les uns après les autres le long de la caſcade de la montagne qu'il faut franchir, ſi on veut voir les choſes plus exactement, par un eſcalier de plus de deux cens degrez, où l'eau jaillit de toutes parts. On voit pluſieurs animaux qui ſe l'envoyent l'un à l'autre pour la vuider, de même comme étant d'intelligence à la recevoir, pour la renvoyer. Il y a d'ailleurs mille petites Fontaines ſecretes qui font qu'on ne peut monter ces degrez ſans être mouillé. Quand on eſt au haut on découvre toutes les merveilles de cette belle caſcade & les diferens compartimens du jardin de ce grand Palais.

a Baudrand Ed. 1705. FRASCHEA [a] (PUNTA DELLA) FRASCHIA, ou FRASKIA, Cap de la Côte Septentrionale de l'Iſle de Candie, à cinq lieuës de la Ville de Candie du côté du Nord, & vis-à-vis de l'Iſle de Santorini. On croit que c'eſt le *Dion Aromontorium* des Anciens, que d'autres placent au Cap de Saſſeſo, qui n'en eſt qu'à deux lieuës du côté du Couchant. *b La Guilletiere Athenes anc. & moderne.* C'eſt [b] un des meilleurs abris & des meilleurs ancrages de toute cette Iſle. On y peut faire de l'eau & l'on y faiſoit autrefois du bois, mais les travaux du Siége de Candie par les Turcs en ont beaucoup conſumé. Ce Fort eſt fort expoſé aux Venitiens qui ont grand ſoin de croiſer de ce côté-là en temps de Guerre.

FRASCOLARI, Riviére de Sicile dans la Vallée de Noto. Sa courſe, qui n'eſt pas fort longue, eſt diverſement décrite ſur les Cartes. Le P. Coronelli, dans ſon *Iſolario*, la prend pour l'*Oanus* des Anciens, & la fait ſerpenter du Nord au Sud. Mr. de l'Iſle lui donne un cours d'Orient en Occident. On la paſſe après la Camarina lorſqu'on va de Terranova à Sichili, & le lieu où l'on la paſſe eſt nommé *Paſſo di Sichili*. Elle eſt plus Orientale que la Camarina & que la Ville de même nom. Mrs. Baudrand, Mati & Corneille diſent le contraire, & ſe trompent.

c Baudrand Ibid. FRASERBOURG [c], bon Bourg d'Ecoſſe ſur la Côte Septentrionale du Comté de Buchan, à ſix ou ſept heuës du Bourg de Banf.

d Ital.p.146. FRASELONE, ſelon Léandre [d]; FRASINONE, ſelon Magin; FRASILONE, FRONSIGNONE, ou TRUSINO, ſelon Mr. Baudrand: Bourg d'Italie dans la Campagne de Rome, *Tome II.* PART. 2.

ſur une montagne près du bord Oriental de la petite Riviére de Coſa, au Sud-Sud-Eſt & à cinq milles de Veroli. C'étoit autrefois une Ville nommée *Fruſino*, de laquelle beaucoup d'anciens Auteurs ont parlé. Voyez ce mot. Ce lieu eſt auſſi à remarquer pour avoir été un Siége Epiſcopal, & la Patrie de deux Papes. ſavoir Hormiſdas & Sylvere, qui vecurent dans le VI. ſiécle de l'Egliſe.

FRASSINETO, ou FRASCINETO [e], *e Baudrand Ed. 1705.* Bourg d'Italie au Montferrat, près du Pô, environ une lieuë au-deſſous de Caſal. [f] Il a été *f Ortel. Theſaur. in voce FRAXINETUM.* connu des Hiſtoriens Luitprand, Blondo & autres ſous le nom de *Fraxinetum*.

FRAT. Voyez EUPHRATE.

FRATERIA, ou PHRATERIA, Ville de la Dacie, ſelon Ptolomée [g]. Niger veut que *g L.3.c.8.* le nom moderne ſoit JURGANO; mais ſi nous en croions Lazius [h] les Habitans la nomment *h R.P.R.* BROSSA & les Hongrois ZAZUARA; ſur les *12. Sect. 2.* bords de la Mariza. *c. 1.*

FRATRES, Lieu de la Mauritanie Ceſarienſe, ſelon Antonin [i]. Il le met à VI. milles *i Itiner.* de la Riviére Popletus, & à XXV. d'Artifica. Tous ces lieux ſont preſque également inconnus à préſent.

FRATTA [k], petite Ville d'Italie dans l'Etat *k Baudrand Ed. 1705.* de l'Egliſe en Ombrie, au Territoire de Citta di Caſtello. Elle eſt ſur le Tibre que l'on y paſſe ſur un pont. Cluvier a cru que c'étoit l'ancienne TUFICUM; mais on a trouvé depuis des maſures qui ſont dans la Marche d'Ancone, entre Fabriano & Matelica, d'où on a déterré des pierres qui portent le nom de *Tuficum*.

FRATUERTIUM, ancienne Ville de la grande Grece, dans la Calabre. Pline [l] en fait *l L. 3.c.11.* mention & la met dans le voiſinage d'Otrante.

FRATUOLUM, en Grec Φρατυόλου; Ville ancienne d'Italie au Territoire des Hirpins, ſelon Ptolomée [m]. Ses Interpretes donnent *m L. 3. c. 1.* Palo pour nom moderne.

FRAUBRUNNEN [n], autrefois Convent *n Delices de la Suiſſe T.* de Religieuſes en Suiſſe, au Païs Allemand *1. p. 126.* dans le voiſinage de Berne. On en a fait un Bailliage. Cet endroit eſt remarquable par la victoire que les Bernois y remporterent en 1374. ſur les Anglois conduits par Enguerrand de Couſſi, gendre d'Edouard Roi d'Angleterre, & fils de Catherine d'Autriche, fille de Leopold II. Duc d'Autriche, & ennemi mortel des Suiſſes. Les Bernois y ont érigé une colomne avec une inſcription pour en perpetuer la memoire. En 1605. près du Village de Kernried qui n'eſt pas éloigné de Fraubrunnen, deux petits Bergers trouverent un pot plein de vieilles pieces d'argent de bon aloy Romaine au nombre de 1500. Il y en avoit de Galba, de Titus, de Domitien, d'Hadrien & de tous les Empereurs ſuivans juſqu'à Dioclerien, & de quelques Imperatrices, des deux Fauſtines, mere & fille, de Lucille, de Plotille, de Julie, de Julie Soheme, de Julie Mammée &c. Les Bernois comme Souverains s'en ſaiſirent, & en ornerent leur Bibliotheque publique.

FRAUENBERG [o], ou FRAUENBOURG; *o Zeiler Topogr.* Cromer la nomme en Latin VARMIA, petite *Pruſſia p.* Ville de la Pruſſe Polonoiſe, dans le Hockerland, *26.*

land, attenant le Frisch-Haff. Elle appartient en propre à l'Evêque de Varmie & fut fondée l'an 1297. Sur la montagne est une Eglise Collegiale autour de laquelle sont logez les Chanoines qui sont des Gentilshommes Polonois, ou Allemands. C'est de ce Chapitre qu'étoit Chanoine Nicolas Copernic qui s'est rendu immortel par le Syftême d'Aftronomie qui porte son nom. On lui dispute la gloire de l'invention, mais on ne peut lui contefter celle de l'établiffement. Il y mourut l'an 1543. On lit fur son tombeau cette strophe qu'il avoit aparemment choisie pour son épitaphe :

Non parem Paulo veniam requiro,
Gratiam Petri neque posco; sed quam
In crucis ligno dederis latroni,
Sedulus oro.

Ce Chapitre a dans sa dépendance soixante & dix Villages, autant d'Etangs poissonneux, & deux Châteaux. Quelques-uns écrivent ce nom Frawenberg.

FRAUSTADT[a], petite Ville de Pologne aux Frontieres de la Silesie, & au Nord-Est de Glogau. Cette Ville est très-remarquable par la victoire que le General Suedois Reinschild y remporta le 14. de Fevrier l'an 1706. sur l'Armée Saxonne commandée par le General Schulenbourg, & renforcée de six mille Ruffiens commandez par le Lieutenant General Woftromirski. La défaite de ces derniers fut complette: elle ouvrit la Saxe aux Suedois & la laiffa, aussi bien que la Pologne & la Lithuanie, à la merci de Charles XII. qui traita ensuite ces Pays d'une maniere peu conforme à l'humanité & à la bonne foi ; car non content de s'être servi de la perfidie du Primat du Royaume pour faire couronner un nouveau Roi, il força le Roi legitime à reconnoître le Successeur qu'il lui donnoit, & loin de lui tenir parole en executant le Traité onéreux qu'il le força d'accepter, il acheva aprés la Paix de défoler les Etats d'Augufte, qui avoit cru les fauver en foufcrivant aux dures conditions qui lui avoient été impofées.

FRAWENFELD[b], Ville de Suisse dans le Thurgow dont elle eft la Capitale & le lieu où reside le Baillif que les Cantons y envoyent. Cette Ville n'eft pas grande ; mais sa situation est avantageuse sur une hauteur au pied de laquelle coule la Riviere de Murg qui se jette ensuite dans le Thur. Le Château du Baillif est à l'extrémité de la Ville sur un Rocher dont il occupe toute la capacité. Il y a deux Eglises, l'une à l'usage des Catholiques & l'autre à l'usage des P. Reformez. Cette derniere fut bâtie l'an 1649. Avant cette année-là les uns & les autres se servoient tour à tour de la même Eglise; mais les Proteftans s'y trouvant trop à l'étroit, resolurent de laiffer ce Temple aux Catholiques & d'en bâtir un autre pour eux. Les Cantons Catholiques Conseigneurs du Thurgow s'y opposerent d'abord. Les Cantons de Zurich & de Glaris appuierent les Proteftans; & enfin les Cantons Mediateurs firent que l'on acheva de bâtir la nouvelle Eglise, & que les Cantons qui s'y étoient oppofez y consentirent. On prétend que Ste. Helene,

[a] Divers Memoires du temps.

[b] Delices de la Suiffe T. 3. p. 471.

Mere de Conftantin le Grand, a fait un long sejour dans cet endroit, & que c'est à cause d'elle qu'on lui a donné le nom de *Frawenfeld*, c'est-à-dire, la Campagne des Dames. [c]Ce lieu a eu ses Seigneurs particuliers, & ensuite il est venu aux Comtes de Kibourg qui l'ont érigé en Ville. [d] L'Abbaye de Rychenaw a de grands droits dans cette Ville, & les Habitans étoient tous autrefois ses Sujets. Encore aujourd'hui ils prêtent serment à l'Abbé ; mais à condition que jamais il ne vendra ni n'aliénera en aucune maniere les droits qu'il a sur eux. La Ville a son Conseil & sa Chambre de Justice. On peut appeller de la Chambre de Justice aux VII. Cantons, mais non pas du Confeil. Quand il s'agit de punir à mort un malfaiteur, les Juges ordinaires au nombre de douze choisiffent douze autres personnes de la Ville, ou de la Campagne, pour les affifter. C'est un privilege qu'ils ont de l'Empereur Sigifmond.

FRAWEN-PRIESNITZ. Voyez Priesnitz.

FRAWENSTEIN, petite Ville d'Allemagne dans la haute Saxe & dans l'Ertzegeburg, sur la Riviere de Multe, à six lieues de Dresde vers le Midi.

FRAWENTHAL, Abbaye de filles en Suiffe au Canton de Zug, au bord de la Ruff.

1. FRAXINETUM. Voyez Frainet.
2. FRAXINETUM. Voyez Fraffineto.

1. FRAXINUM, Ville ancienne de l'Espagne. Antonin[e] femble la mettre dans la Betique. Il en parle deux fois, la premiere sur la route de Caftulon (*Caslona*) à Malaga, & l'autre sur la route de Lisbonne à Merida. On croit que c'est présentement Alphano, Bourg de Portugal dans la Province d'Alentejo, sur la route de Lisbone à Elvas.

2. FRAXINUM, en Espagnol el Fresno, Place forte d'Espagne dans l'Andalousie à 8. lieues de Cordoue vers le Nord.

3. FRAXINUM, en Espagnol el Fresno, Place forte de la vieille Castille, à quatre lieues d'Ofmo; au Midi en tirant vers Madrid.

§ FRAXINUS est le nom Latin de cette sorte d'arbre que nous appellons *Fresne* en François. Ainsi, *ad Fraxinum* signifie *au Fresne*, & peut-être un lieu qui n'ayant été d'abord remarquable que par un Fresne, l'est devenu ensuite par quelque chose de plus intereffant, & a pourtant conservé son premier nom. De même que l'on voit dans l'Itineraire d'Antonin des lieux nommez *ad Quercum*, *ad Pirum*. Pour ce qui est de Fraxinetum, il veut dire *un lieu planté de Fresnes*, ou en un mot une Fresnaye.

FREDELAS, ou en Latin FREDELATIUM, Ville de France dans le Languedoc, & de laquelle les Habitans ont été nommez Fredblacenses. Cette Ville a pris avec le temps le nom de Pamiez qui étoit celui du Château.

FREDDANO. Voyez Freddo 2.

1. FREDDO, Riviere de Sicile dans la Vallée Demona. Elle se décharge dans le Golphe de Ste. Thecle, entre le Golphe de Catane & l'embouchure de la Riviére de Cantara.

[c] Longuerue Defc. de la France 2. part. p. 201.
[d] Delices de la Suiffe L. c.

[e] Itiner.

FRE.

tara. C'est l'ACIS des Anciens. Voyez ce mot.

2. FREDDO, ou FREDDANO, en Latin *Frigidus* ou *Egelidus*, petite Rivière d'Italie en Toscane, où elle arrose le Territoire d'Arezzo.

FREDENBERG. Voyez FREUDENBERG.

FREDERICHS-BOURG. Voyez FRIEDERICHSBOURG.

FREGELLÆ, Ville & Colonie autrefois celebre en Italie dans le Latium, au Païs des Volsques. Elle étoit sur le Gariglian. Strabon[a] dit qu'après avoir été une Ville, ce n'étoit plus de son temps qu'un Village. L'Auteur du Livre adressé à Herennius[b] fait connoître que c'étoit en punition d'un crime que cette Ville, qui peu auparavant étoit un des ornemens de l'Italie, étoit si détruite qu'à peine en restoit-il quelques fondemens. Tite-Live[c] dit que le Territoire de cette Ville avoit appartenu aux Sidicins avant que d'appartenir aux Vôlsques. Silius[d] dit,

Hunc tristes luxere Fregella.

Sigonius, au raport du P. Lubin[e], veut que Fregelles ait été anciennement au lieu qu'on nomme à present PONTE-CORVO, en la Terre de Labour, sur la rive droite du Fleuve Gariglian proche d'Aquin, &, selon Cluvier, elle étoit bâtie au lieu où est à présent CEPERANO, petite Ville de la Campagne de Rome sur la même rive du Gariglian, à dix milles de Ponte-Corvo, vers l'Occident d'Eté.

§. Il y avoit aussi à Rome un lieu particulier nommé FREGELLÆ.

FREGENA, au singulier, selon Tite-Live[f], ou

FREGENÆ, au pluriel, selon Pline[g], ancienne Ville & Colonie de Toscane. Strabon[h] dit qu'elle étoit au bord de la Mer, en quoi il s'accorde avec ce que dit Tite-Live[i], que cette Colonie fut une de celles qui voulurent se dispenser de contribuer à la Flote que le Preteur C. Livius avoit ordre d'appareiller. Cette Ville, que le Blondo croit être nommée présentement PERGE, étoit, selon Antonin, à IX. milles d'*Alsium* qui est maintenant *Pale*.

FREGINATES, Peuple d'Italie dans la Campanie. Pline[k] au nombre des Colonies, & le R. P. Hardouin observe qu'il prenoit ce nom d'une Ville qu'il ne faut pas confondre avec *Fregenæ* de Toscane.

FREIBERG. Voyez FREYBERG.

FREIBOURG. Voyez FREYBOURG.

FREICHSTAT; c'est ainsi que Mrs. le Laboureur[l] & Corneille nomment une Ville de Hongrie. Voyez FREYSTADT 1.

FREIDENSTEIN, selon Mr. Baudrand. Voyez FRIEDENSTEIN.

FREINDESTAT, selon Mr. Corneille. Voyez FREUDENSTADT.

FREISHEIM, selon Mr. Baudrand. Voyez FRENSHEIM.

FREISINGEN[m], ou FRISINGHEN, Ville d'Allemagne, dans le Cercle de Baviere & dans l'Evêché dont elle est la Capitale, & auquel elle donne son nom. Cette Ville qui est assez jolie, est sur le haut d'une montagne dont le pied est arrosé par l'Iser presque à l'endroit où la petite Rivière de Mosach s'y jette. On la nommoit anciennement FRUXINUM, & si l'on en croit le Pape Pie II. elle fut bâtie par les Presidens de la Vindelicie. Elle fut entièrement brulée l'an 1159. & quelque temps après elle fut rebâtie par l'Evêque nommé Albert, assisté par l'Empereur Frederic I.

L'EVECHE' DE FREISINGHEN[n], Principauté Ecclesiastique & Souveraine en Allemagne, enclavée dans la Baviere entre les Villes de Munich & de Landshut. Il fut institué par St. Corbinien; mais les Ecrivains ne s'accordent pas sur le temps de sa fondation. Hundius la raporte vers la fin du regne de Tassillon II. qui donna à ce Prelat envoyé par le Pape Gregoire III. le Mont Fruxin, où il fit bâtir une Eglise qu'il dédia à St. Benoît, & acheta des neuf cens écus d'or que le Roi Pepin lui avoit donnez, les Fonds de *Maissa* ou *Maies* sur l'Inn, de Charzes, de Camina, & autres pour la subsistance des Moines qui desservoient cette Eglise. Aventin & Velser prétendent que cette fondation fut faite sous Theodon V. & ses fils Theodebalde, Grimoald & Hugibert par St. Corbinien dans un lieu nommé *Camina*, où il s'étoit refugié pour se garantir des piéges que lui avoit dressé Plectrude, femme de Grimoald: qu'il y fit construire une Eglise sous l'invocation de St. Valentin & de St. Zenon, & qu'il acheta un Champ voisin nommé *Cheries* de l'argent qu'il avoit eu de Pepin; & qu'après la mort de Grimoald, environ l'an 709. Hugibert le tira de ce lieu & le mit dans le Château de Freisinghen. Son frere nommé Erimbert lui succeda. Walton, qui fut le X. Evêque, obtint du Pape une Bulle par laquelle le Chapitre ne pouvoit élire pour Evêque qu'un Chanoine de la même Eglise. Louïs IV. lui donna l'an 920. la Cour Royale de Veringen avec ses dépendances. Othon y ajouta la Maison de Lac. Arnoul Duc de Baviere rendit à Wolfram, qui étoit le XIII. Evêque, les lieux de Maies & de Camina; Ste. Cunegonde femme de l'Empereur Henri II. fit donation à cette Eglise des Terres de *Ranterstorf*, *Hochpercach*, *Ostermuntingen*, & *Veltkirch*, avec les Decimes & autres droits. Englebert, Comte de Mospourg, en ayant été élu Evêque, incorpora son Patrimoine au Domaine de l'Evêché, & acheta l'an 1080. les Châteaux de Battenberch, d'Adalram, de Smittehausen. Otton fils de Leopold, Marquis d'Autriche, qui en a été le XXIII. Evêque, racheta tous les biens qui avoient été alienez par ses Predecesseurs, & fit racommoder toutes les Eglises & les Maisons qui en dépendoient. Cet Evêché n'a qu'une très-petite étendue. Les autres biens qui en dépendent sont situez dans la Baviere & dans les Païs hereditaires. [o]La Souveraineté s'étend sur XIII. Bailliages dont les principaux sont Freisinghen, Ismaningen sur la Rive de l'Iser, Burckrain, avec le Bourg d'Isen, Werdenfels, autrefois Comté aux Frontieres du Tirol, avec ses dépendances, Mittenwald, Partenkirch sur la Loisa. Les autres biens les plus remarquables de cet Evêché sont les Bailliages de *Hollenberg* & d'*Erzersdorf* en Autriche, la Seigneurie de *Lac* ou *Bischofslack*, dans la Carinthie, le Château

a L.5.p.237.
b L.4.c.15.
c l.8.c.22.
d l.5.v.543.
e Tabl. Geogr.
f l.36.c.3.
g l.3.c.5.
h l.5.p.225.
i l.c.
k l.3.c.5.
l Retour de la Marechale de Guebriant en France.
m D'Audifret Geogr. T.3.p.144.
n Ibid. p. 143.
o Souverains du Monde T.1 p.239.

teau de Rotenfels dans la haute Stirie, avec Oberweilen, Hirg dans le Tirol, & quelques terres dans la Baviere; mais il ne les possede que comme un particulier. L'Evêque de Freisinghen porte d'argent au Buste d'un Maure de sable, couronné d'or à l'antique, & vétu de gueules. L'Evêque a ses Officiers hereditaires, savoir le Baron de Seyboldsdorff, Grand Maître, le Comte de Preysing, Grand Echanson, le Sieur de Piensenau, Grand Maréchal, le Sr. de Raimdorf, Grand Chambellan.

[a] *Longuerue Desc. de la France 1. part. p. 364.*

FREJUS, ou Frejuls, Ville de France en Provence, dans l'étenduë de la Viguerie de Draguignan. Ce mot *Frejus* ou *Frejuls* est corrompu du Latin Forum Julii. Jules Cesar donna son nom à cette Ville, mais on ne sait pas précisément l'année de sa fondation: on voit seulement par une Lettre du General Plancus à Ciceron, que peu après la mort du Dictateur, *Forum Julii* (*Frejus*) étoit déja une Place considerable. Il est fait mention dans cette même Lettre de la Riviére d'Argent & du Pont d'Argent, *Argenteus*, qui ont conservé leur nom jusqu'aujourd'hui. On avoit même mené en ce lieu de Frejus une Colonie. C'est pourquoi Tacite, qui écrivoit sous Trajan, appelle Frejus (qui étoit la Patrie de son beau-pere Agricola) une Colonie illustre & ancienne. Elle pouvoit même être plus ancienne que Jules Cesar, puisque Pline[b] assure qu'on l'appelloit Colonia Pacensis; ce qu'on ne pouvoit faire, que parce qu'on y avoit conclu quelques Traitez de Paix avec les Naturels du Païs, qui avoient de la peine à se soûmettre aux Romains. On appella aussi cette Ville *Colonia Octavanorum*, à cause qu'on y établit des Soldats veterans de la 8. Legion. On appella encore Frejus, selon Pline, Classensis, (Pline dit *Classica*) parce qu'Auguste y établit un Arcenal pour la Marine dans son Port, qui étoit autrefois très-assuré, & capable de recevoir un grand nombre de Vaisseaux, mais qui est aujourd'hui comblé. On a voulu inutilement le retablir depuis deux cens ans; & cet endroit, qui a été autrefois couvert des eaux de la Mer, est à présent un Marais, ou une terre marécageuse, qui rend l'air de cette Ville mal-sain. Elle a eu pour les revolutions & le changement de domination, le même sort que le reste de la Provence. Les Sarrazins la ruinerent de fond en comble sur la fin du neuviéme siecle, & elle demeura plusieurs années déserte, à cause que les Barbares avoient leur principale Place d'armes dans un lieu nommé *Fraxinet*. Guillaume, Comte d'Arles, les chassa enfin de ce Païs-là vers l'an 970. Riculfe, Evêque de Frejus, rétablit dans la Ville Episcopale, & la fit fermer de murailles; ce qui obligea le Comte Guillaume à donner la moitié de la Ville & de son Territoire à l'Evêque & à l'Eglise de Frejus. Les Successeurs de Riculfe jouïrent de ce droit jusqu'à l'an 1189. Ce fut alors que Bertrand, Evêque de Frejus, ayant pris le parti de son frere Boniface Seigneur de Castellane, contre Alphonse Roi d'Arragon, Comte de Provence, il fit revolter la Ville, que ce Roi prit, & punit severement cet Evêque Alphonse, ôta même la Seigneurie de Frejus à cette Eglise, & reünit ce droit à son Domaine. Bertrand de Castellane n'est

[b] *l. 3. c. 4.*

pas dans les Catalogues communs des Evêques de Frejus, mais il doit avoir precedé l'Evêque Raymond, Confesseur d'Alphonse Roi d'Arragon, Comte de Provence, qui donna en consideration de ce Prelat l'an 1203, à l'Eglise de Frejus la Seigneurie entiére, & la Justice de la Ville & du Territoire de Frejus. Ce Roi Comte de Provence s'étant reservé, & à ses Successeurs, la punition des crimes capitaux.

Après la derniere division des Provinces Romaines dans les Gaules, Frejus fut mise dans la seconde Narbonnoise, mais ses Evêques reconnurent long-temps pour leurs Superieurs les Archevêques d'Arles, qui avoient sous leur jurisdiction les Païs qui sont entre le Rhône & les Alpes. Enfin dans la neuviéme siecle les Evêques de Frejus reconnurent pour Metropolitains ceux d'Aix, après que ceux-ci se furent mis en possession de la Dignité Archiépiscopale.

FREMINCOURT, autrefois Ville, presentement Village de l'Isle de France sur la Riviére d'Eure, que l'on y passe sur un Pont à une lieuë de la Ville de Dreux du côté du Levant. Mr. Baudrand[c] dit que c'étoit une Ville des anciens Carnutes, & que les Rois de France y ont eu un Palais qui est ruiné. Ce Palais ne se trouve ni entre les Maisons Royales du IV. Livre de la Diplomatique, ni dans la Notice des Gaules d'Hadrien de Valois, ni dans la Description de Mr. de Longuerue, quoique ces trois ouvrages soient remplis de recherches savantes sur cette matiere. Mr. Baudrand dit qu'en cet endroit étoit le fameux Autel des Druides dedié Virgini Parituræ, *à la Vierge qui devoit enfanter*.

[c] *Ed. 1682.*

FREMONA, Bourg d'Ethiopie dans l'Abissinie, au Royaume de Tigré vers la Riviére de Mareb[d]. Ce fut la premiere Residence des PP. Jesuites Portugais qui allerent rétablir le Christianisme dans cet Empire. Les Portugais l'augmenterent. On le nomme aussi Maiguagua[e]. Les PP. Jesuites y avoient bâti une Eglise, & les Portugais y avoient élevé une Citadelle avec du canon. [f]Quelques-uns dérivent le nom de Fremona de St. Frumentius, premier Evêque d'Ethiopie, nommé par corruption St. Fremonat. Ce Bourg est sur une haute colline, à cent trente-cinq milles de l'Isle de Mackua, presque au centre du Royaume.

[d] *Ludolf. Hist. Æthiop. l. a. c. 11. n. 18.*
[e] *Ibid. l. 3. c. 11. n. 30.*
[f] *Descr. de l'Empire de Prete-Jean. p. 19.*

FREMONT. Voiez Froid-Mont.

FRENAYE, ou Fresnaye, Forêt de Fresnes.

FRENDENBERG, selon Mr. Baudrand. Voiez Freudenberg.

FRENOXAMA, Montagne[g] du Japon, à quatre lieuës de la Ville de Meaco. Elle a trois lieuës de long & comprend treize Vallées fort agréables pour les Fontaines & les Ruisseaux dont elles sont arrosées. Il y a aussi sur cette montagne des Bois & des Forêts, & elle est environnée d'un grand Lac apellé Domi qui a trente lieuës de long, & qui est large de trois, excepté dans quelques endroits où sa largeur n'est que d'une lieuë. Il est si abondant en toute sorte de bons poissons qu'il suffit pour en fournir aux Habitans de la grande Ville de Meaco. Il y avoit dans ces treize Vallées trois mille huit cens Temples, & presque autant de

[g] *Hist. Ecclef. du Japon. T. 1. p. 44. & 45.*

de très-riches Monasteres, bâtis & fondez, comme portent les anciennes Histoires du Japon, par le Dairi, lequel étant alors Empereur de toutes les Isles, voulut que les plus signalez Bonzes de toutes les Sectes se retiraffent dans ces treize Vallées comme en un lieu paisible & délicieux, où ils n'euffent point d'autre occupation que de vaquer au Culte des Idoles. Et afin qu'ils ne fuffent point divertis de leur emploi par les neceffitez de la vie, il leur affigna deux cens mille écus de rente annuelle, avec deux grandes Bourgades qui faifoient alors partie de la grande Cité de Meaco, & qui font à préfent au pied de cette montagne. De plus, il ordonna aux Habitans de ces deux Bourgades de faire cuire tous les jours les vivres neceffaires à la nourriture des Bonzes, & de les leur porter bien affaifonnez. Alors la montagne de Frenoxama devint le Chef & le Seminaire de toutes les Sectes du Japon, parceque le fouverain Pontife de tous les Bonzes, apellé Xaco, ou Jaco, y faifoit fa refidence ordinaire. Mais comme le Dairi fut dépouillé de fes Etats par le Cubo, la plupart de ces Temples & de ces Monafteres furent ruinez. Cependant lorsque les Peres Jefuites arriverent au Japon, il y en avoit encore plus de cinq cens fur pied. Entre-autres un pour lequel les Rois & les grands Seigneurs du Japon ont tant de veneration qu'ils n'entreprennent prefque point de Guerre ni d'affaire d'importance qu'ils n'y envoyent quelque lampe, ou quelque autre préfent d'or ou d'argent.

a Zeyler Palat. Rhen. Topogr. p. 391

FRENSSHEIM[a], ou FRAINSHEIM, Bourg d'Allemagne au bas Palatinat, dans le Bailliage de Neuftadt. Mr. Baudrand écrit *Freisheim*. Ce lieu a apartenu autrefois au Duché de Deux-Ponts; mais l'Electeur Comte Palatin Frederic I. s'en faifit l'an 1471. & l'enleva au Comte Palatin Louis le Noir, Colonel de l'Empereur Frederic IV. & Bailli d'Alface. Il y a dans ce lieu une fource d'eau fi pure qu'il n'y en a gueres ailleurs qu'on lui puiffe comparer.

FRENTANA REGIO, ancien Païs d'Italie qui répond à ce que nous apellons préfentement l'Abruzze citerieure. *Pline la borne d'un côté par le *Tifernus*, aujourd'hui *Tiferno*, & de l'autre par l'*Aternus*, aujourd'hui *la Pefcara*. Ainfi il faut joindre à l'Abruzze citerieure partie du Comté de Moliffe.

[b] l.3.c.11.

FRENTANI. Pline[b] nous apprend que les Habitans de la Ville de LARINA, ou comme il les apelle, les *Larinates*, étoient furnommez *Frentani*. Le R. P. Hardouin obferve qu'ils avoient ce furnom à caufe de la Riviére *Frento*, aujourd'hui Fortore. Delà vient que Caton[c] nomme *Larinum* la Capitale du Peuple *Frentani*. Cette Capitale conferve encore l'ancien nom, & fe nomme *Larina* fur les Cartes de Magin. Elle eft du Comté de Moliffe, aux Frontieres de la Principauté ulterieure. Le même Pline[d] donne le furnom *Frentani* à un Péuple qu'il nomme *Anxani*, c'eft-à-dire aux Habitans d'Anxa, pour diftinguer cette Ville d'une autre Anxa qui n'étoit pas du Peuple *Frentani*, mais des Salentins. Ptolomée[e] donne aux *Frentani*, *Buba* que fes Interprétes rendent par *Pefchara* (Pefcara, felon Magin) & *Iftonium*, préfentement Guafto di Amone, fur la Côte,

c In Excerpt. Orig. p.136.

d l.3.c.12.

e l.3.c.1.

& *Anxanum* & *Larinum* plus avant dans les terres. Les *Frentani* étoient comptez entre les Samnites au raport d'Ortelius. Il ne faut pas confondre ce Peuple avec les *Ferentani*, ni avec les *Forentani* dont je parle dans l'Article de FERENTA.

FRESNES[f], une belle Maifon de Plaifance auprès de Paris, entre Claye & Meaux. La Chapelle de ce Château paffe pour tout ce qu'il y a de plus parfait dans ce genre-là, & eft du deffein de François Manfard, fameux Architecte. On avoit confié à cet habile homme la conduite du fuperbe édifice du Val-de-Grace, qu'il pouffa jufqu'au Rez-de chauffée. On la lui ôta pour lors, & cet Architecte en fut fi piqué qu'il ne fongea plus qu'à fe venger. Il entreprit pour cela la Chapelle du Château de Frefne pour Mr. de Guenegaud, Secretaire d'Etat. Il executa en petit le fuperbe deffein qu'il avoit imaginé pour le Val de Grace, & en fit la plus belle chofe du Royaume, comme en conviennent tous ceux qui ont le goût de la bonne Architecture. Le Château eft formé d'un feul corps de logis décoré de trois ordres d'Architecture. Le premier eft dorique compofé de deux colomnes élevées fur un perron de plufieurs marches, au milieu desquelles eft la porte accompagnée d'une niche de chaque côté remplie de fa figure. Le fecond ordre eft ruftique, & les deux côtez de la fenêtre du milieu font ornez chacun d'une colomne & furmontez d'un petit fronton dont l'entablement eft coupé. Sur ce fecond ordre regne une baluftrade de pierre interrompuë par cinq piedeftaux. La fenêtre eft decorée de deux pilaftres furmontés d'un grand fronton en arc, & le tout terminé par un campanille. Des deux côtez du Château s'avancent deux gros pavillons, aux extremitéz desquels font deux tours rondes engagées dans le vif du bâtiment. Il y a encore deux autres petits pavillons qui s'avancent plus que ces tours, & dont les angles font ruftiques. Le Château de Frefne appartient aujourd'hui à Mr. d'Agueffeau, Chancelier de France, & c'eft fa retraite depuis que ce grand homme n'eft plus dans l'exercice de fa Charge dont le Garde des Sceaux fait la fonction.

f Piganiol de la Force Defc. de la France T.2. p. 239.

1. FRESNO[g], Bourg d'Efpagne dans la vieille Caftille, à deux lieües de Borgo d'Ofma du côté du Midi. Son nom Latin eft *Fraxinum*.

g Baudrand Ed. 1705.

2. FRESNO, Bourg d'Efpagne dans l'Andaloufie, à huit lieües de la Ville de Cordoue du côté du Nord. Quelques Géographes mettent ni l'une ni en l'autre l'ancienne *Fraxinetum* des Sarrazins; mais elle n'étoit ni là, ni à *Fraffineto* en Italie, mais à FRAINET. Voyez ce mot.

FRESILIA, Ville d'Italie dans le Territoire des Marfes, felon Tite-Live[h].

h l.10.c.3.

FRESNEDA[i], Village d'Efpagne dans l'Andaloufie, aux confins de la nouvelle Caftille. C'eft-là que mourut Alphonfe III. Roi de Caftille, l'an 1157.

i Baudrand Ed. 1682.

FRESQUEL[k], Riviére de France dans le Languedoc, dans la Generalité de Touloufe. Elle a fa fource à St. Felix de Carmain, d'où ferpentant vers le Midi, puis vers l'Orient, elle reçoit auprès d'Alzone les Riviéres de Rioutir

k Carte des Generalit. de Montauban & de Touloufe par Jaillot.

tor & de *Bernaſſons*. Delà s'avançant vers le Midi elle paſſe à Penautier & va joindre le Canal Royal près de Carcaſſone, & ſe perd enfin dans l'Aude.

FRETEVAL[a], petite Ville de France en d'Orleans du Beauce dans le Dunois ſur le Loir, & non pas ſur la Loire, comme on lit dans le Dictionnaire François de Mr. Baudrand, à quatre lieuës au deſſus de Vendôme, & à ſix au-deſſous de Châteaudun.

[a] Carte de la General.
même.

☞ FRETUM, mot Latin dont les Anciens ſe ſont ſervis dans le ſens où nous employons celui de DETROIT, c'eſt-à-dire, pour ſignifier un bras de Mer, un paſſage étroit & reſſerré entre deux Côtes, tels que ſont le *Fare de Meſſine*, qu'ils nommoient *Fretum Siculum*; le *Detroit de Gibraltar*, qu'ils appelloient *Fretum Herculeum*, ou *Gaditanum*.

☞ FREUDENBERG. Mr. Baudrand preſere mal à propos FREDENBERG. Ce mot ſignifie MONTAGNE DE LA JOYE, ou *du plaiſir*.

1. FREUDENBERG, petite Ville d'Allemagne en Franconie ſur le Mein, au-deſſous de Wertheim.

2. FREUDENBERG[b], petite Ville d'Allemagne en Weteravie, à trois milles & demi de Hager & à un bon mille de Sigen, dans le Comté de Naſſau. Ce lieu eſt remarquable par le fer & l'acier que l'on y negocie. Mr. Baudrand écrit mal FRENDENBERG.

[b] Zeyler. Haſſ. & Vicin. Reg. Topogr. p. 33.

FREUDENSTADT[c], Ville d'Allemagne dans la Forêt noire, ſur le chemin de Tubing à Strasbourg, à cinq grands milles de la premiere, & à ſept de la ſeconde. Elle appartient au Duc de Wurtemberg, & n'eſt pas ancienne, car l'an 1600. le Duc Frideric de Wurtenberg & de Teck, Comte de Montbeliard, Seigneur de Heidenheim & Oberkirch, Seigneur Engagiſte du Duché d'Alençon, Chevalier des Ordres de France & d'Angleterre &c. choiſit au milieu de la Forêt noire un endroit où les Rivières prennent leur cours les unes à l'Orient pour tomber dans le Necker, les autres vers le Couchant pour aller joindre le Rhin. C'étoit un lieu déſert, un chemin abſolument impraticable l'Hiver, & très-dangereux l'Eté à cauſe des arbres renverſez. Il en fit défricher environ 2500. arpents, & y fit bâtir une jolie Ville ayant aſſez de terres labourables pour ſon beſoin. Il fournit de troupeaux néceſſaires, de maniere que dans la ſuite on y vit ſubſiſter trois cens cinquante Bourgeois, & plus de deux mille ames, outre plus de cinq cens pièces de gros bétail. Cet établiſſement fut d'autant plus utile que par-là on rendit praticable, ſûr & même commode ce paſſage pour les Voyageurs, tant à pied qu'à cheval ou en voiture. Les premiers Habitans de cette Ville la nommerent d'abord FRIDERICHSTADT en 1601. mais comme il y vint bien des gens exilez de la Styrie, de la Carinthie, & de la Carniole; & qu'il leur donna le bois néceſſaire pour bâtir des maiſons, ils changerent l'ancien nom en celui de *Freudenſtadt*, c'eſt-à-dire, VILLE DE LA JOYE. Mr. de l'Iſle conſultant plus la prononciation que l'Orthographe Allemande, écrit FREIDENSTADT, qui revient au même ſens. Mr. Baudrand écrit de même. Mr. Corneille, après

[c] Zeyler. Sueviæ Deſc. p. 29.

l'Auteur des Memoires & Plans Géographiques, écrit FREINDESTADT. On voit bien que ce mot eſt alteré de *Freidenſtadt* par la tranſpoſition de l'*n* de la ſeconde ſyllabe à la première. On pourroit ſoupçonner que l'Auteur que ſuit Mr. Corneille a voulu deriver ce nom de FREUND que les Allemands prononcent ſouvent comme *Freind*, & qui veut dire Ami. Mais il faudroit FREUNDENSTADT & non pas FREINDESTAT. Quoiqu'il en ſoit, voici la Deſcription qu'on en trouve dans les Memoires citez & dans le Dictionnaire de Mr. Corneille. Ce paſſage important défend l'entrée & la ſortie de la Forêt noire; c'eſt ce qui a obligé le Duc de Wirtemberg à le faire fortifier. Il a tracé dans le dedans de ſes travaux les alignemens d'une Ville dont les quatre principales rues doivent repondre en croix d'un côté à la place d'armes, & de l'autre aux quatre principales portes. Sa figure eſt un Heptagone irregulier avec ſes Foſſez & ſa contreſcarpe. Deux eminences de deux côtez differens commandent entierement la Ville. La plus haute & la plus proche voit abſolument dans le milieu de la place d'armes, & comme la ſituation de cette Ville eſt inégale, il y a des baſtions élevez qui voyent tout-à-fait ceux qui ſont à leurs côtez, & un de ces baſtions élevez gagne la défenſe des autres plus bas. Le terrain regne ſur ces éminences, qui eſt difficile pour la tranchée & autres travaux, & on ne pourroit pas approfondir plus de deux pieds à cauſe du Roc, mais l'abondance des faſcines que fourniroit la Forêt qui en eſt proche, avanceroit les ouvrages.

FREUDENTHAL[d], petite Ville de Sileſie dans la Principauté de Troppa, & à l'Occident de la Ville de Troppa.

[d] Zeiler Sileſ. Topogr. p. 139.

FREYBERG[e], Ville d'Allemagne en Miſnie, dans le Cercle d'Ertzegeburg, ſur la Riviére de la Mutte, & ſur les montagnes qui ſeparent la Miſnie d'avec la Boheme. Elle eſt aſſez grande, aſſez bien bâtie, & fort peuplée ſurtout, à cauſe des gens que les Mines des environs font ſubſiſter. Il y a à l'entour de ces Mines par centaines, & de toutes ſortes de metaux; mais la plupart ſont d'argent, de cuivre, d'étain & de plomb, ce qui fait valoir cette Ville, & apporte un grand profit à l'Electeur. On compta l'an 1540. du temps du Duc Henri de Saxe, qu'il y avoit dans cette Ville 32763. perſonnes au-deſſus de douze ans. Il y a deux places publiques ou marchez: dans l'un eſt l'Egliſe de Notre-Dame que le Duc Albert de Saxe fit bâtir du produit des Mines de Schneeberg, & qui fut conſacrée l'an 1480. L'an 1606. on voioit dans la Chapelle qui eſt derriere le grand Autel de cette Egliſe XXI. tombeaux ou mauſolées des Electeurs & Princes de la Maiſon de Saxe, décorez de divers travaux de marbre, & de ſtatues & figures de bronze. Cette Egliſe eſt à proprement parler le lieu ordinaire de la ſepulture des Princes de la Maiſon Electorale. Les autres Egliſes ſont St. Pierre, St. Nicolas & celle des Religieuſes de la Madelaine que l'on nomme das obere Kloſter, c'eſt-à-dire, le *Couvent d'enhaut*, par oppoſition à celui des Dominicains qui eſt nommé le *Couvent d'enbas* das untere Kloſter. Ce dernier fut fondé

[e] Zeyler Miſniæ &c. Topogr. p. 93.

en

FRE.

en 1210. Les Francifcains furent reçus à Freyberg l'an 1223. Avant les longues Guerres d'Allemagne on vantoit entre les édifices publics la Maifon de Ville, la Halle aux grains, la Monnoye, les Etuves, &c. Un Ruiffeau nommé le Muntzbach traverfe la Ville, & la Multe qui n'en paffe pas fort loin, y apporte du bois de la Boheme. Cette Ville doit fa naiffance à la découverte des Mines, qui attira dans cet endroit des perfonnes riches. L'an 1174. Otton, Margrave de Mifnie, commença à y bâtir une Ville que l'on nomma Freyberg, du mot $\mathfrak{Frey}$, libre, $\mathfrak{Berg}$, Montagne, ce qui eft exprimé dans ce Diftique Latin :

Fribergam indigena claro de nomine dicunt,
Libera de Foffis quafi ferret munera terris.

Cette Ville eft à quatre bons milles de Drefden, & les Saxons pour exprimer combien le fejour en eft délicieux, difent en proverbe, $\mathfrak{wan}$ $\mathfrak{leipfig}$ $\mathfrak{mein}$ $\mathfrak{were}$, $\mathfrak{fo}$ $\mathfrak{wolte}$ $\mathfrak{ich}$ $\mathfrak{bas}$ $\mathfrak{zu}$ $\mathfrak{Frey}$-$\mathfrak{berg}$ $\mathfrak{verzehren}$; c'eft-à-dire, *fi Leipfig étoit à moi, je le voudrois dépenfer à Freyberg.* Cette Ville a été plufieurs fois prefque entièrement détruite par des incendies en 1375. 1386. 1471. Elle fut prife par les Imperiaux en 1632. Elle foutint plufieurs fiéges durant la longue Guerre des Suedois contre l'Empereur, comme on peut voir plus au long dans ceux qui en ont écrit l'Hiftoire. Mr. Baudrand la nomme mal FRIDBERG, & n'en fait qu'une petite Ville.

a *Delices de la Suiffe* T. 2. p. 346.

2. FREYBERG^a, Montagne de Suiffe au Canton de Glaris. Elle fepare le Linthal d'une petite Vallée où coule la Sernft, Riviére qui peu après fe joint avec la Lint. La Montagne Franche (*Freyberg*) eft nommée ainfi parcequ'elle n'eft à perfonne en particulier, & que le gros & le menu gibier y peut paître en toute liberté, n'étant permis à perfonne d'y chaffer fous peine de mort. Mais lorfqu'un homme du Païs fe marie, c'eft la coutume que des Chaffeurs fermentez vont dans cette montagne par ordre du Magiftrat, & tuent deux Chamois pour l'Epoux & autant pour l'Epoufe, & ils ont la peau pour leur peine. C'eft ce qui fait que cette montagne fourmille de Chamois & d'autres bêtes fauvages.

b *Zeyler Mifniæ &c. Topogr.* p. 85.

FREYBOURG^b, petite Ville d'Allemagne dans la Thuringe, fur l'Unftrut. Il y avoit une Fortereffe nommée Naumbourg, fut achevée l'an 1075. mais l'Empereur Adolphe facagea la Ville, la mit à feu & à fang & détruifit la Fortereffe.

FREYEN AEMPTER, c'eft-à-dire, les c *Delices de* FRANCS BAILLIAGES, Contrée de Suiffe^c, la Suiffe T. qui comprend un Païs long & étroit le long de 3. p. 460. la Ruf, à l'Occident de cette Riviére, entre les Cantons de Zurich & de Berne, commençant au-deffus de Meyenberg & finiffant au-deffous de Mellingen. Ce quartier comprend (outre Bremgarten & Mellingen, Villes fituées fur la Ruf) trois gros Bourgs, favoir MEYENBERG, RICHENSEE, & NIDERWYL; plufieurs Villages, comme *Filmeringen*, ou *Filmergen*, *Wollen*, *Hegglingen*, *Sarmenftorf*, *Boffwyl* &c. comme auffi les Couvens de *Mury*, *Hermetfchwyl*, *Gnadethal* &c. Les trois Bourgs dont je viens de parler faifoient autrefois cha-

Tome II. Part. 2.

FRE. 169

cun une Seigneurie particuliére, franche & indépendante, ce qui leur a fait donner le nom qu'ils portent. Toutes ces terres compofoient autrefois le Comté de RORE. ^d Les Baillifs d Ibid. p. n'y refident pas, & quand ils y viennent ils 465. logent au Couvent de Muri.

FREYHAN^e, ou FREYHAM, petite Vil- e *Zeyler* le de Silefie, dans la Baronie de Militfch, aux Silef. To- Frontiéres de Pologne. pog. p. 140.

FREYSACH. Voyez FRIESACH.

1. FREYSTADT, ou FREISTADT. Mr. Corneille écrit mal *Freichftadt*, Ville de la haute Hongrie au Comté de Neitra fur le Wag, à environ dix-fept lieuës de fon embouchure dans le Danube, au raport d'Edouard Brown^f. f Voyages Elle eft fur la Rive Orientale de cette Riviére, p. 4. vis-à-vis de Leopoldftadt qui en eft à l'Occident; & ^g que l'on a bâti après la perte de Neu- g Ibid. p. 28. haufel, deforte que Leopoldftadt peut paffer pour la Ville neuve, & en quelque forte pour la Forterefe de Freyftadt. Cette derniere, à favoir Freyftadr, étoit fort belle avant que les Turcs l'euffent brûlée. Le Laboureur^h dit h *Retour de* que cette Ville étoit toute Proteftante quand le la Maréchale Comte Michel Turzo, qui en étoit Seigneur, de Guebriant fe reconcilia avec l'Eglife Romaine. Plufieurs en France. fuivirent fon exemple. On voit fon Epitaphe dans l'Eglife des Cordeliers qui eft affez belle. Ses armes y font renverfées avec le Timbre deffous, ce qui fe fait dans ce Royaume après la mort du dernier d'une famille. Ce Comte n'ayant point laiffé d'enfans, fa terre, dont les Mâles feuls pouvoient heriter, fut dévolue à l'Empereur qui la vendit au Comte Forgach, auffi Catholique. Il a fon Château à une portée de moufquet de la Ville. C'eft un vieux bâtiment de pierre à mi-côte, affez capable de défenfe, d'où l'on a une vûë affez agréable, tant fur la Riviére que de l'autre côté. Edouard Brownⁱ, qui a vu cette Ville dans le i l. c. temps qu'elle étoit fous la domination des p. 126. Turcs, en parle ainfi: Les Lutheriens y avoient une Ecole ou College, mais il a été ruiné auffi bien que tous les autres bâtimens de cette Ville... On éleve les enfans d'une maniére un peu rude, & les femmes ne fe marient que rarement. Ils fe baignent fort fouvent & aiment à fuer dans les étuves & à avoir toujours leurs pieds dans de l'eau chaude. Il y a que douze Religieux dans le Couvent des Capucins, & les Catholiques-Romains ont fort peu d'autres Prêtres dans ces quartiers, fi ce n'eft quelques Moines.

2. FREYSTADT, Bourg ou petite Ville d'Autriche dans le quartier du Muhl, à la Source de la Riviére de Waldaïft, à fix lieuës de la Ville de Mathaufen du côté du Nord. Mr. Baudrand & quelques autres écrivent ce mot par un I. fimple, FREISTAT, ce qui eft une Orthographe vicieufe.

3. FREYSTADT^k, Ville de Silefie au h *Zeyler Si-* Duché de Glogau, fur le Ruiffeau de Siger, lef. Topogr. à cinq milles d'Allemagne de Glogau, au Cou- p. 140. chant d'Eté en allant à Croffen, & à feize de Breflau, à trois de Sprottau, de Sagan, de Grunberg, & de Beuten. Les Polonois la nomment COZUCHOVIA, des Pelleteries, parcequ'il y a beaucoup d'Allemands établis qui travaillent en fourures. Le Château eft du côté du Nord. Le Docteur Joachim Cureus dit

Y

FRE. FRI.

dit dans sa Chronique de Silesie, que cette Ville, qu'il nomme ELEUTHEROPOLIS ELISIORUM, joüit d'un air très-pur & très-sain; ce qui pourroit être vrai si les ordures dont les eaux sont infectées par les Ouvriers, ne corrompoient pas l'air, desorte que la Phthisie est une maladie commune & presque hereditaire à beaucoup d'Habitans. Le terroir des environs est sablonneux en partie, & en partie pierreux. Jean Duc de Sagan, à qui cette Ville appartenoit, la fit piller par ses Bohemiens, & y fit mettre le feu, desorte qu'il n'en resta que le Château, le Presbytere & l'Ecole. Les Hongrois prirent ce Château après la prise de Glogau; & après la mort de Mathias Roi de Hongrie, le territoire de Freystat fut cedé aux Polonois, puis aux Bohemiens, & ensuite par échange à Barthelemi de Munsterberg. Celui-ci ayant été noyé dans le Danube, la Ville avec ses dépendances passa à un homme de qualité nommé Jean de Rechenberg qui avoit commandé de la Cavalerie en Hongrie, en Moscovie & en Prusse, & s'y étoit signalé. Ce Seigneur, qui fit beaucoup de bien à Freystadt, mourut l'an 1537. Cette Ville eut sa part des malheurs que causa la Guerre civile d'Allemagne, & fut prise par les Suedois & par les Imperiaux tour à tour.

4. FREYSTADT[a], que l'on nomme FREYSTATLEIN, ou *la petite Freystat*, petite Ville de Silesie dans la Principauté de Teschen[b], au Nord Occidental de la Ville de Teschen, en descendant la Riviére d'Elsa, qui va se perdre dans l'Oder, à Oderberg. Cette petite Ville est sur la route de Cracovie à Vienne; c'est ce qui contribue le plus à la faire connoître. Les Itineraires Allemands[c] comptent 29. milles d'Ostra à Freystatlein, & 31. de Freystatlein à Strümmen.

5. FREYSTADT, Bourg du Royaume de Prusse dans la *Pomesanie*, & non pas *Pomeranie*, comme on lit mal à propos dans le Dictionnaire François de Mr. Baudrand. La premiere étant au-delà de la Wistule, & la seconde bien en deçà. Elle est entre Lessen & Rosenberg (Risenbourg) dit Zeyler. Elle est au Midi & à deux heures & demie de chemin[d], vers les Frontiéres de Pologne & du Palatinat de Culm.

FREYWALDAW,[e] que quelques-uns nomment FREYWALDE, petite Ville de Silesie dans le Neissnisch & dans la Principauté de Grodeka, près de la Source de la Biele qui se jette dans la Neisse, auprès de la Ville de Neisse. Freywaldau est aux confins de la Moravie.

§ Melchias Néel, cité par Zeyler[f], trouve une autre Freywalde en Silesie dans la Principauté de Sagan. Mais Zeyler qui avoit fort étudié ce Païs-là, dit qu'il n'en a trouvé aucune trace ni dans les Chroniques de Silesie, ni ailleurs.

FRIAS, petite Ville d'Espagne dans la vieille Castille, sur une montagne proche de la Riviére de l'Ebre, à neuf lieuës au-dessus de Miranda de Ebro, à trois lieuës de Burgos. Mr. de Vairac[g] dit qu'elle est considérable. Elle fut érigée en Duché par Ferdinand & Isabelle en faveur de D. Bernardin Fernandes de Velasco, surnommé le Grand, troisiéme Comte de Haro, Seigneur de Medina del Pomar, de Frias & de Virviesca, & septiéme Connétable de Castille, mais second de sa Maison; car D. Pedro Fernandes de Velasco son Pere & Camarero Mayor du Roi D. Jean II. fut le premier pourvu de cette Dignité en 1473. laquelle a demeuré depuis ce temps-là comme hereditaire dans cette illustre famille, n'étant auparavant que personnelle, desorte que ces Seigneurs sont plus connus par le nom de Connétables de Castille que par celui de Ducs de Frias. La Ville de Frias fait partie du Mayorazgo que le premier Comte de Haro fonda l'an 1458. pour les aînez de sa posterité masculine, avec substitution de celle de son frere, & exclusion des femmes. Le Marquis de Fresno est de la même Maison que le Duc de Frias, & son plus proche parent.

1. FRIBOURG[h], l'usage est pour cette Orthographe; la raison voudroit que l'on écrivît FREYBOURG, comme l'écrivent les Allemands; Ville d'Allemagne dans le Brisgow dont elle est la Capitale. Elle n'est pas ancienne, & ce n'étoit qu'un Village qui s'étoit formé de gens qui travailloient aux Mines des environs; car à un mille de Brisach il y avoit autrefois de fort bonnes Mines dont le produit a servi à bâtir cet endroit, & les Monasteres & les Eglises qu'on y voit. L'année de la fondation de Fribourg qui fut 1120. & le nom de son Fondateur Berchtold Duc de Zaringen, sont marquez dans ces deux Vers Latins:

Anno milleno, centeno, bis quoque deno,
Friburg fundatur, Berchtoldus Dux dominatur.

Les Ducs de Zaringen étant morts sans posterité masculine, Agnès Sœur de Berchtold V. dernier Duc, & Epouse d'Egon Comte de Furstenberg, eut en 1218. cette Ville avec tout le Brisgow, & leur posterité en joüit jusqu'à l'année 1366. ou 67. qu'un Comte Egon eut Guerre avec les Bourgeois: il y eut un combat où il perit plus de mille de ceux-ci. Ensuite l'Evêque de Constance, ceux de Strasbourg & de Basle s'entremirent pour moyenner un accord dont les conditions furent, que le Comte se contenteroit de 12000. Guldes (dont il acheta la Seigneurie de Badenweiler) & céderoit la Prevôté de Fribourg, comme on l'appelloit alors, à son Cousin le Prince d'Autriche. Cette Transaction se fit en 1386. & c'est ainsi que cette Ville parvint à la Maison d'Autriche qui la possede encore à présent, quoiqu'elle ait été prise plusieurs fois par les François; nommément par le Marechal de Crequi en Novembre 1677. Elle fut cedée à la France par le Traité de Nimegue, & renduë par celui de Ryswyck. Le Marechal de Villars la prit en 1713. après un siège fort opiniâtre, & la France la rendit l'année suivante à l'Empereur par le V. Article du Traité de Radstadt, avec le Fort de St. Pierre, le Fort de l'Etoile & tous les autres Forts construits où reparez sà ou ailleurs dans la Forêt noire, ou dans le reste du Brisgow, avec les Villages de *Lehem, Merzhausen, & Kirchzarten*; avec tous leurs droits &c. Cette Ville est extrêmement forte, & les travaux s'étendent sur toute la montagne. Quatre choses meritent d'être remarquées touchant cet-

---

[a] Zeyler Silef. Topog. p. 141.
[b] Samson Atlas.
[c] Europæische Reisen p. 425.
[d] Homan Regn. Borussi.
[e] Silesi. Topogr. p. 141.
[f] Ibid.
[g] Etat de l'Espagne T. 5. au T. 3. p. 79.
[h] Zeyler Alsat. Topogr. p. 18. & seq.

cette Ville. 1. La grande Eglise dont la Tour est singuliere par sa hauteur & par sa structure depuis le rez de chaussée jusqu'au sommet, étant de pierres de taille sculptées & ouvragées, & il n'y a dans toute l'Allemagne que la Tour de Strasbourg qu'on lui puisse comparer. C'est dans cette Eglise que reposent Berchtold V. dernier Duc de Zaringen, & les Comtes de Fribourg ses Successeurs. Il y avoit autrefois deux Chapitres, savoir celui de Fribourg, & celui de Basle qui après la P. Reformation en Suisse s'étoit refugié en cette Ville. Ce dernier est présentement à Arlesheim. Il y a des Couvens de Dominicains, de Capucins &c. avec un College de Jésuites. 2. L'Université fondée par Albert Duc d'Autriche l'an 1450. Les PP. Jesuites y enseignent la Theologie & la Philosophie. Des Professeurs seculiers y enseignent le Droit & la Medecine. Il y a outre cela un très-beau College nommé le College de la Sapience, où l'on enseigne toutes les Facultez. 3. Les Ruisseaux qui traversent la Ville, & dont tout son territoire est arrosé d'une eau fraiche qui ne se glace point l'Hyver. La *Trison* Riviére abondante en poisson, passe tout auprès de la Ville. 4. L'art de polir le cristal, les grenats, le jaspe, le coral, la Calcedoine, & autres pierres précieuses, en quoi l'on excelle dans cette Ville.

2. FRIBOURG, en Lorraine. C'est une Châtellenie à l'Orient de la Terre de Marsal, sur le chemin d'Alsace, & confine à la Seigneurie de la Garde. Ce lieu étoit de l'ancien domaine de l'Eglise de Metz; mais il ne fut bâti que vers l'an 1340. par Pierre, Vicaire de l'Evêché, retiré à Vic & banni de Metz, pour s'être opposé aux violences que les Messins faisoient aux Ecclesiastiques. Il fit faire ce Château pour l'Evêque de Metz, & ses Successeurs, & il a toujours fait partie de leur domaine jusqu'à présent. L'Evêché étoit alors possedé par Henri Frere de Humbert, dernier Dauphin de Viennois.

3. FRIBOURG, ou FRIBERG, ancienne Ville d'Allemagne dans la basse Styrie. [a] Zeyler prefere le second de ces noms; mais Lazius[b] prefere le premier. Il la regarde comme une des plus anciennes Villes du Païs, puisqu'il la prend pour l'ancienne CARDABIANCA que le Livre des Notices[c] place dans la Valerie Ripense. [d] Ce lieu n'est que très-peu de chose, & merite à peine le nom de Bourg. Cependant il jouït de tous les avantages d'une bonne Ville, tant par les beaux privileges que par le negoce qui s'y fait, à cause qu'il est sur les Frontieres de Hongrie. Il est dans le quartier de Varau, ou *Vara*, sur le Ruisseau de PINCK, ou *Binca*, qui coulant vers l'Orient arrose les Frontieres de la Hongrie & se perd auprès du Raab auprès du Château & du Bourg de Kermynd, ou Kermend.

4. FRIBOURG[e], ou FRIDBOURG, bon Bourg d'Allemagne en Baviere, auprès de la Forêt de Hönhard, aux Frontieres de la haute Autriche, & du territoire de Saltzbourg. Il a une jurisdiction sous laquelle sont le Bourg de MATIKOFEN, sur le Ruisseau de MATICH qui se jette dans l'Inn; un Monastere, un Château, sept Terres nobles, & quelques Villages.

Tome II. Part. 2.

[a] Stiriæ &c. Topograph.
[b] De R. P. R.l.12 Sect. 3.c.8.
[c] Sect. 57.
[d] Zeyler ibid.

[e] Zeyler Bavar. Topogr. p.75.

5. FRIBOURG[f], en Suisse, autrement *Frybourg*, ou *Freiburg*, Capitale du Canton de même nom. Elle est sur le bord de la Riviére de Sane qui l'environne de tous côtez; & se trouve à six lieuës de Berne. Fribourg est une grande & belle Ville, dont la situation est tout-à-fait extraordinaire. Il n'y a que la partie Occidentale de cette Ville qui soit dans la plaine & un peu unie: tout le reste est bâti parmi des Rochers & des Côteaux, de façon que de quelque côté qu'on y marche, il faut monter ou descendre. Comme [g] elle s'est accruë en differens tems elle est aussi divisée en IV. quartiers. Le premier est appellé le *Bourg*; le second *l'Isle*, ou *le Pré*; le troisiéme *la Ville neuve*, & le quatrieme *l'Hôpital*.

Les Ruës[h] de Fribourg sont propres & larges, bordées de belles maisons & de divers édifices publics, la plupart religieux, ornez magnifiquement. On y remarque principalement la Cathedrale dediée à St. Nicolas, qui est au milieu de la Ville. Elle est grande, fort parée, & la dorure n'y est pas épargnée tant au dehors qu'au-dedans. Le grand portail est garni de plusieurs statuës de Saints dont les têtes sont couronnées de couronnes de papier doré & d'autres clinquans. Au-dehors de ce portail s'éleve un magnifique Clocher fort haut qui fut fondé l'an 1283. On voit dans cette Eglise derriere le grand Autel, une Inscription par laquelle les Fribourgeois & les autres Cantons Catholiques ont voulu perpetuer la memoire de leur Alliance avec l'Espagne. En voici les termes:

Philippo II. Hispaniarum Regi
Terra marique victori, fidei
Catholicæ Protectori, Pomponius
De la Croix Helvetios fœdere
Junxit anno M. D. LXXVII.

L'Eglise de Nôtre-Dame est tout auprès de celle-là, n'y ayant que la ruë entre-deux, mais elle est petite & ne paroît pas plus auprès de l'autre que comme un enfant auprès d'un Géant.

Les Jesuites ont une fort belle maison à Fribourg; elle est située sur une hauteur dans le quartier le plus élevé de la Ville, qui la commande toute; & l'on en pourroit faire en cas de besoin une Citadelle: il n'y manque que du canon. Cette maison fut fondée l'an 1604. avec un College & une Eglise. Elle est bornée d'un grand & profond Etang qu'il faut passer sur un pont pour y entrer. On y monte de la Ville par un escalier couvert qui a quelques centaines de marches. On voit dans l'Eglise le tombeau du P. Canisius qui fut un des piliers de la Catholicité chancelante à Fribourg, & qui y mourut en l'an 1567. On voit encore dans cette Ville le Couvent des Augustins fondé en 1245. où il y a un magnifique Autel: celui des Cordeliers fondé l'an 1237. où il y a une représentation de *Danse de morts*: & celui des Religieuses, qui est parmi des Rochers sur une pointe de terre, au bord de la Riviére, à l'extrémité de la Ville.

La Sane, dont le lit est profond, coule dans ce lieu, au pied des Rochers escarpez dont la

[f] Delices de la Suisse pag. 383.

[g] Longuerue Descr. de la France, part. II. p.284.

[h] Delices de la Suisse, pag. 383.

Y 2 Vil-

Ville est en partie soutenuë, en partie défenduë. L'Hôtel de Ville est sur un de ces Rochers, ayant vuë sur la Sane par derriere. Il fut bâti en 1505. à l'endroit où étoit autrefois un Château fort nommé *Breye Burg*, qui a été le commencement de la Ville.

La Ville de Fribourg est attachée, avec tout son Canton, à la Religion Catholique; & pour le Gouvernement spirituel, elle dépend de l'Evêque titulaire de Lausanne, qui fait sa résidence à Fribourg, depuis que Sebastien de Montfaucon, dernier Evêque de Lausanne, a été chassé par les Bernois. Les revenus de l'Evêché ont bien diminué, car on prétend qu'ils ne vont pas aujourd'hui à plus de deux mille écus.

[a] *a Longuerue Desc. de la France part. II. p. 284.* "Il y a dans Fribourg deux Conseils, le grand composé de 200. personnes, & le petit de 24. dont l'élection se fait tous les ans le Dimanche devant la Saint Jean. Le petit Conseil a le Gouvernement de la Ville & decide les appels des Juges du Canton. Les appels des Juges des Bailliages du Païs de Vaud, conquis sur la Maison de Savoye, se vuident par des Commissaires tirez des deux Conseils. Le principal Magistrat qui préside aux deux Conseils, a la qualité d'Avoïer, & il est élu par tout le Peuple le jour de la St. Jean. Après l'Avoïer il y a quatre Capitaines de quartiers, qu'on nomme *Banderets* ou *Grands Enseignes*.

[b] *b Delices de la Suisse pag. 388.* "La Ville de Fribourg est moitié *Allemande*, moitié *Romande*; ou pour mieux dire, les deux Langues y sont également en usage; & si les Fribourgeois n'étoient obligez de cultiver la Langue Allemande à cause de leur union avec les Cantons, elle s'y éteindroit apparemment bien-tôt pour faire place à la *Françoise*, ou plutôt à la *Romande*; car le Peuple de Fribourg a un patois Romand semblable à celui du Païs de Vaud, dont il use perpétuellement.

[c] *c Longuerue Desc. de la France II. part. p. 283.* "Fribourg fut fondée par Berchtold IV. Duc de Zering, Prince de la Bourgogne Transjurane, qui bâtit en 1179. deux Villes sur son propre fond, l'une dans le Païs d'Uchtland & l'autre dans le Brisgaw. Il leur donna à l'une & à l'autre de grands privileges, libertez & immunitez, afin d'y attirer des Habitans; & il les nomma toutes deux Fribourg, c'est-à-dire, Ville libre. L'Empereur Frederic *Barberousse* confirma & augmenta les privileges de Fribourg en Uchtland l'an 1183. Le dernier Duc de Zeringüe étant mort, Frederic II. reconnut Fribourg pour Ville franche, & sujette immediatement à l'Empereur par ses Lettres données à Haguenau au mois de Septembre 1219. Après cela, cette Ville s'accrût considerablement l'an 1224. en grandeur, en édifices, & en nombre d'Habitans.

Ils ne joüirent pas long-tems de cette liberté; car après l'excommunication & la déposition de Frederic II. l'Empire étant tombé dans la confusion & la desolation, & tout y étant au pillage, les Fribourgeois crûrent ne pouvoir se conserver par eux-mêmes, & qu'il leur falloit un Seigneur. C'est pourquoi ils se donnerent au mois de Septembre l'an 1249. sous le regne de Guillaume de Hollande, à Herman le Jeune, Comte de Kibourg, qui confirma toutes leurs franchises & privileges qui leur avoient été accordez par les Empereurs & par les Ducs de Zeringue.

Anne, Heritiere de Kibourg, épousa le Comte Eberhard de Habsbourg, qui prit possession de la Ville de Fribourg, & promit de conserver ses privileges l'an 1275. Rodolphe de Habsbourg, Oncle d'Eberhard, qui étoit alors élû Empereur, avoit renouvellé les privileges de Fribourg l'an 1274. & la trouvant à sa bienséance, il achetta les droits du Comte Eberhard & d'Anne par une Transaction qui fut passée l'an 1277. & dans laquelle on autorisa les privileges de la Ville, qu'il confirma une seconde fois par ses Lettres données à Bâle l'an 1279.

Dans le siécle suivant les Fribourgeois reçûrent des traitemens si indignes des Officiers d'Albert d'Autriche; & outre cela ce Prince les ayant abandonnez, ils renoncerent à son obéïssance; & après s'être alliez avec les Bernois, ils se donnerent l'an 1450. à Louïs Duc de Savoye, & demeurerent sous cette domination près de trente ans, après quoi ils recouvrerent entierement leur liberté; car les Fribourgeois ayant prêté de grosses sommes d'argent à Yoland de France, Sœur de Louïs XI. Mere & Tutrice du jeune Duc Philippe, & n'ayant pas de quoi payer ses dettes, elle ceda à la Communauté de Fribourg pour être quitte, tous les Droits Seigneuriaux, celui de suprême Domaine, qui appartenoient à la Maison de Savoye sur cette Ville, laquelle se trouvant libre, elle rechercha non seulement l'alliance des Cantons, mais elle demanda d'être unie au Corps Helvetique; ce qui lui fut accordé l'an 1481. à la sollicitation de l'Hermite Nicolas d'Undervald, qui avoit alors une grande autorité parmi les Suisses, & c'est lui qui fit recevoir Fribourg & Soleure au nombre des Cantons.

6. L'HERMITAGE DE FRIBOURG[d]: [d] *d Delices de la Suisse pag. 389.* ce lieu dont la reputation a attiré une infinité de Curieux, se trouve à une lieuë de Fribourg, tirant du côté de Berne, sur un haut Rocher au pied duquel coule la Riviere de Sane dans un lit profond. Sur la rive droite s'éleve une chaîne de Rochers hauts de 3. à 400. pieds, fort escarpez, & presque tout droits, comme si on les avoit coupez, au-dessus desquels il y a un bois. Environ à 200. pieds au-dessus de l'eau, le Rocher fait une avance sur la Riviere. C'est qu'un Hermite se fit chemin jusqu'à une fente d'un Rocher, il y a environ 50. ans, & y creusa ou tailla un petit espace tel qu'il le lui falloit pour pouvoir s'étendre tout de son long, & s'y mettre à couvert des injures de l'air. Un autre Hermite venu après lui, nommé *Jean du Pré*, de Gruyere, entreprit de se tailler dans ce même Roc un logement plus commode, & à force d'y travailler durant 25. ans avec un Valet, il y a fait un joli Couvent où l'on voit une Eglise, un Clocher, une Sacristie, un Refectoire, une Cuisine, une grande Sale, deux Chambres à côté, deux escaliers, & au-dessous une Cave, le tout taillé dans le Roc. On aperçoit en en approchant une Cave assez grande, & en un autre caveau où il s'est trouvé heureusement pour l'Hermite une source abondante de bonne eau. On monte ensuite par un escalier de quelques marches, & l'on trouve l'Eglise qui a 63. pieds de long, 36. de large, &

& 22. de haut. La Sacristie a 22. pieds de long, autant de large & 14. de haut. Mais ce qui est plus digne d'admiration, c'est le Clocher qui s'éleve jusqu'au-dessus du Rocher, à la hauteur de 70. pieds de haut. Entre l'Eglise & le Refectoire il y a un Salon ou Antichambre qui a 44. pieds de long sur 34. de large. Le Refectoire est petit; il a 21. pieds de long & il est occupé en partie par un lit & un fourneau. A côté est la cuisine avec une cheminée, dont le canal est plus admirable encore que le Clocher de l'Eglise, car il a 90. pieds de haut. Delà on passe dans une grande Sale longue de 93. pieds sur 22. de large, avec de grandes fenêtres, qui donnent sur la Riviére. On ne peut s'empêcher de se sentir saisir d'horreur, quand on regarde en bas & que l'on voit la Riviére au-dessous. Au-delà sont deux autres Chambres, qui font ensemble la longueur de 54. pieds: & enfin au côté de la grande Sale, est dans l'obscurité un escalier derobé. Il est presque inconcevable comment un homme a pu faire avec un seul Valet un si grand & si difficile ouvrage, & surtout couper les canaux du Clocher & de la cheminée. Devant l'Hermitage a été pratiqué un petit jardin potager qui fournit des herbages & des fleurs. L'Hermite avoit dessein de pousser son ouvrage plus loin, mais la mort l'en a empêché. Le pauvre homme se noya en 1708. le jour de St. Antoine, qui étoit celui de la dédicace de son Eglise. Quelques Ecoliers y étant allez pour célebrer la Fête avec lui ce jour-là qui étoit le 17. de Janvier, il voulut les reconduire au-delà de l'eau, dans un bac qu'il tenoit pour cet usage; malheureusement le bac renversa & il perit avec les Ecoliers qu'il conduisoit. L'Hermitage est vacant pendant quelque tems, mais à la fin il s'est trouvé un bon Prêtre qui est allé remplir la place. Il tire sa subsistance des aumônes considerables que lui font les Etrangers qui vont le visiter; & de son côté il offre du pain, du vin & un petit bouquet de fleurs.

7. LE CANTON DE FRIBOURG, Province de Suisse & l'un des treize Cantons. Celui-ci est de toutes parts environné du Canton de Berne, si l'on en excepte le seul Bailliage d'Estavayer qui est au bord du Lac de Neuchâtel. De quelque côté que les Fribourgeois veuillent aller, ils ne peuvent sortir de chez eux, que par ce seul endroit sans passer sur les terres de Berne. Il y a même des endroits dans le Païs de Vaud, comme depuis Moudon jusqu'à Avenche, où le Canton de Fribourg est comme enchassé dans celui de Berne par de petites langues de terre qui servent de communication de la partie Orientale du Canton de Fribourg à la partie Occidentale.

Ce Canton est partagé en III. Bailliages *interieurs*, & en XVIII. *exterieurs*. On appelle Bailliages *interieurs* ceux qui sont au voisinage de la Ville, dont les Baillifs ne sont pas obligez d'y aller resider: & il en est tout au contraire des exterieurs.

FRICENTI[a], petite Ville du Royaume de Naples dans la Principauté ulterieure, avec un Evêché suffragant de l'Archevêché de Benevent, mais qui est uni depuis long-temps à celui d'Avellino. Elle est près de la Riviére de Tripalto, au pied de l'Apennin, mais presque reduite en Village proche de Gesvaldo, à douze milles d'Avellino & à quinze de Benevent. [b]Ces trois Villes font un triangle dont Fricenti ou Fricento fait la pointe Orientale. Cette Ville est nommée en Latin FREQUENTUM, & ses Evêques prenoient le titre de *Frequentinus Episcopus*[c].

FRICHSTHAL, petit Païs d'Allemagne en Suabe le long du Rhin, proche de Rhinfeld.

FRIDAW, Ville d'Allemagne dans la Stirie, à quelque distance de la Drave, selon Mr. Corneille[d]. Cette place est inconnue à Zeyler.

1. FRIDBERG, en Misnie. Voyez FREYBERG. 1.

2. FRIDBERG[e], Ville d'Allemagne dans la Weteravie, & sur les hautes montagnes. Cette Ville n'est pas nouvelle, car on trouve qu'en 1211. l'Empereur Frederic II. lui accorda des privileges & franchises, en quoi il fut imité par ses Successeurs, & dont cette Ville a joüi jusqu'à présent. L'Histoire observe aussi que ces Empereurs y ont fait de tems en tems quelque sejour. Il est vraisemblable que son premier nom étoit FRIEDERICHSBERG du nom de son Bienfaiteur, d'où s'est formé par abréviation FRIDBERG. D'autres dérivent ce nom du mot *fried*, qui signifie la *Paix*, desorte qu'en Latin au lieu de *Mons Friderici*, Fridberg abregé de Friedeberg, seroit *Mons Pacis*; mais ils n'appuient cette dérivation sur aucun fait constant, au lieu que l'autre est fondée sur une raison qui n'est point contestée. Cette Ville a eu de terribles incendies. On assure même qu'elle est diminuée de plus de la moitié, & que l'Eglise qui est présentement au-dessous de Fridberg, auprès de *Guetenthhaus*, c'est-à-dire, de la *Maison des bonnes gens*, sur le chemin, etoit autrefois au milieu de la Ville qui avoit alors un demi-mille d'étenduë. Il est certain qu'elle étoit plus grande qu'elle n'est; & que la Foire du Carême qui se tient présentement à Francfort, se tenoit autrefois à Fridberg en l'année 1340. & qu'elle étoit capable de contenir le concours nombreux de Marchands & d'autres personnes qui s'y rendoient au temps de la Foire. A la place de cette Foire qui fut transferée à Francfort sur le Mein par l'Empereur Louïs IV. l'an 1340. on en établit d'autres dans la suite à Fridberg avec des privileges des Empereurs. Celle de la Dédicace qui tombe au Dimanche de l'Octave de la Ste. Trinité, est remarquable par les jeux & les rejouïssances qui s'y font, & par une Comedie sur la passion ou sur quelque autre matiére de pieté que les Bourgeois représentent. Cette Ville a été sujette à de terribles incendies. L'an 1383. le feu y consuma 900. maisons, & en 1447. il en dévora 700. Ce dernier malheur vint d'une querelle entre deux Bourgeois dont l'un mit le feu à la maison de l'autre par vangeance. Les Bourgeois ruinez par cette perte furent forcez de vendre ou d'engager les Villages du territoire pour rebâtir la Ville. Delà vient qu'ils n'en ont presque plus, & vû le long temps qui s'est passé depuis ces engagemens, il n'y a gueres d'apparence qu'ils y puissent rentrer. C'est de

[a] *Baudrand Ed. 1705.*

[b] *Magin Ital.*

[c] *Ugell. Ital. Sacr. T. 8. Col. 284.*

[d] *Dict.*

[e] *Zeyler Hassiæ & Vicin. Reg. Topogr. p. 33. & seq.*

ce temps-là que la Ville fut rebâtie de la grandeur dont elle est présentement. Elle est remarquable par la profondeur de ses caves, & il y a des maisons qui en ont jusqu'à deux ou trois les unes sous les autres. La Ville de Fridberg en qualité de Ville Imperiale, fournit pour contingent douze Fantassins ou 48. Guldes. Elle est au Nord de Francfort, & au Midi de Giessen, à trois lieues de l'une & de l'autre.

3. FRIDBERG[a], petite Ville de la haute Silesie dans le Duché de Jauer, vers la source de la Queiss sur les Frontiéres de Boheme & de la haute Lusace.

[a] Zeyler Silef. Topogr. p. 141.

4. FRIDBERG, ou FRIDEBERG[b]; petite Ville de Silesie au Duché de Schweidnitz, proche de Striga. On la nomme Hohe Frideberg, c'est-à-dire, *le Haut Fridberg*, à cause de la hauteur de sa situation.

[b] Ibid.

5. FRIDBERG[c], Ville de la haute Baviere au département de la Chambre des Finances de Munich, à une lieue d'Augsbourg, près de la Source de l'Acha. On croit qu'elle se forma du temps de l'Empereur Frederic II. par le Duc de Baviere; mais le Château fut bâti par le Duc Louïs Pere de l'Empereur Louïs IV. Elle a été la Residence ordinaire de plusieurs Princes de la Maison de Baviere. Elle fut prise & sacagée par les Suedois le 6. Juillet 1632.

[c] Zeyler Bavar. Topogr. p. 22.

FRIDBOURG. Voyez FRIBURG 4.

1. FRIDECK[d], petite Ville de la haute Silesie, aux Frontieres de Moravie, au Duché de Teschen sur l'Oster. Villanovanus a cru y trouver la PARIENNA de Ptolomée.

[d] Zeyler Silef. Topogr. p. 141.

2. FRIDECK, petite Ville de Prusse au Palatinat de Culm[e], à l'Orient d'Eté de Colmensée & au Midi Oriental de Reden. Elle fut bâtie l'an 1331.

[e] Zeyler Prussiæ Topogr. p. 27.

FRIDERICA, petite Ville de l'Amerique Meridionale au Bresil, sur la Côte, dans la Capitainie de Paraiba, vers l'embouchure de la Riviere de Paraiba. Elle a été bâtie par les Hollandois, & appartient à présent aux Portugais.

1. FRIDERICHSBOURG, Forteresse d'Allemagne au bas Palatinat, au confluent du Necker & du Rhin. Elle fut ainsi nommée par Frederic IV. Electeur Palatin, qui la fit bâtir en 1610. Elle a été depuis ruinée par les Espagnols, & ensuite rétablie & fortifiée par Charles-Louïs Electeur Palatin, son fils. C'est proprement la Citadelle de Manheim, à trois milles d'Allemagne au-dessous de Spire en descendant à Worms, & autant au-dessous de Heydelberg, au Couchant. Les François la prirent en 1689. & la raserent.

2. FRIDERICHSBOURG, Château de Danemarck dans l'Isle de Zeland, & Maison de Plaisance des Rois de Danemarck, à trois milles Danois de Kronenbourg au Couchant, & à cinq de Coppenhague au Couchant d'Eté. Ce fut le Roi Frideric II. qui charmé de la situation de ce lieu l'achetta d'un Gentilhomme qui y avoit une petite Maison de Campagne, & commença d'y bâtir le Château qui fut achevé par le Roi son fils Christian IV. Ce Château a coûté, à ce que l'on dit, des sommes très-considerables, & c'est le Versailles du Dannemarc. La maison est bâtie dans un Lac sur le pilotis, & on dit que les fondemens en sont de pierre de taille, mais ce qui en paroît au-dessus de l'eau est de briques. Pour entrer dans ce Château après avoir passé le premier pont, on trouve au bout une tourelle quarrée assez haute & finissant en pointe de clocher, qui fait un joli effet. Aux côtez de la porte de la première cour sont à droite & à gauche des bâtimens fort bas qui ont été faits pour des Domestiques & pour la Garde; cependant il y demeure des personnes de qualité, quoiqu'il n'y ait point d'étages, mais seulement une muraille basse avec des ornemens. A côté gauche de cette cour il y a une grande porte cochere qui conduit au Parc, mais pour entrer au Château on va tout droit, & il faut passer une seconde porte & un second Fossé. Le Château consiste en un beau corps de logis, avec deux grandes ailes qui bordent les deux côtez de cette seconde cour, n'ayant point de logement sur le devant, mais seulement des galeras au-dessus des appartemens d'enbas. A l'aîle gauche en entrant est la Chapelle, qui a un Clocher d'assez belle architecture, quoiqu'ancienne, & une horloge avec un carillon qui peut avoir passé pour très-beau autrefois avant qu'on les eût amenez à la perfection où ils sont aujourd'hui. Cette Chapelle est très-bien ornée, mais elle a le défaut d'être trop longue pour sa largeur. Elle étoit, ainsi que le Château, couverte de cuivre doré, mais la dorure est si fort ternie qu'il n'en demeure aucune trace. Cependant on voit encore que les croisées ont été dorées autrefois. Il y avoit dans cette Chapelle douze Apotres d'argent, mais les Suedois les emporterent en 1659. & ils perirent avec le Vaisseau qui les portoit, avant d'arriver en Suede. On a pratiqué au-dessus de la Chapelle une grande salle ou gallerie qui est trop basse & trop étroite pour sa longueur. L'entrée en est bizarre & dans les bouts. On y trouve en entrant un jeu d'orgues, autour duquel il faut tourner pour entrer dedans. Ces orgues ont un son très-doux & très-agréable qui remplit fort bien le lieu. A l'autre bout de cette gallerie est la cheminée qui est ornée de marbre noir, mais c'est une pitié de voir comme le haut & le bas des colomnes est délabré. On dit qu'il y avoit eu autrefois des corniches, festons & pieds d'argent, mais que les Suedois les avoient emportez avec les douze Apôtres de même métal, lorsqu'ils s'emparerent de ce lieu. On dit aussi qu'autrefois toutes les serrures, verroux, en un mot tout ce qui est de fer autre part, étoit d'argent à Friderichsbourg. Il faut qu'apparemment les mêmes Suedois les ayent emportez puisqu'on n'y en voit aucun reste. Le platfond de cette salle est d'un goût bizarre. Ce sont des compartimens de Sculpture, dorez & peints en couleur. On a ménagé sur la longueur du platfonds plusieurs quarrez, où l'on a representé plusieurs Arts & Métiers en Sculpture; comme par exemple la Chimie, où l'on voit une boutique d'Operateur dans laquelle plusieurs personnes travaillent; l'Horlogerie, &c. A la droite sont des fenêtres en quantité qui donnent sur le Parc dont la vue est très-agréable: & vers le milieu à gauche on a élevé une Tribune sur des piliers ou colomnes de marbre

noir

FRI.   FRI.

noir pour placer la Mufique lorsqu'il y a un bal ou quelqu'autre rejouïſſance. Cette Salle eſt tenduë d'une tapiſſerie magnifique de ſoye & de poil de chameau, à perſonnages, qui repréſentent les actions & combats de Chriſtian IV. & de quelques autres Rois; & l'ouvrage en eſt fini comme au pinceau; les couleurs y ſont du dernier vif. Cette tapiſſerie a été faite à Copenhague, mais ce fut dans le tems que les Arts & le Commerce y étoient plus floriſſans qu'ils ne ſont aujourd'hui. Le reſte des appartemens eſt aſſez propre.

Le Lac eſt fort étroit du côté gauche du Château; & c'eſt de ce côté-là que le Roi a fait bâtir un Salon ſur l'autre bord au-deſſus d'un grand portail, pour ne pas boucher le grand chemin qui paſſe deſſous pour entrer dans le Parc. C'eſt dans ce lieu que le Roi donne audience. Ce Salon eſt tapiſſé de tableaux qui repréſentent pluſieurs Rois de Dannemarc & leurs familles Royales, en grand comme le naturel. Il y a au-deſſus des croiſées, une bordure de peinture, où ſont repréſentez des Combats donnez par les Rois de Dannemarc, tant par Mer que par Terre. Et pour venir du Château à ce Salon on a fabriqué une gallerie ſur pluſieurs arches de pierre de taille. Mais cette gallerie eſt ſi étroite qu'elle reſſemble à un boyau. Il y a des fenêtres des deux côtez, & elle eſt bordée de bonnes peintures, la plupart achettées en Italie par ordre de Frederic III. & de la main des meilleurs Maîtres. Ce qui rendroit cette gallerie très-charmante ſi elle étoit plus large.

Le Parc eſt d'une vaſte étenduë, & peut avoir en longueur trois lieuës de France. Il eſt aſſez large & parſemé de petits Etangs & Viviers remplis de bon poiſſon. Ce mélange d'eau, de verdure, de colines, & de petits vallons offre une perſpective fort agréable. Mais il eſt plus propre pour ſe promener à cheval ou en carroſſe qu'à pied; ainſi il ne peut gueres être agréable qu'en Eté, encore pourroit-il ſe faire que la trop grande quantité d'eau le rendît malſain.

A l'oppoſite de l'aile droite du Château, ſur le bord du Lac, qui eſt fort large en cet endroit, s'élève une petite coline dont la terre eſt labourée, & ſur le rivage eſt Friderichsbourg, compoſé d'une ſoixantaine de maiſons couvertes de tuiles, ce qui eſt extraordinaire dans ce Païs & ne ſe voit que proche de Copenhague, & des lieux où réſide la Cour. Auſſi les Danois veulent-ils que l'on diſe la Ville de Friderichsbourg. Car chez eux un Village ne conſiſte ordinairement qu'en 15. ou 20. chaumieres, & une Egliſe ſouvent aſſez mal bâtie.

Il n'y a point de jardins à Fridericsbourg qui meritent grande attention. Cependant pour le derriére du Château, de l'autre côté du Lac, il y a un parterre aſſez propre ſur le penchant de la coline: mais on voit à l'extrêmité une Ecurie & un autre bâtiment qui gâte tout-à-fait la vuë. C'eſt où le Roi fait dreſſer ſes chevaux. On ſonge, à ce qu'on prétend, à faire abattre ces bâtimens, & d'y menager une avenuë au travers du Parc qui eſt derriere, & qui fera un très-bel effet. Comme on ne peut aller à ce parterre que par le Parc, en tournant autour du Lac; pour en avoir un plus près du Château, on a pratiqué à une petite diſtance ſur le derriere du Château une eſpece de terraſſe dans l'eau qui eſt baignée de l'eau du Lac de tous côtez. L'entrepriſe a été difficile à cauſe que l'eau étoit très-profonde, & qu'il a fallu fonder ſur le pilotis. Cette ſeule dépenſe a coûté cent mille écus. Cette terraſſe revêtuë de pierres de taille, s'élève à quelques pieds au-deſſus de l'eau, & reſſemble en quelque maniere à un ouvrage à corné. Il y a un parterre de Bouis planté deſſus, & on y paſſe du Château par un petit pont de bois.

3. FRIDERICHSBOURG: on a donné ce nom au nouveau Château que le Roi de Danemarck a dans ſa Capitale. Il eſt diferent du lieu nommé auſſi Friderichsbourg, & dont il s'agit dans l'article précedent. Voyez COPENHAGUE.

4. FRIDERICHSBOURG, Fort & Colonie Danoiſe en Afrique, dans la Guinée, ſur la Côte d'Or, à ſix cens pas de Cabo-Corſo, ſelon une Relation[a] d'un Voyage fait ſur cette Côte en Novembre & Decembre de 1670. & Février 1671. Voyez le § qui eſt après l'article ſuivant. *a p. 20.*

5. FRIDERICHSBOURG[b], Forteresſe & Colonie de Brandebourg en Afrique, dans la Guinée ſur la Côte d'Or, à l'Occident de Cabo-tres-Puntas où les Brandebourgeois ont encore un petit Fort nommé DOROTHÉE. Friderichsbourg eſt à trois petites lieuës du Fort St. Antoine des Hollandois du côté de l'Orient, tout près du Village de *Pacque Soe*, ſur la montagne de Manſro. Ce Fort eſt conſiderable & raiſonnablement grand, ayant quatre batteries aſſez fortes ſur leſquelles il y a quarante-ſix piéces de canon, mais la plupart fort legers & du plus petit calibre. La porte de cette Forterreſſe eſt auſſi belle qu'aucune qu'il y ait ſur toute la Côte, mais elle eſt beaucoup trop grande à proportion du Fort. Il y a à l'Orient du Fort un ouvrage exterieur fort joli & fort commode, mais qui empêche pourtant que la Forterreſſe ne ſoit auſſi forte qu'elle le ſeroit ſans cela, car on peut s'en ſervir pour prendre le Fort d'aſſaut; mais la principale faute que l'on a commiſe en le bâtiſſant, eſt qu'on a fait les parapets ſi bas qu'à peine viennent-ils juſqu'au genou, deſorte qu'on eſt trop expoſé aux coups de canon; deſorte qu'en cas de Guerre même avec les Negres, on peut facilement tuer avec un fuſil ceux qui ſont ſur les bateries ou ſur les courtines, excepté du côté de la terre contre les parapets ont la hauteur qu'ils doivent avoir. Du reſte les regles de l'Architecture y ont été aſſez bien obſervées. Il y a dans le Fort un aſſez bon nombre de jolies maiſons; & le Commandant eſt auſſi le Chef de ce que les Brandebourgeois poſſedent ſur cette Côte, ce qui conſiſte en deux Forts & une Loge. Il a le titre de Directeur General de la part du (Roi de Pruſſe) Electeur de Brandebourg, & de ſa Compagnie d'Afrique. *b Boſman Voyage de Guinée, Lettre.*

Deux lieuës & demie plus loin du côté de l'Orient, au-deſſous de Cabo-tres-Puntas joignant le Village d'Acoda, les Brandebourgeois ont un petit Fort nommée DOROTHÉE que les

les Hollandois leur cederent vers la fin du siécle passé. Ils l'ont amelioré & fortifié depuis ce temps-là. Il y a premierement une maison qui a par-dessus une platte-forme, & joignant cette maison il y a deux batteries & des demi-courtines. Sur ces batteries sont quelques petites piéces de canon. Le reste de la maison est bien pourvû d'un nombre suffisant de chambres & d'appartemens, mais tout est bâti fort legerement & trop près l'un de l'autre.

Les Brandebourgeois ont encore bâti l'an 1674. une maison entre Mansro & Acoda joignant le Village de Tacrama qui est au milieu de Cabo-tres-Puntas. Le dessein de leur General étoit d'y bâtir une Forteresse qui auroit peut-être servi pour défendre l'endroit où l'on va chercher de l'eau qui n'est pas fort éloigné d'ici, & de s'en rendre maître par ce moien ; mais, ajoute l'Auteur cité, ils ont déja tant de peine pour l'entretien des deux Forts & de cette Loge qu'ils ne se chargeront pas encore de quelque temps de nouveaux bâtimens.

§ Il ne faut pas confondre ces deux Friderichsbourgs. Le dernier, à savoir celui que possedent les Sujets de S. M. Prussienne, est au Cap des trois Pointes; & à plus de trente lieuës communes de 25. au degré de Cabo-Corso ; au lieu que le Friderichsbourg des Danois n'en est qu'à 600. pas. Le Friderichsbourg des Danois, le seul dont Mrs. Baudrand, Maty & Corneille fassent mention, doit être à present fort peu de chose, car Bosman parlant de Christiansbourg, dit que c'est le seul Fort que les Danois ont sur cette Côte. Cependant le même Auteur[a] qui fait mention d'un Fort que les Anglois possedent derriere le Village de Cabo-Corso, parle aussi d'un autre Fort diferent de celui-là & appartenant aussi aux Anglois sur le Mont Danois, ainsi nommé parceque les Danois l'ont possedé ci-devant. Je crois que ce Fort qui est en perspective dans le plan de celui de Cabo-Corso, est le Friderichsbourg des Danois possedé présentement par les Anglois qui n'en font pas grand usage.

[a] Lettre IV. p. 58.

FRIDERICHS-HALL. Voyez Friderichstadt 1.

FRIDERICHS-OHRT, Place du Holstein-Danois.

FRIDERICHS-ODE, (prononcez Fridrics-Oeude) Mr. Baudrand écrit mal Friderickxhode, en Latin Friderici Oda; Place forte du Royaume de Dannemarc au Jutland. Elle porte le nom de Frideric son Fondateur, & est située sur la Côte du Middelfart ou petit Belt. Mr. Baudrand dit que ce fut Frideric III. qui la bâtir. Hermanides[b] conforme en cela à Mrs. Maty & Corneille, dit que ce fut Frideric IV. sous le Regne duquel il écrivoit. Il faut pourtant que ce soit Frideric III. qui commença de regner en 1648. & mourut en 1670. après un Regne de 22. ans ; car le Livre d'Hermanides qui écrivoit du temps de ce Roi, étant imprimé en 1679. il ne peut y être question de Frideric IV. qui regne depuis 1700. Cet Auteur écrit Fridrichs-Oedde, ou Fridrichs-Ode. Elle est, dit-il, à deux milles de Kolding. Cette Place munie de sept bons bastions, ne laissa pas

[b] Daniæ &c. Descr. p. 788.

d'être prise par les Suedois que commandoit le General Wrangel, la nuit du 23. au 24. Octobre 1657. quoiqu'il y eût cinq mille hommes de Garnison. Ce lieu est nommé Fredericia dans quelques Relations & Voyages. Un Voyage de Danemarck écrit par un Anglois & traduit en François[c] nous apprend que l'enceinte de cette Ville est très-vaste, & que si tout étoit rempli de maisons ce seroit une des plus grandes Villes qui se voient, & bien située pour une pointe de terre qui va en pente aisée vers la Mer.. Voici ce qu'ajoute ce Voyageur. Les Fortifications de Fredericia sont aujourd'hui tout-à-fait negligées. Elles s'éboulent par tout & comblent le Fossé. Cependant on en pourroit faire une bonne Place, & très-forte s'il étoit nécessaire. Depuis la Mer jusqu'à l'autre côté de la pointe les Fortifications sont fort élevées. Il y a huit bastions dont j'ai fait le tour, & d'où l'on découvre un beau Païs. Il y a deux portes & devant chacune un ravelin qui s'éboule, & deux autres ravelins en aussi mechant état devant les courtines. Il y a par quelques bastions des cavaliers presque tous ruïnez, & sur chaque bastion 3. 4. ou six pieces de canon de fer. Ce qui est du côté de la Mer est plus bas & de plus grande étenduë que les Fortifications du côté de terre, & il y a aussi des bastions, plate-formes & quelques bateries sur le bord de la Mer. Plus de la moitié de Fredericia est une Campagne ou Prairie sur le bord de la Mer, & le reste est si peu garni de maisons que je ne crois pas qu'il y ait plus de la cinquiéme partie de ce qui est enfermé dans les Fortifications, qui soit habitée. Il n'y a point de maison qui n'ait son jardin, ou verger, & même quelques-uns des Habitans ont des terres labourables derriere leurs maisons. Ainsi quand on se promene dans cette Ville on croiroit être à la Campagne. Il y a deux Eglises, l'une Allemande, l'autre Danoise, assez belles & bien bâties, mais sans Clocher ; on a seulement pratiqué sur la porte une place pour deux petites Cloches. Cette Ville étoit avant le Regne de Frederic IV. un azile pour toutes sortes de gens, banqueroutiers & autres ; cela contribuoit à la peupler. Il y avoit aussi des Juifs, mais ce Roi s'en fit un scrupule. Ce Voyageur compte trois milles Danois de Fredericia à Colding, ce qui revient aux deux milles d'Hermanides. Cet endroit est le passage ordinaire de la terre ferme aux Isles.

[c] Imprimé à Roterdam chez Abraham Acher 1706. p. 359.

FRIDERICKS-HENDRICK-SCHANTZ : c'est-à-dire, le Fort de Friderick-Henri, Forteresse des Païs-Bas, aux Provinces-Unies, dans le Brabant Hollandois, à l'embouchure de l'Escaut, entre le Fort de Lillo & la Ville de Sandvliet, à trois ou quatre lieuës au-dessous d'Anvers.

[d] Baudrand Ed. 1705.

1. FRIDERICKSTADT[e], Ville de Norwege dans la Prefecture d'Aggerhus, sur la Côte du Cattegat, environ à trente milles d'Allemagne de Christiana au Midi, entre la Ville d'Anslo & celle de Bahus. Elle est fortifiée & a de bons dehors. Charles XII. Roi de Suede, assiégeoit cette Ville lorsqu'il fut tué. On la nomme aussi Fridericks-Hall.

[e] Memoires du temps.

2. FRIDERICKSTADT, Ville du Royaume

FRI.

Royaume de Danemarck dans le Jutland Meridional, & fur une colline au pays d'Eyderftede fur la Riviere de l'Eyder qui y reçoit la Trenne aux frontieres du Pays de Holftein & du Dithmars: elle a été ainfi nommée par le Duc de Holftein Sleswick qui la bâtit en 1621. Elle eft à deux milles d'Allemagne au-deffus de Tonningen, au Levant, en allant vers Sleeswick dont elle n'eft qu'à cinq milles & vers Kiell, felon Jean Meyer cité par Mr. Baudrand [a].

[a] Ed. 1705.

FRIDING ou FRIDINGEN [b], petite Place d'Allemagne fur la Rive gauche du Danube dans la Suabe, & dans les pays hereditaires de la Maifon d'Autriche aux confins de la Principauté & Comté de Furftenberg.

[b] Sanfon Atlas.

1. FRIDLAND [c], petite Ville de Pruffe au pays de Natangen. Elle fut bâtie l'an 1312. & les Polonois s'en faifirent l'an 1461, mais enfuite les Bourgeois maffacrérent la Garnifon Polonoife & fe foumirent à l'Ordre Teutonique & l'an 1464. les Soldats, que cet Ordre y avoit en garnifon, pour fe vanger de ce qu'ils ne recevoient pas leur paye brûlérent cette Ville après l'avoir pillée. Elle eut encore un autre incendie qui confuma tout hormis l'Eglife l'an 1553.

[c] Zeyler Pruff. Topogr. p. 27.

2. FRIDLAND [d], Ville de Pologne dans la Pomerelle. Vers l'an 1454. les Polonois y furent défaits par les troupes de l'Ordre Teutonique.

[d] Ibid.

3. FRIDLAND [e], petite Ville de Silefie au Duché de Schweidnitz vers les frontieres de la haute Luface. L'Empereur Ferdinand I. vendit cette Ville à Frideric de Reden Préfident de Silefie l'an 1558. Ses defcendans en furent enfuite dépouillez fous Ferdinand II. & elle fut donnée à Albert Wallenftein, que cet Empereur créa Duc de Fridland & enfuite de Sagan & du grand Glogau. Elle n'eut le titre de Duché qu'auffi long-temps qu'elle fut à ce favori, car enfuite on ne lui donna plus que celui de Seigneurie & eft venue à la famille des Comtes de Gallas. Elle fut prife, reprife, pillée & incendiée durant les Guerres civiles d'Allemagne du fiécle paffé.

[e] Zeyler Silefix Topogr. p. 141.

4. FRIDLAND [f], petite Ville de Silefie dans le Duché d'Oppeln, entre les petites Villes de Falkenberg & de Steina; près de la Ville de Neiffe.

[f] Ibid. p. 142.

5. FRIDLAND, petite Ville de Boheme aux frontieres de Silefie : quoi qu'elle ne foit pas fort éloignée de Fridland au Duché de Schweidnitz on ne doit pas néanmoins les confondre. Elle a été auffi fujette que l'autre aux ravages qu'a caufé en ce pays-là la longue guerre des Suedois en Allemagne & il eft quelquefois dificile de ne fe pas méprendre lorfque les Hiftoriens parlent de l'une de ces deux Villes.

6. FRIDLAND. Voyez FRIEDLAND.

FRIDLINGEN [g], Foreterreffe d'Allemagne au Nord-eft & à une petite denie lieue de Huningue le Rhin entre deux; au Nord & à trois petits quarts de lieue de Bafle. [h] Ce lieu eft remarquable par la bataille qui s'y donna le 15. d'Octobre 1702. entre les Imperiaux commandez par le Prince de Baden & les François qui avoient à leur tête le Maréchal de Villars, à qui elle valut le Bâton de Maréchal

[g] De l'Ifle Carte du Cours du Rhin.
[h] Memoires du temps.

FRI.

de France. Le Fort fut pris alors & a été rendu à l'Empire, quoi qu'il ne foit pas nommé dans le Traité de Radftadt : il ne laiffe pas d'y être compris fous ces mots : *& tous les autres Forts conftruits ou reparez, la ou ailleurs, dans la Forêt noire ou dans le refte du Briffgow.*

1. FRIEDBERG, en Mifnie. Voyez FREYBERG 1.
2. FRIEDBERG, en Weteravie. Voyez FRIDBERG 2.
2. & 3. FRIEDBERG, en Silefie. Voyez FRIDBERG 3. & 4.
5. FRIEDBERG, dans la haute Baviere. Voyez FRIDBERG 5.

FRIEDENSBOURG [i], Maifon de Plaifance du Roi de Danemarck dans l'Ifle de Zeland, affez près de la Capitale. Le Roi y à fait faire divers ouvrages pour l'embellir, & on y travaille à une Eglife qui fera très-belle, il y aura une Orangerie magnifique, de belles Ecuries & de nouveaux appartements.

[i] Memoires du temps.

FRIEDENSTEIN, c'eft-à-dire, *le Château de la Paix,* nom que l'on donna à la Forterreffe de GRIMMENSTEIN, lors que le Duc Erneft la rebâtit après que l'Electeur Augufte l'eut rafée. Voyez cet article fous l'ancien nom.

FRIEDEWALD [k], Château d'Allemagne dans la Baffe Heffe, dans la plus grande Forêt de ce Pays-là, & à un Mille d'Allemagne de Herffeld. Le Landgrave Henri aiant acheté ce Château vers l'an 1480. le fit jetter bas, & en fit rebâtir un autre plus commode qu'il fortifia. Il s'y tint une Affemblée l'an 1551. où fe trouverent le Landgrave Guillaume, l'Electeur Maurice de Saxe, le Marggrave Albert de Brandebourg & Jean du Fresne Evêque de Bayonne Ambaffadeur de France, pour deliberer fur les moyens de procurer la liberté au Landgrave Philippe de Heffe que l'Empereur Charles V. retenoit prifonnier par un trait de mauvaife foi. Lorfqu'ils tenoient Confeil on vit tout à coup un éclair accompagné d'un coup de tonnerre qui fit trembler le Château. Tous les Princes découragez le prirent pour un mauvais prefage, mais Du Frefne homme favant s'écria d'un ton qui marquoit fa joie que c'étoit au contraire un figne qu'ils réuffiroient dans leur entreprife & l'évenement confirma fa prediction. Divers Princes ont ajouté quelques pieces à ce Château, l'un des Ecuries, l'autre quelque autre partie de ce que l'on y voit prefentement. Les Imperiaux s'en rendirent maitres en 1640, mais les Heffois y rentrérent par ftratageme.

[k] Zeyler Haffix & Vicin. Region. Topogr. p. 35. & feq.

FRIEDLAND, petite Ville d'Allemagne dans la Baffe Luface, fur un Canal qui va fe perdre un peu au-deffous dans la Sprée. Mr. Corneille écrit mal FRIELAND, Sanfon écrit FREDELANDT qu'il a pris dans quelque Auteur Hollandois. Mr. de l'Ifle écrit FRIDLAND & retranche l'E, qui dans la Langue Allemande ne fe prononce point quand il eft précedé d'un I. dans une même fyllabe. Mr. Baudrand n'en dit rien. Mr. de la Forêt de Bourgon [l] écrit FRIEDLAND & c'eft comme il doit s'écrire.

[l] Geogr. Hift. T. 1. p. 467.

FRIEDLINGEN. Voyez FRIDLINGEN.

Z   FRIE-

ERI.

FRIESACH ou **FREYSAC**[a], Ville de la Carinthie aux confins de la haute Stirie. Elle est plus ancienne qu'aucune autre de ce pays. Il y en a qui croient que son nom vient d'une Iaye qui se retiroit en cet endroit, & que l'on appelle *Bern* dans le pays, d'où se forma le nom de BERNAW que les Romains changerent en celui de VIRUNUM ; mot connu à Pline & à Antonin ; que de ce dernier nom est venu *Virunsuch*, qui enfin a produit *Vriesac*. Les Allemands ont eu aussi leurs Menages, pour les Etymologies. Quoiqu'il en soit, tous ne conviennent pas que cette Ville soit la VIRUNUM des Romains. Voyez ce mot. Elle est sur le Marnitz, dans une situation commode & agréable, entourée de collines, & son territoire qui est petit est très-fertile. Il y a eu ci-devant une mine d'or, mais qui est ou épuisée ou abandonnée. Les fossez de la Ville sont pleins d'une eau si claire que l'on peut voir un sou jetté au fond. Il y a un Couvent de Dominicains, & un Religieuses Benedictines ; un Château nommé le Bailliage parce qu'autrefois le Bailli de Carinthie y demeuroit. Les Comtes de Zeltschaf ont eu anciennement cette Ville jusqu'au Comte Guillaume dont la femme se nommoit Hetna ou Hemma. Ils avoient de leur mariage deux fils qui furent assassinez par les ouvriers des Mines de Zeltschach. Le Comte leur pere se fit Hermite & leur mere fit bâtir l'Hôtel-Dieu de Gurck en Carinthie où elle est enterrée, & l'un & l'autre firent present de la Ville de Friesach à l'Archevêché de Saltzbourg, vers l'an 1070. L'Archevêque a dans cette Ville un Prevôt & un Archidiacre pour le gouvernement spirituel, & un Vidame pour le temporel. Ce dernier loge dans un grand & fort Château nommé GEYERSPERG, & situé au-dessus de la Ville sur une Montagne fort agréable. Cette Ville a été plusieurs fois saccagée par les troupes d'Ottocare Roi de Boheme, par celles d'Albert Duc d'Autriche, & par celles de Mathias Roi de Hongrie.

FRIESOITE[b], en Latin OITHA FRISICA, quelques-uns écrivent FRIESSOIT, d'autres FRIESSHEID, ancienne & petite Ville d'Allemagne en Westphalie dans l'Evêché de Munster entre Stichusen qui est de l'Oostfrise & Kloppenbourg qui est de Munster, sur un Ruisseau nommé SOSTE sur les Cartes.

FRIESTETER, grande Forêt d'Allemagne entre la Franconie & la Thuringe. Elle est en partie la même que la Forêt Hercinienne des Anciens.

FRIGANO. Voyez FRIGNANO.

FRIGIDA, nom Latin de FRIAS.

FRIGIDÆ[c], lieu de la Mauritanie Tingitane entre Banasa & Lixus. Antonin la met à XXIV. Milles de la premiere & à XVI. de la seconde.

FRIGIDUM CAPUT, nom Latin de CABOFRIO. Voyez cet article au mot CABO.

1. **FRIGIDUS**, ancien nom du VIPAO, Riviere. Voyez ce mot.

2. **FRIGIDUS**, ancien nom du FREDDO Riviere de Toscane au territoire d'Arezzo.

3. **FRIGIDUS**, nom Latin d'une Riviere de Sicile que les Anciens ont nommée ACIS

FRI.

& les modernes FREDDO. Voyez ces deux noms.

FRIGIDUS-MONS. Voyez FROIDMONT.

FRIGLÆ[d], la Notice de l'Empire met sous les ordres du Comte de la Tingitanie aux frontieres le Tribun de la Cohorte de Friglæ : Friglæ mêmes, *Tribunus Cohortis Friglensis*, *Friglis*. Zurita soupçonne que ce lieu est le même que *Frigida* d'Antonin, & qu'il y a faute dans l'un ou dans l'autre de ces deux Auteurs.

FRIGNANO, (le) Mr. Corneille écrit mal FRIGANO : & Mr. Baudrand[e] la FRIGNANE, petit pays d'Italie au Duché de Modene, au pied de l'Apennin, vers les frontieres du Boulonnois, & de l'Etat du Grand Duc, entre les sources du Panaro. Il a pour places principales *Sestola*, *Aquaria* & FRIGNANA, qui lui donne le nom.

FRINIATES, ancien peuple d'Italie dans la Ligurie. Tite-Live[f] dit que le Consul C. Flaminius les aiant batus à diverses fois, les reçut à composition & les desarma. Sigonius[g] croit qu'ils étoient aux environs de Modene.

FRIOUL, Province d'Italie dans sa partie la plus Septentrionale. Les Italiens disent PATRIA DI FRIULI. Elle est grande, dit Mr. Baudrand, & appartient à la Republique de Venise depuis l'an 1455. Elle étoit du Domaine de Charlemagne, car Eghinard parlant du Testament de ce Prince dit que dans son Empire il y avoit XXI. Villes Metropolitaines, & *Forum Julii* (*Città di Friuli*) qui donne le nom à cette Province est la IV. Il l'avoit conquise sur les Lombards ; car cette Province aiant été le passage par où entrerent en Italie les Barbares, à savoir les Goths, les Herules & les Lombards, ils la possederent tour à tour. Ces derniers y établirent un Duc. Sansovino dit[h] que les Venitiens donnerent le nom de Duc à leur Chef, selon l'usage de ce temps-là où il y avoit un Duc dans la Province du Frioul possedée par les Lombards, & un autre dans l'Istrie possedée par la Couronne de France. Long-temps auparavant Pline avoit parlé de la Ville de *Forum Julii*, d'au delà du Pô : FOROJULIENSES TRANSPADANI. Ce même pays dans la suite du temps a été nommé VENETIA, ou VENETIÆ, comme il paroît par l'Anonyme de Ravenne[i] & Paul Diacre[k]. On l'appella aussi avec le temps le *pays d'Aquilée*, à cause de sa Metropole ; la Ville de Friuli, (*Forum Julii*) ayant été détruite de telle maniere que le Blondo avouoit ignorer en quel endroit elle avoit été, on croit néanmoins à présent le savoir, & je le dirai ci-après. Il est remarquable que dans le Testament de Charlemagne c'est *Forum Julii* & non pas Aquilée qui est la Métropole de cette Province ; sans doute à cause de son titre de Duché. En 1028. Conrad le Salique donna le Frioul à Popono Patriarche d'Aquilée son Chancelier. Les Successeurs de ce Prelat en ont joui jusques vers l'an 1420. que le Patriarche Louis Tekio en fut dépouillé par les Venitiens qu'il avoit attaqué mal-à-propos. Amelot de la Houssaye[l] dit que le Frioul est venu aux Venitiens par un engagement & qu'un des Predecesseurs de l'Em-

a Zeyler Carinth. Topogr. p. 94.

b Zeyler Westphal. Topogr. p. 27.

c Itiner.

d Emendat. in Itiner. Anton. p. 182.

e Baudrand. Ed. 1705.

f l. 39. c. 2.

g Regni Ital. l. 15.

h Venetia l. 11. p. 175.

i l. 4. c. 29. k Longob. l. 2. c. 14.

l Hist. du Gouvern. de Venise T. 1. p. 89.

l'Empereur l'engagea à la Seigneurie pour quatre cens mille écus. Delà viennent les pretentions de l'Empereur sur cette Province; mais, ajoute cet Auteur, il y a légitime prescription & le Senat appuie encore ce droit de celui de la guerre, ayant recouvré cette Province par ses armes, après en avoir été dépouillé par l'Empereur Maximilien I. C'est sur la pretention du Frioul, où l'Empereur possede Aquilée, qu'il fonde celle de nommer à ce Patriarchat, droit qui veritablement étoit resté à ses Predecesseurs après l'engagement d'Aquilée. Je marque au mot AQUILÉE, par quelle précaution les Venitiens évitent qu'il n'ait l'occasion d'y nommer. Le Frioul est borné au Septentrion par la Carinthie; au Midi par le Golfe de Venise; à l'Orient par le Comté de Goritz & le Golfe de Trieste; & à l'Occident par la Marche Trevisane, le Feltrin & le Bellunese. Sa grande étenduë du Nord au Sud est d'environ. 52. milles & de 45. de l'Est à l'Ouest, y compris la partie qu'y possede la Maison d'Autriche. Outre le Frioul propre il comprend le Cadorin qui est le long de la Piave; la Carnia qui est le long du Tajamento; ces deux contrées sont aux Venitjens: le Carso qui est à l'Empereur, excepté le territoire de Monte Falco qui est aux Venitiens; quelques-uns y ajoutent le Comté de Goritz que d'autres donnent à la Carniole. Cette Province est assez fertile en Vin & en Fruits.

Les Villes du Frioul sont, selon Mr. Baudrand,

Aux Venitiens	à l'Empereur
Cadoro, ou la Pieve di Cadoro,	Aquilée,
Ciudad de Friuli,	Goritz,
La Palma,	Gradisque.
Udine	

On peut y ajouter Porto Gruaro & Concordia.

FRISCH HAFF, Golphe ou Bras de Mer au Midi du Golphe de Dantzig, dans la Mer Baltique; il entre dans la Prusse jusqu'auprès d'Elbing au Midi & jusqu'à la Vistule à l'Orient où il en reçoit les eaux par les deux bras de cette Riviere qui forment le Werder. Il s'étend au Nord-ouest jusqu'auprès de Königsberg où il reçoit la Pregel; & communique au Golphe de Danzig par un Détroit appellé le Pillau du nom d'une Ville de Prusse qui en est au côté Septentrional, & il est separé de ce grand Golphe par une pointe longue, & étroite. Les Dictionnaires expliquent le mot Haff par Habus mot Latin qui n'est Latin que par sa terminaison & qui n'est pas plus aisé à entendre que celui de Haff. Je crois ce dernier dérivé du mot Celtique HAFN qui signifie un Port; ce que l'on apelle Haff tant en Prusse qu'en Courlande étant de veritables ports enfermez de tous côtez excepté à l'entrée. Les pointes de terre qui separent l'un & l'autre de la Mer s'appellent également NERING & vient peut-être de l'ancien Teuton Nerio qui signifie conserver, proteger; parce qu'en effet cette pointe brise le plus grand effort de la Mer.

Voyez au mot NERING, les articles CURISCH-NERING & FRISCH-NERING. Mr. Baudrand suppose que les Anciens ont nommé le Frisch-Haff *Venedicus Sinus*, mais il vaut mieux dire avec Cluvier que *Venedicus Sinus*, est le nom general de tout le Golphe de Danzic, & que les deux pointes dont j'ai parlé sont les Isles Electrides des Anciens. Celle du *Frische-Haff* est effectivement une Isle; & il s'en faut peu que celle du *Curisch-Haff* n'en soit une aussi.

FRISCH-NERING. Voyez l'article precedent & celui de NERING.

FRISE, nom qui a été donné en diferens temps à divers pays conquis ou habitez par le peuple nommé les Frisons. Je distribuerai pour plus de netteté ce que j'ai à en dire en trois articles. Le premier sera de la Frise *ancienne & du moyen âge*, le second de la Frise moderne telle qu'elle est aujourd'hui, & le troisiéme du peuple nommé *Frisii* par les Latins.

De la Frise ancienne & du moyen âge.

FRISE, en Latin *Fresia* & *Frisia*, grand pays qui a eu diverses bornes & qui a été divisé diferemment selon les revolutions arrivées au peuple nommé *Frisii* par les Romains. [a] Originairement sous le nom de Frise on ne comprenoit que le pays qui se trouvoit entre le lit du milieu du Rhin & l'Ems, & depuis la Mer jusqu'aux marais des Bruétéres; de sorte qu'elle avoit en front l'Océan; & qu'elle étoit separée de l'Isle des Bataves par le Rhin, du pays des Bructéres par l'Issel, & de celui des Chamaves par l'Ems. Ces limites subsistoient encore vers le commencement du VI. siecle: Mais par les conquêtes & les alliances que les *Frisii* habitans de ce pays firent insensiblement, ces anciennes limites changérent, & quoique l'on ne sache pas positivement les tems de ces variations, on vit la Frise dans le moyen âge comprendre une étenduë énorme de pays. A l'Occident, où elle avoit été bornée par le lit moyen du Rhin, non seulement elle s'étendit jusqu'à la Meuse, mais même jusqu'à l'Escault, & peut-être encore occupa-t-elle quelque chose au delà. A l'Orient où l'Ems avoit separé la Frise du pays des *Cauchi*, le Rhin devint la nouvelle borne de la Frise, par la Confederation des *Frisii*, dans laquelle les *Cauchi majores* & les *minores* entrerent. Elle s'étendit même jusqu'à l'Eyder, par l'union des Saxons d'au delà de l'Elbe, & cette Riviere avec une grande étenduë de côtes de la Mer, furent ses limites du coté du Septentrion. Il est vrai qu'au Midi je ne trouve pas de bornes assez marquées pour les designer, si on en excepte cependant les anciennes limites; mais à l'égard des nouvelles tout ce qu'on sait c'est que la Frise n'avançoit pas beaucoup dans les terres.

La Frise ne demeura pas long-tems dans cet état, car ses habitans étant entrez en guerre avec les Francs du tems de Pepin, ceux-ci eürent l'avantage & s'empareérent de la Frise *Citerieure*, & c'est là la premiére division que

[a] Sponit. Not. Germ. Med. cap. IV. pag. 414. & seq.

l'on

l'on apprend qui en ait été faite. En perdant sa liberté, elle ne perdit pourtant pas tout-à-fait son nom, car la partie d'en deça du Rhin fut appellée Frise Citérieure ou Cis Rhenane ou Occidentale, & celle qui se conserva libre (qui fut la partie d'au delà du Rhin) fut nommée Frise Ulterieure, ou Orientale, & même dans d'anciens monumens Ciseli, ou Cisflevane. Cette derniere se trouve de nouveau sous-divisée en sept portions, ou pays repondans à autant de ports, ce qui fait que les Auteurs les nomment communément les *VII. Zéelandes*, ou *les sept pays Maritimes*.

La premiere *Zéelande* prenoit depuis le ruisseau *Kinneme* jusqu'au *Flevus*, ou l'embouchure Orientale du Rhin; & c'est le pays que l'on nomme aujourd'hui Westfrise, parce qu'elle est la principale partie de l'ancienne Frise.

La seconde prenoit depuis le *Flevus* jusqu'au Lauwers, autrement jusqu'au port de Marnamane; & c'est la partie que l'on appelle aujourd'hui la Frise Propre, elle étoit aussi partagée en trois differens Cantons que l'on nommoit *Vistarga* ou *Westrogow*, c'est-à-dire, *le territoire Occidental*: *Astraga* ou *Ostrogow*, c'est-à-dire, *le territoire Oriental*: & *l'Islegow*, c'est-à-dire, *le territoire de l'Issel*.

La troisiéme occupoit le pays qui se trouve entre le Lauwers & l'Ems & c'est la Seigneurie qui porte le nom de la Ville de Groeningue qui en est aujourd'hui la Capitale.

La quatriéme étoit le pays d'entre l'Ems, & le port Jade, que l'on nomme aujourd'hui L'Oostfrise ou le Comté d'Embden.

La cinquiéme étoit nommée Frise, ou Zéelande Transjadane, & étoit située entre la Jade & le *Weser*.

La sixiéme étoit depuis l'Elbe jusqu'à l'*Eyder*.

La septiéme enfin comprenoit le pays auquel le nom de Strant-Friesen est demeuré.

Sous le Regne de Charlemagne, une grande partie de la *Frise Orientale* fut retranchée, & l'on en composa la *Saxe inferieure*, les bornes Occidentales demeurant cependant les mêmes. Mais après la mort de Charlemagne, la Frise qui se trouvoit alors bornée par l'Escault & le *Weser*, commença à être diversement appellée par rapport à la diversité de son gouvernement: on la distingua en Frise Hereditaire & en Frise Libre.

La Frise Hereditaire fut celle qui prenoit depuis l'Escault jusqu'à la petite Riviere de Kinneme, avec l'interieur des terres.

La Frise Libre s'étendoit depuis la même Kinneme jusqu'à l'*Ems* & le *Weser*.

Voici d'autres divisions mises au jour par Alting; dans lesquelles il fait connoître les variations qui sont arrivées en differens tems, à mesure que la Frise s'accroissoit, ou diminuoit, dont cependant il est impossible de donner les Epoques.

FRISIA
- *Amisana*, de l'Ems.
- A *IV. Monetis*, des IV. Monnoyes, où *Van 4. Stempel Gerichten*.
- *Beneficiaria*, Beneficiaire.
- *Circaria*, les Ommelandes entre l'Ems & le Lauwers.
- *Cisfli* ou *Cisflevana*, en deçà du Flevus.
- *Citerior*, Citerieure.
- *Forestris*, *Silvestrit* & *VII. Saltuum*, Forestiere.
- *Groningana*, de Groeningue.
- *Hereditaria*, Hereditaire.
- *Lavicana*, du Lauwers.
- *Libera*, Libre.
- *Minor*, Mineure.
- *Mosana*, de la Meuse.
- *Monasteriensis*, de Munster.
- *Occidentalis*, Occidentale.
- *Orientalis*, Orientale.
- *Trajectensis*, d'Utrecht.
- *Ulterior*, Ulterieure.

INTER
- *Albim & Egidoram*, Entre L'Elbe & l'Eyder.
- *Amisiam & Lavicam*, L'Ems & le Lauwers.

INTER
- *Burdipam & Lavicam*, Entre Le Boerdiep, & le Lauwers.
- *Flevum & Jadam*, Le Flevus & le Jade.
- *Flevum & Lavicam*, Le Flevus & le Lauwers.
- *Flevum & Burdipam*, Le Flevus, & le Boerdiep.
- *Flevum & Islam*, Le Flevus & l'Issel.
- *Kinnemum & Egidoram*, Le Kinneme & l'Eyder.
- *Visurgim & Albim*, Le Weser & l'Elbe.

TRANS
- *Amisiana*, au delà L'Ems.
- *Flevana*, du Flevus.
- *Jadana*, du Jade.
- *Kinnemana*, du Kinneme.
- *Lavicana*, du Lauwers.
- *Mosana*, de la Meuse.

FRI.

De la Frife Moderne.

Il y a présentement plusieurs païs très-distincts l'un de l'autre auxquels le nom de Frise est commun, à savoir la PETITE FRISE, L'OOST-FRISE & la WEST-FRISE, & la FRISE PROPRE.

LA PETITE FRISE n'est autre chose que la Seigneurie de *Groningue* & des *Ommelandes* l'une des sept Provinces-Unies.

L'OOSTFRISE, ou la Frise Occidentale est une Principauté de l'Empire d'Allemagne au Cercle de Westphalie. Voyez OOST-FRISE.

La plûpart des Auteurs donnent le nom de WEST-FRISE à la *Nord-Hollande* quoi qu'improprement; car toute la Presqu'isle, qui est nommée la Hollande Septentrionale sur les Cartes, n'est pas de la West-Frise. Voyez WEST-FRISE.

La FRISE PROPRE est présentement la seule à laquelle l'ancien nom de Frise est demeuré sans aucune addition. [a] C'est la partie de l'ancienne Frise qui est entre le Zuyder-Zée & le Lauwer, en Latin *Lavica* qui la sépare vers l'Orient de la Province de Groningue. Depuis les grandes inondations, dont je parle ailleurs, la Mer environne la Province de Frise, vers l'Occident & le Nord, & au Midi elle a l'Overissel. Cette Province ne reconnoissoit aucun Seigneur particulier & se gouvernoit en République sous la protection de l'Empire. Les Villes étoient gouvernées par les Magistrats & les habitans de la Campagne étoient divisées en plusieurs jurisdictions composées chacune d'un Jugé nommé *Grietman*, & de plusieurs Assesseurs qu'on changeoit tous les ans, & ces Jurisdictions se nommoient GRETANIES. (Dela vient que la grande Carte de Frise publiée par Halma est divisée en GRIETTENIJEN; c'est-à-dire en cette sorte de Jurisdictions.) Les Comtes de Hollande & les Evêques d'Utrecht essayerent à diverses fois de subjuguer ce Peuple libre; mais ils ne purent venir à bout de leurs desseins; & l'Empereur Sigismond donna une Constitution Impériale en 1419. par laquelle il confirma les Priviléges & les Libertez des Frisons; défendant aux Comtes de Hollande & à tous autres de rien attenter à l'avenir au préjudice de ces peuples. Les Empereurs avoient coûtume d'envoyer quelquefois des Gouverneurs en Frise où ils n'avoient pas un pouvoir absolu & on les nommoit *Potestats*. Ils en voulurent faire un droit, & les Frisons refusant de reconnoître ces Officiers qui faisoient ombrage à leur liberté, l'Empereur Maximilien donna l'an 1498. la charge de Gouverneur ou Potestat Héréditaire de Frise à Albert Prince de Saxe, fils de l'Electeur Frédéric II. & ce Prince ou Duc Albert fit obéir dans ce pays-là, si nous en croïons Mr. l'Abbé de Longuerue. Mais Albert étant mort en 1500. & aiant eu pour Successeur son fils le Duc George, les Frisons se revolterent & se mirent sous la protection du Duc de Gueldres, de sorte que George de Saxe céda tous ses droits l'an 1515. à Charles d'Autriche qui fut depuis l'Empereur Charles V. & dès-lors ce Prince prit le titre de Seigneur de Frise, les habitans s'étant soumis à lui à de certaines conditions.

[a] *Longuerue Descr. de la France* 2. *part.* p. 29.

Philippe II. Roi d'Espagne, qui succeda à son Pere Charles V. aiant irrité ces peuples par la dureté des Gouverneurs, ils secoûerent sa domination l'an 1576, & ils changerent entierement le Gouvernement l'an 1579. ayant aboli l'exercice de la Religion Catholique. Ils s'unirent à la Confederation des Provinces selon l'association d'Utrecht. Deux ans après ils rénoncérent absolument à l'obeïssance de Philippe II. avec les Etats des autres Provinces assemblez à la Haye l'an 1581. ils reconnurent ensuite pour leur Prince le Duc d'Anjou Frère de Henri III. comme avoit fait la plus grande partie des Païs-Bas, mais ce Duc s'étant retiré en France & étant mort ensuite, ils se joignirent à la République des Provinces-Unies & choisirent pour leur *Stathouder*, ou Gouverneur Général le Comte Guillaume-Loüis de Nassau Cousin du Prince d'Orange & cette charge de Gouverneur Héréditaire a été possedée jusqu'à présent par les descendans de ce Prince & par leurs Héritiers. Quelques uns, comme Mr. de la Forêt de Bourgon, nomment la Frise propre, *West-Frise*. C'est en erreur, la Frise est une des sept Provinces & la West-Frise jointe avec la Hollande en fait une autre.

La Frise se divise en quatre parties qui sont
L'*Ostergow*, ou partie Orientale;
Le *Westergow*, ou partie Occidentale;
Le *Seven Wolden*, ou les sept Forêts
Et les Isles.

Les Villes de l'Ostergow sont

Leward & Docum

Celles du Westergow sont

Harlingen port de Mer,
Franecker, Université,
Bollwert, Ville ancienne,
Sneeck,
Worcum
Hindelopen
Stavern.

Le pays de Seven Wolden ou des sept Forêts n'est rempli que de bois & de marais & n'a de Ville rémarquable que Sloten petite Ville située sur un marais de même nom.

Les Isles sont

Ameland   Schelling
    & Schiermonickoog.

FRISIABONES, Voyez l'Article suivant.

FRISII, ancien peuple de l'Europe dont le nom est très-diversement écrit par les Auteurs anciens & par les Ecrivains du moyen âge. [b] Tacite, Pline, & les Auteurs Latins ont appellé ce peuple *Frisi*, mais les Grecs ont changé quelques lettres à ce nom & ont écrit quelquefois PHREISII & d'autrefois PHRISII : on trouve aussi dans d'anciens monumens PHRESII, FRISEI, FRESONES, FRESIONES, FRISEONES, FRISIONES, FRISONES, PHRESONES, PHRESIONES, FRIGIONES ET FRESONICI. Il seroit bien difficile de dire lequel de ces noms on doit préferer aux autres;

[b] *Spener*, Not. Germ. Ant. L. IV. Cap. 4.

car si l'on dit qu'ils ont été nommez *Phreisi* pour signifier *Liberi Homines*, des Hommes Libres, il est constant que ces Peuples ont été ceux de toute la Germanie qui ont défendu leur liberté avec plus de courage & qui l'ont conservée les derniers ; si d'un autre côté on regarde la nature du pays qu'ils habitent, & que l'on veuille dire que c'est à cause du limon dont la Mer a couvert de tems en tems les terres par inondations, ou parceque ce pays est extremement froid qu'ils ont été ainsi nommés, à quoi le terme *Phrisii* de Ptolomée & celui de *Frisii* des Latins & le *Frigiones* de quelques-uns semblent mener ; il sera vrai de dire, que toutes ces interpretations seront du moins plus probables que celles que quelques Auteurs ont osé avancer, en derivant ces noms des *Phrigiens*, ou d'un certain *Frison* qu'ils ont fait tantôt Troyen, tantôt Grec, tantôt Indien, à qui ils ont attribué l'origine de ces peuples.

Par les bornes que leur donne Tacite,[a] il est visible qu'ils avoient l'Océan en front, le lit moyen du Rhin d'un côté, & l'Ems de l'autre, & que par derriere ils confinoient aux vastes marais des Bructéres & au Canal de Drusus : de façon que le pays des *Frisii* étoit separé de celui des *Bataves* par le Rhin, de celui des *Bructéres* par l'Issel, & de celui des *Chamaves* par l'Ems. Le même Tacite[b] & Dion Cassius[c] ont divisé ces peuples en deux, & les ont distinguez en grands & en petits, *Majores* & *Minores*, eu égard à leurs forces & à leur nombre. On voit assez clairement qu'ils ont placé les *Frisii Majores* depuis le *Flevus* jusqu'à l'Ems, & au côté droit du Wecht & les *Frisii Minores* à la gauche du même Wecht & depuis le Rhin jusqu'à l'embouchure du *Flevus*. Mais on a douté longtems si les *Frisiabones*, *Sturii*, *Auchi*, & *Marsati* ou *Marsaci* de Pline étoient differentes Cités, ou des peuples voisins des *Frisii* ; d'autant que les ayant nommé immediatement après ceux-ci, il sembloit les mettre du moins dans leur voisinage. Cluvier[d] sur tout s'est signalé à soutenir que l'on devoit rayer de Pline comme une erreur qui s'y étoit glissée par l'inadvertance des Copistes ou des Imprimeurs, ces trois mots *Frisiabones*, *Cauchi* & *Sturii* : mais un Auteur judicieux[e] a reproché à Cluvier d'introduire lui-même dans Pline l'erreur dont il se plaignoit, & a fait voir, qu'il étoit plus naturel de dire que Pline par ces noms avoit voulu indiquer les principaux Cantons des *Frisii*, que de retrancher sans necessité quelque chose de son livre. Il commence par interpreter le mot *Marsatii* par celui de *Mersaten*, qui dans la langue du pays signifie contrée maritime, il la place sur la côte de la Mer depuis l'ancienne embouchure du Rhin à ce qu'on a nommé l'Embouchure du milieu, jusqu'à l'Embouchure droite autrement dite l'embouchure du *Flevus*, & ensuite il fait voir qu'auprès de l'endroit que l'Océan a inondé il reste encore un lieu nommé *Marsdiep*, dans lequel il pretend reconnoitre des traces du nom de cette ancienne Nation. Le même Auteur trouve une Etymologie assés heureuse du mot *Frisiabones*; il le dérive de ces mots tirés de la langue du pays *Friesse A-woners* qui signifie Frisons qui habitent les eaux & placé ces peuples dans le *Waterland*, le Rheinland Ulterieur & l'Amstelland. Il trouve l'origine du mot *Sturii* dans celui de *Steden* & pretend qu'on en a pu d'abord former *Steders* ensuite *Steers* & que les Romains ont pu dire *Sturii* pour l'accommoder à leur langue. Il ajoute que ce mot *Steden* signifiant village, il avoit pû être donné aux peuples qui habitoient cette quantité de villages qui ont été submergez par les eaux dont il n'est resté que le pays nommé HOMELUMER-OLDEFAART avec les deux petites Villes *Stavere* & *Hindelopen* dans le nom de l'une desquelles il trouve des traces de celui de *Sturii*. Enfin le même Alting trouve le nom d'*Auchi* dans celui d'un marais nommé encore aujourd'hui *Aukers Auke-Veen*. Voyez AUCHI citerieure. En un mot il met trois de ces peuples parmi les *Frisii Minores*, & le seul pays des *Auchi* parmi les *Frisii Majores* : mais Spener[f] y ajoute encore les *Marsatii* & ne fait point difficulté de dire qu'il a dû y avoir encore d'autres pays depuis l'embouchure du *Flevus* jusqu'à l'Ems dont Pline n'a pas données les noms pour les avoir ignorez & pour avoir crû que de son tems on n'avoit jamais avancé au delà de l'Embouchure du *Flevus*.

A l'égard des revolutions qui sont arrivées parmi ces peuples ; on trouve qu'en la 10. année du 1. Siécle Drusus Germanicus fit Alliance avec eux, qu'il leur permit de vivre dans leur liberté, qu'il ne leur imposa aucun tribut, & se contenta du service qu'il pouvoit en tirer en tems de guerre. L'avarice des Romains, & sur tout la cruauté d'Olenus qui satiguoit extremement le peuple & le reduisoit à une triste servitude, troublérent la Paix de ces pays sous la fin du Regne de Tibére; mais on les laissa en repos après qu'ils eurent defait L. Apronius Propreteur de la Germanie inferieure. En 47. Corbulus fit de nouvelles tentatives sur leur liberté ; mais non seulement il fut obligé de lâcher le pied ; mais même de repasser le Rhin. Dans le III. Siécle, il n'est pas dit à la verité que les *Frisii* soient entrés dans la confederation des François; mais on ne peut s'empêcher de le conjecturer ; d'autant qu'il n'est pas vraisemblable qu'ils ayent refusé de prendre les armes pour l'intérêt de la liberté commune, eux qui avoient combattu tant de fois pour leur liberté particuliere. De plus l'habileté dans la Navigation que l'on attribuë aux Francs ne peut gueres tomber que sur les *Frisii* qui habitoient la plus grande partie des côtes. Dans le VI. Siécle on voit les limites de la Frise changer, le pays s'aggrandir considerablement & le nom de *Frisii* courir insensiblement de Province en Province. Ce fut d'abord du côté de l'Occident que cet aggrandissement commença, & l'on cessa aussi pour lors peu à peu à faire mention des noms des *Bataves*, des *Caninefates* & des *Toxandres*, & avec le tems on n'entendit plus parler dans ces pays-là que du nom des *Frisii*: la même chose à peu près arriva du côté de l'Orient, quoiqu'un peu plus tard ; car à mesure que la Saxe devenoit mediterranée par la migration des Saxons dans le pays qu'avoient abandonné les Francs en faisant leur entrée dans les Gaules, à mesure aussi les *Frisii* occupoient les côtes de

a Germ. Cap. XXXIV.
b Annal. I. Cap. 50.
c Lib. LIV.
d Germ. Ant. Lib. III. Cap. 17.
e Mensa Altingius Not. Germ. in vocab. Frisiabones &c.
f Not. Germ. Ant. Lib. IV. Cap. 4. p. 312.

de la Mer dont ces mêmes Saxons s'éloignoient: d'abord ils s'arrêterent au Weser, ensuite ils avancerent aux bords de l'Elbe, & enfin ils s'étendirent jusqu'à l'Eyder. Il n'est pas pourtant necessaire de dire que les *Frisii* avoient conquis tout cet espace de terre ni qu'ils en eussent trouvé une grande partie dégarnie entierement de monde. Il suffit qu'ils ayent pû y entrer par le moyen des Alliances qu'ils pouvoient faire tantôt avec une Ville, tantôt avec une autre qui devoient être portées d'elles-mêmes à demander d'être incorporées avec un Peuple si formidable.

On ne peut pas non plus douter que les *Frisii* n'ayent fait alliance avec les Saxons, quoique l'on n'en voye pas positivement l'époque. Il est certain qu'ils passerent avec eux dans la Grande Bretagne: Procope * faisant l'énumeration des Peuples qui se sont établis dans cette Isle nomme les *Frisii* avec les Saxons, & Ludger dans la Vie de Suidbert adressée à Gregoire Evêque d'Utrecht en parle en ces termes: *Ipse Suidbertus satiebat salutem omnium hominum, & præcipue Paganorum Frisiorum & Saxonum eo quod Angli ex ipsis propagati sunt*, & ailleurs parlant encore des Anglois il dit *de Stirpe Frissonicâ & Saxonica*. Enfin vers le moyen âge & peu à peu ces *Frisii* se sont trouvés resserrés dans leurs anciennes limites, jouïssans toujours néanmoins de leur premiére liberté.

* Goth.
Lib. IV. c. 20.

FRISINGEN, Voyez FREISINGEN.

FRISLAND, les Allemands, quoiqu'ils prononcent ainsi, écrivent FRIESSLAND, & les Flamands écrivent FRIESLANDT. Mais l'E ne se prononce point ni dans le Flamand, ni dans l'Allemand.

FRISLANDE, Ile des Terres Arctiques entre l'Islande & le Cap de Farewel. Mr. Corneille dit d'après Mr. Maty: tout ce qu'on en dit est que les habitans n'y vivent que de poisson, que la plus grande partie de leur Commerce ne consiste qu'en cette pêche, & en celle des Monstres Marins (il veut dire sans doute des Baleines qui ont pu être prises d'abord pour des Monstres quoi qu'elles n'en soient pas.) Il ajoute: mais comme les Pilotes qui frequentent ces côtes, n'en font point de mention, il y a beaucoup d'apparence, ou que cette Isle n'est point ou qu'elle est une partie de Groenlande. Mr. de l'Isle la marque dans sa Carte des Terres Arctiques; mais d'une maniere qui fait sentir qu'il ne la jugé pas assez connue pour en marquer le contour. Les Anglois vont plus loin: une de leurs Cartes la donne aussi detaillée que l'Islande. Cette Isle gît entre les 340. & 345. d. de longitude & depuis le 60. d. de latitude jusqu'au 63. Sa côte Septentrionale est terminée à l'Orient par le Cap Spagia, & à l'Occident par le Cap Bovet, entre deux est une habitation appellée Cabara. La côte Orientale est fort hachée. Aqua & Capa sont chacune au fond d'un Golphe. Rane est sur une espece de Cap vers le milieu de cette côte. On trouve ensuite Rovea & Godmec où la côte commence à tourner entierement vers l'Ouest. Au delà de cette Place & d'un Cap de la côte Meridionale est Sorand, puis un autre Cap, après lequel suit un Golphe au fond duquel est Ocibar. Sanestol & Banar sont sur la côte Occidentale. Les Anglois écrivent FREESLAND.

FRITTOLA, Bains d'Italie au Royaume de Naples dans la Terre de Labour près de Bayes. Mr. Baudrand dit que l'ancien nom Latin est MIRTETA.

FRITZLAR, Ville d'Allemagne dans la Basse Hesse. Quelques uns ont écrit FRIDESLAR, d'autres FRITISLAR. Guillaume Dilich dans la Chronique de Hesse ^a dit que l'Eglise du Monastere y fut fondée l'an 732. par Boniface, & que la Ville fut bientôt après batie des debris de BURIBOURG (dont, à ce que dit Zeyler, ^b on voit encore les ruïnes sur une haute Montagne auprès de Fritzlar) la situation de la nouvelle Ville étant plus commode que celle de l'autre. Le voisinage de l'Eder qui coule auprès, & qui va se jetter dans la Fulde; l'abondance des fruits, des grains & du vin, & les autres agrémens de ce lieu le font preferer à plusieurs autres Villes du Voisinage. L'an 774. les Saxons brûlerent Fritzlar & ne laisserent d'entier que l'Eglise: on en attribue la conservation à une Prophetie. On prétend que St. Boniface l'ayant élevée sous l'invocation de St. Pierre, dit par un esprit Prophetique qu'elle ne pourroit jamais être détruite par le feu. On ajoute que lorsque les Saxons voulurent la brûler comme le reste il leur prit tout à coup une épouvante qui les mit en fuite. Cette Histoire se trouve raportée par bon d'Historiens ^c qu'elle a aquis le droit d'être inferée dans cet Article. Conrad Landgrave de Thuringe étant en guerre avec l'Archevêque de Mayence, l'an 1232. se jetta sur Fritzlar qui n'est qu'à trois milles de Cassel, incendia les Fauxbourgs, détruisit les moulins, & les prit: dans le temps qu'il se retiroit quelques femmes sortirent des murailles de la Ville, dépouillerent les Soldats & rappellerent le Landgrave par maniere d'insulte, disant que s'il ne savoit où aller, elles lui montreroient une Auberge. Outragé par ces paroles il retourna sur ses pas, assiégea la Ville qu'il mit à feu & à sang, sans épargner ni Sexe, ni âge, il fit renverser les murailles, les tours, & les Couvens; comme rapportent Dilich ^d & Spangenberg ^e dans sa Chronique de Mansfeld. L'an 1631. au mois de Septembre cette Ville bâtie sur une belle Coline, & entourée de hautes murailles flanquées de tours fut prise d'assaut par Guillaume Landgrave de Hesse. Le 29. du même mois elle fut prise par le Général Tilli. On peut voir, outre les Auteurs citez ci-dessus, ce que disent de cette Ville Albert Crantz dans son Histoire de Saxe ^f, & Braun dans son Theatre des Villes. Mr. Corneille parle de Frislar, comme d'une Ville qui appartenoit aux Electeurs de Mayence des le temps qu'ils possedoient la Thuringe; ce qu'il ne faut pas entendre comme si elle ne leur appartenoit plus: Il dit qu'elle est petite & mal peuplée. Mr. Hubner dit au contraire que c'est une bonne Ville, *eine brave Stadt*.

FRIUL, Voyez FRIOUL.

FRIXA, Ville d'Afrique au Royaume de Fez de laquelle il ne restoit déja plus que les Ruines du temps de Marmol, qui en parle ainsi ^h: A trois lieues d'Esagen fur une petite Mon-

a fol. 162. & seq.

b Mogunt. Archiepisc. Topogr. p. 14.

c Nicol. Serrarius rer. Mogunt. l. 3. p. 494. Nuenar. Antiqual. Francor. Lamb. Schafnab. Reginob. Mariainus. &c.

d l. c. part. 2. p. 152.
e c. 253.

f l. 2. c. 16.

g p. 493.

h 9. T. 2. l. 4. c. 48.

FRI. FRO.

Montagne que borde la Lisse on voit les ruines d'une petite place bâtie par les anciens Africains; les champs d'alentour sont fort bons, quoique ce soit un pays haut & bas & plein de Ravines. Mais il y a d'épaisses forêts le long du fleuve, remplies de bêtes farouches. Les Portugais qui possédoient les Villes de Tanger & d'Arzile la saccagerent l'an 1481. & de l'Hegire 895. & y mirent le feu de sorte qu'elle ne s'est point repeuplée depuis.

FRIXANO, autrefois Ville de l'Isle de Sardaigne. Elle est présentement ruinée, & on en voit les Mazures au Nord de l'Isle près de Castel-Aragonese.

FRIXINONA, Voyez FRUSINUM & FRUSINONE.

FROBOLET, lieu de la Palestine selon Guillaume de Tyr [a] cité par Ortelius. [a l. 22. c. 16.]

FRODA, Riviere de Suisse : c'est la même qui changeant de nom est appellée le *Rhin du milieu.* Voyez RHIN.

FRODDESHAM, selon Davity, ou [b Etat pref. de la G. Bret. T. l. p. 47. c Dict.]
FRODESHAM [b], Bourg d'Angleterre en Cheshire. On y tient marché public. Ce lieu n'a rien de fort remarquable. Davity en fait une petite Ville & Mr. Corneille [c] après lui.

FRODOLPHE, FRODOLFA, Riviere de Suisse [d]. Elle a ses sources aux Montagnes nommées *Braulius* en Latin & Braulio en Italien. Mr. Corneille [e] les appelle AL-FURNO, mot pris aparemment de *Val Furba*, que l'on a pris en le corrompant pour le nom de ces Montagnes, au lieu que Val Furba est le nom de la Vallée, où cette Riviere coule pour s'aller rendre dans l'Adda auprès de Bormio. Mr. Corneille dit qu'elle est au pays de Worms, & qu'elle se rend dans l'Adde après avoir arrosé la Vallée de Forben & de Borneo. Il faloit dire que cette Riviere traverse le Comté de *Bormio* par la Vallée de *Furba* ou *Forba* & qu'elle se joint à l'Adda au Midi de Bormio que les Allemands nomment Worms. [d Schutzer Cart. de la Suisse. e Dict.]

FROEWENBERG, Seigneurie de Suisse au pays des Grisons selon Mr. Corneille; mais ce qu'il en dit convient à ce que nous appellons présentement *le bas Sargans*. Il en parle comme si elle appartenoit encore à la Maison d'Autriche. Il y a déja quelques siécles que les Comtes de Werdeberg, qui étoient de l'ancienne Maison de Montfort & qui en ont été les derniers propriétaires, ont vendu leur droit aux sept anciens Cantons qui possédent à présent ce Comté, excepté Wartaus qui est aux Protestans de Glaris. Voyez SARGANS.

FROHEINS, Bourg de France en basse Picardie, au Ponthieu [f], sur la Riviere de l'Authie : on le nommoit MAISIERES sur Authie pour le distinguer de Maisieres sur Oyse. Haimon qui en étoit Seigneur vers l'an 644. ayant donné ce Village ou Bourg avec la terre à St. Furfy ; ce dernier y vint mourir l'an 650. & le lieu s'appelle depuis Froheins par corruption du nom de *Fours-hem* ou *Fours-heim* qui veut dire la Maison de Fourfy. Son corps fut transporté de là à Peronne. L'Eglise honore le St. le 16. Janvier. Ce Bourg est aux limites du Ponthieu & de l'Artois, & entre Auchi & Dourlens. [f Baillet Topogr. des Saints. p. 286.]

1. FROID-MONT, Abbaye de France au Diócèse de Beauvais sur la petite Riviere du Terain ; à trois lieues de la Ville de Beauvais, vers le Midi, au raport de Mr. Baudrand [g]. Froid-mont est au Sud-est de Beauvais & non pas au Midi de cette Ville, sur un ruisseau qui se perd dans le Terain & non pas sur cette Riviere dont elle est à un quart de lieue. [g Ed. 1705.]

2. FROID-MONT, [h] Château des Pays-Bas sur la Sambre au Comté de Namur, entre Namur & Charleroy. [h Dict. Geog. des Pays-bas.]

FROI-MONT, [i] forêt de France en Champagne. On lit dans l'ancienne Chronique de Mouzon que St. Arnoul Martyr sortant de la forêt de Froimont fut assassiné sur les confins des pays de Porcien & de Castrice près du Village de Gruyeres. [i Longuerue desc. de la France 1. part. p. 46.]

FROMERIE, Bourg de France en Picardie entre Aumale & Gerberoy, à deux lieues de Cercu & de Gaille-Fontaine. On y tient marché le Mercredi, & une foire dans l'année. En sortant de ce Bourg du côté de Rouen on voit trois arbres plantez en triangle & assez près l'un de l'autre. L'un est sur le territoire du Diócèse de Rouen, l'autre sur celui de Beauvais, & le troisiéme sur celui d'Amiens & servent de limites à ces trois Diócèses.

FRON-HOVE ou VRON-HOVE, Seigneurie avec titre de Comté aux Pays-bas; ce Comté fut cédé avec Mastricht & Wick aux Etats-Généraux, dans le Traité de Munster l'an 1644. par Philippe IV. Roi d'Espagne. Ce nom est écrit VROON-HOFF au III. Article de ce Traité.

FRONS, ce mot Latin que nous avons adopté avec un leger changement dans la langue Françoise pour signifier le *Front* ; est un mot Géographique qui designe la partie qui fait face ou qui avance vers l'Océan, ou vers quelque autre lieu remarquable.

Les Géographes Latins ont employé le mot de *Frons* dans ce sens en plusieurs occasions dont voici les plus remarquables. Pline [k] parlant d'un promontoire qu'il nomme *Hesperium Ceras*; c'est-à-dire la corne, ou la bosse Occidentale, qui est le Cap de Sierra Lionna, selon le R. P. Hardouin, dit que c'est de là que la côte commence à se tourner vers l'Occident, & vers la Mer Atlantique, ce qu'il exprime ainsi : *inde primum circumagente se terrarum fronte in occasium & mare Atlanticum.* Il copie souvent Mela, comme d'autres l'ont observé avant moi. Avant Pline, Mela [l] avoit dit : la terre a pour bornes en cet endroit le promontoire nommé Ἑσπέρου κέρας. (*Hesperum ceras*) là commence cette côte qui se tournant vers le Couchant est arrosée par la Mer Atlantique. *inde incipit frons illa qua in Occidentem vergens Mari Atlantico alluitur.* Munster & d'autres qui n'ont pas voulu faire assez d'attention à ce que signifie ici le mot de *Front*, se sont imaginé, je ne sai pourquoi, que ces deux Auteurs avoient entendu par là un Promontoire, & fut cette prevention on a mis en question si ce Promontoire étoit le Cap de Bonne Esperance ou celui que l'on appelle le Cap Verd. Ce n'est ni l'un ni l'autre, il n'est point question de Cap en cet endroit. Ces deux Anciens ont entendu par le mot *Frons*, non une simple avance telle qu'est un Cap, mais toute l'étendue de la côte qui fait face à l'Océan depuis un lieu [k l. 6. c. 31.] [l l. 3. c. 9. & 10.]

FRO.

lieu déterminé jufqu'à l'autre. C'eft dans ce fens que l'on doit entendre par ce que Pline [a] apelle le front de l'Efpagne, non pas un Cap particulier, mais tout le côté qui s'étend depuis le Cap de Roca Sintra jufqu'au Detroit de Gibraltar, comme l'explique le R. P. Hardouin. De même Pomponius Mela [b] dit que la Lufitanie n'a point d'autre Mer que l'Océan, qu'elle a le côté au Septentrion & le front à l'Occident. Le même Auteur apelle le front de l'Arabie heureufe la côte de ce pays qui eft entre l'entrée du Golphe Perfique & celle du Golphe Arabique [c]. Le front de l'Italie, felon Pline [d] & Solin, eft la partie qui s'étend au Royaume de Naples, entre les Caps delle Colonne & dell'Armi; qui étoient anciennement *Lacinium* & *Leucopetra*. Tacite entend par le front de la Germanie la partie qui s'étend le long du Danube, felon l'explication d'Ortelius [e]. Mela appelle *Frons Littorum* une partie des côtes de France, depuis les *Ofifmi*, ou *Ofifmii* (peuple qui étoit entre la Loire & l'Avranchin,) jufqu'aux Morins dernier Peuple de la Gaule.

Ce n'eft pas que le mot Frons ne foit quelquefois employé dans le fens de Promontoire & il y a plufieurs Caps que les anciens Grecs ont nommé Criu Metopon, κριοῦ μέτωπον, mais alors ce n'eft plus le front du pays, c'eft un Cap particulier auquel on a trouvé quelque raport avec le Front d'un Belier. Car ce nom ne veut pas dire autre chofe, & ce Cap n'eft fouvent qu'une très-petite partie de ce qu'on entend par le front d'un pays dans le ftyle des anciens Géographes. Par exemple dans ce que Pline apelle le front de l'Efpagne il y a trois Caps principaux, fans compter les autres moindres, favoir le Cap de Rocca Sintra, en Latin *Promontorium Artabrum* felon quelques-uns, *magnum* felon d'autres, *Olifiponenfe* felon plufieurs. Capo de Trafalgar, en Latin *Promontorium Junonium*, & entre ces deux le Cap de St. Vincent, en Latin *Promontorium Sacrum*. Pline ne donne le nom de front à aucun de ces Caps; mais à la côte qui gît entre eux. Ceci prouvé, on peut voir l'inutilité & même le faux de la remarque d'Ifaac Voffius fur Mela [f], où expliquant les paroles ce cet Auteur *frontem qua inter oftia* (Sinus Perfici & Sinus Arabici) *oftenditur, filva cautesque exafperant.* Il donne [g] à propos. *Frontem vero Mela quemadmodum etiam alibi, vocat Promontorium: illud nempe quod &c. verum autem eft id quod hic dicit Mela promontorium id afperum Cautibus Silvisque.* Nec Promontorium tantum, fed & totum Arabia Littus quod ab intimo Sinus Perfici ufque ad Infulas Curia Muria dictas admodum eft excelfum. N'en déplaife à ce favant homme, il n'y a point entendu le mot *Frons*, dès qu'il l'explique par un feul Cap qui eft celui de Moçandan. Ce Cap n'eft compris là que tacitement & parce qu'il fait partie de tout l'efpace qui eft depuis le Golphe Perfique jufqu'au Golphe Arabique, & c'eft cet efpace que Mela nomme le front de l'Arabie. Ce que Voffius ajoute fous la description de Mela ne convient pas feulement à ce Cap, mais encore à toute cette côte,
Tom. II.

[a] l. 4. c. 21.
[b] l. 2. c. 6.
[c] l. 3. c. 8.
[d] l. 3. c. 10.
[e] Thefaur. in voce Frons.
[f] l. 3. c. 8.
[g] Obfervat. in Melam p. 286.

FRO. 185

fait pour mon fentiment, & detruit l'obferva" tion.

FRONSAC [h], en Latin *Francicum* ou *Franciacum*, petite Ville de France fur la Dordogne dans la Guienne, à cinq ou fix lieues de Bourdeaux. Au-deffus de cette Ville, il y avoit un Château que Charlemagne avoit fait bâtir l'an 770. & qu'on a demoli. La terre de Fronfac eft très-belle & [i] fut érigée en Duché-Pairie au mois de Janvier de l'an 1608. en faveur de François d'Orleans Comte de St. Paul. Cette Pairie s'étant éteinte par fa mort arrivée le 7. d'Octobre de l'an 1631. elle fut rétablie par Lettres patentes du mois de Janvier 1634. regiftrées le 5. de Juillet fuivant, en faveur d'Armand Jean du Pleffis Cardinal Duc de Richelieu.

FRONTANETUM, Ortelius [k] trouve que Platine dans la Vie du Pape Sergius II. fait mention de *Frontanetum* qui doit être un lieu de la Gaule dans l'Auxerrois. Platine a écrit, ou dû écrire *Fontanetum*; c'eft Fontenay ou Voutenet. Voyez Fontenay.

FRONTENAC; le Comte de Frontenac étant Gouverneur de la nouvelle France, on donna fon nom à un grand Lac du Canada par lequel les eaux de plufieurs Lacs comme du Lac fuperieur, du Lac des Ilinois, du Lac Huron, & du Lac Erié fe rendent par la Riviere des Iroquois dans le Fleuve de St. Laurent. On le nomme autrement le Lac Ontario. Ce Lac a environ quinze lieues communes de l'Oueft à l'Eft. Sa plus grande largeur Nord & Sud eft de trente de ces mêmes lieues. Les Iroquois l'appellent dans leur Langue Skanadario, c'eft-à-dire fort beau Lac. Il eft abondant en poiffons, profond, & navigable par tout. Les cinq Cantons des Iroquois habitent pour la plupart au Midi de ce Lac, favoir les Ganniegez, les Agniezlés plus voifins de la nouvelle Yorck, les Onnontagues, ou gens de la Montagne, les plus belliqueux de leur Nation, les Onneioûts, les Tfonnontouans les plus nombreux vers la côte Meridionale de ce Lac. On trouve vers la côte Septentrionale en allant de l'Occident en Orient les Villages Iroquois, favoir Teiaigon, Keute, & Ganneoufle; ce dernier n'eft qu'à neuf lieues du Fort de Frontenac. Au Nord de l'embouchure de ce Lac eft le Fort de Frontenac dont je parle dans l'Article fuivant; à l'autre extremité du Lac, c'eft-à-dire à l'Orient de la Riviere qui vient du Lac Errié, eft le Port Denonville. Le Lac Ontario ou de Frontenac eft de figure ovale, il s'étend de l'Orient en Occident. Il eft d'eau douce auffi bien que les autres. Cette eau eft très-bonne à boire & il eft entouré de terres fertiles. La Navigation y eft aifée & de grands Vaiffeaux; mais elle eft plus dificile en hiver, à caufe des grands vents qui y regnent. De ce Lac on peut aller en barque ou dans de grands bâtimens jufqu'au pied d'un grand rocher qui eft à deux lieues du grand faut de Niagara dont je parle à l'Article Niagara. Le Pere Hennepin Miffionnaire [n] qui fournit cet Article dit qu'Ontario en Langue Iroquoife fignifie Beau Lac.

Le Fort de FRONTENAC; le *Fort de Catarockoui* a été nommé par la même

[h] Piganiol de la Force Defc. de la France T. 4. p. 192.
[i] ibid. p. 185.
[k] Thefaur.
[l] Le P. Hennepin nouvelle Decouverte d'un très-grand pays &c. c. 6. m Cartes du Canada par le même.
[n] ibid. c. 5.

A a

FRO.

même raison qui a fait donner ce nom au Lac. Ce Fort † est situé à cent lieues de Quebec Capitale du Canada, en remontant le fleuve de St. Laurent au Sud, il est bâti près de la décharge du Lac Ontario. Ce Fort fut gazonné d'abord & entouré de gros pieux, de grandes palissades & de quatre bastions par les ordres du Comte de Frontenac. On trouva qu'il étoit nécessaire de le bâtir pour s'opposer aux courses des Iroquois, & pour détourner le Commerce des pelleteries que ces peuples faisoient avec les habitans de la nouvelle York & avec les Hollandois qui avoient alors une nouvelle Colonie en ces pays là; parce qu'ils fournissoient des Marchandises aux Sauvages à meilleur prix que les François du Canada. Ce Fort, qui n'étoit entouré au commencement que de pieux, de palissades & de gazons, fut ensuite revêtu de pierres de taille que l'on trouve naturellement polies par le choc des eaux sur le bord de ce Lac Ontario, & fut achevé en deux ans par le Sieur Cavellier de la Salle. Ce Fort est situé au Nord de ce Lac près de sa décharge, comme on a déja dit, dans une Presqu'isle dont on a fait fossoyer l'Isthme, les autres côtez sont entourez en partie du bord du Lac & en partie d'un très-beau port naturel, où toutes sortes de bâtimens peuvent mouiller en sureté. La situation de ce Fort est si avantageuse qu'il est aisé par son moyen de couper la sortie & le retour des Iroquois & de leur porter même la guerre chez eux en vingt-quatre heures lorsqu'ils sont en course: ce qui se peut aisément par le moyen des barques avec lesquelles on peut en très-peu de tems se rendre à la côte Méridionale, & y ravager en cas de besoin les Tsonnontouans. La terre qui borde ce Fort est extrêmement fertile, le bled d'Inde, le bled d'Europe, les legumes, les herbes potageres, les Citrouilles & les Melons d'eau y réüssissent très-bien. Les premiers habitans qu'on y attira y nourrirent des Volailles. On y a aussi transporté des bêtes à cornes qui y ont multiplié. Les arbres y sont très-beaux, propres à y bâtir des Maisons & des barques: l'hyver y est près de trois mois plus court qu'en Canada. Le Baron de la Hontan qui a été en Canada l'an 1684. dit qu'on a fait à ce Fort des reparations considerables. Ce Fort quarré avoit, dit-il [a], de grandes Courtines flanquées de six petits bastions. Ces flancs n'avoient que deux creneaux & les murailles étoient si basses qu'on y auroit pu facilement grimper sans échelles. Si la situation en est avantageuse du côté du Lac, la communication qu'il doit avoir nécessairement avec Quebec & Montreal est très-difficile à conserver, parceque la Riviere des Iroquois qu'il faut remonter pour arriver à ce Lac est toute herissée d'écueils, pleine de Cataractes, & d'une Navigation si dangereuse qu'on n'ose quitter la rive, & comme le Canada n'est qu'une forêt, il est aisé aux Iroquois de couper cette communication par de frequentes embuscades. On l'abandonna en 1689. [b] Mr. de Valrennes qui y commandoit tâcha de faire sauter les quatre bastions en le quittant, mais Mr. Denonville ayant été remplacé par le Comte de Frontenac, qui malgré ses envieux rentra dans ce poste, rétablit le Fort; heureusement Valrennes ne l'avoit pas tant ruiné [c] qu'il avoit cru, le Comte fit relever les murailles que les mines avoient endommagées. Ainsi le Fort a été reparé.

FRONTENAY, ou FRONTENAY L'ABBATU, petite Ville de France en Poitou; elle est à deux lieues de Niord & à six de St. Jean d'Angely. Elle a eu autrefois titre de Duché.

§ C'est ainsi qu'en parle Mr. Baudrand. Ce lieu qui est au Midi Occidental & à trois lieues de Niort est nommé sur les Cartes de Mrs. Sanson & de l'Isle *Fontenay l'Abbatu* & non pas *Frontenay*. Ce n'est pas une Ville, mais un gros Bourg. Cette Terre a été érigée depuis peu d'années en Duché-Pairie & les Lettres d'Erection ordonnent le changement de l'ancien nom de Fontenay en celui de ROHAN-ROHAN. Les Branches de la Maison de Chabot entée sur celle de Rohan qui est éteinte, se disputant le droit de porter le nom de Rohan; pour les distinguer, le Parlement de Paris a décidé que l'une d'entre elles, savoir la branche aînée, porteroit le nom de *Rohan* redoublé, *Rohan-Rohan*, & les autres celui de *Rohan* simplement, ou avec quelque nom adjoint comme *Rohan-Soubise* &c.

FRONTENSIS, la Notice d'Afrique met dans la Mauritanie Cesarienne un Siege de ce nom, dont l'Evêque étoit Donat [d]. (*Donatus Frontensis*) le P. Charles de St. Paul [e] nomme ce lieu FRONTÆ.

1. FRONTIERES; ce mot étant substantif, signifie les limites, les confins, les bornes qui separent les Etats de diferents Souverains. En ce sens on l'employe également au singulier & au pluriel. On dit également bien: l'armée s'avança vers la Frontiere, ou les Frontieres. *Reculer les Frontieres de ses Etats* se dit mieux d'un Conquerant, que reculer *la Frontiere*, lorsqu'il a étendu les conquêtes en plus d'un endroit; car un Etat a autant de Frontieres qu'il a de voisins aux pays desquels il confine. On peut dire la Frontiere des Pays-Bas, d'Allemagne, de Suisse & de Piémont, à l'égard de la France. Les Romains disoient de même *Limes Africanus* &c. & avoient des Officiers preposez pour veiller à la sureté de chaque Frontiere. Les Empereurs Allemands ont eu pareillement des Comtes qui étoient chargez de defendre les Frontieres; & comme en leur Langue *Marck*, signifie *Frontiere* & *Grave* signifie *Comte*; de là s'est formé le titre de *Margrave*, & du même mot *Marck* nos ancêtres ont dit *Marchis* comme entré autres exemples on le voit dans l'Acte de la fondation de l'Abbaye de Bel-Champ par Ferri II. de Lorraine en 1293. *Je Ferri Duc de Lorraine & Marchis* &c. & dans son Traité de Mariage avec Marguerite de Navarre en 1255. *Gie Ferris Dux de Lorraine & Marchis fas savoir* &c. Ce mot *Marchis* a été enfin changé en *Marquis*, & quoi qu'en Latin il conserve son étymologie, qui est *Marchio*, le titre en France où il est fort avili n'a plus rien de commun avec la garde des Frontieres. Nos ancêtres ont dit tenir la Frontiere, pour signifier être à la tête d'une armée sur la Frontiere. Le Miroir Historial de l'Abbé Jean manuscrit cité par Mr. Du Cange & écrit selon lui l'an 1388. dit:

puis

FRO. FRU.   FRU.

puis il lui commanda qu'il prinſt deus cens hommes & allaſt à S. Omer, & illec teniſt la Frontiére contre les Flamens. Lucas Tudenſis * dit *Frontaria* dans le même ſens: *Catholici viriſtrenni de Frontaria Maurorum* &c. une Charte alleguée par Mr. Du Cange porté & *vos haberetis guerram in Frontaria noſtra*. On peut voir dans cet Auteur quels ſont les autres Auteurs du moyen age qui ont employé ce mot de *Frontaria* ou FRONTARIA.

* Æra 1273.

2. FRONTIERE, eſt auſſi adjectif: on appelle PROVINCE FRONTIERE, celle qui eſt bornée immediatement par les Etats d'un Souverain voiſin, & Ville Frontiere, celle qui eſt dans la partie d'une Province Frontiere la plus voiſine de l'Etranger.

FRONTIGNAN, Ville de France au bas Languedoc ſur l'Etang de Maguelone entre Agde & Montpellier, à ſept lieues de l'une & à cinq de la ſeconde: quelques-uns croient que c'eſt *Forum Domitii* des anciens, que d'autres cherchent à Fabregues. § Cette petite Ville eſt fort connue par ſes excellens vins Muſcats & par l'eau de Cette. Les raiſins Muſcats qu'on appelle paſſerilles decorent cette petite Ville d'une façon bien particuliere dans le temps qu'on les fait ſecher. On attache ces raiſins à de grandes perches depuis le grenier juſques dans la rue à hauteur d'homme & ces eſpeces de tapiſſeries ornent le devant des Maiſons juſqu'à ce que ces raiſins étant ſechez par le Soleil on les ſerre dans des caiſſes, & on les envoye en pluſieurs lieux de l'Europe. La Maiſon de Ville eſt le bâtiment le plus remarquable de Frontignan.

§ Piganiol de la Force, Deſcr. de la France T. 4. p. 91.

FRONTONIANA, Ville Epiſcopale d'Afrique dans la Byzacene. La Notice d'Afrique dit que Boniface en étoit Evêque du temps de la perſecution d'Huneric qui envoya quantité d'Evêques en exil, & ce Prélat fut un des exilez. Il ne faut pas confondre ce Siége avec FORONTIANA qui étoit auſſi dans la Byzacene & dont étoit Evêque dans ce même temps Felix nommé dans cette Notice ª *Felix Forontianenſis*.

ª n. 71.

FROSINONE, Voyez FRUSINO & FRASILONE.

FROUART, ou
FRUART, Bourg de Lorraine ſur la Moſelle, à l'endroit où elle reçoit la Meurte; à deux lieues au deſſous de Nancy & à trois de Pont-à-Mouſſon. ᵇ Il eſt joint aujourd'hui à la Prevôté & Châtellenie de Nanci; mais c'étoit autrefois une dépendance ou annexe de Neuf-château ſur la Meuſe, & les Ducs de Lorraine ont tenu tout cela en Fief des Comtes de Champagne & des Rois de France leurs Succeſſeurs, juſqu'à l'an 1463. où Jean Duc de Calabre & de Lorraine reconnut encore cette dépendance; mais depuis ce temps-là les Ducs de Lorraine ont joui de Frouart en toute Souveraineté.

ª Longuerue Deſc. de la France 2. part p. 145.

FRUENTE-DEL-MAESTRO, Bourgade d'Eſpagne dans l'Eſtremadure. Voyez FUENTE DEL MAESTRO.

FRUMENTOSA, en François FOURMENTEUSE ᶜ. Petite Ville de Lorraine au Dioceſe de Toul près de celle de GRAND. L'une & l'autre de ces Villes eſt ruinée depuis long-temps.

ᶜ Baillet Topog. des Sts. p. 597.

FRUSINO, &
Tom. II. PART. 2.

FRUSINUM, ancienne Ville d'Italie au pays des Volſques aux confins des Hernices, ſur la voye Latine, à ᵈ ſept milles de Ferentinum & à quatorze de Fregellanum ᵉ, auprès de la petite Riviere de Coſa ou Coſas, ſelon Strabon ᶠ. On prouve qu'elle étoit aux Volſques par ces paroles de Tite-Live: les Fruſinates furent privez d'un tiers de leur territoire pour avoir excité les Hernices à la Revolte. Ils n'étoient donc pas de ce dernier Peuple, mais ſes voiſins. Or il n'en avoit point d'autres que les Volſques du côté de Fruſino que l'on fait n'avoir pas été loin de Fregellæ, de Sora & autres Villes des Volſques. Sous le Conſulat de L. Genucius & de Ser. Cornelius Lentulus, c'eſt-à-dire l'an de Rome CCCCL, les Romains prirent Fruſino ᵍ & en vendirent les terres. Dans la ſuite ils y refirent des murailles, y menerent une Colonie & en diſtribuerent les champs aux Veterans ʰ. Feſtus compte cette Ville entre les Prefectures. Les FRUSINATES, c'eſt ainſi qu'on nommoit les habitans de Fruſino, paſſoient pour belliqueux. Silius Italicus dit,

ᵈ Anton. Itiner.
ᵉ Ibid.
ᶠ l. 8. p. 237.

ᵍ Diodor. l. 10.

ʰ Frontin. de Colon.

> *Detritaque bellis* ⁱ
> *Sueſſa, atque à duro Fruſino haud imbellis*
> *Aratro.*

ⁱ l. 8. v. 398.

Il dit ailleurs,

> ᵏ *Fert concitus inde*
> *Per juga celſa gradum duris quà rupibus hæret*
> *Bellator Fruſino.*

ᵏ l. 12. v. 530.

Juvenal dit dans ſa Satyre III. ˡ

ˡ v. 223.

> *Si potes avelli Circenſibus, optima Soræ*
> *Aut Fabrateriæ domus, aut Fruſinone paratur.*

Ce paſſage de Juvenal eſt très beau. Il s'y moque de l'entêtement des Romains qui pour être plus à portée d'aſſiſter aux Jeux du Cirque demeuroient dans la Ville de Rome où ils payoient tous les ans pour être mal logez des ſommes qui une fois payées leur auroient acquis la propriété d'une Maiſon commode à Sora, à Falvaterra, à Fraſilone; il eſt vrai que vous n'y aurez point le plaiſir des Spectacles tumultueux; mais en échange vous y aurez un joli jardin, un puits ſi peu profond qu'on peut ſans corde y puiſer de l'eau pour arroſer les plantes & pour peu de foin que vous en preniez, votre terre vous fournira dequoi regaler cent Pythagoriciens.

Le territoire de Fruſino eſt nommé *Ager Fruſinas*; & Ciceron écrivant à Atticus d'une terre qu'il avoit dans ce Canton lui dit: ᵐ *ex proximis (Litteris) cognovi prædia non veniſſe. Videbis ergo ut ſuſtentetur per te (Iſidorus): de Fruſinati, ſi modo futuri ſumus, erit mihires opportuna*. Il lui dit dans une autre Lettre *de fundo Fruſinati redimendo intellexiſti voluntatem meam* Voyez FRASILONE, qui eſt le nom moderne.

ᵐ l. 11. Epiſt. 4.

ⁿ l. 11. Epiſt. 13.

FRUTINGEN, Château, Village & Contrée de Suiſſe dans le Canton de Berne aux confins du Valais; à côté du Bailliage d'Interlachen. Elle eſt gouvernée par un Châtelain. Ce quartier de pays s'étend en long du Nord

º Delices de la Suiſſe T. 1. p. 169. rectifiées ſur les Cartes & les Voyages de Mr. Scheuchzer.

188 FRU. FRY. FUC.

au Sud, sur la route de Berne à Leuck qui est du Valais, jusqu'au mont Gemmi qui sert de borne entre le Valais & le Canton de Berne. Les Villages de Kandelbrug & de Kandelstag prennent leur nom de la Riviere Kandel qui coulant à l'Orient d'une chaîne de Montagnes reçoit une Riviere nommée Engstlen, laquelle coule à l'Occident de ces mêmes Montagnes. Avant leur jonction & sur une hauteur qui est à l'extrémité Septentrional de ces Montagnes est le Château de Frutingen où reside le Châtelain de ce Gouvernement; & de l'autre côté de la Riviere d'Engstlen est le Village de Frutingen qui donne le nom à toute la Contrée. Sur la même Riviere au-dessus de ce Village est un Village nommé *Schwebel-Brun*, c'est-à-dire *Source de Soufre*, il y a un bain d'eau sulphureuse qui est utile pour la guerison de plusieurs Maladies.

FRUXINUM, ancien nom Latin de Freisingen.

FRYBERG, en Autriche selon Mrs. Maty & Corneille. Voyez FRIBOURG 3.

FU.

a Atlas Sin.

FU, petite Ville de la Chine dans la Province de Junnan. Le P. Martini [a] la fait de 12. d. 50'. plus Occidentale que Pekin, & lui donne 23. d. 48'. de Latitude. Il dit qu'elle a été detachée de l'Empire de la Chine aussi bien que Quangnan, en faveur du Roi de Tonquin. Auprès de cette Ville est une Montagne nommée YOCIVEN à cause d'une source qui y est au sommet. Ce nom signifie Fontaine precieuse. Le torrent ou Ruisseau *Nanmo* coule auprès de la Ville de Fu. L'eau en est toujours chaude, on la croit bonne pour le bain, & salutaire pour la guerison de plusieurs Maladies.

b Magin Ital.

1. FUCECHIO, Lac d'Italie dans le Florentin en Toscane vers les confins de l'Etat de Lucque. Dans sa partie qui est au Nord-Ouest, il reçoit cinq Rivieres, entre lesquelles la Pescia & le Clodo sont les plus considerables; sa décharge est au Midi, d'où prenant son cours vers le Sud-Ouest, ses eaux vont grossir l'Arno.

c Ed. 1705.

2. FUCECHIO, Village selon Magin, Bourg selon Mr. Baudrand [c]. Il est dans l'Italie en Toscane au Duché de Florence, au Midi du Lac de Fucechio entre ce Lac & l'Arno.

FUCENTES, les Romains appelloient ainsi en leur Langue les habitans des environs du Lac Fucin.

FUCINUS LACUS, Lac d'Italie, aujourd'hui LAGO DI CELANO. Selon l'ancienne Géographie il étoit au pays des Marses Peuple du Latium. Le bois d'Angitie étoit au bord de ce Lac, c'est pourquoi Virgile dit,

d Æneid. l. 7. v. 759.

[d] *Te nemus Angitia, vitrea te Fucinus unda, Te liquidi flevere Lacus.*

e l. 2. c. 103.

Pline [e] fait mention d'une Riviere qui traversoit ce Lac & en sortant n'étoit ni plus grande ni moindre que quand elle y étoit entrée. Il ne nomme point cette Riviere en cet endroit. Vibius Sequester nous en apprend le

FUC.

nom & dit que le *Pitornius* coule à travers le Fucin, Lac des Marses, de maniere que ses eaux ne se mêlent point à celles du Lac. Cela s'accorde avec ce que Pline dit lui-même ailleurs [f] de l'eau nommée AQUA MARCIA que l'on amenoit à Rome par des Aqueducs. Ce passage est d'autant plus remarquable que les choses étant aujourd'hui autrement il n'est pas aisé de deviner comment accorder ce qu'il en dit avec les sources que l'on connoit présentement à cette eau. Voici donc ce que dit Pline. De toutes les eaux du monde la plus célebre, & la plus vantée à Rome pour sa fraicheur & pour sa salubrité c'est l'eau Marcie & c'est un des présens que les Dieux ont faits à la Ville. On la nommoit autrefois *Aufeia*, & sa source étoit appellée *Pitonia*, elle naît à l'extremité des Montagnes des Pelignes, traverse le pays des Marses, & le Lac Fucin, prenant sans doute le chemin de Rome. Ensuite engloutie dans des Cavernes, elle ressort dans le Territoire de Tibur; étant conduite par des voutes l'espace de neuf milles. Ancus Marcius un des Rois entreprit le premier de la faire conduire à Rome, ensuite Q. Marcius, surnommé le Roi, étant Préteur, continua cet ouvrage & M. Agrippa le rétablit. On voit par ce recit de Pline que l'eau Marcie avoit sa source au delà du Lac Fucin; que cette source s'appelloit Pitonia, ce qui convient assez au Pitornius de Vibius Sequester. Il est arrivé qu'avec le temps les conduits s'étant bouchez, les voutes s'étant affaissées, cette eau s'est fait une nouvelle route, moins visible qu'elle n'étoit; de sorte que des Savans tels que Holstenius, & Fabretti [g] ont regardé comme fabuleuse cette origine de l'eau Marcie & l'on a cru avec assez de vraisemblance que la Source est veritablement dans le Territoire de Tibur, où Pline marque la seconde éruption. Voyez au mot MARCIA. Quoiqu'au raport de cet Ancien le Ruisseau dont j'ai parlé entrât dans le Lac & en sortît; les Anciens n'ont pas laissé de regarder ce Lac comme n'ayant point de décharge. Suétone dit que Jule Cesar tâcha de lui en donner une, qu'Auguste refusa aux prieres des Marses la continuation de ce travail & que Claudius [h] reprit le même dessein: c'est ce qu'il appelle *emittere Fucinum Lacum* & *Emissarium Fucini Lacus*. Il parle même de l'entreprise de Claudius comme s'il l'eût achevée, en quoi il se trompe. Pline dit beaucoup mieux [i]. Je compte entre les plus memorables évenemens de l'Empire de Claudius l'entreprise qu'il fit de percer une Montagne pour donner une sortie au Lac Fucin, quoique la haine de son Successeur l'ait fait abandonner. Cela couta des dépenses inexprimables & des travaux immenses durant bien des années, vû que l'on faisoit sortir par le sommet à force de machines & les eaux qui couloient dans l'endroit où la Montagne est de terre, & les pièces de roche que l'on en estailloit. Tout se faisoit dans l'obscurité, & on ne sauroit ni s'imaginer, ni exprimer tous ces travaux à moins que de les avoir vus. Dion Cassius dit que Claudius voulut faire écouler les eaux du Lac Fucin dans le Tibre. Cependant Tacite [k] dit que la Montagne que Claudius fit percer étoit entre le Lac Fucin & le Liris qui est aujourd'hui le Gari-

f l. 31. c. 3.

g de Aquæduct. p. 118.

h c. 44.

i l. 36. c. 15.

k Annal. l. 12. c. 56.

FUC. FUE.

Gariglan : ni Suétone [a], ni Pline [b] ne difent point à quelle Rivière Claudius vouloit faire communiquer le Lac. Dion [c] dit que c'étoit au Tibre; Tacite [d] s'écarte de tous fur le motif qui engagea Claudius à percer la Montagne. Pline dit [e] que c'étoit pour donner au Lac une fortie, ad *Lacum Fucinum emittendum*. Si nous en croions Tacite, c'étoit pour une raifon bien diferente. Voici fes paroles. Environ dans le même temps on prépara un combat Naval fur le Lac Fucin après qu'on eut percé une Montagne entre le Lac & la Riviere Liris afin que plus de Spectateurs puffent voir ce magnifique Spectacle. Mr. d'Ablancourt traduit : environ le même temps, l'Empereur donna le plaifir au peuple d'un Combat Naval, après avoir percé auparavant la Montagne qui fépare le Lac Ficin de la Riviere de Lyre, pour faire éclater davantage la magnificence du Spectacle. Ce Lac Ficin & cette Riviere de Lyre font des taches dans une Traduction auffi vantée que celle de Tacite par cet Academicien, quoiqu'elle foit pleine de négligences qu'on ne pardonneroit pas aujourd'hui à un jeune homme qui fort du Collége. Mais laiffant là le Traducteur pour nous en tenir à l'Hiftorien Romain, il n'y a gueres d'apparence que Claudius eût entrepris les travaux que Pline décrit, dans la feule vuë de donner au peuple le Spectacle d'une Naumachie. Il vaut mieux s'en tenir à Suétone & à Pline. Ce que la mort de Claudius l'empêcha de continuer, & que la jaloufie de fon Succeffeur ne permit pas d'achever, Adrien en vint à bout au raport de Spartien [f]; qui dit de cet Empereur *Fucinum Lacum emifit*, c'eft-à-dire il donna une fortie aux eaux du Lac Fucin. L'Abbé de Marolles, qui en traduifant les Auteurs fe difpenfoit de les entendre, traduit [g] burlefquement *emifit* par *il nétoia*.

Autour du Lac Fucin habitoient divers Peuples qui faifoient partie des Marfes. Au Nord étoient ALBENSES ou les habitans D'ALBA-FUCENTIS; à l'Occident étoient LUCENSES qui tiroient leur nom de *Lucus Angitia*; au Midi étoit la Ville de Marrubium Ville la plus confiderable du pays des Marfes. Le Peuple nommé FUCENTES étoit entre le Lac & le mont Imæus. Leur pays étoit entre cinq petites Rivieres qui tombent dans ce Lac. C'eft l'idée que nous en donne Mr. de l'Ifle dans fa favante Carte du Latium. Voyez CELANO.

FUEGO, FOGO, OU L'ISLE DE FEU, Ifle de l'Océan Atlantique & l'une des Ifles du Cap Verd; à l'Occident de la pointe la plus Meridionale de celle de Sant Jago, & au Levant Septentrional de l'Ifle Brava. Les Tables Hollandoifes lui donnent 351. d. 48'. de Longitude & 14. d. 50'. de Latitude. Mr. de l'Ifle met le bout Septentrional de l'Ifle par les 15. d. de Latitude; & comme elle peut avoir cinq lieues de 20. au dégré dans fa longueur Nord & Sud, il fe peut faire que les Auteurs des Tables n'aient eu égard qu'à la partie Meridionale de l'Ifle. Le Géographe François met la Longitude de 353. d. 12'. [h] Cette Ifle n'eft proprement qu'une haute Montagne qui n'eft remarquable que par fes vapeurs fulphureufes qu'elle envoye continuellement, comme le Mont Etna & le Vefuve. Les flammes & la fumée qu'elle jette fans ceffe incommodent beaucoup tout le voifinage. La flamme ne s'apperçoit que la nuit; mais on la voit alors de bien loin en Mer [i]. Il fort de l'ouverture une fi grande quantité de pierres ponces que la Mer s'en trouve couverte. On les voit portées par les Courans de côté & d'autre : il en vient jufqu'à St. Jago. La hauteur de la Montagne, où eft ce Volcan, eft fi confiderable, que fon ouverture qui eft au haut, fe trouve de beaucoup élevée au-deffus des nuages, qui fe rangent l'un au-deffus de l'autre fur fes côtés ; à peu près de la même maniere que l'on voit qu'il arrive au Cap de Bonne-Efperance où les vapeurs forment des nuages à mefure qu'elles s'élévent des Montagnes, & s'arrangent par ordre dans l'air. Quelque dangereux que foit le voifinage de ce Volcan, cette Ifle n'eft pas fans habitans qui demeurent au pied de la Montagne près de la Mer. Leur fubfiftance eft affés femblable à celle des Habitans des autres Ifles. Ils ont des Chevres, de la volaille, des Plantains & même des noix de Cacao.

On prétend que l'on a vû quelques pieces d'ambre gris nager fur l'eau autour de cette Ifle, & que quelques Marchands Anglois en ont acheté des Originaires de l'Ifle, & s'y font enrichis. Cependant il faut s'y connoître, car les habitans de Fuego, ainfi que ceux de Nicobar & des environs du Golphe de la Floride favent le contrefaire à merveille.

ISLE DE FOGO, ou l'Ifle de Feu. Ifle d'Afie entre le Japon, l'Ifle Formofe & le Tchekian Province de la Chine. Les Tables Hollandoifes lui donnent 148. d. 35'. de Longitude & 28. d. 5'. de Latitude Nord.

TERRE DE FEU, que les Efpagnols nomment *Terra del Fuego*. Ce font proprement plufieurs Ifles, qui s'étendent environ 139. lieues, Eft & Oueft, le long du Détroit de Magellan, & qui en forment la côte Meridionale. Le nom de Terre de Feu fut donné à cette côte à caufe de la grande quantité de feux & de la groffe fumée que les Navigateurs qui la decouvrirent les premiers, y apperçurent. On croyoit alors qu'elle joignoit à quelque partie des Terres Auftrales; mais quand on eut decouvert le Détroit de *St. Vincent* ou *de le Maire*, on s'apperçut qu'elle étoit ifolée & enfin les nouvelles decouvertes [m] ont fait connoître, que cette terre eft divifée en plufieurs Ifles, que pour paffer dans la Mer du Sud il n'eft point même neceffaire de doubler le Cap de Horn, qu'on le peut laiffer au Sud en entrant par l'Eft dans la Baye de Naffau, & gagner la haute Mer par l'Oueft de ce Cap : enfin que comme, on voit par tout des Anfes, des Bayes & des Golphes, qui la plûpart s'enfoncent dans les terres, autant que la vuë peut s'étendre, il eft à prefumer qu'il y a des paffages dans la Grande Baye, ou Golfe de Naffau, par où les Vaiffeaux pourroient traverfer dans le Détroit de Magellan.

La plus grande partie de la Terre de Feu eft montueufe; mais il y a quantité de belles Vallées & de prairies, arrofées d'agréables ruiffeaux, qui tombent des Montagnes. Entre les Ifles qui compofent cette Terre il y a plufieurs bonnes rades où des Flotes entieres peuvent

---

[a] l. c.
[b] l. c.
[c] l c.
[d] l.
[e] l. 36. c. 15.
[f] p. 58. Edit. Paris. Robert Stephan. 1594.
[g] Hift. Auguft. Paris 1667. p. 37.
[h] Voy. de Dampier. Tom. I. p. 84.
[i] Voy. d'Ovington Tom. I. p. 39.
[k] Voy. de Dampier Tom. I. p. 80.
[l] Rogers Voyages Tom. I. p. 182.
[m] Voy. de la Compagnie Hollandoife. Tom. V. p. 34.

vent être à couvert. On y peut faire du bois par tout & l'on y trouve de bon leſt de pierres. Les Montagnes qui, à leur aſpect du côté de la Mer, paroiſſent arides, font toutes couvertes d'arbres qui penchent tous vers l'Eſt, où les pouſſe la violence des vents d'Oueſt qui ſoufflent ordinairement dans ces Pays-là. La terre de ces Montagnes où il croît tant d'arbres eſt creuſe, & n'a que deux ou trois pieds de profondeur, ce qu'on meſure très-facilement avec un bâton, en faiſant un creux juſqu'à la roche.

Les vents y regnent preſque toujours, & il y fait de frequentes tempêtes qui ſont apparemment cauſées par les grandes exhalaiſons qui ſortent des eaux & qui ſont chaſſées avec impetuoſité de l'Oueſt à l'Eſt. Comme donc les vents d'Oueſt ſont auſſi impetueux dans tout ce Climat de la *Terre de Feu*, qu'en aucun autre lieu du Monde; qu'ils ſe levent ſi ſubitement qu'à peine a-t-on le tems d'amener les voiles; qu'ils font chaſſer les Vaiſſeaux même quand ils ſont affourchez ſur 2. ou 3. ancres & mouillez à l'abri de la côte d'où le vent vient, & qu'ils renverſent les chaloupes qui ſont à la touë ou amarrées à bord; il faut que ceux qui veulent faire route à l'Oueſt, évitent cette Terre autant qu'ils peuvent & courent au Sud. Car par ce moyen ils ſe trouveront delivrez des vents d'Oueſt, & ſelon ce que l'experience en a appris, ils trouveront les vents de Sud, qui les conduiront ſans doute au lieu de leur deſtination.

Les Habitans de cette Terre ſont auſſi blancs que ceux d'Europe; mais ils ſe frottent le corps d'une couleur rouge & ſe peignent de diverſes autres couleurs & en differentes manieres. Les uns ont le viſage, les bras, les mains, les jambes, ou d'autres membres peints de rouge & le reſte du corps blanc, tout marqueté de peintures & d'autres couleurs. Il y en a qui ſont demi-rouges, ou tout rouges d'un côté, & tout blancs de l'autre, enfin ils ſe peignent chacun à leur fantaiſie.

Ils ſont puiſſans & bien proportionez dans leur taille qui en general eſt comme celle des Européens. Ils ont les cheveux noirs, épais, & longs, pour en paroître plus afreux. Leurs dents ſont auſſi aiguës que le tranchant d'un couteau. Les hommes vont tout nuds, mais les femmes couvrent d'un morceau de cuir leurs parties naturelles. Elles ſont peintes comme les hommes, & ont autour du cou des colliers de coquilles, ou de coques de Limaçons.

Il y en a qui mettent ſur leurs épaules une peau de chien marin, ce qui ne les garantit gueres du froid qui eſt fort âpre en ce lieu-là, & c'eſt une choſe ſurprenante qu'ils le puiſſent ſuporter. Leurs maiſons ou plutôt leurs hutes, ſont faites d'arbres, ſont rondes par le bas, & ſe terminent, à la maniere des tentes, preſque en pointe par le haut, où il y a une petite ouverture pour faire ſortir la fumée. Elles ont en dedans 2. ou 3. trois pieds de profondeur dans la terre & ſont enduites de terre par dehors.

Tous les meubles de ces hutes conſiſtent en quelques corbeilles de Jonc, où ſont les inſtrumens dont ils ſe ſervent pour la pêche, ſavoir des lignes & des hameçons faits de pierre, aſſez artiſtement, & à peu près comme les nôtres. Ils y attachent des moules, & par ce moyen ils prennent autant de poiſſon qu'ils veulent.

Ils ſont armés differemment. Quelques-uns ont des arcs & des fléches au bout deſquelles il y a des harpons de pierre, auſſi faits avec aſſez d'art. D'autres ont de longs javelots, avec un os tranchant à la pointe & garni de crochets pour mieux tenir dans la chair. Les autres ont des maſſuës, des frondes, & des couteaux de pierre fort tranchans.

Leurs canots ſont fort ſinguliers. Ils depouillent un des plus gros arbres de toute ſon écorce, & la courbent ſi adroitement en ôtant des bandes de certains endroits pour les recoudre en d'autres, qu'ils lui font prendre la figure des Gondoles de Veniſe. Pour les fabriquer ainſi, ils mettent l'écorce ſur un certain bois à peu près comme en Hollande on met les Vaiſſeaux ſur les chantiers. Quand elle a priſ la forme qu'il faut, ils la garniſſent dans le fond d'un bout à l'autre de piéces de bois qui la traverſent pour l'affermir, & couvrent encore ces bois d'une autre écorce, par le moyen de laquelle le bâtiment demeure étanché & franc d'eau. Les canots ont 10. 12. 14. & 16. pieds de long & à peu près 2. pieds de large. Sept ou huit hommes y peuvent tenir, ſans qu'il ſoit beſoin d'y mettre d'élancemens aux côtez & ils nagent auſſi vite que les chaloupes à rames.

Au regard de leurs maniéres & de leur naturel, ces gens ont plus de raport avec les Bêtes qu'avec les hommes. Car outre qu'ils dechirent les hommes, & en devorent la chair cruë & ſanglante, on ne remarque pas en eux la moindre étincelle de Religion, ni de Police.

Ils ne connoiſſent point les armes des Européens, & ne croyent pas en voyant une épée ou un fuſil qu'on en puiſſe faire du mal ou des bleſſures; de ſorte qu'ils ne craignent pas de prendre à poignée la lame d'un ſabre. Cependant ils ont l'adreſſe d'être méchans, ruſez & infideles. Ils paroiſſent amiables aux Etrangers, & dans le même tems ils cherchent le moyen de les ſurprendre, de les attaquer & de les maſſacrer, ainſi qu'ils firent à l'égard de 17. Matelots d'un Vaiſſeau nommé l'*Aigle*, ce qui fait que lors qu'on eſt obligé de mouiller dans quelque endroit de cette terre pour y faire de l'eau, du bois, ou du leſt, on doit bien ſe donner de garde de ſe fier aux Sauvages, & n'avancer pas dans les terres pour avoir des beſtiaux ou autres rafraichiſſemens, ce qui ne manqueroit pas d'être funeſte.

Ce qui vient d'être dit de la cruauté des Sauvages de la Terre de Feu, doit principalement s'entendre du quartier & des environs de la Baye de Naſſau. Car le Capitaine Wodes Rogers [a] donne toute une autre idée des peuples qui habitent la partie Septentrionale de cette Terre. ,, Mr. de Beauchêne Gouin, ,, dit-il, un des derniers Navigateurs qui ait ,, paſſé par le Détroit de Magellan à la vuë des ,, feux qu'il decouvrit ſur la Terre de Feu ,, s'y rendit avec ſa chaloupe au mois de Juin ,, 1699. & il trouva que les Naturels du ,, Pays

[a] Voy. autour du Monde Tom. 1. p. 183.

„ Pays y alloient par bandes de 50. ou 60
„ ensemble; qu'ils étoient fort doux & hu-
„ mains, plus miserables que nos Mandians
„ d'Europe, qu'ils n'avoient pour tout habit
„ qu'une espece de juste-au-corps qui ne des-
„ cendoit pas plus bas que le genou & fait de
„ peaux de bêtes sauves dont leurs cabanes,
„ formées de pieux étoient aussi couvertes.
„ Il y en eut qui se rendirent à bord de
„ son vaisseau... & il n'alloit jamais à terre,
„ qu'ils ne vinssent en foule lui demander
„ l'aumône.

FUEN[a], Riviere de la Chine dans la Province de Chansi ou Xansi. Elle a sa source au Nord de la Ville de Che qu'elle arrose; après avoir coulé vers le Midi le long de la Montagne de Fang, elle se recourbe vers l'Orient, puis passe à Taiyven Ville, reçoit la Riviere de Tu. g. le Ruisseau de Cyn, d. & tournant vers l'Occident celles de Siang-co. g. de Puhoen d. de Chungtu g. de Jumnen auprès de Fuencheu; delà elle serpente vers le Midi, & reçoit les Rivieres de Co, & de Chi, arrose Pingyang, reçoit la Riviere de Cyn & au-dessous de Taiping commence à serpenter vers l'Occident & se grossissant encore de la Riviere de Tiye, va se perdre dans la Riviere Jaune auprès de la petite Ville de Hociri aux frontieres de la Province de Chensi.

FUENCHEU, on prononce FOUENTCHEOU, Mr. de l'Isle l'écrit de même: Ville de la Chine dans la Province de Chansi que les Portugais écrivent Xansi; elle en est la V. Capitale. Le P. Martini lui donne 38. d. 10′. de latitude & la fait de six degrez plus Occidentale que Pekin. [b] Elle est sur la Riviere de Fuen qui lui donne ce nom, entre la Capitale de la Province qui est Taiyven, & Pingyang presqu'à moitié chemin de ces deux Villes en suivant la Riviere de Fuen. Sa situation est très-avantageuse pour le commerce. Quoique les environs soient pleins de Montagnes, ils n'en sont pas moins cultivés pour cela; il y a des plaines fertiles en grains, des Forêts agréables par leur verdure & de très-bons Pâturages pour les bestiaux. On fait dans ce Canton avec du ris une boisson fort vantée qui ne cede guere au vin de l'Europe; ils y broient de la chair de bouc qu'ils accommodent d'une façon particuliere. Les Chinois en font beaucoup de cas, parce qu'elle est forte, très-nourrissante & d'un goût fort agréable, on la nomme *Tangciew*, c'est-à-dire vin de bouc. Dans la Ville il y a un Palais Royal magnifique, & hors la porte qui est du côté de l'Orient il y en a un autre également superbe. Il est ancien & le Roi Jang y alloit passer le temps des grandes chaleurs de l'été. Ce Roi regnoit l'an 610. de l'Ere Chrétienne. Entre les Temples consacrés aux Heros il y en a quatre plus remarquables que les autres. La Ville de Fouentcheo a sous elle sept autres Villes qui toutes se trouvent entre la Riviere de Fuen & la Riviere Jaune, savoir

Hiaoy,   Ning-hiang,
Ping-Jao,   Lingxe,
Kiaihieu,   Jungning,
         & Lin.

Au Couchant de la Ville est le Mont VAN HU, le plus haut de tous, & qui prend son nom de dix mille hommes qui dans une inondation se refugierent, dit-on, sur son sommet, & se garantirent ainsi du deluge.

Les Rivieres de ce Canton n'ont rien de fort remarquable; si ce n'est qu'auprès de Ping Jao il y a une grande chute d'eau dont le bruit se fait entendre à plusieurs lieues delà.

FUENFRIAS, Bourgade d'Espagne dans la Galice. Elle n'est remarquable que parce qu'il a plû à quelques-uns d'y chercher l'ancienne Flavia Lambris de Ptolomée[c].

FUENGIROLA[d], Bourg d'Espagne au Royaume de Grenade sur la Côte, entre Marbella & Malaga à trois lieues de la premiere & à six de l'autre. Quelques Géographes mettent en ce lieu l'ancienne Ville de SALDUBA. D'autres assurent que Salduba est ruinée & qu'on en voit les masures à deux lieues de Fuengirola vers Marbella. D'autres mettent à Fuengirola l'ancienne SUEL, SICA, ou SIVEL que d'autres placent pourtant à *Molina* ou *Torre de Molinos*, qui est un Village entre Fuengirola & Malaga.

§. FUENGIROLA, ne peut être la *Salduba* des anciens; car cette derniere étoit sur une Riviere de même nom[e], & Fuengirola n'a ni Riviere ni Ruisseau. La *Salduba* de Pline est à *Marbella*, & la Riviere qui y coule se nommoit aussi *Salduba*, & s'appelle aujourd'hui *Rio-Verde* comme je le dis ailleurs. Il est plus vrai-semblable que *Suel* de Pline étoit au lieu où est présentement, ou *Molina* ou *Fuengirola*. Ces deux Places sont également situées sur la côte de Grenade entre Malaga & Marbella.

FUENTE, ce mot veut dire en Espagnol une *source*, une *fontaine*, & sert de base à plusieurs noms Géographiques d'Espagne, où l'on trouve des Bourgs & des Villages qui portent le nom de *Fuente*, FUENTE DE CANTOS, Bourgade d'Espagne dans l'Estramadure à cinq lieues & à l'Occident d'Ellerena, aux frontieres de l'Andalousie & sur la grande route de Merida à Seville. On croit que ce Bourg, que Mr. Baudrand nomme *petite Ville*, est à peu près à la place qu'occupoit la JULIA-CONTRIBUTA des Anciens.

FUENTE DEL MAESTRO, Bourgade d'Espagne dans l'Estremadure entre Fuente de Cantos, & Merida sur la route de cette derniere à Séville, à six lieues Espagnoles de Merida, & à pareille distance de Fuente de Cantos, selon le calcul des Espagnols. Ce lieu est remarquable pour avoir été la patrie du fameux Jean Maldonat Jesuite, l'un des plus savans Théologiens qui aient écrit sur les Livres sacrez. Mr. Corneille nomme ce lieu Fruente del Maestro; c'est une faute qu'il est dificile d'imputer aux Imprimeurs. Il dit très-bien que ce lieu est dans l'Estremadure en Espagne. Mr. de Thou parlant de Jean Maldonat dit[f] qu'il étoit né *nobili loco in Batica Hispania*, Mr. Du Rier, ou du moins celui qui a traduit l'éloge de ce Théologien dans les *Eloges des hommes Savans*, tirez de l'Histoire de Mr. de Thou par Mr. Antoine Teissier n'a pas sû apparemment que la Bætique des anciens renfermoit au moins en partie l'Estremadure Espagnole

[a] Martinii Atlas Sinens.
[b] Atlas Sinens. p. 41.
[c] l. 2. c. 6.
[d] Baudrand Ed. 1705.
[e] Plin. l. 3. c. 1.
[f] Ad ann. 1583.

pagnole, car il rend les paroles Latines rapportées ci-dessus par celles-ci: Jean Maldonat né dans l'Andalousie, d'une famille noble &c. Il se trompe, la Patrie de Maldonat n'est point dans l'Andalousie; mais dans l'Estremadure, quoique Mr. de Thou ait pu dire qu'il étoit né dans la Betique. Ce Pere mourut le 5. Janvier 1583. Il étoit né l'an 1534.

FUENTE DE LA OVEJUNA, Village d'Espagne dans l'Andalousie, à quatorze lieues de la Ville de Cordoue tirant vers Merida. Quelques-uns croient que c'est là qu'étoit la Mellaria que Pline [a] met dans la Betique; diferente d'une autre Mellaria qui étoit sur la côte du Détroit. [b] On a trouvé à Fuente de la Ovejuna des inscriptions anciennes où l'on lit: *Ordo Mellariensis*. Ce lieu est voisin de *Villa de Capilla*, où l'on a trouvé aussi des Inscriptions qui font mention de *Mirobricensium*, ce qui persuade que ce dernier Village a succedé à la *Mirobrica* des anciens. Cela s'accorde avec Pline qui nomme de suite *Mellaria*, *Mirobrica*.

[a] l. 3. c. 1.
[b] Harduin. in l. c. Plinii. Gruter. p. 391.

FUENTE DEL OLMO, Bourgade d'Espagne dans la Castille vieille entre Segovie & Aranda de Duero.

FUENTE ENCELADA, Village d'Espagne au Royaume de Leon au Nord-ouest d'Astorga, & peu loin de Ponferrada. Morales croit que Fuente Encelada est l'Interamnium de Ptolomée. D'autres la cherchent à Ponferrada.

FUENTE DEL SAHUCO [b], Village d'Espagne au Royaume de Leon, entre Toro & Salamanque. [c] Les Cartes portent FUENTE DE SAHURRO. Ce lieu est à sept lieues de Salamanque & à six de Toro.

[c] Rotero de España.

FUENTE DE SALIHU, Village d'Espagne au Royaume de Léon entre Zamora & Miranda, au Midi du Duero.

FUENTE D'IVERO, c'est ainsi qu'il faut dire & non pas FUENTIBRE, comme l'écrivent quelques Géographes François. Ce nom signifie *source de l'Ebre*, & designe un Bourg d'Espagne situé éfectivement au Midi de la source de cette Riviere dans la vieille Castille aux frontieres de l'Asturie de Santillane. On croit assez communément que c'est [*] le Bourg de Juliobriga; près duquel Pline [*] met la source de cette même Riviere. Dans la grande Carte d'Espagne chez Jaillot ce nom est mal écrit FUENLIBRE.

[*] l. 3. c. 3.

FUENTE RAVIA. Voyez FONTARABIE.

FUENTES (le Fort de) Voyez au mot FORT.

FUENTIBRE. Voyez FUENTE D'IVERO.

FUESSEN, quelques-uns écrivent FUSSEN, Ville d'Allemagne dans la Suabe [d], & dans le Lecuthal; c'est-à-dire dans la Vallée qu'arrose le Lech; qui a dans cet endroit une chute d'eau dont le bruit s'entend de fort loin & qui en rend le passage fort dangereux. Au-dessus de la Ville est une haute Montagne nommée SEULING, & peu loin delà un bain naturel, où l'on prétend que Jule Cesar s'est autrefois baigné. Il y a des Auteurs qui assurent que *Fuessen* est l'*Abudiacum* des anciens; d'autres la mettent ailleurs. Quelques-uns

[d] Zeyler Suev. Topogr. p. 30.

nomment Fuessen en Latin FUCENA à cause d'un Monastere nommé anciennement *Faucense Monasterium*, qui est situé au pied de la Montagne; ce Monastere qui fut bâti par St. Magnus Disciple de St. Gal appartient aussi bien que la Ville à l'Evêque d'Augsbourg. Le Château qui est à l'antique est sur une hauteur; l'Eglise de St. Sebastien & celle de St. Etienne sont à l'autre extremité.

FUGALI. Voyez FAGIFULANI.

FUGERANA, Ciceron dans une Lettre à Caton [*] dit .... *qui occisi, captique sunt, interclusi Fuga. Eranam autem qua fuit non vici instar*, &c. Ces mots se font trouvez fort diferemment écrits dans les anciens exemplaires. Celui des Medicis à Florence porte *Interclusi Fugae ranam*, en joignant l'E qui doit apartenir à *Eranam*, avec *Fuga*; d'autres Copistes ou Critiques ont mis *Interclusi fugierant Amani autem* &c. Cette confusion a engagé quelques-uns à croire trop legerement que Ciceron avoit parlé d'un lieu nommé *Fugerana*. C'est avoir refuté suffisamment cette erreur que d'avoir raporté le passage tel qu'il est en effet.

[*] Ad Famil. l. 15. l. 4.

FUGGER, les Terres des Pays d'Allemagne dans la Suabe que la famille de Fugger possede à titre de Comtes du Banc de Suabe. Cette famille qui est, très-riche & très-puissante descend, selon Rittershusius & quelques autres, de Jean Fugger qui fut reçu dans la Bourgeoisie d'Augsbourg l'an 1370. J'ai lu quelque part qu'il étoit d'Anvers. [f] Ses deux fils André & Jaques augmenterent leurs richesses par le commerce. La posterité d'André est éteinte. Celle de Jaques en recompense est assez nombreuse. Marc son fils fut d'Eglise & mourut après avoir été nommé par le Pape à un Canonicat de l'Eglise d'Augsbourg l'an 1478. Ulric George & Jaques freres de Marc suivirent l'exemple de leur pere & de leur oncle & accrurent leurs biens qui étoient déja fort grands. Surtout Jaques entreprit de faire valoir les Mines dont il tira de si grands profits qu'il acquit en 1507. les Comtez de KIRCHBERG & de MAURSTETTEN, les Seigneuries de WEISSENHORN, de PFAFFENHOVEN & de WALLENSTETTEN. Il acquit encore SCHMIECHEN en 1509. & BIEBERBACH en 1514. L'Empereur Maximilien le fit un de ses Conseillers & l'ennoblit avec toute sa famille: il mourut sans enfans & laissa par testament tous ses biens aux fils de ses freres & fut le premier Auteur de ce qu'on appelle *le Fidei-commis* des Fuggers. La posterité de George s'éteignit dans ses fils. Ce fut George qui continua la famille. De ses deux fils Raimond & Antoine vinrent les deux principales branches de cette Maison qui subsistent encore à présent. Ils furent faits Conseillers & Barons par l'Empereur Charles V: qui ensuite les declara Etats de l'Empire à la Diéte d'Augsbourg de 1530. Ce même Empereur leur conféra à titre de Fief & en proprieté le Comté de *Weissenhorn* & de *Kirchenberg*, dont ils acheverent de rembourser la valeur entiere, au lieu que leur pere & leur oncle ne l'avoient eu que par engagement. Raimond acheta, dit-on, les Villages de *Winterbach* & de *Dierlabingen* & autres terres. Antoine acquit la *Prevoté Imperiale* de

[f] Imhoff Notit. Procer. Imper. l. 7. c. 3.

de *Donawerth* ; le Bourg de *Babenhausen*, le Village & le Château de *Brandebourg*, les Châteaux & Villages de *Kircheim*, *Eppishausen*, *Duettenstein*, *Ahelfingen*, *Stettenfels*, *Oberdorf*, *Mickhausen*, *Waltenhausen*, *Herberthofen*, *Beyren*, *Kieffendorf*, *Edelried Wegelbach*, *Ainoede*, *Rettenbach*, *Plefs*, *Gablingen*, *Goetb* & *Ehingen*, avec leurs dependances, & si l'on en excepte la terre de Brandebourg il laissa ses biens à ses fils par testament à condition qu'ils ne pourroient jamais aliéner en façon quelconque ses biens situez entre le Danube, l'Iler, le Lech & les Alpes. Cette famille est partagée en diverses branches qui joignent au nom de Fugger qui leur est commun le nom distinctif de quelques lieux de leur pays.

De Raimond sont venus les Comtes de	Fugger Pfirt Fugger Weisenhorn	
D'Antoine descendent les Comtes de	Fugger-Kirchheim, d'où sont les branches de	Kirchheim, Woerth, Grunbach.
	Fugger Woellenbourg, d'où sont les branches de	Babenhausen, Wasserburg.

Ces terres ne sont pas de suite, la plus grande partie s'étend depuis le Danube à l'endroit où il reçoit l'Iler vis-à-vis d'Ulm jusqu'à Steinekirch qui est à la source de la Riviere qui tombe dans le Danube un peu au-dessous de Donawert. C'est en descendant cette même Riviere vers le Nord que l'on trouve les autres Terres des Comtes de Fugger à l'Occident du Lech depuis Gablingen inclusivement jusqu'au Danube.

FUISULÆ. Voyez FULFULÆ.

FULCHERIA INSULA, lieu d'Italie dans la Lombardie. Sigonius cité par Ortelius dit qu'on la nomme presentement GLAREA ABDUANA. C'est ainsi qu'on lit ces mots dans son Trefor Géographique aussi-bien dans l'Edition d'Anvers *in fol.* 1596. que dans celle de Hanau in 4. 1611. Nous dirions presentement GHIERA D'ADDA.

FULCHUL, lieu de la Mauritanie Cæsarienfe, selon une troisieme partie de la Table de Peutinger qui n'a point été publiée & que Welser avoit communiquée à Ortelius.

FULCINIUM. Voyez FULGINIA.

1. FULDE Riviere d'Allemagne dans les Etats de l'Abbé de Fulde, où elle arrose l'Abbaye & la Ville qui portent son nom. Delà ayant reçu l'Eder elle passe à Caffel & peu après ayant joint la Werre à Minden, elle forme le Weser & ne garde plus son nom.

2. FULDE, Ville, Abbaye & Principauté d'Allemagne ; sur la Riviere de Fulde. *a* L'Abbaye est au petit pays de *Buchow* (ou *Buchen*) autrefois appellé *Grapfeld* & situé entre la Hesse, la Franconie & la Turinge. Elle a eu trois fondateurs ; Carloman Prince des François, St. Boniface Archevêque de Mayence & St. Sturme qui en fut le premier Abbé. Ce dernier s'étant retiré dans une solitude, où S. Boniface ne le croyoit pas en sureté à cause des Saxons, eut ordre de chercher un autre endroit. Après plusieurs tentatives traversant de vastes Forêts il trouva près de la Riviere de Fulde un lieu commode pour l'établissement d'un Monastere. Ce lieu s'appelloit EILOHA, & appartenoit à Carloman Prince des François. St. Boniface alla trouver ce Prince & le pria de lui donner cette partie de la forêt pour y établir une Communauté de Religieux ; ce que nulle personne n'avoit encore fait dans ce Pays. Carloman lui accorda ce lieu d'Eiloha avec une étendue de quatre milles pas à l'entour ; & lui fit expedier là-dessus une Charte qu'il souscrivit. Les Seigneurs qui avoient des terres dans le Pays de Grapfeld donnerent aussi quelques fonds à St. Sturme, en étant sollicitez par ce Duc. Il prit possession d'Eiloha & posa les fondemens d'un Monastere qui fut depuis appellé FULDE du nom de la Riviere voisine. St. Boniface y alla deux mois après & designa un lieu pour la construction de l'Eglise qui fut dediée sous le titre de St. Sauveur. Il se retira ensuite dans la Montagne prochaine depuis appellée pour ce sujet le mont de l'Evêque. Les monumens de ce temps-là donnent une grande idée de l'austerité des premiers Religieux de cette Abbaye: telle fut son origine. Elle fut commencée l'an 744. Cette Abbaye devint celebre, le nombre des Moines s'accrut, St. Boniface voyant qu'ils étoient pauvres leur donna quelques terres & leur obtint du Pape Zacharie un privilege qui les soumit immediatement au St. Siege. Il ne cessa point de les proteger, il choisit leur Eglise pour le lieu de sa sepulture ; & quoi qu'il ait été martyrisé dans la Frise où son zele l'avoit conduit pour y convertir le peuple qui étoit encore idolâtre, ses reliques ont été transportées à Fulde où depuis elles ont toujours été en veneration. St. Sturme ayant perdu cette protection fut desservi auprès de l'Archevêque de Mayence Successeur du St. Martyr. On le rendit suspect à Pepin qui le relegua. Mais ce Prince reconnut son innocence & le renvoia à Fulde, l'honora de ses bonnes graces, en quoi il fut imité par Charlemagne son fils. Ces deux Princes qui l'employerent dans des affaires importantes donnerent des terres à son Monastere, qui devint une école florissante : l'Abbé Trithême *c* dit qu'en l'année 838. il y avoit 270. savans Religieux. Du temps *d* même de l'Abbé Sturme on y a vu en même temps plus de six cens jeunes

a Hist. de l'Ordre de St. Benoit l. 4. c. 14. T. 2. p. 88.
b Zeyler Hass. &c. Topogr. p. 36.
c Hirsaw. Chron. f.
d Zeyler. Hass. &c. Topogr. p. 36.

FUL.

jeunes Gentilshommes qui y étudioient. Entre autres travaux [a] que ce même Abbé fit pour les bâtimens de l'Abbaye la Géographie ne doit pas négliger le changement qu'il fit au cours de la Fulde qu'il détourna & fit entrer dans l'enclos de l'Abbaye afin que l'on y pût avoir de l'eau plus abondamment & sans être obligé de sortir dehors. Cette Abbaye a donné de très-grands hommes à l'Eglise & à l'Empire, tant sous les Empereurs François que sous les Empereurs Allemands, & plusieurs de ses Abbez ont occupé les premiers Siéges de l'Eglise d'Occident, comme Raban qui fut Archevêque de Mayence. L'Abbé de Fulde est Primat des autres Abbez de l'Empire. Aux Diétes il est assis aux pieds de l'Empereur; il y a environ cinq siécles qu'il est Chancelier perpétuel de l'Imperatrice. Henri de Craleck sous l'Empire de Charles IV. fit confirmer & renouveller ces priviléges. Les Religieux ne sont admis à faire profession qu'après avoir fait preuve de noblesse. Ils se choisissent eux-mêmes leur Abbé, & leur choix tombe ordinairement sur un d'entre eux. Il paye au Pape une redevance de quatre cens florins immediatement après son Election; pour la qualité d'immédiatement soumis au St. Siége.

3. LA VILLE DE FULDE [b] est contiguë à l'Abbaye, & est sur la Riviere de même nom, dans le Buchow au Cercle du haut Rhin; à quatre milles d'Allemagne de Hirschfeld & à onze de Cassel en allant vers Wurtzbourg. Elle a été autrefois Ville libre & Impériale, mais depuis elle a été assujetie à son Abbé aussi-bien que le Pays dont elle est la Capitale. Cette Ville [c] étoit la Patrie d'Athanase Kircher Jesuite, l'un des Savans les plus Illustres du siécle passé. Né vers l'an 1598. il mourut à Rome en Novembre 1680.

4. Les ETATS DE l'Abbaye de FULDE [d], ont été autrefois appellez le Buchow ou Buchen, ou Grapfeld. Ce Pays où l'Abbé à l'autorité Souveraine est borné au Nord par la Basse-Hesse, à l'Orient par le Comté de Henneberg; au Midi par l'Evêché de Wurtzbourg, le Comté de Reineck & l'Electorat de Mayence. La Haute Hesse le termine au Couchant. Il est divisé en treize petits Bailliages. Outre Fulde la Capitale, il n'y a que deux Bourgs qui soient remarquables, savoir Hamelbourg & Pruckenau. De Wit dans sa Carte de Franconie n'y met pas Hamelbourg qu'il attribue à l'Evêché de Wurtzbourg; mais en recompense il marque comme des Bourgs remarquables

Blanckenaw,	Geisen,
Burgun,	Haunsfeld,
Eichencel,	Heskmul,
Geirsfeld,	Mansbach,
Geisa,	Muers,
Neuwenhof,	Stockenhaus,
Schitz,	Tan,

& Zeytles.

FULFINIUM, Ville d'Illyrie [e] dans l'Isle de Curicta qui est presentement l'Isle de Veglu au Golphe de Venise. De même que Ptolomée nomme de suite FULFINIUM &

[a] Hist. de l'Ordre de St. Benoit l. c.

[b] Baudrand Ed. 1705.

[c] Corn. Dict.

[d] Le même rectifié.

[e] Ptolom. l. 2. in fin.

FUL.

CURICUM, comme deux places de la même Isle. Pline nomme, [*] de suite *Fertinates* & *Curicta*, qui sont selon lui des peuples, non pas d'une même Isle, mais des Isles de ce Canton là, *ex Insulis Fertinates, Curicta*: le R. P. Hardouin atteste que tous les Manuscrits portent *Fertinates*. Hermolaus a cru qu'il faloit lire *Fulfinates*, ne faisant pas reflexion qu'il n'est pas question de Pline de deux peuples de la même Isle, mais que cet Auteur parle au contraire de peuples qui habitoient des Isles diferentes *ex Insulis*. Hermolaus a trompé Ortelius, par le pretendu rétablissement de ce passage.

FULFULÆ, ancienne Ville d'Italie au pays des Samnites. On en ignore la position. On ne sauroit pas même qu'elle a existé sans un passage de Tite-Live [f] qui dit: Fabius s'avança dans le *Samnium* pour fourager la Campagne & reduire par la force les Villes qui avoient quité le parti des Romains..... Les petites Villes que l'on prit furent Compulterie, Telesie, Compsa, Meles, Fulsules & Orbitanie , *Compulteria, Telesia, Compsa, Meles, Fulfula & Orbitanium*. Fulsules & Orbitanie n'étant nommées qu'en ce seul passage, on chercheroit inutilement le lieu où elles étoient. Ortelius lisoit dans Tite-Live FUISULÆ au lieu de *Fulfula*.

FULGINATES, Pline [g] appelle ainsi les habitans de FULGINIA ou FULGINIUM, Ville d'Italie dans l'Ombrie. Voyez l'article suivant.

FULGINIA, ou
FULGINIUM, Ville d'Italie dans l'Ombrie; c'est aujourd'hui FOLIGNI, FULIGNO au Duché de Spolette. Les anciens ont nommé diversement cette Ville. Silius Italicus dit [*]

Iguvium, patuloque jacens sine mœnibus arvo, Fulginia.

Appien dit [h] FULCINIUM, Φουλκίνιον & compte delà à Perouse CLX. stades. Le nom de *Fulginates* que portoient ses habitans, non seulement suivant le témoignage de Pline, mais encore selon une Inscription raportée par Mr. Spon, semble marquer qu'on nommoit aussi leur Ville *Fulginium*, car de *Fulginia* ou *Fulginium*, on auroit dû dire *Fulginates*. Gruter [i] fournit une Inscription qu'on pourroit alleguer en preuve, on y lit PATRONO CIVITAT. FOROFLA. FULGINIA. ITEMQUE IGUVINORUM. Le R. P. Hardouin semble lire le mot *Fulginia* comme s'il étoit complet, au lieu qu'il paroit être au genitif pluriel, aussi-bien qu'*Iguvinorum*, & être mis là pour FULGINIATIUM. C'est ainsi que le lit Cellarius [k]. L'Itineraire de Jerusalem met

Civitas Trevis,
Civitas Fulgini,   M. V.
Civitas Foro Flamini,   M. III.

Surquoi il est à remarquer que l'Auteur de cet Itineraire met l'ablatif pluriel au lieu du singulier & des I simples au lieu du double I. ainsi il écrit *Trevis*, pour *Trebiis*, *Fulginis* pour

[*] l. 3. c. 21.

[f] l. 24. c. 20.

[g] l. 3. c. 13.

[*] l. 8. v. 460.

[h] Civil. l. 5.

[i] p. 347. n. 1.

[k] l. 2. c. 9.

FUL. FUM.

pour *Fulginiis*, & *Flamini* pour *Flaminii*. Voyez FOLIGNI.

Gibfon In Chron. Saxon.

FULHAM, Village d'Angleterre au Comté de Middlefex fur la Thamife au-deffus de Londres. Ce Village eft ancien & eft nommé FULLONHAM, FULENHAM, FULANHAM, FULLENHAM dans les divers exemplaires des Chroniques Saxonnes. FULHAM-HOUSE, eft une Maifon de Plaifance de l'Evêque de Londres.

a Longuerue Defcr. de la France 2. part. p. 133.

FUMAY, Bourg du pays d'entre Sambre & Meufe fur la Rive gauche de la Meufe entre Charleville & Charlemont [a]. Ce n'étoit autrefois qu'une ferme dependante de Revin; mais ce lieu eft à préfent devenu un gros Bourg qui a fa Juftice feparée & fes Officiers diftinguez. Il a les mêmes Seigneurs que Revin & l'Evêque de Liége n'eft reconnu en ces lieux-là que pour la jurifdiction Spirituelle. Voyez REVIN.

FUM-CHIM, petite Ville de la Chine dans la Province de Kianfi. Le P. Martini écrit ce nom FUNG-CHING & lui donne 28. d. 37. de Latitude. Les obfervations plus recentes la mettent à 141. d. 5. de Longitude & à 28. d. 5. de Latitude. Elles marquent de Linkiam à Fum-Chim 130. Lis de chemin par la Riviere de 120. de Fum-Chim à Nancham par la même route, fuivant le P. Gouye [b].

b Obfervat. Phyfiq. & Mathem. inferées à la fuite des Mem. de l'Acad. R. des Sciences ann. 16, 2. p. 390.

c Atlas Saxonf.

FUMIN, petite Ville de la Chine dans la Province d'Iunnan, ou Iounnan; c'eft la feconde du departement de la premiere Ville Metropole dont la Province porte le nom. Elle eft fituée à l'Occident de cette Metropole au Nord Occidental du Lac Tien, fur la Rive gauche de la Riviere Kinxa qui fort de ce Lac en cet endroit & coule vers le Nord. Le P. Martini [c] lui donne 25. d. 3. de Latitude & la fait de 14. d. 38. plus Occidentale que Peking.

d Pagi Breviar. Pontif. Rom. T. 3. p. 496. & feq.

FUMONE, Château de l'Etat de l'Eglife, fur une Montagne dans la Campagne de Rome. Il n'eft remarquable qu'à caufe du St. Pape Celeftin V. qui après avoir abjuré le Pontificat y fut enfermé par les ordres de Boniface VIII. fon Succeffeur [d] qui craignoit que quelqu'un abufant de la fimplicité de Celeftin ne voulût exciter des troubles dans l'Eglife en profitant du doute où plufieurs étoient qu'un Pape pût abdiquer légitimement. Celeftin mourut à Fumone au mois de Mai 1296. [e] Ce Château eft à trois milles d'Alatri au Couchant & à autant de Ferentino au Septentrion.

e Baudrand Ed. 1705.

f De l'Ifle Carte de la Cafrerie.

FUMOS, (TERRA DOS) petite contrée d'Afrique dans la Caffrerie, fur la côte de la Mer des Indes; au Nord de la terre de Natal de laquelle elle eft feparée par le Cap das Pedras ou de Pefqueria. Elle s'étend le long de la Mer depuis l'embouchure de *Rio do Ladraon*, ou la Riviere du Voleur, qui eft par les 26. d. 40'. de Latitude Sud jufqu'au Cap das Pedras qui eft au 29. d. En abordant cette côte par le Sud on trouve d'abord après avoir depaffé le Cap une Anfe nommée Potto de Pefqueria, ou de la Pêcherie. Entre cette Anfe & Rio do Ladraon eft la Baye de Ste. Lucie, entre l'Anfe & la Baye de cette Baye un ruiffeau nommé *Rio Pequeno*. Les Européens n'y ont aucun établiffement; & les Cafres qui l'habitent n'ont

FUM. FUN.

ni Bourgs, ni Villages, ni demeures fixes. Les Portugais qui l'ont découverte ont donné un nom Portugais à cette côte, fans doute parce qu'ils y aperçurent de la fumée en divers endroits.

FUNAY [g], Ville du Japon felon la Relation du Voyage d'Olivier de Noort: elle ne nous apprend en quelle partie de cet Empire, mais la Relation du Japon par le Sr. Caron [h], inferée au II. Tome du Grand Recueil de Voyages par Thevenot, met entre les Seigneurs de ce pays-là Takenaca Oenieme, Seigneur en la Province de Boungo, (Boengo felon l'Orthographe Hollandoife, Bongo felon nos Geographes François) fa refidence eft, dit-il, au Château de Founay. Ainfi FOUNAY ou FUNAY, ce qui revient au même pour la Prononciation étrangere, eft une Ville avec Château, au Japon dans la Province de Bongo.

g Voyages de la Comp. Holland. T. 2. p. 86.
h p. 8. de cette Relat.

FUNCHAL, FUENCHAL, FONCHAL, FUNZAL, ou FONSAYE, Ville Capitale de l'Ifle de Madere fous la Domination du Roi de Portugal, avec un Port & un Evêché fuffragant de Lisbonne. Elle eft au milieu de la côte Méridionale de l'Ifle, dans une Vallée. On lui a donné le nom qu'elle porte à caufe de la quantité de fenouil que l'on trouva au lieu où elle eft bâtie. [i] Antoine Biet Superieur des Prêtres qui y pafferent en 1652. l'appelle FONSAIE. Voici comment il en parle dans fon Voyage de la terre équinoctiale [k]. Elle eft longue & étroite fituée au pied d'une Montagne dans les cinq quarts de lieues de hauteur & bâtie le long du port fait en forme de Croiffant, de très-difficile accès : les Vaiffeaux viennent mouiller en toute affurance à une portée de Piftolet de la Ville. Les rues font fort mal pavées & il n'y a aucune belle Maifon. Le Gouverneur demeure dans la Fortereffe qui regarde le port. Il y a encore deux autres Fortereffes; l'une à l'autre extremité de la Ville du côté du Nord; la troifiéme qui commande par tout eft au-deffus de la Ville. Ce qui rend ce lieu prefque imprenable, c'eft qu'à l'entrée du port à la main droite il y a dans la Mer un rocher où l'on a bâti un Fort qui peut empêcher que les Vaiffeaux n'en approchent. Les Eglifes font affez belles, fur tout la Cathedrale dediée à Notre Dame & très-bien bâtie à la moderne. Outre le grand Autel qui eft dans le Chœur des Chanoines, il y en a quatre autres de face, très-bien dorez & ornez. Il y a encore deux autres autels dans les croifées; mais fans aucunes Chapelles dans la nef. La beauté de ces Eglifes confifte principalement en ce que les murailles ont pour leur enduit de larges carreaux verniffez comme fi c'étoit de la Fayence, peints & embellis de fleurs & d'oifeaux. Il y a une paroiffe fous le titre de St. Pierre, un Couvent de Cordeliers, & dans leur Eglife une Chapelle en l'honneur de St. Loüis Roi de France, un Monaftere de Religieufes de Sainte Claire, & une Maifon de Jéfuites que l'on appelle en ce lieu, les *Peres Apôtres*. La Ville eft habitée de fort peu de Portugais. Ce font les efclaves Negres qui y font le plus grand nombre. On n'y voit rien de remarquable que deux ponts bâtis fur un torrent qui tombe de la Montagne. Tout le trafic des Marchands & des Bourgeois con-

i Cora. Dict.
k l. 1. c. 11.

FUN.

confiste en confitures & particulierement en écorces de Citron. La plûpart vivent du revenu de leurs terres qu'ils font labourer par leurs esclaves. Ils recueillent quantité de vins que les Vaisseaux qui vont dans les Indes chargent ordinairement.

FUNCHOS (Los) peuple d'Afrique dans la basse Ethiopie du côté du Lac de Zaire & dans le Royaume de Macoco selon Jerome Lobo Portugais cité par Mr. Baudrand [a]. Le Lac de Zaire est une chimere introduite dans les anciennes Cartes, conservée dans celles de Mrs. Sanson & rejettée dans celles de Mr. de l'Isle. Ce dernier met vers le troisieme degré de Latitude Sud à l'Orient de la Rive du fleuve Zaire au 41. d. de Longitude un Royaume qu'il nomme Royaume de Fungenos, où il dit que les Portugais achettent des étoffes d'écorce. La Riviere de Coango, qui prend plus bas le nom de Zaire qu'elle porte près de la Mer, separe du Congo ce peuple qui fait partie du Royaume de Macoco ou d'Anzico.

[a] Ed. 1705.

FUNCIA. Voyez FUNCHAL.

FUND. Voyez FUNGI.

FUNDANUS LACUS, Lac d'Italie, ou plutôt petit Golphe de la Mer de Toscane, au fond duquel la Ville de *Fondi*, autrefois FUNDI, est située. On appelloit aussi FUNDANI MONTES les Montagnes qui sont au Nord & au Nord-Ouest de cette Ville.

FUNDI, ancienne Ville d'Italie sur la voye Appienne entre Terracine & Formies à XVI. mille pas de la premiere & à XIII. de la seconde, selon l'Itinéraire d'Antonin. Festus distinguant diverses sortes de Municipes, dit de la premiere espéce : Ils participent à tout pour exercer les charges comme les Citoyens Romains, excepté qu'ils n'ont pas droit de suffrage ni celui de se donner des Magistrats. C'est pourquoi Festus compte les habitans de Fondi entre les Prefectures qui recevoient tous les ans les Magistrats que le Preteur de Rome leur envoyoit. Tite-Live [b] les nomme en ce sens-là *Fundani Municipes*.

[b] l. 38. c. 36.

§. Il faut remarquer que Mr. de l'Isle fait un Golphe du Lac de Fondi & que Mr. Baudrand en donne une autre idée. Voyez FONDI.

FUNE, FUNEN, FUINEN, quelques-uns disent FIONIE, en donnant simplement une terminaison Françoise au nom Latin, qui est *Fionia*, Isle de Dannemarck dans la Mer Baltique entre la Presqu'isle de Jutland dont le petit Belt la separe à l'Occident, & l'Isle de Zéeland dont le Grand Belt la separe à l'Orient. C'est après l'Isle de Zéeland la plus grande qui soit en cette Mer. Elle est presque ronde, le terroir de cette Isle est fertile en grains, particulierement en froment & en orge. Elle fournit quantité de boeufs & de bons chevaux aux environs. Les bois dont elle est ombragée en bien des endroits sont pleins de Cerfs, de Chevreuils, de Liévres & de Renards. Ceux qui demeurent sur la côte joignent les avantages de la pêche à ceux de l'Agriculture. Ses Villes sont

Odensée Capitale,	Nyborg,
Assens,	Sophia Odde,
Middelfart,	Swinborg.

FUN.

Le port de Kartemund est au Nord de Nyborg. Le Roi de Dannemarck y a quatre Forteresses ou Châteaux, savoir Nyborg, Hagenschowe, Hinsgagel, & Escheborg. Hermanides [c] de qui j'emprunte la plus grande partie de cet Article, met au nombre des Villes de cette Isle, Bohens (Bouwens) Foburg, qui sont de petits lieux peu remarquables. Il compte 264. Villages, qui ont chacun leur Eglise, 6. Monastéres. Il ajoute qu'il y a quantité de terres nobles & de Seigneuries, des étangs remplis de poisson, & des eaux qui arrosent l'Isle continuellement. Le Diocèse de Funen s'étend sur les petites Isles voisines qui sont la plûpart habitées ; & dont les principales, sont

[c] Dan. Norweg. Desc. p. 701. & seq.

Langeland,	Tassing,
Laland,	Strin,
Falster,	Turoa (Toren)
Assen,	Egholm,
Arr,	Frissel.

FUNFKIRCHEN, ce nom en Allemand signifie de mot à-mot CINQ EGLISES & est le nom d'une Ville de Hongrie. Mr. Baudrand dit *Funskirçen* qui ne signifie rien du tout. Voyez CINQ EGLISES au mot EGLISE.

FUNG, petite Ville de la Chine dans la Province de Kiangnan, ou de Nankin auprès du petit Lac de Ta. Elle depend de la Ville Siucheu, selon les Relations Modernes. Mr. de l'Isle écrit le nom de cette derniere Ville *Sioutcheou* comme les François doivent le lire selon la pronônciation : il nomme la Province *Kiamman*. Le P. Martini donne à cette Ville de Fung 35. d. 20'. de Latitude & la fait de 35'. plus Orientale que Peking ; entre le Lac & la Riviere jaune dans laquelle il se décharge par une petite Riviere.

FUNG-CHING, Voyez FUM-CHIM.

FUNGENO, Royaume d'Afrique. Voyez FUNCHOS.

FUNG-GIANG, Ville de la Chine dans la Province de Chensi, (les Portugais écrivent Xensi) dont elle est la seconde Capitale. Mr. Baudrand écrit FUNGEIAN, ce qui est peut-être venu de FUNGCIANG qu'écrit le P. Martini dans son Atlas Chinois. Ce Pere lui donne 35. d. 20'. de Latitude & la fait de 9. d. 15. minutes plus Occidentale que Peking. Cette Ville est, dit-il, située sur la rive Septentrionale de la Riviere de Ping. Son nom est composé de celui de FUNG (qui signifie un oiseau que les Chinois regardent comme le présage d'un extrême bonheur, & ils disent qu'on ne le voit que très-rarement ; l'idée qu'ils en donnent a quelque rapport avec le Phenix ;) & de CIANG qui signifie *bonheur, félicité*. Le même Auteur ajoute que les Chinois vantent beaucoup la variété des couleurs dont les plumes de cet Oiseau sont embellies. Ils assurent qu'on n'en voit jamais qu'un, qu'il est très-rare de le voir & qu'il ne se montre que pour annoncer quelque chose de très-heureux pour tout l'Empire. Je n'aurois pas, dit-il, de repugnance à croire que c'est le Phénix, ou du moins que c'est un oiseau d'une espece inconnue d'Aigles qui a diverses couleurs, & dont la figure sert d'ornement à la Chine aux plus beaux tapis & aux robes les plus precieuses.

La

FUN.

La Ville de Fung-Ciang est grande & belle; elle a des édifices qui ne sont pas à mepriser, entre lesquels il y en a cinq que l'on distingue. Tout le Canton est bien cultivé, l'air y est doux & salubre; le terroir fertilisé par les ruisseaux dont il est entrecoupé. Huit Rivieres l'arrosent & il est herissé tout à l'entour de hautes Montagnes qui lui servent de barrieres. Cette Ville en a sept sous elle ; savoir *Kixam*, *Paoki*, *Fufung*, *Muy Linyeu*, *Lung*, *Pingyang*.

FUNGI, Les Portugais nomment ainsi un peuple qui borne l'Abissinie au Nord. Mr. Ludolf [a] nomme leur pays le Royaume de FUND, ou de SENNAR, & dit que c'est une partie de l'ancienne Nubie. Mr. de l'Isle change un peu cette idée. Car il met [b] les peuples Fungi comme faisant partie du Royaume de Sennar, ou de Nubie, entre le Nil, les deserts de Nubie, la côte d'Abech & l'Abissinie.

a Hist. Æthiop. l. 1. c. 2. n. 7.
b Carte de l'Egypte, de la Nubie & de l'Abissinie.

2. § FUNGI, d'anciennes Cartes dressées à l'avanture sur des Memoires ou fabuleux ou mal entendus , & où l'on supose les sources du Nil dans les Lacs de Zaïre, de Zembre, & de Zafflan, à cinq & même à dix degrez au Midi de l'Equateur, mettent l'Empire des Abissins jusques aux Montagnes de la Lune par le 14. d. de Latitude Australe. On voit dans ces Cartes un *peuple* imaginaire nommé FUNGI, avec une *Ville* qui n'a pas plus de réalité, nommée aussi Fungi, située au Couchant du Lac de Zaflan. On sait présentement, à n'en point douter, que ni le Nil, ni même l'Abissinie, ne sont entierement en deçà de la Ligne, qu'il s'en faut du moins 6. degrez qu'ils n'avancent jusques à l'Equateur : cette Ville, que les anciennes Cartes, sans excepter celles de Mrs. Sanson, placent au delà du 6. degré de Latitude Meridionale & dans le 58. d. de Longitude, se trouve selon des Calculs plus recens & plus exacts , dans la Mer sur la côte de Zanguebar & à plus forte raison le Lac Zafflan & tout ce qu'elles suposent à l'Orient de ce peuple & de cette Ville de Fungi.

3. § FUNGI, autre Ville imaginaire des Abissins, au Royaume d'Amara ; les Cartes vicieuses dont j'ai parlé , la mettent dans le 1. d. en deçà de l'Equateur, à l'Orient d'un Lac qui est une des sources de l'*Abanbus*: on est présentement revenu des erreurs qu'une Géographie ignorante & temeraire avoit repandues sur les sources du Nil. On a reduit à ses justes bornes le respect dû à l'antiquité & on ne croit plus sur la parole de quelques Anciens mal instruits , ce qu'ils avoient avancé sur des relations fabuleuses. Le Nil est une des parties de la Géographie sur laquelle on avoit le plus entassé de fausses idées. L'esprit Grec n'avoit eu ni le courage de remonter jusqu'à sa source pour bien en connoître le cours & l'origine , ni celui d'avouer son ignorance là-dessus. Mrs. Sanson ont trop superstitieusement respecté les erreurs anciennes que l'on retrouve dans leurs Cartes de l'Afrique.

FUNGMA, Isle d'Asie, au Midi du Royaume de Corée, à l'Orient de l'embouchure de la Riviere jaune qui coule à la Chine & à l'Occident de Firando Isle du Japon. Le Detroit qui lui separe de la Corée à dix lieues

FUN. FUO. FUR. 197

Marines de France entre la pointe Occidentale de l'Isle & Chinyun qui est à la pointe du Sud-ouest de la Corée. Les Tables Hollandoises donnent à la pointe Occidentale de Fungma 146. d. 15'. de Longitude & 34. d. 30'. de Latitude. Mr. de l'Isle retranche les 30.' de Latitude, dans sa Carte des Indes & de la Chine. Il remarque que l'Isle s'appelle aussi QUELPAERTS ; & met au milieu une Ville nommée *Citcheou*.

FUNGYANG, Ville de la Chine dans la Province de Kiangnang dont elle est la seconde Capitale. Le P. Martini la met à 33. d. 48'. de Latitude & la fait de 30'. plus Orientale que Péking. Mr. de l'Isle écrit FONYANG; Le P. Martini explique son nom comme s'il signifioit la Noblesse du Phénix. Cette Ville doit son éclat à deux hommes qui nez parmi la lie du peuple arriverent pourtant à la dignité Souveraine : le premier Lieupango s'étant mis d'une bande de Voleurs parvint à être Empereur, détruisit la famille de Cin & fut Chef de celle de Han. Il étoit né dans la partie septentrionale de ce Canton assez près de la Ville Poi. L'autre Chu Prêtre & ensuite brigand, vint à bout de chasser les Tartares, fut declaré Empereur de la Chine & fonda la Famille de Taiming. Il prit à cœur l'embellissement de sa Ville natale, en augmenta l'enceinte , y fit faire de fortes murailles de cinquante lis de circuit, fit construire des tombeaux superbes à ses ancêtres; embellit la Ville de magnifiques bâtimens; lui donna un Titre & un Territoire où sont XVIII. Villes & voulut qu'après la Capitale , qui étoit alors Nankin, elle fût la premiere Metropole. Un autre homme Illustre que ce Canton a produit , c'est Laosuus (c'est ainsi qu'écrit ce nom en Latin l'Auteur cité; le P. le Comte l'apelle Li-Laokun) cet homme plus ancien que Confucius est regardé comme le Pere des Philosophes. Sa Doctrine n'est pas fort diferente de celle d'Epicure ; il étoit né, dit-on, dans la Ville de Mao. La Ville de Fungyang est située sur une Montagne , & ses murs renferment dans leur enceinte plusieurs Collines dont chacune est ornée d'édifices tant particuliers que publics. Entre les Temples dediez aux Heros, elle en a fix d'une rare beauté. Les dix-huit Villes de son territoire sont

c Atlas Sinensis.

Fungyang, Capitale,	Su,
Linhoai,	Hiutay,
Hoaiyven,	Tienchang,
Tingyven,	So,
Uho,	Lingpi,
Hung,	Ing,
Heu,	Tacho,
Hokieu,	Hao,
Mungching,	Ingxan.

Son terroir a des Montagnes ; mais il est bien arrosé par des Rivieres qui le rendent très-fertile & très-agréable.

FUNZAL, Voyez FUNCHAL.

FUOA, Ville ancienne d'Egypte. C'est la même que FOUE'. Voyez ce mot.

FURA DUCIS, nom Latin de FURE. Voyez ce mot. Mr. Corneille dit mal que les habitans du pays nomment ce Château *Trewes* ou *Trewres*.

FU-

FUR.

FURADO (Monte) Château d'Espagne dans la Galice sur la Riviere de Burvia. Voyez cet Article au mot Monte.

1. FURANS,[a] Riviere de France en Dauphiné dans le Viennois. Elle a sa source près de Mont Rigaut & serpentant vers le Sud Ouest, elle passe à St. Donat où elle reçoit un ruisseau; puis se tournant vers le Midi elle va se perdre dans l'Isere au-dessous de Romans. Quelques Auteurs, comme Coulon dans son Traité des Rivieres de France[b], nomment cette Riviere Furens.

2. FURANS ou Furens, Ruisseau de France dans le Forez où après avoir arrosé St. Etienne il se jette dans la Loire. Quelques-uns écrivent Furens. Coulon dit St. Etienne de Furen, mais il nomme *Chenevalet* le Ruisseau dont il dit que l'eau sert aux forgerons de St. Etienne à se rendre les jours de fêtes aussi blancs que les Septentrionaux.

§ Davity fait mention d'une Riviere de France qui de son temps servoit de bornes entre la France & la Savoye.[c] Il la fait passer près de Belley. Ce doit être sans doute l'une des deux Rivieres que les Cartes Modernes nomment le Seran, & le Drans. Le même Auteur dit ailleurs[d]: St. Etienne dit de *Furan* Riviere qui passe dans la Ville est assis dans un Vallon entouré de Collines. Mr. Corneille brouillant ces idées, impute à Davity d'avoir dit que Furans est une Riviere de Savoye qui passe près de Bellay Capitale du Bugei & coule dans le Forez, où elle entre dans la Ville de St. Etienne dite de Furins, à cause que cette Riviere s'y divise en deux, laissant au milieu une grande place. Ensuite elle arrose le Veley & va se décharger dans la Loire. Davity ne dit rien de tout cela si ce n'est ce que j'en ai cité ci-dessus. Le Furans qui coule à St. Etienne naît dans le Forez & s'y perd dans la Loire. Une Riviere voisine de Belley ne sauroit arriver dans le Forez qu'après avoir passé le Rhone & plusieurs autres Rivieres qui lui barrent le chemin.

FURCÆ CAUDINÆ. Voyez Caudium.

FURCHIE, Village d'Italie qu'Holstenius[e] dit conserver encore le nom des Fourches Caudines. Voyez Caudium.

FURCHAUSEN, Mr. Corneille met une Ville de ce nom en Allemagne dans la Baviére sur la Riviere de Saltz. C'est une faute, il a voulu dire Burckhausen, qui s'y trouve effectivement. Voyez ce mot.

FURCONIUM, Voyez Forconio.

FURE, ou Vueren, Bourg des Pays-bas au Brabant entre Bruxelles & Louvain. Il est remarquable[f] parce que St. Hubert premier Evêque de Liége y mourut.

FURIARUM LUCUS, selon Plutarque[g] Ἄλσος Ἐρυννύων ou

FURINÆ LUCUS, selon Ciceron[h]. P. Victor met dans le XIV. quartier au delà du Tibre Furinarum Lucus. Ce lieu étoit à Rome & Cajus Gracchus y fut tué par son Esclave, comme Plutarque[i] le raporte dans sa Vie.

FURLO,[k] ancien lieu d'Italie au Duché d'Urbin près de la Riviere de Cantiano entre Cagli, & Fossombrone. On voit à Furlo une profonde Caverne taillée dans le Roc.

FURNÆ, Ville d'Afrique. St. Augustin, St. Cyprien & le Concile de Carthage en font mention au raport d'Ortelius[l].

FURNES, Ville des Pays-bas dans la partie Occidentale de la Flandres. Son nom Latin, selon Grammaye & Meyer, est *Furna*: ils citent d'anciens Titres des années 1120. & 1176. où on lit *Datum Furnis*, & *Burgensibus suis de Furnis*. Un seul Acte de l'an 1237. & addressé par les Maire & Echevins d'Anvers aux Echevins de Furnes les nomme *Scabini de Vorne*, de sorte que l'on peut dire que ce dernier repond au mot Teuton Vorne, & le premier au nom François Furnes. On ne sait rien de positif sur l'origine de ce nom. On conjecture cependant qu'il peut avoir été donné à cette Ville à cause de son voisinage du bord de la Mer, & peut-être à cause de son port qui a pû être fameux avant que l'on fréquentât celui dé Dunkerque. Car si le mot *Furen*, qu'on prononce aujourd'hui *Vueren*, est joint avec le mot *Nae*, *Nae Vueren* aura la même signification que le Latin *appellere*, aborder. En effet ce n'est pas sans fondement que l'on a avancé que précédemment aux incursions des Normans & lorsque la Mer n'étoit pas encore retenuë par les fortes digues que l'on a élevées depuis, ses eaux inondoient tous les environs de Furnes, de Bergues & de Bourbourg. La preuve de ce sentiment se tire de ce que le Vicomté de Furnes a aujourd'hui le premier rang entre les Villes qui sont sur la côte; ce qui ne peut avoir été fait, sans doute, que parce qu'il y a eû un tems où cette Ville se trouvoit au bord de la Mer. Au reste la Ville de Furnes, dans l'état où les choses sont à présent, se trouve éloignée de la Mer & à l'abri des dangers du voisinage de cet Element. Il seroit à souhaiter qu'elle fut à égale distance d'un étang dont les brouillards & les exhalaisons rendent l'air mal sain. Ce desagrément est néanmoins compensé par la fertilité que les eaux de cet étang donnent à la terre, & par la commodité d'un Canal qu'elles fournissent à la Ville, & qui la traverse d'Orient en Occident.

Il seroit inutile de chercher des éclaircissemens sur l'Origine de cette Ville avant les Courses des Normans; c'est-à-dire, avant l'an 880. Ce n'est pas que la Fondation ne puisse être rapportée plus haut; mais les Titres furent ou brûlez ou dissipez dans ces tems de trouble. On peut en quelque maniere fixer son commencement au tems de Baudouin dit *Bras de Fer*, qui rétablit ce lieu & le fortifia d'un rempart contre les irruptions des Barbares dont on se voyoit menacé. Un autre Comte de même nom, selon Meyer, augmenta cette enceinte, ainsi que celle du Château vers l'an 958. Cet ancien Château, qui a depuis été détruit, étoit auprès de la place du Marché d'aujourd'hui du côté du Septentrion, & bornoit de ce côté-là la premiere Ville qu'un ruisseau terminoit au Midi. La seconde fois qu'on la/renferma, l'enceinte du rempart fut plus grande: je dis du rempart, car ce ne fut qu'en 1390. qu'elle fut revêtuë de murailles avec le consentement de la Comtesse Marguerite. En 1414. on y ajouta des Tours, vingt ans après on construisit les portes. On éleva quelques boule-

FUR.

boulevards en 1480. & enfin en en 1578. on y fit quelques demi-lunes & autres ouvrages qui la mettent en état de bonne défense.

On voit au dedans de la Ville des Edifices magnifiques, entre lesquels on remarque les deux grands Palais qui font chacun un des côtez de la place du Marché. Celui du Prince fut brûlé en 1201. & celui du Dauphin (c'eſt-à-dire de Louïs XI. qui n'étant que Dauphin de France faiſoit ſon ſéjour en cette Ville) eût le même fort en 1497.

La Ville de Furnes ſouffrit beaucoup en 1136. d'une furieuſe tempête mêlée de tonnerre & d'éclairs. En 1287. elle fut priſe par Robert Seigneur d'Artois, enſuite pillée & brûlée de maniere que l'on comptoit juſqu'à deux mille Maiſons incendiées tant au dedans de la Ville, qu'aux environs. Les François la prirent en 1488. & Alexandre Farnèſe la ſoumit à l'Eſpagne en 1583.

On attribuë communément aux Comtes Baudouins, dont il a été parlé ci-deſſus, l'établiſſement de la Religion Catholique à Furnes & la fondation des principales Egliſes. L'un d'eux ſurnommé Bras de fer fit un Voyage, d'où il rapporta des reliques de Sainte Walburge, qu'il dépoſa dans une Egliſe & y établit des Moines pour y faire l'Office Divin. Cette Egliſe fut détruite ou par les Normans ou par le tems. L'autre Baudoin la rebâtit plus magnifique qu'auparavant & la donna à des Chanoines Reguliers qui n'étoient d'abord qu'au nombre de douze ; mais le relâchement s'étant bientôt introduit ils furent ſeculariſez vers l'an 1100. & on leur ajouta la dignité de Doyen qui fit le treiziéme Chanoine. Les revenus des Canonicats augmenterent ſi fort, par les bienfaits de differens Princes & Seigneurs que l'on partagea les Prébendes en deux; les Canonicats furent doublez & ſes Chanoines augmentés au nombre de XXIV. Le Chapitre demeura en cet état juſqu'à l'an 1559. que l'on transfera à Ipres dix de ces Chanoines avec un Doyen pour accroitre le nombre des Chanoines de l'Egliſe nouvellement érigée en Cathédrale ; ainſi il ne reſta plus que dix Chanoines à Furnes. Par un Indult du Pape Gregoire IX. les Doyens eûrent double prébende, & on ne donnoit cette Dignité qu'à des perſonnes de la premiere qualité. Tels furent en 1501. un François de Melun : en 1516. Ferri Carondelet : en 1516. Jean Carondelet Evêque de Palerme, en 1544. Guillaume de Poitiers, &c.

a Atlas de Blaeu.

ᵃ L'Egliſe de Ste. Walburge tient le premier rang entre les Egliſes Paroiſſiales de cette Ville; les deux autres, qui ſont St. Denis & St. Nicolas, ſont deſſervies par des Religieux Premontrés de l'Abbaye de Buttenburg, vulgairement St. Nicolas à qui elles furent données en 1120. Cette Egliſe a été nommée Buttenburg (Buytenburg) qui ſignifie hors du Bourg, parce qu'originairement elle fut bâtie entre la premiere & la ſeconde enceinte de Furnes dont il a été parlé. Les Comtes de Flandres en ſont appellez les fondateurs, & il eſt certain qu'ils lui ont fait de grands biens & donné de grands Privileges : mais il n'eſt pas moins conſtant que la premiere origine & fondation en doit être attribuée à Jean Evêque de Te-

FUR. 159

rouënné qui jetta les premiers fondemens de ce Monaſtére en l'année 1120. Le peu de recueillement & de repos que les Religieux trouvoient dans ce lieu engagea l'Evêque Didier, à les transferer avec le ſecours du Comte Philippe dans un lieu ſolitaire hors de la Ville. Mais les troubles de la Religion étant ſurvenus, leur Maiſon & leur Egliſe furent pillées & entierement renverſées par les Proteſtans. Enfin l'Abbé Philippe les établit dans la Ville avec le conſentement & le ſecours des Magiſtrats.

On ne compte que deux autres Couvens d'hommes ; ſavoir des Capucins qui y furent introduits en 1606. & des Alexiens qui ont été fondez par la Maiſon de Standel. On y voit auſſi deux Monaſteres de filles & trois hôpitaux remarquables dont la fondation eſt aſſez incertaine. Les Religieuſes de l'Ordre de Premontré, qui avoient d'abord été fondées au Village de *Wulpen* près de cette Ville, vinrent s'y établir en 1583.

Le Magiſtrat anciennement étoit compoſé de douze Conſeillers & d'un pareil nombre de Jurats que l'on choiſiſſoit parmi la Bourgeoiſie. Le Comte Louïs reduiſit chacune de ces Claſſes au nombre de neuf ; ce changement ne dura pas longtems, le peuple ſe mutina & les choſes furent rétablies ſur l'ancien pied. Il y avoit depuis trois ſiécles deux Préſidens, dont l'un étoit appellé le Juge de la Communauté & l'autre le Juge de la Loi. Le Magiſtrat ſe éliſoit tous les ans. Cette ſorte de gouvernement fut continuée juſqu'à l'an 1583. c'eſt-à-dire au tems de la reduction de la Ville par le Duc de Parme, que l'on travailla à l'union du gouvernement de la Châtellenie avec celui de la Ville ; ce qui fut achevé en 1586. enſorte que le Magiſtrat fut compoſé de vingt Officiers ou Echevins tirés en partie de la Bourgeoiſie & en partie des habitans de la Châtellenie ; & de deux Bourguemeſtres : outre cela il y a dans la Ville un Châtelain ou Vicomte & dans la Châtellenie un Grand Baïlli qui a les mêmes fonctions.

La Bourgeoiſie eſt partagée en trois Compagnies d'Archers, qui furent établies en 1260. & confirmées par l'Empereur Charles V. Les Princes ont accordé à cette Ville quelques Foires franches, pendant leſquelles il ſe faiſoit autrefois un grand Commerce de laines, mais aujourd'hui il conſiſte en Grains, fromage & bétail. Les plus célébres ſont celle du Printems qui ſe tient le Mercredi de la Paſſion, & celle d'Automne qui ſe tient au mois d'Octobre. Furnes eſt à une lieuë de la Mer, à deux de Nieuport & à trois de Dunkerque.

ᵇ La Chatellenie de FURNES, ou Wurnes & en Flamand FURNER AMBACHT, ſurpaſſe les Châtellenies voiſines par l'étenduë de ſon territoire, par la richeſſe de ſes habitans, & par l'avantage de ſa ſituation. Elle renferme 42. beaux Villages & eſt arroſée de quelques Rivieres & étangs. La Mer la baigne au Septentrion. On y voit outre les Abbayes d'Everſham & de Roesbrug, les reſtes de la fameuſe Abbaye des Dunes commencée en 1132. & à laquelle St. Bernard donna le Moine Robert ſon intime ami pour Abbé.

ᵇ Graitz mey l. c. pag. 148.

Aa

Au reste les habitans de cette Châtellenie, ainsi que ceux de la plupart des autres, étoient anciennement tellement soumis à leurs Princes dont la volonté servoit de loi, qu'ils pouvoient être regardez comme des Esclaves plutôt que comme des Sujets. Ce fut par les exemptions des Monasteres, par l'établissement des Comtes & par l'affranchissement de quelques terres qu'ils commencerent à jouïr de quelque liberté & à avoir une Justice reglée. Enfin en 1240. le Comte Thomas & la Comtesse Jeanne acheverent de leur donner la liberté en leur permettant d'élire des Juges, & leur prescrivant des Loix suivant lesquelles ils devoient se conduire. En 1332. le Comte Louis augmenta considerablement les Loix & remit à ses Vassaux & autres affranchis, les droits de péage, vulgairement appellés le *Balfart*; leur permettant entre autres choses de pouvoir élever des remparts de six pieds de haut & de creuser des fossez de la largeur de quarante autour de leurs Maisons pour se mettre à l'abri des insultes auxquelles ils auroient pû être exposez. Son Ordonnance de 1323. porte en substance; *Ke les Francs & Vassalleries demeureroient Francs & quittes de tous cousts, frais, dons, chevauchées, & d'autre chose touchant la Keure*.

[a] *Longueruë Descr. de la France. part. II.p. 64.*

[a] Cette Châtellenie avoit été cedée à la France par le Traité d'Aix la Chapelle l'an 1668. mais le feu Roi Louis XIV. l'a cedée à l'Empereur Charles VI. & à la Maison d'Autriche par les derniers Traitez d'Utrecht, de Rastat, & de Bade. Il avoit fait faire de fort belles fortifications à la Ville de Furnes, qui d'ailleurs est située dans un terrain marécageux & qu'on peut inonder. Les Provinces-Unies en ont la garde & le droit d'y tenir garnison par le Traité de Barriere aussi-bien qu'au Fort de la Knoque, situé près de Dixmude sur le Canal qui va à Nieuport, lequel Fort est dans l'étenduë de la Châtellenie de Furnes.

FURNITANUS ou,
FURNITENSIS, Ortelius lit dans la Conference de Carthage *Furvitensis*, qui doit être un Siége Episcopal d'Afrique. Il ajoute une conjecture, savoir si ce ne seroit pas pour *Furnitensis*. Ce lieu nommé *Furni* n'étoit pas loin de Carthage. Il y avoit même à cette derniere Ville une porte nommée *Furnitana*.

[b] *l. 1. n. 3.*

[b] Victor Vitensis dit que Mansuet Evêque d'Urci (*Urcitanus*) fut brûlé à la porte de Furni (*in porta Furnitana*) c'est-à-dire, à l'une des portes de Carthage par laquelle on sortoit pour aller à Furni. Siméon Evêque de Furni, souscrivit au Concile de Carthage tenu sous Boniface;

[c] *c. 19.*

& dans la Vie de St. Fulgence il est dit que Boniface bénit une Eglise à Furni, *apud Furnos*. Geminius Evêque de Furni (*à Furnis*) assista au Concile de Carthage tenu sous St. Cyprien. On trouve entre les Evêques de la Conference de Carthage Florentin Evêque de Furni. *Florentinus Episcopus Furnitanus*. C'est à son occasion que

[d] *n. 367.*

Mr. Dupin fait les remarques que l'on vient de lire. Le voisinage de Carthage fait voir que cette Ville étoit dans l'Afrique Proconsulaire.

FURNITUM, Ortelius trouve dans la Grammaire composée par St. Augustin qu'il y est fait mention d'une Ville nommée ainsi. Je doute qu'elle soit diferente de Furni.

FURNO DE SANTA ANNA, les Portugais nomment ainsi la Baye de la côte d'Afrique, entre les Isles las Bravas & las Sombreras, situées au Nord du Cap Tagrin.

[e] *De la Croix Afrique T. 2.p.481.*

La terre forme un grand arc & c'est proprement le Four Ste. Anne. Il entre dans cette Baye quatre Rivieres dont l'une qui est à trois lieuës de las Sombreras, s'apelle Rio das Gamboas. Ce nom ne se trouve point sur les Cartes de Mr. de l'Isle, mais la Baye s'y trouve entre le Cap Verga & le Cap Tagrin. C'est dans cette Baye que se jette la Riviere de Serre Lione.

§ **FURSTEMBERG**, c'est ainsi que Mrs. Baudrand, Maty, Corneille, d'Audifret, Lenglet & une foule d'autres écrivent ce nom; par un faux principe que devant le mot *berg* il doit preceder une M. *Furstemberg* est une Orthographe vicieuse. Ce nom doit être écrit par un N necessairement & ceux qui l'écrivent autrement sont coupables ou d'ignorance ou de negligence. Mr. de l'Isle a corrigé cette faute dans sa Carte d'Allemagne où l'on voit bien que l'M. a été changée en N.

FURSTENBERG, Etat Souverain d'Allemagne au Cercle de Suabe: Au Midi du Duché de Wurtemberg, du Comté de Hohenberg & autres Terres de la Maison d'Autriche; à l'Orient du Brisgow & de la Forêt noire; au Nord des IV. Villes Forêtieres, de quelques Terres de la Maison d'Autriche, entre lesquelles est la Seigneurie de Nellenbourg; cet Etat confine aussi du même côté au Lac & à l'Evêché de Constance. La Baronie de Waldbourg, le Comté de Konigseck, le Canton où est Ravensbourg le terminent à l'Orient. Cet Etat n'est pas grand; cependant on le distingue Principauté & Comté. [f] La Maison qui le possede est une des plus anciennes & des plus Illustres de la Suabe. Bucelin la fait remonter jusqu'à Egon qui florissoit vers l'an 670. Il lui donne pour arriere-petit-fils Henri Comte de Fribourg & de Furstenberg. C'est de cet Henri que Rittershusius tire la Genealogie de la famille. Ces deux Auteurs ne s'accordent gueres dans le denombrement de sa posterité. Ceux qui ne pouvant ni les concilier, ni preferer l'un à l'autre, ont voulu éviter ce labyrinthe, se contentent de commencer cette Genealogie à Wolfgang Comte de Furstenberg & Landgrave de Baar, decedé l'an 1510. Celui-ci d'Elisabeth de Solms sa femme outre plusieurs filles, eut deux fils, savoir Guillaume qui mourut l'an 1549. son mariage qui fut sterile lui apporta des droits sur les Seigneuries de Beaumont, d'Hericourt, de Clermont, & de Châtelet. Il voulut les faire valoir contre la Maison de Wurtenberg Mont-beliard. Mais ne comptant pas assez sur ses forces, pour les faire valoir il transporta ses droits à l'Archiduc Ferdinand. L'autre fils étoit Frederic qui épousant l'Heritiére de Heiligenberg, eut d'elle tout ce Comté & la moitié du Landgraviat de Baar. La Maison d'Autriche prit l'autre moitié qu'elle transfera ensuite aux Comtes de Hohenzollern. C'est de ce Frideric que descendent tous les Furstenbergs. Entre ses enfans il y en a trois de remarquables, Christofle

[f] *Imhoff Notit. Procer. Imper. l. 5. c. 9. p. 354.*

tofle, *Henri* & *Joachim*. Le second eut pour sa part des biens paternels la meilleure portion du Landgraviat de Baar, mais comme il ne laissa qu'une fille incapable par son sexe de succeder aux Fiefs; sa part accrut celles de ses freres. Christophle étoit mort avant le partage, mais ses enfans eurent le KINTZINGER THAL. C'est de lui que descendent les Comtes de Furstenberg.

Joachim le plus jeune des trois eut pour sa part, le Comté de Heiligenberg, avec les Seigneuries de Trochtelfingen & Jungenau, avec Doneschingen qui lui vint par la mort d'Henri pour sa portion du Landgraviat de Baar. Il eut beaucoup d'enfans, mais ils moururent avant lui, excepté deux filles & un seul fils nommé Frideric. Celui-ci se poussa à la Cour de l'Empereur Mathias. Sa seconde femme ne lui donna point d'enfans; mais elle lui apporta la terre de Weitra située aux Confins de la Bohéme dans la basse Autriche. Egon son fils du premier lit forma la branche de Heiligenberg. Il eut six fils dont le IV. savoir Herman Egon fut créé Prince de l'Empire par un Decret de l'Empereur Léopold daté du 12. May 1664. & insinué à la Diéte de l'Empire le 13. Mars 1667. Le III. qui fut François Egon & le V. Guillaume Egon embrasserent l'état Ecclesiastique, possederent de grandes Prélatures, & furent successivement Evêques de Strasbourg. Le dernier est fameux par sa concurrence avec Joseph-Clement de Baviere pour l'Electorat de Cologne, par ses negociations & par le chapeau de Cardinal dont le Pape Innocent XI. l'honora. La France qui protégeoit ce Prince, le dedomagea de l'Electorat qu'elle ne lui put obtenir, & lui donna les Abbayes de St. Germain des Prez, celle de Fescamp, & une Commanderie de l'Ordre du St. Esprit.

Jaques-Louis fils de Frideric & frére d'Egon dont j'ai parlé, forma la Branche de Doneschingen, mais son fils unique preferant le celibat & la vie tranquile ceda sa part à son Oncle Herman Egon. Il ne se reserva que l'habitation à Doneschingen & le droit de chasse. Il ne laissa pas en qualité du Prince le plus âgé de la Maison, d'administrer les Fiefs communs de toute la famille.

a Ibid. l. 7. c. 4. p. 487. ᵃ Les Comtes de Furstenberg, viennent tous de Christofle l'aîné des trois fils de Frideric desquels j'ai parlé. Cette branche qui est l'aînée comme l'on voit, est assez distinguée de sa Cadette par la qualité de Comtes de Furstenberg, au lieu que l'autre porte le titre de Princes. On la nomme aussi les Comtes de *Kintzinger-Thal*, ou la branche de *Blumberg*. Albert & Wratislas fils de Christofle s'attachérent à l'Empereur Rodolphe qui faisoit sa résidence à Prague Capitale de Bohéme, où Albert s'allia avec la Maison de Pernstein. Wratislas ne se maria point. Son frere eut trois fils, Christofle, Wratislas, & Emanuel. Le dernier mourut dans le Celibat. Le second eut trois femmes des principales Maisons de Bohéme. Sa posterité s'éteignit dans ses enfans. L'aîné, savoir Christofle, épousa Dorothée de Sternberg. Leur sœur Françoise Hippolyte de Furstenberg épousa Leon Burien de Berck Comte de Duba & de Lippe qui mourant en 1627. laissa de grands biens & un fils unique. Ce fils étant mort à l'âge de 27. ans, Françoise Hippolyte sa mere se porta son heritiere par intestat. Elle mourut aussi la même année & par testament institua legataire de tous ses biens Frideric fils de son frere Christofle. Mais la famille de Berck s'y opposa en vertu d'un fidei-commis fait par Léon Burien mari de Françoise Hippolyte. Frideric obligé de lâcher cette riche succession en appella, & le procès duroit encore en 1699. Ce fut donc Christofle qui seul soutint la famille des Furstenberg-Blumberg. Ses deux fils Wratislas & Frideric-Rodolphe formerent chacun une branche. Le premier qui avoit pour son partage du bien paternel Blumberg & autres lieux du Landgraviat de Baar, se maria deux fois dans la Maison des Comtes de Helfenstein, dans les deux branches de MOESKIRCHEN & de WIESENSTEIG, & cette Maison étant venue à manquer d'Heritiers Mâles, il en herita les Seigneuries de Moeskirchen, & de Gundelfingen, le Château de Wildenstein, la petite Ville de Haingen, (ces biens étoient aussi venus aux Comtes de Helfenstein par un seul mariage) & la troisiéme partie du Comté de Wiesenfteig ; sa posterité est la branche des Comtes de Furstenberg-Moeskirchen. Frederic Rodolphe frere de celui dont je viens de parler eut pour son partage le Kintzinger-Thal, ou la vallée de Kintzing. Il fut marié deux fois; premierement avec la fille de Maximilien de Papenheim Landgrave de Stuhlingen dont il eut un fils unique que l'ayeul maternel institua son Heritier n'ayant point de fils. De son second mariage naquit une fille qui épousa un Furstenberg de la branche de Heiligenberg. C'est la posterité de Frederic Rudolfe que l'on apelle la branche de FURSTENBERG-STUHLINGEN. Les Barons de Furstenberg, dont il y a eu deux Evêques de Paderborn, l'un desquels a composé les Monumens de Paderborn, étoient d'une famille diferente.

Le Comté de Furstenberg en general renferme comme lieux les plus remarquables

Furstenberg, Château,
Doneschingen Ville près de la source du Danube,
Stuhlingen,
Heiligenberg,
Trochtelfingen.

Outre le Danube qui y a sa source, ce pays est arrosé par la Riviere de Kintzing qui donne le nom de Kintzinger-Thal à la Vallée où il coule: c'est par cette Vallée que les François passerent en 1703. Le meilleur passage est auprès de Willingen.

FURSTENBERG, Château d'Allemagne au Cercle de Suabe, Comté auquel il donne le nom, & dans le Landgraviat de Barr ou Baar qui en fait partie. Il est sur une Montagne à environ un mille du Danube & à quatre au-dessus de Dutlingen.

§. Voici comment cet Etat est divisé entre les diverses branches de la Maison de Furstenberg, selon le livre intitulé *les Souverains du Monde*.

ᵇ Le Prince possede dans la Souabe la Principauté ᵇ T. 2. p. 61.

cipauté & Comté de Furstenberg qui comprend les Landgraviats de Baar & de Stuhlingen.

Le Comté de Heiligenberg,
La Seigneurie de Hausen dans le Kintzingerthal,
La Seigneurie de Weitra dans la Basse Autriche vers les frontières de Boheme,
Le Château de Trochtelfingen, Jungenau, & Melchingen.

[a Ibid. p. 308.] a Les Terres du Comte de Furstenberg-Moeskirchen sont, selon le même Auteur, la Seigneurie de Moeskirchen, Gundelfingen, le Château de Wildenstein, la petite Ville de Haingen, la troisiéme partie du Comté de Wiesensteig & la Seigneurie de Hausen.

Le Comte de Furstenberg-Stuhlingen possede les Landgraviats de Baar, de Stuhlingen, les Seigneuries de Hoeven, de Lischau, de Trackau, de Kornhaus & de Neustadt.

Cet Auteur a sans doute été trompé par les titres de ces différentes branches; car il est sûr que la portion des Princes de Furstenberg n'est point Comté, mais Principauté. Le Landgraviat de Baar est partagé entre ces branches. Cet Auteur donne la Seigneurie de Hausen à plusieurs branches; & Stuhlingen aux Princes, quoi qu'il appartienne aux Comtes.

1. FURSTENAU, ou FURSTENOW, Château & Village de Suisse chez les Grisons, sur la Rive droite du Rhin, & au confluent de cette Riviere avec celle de l'Albel qui vient [b Delices de la Suisse. T. 3. p. 615.] s'y joindre b. La grande Carte de Jaillot en fait un Bourg, Mr. Corneille dit Bourg considerable. Mr. Scheuchzer, d'accord en cela avec les Delices de la Suisse, n'en fait qu'un Village où les deux Religions sont mêlées. Ce Village, & le Château appartiennent à l'Evêque de Coire. C'est le Chef-lieu d'une jurisdiction de laquelle sont encore quelques autres Villages, savoir, Schavans, Silg, (paroisse où sont trois Châteaux nommez Ehrenfels, Baldenstein & Gampel;) & Almenow près duquel est le Château de Rietberg. Cette jurisdiction de Furstenow appartient à l'Evêque qui tient un Bailli à Furstenow. Ce Bailli assisté de douze Assesseurs de ces Villages juge les causes civiles & Matrimoniales. Quand il s'agit d'affaires criminelles il prend encore avec ses Assesseurs quelques adjoints d'entre ceux d'Ortenstein: de même ceux d'Ortenstein prennent en pareil cas des adjoints de Furstenow.

2. FURSTENAU. Voyez FURSTENOW.

FURSTENCELLA. Voyez FURSTENZELL.

[c Zeyler Bavar. Topogr. p. 75.] 1. FURSTENFELDT c, Abbaye d'Allemagne dans la haute Baviere sur la Riviere d'Amper, ou Amber. Louïs Duc de Baviere la fit bâtir pour l'expiation du sang que la jalousie lui avoit fait répandre. Voici à quelle [d Ein leitung der Histor. 3. Theil p. 394.] occasion d. Il avoit épousé Marie de Brabant. Cette Princesse donna un jour deux Lettres à porter l'une pour le Duc son Mari, l'autre pour le Raugrave. Celui qu'elle en avoit chargé ne savoit ni lire, ni écrire, mais on lui avoit fait remarquer que la Lettre qui étoit pour le Duc étoit cachétée de rouge & l'autre de noir. Le porteur se trompa pourtant & donna au Duc celle qui n'étoit pas pour lui. Ce Prince l'ouvrit & y crut trouver des expressions que sa jalousie empoisonna. Il se mit en tête que la Duchesse étoit infidelle; cette afreuse idée lui troubla tellement l'esprit que sans rien examiner davantage il renversa mort à ses pieds celui qui lui avoit apporté cette Lettre. Sa fureur ne se contenta pas de cette Victime. Il s'immola lui-même de sa propre main le Raugrave qui lui étoit suspect & une fille d'honneur de la Duchesse. La Princesse même finit sa vie par la main du bourreau en 1256. & sa Gouvernante fut precipitée du haut d'une tour. Ce fut pour se delivrer de ses remords qu'il bâtit ce Monastere. Ce malheur qui fut la seule tache d'un regne de quarante [e Zeyler l. c.] & un ans arriva la troisiéme année; e il fut enterré dans cette Eglise l'an 1294. son fils l'Empereur Louïs IV. confirma cette fondation l'an 1331. Cette Abbaye est de l'Ordre de Cisteaux.

§. Mr. Corneille a métamorphosé cette Abbaye en une Ville.

2. FURSTENFELD f, Ville d'Allemagne dans la basse Styrie aux frontieres de la [f Zeyler Stir. Topogr. p. 67.] Hongrie sur la Riviere de Lauffnitz à l'Orient de l'endroit où cette Riviere se joint avec celle de Wistritz. Elle appartient à l'Empereur comme Duc de Styrie; mais le Château & ce qui en releve appartient par engagement au Baron de Paar Colonel, Grand Maître Héréditaire de la Cour & des postes d'Autriche. [g Reipub. Rom. l. 12. Sect. 3. c. 8.] Lasius g tient que ce lieu est fort ancien & qu'il a été nommé Aqua par les Romains. Il prétend que dans le voisinage sur les rives du Weistritz & particulierement aux Villages de Balkersdorf, Bischafdorf, Gleysdorf, Bela & Stubenberg, & à la Montagne de Schoeunkel, on a trouvé une quantité innombrable d'antiquitez, & d'écritures.

1. FURSTENOW, en Suisse. Voyez FURSTENAU.

2. FURSTENOW ou FURSTENAU h, [h Baudrand Ed. 1705.] Bourg d'Allemagne dans la Nouvelle Marche de Brandebourg vers les confins de la Pologne, sur la Riviere de Trega à deux lieues au-dessous de Kalis. Cluvier croit y trouver l'Ascaucalis des anciens. Voyez ce mot.

FURSTENSTEIN, lieu d'Allemagne dans la Carinthie à un mille de Clagenfurt. Il est très-remarquable à cause d'une ceremonie ridicule qui s'y pratiquoit autrefois. Eneas Silvius Cardinal & ensuite Pape sous le nom de Pie II. la décrit ainsi dans son livre de l'état de l'Europe sous Friderîc III. Toutes les fois, dit-il, qu'un nouveau Prince de Carinthie prend possession du pays, on y observe une ceremonie inouïe partout ailleurs. Peu loin de la Ville de St. Weit, dans une belle Vallée, on voit les restes d'une ancienne Ville, dont le nom même est ignoré. Près delà dans de larges prairies est une piéce de marbre debout sur laquelle monte un paysan à la famille duquel ce droit Héréditaire est attaché. A droite est un bœuf noir, & maigre; à sa gauche une jument aussi décharnée. A l'entour est

FUR.

est une foule de peuple & de païsans. Alors le Prince s'avance du bout opposé de la prairie, entouré de ses Officiers & des principaux de sa Cour. On porte devant lui l'étendart & les marques de sa Principauté. Le Comte de Goritz, qui est le Maréchal de la Cour, marche devant avec douze petits étendarts; après cela suivent les autres Magistrats. Toute cette suite est magnifique, il n'y a que le Prince qui est habillé en païsan. Son habit, son chapeau, ses souliers, un bâton qu'il porte à sa main, toute sa personne a un air rustique qui le fait ressembler à un Pastre. Le païsan qui est sur la pierre l'appercevant, demande en Langue Esclavone : qui est-ce que je vois venir avec une marche si superbe ? On lui répond que c'est le Prince du Pays. Le païsan replique : est-il juste Juge, cherchant le salut de la patrie ? est-il de condition libre ? merite-t-il d'être honoré ? est-il observateur & defenseur de la Religion Catholique ? On lui répond qu'il l'est & le sera. Je demande donc, poursuit le païsan, de quel droit il vient m'ôter cette place. Alors le Comte de Goritz lui dit : on achette de toi ce lieu pour soixante deniers. Ces bêtes seront à toi, en lui montrant le bœuf & la jument. On te donnera les habits que le Prince vient de quitter; & ta Maison sera libre & exempte d'Impôt. Après ces paroles le païsan donne un petit soufflet au Prince, lui recommande d'être bon Juge & se levant, lui cede la place, & emmene le bœuf & la cavale. Le Prince monte sur la pierre, & tirant son épée nue fait quelques gestes se tournant de tous côtez & promet au peuple de juger équitablement. Il va ensuite à l'Eglise qui est sur une hauteur voisine sous l'invocation de Notre Dame & que l'on croit avoir été Episcopale. Après la Messe il quite ses habits de païsan, en prend qui conviennent à sa qualité; regale tous les Grands & après diné retourne dans la prairie, où s'asseiant il entend quelques procès & confere les Fiefs.

☞ FURSTENTHUMB, ce mot est Allemand & signifie Principauté. Il est bon de le connoître pour n'être pas embarassé dans les Cartes composées par des Allemands.

FURSTENWALD[a], Ville d'Allemagne dans la Moyenne Marche de Brandebourg sur la Sprée, à quatre milles de Francfort sur l'Oder. Les Suedois la prirent en 1631. & les Imperiaux la brûlerent deux ans après. Il y a une Maison à l'Electeur & un Bailliage.

FURSTENZELL[b], en Latin FURSTENCELLA, grande Abbaye d'Allemagne en Baviere dans une forêt entre Wilshofen & Scherding, & entre Griesbach & Passau. Elle est de Bernardins.

FURT[c], Ville d'Allemagne dans la Basse Baviere aux frontieres de la Bohême, à deux milles & demi de Champ, sur la rive Septentrionale de la Riviere de Cham qui en cet endroit reçoit de plusieurs ruisseaux. Cette

[a] Zeyler Brandeb. Topogr. p. 57.
[b] Zeyler Bavar. Topogr. p. 75.
[c] Ibid. p. 23.

FUR. FUS. FUT. FUX. &c. 203

Ville qui est du departement de Straubing, a des fortifications importantes. Les Suedois la prirent en 1641.

FURTINENSIS, une Notice Ecclesiastique de l'an 1225. publiée par Schelstrate[d] met un Siége Episcopal de ce nom en Italie dans la Campanie. Il faut que ce mot soit pour *Ferentinensis*.

FUSCA. Voyez FISCHIO & PHUSCA.

FUSSIGNI. Voyez FISSIMA.

FUSTARO ou FOSTAT, Ville d'Egypte sur le Nil, selon Mrs. Maty & Corneille. C'est moins une Ville qu'une partie du Caire. Voyez l'article CAIRE où j'en parle assez au long.

FUSTAYE, (l's. ne se prononce point.) Quelques-uns écrivent FUTAYE. Ce mot originairement signifie une forêt, ou un grand bois de Hêtres sorte d'Arbre que nos ancêtres appelloient Fouteau. Il semble que l'usage ait étendu le sens de ce nom. L'Academie Françoise definit le mot de *Fustaye*, Bois ou Forêt dont les arbres sont parvenus à toute la grandeur qu'ils peuvent avoir : une Fustaye, une belle Fustaye, un bois de haute Fustaye.

FUT, Riviere d'Afrique dans la Mauritanie Tingitane[e]. Voyez PHUT.

FUTAYE. Voyez FUSTAYE.

FUXIMI. Voyez FISSIMA.

FUXINENSE CASTRUM. Voyez l'article suivant.

FUXUM, Pierre le Moine & Guillaume de Pui-Laurens font souvent mention de Foix qu'ils nomment *Fuxum*, en parlant des Albigeois. Ils nomment les Comtes de Foix *Comites Fuxi & Fuxenses*. Nos Historiens Modernes les nomment de même. Guillaume de Nangis dit mal une seule fois *Castrum Fuxinense*; au lieu que les autres disent *Fuxum & Castrum Fuxense*. Joseph Scaliger faute d'avoir lu les Auteurs Latins de l'Histoire de France, comme Hadrien de Valois le lui reproche[f], a forgé les mots de *Fuxium* & de *Foxium* sur le nom François.

FUYNE. Voyez FUNEN.

[d] Antiq. Eccles. T. 1. p. 747.
[e] Plin. l. 5. c. 1.
[f] Notit. Gall. p. 212.

FY.

FYN, les Ecossois apellent Loch Fyn, non pas un Lac, comme le dit Mr. Corneille; mais[g] une longue Baye qui s'étend du Sud-Ouest au Nord-Est entre la Province d'Argyle & celle de Lorn; & dont l'ouverture est à l'Orient de Kilmore en Knapdale. Cette Baye a près de soixante milles de profondeur & près de quatre de largeur en quelques endroits. Cette Baye est fort abondante en harangs.

FYONIE. Voyez FUNEN.

☞ FYRTH[h], ce mot dans la Géographie d'Angleterre signifie un Golphe de Mer fort long & fort avancé dans les terres & proprement l'endroit où il est plus étroit & plus facile à traverser.

[g] Atlas de Blaeu.
[h] Le P. Lubin Mercur. Geograph. p. 408.

FIN DE LA SECONDE PARTIE DU TOME SECOND.

www.ingramcontent.com/pod-product-compliance
Lightning Source LLC
Chambersburg PA
CBHW060412230426
43663CB00008B/1464